Die Bonus-Seite

Ihr Vorteil als Käufer dieses Buches

Auf der Bonus-Webseite zu diesem Buch finden Sie zusätzliche Informationen und Services. Dazu gehört auch ein kostenloser **Testzugang** zur Online-Fassung Ihres Buches. Und der besondere Vorteil: Wenn Sie Ihr **Online-Buch** auch weiterhin nutzen wollen, erhalten Sie den vollen Zugang zum **Vorzugspreis**.

So nutzen Sie Ihren Vorteil

Halten Sie den unten abgedruckten Zugangscode bereit und gehen Sie auf **www.galileodesign.de**. Dort finden Sie den Kasten **Die Bonus-Seite für Buchkäufer**. Klicken Sie auf **Zur Bonus-Seite / Buch registrieren**, und geben Sie Ihren **Zugangscode** ein. Schon stehen Ihnen die Bonus-Angebote zur Verfügung.

Ihr persönlicher **Zugangscode** e6s3-q94f-zinh-k7xr

Sibylle Mühlke

Adobe Photoshop CS6

Das umfassende Handbuch

Galileo Press

Liebe Leserin, lieber Leser,

kann man eine Software, die so ausgereift ist wie Adobe Photoshop, eigentlich noch attraktiver machen? Nun, ich bin sicher, dass Sie diese Frage mit ja beantworten, wenn Sie dieses Buch gelesen haben. Unsere Autorin Sibylle Mühlke hat ihr seit vielen Jahren bewährtes Standardwerk gründlich überarbeitet und sich wieder einiges einfallen lassen, um Ihnen die Arbeit mit Photoshop zu erleichtern. Da wäre zum einen das neue Starthilfe-Kapitel für alle, die gerade erst mit Photoshop CS6 beginnen. Es beginnt auf Seite 43 und wird Ihnen die ersten Schritte mit der Software erheblich erleichtern. Alle, die von Vorversionen umsteigen, interessiert sicher das Kapitel zu den Neuerungen in CS6. Hier werden die wichtigsten neuen Features kompakt vorgestellt, alle Details werden dann in den folgenden Kapiteln erklärt. Und dort erwarten Sie weitere Highlights: Viele neue Beispiele wurden integriert, die überarbeiteten Pinselfunktionen von Photoshop CS6 werden genau vorgestellt, und falls Sie Photoshop im Bereich Video und 3D einsetzen, werden Sie ebenfalls fündig.

Das sind natürlich nur einige der vielen Interessanten Neuerungen. Am besten ist es daher, wenn Sie einfach direkt loslegen und Photoshop CS6 kennenlernen! Alle Funktionen und Werkzeuge werden leicht verständlich und am Beispiel erklärt. Die benötigten Beispielbilder finden Sie auf der beiliegenden DVD. Dank der durchdachten Struktur des Buchs und des ausführlichen Index finden Sie eine Lösung für jedes Problem. Zudem verrät die Autorin zahlreiche Tipps aus der Praxis, die Ihnen wirklich weiterhelfen werden!

Und so hoffe ich, dass dieses Buch Ihnen dabei hilft, mit Photoshop kreativ zu werden und Ihre Bildideen umzusetzen. Sollten Sie Fragen, Anmerkungen oder Lob zu diesem Buch haben, freue ich mich über Ihre E-Mail.

Ihre Katharina Geißler
Lektorat Galileo Design
katharina.geissler@galileo-press.de

www.galileodesign.de
Galileo Press • Rheinwerkallee 4 • 53227 Bonn

Auf einen Blick

Wir hoffen sehr, dass Ihnen dieses Buch gefallen hat. Bitte teilen Sie uns doch Ihre Meinung mit. Eine E-Mail mit Ihrem Lob oder Tadel senden Sie direkt an die Lektorin des Buches: *katharina.geissler@galileo-press.de*. Im Falle einer Reklamation steht Ihnen gerne unser Leserservice zur Verfügung: *service@galileo-press.de*. Informationen über Rezensions- und Schulungsexemplare erhalten sie von: *julia.mueller@galileo-press.de*.

Informationen zum Verlag und weitere Kontaktmöglichkeiten finden Sie auf unserer Verlagswebsite *www.galileo-press.de*. Dort können Sie sich auch umfassend und aus erster Hand über unser aktuelles Verlagsprogramm informieren und alle unsere Bücher versandkostenfrei bestellen.

An diesem Buch haben viele mitgewirkt, insbesondere:

Lektorat Katharina Geißler
Korrektorat Petra Biedermann, Reken
Herstellung Janina Brönner
Layout Maxi Beithe, Vera Brauner
Einbandgestaltung Klasse 3b, Hamburg
Coverbild Fotolia: 8552860 © Tein, 11809540 © originalpunkt, 14285152 © Harald Soehngen, 22483074 © Werner Dreblow, 33588613 © mtu1969, 35545228 © zentilia
Satz Markus Miller und Dirk Hemke
Druck Himmer AG, Augsburg

Dieses Buch wurde gesetzt aus der Linotype Syntax (9,25 pt/13 pt) in Adobe InDesign CS6. Gedruckt wurde es auf mattgestrichenem Bilderdruckpapier (115 g/m^2).

Der Name Galileo Press geht auf den italienischen Mathematiker und Philosophen Galileo Galilei (1564–1642) zurück. Er gilt als Gründungsfigur der neuzeitlichen Wissenschaft und wurde berühmt als Verfechter des modernen, heliozentrischen Weltbilds. Legendär ist sein Ausspruch *Eppur si muove* (Und sie bewegt sich doch). Das Emblem von Galileo Press ist der Jupiter, umkreist von den vier Galileischen Monden. Galilei entdeckte die nach ihm benannten Monde 1610.

Bibliografische Information der Deutschen Nationalbibliothek:
Die Deutsche Nationalbibliothek verzeichnet diese Publikation in der Deutschen Nationalbibliografie; detaillierte bibliografische Daten sind im Internet über *http://dnb.d-nb.de* abrufbar.

ISBN 978-3-8362-1883-2
1. Auflage 2013

Inhalt

3 Bildbearbeitung: Fachwissen

TEIL II Das Handwerkszeug

4 Der Arbeitsbereich

5 Nützliche Helfer

6 Arbeitsschritte zurücknehmen, Bilder retten

7 Den Arbeitsbereich anpassen

TEIL III Der Umgang mit Dateien

8 Dateien anlegen, öffnen und speichern

9 Adobe Bridge: Die Ordnungsmacht

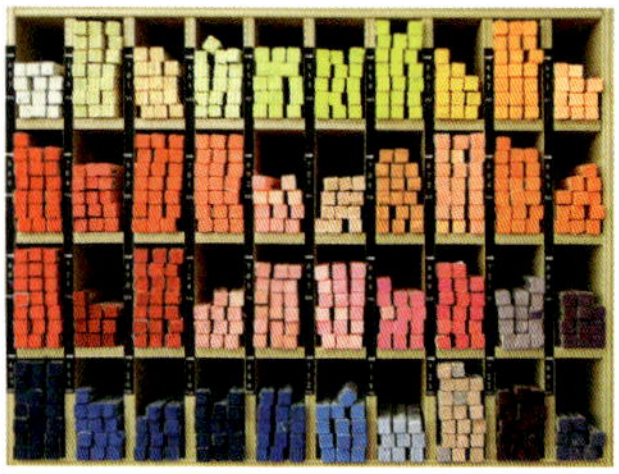

TEIL IV Ebenen

11 Ebenen: Konzept, Arten, Handling

12 Fortgeschrittene Ebenentechniken

13 Mischmodus: Pixel-Interaktion zwischen Ebenen

TEIL V Auswählen, freistellen und maskieren

14 Auswahlen

15 Ebenenmasken & Co.

TEIL VI Korrigieren und optimieren

16 Regeln und Werkzeuge für die Bildkorrektur

17 Kontraste und Belichtung korrigieren: Schnelle Problemlöser

18 Wie bunt soll's sein? Farben flott geraderücken

19 Präzisionsarbeit am Histogramm: Die Tonwertkorrektur

20 Universalhelfer für professionelle Ansprüche: Gradationskurven

21 Das Spiel mit Farbe und Schwarzweiß

TEIL VII Tools für Digitalfotografen

22 Das Camera-Raw-Modul

23 Kamerafehler korrigieren, Digitalfotos optimieren

25 Mehr Schärfe, weniger Rauschen

26 Bildretusche

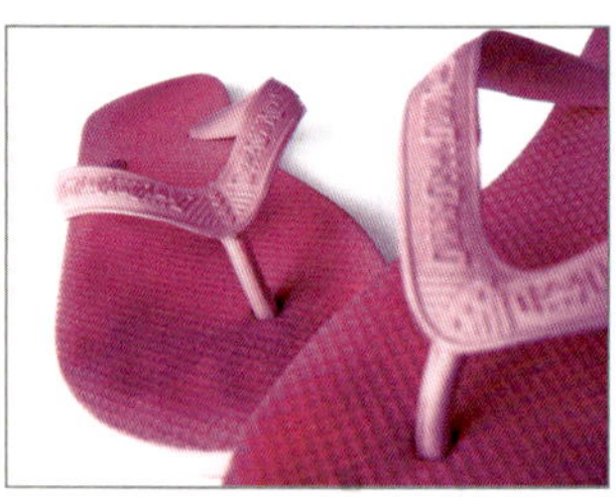

28 Die Malwerkzeuge

29 Einfarbig, mit Verlauf oder Muster: Flächen füllen

TEIL X Filter – kreativ & effektiv

30 Besser filtern

31 Orientierung im Filter-Dschungel

32 Komplexe Könner: Filter für Spezialaufgaben

TEIL XII Pfade und Formen

35 Photoshop kann auch Vektoren: Formwerkzeuge

36 Pfade erstellen und anpassen

37 Mit Pfaden arbeiten

TEIL XIII Video und 3D

38 Videobearbeitung in Photoshop CS6

von Orhan Tançgil

39 3D mit Photoshop Extended

von Orhan Tançgil

TEIL XIV Bilder ausgeben

40 Bilder für das Internet optimieren

41 Farbmanagement: Mehr Farbtreue auf allen Geräten

42 Dateien richtig drucken

TEIL XV Infoteil

Video-Lektionen

Auf der DVD zum Buch finden Sie ein attraktives Special: Als Ergänzung zum Buch möchten wir Ihnen relevante Lehrfilme zur Verfügung stellen.

Video-Training 1: Photoshop-Techniken

In diesem Video-Training erhalten Sie einen intuitiven Einstieg in die Arbeit mit Photoshop. (Aus: »Adobe Photoshop CS6 für Fortgeschrittene« (ISBN 978-3-8362-1901-3) von Pavel Kaplun und Orhan Tançgil)

Kapitel 1: Farbe und Belichtung optimieren

1.1 Gradationskurven einsetzen (07:39 Min.)

1.2 Verläufe in Camera Raw (06:50 Min.)

1.3 Farblooks erzeugen mit Color-Lookups (04:29 Min.)

Kapitel 2: Kanäle richtig einsetzen

2.1 Eine Luminanzauswahl erstellen (12:01 Min)

2.2 Kanalberechnungen für Freisteller (10:41 Min.)

2.3 Schmuckfarben verwenden (08:24 Min.)

Kapitel 3: Fortgeschrittene Retuschetechniken

3.1 Bilder verkrümmen und verzerren (11:41 Min.)

3.2 Fortgeschrittene Fluchtpunkt-Retusche (08:07 Min.)

3.3 Porträtfotos perfekt retuschieren (15:15 Min.)

Video-Training 2: Photoshop und die digitale Fotografie

Ist Ihr Haupteinsatzgebiet von Photoshop die digitale Fotografie, erhalten Sie in diesem Video-Training einen Einblick in die wichtigsten Techniken. (Aus: »Adobe Photoshop CS6 für digitale Fotografie« (ISBN 978-3-8362-1907-5) von Maike Jarsetz)

Kapitel 1: Kreative Fotoeffekte mit Photoshop

1.1 Farbtonungen für Fortgeschrittene (06:34 Min.)

1.2 Der neue Tilt-Shift-Weichzeichner (05:59 Min.)

1.3 Klassische Schwarzweißbilder erzeugen (04:00 Min.)

Kapitel 2: Licht, Schatten und Bildkontrast

2.1 Den Bildkontrast richtig aufbauen (03:41 Min.)

2.2 Mit Licht malen (06:23 Min.)

2.3 Unechtes HDR mit Photoshop (04:26 Min.)

Kapitel 3: Die richtige Scharfzeichnung

3.1 Das ABC der Scharfzeichnung (07:17 Min.)

3.2 Die Luminanz im Bild schärfen (03:05Min.)

3.3 Lichter oder Tiefen nachschärfen (05:34 Min.)

Workshops

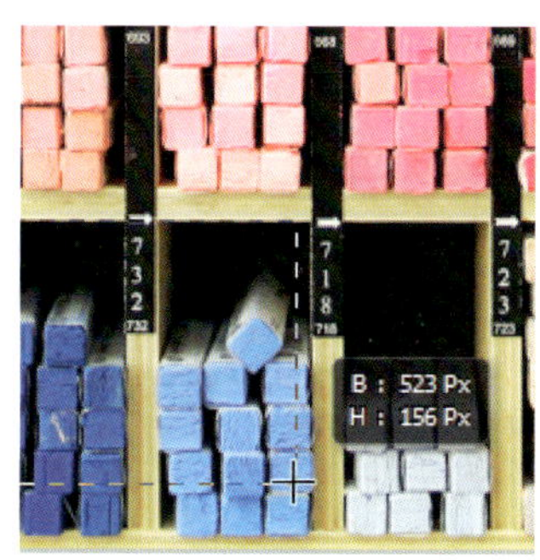

Vorwort

Bevor Sie mit der Lektüre beginnen, finden Sie hier alles, was Sie brauchen, um effektiv mit dem Buch zu arbeiten, sowie Hinweise auf weitere Ressourcen und ein paar persönliche Worte.

Über dieses Buch

»Adobe Photoshop CS6 – Das umfassende Handbuch« eignet sich, wie der Titel schon verrät, als Handbuch: als umfassendes Nachschlagewerk, das Sie über einen langen Zeitraum begleiten soll. Es eignet sich jedoch auch gut zum Erlernen der Software – ob Sie nun bestehende Kenntnisse vertiefen und das Programm effizienter nutzen wollen oder ob Sie sich als Einsteiger mit Photoshop befassen.

Alle Themen rund um die Bildbearbeitung werden gründlich besprochen. Sie lernen die zahlreichen Photoshop-Funktionen und -Werkzeuge ebenso kennen wie wichtige Hintergründe der Bildbearbeitung. So eignen Sie sich schnell das Wissen an, um eigenständig mit Photoshop zu arbeiten und Lösungen für eigene Anwendungsfälle zu entwickeln. Für Umsteiger von älteren Versionen bietet das Buch zudem eine schnelle Orientierung über die Neuerungen in der aktuellen Version CS6.

Mein Ziel war es, in diesem Buch nicht nur alles möglichst umfassend zu versammeln, was es über die Bildbearbeitung mit Photoshop zu sagen gibt – wichtig war mir vor allem, dass dieses Wissen tatsächlich relevant für die Praxis und Ihnen leicht zugänglich ist.

Was hat sich im Buch geändert? | CS6 ist nunmehr die 13. Version von Photoshop, und das dicke Photoshop-Praxishandbuch liegt jetzt immerhin in der fünften Auflage vor – worüber ich mich sehr freue.

Natürlich stelle ich in dieser komplett aktualisierten und überarbeiteten Neuauflage **alle Neuerungen** von Photoshop CS6 und seinen »Programmpartnern« Bridge und Camera Raw ausführlich vor. Doch einige Änderungen im Buch sind besonders hervorzuheben.

Teil I, »Schnelleinstieg«, gibt Ihnen nicht nur einen allgemeinen Überblick über die wichtigsten Neuerungen. Erfahrene Photoshop-User finden dort auch konkrete Tipps, wie Sie die neuen Funktionen anwenden können. Wer Photoshop bereits gut kennt, der kann nach der Lektüre des ersten Kapitels mit den neuen Tools **sofort produktiv arbeiten**. Natürlich werde ich alle Funktionen später nochmals ausführlich besprechen. Eine Neuheit ist auch das **Starthilfe-Kapitel.** Hier lernen Einsteiger, die bisher wenig Kontakt mit Bildbearbeitung hatten, einige grundlegende Konzepte von Photoshop kennen.

Ganz neu im Buch ist außerdem Teil XIII, der die **3D-Funktionen** und Photoshops **Video-Tools** vorstellt. Verfasst wurde dieser Teil von Orhan Tançgil, der ein Experte auf diesen beiden Gebieten ist.

Und last but not least: Das Buch hat ein **neues Format** und ein **neues Layout** bekommen.

Beispielbilder | Nicht nur die Dateien aus den Workshops, sondern auch fast alle anderen Bilder aus dem Buch finden Sie als Übungsdateien auf der Buch-DVD. So können Sie alle Anleitungen nachklicken und nachvollziehen. Bekanntlich lernt man Dinge, die man selbst einmal macht, besser als jene, über die man nur liest!

Das Buch brachte schon in der Vorauflage fast drei Kilo auf die Waage – viel dicker durfte es bei der Überarbeitung nicht mehr werden. Um alle neuen Funktionen mit aufzunehmen, musste ich kürzen. Das heißt jedoch nicht, dass nun etwas fehlt. Informationen zu selten gebrauchten Funktionen und weiterführende Workshops und Erklärungen finden Sie jetzt im **Onlinebereich zum Buch**.

Bonusbereich zum Buch
Genauere Informationen zum Onlinebonus finden Sie weiter unten.

Feedback erwünscht | Durch meine Arbeit als Online-Coach habe ich einen ganz guten Überblick darüber, was Photoshop-Anwender bewegt, welche Themen besonders schwierig sind und was besonders gefragt ist. Doch ein Buch ist etwas anderes: Das interaktive Element fehlt. So freue ich mich, wenn Sie – die Leserinnen und Leser – mit mir in Kontakt treten. Über Galileo Press haben Sie die Gelegenheit, Wünsche, Anregungen und Kritik an mich loszuwerden. Ich freue mich über Ihr Feedback.

Ich wünsche Ihnen viel Freude und viele Aha-Erlebnisse bei der Arbeit mit dem Buch, beim Lesen und Ausprobieren.

Wie können Sie mit dem Buch arbeiten?

Funktionen und Befehle werden nicht stur »durchgeackert« – die Gliederung des Buches orientiert sich an alltäglichen Arbeitsabläufen und der Erledigung typischer Aufgaben mit Photoshop. Sie lernen Photoshops **Arbeitsfläche** im Detail kennen und erfahren alles, was Sie über das **Handling von Dateien** wissen müssen.

Dem wichtigen Thema **Bildkorrektur** sind gleich zwei umfangreiche Teile des Buches gewidmet. Sie lernen die klassischen Korrekturwerkzeuge kennen, außerdem stelle ich Tools und Funktionen speziell für **Digital-Fotografen** vor – zum Beispiel Photoshops Camera Raw-Funktion mit den neuen Tools für lokale Korrekturen. Wenn Sie **Montagen und Composings** erstellen, können Sie sich hier umfassendes Wissen über die schnelle und effektive Arbeit mit Ebenen, Masken und Auswahlwerkzeugen aneignen. Viel **kreatives Potenzial** können Sie bei der Arbeit mit Malwerkzeugen entwickeln, und Sie können Ihr Fingerspitzengefühl bei der **Retusche** erproben. **Filter** – auch die komplexen Filterboxen wie VERFLÜSSIGEN oder der Blendenkorrekturfilter – stelle ich Ihnen eingehend vor. Im Text-Teil erfahren Sie allerhand über **Typografie** und natürlich viel über **Texteffekte**. Sie lernen Tricks kennen, wie Sie mit störrischen Bézierkurven und Ankerpunkten perfekt geschwungene **Pfade** formen und wie Sie Ihre **Bilder im Web** oder für den **Druck** in optimaler Qualität ausgeben. Wenn Farbtreue bei der Reproduktion ein Thema für Sie ist, interessiert Sie sicherlich auch das Kapitel zum Thema **Farbmanagement**.

Sie können das Buch von vorn bis hinten durchlesen oder mit Hilfe der Verweise innerhalb des Buches zwischen verwandten Themen springen und sich so Ihren eigenen Lernpfad suchen. Der umfangreiche Index am Buchende ermöglicht das rasche Auffinden einzelner Themen.

Im Praxiskontext | Die einzelnen Funktionen und Menüpunkte erkläre ich im praktischen Kontext, und auf der begleitenden Buch-DVD finden Sie – neben zahlreichen anderen Inhalten – fast alle im Buch gezeigten Bilder. Sie können die dargestellten Arbeitstechniken und Befehle also gleich nachvollziehen. So ist ein lebendiges und schnell in die eigene Arbeitspraxis umsetzbares Verstehen möglich.

Die Buch-DVD
Einen Überblick über den Inhalt der Buch-DVD finden Sie in Anhang D.

Haupttext und Seitenspalte | Die Seitenspalte bietet in Form von Anmerkungen und Textboxen zusätzliche Praxisinformationen. Darin weise ich auf klassische Fehler hin, Sie lernen aber auch zeitsparende Tricks oder Workarounds zu typischen Problemlagen kennen. Viele Insider-Tipps helfen Ihnen, Ihre Arbeitsprozesse flüssiger zu gestalten und Zeit zu sparen. Nutzen Sie das Expertenwissen in der Seitenspalte gezielt dann, wenn Sie es brauchen – oder halten Sie sich an den Haupttext, wenn Sie sich zunächst in ein neues Wissensgebiet einarbeiten wollen.

Beachten Sie auch die Tipps für Umsteiger, die auf Neuigkeiten und Änderungen in der aktuellen Programmversion hinweisen. Sie sind mit einem CS6-Logo gekennzeichnet.

Ps **Änderungen und Neuheiten in CS6 …**
… sind im Buch mit diesem Symbol gekennzeichnet.

Neben diesem Icon in der Seitenspalte wird der Name der Bilddatei angegeben, die Sie für die Schritt-für-Schritt-Anleitung nutzen können.

Schritt für Schritt | Besonders wichtige und besonders knifflige Themen erkläre ich in gesondert gekennzeichneten Schritt-für-Schritt-Anleitungen. Hier wird nahezu jeder Klick mit einem Bild illustriert und genauestens veranschaulicht. Sie erkennen diese Tutorials im Buch an den roten Überschriften! Am Ende des Inhaltsverzeichnisses auf Seite 40 finden Sie eine Aufstellung aller Themen, zu denen es eine solche detaillierte Anleitung gibt.

Noch Fragen? | Auf der DVD zum Buch finden Sie ein Glossar, in dem ich Fachbegriffe aus der Bildbearbeitungswelt erkläre. Der Troubleshooting-Teil listet nicht nur Fragen, sondern vor allem auch die Antworten zu Themen und Problemen auf, die Sie bei der Arbeit unversehens ausbremsen können.

Informationen zu den einzelnen Werkzeugen und alle wichtigen Tastaturkürzel, die Sie auch im laufenden Buchtext finden, sind im Info-Teil in übersichtlicher Weise nochmals versammelt.

Onlineressourcen zum Buch

Aktuelle Informationen und Ergänzungen zu den Buchthemen können Sie im Onlinebereich zum Buch unter *www.galileodesign.de/bonus-seite* nachlesen. Geben Sie einfach den Code von der vorderen Buchklappe ein, und schon haben Sie Zugriff auf das Zusatzangebot. Wer nicht jedes Mal den Buch-Code eingeben will, kann sich auch bei Galileo mit einem eigenen Benutzerkonto anmelden und hat dann die Zusatzangebote aller seiner Bücher gemeinsam im Zugriff.

Danke schön!

Dieses Buch wäre ohne die Hilfe zahlreicher engagierter Beteiligter und Unterstützer nicht zustande gekommen. Orhan Tançgil danke ich dafür, dass er sein Know-how in Sachen Video- und 3D-Bearbeitung mit Photoshop beigesteuert hat. Mein Dank gilt auch den Fotografinnen und den Fotografen, deren Bilder ich freundlicherweise nutzen durfte. Ohne ihre Großzügigkeit wäre dieses Buch sicherlich weniger schön geworden. (Neben den jeweiligen Bildern sind meine Quellen genauer genannt). Hier sind besonders zu nennen:

- Andrea Jaschinski, vitamin a design, Berlin (*www.vitamin-a-design.de*)
- Jacqueline Esen, Fotografin und Galileo-Autorenkollegin *(www.betrachtenswert.com)*
- Nicole Zimmer, dieblen.de, Mannheim (*www.dieblen.de*)
- Onno K. Gent, Norden (*http://filapper.de*)

Ich danke auch dem beteiligten Team von Galileo Press und allen anderen, die hinter den Kulissen an diesem Buch mitgearbeitet haben. Allein hätte ich das nie geschafft!

Sibylle Mühlke

TEIL I

Schnelleinstieg

Kapitel 1
Photoshop CS6 – Highlights auf einen Blick

Hier erfahren Sie nicht nur, welche kleinen und großen Neuerungen die dreizehnte Auflage von Photoshop mitbringt. Erfahrene User können sich im zweiten Teil dieses Kapitels mit den wichtigsten neuen Funktionen vertraut machen – und dann sofort loslegen.

1.1 Was gibt's Neues in Photoshop CS6?

In der Version CS6 wurde Photoshop gründlich aufgeräumt, entrümpelt und vereinfacht. Doch auch unter der Haube hat sich viel getan, viele Prozesse laufen nun deutlich schneller, flüssiger ab. Und Adobe hat auf seine Nutzer gehört, das Feedback, das über Social Media und andere Kanäle eintraf, wurde ernst genommen. Nach Adobe-Angaben soll Photoshop 65 neuer sogenannter JDI-Features (*Just Do It* – Adobes Motto für »Umsetzen, ohne lange zu fackeln«) mitbringen. Dazu kommen Änderungen, die durch Adobes Programm zur Produktverbesserung angestoßen wurden und die sich eng am tatsächlichen Userverhalten orientieren. Alles in allem ergibt das eine runde, an der tatsächlichen Photoshop-Praxis orientierte Version.

Programm zur Produktverbesserung
Unter Hilfe • Adobe-Programm zur Produktverbesserung können Sie Ihrer Teilnahme zustimmen oder diese ablehnen. Mehr Informationen darüber finden Sie unter *www.adobe.com/de/special/apip/improvement.html*.

Mehr Leistung für größere Dateien | Neu in Photoshop CS6 ist die Mercury Grafik-Engine. Damit sind deutlich schnellere Reaktionszeiten beim Hantieren mit rechenintensiven Funktionen möglich. Das ist spürbar beim Verflüssigen-Filter und beim Formgitter, aber auch bei alltäglicheren Handgriffen wie dem Skalieren sehr großer Dateien. Auch der neue Filter Ölfarben (direkt im Menü Filter) ist erst durch die verbesserte Grafikleistung machbar.

Die Technik hinter der Grafik
Adobes Grafik-Engine nutzt die Hardwarebeschleunigung der Grafikkarte (GPU) und bedient sich der offenen Frameworks OpenGL and OpenCL. Zeitgemäße Rechner mit aktuellen Grafikkarten kommen damit in der Regel klar. Sollte es dennoch einmal Probleme geben, hilft Adobes Troubleshooting-Page weiter: *http://helpx.adobe.com/photoshop/kb/photoshop-cs6-gpu-faq.html*.

Photoshop ist jetzt für die Bearbeitung sehr großer Bilder bestens gerüstet. Auch die deutlich größeren Pinsel (bis zu 5.000 Px bei Pinsel-

und Buntstift-Werkzeug, bis zu 15.000 Px beim Verflüssigen-Filter) weisen in diese Richtung.

Adobes Bildverwalter Bridge verfügt nun über plattformübergreifende 64-Bit-Unterstützung. Das gibt spürbar mehr Performance beim Durchsuchen von Dateien – insbesondere bei sehr KB-lastigen Dateien. Auch die in Photoshop integrierte Mini Bridge ist nun schneller – und hat überdies zwecks besserer Übersichtlichkeit ein Facelifting erfahren.

Bild: Fotolia, Jean-Luc le Cuillier

▲ **Abbildung 1.1**
Der Ölfarbe-Filter erzeugt im Nu einen realistischen Gemälde-Effekt (links das Original, rechts die Ölbild-Version).

GUI-Farbe ändern

Der neue Farbton gefällt Ihnen nicht? In den Voreinstellungen unter Benutzeroberfläche können Sie die Helligkeit der Photoshop-Nutzeroberfläche ändern. Vier Helligkeitsstufen stehen zur Auswahl.

Neue Nutzeroberfläche | Die neue Nutzeroberfläche ist die augenfälligste aller Neuerungen. Statt in gewohntem Hellgrau kommt Photoshop nun in einem dunkleren Grauton daher – ein Look, der aus Lightroom, After Effects und Premiere Pro bereits bekannt ist. Dadurch rücken die bearbeiteten Bilder deutlicher in den Vordergrund.

Die erst in CS5 eingeführte Anwendungsleiste entfällt wieder. Und nach 23 Jahren Photoshop wurde kräftig daran gearbeitet, Menüs, Dialogboxen, Optionsleisten und andere Elemente aufzuräumen und optisch zu harmonisieren. Nach Adobe-Angaben wurden rund 1.800 Icons und 250 Mauscursor-Symbole ausgetauscht, auch viele Bedienelemente wurden überarbeitet. Das ist mehr als nur eine Layoutverschönerung, sondern tatsächlich eine Arbeitserleichterung. So helfen etwa sogenannte Rich Cursors 1 – durch informative Mini-Flyouts ergänzte Mauszeiger – beim Transformieren, Verschieben, Aufziehen von Auswahlrahmen und anderen Handgriffen. Der Blick zur Info-Palette wird dadurch vielfach überflüssig. Auch in den Menüs hat Adobe aufgeräumt. So wurde das bisher notorisch vollgestopfte Filter-Menü neu strukturiert und lässt sich viel besser benutzen.

Bild: Fotolia, Elemental Imaging

◄ **Abbildung 1.2**
Kleine Fähnchen neben dem Mauszeiger geben bei vielen Operationen (hier eine Transformation) hilfreiche Informationen.

Große und kleine Alltagshelfer | Viele Änderungen erleichtern alltägliche, häufige Handgriffe. Allen voran das altbekannte Freistellungswerkzeug [Icon] C. Es wurde grundlegend überarbeitet, die Arbeitsweise zur Gänze umgekrempelt: Während früher der Bearbeitungsrahmen verschoben, transformiert oder skaliert wurde, wird nun das Bild selbst unter dem Freistellrahmen verändert. Dieser Modus ist gewöhnungsbedürftig, jedoch hilfreich, um bei Fotos den besten Ausschnitt zu finden. Verschiedene Hilfsraster-Überlagerungen und die Möglichkeit zum Geraderichten schiefer Horizonte kommen hinzu.

Die Funktionen zum perspektivischen Freistellen, die das Freistellungswerkzeug bisher immer so unübersichtlich gemacht haben, werden nun von einem ganz neuen Tool, dem Perspektivischen Freistellungswerkzeug [Icon] C, übernommen.

Doch auch viele der kleineren Änderungen sind smart und wirklich hilfreich. Einige von vielen: Der Umzug von einer älteren Programmversion wird erleichtert durch automatisches Migrieren von Vorgaben (BEARBEITEN • VORGABEN • VORGABEN MIGRIEREN). Sollte Ihnen Photoshop doch einmal abstürzen, wird Ihre aktuelle Arbeit gerettet, auch wenn Sie sie nicht gesichert haben. Photoshop speichert regelmäßig im Hintergrund und stellt Bilder automatisch wieder her. Für das Skalieren gibt es eine neue Interpolationsmethode, BIKUBISCH AUTOMATISCH. Sie müssen beim Vergrößern oder Verkleinern von Bildern nicht mehr manuell zwischen den verschiedenen bikubischen Methoden wählen. Wer exzessiven Gebrauch von Ebenen macht, wird sich über eine neue Funktion der Ebenen-Palette freuen. Mit dem Ebenenfilter lassen Sie

Freistellen wie gewohnt

Aktivieren Sie in der Optionsleiste des Freistellungswerkzeugs den CLASSIC-MODUS ❷, funktioniert das Festlegen des Bildausschnitts wie gewohnt.

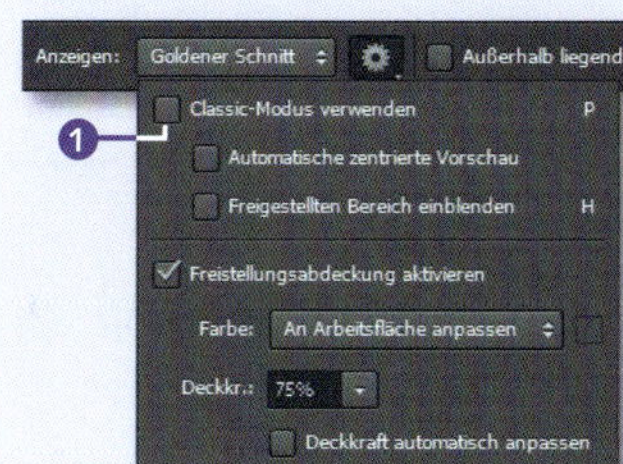

▲ **Abbildung 1.3**
Unter ANZEIGEN stellen Sie die Überlagerung ein, mit einem Klick auf das Zahnrad gelangen Sie zu den Grundeinstellungen des Freistellungswerkzeugs.

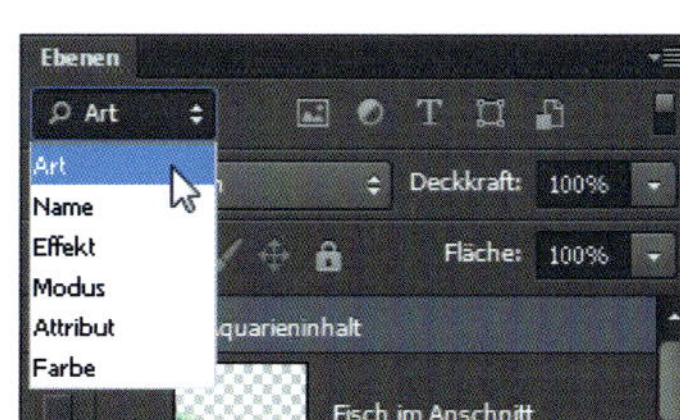

▲ **Abbildung 1.4**
Ebenenfilter in der Ebenen-Palette

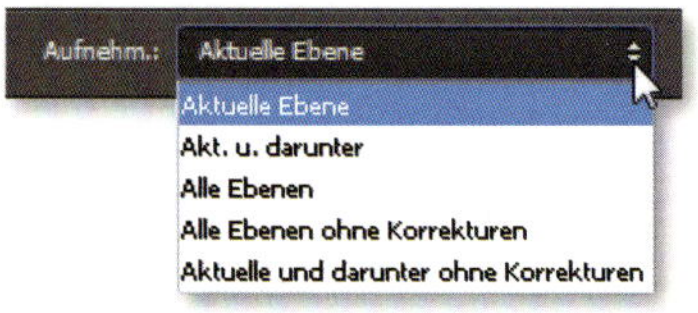

▲ **Abbildung 1.5**
Ebenenübergreifendes Arbeiten, ganz neu bei der Pipette

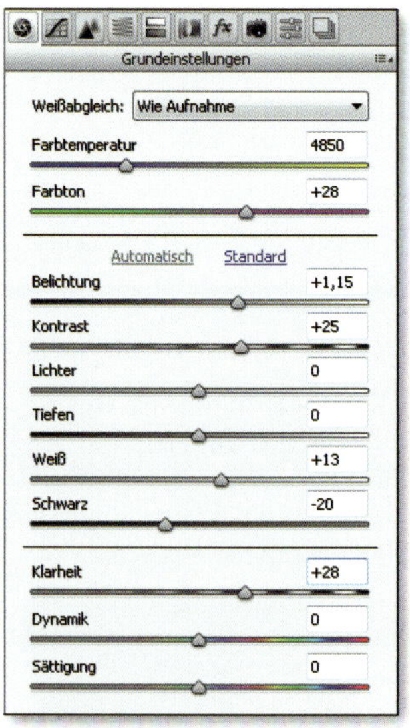

▲ **Abbildung 1.6**
Die Belichtungskorrektur ist in der aktuellen Camera-Raw-Version erheblich verbessert.

Bild: Jacqueline Esen

▲ **Abbildung 1.7**
Mesh-Ansicht des Filters Adaptive Weitwinkelkorrektur: Sie können das Bild gezielt dort korrigieren, wo es nötig ist.

sich Ebenen eines bestimmten Typs anzeigen oder suchen gezielt nach Ebenen-Namen. Und mehr Werkzeuge als bisher arbeiten jetzt ebenenübergreifend, so etwa die Pipette.

Für Automatisierungsfreaks interessant ist die Möglichkeit, in Aktionen nun auch Werkzeuge wie etwa Arbeiten mit dem Pinsel oder Retuschetools aufzuzeichnen. Die Funktion heißt Werkzeugaufzeichnung zulassen und ist im Seitenmenü der Aktionen-Palette versteckt.

Für Viel-Fotografierer | Neuerungen im Camera-Raw-Modul und neue Filter sind die aufregendsten Änderungen für die Fotografen unter den Anwendern. Camera Raw unterstützt nun rund 350 verschiedene Kameramodelle und kommt mit einem neuen Prozess; der vereinfacht vor allem die Belichtungskorrektur. Layout und Funktionen der Slider auf der wichtigen Palette Grundeinstellungen wurde überarbeitet. Auch die neu organisierten Objektivkorrekturen gehen jetzt besser von der Hand. Schärfen und Rauschreduzierung können Sie jetzt mit Hilfe von Korrekturpinsel und Verlaufsfilter lokal anwenden. Manche Änderungen sind weniger augenfällig, aber dennoch erfreulich. So gibt es etwa für die Funktion Dynamik neue Algorithmen; zu starke Werte, die das Bild verderben, sind hier nun nicht mehr möglich.

Der Filter Adaptive Weitwinkelkorrektur (direkt im Filter-Menü) ist ganz neu. Statt eine standardisierte Objektivkorrektur über das ganze Bild zu jagen, können Sie verbogene oder stürzende Linien manuell korrigieren – gezielt an der Stelle, wo es nötig ist, und mit verschiedenen Einstellungen in unterschiedlichen Bildbereichen.

Drei Weichzeichnungsfilter für fotografische Weichzeichnungseffekte – Feld-Weichzeichnung, Iris-Weichzeichnung und Tilt-Shift (alle unter Filter • Weichzeichnungsfilter) – sind in der sogenannten Weichzeichnergalerie zusammengefasst. Die Bedienungsweise ist innovativ: Sie arbeiten direkt über dem Bild, Anfasser und Regler lassen sich intuitiv bedienen.

Bildkorrekturen und mehr | Bei den Autokorrekturen gibt es gleich drei größere Neuigkeiten: die bisherige, eher unübersichtliche Korrekturen-Palette wurde überarbeitet. Gestartet werden Korrekturwerkzeuge immer noch über die Palette Korrekturen, die Korrektureinstellungen übernimmt aber nun die neue Palette Eigenschaften. Mit ihr verwalten Sie überdies etwaige Maskeneigenschaften – so haben Sie die wichtigsten Ebenenmodifizierer, nämlich Einstellungsebenen und Masken, zusammen im Blick.

Wohl kein Bildbearbeiter gäbe freiwillig zu, bevorzugt mit den Autokorrekturen zu arbeiten und Tonwertkorrektur und Gradationskurven links liegenzulassen. Doch die Auswertung der tatsächlichen Userdaten verriet anderes, und so gibt es nun eine Menge Verbesserungen bei den Autokorrekturen. Gradationskurve und Tonwertkorrektur haben ein neues Preset für die Auto-Korrektur bekommen, HELLIGKEIT UND KONTRAST VERBESSERN. Auch beim Tool HELLIGKEIT/KONTRAST gibt es nun eine Auto-Funktion, sie wirkt erstaunlich gut.

Bild: Sibylle Mühlke

▲ **Abbildung 1.8**
Steuerungen für den neuen Filter IRIS-WEICHZEICHNUNG. Anfasser steuern Form und Verlauf der Weichzeichnung, das Kreismodul in der Mitte bestimmt die Weichzeichnungsstärke und legt fest, wo das Zentrum ist.

▲ **Abbildung 1.9**
Die Palette EIGENSCHAFTEN ergänzt Korrekturen- und Ebenen-Palette.

Ein ganz neues Werkzeug ist COLOR LOOKUP. Mit Hilfe von Farbtabellen – in hinterlegten Presets – können Sie Bilder in eine komplett andere Farbstimmung tauchen oder stark verfremden.

Bild: Comstock (via Adobe)

▲ **Abbildung 1.10**
COLOR LOOKUP verleiht diesem kühlen Technikmotiv eine geheimnisvolle Abendlicht-Atmosphäre.

Zwei neue Optionen im Dialog AUSWAHL • FARBBEREICH gehören zwar nicht zu den Korrekturtools im engeren Sinn, doch Sie machen die gezielte Korrektur von Hauttönen einfacher. Unter AUSWAHL gibt es nun die Vorwahl HAUTTÖNE ❶, mit der Option GESICHTER ERKENNEN ❷ können Sie das Ergebnis verfeinern. Das klappt nicht immer so gut wie im Beispielbild; blonde Haare und helle Kleidung bereiten dem Tool zurzeit noch Schwierigkeiten und führen zu stark nachbesserungsbedürftigen Ergebnissen.

Bild: Fotolia, BSilvia

Abbildung 1.11 ▲▶
Hautton- und Gesichtserkennung in der Farbbereichsauswahl und das Resultat in Form der automatisch generierten Auswahllinie.

Designen und Entwerfen | Viele Umbauten gab es auch im Bereich Schrift. In einem neuen Menüpunkt SCHRIFT sind viele Funktionen versammelt, die vorher in anderen Menüs versteckt waren. Auch zwei neue Paletten sind mit von der Partie. Sie dürften vor allem für Anwender interessant sein, die Photoshop als Entwurfstool nutzen. Gerade bei Web-Entwürfen ist es oft unvermeidlich, über viele einzelne Textebenen verteilte Schrift zu bearbeiten.

Bisher war es nervig und fehleranfällig, Textebene für Textebene durchzugehen und überall Schriftart, -farbe oder -grad umzustellen. Die neuen Paletten ZEICHENFORMATE und ABSATZFORMATE setzen hier an: Damit weisen Sie beliebigen Textpassagen beliebige Formate zu. Um das Aussehen dieser Textteile dann zu variieren, genügt es, die Formate – nicht die Ebenen selbst – zu verändern. In der Praxis erfordert das allerdings ein wenig Übung: Machen Sie beim Zuordnen der Formate einen Fehler, sind auch vorher festgelegte Texteigenschaften verschwunden, und es erscheint ein hässliches Default-Format.

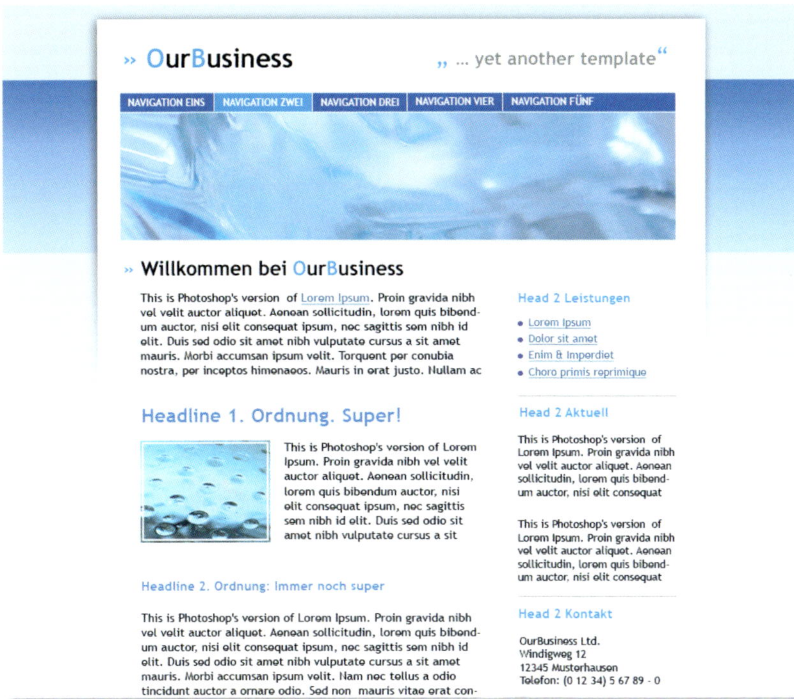

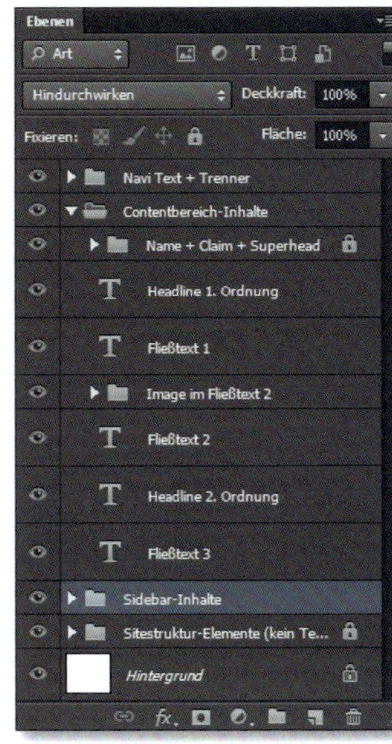

◀▲ **Abbildung 1.12**
Webentwürfe wie dieser bringen viele Textebenen mit – sie einzeln immer wieder zu ändern, bis das Layout steht, ist extrem zeitraubend.

Kleinere Goodies sind ein automatisch erstellbarer Blindtext (SCHRIFT • PLATZHALTERTEXT EINFÜGEN; leider mit einem überschüssigen Leerzeichen und Adobe-Reklame in der ersten Zeile) und die Möglichkeit, eine wirklich große Vorschau in der Schriftenliste einzustellen (SCHRIFT • VORSCHAUGRÖSSE FÜR SCHRIFT). Wer öfter mit Displayschriften hantiert, kann diese Ansicht bestimmt gut gebrauchen.

Viele Neuigkeiten gibt es auch bei Vektorebenen. Deren Handling ist nun sehr viel komfortabler geworden. In Anlehnung an bewährte Illustrator-Funktionsweisen können Sie über die Optionsleiste detaillierte Einstellungen für Füllung und Kontur von Vektorobjekten wählen – bis hin zum Festlegen eigener Muster für Strichellinien. Kleinere Änderungen betreffen das Direktauswahl-Werkzeug – ein neues Standardverhalten erlaubt die intuitivere Bedienung – und ein genaueres Rendering: Vektorformen werden jetzt passgenau am Pixelraster ausgerichtet.

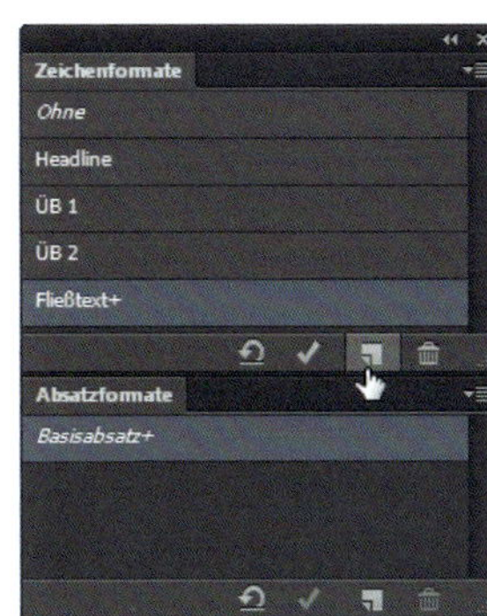

▲ **Abbildung 1.13**
Die Paletten ZEICHENFORMATE und ABSATZFORMATE machen die Verwaltung unterschiedlicher Textstile einfacher.

Retuschieren | Bei den Retuschetools hat Adobe vor allem die inhaltsbasierten Funktionen (in CS5 hieß das noch »inhaltssensitiv«) ausgebaut. Mit dem Inhaltsbasiert Verschieben-Werkzeug (Kürzel J, im Fach mit dem Bereichsreparatur-Werkzeug) ist es möglich, auch größere Bildobjekte an eine andere Position im Bild zu verschieben. Bei vielen Motiven funktioniert das erstaunlich gut, Sie müssen nur wenig manuell nachretuschieren. Auch beim altbekannten Ausbessern-Werkzeug gibt es nun eine INHALTSBASIERT-Option, mit deren Hilfe Sie gezielt die Referenzstelle für inhaltsbasiertes Retuschieren wählen können.

▼ **Abbildung 1.14**
Inhaltsbasiert verschieben: links das Original, rechts die retuschierte Version – bereits ohne Nacharbeiten eine recht überzeugende Retusche, erstellt in weniger als einer Minute.

Bild: Adobe

Photoshop als Malstudio | Schon in CS5 war mit Einführung des Misch-Pinsels klar, dass Adobe Photoshop auch für Illustratoren attraktiver machen will. Beim CS6-Update geht es weiter in diese Richtung. Zwei neue Pinseltypen erlauben besonders realistischen Pixelfarbauftrag. Die erodierbaren Pinsel nutzen sich wie echte Stifte mit zunehmendem Gebrauch ab, der Strich wird immer dicker. Mit Airbrush-Spitzen sind echt wirkende Airbrush-Effekte, aber auch kreativ verfremdeter Sprenkel-Auftrag möglich.

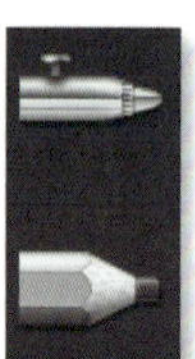

▲ **Abbildung 1.15**
Icons für Airbrush- und erodierbare Pinsel

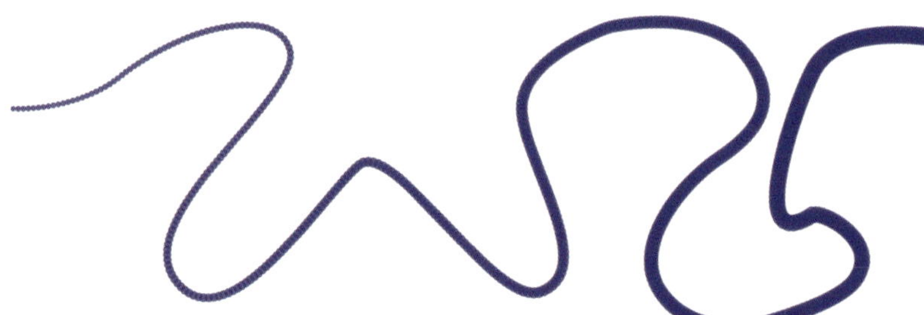

▲ **Abbildung 1.16**
Mit einer erodierbaren (Pinsel-)Spitze gezogene Linie. Mit zunehmender »Abnutzung« der Werkzeugspitze wird sie sukzessive dicker.

Erodierbare Pinsel anspitzen

Die unentbehrliche Funktion zum »Anspitzen« abgenutzter Werkzeugspitzen und andere Steuerungen der neuen Spezialpinsel finden Sie in der Pinsel-Palette F5 unter PINSELFORM.

1.2 Die wichtigsten neuen Funktionen schnell erklärt

Wenn Sie bereits ein versierter Photoshop-Anwender sind, wollen Sie sicher sofort mit den neuen Tools produktiv werden, ohne erst das ganze Buch durchzuarbeiten. Kein Problem! In diesem Abschnitt gebe ich Ihnen die wichtigsten Informationen, damit Sie mit den CS6-Highlights sofort loslegen können. Detailinformationen finden Sie dann jeweils in den späteren Buchkapiteln.

Bilder beschneiden und geraderichten

Das Freistellungswerkzeug C schien aus dem Blickfeld der Photoshop-Entwickler geraten zu sein. Es wurde von Version zu Version unverändert übernommen. Es war immer ein wenig unhandlich und unübersichtlich, und die wichtige Funktion, das Bild ohne viel Rechnerei auf ein bestimmtes Seitenverhältnis zu bringen, fehlte. Nicht wenige Anwender nutzten bisher lieber das Auswahlrechteck in Kombination mit dem Befehl Freistellen. In CS6 wird die Überarbeitung des Freistellungswerkzeugs als Top-Feature gehandelt – und tatsächlich erweisen sich die Änderungen als sehr praxisorientiert.

▼ **Abbildung 1.17**
Die Optionen des neuen Freistellungswerkzeugs

Ganz links finden Sie nun eine Liste ❶ und zwei Eingabefelder ❷. Damit haben Sie endlich die Möglichkeit, als Zielgröße nicht nur (wie bisher) Maße und Auflösung einzustellen, sondern verschiedene Kantenproportionen. Klicken auf den runden Pfeil ❸ vertauscht die eingetragenen Werte für Breite und Höhe.

Verändertes Werkzeugverhalten | Die entscheidendste und gewöhnungsbedürftigste Neuerung des Tools ist das oben schon erwähnte neue Werkzeugverhalten: Sie ziehen den Freistellrahmen auf wie gewohnt.

Doch dann ist es nicht mehr der Rahmen, den Sie verändern, sondern das Bild selbst, das unter dem feststehenden Rahmen verschoben, skaliert oder gedreht wird. Anfasser an den Ecken und Kanten erlauben es, die Größe des Freistellrahmens zu ändern. Das lässt sich auf Screenshots schlecht darstellen, Sie müssen es wohl einfach ausprobieren.

Für anfängliche Irritationen sorgt auch die Tatsache, dass die zum Kappen vorgesehenen Bildteile einfach ausgeblendet werden. Unter dem kleinen Zahnrad-Icon ❻ verbergen sich Einstellungen, mit denen Sie das Werkzeugverhalten steuern. Aktivieren Sie Classic-Modus verwenden, um zur herkömmlichen Arbeitsweise zurückzukehren. Setzen Sie jeweils ein Häkchen bei Freigestellten Bereich einblenden und gegebenenfalls bei Freistellungsabdeckung aktivieren, wenn Sie eine Freistellvorschau bevorzugen, bei der Sie die zum Beschnitt vorgesehenen Bildränder sehen.

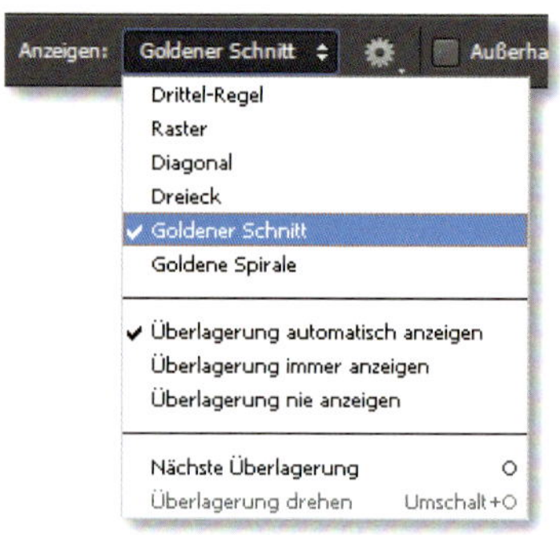

▲ **Abbildung 1.18**
Die Bild-Überlagerungen sind wirksame Hilfen, um den Freistellrahmen optimal zu positionieren.

Unter Anzeigen ❺ finden Sie eine Liste mit verschiedenen Überlagerungen, die Ihnen beim Positionieren des Freistellrahmens helfen. Wenn Sie Ihrem Beschnitt die Drittelregel oder den Goldenen Schnitts zugrunde legen, kann nicht nur ein kleineres Dokument, sondern auch eine spannungsvolle Bildkomposition entstehen.

Bilder geraderichten | In der Optionsleiste des Freistellungswerkzeugs finden Sie außerdem die Funktion Gerade ausrichten ❹. Diese ist nicht ganz neu, sie war früher beim Lineal untergebracht. Aktivieren Sie das Tool durch Anklicken des Buttons. Klicken Sie dann an einer der schiefen Bildlinien, und ziehen Sie mit der Maus eine Linie, die dem schiefen Objekt folgt. Nach dem Loslassen der Maus wird das Motiv wird sofort gedreht; die gezogene Linie wird entweder ins Lot oder in die Horizontale gebracht.

Perspektivisch Freistellen | Das verwandte Perspektivische Freistellungswerkzeug funktioniert weitgehend genau so, wie Sie es von den alten Perspektivfunktionen im früheren Freistellungswerkzeug kennen: Ziehen Sie einen Rahmen um das zu korrigierende Objekt, und passen Sie ihn mit Hilfe von Anfassern an dessen (stürzenden) Linien an. Wie jede Freistellungsoperation müssen Sie auch diese abschließen, bevor sie angewandt wird (↵ oder Klicken des »Häkchen«-Buttons in der Optionsleiste ganz rechts).

Neuer Prozess und neue Funktionen bei Camera Raw

Klarheit und Nutzerfreundlichkeit ist das Motto des CS6-Updates, und das macht sich auch in Camera Raw bemerkbar. Um die neuen Funktionen von Camera Raw überhaupt nutzen zu können, ist es notwendig, auf den neuen Prozess – neue interne Berechnungsweisen – umzustellen. Sofern Sie bisher unbearbeitete Raw-Dateien in Camera Raw öffnen, geschieht das von selbst, und Sie müssen nichts tun. Erst, wenn Sie Bilder öffnen, die Sie zuvor schon einmal mit einer älteren Version von Camera Raw bearbeitet haben, ist Ihr Eingreifen erforderlich.

Ein kleiner Ausrufezeichen-Button am unteren rechten Rand des Vorschaufensters macht Sie darauf aufmerksam, dass Ihr Bild mit den Werten eines älteren Raw-Entwicklungs-Algorithmus (»Prozess 2003« oder »Prozess 2010«) angezeigt wird. In diesem Fall zeigt das Camera-Raw-Modul auch keine der Neuerungen, sondern nur alte Funktionen. Ein Klick auf das Ausrufezeichen-Symbol genügt, um die Berechnung auf den neuen »Prozess 2012« umzustellen und die neuen Tools und Funktionen zu aktivieren. Allerdings hat das einschneidende Konsequenzen: Alle älteren Einstellungen gehen verloren!

Glücklicherweise ist die Prozessumstellung keine Einbahnstraße. Auf der Registerkarte KAMERAKALIBRIERUNG finden Sie unter PROZESS eine kleine Liste, mit der Sie zu einem der älteren Prozesse zurückgehen können.

▲ **Abbildung 1.19**
So stellen Sie mit Vorversionen bearbeitete Dateien auf den neuen Prozess 2012 um …

▲ **Abbildung 1.20**
… und so kehren Sie wieder zu einem der älteren Rechenprozesse zurück (und retten die früheren Einstellungen).

Verbesserte Belichtungskorrektur | Die augenfälligste und wichtigste Veränderung in Camera Raw mit dem Prozess 2012 ist sicherlich die Palette GRUNDEINSTELLUNGEN. In den alten Prozessversionen von Camera Raw waren Funktionsweise und Benennung der verschiedenen Regler für die Bildhelligkeit ziemlich unlogisch. Nun wurden die Regler für Belichtungs- und Helligkeitseinstellungen entrümpelt, ergänzt und in eine logische Ordnung gebracht.

- Bisher wirkte der Regler BELICHTUNG auf Lichter und Tiefen. Jetzt, mit dem neuen Prozess 2012, werden damit die **Mitteltöne** eingestellt.
- **Tiefen** und **Lichter** sprechen Sie mit zwei eigenen Reglern separat an. So können Sie die hellsten und dunkelsten Tonwertbereiche des Bildes isoliert bearbeiten, ohne dass andere Tonwerte betroffen sind. So korrigieren Sie auch problematische Bilder mit einem hohen Kontrastumfang.
- Dabei können **Tiefen- oder Lichterzeichnung** schon einmal verlorengehen. Der Regler WEISS kann in den Details Lichterzeichnung retten, SCHWARZ dunkelt Details wieder ein wenig ab.

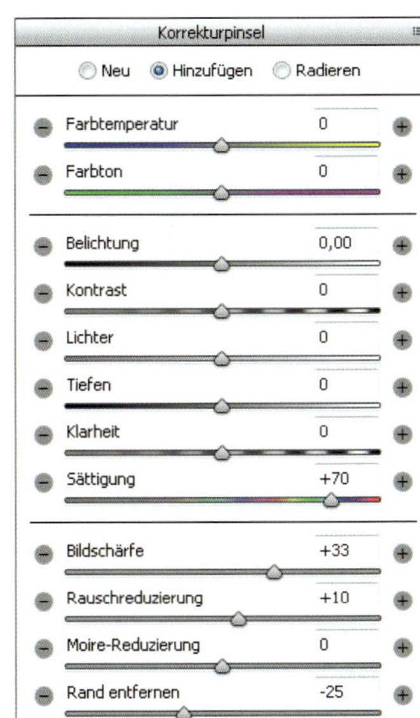

▲ **Abbildung 1.21**
Ausschnitt aus den Korrekturpinsel-Einstellungen mit den neuen Funktionen (unterer Bereich des Dialogs)

Die **Aberrationskorrektur** hat nun auf der Palette OBJEKTIVKORREKTUREN einen eigenen Karteireiter namens FARBE bekommen. Sie ist jetzt unabhängig von etwaigen automatischen Objektivprofilen und kann mit Reglern fein abgestimmt werden. Mit den Reglern LILA INTENSITÄT und GRÜN INTENSITÄT entfernen Sie die typischen Aberrationsränder von

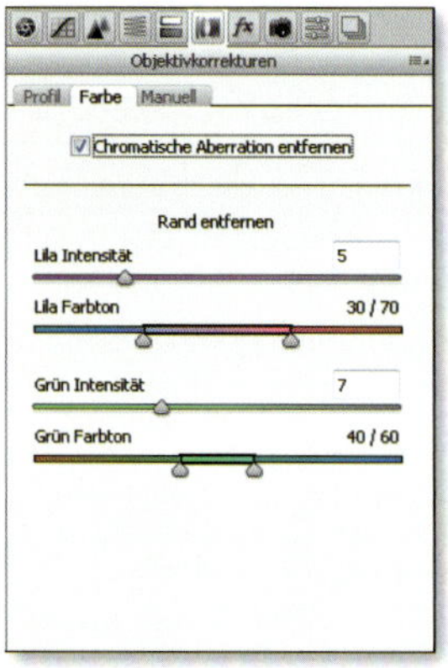

▲ **Abbildung 1.22**
Fein dosierbare Einstellungen, um vom Objektiv verursachte Farbränder zu entfernen

Objektkanten. Mit den FARBTON-Reglern legen Sie fest, welche Farbbereiche als »Aberration« erkannt und getilgt werden (Abbildung 1.22).

Zu diesen größeren Änderungen kommen kleinere Neuerungen, die sich jedoch leicht erschließen lassen. Mit der **Punkt-Gradationskurve** können Sie jetzt auch **separate Farbkanäle** ansteuern (in Photoshop eine Selbstverständlichkeit, in Camera Raw bisher nicht). Die Funktionen BILDSCHÄRFE, RAUSCHREDUZIERUNG, MOIRÉ-REDUZIERUNG und RAND ENTFERNEN (gemeint sind Aberrations-Farbränder) können Sie jetzt auch **lokal anwenden** – per Korrekturpinsel oder Verlaufsfilter. So sprechen Sie problematische Bildbereiche gezielt an, als Ergänzung oder Alternative zu den globalen Korrekturen mit der Palette DETAILS.

Aberrationskorrektur nicht zu sehen?

Unabhängig von der jeweiligen Prozess-Version von Camera Raw gibt es auch Softwareversionen. Der FARBE-Karteireiter ist erst ab Camera Raw 7.1 mit dabei. Aktualisieren Sie Photoshop (CS6), um auch alle neuen Camera-Raw-Funktionen zu sehen.

Adaptive Weitwinkelkorrektur

Mit dem Filter ADAPTIVE WEITWINKELKORREKTUR (direkt unter FILTER) gehen Sie gegen typische Perspektivfehler vor, wie sie vor allem von Weitwinkelobjektiven erzeugt werden: stürzende Linien, Verzerrungen zum Bildrand hin oder gewölbte Horizontlinien. Das beherrscht auch der bekannte Filter OBJEKTIVKORREKTUR. Das Besondere an der adaptiven Weitwinkelkorrektur ist, dass Sie nicht global, sondern objektbezogen arbeiten: Sie ziehen einfach Linien oder Polygone über die Bildlinien, die stürzen oder verbogen sind. Der neuartige Filter funktioniert auch bei Smartobjekten.

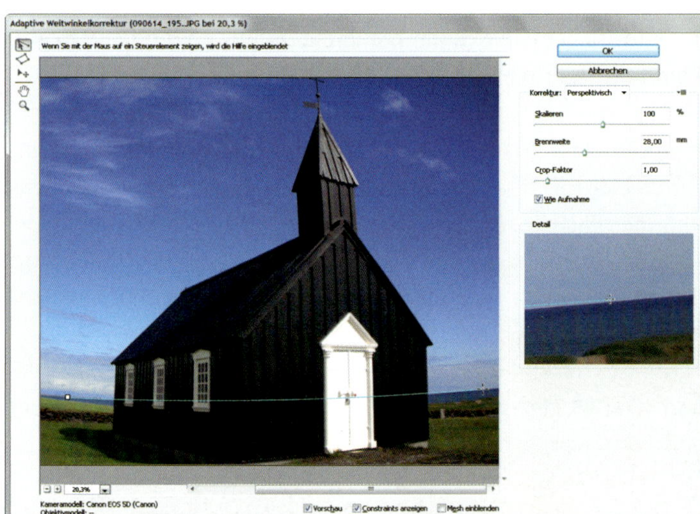

Abbildung 1.23 ▶
Der Dialog ADAPTIVE WEITWINKELKORREKTUR. Korrekturlinien ziehen Sie direkt über dem Bild. Dafür brauchen Sie etwas Übung.

Die wichtigsten Tools sehen Sie in der Werkzeugleiste ganz oben:

▸ Mit dem Constraint-Werkzeug (Kürzel: C) korrigieren Sie einzelne Bildlinien, indem Sie darüber eine Korrekturlinie ziehen.

- Das Polygon-Constraint-Werkzeug (Kürzel: Y) wird über zusammenhängenden Linien, etwa einem Gebäudeumriss, aufgezogen, so dass sie zusammenhängend korrigiert werden können.

Start- und Endpunkte der Constraint-Linien können Sie jederzeit in eine neue Position bringen. Die Linie und damit die Korrekturachse können Sie überdies drehen. Und wenn Sie unter KORREKTUR (im Dialogfeld rechts oben) die Option FISCHAUGE wählen, können Sie die Constraint-Linie durch zusätzliche Anfasser genau an gebogene Bildlinien anpassen, etwa an gewölbte Horizontlinien von Panoramen.

Neuartiges Filterhandling bei der Weichzeichnergalerie

Unter den Weichzeichnungsfiltern finden Sie drei neue Filter, die zusammen in einer neuartigen Bedienoberfläche zusammengefasst sind, der Weichzeichnergalerie.

- Mit der FELD-WEICHZEICHNUNG bringen Sie modular sehr **differenzierte Weichzeichnungs- und Schärfungszonen** ins Bild.
- Die IRIS-WEICHZEICHNUNG bringt **fotografische Unschärfe** ins Bild und ist eine erstzunehmende Konkurrenz für den Filter OBJEKTIVUNSCHÄRFE (in CS5 hieß er noch TIEFENSCHÄRFE ABMILDERN).
- TILT-SHIFT erzeugt – ja, genau – **Tilt-Shift-Effekte**.

Die Bedienungsweise aller Filter ist ähnlich. Rechts und oben finden Sie zwar einige Bedienelemente, doch die wichtigsten Steuerungen positionieren Sie direkt über dem Bild.

◂◂ **Abbildung 1.24**
Einstellung der FELD-WEICHZEICHNUNG. Hier ist jeder Punkt ein Schärfe-/Unschärfezentrum.

◂ **Abbildung 1.25**
Neben den Steuerungen direkt über dem Bild verfügt die Weichzeichnergalerie über wenig sonstige Regler.

Indem Sie ins Bild klicken, bestimmen Sie das Zentrum der Weichzeichnung. Bei der FELD-WEICHZEICHNUNG kann es mehrere solcher Zentren mit jeweils eigenen Einstellungen geben. Die IRIS-WEICHZEICHNUNG hat nur eines, dafür kommen dort noch Anfasser ins Spiel, mit denen Sie die Form des weichgezeichneten Bereichs intuitiv umreißen. Bei TILT-SHIFT arbeiten Sie zusätzlich mit Linien, die die Übergangsbereiche zwischen Schärfe und Unschärfe definieren. Um einen solchen Weichzeichnungs-Punkt (Pin) zu löschen, klicken Sie ihn an und drücken Entf / ←; um alle Einstellungen zu löschen, klicken Sie in der Optionsleiste.

▲ **Abbildung 1.26**
Ungewöhnliche und effiziente Filtersteuerung

Stärke der Weichzeichnung | Die Stärke der Weichzeichnung stellen Sie ebenfalls direkt über dem Bild ein. Dazu nutzen Sie den Kreisregler des jeweils aktiven Pins. Schieben Sie den hellen Bereich auf der Kreislinie zusammen, oder ziehen Sie ihn weiter auf (siehe Abbildung 1.26). Alternativ nutzen Sie den Schieberegler WEICHZEICHNEN. Wenn Sie den Wert auf 1 zurücksetzen, stellen Sie die ursprüngliche Bildschärfe wieder her.

Paletten für Zeichen- und Absatzformate

Die neuen Paletten ZEICHENFORMATE und ABSATZFORMATE sollen das Layouten von Text erleichtern. Das macht aus Photoshop bei weitem keine Konkurrenz für Satzprogramme, gedacht sind die Funktionen eher für kleine Entwurfsaufgaben. Mit der Zeichenformate-Palette verwalten Sie zeichenbasierte Eigenschaften wie Schriftart, -grad oder -farbe. Die Absatzformate-Palette kann zeichenübergreifende, absatzbasierte Eigenschaften wie Ausrichtung, Einzüge oder Kerning als Formatvorlage festhalten. Sie starten beide Paletten wie gewohnt über das Menü FENSTER. Die Bedienung ist fast gleich.

1. Um eine **neue Formatvorlage zu erzeugen**, klicken Sie auf das NEU-Icon am unteren Rand der Zeichen- oder Absatzpalette.
2. Eine ganz neue Formatvorlage enthält zunächst noch *keine* Zeichen- oder Absatzeigenschaften – sie ist leer! Sie erkennen diesen Status am kleinen Pluszeichen hinter dem Standardnamen des neuen Formats.
3. Um diese frisch erstellte Formatvorlage überhaupt funktional zu machen, müssen Sie sie mit Absatz- oder Zeichen-Eigenschaften ausstatten. Dazu aktivieren Sie die Vorlage in der Formate-Palette (durch Anklicken), wählen in der Ebenen-Palette die Textebene aus, deren Eigenschaften Sie als Formatvorlage nutzen wollen, und klicken dann auf das kleine Häkchen-Icon am unteren Rand der Formate-Palette.

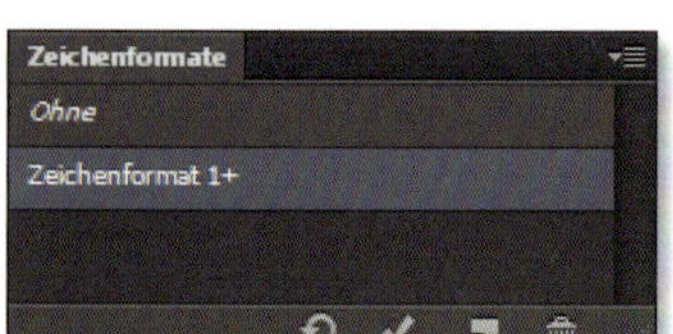

▲ **Abbildung 1.27**
Das erste neue Format in der Zeichenformate-Palette – ihm sind noch keine Eigenschaften zugeordnet.

4. Das Zeichen- oder Absatzformat wird jetzt aktualisiert, es erhält die Attribute der zuvor ausgewählten Textebene, und das kleine Pluszeichen hinter dem Namen der Formatvorlage verschwindet.
5. Alternativ doppelklicken Sie auf den Titel des neuen Formats. Sie erreichen dann einen umfangreichen Dialog, in dem Sie die Schrifteigenschaften manuell festlegen. Alles Weitere ist einfach.

Nur bei Absatztext!
Wie Sie vielleicht wissen, unterscheidet Photoshop zwischen Punkttext (mit dem Textwerkzeug ins Dokument klicken und losschreiben) und Absatztext (mit dem Textwerkzeug einen Rahmen aufziehen und darin schreiben). Die Formate-Paletten funktionieren nur zusammen mit Absatztext!

Um einer weiteren Textebene eines Ihrer **Zeichen- oder Absatzformate zuzuweisen**, aktivieren Sie diese Textebene in der Ebenen-Palette und klicken dann auf den Titel des betreffenden Formats in der Zeichenformate- oder Absatzformate-Palette.

Um ein **Format zu ändern,** doppelklicken Sie auf den Titel der Formatvorlage, die Sie modifizieren möchten. Sie gelangen dann zu einem umfangreichen Dialog, in dem Sie alle Zeichen- oder Absatzeigenschaften umstellen können. Die Eigenschaften werden für alle Textebenen verändert, denen das jeweilige Format zugewiesen wurde.

Vektorebenen grundlegend überarbeitet

Die Neuerungen für Vektorebenen betreffen vorrangig die Arbeit mit pfadbasierten Formen – Shapes, wie Sie sie mit dem Eigene-Form-Werkzeug [U] erzeugen. Neben vielen kleineren Neuerungen fallen vor allem die Einstellungen zur Objektfüllung und -kontur ins Auge.

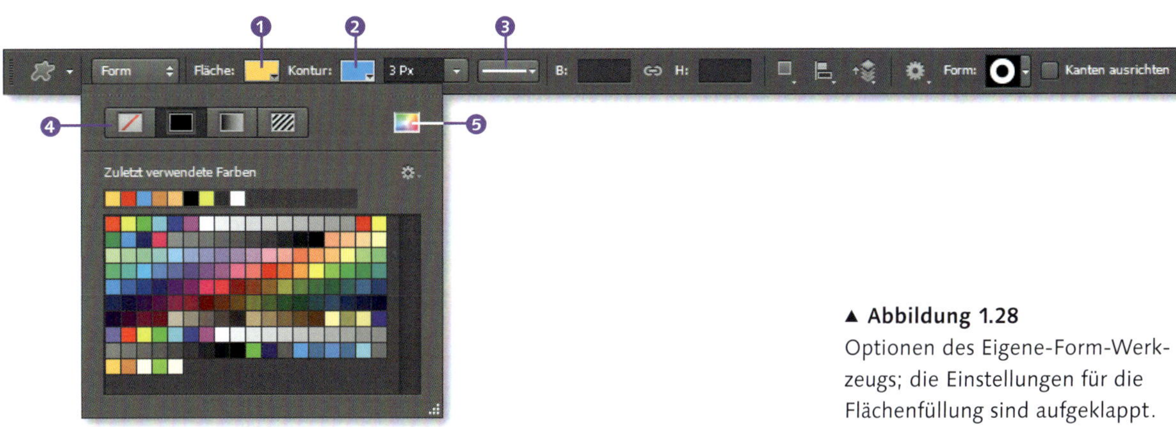

▲ **Abbildung 1.28**
Optionen des Eigene-Form-Werkzeugs; die Einstellungen für die Flächenfüllung sind aufgeklappt.

1. Wenn Sie eine neue Form aufgezogen haben, klicken Sie auf die Schaltfläche FLÄCHE ❶, um ihr eine Füllung zuzuweisen.
2. Sie haben die Wahl, ob die Form eine Farb-, Verlaufs- oder Musterfüllung oder keine Füllung bekommt. Klicken Sie auf einen der betreffenden Buttons ❹ (von links: ohne Füllung, solide Farbe, Verlauf, Muster).

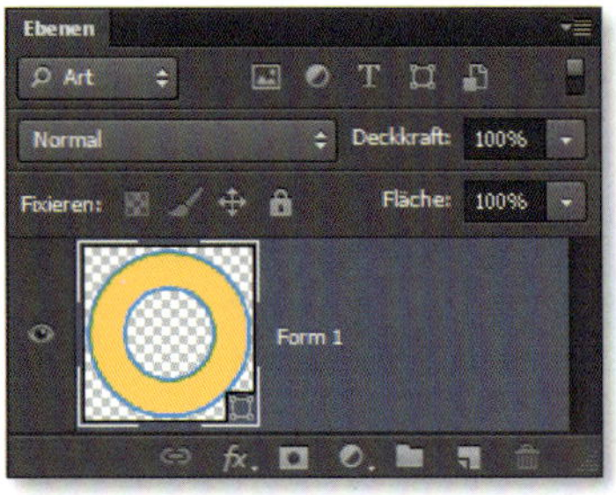

▲ **Abbildung 1.29**
Neue Darstellung von Vektorebenen in der Ebenen-Palette. Die Vektormaskenminiatur entfällt, stattdessen signalisiert eine kleine Ecke in der Miniatur unten rechts, dass es sich um eine Vektorebene handelt.

3. Je nach Wahl sehen Sie dann Farbfelder oder die gewohnten Verlaufs- oder Mustereinstellungen. Ein Klick auf das Farbprisma-Symbol ❺ führt zum Farbwähler, ein Klick auf das Zahnrad-Icon zur Vorgabenverwaltung.
4. Beim Zuweisen einer Kontur ❷ gehen Sie analog vor.

Interessant sind die weitergehenden Einstellungen für Konturen, erreichbar durch Klick auf die Konturlinien-Liste ❸. Dort haben Sie die Wahl zwischen diversen Linientypen. Mit Ausrichten legen Sie die Position der Kontur auf der Pfadlinie fest. Enden bestimmt, ob es überhaupt Unterbrechungen auf der Kontur gibt und ob die einzelnen Elemente einer gestrichelten Konturlinie gerundete oder kantige Ecken haben. Mit den Einstellungen unter Ecken können Sie das Aussehen unterbrochener Konturlinien verbessern, wenn sich an Rundungen oder Winkeln Musterkonflikte ergeben.

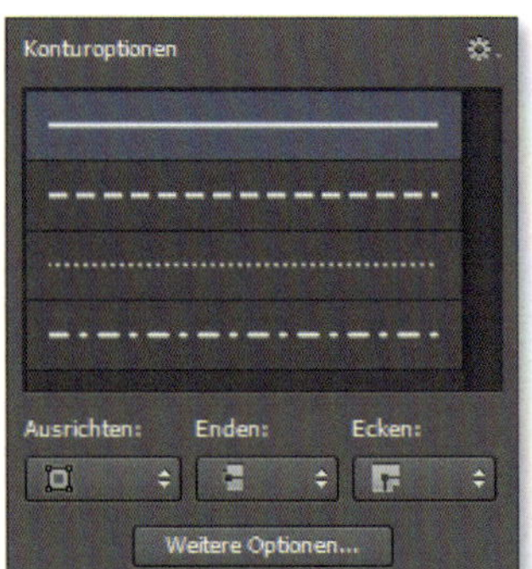

▲ **Abbildung 1.30**
Detaillierte Einstellungen für Konturlinien

▲ **Abbildung 1.31**
Punktierte Linie oder Klötzchen? Die Enden-Einstellung ist entscheidend.

▲ **Abbildung 1.32**
Vergrößerter Detailausschnitt einer Vektorform vor Pixelraster. Wer genau hinschaut, erkennt, dass die Vektorlinie zwischen den Pixeln sitzt.

Genaue Positionierung | Ein altes Ärgernis wurde ebenfalls behoben: Vektorformen können jetzt besser am Pixelraster ausgerichtet werden. Um Vektorlinien wirklich exakt am Pixelraster auszurichten, aktivieren Sie die Option Voreinstellungen • Allgemein • Vektorwerkzeuge und Transformationen an Pixelraster ausrichten. Die Option Kanten ausrichten in der Formwerkzeug-Optionsleiste ist nicht ganz so genau, sie sorgt lediglich für optische Anpassung durch Anti-Aliasing der Pixelkanten.

Direktauswahl-Werkzeug komfortabler | Das Direktauswahl-Werkzeug A, wichtig für das Bearbeiten von Pfadlinien, ist jetzt intuitiver zu bedienen. Sofern die Option Pfadziehen beschränken **deaktiviert**

ist, werden beim Ziehen von Ankerpunkten benachbarte Pfadsegmente mit angepasst. Das verhindert das Entstehen schwer kontrollierbarer Ausbuchtungen und Verformungen von Pfaden.

Inhaltsbasiert verschieben

Die inhaltsbasierten Retuschefunktionen sind ganz einfach zu bedienen. Geeignete Bildmotive vorausgesetzt, erreichen Sie damit schnell gute Ergebnisse. Das Inhaltsbasiert verschieben-Werkzeug arbeitet nach einem – zumindest für den Nutzer – sehr einfachen Prinzip: Sie umfahren die zu retuschierende Stelle mit der Maus, erzeugen so eine Auswahllinie und verschieben die Auswahl samt Inhalt an die neue Position.

▲ **Abbildung 1.33**
Optionen des Inhaltsbasiert verschieben-Werkzeugs

Relevant sind die Einstellungen unter MODUS; sie bestimmen die Arbeitsweise des Werkzeugs:

- Im MODUS: VERSCHIEBEN verschiebt das Tool Bildinhalte an eine andere Stelle und passt sie dort mehr oder weniger gut ein.
- Ist MODUS: ERHALTEN aktiv, können Sie bestehende Bildobjekte durch Retuschieren erweitern.

▼ **Abbildung 1.34**
Wirkung des ERHALTEN-Modus: Mit wenigen Handgriffen habe ich dieses Hinweisschild verlängert. Wenn Sie genau hinsehen, erkennen Sie den Bedarf für Detailretuschen, doch als erstes Ergebnis ist diese Bildversion schon brauchbar.

Bild: Photocase

Mit der Option ALLE EBENEN AUFNEHMEN wird Ihre Arbeit mit dem Tool flexibler. Sie können die Retusche einfach auf einer leeren Ebene ausführen, die über der Bildebene liegt. Nachbesserungsarbeiten fallen dann leichter, die Originalebene wird nicht verändert.

Kapitel 2
Starthilfe für Photoshop-Einsteiger

Dieses Kapitel ist für Leser gedacht, die bisher wenig Erfahrung mit Photoshop haben. Es macht Sie mit Photoshops wichtigsten Konzepten und Funktionen vertraut. Wenn Sie es gelesen haben, können Sie sofort erste Schritte machen – und verstehen die folgenden Buchkapitel viel besser!

2.1 Wie kommen die Bilder aus der Kamera?

Die Bilder von der Kamera zu holen, um sie in Photoshop zu bearbeiten, ist die erste und gar nicht mal so triviale Aufgabe (angehender) Bildbearbeiterinnen und Bildbearbeiter. Photoshop selbst hat keinen eigenen Befehl für den Massenimport von Bildern – im DATEI-Menü finden Sie lediglich verschiedene Befehle zum Öffnen, Speichern und die automatisierte Dateiverarbeitung. Sie müssen jedoch nicht auf die vermutlich mitgelieferte Software Ihrer Kamera oder andere Fremdlösungen zurückgreifen. Photoshop kommt nämlich mit einem Programmpartner, der Adobe Bridge. Die Bridge wird bei der Installation von Photoshop automatisch mit installiert und arbeitet perfekt mit Photoshop – und anderen Creative-Suite-Komponenten – zusammen.

Photoshop CS6 für Umsteiger

Wenn Sie Photoshop bereits kennen, ist Kapitel 1, »Photoshop CS6 – Highlights auf einen Blick«, für Sie interessant. Dort werden die wichtigsten Neuerungen vorgestellt und erläutert.

Bildimport mit der Bridge

Wählen Sie in Photoshop den Befehl DATEI • IN BRIDGE SUCHEN, oder starten Sie die Bridge separat.

Sie sehen dann eine in drei Spalten gegliederte Programmoberfläche, in der vermutlich noch keine Bilder und erst wenig andere Dateien angezeigt werden. Wenn Sie das noch nicht erledigt haben, sollten Sie jetzt Ihre Digicam mit dem Rechner verbinden oder die Speicherkarte der Kamera in den Kartenleser stecken. Dann klicken Sie auf das klei-

▲ **Abbildung 2.1**
Den Foto-Import in der Bridge starten

ne Kamera-Icon in der Anwendungsleiste ❶. Es öffnet sich der Foto-Downloader. Die Handhabung ist einfach:

1. Unter Fotos laden aus ❷ stellen Sie ein, woher die Bilder geladen werden sollen. Wählen Sie die Bezeichnung Ihrer Kamera.
2. Klicken Sie auf Durchsuchen ❸. Navigieren Sie zu dem Ordner, in dem die Fotos abgelegt werden sollen.
3. Alle weiteren Einstellungen sind optional. Klicken Sie auf Mediendateien laden ❹, um den Fotodownload zu starten.

Dateiformate

Bilder kommen in vielen Dateiformaten. Kameras produzieren meist JPGs, TIFs und Raw-Formate. Die beiden ersteren werden anstandslos von Photoshop geöffnet. Nimmt Ihre Kamera jedoch Raw-Dateien auf, werden sie zunächst im **Raw-Konverter** geöffnet. Über die Funktionsweise lesen Sie mehr in Kapitel 22, »Das Camera-Raw-Modul«. Weitergehende Informationen über **Dateiformate** finden Sie in Abschnitt 3.6, »Dateiformate für Bilder«.

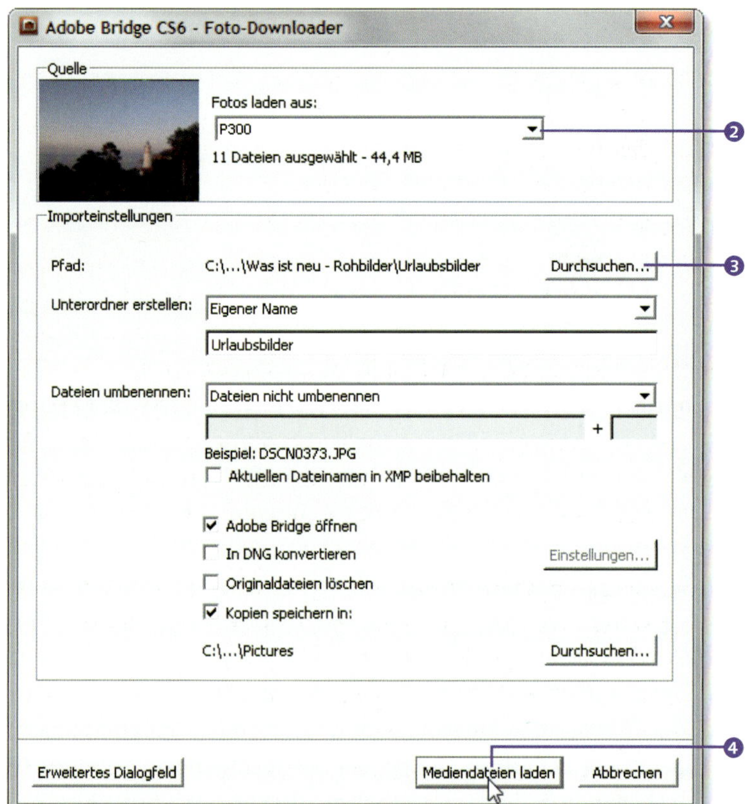

▲ **Abbildung 2.2**
Einstellungen für den Fotoimport. Auf diese Weise laden Sie auch Daten von USB-Sticks und anderen Medien.

Zum Weiterlesen
Die **Bridge** ist ein mächtiger Helfer, um Dateien zu verwalten. In Kapitel 9, »Adobe Bridge: Die Ordnungsmacht«, erhalten Sie detaillierte Informationen.

Die Fotos werden nun in den angegebenen Ordner geladen. Wenn der Vorgang abgeschlossen ist, sehen Sie Miniaturen Ihrer Bilder im Inhalt-Fenster der Bridge. Ein Doppelklick öffnet die Bilder in Photoshop. Nun können Sie auch den Photoshop-Befehl Datei • Öffnen nutzen, um Ihre Fotos aufzurufen.

2.2 Das Photoshop-Cockpit in fünf Minuten

Die Überschrift dieses Abschnittes ist eine glatte Lüge – selbstverständlich ist es unmöglich, Photoshops vielseitiges Nutzer-Interface so schnell zu erklären. Doch die Zeit reicht aus, um das grundlegende Funktionskonzept zu verstehen.

Neben den Menübefehlen, die Sie vermutlich aus anderen Anwendungen kennen, gibt es drei weitere wichtige Steuerungselemente in Photoshop:

- Die **Werkzeugleiste**, die standardmäßig am linken Bildschirmrand angedockt ist. Darin finden Sie Instrumente, mit denen Sie per Maus oder mit Zeichentablett und Stift – wenn Sie darüber verfügen – direkt auf das Bild einwirken. Es also beispielsweise beschriften (mit dem Text-Werkzeug), darauf malen (vielleicht mit Pinsel oder Misch-Pinsel) oder retuschieren (etwa mit dem Rote-Augen-Werkzeug).
  Sie erreichen die Werkzeuge jeweils durch Anklicken oder mit Tastaturkürzeln. Die Symbole sind recht anschaulich und verraten einiges über die Werkzeugfunktion. Fast jedes Werkzeug hat Unterwerkzeuge. Um sie zu erreichen, klicken Sie ein Werkzeug an und halten die Maustaste ein wenig länger gedrückt. Das Menü mit den Unterwerkzeugen klappt aus; dort können Sie auch die Tastaturkürzel ablesen (oder in der Referenz hinten in diesem Buch!). Klicken aktiviert ein Werkzeug.
- Die horizontale **Optionsleiste** direkt unterhalb der Menüleiste. Was Sie dort sehen, ist abhängig vom gerade aktiven Werkzeug. In der Optionsleiste legen Sie die Wirkungseigenschaften des jeweiligen Werkzeugs fest. Diese Einstellungen setzen sich nicht von allein zurück, sondern bleiben erhalten, bis Sie sie ändern. Das sollten Sie immer im Hinterkopf behalten, falls ein Werkzeug einmal unerwartete Wirkung zeigt.

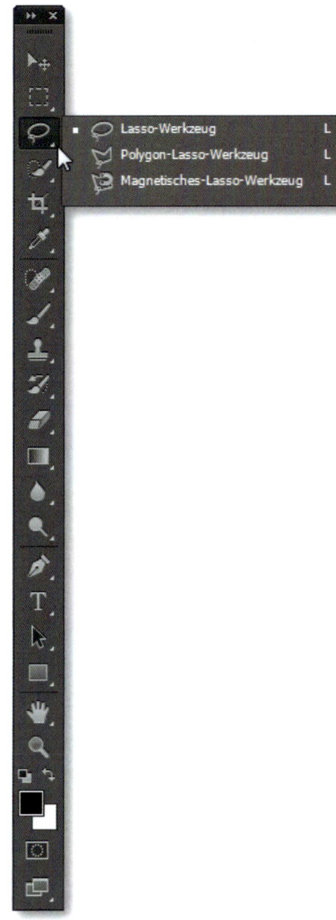

▲ **Abbildung 2.3**
Werkzeugleiste mit ausgeklappten Unterwerkzeugen (hier beim Lasso)

▲ **Abbildung 2.4**
Die Optionsleiste des Lasso-Werkzeugs. Sie ist relativ einfach; manche Optionsleisten sind dicht mit Einstellungsmöglichkeiten beladen.

- Die **Paletten**, in der offiziellen Adobe-Sprache »**Bedienfelder**« genannt, die am rechten Bildschirmrand fixiert sind. In Paletten sind Ihre wichtigsten Kontrollinstrumente für bildübergreifende Arbeiten untergebracht, etwa in der Ebenen-Palette für die Arbeit mit Bildebenen, in der Eigenschaften-Palette für die Verwaltung globaler –

auf das ganze Bild wirkender – Korrekturen oder in der Zeichen-Palette, in der Sie Eigenschaften von Text einstellen. Auch kreative Ressourcen und Helfer sind in Paletten organisiert, etwa in der Palette FARBE (Einstellen von Farben, etwa zum Malen oder Schreiben) oder der Palette AKTIONEN, mit der Sie wiederkehrende Arbeitsroutinen aufzeichnen und automatisiert ablaufen lassen.

▲ **Abbildung 2.5**
Die Paletten FARBE und FARBFELDER sind offen und über Karteireiter zugänglich, links daneben zum Symbol minimiert zwei weitere Paletten.

Zum Weiterlesen
Ausführliches über die **Arbeitsfläche** finden Sie in Kapitel 4, »Der Arbeitsbereich«. Informationen über das **Anpassen von Photoshop** gibt's in Kapitel 7, »Den Arbeitsbereich anpassen».

Nicht alle Paletten sind jederzeit geöffnet – dann wäre die Arbeitsfläche schlicht verstopft. Über das Menü FENSTER blenden Sie Paletten ein und aus.

2.3 Wie soll ich mit digitalen Bildern arbeiten?

Geht es immer noch nicht los mit Photoshop? In Kürze! Doch zuerst noch einige wichtige Worte über den Umgang mit digitalen Bildern – ganz allgemein und mit Photoshop im Besonderen.

Schützen Sie Ihr digitales Negativ

Viele Bildbearbeitungswerkzeuge, die sich eher an Laien richten, wie etwa Picasa oder die Bildkorrektur in Macs iPhoto, erzeugen automatisch Bildkopien, wenn Sie irgendetwas ändern. Die Originaldatei wird dadurch geschützt.

Das macht die Bildverwaltung zwar häufig undurchschaubarer, ist jedoch sinnvoll: Jedes Original gibt es nur einmal, und eine digitale Bilddatei ist so kostbar wie ein Filmstreifen-Negativ. Ein schlecht gelagertes Papierfoto vergilbt, bekommt Knicke oder Kratzer auf der Schichtseite. Doch auch Digitalfotos sind nicht unbegrenzt veränderbar, und viele Eingriffe sind nicht reversibel. Deswegen gilt: Hüten Sie Ihre digitalen Bilderschätze gut!

Arbeiten Sie mit Kopien

Photoshop – oder die Bridge – erzeugen beim Bearbeiten einer Datei keine automatische Sicherungskopie. Doch in Photoshop gibt es zahlreiche Funktionen für pixelschonendes Arbeiten. Bis Sie alle kennen, sollten Sie mit Kopien des Originalbildes arbeiten. Eine **Bildkopie erstellen** Sie beispielsweise so:

- Wenn ein Bild bereits in Photoshop geöffnet ist, erzeugen Sie mit dem Befehl Bild • Duplizieren eine Kopie. Diese speichern Sie dann (Datei • Speichern) und bearbeiten sie getrennt vom Original.
- In der Bridge aktivieren Sie eine oder mehrere Bildminiaturen, rechtsklicken dann darauf und wählen aus dem Kontextmenü den Befehl Kopieren. Die Dateien werden nun ohne weitere Bestätigung die Zwischenablage Ihres Rechners kopiert. Mit dem Befehl Einfügen fügen Sie sie im selben Ordner oder an einer anderen Stelle ein. Sie können die Registerkarte Ordner (links von Bridges Inhalt-Fenster) nutzen, um mit der Bridge durch das Dateisystem zu navigieren.

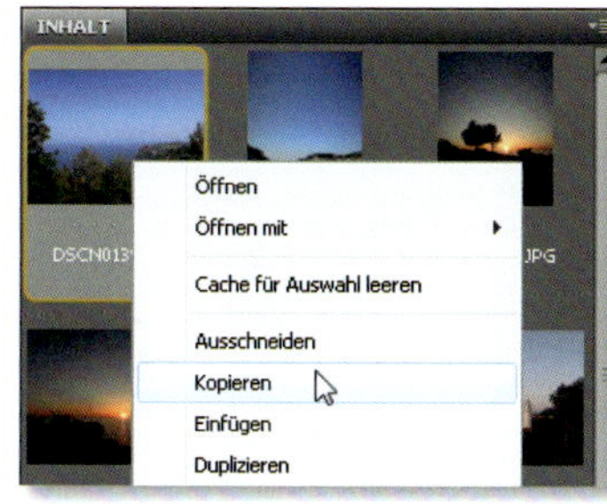

▲ **Abbildung 2.6**
Dateikopie erzeugen mit der Bridge

Zum Weiterlesen
Die wichtigsten von Photoshops nichtdestruktiven Arbeitstechniken sind Einstellungsebenen, Smartfilter und das Arbeiten auf separaten Ebenen (besonders bei Retuschewerkzeugen und dem Misch-Pinsel anzuraten). Mehr über **Einstellungsebenen** erfahren Sie in Kapitel 11, »Ebenen: Konzept, Arten, Handling«. Wie **Smartfilter** funktionieren, lesen Sie in Kapitel 30, »Besser filtern«. Tipps zu den **Retuschetools** gibt es in Kapitel 26, »Bildretusche«.

2.4 Wichtige Techniken für Collagen und Montagen

Collagen und Montagen gehören zu den anspruchsvollsten Aufgaben, die Sie mit Photoshop ausführen können. Viele komplexe Funktionen werden dafür gebraucht: Ebenen, Masken, Auswahlwerkzeuge. Nicht ohne Grund sind diesem Thema gleich zwei Buchteile (Teil IV, »Ebenen«, und Teil V, »Auswählen, freistellen und maskieren«) gewidmet. Mal eben auf die Schnelle lässt sich das Ganze also nicht erklären. Ich kann Ihnen aber zeigen, was mit Photoshop überhaupt möglich ist, wie diese wichtigen Konzepte funktionieren und in welche Richtung Sie nach Lösungen suchen können.

Bearbeitung eingrenzen – Auswahlen

Auch wenn Photoshop eine ganze Reihe intelligenter Werkzeuge an Bord hat, die selbständig Pixel analysieren und ihre Wirkung entsprechend variieren – von der Programmlogik her ist erst einmal jedes Bildpixel gleich. Photoshop »weiß« nicht, ob ein Pixel zu einer Blumenvase im Bildvordergrund gehört oder ob es Teil der Tapete im Hintergrund ist. Daraus entsteht der Bedarf nach Abgrenzung: Sie müssen Photoshop in sehr vielen Fällen mitteilen, welche Bildpixel Sie bearbeiten möchten und welche nicht. Etwa, wenn Sie einzelne Bildpartien einfärben, Korrekturen auf bestimmte Bereiche eingrenzen oder Bildteile ausschneiden und woanders einbauen möchten. In diesen und vielen anderen Fällen brauchen Sie eine Auswahl!

▲ **Abbildung 2.7**
Hier malt das Farbe-ersetzen-Werkzeug eine der roten Kirschen blau und schont die Nachbarn – dank einer klugen Automatik. Meist brauchen Sie für die Bearbeitung isolierter Bereiche aber eine Auswahl.

1

▲ **Abbildung 2.8**
Die Blume soll vom Hintergrund gelöst werden. Dazu habe ich eine Auswahl erzeugt, wie Sie an der Strichellinie 1 erkennen.

In Photoshop gibt es zehn Auswahlwerkzeuge für verschiedene Zwecke und einen eigenen Menüpunkt Auswahl.

- Farbbereich (im Auswahl-Menü) – für weitgehend monochrome Flächen
- Zauberstab – Klick ins Bild, um Bereiche rund um die Klickstelle zu erfassen
- Schnellauswahlwerkzeug – die Auswahllinie vom Objektinneren nach außen verschieben
- Lasso – das Auswahlobjekt umzeichnen; geeignet für Grobauswahlen
- Polygon-Lasso – Umzeichnen und Klicken; für kantige Auswahlobjekte
- Magnetisches-Lasso – intelligentes Werkzeug, das in Randbereichen die Kontraste prüft und beim Umzeichnen eigenständig eine Linie anlegt
- »geometrische Auswahlwerkzeuge«: Auswahlrechteck und Auswahlellipse – Aufziehen von Rechecken und Ellipsen
- einzelne Zeile und Spalte – in seltenen Ausnahmefällen

Sie können auf Auswahlbereiche wirklich fast jede Photoshop-Funktion anwenden, doch bis es so weit ist, müssen Sie die Auswahlen oft noch nachbessern, bis sie passen. Dabei sind der Maskierungsmodus [◙] in der Werkzeugleiste (auch als »Quick Mask« bekannt, Kürzel [Q]) und die Funktionen Kante verbessern und Maskenkante hilfreich.

Zum Weiterlesen
Mehr über **Auswahlwerkzeuge** und ihre Optionen sowie die Möglichkeiten zum **Feintuning** lesen Sie in Kapitel 14, »Auswahlen«.

Schicht auf Schicht – Ebenen

Ebenen sind eines der wichtigsten Konzepte in Photoshop und *das* Hilfsmittel für kreatives und flexibles Arbeiten: Wie Folien können Sie verschiedene Ebenen übereinanderschichten, verschieben, vergrößern, verfremden und anders bearbeiten, bis sich ein harmonisches Gesamtbild ergibt. Ebenen ermöglichen etwa das Erstellen komplexer Montagen (Hintergrundebenen ❻, Bildebenen ❸ und ❺), die zerstörungsfreie Bildkorrektur (mit Einstellungsebenen ❹ und Smartobjekten), die Texteingabe (mit Textebenen ❷) und das Einmontieren vektorbasierter Formen und Ornamente (mit Formebenen ❶). Sie verwalten Ebenen mit der Ebenen-Palette (einblenden über [F7] oder Fenster • Ebenen).

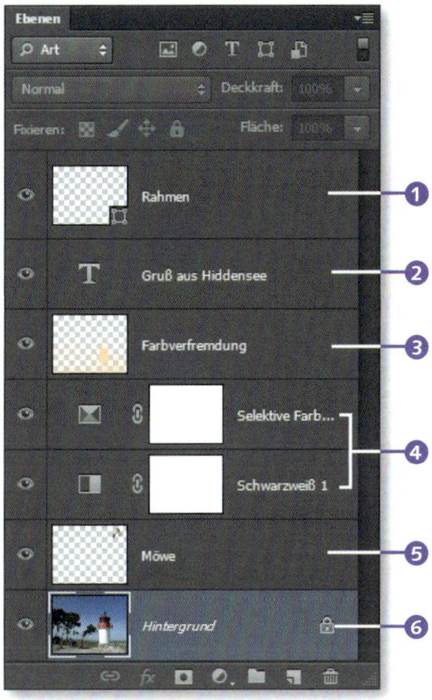

◄▲ **Abbildung 2.9**
Selbst eine einfache Montage im »Alte-Postkarten-Look« kommt nicht ohne Ebenen aus. Die Ebenen-Palette ist das wichtigste Kontrollzentrum.

Neu geöffnete Bilder haben in der Regel nur eine Ebene: die Hintergrundebene. Je nachdem, welchen Ebenentyp Sie einsetzen wollen, gibt es unterschiedliche Vorgehensweisen, weitere Ebenen ins Bild zu bringen: Textebenen durch Texteingabe mit dem Text-Werkzeug, Formebenen durch Anwenden eines der Formwerkzeuge, Einstellungsebenen mit Hilfe der Korrekturen-Palette. Smartobjekte können Sie einfügen oder aus normalen Bildebenen erstellen.

Um Bildebenen zu generieren, gibt es verschiedene Wege. Ziehen Sie beispielsweise Ebenen aus anderen Dateien hinüber, isolieren Sie einzelne Bildobjekte mit Hilfe der Auswahlwerkzeuge und stellen sie auf eine neue Ebene, oder werden Sie kreativ und füllen zunächst leere Ebenen mit Verläufen, Mustern oder anderen Elementen.

2.5 Erste Hilfe: Reparieren, korrigieren, retuschieren

Hier geht es um Soforthilfe für misslungene Schnappschüsse, die mit wenig Zeitaufwand korrigiert werden sollen. Natürlich bietet Photoshop auch Werkzeuge, mit denen Sie differenzierte Korrekturen und ausgeklügelte Retuschen durchführen. Doch manchmal genügen solche Quick-and-Dirty-Eingriffe.

Zu wenig Licht und Kontrast

Wenn Ihr Bild zu dunkel ist oder unter zu schwachen Kontrasten leidet, beheben Sie das einfach mit der Funktion Helligkeit/Kontrast. Sie lässt sich sogar als pixelschonende Einstellungsebene anwenden. Das geht ganz einfach.

Bild: stock.xchng, Chris Petescia

▲ **Abbildung 2.10**
Ein kontrastschwaches, etwas zu dunkles Ausgangsbild vor …

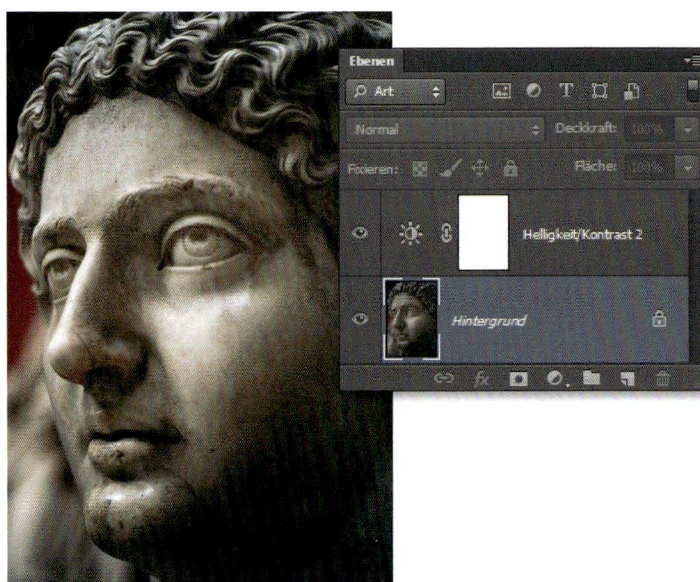

▲ **Abbildung 2.11**
… und nach der Auto-Korrektur. In der Ebenen-Palette erkennen Sie die Einstellungsebene, mit der die Korrektur durchgeführt wird.

Klicken Sie in der Palette KORREKTUREN auf das Icon HELLIGKEIT/KONTRAST ❶. Es öffnet sich sofort die Eigenschaften-Palette mit den Werkzeugeinstellungen. Dort brauchen Sie nur auf den Button AUTO ❷ zu klicken. Die Korrektur wird durchgeführt. Erscheint sie Ihnen zu kräftig, nehmen Sie sie anhand der Regler ❸ etwas zurück.

▲ **Abbildung 2.12**
Erzeugen einer Einstellungsebene HELLIGKEIT/KONTRAST

▲ **Abbildung 2.13**
Ein Klick genügt für die Korrektur

Zum Weiterlesen
Weitere Techniken und Werkzeuge für die **Korrektur von Kontrastschwächen** und **Belichtungsfehlern** lernen Sie in Kapitel 17, »Kontraste und Belichtung korrigieren: Schnelle Problemlöser«, kennen, die **Profitools** für anspruchsvolle Aufgaben in den Kapiteln 19 (Tonwertkorrektur) und 20 (Gradationskurven). Wie Sie **Farbstichen** beikommen, können Sie in Kapitel 18, »Wie bunt soll's sein? Farben flott geraderücken«, nachlesen.

Rote Augen, Stromleitungen und lästige Passanten: Fotos retuschieren

Auch für die Retusche gibt es zahllose Werkzeuge und Techniken. Meisterliche Retuschen können Sie ohne etwas Erfahrung und Sachverstand nicht ausführen. Doch inzwischen macht es Photoshop den Anwendern leicht. Es bietet viele intelligente Werkzeuge, die Ihnen eine Menge mühsamer Handarbeit abnehmen und mit denen Sie häufige Bildfehler beheben.

Zum Weiterlesen
Dem **Retuschieren** ist das Kapitel 26, »Bildretusche«, gewidmet.

Das Anti-Rote-Augen-Tool | Rote Augen entstehen auf Fotos immer dann, wenn die Kamera in weit geöffnete Pupillen hineinblitzt. Photoshop hat ein eigenes Werkzeug, um diesen häufigen Bildfehler zu beheben, das Rote-Augen-Werkzeug (Kürzel J).

Werkzeuge finden
Wenn Sie Schwierigkeiten haben, die hier erwähnten Werkzeuge in der Werkzeugleiste zu finden, schauen Sie sich die Übersichtsabbildung auf Seite 130 an.

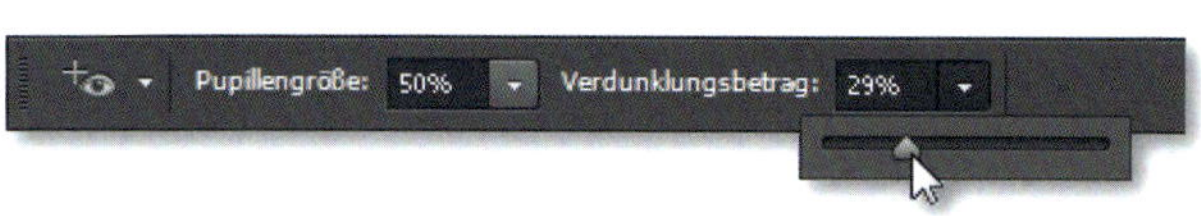

▲ **Abbildung 2.14**
Optionen des Rote-Augen-Werkzeugs

Bei der Anwendung müssen Sie sich ein wenig an die richtigen Einstellungen herantasten. Probieren Sie das Werkzeug einfach aus; wenn

Ihnen das Ergebnis nicht zusagt, nehmen Sie die Anwendung mit Strg/cmd+Z zurück und versuchen es nochmals.

Bildobjekte verschwinden lassen | Die inhaltsbasierte Retusche hat schon in CS5 Furore gemacht. Mit dem Bereichreparatur-Pinsel (Kürzel J) können Sie bei geeigneten Motiven störende Elemente einfach aus dem Bild pinseln. Auf diese Weise werden Sie etwa Stromleitungen, Masten, Äste und andere kleinere Elemente los.

▲ **Abbildung 2.15**
Das Gewirr von Regenrohren wurde ohne großen Zeitaufwand …

▲ **Abbildung 2.16**
… von der Fassade wegretuschiert.

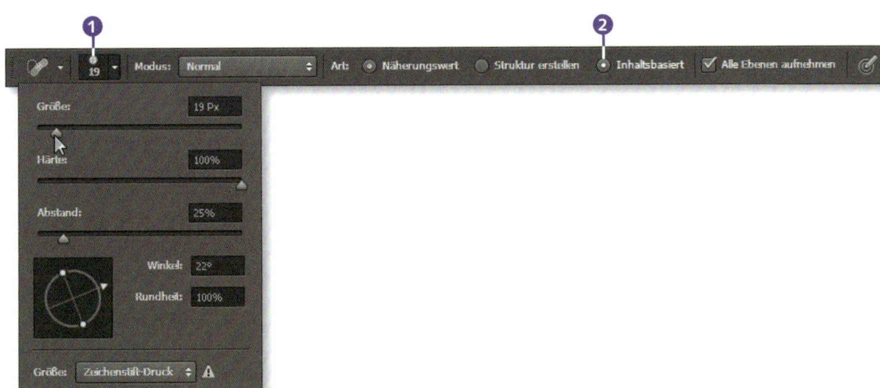

Abbildung 2.17 ▶
Optionen für das Bereichsreparatur-Werkzeug

Neben der Einstellung für die Pinselspitze ❶ (hier ist hauptsächlich die Grösse relevant) ist hier die Option Inhaltsbasiert ❷ wichtig. Sie versetzt das Werkzeug überhaupt erst in den richtigen Betriebsmodus! Treffen Sie Ihre Einstellungen, und retuschieren Sie einfach los, indem Sie über die störenden Bildelemente malen.

2.6 Bilder kleiner oder größer machen, Bilder beschneiden

»Bildgröße« ist ein erstaunlich unscharfer Begriff. Eine »große Datei« kann eine Datei sein, die aus vielen Pixeln besteht, also etwa aus einer 16-Megapixel-Kamera stammt und Maße von 4.992×3.328 aufweist. Eine große Datei kann aber auch eine Datei sein, die sehr datenschwer ist, also viele Megabyte Speicherplatz einnimmt. Oft geht das mit hoher Pixelmenge einher, doch auch andere Faktoren spielen eine Rolle.

Außerdem verwechseln nicht wenige Leute die Bildgröße mit der Bildauflösung und sprechen von einer »hohen Auflösung«, wenn Sie eigentlich nur eine Datei mit vielen Pixeln meinen. Dabei bezeichnet Auflösung eigentlich nur die Anzahl der gesamten Bildpunkte auf der Kantenlänge des Bildes, die Maßeinheit heißt *Dots per Inch* (dpi) oder *Pixel per Inch* (ppi). Die Auflösung gibt Auskunft über die *Feinheit* der einzelnen Bildpunkte – nicht über ihre Menge. Um ein Bildformat zu ändern, ist sie also erst einmal nicht so wichtig.

Zum Weiterlesen
In Abschnitt 3.2, »Bildgröße und Auflösung«, erfahren Sie mehr über die Hintergründe und Details des Skalierens.

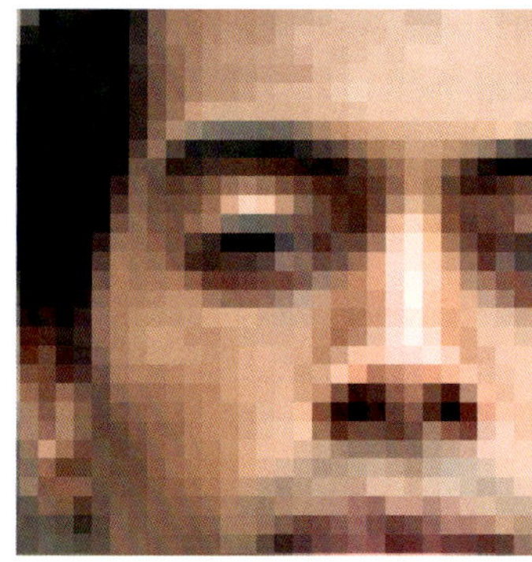

▲ **Abbildung 2.18**
Bildpixel in stark vergrößerter Ansicht

Bilder verkleinern oder vergrößern: Skalieren | Wenn Sie ein Bild auf eine bestimmte Größe bringen wollen, gibt es zwei Methoden: Lassen Sie es größer oder kleiner rechnen, das nennt man **skalieren**. Dabei verlieren Sie nichts vom Motiv, das Bild kann jedoch etwas unschärfer werden, weil Photoshop Pixel herausrechnen oder dazuerfinden muss (Interpolation). Oder Sie **beschneiden** das Bild. Dabei bleibt die Bildschärfe erhalten, aber Teile des Motivs fallen weg. Oft werden auch beide Wege kombiniert.

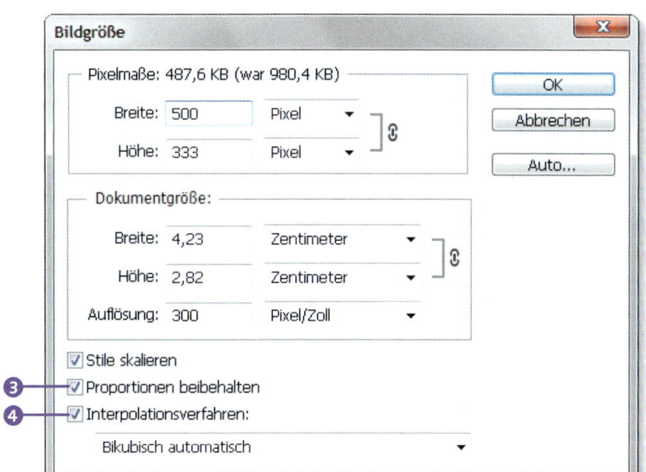

▲ **Abbildung 2.19**
Der BILDGRÖSSE-Dialog

Bild: Amana via Adobe

▲ **Abbildung 2.20**
Aufziehen eines Freistellrahmens. Ein kleines Fähnchen ❶ am Mauscursor gibt Auskunft über die aktuelle Größe.

Um ein Bild zu **skalieren**, nutzen Sie den Befehl Bild • Bildgrösse. Mit ihm können Sie sowohl die Bildgröße – also das Pixelmaß und davon abhängig auch die Dokumentgröße – als auch die Auflösung verändern. Sofern Sie die Auflösung nicht ändern möchten, achten Sie darauf, dass das Häkchen bei Interpolationsverfahren ❹ gesetzt ist. Proportionen beibehalten ❸ sollte ebenfalls aktiviert sein.
Tragen Sie dann Ihre Werte ein. Solange Sie die Auflösung unangetastet lassen, können Sie die Felder unter Pixelmasse oder Dokumentmasse nutzen, Sie sind gekoppelt. Bestätigen Sie mit OK. Verändern Sie die Werte nicht zu drastisch, sonst riskieren Sie Qualitätsverluste.

Bilder beschneiden | Um die Bildkanten zu beschneiden, hat Photoshop das Freistellungswerkzeug [Werkzeug-Symbol] an Bord. Das Arbeitsprinzip ist einfach: Sie aktivieren das Werkzeug, nehmen in der Optionsleiste eventuell Voreinstellungen für die Zielgröße vor und ziehen einen Rahmen über dem Bild auf.

Zum Weiterlesen
Wie das Freistellungswerkzeug im Detail funktioniert, können Sie in Abschnitt 24.1, »Bildkanten kappen, Motive ins Lot bringen«, nachlesen.

2.7 Bilderschau

Das Phänomen unbeachtet auf Festplatten abgelegter Bildbestände kennen wohl alle, die viel digital fotografieren. Doch das muss nicht so bleiben. Photoshop und Bridge bieten verschiedene Möglichkeiten, Bilder vor dem Vergessen zu retten.

Um **Bilder online zu präsentieren**, können Sie mit Hilfe der Bridge attraktiv layoutete **Bildergalerien** erzeugen und anschließend online bringen. Auch **Diaschauen** (im PDF-Format) erstellen Sie auf diese Weise. Wie das geht, lesen Sie in Abschnitt 10.1 »Bildpräsentation am Screen: Web-Galerie mit der Bridge«, und 10.2, »Bilddateien zu PDF: Kontaktbögen, Fotosammlungen und Präsentationen«.

Solche Sammelbögen, auf denen automatisch mehrere Bilder zusammengefasst sind, können Sie auch zu Hause auf dem **Desktopdrucker** zu Papier bringen. Nähere Informationen zu Einstellungen und Farbkonsistenz gebe ich in Kapitel 42, »Dateien richtig drucken«. Wenn Sie Ihre digitalen Bilder lieber beim Belichtungsdienst drucken lassen: Im folgenden Kapitel, »Bildbearbeitung: Fachwissen«, finden Sie zwei Tabellen, die Ihnen dabei helfen, die **erforderlichen Dateigrößen** (Pixelmaße) für verschiedene Printformate zu ermitteln (siehe Seite 82).

Kapitel 3
Bildbearbeitung: Fachwissen

Dieses Kapitel erklärt Ihnen unentbehrliche Grundlagen für die Arbeit mit Pixeln, Bits und Bytes. Was ist eigentlich ein digitales Bild? Wieso gibt es so viele verschiedene Dateiformate für Bilder? Was fange ich mit dpi, RGB und GIF an? Sie erhalten wichtiges Grundlagenwissen zur Bildbearbeitung, das Sie nicht nur für Photoshop brauchen, sondern auch für digitale Fotografie, beim Scannen und beim Einsatz anderer Kreativprogramme.

3.1 Pixel und Vektoren

Es gibt zwei grundlegend verschiedene Konzepte, digitale Informationen in ein darstellbares Bild zu überführen: **Pixel** und **Vektoren**. Beide Verfahren haben ihre Vorzüge und typischen Schwächen. Damit Sie die verschiedenen Grafiktypen in Photoshop sicher und erfolgreich handhaben können, benötigen Sie Wissen über die Hintergründe!

Bild: Fotolia, Chantal Seigneurgens

▲ **Abbildung 3.1**
Zwei verschiedene Konzepte der Bildberechnung: Aus einzelnen Bildpunkten aufgebautes Pixelbild …

Bild: Adobe

▲ **Abbildung 3.2**
… und durch Kurven definierte Vektorgrafik.

Pixel – Punkt für Punkt

Pixelbilder (auch **Bitmap-** oder **Rasterbilder** genannt) zerlegen die grafische Information in einzelne quadratische Bildpunkte, die Pixel. Jedem einzelnen Pixel sind seine Koordinaten und ein Farbwert zugeordnet. In der Vergrößerung oder nach unsachgemäßer Handhabung erinnert der Aufbau eines Pixelbildes an ein Mosaik.

Einsatz | Pixelbilder kommen zum Einsatz, wenn feinste Nuancen und Details dargestellt werden sollen und dabei Fotoqualität gewünscht wird. Sie liefern eine gute Bildqualität, und zudem sind sie recht leicht zu erstellen: Scanner oder Digitalkameras geben immer Pixelbilder aus.

Nachteile | Ganz unproblematisch ist dieser Grafiktyp jedoch nicht. Pixelbilder sind nachtragend – das heißt, sie können nicht beliebig geändert werden, ohne dass sich das negativ auf die Bildqualität auswirkt. Ein mehrfach koloriertes Bildobjekt behält hässliche Ränder früherer Farben zurück, und ähnlich wird eine nicht gelungene Retusche durch weiteres Pinseln eher schlechter als besser. Auch einen Wechsel von Bildmodus und Auflösung sollte man nur einmal vornehmen. Photoshop wirkt dieser Problemlage entgegen, indem es Techniken bietet, mit denen die sensiblen Bildpixel selbst möglichst wenig verändert werden. Dazu gehören unter anderem Bildebenen, Einstellungsebenen, Masken und die Filtergalerie. Damit sind Arbeitsschritte in gewissem Grad umkehrbar.

Größenänderung | Schwierig bleiben Veränderungen an der Größe oder der Auflösung eines Pixelbildes. Eine bereits vorhandene Bilddatei gibt den Bildinhalt immer mit einer festgelegten Anzahl von Pixel-»Mosaiksteinen« in einer fixen Größe wieder. Wollen Sie das Bild vergrößern, fehlen schlichtweg Pixel. Diese fehlende Bildinformation kann Photoshop zwar annäherungsweise hinzurechnen, das ist aber kein gleichwertiger Ersatz für die originäre Bildinformation. Das Verkleinern ist nicht ganz so kritisch, aber auch hier können unkontrolliert Bilddetails verlorengehen, weil Pixel beim Herunterrechnen der Datei gelöscht werden.

Datenmenge | Ein weiterer Nachteil der Pixelbilder ist die große Datenmenge, die das Konzept der einzelnen Bildpunkte mit sich bringt. Um diesen Schwachpunkt aufzufangen, wurden unterschiedliche Methoden der Datenkompression erfunden, die in einigen Bilddateiformaten zur Verfügung stehen.

Vektoren – schlicht und unverwüstlich

Bei Vektorbildern wird die Grafik nicht aus Bildpunkten aufgebaut, sondern aus mathematisch definierten Ankerpunkten sowie den Kurven, die diese Punkte verbinden (eben den Vektoren), und den daraus berechneten Flächen. Mit Vektoren können Sie zwar durchaus komplexe Objekte realisieren, auf fotorealistisch feine Farbabstufungen müssen Sie allerdings verzichten. Dafür sind Vektorbilder sehr robust. Aufgrund ihrer Definition durch abstrakte Formeln sind Vektorbilder unabhängig von der Auflösung, mit der sie erstellt wurden. Sie können ihre Größe beliebig verändern, ohne dass Sie bei Bildschärfe oder Detailtreue Einbußen hinnehmen müssen. Und auch die zehnte Änderung der Farbe schadet einer Vektordatei nicht. Der Speicherbedarf einer Vektorgrafik ist geringer als bei Bitmaps und ganz unabhängig von der Größe des Bildes.

Dateien auf der Buch-DVD: Bitmap-Bild: »spatz.tif«; Vektorgrafik: »Vogel1.ai«, »Vogel2.ai«

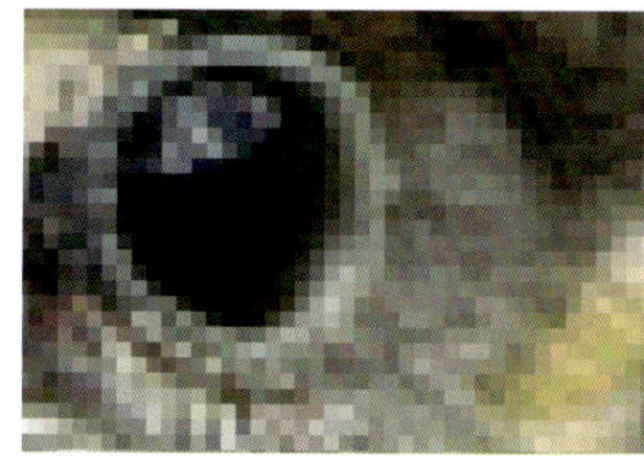

▲ Abbildung 3.3
Während sich beim Pixelbild in der Vergrößerung die einzelnen Bildpunkte deutlich zeigen …

▲ Abbildung 3.4
… bleibt eine Vektorgrafik dank ihrer mathematisch definierten Kurven immer scharf und ist auflösungsunabhängig.

Einsatz | Vektorgrafiken werden immer dann eingesetzt, wenn es auf Bildschärfe oder stufenlose Skalierbarkeit ankommt. Auch wo geringe Dateigrößen gefragt sind, kommen Vektoren zum Einsatz, so zum Beispiel bei Flash-Filmen oder Webseiten, die mit Macromedia Flash erstellt wurden.

Und wo steht Photoshop?

Zwei ganz unterschiedliche Verfahren gibt es also, grafische Informationen zu beschreiben und mehr oder weniger ansehnliche Bilder zu erzeugen. Entsprechend spezialisiert ist die Software zur Bearbeitung der Bilder: Es gibt ausgesprochene Vektorexperten – dazu gehören alle Layout- und Grafikprogramme wie Quark, InDesign oder PageMaker und FreeHand, Illustrator oder CorelDraw. Photoshop hingegen ist ein Bildbearbeitungsprogramm und – wie seine Kollegen Paint Shop Pro, PhotoImpact, GIMP und andere – für die Bearbeitung von Pixelbildern ausgelegt.

Photoshop und Vektoren | In geringem Umfang kann Photoshop auch Vektordaten verarbeiten und erzeugen. Vektorgrafiken aus anderen Programmen kann es importieren. Beim Öffnen werden sie allerdings »gerastert«, das heißt in Bitmaps umgewandelt. Zudem kann Photoshop eigene Vektorobjekte erstellen. Auch Text wird in Photoshop als Vektorebene angelegt und bietet damit – geeignete Drucker vorausgesetzt – eine hohe Druckschärfe und verlustfreie Skalierbarkeit.

3.2 Bildgröße und Auflösung

Zwei Begriffe, die immer wieder für Verwirrung sorgen, sind »Bildgröße« und »Auflösung«. Dieser Abschnitt bringt etwas Licht ins Dunkel.

Entscheidende Größe: Die Pixelmenge

Die Auflösung und die Pixelanzahl, die ein Bild überhaupt hat, sind entscheidende Eigenschaften von Pixelbildern. Die Pixelmenge eines Pixelbildes kann nicht ohne weiteres verändert, vor allem nicht vergrößert werden. Wird die ursprüngliche Pixelmenge eines Bildes vergrößert, müsste Photoshop neue Pixel »dazuerfinden«. Neue Bildinformationen kommen durch diese Operation nicht hinzu! Daher wirkt sich eine solche Skalierung keinesfalls qualitätsverbessernd aus – oft leidet das Bild sogar darunter. Das schafft Begrenzungen für die spätere Verwendung von Pixelbildern, denn die Pixelanzahl ist ein wichtiges Qualitätskriterium. Ein Bild, das von vornherein in geringer Größe und niedriger Auflösung vorliegt, kann nicht als Vorlage für einen riesigen Kunstdruck hoher Qualität dienen. Der umgekehrte Fall ist schon eher denkbar: Kleinerrechnen lassen sich Bilder leichter. Grundsätzlich gibt es für ein Bild mit großem Pixelbestand viel mehr Einsatzmöglichkeiten als für kleine Bilder.

So viele Bilddaten wie möglich auf den Kamerachip

Wohl alle Digitalkameras bieten die Möglichkeit, festzulegen, in welcher Größe Bilder aufgenommen werden. Wenn Sie hier den größtmöglichen Wert einstellen, wird zwar Ihr Speicherchip schneller voll, dafür bekommen Sie jedoch Bilder, die Ihnen hinsichtlich der späteren Reproduktion wenig(er) Beschränkungen auferlegen.

Was ist Auflösung?

Neben der schieren Pixelmenge eines Bildes ist der Parameter **Auflösung** das Maß (fast) aller Dinge in der Bildbearbeitung. Zuweilen werden diese Begriffe auch – nicht ganz korrekt – synonym benutzt.

Dem zentralen Begriff »Auflösung« begegnen Sie an allen wichtigen Stationen des Publikationsprozesses:

- Bereits bestehende Bilder liegen in einer bestimmten Größe und Auflösung vor, der **Bildauflösung**.
- Beim Neu-Anlegen von Dateien müssen Sie ebenfalls die gewünschte Auflösung und die Bildgröße einstellen.
- Auch Drucker und Monitore arbeiten jeweils mit einer eigenen Auflösung (**Ausgabeauflösung**).
- Als **Eingabeauflösung**: Ein Scan erfolgt mit einer bestimmten Auflösung, die Sie – im Rahmen des beim jeweiligen Gerät technisch Möglichen – festlegen.

Auflösung = Pixelanzahl?
Umgangssprachlich werden die Begriffe »Auflösung« und »Pixelanzahl« nicht immer sauber getrennt. **Hoch aufgelöst** ist für viele ein Synonym für eine große Pixelmenge. Davon zu trennen ist **Auflösung** als Bezeichnung für die Menge von Bildpunkten auf einer bestimmten Strecke.

Die Auflösung ist eine Größe, um die Sie beim Bildbearbeiten nicht herumkommen – auch wenn Sie gerade nicht den Photoshop-Dialog BILDGRÖSSE unter dem Mauszeiger haben!

Bildpunkt und Längenmaß | Zwei Größen und ihr Verhältnis zueinander sind für die Bildauflösung entscheidend: die Bildpunkte, aus denen ja jedes Pixelbild aufgebaut ist, und ein Längenmaß. Da die Welt des computerbasierten Desktop-Publishings amerikanisch dominiert ist, ist die Maßeinheit das **Inch** (1 Inch entspricht 2,54 cm). Die Auflösung legt nun fest, wie viele Bildpunkte sich auf der Strecke von einem Inch befinden.

PPI und DPI | Bezeichnet wird die Auflösung mit **ppi** – Pixel per Inch – und **dpi** – Dots per Inch. Mit der Angabe ppi soll die Auflösung von Bilddateien benannt werden, der Wert steht also für die in einer Bilddatei zur Verfügung stehende Informationsmenge. dpi bezeichnet eigentlich die Auflösung von Eingabe- und Ausgabegeräten, also von Scannern, digitalen Kameras oder Druckern. In der Praxis werden die Begriffe nicht mehr so sauber getrennt – dpi hat sich längst als universale Maßeinheit eingeschlichen.

LPI und LPCM | Im Zusammenhang mit der Auflösung ebenfalls wichtig sind **lpi** oder **lpcm** – Lines per Inch bzw. per Zentimeter. Mit diesem Wert haben Sie zu tun, wenn Sie für den professionellen Druck arbeiten. Er bezeichnet die Rasterweite von Vierfarbdrucksachen. Die Werte hängen stark von der Papierart und der Qualität ab, die Sie erzielen möchten. In Deutschland rechnet man meist mit lpcm. Dieses Buch ist beispielsweise mit einem sogenannten 60er-Raster (60 lpcm) gedruckt, Ihre Tageszeitung mit 30–40 lpcm, und bei einer Zeitschrift sind es 54–70 lpcm.

Inch und Zoll bei Photoshop

Adobe hat sich schon seit dem Erscheinen der Creative Suite 2 in der deutschen Fassung von der Maßeinheit **Inch** verabschiedet. In den Dialogfeldern, die mit Bildauflösung zu tun haben, wird nun durchweg der deutschsprachige Begriff **Zoll** benutzt – eine etwas unverständliche Entscheidung, denn Inch ist ein gut eingeführter Begriff, an dem man in der Bildbearbeitungswelt ohnehin nicht vorbeikommt. Doch keine Sorge, das Maß ist dasselbe. Ob Inch oder (Adobe-) Zoll, Sie hantieren immer mit 2,54 Zentimetern.

Auflösung für die Druckerei

Die Bildauflösung (als »Pixelmenge pro Strecke«!) ist vor allem wichtig, wenn Sie für den Druck produzieren. Die Auflösung wirkt sich darauf aus, wie groß das Bild auf dem Papier wiedergegeben wird (siehe die folgenden Abbildungen) und hat außerdem direkten Einfluss auf die Qualität des gedruckten Bildes. Je mehr Pixel pro Inch vorhanden sind, umso feiner sind die einzelnen Bildpunkte. Hoch aufgelöste Bilder können auch sehr feine Bilddetails gut wiedergeben, ergeben also eine gute Druckqualität.

Hier kommt wieder die absolute Pixelmenge ins Spiel: Damit eine Bilddatei in ausreichend hoher Auflösung – also mit vielen Bildpunkten – auch gedruckt noch eine akzeptable Größe hat, muss die Pixelanzahl des Ausgangsbildes ausreichend hoch sein. Ein Bild, das nur 350 × 233 Pixel groß ist, kann zwar hoch aufgelöst sein, ergibt dann jedoch nur einen Druck von Briefmarkengröße.

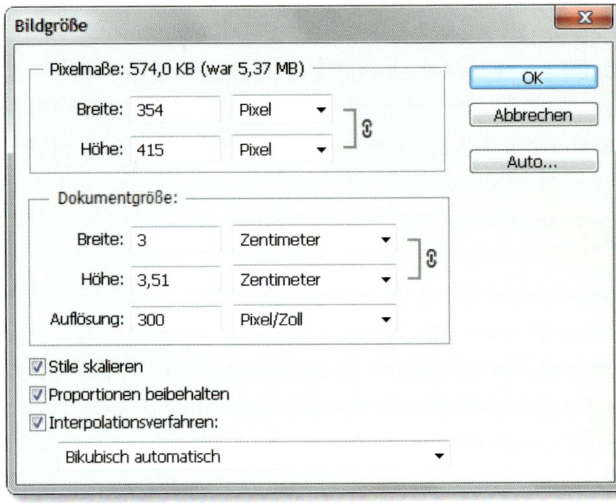

Abbildung 3.5 ▶
Der Bildgrösse-Dialog von Photoshop: Schon sein Layout macht klar, dass Auflösung und Bildmaße – hier in Zentimetern, andere Einheiten sind natürlich wählbar – eng zusammenhängen.

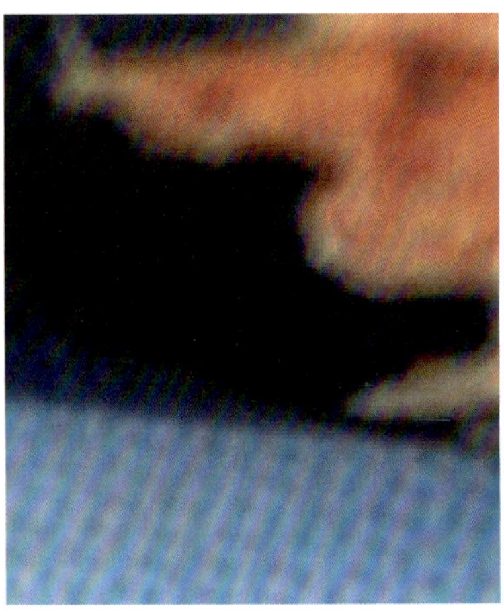

▲ Abbildung 3.6
Dreimal dasselbe Bild, drei verschiedene Auflösungen. Die Pixelmaße sind jedes Mal gleich: 1.096 × 1.284 Pixel.

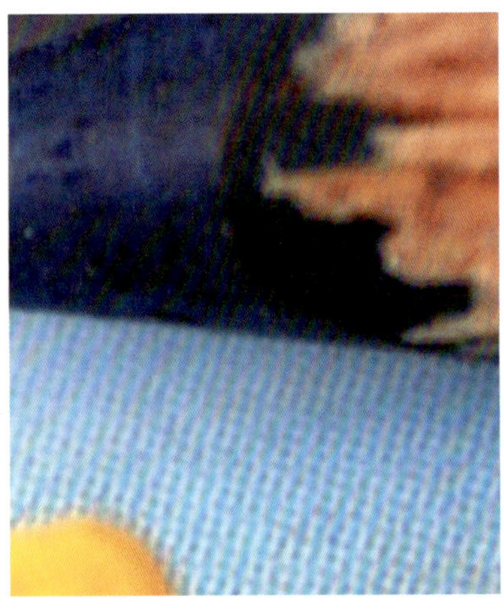

▲ Abbildung 3.7
Das gleiche Bild mit demselben Pixelmaß von 1.096 × 1.284. Die Auflösung liegt jetzt bei 150 ppi, die Bildpixel sind nun schon wesentlich kleiner, und damit »schrumpft« auch die gedruckte Reproduktion.

Bild: dieblen.de

▲ Abbildung 3.8
Hier das Ergebnis bei 300 ppi, einer gängigen Bildauflösung für den professionellen Druck. Das Pixelmaß liegt immer noch bei 1.096 × 1.284. In dieser Auflösung rückt das gesamte Bild ins Blickfeld, und die Qualität ist gut.

Auflösung und Druckprozess | Warum muss eine Datei in einer hohen Auflösung vorliegen, damit das gedruckte Ergebnis zufriedenstellend aussieht? Während die Bildpunkte eines zeitgemäßen Monitors jede Farbe des sichtbaren Spektrums annehmen können, stehen in gewerblichen Druckverfahren in der Regel nur vier Farben zur Verfügung, um das gesamte Farbspektrum abzubilden.

Mischfarben werden im Vierfarbdruck aus den Grundfarben Cyan, Magenta, Gelb und Schwarz erzeugt. Farb- und Helligkeitsabstufungen müssen also simuliert werden. Daher werden Fotos und andere Halbtonbilder im professionellen Druck in einzelne Rasterpunkte zerlegt.

◀ **Abbildung 3.9**
Ein Beispiel für ein gerastertes Bild in starker Vergrößerung. Sie erkennen, dass unterschiedlich große Rasterpunkte in einem Gitternetz angeordnet sind. Dieses sogenannte **amplitudenmodulierte Raster** ist typisch für die Bildausgabe professioneller Druckmaschinen.

Für dieses Druckverfahren ist viel Bildinformation, also eine hohe Bildauflösung nötig, denn beim Erzeugen des Rasters kommt es zu Verlusten. Die Zahl der Bildpunkte muss höher liegen als die der Druck-Rasterpunkte. Wie hoch genau, ist in der Druckindustrie umstritten – die Empfehlungen für diesen sogenannten **Samplingfaktor** (auch »Sicherheitsfaktor« genannt) bewegen sich zwischen 1,4- bis zweimal höher.

Hört sich kompliziert an? Hier hat sich eine Faustregel eingebürgert, mit der Sie bei den meisten Standard-Druckjobs gut arbeiten können: **300 ppi für den Druck**. Beispielsweise wurden die Bilder für dieses Buch mit einer Auflösung von 300 ppi an die Druckerei gegeben. Übrigens – die Regel »viel hilft viel« ist falsch! Eine überhöhte Auflösung bläht die Datenmenge einer Datei über Gebühr auf und kann sogar der Bildqualität schaden.

Auflösung für den Tintenstrahldrucker

Auch Office-Drucker haben nur eine begrenzte Menge tatsächlicher Farben in ihren Kartuschen, die das Farbspektrum nicht abdecken. Fehlende Farben oder Grauwerte müssen auf anderem Wege erzeugt werden. Dabei kommt wiederum das Rasterverfahren zum Einsatz, allerdings ist das Druckbild ganz anders als bei einer großen Druckmaschine.

Abbildung 3.10 ▶
Hier sehen Sie ein Raster, das dem Druckbild eines Inkjet-Druckers entspricht (**frequenzmoduliert**).

Hier sind die einzelnen Druckpunkte gleich groß und locker verstreut, es gibt kein feststehendes Rastergitter. Der Vorteil eines solchen Rasters ist, dass auch Drucker mit einer niedrigeren Geräteauflösung Bilder detailreich wiedergeben können. Und auch die Bildauflösung kann hier niedriger sein. **150–200 ppi reichen meist aus, um gute Ergebnisse zu erzielen**.

Auflösung für Fotoprints

Auch digitale Bilderdienste verlangen meist Dateien mit 300 ppi, seltener 200 ppi. Die folgenden Tabellen sollen Ihnen helfen, die erforderlichen Dateigrößen (Pixelmaße) für verschiedene Printformate zu ermitteln.

Tabelle 3.1 ▶
Printgrößen, erforderliche Dateigrößen und Mindest-Kameraauflösung für 3:4-Formate

3:4-Formate	**verlangte Auflösung: 300 dpi**		**verlangte Auflösung: 200 dpi**	
Größe des »Abzugs« (cm)	**erforderliche Dateigröße (Pixel)**	**Kameraauflösung (Megapixel)**	**erforderliche Dateigröße (Pixel)**	**Kameraauflösung (Megapixel)**
10×13	1.181×1.535	1,8	787×1.024	0,8
11×15	1.299×1.772	2,2	866×1.181	1,0
13×17	1.535×2.008	3,0	1.024×1.339	1,4

3:4-Formate	verlangte Auflösung: 300 dpi		verlangte Auflösung: 200 dpi	
Größe des »Abzugs« (cm)	erforderliche Dateigröße (Pixel)	Kamera-auflösung (Megapixel)	erforderliche Dateigröße (Pixel)	Kamera-auflösung (Megapixel)
20×27	2.362×3.189	7,2	1.575×2.126	3,2
30×40	3.543×4.724	16,0	2.362×3.150	7,1
40×50	4.724×5.906	26,7	3.150×3.937	11,9
50×65	5.906×7.677	43,3	3.937×5.118	19,3
60×80	7.087×9.449	63,9	4.724×6.299	28,4

◂ **Tabelle 3.1**
Printgrößen, erforderliche Dateigrößen und Mindest-Kameraauflösung für 3:4-Formate (Forts.)

2:3-Formate	verlangte Auflösung: 300 dpi		verlangte Auflösung: 200 dpi	
Größe des »Abzugs« (cm)	erforderliche Dateigröße (Pixel)	Kamera-auflösung (Megapixel)	erforderliche Dateigröße (Pixel)	Kamera-auflösung (Megapixel)
9×13	1.063×1.535	1,6	709×1.024	0,7
10×15	1.181×1.772	2,0	787×1.181	0,9
13×18	1.535×2.126	3,2	1.024×1.417	1,4
20×30	2.362×3.543	8,0	1.575×2.362	3,6
30×45	3.543×5.315	18,0	2.362×3.543	8,0
40×60	4.724×7.087	32,0	3.150×4.724	14,2
50×75	5.906×8.858	49,9	3.937×5.906	22,2
60×90	7.087×10.630	71,9	4.724×7.087	32,0

◂ **Tabelle 3.2**
Printgrößen, erforderliche Dateigrößen und Mindest-Kameraauflösung für 2:3-Formate

Auflösung für den Screen-Einsatz

Wenn Sie sich schon einmal ein wenig mit dem Faktor Auflösung beschäftigt oder selbst Bilder für das Internet vorbereitet haben, wird das Folgende Sie vermutlich etwas erstaunen. Denn es gilt schon fast als eiserne Regel: »Bilder für das Web müssen eine Auflösung von 72 ppi haben.« Das stimmt jedoch so nicht!

Machen wir die Probe aufs Exempel, und betrachten wir drei Fassungen einer Datei, jeweils mit den Pixelmaßen 600×450 Pixel, mit der Auflösung 72 ppi, 180 ppi und 300 ppi. In der Ansicht Druckformat in Photoshop wird vorweggenommen, wie unterschiedlich diese drei verschieden aufgelösten Bilder im Druck ausfallen würden.

Dateien auf der Buch-DVD: »Zwirn_72.jpg«, »Zwirn_180.jpg« und »Zwirn_300.jpg«

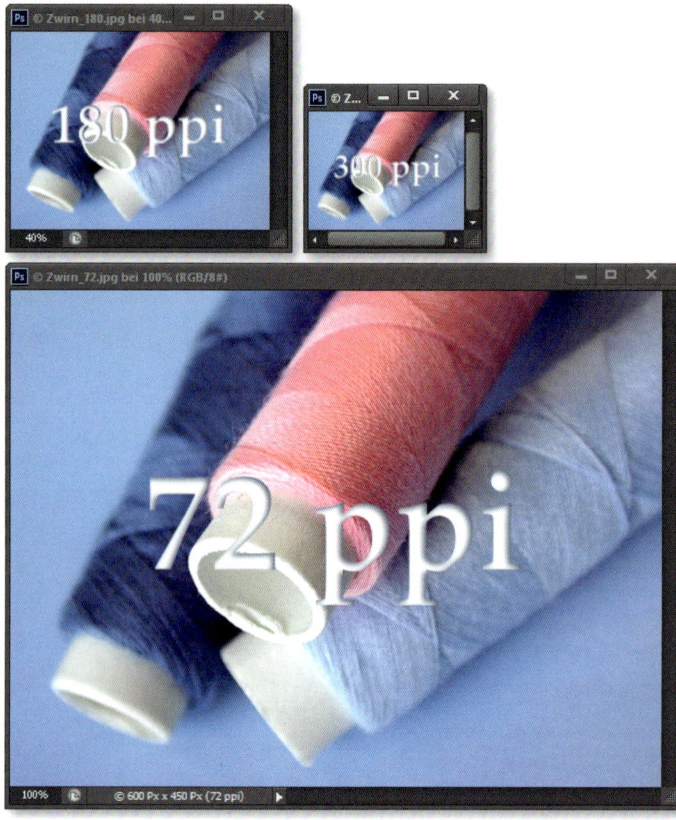

Bild: dieblen.de

Abbildung 3.11 ▶
Die Ansichtsoption Druckformat gibt einen Eindruck von der späteren Druckgröße einer Datei.

Im Webbrowser stellt sich das ganz anders dar. Sie werden staunen!

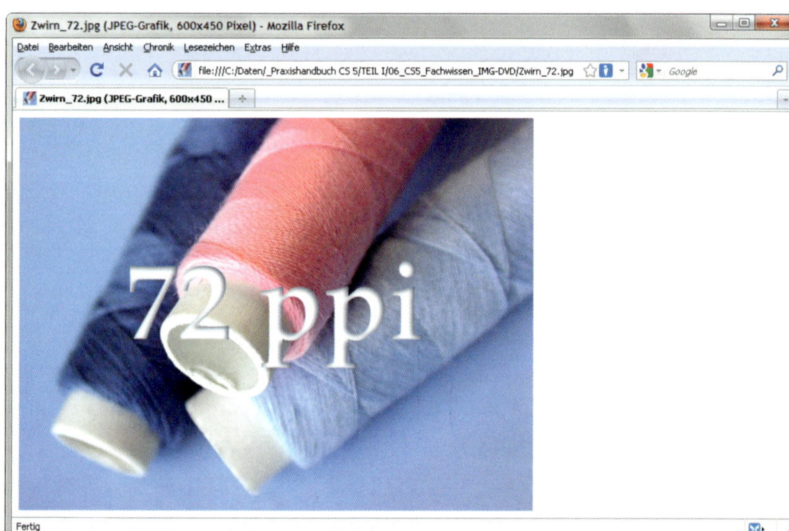

▲ **Abbildung 3.12**
Das Bild mit 72 ppi, der »idealen Webauflösung«, Pixelmaß: 600 × 450

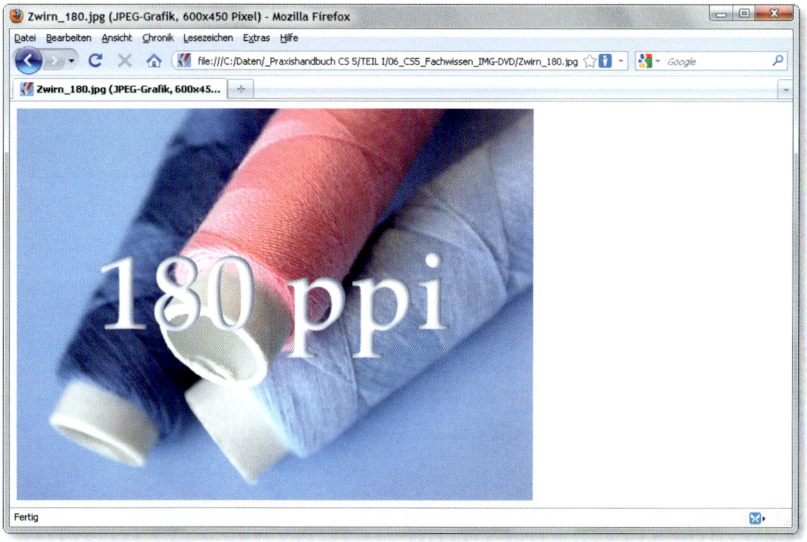

◀ **Abbildung 3.13**
Immer noch 600×450 Pixel, bei einer Auflösung von 180 ppi (mit dieser Auflösung liefern viele Digicams ihre Bilder aus)

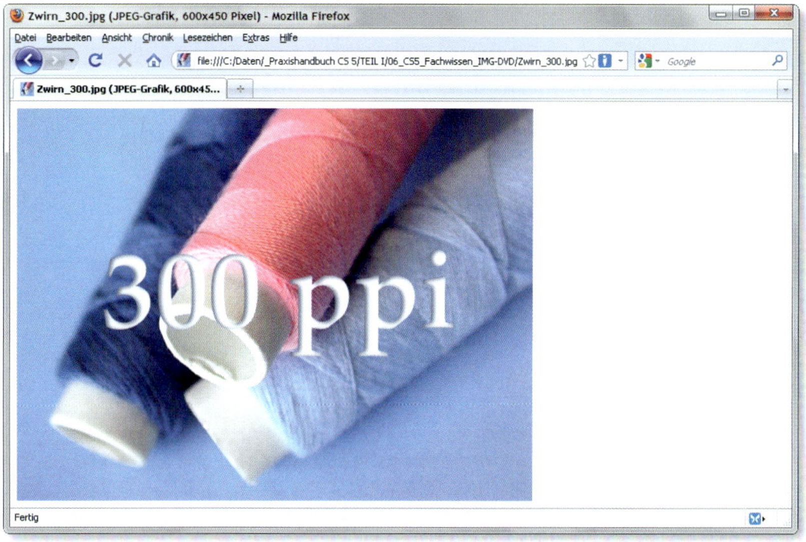

◀ **Abbildung 3.14**
Dasselbe Bild in der Druckauflösung 300 ppi sieht im Browser nicht anders aus als die geringer aufgelösten Varianten.

Das Bild wird in allen drei Fällen gleich dargestellt. Nun könnte die absolute Größe des Bildes – also das, was Sie ermitteln, wenn Sie ein Maßband an den Bildschirm halten – auf einem anderen Bildschirm, abhängig vom eigenen Auflösungsvermögen des darstellenden Systems, wieder anders ausfallen. Aber das ist vollkommen gleichgültig. In der Welt des Screendesigns ist es nicht weiter wichtig, ob ein Bild auf dem Bildschirm mit 3 cm, 3,5 cm oder 6 cm Kantenlänge angezeigt wird. Es ist relevant, dass die Relation zu den anderen Elementen auf dem Bildschirm immer gleich bleibt. Und da alles, was auf dem Bildschirm erscheint, denselben Systemvorgaben unterworfen ist wie das angezeigte Bild, reichen die Pixelangaben eigentlich aus. Die Bilderreihe bestätigt es.

Der Grund für die »72-ppi-Legende« ist teils historisch, teils dem Bemühen um gute Bildqualität geschuldet. 72 dpi muss einmal so etwas wie die Standard-Systemauflösung gewesen sein. Wenn man auf einem solchen System eine Datei mit 72 ppi Auflösung anzeigen lässt, entspricht ein Bildpixel einem Bildpunkt, den der Bildschirm erzeugt. Hinsichtlich der Reproduktionsqualität kann das vorteilhaft sein. Außerdem würde in diesem Fall tatsächlich eine Datei mit 3 cm Kantenlänge in 3 cm Größe auf dem Bildschirm erscheinen. Ein vermeintlicher Vorteil, der – wie oben schon erwähnt – irrelevant ist.

Was ist also die beste Auflösung für Webbilder? | Der »Standardmonitor« mit einer »Standardauflösung« ist längst Vergangenheit. Die Auflösungen für Desktopmonitore und Notebooks variieren stark, es gibt unterschiedliche Seitenverhältnisse, von mobilen Geräten ganz zu schweigen. Der Idealfall »Bildauflösung gleich Systemauflösung« ist also kaum zu erreichen.

Eine Bildauflösung, die der Monitorauflösung recht nahe kommt, ist hinsichtlich der Darstellungsqualität keine schlechte Idee (für die *Bildmaße* auf dem Schirm ist die Auflösung – im Gegensatz zum Druck – irrelevant, wie die Abbildungen 3.12 bis 3.14 bestätigen). Nun gibt es aber keine verbindlichen Standards für die Systemauflösung. 72 ppi ist nicht falsch – schließlich sind Millionen Bilder mit dieser Auflösung im Internet zu sehen. Kategorisch diese Auflösung für Webbilder zu fordern, ist jedoch unnötig, denn der Standard, auf den sich diese Angabe bezieht, existiert wie gesagt nicht mehr (oder hat vielleicht auch nie wirklich existiert). Sie können also nur mit Näherungswerten arbeiten. Tendenziell sind zeitgemäße Systeme auch schon etwas höher aufgelöst als 72 ppi. Mit **Werten zwischen 72 und 100 ppi** fahren Sie gut.

3.3 Grundlagen zur Farbe

Grundkenntnisse in der Farbentheorie sind für das gezielte und erfolgreiche Anwenden von Farb- und Bildkorrekturen, über die Sie noch mehr erfahren werden, notwendig. Zudem muss der **Bildmodus** auf den späteren Verwendungszweck der Datei abgestimmt sein.

Bei einem so wichtigen Thema lohnt es sich, ein wenig weiter auszuholen. Ich skizziere Ihnen zunächst kurz die für das Verständnis wichtigen physikalischen Grundlagen der Entstehung von Farbe. Danach stelle ich Ihnen verschiedene Farbmodelle vor, die entwickelt wurden, um Farbe darstellbar und universal beschreibbar zu machen, und ich zeige Ihnen, wie diese Farbmodelle in Photoshop umgesetzt werden, welche

Charakteristika die einzelnen Bildmodi haben und was Sie bei Modusänderungen beachten müssen.

Wie entsteht Farbe? Wie wird sie beschrieben?

Diese Frage ist nur auf den ersten Blick lapidar. Farbe ist keine feste physikalische Größe wie Länge oder Gewicht, sie entsteht erst – unter Einwirkung von sichtbarem Licht – im Auge des Betrachters. Dies kann auf verschiedene Art geschehen: additiv oder subtraktiv. Die beiden verschiedenen Farbsysteme – und auch die Vermittlung zwischen ihnen – betreffen den Publikationsprozess und damit die Bildbearbeitung unmittelbar, wie sich noch zeigen wird.

▲ **Abbildung 3.15**
Die additive Mischung der drei Grundfarben Rot, Grün und Blau des RGB-Modells ergibt Weiß. Die Sekundärfarben sind Cyan, Magenta und Gelb.

Additives Farbsystem: Lichtfarben | Lichtfarben sehen wir, weil eine Lichtquelle Licht unterschiedlicher Farbe – genauer gesagt unterschiedlicher Wellenlänge – abgibt. Nach diesem Prinzip erzeugen beispielsweise Computerbildschirme und Fernsehgeräte Farben. Die Grundfarben dieses Farbsystems sind Rot, Grün und Blau. Durch das Übereinanderblenden von rotem, grünem und blauem Licht in verschiedenen Anteilen und Intensitäten entstehen Mischfarben. Werden alle drei Grundfarben in voller Intensität gemischt, ergibt sich **Weiß**.

Subtraktives Farbsystem: Körperfarben | »Farbe« ist ein doppeldeutiger Begriff, der nicht nur einen bestimmten Tonwert bezeichnet, sondern auch etwas, was man in Eimern oder Tuben kaufen kann, ein stoffliches Produkt. Da hier keine eigene strahlende Lichtquelle vorhanden ist, muss die Farbe auf andere Weise zustande kommen als bei den Lichtfarben. Man spricht hier von Körperfarben. Farbe entsteht dadurch, dass ein Körper (beispielsweise ein bedrucktes Blatt Papier) nur bestimmte Wellenlängenbereiche des Lichtes, das auf ihn trifft, wieder abgibt und andere absorbiert – daher die Bezeichnung »subtraktiv«. Die Grundfarben sind Cyan, Magenta und Gelb. Liegen die drei Farben übereinander, werden alle Lichtbestandteile verschluckt, und es entsteht **Schwarz**.

▲ **Abbildung 3.16**
Die Grundfarben des CMY-Modells werden subtraktiv gemischt. Werden alle Prozessfarben mit maximalem Anteil gemischt, ergibt sich (theoretisch) Schwarz.

Farbmodelle

Um Farbinformationen zu berechnen und zu übermitteln, wurden im Laufe der Zeit verschiedene Standard-Farbmodelle entwickelt, also gewissermaßen unterschiedliche Methoden der Notation von Farbwerten, die sich dann auch auf die Interpretation von Farbe durch verschiedene Geräte wie Bildschirme, Druckmaschinen oder Kameras auswirken. Diese

Farbmodelle sind nicht spezifisch für Photoshop, sondern betreffen die gesamte Publishing-Branche. Gängig sind die folgenden Farbmodelle:

- RGB
- CMYK
- Lab (auch L*a*b oder LAB)
- HSB

Geräteabhängige Beschreibung | Die Farbmodelle RGB und CMYK lehnen sich eng an die oben beschriebenen Farbsysteme – Lichtfarben und Körperfarben – an und sind auf die entsprechenden Geräte im Publikationsprozess ausgelegt:

- RGB ist ein Modus, der im Zusammenhang mit Lichtfarben und additiver Farbmischung eingesetzt wird, also zum Beispiel auf Bildschirmen, bei Scannern und Digicams.
- CMYK wird eher für den **professionellen** Druck verwendet. (Desktop-Tintenstrahler funktionieren in der Regel auf Basis des Farbmodells RGB.)

Das jeweilige Ein- und Ausgabegerät hat auf das Aussehen der Farben gravierenden Einfluss. Ein RGB-Wert bestimmt zwar, wie intensiv eine RGB-Leuchtquelle strahlt, doch je nach Gerät variiert die so erzielte Farbe. Wer einmal im Elektronikhandel gesehen hat, welch unterschiedliche Farben eine Reihe von Fernsehgeräten oder Computerbildschirmen produziert, versteht das Problem. Und ein CMYK-Wert legt nicht eine bestimmte Farbe fest, sondern lediglich, wie viel Druckfarbe auf das Papier aufgebracht wird. Hier spielen auch Papier- und Farbqualitäten eine Rolle für das Ergebnis. RGB- und CMYK-Werte beschreiben also eigentlich keine Farben, sondern sind Reproduktionsanweisungen für Geräte, die Farben erzeugen.

Daher nennt man die in den Farbmodellen RGB und CMYK beschriebenen Farben **geräteabhängig**. So ist Farbtreue unter Umständen ein Problem – es ist nicht immer einfach, die Farben, die Sie am Monitor sehen, 1:1 auf das Papier zu bringen. Trotz dieser Schwäche sind die Farbmodelle CMYK und RGB im Publikationsprozess fest etabliert. In Photoshop werden Sie mit diesen Bildmodi am häufigsten arbeiten.

Zum Weiterlesen
In Kapitel 41, »Farbmanagement: Mehr Farbtreue auf allen Geräten«, erfahren Sie, welche Maßnahmen möglich sind, um von den digitalen RGB-Daten bis zum gedruckten Bild eine bessere Farbkonsistenz zu erzielen.

Geräteunabhängige Beschreibung | Neben diesen geräteabhängigen Farbmodellen gibt es Versuche, Farben **geräteunabhängig** zu beschreiben, also in einem Farbmodell, das rein mathematisch tatsächlich eine Farbe und nicht nur die Leuchtkraft eines Monitorpixels oder eine Quantität Druckerfarbe definiert. Dazu gehören Lab und HSB. Die Vorteile liegen auf der Hand:

- Der Gestalter hätte mehr Sicherheit über den tatsächlichen Farb-Output.
- Die Beteiligung verschiedener Geräte im Publishing-Prozess – über den Scanner, den Monitor des Gestalters bis hin zur Druckmaschine – würde kein Problem mehr darstellen. Die unterschiedlichen Ausgabeeigenschaften der einzelnen Geräte fielen nicht ins Gewicht, und es müsste auch nicht mehr zwischen verschiedenen Bildmodi gewechselt werden.

Trotz dieser Pluspunkte haben sich diese Modelle im Produktionsprozess bisher noch nicht durchgesetzt.

3.4 Bildmodus und Farbtiefe in der Bildbearbeitung

Wie geht nun Photoshop mit diesen Gegebenheiten um? Hier kommen die Begriffe »Bildmodus« und »Farbtiefe« ins Spiel.

Der (Bild-)Modus in Photoshop

In Photoshop werden die Farben, die von einer Datei dargestellt werden können, durch den Modus (auch als »Bildmodus« oder »Farbmodus« bezeichnet) festgelegt. Sie können Bilder von einem in einen anderen Modus bringen (konvertieren).

◀ **Abbildung 3.17**
Unter Bild • Modus finden Sie die in Photoshop verfügbaren Modi. Dies ist auch das Menü, mit dem Sie Moduskonvertierungen durchführen.

Viele der Bildmodi, die in Photoshop anzutreffen sind, basieren auf den oben vorgestellten Standard-Farbmodellen. Photoshop stellt außerdem einige spezielle Farbausgabemodi bereit (Indiziert, Duplex, Mehrkanal). Abhängig vom Bildmodus variieren

- Anzahl und Aussehen der **Farbkanäle**,
- damit zusammenhängend die sogenannte **Farbtiefe**, das heißt, die in Bit ausgedrückte Datenmenge eines Bildes,

- die **Dateigröße** und
- die **Menge** der darstellbaren Farben.

Welcher Modus der geeignetste ist, richtet sich nach dem geplanten Einsatzzweck des Bildes – Sie erfahren mehr dazu unter den einzelnen Modi.

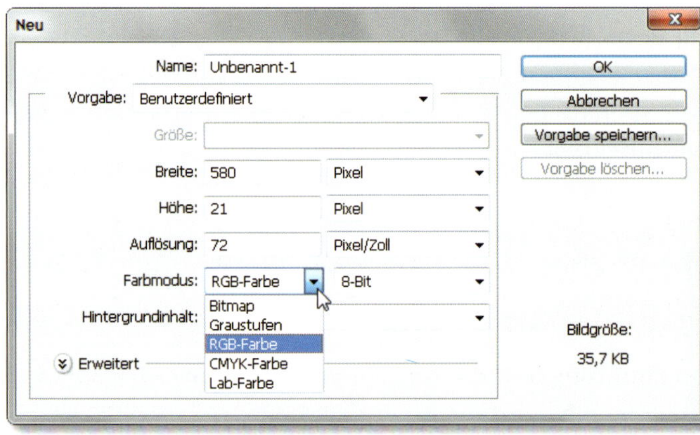

Abbildung 3.18 ▸
Auch beim Erzeugen neuer Dateien müssen Sie sich entscheiden, in welchem Modus die neue Datei angelegt wird.

Bildtitelleiste als Informationsquelle

Am Bildschirm ist dem schieren Bild meist nicht auf Anhieb anzusehen, in welchem Modus es vorliegt. Schnellen Aufschluss bietet die **Bildtitelleiste**. Sie zeigt unter anderem an den Bildmodus und die Farbtiefe einer geöffneten Datei an (in diesem Fall RGB, 8 Bit). Außerdem erfahren Sie den Dateinamen und Dateityp (hier: .tif) und sehen, in welcher Zoomstufe Ihr Bild derzeit angezeigt wird (hier: 33,3 %).

▲ Abbildung 3.19
Viele wichtige Informationen auf kleinem Raum: die Titelleiste

Terminologie

Eigentlich ist alles ganz einfach:

1. Es gibt zwei verschiedene Möglichkeiten, wie Farbe physikalisch entsteht. Diese werden meist **Farbsysteme** genannt: additiv und subtraktiv.
2. Darauf basieren unterschiedliche **Farbmodelle**. Das sind Methoden der Be- und Umschreibung von Farbe. Diese Farbmodelle sind grundlegend für die Funktionsweise von Geräten, die Farbe aufzeichnen oder erzeugen, also zum Beispiel Scanner, Monitore oder Drucker: RGB, CMYK, LAB, HSB.
3. Auch eine konkrete Bilddatei greift natürlich zwangsläufig auf eines der Farbmodelle zurück. Nur heißt es dann nicht mehr »Farbmodell«. Stattdessen spricht man davon, dass eine Datei in einem bestimmten **Modus**, **Bild-** oder **Farbmodus** vorliegt.
4. Ein **Farbraum** umfasst die Gesamtheit aller Farben, die in einem Farbmodell vorkommen können. Farbräume werden häufig in dreidimensionalen Farbraummodellen dargestellt und auch berechnet.

Terminologisch werden Farbsystem, Farbmodell, Farbmodus und Farbraum jedoch meist nicht unterschieden. Oft werden die Begriffe mehr oder weniger synonym verwendet. Nun wissen Sie aber wenigstens, was dahintersteckt!

Was sind Farbkanäle?

Aufschluss über den aktuellen Bildmodus und seine Besonderheiten liefert auch Photoshops **Kanäle-Palette**. Sie rufen sie über FENSTER • KANÄLE oder per Klick auf den entsprechenden Karteireiter auf.

Kanäle sind kein Photoshop-Spezifikum, sondern die interne Berechnungsgrundlage für die Farbinformationen jedes Bildes. Jede Datei hat einen oder mehrere Farbkanäle, in denen die Farbinformationen des Bildes abgelegt sind. Die Standard-Farbkanäle eines Bildes werden automatisch mit dem Öffnen der Datei in der Kanäle-Palette angezeigt. Anders als der Name vermuten lässt, präsentieren sich Farbkanäle in der Regel als **Graustufenbilder**.

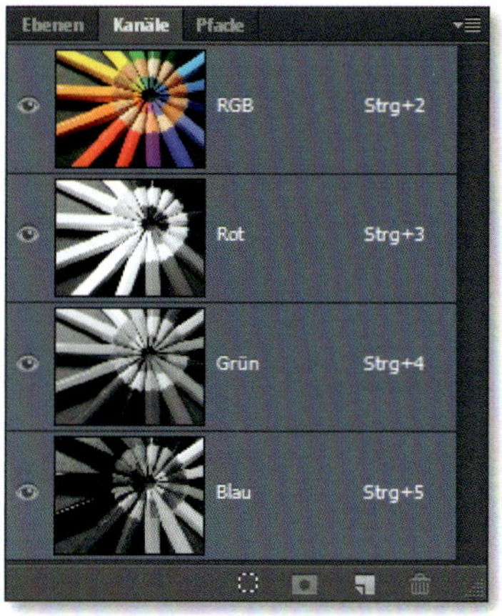

▲ **Abbildung 3.20**
Neben den drei Kanälen, die die Farbinformation der Datei enthalten, wird in der Kanäle-Palette an oberster Stelle immer noch der sogenannte Composite-Kanal mit dem bunten Gesamtbild angezeigt.

8 Bit je Kanal | In Photoshop können auch Bilder mit einer höheren Informationsdichte (siehe den Abschnitt »8 Bit, 16 Bit, 32 Bit« auf Seite 106) verarbeitet werden. Der Standard ist aber, dass für jeden Kanal 8 Bit zur Verfügung stehen, um die Helligkeit bzw. Intensität festzulegen, mit der die entsprechende Farbe im Bild vertreten ist. Das entspricht 256 (2^8 im binären Zahlensystem) verschiedenen Graustufen in jedem Farbkanal. Bei mehreren Farbkanälen potenziert sich die Zahl der im Bild möglichen Farben natürlich.

Die Zahl der Kanäle variiert je nach Bildmodus. Im RGB-Modus gibt es z. B. drei Kanäle, und ein Farbpixel kann im Bildmodus RGB (drei Farbkanäle!) schon 2^{24} Farbzustände haben, das sind ungefähr 16,7 Millionen Farben. Im CMYK-Modus gibt es vier Kanäle, nämlich jeweils einen für jede Grundfarbe. Auch die Art und Weise, wie die Farbinformation in einzelne Kanäle aufgegliedert ist, ist in den verschiedenen Bildmodi unterschiedlich – dazu unten mehr.

Weitere Kanäle | Neben den Standard-Farbinformationskanälen kann eine Datei weitere, von Ihnen selbst erstellte Kanäle enthalten. Außer im Bildmodus BITMAP können Sie jedem Bild eigene Kanäle hinzufügen; insgesamt unterstützt Photoshop über 50 Kanäle je Bild. Allerdings können diese zusätzlichen Kanäle nicht in jedem Dateityp gespeichert werden, und sie gehen unter Umständen beim Speichern der Datei verloren (mehr dazu bei den einzelnen Dateitypen).

- In **Alphakanälen** können Auswahlen und Masken gespeichert und bearbeitet werden. Auch Alphakanäle werden automatisch in Graustufen angelegt.
- Für spezielle Druckeffekte können auch **Volltonfarbkanäle** (in älteren Photoshop-Versionen hießen sie »Rasterfarbtonkanäle«) hinzugefügt werden.

Dateien auf der Buch-DVD: »plastikbesteck.tif«, »nagelbürste.tif«, »wäscheklammern.tif« und »tasse.tif«

Grauwerte in RGB erkennen | Sie können Farbkanäle gezielt für Ihre Arbeit einsetzen oder mit ihrer Hilfe die Qualität eines Bildes objektiver beurteilen.

Mit ein wenig Übung erkennen Sie den Zusammenhang zwischen den Grauwerten der einzelnen Farbkanäle und den Farben im Bild. Insbesondere bei RGB-Bildern ist das gar nicht so schwer.

Bild: dieblen.de

Abbildung 3.21 ▶
Farbdarstellung im Bild und Kanaldarstellung – hier am Beispiel eines RGB-Bildes.

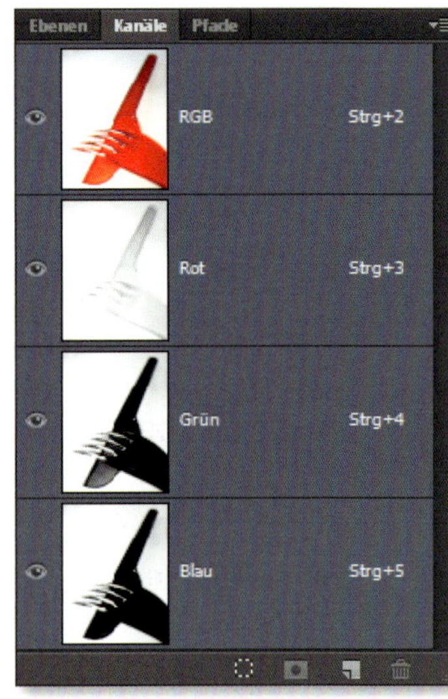

Abbildung 3.22 ▶▶
Der Rotkanal strahlt hier am hellsten. Das Bild enthält nur sehr wenig Grün und Blau.

Bild: dieblen.de

Abbildung 3.23 ▶
Die grüne Nagelbürste …

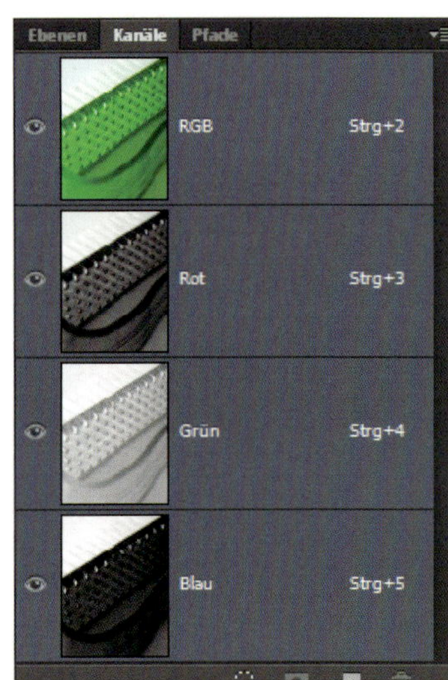

Abbildung 3.24 ▶▶
… wird durch einen hellen Grünkanal dargestellt. Der Rot- und Blaukanal sind deutlich dunkler, das heißt, diese Farben sind weniger stark vertreten.

Bild: dieblen.de

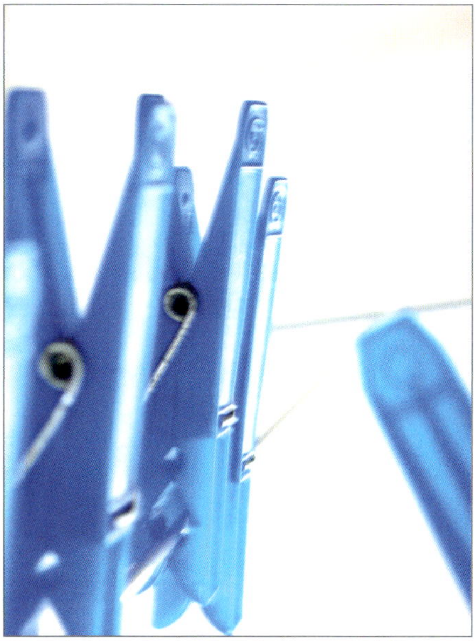

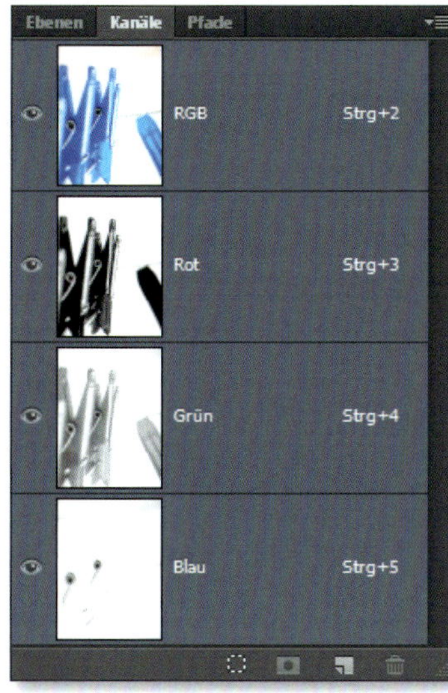

◂◂ Abbildung 3.25
Und das Blau der Klammern ...

◂ Abbildung 3.26
... ist so intensiv, dass im Blaukanal des Bildes kaum noch etwas zu sehen ist.

Grauwerte in CMYK erkennen | Bei CMYK-Dateien ist die Beschreibung und Kanal-Darstellung in den Farbkanälen übrigens umgekehrt – hier bedeutet ein heller Tonwert, dass von der Farbe nur ein geringer Anteil vorhanden ist, und dunkle Bereiche zeigen an, dass die Farbe stark vertreten ist. Sie werden wohl eher selten in die Verlegenheit kommen, die Farbkanäle von CMYK-Dateien zu bearbeiten. Allerdings wirkt sich dieser Umstand auch auf einige Dialogfelder aus, die spezielle Anzeigeoptionen für CMYK-Dateien haben.

Miniaturbilder in Paletten: Größe einstellen

Einige Paletten in Photoshop – so auch die Kanäle-Palette – zeigen Bildminiaturen an, die z. B. den einzelnen Kanälen entsprechen. Standardmäßig sind diese Miniaturen recht klein. Ihre Größe lässt sich jedoch im Palettenmenü mit dem Befehl Bedienfeldoptionen ändern. Paletten mit großen Miniaturen verschaffen mehr Einsicht (wie die Screenshots in diesem Abschnitt zeigen), verbrauchen aber auch viel Platz auf der Arbeitsfläche.

Bild: stock.xchng, Ulla Kapała

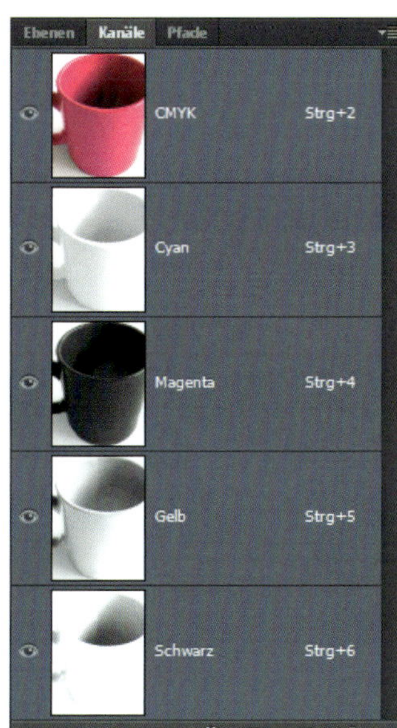

◂◂ Abbildung 3.27
Eine pinkfarbene Tasse in fast reinem Magenta ...

◂ Abbildung 3.28
... wird beim CMYK-Bild in der Kanäle-Palette durch einen dunklen Magenta-Kanal beschrieben.

RGB – der Bildbearbeitungsstandard

Benannt ist das Farbmodell RGB nach seinen Grundfarben Rot, Grün und Blau. Monitore reproduzieren Farbe in diesem Modus, und auch Eingabegeräte wie beispielsweise Scanner oder Digicams arbeiten ebenfalls auf Grundlage von RGB.

Farbumfang | Der Farbumfang von RGB – die Menge der darstellbaren Farben – ist so groß, dass das für Menschen sichtbare Farbspektrum nahezu vollständig dargestellt werden kann. Jede der drei einzelnen RGB-Komponenten kann einen Wert zwischen 0 (Schwarz) und 255 (Weiß) annehmen. Sind die drei Werte von R, G und B gleich, entsteht neutrales Grau.

Datei auf der Buch-DVD: »BuntstiftSortiment.jpg«

Beispielbild RGB | In einem Beispielbild habe ich vier verschiedene Farbwerte gemessen. Notiert werden sie so:

- Der hölzerne Teil des Buntstifts 1 wird mit R 220, G 151, B 97 beschrieben.
- Das Orange 2 wird als R 242, G 128, B 1 notiert.
- Das Schwarz 3 hat die Werte R 0, G 0, B 0. Der Farbwert zeigt auch, dass es sich wirklich um Schwarz und nicht bloß um einen sehr dunklen anderen Farbton handelt.
- Der blauviolette Stift 4 hat die Werte: R 68, G 79, B 163.

Bild: Fotolia, Hans-Ulrich Stiehl

Abbildung 3.29 ▸
Diesem Beispielbild werden Sie noch mehrfach begegnen. Die Farbwerte wurden jeweils in der Mitte der markierten Stellen ermittelt. Der Farbbalken unterhalb des Bildmotivs zeigt ein neutrales Grau sowie reines Cyan, Magenta und Gelb.

Wann verwendet man Bilder im RGB-Modus? | RGB ist der Bildmodus, mit dem Sie bei der Bildbearbeitung die wenigsten Schwierigkeiten haben. Photoshop – und andere Software, in der Bilder verarbeitet werden – kann mit Bildern in diesem Modus am besten umgehen. Und beim Bildimport aus Scanner oder Kamera ersparen Sie sich qualitätsverschlechternde Modusänderungen, denn die Bilder liegen schon im Modus RGB vor.

RGB eignet sich hervorragend als **Standard- und Arbeitsmodus** und ist außerdem der Modus der Wahl, wenn

- Bilder im Web publiziert werden (viele Browser können Bilder in anderen Farbmodi nicht wiedergeben) oder
- Bilder am heimischen Inkjet-Drucker ausgegeben werden sollen.

Manche Photoshop-Funktionen sind nicht in allen Bildmodi verfügbar!

Die Bildbearbeitungsfunktionen von Photoshop stehen **nur im Modus RGB** in vollem Umfang zur Verfügung. Wenn Sie feststellen, dass einige oder alle Filter nicht funktionieren, Textebenen sich anders verhalten als gewöhnlich oder sonstige irritierende Phänomene auftreten – dann kontrollieren Sie den Modus, in dem das Bild vorliegt, das Sie gerade bearbeiten wollen.

CMYK – der Druckprofi

Die Grundfarben im Farbmodell CMYK sind Cyan, Magenta und Gelb (Yellow), ganz ähnlich wie beim subtraktiven Farbsystem. Allerdings ist hier eine vierte Farbe hinzugekommen, nämlich Schwarz (abgekürzt mit K für die *Key-Colour* Schwarz. Der Grund: Nur mit den idealen Farben der Theorie ergeben sich aus CMY alle Farben. In der Praxis zeigt sich jedoch, dass reale Farben nicht rein genug sind, um aus der Mischung der drei Grundfarben tatsächlich Schwarz zu erhalten – es entsteht nur ein schmuddeliger Braunton. So wird Schwarz als echte Druckfarbe hinzugefügt, um Bildern hinreichende Tiefe zu verleihen, aus CMY wird daher CMYK.

Prozentwert | Im Farbmodus CMYK wird jedem Bildpixel ein Prozentwert zwischen 0 und 100 für jede der vier Grundfarben zugewiesen. Die hellsten Farben haben niedrige Prozentwerte, dunkle Farben höhere Prozentwerte. Reines Weiß entsteht in CMYK-Bildern, wenn der Wert aller vier Komponenten 0 % ist.

Beispielbild CMYK | Für die Beispiel-Buntstifte, nun im CMYK-Modus, ergeben sich dann folgende Werte (siehe Abbildung 3.30):

- Das Hellbraun ❶ hat die Werte C 14%, M 47%, Y 65%, K 0%.
- Der Orangeton ❷ wird durch C 0%, M 60%, Y 98%, K 0% festgelegt.
- Das Schwarz ❸ ist C 86%, M 85%, Y 79%, K 100%.
- Der blaue Buntstift ❹ hat die Werte C 82%, M 74%, Y 0%, K 0%.

In der Kanäle-Palette von Photoshop sehen Sie bei CMYK-Bildern vier Farbkanäle: für jede Farbe ein Kanal. Dazu kommt als fünfter der Composite-Kanal hinzu. Jeder der vier Farbkanäle hat wiederum eine

Zum Weiterlesen
Es gibt mehr als eine Möglichkeit, aus den vier Prozessfarben Cyan, Magenta, Gelb und Schwarz die Bildfarben zu mischen. Wie der sogenannte **Farbaufbau** aussieht, richtet sich nach dem Motiv, dem Druckverfahren und -papier. Mehr darüber lesen Sie in Abschnitt 42.3, »Dateien für den professionellen Druck«.

Datentiefe von 8 Bit, ein CMYK-Pixel hat also eine Datentiefe von 32 Bit. Jeder Farbkanal entspricht beim Vierfarbdruck einer Druckplatte. CMYK eignet sich also bestens, um Bilder für den professionellen Druck vorzubereiten.

Abbildung 3.30 ▸
Das Musterbild in CMYK-Farben

Farbumfang | Der Farbumfang von CMYK ist kleiner als der von RGB. Das heißt, im Modus CMYK können weniger Farben dargestellt werden als in RGB. Wandeln Sie ein Bild von RGB in den CMYK-Modus um, verändert Photoshop solche Farben und bringt sie automatisch in den CMYK-Farbraum. Am Monitor wirken CMYK-Bilder daher etwas matter als RGB-Bilder. Auch ist die Farbdarstellung am Bildschirm keine besonders präzise Vorschau für die späteren Druckfarben.

▲ Abbildung 3.31
Die Photoshop-Funktion FARBUMFANG-WARNUNG (zu finden unter dem Menüpunkt ANSICHT) zeigt mit grauer Farbe, welche Farben bei der Konvertierung in CMYK verändert würden.

Farbverschiebungen erkennen | Verfolgen können Sie diese Farbverschiebung, wenn Sie die Farbumfang-Warnung einblenden, und zwar über ANSICHT • FARBUMFANG-WARNUNG (⇧+Strg/cmd+Y).

Wann verwendet man Bilder im CMYK-Modus? | CMYK ist der Standardmodus, wenn Sie Bilder für den professionellen Vierfarbdruck produzieren. Darüber, ob man in so einem Fall ein Bild gleich im CMYK-Modus anlegen soll oder ob es besser ist, es erst am Ende der Arbeit von RGB zu konvertieren, sind die Meinungen geteilt: Die Arbeit in CMYK hat den Vorteil, dass Sie das Endergebnis direkt vor Augen haben. Andererseits ist der Funktionsumfang von Photoshop unter RGB größer. Da es ganz verschiedene Formen der Umrechnung von CMYK in RGB gibt und nicht jede CMYK-Konvertierung für jedes Druckverfahren geeignet ist, arbeiten Sie mit RGB auch offener und flexibler.

Lab – der geräteunabhängige Modus

Das bekannteste geräteunabhängige Farbmodell ist Lab (auch LAB oder L*a*b geschrieben). Hier werden Farben nicht aus drei oder vier Grundfarben berechnet, sondern aus einem **Luminanzkanal** (Helligkeitskanal, **L**) und zwei **Farbkanälen (a, b)**, die die Buntheit der Farben speichern.

Es ist schwierig, die Besonderheit des Lab-Modus anhand des Musterbildes hier drucktechnisch wiederzugeben. Umso auffallender stellen sich die Lab-Kanäle dar! Die Trennung von Farb- und Helligkeitsinformationen führt zu einer ganz anderen Form der Farbumschreibung als in den bisher bekannten Modi.

▲ **Abbildung 3.32**
Der Luminanzkanal L

▲ **Abbildung 3.33**
Der Farbkanal a

▲ **Abbildung 3.34**
Der Farbkanal b

Farbumfang | Anders als RGB und CMYK wird in Lab auch die menschliche Farbwahrnehmung berücksichtigt. Der Farbumfang von Lab ist sehr groß, er umfasst alle Farben, die in CMYK und RGB erzeugt werden können.

Wann kommt Lab zum Tragen? | Wie schon erwähnt, spielt dieses Farbmodell in der praktischen Arbeit kaum eine Rolle. Der Bildmodus Lab bleibt eher ein Exot – nicht zuletzt auch deswegen, weil viele Photoshop-Funktionen nicht zugänglich sind, wenn ein Bild in Lab vorliegt. Allerdings liegt das Farbmodell vielen internen Prozessen in Photoshop zugrunde – beispielsweise der Konvertierung von RGB- in CMYK-Bilder. Zudem bietet sich dieser Bildmodus für einige spezielle Bildkorrekturen wie z. B. das Schärfen an.

HSB – kein Modus, aber ein Farbmodell

HSB ist ein weiteres Modell, Farbe geräteunabhängig zu beschreiben. Es beschreibt Farbe durch die drei Parameter Farbton (**H**ue), Sättigung (**S**aturation) und Helligkeit (**B**rightness). Wie das Lab-Modell orientiert sich auch HSB an der menschlichen Farbwahrnehmung. Definiert werden die Farben in Werten zwischen 0 und 360, die eine Position auf dem Standard-Farbkreis angeben. Das hört sich komplizierter an, als es ist, denn die Photoshop-Farbwerkzeuge ermöglichen einen intuitiven Umgang mit HSB-Farben.

Als Bildmodus steht HSB nicht zur Verfügung – kennen sollten Sie das Farbmodell trotzdem, denn in Photoshop begegnen Sie HSB immer wieder, so zum Beispiel beim Festlegen eigener Farben. Dazu stehen Ihnen in Photoshop gleich zwei Werkzeuge zur Verfügung:

- der großformatige Farbwähler, in dem Sie alle Farbsysteme gleichzeitig im Blick haben, und

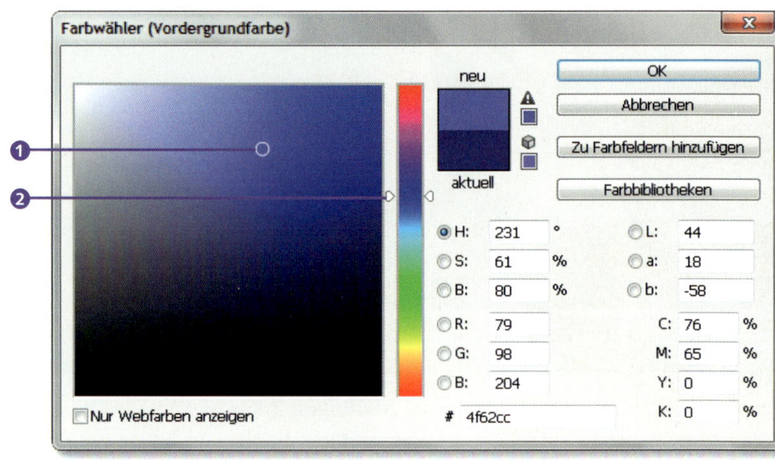

Abbildung 3.35 ►
Im Farbwähler legen Sie eigene Farben durch Zahleneingabe, frei durch Klicken ins Farbspektrum ❶ oder durch Verschieben des Reglers ❷ fest.

- die handlichere Farbe-Palette (erreichbar über Fenster • Farbe oder mit dem Kürzel F6).

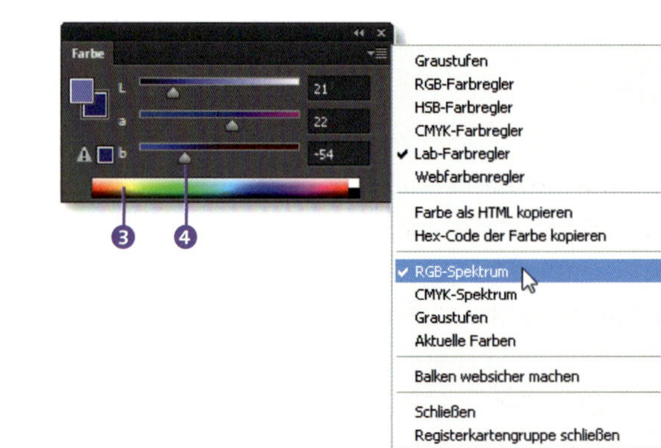

Abbildung 3.36 ►
Über das Seitenmenü können Sie zwischen den verschiedenen Farbmodellen wechseln. Auch hier legen Sie Farben durch Zahleneingabe, Klicken auf das Farbspektrum ❸ oder durch Verschieben der Farbregler ❹ fest.

Auch die Bildkorrektur-Werkzeuge FARBTON/SÄTTIGUNG und FARBBALANCE arbeiten intern nach dem Prinzip HSB.

Der Bildmodus Graustufen – 256-mal Grau

Die bisher vorgestellten farbigen Bildmodi hatten alle eine Datentiefe zwischen 24 und 32 Bit bei drei bis vier Farbkanälen à 8 Bit. Es ist aber auch möglich, Bilder mit einer geringeren Datentiefe zu erstellen und zu reproduzieren. So enthält ein Graustufenbild nur einen Kanal à 8 Bit, das heißt, 256 Graustufen stehen zur Verfügung.

Graustufen | In Photoshop wird die Luminanz – die Helligkeit – der einzelnen Graustufen in Prozentwerten zwischen 0 % (Weiß) und 100 % (Schwarz) definiert; bisweilen findet man auch Angaben zwischen 0 und 255, ähnlich wie bei RGB-Farben.

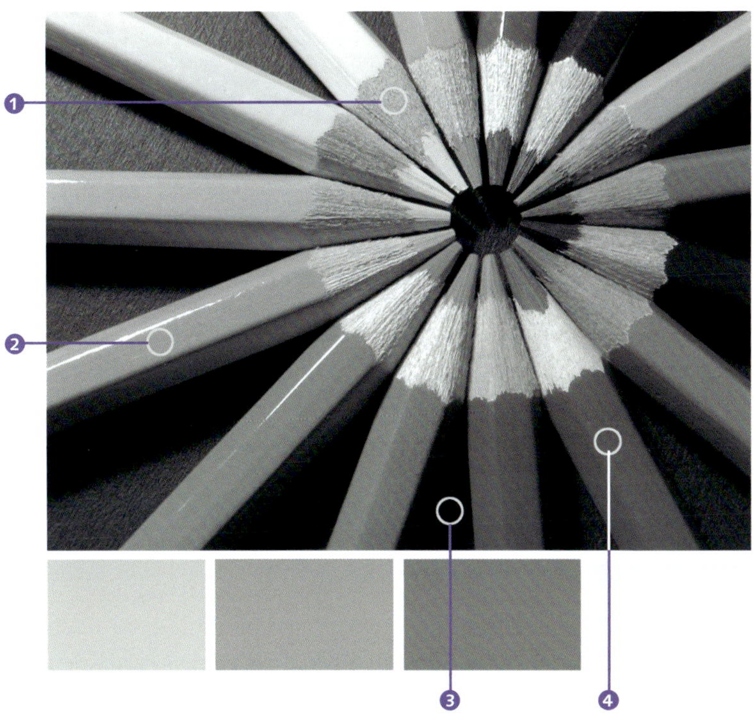

◀ **Abbildung 3.37**
Hier unterscheiden sich das Bild …

▲ **Abbildung 3.38**
… und seine Abbildung im einzigen Kanal gar nicht voneinander. Mit einer Datentiefe von nur 8 Bit und einem Kanal sind Graustufendateien sehr klein.

So lauten die Werte an den Messpunkten:

- Der hölzerne Schaft des Buntstifts ❶ bekommt einen Grauwert von 46 %.
- Der bisherige Orangeton ❷ wird im Graustufenbild mit 49 % umschrieben.
- Schwarz ❸ hat erwartungsgemäß 100 %.
- Der dunkelblaue Stift ❹ hat nun den Grauwert 79 %.

Diese 256 Helligkeitsabstufungen reichen in der Regel aus, um eine zufriedenstellende Darstellung zu erreichen.

Bild: S. Mühlke

▲ **Abbildung 3.39**
So wird aus diesem Farbbild …

▲ **Abbildung 3.40**
… ein ganz passables Graustufenbild mit 256 Tonwerten. Das Auge ist auch damit zufrieden.

Datei auf der Buch-DVD: »HiddenseeFarbig.tif« und »HiddenseeSW.tif«

Sie können Farbbilder aller Modi und Strichbilder (Bitmaps) in Graustufenbilder konvertieren. Die ursprünglichen Farbinformationen gehen dabei allerdings unwiderruflich verloren, so dass bei einer Rückkonvertierung ein Schwarzweißbild bleibt.

Zum Weiterlesen
Die Änderung des Bildmodus ist die schlechteste Möglichkeit, aus Farbbildern Schwarzweißbilder zu machen. Der Moduswechsel sollte erst am Ende der Umwandlung stehen. Welche Werkzeuge Sie für eine **kontrollierte Modusänderung** nutzen können, lesen Sie in Abschnitt 21.3, »256 Tonwerte statt Millionen Farben: Schwarzweißbilder erstellen«.

Wann verwendet man Graustufenbilder? | Eingesetzt werden Graustufenbilder, wenn es darum geht, Kilobyte zu sparen, oder auch aus ästhetischen Gründen. Zudem ist der Bildmodus GRAUSTUFEN die Grundlage für eine weitere Konvertierung in Duplex- oder Bitmap-Bilder (Strichbilder).

Bitmap-Modus – für Strichbilder

Strichbilder – in Photoshop **Bitmap** genannt – kommen mit einer noch geringeren Datenmenge zur Bildbeschreibung aus als Graustufenbilder, nämlich mit einem Bit. Ein Pixel kann dann nur noch entweder schwarz oder weiß sein. Wie bei Graustufenbildern auch gibt es hier nur einen Kanal.

Im Gegensatz zu allen anderen Bildmodi können Sie bei Bitmaps Alphakanäle nicht selbst hinzufügen, und der Funktionsumfang von Photoshop ist ebenfalls sehr stark eingeschränkt. Verschiedene Graustufen werden in Bildern im Bitmap-Modus durch Rastermuster vorgetäuscht.

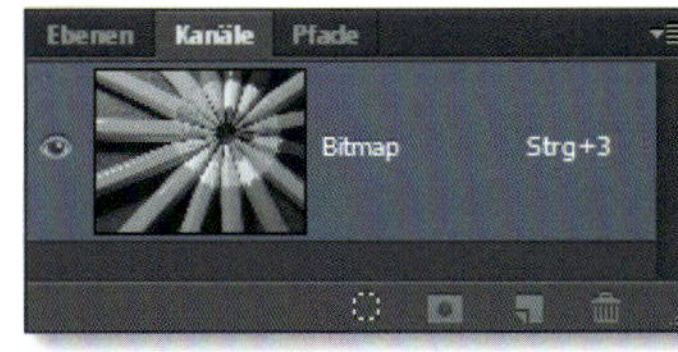

▲ **Abbildung 3.41**
Auch im Bitmap-Modus gibt es nur einen Kanal. Die Dateien werden noch kleiner als in Graustufen.

◄ **Abbildung 3.42**
Eines der möglichen Rastermuster, um fehlende Graustufen im Bildmodus BITMAP zu ersetzen.

Unter BILD • MODUS • BITMAP finden Sie das Dialogfeld, in dem Sie das gewünschte Raster genauer einstellen können. Bedenken Sie aber, dass ein Bild vor der Modusänderung in ein Bitmap-Bild schon als Graustufenbild vorliegen muss.

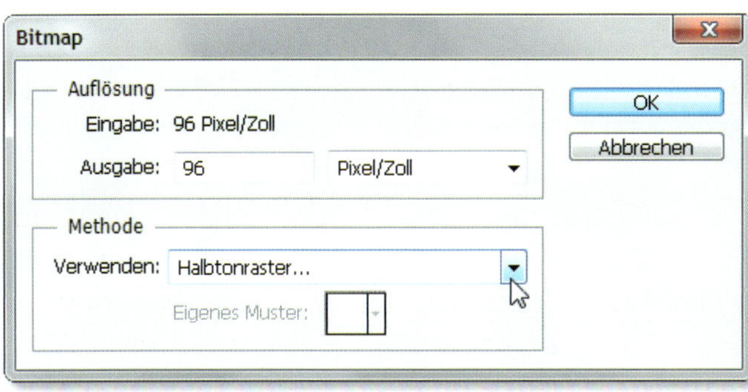

▲ **Abbildung 3.43**
Das Dialogfeld zur Einstellung eines Bitmap-Rasters. Unter METHODE bestimmen Sie, wie Ihr Bild gerastert werden soll.

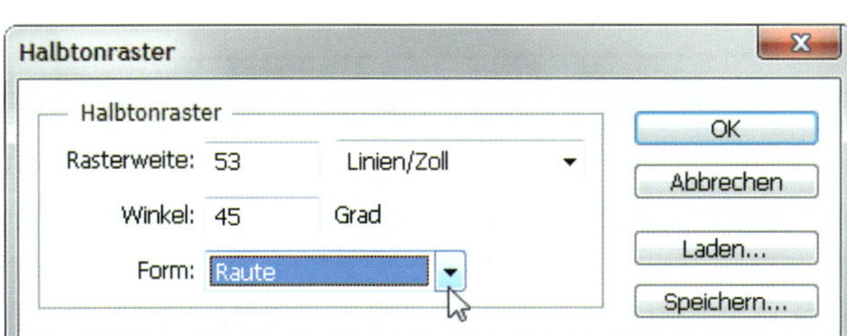

▲ **Abbildung 3.44**
Anschließend legen Sie eventuell weitere Rastereinstellungen fest.

Schwellenwert 50 %

Wenn Ihre Zeichnung im Graustufenmodus vorliegt und Sie verhindern wollen, dass Ihr Bild bei der Modusänderung ein Rastermuster bekommt, wählen Sie unter VERWENDEN die Einstellung SCHWELLENWERT 50 % – Sie erhalten dann ein ungerastertes Bild, wobei der Schwellenwert festlegt, welche Grauwert-Pixel beim Konvertieren schwarz und welche weiß werden. Strichzeichnungen, bei denen es auf Kantenschärfe ankommt, profitieren unter Umständen von der Bitmap-Einstellung SCHWELLENWERT.

Wann verwendet man den Bitmap-Modus? | Geeignet ist der Bitmap-Modus für Strichzeichnungen, und hier ist es sinnvoll, schon beim Scannen diesen Modus vorzugeben. Der Bitmap-Modus ist eigentlich eher der klassische Modus für Scans von Text oder Zeichnungen als ein Modus, mit dem Bildbearbeiter oft umgehen würden.

Indizierte Farben – Farbmodus für das Web

Der Modus Indizierte Farben ist vor allem für Dateien mit der Endung .gif typisch. GIF ist ein Dateiformat, das speziell für Internetbilder entwickelt wurde. Aufgebaut sind Bilder im indizierten Modus wie Graustufenbilder: Nur ein Kanal und 8 Bit Farbtiefe, d.h., maximal 256 Farben sind möglich. Diese radikale Farbreduzierung bekommt nicht jedem Motiv gleich gut.

Abbildung 3.45 ▸
Die Buntstifte im Modus Indizierte Farben könnten dann zum Beispiel so aussehen – die Farben sind nicht realistisch und erinnern eher an »Malen nach Zahlen«, aber zumindest die geringe Dateigröße wäre dem geplanten Interneteinsatz angemessen.

Unter Modus • Indizierte Farben finden Sie ein Dialogfeld mit verschiedenen Einstellungsmöglichkeiten. Damit legen Sie fest, nach welchen Parametern die ursprünglichen Farben des Bildes reduziert werden. Je nach Einstellung fallen Bilder mit indizierten Farben recht unterschiedlich aus.

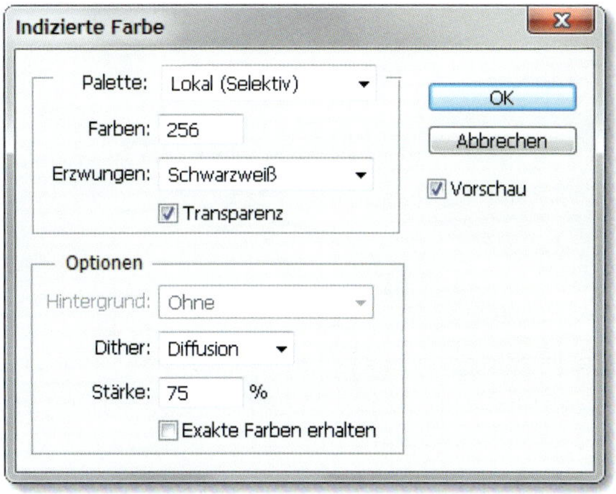

▲ **Abbildung 3.46**
Die Einstellungen, um ein Bild in den indizierten Farbmodus zu bringen

▲ **Abbildung 3.47**
Auch Bilder im Modus INDIZIERT haben nur einen Kanal.

Wann sollte man im Modus »Indizierte Farbe« arbeiten? | Wie ich schon erwähnt habe, ist der Modus INDIZIERTE FARBE kennzeichnend für das Internet-Dateiformat GIF. In der Praxis werden Sie jedoch selten in die Verlegenheit kommen, ein Bild von Hand in den indizierten Modus zu konvertieren. Wenn Sie Bilder im Web-Dateiformat GIF speichern, werden sie automatisch in diesen Modus gebracht. Wenn Ihnen ein indiziertes Bild zur Weiterbearbeitung vorliegt, sollten Sie es zuerst in den RGB-Modus bringen, denn im indizierten Modus stehen in Photoshop nur sehr wenige Funktionen zur Verfügung.

Duplex und Mehrkanal – »Farbige Graustufen«

Beim normalen CMYK-Vierfarbdruck sollen durch die Farbmischung möglichst zahlreiche Farbabstufungen erzeugt werden. Beim Duplexdruck mit Sonderfarben legen Sie genau fest, mit welchen Farben Ihr Bild gedruckt wird – in Photoshop können Sie aus umfangreichen Listen verschiedener Druckfarbenhersteller auswählen. Erzeugt werden dann keine echten Farbbilder, sondern farbige Graustufenbilder. Photoshop bietet hierfür zwei verschiedene Bildmodi an: MEHRKANAL und DUPLEX. Beides sind keine Arbeitsmodi – Sie sollten Bilder immer erst ganz am Schluss konvertieren.

Duplex | Im Modus DUPLEX können Sie Bilder mit einer einzigen Sonderfarbe (Simplex), mit zwei (Duplex), drei (Triplex) oder vier Farben (Quadruplex) anlegen.

▲ **Abbildung 3.48**
Das bekannte Beispielbild als Simplexbild …

▲ **Abbildung 3.49**
… und als Duplex aus zwei Farben

Datentiefe Duplex

Duplexbilder sind – egal ob sie aus einer, zwei, drei oder vier Sonderfarben aufgebaut sind –, obwohl sie farbig sind, einkanalig und ähneln einem schlichten Graustufenbild. Daher kommen Duplexbilder mit einer Datentiefe von 8 Bit aus.

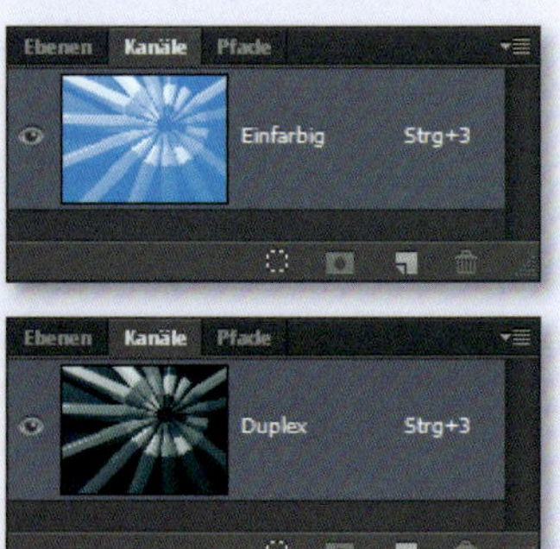

▲ **Abbildung 3.51**
Ob mit einer, zwei oder drei Farben: Der Duplex-Modus hat immer nur einen Kanal.

Duplex erzeugen | Wenn Sie ein Duplex erzeugen wollen, muss das Bild erst im Graustufenmodus vorliegen. Im Dialogfeld DUPLEX-OPTIONEN haben Sie zahlreiche Einstellungsmöglichkeiten, so dass Duplexbilder immer anders aussehen können.

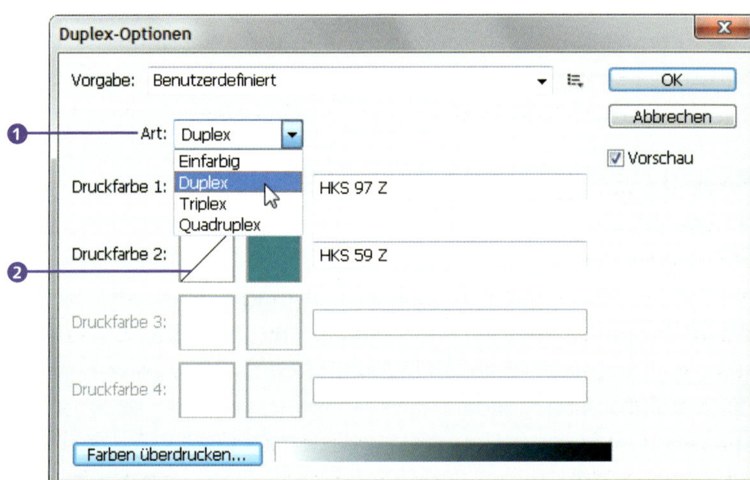

Abbildung 3.50 ▲
Das Dialogfeld DUPLEX-OPTIONEN

Unter ART ❶ legen Sie fest, aus wie vielen Farben das Duplex gedruckt wird. Im Gegensatz zu den Bildmodi RGB, CMYK oder LAB haben Sie im Duplex-Modus keinen direkten Zugriff auf die einzelnen Bildkanäle. Daher bearbeiten Sie auch die einzelnen Kanäle über die Duplexkurven ❷ im Duplex-Dialogfeld. Duplexkurven funktionieren ähnlich wie Gradationskurven.

Mehrkanalmodus | Noch weitgehendere Möglichkeiten für den Druck mit Sonderfarben haben Sie im Mehrkanalmodus. Sie können Duplex- und CMYK-Bilder in diesen Modus konvertieren. Dabei wird der Duplexkanal in mehrere Kanäle – sogenannte **Volltonfarbkanäle** – gesplittet. CMYK-Kanäle bleiben erhalten. Danach können Sie weitere Kanäle mit Sonderfarben hinzufügen, um zusätzliche Druckplatten festzulegen.

▲ **Abbildung 3.52**
Das Beispielduplex hat nach dem Konvertieren in den Mehrkanalmodus eine solche Kanäle-Palette. Die Namen der einzelnen Kanäle bezeichnen die ihnen zugewiesene (Druck-)Farbe.

Wann verwendet man die Modi Duplex und Mehrkanal? | Duplex und Mehrkanal sind für den professionellen Druck gedacht. Sie sind die Modi der Wahl, wenn Sie ein Bild aus mehreren Farben aufbauen und diese Farben so originalgetreu wie möglich reproduziert werden sollen – zum Beispiel für Firmenlogos. Der Mehrkanalmodus bietet darüber hinaus interessante Möglichkeiten, drucktechnische Effekte – zum Beispiel durch den Einsatz stark glänzenden UV-Lacks auf vereinzelten Bildpartien – zu erzielen.

Änderungen zwischen Modi

Änderungen zwischen Modi sind schnell gemacht, und zwar über die Menübefehle unter Bild • Modus. Bei einer Modusänderung werden die Farbwerte des Bildes jedoch unwiderruflich geändert – auch bei einer Rückkonvertierung können sie nicht wiederhergestellt werden.

Vorsichtsmaßnahmen | Aus diesem Grund sollten Sie folgende Maßnahmen ergreifen:

- Bearbeiten Sie ein Bild so weit, wie es möglich ist, im Originalmodus, in dem Sie es bekommen haben. Bilder aus modernen Scannern und Digicams liegen ohnehin immer im für Bildbearbeiter freundlichen Modus RGB vor, in dem die volle Bandbreite der Photoshop-Funktionen verfügbar ist.
- Bevor Sie ein Bild konvertieren, sollten Sie eine Archivkopie erstellen. Bei digitalen Bildern haben Sie ja kein Negativ, von dem Sie immer neue Abzüge erstellen können – hüten Sie die Originalfassung Ihrer Bilder gut! Das gilt auch vor Änderungen an Größe und Auflösung.
- Wenn Ihr Bild aus mehreren Bildebenen mit unterschiedlichen Füllmethoden aufgebaut ist, sollten Sie diese vor der Modusänderung auf die Hintergrundebene reduzieren. Der Grund: Die Wirkung der unterschiedlichen Füllmethoden kann sich mit der Moduskonvertierung ändern.

8 Bit, 16 Bit, 32 Bit

Alles bisher Gesagte bezog sich auf Dateien in verschiedenen Modi, aber immer mit einer Farbtiefe von 8 Bit je Kanal. Nur die Menge der vorhandenen Kanäle – und damit die Gesamt-Farbtiefe – variierte von Modus zu Modus. 8-Bit-Bilder sind (noch) die mit Abstand am häufigsten gebrauchten. Seit der Programmversion CS baut Adobe jedoch auch die Unterstützung von Bildern mit mehr als 8 Bit je Kanal immer weiter aus.

Nicht nachträglich!
Natürlich bringt es nichts, ein 8-Bit-Bild nachträglich in ein Bild mit höherer Bitzahl pro Farbkanal umzuwandeln. Das ist zwar möglich, aber die ursprünglich vorhandenen Farbinformationen werden dadurch ja nicht vermehrt! Es bleibt also alles beim Alten: Eine bessere Farbdifferenzierung wird nicht erreicht.

Die Unterstützung für Bilder mit 16 Bit ist inzwischen recht gut, das heißt, viele Photoshop-Funktionen stehen Ihnen auch bei 16-Bit-Bildern zur Verfügung. 16-Bit-Bilder werden zum Beispiel von leistungsfähigen Profi-Scannern erzeugt oder können aus manchen Digitalkameras importiert werden. Sie können in den Modi RGB, CMYK, Lab, Graustufen oder Mehrkanal vorliegen. Mehr Bit je Kanal, das bedeutet:

- feinere Farbdifferenzierung
- größere Dateien

Beim Bearbeiten solcher Bilder – z.B. bei der Skalierung oder Farbkorrektur – kommt es bei Bildern mit höherer Farbtiefe nur selten zu sichtbaren Qualitätseinbußen. Das hört sich gut an, hat aber auch einige Nachteile: Nicht alle Dateiformate können Bilder mit mehr als 8 Bit pro Kanal abspeichern, und auch viele Anwendungen verweigern die Verarbeitung von solchen Dateien. Während es wenig Effekt hat, die Datentiefe eines Bildes hochzurechnen, können Änderungen nach unten also durchaus sinnvoll sein, wenn Sie die problemlose Austauschbarkeit von Bildern gewährleisten und den vollen Funktionsumfang von Photoshop ausschöpfen wollen.

Zum Weiterlesen
Mehr über **HDR-Bilder** lesen Sie in Kapitel 23, »Kamerafehler korrigieren, Digitalfotos optimieren«.

High Dynamic Range | Auch 32-Bit-Bilder (sogenannte HDR-Bilder – für High Dynamic Range) können in Photoshop bearbeitet werden; in der Version CS3 hat Adobe die HDR-Funktionen sogar erweitert. Allerdings können Sie solche Bilder nach wie vor nur eingeschränkt mit den gewohnten Werkzeugen und Befehlen bearbeiten.

In der klassischen Bildbearbeitung spielen HDR-Bilder bisher nur eine untergeordnete Rolle. HDR-Bilder werden vor allem für Kinofilme, 3D-Grafiken und in manchen Bereichen der professionellen Fotografie eingesetzt. In Photoshop können Sie sie mit Hilfe mehrerer Fotos erstellen, die mit unterschiedlicher Belichtung aufgenommen wurden (via Datei • Automatisieren • Zu HDR Pro zusammenfügen).

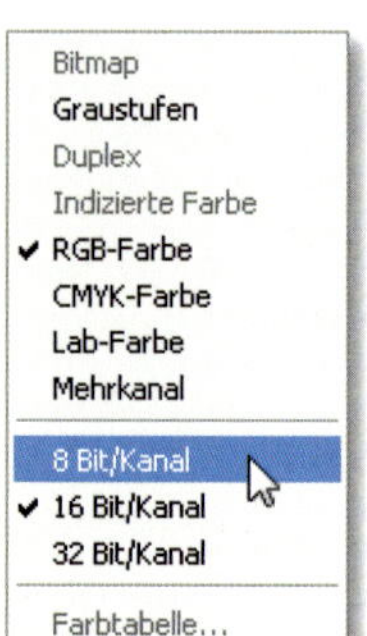

▲ **Abbildung 3.53**
Von 16 Bit in 8 Bit pro Kanal konvertieren

Bitzahl konvertieren | Um Bilder zwischen 8 und 16 Bit zu konvertieren, wählen Sie die Befehle Bild • Modus • 16-Bit-Kanal bzw. Bild • Modus • 8-Bit-Kanal.

3.5 Datenkompression

Vor der Betrachtung der verschiedenen Dateiformate schauen wir uns zunächst noch unterschiedliche Verfahren zur Kompression von Bildern an.

Nur allzu häufig wird die Kompression von Dateien mit dem Dateiformat selbst verwechselt. Als Kompression wird ein Verfahren bezeichnet, mit dem Daten komprimiert gespeichert werden. Dateiformate nutzen Kompressionen, sind aber nicht damit gleichzusetzen.

Unkomprimierte Speicherung

Bei der unkomprimierten Speicherung werden Bilder Pixel für Pixel auf die Festplatte geschrieben. Dabei wird das Bild meist zeilenweise, von links nach rechts und von oben nach unten auf die Festplatte geschrieben. Speichern Sie zum Beispiel eine A4-Seite, die mit 300 dpi auf der Festplatte liegt, ergibt sich eine Pixelgröße von 2.480 × 3.508 Pixel. Wird das Bild im RGB-Modus gesichert, so belegt jedes Pixel 3 Byte Speicherplatz. Durch Multiplikation der Werte 2.480 × 3.508 × 3 ergibt sich ein Speicherplatzbedarf von 26.099.520 Byte, rund 25 Megabyte. Dieser Speicherplatzbedarf mag für die Arbeit am lokalen Rechner kein Problem darstellen; spätestens wenn Sie das Bild per Mail an jemanden verschicken, empfiehlt es sich, die Verwendung einer Kompression in Erwägung zu ziehen.

Verlustfreie Kompression: RLE, ZIP, LZW

Die Verwendung von verlustfreien Kompressionsverfahren empfiehlt sich vor allem zur Speicherung von Projektdaten und zur Weitergabe von qualitativ hochwertigen Dateien für die Reproduktion oder Weiterbearbeitung.

Prinzip | Das Prinzip der verlustfreien Kompression besteht in der Zusammenfassung von Daten. Dies können Sie sich sehr einfach anhand einer Zeichenkette vorstellen: Soll die Zeichenkette »aaaaaaa« verlustfrei komprimiert werden, so liefert das RLE-Verfahren zum Beispiel das Ergebnis »a7«. Dabei steht an erster Stelle das Zeichen, direkt danach die Anzahl der Wiederholungen. Natürlich können anstelle des Buchstabens auch Farbwerte in Bildern auf diese Weise komprimiert werden. Zugegebenermaßen ist dies die einfachste Art der verlustfreien Kompression. Es gibt hochentwickelte Mustererkennungsverfahren, die das zu speichernde Bild nach unterschiedlichsten sich wiederholenden Bildinhalten absuchen und Ähnlichkeiten in Bildern speichern.

[ZIP]
ZIP ist so etwas wie das Schweizer Taschenmesser unter den Kompressionsverfahren. Neben der Verwendung in unterschiedlichen Bilddateiformaten wird dieses Verfahren auch bei Kompressions-Utilitys wie zum Beispiel WinZip für die kompakte Speicherung beliebiger Daten genutzt.

[CCITT]
Ein weiteres Verfahren ist das CCITT-Verfahren, das ursprünglich für die Fax-Übertragung entwickelt wurde. Es wird für die Speicherung von PDF- und Photoshop EPS-Dateien im Bitmap-Modus verwendet.

Anwendungsgebiete | Meist werden flächige Bilder mit wenigen Farbabstufungen sehr gut mit diesen Verfahren komprimiert. Fotos hingegen, die aus einer Vielzahl von Farben bestehen, können in den meisten Fällen nicht so stark reduziert werden. Vereinfacht gesagt ist das der Grund dafür, dass in Fotografien das Zusammenfassen der Bildinformation zu Blöcken gleicher Muster schwerer fällt.

Welche Kompressionsverfahren gibt es? | Häufig zur Anwendung kommende verlustfreie Kompressionsverfahren sind zum Beispiel die Kompressionen

- **RLE** (**R**un**l**ength **E**ncoding)
- **ZIP** (die Abkürzung ist eigentlich keine, sondern das englische Wort für »Reißverschluss«)
- **LZW** (nach seinen Schöpfern Abraham **L**empel, Jacob **Z**iv und Terry **W**elch benannt)

Dabei handelt es sich um mathematische Verfahren zur verlustfreien Kompression. Diese kommen innerhalb von unterschiedlichen Dateiformaten zur Anwendung. So kann zum Beispiel das GIF-, TIFF- und das PDF-Format eine LZW-Kompression von Bilddaten durchführen, obwohl es sich um unterschiedliche Dateiformate handelt.

[JPEG 2000]
Das JPEG-Verfahren ist nicht das einzige existierende Verfahren zur verlustbehafteten Kompression von Bildern, aber das gebräuchlichste. Eine Weiterentwicklung des Formates nennt sich JPEG 2000. Es ist flexibler und erreicht bessere Kompression. JPEG 2000 hat jedoch auch gravierende Nachteile: Der Rechenaufwand ist bei der Verwendung höher, was für Digitalkameras problematisch ist, und bei der Implementierung fallen Lizenzgebühren an. In spezialisierten Anwendungen wird es schon genutzt (z. B. Medizintechnik), auf breiter Ebene konnte es sich jedoch noch nicht durchsetzen. Für mehr Informationen zu JPEG 2000 werfen Sie einen Blick auf die Website der JPEG unter *www.jpeg.org*.

Verlustbehaftete Kompression: JPEG

Speichert man Fotos mit Millionen von Farben, so werden viele der Farbabstufungen vom menschlichen Auge gar nicht wahrgenommen. Vielmehr reagiert das Auge auf Helligkeitsänderungen in einem Bild.

JPEG-Verfahren | Auf dieser Tatsache baut das JPEG-Verfahren auf. Es wird von der Arbeitsgruppe ISO/IEC JTC1 SC29/WG 1, besser bekannt als **J**oint **P**hotographic **E**xperts **G**roup, seit Anfang der 70er Jahre entwickelt und basiert auf einem Verfahren, bei dem das Bild in Farbblöcke von 8×8 Pixel zerlegt wird. JPEG verändert die Farbe der Blöcke so, dass möglichst viele gleiche Pixelblöcke im Bild entstehen. Diese können platzsparend zusammengefasst werden. Beim JPEG-Verfahren können unterschiedliche Kompressionsstufen eingestellt werden. Je höher die Kompression, desto kleiner die Datei. Mit höherer Kompressionsrate sinkt aber auch die Bildqualität.

Das JPEG-Verfahren wurde für die Speicherung von Fotos entwickelt. Es ist nur schlecht zur Kompression von flächigen Grafiken, scharfen Linien oder Grafiken mit wenigen Farben geeignet. Denn dabei kommt es vermehrt zur Bildung von **Kompressionsartefakten**. Dies sind Störungen im Bild, die vor der Kompression nicht vorhanden waren und durch die komprimierte Speicherung hinzugefügt werden. JPEG ist bei geringen Qualitätseinstellungen dafür bekannt, sichtbare Blöcke in Bildern zu verursachen. Aber auch das sogenannte Moskito-Rauschen und die Schattenbildung bei Farbübergängen sind wohlbekannte JPEG-Artefakte.

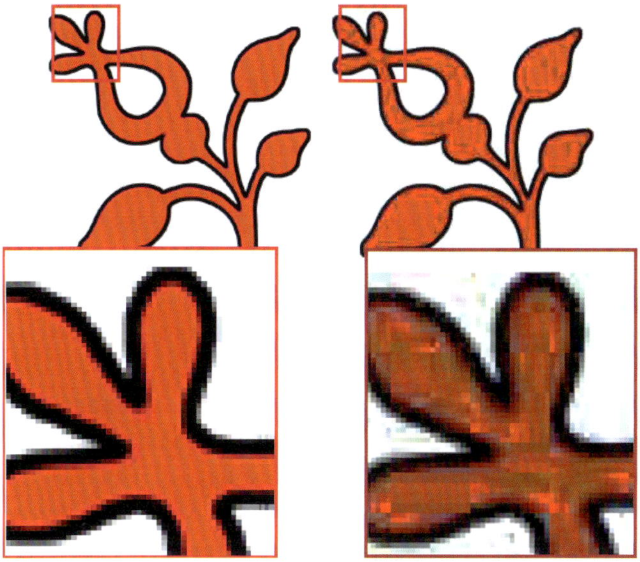

◂ **Abbildung 3.54**
Für flächige Grafiken eignet sich das JPEG-Verfahren weniger. Das Moskito-Rauschen hat seinen Namen von den pixeligen Störungen rund um scharfe Bildkanten, die wie Moskitos oder umherschwirrende Mücken aussehen.

3.6 Dateiformate für Bilder

Bilddateien können in zahlreichen verschiedenen Dateiformaten vorliegen und gespeichert werden. Die Liste von Formaten ist lang: PSD und TIFF, JPEG, GIF und PNG, PDF, EPS, DCS und BMP, WMF und PICT ... Dieser Abschnitt gibt Ihnen einen Überblick und zeigt Ihnen, welche Besonderheiten die wichtigsten Formate mitbringen.

Wozu gibt es verschiedene Dateiformate?

Die Formatvielfalt hat einerseits den quasi historischen Grund, dass es für die Entwicklung von Dateiformaten keine verbindlichen Standards gibt und zahlreiche Softwarehersteller eigene Formate lancierten. Diese Formatvielfalt ist aber auch ein Versuch, Bilder so zu berechnen, dass ein möglichst breites **Aufgabenspektrum** abgedeckt wird, denn nicht jedes Format leistet dasselbe. Unter den Dateiformaten gibt es Spezialisten für verschiedene Einsatzgebiete.

Wo liegt der Unterschied zwischen den einzelnen Dateiformaten? | Das unsichtbare »Innenleben« der Dateien, also der Dateiaufbau und die Art der Bildberechnung, ist ganz verschieden. Die trockenen Details des Dateiaufbaus brauchen Sie nicht zu kümmern – entscheidend ist, was die unterschiedlichen Dateiformate in Hinblick auf die Unterstützung von Photoshop-Funktionen, die Kompatibilität zu anderen Anwendungen und die Datenkompression leisten. Ihre wichtigste Leitlinie beim Auswählen des richtigen Speicherformates ist, was Sie mit der Datei noch vorhaben, also der geplante **Einsatzbereich** des Bildes.

- Welche Eigenschaften und Funktionen der mit Photoshop erzeugten Datei können in einem bestimmten Dateiformat dauerhaft gesichert werden? Und welche Dateieigenschaften wollen Sie erhalten?
- Ist der Transfer der Dateien in andere Anwendungen nötig, und, wenn ja, ist er problemlos möglich? Können die Dateien mühelos weiterbearbeitet und korrekt reproduziert werden?
- Einige Dateiformate setzen Datenkompression ein, um die Datenmenge einer Datei zu verringern. Einige Kompressionsmethoden arbeiten verlustfrei, andere sind *lossy*, das heißt, sie bringen Verluste an Bildqualität mit sich. Manche Kompressionsarten funktionieren im Hintergrund, für andere stehen in Photoshop Steuerungsinstrumente zur Verfügung. Welche Kompressionsmethoden bieten die einzelnen Dateiformate? Wie wichtig ist eine geringe Größe der zu speichernden Datei?

Nur eine Handvoll Formate sind wichtig
Sie müssen nicht über jedes der zahllosen Dateiformate Bescheid wissen oder es einsetzen. Eine Handvoll Formate, mit denen alle Aufgaben gut abgedeckt sind, haben sich inzwischen als Quasi-Standard eingebürgert. Die wichtigsten stelle ich Ihnen hier ausführlich vor, und im Abschnitt »Dateiformate im Überblick« auf Seite 116 finden Sie eine umfangreiche Übersichtstabelle mit noch mehr Formaten.

PSD – Photoshops »Hausformat«

Um Bilder zu erstellen und zu bearbeiten, sollten Sie ein Dateiformat wählen, das alle Photoshop-Funktionen und alle Dateieigenschaften unterstützt. Ebenso wichtig ist, dass das Bild beim (Zwischen-)Speichern keinen Qualitätsverlust durch Kompression erleidet. Diese Anforderungen erfüllt das genuine Photoshop-Format PSD.

Unterstützte Photoshop-Funktionen | Das Format PSD erlaubt es Ihnen, nicht nur das Bild selbst, sondern auch sämtliche Informationen mitzuspeichern, die für die Bearbeitung des Bildes relevant sind. Dazu gehören alle Arten von Ebenen, Alphakanäle und darauf basierende Masken und Auswahlen sowie Pfade – alles in allem die Basis für komfortables und flexibles Arbeiten. PSD unterstützt außerdem Transparenz und alle Bild- und Farbmodi. Dazu gehören auch Photoshop-Spezialitäten wie der Duplex-, der Lab- und der Mehrkanalmodus, die von vielen anderen Dateiformaten nicht verarbeitet werden können.

Kompression | PSD-Dateien sind sehr groß. Eine Datenkompression ist nicht möglich, aber auch nicht unbedingt nötig, da PSD ein internes Dateiformat ist und selten für den Datenaustausch genutzt wird.

Einsatzbereich | PSD ist das ideale Arbeitsformat, in dem Sie Ihre Dateien erstellen. Für die Übergabe an andere Anwendungen oder den Einsatz im Web können PSD-Dateien problemlos in spezialisierte Formate gebracht werden. Oft ist es dann sinnvoll, eine Kopie des Bildes als PSD-Datei zurückzubehalten – für nachträgliche Änderungen. Der Austausch von PSD mit anderen Adobe-Programmen ist problemlos. Wenn Sie nichts anderes vorgeben, speichert Photoshop neue Dateien automatisch als PSD.

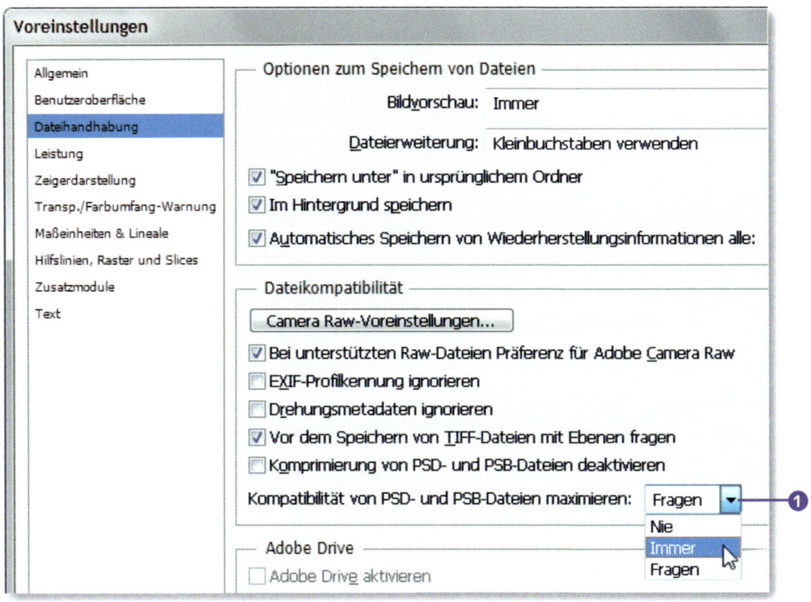

◀ **Abbildung 3.55**
Wenn Sie in den Voreinstellungen (unter DATEIHANDHABUNG) die PSD-Kompatibilität maximieren ❶, können Dateien besser von älteren Programmversionen gelesen werden, werden aber auch größer.

PSB – große Bilder

Das Format PSB – auch **großes Dokumentformat** genannt – ist eine weitere Photoshop-Spezialität. Es hat weitestgehend dieselben Eigenschaften wie PSD, aber die zusätzliche Fähigkeit, auch sehr, sehr große Dokumente aufzunehmen. Während ältere Photoshop-Versionen und zahlreiche andere Anwendungen Dateien bis maximal 2 GB oder 30.000 Pixel Kantenlänge speichern und verarbeiten können, hat Adobe mit PSB ein Dateiformat geschaffen, das Dokumente mit bis zu 300.000 Pixeln in jeder Abmessung unterstützt.

- **unterstützte Photoshop-Funktionen:** wie bei PSD
- **Kompression:** wie bei PSD

Die Alternative zu PSB

Das altbewährte TIFF ist ebenfalls in der Lage, sehr große Dateien – bis zu 4 GB – zu speichern. Zwar können nicht alle Anwendungen solche Riesendateien öffnen, aber immerhin ist TIFF als solches nicht an ein bestimmtes Programm gebunden.

Einsatzbereich | PSB ist ein Format für sehr große Dateien, zum Beispiel HDR-Dateien. Allerdings kann es bisher nur von Photoshop ab der Programmversion CS – und keiner anderen Anwendung sonst – gelesen werden. Das schränkt die Verwendbarkeit stark ein.

TIFF – der Austauschprofi

TIFF – manchmal werden Sie auch die Schreibweise TIF sehen – unterstützt ähnlich wie PSD zahlreiche Photoshop-Funktionen und funktioniert mit so gut wie allen Programmen und unter allen Betriebssystemen. Da es als Austauschformat entwickelt wurde, besteht hier die Möglichkeit zur Datenkompression, um die Dateien klein zu halten.

Unterstützte Photoshop-Funktionen | Alphakanäle und somit auch Masken und Auswahlen können mitgespeichert werden, ebenso Beschneidungspfade. Transparenz und Ebenen bleiben erhalten, wenn das TIFF mit Photoshop gespeichert und geöffnet wird.

Kompression | Anders als die großen PSD-Dateien können Sie TIFFs wahlweise unkomprimiert oder komprimiert abspeichern, und Sie haben außerdem die Wahl zwischen verschiedenen Kompressionsverfahren. Zum Einsatz kommen LZW und die ZIP-Komprimierung. Beide Verfahren arbeiten verlustfrei, d.h., die Datenkompression führt nicht zu einer Verschlechterung der Bildqualität.

In Photoshop steht für das TIFF-Format auch die Option JPEG-Komprimierung zur Verfügung, allerdings können nicht alle anderen Programme mit diesem Extra umgehen.

Einsatzbereich | TIFF kann von so gut wie allen Bildbearbeitungs- und Seitenlayoutprogrammen bearbeitet werden und ist daher das Format der Wahl für die Druckvorstufe und natürlich auch dann, wenn Bilddaten zur weiteren Bearbeitung weitergegeben werden.

GIF – bewährter Internetveteran

An Grafiken im Internet werden besondere Anforderungen gestellt: Sie müssen von allen Browsern problemlos interpretiert werden und für die Darstellung ihres Motivs mit einer möglichst geringen Datenmenge auskommen, um die Übertragungszeiten kurz zu halten.

Eines der ältesten Webgrafikformate ist GIF. GIF-Dateien sind sehr klein, sind aber auf maximal 256 Bildfarben beschränkt. Die Farbinformationen werden ökonomisch in einer dateiinternen Farbtabelle abgelegt.

Unterstützte Photoshop-Funktionen | Photoshop-Funktionen werden vom GIF-Format nicht unterstützt. Mit Transparenz und Animation bietet das Format GIF allerdings interessante Optionen für den Webeinsatz. Transparente Pixel ermöglichen es beispielsweise, Bildobjekte optisch aus der vorgegebenen Rechteckform zu lösen und Bilder mit scheinbar unregelmäßigen Konturen zu erstellen.

Datei auf der Buch-DVD: »Apfel_hg.tif«

▲ **Abbildung 3.56**
Das Bild im Originalzustand: Der Hintergrund wurde dann auf transparent gesetzt …

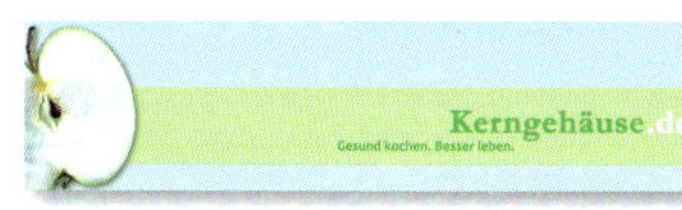

▲ **Abbildung 3.57**
… und so als optisch frei schwebendes Bildelement in einem einfachen Web-Layout eingesetzt.

In Kapitel 40, »Bilder für das Internet optimieren«, erfahren Sie, wie Sie GIF- und JPEG-Dateien für den Interneteinsatz optimieren. Dort können Sie auch nachlesen, wie Sie GIFs animieren.

Kompression | Als echte Web-Experten werden GIFs – zusätzlich zur Farbreduktion – auch komprimiert, und zwar durch die verlustfreie LZW-Kompression, auf die Sie aber keinen Einfluss haben. Weiter vermindern lässt sich die Dateigröße von GIFs durch Einschränkungen der Farbtabelle, die der Bilddarstellung zugrunde liegt. Nicht alle GIFs brauchen 256 Farben, um akzeptabel auszusehen! Photoshop bietet dazu gute Einstellungsmöglichkeiten mit gleichzeitiger Kontrolle der Ergebnisse an.

Einsatzbereich | GIF ist ein klassisches »Endformat«, in das Sie Ihre Datei bringen, wenn Sie mit der Bearbeitung fertig sind. Aufgrund der begrenzten Anzahl darstellbarer Farben ist GIF für Fotos und andere Halbtonbilder nicht geeignet. Flächige Bilder mit wenig Farbnuancen werden jedoch sehr gut wiedergegeben, und Konturen bleiben schön scharf. Wenn Sie Zeichnungen, Logos oder Texte ins Web bringen wollen, ist GIF also das Format der Wahl. Aufgrund der möglichen Transparenz eignen sich GIFs auch gut für Buttons und alle anderen Elemente, die nicht einfach vier Ecken haben sollen.

JPEG – Halbtonbilder für das Web

JPEG bezeichnet ursprünglich einen bestimmten Kompressionsalgorithmus. Dateien dieses Typs, die die Endung .jpg, .jpeg oder – seltener – .jpe haben, sind eine Anwendung dieses Algorithmus. Das JPEG-Format kann pro Bild bis zu 16,7 Millionen Farben speichern, das ist praktisch das gesamte vom menschlichen Auge wahrnehmbare Spektrum. Auch JPGs werden von allen Browsern problemlos reproduziert.

Unterstützte Photoshop-Funktionen | Anders als beim GIF sind Transparenz und Animation nicht möglich, dafür unterstützt das JPG-Format aber mehr Bildmodi: Graustufen, CMYK und RGB. Einige Browser haben allerdings mit der Reproduktion von CMYK-Bildern Schwie-

Achtung: JPEG ist kein Arbeitsformat

Viele Digitalkameras geben Bilder als JPGs aus, und auch zunehmend mehr Bildagenturen, die ihr Angebot über das Web vertreiben, verschicken JPGs. Wenn Sie mit JPEG-Dateien arbeiten, sollten Sie aber Folgendes beachten: Die JPEG-Datenkompression greift bei **jedem** (Zwischen-)Speichern – dadurch potenzieren sich die Nebenwirkungen, und die Bildqualität kann sich schnell verschlechtern.

Wenn Ihnen ein Bild, das Sie bearbeiten möchten, als JPEG vorliegt, sollten Sie es als Erstes in das besser geeignete Format PSD bringen. Die Konvertierung ist problemlos und nicht mit Qualitätsverlusten verbunden.

rigkeiten – hier ist RGB besser geeignet. Nicht mitspeichern können Sie Photoshop-Alphakanäle – Masken und Auswahlen gehen daher beim Speichern verloren, ebenso Ebenen.

Kompression | Die JPEG-Kompression ist sehr effektiv. Die Stärke der Kompression können Sie in Photoshop differenziert einstellen. Das ist auch sinnvoll, denn die JPEG-Kompression ist verlustbehaftet. Das heißt nicht, dass jedes JPEG schlecht aussieht. Sichtbare Verluste entstehen vor allem bei starker Kompression. An scharfen Konturen und glatten Farbflächen werden dann kleine Quadratmuster sichtbar (Kompressionsartefakte), und Kanten fransen optisch aus.

Einsatzbereich | Um Halbtonbilder wie Fotos ins Internet zu bringen, ist das Format hervorragend geeignet. Bilder mit großen, gleichmäßigen Farbflächen und scharfen Bildkanten – beispielsweise Logo-Schriftzüge oder einfache Zeichnungen – werden aufgrund des Kompressionsverfahrens nur unsauber wiedergegeben. Auch um unbearbeitete Bilder zu **archivieren**, können Sie das »schmale« JPEG-Format nutzen.

EPS – zwischen den Welten

Sie wissen schon, dass Photoshop auch vektorbasierte Bildinformationen erzeugen kann. Dann liegen Pixel- und Vektordaten in einer einzigen Datei vor (die mit einem pixelorientierten Programm erstellt wurde). Um diese Informationen aufzunehmen, reichen die pixelorientierten Dateiformate nicht immer aus, vor allem, wenn die Daten an einen Druckdienstleister weitergegeben werden sollen. Hier bietet sich neben dem – begrenzt geeigneten – TIFF das besonders spezialisierte Format EPS (Encapsulated PostScript) an. PostScript ist eine von Adobe entwickelte Drucker-Befehlssprache.

Ein Speichern im EPS-Format verwandelt das Bild in eine PostScript-Programmdatei, die ausschließlich zur Weiterverwendung in Layoutprogrammen und vor allem zum Drucken oder Ausbelichten gedacht ist. EPS-Dateien können nur auf speziellen, PostScript-fähigen Druckern gedruckt werden, die diese Dateien interpretieren. Das hört sich wie ein umständlicher Umweg an, jedoch hat das Format den Vorteil, dass es unabhängig von Anwendungen und Betriebssystemen auf verschiedensten Druckmaschinen bestmöglichste Ergebnisse erzielt.

Unterstützte Photoshop-Funktionen | Neben den Bitmap-Bilddaten können in einer EPS-Datei Vektorinformationen, Text und Beschneidungspfade konserviert werden. Photoshop-Ebenen und Alphakanäle werden von EPS nicht unterstützt – als EPS sollten Sie also nur das speichern, was wirklich fertig ist. Photoshop kann EPS-Dateien zwar schreiben, aber nur mit Einschränkungen öffnen: Mitgespeicherte Vektorinformationen werden beim Öffnen in Bitmap-Daten verwandelt (gerastert).

Kompression | Geringe Dateigrößen zu erreichen ist nicht das Ziel, das mit dem EPS-Format verfolgt wird. Universelle Austauschbarkeit und das Erreichen des bestmöglichen Druckergebnisses stehen im Vordergrund. Eine Kompression ist daher nicht vorgesehen.

Einsatzbereich | EPS ist ein Dateiformat, mit dem Photoshop-Einsteiger eher am Rande zu tun haben werden; es ist in der professionellen Druckvorstufe beheimatet. EPS bewältigt Bilder, die gleichzeitig Text und Vektorebenen und fein nuancierte Fotos enthalten. Die Vektorinformationen bleiben erhalten und verlieren so ihre Schärfe nicht.

PDF – mehr als portable Dokumente

PDF, das Portable Document Format, ist ebenfalls eine Erfindung von Adobe. Mit der weltweiten Verbreitung des kostenlosen Acrobat Readers hat sich PDF als ein Format etabliert, in dem Dokumente plattformunabhängig, kompakt und in ansprechendem Layout vor allem im Web präsentiert werden. Neben dieser Funktion hat das Format PDF große Bedeutung als Austauschformat für den professionellen Druck.

Unterstützte Photoshop-Funktionen | PDF ist eine Weiterentwicklung von EPS und hat ganz ähnliche Eigenschaften. Das Format kann Vektoren und Pixelinformationen in einem Dokument zusammenfassen. PDF-Dokumente können Sie problemlos zwischen verschiedenen Softwareplattformen austauschen.

Kompression | PDF hat von Haus aus schlankere Daten als EPS; eine Kompression kann zusätzlich erfolgen. Dazu bietet Photoshop die Verfahren JPEG (verlustbehaftet) und ZIP (verlustfrei) an.

Einsatzbereich | Wie EPS-Dateien sind PDFs sehr gut geeignet, um Bilder zu speichern, die Vektor- und Bitmap-Daten enthalten. Das können einfache Composings, Schriftsätze oder ganze Layouts sein. Seine Eigenschaften prädestinieren das PDF-Format für die Druckvorstufe. Gerade kleine Dienstleister kommen oft besser mit PDF-Dateien als mit EPS zurecht. Und auch mit Photoshop erstellte PDFs können Sie im Web einsetzen, beispielsweise wenn Sie ansprechend gestaltete Unterlagen zum Herunterladen anbieten wollen. Wollen Sie also Dateien, die Vektorinformationen enthalten, **weitergeben**, sind EPS und mehr noch PDF die Formate der Wahl. Das Photoshop-Format PSD kann diese Informationen zwar ebenso gut aufnehmen, lässt sich aber nicht mit allen Anwendungen und Plattformen öffnen.

Dateiformate im Überblick

In der folgenden Tabelle finden Sie überblickartig alle wichtigen Informationen zu den genannten Dateiformaten: Kompressionsmöglichkeiten, Austauschbarkeit, besondere Merkmale und Hinweise zum optimalen Einsatz.

Erweiterung	Name des Formats	Kompression	Austauschbarkeit	Merkmale	Einsatzzweck
.bmp	Bitmap – das Dateiformat hat nichts mit dem gleichnamigen Bildmodus zu tun.	keine oder RLE (verlustfrei)	typisches Windows-Format	kein CMYK	Manche Belichtungsdienste für digitale Fotos verlangen Daten im Bitmap-Format.
.eps	Encapsulated Post-Script	wahlweise mit JPEG-Kompression (verlustbehaftet)	Gut in der DTP-Sphäre. Benutzt Post-Script, aber kann nicht von allen einfacheren Anwenderprogrammen ausgegeben werden.	Kann Vektorinformationen enthalten.	klassisches Druckvorstufen-Format
.gif	CompuServe Graphics Interchange	Ja. Bringt Bilder in den indizierten Modus mit 256 Farben. Bei Bildern mit weniger Farben ist die Kompression verlustfrei. GIF bietet zahlreiche Einstellungsmöglichkeiten und Optionen für die bestmöglichen Ergebnisse.	ja, jedoch kein Arbeitsformat	Nur wenige Photoshop-Funktionen können bei GIFs angewendet werden. Wenn eine Bearbeitung unvermeidlich ist, erst Modusänderung vornehmen! Pixel können transparent gesetzt werden (aber nicht halbtransparent), Animationen sind möglich (oft bei Bannerwerbung).	Sehr kleines Format, das von allen Browsern interpretiert werden kann. Webformat, speziell für Bilder mit wenigen Farbabstufungen.

Erweiterung	Name des Formats	Kompression	Austauschbarkeit	Merkmale	Einsatzzweck
.jpg, jpeg	Joint Graphics Experts Group	Ja; JPEG ist gleichzeitig die Bezeichnung des Formats und des Kompressionsalgorithmus. Immer verlustbehaftet. Neuspeichern erhöht den Verlust. Verschiedene Qualitätsstufen und Optionen sind möglich.	Ja, ist aber kein Arbeitsformat.	RGB, CMYK, Graustufen. Alphakanäle (und damit Masken und Auswahlen) sind nicht möglich.	Speicherplatzsparend. Format für die Darstellung von Fotos im Internet. Wird in hoher Qualitätsstufe auch als Archivformat genutzt (Bilddatenbanken).
j2k, jp2	JPEG 2000	wahlweise verlustfreie oder verlustbehaftete Kompression	Viele Anwendungen können es nicht öffnen. In Photoshop muss ein entsprechendes Plug-in eigens installiert werden, damit es verarbeitet werden kann.	Eine Weiterentwicklung von JPEG. Leider noch nicht sehr verbreitet.	Dient vor allem als speicherplatzsparendes Archivformat.
.pdf	Portable Document Format	Möglich; es gibt verschiedene Methoden mit oder ohne Verlust.	Hervorragend, wurde als Austauschformat entwickelt.	Es gibt schon verschiedene Standards. Kann Vektorinformationen und Pixelinformationen enthalten und auch wichtige Informationen für den Druckprozess (Farbprofile).	Wenn Layouts originalgetreu erhalten werden sollen und wenn es auf gute Austauschbarkeit ankommt. Sehr große Verbreitung, vor allem in der professionellen Druckvorstufe. Lesbar mit dem kostenlosen Adobe Reader.
.png	Portable Network Graphics	verlustfrei	Wird von allen aktuellen Browsern unterstützt.	Unterstützt RGB-, indizierte Farb-, Graustufen- und Bitmap-Bilder ohne Alphakanäle. PNG kann Transparenz in Graustufen- und RGB-Bildern erhalten. Ohne Animationen. Kann mehrere Transparenzabstufungen speichern.	Webformat

Erweite-rung	Name des Formats	Kompression	Austauschbarkeit	Merkmale	Einsatzzweck
.psb	großes Dokument-format	nein	nur mit Photoshop CS und höher	Unterstützt alle Photoshop-Merkmale.	besonders große Dateien, die lediglich in CS bearbeitet werden
.psd	Photoshop Document Format	nein	Mit anderen Adobe-Produkten. Für den Austausch mit alten Programmversionen müssen Sie ggf. in den Voreinstellungen die Kompatibilität maximieren; kein Problem beim Austausch zwischen Windows und Mac.	Unterstützt alle Photoshop-Merkmale.	Arbeitsformat
.tif, .tiff	Tagged Image File Format	Nach Wahl ohne oder mit Kompression. LZW und ZIP-Kompression (verlustfrei), JPEG-Kompression (verlustbehaftet)	Als Austauschformat entwickelt. Allerdings sind mittlerweile sehr viele Varianten möglich, daher ist die Austauschbarkeit unter Umständen leicht eingeschränkt. Manche anderen Anwendungen haben Schwierigkeiten, Photoshop-TIFFs mit ZIP- oder JPEG-Kompression zu lesen.	Unterstützt Ebenen, Pfade, viele Farbmodi und mehrere Alphakanäle in einer Datei.	Arbeitsformat mit guter Kompatibilität

TEIL II
Das Handwerkszeug

Kapitel 4
Der Arbeitsbereich

Die Arbeitsumgebung von Photoshop CS6 – in der Adobe-Terminologie: der Arbeitsbereich – ist komplex und passt sich an Ihre jeweiligen Tätigkeiten an. Trotzdem lässt sich die Oberfläche von Photoshop schnell erfassen, und nach einer kurzen Eingewöhnungsphase werden Sie ihre Kreativtools sicher handhaben.

4.1 Die Oberfläche kurz vorgestellt

Diese Bedienelemente stehen Ihnen zur Verfügung, um Photoshop zu steuern:

- Ganz oben am Bildschirmrand befinden sich die **Menüleiste** ❶ (Abbildung 4.1) mit ihren ausklappbaren Menüs …
- … und darunter die **Optionsleiste** ❷. Gelegentlich wird diese Leiste auch »Steuerungsbedienfeld« genannt.
- Die **Werkzeugleiste** ❸ ist standardmäßig am linken Rand angedockt. Sie heißt in der offiziellen Adobe-Terminologie auch »Werkzeugbedienfeld«.
- Im rechten Bereich des Bildschirms sehen Sie die **Paletten** ❽ (»Bedienfelder«), die bei Bedarf aufgeklappt ❻ werden können. Paletten lassen sich verschieben, zu eigenen Gruppen anordnen oder zu einem Symbol minimieren ❼, so dass sie wenig Platz einnehmen, aber schnell erreichbar sind.

Dies sind Ihre wichtigsten Instrumente. Dazu kommen ein oder mehrere Dokumentfenster, die in platzsparenden Tabs ❹ organisiert sind. Der Tab-Titel und die Statusleiste ❺ jedes Dokuments präsentieren wichtige Informationen zum Dokument in Kurzform. Das Ganze ist auf dem Arbeitsbereich angeordnet.

Zum Weiterlesen
Die Photoshop-Arbeitsoberfläche lässt sich an verschiedene Anforderungen und Arbeitsstile anpassen. In Kapitel 7, »Den Arbeitsbereich anpassen«, erfahren Sie, wie das geht.

Die Arbeitsoberfläche unter Mac OS

Die Unterschiede zwischen Mac und PC sind nicht gravierend. Wer Photoshop am Mac beherrscht, kann auch mit der Windows-Version arbeiten und umgekehrt.

Am Ende dieses Kapitels finden Sie einen Abschnitt zu betriebssystemspezifischen Besonderheiten.

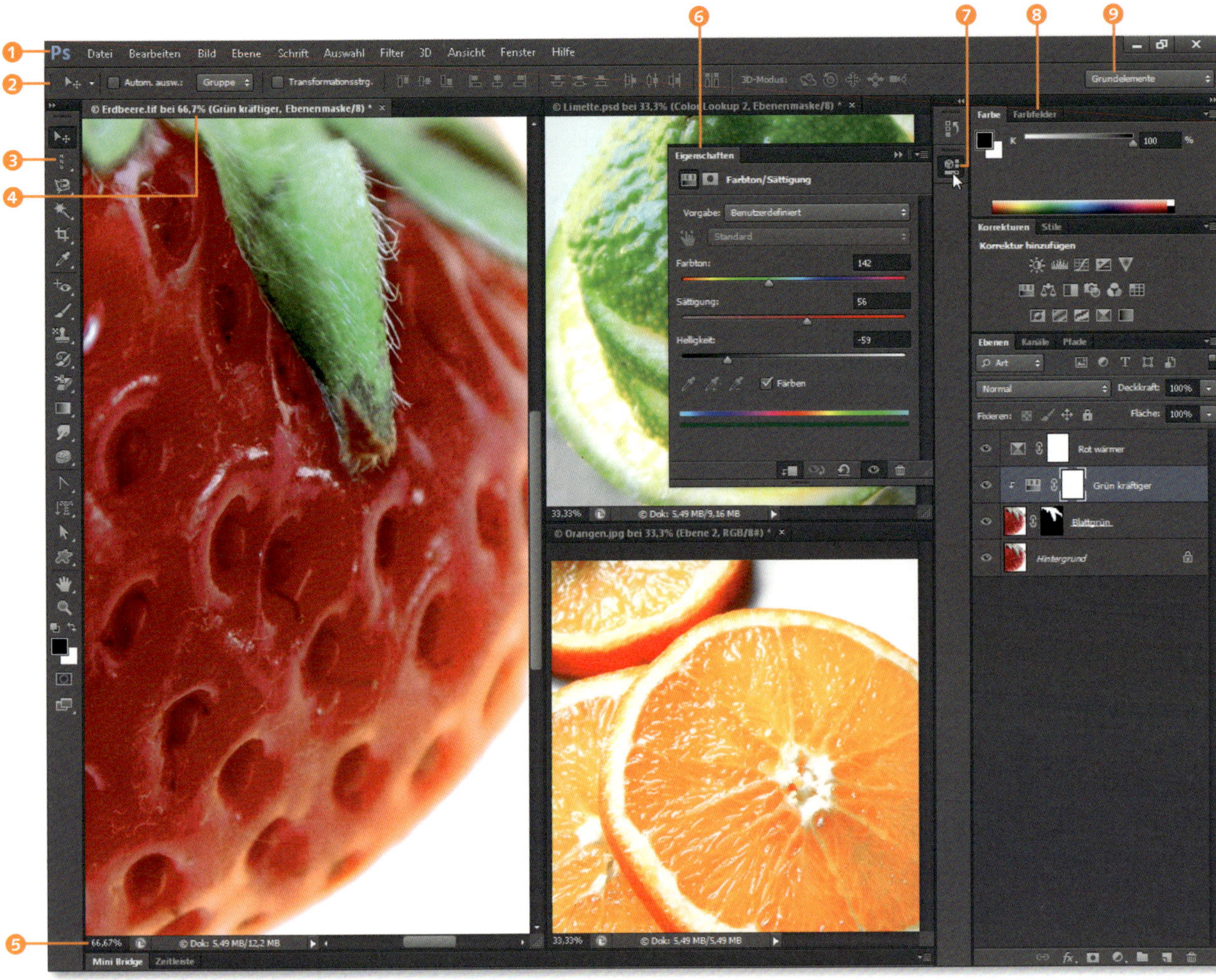

Bilder: dieblen.de

▲ **Abbildung 4.1**
Photoshop CS6 unter Windows. Als Erstes fällt das neue, dunkle Programmoutfit ins Auge. Photoshop ähnelt nun stärker anderen Adobe-Anwendungen wie Lightroom, Premiere Pro oder After Effects.

Anwendungsleiste hat ausgedient

Die aus CS5 bekannte **Anwendungsleiste** ist in CS6 nicht mehr mit an Bord. Die Funktionen zum Anordnen von Bildern finden Sie jetzt im FENSTER-Menü; Lineale, Hilfslinien & Co. aktivieren Sie über das ANSICHT-Menü. Der Bildmodus-Umschalter ist wieder in der Werkzeugleiste, Arbeitsbereiche verwalten Sie über ein Dropdown-Menü 9 ganz rechts. Und um zu Bridge zu wechseln, klicken Sie DATEI • IN BRIDGE SUCHEN (Alt+Strg/cmd+0).

Menüs | Die Bedienung des Menüs sollte Ihnen keine Schwierigkeiten bereiten. Sie bedienen Photoshops Menüleiste wie Menüs in vielen anderen Programmen auch: Funktionen, die aktuell nicht angewendet werden können, sind auch nicht anklickbar und werden hellgrau dargestellt. Untermenüs klappen Sie per Mouse-over auf. In den Menüs finden Sie viele Funktionen zum Umgang mit Dateien und viele Befehle, die sich jeweils auf das gesamte Bild auswirken und bei denen Photoshop einen Großteil der Rechenarbeit leistet.

Werkzeuge | Mit den Photoshop-Werkzeugen bearbeiten Sie oft gezielt einzelne Bildpixel, geben Text ein oder rufen Hilfsinstrumente wie beispielsweise den Zoom oder das Linealwerkzeug auf. Die Werkzeuge wechseln Sie einfach, indem Sie das jeweilige Icon in der Leiste anklicken oder ein Tastenkürzel eingeben. Die Funktionen der einzelnen Werkzeuge lassen sich meist leicht aus den Symbolen ableiten.

Optionsleiste | Die Optionsleiste – zuweilen auch Steuerungsbedienfeld genannt – verändert sich je nachdem, welches Werkzeug gerade aktiv ist. Hier können Sie die Wirkung der Werkzeuge genauer justieren.

Paletten | In den Paletten sind wichtige Kontroll- und Hilfsinstrumente untergebracht. So gibt die Ebenen-Palette – in Abbildung 4.1 ganz unten rechts zu sehen – Auskunft über den Bildaufbau, die Korrekturen-Palette (rechts Mitte) ist Ihre Schaltzentrale für Bildkorrekturen, und die Farbe-Palette (rechts oben) ist eine Möglichkeit, Farben festzulegen – zum Beispiel für den Farbauftrag beim Pinseln. Es gibt aber noch viel mehr Paletten. Mit Klicks auf die Registerkarten in den Palettengruppen, auf die kleinen Palettensymbole (7 in Abbildung 4.1) oder über das Menü FENSTER bestimmen Sie, welche Paletten sichtbar sind.

Mehr über die effiziente Nutzung von **Paletten** lesen Sie in Abschnitt 4.6, »Paletten: Wichtiges handlich«.

Titel- und Statusleiste von Dokumenten | Titel- 10 und Statusleiste 11, die Sie oberhalb und unterhalb jedes Dokuments finden – gleichgültig, ob als schwebendes Fenster oder in Tabs –, liefern ihnen wichtige Informationen zur Datei und helfen Ihnen dabei, sich im Programm zu orientieren. Mehr über die **getabbten Dokumente** und ihre Verwaltung erfahren Sie in Abschnitt 5.2, »Bildanzeige: Gezoomt, gedreht und in Position gerückt«.

Bild: Onno K. Gent

▲ **Abbildung 4.3**
Die Dokument-Titelleiste zeigt Basisdaten des Bilds auf einen Blick (hier ein schwebendes Dokumentfenster).

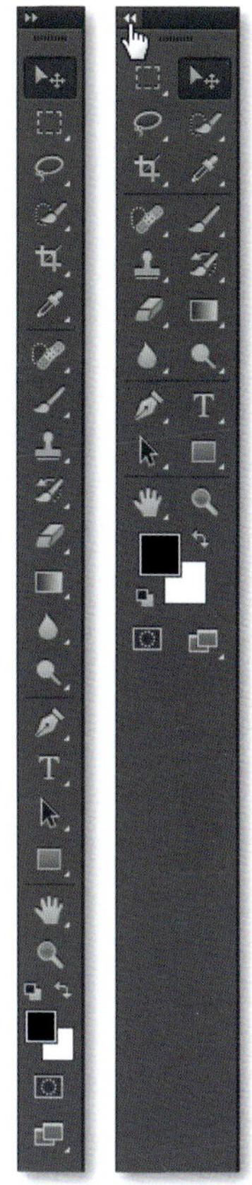

▲ **Abbildung 4.2**
Links: Standardansicht der Werkzeugpalette, rechts: aus den alten Versionen gewohnte zweispaltige Ansicht. Mit einem Klick auf den kleinen Doppelpfeil ganz oben stellen Sie die Ansicht um.

Umständliche Terminologie
Die offiziellen Namen vieler Programmelemente sind sperrig. Zudem ändern sich die Bezeichnungen von Version zu Version. Dennoch lohnt es sich, die richtigen Namen zu kennen, denn die Suchfunktionen in Adobe-Hilfequellen nehmen es damit ganz genau. Auch bei der Suche nach unabhängigen Wissensressourcen im Web ist es gut zu wissen, wie die Tools und Befehle richtig heißen.

Dateien auf der Buch-DVD: »Erdbeere.tif«, »Limette.psd«, »Orangen.psd«

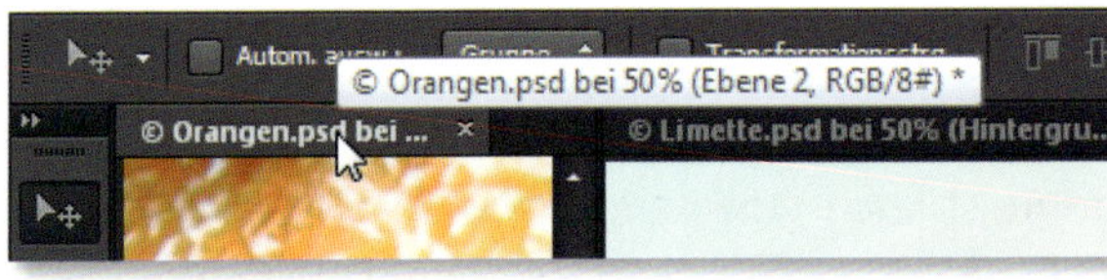

▲ **Abbildung 4.4**
Bei getabbten Dokumenten ersetzen Informationen in den Karteireitern die Titelleisten. Ist der Platz zu eng für alle Daten, geben QuickInfos Auskunft.

4.2 Die Menüleiste: Die solide Arbeitsbasis

Die Funktionen der Menüleiste bilden das solide Grundgerüst der Bildbearbeitung. In den Hauptmenüs samt Unterkategorien sind die wichtigsten Programmfunktionen untergebracht.

Mac-Spezialität: Das Menü »Photoshop«
Nur bei Macs findet sich in der Menüleiste der zusätzliche Menüpunkt Photoshop. Das Photoshop-Menü enthält neben einigen Standardbefehlen, die vom Betriebssystem zur Verfügung gestellt werden, vor allem Programminformationen und Befehle zur Konfiguration. In der Windows-Version finden Sie diese Befehle unter Bearbeiten oder unter Hilfe.

Das Menü »Datei«

Im Menü Datei befinden sich alle Befehle zur Steuerung und Verwaltung von Dateien und der Programmumgebung. Viele Funktionen ähneln dem, was auch in anderen Anwendungen Standard ist: Dateien öffnen, speichern und drucken. Hinzu kommen recht umfangreiche Funktionen zum Import und Export von Dateien sowie Automatisierungsbefehle und Befehle für den Wechsel zu anderen Adobe-Komponenten wie Bridge, Device Central und einigen der neuen Onlinefunktionen.

Das Menü »Bearbeiten«

Unter dem Menüpunkt Bearbeiten finden Sie eine bunte Mischung aus Arbeitshilfen, Programmeinstellungen sowie erste Befehle zur Veränderung von Bildebenen. Die Optionen Rückgängig und Verblassen beziehen sich auf Ihre letzten Arbeitsschritte. Hier erreichen Sie auch die Standardkommandos Ausschneiden, Kopieren und Einfügen sowie Befehle zu Werkzeugkomponenten, zum Arbeiten mit Text und Befehle, um eigene Muster, Farben, Effekte und ähnliche Vorgaben zu verwalten. Außerdem finden Sie hier die Grundeinstellungen, um Ihr Programm anzupassen, sowie die wichtigen Funktionen zum Farbmanagement.

Ebenenfunktionen im »Bearbeiten«-Menü
Einige Ebenen-Funktionen – zum Ausrichten und Überblenden von Ebenen – sind im Menü Bearbeiten untergebracht und nicht etwa im Ebene-Menü, wo man sie wohl zuerst suchen würde.

Das Menü »Bild«

Das Menü Bild enthält wichtige Befehle der digitalen Bildbearbeitung. Hier ändern Sie die Bildgröße und drehen oder vergrößern die Bild-Arbeitsfläche. Unter Korrekturen (in älteren Photoshop-Versionen:

Anpassungen) versammeln sich die Klassiker der Bildkorrektur, mit denen Sie schlechten Kontrasten oder Farbstichen beikommen und kreativ arbeiten können. Allerdings ist die Bedeutung des Korrekturen-Menüs in den neueren Photoshop-Versionen in den Hintergrund gerückt. Das Herzstück aller Korrekturen ist nicht mehr das Menü, sondern die Paletten Korrekturen und Eigenschaften.

Die Korrektur-Palette hat in CS6 nur noch die Aufgabe, die Korrekturwerkzeuge aufzurufen. Zum Treffen und Kontrollieren der Einstellungen steht die neue Palette Eigenschaften zur Verfügung. Auch die Maskeneinstellungen finden Sie nun dort. Adobes Hintergedanke: wichtige Einstellungen für Ebenen an einem Ort zu bündeln. Mehr zum Thema Bildkorrektur erfahren Sie in Teil VI, »Korrigieren und optimieren«.

Das Menü »Ebene«

Ebenen sind in Photoshop omnipräsent. Sie ermöglichen ein flexibles Arbeiten und den Aufbau komplexer Composings. Dementsprechend üppig ist das Menü Ebene ausgestattet. Eng mit Ebenen verbunden sind Ebenen- und Vektormasken, die Sie ebenfalls über dieses Menü ansteuern können. Außerdem finden Sie hier alle Befehle, um besondere Ebenen – wie Smartobjekte, Füll- oder Einstellungsebenen – zu verwalten und zu bearbeiten.

Das Menü »Schrift«

Photoshop ist primär ein Bildbearbeitungs- und kein Satzprogramm, doch kleinere Textarbeiten können Sie durchaus erledigen – etwa im Rahmen von Layout-Entwürfen. Im Menü Schrift finden Sie Befehle für die Arbeit mit Schrift und Textebenen.

Schrift-Workflow verbessert

Der neue Menüeintrag Schrift macht viele bisher an anderen Orten versteckte Befehle leichter zugänglich, hinzu kommen Funktionen wie etwa zur Umstellung der Schrift-Vorschaugröße und zum Einfügen von Blindtext (»Lorem Ipsum«). Außerdem gibt es zwei neue Paletten: Absatzformate und Zeichenformate. Mit ihrer Hilfe führen Sie Formatänderungen en bloc durch.

Das Menü »Auswahl«

Das Prinzip der Auswahl ist für Photoshop ebenso wichtig wie das Ebenen-Konzept. Das Menü Auswahl ist eine Ergänzung zu den Auswahlwerkzeugen in der Toolbox. Hier können Sie Ihre Auswahlen modifizieren und speichern.

Das Menü »Filter«

Das Menü Filter bietet für fast jeden kreativen Zweck und auch für ernsthafte Korrekturen das richtige Werkzeug.

Schriftgröße der Arbeitsfläche

Wenn Sie schlechte Augen haben oder mit extrem hoher Monitorauflösung arbeiten, ist die Schriftgröße in Paletten, QuickInfos und der Optionsleiste vielleicht etwas klein für Sie. Das können Sie ändern: Rufen Sie die Voreinstellungen auf (Strg/cmd+K). Auf der Tafel BENUTZEROBERFLÄCHE (Strg+2/cmd+2) können Sie unter UI-SCHRIFTGRAD drei verschiedene Größen einstellen. UI heißt *User Interface* – zu Deutsch *Benutzeroberfläche*. Die Änderung wird nach dem nächsten Start von Photoshop wirksam.

Das Menü »3D«

Besitzer von Photoshop Extended finden in der Menüleiste zusätzlich das Menü 3D. Hier haben Sie Zugriff auf die mittlerweile recht zahlreichen und ausgeklügelten 3D-Funktionen von Photoshop. Es lassen sich 3D-Objekte einfügen und bearbeiten, Sie können 3D-Objekte aber auch direkt in Photoshop anlegen. Mehr dazu lesen Sie in Kapitel 39, »3D mit Photoshop Extended«.

Das Menü »Ansicht«

Die unter ANSICHT versammelten Befehle beziehen sich auf die Darstellung des aktuellen Bildes und rufen verschiedene Helfer und Extras wie Raster oder Lineale auf. Viele der Befehle aus diesem Menü sind in der neuen Anwendungsleiste schneller zugänglich!

Das Menü »Fenster«

Mit den Befehlen unter FENSTER steuern Sie das Aussehen Ihrer Arbeitsumgebung. Sie legen zum Beispiel fest, welche Paletten eingeblendet sind, ordnen geöffnete Dokumente an und verwalten verschiedene Arbeitsbereich-Layouts.

Das Menü »Hilfe«

HILFE ist der letzte Menüpunkt. Hier finden Sie Programminfos und Support. Zu den wichtigsten Themen stellt Adobe schon vorgefertigte Fragen und Antworten bereit. Schneller als per Menübefehl gelangen Sie mit der Taste F1 zu Adobes Hilfe- und Supportcenter – nicht lokal auf Ihrem Rechner, sondern online.

Kontextmenüs: Klicks sparen

Es ist charakteristisch für die Programmorganisation von Photoshop, dass oftmals viele (Arbeits-)Wege zum selben Ziel führen. Das heißt, dass Sie oft zwei oder mehr Möglichkeiten haben, einen Befehl aufzurufen oder ein Werkzeug zu aktivieren.

So gibt es neben der Menüleiste einen weiteren Weg, Menübefehle oder auch einige der gängigsten Werkzeugoptionen aufzurufen: die Kontextmenüs. Kontextmenüs zeigen auf einen Klick diejenigen Befehle an, die zum jeweils aktiven Werkzeug oder zu der Arbeitssituation passen, in der sich das Bild befindet. So machen Kontextmenüs Funktionen und Befehle schnell zugänglich und sparen umständliche Mehrfachklicks.

Wie rufe ich ein Kontextmenü auf? | Setzen Sie Ihren Mauszeiger ins geöffnete Bild, und klicken Sie mit der rechten Maustaste. Es erscheint dann eine Liste mit einer Auswahl von Optionen und Befehlen.

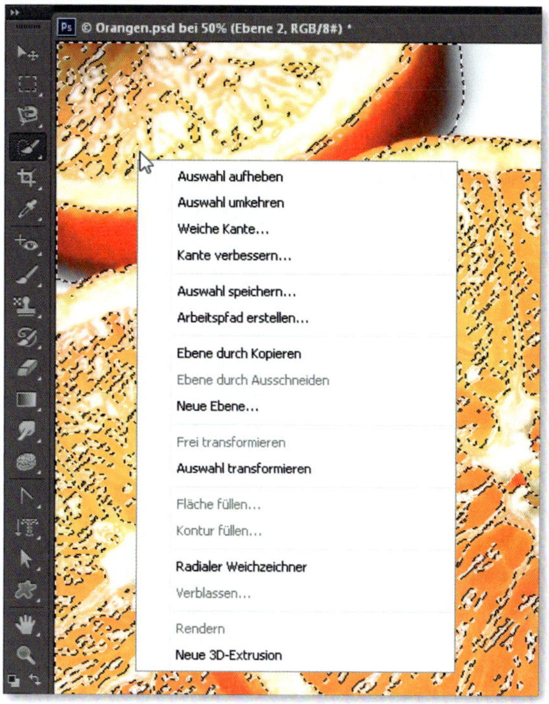

Bild: dieblen.de

◀ **Abbildung 4.5**
Hier sehen Sie das Auswahl-Kontextmenü. Sie erkennen an der Strichellinie im Bild, dass eine Auswahl erzeugt wurde. Das Schnellauswahlwerkzeug (in der Werkzeugleiste sichtbar) ist aktiv. Im Kontextmenü erscheinen die zur aktuellen Bildsituation passenden Befehle.

Wo gibt es Kontextmenüs? | Auch bei Paletten funktioniert dieses Prinzip in vielen Fällen. Insbesondere die wichtige Ebenen-Palette ist mit Kontextmenüs geradezu gespickt – je nach Mauszeigerposition lassen sich hier verschiedene Menübefehle aufrufen. Im Zweifelsfall gilt: ausprobieren. Und natürlich weise ich hier im Buch an passender Stelle stets auf nützliche Kontextmenüs – und andere Abkürzungen – hin.

Wie erkenne ich, wo ein Kontextmenü angeboten wird?
Die meisten Kontextmenüs erreichen Sie über einen Klick auf die Bildfläche, die Bildtitelleiste und auf einige Paletten. Irgendwelche Hinweise auf ihr Vorhandensein gibt es nicht. Hier im Buch weise ich im konkreten Zusammenhang natürlich immer darauf hin. Jene Kontextmenüs, die in Ihrer täglichen Photoshop-Praxis eine Rolle spielen, beherrschen Sie dann schnell!

4.3 Die Werkzeugpalette: Alles griffbereit

Das Werkzeugbedienfeld – in der Alltagssprache meist »Werkzeugleiste«, »Werkzeugpalette« oder »Toolbox« genannt – ist am linken Rand des Photoshop-Programmfensters angedockt. Es lässt sich, wie schon erwähnt, schmaler oder breiter machen. Und wie alle anderen Paletten können Sie auch die Werkzeugleiste aus dem Andockbereich herausziehen. Dazu fassen Sie sie oben – an dem schmalen dunkelgrauen Streifen – mit der Maus an und ziehen. Positionieren Sie die Werkzeugleiste dann frei auf der Arbeitsfläche, oder docken Sie sie bei den übrigen Paletten auf der rechten Seite des Programmfensters an.

Werkzeuge finden und aufrufen

Die Metaphern, die Adobe für die Werkzeuge gewählt hat, entstammen der klassischen Illustration oder der Fotografie und sind recht anschaulich, daher ist das schnelle Auffinden des benötigten Tools ganz leicht.

▲ **Abbildung 4.6**
Wenn Sie mit der Maus an ein Werkzeug heranfahren, blendet Photoshop den Namen ein und gibt so Hinweise zur Funktion. Nebenbei lernen Sie so die Tastenkürzel.

Werkzeugtipps | Wenn Sie sich nicht sicher sind, welchen Zweck ein Werkzeug hat, verweilen Sie einfach kurz mit der Maus auf dem jeweiligen Button – ein erklärender Werkzeugtipp (**QuickInfo**) wird eingeblendet.

Statusleiste | Die jeweils an der unteren Bildkante positionierte Statusleiste können Sie ebenfalls nutzen, um sich über die Funktion des aktuell aktiven Werkzeugs Klarheit zu verschaffen. Klicken Sie dazu auf den kleinen schwarzen Pfeil ① und dann auf Aktuelles Werkzeug. Fortan wird angezeigt, wie das gerade aktive Werkzeug heißt.

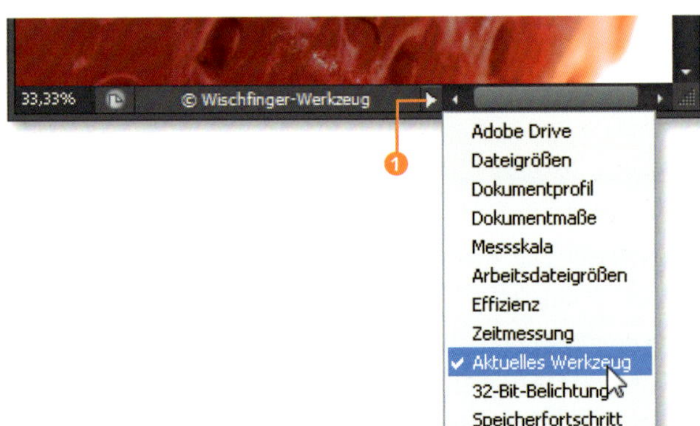

▲ **Abbildung 4.7**
Was in der Bild-Statusleiste angezeigt wird, können Sie festlegen. Für Einsteiger am interessantesten ist die Option Aktuelles Werkzeug.

Sie vermissen die Werkzeugtipps?
Oder wollen Sie sie unterbinden? Auch das können Sie einstellen. Klicken Sie dazu auf Bearbeiten/Photoshop • Voreinstellungen und dann links auf Benutzeroberfläche. Dort finden Sie die Option QuickInfo anzeigen, die sich per Häkchen ein- und ausschalten lässt.

Werkzeug aktivieren | Das Aktivieren der einzelnen Werkzeuge ist einfach: Ein Klick auf den Button mit dem jeweiligen Symbol genügt, und für flotteres Arbeiten gibt es Tastenkürzel.

Fast alle der Werkzeug-Schaltflächen haben in der unteren rechten Ecke einen etwas unscheinbaren schwarzen **Pfeil**. Dies ist der Hinweis darauf, dass Sie auch noch verwandte Unterwerkzeuge aufrufen können. Diese verborgenen Werkzeuge aktivieren Sie, indem Sie die Maus mit gedrückter linker Maustaste auf dem jeweiligen Werkzeug-Button halten. Dann öffnet sich ein Untermenü, und Sie können das benötigte Unterwerkzeug per Mausklick anwählen.

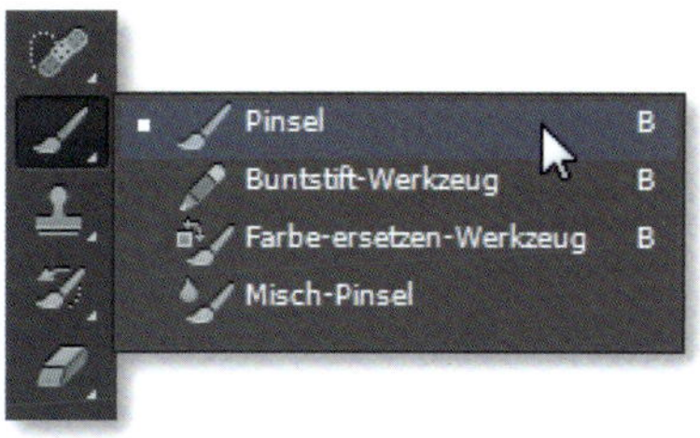

▲ **Abbildung 4.8**
Ähnliche Werkzeuge sind zu Werkzeuggruppen zusammengefasst; hier am Beispiel des Pinsel-Werkzeugs. Die Untermenüs geben auch Auskunft über das zuständige Tastenkürzel.

Schnelle Tastenkürzel für Werkzeuge | Werkzeuge können Sie natürlich auch per Tastaturkürzel aktivieren. Untermenüs und Werkzeug-QuickInfos zeigen die zuständigen Werkzeugkürzel an. Diese zu lernen, lohnt sich in jedem Fall, denn sie erweisen sich in der Praxis als echte Zeitsparer.

Das oben liegende Werkzeug (in unserem Fall der Pinsel mit dem Kürzel »B« wie »Brush«) öffnet sich durch einmaliges Drücken der Taste [B], das untergeordnete Werkzeug BUNTSTIFT durch zweimaliges Drücken der Taste [B]; das Tool FARBE ERSETZEN – Sie erraten es schon – öffnet sich durch dreimaliges Drücken.

Falls das nicht funktioniert, prüfen Sie bitte die VOREINSTELLUNGEN ([Strg]/[Cmd]+[K]). Auf der Tafel ALLGEMEIN ist dann die Option UMSCHALTTASTE FÜR ANDERES WERKZEUG aktiviert. Die versteckten Werkzeuge lassen sich mit dieser Einstellung durch [⇧] und Drücken ihres entsprechenden Tastenkürzels aktivieren, also beispielsweise [⇧]+[B], um durch die verborgenen Pinsel-Werkzeuge zu navigieren.

Temporärer Wechsel zu anderem Werkzeug

Mit Hilfe der Werkzeug-Shortcuts lässt sich nicht nur flott zwischen verschiedenen Werkzeugen wechseln. Wenn Sie die entsprechende Buchstabentaste gedrückt halten, können Sie während der Arbeit temporär zu anderen Werkzeugen wechseln. Wenn Sie die Taste loslassen, ist wieder das Werkzeug aktiv, das Sie zuvor in Gebrauch hatten. Hört sich kompliziert an? Ist es nicht! Beispiele: Sie retuschieren gerade etwas und wollen sich ein kritisches Detail schnell heranzoomen? Drücken Sie [Z], und das Lupe-Werkzeug ist kurz aktiviert. Sie arbeiten mit dem Pinsel-Werkzeug und wollen eine im Bild vorhandene Farbe als Malfarbe aufnehmen? Drücken Sie [I], und wechseln Sie damit zum Farbaufnahme-Werkzeug.

4.4 Die Werkzeuge und ihre Funktion

Die Anordnung der Werkzeuge in der Werkzeugpalette orientiert sich mehr oder weniger an deren Funktion, was Nutzern die Orientierung erleichtert. In vier großen Gruppen sind die Arbeitsinstrumente zusammengefasst, daneben sind einige »Einzelgänger« zu finden (Abbildung 4.9 zeigt die einzelnen Gruppen der Photoshop-Standardversion farbig markiert).

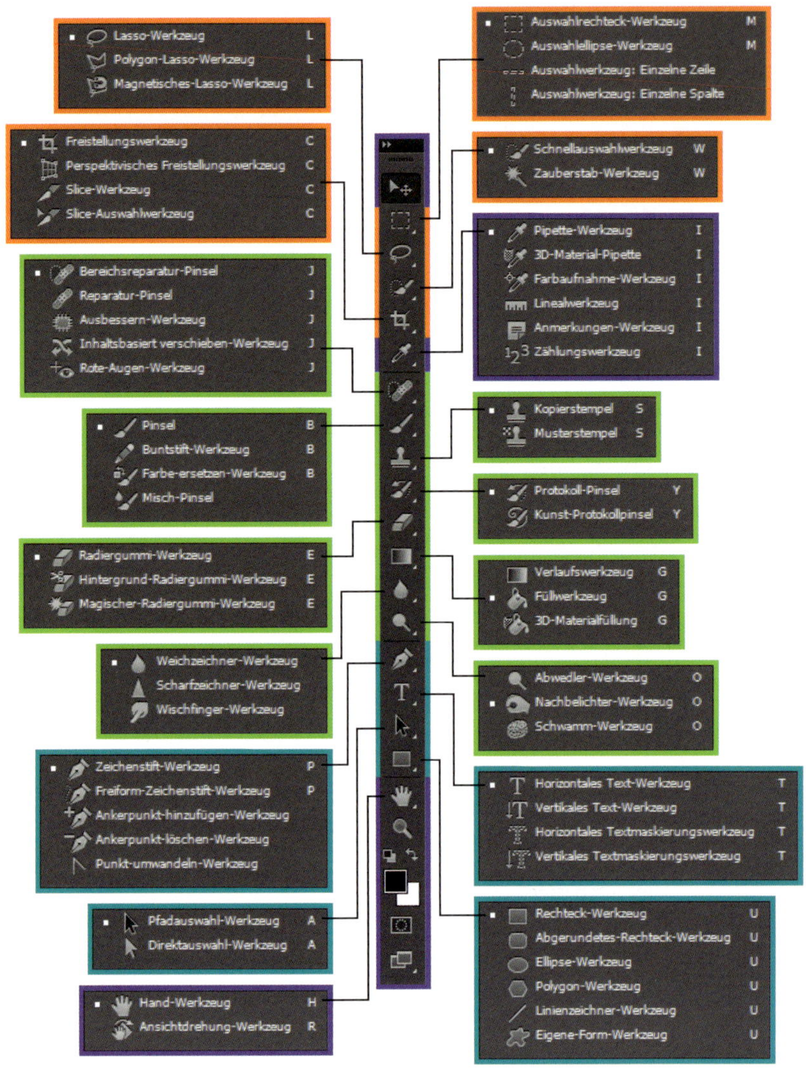

Abbildung 4.9 ►
Die Werkzeugpalette mit allen Unterwerkzeugen und den korrekten Bezeichnungen. Die einzelnen funktionalen Werkzeuggruppen sind farbig hervorgehoben. Ohne Unterwerkzeuge sind das Verschieben-Werkzeug (ganz oben) und die Zoom-Lupe (unterer Bereich).

Tabelle 4.1 ▼
Die Werkzeuge aus der Werkzeugpalette und ihre Icons (Der besseren Erkennbarkeit wegen wurden die Screenshots der Werkzeugicons hier im Buch mit einer hellen Photoshop-Oberfläche erstellt.)

Icon	Werkzeug	Kürzel	Icon	Werkzeug	Kürzel
	Verschieben-Werkzeug	V		Misch-Pinsel	B
	Auswahlrechteck-Werkzeug	M		Kopierstempel	S
	Auswahlellipse-Werkzeug	M		Musterstempel	S
	Auswahlwerkzeug: Einzelne Zeile	–		Protokoll-Pinsel	Y
	Auswahlwerkzeug: Einzelne Spalte	–		Kunst-Protokollpinsel	Y
	Lasso-Werkzeug	L		Radiergummi-Werkzeug	E
	Polygon-Lasso-Werkzeug	L		Hintergrund-Radiergummi-Werkzeug	E

Icon	Werkzeug	Kürzel
	Schnellauswahlwerkzeug	W
	Zauberstab-Werkzeug	W
	Freistellungswerkzeug	C
	Perspektivisches Freistellungs-werkzeug	C
	Slice-Werkzeug	C
	Slice-Auswahlwerkzeug	C
	Pipette-Werkzeug	I
	3D-Material-Pipette	I
	Farbaufnahme-Werkzeug	I
	Linealwerkzeug	I
	Anmerkungen-Werkzeug	I
	Zählungswerkzeug	I
	Bereichsreparatur-Pinsel	J
	Reparatur-Pinsel	J
	Ausbessern-Werkzeug	J
	Inhaltsbasiert verschieben-Werkzeug	J
	Rote-Augen-Werkzeug	J
	Pinsel	B
	Buntstift-Werkzeug	B
	Farbe-ersetzen-Werkzeug	B
	Magischer-Radiergummi-Werkzeug	E
	Verlaufswerkzeug	G
	Füllwerkzeug	G
	3D-Materialfüllung	G
	Weichzeichner-Werkzeug	–
	Scharfzeichner-Werkzeug	–
	Wischfinger-Werkzeug	–

Icon	Werkzeug	Kürzel
	Abwedler-Werkzeug	O
	Nachbelichter-Werkzeug	O
	Schwamm-Werkzeug	O
	Zeichenstift-Werkzeug	P
	Freiform-Zeichenstift-Werkzeug	P
	Ankerpunkt-hinzufügen-Werkzeug	–
	Ankerpunkt-löschen-Werkzeug	–
	Punkt-umwandeln-Werkzeug	–
	Horizontales Text-Werkzeug	T
	Vertikales Text-Werkzeug	T
	Horizontales Textmaskierungs-werkzeug	T
	Vertikales Textmaskierungs-werkzeug	T
	Pfadauswahl-Werkzeug	A
	Direktauswahl-Werkzeug	A
	Rechteck-Werkzeug	U
	Abgerundetes-Rechteck-Werkzeug	U
	Ellipse-Werkzeug	U
	Polygon-Werkzeug	U
	Linienzeichner-Werkzeug	U
	Eigene-Form-Werkzeug	U
	Hand-Werkzeug	H
	Ansichtdrehung-Werkzeug	R
	Zoom-Werkzeug	Z
	Standardfarben für Vorder- und Hintergrund wiederherstellen	D
	Vorder- und Hintergrundfarbe tauschen	X
	Anzeige und Einstellung für Vordergrund-/Hintergrundfarbe	–
	Im Standard-/Maskierungs-modus bearbeiten	Q

Universale Helfer

Wichtige Hilfswerkzeuge, die Sie bei jeder Photoshop-Sitzung unzählige Male nutzen, sind in der Werkzeugleiste prominent platziert – nämlich ganz oben und ganz unten, wo man sie sofort findet. In der Übersichtsgrafik 4.9 sind sie violett hervorgehoben.

Verschieben-Werkzeug | Mit dem Verschieben-Werkzeug können Sie die Position von ausgewählten Bereichen, Bildebenen, Masken oder Hilfslinien innerhalb des Bildes ändern – es gehört bestimmt zu den meistgenutzten Werkzeugen im Photoshop-Alltag.

Farbwerte und Entfernungen messen | An zweiter Stelle finden Sie die Pipette und das Farbaufnahme-Werkzeug. Mit beiden Tools können Sie einen oder mehrere Farbtöne direkt aus Ihrem Bild aufnehmen, Farbwerte ermitteln oder als »Malfarbe« einstellen. Mit dem Linealwerkzeug messen Sie den Abstand zwischen zwei Punkten im Bild und auch Winkel. Es unterstützt Sie bei der genauen Platzierung von Elementen im Bild. Das vorwiegend für wissenschaftliche Zwecke entwickelte Zählungswerkzeug (nur in Photoshop Extended) erlaubt das Zählen von Objekten auf einem Bild durch Klicks.

Bild: Onno K. Gent

Abbildung 4.10 ▸
Zählung: pro Klick eine Ziffer. Überdies lassen sich Zählungsgruppen anlegen, um die gezählten Objekte zu kategorisieren.

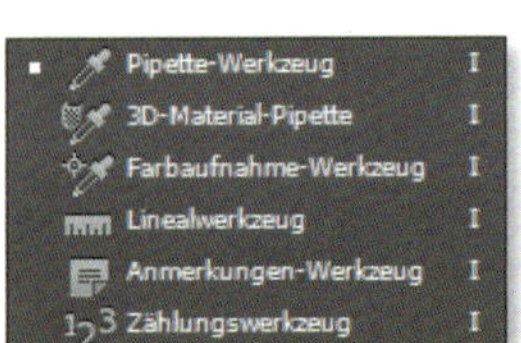

▲ Abbildung 4.11
Flyout-Werkzeugmenü zur Pipette

Anmerkungen | Wer zur Vergesslichkeit neigt oder einem Kollegen eine Notiz zum Bild hinterlassen will, kann sich der digitalen Version des Klebezettels bedienen. Anmerkungen werden fest mit der Bilddatei verbunden, können also nicht verlorengehen. Sie lassen sich leicht wieder entfernen und werden nicht mitgedruckt. Sie funktionieren allerdings nur für Dateien im PSD-Format. Dank der eigenen Palette (öffnen Sie sie per Fenster • Anmerkungen) lassen sich Photoshop-Anmerkungen gut verwalten.

Dokumentansicht verschieben oder drehen | Die Hand verschiebt die Bildansicht im Dokumentfenster und hilft Ihnen so vor allem bei großen Formaten, stets den richtigen Bildausschnitt vor Augen zu haben. Auf Wunsch kippen Sie die Bildansicht – für knifflige Illustrations- und Retuschearbeiten ist das ganz praktisch. Dazu nutzen Sie das Ansichtdrehung-Werkzeug. Beide Werkzeuge wirken sich nur auf die Ansicht des Bildes, nicht auf das Bild selbst aus.

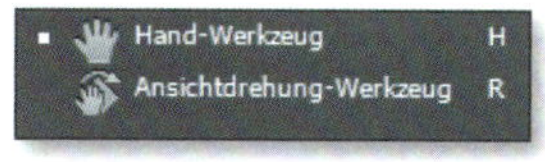

Zoom | Mit Hilfe des Zoom-Werkzeugs verkleinern oder vergrößern Sie die Ansicht Ihres Bildes. In Abschnitt 5.2, »Bildanzeige: Gezoomt, gedreht und in Position gerückt«, erfahren Sie Näheres zum Thema Bildausschnitt.

▲ **Abbildung 4.12**
Die Farbfelder für die Vorder- und Hintergrundfarbe

Vorder- und Hintergrundfarbe | Die Farbauswahlfelder ermöglichen Ihnen die Kontrolle und schnelle Einstellung Ihrer aktuellen Arbeitsfarben, der sogenannten Vordergrund- und Hintergrundfarbe. Die aktuelle Vordergrundfarbe ist zum Beispiel immer die Farbe, mit der Pinsel-Werkzeuge malen. Vorder- und Hintergrundfarbe spielen eine Rolle bei der Gestaltung von Verläufen, bei manchen Filtern und einigen anderen Funktionen.

▲ **Abbildung 4.13**
Wechsel vom Standard- in den Maskierungsmodus (links) und vom aktiven Maskierungsmodus wieder zurück zur Standardansicht (rechte Abbildung)

Maskierungsmodus | Darunter finden Sie den Button Maskierungsmodus. Im Maskierungsmodus legen Sie eine temporäre Maske an und verändern oder erstellen eine Auswahl von Hand – bei komplizierten Auswahlobjekten mit unregelmäßigen und unklaren Konturen.

Bildschirmmodus wechseln | Umsteiger von CS5 vermissen vielleicht den Umschalter für den Bildschirmmodus in der Anwendungsleiste am oberen Bildschirmrand. Er ist nun wie in früheren Versionen in der Werkzeugleiste untergebracht. Der Shortcut F ist derselbe geblieben. Mehr über **Bildschirmmodi** lesen Sie in Abschnitt 5.3, »Verschiedene Ansichtsmodi des Arbeitsbereichs«.

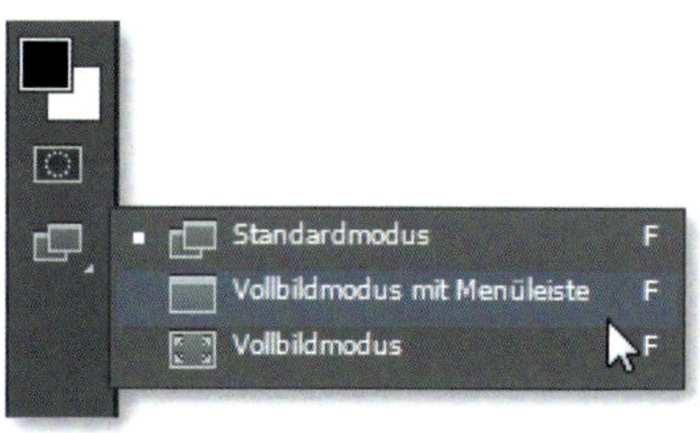

▲ **Abbildung 4.14**
In CS6 finden Sie den Modus-Umschalter wieder in der Werkzeugleiste.

Automatische Maskenverfeinerung

Der Maskierungsmodus ist der perfekte Helfer, um Auswahlen oder Masken per Hand zu erstellen oder zu modifizieren. Dennoch bleibt dies eine aufwendige Arbeit. Mit den Masken-Funktionen in der Eigenschaften-Palette und der überarbeiteten Funktion Kante verbessern können Sie sich zeitraubendes Pinseln erleichtern oder ganz ersparen. Mehr über die Arbeit mit Masken erfahren Sie in Kapitel 15, »Ebenenmasken & Co«.

Bildteile isolieren: Auswahlen, Beschnitt und Slices

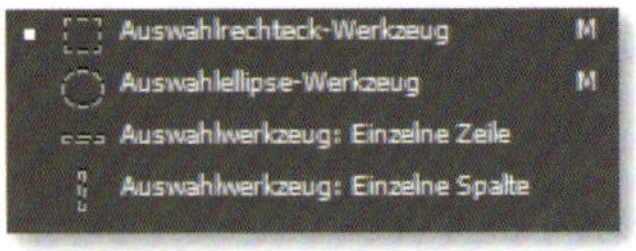

Das zielgerichtete Verändern zuvor ausgewählter Bildbereiche – und der Schutz der restlichen Bildteile – ist eine Kernfunktion der digitalen Bildbearbeitung. Sie ermöglicht präzises und flexibles Arbeiten. Dementsprechend finden Sie in der Werkzeugleiste gleich mehrere Auswahlwerkzeuge. In deren unmittelbarer Nähe befinden sich außerdem Schnittwerkzeuge für digitale Bilder. In der Übersicht 4.9 sind sie orange dargestellt.

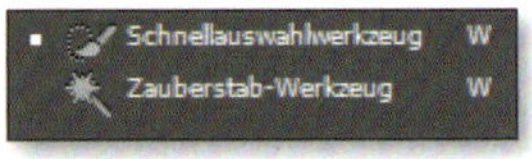

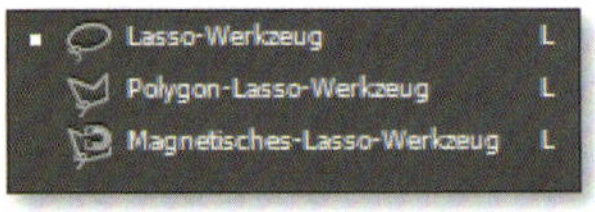

Auswahlwerkzeuge | Mit Hilfe der verschiedenen Auswahlwerkzeuge (Auswahlrechteck bzw. -ellipse oder Zeile/Spalte), der verschiedenen Lasso-Tools, des Zauberstabs und des Schnellauswahlwerkzeugs können Sie einzelne **Bildbereiche auswählen** (quasi markieren) und separat bearbeiten. Die *nicht* ausgewählten Bildpartien sind vor der Bearbeitung geschützt. Auswahlen sind eine der wichtigsten Arbeitstechniken schlechthin, daher bietet Photoshop auch einen eigenen Menüpunkt zum Thema.

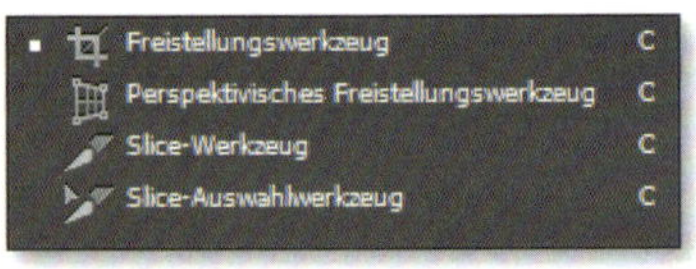

Schnittwerkzeuge | Ebenfalls im oberen Bereich der Werkzeugpalette befindet sich das sogenannte Freistellungswerkzeug, das ein wenig aus der Reihe fällt. Es dient nicht zur Bearbeitung ausgewählter Bildteile, sondern schneidet bei einem Bild die **Kanten** ab.

Das Slice-Werkzeug und das Slice-Auswahlwerkzeug können Sie für die Vorbereitung von Grafiken für das Web einsetzen. Mit dem Slice-Werkzeug unterteilen Sie ein Bild in kleinere Einzelbilder, die Sie dann auf einer Website – mit Hilfe von HTML oder CSS-Code – wieder zusammensetzen. Ein so zerteiltes Bild nutzen Sie zum Beispiel als Navigationselement, indem Sie den einzelnen Slices unterschiedliche Linkadressen zuweisen. Es ist auch möglich, jeden einzelnen Bildteil mit separaten Einstellungen zu optimieren. Das Slice-Auswahlwerkzeug hilft Ihnen, einzelne Slices im Bild zu aktivieren.

Bildpixel verändern

Das nächste Fach Ihres digitalen Werkzeugkastens enthält Werkzeuge, mit denen Sie malen, Ihre Bilder reparieren und retuschieren – kurzum, einzelne Bildpixel verändern (in Abbildung 4.9 hellgrün dargestellt).

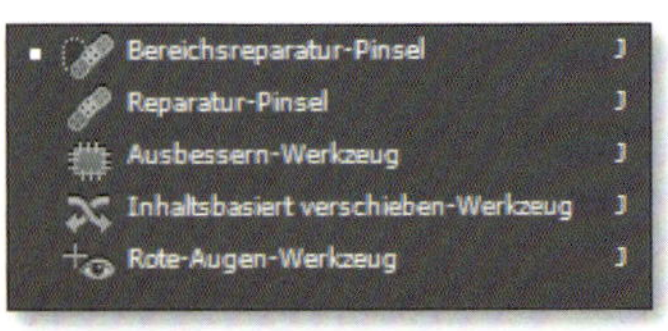

Retusche-Werkzeuge | Bereichsreparatur-Pinsel, Reparatur-Pinsel, das darunterliegende Ausbessern-Werkzeug, das Inhaltsbasiert verschieben-Werkzeug und das Rote-Augen-Werkzeug – sind mehr oder weniger automatisierte »intelligente« Retuschetools. Zusammen mit dem

Stempel bilden sie ein gutes Team, mit Sie dem verschiedenste Bild- und Schönheitsfehler reparieren können: Verfärbungen, Verschmutzungen und selbst abgerissene Kanten gescannter Vorlagen beheben diese Werkzeuge bei geschickter Handhabung ebenso wie unvorteilhafte Hautflecke auf einem Porträt oder einen störenden Hochspannungsmast in einer Landschaftsaufnahme.

Der Kopierstempel ist schon ein Klassiker der Bildreparatur. Mit ihm kopieren Sie kleine und größere Bildpartien und tragen sie gezielt auf schadhafte Stellen auf, um diese abzudecken. Sein Kollege, der Musterstempel, dient eher zur gewollten Verfremdung eines Bildes und zum Erzeugen neuer Muster. Photoshop ist ja nicht nur ein Programm, mit dem Bilder aufbereitet werden – Sie können es auch als Bildermaschine einsetzen und mit programmeigenen Mitteln neue, ganz eigene Bilder schaffen. Diese eignen sich beispielsweise als Hintergrund einer Website oder für Text-Bild-Kompositionen.

Bild: vitamin a design

▲ **Abbildung 4.15**
Laternen vor gemauerter Fassade entfernen? Das geht mit inhaltsbasierter Retusche ganz schnell.

Datei auf der Buch-DVD: »Aussenamt.tif«

Zum Weiterlesen
Mehr zur **Bildreparatur** und -retusche finden Sie in Kapitel 26, »Bildretusche«.

Auch der Protokollpinsel gehört zu den nützlichen Retuschehelfern. Mit ihm können Sie frühere Bildstadien gezielt ins Bild »zurückmalen«. Der Kunstprotokoll-Pinsel wirkt noch stärker verfremdend.

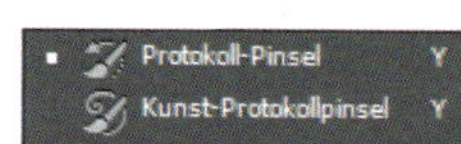

Pinsel und Radiergummi | Der Pinsel und der darunterliegende Buntstift sind die eigentlichen Malwerkzeuge, die Sie mit der Maus oder auch einem Grafiktablett steuern können. Zum Retusche- wie zum kreativen Einsatz eignet sich das Farbe-ersetzen-Werkzeug, das ebenfalls unter dem Pinsel versteckt ist. Mit dem Misch-Pinsel lassen sich nicht nur Bildpixel aufmalen – es ist auch möglich, die aufgetragene (digitale) Farbe mit dem Maluntergrund zu vermischen. In Abschnitt 28.4, »Nass-in-nass-Maltechnik: Der Misch-Pinsel« stelle ich das Tool ausführlich vor.

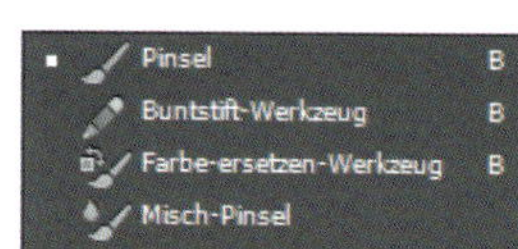

Bild: istockphoto.com

▲ **Abbildung 4.16**
Das Ausgangsfoto

▲ **Abbildung 4.17**
Imitation natürlicher Malfarbe – erzeugt mit Photoshops neuem Misch-Pinsel

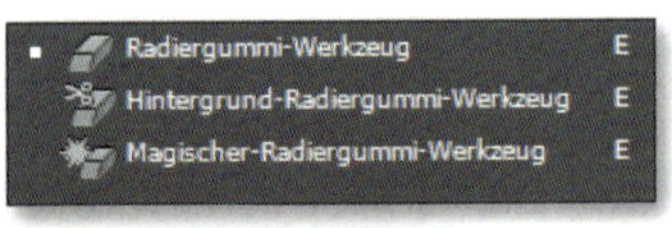

Der Radiergummi und seine spezialisierten Varianten Hintergrund- und Magischer-Radiergummi entfernen Pixel aus dem Bild.

Füll- und Verlaufswerkzeug | Große Flächen müssen Sie nicht von Hand ausmalen. Dazu eignen sich das Füllwerkzeug (für massive Farbflächen) und das Verlaufswerkzeug (für Farbverläufe) besser. Eine zentrale Rolle kommt den Verläufen auch in Photoshops »Effektmaschine«, den Ebeneneffekten, zu, und auch bei der Arbeit mit Masken lassen sie sich gut einsetzen. Mehr zu **Ebeneneffekten** lesen Sie in Kapitel 34, »Ebenenstile: Text mit Effekt«. Einen Abschnitt über die Arbeit mit **Masken** finden Sie in Kapitel 15, »Ebenenmasken & Co.«.

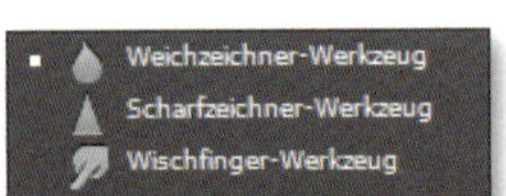

Weichzeichner, Scharfzeichner, Wischfinger | Mit dem Weichzeichner, Scharfzeichner und Wischfinger verändern Sie den Schärfegrad einzelner Bildpartien punktuell.

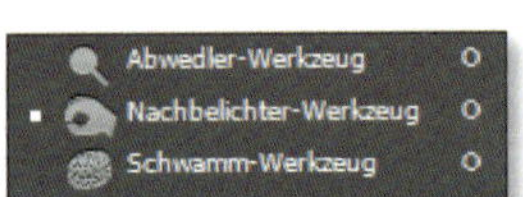

Abwedler, Nachbelichter, Schwamm | Mit den Werkzeugen Abwedler, Nachbelichter und Schwamm regulieren Sie die Helligkeit und Sättigung einzelner Bildpixel. Diese Werkzeuge kommen bei Retuschen oder auch bei der Detailarbeit an Montagen zum Einsatz.

Bearbeiten von Vektorebenen

Schließlich finden Sie in der Werkzeugleiste Werkzeuge zur Bearbeitung von Vektorebenen (in der Übersichtsgrafik 4.9 türkis dargestellt). Photoshop ist zwar vorrangig auf das Bearbeiten sogenannter Bitmap-Bilder ausgerichtet, die aus einzelnen Bildpunkten (Pixeln) aufgebaut sind. Daneben kann es jedoch auch Vektorgrafiken verarbeiten. Ein Ersatz für Spezialprogramme wie Illustrator, das nicht mehr weiterentwickelte FreeHand oder CorelDraw ist es aber nicht!

Die Werkzeuge, die für das Bearbeiten von Vektordaten eine Rolle spielen, sind in einem handlichen Viererblock zusammengefasst.

Zum Weiterlesen
Nähere Informationen über Bitmaps, Pixel, Vektoren und andere **Grundbegriffe der Bildbearbeitung** lesen Sie in Kapitel 3, »Bildbearbeitung: Fachwissen«.

Text-Werkzeug | Das Text-Werkzeug mit seinen Unterwerkzeugen ist ein komfortables und mächtiges Tool. Daher ist Photoshop inzwischen nicht nur das Programm der Wahl, wenn es um das Erstellen von Texteffekten geht, sondern kann auch für kleinere Layoutaufgaben eingesetzt werden. Dem Thema Text habe ich einen eigenen Buchteil gewidmet (siehe Teil XI, »Text und Effekte«).

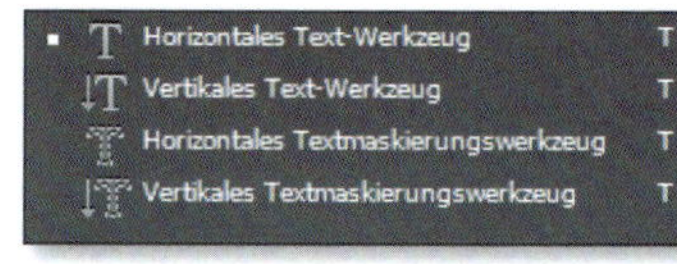

Formwerkzeuge | Das Formwerkzeug mit seinen sechs Varianten ermöglicht Ihnen das Erstellen eigener oder das Anwenden vorgefertigter Vektorformen. Formen können Sie überall dort einsetzen, wo das Verkleinern und Vergrößern eines Bildobjekts ohne Qualitätsverlust gefragt ist.

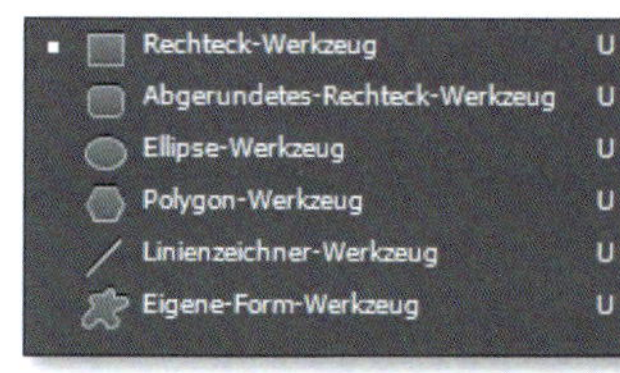

Zeichenstift | Mit dem Zeichenstift und den ergänzenden Unterwerkzeugen zeichnen Sie gerade Linien oder geschwungene Kurven. Einsetzen können Sie das Zeichenwerkzeug für das Erzeugen einfacher vektorbasierter Illustrationen, zum Erstellen von Pfaden, für die Modifikation von (Vektor-)Formen oder auch als zusätzliches Auswahlwerkzeug.

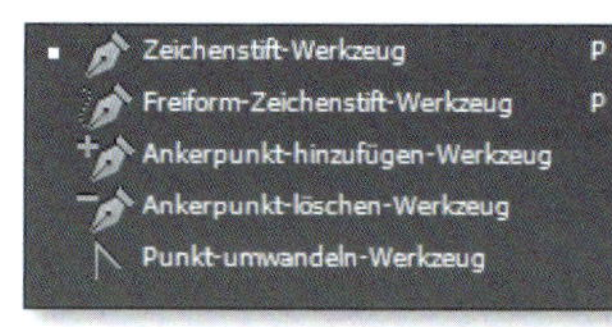

Pfeilwerkzeuge | Die Pfeilwerkzeuge mit den umständlichen Namen Pfadauswahl-Werkzeug und Direktauswahl-Werkzeug helfen Ihnen, die mit dem Zeichenstift oder dem Formwerkzeug erstellten Zeichenobjekte zu bearbeiten. Mehr über **Vektoren und Pfade** finden Sie in Teil XII dieses Buches, »Pfade und Formen«.

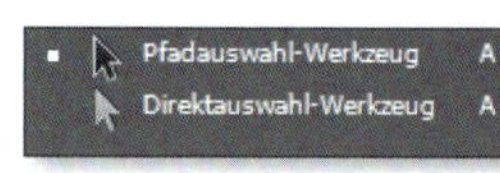

4.5 Die Optionsleiste: Das Werkzeug einstellen

Ein weiteres wichtiges Element der Photoshop-Programmoberfläche ist die Optionsleiste (zuweilen auch als »Steuerungsbedienfeld« bezeichnet). Mit ihrer Hilfe können Sie die Wirkungsweise nahezu aller Werkzeuge differenziert regulieren. Sie befindet sich üblicherweise direkt unterhalb der Menüleiste, Sie können Sie aber mit der Maus an eine andere Position ziehen.

Ihre auffälligste Eigenschaft: Die Optionsleiste ist **kontextabhängig**, das heißt, ihre Gestalt und die angebotenen Optionen hängen davon ab, welches Werkzeug gerade aktiv ist. Sobald Sie von einem Werkzeug zum anderen wechseln, ändern sich die in der Optionsleiste angebotenen Einstellungsmöglichkeiten.

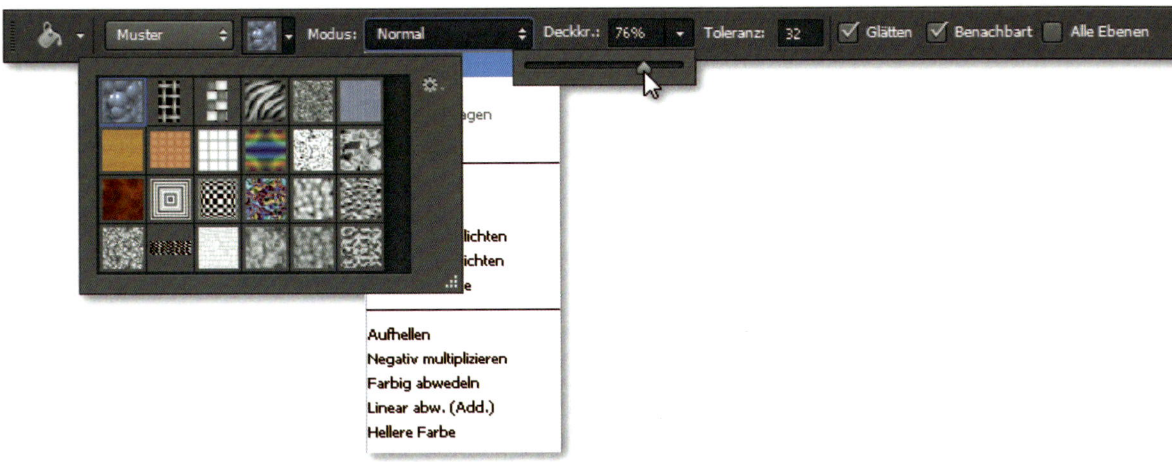

Abbildung 4.18 ▼
Die Optionen für das Füllwerkzeug mit verschiedenen Eingabemöglichkeiten

Optionsleiste stellt sich nicht automatisch zurück

Wenn Sie Optionen für ein Werkzeug umgestellt haben, bleiben die neuen Werte so lange wirksam, bis Sie sie erneut von Hand ändern. Was sich zunächst trivial anhört, bremst den Arbeitsfluss oft unverhofft ab, wenn man vorherige Optionsänderungen nicht mehr im Kopf – und im Blick! – hat. Treten also »unerklärliche Phänomene« beim Anwenden von Werkzeugen auf, liefert ein Kontrollblick in die Optionsleiste oft die naheliegende Erklärung und eine Lösung.

Handhabung der Optionsleiste | Die Handhabung ist nicht weiter schwierig. In der Optionsleiste – wie übrigens auch in einigen Paletten und Dialogfeldern – legen Sie Werte auf verschiedene Art und Weise fest: zunächst einmal per Auswahl aus Dropdown-Listen. Diese Listen sehen ganz unterschiedlich aus: kurz oder umfangreich, und oft gibt es auch Listen mit kleinen Vorschaubildern. Bisweilen werden auch Popup-Schieberegler angezeigt, die Sie per Maus bewegen. Sie geben Werte durch direktes Eintippen einer Zahl in ein Eingabefeld ein oder nutzen eine Checkbox, die Sie per Mausklick aktivieren oder deaktivieren – mit dem »kleinen Häkchen«. Worauf es bei den unterschiedlichen Eingaben ankommt, erfahren Sie im Zusammenhang mit den einzelnen Werkzeugen. Siehe hierzu auch Abschnitt 4.7, »Werte eingeben«.

4.6 Paletten: Wichtiges handlich

Die Paletten sind Kontroll- und Steuerelemente, beschleunigen häufige Handgriffe oder geben Ihnen wichtige Informationen zum aktuellen Dokument. Über zwanzig Paletten bietet Photoshop in der aktuellen Programmversion CS6 an. Trotz der Zusammenfassung zu Palettengruppen (im Adobe-Jargon: »Bedienfeldgruppen«) beanspruchen die Paletten schnell zu viel Raum auf der Arbeitsfläche und schränken den Platz für zu bearbeitende Dokumente ein. Da Sie aber selten alle vorhandenen Paletten gleichzeitig brauchen, haben Sie in Photoshop zahlreiche Möglichkeiten, die Anzahl und Größe der angezeigten Paletten zu variieren.

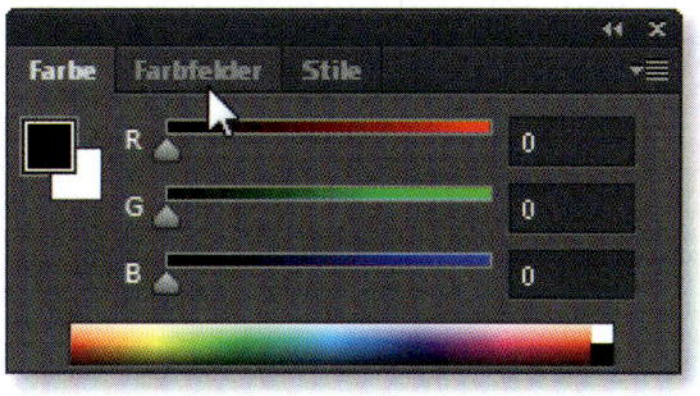

◀ **Abbildung 4.19**
Beispiel für eine Palettengruppe – ein Verbund aus mehreren Paletten. Sie aktivieren eine Palette durch Klicken auf die einzelnen Registerkarten.

Welche Paletten sind sichtbar?

Welche der Paletten und Palettengruppen zur Benutzung bereitliegen, bestimmen Sie selbst. Zwischen den Paletten einer Palettengruppe wechseln Sie durch Klicks auf die Registerkarte. Dadurch bringen Sie die Palette, die Sie brauchen, nach vorn.

Oft finden Sie nicht nur ein Sortiment von Palettengruppen am rechten Bildschirmrand, Sie sehen dort auch eine Reihe von Symbolen. Ein Klick auf das Symbol klappt die jeweilige Palette – mitsamt ihrem Gruppennachbarn – nach links aus. Auch hier helfen QuickInfos, die anfangs ungewohnten Piktogramme zu entschlüsseln.

▼ **Tabelle 4.2**
Paletten und ihre Symbole

Palette	Icon
3D-Palette (nur Extended)	
Absatz-Palette	
Absatzformate-Palette	
Aktionen-Palette	
Anmerkungen-Palette	
Ebenen-Palette	
Ebenenkomp.-Palette	
Eigenschaften-Palette	
Farbe-Palette	
Farbfelder-Palette	
Histogramm-Palette	
Info-Palette	
Kanäle-Palette	
Kopierquelle-Palette	
Korrekturen-Palette	
Messprotokoll-Palette (nur Extended)	
Mini Bridge	
Navigator-Palette	
Pfade-Palette	
Pinsel-Palette	
Pinselvorgaben-Palette	
Protokoll-Palette	
Stile-Palette	
Werkzeugvorgaben-Palette	
Zeichen-Palette	
Zeichenformate-Palette	
Zeitleiste-Palette (Vorversionen: Animation)	

▲ **Abbildung 4.20**
Palettensymbole lassen sich breiter ziehen und zeigen dann ihre Funktion im Klartext an.

Mehr Informationswert: Palettentitel | Wenn Ihnen die Palettensymbole nicht aussagekräftig genug erscheinen, können Sie den Symbolbereich auch noch ein wenig verbreitern ①. Dann werden zusätzlich die Titel der Paletten eingeblendet. Ein Klick auf das Doppelpfeil-Icon der geöffneten Palette ② minimiert die Palettengruppe nach Gebrauch wieder zum Symbol.

▲ **Abbildung 4.21**
Eine zum Symbol verkleinerte Palette (hier der Navigator) ist mit einem Mausklick verfügbar.

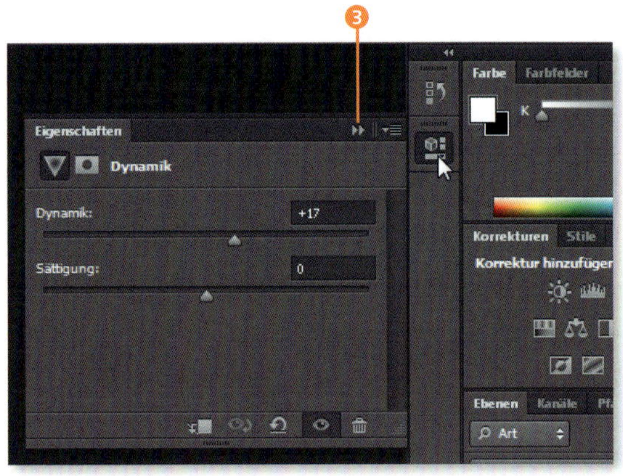

▲ **Abbildung 4.22**
Ein Klick auf den zweifachen Pfeil ③ oder das Symbol minimiert die Palettengruppe erneut.

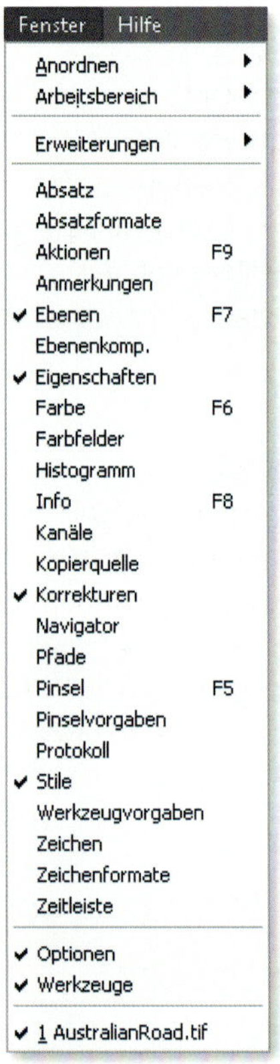

▲ **Abbildung 4.23**
Das umfangreiche Menü Fenster ist die wichtigste Hilfe, um festzulegen, welche der zahlreichen Paletten eingeblendet sein sollen.

Unter dem Menüpunkt Fenster können Sie nicht nur alle verfügbaren Paletten von 3D bis Zeitleiste ein- und ausblenden, sondern auch die Werkzeugpalette und die Optionsleiste. Ganz unten im Menü sehen Sie auch die Namen des oder der aktuell geöffneten Dokumente. Ein kleines Häkchen (hier bei AustralianRoad.tif) zeigt an, welches Dokument aktuell aktiv ist.

Die am häufigsten gebrauchten Paletten können Sie auch mit den Funktionstasten aufrufen – und ebenso schnell wieder vom Bildschirm verschwinden lassen.

Tabelle 4.3 ▶
Tastenkürzel einiger Paletten

Kürzel Windows/Mac	bewirkt
F5	Blendet die **Pinsel-Palette** ein und aus.
F6	Blendet den **Farbregler** ein und aus.
F7	Blendet die **Ebenen-Palette** ein und aus.
F8	Blendet die **Info-Palette** ein und aus.
F9 bzw. auf dem Mac Alt + F9	Blendet die **Aktionen-Palette** ein und aus.

Grundfunktionen in allen Paletten

So unterschiedlich die Aufgaben sind, die Sie mit Hilfe der verschiedenen Paletten erledigen – das grundlegende Funktionsprinzip ist gleich, und vielen Schaltflächen und Symbolen begegnen Sie immer wieder.

Sie lernen die einzelnen Paletten mit ihren speziellen Funktionen in späteren Kapiteln noch genauer kennen. Wenn Sie die Grundfunktionen kennen, kommen Sie aber schon recht weit und können Ihre ersten Schritte in Photoshop unternehmen!

Freie Arbeitsfläche ohne Paletten

Wenn Sie einmal gänzlich freien Blick auf Ihr Bild benötigen, müssen Sie Ihre Paletten nicht einzeln über das Fenstermenü ausblenden. Hier gibt es zwei hilfreiche Shortcuts:

- ⇥ + ⇧ blendet alle aktuell aktiven Paletten auf einmal aus (und wieder ein).
- ⇥ blendet alle Paletten inklusive der Options- und Werkzeugpalette aus.

Sobald Sie die Paletten ausblenden, verbreitern sich geöffnete Dokumentfenster sofort auf Bildschirmgröße.

Zusammengefasst | In der Regel sind mehrere einzelne Paletten zu Gruppen zusammengefasst. Über die Karteireiter wechseln Sie zwischen den einzelnen Paletten hin und her – ein Klick auf den Namen bringt die jeweilige Palette in den Vordergrund.

Angedockt | Standardmäßig sind die Paletten am rechten Rand der Arbeitsfläche angedockt. Sie können einzelne Paletten oder ganze Palettengruppen jedoch auch mit der Maus aus dem Dock herausziehen und als frei schwebendes Fenster an einer anderen Stelle des Arbeitsbereichs ablegen.

Mehr Platz im Dock | Wenn Sie einmal mehr Platz im Dock benötigen, eine Palette oder Palettengruppe jedoch öfter brauchen, können Sie sie auch minimieren. Dazu doppelklicken Sie einfach auf einen der Karteireiter. So blockieren Paletten wenig Raum, sind aber dennoch schnell erreichbar.

Zum Weiterlesen

Es ist möglich, sich für verschiedene Bildbearbeitungsaufgaben **eigene Palettenkonstellationen** zusammenzustellen und diese zu sichern. Wie das geht, erfahren Sie in Abschnitt 7.1, »Paletten organisieren«.

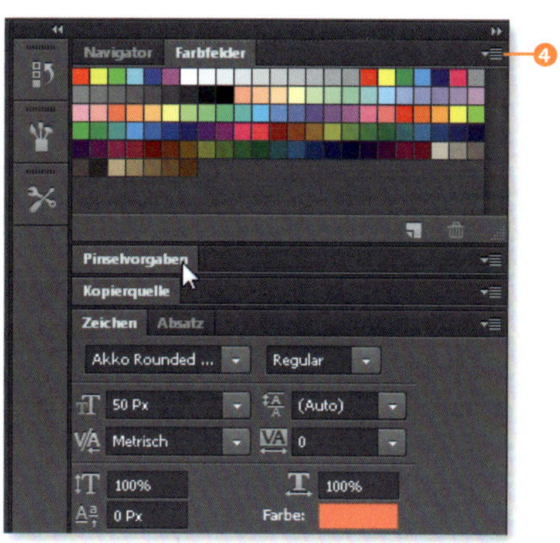

◂ **Abbildung 4.24**
Die großformatigen Paletten Pinselvorgaben und Kopierquelle wurden innerhalb des Docks zusammengeklappt.

Palettenmenü | Fast alle Paletten haben ein zusätzliches Palettenmenü (»Seitenmenü«), in dem Sie weitere Befehle und Optionen finden. Ein Klick auf das dezent kleine Icon rechts oben ☰ 4 öffnet dieses Menü. Hier befinden sich oft Befehle, mit denen Sie die von Ihnen selbst definierten Farben, Effekte und Ähnliches sichern, aber auch sinnvolle Funktionsergänzungen oder Voreinstellungen für die Palette speichern können.

Palettenhöhe ändern | Die Palettenkonstellation ist flexibel, und so sind im Palettendock ganz unterschiedliche Kombinationen anzutreffen. Bei einigen der möglichen Palettenkombinationen können Sie auch die Höhe einzelner Paletten verändern, indem Sie die Maus auf den dunklen horizontalen Trennsteg setzen, die linke Maustaste gedrückt halten und ziehen. Durch seitliches Ziehen verbreitern Sie das Dock; das ist jedoch selten ein Zugewinn, weil meist nur die Grundfläche der Palette vergrößert wird, nicht jedoch die Funktionselemente.

Paletten schließen | Wenn Sie eine Palette oder eine Palettengruppe gar nicht mehr auf dem Desktop haben wollen, schließen Sie sie:

- Benutzen Sie das Kontextmenü im Titelbereich der Palettengruppe. Sie aktivieren es per Rechtsklick. Der Befehl REGISTERKARTENGRUPPE SCHLIESSEN schließt die ganze Palettengruppe; der Befehl SCHLIESSEN schließt nur die aktuell aktive Palette.

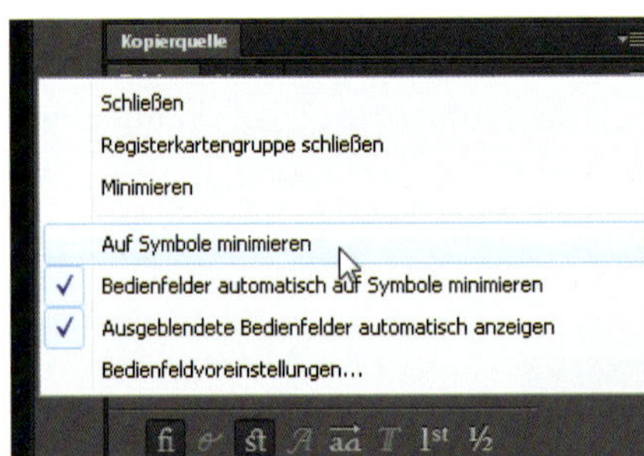

▲ **Abbildung 4.25**
Das Kontextmenü erlaubt es Ihnen, einzelne Paletten oder vollständige Palettengruppen zu minimieren oder zu schließen.

▲ **Abbildung 4.26**
Der Arbeitsbereich-Umschalter befindet sich am Bildschirmrand oben rechts. Hier wird gerade der Arbeitsbereich MALEN in seine alte Ordnung zurückgebracht.

- Im Menü FENSTER finden Sie die Titel aller Paletten. Aktive Paletten sind per Häkchen gekennzeichnet. Wenn Sie hier Häkchen entfernen, wird nicht nur die entsprechende einzelne Palette aus dem Dock ausgeblendet, sondern auch alle anderen Paletten aus derselben Palettengruppe.
- Um die Palettenkonstellation komplett in den Ausgangszustand zurückzuversetzen, wählen Sie FENSTER • ARBEITSBEREICH • [AKTUELLER ARBEITSBEREICH] ZURÜCKSETZEN oder wählen den Befehl im Arbeitsbereich-Umschalter aus. Im Nu sind Ihre Paletten wieder in der Ausgangsposition.

Gemeinsame Funktionen und Schaltflächen

Neben diesen Fensterfunktionen gibt es eine Reihe von weiteren gemeinsamen Funktionen und Schaltflächen, die Sie in unterschiedlichen Konstellationen bei den verschiedenen Paletten immer wieder antreffen – meist am unteren Rand der Paletten, so wie Sie es in Abbildung 4.27 am Beispiel der Aktionen-Palette sehen.

Neues Objekt | Ein leeres Blatt Papier ❸ symbolisiert den Befehl Neues Objekt erstellen. Welches »neue Objekt« das ist, richtet sich nach dem Kontext der jeweiligen Palette: In der Ebenen-Palette fügt das Neu-Icon eine neue Ebene ein, in der Kanäle-Palette erstellt es einen neuen Kanal usw.

»Ordner« mit Palettenobjekten anlegen | Paletten verwalten Ihre wichtigsten Arbeitshilfsmittel und Bildkomponenten. Das werden schnell recht umfangreiche Listen. Damit sie nicht die Übersicht verlieren, können Sie beispielsweise Ebenen oder Aktionen in sogenannten Sets oder Gruppen organisieren. Das Funktionsprinzip ähnelt den Dateiordnern, wie sie auch in Dateiverwaltungsprogrammen wie zum Beispiel dem Windows Explorer oder Adobe Bridge benutzt werden: Zum Beispiel kann ein Set in der Aktionen-Palette zahlreiche einzelne Aktionen aufnehmen, während eine Ebenengruppe einzelne Ebenen enthält. Solche Sets oder Gruppen öffnen und schließen Sie je nach Bedarf. Mit dem »Dokumentenmappe«-Icon ❷ erzeugen Sie einen neuen »Ordner« für Palettenobjekte.

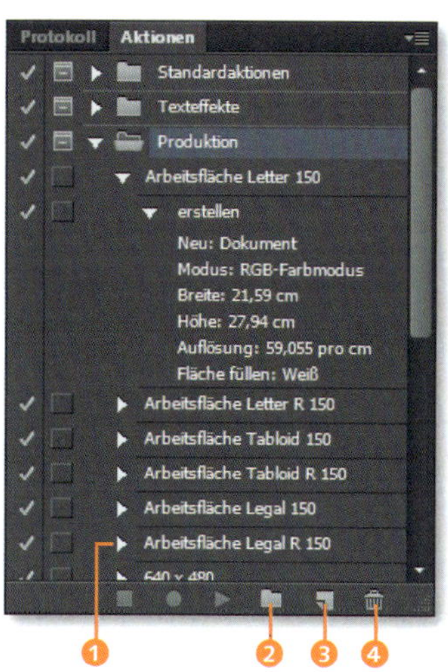

◄ **Abbildung 4.27**
Die Aktionen-Palette mit drei verschiedenen Sets. Das Set »Produktion« ist geöffnet und zeigt die dort abgelegten Aktionen (die ihrerseits durch einen Klick auf den Pfeil aufgeklappt werden könnten und dann die einzelnen Arbeitsschritte zeigen).

Platz sparen | Solche kleinen Pfeile ❶ treten – in leicht variierender Form – immer dann auf, wenn Inhalte einer Palette platzsparend angeordnet werden, also zum Beispiel bei Gruppen. Per Klick auf den Pfeil lassen sich die Gruppen und andere »Organisationseinheiten« auf- und zuklappen. Im offenen Zustand können Sie auf deren Inhalt zugreifen.

Löschen | Diese Schaltfläche 4 spricht für sich selbst: Ein Klick auf den Papierkorb löscht das aktuell aktive Element. Alternativ ziehen Sie das zu löschende Palettenobjekt mit der Maus auf das Papierkorb-Symbol.

Auge | Auch das Icon AUGE ist mehrfach anzutreffen. Es beeinflusst die Sichtbarkeit von Palettenobjekten und zeigt gleichzeitig ihren Sichtbarkeitsstatus an. Ein Klick auf das Auge blendet beispielsweise Ebenen oder Kanäle aus, ein erneuter Klick auf das nun leere Auge-Kästchen blendet sie wieder ein.

4.7 Werte eingeben

Sie haben nun schon die wichtigsten Elemente der Photoshop-Arbeitsfläche kennengelernt. Dort können Sie Werte auf verschiedene Art und Weise festlegen. Vielfach ist die Funktion der Eingabebereiche selbsterklärend – es gibt jedoch einige spezielle Funktionen in Photoshop, die sich nicht auf den ersten Blick erschließen.

Wie also geht es, das Eingeben von Werten in Paletten, Dialogfelder und in der Optionsleiste?

Dropdown-Listen | Eine gängige Eingabeart ist die Auswahl aus Dropdown-Listen. Diese Listen sehen ganz unterschiedlich aus: kurz oder umfangreich, und auch Listen mit kleinen Vorschaubildern gibt es oft.

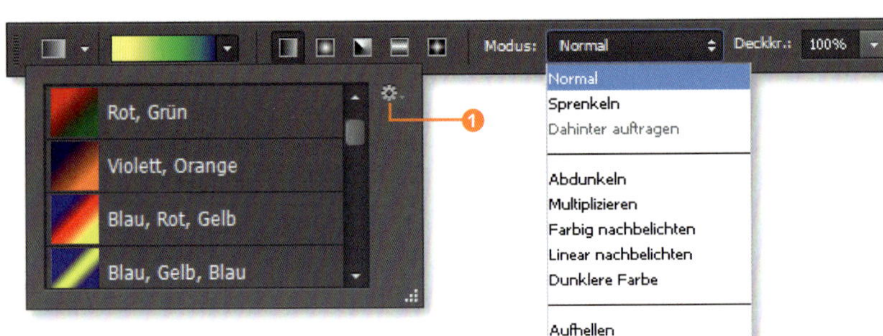

Abbildung 4.28 ▸ Verschiedene Dropdown-Listen. Bei Listen mit Vorschau-Icons – wie hier den Verläufen – können Sie auch das Listenlayout über 1 verändern (hier sehen Sie die Anzeige GROSSE LISTE).

Um Einstellungen oder Befehle aus einer solchen Liste auszuwählen, genügt ein Klick auf den Listeneintrag. Einige der Listen müssen durch einen weiteren Mausklick an einer beliebigen Stelle der Arbeitsfläche wieder eingeklappt werden.

In solchen Listen mit Vorschau-Icons werden Pinsel, Muster, Effekte und ähnliche **Gestaltungsressourcen** verwaltet. Alle zusammen finden Sie unter Bearbeiten • Vorgaben-Manager. Auch eigene Einstellungen können Sie so sichern. Mehr zu diesem Thema erfahren Sie in Abschnitt 7.5, »Farbfelder, Muster, Stile & Co.: Kreativressourcen organisieren«.

▲ **Abbildung 4.29**
Solche Schieberegler treffen Sie überall in Photoshop an.

Schieberegler | Eingaben sind auch mit Hilfe von (Popup-)Schiebereglern möglich, die per Maus bewegt werden.

Doppelpfeil | Der Doppelpfeil ist die schnellere Bedienungsalternative: Wenn Sie den Mauszeiger über den Titel eines Schiebereglers oder Popup-Schiebereglers bewegen, verwandelt er sich in einen Doppelpfeil mit Zeigefinger. Nun können Sie die Maus nach links oder nach rechts bewegen und damit auch den Wert verändern. Diese Funktion steht nicht für alle Schieberegler zur Verfügung.

▲ **Abbildung 4.30**
Bewegen des Zeigefinger-Mauscursors als Bedienungsalternative für Popup-Regler

Eintippen oder Anklicken | Natürlich funktioniert auch das direkte Eintippen eines Wertes.

Checkboxen und Radiobuttons | Schlussendlich gibt es noch die sogenannten Checkboxen und Radiobuttons, die Sie per Mausklick aktivieren oder deaktivieren.

▲ **Abbildung 4.32**
Kaum erklärungsbedürftig sind die **Checkboxen**, mit denen Sie eine Option kurzerhand aktivieren oder deaktivieren (hier die Option ALLE EBENEN AUFNEHMEN), und **Radiobuttons**, bei denen Sie eine von mehreren Optionen wählen können (hier NÄHERUNGSWERT, STRUKTUR ERSTELLEN oder INHALTSBASIERT).

Zielgerichtet-korrigieren-Werkzeug | Bei Bildkorrekturen gibt es neben den üblichen Eingabemöglichkeiten eine sehr intuitive Steuerung: das sogenannte Zielgerichtet-korrigieren-Werkzeug, mit dem Sie die Korrektur mit der Maus über dem Bild ausführen. Es steht für die Tools SCHWARZWEISS, GRADATIONSKURVEN und FARBTON/SÄTTIGUNG zur Verfügung.

Steuerung mit Pfeiltasten

Auch hier gibt es eine nützliche Arbeitserleichterung: Markieren Sie die Zahlen mit der Maus, dann können Sie den Wert stufenlos mit den Tasten ↑ (erhöht den Wert) und ↓ (senkt ihn) verändern.

Diese Möglichkeit ist besonders dann zu empfehlen, wenn Sie einen Parameter verändern, dessen Auswirkungen Sie jederzeit konzentriert im Blick behalten müssen. Das trifft zum Beispiel bei typografischer Feinarbeit an Schriften zu. Bei der Arbeit mit den Pfeiltasten Ihrer Tastatur müssen Sie das Auge keinen Moment vom Bild nehmen.

▲ **Abbildung 4.31**
Wenn die Ziffer in einem Eingabefeld markiert ist, können Sie den Zahlenwert auch per Tastatur mit den Pfeiltasten steuern.

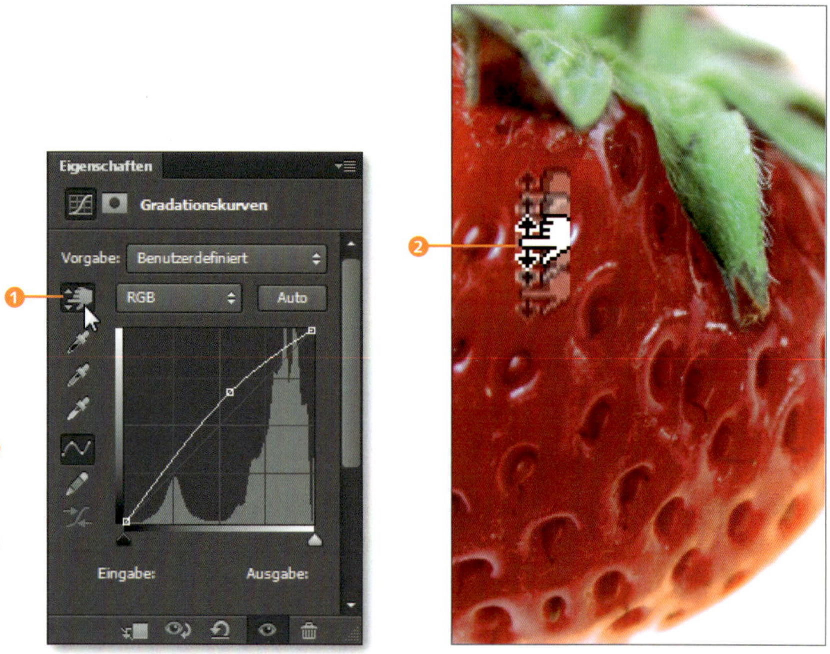

Bild: dieblen.de

Abbildung 4.33 ▶
Die Im-Bild-Korrektur am Beispiel der GRADATIONSKURVEN. Nach Aktivierung des entsprechenden Buttons ❶ können Sie die Werte durch Klick und Mausbewegung ❷ gezielt verändern. Die Gestalt des Mauszeigers deutet an, in welche Richtung die Maus bewegt werden muss, damit die Korrektur durchgeführt wird – bei den GRADATIONSKURVEN auf- und abwärts.

4.8 Tastaturbefehle: Hilfreiche Abkürzung per Tastatur

Kürzel-Kollisionen
Alle Tastenkürzel in diesem Buch wurden mit größter Sorgfalt getestet. Dennoch kann es sein, dass sie auf einer speziellen Photoshop-Installation nicht funktionieren – zum Beispiel, wenn Kürzel schon von anderen Applikationen belegt sind. In dem Fall können Sie eigene Tastenkürzel anlegen. Wie das geht, erfahren Sie in Abschnitt 7.3, »Eigene Tastaturbefehle definieren«.

Als gute Alternative zum Hantieren mit Maus und Menüs können Sie in vielen Fällen auch festgelegte Tastaturbefehle nutzen (auch *Shortcuts* oder *Tastenkürzel* genannt). Shortcuts beschleunigen den Arbeitsfluss beträchtlich, so dass es sich durchaus lohnt, sie sich nach und nach anzueignen. Es gibt Tastenkürzel, um

- Werkzeuge aufzurufen oder zu wechseln; hier reicht meist ein einzelner Buchstabe;
- Menübefehle aufzurufen; dazu werden zumeist Kombinationen von Buchstaben plus Sondertasten wie [Alt], [Strg] (am Mac entsprechend [cmd]) oder [⇧] genutzt;
- Paletten einzublenden (mit den schon genannten Funktionstasten [F5] bis [F9]);
- häufig gebrauchte Klicks und Befehle durch schnellere Eingaben zu ersetzen; ein Beispiel: der schon erwähnte [⇥]-Druck, der Paletten bzw. die Werkzeug- und Optionsleiste aus- und einblendet.

Viele dieser Kürzel lernen Sie während der Arbeit mit Photoshop fast en passant: Nicht nur in der QuickInfo und den Untermenüs der Werkzeuge, auch in der Menüleiste wird auf bestehende Shortcuts verwiesen, die Ihnen so immer wieder vor Augen geführt werden. Eine ganze Reihe anderer Kürzel für flüssiges Arbeiten lässt sich nicht so schnell aus dem Programm selbst erschließen – die müssen Sie richtig lernen. Aber es lohnt sich, denn oft sind gerade diese die effektivsten kleinen Helfer.

Tastaturbefehle nachschlagen | Sie legen sich bei der Arbeit gerne eine gedruckte Dokumentation neben die Tastatur? Ausgewählte Shortcuts zu einzelnen Werkzeugen und Arbeitstechniken stelle ich hier im Buch im jeweiligen Arbeitskontext vor. Sie lassen sich über den Index auffinden. Eine ausführliche Shortcut-Übersicht für PC und Mac finden Sie auf der Referenzkarte zum Buch. Nicht zuletzt ist auch die Adobe-Hilfe eine gute Adresse zum Nachschlagen von Tastenkürzeln. Mit dem Kürzel F1 gelangen Sie zur Webpräsenz des Photoshop-Supports. Dort gibt es eine Online-Suche in ständig aktualisierten Dokumenten. Sie können sich aber auch eine PDF-Version der Hilfedokumente herunterladen.

Tastaturbefehle ausdrucken

Über BEARBEITEN • TASTATURBEFEHLE und dort den Button ZUSAMMENFASSEN können Sie sich alle aktuellen Tastaturbefehle in einer HTML-Datei speichern lassen. Diese Datei lässt sich dann lokal speichern, um sie später im Browser zu öffnen, zu durchsuchen oder auch zu drucken.

4.9 Dokumente: Registerkarten oder Fenster

Schon mit Erscheinen der Version CS4 hat sich die Organisation von Dokumenten grundlegend geändert. Bilder erscheinen nicht mehr in frei schwebenden Fenstern – die bei der Arbeit mit mehreren Dokumenten gleichzeitig mehr oder weniger mühsam nebeneinander ausgerichtet werden mussten –, sondern in Registerkarten mit Karteireitern, den sogenannten **Tabs**. Diese Registerkarten lassen sich leicht ausrichten und machen die Arbeit mit mehreren Dokumenten einfacher. Chaotisches Fenstergewirr gehört der Vergangenheit an.

▼ Abbildung 4.34
Dokumente in Tabs sorgen für eine aufgeräumte Arbeitsfläche.

Bild: stock.xchng

Natürlich sind schwebende Fenster weiterhin möglich – etwa, wenn Sie ein Tab aus dem Verband herausziehen. Sagt Ihnen die Arbeit mit den Tabs generell nicht zu, können Sie diese in den VOREINSTELLUNGEN

Zum Weiterlesen
Ausführliche Informationen zum Arbeiten mit **Dokument-Tabs** finden Sie in Abschnitt 5.1, »Dokumente, Fenster und Registerkarten«.

(Strg/cmd+K) unter Benutzeroberfläche (Strg/cmd+2) deaktivieren. Entfernen Sie das Häkchen bei der Option Dokumente als Registerkarten öffnen.

Dokumenttitel: Bilddaten jederzeit im Blick

Egal, ob Sie Ihre Bilder in Tabs oder – wie aus früheren Photoshop-Versionen gewohnt – in frei schwebenden Fenstern anzeigen lassen: Der Dokumenttitel ist einen genauen Blick wert. Er bietet wichtige Bildinformationen auf engem Raum.

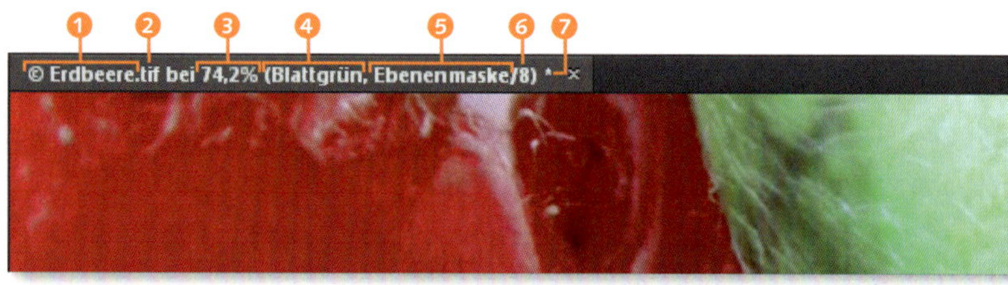

▲ **Abbildung 4.35**
Ob in Tabs oder den herkömmlichen schwebenden Fenstern – der Dokumenttitel zeigt wichtige Dokumenteigenschaften auf einen Blick.

Urheberrecht
Auch ohne ein solches © genießen Bilder urheberechtlichen Schutz. Das Symbol kann allerdings einen mahnenden Fingerzeig für potentielle Bilderdiebe darstellen. Sie weisen es einer Datei über Datei • Dateiinformationen (Alt+⇧+Strg/cmd+I) zu. Den Befehl finden Sie in Photoshop und in der Bridge.

Dateiname | Als Erstes wird der Dateiname 1 (hier »Erdbeere«) angezeigt. Das kann wichtig sein, wenn Sie zum Beispiel mehrere ähnliche Bildversionen bearbeiten! Wenn – so wie hier – in den Metadaten der Datei hinterlegt wurde, dass diese urheberrechtlich geschützt ist, erscheint außerdem ein kleines ©-Zeichen.

Dateiformat | In welchem der zahlreichen möglichen Grafik-Dateiformate 2 Ihr Bild vorliegt, sehen Sie ebenfalls in der Titelleiste (hier: TIF). Welches Dateiformat für Ihr Bild das beste ist, richtet sich nach dem geplanten Verwendungszweck und auch nach dem Inhalt des Bildes.

Zoomstufe | Die dann folgende Prozentangabe bezeichnet die Zoomstufe 3 des Bildes, das heißt die Darstellung auf dem Bildschirm. Die eigentliche Bildgröße ändert sich durch Veränderung des Bildzooms nicht. Es gibt einige Arbeiten am Bild, die Sie am besten in der 100%-Ansicht, also bei 1:1-Darstellung, ausführen. Die Bildecke unten links wiederholt diese Information noch einmal. Dort können Sie auch selbst einen Wert eingeben, um die Zoomstufe zu ändern.

Bildebene | In den Klammern sehen Sie als Erstes, welche Bildebene 4 (hier eine Ebene mit dem Titel »Blattgrün«) – und, wenn vorhanden, eine Ebenenmaske ⑤ – aktiv ist. Diese Angabe ist extrem wichtig, damit Sie nicht irrtümlich die falsche Ebene oder Maske verändern. Auch die Ebenen-Palette liefert hierzu entscheidende Informationen.

Modus | Es gibt unterschiedliche Methoden, Farben in Bilddateien zu beschreiben und im Druck und am Bildschirm zu reproduzieren. Welche Methode dies aktuell ist, verrät die Angabe Modus (wird bei der Beispielabbildung 4.35 nicht angezeigt, weil eine Ebenenmaske im Dokument aktiv ist).

Bit pro Farbkanal | Die dann folgende Zahlenangabe zeigt an, wie viele Bit pro Farbkanal ⑥ aufgewendet werden, um die Bildinformationen zu speichern. In Abbildung 4.35 ist es die gängigste Größe: 8 Bit. Ein 8-Bit-RGB-Bild kann über 16 Millionen Farben darstellen, Bilder mit mehr Bit können noch mehr Farben zeigen. Allerdings bringt eine nachträgliche Umwandlung z. B. eines 8-Bit-Bildes in ein 16-Bit-Bild keine Veränderung – die zusätzlichen Farbinformationen müssen von Anfang an vorhanden sein.

Speicherstatus und Farbprofil des Bildes | Die letzte Information ⑦ der Titelleiste ist verschlüsselt und gibt Auskunft über den Speicherstatus. Allerdings müssen Sie genau hinsehen.

- Ein Sternchen * ganz *am Ende* der Titelinformationen zeigt an, dass im Bild ungespeicherte Änderungen vorliegen.

▲ **Abbildung 4.36**
Die Position des dezenten Sternchens ist entscheidend. Ein Stern am Ende der Titelzeile bedeutet: Das Bild wurde geändert, aber noch nicht gespeichert.

- Symbole *in der Klammer*, direkt hinter der Bitzahl, sind wohl nur für fortgeschrittene Nutzer interessant, die sich bereits mit dem Farbmanagement auseinandergesetzt haben (in Kapitel 41, »Farbmanagement: Mehr Farbtreue auf allen Geräten«, erfahren Sie mehr über Farbmanagement).

Titelleisten-Info auch bei kleinen Formaten
Bei kleinen Bildformaten oder geringer Zoomstufe, wenn das Dokumentfenster zu klein ist, um alle Titelleisten-Infos anzuzeigen, hilft es, die Maus über die Titelleiste zu halten: Dann werden alle Informationen eingeblendet.

Statusleiste: Detaillierte Informationen

Die Statusleiste am unteren Rand jedes Bilddokuments enthält diverse nützliche Informationen zu Dateigröße, Bildmaßen und Ähnlichem – also Daten, auf die man im Arbeitsfluss ab und zu schnell zugreifen will, ohne sich erst durch die Menüs zu klicken.

Abbildung 4.37 ▶
Ein Klick auf den kleinen schwarzen Pfeil ❶ öffnet eine Liste, aus der Sie wählen können, welche Anzeige die Statusleiste zeigt.

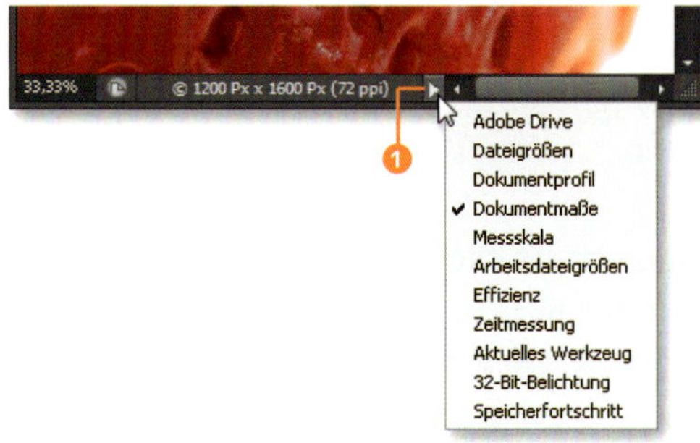

Adobe Drive | ADOBE DRIVE ist eine von Adobe zur Verfügung gestellte Technologie, die die Integration von Digital-Asset-Management-Systemen (DAM) von Drittherstellern in die Creative Suite ermöglichen soll. Adobe Drive gehört nicht zum Standard-Funktionsumfang von Photoshop. Die Zusatzfunktionen stehen nur zur Verfügung, wenn Adobe Drive (zusammen mit dem Verbindungsmodul des DAM-Anbieters) auf dem Rechner des Endanwenders installiert ist.

Version Cue und Adobe Drive

Die Adobe-eigene DAM-Lösung Version Cue wurde mit CS5 eingestellt. Adobe Drive ist kein vollwertiger Ersatz, sondern nur eine Schnittstelle für DAM-Lösungen anderer Anbieter (die ohnehin längst etabliert sind). Adobe stellt unter *www.adobe.com/de/support/adobedrive/* umfassende Informationen über Adobe Drive – auch für bisherige Version-Cue-Nutzer – zur Verfügung.

Dateigrößen | DATEIGRÖSSEN zeigt an, wie groß (in KB, nicht in Pixel oder Zentimeter!) das jeweilige Bild ist, bezieht sich also auf die **Datenmenge** der Datei. Diese Information ist wichtig, wenn Sie für Medien mit begrenztem Speicherplatz produzieren oder wenn das Bild für den Einsatz im Web gedacht ist und nicht zu groß werden darf.

Dokumentprofil | DOKUMENTPROFIL verrät, welches Farbprofil ins Bild eingebettet ist. Diese Information ist vor allem für die Druckvorstufe wichtig.

Dokumentmaße | DOKUMENTMASSE bezieht sich nun endlich auf die Bildgröße. Angezeigt werden Kantenlänge und Bildauflösung.

Pixel, cm, mm? Standard-Maßeinheit festlegen

Unter VOREINSTELLUNGEN • MASSEINHEITEN & LINEALE legen Sie fest, ob Pixel, Zentimeter oder Millimeter das Maß aller Dinge in Ihrer Photoshop-Arbeit sind. Welche Einstellung die beste Wahl ist, richtet sich nach Ihrem Arbeitsgebiet: Webdesigner geben der Einheit Pixel den Vorzug; für die Druckvorstufe sind auch Zentimeter und Millimeter wichtig. Die Einstellung unter LINEALE wirkt sich auch an vielen anderen Stellen im Programm aus, an denen Maße voreingestellt sind.

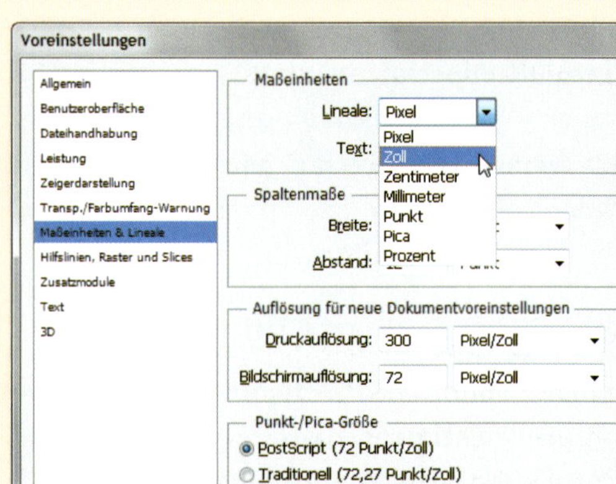

Abbildung 4.38 ▶
Voreinstellungen zu den Maßeinheiten

Messskala | Die MESSSKALA ist eine Ergänzung zur Messfunktion von Photoshop Extended und zeigt die Messskala für das jeweilige Dokument, sofern eine definiert wurde.

Arbeitsdateigrößen | Die ARBEITSDATEIGRÖSSEN beziehen sich auf die Auslastung Ihres Rechners durch Photoshop bzw. auf die Nutzung der Rechnerressourcen durch Photoshop. Eine typische Anzeige sieht so aus: »Arbeitsspeicher: 98,3 MB/ 3,61 GB«. Der erste Wert gibt die Menge Arbeitsspeicher (RAM) an, die aktuell vom Programm verwendet wird, um alle geöffneten Bilder anzuzeigen. Die Zahl auf der rechten Seite steht für den gesamten Arbeitsspeicher, der für das Verarbeiten von Bildern zur Verfügung steht.

Effizienz | Auch die EFFIZIENZ bezieht sich auf die Rechnerleistung. Der Wert bezeichnet die Zeit in Prozent, die Photoshop tatsächlich für das Ausführen eines Vorgangs und nicht für das Lesen aus dem oder Schreiben in den sogenannten virtuellen Speicher verwendet. Idealerweise liegt der Wert immer bei 100%. Ist er notorisch darunter, kann das ein Hinweis darauf sein, dass der Arbeitsspeicher Ihres Rechners zu klein für das aktuelle Arbeitsvorhaben ist. Photoshop wird dadurch langsamer.

Zeitmessung | ZEITMESSUNG zeigt an, wie viel Zeit Photoshop brauchte, um den letzten Befehl oder Vorgang auszuführen.

Aktuelles Werkzeug | AKTUELLES WERKZEUG verrät, wie das gerade aktive Werkzeug heißt. Eine gute Möglichkeit, um sich mit der Photoshop-Terminologie vertraut zu machen!

32-Bit-Belichtung | 32-BIT-BELICHTUNG ist nur verfügbar, wenn im Dokumentfenster ein sogenanntes High-Dynamic-Range-Bild (HDR-Bild) mit 32 Bit pro Kanal angezeigt wird. Die Option passt die Bildschirmanzeige an HDR-Bilder an.

Speicherfortschritt | Beim SPEICHERFORTSCHRITT bleibt das Infofeld in den meisten Fällen leer, nur bei laufenden Speicherprozessen wird ein Fortschrittsbalken eingeblendet.

Dateiinformationen kompakt auf Mausklick | Sie müssen nicht ständig zwischen den verschiedenen Statusleisten-Einstellungen jonglieren, um die wichtigsten Bild-Informationen vor Augen zu haben. Ein Klick auf die Statusleiste mit gehaltener Alt-Taste öffnet ein kleines Info-Feld.

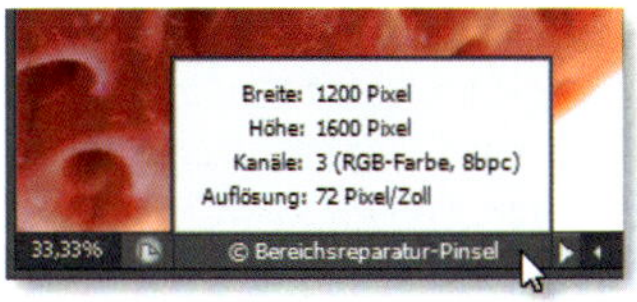

▲ **Abbildung 4.39**
Der schnelle Klick zu wichtigen Informationen

4.10 Unterschiede zwischen Windows und Mac

Die Unterschiede zwischen der Mac- und der PC-Version sind nicht gravierend. Wer Photoshop am Mac beherrscht, kann auch mit der Windows-Version arbeiten und umgekehrt. Wo Unterschiede auftreten, weise ich im Buchtext gesondert darauf hin.

Bild: dieblen.de

▲ **Abbildung 4.40**
Die Mac-Oberfläche mit aktivem Anwendungsrahmen

Die Arbeitsoberfläche

Die augenfälligste Besonderheit beim Mac: Neben dem »Apfel«-Menü, das in allen Applikationen zu finden ist, enthält die Photoshop-**Menüleiste** den zusätzlichen Menüpunkt PHOTOSHOP. In diesem Menü finden Sie eine Reihe von Befehlen, die in der Windows-Version unter BEARBEITEN untergebracht oder unter HILFE zu finden sind.

Auf Wunsch hat Photoshop auch am Mac ein – eigentlich OS-untypisches – **Anwendungsfenster**, in dem alle Programmelemente zu einer Einheit zusammengefasst sind. Sie können es mit dem Befehl

FENSTER • ANWENDUNGSRAHMEN ein- und ausschalten. Der neutral graue Programmhintergrund verdeckt andere Applikationen und den Inhalt des Mac-Schreibtischs und sorgt so für eine aufgeräumte Arbeitsumgebung. Der Anwendungsrahmen fasst alle Photoshop-Komponenten auch funktionell zu einer Einheit zusammen: Applikationsfenster müssen nicht mehr einzeln vorgeholt und ausgerichtet werden und können nicht unbeabsichtigt »verschwinden«. Die Arbeit mit verschiedenen Programmen, mehreren Dokumenten und an zwei Monitoren wird so spürbar erleichtert.

Getabbte Dokumentfenster? Anwendungsrahmen muss aktiv sein
Wenn Sie am Mac Ihre Dokumente in Tabs anzeigen wollen, müssen Sie den Anwendungsrahmen in jedem Fall aktivieren (FENSTER • ANWENDUNGSRAHMEN)! Im Betriebsmodus ohne Anwendungsrahmen gibt es keine »Karteireiter«, sondern nur die herkömmlichen frei schwebenden Dokumentfenster.

Shortcuts und Kontextmenü

Die Shortcuts unter Mac OS und Windows sind fast gleich. Wegen der **unterschiedlichen Tastaturen** ist ein wenig Umdenken nötig.

- Die [⇧]-Taste oder Umschalttaste wird unter Windows und Macintosh gleich benutzt – es gibt **keine Unterschiede**.
- Auch bei der Bedienung der [Alt]-Taste gibt es **wenige Unterschiede**: Die Windows-Nutzern vertraute [Alt]-Taste wird in der Mac-Terminologie gern auch Wahltaste genannt und auch durch dieses Symbol dargestellt: [⌥]. Die Wirkung ist unter Windows und Mac aber gleich.
- Wo Sie am Windows-Rechner [Strg] drücken, benutzen Sie unter Mac OS analog die Befehlstaste (auch Apfeltaste genannt): [cmd].
- Zum Löschen dient unter Windows die Taste [Entf], unter Mac OS nehmen Photoshopper dazu die [←].
- Unter Mac OS gibt es **einige Kontextmenüs weniger** als am Windows-Rechner. Das Kontextmenü wird auf beiden Systemen per Rechtsklick geöffnet. Falls Sie am Mac noch mit einer Ein-Tasten-Maus arbeiten, nutzen Sie [Ctrl]+Klick.

Tastenkürzel im Buch

Hier im Buch werden alle Tastenkombinationen für beide Betriebssysteme genannt. Lesen Sie also den Hinweis »Drücken Sie [Strg]/[cmd]+[Z].«, müssen Sie als Windows-Benutzer [Strg]+[Z] drücken, während Sie am Mac [cmd]+[Z] betätigen. Auf manchen Mac-Tastaturen findet sich übrigens statt der [cmd]-Taste das [⌘]-Zeichen. Sollte das bei Ihnen der Fall sein, müssten Sie also [⌘]+[Z] drücken.

Systemnahe Befehle und Funktionen

Einige Unterschiede gibt auch es bei betriebssystemnahen Befehlen und Funktionen wie dem Speichern und Öffnen von Dateien:

- Während unter Windows die **Dateiendung** (.tif, .psd, .jpg etc.) zwingend zur Datei gehört und auch immer zur Datei geschrieben wird, kann man Photoshop unter Mac OS per Voreinstellung daran hindern, diese Dateiendung an den Dateinamen anzufügen. Unter Mac bleiben solche Dateien weiterhin benutzbar, Windows-Nutzer werden dann allerdings Schwierigkeiten haben, die Datei zu öffnen.
- Der Befehl ÖFFNEN ALS..., der das Problem fehlender Dateiendungen umschifft, ist folglich auch nur unter Windows verfügbar.

Kapitel 5

Nützliche Helfer

Wer arbeitet schon gerne umständlich oder im Blindflug? Mit Photoshops kleinen Helfern bleibt Ihre Arbeit effizient und ist jederzeit unter Kontrolle. Auch erfahrene Anwender werden bei den altbekannten Funktionen Neues entdecken!

5.1 Dokumente, Fenster und Registerkarten

Die Arbeitsfläche von Photoshop CS6 wirkt aufgeräumt und übersichtlich. Das liegt unter anderem an der Anordnung geöffneter Dokumente. Diese erscheinen standardmäßig in Tabs, also Registerkarten. Zusammen mit den Befehlen zum Ausrichten geöffneter Bilder bieten sie eine enorme Erleichterung für die parallele Arbeit mit mehreren Dokumenten: Mühsames Hin- und Herschieben, bis alle Dokumentfenster auf der Arbeitsfläche arrangiert sind, entfällt.

Dateien auf der Buch-DVD: »biene.jpg«, »grashüpfer.jpg«, »mohnkapsel.jpg«

Bild: Frank Gaebler

▲ **Abbildung 5.1**
Die Dokumentorganisation in Registerkarten sorgt für Übersicht – auch, wenn so wie hier mehrere Dokumente geöffnet sind.

Tabs aktivieren und sortieren

Im Kleinen findet das Prinzip der Tabs auch bei Photoshops Paletten Anwendung, vertraut ist es außerdem von Webbrowsern. Allerdings können Photoshops Dokument-Tabs mehr als die bekannten Browser-Tabs.

Alle Bilder im Blick
Mit den Befehlen unter FENSTER • ANORDNEN bringen Sie Photoshop dazu, alle offenen Dokumente neben- oder untereinander anzuordnen. Mehr dazu erfahren Sie im Abschnitt »Dokument-Tabs zusammen anzeigen und ausrichten« auf Seite 157.

Tabs ansteuern | Wenn Sie mehr als eine Datei öffnen, werden die Dokumentfenster standardmäßig als Registerkarten angezeigt. Dann ist jeweils ein Dokument vorne– also sichtbar –, und von den anderen sehen Sie lediglich die Karteireiter. Um ein Dokument zu aktivieren und nach vorn zu bringen, können Sie seinen Karteireiter anklicken – der intuitivste, doch nicht unbedingt der schnellste Weg, vor allem, wenn Sie oft zwischen Ihren Bildern springen.

- Oder Sie wählen den Dateinamen im Menü FENSTER aus. Dies setzt jedoch klar unterscheidbare Dateinamen voraus!
- Sehr flüssig lässt sich mit Shortcuts arbeiten: Strg+⇥ bzw. Ctrl+⇥ am Mac springt weiter nach **rechts**, mit ⇧+Strg+⇥ bzw. ⇧+Ctrl+⇥ am Mac springen Sie zum vorherigen Bild nach **links**.
- Wenn Sie mehr Dokumente geöffnet haben, als sich auf der Bildschirmbreite in Karteireitern darstellen lassen, sehen Sie am rechten Rand der Tab-Leiste einen doppelten Pfeil. Ein Klick darauf öffnet eine Liste mit allen geöffneten Dokumenten. Das Anklicken des Dateinamens bringt das jeweilige Bild nach vorn.

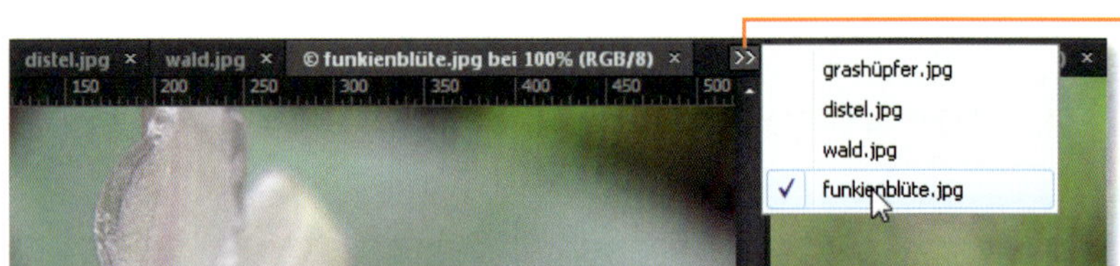

▲ **Abbildung 5.2**
Sind mehr Dokument-Tabs offen, als auf den Monitor passen, führt ein Klick auf den Doppelpfeil 1 zu einer Bilderliste.

Mehrere Dokumente schließen und speichern

Wenn Sie mehrere ungesicherte Dokumente über Alt+Strg/cmd+W auf einmal schließen wollen, freuen Sie sich bestimmt über die Option AUF ALLE ANWENDEN im SPEICHERN-Dialog. Wenn Sie diese Option aktivieren, werden alle Bilder ohne erneute Nachfrage gespeichert und geschlossen.

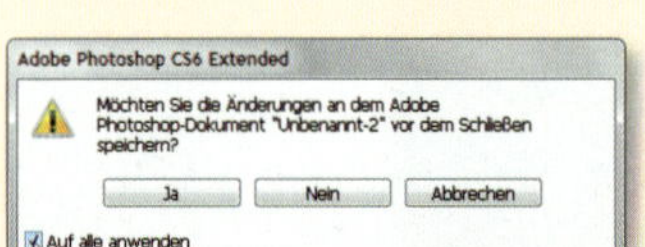

▲ **Abbildung 5.3**
Mit der Option AUF ALLE ANWENDEN sichern Sie parallel bearbeitete Dokumente zeitsparend.

Karteireiter neu sortieren | Die Reihenfolge der Karteireiter (und damit der Dokumente) können Sie jederzeit ändern. Dazu greifen Sie den Tab mit der Maus und ziehen ihn an die gewünschte Position. Achten Sie dabei darauf, die Mausbewegung genau horizontal auszuführen. Ansonsten ziehen Sie das Bild aus der Tab-Gruppe heraus, und es wird zu einem schwebenden Fenster oder verschwindet hinter einer anderen Registerkarte.

◄ **Abbildung 5.4**
Durch exakt horizontales Ziehen lässt sich die Anordnung der Karteireiter ändern.

Dokument-Tabs zusammen anzeigen und ausrichten

Wenn Sie mehrere Dokumente parallel bearbeiten, wollen Sie sicherlich nicht ständig zwischen den Tabs hin und her schalten, sondern haben lieber alle Bilder im Blick. In älteren Photoshop-Versionen war es immer etwas mühselig, die einzelnen Dokumentfenster in die richtige Anordnung zu bringen. Seit es Tabs gibt, geht das Ausrichten auf Knopfdruck. Im Menü Fenster • Anordnen finden Sie eine Liste mit kleinen Übersichtsgrafiken für verschiedene Anordnungsschemata. Klicken Sie einfach darauf: Ihre geöffneten Dokumente werden entsprechend der Miniaturdarstellung ausgerichtet.

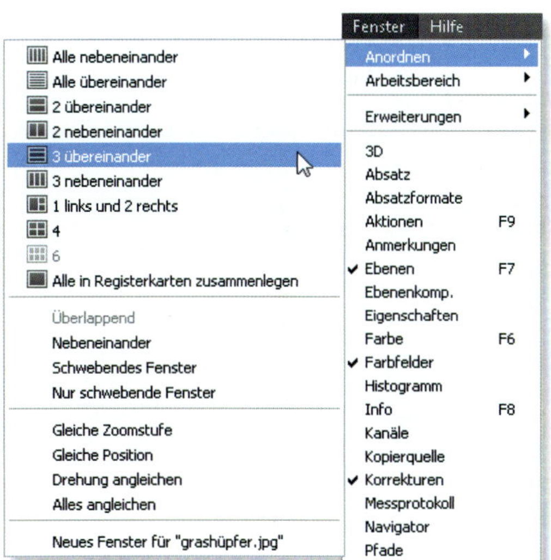

▲ **Abbildung 5.5**
Die Befehle zum Anordnen von Tabs befinden sich im Fenster-Menü.

Verschieben, bündeln, lösen: Dokumentansicht exakt anpassen

Bei der Arbeit mit Dokumenten in Registerkarten sind Sie nicht auf die automatischen Sortierhilfen beschränkt. Sie können sich Ihre Register-

Bildinhalte im Tab zoomen und verschieben
Im Anordnen-Menü finden Sie überdies Befehle, mit denen Sie den Darstellungsmaßstab – die Zoomstufe – und die Position des Bildinhalts innerhalb der Tab-Grenzen anpassen können. Mehr dazu lesen Sie im Abschnitt »Hand-Werkzeug« auf Seite 172.

Drag & Drop von Bildinhalten

Drag & Drop ist der einfachste Weg, Ebenen oder Auswahlinhalte von einem Dokument in ein anderes zu befördern. Das klappt auch bei Dokumenten in Tabs – selbst wenn die Dokumente nicht offen nebeneinanderliegen. Aktivieren Sie das Verschieben-Werkzeug und die Bildebene, deren Inhalt Sie verschieben wollen. Setzen Sie die Maus über das zu verschiebende Objekt – auf der Bildfläche, nicht in der Ebenen-Palette –, und ziehen Sie es mit der Maus über den Karteireiter des Zieldokuments. Halten Sie die Maus dort, bis sich das Dokument zeigt. Positionieren Sie das Objekt über dem Bild, und lassen Sie den Mauszeiger los. Mehr zum Thema gibt's in Abschnitt 11.4, »Die Ebenen-Palette: Ihre Steuerzentrale«.

kartengruppen auch selbst zusammenstellen. Das wichtigste Prinzip dabei ist Drag & Drop – also Ziehen und Fallenlassen. Indem Sie einen Karteireiter mit der Maus anfassen und ziehen, befreien Sie das Dokument aus dem Verbund. Es wird dann zu einem frei schwebenden Fenster.

Ebenso bekommen Sie ein Dokument auch wieder in die Registerkartengruppe hinein: Um ein frei schwebendes Dokumentfenster zu positionieren, ziehen Sie es einfach an den gewünschten Platz. Leuchtende blaue Streifen zeigen Ihnen dabei mögliche Andockstellen an. Sobald ein blauer Streifen erscheint, können Sie die Maustaste loslassen. Das Dokument wird an der entsprechenden Stelle in die Registerkartengruppe eingegliedert. Auf diese Weise lassen sich unterschiedliche Ordnungsmuster erzeugen.

Die wichtigsten Kniffe und Möglichkeiten, um die automatische Sortierung manuell weiter anzupassen, zeigt Ihnen der folgende Workshop.

Schritt für Schritt: Dokumentanordnung per Hand anpassen

Dateien auf der Buch-DVD: »GrüneEins.png«, »BlaueZwei.png«, »BeigeDrei.png«, »OrangeVier.png«

Der Eindeutigkeit halber habe ich hier vier leicht zu unterscheidende, einfache Beispielbilder gewählt. Alle wurden geöffnet und mit Hilfe des Befehls Fenster • Anordnen • Alle nebeneinander ausgerichtet.

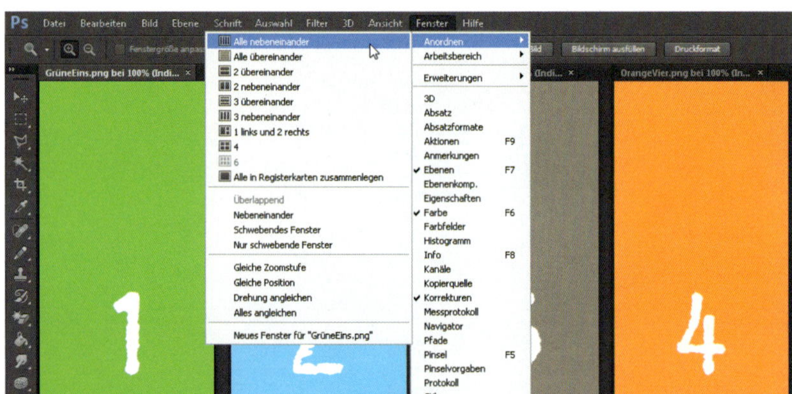

▲ **Abbildung 5.6**
Die Dokumente wurden automatisch nebeneinander ausgerichtet.

▲ **Abbildung 5.7**
Manuelles Verändern der Fenstergröße

1 Fensterbreiten verändern

Wenn Sie für ein Dokument etwas mehr Platz benötigen, als es die automatische Anordnung vorsieht, fassen Sie es ganz einfach an den »Stegen« zwischen den Registerkarten an und ziehen es. Notgedrungen wird dabei für benachbarte Dokumente der Raum etwas enger.

2 Ein Dokument aus dem Verband herausziehen

Um ein Dokument als frei schwebendes Fenster anzuzeigen oder neu zu positionieren, fassen Sie es an seiner Titelleiste und ziehen es nach unten weg.

◂ **Abbildung 5.8**
Ein Dokument wird aus der Tab-Anordnung gelöst.

Sobald Sie den Mauszeiger loslassen, liegt das Bild als freies Fenster vor den übrigen Dokumenten. Diese bleiben weiterhin in Tabs organisiert; deren Aufteilung hat sich automatisch an die veränderten Platzverhältnisse angepasst.

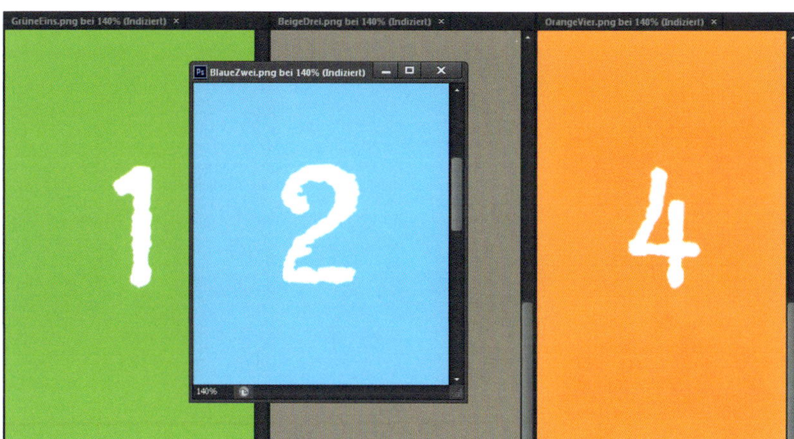

◂ **Abbildung 5.9**
Das herausgezogene Dokument befindet sich nun in einem eigenen Fenster.

3 Fenster erneut andocken

Um das freie Fenster an anderer Stelle im Tab-Verband zu positionieren, fassen Sie es an der Titelleiste und schieben es an die gewünschte Stelle. Achten Sie dabei genau auf die leuchtenden blauen Bereiche. Diese markieren die Stelle, an der Ihr Fenster angedockt wird.

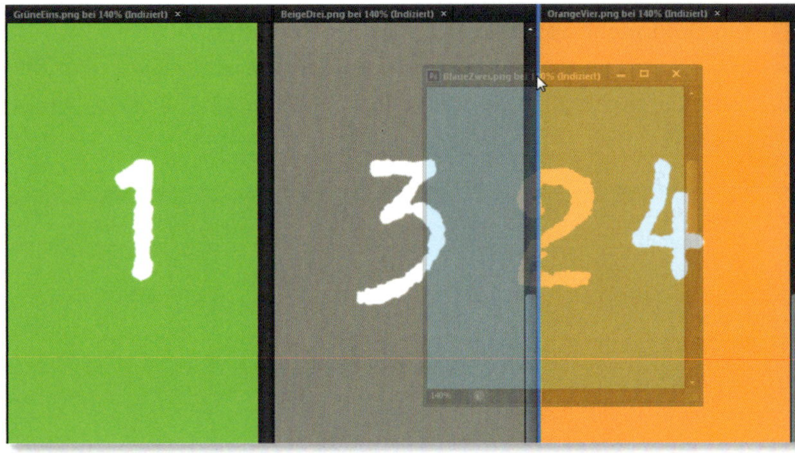

Abbildung 5.10 ▶
Andocken zwischen zwei Tabs

Sie können schwebende Fenster an vertikalen oder horizontalen »Stegen« zwischen Registerkarten andocken und so das Anordnungsschema verändern.

4 Mehrere Dokumente in einer Tab-Gruppe

Eine Registerkarte enthält nicht zwingend nur ein Dokument. Es ist auch möglich, mehrere Dokumente zu einer Registerkartengruppe zusammenzufassen. Dazu ziehen Sie das lose Fenster über den Titel einer Registerkarte (nicht über einen der Trennstege). Sobald der Titelbereich blau aufleuchtet, können Sie die Maustaste loslassen.

Abbildung 5.11 ▶
Die Bilder »1« und »2« werden zu einer Registerkartengruppe zusammengefasst.

5 Registerkartengruppen verwalten

Registerkartengruppen verhalten sich so wie einzelne Registerkarten. Sie werden genauso aktiviert und verwaltet. Bei Platzmangel machen Titellisten die Dokumente zugänglich.

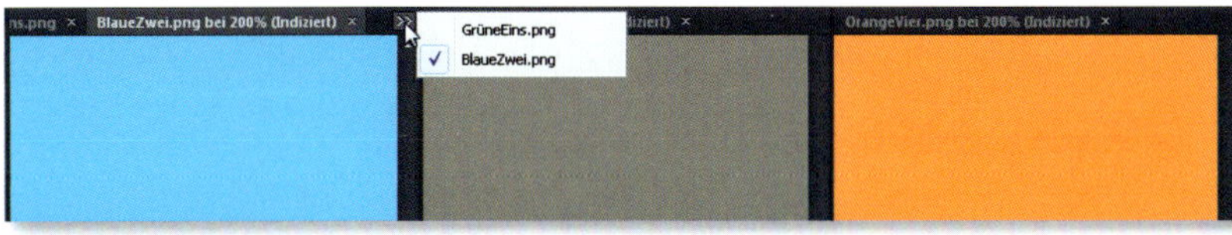

▲ **Abbildung 5.12**
Auf den ersten Blick scheinen nur drei Dokumente geöffnet. Wer aber genauer hinsieht, erkennt, dass zwei Dokumente zu einer Registerkartengruppe zusammengefasst sind.

Registerkartengruppen können Sie ebenso wie einzelne Registerkarten wieder aus dem Tab-Verband herausziehen und als schwebende Fenster auf der Arbeitsfläche positionieren. Das ist manchmal ganz praktisch, wenn man parallel mit zwei unterschiedlichen Bilderserien arbeitet.

Fenster zu Registerkarten machen – und umgekehrt

Wenn Sie mehrere Dokumente auf einmal als Fenster anzeigen oder wieder in Tabs zurückverwandeln wollen, ist Drag & Drop vielleicht etwas mühsam. Mit diesen Befehlen sind Sie schneller!

- Fenster • Anordnen • Alle in Registerkarten zusammenlegen macht alle schwebenden Fenster wieder zu Tabs.
- Nützlich ist der Befehl Alle in Registerkarten zusammenlegen auch, wenn Sie Ihre Dokumente irrtümlich so zusammengeschachtelt haben, dass sie kurzfristig den Überblick verloren haben. Er sortiert nämlich auch dann alle geöffneten Dokumente säuberlich in einzelne Registerkarten, wenn sie vorher schon in Gruppen angeordnet waren.
- Der Menübefehl Fenster • Anordnen • Nur schwebende Fenster löst alle Tabs auf und zeigt die geöffneten Bilder als Fenster an.

Voreinstellungen für Registerkarten

Die Voreinstellungen bieten Möglichkeiten, das Programmverhalten an den eigenen Arbeitsfluss anzupassen. Manchmal ist die Abhilfe für ein kleines, lästiges Problem in einer leicht zu übersehenden Checkbox versteckt. Das gilt auch für die Arbeit mit Tabs und Fenstern.

Herkömmliche Dokumentfenster als Standard | Das Anordnen von Dokumenten in Tabs hat – vor allem, wenn Sie parallel mit mehreren Bildern arbeiten – eigentlich nur Vorteile. Wenn Sie dennoch generell mit Dokumenten in Fenstern arbeiten wollen, deaktivieren Sie unter Bearbeiten/Photoshop • Voreinstellungen • Benutzeroberfläche

Vorsicht beim Maximieren frei schwebender Fenster (Windows)

Windows-Photoshopper, die bisher mit CS4 und älter gearbeitet haben, müssen sich umgewöhnen: Klicken auf den Maximieren-Button eines schwebenden Fensters schaltet nicht mehr in den maximierten Bildmodus. Stattdessen dehnt der Klick das Fenster so weit aus, dass alle funktionalen Programmelemente verdeckt sind. Also besser: Maus weg vom Maximieren-Button!

▲ **Abbildung 5.13**
Für viele Windows-Photoshopper ein Routineklick, in CS6 jedoch nicht zu empfehlen.

Frei schwebende Dokumentfenster sortieren
Auch frei schwebende Fenster können Sie mit den Befehlen unter Fenster • Anordnen ausrichten (Überlappend oder Nebeneinander). Diese Funktion ist jedoch nicht so effektiv wie das automatische Ausrichten von Tabs!

([Strg]/[cmd]+[K], dann [Strg]/[cmd]+[2]) die Optionen DOKUMENTE ALS REGISTERKARTEN ÖFFNEN ❶ und ANDOCKEN SCHWEBENDER DOKUMENTFENSTER AKTIVIEREN ❷.

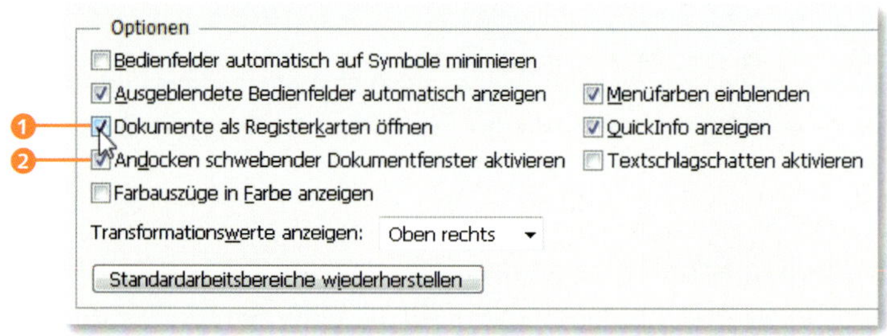

Abbildung 5.14 ▶
Zwei Optionen steuern das Tab-Verhalten von Photoshop.

Neue Bilder als autonome Fenster öffnen | Registerkarten erleichtern die parallele Arbeit mit mehreren Dokumenten. Oft sind dies Bilder einer Serie, die man korrigiert, anpasst oder anderweitig bearbeitet. Nicht immer will man, dass weitere Bilder beim Öffnen zwischen die Registerkarten einer solchen Serie eingeordnet werden. In diesem Fall ist es hilfreich, unter BEARBEITEN/PHOTOSHOP • VOREINSTELLUNGEN • BENUTZEROBERFLÄCHE die Option DOKUMENTE ALS REGISTERKARTEN ÖFFNEN kurzzeitig zu deaktivieren. Neue Dokumente werden dann als schwebende Fenster geöffnet und können – mittels Drag & Drop – ihrerseits zu Registerkartengruppen zusammengefasst werden.

Dasselbe Dokument in zwei Fenstern

Die Sortierfunktionen und Registerkarten zielen darauf ab, mehrere Dokumente möglichst günstig nebeneinander zu zeigen. Es gibt jedoch auch den umgekehrten Bedarfsfall: Manchmal möchte man dasselbe Dokument in zwei Fenstern gleichzeitig sehen. Sinnvoll ist dies zum Beispiel dann, wenn Sie ein Bild beim Bearbeiten gleichzeitig in zwei verschiedenen Ansichten beobachten möchten.

Die Funktion NEUES FENSTER FÜR [DOKUMENTNAME] macht es möglich, ein Bild in zwei Dokumentfenstern zu öffnen. Sie finden den Befehl unter FENSTER • ANORDNEN.

Obwohl Sie dann zwei Dokumentfenster sehen, sind dies nicht zwei verschiedene Bilder, sondern lediglich **zwei Ansichten desselben Bildes**. Jeder Arbeitsschritt, den Sie durchführen, wird in beiden Fenstern angezeigt. Wann brauchen Sie diese Ansicht? Stellen Sie sich vor …

- Sie arbeiten mit Masken und brauchen sowohl einen Blick auf das Detail (hohe Zoomstufe) als auch eine Komplett-Ansicht. Um speziell die Arbeit mit Masken zu unterstützen, blenden Sie Kanäle in jeder Bildansicht separat ein und aus.

Zum Weiterlesen
Mehr über **Masken** lesen Sie in Kapitel 15, »Ebenenmasken & Co.«.

- Sie bereiten ein Bild für den Druck vor und wollen während der Arbeit auch abschätzen, wie es im Druckfarbmodus CMYK wirkt. Die zweite Ansicht zeigt via ANSICHT • FARBPROOF zumindest annähernd, wie die Farben im Druck wirken.

Bild: poco_bw – Fotolia

▲ **Abbildung 5.15**
Gleichzeitiger Blick auf das Detail und eine Übersicht? Der Befehl NEUES FENSTER macht es möglich.

Unabhängige Bildkopie mit dem Befehl »Bild duplizieren«

Der Befehl BILD • DUPLIZIEREN ist die beste Methode, eine genaue Kopie eines geöffneten Bildes (einschließlich aller Ebenen, Masken und Kanäle) zu erzeugen. DUPLIZIEREN erstellt eine **eigene Datei**, die mit der Ausgangsdatei nicht mehr gekoppelt ist und separat bearbeitet werden kann. In einem kleinen Dialog können Sie gleich einen neuen Dateinamen vergeben.

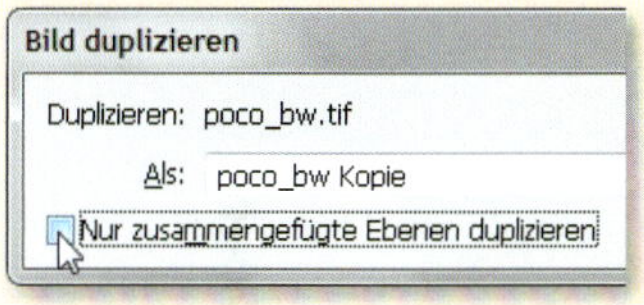

▲ **Abbildung 5.16**
Wichtige Option beim Duplizieren: Sofern das Ausgangsbild Ebenen enthält und diese im Duplikat auftauchen sollen, müssen Sie die Option NUR ZUSAMMENGEFÜGTE EBENEN DUPLIZIEREN deaktivieren.

5.2 Bildanzeige: Gezoomt, gedreht und in Position gerückt

Egal, ob Sie ihre Dokumente in Registerkarten oder lieber in autonomen Fenstern anzeigen lassen – wichtig ist, dass Sie Ihre Bilder allzeit gut im Blick haben. Manchmal müssen Sie Ihr Bild stark vergrößern, um Einzelheiten genau zu erkennen. Oder Sie brauchen eine verkleinerte Anzeige für die Gesamtübersicht. Sie müssen sich einen bestimmten Bildausschnitt ins Blickfeld holen. Und für knifflige Detailarbeiten können Sie Ihre Arbeitsfläche sogar schräg legen.

Bildzoom, Bilddrehung und das Navigieren in großformatig angezeigten Bildern funktionieren in Dokument-Tabs und Dokumentfenstern gleich. In diesem Abschnitt erfahren Sie, wie Sie schnell zur gerade benötigten Ansicht kommen.

Bildpixel und Monitorpunkte

Datei auf der Buch-DVD: »grashüpfer.jpg«

Sie haben es bereits im vorangehenden Kapitel 4, »Der Arbeitsbereich«, erfahren: Der aktuelle Abbildungsmaßstab oder auch die Zoomstufe eines Bildes wird in der Titelleiste eines Tabs oder Fensters angezeigt. Was steckt dahinter?

Eine Anzeige wie »50 %« oder »67,7 %« in der Titelleiste bedeutet nicht, dass das tatsächliche Bild verkleinert wurde – dafür gibt es eigene Befehle. Die Prozentangaben beziehen sich lediglich auf die **Darstellung** des Bildes auf dem Bildschirm und sind unabhängig von der tatsächlichen Pixel- oder Zentimetergröße, in der es vorliegt.

▲ **Abbildung 5.17**
1:1-Ansicht (100 %) …

Bild: Frank Gaebler

▲ **Abbildung 5.18**
… und eine stark gezoomte Bildansicht. In der Vergrößerung werden die einzelnen Pixel, aus denen das Bild besteht, sichtbar.

Bildlineal liefert Anhaltspunkte

Nicht nur der Prozentwert in der Titelleiste des Bildes gibt Hinweise auf die Zoomstufe des Bildes. Auch das Bildlineal ist ein guter Anhaltspunkt, denn seine Skala passt sich natürlich an die unterschiedlichen Bildmaßstäbe an. Um das Lineal einzublenden, tippen Sie [Strg]/[cmd]+[R] oder gehen über ANSICHT • LINEALE. Ob das Lineal Pixel, Zentimeter oder Millimeter anzeigt, stellen Sie unter VOREINSTELLUNGEN • MASSEINHEITEN & LINEALE ein.

Um zu verstehen, was die unterschiedlichen Maßstäbe bedeuten, müssen Sie sich kurz vor Augen halten, dass nicht nur das Bild aus einzelnen Bildpunkten (den Pixeln) aufgebaut ist, sondern dass auch der Monitor, auf dem das Bild dargestellt wird, mit Bildpunkten arbeitet. Die Bildpunkte des Monitors sind aus technischen Gründen immer gleich groß. Ein Abbildungsmaßstab von 100 % bedeutet dann, dass jeder Monitorpunkt exakt ein Bildpixel darstellt. Nur dann sehen Sie die Bildpixel also im »Originalzustand«!

Kleinere oder größere Abbildungsmaßstäbe als 100 % haben immer zur Folge, dass mehr oder weniger als ein ganzer Bildpixel je Monitorpixel angezeigt wird. Die Originalpixel werden für die Darstellung auf dem Bildschirm umgerechnet. Photoshop muss dann zum Beispiel 0,5 oder 1,3 Bildpixel mit einem Monitorbildpunkt darstellen und die Bilddarstellung erst errechnen. Zwar ist die Grafikleistung der neueren

Photoshop-Versionen sehr gut, so dass gezoomte Bilder von den meisten Rechnern in guter Qualität dargestellt werden – doch an den grundlegenden technischen Gegebenheiten hat sich nichts geändert.

Zum Weiterlesen
Mehr zum Thema **Bilddarstellung, Monitor-Bildpunkte und Pixel** lesen Sie in Kapitel 3, »Bildbearbeitung: Fachwissen«.

Grafikleistung in Photoshop | Photoshop CS6 macht – mehr noch als seine Vorversionen – verstärkt Gebrauch vom Grafikprozessor (GPU) des Rechners, um die Leistung zu erhöhen. Davon profitieren leistungsintensive Funktionen, etwa viele der neuen oder grundlegend überarbeiteten Filter und die neue, verbesserte 3D-Engine. Schon in den Vorversionen wurde durch Nutzung des Grafikkartenstandards OpenGL die Darstellungsqualität von Bildern am Monitor spürbar verbessert. Das macht sich auch bei alltäglichen Bildbearbeitungsjobs wie Zoom und Bilddrehung bemerkbar: Die Bilder, die Sie unter der Maus haben, sehen deutlich besser aus.

Damit das funktioniert, sollten Sie über eine halbwegs aktuelle Grafikkarte verfügen, deren Treiber auf dem neuesten Stand ist. Trotzdem kann es gelegentlich zu Anzeigeproblemen (Artefakte, merkwürdige Hilfslinien-Darstellung) oder sogar Programmcrashes kommen. In diesem Fall können Sie Adobes GPU-Nutzung begrenzen oder sogar ausschalten.

Probleme mit virtuellen Maschinen
Wer Photoshop CS6 in einer virtuellen Umgebung ausführen will, muss mit Problemen bei der Grafikleistung rechnen, denn virtuelle Computer haben keinen Zugriff auf den Grafikprozessor.

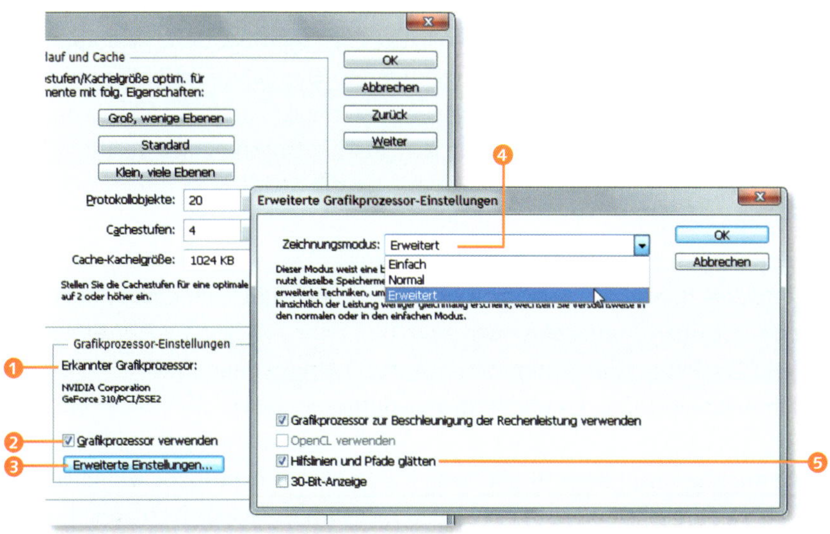

◀ **Abbildung 5.19**
Photoshops GPU-Zugriff lässt sich begrenzen.

Sie finden die Einstellungen in den Voreinstellungen (Strg/cmd+K) auf der Tafel Leistung (Strg/cmd+4) unter Grafikprozessor-Einstellungen.

Sehen Sie unter Erkannter Grafikprozessor 1 die Bezeichnung Ihrer Grafikkarte, stehen die Chancen gut, dass die GPU-abhängigen Funktionen auf Ihrem Rechner funktionieren.

- Das Häkchen ❷ bei GRAFIKPROZESSOR VERWENDEN sollte gesetzt sein. Nur wenn es zu wiederholten Abstürzen kommt, sollten Sie es entfernen und dann schauen, ob die Probleme weiter bestehen. Wenn ja, ist der Grafikprozessor nicht der Übeltäter.
- Ein Klick auf ERWEITERTE EINSTELLUNGEN ❸ führt Sie zu einem weiteren Fenster.
- Um die beste Grafikperformance zu erhalten, stellen Sie dort ZEICHNUNGSMODUS: ERWEITERT ❹ ein. Kommt es in diesem Modus zu Darstellungsproblemen, ist ZEICHNUNGSMODUS: NORMAL die bessere Option. ZEICHNUNGSMODUS: EINFACH strapaziert die GPU am wenigsten; dieser Modus ist anzuraten, wenn Sie parallel zu Photoshop Anwendungen laufen lassen, die ebenfalls auf den Grafikprozessor zugreifen.
- Werden Hilfslinien und Pfade sehr dick dargestellt, hilft es, die Option HILFSLINIEN UND PFADE GLÄTTEN ❺ zu deaktivieren.

Grafik-Troubleshooting
Nähere Informationen zu den Einstellungen und ausführliche Handlungshinweise bei Grafikproblemen finden Sie unter *http://helpx.adobe.com/photoshop/kb/photoshop-cs6-gpu-faq.html* (in englischer Sprache).

Wann ist eine möglichst genaue Bildanzeige gefragt? | Bei manchen Arbeitsschritten ist es wichtig, dass Sie sich ein möglichst genaues Bild von den Bilddetails machen können. Besonders, wenn Ihr Rechner Photoshops Grafikleistung nicht voll ausschöpfen kann, sind »krumme« Ansichtsprozente wie 66,7 oder 33,3 % problematisch, weil Einzelheiten des Bildes unter Umständen nicht korrekt angezeigt werden. Und auch eine sehr stark vergrößerte oder verkleinerte Bilddarstellung kann die Ansicht verfälschen. Aus diesem Grund ist die Einstellung 100 % die beste, wenn es um eine möglichst realistische Einschätzung von Bildschärfe und -qualität geht.

Schalten Sie auf die 100 %-Ansicht,

- wenn Sie das Bild scharfzeichnen wollen;
- wenn Sie Bildfehler wie optisches Rauschen oder schlichte Fussel (vom Fotoscan) entfernen müssen;
- wenn Sie Filter anwenden, deren Auswirkungen eher subtil sind, so zum Beispiel Körnungs- oder Strukturfilter.

▲ **Abbildung 5.20**
Eingeblendetes Pixelraster als Hilfe bei Detailarbeiten. Es erscheint bei Zoomstufen über 500 %.

Exakt arbeiten mit dem Pixelraster | Wer ein Bild stark zoomt, muss meist pixelgenau arbeiten. Um das zu erleichtern, wird zusätzlich ein Pixelraster eingeblendet. Mit dem Befehl ANSICHT • ANZEIGEN • PIXELRASTER können Sie es verschwinden lassen.

Zoom: Die Bildanzeige verändern

Die Bildansicht zu vergrößern oder zu verkleinern ist wohl einer der häufigsten Handgriffe beim Arbeiten mit Photoshop, denn für manche

Arbeitsschritte muss man das Bild stark vergrößert anzeigen, für einige braucht man die Übersicht über das Gesamtbild oder eben die Vollansicht von 100 %. Entsprechend zahlreiche Möglichkeiten gibt es, die Anzeige des aktuellen Bildes zu verändern. Das wichtigste Werkzeug dabei ist das durch die Lupe symbolisierte **Zoom-Werkzeug** (Shortcut: Z).

Hinzu kommt eine ganze Reihe von Shortcuts und Optionen. So ist für nahezu jede Arbeitssituation und verschiedene Arbeitsvorlieben etwas dabei.

Ansichtszoom in Dialogfeldern

Nicht nur die Dokumentansicht lässt sich zoomen. Auch in vielen Dialogfeldern können Sie die Bilddarstellung vergrößern oder verkleinern. Achten Sie bei der Anwendung »sensibler« Filter und Funktionen darauf, dass der Zoom auf »100 %« steht.

▲ **Abbildung 5.21**
Den Zoom in Dialogfenstern steuern Sie mit den Plus-/Minus-Buttons unterhalb der Bildvorschau. Mit der Hand verschieben Sie den Ausschnitt.

Mit der Maus ins Bild | Wenn Sie bei aktivem Zoom-Werkzeug mit der Maus ins Bild klicken, wird die Anzeige **vergrößert**. Halten Sie die Maustaste so lange gedrückt, bis die gewünschte Vergrößerungsstufe erreicht ist.

- Wenn Sie beim Klicken ins Bild zusätzlich Alt gedrückt halten, wird das Bild **verkleinert**.
- Wenn Sie beim Klicken ins Bild zusätzlich ⇧ gedrückt halten, wird die Ansicht **aller geöffneten Bilder vergrößert**.
- Drücken Sie während des Klickens ⇧+Alt, wird die Ansicht **aller offenen Dokumente verkleinert**. Lassen Sie sich bei den zwei letztgenannten Shortcuts nicht verunsichern: Live gezoomt wird nur das jeweils aktive Bild; sobald Sie Maus und Keyboardtasten loslassen, wird auch die Ansicht der übrigen Dokumente angepasst.

Ein **Plus- oder Minuszeichen** im Inneren des Lupen-Symbols zeigt an, ob das Bild mit dem nächsten Mausklick vergrößert oder verkleinert wird. Ist keine weitere Vergrößerung/Verkleinerung mehr möglich, bleibt die Lupe leer.

▲ **Abbildung 5.22**
Beim nächsten Mausklick wird die Bildansicht vergrößert. (Die Darstellung des Lupe-Mauszeigers ist in diesem und den folgenden Bildern vergrößert.)

▲ **Abbildung 5.23**
Verkleinerung des Abbildungsmaßstabes mit dem nächsten Klick

▲ **Abbildung 5.24**
Das Bild hat seine maximale Vergrößerung erreicht (3200 %).

Animierter Zoom

Wer von CS3 oder noch älteren Versionen auf CS6 umsteigt, muss sich an das neue, sanfte Zoomverhalten gewöhnen. Hektische Mehrfachklicks sind nicht mehr nötig; die Bildansicht wird während des Zoomens sanft und stufenlos größer oder kleiner. Wenn Sie diesen sanften animierten Zoom ① gar nicht mögen, können Sie ihn unter VOREINSTELLUNGEN • ALLGEMEIN deaktivieren.

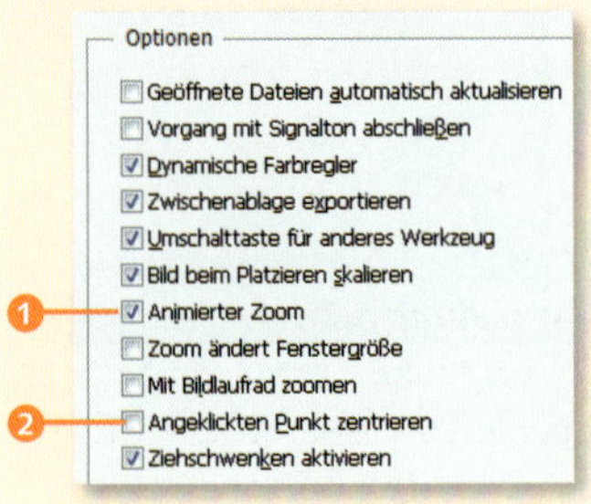

Abbildung 5.26 ▲
Das Zoomverhalten lässt sich steuern.

Bild: Frank Gaebler

▲ Abbildung 5.27
Der Bereich innerhalb der gestrichelten Linie ③ wird vergrößert, sobald Sie die Maustaste loslassen. Das funktioniert jedoch nur, wenn die Option DYNAMISCHER ZOOM deaktiviert ist.

Wesentliche Bildinhalte im Blick behalten | Bei großen Vergrößerungen verliert man naturgemäß den Blick für das Ganze und manchmal auch die Orientierung im Bild. Dem können Sie durch geschickten Umgang mit der Lupe vorbeugen. Dazu gibt es zwei Tricks:

- Klicken Sie genau auf den Bildbereich, den Sie sich vergrößert ansehen wollen. Er ist in der vergrößerten Ansicht dann mittig, was Ihnen gerade bei starker Vergrößerung erspart mühsames Scrollen erspart. Bedingung: In den Voreinstellungen ist die Option ANGEKLICKTEN PUNKT ZENTRIEREN ② aktiv (Abbildung 5.26).
- Wenn Sie in der Optionsleiste des Zoom-Werkzeugs bei DYNAMISCHER ZOOM ein Häkchen setzen, können Sie die Darstellungsgröße des Bildes per Mausbewegung steuern. Dazu bewegen Sie die Maus bei gehaltener (linker) Maustaste waagerecht über das Bild.
  - Um schnell einzuzoomen (die Bilddarstellung zu **vergrößern**), bewegen Sie die Maus nach **rechts**.
  - Um schnell auszuzoomen (die Bilddarstellung zu **verkleinern**), bewegen Sie die Maus nach **links**.

▲ Abbildung 5.25
Beim dynamischen Zoom steuern Sie Zoomfaktor und -Geschwindigkeit mit Mausbewegungen.

- Ist DYNAMISCHER ZOOM **inaktiv**, können Sie auch folgende herkömmliche Methode verwenden: Ziehen Sie bei gehaltener Maustaste einen Rahmen auf – genau dieser Bereich wird dann vergrößert angezeigt. Gleichzeitig wird das Dokumentfenster auf die maximal mögliche Größe gebracht (wie groß es dann ist, hängt von der Position der Paletten ab; Paletten werden von Dokumentfenstern nicht überlappt).

Shortcuts | Auch wer lieber mit der Tastatur als mit der Maus arbeitet, kann die Bildansicht einfach ändern. Hierzu gibt es eine ganze Reihe von Shortcuts:

- Die Tastenkürzel [Strg]/[cmd]+[+] vergrößern das Bild stufenweise.
- Die Tastenkürzel [Strg]/[cmd]+[-] verkleinern das Bild ebenfalls stufenweise.

Das funktioniert auch, wenn das Zoom-Werkzeug nicht aktiviert ist.

Zoomen aus anderen Werkzeugen | Nicht immer denkt man daran, vor jedem Wechsel in ein anderes Werkzeug oder vor dem Aufrufen eines Dialogfeldes die passende Zoomstufe einzustellen. Sie müssen den Vorgang jedoch nicht abbrechen – zwei Shortcuts bringen Rettung: Sie können die Lupe auch kurzzeitig aufrufen, ohne umständlich zum Zoom-Tool umzuschalten.

- Um die Vergrößerungslupe aufzurufen, drücken Sie [Strg]/[cmd]+Leertaste.
- Um die Verkleinerungslupe zu aktivieren, ist [Alt]+Leertaste der Shortcut der Wahl.

Diese Shortcuts funktionieren aus vielen Werkzeugen heraus und sind auch aus den meisten Dialogfeldern heraus wirksam. Sie müssen dann aber immer noch mit der Maus ins Bild klicken, um das Zoomen auszulösen – die Tastenkürzel wechseln nur zum Zoom-Werkzeug.

Eingabe im Dokumentrahmen | Die Prozentangabe, die Sie in der linken unteren Ecke jedes Dokumentfensters sehen, ist nicht nur eine weitere Kontrolle der aktuellen Zoomstufe, sondern vor allem eine weitere Eingabemöglichkeit. Sie funktioniert unabhängig davon, welches Werkzeug aktiviert ist.

Dokumentfenster mitwachsen lassen | In Photoshop haben Sie die Wahl, ob Sie Dokumente immer in Tabs oder in den frei schwebenden Dokumentfenstern anzeigen lassen. Sofern Sie mit Tabs arbeiten, ist der folgende Absatz irrelevant – er bezieht sich lediglich auf die herkömmlichen schwebenden Dokumentfenster.

Sie können festlegen, wie sich der Dokumentrahmen während des Zoomens verhält: Soll er seine Ausgangsgröße behalten, auch wenn das Bild größer (oder kleiner) wird, oder soll er »mitwachsen«? Ersteres ist sinnvoll, wenn Sie an einem kleinen Bildschirm oder mit mehreren Ansichten desselben Bildes arbeiten, hat aber oft zur Folge, dass Sie sich den Rahmen noch mit der Maus größer ziehen müssen. Das ist zwar nur ein Handgriff, kann aber den Arbeitsschwung ganz schön bremsen. Sollen die Bildrahmen mitskalieren, aktivieren Sie in der Optionsleiste des Zoom-Werkzeugs FENSTERGRÖSSE ANPASSEN ④.

Kürzel üben lohnt
Für Bildzooms lohnt sich das Lernen der Tastenkürzel besonders, denn so können Sie die Bildansicht leicht ändern, ohne dass der eigentliche Workflow durch die Veränderung der Bildansicht unterbrochen wird. Wer sich die Shortcuts nicht merken kann, kann die wichtigsten im Menü ANSICHT nachsehen.

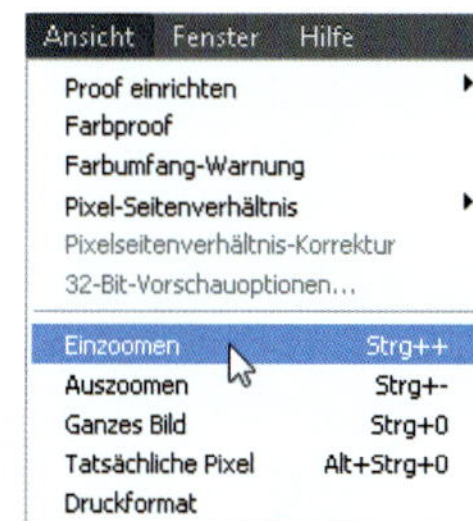

▲ **Abbildung 5.28**
Zum täglichen Gebrauch ist das Zoomen über das Menü ANSICHT zu langwierig.

▲ **Abbildung 5.29**
Tippen Sie den gewünschten Zoom-Prozentwert einfach ein. Das Bestätigen mit [↵] oder der nächste Mausklick wenden die Eingabe an.

▲ **Abbildung 5.30**
Die Optionen des Zoom-Werkzeugs

Wenn Sie bei inaktivem Zoomtool **per Tastaturkürzel zoomen**, steht Ihnen die Optionsleiste nicht zur Verfügung. Sie haben dann zwei verschiedene Möglichkeiten:

- Entweder Sie erweitern die bekannten Shortcuts noch: Alt+Strg/cmd++ und Alt+Strg/cmd+- vergrößern und verkleinern das Bild mitsamt Dokumentenrahmen.
- Oder Sie **ändern die Voreinstellungen**: Unter BEARBEITEN/PHOTOSHOP • VOREINSTELLUNGEN • ALLGEMEIN (Strg/cmd+K) klicken Sie den Punkt ZOOM ÄNDERT FENSTERGRÖSSE an. Dann können Sie wie gewohnt mit dem Zoom-Werkzeug und den bekannten Tastenkürzeln hantieren – der Bildrahmen skaliert immer mit.
  Wollen Sie dieses Verhalten anschließend ausnahmsweise einmal unterbinden, halten Sie beim Skalieren der Bilddarstellung einfach zusätzlich Alt gedrückt.

Schnell auf 100 % | Wie Sie bereits gelesen haben, ist die 100 %-Ansicht – bisweilen auch »Vollansicht« oder »1:1-Ansicht« genannt – für viele Arbeiten besonders wichtig. Daher gibt es spezielle Funktionen, um sie schnell einzustellen:

- Ein Doppelklick auf die Lupe in der Werkzeugleiste bringt das Bild auf 100 %.
- TATSÄCHLICHE PIXEL 5 ist ein Befehlsbutton, den Sie in der Zoom-Werkzeug-Optionsleiste finden.
- Der passende Shortcut: Drücken Sie Alt+Strg/cmd+0.
- Bei aktivem Zoom-Werkzeug gibt es zudem ein Kontextmenü, das unter anderem den Befehl TATSÄCHLICHE PIXEL enthält, der Sie zur 1:1-Ansicht bringt. Auch im ANSICHT-Menü ist dieser Befehl vertreten.

Alles im Blick: Bildschirmgröße | Sehr oft brauchen Sie auch eine Ansicht des Bildes, bei der Sie das gesamte Bild überblicken, in der das Bild aber auch nicht kleiner sein soll als nötig – z. B. beim Beschneiden. Optimal ist es, wenn das Bild gerade den Bildschirm ausfüllt. Je nach Bild- und Monitorgröße sind unterschiedliche Prozentzahlen erforderlich. Sie müssen jedoch nicht lange herumexperimentieren – auch hier gibt es schnelle Wege:

- Ein Doppelklick auf das Hand-Werkzeug führt zur gewünschten monitorfüllenden Bild-Gesamtansicht.
- Der Button GANZES BILD 6 in der Zoom-Werkzeug-Optionsleiste zoomt das Bild so, dass es den Bildschirm optimal ausfüllt.
- Alternativ verwenden Sie das Tastenkürzel Strg+0 (am Mac: cmd+0).
- Auch im Kontextmenü und im ANSICHT-Menü finden Sie den Befehl GANZES BILD.

Bildschirm ausfüllen | Wenn Sie hingegen den Bildschirm mit möglichst »viel Bild« ausfüllen wollen, nutzen Sie den Button BILDSCHIRM AUSFÜLLEN (7). Das Bild wird so skaliert, dass die gesamte freie Photoshop-Arbeitsfläche mit Bildmotiv ausgefüllt ist. Für diesen selten gebrauchten Befehl gibt es keine Shortcuts.

Wie groß wird gedruckt? | Eine Option ist noch ungeklärt: Der Button DRUCKFORMAT (8) bringt das Bild auf eine Bildschirmgröße, die der späteren Druckgröße ungefähr entspricht (auch im KONTEXT- und ANSICHT-Menü).

Druckgröße ganz genau
Wenn Ihnen die DRUCKFORMAT-Vorschau zu vage erscheint, sehen Sie unter BILD • BILDGRÖSSE nach. Der Punkt DOKUMENTGRÖSSE informiert Sie über die Druckgröße in cm, mm und anderen Maßeinheiten.

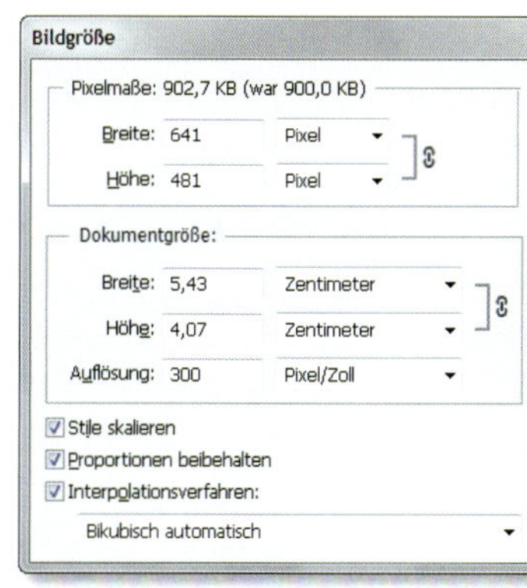

▲ **Abbildung 5.31**
Handfeste Angaben zur Druckgröße eines Bildes finden Sie im Dialog BILDGRÖSSE.

Was wollen Sie tun?	Windows	Mac
Zoom-Werkzeug aktivieren	Z	Z
Bildansicht vergrößern	Strg + +	cmd + +
Bildansicht verkleinern	Strg + -	cmd + -
Bildansicht in allen Dokumenten vergrößern	Klick mit der Lupe ins Bild + ⇧	Klick mit der Lupe ins Bild + ⇧
Bildansicht in allen Dokumenten verkleinern	Klick mit der Lupe ins Bild + Alt + ⇧	Klick mit der Lupe ins Bild + Alt + ⇧
Bildansicht mit Bildfenster vergrößern	Strg + Alt + +	cmd + Alt + +
Bildansicht mit Bildfenster verkleinern	Strg + Alt + -	cmd + Alt + -
wenn in den VOREINSTELLUNGEN die Option ZOOM ÄNDERT FENSTERGRÖSSE aktiv ist und schwebende Fenster genutzt werden, die Größenänderung kurzfristig abstellen	⇧	⇧
Bildansicht auf 100 % stellen	Strg + Alt + 0 (Null)	cmd + Alt + 0 (Null)
maximale Bildgröße auf dem Monitor (Bildschirmgröße) darstellen	Strg + 0 (Null)	cmd + 0 (Null)
Zoom-Werkzeug kurzzeitig aus anderen Werkzeugen aufrufen und vergrößern	Leertaste + Strg	Leertaste + cmd
Zoom-Werkzeug kurzzeitig aus anderen Werkzeugen aufrufen und verkleinern	Alt + Leertaste (bzw. Strg + Alt + Leertaste bei der Bearbeitung von Text)	Alt + Leertaste (bzw. cmd + Alt + Leertaste bei der Bearbeitung von Text)

◀ **Tabelle 5.1**
Zoom-Tastaturbefehle auf einen Blick

Hand-Werkzeug: Die Bildansicht verschieben

Trotz der differenzierten Möglichkeiten, die Größe der Bilddarstellung festzulegen, bleibt immer noch die Aufgabe, den richtigen Bildausschnitt ins Dokumentfenster zu holen, denn die mit Photoshop bearbeiteten Bilder können viel größer sein als Fenster oder Tab – selbst auf dem geräumigsten Monitor! Das **Hand-Werkzeug** (Tastenkürzel: H) ist ein effizientes Hilfsmittel dafür.

Die Hand kommt immer dann sinnvoll zum Einsatz, wenn das eigentliche Bild größer ist als der Dokumentrahmen. Mit dem Hand-Werkzeug schieben Sie das Bild – wie einen Bogen Papier auf der Tischplatte – im Dokumentfenster oder im Tab herum. Das könnten Sie zwar auch mit den Bildlaufleisten (Scroll-Leisten) erledigen, mit dem Hand-Werkzeug arbeiten Sie jedoch erheblich schneller!

Wie das Zoom-Werkzeug wird das Hand-Werkzeug auch dann oft gebraucht, wenn gerade ein anderes Werkzeug aktiv ist. Per Leertaste erreichen Sie die hilfreiche Hand schnell, selbst wenn Sie gerade ein anderes Tool benutzen. Außer beim Bearbeiten von Text klappt dieser Trick immer. Sobald Sie die Leertaste loslassen, landen Sie wieder bei Ihrem zuletzt verwendeten Werkzeug.

Bilder mit Schwung herumwerfen

Großformatige und stark gezoomte Bilder lassen sich mit dem Hand-Werkzeug nicht nur brav über die Arbeitsfläche schieben, sondern auch mit Schwung herumwerfen. Geben Sie bei gedrückter Maustaste und aktivem Hand-Werkzeug der Bildfläche einen kräftigen Schubs – Sie werden sehen! Das funktioniert nur bei Dokumenten, bei denen Teile des Bildes nicht angezeigt werden können – also bei großen Bildern in kleineren Tabs oder Fenstern. Wenn das Ziehschwenken nicht klappt, schauen Sie in den Voreinstellungen im Bereich Allgemein nach, ob die Option Ziehschwenken aktivieren angeklickt ist.

Datei auf der Buch-DVD: »funkienblüte.jpg«

Der richtige Bildausschnitt in Sekundenschnelle | Wer stark vergrößerte – oder einfach sehr große – Dokumente bearbeitet, kennt das Problem: Sich den jeweils richtigen Bildausschnitt ins Fenster zu holen, kann die eigentliche Arbeit ziemlich ausbremsen. Für solche Fälle bietet Photoshop eine großartige Abkürzung. Durch Drücken und Halten der Taste H und Drücken der Maustaste wechselt die Bildansicht aus der gezoomten Detailperspektive kurzzeitig zum ganzen Bild. Ein feiner Rahmen zeigt proportional korrekt die Dimensionen des bisherigen Bildausschnitts an. Diesen Rahmen können Sie bei gehaltener Maustaste über das Bild verschieben. Sobald Sie H und die Maustaste loslassen, erscheint der gewählte Ausschnitt in der zuvor benutzten Vergrößerungsstufe im Dokumentrahmen (Tab oder Fenster).

Bild: Frank Gaebler

▲ **Abbildung 5.32**
Ein stark gezoomtes Bild. Im Dokumentfenster ist nur dieser Ausschnitt sichtbar.

▲ **Abbildung 5.33**
H-Taste und gedrückte Maustaste wechseln zu dieser Ansicht. Mit dem verschiebbaren Rahmen – der genau so proportioniert ist wie der bisherige Ausschnitt – können Sie einen neuen Bereich für die Anzeige festlegen.

Was wollen Sie tun?	Windows	Mac
Hand-Werkzeug aufrufen	H	H
Hand-Werkzeug kurzzeitig aus anderen Werkzeugen heraus aufrufen	Leertaste	Leertaste
Hand-Werkzeug auf alle Bilder gleichzeitig anwenden	⇧ + Leertaste	⇧ + Leertaste
Bildausschnitt hochschieben	Bild ↑	⇞
Bildausschnitt nach unten schieben	Bild ↓	⇟
Bildausschnitt langsam hochschieben	⇧ + Bild ↑	⇧ + ⇞
Bildausschnitt langsam nach unten schieben	⇧ + Bild ↓	⇧ + ⇟
Bildausschnitt nach links schieben	Strg + Bild ↑	cmd + ⇞
Bildausschnitt nach rechts schieben	Strg + Bild ↓	cmd + ⇟
Bildausschnitt zur linken oberen Bildecke schieben	Pos1	Home
Bildausschnitt zur rechten unteren Bildecke schieben	Ende	End
kurzfristig ganzes Bild mit Positionsrahmen einblenden	H + Maustaste drücken	H + Maustaste drücken

▲ **Tabelle 5.2**
Tastaturbefehle zum Bildlauf auf einen Blick

Die Bildansicht drehen

Bild: Photocase

▲ **Abbildung 5.34**
Das Drehen per Maus geht schnell!

Jeder, der auf Papier zeichnet, kennt das: Bei schwierigen Arbeiten wird das Blatt schräg gelegt. Mit Photoshop geht das auch digital, nämlich indem Sie die Bildansicht drehen. Das Bild selbst wird dabei nicht transformiert, denn diese Drehung betrifft nur die Ansicht! Möglich wird es durch Photoshops GPU-Nutzung und das Ansichtdrehung-Werkzeug (Kürzel: [R]). Sie finden es in der Werkzeugleiste als Unterwerkzeug der bekannten Hand. Wenn Sie Photoshop Extended benutzen, sollten Sie genau hinsehen, denn es besteht Verwechslungsgefahr mit den 3D-Rotationswerkzeugen.

Wenn das Werkzeug aktiv ist, wird im Dokumentfenster eine Kompassrose eingeblendet, sobald Sie die Maus ins Bild setzen. Diese lässt sich sehr intuitiv per Maus drehen, und mit ihr dreht sich die gesamte Bildansicht. Auch Werkzeuge, die Sie dann anwenden, erscheinen gekippt.

Um **genaue Gradzahlen** einzugeben, nutzen Sie die Optionsleiste:

- Tippen Sie hier den Drehwinkel numerisch ein, oder ziehen Sie mit der Maus an einem kleinen Gradmesser.
- ANSICHT ZURÜCKSETZEN rückt das Bild wieder gerade, ebenso wie ein Drücken von [Esc].
- ALLE FENSTER DREHEN kippt alle geöffneten Dokumente gleichzeitig.

Abbildung 5.35 ▶
Optionen des Ansichtdrehen-Werkzeugs. Ziehen am Gradmesser verändert die Bildposition.

Zoomstufe, Bildposition oder Drehung für mehrere Dokumente auf einmal einstellen

Bei der parallelen Arbeit mit mehreren Bildern kommt es vor, dass Zoomstufe, Bildposition und -drehung bei allen Dokumenten verändert werden müssen. Das müssen Sie nicht manuell für jedes Dokument einzeln einstellen. Die drei Werkzeuge Lupe , Hand und Ansichtdrehung-Werkzeug haben jeweils eine Option, um die Änderung der Darstellungsweise gleichzeitig auf alle geöffneten Bilder anzuwenden (ALLE FENSTER...). Auch nachträglich können Sie für alle geöffneten Bilder zusammen Zoomstufe, Position oder Drehung verändern. Die Voraussetzung dafür ist, dass bei einem der Bilder die gewünschte Darstellung schon eingestellt ist. Das Dokument muss aktiv sein, seine Einstellungen sind maßgebend für die Anpassung. Stellen Sie also zunächst dort die Ansicht ein, die auf alle Bilder angewendet werden soll. Danach nutzen Sie die Befehle ❶ unter FENSTER • ANORDNEN, um alle Bilder gleich anzeigen zu lassen.

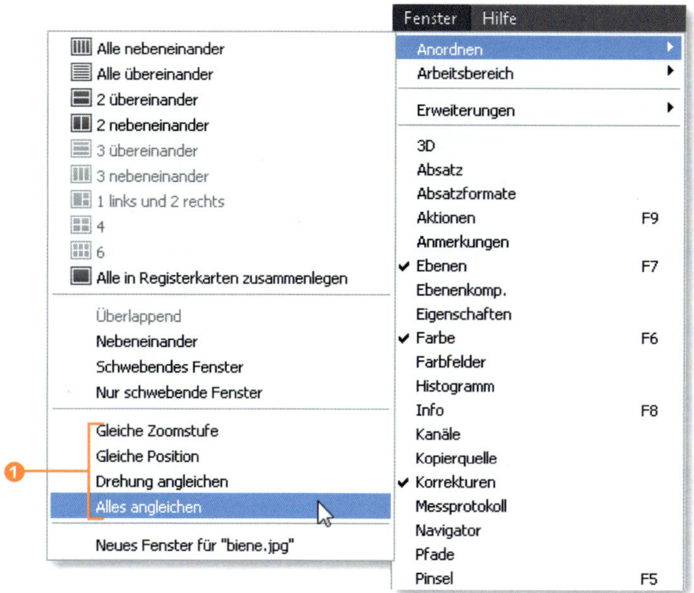

◂ **Abbildung 5.36**
Mit den Befehlen unter Fenster • Anordnen gleichen Sie die Ansicht aller geöffneten Dokumente an.

- Mit dem Befehl Gleiche Zoomstufe bringen Sie alle geöffneten Bilder in denselben Abbildungsmaßstab.
- Gleiche Position lässt den Vergrößerungsmaßstab unverändert, gleicht aber die Position der Bilder in den Dokumentfenstern an.
- Drehung angleichen ändert allein die Drehung aller geöffneten Dokumente.
- Alles angleichen wirkt sich auf alle Ansichtseigenschaften (Zoom, Position, Drehung) aus.

Navigationshilfe in Palettenform: Der Navigator

Über Fenster • Navigator erreichen Sie die Navigator-Palette. Darin sind die Funktionen von Hand, Zoom und eine Bildausschnitt-Kontrolle nochmals zusammengefasst.

◂ **Abbildung 5.37**
Die Navigator-Palette im Einsatz. Das Beispieldokument wird im Fenster nicht komplett angezeigt. Der sichtbare Dokumentausschnitt ist im Navigator mit einem Rahmen markiert.

Die wichtigste Funktion der Navigator-Palette erschließt sich auf den ersten Blick: Sie zeigt bei großformatigen oder stark gezoomten Bildern, welcher Bildausschnitt aktuell im Dokumentfenster zu sehen ist. Das Vorschaufenster des Navigators zeigt das gesamte Bild, und ein roter Rahmen markiert den Bereich, der im Dokumentfenster sichtbar ist.

Funktionen | Darüber hinaus hilft die Palette jedoch auch, Zoomstufe und Bildausschnitt festzulegen. Die Funktionen im Überblick:

- Das Verschieben des Navigator-Rahmens ❶ mit der Maus verschiebt gleichzeitig den Bildausschnitt im Dokumentfenster.
- Auch ein Klick an eine beliebige Stelle des Navigator-Vorschaufensters manövriert den Rahmen dorthin und bewegt den Bildausschnitt entsprechend.
- Sie können im Navigator-Rahmen links unten einen neuen Wert für den Abbildungsmaßstab eintippen ❷. Vergessen Sie nicht, die Eingabe mit ↵ zu bestätigen.
- Stufenlos verstellen lässt sich der Bildmaßstab per Schieberegler ❸. Und auch Klicks auf die Landschaftssymbole rechts und links des Schiebers vergrößern bzw. verkleinern stufenweise.

Abbildung 5.38 ▶
Über die Bedienfeldoptionen ändern Sie die Farbe des Rahmens – bei vorwiegend roten Bildmotiven ist das ganz sinnvoll.

- Navigator-Lupe: Wenn Sie bei gehaltener Strg- bzw. cmd-Taste über das Navigator-Fenster fahren, erscheint eine Lupe. Nun können Sie, wie vom Zoom-Werkzeug bekannt, einen Rahmen per Maus aufziehen und damit das Bild gleichzeitig heranzoomen und den gezeigten Ausschnitt festlegen.
- Ein Strg-Klick bzw. cmd-Klick in das Navigator-Fenster vergrößert genau den angeklickten Bereich auf die maximale Zoomstufe.

▲ Abbildung 5.39
Ansichtmodus-Wechsel per Werkzeugleiste

5.3 Verschiedene Ansichtsmodi des Arbeitsbereichs

Um Bilder anzusehen, können Sie nicht nur zwischen verschiedenen Zoomstufen wählen, sondern auch kurzzeitig Elemente von der Photoshop-Arbeitsfläche ausblenden und für einen neutralen Hintergrund sorgen. Das erleichtert die Beurteilung von Bildern enorm! Bei Farbkorrekturen ist das sinnvoll, denn die Bildschirmanzeige der Bildfarben ist zwar nicht Ihre einzige Kontrollmöglichkeit (und auch nicht die zuverlässigste), aber dennoch sehr wichtig. Auch für die Präsentation von Arbeitsergebnissen am Bildschirm macht sich der Vollbildmodus gut.

Neben den schon genannten Möglichkeiten, einfach Paletten auszublenden, gibt es in Photoshop spezielle Ansichtsfunktionen, die **Bildschirm-** oder **Ansichtsmodi**. Sie lassen sich über die Werkzeugpalette oder mittels Shortcut F (für »Full Screen«) einstellen. Außerdem können Sie mit den Menübefehlen unter Ansicht • Bildschirmmodus arbeiten.

»Modus« in Photoshop

Der Begriff »Modus« taucht in Photoshop wiederholt auf. Den Bildschirmmodus oder Ansichtsmodus – um den es hier geht – sollten Sie nicht mit dem Befehl Bild • Modus verwechseln! Tatsächlich bezeichnet »Bildmodus« die Art der Farbbeschreibung in einer Datei. Bekannte Bildmodi sind CMYK und RGB. »Modi« treffen Sie in Photoshop auch noch andernorts an: zum Beispiel als Modus der Pixelverrechnung bei Mal- und Füllwerkzeugen und als Maskierungsmodus. Bezeichnet werden damit ganz unterschiedliche Dinge! Lassen Sie sich nicht verwirren.

Standardmodus | Der Standardmodus ist der übliche Arbeitsmodus mit grauer Arbeitsfläche, Menü- und Optionsleiste oben und Paletten an den Seiten. Der Dokumentbereich passt sich dynamisch dem vorhandenen Platz an: Große Dokumente verbreitern sich automatisch, sobald zum Beispiel Paletten eingeklappt werden. Die Abbildungen 4.1 und 4.40 sind Beispiele für Photoshop im Standardmodus.

Vollbildmodus mit Menüleiste | Im Vollbildmodus mit Menüleiste wird nur der Dokumentrahmen ausgeblendet. Alle Werkzeuge und Funktionen bleiben weiterhin benutzbar, so auch die bekannten Zoom-Tastaturbefehle. So kommen Sie schnell zu einer Ansicht, die die Bildschirmfläche optimal ausnutzt.

Weitere Elemente ausblenden

Wenn Sie zusätzlich die Werkzeug- und Optionsleiste und die Paletten loswerden wollen – was oft sinnvoll ist –, drücken Sie ⇆. Um die Bildschirmlineale ein- und auszublenden, nutzen Sie Strg/cmd+R.

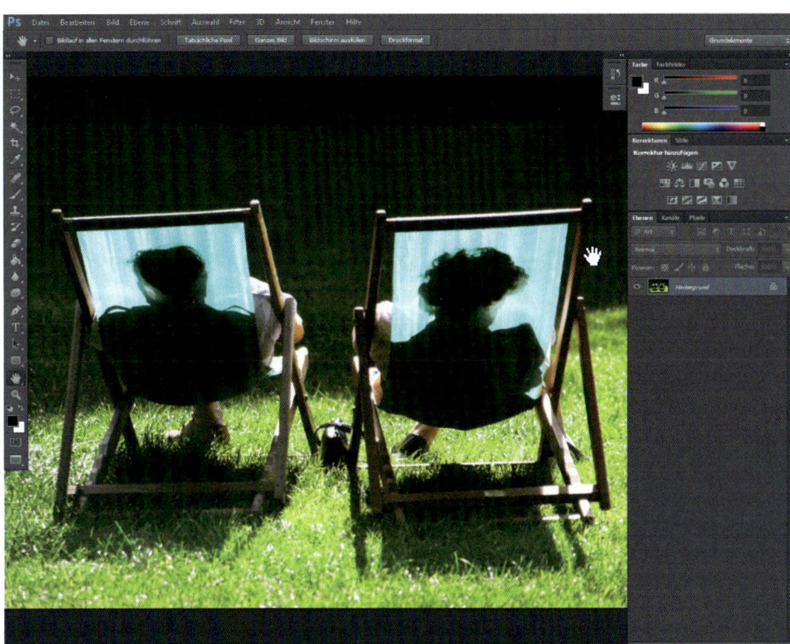

Bild: Image Source via Adobe

◀ **Abbildung 5.40**
Vollbildmodus mit Menüleiste: Das Bild geht hinter den Paletten weiter, kann aber mit dem Hand-Werkzeug verschoben werden.

Bild verschwunden?
Vorsicht, im Ansichtsmodus Voll-bild mit Menüleiste rutscht ein Bild beim Ziehschwenken mit dem Hand-Werkzeug schnell ganz aus dem Sichtfeld. Ein Doppelklick auf das Icon des Hand-Werkzeugs zentriert es wieder.

Vollbildmodus | Der Vollbildmodus hält, was er verspricht: Alle Programmelemente sind ausgeblendet, nichts lenkt vom Bild ab. Mit [F] oder [Esc] beenden Sie den Zustand und kehren wieder in den Standardmodus zurück.

▲ **Abbildung 5.41**
Der Vollbildmodus: Paletten und Werkzeugleiste werden eingeblendet, wenn Sie die Maus dem rechten, linken oder unteren Rand nähern.

Arbeitsflächenfarbe ändern

Das nüchterne Neutralgrau der Arbeitsfläche ist ein guter Hintergrund, um Bilder zu beurteilen. Es vermeidet falsche Farbeindrücke. Sie können in allen Bildschirmmodi die Farbe Ihrer Standard-Arbeitsfläche jedoch auch ändern. Schwarz und Weiß sind ebenfalls gute Hintergründe zur Einschätzung von Fotos. Eine farbige Arbeitsfläche ist sinnvoll, um ein Bild vor einer speziellen Hintergrundfarbe zu testen, und kann Sie retten, wenn Sie Bilder bearbeiten, die selbst grau in grau sind.

Rufen Sie per Rechtsklick irgendwo auf den grauen Arbeitsflächenbereich das Kontextmenü auf. Sie können zwischen Schwarz, Weiß, verschiedenen Graustufen und einer zuvor festgelegten benutzerdefinierten Farbe wählen. Eigene Farben auswählen öffnet den Farbwähler (siehe Abschnitt 27.2). Suchen Sie eine Farbe aus, und bestätigen Sie mit OK.

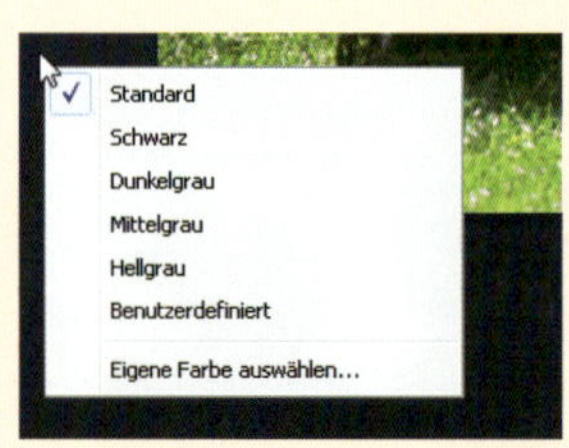

▲ **Abbildung 5.42**
Kontextmenü zum Umfärben der Arbeitsfläche: Klick auf die Arbeitsfläche, irgendwo neben dem Bild

Mit dem Kontextmenü kommen Sie auch wieder zur Standardfarbe zurück. Welche das ist, hängt von der allgemeinen Programmoberflächen-Farbe ab (die stellen Sie ein unter Voreinstellungen • Benutzeroberfläche – [Strg]/[⌘]+[K]).

5.4 Die Info-Palette: Farben und Maße unter Kontrolle

Der Befehl FENSTER • INFO oder ein Tastendruck auf F8 blendet die Info-Palette ein. Die Info-Palette zeigt eine Fülle von Informationen zu Ihrer aktuellen Datei an – Koordinaten, Farbwerte, die Größe von Auswahlen und vieles andere. Sie ergänzt sich mit den verschiedensten Werkzeugen.

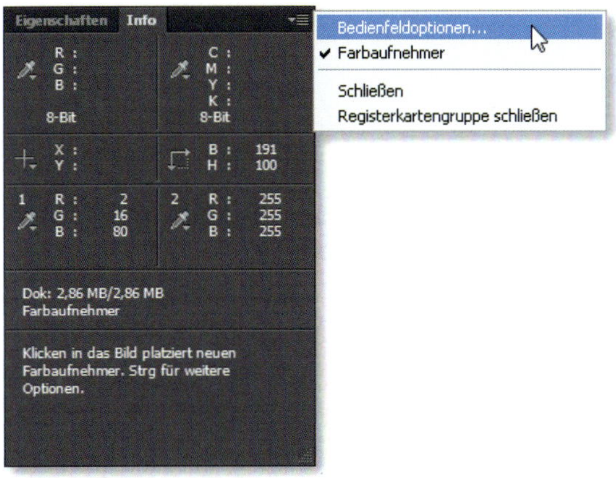

◂ Abbildung 5.43
Die Info-Palette. Was dort genau angezeigt wird, richtet sich nach dem gerade aktiven Werkzeug, der Position des Mauszeigers und den eingestellten Optionen.

Optionen | Mit den Optionen legen Sie Maßeinheiten und Farbmodelle fest, die Photoshop anzeigen soll. Dort können Sie auch die Anzeige der Palette um weitere Informationen erweitern. Sie erreichen das Dialogfeld über den Befehl BEDIENFELDOPTIONEN aus dem Seitenmenü der Info-Palette.

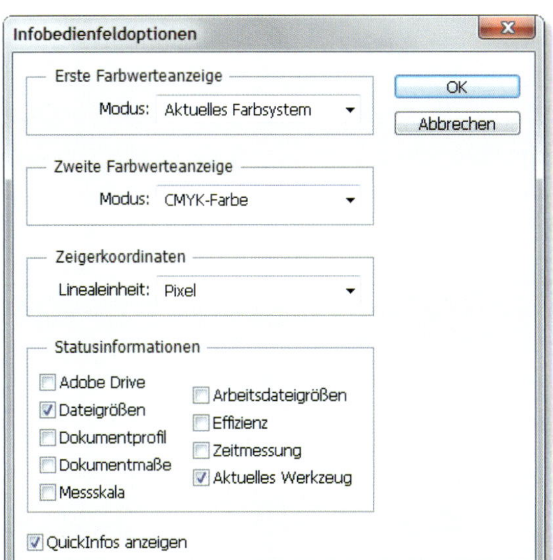

Optionen der Info-Palette schneller erreichen

Wenn Ihnen der Weg zu den Bedienfeldoptionen einige Klicks zu lang ist, können Sie alternativ auch die mikroskopisch kleinen Schaltflächen direkt auf der Palette benutzen.

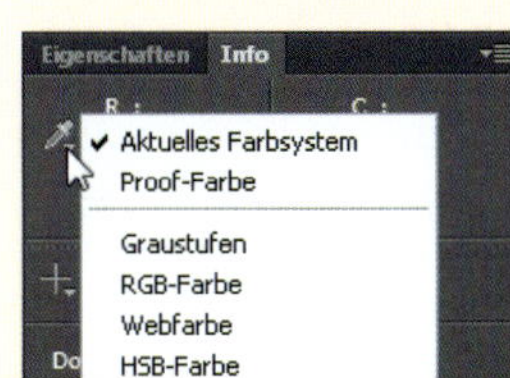

▴ Abbildung 5.44
Der Klick auf eines der winzigen Dreiecke neben den Werkzeugsymbolen führt ebenfalls zu den Optionen.

◂ Abbildung 5.45
Die INFOBEDIENFELDOPTIONEN

▲ **Abbildung 5.46**
Optionen zur Anzeige der Farbwerte in der Info-Palette

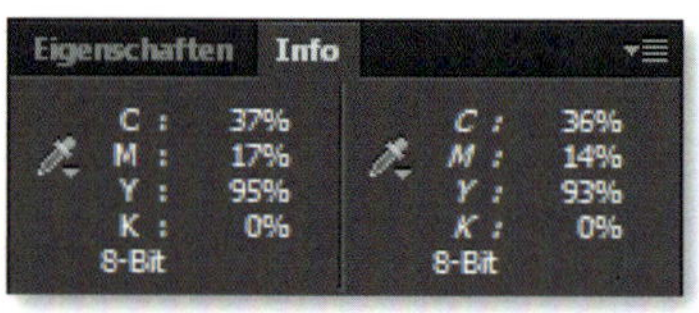

▲ **Abbildung 5.47**
Rechts die Anzeige von Proof-Farbwerten. Sie ist von der normalen Farbwert-Anzeige durch die Kursivschrift zu unterscheiden.

Optionen für die Farbwerteanzeige | Im oberen Bereich der Info-Palette werden die Farbwerte angezeigt. Dafür gibt es gleich zwei Anzeigefelder, so dass Sie die Möglichkeit haben, die Farben des Bildes in zwei unterschiedlichen Farbsystemen anzeigen zu lassen (Abbildung 5.46).

Wenn Sie der Anzeige in der Info-Palette andere Farbsysteme als die Standardeinstellung zugrunde legen wollen, ändern Sie in den Optionen die Einstellungen unter Erste Farbwerteanzeige und Zweite Farbwerteanzeige. Sinnvoll ist es jedoch, wenn eine der beiden Anzeigen das aktuelle Farbsystem zeigt, das heißt das Farbsystem, das dem geöffneten Bild zugrunde liegt.

- Die Optionen Graustufen, RGB, HSB, CMYK und Lab bezeichnen Farbsysteme bzw. Bildmodi, und die Option Webfarbe steht für die Beschreibung der Farben im Hexadezimalsystem (Beispiel: # CC6633). Solche Farbnotierungen werden im Webdesign benutzt.
- Für Druckprofis interessant ist die Option Gesamtfarbauftrag. Der dort angezeigte Prozentwert ist die Addition aller CMYK-Prozentwerte aller Farbkanäle. Dieser Wert darf nicht zu hoch sein; der Maximalwert variiert je nach bedrucktem Material.
- Fast zwangsläufig kommt es zwischen der Bildschirmanzeige und dem gedruckten Bild zu Farbabweichungen. Man versucht daher mit verschiedenen Mitteln, das Aussehen der gedruckten Farben auf dem Bildschirm vorwegzunehmen, damit es nicht zu Überraschungen kommt. Ein Mittel ist die Einstellung Proof-Farbe. Ist diese Option aktiv, werden auch die CMYK-Werte angezeigt, allerdings unter zusätzlicher Berücksichtigung der Farbeinstellungen und der dem Bild zugewiesenen Profile (Abbildung 5.47).
- Die Option Deckkraft zeigt die Deckkraft der aktuellen Ebene an.

Farbkontrolle bei der Vorbereitung von Bildern für den Druck | Bilder für die professionelle Druckreproduktion müssen üblicherweise im Farbsystem CMYK vorliegen. Viele Grafiker ziehen es jedoch vor, zunächst im Farbsystem RGB zu arbeiten, weil manche Arbeitsschritte dann etwas leichter sind und weil bei RGB-Bildern mehr Funktionen von Photoshop zur Verfügung stehen. Die Umwandlung in ein CMYK-Bild erfolgt erst ganz zum Schluss. Allerdings sind die beiden Farbsysteme RGB und CMYK nicht genau deckungsgleich – es kann passieren, dass eine Farbe, die in RGB gut aussieht, später im CMYK-Druck gar nicht darstellbar ist!

Um solchen Fällen vorzubeugen, sind eine parallele Anzeige von RGB- und CMYK-Werten in der Info-Palette und ein gelegentlicher Kontrollblick darauf sinnvoll. Wenn Sie mit der Maus über eine »verdächtige«

Stelle im Bild fahren, werden in CMYK nicht darstellbare RGB-Farben in der Info-Palette mit einem kleinen Ausrufezeichen gekennzeichnet.

Mehr zu **Farbsystemen und Farbmodi** und ihrer Bedeutung für die Bildbearbeitung und Reproduktion erfahren Sie in Kapitel 3, »Bildbearbeitung: Fachwissen«. Weitere Einzelheiten über die sachgerechte Vorbereitung von Dateien für den Druck erläutere ich in Teil XIV, »Bilder ausgeben«.

Messwerte | Auch für Einsteiger interessant und von Anfang an sinnvoll nutzbar sind die Messwerte in den beiden unteren Anzeigefeldern der Info-Palette.

Wenn Sie mit der Auswahlellipse oder dem Auswahlrechteck arbeiten, zeigt die Info-Palette die Breite (B:) und Höhe (H:) der Auswahl an.

- Beim **Transformieren einer Ebene** können Sie hier anhand der Koordinaten (X:/Y:) die Position der transformierten Ebene im Bild, deren Größenveränderung in Prozent sowie eventuelle Neigungs- und Zerrungswinkel ablesen.
- Beim **Erstellen von Verläufen** können Sie mit Hilfe der Info-Palette die Größe des gefüllten Bereichs und den Winkel des Verlaufs genau kontrollieren.

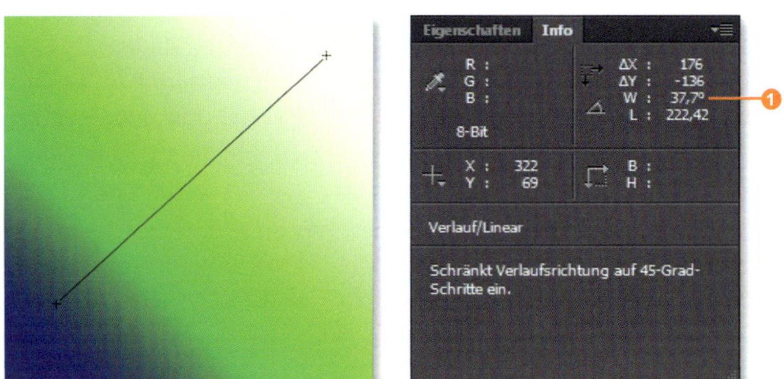

▲ **Abbildung 5.50**
Farbverläufe legen Sie mit Hilfe der Info-Palette gradgenau (1) an.

- Auch bei der Verwendung des Werkzeugs **Linienzeichner** sehen Sie die Koordinaten der Anfangs- und Endpunkte, Winkel und Distanzen.

Statusinformationen | Den Inhalt des Feldes im unteren Bereich der Info-Palette (siehe Abbildung 5.43) bestimmen Sie selbst. Hier können verschiedene Statusinformationen angezeigt werden. Nehmen Sie die

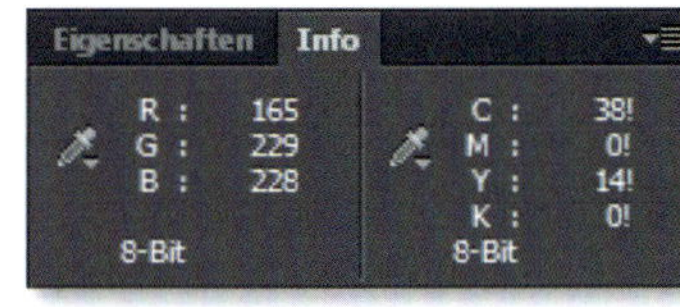

▲ **Abbildung 5.48**
Die Ausrufezeichen hinter den CMYK-Werten (rechts) signalisieren, dass diese Farbe im Druck nicht originalgetreu wiedergegeben werden kann.

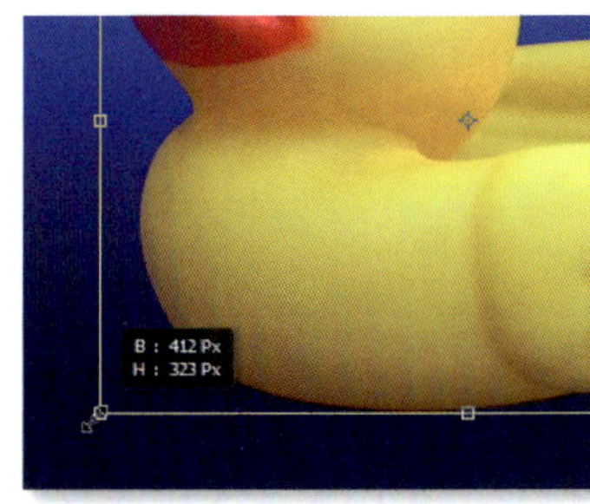

▲ **Abbildung 5.49**
Wichtige Informationen – nicht nur zu Transformationen – erscheinen jetzt direkt neben der Maus.

Infowerte direkt am Mauszeiger
Sinnvolle Ergänzung der Info-Palette: Unter den vielen Neuerungen, die Adobe dem Interface spendiert hat, ist eine kleine Mauszeiger-QuickInfo. Dort werden Größe und Winkel von Transformationen, die Größe von Auswahlbereichen, die Maße, um die ein Objekt verschoben wird, und Ähnliches angezeigt. Die Position des Infofeldes können Sie verändern (Voreinstellungen • Benutzeroberfläche • Transformationswerte anzeigen).

Einstellungen dazu im Optionsdialog der Bedienfeldoptionen unter STATUSINFORMATIONEN (siehe Abbildung 5.45) vor. Die Optionen selbst sind dieselben wie auch in der Statusleiste von Bildern.

QuickInfos | Ganz unten in der Info-Palette können kurze Hinweise zum gerade aktiven Werkzeug eingeblendet werden. Dazu muss die Option QUICKINFOS ANZEIGEN in den Optionen per Häkchen aktiviert sein. Diese Funktion ist recht nützlich, um sich mit den Werkzeugen und Werkzeug-Shortcuts vertraut zu machen.

5.5 Lineal, Hilfslinien, Raster und Spalten: Ausrichten und Messen

Beim Ausrichten von Bildelementen und Text reicht das Augenmaß für exakte Ergebnisse nicht aus. In Photoshop stehen Ihnen verschiedene Hilfsfunktionen zur Verfügung, um das pixelgenaue Ausrichten zu vereinfachen.

Lineale am Bildrand

Auf einigen Screenshots im Buch haben Sie es vielleicht schon gesehen: das Lineal am linken und oberen Rand eines jeden Bildes. Das Lineal ist eine gute Hilfe für die Platzierung von Elementen im Bild, es ergänzt hervorragend die Hilfslinien, die ich Ihnen im nächsten Absatz vorstelle, und ein kurzer Blick auf das Lineal hilft, sich schnell über die Dimensionen und den Zoom-Maßstab des Bildes zu orientieren. Es funktioniert in Registerkarten und in schwebenden Fenstern.

Lineal anzeigen | Das Lineal blenden Sie mit Strg/cmd+R oder mit dem Menübefehl ANSICHT • LINEALE ein und aus.

Um das Lineal an die eigenen Bedürfnisse anzupassen, gibt es zwei wichtige Möglichkeiten:

- Verstellen Sie die Maßeinheit.
- Ändern Sie den Ursprung des Lineals.

Maßeinheit ändern | Um die Maßeinheit zu verändern, rufen Sie wiederum die Voreinstellungen (Strg/cmd+K) auf und gehen zu MASSEINHEITEN & LINEALE. Was Sie dann sehen, ist fast selbsterklärend. Die Einstellung PIXEL eignet sich besonders gut, wenn Sie Bilder für den Einsatz am Monitor (Internet, CD-ROM, Bildschirmpräsentationen u. Ä.) produzieren. ZENTIMETER und MILLIMETER eignen sich eher, wenn Sie Bil-

Globale Auswirkung der geänderten Maßeinheit

Welche Maßeinheit Sie in den Voreinstellungen einstellen, ist nicht nur für die Bildrand-Lineale relevant. Gleichzeitig beeinflussen Sie damit die Standard-Voreinstellung in vielen Dialogboxen, der Optionsleiste und zum Beispiel auch für das Linealwerkzeug.

der für die Druckvorstufe bearbeiten. PUNKT und PICA sind typografische Maßeinheiten, mit denen Schriftgrößen bezeichnet werden.

Der Ursprung des Lineals | Der Ursprung des Lineals (gewissermaßen der Nullpunkt) lässt sich einfach ändern, indem Sie den Mauszeiger auf den Schnittpunkt beider Lineale in der oberen linken Ecke des Dokumentrahmens platzieren und mit gedrückter Maustaste herausziehen.

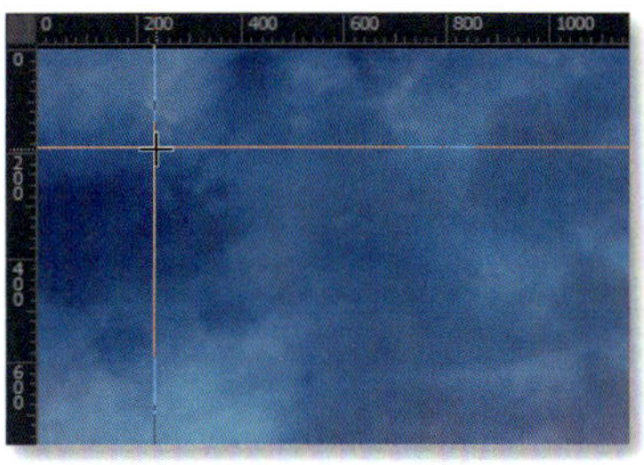

▲ **Abbildung 5.51**
Der Ursprung der Lineale wird verändert.

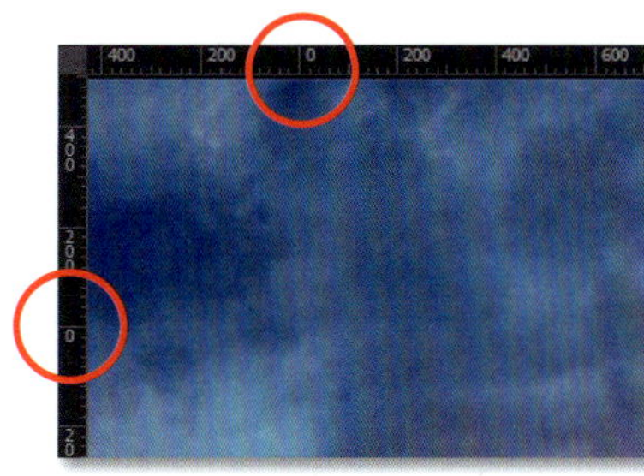

▲ **Abbildung 5.52**
Neue Ursprungspunkte sind gesetzt.

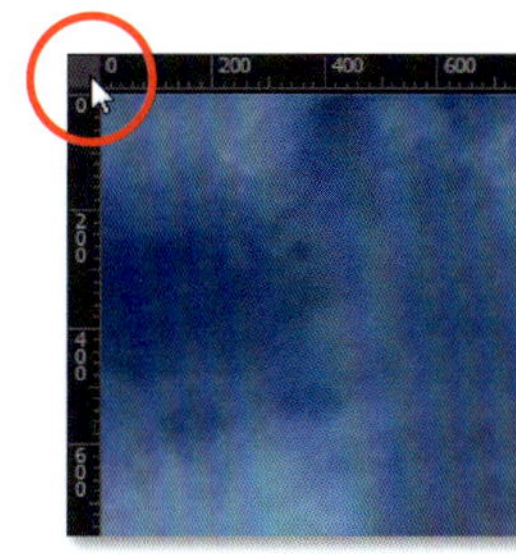

▲ **Abbildung 5.53**
Um den Ursprung wieder zurückzusetzen, genügt ein Doppelklick auf den linken oberen Lineal-Schnittpunkt.

Messen und geraderichten: Das Linealwerkzeug

Wenn Sie die Maße eines Bildgegenstandes ermitteln wollen, können Sie Photoshops Linealwerkzeug (Tastaturbefehl [I]) einsetzen, das sich unter der Pipette und dem Farbaufnehmer versteckt. Das Linealwerkzeug misst **Streckenlängen** und Winkel. Die Ergebnisse der Messung können Sie in der Optionsleiste und der Info-Palette ablesen. Die bei der Messung erzeugten Linien werden nicht mitgedruckt!

Ausrichten des Nullpunkts an schon vorhandenen Hilfslinien

Wenn im Bild bereits von Hand gesetzte Hilfslinien vorhanden sind, können Sie den Linealursprung auch daran ausrichten. Führen Sie die gestrichelten »Ursprungslinien« des Lineals langsam mit der Maus an die Hilfslinie heran. Sie spüren dann ein sanftes Einrasten an den Hilfslinien – dann können Sie die Maus loslassen. Voraussetzung, damit das klappt: Unter ANSICHT • AUSRICHTEN AN ist bei HILFSLINIEN ein Häkchen gesetzt (Standardeinstellung).

Optionen des Linealwerkzeugs | Die X- und Y-Koordinaten ❶ bezeichnen den Anfangspunkt der Messstrecke. Angegeben wird auch, wie lang die auf den X- und Y-Achsen zurückgelegte Strecke ist ❷. B bezeichnet den horizontalen, H den vertikalen Abstand. Das ist nicht die Länge der Messlinie!

Während die ersten zwei Maße eher abstrakt und in der täglichen Arbeit nicht so aufschlussreich sind, ist der Wert unter »W« ❸ schon interessanter: Er bezeichnet den **relativen** Winkel **einer Messlinie zur Horizontalen**. Damit kontrollieren Sie zum Beispiel, ob Sie die Messlinie tatsächlich genau senk- oder waagerecht gezogen haben.

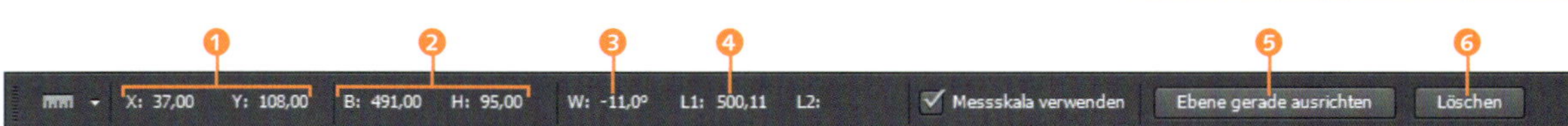

▲ **Abbildung 5.54**
Ergebnis einer Messung

Die Werte unter »L« ❹ beziehen sich nun auf die tatsächliche **Streckenlänge(n)**. Ein zweiter L-Wert wird nur angezeigt, wenn eine aus zwei Messstrecken bestehende Winkelmessung vorgenommen wurde.

Ein Klick auf die Schaltfläche LÖSCHEN 6 in der Optionsleiste entfernt die Messlinien endgültig. Alternativ ziehen Sie die Linie einfach per Maus über die Bildgrenzen heraus.

EBENE GERADE AUSRICHTEN 5 richtet die jeweils aktive Ebene gerade aus. Wenn das Dokument nur über eine Ebene verfügt, wird das ganze Bild gekippt.

Geraderichten und Beschneiden per Crop-Tool
In CS5 konnte man Bilder mit Hilfe des Lineals in einem Arbeitsschritt ausrichten und beschneiden. Diese Funktion ist in CS6 in die Optionsleiste des Freistellungswerkzeugs (Kürzel [C]) gewandert. Mehr dazu in Kapitel 24, »Bildformat und Bildgröße verändern«.

Wie wird gemessen? | Um die **Länge einer Strecke** zu ermitteln, klicken Sie einmal ins Bild und ziehen dann den Mauszeiger bei gehaltener linker Maustaste über die auszumessende Strecke. Wenn Sie am Ende ankommen, lassen Sie die Maus los. Wenn Sie beim Ziehen die [⇧]-Taste drücken, steht die Messlinie **genau** senkrecht, waagerecht oder in einem 45°-Winkel.

Um Winkel zu schon bestehenden Messlinien auszumessen, doppelklicken Sie auf eine schon bestehende Linie und ziehen den Zeiger an die gewünschte neue Position. In der Optionsleiste werden die Längen oder Winkel dann angezeigt.

Sobald Sie zu einem anderen Werkzeug wechseln, wird die Messlinie ausgeblendet. Wenn Sie zum Linealwerkzeug zurückkehren, erscheint sie wieder.

Messen per Auswahl
Manchmal ist Messen mit dem Lineal zu mühsam und Sie sind schneller, wenn Sie das Auswahlrechteck zusammen mit der Info-Palette oder den Zahlenwerten am Mauszeiger als Messinstrument nutzen. Das ist oft sehr nützlich beim Erstellen von Entwürfen für Webseiten. Und auch die Außenmaße unregelmäßig geformter Auswahlen werden auf diese Weise angezeigt.

Messlinie modifizieren | Sie können auch eine einmal gezogene Messlinie modifizieren:

- Ein Ziehen des Endpunktes per Maus verlängert oder verkürzt die Linie.
- Ein Verschieben der Linie ist ganz einfach: Dazu fassen Sie die Linie in der Mitte per Maus an und bewegen sie.

Hilfslinien: Exaktes Ausrichten

Hilfslinien können Sie selbst im Bild positionieren. Sie dienen als Ausrichtungshilfe für verschiedene Bild- und Textelemente. Sie bleiben beim Drucken des Bildes unsichtbar.

Farbe der Hilfslinien einstellen
Die Standardfarbe für Hilfslinien ist Cyan. Sollte diese Farbe sich einmal nicht bewähren, weil sie sich zu wenig vom Bild abhebt, können Sie sie in den Voreinstellungen unter HILFSLINIEN, RASTER UND SLICES abändern.

Hilfslinien freihändig erstellen | Der schnellste Weg zur Hilfslinie führt über das Lineal – nicht über das Linealwerkzeug, sondern über das Lineal am Bildrand. Am schnellsten blenden Sie es über das Tastaturkürzel [Strg]/[cmd]+[R] ein. Dann ziehen Sie die benötigten Hilfslinien einfach mit der Maus aus den Linealen heraus – vertikale Linien aus dem vertikalen Lineal, horizontale Linien aus dem horizontalen Lineal. Sie können auch aus dem vertikalen Lineal horizontale Hilfslinien herausziehen und umgekehrt. Halten Sie dazu einfach [Alt] gedrückt, während Sie die Hilfslinie aus dem Lineal ziehen. Auf Bildschirmen, die mit Paletten und anderen Fenstern zugestellt sind, ist diese Option ganz praktisch!

Hilfslinien genau einrasten lassen | Die Hilfslinien bleiben genau dort liegen, wo Sie die Maus loslassen – manchmal auch *zwischen* den Pixel- oder Millimeterangaben auf dem Lineal. Dadurch können Sie später Probleme beim Ausrichten von Objekten bekommen. Um das zu unterbinden, drücken Sie die [⇧]-Taste, während Sie die Hilfslinie herausziehen. Die Hilfslinie richtet sich dann an den aktuellen Linealunterteilungen (Pixel, cm oder mm) aus.

Hilfslinien exakt positionieren | Um Hilfslinien an eine bestimmte Position zu bringen, können Sie das schon vorgestellte Linealwerkzeug und natürlich auch das Lineal zu Hilfe nehmen. Auch die Info-Palette zeigt die genaue Lage der Linie an, solange Sie diese mit der Maus noch festhalten, und bietet eine gute Orientierung.

Eine weitere Möglichkeit ist das Menü Ansicht • Neue Hilfslinie. Damit rufen Sie ein kleines Dialogfeld auf, in dem Sie die genaue Position festlegen.

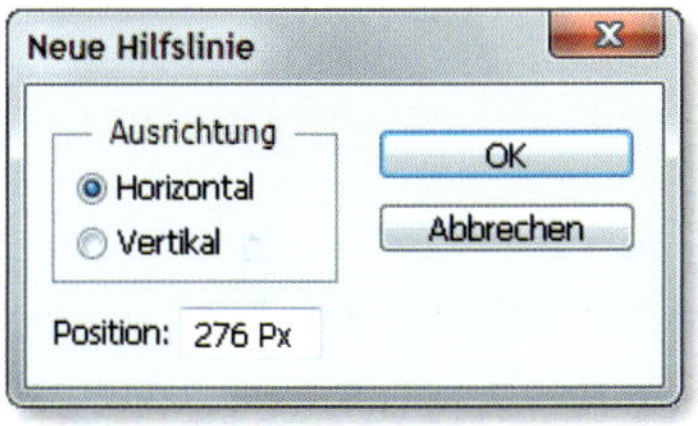

▲ **Abbildung 5.55**
Pixelgenaue Hilfslinien-Positionierung via Dialogfeld

Hilfslinien und andere Extras ein- und ausblenden | Das schnellste Mittel für das (kurzfristige) Ausblenden und Wiedereinblenden von Hilfslinien ist allerdings der Shortcut [Strg]/[cmd]+[,] – er ist wesentlich schneller als der Weg durch die Menüs!

Hilfslinien und Raster gehören zu den sogenannten **Extras**. Extras sind verschiedene hilfreiche Bildschirmelemente, die nicht gedruckt werden, aber Ihre Arbeit unterstützen. Dazu gehören Auswahllinien, Farbaufnehmer-Werte, Pfade, Raster oder Anmerkungen. Wenn Sie nicht nur die Hilfslinien, sondern auch andere Hilfselemente aus einem Bild ausblenden wollen, ist der Tastaturbefehl [Strg]/[cmd]+[H] der richtige.

Hilfslinien verschieben | Auch nachträglich können Sie Hilfslinien verschieben. Dazu muss das Verschieben-Werkzeug [▸✥] (Shortcut: [V]) aktiv sein – dann lässt sich die Hilfslinie ohne weiteres anfassen und bewegen.

Wenn Sie das Verschieben-Werkzeug nur für einen Handgriff brauchen, müssen Sie nicht das Werkzeug wechseln: Drücken Sie einfach die [Strg]-Taste (Mac OS: [⌘]). Damit ist das Verschieben-Werkzeug kurzfristig aktiv: Sie können die Hilfslinie verschieben und danach wieder

Welche Extras werden gezeigt?
Unter Ansicht • Anzeigen können Sie im Detail festlegen, welche der hilfreichen Extras im Bild eingeblendet werden sollen.

mit dem bisherigen Werkzeug weiterarbeiten. Auch hier kehrt [Alt] die Ausrichtung der Hilfslinie um: Wenn Sie die Taste beim Verschieben einer Hilfslinie drücken, verwandeln Sie eine horizontale in eine vertikale Linie – und umgekehrt.

Hilfslinien fixieren | Um das unbeabsichtigte Verschieben von Hilfslinien zu unterbinden, wählen Sie den Befehl Ansicht • Hilfslinien sperren ([Alt]+[Strg]/[cmd]+[,]).

Hilfslinien löschen | Um alle Hilfslinien eines Bildes zu entfernen, gehen Sie am besten wieder den Weg über das Menü Ansicht • Hilfslinien löschen. Einzelne Hilfslinien ziehen Sie einfach aus dem Dokumentbereich heraus, wenn Sie sie nicht mehr brauchen. Sie sind dann allerdings nicht gelöscht, sondern liegen über oder neben dem Bild.

Hilfslinien (ent)magnetisieren | Wie erwähnt sind Hilfslinien – und einige andere Elemente wie zum Beispiel Auswahllinien oder Ebenenkanten – leicht magnetisch, so dass Text- oder Bildebenen, Auswahl- und Textrahmen und auch einige Werkzeuge automatisch an ihnen haften, wenn Sie sie in ihre Nähe schieben. Wenn Sie etwas pixelgenau positionieren wollen, kann dieses automatische Ausrichten zuweilen lästig sein. Es lässt sich abstellen unter Ansicht • Ausrichten ([Strg]/[cmd]+[⇧]+[,]).

Kurzfristig unterdrücken können Sie den »Magnetismus« von Hilfslinien, aber auch von Dokumentkanten oder Ebenen und anderen Objekten, indem Sie [Strg] bzw. [Ctrl] beim Arbeiten gedrückt halten (bei aktivem Verschieben-Werkzeug).

Unter Ansicht • Ausrichten an legen Sie fest, welche Photoshop-Elemente generell über diese Ausrichten-Funktion verfügen.

Datei auf der Buch-DVD: »zitronen_montage.psd«

Intelligente Hilfslinien: Automatisch zur Stelle | Neben den »normalen« Hilfslinien, die Sie selbst positionieren müssen, gibt es Automatik-Hilfslinien, die Ihnen beim Ausrichten und Bewegen von Bildelementen helfen. Sofern das Extra Intelligente Hilfslinien aktiviert ist, erscheinen sie automatisch, sobald Sie Bildobjekte auf separaten Ebenen bewegen, eine Form zeichnen oder Textebenen verschieben – kurzum, immer dann, wenn es etwas auszurichten gibt.

Die intelligenten Hilfslinien haben (im Unterschied zu den normalen Hilfslinien) die Farbe Magenta. Sie verschwinden, sobald Sie die Maus loslassen.

Bild: dieblen.de

◂ **Abbildung 5.56**
Beim Ausrichten werden die magentafarbenen »intelligenten« Orientierungslinien ❷ automatisch eingeblendet. Die in CS6 neue Mauszeiger-QuickInfo ❶ gibt weitere Informationen.

Raster einstellen und nutzen

Wenn Sie viele Orientierungslinien brauchen und Ihnen das Anlegen zahlreicher Hilfslinien zu mühsam ist, sollten Sie mit dem Raster arbeiten. Es hat ähnliche Eigenschaften wie die Hilfslinien auch: Es ist nicht druckbar, und die Rasterlinien sind leicht magnetisch, so dass Bildelemente, mit denen Sie arbeiten (etwa Ebenen, aber auch Hilfslinien und anderes) am Rastergitter »kleben« bleiben.

Blenden Sie das Raster über Ansicht • Anzeigen • Raster ein. Der Shortcut ist: Alt+⇧+Strg+, bzw. Alt+⇧+cmd+,.

Über die Voreinstellungen • Hilfslinien, Raster und Slices können Sie die Rasterdarstellung und Rasterweite verändern.

Raster genau anpassen
Mit der Position des Linealursprungs können Sie auch die Positionierung des Rastergitters beeinflussen und so exakt an Ihr Projekt anpassen. Mehr dazu im Abschnitt »Lineale am Bildrand« auf Seite 182.

Abbildung 5.57 ▸
Text-Bild-Montage mit eingeblendetem Raster

Hilfslinien, Raster und Entwurfstechnik | Sie sollten nicht zu früh in der Entwurfsphase beginnen, sich das Dokument mit Hilfs- und Rasterlinien einzugrenzen. Ein zu früh eingesetztes Gitter beeinträchtigt die Kreativität ganz erheblich und führt oft zu starren, unlebendigen Entwürfen.

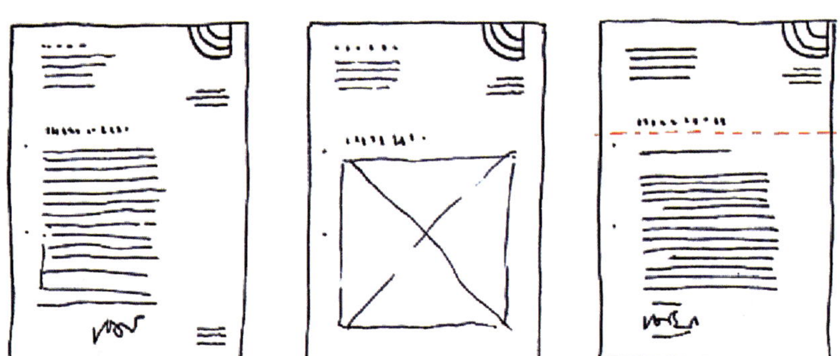

Abbildung 5.58 ▸
Hilfslinien und Raster eignen sich nicht so gut, um Layout-Aufteilungen zu entwickeln. Hier sind Handzeichnungen oft besser!

Was wollen Sie tun?	Windows	Mac
Lineale ein- und ausblenden	Strg + R	cmd + R
Linealwerkzeug aktivieren	I	I
Hilfslinien ein- und ausblenden	Strg + ,	cmd + ,
alle Extras ein- und ausblenden	Strg + H	cmd + H
aus vertikalem Lineal eine horizontale Hilfslinie herausziehen (und umgekehrt)	Alt	Alt
beim Verschieben vertikale in horizontale Hilfslinie verwandeln (und umgekehrt)	Alt	Alt
Hilfslinien fixieren	Strg + Alt + ,	cmd + Alt + ,
Ausrichten-Funktion (»Magnetismus«) bei der Arbeit mit dem Verschieben-Werkzeug kurzfristig aufheben	Strg	cmd
aus anderem Werkzeug kurzfristig zum Verschieben-Werkzeug wechseln	Strg	cmd
Raster ein- und ausblenden	Alt + ⇧ + Strg + ,	Alt + ⇧ + cmd + ,

▲ **Tabelle 5.3**
Tastenkürzel für Lineale, Hilfslinien und Raster

Kapitel 6
Arbeitsschritte zurücknehmen, Bilder retten

Keine Angst vor Fehlern – Photoshop kann sie rückgängig machen. Schnelle Shortcuts beheben Fehler sofort, die Protokollfunktion stellt frühere Arbeitsstadien wieder her. Und selbst nach Programmabstürzen werden Dateien gerettet.

6.1 Soforthilfe: Arbeitsschritte zurückgehen

Für den schnellen Gebrauch und um einen oder nur wenige Schritte zurückzunehmen, bietet sich die Nutzung folgender Tastatur- und Menübefehle an.

- Um den letzten Arbeitsschritt wieder zurückzunehmen, drücken Sie Strg/cmd+Z oder wählen im Menü BEARBEITEN • RÜCKGÄNGIG.
- Sie wollen diese Rücknahme rückgängig machen? Ein erneutes Drücken von Strg/cmd+Z stellt den gelöschten Arbeitsschritt wieder her.
- Um mehrere Arbeitsschritte hintereinander zurückzunehmen, drücken Sie mehrfach Strg/cmd+Alt+Z (oder über das Menü: BEARBEITEN • SCHRITT ZURÜCK).
- Um diese so gelöschten Arbeitsschritte wiederherzustellen, drücken Sie ⇧+Strg/cmd+Z (Menübefehl: BEARBEITEN • SCHRITT VORWÄRTS).

Diese Befehle sind jedoch nur als schnelle Soforthilfe zu verstehen: Nach dem Zwischenspeichern sind der Befehl und der entsprechende Shortcut SCHRITT ZURÜCK nicht mehr aktiv; RÜCKGÄNGIG funktioniert noch. Wurde das Bild erst einmal geschlossen, sind alle hier genannten Möglichkeiten, zurückzugehen, verloren.

Was ist »ein Arbeitsschritt«?

Beim Retuschieren, Radieren oder Malen setzt man das Werkzeug meist sehr oft ab und erneut an, bis eine Retusche sitzt oder eine Illustration geglückt ist. So etwas wird von Photoshop aber schon als »viele verschiedene Arbeitsschritte« interpretiert. Daher gilt: Bei der Arbeit mit Mal- und Retuschewerkzeugen ist es immer nur der wirklich letzte Schritt bzw. Pinselstrich, der zurückgenommen werden kann!

Zum Weiterlesen
Wenn Sie mehrere Arbeitsschritte vor- und zurückgehen, können Sie auch mit der **Protokoll-Palette** arbeiten, die gute Übersichtlichkeit mit leichter Bedienbarkeit vereint. Mehr darüber erfahren Sie in Abschnitt 6.3, »Die Protokoll-Palette«.

Wie viele Schritte geht es überhaupt zurück? | Die Anzahl der Arbeitsschritte, die Photoshop zum Zurückgehen konserviert, ist begrenzt. Standardmäßig sind es 20 Protokollschritte, die Sie zurückgehen können – alles, was weiter zurückliegt, hat Photoshop dann »vergessen«. Besonders bei Arbeiten wie dem Malen oder Retuschieren oder auch bei der Arbeit mit manchen Filtern wie z. B. dem Extrahieren sind diese 20 Schritte recht schnell »aufgebraucht«.

Diesen Wert können Sie jedoch erhöhen (bis zu 1.000 Protokollobjekte sind möglich), und zwar in den VOREINSTELLUNGEN, diesmal in der Rubrik LEISTUNG (Strg/cmd+4 und Strg/cmd+K).

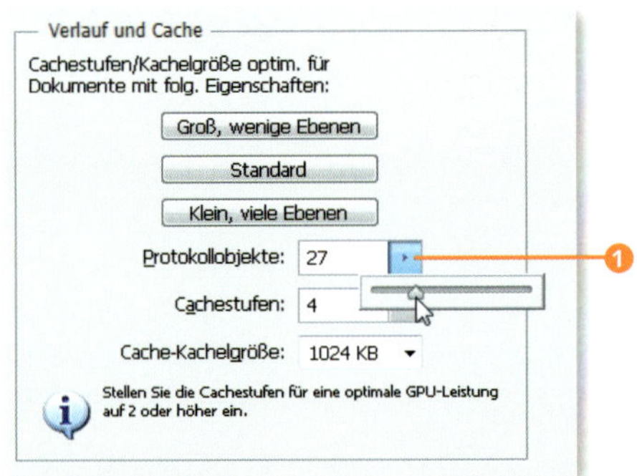

Abbildung 6.1 ▶
Unter PROTOKOLLOBJEKTE legen Sie fest, wie viele Arbeitsschritte es in Photoshop zurückgeht.

Das Vorhalten früherer Arbeitsstadien eines Bildes, die dann wiederhergestellt werden, nimmt viel Arbeitsspeicher in Anspruch. Ist unter PROTOKOLLOBJEKTE (1) ein hoher Wert eingetragen, kann sich die Bearbeitungsgeschwindigkeit spürbar verlangsamen. Mit Hilfe der schon vorgestellten Statusanzeige EFFIZIENZ (siehe Abschnitt »Effizienz« auf Seite 151) finden Sie die Balance zwischen möglichst hoher Anzahl von Protokollobjekten und akzeptabler Arbeitsspeicher-Auslastung.

Zurück zur letzten Version | Sind Ihnen alle letzten Bearbeitungsschritte komplett danebengegangen, gibt es nur eins: Stellen Sie den Zustand direkt nach dem Öffnen des Bildes oder direkt nach dem letzten Speichern wieder her. Für diese Radikallösung wählen Sie DATEI • ZURÜCK ZUR LETZTEN VERSION oder F12.

6.2 Filter, Paletten und andere Dialogfelder: Alle Einstellungen zurücknehmen

Einige von Photoshops Werkzeugen sind fast schon eigene kleine Grafikprogramme, die vor Reglern, Optionen und Eingabefeldern nur so strotzen. In solchen komplexen Dialogfenstern verheddert man sich manchmal. Daher gibt es auch bei geöffneten Dialogfenstern Möglichkeiten, Einstellungen zurückzunehmen – **vor** der Anwendung der Funktion und ohne den Vorgang abbrechen zu müssen.

- Strg/cmd+Z und die verwandten Kürzel funktionieren auch innerhalb von Dialogfenstern in den meisten Fällen. Das lässt sich z. B. beim Verflüssigen-Filter und bei anderen Dialogen, die viel »Pinselarbeit« beinhalten, sinnvoll einsetzen.
- Das Drücken von Alt bewirkt bei vielen Dialogboxen, dass die Schaltfläche Abbrechen – sonst zuständig für das Verlassen des Dialogfelds – sich in einen Zurücksetzen-Button verwandelt. Wenn Sie diesen anklicken, werden alle bisher vorgenommenen Einstellungen zurückgesetzt. Der Dialog bleibt jedoch geöffnet. Das Schließen und erneute Aufrufen des Dialogfelds entfallen.

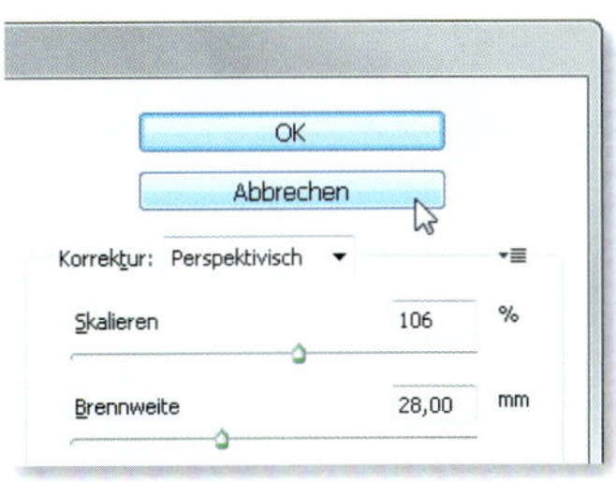

▲ **Abbildung 6.2**
Der Befehl Abbrechen führt zum Verlassen des Dialogs (hier beim Filter Adaptive Weitwinkelkorrektur).

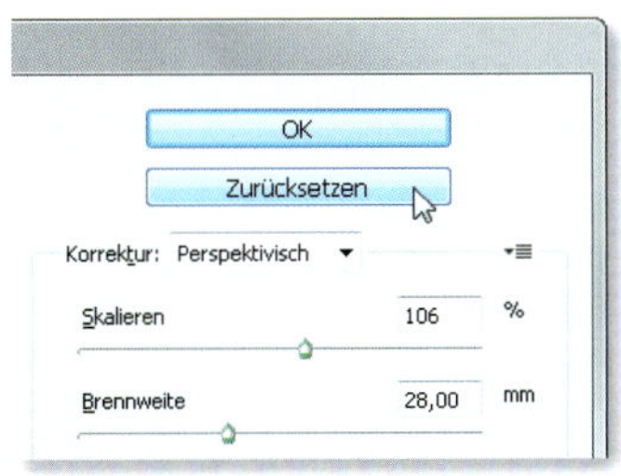

▲ **Abbildung 6.3**
Das Drücken von Alt erzeugt die Zurücksetzen-Schaltfläche. Alle Werte werden zurückgesetzt, der Dialog bleibt geöffnet.

Wichtiges gebündelt: Eigenschaften-Palette
Masken und (Einstellungs-)Ebenen gehören zu den wichtigsten Elementen eines Photoshop-Dokuments. In CS6 wurden die bisher getrennten Paletten Korrekturen und Masken gestrichen. Ihre Funktionen finden Sie nun gebündelt in der neuen Palette Eigenschaften.

▲ **Abbildung 6.4**
In der Eigenschaften-Palette werden die Regler auf Knopfdruck zurückgesetzt.

Photoshops Korrekturwerkzeuge wie Gradationskurven, Farbton/Sättigung oder Tonwertkorrektur werden nicht mehr über Dialogfenster, sondern allesamt über eine Palette gesteuert – in CS6 ist es die neue Palette Eigenschaften. Dort funktioniert der oben beschriebene Trick nicht. Stattdessen gibt es einen kleinen Button am Fuß der Palette, mit dessen Hilfe Sie Ihre Einstellungen zurücksetzen können.

6.3 Die Protokoll-Palette

In der Protokoll-Palette finden Sie die genaue Aufzeichnung Ihrer letzten Arbeitsschritte. Das Protokoll bleibt so lange erhalten, wie das Bild geöffnet ist – Zwischenspeichern ist kein Problem, aber mit dem Schließen des Bildes wird das Protokoll gelöscht. Aufgezeichnet werden alle Änderungen am Bild, nicht jedoch Änderungen an Voreinstellungen, Vorgaben oder Paletten.

Zum Weiterlesen
Mehr zu **Änderungen an Paletten** und anderen Elementen der Arbeitsfläche lesen Sie in Kapitel 7, »Den Arbeitsbereich anpassen«; Näheres zum **Konservieren von Vorgaben** mit dem Vorgaben-Manager finden Sie in Abschnitt 7.5, »Farbfelder, Muster, Stile & Co.: Kreativressourcen organisieren«.

Das Protokoll ist vielen Arbeitssituationen sehr hilfreich, denn Trial and Error – Ausprobieren und Verwerfen – ist auch bei Profis eine häufig eingesetzte Methode! Wenn Sie die Protokollfunktionen sinnvoll einsetzen, können Sie frei experimentieren, ganz ohne zu befürchten, dass Sie frühere Arbeitsstadien verlieren könnten.

Funktionsumfang

Gegenüber den oben vorgestellten (Tastatur-)Befehlen bietet die Protokoll-Palette einigen Bedienungskomfort, ist allerdings auch nicht so schnell bei der Hand. Was können Sie mit ihr anfangen?

- Sie können auf sehr einfache Art und Weise **Arbeitsschritte zurücknehmen** und wieder vorangehen und behalten dabei sogar eine gute Übersicht.
- Mit sogenannten **Schnappschüssen** halten Sie wichtige Arbeitsstadien des Bildes fest und kehren bei Bedarf zu diesen zurück, selbst wenn die maximale Anzahl der Protokollschritte schon ausgeschöpft ist.
- Vor manchen wichtigen Arbeitsschritten legt Photoshop selbst einen Schnappschuss an, beispielsweise beim Abspielen mancher Aktionen (gespeicherte Befehlsabfolgen).
- Zusammen mit dem **Protokollpinsel** macht sich die Protokoll-Palette bei Retuschen und im kreativen Einsatz nützlich.

Einen Schritt zurück, einen vor ...

Sie rufen die Protokoll-Palette mit dem Befehl Fenster • Protokoll auf oder bringen sie durch einen Klick auf das Symbol oder den Karteireiter im entsprechenden Paletten-Fenster nach vorn.

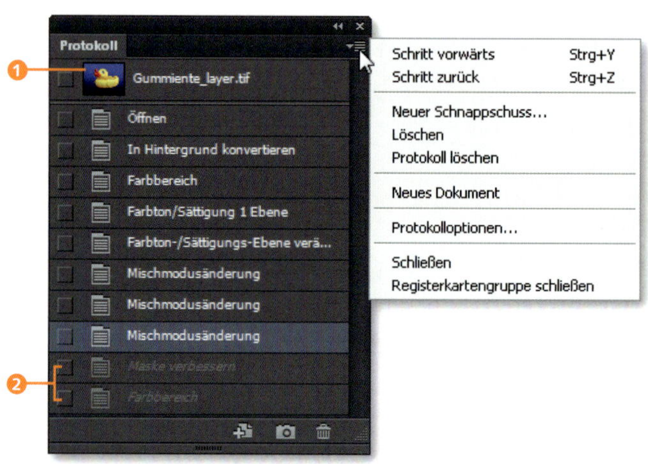

Abbildung 6.5 ▸
Hier wurden bereits einige Arbeitsschritte durchgeführt. Bei einem frisch geöffneten Bild ist das Protokoll zunächst leer.

Ganz oben in der Protokoll-Palette ❶ sehen Sie bereits den ersten Schnappschuss. Er wird automatisch mit dem Öffnen des Bildes erstellt.

Der zuletzt ausgeführte Arbeitsschritt steht in der Protokoll-Palette immer ganz unten, und der älteste Arbeitsschritt steht in der Liste oben. In der Adobe-Terminologie heißen diese Arbeitsschritte – die ja immer mit einem bestimmten Bildzustand verbunden sind – **Status**.

Jeder Status trägt den Namen des dabei verwendeten Werkzeugs oder Befehls. Wenden Sie ein Werkzeug oder einen Befehl wiederholt an, wird dieselbe Bezeichnung wiederholt.

Zu früherem Bildstatus zurückkehren | Um nun zu einem früheren Bildstatus zurückzukehren, haben Sie mehrere Möglichkeiten:

- Klicken Sie auf den Namen des entsprechenden Bildstatus, den Sie wiederherstellen wollen.
- Wenn Sie mit Schnappschüssen arbeiten (mehr dazu auf Seite 648), können Sie den Schnappschuss anklicken, um das entsprechende Bildstadium wiederherzustellen.
- Sie können auch die Befehle SCHRITT ZURÜCK (Strg/cmd+Z) oder SCHRITT VORWÄRTS (⇧+Strg/cmd+Z) verwenden, die Sie im bekannten Menü BEARBEITEN und auch im Seitenmenü der Palette finden.

Sobald Sie eine dieser Operationen ausgeführt haben, werden die Punkte, die auf den so ausgewählten Protokolleintrag folgen, nur noch hellgrau (inaktiv) angezeigt ❷. In Ihrem Bild sehen Sie, dass diese Arbeitsschritte unwirksam gemacht wurden. Das Bild erscheint nun wieder in einer früheren Form. Das erleichtert die Kontrolle über die Rücknahme von Arbeitsschritten. Solange Sie Ihre Arbeit am Bild noch nicht fortgesetzt haben, können Sie mit Hilfe der Protokoll-Palette immer noch vor- und zurückgehen und dabei die Änderungen am Bild beobachten.

Erst wenn Sie weiterarbeiten, werden die mit Hilfe der Protokoll-Palette zunächst lediglich deaktivierten Bildstadien tatsächlich verworfen – also gelöscht. Sie arbeiten dann vom gewählten Status aus weiter.

Protokollschritte entfernen

Um Ihren Speicher zu entlasten und um die Protokoll-Palette aufzuräumen, können Sie Arbeitsschritte aus der Protokollliste löschen. Das Löschen eines Status entfernt die folgenden Status mit! Dazu haben Sie verschiedene Möglichkeiten:

- Wenn Sie einen Status auf den Button PAPIERKORB 🗑 ziehen, werden dieser und alle auf ihn folgenden Status entfernt.

Kein Start-Schnappschuss gewünscht?

Wenn Sie unterbinden wollen, dass Photoshop beim Öffnen eines Bildes automatisch einen Schnappschuss erstellt, stellen Sie dies in den Optionen der Protokoll-Palette ab. Sie erreichen die Optionen über den Palettenmenü-Befehl PROTOKOLLOPTIONEN …

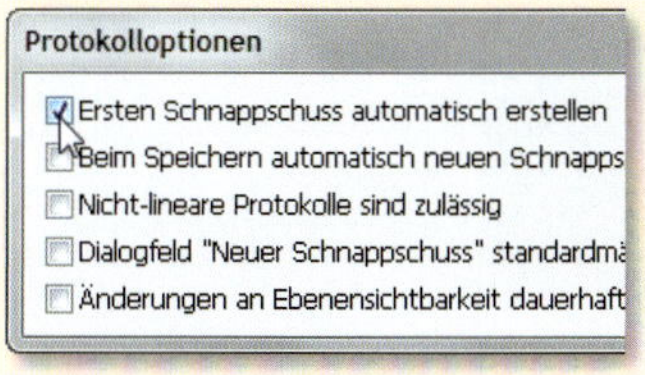

▲ **Abbildung 6.6**
Protokolloptionen

Irrtümlich verworfenen Protokoll-Status retten

Wenn Sie durch Weiterbearbeiten des Bildes einen Protokoll-Status (und damit auch Bildstadien) bereits gelöscht haben, können Sie mit den Menübefehlen BEARBEITEN • RÜCKGÄNGIG bzw. SCHRITT ZURÜCK diese letzten Arbeitsschritte zurücknehmen. Das Protokoll wird dann ebenfalls wiederhergestellt.

- Klicken Sie den Namen des Status an, und benutzen Sie den Befehl LÖSCHEN aus dem Palettenmenü.

Das gesamte Protokoll leeren

Wenn Ihr Rechner spürbar lahmt, können Sie auch die gesamte Protokollliste löschen.

- BEARBEITEN • ENTLEEREN • PROTOKOLLE leert die Protokollliste **unwiderruflich**, lässt aber das Bild unangetastet. Das Protokoll steht dann natürlich nicht mehr zur Verfügung, auch die Menübefehle BEARBEITEN • RÜCKGÄNGIG etc. funktionieren dann nicht mehr.
- Wählen Sie PROTOKOLL LÖSCHEN aus dem Palettenmenü der Protokoll-Palette. Auch das löscht die gesamte Liste, ohne das Bild zu ändern. Allerdings wird dabei der Arbeitsspeicher nicht entlastet. Dafür lässt sich dieser Schritt allerdings über BEARBEITEN • RÜCKGÄNGIG wieder rückgängig machen.
- Nur, wenn Sie beim PROTOKOLL LÖSCHEN per Palettenmenü zusätzlich `Alt` gedrückt halten, wird das Protokoll endgültig gelöscht.

▲ **Abbildung 6.7**
Das Protokoll per Palettenmenü löschen

Nicht-lineare Protokolle

Bisher kennen Sie nur Wege, Arbeitsschritte linear vor- und zurückzugehen. Diese Linearität können Sie mit der Protokoll-Palette jedoch auch durchbrechen. Damit ist es möglich, auch einzelne Protokoll-Status (bzw. Bearbeitungsstadien des Bildes) zu modifizieren oder zu löschen, ohne dass die nachfolgenden Status dadurch verworfen würden. Sie müssen dazu als Erstes die **Protokolloptionen ändern** und die Option NICHT-LINEARE PROTOKOLLE SIND ZULÄSSIG aktivieren.

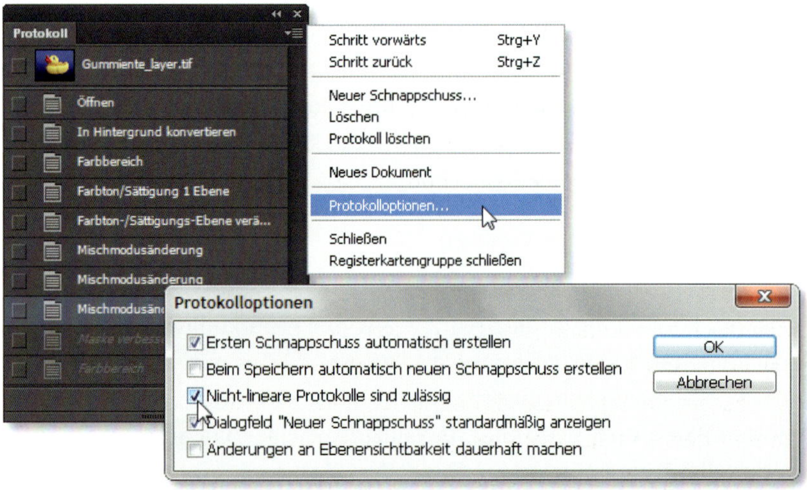

Abbildung 6.8 ▶
Aufrufen der Protokolloptionen

Damit haben Sie nun folgende Möglichkeiten:

- Sie können – per Papierkorb oder mit einer der anderen der beschriebenen Methoden – einen **einzelnen Status aus der Protokollliste löschen**, ohne dass alle folgenden Status mitgelöscht werden.
- Sie können **einzelne Arbeitsschritte modifizieren**, indem Sie einzelne Status markieren und dann das Bild an dieser Stelle neu bearbeiten. Die auf den markierten (und modifizierten) Status folgenden Schritte stehen weiterhin zur Verfügung. Die letzten, modifizierenden Arbeitsschritte tauchen dann am Ende der Protokoll-Palette auf.

Das hört sich erst einmal gut an, doch birgt die Option auch **Nachteile**: So wird die Protokoll-Palette dadurch schnell unübersichtlich. Die großen Vorteile der Palette gegenüber den einfachen Schritt-zurück-Befehlen sind ihre Übersichtlichkeit und der Bedienkomfort. Diese Vorteile gehen mit Aktivierung der Option NICHT-LINEARE PROTOKOLLE SIND ZULÄSSIG verloren. Die oftmals bessere Alternative: Erstellen Sie für wichtige und interessante Bildstadien Schnappschüsse!

Arbeit mit Schnappschüssen

Ein Schnappschuss ist nichts weiter als die Momentaufnahme Ihres Bildes in einem bestimmten Bearbeitungsstadium. Schnappschüsse bleiben bis zum endgültigen Schließen des Bildes für die Dauer einer Arbeitssitzung erhalten. Sinnvoll ist ihre Anwendung vor der Durchführung von Arbeitsschritten, deren Ergebnis nicht ganz vorhersehbar ist. Das trifft auf manche Filterkombinationen zu oder auf Arbeiten, die viel handwerkliches Geschick erfordern und schnell »verhunzt« werden – so zum Beispiel Retuschen. Schnappschüsse ermöglichen es Ihnen, schneller zu früheren Stadien zurückzukehren, als es mit dem Durcharbeiten endlos langer Protokolllisten möglich ist.

Achtung: Jüngere Arbeitsstadien gehen verloren

Das Zurückgehen mittels Schnappschuss wirkt wie das Zurückgehen mittels Protokoll-Status. Das heißt auch: Wenn Sie einen Schnappschuss benutzen, um ein früheres Bildstadium zu aktivieren, werden alle jüngeren Status aus der Protokollliste gelöscht. Ausnahme: Die Option NICHT-LINEARE PROTOKOLLE SIND ZULÄSSIG ist aktiviert.

Schnappschuss erzeugen | Der Weg zum Schnappschuss führt über die Schaltfläche NEUEN SCHNAPPSCHUSS ERSTELLEN am Fuß der Protokoll-Palette. Die Schnappschuss-Abbildung erscheint dann als Miniatur im oberen Bereich der Palette.

Namen vergeben | Die Nummerierung der Schnappschüsse ist nicht sonderlich zweckmäßig, da man auf den Bildminiaturen nicht besonders viel erkennen kann. Daher ist ein Umbenennen der Schnappschüsse sehr zu empfehlen. Dazu doppelklicken Sie einfach auf den bisherigen Namen des Schnappschusses, tippen den neuen Namen ein, und drücken die [↵]-Taste – fertig.

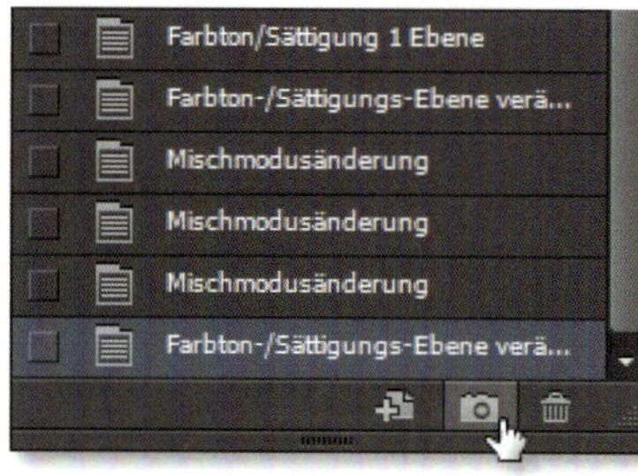

▲ **Abbildung 6.9**
Klicken auf das Kamera-Icon der Protokoll-Palette erzeugt Schnappschüsse.

▲ **Abbildung 6.10**
Einen Schnappschuss korrekt zu benennen dauert nur wenige Augenblicke.

Nach dem Umbenennen Protokoll auf richtigen Status setzen

Nach dem Umbenennen eines Schnappschusses ist dieser auch aktiv; das heißt, das Bild zeigt sein Stadium. Sie müssen also das Protokoll erst wieder auf den letzten Status zurücksetzen, wenn Sie den Verlust von Protokoll-Status (und Arbeitsschritten) verhindern wollen!

Namensdialog bei jedem Schnappschuss einblenden lassen | Weil das nachträgliche manuelle Umbenennen von Schnappschüssen einen hohen »Das muss ja mal schiefgehen«-Faktor hat und weil es auch zur konsequenteren Namensvergabe erzieht, empfiehlt es sich, in den Protokolloptionen eine Änderung vorzunehmen. Aktivieren Sie in den Protokolloptionen den Punkt DIALOGFELD »NEUER SCHNAPPSCHUSS« STANDARDMÄSSIG ANZEIGEN.

Nun wird bei jedem neuen Schnappschuss gleich ein Dialogfeld eingeblendet. Dort können Sie sofort den Namen vergeben und zudem festlegen, was überhaupt in den Schnappschuss aufgenommen wird.

- AUS: VOLLSTÄNDIGEM DOKUMENT ist die Standard- und oft die beste Einstellung. Alle Bildebenen werden berücksichtigt.
- AUS: REDUZIERTEN EBENEN erstellt einen Schnappschuss von allen Ebenen, diese werden aber im Schnappschuss auf eine einzige Ebene reduziert. Das verringert zwar die Größe der Bilddatei, kann aber die Bearbeitungsmöglichkeiten drastisch einschränken – was der ursprünglichen Intention der Schnappschüsse eher zuwiderläuft.
- AUS: AKTUELLER EBENE knipst lediglich die zum Zeitpunkt des Schnappschusses aktive Ebene. Im Prinzip ist das eine gute Idee, sie macht das Protokoll-Handling allerdings etwas schwierig (Verwirrungsgefahr!).

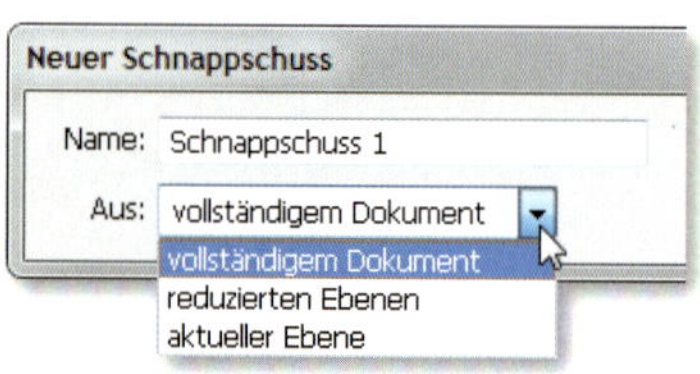

▲ **Abbildung 6.11**
Woraus soll der Schnappschuss erstellt werden?

Neues Dokument aus Schnappschuss | Außerdem besteht die Möglichkeit, aus Schnappschüssen neue Dokumente anzulegen, die Sie dann dauerhaft speichern können. Zwar ist die Verwaltung von Parallelversionen eines Bildes oder Projekts als Standard-Arbeitsweise zu aufwendig – in Einzelfällen ist sie aber durchaus nützlich. Hier genügt ein einfacher Klick 1.

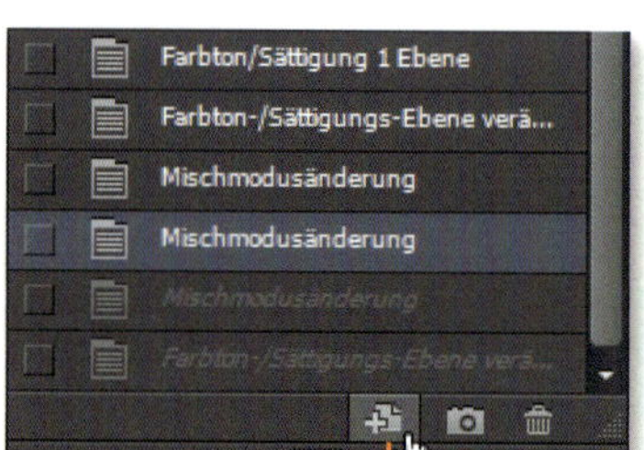

▲ **Abbildung 6.12** 1
So einfach kommen Sie zu einem eigenständigen Dokument aus einem beliebigen Arbeitsstadium.

Was wollen Sie tun?	Windows	Mac
einen Arbeitsschritt zurücknehmen oder wiederholen	Strg+Z	cmd+Z
zurückgenommenen Arbeitsschritt wiederherstellen	⇧+Strg+Z	⇧+cmd+Z
mehrere Arbeitsschritte zurückgehen	Alt+Strg+Z	Alt+cmd+Z
mehrere Arbeitsschritte vorgehen	⇧+Strg+Z	⇧+cmd+Z
zurück zur zuletzt abgespeicherten Bildversion	F12	F12
Einstellungen in Dialogfeldern zurücknehmen, ohne den Dialog zu schließen	Alt (verwandelt die Schaltfläche ABBRECHEN in ZURÜCKSETZEN)	Alt (verwandelt die Schaltfläche ABBRECHEN in ZURÜCKSETZEN)
Protokoll-Palette: Rückwärts durch Bildstadien navigieren	Alt+Strg+Z	Alt+cmd+Z
Protokoll-Palette: Vorwärts durch Bildstadien navigieren	⇧+Strg+Z	⇧+cmd+Z
Schnappschuss umbenennen	Doppelklick auf Schnappschuss-Miniatur	Doppelklick auf Schnappschuss-Miniatur
Protokollliste reversibel löschen	PROTOKOLL LÖSCHEN (im Menü der Protokoll-Palette)	PROTOKOLL LÖSCHEN (im Menü der Protokoll-Palette)
Protokoll endgültig löschen	Alt+PROTOKOLL LÖSCHEN (im Menü der Protokoll-Palette)	Alt+PROTOKOLL LÖSCHEN (im Menü der Protokoll-Palette)

▲ **Tabelle 6.1**
Arbeitsschritte zurücknehmen – Tastaturbefehle

6.4 Automatische Absturzsicherung: Hilfe im Worst Case

Im Allgemeinen ist Photoshop eine zuverlässige Anwendung, die stabil läuft. Dennoch kommt es gelegentlich zu Programmabstürzen, bei denen nichts mehr geht – auch nicht mehr das rettende Speichern Ihrer aktuellen Arbeit. In solchen Fällen greift die automatische Wiederherstellungsfunktion. Sie speichert laufend Wiederherstellungsinformationen im Hintergrund. Stürzt Photoshop tatsächlich einmal ab oder friert ein, wird Ihre aktuelle Arbeit automatisch wiederhergestellt, sobald Sie Photoshop erneut starten.

Nie mehr Arbeit verlieren
Was Office-Anwendungen schon lange können, gibt es jetzt auch bei Photoshop: Die neue Wiederherstellungsfunktion sichert Ihre Dateien bei Programmabstürzen.

Intervall festlegen | Die automatische Wiederherstellungsfunktion speichert Absturz-Wiederherstellungsinformationen in einem Intervall, das Sie festlegen (der Standardwert ist 10 Minuten). Dazu wählen Sie in den Voreinstellungen (Strg/cmd+K) die Tafel DATEIHANDHABUNG (Strg/cmd+3); dort finden Sie Optionen zum Speichern von Dateien.

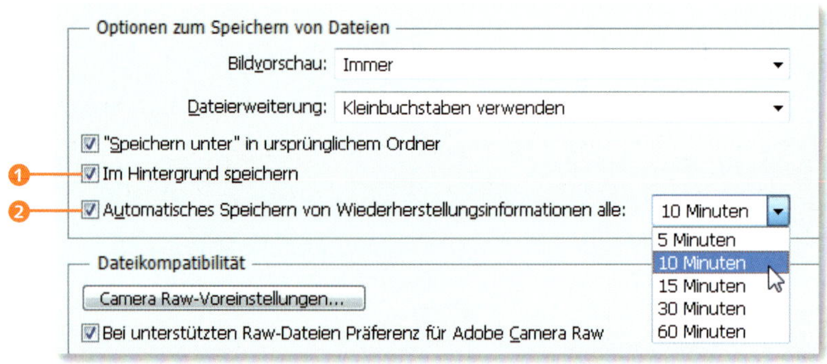

Abbildung 6.13 ▶
Wenn Photoshop spürbar lahmt, können Sie die Funktion zum automatischen Speichern in den Voreinstellungen ändern.

Aktivieren Sie die Option IM HINTERGRUND SPEICHERN ①, und stellen Sie unter AUTOMATISCHES SPEICHERN VON WIEDERHERSTELLUNGSINFORMATIONEN ALLE XX MINUTEN das gewünschte Zeitintervall ein ②. Die Option IM HINTERGRUND SPEICHERN erlaubt es übrigens auch, weiterzuarbeiten, während der – manuell ausgelöste – Speicherprozess großer Dateien noch läuft. Photoshop ist also nicht komplett lahmgelegt, wenn Sie gerade eine umfangreiche Datei (zwischen-)speichern.

Achtung, Ressourcenfresser! | Photoshops neue rettende Speicherfunktionen belegen einigen Platz im Arbeitsspeicher. Logisch – irgendwo müssen die Dateiinformationen ja hin. Adobe macht darauf aufmerksam, dass es dadurch beim Bearbeiten sehr großer Dateien zu Performanceproblemen kommen kann. In diesem Fall deaktivieren Sie die Funktionen lieber – und nutzen fleißig den Shortcut Strg/cmd+S, um Zwischenstände Ihrer Arbeit manuell zu sichern.

Kapitel 7

Den Arbeitsbereich anpassen

Photoshop kann ganz unterschiedliche Bildbearbeitungsaufgaben bewältigen. Die Programmoberfläche lässt sich an jede Anforderung genau anpassen. So bleiben Sie effektiv – und können das Potential von Photoshop vollends ausschöpfen.

7.1 Paletten organisieren

Paletten sind eines Ihrer wichtigsten Arbeitsinstrumente. Mit ihnen verändern und kontrollieren Sie Ihre Bilder. Entsprechend viele Möglichkeiten bietet Photoshop, sie anzupassen. Sie können

- die Position der Paletten frei wählen,
- Palettengruppen nach Wunsch zusammenstellen,
- Paletten zu handlichen Stapeln verbinden,
- sie als Symbol platzsparend ablegen und
- die Anordnung von Paletten und Symbolen im Palettendock verändern.

Durch angepasste Palettenkonstellationen machen Sie alltägliche Handgriffe um einige Klicks schlanker und nutzen Ihren Arbeitsbereich effektiver aus. Das Prinzip ist einfaches Drag & Drop, also mit der Maus bei gehaltener linker Maustaste ziehen und dann loslassen. Wie Sie es bereits vom Hantieren mit Dokument-Tabs kennen, zeigen auch bei den Paletten blaue Leuchtstreifen an, wo Sie das schwebende Element andocken können.

Adobe-Sprache
Auch wenn wohl jeder Anwender von »Paletten« redet: Im offiziellen Adobe-Jargon heißen diese hilfreichen Fensterchen »Bedienfelder«. Den Begriff sollten Sie wenigstens einmal gehört haben.

▲ **Abbildung 7.1**
Die Anordnung von Paletten und Palettengruppen können Sie durch Drag & Drop beliebig variieren. Blaue Leuchtstreifen geben Orientierung beim Andocken.

Paletten(gruppen) ab- und andocken

Standardmäßig kleben die meisten Paletten in ihrem Verankerungsbereich – dem Dock – am rechten Bildschirmrand, und links ist die Werkzeugpalette abgelegt. Sie können Paletten und Palettengruppen aber von dort herausziehen und als schwebende Palettenfenster anzeigen lassen. Überdies ist das Lösen von Paletten, Palettengruppen oder Symbolen aus dem Palettendock der erste Schritt zum Umorganisieren und Neuordnen Ihrer Paletten.

Palettengruppen bewegen | Verschieben Sie Palettengruppen auf Ihrer Arbeitsfläche, indem Sie den *neutralen Bereich* des Titels – wo keine Reiter sind – mit dem Mauszeiger anfassen. So lässt sich der ganze Verband aus dem Dock lösen und an einer anderen Stelle der Arbeitsfläche deponieren.

Einzelne Paletten bewegen | Um einzelne Paletten – nicht die Gruppe – zu bewegen, fassen Sie sie mit der Maus am jeweiligen *Karteireiter* an. Auch einzelne Paletten können Sie überall fallen lassen oder an anderen Stellen des Palettendocks ablegen.

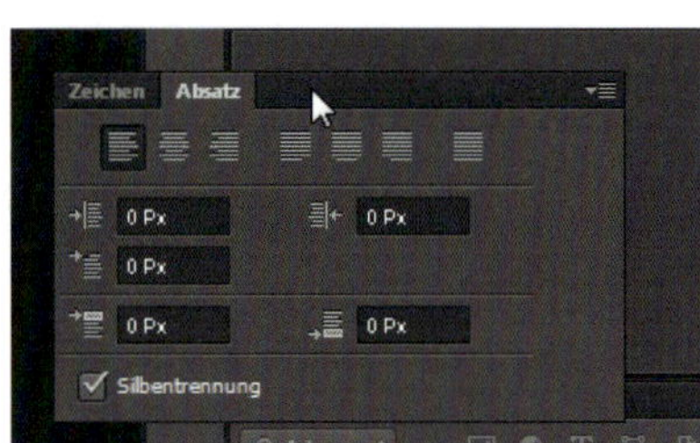

▲ **Abbildung 7.2**
Um eine Palettengruppe zu bewegen, »fassen« Sie sie im neutralen Bereich des Titels an.

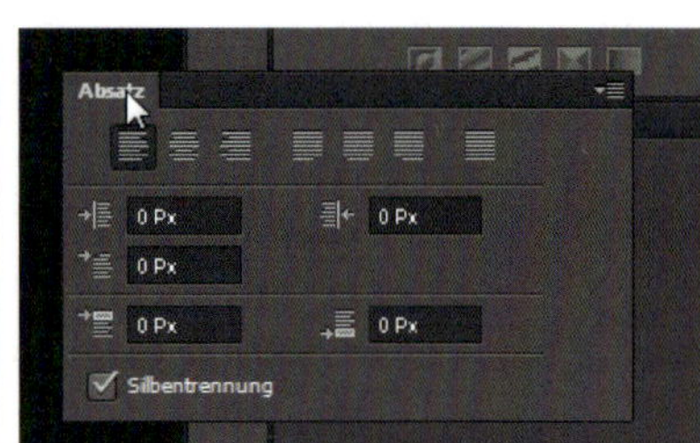

▲ **Abbildung 7.3**
Um eine einzelne Palette zu bewegen, fassen Sie sie am Karteireiter.

Fertig zum Andocken | Um frei schwebende Paletten, Palettengruppen oder Symbole erneut an die anderen Paletten anzudocken, ziehen Sie sie einfach an die gewünschte Stelle. Blaue Linien zeigen Ihnen an, wo Sie das Objekt fallen lassen können.

Paletten am linken Bildrand andocken
Übrigens verfügt die Werkzeugpalette über ähnliche Eigenschaften wie das Palettendock am rechten Bildschirmrand. Wenn Sie wollen, können Sie also auch links an die Werkzeugpalette weitere Paletten »ankleben«.

Noch mehr Platz: Palettensymbole

Nicht alle Paletten im Dock sind vollständig zu sehen. Einige davon sind zum Symbol minimiert. So stehen sie schnell zur Verfügung, belegen aber wenig Bildschirmfläche. Auch frei schwebende Paletten können Sie zu Symbolen minimieren.

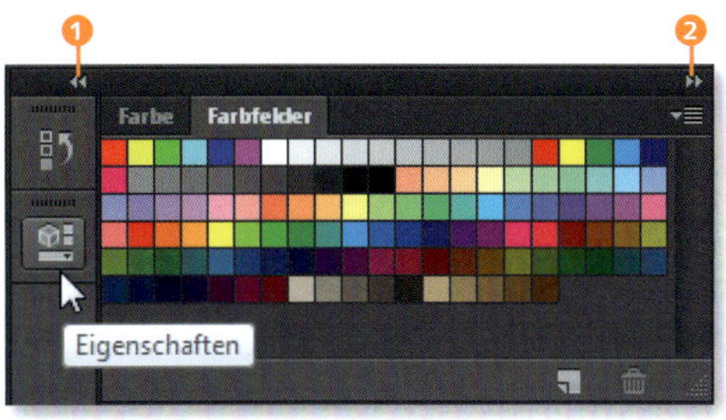

▲ **Abbildung 7.4**
Die Palettensymbole liegen im Dock links neben den aufgeklappten Paletten. Icons und QuickInfos geben Aufschluss über deren Funktion.

Der Wechsel zwischen maximiertem und minimiertem Zustand erfolgt über den kleinen Doppelpfeil am oberen Rand. Damit vergrößern Sie nicht nur Symbolpaletten **1**, sondern können auch alle im Dock maximierten Paletten zusammenfalten **2**, wenn Sie mehr Platz für Ihr aktuelles Bild brauchen.

Palettensymbole neu anordnen | Zum Symbol minimierte Paletten manipulieren Sie genau wie maximierte Paletten durch Ziehen und Ablegen. Der Symbolbereich ist ganz ähnlich aufgebaut wie die maximierten Paletten. Auch hier kann man zwischen einzelnen Paletten (den Symbolen) und Palettengruppen (den »Fächern« innerhalb des Symbolbereichs) unterscheiden.

- Zum Symbol minimierte Paletten und Palettengruppen können aus dem Dockbereich herausbewegt werden.
- Um eine Palette oder Palettengruppe wieder ins Dock einzugliedern, ziehen Sie das Element einfach an die gewünschte Stelle – entweder im Symbolbereich oder aber zu den maximierten Paletten ins Dock. Wie immer hilft Ihnen die blau leuchtende Markierung weiter.

Größenänderung bei frei schwebenden Paletten

Wenn Sie eine frei schwebende Palette an der schraffierten Ecke unten rechts mit der Maus anfassen, können Sie sie stufenlos größer oder kleiner ziehen. (Das ist nicht für alle Paletten vorgesehen.)

▲ **Abbildung 7.5**
Größe ändern bei frei schwebenden Palettenfenstern

▲ **Abbildung 7.6**
Das Symbol einer einzelnen Palette wird aus dem Verband herausgezogen.

▲ **Abbildung 7.7**
Wenn Sie Symbolgruppen bewegen wollen, müssen Sie die punktierte Fläche oben in einem der »Fächer« anfassen.

▲ **Abbildung 7.8**
Die zum Symbol minimierte Palette wird zurück zu ihrer Gruppe im Symbolbereich geschoben.

Neu gemischt

Nach all dem Drag & Drop sind Sie sicher schon auf die Idee gekommen, sich auf diese Art und Weise auch neue Palettengruppen zusammenzustellen.

Eigene Palettengruppen | Ziehen Sie die einzelnen Paletten einfach so hin und her, bis Sie den idealen Mix für Ihre Arbeitssituation gefunden haben. Übrigens: Um die **Reihenfolge** der Paletten bzw. Karteireiter innerhalb einer Gruppe zu verändern, brauchen Sie die Paletten nicht wieder aus der Gruppe herauszuziehen. Es genügt, einen Reiter anzufassen und nach rechts oder links zu bewegen.

Configurator: Eigene Paletten erstellen

Wenn Sie nicht nur Paletten neu zusammenstellen, sondern tatsächlich eigene Paletten kreieren wollen, ist der Adobe Configurator vielleicht das Richtige für Sie. Der auf der Laufzeitumgebung AIR basierende Editor wird von Adobes Experimentierlabor »Labs« herausgegeben, inzwischen gibt es Version 3. Sie können Paletten für Photoshop und InDesign erstellen und mit anderen Usern teilen. Mehr Informationen erhalten Sie unter *http://labs.adobe.com/technologies/configurator/*.

Paletten stapeln | Wie Sie bereits wissen, lassen sich Paletten mit der Maus an jeden beliebigen Platz der Arbeitsfläche ziehen. Wenn Sie mehrere freie Paletten auf der Arbeitsfläche liegen haben, können Sie sie zu einem Stapel zusammendocken. So lassen sich mehrere Paletten schnell en bloc verschieben – das ist praktisch, wenn Sie etwa mit zwei Monitoren arbeiten. Um Paletten zu stapeln, ziehen Sie eine Palette oder eine Palettengruppe auf den unteren oder seitlichen Rand eines anderen Palettenobjekts. Durch einfaches Ziehen lösen Sie diese Verbindung wieder.

Wenn Sie zahlreiche Paletten außerhalb des Docks ablegen, bringen Sie sich allerdings um die Vorteile des Dock-Konzepts: um das Minimieren oder Maximieren aller Paletten mit einem Klick und um einen aufgeräumten Arbeitsbereich.

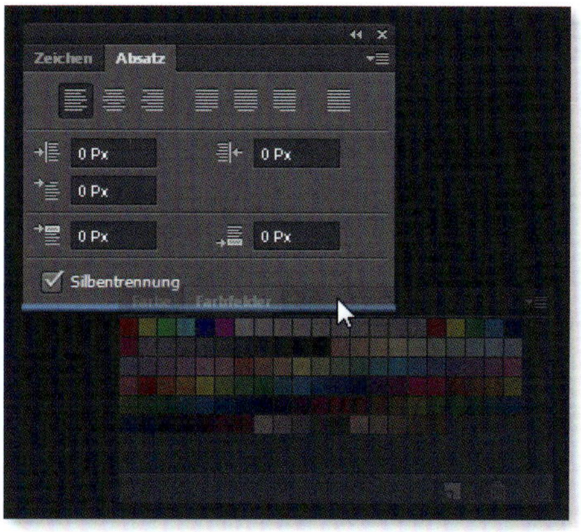

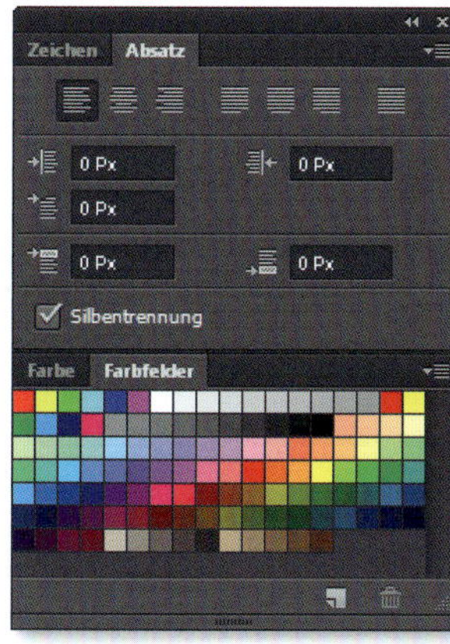

◄◄ Abbildung 7.9
Die Farbfelder-Palette soll an die obere Palettengruppe angekoppelt werden. Beachten Sie beim Positionieren wieder den blau leuchtenden Rand.

◄ Abbildung 7.10
So zusammengekoppelte Paletten(gruppen) lassen sich bequem gemeinsam verschieben.

7.2 Werkzeuge anpassen

Optionen und Eigenschaften für ein Werkzeug einzustellen, dauert manchmal etwas länger. Da sind diverse Werte festzulegen, Klicks zu setzen ... Wenn Sie alle Werte für ein Werkzeug eingestellt haben, das Sie in dieser Form öfter brauchen, können Sie seine Eigenschaften auch sichern und später, ohne viel zu klicken, erneut darauf zugreifen. Die Lösung heißt Werkzeugvorgaben.

Werkzeugvorgaben

Sie erreichen die Werkzeugvorgaben für das aktuelle Werkzeug immer in der Optionsleiste ganz links. Sie können sie aber auch als Palette aufrufen – entweder per Symbol oder via FENSTER • WERKZEUGVORGABEN.

Egal, ob Sie die Palette oder das ausgeklappte Menü der Optionsleiste verwenden, die Bedienungsweise ist ganz ähnlich. Die Palette ist praktischer, wenn Sie Ihre gesammelten Werkzeugeinstellungen sortieren wollen. Für den schnellen Zugriff im Alltag eignet sich der Zugriff über die Optionsleiste aber besser.

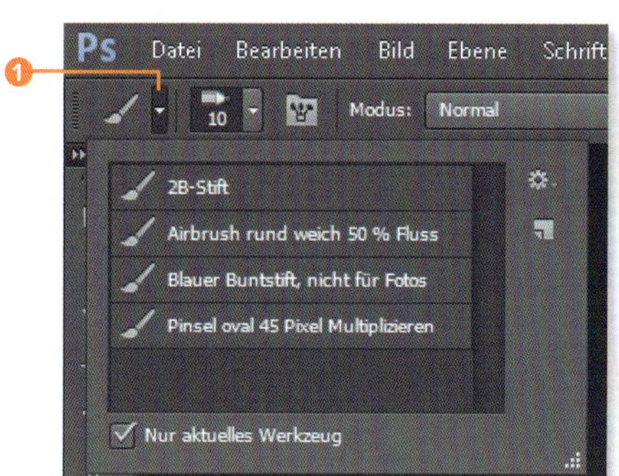

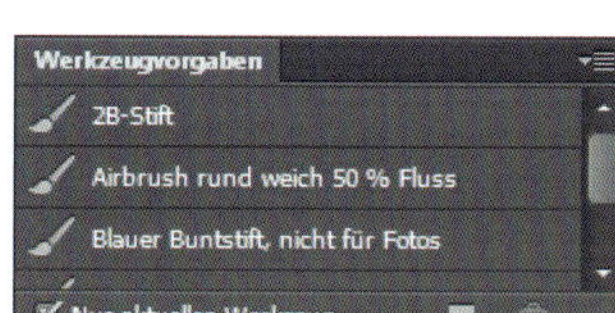

◄◄ Abbildung 7.11
Die Werkzeugvorgaben in der Optionsleiste (hier beim Pinsel-Werkzeug), die Sie mit Klicken auf den Mini-Pfeil 1 öffnen.

◄ Abbildung 7.12
Die Palette WERKZEUGVORGABEN

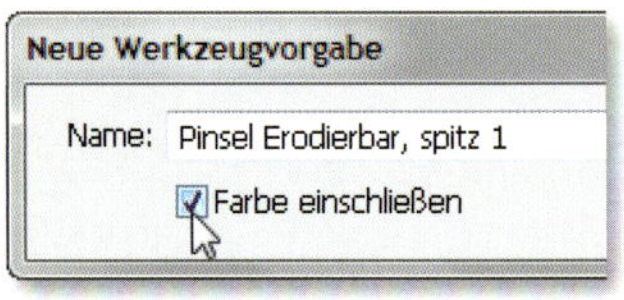

▲ **Abbildung 7.13**
Bei einigen Werkzeugen (Pinsel, Buntstift u. Ä.) gibt es die Zusatzoption FARBE EINSCHLIESSEN.

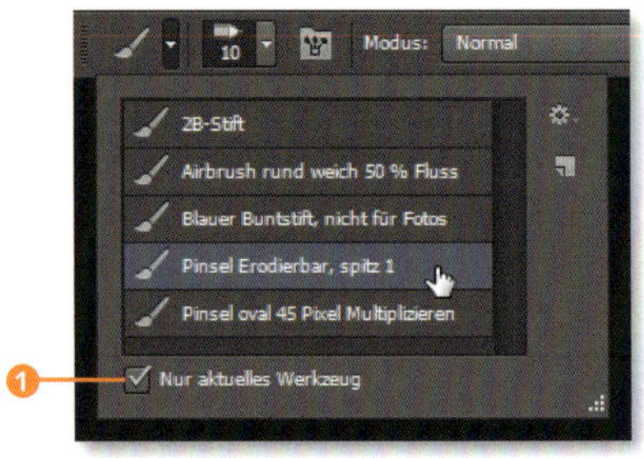

▲ **Abbildung 7.14**
Werkzeug mit den zuvor gespeicherten Optionen aktivieren

Werkzeugvorgaben erstellen | Für manche Werkzeuge liefert Adobe fertige Werkzeugvorgaben gleich mit, doch der eigentliche Sinn der Funktion ist, dass Sie Ihre Werkzeugeinstellungen ablegen und immer griffbereit haben. Neue Werkzeugvorgaben zu speichern ist ganz einfach: Nehmen Sie dazu zunächst die gewünschten Einstellungen für das Werkzeug vor. Dann klappen Sie die Liste aus der Optionsleiste auf oder starten die Palette. Klicken Sie auf das Icon NEU ▣. Es erscheint ein Dialogfeld, in dem Sie einen Namen für die neue Werkzeugeinstellung eingeben.

Werkzeugvorgaben aktivieren | Beim erneuten Aufruf der Werkzeugvorgaben – gleichgültig ob über die Optionsleiste oder als Palette – ist Ihre Werkzeugeinstellung dann der Liste hinzugefügt und kann mit einem Klick aufgerufen werden.

Üblicherweise werden allein die Vorgaben für das aktuell aktive Werkzeug angezeigt, aber wenn Sie das Häkchen von NUR AKTUELLES WERKZEUG (1) entfernen, können Sie sich alle Vorgaben anzeigen lassen. So haben Sie von jedem beliebigen Werkzeug aus Zugriff auf Ihre Vorgaben – die Liste wird aber auch ein wenig unübersichtlicher.

Werkzeugvorgaben bearbeiten | Auch das Umbenennen oder Löschen von Werkzeugvorgaben ist einfach: Ein Rechtsklick auf den Namen der Vorgabe ruft ein kurzes Kontextmenü mit den nötigen Befehlen auf.

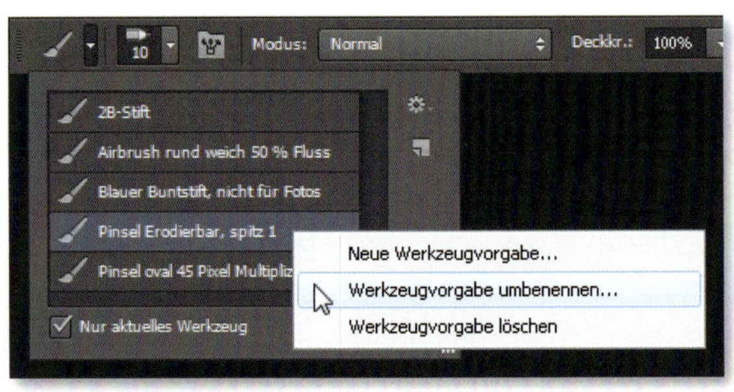

▲ **Abbildung 7.15**
Löschen oder Umbenennen der Vorgabe über das Kontextmenü

7.3 Eigene Tastaturbefehle definieren

Wenn Ihnen die serienmäßig angebotenen Tastenkürzel nicht ausreichen, richten Sie einfach eigene Shortcuts ein oder ändern bestehende Kürzel. Das entsprechende Dialogfeld erreichen Sie gleich auf drei Wegen:

- über Bearbeiten • Tastaturbefehle
- mit dem umständlichen Tastaturbefehl [Alt]+[⇧]+[Strg]+[K] bzw. [Alt]+[⇧]+[cmd]+[K]
- über Fenster • Arbeitsbereich • Tastaturbefehle und Menüs, dort über die Registerkarte Tastaturbefehle

Tastaturbefehle erstellen und ändern

Wie auch immer Sie die Dialogbox erreichen: Sie können dort eigene Befehle festlegen und verwalten. Wie viele andere Arbeitsmittel und Vorgaben in Photoshop sind auch die Tastaturbefehle in sogenannten **Sets** 2 organisiert. Diese Sets können Sie sich als übergeordnete Ordner vorstellen, in denen die einzelnen Befehle untergebracht sind. Ein vorgefertigtes Set mit Tastaturbefehlen gibt es sowieso, und Sie können weitere Sets mit Shortcuts hinzufügen – zum Beispiel aufgaben- oder personenbezogen.

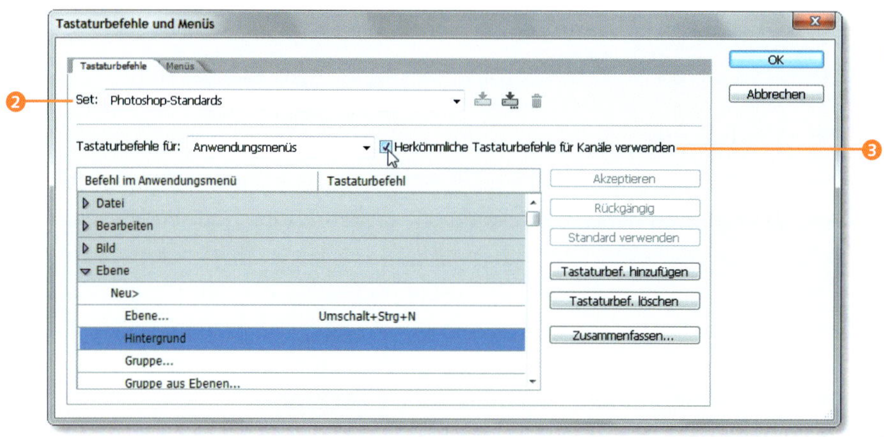

◂ **Abbildung 7.16**
Dialogfeld zum Einrichten eigener Tastaturbefehle

Herkömmliche Kanal-Shortcuts einstellen

Schon mit der Version CS4 änderten sich die Shortcuts für das Ansteuern der einzelnen Farbkanäle; viele Poweruser vermissten die gewohnten Kürzel. Es gibt jedoch eine einfache Möglichkeit, zu den gewohnten Tastenkürzeln zurückzukehren: Aktivieren Sie im Tastaturbefehle-Dialog die Option Herkömmliche Tastaturbefehle für Kanäle verwenden 3.

Schritt für Schritt: Eigene Tastaturbefehle festlegen

Rufen Sie den Dialog Tastaturbefehle und Menüs wie oben beschrieben auf, um Ihr eigenes Tastenkürzel-Set zu definieren.

1 Set auswählen

Legen Sie unter Set fest, welchen Tastaturbefehlssatz Sie modifizieren wollen. Sie sehen in der Liste die mitgelieferten Standard-Shortcut-Sets, aber auch – wenn vorhanden – von Ihnen angelegte Sets. Meist ist Photoshop-Standards die beste Wahl (in der Abbildung sind bereits drei selbst erzeugte Sets zu erkennen).

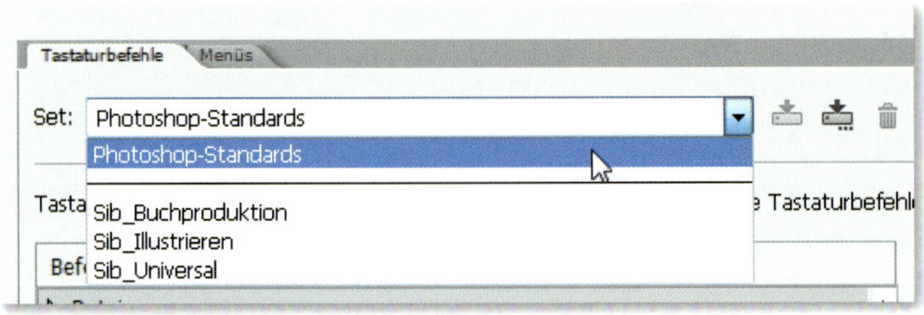

Abbildung 7.17 ▸
Liste der verfügbaren Kürzel-Sets. Hier gibt es schon einige eigene.

2 Welche Tastenkürzel sollen geändert werden?

Wählen Sie dann unter Tastaturbefehle für aus, ob Sie die Shortcuts für Anwendungsmenüs (also Befehle der Menüleiste), Bedienfeldmenüs oder Werkzeuge ändern wollen.

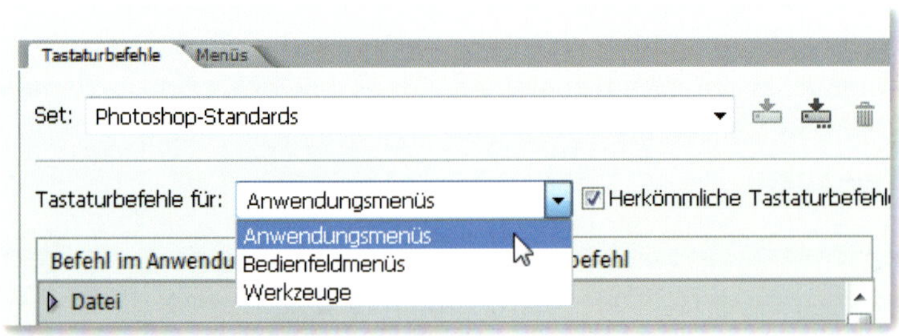

Abbildung 7.18 ▸
Welche Befehle wollen Sie ändern?

3 Befehle auswählen

Wenden Sie nun Ihre Aufmerksamkeit der großen Befehlsliste zu. Die Anordnung der Befehle ist dieselbe wie in den Photoshop-Menüs. Mittels kleiner Dreiecksschaltflächen 1 können Sie auch hier Listen auf- und zuklappen. So gelangen Sie zu den Befehlen, die den Untermenüs entsprechen. Rechts daneben sehen Sie die zugehörigen Shortcuts. Wo kein Tastaturbefehl eingetragen ist, gibt es auch (noch) keinen. Auch bestehende Tastaturbefehle können Sie leicht ändern.

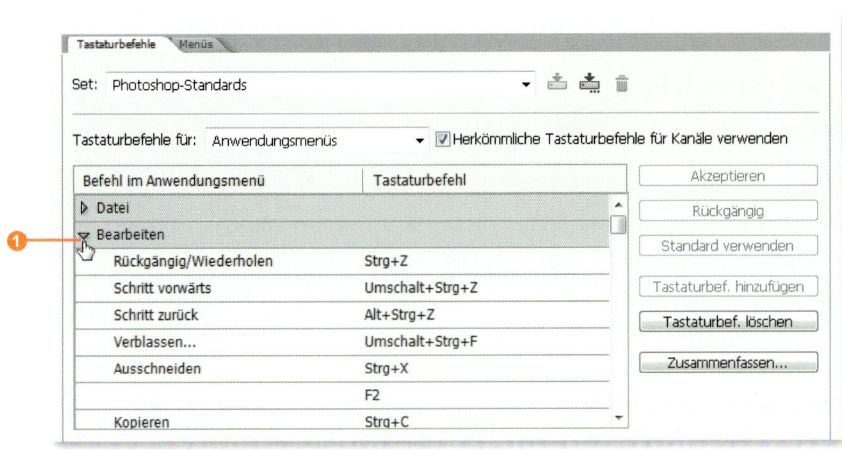

Abbildung 7.19 ▸
Die Befehle sind in derselben Reihenfolge angeordnet wie im Photoshop-Menü.

4 Eintrag vornehmen

Um Einträge vorzunehmen, genügt ein Doppelklick auf das entsprechende Tastenkürzel oder – wenn noch kein Shortcut vergeben wurde – auf die leere Fläche in der betreffenden Zeile. Beachten Sie die Hinweise im unteren Bereich des Dialogfeldes!

Geben Sie dann ein neues Kürzel ein, und zwar nicht durch Eintippen der einzelnen Buchstaben (»S-t-r-g-+-Y«), sondern einfach durch Betätigen der gewünschten Tasten.

5 Konflikte vermeiden

Falls der Tastaturbefehl, den Sie eingegeben haben, bereits einem anderen Werkzeug zugewiesen ist, erscheint ein Warnhinweis ⑩.

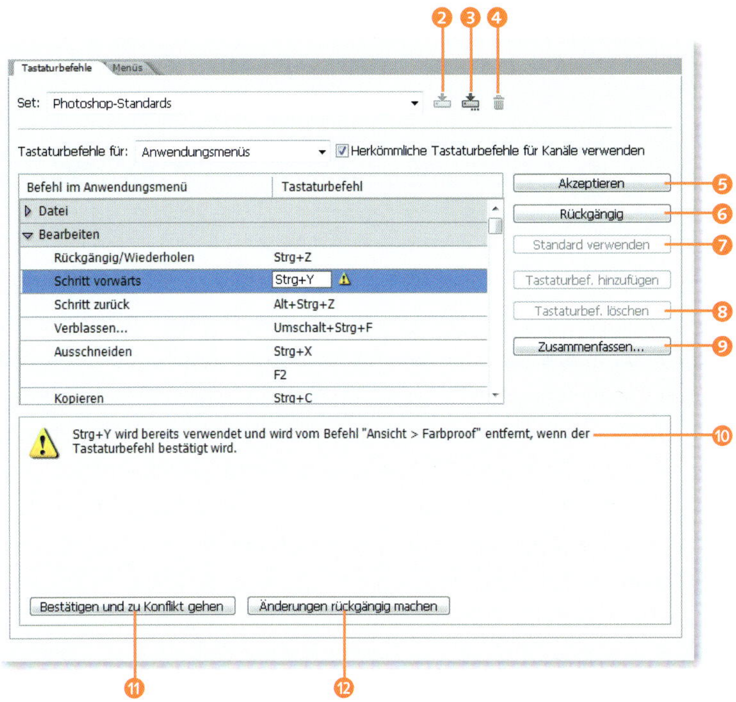

◂ **Abbildung 7.20**
Kürzel bereits vergeben? Eine Warnung macht auf solche Konflikte aufmerksam.

Sie haben nun vier Möglichkeiten, diesen Konflikt aufzulösen:

- Wenn Sie den **Tastaturbefehl trotzdem verwenden** möchten, klicken Sie auf Akzeptieren ⑤. Die bisherige Zuordnung des Tastenkürzels wird dann ungültig.
- Wollen Sie lieber ein **anderes Tastenkürzel suchen**, klicken Sie auf Änderungen rückgängig machen ⑫.
- Klicken Sie auf Bestätigen und zu Konflikt gehen ⑪, um die eben getätigte Eingabe zu bestätigen und dem anderen Befehl, der bisher mit diesem Shortcut verbunden war, ein neues Kürzel zuzuordnen.

Schwierige Kürzelsuche

Es ist nicht einfach, sich für neue Tastaturbefehle handliche Kürzel auszudenken, die auch noch gut zu merken sind. Wenn Sie nicht gerade Bandwurm-Shortcuts mit vier und mehr Komponenten kreieren wollen, kommen Sie wohl nicht darum herum, ein Tastenkürzel von einem selten genutzten Befehl zu löschen, um es einem Befehl zuzuordnen, der für Sie wichtiger ist.

- Wenn Sie doch lieber die **zuletzt gespeicherte Änderung zurücknehmen** wollen, klicken Sie auf RÜCKGÄNGIG 6. Das Dialogfeld wird dabei nicht geschlossen.

6 Standard wiederherstellen

Wenn Sie eine bestehende Tastaturbelegung für einen Befehl verändert haben und die Standardbelegung wiederherstellen wollen, nutzen Sie den Button STANDARD VERWENDEN 7 (in Abbildung 7.20 ist er inaktiv, weil die Änderung noch nicht bestätigt wurde). Der Button funktioniert logischerweise nicht, wenn Sie einem Befehl, der bisher gar kein Standardkürzel hatte, einen Shortcut zugewiesen haben.

7 Kürzel-Sets löschen

Achtung: Der Button TASTATURBEF. LÖSCHEN 8 entfernt auch andere, bereits gespeicherte Shortcuts – eigene wie vorgefertigte!

8 Geänderte Tastaturbefehlssets speichern

Nun müssen die Änderungen noch gespeichert werden. Dazu haben Sie wiederum verschiedene Möglichkeiten:

- Änderungen am aktuellen Tastaturbefehlsset speichern Sie, indem Sie auf die Schaltfläche ALLE ÄNDERUNGEN IM AKTUELLEN TASTATURBEFEHLSSATZ SPEICHERN 2 (oben im Dialogfeld) klicken.
- Wenn Sie einen eigenen Satz modifiziert haben, werden die Änderungen **ohne Nachfrage** übernommen. Haben Sie einen der Photoshop-Standardbefehlssätze verändert, erscheint ein Speicherdialog, der Sie auffordert, den Satz unter einem neuen Namen zu speichern. Auf diese Art bleibt der Originalsatz mit Tastenkürzeln immer erhalten.
- Es ist auch möglich, einen veränderten eigenen Tastenkürzelsatz unter einem neuen Namen (also als neuen Satz) zu speichern – und nicht bloß zu überschreiben. Dazu klicken Sie auf die Schaltfläche NEUES SET AUS AKTUELLEM TASTATURBEFEHLSSATZ ERSTELLEN 3 und geben dann einen neuen Namen ein.

Menüs anpassen

Auch die Erscheinungsweise der Menüs können Sie verändern. Heben Sie einzelne Menübefehle farbig hervor, um sie auf einen Blick zu finden, oder bringen Sie Menübefehle ganz zum Verschwinden. Den Dialog erreichen Sie unter BEARBEITEN • MENÜS, die Vorgehensweise ähnelt der Bearbeitung von Tastaturbefehlen.

9 Tastenkürzelsets löschen

Um ein Set zu löschen, wählen Sie es aus der Liste unter SET aus und klicken dann auf das Papierkorb-Symbol 4 rechts daneben. Sie können nur eigene Sets entfernen, nicht die Photoshop-Standardsets.

Dokumentation der Tastaturbefehle

Niemand kann sich alle Tastaturbefehle merken. Umso wichtiger ist ihre genaue Dokumentation. Mit Photoshop können Sie das aktuell angezeigte Tastaturbefehlsset als HTML-Datei exportieren und im Webbrowser anzeigen lassen. Klicken Sie dazu auf den Button ZUSAMMENFASSEN ⑨ rechts neben der Befehlsliste.

Die übersichtlichen HTML-Befehlslisten lassen sich einfach ausdrucken oder zur Information an Teamkollegen weitergeben. Übrigens können Sie auch die Dateien, in denen Shortcuts (oder andere Einstellungen) gespeichert sind, zwischen Rechnern austauschen. Sie müssen nur darauf achten, sie immer in den passenden Photoshop-Ordner zu legen. Die Keyboard-Shortcuts werden mit der Dateiendung **.kys** abgelegt und sind im Unterordner KEYBOARD SHORTCUTS zu finden.

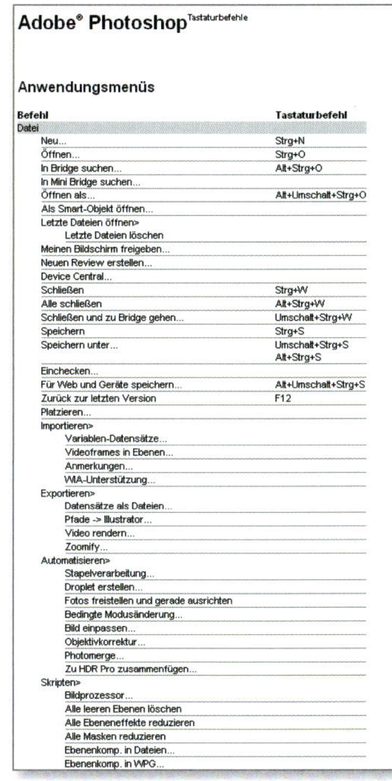

Adobe® Photoshop Tastaturbefehle

Anwendungsmenüs

Befehl	Tastaturbefehl
Datei	
Neu...	Strg+N
Öffnen...	Strg+O
In Bridge suchen...	Alt+Strg+O
In Mini Bridge suchen...	
Öffnen als...	Alt+Umschalt+Strg+O
Als Smart-Objekt öffnen...	
Letzte Dateien öffnen>	
Letzte Dateien löschen	
Meinen Bildschirm freigeben...	
Neuen Review erstellen...	
Device Central...	
Schließen	Strg+W
Alle schließen	Alt+Strg+W
Schließen und zu Bridge gehen...	Umschalt+Strg+W
Speichern	Strg+S
Speichern unter...	Umschalt+Strg+S Alt+Strg+S
Einchecken...	
Für Web und Geräte speichern...	Alt+Umschalt+Strg+S
Zurück zur letzten Version	F12
Platzieren...	
Importieren>	
Variablen-Datensätze...	
Videoframes in Ebenen...	
Anmerkungen...	
WIA-Unterstützung...	
Exportieren>	
Datensätze als Dateien...	
Pfade -> Illustrator...	
Video rendern...	
Zoomify...	
Automatisieren>	
Stapelverarbeitung...	
Droplet erstellen...	
Fotos freistellen und gerade ausrichten	
Bedingte Modusänderung...	
Bild einpassen...	
Objektivkorrektur...	
Photomerge...	
Zu HDR Pro zusammenfügen...	
Skripten>	
Bildprozessor...	
Alle leeren Ebenen löschen	
Alle Ebeneneffekte reduzieren	
Alle Masken reduzieren	
Ebenenkomp. in Dateien...	
Ebenenkomp. in WPG...	

▲ **Abbildung 7.21**
Tastenkürzel in der HTML-Befehlsliste

7.4 Passende Arbeitsbereiche für jede Aufgabe

Photoshops Funktionsvielfalt erlaubt es, völlig unterschiedliche Aufgaben zu erledigen: klassische Bildkorrektur, Retusche, kreative Illustrationsjobs, das Vorbereiten von Dateien für den Druck oder das Erstellen grafischer Elemente für Websites sind nur einige der möglichen Tätigkeitsfelder. Für jeden dieser Bereiche benötigen Sie ganz unterschiedliche Werkzeuge, Befehle und Paletten. Um die Arbeit so effizient wie möglich zu machen, können Sie den Photoshop-Arbeitsbereich anpassen, in der bestehenden Konstellation speichern und immer wieder neu aufrufen. So sind die benötigten Palettenkonstellationen für verschiedene Jobs jeweils schnell zur Hand.

Für die häufigsten Bildbearbeitungs-Aufgaben werden vorkonfigurierte Arbeitsbereiche bereitgestellt. Sie unterscheiden sich durch die Anordnung der Paletten, teilweise auch durch die Menügestaltung.

Arbeitsbereich umschalten | Der Arbeitsbereich-Umschalter wurde in CS6 erneut überarbeitet – die Schaltflächen direkt auf der Anwendungsleiste entfallen, es bleibt das Menü. Zum Wechseln des Arbeitsbereichs genügt ein Klick auf den Namen des jeweiligen Arbeitsbereichs im Listenmenü. Alternativ nutzen Sie die Befehle unter FENSTER • ARBEITSBEREICH.

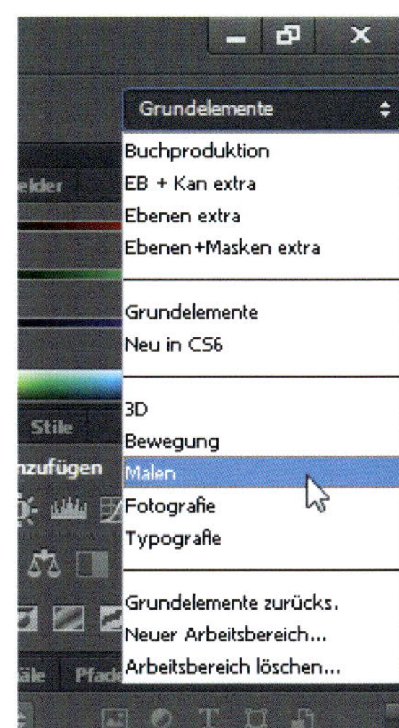

▲ **Abbildung 7.22**
In der hier gezeigten Liste befinden sich bereits einige individuelle Arbeitsbereiche.

Arbeitsbereich anpassen und zurücksetzen | Wenn Sie an der Anordnung der Paletten eines Arbeitsbereichs etwas ändern, merkt sich Photoshop das – auch, wenn Sie zwischenzeitlich zu anderen Arbeitsbereichen umschalten oder das Programm schließen. Das Anlegen eines speziellen Arbeitsbereichs ist also nicht für jede kleine Änderung notwendig.

Vorgefertigtes Set für Photoshop-Umsteiger
Für erfahrenere Nutzer, die sich mit den Änderungen von Photoshop CS6 vertraut machen wollen, ist das Set NEU IN CS 6 praktisch: Hier sind alle neuen Befehle und Funktionen in Blau hervorgehoben, Paletten mit neuen Funktionen werden auf den Arbeitsbereich geholt.

Wenn Sie Ihre Änderungen wieder zurücknehmen und den Standard herstellen wollen, wählen Sie den Befehl [NAME DES ARBEITSBEREICHS] ZURÜCKSETZEN.

Eigene Arbeitsbereiche erstellen | In der Regel reichen die von Adobe mitgelieferten Arbeitsbereiche aus, insbesondere, da Sie sie ja ohne weiteres modifizieren können. Möchten Sie sich für spezielle Anforderungen einen eigenen Arbeitsbereich einrichten und speichern, haben Sie das mit wenigen Klicks erledigt.

1. **Alles einrichten:** Stellen Sie sich Paletten, Tastaturkürzel und Menüsätze so zusammen, wie Sie sie brauchen.
2. **Arbeitsbereich sichern:** Mit dem Befehl NEUER ARBEITSBEREICH öffnen Sie ein kleines Dialogfenster. Dort vergeben Sie einen Namen für den Arbeitsbereich und legen außerdem fest, ob Sie auch Tastaturbefehle oder Menüeigenschaften mit aufnehmen wollen.

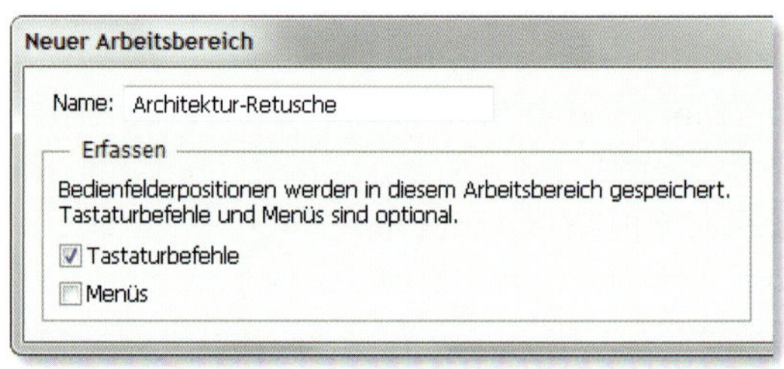

Abbildung 7.23 ▸
Versuchen Sie, eindeutige Namen für Ihre Arbeitsbereiche zu finden.

3. **Arbeitsbereich aktivieren**: Der neue Arbeitsbereich taucht nun als Schaltfläche sowohl im Arbeitsbereich-Menü als auch im Menü FENSTER • ARBEITSBEREICH auf.

Shortcuts für Arbeitsbereiche
Wenn der Zugriff auf Arbeitsbereiche noch schneller erfolgen soll, können Sie auch Tastaturkürzel für das Aufrufen einzelner Arbeitsbereiche definieren. Wie das genau geht, lesen Sie im vorangehenden Abschnitt 7.3, »Eigene Tastaturbefehle definieren«.

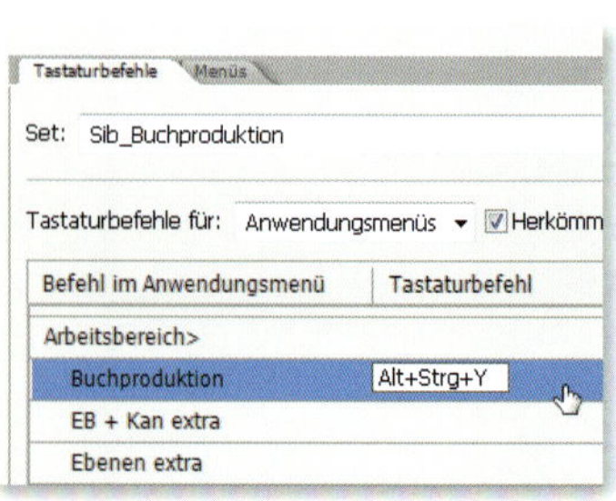

▲ Abbildung 7.24
Sie können für Arbeitsbereiche auch Tastenkürzel vergeben.

Arbeitsbereiche löschen | Klicken Sie auf den Befehl FENSTER • ARBEITSBEREICH • ARBEITSBEREICH LÖSCHEN, und legen Sie im folgenden Dialog fest, welcher Arbeitsbereich bzw. welche Arbeitsbereiche entfernt werden sollen. Nach einer kurzen Sicherheitsabfrage werden diese Arbeitsbereichseinstellungen dann endgültig gelöscht.

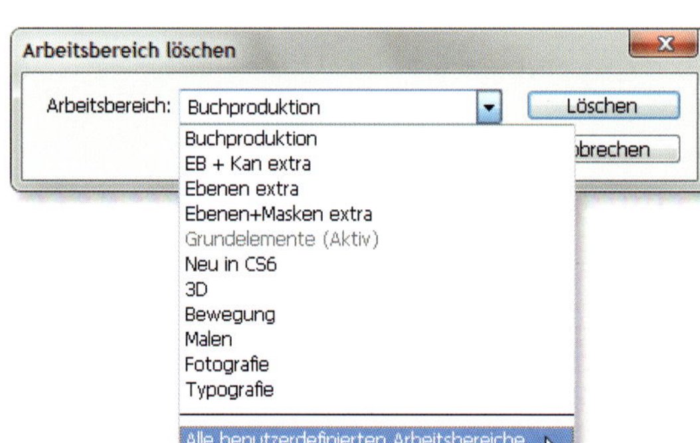

Abbildung 7.25 ▸
Wenn Sie wollen, löschen Sie alle selbst definierten Arbeitsbereiche auf einen Schlag.

7.5 Farbfelder, Muster, Stile & Co.: Kreativressourcen organisieren

Neben den Werkzeugen, Menübefehlen und Paletten gehören Photoshops Kreativressourcen zu den unentbehrlichen Arbeitsmitteln. Zusammengefasst werden sie unter dem prosaischen Namen **Vorgaben**. Zu den Vorgaben zählen schiere Arbeitshilfen wie Aktionen oder Werkzeugvorgaben, jedoch auch Kreativbausteine wie Farbfelder, Formen, Muster, Stile (Ebeneneffekte) oder Verläufe.

Vorgaben im kreativen Einsatz
Wie Sie mit Photoshops Vorgaben kreativ arbeiten, lesen Sie in späteren Kapiteln dieses Buches. Hier geht es zunächst nur um die effektive Verwaltung! Nutzen Sie gegebenenfalls den Index, um zu den entsprechenden Kapiteln zu navigieren und etwas über den Praxiseinsatz von Vorgaben zu erfahren.

Die meisten dieser Vorgaben lassen sich sehr vielseitig anwenden und sind in Photoshop an unterschiedlichen Stellen präsent. So gehören beispielsweise Kollektionen mit vorgefertigten Mustern zum Lieferumfang von Photoshop, eigene Muster können hinzugefügt werden. Muster lassen sich mit dem Füllwerkzeug auf Flächen auftragen, sind als Ebenenstil verfügbar (Musterüberlagerung), helfen, die Kontur von Spezialpinseln zu formen, oder verbessern das Retuscheergebnis beim Reparatur-Pinsel – und dies sind nur einige Beispiele.

All diese Hilfsmittel müssen natürlich so organisiert werden, dass sie ohne langes Suchen schnell zur Hand sind. Photoshops Ordnungsprinzip ist für alle Vorgaben gleich: Ob es sich nun um Farbfelder, Effekte, Muster, Pinselspitzen oder andere Vorgaben handelt – sie sind in Kollektionen, den sogenannten **Bibliotheken**, organisiert. Jede Bibliothek enthält eine Reihe verschiedener, einzelner Ebenenstile, Farbfelder, Muster oder sonstiger Vorgaben. Zugriff auf die Bibliotheken und ihre Inhalte haben Sie ...

- direkt im jeweiligen **Verwendungskontext**, etwa in Werkzeug-Optionsleisten, in Paletten oder Dialogboxen; Für alltägliche Handgriffe reichen die Verwaltungsmöglichkeiten, die Sie hier finden, aus;
- im sogenannten **Vorgaben-Manager**, einem Verwaltungstool, das Ihnen mehr Möglichkeiten und Arbeitskomfort gibt.

Ich erkläre Ihnen hier exemplarisch, wie die Vorgabenverwaltung funktioniert. Die Vorgehensweise funktioniert für alle Vorgaben nach demselben Prinzip. Am Ende dieses Kapitels zeige ich Ihnen außerdem, wie Sie Vorgaben aus älteren Photoshop-Versionen übernehmen und mit Teamkollegen austauschen.

Vorgaben da verwalten, wo Sie sie brauchen

Vorgaben treffen Sie an vielen Stellen in Photoshop an. Die folgenden Abbildungen zeigen einige Bespiele. Wie Sie sehen, ist die Präsentation der Vorgaben – hier: Muster – an allen Stellen im Programm gleich.

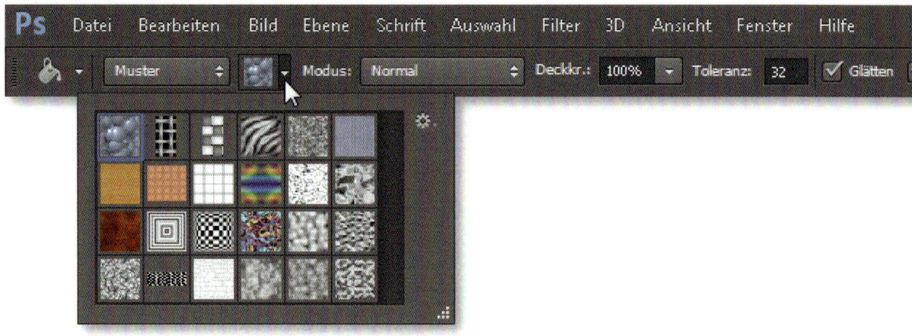

Abbildung 7.26 ▶
Hier treffen Sie Vorgaben als Muster in der Optionsleiste des Fülleimers an.

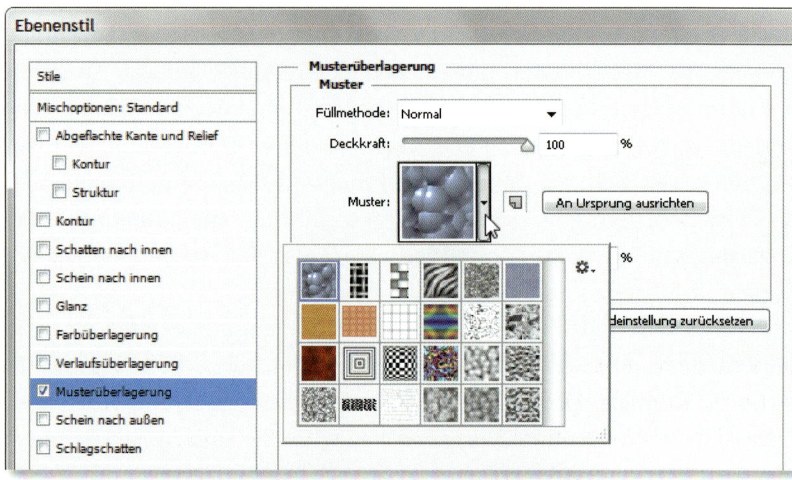

Abbildung 7.27 ▶
Bei den Ebenenstilen spielen Vorgaben ebenfalls eine Rolle. Außer den hier gezeigten Mustern können Sie auch Verläufe – eine weitere Vorgabe – als Ebenenstil anwenden.

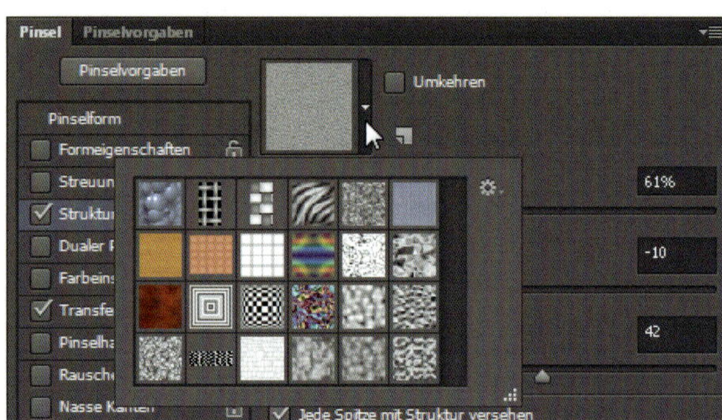

Abbildung 7.28 ▶
Muster in der Pinsel-Palette

Unentbehrlich für die Verwaltung der Vorgaben – ganz gleich, ob sie nun in den Werkzeugoptionen, in einem Dialogfeld oder als Palette anzutreffen sind – ist das jeweilige Seitenmenü. Dort finden Sie alle Befehle, um sich in Kollektionen schnell zurechtzufinden. Meist erreichen Sie es per Klick auf das kleine Zahnrad-Icon ❶. Einige Vorgaben werden in Paletten verwaltet (Aktionen, Farbfelder, Pinsel, Stile, Werkzeugvorgaben). Sie finden die Verwaltungsfunktionen dann im Palettenmenü ❻.

Abbildung 7.29 ▶
Das Seitenmenü übernimmt die Verwaltungsfunktionen für Vorgaben.

Abbildung 7.30 ▶
Manche Vorgaben werden in Paletten verwaltet. Dann finden Sie die wichtigsten Verwaltungsbefehle im Palettenmenü.

Listenansicht einstellen | Unter ③ wechseln Sie zwischen verschiedenen **Ansichten der Vorgabenliste**.

- Bei der Ansicht Nur Text scheitert die Orientierung zuweilen an den nicht sonderlich aussagekräftigen Namen der Inhalte.
- Kleine Miniatur ist oft die ungünstigste Ansicht, denn die Miniaturen sind zu klein, um aussagekräftig zu sein.
- Grosse Miniatur ist platzraubend.
- Kleine Liste präsentiert zahlreiche Inhalte, ohne dass Sie viel scrollen müssen. Eine Textbeschreibung plus ein kleines Bild sind eine gute Gedankenstütze.
- Grosse Liste ist schon wieder etwas unhandlicher, bietet aber auch aussagekräftigere, weil größere Bilder.

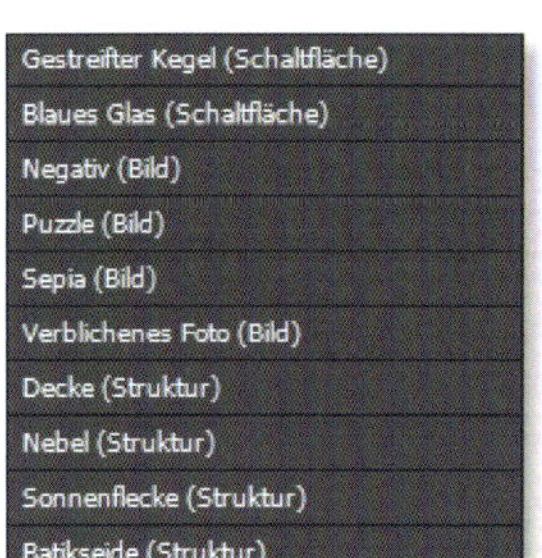

▲ **Abbildung 7.31**
Liste der Stile in der Stile-Palette, Ansicht Nur Text

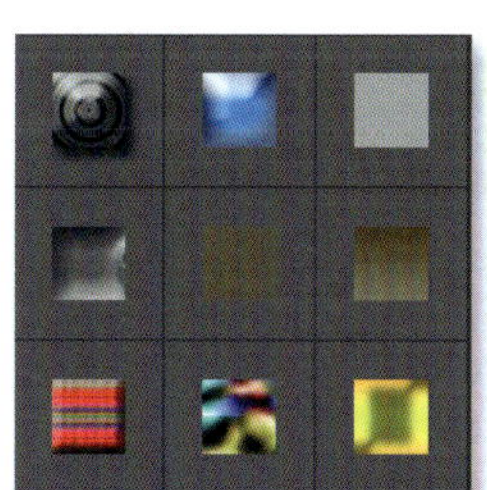

▲ **Abbildung 7.32**
Die Ansicht Grosse Miniatur

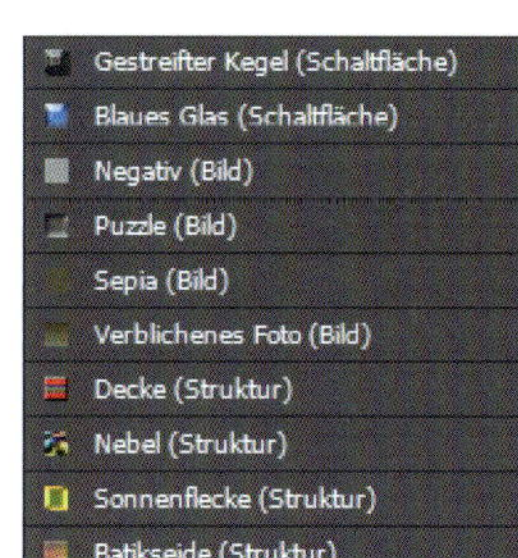

▲ **Abbildung 7.33**
Die Ansicht Kleine Liste

Bibliotheken laden | In der Regel werden nie alle Inhalte aller existierenden Bibliotheken in den Listen angezeigt – dann würden die Listen nämlich schnell sehr lang und unübersichtlich. Stattdessen können Sie sich eine oder mehrere Bibliotheken in die Listen laden. Dort stehen sie dann zum Direktzugriff bereit. Zu diesem Zweck stehen die Befehle unter 4 und 5 zur Verfügung.

Am unteren Ende der Liste finden Sie eine Übersicht 5 der zur Verfügung stehenden Bibliotheken (in Abbildung 7.30 sehen Sie etwa eine Liste mit Stil-Bibliotheken). Wenn Sie auf einen der aufgeführten Bibliotheksnamen klicken, fragt Photoshop Sie zunächst, wie es beim Laden der Bibliothek in die Liste vorgehen soll. Sie können eine neue Bibliothek

- an die bestehende Bibliothek anfügen (Befehl Anfügen, die Liste wird dann länger)
- oder die bereits geladene Bibliothek durch eine neue ersetzen (OK klicken).

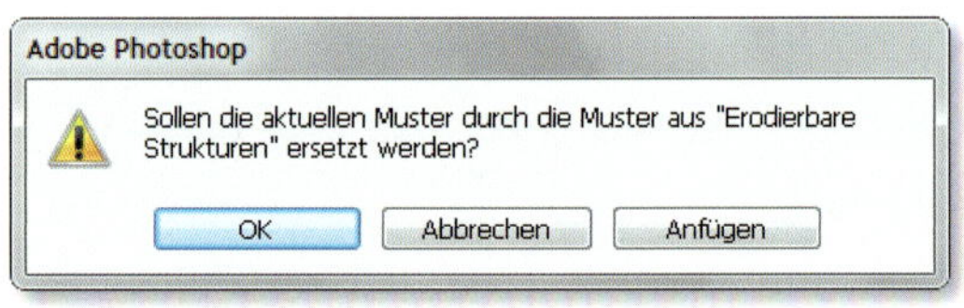

Abbildung 7.34 ▸
Wie soll mit der neu geladenen Muster-Bibliothek verfahren werden?

Mit den Befehlen unter 4 bestimmen Sie auch direkt, was Photoshop mit den Bibliotheken machen soll.

- [Vorgabe] zurücksetzen... stellt die Standardeinstellungen wieder her.
- [Vorgabe] laden... öffnet den jeweiligen Vorgabenordner. Die ausgewählte Bibliothek wird dann an die bestehende Liste angehängt.
- [Vorgabe] ersetzen... ersetzt die aktuelle Bibliothek durch eine neu ausgewählte.

Bibliotheken ändern | Sie können auch Änderungen an den geladenen Bibliotheken durchführen, die Befehle finden sich ganz am Anfang des Menüs 2 (nicht bei Paletten).

- Neue [Vorgabe] fügt ein neues Muster, einen Stil, ein Farbfeld usw. an die aktuelle Liste an. Details zum Vorgehen finden Sie auch in den Kapiteln zu den jeweiligen Themen.
- Mit Hilfe von [Vorgabe] umbenennen können Sie einer Vorgabe einen neuen Namen geben.
- [Vorgabe] Löschen entfernt eine Vorgabe aus der Liste.

Um solche Änderungen an einer Bibliothek dauerhaft zu sichern, nutzen Sie den Befehl [VORGABE] SPEICHERN ... Der Befehl führt Sie zu einem Speichern-Dialog, in dem Sie die Bibliothek, die Sie durch eigene Einstellungen verändert haben, unter einem neuen Namen sichern. Das ist sinnvoll, da eigene Einstellungen sonst beim unbedachten Zurücksetzen leicht verlorengehen.

Erhöhter Verwaltungskomfort mit dem Vorgaben-Manager

Der Vorgaben-Manager bietet erhöhten Verwaltungskomfort und den zentralen Zugriff auf alle eigenen Ressourcen. Neben den Befehlen, die Sie bereits kennen, stehen Ihnen weitergehende Funktionen für die Verwaltung von Vorgaben zur Verfügung. Änderungen, die Sie hier durchführen, wirken sich im gesamten Programm aus, das heißt an allen Stellen, an denen Sie auf die jeweilige Vorgabe zugreifen können. Sie erreichen den Vorgaben-Manager über BEARBEITEN • VORGABEN • VORGABEN-MANAGER oder über das Seitenmenü von Paletten, Dialogboxen oder Optionsleisten, in denen Vorgaben vorkommen.

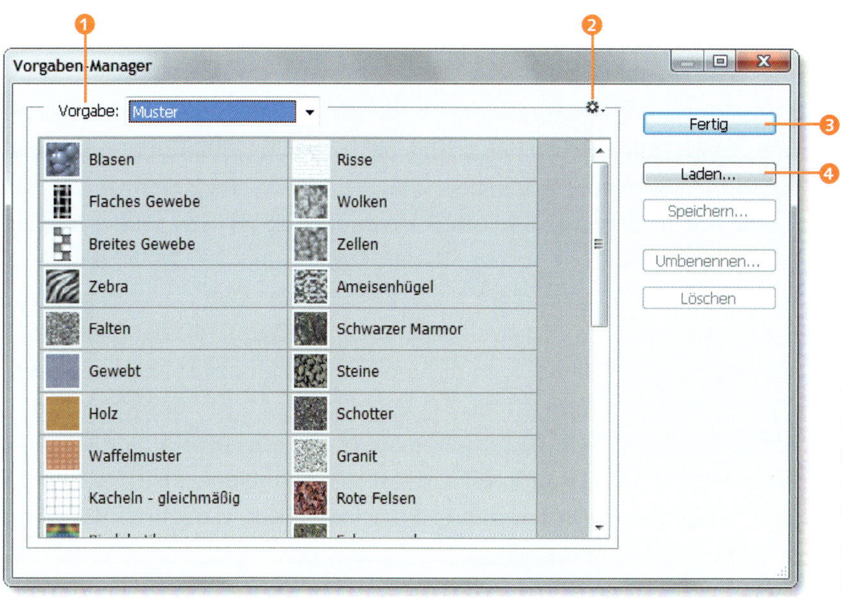

◀ **Abbildung 7.35**
Im Vorgaben-Manager können Sie alle Kreativvorgaben ❶ bequem verwalten. Das Seitenmenü ❷ des Vorgaben-Managers und die Buttons rechts enthalten die bereits bekannten Befehle.

Wählen Sie zunächst unter VORGABE ❶, welche Vorgaben Sie modifizieren wollen. Laden Sie gegebenenfalls die Bibliothek (Button LADEN ❹), die Sie bearbeiten möchten, nehmen Sie Ihre Einstellungen vor, und bestätigen Sie diese mit dem Button FERTIG ❸. Ihre Änderungen werden sofort wirksam.

Die Reihenfolge von Elementen ändern | Sie ändern die Reihenfolge von Elementen in einer Bibliothek durch einfaches Verschieben. Dazu fassen Sie das Element mit der Maus an und ziehen es an seinen neuen Platz in der Liste – so wie Sie es auch mit Ebenen in der Ebenen-Palette machen. Bei häufig gebrauchten Vorgaben sparen Sie sich unter Umständen langes Scrollen.

Löschen von Elementen | Einfacher ist auch das Löschen von einzelnen Elementen aus Vorgabenbibliotheken. Das ist besonders dann sinnvoll, wenn Sie eigene Bibliotheken anlegen wollen, die keines der bereits vorgegebenen Elemente enthalten sollen.

- **Einzelne Elemente** löschen Sie, indem Sie sie markieren und dann den LÖSCHEN-Button betätigen. Alternativ klicken Sie bei gehaltener Alt-Taste auf das Element in der Liste, das Sie entfernen wollen.
- Praktisch ist, dass Sie auch **mehrere Elemente** auf einen Schlag löschen können. Nutzen Sie dazu die Strg- bzw. cmd-Taste, um mehrere einzelne Elemente auszuwählen. Eine Reihe zusammenhängender Listeneinträge markieren Sie am schnellsten, indem Sie mit gehaltener ⇧-Taste das erste und letzte Element der Reihe anklicken. Benutzen Sie dann den Button LÖSCHEN.

Neue Bibliotheken erstellen | Sie können auf einfache Weise mit ausgewählten Elementen einer schon bestehenden Bibliothek eine neue Bibliothek erstellen. Dazu gehen Sie wie folgt vor: Markieren Sie die Elemente, die in die neue Bibliothek übernommen werden sollen. Klicken Sie auf SPEICHERN, und geben Sie den Namen und den Speicherort ein. Diese neue Bibliothek können Sie dann später weiter anpassen. Achtung: Nur wenn Sie die neue Bibliothek im Standard-Vorgabenordner ablegen, wird ihr Name dann im unteren Bereich der Seitenmenüs aufgeführt. Üblicherweise öffnet der Vorgaben-Manager automatisch den richtigen Ordner. Falls nicht, fahnden Sie im Programmordner auf Ihrer Festplatte nach einem Ordner namens PRESETS und den jeweiligen – englisch benannten – Unterordnern. Speichern Sie Ihre eigenen Vorgaben nicht im Ordner ADOBE PHOTOSHOP CS6 SETTINGS und seinen Unterordnern – dieser Ordner ist für die Vorgaben reserviert, die Photoshop bereits mitbringt. Eigene Vorgaben müssen Sie unter PRESETS einsortieren.

Vorgabenmigration, Import und Export

Wer bereits in früheren Programmversionen fleißig Vorgaben erstellt und gehortet hat, darf sich freuen: Vorgaben aus älteren Programmversionen können nun automatisch migriert werden. Zwar ist es auch in älteren Programmversionen möglich, Vorgaben zu übernehmen – einfach, indem Sie sie in den entsprechenden Dateiordner kopieren. Jetzt geht es komfortabler. Photoshop bietet das automatische Migrieren beim ersten Programmstart an, Sie können jedoch auch den Befehl BEARBEITEN • VORGABEN • VORGABEN migrieren nutzen. Dabei werden alle Vorgaben ausnahmslos übernommen.

Wenn Sie nur einzelne Bibliotheken exportieren oder importieren wollen – etwa, um Vorgaben für einen bestimmten Auftrag mit Teamkollegen auszutauschen –, können Sie Photoshops Export-Import-Tool heranziehen (BEARBEITEN • VORGABEN • VORGABEN EXPORTIEREN/IMPORTIEREN).

Die Bedienung erschließt sich sofort:

1. Je nachdem, ob Sie Vorgaben ex- oder importieren, wählen Sie die entsprechende Registerkarte.
2. Klicken Sie eine Datei an, die Sie übernehmen wollen.
3. Klicken Sie auf den kleinen Pfeil in der Mitte der Dialogbox ②.
4. Das wiederholen Sie so lange, bis die gewünschten Dateien in der Liste rechts ① stehen.
5. Dann klicken Sie auf VORGABEN EXPORTIEREN ③ oder VORGABEN IMPORTIEREN.

Automatische Vorgabenmigration
Zwei neue Funktionen in CS6 erleichtern das Handling von Vorgaben aus älteren Programmversionen und von anderen Installationen deutlich.

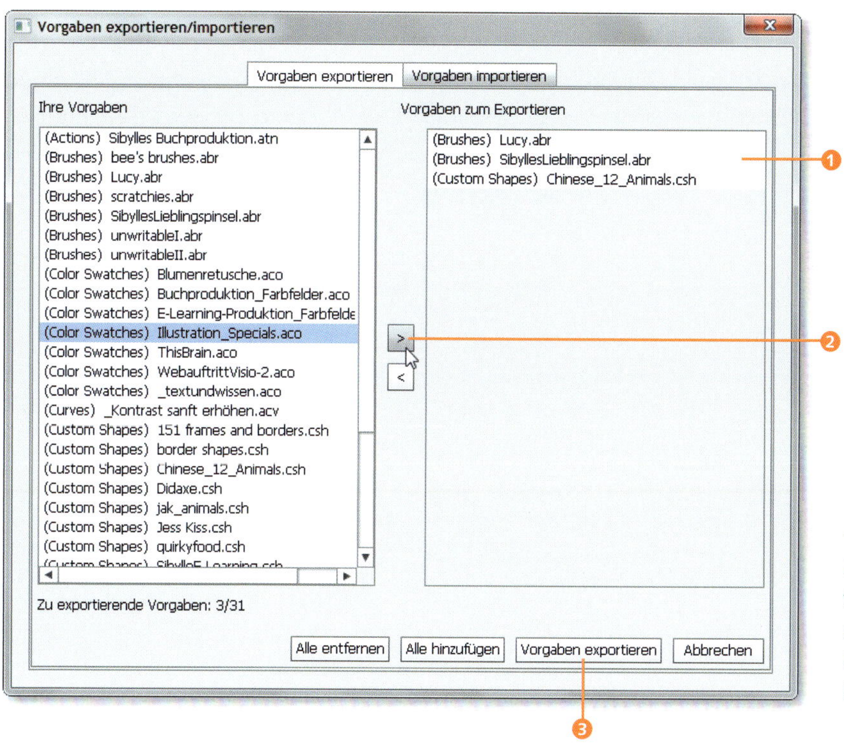

◄ **Abbildung 7.36**
Nie mehr manuell Ordnerstrukturen durchforsten, um eine bestimmte Vorgabendatei zu suchen: Photoshops Experte für Import/Export

TEIL III

Der Umgang mit Dateien

Kapitel 8
Dateien anlegen, öffnen und speichern

Ist ein ganzes Kapitel nötig, um zu erklären, wie man Dateien öffnet und speichert? Ja! Und zwar wegen der Vielzahl unterschiedlicher Dateiformate, weil Photoshop Vektorformate importieren kann und weil es – Stichwort Smartobjekte und Platzieren – besondere Funktionen dafür gibt.

8.1 Befehle zum Öffnen von Dateien

Nahezu alle Befehle zum Umgang mit Dateien finden Sie unter dem Menüpunkt DATEI, unter anderem die Befehle zum Öffnen von Dateien. Das Öffnen eines schon bestehenden Dokuments ist dabei nicht weiter schwierig. Sie erreichen den regulären Öffnen-Dialog auf mehreren Wegen:

- Im Menü DATEI finden Sie den Befehl DATEI ÖFFNEN .
- Der Shortcut zum Öffnen von Dateien ist Strg/cmd+O.
- Sie können auch die »Blitzvariante« verwenden. Dazu ist nur ein Doppelklick in die leere graue Photoshop-Arbeitsfläche nötig. Am Mac muss dafür der Anwendungsrahmen aktiviert sein.

Der Öffnen-Dialog selbst sollte Ihnen wenig Schwierigkeiten machen – er gleicht den entsprechenden Dialogfenstern anderer Programme. Optionen und Verhalten werden im Wesentlichen nicht von Photoshop, sondern vom jeweiligen Betriebssystem vorgegeben.

Mehrere Dateien öffnen | Sie können über diesen Dialog auch mehrere Dateien gleichzeitig öffnen, wenn diese im selben Ordner liegen. Halten Sie einfach Strg/cmd oder ⇧ gedrückt, während Sie die gewünschten Bilder durch Mausklicks anwählen. Aber Vorsicht: Wenn

Schneller öffnen mit der (Mini) Bridge

Der Öffnen-Dialog ist für die Verwaltung größerer Bildermengen nur bedingt geeignet. Die bessere Alternative: Adobes Bildverwalter **Bridge** (erreichbar über DATEI • IN BRIDGE SUCHEN und das Kürzel Alt+Strg/cmd+O) oder die **Mini Bridge**, die Sie direkt in Photoshop als Palette öffnen können. Mehr über beide Tools lesen Sie in Kapitel 9, »Adobe Bridge: Die Ordnungsmacht«.

Bildimport mit Twain und WIA
Sie können Bilder mit Ihrer Scannersoftware auf den Rechner importieren und dann einfach mit Photoshop öffnen und Bilder mithilfe von Bridge von der Kamera holen. Alternativ können Sie eine TWAIN- oder WIA-Schnittstelle (Windows Image Acquisition) direkt in Photoshop verwenden. In jedem Fall muss die für Ihren Scanner und die Kamera benötigte Software installiert sein. Nicht alle Kameras werden unterstützt.

Die TWAIN-Schnittstelle muss eigens nachinstalliert werden. Das CS5-Plugin funktioniert nicht mit Photoshop CS6. Nähere Informationen (auch zu CS6) und die aktuellen Downloads finden Sie unter *http://helpx.adobe.com/de/photoshop/kb/twain-plug-photoshop-cs4-cs5.html*.

Um WIA zu nutzen, wählen Sie Datei • Importieren • WIA-Unterstützung. Stellen Sie im Dialog das Zielverzeichnis ein. Die Option Importiertes Bild in Photoshop öffnen sollte deaktiviert sein, wenn Sie eine Vielzahl von Bildern importieren. Mit einem Klick auf Start beginnen Sie den Import.

Sie gleichzeitig mehrere große, speicherintensive Bilder öffnen, kommt Ihr Rechner unter Umständen schnell an den Rand seiner Kapazität.

Letzte Dateien öffnen | Unter Datei • Letzte Dateien öffnen finden Sie die von Ihnen zuletzt genutzten Dateien. Ein Klick genügt, um eine dieser Dateien zu öffnen. In den Voreinstellungen (Strg/cmd+K) unter Dateihandhabung (Strg/cmd+3) können Sie einstellen, wie viele Dateien in dieser Liste erscheinen.

Unbekannte oder unlesbare Dateiformate öffnen | Mit Photoshop können Sie auch versuchen, Bilder in einem Dateiformat öffnen zu lassen, das Sie selbst festlegen. Den Befehl Öffnen als gibt es nur unter Windows (Kürzel Strg+Alt+⇧+O). Sie sollten ihn dann einsetzen, wenn Photoshop das Dateiformat nicht erkennt, Sie aber den Verdacht haben, dass es sich um eine Bilddatei handelt. So ein Fall kann beim Dateiaustausch zwischen Mac- und Windows-Rechnern eintreten, weil einige ältere Mac-Applikationen die – für Windows unverzichtbare – Dateiendung nicht mitübermitteln.

PDF-Dateien importieren

Wie Sie vermutlich bereits wissen, ist das PDF-Format ein sehr vielseitiges Dateiformat: Es kann Text und Bild enthalten, Vektor- und Pixeldaten, zahlreiche Zusatzinformationen, und außerdem können PDF-Dokumente selbstverständlich mehrseitig sein. Um es den Nutzern zu ermöglichen, aus umfangreichen PDF-Dokumenten nur Teile – einzelne Seiten oder Bilder – zu öffnen, ist Photoshops Öffnen-Dialog für PDFs etwas umfangreicher. Ganz streng genommen werden die PDFs auf diese Art und Weise auch nicht einfach geöffnet, sondern importiert. Dies gilt allerdings nur für PDFs, die mit Adobe Acrobat erzeugt wurden – sogenannte generische PDFs.

Auch mit Photoshop können Sie Dateien als PDF speichern. Wie das geht, lesen Sie im Abschnitt »Speicheroptionen für Photoshop-PDF« auf Seite 242. Das Photoshop-PDF-Format unterscheidet sich ein wenig von den anderen PDFs. Photoshop-PDFs werden mit dem Befehl Datei Öffnen sofort geöffnet, ohne dass Sie noch etwas einstellen müssten.

Alltagstool zum PDF-Lesen
Die PDF-Importfunktion von Photoshop ist ganz klar auf die Bearbeitung von PDF-Dateien ausgelegt. Zum einfachen Öffnen und Lesen ist der Acrobat Reader die bessere Wahl.

Der Dialog »PDF importieren« | Adobe sorgt an dieser Stelle für Konfusion – nicht wenige Nutzer suchen vergeblich nach dem Befehl »PDF-Import«. Aber den gibt es nicht. Auch wenn die Funktion »PDF importieren« heißt und diese Bezeichnung unübersehbar im Dialogtitel zu lesen ist: Gestartet wird der PDF-Import-Dialog über Datei • Öffnen – **nicht**

über Importieren. Sobald Sie im Öffnen-Dialog ein (generisches) PDF-File ausgewählt haben, erscheint ein weiteres, umfangreiches Dialogfeld.

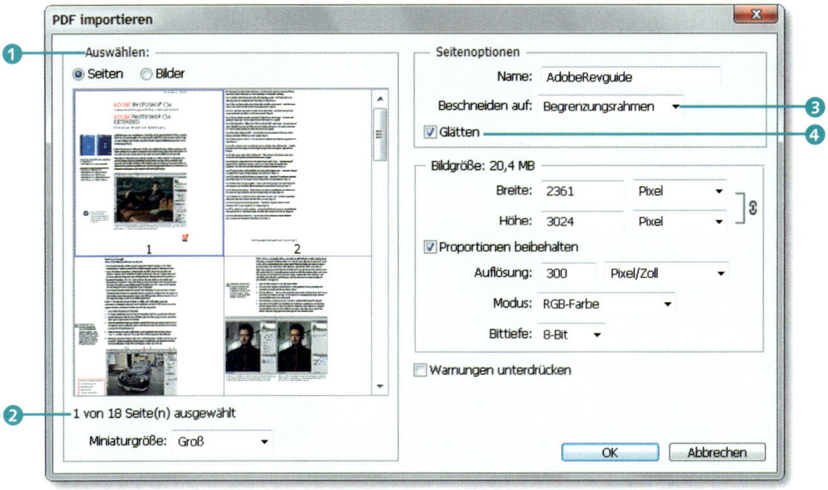

◄ **Abbildung 8.1**
Der Dialog zum Öffnen bzw. Importieren von PDF-Dateien in Photoshop

Als Erstes sollten Sie entscheiden, ob Sie Bilder oder ganze Seiten aus dem PDF in Photoshop öffnen wollen. Das tun Sie unter Auswählen (1).

Wählen Sie dann im Vorschaufenster die Bilder oder Seiten aus, die in Photoshop geöffnet werden sollen. Um mehrere Elemente auszuwählen, halten Sie ⇧ gedrückt. Es ist etwas schlecht zu erkennen, welche Elemente schon ausgewählt sind (ein schwarzer Rand um die entsprechenden Miniaturen zeigt es an), aber unter dem Vorschaufenster sehen Sie, wie viele Seiten oder Bilder bereits ausgewählt sind (2). Die Miniaturgrösse können Sie auch dort verstellen.

Die Parameter Auflösung, Modus und Bittiefe sollten Ihnen keine Schwierigkeiten bereiten. Interessant in den Seitenoptionen ist allerdings die Einstellung Beschneiden auf (3). Damit legen Sie fest, wie die ausgewählten PDF-Elemente importiert werden sollen. Die jeweiligen Befehle sind der PDF-Produktion entlehnt bzw. beziehen sich auf Dateiattribute, die dem PDF schon während seiner Produktion zugewiesen wurden.

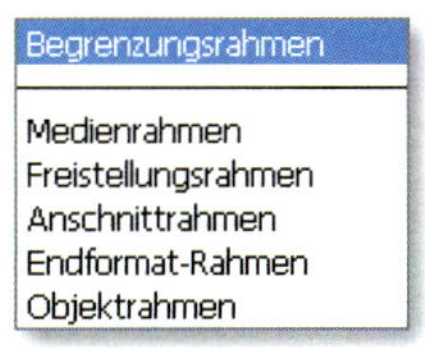

▲ **Abbildung 8.2**
Die Optionen unter Beschneiden auf

- Begrenzungsrahmen: Beschneidet das Originalformat sehr stark. Verwendet wird der kleinstmögliche rechteckige Bereich, der alle Text- und Grafikelemente der Seite enthält. Leere Bereiche werden entfernt.
- Medienrahmen: Erhält die Originalgröße.
- Freistellungsrahmen: Schneidet die Bilder oder Seiten auf den Beschneidungsbereich der PDF-Datei zu.
- Anschnittrahmen: Schneidet das PDF beim Importieren auf einen Bereich zu, der vorher in der PDF-Datei definiert wurde – z. B. zum Beschneiden, Falzen und Zuschneiden.

- ENDFORMAT-RAHMEN: Verwendet den Bereich, der für die endgültige Seitengröße vorgesehen ist.
- OBJEKTRAHMEN: Öffnet die Bilder oder Seiten in der Größe, die in der PDF-Datei schon vorher zum Platzieren der Daten in andere Anwendungen definiert wurde.

Entscheiden Sie nun noch, ob Sie GLÄTTEN 4 aktivieren wollen. Dann erstellt ein Klick auf OK mehrere Einzeldokumente auf der Arbeitsfläche.

▲ **Abbildung 8.3**
Glättung gibt es auch bei Schriften. Hier ohne …

▲ **Abbildung 8.4**
… und derselbe Buchstabe mit Glättung. Die Vergrößerung zeigt im Detail das dahintersteckende Prinzip.

Glätten | Dem Begriff »Glätten« begegnen Sie in Photoshop – und überhaupt bei der Bearbeitung von Pixelbildern – oft, denn er hängt mit einer grundlegenden »Konstruktionsschwäche« von Pixelbildern zusammen: Aus eckigen Bildpixeln lassen sich keine völlig glatten Rundungen formen. Besonders bei niedrigen Auflösungen werden unschön gezackte Treppenkanten sichtbar. Um diesem Effekt entgegenzuwirken, wird die Glättung eingesetzt. Dabei werden die Kantenpixel halbtransparent gesetzt, um so einen weicheren Übergang zur Hintergrundfarbe zu erzielen. Dadurch entsteht der optische Eindruck glatterer Kanten. Bisweilen geht aber auch eine leichte Unschärfe damit einher.

Bei Schriften wird die Glättung oft auch **Anti-Aliasing** genannt. Weil sich dort Unschärfen besonders ungünstig auswirken, gibt es sogar verschiedene Glättungsstärken, aus denen Sie wählen können.

Als Smartobjekt öffnen

Ein wichtiges Arbeitsprinzip von Photoshop sind Ebenen: Wie dünne Folien werden unterschiedliche Bildinhalte und sogar Korrekturschichten übereinandergelegt. Dem Bild selbst sieht man die Ebenen nicht an, beim Arbeiten ermöglicht das Konzept Flexibilität.

Smartobjekte sind besondere Ebenen, die zerstörungsfrei bearbeitet werden können. Sowohl Pixelbilder als auch Vektorbilder können zum Smartobjekt werden. Die Bilddaten des Ursprungsbildes, aus dem ein Smartobjekt erzeugt wurde, bleiben immer erhalten – auch wenn das Smartobjekt verkleinert, vergrößert, gedreht, beschnitten oder mit Filtern bearbeitet wird. So ist das zerstörungsfreie Bearbeiten der Ebene (des Smartobjekts) möglich: Sie können jeden Arbeitsschritt jederzeit wieder rückgängig machen oder aber wiederholen. Bei Bedarf können Sie Smartobjekt-Ebenen auch in gewöhnliche Pixelebenen verwandeln (EBENE • RASTERN • SMARTOBJEKT), der Befehl ist allerdings eine Einbahnstraße.

Mit dem Befehl DATEI • ALS SMARTOBJEKT ÖFFNEN erzeugen Sie aus einer bestehenden Datei eine neue Datei mit einer Smartobjekt-Ebene.

Die Ausgangsdatei bleibt unverändert. Die neue Datei mit dem Smartobjekt trägt denselben Namen wie die Ausgangsdatei, erweitert um den Zusatz »als Smartobjekt-1« ①. (Weitere Smartobjekte mit derselben Quelldatei werden fortlaufend durchnummeriert.)

Bild: Fotolia, Lori Martin

▲ **Abbildung 8.5**
Der Dokumenttitel verrät, dass es sich hier um ein (bisher noch nicht gesichertes) Smartobjekt handelt.

▲ **Abbildung 8.6**
In der Ebenen-Palette erkennen Sie Smartobjekte an dem kleinen Symbol ② in der Bildminiatur.

Dateien als Smartobjekt platzieren

Neben dem regulären Öffnen können Sie Dateien auch platzieren. Mit dem PLATZIEREN-Befehl setzen Sie eine Datei in ein bereits geöffnetes Pixelbild ein – und zwar als Smartobjekt. Die Ausgangsdatei des Smartobjekts kann eine Vektor- oder Pixelgrafik sein. In jedem Fall erleichtert Ihnen das Smartobjekt das Einpassen des eingefügten Elements, denn Smartobjekte lassen sich verlustfrei skalieren und transformieren, ohne dass die Bildqualität leidet. Auf platzierte Smartobjekte können Sie auch alle anderen üblichen Arbeitsschritte zerstörungsfrei anwenden:

- Transformationen: Sie können ein Smartobjekt skalieren, drehen, neigen, verzerren, verkrümmen oder perspektivisch transformieren.
- Zerstörungsfrei filtern: Smartfilter können Sie jederzeit verändern.
- Auf Smartobjekt-Ebenen können Sie Ebenenmasken anwenden.

Zum Weiterlesen
Lesen Sie die Abschnitte über Pixel- und Vektorbilder und Auflösung in Kapitel 3, »Bildbearbeitung: Fachwissen«, um die **Vorteile von Smartobjekten** zu verstehen. Mehr über **Smartobjekte in der Praxis** lesen Sie in Abschnitt 12.4, »Unterschätzte Datencontainer: Smartobjekte«, **Smartfilter** stelle ich in Kapitel 30, »Besser filtern«, vor.

Vorgehensweise | Bevor Sie beginnen, muss die Datei, in die das Objekt platziert werden soll, bereits in Photoshop geöffnet sein. Dann rufen Sie den Befehl DATEI • PLATZIEREN auf und wählen die gewünschte Grafik. Je nachdem, welchen Dateityp Sie zu platzieren versuchen, reagiert Photoshop unterschiedlich:

- Dateien in Pixelformaten (also JPG, TIFF und ähnliche) und EPS-Dateien werden sofort mit Positionsrahmen in die Datei eingefügt.
- Wenn Sie eine PDF- und Illustrator-Datei platzieren wollen, erscheint ein Dialogfeld, das dem PDF-Import-Dialog stark ähnelt.

Dateien auf der Buch-DVD: »Schatten.tif«, »Schriftzeichen.eps«

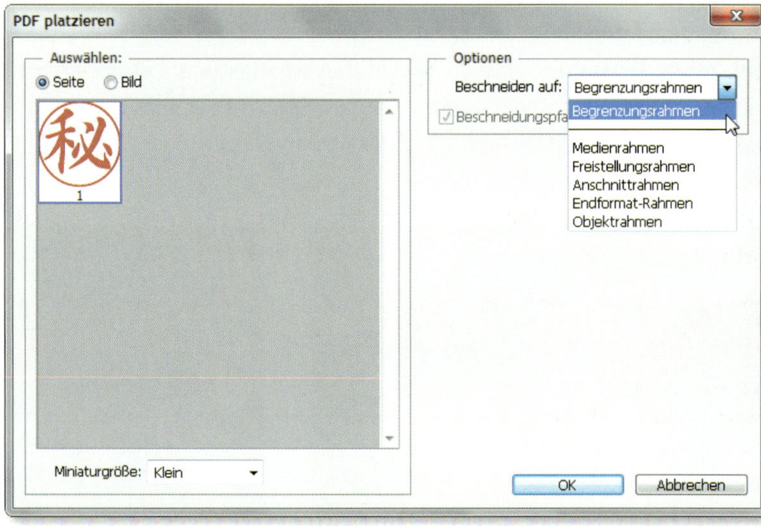

Abbildung 8.7 ▶
Der Dialog PDF PLATZIEREN erscheint, wenn Sie PDF- oder AI-Dateien platzieren.

Platzieren aus der Bridge

Auch der Dateiverwalter Adobe Bridge kann Dateien platzieren. Dank der Bildvorschau sehen Sie genau, um welche Datei es sich handelt. Besonders, wenn Sie Dateien mit kryptischen Namen vor sich haben, ist das von Vorteil. Öffnen Sie wie gewohnt die erste Datei (die, in der das Bild platziert werden soll) in Photoshop. Wechseln Sie dann zur Bridge, suchen Sie dort die gewünschte zweite Datei, und wählen Sie den Befehl DATEI • PLATZIEREN • IN PHOTOSHOP.

Platzierte Objekte einpassen | Die von Ihnen ausgewählte Datei wird in der Mitte des bereits geöffneten Bildes eingefügt. Sie steht in einem Begrenzungsrahmen, mit dessen Hilfe Sie Position und Größe der Grafik ändern.

Abbildung 8.8 ▶
Dieses Schriftzeichen lag als EPS vor und wird in einem Pixelbild platziert.

Auch über die Optionsleiste können Sie Position und Größe des platzierten Objekts anpassen. Egal, ob Sie die Grafik drehen, verschieben, skalieren oder gar nicht verändern – in jedem Fall müssen Sie das Platzieren **abschließen**. Dazu genügt ein Klick auf das kleine Häkchen 2 am rechten Rand der Optionsleiste (oder ein Druck auf die [↵]-Taste). Das kleine Parkverbots-Icon 1 daneben bricht die ganze Aktion ab (alternativ drücken Sie [Esc]).

Zum Weiterlesen
Transformationsrahmen wie beim Anpassen platzierter Objekte finden Sie in Photoshop bei vielen anderen Funktionen. In Abschnitt 12.2, »Ebenen transformieren«, erfahren Sie mehr über ihre Handhabung.

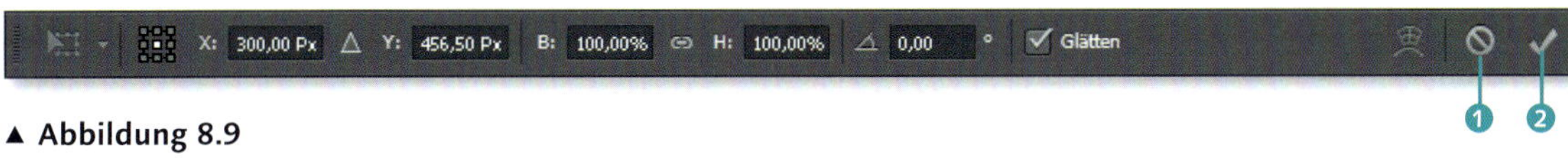

▲ **Abbildung 8.9**
Optionsleiste beim Platzieren von Grafiken: Hier können Sie exakte Werte eingeben.

Vektordateien gerastert öffnen

Sie können Vektordaten – genauer gesagt EPS-Dateien und Dateien aus Illustrator (Dateiendung .ai) – in Photoshop auch einfach öffnen. Dabei werden diese allerdings gerastert, also in Pixeldateien umgewandelt. Damit verlieren sie ihre Auflösungsunabhängigkeit. Deshalb ist die Arbeit mit Smartobjekten diesem Verfahren eigentlich vorzuziehen.

Einstellungen zum Rastern | Wollen Sie eine Datei mit Vektordaten als eigene Datei öffnen, gehen Sie zunächst so vor wie gehabt. Sie aktivieren das schon bekannte Menü Datei • Öffnen und wählen die Datei aus. Dann erhalten Sie eine Dialogbox, in der Sie aufgefordert werden, Auflösung, Größe, Bildmodus und Glättung festzulegen.

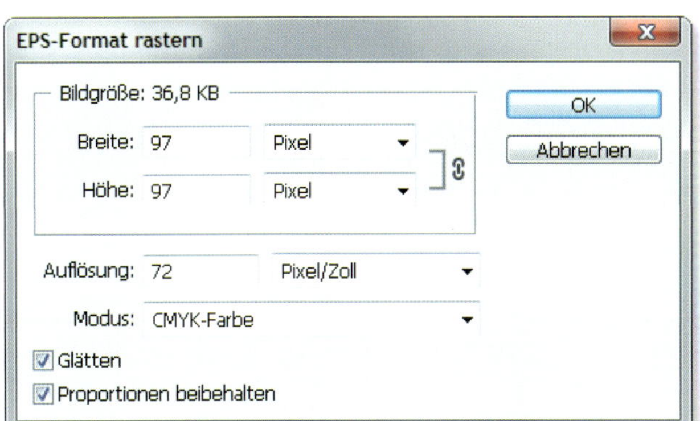

◄ **Abbildung 8.10**
Öffnen einer Datei mit Vektorinformationen – hier am Beispiel einer EPS-Datei

Mit Glätten werden die stufigen Kanten entfernt, die entstehen, wenn Vektoren in ein Pixelmosaik überführt werden. Glätten erzeugt einen sanfteren Übergang zwischen den Objektkanten und benachbarten Pixeln. Der Befehl Proportionen beibehalten verhindert, dass das

Illustrator-Dateien in Photoshop weiterbearbeiten

Wenn Sie mit einer Illustrator-Datei in Photoshop mehr anstellen wollen, als Smartobjekte oder eine gerasterte Version zu erlauben, müssen Sie in Adobe Illustrator ansetzen. Komplexe Vektorobjekte wie Verläufe oder Verlaufsgitter gehen beim Import verloren. Bei günstigem Dateiaufbau lassen sich Text oder einfach gefüllte Vektorformen jedoch nach Photoshop hinüberretten. In jedem Fall müssen Sie dazu von Illustrator aus den Export als PSD-Datei veranlassen. Dazu nutzen Sie den Befehl DATEI • EXPORTIEREN. Achten Sie dann beim Festlegen der Exportoptionen darauf, das Farbmodell der Datei nicht zu verändern, sonst gehen eventuell vorhandene Ebenen verloren.

Bildobjekt beim Öffnen in Photoshop verzerrt wird. Wenn die Option deaktiviert ist, richten sich die Proportionen nach Ihrer Höhen- und Breitenangabe; das Motiv wird dann unter Umständen verzerrt.

Nach Ihren Vorgaben wird die Datei dann **gerastert** (auch: **gerendert**). Das heißt, die Vektordaten werden in Pixeldaten umgewandelt – und verlieren dabei natürlich ihre günstigen Vektoreigenschaften wie die verlustfreie Skalierbarkeit. Auch eventuell im Original vorhandene Bildebenen gehen beim Rastern verloren. Anschließend können Sie die Datei mit allen gewohnten Photoshop-Funktionen normal weiterbearbeiten.

Copy & Paste von Illustrator-Dateien | Sie können Grafiken aus Illustrator auch per Copy & Paste in Photoshop einfügen. Ob diese Datei dann beim Einfügen automatisch gerastert wird oder nicht, müssen Sie zuvor in den **Illustrator-Voreinstellungen** festlegen:

- Um eine Grafik beim Einfügen in Photoshop sofort automatisch zu rastern, deaktivieren Sie die Optionen PDF und AICB (KEINE TRANSPARENZUNTERSTÜTZUNG).
- Aktivieren Sie beide Optionen, wenn Sie die Wahl haben wollen, wie Ihre Datei eingefügt wird.

8.2 Eine neue Datei erzeugen

Im Grunde ist das Erzeugen einer neuen Datei nicht schwer: Ein Mausklick öffnet das Dialogfeld, die erforderlichen Einstellungen sind schnell gemacht – fertig. Die Tücke steckt im Detail, und ein wenig Hintergrundwissen ist unbedingt nötig, um einer Bilddatei von Anfang an die richtigen Eigenschaften zuzuweisen. **Auflösung** und **Bildmodus** sind die Parameter, die Sie im Griff haben müssen, um die für den jeweiligen Zweck geeignete Datei anzulegen.

Der Dialog »Neu«

Es gibt zwei Wege, die Dialogbox aufzurufen, mit der Sie eine neue Datei anlegen:

- den Weg über den Menüpunkt DATEI • NEU
- mit Hilfe des Tastaturkürzels `Strg`/`cmd`+`N`

Datei benennen | Unter NAME (1) können Sie bereits hier einen aussagekräftigen Dateinamen vergeben. Beachten Sie aber, dass Ihre Datei trotzdem noch nicht gesichert ist: Das Speichern müssen Sie in einem weiteren Arbeitsschritt erledigen!

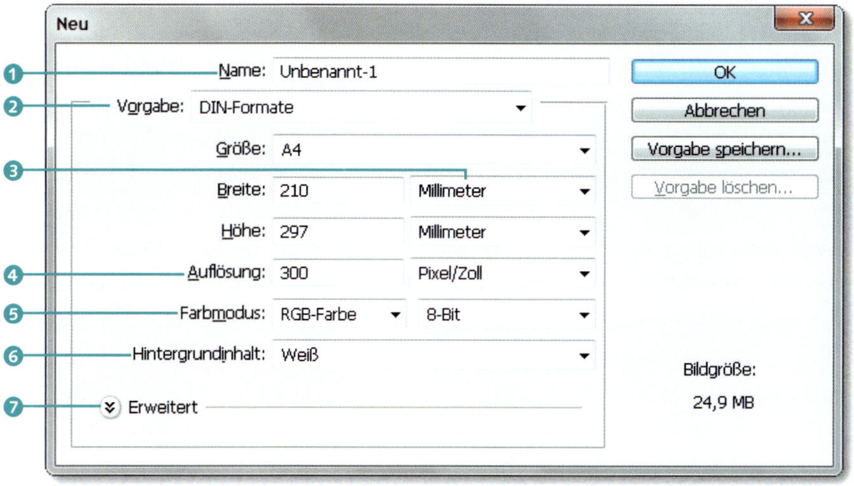

◀ **Abbildung 8.11**
Das Dialogfeld zum Anlegen einer neuen Datei

Bildgröße | Um die Bildgröße festzulegen, gibt es mehrere Möglichkeiten. Ist unter VORGABE ❷ in der Dropdown-Liste BENUTZERDEFINIERT eingestellt (was standardmäßig der Fall ist), können Sie BREITE und HÖHE der Datei von Hand eintragen.

Vorgaben auswählen | In Photoshop ist jedoch auch eine Reihe von oft verwendeten Maßen für Druck und Webgrafik hinterlegt. Das ist ziemlich praktisch, weil man natürlich nicht alle DIN- und sonstigen Standardmaße im Kopf hat. Um diese Voreinstellungen zu erreichen, klappen Sie zunächst die Liste unter VORGABE aus. Dort finden Sie alle wesentlichen Produktionsbereiche.

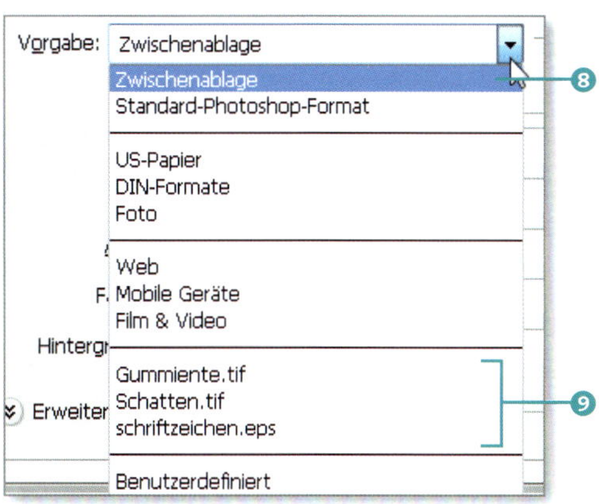

▲ **Abbildung 8.12**
Vorgaben zum Erzeugen neuer Dateien. Interessantes Detail: Aktuell geöffnete Bilder ❾ und der Inhalt der Zwischenablage ❽ stehen hier ebenfalls zur Verfügung, um eine neue Datei mit denselben Parametern anzulegen.

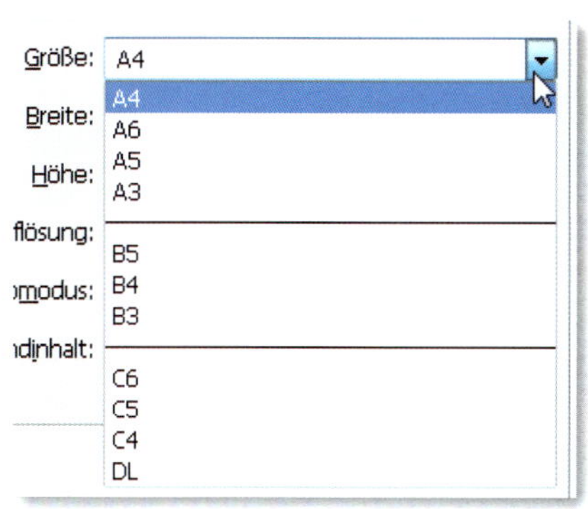

▲ **Abbildung 8.13**
Unter GRÖSSE können Sie Ihr Wunschformat wählen, hier die DIN-Formate. Alle anderen Eingaben werden dann automatisch angepasst.

Wenn Sie Ihre Auswahl getroffen haben, werden die in Frage kommenden Maße im Feld GRÖSSE direkt im NEU-Dialog präsentiert (so wie in Abbildung 8.13 zu sehen). Leider sind nicht alle Maße an europäische Verhältnisse angepasst, z.B. entsprechen die vorgegebenen Foto-Abmessungen in Zoll nicht unseren Formaten.

Maßeinheiten vorgeben | Wenn Sie die Werte manuell eingeben, achten Sie auch darauf, dass Sie die richtige Maßeinheit ❸ einstellen. Zur Auswahl stehen Pixel, Zoll, cm, mm, Punkt und Pica.

Auflösung | Der nächste Punkt ist die AUFLÖSUNG ❹. Auch hier können Sie einen Wert ins Eingabefeld eintippen. Wenn Sie zuvor eine Dateigröße aus der Vorgabenliste gewählt haben, ist hier meist schon die passende Auflösung eingetragen.

Zum Weiterlesen
Begriffe wie **Datentiefe, Auflösung und Farbmodus** sollten Ihnen nach der Lektüre von Kapitel 3, »Bildbearbeitung: Fachwissen«, keine Schwierigkeiten mehr bereiten. In Kapitel 41 zum Thema Farbmanagement erfahren Sie mehr über die Bedeutung von **Farbprofilen**.

Farbmodus | Unter FARBMODUS ❺ stellen Sie ein, nach welchem Farbmodell die Bildfarben berechnet werden sollen bzw. welche Datentiefe Ihr Bild haben soll.

Zum Weiterlesen
Mehr über **Ebenen und Hintergrundebenen** lesen Sie in Abschnitt 11.3, »Ebenenarten«. Mehr über **Videobearbeitung mit Photoshop** erfahren Sie in Kapitel 38.

Hintergrundinhalt | Der Punkt HINTERGRUNDINHALT ❻ legt fest, wie die erste Ebene des neuen Bildes gefüllt ist: WEISS und TRANSPARENT sind nicht erklärungsbedürftig, HINTERGRUNDFARBE bezieht sich auf Ihre Einstellung in der Werkzeugleiste.

Wenn Sie WEISS oder HINTERGRUNDFARBE einstellen, wird eine neue Datei mit einer Hintergrundebene erzeugt. Ist Ihre Einstellung TRANSPARENT, verfügt Ihre neue Datei über eine reguläre, transparente Bildebene, denn Hintergrundebenen können nicht transparent sein.

Erweitert | Wenn Sie im Dialogfenster NEU nun noch ERWEITERT ❼ anklicken, erhalten Sie zusätzliche Optionen: FARBPROFIL bezieht sich auf das Farbmanagement des Bildes. Das PIXEL-SEITENVERHÄLTNIS ist interessant, wenn Sie Bilder für Videos produzieren: Dann können Sie mit nichtquadratischen Pixeln arbeiten. Für alle anderen Fälle ist QUADRATISCHE PIXEL die richtige Einstellung.

Eigene Dokumentvorgaben anlegen | Die Voreinstellungsgrößen, die Sie am häufigsten brauchen, können Sie auch als eigene Voreinstellungen anlegen. Sie finden sie dann in der Liste und können so schnell:

1. **Werte festlegen:** Starten Sie den Dialog DATEI • NEU, und geben Sie im Dialogfeld die gewünschten Werte ein.
2. **Vorgabe speichern:** Wenn Sie alle gewünschten Dateieigenschaften eingetragen haben, klicken Sie auf den Button VORGABE SPEICHERN.

Es erscheint ein Dialog, in dem Sie nochmals festlegen können, welche der festgelegten Dokumenteigenschaften Sie tatsächlich in die Vorgabe übernehmen wollen. Dort vergeben Sie außerdem einen Namen für die neue Vorgabe.

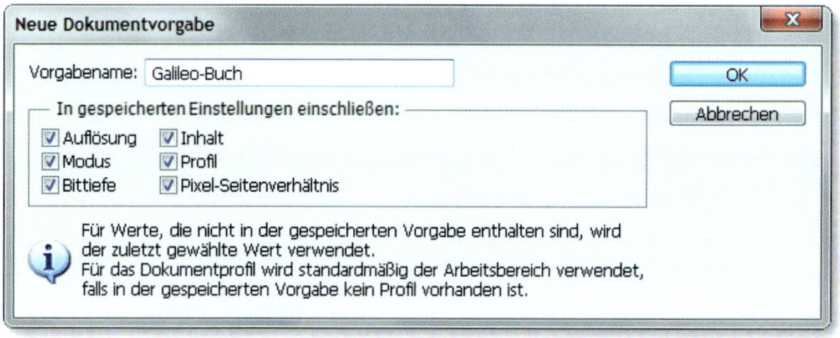

◂ **Abbildung 8.14**
Wählen Sie aussagekräftige Namen.

3. **Vorgaben verwenden:** Beim nächsten Neuanlegen einer Datei sind Ihre Vorgaben unter dem von Ihnen festgelegten Namen in der Vorgabenliste vertreten.

Nicht benötigte Vorgaben löschen

Mit dem Button VORGABE LÖSCHEN können Sie Ihre Vorgaben natürlich auch wieder aus der Liste entfernen.

8.3 Dateien speichern

Für das Speichern von Dateien bietet Photoshop eine Vielzahl von Befehlen und Einstellungsmöglichkeiten – für alle Dateiformate mit ihren jeweiligen Optionen, für die unterschiedlichsten Einsatzzwecke und Arbeitssituationen.

Verfügbare Speicherbefehle

Unter dem Menüpunkt DATEI finden sich drei Speicherbefehle: SPEICHERN und SPEICHERN UNTER sowie FÜR WEB SPEICHERN – ein eigenes, mächtiges Werkzeug.

- Der Befehl SPEICHERN (schnell zu erreichen über [Strg]/[cmd]+[S]) speichert Änderungen an einer aktuellen Datei. Die frühere Dateiversion wird dann ohne weitere Abfragen durch das Programm überschrieben.
- SPEICHERN UNTER ([⇧]+[Strg]/[cmd]+[S]) ruft den SPEICHERN-Dialog auf, in dem Sie verschiedene Speicheroptionen festlegen können. Das umfangreiche Dialogfenster SPEICHERN UNTER erscheint automatisch, wenn Sie eine Datei zum ersten Mal speichern wollen oder wenn Sie eine Datei in einem Format speichern wollen, das die aktuellen Eigenschaften der Datei nicht aufnehmen kann (zum Beispiel ein JPEG-Bild, dem zusätzliche Ebenen hinzugefügt wurden).

Zum Weiterlesen
Das **weboptimierte Speichern**, bei dem die Balance zwischen Dateigröße und Bildqualität gehalten werden muss, ist ein sehr umfangreiches Thema. Lesen Sie mehr darüber in Kapitel 40, »Bilder für das Internet optimieren«.

Wenn Sie das Dateiformat im Dialog festgelegt haben, können Sie in den meisten Fällen während des Speichervorgangs weitere Optionen einstellen, um die Datei an Ihre Erfordernisse anzupassen.

Allgemeine Speicheroptionen

Photoshops allgemeine Speicheroptionen sind dateiübergreifend, jedoch nicht bei allen Dateiformaten im vollen Umfang verfügbar. Hinzu kommen dateitypische Speicheroptionen, über die Sie gleich noch mehr lesen werden.

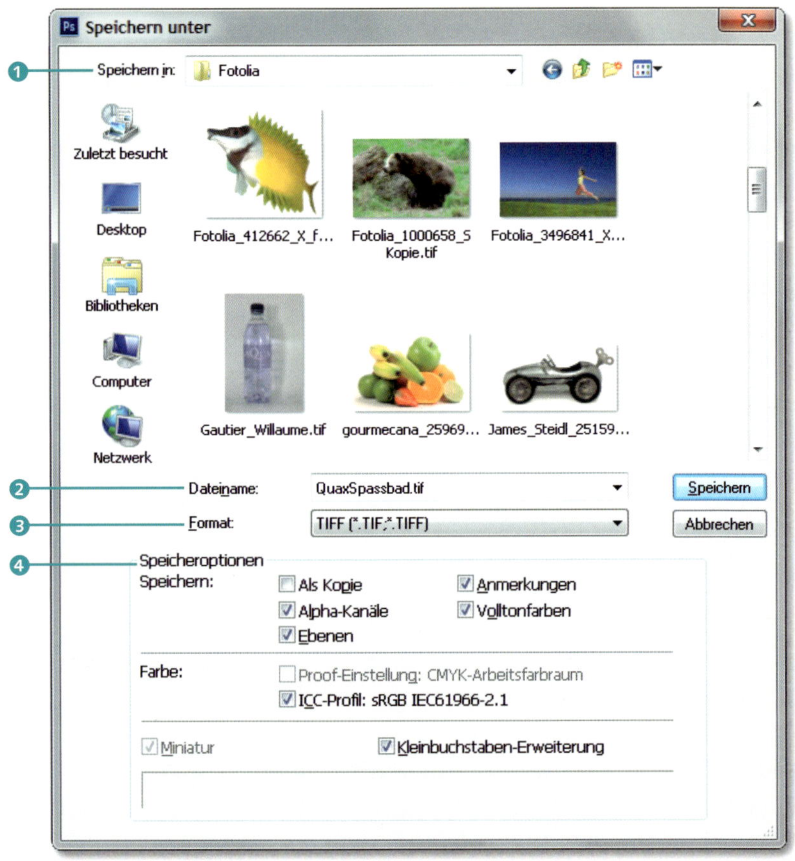

Abbildung 8.15 ▸
Adobes Speicherdialog

Im ausführlichen Dialog Speichern unter legen Sie Dateiname ❷, Speicherformat ❸ und -ort ❶ fest. Unter den Speicheroptionen ❹ stellen Sie ein, welche Dateieigenschaften mitgespeichert werden sollen. Zudem finden Sie hier Optionen für das Farbmanagement und die »Speicherformalien«.

Den Umgang mit den Speicheroptionen macht Photoshop Ihnen leicht: Die Optionen, die notwendig sind, um alle in der jeweiligen

Datei vorhandenen Informationen zu erfassen, sind bereits mit einem Haken aktiviert. Die Eigenschaften, die in der aktuellen Datei nicht vorhanden sind, können auch nicht als Optionen gewählt werden.

Wenn Sie eines dieser Merkmale beim Speichern abwählen, obwohl es in der Datei vorhanden ist, erhalten Sie einen unübersehbaren Warnhinweis und können die Datei nur als Kopie der geöffneten Originaldatei sichern.

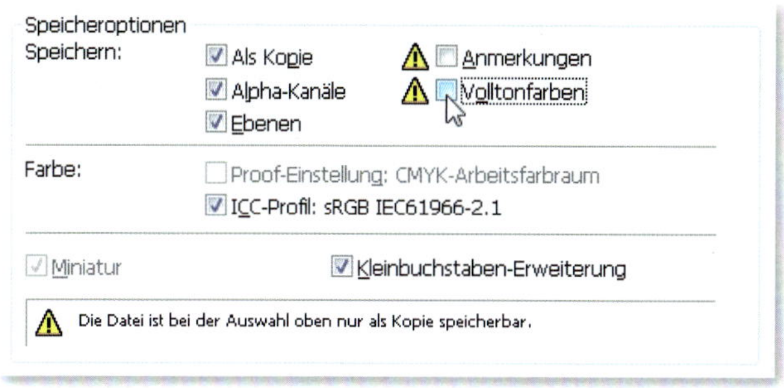

◀ **Abbildung 8.16**
Die kleinen Warndreiecke zeigen an, welche Dateieigenschaften durch Ihre aktuellen Speichereinstellungen gefährdet sind.

Kopie | Als Kopie speichert eine Kopie der Datei im aktuellen Zustand. Dabei bleibt die Version geöffnet, die Sie gerade bearbeiten. Sie bearbeiten also weiterhin die Version der Datei, die Sie bisher unter der Maus hatten – die Kopie verschwindet unberührt im Speicher. Darin unterscheidet sich Photoshop von vielen anderen Programmen. Die Option Als Kopie steht auch für fast alle Dateiformate zur Verfügung.

Alphakanäle | In den Alphakanälen sind Auswahlen und Masken konserviert. Mit dem Deaktivieren der Option Alpha-Kanäle werden sie unwiderruflich aus der Datei entfernt. Dadurch sparen Sie zwar ein wenig Speicherplatz, weil die Datei schlanker wird, verlieren aber wichtige Informationen, die Sie für eine spätere Bearbeitung des Bildes vielleicht einmal noch dringend brauchen.

Ebenen | Wenn Sie Ebenen abwählen, rechnet Photoshop alle sichtbaren Bildebenen Ihres Bildes auf eine Hintergrundebene herunter und löscht unsichtbare Ebenen. Dieser Vorgang kann nicht zurückgenommen werden. Wenn Sie tatsächlich alle Bildebenen miteinander verschmelzen wollen, sollten Sie das lieber in der Ebenen-Palette erledigen – hier sind die Kontrollmöglichkeiten besser.

Anmerkungen | Anmerkungen sind digitale Notizen am Bild. Sie sind ganz praktisch für eigene Kommentare oder auch für Nachrichten an die Kollegen, die das Bild weiterbearbeiten. Die Anmerkungen können im PSD-Format und in PDF-Dateien gespeichert werden. In der Anmerkungen-Palette (FENSTER • ANMERKUNGEN) können Sie sie betrachten oder editieren.

Volltonfarben | VOLLTONFARBEN schließlich legt fest, ob eventuell von Ihnen angelegte Kanäle mit Sonderfarben mitgespeichert werden. Das Deaktivieren der Option entfernt bestehende Volltonfarbkanäle dauerhaft aus dem Bild.

Zum Weiterlesen
Ziehen Sie Kapitel 41, »Farbmanagement: Mehr Farbtreue auf allen Geräten«, zu Rate, wenn Sie mehr darüber wissen wollen, wie Sie farbtreue Scans oder Ausdrucke erzeugen.

Farbe | Unter FARBE finden Sie zwei Punkte zum Farbmanagement eines Dokuments. Sie wissen bereits, dass die im Produktionsprozess wichtigsten Farbsysteme RGB und CMYK geräteabhängig sind und zudem unterschiedliche Farbräume abdecken. In Photoshop ist ein komplexes Farbmanagementsystem integriert. Damit soll gewährleistet werden, dass Farben auf verschiedenen Geräten konsistent wiedergegeben werden – vom Scannen bis zum Druck.

Die Einstellungen beim Speichern einer Datei sind nur eine von vielen Möglichkeiten, in dieses System einzugreifen. Hier Änderungen vorzunehmen, ist in jedem Fall nur etwas für erfahrene Anwender. Im Zweifelsfall ist es besser, kein Farbprofil in die Datei einzubetten als ein falsches!

Kompatible PSD-Dateien
Die Dateiformate PSD und PSB sind proprietäre Formate von Adobe. Zumindest PSD kann jedoch auch von einigen anderen Anwendungen angezeigt werden. Unter dem Menüpunkt VOREINSTELLUNGEN (Strg/cmd+K) und dort auf der Registerkarte DATEIHANDHABUNG (Strg/cmd+3) können Sie die PSD/PSB-Kompatibilität mit älteren Photoshop-Versionen und anderen Applikationen erhöhen. Allerdings nimmt die Dateigröße dadurch zu. Und die Option hilft Ihnen nicht unbedingt, wenn beim Erstellen der Datei eine Funktion zum Einsatz kam, die in älteren Photoshop-Versionen schlichtweg fehlt!

Miniatur | Die Option MINIATUR ist normalerweise immer gewählt, aber ausgegraut. Diese Option bettet eine Miniaturvoransicht des Bildes in die Datei ein. Wenn Sie hauptsächlich mit Photoshop, der Bridge oder einem anderen speziellen Bildbetrachter arbeiten, brauchen Sie diese Miniatur eigentlich nicht, denn dort funktioniert die Voransicht sowieso. Interessant wird die Option, wenn ein fremder, nicht für Bilddateien ausgelegter Dateibrowser für die Bildverwaltung genutzt wird. Unter VOREINSTELLUNGEN • DATEIHANDHABUNG finden Sie den Punkt BILDVORSCHAU. Dort können Sie das Standardverhalten von Photoshop beim Speichern ändern. Mit der Einstellung IMMER liegen Sie auf der sicheren Seite, denn die Bildminiatur kostet nicht viel Speicherplatz – ihr Fehlen hingegen kann im entscheidenden Moment Ärger bereiten.

Kleinbuchstaben-Erweiterung | Die Option KLEINBUCHSTABEN-ERWEITERUNG schließlich legt fest, ob eine Dateiendung beispielsweise »PSD« oder »psd«, »GIF« oder »gif« lautet. Besonders dann, wenn Sie Ihre Datei im Web einsetzen wollen, ist eine konsequente Kleinschreibung angeraten, da viele Internetserver zwischen Klein- und Großbuchstaben differenzieren und durch voneinander abweichende Schreibweisen Fehlermeldungen produziert werden können.

8.4 Optionen für spezielle Dateiformate

Neben allgemeinen Speicheroptionen, mit denen Sie etwa den Dateinamen, Speicherort und beim Speichern aufzunehmende Dateieigenschaften festlegen, haben fast alle Dateiformate eigene Optionen.

TIFF-Speicheroptionen

Das Dateiformat TIFF ist eine gute Alternative zum proprietären Format PSD, besonders zur Weitergabe und zur langfristigen Sicherung von Bilddaten. Die allgemeinen Optionen, die Sie schon vom PSD-Format kennen, stehen auch für TIFF-Dateien zur Verfügung. Wenn Sie das Speichern per Buttonklick bestätigt haben, wird ein weiteres Dialogfeld eingeblendet.

TIFFs kompatibel halten | Eigentlich ist TIFF ein ideales Austauschformat für Dateien, bei denen Ebenen, Kanäle und ähnliche Eigenschaften erhalten bleiben sollen. Es kann von zahlreichen anderen Anwendungen gelesen werden und legt Sie nicht für alle Zeiten auf die Adobe-Welt fest. Allerdings ist beim Umgang mit den dateispezifischen Optionen Vorsicht geboten, denn Photoshop reizt die Möglichkeiten, die das Dateiformat TIFF bietet, weit aus. Das hat zur Folge, dass andere Programme unter Umständen nicht mit allen Photoshop-TIFFs umgehen können. Besonders problematisch sind die ZIP- und die JPEG-Komprimierung, Transparenz und Bildpyramide sowie mitgespeicherte Ebenen.

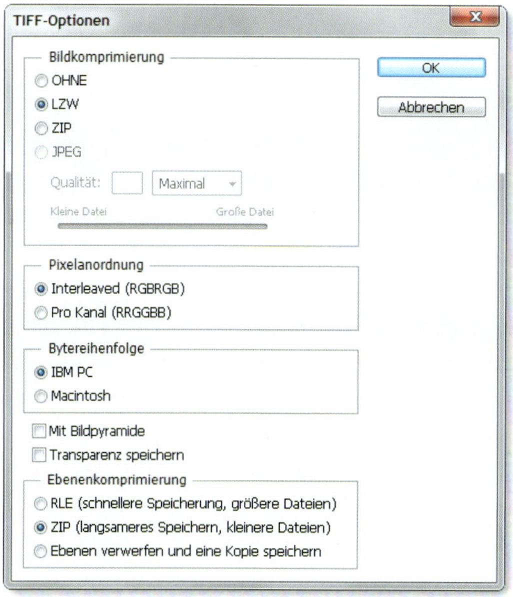

◂ **Abbildung 8.17**
Weitergehende Speichereinstellungen für Dateien im TIFF-Format

Bildkomprimierung | Zunächst wählen Sie die BILDKOMPRIMIERUNG: LZW und ZIP arbeiten verlustfrei, die JPEG-Kompression ist verlustbehaftet und kann mit Hilfe des Schiebereglers dosiert werden. LZW ist hier die Einstellung der Wahl – sie ist verlustfrei und auch im Austausch mit anderen Applikationen unkompliziert.

Pixelanordnung | Unter PIXELANORDNUNG wird beim Schreiben von TIFF-Dateien in Photoshop standardmäßig die INTERLEAVED-Kanalreihenfolge verwendet. Theoretisch können Dateien in der PRO KANAL-Reihenfolge jedoch schneller gelesen und geschrieben werden, und auch hinsichtlich der Komprimierung soll diese Reihenfolge Vorteile bieten. Beide Kanalreihenfolgen sind mit älteren Versionen von Photoshop abwärtskompatibel. Ob andere Programme mit »Pro-Kanal«-TIFFs umgehen können, ist wieder eine andere Frage.

Bytereihenfolge | Ob Sie unter BYTEREIHENFOLGE IBM PC oder MACINTOSH wählen, ist in der Praxis meist wenig relevant – Photoshop kommt immer mit beiden Versionen zurecht.

Bildpyramide und Transparenz | Die Option MIT BILDPYRAMIDE kann sinnvoll sein, wenn Sie das Bild in Layoutprogrammen wie zum Beispiel Adobe InDesign weiterbearbeiten wollen. Damit wird das TIFF-Bild in mehreren unterschiedlichen Auflösungen innerhalb einer einzigen Datei gespeichert. Das ermöglicht das schnelle Laden der Grafik in Ihr Layoutprogramm. Diese Option beansprucht allerdings zusätzlichen Speicherplatz.

Wenn transparente Bereiche des Bildes auch in anderen Anwendungen transparent erscheinen sollen, muss TRANSPARENZ SPEICHERN aktiviert sein.

Reminder für Ebenen-TIFFs

Auf Wunsch erhalten Sie jedes Mal einen Hinweis, bevor Sie sich an das potentiell problematische Speichern von Ebenen-TIFFs machen. Setzen Sie dazu in den Voreinstellungen (Strg/cmd+K) unter DATEIHANDHABUNG (Strg/cmd+3) bei der Option VOR DEM SPEICHERN VON TIFF-DATEIEN MIT EBENEN FRAGEN ein Häkchen.

Ebenenkomprimierung | Sofern Ihr Bild mehrere Ebenen enthält, bietet Photoshop-TIFF unter EBENENKOMPRIMIERUNG die Möglichkeit, sie zu erhalten und ebenfalls zu komprimieren. Beide angebotenen Kompressionsmethoden sind im Austausch mit Nicht-Adobe-Anwendungen problematisch. Denn hier speichert Photoshop stillschweigend auch Beschneidungspfade sowie mehrere Alphakanäle mit, wenn sie im Bild vorhanden sind. Diese Eigenschaften werden jedoch nicht von allen Programmen unterstützt.

Auf der sicheren Seite bleiben Sie, wenn Sie sich beim TIFF-Speichern auf die Optionen LZW-Kompression beschränken und bei der PIXELANORDNUNG bei INTERLEAVED bleiben! Die Option BYTEREIHENFOLGE hat in der Praxis geringe Auswirkungen; Sie können sie einfach ignorieren.

GIF-Speicheroptionen

Für das Erzeugen von Dateien in den Webformaten GIF, JPEG und PNG stehen in Photoshop zwei Möglichkeiten zur Verfügung:

- die Auswahl von GIF, JPG oder PNG im Speicherdialog unter FORMAT
- das mächtige Tool FÜR WEB SPEICHERN (erreichbar über das Menü DATEI oder mit dem Monster-Shortcut Alt+⇧+Strg+S bzw. Alt+⇧+cmd+S)

Mit dem Tool FÜR WEB SPEICHERN haben Sie erheblich differenziertere Möglichkeiten, das Aussehen und die Qualität Ihrer Datei zu beeinflussen, und können auch auf mehr webspezifische Optionen zugreifen. Wenn es einmal schnell gehen muss, tut es auch der normale Speicherdialog.

Zum Weiterlesen
Wie Sie das **Webspeichern-Werkzeug bedienen** und aus Ihren Bildern gute Qualität bei geringer Dateigröße herausholen, können Sie in Kapitel 40, »Bilder für das Internet optimieren«, nachlesen.

Der Dialog zum Speichern von GIFs | Die größte Herausforderung beim Erzeugen von GIFs ist es, dass dieses Format nicht alle Farben des sichtbaren Spektrums wiedergeben kann. Alle im Bild vertretenen Farben werden auf maximal 256 Farben reduziert. Nach welchem Muster das geschieht, können Sie einstellen. Das Dialogfeld ist identisch mit den Einstellungen für indizierte Bilder.

◀ **Abbildung 8.18**
Nachdem Sie im SPEICHERN-Dialog unter FORMAT die Option GIF bzw. COMPUSERVE GIF gewählt und bestätigt haben, erscheint dieses Dialogfeld.

Unter PALETTE können Sie aus verschiedenen vordefinierten Farbpaletten wählen. An diese werden die vorhandenen Bildfarben dann angepasst. Die Einstellung LOKAL (SELEKTIV) ist meistens gut geeignet. FARBEN steht für die Anzahl der im Bild verbleibenden Farben. Je weniger Farben es sind, desto kleiner wird die Datei! Mit ERZWUNGEN legen Sie fest, welche Farben unbedingt erhalten werden sollen.

Sollen transparente Partien des Bildes auch im GIF-Format erhalten bleiben, muss das Kontrollfeld TRANSPARENZ auch aktiviert sein.

DITHER ist der Versuch, die begrenzte Farbanzahl durch körnig gerasterte Mischfarben wieder wettzumachen. Sie können das Dithering

Vorschau aktivieren
Achten Sie darauf, dass das Häkchen beim Punkt VORSCHAU (1) gesetzt ist. Dann können Sie das Aussehen Ihres Bildes prüfen, noch während Sie verschiedene Einstellungen ausprobieren. Das gilt in vielen Photoshop-Dialogen!

▲ **Abbildung 8.19**
Diffusions-Dither (hier vergrößert dargestellt). Farbnuancen werden durch punktierte Farbflächen simuliert.

aktivieren, zwischen verschiedenen Dithermustern wählen und es in einigen Fällen per Prozentwert auch dosieren. Oft führt das jedoch nicht zu befriedigenden Ergebnissen. Bilder mit vielen Farbabstufungen sollten Sie besser in einem anderen Dateiformat (JPEG!) speichern.

Der Punkt HINTERGRUND ist nur aktiv, wenn Ihr Bild Transparenz enthält. Sie brauchen diese Funktion, wenn Sie ein teilweise transparentes Bild auf einer Webseite platzieren. Sie hilft Ihnen, auffällige Farbränder und »Pixeltreppen« an den Kanten von transparenten und deckenden Bildteilen zu vermeiden. Stellen Sie hierzu die Farbe ein, die der späteren Hintergrundfarbe der Webseite entspricht.

JPEG-Speicheroptionen

Die Optionen zum Speichern eines JPEG-Bildes unterscheiden sich deutlich von den GIF-Optionen. Der Grund ist das unterschiedliche Kompressionsverfahren.

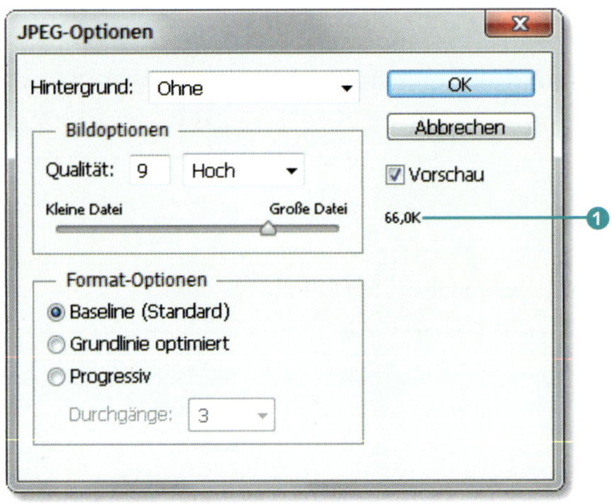

Abbildung 8.20 ▶
Wollen Sie Ihr Bild als JPEG speichern, erhalten Sie diesen Dialog. Auch beim Erzeugen von JPEGs sind Sie mit dem Tool FÜR WEB SPEICHERN besser bedient.

Bildoptionen | Die sicherlich wichtigste Einstellung nehmen Sie unter BILDOPTIONEN vor. Hier regulieren Sie die Stärke der Kompression. Ein hoher Wert erzeugt ein Bild in guter Qualität, aber auch eine große Datei. Ist der Wert niedrig, kann sich die Bildqualität verschlechtern, doch die Datei wird kleiner. Rechts unterhalb der Buttons wird dann auch angezeigt, wie »schwer« Ihre Datei wird 1.

Format-Optionen | Die FORMAT-OPTIONEN beziehen sich auf den Webeinsatz. Sie sollten hier BASELINE (STANDARD) wählen – mit GRUNDLINIE OPTIMIERT haben manche Browser derzeit noch Probleme. PROGRESSIV bewirkt, dass das Bild erst unscharf in den Browser geladen und nach und nach (hier: in drei Durchgängen verbessert wird.

EPS-Speicheroptionen

Für das EPS-Format empfiehlt es sich, im Voraus mit dem Dienstleister abzustimmen, mit welchen Speicheroptionen die Datei übergeben werden soll.

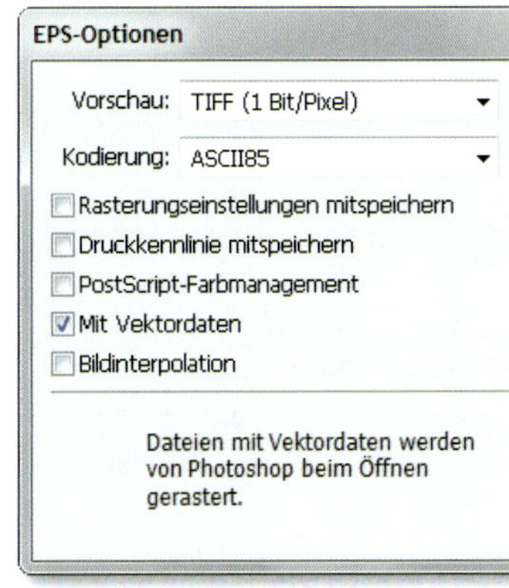

▲ **Abbildung 8.21**
Die EPS-Optionen

Vorschau | Der Punkt Vorschau bezieht sich auf die Darstellung des Bildes im Layoutprogramm, mit dem es weiterbearbeitet wird. Ist keine Vorschau mitgespeichert, werden EPS-Dateien dort nur durch eine leere Platzhalter-Box angezeigt. Die Einstellung TIFF sollte auch beim Austausch zwischen Windows und Mac keine Probleme bereiten. 1 Bit/Pixel liefert nur eine grobe Schwarzweiß-Voransicht, 8 Bit/Pixel ein farbiges Vorschaubild.

EPS-Kodierung | Mit der Option Kodierung legen Sie fest, in welcher Form die Daten an den PostScript-Drucker ausgegeben werden. Die **ASCII-Kodierung** ist zwar sehr robust und wenig anfällig für Fehler, kostet jedoch viel Speicher und Prozessorzeit. Die **binäre Kodierung** ist vor allem am Mac gebräuchlich und liefert die Daten in wesentlich schlankerer Form – sie wird leider nicht von allen Anwendungen unterstützt. Die **JPEG-Kodierung** verschlankt die Datei, doch das geht zu Lasten der Qualität und kann auch nicht von allen PostScript-Geräten umgesetzt werden.

Rasterungseinstellungen und Druckkennlinie | Die Optionen Rasterungseinstellungen mitspeichern und Druckkennlinie mitspeichern steuern Spezifikationen des professionellen Drucks. Ihren Einsatz sollten Sie ebenfalls unbedingt mit Ihrem Drucker absprechen!

PostScript-Farbmanagement | Das PostScript-Farbmanagement sollten Sie nur dann aktivieren, wenn Sie das Bild nicht in ein Dokument mit eigenen Farbmanagement-Einstellungen platzieren wollen.

Mit Vektordaten | Mit der Option Mit Vektordaten können Sie festlegen, ob Sie Text- und Vektorebenen erhalten wollen – wenn vorhanden. In Photoshop werden Vektordaten beim erneuten Öffnen der EPS-Datei aber in jedem Fall gerastert.

Bildinterpolation | Die Bildinterpolation schließlich soll die Ausgabequalität von niedrig aufgelösten Bildern durch Kantenglättung verbessern.

Speicheroptionen für Photoshop-PDF

PDF ist ein sehr leistungsfähiges und flexibles Dateiformat, das neben dem eigentlichen Inhalt eine Vielzahl weitergehender Informationen enthalten kann. Das reicht von Sicherheitseinstellungen und verschiedenen Kompressionsmethoden für Bilder bis zu eingebetteten Schriften, Informationen zum Farbmanagement und Konvertierungsanweisungen und vielem mehr. Zahlreiche unterschiedliche Konstellationen von Eigenschaften in einem PDF-Dokument sind möglich.

Inzwischen haben Sie beim Erstellen von PDF-Dateien mit Photoshop fast so viele Möglichkeiten wie mit dem genuinen PDF-Programm Adobe Acrobat. Damit können Sie auch PDFs erstellen, die von großen Druckmaschinen problemlos verarbeitet werden können. Dementsprechend umfangreich fällt das Dialogfeld in Photoshop aus. In fünf verschiedenen Bereichen steuern Sie die PDF-Eigenschaften. Die »Navigation« 3 am linken Rand bringt Sie dabei zu den weiteren Optionen, falls Sie dort noch etwas verändern möchten.

Photoshop-PDF
Mit Photoshop erzeugte PDFs können Dateiinformationen wie Ebenen, Alphakanäle, Volltonfarbenkanäle oder Anmerkungen enthalten. Sie können zur erneuten Bearbeitung in neueren Photoshop-Versionen einfach erneut geöffnet werden. Es ist nicht notwendig, Photoshop-PDFs zu importieren (den Importdialog habe ich bereits auf Seite 225 vorgestellt).

Grundlegende Vorgaben einstellen | Unter Adobe PDF-Vorgabe 1 finden Sie Einstellungen, die Eigenschaften, Qualität und Dateigröße des späteren PDF steuern. Maßgeblich ist hier wie so oft der geplante Verwendungszweck der PDF-Datei. Alle anderen Einstellungen in den fünf verschiedenen Bereichen des Dialogfelds sind optionales Feintuning oder dienen dem Zweck, eigene Vorgaben zu entwickeln.

Priorität der PDF-Optionen
Es kann vorkommen, dass sich Einstellungen des Speichern unter-Dialogs und spezifische PDF-Optionen widersprechen. In diesem Fall räumt Photoshop den PDF-spezifischen Einstellungen mehr Gewicht ein.

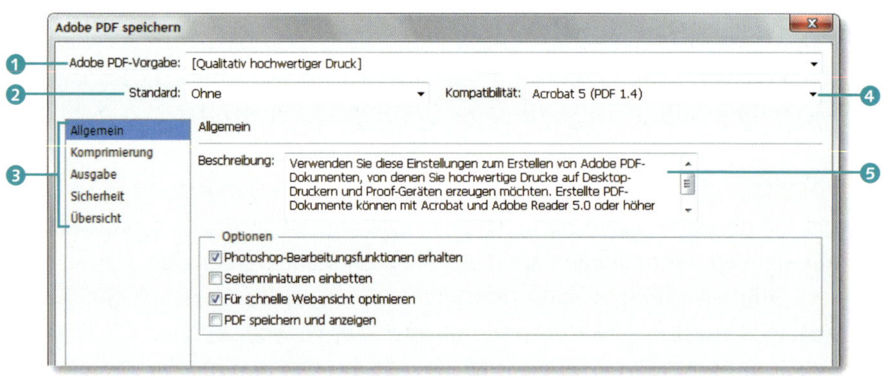

Abbildung 8.22 ▶
Die wichtigsten Einstellungen finden Sie unter Allgemein.

Die Arbeit mit fertigen Vorgaben hat zwei Vorteile: Sie sparen sich viele Klicks beim Zusammenstellen der gewünschten Optionen, und – wichtiger noch – Sie verringern das Risiko falscher Konfigurationen.
Die wichtigsten Voreinstellungen kurz vorgestellt:

- Druckausgabequalität: Gute Qualität hat beim Erstellen der PDF-Datei mit dieser Vorgabe höchste Priorität. Sie enthalten alle Informationen, die beispielsweise für den Digitaldruck notwendig sind, allerdings sind sie nicht mit dem PDF/X-Standard kompatibel. Diese PDF-Dateien können in Acrobat 5.0 und Acrobat Reader 5.0 (und höheren Versionen) geöffnet werden.

- Kleinste Dateigrösse ist für den Online-Datenaustausch konzipiert. Automatisch sind PDFs, die mit diesen Einstellungen erzeugt wurden, mit Acrobat- und Acrobat-Reader-Versionen bis hinunter zur Version 5 kompatibel, eignen sich also gut für die Verteilung in die Breite.
- Qualitativ hochwertiger Druck bezieht sich nicht auf den gewerblichen Druck, sondern auf die Ausgabe auf Desktopdruckern.
- PDF/X ist ein PDF-Unterformat, das speziell für die Ausgabe auf großen Druckmaschinen konzipiert wurde; es gibt verschiedene Versionen. Unter Standard ❷ können Sie noch weitergehende PDF/X-Eigenschaften festlegen.

▲ **Abbildung 8.23**
Die von Adobe angebotenen PDF-Vorgaben

Weitere Vorgaben laden | Neben dem unter Umständen fehlerträchtigen Zusammenklicken eigener Vorgaben-Konstellationen haben Sie weitere Möglichkeiten, das Sortiment der PDF-Vorgaben zu erweitern. Im Photoshop-Ordner Extras finden Sie **weitere Vorgaben**, zum Beispiel für barrierefreie PDFs. Der Ordner Extras befindet sich

- unter Windows Vista und Windows 7 üblicherweise im Verzeichnis ProgramData\Adobe\AdobePDF,
- unter Windows XP im Verzeichnis Dokumente und Einstellungen\All Users\Anwendungsdaten\Adobe\Adobe PDF,
- unter Mac OS in Library/Application Support/Adobe PDF.

Diese Dateien müssen Sie in den Ordner Einstellungen bzw. Settings kopieren. Dieser liegt im selben Verzeichnis wie der Extras-Ordner.

Wenn Sie Dateien produzieren, die an eine Druckerei gegeben werden sollen, sollten Sie unbedingt vorher mit Ihrem Drucker absprechen, wie das PDF beschaffen sein soll. Es ist nicht unwahrscheinlich, dass Sie von Ihrer Druckerei bereits eine fertige Datei mit Voreinstellungen bekommen, die Sie ebenfalls in dem Einstellungen- bzw. Settings-Ordner ablegen. Üblicherweise spricht man übrigens eher von **Joboptions** und nicht unbedingt von einer Adobe-PDF-Vorgabe, wie im Dialogfeld angegeben.

Kompatibilitätseinstellungen | Interessant sind auch die Kompatibilitätseinstellungen ❹. Das Dateiformat PDF wird kontinuierlich weiterentwickelt, daher ist Kompatibilität ein wichtiges Thema! Je nach gewählter Einstellung verändern sich auch die weiteren Speicheroptionen, die noch zur Verfügung stehen.

Linktipp: PDF-Know-how

Bei **pdfzone** finden Sie Informationen auf Expertenniveau; das Webmagazin dient jetzt nur noch als Archiv (lesenswert!), aktuelle Informationen finden Sie bei Facebook (*www.facebook.com/pdfzone.de*).

PDF-X-Report versammelt Tools, Downloads und Links zum Thema, unter anderem zu verschiedenen PDF-Mailinglisten. Die Site ist gemischt deutsch/englisch (*www.pdfx3.org*).

Beschreibung als Gedächtnisstütze

Den Text im Feld unter Beschreibung ❺ können Sie bearbeiten. Das ist dann sinnvoll, wenn Sie die Vorgaben ändern und sich einige Stichpunkte zu den modifizierten Einstellungen notieren wollen. Wenn Sie die Vorgabe später speichern und erneut abrufen, erleichtert das die Orientierung.

Was welche Kompatibilitätseinstellung bewirkt, entnehmen Sie bitte der folgenden Tabelle.

Acrobat 4.0 (PDF 1.3)	Acrobat 5.0 (PDF 1.4)	Acrobat 6.0 (PDF 1.5)	Acrobat 7.0 (PDF 1.6), 8.0 (PDF 1.7) und 9.0/10 (PDF 1.7+)
PDFs, die mit dieser Kompatibilitätsstufe gespeichert wurden, lassen sich mit Acrobat und Acrobat Reader ab Version 3 öffnen und lesen.	PDFs, die mit dieser Kompatibilitätsstufe gespeichert wurden, lassen sich mit Acrobat und Acrobat Reader ab Version 3 öffnen. Funktionen, die nur in höheren Versionen vorhanden sind, können jedoch verlorengehen oder nicht richtig funktionieren.	Die meisten PDFs können mit Acrobat und Acrobat Reader ab Version 4 geöffnet werden. Es ist allerdings möglich, dass einige neuere Dateieigenschaften nicht richtig funktionieren oder verlorengehen.	Die meisten PDFs können mit Acrobat und Acrobat Reader ab Version 4 geöffnet werden. Es ist allerdings möglich, dass einige neuere Dateieigenschaften nicht richtig funktionieren oder verlorengehen.
ICC-Farbmanagement wird unterstützt.	ICC-Farbmanagement wird unterstützt.	ICC-Farbmanagement wird unterstützt.	ICC-Farbmanagement wird unterstützt.
Vor dem Konvertieren in PDF 1.3 müssen alle **Transparenzen** reduziert werden, da sie nicht unterstützt werden.	Transparenz ist möglich, im Distiller können die Transparenzfunktionen jedoch eingeschränkt sein.	Transparenz ist möglich, im Distiller können die Transparenzfunktionen jedoch eingeschränkt sein.	Transparenz ist möglich, im Distiller können die Transparenzfunktionen jedoch eingeschränkt sein.
Ebenen werden noch nicht unterstützt.	Ebenen werden noch nicht unterstützt.	Kann Ebenen enthalten, wenn die PDF-Dateien mit Anwendungen erstellt wurden, die speziell das Erstellen von PDFs mit Ebenen unterstützen (Illustrator und InDesign ab Version CS und natürlich Photoshop).	Kann Ebenen enthalten, wenn die PDF-Dateien mit Anwendungen erstellt wurden, die speziell das Erstellen von PDFs mit Ebenen unterstützen (Illustrator und InDesign ab Version CS und natürlich Photoshop).
Seitengröße: maximal 114,3 cm Höhe/Breite	Seitengröße: maximal 508 cm Höhe/Breite	Seitengröße: maximal 508 cm Höhe/Breite	Seitengröße: maximal 508 cm Höhe/Breite
Einbettung von Multibyte-Fonts (notwendig **für asiatische Schriftzeichen**): möglich	Einbettung von Multibyte-Fonts (notwendig für asiatische Schriftzeichen): möglich	Einbettung von Multibyte-Fonts (notwendig für asiatische Schriftzeichen): möglich	Einbettung von Multibyte-Fonts (notwendig für asiatische Schriftzeichen): möglich
Sicherheitseinstellungen: 40-Bit-RC 4	Sicherheitseinstellungen: 128-Bit-RC 4	Sicherheitseinstellungen: 128-Bit-RC 4	Sicherheitseinstellungen: 128-Bit-RC 4 und 128-Bit-Advanced-Encryption-Standard (AES)

▲ **Tabelle 8.1**
PDF-Kompatibilität

Allgemein | Unter Allgemein finden Sie ein Beschreibungsfeld und einige Options-Checkboxen. Damit legen Sie vor allem die PDF-Eigenschaften fest, die den Bedienungskomfort betreffen.

- Photoshop-Bearbeitungsfunktionen erhalten erhält – wie der Name schon nahelegt – Photoshop-typische Features wie Ebenen, Alphakanäle etc. Das ist für eine eventuelle spätere Weiterverarbeitung in Photoshop praktisch, schränkt die Kompatibilität jedoch wieder ein: PDFs mit dieser Option können nur in Photoshop-Versionen ab CS2 (oder höher) geöffnet werden.
- Seitenminiaturen einbetten betrifft die Weiterverarbeitung in Adobe Illustrator. Die Miniatur wird dann in einigen Dialogfeldern angezeigt.
- Für schnelle Webansicht optimieren ist besonders sinnvoll in Kombination mit der Vorgabe Kleinste Dateigrösse, also für den Webeinsatz der PDFs.
- PDF speichern und anzeigen bewirkt, dass das neue File nach dem Speichern – das Sie aber noch extra erledigen müssen – in dem PDF-Programm angezeigt wird, das auf Ihrem Rechner als Standard festgelegt wurde.

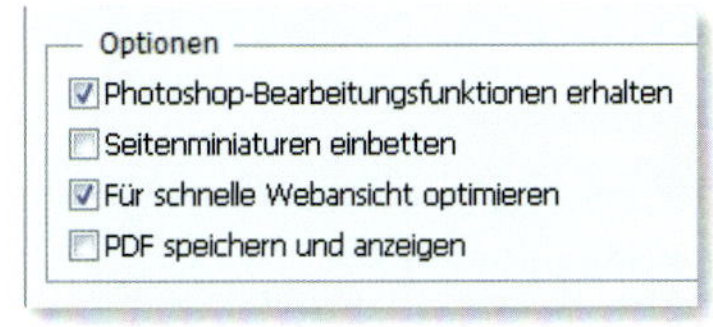

▲ **Abbildung 8.24**
Die Optionen unter Allgemein

Komprimierung | Anders als beim TIFF vertragen sich alle im Abschnitt Komprimierung ❶ vorgeschlagenen Methoden ❷ in der Regel gut mit anderen Anwendungen. Ob Sie verlustfrei (ZIP) oder verlustbehaftet (JPEG) speichern wollen, liegt ganz bei Ihnen. Wählen Sie JPEG, können Sie sich noch zwischen verschiedenen Bildqualitäten respektive Kompressionsstufen entscheiden ❸.

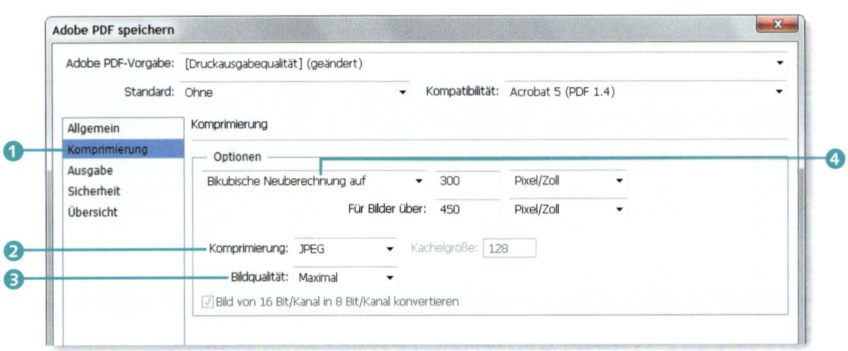

◄ **Abbildung 8.25**
Verschiedene Komprimierungseinstellungen: Hier können Sie nochmals auf Größe und Qualität des PDFs Einfluss nehmen.

Die Optionen zur Neuberechnung ❹ sind vor allem dann wichtig, wenn Sie das PDF ins Internet stellen wollen, denn sie ermöglicht eine höhere Komprimierung. Konkret bedeutet eine Neuberechnung, dass die ursprüngliche Pixelmenge im Bild reduziert und beim Öffnen des Bildes neu errechnet wird.

Zum Weiterlesen
Hintergrundwissen zur **JPEG-Kompression** finden Sie in Kapitel 3, »Bildbearbeitung: Fachwissen«.

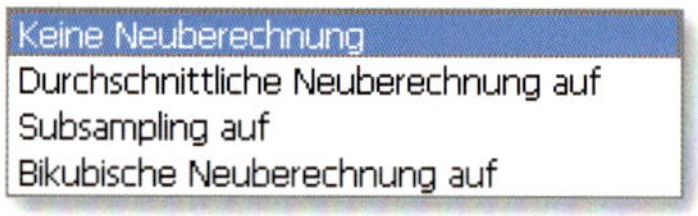

▲ **Abbildung 8.26**
Neuberechnungsoptionen

Unbedingt sollten Sie die Option **abwählen** und auf Keine Neuberechnung stellen, wenn Sie in hohen Qualitäten drucken wollen. Meist führt die Einstellung Bikubische Neuberechnung auf zu besten Ergebnissen, die Berechnung dauert jedoch recht lange. Ziemlich flott arbeitet Subsampling auf, es liefert aber besonders bei Fotos keine guten Resultate. Bilder mit glatten Kanten können von dieser Methode profitieren. Bei der Methode Durchschnittliche Neuberechnung auf werden neue Pixel durch Mitteln der Farbwerte der benachbarten Pixel hinzugefügt.

Ausgabe | Die Einstellungen unter Ausgabe richten sich vor allem an Druckvorstufen-Profis und andere Anwender, die mit PDF/X und mit Farbmanagement arbeiten. Hierbei ist die Rücksprache mit der Druckerei dringend zu empfehlen!

Kennwörter sichern

Denken Sie unbedingt daran, PDF-Kennwörter sicher aufzubewahren. Es gibt **keine** Möglichkeit, ein einmal vergebenes und dann in Vergessenheit geratenes Kennwort aus dem Dokument zu extrahieren – das Dokument wird dann schlicht unbrauchbar.

Sicherheit | Ein großer Vorzug des PDF-Formates ist, dass der Zugriff auf das Dokument differenziert geregelt werden kann. Unter Sicherheit können Sie Kennwörter für das Öffnen, aber auch für einzelne Bearbeitungsschritte wie das Drucken und die Druckqualität oder das Bearbeiten einzelner Seiten oder Formularfelder vergeben.

Übersicht | Unter Übersicht können Sie nochmals all Ihre Einstellungen en bloc prüfen. Das ist auch eine gute Maßnahme, wenn Sie sich entscheiden, die Vorgaben abzuspeichern!

Speichern | Wenn Sie mit Ihren Einstellungen fertig sind, haben Sie drei Vorgehensmöglichkeiten – in Gestalt von drei Buttons am unteren Rand des Dialogfensters:

- PDF speichern speichert die Datei als PDF.
- Ein Klick auf Abbrechen verwirft die Einstellungen und schließt das Dialogfenster.
- Mit dem Befehl Vorgabe speichern (im Dialogfeld unten links) werden Ihre Einstellungen als »Joboption« gesichert und sind dann später in der Vorgabenliste abrufbar.

Einmal gespeicherte **Joboptions** können Sie nun Ihrerseits weitergeben oder auch erneut verwenden. Das Ziel der Arbeit mit Joboptions ist es, auf Basis der gespeicherten Vorgaben einheitliche PDFs zu erzeugen.

Die hier gespeicherten Dateien erscheinen dann im Menü Adobe PDF-Vorgabe und sind auch in anderen Applikationen der Creative Suite verfügbar.

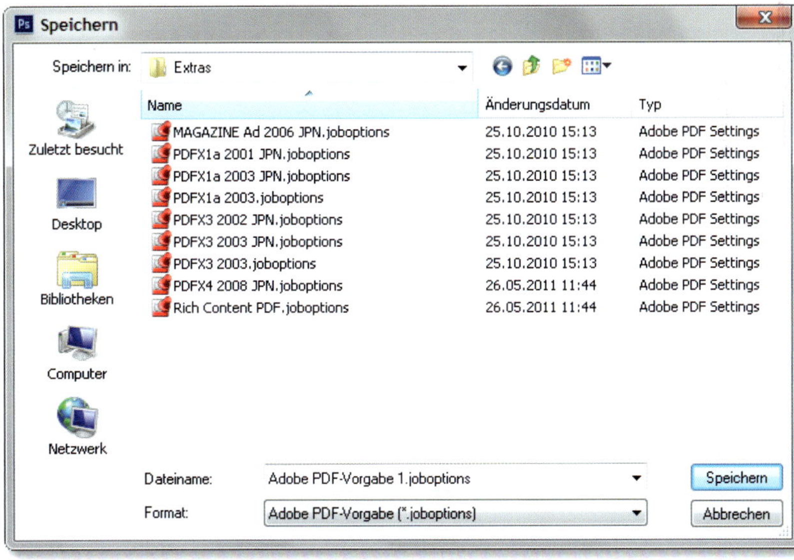

◀ **Abbildung 8.27**
Vorgabe respektive Joboption speichern: Auch hier empfiehlt es sich, aussagekräftige Namen zu vergeben. Den vorgegebenen Speicherort sollten Sie nicht ändern.

Tastenkürzel für das Speichern, Öffnen und Schließen von Dateien

Was wollen Sie tun?	Windows	Mac
Datei öffnen	Strg + O	cmd + O
Datei anlegen	Strg + N	cmd + N
Bridge öffnen	Alt + Strg + O	Alt + cmd + O
Öffnen als …	⇧ + Alt + Strg + O	–
Datei schließen	Strg + W	cmd + W
alle Dateien schließen	Alt + Strg + W	Alt + cmd + W
Datei speichern	Strg + S	cmd + S
Datei speichern unter	Alt + Strg + S	Alt + cmd + S
für Web und Geräte speichern	⇧ + Alt + Strg + S	⇧ + Alt + cmd + S
zurück zur letzten Version gehen	F12	F12
Dateiinformationen anzeigen	⇧ + Alt + Strg + I	⇧ + Alt + cmd + I

▲ **Tabelle 8.2**
Arbeit mit Dateien – Tastaturbefehle

Kapitel 9
Adobe Bridge: Die Ordnungsmacht

Bilddateien importieren, sichten, bewerten, sortieren, verschlagworten, mit Metadaten versehen, suchen und finden – all diese und noch einige andere Aufgaben erledigen Sie effizient mit dem Bildverwaltungs-Tool Adobe Bridge.

9.1 Die Arbeitsoberfläche kurz vorgestellt

Wer viel fotografiert oder Bilder aus anderen Quellen hortet, kennt solche Probleme: Ein Bild, das man sucht, ist plötzlich unauffindbar, komplette Bilderordner ruhen ungenutzt im Festplattengrab, weil ihre Existenz schlicht in Vergessenheit geraten ist, und den Ordner, der 200 Dateien mit den Dateinamen »img_891098.jpg« bis »img_891289.jpg« enthält, klappt man schnell wieder zu, weil es aussichtslos scheint, Ordnung zu schaffen. Und wie soll man aus einer Serie von zwanzig Bildern die drei besten aussuchen und vor allem später noch wiederfinden?

Mit der Bridge steht Ihnen ein leistungsfähiges Werkzeug zur Verfügung, das auch den professionellen Ansprüchen von Vielfotografierern und Bildersammlern genügt. Sie selbst müssen nur noch die notwendige Disziplin zum konsequenten Benennen, Sortieren und Katalogisieren von Bildern aufbringen ...

Bridge öffnen | Wenn Photoshop bereits geöffnet ist, starten Sie die Bridge über das (Photoshop-)Menü DATEI • IN BRIDGE SUCHEN (Alt+Strg/cmd+0). Natürlich ist es auch möglich, die Bridge als Solo-Programm zu öffnen, ohne zuerst Photoshop oder eine andere Applikation der Creative Suite aufzurufen. Auf Wunsch konfigurieren Sie die Bridge so, dass das Programm beim Hochfahren des Rechners immer automatisch gestartet wird. Wählen Sie dazu in den Bridge-Vor-

64-Bit-Unterstützung für die Bridge
Mit dem CS6-Update scheint sich bei der Bridge nicht viel getan zu haben, die Nutzeroberfläche hat sich gegenüber der Vorversion kaum verändert. Doch der erste Eindruck täuscht: Die Bridge funktioniert nun mit voller 64-Bit-Unterstützung und ist dadurch deutlich schneller.

einstellungen (Kürzel `Strg`/`cmd`+`K`) die Tafel Erweitert, und setzen Sie dort ein Häkchen bei der Option Bridge bei Anmeldung starten.

Im Bridge-Arbeitsfenster fällt als Erstes die Dreiteilung ins Auge: An beiden Seiten sehen Sie Paletten mit verschiedenen Funktionen – links befinden sich Paletten, die Ihnen helfen, Dateien und Ordner wiederzufinden, rechts Paletten mit weitergehenden Bildinformationen. Anders als in Photoshop können Sie diese Paletten allerdings nicht frei schwebend abgelegen. In der Mitte liegen Bildminiaturen, die den Inhalt des jeweils aktuellen Ordners anzeigen.

▼ **Abbildung 9.1**
In der Grundlagen-Ansicht ist das Bridge-Fenster dreigeteilt. Die Arbeitsoberfläche können Sie jedoch anpassen.

Zum Weiterlesen
Die **Mini Bridge**, eine Miniaturversion der großen Bridge, können Sie als Palette direkt in Photoshop aufrufen. In Abschnitt 9.11, »Mini Bridge – viel Funktion auf kleinem Raum«, lernen Sie das Tool im Detail kennen.

Die Anwendungsleiste im oberen Bereich enthält Schaltflächen zur Navigation, zum Wechseln der Arbeitsbereich-Ansicht und ein Suchfeld. Am unteren Rand des Programmfensters finden Sie Funktionen, um die Darstellung der Bildminiaturen zu beeinflussen.

Ordner und Favoriten | Links oben sehen Sie unter Favoriten eine Reihe von (klickbaren) Verweisen auf Programme und Ordner. Mit Hilfe des Registers Ordner können Sie auch direkt durch die Ordnerstruktur Ihres Rechners navigieren.

Dateifilter und Sammlungen | Unterhalb der beiden Navigationsregister Favoriten und Ordner finden Sie die Filter – hier nicht als Kreativfunktion zur Bildverfremdung, sondern als Hilfsmittel zur Dateisuche! Mit dieser Funktion behalten Sie auch in gut bestückten Ordnern die Übersicht über Ihre Bilder.

Die Sammlungen-Palette erscheint auf den ersten Blick nicht sehr spektakulär, doch ermöglicht sie die Unabhängigkeit vom Ordnersystem. Bridge-Sammlungen sind virtuelle Ordner, in denen Dateien gesammelt werden, auch wenn sie tatsächlich an unterschiedlichen Orten gespeichert sind. In der Palette Sammlungen werden sie verwaltet (mehr dazu folgt unten).

▲ **Abbildung 9.2**
Welche Bilder sollen im Miniaturfenster angezeigt werden? Mit den Dateifiltern können Sie festlegen, welche Bilder im Inhalt-Fenster angezeigt werden.

Exportieren | Mit Hilfe der Palette Exportieren können Sie Bilder als JPG-Dateien exportieren und dabei verschiedene Exportjobs mit unterschiedlichen Zielorten und JPG-Einstellungen festlegen.

Metadaten und Stichwörter | Auf der rechten Seite sehen Sie eine Palette mit einem zusätzlichen Vorschaufenster, darunter die beiden Paletten zur Verwaltung und Bearbeitung von Metadaten und Stichwörtern – Zusatzinformationen zum Bild, die Ihnen ein schnelles Auffinden erleichtern (Stichwörter) und wichtige Bildinformationen unwiderruflich an das Bild heften (Metadaten, z. B. zum Bildautor).

▲ **Abbildung 9.3**
Die Vorschau-Palette zeigt, welche Dateien aktuell ausgewählt sind.

Vorschau | Die Palette Vorschau erfüllt zwei Funktionen: Kleine Bildminiaturen können Sie hier gegebenenfalls etwas größer sehen. Und Sie erkennen mit einem Blick, welche Dateien im Inhalt-Fenster aktuell ausgewählt sind (in Abbildung 9.3 sind es gerade zwei Bilder).

9.2 Der passende Arbeitsplatz für jede Aufgabe: Die Bridge anpassen

Bildverwaltungsaufgaben sind vielfältig. Die Bridge ist es auch. Ob Sie nun viele Bilder auf einmal im Blick haben wollen oder ob Ihr Augenmerk kleinsten Details gilt, ob Sie Bilder sichten, katalogisieren oder in einer Bildergalerie publizieren wollen – das Bridge-Arbeitsfenster können Sie durch zahlreiche Ansichtsoptionen und Einstellungen zur Gestaltung der Arbeitsfläche nahezu beliebig verändern und an jede Aufgabe anpassen. Die Einstellungsmöglichkeiten sind so ausdifferenziert und zahlreich, dass es sich lohnt, sie genauer anzusehen.

Zwischen Arbeitsbereichen umschalten

Die Bridge bringt ab Werk schon eine ganze Reihe vorkonfigurierter Arbeitsbereiche für verschiedene Aufgaben mit, zwischen denen Sie bequem umschalten können. Die gezeigte Palettenkonstellation, die Größe der Miniaturen, eingeblendete Details und sogar die Größe des Programmfensters variieren je nach eingestelltem Arbeitsbereich.

Der schnellste Weg, um zwischen verschiedenen Arbeitsbereichen umzuschalten, ist die Anwendungsleiste. Hier finden Sie eine Reihe von Begriffen wie Grundlagen, Metadaten oder Filmstreifen – dies sind Schaltflächen. Draufklicken genügt, um zu einer anderen Arbeitsflächen-Aufteilung zu wechseln.

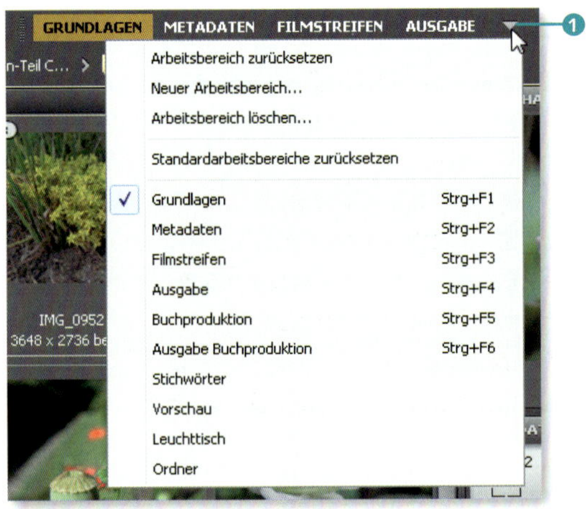

Abbildung 9.4 ▶
Nicht alle Arbeitsbereiche sind per Button repräsentiert. Die übrigen finden Sie in einem Menü. Hier sehen Sie neben den mitgelieferten Arbeitsbereichen auch eigene.

Sie können in der Bridge zudem eigene Arbeitsbereiche sichern. Die Reihe der Arbeitsflächen-Umschaltbuttons wird dadurch recht lang, so dass sich einige der Schaltflächen dem Blick und dem raschen Zugriff entziehen. Ein Klick auf das unauffällige kleine Dreieck ❶ rechts neben den Arbeitsbereich-Umschaltern klappt ein Menü aus. Dort finden Sie alle Arbeitsbereiche. Die passenden Shortcuts können Sie ebenfalls nachschauen – da sich die Belegung der Shortcuts mit eigenen gesicherten Arbeitsbereichen ändert, sind sie in keiner Dokumentation vorhanden. Dasselbe Menü erreichen Sie auch mit dem Menübefehl Fenster • Arbeitsbereich.

▲ **Abbildung 9.5**
Dauerhaft mehr Platz für Arbeitsbereich-Buttons: Verschieben Sie die Begrenzungslinie.

▲ **Abbildung 9.6**
Die Schaltfläche Grundlagen wird an eine andere Stelle der Umschalter-Leiste gezogen.

Arbeitsflächen-Umschalter anpassen | Wenn Sie dauerhaft mehr Raum für die Arbeitsflächen-Umschalter schaffen wollen, ziehen Sie an der punktierten Begrenzungslinie ❷ links von der Buttonreihe. Die Buttons rücken nach. Außerdem können Sie die Position der einzelnen Buttons per Drag & Drop verändern. Fassen Sie dazu einfach einen der Buttons mit der Maus, und ziehen Sie ihn an die gewünschte Stelle.

Arbeitsbereiche speichern

Die vorkonfigurierten Arbeitsbereiche sind nicht die einzige Anpassungsmöglichkeit für die Bridge. Sie können Paletten und die Anzeige der Miniaturen zusätzlich »per Hand« konfigurieren. Wenn Sie ein eigenes Bridge-Layout gefunden haben, das Ihnen gefällt, können Sie es speichern. Denkbar ist etwa die Erstellung verschiedener Layouts für verschiedene Aufgaben oder Nutzer.

- Klicken Sie auf den kleinen Pfeil ❶ rechts neben den Arbeitsbereich-Schaltflächen, um das Arbeitsbereich-Menü zu öffnen, oder wählen Sie Fenster • Arbeitsbereich. Klicken Sie dann auf den Befehl Neuer Arbeitsbereich, um die aktuellen Einstellungen zu sichern. Vergeben Sie einen Namen für den Arbeitsbereich, und legen Sie fest, ob auch die Position des Bridge-Fensters und die Sortierreihenfolge der Miniaturen im Ansichtsfenster als Eigenschaften gesichert werden sollen.
- Arbeitsbereich zurücksetzen ist die Rettung, wenn Sie einen Arbeitsbereich – gleichgültig, ob Bridge-Standard oder selbst definiert – durch nachträgliche Veränderungen »vergurkt« haben. Klicken Sie auf diesen Befehl, und der Arbeitsbereich sieht wieder so aus, wie Sie ihn zuletzt gespeichert hatten. Standardarbeitsbereiche zurücksetzen bringt alle Arbeitsbereiche wieder in den Ausgangszustand.
- Arbeitsbereich löschen führt zu einem kleinen Dialog, in dem Sie festlegen können, welchen Ihrer eigenen Arbeitsbereiche Sie loswerden wollen.

Schnell mehr Platz schaffen

Die ⇥-Taste blendet alle Paletten mit einem Schlag aus – und wieder ein.

Paletten verändern

Wenn Ihnen die vorgefertigten Arbeitsplatz-Varianten nicht genügen, können Sie die Bridge mit weiteren Maßnahmen anpassen.

Paletten minimieren | Doppelklicken Sie auf die Karteireiter der einzelnen Paletten, um das jeweilige Fenster zu minimieren. Die Palette wird zusammengefaltet, und die übrigen Paletten haben dann mehr Platz! Ein erneuter Doppelklick auf die Reiter vergrößert das Fenster wieder.

Paletten vergrößern und verkleinern | Indem Sie an den horizontalen oder vertikalen »Trennbalken« ❸ zwischen den einzelnen Bereichen der Arbeitsfläche ziehen, können Sie die Aufteilung jederzeit verschieben und so zum Beispiel für ein größeres Vorschaufenster oder mehr Platz bei den Metadaten sorgen.

▲ **Abbildung 9.7**
Der Vorschaubereich wird durch Ziehen an der unteren Begrenzung ❸ vergrößert.

Paletten ausblenden | Um eine Palette komplett auszublenden, setzen Sie einen Rechtsklick auf den Palettenreiter. Im Kontextmenü wählen Sie

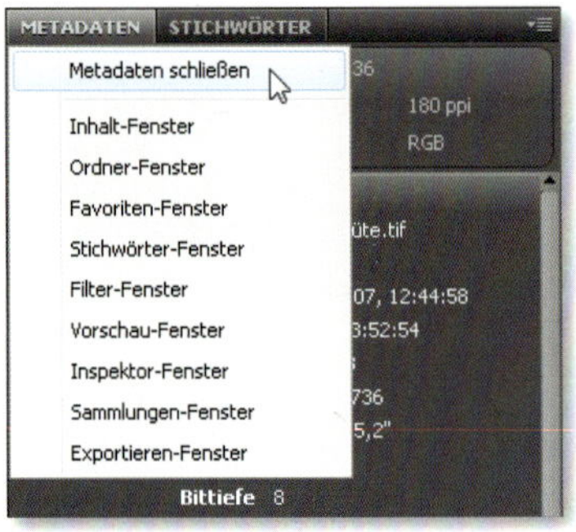

▲ **Abbildung 9.8**
Schließen einer Palette (hier: METADATEN)

dann den Befehl [PALETTENNAME] SCHLIESSEN. Alternativ können Sie auch die Befehle im FENSTER-Menü nutzen. Über dieses Menü bekommen Sie auch ausgeblendete Paletten wieder auf die Arbeitsfläche zurück.

Anordnung der Paletten ändern | Zwar gibt es in der Bridge keine frei schwebenden Paletten, wie Sie es vielleicht aus Photoshop gewohnt sind. Die Anordnung der Paletten können Sie jedoch verändern. Fassen Sie einfach die Palette mit der Maus am Karteireiter an, und ziehen Sie sie an den gewünschten Ort. Genauso wie in Photoshop zeigen auch hier blau leuchtende Markierungen an, an welcher Stelle die Palette angedockt wird. Paletten können Sie zu einzelnen Palettengruppen ziehen oder darunter und dazwischen andocken.

Bildanzeige anpassen

Auch das, was im Bridge-Hauptfenster (Karteireiter INHALT) zu sehen ist, können Sie beeinflussen. Die Bildanzeige ist schließlich die Hauptsache bei einem Bildbetrachter!

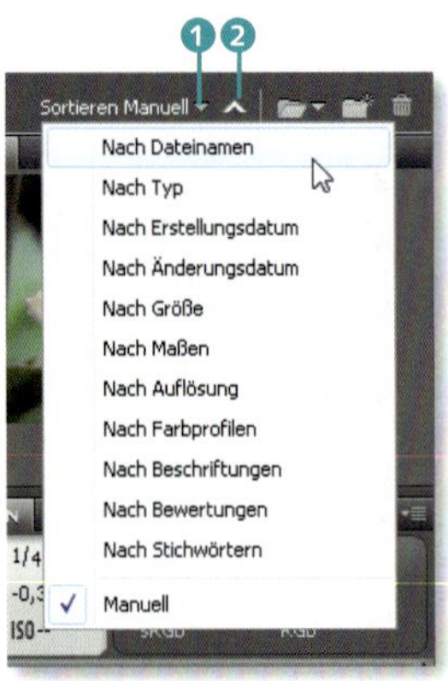

▲ **Abbildung 9.9**
In welcher Reihenfolge sollen die Ordnerinhalte angezeigt werden?

Sortierung der Miniaturen | Zunächst einmal können Sie unter SORTIEREN... in der Anwendungsleiste festlegen, nach welchem Kriterium die Bilder des Ordners angeordnet sein sollen. Ein Pfeil ❶ klappt die entsprechende Liste aus. Der kleine Winkel (»Pfeil nach oben/unten« ❷) ändert außerdem die Sortierreihenfolge – aufsteigend oder absteigend. Außerdem haben Sie die Möglichkeit, die Ordnung der Miniaturen manuell durch Ziehen mit der Maus zu ändern.

Größe der Miniaturen | Die Größe der Bildminiaturen können Sie auf verschiedenen Wegen beeinflussen. Am intuitivsten funktioniert das über den Schieberegler am unteren Rand des Programmfensters. Seine Bedienung leuchtet sofort ein: Regler ❹ nach links: kleinere Miniaturen; Regler nach rechts: größere Miniaturen.

Zudem können Sie die beiden Symbole rechts und links des Reglers nutzen, um die Spaltenanordnung der Miniaturen zu ändern. Ein Klick auf das kleine Symbol ❸ reduziert die Größe der Miniaturen so, dass eine Spalte mehr angezeigt wird. Das große Symbol ❺ vergrößert die Miniaturen genau so weit, dass eine Spalte weniger zu sehen ist.

Abbildung 9.10 ▶
Der Schieberegler verbirgt mehr Funktionen als vermutet.

Wie viele Bildinformationen wollen Sie sehen? | Rechts neben dem Schieber für die Miniaturgröße sehen Sie vier weitere kleine Schaltflächen ⑥. Damit stellen Sie ein, mit wie vielen Zusatzinformationen – und damit verbunden, in welcher Anordnung – Sie die Miniaturen ansehen wollen.

- Der zweite Button ordnet die Bildvorschauen als Miniatur an und liefert nur wenige Zusatzinformationen. Standardmäßig sehen Sie nur die Dateinamen, wenn Sie Wertungen und Beschriftungen vergeben haben, auch diese.

Miniaturgröße per Tastenkürzel ändern

Sie können die Größe der Miniaturen auch mit Hilfe von Shortcuts beeinflussen: [Strg]/[cmd]+[+] (Plus) macht die Miniaturen größer, [Strg]/[cmd]+[-] (Minus) verkleinert sie.

◀ **Abbildung 9.11**
Anzeige ALS MINIATUR – viel Bild, wenig Dateiinformationen

- Der erste Button funktioniert nur in Kombination mit der Miniaturansicht. Er heißt MINIATURRASTER DURCH KLICKEN SPERREN und verhindert, dass Miniaturen am Fensterrand »abgeschnitten« gezeigt werden. Er sorgt also dafür, dass alle Miniaturen jederzeit vollständig im Bild sind.

Farbe der Bridge-Oberfläche ändern

Wie bei Photoshop können Sie auch in der Bridge die Farbe der Nutzeroberfläche einstellen, und zwar in den Bridge-Voreinstellungen (BEARBEITEN • VOREINSTELLUNGEN oder [Strg]/[cmd]+[K]). Unter ALLGEMEIN finden Sie die Einstellungen für das Bridge-Interface.

◀ **Abbildung 9.12**
Das Gitternetz zeigt, dass die Anzeigeoption MINIATURRASTER DURCH KLICKEN SPERREN gewählt wurde.

- Der dritte Button, Inhalt als Details anzeigen, löst die Miniaturen aus der bisherigen Anordnung – zwangsläufig, denn nun werden eine Menge zusätzlicher Informationen eingeblendet.

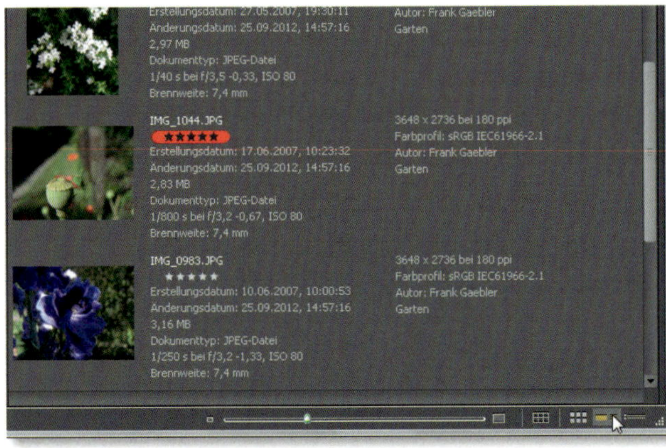

Abbildung 9.13 ▸
Inhalt als Details anzeigen: Die wichtigsten Metadaten werden neben der Miniatur angezeigt.

- Der vierte Button schließlich – Inhalt als Liste anzeigen – eignet sich vor allem für Situationen, in denen Sie häufig schnell zwischen verschiedenen Sortierungen springen.

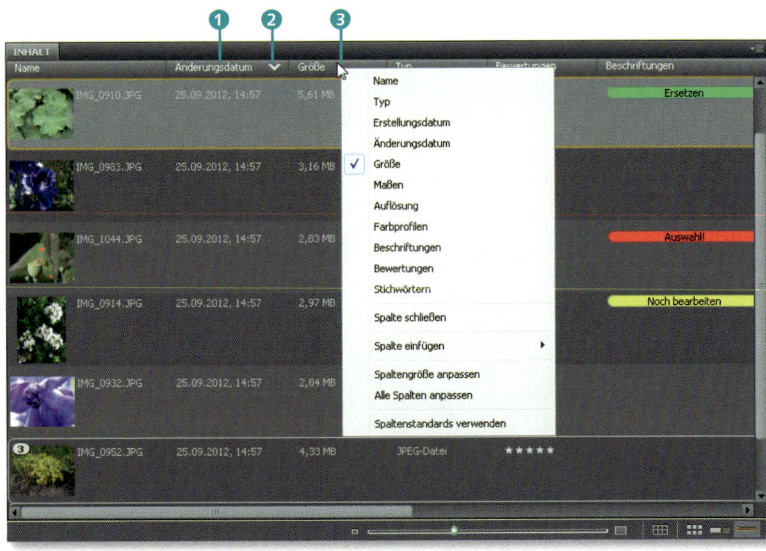

Abbildung 9.14 ▸
Inhalt als Liste anzeigen

Das Klicken auf eine der Spaltenüberschriften ❶ sortiert die Bilder nach der jeweiligen Kategorie. Beim aktuellen Sortierkriterium sehen Sie wieder den Pfeil ❷, mit dem Sie die Reihenfolge umkehren (auf-/absteigend). Mit einem Rechtsklick auf die Titelleiste öffnen Sie ein Kontextmenü ❸, in dem weitere Optionen zur Verfügung stehen.

Darstellungsqualität der Bildvorschau | Die Vorschau der Bilder im Inhalt-Fenster muss von der Bridge zunächst errechnet werden. Das merken Sie zum Beispiel dann, wenn Sie einen sehr großen Ordner zum ersten Mal öffnen. Es dauert dann eine Weile, bis die Bilder angezeigt werden. Aus diesem Grund haben Sie die Möglichkeit, die Darstellungsqualität der Bildvorschauen zu verändern. Etwas schlechtere Miniaturen beschleunigen den Rechenvorgang, etwas bessere lassen ein verlässlicheres Urteil hinsichtlich der tatsächlichen Fotoqualität zu. In der Anwendungsleiste schalten Sie zwischen unterschiedlichen Qualitäten um.

- Der Button Schnelle Suche durch Bevorzugung eingebetteter Bilder ④ sorgt dafür, dass Ordnerinhalte schnell angezeigt werden.
- Mit Hilfe des Buttons rechts daneben ⑤ legen Sie weitere Eigenschaften der Vorschauminiaturen fest.

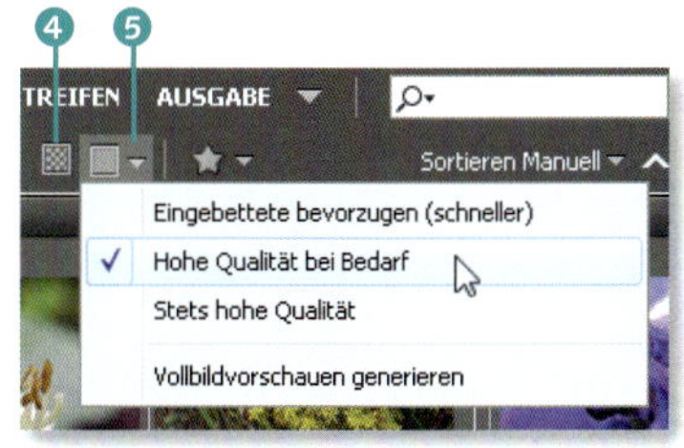

▲ **Abbildung 9.15**
Optionen zur Vorschauqualität einstellen

9.3 Ansichtsmodi der Bridge

Neben all diesen Anpassungsmöglichkeiten können Sie die Bridge auch klein zusammenfalten, damit sie stets zur Hand ist, oder Ihre Bilder im bildschirmfüllenden Präsentationsmodus zeigen.

▲ **Abbildung 9.16**
Wechsel zum Kompaktmodus

Kompaktmodus

Der normale Ansichtsmodus, den Sie aus allen bisherigen Screenshots kennen, ist für größere Datei-»Verwaltungsaufträge« der komfortabelste. So nimmt das Bridge-Fenster allerdings recht viel Platz ein.

Ansicht • Kompaktmodus ist – wie der Name nahelegt – eine besonders kompakte Ansicht. Sie erreichen diese Ansicht auch mit dem Shortcut Strg/cmd+↵ oder über das Icon ganz rechts oben in der normalen Ansicht. Das Besondere: In der Kompaktansicht ist die Bridge immer im Bildvordergrund und kann nicht von Paletten oder anderen Bildschirmelementen überdeckt werden. Eine gute Alternative zum Kompaktmodus ist die Mini Bridge, die als Photoshop-Palette zur Verfügung steht (mehr dazu in Abschnitt 9.11).

▲ **Abbildung 9.17**
Die Bridge in der Kompaktansicht. Der Button ⑥ bringt die Bridge wieder auf die normale Größe zurück.

Präsentation

Ansicht • Präsentation (Strg/cmd+L) startet eine Diashow des aktuellen Ordners. Im Vollbildmodus vor neutral grauem Hintergrund, gänzlich ohne störende Schaltflächen, wird ein Bild nach dem nächsten eingeblendet. Ansicht • Präsentationsoptionen führt zu weitergehenden Einstellungen.

Die Präsentation steuern Sie über Tastenkürzel. Während sie läuft, können Sie sich jederzeit mit dem Kürzel [H] eine Übersicht über die zur Verfügung stehenden Funktionen und ihre Tastenbelegung einblenden lassen. Die wichtigsten sind:

- Präsentation starten: [Strg]/[cmd]+[L]
- Steuerungsbefehle einblenden: [H]
- Präsentation beenden: [Esc]
- Pause/Weiter: Leertaste
- Bildzoom: [+]/[-]. Bei manchen Mäusen lässt sich dazu auch das Scrollrad nutzen.
- Zur nächsten Seite blättern: [→]
- Zur vorigen Seite blättern: [←]
- Dialog PRÄSENTATIONSOPTIONEN einblenden: [L]. Dort finden Sie weitere Kürzel, etwa für das Drehen von Miniaturen oder die Vergabe von Sternchen und Beschriftungen.

Vorschau für Bewegtbilder und Audio

In der Bridge gibt es neben Betrachtung in der Vorschau-Palette auch die Möglichkeit einer Vollbildvorschau für Videos und Audiodateien wie etwa AVI, SWF, FLV und F4V. Um die Audio- bzw. Videovorschau aktivieren, klicken Sie auf die betreffende Datei und wählen ANSICHT • VOLLBILDVORSCHAU (oder Leertaste drücken). Die Wiedergabe beginnt sofort.

Klicken Sie auf den kleinen Pause-Button ①, um die Wiedergabe anzuhalten oder auf den Play-Button (nicht im Bild), um sie erneut zu starten. Ein Klick auf das Loop-Icon ② aktiviert und deaktiviert die wiederholte Wiedergabe, und mit Hilfe des Lautsprecher-Icons ③ regeln Sie die Lautstärke. Mit [Esc] kommen Sie zur normalen Ansicht der Bridge zurück.

▲ **Abbildung 9.18**
Steuerungen für die Widergabe dynamischer Medien in der Bridge-Vollbildvorschau

9.4 Ordner und Dateien schnell finden

Die Festplatten werden größer und größer, die Bilder zahlreicher und die Ordnerhierarchien immer verzwickter. In ausgedehnten Ordnersystemen zu navigieren ist enervierend, aber unumgänglich. Die Bridge versucht, diese lästige Pflicht zu erleichtern.

Favoriten-Vorauswahl verändern

In den Bridge-Voreinstellungen ([Strg]/[cmd]+[K]) unter ALLGEMEIN können Sie festlegen, welche der betriebssystemtypischen Favoriten angezeigt werden sollen.

Lieblingsordner: Die Palette »Favoriten« | Klar, die erste Adresse, um einen bestimmten Ordner zu finden, ist die Palette ORDNER. Sie ist aber nicht die beste, denn dort haben Sie Ihr komplettes Dateisystem vor sich. Besser geht das mit den FAVORITEN. Dort können Sie Ihre bevorzugten Ordner in einer Liste anordnen. Einige Ordner sind dort schon voreingestellt, und natürlich können Sie Ihre Favoriten auch selbst festlegen. Die Ordnerstruktur innerhalb der Favoriten-Palette beeinflusst übrigens nicht Ihr tatsächliches Dateisystem auf der Festplatte. Die Favoriten-Ordner sind lediglich Verknüpfungen.

Der einfachste Weg, ein Element zu den Favoriten hinzuzufügen, ist **Drag & Drop**. Sie können Ordner oder einzelne Dateien aus dem INHALT-Fenster in die Favoritenliste ziehen, aber auch Elemente aus der Palette ORDNER. Da sich die Paletten FAVORITEN und ORDNER standardgemäß ein Fach teilen und sich gegenseitig verdecken, kann es sinnvoll sein, die Ordner-Palette zunächst an einen anderen Ort zu bugsieren, um Ordner direkt herüberzuziehen (Abbildung 9.19). Um verschachtelte Favoriten zu erzeugen, können Sie auch Favoriten-Ordner in einen anderen Favoriten-Ordner ziehen. In der Praxis ist das jedoch meist zu unübersichtlich.

Praktische Palettenanordnung

In Abbildung 9.19 sehen Sie außerdem, dass die Ordner-Palette unterhalb der Favoriten-Palette abgelegt wurde. So können Sie Elemente auch direkt von der Ordner-Palette zu den FAVORITEN ziehen.

◂ **Abbildung 9.19**
Favoritenliste erweitern. Hier wird eine Datei aus dem INHALT-Fenster herübergezogen.

Die Alternative ist das **Kontextmenü** an dem Ordner, den Sie in die Favoriten aufnehmen möchten. Beide Methoden stehen auch zur Verfügung, um Ordner(-Verknüpfungen) wieder aus den Favoriten herauszubekommen.

Pfadleiste | Wer über das zeitraubende Durchklicken von Ordnerbäumen stöhnt, wird sich über die Pfadleiste freuen. Denn sie zeigt Ihnen nicht nur im Stil einer Breadcrumb-Webnavigation, wo innerhalb der Ordnerhierarchie Sie sich befinden, sie birgt auch Funktionen.

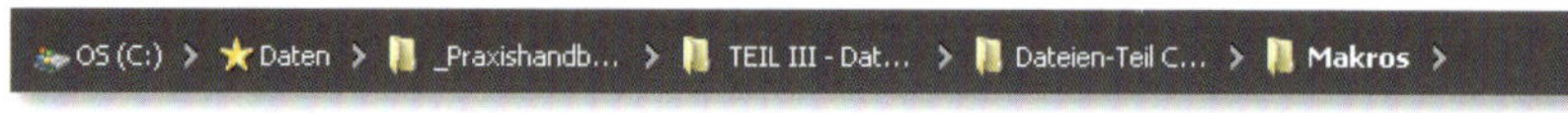

Abbildung 9.20 ▸
Die Pfadleiste der Bridge

- Das Anklicken eines Ordnernamens in der Pfadleiste führt zu diesem Ordner hin.
- Ein Rechtsklick öffnet ein Kontextmenü. Darin werden alle Unterordner des Ordners gezeigt, den Sie angeklickt haben – und mit einem weiteren Klick auf einen der Ordnernamen können Sie direkt dorthin navigieren.
- Ziehen Sie einen Ordner aus dem INHALT-Fenster auf die Pfadleiste, um ihn in der Bridge aufzurufen.
- Sie können auch Ordner aus dem Windows-Explorer oder dem Finder auf die Pfadleiste ziehen. Der betreffende Ordner wird dann in der Adobe Bridge geöffnet.

Flache Ansicht | Der Befehl ELEMENTE IN UNTERORDNERN ANZEIGEN (ebenfalls im Pfadleisten-Kontextmenü) führt zur sogenannten **flachen Ansicht**: Dabei wird der Inhalt aller Unterordner auf einmal angezeigt. Es sieht so aus, als würden diese Unterordner gar nicht existieren und alle Dateien zusammen im übergeordneten Ordner liegen. Bei umfangreichen Ordnern kann es eine Weile dauern, bis alle Dateien und Unterordner in der flachen Ansicht geladen sind.

Abbildung 9.21 ▸
Über die Pfadleiste gelangen Sie per Kontextmenü schnell zu Unterordnern.

Für ein manuelles Durchforsten ist die flache Ansicht bestimmt nicht geeignet, wohl aber, um automatische Suchläufe – zum Beispiel mit dem DURCHSUCHEN-Feld – durchzuführen. Dann sparen Sie sich das Öffnen zahlreicher Unterordner und wiederholte Suchvorgänge.

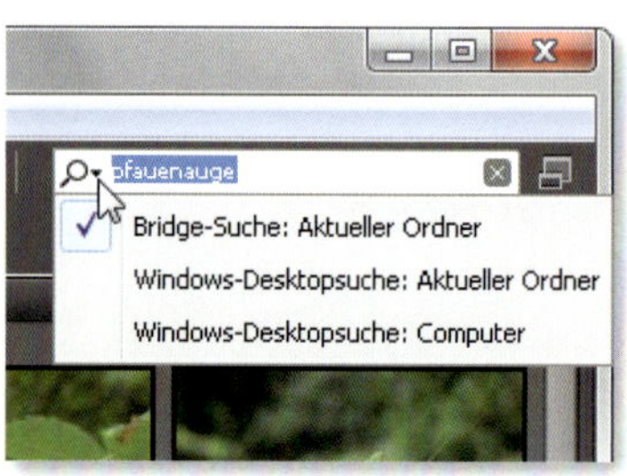

▴ Abbildung 9.22
Die Bridge-Suche ist sehr leistungsfähig, aber nur dann, wenn Sie ihr genug zum Auswerten geben: Klare Dateinamen, Stichwörter oder Meta-Tags machen ihren Einsatz erst sinnvoll.

Dateibestand automatisch durchwühlen lassen: Schnellsuche | Einfacher geht es kaum: Suchbegriff ins Eingabefeld oben rechts schreiben, [↵], fertig. Ein neues Fenster mit den Suchergebnissen legt sich vor das Miniaturfenster. Frühere Suchläufe können Sie mittels Liste wiederholen (siehe Abbildung 9.22 – Aufklappen mit Klick auf die kleine Lupe im Suchfeld). Die Bridge-Suchmaschine findet Dateinamen und Dateinamensteile und Meta-Tags im aktiven Ordner. Unter Mac OS ist hier auch Spotlight integriert, unter Windows die Windows-Desktopsuche (sofern sie installiert wurde). Die betriebssystemeigenen Suchengines suchen zusätzlich nach Ordnernamen und durchstöbern den gesamten Dateibestand. Eine Dateisuche mit verfeinerten Optionen finden Sie unter Bearbeiten • Suchen (Strg/cmd+F).

Navigationsbuttons in der Anwendungsleiste | Die winzigen Icons der Anwendungsleiste sind eine gute Navigationshilfe.

- Die Pfeile ❶ erlauben ein schnelles Vor- und Zurückblättern in den zuletzt genutzten Ordnern.
- Mit dem kleinen Pfeil nach unten ❷ öffnen Sie eine Liste, über die Sie flott die Ordner in der Hierarchie über dem aktuellen Ordner erreichen. Außerdem sind dort alle Favoriten aufgeführt.
- Das Icon mit der Uhr ❸ führt zu einer Liste, in der die zuletzt angesehenen Ordner aufgeführt sind. Und wenn Sie dort den Befehl Alle zuletzt verwendeten Dateien anklicken, werden diese auch im Vorschaufenster angezeigt.
- Ein Klick auf den kleinen Bumerang ❹ holt Photoshop wieder nach vorn.
- In der Anwendungsleiste *ganz rechts* finden Sie außerdem ein kleines Ordner-Icon ❺ mit dem typischen Ausklapp-Pfeil. Dort verbirgt sich ein Menü, mit dessen Hilfe Sie schnell zu den zehn zuletzt genutzten Dateien springen.

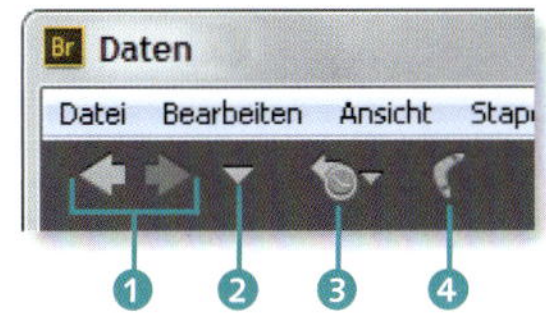

▲ **Abbildung 9.23**
Navigationshilfen *links* in der Anwendungsleiste

▲ **Abbildung 9.24**
Zugang zur Liste der zuletzt genutzten Dateien

Was wollen Sie tun?	Windows	Mac
In der Palette Ordner zum nächsten Eintrag nach **oben/unten** gehen (vorher einen Eintrag der Ordner-Palette anklicken)	↑/↓	↑/↓
In der Palette Ordner zur hierarchisch nächsthöheren **Ordnerebene** gehen	Strg+↑	cmd+↑
in Miniaturen: ein Objekt nach **oben/unten** gehen (vorher eine Miniatur in der Inhalt-Fenster anklicken)	↑/↓	↑/↓
in Miniaturen: ein Objekt nach **rechts/links** gehen	→/←	→/←
in Miniaturen: zum **ersten/letzten** Objekt gehen	Pos1/Ende	Home/End
in Miniaturen: **Objekte neben dem aktiven Objekt der Auswahl hinzufügen** (oben, unten, rechts, links davon)	⇧+↑/↓/→/←	⇧+↑/↓/→/←

◀ **Tabelle 9.1**
Tastaturbefehle für die Navigation in Ordnern und Miniaturen

9.5 Mit Ordnern und Dateien arbeiten

Die Leistungsfähigkeit der Bridge erschöpft sich nicht im Navigieren durch Ordner. Auch das Erzeugen neuer Ordner, das Bewegen von Ordnerinhalten, der Im- und Export von Dateien und natürlich das Öffnen sind möglich.

Dateien öffnen

Der selbstverständlichste Handgriff – das Öffnen von Dateien, die zuvor in der Bridge gesichtet wurden – erfordert einige Erklärungen. Schließlich gibt es zahlreiche verschiedene Dateiformate, und die Bridge arbeitet nicht nur mit Photoshop, sondern auch mit anderen Adobe-Anwendungen zusammen. Deswegen stehen Ihnen zum Öffnen von Dateien verschiedene Befehle zur Verfügung:

- Doppelklicken Sie auf eine Dateiminiatur.
- Markieren Sie eine oder mehrere Dateien im INHALT-Fenster, und
  - wählen Sie den Menübefehl DATEI • ÖFFNEN,
  - drücken Sie die [↵], oder
  - drücken Sie [Strg]/[cmd]+[↓].

Wenn Sie eine dieser Aktionen ausführen, wird die ausgewählte Datei (bzw. die Dateien) in der Anwendung geöffnet, die dafür als Standard vorgesehen ist. Die gängigen Dateiformate für Pixelbilder werden standardmäßig in Photoshop geöffnet. Unter BEARBEITEN • VOREINSTELLUNGEN ([Strg]/[cmd]+[K]) können Sie auf der Tafel DATEITYPZUORDNUNGEN diese Standardeinstellungen ändern.

Gezielt in anderer Anwendung öffnen

Viele Grafikdateien lassen sich mit mehr als nur einer Adobe-Anwendung öffnen. Auch ohne die Standards dauerhaft zu verändern, können Sie gezielt festlegen, mit welcher. Wählen Sie DATEI • ÖFFNEN MIT, gefolgt vom Namen der Anwendung, in der die Datei geöffnet werden soll, oder ziehen Sie die Datei auf eines der Anwendungssymbole auf Ihrem Desktop oder im Dock.

Raw-Dateien, TIFF und JPG in Camera Raw öffnen | Sie können Fotos auch in Adobes **Camera-Raw-**Modul öffnen. Das funktioniert nicht nur für genuine Raw-Files, sondern auch für JPG- und TIFF-Dateien. Zwar verfügen JPG und TIFF nicht über so viele Bildinformationen wie echte Kamera-Rohdaten, dennoch lassen sich die smarten Funktionen des Raw-Moduls manchmal auch hier mit Gewinn anwenden. Auch hier kommt es aufs Detail an, denn die Creative Suite bringt zwei (baugleiche) Raw-Konverter mit: Einer gehört zu Photoshop, der andere zur Bridge. Oft ist es günstiger, das Camera-Raw-Modul der Bridge zu nutzen, denn dann können Sie Photoshop parallel weiternutzen.

- Ein Doppelklick auf eine Raw-Datei (funktioniert so nicht bei JPG und TIFF) öffnet diese im Camera-Raw-Tool von *Photoshop*.

- Um eine Raw-, JPG- oder TIFF-Datei im Raw-Konverter der *Bridge* zu öffnen, wählen Sie Datei • In Camera Raw öffnen, nutzen den Shortcut Strg/cmd+R oder das Kontextmenü einer Bildminiatur.

▲ **Abbildung 9.25**
Ein Rechtsklick auf eine Bildminiatur öffnet geeignete Dateien im Raw-Konverter der Adobe Bridge.

In InDesign verknüpfte Dateien | Die Bridge wartet mit einem interessanten Feature für InDesign-Nutzer auf: Bei InDesign-Dokumenten, die verknüpfte Dateien enthalten, können Sie sich die verknüpften Dateien und deren Metadaten anzeigen lassen. Das funktioniert jedoch erst mit neueren InDesign-Daten (ab CS5) – und nur, wenn überhaupt verknüpfte Dateien vorhanden sind.

Verknüpfte Dateien können Sie sich in der Bridge auf zweierlei Weise anzeigen lassen:

- Das Fach Verknüpfte Dateien in der Metadaten-Palette listet Namen und Pfade der verknüpften Dateien auf.
- Wenn Sie das Kontextmenü der jeweiligen Datei aufrufen, sehen Sie den Befehl Verknüpfte Dateien anzeigen. Damit können Sie sich die Dateien im Inhalt-Fenster anzeigen lassen.

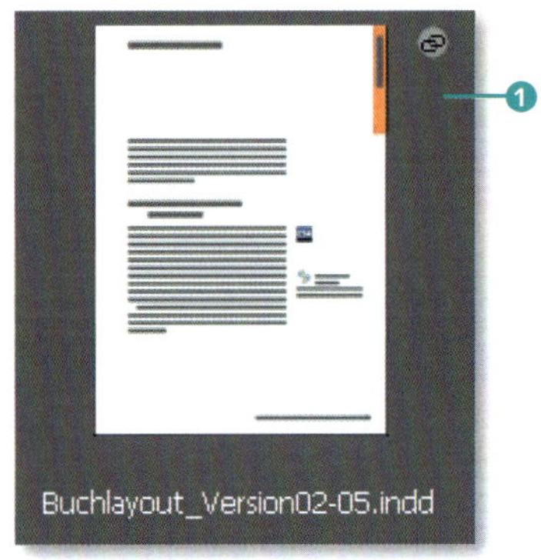

▲ **Abbildung 9.26**
Ein kleines Kettenicon ❶ an der Miniatur der .indd-Datei weist auf verknüpfte Dateien hin.

Alltägliche »Ordnerjobs«

Die Bridge ist vorrangig ein Bildbetrachtungs- und Verwaltungstool und nicht dafür ausgelegt, größere Umstrukturierungen im Dateisystem Ihres Rechners zu erledigen – das können Explorer oder Finder besser. Doch manche Standardaufgaben schafft auch die Bridge.

Ordner erzeugen | Um neue Ordner anzulegen, nutzen Sie den Button Neuen Ordner erstellen ❷, wählen Datei • Neuer Ordner (Strg/cmd+⇧+N) oder rechtsklicken irgendwo auf eine graue Partie des Miniaturenfensters. Im Kontextmenü gibt es den Befehl Neuer Ordner.

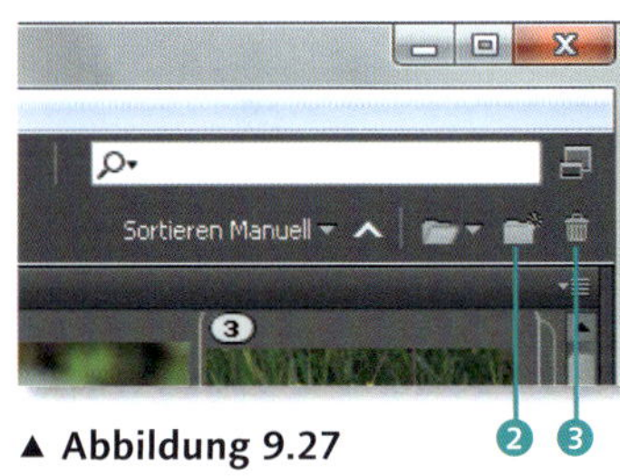

▲ **Abbildung 9.27**
Die Schaltflächen für Standard-»Ordnerjobs« finden Sie rechts oben in der Anwendungsleiste.

Elemente löschen | Um Ordner oder Dateien zu löschen, nutzen Sie die unvermeidliche Mülltonne ❸, markieren die Elemente und drücken Strg/cmd+Entf/← oder wählen wiederum den Weg über Datei • Löschen.

Elemente neu benennen | Um Ordnern oder Dateien neue Namen zuzuweisen, klicken Sie mit der rechten Maustaste auf den Dateinamen unter der Miniatur und wählen im Kontextmenü Umbenennen. Außerdem wechseln auch das Kürzel F2 und ein zielgenauer (!) Linksklick auf den Dateinamen in den Umbenennen-Modus.

▲ **Abbildung 9.28**
Zum Umbenennen schreiben Sie direkt unter der Miniatur.

Wenn Sie auf diese Art die Namen mehrerer nebeneinander angeordneter Dateien ändern möchten, können Sie auch Shortcuts nutzen (siehe Tabelle 9.2). Sie müssen dann nicht für jede Datei extra das Namensschreibfeld aktivieren. Das hört sich langweilig an, aber in der Praxis sind diese Kürzel genial!

Was wollen Sie tun?	Windows	Mac
bei aktiviertem Umbenennen-Modus einer Datei: die nächste Datei umbenennen	⇆	⇆
bei aktiviertem Umbenennen-Modus einer Datei: die vorherige Datei umbenennen	⇧+⇆	⇧+⇆

▲ **Tabelle 9.2**
Tastaturbefehle zum Umbenennen

Elemente verschieben | Um eine Datei oder einen Ordner zu verschieben, nutzen Sie

- entweder das Kontextmenü einer Datei oder eines Ordners; dazu klicken Sie auf die Miniatur des zu verschiebenden Elements und wählen im Kontextmenü den Befehl VERSCHIEBEN NACH;
- oder die Methode Drag & Drop mit der Maus; Sie können Objekte innerhalb des Inhaltsfensters verschieben (zum Beispiel in einen vorhandenen Unterordner) oder auch in Ordner, die Sie über die Favoriten- oder Ordner-Palette erreichen.

Interessant für die Ziehen-Methode ist der Befehl FENSTER • NEUES SYNCHRONISIERTES FENSTER (Strg/cmd+Alt+N). Damit wird ein zweites Bridge-Fenster geöffnet. Der Transfer zwischen verschiedenen Ordnern ist so unter Umständen einfacher.

Elemente kopieren | Um Dateien oder Ordner an einen anderen Ort zu kopieren, ziehen Sie sie bei gehaltener Strg/Alt-Taste in den neuen Ordner, wählen BEARBEITEN • KOPIEREN oder nutzen das Dateien-Kontextmenü (Rechtsklick auf Miniatur oder Ordner).

Dateien duplizieren | Lediglich dupliziert, aber nicht verschoben werden Dateien mit dem Befehl BEARBEITEN • DUPLIZIEREN (Strg/cmd+D).

Dateien stapelweise umbenennen | Nicht selten kommt es vor, dass man eine Menge Bilder auf einmal umbenennen muss. Mit der Funktion STAPEL-UMBENENNUNG legen Sie die Kriterien der Umbenennung fest.

Ansicht aktualisieren

Neue Sortierungen, einkopierte oder verschobene Elemente und andere Änderungen sind nicht immer sofort sichtbar. Mit F5 aktualisieren Sie die Ansicht von Ordnerinhalten und Verzeichnisbäumen.

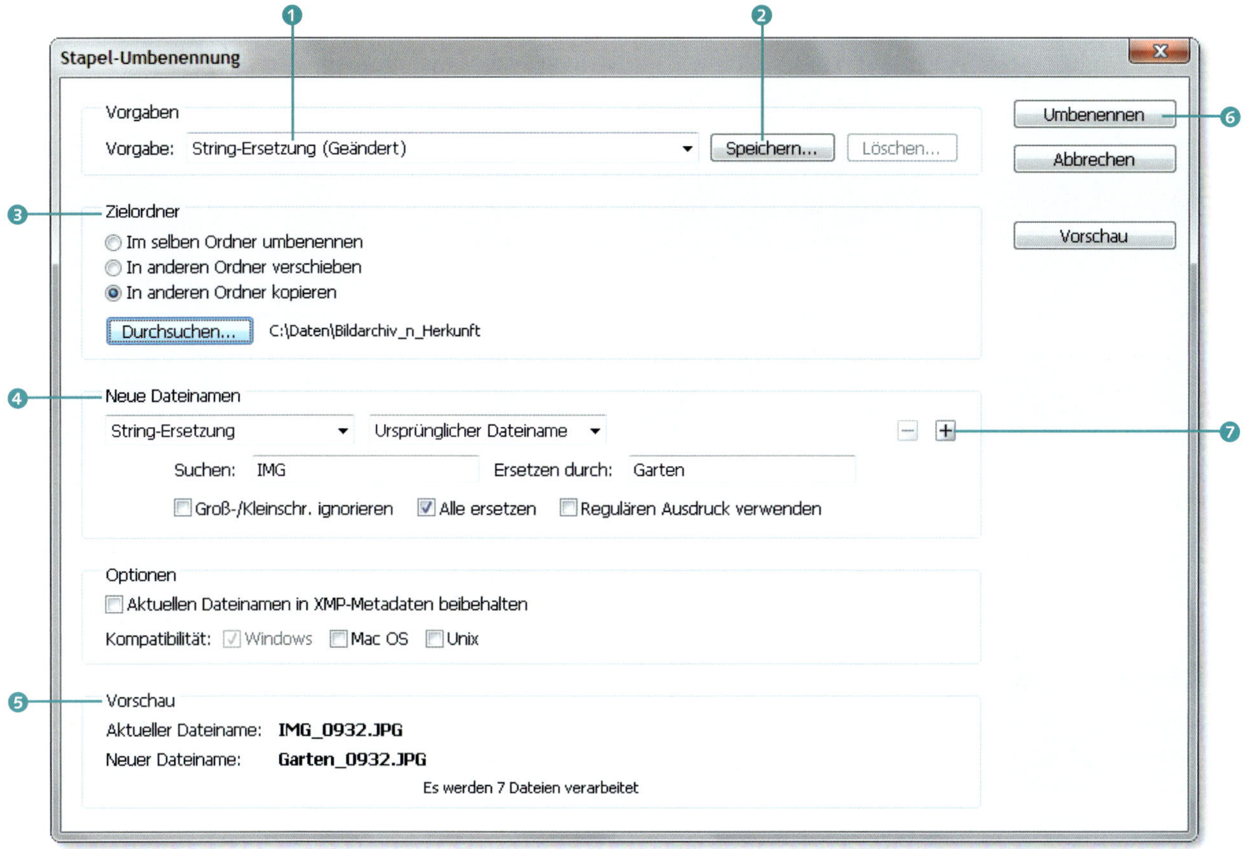

▲ **Abbildung 9.29**
Über die Einstellungen unter ZIELORDNER können Sie die STAPEL-UMBENENNUNG auch als Datei-Kopiermaschine einsetzen.

Um mehrere Dateien auf einmal umzubenennen, wählen Sie sie zunächst im INHALT-Fenster aus.

Dann rufen Sie das Dialogfenster STAPEL-UMBENENNUNG auf – entweder über den Befehl WERKZEUGE • STAPEL-UMBENENNUNG oder mit dem Kürzel Strg/cmd+⇧+R.

Legen Sie die gewünschten Optionen fest, und starten Sie die Umbenennung mit UMBENENNEN 6. Der Befehl SPEICHERN 2 sichert Ihre Einstellungen zur späteren Verwendung. Sie finden sie dann unter VORGABE 1.

Die meisten der Umbenennen-Optionen sind leicht verständlich:

- Unter ZIELORDNER 3 stellen Sie ein, ob die umbenannten Dateien im Ausgangsordner abgelegt, in einen anderen Ordner verschoben oder ob Kopien der Originale erzeugt werden.
- Unter NEUE DATEINAMEN 4 legen Sie fest, wie die neuen Dateinamen beschaffen sein sollen. Sie können eigenen Text eingeben oder Elemente aus den Menüs auswählen.

- Mit Klick auf die kleinen Plus- und Minus-Buttons ❼ fügen Sie weitere Eingabefelder für Namensbestandteile hinzu oder löschen sie.

Im unteren Bereich des Dialogs unter Vorschau ❺ sehen Sie, wie alte und neue Dateinamen aussehen, wenn die von Ihnen eingestellten Muster zur Umbenennung angewandt werden.

Reguläre Ausdrücke | Die Stapel-Umbenennung beherrscht seit CS5 auch reguläre Ausdrücke. Stellen Sie dazu unter Vorgabe die Option String-Ersetzung ein. Reguläre Ausdrücke (auch »Regular Expressions« oder kurz »RegEx« genannt) sind Zeichenfolgen mit festen syntaktischen Regeln, die nicht nur in der Bridge, sondern auch in vielen anderen Applikationen für Suchen-und-Ersetzen-Routinen eingesetzt werden. Mit RegEx ändern Sie etwa Dateinamen-Präfixe, numerische Namensbestandteile oder die ersten Buchstaben eines Dateinamens (etwa das leidige »IMG_« oder »MG_«). Um alle Möglichkeiten von RegEx zu nutzen, sollten Sie sich ein wenig mit Programmierung oder mit Linux auskennen, denn die Notation der Suchstrings ist nicht gerade intuitiv. Zudem können in der Bridge per RegEx gefundene Namensbestandteile nur durch Texteingaben, nicht aber durch laufende Nummern oder Ähnliches ersetzt werden.

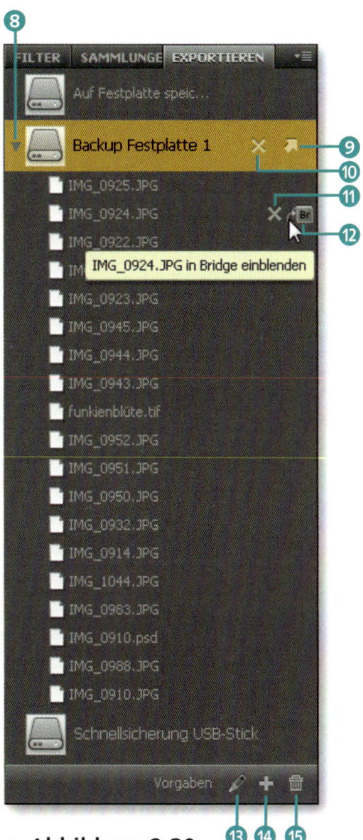

▲ Abbildung 9.30
Die Exportieren-Palette. Die einzelnen Exportjobs nennt Adobe »Module«. Hier sehen Sie drei davon und einige Dateien in der Export-Warteschlange.

9.6 Dateien als JPG exportieren

Wer regelmäßig größere Mengen von Dateien aus dem Digicam-Fundus oder anderen Quellen für das Web aufbereiten muss, freut sich bestimmt über die JPG-Exportfunktion der Bridge. Sie finden die Funktion in der Exportieren-Palette (falls nicht aktiv: Fenster • Exportieren-Fenster).

Die Bedienung ist annähernd narrensicher. Wer mit den JPG-Eigenschaften und den JPG-Speicheroptionen in Photoshop vertraut ist, hat sich hier schnell eingearbeitet.

Das Funktionsprinzip der Exportieren-Palette ist schnell erklärt: Sie erzeugen mit Hilfe der Plus-Schaltfläche ⓮ am unteren Rand der Palette eigene Exportjobs mit den von Ihnen gewünschten JPG-Eigenschaften (etwa Qualität, Skalierung, Metadaten und Speicherort), die dann als Module auf der Palette auftauchen. Mit Hilfe des Buttons ⓭ können Sie Exportjobs nachträglich verändern. Mit einem Klick auf den Mülleimer ⓯ löschen Sie das markierte Modul.

Um Dateien als JPG zu exportieren, markieren Sie sie im Inhalt-Fenster und ziehen das ganze Bündel einfach auf das betreffende Modul-Icon.

▲ **Abbildung 9.31**
Hier werden Fotos auf ein Exportmodul gezogen.

Schaltflächen inaktiv?
Die Buttons am Fuß der Exportieren-Palette funktionieren nur, wenn eines der Module in der Palette aktiviert (markiert) ist. Um Ihr erstes Modul anzulegen, müssen Sie zur Aktivierung einmal auf das mitgelieferte Standard-Modul AUF FESTPLATTE SPEICHERN klicken. Bei späteren Veränderungen ist es gleichgültig, welches Modul Sie zu diesem Zweck wählen.

Die Dateien stehen dann in der Warteschlange (in Abbildung 9.30 beim Modul BACKUP FESTPLATTE 1 zu sehen), werden aber noch nicht sofort exportiert. Das gibt Ihnen die Gelegenheit, auch noch andere Ordner nach Bildern zu durchforsten, die Sie dem aktuellen Exportauftrag hinzufügen. Erst ein Klick auf die Schaltfläche AUFTRAG EXPORTIEREN ⑨ startet den Export. Sie sehen während des Exports ein kleines Fenster mit Fortschrittsbalken. Um zu kontrollieren, welche Dateien bereits bei einem Modul auf den Export warten, klicken Sie auf den kleinen Aufklapp-Pfeil ⑧. Um alle Dateien aus der Export-Warteschlange zu entfernen, klicken Sie auf das x-Symbol ⑩. Um eine einzelne Datei aus der Liste zu entfernen, fahren Sie mit der Maus rechts in die betreffende Zeile oder klicken die Datei an. Sie können die Datei dann löschen (wieder per x-Symbol ⑪) oder zur Prüfung in der Bridge nochmals einblenden ⑫.

Zum Weiterlesen
Informationen zum **Dateiformat JPG** finden Sie in Abschnitt 3.6, »Dateiformate für Bilder«, und in Kapitel 40, »Bilder für das Internet optimieren«.

9.7 Dateien importieren und sichten

Die Stärke der Bridge liegt im Sichten, Suchen, Bewerten und Sortieren von Bildern und in der Bearbeitung und Verwaltung von Metadaten.

Dateien von der Digicam

Schritt eins ist der Import von Dateien aus der Kamera. Das geht in der Bridge in der Regel ganz problemlos, ohne dass Sie die Kamerasoftware benutzen müssen. Schließen Sie Ihre Kamera an, und wählen Sie DATEI •

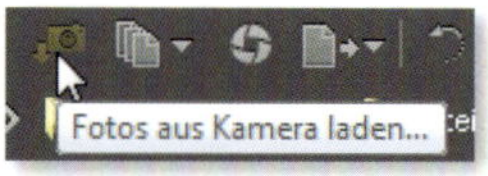

▲ **Abbildung 9.32**
Foto-Downloader starten

Fotos aus Kamera laden, oder klicken Sie auf das Kamera-Icon in der Anwendungsleiste.

Der Foto-Downloader, der sich dann öffnet, ist recht karg, aber auch weitgehend selbsterklärend. Seine wahren Qualitäten offenbart er, wenn Sie auf den Button Erweitertes Dialogfeld klicken. Wenn Sie hier die Importeinstellungen geschickt ausreizen, sparen Sie sich anschließend viel Sortier- und Verwaltungsarbeit!

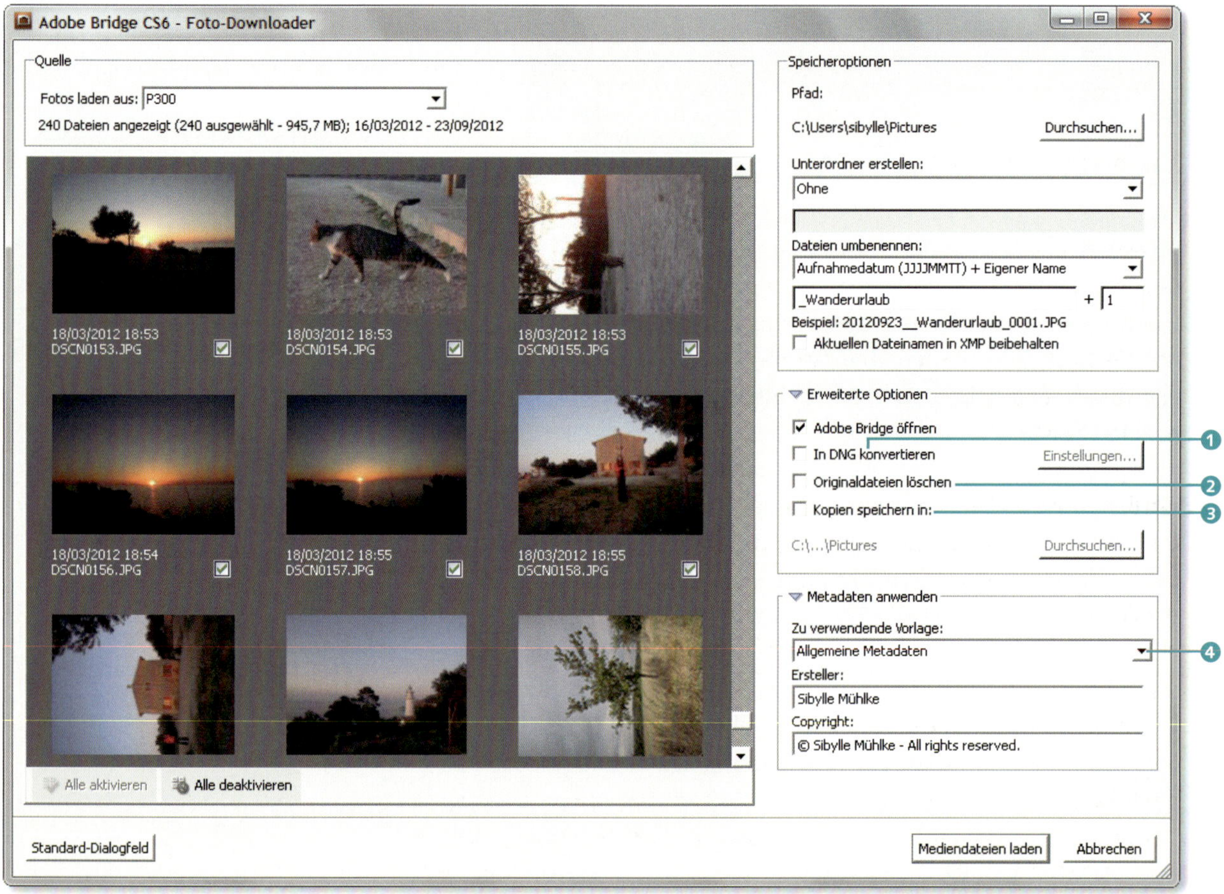

▲ **Abbildung 9.33**
Der Foto-Downloader in der erweiterten Ansicht. Er zeigt nicht nur Miniaturen aller Bilder auf der Kamera, sondern enthält auch smarte Importoptionen.

In einem Vorschaufenster, das alle Bilder der Kamera anzeigt, können Sie genau festlegen, welche Bilder importiert werden sollen:

- Bei den Einstellungen zu Speicherposition, Unterordnern und Dateinamen können Sie vordefinierte Datumssets nutzen oder – was oft sinnvoller ist – eigene Namen plus eine durchlaufende Seriennummer vergeben.
- Kopien speichern in 3 ist *die* Option für Backup-Schluderer. Sie erlaubt Ihnen nämlich, in einem Arbeitsgang die Dateien von der Kamera auf Ihren Rechner zu importieren und gleichzeitig eine Kopie

der Kamerafiles auf ein externes Backup-Medium zu schreiben. Unter DURCHSUCHEN legen Sie den Speicherort für die Dateikopien fest.

- ORIGINALDATEIEN LÖSCHEN ❷ leert den Speicherchip Ihrer Kamera. Nutzen Sie diese Option nur, wenn Sie tatsächlich alle Dateien von Ihrer Kamera auf den Rechner transferiert haben!
- Wenn Sie mit Raw-Dateien arbeiten und diese lieber im herstellerunabhängigen Rohdatenstandard DNG sichern (statt im kameraeigenen Raw-Format), aktivieren Sie IN DNG KONVERTIEREN ❶.
- Außerdem können Sie den Bildern Metadaten-Vorlagen, die Sie zuvor in Photoshop oder in der Bridge definiert haben, direkt zuweisen ❹.

Zum Weiterlesen
Das Thema **Kamera-Rohdaten** kommt in Kapitel 22, »Das Camera-Raw-Modul«, ausführlich zur Sprache. Dann geht es auch noch einmal um die Bridge.

Die erste Durchsicht

Wie Sie sich möglichst flott zwischen Miniaturen bewegen, können Sie Tabelle 9.1 auf Seite 261 entnehmen. Doch was dann? Bei frisch importierten Dateien sollten Sie sofort die Spreu vom Weizen trennen. Denn je mehr »B-Pictures« Ihre Ordner verstopfen, desto geringer ist die Chance, dass Sie mit den wirklich guten Fotos sinnvoll arbeiten. Die Bridge unterstützt Sie beim systematischen Sichten auch größerer Dateibestände.

Zurückweisen statt löschen | Das Löschen von Dateien ist endgültig, zumindest, wenn Sie auch Ihren Betriebssystem-Papierkorb geleert haben. Eine Alternative ist das Zurückweisen von Dateien. Wählen Sie die Datei oder die Dateien aus, die Sie nicht mehr mögen, und drücken Sie dann den Shortcut [Alt]+[Entf] bzw. [Alt]+[←]. Der passende Menübefehl ist BESCHRIFTUNG • ZURÜCKWEISEN. Die Dateien verschwinden dann aus der Anzeige. Zum Ansehen zurückgewiesener Dateien wählen Sie ANSICHT • ZURÜCKGEWIESENE DATEIEN ANZEIGEN.

Diese Methode können Sie anwenden, wenn Sie nicht ganz sicher sind, ob Sie diese Dateien wirklich nicht mehr brauchen. Mit BESCHRIFTUNG • KEINE BESCHRIFTUNG können Sie das Zurückweisen wieder annullieren.

Drehen | Bei einigen Kameras werden als Hochformat fotografierte Bilder auf der Seite liegend importiert. Mit den Dreh-Buttons der Symbolleiste **drehen** Sie solche Bilder in 90°-Schritten.

▲ **Abbildung 9.34**
Bilder drehen

Wenn Sie ein Bild gleich um 180° drehen wollen, müssen Sie den Weg über das Menü BEARBEITEN gehen.

Bildschärfe im Vorschaubild realistisch beurteilen: Lupe | In der Bridge sind sowohl Miniaturen als auch die Bildvorschau stark verkleinert. Sie müssen jedoch ein Bild nicht gleich in Photoshop öffnen, um die Schärfe von Details zu beurteilen. Sofern Sie in der Filmstreifen-Ansicht operieren, können Sie die Lupe benutzen.

Abbildung 9.35 ▶
Die Bildschirmlupe steht im Vorschau- und im Inhalts-Fenster zur Verfügung.

Ein Klick in das Inhalt-Fenster oder die Palette Vorschau öffnet ein kleines Vergrößerungsfenster, in dem ein Bildausschnitt standardmäßig in der 100%-Ansicht gezeigt wird. Die Lupenfenster sind frei verschiebbar. Bewegen Sie eine Lupe zu nah an den Rand des Programmfensters, schwingen die Lupenfenster um die eigene Achse, um sichtbar zu bleiben. Die auch vom Photoshop-Zoom bekannten Kürzel Strg/cmd+ + bzw. Strg/cmd+ - vergrößern und verkleinern den Darstellungsmaßstab innerhalb der Lupe. Klicken auf das kleine »X« (1) am Lupenrahmen schließt sie.

Bilder bewerten

▲ Abbildung 9.36
Eigenes Rating im Handumdrehen

Beim Importieren und vor allem beim Sichten großer Mengen Bilder ist es extrem hilfreich, wenn man interessante, weniger gute oder für einen besonderen Zweck geeignete Bilder **kennzeichnen** kann. Damit können Sie sie später wieder aus der Menge herausfischen und müssen sie nicht aufwendig verschieben oder umbenennen, um sie auffindbar zu machen.

Sterne | Ganz intuitiv arbeiten Sie mit dem Wertungssystem. Sie vergeben an Ihre Bilder ein bis fünf Sterne, einfach indem Sie mit der Maus über die unauffälligen Punkte unterhalb der *aktiven* Bildminiatur streichen, bis die gewünschte Anzahl an Sternen erreicht ist.

Farbig auszeichnen | Mit den Einstellungen unter BESCHRIFTUNG können Sie zudem farbige Markierungen an Dateien vergeben. In der Dateiübersicht sind die farbigen Markierungen leichter erkennbar als die dezenten Sternchen, das Einhalten einer Systematik ist jedoch schwieriger.

Mit den farbigen Wertungen sind in der Bridge Stichwörter verbunden, die an unterschiedlichen Stellen – zum Beispiel beim Dateifilter (siehe den folgenden Abschnitt) – auftauchen. In den Voreinstellungen unter BESCHRIFTUNGEN können Sie diese Zuschreibungen ändern. Dort finden Sie auch die Shortcuts, mit deren Hilfe Sie Ihren Bildern die einzelnen Beschriftungsfarben zuordnen können.

▲ **Abbildung 9.37**
Bunt und auffällig: Beschriftungen

Was wollen Sie tun?	Windows	Mac
rot beschriften (Text frei wählbar)	Strg+6	cmd+6
gelb beschriften (Text frei wählbar)	Strg+7	cmd+7
grün beschriften (Text frei wählbar)	Strg+8	cmd+8
türkis beschriften (Text frei wählbar)	Strg+9	cmd+9
einen Stern hinzufügen	Strg+1	cmd+1
zwei, drei … fünf Sterne hinzufügen	Strg+2, 3 … 5	cmd+2, 3 … 5
Bewertung um einen Stern erhöhen	Strg+. (Punkt)	cmd+. (Punkt)
Bewertung um einen Stern verringern	Strg+, (Komma)	cmd+, (Komma)
Bewertung (Sterne) **löschen**	Strg+0	cmd+0

◀ **Tabelle 9.3**
Tastaturbefehle zum Beschriften und Bewerten

Mehrere Miniaturen kennzeichnen

Um mehrere Dateien auf einmal zu beschriften oder zu bewerten, aktivieren Sie deren Miniaturen in der Übersicht. Wählen Sie dann im Menü BESCHRIFTUNG eine Farbe oder Wertung (Anzahl Sterne) aus, oder nutzen Sie das Stern-Icon ganz rechts in der Anwendungsleiste.

Filter: Volle Ordner gut im Griff

Bewertungen und Beschriftungen sind ja nicht schlecht, aber die Bridge geht noch einen Schritt weiter. Der Witz am Konzept ist, dass Sie sich Ordnerinhalte so darstellen lassen können, dass wahlweise alle Dateien, nur gekennzeichnete oder nur ungekennzeichnete Dateien angezeigt werden. Dazu nutzen Sie die Funktion (Datei-)FILTER – in der Palette links unten. Der Dateifilter hilft Ihnen, auch in sehr vollen Ordnern schnell die richtigen Bilder zu finden. Berücksichtigt werden zahlreiche Parameter wie Format, Datum der letzten Änderung, Dateityp, aber auch Ihre eigenen Wertungen und Beschriftungen sowie Stichwörter.

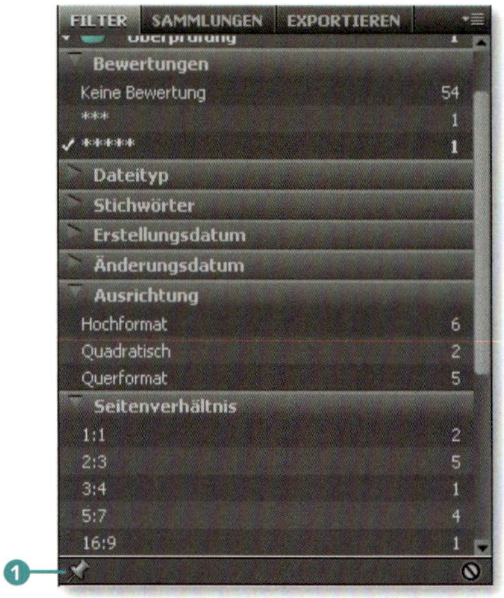

▲ **Abbildung 9.38**
Kleine Häkchen zeigen an, welche Filterkategorien aktiviert wurden.

Alle Filter deaktivieren

Wenn Sie mehrere Filter aktiviert haben und sie wieder unwirksam machen wollen, müssen Sie nicht Häkchen für Häkchen wegklicken. Nutzen Sie den Shortcut [Strg]/[cmd]+[Alt]+[A], um alle Filter abzuwählen.

Dateifilter verwenden | Der Gebrauch des Dateifilters ist denkbar einfach: Klicken Sie einfach die Kategorien an, deren Dateien Sie ansehen wollen. Sie können mehrere Kategorien kombinieren. Sind zwei oder mehr Eigenschaften aktiv, werden sie mit dem Operator »und« kombiniert. Wenn Sie dann gar keine Miniatur im Ansichtsfenster sehen, enthält der Ordner keine Datei, die der gewählten Konstellation entspricht. »Oder«-Suchen sind über den Dateifilter leider nicht möglich.

Üblicherweise gelten solche Filtereinstellungen immer nur für den aktiven Ordner – sobald Sie in einen anderen Ordner wechseln, werden alle Dateifilter entfernt. Wenn Sie auf das Icon »Markierungsnadel« ❶ klicken, passiert das nicht. Es sorgt dafür, dass der Filter auch beim Durchsuchen anderer Ordner aktiv bleibt. Allerdings müssen Sie zuerst auf das Nadel-Icon klicken und erst danach die gewünschten Filterkriterien festlegen. Andersherum funktioniert es nicht!

In der Filter-Palette sorgen kleine dreieckige Pfeile für Ordnung und klappen einzelne Bereiche auf oder zu. Angezeigt werden ohnehin nur die Kategorien, für die im aktiven Ordner auch Bilder vorhanden sind. Wenn Sie also z. B. noch gar keine Beschriftungen vergeben haben, fehlt diese Kategorie in der Übersicht.

Schönes Bilderkarussell: Überprüfungsmodus

Mit dem Überprüfungsmodus bietet Ihnen die Bridge eine Ansichtsoption im Vollbild, in der Sie nicht durch Bedienungselemente von Ihren Dateien abgelenkt werden. Elementare Bearbeitungsaufgaben sind möglich. Mit [Strg]/[cmd]+[B] (oder Ansicht • Überprüfungsmodus) starten Sie den Modus, und mit [Esc] (oder der Schaltfläche »X« unten rechts ❼) brechen Sie ihn wieder ab. Wenn Sie vorher mehrere Bilder eines Ordners auswählen, werden nur diese angezeigt, ansonsten der komplette Ordnerinhalt.

- Die Rechts-/Links-Pfeile ❸ auf dem Bildschirm oder Ihre Tastatur-Pfeile bewegen das Karussell in beide Richtungen.
- Sie können auch einzelne Bilder direkt anklicken, um sie nach vorne zu holen, oder Bilder ziehen.
- Der nach unten weisende Pfeil ❹ auf dem Screen nimmt Bilder aus dem Karussell heraus (sie werden aber nicht gelöscht).
- Das Kontextmenü ❷ ist Ihre größte Hilfe bei der Bewertung und Beschriftung von Bildern. Auch die meisten der oben genannten Shortcuts funktionieren im Überprüfungsmodus.
- Die Lupe aktivieren Sie durch einen Klick auf das Icon ❺.
- Außerdem können Sie Sammlungen erstellen ❻ – mehr dazu folgt auf Seite 275.

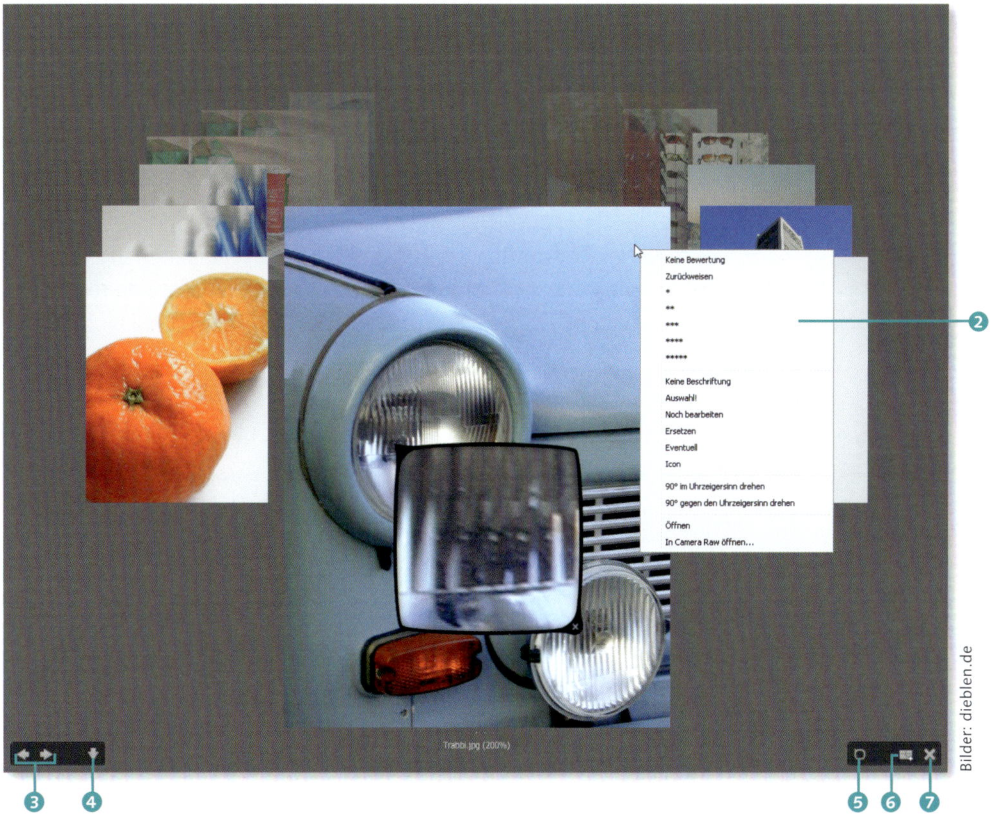

Bilder: dieblen.de

▲ **Abbildung 9.39**
Vor allem macht die karussellähnliche Bildanzeige Spaß!

9.8 Viele Fotos: Die Übersicht behalten

Viele Ordner, zahllose Dateien – selbst jemandem, der seinen Dateibestand regelmäßig pflegt, diszipliniert sortiert und mit Namen versieht, kann der Datenwust über den Kopf wachsen. Die Bridge enthält zwei praktische Funktionen, mit denen Sie innerhalb von Ordnern, im Miniaturenfenster und ordnerübergreifend leichter die Übersicht wahren.

Bilder in Stapeln

Bilderstapel eignen sich vor allem gut für die Verwaltung von Bilderserien. Ähnliche Bilder lassen sich auf diese Weise gut beisammenhalten und blockieren in der Miniatur-Übersicht nicht allzu viel Raum. Außerdem ist es möglich, gestapelte Dateien gleichzeitig zu bearbeiten. Die Funktion STAPEL – nicht zu verwechseln mit der Stapelverarbeitung von Photoshop – hat einen eigenen Menüpunkt.

Dateien stapeln | Um mehrere Dateien zu einem Stapel zusammenzufassen, wählen Sie sie zunächst aus. Wie in vielen anderen Anwendungen ermöglichen Strg/cmd oder ⇧ auch in der Bridge die Auswahl mehrerer Objekte. Mit dem Befehl Stapel • Als Stapel gruppieren (Strg/cmd+G) fassen Sie dann die gewählten Bilder zu einem handlichen Bilderpacken zusammen.

Ist ein Stapel ausgewählt, sind alle enthaltenen Bilder auch im Ansichtsfenster (und der Vorschau-Palette) zu sehen. Vor allem in der Filmstreifen-Ansicht ist das sehr praktisch!

Abbildung 9.40 ▶
Sie müssen genau hinsehen – hier ist nur das *oberste* Bild des Stapels aktiv.

Abbildung 9.41 ▶▶
Um einen *kompletten* Stapel zu aktivieren, drücken Sie beim Anklicken Alt oder klicken unten rechts auf die Kante des Stapelsymbols (auf das »unterste Bild«).

Überblick im Stapel | Die Ziffer am Stapel-Icon ❶ (hier: 6) zeigt an, wie viele Dateien im Stapel enthalten sind. Wenn Sie auf die Zahl klicken, entfaltet sich der Stapel auch und zeigt die Miniaturen wieder nebeneinander. Der Befehl Stapel • Alle Stapel zusammenfalten oder ein erneuter Klick auf die Zahl schiebt die Miniaturen wieder zum Stapel zusammen.

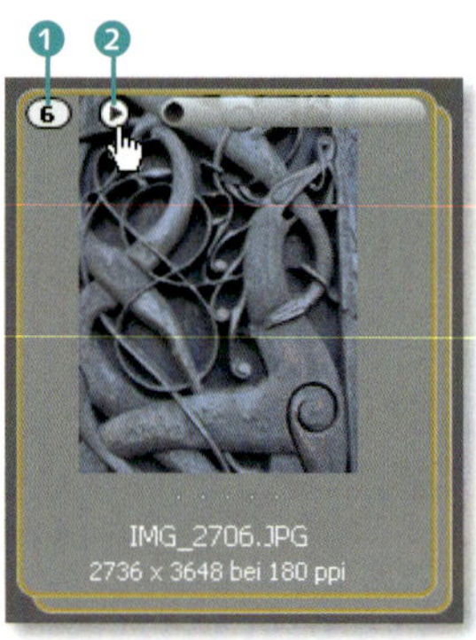

▲ Abbildung 9.42
Klicken auf den Play-Button ❷ zeigt eine Mini-Diashow aller gestapelten Bilder.

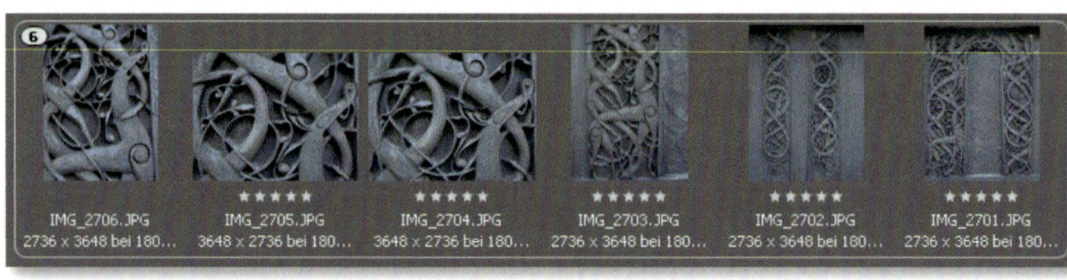

▲ Abbildung 9.43
Der ausgeklappte Stapelinhalt

Stapel lösen | Um die Zuordnung aller Bilder zu einem Stapel endgültig zu lösen, wählen Sie Stapel • Aus Stapelgruppierung lösen bzw. Strg/cmd+⇧+G. Einzelne Bilder können Sie ganz einfach aus einem aufgefalteten Stapel mit der Maus herausziehen.

Doch Stapel sind mehr als nur eine praktische Art der Dateisortierung. Bridge-Befehle, die Sie auf eine einzelne Datei anwenden können, gelten genauso für einen aktiven Stapel, zum Beispiel Bewertungen oder die Vergabe von Metadaten (mehr dazu erfahren Sie in Abschnitt 9.9, »Jede Menge Bildinformationen: Metadaten und Stichwörter«).

Automatisches Stapeln

Der Befehl STAPEL • AUTOMATISCHE STAPELANORDNUNG FÜR PANORAMA/HDR soll Bilderserien, die für Panoramen oder HDR-Montagen entstanden sind, automatisch erkennen und in Stapeln zusammenfassen. Im Test hat das jedoch nicht immer zuverlässig funktioniert.

Sammlungen

Durch zunehmend größere Speichermedien ist das Durchklicken von Ordnerhierarchien zu einer zeitaufwendigen Beschäftigung geworden. Sammlungen und Smart-Sammlungen machen es möglich, sich vom verschachtelten System der Ordner, Unterordner und Unter-Unterordner zu lösen und Dateien *ordnerübergreifend* zu organisieren.

Sammlungen sind virtuelle Ordner, in denen Dateien gesammelt werden, obwohl sie tatsächlich in ganz verschiedenen Festplatten-Ordnern abgelegt sind. Smart-Sammlungen wachsen bei sich veränderndem Datenbestand sogar den Nutzervorgaben gemäß mit. Die Bedienung der Sammlungen-Palette ist einfach, der Effekt verblüffend!

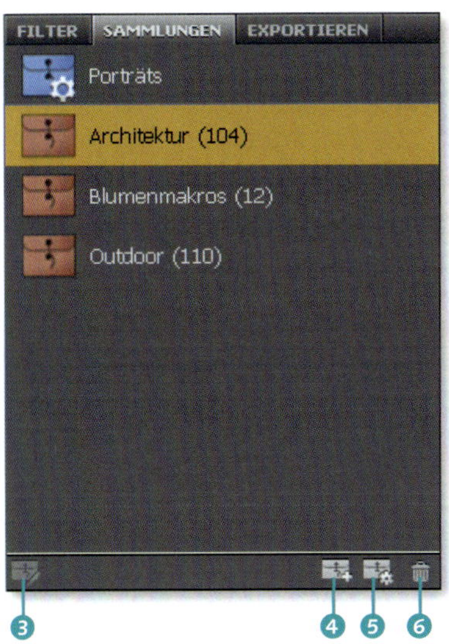

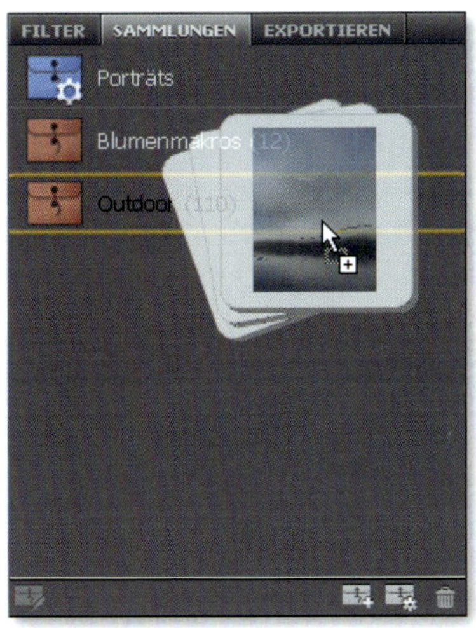

◄◄ **Abbildung 9.44**
Sammlungen werden mit braunen, Smart-Sammlungen mit blauen Aktenmappen-Symbolen dargestellt.

◄ **Abbildung 9.45**
Sammlung bestücken oder ergänzen

Um eine Sammlung zu erstellen,

1. klicken Sie am unteren Rand der Palette auf das Icon NEUE SAMMLUNG ❹, vergeben einen Namen und
2. wählen dann im Miniaturenfenster eine oder mehrere Dateien aus, die Sie einfach auf das Sammlungssymbol ziehen.

Sie können aber auch umgekehrt vorgehen: Sie wählen erst Dateien aus und erzeugen danach die neue Sammlung. Nach einer kleinen Abfrage werden die ausgewählten Dateien gleich der Sammlung hinzugefügt. Um bestehende Sammlungen mit Bildern zu ergänzen, nutzen Sie ebenfalls die Ziehen-Methode.

Explorer oder Finder nutzen

Das Drag & Drop funktioniert übrigens auch applikationsübergreifend: Sie können auch Dateien aus dem Windows-Explorer oder dem Finder (Mac OS) in eine Sammlung ziehen!

Sie können so auch Dateien von einer Sammlung in die andere ziehen. Dabei werden die Dateien allerdings kopiert, nicht verschoben. Es ist ja gerade das Konzept der Sammlung, Dateien aus verschiedensten Orten zusammen zu fassen, ohne dass diese tatsächlich örtlich verschoben werden müssen.

Löschen | Um Dateien aus einer Sammlung zu löschen, wählen Sie sie im Miniaturenfenster aus und nutzen den Button Aus Sammlung entfernen im Inhalt-Fenster, oder Sie verwenden die bekannten Befehle zum Löschen oder Zurückweisen.

Um Sammlungen zu löschen (nicht die darin enthaltenen Dateien!), klicken Sie auf den Mülleimer ❻.

Smart-Sammlungen – intelligenter Dateizuwachs | Neben den normalen Sammlungen gibt es auch Smart-Sammlungen. Nach von Ihnen festgesetzten Kriterien ändert sich der Inhalt einer Smart-Sammlung automatisch und aktualisiert sich gemäß Ihrem Dateibestand.

Um eine Smart-Sammlung zu erzeugen, klicken Sie auf den Button Neue Smart-Sammlung ❺. Dann erscheint ein Dialogfeld, in dem Sie festlegen, welchen Kriterien die Dateien entsprechen sollen, um in der neuen Smart-Sammlung zu landen. Der Dialog gleicht dem Suchen-Dialog.

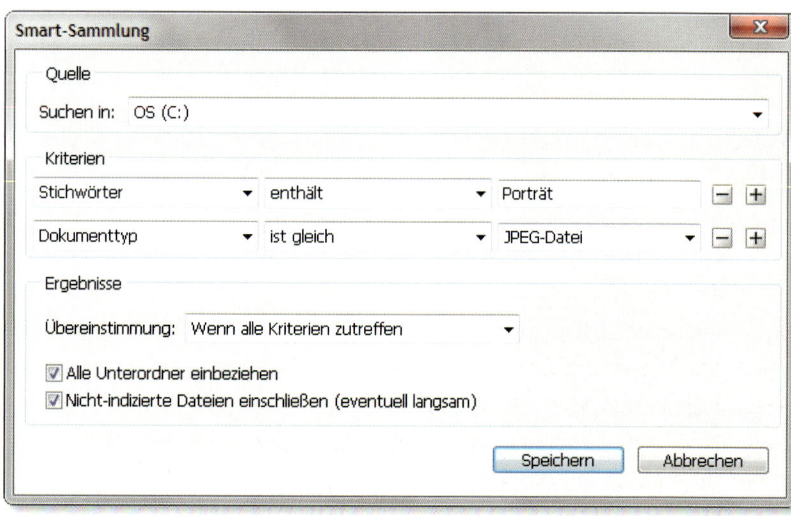

Abbildung 9.46 ▶
Im Dialog Smart-Sammlung legen Sie detailliert fest, welche Dateien erfasst werden sollen.

Sie können die Kriterien für Smart-Sammlungen auch nachträglich jederzeit ändern: Ein Klick auf das Icon Smart-Sammlung bearbeiten ❸ ruft die Dialogbox erneut auf.

9.9 Jede Menge Bildinformationen: Metadaten und Stichwörter

Metadaten sind sehr differenzierte Suchhilfen beim Katalogisieren von Bildern. Sie liefern wichtige Informationen zu den Aufnahmebedingungen – die Kamera hinterlegt solche Informationen in der Datei. Außerdem können urheberrechtliche Angaben ebenso in die Datei geschrieben werden wie Stichwörter, die die Verwaltung mit der Bridge erleichtern.

Woher kommen Metadaten? | Viele der Metadaten werden schon beim Fotografieren automatisch angelegt, z. B. Angaben zu Kamera und Belichtungszeiten und Dateieigenschaften wie Farbraum, Bildgröße oder Bitanzahl (Farbtiefe). Und auch das wohl jedem geläufige Erstellungsdatum gehört zu den Metadaten. In der Bildansicht in Photoshop oder anderswo sind die Metadaten natürlich nicht zu sehen, wohl aber in der Bridge und vielen anderen Bildverwaltungstools.

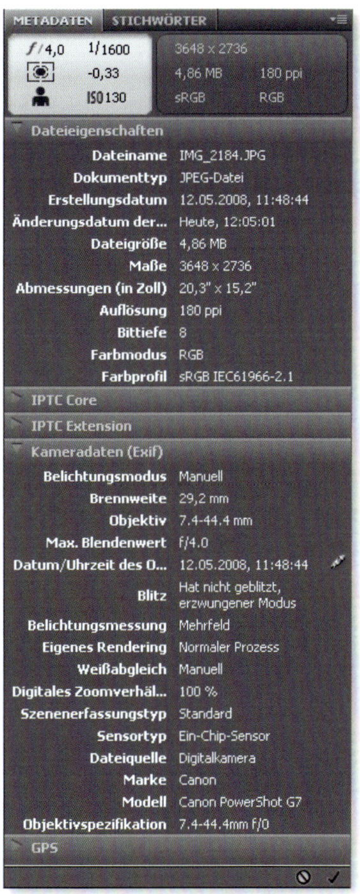

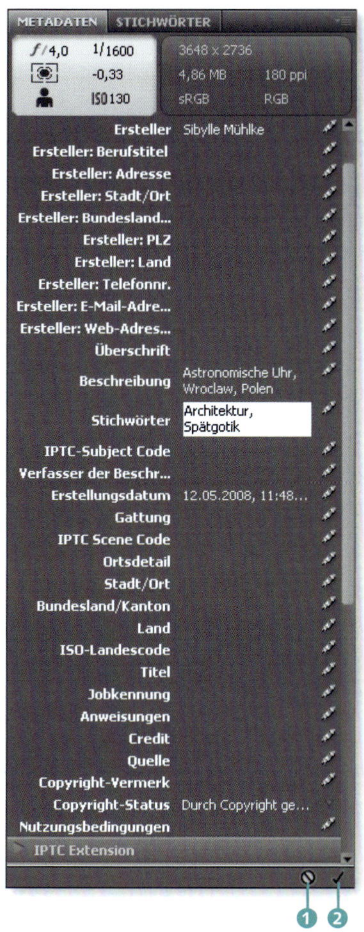

◂◂ Abbildung 9.47
Metadaten: Neben Kamera- und Bilddaten ist hier vieles möglich. Klicks auf die kleinen Dreieckspfeile öffnen weitere Bereiche.

◂ Abbildung 9.48
Auch das Ändern von Metadaten ist ganz einfach.

Den Metadaten-Wust reduzieren

Die standardmäßig eingeblendeten Formularfelder für Metadaten sind zahlreich. Auch Informationen für hochspezialisierte Anwendungen, die man im Alltag selten braucht, können Sie in den Metadaten unterbringen. In den Bridge-Voreinstellungen auf der Tafel METADATEN können Sie regeln, welche Metadaten Sie künftig sehen bzw. zum Ausfüllen angeboten bekommen wollen.

Metadaten-Palette | In der Metadaten-Palette finden Sie nützliche Angaben zu Dateieigenschaften oder Kameradaten zum Zeitpunkt der Aufnahme – diese sind nicht veränderbar –, aber auch Eingabefelder zum Selbstausfüllen. Vor allem die Bearbeitung der IPTC-Daten ist fast für jedermann sinnvoll.

IPTC-Daten | IPTC ist ein internationaler Standard für Bild-Metadaten, der vor allem für die Niederlegung von Urheberinformationen entwickelt wurde. Diese Funktion sollten Sie unbedingt nutzen, wenn Sie Bilder aus Webdatenbanken verwenden oder selbst Bilder öffentlich machen. So können Sie deren Herkunft zurückverfolgen und sich gegebenenfalls nochmals über Ihre Nutzungsrechte informieren und eigene Rechte kommunizieren.

Metadaten ändern | Änderungen von Metadaten führen Sie ganz einfach durch, indem Sie in das Datenfeld klicken, das Sie bearbeiten wollen. Sie können dann direkt in die Zeilen schreiben. Mit ⇥ springen Sie zum jeweils nächsten Eingabefeld. Am Fuß der Palette finden Sie die Buttons BESTÄTIGEN ❷ und ABBRECHEN ❶ für die so durchgeführten Änderungen. Alternativ können Sie aber auch ↵ und Esc drücken.

Wenn Sie vor der Eingabe mehrere Dateien markiert haben, werden die Metadaten aller Dateien zusammen geändert.

Metadatenvorlagen | Die Bedienung der Palette METADATEN ist zwar nicht besonders schwierig – Daten in die immer gleichen Felder einzutippen, ist allerdings zeitraubend und auf die Dauer auch recht nervig. Und eigentlich kommt man doch mit wenigen unterschiedlichen Sets an Metadaten gut durchs (Fotografen-)Leben. Um Metadaten zügig an Dateien anheften zu können, bietet Adobe Metadatenvorlagen an. Sie können eigene Datensätze speichern und später mit wenigen Klicks auf Dateien anwenden. Das Erstellen von **Metadatenvorlagen** ist einfach:

Als Erstes wählen Sie den Menübefehl WERKZEUGE • METADATENVORLAGE ERSTELLEN oder klicken im Seitenmenü der Metadaten-Palette auf den Befehl METADATENVORLAGE ERSTELLEN.

Es öffnet sich der umfangreiche Dialog METADATENVORLAGE ERSTELLEN. Tragen Sie dort zunächst einen Namen für das neue Metadatenset ein. Hier gilt wie immer: prägnante, kurze Bezeichnungen sparen Ihnen später im Arbeitsalltag Zeit.

Im Hauptteil des Dialogs finden Sie die gleichen Eingabefelder, die Sie bereits von der Metadaten-Palette kennen. Füllen Sie diejenigen Felder aus, die Sie in das neue Metadatenset aufnehmen wollen. Damit diese Daten später den Dateien wirklich als Metadaten zugewiesen werden,

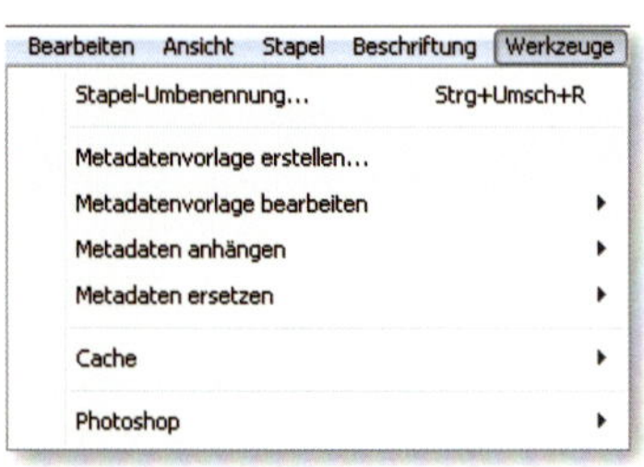

▲ **Abbildung 9.49**
Im Menü WERKZEUGE finden Sie alle Befehle, um Metadatenvorlagen zu verwalten.

müssen Sie außerdem ein Häkchen vor der jeweiligen Kategorie setzen. Wenn Sie fertig sind, schließen Sie Ihre Eingabe mit Speichern ab.

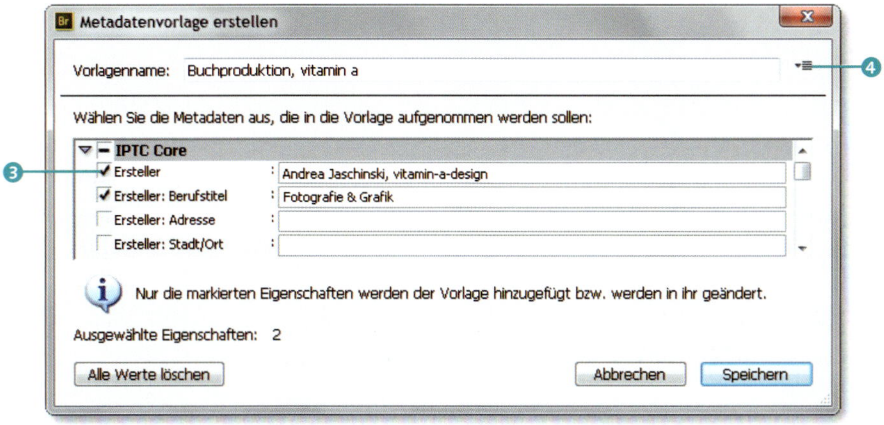

◀ **Abbildung 9.50**
Der Dialog Metadatenvorlage erstellen. Sie müssen unbedingt Häkchen vor den Eigenschaften setzen ❸, die in die Vorlage übernommen werden sollen.

Sie können nun von allen Stellen, an denen die Vergabe von Metadaten möglich ist, auf Ihre Vorlagen zugreifen und sie mit Dateien verknüpfen. Den Befehl Metadaten anhängen finden im Seitenmenü ▾≡ der Metadaten-Palette und im Menü Werkzeuge. Im *Photoshop*-Dialog Dateiinformationen (Sie starten ihn mit dem Kürzel ⇧+Strg/cmd+Alt+I oder über das Datei-Menü) finden Sie außerdem eine Dropdown-Liste mit Ihren Vorlagen.

Metadatenvorlagen löschen

Im Bridge-Menü Werkzeuge finden Sie alle wichtigen Befehle, um Metadatenvorlagen zu erzeugen, zu ändern und auf Dateien anzuwenden. Nur der Befehl zum Löschen fehlt. Dazu starten Sie erneut den Dialog Metadatenvorlage erstellen. Klicken Sie auf das Icon oben rechts ❹, und wählen Sie den Befehl Vorlagenordner anzeigen. Es öffnet sich der systemtypische Dateibrowser (Windows-Explorer oder Finder), in dem Sie die Vorlagendatei auf die übliche Weise löschen können.

Stichwörter verwalten

Stichwörter sind hervorragend geeignet, um Dateien automatisch zu Gruppen zusammenzufassen und zu suchen. Wenn Sie zum Beispiel auf der Suche nach einem bestimmten Motiv sind, können Sie sich – vorausgesetzt, Sie haben Ihre Bilder zuvor als Stichwörter indiziert – alle Bilder anzeigen lassen, denen der gesuchte Begriff zugeordnet ist. Der Umgang mit Stichwörtern ist recht einfach.

Stichwörter anlegen | Sie können einem Bild theoretisch auch im IPTC-Kern Stichwörter zuweisen. Das Verfahren ist jedoch fehlerträchtig und mühsam. Wenn Sie sich vertippen und zum Beispiel statt »Landschaft« »Ladnschaft« schreiben, wird Ihr »Ladnschaftsbild« auf der Suche nach dem Stichwort »Landschaft« selbstverständlich nicht angezeigt.

Damit die Stichwortvergabe konsistent ist und zu besten Suchergebnissen führt, müssen Sie Stichwörter zuvor in einer Liste niederlegen. Innerhalb der Liste können Sie Ihre Stichwörter der Übersichtlichkeit halber auch zu Kategorien zusammenfassen. Um ein **neues Stichwort** in die Liste einzufügen, klicken Sie auf die Plus-Schaltfläche ❷. Das leere Feld ❶, das dann erscheint, überschreiben Sie einfach mit dem gewünschten Namen, dann bestätigen Sie die Eingabe – fertig.

Um Stichwörter aus der Liste zu **entfernen**, ziehen Sie sie auf das Papierkorb-Icon ❸.

Unterstichwörter anlegen | Um einem bereits bestehenden Stichwort ein untergeordnetes Stichwort zuzuordnen, aktivieren Sie zunächst den Begriff und klicken dann auf die Schaltfläche »Plus mit Häkchen« ❹. Auf diese Weise können Sie auch verschachtelte Stichwort-Kategorien erzeugen.

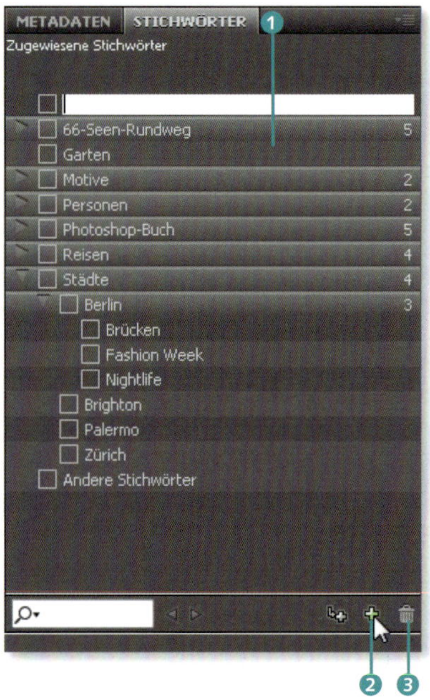

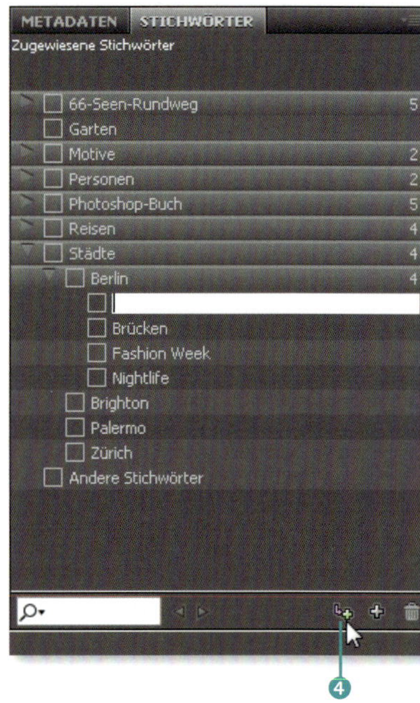

Abbildung 9.51 ▶
Ein neues Stichwort ❶ (noch leer) wurde durch einen Klick auf das Neues-Stichwort-Icon ❷ erzeugt.

Abbildung 9.52 ▶▶
Erzeugen eines untergeordneten Stichwortes ❹. Allzu tief sollten Sie Stichwörter nicht verschachteln, wenn Sie die Übersicht nicht verlieren wollen.

Stichwörter umbenennen | Wenn Sie ein Stichwort umbenennen wollen, nutzen Sie das Kontextmenü. So können Sie alle Stichwörter umbenennen – auch bereits vergebene, die Sie schon in Gebrauch haben. Die Änderung bezieht sich allerdings ausschließlich auf die Liste – wenn Sie bereits Dateien mit dem Stichwort versehen haben, wird es dort nicht geändert!

Suche nach Stichwörtern | Das kleine Suchfeld am Fuß der Stichwortpalette hilft Ihnen bei der Suche nach Stichwörtern – nicht nach Dateien, sondern in der Stichwortliste! Dadurch können Sie unnötige Doppelungen und Uneindeutigkeiten vermeiden. Bevor Sie beispielsweise das Stichwort »England-Reise« vergeben, könnten Sie einmal überprüfen, ob es nicht schon die Stichwörter »England« oder »Urlaub« gibt.

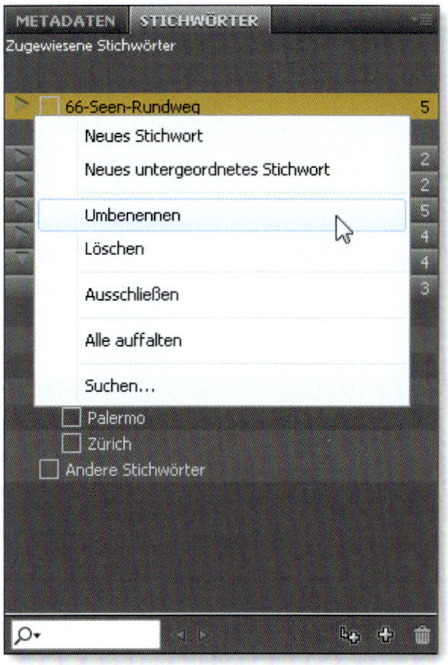

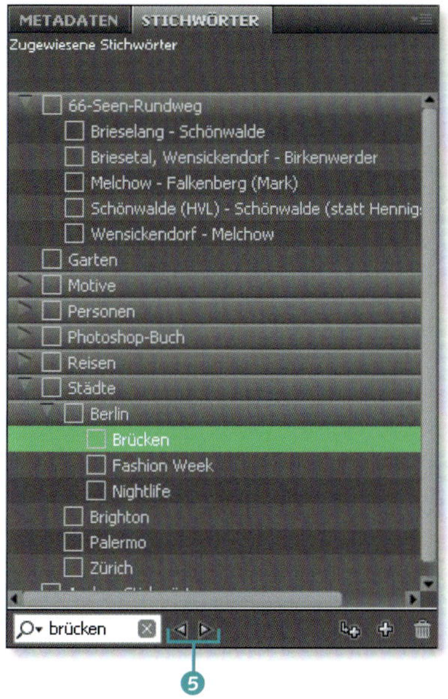

◄◄ Abbildung 9.53
Vertippt? Nicht präzise genug formuliert? Das Umbenennen von Stichwörtern per Kontextmenü ist ganz einfach.

◄ Abbildung 9.54
Ergebnis der Stichwortsuche: Der gefundene Begriff ist farbig hervorgehoben. Die Pfeile ⑤ neben dem Suchfeld ermöglichen den Zugang zu den letzten Suchvorgängen.

Auch die Schnellsuche (rechts oben im Bridge-Fenster) kann Stichwörter auswerten, ebenso die Suche unter BEARBEITEN • SUCHEN und Smart-Sammlungen.

Stichwörter zuweisen | Um einer Datei oder mehreren Dateien ein Stichwort zuzuweisen, wählen Sie die Bilder in der Übersicht aus und klicken dann in der Liste auf das Kontrollkästchen neben dem jeweiligen Stichwort. Der Begriff erhält ein Häkchen, nachdem er erfolgreich zugewiesen wurde. Auch mehrere Stichwörter können Sie auf diese Weise mit einem Bild verknüpfen. Häufig verwendete Stichwort-Kombinationen können Sie zweckmäßigerweise gleich zu Sets zusammenfassen.

Stichwörter von einer Datei entfernen | Um ein Stichwort wieder von einer Datei zu entfernen, wählen Sie die Datei im Ansichtsfenster an und klicken in der Stichwort-Palette auf das Häkchen neben dem zu löschenden Stichwort.

Dateien mit Stichwörtern suchen | Wenn Sie diese Form der Verschlagwortung konsequent anwenden, können Sie bald Ihre ersten erfolgreichen Suchdurchgänge starten. Mit BEARBEITEN • SUCHEN (Strg/cmd+F) erreichen Sie die Bildersuche. Damit können Sie nach allen möglichen Kriterien suchen – unter anderem auch nach bestimmten Stichwörtern – und sich so bestimmte Bildergruppen gezielt anzeigen lassen.

Außerdem finden Sie die Stichwörter unter den Dateifiltern wieder, sofern es schon Dateien mit diesem Stichwort im aktiven Ordner gibt.

Etwas Geduld, bitte!
Bei der Stichwort- und Metadatenvergabe werden die Dateiheader umgeschrieben, und das kann – besonders wenn mehrere Dateien auf einmal verarbeitet werden – eine Weile dauern. In dieser Zeit kann die Bridge »einfrieren«; das ist aber normal.

9.10 Optionen für den Notfall

Manchmal startet die Bridge endlos langsam, stürzt sofort nach dem Start wieder ab, friert ein oder produziert einen Absturz bei dem Versuch, das Programm zu schließen. Es gibt zwei bekannte Ursachen für solches Fehlverhalten, die recht einfach zu beheben sind.

Startskripte deaktivieren | Wenn die Bridge startet, werden im Hintergrund auch zahlreiche weitere Startskripte geladen, die die Zusammenarbeit mit anderen Creative-Suite-Komponenten ermöglichen oder erleichtern. Das ist jedoch sehr ressourcenintensiv. Wohlweislich hat Adobe eine Möglichkeit eingebaut, diese Last zu verringern. In den Bridge-Voreinstellungen können Sie unter Startskripte nicht benötigte Skripte deaktivieren.

Einstellungen zurücksetzen | Eine zweite mögliche Fehlerquelle sind ein überlaufender Miniaturcache oder Probleme mit Ihrem aktuellen Arbeitsbereich. Drücken Sie sofort, nachdem Sie die Bridge gestartet haben – noch bevor sich das Programmfenster öffnet – [⇧]+[Strg]/[cmd]+[Alt]. Es öffnet sich der Dialog Einstellungen zurücksetzen, mit dessen Hilfe Sie die Bridge wieder in den Urzustand versetzen können, in dem es stabil laufen sollte.

9.11 Mini Bridge – viel Funktion auf kleinem Raum

Schneller, schöner, effizienter
Die Arbeitsfläche der Mini Bridge wurde grundsaniert und ist nun viel übersichtlicher. Auch das lästige Laden der Miniaturen nach dem Starten der Mini Bridge entfällt. Allerdings muss beim Öffnen der Mini Bridge die Anwendung im Hintergrund erst hochgefahren werden, sofern die große Bridge nicht ohnehin geöffnet ist. Dank der 64-Bit-Unterstützung geht das jedoch recht flott.

Wenn es Ihnen zu lästig ist, beim Hantieren mit Bildern ständig von Photoshop zur Bridge umzuschalten, können Sie die Mini Bridge nutzen, die als frei schwebende oder angedockte Palette direkt in Photoshop erreichbar ist. Dabei handelt es sich nicht um ein eigenständiges Tool, sondern eher um einen zusätzlichen Zugang zur »großen«Bridge.

Die Mini Bridge starten

Standardmäßig finden Sie den Mini-Bridge-Karteireiter links am unteren Rand der Arbeitsfläche, durch Klicken klappen Sie die Palette auf. Die Mini Bridge können Sie wie alle anderen Paletten vergrößern, minimieren, einklappen oder ganz schließen. Sollten Sie die Mini Bridge dort nicht finden, lässt sie sich über den Befehl Fenster • Erweiterungen • Mini Bridge oder über Datei • In Mini Bridge suchen öffnen.

Arbeitsoberfläche und Funktionen

Mit der Mini Bridge können Sie zu Ihren Dateien und Ordnern navigieren, Dateien gezielt suchen, die angezeigten Bilder sortieren und filtern und zwischen verschiedenen Anzeigemodi umschalten. Sie haben Zugriff auf verschiedene Photoshop-Funktionen und können das Erscheinungsbild der Mini Bridge beeinflussen.

▲ **Abbildung 9.55**
Die Mini Bridge als schwebende Palette

▲ **Abbildung 9.56**
Wo wollen Sie nach Ordnern oder Dateien suchen?

Im linken Bereich der Mini Bridge finden Sie vor allem Funktionen zur Navigation im Ordnersystem, rechts sehen Sie die Miniaturen. Ober- und unterhalb des Miniaturenfensters finden Sie Funktionen, mit denen Sie Darstellungsweise und Sortierung der Dateien beeinflussen. Wer die Bridge kennt, der wird sich in der Mini Bridge schnell zurechtfinden und umgekehrt.

Dateien und Ordner finden | Die Mini Bridge soll Ihnen helfen, benötigte Dateien schneller und direkt in Ihrer Anwendung zu finden. Entsprechend üppig ist sie mit Navigationshilfen ausgestattet.

- Mit Hilfe der Dropdown-Liste ❶ im Navigationsbereich stellen Sie zunächst ein, was gezeigt werden soll – etwa Ihre Favoriten, zuletzt benutzte Ordner und Dateien oder Sammlungen.
- Nachdem Sie die Vorauswahl getroffen haben, sehen Sie im Navigationsbereich ❷ Ihre Ordner.
- Die Ordnerinhalte werden dann nebenan im Miniaturenfenster gezeigt.

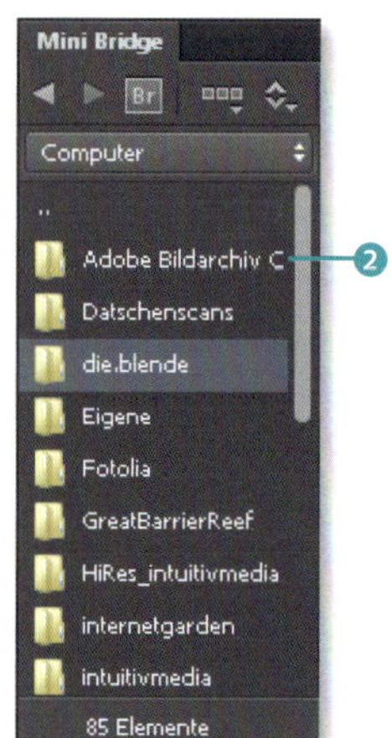

▲ **Abbildung 9.57**
Dateiordner werden nur im Navigationsbereich, nicht jedoch im Miniaturenfenster gezeigt (ein Unterschied zur großen Bridge, der zunächst Verwirrung stiften kann).

Neben dieser Basisnavigation haben Sie in der Mini Bridge noch mehrere andere Möglichkeiten, um die richtige Datei zu finden.

- Mit den beiden Pfeil-Icons ❶ blättern Sie zwischen den in der Mini Bridge zuletzt gezeigten Ordnern und Dateien hin und her.
- Wie in der Bridge können Sie auch Elemente der Pfadleiste ❷ anklicken, um zum jeweiligen Ordner zu springen.
- Das Suchfeld mit Lupen-Icon ❸ dient zur Dateisuche. Sie können dabei wahlweise den Suchalgorithmus der Bridge verwenden oder die Suche Ihres Betriebssystems.

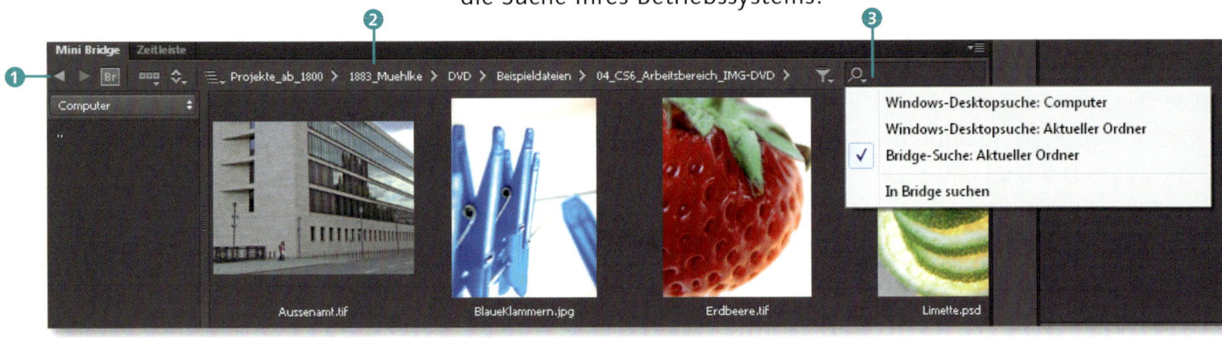

▼ **Abbildung 9.58**
Mit der Mini-Bridge-Suche (Klick auf das Lupen-Icon) können Sie den aktuellen Ordner oder Ihren ganzen Rechner durchsuchen.

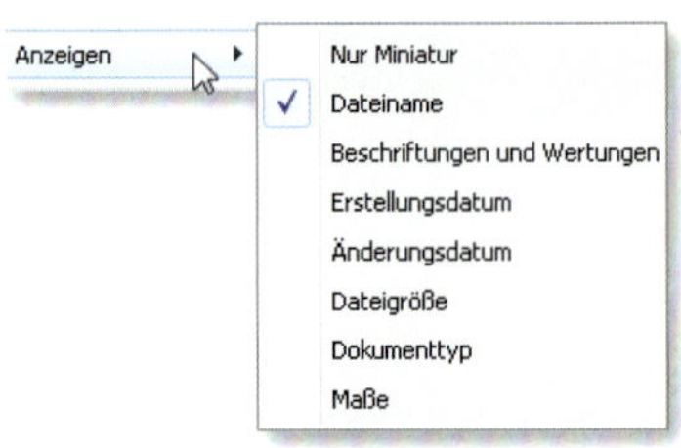

▲ **Abbildung 9.59**
Ansichtsoptionen der Mini Bridge

Palettenlayout der Mini Bridge

Der Platz in der Mini Bridge ist knapp. Deswegen empfiehlt es sich, nicht benötigte Elemente auszublenden. Dazu können Sie die Befehle im Palettenmenü nutzen. Außerdem lässt sich der außerdem Trennsteg zwischen Navigationsbereich und Miniaturen verschieben. Und wenn Sie die Mini-Bridge-Palette größer oder kleiner ziehen oder irgendwo andocken, passt sich die Aufteilung der Palette automatisch an.

Optionen zur Dateianzeige | Dank der Miniaturvorschau können Sie mit der Mini Bridge die benötigte Datei mit einem Blick und viel schneller finden, als es beim Durchlesen langer Dateinamenslisten im herkömmlichen ÖFFNEN-Dialog möglich wäre. Welche Dateien in der Mini Bridge wie angezeigt werden, können Sie genau festlegen:

- Mit einem Schieberegler am unteren Rand der Mini Bridge stellen Sie die **Größe der Miniaturen** ein. Dieser Regler ist jedoch nicht sichtbar, wenn die Palette angedockt ist.
  Die Schaltfläche ANSICHT führt zu einem kleinen Menü. Dort finden Sie weitere **Ansichtsoptionen**, etwa als Diashow oder Vollbild-Betrachtungsmodus (entspricht dem Überprüfungsmodus in der Bridge), und können außerdem festlegen, welche **Zusatzinformationen** zusammen mit den Dateien angezeigt werden sollen.
- Die **Sortierreihenfolge** der Miniaturen legen Sie fest, indem Sie neben der Pfadleiste auf das Icon mit den zwei übereinander stehenden Pfeilen klicken.
- Einen **Dateifilter** gibt es auch in der Mini Bridge, und zwar oberhalb der Miniaturen auf der rechten Seite. Dort stehen jedoch nicht so umfassende Filtermöglichkeiten zur Verfügung wie in der großen Bridge; Sie können lediglich nach Wertungen (Sterne) und Beschriftung (Farbmarkierung) filtern. Ist der Dateifilter aktiv, erinnert Sie ein kleiner grüner Punkt neben dem Trichter-Icon daran.

Dateihandling mit der Mini Bridge

Grundlegende Arbeiten im Ordnersystem, wie sie mit der Bridge möglich sind, können Sie mit Hilfe der Mini Bridge nicht durchführen. Doch die wichtigsten Befehle für die Arbeit mit Dateien stehen Ihnen auch hier zur Verfügung.

- Um eine Datei zu **öffnen**, nutzen Sie einen Doppelklick auf die Miniatur oder rufen das Kontextmenü der Miniatur auf. Dort finden Sie Befehle, um eine Datei in anderen Creative-Suite-Applikationen (wenn vorhanden) oder in Camera Raw zu öffnen. Außerdem können Sie Dateien mit Drag & Drop auf die Photoshop-Arbeitsfläche ziehen.
- Dateien können Sie **umbenennen**, indem Sie im Inhaltsbereich direkt auf einen Dateinamen klicken und dann den neuen Namen eingeben. Achten Sie darauf, das Kürzel für den Dateityp unversehrt zu lassen. Alternativ nutzen Sie den Kontextmenü-Befehl UMBENENNEN.
- Sie können außerdem **Sammlungen und Favoriten ergänzen**. Zum Einsatz kommt auch hier Drag & Drop: Fassen Sie die gewünschten Elemente, und lassen Sie sie einfach über der gewünschten Sammlung oder dem FAVORITEN-Ordner fallen. Um neue Sammlungen oder Favoriten zu erzeugen, brauchen Sie allerdings wieder die große Bridge. (Mehr dazu im Abschnitt »Lieblingsordner: Die Palette ›Favoriten‹« auf Seite 258 und im Abschnitt »Sammlungen« auf Seite 275).
- Einige der praktischen Befehle zur **automatischen Verarbeitung von Dateien** finden Sie auch in der Mini Bridge, im Miniatur-Kontextmenü unter PHOTOSHOP (Abbildung 9.60).
- In diesem Kontextmenü gibt es neben Ansichtsoptionen und Befehlen zum Öffnen auch einen Befehl, um eine zuvor in der Mini Bridge ausgewählte Miniatur in einem anderen – bereits in Photoshop geöffneten – Bild zu **platzieren**.

Zum Weiterlesen
Beim **Platzieren** wird eine Datei in eine weitere, bereits geöffnete Datei importiert, jedoch nicht als Pixelebene, sondern als Smartobjekt. Der Vorteil: Smartobjekte lassen sich ohne Qualitätsverluste transformieren und skalieren. Mehr zum Thema finden Sie im Abschnitt »Dateien als Smartobjekt platzieren« auf Seite 227.

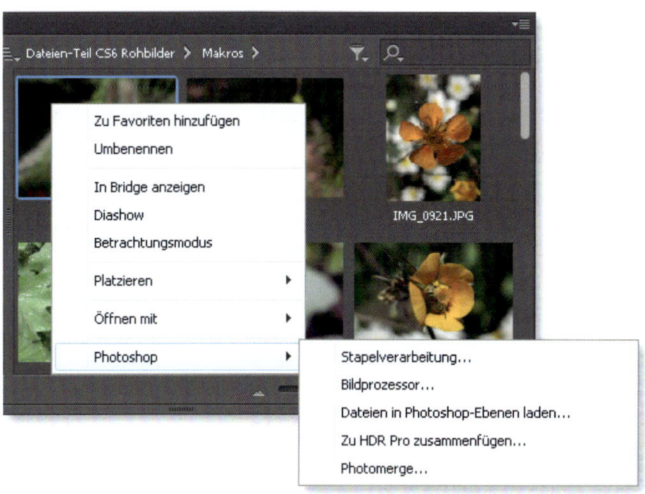

Abbildung 9.60 ▶
Im Kontextmenü der Bildminiaturen verbirgt sich unter anderem eine Reihe nützlicher Automatik-Befehle.

Kapitel 10
Automatismen in Photoshop und Bridge

Lehnen Sie sich zurück, und lassen Sie für sich arbeiten: Photoshop und die Bridge leisten Hilfe bei stumpfsinnigen Routineaufgaben – entweder durch effektive Unterstützung oder indem sie Ihnen die Arbeit gleich ganz abnehmen.

10.1 Bildpräsentation am Screen: Web-Galerie mit der Bridge

Mit der Web-Galerie der Bridge können Sie Bilder für Screen-Präsentationen in Galerien zusammenfassen. Diese lassen sich dann als CD oder DVD brennen oder ins Internet hochladen.

Ob für Kunden oder Freunde, als Urlaubsalbum oder als hochprofessionelle Präsentation: Mit der Web-Galerie-Funktion der Bridge haben Sie die Wahl zwischen zahlreichen vorgefertigten Galerielayouts, die Sie individuell anpassen und direkt aus der Adobe Bridge per FTP ins Web hochladen können.

Um zur Web-Galerie-Funktion zu gelangen, müssen Sie das Adobe-Ausgabemodul starten. Dazu haben Sie mehrere Möglichkeiten:

- Klicken Sie auf das kleine Icon AUSGABE in der Anwendungsleiste.
- Klicken Sie den Arbeitsbereich-Umschalter AUSGABE und wählen Sie den (einzigen) Menüeintrag AUSGABE IN WEB ODER PDF.
- Sehen Sie unter FENSTER • ARBEITSBEREICH nach, welches Tastaturkürzel für das Umschalten zur AUSGABE-Ansicht zuständig ist. (Die Shortcuts zum Umschalten der Arbeitsbereiche sind nicht fix, sondern ändern sich, wenn Sie eigene Arbeitsbereiche definiert haben.)

Der Ausgabebildschirm sieht dann ungefähr so aus wie in Abbildung 10.1 auf der nächsten Seite.

Der Arbeitsbereich »Ausgabe« fehlt?

Wenn der Arbeitsbereich AUSGABE im Arbeitsbereich-Menü nicht angezeigt wird, ist wahrscheinlich das notwendige Startskript deaktiviert. Aktivieren Sie in den Voreinstellungen (Strg/cmd+K) unter STARTSKRIPTE die Einstellung ADOBE-AUSGABEMODUL (ADOBE OUTPUT MODULE). Gegebenenfalls ist danach ein Neustart der Bridge erforderlich.

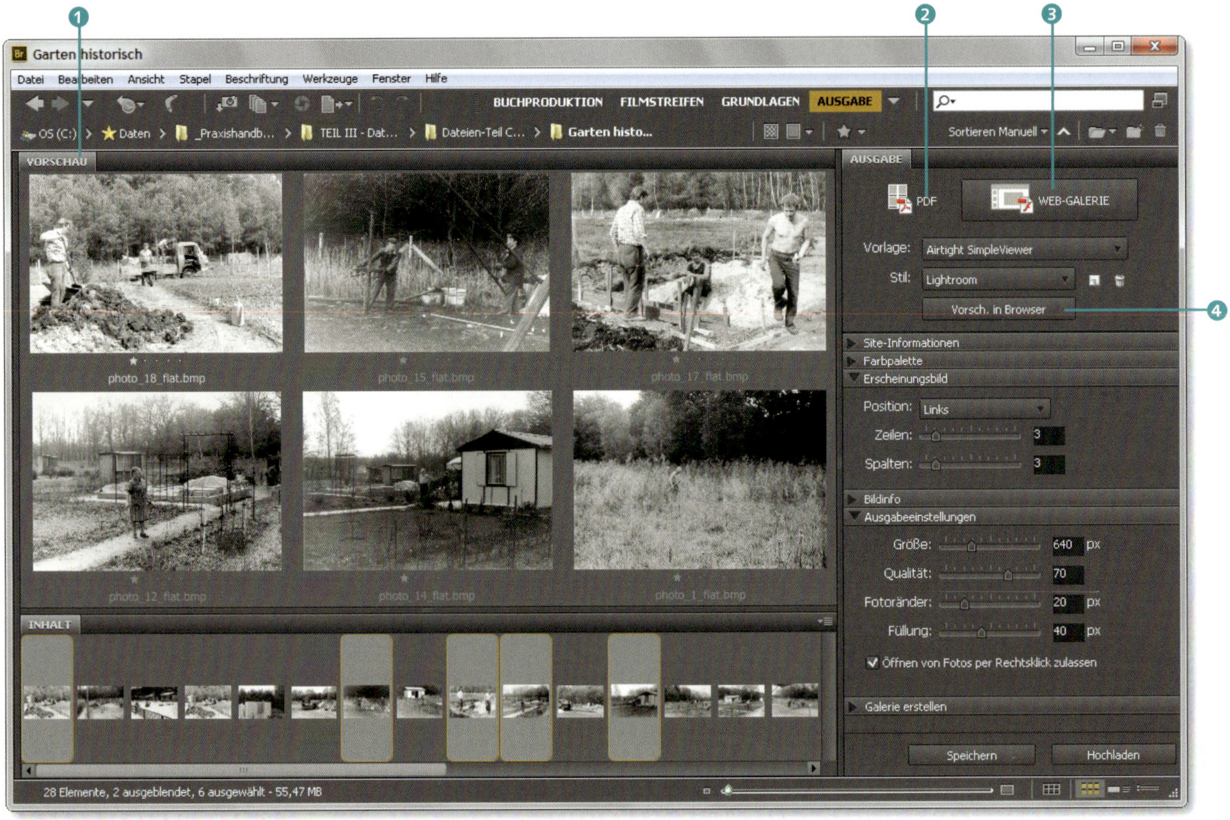

▲ **Abbildung 10.1**
Der Bridge-Bildschirm in der AUSGABE-Ansicht

- Rechts sehen Sie die Palette AUSGABE, mit der Sie Web-Galerien ❸ sowie Präsentationen und »Kontaktabzüge« (mehrere Bilder auf einem Blatt versammelt) in PDF-Form ❷ erstellen können. Durch Klicken auf die jeweiligen Schaltflächen wechseln Sie zwischen den beiden Funktionen.
- In der Palette VORSCHAU ❶ sehen Sie die Bilder, die Sie zur Verarbeitung in der Web-Galerie ausgewählt haben. Um eine tatsächliche Vorschau des Galerie-Layouts zu sehen, müssen Sie den Button VORSCH. IN BROWSER ❹ klicken. Sie sehen eine Voransicht der Web-Galerie dann in Ihrem Standard-Webbrowser. Eine Vorschauansicht direkt in der Bridge gibt es für Web-Galerien nicht, sondern lediglich für PDF-Präsentationen.

Zum Weiterlesen
Mehr über die speziellen PDF-Ausgabemöglichkeiten in der Bridge lesen Sie in Abschnitt 10.2, »Bilddateien zu PDF: Kontaktbögen, Fotosammlungen oder Präsentationen«.

Bilder auswählen und Layout festlegen

Wechseln Sie durch Anklicken des entsprechenden Buttons im Ausgabe-Modul zur WEB-GALERIE-Funktion ❸. Um festzulegen, welche Bilder überhaupt in die Web-Galerie aufgenommen sollen, markieren Sie sie im INHALT-Fenster. Wenn Sie in Ihre Galerie Bilder aufnehmen wollen, die über mehrere Ordner verteilt sind, empfiehlt es sich, mit Sammlungen oder Smart-Sammlungen zu arbeiten (mehr darüber im Abschnitt »Sammlungen« auf Seite 275).

In der Dropdown-Liste VORLAGE ❺ wählen Sie ein Layout für Ihre Web-Galerie. In den folgenden Arbeitsschritten können Sie es weiter anpassen. Die meisten der hier angebotenen Layouts sind Flash-basiert, eine HTML-Galerie ist jedoch auch dabei. Für manche der Galerievorlagen können Sie Ihre Auswahl weiter verfeinern. Bedienen Sie sich dazu der Liste unter STIL ❻. Zum Schluss können Sie sich zur Überprüfung eine Vorschau anzeigen lassen.

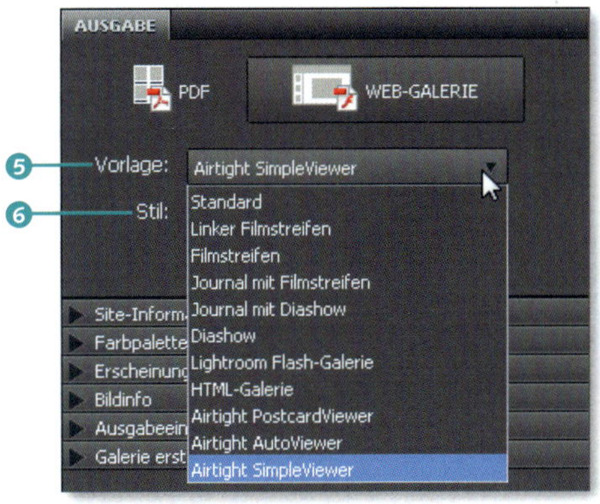

▲ **Abbildung 10.2**
Es gibt elf verschiedene VORLAGEN für Web-Galerien, eine weitere Individualisierung ist möglich.

Experimentierphase besser mit wenigen Bildern | Solange Sie Layouts testen und die Galerie noch nicht endgültig erstellt wurde, können Sie immer noch weitere Bilder hinzufügen: Markieren Sie einfach *alle* gewünschten Bilder – die zuerst gewählten und die ergänzenden –, und lassen Sie erneut eine Vorschau berechnen. Sie können durch Ziehen der Bildminiaturen in der Inhaltspalette auch die Reihenfolge der Bilder in der Galerie ändern.

Vor allem, wenn Sie verschiedene Layouts ausprobieren wollen, empfiehlt es sich, zunächst mit wenigen Bildern zu starten und den Rest der Bilder erst später hinzuzufügen. Jeder Klick auf den VORSCH. IN BROWSER-Button führt nämlich dazu, dass neben dem Aussehen der Galerie auch alle enthaltenen Bilder neu berechnet werden. Und das kann bei einer umfangreichen Galerie geraume Zeit in Anspruch nehmen.

Eigene Layouts als Templates sichern

Eigene Layouts können Sie speichern. Klicken Sie dazu auf das NEU-Icon ❼ neben STIL, es öffnet sich der Dialog zur Namensvergabe. Die gespeicherten Templates finden Sie dann in der Liste unter STIL wieder, allerdings nur, wenn die richtige Vorlage eingestellt ist. Das heißt, wenn Ihr Template beispielsweise eine Variation der Vorlage LINKER FILMSTREIFEN ist, finden Sie es nur dann in der STIL-Liste, wenn unter VORLAGE auch LINKER FILMSTREIFEN eingestellt ist.

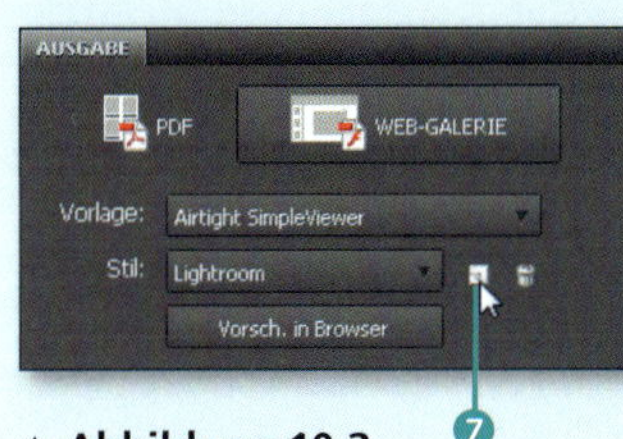

▲ **Abbildung 10.3**
Eigene Vorlage speichern

Individuelle Anpassungen

In der Bridge-Web-Galerie sind die wichtigsten Einstellungen leicht erreichbar und schnell zu ändern. Die möglichen Einstellungen sind in mehrere Optionskategorien unterteilt, und mit Klicks auf die winzigen Dreieckssymbole (Pfeile) öffnen Sie die Einstellungen.

Beachten Sie, dass die angezeigten Optionen von der Vorlage abhängig sind, die Sie unter VORLAGE und STIL eingestellt haben. In den folgenden Abbildungen habe ich mich für die Optionen der Galerie STANDARD entschieden. Aber auch wenn Sie eine andere Vorlage wählen, sind die Einträge in den einzelnen Kategorien meist intuitiv bedienbar. Im Zweifelsfall heißt es hier einfach: Ausprobieren!

▲ **Abbildung 10.4**
Die kleinen Dreiecke sind Schaltflächen: Ein Klick, und verborgene Optionen sind erreichbar.

Site-Informationen | Site-Informationen sind Textinformationen, die – je nach gewähltem Layout – an unterschiedlichen Stellen der späteren Galerie-Site auftauchen.

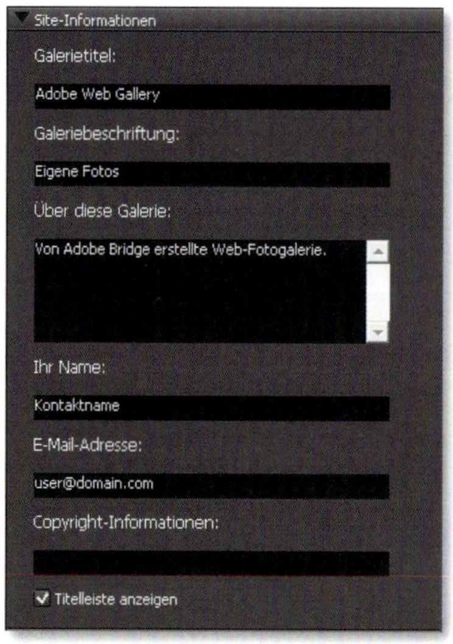

Abbildung 10.5 ▶
SITE-INFORMATIONEN – diese Informationen sollten Sie in jedem Fall ändern, sonst erscheinen die Adobe-Standardtexte in Ihrer späteren Galerie.

GALERIETITEL und GALERIEBESCHRIFTUNG sind im Kopfbereich der Galerie-Site zu lesen.

Unter ÜBER DIESE GALERIE können Sie einen erklärenden Text zu Ihrer Galerie eintragen. Er erscheint bei den meisten Galerietypen auf einer separaten Seite – es gibt also erheblich mehr Raum für Text, als das kleine Eingabefeld suggeriert.

Die Kontaktinformationen (Name und E-MAIL-ADRESSE) erscheinen in Form von Links auf der späteren Galerie-Site. Wo die Angabe unter COPYRIGHT-INFORMATIONEN landen, ist unklar – die Adobe-Hilfe gibt dazu keine Informationen, und wiederfinden konnte ich diese Information bei keinem der Galerietypen.

Der Galerietitel ergibt nicht das Title-Tag!
Der Eintrag unter GALERIETITEL ist nicht identisch mit dem HTML-Title-Tag. Um den späteren Seitentitel der HTML-Seite (Title-Tag) zu generieren, der dann zum Beispiel auch als Titel des Browserfensters in der Taskleiste erscheint, müssen Sie in der Optionskategorie GALERIE ERSTELLEN den Eintrag NAME DER GALERIE ändern.

Farbpalette | Die Farbe einzelner Elemente des von Ihnen gewählten Layouts können Sie unter FARBPALETTE anpassen.

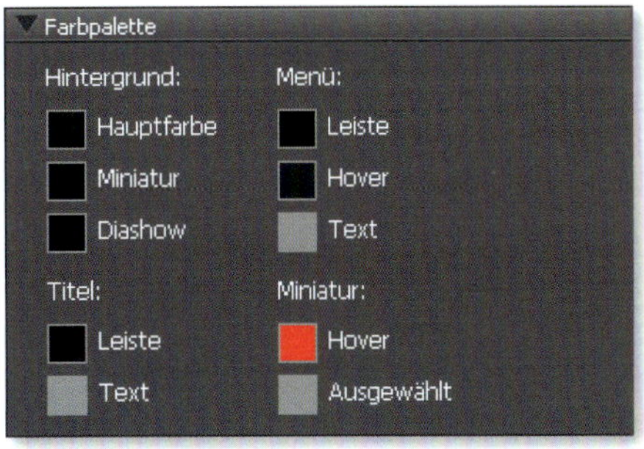

▲ **Abbildung 10.6**
Ein Klick auf eines der Farbfelder ruft den Farbwähler auf, in dem Sie eine neue Farbe einstellen können.

Auf den ersten Blick erscheint die Farbanpassung einfach: Farbfeld anklicken, Farbe im Farbwähler aussuchen, Ok-Button, erledigt. Doch leider müssen Sie hier mit dem Farbwähler arbeiten, den das Betriebssystem von Haus aus mitbringt. Damit ist es nicht möglich, Farbwerte aus einem Bild »aufzupicken«, wie Sie es vom luxuriösen Photoshop-Farbwähler kennen. Sollten Sie also die Farben Ihrer Galerie an die Farbstimmung eines Ihrer Fotos anlehnen wollen, müssen Sie es erst in Photoshop öffnen, die Farben mittels Pipette und Farbwähler bestimmen, die Farbwerte notieren und dann hier eintragen.

Erscheinungsbild | Unter dem Titel Erscheinungsbild sind alle Angaben zur Größe und Anordnung der Miniaturen versammelt. In einigen Galerie-Templates ist auch ein Umschalten zur Diaschau vorgesehen. Wie die einzelnen Bilder dabei angezeigt werden, legen Sie ebenfalls unter Erscheinungsbild fest. Die meisten Optionen sind selbsterklärend.

Einige Galerie-Templates (etwa die Lightroom Flash-Galerie) bringen allerdings die Option Layout ❶ mit, deren Funktionsweise nicht auf den ersten Blick verständlich ist.

Änderungen sichtbar machen: Aktualisieren

Etwaige Änderungen am Layout sind nicht automatisch in der Browservorschau zu sehen. Sie müssen immer erst den Vorsch. in Browser-Button anklicken, bevor Sie die Auswirkungen Ihrer Änderungen sehen können. Wundern Sie sich nicht, wenn Bilder fehlen: In der Vorschauansicht werden immer nur die ersten zwanzig Bilder angezeigt, auch wenn Ihre Galerie mehr Bilder enthält.

Zum Weiterlesen

Mehr über den **Farbwähler** und das **Pipette-Werkzeug** lesen Sie in Kapitel 27, »Farben einstellen«.

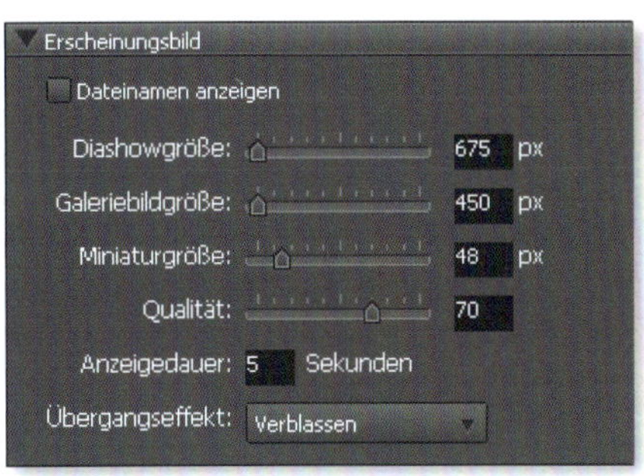

▲ **Abbildung 10.7**
Welche Einstellungen hier zur Verfügung stehen, hängt von der gewählten Galerie-Vorlage ab, hier: Standard.

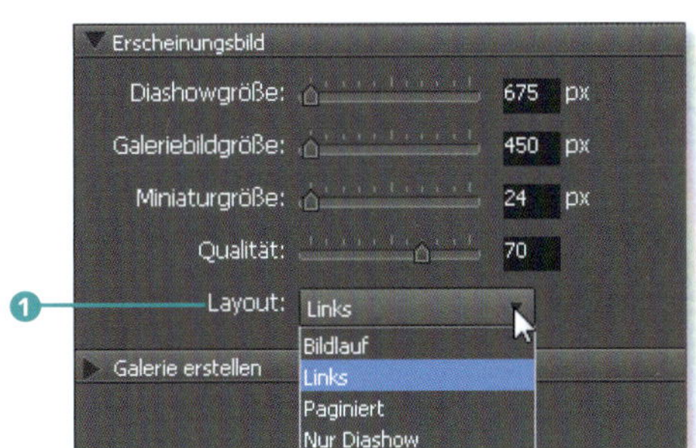

▲ **Abbildung 10.8**
Die Layout-Option regelt, an welcher Position etwaige Thumbnails angezeigt werden.

Unter LAYOUT legen Sie fest, ob und an welcher Position innerhalb der Galerie die Bildminiaturen (Thumbnails) gezeigt werden:

- BILDLAUF blendet die Bild-Thumbnails unterhalb des gerade aktiven Fotos ein.
- LINKS blendet die Bild-Thumbnails auf der linken Seite ein.
- PAGINIERT bietet sich vor allem dann an, wenn Ihre Galerie viele Bilder enthält und Sie die Vorschaubilder nicht allzu klein anzeigen lassen wollen.
- Wenn Sie NUR DIASHOW einstellen, enthält das Layout gar keine Thumbnails mehr.

Lokal sichern oder per FTP ins Netz: Galerie erstellen

Unter GALERIE ERSTELLEN finden Sie alle Befehle zum endgültigen Erstellen, Sichern und eventuellen Veröffentlichen Ihrer Galerie. Sie können die Galerie wahlweise lokal auf Ihrem Rechner sichern, um sie später beispielsweise auf eine CD zu brennen, oder sie direkt aus der Bridge per FTP auf Ihren Webspace hochladen. Den Upload ins Netz können Sie natürlich auch später mit Ihrem eigenen FTP-Programm erledigen.

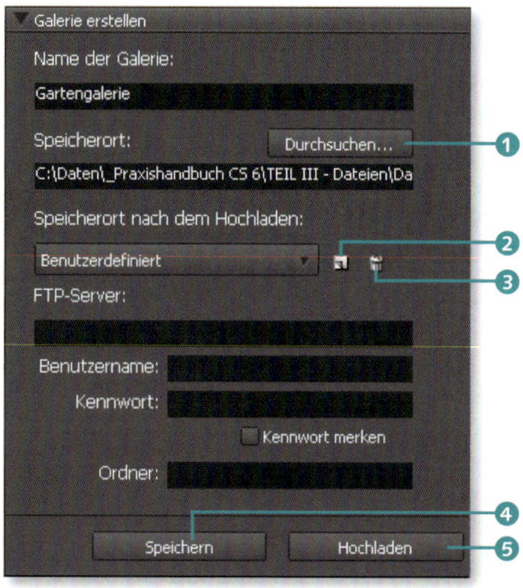

Abbildung 10.9 ▶
Galerie endgültig erstellen, sichern und publizieren

Falls Sie es noch nicht getan haben, geben Sie jetzt Ihrer Galerie einen Namen. Er erscheint später in der Titelleiste des Browsers.

Lokal sichern | Wenn Sie Ihre Galerie auf der eigenen Festplatte speichern wollen, legen Sie den Speicherort fest, indem Sie mit DURCHSUCHEN ❶ zum gewünschten Ordner navigieren. Ein Klick auf den Button SPEICHERN ❹ erstellt und sichert die Galerie. Wenn Ihre Galerie umfangreich ist, kann dieser Prozess eine Weile dauern!

FTP-Upload | In den Feldern unter FTP-Server tragen Sie Ihre FTP-Daten ein. Wie bei anderen FTP-Clients auch benötigen Sie die Serveradresse, Ihren Nutzernamen und Ihr Passwort. Die Angabe eines entfernten Ordners (Ordner auf dem Server, den Sie gerade ansteuern) ist optional. Die Bridge versucht sogar, beim Upload einen neuen Ordner zu erstellen, wenn ein Ordner mit dem angegebenen Namen noch nicht existiert. Ob das funktioniert, hängt wiederum von den Servereinstellungen ab.

Sie können einmal eingetragene FTP-Verbindungsdaten auch speichern. Klicken Sie auf das Neu-Icon ❷, wenn Sie alle Felder ausgefüllt haben. Der Eintrag wird der Liste hinzugefügt. Ein Klick auf den Mülleimer ❸ löscht den aktuellen Eintrag wieder aus der Liste. Mit dem Hochladen-Button ❺ starten Sie Galerie-Erstellung und Upload.

Praxisnutzen des Bridge-Uploads
Da Sie beim Upload mit der Bridge zu keinem Zeitpunkt die Ordnerstruktur Ihres Servers zu sehen bekommen, gleicht das Hochladen einem Blindflug – was nicht jedermanns Sache ist. Lokal gesichert werden auf diese Art hochgeladene Galerien nicht. Und wer über eigenen Webspace verfügt, hat wohl auch ein FTP-Programm parat. So erscheint die Arbeitsweise, die Daten erst auf der Festplatte zu speichern und sie dann mit einem externen FTP-Client hochzuladen, als die bessere Variante.

10.2 Bilddateien zu PDF: Kontaktbögen, Fotosammlungen oder Präsentationen

Sie können Bilder mit Hilfe des Bridge-Ausgabemoduls auch in eine PDF-Datei packen. Je nach verwendeten Layouteinstellungen können Sie das dabei entstehende PDF-File dann als papiersparende Ausdruckmöglichkeit (mit mehreren Bildern auf einem Bogen) oder als Präsentation nutzen. PDF-Präsentationen können mit dem kostenfreien Programm Adobe Reader und anderen PDF-Betrachtern angesehen werden: Starten Sie das Ausgabemodul, und klicken Sie dann in der Palette Ausgabe auf das PDF-Icon ❻.

▲ **Abbildung 10.10**
Ausgabe-Einstellungen für PDF aufrufen

Die Arbeitsfläche ist dann so aufgeteilt wie beim Erstellen einer Web-Galerie. Lediglich die Ausgabepalette am rechten Bildschirmrand sieht etwas anders aus. Auch sonst ähnelt die Verfahrensweise der Arbeit mit dem Web-Galerie-Tool: Bilder aussuchen, Einstellungen vornehmen, Vorschau, eventuell Einstellungen korrigieren, kontrollieren und Ergebnis speichern.

Bildauswahl und Grundlayout

Als Erstes müssen Sie wiederum festlegen, welche Bilder in das PDF aufgenommen werden sollen – am besten per Inhalt-Fenster. Danach können Sie sich an die Einstellungen machen.

Unter Vorlage wählen Sie in einer Liste aus, wie Ihr PDF aussehen soll. Die am häufigsten gebrauchten Seitenlayouts sind hier bereits vertreten, und ein Feintuning ist natürlich möglich.

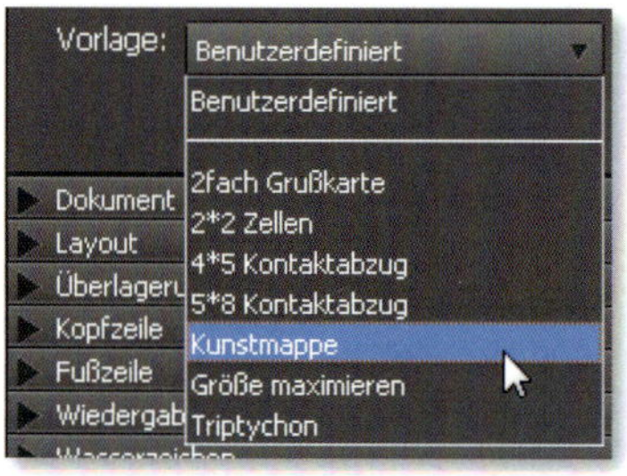

▲ **Abbildung 10.11**
Unter VORLAGE legen Sie das grundlegende Aussehen Ihrer Datei fest.

Mehrseitiges PDF
Wenn Sie mehr Dateien ausgewählt haben, als im jeweiligen Layout auf ein Blatt passen, werden dem späteren PDF entsprechend mehr Seiten angehängt, die dann im selben Layout mit den übrigen Dateien gefüllt werden. In der Vorschau in der Bridge sehen Sie jedoch immer nur die erste Seite.

Welche Vorlage am besten passt, richtet sich vor allem nach dem geplanten Verwendungszweck des PDF. Durch die folgende Feineinstellung können Sie zwar noch einiges ändern, doch über VORLAGE treffen Sie Ihre erste wichtige Layoutentscheidung. Durch geschickte Vorlagenauswahl halten Sie den Anpassungsaufwand in Grenzen.

- 2FACH GRUSSKARTE bildet jeweils zwei Bilder auf einer Seite ab. Nach dem Beschnitt der gedruckten Version wäre die Verwendung zum Beispiel als Klappkarte (mit Falz links) denkbar.
- 2*2 ZELLEN geht mit dem vorhandenen Platz immer noch recht großzügig um: Vier Bilder teilen sich eine Seite.
- 4*5 KONTAKTABZUG und 5*8 KONTAKTABZUG bilden, ganz wie die nichtdigitalen Vorbilder, eine Auswahl mehrerer Bilder en miniature in mehreren Reihen auf einer Seite ab. Kontaktabzüge von digitalen Bildern eignen sich gut als Einleger für Archiv-DVDs oder -CDs – so verschaffen Sie sich schnell einen Überblick über den Inhalt, ohne das Medium im Rechner zu starten.
- KUNSTMAPPE ist sicherlich die beste Auswahl, wenn Sie einzelne Bilder groß in Szene setzen wollen, zum Beispiel bei einer **Präsentation**: Ein einzelnes Bild wird so auf dem Blatt positioniert, dass es gut wirkt – also mit genügend Weißraum. Layouts mit viel Weißraum wirken meist edel, aufgeräumt und großzügig.
- Auch bei GRÖSSE MAXIMIEREN landet ein Bild auf einer Seite – allerdings werden Querformate dabei gedreht. Jedes Bild wird so groß dargestellt wie möglich.
- TRYPTICHON bildet eine Spalte mit drei Bildern.

Dokumenteigenschaften

Wie auch beim Web-Galerie-Tool können Sie Einstellungen für die Dokumenteigenschaften in mehreren Kategorien vornehmen. Die Fächer klappen Sie wiederum per Pfeil-Schaltfläche auf.

Unter DOKUMENT legen Sie wichtige PDF-Angaben fest. Für die SEITENVORGABE ❶ und GRÖSSE ❷ werden DIN- und andere Standardformate angeboten, Sie können jedoch auch eigene Werte eingeben (beim Drucken kann das allerdings zu Problemen führen). Unter QUALITÄT ❸ bestimmen Sie die Reproduktionsqualität und damit implizit die Dateigröße. Hohe Qualitätsstufen sind für Druck-PDFs am besten geeignet, eine geringe Auflösung erzeugt eher webtaugliche Dateien.

Wer es gern farbig mag, findet unter HINTERGRUND ❹ die richtige Option – ein Klick auf das Kästchen öffnet den Farbwähler des jeweiligen Betriebssystems. Sie können außerdem den Ausdruck des PDFs unterbinden oder die Datei mit einem Passwort gegen unbefugte Zugriffe schützen.

Zum Nachlesen
Allgemeine Informationen zum **PDF-Format** finden Sie in Abschnitt 3.6, »Dateiformate für Bilder«. Näheres zum **Speichern von Photoshop-PDFs** gibt es auf Seite 242.

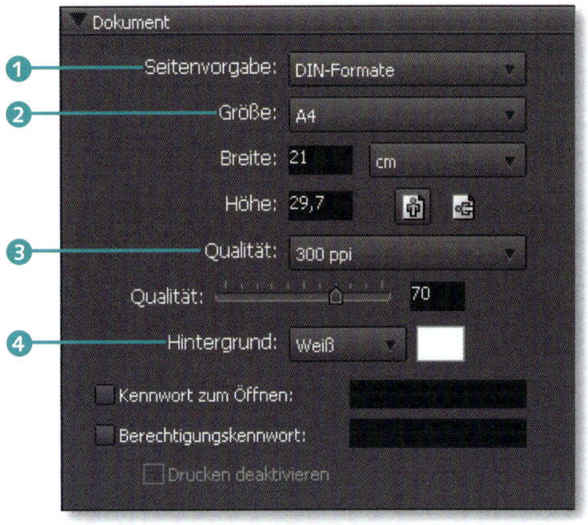

▲ **Abbildung 10.12**
Die Dokumenteinstellungen für PDFs

Achtung: Kein automatisches Reset

Nicht alle Optionen stellen sich auf die Standards zurück. So bleiben zum Beispiel die Einstellungen für die Hintergrundfarbe oder den Wasserzeichen-Text erhalten und werden bei späterer Nutzung des PDF-Ausgabe-Tools auch auf neue Projekte angewandt. Während Sie dies bei der Hintergrundfarbe recht schnell sehen, bleiben Wasserzeichen oft unbemerkt. Andere Optionen (wie zum Beispiel die Anzeige des Dateinamens) müssen Sie bei jedem Durchgang erneut *ab*wählen, weil sie sich stets von selbst wieder aktivieren.

Was kommt aufs Blatt? Bilder und Texte

In den folgenden Kategorien legen Sie fest, was auf den späteren PDF-Seiten zu sehen sein soll: die Anzahl und Anordnung der Bilder oder Miniaturen und etwaige Zusatzinformationen in Textform. Diese Einstellungen können Sie für Präsentationen ebenso wie für Kontaktabzüge und andere »Sammelseiten« nutzen. Die Einstellungen für Kopf- und Fußzeilen sind weitgehend selbsterklärend, deshalb soll hier nur auf LAYOUT, ÜBERLAGERUNGEN und WASSERZEICHEN eingegangen werden. (Zur Kategorie WIEDERGABE siehe Seite 297.)

Bilder und Zwischenräume: Layout | Unter LAYOUT bestimmen Sie die Anzahl und die Ausrichtung der gezeigten Bilder (siehe Abbildung 10.13). Mit BILDPLATZIERUNG legen Sie fest, ob zuerst Zeilen oder zuerst Spalten gefüllt werden. Diese Einstellung ist vor allem für Layouts interessant, bei denen viele Bilder auf einer Seite angeordnet werden.

- Unter ZEILEN und SPALTEN bestimmen Sie die Anzahl der Zeilen und Spalten.
- Die Angaben HORIZONTAL und VERTIKAL beziehen sich auf die Abstände zwischen den Bildern.
- OBEN, UNTEN, LINKS und RECHTS wirken sich auf die Abstände des Bilderblocks zu den Seitenrändern aus. In der Regel sind Sie mit den voreingestellten Abständen gut bedient.
- Die Option AUTOMATISCHER ZEILENABSTAND hilft Ihnen meist eher weiter als aufwendiges manuelles Einstellen aller Abstände.
- DREHEN F(ÜR) OPT(IMALE) PLATZNUTZ(UNG) ist beim Layout MAXIMALE GRÖSSE automatisch aktiv. Sie können es aber auch jederzeit zuschalten.

Ein Foto mehrfach auf der Seite

Sie vermissen die alte Photoshop-Funktion BILDPAKET? Die Option EIN FOTO PRO SEITE WIEDERHOLEN gibt dasselbe Bild mehrfach auf einer Seite aus. Sie ist ein vollwertiger Ersatz für das Bildpaket – und viel einfacher zu bedienen.

Dateinamen, Kopf- und Fußzeilen | Unter dem missverständlichen Titel Überlagerungen legen Sie fest, ob Dateinamen unterhalb der Bilder eingeblendet werden sollen.

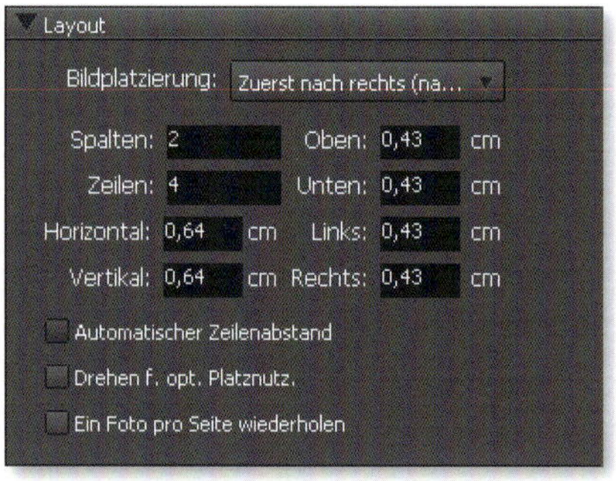

▲ **Abbildung 10.13**
Hier können Sie bestehende Layouts variieren oder sich eigene zusammenstellen.

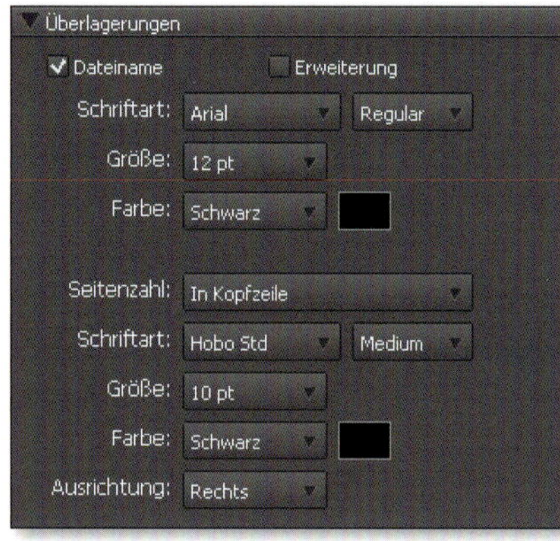

▲ **Abbildung 10.14**
Informationen wie Dateiname, -typ und Seitenzahlen können ergänzt werden. Wie, das legen Sie unter Überlagerungen fest.

Wider den Bildklau: Wasserzeichen | Als unmissverständliche Markierung und Mittel gegen unbefugte Bildnutzung können Sie wahlweise Wasserzeichen in die PDFs integrieren. Sie können einen eigenen Hinweistext eingeben oder eine Grafikdatei einbinden – etwa Ihr Logo. In beiden Fällen lässt sich das Aussehen des Wasserzeichens über die Optionen detailliert einstellen.

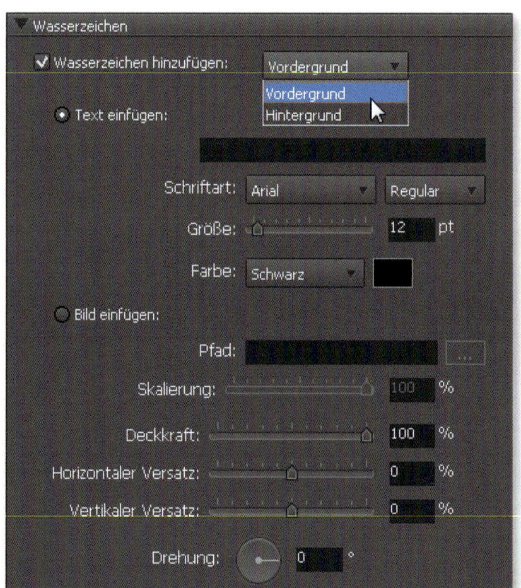

Abbildung 10.15 ▶
Das Wasserzeichen können Sie genau anpassen.

Wiedergabe-Optionen für PDF-Präsentationen

Mit der Bridge erstellte PDF-Präsentationen sind mehr als nur ein Durchklicken von Bildern – sie laufen wie eine Diaschau ab. Unter Wiedergabe können Sie detailliert einstellen, wie lange jede Seite zu sehen ist, ob die Präsentation geloopt wird (Schleife nach letzter Seite – unendlich wiederholtes Abspielen) und mit welchen visuellen Effekten der Bildübergang gestaltet werden soll. Auf Wunsch wird die Präsentation auch im Vollbildmodus abgespielt.

PDF-Vollbildmodus
Übrigens: Den Vollbildmodus können Sie beim Betrachten der PDF-Präsentation durch Drücken der [Esc]-Taste jederzeit verlassen.

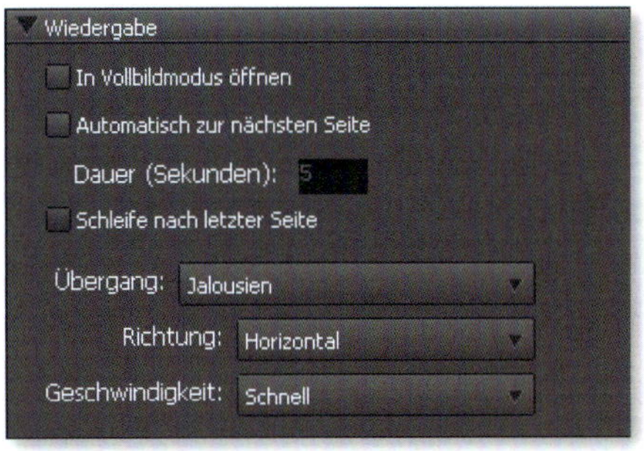

◀ **Abbildung 10.16**
Vor allem zum Bildübergang gibt es viele Einstellungen.

PDF erstellen und sichern | Wenn Sie mit allen Einstellungen fertig sind, klicken Sie unten in der Ausgabe-Palette auf Speichern und legen den gewünschten Speicherort fest. Wenn Sie zuvor ein Häkchen bei PDF speichern und anzeigen gesetzt haben, wird das fertiggestellte PDF gleich in der PDF-Applikation (Adobe Acrobat oder Adobe Reader) geöffnet.

Kontaktabzüge erstellen

Digitale Kontaktabzüge bilden, ganz wie die analogen Vorbilder aus dem Fotolabor, eine Auswahl mehrerer Bilder en miniature in mehreren Reihen auf einer Seite ab. Dazu werden einzelne Dateien automatisch in eine oder mehrere neue Dateien gelegt, skaliert und ausgerichtet.

Um die Funktion aufzurufen, wählen Sie *in Photoshop* den Befehl Datei • Automatisieren • Kontaktabzug II. Wenn Sie *mit der Bridge* arbeiten, erreichen Sie das Dialogfeld auch über den dortigen Menüpunkt Werkzeuge • Photoshop.

Unter Quellbilder ❶ (siehe Abbildung 10.17) legen Sie fest, welche Bilder in den Kontaktabzug übernommen werden sollen. Überführen Sie entweder alle aktuell geöffneten Bilder oder den Inhalt eines kompletten Dateiordners in einen Kontaktabzug, oder wählen Sie zuerst in der Bridge die gewünschten Bilder aus.

Unter Dokument ❷ stellen Sie die Auflösung, die Größe und den Bildmodus der neuen Datei, in der Ihr Kontaktabzug angelegt wird,

Kontaktabzug zurück in Photoshop
In CS4 wurde die *Photoshop*-Funktion Kontaktabzug gestrichen und durch Features der PDF-Ausgabe in der Bridge ersetzt. Nachdem viele Nutzer den Photoshop-Kontaktabzug vermissten, ist er jetzt wieder da. Sie können aber weiterhin auch die Funktion Kontaktabzug im Ausgabemodul der Bridge nutzen.

ein. Hier sollten Sie sinnvollerweise eine drucktaugliche Auflösung und Maße wählen, die Ihr Drucker verarbeiten kann. Das A4-Format ist 210×270 mm groß, berücksichtigen müssen Sie natürlich noch die Breite der nicht bedruckbaren Ränder, die bei jedem Druckertyp variiert. Ist ALLE EBENEN REDUZIEREN aktiv, wird Ihr neues Dokument aus nur zwei Ebenen – der Hintergrundebene und der Ebene mit den Bildminiaturen – bestehen.

Die Einstellungen unter MINIATUREN ❸ legen fest, wie groß und in welchem Abstand die einzelnen Bilder positioniert werden. Mit PLATZIEREN stellen Sie ein, ob die Miniaturen von oben nach unten oder von rechts nach links angeordnet werden (die Ordnung erfolgt alphabetisch nach Namen). SPALTEN und ZEILEN legen fest, wie viele Bildreihen eine Seite enthält, und legen damit auch implizit das Format der Miniaturen fest.

Wenn Sie OK klicken, wird die automatische Verarbeitung der Bilder ausgelöst – erschrecken Sie sich also nicht, wenn sich auf Ihrem Bildschirm einiges tut, Dateien geöffnet, geschlossen und neu erstellt werden …

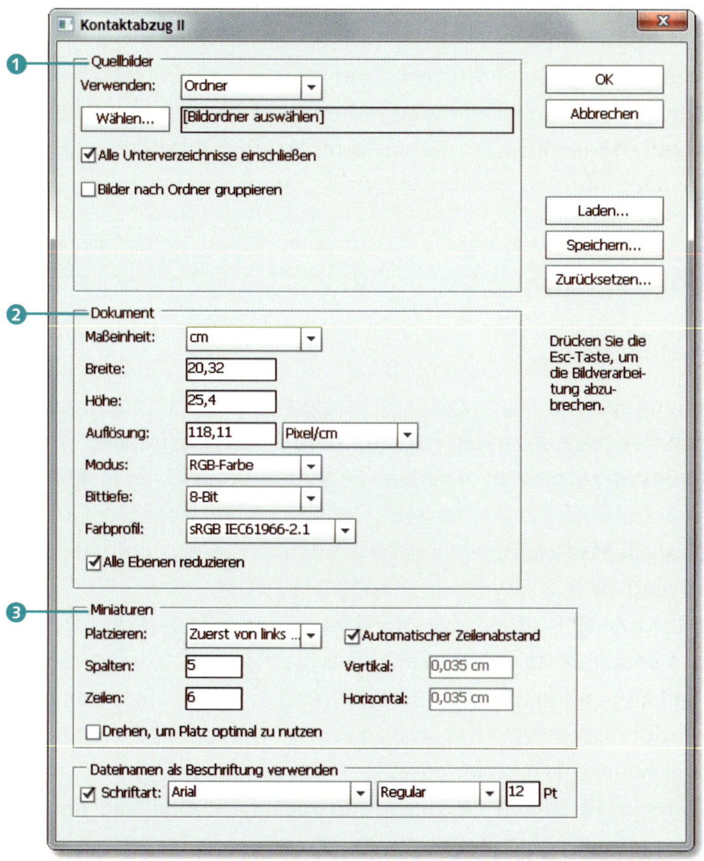

Abbildung 10.17 ▶
Die Einstellungsmöglichkeiten für Ihren Kontaktabzug

10.3 Automatiktool für Fotografen: Bildprozessor

Der Bildprozessor ist für den Bedarf des Dateien importierenden Fotografen maßgeschneidert: Er erledigt eine Reihe lästiger Aufgaben im Handumdrehen. So starten Sie ihn:

- in **Photoshop** unter Datei • Skripten • Bildprozessor
- in der **Bridge** unter Werkzeuge • Photoshop • Bildprozessor

Zwischen den beiden Versionen gibt es nur minimale Unterschiede.

Was kann der Bildprozessor?

Das hilfreiche Tool lässt sich auf Camera-Raw-Dateien, JPEGs und PSD-Dateien anwenden und schlägt mehrere Fliegen mit einer Klappe:

- Der Bildprozessor ändert Dateiformate und Bildgrößen automatisch.
- Er konvertiert Dateien ruck, zuck in webgerechte JPEGs.
- Er schreibt Urheberrechtshinweise in die Dateien.
- Er wendet Camera-Raw-Einstellungen auf mehrere Bilder hintereinander an.

Die besondere Stärke des Bildprozessors ist, dass er Ausgangsdateien *gleichzeitig* in unterschiedliche Ziel-Dateiformate überführen kann. Er eignet sich vor allem für Dateien, die ohnehin immer zusammen in einem Ordner landen – zum Beispiel beim Import aus einer Kamera –, oder für einzelne, geöffnete Dateien.

Der Dialog »Bildprozessor«

Wie bei den anderen Dialogboxen für die automatische Bildverarbeitung sollten Sie sich auch im Dialog Bildprozessor von oben nach unten durch die Einstellungen arbeiten (siehe Abbildung 10.18).

Zu verarbeitende Bilder auswählen | Ganz oben suchen Sie wiederum die Bilder aus, die bearbeitet werden sollen.

- Wenn Sie mit der Photoshop-Version des Bildprozessors arbeiten, können Sie bestimmte Ordner und Unterordner festlegen oder das Werkzeug auf alle geöffneten Bilder anwenden.
- Wenn Sie die Bridge-Version des Bildprozessors verwenden, müssen Sie dort zunächst alle Bilder markieren, die Sie bearbeiten wollen.

Mit der in beiden Varianten vorhandenen Zusatzoption Erstes Bild öffnen, um Einstellungen anzuwenden ❶ werden die Änderungen am ersten Bild auf alle folgenden übertragen. Diese Einstellung ist sinnvoll,

- ▶ wenn Sie Camera-Raw-Dateien verarbeiten, die alle unter denselben Lichtverhältnissen aufgenommen wurden; Sie können für dieses Bild die Einstellungen anpassen und anschließend auf die restlichen Bilder des Ordners anwenden;
- ▶ wenn das Farbprofil der zu verarbeitenden Dateien nicht mit Ihrem unter Farbeinstellungen festgelegten Arbeitsfarbraum übereinstimmt; bei PSD- und JPEG-Ausgangsbildern können Sie auf diese Weise ein neues Farbprofil für das erste Bild – und somit für alle folgenden Bilder – festlegen.

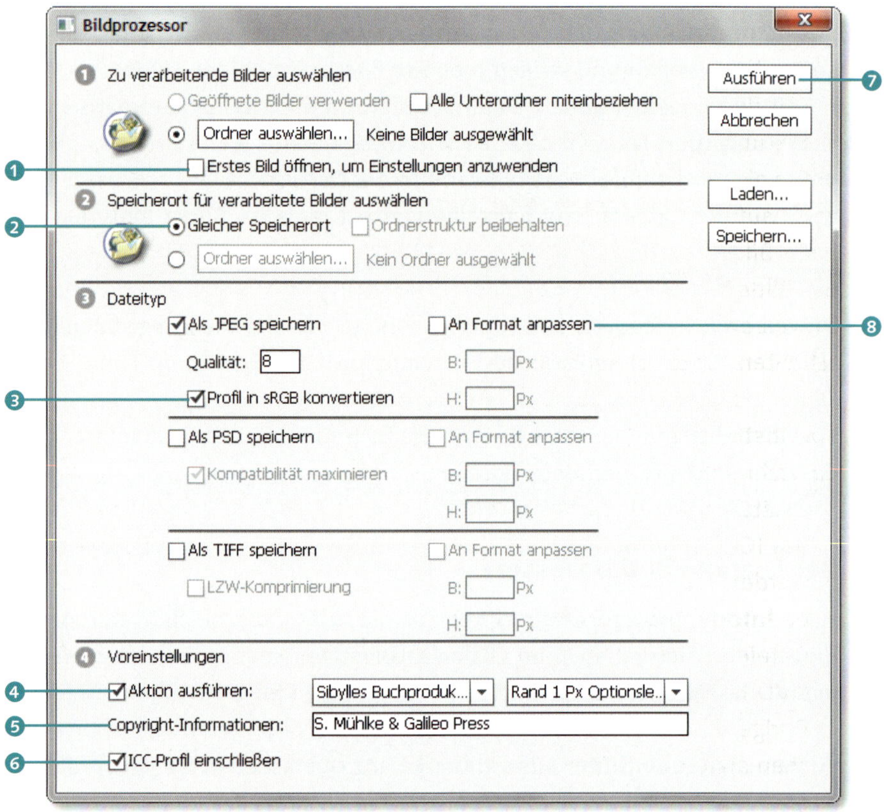

Abbildung 10.18 ▶
Der Bildprozessor-Dialog aus Photoshop – selbst der unaufmerksamste Nutzer soll hier mit Ziffern narrensicher hindurchgeführt werden.

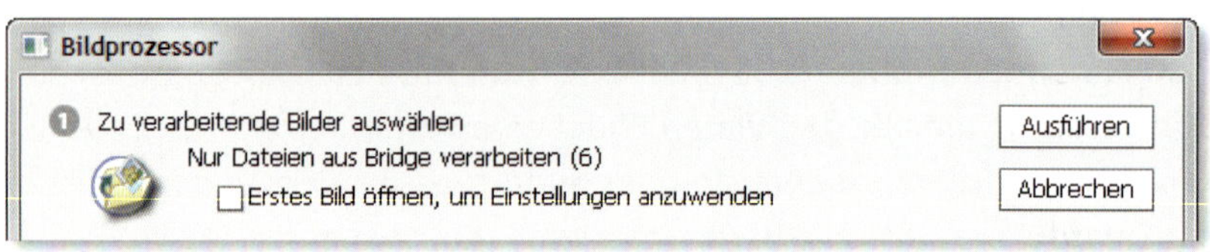

Abbildung 10.19 ▶
In der Bridge-Version des Dialogs gibt es eine geringe Abweichung: Die zu verarbeitenden Bilder legen Sie per Auswahl in der Bridge fest. Wie viele Bilder ausgewählt sind, wird angezeigt (hier: 6).

Speicherort für verarbeitete Bilder auswählen | Unter SPEICHERORT FÜR VERARBEITETE BILDER AUSWÄHLEN legen Sie entweder mit einem Klick den Ausgangsordner als Speicherort fest (GLEICHER SPEICHERORT ②) oder bestimmen einen anderen Ordner. Auch wenn hier GLEICHER SPEICHERORT gewählt ist, werden die Ausgangsdateien *nicht* überschrieben. Stattdessen wird der Dateiname um eine zusätzliche Nummerierung ergänzt.

Dateityp | Nun folgen die eigentlichen Informationen für die Verarbeitung der Bilder. Sie können zwischen den Dateiformaten JPEG, PSD und TIFF als **Zielformat** für die Dateien wählen und (wenige) Formatoptionen festlegen. Wenn Sie die Option PROFIL IN SRGB KONVERTIEREN ③ wählen, muss auch die Option ICC-PROFIL EINSCHLIESSEN ⑥ aktiv sein. Es ist auch möglich, mehrere oder alle Formate anzuwählen. Der Bildprozessor legt dann im Zielordner entsprechende Unterordner an und konvertiert die Ausgangsbilder in einem Rutsch in mehrere Zielformate.

Mit der Funktion AN FORMAT ANPASSEN ⑧ stellen Sie eine eventuelle Skalierung der Bilder ein. Ist die Funktion aktiv, müssen Sie sowohl die Breite als auch die Höhe festlegen. Sie müssen dabei jedoch nicht zwingend auf korrekte Proportionalität zu den Original-Bildmaßen achten – die Bilder werden nicht verzerrt. Die Eingaben zur Breite und Höhe der Bilder werden als Maximalwerte ausgelegt, und die Bilder werden so weit skaliert, dass weder die Höhe noch die Breite dieses Maß überschreiten. Unterschreitungen sind möglich.

JPEG mit sRGB-Profil

Es gibt mehrere Varianten des RGB-Farbraums. sRGB hat im Vergleich zu anderen Farbräumen einen recht geringen Farbumfang, ist jedoch weitverbreitet und gilt daher als kleinster gemeinsamer Nenner – sRGB-Dateien lassen sich fast überall anzeigen. Viele Kameras erzeugen von sich aus sRGB-Bilder. Wenn Sie Ihr Foto für den Druck bearbeiten, ist sRGB jedoch kein besonders günstiger Ausgangsfarbraum. Sofern Sie das Glück haben, eine Kamera zu benutzen, die Bilder in einem anderen, größeren Farbraum (wie z. B. Adobe RGB) erzeugt, sollten Sie diese Konvertierung nicht vornehmen. Die Farbinformationen, die dabei verlorengehen, können nicht wiederhergestellt werden.

Voreinstellungen | Unter VOREINSTELLUNGEN finden Sie einige nützliche Zusatzfunktionen. Sie können festlegen, ob

- zusätzlich **Aktionen** ④ ausgeführt werden,
- das ICC-**Farbprofil** ⑥ der Kamera in die neuen Dateien eingebettet werden soll und
- ob **Informationen zum Urheberrecht** ⑤ (IPTC-Informationen) in die Dateien geschrieben werden sollen. Die Übungsbilder auf der Buch-DVD haben zum Beispiel solche Informationen. Diese können in der Bridge, über die Dateiinformationen in Photoshop und mit zahlreichen anderen Bildbetrachtern ausgelesen werden.

Zum Weiterlesen

Mehr über **Farbräume**, **Farbprofile** und die **Profilkonvertierung** erfahren Sie in Kapitel 41, »Farbmanagement: Mehr Farbtreue auf allen Geräten«.

Mit dem Button SPEICHERN können Sie die vorgenommenen Einstellungen sichern, um sie beim nächsten Mal einfacher anderen Dateien zuweisen zu können. Die Verarbeitungsinformationen werden als XML-Dateien gesichert. Anders als bei vielen Vorgaben gibt es hier keinen Standardordner – Sie müssen sich also merken, wo Sie Ihre Einstellungen ablegen. Ein Klick auf AUSFÜHREN ⑦ startet schließlich die Verarbeitung Ihrer Bilder.

10.4 Aktionen: Befehlsfolgen auf Knopfdruck

Aktionen sind mitgeschnittene und gespeicherte Befehlsfolgen, die sich immer wieder abspielen und so auf andere Bilder anwenden lassen. Sie können nur in Photoshop aufgezeichnet werden, Sie erreichen Sie jedoch später auch von der Bridge mittels WERKZEUGE • PHOTOSHOP • STAPELVERARBEITUNG.

▲ **Abbildung 10.20**
Das Symbol der Aktionen-Palette

Der erste Schritt ist das Erstellen einer solchen Aktion. Ihr wichtigster Helfer für das Aufzeichnen und Verwalten von Aktionen ist die Aktionen-Palette (FENSTER • AKTIONEN, F9 bzw. Alt+F9 oder Klick auf das Symbol).

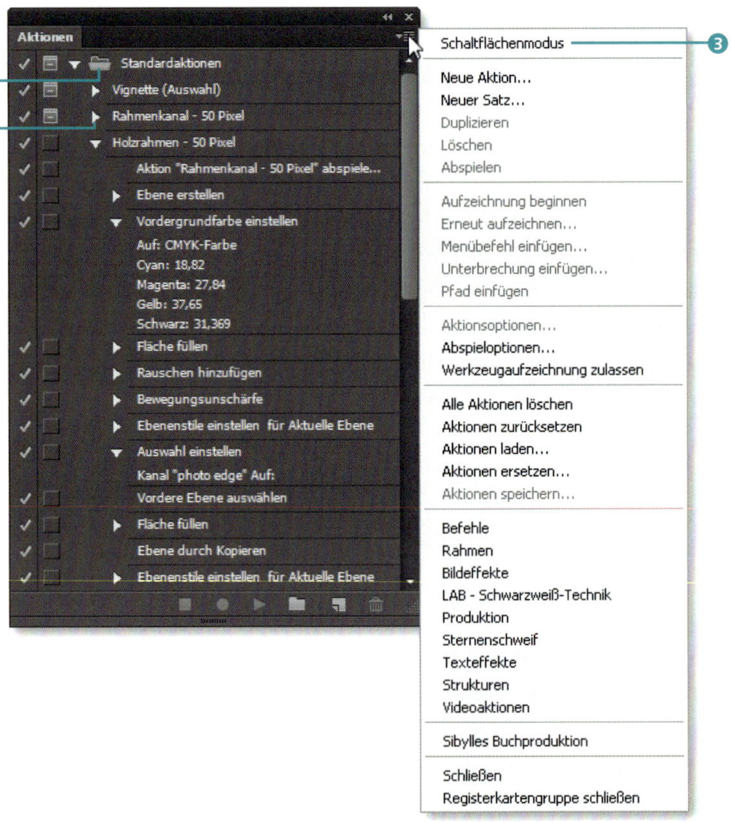

Abbildung 10.21 ▶
Die Aktionen-Palette. Photoshop liefert eine Reihe fertiger Aktionen mit. Im Seitenmenü finden Sie die Befehle zum Verwalten der Aktionen und Abspieloptionen.

In Abbildung 10.21 erkennen Sie die Ordnung der Aktionen-Palette mit »Ordnern« ❶ (Sets oder Sätzen) und darin enthaltenen Aktionen ❷. Der Ordner STANDARDAKTIONEN ist aufgeklappt und zeigt die enthaltenen Aktionen an. Aktionen lassen sich ebenfalls per Dreieckpfeil aufklappen; die enthaltenen Bearbeitungsschritte können Sie dann im Einzelnen nachvollziehen. Hier sehen Sie das am Beispiel von HOLZRAHMEN – 50 PIXEL.

Funktionsprinzip

Das Funktionsprinzip der Aktionen ist einfach: Sie führen die Befehle, die Sie in die Aktion aufnehmen wollen, exemplarisch an einem Bild durch und zeichnen sie dabei auf. Dazu stehen die Buttons am unteren Rand der Aktionen-Palette zur Verfügung, die an die Stopp- und Play-Knöpfe eines Kassettenrekorders erinnern. Danach können Sie die Befehlsfolge mit einem Knopfdruck auch auf andere Bilder anwenden.

Aktionen aufzeichnen

Achten Sie beim Aufzeichnen darauf, dass nicht der sogenannte SCHALTFLÄCHENMODUS aktiv ist. Denn dann erscheinen alle Aktionen als Buttons, die das Zuweisen von Aktionen erleichtern sollen, das Definieren neuer Aktionen aber unmöglich machen.

▲ **Abbildung 10.22**
Die Aktionen-Palette im Schaltflächenmodus. Die durch Ordnersets vorgegebene Struktur ist einer langen Reihe von Buttons gewichen. Buttons für die Aufnahme gibt es nicht mehr.

Schritt für Schritt: Aktionen aufzeichnen und ausführen

Erstellt werden soll eine Aktion, die die Bildauflösung ändert und die Datei anschließend im Format PSD speichert. Diese Aktion ist nützlich, wenn Sie JPEG-Bilder aus der Digicam importiert haben und in ein arbeitsfreundliches Dateiformat bringen wollen. Sie können später Aktionen nahezu beliebiger Komplexität erzeugen; dieses Beispiel genügt jedoch, um Sie mit der Aktionen-Palette vertraut zu machen.

1 Vorbereitungen

Öffnen Sie ein Bild, an dem Sie die Befehlsfolge für die Aufzeichnung exemplarisch durchführen, und – natürlich – die Aktionen-Palette.

2 Neues Aktionsset anlegen

Sie können jederzeit eine neue Aktion anlegen, diese wird dann dem Standardset hinzugefügt. Es ist jedoch übersichtlicher, wenn Sie erst ein eigenes Set anlegen, in das Sie dann Ihre Aktion speichern. Dazu nutzen Sie die Schaltfläche NEUEN SATZ ERSTELLEN. Sie finden das Set dann – noch leer – in der Aktionen-Palette wieder.

◄ **Abbildung 10.23**
Neuen Satz anlegen: Hier wird gerade der Name eingetragen.

Abbildung 10.24 ▶
Der neu erzeugte (noch leere) Satz in der Aktionen-Palette

Aktionen-Reihenfolge

Durch einfaches Drag & Drop in der Liste, die Sie in der Aktionen-Palette sehen, ändern Sie die Reihenfolge von Aktionssätzen und Aktionen und sogar von Befehlen innerhalb einer Aktion. Dabei kann das Verschieben von Befehlen innerhalb einer Aktion deren Wirkung stark beeinflussen. Hier ist also Vorsicht geboten.

3 Neue Aktion anlegen

Aktivieren Sie den neuen Aktionssatz, und klicken Sie in der Aktionen-Palette auf das Icon NEU. Dann müssen Sie nur noch einen Titel für die neue Aktion vergeben und unter SET den Speicherort festlegen. Mit FUNKTIONSTASTE können Sie eine der F-Tasten für diese Aktion reservieren. FARBE bezieht sich auf die Darstellung der Aktion im Schaltflächenmodus. Sie können die Eigenschaften einer Aktion oder eines Sets auch später noch verändern – ein Doppelklick auf den Namen der Aktion erlaubt es, einen anderen Namen einzugeben; ein Klick bei gehaltener `Alt`-Taste führt auch zu weitergehenden Einstellungen.

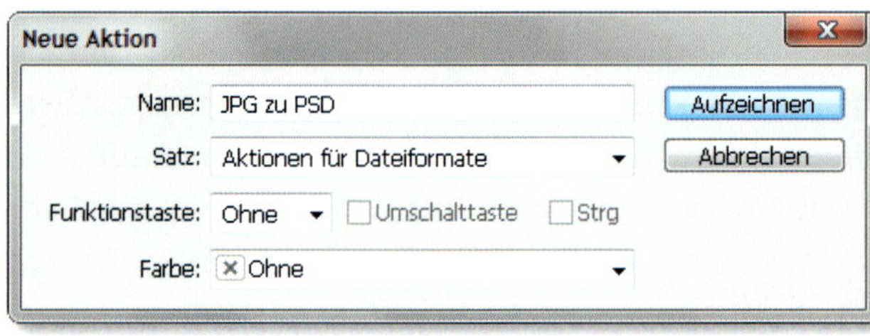

Abbildung 10.25 ▶
Eigenschaften der neuen Aktion. Der Eintrag FARBE bezieht sich auf die Darstellung im Schaltflächenmodus.

4 Die Aufzeichnung läuft!

Der runde Button am Fuß der Aktionen-Palette leuchtet nun rot. Das heißt, dass alles, was Sie ab jetzt mit Photoshop machen, als Bestandteil der Aktion aufgezeichnet wird.

Und zwar wirklich alles – wenn Sie einen Arbeitsschritt zu viel machen und ihn wieder löschen, ist auch dies Bestandteil der Aktion. Zwar lassen sich Aktionen auch nachbearbeiten, aber es ist natürlich günstiger, wenn Sie die Aktion vorher einmal »üben«, um so etwas zu vermeiden.

Ich wähle nun den Befehl DATEI • SPEICHERN UNTER, speichere meine Musterdatei – Sie können ein beliebiges Bild nehmen – im Dateiformat PSD ab und schließe sie.

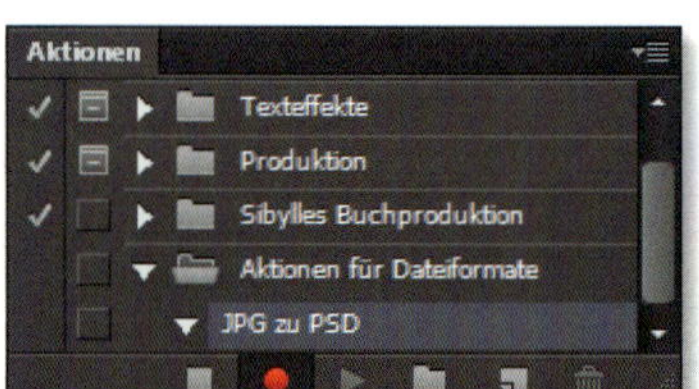

▲ Abbildung 10.26
Aufnahme läuft …

5 Aufzeichnung abschließen

Um die Aufzeichnung der Aktion abzuschließen, genügt ein Klick auf den Quadrat-Button. In der Aktionen-Palette ist nach erfolgreicher Aufzeichnung die neue Aktion zu sehen.

◀ **Abbildung 10.27**
Beenden der Aufzeichnung durch Klick auf den Stopp-Button

6 Überflüssige Arbeitsschritte oder Aktionen löschen

Sie haben irrtümlich doch einen falschen oder überflüssigen Arbeitsschritt in die Aktion eingebaut – oder wollen Sie womöglich gar eine ganze Aktion loswerden? Die Schaltfläche mit dem Papierkorb-Icon dient wiederum dazu, einzelne Befehle oder ganze Aktionen zu löschen.

7 Aktion auf andere Bilder anwenden

Um eine Aktion auf andere Bilder anzuwenden, öffnen Sie die Bilder, wählen die Aktion in der Palette durch Anklicken aus und klicken dann in der Aktionen-Palette auf den pfeilförmigen Play-Button. Die in der Aktion gespeicherten Befehle werden nun auf das geöffnete Dokument angewendet.

Effiziente Methoden, Aktionen auf eine größere Menge Bilder gleichzeitig anzuwenden, lernen Sie in Abschnitt 10.6, »Stapelverarbeitung: Aktionen auf viele Bilder anwenden«, kennen.

▲ **Abbildung 10.28**
Aktion auf weitere Dokumente anwenden

Fußangeln und Fehlersuche bei Aktionen

Aktionen aufzuzeichnen ist zwar eigentlich ganz einfach – in der Praxis kommt es aber immer wieder zu Pannen. Wie Sie die häufigsten Fußangeln umgehen, erfahren Sie hier.

Zahleneingaben wirklich durchführen | Wenn Sie in Ihrer Aktion Befehle vorsehen, bei denen ein bestimmter Wert eingegeben werden soll – beispielsweise beim Skalieren von Bildern – und Ihr Beispielbild, mit dem Sie die Aktion aufzeichnen, zufällig schon die passende Größe hat, reicht es nicht aus, nur das Dialogfeld zu öffnen und auf OK zu klicken. Dann wird die Aktion später genau das tun – aber keine Werte auf andere Bilder anwenden. Also müssen Sie die gewünschten Werte, die in der Aktion aufgezeichnet werden sollen, tatsächlich in die Zahlenfelder eintragen und dann erst bestätigen.

Rahmenbedingungen als Fehlerquelle | Vielfach hängen die Ergebnisse einer Aktion von den konkreten Dateieigenschaften ab – so wirkt beispielsweise ein Gaußscher Weichzeichner der Stärke »4« bei einer 72-ppi-Datei anders als auf ein hochaufgelöstes 300-ppi-Bild. Auch

Mehrere Aktionen kombinieren

Sie können auch mehrere Aktionen kombinieren. Nutzen Sie dann entweder Strg/cmd oder ⇧, um mehrere Aktionstitel aus der Aktionen-Palette gleichzeitig auszuwählen.

Programmeinstellungen wie die aktuelle Vorder- und Hintergrundfarbe oder welche Bildebene aktiv ist, haben Einfluss auf die Aktion und sind eine mögliche Ursache dafür, wieso das Ergebnis nicht das gewünschte ist. Wenn Sie speziell bei Zahleneingaben in Dialogfelder individuelle Steuerungsmöglichkeiten für jede Datei brauchen, sollten Sie modale Steuerbefehle (siehe den Abschnitt »Eigene Eingaben in Aktionen« auf Seite 307) einsetzen.

Maßeinheiten | Werkzeuge oder Dialogboxen, bei denen Sie einen Wert eingeben und auch noch per OK bestätigen, hängen von den aktuell unter Voreinstellungen • Maßeinheiten & Lineale (Strg/cmd+K, dann Strg/cmd+7) festgelegten Einheiten ab. Nehmen Sie hier zwischen Aufzeichnung und Anwendung der Aktion Änderungen vor, kann es zu Überraschungen kommen. Wenn Sie eine Aktion aufzeichnen, die auf Bilder mit verschiedenen Größen angewendet werden soll, empfiehlt es sich, als Linealeinheit Prozent festzulegen. So wird die Aktion immer an derselben relativen Position im Bild abgespielt.

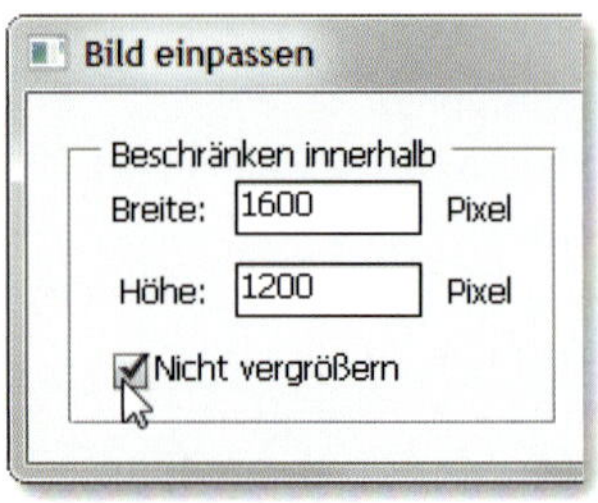

▲ **Abbildung 10.29**
Vor allem in Zusammenarbeit mit der Stapelverarbeitung großer Mengen von Dateien ist Bild einpassen hilfreich.

Bildgröße bei unterschiedlich großen Ausgangsdateien per Aktion ändern | Um die Bildgröße bei gemischten Quer- und Hochformaten festzulegen, empfiehlt es sich, den Photoshop-Befehl Datei • Automatisieren • Bild einpassen zu verwenden. Mit der Option Nicht vergrößern unterbinden Sie, dass eine Datei, deren Ausgangsmaße geringer sind als die im Dialog eingetragenen Werte, größer skaliert wird.

Modusänderung nur nach Bedarf | Eine häufige Anforderung ist es auch, per Aktion den Bildmodus zu ändern. Wenn alle zu bearbeitenden Bilder im selben Modus vorliegen, ist das noch einfach per Aktion machbar. Schwierig wird es bei Bildern in verschiedenen Modi, wenn Sie sinnlose oder überflüssige Modusänderungen vermeiden und den Moduswechsel auf einige Ausgangsmodi eingrenzen wollen. Die Funktion Bedingte Modusänderung (in Photoshop zu finden unter Datei • Automatisieren) stellt eine einfache Lösung dazu dar.

Unter Quellmodus stellen Sie ein, welche Modi oder welcher Modus von der Modusänderung in der Aktion betroffen sein soll. Die Schaltfläche Alles wählt alle Modi aus, Ohne wählt sie ab. Unter Zielmodus stellen Sie ein, in welchen Modus die Dateien gebracht werden sollen.

Wenn Sie eine bedingte Modusänderung in eine Aktion aufnehmen wollen, starten Sie einfach das Aufzeichnen der Aktion, öffnen diesen Dialog, nehmen Ihre Einstellungen vor und klicken auf OK. Beim nächsten Ausführen der Aktion wird die Modusänderung durchgeführt. Die

BEDINGTE MODUSÄNDERUNG ist auch hervorragend dazu geeignet, sie in der Stapelverarbeitung (siehe Abschnitt 10.6) zu verwenden.

Dateinamen | Wenn Ihre aufgezeichnete Aktion den Befehl SPEICHERN UNTER enthält, dürfen Sie auf keinen Fall auch einen Dateinamen vergeben – diesen Namen bekämen dann alle mit der Aktion behandelten Dateien. Einen Speicherordner können Sie auf diese Weise allerdings festlegen.

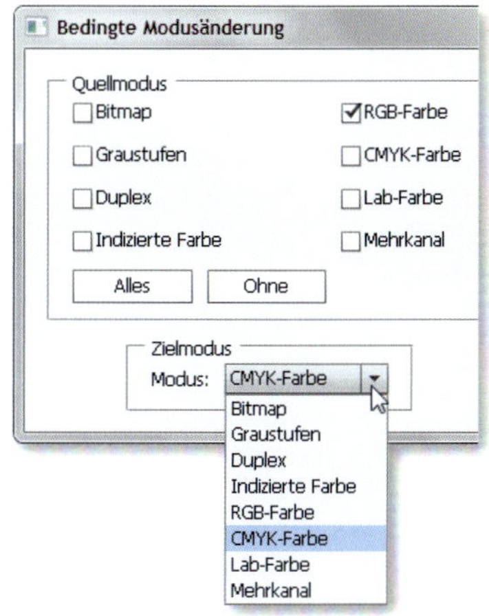

▲ **Abbildung 10.30**
Mit wenigen Klicks zur gesteuerten Modusänderung

Abspielgeschwindigkeit festlegen | Manchmal hakt es besonders bei komplexen Aktionen, ohne dass beim Abspielen die Ursache klar wird. Dann kann es hilfreich sein, die Abspielgeschwindigkeit der Aktion zu reduzieren. Der Befehl ABSPIELOPTIONEN aus dem Menü der Aktionen-Palette bringt Sie zu den erforderlichen Einstellungen.

- BESCHLEUNIGT ist die Standardeinstellung, die Sie im störungsfreien Betrieb auch beibehalten sollten. Oft können Sie nicht im Einzelnen am Bildschirm nachvollziehen, was mit dem Bild passiert, weil die Arbeitsschritte so schnell vorbeiflackern.
- Die Option SCHRITTWEISE führt die Befehle langsamer hintereinander aus und aktualisiert das Bild, bevor mit dem nächsten Befehl in der Aktion fortgefahren wird. Hier können Sie gut verfolgen, was mit dem Bild geschieht.
- Mit der Option ANHALTEN FÜR können Sie außerdem festlegen, ob und wie lange Photoshop zwischen der Ausführung der einzelnen Befehle einer Aktion wartet.

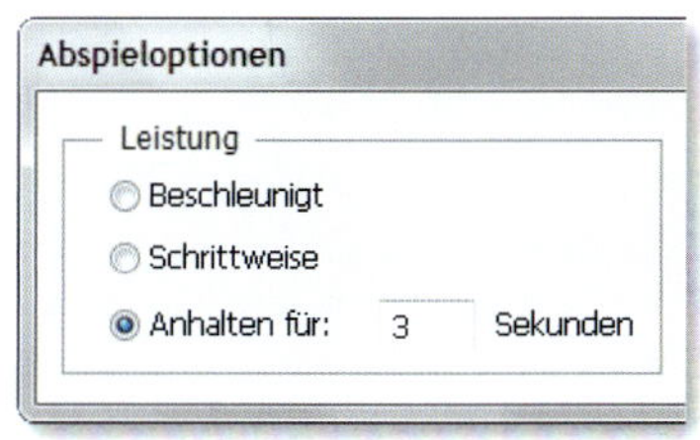

▲ **Abbildung 10.31**
Wie schnell soll die Aktion ausgeführt werden?

10.5 Feintuning für Aktionen

Photoshop bietet eine Reihe von Möglichkeiten, Aktionen besser an Ihre Bedürfnisse anzupassen und sie flexibler zu handhaben.

Eigene Eingaben in Aktionen: Modale Steuerelemente

Leider lassen sich nicht alle Arbeitsschritte so gut in Aktionen verwenden wie die Dateiformatänderung aus dem Workshop weiter vorn. Manche Befehle sollten nicht einfach abgespult werden, sondern wirken besser, wenn sie den Gegebenheiten des Bildes angepasst werden. Notwendig ist das bei allen Operationen, die von der Bildgröße oder -auflösung (zum Beispiel bei Schärfungen nach der Skalierung) oder dem Motiv abhängen, oder in Fällen, in denen Sie sich selbst noch etwas kreativen Gestaltungsspielraum geben wollen. Das gilt natürlich auch für das

Speichern von Dateien, wenn Sie einen eigenen Dateinamen vergeben müssen. (Ein beim Aufzeichnen der Aktion einmal festgelegter Name würde allen Bildern zugewiesen, auf die die Aktion angewendet wird!)

Mit nur einem Klick räumen Sie sich selbst die Möglichkeit ein, eigene Einstellungen während des Abspielens der Aktion vorzunehmen. Dazu klappen Sie die Aktion, der diese Funktion hinzugefügt werden soll, auf. Am Anfang jeder »Zeile« in der Aktionen-Palette sehen Sie zwei Kästchen: links ein Kästchen mit einem kleinen Haken, den Sie zunächst nicht verändern sollten, rechts standardmäßig ein leeres Kästchen. Wenn Sie einmal auf eines der leeren Kästchen klicken, wird dem betreffenden Befehl ein sogenanntes **modales Steuerelement** hinzugefügt. Das heißt, beim nächsten Abspielen der Aktion öffnet sich das Dialogfeld zu dem Befehl, den Sie mit einem modalen Steuerelement versehen haben, und Sie können dort Ihre Eingaben machen.

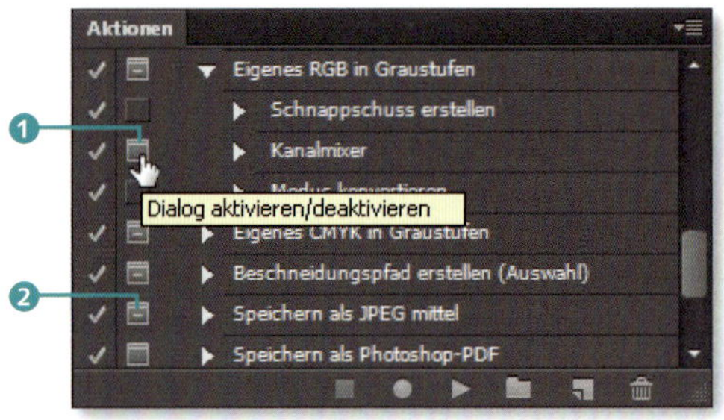

Abbildung 10.32 ▸
Icons in Form eines stilisierten Dialogfeldes weisen auf das Vorhandensein eines ❶ oder mehrerer ❷ modaler Steuerbefehle in der jeweiligen Aktion hin.

Ein erneuter Klick auf das Icon setzt den Steuerbefehl wieder außer Kraft. Wenn Sie auf das »gefüllte« Icon einer Aktion klicken, werden alle modalen Steuerbefehle dieser Aktion auf einmal deaktiviert.

Werkzeuge und Menübefehle in die Aktion aufnehmen

Aktionen spulen nicht nur Folgen zuvor aufgenommener Menübefehle stumpfsinnig ab. Es ist auch möglich, in Aktionen Werkzeuge wie Pinsel oder Retuschetools aufzuzeichnen oder Pausen für eigene, individuelle Eingaben oder Werkzeugeingaben einzubauen.

Werkzeuge aufzeichnen
Der diskret im Palettenmenü versteckte Befehl WERKZEUGAUFZEICHNUNG ZULASSEN erweitert das Anwendungsspektrum von Aktionen beträchtlich. Endlich lassen sich auch Pinsel und viele andere Tools aufzeichnen!

Werkzeuge mit aufzeichnen | Mit dem Befehl WERKZEUGAUFZEICHNUNG ZULASSEN ist es möglich, Handgriffe, die Sie mit Retusche-, Mal- und anderen Werkzeugen erledigen, in eine Aktion aufzunehmen. Alles, was Sie dazu tun müssen, ist, im Palettenmenü die Option WERKZEUGAUFZEICHNUNG ZULASSEN zu aktivieren, so dass dort ein Häkchen zu sehen ist.

Dann nehmen Sie Ihre Aktion auf wie gewohnt und führen dabei auch die Werkzeug-Arbeitsschritte aus, die Sie brauchen.

Auch das Abspielen funktioniert fast wie gewohnt – mit einer kleinen Besonderheit: Wenn Sie vor dem Abspielen der Aktion das darin aufgezeichnete Werkzeug in Photoshop aktivieren und seine Optionen verändern, wird die Aktion nicht mit den aufgezeichneten, sondern mit den eben eingestellten Optionen angewendet. Dadurch können Sie Aktionen mit Werkzeugen flexibler anwenden und müssen nicht für jede kleine Werkzeugvariation eine eigene Aktion erstellen.

▲ **Abbildung 10.33**
Ist diese Option aktiv, können Aktionen auch Werkzeuge aufzeichnen.

Breaks für individuelle Menübefehle oder Werkzeug-Einsätze | Nicht immer soll ein vollständiger Werkzeug-Vorgang in eine Aktion aufgenommen und wieder abgespielt werden. Manchmal braucht man auch die Möglichkeit, während einer laufenden Aktion individuelle Handgriffe mit einem Werkzeug oder spezifische Menübefehle einzufügen. Dabei hilft Ihnen der Befehl Menübefehl einfügen, den Sie im Paletten-Seitenmenü finden. Das Integrieren eines Menübefehls in eine Aktion ist ganz einfach:

1. Zeichnen Sie zunächst die Aktion auf – ohne diesen Befehl.
2. Überlegen Sie dann, an welcher Stelle der individuelle Menübefehl oder Werkzeug-Einsatz eingefügt werden soll. Soll er am Ende einer Aktion eingefügt werden, wählen Sie in der Palette den Namen der Aktion aus. Soll er in die Aktion zwischen bestehende Befehle eingefügt werden, aktivieren Sie in der Aktionen-Palette den Befehl, nach dem der Menübefehl eingesetzt werden soll.
3. Wählen Sie dann im Seitenmenü der Aktionen-Palette den Befehl Menübefehl einfügen. Es erscheint dann ein kleines Fenster mit einem Hinweis Menübefehl: keine Auswahl.

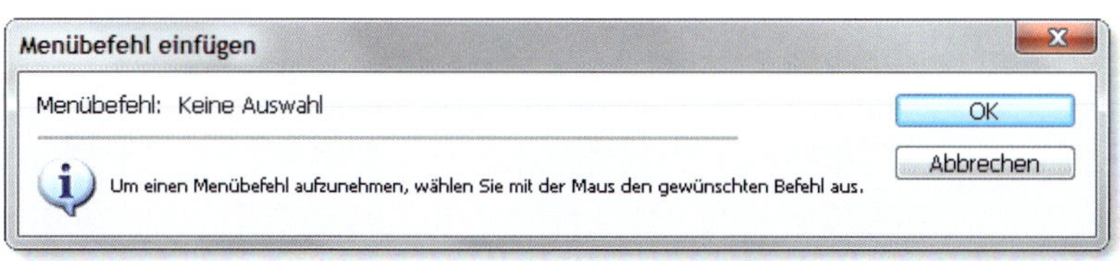

◄ **Abbildung 10.34**
Nun können Sie den Menübefehl einfügen.

Dieses Fenster klicken Sie zunächst *nicht* weg! Stattdessen führen Sie nun den Befehl aus, der in der Aktion ausgeführt werden soll, oder aktivieren das Werkzeug, das Sie in der Aktion anwenden wollen. Werte für den Befehl oder Eingaben mit einem Werkzeug werden in der Aktion *nicht* aufgezeichnet. Sie brauchen sie also beim Einfügen des Menübefehls noch nicht einzugeben, sondern erst beim Abspielen der Aktion.

4. Klicken Sie erst dann in dem Fenster Menübefehl einfügen auf OK.

Eingefügte Menübefehle werden in der Aktionen-Palette durch dasselbe Icon angezeigt wie modale Steuerelemente.

Memo-Fenster integrieren: Unterbrechung einfügen

Wenn Sie in der Aktion noch eine Gedächtnisstütze brauchen, können Sie auf ähnliche Weise eine sogenannte **Unterbrechung** einfügen. Dann wird während des Abspielens der Aktion ein Fenster eingeblendet, das die Instruktionen oder Hinweise zeigt, die Sie sich vorher selbst geschrieben haben. Dazu wählen Sie aus dem Seitenmenü der Aktionen-Palette den Befehl UNTERBRECHUNG EINFÜGEN. Es öffnet sich ein Eingabefeld, in das Sie Ihren Text schreiben.

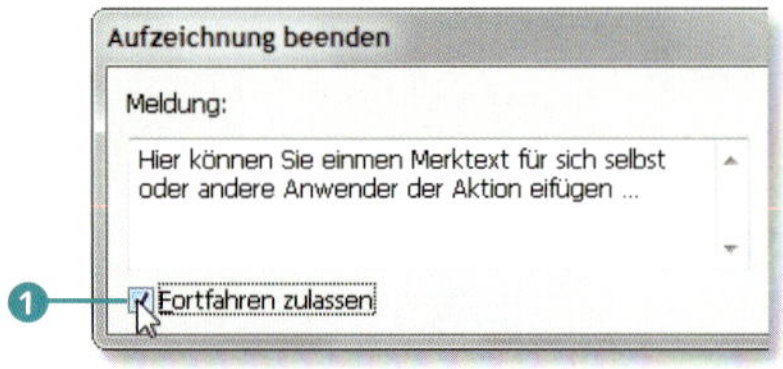

▲ **Abbildung 10.35**
Der Text, den Sie hier einfügen, wird beim nächsten Abspielen der Aktion in einem Info-Popup gezeigt.

Achten Sie beim Anlegen einer Unterbrechung unbedingt darauf, dass FORTFAHREN ZULASSEN (1) aktiviert ist – ansonsten kommt Ihre Aktion zu einem jähen Ende, weil dem Info-Fenster der Button WEITER fehlt. In der Aktionen-Palette erscheint die Unterbrechung dann als ANHALTEN. Auch eingefügte Unterbrechungen können Sie kurzfristig (de-)aktivieren, genauso wie normale Schritte einer Aktion.

Bestehende Aktionen variieren

Um neue Aktionen zu erstellen, müssen Sie sie nicht immer komplette neu aufzeichnen – Sie können auch bestehende Aktionen modifizieren. Gerade bei komplexeren Aktionen kann sich das durchaus lohnen. Am besten **duplizieren** Sie eine bestehende Aktion einfach, bevor Sie sie verändern. Es genügt, dazu die betreffende Aktion in der Aktionen-Palette mit der Maus zu greifen und über das NEU-Icon zu ziehen.

Aktionen ergänzen oder modifizieren | Sie können Aktionen jederzeit um neue Befehle ergänzen oder bestehende Befehle erneut aufzeichnen, um Einstellungen zu modifizieren. Legen Sie dazu als Erstes fest, an welcher Stelle der Aktion der neue Befehl eingefügt werden soll. Wenn er am Ende einer Aktion eingefügt werden soll, wählen Sie den Namen der Aktion aus. Wenn ein neuer Befehl nach einem schon vorhandenen Befehl eingefügt werden soll, wählen Sie diesen aus. Klicken Sie dann auf die Schaltfläche AUFZEICHNUNG BEGINNEN, oder wählen Sie im Seitenmenü der Palette den Befehl AUFZEICHNUNG BEGINNEN.
Führen Sie die Befehle aus, die Sie in die Aktion integrieren wollen. Sie werden aufgezeichnet. Wenn Sie fertig sind, klicken Sie auf die Schaltfläche AUFZEICHNUNG BEENDEN, um die Aufzeichnung zu stoppen.

Vor allem, wenn Sie die Eingaben von Werten oder modale Werkzeuge verändern wollen, ist auch der Befehl ERNEUT AUFZEICHNEN (aus dem Palettenmenü) hilfreich. Sie können einen einzelnen Schritt oder eine ganze Aktion neu aufzeichnen und dabei die bisherigen Eingaben oder Werte ändern.

Arbeitsschritte entfernen | Um Arbeitsschritte von einer Aktion auszuschließen, haben Sie zwei Möglichkeiten. Entweder Sie ziehen den jeweiligen Befehl auf das LÖSCHEN-Icon – dann ist er unwiderruflich aus der Aktion **entfernt**. Oder Sie **deaktivieren** Befehle temporär. Dazu entfernen Sie einfach den kleinen Haken vor dem betreffenden Arbeitsschritt; dieser wird dann beim nächsten Abspielen der Aktion nicht ausgeführt. Ein erneuter Klick an die (nun leere) Stelle aktiviert den Befehl wieder.

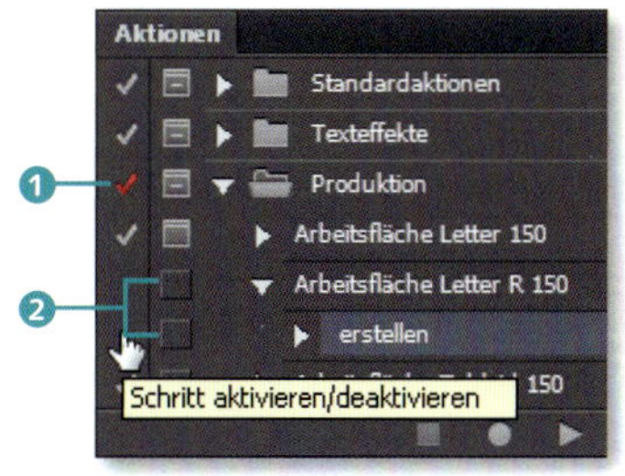

▲ **Abbildung 10.36**
Wurden Schritte einer Aktion deaktiviert ❷, wird dies zusätzlich vor dem Namen der Aktion mit einem roten Häkchen ❶ angezeigt. So können Sie auch bei einer eingeklappten Aktion erkennen, dass Schritte ausgelassen werden.

Was wollen Sie tun?	Windows	Mac
aktuellen Befehl aktivieren und alle anderen deaktivieren oder **alle Befehle** aktivieren	Alt drücken und auf das Häkchen neben einem Befehl klicken	Alt drücken und auf das Häkchen neben einem Befehl klicken
aktuelles modales Steuerelement einschalten und zwischen allen anderen modalen Steuerelementen wechseln	Alt drücken und auf das Steuerelement-Icon klicken	Alt drücken und auf das Steuerelement-Icon klicken
Aktion ausführen	Strg + Doppelklick auf Aktion	cmd + Doppelklick auf Aktion
alle Befehle einer Aktion anzeigen/verbergen	Alt + Klick auf das Dreieck	Alt + Klick auf das Dreieck
einzelnen Befehl aus einer Aktion ausführen	Befehl markieren, Strg + Klick auf die AUSFÜHREN-Schaltfläche (Play-Button)	Befehl markieren, cmd + Klick auf die AUSFÜHREN-Schaltfläche (Play-Button)
neue Aktion erstellen und ohne Bestätigung aufzeichnen	Alt + Klick auf die Schaltfläche NEUE AKTION (runder Button)	Alt + Klick auf die Schaltfläche NEUE AKTION (runder Button)

◀ **Tabelle 10.1**
Tastaturbefehle für die Arbeit mit Aktionen auf einen Blick

10.6 Stapelverarbeitung: Aktionen auf viele Bilder anwenden

Bisher wissen Sie nur, wie Sie Aktionen auf ein oder mehrere geöffnete Bilder anwenden. Aktionen sind aber auch die Grundlage der automatischen Stapelverarbeitung. Damit legen Sie vorher fest, welche Aktion auf welche Bilder angewendet werden soll – das können auch ganze Ordner sein – und wie und wo die bearbeiteten Bilder abgelegt werden

Eigenständig ablaufende Aktionen

Wenn Sie vorhaben, eine Aktion in einer wirklich eigenständig ablaufenden Stapelverarbeitung einzusetzen, darf sie natürlich keine modalen Steuerelemente, Menübefehle oder Unterbrechungen enthalten!

Haufenweise neue Dateinamen
Die Stapelverarbeitung kann Aktionen auf Bilder anwenden und dabei, wenn nötig, auch Dateinamen durch Prä- und Suffixe verändern. Wenn Sie nur die Dateinamen ändern wollen, ist die Bridge-Funktion WERKZEUGE • STAPELUMBENENNUNG jedoch die bessere Wahl.

sollen. Starten Sie anschließend die Automatik, ist Ihre Anwesenheit am Rechner tatsächlich nicht mehr erforderlich.

Sie starten die Stapelverarbeitung über das Photoshop-Menü DATEI • AUTOMATISIEREN • STAPELVERARBEITUNG oder aus der Adobe Bridge über WERKZEUGE • PHOTOSHOP.

Der Dialog »Stapelverarbeitung«

Im Dialogfeld STAPELVERARBEITUNG legen Sie fest, welche Dateien mit welcher Aktion bearbeitet werden sollen, wohin die veränderten Dateien gespeichert werden und wie die Dateinamen – wenn gewünscht – modifiziert werden. Dazu kommen noch Einstellungen zur Fehlerbearbeitung.

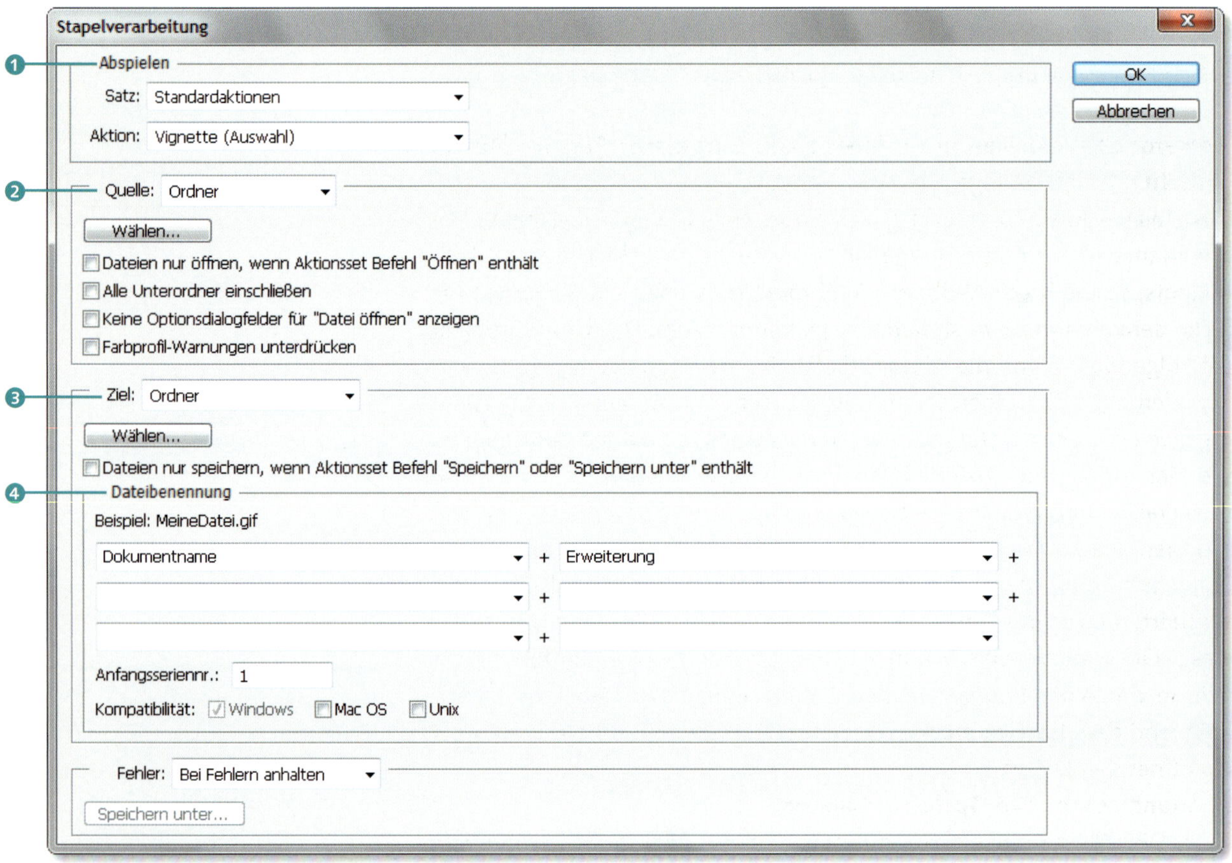

▲ **Abbildung 10.37**
Umfangreiche Einstellungsmöglichkeiten für die aktionsbasierte Bearbeitung von Bildstapeln

Abspielen und Quelle | Unter ABSPIELEN ❶ tragen Sie mit Hilfe der Dropdown-Listen SATZ und AKTION ein, welche Aktion auf den Bilderstapel angewendet werden soll. QUELLE ❷ bezeichnet die Bilder näher, die bearbeitet werden sollen.

- Die Einstellung ORDNER bestimmt einen speziellen Ordner auf Ihrer Festplatte oder einem anderen Laufwerk. Sie müssen ihn mit WÄHLEN noch genauer spezifizieren.
- Wenn Sie Bilder von einer Digitalkamera, einem Scanner oder aus einem PDF-File importieren und gleich eine Aktion auf sie anwenden wollen, wählen Sie IMPORT.
- Möglich ist es auch, eine Aktion en bloc auf alle aktuell GEÖFFNETEN DATEIEN anzuwenden. Diese Einstellung ist bei großen Bildermengen wenig sinnvoll.
- BRIDGE bezieht sich auf die dort zuvor ausgewählten Bilder.

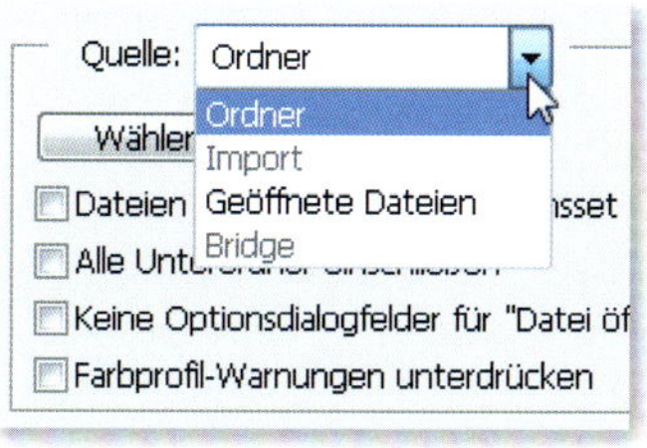

▲ **Abbildung 10.38**
Einstellungen unter QUELLE

Die vier Optionen unterhalb des WÄHLEN-Buttons sind, bis auf die erste, selbsterklärend: ALLE UNTERORDNER EINSCHLIESSEN bezieht sich auf die Einstellung ORDNER. Das Aktivieren von KEINE OPTIONSDIALOGFELDER FÜR »DATEI ÖFFNEN« ANZEIGEN und von FARBPROFIL-WARNUNGEN UNTERDRÜCKEN beschleunigt den Ablauf der Aktionen ungemein.

Fehlerquelle »Dateien nur öffnen, wenn Aktionsset Befehl ›Öffnen‹ enthält« | Eine häufige Fehlerquelle ist die Option DATEIEN NUR ÖFFNEN, WENN AKTIONSSET BEFEHL »ÖFFNEN« ENTHÄLT. Zunächst einmal ist der Name dieser Option ungenau formuliert – es geht nicht um Aktionssets, sondern um Aktionen. Außerdem muss man ein wenig um die Ecke denken, um zu verstehen, was dahinter steckt. Das Grundproblem ist Folgendes: Wenn die Aktion, die Sie bei der Stapelverarbeitung verwenden möchten, einen ÖFFNEN-Befehl enthält, mit dem ja zwangsläufig *eine bestimmte Datei* geöffnet und verarbeitet wird (nämlich die, die bei der Aufzeichnung der Aktion verwendet wurde), wird bei der Stapelverarbeitung nur diese eine Datei geöffnet und verarbeitet. Andere Dateien, die Sie im STAPELVERARBEITUNG-Dialog unter QUELLE für die Stapelverarbeitung vorgesehen haben, werden ignoriert. Damit dies nicht passiert, gibt es die Option DATEIEN NUR ÖFFNEN, WENN AKTIONSSET BEFEHL »ÖFFNEN« ENTHÄLT. Wenn Sie sie aktivieren, werden übrigens nicht alle in der Aktion aufgezeichneten Einstellungen des Befehls ÖFFNEN während der Stapelverarbeitung ignoriert, sondern nur die Auswahl der zu öffnenden Dateien.

- **Wann sollten Sie Option aktivieren?**
  - Die Option muss aktiv sein, wenn in der Aktion ÖFFNEN-Befehle enthalten sind, mit denen spezifische Dateien zur Verarbeitung festgelegt werden und Sie *andere* als die ursprünglich beim Aufzeichnen der Aktion benutzte Dateien per Stapelverarbeitung bearbeiten möchten.

- **Wann muss die Option deaktiviert sein?**
  - Wenn die Aktion *keine* Öffnen-Befehle enthält, müssen Sie die Option deaktivieren. Ist sie aktiv, obwohl in der Aktion gar kein Öffnen-Befehl aufgezeichnet wurde, kann die Stapelverarbeitung nicht ablaufen!
  - Sie müssen die Option unbedingt deaktivieren, wenn in der Aktion *zusätzliche* Dateien geöffnet werden. Also nicht jene Datei(en), die selbst das Ziel der Bearbeitung durch die Aktion sind, sondern Dateien, die für die Aktion benötigt werden. Ein klassisches Beispiel: Ein Logo soll per Aktion als Wasserzeichen in andere Dateien eingefügt werden. Dann muss während der Aufzeichnung der Aktion auch irgendwann die Datei mit dem Logo geöffnet werden, damit dieses in die eigentlich bearbeitete Datei hinüberkopiert werden kann. In solchen Fällen führt das Aktivieren der Option Dateien nur öffnen … zu Komplikationen bei der Stapelverarbeitung.
  - Wenn die Aktion nur auf bereits geöffnete Dateien angewendet werden soll (Einstellung Geöffnete Dateien unter Quelle), müssen Sie die Option ebenfalls deaktivieren.

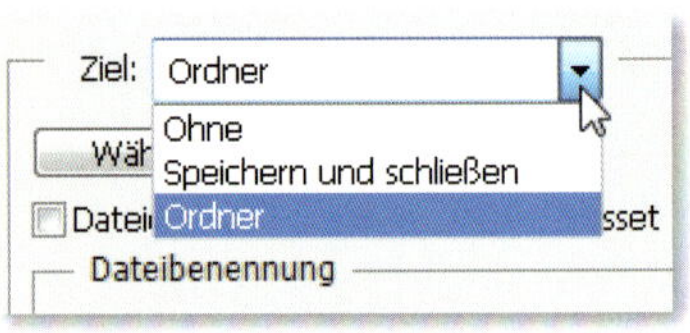

▲ **Abbildung 10.39**
Einstellungen unter Ziel

Ziel | Unter Ziel ❸ legen Sie fest, wohin die bearbeiteten Dateien gespeichert werden oder ob die Originale überschrieben werden sollen.

- Ohne lässt die Dateien geöffnet, wenn in der Aktion selbst kein ausdrücklicher Speichern-Befehl enthalten ist.
- Speichern und Schliessen speichert die Änderungen an den Originaldateien und schließt diese dann. Eventuelle Speichern-Befehle in der Aktion werden dann aber übersprungen!
- Ordner legt einen bestimmten Zielordner fest. Wenn dies ein neuer Ordner sein soll, sollten Sie ihn vor dem Aufrufen der Stapelverarbeitung anlegen.

Fehlerquelle »Dateien nur speichern, wenn Aktionsset Befehl ›Speichern‹ oder ›Speichern unter‹ enthält« | Beim Speichern von Dateien, die per Aktion plus Stapelverarbeitung verändert werden, existiert dasselbe Grundproblem wie beim Öffnen: Speichereinstellungen in der Aktion können die korrekte Ausführung der Stapelverarbeitung behindern. Deswegen gibt es für das Speichern ebenfalls eine etwas umständlich benannte und nicht auf den ersten Blick durchschaubare Option, sie heißt Dateien nur speichern, wenn Aktionsset Befehl »Speichern« oder »Speichern unter« enthält. Mit ihr stellen Sie sicher, dass per Stapelverarbeitung veränderte Dateien unter dem gewünschten Namen gespeichert werden und in dem Ordner landen, den Sie im Stapelverarbeitung-Dialog unter Ziel angegeben haben. Übrigens werden beim

Aktivieren der Option nicht alle während der Aktion aufgezeichneten Speicheroptionen übergangen, sondern nur die Einstellungen zu Dateinamen und Speicherort. In der Aktion getroffene Einstellungen zu Dateiformat und Dateioptimierung werden berücksichtigt!

- **Wann sollten Sie diese Option aktivieren?**
  Aktivieren Sie unbedingt Dateien nur speichern, wenn Aktionsset Befehl »Speichern« oder »Speichern unter« enthält, wenn Sie bei der Aufzeichnung der Aktion eine Datei mit dem Befehl Speichern unter gesichert haben – wenn die Aktion also einen Speicherbefehl enthält, mit dem Name und Speicherort festgelegt werden. Ist dies der Fall und die Option ist *deaktiviert*, wird die Datei, die Sie ursprünglich beim Aufzeichnen der Aktion verwendet haben, nacheinander mit allen Dateien überschrieben, die Sie per Stapelverarbeitung verändern wollen. Am Ende erhielten Sie nur für die letzte Datei des Stapels ein korrektes Ergebnis (weil diese von keiner folgenden Datei überschrieben wird). Ist die Option *aktiv*, werden die im Stapelverarbeitung-Dialog festgelegten Einstellungen zu Ziel und eventuellen Dateinamensänderungen verwendet; die ursprünglichen Befehle in der Aktion werden übergangen.
- **Wann muss die Option deaktiviert sein?**
  Wenn in der Aktion *keine* Befehle zum Speichern festgehalten sind, müssen Sie die Option deaktivieren. Andernfalls werden die verarbeiteten Dateien von der Stapelverarbeitung nicht gesichert.

Achtung! Testlauf empfehlenswert

Auch bei gut durchdachten Stapelverarbeitungs- oder Aktions-Einstellungen kann mal etwas danebengehen. Im schlimmsten Fall sind dann Ihre Originaldateien mit den Befehlen einer nicht plangemäß funktionierenden Aktion überschrieben. Es empfiehlt sich immer, die Stapeleinstellungen mit einer kleinen Menge von Dateien zu testen, bevor Sie den Befehl dann auf umfangreiche Ordner loslassen.

Dateibenennung | Unter Dateibenennung ❹ können Sie vorgeben, wie der neue Dateiname zusammengesetzt sein soll. Hier sind ganz unterschiedliche Konstellationen möglich, wie die abgebildete Liste zeigt. Achten Sie darauf, dass die Dateierweiterung (jpg, psd, pdf...) nicht fehlt!

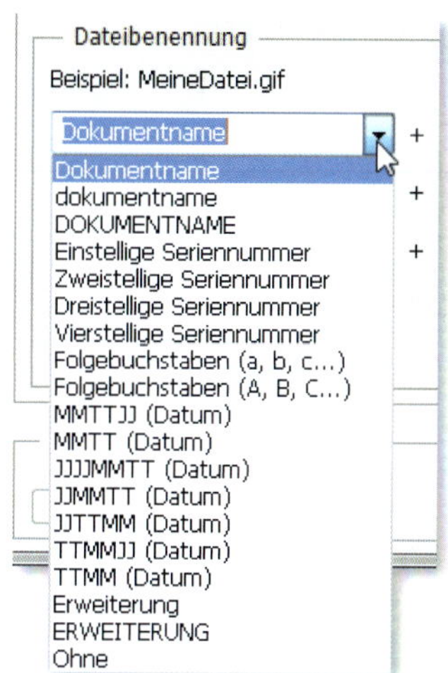

▲ **Abbildung 10.40**
Sie können Ihre Dateien automatisch benennen lassen.

Kompatibilität | Kompatibilität betrifft die Schreibkonvention für Dateinamen. Unix ist auch zu empfehlen, wenn Sie Dateien für das Web abarbeiten lassen! Fehler ist selbsterklärend. Für größere Stapel ist es oft günstiger, die Fehler in eine Protokolldatei schreiben zu lassen. Die Stapelverarbeitung kann dann wenigstens weiterlaufen – mit der Einstellung Anhalten wird sie bisweilen schnell ausgebremst, und wenn Sie nach zwei Stunden wiederkommen, sind die Dateien immer noch unbearbeitet.

Wenn Sie nun auf OK klicken, legt Photoshop los – und Sie können sich zurücklehnen.

10.7 Aktionen per Droplet anwenden

Wer es ganz eilig hat, kann Aktionen auch per Droplet anwenden. Droplets sind kleine Java-Programme, die Sie mit Photoshop erzeugen. Sie können dann Dateien und/oder ganze Ordner im externen Datei-Manager auf diese Programmdatei ziehen – der Rest läuft automatisch ab. Droplets eignen sich besonders gut für Aktionen, bei denen Sie wenig Kontrolle brauchen und die Sie routinemäßig auf größere Bildmengen anwenden.

Ein Droplet erstellen

Schritt eins besteht wiederum darin, die passende Aktion zu erstellen. Sobald diese fertig ist, rufen Sie über DATEI • AUTOMATISIEREN • DROPLET ERSTELLEN ... das Dialogfenster auf. Sie können natürlich auch eine beliebige Aktion aus Ihrem Bestand nehmen.

- Unter DROPLET SPEICHERN UNTER ❶ stellen Sie ein, wo das Droplet gespeichert werden soll. Das kann Ihr Desktop bzw. Schreibtisch oder auch ein Dateiordner sein. Wählen Sie einfach einen gut erreichbaren Ort auf Ihrem Computer.
- Unter ABSPIELEN ❷ legen Sie fest, welche Aktion im Droplet verwendet werden soll. Sie können hier nur solche Aktionen zur Verwendung einstellen, die auch in der Aktionen-Palette geladen sind.

Abspielen | Anschließend bestimmen Sie die Ausführungsoptionen:

- Die Option DATEIEN NUR ÖFFNEN, WENN AKTIONSSET BEFEHL »ÖFFNEN« ENTHÄLT funktioniert bei Droplets genau so wie bei der Stapelverarbeitung. Sie bewirkt, dass sich die ÖFFNEN-Befehle in der Aktion auf diejenigen Dateien beziehen, auf die Sie das Droplet anwenden, und nicht auf die Dateinamen, die in der Aktion angegeben wurden. Die Option müssen Sie deaktivieren, wenn die Aktion ausschließlich für geöffnete Dateien gelten soll oder wenn in der Aktion ÖFFNEN-Befehle für weitere Dateien enthalten sind, die von der Aktion benötigt werden.
- ALLE UNTERORDNER EINSCHLIESSEN verarbeitet Dateien auch in Unterordnern.
- KEINE OPTIONSDIALOGFELDER FÜR »DATEI ÖFFNEN« ANZEIGEN ist für die Anwendung von Droplets auf Camera-Raw-Bilddateien gedacht.
- FARBPROFIL-WARNUNGEN UNTERDRÜCKEN deaktiviert die Anzeige von Farbprofilmeldungen und sollte wiederum abgewählt werden, um das Ausführen der Aktion zu beschleunigen.

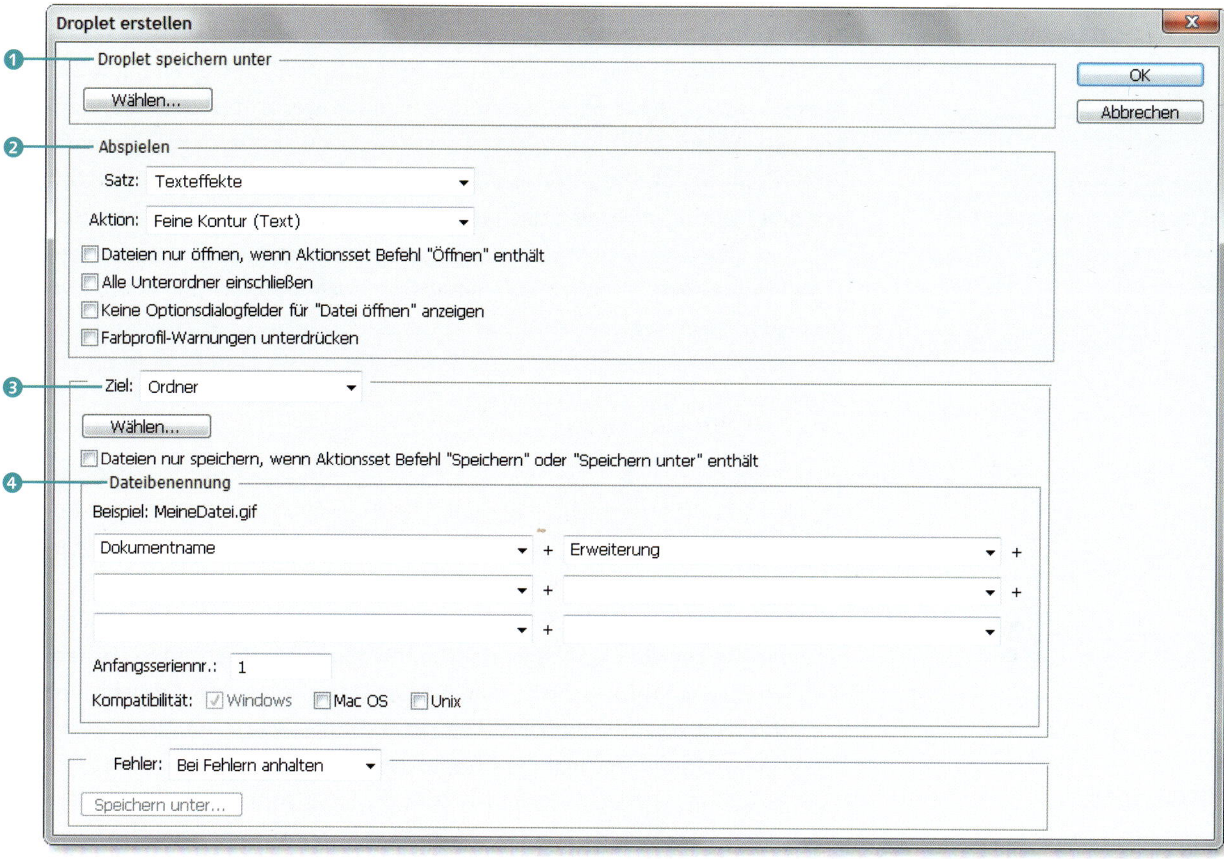

▲ **Abbildung 10.41**
Der Droplet-Dialog erinnert stark an das Dialogfenster Stapelverarbeitung – und ist ja auch tatsächlich ähnlich: In beiden Fällen werden Aktionen nach einem bestimmten »Rezept« auf ausgewählte Dateien angewendet.

Ziel | Unter Ziel ❸ stellen Sie ein, wohin die bearbeiteten Dateien gespeichert werden sollen:

- Ist Ohne aktiviert, bleiben die Dateien geöffnet, und Änderungen werden nur dann gespeichert, wenn die Aktion einen eigenen Speicherbefehl enthält.
- Speichern und Schliessen speichert die neuen Dateien an ihrem aktuellen Speicherort und überschreibt dabei die Originaldateien.
- Mit Ordner legen Sie fest, dass die verarbeiteten Dateien an einem anderen Ort gespeichert werden. Klicken Sie auf Wählen, um den Zielordner zu spezifizieren.

Auch hier gibt es wieder die Option Dateien nur speichern, wenn Aktionsset Befehl »Speichern« oder »Speichern unter« enthält. Sie wirkt wie bei der Stapelverarbeitung. Wenn die Aktion einen eigenen Befehl

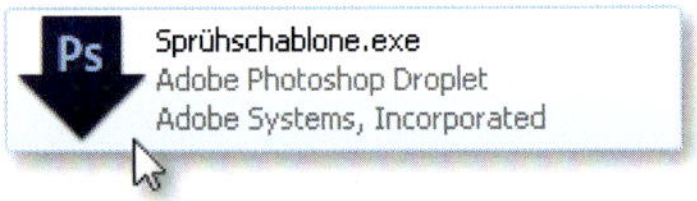

▲ **Abbildung 10.42**
Im Windows-Explorer und im Mac-Finder wird das Droplet nun in dem Ordner angezeigt, den Sie in den Einstellungen angegeben haben. Sie erkennen das Droplet an dem Symbol und dem Namen, den Sie zuvor selbst vergeben haben.

SPEICHERN UNTER enthält, **aktivieren** Sie DATEIEN NUR SPEICHERN ... Damit stellen Sie sicher, dass die Dateien in dem von Ihnen unter ZIEL angegebenen Ordner gespeichert werden (bzw. im Quellordner, wenn Sie zuvor die Option SPEICHERN UND SCHLIESSEN ausgewählt haben). Wenn die im Droplet verwendete Aktion keinen Befehl SPEICHERN UNTER enthält, werden Dateien nicht gespeichert!

Dateibenennung | Unter DATEIBENENNUNG ❹ können Sie wiederum festlegen, nach welchem Muster Dateinamen für die veränderten Dateien gebildet werden, und unter FEHLER haben Sie dieselben Möglichkeiten wie bei der Stapelverarbeitung auch.

Wenn Sie jetzt auf OK klicken, wird das Droplet erzeugt.

Droplet anwenden

Um Droplets anzuwenden, muss Photoshop zunächst nicht einmal geöffnet sein. Ziehen Sie einfach die Datei oder gleich den ganzen Ordner, den Sie mit der im Droplet enthaltenen Aktion bearbeiten wollen, auf das Droplet-Symbol, und lassen Sie die Datei oder den Ordner dort los. Photoshop wird – falls es noch nicht geöffnet ist – starten und die Datei(en) gemäß Ihrer Konfiguration bearbeiten.

Abbildung 10.43 ▶
So einfach kann die Verarbeitung von Dateien mit einem Droplet sein: Mehrere (sieben) Dateien werden auf das Droplet-Icon gezogen.

TEIL IV
Ebenen

Kapitel 11

Ebenen: Konzept, Arten, Handling

Professionelle Bildbearbeitung ohne Ebenen ist undenkbar. Sie ermöglichen kreatives und flexibles Arbeiten – von Composings bis zu Retuschen und Korrekturen. Hier erfahren Sie, wie Sie den Ebenen-Workflow effektiv organisieren.

11.1 Schicht für Schicht

Jedes Bild, das Sie in Photoshop öffnen oder neu anlegen, besteht aus mindestens einer Ebene. Weitere Ebenen können Sie in fast unbegrenzter Zahl hinzufügen. Die Grenze des Machbaren wird somit weniger vom Programm als von der Kapazität Ihres Rechners bestimmt, denn die Größe einer Datei und die Rechenzeit für einzelne Arbeitsschritte steigen rapide an, je mehr Ebenen vorhanden sind.

Datei auf der Buch-DVD: »UrbanerAbend.tif«

Hinweis
Wenn Sie eine Datei mit Textebenen öffnen, deren Schriftart nicht auf Ihrem Rechner vorhanden ist, erscheint eine Meldung über fehlende Schriften. Sie können die Datei trotzdem öffnen, ohne die Schriften ersetzen zu müssen. Lediglich das Editieren des Textes könnte dann schwierig werden.

◂ **Abbildung 11.1**
Im Bild selbst sind die unterschiedlichen Bildebenen nicht erkennbar.

Nicht alle Dateiformate unterstützen Ebenen

Sie können Ebenen in Photoshop in den meisten Dateiformaten und in allen Farbmodi mit Ausnahme von BITMAP, INDIZIERT und MEHRKANAL **erzeugen**. Allerdings eignen sich nicht alle Dateiformate, um Ebenen **dauerhaft zu speichern**. Das können nur PSD, PDF und TIF.

Vorteile von Ebenen | Die Vorteile von Ebenen sind unschätzbar: Ebenen ermöglichen das separate Bearbeiten, Verschieben, Kopieren, Verändern und Korrigieren einzelner Bildteile, ein einfaches Anbringen von Änderungen auch bei komplexen Kompositionen, das Herstellen von Bildvarianten und kreatives Experimentieren.

Was sind Ebenen? | Stellen Sie sich Ebenen wie übereinandergeschichtete Folien vor. Jede der Folien ist ganz oder teilweise mit Pixeln gefüllt, und auch die Deckkraft von Pixeln auf einer Ebene lässt sich stufenlos ändern. Ebenen mit so verringerter Deckkraft oder nur teilweise mit Bildpixeln gefüllte Ebenen (im Beispielbild die Ebene »Vogelschwarm«) lassen die Inhalte darunterliegender Ebenen erkennen (im Beispiel die Hintergrundebene). Die Reihenfolge der Ebenen in der Ebenen-Palette entspricht der Schichtung der Ebenen im Bild und ist für das Aussehen des Gesamtbildes maßgeblich. Zudem können Sie festlegen, ob und wie die Pixel übereinanderliegender Ebenen miteinander verrechnet werden (Stichwort: **Mischmodus**, siehe das gleichnamige Kapitel 13).

▲ **Abbildung 11.2**
Schematischer Aufbau und Ebenen-Palette zum Dokument in Abbildung 11.1. Die einfache Foto-Text-Komposition besteht aus vier Ebenen.

11.2 Ebenentransparenz und Ebenendeckkraft

Einem reinen Bild sehen Sie die Ebenen, aus denen es zusammengesetzt ist, nicht an – und auch nicht immer die Deckkraft der Bildpixel. Erst ein Blick in die Ebenen-Palette offenbart die Ebenenstruktur.

Ebenentransparenz | Beim Betrachten der Palette des Bildes »UrbanerAbend.tif« fällt auf, dass die Ebenenminiatur der Ebene »Vogelschwarm« ein grau-weißes **Schachbrettmuster** enthält (siehe Abbildung 11.2). Damit wird die – tatsächlich nicht darstellbare – Ebenentransparenz symbolisiert. Die Ebene enthält einige wenige deckende Pixel (die Vögel), ist ansonsten aber durchsichtig und lässt die Pixel der darunterliegenden Hintergrundebene mit der Stadtlandschaft erkennen. Auch auf Bildflächen wird die Ebenentransparenz mit einem Schachbrettmuster dargestellt, wenn keine weiteren gefüllten Ebenen im Bild vorhanden sind.

Dateien auf der Buch-DVD: »buddha_transparent.tif«, »buddha_halbtransparent.tif«

Bild: Fotolia, Andreas Koch

◀ **Abbildung 11.3**
Bild mit deckenden und transparenten Pixeln. Lägen noch weitere Ebenen unterhalb der Buddha-Statue, wäre nicht das Transparenz-Schachbrett, sondern der Inhalt dieser Ebenen zu sehen.

Ebenendeckkraft | Es ist auch möglich, die Deckkraft von Bildpixeln einer Ebene herabzusetzen. Das grau-weiße Schachbrett scheint dann nur durch. Liegt unter der deckkraftreduzierten Ebene eine weitere Bildebene, wird diese sichtbar. Liegt unterhalb der Ebene, deren Deckkraft gesenkt wurde, keine weitere Ebene, ist wieder das grau-weiße »Schachbrett« zu sehen.

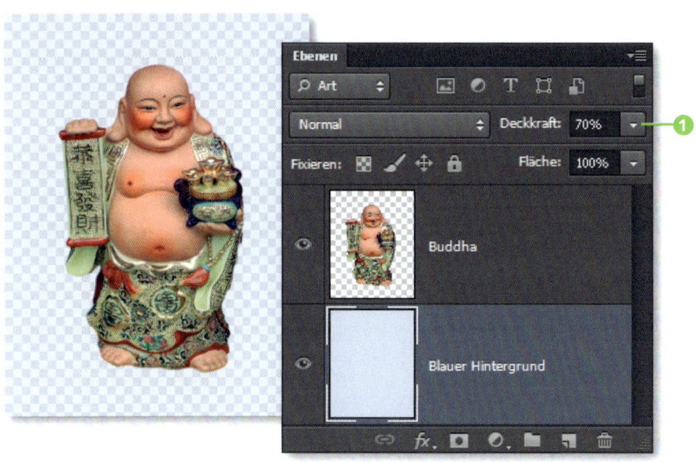

◀ **Abbildung 11.4**
Hier liegen die Buddha-Figur und ein hellblauer Hintergrund auf zwei getrennten Ebenen. Die Ebene »Blauer Hintergrund« ist in der Deckkraft 1 auf 70 % reduziert. Das Schachbrettmuster ist daher ein wenig zu sehen.

11.3 Ebenenarten

In Photoshop arbeiten Sie mit verschiedenen Ebenenarten, die sich hinsichtlich möglicher Inhalte, Bearbeitungsmöglichkeiten und Einsatzzwecke voneinander unterscheiden.

Bildebenen

»Normale« Bildebenen (wie im Beispiel von Abbildung 11.2 die Ebene »Vogelschwarm« oder in Abbildung 11.4 die Ebenen »Buddha« und »Blauer Hintergrund«) sind der mit Abstand am häufigsten genutzte Ebenentyp. Bildebenen enthalten Pixelinformationen oder Transparenz und lassen sich mit allen Funktionen und Werkzeugen bearbeiten.

Hintergrundebenen

Die Hintergrundebene ist immer die unterste Ebene einer Datei. Sie erkennen sie auch am kursiv geschriebenen Ebenentitel Hintergrund. Pro Bild kann es nur eine Hintergrundebene geben. Hintergrundebenen unterscheiden sich in einigen Details von normalen Bildebenen: Sie können nicht transparent sein, und nicht alle Arbeitstechniken sind auf sie anwendbar. So können Sie Deckkraft und Mischmodus von Hintergrundebenen nicht verändern, können keine Ebenenstile zuweisen, und auch beim Löschen von Pixeln gibt es eine Besonderheit (siehe unten). Außerdem lassen sich Hintergrundebenen nicht transformieren. Gedacht sind sie wohl als eine Art »Mal-Leinwand«. Es ist jedoch auch möglich, Bilder ganz ohne Hintergrundebene, ausschließlich mit anderen Ebenenarten, zu erstellen. Allerdings haben einige andere Anwendungen Schwierigkeiten, Dateien ohne reguläre Hintergrundebene zu verarbeiten.

Datei ohne Hintergrundebene anlegen

Wenn Sie mit dem Befehl Datei • Neu ein neues Bild erzeugen und dort unter Hintergrundinhalt die Option Transparent wählen, wird Ihre neue Datei mit einer leeren, transparenten Bildebene angelegt – ganz ohne Hintergrundebene.

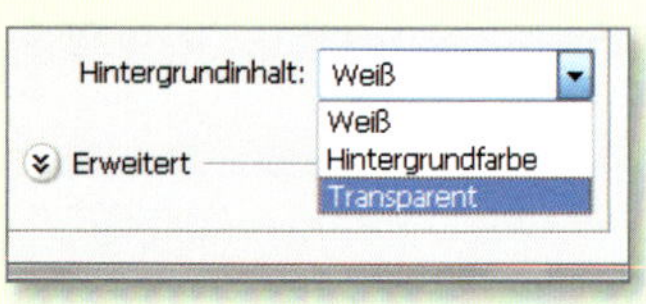

▲ **Abbildung 11.5**
Wie soll die Hintergrundebene Ihrer neuen Datei aussehen?

Pixel von Hintergrundebenen entfernen – und auffüllen | Hintergrundebenen unterstützen keine Ebenentransparenz. Deshalb ist es unmöglich, einzelne Bildpixel von Hintergrundebenen einfach zu löschen. Versuchen Sie dies, wird Photoshop die zum Löschen vorgesehenen Bereiche durch andere Pixel ersetzen. Je nachdem, welchen Löschbefehl Sie verwenden,

- ... werden die betreffenden Bildpixel kurzerhand durch farbige Pixel ersetzt – maßgeblich ist die in der Werkzeugleiste eingestellte Hintergrundfarbe.
- ... wird der Dialog Fläche füllen eingeblendet, in dem Sie wählen können, womit die gelöschten Pixel ersetzt werden.

Foto: Jacqueline Esen

▲ **Abbildung 11.6**
Das Dokument besteht aus einer Hintergrundebene, der ausgewählte Bereich soll gelöscht werden (etwa durch Betätigen der [←]-Taste).

Datei auf der Buch-DVD: »Schmetterling.tif«

Hinweis
Die im Beispielbild sichtbare Auswahllinie ist in dieser Übungsdatei auf der Buch-DVD gespeichert. Um sie erneut zu aktivieren, öffnen Sie die Datei, wählen Auswahl • Auswahl laden und dann unter Kanal: Grobauswahl Ast. Details zum Thema lesen Sie in Abschnitt 14.10, »Auswahlen speichern und laden«.

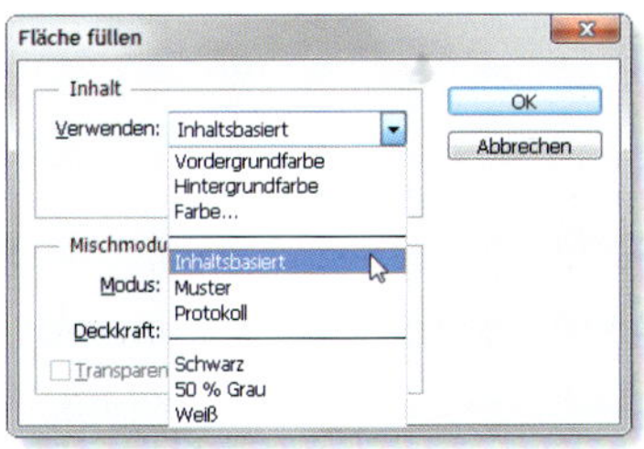

▲ **Abbildung 11.7**
Unter Verwenden steht auch die Option Inhaltsbasiert zur Verfügung. Ist sie aktiv, ...

▲ **Abbildung 11.8**
... berechnet Photoshop neue Pixel für den weggeschnittenen Bereich, die zur Umgebung passen. Je nach Motiv funktioniert das ganz gut.

Hintergrundebenen in normale Ebenen umwandeln und umgekehrt | Bei Bedarf können Sie Hintergrundebenen schnell in normale Ebenen transformieren. Dazu reicht es, wenn Sie in der Ebenen-Palette auf den Ebenennamen doppelklicken und die Bezeichnung »Hintergrund« durch einen neuen Namen ersetzen – damit wird automatisch auch der Ebenenstatus geändert. Alternativ rufen Sie den Menübefehl Ebene • Neu • Ebene aus Hintergrund auf (Kürzel: [⇧]+[Strg]/[cmd]+[H]).

Um aus gewöhnlichen Bildebenen eine Hintergrundebene zu erstellen, reicht die Umbenennung nicht. Hier müssen Sie den Menübefehl Ebene • Neu • Hintergrund aus Ebene aufrufen (auch hier lautet das Kürzel [⇧]+[Strg]/[cmd] +[H]).

Zum Weiterlesen
Die Option Inhaltsbasiert im Fläche-füllen-Dialog ist das Pendant zur gleichnamigen Option des Bereichsreparatur-Pinsels [J]. Ausführliches dazu erfahren Sie in Abschnitt 26.4, »Inhaltsbasiert retuschieren: Bereichsreparatur-Pinsel«.

Textebenen

Textebenen erkennen Sie an dem großen »T« in der Ebenenminiatur. In Abbildung 11.2 ist die oberste Ebene eine Textebene (»Interbau 57«).

Fehlende Schriften?
Wenn Sie versuchen, eine Datei mit Textebenen zu öffnen, deren Schriftart nicht auf Ihrem Rechner vorhanden ist, erscheint eine Meldung über fehlende Schriften. Sie können die Datei trotzdem öffnen, ohne die Schriften ersetzen zu müssen. Lediglich das Editieren des Textes könnte dann schwierig werden.

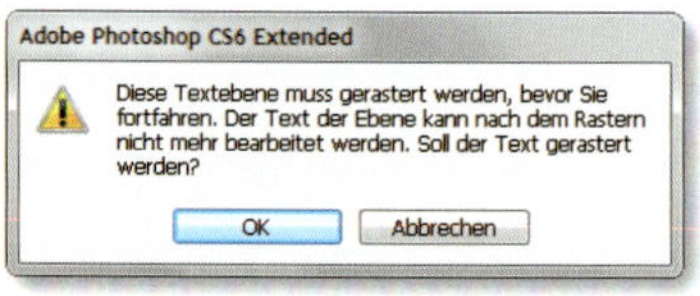

▲ **Abbildung 11.9**
Wenn Sie Filter auf Textebenen anwenden wollen, schlägt Photoshop automatisch das Rastern vor.

Zum Weiterlesen
Mehr über **Textebenen** erfahren Sie in Kapitel 33, »Text erstellen und gestalten«. Und in Abschnitt 12.4, »Unterschätzte Datencontainer: Smartobjekte«, zeige ich Ihnen, wie Sie die Quelldaten von Smartobjekten bearbeiten. Die dort beschriebene Arbeitstechnik können Sie nutzen, um **Text-Smartobjekte** auch nach dem Filtern zu editieren.

Wenn Sie Text in ein Bild einfügen, besteht diese Schrift aus Pixeln – bei vergrößerter Bildansicht werden die typischen zackigen Pixelkanten sichtbar. Tatsächlich besteht Text in Photoshop jedoch aus mathematisch definierten Formen (Vektoren!), die die einzelnen Zeichen einer Schrift beschreiben. Dadurch sind Schriften verlustfrei skalierbar und ergeben trotz der »pixeligen« Bildschirmdarstellung ein scharfes Bild im Druck – vorausgesetzt, Dateiformat und Drucker stimmen.

Textebenen lassen sich so verschieben und skalieren wie normale Ebenen auch. Für die Anwendung mancher Befehle und der meisten Filter müssen Textebenen jedoch in einen anderen Ebenentyp umgewandelt werden. Dazu gibt es zwei Möglichkeiten:

- Verwandeln Sie Textebenen in normale, pixelbasierte Bildebenen (»rastern«). Sie lassen sich dann filtern und mit allen gängigen Tools verändern. Der Text verliert dabei jedoch seine Editierbarkeit – weder der Textinhalt noch die Text- und Absatzformate können dann noch verändert werden. Bei einigen Operationen schlägt Photoshop Ihnen dieses Vorgehen automatisch vor (Abbildung 11.9), Sie können aber auch den Menübefehl SCHRIFT • TEXTEBENE RASTERN nutzen.
- Wenn Sie Textebenen mit Filtern bearbeiten wollen, sind Smartobjekte eine gute Alternative zum gerasterten Text – vor allem, wenn Sie sich noch nicht sicher sind, ob der Text nicht später doch noch verändert werden muss. Smartobjekt-Texte lassen sich (mit einem kleinen Umweg) auch nachträglich editieren. Und die Filtereinstellungen lassen sich bei Smartobjekten ohnehin jederzeit nachjustieren.

Smartobjekte

Smartobjekte sind eigentlich gar keine richtigen Ebenen, sondern »Container«, in die Sie Pixel- oder Vektordaten aus einer anderen Datei (z. B. einer Photoshop- oder Adobe Illustrator-Datei) einbetten können. Smartobjekte werden aber in der Ebenen-Palette und natürlich auch im Bild selbst angezeigt. Nicht alle, aber einige Arbeitstechniken sind auf Smartobjekte anwendbar: Transformationen, Ebenenstile, Änderungen der Deckkraft und des Mischmodus sowie Verkrümmungen. Darüber hinaus gibt es spezielle Bearbeitungsoptionen, die Sie im Menü unter EBENE • SMARTOBJEKTE FINDEN.

Zum Weiterlesen
Mehr über **Smartobjekte in der Praxis** erfahren Sie im folgenden Kapitel »Fortgeschrittene Ebenentechniken«. Details über das zerstörungsfreie Filtern mit Smartobjekten lesen Sie in Kapitel 30, »Besser filtern«.

Die Arbeit mit Smartobjekten bietet sich immer dann an, wenn das Ausgangsformat in Photoshop nicht voll editierbar wäre (z. B. bei Dateien aus Illustrator), wenn eine im Smartobjekt eingebettete Datei unbeschadet erhalten werden soll, wenn mehrere Versionen (»Instanzen«) rationell bearbeitet werden müssen oder wenn Sie Änderungen zerstörungsfrei anwenden möchten, etwa bei Filtern und Transformationen.

Erzeugt werden Smartobjekte, wenn Sie Dateien platzieren oder wenn Sie eine Datei als Smartobjekt öffnen. Auch bestehende Pixelebenen können Sie in ein Smartobjekt umwandeln. Dazu müssen Sie sie zunächst markieren. Den Befehl In Smartobjekt konvertieren finden Sie dann unter Ebene • Smartobjekte, im Palettenmenü und am schnellsten im Kontextmenü (Abbildung 11.10) der Ebenen-Palette. Sie können übrigens auch mehrere aktivierte (in der Ebenen-Palette markierte) Ebenen gleichzeitig in Smartobjekte verwandeln.

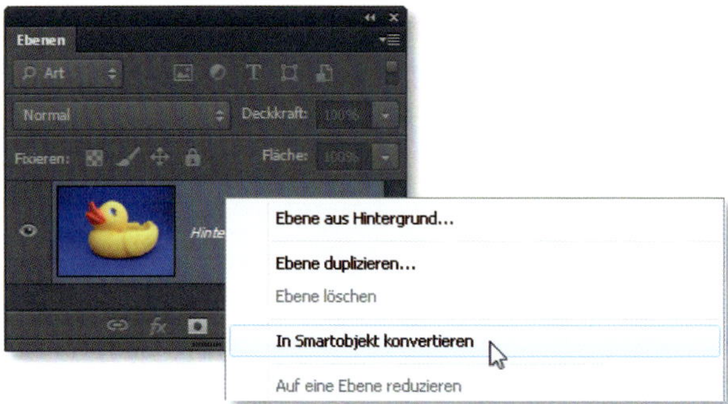

▲ **Abbildung 11.10**
Aus der Ebene wird per Kontextmenü ein Smartobjekt gemacht.

▲ **Abbildung 11.11**
Smartobjekt in der Ebenen-Palette. Die Miniaturabbildung zeigt nun die charakteristische »Ecke« unten rechts.

Einstellungsebenen

Einstellungsebenen können keine eigenen Bildpixel enthalten, sie sind vielmehr **Korrekturebenen**, die es ermöglichen, die jeweils darunterliegenden Ebenen zu verändern, ohne dass deren Originalpixel verändert würden. Durch den Einsatz von Einstellungsebenen, die wie ein Korrekturfilter auf die darunterliegende(n) Ebene(n) wirken, lassen sich verschiedene Bildkorrekturen an einer Datei durchspielen, ändern und zurücknehmen, ohne dass das Bild Schäden davonträgt. Die Maske ❷, die jede Einstellungsebene mitbringt, erlaubt es, Korrekturen auf einzelne Bildbereiche einzuschränken.

Zum Weiterlesen
Mehr über **Einstellungsebenen** lesen Sie in Kapitel 16, »Regeln und Werkzeuge für die Bildkorrektur«, und mehr über **Masken** finden Sie in Kapitel 15, »Ebenenmasken & Co.«.

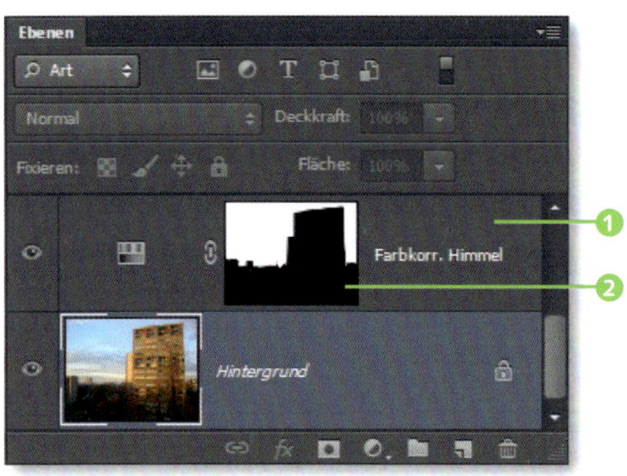

◄ **Abbildung 11.12**
Einstellungsebene Farbton/Sättigung ❶ in der Ebenen-Palette. Die Maske ❷ wurde hier schon verändert, standardmäßig ist sie zunächst leer (weiß).

Um Einstellungsebenen zu erzeugen, gibt es verschiedene Wege. Nutzen Sie …

- das Menü (EBENE • NEUE EINSTELLUNGSEBENE) oder den entsprechenden Button am Fuß der Ebenen-Palette
- oder die Korrekturen-Palette, in der alle Korrekturfunktionen in Form von Icons aufgeführt sind. So geht's am schnellsten!

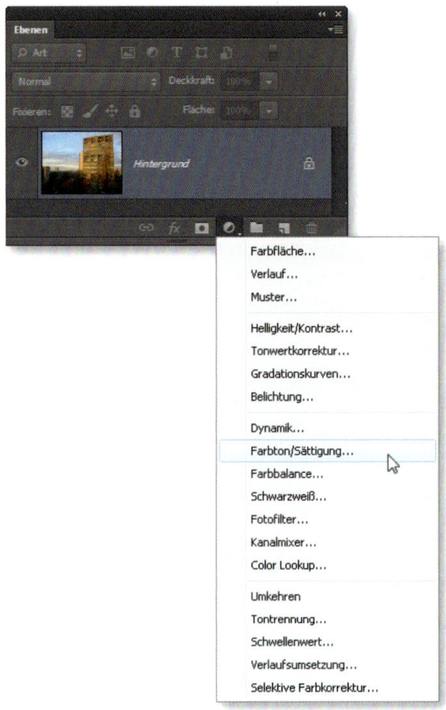

Abbildung 11.13 ▸
Erzeugen einer Einstellungsebene per Ebenen-Palette

▴ Abbildung 11.14
Erzeugen einer Einstellungsebene mit der Korrekturen-Palette. QuickInfos helfen beim Entziffern der Symbole.

Mit der neuen Eigenschaften-Palette haben sich die Handgriffe zum Erstellen und Verändern von Einstellungsebenen ein wenig verändert. Das Vorgehen liest sich etwas umständlich, tatsächlich lässt sich mit den drei Paletten KORREKTUREN, EINSTELLUNGEN und EBENEN jedoch flüssig arbeiten:

1. Das Klicken auf eines der Icons ① in der Palette KORREKTUREN erzeugt eine neue Einstellungsebene. Sie können aber immer noch den Menübefehl oder die Ebenen-Paletten-Schaltfläche nutzen.
2. Anschließend erscheint die neue Einstellungsebene in der Palette EBENEN oberhalb der aktiven Ebene. Gleichzeitig öffnet sich die Palette EINSTELLUNGEN, und Sie können dort Ihre Korrektureinstellungen vornehmen.
3. Um Einstellungen später erneut zu ändern, genügt es, in der Palette EBENEN doppelt auf die Miniatur der jeweiligen Einstellungsebene zu klicken.

Neues Paletten-Team für Korrekturen

In CS4 und CS5 war die Palette KORREKTUREN allein für Einstellungsebenen zuständig, jetzt teilt sie sich die Aufgabe mit der neuen Palette EIGENSCHAFTEN – dort kontrollieren und verändern Sie die Einstellungen für Einstellungsebenen, aber auch für Masken.

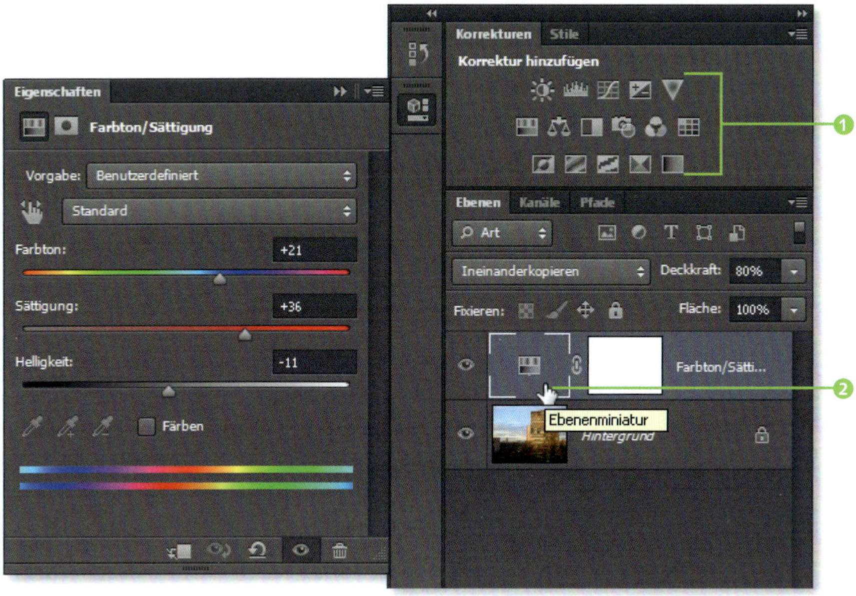

▲ **Abbildung 11.15**
Die Eigenschaften-Palette klappt automatisch auf, wenn Sie eine neue Einstellungsebene anlegen oder wenn Sie auf die Miniatur der Einstellungsebene ② doppelklicken.

Einstellungsebenen lassen sich in beliebiger Anzahl anlegen und miteinander kombinieren und können in den Dateiformaten TIFF und PSD mitgespeichert werden.

Formebenen

Formebenen sind vektorbasiert. Dadurch sind sie stufenlos verlustfrei skalierbar und beim Drucken auf einem PostScript-Drucker immer scharf. Formebenen werden beispielsweise eingesetzt, um Buttons für Webseiten oder einfache Logos zu erstellen. Im Beispielbild vom Kapitelanfang (»UrbanerAbend.tif«) ist keine Formebene enthalten, wohl aber in Abbildung 11.16. Sie legen neue Formebenen mit den Zeichenstift-Werkzeugen (Shortcut: U) an:

Zeichenstift und Freiform-Zeichenstift oder mit den Formwerkzeugen Rechteck-Werkzeug, Abgerundetes-Rechteck-Werkzeug, Ellipse-Werkzeug, Polygon-Werkzeug, Linienzeichner-Werkzeug oder Eigene-Form-Werkzeug.

Formebenen können mit Verläufen, Mustern oder Pixeln einer einzigen Farbe gefüllt sein. Neu in CS6 ist, dass Sie Art und Beschaffenheit der Füllung und die Kontureigenschaften von Formebenen ganz einfach über die Werkzeug-Optionsleiste steuern.

Ps Viel Neues bei Formebenen

Praktisch sind sie, aber in der Vergangenheit waren sie auch immer etwas sperrig und umständlich zu bedienen: Photoshops Formebenen. Nun hat Adobe die Formebenen-Optionen gründlich überarbeitet; Funktionen aus Illustrator wurden übernommen. Herausgekommen ist ein Tool, mit dem Sie Füllung, Kontur, Größe, Ausrichtung und andere Eigenschaften von vektorbasierten Ebenen bequem editieren. Auch die Darstellung in der Ebenen-Palette hat sich verändert. **Mehr zum Thema** gibt's in Teil XII, »Pfade und Formen«.

Datei auf der Buch-DVD: »FormebenenBeispielbild.tif«

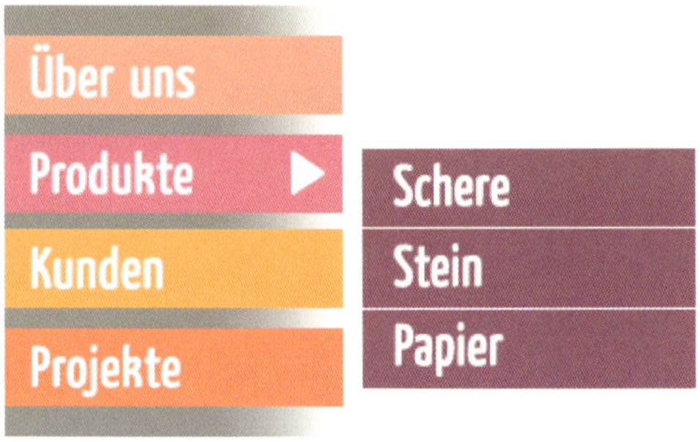

▲ **Abbildung 11.16**
Aufbau eines kleinen Website-Navigationsentwurfs – aus Formebenen

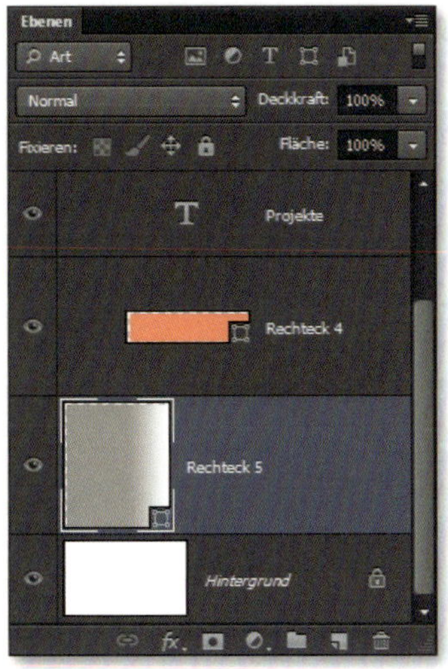

▲ **Abbildung 11.17**
Formebenen-Miniaturen – und einige andere – in der Ebenen-Palette

Füllebenen

Bisher gab es keinen wahrnehmbaren Unterschied zwischen Form- und Füllebenen, das hat sich mit der Überarbeitung der Formebenen in Photoshop CS6 geändert. Füllebenen gibt es auch in CS6 noch, ihre Bedeutung für die Praxis ist aber gering. Sie sind vektorbasiert und können mit Farbe, Verläufen oder Mustern gefüllt werden, mittels Ebenenstil (Icon fx in der Ebenen-Palette) lassen sie sich mit Konturen versehen. Anders als Formebenen, die Sie in einer bestimmten Größe aufziehen, erstrecken sich Füllebenen zunächst über die Fläche des gesamten Dokuments. Doch jede neue Füllebene bringt eine Vektormaske mit, mit der sie ihre Ausdehnung einschränken können – andererseits: dann könnte man gleich Formebenen nutzen, mit denen es sich angenehmer arbeiten lässt. Mögliche Einsatzszenarien für Füllebenen: Composings, bei denen Sie Verläufe, Farblayer oder Muster brauchen, die über dem ganzen Dokument liegen und einfach zu verändern sind.

Sie erstellen Füllebenen über den Befehl Ebene • Neue Füllebene, wo Sie zwischen Farbfläche, Verlauf und Muster wählen. In der Ebenen-Palette sehen Sie dann die zwei Komponenten der Füllebene: eine Miniatur (1) für die jeweilige Füllung und die – zunächst leere – Vektormaske (2).

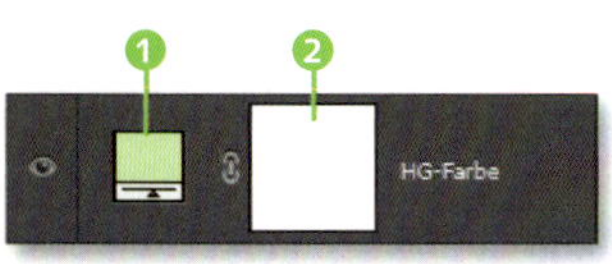

▲ **Abbildung 11.18**
Füllebene Farbfläche

▲ **Abbildung 11.19**
Füllebene Muster

▲ **Abbildung 11.20**
Füllebene Verlauf

Ordner für Ebenen: Ebenengruppen

Da die Ebenentechnik so viele Vorteile hat und es für zahlreiche verschiedene Zwecke spezialisierte Ebenen gibt, wird meist ausgiebig Gebrauch von Ebenen gemacht. Sehr schnell mutieren Ebenen-Paletten zu unhandlich langen Listen. Damit Sie nicht die Übersicht verlieren, können Sie Ebenen in Ebenenordnern – den sogenannten *Ebenengruppen* – zusammenfassen.

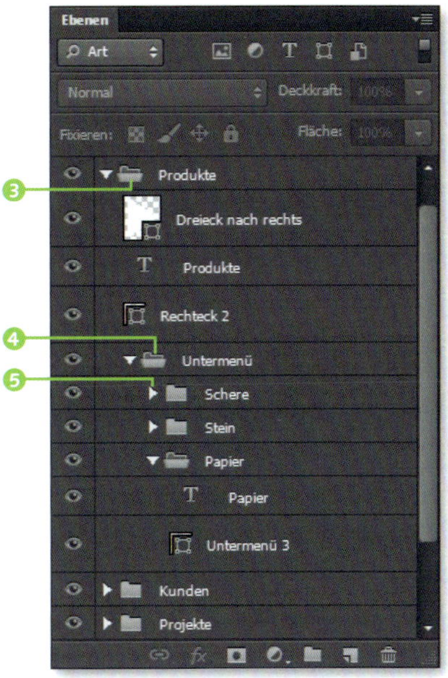

◀ **Abbildung 11.21**
Ebenen-Palette mit Ebenengruppen

Die Gruppen funktionieren ähnlich, wie Sie es von der Ordnerstruktur Ihres Rechners her kennen: Es gibt Ordner ❸ und Unterordner ❹, die verschiedene Arten von Ebenen enthalten. Mit den kleinen Pfeilen ❺ klappen Sie Ordner auf, um ihren Inhalt anzuzeigen, oder klappen sie platzsparend ein. Viele Palettenbefehle und Operationen, die auf einzelne Ebenen anwendbar sind – wie beispielsweise das Duplizieren, Verschieben, Löschen, Ein- und Ausblenden oder Verbinden –, lassen sich genauso auch auf Gruppen anwenden.

Zum Weiterlesen
Mehr über die effektive **Verwaltung von Ebenen und Gruppen** erfahren Sie in Abschnitt 11.5. Einzelheiten über allgemeine Befehle, die für Ebenen und Gruppen gleichermaßen gelten, finden Sie in den folgenden Absätzen.

11.4 Die Ebenen-Palette: Ihre Steuerzentrale

Die Bearbeitungsmöglichkeiten für Ebenen sind nahezu unbegrenzt. Ebenen lassen sich innerhalb eines Bildes verschieben, kopieren, skalieren, neu stapeln oder von einem Bild in ein anderes bringen. Sehen wir auf der folgenden Seite einen Überblick über die Ebenen-Palette.

Datei auf der Buch-DVD: »Aquarium.tif«

Die Ebenen-Palette auf einen Blick

◀ **Abbildung 11.22**
Die Ebenen-Palette im Detail – hier am Beispiel einer Aquarium-Montage

1. Ebenenfilter-Buttons, von links nach rechts: NACH PIXELEBENEN FILTERN; NACH EINSTELLUNGSEBENEN FILTERN; NACH TEXTEBENEN FILTERN; NACH FORMEBENEN FILTERN; NACH SMARTOBJEKTE FILTERN
2. Ebenenfilter kurzzeitig aus-/anschalten
3. Ebenenfilter – Dropdown-Menü
4. Mischmodus der Ebene
5. Bildebene gegen Bearbeitung schützen, von links nach rechts: TRANSPARENTE PIXEL FIXIEREN; BILDPIXEL FIXIEREN; POSITION SPERREN; ALLES SPERREN
6. Ebenengruppe
7. Ebenenminiatur mit transparenten Objekten
8. Verbindung zwischen Ebene und Maske
9. Einstellungsebene
10. Ebene mit Schnittmaske
11. Sichtbarkeit der Ebene
12. Palettenmenü aufrufen
13. Deckkraft der Ebenenpixel einstellen (wirkt *auch* auf etwaige Ebeneneffekte)
14. Deckkraft der Ebenenpixel einstellen (wirkt *nicht* auf etwaige Ebeneneffekte)
15. Diese Ebene ist mit einem Ebenenstil ausgestattet.
16. Ebenenname
17. Ebenenmaske
18. Ebenenfixierung wird angezeigt (unter Windows).
19. Diese Ebenen sind verbunden.
20. Aktivierte Ebene (hervorgehoben)
21. Hintergrundebene
22. Ebenen verbinden
23. Ebene mit Ebenenstil versehen
24. Ebene mit Ebenenmaske versehen
25. Füllebene oder Einstellungsebene erstellen
26. Neue Gruppe erstellen
27. Neue Ebene erstellen
28. Ebene löschen

Bilder: Frank Gaebler, Jose Assenco (stock. xchng), Peter Gustafson (stock.xchng), Rick Hawkins (stock.xchng), Stephen Mcsweeny (Fotolia)

◀ **Abbildung 11.23**
Das Bild zur Palette (Fischkundler mögen das Durcheinander der Arten verzeihen!).

Die Eigenschaften von Ebenenpixeln – Deckkraft und Mischmodus – sind ebenfalls veränderbar. Und natürlich können Sie Werkzeuge, Filter und Effekte auf die Ebenen anwenden. Wie das geht, erfahren Sie in den folgenden Abschnitten.

Um mit Ebenen zu arbeiten, stehen Ihnen die Ebenen-Palette und die Menübefehle unter EBENE zur Verfügung. Das weitaus wichtigere Instrument für den Umgang mit Ebenen ist dabei die Ebenen-Palette. Sie ist ein schnelles und effektives Arbeitsmittel. Zudem brauchen Sie die Ebenen-Palette immer als Kontrollinstrument, denn nur sie gibt Auskunft über die im Bild vertretenen Ebenenarten, deren Reihenfolge, eventuelle Sonderfunktionen wie Ebeneneffekte oder Masken und vieles mehr.

Jede Ebene eines Bildes wird durch eine eigene Zeile in der Ebenen-Palette symbolisiert. Darin zu sehen sind: eine Miniaturansicht (»Thumbnail«) des Ebeneninhaltes, der Name der Ebene sowie Informationen über etwaige zusätzliche Ebeneneigenschaften wie Verriegelung, vorhandene Effekte oder Masken. Sie erfahren aus der Ebenen-Palette auch, welche Deckkraft und welchen Mischmodus eine Ebene hat; Sie sehen, ob es zu Gruppen zusammengefasste Ebenen gibt, und Sie können die Gruppen auf- und zuklappen.

Die gesamte Ebenen-Palette ist eng besetzt mit Kontextmenüs, Schaltflächen und Funktionen. Rechtsklicks auf verschiedene Bereiche der Ebenenzeilen sind der schnellste Zugang zu den wichtigsten Befehlen und Optionen. Daher ist es wichtig, dass Sie beim Klicken genau sind.

Am oberen und unteren Rand der Palette finden Sie die wichtigsten Schaltflächen. Das Palettenmenü ⓬ bietet einige zusätzliche Befehle, und auch die Funktionen, die Sie über Kontextmenüs und das EBENE-Menü erreichen, sind hier nochmals untergebracht. Zudem gibt es zahlreiche Tastaturkürzel zu lernen, mit denen Sie schnell mit Ebenen arbeiten.

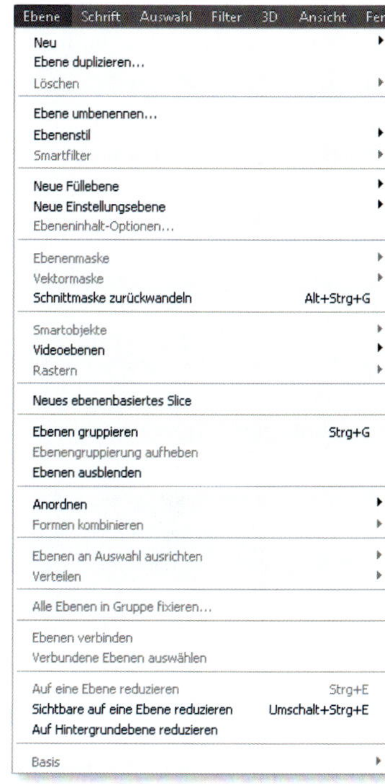

▲ **Abbildung 11.24**
Die meisten der Befehle, die Sie unter EBENE finden, steuern Sie schneller über die Ebenen-Palette an.

Welche Ebene oder Gruppe wird bearbeitet?

Die wichtigste Frage für das Bearbeiten von Ebenen ist, welche Ebene aktiv ist, denn fast alle Arbeitsschritte wirken sich nur auf die jeweils aktive(n) Ebene(n) aus. Sind in der Ebenen-Palette eine oder mehreren Ebenen oder Ebenengruppen markiert ❷ (Abbildung 11.25), wird damit angezeigt, dass alle folgenden Bearbeitungsschritte sich nur auf diese Elemente auswirken. Auch ein Blick in die Bildtitelleiste ❶ (Abbildung 11.25) zeigt, welche Ebene oder Gruppe aktuell aktiv ist.

Welche Ebene enthält was?

Wenn Sie unsicher sind, welche Elemente eines Bildes überhaupt auf eigenen Ebenen liegen und welche Bildobjekte sich bereits auf einer gemeinsamen Ebene befinden, aktivieren Sie Ansicht • Anzeigen • Ebenenkanten. Der Inhalt der jeweils aktiven Ebene wird dann mit einem schmalen blauen Rahmen umgeben.

▲ **Abbildung 11.26**
Eingeblendete Ebenenkante

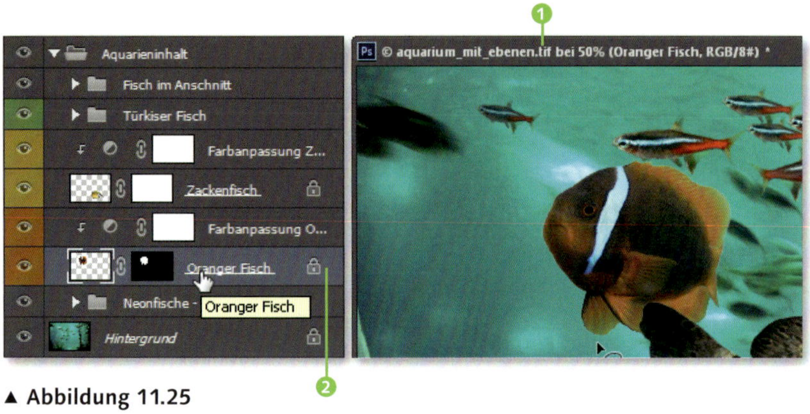

▲ **Abbildung 11.25**
Welche Ebene ist aktiv? Bildtitelleiste und Ebenen-Palette geben Aufschluss.

Ebene oder Gruppe aktivieren

Um von einer Ebene in die andere zu wechseln, gibt es wiederum mehrere Wege:

- Ein einfacher **Klick** in die betreffende Zeile der Ebenen-Palette ist wohl die üblichste und auch treffsicherste Methode, Ebenen oder Gruppen zu aktivieren. Bei den folgenden Tricks kann es passieren, dass Sie versehentlich die falsche Ebene erwischen.
- In den **Optionen des Verschieben-Werkzeugs** V finden Sie in der Liste die Auswahl Automatisch Auswählen: Ebene und Automatisch Auswählen: Gruppe.

▲ **Abbildung 11.27**
Die Optionen des Verschieben-Werkzeugs

Ist eine dieser Optionen eingeschaltet, brauchen Sie nur noch mit dem Verschieben-Werkzeug an eine Stelle ins Bild zu klicken, und die Ebene oder Gruppe, die Sie unter dem Mauszeiger haben, ist zur Bearbeitung aktiviert. Das funktioniert jedoch bei kompliziert geschichteten Bildern nicht immer gut.

- Wenn Sie das Verschieben-Werkzeug schon aktiviert haben: Eine weitere Möglichkeit ist ein **Rechtsklick** ins Bild – Sie erhalten dann eine Liste mit allen Ebenen- und Gruppennamen in Mausnähe, mit deren Hilfe Sie schnell zur gewünschten Ebene oder Gruppe springen. Das funktioniert natürlich nur, wenn Sie bei der Namensvergabe zuvor sehr diszipliniert waren.
- Sie können sich auch per **Tastenkürzel** durch die Ebenen-Palette hangeln. Diese Shortcuts sollten Sie unbedingt lernen, Sie werden sie

▲ **Abbildung 11.28**
Ist das Verschieben-Werkzeug aktiv, zeigt das Kontextmenü alle Ebenen-Namen an.

Mehr Kürzel

Mehr praktische Shortcuts zum Navigieren in der Ebenen-Palette finden Sie in Tabelle 11.1 auf Seite 336.

oft brauchen! Mit Alt+. (Punkt) wechseln Sie zur Ebene oberhalb der zuletzt aktiven Ebene, und mit Alt+, (Komma) erreichen Sie die Ebene unterhalb der zuletzt aktiven Ebene.

Mehrere Ebenen oder Ebenengruppen aktivieren | Sie können auch mehrere Ebenen oder Ebenengruppen auf einmal zur Bearbeitung aktivieren. Das ist wichtig, wenn Sie Ebenen oder Gruppen gemeinsam bearbeiten oder verbinden wollen. Auch das funktioniert mit Klicks in die Ebenen-Palette, Es gibt dafür jedoch auch Menübefehle, sie haben sich ins Auswahl-Menü verirrt. Die hier besprochenen Befehle gehören eigentlich ins Menü Ebene und nicht ins Menü Auswahl. Denn Sie aktivieren damit Ebenen zur Bearbeitung – es wird jedoch keine Auswahl von Bildteilen erzeugt! Wie das geht, lesen Sie in Teil V, »Auswählen, freistellen und maskieren«.

- Mit Auswahl • Ebenenauswahl aufheben deaktivieren Sie die Ebenen wieder.
- Auch Tastaturbefehle helfen dabei, mehrere Ebenen – oder Ebenengruppen – auf einmal zu aktivieren: Wenn Sie Strg/cmd drücken und dann in die Ebenen-Palette klicken, können Sie **beliebige** Ebenen aktivieren. Um mehrere **aufeinanderfolgende** Ebenen auf einmal zu aktivieren, halten Sie Alt gedrückt, während Sie die erste und die letzte Ebene anklicken.

Wenn Sie lediglich Ebenen einer Art – zum Beispiel alle Textebenen oder alle Einstellungsebenen – aktivieren wollen, nutzen Sie am besten den neuen Ebenenfilter in der Ebenen-Palette. Auf Seite 338 stelle ich ihn ausführlich vor.

Wozu mehrere Ebenen gleichzeitig aktivieren? | Photoshop erlaubt Ihnen, verschiedene Arbeitsschritte auf *alle* Ebenen anzuwenden, die in der Ebenen-Palette markiert – also aktiviert – sind. Sie sparen dadurch Zeit und arbeiten effektiver!

Mehrere markierte Ebenen eines Bildes lassen sich

- in Deckkraft und Mischmodus ändern,
- gemeinsam verschieben,
- gemeinsam transformieren,
- aneinander ausrichten und
- in andere Bilder transferieren.

Ebeneneffekte können schnell auf mehrere markierte Ebenen gleichzeitig angewandt werden. Mehrere markierte Ebenen sind die Grundlage für das Anlegen von Ebenengruppen und von verbundenen Ebenen.

Werkzeug funktioniert scheinbar nicht? »Komische« Ergebnisse?

Eine aktivierte Ebene oder Gruppe wird bearbeitet – dieses Prinzip befolgt Photoshop streng, auch wenn die Ebene gerade ausgeblendet oder aus anderen Gründen unsichtbar ist. Sie müssen also aufpassen, dass Sie nicht irrtümlich die falsche Ebene ändern. Auch unerwartete Ergebnisse beim Filter- und Werkzeugeinsatz sind oft darauf zurückzuführen, dass eine andere Ebene aktiviert ist als erwartet. Haben Sie die Ebenen-Palette immer im Blick!

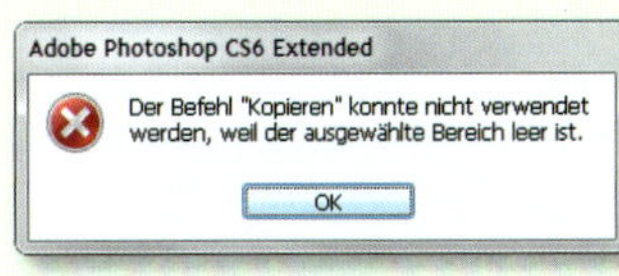

▲ **Abbildung 11.29**
Nicht immer werden Sie gewarnt, wenn Sie auf der falschen Ebene herumwerkeln.

Zum Weiterlesen
Das Aktivieren bzw. Auswählen mehrerer Ebenen zusammen ist nur temporär. Wie Sie mehrere **Ebenen dauerhafter miteinander verbinden**, lesen Sie im Abschnitt »Ebenen und Gruppen dauerhaft verbinden« auf Seite 349.

Tabelle 11.1 ▼
Tastaturbefehle für das Aktivieren von Ebenen auf einen Blick

Jedoch lassen sich Aktivitäten, bei denen die Original-Ebenenpixel verändert werden (so zum Beispiel das Malen, Retuschen und Bildkorrekturen), immer nur auf eine, nämlich die aktive Bildebene anwenden.

Was wollen Sie tun?	Windows	Mac
zur **nächsthöheren** Ebene im Ebenen-Schichtaufbau springen	Alt+. (Punkt)	Alt+. (Punkt)
zur **nächstunteren** Ebene im Ebenen-Schichtaufbau springen	Alt+, (Komma)	Alt+, (Komma)
zur **obersten** Ebene im Ebenen-Schichtaufbau springen	⇧+Alt+- (Minus)	⇧+Alt+- (Minus)
zur **untersten** Ebene im Ebenen-Schichtaufbau springen	Alt+- (Minus)	Alt+- (Minus)
zusätzlich zur aktuell aktiven die **darüberliegende Ebene** aktivieren	⇧+Alt+. (Punkt)	⇧+Alt+. (Punkt)
zusätzlich zur aktuell aktiven die **darunterliegende Ebene** aktivieren	⇧+Alt+, (Komma)	⇧+Alt+, (Komma)
mehrere Ebenen oder Gruppen auf einmal aktivieren	mit Strg in der Ebenen-Palette entsprechende Ebenen(gruppen) per Maus auswählen	mit cmd in der Ebenen-Palette entsprechende Ebenen(gruppen) per Maus auswählen
mehrere aufeinanderfolgende Ebenen oder Ebenengruppen auf einmal aktivieren	mit ⇧ in der Ebenen-Palette die erste und die letzte Ebene(ngruppe) anklicken, die Sie aktivieren wollen	mit ⇧ in der Ebenen-Palette die erste und die letzte Ebene(ngruppe) anklicken, die Sie aktivieren wollen

Sichtbarkeit von Ebenen und Gruppen

Ebenen erlauben flexibles Arbeiten und Experimentieren. Dazu gehört auch, Ebenen, die derzeit nicht benötigt werden, erst einmal auszublenden – aus dem Dokument löschen können Sie sie, wenn klar ist, dass Sie sie wirklich nicht mehr brauchen. In der Ebenen-Palette ganz links sehen Sie neben jeder Ebenen- oder Ebenengruppen-Miniatur ein Augensymbol . Durch einfaches Klicken auf das entsprechende Auge blenden Sie die betreffende Ebene oder die Ebenengruppe ein und aus.

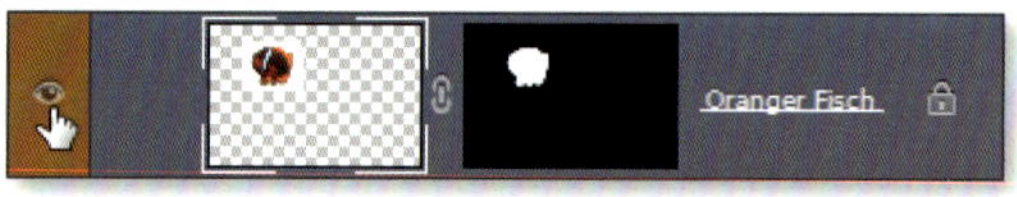

Abbildung 11.30 ▶
Mit einem Klick blenden Sie Ebenen oder Gruppen aus der Bildansicht aus.

Wenn Sie das Bild drucken oder in einem Dateiformat speichern, das Ebenen nicht unterstützt, werden ausgeblendete Ebenen und Gruppen nicht angezeigt – sie werden also behandelt, als gäbe es sie gar nicht.

Mehrere Ebenen oder Gruppen ausblenden | Um mehrere Ebenen oder Gruppen auf einmal auszublenden, müssen Sie nicht zigmal klicken. Es genügt, wenn Sie mit gehaltener Maustaste die Reihe der Augensymbole entlangfahren. Auf dieselbe Art und Weise blenden Sie die Ebenen auch wieder ein.

Alle Ebenen oder Gruppen bis auf eine ausblenden | Es gibt auch einen Befehl, der alle Ebenen oder Gruppen bis auf eine bestimmte ein- oder ausblendet. Eine solche Ansicht wird häufig gebraucht, um einzelne Elemente einer Komposition genau zu prüfen und nachzubearbeiten – oder um Ebenen in umfangreichen Dateien wiederzufinden, wenn Ihnen die Übersicht abhandengekommen ist. Klicken Sie bei gehaltener [Alt]-Taste auf das Augensymbol der Ebene oder Ebenengruppe, die Sie allein sehen wollen. Alle übrigen Ebenen und Gruppen werden dann ausgeblendet. Ein erneuter Klick auf das Auge blendet sie wieder ein.

Ebene eingeblendet und trotzdem nicht zu sehen?

Wenn Sie eine eingeblendete Ebene oder Gruppe im Bild nicht finden, kontrollieren Sie folgende Punkte:

- Wie hoch ist die Deckkraft der Ebene oder Gruppe?
- Befinden sich eventuell andere Ebenen davor?
- Haben Sie die Pixel, die ursprünglich auf dieser Ebene waren, unbeabsichtigt auf eine andere Ebene manövriert?
- Ist die Ebene versehentlich aus dem Bild geschoben worden?

◄ **Abbildung 11.31**
Der Rechtsklick auf das Auge fördert Befehle zutage, mit denen Sie auf einen Schlag alle Ebenen(gruppen) außer einer ein und ausblenden.

Was wollen Sie tun?	Windows	Mac
mehrere untereinanderliegende Ebenen(gruppen) ein- oder ausblenden	mit gehaltener Maustaste Augen-Icons »abfahren«	mit gehaltener Maustaste Augen-Icons »abfahren«
alle *anderen* sichtbaren Ebenen(gruppen) außer der aktuell aktiven ein-/ausblenden	[Alt] + Klick auf das Auge	[Alt] + Klick auf das Auge
nur diese Ebenen(gruppe) oder alle Ebenen(gruppen) ein-/ausblenden	Klick auf das Auge	Klick auf das Auge

▲ **Tabelle 11.2**
Tastaturbefehle für das Einblenden und Ausblenden von Ebenen(gruppen) auf einen Blick

Zum Weiterlesen
Mit der Palette Ebenenkomp. ermöglicht Photoshop das Sichtbarmachen mehrerer Ebenen und Gruppen mit einem einzigen Mausklick. Mehr darüber erfahren Sie in Abschnitt 11.7, »Ebenenkompositionen«.

Ebenen wiederfinden: Ebenenfilter und andere Tricks

Photoshop CS6 unterstützt Dokumente mit mehreren Tausend Ebenen, und es ist eher die Rechnerleistung als Photoshop, die Grenzen setzt. In der Bildbearbeitungspraxis haben Dokumente oft weit mehr Ebenen als die in diesem Kapitel gezeigten Konstruktionen. Auch bei gutem Ebenen-Management kann das Auffinden der Ebene, die man als Nächstes bearbeiten will, dauern. Doch es gibt Hilfsmittel für das effektive Arbeiten mit einer Vielzahl von Ebenen.

Schnell zur richtigen Ebene
Die Ebenen-Palette ist um eine Icon-Reihe reicher: Photoshops neuer Ebenenfilter. Damit blenden Sie mit einem Klick Ebenen einer bestimmten Art ein und alle anderen aus. Auch die gezielte Suche nach Ebenennamen ist möglich. Und das Beste: Der Suchfilter findet sogar Ebenen, die tief in verschachtelten Gruppen versteckt sind.

Die Ebenen-Suchmaschine: Ebenenfilter | Direkt unterhalb des Ebenen-Paletten-Karteireiters sehen Sie eine Dropdown-Liste ①, fünf neue Icons ② und einen kleinen Schalter ③: eine effektive Hilfe, um schnell die Ebene(n) zu finden, die Sie bearbeiten wollen. Der Filter wirkt sich nur auf die angezeigten Ebenen in der Ebenen-Palette aus – die Anzeige im Bild bleibt davon unberührt.

Abbildung 11.32 ▸
Suchoptionen des Ebenenfilters

Sie können gezielt nach Ebenen einer bestimmten Art suchen. Stellen Sie in der Dropdown-Liste ① Art ein (das ist auch die Standardeinstellung).

- Ein Klick auf den Mini-Button Nach Pixelebenen filtern blendet lediglich die Pixelebenen eines Bildes in der Ebenen-Palette ein und alle anderen Ebenen aus.
- Der Button Nach Einstellungsebenen filtern blendet nur die Einstellungsebenen in der Ebenen-Palette ein.
- Klicken auf den Button Nach Textebenen filtern zeigt nur die Textebenen des Dokuments in der Ebenen-Palette an.
- Der Button Nach Formebenen filtern zeigt nur die Formebenen in der Ebenen-Palette.
- Und ein Klick auf den Button Nach Smartobjekten filtern zeigt Ihnen lediglich die im Bild vorhandenen Smartobjekte in der Ebenen-Palette an.

▲ Abbildung 11.33
Um den Namensfilter zu nutzen, müssen Sie zuvor konsequent Ebenen mit Namen versehen haben – und diese im Gedächtnis behalten.

Mit der DropDown-Liste haben Sie jedoch noch **weitergehende Suchmöglichkeiten**. Dort können Sie auch nach einem bestimmten Ebenennamen (Name), nach Ebenenstilen (Effekt), Ebenen mit einem bestimmten Mischmodus (MODUS), nach zusätzlichen Attributen wie Sichtbarkeit, Vorhandensein einer Maske und Ähnlichem (ATTRIBUT) oder der Farbkennzeichnung der Ebene (FARBE) suchen.

Der Ebenenfilter bewirkt, dass nur Ebenen eines bestimmten Typs in der Ebenen-Palette zu sehen sind – und die anderen eben nicht. Wollen Sie kurzzeitig **zur ungefilterten Ebenen-Ansicht wechseln**, müssen Sie nicht Ihren Filter komplett löschen. Ein kleiner Schalter ganz rechts neben den Filter-Buttons ❸ hebt die Wirkung des Ebenenfilters kurzerhand auf – bis Sie den Filter wieder brauchen und den Schalter erneut betätigen. Außerdem stellt er die **Anzeige für Filter-Aktivität** dar: Er leuchtet immer dann rot, wenn gerade ein Ebenenfilter aktiv ist. Wenn Sie einmal eine Ebene in der Palette partout nicht finden, kontrollieren Sie besser, ob der Filter gerade aktiv ist und die Anzeige der gesuchten Ebene unterdrückt.

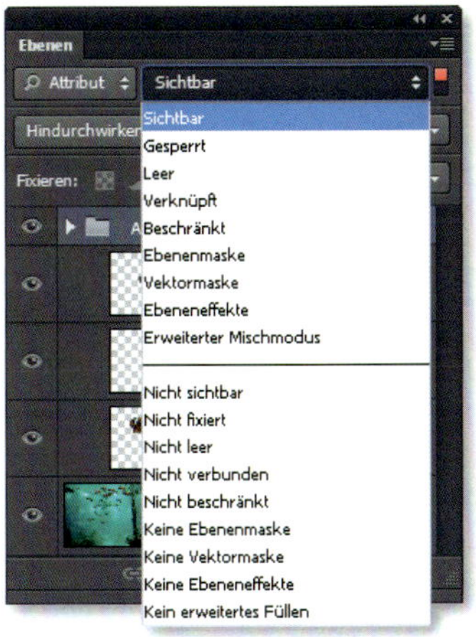

▲ **Abbildung 11.34**
Der Attribut-Filter hilft auch, wenn Sie nur noch eine vage Vorstellung davon haben, wie die gesuchte Ebene beschaffen ist.

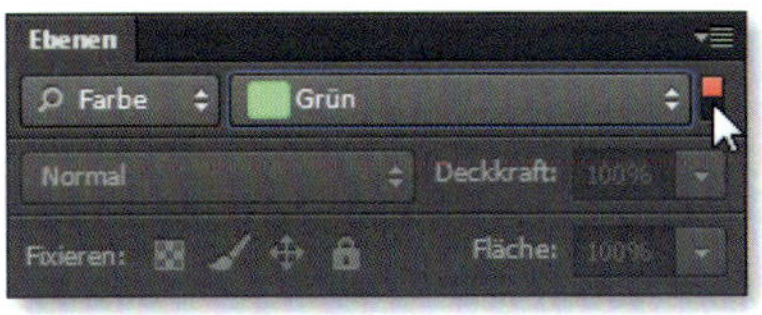

▲ **Abbildung 11.35**
Ebenenfilter kurz ausschalten

Schnelle Rettung für Ebenen-Chaoten | Manchmal dauert selbst die Anwendung des Ebenenfilters zu schnell – oder er versagt, wenn Sie Ihre Ebenen nicht zuvor ordentlich benannt oder mit Farbcodes versehen haben.

Zum Weiterlesen
Wie Sie Ebenen (um-)benennen und farblich kennzeichnen, erfahren Sie in Abschnitt 11.5, »Ebenenmanagement: Miniaturdarstellung, Namen und Kennzeichnung«.

Zwei Optionen des Verschieben-Werkzeugs helfen Ihnen, auch im unbetitelten Ebenen-Chaos eine bestimmte Ebene wiederzufinden:

- Ist EBENE AUTOMATISCH WÄHLEN in der Optionsleiste aktiv, reicht ein Klick auf das Bildobjekt, dessen Ebene Sie suchen. Die gesuchte Ebene wird dann in der Ebenen-Palette markiert. Diese Option sollten Sie tunlichst deaktivieren, wenn Sie sie nicht mehr brauchen. Es passiert sonst sehr schnell, dass man eine korrekt positionierte Ebene irrtümlich verschiebt!
- Die schnellere und unkompliziertere Lösung: Klicken Sie mit aktivem Verschieben-Werkzeug [▸✣] und bei gehaltener [Strg]-Taste (Windows, am Mac: [cmd]) auf das zu bearbeitende Objekt im Bild. Auch dann wird die Ebene in der Palette automatisch aktiviert.

Beide Methoden funktionieren nicht, wenn in einer komplexen Montage mehrere Ebenenobjekte direkt übereinander stehen – Photoshop springt dann zur jeweils obersten Ebene, und das ist ja nicht immer die gesuchte.

Wenn Sie wissen wollen, welche Inhalte die aktive Ebene überhaupt aufweist, wählen Sie entweder den schon genannten Befehl ANSICHT • EINBLENDEN • EBENENKANTEN, oder Sie aktivieren das Verschieben-Werkzeug [V] und wählen dort in der Optionsleiste die Option TRANSFORMATIONSSTEUERUNGEN. Dann erscheint um die Ebene im Bild ein kleiner Rahmen, der die Bildgegenstände der jeweils aktiven Ebene im Bild hervorhebt.

Ebenen außerhalb des Bildausschnitts | Es ist auch möglich, Ebenen ganz aus dem Bild herauszuschieben – was natürlich keine empfohlene Arbeitstechnik darstellt. Um Ebenen nur kurz auszublenden, sollten Sie lieber das Augensymbol in der Ebenen-Palette nutzen.

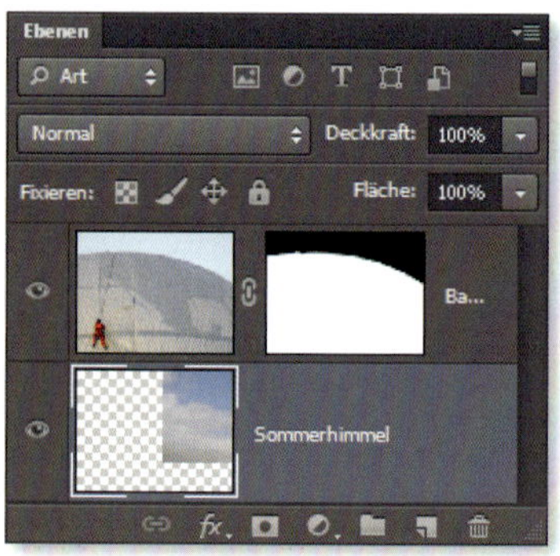

▲ **Abbildung 11.36**
Die Ebenenminiatur gibt Auskunft über die Ebenenposition. Der Inhalt von Ebenen, der komplett aus dem Bild geschoben ist, wird in den Miniaturen jedoch nicht gezeigt!

▲ **Abbildung 11.37**
Photoshop warnt Sie nicht, wenn Sie im Begriff sind, Ebenen aus dem sichtbaren Bildausschnitt zu bugsieren.

Dennoch lässt es sich nicht immer vermeiden, dass Ebenen völlig aus dem sichtbaren Bereich eines Dokuments verschwinden. Besonders dann, wenn Sie großformatige Ebenen in ein Bild einfügen und sie dann stark verkleinern, kann es passieren, dass der Ebeneninhalt außer Sicht gerät. Mit einer der drei Methoden bekommen Sie Ihre verlorengegangene Ebene garantiert wieder zu fassen:

- Wählen Sie den Menübefehl BILD • ALLES EINBLENDEN. Es wird automatisch so viel Arbeitsfläche an das Bild angestückelt, dass alle Ebeneninhalte vollständig zu sehen sind. Dieses Verfahren geht schnell, zieht jedoch meist das Beschneiden der erweiterten Hintergrundebene nach sich, wenn das Bild wieder auf das Ausgangsmaß gebracht werden soll.

- Zoomen Sie die Bildansicht kleiner, so dass viel Arbeitsfläche drumherum zu sehen ist – irgendwo dort muss die außer Sicht geratene Ebene ja sein. Wechseln Sie zum Verschieben-Werkzeug (Kürzel: V), und aktivieren Sie die Option TRANSFORMATIONSSTEUERUNGEN. Der Transformationsrahmen verrät Ihnen die Ebenenposition. Klicken Sie mit der Maus in die Fläche innerhalb des Rahmens (nicht jedoch auf einen der »Anfasser«), halten Sie die Maus gedrückt, und ziehen Sie Rahmen und Ebene zurück über die Bildfläche.

◀ **Abbildung 11.38**
Transformationssteuerungen zeigen die Ebenengrenzen auf der Photoshop-Arbeitsfläche. Wenn Sie innerhalb des Quadrats klicken und ziehen (nicht an der Begrenzungslinie!), wird die Ebene ohne Transformation verschoben.

- Markieren Sie die Hintergrundebene und die verlorene Ebene nacheinander in der Ebenen-Palette. Wechseln Sie zum Verschieben-Werkzeug. In der Optionsleiste sehen Sie eine Reihe von Buttons zum Ausrichten. Klicken Sie auf den zweiten und fünften von links. Die verlorene Ebene wird nun über der Hintergrundebene zentriert.

Neue Ebenen anlegen

Eine neue, leere Ebene anzulegen ist recht einfach.

- Die schnellste Methode ist ein Klick auf das NEU-Icon am Fuß der Ebenen-Palette. Dadurch wird eine neue Ebene eingefügt – oberhalb der aktiven Ebene. Eine so erstellte neue Ebene ist transparent (ohne Bildinhalte), wie Sie dann auch in der Ebenen-Palette erkennen: Das Ebenen-Thumbnail trägt das bekannte grau-weiße Würfelmuster.
- Eine weitere Möglichkeit, eine neue leere Ebene anzulegen, ist die Tastenkombination ⇧+Strg/cmd+N. Sie erhalten auf diesem

Weg dann automatisch das Dialogfeld, in das Sie gleich den Ebenennamen eintragen können.

- Und natürlich können Sie auch den langen Weg über die Menüpunkte Ebene • Neu • Ebene gehen oder den Befehl über das Palettenmenü aufrufen.

Neue Ebene unterhalb | Wenn Sie die neue Ebene ausnahmsweise *unterhalb* der aktiven Ebene erstellen wollen, halten Sie zusätzlich zum Klick auf das Neu-Symbol die Taste Strg/cmd gedrückt.

Ebene gleich benennen | Wenn Sie beim Klicken auf das Neu-Symbol zusätzlich die Taste Alt drücken, wird auch gleich ein Dialogfeld eingeblendet, in das Sie die Ebenennamen eintragen können. Standardmäßig werden neue Ebenen lediglich durchnummeriert.

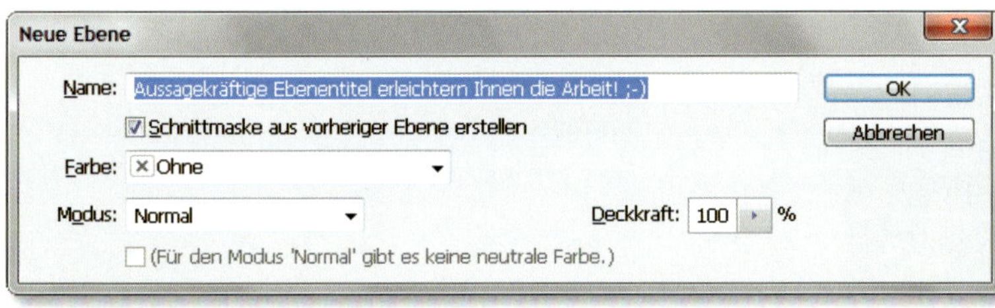

Abbildung 11.39 ▸
Versehen Sie eine neue Ebene schon beim Erstellen mit einem Namen.

Tabelle 11.3 ▸
Tastaturbefehle für das Anlegen leerer Ebenen auf einen Blick

Was wollen Sie tun?	Windows	Mac
neue leere Ebene **oberhalb** der aktiven Ebene anlegen	Klick auf das Icon Neu in der Ebenen-Palette	Klick auf das Icon Neu in der Ebenen-Palette
neue leere Ebene **unterhalb** der aktiven Ebene anlegen	mit gedrückter Strg-Taste auf das Icon Neu in der Ebenen-Palette klicken	mit gedrückter cmd-Taste auf das Icon Neu in der Ebenen-Palette klicken
neue leere Ebene **mit Dialogfeld** anlegen	mit gedrückter Alt-Taste auf das Icon Neu in der Ebenen-Palette klicken	mit gedrückter Alt-Taste auf das Icon Neu in der Ebenen-Palette klicken
neue leere Ebene **mit Dialogfeld** anlegen	⇧+Strg+N	⇧+cmd+N

Neue Bildinhalte durch Duplizieren

Eine duplizierte Ebene oder Gruppe ist die genaue Kopie einer bereits im Bild vorhandenen Ebene oder Gruppe. Für die Verwendung solcher duplizierter Ebenen gibt es zahlreiche Anlässe.

Verwendung von Duplikaten | Bildinhalte lassen sich auf diese Weise schnell vervielfältigen, und so wird beispielsweise aus einem einzelnen Fisch ein ganzer Schwarm. Das funktioniert natürlich nur, wenn das zu vermehrende Bildobjekt isoliert auf einer transparenten Ebene steht – wenn die duplizierten Ebenen vollständig mit deckenden Pixeln gefüllt sind, decken sie sich gegenseitig ab.

Oder wollen Sie ein wenig **experimentieren**? Nehmen Sie lieber die Kopie, und behalten Sie die Originalebene zur Sicherheit zurück! Aus duplizierten Gruppen stellen Sie so leicht Gestaltungsvarianten her.

Eine weitere Möglichkeit: Sie haben eine **Textzeile**, die bereits mit einem komplexen Layout versehen ist, und brauchen eine zweite Textzeile mit demselben Aussehen? Der Textinhalt lässt sich leicht ändern, für das Übertragen des Layouts müssen Sie schon mehr Zeit aufwenden. Auch hier empfiehlt es sich, die ursprüngliche Ebene zu duplizieren und nur den Wortlaut zu verändern.

Gelegentlich werden Ebenenduplikate auch für **Bildeffekte** genutzt; arbeiten Sie dann mit den verschiedenen Ebenen-Mischmodi.

Wie funktioniert das Duplizieren? | Wie so oft gibt es auch hier verschiedene Vorgehensweisen. Sie müssen selbst entscheiden, wie Sie lieber arbeiten.

- Ziehen Sie die Ebene oder Gruppe, die Sie duplizieren wollen, einfach über das **Neu-Icon** am Fuß der Ebenen-Palette. Ganz automatisch erscheint nach dem Loslassen der Maustaste oberhalb der Ausgangsebene das Duplikat, zwar mit dem gleichen Namen, aber mit dem Zusatz »Kopie«. Solch einen wenig aussagekräftigen Namen sollten Sie alsbald ändern.

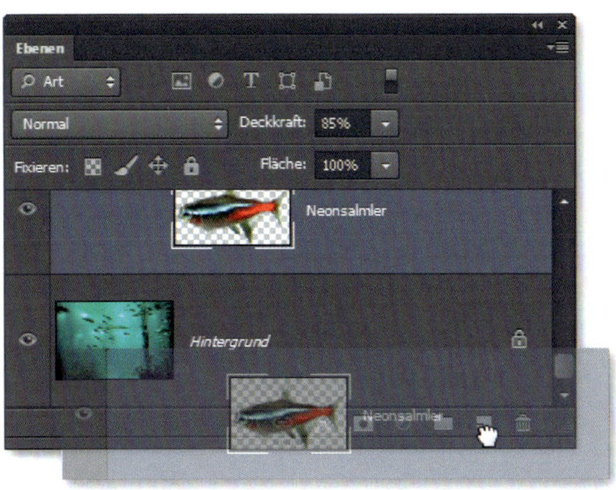

▲ **Abbildung 11.40**
Ziehen Sie eine Ebene über das NEU-Icon, um ein Duplikat zu erzeugen.

Massen-Duplikate
Eine kleine, aber hilfreiche Neuerung in CS6: Es ist jetzt auch möglich, mehrere Ebenen auf einen Schlag zu duplizieren. Die üblichen Befehle funktionieren – Sie müssen lediglich mehrere Ebenen in der Ebenen-Palette markieren.

Zum Weiterlesen
Auch der **Kopierstempel** [S] ist unter Umständen zur Vervielfältigung von Bildobjekten brauchbar (je nach Bildsituation). Wie das funktioniert, lesen Sie in Kapitel 26, »Bildretusche«.

Bewährter Shortcut jetzt auch bei mehreren Ebenen
Erfahrene Photoshop-Anwender kennen vermutlich das Tastenkürzel [Strg]/[cmd]+[J] – damit lässt sich die aktive Ebene oder eine Auswahl blitzschnell kopieren und oberhalb einfügen. Seit CS6 funktioniert dieser Kurzbefehl auch, wenn Sie mehrere Ebenen auf einmal aktiviert haben, dann allerdings nur für ganze Ebenen und nicht für Auswahlen.

Datei auf der Buch-DVD: »Scrabble.tif«

Ebenen-Duplikate per Tastenkürzel

Wenn Sie die Pfeiltasten benutzen und dabei [Alt] gedrückt halten, werden – kontinuierlich! – Ebenenduplikate angelegt. Auch hier können Sie wiederum ergänzend [⇧] drücken, um statt in 1-Pixel- in 10-Pixel-Schritten voranzukommen. Sie können diese Funktion z. B. nutzen, um Bewegung darzustellen. Oder einfach, um Objekte auf einfache Weise zu vermehren.

▲ **Abbildung 11.42**
Aus drei Spielsteinen ...

Bild: Fotolia, Vapetrac

▲ **Abbildung 11.43**
... wird mit wenigen Handgriffen ein ganzer Stapel. Durch Verschieben der Ebenen gegeneinander entstand ein realistischerer Effekt.

- Wenn Sie bei aktivem **Verschieben-Werkzeug** [V] [▸+] die Ebenen bewegen und zusätzlich [Alt] drücken, wird automatisch ein Ebenenduplikat erstellt und bewegt.
- Möglichkeit drei ist ein **Rechtsklick** auf den neutralen Bereich der Ebenenzeile oder Gruppe, von der Sie das Duplikat anfertigen wollen. Klicken Sie nicht auf die Miniaturen und nicht auf den Ebenentitel! Wählen Sie im Kontextmenü den Befehl Ebene duplizieren oder Gruppe duplizieren. Dann erscheint ein Dialogfeld, in dem Sie den Namen des Ebenenduplikats festlegen können. Sie können außerdem entscheiden, wo das Duplikat eingefügt werden soll: Sofern weitere Dateien geöffnet sind, kann Ihr Ebenenduplikat auch direkt dort erstellt werden. So sparen Sie sich das Verschieben der frisch duplizierten Ebene oder Gruppe in ein anderes Dokument.

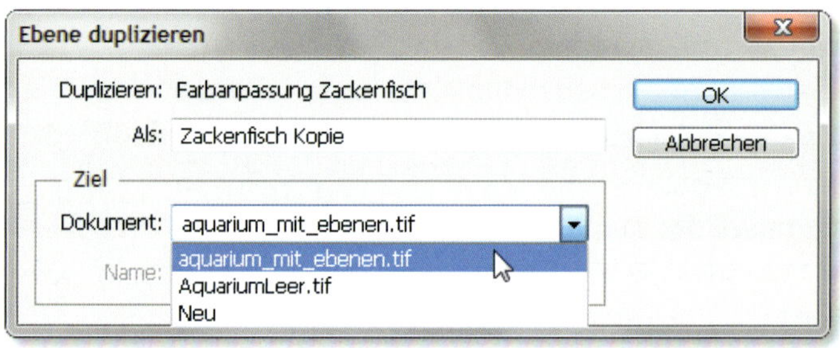

▲ **Abbildung 11.41**
Wo soll das Ebenenduplikat landen? Zur Auswahl stehen das Ausgangsbild, alle anderen aktuell geöffneten Dateien oder eine ganz neue Datei.

Nachdem Sie Ebenen oder Gruppen dupliziert haben, wird Ihnen auffallen, dass sich im Bild selbst nichts verändert hat. Das liegt daran, dass Ebenenduplikate immer an genau derselben Stelle eingefügt werden wie die Ausgangsebene. Die Ebeneninhalte sind übereinandergestapelt und decken sich gegenseitig ab. Sie müssen also die Ebenen noch verschieben, um alle neuen Inhalte im Blick zu haben.

Duplikate ohne »Kopie« | Standardmäßig erhält jede duplizierte Ebene oder Gruppe den Namenszusatz »Kopie« (etwa »Hintergrund Kopie«, »Hintergrund Kopie 2« usw.).

Wenn Sie das stört, können Sie dieses Verhalten abschalten: Wählen Sie im Menü der Ebenen-Palette [▾≡] den Befehl Bedienfeldoptionen, und deaktivieren Sie dann den Befehl »Kopie« in den Namen kopierter Ebenen und Gruppen einfügen. Die kopierten Ebenen heißen dann genauso wie ihr Original.

Neue Bildinhalte: Ebenen oder Gruppen aus anderen Bildern einkopieren

Ebenen und Gruppen können Sie auch von einem Bild in ein anderes ziehen (streng genommen: hinüberkopieren). Dabei stehen Ihnen verschiedene Wege offen:

- per Drag & Drop mit der Maus
- mit Copy & Paste (Kopieren und Einfügen)
- durch Duplizieren und Festlegen eines anderen geöffneten Bildes als Zieldokument (Abbildung 11.45)

Wie Sie auch vorgehen – als Erstes müssen Sie beide Bilder öffnen: das Bild, aus dem Sie Ebenen oder Gruppen kopieren möchten, und das Bild, in das sie eingefügt werden sollen. Das klappt mit Tabs oder frei schwebenden Fenstern. Es ist jedoch einfacher, Tabs ordentlich auf der Arbeitsfläche zu arrangieren, so dass Sie alles im Blick haben.

Drag & Drop: Aus der Ebenen-Palette ins Bild | Um eine Ebene oder Gruppe mit der Maus in ein anderes Bild zu ziehen, bewegen Sie den Mauszeiger in der Ebenen-Palette auf die Ebene oder Gruppe, die Sie hinüberkopieren wollen, halten die Maustaste gedrückt und ziehen die Maus aus dem Bereich der Ebenen-Palette heraus. Dabei ist es gleichgültig, welches Werkzeug aktiv ist. Der Mauszeiger wird zu einer Greifhand, die eine transparente Vorschauversion der Ebene (oder Gruppe) »festhält«. Bewegen Sie dann die Greifhand über das Bild, in das die Ebene oder Gruppe eingefügt werden soll, und lassen Sie dort die Maustaste einfach los. Das neue Bildobjekt wird eingefügt.

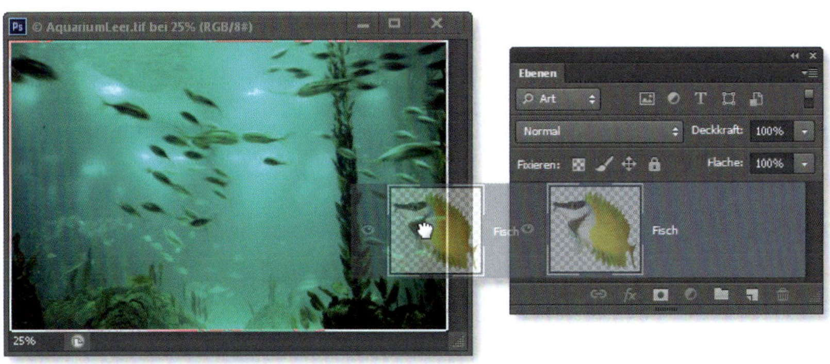

Drag & Drop: Von Bild zu Bild | Sie können Ebeneninhalte auch direkt von Bild zu Bild ziehen – also einfach, indem Sie **direkt auf das Bild** klicken, das gewünschte Element so »anfassen« und in ein anderes Bild ziehen. Das klappt allerdings nur **bei aktivem Verschieben-Werkzeug** [V] [▸✣]. Das Verfahren funktioniert bei Ebenen oder Gruppen gleicher-

Dokument-Tabs schön ordentlich

Am einfachsten machen Sie sich Drag-and-Drop-Aktionen, wenn Sie Ihre Dokumente so anordnen, dass alle sichtbar sind. Sofern Sie mit Dokument-Tabs arbeiten, geht das am schnellsten mit den Befehlen unter Fenster • Anordnen.

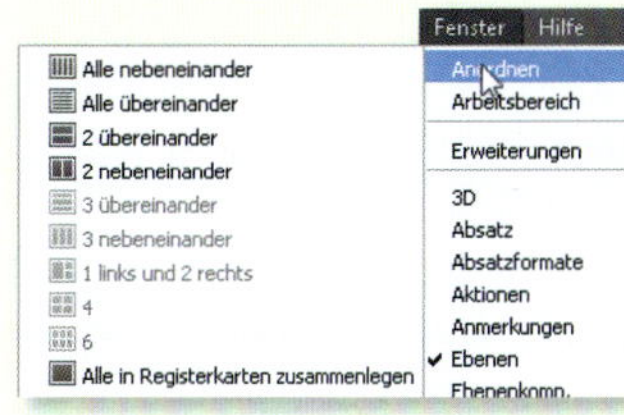

▲ **Abbildung 11.44**
Alle Tab-Inhalte im Blick

Mehr als eine Ebene bewegen

Wollen Sie mehrere Ebenen oder Gruppen zusammen in ein anderes Bild hinüberziehen, genügt es, sie vorher gemeinsam zu aktivieren.

Dateien auf der Buch-DVD: »AquariumLeer.tif«, »GelberZackenfisch.tif«

◀ **Abbildung 11.45**
Eine Kopie der Ebene »Fisch« wird gerade ins Aquarium-Bild bugsiert. Das Ebenenoriginal verbleibt in der Ausgangsdatei.

maßen, allerdings kann es bei komplexen Kompositionen passieren, dass Sie versehentlich das falsche Objekt erwischen.

Abbildung 11.46 ▶
Hinüberkopieren einer Bildebene in ein anderes Bild mit dem Verschieben-Werkzeug. Auch wenn es so aussieht, als würde die Ebene tatsächlich in das andere Bild *gezogen*: Es wird lediglich eine *Kopie* erstellt; das Original bleibt unversehrt.

Position übernehmen
Wenn Sie die ⇧-Taste gedrückt halten, während Sie eine Ebene in ein anderes Bild ziehen, landet die Ebene im neuen Bild an genau derselben Stelle wie im alten Bild. Bedingung: Beide Bilder sind gleich groß und haben dieselbe Auflösung.

Drag & Drop: Verdeckte Bilder in Tabs | Sie müssen Registerkarten nicht unbedingt so arrangieren, dass beide Bilder sichtbar sind. Auch bei der Ansicht in Tabs, wenn ein Bild das andere verdeckt, ist Drag & Drop möglich. So funktioniert der Transfer:

1. Das Verschieben-Werkzeug muss aktiv sein.
2. »Fassen« Sie die Ebene **direkt im Dokumentfenster** an. Das Herüberziehen von der Ebenen-Palette funktioniert in diesem Fall nicht!
3. Ziehen Sie die Ebene mit dem Verschieben-Werkzeug beherzt in Richtung des Karteireiters des inaktiven Bildes, und halten Sie die Maus gegebenenfalls einen Moment darüber, bis das Bild nach vorn kommt.
4. Lassen Sie die Maus dann los. Das Objekt wird im Zielbild abgelegt.

Ebeneninhalte bewegen per Copy & Paste | Kopieren und Einfügen ist manchmal die schnellere Möglichkeit, **einzelne Ebenen** (keine Gruppen) in ein neues Bild zu kopieren. Dabei kommt die Zwischenablage Ihres Rechners zum Einsatz. Dieses Copy-and-Paste-Verfahren wird so häufig eingesetzt, dass Sie sich die Shortcuts in jedem Fall merken sollten. Ich benutze diese Technik gerne, wenn es ganz schnell gehen soll.

1. Die erste Bedingung ist, dass Sie die **Ebenenpixel** (nicht nur die Ebenenzeile in der Palette), die Sie in das zweite Bild übertragen wollen, auswählen. Dazu muss natürlich die gewünschte Ebene aktiv sein. Dann bietet sich der Tastaturbefehl Strg/cmd+A (das »A« steht für »Alles auswählen«) an. Enthält die Ebene auch transparente Flächen, ist ein Klick in die entsprechende Ebenenminiatur mit gehaltener Strg/cmd-Taste ein guter Weg zur Auswahl aller deckenden Pixel (mehr zum Thema finden Sie in Kapitel 14, »Auswahlen«).

2. Nun **kopieren** Sie die ausgewählten Ebeneninhalte. Am schnellsten ist wiederum die Arbeit per Tastaturkürzel, diesmal mit Strg+C bzw. cmd+C.
3. Um die Ebene in das zweite Bild **einzufügen**, klicken Sie in dessen Titelleiste – damit das Bild aktiv ist – und drücken dann Strg+V (unter Windows; Macianer drücken cmd+V). Die Ebene wird oberhalb der aktiven Ebene eingefügt.

Alternativ benutzen Sie das Menü BEARBEITEN, das Befehle zum Kopieren und Einfügen enthält.

Drag & Drop aus Mini Bridge | Mini Bridge ist die Kleinversion von Adobes Bildverwalter Bridge, die als Palette direkt in Photoshop verfügbar ist (zu starten über FENSTER • ERWEITERUNGEN • MINI BRIDGE; mehr dazu lesen Sie in Abschnitt 8.11, »Mini Bridge – viel Funktion auf kleinem Raum«). Damit ist eine neue Variante des Dateien-Drag-and-Drops möglich: Ziehen Sie Vorschauminiaturen direkt aus der Mini Bridge heraus, und lassen Sie sie in Photoshop fallen. Ist dort bereits eine andere Datei geöffnet, wird das herübergezogene Bild als Smartobjekt eingefügt. Ist kein Bild in Photoshop geöffnet, wird die aus Bridge herübergezogene Datei in Photoshop geöffnet.

Ebenen sind größer als das Dokument | Ebenen hören nicht zwangsläufig an den Kanten des Dokumentfensters auf. Beim Kopieren von Ebenen zwischen unterschiedlichen Bildern oder nach Ebenentransformationen kommt es öfter vor, dass man eine Ebene in einer Datei hat, die größer ist als die eigentlichen Dokumentgrenzen. Die Ebene bleibt auf dieser Größe, bis

- das gesamte Bild beschnitten wird – zum Beispiel mit AUSWAHL • ALLES AUSWÄHLEN (Strg/cmd+A) und BILD • FREISTELLEN;
- mit dem Freistellungswerkzeug die Ebene per Ebenentransformation kleiner skaliert wurde;
- das Bild in einem Dateiformat gespeichert wird, das Ebenen nicht unterstützt.

Sie können jedoch auch **die Bildfläche vergrößern**, um Platz für übergroße Ebenen zu schaffen:

- Durch Anfügen von Pixeln an das Bild mit dem Befehl BILD • ARBEITSFLÄCHE (Alt+Strg/cmd+C) werden übergroße Ebenen ins Bild gerückt.
- Der Befehl BILD • ALLES EINBLENDEN ist eine schnelle Möglichkeit, die Arbeitsfläche gerade so zu vergrößern, dass alle Inhalte der größten Ebene ins Bild gerückt werden. Dabei werden zusätzliche Pixel an

die Hintergrundebene angefügt. Deren Farbe entspricht der aktuellen Hintergrundfarbe.

Die Übergröße einer Ebene muss kein Problem darstellen – Sie können sie frei verschieben und bei Montagen herumexperimentieren, bis Sie den richtigen Sitz gefunden haben. Allerdings bleiben solche Überstände auch von Operationen wie dem Löschen von Pixeln und anderen Arbeitsschritten unbeeinflusst.

Datei auf der Buch-DVD: »Baukletterer.tif«

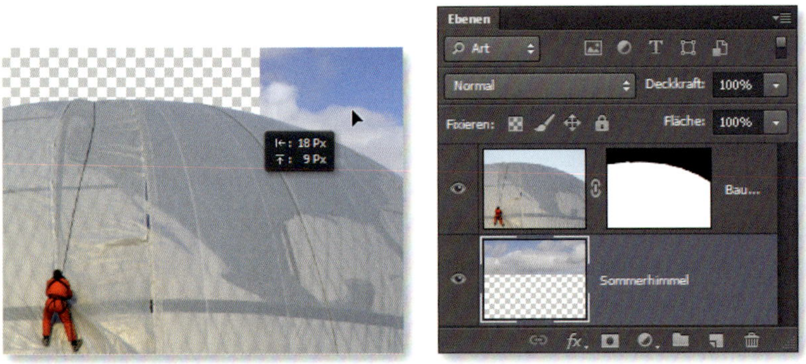

▲ **Abbildung 11.47**
Eine Maske blendet den (langweiligen) Original-Himmel der oberen Ebene aus, so dass der einmontierte Sommerhimmel sichtbar wird. Dann wird die Ebene »Sommerhimmel« daruntergelegt …

▲ **Abbildung 11.48**
… und mit dem Verschieben-Werkzeug bewegt, bis die richtige Position gefunden ist.

Ebenen oder Gruppen löschen | Sie haben eine Ebene zu viel dupliziert, haben überzählige »Experimentalstadien« oder wollen Ebenen oder Gruppen aus anderen Gründen loswerden? Ein guter Grund ist zum Beispiel, die Dateigröße und damit auch Bearbeitungszeiten zu reduzieren.

Das Löschen von Ebenen und Gruppen geht am schnellsten mit der Entf-Taste (←-Taste am Mac). Ebene oder Gruppe markieren, ein Tastendruck – fertig. Das klappt übrigens seit der Version CS4 auch dann, wenn Sie mehrere Ebenen oder Gruppen zusammen aktiviert haben.

Wenn Sie lieber mit Drag & Drop arbeiten, nutzen Sie das Papierkorb-Icon am unteren Rand der Ebenen-Palette. Dabei können Sie auf zweierlei Weise vorgehen:

- Entweder Sie fassen eine oder mehrere Ebenen oder Gruppen mit gedrückter linker Maustaste an und ziehen sie in den Papierkorb,
- oder Sie klicken auf das Papierkorb-Icon, um aktive Ebenen oder Gruppen zu löschen.

Beim Ziehen in den Papierkorb verschwinden die betreffenden Ebenen oder Gruppen sofort. Beim Anklicken des Icons gibt es immerhin noch

Löschen ist irreversibel

Beim Löschen der Ebenen und Gruppen ist Vorsicht geboten – es kann nicht durch Zugriff auf den Papierkorbinhalt rückgängig gemacht werden, wie Sie es vielleicht vom Papierkorb Ihres Betriebssystems kennen. Wenn Sie sichergehen wollen, erzeugen Sie vor dem Löschen mit dem Befehl Ebene duplizieren oder Gruppe duplizieren eine eigene Datei, die ebenjene Ebene oder Gruppe enthält.

eine kleine Sicherheitsabfrage. Drücken der Taste [Alt] unterdrückt die Sicherheitsabfrage. Achtung: Auch **ausgeblendete** Ebenen und Gruppen werden so gelöscht!

Etwas umständlicher gestaltet sich das Löschen per Palettenmenü oder Ebene-Menü.

Dateien aufräumen – ausgeblendete Ebenen löschen | Eine häufige Arbeitssituation: Sie haben ein wenig herumexperimentiert und eine ganze Menge ausgeblendeter, nicht mehr benötigter Ebenen im Bild. Um in einem solchen Fall gründlich aufzuräumen, hilft Ihnen der Befehl Ebene • Löschen • Ausgeblendete Ebenen weiter. Welche Ebenen *aktiviert* sind, ist bei der Anwendung des Befehls Ausgeblendete Ebenen löschen übrigens irrelevant.

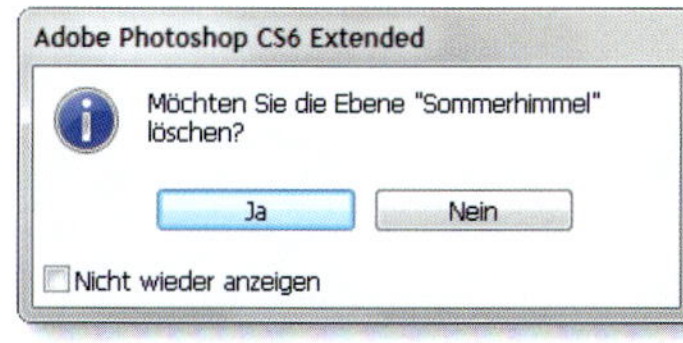

▲ **Abbildung 11.49**
Wenn Sie den Papierkorb anklicken, fragt Photoshop vor dem endgültigen Entfernen der Ebene (oder der Gruppe) zur Sicherheit noch einmal nach.

Leere Ebenen automatisiert entfernen
Wenn sich in Ihrem Dokument leere Ebenen befinden, können Sie sie automatisch aufspüren und entfernen lassen: Wählen Sie den Befehl Datei • Skripten • Alle leeren Ebenen löschen.

Ebenen und Gruppen dauerhaft verbinden

Verbundene Ebenen erkennen Sie an einem Kettensymbol in den entsprechenden Zeilen der Ebenen-Palette. Auf verbundene Ebenen lassen sich dieselben Operationen anwenden wie auf gemeinsam aktivierte Ebenen. Der Unterschied: Der Zusammenhang der verbundenen Ebenen bleibt so lange bestehen, bis Sie selbst die Verbindung aufheben. Ein durch Aktivierung hergestellter Ebenenverbund hat hingegen nur temporären Bestand, bis Sie eine andere Ebene, Gruppe oder Ebenenkonstellation aktivieren.

Um Ebenen zu verbinden, müssen Sie sie zunächst in der Ebenen-Palette aktivieren (markieren). Danach können Sie sie mit einem Klick auf die Kettensymbol-Schaltfläche am Fuß der Ebenen-Palette verbinden oder voneinander lösen. Sie können zwei oder mehr Ebenen oder Gruppen auf diese Art verbinden. Die verbundenen Elemente müssen auch nicht in der Ebenen-Palette übereinanderliegen. Ein kleines quer liegendes Kettensymbol in der Ebenenzeile weist dann darauf hin, dass eine Ebene mit anderen Elementen verbunden ist. Es wird allerdings nur angezeigt, wenn mindestens eines der verbundenen Elemente auch aktiviert ist.

Verbundene Ebenen mit einem Klick aktivieren
In Bildkompositionen mit zahlreichen verschachtelten Ebenen ist es oft etwas langwierig, alle verbundenen Ebenen per Klick zu aktivieren, wenn Sie die Verbindung wieder lösen möchten. In solchen Fällen aktivieren Sie einfach eines der Elemente aus dem Verbund, öffnen das Palettenmenü und wählen dort den Befehl Verbundene Ebenen auswählen.

Ebenenverbindungen lösen | Um Verbindungen zu lösen, gehen Sie genauso vor. Sie müssen dabei nicht den ganzen Verbund auflösen. Lösen Sie einzelne Ebenen, indem Sie sie aktivieren und dann wiederum auf die Ketten-Schaltfläche am Fuß der Ebenen-Palette klicken.

Es ist auch möglich, die Verbindung einzelner Ebenen lediglich **kurzzeitig zu lösen**. Klicken Sie dazu bei gehaltener [⇧]-Taste auf das Kettensymbol derjenigen Ebene, die Sie vorübergehend aus dem Verbund lösen möchten. Das Kettensymbol ist dann mit einem roten Kreuz durchgestrichen. Durch erneuten ⇧+Klick auf das Symbol wird das Kreuz entfernt und die Verbindung wiederhergestellt.

Abbildung 11.50 ▶
Verbundene Ebenen

Abbildung 11.51 ▶▶
Ebenen können vorübergehend aus einer Verbindung gelöst werden.

Ebenen gegen Veränderungen sichern

Insbesondere dann, wenn Sie mit umfangreicheren Dateien arbeiten, kann es leicht vorkommen, dass Ebenen unbeabsichtigt verändert oder gar gelöscht werden. Damit dies nicht geschieht, lassen sich Ebenen gegen Veränderungen sichern.

Abbildung 11.52 ▶
Oberhalb der Ebenenminiaturen befinden sich die vier Minibuttons zum Fixieren von Ebenen.

Sie haben vier verschiedene Möglichkeiten, eine Ebene zu fixieren:

1. Das Schachbrett-Icon schützt alle transparenten Pixel einer Ebene vor Bearbeitung, also zum Beispiel vor dem Übermalen.
2. Das Pinsel-Icon dient dazu, die schon vorhandenen Bildpixel zu fixieren. Die Transparenzbereiche solcherart gesperrter Ebenen können dann durchaus noch verändert werden.
3. Das kleine Kreuz aus Pfeilspitzen schützt Ebenen vor dem Verschieben im Bild. Die Ebenenreihenfolge ist damit nicht verriegelt, sondern kann durchaus noch geändert werden.
4. Das Schloss sperrt die Ebene für jede Bearbeitung. Dies ist die einzige Sperrfunktion, die auch für Gruppen zur Verfügung steht.

Manchmal warnt Photoshop Sie mit einer kleinen Dialogbox, wenn Sie versuchen, eine gesperrte Ebene zu bearbeiten. Leider erscheint eine solche Erinnerung nicht immer. Wenn Sie eine Ebene bearbeiten wollen und dies »unerklärlicherweise« misslingt, sollten Sie in jedem Fall auch kontrollieren, ob die Ebene eventuell verriegelt ist.

Riegel kurzzeitig lösen

Der Shortcut [B] unter Windows schaltet die zuletzt angewandte Fixierung von Ebenen und Gruppen kurzzeitig aus oder wieder an. Am Mac gibt es kein Tastenkürzel.

Ebenengruppen fixieren | Ebenengruppen lassen sich nur mit dem Schloss-Button sperren. Mit einem kleinen Umweg können Sie jedoch auch einen anderen Bearbeitungsschutz auf alle Ebenen einer Gruppe anwenden: Aktivieren Sie die Gruppe in der Ebenen-Palette, öffnen Sie das Palettenmenü, und klicken Sie dort auf Alle Ebenen in Gruppe fixieren.

◀ **Abbildung 11.53**
Bearbeitungsschutz für Ebenengruppen: Legen Sie fest, welche Eigenschaft fixiert werden soll.

Ebenen verschieben, um Bildinhalte zu positionieren

Das Verschieben von Ebenen oder Gruppen im Bild ist vermutlich die am häufigsten angewandte Operation im Zusammenhang mit Ebenen. Wie immer muss die richtige Ebene (oder Gruppe) aktiv und dazu das Verschieben-Werkzeug (Shortcut: [V]) gewählt sein.

Sie können die Ebene nun mit der Maus anfassen und verschieben oder sie pixelgenau mit den Pfeiltasten Ihrer Tastatur ausrichten. Pro Pfeiltasten-Anschlag wird die Ebene um ein Pixel nach oben, unten, rechts oder links geschoben. Wenn Sie dabei zusätzlich die [⇧]-Taste gedrückt halten, erfolgt das Verschieben in Zehn-Pixel-Schritten.

Um die Richtung einer Verschiebung auf 15°-Schritte (oder ein Vielfaches von 15° – also eine genau senkrechte oder waagerechte Bewegungsrichtung) zu beschränken, halten Sie beim Ziehen der Ebene mit der Maus die [⇧]-Taste gedrückt.

Zum Weiterlesen
In Photoshop gibt es neben dem freien Verschieben auch Befehle, um **Ebenenkanten** säuberlich aneinander auszurichten. Mehr dazu finden Sie in Abschnitt 12.1, »Ebenenkanten ausrichten und verteilen«.

Außerdem bietet Photoshop Funktionen zum automatischen **inhaltsbasierten** Ausrichten von Ebenen. Näheres dazu erfahren Sie in Abschnitt 23.1, »Inhaltsbasiert: Ebenen automatisch ausrichten«.

Anordnung von Ebenen und Gruppen verändern

Die Reihenfolge der Ebenenzeilen in der Palette entspricht der Schichtung der Ebenen und Gruppen im Bild. Und die hat auf die Sichtbarkeit einzelner Bildteile gravierenden Einfluss, da die deckenden Pixel der jeweils oberen Ebenen die unteren Ebenen überdecken.

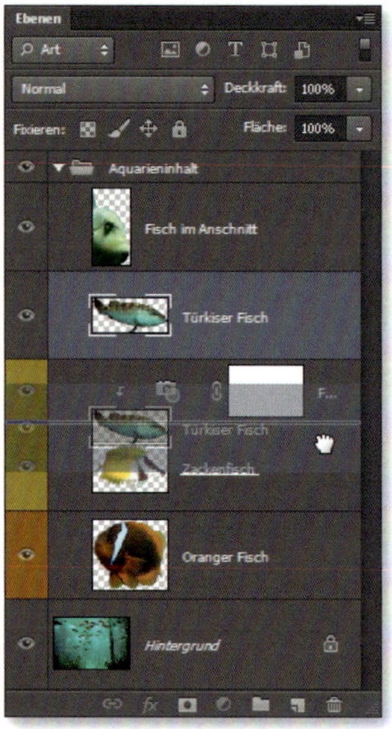

▲ **Abbildung 11.54**
Ebenen oder Gruppen innerhalb der Palettenanordnung zu verschieben, sollte Ihnen keine Schwierigkeiten machen, wenn Sie bereits eine Ebene erfolgreich von Bild zu Bild transferiert haben.

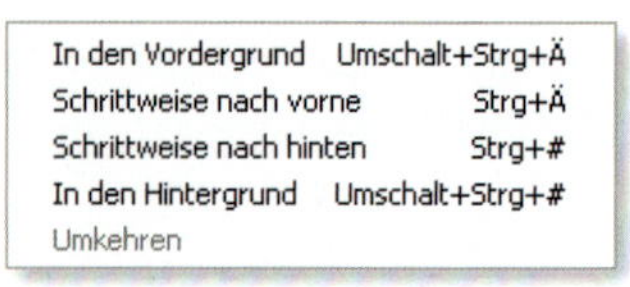

▲ **Abbildung 11.55**
Die Befehle und Tastaturkürzel unter Ebene • Anordnen

Drag & Drop | Um die Ebenenreihenfolge zu verändern, gibt es mehrere Möglichkeiten. Die schnellste Variante ist das Verschieben per Drag & Drop. Fassen Sie dazu einfach die Ebene, die Sie verschieben wollen, in der Palette mit gedrückter linker Maustaste an, und ziehen Sie sie an die gewünschte Position in der Palette. Ein schwarzer Balken zeigt die jeweils aktuelle Position an. Auf diese Weise können Sie auch Ebenen nachträglich in schon bestehende Gruppen bugsieren.

Menü | Alternativ benutzen Sie das Menü. Unter Ebene • Anordnen finden Sie fünf Befehle zum Verschieben der Ebenen – meiner Meinung nach ist das allerdings ein im Alltag zu umständlicher Weg.

- In den Vordergrund (⇧+Strg+Ä bzw. ⇧+cmd+ß) positioniert die aktuell aktive Ebene in der Ebenenreihenfolge ganz oben.
- In den Hintergrund (⇧+Strg/cmd+#) bringt die aktive Ebene in der Ebenenreihenfolge ganz nach hinten. Wenn eine Hintergrundebene vorhanden ist, bleibt diese die unterste Ebene. Die nach hinten gestellte Ebene wird dann die zweite Ebene von unten.
- Schrittweise nach vorne (Strg+Ä bzw. cmd+ß) bringt die aktive Ebene einen Schritt in der Ebenenschichtung nach oben.
- Schrittweise nach hinten (Strg/cmd+#) bringt die aktive Ebene in der Ebenenschichtung einen Schritt nach unten.
- Umkehren dreht die Reihenfolge zuvor in der Palette markierter Ebenen um. Der Befehl funktioniert nur dann, wenn Sie zuvor mehr als eine Ebene markiert haben.

Ebenen und Gruppen reduzieren

Ein Bild mit vielen Ebenen und Ebenengruppen braucht viel Speicherplatz, und auch bei gutem Ebenenmanagement werden solche Dateien schnell unübersichtlich. So ist es bei allen Vorteilen, die die Ebenentechnik bietet, manchmal angeraten, einige oder alle Ebenen zusammenzufügen. Bei Photoshop heißt dies **reduzieren**. Auch Ebenengruppen lassen sich so zusammenrechnen. Beides können Sie mit Hilfe der Ebenen-Palette erledigen. Und natürlich gibt es auch hierfür ein paar nützliche Tastaturkürzel (siehe Tabelle 11.4).

Sie können differenzieren, ob Sie alle vorhandenen Ebenen auf eine (Hintergrund-)Ebene reduzieren wollen oder ob Sie nur einzelne Ebenen miteinander verschmelzen wollen.

Wollen Sie **alle** Ebenen und Gruppen zusammenfügen,

- wählen Sie im Palettenmenü den Befehl Auf Hintergrundebene reduzieren
- oder benutzen das Menü Ebene und dort den entsprechenden Befehl.

»Sicherungskopien« der Datei vor dem Reduzieren anlegen | Ist eine Datei erst einmal auf die Hintergrundebene zusammengerechnet, ist es kaum oder nur mit großem Zeitaufwand möglich, grundsätzliche Änderungen an der Komposition durchzuführen. Die unschlagbaren Vorteile der Ebenentechnik – flexibles Arbeiten, freies Experimentieren mit unterschiedlichen Gestaltungsmöglichkeiten, frei editierbarer Text, einfaches Ausbessern von Fehlern ... – sind bei reduzierten Bildern verloren. Aus diesem Grund kann es sinnvoll sein, vor dem Reduzieren von Ebenen ein Duplikat der Datei zu erzeugen, bei dem die Ebenen erhalten bleiben. Unbedingt ist das zu empfehlen, wenn Sie ein Bild in einen anderen Modus bringen, aber eventuell später noch weiterbearbeiten wollen – manche Moduswechsel gehen mit einem zwangsweisen Reduzieren der Ebenen einher.

Es lohnt sich auch, über ein einheitliches Namenssystem für reduzierte und »ebenenhaltige« Dateien nachzudenken. Das erspart Ihnen im Zweifelsfall viel Sucharbeit im Dateisystem.

Ebenen »stempeln«

Eine sehr interessante Variante des Befehls Auf Hintergrundebene reduzieren ist das sogenannte *Stempeln* von Ebenen. Dabei werden alle Ebenen auf eine neue, zusätzliche Ebene reduziert. **Die Ausgangsebenen bleiben jedoch intakt.**

- Merken Sie sich dazu den Shortcut ⇧+Strg+Alt+E (Windows) oder ⇧+cmd+Alt+E (Mac). Ebenengruppen werden hier wie Ebenen behandelt.
- Sie schränken die Wirkung dieses Befehls ein und »stempeln« auf diese Art und Weise nur einige Ebenen, indem Sie nur eingeblendete Ebenen zu einer neuen Ebene verrechnen lassen. Dazu klicken Sie – mit gehaltener Alt-Taste – auf den Befehl Ebene • Sichtbare auf eine Ebene reduzieren. Alternativ markieren Sie die gewünschten Ebenen in der Palette und wählen dann (mit Alt-Taste!) Ebene • Auf eine Ebene reduzieren.

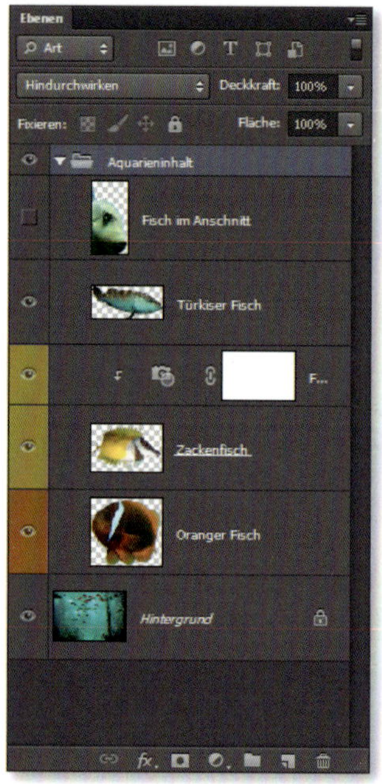

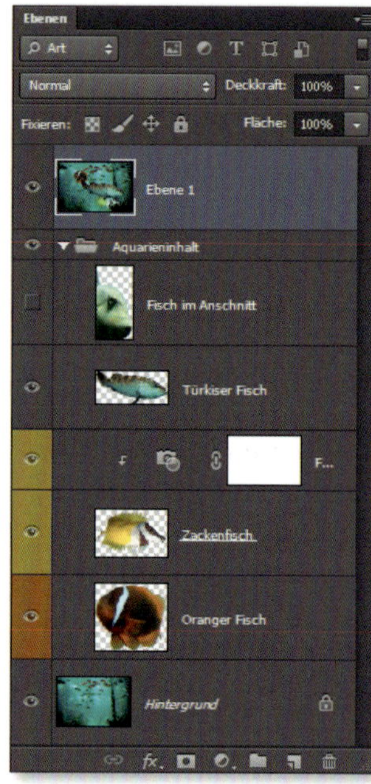

Abbildung 11.56 ▶
Vor dem Stempeln: Die Ebene »Fisch im Anschnitt« ist ausgeblendet, alle anderen Ebenen sind eingeblendet, und der Ordner »Aquarieninhalt« ist aktiv.

Abbildung 11.57 ▶▶
Danach: Aus den eingeblendeten Ebenen wurde eine neue Ebene erstellt. Abgelegt wird sie oberhalb des zuletzt aktiven Elements. Die Ausgangsebenen sind unverändert.

Bestimmte Ebenen reduzieren | Wenn Sie nur manche Ebenen des Bildes verschmelzen wollen, haben Sie differenziertere Möglichkeiten. Diese Befehle zum Reduzieren von Ebenen erreichen Sie über den Menüpunkt Ebene und über das Menü der Ebenen-Palette. Schneller sind Sie jedoch meist mit den Shortcuts!

- Nutzen Sie beispielsweise das Augensymbol : Entfernen Sie es von den Ebenen, die *nicht* reduziert werden sollen, und klicken Sie im Seitenmenü Sichtbare auf eine Ebene reduzieren (die Tastaturkürzel dazu: Strg/cmd+⇧+E). Welche Ebene bei diesem Verfahren aktiv ist, spielt keine Rolle.
  Dieser Weg birgt allerdings die Gefahr, dass irrtümlich eine Ebene mit reduziert wird, die eigentlich noch bearbeitet werden sollte – für Sie bedeutet das viel Mühe oder vielleicht sogar einen unumkehrbaren Fehler.
- Ein anderer Weg ist, diejenigen Ebenen, die reduziert werden sollen, per Maus in der Ebenen-Palette zu aktivieren und dann den Befehl Auf eine Ebene reduzieren (Strg/cmd+E) zu wählen. Dabei ist es völlig gleichgültig, an welcher Position in der Ebenen-Palette die Ebenen liegen und ob andere, nicht markierte Ebenen dazwischenliegen.
- Ist in der Ebenen-Palette aktuell nur eine einzige Ebene markiert, verschmilzt der Befehl Strg/cmd+E diese aktive Ebene mit der darunterliegenden. Alternativ verwenden Sie den Seitenmenübefehl Mit darunter liegender auf eine Ebene reduzieren.

Achtung bei Ebenen mit unterschiedlichen Mischmodi

Enthält Ihr Bild Ebenen mit unterschiedlichen Mischmodi, ist es beim Reduzieren von Ebenen möglich, dass sich das Aussehen des Bildes radikal ändert, weil der Mischmodus der reduzierten Ebenen nicht bei allen Reduzieren-Befehlen erhalten bleibt. Diesbezüglich gänzlich risikolos ist der Befehl Auf Hintergrundebene reduzieren. Bei den anderen Techniken kann es zu Pannen kommen. Mehr über Mischmodi lesen Sie in Kapitel 13, »Mischmodus: Pixel-Interaktion zwischen Ebenen«.

Gruppen reduzieren | Gruppen lassen sich mit den bisher genannten Befehlen ebenso gut bearbeiten – sie werden wie Ebenen behandelt. Es ist aber auch möglich, nur einzelne Ebenen aus Gruppen mit anderen Ebenen zu verschmelzen.

Um aus einer Gruppe eine einzige Ebene zu machen, markieren Sie die betreffende Gruppe und wählen den Befehl Gruppe zusammenfügen aus dem Palettenmenü oder dem Ebene-Menü. Auch hier ist der Tastaturbefehl wiederum Strg/cmd+E. Je nachdem, welche Konstellation in der Ebenen-Palette vorliegt, ändert dieses Kürzel seine Funktion – es steht jedoch immer für schnelles Reduzieren einiger Bildebenen.

Was wollen Sie tun?	Windows	Mac
markierte Ebene(ngruppe) mit darunterliegender Ebene(ngruppe) auf eine Ebene reduzieren	Strg+E	cmd+E
mehrere markierte Ebenen(gruppen) auf eine Ebene reduzieren	Strg+E	cmd+E
markierte Gruppe auf eine Ebene reduzieren (Gruppe zusammenfügen)	Strg+E	cmd+E
Alle sichtbaren Ebenen(gruppen) auf eine Ebene reduzieren. Wenn im Bild eine Hintergrundebene vorhanden ist, werden Ebenen auf die Hintergrundebene reduziert.	Strg+⇧+E	cmd+⇧+E
eine Kopie aller sichtbaren Ebenen auf eine neue Zielebene reduzieren (Ebenen »stempeln«)	⇧+Strg+Alt+E	⇧+cmd+Alt+E

▲ **Tabelle 11.4**
Tastaturbefehle zum Reduzieren von Ebenen und Gruppen auf einen Blick

11.5 Ebenenmanagement: Miniaturdarstellung, Namen und Kennzeichnung

Ebenen nach einem vernünftigen System zu benennen, zu sortieren und mit Farbcodes zu versehen, gehört nicht gerade zu den kreativsten Aufgaben, die bei der Bildbearbeitung anfallen – die Mühe zahlt sich jedoch aus. Nichts ist nervraubender als die ständige Suche nach der richtigen Ebene.

Ansichtsoptionen in der Palette

Erscheinen Ihnen die Ebenenminiaturen in der Ebenen-Palette zu winzig? Ändern Sie einfach ihre Darstellung. Ein Rechtsklick auf eine der

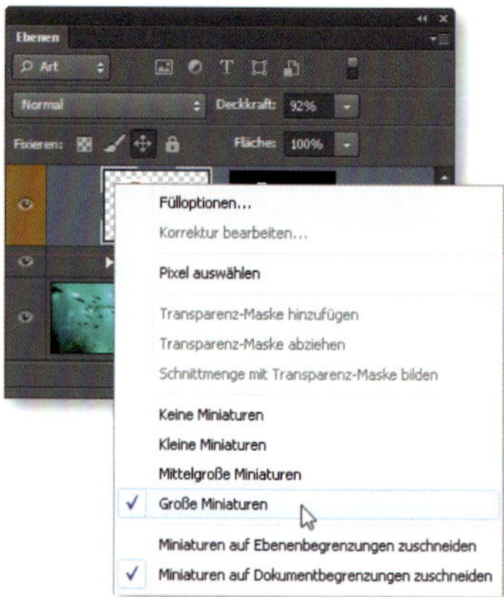

▲ **Abbildung 11.58**
Miniaturgröße via Kontextmenü ändern

Ebenenminiaturen öffnet ein Kontextmenü, mit dem Sie unter anderem die Miniaturgröße umstellen können.

Dieselben Einstellungsmöglichkeiten bietet das Dialogfeld Ebenenbedienfeldoptionen. Sie erreichen es über das Palettenmenü und dort über den Befehl Bedienfeldoptionen. Wenn Ihr Bild lediglich eine Hintergrund- und keine andere Ebene enthält, müssen Sie diesen Weg nehmen, denn dann funktioniert das in Abbildung 11.58 gezeigte Kontextmenü nicht.

Miniaturinhalt | Die Einstellung unter Miniaturinhalt ist vor allem bei Bildern interessant, deren Ebenen nur vergleichsweise kleine deckende Bereiche – also Bildelemente – enthalten.

Wenn Sie statt der Standardeinstellung Ganzes Dokument die Einstellung Ebenenbegrenzungen wählen, können Sie in den Ebenenminiaturen besser sehen, was der jeweilige Inhalt der Ebene ist. Allerdings erkennt man auf den Miniaturen so nicht, welche Position im Bild die einzelnen Elemente haben, und auch Proportionen werden nicht korrekt angezeigt.

▲ **Abbildung 11.59**
Miniaturinhalt auf Dokumentbegrenzungen zugeschnitten – man ahnt die Position des Objekts im Bild.

▲ **Abbildung 11.60**
Miniaturinhalt auf Ebenenbegrenzungen zugeschnitten – man sieht etwas mehr vom Ebeneninhalt, aber hat keine Vorstellung von den Größenrelationen.

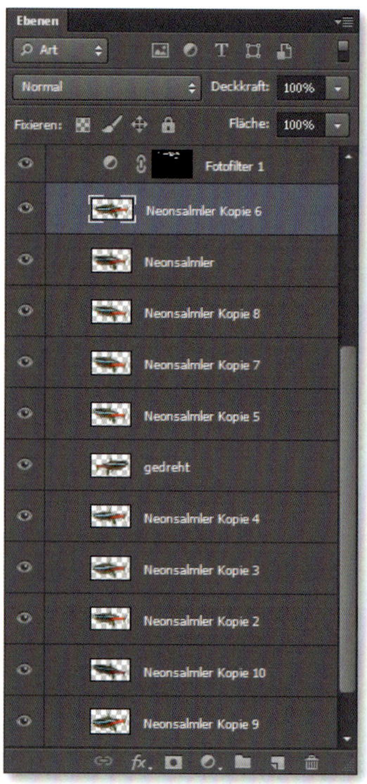

▲ **Abbildung 11.61**
Schlechtes Ebenenmanagement rächt sich. Sich in einem solchen Ebenenaufbau zu orientieren und auf Anhieb die richtige Ebene zu aktivieren, ist nicht einfach.

Namensvergabe

Neue Ebenen, für die Sie nicht direkt beim Anlegen einen Namen vergeben, nummeriert Photoshop einfach automatisch durch. Ebenen, die Sie duplizieren, behalten ihren angestammten Namen – mit oder ohne den Zusatz »Kopie«. Ebenen, die Sie aus anderen Dateien einfügen, ändern ihren Namen nicht.

Der wichtigste Schritt, um einzelne Ebenen oder Gruppen schnell in der Palette wiederzufinden, besteht darin, sie konsequent sofort zu benennen. Ein wenig Disziplin müssen Sie dafür schon aufbringen, denn der Arbeitsfluss wird durch zwei, drei Extra-Mausklicks unterbrochen.

Sie sparen sich das Ändern automatisch vergebener Ebenen- oder Gruppennamen, wenn Sie gleich beim Erzeugen aussagekräftige Titel vergeben. Dazu gibt es in Photoshop ein kompaktes Dialogfeld, in dem Sie neben dem Titel auch die Hervorhebungsfarbe in der Ebenen-Palette, den Mischmodus und die Deckkraft und andere Eigenschaften festlegen können. Wenn Sie Ebenen oder Gruppen per Menübefehl oder via Palettenmenü erzeugen, erscheint der Dialog automatisch. Doch wer macht das schon? In der Praxis nutzt man zum Erzeugen oder Duplizieren von Ebenen und Gruppen doch meist die Icons Neu und Neue Gruppe am unteren Rand der Ebenen-Palette. Und dabei bekommen Sie das Fenster zur Namensvergabe normalerweise nicht zu sehen. Ein Kürzel schafft Abhilfe: Drücken Sie `Alt`, während Sie auf eine der Schaltflächen klicken – dann öffnet sich umgehend der Dialog Neue Gruppe oder Neue Ebene.

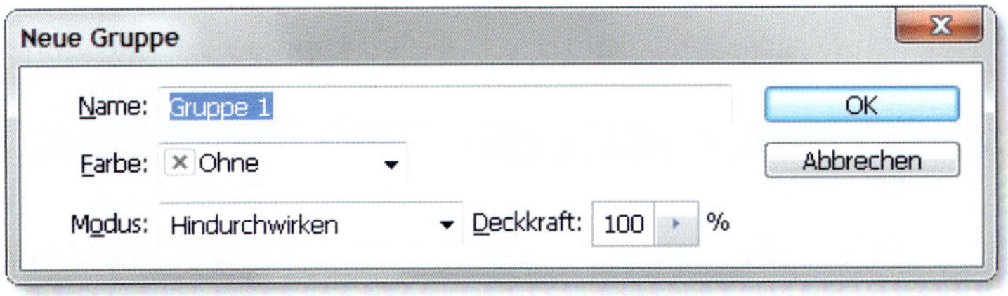

▲ **Abbildung 11.62**
Im Dialog Neue Gruppe legen Sie die Eigenschaften von Gruppen schon während der Erstellung fest. Für Ebenen funktioniert das genauso!

Ebene nachträglich benennen | Um eine Ebene oder Gruppe nachträglich zu benennen, doppelklicken Sie auf den Ebenentitel oder Gruppentitel – und zwar *genau* auf den Titel (andernfalls rufen Sie das Dialogfeld Ebenenstile auf). Sie haben dann direkt die Möglichkeit, den neuen Namen einzutippen.

Ist ein bestehender Titel sehr kurz, ist es manchmal schwierig, den entscheidenden Doppelklick zum Umbenennen genau auf der Schrift zu platzieren. Dann hilft ein Rechtsklick in die umzubenennende Ebenenzeile. Es öffnet sich ein Kontextmenü, mit dem Sie ein Dialogfeld aufrufen, in dem Sie schließlich einen neuen Namen eintragen können.

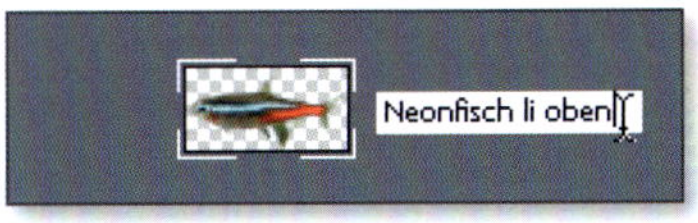

▲ **Abbildung 11.63**
Namenseingabe direkt in der Ebenen-Palette

Farbkodierung

Die richtige Namensvergabe ist jedoch nicht alles: Zusätzlich können Sie den Ebenen und Gruppen innerhalb der Palette eine farbige Kodierung zuweisen. Das geht per Rechtsklick *genau* auf das Augensymbol der Ebenen-Palette.

Damit können Sie zum Beispiel Ebenen mit einer bestimmten Funktion oder auch Ebenen in verschiedenen Entwurfsstadien farblich kennzeichnen (z. B. Gelb für »Experimente«, Orange für fertige Konzeptteile ...). Oder Sie setzen die Farben als simple Assoziationshilfen ein, die sich beispielsweise an der Farbe der Bildobjekte orientieren.

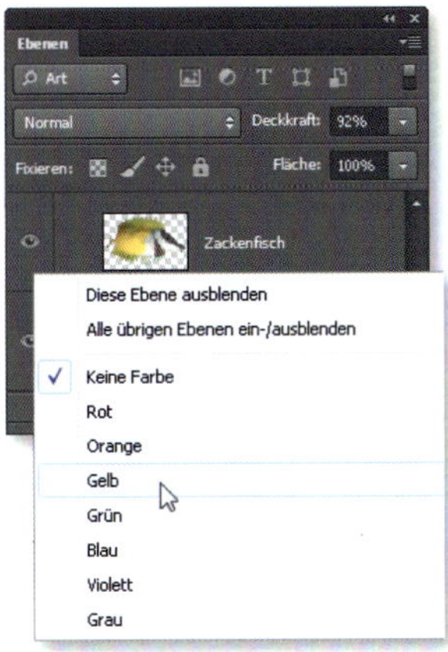

▲ **Abbildung 11.64**
Farbkodierungen lassen sich an Ebenen oder Gruppen anbringen.

Auch im regulären Menü EBENE finden Sie die Befehle zum Festlegen von Ebenen- und Gruppeneigenschaften wieder. In der täglichen Praxis ist das Hantieren mit dem Menü allerdings viel zu umständlich – die Palette bleibt das wichtigste Arbeitsinstrument für den Umgang mit Ebenen(gruppen).

11.6 Ebenengruppen: Praktische Ordner

Gruppen (sie heißen in älteren Photoshop-Versionen **Ebenensets** oder **Ebenensätze** sind eine sehr effektive Art, Ebenen zu organisieren. Gruppen können – wie kleine Dateiordner – mehrere Ebenen aufnehmen. Dementsprechend erinnert auch das Icon  an bekannte Dateiordner-Symbole.

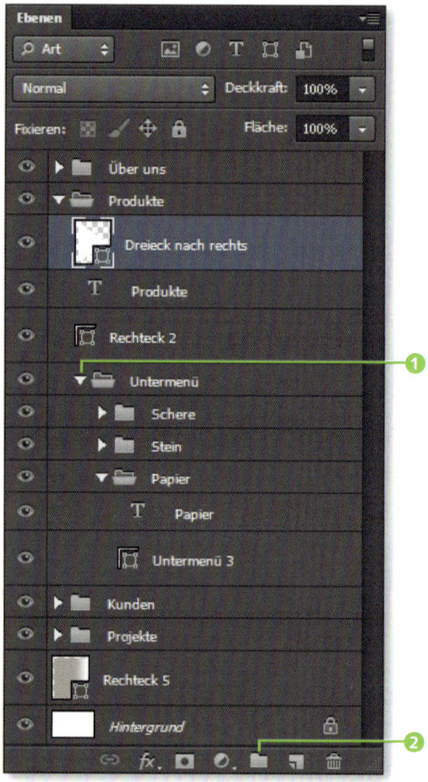

Abbildung 11.65 ▸
Gruppen schaffen Ordnung auf der Ebenen-Palette. Per Pfeil 1 klappen Sie die Gruppen aus und wieder ein. Damit werden umfangreiche Paletten kürzer und sind leichter zu handhaben. Unten sehen Sie den Button zum Erstellen einer neuen Gruppe 2.

Neben dem Ordnungsaspekt bieten Ebenengruppen auch Bearbeitungskomfort: Alle Ebenen in einer Gruppe lassen sich zusammen verschieben, ein- und ausblenden, mit einer gemeinsamen Maske versehen, duplizieren (und dann beispielsweise abändern, um eine zweite Version zu erstellen) oder transformieren.

Ebenengruppen erstellen und löschen

Wie kommen Sie also zu so einem praktischen Ebenenordner? Und wie verwalten Sie Ebenengruppen?

- Wenn Sie **bestehende Ebenen zu einer Gruppe zusammenfassen** wollen, müssen Sie die Ebenen zunächst gemeinsam markieren. Anschließend wählen Sie im Seitenmenü der Palette NEUE GRUPPE AUS EBENEN, vergeben einen Namen und bestätigen mit OK. Das passende Kürzel ist: Strg/cmd+G.
- Auch das **Anlegen von leeren Ebenengruppen** ist möglich. Nutzen Sie dazu den Befehl NEUE GRUPPE aus dem Seitenmenü oder den Ordner-Button am unteren Palettenrand.
- Um eine neue Ebene direkt in einer schon bestehenden Gruppe zu erzeugen, muss die Gruppe geöffnet (»aufgeklappt«) sein, bevor Sie auf das NEU-Icon klicken.
- Sie können einzelne Ebenen auch **nachträglich** mit der Maus in eine Gruppe hineinziehen – und auf dem gleichen Weg wieder herausnehmen oder in den Papierkorb befördern.
- Gruppen lassen sich wie einzelne Ebenen in der Ebenen-Palette – und damit in der »Folienschichtung« im Bild – **verschieben**. Ebenen innerhalb einer Gruppe können Sie ebenfalls umschichten und wie gewohnt bearbeiten.
- Zum **Löschen** von Gruppen nutzen Sie den Mülleimer oder das Kontextmenü (Rechtsklick auf die Gruppe). Sie haben dann die Wahl, ob nur der Gruppen*ordner* entfernt wird und die darin enthaltenen Ebenen »freigesetzt« werden oder ob die Gruppe samt den enthaltenen Ebenen gelöscht wird.

Elemente aus Gruppen herausbugsieren

Sie können alle Elemente innerhalb der Ebenen-Palette mit Drag & Drop bewegen. Das gilt auch für Elemente innerhalb von Gruppen. Das Maushandling ist dabei manchmal schwierig, insbesondere wenn Sie Elemente aus Gruppen herausziehen wollen. In solchen Fällen helfen die Menübefehle unter EBENE • ANORDNEN. So befördern Sie auch die widerspenstigsten Elemente aus einer Gruppe auf die nächsthöhere Hierarchieebene.

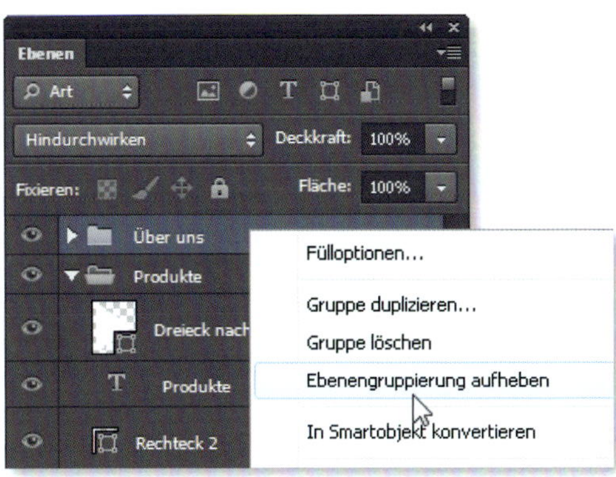

◀ **Abbildung 11.66**
Löschen von Gruppen per Kontextmenü. Mit dem Befehl EBENENGRUPPIERUNG AUFHEBEN bewirken Sie ein direktes Löschen des Gruppenordners (ohne den Inhalt zu löschen).

Verschachtelte Gruppen | In der Manier von Ordnern und Unterordnern können Sie Ebenengruppen auch ineinanderschachteln. Mehr als zwei oder drei Ordnungslevel machen die Ebenen-Palette dann aber schnell unhandlich. Um solche verschachtelten Gruppen anzulegen,

- markieren Sie bestehende Gruppen und packen sie über den Seitenmenübefehl NEUE GRUPPE AUS EBENEN in eine übergeordnete Gruppe; das funktioniert ganz genauso wie bei einzelnen Ebenen;
- ziehen Sie eine vorhandene Gruppe auf die Schaltfläche NEUE GRUPPE (Ordner-Icon) am Fuß der Ebenen-Palette;
- oder ziehen Sie per Maus ganze Gruppen in schon vorhandene andere Gruppen – so, wie Sie auch Ebenen in Gruppen bugsieren.

Tabelle 11.5 ▼
Tastaturbefehle für das Arbeiten mit Gruppen auf einen Blick

Was wollen Sie tun?	Windows	Mac
neue (leere) Ebenengruppe oberhalb der aktuellen Ebene(ngruppe) erstellen	Klick auf die Schaltfläche NEUE GRUPPE ERSTELLEN	Klick auf die Schaltfläche NEUE GRUPPE ERSTELLEN
neue (leere) Ebenengruppe unter der aktuellen Ebene(ngruppe) erstellen	[Strg] + Klick auf die Schaltfläche NEUE GRUPPE ERSTELLEN	[cmd] + Klick auf die Schaltfläche NEUE GRUPPE ERSTELLEN
zuvor markierte Ebenen gruppieren	[Strg]+[G]	[cmd]+[G]
Gruppierung von Ebenen aufheben	[Strg]+[⇧]+[G]	[cmd]+[⇧]+[G]
neue Ebenengruppe mit Dialogfeld erstellen	[Alt] + Klick auf die Schaltfläche NEUE GRUPPE ERSTELLEN	[Alt] + Klick auf die Schaltfläche NEUE GRUPPE ERSTELLEN
Fülloptionen der Ebenengruppe anzeigen	Rechtsklick auf die Ebenengruppe und FÜLLOPTIONEN, Doppelklick auf das Ordnersymbol	Rechtsklick auf die Ebenengruppe und FÜLLOPTIONEN, Doppelklick auf das Ordnersymbol

11.7 Ebenenkompositionen

Mehrere Bildversionen in einer Datei? Kein Problem mit Ebenenkompositionen! Die Funktion hilft Ihnen dabei, die verschiedenen Bildfassungen zu verwalten und schnell auf unterschiedliche Ebenenkonstellationen zuzugreifen.

Wozu Ebenenkompositionen einsetzen?

Bildebenen sind zum Experimentieren da. Sobald Sie selbst umfangreichere Montagen oder Composings anlegen, werden Sie feststellen, dass es ein sehr hilfreicher und daher oft eingesetzter Trick ist, mit Hilfe von Ebenen(gruppen) verschiedene Bildversionen in einer Datei zu erstellen. Durch Ein- und Ausblenden der Ebenen und Gruppen in verschiedenen Konstellationen werden unterschiedliche Bildvarianten sichtbar und können so auch Interessenten und potentiellen Kunden vorgeführt werden. Allerdings dauert es bei umfangreicheren Kompositionen manchmal eine ganze Weile, bis die richtige Bildversion mit Hilfe der Augen-Icons »zusammengeklickt« ist.

Deshalb stellt Adobe eine Palette zur Verfügung, die die Versionsverwaltung erleichtert: die Ebenenkompositionen (innerhalb des Programms lakonisch als Ebenenkomp. abgekürzt). Das Funktionsprinzip ist den schon vorgestellten Schnappschüssen nicht unähnlich: Mit der Ebenenkomp.-Palette werden verschiedene Konstellationen der Ebenen-Palette aufgezeichnet.

Per Ebenenkomposition werden nicht *alle* Bildzustände konserviert (direkte Änderungen an den Bildpixeln bleiben außen vor!), immerhin aber folgende Ebenenstatus:

- die **Sichtbarkeit** einer Ebene (ist sie ein- oder ausgeblendet?)
- die **Position** der Ebene auf dem Bild
- ihr **Aussehen** (Mischmodi und, wenn vorhanden, Ebeneneffekte)

Zum Nachlesen
Schnappschüsse sind eine Funktion der Protokoll-Palette. Mehr über die Protokollfunktion – und andere Befehle, mit denen Sie Arbeitsschritte zurücknehmen – finden Sie in Kapitel 6, »Arbeitsschritte zurücknehmen, Bilder retten«.

Anders als beim Protokoll und bei Schnappschüssen bleiben diese Informationen auch nach dem Speichern der Datei erhalten und können mit einem einfachen Klick erneut aufgerufen werden. Das funktioniert natürlich nur mit Dateiformaten, die Ebenen generell unterstützen.

Ebenenkompositionen anlegen und verwalten

Um Ebenenkompositionen zu erzeugen, muss Ihnen natürlich ein Bild mit mehreren Ebenen vorliegen.

Die notwendige Palette starten Sie via Fenster • Ebenenkomp. Klicken Sie dann auf das Neu-Symbol am Fuß der Ebenenkomp.-Palette, um eine **neue Ebenenkomposition** anzulegen, die auf den aktuellen Paletten-Einstellungen im Bild basiert. Dann werden Sie gefragt, welche Ebeneneigenschaften Sie mit aufnehmen wollen.

▲ **Abbildung 11.67**
Das Palettensymbol für die Ebenenkomp.-Palette

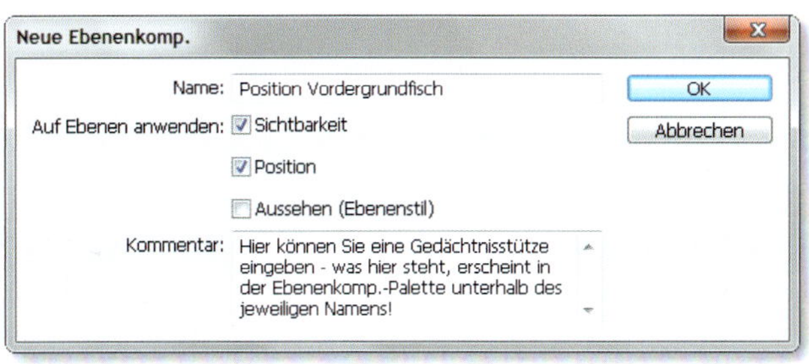

◄ **Abbildung 11.68**
Optionen für neue Ebenenkompositionen. Im Feld Kommentar können Sie kurze Hinweistexte zur Komposition eingeben.

Ebenenkomposition verändern | Auch nachträglich lassen sich Eigenschaften einer Komposition – also der Umfang der mitgespeicherten Ebenenmerkmale – ändern. Dazu genügt ein Doppelklick auf die Zeile der Komposition in der Palette. Damit rufen Sie die Optionen erneut auf.

Um eine **neue Situation in der Datei festzuhalten**, legen Sie entweder eine neue Komposition an oder aktualisieren eine bestehende Komposition. Nutzen Sie dazu den runden Doppelpfeil ③ (oder EBENENKOMP. AKTUALISIEREN im Palettenmenü).

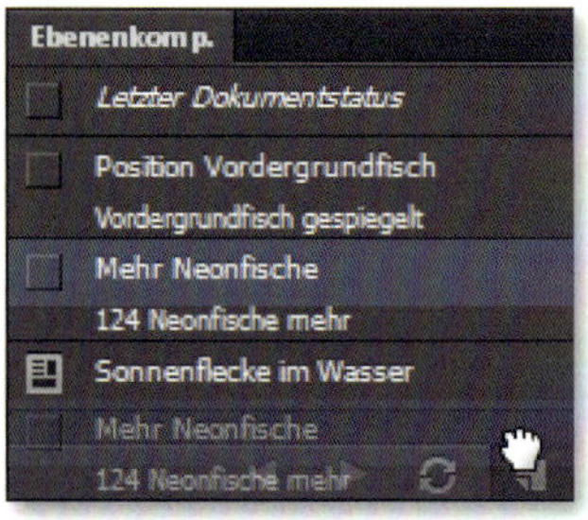

▲ **Abbildung 11.69**
Kompositionen duplizieren. Alternativ benutzen Sie die Befehle aus dem Seitenmenü der Palette.

Ebenenkomposition duplizieren | Eine solche Komposition lässt sich einfach duplizieren, um sie dann zu modifizieren. Das funktioniert ähnlich wie beim Duplizieren von Ebenen durch Ziehen des Kompositionseintrages auf das NEU-Icon. Alternative: Benutzen Sie den Befehl aus dem Seitenmenü.

Ebenenkomposition aktivieren | Um eine bestimmte Komposition zu aktivieren, klicken Sie das bis dahin leere Kästchen vor der jeweiligen Komposition an. Ein Icon ① zeigt an, welche Komposition gerade aktiv, also im Bild zu sehen ist.

Abbildung 11.70 ▲
Die wichtigsten Funktionen. Anklicken der kleinen Dreiecke fördert den Kommentar zur betreffenden Ebenenkomposition zutage, falls Sie zuvor einen eingegeben haben.

Mit den Pfeiltasten ② (oder Befehlen des Palettenmenüs) **blättern** Sie in den verschiedenen Kompositionen.

Ebenen aus Ebenenkompositionen löschen | Damit das Konzept der Ebenenkompositionen – Aufzeichnen bestimmter Ebenenstadien zum erneuten leichten Aufruf – funktioniert, ist es entscheidend, wie Sie mit dem (irrtümlichen oder beabsichtigten) Löschen von Ebenen umgehen, die zuvor in einer Komposition aufgezeichnet wurden. Wenn Sie Ebenen entfernen oder löschen, erhalten Sie in der Ebenenkomp.-Palette in jedem Fall eine Warnmeldung. Aktualisieren Sie dann entweder die Komposition(en) erneut, oder löschen Sie die Meldung. Das Löschen der Warnung entfernt aber nicht die Ursache der Warnmeldung, sondern nur die Meldung selbst!

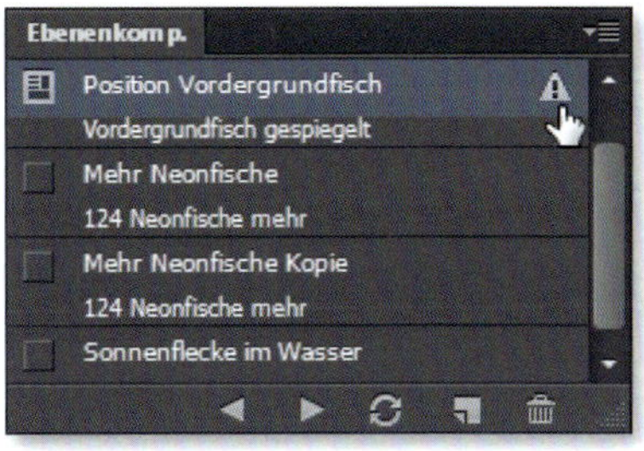

▲ **Abbildung 11.71**
Um Warnungen zu entfernen, klicken Sie auf das kleine Warndreieck in der Palette.

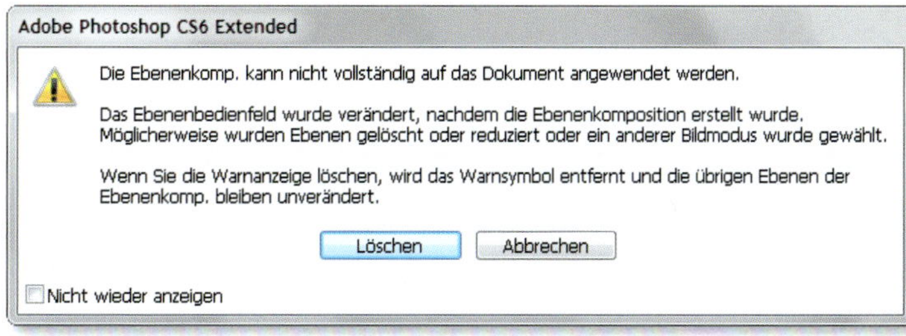

▲ **Abbildung 11.72**
Es öffnet sich dann dieser Dialogkasten.

Ebenenkompositionen exportieren | Wenn Ihnen in den Ebenenkompositionen abgelegte Bildversionen gut gefallen, können Sie auf einfache Art und Weise daraus autonome Dateien erzeugen. Aus jeder Komposition lässt sich automatisch eine eigene Bilddatei erzeugen. Sie benutzen dazu den Befehl Datei • Skripten • Ebenenkomp. in Dateien. Den Dateityp und einige Eigenschaften können Sie in einer Dialogbox festlegen. Den Rest erledigt Photoshop dann von allein.

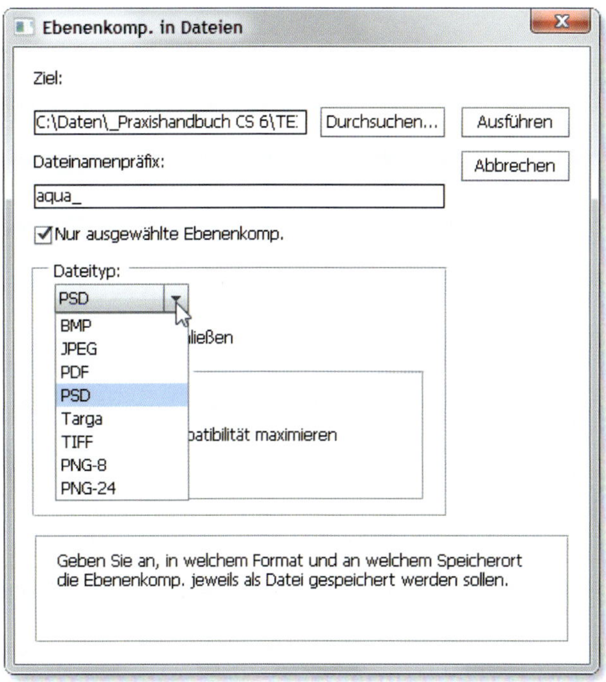

▲ **Abbildung 11.73**
Hier legen Sie den Dateinamen, den Speicherort und den Dateityp fest. Sie können auch bestimmen, ob nur eine – die ausgewählte – oder alle Kompositionen zu neuen Dateien verarbeitet werden.

Einzelne Ebenen in Dateien exportieren
Sie müssen nicht unbedingt eine Ebenenkomposition erzeugen, um auf einfache Art aus Ebenen eigene Dateien zu erzeugen. Der Befehl Datei • Skripten • Ebenen in Dateien exportieren produziert aus den einzelnen Ebenen einer Datei eigenständige Dateien.

Keine Ebenenkomp. in Web-Galerien
Unter Datei • Skripten finden Sie auch noch den Befehl Ebenenkomp. in WPG. Damit konnte man in älteren Photoshop-Versionen Web-Fotogalerien aus den Kompositionen erzeugen. Die Web-Galerie-Funktion gibt es jedoch nur noch in Bridge, und in aktuellen Photoshop-Versionen produziert der Befehl eine Fehlermeldung.

Kapitel 12
Fortgeschrittene Ebenentechniken

Die grundlegenden – aber wichtigen – Ebenen-Arbeitstechniken haben Sie im letzten Kapitel gelernt. Hier erfahren Sie, wie Sie aus Photoshops Kernfunktion mehr herausholen.

12.1 Ebenenkanten ausrichten und verteilen

Wenn Sie neue Ebenen ins Bild einfügen, liegen diese nicht unbedingt immer genau dort, wo Sie sie haben möchten. Vor allem bei Montagen mit Text und Formen ist das häufig der Fall. Um die Ebenen exakt aneinander auszurichten, müssen Sie sich aber nicht auf Ihr Augenmaß verlassen.

Zum Nachlesen
Mehr über **Hilfslinien, Rasterlinien** und andere Helferlein für den Photoshop-Alltag lesen Sie in Kapitel 5, »Nützliche Helfer«.

Ausrichten per Button-Klick

Hilfslinien, automatische Hilfslinien und Raster sind Hilfsmittel, um Ebenen aneinander auszurichten. Häufig bedeutet das akkurate Ausrichten anhand solcher Linien jedoch mühsame Fummelei – selbst wenn Hilfslinien & Co. dank der Option Ansicht • Ausrichten an leicht magnetisch sind und die Ebenen dort leicht haften bleiben.

In der Optionsleiste des Verschieben-Werkzeugs (Kürzel [V]) finden Sie jedoch zwei Gruppen von Buttons, die Ihnen das genaue Ausrichten und Verteilen von Ebenen enorm erleichtern.

▼ Abbildung 12.1
Eine ganze Gruppe hilfreicher Buttons finden Sie in den Optionen des Verschieben-Werkzeugs. Die ersten sechs ❶ dienen zum **Ausrichten** von Ebenen aneinander, die zweite Abteilung ❷ **verteilt** Ebenen.

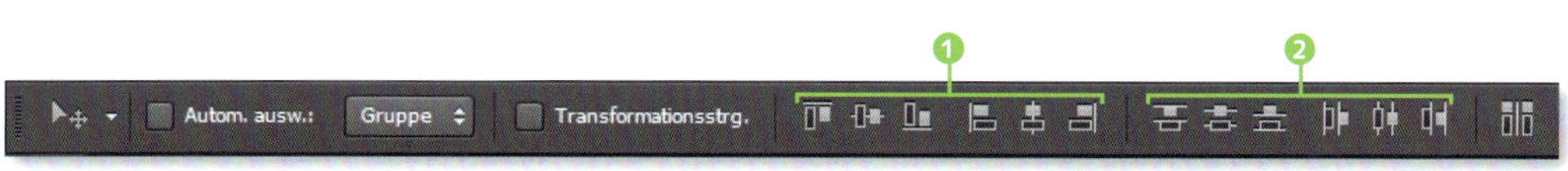

Referenzebene bestimmen

Wenn Ebenen aneinander ausgerichtet werden, muss – logischerweise – immer eine Ebene als Referenzebene dienen, an der die anderen ausgerichtet werden. Wenn Sie nichts weiter unternehmen, wählt Photoshop die Referenzebene automatisch. Beim Ausrichten der linken Kanten ist es z. B. immer die Ebene, die am weitesten links steht; beim Ausrichten der unteren Kanten ist es die Ebene, die (im Bild, nicht in der Palette) zuunterst positioniert ist, usw. Wenn Sie eine andere Ebene als Referenzebene festlegen wollen, müssen Sie den Ebeneninhalt auswählen (Ebene aktivieren und dann am schnellsten mit [Strg]/[cmd]+[A]). Eine Ausnahme ist die Hintergrundebene: Beim Zentrieren von Bildelementen kann sie als Referenz fungieren, ohne zuvor ausgewählt zu werden.

Ebenen in eine Linie bringen | Um mit den Ausrichten-Buttons 1 Ebenen auszurichten, müssen mindestens zwei Ebenen markiert sein. Dann klicken Sie auf einen der Buttons, und schon sind die Ebenen in Position gebracht. Die von Adobe vorgegebene Benennung der Buttons (»horizontal«, »vertikal«) ist ein wenig verwirrend, aber eigentlich sind die Symbole der Buttons ziemlich eindeutig. So lassen sich die Buttons intuitiv einsetzen. Aber Achtung – die Ausrichten-Befehle funktionieren nicht, wenn Ebenen verriegelt sind. Auf dieselbe Weise richten Sie auch vollständige Ebenengruppen aneinander aus. Wenn nur eine Ebenengruppe aktiviert ist und Sie dann die Ausrichten-Buttons einsetzen, werden **alle Ebenen innerhalb der Gruppe** ausgerichtet.

Und Sie können Ebenen nicht nur aneinander, sondern auch mit Hilfe einer **Auswahllinie** positionieren. Dazu legen Sie im Bild eine Auswahl an und wählen dann die Ebene aus, die Sie an der Auswahl ausrichten möchten. Anschließend benutzen Sie wiederum die Ausrichten-Buttons.

Vertikal ausrichten | »Vertikale Ausrichtung« bedeutet, dass die Ebenen sich auf der vertikalen Achse nach oben oder unten bewegen. Die horizontale Position bleibt erhalten.

Richtet die **Oberkanten** aller aktivierten Ebenen an der obersten Kante aller aktivierten Ebenen oder an der obersten Kante einer Auswahlbegrenzung (wenn vorhanden) aus.

Richtet die **vertikalen Mittelachsen** der aktivierten Ebenen an den vertikalen Mitten aller aktivierten Ebenen oder an der vertikalen Mitte einer Auswahlbegrenzung aus.

Richtet die **Unterkanten** aller aktivierten Ebenen an der untersten Kante aller aktivierten Ebenen oder an der Unterkante einer Auswahlbegrenzung aus.

Horizontal ausrichten | »Horizontale Ausrichtung« heißt, die Ebenen bewegen sich auf der horizontalen Achse nach rechts oder links.

Der Button richtet die **linken Kanten** der aktivierten Ebenen am äußersten linken Pixel der Ebene ganz links oder an der äußersten linken Kante der Auswahlbegrenzung aus.

Dieser Button richtet die **Mittelachsen** der aktivierten Ebenen bzw. aneinander bzw. an der Mitte eines Auswahlbereiches aus.

▲ **Abbildung 12.2**
Das Ausgangsbild. Markieren Sie alle Ebenen einschließlich der Hintergrundebene, klicken Sie auf den Button An horizontaler Mittelachse ausrichten …

▲ **Abbildung 12.3**
… und schon stehen die Buttons in einer Linie und sind außerdem zentriert.

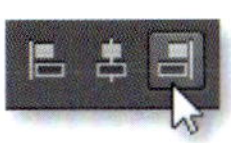

Richtet die **rechten Kanten** der aktivierten Ebenen am äußersten rechten Pixel der Ebene ganz rechts oder an der äußersten rechten Kante der Auswahlbegrenzung aus.

Datei auf der Buch-DVD: »VierButtons.tif«

Ebenen verteilen

Die sechs Schaltflächen weiter rechts in der Optionsleiste des Verschieben-Werkzeugs ❷ helfen Ihnen, Ebenen gleichmäßig zu verteilen. Es müssen mindestens drei Ebenen aktiviert sein, damit das Verteilen funktioniert. Etwaige Hintergrundebenen oder fixierte Ebenen dürfen dabei nicht aktiviert sein. Als **Referenz** dient beim Verteilen die Position der jeweils äußeren Ebenen, also die oberste und unterste beziehungsweise die ganz rechts und links stehende Ebene. Meist ist es also notwendig, zumindest die Referenzelemente per Hand exakt auszurichten.

Um die vertikale Mittelachse verteilen | Die folgende Gruppe von Buttons verteilt Ebenen um die vertikale Mittelachse:

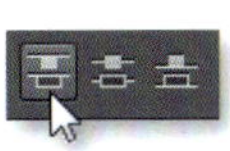

Obere Kanten verteilt die aktivierten Ebenen ausgehend von den **oberen Pixeln** jeder Ebene.

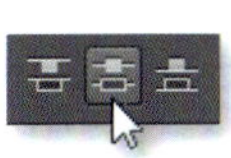

Vertikale Mittelachse verteilt die Ebenen ausgehend von den **Ebenenmitten**.

Untere Kanten verteilt die markierten Ebenen ausgehend von den **unteren Pixeln** jeder Ebene.

Keine pixelgenauen Abstände

Zur Erinnerung: Zwischen den beiden Referenzebenen werden die übrigen Ebenen gleichmäßig verteilt. Ein genaues Ausrichten nach Pixeln, Zentimetern oder anderen Maßeinheiten (»30 Pixel Abstand zwischen allen Elementen«) ist leider nicht möglich.

▲ **Abbildung 12.4**
Ein Klick auf den Button Um vertikale Mittelachse verteilen sorgt für gleichmäßige Abstände.

Um die horizontale Mittelachse verteilen | Die nächste Gruppe von Buttons ordnet Ebenen um die horizontale Achse herum an:

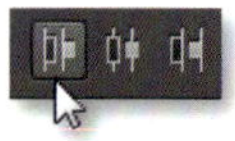

Linke Kanten verteilt die markierten Ebenen ausgehend vom **linken Rand** jeder Ebene.

Horizontale Mittelachse verteilt die Ebenen ausgehend von der **horizontalen Mitte** jeder Ebene.

Rechte Kanten verteilt die markierten Ebenen ausgehend vom **rechten Rand** jeder Ebene.

▲ **Abbildung 12.5**
So starten Sie den Dialog für **inhaltsbasiertes** Ausrichten von Ebenen.

Ebenenausrichtung nach Inhalt | Die bisher besprochenen Buttons orientieren sich an den Kanten und Mittellinien von Ebenen, Ebenengruppen oder Auswahlen. Der Inhalt dieser Ebenen wird dabei nicht berücksichtigt. Doch es gibt in Photoshop auch intelligente Ausrichtungsfunktionen, die die Ebenenpixel berücksichtigen. Sie erreichen die Funktion über Bearbeiten • Ebenen automatisch Ausrichten/Überblenden und über den Button ganz rechts in der Optionsleiste des Verschieben-Werkzeugs. Mehr zum Thema gibt's in Abschnitt 23.1, »Inhaltsbasiert: Ebenen automatisch ausrichten«.

12.2 Ebenen transformieren

Sie wissen bereits, wie Sie Ebenen duplizieren oder aus anderen Bildern einfügen und neu anordnen. Doch auch wenn die Schichtung in der Ebenen-Palette stimmt, haben Ebeneninhalte nicht immer die passende Größe oder Neigung und müssen angepasst werden. Die Operation, die Sie dazu anwenden, heißt *Transformieren*.

Transformationen können Sie auf fast jedes Element in Photoshop anwenden: auf ganze Ebenen, auf mehrere Ebenen, Kanäle, Masken oder auf ausgewählte Bereiche. Sehr gebräuchlich sind Transformationen einzelner, freigestellter Bildelemente. Neben solchen normalen Bildebenen mit Pixeln als Inhalt lassen sich auch Vektorinhalte wie Pfade und Vektorformen transformieren.

Pixelebenen transformieren | Um Pixelebenen – also normale Bildebenen – zu transformieren, haben Sie verschiedene Möglichkeiten. In jedem Fall aktivieren Sie als Erstes die Ebene, deren Inhalt Sie transformieren wollen. Hintergrundebenen sind generell für Transformationen gesperrt. Mit dem Befehl Ebene • Neu • Ebene aus Hintergrund oder durch simples Umbenennen der Hintergrundebene in der Ebenen-Palette ändern Sie deren Status. Sie können auch mehrere Ebenen auf einmal transformieren: Dazu aktivieren Sie sie gemeinsam oder verknüpfen sie vorher per Kette.

- Mit dem Tastaturkürzel Strg/cmd+T oder dem Befehl Bearbeiten • Frei transformieren rufen Sie das freie Transformieren auf. Es erscheinen ein Rahmen mit Griffen an den Ecken und Seiten und die Transformationsoptionsleiste. Freies Transformieren ermöglicht den flüssigen Wechsel zwischen verschiedenen Transformationsarten. Sie können dann frei nach Augenmaß mit der Maus arbeiten oder exakte Werte in die Optionsleiste eingeben.
- Die Alternative: Bei aktivem Verschieben-Werkzeug (Kürzel V) genügt es, die Option Transformationssteuerungen anzuklicken. Rund um die Bildebene oder die deckenden Pixel innerhalb der Ebene wird der bekannte Rahmen mit Griffen eingeblendet. Die Transformations-Optionsleiste erscheint, sobald Sie den Transformationsrahmen benutzen.

Die grundlegenden Schritte und Möglichkeiten sind bei beiden Methoden dieselben, auch die Shortcuts sind gleich. Daneben können Sie Menübefehle unter Bearbeiten • Transformieren nutzen. Dort finden Sie häufig gebrauchte Transformationsbefehle.

Auswahlinhalte transformieren | Übrigens müssen Bildpartien, die Sie transformieren möchten, nicht immer auf einer eigenen Ebene liegen. Sie können auch Bildpartien zuerst auswählen und sie dann per freiem Transformieren oder mit den Menübefehlen unter Bearbeiten • Transformieren bearbeiten. Der Inhalt von Auswahllinie bzw. Transformationsrahmen wird dann wie eine schwebende Auswahl behandelt (mehr dazu finden Sie in Teil V, »Auswählen, freistellen und maskieren«).

Dieser Befehl ist nicht zu verwechseln mit Auswahl • Auswahl transformieren – dabei gehen Sie zwar ähnlich vor, bearbeiten jedoch nur die *Auswahllinie*, nicht den *Auswahlinhalt*!

Transformation annehmen oder abbrechen | Ganz gleich, was Sie transformieren und ob Sie mit der Maus, der Optionsleiste oder den Menübefehlen arbeiten – alle Eingaben müssen Sie zum Abschluss **bestätigen**, und zwar entweder über die ↵-Taste oder über den kleinen Haken ganz rechts in der Optionsleiste.

Die Transformation **abbrechen** können Sie mit Esc oder über den »Parkverbot«-Button.

Weniger Deckkraft für mehr Durchblick
Häufig benutzt man Transformationen, um Bildelemente in Montagen einzupassen. In diesem Fall kann es sinnvoll sein, vor Beginn des Transformierens die Deckkraft der betreffenden Ebene herabzusetzen, um zu sehen, was sich darunter befindet.

Nicht abgeschlossene Transformationen blockieren alles
Wenn in Photoshop »plötzlich nichts mehr geht«, prüfen Sie, ob in einem Ihrer geöffneten Dokumente noch eine offene Transformation auf Ihre Eingabe wartet. Nicht bestätigte Transformationen blockieren Photoshop für alle weiteren Eingaben. Auch die Photoshop-Funktionen, die von Bridge angesteuert werden, sind dann nicht mehr zugänglich.

Zum Weiterlesen
Mehr über das Arbeiten mit und Bearbeiten von **vektorbasierten Inhalten** in Photoshop erfahren Sie in Teil XII, »Pfade und Formen«.

▲ **Abbildung 12.6**
Transformation bestätigen

▲ **Abbildung 12.7**
Transformation abbrechen

Tipps für gute Transformationsergebnisse

Damit Ihnen die Transformationen auch immer gelingen, sollten Sie folgende Hinweise berücksichtigen.

Interpolationsverfahren in der Optionsleiste
Eines der vielen Details, mit denen beim CS6-Update die Benutzeroberfläche verbessert wird, finden Sie in der Optionsleiste des Transformieren-Werkzeugs: Ohne Umweg über die Programm-Voreinstellungen können Sie dort direkt einstellen, nach welchem Interpolationsalgorithmus die Pixel beim Transformieren neu berechnet werden.

Interpolation – Wie werden Pixel neu berechnet? | Bei Ebenentransformationen berechnet Photoshop die Bildpixel neu, um sie der neuen Größe oder Position anzupassen – ähnlich wie beim Skalieren von Bildern mit dem Befehl BILD • BILDGRÖSSE (siehe Seite 730).

Für diese Neuberechnung, die sogenannte *Interpolation*, gibt es verschiedene Methoden, die unterschiedliche Ergebnisse erzielen. Sie können die gewünschte Interpolationsmethode in den VOREINSTELLUNGEN festlegen – dann wirkt sie sich auf alle Photoshop-Funktionen aus, bei denen Interpolation eine Rolle spielt (Voreinstellungen starten mit [Strg]/[cmd]+[K], dann unter ALLGEMEIN der Punkt INTERPOLATIONSVERFAHREN). Überdies gibt es die passende Option auch in der Optionsleiste des Transformationswerkzeugs.

- PIXELWIEDERHOLUNG ist immer dann die Methode der Wahl, wenn Sie Bildobjekte mit harten Kanten haben, die ihre Schärfe nicht verlieren dürfen. Diese Interpolationsmethode habe ich zum Beispiel verwendet, um die vergrößert dargestellten Mauszeiger zu erzeugen, die Sie an verschiedenen Stellen im Buch sehen.
- BILINEAR vergleicht Nachbarpixel miteinander, um daraus die neuen Bildpixel zu berechnen. Dies erfolgt ähnlich wie bei der bikubischen Methode, jedoch nicht so gründlich. Diese Berechnung soll schneller gehen, in der Praxis sind die Ergebnisse jedoch oft von unzureichender Qualität.
- BIKUBISCH und die Varianten BIKUBISCH GLATTER und BIKUBISCH SCHÄRFER sind gut, wenn Sie bei Montagen Fotoelemente einpassen.
- Neu in CS6 ist die Option BIKUBISCH AUTOMATISCH. Sie soll die Wahl zwischen den anderen Bikubisch-Optionen überflüssig machen. In der Praxis kommt es mit dieser Interpolationsmethode jedoch gelegentlich zu überschärften Bildern, etwa beim Beschneiden mit dem Freistellen-Werkzeug [⌗], [C].

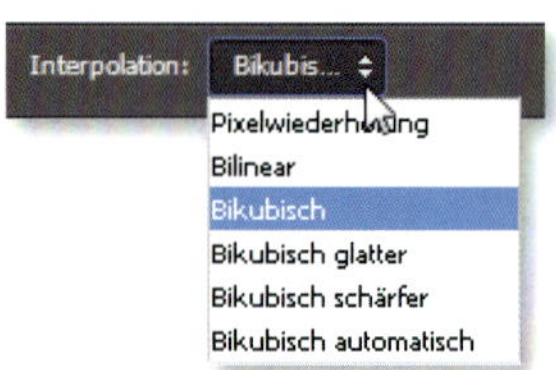

▲ **Abbildung 12.8**
Neuzugang bei den Transformations-Optionen: Wie wird interpoliert?

Nur einmal transformieren | Wenn Sie eine der bikubischen Methoden verwenden – und das ist bei der Arbeit mit pixelbasierten Halbtonbildern wie Fotos nahezu unumgänglich –, dann wird der Bildinhalt mit jeder Transformation etwas unschärfer. Sie sollten also zunächst alle benötigten Transformationsbefehle ausführen und diese dann in einem Schritt bestätigen, anstatt jede Transformation separat anzuwenden und zu bestätigen. Und wenn eine Transformation einmal nicht ganz passt, sollten Sie nicht hin und her transformieren. Stattdessen empfiehlt sich der Befehl BEARBEITEN • SCHRITT ZURÜCK.

Diese Einschränkung gilt nicht für Formebenen und Textebenen – Vektordaten sind bekanntlich unempfindlich gegenüber Skalierungen und Transformationen, auch wenn Sie diese mehrfach durchführen.

Zum Weiterlesen
Um Textebenen bei voller Editierbarkeit zu **verkrümmen**, gibt es noch einen speziellen Befehl (siehe Abschnitt »Verbogene Schrift« auf Seite 949).

Arbeit mit Smartobjekten | Ganz unbesorgt können Sie sein, wenn Sie eine Pixelebene vor der Transformation in ein Smartobjekt verwandeln. Smartobjekt-Ebenen lassen sich skalieren, drehen, neigen, verzerren, perspektivisch transformieren und verkrümmen, ohne dass die Bildqualität leidet, denn die Umwandlung wirkt sich nicht auf die Originaldaten aus.

Zum Weiterlesen
Mehr über **Smartobjekte** erfahren Sie im letzten Abschnitt dieses Kapitels (Abschnitt 12.4).

Ebenenobjekte skalieren

Die Inhalte des Transformationsrahmens – hier ein freigestellter Ballon – per Maus und Augenmaß zu skalieren, sollte Ihnen keine Schwierigkeiten bereiten. Sie kennen das Verfahren auch vom Platzieren und Beschneiden.

Datei auf der Buch-DVD: »heissluftballon.tif«

Bild: Fotolia, elemental imaging

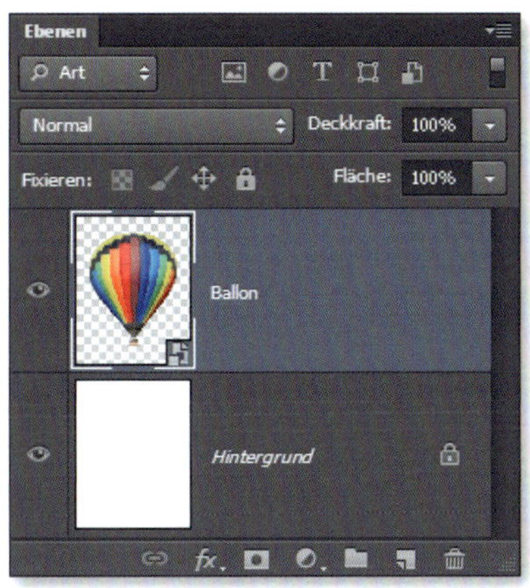

◂◂ **Abbildung 12.9**
Der typische Transformationsrahmen.

◂ **Abbildung 12.10**
Ebenenaufbau des Demobildes. Der freistehende Ballon wird transformiert.

Proportionen verändern | Das Ziehen an den Seitengriffen ② des Transformationsrahmens verändert nur die entsprechende Seite und damit auch stark die Proportionen des Bildelements.

Breite und Höhe verändern | Das Ziehen an den Eckgriffen ① des Rahmens verändert gleichzeitig die Breite *und* die Höhe des Rahmens und des umfangenen Objekts.

Wenn Sie währenddessen noch die ⇧-Taste gedrückt halten, bleibt das Verhältnis von Breite und Höhe erhalten. Alternativ aktivieren Sie die Verketten-Schaltfläche in der Optionsleiste.

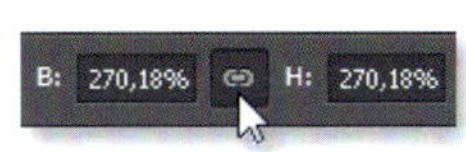

▴ **Abbildung 12.11**
Ein Klick auf das Verketten-Symbol erhält die Seitenproportionen des skalierten Objekts.

Ebenenobjekte drehen

Auch dieses Verfahren kennen Sie schon. Anhand der Ecken können Sie Ihr Objekt auch drehen. Sie müssen sich der Eckmarkierung dabei mit etwas Mausfeingefühl von außen nähern, dann erscheint ein gerundeter Pfeil mit zwei Spitzen ①. Mit diesem Pfeil können Sie nun Ihr Objekt frei drehen. Die Drehung variieren Sie, indem Sie mit der Maus den Drehpunkt ② verschieben.

Abbildung 12.12 ▶
Mit Hilfe des Anfassers lässt sich das Ebenenobjekt einfach drehen.

Transformationskontrolle am Mauszeiger
Für grad- und pixelgenaue Transformationen müssen Sie künftig nicht mehr den Blick auf die Optionsleiste heften: Ein kleines Zahlenfeld neben dem Mauszeiger zeigt die Werte der aktuellen Transformation an. In den Voreinstellungen unter BENUTZEROBERFLÄCHE können Sie die genaue Position der Transformationswerte-Anzeige ändern oder diese ganz abschalten.

Drehmittelpunkt | Gradgenaue Drehungen stellen Sie in der Optionsleiste ein ⑤.

Auch dort können Sie die Position des Drehmittelpunkts verändern, nämlich durch Klicken auf eines der kleinen Quadrate des Symbols links ③. Beachten Sie, welches der kleinen Quadrate aktuell weiß ausgefüllt ist! Die X- und Y-Werte geben die Position des Drehpunktes (Referenzpunkt) pixelgenau an.

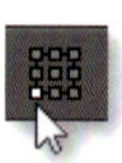

▲ Abbildung 12.13
Kleine Schaltfläche mit großer Wirkung: Festlegen des Drehmittelpunkts

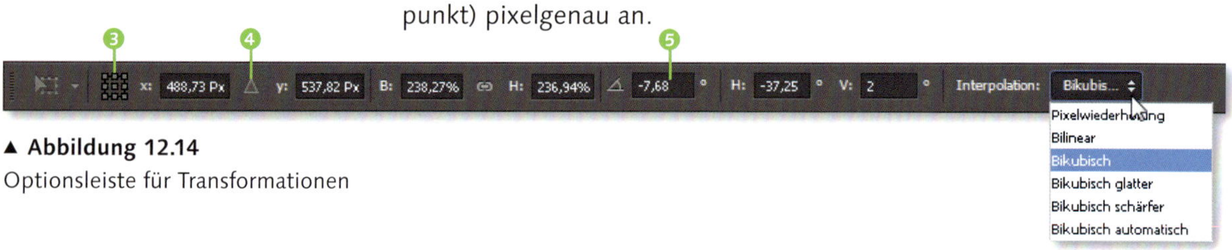

▲ Abbildung 12.14
Optionsleiste für Transformationen

Transformationsrahmen mit Inhalt verschieben | Wenn Ihnen die Position Ihres Bildelements nicht gefällt, können Sie es schon während der Transformation verschieben. Positionieren Sie den Mauszeiger innerhalb des Transformationsrahmens – nur nicht an den Drehpunkt –, und ziehen Sie den Rahmen an die gewünschte Position im Bild.

In der Optionsleiste können Sie Eingaben beim X- und Y-Wert nutzen, um die Position des zu transformierenden Objekts zu ändern. Besonders interessant ist dabei die Möglichkeit, relative Werte einzugeben – so legen Sie die neue Position Ihres Objekts im Verhältnis zur aktuellen Position fest. Dazu klicken Sie einfach auf das kleine Dreiecksymbol 4 zwischen den Werten.

Neigen

Um die folgenden drei Funktionen mit der Maus anzuwenden, müssen Sie einige Tastaturkombinationen im Hinterkopf haben.

Sie neigen ein Objekt, indem Sie Strg/cmd+⇧ drücken und mit der Maus an einem der **Seitengriffe** (nicht an den Ecken) des Transformationsrahmens anfassen. Der Transformationsrahmen nimmt die Gestalt eines Parallelogramms an – und sein Inhalt ändert sich entsprechend.

Für Bilder wie das Beispielfoto ist eine solche Transformation nicht so sinnvoll. Sie kann aber gewinnbringend eingesetzt werden, wenn perspektivisch verzerrt werden soll.

Das Verzerren per Optionsleiste ist recht umständlich, weil Sie dabei alle Werte verändern müssen. Das Arbeiten mit Maus und Augenmaß ist hier viel besser geeignet.

▲ **Abbildung 12.15**
Ebenenobjekt neigen

Verzerren relativ zum Mittelpunkt

Das Verzerren relativ zum Mittelpunkt (Strg/cmd+Alt, Anfassen an beliebigem Griff) wirkt besonders spektakulär, wenn Sie an den Griffen der Seitenmitte anfassen. Dann können Sie Ihr Bildobjekt um den Mittelpunkt drehen. Bei geeigneten Gegenständen wirkt das fast wie eine dreidimensionale Drehung.

Frei verzerren | Zum freien Verzerren drücken Sie Strg/cmd, fassen mit der Maus an einem beliebigen Griff des Transformationsrahmens an und ziehen in die gewünschte Richtung.

Perspektivisches Verzerren | Diese Funktion leistet gute Dienste zum Entzerren von Architekturbildern oder für eine nachträglich simulierte Perspektive. Zusätzlich zur Maustaste müssen Sie die Tastenkombination ⇧+Strg/cmd+Alt drücken. Oft ist es bei solchen Operationen notwendig, die Ecken des Transformationsrahmens – samt Bild-

▲ **Abbildung 12.16**
Verzerren relativ zum Mittelpunkt

Datei auf der Buch-DVD: »PotsdamerPlatz.jpg«

inhalt – über die Grenzen des sichtbaren Bildausschnitts hinweg bis über den grauen Fensterhintergrund zu ziehen. Sorgen Sie also schon vorher dafür, dass das Bild in einer Zoomstufe angezeigt wird, die genügend Raum dafür lässt.

Bild: vitamin a design

▲ **Abbildung 12.17**
Das Ausgangsbild

▲ **Abbildung 12.18**
Perspektivisches Verzerren. Der Transformationsrahmen wird über den sichtbaren Bildbereich hinausgezogen.

Oft fehlen nach der Transformation an den Ecken Bildinhalte – das Motiv wird häufig nicht nur auseinandergezogen, wie in Abbildung 12.18, sondern oft auch zusammengeschoben. Hier kann das Beschneiden und in manchen Fällen auch das Stempel-Werkzeug helfen (Kapitel 26, »Bildretusche«). Eine gute Alternative zum perspektivischen Verzerren ist die Funktion Filter • Objektivkorrektur.

Verkrümmen

Mit Bearbeiten • Transformieren • Verkrümmen oder über einen Klick auf das entsprechende Symbol weit rechts in der Transformationsoptionsleiste wechseln Sie zur Funktion Verkrümmen.

Mit einem einfachen Gitternetz, dessen Linien, Ecken und Kreuzungspunkte Sie per Maus verschieben, lassen sich Bildgegenstände verformen. So wird zum Beispiel dieser Ballon noch bauchiger gemacht.

Um **Bildgegenstände zu verformen**, bietet sich auch der komplexe Filter Verflüssigen an (Abschnitt 26.11, »Der Verflüssigen-Filter: Als Spielzeug unterschätzt«). Auch die Filter unter Filter • Verzerren können Sie sinnvoll nutzen (siehe Kapitel 31, »Orientierung im Filter-Dschungel«).

◀ **Abbildung 12.19**
Verkrümmen von Ebenenobjekten – ziehen Sie einfach an den Griffen, oder verschieben Sie eine der Gitterlinien.

Menübefehle für Transformationen

Im Menü unter BEARBEITEN • TRANSFORMIEREN finden Sie dieselben Transformationsschritte noch einmal. Das ist besonders praktisch für die verschiedenen Verzerrungen, deren Shortcuts schlecht zu merken sind. Rufen Sie die gewünschte Transformationsart über das Menü auf, und benutzen Sie dann wie gewohnt die Maus. Daneben können Sie über das Menü auch einige häufig gebrauchte Drehungen und Spiegelungen schnell und präzise erledigen. Dazu genügt ein Klick auf den jeweiligen Menübefehl.

Nachteil | Das Transformieren mit Menübefehlen hat einen Nachteil: Sie können die Transformationsart nicht fließend wechseln, so wie es beim freien Transformieren durch Gebrauch verschiedener Shortcuts möglich ist. Wenn Sie beispielsweise PERSPEKTIVISCH VERZERREN gewählt haben, müssen Sie zunächst diese Transformation abschließen, um dann noch zu skalieren oder zu drehen. Da Mehrfach-Transformationen tunlichst zu vermeiden sind, sollten Sie in solchen Fällen besser zum freien Transformieren (und der folgenden Shortcut-Liste) greifen.

▲ **Abbildung 12.20**
Menübefehle zum Transformieren

Transformation wiederholen | Sehr praktisch ist allerdings der Befehl ERNEUT ([⇧]+[Strg]/[cmd]+[T]). Mit ihm übertragen Sie gelungene Transformationen nicht nur auf weitere Ebenen, sondern auch auf andere Bilder.

Noch weiter geht das lange, aber in manchen Situationen sehr praktische Kürzel [⇧]+[Strg]+[Alt]+[T] bzw. [⇧]+[cmd]+[Alt]+[T]. Mit ihm wird die zuletzt aktive Ebene dupliziert, und die zuletzt genutzte Transformation wird auf das Duplikat angewendet. Der Befehl funktioniert auch bei Auswahlbereichen: Sie werden dupliziert – allerdings nicht auf einer eigenen Ebene – und transformiert.

Was wollen Sie tun?	Windows	Mac
Transformieren aufrufen	Strg+T	cmd+T
beim Skalieren Proportionen erhalten	⇧ + an den **Ecken** des Transformationsrahmens ziehen	⇧ + an den **Ecken** des Transformationsrahmens ziehen
neigen	Strg+⇧ + an den **Seiten** des Transformationsrahmens ziehen	cmd+⇧ + an den **Seiten** des Transformationsrahmens ziehen
drehen in 15°-Schritten	⇧ gedrückt halten	⇧ gedrückt halten
verzerren relativ zum Mittelpunkt	Strg+Alt + an **beliebigem Griff** des Transformationsrahmens ziehen	cmd+Alt + an **beliebigem Griff** des Transformationsrahmens ziehen
frei verzerren	Strg + an **beliebigem Griff** des Transformationsrahmens ziehen	cmd + an **beliebigem Griff** des Transformationsrahmens ziehen
perspektivisch verzerren	⇧+Strg+Alt + an **Ecken** des Transformationsrahmens ziehen	⇧+cmd+Alt + an **Ecken** des Transformationsrahmens ziehen
Transformation bestätigen (und anwenden)	↵	↵
Transformation abbrechen	Esc	Esc
die letzte Transformation auf einem neuen Objekt wiederholen	⇧+Strg+T	⇧+cmd+T
gleichzeitig Objekt duplizieren und letzte Transformation erneut anwenden	⇧+Strg+Alt+T	⇧+cmd+Alt+T

Tabelle 12.1 ►
Tastaturbefehle für Ebenentransformationen auf einen Blick

12.3 Schnittmasken und Aussparung

Datei auf der Buch-DVD: »Paprika.tif«

Bei vielen Gelegenheiten ist das Anordnen von Ebenen zu sogenannten Schnittmasken hilfreich.

Schnittmasken – das Funktionsprinzip

Schnittmasken kommen zur Anwendung, wenn Sie in Ihrer Palette mehr als zwei Ebenen haben und dafür sorgen wollen, dass sich eine Ebene nur auf die *direkt* unter ihr liegende Ebene bezieht – nicht auf die anderen Ebenen darunter. Die Funktion wird oft für Einstellungsebenen genutzt, es gibt jedoch auch andere Einsatzmöglichkeiten. Ich zeige Ihnen das Prinzip anhand einer Datei mit zwei Bildebenen und einer Einstellungsebene FARBTON/SÄTTIGUNG. Anhand der Wirkung der Einstellungsebene können Sie erkennen, wie Schnittmasken wirken.

▲ Abbildung 12.21
So sieht das Ausgangsbild – ohne Einstellungsebene – aus.

▲ Abbildung 12.22
Eine Einstellungsebene FARBTON/SÄTTIGUNG wurde erzeugt. Sie liegt oberhalb beider Ebenen und ist noch nicht zur Schnittmaske gruppiert. Daher wirkt sie auf beide Bildebenen.

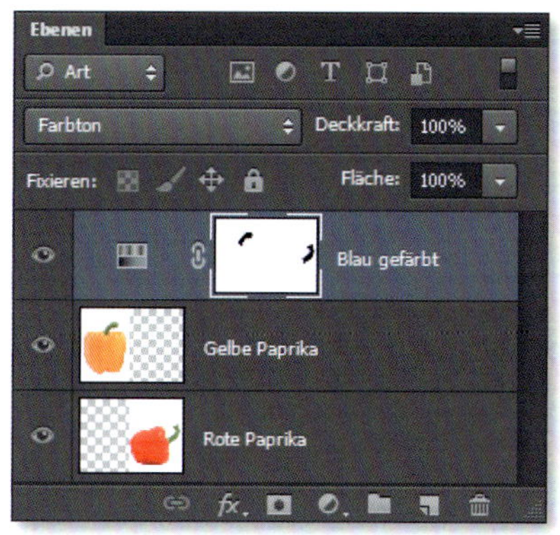

▲ Abbildung 12.23
Der Bildaufbau: Zwei separate Bildebenen. Die farbverändernde Einstellungsebene »Blau gefärbt« ist noch nicht als Schnittmaske gruppiert – beide darunterliegenden Bildebenen werden verändert. Lediglich die grünen Stängel sind mit einer Ebenenmaske vor Veränderung geschützt.

▲ Abbildung 12.24
Die färbende Einstellungsebene wurde mit der Ebene direkt unter ihr (»Gelbe Paprika«) zu einer Schnittmaske angeordnet. Die Farbänderung wirkt jetzt allein auf diese Ebene. Die Ebene mit der roten Paprika bleibt unverändert.

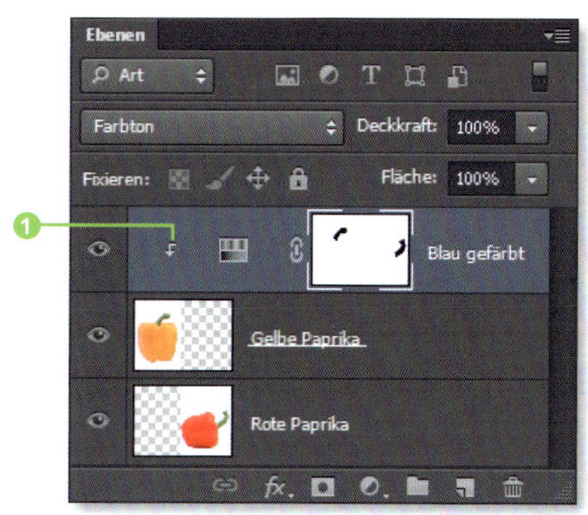

▲ Abbildung 12.25
In der Ebenen-Palette stellt sich eine Schnittmasken-Gruppe so dar. Die Einrückung der Einstellungsebene und der kleine Pfeil 1 zeigen die Schnittmaske an.

Benutzt werden Schnittmasken oft bei Einstellungsebenen, bei Retuschen oder auch beim kreativen Gestalten mit Schrift. Das Grundprinzip ist, dass sich die Inhalte der zur Schnittmaske angeordneten Ebene oder Ebenen nur dort zeigen, wo die darunterliegende Ebene (*Basisebene*) ebenfalls Pixel aufweist. Die deckenden Pixel der unteren Ebene wirken als Schnittmaske. Schnittmasken sind übrigens keine Masken in dem Sinne, wie ich sie später in diesem Buch besprechen werde!

Schnittmasken anlegen

Ebenen zu Schnittmasken zusammenzufassen ist ganz einfach:

- Der schnellste Weg führt wieder einmal über die Ebenen-Palette: Setzen Sie den Mauszeiger bei gehaltener [Alt]-Taste in der Ebenen-Palette genau zwischen zwei Ebenen. Sobald sich das Symbol des Mauszeigers ändert, klicken Sie darauf. Auf die gleiche Art und Weise lösen Sie die Schnittmasken-Gruppe auch wieder auf.
- Mit [Strg]/[cmd]+[Alt]+[G] fassen Sie die markierte Ebene mit der darunterliegenden Ebene zu einer Schnittmaske zusammen oder lösen eine bestehende Schnittmaskenkonstellation wieder auf.
- Die Menüalternative: Aktivieren Sie in der Ebenen-Palette eine Ebene, und wählen Sie die Befehle EBENE • SCHNITTMASKE ERSTELLEN. Dadurch wird die aktive Ebene mit der darunterliegenden zu einer Schnittmaske zusammengefasst. Mit EBENE • SCHNITTMASKE ZURÜCKWANDELN bringen Sie die Ebene wieder in die reguläre Anordnung.
- Wenn Sie Ebenen oder Einstellungsebenen per Menü (EBENE • NEU) anlegen, werden Sie automatisch gefragt, ob sie zur Schnittmaske gruppiert werden sollen.

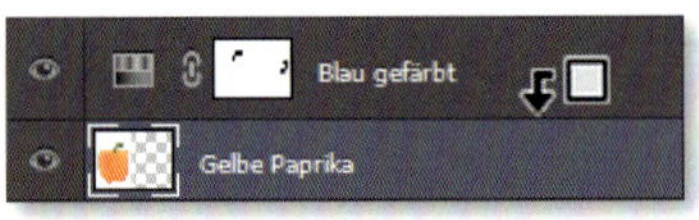

▲ **Abbildung 12.26**
Das Quadrat mit abknickendem Pfeil zeigt an, dass Sie den Mauszeiger richtig positioniert haben.

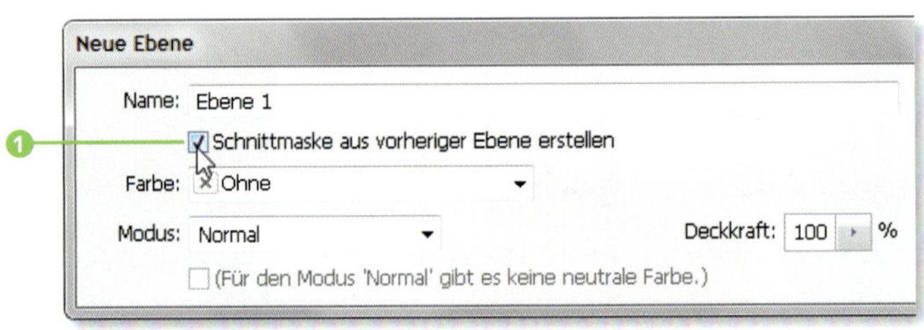

Abbildung 12.27 ▶
Neue (Einstellungs-)Ebenen per Menü: Im Dialogfeld gibt es auch eine Schnittmasken-Option 1.

Text-Bild-Effekte mit Schnittmasken

Interessante Effekte lassen sich mit Text erzielen. Legen Sie eine Textebene *unter* eine Bildebene, und gruppieren Sie die beiden mit [Strg]/[cmd]+[Alt]+[G] zur Schnittmaske. Dort, wo die darunterliegende Textebene transparente Pixel enthält, ist das Foto ausgeblendet – die Schrift ist also nun »fotogefüllt«. Dazu kommt eine weitere Ebene als

Dateien auf der Buch-DVD: »Berlinschriftzug.tif«, »Obst_schriftzug.tif«

Hintergrund für den Schriftzug. Für eine bessere Lesbarkeit habe ich den Text in unserem Beispiel zusätzlich mit einem Ebeneneffekt versehen.

Bild: vitamin a design

▲ **Abbildung 12.28**
Die berühmte »Berliner Luft«, in Text und Bild festgehalten.

▲ **Abbildung 12.29**
Ebenenaufbau: Oben das Foto, mit der Textebene zur Schnittmaske gruppiert, dann die Textebene mit einem Effekt, ganz unten weißer Hintergrund.

Sie können in dieser Manier auch mehrere Ebenen übereinander anordnen. In jedem Fall zeigen sich die Pixel der so angeordneten Ebenen nur dort, wo die Basisebene ebenfalls Pixel aufweist.

Bilder: dieblen.de

▲ **Abbildung 12.30**
Mehrere Ebenen mit Schnittmaske.

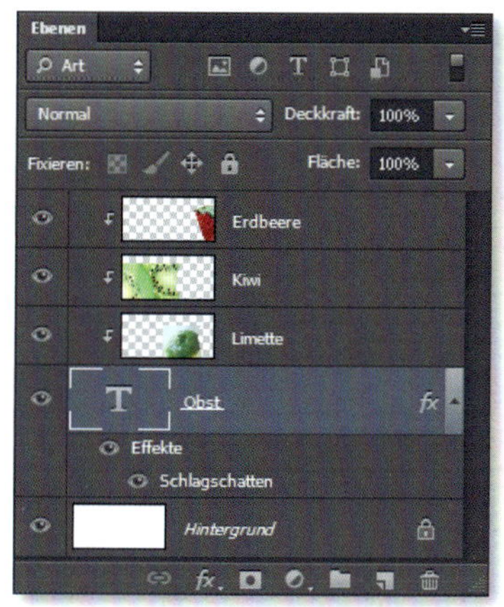

▲ **Abbildung 12.31**
Die Ebenen-Palette zum Obst-Beispiel

Die unten liegende und die oberen Ebenen einer Schnittmaskenkonstellation lassen sich gegeneinander verschieben. Das ist sehr nützlich, um z. B. einen passenden Bildausschnitt in einer Textzeile zu zeigen.

Aussparung und Aussparungsoptionen

Um ähnliche Kompositionen wie die im vorangehenden Absatz zu erstellen, bietet Photoshop noch differenziertere Möglichkeiten, nämlich die erweiterte Mischmodus-Eigenschaft Aussparung. Über die Dialogbox Ebenenstil legen Sie die Optionen fest. Sie erreichen diesen Dialog durch Doppelklick auf den neutralen Bereich einer Ebene in der Ebenen-Palette oder über den »fx«-Button in der Ebenen-Palette.

Die Grundidee beim Aussparen ist, dass die Pixel der oben liegenden Ebene benutzt werden, um einen Bereich zu definieren, der die Ebenen darunter optisch durchbohrt. Wie intensiv diese Durchbohrung wirkt, legen Sie wiederum mit den Aussparungsoptionen fest.

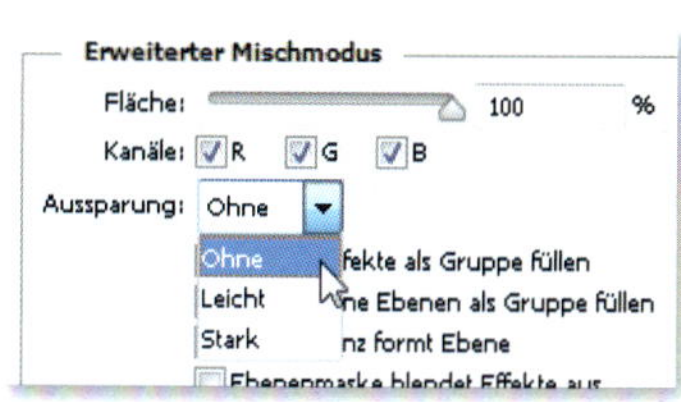

▲ **Abbildung 12.32**
Aussparungsoptionen im Dialog Ebenenstil

▲ **Abbildung 12.33**
Die Ausgangskonstellation. Die oberste Ebene wurde mit der Aussparungsoption Leicht versehen und hat außerdem einen hellen Kontureffekt.

Datei auf der Buch-DVD: »Natururlaub.tif«

Maßgeblich für das spätere Aussehen der Komposition ist auch hier wiederum die Schichtung der Ebenen. Und das Ganze funktioniert nur, wenn Sie die Deckkraft der oberen Ebene durch Verstellen der Fläche-Deckkraft an der Ebenen-Palette senken. Die normale Option Deckkraft muss aber auf 100 % stehen bleiben! Außerdem ist es zwingend erforderlich, dass die unterste Ebene tatsächlich eine Hintergrundebene ist. Dann rufen Sie den Ebenenstil-Dialog auf und legen dort die Aussparungsoptionen fest.

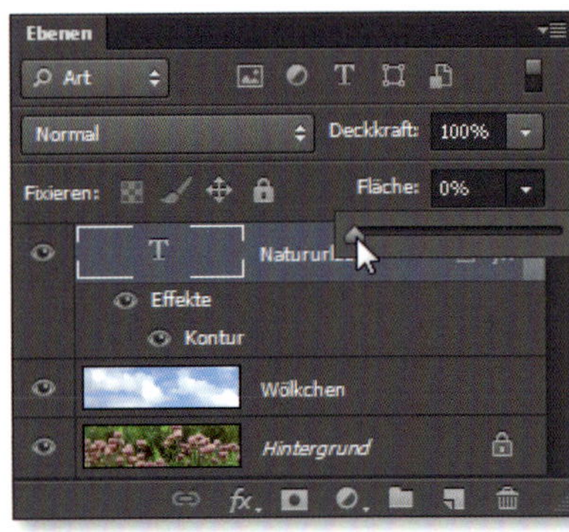

Abbildung 12.34 ▲
Dasselbe Bild mit gesenkter Fläche-Deckkraft. Die deckenden Pixel der Textebene durchbrechen nun die mittlere Ebene (Wölkchen) und lassen die Hintergrundebene erscheinen.

Wie wirken die Aussparungsoptionen genau? | Damit Sie die Aussparungsoptionen gezielt einsetzen können, müssen Sie wissen, was sie bewirken:

- Die Option Ohne erstellt keine Aussparung. Dies ist die Standardeinstellung.
- Leicht erstellt eine Durchbohrung bis zur Hintergrundebene (so wie in unserem Beispiel). Wenn die Ebenen in einer Gruppe zusammengefasst werden, wirkt die leichte Aussparung jedoch nur bis auf die unterste Ebene dieser Gruppe. Sind die Ebenen zu einer Beschnittmaske angeordnet, wirkt die »Durchbohrung« bis zur Basisebene.

- Mit der Option STARK erreichen Sie in jedem Fall eine Aussparung bis zur Hintergrundebene – gleichgültig, welche Ebenenkonstellationen in der Datei sonst noch vorliegen. Wenn keine Hintergrundebene vorhanden ist, wird in jedem Fall bis zur Transparenz durchbohrt.

◀ **Abbildung 12.35**
So sähe das Bild mit reduzierter FLÄCHE-Deckkraft, aber ohne spezielle Aussparungsoption aus. Von der Textebene sind alle Pixel ausgeblendet, lediglich der Ebeneneffekt – die helle Kontur – ist noch sichtbar. Die Hintergrundebene kommt nicht ins Bild.

Die Wirkung der drei verschiedenen Optionen und der notwendige Ebenenaufbau erscheinen auf den ersten Blick kompliziert, aber Sie das Prinzip einmal verstanden haben, erzeugen Sie mit dieser Funktion sehr schnell interessante Composings. Die obere Ebene muss ja auch nicht immer ein Text sein: Ein Logo oder eine andere Pixelebene eignen sich ebenso gut!

12.4 Unterschätzte Datencontainer: Smartobjekte

Smartobjekte sind eine besondere Art von Ebenen: Sie »merken« sich nach einer Bearbeitung ihr früheres Aussehen. Das ist möglich, weil die Originalversion der Daten eines Smartobjekts in das Dokument eingebettet ist, das das Smartobjekt enthält. Ein Smartobjekt ist gewissermaßen ein Container, in dem eine Instanz der originalen Daten zur Bearbeitung abgelegt ist. Diese Originaldaten sind zunächst für den Bearbeiter unsichtbar, können jedoch mit einem kleinen Umweg (siehe den Workshop »Smartobjekte in der Praxis – rote Sonnen« auf Seite 388) auch verändert werden. Grundlage von Smartobjekten können Pixel- oder Vektordaten sein. Die meisten Photoshop-Nutzer kennen Smartobjekte hauptsächlich von der Verwendung mit Filtern. Tatsächlich können diese jedoch mehr.

▲ **Abbildung 12.36**
Sie erkennen Smartobjekte in der Ebenen-Palette an dem Viereck-Symbol unten rechts.

Vorteile von Smartobjekten | Das Containerprinzip ermöglicht die **zerstörungsfreie Bearbeitung** der Smartobjekte, denn die Original-Bilddaten bleiben ja erhalten. Das heißt, Bildoperationen, die sich auf die Bildpixel *an und für sich* qualitätsmindernd auswirken, können Sie auf Smartobjekte anwenden, ohne dass ein Qualitätsverlust auftritt. In einigen Fällen machen Smartobjekte eigentlich unumkehrbare Arbeitsschritte reversibel. Außerdem erweisen sich Smartobjekte als

Beschleuniger für Ihren Workflow, und manchmal stellen sie Workarounds für Arbeitstechniken dar, die sonst gar nicht möglich wären. Sehr nützlich sind Smartobjekte zum Beispiel:

- bei Ebenen-Transformationen
- bei der Anwendung von Filtern (Smartfiltern)
- für das Skalieren des gesamten Bildes
- bei Farbraum-Änderungen (via Bild • Modus)
- beim Beschneiden von Bildern, wenn ein neuer Bildausschnitt gefunden werden soll
- Wenn Sie ein Smartobjekt mehrfach duplizieren, können Sie alle Duplikate auf einen Schlag ändern, indem Sie die Quelle bearbeiten (diese Abhängigkeit von Smartobjekten und ihrer Datenquelle kann jedoch auch ausgeschlossen werden).
- Textebenen lassen sich mit Filtern bearbeiten und bleiben trotzdem editierbar.

Zum Nachlesen
Grundlegendes über Smartobjekte finden Sie auch in Abschnitt 11.3, »Ebenenarten«.

Smartobjekte erzeugen

Um Smartobjekte zu erzeugen, gibt es eine Fülle verschiedener Wege.

Um **Ebenen** in Smartobjekte zu transformieren, aktivieren Sie eine oder mehrere Ebenen ...

- und wählen dann den Befehl Ebene • Smartobjekte • In Smartobjekt konvertieren,
- nutzen das Kontextmenü der Ebenen-Palette (Rechtsklick in den neutralen Bereich der Ebene) oder
- rufen den Befehl Filter • Für Smartfilter konvertieren auf.

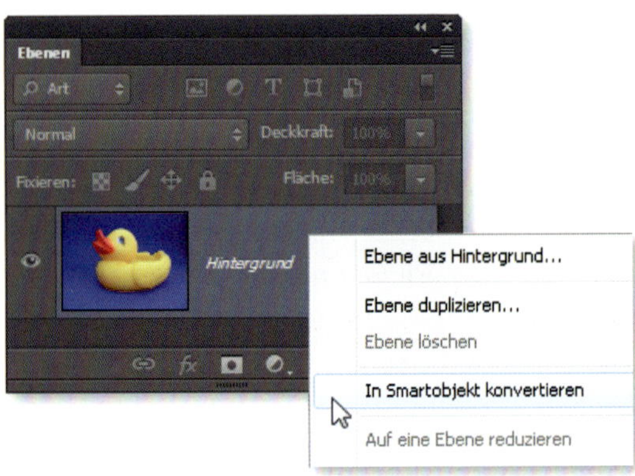

Abbildung 12.37 ▶
Per Kontextmenü erzeugen Sie am schnellsten aus einer Ebene ein Smartobjekt.

- Der Befehl Datei • Platzieren fügt Pixel- oder Vektordaten als Smartobjekt in eine bereits geöffnete Datei ein. Das Gleiche passiert, wenn Sie die Datei aus der Mini Bridge per Drag & Drop platzieren.

- **Dateien** können Sie direkt als Smartobjekt öffnen. Dazu wählen Sie den Befehl Datei • Als Smartobjekt öffnen. Geöffnet wird dann ein Duplikat der Originaldatei, dessen Ebenen in ein Smartobjekt verwandelt wurden.
- **Illustrator-Ebenen** können Sie auch mit Drag & Drop oder per Einfügen-Befehl als Smartobjekt in ein Photoshop-Dokument einsetzen.

Zum Nachlesen
Mehr zum **Platzieren und Öffnen als Smartobjekt** erfahren Sie in Kapitel 8, »Dateien anlegen, öffnen und speichern«.

Camera Raw und Smartobjekte
Wenn Sie Raw-Daten aus Ihrer Kamera verarbeiten, können Sie diese standardmäßig in Photoshop als Smartobjekt öffnen lassen. Sie müssen dazu lediglich innerhalb des Camera-Raw-Moduls im Dialog Arbeitsablauf-Optionen ein Häkchen setzen. Mehr zum Thema Camera Raw finden Sie in Kapitel 22, »Das Camera-Raw-Modul«.

Mit Smartobjekten arbeiten

Viele Arbeitstechniken funktionieren bei Smartobjekten ebenso wie bei gewöhnlichen Bildebenen – nur eben mit dem Zwischenschritt, dass die Ebene zuerst in ein Smartobjekt verwandelt wird. Dazu muss also nicht mehr viel gesagt werden.

Doch das Konzept hat auch Grenzen: Diejenigen Werkzeuge, bei denen üblicherweise die Bildpixel direkt modifiziert werden – beispielsweise Pinsel, Retuschewerkzeuge wie der Stempel, der Abwedler oder das Wischfinger-Werkzeug –, können auf Smartobjekte nicht ohne weiteres angewandt werden. Auch Farbänderungen von Objekten sind nicht so einfach möglich.

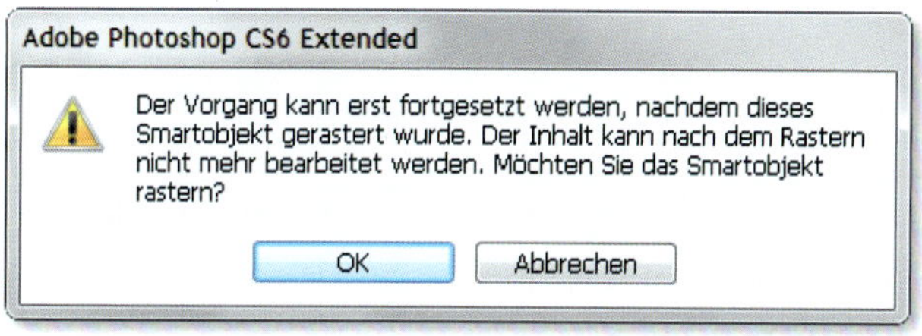

▲ **Abbildung 12.38**
Den Versuch, ein Smartobjekt zu retuschieren, quittiert Photoshop mit einem Warnhinweis.

In solchen Situationen schlägt Photoshop meist vor, das Smartobjekt zu rastern, also wieder in eine normale Pixelebene zu überführen. Dabei verlieren Smartobjekte alle speziellen Bearbeitungseigenschaften: Durchgeführte Änderungen werden nun endgültig auf die Ebene oder die Datei angewandt. Manchmal können Sie das Rastern jedoch auch umgehen, wenn Sie die Befehle unter Ebene • Smartobjekte nutzen. Wie das geht – und wie Sie die Möglichkeiten von Smartobjekten voll nutzen –, erfahren Sie in den folgenden Workshops.

Speichern lassen sich Dateien mit Smartobjekten in den Dateiformaten PSD und TIFF. Auch das PDF-Format kann mit den Datencontainern umgehen.

Smartobjekt zurückwandeln | Um aus einem Smartobjekt wieder eine Pixelebene zu machen, nutzen Sie den Menübefehl Ebene • Rastern • Smartobjekt

- oder denselben Befehl im Kontextmenü der Ebenen-Palette,
- oder Sie reduzieren die Datei auf eine Hintergrundebene.

Smarte Duplikate und der Austausch von Inhalten

Aus diesem Foto wollen wir eine kleine postkarten-ähnliche Montage machen. Das Besondere ist dabei die Arbeitsmethode: Zum Einsatz kommen vorzugsweise Smartobjekte. Diese ermöglichen ein zerstörungsfreies und rationelles Arbeiten – und das, obwohl wir zahlreiche Transformationen anwenden und insgesamt acht Bildobjekte anpassen und austauschen werden!

Abbildung 12.39 ▸
Das Ausgangsbild

Schritt für Schritt: Smartobjekte in der Praxis – sonnige Urlaubspostkarte

Dateien auf der Buch-DVD: »PostkartenGrundlage.psd«, »SonneZackig.psd«, »SonneVerspielt.psd«

Das Ausgangsbild für diesen Workshop besteht aus zwei Ebenen – unterhalb des Fotos liegt eine gelbe Hintergrundebene.

1 Fotoebene in Smartobjekt umwandeln
Als Erstes muss das Foto verkleinert und positioniert werden, damit Platz für die weiteren Montage-Elemente ist. Es gibt keine feste Vorgabe für das Fotoformat. Um Spielraum für Experimente zu haben, transformieren wir es zunächst in ein Smartobjekt.

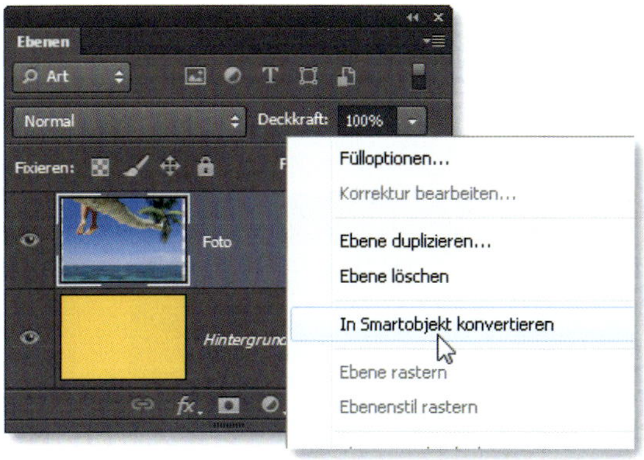

◀ **Abbildung 12.40**
Die Fotoebene wird zum Smartobjekt.

2 Foto anpassen und positionieren

Transformieren Sie das Foto so, dass an den Rändern ein breiter gelber Streifen sichtbar wird. Da Sie mit einem Smartobjekt arbeiten, müssen Sie sich um Qualitätsverluste bei der Transformation keine Gedanken machen und können später jederzeit weitere Anpassungen vornehmen. Richten Sie das Foto mittig über der Hintergrundebene aus.

Ausrichten nach Augenmaß: Wenn Sie möchten, schieben Sie das Bild nach dem Zentrieren ein Stückchen nach oben, es wirkt dann harmonischer. Die mathematische Mittelachse stimmt nämlich mit der optischen Mitte – also der Position, die unser Auge als »mittig« ansieht – nicht überein!

◀ **Abbildung 12.41**
Transformieren des Fotos

3 Die Sonne ins Bild holen

Nun soll die Sonne als Montageobjekt ins Bild gebracht werden, und zwar sofort als Smartobjekt. Das geht in diesem Fall am bequemsten mit dem Befehl Datei • Platzieren. Wählen Sie dann die vorbereitete Datei

»SonneZackig.psd« aus. In einem Positionsrahmen erscheint diese im Bild. Positionieren und skalieren Sie die Sonne so, wie es Ihnen gefällt.

Abbildung 12.42 ▶
Die erste Sonnen-Ebene wird ein wenig gekippt und leicht vergrößert.

4 Mehr Sonne: Smartobjekt duplizieren

Eine Sonne genügt nicht. Erzeugen Sie eine duplizierte Version des ersten Smartobjekts, indem Sie es auf das NEU-Icon der Ebenen-Palette ziehen. Alternativ nutzen Sie den Befehl EBENE • NEU • EBENE DURCH KOPIE. Diese Technik erzeugt ein Duplikat, das intern mit dem ersten Smartobjekt **zusammenhängt**. Wie Sie in Abbildung 12.43 erkennen, hat Photoshop den Namen der platzierten Datei automatisch als Titel des Smartobjekts eingesetzt.

Skalieren, drehen und positionieren Sie das zweite Sonnen-Smartobjekt.

Achtung: Sie können Smartobjekte auch mit dem Befehl NEUES SMARTOBJEKT DURCH KOPIE duplizieren. Diesen Befehl finden Sie im Ebenen-Kontextmenü und im Menü unter EBENE • SMARTOBJEKTE. Dadurch entsteht ein **unabhängiges Duplikat**, das mit der ersten Version nicht mehr verbunden ist. In einigen Fällen ist das sinnvoll, nicht jedoch in diesem Workshop – dann funktionieren manche der folgenden Arbeitsschritte nicht mehr.

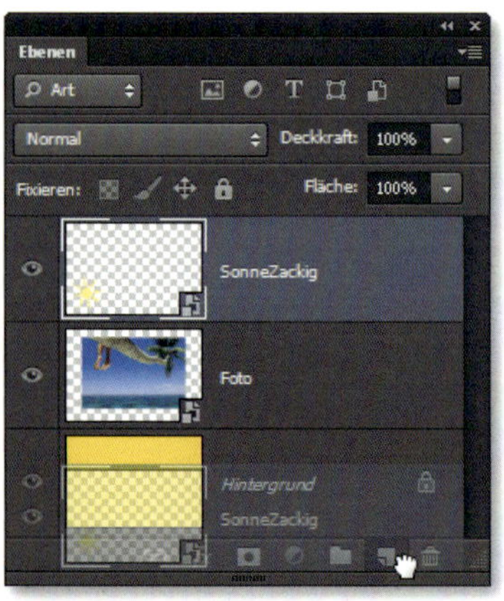

▲ **Abbildung 12.43**
Smartobjekt duplizieren

5 Viel mehr Sonne: Duplikate mit Variationen

Erzeugen Sie auf dieselbe Weise noch etwa sechs bis sieben weitere Sonnen-Duplikate, und zwar immer von Ihrem Ausgangs-Smartobjekt. Variieren Sie Position, Größe und Drehung. Für mehr Abwechslung können Sie Sonnen vor und hinter das Foto-Smartobjekt legen. Indem

Sie den Mischmodus der Sonnen-Ebenen verändern, erzeugen Sie unterschiedliche Gelbtöne (Details zu Mischmodi folgen im gleichnamigen Kapitel 13).

◀ **Abbildung 12.44**
Der erste Zwischenstand: Ungefähr so sollte Ihre Datei jetzt auch aussehen.

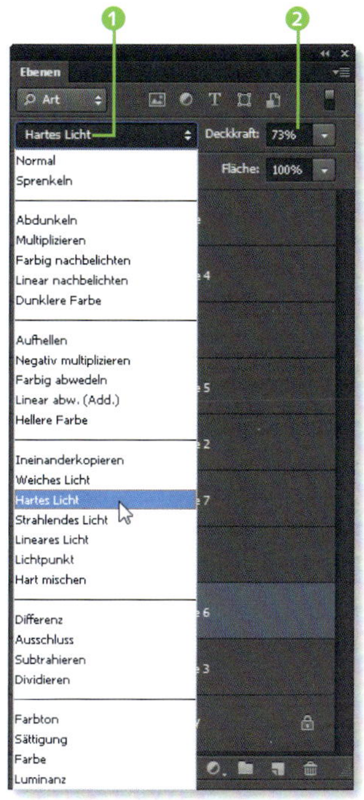

▲ **Abbildung 12.45**
Indem Sie Deckkraft 2 und Mischmodus 1 variieren, bringen Sie unterschiedliche Gelbtöne ins Bild.

6 Acht auf einen Streich: Smartobjekt ersetzen

Insgesamt acht Versionen des Sonnensymbols sind nun im Bild. Jede einzelne davon wurde durch Transformation, Verschieben und eventuell eine Änderung von Deckkraft oder Mischmodus angepasst – eine Menge Arbeit. Nun soll jedoch ein anderes Symbol ins Bild, denn diese Form ist uns etwas zu zackig. Keine Angst, Sie müssen nicht wieder von vorn anfangen! Da Sie hier mit Smartobjekten arbeiten, kriegen Sie das mit wenigen Klicks hin: Aktivieren Sie das erste Smartobjekt, von dem alle Duplikate abstammen. Wählen Sie dann den Befehl INHALT ERSETZEN (entweder aus dem Kontextmenü der Ebenen-Palette oder unter EBENEN • SMARTOBJEKTE).

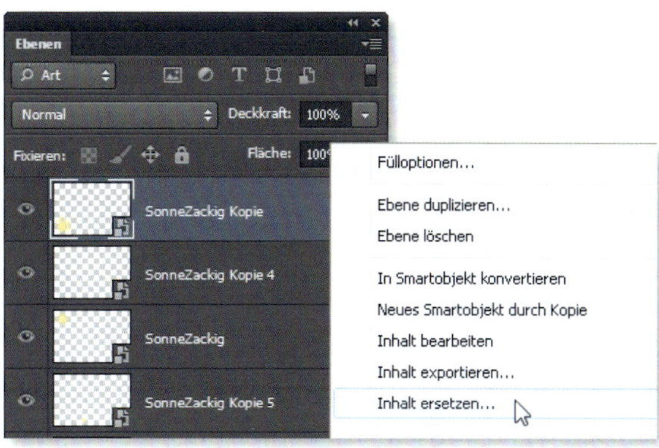

▲ **Abbildung 12.46**
Dieser Befehl spart Ihnen in aufwendigen Kompositionen viel Zeit.

7 Neues Smartobjekt wählen und einsetzen

Es erscheint das bekannte Platzieren-Dialogfenster. Navigieren Sie zu dem Ordner, in dem Sie die Datei »SonneVerspielt.psd« abgelegt haben, und wählen Sie sie aus. Sofort erscheint die andere Sonnenform im Bild: ebenfalls achtmal, in derselben Position und mit den gleichen Eigenschaften wie die zackigen Sonnenvarianten.

Abbildung 12.47 ▸
Detailanpassungen an Größe, Drehwinkel und Position der neuen Sonnen werden unter Umständen wegen der veränderten Form notwendig – mehr Arbeit haben Sie mit dem Austausch jedoch nicht!

8 Arbeitsergebnis sichern

Speichern Sie Ihre Übungsdatei, Sie brauchen Sie gleich noch für den zweiten Workshop dieses Abschnitts.

Quelldaten von Smartobjekten bearbeiten

Mit Smartobjekten kann man eine Menge anstellen. Doch wie ich schon erwähnt habe, verweigern viele Photoshop-Werkzeuge den Dienst am Smartobjekt. In der Regel passiert das immer dann, wenn nicht das Smartobjekt, sondern dessen Inhalt, die Originaldaten, das Ziel eines bildbearbeiterischen Eingriffs wären – also eigentlich bei fast allen Werkzeugen, mit denen Sie üblicherweise direkt auf den Bildpixeln arbeiten. Es gibt allerdings einen Umweg, auf dem so etwas doch geht.

Schritt für Schritt: Smartobjekte in der Praxis – rote Sonnen

Datei auf der Buch-DVD: »Sonnenpostkarte_Zackig.psd«

Nehmen Sie sich für den folgenden Workshop nochmals die Sonnenpostkarte vor. Wenn Sie keine Zeit haben, den ersten Workshop nachzubauen, nutzen Sie anstelle Ihrer eigenen Postkartenversion die Datei »Sonnenpostkarte_Zackig.psd«.

1 Zugriff auf die Originaldaten

Wählen Sie den Befehl INHALT BEARBEITEN im Kontextmenü der Ebenen-Palette oder im Menü unter EBENE • SMARTOBJEKTE.

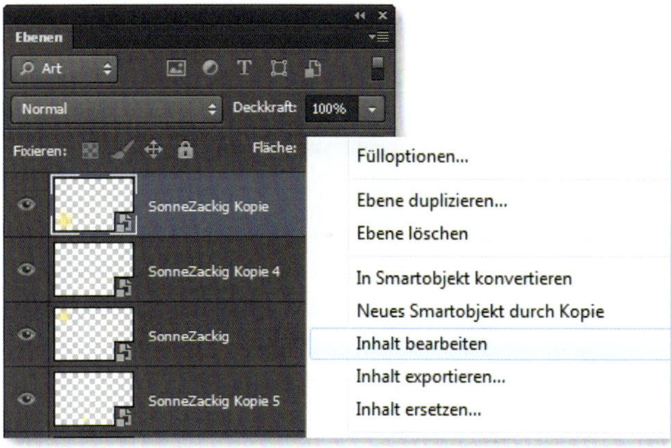

◀ **Abbildung 12.48**
So kommen Sie an die Datei, die dem Smartobjekt zugrunde liegt.

2 Dialogbox quittieren

Was Sie dann sehen, ist eine Dialogbox mit exakten Anweisungen. Sie ist eine gute Gedächtnisstütze, denn das folgende Verfahren ist etwas umständlich. Klicken Sie auf OK.

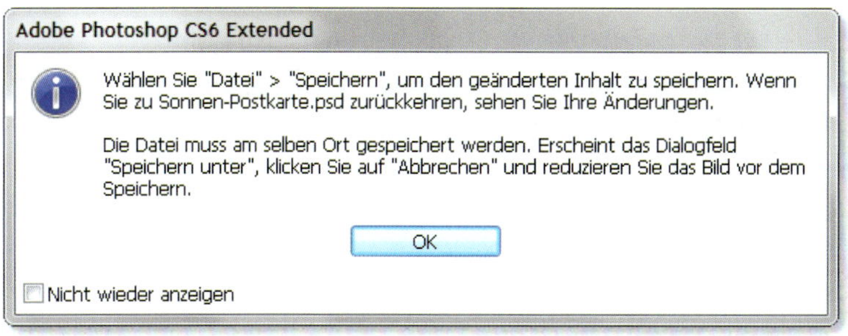

▲ **Abbildung 12.49**
NICHT WIEDER ANZEIGEN sollten Sie hier nicht aktivieren, denn der Dialog ist eine wertvolle Gedächtnisstütze!

3 Die Datei mit den Smartobjekt-Daten öffnet sich

Sie haben nun zwei geöffnete Dateien auf der Arbeitsfläche: die Postkartenversion mit den Smartobjekten und eine weitere Datei mit den Daten, die im Smartobjekt eingebettet sind, also gewissermaßen die Datenquelle. Je nachdem, auf welche Weise das Smartobjekt erzeugt wurde, sieht diese anders aus. Die vorgegebenen Dateiformate können variieren. Manchmal öffnet sich auch Illustrator und gibt die Datei dort zur Bearbeitung frei. In diesem Fall erscheint eine PSD-Datei mit einer Formebene.

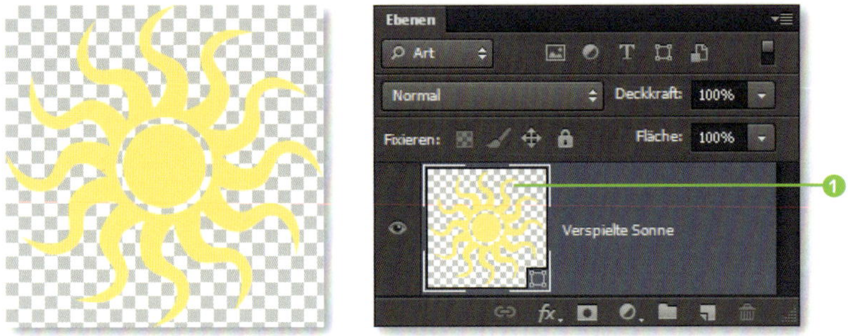

Abbildung 12.50 ▶
Die Grundlage der Smartobjekte im Postkartenbeispiel

4 Daten bearbeiten: Farbe ändern

Nun können Sie die Quelldatei bearbeiten. Die Änderungen werden dann auf alle *abhängigen* Smartobjekte übertragen. In diesem Beispiel werden wir eine Farbänderung durchführen, doch andere – auch viel kompliziertere – Arbeitsschritte sind natürlich möglich.

Doppelklicken Sie auf die Ebenenminiatur 1 in der Ebenen-Palette. Der Farbwähler öffnet sich, und Sie können die gewünschte neue Farbe festlegen. In diesem Workshop habe ich einen dunklen Orangeton mit den RGB-Werten 255/128/84 verwendet.

5 Änderung sichern

Nun brauchen Sie die geänderte Datei mit den Smartobjekt-Quelldaten nur noch zu speichern. Ändern Sie dabei keinesfalls den von Photoshop automatisch gewählten Speicherort oder den vorgegebenen Namen. Der einfache Befehl Datei • Speichern (Strg/cmd+S) ohne irgendwelche Änderungen der Vorgaben ist unkompliziert und vermeidet Fehler. Das tatsächliche Ausgangsdokument für die Smartobjekte (in unserem Beispiel »SonneVerspielt.psd«) bleibt übrigens unberührt: Photoshop erzeugt eine eigene Datei und legt sie automatisch in einem temporären Ordner ab. Sie wird später nicht mehr gebraucht. Schließen müssen Sie diese Arbeitsdatei jedoch nicht: Sie können sie geöffnet halten, wenn Sie weitere Änderungen oder Experimente mit dem Aussehen der Smartobjekte durchführen wollen. Sie müssen Ihre »Datendatei« jedoch nach jeder Änderung erneut speichern, um die Auswirkungen in der Datei mit den Smartobjekten zu sehen.

Wichtig: Sofern Ihre Bearbeitungen aufwendiger waren als hier im Beispiel und Sie dabei neue Ebenen erzeugt haben, müssen Sie diese vor dem Speichern auf eine Hintergrundebene reduzieren – sonst funktionieren die Smartobjekte nicht mehr.

6 Änderungen werden sichtbar

Sobald Sie nun zu Ihrem eigentlichen Dokument zurückkehren, werden dort die Änderungen sichtbar.

◀ **Abbildung 12.51**
Dass die Sonne unten rechts nicht rot dargestellt wird, ist kein Fehler bei der Aktualisierung, sondern liegt am zuvor gewählten Mischmodus.

7 Mögliche Fehlerquellen

Nicht immer reagieren alle Smartobjekte wie gewünscht auf solche Änderungen. Das liegt meist daran, dass die Abhängigkeiten zwischen den Smartobjekt-Duplikaten nicht so sind wie angenommen. Leider zeigt Photoshop die beiden unterschiedlichen Möglichkeiten auch nicht an. Wenn Sie so eine kollektive Änderung von Eigenschaften durchführen wollen, müssen alle Smartobjekte auf eine Quelle zurückgehen und mit ihr verbunden sein (siehe dazu den Punkt »4. Mehr Sonne: Smartobjekt duplizieren« im Workshop zuvor). Fehlerquelle Nummer zwei: Sie haben das Speichern vergessen, oder die Bearbeitungsversion der Datei enthält Ebenen.

Zum Weiterlesen
Eine weitere unschätzbare Anwendungsmöglichkeit für Smartobjekte sind **Smartfilter** – also Photoshop-Filter, die zerstörungsfrei auf Smartobjekte angewendet und jederzeit editiert und dosiert werden können. Wie sie funktionieren, lesen Sie in Kapitel 30, »Besser filtern«.

Kapitel 13
Mischmodus: Pixel-Interaktion zwischen Ebenen

Bildpixel in Ebenen müssen nicht einfach nur gestapelt werden – Photoshop kann die Bildschichten auch miteinander verrechnen. Erweitern Sie Ihr kreatives Repertoire, und lernen Sie die Wirkung der rund 30 Mischmodi kennen.

13.1 Was ist der Mischmodus?

Die Bildpixel übereinanderliegender Ebenen liegen nicht nur simpel übereinander – sie können auch auf unterschiedliche Weise miteinander verrechnet werden, indem Sie den Mischmodus ändern. Der Mischmodus bezieht sich immer auf das Verhältnis zweier direkt übereinanderliegender Ebenen oder auf andere Weise übereinandergeschichteter Pixel, und es ist in der Regel die Einstellung für die obere Ebene oder die oberen Pixel, die geändert werden muss.

Neue Sprachregelung
Die »Füllmethoden« heißen mit CS6 nun »Allgemeiner Mischmodus« und »Erweiterter Mischmodus«. Ihre Wirkung bleibt natürlich unverändert! Übrigens: Mit dem Bildmodus-Befehl (unter BILD • MODUS) hat der Ebenen-Mischmodus nichts zu tun!

Datei auf der Buch-DVD: »Kornblume.tif«

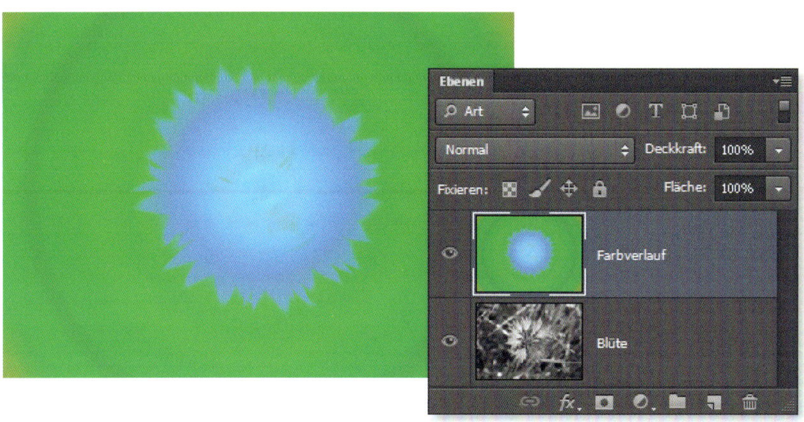

◂ **Abbildung 13.1**
Das unspektakuläre Ausgangsbild. Der Blick in die Ebenen-Palette zeigt, dass die Datei mehr zu bieten hat als einen Farbverlauf. Das Verändern des Mischmodus über die Ebenen-Palette ist denkbar einfach: Sie aktivieren die obere Ebene ...

Abbildung 13.2 ▶
... und wählen für diese aus der Dropdown-Liste (1) einen neuen Mischmodus aus. Damit bekommt Ihr Bild ein (oft überraschendes) neues Outfit. Hier wurde der Mischmodus von NORMAL auf FARBE umgestellt. Der Farbverlauf mischt sich mit dem darunterliegenden Schwarzweißbild.

Bild: Sibylle Mühlke

Die Pixelmischung beeinflussen können Sie jedoch nicht nur in der Ebenen-Palette, sondern auch beim Auftragen von Farbpixeln mit Mal- und Retuschewerkzeugen, bei vielen Ebeneneffekten und in verschiedenen anderen Tools. Man spricht dann auch vom **Blendmodus**, **Modus** oder von der **Blendmethode** – ein anderer Begriff für die gleichen Berechnungen.

Das Prinzip wird Sie also von ganz einfachen Eingriffen bis hin zu Photoshop-Expertentechniken begleiten. Daher lohnt es sich in jedem Fall, sich damit auseinanderzusetzen. Durch gezielte Anwendung der verschiedenen Mischmodi optimieren Sie beispielsweise Ihre Retuscheergebnisse, erzielen bei Illustrationen überraschende Effekte und geben bei Montagen Ihren Bildern den letzten Schliff, indem Sie Lichtverhältnisse subtil anpassen oder ganz neue Beleuchtungsverhältnisse inszenieren.

Wichtige Begriffe

Gleichgültig, ob Sie sie in der Ebenen-Palette oder für ein Werkzeug auswählen – Mischmodi sind nichts anderes als verschiedene, vordefinierte Rechenoperationen. Gerechnet wird mit den Farbwerten der übereinanderliegenden Pixel.

- Die unten liegenden Pixel fungieren als **Ausgangsfarbe**.
- Die darüberliegenden Pixel fungieren als **Füllfarbe**.
- Zusammen mischen sich die Pixel zur **Ergebnisfarbe**.

Diese Termini sollten Sie sich merken, um den folgenden Ausführungen besser folgen zu können! In den Abschnitten namens »Wirkung« lesen Sie jeweils, welche Pixelberechnung erfolgt, und in den Abschnitten namens »Typischer Einsatz« beschreibe ich jeweils einige typische Verwendungszwecke der jeweiligen Mischmodi. Natürlich können Sie selbst auch neue Verwendungsmöglichkeiten erfinden.

Mischmodus einstellen

Sie können den Mischmodus von allen Ebenen – mit Ausnahme von Hintergrundebenen – und sogar von Ebenengruppen jederzeit über die Ebenen-Palette verändern. Dazu genügt es, wenn Sie unter NORMAL ① die Liste der Mischmodi aufklappen und den gewünschten Mischmodus auswählen. Es ist auch möglich, mit Shortcuts zu arbeiten (siehe Tabelle 13.1).

Schnell durch die Liste

Ist die Mischmodus-Liste aktiv, können Sie direkt mit den Pfeiltasten Ihrer Tastatur durch die einzelnen Mischmodi springen: eine gute Technik, um schnell und ohne viel zu klicken verschiedene Einstellungen auszuprobieren.

◀ **Abbildung 13.3**
Bei Ebenen lässt sich der Mischmodus jederzeit verändern.

Anders sieht es aus, wenn Sie den Modus bei Werkzeugen einstellen, mit denen Sie die Bildpixel direkt beeinflussen – etwa Pinsel, Buntstift, Kopierstempel oder Reparatur-Pinsel. Dann müssen Sie vor dem Auftragen festlegen, mit welchem Blendmodus Sie arbeiten möchten, und können diese Einstellung bei einmal gemachten Strichen oder Stempelabdrücken nicht mehr nachträglich verändern.

◀ **Abbildung 13.4**
Auch bei einigen Werkzeugen gibt es den Mischmodus – dann als »Modus« bezeichnet.

Tabelle 13.1 zeigt Ihnen einige praktische Tastenkürzel für die Arbeit mit Ebenen-Mischmodi. Vor allem die für MULTIPLIZIEREN und NEGATIV MULTI-

PLIZIEREN sollten Sie sich einprägen, denn sie werden besonders häufig gebraucht. Falls die Kürzel bei Ihnen nicht funktionieren, kontrollieren Sie, ob das Verschieben-Werkzeug aktiviert ist. Das ist unter Windows die Voraussetzung für die Kürzel. Außerdem darf die Mischmodus-Liste nicht mehr aktiviert sein. Klicken Sie also einmal kurz auf die Ebene.

Tabelle 13.1 ▼
Tastaturbefehle zum Umschalten des Ebenen-Mischmodus auf einen Blick

Was wollen Sie tun?	Kürzel	Was wollen Sie tun?	Kürzel
durch Mischmodi navigieren: in der Liste abwärts	bei aktiver Dropdown-Liste in der Ebenen-Palette: ↓-Taste	Mischmodus INEINANDERKOPIEREN	⇧+Alt+O
durch Mischmodi navigieren: in der Liste aufwärts	bei aktiver Dropdown-Liste in der Ebenen-Palette: ↑-Taste	Mischmodus WEICHES LICHT	⇧+Alt+F
Mischmodus NORMAL	⇧+Alt+N	Mischmodus HARTES LICHT	⇧+Alt+H
Mischmodus SPRENKELN	⇧+Alt+I	Mischmodus STRAHLENDES LICHT	⇧+Alt+V
Mischmodus DAHINTER AUFTRAGEN (nur Pinsel)	⇧+Alt+Q	Mischmodus LINEARES LICHT	⇧+Alt+J
Mischmodus LÖSCHEN (nur Pinsel)	⇧+Alt+R	Mischmodus LICHTPUNKT	⇧+Alt+Z
Mischmodus ABDUNKELN	⇧+Alt+K	Mischmodus HART MISCHEN	⇧+Alt+L
Mischmodus MULTIPLIZIEREN	⇧+Alt+M	Mischmodus DIFFERENZ	⇧+Alt+E
Mischmodus FARBIG NACHBELICHTEN	⇧+Alt+B	Mischmodus AUSSCHLUSS	⇧+Alt+X
Mischmodus LINEAR NACHBELICHTEN	⇧+Alt+A	Mischmodus SUBTRAHIEREN	ohne Kürzel
Mischmodus DUNKLERE FARBE	ohne Kürzel	Mischmodus DIVIDIEREN	ohne Kürzel
Mischmodus AUFHELLEN	⇧+Alt+G	Mischmodus FARBTON	⇧+Alt+U
Mischmodus NEGATIV MULTIPLIZIEREN	⇧+Alt+S	Mischmodus SÄTTIGUNG	⇧+Alt+T
Mischmodus FARBIG ABWEDELN	⇧+Alt+D	Mischmodus FARBE	⇧+Alt+C
Mischmodus LINEAR ABWEDELN	⇧+Alt+W	Mischmodus LUMINANZ	⇧+Alt+Y
Mischmodus HELLERE FARBE	Ohne Kürzel		

Standard-Mischmodus für Ebenengruppen | Der Mischmodus für Ebenengruppen ist standardmäßig HINDURCHWIRKEN. Diese Einstellung ist gewissermaßen neutral; sie bewirkt, dass die Gruppe selbst keine eigenen Moduseigenschaften besitzt. Die Mischmodi der in der Gruppe enthaltenen Ebenen bleiben bestehen – und wirken unter Umständen auch auf andere Ebenen, die unterhalb dieser Gruppe liegen, ein.

Wenn Sie für Ebenengruppen einen anderen Mischmodus als HINDURCHWIRKEN einstellen, werden die Mischmodi von Ebenen innerhalb der Gruppe nicht auf Ebenen außerhalb der Gruppe angewendet. Auch Einstellungsebenen bleiben dann in ihrer Wirkung auf die Ebenen innerhalb der Gruppe beschränkt und können ihre Korrekturwirkung nicht auf alle Bildebenen ausüben.

Deckkraft und Mischmodus bei mehreren Ebenen oder Gruppen auf einmal ändern | Übrigens müssen Sie Mischmodus oder Deckkraft nicht bei jeder Ebene einzeln einstellen, sondern können dies bei mehreren Ebenen gleichzeitig tun. Dazu markieren Sie die Ebenen mit gehaltener `Strg`/`cmd`-Taste in der Ebenen-Palette, dann stellen Sie Deckkraft und Mischmodus wie gewohnt ein. Auch bei Ebenengruppen funktioniert das, hier ist meist jedoch die Standardeinstellung HINDURCHWIRKEN die beste.

13.2 Mischmodi im Überblick

Was passiert bei der Pixelberechnung genau? Wie wenden Sie die verschiedenen Modi sinnvoll an? Hier finden Sie zu jedem Mischmodus eine Kurzbeschreibung und eine kleine Testbildreihe, die die Wirkungsweise veranschaulicht. Sicherlich müssen Sie die folgende Übersicht nicht komplett im Kopf haben; zur Orientierung und zum Nachschlagen ist sie aber nützlich. Die Ausgangsbilder sehen Sie in Abbildung 13.5.

Datei auf der Buch-DVD: »mischmodus_testfile.tif«

Bild (Kieselsteine): stock.xchng, Aristides Papadakis

▲ **Abbildung 13.5**
Fünf verschiedene Konstellationen aus jeweils zwei Ebenen sollen im Folgenden die Wirkung der unterschiedlichen Mischmodi demonstrieren. Hier sehen Sie die Testbildebenen in unbearbeiteter Form.

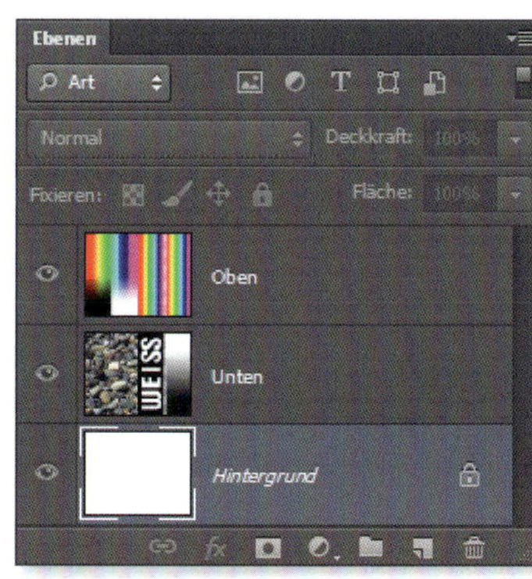

▲ **Abbildung 13.6**
Ebenenaufbau der Testdatei

Mischmodus, RGB, CMYK & Co.

Die Liste der verschiedenen Mischmodi ist bei RGB-Bildern am längsten. Bei CMYK-Bildern stehen nicht alle Mischmodi zur Verfügung – und sie können auch anders wirken als hier beschrieben.

Unter den über zwanzig Mischmodi, die Adobe anbietet, auf Anhieb den richtigen zu finden, ist nicht immer einfach. Sie werden wohl nicht ganz ums Experimentieren herumkommen, doch ist es gut, wenigstens in etwa zu wissen, was die einzelnen Mischmodi bewirken. Als erster Anhaltspunkt zur Orientierung dient Ihnen die Anordnung der verschiedenen Mischmodi in der Auswahlliste, die hier zu Gruppen zusammengefasst sind. Wenn Ihnen Ihr Arbeitsergebnis mit dem Mischmodus aus einer Gruppe gefällt, lohnt es sich, einen anderen Mischmodus derselben Gruppe auch einmal auszuprobieren!

13.3 Der Standard und ein Exot

In der ersten »Abteilung« der Mischmodus-Liste finden Sie den neutralen Modus Normal und das in der Praxis sehr selten eingesetzte Sprenkeln.

Normal

Wirkung | Normal ist die meistbenutzte Standardeinstellung, mit der ich auch bei allen Beispielen in diesem Buch bisher gearbeitet habe. Eine Verrechnung der übereinanderliegenden Pixel findet nicht statt. Die unten liegende Ebene ist vollständig von den Pixeln der oberen Ebene verdeckt, außer wenn diese in der Deckkraft reduziert wurde.

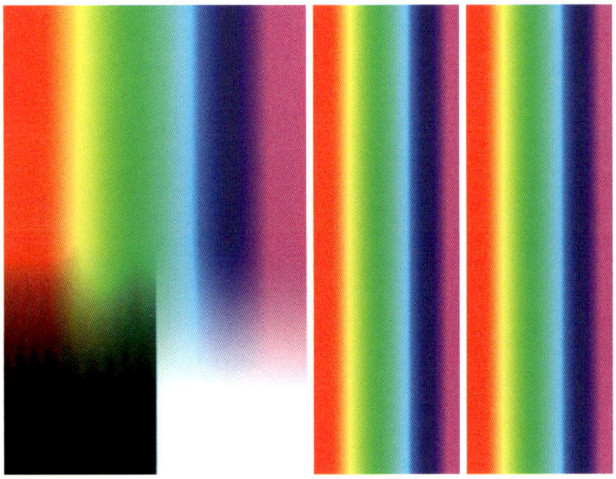

▲ **Abbildung 13.7**
Mischmodus Normal, Deckkraft 100 %

▲ **Abbildung 13.8**
Mischmodus Normal, Deckkraft 70 %

Typischer Einsatz | Genutzt wird Normal immer dann, wenn keine besonderen Effekte gebraucht werden oder erwünscht sind – also sehr oft.

Sprenkeln

Wirkung | Sprenkeln funktioniert mit Ebenentransparenz. Wenn die Ebene, auf die Sie diesen Mischmodus anwenden, keine Transparenz enthält, sehen Sie keinen Unterschied zu Normal. Je geringer die Deckkraft und je höher die Transparenz der Ebene ist, desto stärker werden Pixel der unteren Ebene eingestreut. Der Effekt funktioniert bei Objekten, die transparente Bereiche enthalten, und mit kompletten Ebenen, bei denen die Deckkraft herabgesetzt wurde.

▲ **Abbildung 13.9**
Mischmodus Sprenkeln, Deckkraft 75%

Typischer Einsatz | Bei Montagen ist die Verwendung von Sprenkeln selten sinnvoll; dieser Mischmodus eignet sich aber ganz gut für den flächigen Farbauftrag per Airbrush oder um Mallinien eine stärkere raue Buntstift-Optik zu geben.

13.4 Abdunkeln & Co.

Die folgenden fünf Ebenenmodi in der Liste – Abdunkeln, Multiplizieren, die zwei Nachbelichter und Dunklere Farbe – haben gemeinsam, dass sie das Bild tatsächlich abdunkeln. Die Unterschiede liegen im Detail.

Abdunkeln

Wirkung | Hier werden die Pixel von Ausgangsfarbe (unten!) und Füllfarbe (oben!) auf ihren Helligkeitswert hin abgeglichen, und die jeweils dunkleren Pixel werden dann als Ergebnis ausgegeben. Wenn beide Ebenen denselben Inhalt haben, zeigt sich keine Veränderung.

▲ **Abbildung 13.10**
Mischmodus Abdunkeln, Deckkraft 100%

Typischer Einsatz | Sinnvoll ist der Einsatz dieses Blendmodus, wenn Sie dunkleren Text auf eine stark strukturierte, helle bis mittlere Unterlage (z.B. in ein Foto) montieren wollen. Der Text geht dann mit dem Untergrund eine Verbindung ein, ohne seine Lesbarkeit zu verlieren. Auch für das Erstellen leicht abgedunkelter Textboxen – um die Lesbarkeit von Text auf Fotos zu verbessern – ist Abdunkeln gut geeignet. Und wenn Sie eine Montage erstellen, bei der Sie Bildebenen mit weißem Hintergrund verwenden, werden Sie diesen Hintergrund mit einem Mausklick los, indem Sie den Mischmodus der oberen Ebene auf Abdunkeln setzen.

Datei auf der DVD: »zitruspressen.tif«

Praxistipp: Helle Hintergründe verschwinden lassen | Abdunkeln lässt helle Bildbereiche verschwinden. Das können Sie sich zunutze machen, um helle Bildhintergründe mit einem Klick loszuwerden – etwa, wenn Sie ausprobieren wollen, ob eine Montage passen könnte. Die hellen Bereiche der Ebene mit der pinkfarbenen Zitronenpresse verdecken Bildteile der unten liegenden Ebene mit der grünen Zitruspresse. Zur Verdeutlichung habe ich hier die Ebenenkanten sichtbar gemacht.

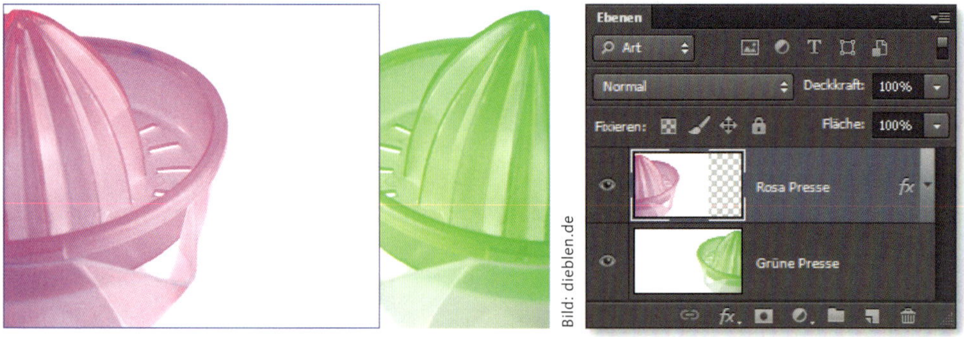

Abbildung 13.11 ▶ So sieht das Bild zu Beginn aus.

Indem der Mischmodus der oberen Ebene umgestellt wird, verschwinden die hellen Kanten im Nu. Aufwendiges Freistellen entfällt. Leider funktioniert dieser Trick nur, wenn Weiß auf Weiß (wenigstens annähernd) montiert wird.

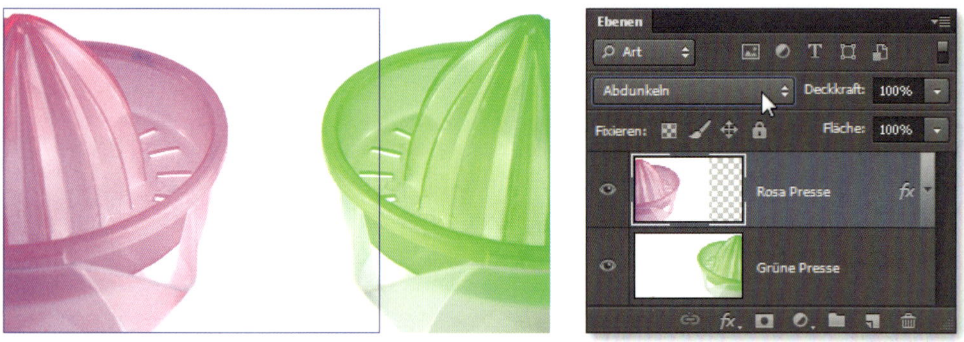

Abbildung 13.12 ▶ Das Ergebnis durch Änderung des Mischmodus

Eigene Anwendungen erfinden
Für Ebenen-Mischmodi gibt es unzählige Einsatzzwecke, die ich gar nicht alle präsentieren kann. Deshalb erhalten Sie hier nur einige exemplarische Praxistipps. Wenn Sie das grundlegende Prinzip verstehen, sind Sie bald in der Lage, eigene Anwendungen für die Mischmodi zu erfinden.

Multiplizieren

Wirkung | Multiplizieren basiert tatsächlich auf Pixel-Multiplikationen. Zugrunde liegen wiederum die Helligkeitswerte der übereinanderliegenden Pixel. Schwarz als Füllfarbe ergibt am Ende immer Schwarz, Weiß bewirkt keine Veränderung. Anders als bei Abdunkeln ändert sich hier das Ergebnis auch dann, wenn die multiplizierten Ebenen identisch sind. Multiplizieren dunkelt stärker ab als Abdunkeln, wirkt aber auch gleichmäßiger. Sie können die Abdunkelungswirkung von Multiplizieren – und überhaupt die Wirkung von Mischmodi – auch gut dosieren, indem Sie die Deckkraft der jeweils oberen Ebene reduzieren.

▲ **Abbildung 13.13**
Mischmodus Multiplizieren, Deckkraft 100 %

Typischer Einsatz | Multiplizieren ist ein oft gebrauchter Modus, der gut geeignet ist, um weiche Schattenpartien zu erstellen. Zum Beispiel wird der Ebeneneffekt Schlagschatten so erstellt. Zudem eignet sich Multiplizieren auch als schneller Bildkorrektor bei zu hellen Fotos. Auch beim Illustrieren und Zeichnen lässt sich dieser Mischmodus für eine lebendigere Liniengestaltung anwenden: Die Wirkung entspricht etwa einem lasierenden Farbauftrag oder übereinandergelagerten Marker-Strichen.

Praxistipp: Schnelle Reparatur zu heller Bilder | Mit Hilfe der von Multiplizieren lassen sich schnell zu helle, kontrastschwache Bilder korrigieren – selbst in Fällen, bei denen die klassischen Korrekturtools nicht weiterhelfen. Das Ganze dauert maximal drei Minuten.

Datei auf der DVD: »JiangJingiie.tif«

Bild: Jiang Jingiie, Fotolia

▲ **Abbildung 13.14**
Vor der Korrektur ist das Foto flau und sehr hell. Das Histogramm zeigt warum: Das Bild enthält sehr wenige Mitteltöne und viele Lichter. Daher gibt es kaum Ansatzmöglichkeiten für Gradationskurve & Co.

Nun duplizieren Sie die Ausgangsebene einfach; etwa, indem Sie die Originalebene über das Neu-Icon der Ebenen-Palette ziehen. Eventuelle Farbstiche und andere Fehler sollten Sie zuvor entfernen, da sie sich sonst potenzieren. Setzen Sie den Mischmodus der duplizierten Ebene nun auf Multiplizieren. Mit der Deckkraft der Ebene ❶ und eventuell einer Maske ❷ lässt sich die Korrekturwirkung dosieren.

▲ **Abbildung 13.15**
Mit der Deckkraft der duplizierten Ebene lässt sich die abdunkelnde Wirkung gut steuern. Die Maske verhindert, dass die dunklen Bildbereiche ihre Zeichnung verlieren.

Zum Weiterlesen
Mehr über **Histogramme** erfahren Sie in Kapitel 16, »Regeln und Werkzeuge für die Bildkorrektur«. Nähere Informationen zu **Ebenenmasken** finden Sie in Kapitel 15, »Ebenenmasken & Co.«.

Ähnliche Anwendungsfälle | Das Prinzip Ebenenduplikat plus Mischmodus lässt sich auch in anderen Fällen gewinnbringend einsetzen. Zu dunkle Bilder können manchmal mit einem aufhellenden Mischmodus verbessert werden. Das klappt nicht bei jedem Bild – einen Versuch ist es aber allemal wert! Bei Bildern mit schlappen Kontrasten hilft meist ein Mischmodus aus der Reihe der »Licht«-Berechnungen.

Farbig nachbelichten

▲ **Abbildung 13.16**
Mischmodus Farbig nachbelichten, Deckkraft 100%

Wirkung | Wer sich mit Fototechnik auskennt, dem ist Nachbelichten ein Begriff: Schwache Bildpartien werden im Labor ein zweites Mal belichtet, was die Eigenfarbe verstärkt. In Photoshop ist der Effekt ganz ähnlich. Auf Grundlage der Helligkeits- und Sättigungsinformationen der Füllfarbe wird der Kontrast der Ausgangsfarbe erhöht, wodurch das Ergebnis dunkler wird. Strahlende Farben und harte Kontraste sind für Farbig nachbelichten charakteristisch. Eine Nachbelichtung mit Weiß bewirkt keine Änderung.

Typischer Einsatz | Farbig Nachbelichten kann genutzt werden, um einzelne Bildpartien gezielt aufzuhellen oder um farbige Beleuchtungseffekte zu simulieren. Es ist auch gut geeignet, um futuristische Effekte zu erzielen.

Linear nachbelichten

Wirkung | LINEAR NACHBELICHTEN arbeitet ähnlich wie das farbige Nachbelichten. Hier wird allerdings nicht der Kontrast der unteren Ebene verstärkt, sondern ihre **Helligkeit reduziert**. LINEAR NACHBELICHTEN führt zu weniger strahlenden Ergebnissen als FARBIG NACHBELICHTEN, die Farben haben aber mehr Brillanz als bei MULTIPLIZIEREN.

▲ **Abbildung 13.17**
Mischmodus LINEAR NACHBELICHTEN, DECKKRAFT 100 %

Typischer Einsatz | Wie bei FARBIG NACHBELICHTEN.

Dunklere Farbe

Wirkung | Hier werden die Farbwerte von Füll- und Ausgangsfarbe verglichen. Gezeigt wird jeweils die Farbe mit dem niedrigeren Wert. Mit dem Modus DUNKLERE FARBE ist die Ergebnisfarbe keine Mischung aus Füll- oder Ausgangsfarbe, sondern eine der beiden – nämlich die dunklere Farbe.

▲ **Abbildung 13.18**
Mischmodus DUNKLERE FARBE, DECKKRAFT 100 %

Typischer Einsatz | Mit diesem Modus können Sie die Wirkung von Einstellungsebenen dosieren. Sie kommt auch im Werkzeug KANALBERECHNUNGEN zum Einsatz und wird für kreative Effekte verwendet.

13.5 Aufhellen und Verwandtes

Auch bei der folgenden Gruppe von Mischmodi ist der Name des ersten – AUFHELLEN – Programm. Alle fünf machen das Bild heller.

Aufhellen

Wirkung | AUFHELLEN ist das genaue Gegenteil von ABDUNKELN – von der zugrundeliegenden Mathematik ebenso wie vom Ergebnis her. Dabei bestimmt wiederum die Helligkeit der Füllebene, wie deutlich das Bild aufgehellt wird: Helle Farben bewirken eine starke, dunkle eine weniger starke Aufhellung.

▲ **Abbildung 13.19**
Mischmodus AUFHELLEN, DECKKRAFT 100 %

Typischer Einsatz | AUFHELLEN macht sich – wie ABDUNKELN auch – in Text-Bild-Kompositionen nützlich und kann eingesetzt werden, um Text besser lesbar zu machen.

Negativ multiplizieren

▲ **Abbildung 13.20**
Mischmodus NEGATIV MULTIPLIZIEREN, DECKKRAFT 100 %

Wirkung | Dieser Ebenenmodus (in älteren Photoshop-Versionen hieß er UMGEKEHRT MULTIPLIZIEREN) imitiert die additive Lichtmischung, indem die umgekehrten Werte von Ausgangsfarbe und Füllfarbe multipliziert werden. Das Ergebnis ist immer heller als die Ausgangsebenen. Vergleichbar ist der Effekt mit einem Ausbleichen des Bildes.

Typischer Einsatz | NEGATIV MULTIPLIZIEREN dient zum radikalen Aufhellen von Bildern und Bildpartien, zum Beispiel um Bilder künstlich altern zu lassen. Dieser Modus eignet sich weniger gut zum retuschierenden Aufhellen von Bildern, weil helle Partien (Lichter) schnell zu hell werden und dann wie überbelichtet wirken.

Farbig abwedeln

▲ **Abbildung 13.21**
Mischmodus FARBIG ABWEDELN, DECKKRAFT 100 %

Wirkung | Die beiden Abwedler haben ihren Namen und ihre Wirkungsweise wiederum aus der Labortechnik entlehnt und arbeiten analog zu den Nachbelichtern. Beim farbigen Abwedeln wird der Kontrast der Ausgangsfarbe verändert, er wird diesmal aber abgeschwächt. Je heller die Pixel der Füllfarbe sind, desto stärker wirkt das Abwedeln. Füllen mit Schwarz ergibt keine Änderung.

Typischer Einsatz | FARBIG ABWEDELN dient zum Einarbeiten von Lichtern in Bilder oder Bildpartien.

Praxistipp: Mit Licht und Schatten malen | Salz und Pfeffer fast jeder Bildkomposition ist die Lichtführung. Mit Hilfe verschiedener Mischmodi malen Sie Lichter und Schattenpartien in das Bild hinein. Diese Arbeitstechnik ist flexibler und differenzierter als die Tools Abwedler und Nachbelichter. Zum Aufhellen nutzen Sie die Abwedler-Mischmodi, um Schatten zu betonen die Nachbelichter. Welcher Modus genau passt, entscheidet sich am Motiv.

Datei auf der DVD: »MutterundKind.jpg«

Hier soll in ein Doppelporträt mehr Sonnenlicht hineingemalt werden. Dazu malen wir auf eine leere Ebene oberhalb der Bildebene neutrales Grau mit dem Pinsel auf. Durch den gewählte Mischmodus – hier FARBIG ABWEDELN – hellt die Ebene das darunterliegende Foto teilweise auf.

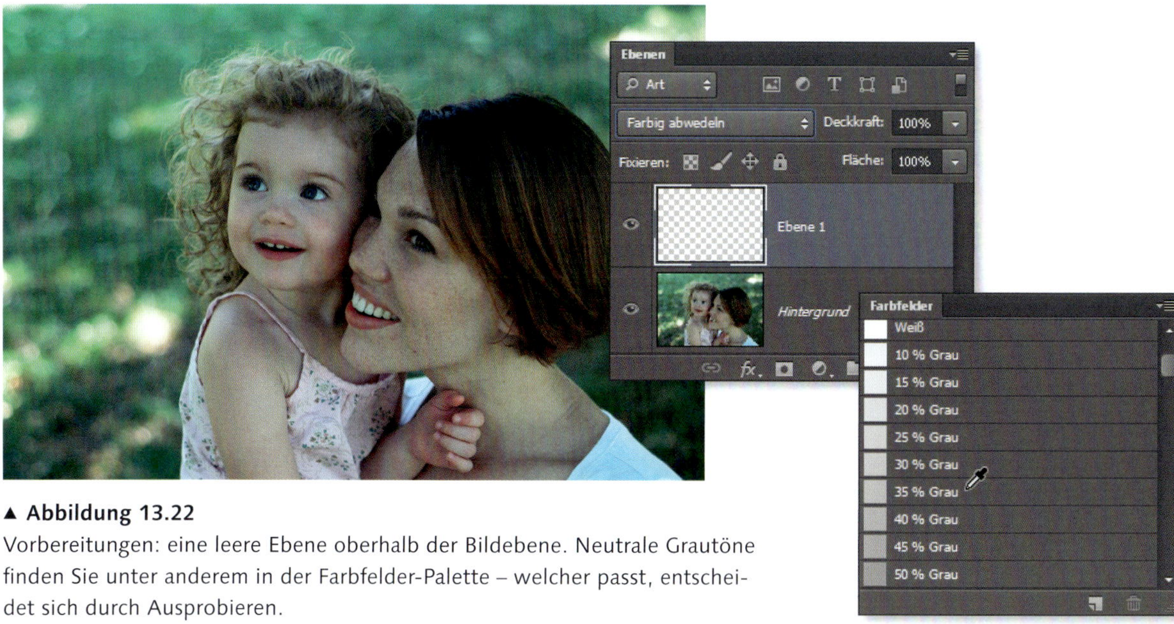

Bild: Cory Docken, Fotolia

▲ **Abbildung 13.22**
Vorbereitungen: eine leere Ebene oberhalb der Bildebene. Neutrale Grautöne finden Sie unter anderem in der Farbfelder-Palette – welcher passt, entscheidet sich durch Ausprobieren.

Es empfiehlt sich, mit einem weichen Pinsel zu arbeiten, zur besseren Veranschaulichung zunächst mit 100% Ebenendeckkraft. Für eine realistische Retusche senken Sie bei Bedarf die Ebenendeckkraft am Schluss noch.

Ausführlicher Workshop
Eine Schritt-für-Schritt-Anleitung zum Aufmalen von Lichtern und Schatten finden Sie auf der Bonus-Seite zu diesem Buch unter *www.galileodesign.de*.

◂ **Abbildung 13.23**
Freundliche Sonnenflecken entstehen durch Pinselauftrag. Wenn Sie wünschen, zeichnen Sie die Ebene mit den Pinselstrichen am Ende noch weich, damit sich die Lichter besser ins Bild einfügen.

Ähnliche Anwendungsfälle | Das Ganze funktioniert nach demselben Prinzip auch mit farbigem Licht. Hier ist Ihr Experimentiergeist allerdings stärker gefragt: Sowohl bei der Lichtfarbe als auch beim Mischmodus müssen Sie ein wenig mehr herumprobieren, um überzeugende Ergebnisse zu erzielen.

Linear abwedeln (Addieren)

▲ **Abbildung 13.24**
Mischmodus Linear abwedeln (Addieren), Deckkraft 100 %

Wirkung | Linear abwedeln (Addieren) ergibt insgesamt hellere Bilder als farbiges Abwedeln. Hier wird die Helligkeit der unteren Pixel erhöht, und zwar umso stärker, je heller die aufgetragenen Pixel sind.

Typischer Einsatz | Wie bei Farbig abwedeln; wirkt aber nicht ganz so drastisch. Wenn bei Farbig abwedeln zu viele Bildstörungen sichtbar werden, sollten Sie Linear abwedeln ausprobieren. Welcher Mischmodus sich besser eignet, können Sie nur am konkreten Fall entscheiden.

Hellere Farbe

▲ **Abbildung 13.25**
Mischmodus Hellere Farbe, Deckkraft 100 %

Wirkung | Hellere Farbe ist das Pendant zu Dunklere Farbe. Wiederum werden die Farbwerte von Füll- und Ausgangsfarbe verglichen, aber diesmal wird die Farbe mit dem höheren Wert gezeigt. Mit dem Modus Hellere Farbe ist die Ergebnisfarbe keine Mischung aus Füll- oder Ausgangsfarbe, sondern eine der beiden – nämlich die hellere Farbe.

Typischer Einsatz | Mit Hellere Farbe dosieren Sie die Wirkung von Einstellungsebenen. Dieser Modus kommt im Werkzeug Kanalberechnungen und für kreative Effekte zum Einsatz.

13.6 Ineinanderblenden je nach Helligkeit

Die zahlreichen Mischmodi in der folgenden Rubrik kombinieren nun die Arbeitsweise der bereits vorgestellten aufhellenden Modi mit denen der abdunkelnden Modi, je nachdem, wie hell oder dunkel die Pixel der Füllfarbe sind. Der Effekt kommt dem Ineinanderblenden zweier Bilder nahe, wie man es etwa beim Stadtspaziergang beobachten kann, wenn sich die Umgebung in einem Schaufenster spiegelt.

Ineinanderkopieren

▲ **Abbildung 13.26**
Mischmodus Ineinanderkopieren, Deckkraft 100 %

Wirkung | Ineinanderkopieren (in älteren Photoshop-Versionen als Überlagern bezeichnet) kombiniert Multiplizieren und Negativ multiplizieren. Dabei werden die Farben der unten liegenden Pixel nicht ersetzt, sondern mit den darüber aufgetragenen Pixeln vermischt.

Typischer Einsatz | INEINANDERKOPIEREN eignet sich sehr gut, um Muster oder Farben auf schon vorhandene Pixel aufzutragen, wobei Lichter und Tiefen der unteren Ebene erhalten bleiben. Die Ergebnisse sind recht brillant.

Weiches Licht

Wirkung | WEICHES LICHT erzielt einen Effekt, der an das Beleuchten eines Bildes durch eine diffuse (mitunter farbige) Lichtquelle erinnert. Als »Lichtquelle« fungiert hier die obere Ebene mit der neu aufgetragenen Farbe, als »Bild« die untere Ebene. Je nach Helligkeit der oberen Pixel wird das Gesamtergebnis aufgehellt oder abgedunkelt.

▲ **Abbildung 13.27**
Mischmodus WEICHES LICHT, DECKKRAFT 100 %

Typischer Einsatz | Simulieren von Beleuchtungseffekten, Kolorationen mit zurückhaltender Wirkung.

Praxistipp: Einstellungsebenen mehr Pep geben | Mischmodi lassen sich auch vortrefflich auf Einstellungsebenen anwenden. Damit können Sie die Korrekturwirkung zusätzlich steuern oder auch kreative Bildeffekte erzielen.

Datei auf der DVD: »Seesicht.tif«

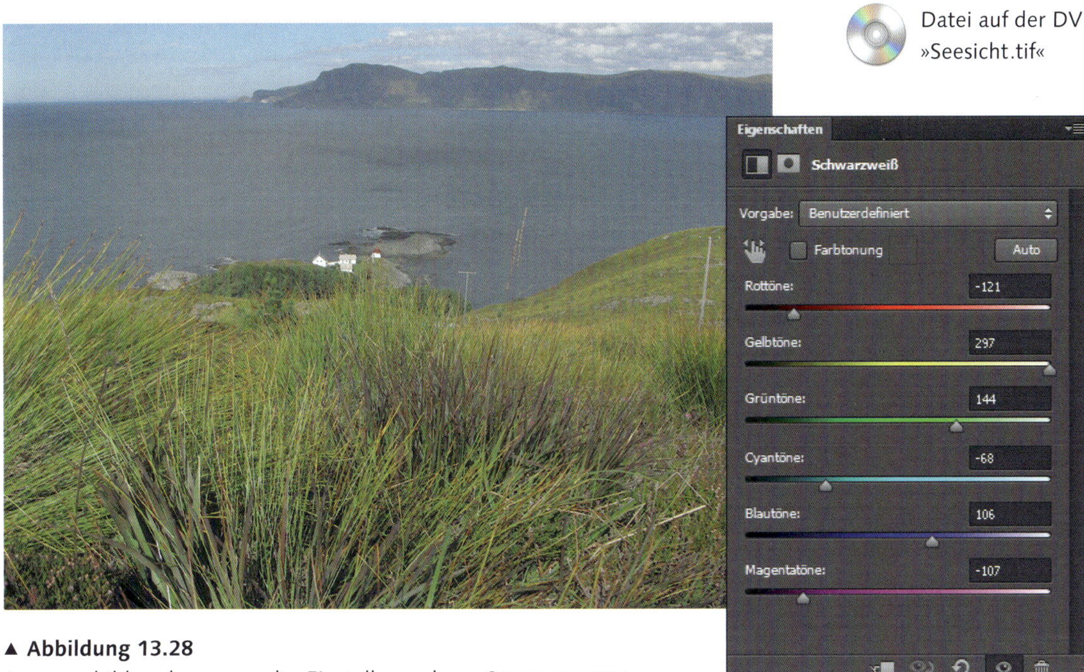

Bild: S. Mühlke

▲ **Abbildung 13.28**
Ausgangsbild und angewandte Einstellungsebene SCHWARZWEISS. Mit Mischmodus NORMAL und hoher Deckkraft würde diese Einstellungsebene SCHWARZWEISS das Motiv einfach nur verfremden.

Die Mischmodi aus der »Licht«-Abteilung (INEINANDERKOPIEREN, WEICHES LICHT, HARTES LICHT, LICHTPUNKT usw.) lassen sich gut als Kontrastverstärker nutzen und werten langweilige Motive auf.

Abbildung 13.29 ▲▶
Der Mischmodus WEICHES LICHT und reduzierte Deckkraft der Einstellungsebene sorgen für den gewünschten Effekt: Die Farben sind kühler und leicht verfremdet, der grafische Charakter der Gräser wird durch stärkere Kontraste betont.

Ähnliche Anwendungsfälle | Das Prinzip Mischmodus plus Einstellungsebene lässt sich vielfach variieren. Wenn Sie zum Beispiel bei Helligkeits- und Kontrastkorrekturen den Mischmodus auf LUMINANZ umstellen, verhindern Sie, dass die Korrekturen unbeabsichtigt auch die Bildfarben beeinflussen. Und FARBTON/SÄTTIGUNG-Einstellungsebenen wirken oft natürlicher, wenn Sie sie im Mischmodus FARBTON, WEICHES LICHT oder INEINANDERKOPIEREN anwenden.

Hartes Licht

▲ Abbildung 13.30
Mischmodus HARTES LICHT, DECKKRAFT 100 %

Wirkung | HARTES LICHT arbeitet ähnlich wie WEICHES LICHT, ist jedoch schärfer in der Wirkung – mehr wie ein Spotlicht.

Typischer Einsatz | Der Effekt eignet sich beispielsweise zum Hinzufügen von Glanzlichtern und harten Schatten in ein Bild. Wenn der Farbauftrag heller ist, werden Lichter erzeugt, und mit dunklerem Farbauftrag können Sie Schattenpartien stärker herausarbeiten. Das Malen mit reinem Schwarz erzeugt reines Schwarz, das Malen mit reinem Weiß erzeugt auch Weiß als Ergebnisfarbe.

Strahlendes Licht

Wirkung | Strahlendes Licht wedelt Farben ab oder belichtet sie nach – verstärkt oder verringert also den Farbkontrast. Als imaginäre Lichtquelle fungiert hier wieder die obere Ebene. Ist diese heller als 50 %iges Grau, wird das Bild durch Verringern des Kontrasts ebenfalls heller. Sind die oberen Pixel dunkler als 50 %iges Grau, wird das Bild durch Erhöhen des Kontrasts dunkler.

▲ **Abbildung 13.31**
Mischmodus Strahlendes Licht, Deckkraft 100 %

Typischer Einsatz | Harte Kontraststeigerung, Montagen mit lebhaften Farben, Simulierung lebhafter Beleuchtungseffekte. In Lichtern und Tiefen gehen eventuell feine Farbabstufungen verloren (Zeichnungsverlust).

Lineares Licht

Wirkung | Lineares Licht wirkt ähnlich wie Strahlendes Licht, kombiniert aber *lineares* Abwedeln und Nachbelichten und verändert daher die Helligkeitswerte – nicht den Farbkontrast – der unteren Ebene. Wenn die Füllfarbe heller als 50 %iges Grau ist, wird das Bild insgesamt heller. Wenn die Füllfarbe dunkler als 50 %iges Grau ist, wird das Bild dunkler.

▲ **Abbildung 13.32**
Mischmodus Lineares Licht, Deckkraft 100 %

Typischer Einsatz | Wie Strahlendes Licht eignet sich auch dieser Blendmodus ganz gut, um Beleuchtungseffekte in ein Bild zu bringen.

Lichtpunkt

Wirkung | Lichtpunkt mischt die übereinanderliegenden Pixel nicht wirklich zusammen, sondern ersetzt die Pixel der unteren Ebene durch Bildpixel der oberen Ebene. Ausschlaggebend dafür, ob und wie die Ersetzung stattfindet, sind die Tonwerte der oberen Ebene: Ist diese hell, werden dunkle Pixel der unteren Ebene ersetzt, und helle Pixel bleiben unverändert. Ist die obere Ebene dunkler, werden helle Pixel ersetzt, und dunkle Pixel bleiben unversehrt.

▲ **Abbildung 13.33**
Mischmodus Lichtpunkt, Deckkraft 100 %

Typischer Einsatz | Eine vernünftige Verwendung drängt sich mir nicht auf. Vielleicht finden Sie bei einer komplexen Komposition durch Herumprobieren einmal eine Einsatzmöglichkeit für diesen Mischmodus. Adobe selbst gibt sich hier auch sehr lakonisch: »Diese Option ist für zusätzliche Spezialeffekte in Bildern nützlich«, heißt es im Hilfetext.

Hart mischen

▲ **Abbildung 13.34**
Mischmodus Hart mischen, Deckkraft 100 %

Wirkung | Hart mischen produziert Bilder mit großzügigen Flächen in maximal acht Farben, die stark an GIFs erinnern.

Typischer Einsatz | Vielleicht ist dieser Blendmodus als Ergänzung zur Tontrennung gedacht (unter Bild • Korrekturen und als Einstellungsebene), mit der Sie einen ähnlichen Effekt erzielen.

13.7 Umkehreffekte

Bei den folgenden vier Mischmodi ist wiederum die Helligkeit der oberen Ebene ausschlaggebend für die Wirkung. Kombiniert werden Farbsubtraktion und die Invertierung (Umkehrung) von Farben.

Differenz

▲ **Abbildung 13.35**
Mischmodus Differenz, Deckkraft 100 %

Wirkung | Weiß auf der oberen Ebene bewirkt die Farbumkehrung, Schwarz wirkt neutral und ändert gar nichts, und die Tonwerte dazwischen führen zu einer mehr oder weniger starken Subtraktion der Farbwerte.

Typischer Einsatz | Auf den ersten Blick wirken die Ergebnisse kurios, der Mischmodus Differenz lässt sich aber bei Composings oder Logo-Entwürfen bisweilen gut einsetzen, um farbige Konturen zu erzeugen. Diesen Mischmodus können Sie auch tatsächlich verwenden, um Differenzen zwischen Kanälen (z. B. Masken) oder Ebenen aufzuspüren. Ein Anwendungsfall wäre, wenn Sie aus einem großen Bild einen Teil herauskopiert und geringfügig geändert haben und das Stück nun wieder an Ort und Stelle einsetzen wollen. Ist die obere Ebene auf Differenz gestellt, erscheinen identische und deckungsgleiche Bildteile schwarz.

▲ **Abbildung 13.36**
Mischmodus Ausschluss, Deckkraft 100 %

Ausschluss

Wirkung | Ausschluss ist dem Differenzmodus sehr ähnlich, wirkt jedoch etwas weicher und kontrastärmer.

Typischer Einsatz | Wie bei Differenz.

Subtrahieren

Wirkung | Dunkelt Bilder stark ab, indem anhand der Farbinformationen in den Farbkanälen die Füllfarbe von der Ausgangsfarbe abgezogen wird.

Typischer Einsatz | Die Photoshop-Gemeinde tut sich ein wenig schwer, für die beiden Mischmodi einen Praxisnutzen zu finden – und Adobe hält sich mit Erläuterungen zurück. Auch SUBTRAHIEREN dunkelt Bilder ab, allerdings nicht so rigoros wie MULTIPLIZIEREN & Co.

▲ **Abbildung 13.37**
Mischmodus SUBTRAHIEREN, DECKKRAFT 100 %

Praxistipp: Abendstimmung in Tageslichtaufnahmen zaubern | SUBTRAHIEREN können Sie zum Einsatz bringen, wenn Sie ein Bild abdunkeln wollen, zum Beispiel auch, wenn Sie aus einem normalen Foto eine Nachtaufnahme mogeln wollen. Dazu duplizieren Sie die Originalebene, stellen bei der oben liegenden Ebene den Mischmodus auf SUBTRAHIEREN (das Bild ist dann zunächst ganz schwarz) und wenden dann den GAUSSSCHEN WEICHZEICHNER an. Eine stark abgedunkelte Bildversion entsteht. Durch Änderung der Ebenendeckkraft und Hinzufügen weiterer Korrekturebenen können Sie die Werkzeugwirkung modulieren.

Datei auf der Buch-DVD: »Melbourne.tif«

Bild: stock.xchng, Timo Balk

◀ **Abbildung 13.38**
Das Ausgangsfoto

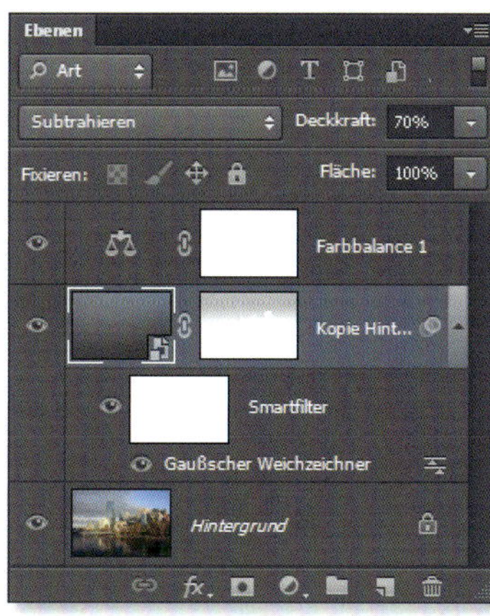

◀▲ **Abbildung 13.39**
Aus der Spätnachmittags- wurde eine Dämmerungsaufnahme. Rechts der Ebenenaufbau. Die Einstellungsebene FARBBALANCE 1 macht die Bildstimmung kühler. Beachten Sie, dass die Einstellungsebene mit der SUBTRAHIEREN-Ebene keine Schnittmaske bilden darf!

Dividieren

▲ **Abbildung 13.40**
Mischmodus Dividieren, Deckkraft 100%

Wirkung | Trotz der bunten Ergebnisse: Mischmodi sind mathematische Operationen, bei denen die Farbwerte der beteiligten Ebenen miteinander verrechnet werden. Die mathematische Operation, die hinter Dividieren steckt, ist – wie der Name schon sagt – eine Division (in CS5 hieß dieser Modus noch »Unterteilen«). Anhand der Farbinformationen in den einzelnen Kanälen wird die Füllfarbe durch die Ausgangsfarbe geteilt.

Typischer Einsatz | Der Nutzen von Dividieren fällt nicht auf den ersten Blick ins Auge. Doch man kann vermuten, dass der Algorithmus dieses Modus schon seit Langem hinter den Kulissen verwendet wird – nämlich bei den Zeichen- und Konturenfiltern von Photoshop. So ähnlich lässt sich auch der Mischmodus anwenden.

Praxistipp: Imitierte Bleistiftzeichnung | Verfahren Sie mit dem Mischmodus Dividieren ähnlich wie oben bei Subtrahieren geschildert, erhalten Sie eine farbige, fein gezeichnete Bildversion. Dieser Modus ist eine sehr gute, exakt dosierbare Alternative zu Photoshops Konturfiltern, die sich allesamt nicht besonders gut steuern lassen.

Sie benötigen hier wiederum ein stark weichgezeichnetes Ebenenduplikat, das über der Ausgangsebene liegt und auf Dividieren umgestellt wird. Zusätzliche Einstellungsebenen erledigen das Feintuning.

Datei auf der Buch-DVD: »Parklandschaft.tif«

Bild: Fotolia, Jan Prchal

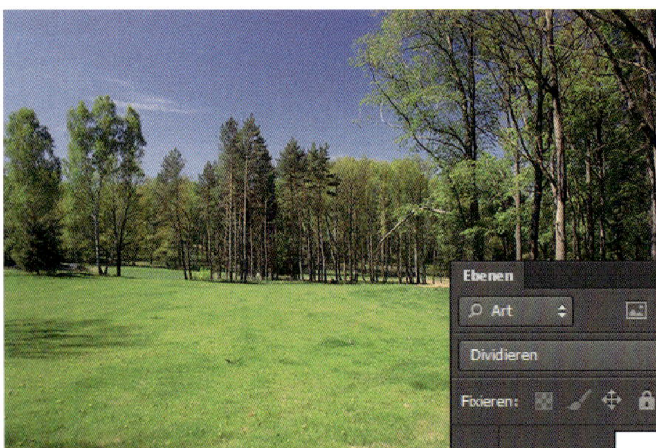

▲ **Abbildung 13.41**
Das Ausgangsfoto

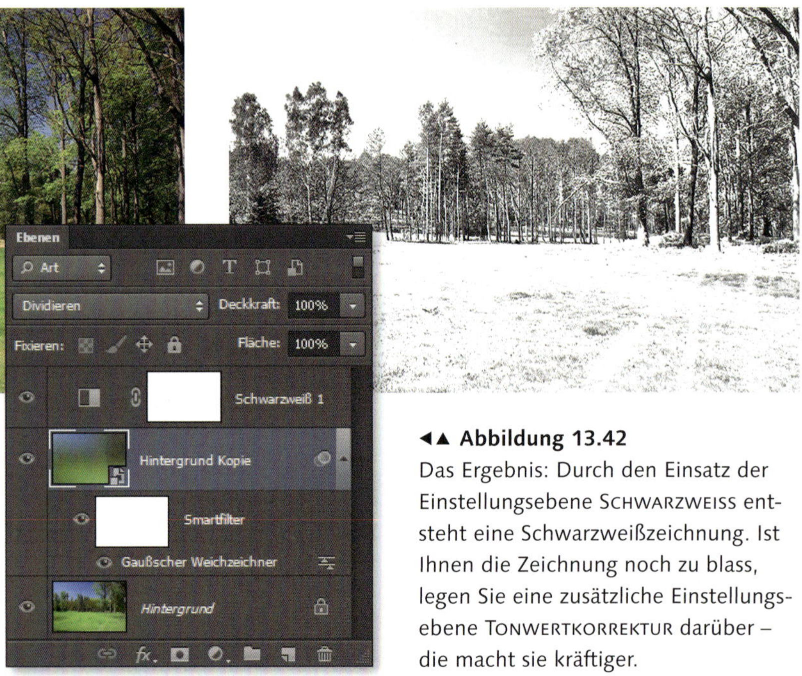

◄▲ **Abbildung 13.42**
Das Ergebnis: Durch den Einsatz der Einstellungsebene Schwarzweiss entsteht eine Schwarzweißzeichnung. Ist Ihnen die Zeichnung noch zu blass, legen Sie eine zusätzliche Einstellungsebene Tonwertkorrektur darüber – die macht sie kräftiger.

13.8 Farbe, Sättigung und Helligkeit separieren

Die letzten vier Mischmodi gehören vielleicht zum Nützlichsten, was die lange Liste zu bieten hat, obwohl sie auf den ersten Blick sehr unspektakulär erscheinen. Jede Farbe lässt sich durch die Parameter **Farbton**, **Sättigung** und **Luminanz** (also: Helligkeit) umschreiben. Bei Dateien im Bildmodus RGB sind diese Farbeigenschaften untrennbar miteinander verbunden. Mit Hilfe dieser Mischmodi können Sie sie separat bearbeiten. Das bringt Vorteile bei zahlreichen Retusche- und Korrekturtechniken.

Farbton

Wirkung | Farbton erhält Luminanz und Sättigung der Ausgangsfarbe und trägt nur den Farbton der Füllfarbe auf. Bei farbig überlagerten Graustufenbildern ändert sich nicht viel – im Folgenden werden Sie noch ein anschaulicheres Anwendungsbeispiel finden.

▲ **Abbildung 13.43**
Mischmodus Farbton, Deckkraft 100 %

Typischer Einsatz | Dezente Kolorationen, auch oft gebraucht für Retuschen und lokale Farbkorrekturen, zum Beispiel bei der Arbeit mit dem Farbe-ersetzen-Werkzeug [B].

Sättigung

Wirkung | Trägt lediglich die Sättigung der Füllfarbe auf. Helligkeit und Farbton der Ausgangsfarbe bleiben unverändert erhalten. Der Auftrag von neutralem Grau (das eine Sättigung gleich null hat) zeigt keine Wirkung.

▲ **Abbildung 13.44**
Mischmodus Sättigung, Deckkraft 100 %

Typischer Einsatz | Dieser Mischmodus liegt beispielsweise dem Schwamm-Werkzeug [O] zugrunde. Auch manuelle Korrekturen der Sättigung sind durch Pixelauftrag auf einer separaten Ebene möglich.

Farbe

Wirkung | In älteren Photoshop-Versionen hatte dieser Mischmodus noch den längeren, aber deutlicheren Namen »Farbton/Sättigung«.

▲ **Abbildung 13.45**
Mischmodus Farbe, Deckkraft 100 %

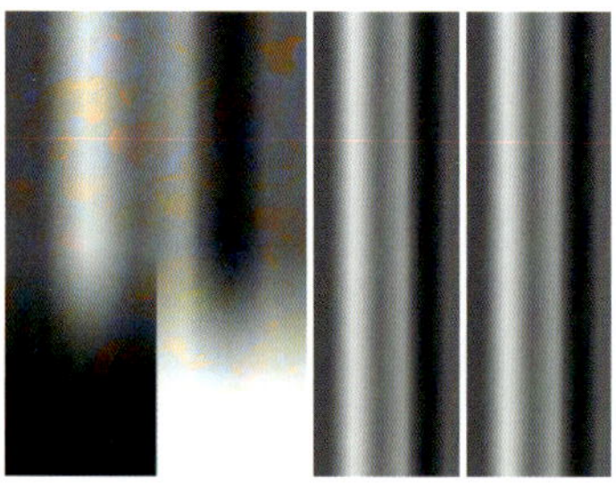

▲ **Abbildung 13.46**
Mischmodus Luminanz, Deckkraft 100 %

Hier werden die Eigenschaften der Blendmodi Farbton und Sättigung kombiniert.

Typischer Einsatz | Farbe eignet sich gut zum Kolorieren von Schwarzweißbildern oder zum Herstellen von gewollten »Farbstichen«. Der Mischmodus steht bei Mal- und Retuschewerkzeugen ebenfalls zur Verfügung und kann dabei gewinnbringend eingesetzt werden.

Luminanz

Wirkung | Luminanz ist die Umkehrung des Modus Farbe. Die Ergebnisfarbe wird aus dem Farbton und der Sättigung der Ausgangsfarbe und der Helligkeit der Füllfarbe erzeugt.

Typischer Einsatz | Dieser Modus ist für Montagen weniger geeignet, aber ein hervorragendes Hilfsmittel, wenn es darum geht, allein die Luminanzwerte von Ebenen zu verändern – beispielsweise beim Schärfen. Er ist auch ein wichtiger Bestandteil zahlreicher Retuschetools. In Kapitel 25, »Mehr Schärfe, weniger Rauschen«, lernen Sie den **Mischmodus »Luminanz«** im Praxiseinsatz kennen.

13.9 Erweiterter Mischmodus: Noch mehr Steuerungsmöglichkeiten

Neben den verschiedenen Ebenen-Mischmodi, die Sie über die Ebenen-Palette ansteuern und bei einigen Werkzeugen antreffen, gibt es noch genauere Einstellungen zur Pixelverrechnung: der Erweiterte Mischmodus. Er steuert, welche Pixel der einzelnen, übereinanderliegenden Ebenen im fertigen Bild überhaupt zu sehen sind. Sie können also nicht nur die Reaktion von übereinanderliegenden Pixeln miteinander (wie beim Allgemeinen Mischmodus), sondern auch deren Anzeige überhaupt beeinflussen. So blenden Sie beispielsweise die hellen Pixel der oberen Ebene aus und lassen dadurch Teile der unteren Ebene durchschimmern. Oder Sie lassen die dunklen Pixel der unteren Ebene in die obere Ebene einrechnen. Fließende Übergänge sind auch möglich. Die Einstellungen des Erweiterten Mischmodus stehen tatsächlich nur für Ebenen – nicht bei anderen Tools – zur Verfügung.

Die Anwendungsmöglichkeiten für diese Funktion sind begrenzt: Manchmal kann bei Montagen mogeln und auf diese Weise nicht benötigte Bildteile verschwinden lassen. Auch bei abstrakten Composings,

Ps Neues Icon in der Ebenen-Palette
Ob der Mischmodus einer Ebene verändert ist, sehen Sie mit einem Blick in die Ebenen-Palette. Anders verhielt es sich bisher beim erweiterten Mischmodus: Hier musste man vor Photoshop CS6 immer den Dialog öffnen, um die Einstellungen zu sehen. Das ist jetzt anders geworden. Ein kleines Icon ① in der Ebenen-Zeile informiert, wenn der erweiterte Mischmodus der betreffenden Ebene verändert wurde.

wenn mehrere Ebenen zu einer abwechslungsreich farbigen Fläche gelayert werden, bietet sich der Erweiterte Mischmodus an. Wie kommen Sie an die Einstellungen heran?

- Per Doppelklick auf die leere Fläche ❷ neben dem Ebenentitel in der Ebenen-Palette. Im sich dann öffnenden Ebenenstil-Dialog finden Sie auch den Erweiterten Mischmodus.
- Auch ein Klick auf das kleine »fx«-Symbol ❸ am Fuß der Ebenen-Palette und der Befehl Fülloptionen fördern das Dialogfeld zutage.
- Der lange Weg über das Menü: Ebene • Ebenenstil • Fülloptionen.

Die Einstellung zur Aussparung ❺ haben Sie bereits kennengelernt (siehe Abschnitt 12.3, »Schnittmasken und Aussparung«). Die Einstellung Deckkraft ❹ unter Erweiterter Mischmodus wirkt genau so wie die Fläche-Einstellung in der Ebenen-Palette: Sie setzen damit die Deckkraft von Ebenen herab, die bereits mit Ebenenstilen (Effekten) ausgestattet wurden. Die Deckkraft der Stile bleibt dabei jedoch erhalten. Die Schieberegler ganz unten ❻ blenden wahlweise helle oder dunkle Pixel aus der Ebene aus. Das Drücken von Alt teilt den Regler und ermöglicht allmähliches Ausblenden.

▲ **Abbildung 13.47**
Bei dieser Ebene wurde der erweiterte Mischmodus verändert. Doppelklicken auf das Icon ruft die Einstellungen auf.

▲ **Abbildung 13.48**
Das »fx«-Symbol ist der direkteste Weg zum Erweiterten Mischmodus.

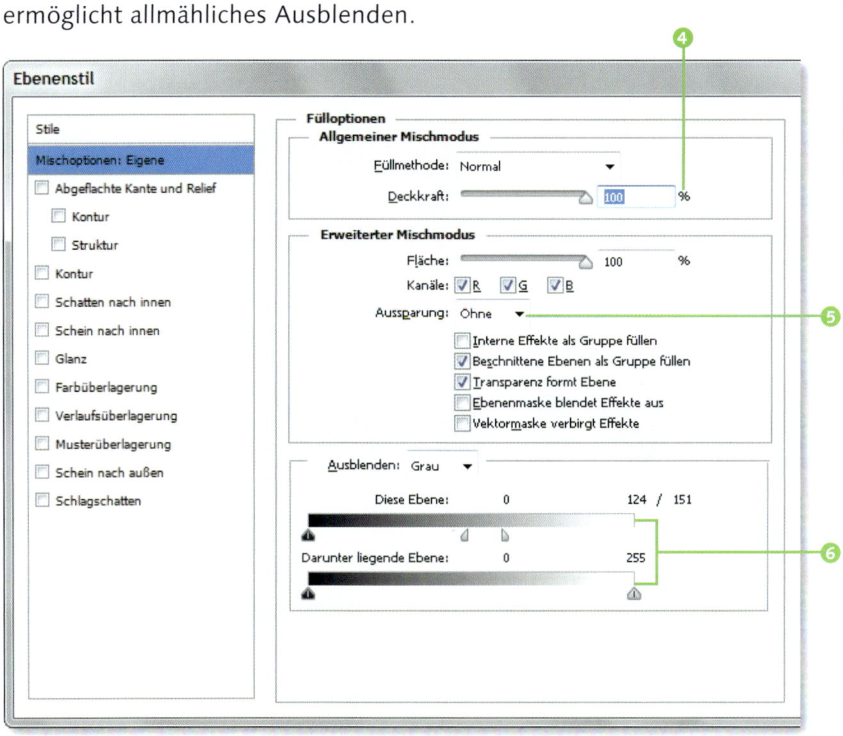

▲ **Abbildung 13.49**
Einstellungen für den Erweiterten Mischmodus

Datei auf der DVD:
»Winterbaum.tif«

Bilder: F. Gaebler (Baum), S. Mühlke (Sonnenuntergang)

Abbildung 13.50 ▸
Gemogelter Freisteller: Der helle Hintergrund des Baumes (zum Ebenenaufbau siehe Abbildung 13.48) …

Abbildung 13.51 ▸
… wurde per Erweiterter Mischmodus (Einstellungen siehe Abbildung 13.49) ausgeblendet.

Zum Weiterlesen
Schrift mit Schatten, Bildobjekte, die einen hellen Schein nach außen werfen, 3D-Buttons wie aus farbigem Glas gemacht, nachgemachtes Metall – all das sind **Ebeneneffekte**. Da sie vor allem im Zusammenhang mit Textebenen angewandt werden, folgt mehr darüber in Kapitel 34, »Ebenenstile: Text mit Effekt«.

TEIL V
Auswählen, freistellen und maskieren

Kapitel 14

Auswahlen

Ob kleine Korrektur oder umfangreiches Projekt – für präzises Arbeiten sind Auswahlen unentbehrlich. Eine Auswahl zu erzeugen kann knifflig sein. Glücklicherweise bringt Photoshop dafür zehn spezialisierte Tools und zahlreiche Funktionen mit.

14.1 Grundlegendes über Auswahlen

Mit einer Auswahl grenzen Sie Bildpixel, die Sie verändern wollen, von den übrigen ab. Zum Einsatz kommen Auswahlen bei nahezu jedem denkbaren Bildbearbeitungsjob.

Wozu Auswahlen? Anwendungsbeispiele

Auswahlen sind vielseitig einsetzbar. Ausgewählte Bildbereiche können Sie kopieren und erneut in die Datei einfügen, in ein anderes Bild verschieben oder auf eigene Ebenen bringen. Ebenso können Sie ausgewählte Bildbereiche kreativ bearbeiten und gezielt korrigieren. Einige typische Anwendungsfälle sehen Sie hier.

Welche Auswahlwerkzeuge gibt es?

In Photoshop gibt es insgesamt zehn Auswahlwerkzeuge für verschiedene Zwecke und einen eigenen Menüpunkt AUSWAHL. Dazu kommen der Hintergrund-Radiergummi (Shortcut [E] – wie »Eraser«) und die Funktion MASKIERUNGSMODUS in der Werkzeugleiste (auch als »Quick Mask« bekannt, Kürzel [Q]) sowie die Funktionen KANTE VERBESSERN und MASKENKANTE als schnelle Hilfen für besonders knifflige Aufgaben wie das Trennen von Bildobjekten von ihrem Hintergrund.

Dateien auf der Buch-DVD: »ClematisVorher.tif«, »ClematisNachher.tif«, »SkateboarderMontage.tif«, »KürbiswagenVorher.tif«, »KürbiswagenNachher.tif«

Bild: Sibylle Mühlke

Abbildung 14.1 ►
Kopieren und Einfügen per Auswahl: Die vervielfältigten Blüten wurden außerdem transformiert und teilweise weichgezeichnet.

Bilder: Fotolia, Nicolas Kelen; vitamin a design

Abbildung 14.2 ►
Bildgegenstände mit Hilfe einer Auswahl **ausschneiden und montieren**: Der Skateboardfahrer wurde vom Hintergrund gelöst und in eine andere Kulisse verschoben.

Bild: Onno K. Gent

Abbildung 14.3 ►
Gezielte Korrekturen. Hier sollte das Hauptmotiv, die Kürbisse, stärker betont werden. Zunächst wurde der Bildhintergrund ausgewählt, unschärfer und heller gemacht. Mit derselben, jedoch umgekehrten Auswahl wurden die Farben der Kürbisse aufgefrischt.

Die Vielfalt von Auswahlwerkzeugen und -funktionen belegt, wie wichtig die Arbeitstechnik ist, und verweist gleichzeitig auf ein grundlegendes Problem im Zusammenhang mit Auswahlen: Während für uns klar ist, was auf einem Bild der Hintergrund und was das auszuwählende Hauptelement ist, kennt Photoshop immer nur Pixel. Um verschiedene Bildelemente mit Hilfe einer Auswahllinie bei erträglichem Arbeitsaufwand voneinander abzugrenzen, sind die Werkzeuge unterschiedlich spezialisiert.

◄ **Abbildung 14.4**
Bild mit Auswahllinie. Der Weg zu einer solchen präzise positionierten Auswahl ist nicht immer einfach.

▲ **Abbildung 14.5**
Das Menü AUSWAHL bietet zahlreiche Befehle zum Verfeinern und Weiterbearbeiten von Auswahlen.

Mit den verschiedenen Auswahlwerkzeugen und -befehlen haben Sie schon eine gute Unterstützung, um recht genaue Auswahlen anzulegen:

- FARBBEREICH (im AUSWAHL-Menü)
- Zauberstab
- Schnellauswahlwerkzeug
- Lasso
- Polygon-Lasso
- Magnetisches-Lasso
- »geometrische Auswahlwerkzeuge«: Auswahlrechteck
- Auswahlellipse
- einzelne Zeile
- Spalte

Auswahlwerkzeuge kombinieren

Um möglichst leicht und schnell zur passgenauen Auswahl zu kommen, können Sie verschiedene Auswahlwerkzeuge miteinander kombinieren. Wie Sie genau vorgehen müssen, hängt vom Bild selbst ab und davon,

Zum Weiterlesen
Probate Hilfsmittel zum **Nachbearbeiten von Auswahlen** sind die Funktion KANTE VERBESSERN in der Optionsleiste der Auswahlwerkzeuge (Abschnitt 14.8, »Auswahltuning mit Live-Vorschau: Kante verbessern«), der Maskierungsmodus (Abschnitt »Quick Mask: Auswahlen detailgenau anpassen«, Seite 472) und Ebenenmasken (Kapitel 15, »Ebenenmasken & Co.«).

Datei auf der Buch-DVD: »kühe.tif«

was Sie vorhaben. Für eine partielle Bildkorrektur muss eine Auswahl oft nicht 100% exakt sein. Für Montagen oder das Freistellen eines Bildobjekts sollten Sie jedoch präzise arbeiten.

Vielfach müssen Auswahlen, die Sie mit Hilfe der Werkzeuge angelegt haben, noch mit Masken, dem Maskierungsmodus oder Pfaden nachbearbeiten, damit sie wirklich passen. Daher ziehen es manche Anwender vor, nicht zu viel Zeit in die mit den Auswahlwerkzeugen erstellte Auswahl zu stecken. Stattdessen nutzen sie die Werkzeuge eher für eine Grobauswahl und arbeiten dann mit Ebenenmasken im Maskierungsmodus nach.

Beim Nacharbeiten helfen außerdem das sehr leistungsfähige Tool KANTE VERBESSERN, ein Werkzeug für das Feintuning von Auswahlen per Schieberegler und Zahleneingabe, und die Funktion MASKENKANTE, über die Sie in Kapitel 15, »Ebenenmasken & Co.«, mehr erfahren.

Bild: Onno K. Gent

▲ **Abbildung 14.6**
Grobauswahl: Die Kuh wurde mit einer ersten, groben Auswahl vom Hintergrund isoliert. Die Kontur ist noch recht ungenau, Reste des ursprünglichen Hintergrunds (1) sind sichtbar.

▲ **Abbildung 14.7**
Nachbesserung im Detail. Die Konturen sind genauer, Restpixel vom Hintergrund wurden entfernt.

Funktionsprinzipien

Mit welchem Tool auch immer Sie Ihre Auswahl erzeugt haben, die Funktionsprinzipien sind stets dieselben:

- Normalerweise beziehen sich Auswahlen immer nur auf die aktive Bildebene. Ausnahmen sind der Befehl AUSWAHL • FARBBEREICH und die Option ALLE EBENEN AUFNEHMEN des Zauberstabs und seines Nachbarn, des Schnellauswahlwerkzeugs.
- Sobald eine Auswahl im Bild vorliegt, können Sie nur noch die ausgewählten Bereiche bearbeiten – der Rest ist vor Bearbeitungen geschützt.
- Sie erkennen eine Auswahl an der »Ameisenlinie« rund um den ausgewählten Bereich.
- Auswahlen basieren auf Alphakanälen und können darin auch gespeichert werden, sofern das Dateiformat Alphakanäle unterstützt. Ansonsten ist eine nicht gespeicherte Auswahl verloren, sobald sie deaktiviert wird.
- Teilweise ausgewählte Pixel: Bildpixel können nicht nur die Zustände »ausgewählt« oder »nicht ausgewählt« annehmen, sondern sie können auch teilweise ausgewählt sein, wie es zum Beispiel auch bei einer weichen Auswahlkante der Fall ist. Die Wirksamkeit einer Auswahl kann also unterschiedlich moduliert sein. Teilweise ausgewählte Bildpixel haben eine verminderte Deckkraft, wenn man den Auswahlbereich ausschneidet und an anderer Stelle einfügt, oder nehmen auf der Auswahl basierende Bearbeitungen nicht voll an.

Alphakanal
Der Alphakanal ist ein 8-Bit-Kanal, der von einigen Bildverarbeitungsprogrammen für die Bildmaskierung oder für zusätzliche Farbinformationen reserviert wird. Er wird ebenfalls verwendet, um einen bestimmten Transparenzgrad eines Bildes zu definieren, so dass ein anderes Bild unter dem darüberliegenden durchscheinen kann.

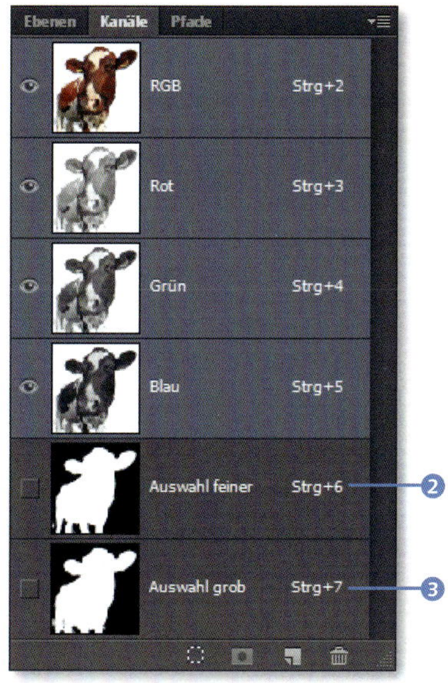

▲ **Abbildung 14.8**
Hier wurden Grob- ❸ und Feinauswahl ❷ gespeichert. In der Kanäle-Palette sehen Sie die entsprechenden Alphakanäle.

14.2 Allgemeine Auswahlbefehle und -optionen

Die beste Kenntnis von Auswahloptionen und Spezialwerkzeugen nutzt nichts, wenn Sie die grundlegenden Funktionen nicht beherrschen. Daher finden Sie hier eine Übersicht der wichtigsten Befehle in Kurzform. Weitere Befehlslisten finden Sie bei den einzelnen Werkzeugen und Arbeitshinweisen.

Strategisch auswählen

Mit dem Befehl AUSWAHL • AUSWAHL UMKEHREN (Tastenkürzel: ⇧+Strg+I bzw. ⇧+cmd+I) ist es ganz einfach, ausgewählte und nicht ausgewählte Bereiche zu vertauschen. Das eröffnet interessante strategische Perspektiven: Sie wählen nicht in jedem Fall den Bildbereich aus, den Sie später tatsächlich mit der Auswahl erfassen wollen, sondern den, der am leichtesten auszuwählen ist. Mit AUSWAHL UMKEHREN erreichen Sie dann schnell Ihr eigentliches Auswahlziel.

Datei auf der Buch-DVD: »Tulpe.psd«

Abbildung 14.9 ▸
Um ein Objekt wie z. B. diese Blume auszuwählen, wählen Sie zunächst den relativ einheitlichen Hintergrund aus und kehren diese Auswahl dann um.

Was wollen Sie tun?	Windows	Mac
alles auswählen	Strg + A	cmd + A
eine bestehende Auswahl aufheben	Strg + D	cmd + D
erneut auswählen (aktiviert die zuletzt aufgehobene Auswahl erneut)	⇧ + Strg + D	⇧ + cmd + D
Auswahl umkehren	⇧ + Strg + I	⇧ + cmd + I
ausgewählte Bildbereiche löschen (unwiderruflich – Maskieren ist besser!)	Entf	←
nachträglich weiche Auswahlkante hinzufügen	⇧ + F6	⇧ + F6
Auswahllinie (und andere Extras) kurzzeitig ausblenden	Strg + H	cmd + H

Tabelle 14.1 ▸
Die wichtigsten Tastaturbefehle für die Arbeit mit Auswahlen auf einen Blick

Auswahlbereiche ersetzen, addieren, subtrahieren oder Schnittmengen bilden

Mit den Auswahlwerkzeugen legen Sie Auswahlbereiche per Mausklick fest (Zauberstab), zeichnen die Auswahlen (Lassowerkzeuge) oder ziehen den Auswahlbereich auf (Schnellauswahlwerkzeug für unregelmäßige, Auswahlellipse und Auswahlrechteck für geometrische Formen). Gleichgültig, mit welchem Werkzeug Sie arbeiten – Sie können mit Photoshop auch festlegen, wie sich weitere Auswahlbereiche innerhalb des Bildes zu einer bestehenden Auswahl verhalten. So kombinieren Sie Auswahlbereiche und damit auch verschiedene Auswahlwerkzeuge in unterschiedlicher Weise. Dazu benutzen Sie die kleinen Buttons im linken Bereich der Optionsleiste. Sie sind bei fast allen Auswahlwerkzeugen vorhanden.

Datei auf der Buch-DVD: »BunterBall.jpg«

Neue Auswahl | Wenn Sie Neue Auswahl anklicken, ersetzt die neue Auswahl den bestehenden Auswahlbereich – es ist also immer nur eine Auswahl vorhanden.

Bild: Fotolia, Flavia Bottazzini

◂◂ **Abbildung 14.10**
Eine Auswahl ist bereits im Bild vorhanden (orangefarbenes Ballsegment). Ist nun der Button Neue Auswahl aktiv ...

◂ **Abbildung 14.11**
... und legen Sie eine zweite Auswahl im Bild an (blaues Ballsegment), wird die vorherige Auswahl gelöscht. Gearbeitet wurde hier mit dem Magnet-Lasso.

Der Auswahl hinzufügen | Der Befehl Der Auswahl hinzufügen ermöglicht das Anlegen von mehr als einem Auswahlbereich im Bild, ohne dass die vorhergehende Auswahl verschwindet. Wenn sich zwei Auswahlbereiche überlappen, werden sie zu einem einzigen Auswahlbereich addiert. Das ist eine gute Technik, um Auswahlbereiche zu vergrößern oder um mehrere unverbundene Auswahlen in einem Bild anzulegen.

◂◂ **Abbildung 14.12**
Mehrere unabhängige Auswahlbereiche: Hier wurde zunächst Der Auswahl hinzufügen aktiviert, dann wurden nacheinander drei Ballsegmente (orange, blau, gelb) ausgewählt.

◂ **Abbildung 14.13**
Auswahlbereiche verbinden: Auch hier wurde mit Der Auswahl hinzufügen gearbeitet, allerdings mit dem Ziel, einen einzigen, größeren Auswahlbereich anzulegen (mit mehrfachen Zauberstab-Klicks).

Von Auswahl subtrahieren | Die zweite Auswahloption subtrahiert einen Bereich von der ersten Auswahl, wenn sich die Auswahlbereiche überschneiden. Gibt es keine Überschneidung, bleibt die erste Auswahl unverändert. Mit dieser Option bügeln Sie beispielsweise Fehlstellen (versehentlich ausgewählte Bereiche) aus oder nehmen gezielt einzelne Bereiche aus einer Auswahl heraus.

Schnittmenge mit Auswahl bilden | Wenn Sie Schnittmenge mit Auswahl bilden wählen, bilden die Auswahlbereiche, sofern sie sich überlappen, eine Schnittmenge. Diese Option ist besonders interessant bei der Arbeit mit Auswahlen und Masken oder wenn Sie eine abgespeicherte Auswahl verfeinern wollen.

Auswahl-Cursor zeigt aktive Option an

Je nachdem, welche der vier Auswahloptionen aktiv ist, erscheint ein anderes zusätzliches Symbol am Auswahl-Cursor:

- Der »blanke« Auswahl-Cursor zeigt an, dass Neue Auswahl aktiv ist.
- Ein Pluszeichen neben dem Cursor weist auf die Einstellung Der Auswahl hinzufügen hin.
- Ein Minuszeichen steht für Von Auswahl subtrahieren.
- Ein kleines X repräsentiert die Option Schnittmenge mit Auswahl bilden.

Erste Auswahl mit jeder Option | Um die erste Auswahl im Bild anzulegen, müssen Sie nicht eigens zur Option Neue Auswahl wechseln – das funktioniert mit jeder Auswahl-Kombinationsoption. Erst wenn bereits eine Auswahl vorhanden ist und Sie weitere Auswahlen hinzufügen, kommt die Wirkung der Optionen zum Tragen.

Sie können jederzeit zwischen den verschiedenen Auswahloptionen und auch zwischen den verschiedenen Werkzeugen wechseln. Und Sie müssen nicht unbedingt die Schaltflächen in der Optionsleiste bedienen, um zwischen den verschiedenen Optionen umzuschalten – es gibt wiederum eine Reihe nützlicher Shortcuts.

Was wollen Sie tun?	Windows	Mac
eine Neue Auswahl erstellen (entfernt eine eventuell bestehende Auswahl)	Auswahlwerkzeug normal benutzen	Auswahlwerkzeug normal benutzen
Der Auswahl hinzufügen	Auswahlwerkzeug benutzen, dabei [⇧] drücken	Auswahlwerkzeug benutzen, dabei [⇧] drücken
Von Auswahl subtrahieren	Auswahlwerkzeug benutzen, dabei [Alt] drücken	Auswahlwerkzeug benutzen, dabei [Alt] drücken
Schnittmenge mit Auswahl bilden	Auswahlwerkzeug benutzen, dabei [Alt]+[⇧] drücken	Auswahlwerkzeug benutzen, dabei [Alt]+[⇧] drücken

▲ **Tabelle 14.2**
Tastaturbefehle für Auswahloptionen auf einen Blick

Toleranz

Toleranz ist ein Parameter, den Sie bei einigen Auswahlwerkzeugen wie dem Zauberstab und der Auswahl nach Farbbereich antreffen, aber zum Beispiel auch im Zusammenhang mit dem Füllwerkzeug (Shortcut: [G]) oder dem Farbe-ersetzen-Werkzeug [B] – eben immer, wenn die Farbe der vorhandenen Bildpixel für die Anwendung eines Werkzeugs relevant ist. Mit Toleranz legen Sie fest, wie sensibel ein Werkzeug auf Farbabweichungen reagieren soll. So können Sie auch Flächen auswählen oder jene mit dem Fülleimer des Farbe-ersetzen-Werkzeugs bearbeiten, die nicht völlig monochrom sind, sondern Farbschattierungen aufweisen.

- Je niedriger der eingestellte Toleranz-Wert ist, desto weniger unterschiedliche Farbnuancen werden berücksichtigt.
- Je höher die Toleranz ist, desto mehr Farbabweichungen werden in die Auswahl eingeschlossen.

Bild: Frank Gaebler

▲ **Abbildung 14.14**
Auswahl der gelben Blüte per Zauberstab, Toleranz: 12. Hier muss man zwar in jedem Fall mit mehreren Mausklicks operieren, um alle Gelbnuancen zu erfassen – mit einem zu niedrigen Toleranzwert sind jedoch unzählige Mausklicks notwendig. Es wäre kaum möglich, eine geschlossene Auswahlfläche anzulegen.

▲ **Abbildung 14.15**
Einige Mausklicks in die Blüte mit dem Toleranz-Wert 50. Diese Toleranzstufe ist für das Bild zu hoch: Es sind bereits Bereiche des Hintergrundes mit erfasst worden.

Welcher der »richtige« Toleranzwert ist, hängt natürlich von Ihrem Ziel und den Kontrasten und Farbabstufungen im jeweiligen Bild ab – die Einstellung erfordert ein wenig Erfahrung und Ausprobieren. Für die meisten Alltagsjobs kommen Sie mit Werten zwischen 20 und 30 gut aus. Das Ändern der Toleranz ist auch während der Arbeit möglich, zum Beispiel zwischen verschiedenen Zauberstab-Klicks. So passen Sie die Wirkung des Werkzeugs optimal an die Gegebenheiten im Bild an.

Datei auf der Buch-DVD: »Nelkenwurz.tif«

Weiche Kante

Normalerweise sind Auswahllinien, die Sie mit einem Auswahlwerkzeug ziehen, »hart« und trennen ausgewählte und nicht ausgewählte Bildbereiche scharf voneinander ab.

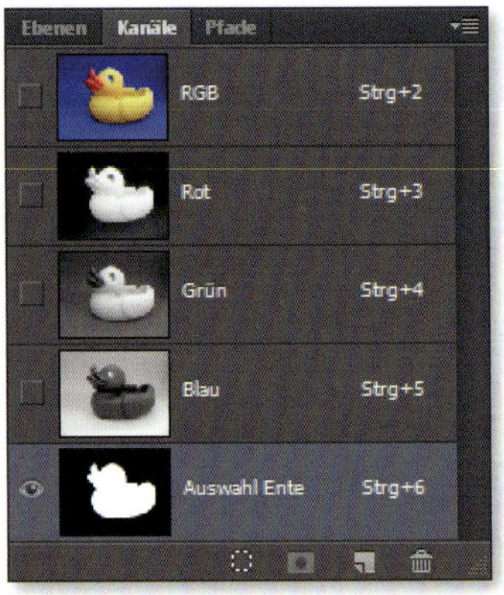

▲ **Abbildung 14.16**
Eine gespeicherte Auswahl wird als Alphakanal abgelegt. Blenden Sie nun diesen ein und die übrigen Kanäle aus (Augensymbole!), wird die Auswahl im Bild mit Schwarz, Weiß und Graustufen angezeigt.

▲ **Abbildung 14.17**
So stellt sich die Auswahl der eben gezeigten Gummiente im Alphakanal dar. Die Auswahl ist hart konturiert, die ausgewählten und nicht ausgewählten Bereiche sind klar voneinander getrennt.

Photoshop bietet jedoch auch mehrere Funktionen, die es Ihnen erlauben, einen Übergangsbereich von ausgewählten zu nicht ausgewählten Bildbereichen zu definieren – die sogenannte *weiche Kante*.

Weiche Kante als Werkzeugoption | Die Option Weiche Kante finden Sie bei den »geometrischen« und den Lasso-Auswahlwerkzeugen direkt in der Optionsleiste. Hier müssen Sie den gewünschten Wert *vor* dem Anlegen der Auswahl eintippen.

▲ **Abbildung 14.18**
Die Option Weiche Kante – hier in der Optionsleiste des Lasso-Werkzeugs

Welcher Wert der richtige ist, richtet sich wiederum ganz nach den Gegebenheiten des aktuell bearbeiteten Bildes und nach Ihrem Arbeitsvorhaben. Dabei sollten Sie allerdings die Bildauflösung im Hinterkopf behalten: Bei einem niedrig aufgelösten Web-Bild ist eine weiche Kante von 10 Pixeln schon recht breit, bei einem 300-ppi-Bild nicht.

Weiche Kante nachträglich hinzufügen | Mehr Kontrolle über Aussehen und Wirkung der weichen Auswahllinie haben Sie, wenn Sie zunächst die Auswahl erstellen und die Auswahlkante erst anschließend weicher machen. Am besten geht das mit Hilfe des Dialogs Kante verbessern. Sie starten ihn über den gleichnamigen Button in der Auswahlwerkzeug-Optionsleiste oder via Auswahl • Kante verbessern (Alt+Strg/cmd+R). Die Vorteile: Kante verbessern verfügt über eine Live-Bildvorschau, außerdem stehen weitere interessante Nachbearbeitungsoptionen zur Verfügung.

Erscheint Ihnen dieses Tool zu komplex, können Sie stattdessen den Menübefehl Auswahl • Auswahl verändern • Weiche Kante nutzen und im sich dann öffnenden Fenster die gewünschte Breite der weichen Kante eingeben. Sie erreichen dieses Fenster auch mit dem Kürzel ⇧+F6.

Zum Weiterlesen
Mehr Informationen zum Tool **Kante verbessern** finden Sie in Abschnitt 14.8, »Auswahltuning mit Live-Vorschau: Kante verbessern«.

Wirkung von »Weiche Kante« | Haben Sie Weiche Kante angewendet, wird automatisch ein Transparenzverlauf an der Auswahl-Außenkante erzeugt, der die Ränder der Auswahl weich zeichnet, und zwar in der Breite, die Sie zuvor festgelegt haben.

Der gestrichelten Auswahllinie selbst sieht man nicht an, ob die Auswahl eine weiche Kante hat – nur bei sehr starker Weichzeichnung und eher eckigen Auswahlobjekten ist sie durch gerundete Ecken an der Auswahllinie erkennbar. Richtig sichtbar wird die weiche Kante, wenn eine Auswahl verschoben oder gefüllt wird. Wenn Sie einen Auswahlbereich bearbeiten – also zum Beispiel korrigieren –, kann die weiche Kante dazu beitragen, den Übergang zwischen ausgewählten, bearbeiteten und unbearbeiteten Bildpartien fließender zu machen. Für freigestellte Bildpartien kann sie als ästhetisches Stilmittel eingesetzt werden, um die Übergänge zwischen freigestelltem Objekt und (neuem) Bildhintergrund fließender zu gestalten.

▲ **Abbildung 14.19**
So sähe die Auswahl der Entenkontur mit der Option Weiche Kante aus.

Bild: Fotolia, Christophe Denis

▲ **Abbildung 14.20**
Und so wirkt eine weiche Kante bei der Gestaltung von Bildrändern.

Datei auf der Buch-DVD: »Erdbeere.jpg«

Bild: Dieblen.de

▲ **Abbildung 14.21**
Der Auswahllinie können Sie nicht ansehen, ob sie hart oder weich ist. Allenfalls ungenaue Konturen – wie hier am Blatt rechts außen – können ein Hinwies auf weiche Kanten sein.

Übrigens: Die Option Weiche Kante wirkt nur auf Auswahllinien, die sich im Bildinneren befinden. Teile einer Auswahllinie, die direkt an den Außenkanten des Bildes liegen, werden nicht weichgezeichnet.

Glätten

Die Option Glätten, die für das Auswahlellipse-Werkzeug, den Zauberstab und die drei verschiedenen Lassos zur Verfügung steht, wirkt ähnlich wie Weiche Kante. Nur ist der abgesoftete Bereich kleiner, und seinen Umfang können Sie nicht selbst definieren. Die Auswahloption rückt – wie die Glättung von gerasterten EPS-Dateien oder Schriften –

dem Problem der (Nicht-)Darstellbarkeit von glatten Rundungen mittels eckiger Pixel zu Leibe, das auch bei Auswahlen auftritt. Rechteckige Auswahlen benötigen keine Glättung. Folglich ist dort die Option nicht vorhanden. Entweder Sie aktivieren die Option *vor* dem Anlegen der Auswahl, oder Sie nutzen die Einstellungen im Kante verbessern-Dialog, um die Auswahllinie nachträglich zu glätten.

Wann sollten Sie mit der Glättungsoption arbeiten? | Vorteilhaft ist das Glätten bei Auswahlen, die viele Rundungen enthalten und als Grundlage einer Montage dienen sollen. Hier kann die Glättung dem Effekt entgegenwirken, dass das ausgewählte, isolierte und woanders einmontierte Element aussieht wie grob mit der Schere beschnitten.

Deaktivieren sollten Sie diese Option, wenn es um exaktes Auswählen insbesondere kleiner und kantiger Objekte geht.

14.3 Der Zauberstab

Datei auf der Buch-DVD: »Möwe.tif«

Der Zauberstab ist das intuitivste aller Auswahlwerkzeuge. Er ist dafür konzipiert, zusammenhängende Bildbereiche mit unregelmäßigen Formen auszuwählen, die aber eine ähnliche Farbe haben. Die Auswahl wird anhand der Farbähnlichkeit mit dem angeklickten Bereich erstellt.

Bild: Onno K. Gent

▲ **Abbildung 14.22**
Der blaue Himmel kann leicht vom Zauberstab erfasst werden.

Zauberstab-Optionen

In der Optionsleiste passen Sie den Zauberstab an verschiedene Gegebenheiten im Bild an.

Toleranz, Glätten und die Auswahl-Kombinationsoptionen sind Ihnen nun schon bekannt. Bisher noch nicht vorgestellt habe ich die Optionen Benachbart, Alle Ebenen aufnehmen und Aufnahme-Bereich.

Unter Aufnahme-Bereich (1) legen Sie fest, wie groß der Bereich rund um die geklickte Stelle ist, den Photoshop bei seiner Analyse berücksichtigt. Wählen Sie einen kleinen Aufnahmebereich, wenn Sie sehr exakt arbeiten müssen und ein herabgesetzter Toleranz-Wert nicht genügt. Ein größerer Aufnahmebereich eignet sich gut, um fein strukturierte Flächen auszuwählen, die viele zarte Nuancen einer Farbe aufweisen.

Auf den ersten Blick klingt die Wirkung der Optionen Toleranz und Aufnahme-Bereich ähnlich. Tatsächlich können in beiden Fällen niedrigere Werte die Präzision erhöhen, hohe Werte dafür sorgen, dass mehr Farben in die Auswahl einbezogen werden. Die Optionen setzen jedoch an unterschiedlicher Stelle an: Aufnahme-Bereich verändert die Größe des Bereichs, in dem Photoshop beim Klicken Pixel-Farbwerte misst.

Toleranz bestimmt, wie stark sich alle anderen Bildpixel von den Farbwerten rund um die angeklickte Stelle unterscheiden dürfen, damit sie in der Auswahl landen.

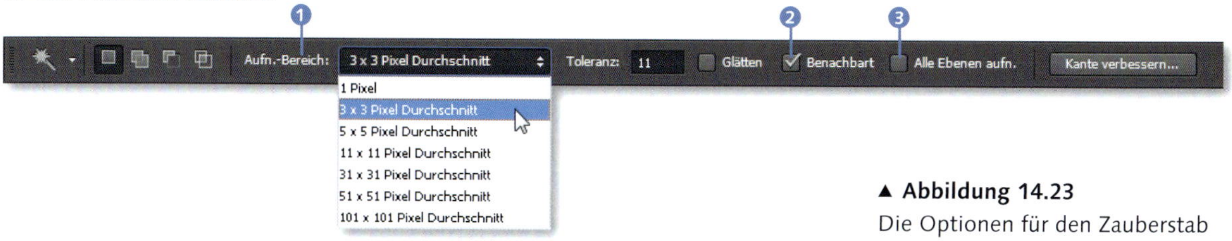

▲ **Abbildung 14.23**
Die Optionen für den Zauberstab

Benachbart ② kann die Wirkung des Zauberstabs vollkommen verändern. Ist sie aktiv (Standardeinstellung), werden nur die Farben ausgewählt, die unmittelbar aneinandergrenzen. Ist die Option deaktiviert, werden farbähnliche Pixel im gesamten Bild ausgewählt. Die Wirkung des Zauberstabes gleicht dann dem Werkzeug Farbbereich, allerdings ohne dessen genaue Ergebniskontrolle.

Alle Ebenen aufnehmen ③ legt fest, ob allein die aktive Ebene oder alle vorhandenen Bildebenen berücksichtigt werden.

Größe des Aufnahmebereichs
Bisher ließ sich die Größe des Aufnahmebereichs rund um die geklickte Stelle nur über einen Umweg einstellen, nämlich indem die gleichnamige Option des Pipette-Werkzeugs verändert wurde. Nun finden Sie die Option direkt in der Zauberstab-Optionsleiste. Sie ist immer noch an die Pipette gekoppelt: Veränderungen der Werte wirken bei beiden Werkzeugen.

Die Bedienung des Zauberstabs

Den Zauberstab zu bedienen ist leicht: Sie aktivieren ihn durch einen Klick in die Werkzeugleiste oder mit dem Shortcut [W]. (Kleine Gedankenstütze: Denken Sie an die englischen Begriffe ***W**izard* [Zauberer] oder *Magic **W**and* [Zauberstab].) Zuerst legen Sie die Werkzeugoptionen fest. Mit jedem Klick ins Bild analysiert das Werkzeug dann die Bildpixel und erstellt oder modifiziert eine Auswahl. Selten schafft man es, einen Bildbereich mit einem Zauberstab-Klick auszuwählen – es empfiehlt sich, die Option Der Auswahl hinzufügen zu aktivieren. Während der Arbeit ist es auch möglich und in vielen Fällen ratsam, den Toleranzbereich zu variieren.

Was ist ausgewählt? | Gerade bei Auswahlen, die sehr »zerfasert« sind, wie es bei Zauberstab-Auswahlen vorkommt (vergleichen Sie die Auswahl der Blüte in Abbildung 14.15), verliert man schon einmal die Übersicht darüber, welche Bildbereiche nun ausgewählt und welche nicht ausgewählt sind. Hier hilft ein kurzzeitiger Wechsel in den **Maskierungsmodus** (Quick Mask – Shortcut [Q] oder ein Klick auf das Icon in der Werkzeugleiste). Die rote Abdeckung symbolisiert, dass die so gekennzeichneten Bereiche vor Bearbeitung geschützt sind. Alles andere ist ausgewählt und kann bearbeitet werden.

▲ **Abbildung 14.24**
Nicht ausgewählte Bereiche werden im Maskierungsmodus standardmäßig mit roter, halbtransparenter Abdeckung dargestellt.

Zum Weiterlesen
Wie Sie mit der **Quick Mask arbeiten** und unter anderem Farbton und Deckkraft der Abdeckungsfarbe ändern, lesen Sie im Abschnitt »Quick Mask: Auswahlen detailgenau anpassen« auf Seite 472.

Auch die Vorschau unter KANTE VERBESSERN kann Ihnen natürlich helfen, den Umfang der getroffenen Auswahl zu beurteilen. Mehr dazu erfahren Sie im Abschnitt 14.8.

14.4 Das Schnellauswahlwerkzeug

Das Schnellauswahlwerkzeug [W] ist der Nachbar des Zauberstabs. In ihm vereinen sich Eigenschaften des Zauberstabs und des Magnet-Lassos – das Schnellauswahlwerkzeug analysiert Bildpixel (wie der Zauberstab) und legt die Auswahllinie um Motivkanten (wie das Magnetisches-Lasso-Werkzeug). Kanten findet es auch vor schlecht kontrastierenden oder strukturierten Hintergründen. Sie bedienen es wie einen Pinsel, indem Sie mit der Maus über das auszuwählende Objekt fahren. Dabei sollten Sie sich weniger auf die Objektkanten konzentrieren, sondern vielmehr die Auswahllinie von innen nach außen schubsen.

Bei detailreichen Objekten ist es notwendig, die Pinselgröße und -funktion (Addieren oder Subtrahieren) häufig zu ändern, um eine wirklich gute Auswahl zu erzeugen. Dennoch trägt das Schnellauswahlwerkzeug seinen Namen zu Recht: Mit ihm arbeiten Sie zügig, und bei geeigneten Motiven auch mit gutem Erfolg.

Datei auf der Buch-DVD: »surfer.tif«

Bild: Fotolia, Laurent C.

▲ **Abbildung 14.25**
Das Schnellauswahlwerkzeug bewältigt auch kompliziertere Formen.

Optionen des Schnellauswahlwerkzeugs

Die bekannten Auswahloptionen NEUE AUSWAHL, DER AUSWAHL HINZUFÜGEN und VON DER AUSWAHL SUBTRAHIEREN (1) finden Sie auch hier, wenngleich die Buttons ein wenig anders aussehen als gewohnt.

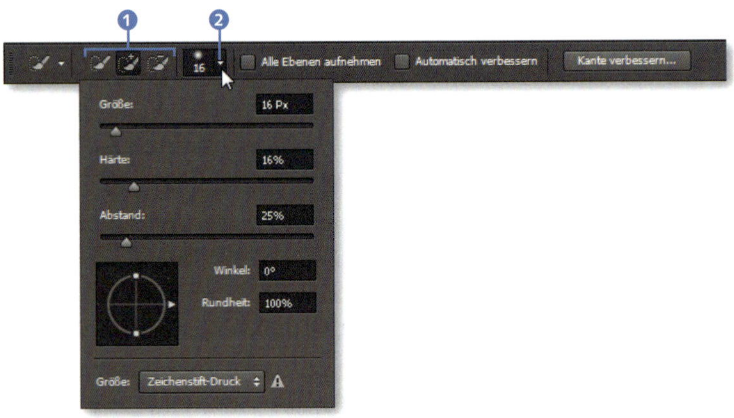

▲ **Abbildung 14.26**
Nicht die Toleranz, sondern die Pinselgröße ist hier für die Werkzeugwirkung maßgeblich. Die Pinselhärte beeinflusst die Werkzeugwirkung übrigens nicht!

Standardmäßig wird die Option Neue Auswahl verwendet, sobald Sie das Werkzeug ansetzen, und sie springt automatisch in den Hinzufügen-Modus um, sobald Sie anfangen zu »malen«. So wird der Auswahlbereich kontinuierlich erweitert. Auch ein Klicken auf Bildbereiche ist möglich – ganz praktisch für die Arbeit an Details.

Werkzeugspitze | Unter Pinsel ❷ stellen Sie – wie bei den anderen Malwerkzeugen – die Grösse (Durchmesser) und Härte der Werkzeugspitze ein. Die Pinselhärte hat auf die Werkzeugwirkung allerdings keinen Einfluss. Und auch Abstand, Winkel und Rundheit brauchen Sie eher bei der Arbeit mit dem richtigen Pinsel als beim Schnellauswahlwerkzeug.

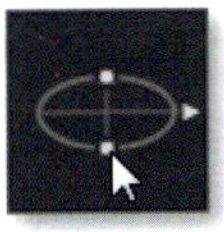

▲ **Abbildung 14.27**
So machen Sie die Werkzeugspitze flacher …

▲ **Abbildung 14.28**
…und so drehen Sie sie.

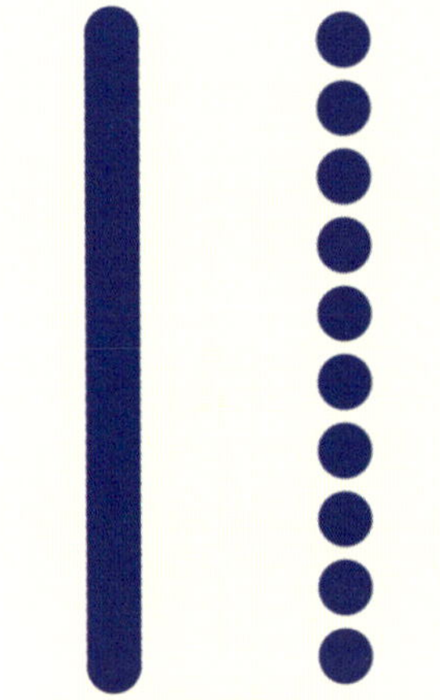

▲ **Abbildung 14.29**
Malabstand 25 % (links) und 110 % (rechte Linie).

Abstand | Vor allem von der Option Abstand (zuweilen auch »Malabstand« genannt) sollten Sie lieber die Finger lassen. Sie wirkt sich auf die Kontinuität einer aufgepinselten Linie aus. Mit einem Malabstand von etwa 20–25 % entsteht eine durchgehende Linie, und höhere Werte erzeugen eine punktierte Linie. Beim richtigen Pinsel ist das für Kreativjobs ganz interessant, beim Schnellauswahlwerkzeug ist es eher kontraproduktiv, die Standardeinstellung zu ändern – die Ergebnisse werden zu unvorhersehbar!

Automatisch verbessern | Die Option Alle Ebenen aufnehmen ist selbsterklärend. Automatisch verbessern aktiviert eine Weichzeichnung der Auswahlbegrenzung; aber auch andere Funktionen – nämlich alle, die Sie unter Kante verbessern manuell gesteuert anwenden – sollen hier automatisch ausgeführt werden.

Auswahlbereiche subtrahieren oder addieren | Mit Hilfe des Buttons Von der Auswahl subtrahieren schließen Sie versehentlich miterfasste Bereiche vom Auswahlbereich aus. Schneller geht das allerdings mit dem Kürzel [Alt]. Umgekehrt schaltet die [⇧]-Taste vom Subtrahieren- in den Addieren-Modus zurück.

Pinselgröße anpassen | Sehr produktivitätssteigernd wirken sich auch die Kürzel aus, mit denen man im laufenden Betrieb die Pinselgröße anpassen kann.

Was wollen Sie tun?	Windows	Mac
Schnellauswahlwerkzeug aufrufen	W	W
Bereiche zu bestehender Auswahl hinzufügen	automatisch	automatisch
Bereiche von bestehender Auswahl subtrahieren	Alt	Alt
zurück in den Auswahl-hinzufügen-Modus	⇧	⇧
Werkzeugspitze verkleinern	Ö	⇧ + #
Werkzeugspitze vergrößern	#	#

▲ **Tabelle 14.3**
Tastaturbefehle für das Schnellauswahlwerkzeug auf einen Blick

14.5 Die Lasso-Werkzeuge – Auswahlkanten selbst zeichnen

Datei auf der Buch-DVD: »Feuerzeug.jpg«

Bild: dieblen.de

▲ **Abbildung 14.30**
So ein Bild ist ein Fall für die Lasso-Werkzeuge – bei diesem Motiv reichen die Farbunterschiede nicht aus, um Zauberstab oder Schnellauswahlwerkzeug erfolgreich anzuwenden. Hier wurde die Auswahl mit Polygon- und Magnet-Lasso erstellt.

Die Lasso-Werkzeuge arbeiten nach einem ganz anderen Prinzip als der Zauberstab: Hier treffen Sie Ihre Auswahl nicht durch Klick in die Fläche, sondern Sie **umzeichnen** den Bildbereich, den Sie auswählen wollen, mit der Maus. Die drei verschiedenen Varianten des Werkzeugs sind auf unterschiedliche Aufgaben spezialisiert:

- Das **einfache Lasso** eignet sich für grobe Auswahlen um unregelmäßig geformte Bildbereiche.
- Das **Polygon-Lasso** ist ein Spezialist für Auswahlbereiche mit geraden und gewinkelten Kanten.
- Das **Magnetisches-Lasso**-Werkzeug erkennt selbständig Farbunterschiede zwischen Pixeln und markiert die Kanten angrenzender Farbbereiche. Es eignet sich besonders gut für die Auswahl von Objekten mit hinreichend Kontrast zu den umgebenden Bildpixeln.

Das einfache Lasso

Das einfache Lasso (Kürzel: L) eignet sich sehr gut, um eine Grobauswahl anzulegen, die Sie dann später noch verfeinern können. Ganz präzise Auswahlen fallen damit eher schwer, dafür ist es aber in der Anwendung unkompliziert und schnell. Wenn Sie eine wirklich genaue Auswahllinie brauchen, ist das Magnet-Lasso, ergänzt um die Quick Mask oder die Funktion Kante verbessern, besser.

Das gewöhnliche Lasso kommt mit nur wenigen allgemeinen Auswahloptionen aus. Eigene spezielle Optionen braucht es nicht.

▲ **Abbildung 14.31**
Übersichtlich: die Lasso-Optionen

Wie arbeitet man mit dem Lasso? | Bei der Arbeit mit dem Lasso brauchen Sie ein gutes Mausgefühl. Eine hohe Zoomstufe erleichtert in vielen Fällen das Anlegen einer Auswahl. Zu komplizierte Konturen können Sie mit dem Tool nicht bewältigen.

Stellen Sie als Erstes wiederum die Optionen ein. Sobald Sie dann mit der Maus in das Bild fahren, verwandelt sich der Mauszeiger in ein kleines Lasso-Symbol. Die nach unten zeigende Spitze des Lassos zeigt an, wo Ihre Markierungslinie gezeichnet wird. Klicken Sie dorthin, wo Ihre Auswahl beginnen soll, halten Sie die Maustaste gedrückt, und umfahren Sie mit der Maus das auszuwählende Objekt. Orientieren Sie sich an der Auswahllinie, die beim Zeichnen dargestellt wird. Sobald Sie den Ausgangspunkt der Auswahllinie erreicht haben, geben Sie die Maustaste wieder frei. Der Startpunkt wird dann automatisch mit dem Endpunkt verbunden – die Auswahl ist fertig. Achten Sie darauf, die Maustaste nicht zu früh loszulassen. Andernfalls kann es passieren, dass der Auswahlbereich einfach von diesem Punkt ausgehend mit einer Geraden geschlossen wird!

Datei auf der Buch-DVD: »Theaterpärchen.tif«

Bild: vitamin a design

▲ **Abbildung 14.32**
Dieses Pärchen soll in ein anderes Bild montiert werden. Bevor Sie sich an die knifflige Feinauswahl machen, wählen Sie die zwei Figuren zunächst grob mit dem Lasso aus, kopieren Sie und fügen sie provisorisch in das neue Bild ein, um zu prüfen, ob die Montage stimmig wäre.

Darstellung des Werkzeug-Cursors

Wenn Ihnen die Ansicht der Mauszeiger als Werkzeug-Symbol zum Arbeiten nicht präzise genug erscheint, können Sie die Darstellung des Mauscursors ändern. Dazu bemühen Sie wiederum die VOREINSTELLUNGEN (Strg/cmd+K) und dort die Rubrik ZEIGERDARSTELLUNG (Strg/cmd+4). Unter ANDERE WERKZEUGE schalten Sie dann von STANDARD auf FADENKREUZ um (1). Mit der Einstellung lässt sich genauer arbeiten, aber Sie verlieren auch eine wichtige Orientierung über das aktuell aktive Werkzeug.

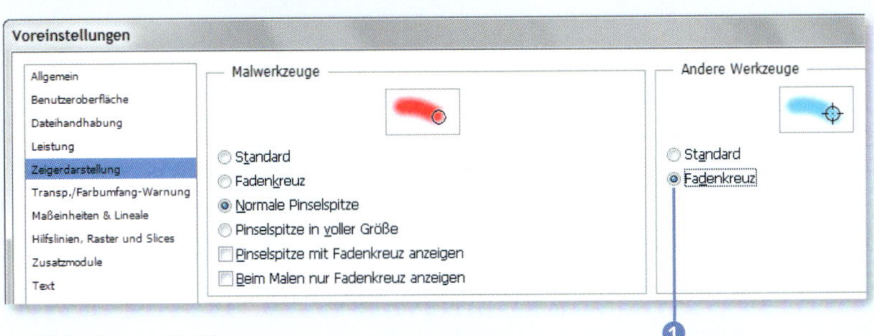

▲ **Abbildung 14.33**
Ändern der Mauscursor-Darstellung für alle Werkzeuge (außer den Malwerkzeugen)

Was wollen Sie tun?	Windows	Mac
Lasso aufrufen	L	L
kurzzeitiger Wechsel vom Lasso- zum Polygon-Lasso-Werkzeug (funktioniert auch umgekehrt)	Alt gedrückt halten	Alt gedrückt halten
mit Polygon-Lasso erstellte Auswahl-Ankerpunkte entfernen	Entf	←
Auswahlbereich endgültig schließen	Maus loslassen	Maus loslassen

▲ **Tabelle 14.4**
Tastaturbefehle für das Lasso-Werkzeug auf einen Blick

Polygon-Lasso – für Ecken und Kanten

Das Polygon-Lasso (Kürzel: L) ist das Auswahlwerkzeug der Wahl, wenn Sie Objekte mit geraden Linien und unterschiedlichen Winkeln auswählen. Motive wie das Stoppschild aus Abbildung 14.34 sind dankbare Objekte für das Polygon-Lasso.

Datei auf der Buch-DVD: »stop.jpg«

Bild: Fotolia, Fritz Langmann

Abbildung 14.34 ▶
Diese Abbildung zeigt (schematisiert) Ihr Vorgehen mit dem Polygon-Lasso. Vor jeder Richtungsänderung der Kontur müssen Sie einmal klicken, um das aktuelle Liniensegment zu verankern.

Die Optionsleiste des Polygon-Lassos bietet keine Neuigkeiten mehr. Die Arbeitsweise unterscheidet sich jedoch deutlich vom normalen Lasso! Das Polygon-Lasso eignet sich für Auswahlbereiche, die viele Geraden und Ecken aufweisen und wenige Rundungen haben: Hier entsteht die Auswahl durch einzelne Linien. Mit **Mausklicks** erstellen Sie – später unsichtbare – Befestigungspunkte für diese Linien.

◀ **Abbildung 14.35**
Polygon-Lasso-Optionen

Auswahlbereich schließen | Der Auswahlbereich wird automatisch geschlossen, wenn Sie wieder beim Startpunkt angekommen sind. Sie können ihn jedoch auch selbst schließen. Wenn Sie einen der folgenden Schritte durchführen, wird der Auswahlbereich »auf dem kürzesten Wege« geschlossen:

- Doppelklick
- Klick bei gehaltener Strg- bzw. cmd-Taste

Was wollen Sie tun?	Windows	Mac
Polygon-Lasso aufrufen	L	L
letzten Ankerpunkt entfernen (kann die Gestalt der Auswahllinie gravierend verändern)	Entf	←
Auswahl-Liniensegmente exakt im 45°-Winkel ziehen (oder in Vielfachen von 45°)	⇧	⇧
kurzzeitiger Wechsel vom Polygon- zum normalen Lasso (funktioniert auch umgekehrt)	Alt gedrückt halten und mit der Maus ziehen	Alt gedrückt halten und mit der Maus ziehen
Auswahlbereich endgültig schließen	Doppelklick oder Strg+Klick	Doppelklick oder cmd+Klick
Vorgang abbrechen	Esc	Esc

▲ **Tabelle 14.5**
Tastaturbefehle für das Polygon-Lasso-Werkzeug auf einen Blick

Auswahl über ganzen Arbeitsbereich ausdehnen

Beim Umgang mit Auswahlwerkzeugen ist auch die graue Arbeitsfläche nutzbar. Zum Beispiel beim Polygon-Lasso-Werkzeug können Sie ideale Auswahllinien dann auch über den Bildrand hinaus ziehen. Die gestrichelte Auswahl-Begrenzungslinie wird zwar dort angezeigt, ist aber virtuell vorhanden. Bedingung: Die Bildansicht sollte kleiner gezoomt sein als die gesamte Arbeitsfläche und soll nicht unmittelbar vom Dokumentrahmen umschlossen sein.

▲ **Abbildung 14.36**
Sie können Auswahllinien über die Dokumentgrenzen hinaus ziehen.

Das Magnetisches-Lasso-Werkzeug

Das Magnetisches-Lasso-Werkzeug kombiniert die Fähigkeit des Zauberstabes zur »Bilderkennung« mit dem freihändigen Zeichnen der Auswahllinie, die dem normalen Lasso zu eigen ist.

Das Magnet-Lasso eignet sich zur Auswahl von Bildpartien, die sich gut von ihrer Umgebung abheben. Auch mit komplexen Formen wird es bei einigem Zeitaufwand und akribischer Arbeitsweise fertig.

Außerdem lässt es sich vergleichsweise komfortabel bedienen, und Sie müssen nicht ständig mit der Nase am Monitor kleben, um die Auswahllinie genau zu platzieren: Das Magnet-Lasso erkennt Kontrastunterschiede im Bild und erstellt seine Auswahllinie automatisch entlang dieser Kanten.

Datei auf der Buch-DVD: »RosaBlütenstern.tif«

Abbildung 14.37 ▸
Bilder wie diese Blüte sind dank guter Kontraste ein Fall für das Magnet-Lasso. An die geringeren Kontraste im unteren Bereich können Sie das Werkzeug während der Arbeit flexibel anpassen.

Optionen des Magnetisches-Lasso-Werkzeugs | Neben den schon bekannten Optionen finden Sie hier vier neue Einstellungen:

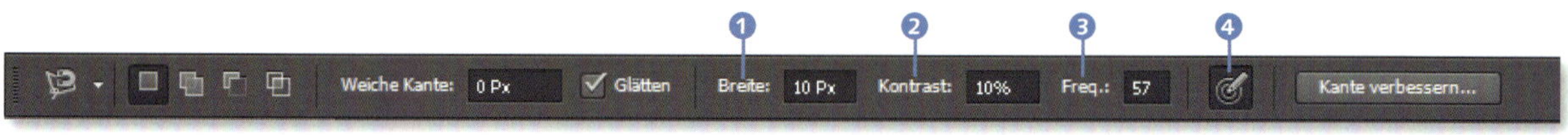

▲ Abbildung 14.38
Mit zahlreichen Optionen passen Sie das Magnet-Lasso an unterschiedliche Bildsituationen an.

Erkennungsabstand anzeigen

Wenn Sie die Feststelltaste ⇪ arretieren, wird der Mauszeiger während des Umzeichnens eines Bildbereichs nicht als das übliche Lasso-Icon dargestellt, sondern zeigt als Kreis die Breite des Erkennungsabstandes an – eine geniale Kontrollmöglichkeit, die Sie unbedingt nutzen sollten! Dieser Schritt kann nicht im laufenden Betrieb ausgeführt werden.

- BREITE ① bestimmt, wie breit der Bereich rechts und links des Mausweges ist, in dem nach kontrastierenden Pixeln gesucht wird (der sogenannte »Erkennungsabstand«). Bilder, bei denen sich das gewünschte Auswahlobjekt gut von seiner Umgebung abhebt, können Sie mit einem höheren BREITE-Wert bearbeiten. Dann müssen Sie das Bildelement auch nicht penibel nachzeichnen, sondern können es locker mit der Maus umfahren. Auch detailreiche Auswahlobjekte sollten Sie möglichst mit höherem BREITE-Wert umfahren, wenn die Bildverhältnisse das zulassen. Sie sparen sich dann manche akribische Kurve mit der Maus.
- Der KONTRAST ② legt fest, wie empfindlich Photoshop auf Kontraste im Erkennungsbereich reagiert. Ein hoher Wert bewirkt, dass nur sehr kontrastreiche Kanten erkannt werden. Ist der Wert niedrig, werden auch kontrastärmere Kanten berücksichtigt. Darunter leidet dann natürlich unter Umständen die Genauigkeit der Auswahl – für wirklich kontrastarme Bilder ist das Magnet-Lasso trotz dieser Einstellungsmöglichkeit nicht geeignet.

- Freq. (Frequenz) ❸ bezieht sich auf die zwischendurch gesetzten Befestigungspunkte. Ein hoher Wert ist für sehr kurvige Motive besser; bearbeiten Sie Objekte mit vielen Geraden, reicht ein niedrigerer Wert.
- Die Funktion Zeichenstiftbreite ❹ richtet sich an Grafiktablett-Nutzer, die statt mit der Maus mit einem speziellen Stift arbeiten. Ist dieser Button gedrückt, wird der Wert Breite mit zunehmendem Druck des Eingabestifts auf das Tablett erhöht. Das funktioniert natürlich nur mit aktuellen Grafiktabletts, die diese Photoshop-Funktion unterstützen.

Handhabung | Die Handhabung ist ähnlich wie bei den anderen Lasso-Tools auch. Sie müssen klicken, um den Anfangspunkt festzulegen. Fahren Sie dann um den auszuwählenden Bereich herum – der Abstand richtet sich nach der Deutlichkeit der Kontraste und der eingestellten Breite. Es ist diesmal nicht nötig, die Maustaste gedrückt zu halten! Solange der Kontrast zwischen auszuwählendem Bildteil und dessen Umgebung stark genug ist, macht es auch nichts, wenn Sie versehentlich »danebenzeichnen«, denn das Magnetisches-Lasso-Werkzeug sucht sich die Objektkontur selbst.

Die Befestigungspunkte, die Sie beim Polygon-Lasso durch Klicks selbst setzen müssen, werden hier automatisch erstellt. Sie können aber auch an kritischen Stellen durch Klicken eigene Befestigungspunkte setzen. Wenn Sie wieder am Startpunkt angekommen sind, wird das Lasso-Symbol mit einem kleinen Kreis versehen. Er symbolisiert, dass die Auswahl nun geschlossen ist. Klicken Sie, oder drücken Sie [↵], um zu bestätigen – Ihre Auswahl ist dann fertig.

Fehlerkorrektur | Beim Magnet-Lasso werden die Ankerpunkte der Markierungslinie (aus der nach Abschließen des Vorgangs die Auswahllinie wird) durch kleine Quadrate dargestellt. Der jeweils letzte Ankerpunkt wird durch ein schwarzes Quadrat repräsentiert, die schon fertigen Ankerpunkte durch kleine Quadrat-Umrisslinien. Dieses Detail ist maßgeblich für das Ausbessern von Fehlern.

- **Wenn das letzte Stück Ihrer Linie die falsche Richtung einschlägt,** bewegen Sie den Mauszeiger, ohne zu drücken, zurück bis zu der Stelle, an der die Linie noch passt, oder bis zum letzten »festen« Ankerpunkt. Dort erzeugen Sie dann durch Klicken eigene Ankerpunkte und arbeiten sich mit weiteren Klicks über die schwierige Passage hinweg.
- Durch Drücken von [Entf] bzw. [←] können Sie auch **fixierte Ankerpunkte entfernen**, etwa um dann am letzten Ankerpunkt neu anzusetzen und der Linie eine bessere Richtung zu geben.

Fliegender Lasso-Wechsel

Sie können **kurzzeitig** vom normalen Lasso zum Polygon-Lasso umschalten, ohne das Werkzeug in der Werkzeugleiste wechseln zu müssen. So schalten Sie einfach zwischen geraden und frei gezeichneten Auswahllinien um und kombinieren die Vorzüge beider Tools. Drücken Sie einfach die [Alt]-Taste, während Sie arbeiten – es erfolgt der Wechsel zum Polygon-Lasso-Tool, bis Sie die Taste wieder loslassen. Klicken Sie dann auf die gewünschte Anfangs- und Endposition der geraden Liniensegmente. Das Ganze funktioniert übrigens auch umgekehrt.

- **Gegenmaßnahmen bei zu vielen Fehlern:** Wenn sich Fehler häufen, ist es ratsam, entweder die Frequenz zu erhöhen oder die Breite zu senken – oder beides. Ein zu hoher Frequenz-Wert erschwert allerdings Korrekturen.

Auswahl schließen | Um die Auswahl zu schließen, haben Sie dieselben Möglichkeiten wie beim Magnet-Lasso auch: die Linie an den Startpunkt zurückführen, Doppelklick oder Strg bzw. cmd und Klick.

Leistungsgrenzen des Magnet-Lassos | In der Beschreibung liest es sich zunächst so, als böte Adobe mit seinem Magnet-Lasso die Lösung für die meisten Auswahlprobleme. In der Praxis zeigt sich jedoch bald, dass schnelles und genaues Arbeiten auch mit diesem Tool nicht immer gelingt. Oft erwischt das Werkzeug die ideale Konturlinie nicht. Besonders bei Bildern, die bereits scharfgezeichnet wurden, oder bei Bildern mit Artefakten oder starker Körnung versagt das Lasso.

Optionen im laufenden Betrieb per Tastenkürzel ändern | Bei den meisten Werkzeugen müssen Sie die Optionen festlegen, *bevor* Sie ein Auswahlwerkzeug ansetzen. Beim Magnet-Lasso können Sie die Einstellungen mit Hilfe von Shortcuts auch im laufenden Betrieb ändern, um das Tool wechselnden Verhältnissen im Bild anzupassen. Die Optionen Kontrast und Breite lassen sich per Tastendruck ändern. Diese Tastenkürzel auswendig zu lernen, mag ein wenig mühselig erscheinen – sie sind allerdings eine wirkliche Aufwertung des Magnet-Lassos! Hier sehen Sie eine Übersicht über die wichtigsten Shortcuts.

Was wollen Sie tun?	Windows	Mac
Magnetisches-Lasso aufrufen	L	L
kurzzeitiger Wechsel vom Magnet- zum normalen Lasso	Alt gedrückt halten, dann freihändig »zeichnen«	Alt gedrückt halten, dann freihändig »zeichnen«
kurzzeitiger Wechsel vom Magnet- zum Polygon-Lasso	Alt gedrückt halten, dann durch Klicks Liniensegmente anlegen	Alt gedrückt halten, dann durch Klicks Liniensegmente anlegen
Kontrast erhöhen	. (Punkt)	. (Punkt)
Kontrast verringern	, (Komma)	, (Komma)
Breite erhöhen	#	#

Tabelle 14.6 ▸
Tastaturbefehle für das Magnetisches-Lasso-Werkzeug auf einen Blick

Was wollen Sie tun?	Windows	Mac
Breite verringern (während Sie die Auswahl anlegen)	Ö	(ohne Tastenkürzel) **Hinweis:** Laut Adobe-Handbuch ist der zuständige Shortcut das Akzentzeichen – das bewirkt aber gar nichts.
Bildzoom größer	+	+
Bildzoom kleiner	-	-
Breite des Erkennungsabstandes anzeigen (Mauscursor-Form ändern)	⇩ arretieren	⇩ arretieren
Auswahl auf kürzestem Weg schließen	Doppelklick oder Strg + Klick	Doppelklick oder cmd + Klick
Vorgang abbrechen	Esc	Esc

◀ **Tabelle 14.6**
Tastaturbefehle für das Magnetisches-Lasso-Werkzeug auf einen Blick (Forts.)

Freiform-Zeichenstift-Werkzeug: Alternative zum Magnet-Lasso

Neben dem Magnetisches-Lasso-Werkzeug bietet Photoshop das Freiform-Zeichenstift-Werkzeug P, das ebenfalls eine Option Magnetisch aufweist. Mit ihm zeichnen Sie Pfade, aus denen Sie in einem weiteren Schritt Auswahlen erzeugen können. Funktionsweise und Optionen ähneln dem Magnet-Lasso.

Manch erfahrener Photoshop-User zieht das Zeichenstift-Werkzeug dem Magnet-Lasso vor und schwört auf seine Präzision. Nun, in der Version CS6, sind die Möglichkeiten des Tools noch erweitert worden: die vom Magnet-Lasso bekannten Optionen Erkennungsabstand, Kantenkontrast und Frequenz lassen sich jetzt auch beim Freiform-Zeichenstift einstellen.

Ps Neue Optionen für magnetische Zeichenstift-Linien
Ähnlich wie beim Magnet-Lasso können Sie nun auch beim Freiform-Zeichenstift einstellen, wie breit der Erkennungsabstand sein soll, wie »kontrastsensibel« das Tool ist und wie viele Ankerpunkte es setzt. Überdies ist es einfacher geworden, aus Pfaden Auswahlen zu generieren.

Anwendung | Um den Freiform-Zeichenstift zu benutzen, gehen Sie vor wie folgt:

1. Mit den Zeichenstift-Tools können Sie nicht nur Pfade, sondern auch Formen erzeugen. Um den Freiform-Zeichenstift als Magnet-Lasso-Alternative zu nutzen, muss daher unbedingt die Option Pfad ❶ (Abbildung 14.39) aktiviert sein.
2. Aktivieren Sie dann die Option Magnetisch ❸.
3. Ein Klick auf die kleine Zahnrad-Schaltfläche ❷ klappt ein Menü aus, in dem Sie Breite, Kontrast und Frequenz festlegen.

4. Die Funktionsweise des Freiform-Zeichenstifts ähnelt der des Magnet-Lassos. Sie umfahren Ihr Auswahlobjekt also einfach mit der Maus.

Abbildung 14.39 ▼
Freiform-Zeichenstift-Optionen

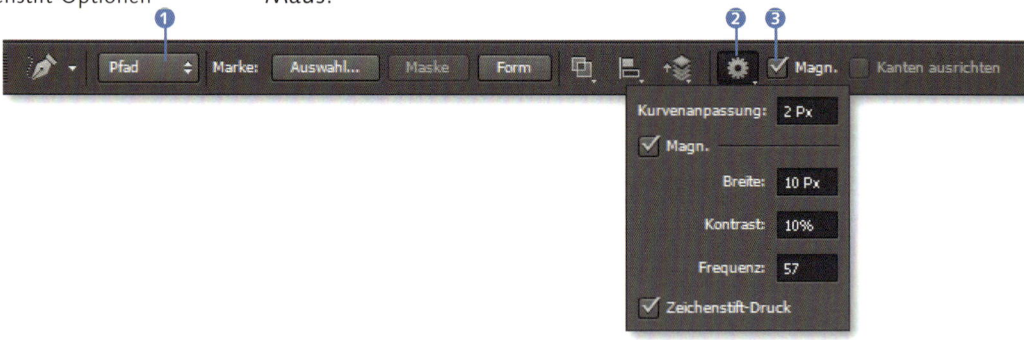

Abbildung 14.40 ▼
Zeichenstift-Optionen: Auch hier muss die Option Pfad ④ ausgewählt sein.

Zeichenstift | Der normale Zeichenstift ähnelt in seiner Wirkung dem Polygon-Lasso, wenn in den Optionen Autom. hinzuf./löschen ⑤ aktiviert ist.

Auswahl aus Pfad erstellen | Eine Weiche Kante lässt sich mit Pfaden nicht realisieren, gleichgültig mit welchem Werkzeug Sie gearbeitet haben – wohl aber bei Auswahlen. In älteren Photoshop-Versionen mussten Sie einen Umweg über das Kontextmenü nehmen, um einen Pfad in eine Auswahl umzuwandeln. Seit CS6 gibt es dafür einen Button in der Optionsleiste.

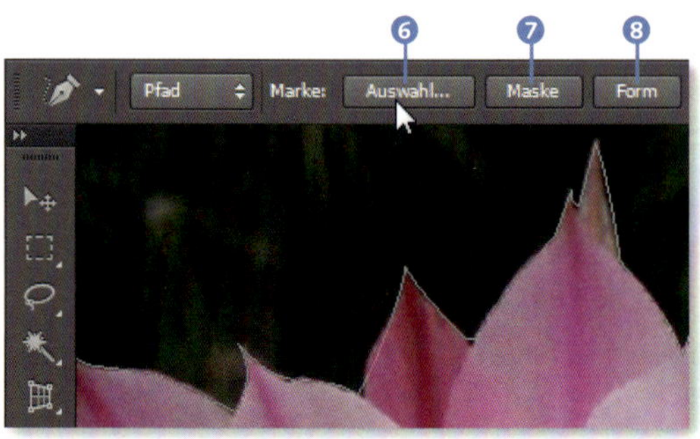

▲ **Abbildung 14.41**
Aus einem Pfad gewinnen Sie mit einem Klick eine Auswahl, eine Maske oder eine Form.

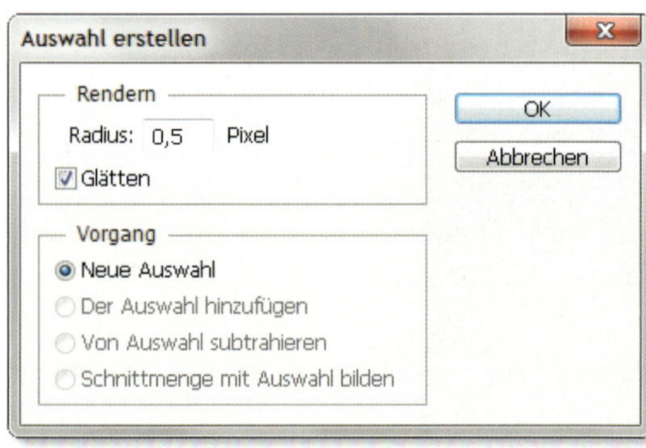

▲ **Abbildung 14.42**
Optionen für das Erzeugen einer Auswahllinie aus einem Pfad

- Der Button Auswahl ⑥ erzeugt aus dem Pfad eine Auswahl. Dabei müssen Sie allerdings noch einen Zwischenschritt gehen und im Dialogfeld Auswahl erstellen einige Angaben zur Umsetzung machen.

- Der Wert, den Sie hier unter Radius festlegen, wirkt ähnlich wie die bekannte Option Weiche Kante, nur ein wenig subtiler. Sie können auch geringe Werte (0,xx) eingeben, wenn Sie befürchten, die Präzision Ihrer Auswahl könnte leiden.
- Die Auswahleigenschaft Glätten können Sie zusätzlich einstellen, um »Pixeltreppchen« an der Auswahlkante zu vermeiden.
- Überdies können Sie festlegen, wie sich die aus dem Pfad neu erzeugte Auswahl zu eventuell bereits vorhandenen Auswahlen im Bild verhalten soll.

- Die Option Maske ⑦ funktioniert nur bei normalen Ebenen, nicht jedoch bei Hintergrundebenen.
- Durch Klicken auf Form ⑧ erzeugen Sie eine Formebene.

Alternativ erstellen Sie aus dem mit dem Freiform-Zeichenstift-Werkzeug erstellten Pfad eine Auswahl, indem Sie die kleine Schaltfläche Pfad als Auswahl laden in der Pfade-Palette anklicken.

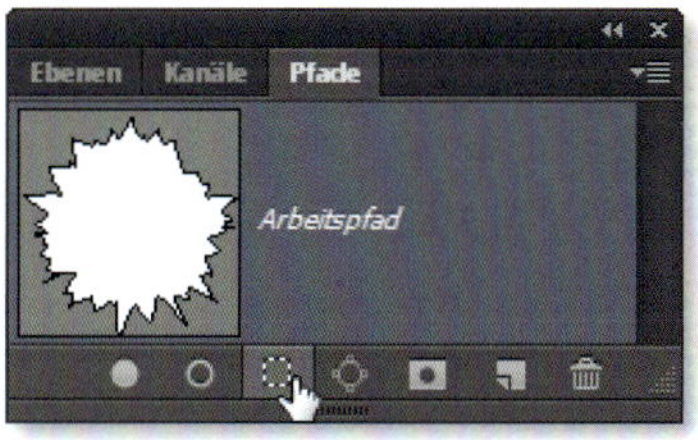

▲ **Abbildung 14.43**
Auch mit Hilfe der Pfade-Palette können Sie einen Pfad in eine Auswahl verwandeln.

Zum Weiterlesen
Ein unbestreitbarer Vorteil der Pfade ist, dass Sie ihre Kontur schnell und recht genau mit dem Direktauswahl-Werkzeug [A] nachbearbeiten können. Wie das geht, lesen Sie in Kapitel 36, »Pfade erstellen und anpassen«.

14.6 Farbbereiche auswählen

Den Befehl Farbbereich finden Sie im Auswahl-Menü. Die Funktionsweise ähnelt der des Zauberstabes: Die Bildfarben werden per Mausklick analysiert, und entsprechend dieser Analyse werden Auswahlbereiche erzeugt oder modifiziert.

Bild: Thilo Frank

▲ **Abbildung 14.44**
Die Auswahl nach Farbbereich ermöglicht ein präzises Anpassen des Auswahlbereichs – wichtig zum Beispiel bei feinen Bilddetails wie dem Leuchtturmgeländer.

Datei auf der Buch-DVD: »Leuchtturm.tif«

»Farbbereich« auch bei Masken
Den Dialog Farbbereich können Sie auch auf Masken anwenden, um diese zu verfeinern. Mehr dazu finden Sie im Abschnitt »Das Wunderwerkzeug für komplizierte Masken: ›Farbbereich‹« auf Seite 501.

Arbeitsweise und Optionen

Das üppig ausgestattete Dialogfeld von AUSWAHL • FARBBEREICH bietet erheblich mehr Bedienungskomfort als der Zauberstab und hat darüber hinaus einige Funktionen, die der Zauberstab nicht aufweist: Sie können auch voreingestellte Farbtöne und Tonwertbereiche (Lichter, Mitteltöne und Tiefen) auswählen, nicht nur durch Klicks aufgenommene Farben. Mit seinem Vorschaufeld erlaubt das Dialogfeld Ihnen eine bessere Kontrolle über die Auswahl, was es – gegenüber dem Zauberstab – auch für schwierige Auswahljobs qualifiziert.

Zudem können Sie den Befehl auch auf bereits erstellte Auswahlen anwenden, also damit eine Auswahl verfeinern. Sie sollten von dieser Möglichkeit Gebrauch machen, um per Vorauswahl kritische Bereiche von der Farbbereichsauswahl auszuschließen.

Wenn Sie die gewünschten Einstellungen im Dialogfeld vorgenommen haben, klicken Sie einfach in das Bild oder in das kleine Vorschaufenster innerhalb des Dialogs, um Bildbereiche auszuwählen. Die Optionen können Sie laufend anpassen.

Hauttöne automatisch finden

Innerhalb der Farbbereichs-Auswahl gibt es eine unauffällige, aber spannende Neuerung: In der Dropdown-Liste AUSWAHL findet sich die neue Option HAUTTÖNE, die Hauttöne in Porträts automatisch erkennen soll. Die Option GESICHTER ERKENNEN kann noch zugeschaltet werden. Beides funktioniert nicht immer, ist aber einen Versuch wert. Adobe selbst spricht von einer »Technologie im Frühstadium«.

Statt vieler Einzelklicks: Malen

Manche Motive machen es erforderlich, mit einem niedrigen Toleranzwert zu arbeiten. Das bedeutet meist, dass sie recht viele Klicks mit der Plus-Pipette machen müssen, um den gewünschten Auswahlbereich komplett zu erfassen. Die Alternative: Halten Sie ⇧ gedrückt, und statt zahlloser Einzelklicks fahren Sie einfach mit der Maus über die auszuwählenden Partien.

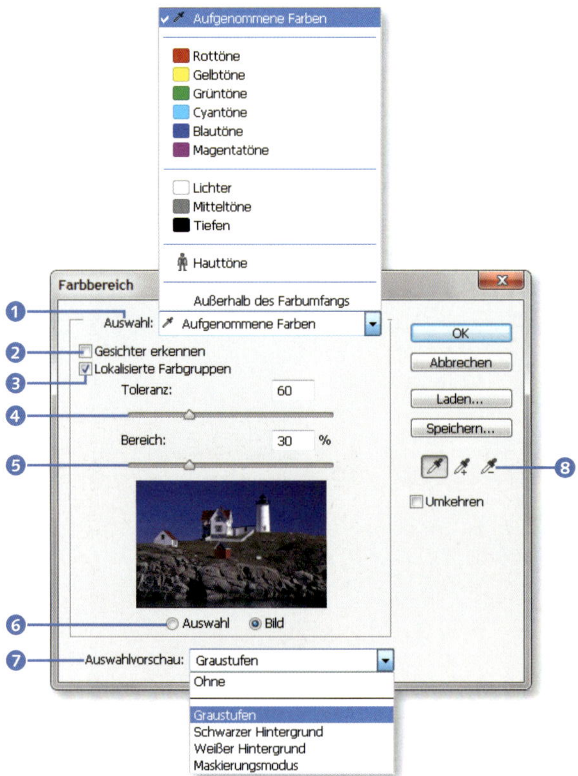

Abbildung 14.45 ▶
Das Dialogfeld FARBBEREICH mit ausgeklappten Menülisten

Welcher Farbbereich ausgewählt wird, stellen Sie oben im Dropdown-Menü AUSWAHL ① ein.

- Der Standard AUFGENOMMENE FARBEN ist für Fotos oft die beste Möglichkeit.
- Wählen Sie einen der einzelnen Töne (ROTTÖNE, GELBTÖNE, GRÜNTÖNE...), erstellt das Werkzeug eine Auswahl, die nicht nur den jeweils gesättigten Rot-, Gelb- oder Grünton etc. erfasst, sondern auch die jeweiligen Farbanteile in anderen Farben. Wenn Sie hier zum Beispiel GELBTÖNE auswählen und die Einstellung auf ein Bild anwenden, dessen Rotnuancen viel Gelb enthalten, sind auch diese teilweise ausgewählt.
- LICHTER, MITTELTÖNE und TIEFEN: Hier wird die Helligkeit – nicht die Farbe – einzelner Bildbereiche der Auswahl zugrunde gelegt.
- In CS6 neu an Bord ist die Option HAUTTÖNE. Im Idealfall wählen Sie damit Gesichter (und andere Hautpartien) automatisch aus. Das klappt jedoch nicht immer. Zarte Gelb- und Rottöne und manche Haarfarben werden in die Auswahlen einbezogen; senkt man die TOLERANZ, fehlen zu viele Partien in der Auswahl. Ohne manuelle Nacharbeit geht's nicht!
- Ist die Auswahloption HAUTTÖNE aktiv, können Sie zusätzlich die Option GESICHTER ERKENNEN ❷ zuschalten. Im Praxistest zeigte sich, dass dadurch die Trefferquote der HAUTTÖNE-Option eher verschlechtert wurde: Haare, deren Farbton auch nur annähernd den Hauttönen gleicht, werden in die Auswahl einbezogen. Allerdings kann diese Option hilfreich sein, um Details wie Augenbrauen oder dunkel verschattete Hautpartien in die Auswahl einzubeziehen. Ob diese beiden neuen Optionen funktionieren, hängt also stark vom Motiv ab und auch von Ihrem Vorhaben. Für Freisteller sind die neuen Optionen meist nicht exakt genug, für Farbkorrekturen nur der Hauttöne reichen sie oft aus.

Datei auf der Buch-DVD: »Blondine.tif«

◀ **Abbildung 14.46**
Original und Hautton-Auswahl. Die Funktion arbeitet nicht bei allen Motiven zufriedenstellend – hier hilft auch Verändern der TOLERANZ wenig.

- AUSSERHALB DES FARBUMFANGS funktioniert nur bei Lab- und RGB-Bildern und zeigt Farben im Bild an, die außerhalb des Bereichs liegen, der im Vierfarbdruck dargestellt werden könnte.

Farbwarnung per Menübefehl
Wenn Sie nicht den Umweg über das Farbbereich-Werkzeug gehen wollen, um sich nicht-druckbare Farben anzeigen zu lassen, können Sie den Befehl ANSICHT • FARBUMFANG-WARNUNG (⇧+Strg/cmd+Y) nutzen.

Die TOLERANZ ❹ ist das wichtigste Instrument, um die Wirkung des Werkzeugs zu regulieren. Die Einstellung hängt davon ab, wie stark die Kontraste Ihres Bildes sind.

Mit der Option LOKALISIERTE FARBGRUPPEN ❸ grenzen Sie die Farbbereichsauswahl auf Regionen nahe Ihrer Mausklicks ein. Der BEREICH-Slider ❺ dient der Feinabstimmung; mit ihm steuern Sie, wie nah oder wie weit weg eine Farbe von den Punkten sein muss, die Sie angeklickt haben, um in die Auswahl eingeschlossen zu werden.

Die Pipetten ❽ bestimmen, ob die verschiedenen angeklickten Farbbereiche einander ersetzen, addiert oder subtrahiert werden. Direkt unterhalb der Pipetten gibt es auch eine Option, um die Auswahl direkt umzukehren. Wenn Sie das Umkehren einmal vergessen – es gibt im AUSWAHL-Menü auch einen Menübefehl dazu, den Sie nachträglich anwenden können.

Alternative Ansichten des Dialogfelds

Der Screenshot oben zeigt die Standardansicht des Dialogfeldes. Je nach eingestellter Ansicht ❻ ändert sich dessen Aussehen. So können Sie die Auswahlvorschau gut auf die Gegebenheiten Ihres Bildes abstimmen.

- Wählen Sie, ob Sie im **Vorschaufenster** eine Voransicht der Auswahl sehen wollen (so wie oben zu sehen – Einstellung AUSWAHL) ...
- oder ob dort das Bild, so wie es ist, gezeigt werden soll (Einstellung BILD).

Auswahlvorschau | Im letzten Fall ist es sinnvoll, noch per Dropdown-Liste eine AUSWAHLVORSCHAU ❼ dazuzuschalten. Sie wird dann direkt im Bild angezeigt. Gerade bei kleinteiligen Motiven ist das eine gute Lösung, denn das kleine Vorschaubild innerhalb der Dialogbox reicht für die genaue Kontrolle nicht immer aus.

Zum Weiterlesen
Wie Sie **Auswahlen automatisiert erstellen** lassen, lesen Sie in Abschnitt 14.8, »Auswahltuning mit Live-Vorschau: Kante verbessern«.

Ähnlich wie beim Dialog KANTE VERBESSERN haben Sie die Wahl zwischen vier verschiedenen Voransichten, die alle die ausgewählten bzw. nicht ausgewählten Bereiche in verschiedener Weise visualisieren. Das Prinzip ist jedoch immer ähnlich: Der ausgewählte Bereich ist freigelegt, der nicht ausgewählte Rest des Bildes ist in unterschiedlicher Art und Weise maskiert.

Die Maskierung deutet den Schutz der nicht ausgewählten Bildteile vor Bearbeitung an. Jede Vorschau bietet einen anderen Blick auf die erstellte Auswahl – welche die beste ist, hängt auch vom Motiv ab. MASKIERUNGSMODUS hat den Vorteil, dass Sie das Bild selbst mit im Blick haben. GRAUSTUFEN zeigt am besten, wie stark die Auswahl auf die Bildpixel wirken würde.

▲ **Abbildung 14.47**
Vorschau GRAUSTUFEN – je nach Motiv ist der ausgewählte Bereich schlecht von den nicht ausgewählten Bildteilen zu unterscheiden.

▲ **Abbildung 14.48**
Vorschau SCHWARZER HINTERGRUND – für dieses Motiv zu dunkel

▲ **Abbildung 14.49**
Vorschau WEISSER HINTERGRUND zeigt die ausgewählten Bereiche deutlich.

▲ **Abbildung 14.50**
Vorschau MASKIERUNGSMODUS. Hier haben Sie das Bild und die Auswahl gleichzeitig im Blick.

Wenn sie sich bewährt hat, können Sie Ihre Optionskonstellation auch für den erneuten Zugriff sichern. Mit den Buttons LADEN und SPEICHERN wird nämlich nicht Ihre erstellte Auswahl gespeichert und wieder ins Bild geladen, wie man annehmen könnte, sondern die aktuelle Werkzeugeinstellung.

Gespeichert wird sie in Form einer Datei mit der Endung **.axt**. Merken Sie sich den Speicherort für erneute Aufrufe!

Zum Weiterlesen
Für das **Speichern und Laden fertiger Auswahlen** sind immer die Befehle AUSWAHL • AUSWAHL SPEICHERN und AUSWAHL • AUSWAHL LADEN zuständig. Mehr darüber lesen Sie in Abschnitt 14.10, »Auswahlen speichern und laden«.

Darstellung der Auswahlvorschau weiter anpassen | Bei einigen Motiven wäre die Auswahlvorschau MASKIERUNGSMODUS wünschenswert. Sie funktioniert jedoch dann nicht richtig, wenn die rote Maskenfarbe mit roten Motivteilen kollidiert und so keine verlässliche Vorschau möglich ist. Mit einem Umweg über die Quick Mask [◙] können Sie die Eigenschaften der Voransicht MASKIERUNGSMODUS ändern. Dazu müssen Sie die Voransicht der Quick Mask (also des Maskierungsmodus selbst) ändern. Diese veränderte Voransicht wirkt sich dann auch auf den Dialog FARBBEREICH aus. Erstellen Sie dazu in einem beliebigen Bild eine beliebige Auswahl, und wechseln Sie mit [Q] oder Anklicken des Maskierungsmodus-Icons [◙] in der Werkzeugleiste in den Quick-Mask-Modus. In der Kanäle-Palette erscheint dann ein zusätzlicher Alphakanal mit dem kursiv gestellten Titel MASKIERUNGSMODUS, in dessen Miniatur Sie doppelklicken.

Hinderliche JPEG-Artefakte

Die JPEG-Kompression kann in Bildern kleinteilige Viereckmuster hinterlassen. Solche Kompressionsartefakte sind ein häufiges Hindernis bei der Anwendung des Werkzeugs FARBBEREICH. Selbst scheinbar homogene Farbflächen können solche Artefakte aufweisen und entziehen sich der schnellen erfolgreichen Farbbereichsauswahl.

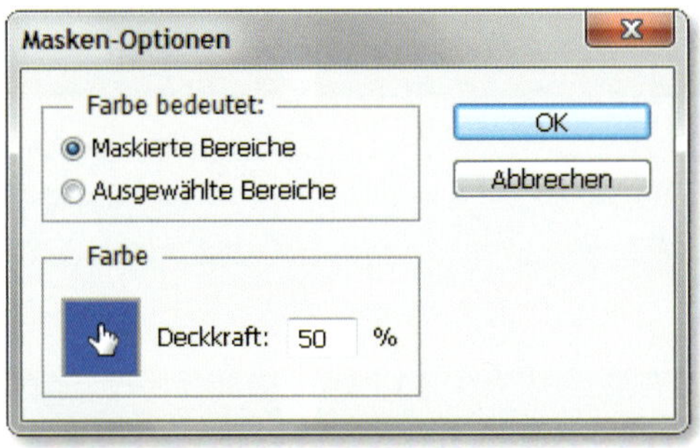

▲ **Abbildung 14.51**
Einstellung der Vorschauoptionen für die Quick Mask und das Dialogfeld FARBBEREICH

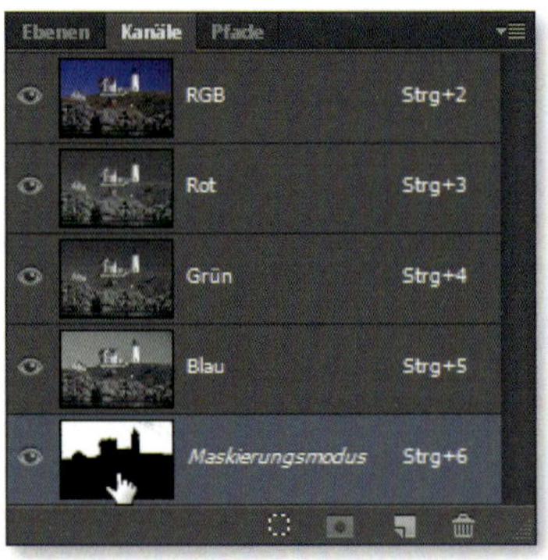

Abbildung 14.52 ▲
Ein Doppelklick hier führt zu den Ansichtsoptionen für Masken.

- Ein Klick auf das Farbfeld ruft den Farbregler auf, in dem Sie andere Farben festlegen.
- Die DECKKRAFT geben Sie numerisch ein.
- FARBE BEDEUTET: MASKIERTE BEREICHE ist die Standardeinstellung. Sie legt fest, dass die *nicht* ausgewählten Bereiche in der Quick Mask und der FARBBEREICH-Vorschau abgedeckt sind.
- Diese Einstellung zu verändern ist nicht unbedingt sinnvoll: Sie können die Qualität einer Auswahl besser beurteilen, wenn die ausgewählten Bereiche eben nicht abgedeckt dargestellt werden. Zudem birgt eine Umstellung ziemliche Verwirrungsgefahr: Die Standardeinstellung entspricht der Logik von Auswahlen und Masken besser als die Einstellung FARBE BEDEUTET: AUSGEWÄHLTE BEREICHE.

Die Einstellungen, die Sie hier vornehmen, gelten für Quick Mask, Farbbereichsauswahl und alle anderen Masken in Photoshop. Sie bleiben bis zur nächsten Änderung gültig.

14.7 Rechteck und Ellipse: geometrische Auswahlen

Eine Technik, mit der sich recht schnell und unkompliziert arbeiten lässt, sind die »geometrischen« Auswahlen.

Optionen und Funktionsweise

Die Werkzeuge für solche geometrischen Auswahlen – Auswahlrechteck , Auswahlellipse , einzelne Zeile und Spalte – finden Sie in der Werkzeugleiste ganz oben links. Der passende Shortcut ist M.

▼ **Abbildung 14.53**
Die Optionen für die Auswahlellipse

Die meisten Optionen kennen Sie von anderen Werkzeugen. Neu ist hier die Option Art. Damit legen Sie fest, ob

- Ihre Auswahl frei aufgezogen werden soll (Normal),
- ob die Seiten eine bestimmte Proportion zueinander haben sollen (Festes Seitenverhältnis), oder
- ob sie ein festes Maß (Feste Grösse) aufweisen sollen. Die Maßeinheit für die Feste Grösse – px, mm oder cm – tragen Sie hier frei ein.

Die Funktionsweise der Tools ist einfach: Aktivieren Sie ein Werkzeug, und legen Sie die Optionen fest. Bewegen Sie die Maus ins Bild, und ziehen Sie bei gehaltener Maustaste die gewünschte Form auf. Lassen Sie die Maus los – fertig!

Schnell Kreise und Quadrate erzeugen

Wenn Ihnen der Weg über die Art-Option zu umständlich ist, um eine Kreis- oder eine Quadrat-Auswahl zu erzeugen, können Sie auch einfach ⇧ gedrückt halten, während Sie das Auswahlrechteck- oder Auswahlellipse-Werkzeug betätigen. Dieses Kürzel funktioniert aber nur, wenn Art: Normal eingestellt ist.

Praxisnutzen

Die »geometrischen« Auswahlwerkzeuge werden – anders als die bisher vorgestellten Tools – nur in seltenen Fällen dazu verwendet, bestimmte Bildelemente für die gezielte Korrektur, Retusche oder andere Weiterbearbeitung auszuwählen. Dafür sind sie jedoch unentbehrliche Helfer für viele Photoshop-Alltagsaufgaben.

Rahmenlinien für kleine Layouts anlegen | Mit Hilfe der »geometrischen« Auswahlwerkzeuge können Sie einen runden, ovalen oder eckigen Rahmen erstellen, was nützlich für kleine Layoutjobs und verschiedene Composings ist.

Dateien auf der Buch-DVD: »Glühbirne.tif«, »BrinksKaffee.tif«

Bild (Tasse): dieblen.de

▲ **Abbildung 14.54**
Diese Konturlinie entstand mit Hilfe einer Rechteckauswahl.

Dazu erzeugen Sie zunächst eine Rechteck- oder Ellipse-Auswahl, die der gewünschten Rahmenlinie entspricht. Es empfiehlt sich außerdem, für die Kontur eine gesonderte Ebene anzulegen – so können Sie Position, Deckkraft und Mischmodus später noch korrigieren. Bei aktiver Auswahl rufen Sie nun den Dialog KONTUR FÜLLEN auf. Nutzen Sie dazu den Menübefehl BEARBEITEN • KONTUR FÜLLEN oder das Kontextmenü des Auswahlwerkzeugs.

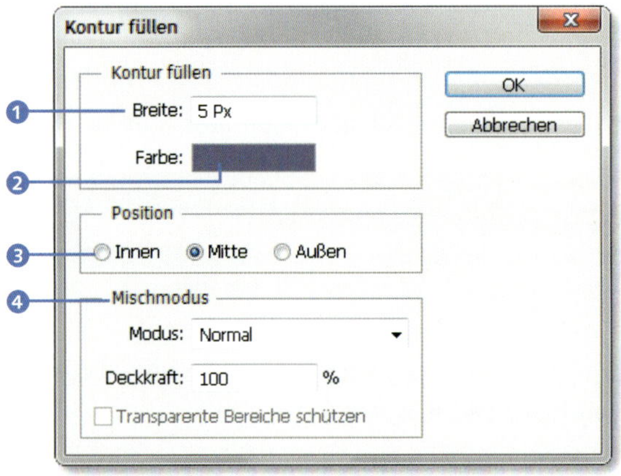

▲ **Abbildung 14.55**
Einstellungen unter KONTUR FÜLLEN

Unter ❶ stellen Sie die gewünschte Breite der Linie ein und wählen die Farbe aus. Standardmäßig erscheint hier die Vordergrundfarbe. Durch einen Doppelklick in das Farbfeld starten Sie den Farbwähler ❷. Unter ❸ legen Sie fest, an welcher Stelle der Auswahllinie der Rahmen platziert werden soll. Gerade bei kleineren Bildern oder breiten Linien ist das von Bedeutung. Unter ❹ legen Sie DECKKRAFT und MISCHMODUS fest. Das ist allerdings nicht notwendig, wenn Sie sowieso mit einer Extraebene arbeiten – Sie sind ohnehin flexibler, wenn Sie später die Ebeneneigenschaften bearbeiten. Die Option TRANSPARENTE BEREICHE SCHÜTZEN muss deaktiviert sein, wenn Sie auf einer leeren – transparenten! – Ebene arbeiten.

Bild: dieblen.de

▲ **Abbildung 14.56**
Hier sorgt ein abgedunkeltes Rechteck für bessere Lesbarkeit der hellen Schrift und setzt einen Akzent im Layout.

Auswahl mit Farbe füllen | Geometrische Auswahlen eignen sich auch hervorragend, um damit Farbflächen anzulegen, auf die etwa Text platziert werden kann. Das funktioniert fast genauso wie das Erzeugen von Konturlinien. Wieder benötigen Sie als Erstes eine leere Ebene und eine Auswahl – das kann eine geometrische Auswahl sein oder auch eine anders geformte. Als Nächstes wählen Sie aus dem (Kontext-)Menü FLÄCHE FÜLLEN (⇧+← oder ⇧+F5). Sie erhalten dann eine Dialogbox, die sich Ihnen leicht erschließen sollte: Sie können einstellen, wie Ihre Auswahl gefüllt wird und Deckkraft und Mischmodus festlegen.

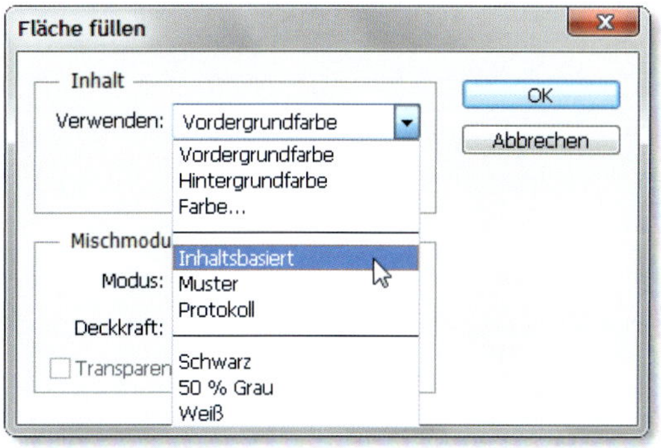

▲ **Abbildung 14.57**
Der Dialog Fläche füllen. Entscheiden Sie sich zwischen soliden Farben, Mustern oder kontextsensitiver Füllung.

Zum Weiterlesen
Die Option Inhaltsbasiert eröffnet völlig neue Möglichkeiten für die Retusche. Sie findet sich nicht nur beim Fläche füllen-Dialog, sondern auch beim Bereichsreparatur-Pinsel. In den Abschnitten 26.4, »Inhaltsbasiert retuschieren: Bereichsreparatur-Pinsel«, und »Große Flächen inhaltsbasiert retuschieren: Fläche füllen« auf Seite 775 stelle ich Ihnen die Funktion ausführlich vor.

Es gibt viele Gelegenheiten, solche Flächen anzuwenden. Versuchen Sie auch einmal, wie mit Farbe gefüllte Flächen wirken, wenn Sie sie auf Grundlage einer Auswahl mit Weicher Kante erstellen.

Ebenen präzise beschneiden | Die Werkzeuge Einzelne Zeile und Einzelne Spalte (ohne Tastenkürzel) sind Spezialisten für Präzisionsarbeit. Mit Ihnen bessern Sie zum Beispiel den ungenauen Beschnitt von Bildebenen pixelgenau nach. Markieren Sie den Bereich, der gelöscht werden soll, und entfernen Sie unerwünschte Kantenpixel (per Entf-Taste bzw. ←-Taste am Mac). Viele Screenshots in diesem Buch wurden so auf Maß gebracht.

▼ **Tabelle 14.7**
Tastaturbefehle für das Rechteck- und Ellipsen-Auswahlwerkzeug auf einen Blick

Was wollen Sie tun?	Windows	Mac
Auswahlrechteck-Werkzeug oder Auswahlellipse-Werkzeug aufrufen	M	M
Exaktes Quadrat aufziehen – funktioniert nur mit der Option Neue Auswahl und wenn unter Art kein Seitenverhältnis definiert ist.	Halten Sie beim Aufziehen der Form ⇧ gedrückt.	Halten Sie beim Aufziehen der Form ⇧ gedrückt.
Exakten Kreis aufziehen – klappt nur mit der Option Neue Auswahl und wenn unter Art kein Seitenverhältnis definiert ist.	Halten Sie beim Aufziehen der Form ⇧ gedrückt.	Halten Sie beim Aufziehen der Form ⇧ gedrückt.
Auswahlform von der Mitte aus aufziehen	Alt	Alt
exaktes Quadrat von der Mitte aus aufziehen	Alt+⇧	Alt+⇧
exakten Kreis von der Mitte aus aufziehen	Alt+⇧	Alt+⇧

Was wollen Sie tun?	Windows	Mac
Auswahlform (vor dem Abschließen des Vorganges) bewegen	Halten Sie die Maustaste gedrückt, und drücken Sie zusätzlich die Leertaste.	Halten Sie die Maustaste gedrückt, und drücken Sie zusätzlich die Leertaste.
fertige Auswahlform in 1-Pixel-Schritten bewegen (bei aktivem Auswahlwerkzeug)	↑, ↓, ←, →	↑, ↓, ←, →
fertige Auswahlform in 10-Pixel-Schritten bewegen (bei aktivem Auswahlwerkzeug)	⇧+↑, ⇧+↓, ⇧+←, ⇧+→	⇧+↑, ⇧+↓, ⇧+←, ⇧+→

▲ **Tabelle 14.7**
Tastaturbefehle für das Rechteck- und Ellipsen-Auswahlwerkzeug auf einen Blick (Forts.)

14.8 Auswahltuning mit Live-Vorschau: Kante verbessern

Trotz der Vielfalt der Auswahlwerkzeuge, die in Photoshop zur Verfügung stehen – nicht in allen Fällen passt eine Auswahl auf Anhieb.

Datei auf der Buch-DVD: »FrauVorHimmel.tif«

Bild: Fotolia, ikophotos

▲ **Abbildung 14.58**
Auf den ersten Blick ein unproblematisches Auswahlobjekt. Die Person scheint vom tiefblauen Himmel klar abgegrenzt.

▲ **Abbildung 14.59**
Bei näherer Betrachtung zeigt sich, dass die Grenze zwischen Haaren und Himmel diffus ist – eine Herausforderung beim Auswählen.

Unregelmäßige Objektkanten, geringer Kontrast zwischen ausgewähltem Objekt und Hintergrund sowie raue oder unscharfe Kanten machen Auswahlen schwierig. In Photoshop haben Sie daher auch verschiedene Möglichkeiten, Auswahlen nachzubessern.

- Unter Auswahl • Auswahl verändern gibt es eine Reihe von Menübefehlen (mehr dazu finden Sie im folgenden Abschnitt).

- Besonderen Bearbeitungskomfort bieten Ihnen jedoch die Funktionen unter KANTE VERBESSERN. Für knifflige Auswahlen, bei denen es auf sauberes Arbeiten ankommt, eignet sich das KANTE VERBESSERN-Tool meist besser als die Befehle unter AUSWAHL VERÄNDERN.

Starten können Sie die hilfreiche Toolbox mit dem Button KANTE VERBESSERN, den alle Auswahlwerkzeuge in der Optionsleiste haben. Alternativ nutzen Sie den Menübefehl AUSWAHL • KANTE VERBESSERN oder den Shortcut Alt + Strg / cmd + R.

Mit den Funktionen von KANTE VERBESSERN können Sie die Qualität einer bereits erzeugten Auswahllinie überprüfen und die Kontur weiter an das Bildobjekt anpassen. Dank differenzierter Vorschaueinstellungen lässt sich die Wirkung Ihrer Einstellungen direkt im Bild beobachten. KANTE VERBESSERN ist eine echte Alternative zum Nachbearbeiten einer Auswahl von Hand per Quick Mask, außerdem lässt sich das Tool – dann unter dem Namen MASKENKANTE bzw. MASKE VERBESSERN, jedoch mit den gleichen Funktionen – auch auf richtige Ebenenmasken anwenden (mehr darüber finden Sie in Kapitel 15, »Ebenenmasken & Co.«).

Zum Weiterlesen
Mit dem KANTE VERBESSERN-Tool können Sie selbst **schwierige Freistellaufgaben** erledigen. Wie das genau geht, lesen Sie im Abschnitt »Freistellen per Automatik: Kante verbessern« auf Seite 465.

▲ **Abbildung 14.60**
Der schnelle Klick zum Auswahltuning

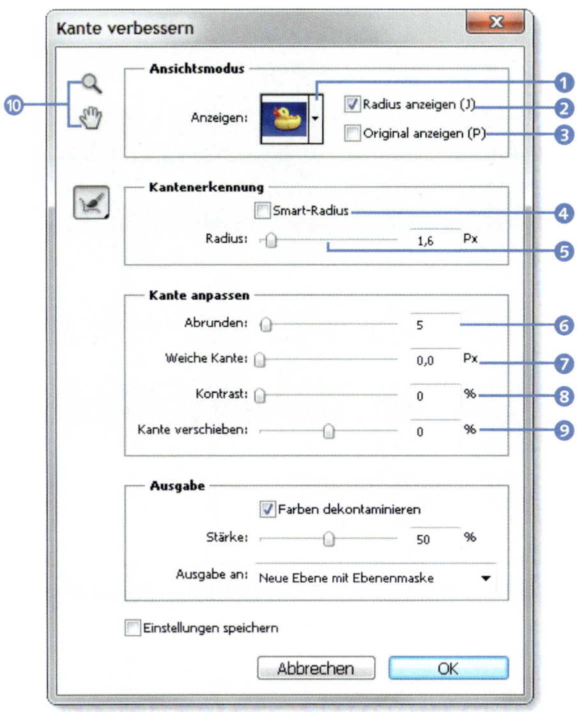

◄ **Abbildung 14.61**
Das Dialogfeld KANTE VERBESSERN

Wie bei vielen Dialogfeldern sollten Sie sich auch hier von oben nach unten durcharbeiten. Sie können mit den Schiebereglern oder per Zahleneingabe arbeiten.

Wirkung der Schieberegler zu lasch?

Wenn Sie bereits ein wenig mit KANTE VERBESSERN herumexperimentiert haben, ist Ihnen vielleicht aufgefallen, dass die Schieberegler manchmal kaum zu wirken scheinen. Das liegt nicht am jeweiligen Motiv, sondern an der gewählten Radiuseinstellung. Erhöhen Sie den Wert für RADIUS, wenn Sie sich für die anderen KANTE VERBESSERN-Funktionen mehr »Wumms« wünschen.

- RADIUS ❺ legt fest, wie breit der Bereich ist, in dem das Werkzeug überhaupt die Kantenverfeinerung – und andere Korrekturen – durchführt. Höhere Radien empfehlen sich bei Motiven, deren Kantenbereich sehr diffus ist, zum Beispiel bei Haaren oder einfach unscharfen Motiven; geringe Werte sorgen für schärfere Auswahlkanten. RADIUS ist die feiner wirkende Variante von WEICHE KANTE.
  - Nutzen Sie die Option RADIUS ANZEIGEN [J] ❷, um die Wirkung Ihrer Radius-Einstellung besser zu beurteilen.
  - Wenn SMART-RADIUS ❹ aktiv ist, überlassen Sie dem Tool die Regie über die Kantengestaltung. Sie brauchen diese Option eher für Freistellaufgaben (siehe Abschnitt »Freistellen per Automatik: Kante verbessern« auf Seite 465). Lassen Sie sie also lieber deaktiviert, wenn Sie lediglich Ihre Auswahl ein wenig anpassen wollen.
- ABRUNDEN ❻ zieht eine gezackte Auswahllinie gewissermaßen ein wenig straff. Anstelle kantiger Konturen entsteht eine mehr oder weniger stark gerundete Linie.
- Die Verfeinerungsfunktion WEICHE KANTE ❼ unterscheidet sich nicht von der oben bereits erklärten gleichnamigen Option: Sie macht Auswahlkanten weich und sorgt für einen fließenden Übergang zwischen ausgewählten und nicht ausgewählten Bildpartien.
- KONTRAST ❽ zeichnet Auswahlkanten schärfer. Dieser Befehl soll verhindern, dass aufgrund hoher Radien Störungen im Bereich der Auswahlkante auftreten. Sie müssen also beide Regler gegeneinander austarieren.
- Der Slider KANTE VERSCHIEBEN ❾ verkleinert oder vergrößert den Auswahlbereich. Vor allem in Kooperation mit WEICHE KANTE lässt sich diese Funktion gut anwenden, denn durch die Weichzeichnung werden leicht zu viel oder auch zu wenig Bildbereiche in den Auswahlbereich einbezogen.

▲ **Abbildung 14.62**
Wie soll die Auswahl im Bild angezeigt werden?

Bildvorschau | Über die Vorschaudarstellung steuern Sie exakt, wie das – vorläufige – Resultat Ihrer Arbeit dargestellt wird. So können Sie die Wirkung Ihrer Einstellungen sehr genau einschätzen: wichtig für präzises Arbeiten!

In der Liste unter ANZEIGEN ❶ legen Sie fest, wie der ausgewählte Bildbereich dargestellt wird.

So sehen Sie Ihre Auswahl wahlweise

- mit einer **Auswahllinie** (AUSWAHL UND MASKEN – [M]),
- mit einer **Maske** (ÜBERLAGERUNG – [V]),
- vor **schwarzem** (AUF SCHWARZ – [B])
- oder vor **weißem Hintergrund** (AUF WEISS – [W]),
- in der Schwarzweißansicht, **wie ein Alphakanal** (SCHWARZWEISS – [K]),

- oder zusammen mit den **Bildebenen**, die unterhalb der aktuell bearbeiteten Ebene liegen (Auf Ebenen – L). Diese Option ist insbesondere für Montagen sehr nützlich, wenn Sie Ihr ausgewähltes Bildobjekt schon in die neue Datei »eingepflanzt« haben und im Detail an die neue Umgebung anpassen wollen.
- Wenn Sie das Bild in der **unbearbeiteten Originalansicht** sehen wollen, wählen Sie die Option Ebene einblenden R.
- Mit dem Kürzel F durchlaufen Sie die Ansichten schnell, ohne die Liste ausklappen zu müssen; X deaktiviert alle Vorschaueinstellungen kurzzeitig, und Sie sehen das Bild ohne Auswahlbereiche.

Die Checkboxen Radius anzeigen und Original anzeigen helfen Ihnen einzuschätzen, wie stark sich Ihre Änderungen auf die Originalauswahl auswirken.

- Radius anzeigen ❷ (Kürzel J) zeigt nur den **Bearbeitungsradius** an, also eine mehr oder minder breite Kante an den Auswahlkonturen. In diesem Bereich wirkt sich die Kantenverbesserung überhaupt nur aus!
- Original anzeigen ❸ (Kürzel P) wechselt kurzfristig zur **Ansicht der ursprünglichen Auswahl** (nicht zum Originalbild!), deaktiviert also die Vorschau der von Ihnen bereits durchgeführten Änderungen. Diese Option ist für einen Vorher-nachher-Vergleich nützlich.

Mit den bekannten Ansichttools ❿ Zoom (das Kürzel Z funktioniert auch hier) und Hand H können Sie wichtige Bildpartien vergrößern und ins Blickfeld schieben.

Datei auf der Buch-DVD: »Gummiente.tif«

▲ **Abbildung 14.63**
Die Vorschau auf Schwarz offenbart besonders bei hellen Bildobjekten die Schwäche einer Auswahl. Sie ist gut geeignet, wenn Sie das Bildmotiv später auf einen dunkleren Hintergrund setzen wollen.

▲ **Abbildung 14.64**
Vorschau mit Überlagerung. Wer oft mit der Quick Mask arbeitet, kommt auch mit dieser Ansicht gut zurecht.

▲ **Abbildung 14.65**
Vorschau auf Ebenen: Die unter der Enten-Ebene liegende Bildebene wird sichtbar. So passen Sie einmontierte Objekte exakt an ihren neuen Hintergrund an.

▲ **Abbildung 14.66**
Radius anzeigen zeigt den Bereich an, in dem Ihre Einstellungen überhaupt greifen.

Ausgabeoptionen | Technisch hängen Auswahlen, Masken und Alphakanäle eng miteinander zusammen. Deswegen war es auch schon immer möglich, aus einer Auswahl eine Maske zu machen, eine Maske als Auswahl zu laden oder Auswahlen in Alphakanälen zu speichern. Mit den Ausgabe-Optionen im KANTE VERBESSERN-Tool macht Adobe diesen Workflow noch ein gutes Stück geschmeidiger. Unter AUSGABE AN legen Sie fest, wie mit Ihrem verfeinerten Auswahlbereich verfahren wird. Die Option AUSWAHL verfeinert tatsächlich nur die Auswahllinie; die anderen Optionen sind selbsterklärend und müssen hier nicht erläutert werden.

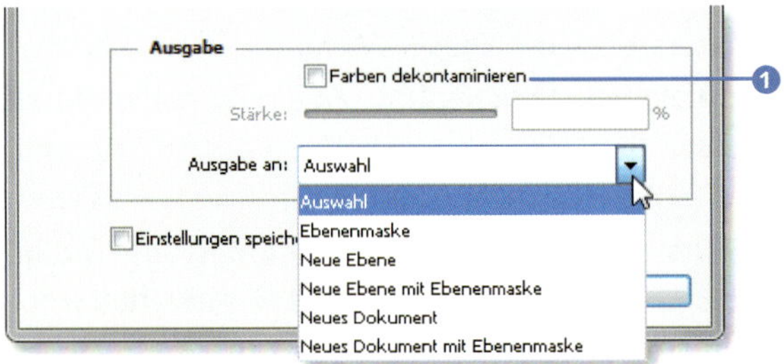

Abbildung 14.67 ▶
Was soll mit dem ausgewählten Objekt geschehen?

Zum Weiterlesen
Die Option FARBEN DEKONTAMINIEREN ist vor allem für das Freistellen von Bildteilen für Montagen gedacht, deswegen stelle ich sie im Abschnitt »Freistellen per Automatik: Kante verbessern« auf Seite 465 ausführlich vor und gebe außerdem Tipps für alternative Arbeitstechniken.

Die zuschaltbare Option FARBEN DEKONTAMINIEREN 1 entfernt Farbränder von Objektkanten, die meist durch Reflexion des Hintergrundes entstehen. Sie wirkt auf die halbtransparenten Pixel einer Ebene, die sich meistens an den Auswahlkanten befinden. Wenn Sie FARBEN DEKONTAMINIEREN verwenden, müssen Sie den Auswahlbereich in eine neue Ebene oder ein neues Dokument ausgeben – zusammen mit der Ausgabeoption AUSWAHL ist der Farbrand-Entferner wirkungslos!

14.9 Auswahlen mit Menübefehlen modifizieren

▲ Abbildung 14.68
Befehle zum nachträglichen Verändern einer Auswahl

Der Dialog KANTE VERBESSERN ist sicherlich das leistungsfähigste Tool, um Auswahlkanten zu verbessern. Es lässt sich mit Gewinn auch bei schwierigen Auswahlobjekten einsetzen. Doch manchmal genügt einfach ein schneller Klick ins Menü. Außerdem gibt es im Menü einige Funktionen, die Sie im KANTE VERBESSERN-Tool nicht vorfinden. Direkt unter AUSWAHL und im Untermenü AUSWAHL VERÄNDERN erreichen Sie eine Reihe von Menübefehlen, mit denen Sie Ihre Auswahllinie anpassen.

Auswahl verändern: Rand | Mit RAND erstellen Sie entlang der Kontur der ursprünglichen Auswahllinie einen Rahmen in gewünschter Breite. Denkbare Anwendung: Schränken Sie so die Filterwirkung auf die Objektkanten ein.

Auswahl verändern: Abrunden | Der Befehl Abrunden lässt sich gut anwenden, wenn Sie eine Zauberstab- oder Farbbereichsauswahl erstellt haben, im Inneren des Auswahlbereichs aber immer noch viele einzelne Pixel nicht mit ausgewählt wurden. Er macht die Auswahlkanten ein wenig glatter.

Datei auf der Buch-DVD: »Wecker.tif«

Bild: dieblen.de

▲ **Abbildung 14.69**
Ursprünglich war die Kontur des Weckers ausgewählt – nun habe ich eine Umrandung daraus gemacht.

Auswahl verändern: Erweitern und Verkleinern | Erweitern und Verkleinern verändern die Größe der Auswahl um den eingestellten Pixelbereich.

Auswahl verändern: Weiche Kante | Dieser Menübefehl funktioniert wie die gleichnamige Auswahlwerkzeug-Option. Auf Seite 427 habe ich Ihnen die Funktion bereits vorgestellt.

Auswahl vergrößern | Auswahl vergrössern funktioniert – trotz des ähnlichen Namens – anders als Erweitern. Hier wird der Toleranzwert, der der Auswahl zugrunde liegt, quasi nachträglich erhöht. Sie beziehen dann mehr Farbnuancen in Ihren Auswahlbereich ein, allerdings nur diejenigen Pixel, die an den ursprünglichen Auswahlbereich angrenzen.

Ähnliches auswählen | Ähnliches auswählen sucht im gesamten Bild nach Pixeln, die dem bereits ausgewählten Bildteil ähneln – eine nicht sonderlich präzise Funktion, die einem selten weiterhilft.

Zauberstab-Toleranz ist maßgeblich

Wie stark die Befehle Auswahl vergrössern und Ähnliches auswählen tatsächlich wirken, wird von der Zauberstab-Option Toleranz bestimmt. Ändern Sie diese Einstellung, um die beiden Befehle zu dosieren.

Auswahl transformieren

Den Befehl Auswahl transformieren wählen Sie immer dann, wenn eine Auswahllinie nicht richtig passt oder wenn Sie den Auswahlinhalt verformen wollen. Besonders bei rechteckigen und elliptischen Auswahlen ist er sinnvoll. Wenn Sie Auswahl transformieren anwählen, zeigt sich um Ihre Auswahl ein Transformationsrahmen, wie Sie ihn vom Transformieren der Ebenen (Abschnitt 12.2) bereits kennen. Damit lässt sich die Auswahl skalieren, drehen oder verzerren.

14.10 Auswahlen speichern und laden

Sie haben inzwischen wohl schon festgestellt, dass es mitunter recht vertrackt ist, eine passende Auswahl zu erzeugen. Gerade bei komplizierteren Auswahlen ist es also ratsam, sie zu speichern – möglicherweise brauchen Sie die Auswahl erneut, und wer macht Arbeit gerne zweimal? Gespeichert werden Auswahlen in Alphakanälen.

Notfalloption: Auswahl erneut aktivieren

Sie haben Ihre mühsam erstellte Auswahl bereits deaktiviert und haben vergessen, sie zuvor zu speichern? Der Menübefehl AUSWAHL • ERNEUT AUSWÄHLEN (⇧+Strg/cmd+D) reaktiviert Ihre letzte Auswahl. Das klappt auch, wenn Sie zwischenzeitlich andere Tools verwendet haben, funktioniert jedoch nicht, wenn Sie die Datei geschlossen oder den Befehl BEARBEITEN • ENTLEEREN verwendet haben.

Auswahl speichern

Um eine Auswahl zu speichern, gehen Sie folgendermaßen vor: Rufen Sie über AUSWAHL • AUSWAHL SPEICHERN das Dialogfeld auf. Unter DOKUMENT stellen Sie ein, in welchem Dokument Ihre Auswahl gesichert werden soll. Das Ursprungsdokument ist die Standardeinstellung, Sie können Auswahlen jedoch auch in einem ganz neuen Dokument sichern. Unter KANAL legen Sie fest, ob Sie einen neuen Alphakanal erzeugen wollen oder ob die aktuelle Auswahl einen bereits bestehenden Kanal ergänzen soll – die Details stellen Sie unter VORGANG ein. Und im Feld NAME vergeben Sie für den Kanal, in dem die Auswahl gesichert werden soll, einen Namen.

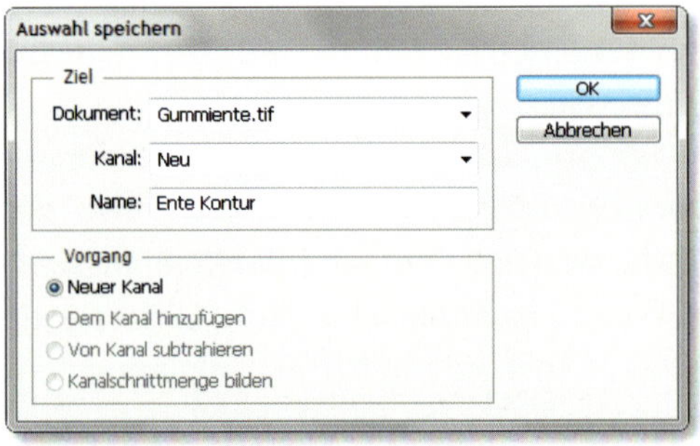

Abbildung 14.70 ▶
Der Dialog zum Speichern von Auswahlen

Auswahl in bestehendem Kanal speichern | Wenn Sie sich entschließen, Ihre Auswahl einem schon bestehenden Kanal hinzuzufügen (Einstellung unter KANAL), stellt sich die Frage, wie sich die aktuelle Auswahl zu der bereits gespeicherten verhalten soll. Unter VORGANG legen Sie das gewünschte Verhalten fest. Wie bei den Auswahl-Buttons (siehe Seite 424) stehen hier die Optionen Addieren, Subtrahieren und Schnittmenge zur Auswahl.

Auswahl laden

Erneut aufrufen können Sie eine gespeicherte Auswahl dann über den Befehl AUSWAHL • AUSWAHL LADEN. Das Dialogfeld funktioniert ähnlich wie beim Speichern.

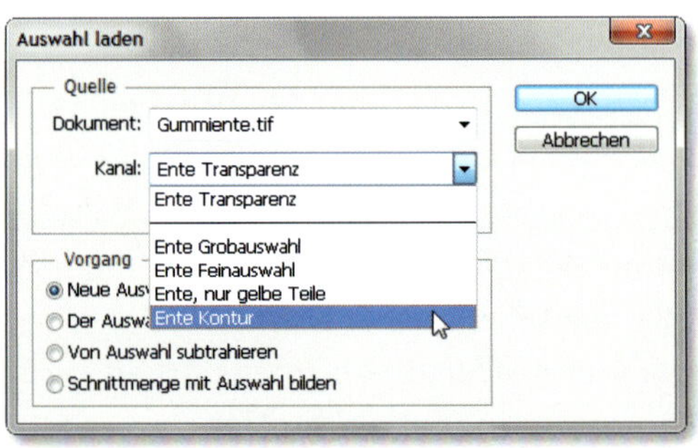

Abbildung 14.71 ▶
Der Dialog zum erneuten Laden. Wenn Sie bereits mehrere Auswahlen gespeichert haben, wählen Sie unter KANAL, welche geladen werden soll.

Dokument | Unter DOKUMENT ist der Name der aktuell aktiven Datei voreingestellt. Sie können hier aber auch die Namen anderer geöffneter Dateien auswählen – eine elegante Möglichkeit, Auswahlen auch in andere Bilder zu transferieren!

Kanal | Da es möglich ist, je Bild mehrere Auswahlen zu speichern, können Sie dann unter KANAL alle zuvor abgelegten Auswahlen einsehen und die richtige durch einen Klick anwählen.

Vorgang | Die Optionen unter VORGANG sind relevant, wenn im Bild bereits eine weitere Auswahl aktiv ist. Damit bestimmen Sie das Verhältnis der beiden Auswahlen zueinander.

Umkehren | Wenig erklärungsbedürftig ist die Option UMKEHREN (im Screenshot ist sie durch die Auswahlliste verdeckt). Sie können hier eine Auswahl direkt invertieren und sparen sich ein paar Mausklicks.

Auswahlen per Kanäle-Palette speichern oder laden

Gespeicherte Auswahlen landen in Alphakanälen. In den Miniaturen der Kanäle-Palette haben Sie zumindest eine kleine Vorschau über die Gestalt der Auswahl: Die weiß dargestellten Flächen sind ausgewählt, die schwarzen sind nicht ausgewählt und vor Bearbeitung geschützt. Wenn Sie sich vor dem Laden von Auswahlen nochmals über deren Aussehen vergewissern wollen, laden Sie die Auswahlbereiche mit Hilfe der Kanäle-Palette. Klicken Sie dazu einfach auf das Icon KANAL ALS AUSWAHL LADEN ❶ oder bei gedrückter [Strg]- bzw. [cmd]-Taste in die Kanäle-Miniaturabbildung. Ein Klick auf das Masken-Icon ❷ in der Kanäle-Palette legt aus einer aktiven Auswahl einen neuen Kanal an – speichert also ebenfalls die Auswahl.

▲ **Abbildung 14.72**
Eine zuvor gesicherte Auswahl aus der Kanäle-Palette laden oder eine aktive Auswahl als Kanal speichern – das geht auch per Palette.

14.11 Typische Arbeitstechniken und Befehle für Auswahlen

Freie Wahl haben Sie, wenn es um die weitere Bearbeitung Ihrer Auswahlen geht: Alle Photoshop-Werkzeuge, die sich auf das gesamte Bild anwenden lassen, funktionieren auch bei Auswahlen. Darüber hinaus gibt es eine Reihe typischer Arbeitsschritte im Zusammenhang mit Auswahlen, die Photoshop zum Teil auch durch eigene Befehle unterstützt. Diese lernen Sie im folgenden Abschnitt kennen.

Auswahllinie verschieben

Um die Position einer Auswahllinie (nicht des Auswahlinhalts) zu ändern, haben Sie mehrere Möglichkeiten:

- Sie klicken mit dem Auswahlrechteck-Werkzeug in den ausgewählten Bereich und ziehen die Auswahl an den neuen Ort. Dabei muss die Auswahloption Neue Auswahl aktiv sein. Zur Erinnerung: Sie wechseln schnell zum Rechteckauswahl-Werkzeug, indem Sie [M] drücken. Hier reicht es sogar, während des Hantierens mit der Maus [M] einfach gedrückt zu halten.
- Wenn Sie nach dem Klick in die Auswahl zusätzlich [⇧] drücken, erfolgt die Bewegung der Auswahlmarkierung genau horizontal, vertikal oder in 45°-Schritten.
- Eine bessere, weil unkompliziertere Möglichkeit: Nutzen Sie bei aktivem Auswahlwerkzeug die Pfeiltasten Ihres Keyboards – das funktioniert mit allen Auswahlwerkzeugen. Jeder Tastendruck bewegt die Auswahlmarkierung um **ein Pixel** nach oben [↑], nach unten [↓], nach rechts [→] oder nach links [←].
- Wenn Sie **zusätzlich** [⇧] drücken, wird die Auswahlmarkierung in **10-Pixel-Schritten** bewegt.

▲ **Abbildung 14.73**
Verschobene Auswahllinie

Auswahlinhalt verschieben

Um die Auswahlmarkierung mitsamt den von ihr umschlossenen Pixeln zu bewegen, gibt es ebenfalls verschiedene Wege:

- Sie wechseln ins Verschieben-Werkzeug [V] und bewegen die Auswahl mitsamt dem Auswahlinhalt per Maus über das Bild. Zur Erinnerung: Mit [Strg] bzw. [cmd] wechseln Sie kurzzeitig zum Verschieben-Werkzeug, und mit [V] rufen Sie es dauerhaft auf.
- Auch hier können Sie [⇧] hinzunehmen, um die Bewegung auf die Senkrechte, die Waagerechte und 45°-Winkel einzuschränken.
- Die Pfeiltasten bewirken auch hier Bewegungen in **1-Pixel-Schritten** – nur muss dabei das Verschieben-Werkzeug aktiv sein.
- Zusätzliches Drücken von [⇧] beschleunigt das Verschieben – je Pfeiltastendruck geht es dann **10 Pixel** vorwärts.

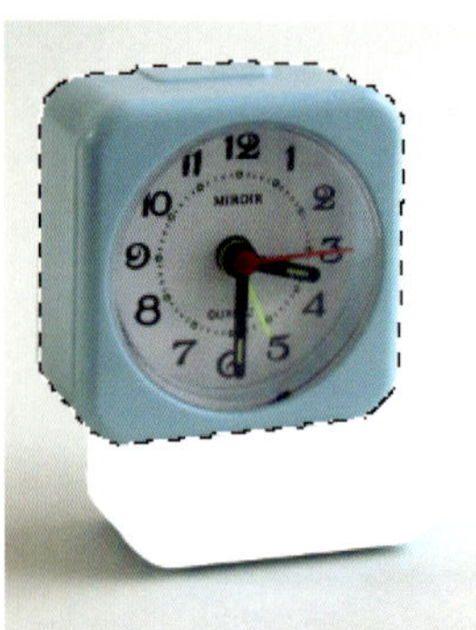

▲ **Abbildung 14.74**
Verschobener Auswahlbereich

Beim Verschieben des Auswahlinhalts entsteht im Bild ein Leerraum. Bei normalen Bildebenen ist er transparent, Hintergrundebenen werden mit Pixeln der aktuellen Hintergrundfarbe aufgefüllt. In Abbildung 14.74 handelt es sich also um eine Hintergrundebene, und es war Weiß als Hintergrundfarbe eingestellt.

Auswahlinhalt löschen

Um den Inhalt einer Auswahl endgültig zu löschen, nutzen Sie unter Windows die Taste Entf und unter Mac OS die ←-Taste. Etwas umständlicher geht es mit dem Befehl BEARBEITEN • LÖSCHEN. Auch dabei entstehen natürlich leere Flächen in der Ebene. Anders als beim Verschieben von Auswahlbereichen erscheint beim Löschen der Dialog FLÄCHE FÜLLEN. Sie können selbst entscheiden, wie der Leerraum aufgefüllt werden soll.

Auswahl duplizieren und verschieben

Um der »Lochbildung« entgegenzuwirken, können Sie auch Ihren ausgewählten Bildteil kopieren und dann dieses Duplikat verschieben. Beachten Sie, dass dabei zunächst *keine eigene Ebene* angelegt wird.

- Auch dazu muss das Verschieben-Werkzeug V angewählt oder per Strg/cmd kurzzeitig aktiviert sein. Drücken Sie dann Alt, und bewegen Sie die Maus in die gewünschte Richtung.
- Hier bewirkt ⇧ ebenfalls eine Einschränkung der Bewegung auf 45° oder Vielfache davon.

▲ **Abbildung 14.75**
Verschobene Kopie der Auswahl

Solange die Auswahllinie noch aktiv ist, können Sie die Position des Auswahlduplikats noch ändern (sogenannte *schwebende Auswahl*). Sobald Sie die Auswahlbegrenzung deaktivieren (mit AUSWAHL • AUSWAHL AUFHEBEN oder Strg+D bzw. cmd+D), werden die Pixel des so erzeugten Auswahlduplikats mit der Ursprungsebene verrechnet, und die **schwebende Auswahl** wird aufgehoben. Ein nachträgliches Verschieben oder Löschen ist nicht möglich!

Auswahlen auf eine eigene Ebene bringen

Am flexibelsten sind Sie, wenn Sie eine Auswahlkopie in eine neue Ebene bringen. Diese lässt sich dann unabhängig von der Ausgangsebene jederzeit verschieben, skalieren und beliebig bearbeiten.

- Nutzen Sie dazu den Befehl EBENE • NEU • EBENE DURCH KOPIE
- oder den schnellen Shortcut Strg/cmd+J,
- auch das bekannte Copy & Paste (mit den Befehlen Strg/cmd+C für Copy und Strg/cmd+V für Paste) kopiert Auswahlinhalte und fügt sie auf einer neuen eigenen Ebene wieder ein.

Inhalt der Zwischenablage erhalten

Der Inhalt der Zwischenablage, in der kopierte Inhalte zwischengelagert werden, wird nicht dauerhaft gesichert. Doch Sie können dafür sorgen, dass aus Photoshop stammender Inhalt der Zwischenablage nicht verlorengeht, wenn Sie Photoshop schließen.

- Wählen Sie dazu VOREINSTELLUNGEN • ALLGEMEIN (Strg/cmd+K).
- Aktivieren Sie dort die Option ZWISCHENABLAGE EXPORTIEREN.

Kopierte Inhalte können dann immer noch in andere Anwendungen hineinkopiert werden oder gerettet werden, nachdem Photoshop erneut gestartet wurde.

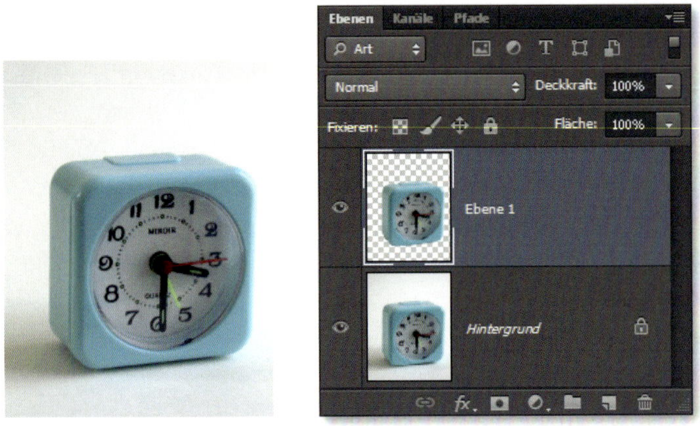

▲ **Abbildung 14.76**
Das Bild sieht unverändert aus, weil die auf der neuen Ebene eingefügte Auswahl deckungsgleich mit der Hintergrundebene positioniert ist. Die Ebenen-Palette zeigt jedoch, dass eine neue Ebene mit dem Auswahlinhalt angelegt wurde.

Auswahlinhalt auf neue Ebene | Auf ähnliche Weise können Sie auch den Auswahlinhalt ausschneiden und auf eine eigene Ebene befördern – Sie behalten dann jedoch wieder ein »Loch« in der Ausgangsebene.

- Nutzen Sie dazu den Befehl EBENE • NEU • EBENE DURCH AUSSCHNEIDEN oder
- den Shortcut ⇧+Strg/cmd+J.

Auswahlen aus Ebenenpixeln oder Ebenentransparenz erstellen

Ein häufig gebrauchter Handgriff bei Ebenen, die nur teilweise gefüllt sind, ist es, alle deckenden oder alle transparenten Pixel aus Ebenen auszuwählen.

Per Klick in die Ebenenminiatur | Klicken Sie dazu bei gehaltener Strg- bzw. cmd-Taste direkt auf die betreffende Ebenenminiatur. Der Mauscursor nimmt dann die Form einer Hand mit leerem Quadrat an 1, und die deckenden Ebenenpixel werden ausgewählt.

- Auswahlbereich ausweiten: Wenn die Pixel, die Sie auf diese Art erfassen wollen, unterschiedlich starke Deckkraft aufweisen, werden die schwächer deckenden Pixel eventuell zunächst nicht in die Auswahl einbezogen. Klicken Sie dann mit Strg/cmd+⇧ erneut in die Miniatur, woraufhin der Auswahlbereich ausgeweitet wird.
- Auswahlbereich verkleinern: Um den so angelegten Auswahlbereich zu verkleinern, halten Sie zusätzlich zum Klick in die Miniatur Alt+Strg/cmd+⇧ gedrückt.

▲ **Abbildung 14.77**
Kehren Sie die so gewonnene Auswahl um, erhalten Sie eine Auswahl der transparenten Pixel einer Ebene.

Pixel auswählen | Eine andere Methode führt über das Kontextmenü der Ebenenminiatur. Dort gibt es den Befehl PIXEL AUSWÄHLEN.

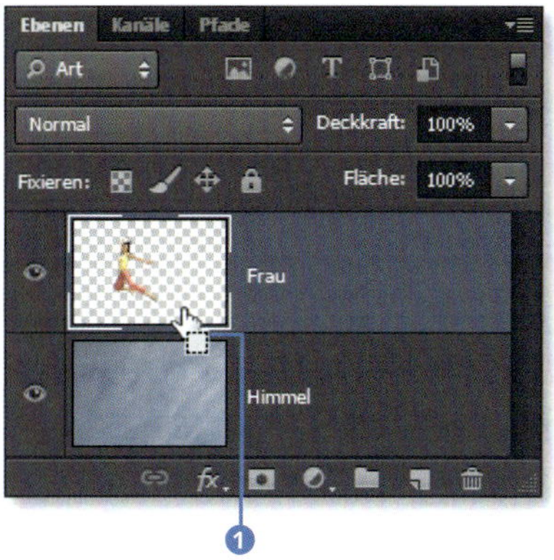

▲ **Abbildung 14.78**
Häufig gebraucht: schnelle Techniken, um bei teilweise transparenten Ebenen – wie hier bei der Ebene »Frau« – lediglich die sichtbaren (nicht transparenten) Bildbestandteile auszuwählen.

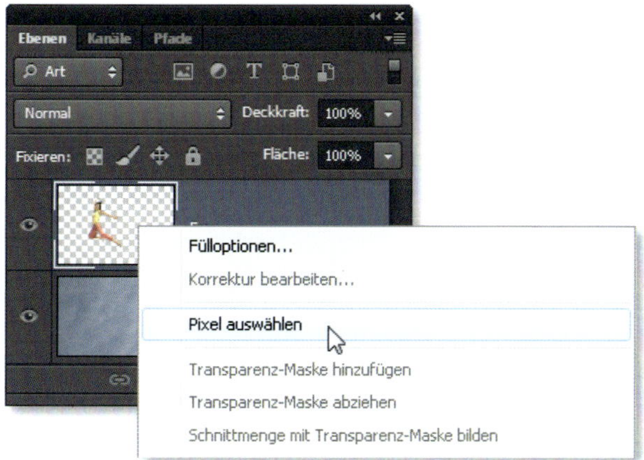

▲ **Abbildung 14.79**
Je nachdem, an welche Stelle der Ebenen-Palette Sie klicken, rufen Sie unterschiedliche Funktionen auf – daher ist Klickgenauigkeit geboten. Ein Rechtsklick auf die Ebenenminiatur bringt das hier abgebildete Menü zum Vorschein.

Pixel zu Auswahl addieren | Sie können auf ähnliche Weise auch die deckenden Pixel mehrerer Ebenen zu einer einzigen Auswahl addieren oder auch Inhalte einzelner Ebenen von bestehenden Auswahlen abziehen.

Halten Sie zusätzlich zum [Strg]/[cmd]-Klick in die Ebenenminiatur [⇧] gedrückt, und klicken Sie nach und nach die Miniaturen **aller Ebenen** an, die in die Auswahl einbezogen werden sollen. Beachten Sie dabei den veränderten Mauscursor: Ein Pluszeichen ❷ zeigt an, dass hier Auswahlen addiert werden.

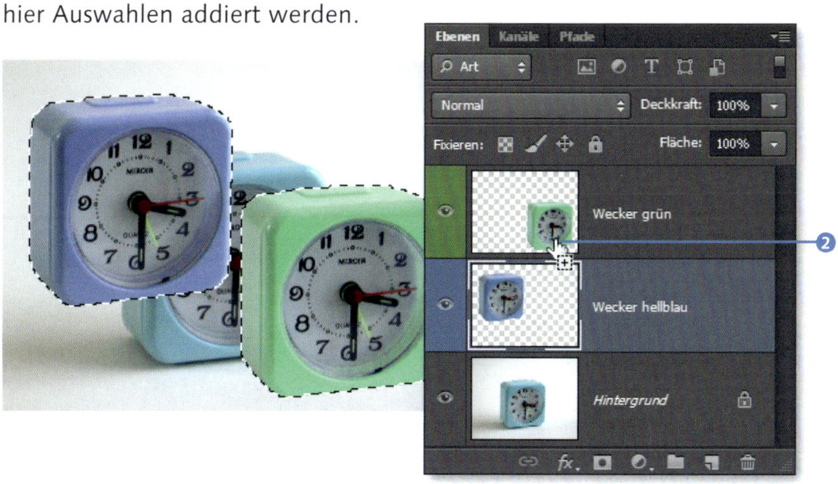

◀ **Abbildung 14.80**
Drei Wecker auf drei verschiedenen Bildebenen. Mit Klicks in die entsprechenden Ebenenminiaturen – bei gehaltener [Strg]- und [⇧]-Taste – wählen Sie die sichtbaren Pixel der Ebenen »Wecker hellblau« und »Wecker grün« aus.

Auswahlbereiche subtrahieren oder Schnittmengen bilden | Um Auswahlbereiche, die auf den nicht transparenten Pixeln von Ebenen basieren, voneinander zu subtrahieren, gehen Sie ähnlich vor, drücken aber zusätzlich zum Klick in die Miniatur Strg/cmd+Alt. Für Schnittmengen von Auswahlbereichen drücken Sie ⇧+Strg/cmd+Alt.

Was wollen Sie tun?	Windows	Mac
Auswahllinie **verschieben**	aktives Auswahlwerkzeug und Pfeiltasten oder Maus	aktives Auswahlwerkzeug und Pfeiltasten oder Maus
Auswahlinhalt **ausschneiden** und verschieben (auf derselben Ebene)	aktives Verschieben-Werkzeug und Pfeiltasten oder Maus	aktives Verschieben-Werkzeug und Pfeiltasten oder Maus
Auswahl **kopieren** und verschieben (auf derselben Ebene)	aktives Verschieben-Werkzeug und Pfeiltasten oder Maus, zusätzlich Alt drücken	aktives Verschieben-Werkzeug und Pfeiltasten oder Maus, zusätzlich Alt drücken
Inhalt einer Auswahl **ausschneiden** und auf neuer Ebene einfügen	⇧+Strg+J	⇧+cmd+J
Inhalt einer Auswahl **kopieren** und auf neuer Ebene einfügen	Strg+J	cmd+J
deckende Pixel einer Ebene auswählen	Strg + Klick in die Ebenenminiatur	cmd + Klick in die Ebenenminiatur
deckende Pixel einer Ebene auswählen, Auswahl **erweitern**	Strg+⇧ + Klick in die Ebenenminiatur	cmd+⇧ + Klick in die Ebenenminiatur
deckende Pixel einer Ebene auswählen, Auswahl **verkleinern**	Alt+Strg+⇧ + Klick in die Ebenenminiatur	Alt+cmd+⇧ + Klick in die Ebenenminiatur
Auswahlen aus deckenden Pixeln mehrerer Ebenen addieren	⇧+Strg + Klick in die Ebenenminiatur	⇧+cmd + Klick in die Ebenenminiatur
Auswahlen aus deckenden Pixeln mehrerer Ebenen **subtrahieren**	Alt+Strg + Klick in die Ebenenminiatur	Alt+cmd + Klick in die Ebenenminiatur
Schnittmenge aus Auswahlen bilden	⇧+Alt+Strg + Klick in die Ebenenminiatur	⇧+Alt+cmd + Klick in die Ebenenminiatur

Tabelle 14.8 ▶
Tastaturbefehle für die Arbeit mit Auswahlen auf einen Blick

14.12 Bildelemente vom Hintergrund lösen: Freistellen

Die meisten Bildelemente sind erst ohne Hintergrundpixel für Montagen brauchbar. *Freistellen* nennt man die Methode, mit der Sie Bildobjekte von den sie umgebenden Hintergrundpixeln lösen. Sehr oft werden dazu Auswahlen genutzt.

Allerdings sind die Qualitätsanforderungen an solche Auswahlen besonderes hoch. Man will in der späteren Montage keine eckigen Schnittkanten oder andersfarbige Ränder sehen. So steigt auch der handwerkliche Aufwand. Aus diesen Gründen bietet Photoshop spezialisierte Funktionen, um präzise Auswahlen zu erzeugen und um Bildteile freizustellen.

Freistellen per Automatik: Kante verbessern

Sie haben bereits erfahren, was KANTE VERBESSERN bei der Verfeinerung von Auswahlen leistet. Das Tool eignet sich auch hervorragend für die Vorbereitung von Bildobjekten, die freigestellt und in Montagen verwendet werden sollen. Anders als das frühere Extrahieren-Werkzeug, das in der Praxis eher mühsam zu bedienen war, leistet KANTE VERBESSERN Erstaunliches. Auch recht schwierige Motive mit rauen Konturen und wenig Kontrast zum Hintergrund lassen sich damit recht zügig isolieren. Genau hinsehen und mit Feingefühl arbeiten müssen Sie jedoch auch hier. Wie Sie dabei vorgehen, zeige ich Ihnen beispielhaft in einem Workshop.

Auswahl-Feintuning an einmontierten Objekten

Gerade bei Montagen und Collagen ist es ratsam, die Feinarbeiten an ausgewählten Objekten dann auszuführen, wenn diese schon in ihre neue Umgebung einmontiert sind. Sie können dann besser feststellen, welche Pixel noch künstlich wirken oder stören.

Schritt für Schritt: Freistellen mit dem Kante-verbessern-Werkzeug

Die Aufgabe: Lassen Sie den hellen Hintergrund verschwinden, damit die darunterliegende Ebene, ein dunkelblauer Verlauf, zu sehen ist. Auf den ersten Blick handelt es sich um ein unkompliziertes Motiv – die dunklen Haare und der helle Hintergrund sind gut zu unterscheiden. Wenn Sie ins Bild hineinzoomen, erkennen Sie, dass die Herausforderung im Lockengewirr des jungen Mannes liegt. Zahlreiche helle Bereiche sind von den dunklen Locken quasi eingeschlossen und müssen sorgfältig entfernt werden, sollen sie nicht vor dem neuen, dunklen Hintergrund auffallen.

Datei auf der Buch-DVD: »Lockenkopf.tif«

Bild: Jacqueline Esen, betrachtenswert.com

▲ **Abbildung 14.81**
Trotz des guten Kontrasts zum Hintergrund sind die Locken eine anspruchsvolle Freistellaufgabe.

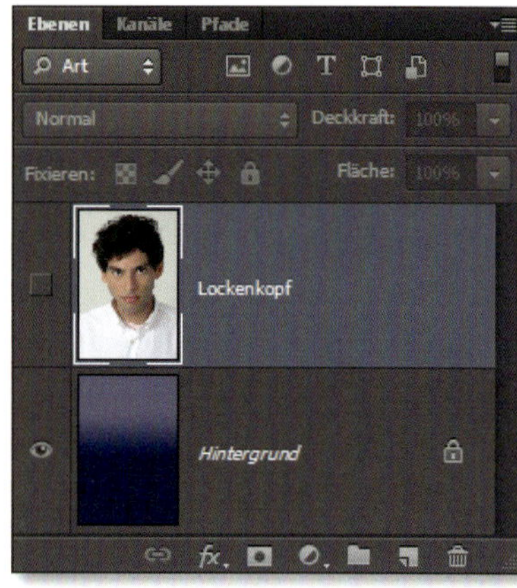

▲ **Abbildung 14.82**
Ebenenaufbau: Der neue Hintergrund ist ein blauer Verlauf.

1 Erste Auswahl erstellen

Ganz ohne Handarbeit geht es natürlich nicht, auch wenn Sie das smarte KANTE VERBESSERN-Tool nutzen. Erzeugen Sie eine Auswahl von dem Objekt, das Sie freistellen möchten. Bei unserem Motiv eignet sich das Schnellauswahlwerkzeug [W] gut. Natürlich sollte diese Auswahl so präzise wie möglich sein, Sie müssen jedoch nicht jedes Detail manuell nacharbeiten. Das Nacharbeiten dieses Workshops können Sie beschleunigen, indem Sie die vorbereitete Auswahl aus dem Kanal »Grobauswahl« laden.

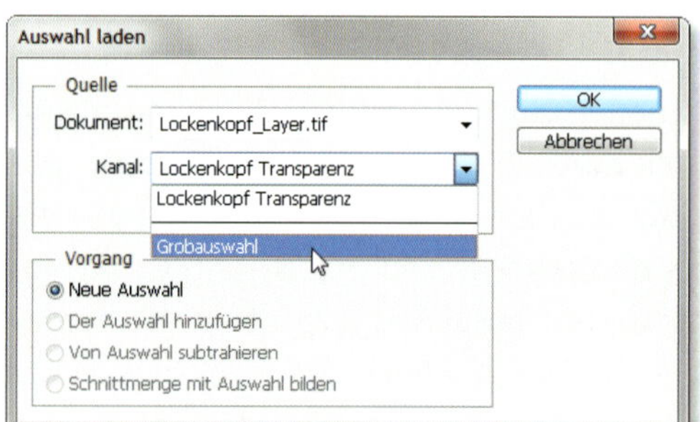

Abbildung 14.83 ▶
Laden der vorbereiteten Auswahl aus dem Beispielbild.

2 Vorschauoption wählen

Klicken Sie dann auf KANTE VERBESSERN in der Optionsleiste des Schnellauswahlwerkzeugs. Unter ANZEIGEN stellen Sie nun ein, wie die Vorschau angezeigt werden soll. Da es sich hier um ein Bild mit ursprünglich hellem Hintergrund handelt, das vor einem dunkleren Hintergrund (dem blauen Verlauf auf der Hintergrundebene) gezeigt werden soll, sind die Optionen VOR SCHWARZ (Kürzel: [B]) oder AUF EBENEN [L] am besten geeignet, um kritische Bereiche sichtbar zu machen.

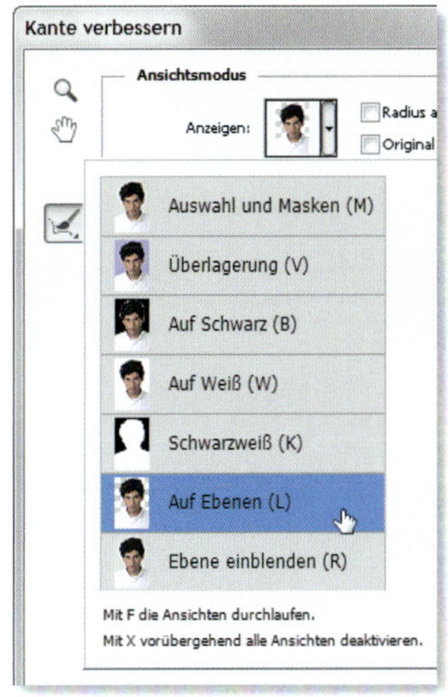

▲ **Abbildung 14.84**
Auswahl der Bilddarstellung

3 Breite des Erkennungsradius festlegen

Legen Sie die Breite des Bereichs rund um die Auswahllinie fest, in dem die automatische Auswahlverbesserung erfolgen soll. Aktivieren Sie die Ansichtsoption RADIUS ANZEIGEN [J] ①, um Ihre Einstellung besser einschätzen zu können. Der RADIUS-Wert ② sollte so hoch sein, dass alle relevanten Bildteile des Freistellobjekts großzügig erfasst werden, jedoch nicht zu viele überflüssige Hintergrundpixel enthalten sind. Bei diesem Motiv sind RADIUS-Werte um die 40 ein guter Einstieg. Alle Einstellungen im KANTE VERBESSERN-Dialog – auch die unter KANTE ANPASSEN – wirken sich nur auf den festgelegten Radiusbereich aus.

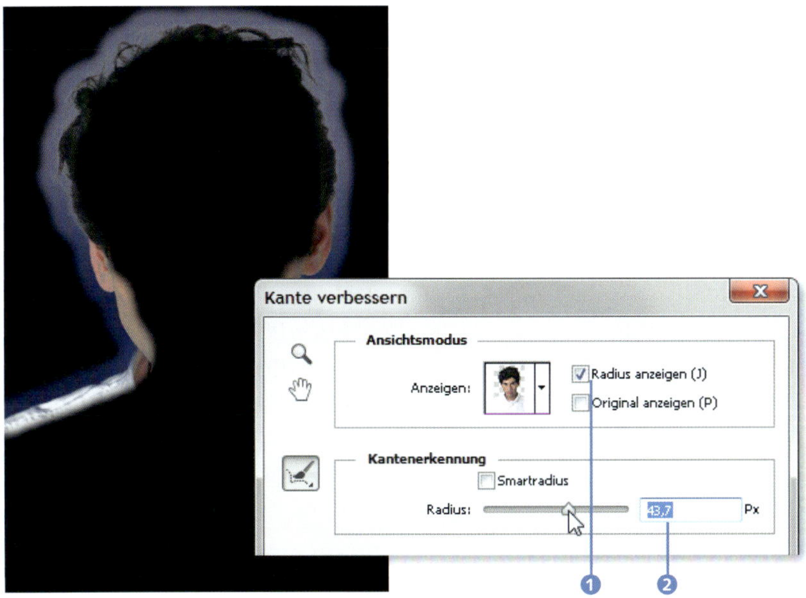

◀ **Abbildung 14.85**
RADIUS ANZEIGEN in Kombination mit der Vorschau-Option AUF EBENEN. Den RADIUS-Wert sollten Sie an Bildgröße, Auflösung und Motiv anpassen – daher gibt es kein Patentrezept.

4 Radius vorsichtig weiter eingrenzen

Deaktivieren Sie die Option RADIUS ANZEIGEN [J], um eine realistische Vorschau zu sehen. Bewegen Sie den RADIUS-Slider vorsichtig nach links, um den Radius weiter einzugrenzen. Ziehen Sie so lange, bis die Vorschau das – für Ihr aktuelles Motiv – bestmögliche Freistellergebnis zeigt. Details bessern Sie, wenn nötig, im nächsten Schritt nach. Bei Bildern, die genügend Kontrast zwischen Hauptmotiv und Hintergrund aufweisen, ist manchmal gar keine Nachbearbeitung nötig.

Vor allem bei Motiven, die sowohl harte als auch weiche Übergänge zum Hintergrund aufweisen, ist das Zuschalten der Option SMARTRADIUS hilfreich. Probieren Sie im Zweifelsfall einfach aus, ob das Zuschalten der Option das Ergebnis verändert.

Bei diesem Motiv habe ich mit aktiviertem SMARTRADIUS gearbeitet und den RADIUS auf einen Wert um die 26 verringert.

Abbildung 14.86 ▸
Akzeptables Zwischenergebnis. Die hellen Partien zwischen den Locken entfernen Sie manuell.

5 Details ausbessern

Zum Nachbessern der Kante nutzen Sie die Tools RADIUS VERBESSERN und VERFEINERUNGEN LÖSCHEN.

Die Tools teilen sich einen Button im Dialogfeld und können auch über die Optionsleiste gesteuert werden. Sie benutzen sie wie einen Pinsel – malen Sie über die Objektkontur.

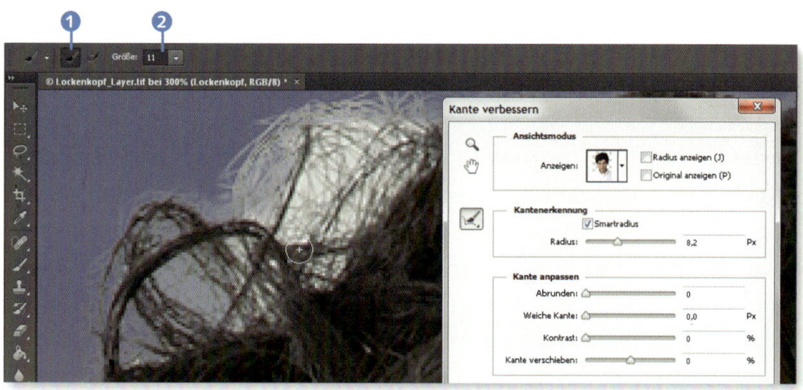

Abbildung 14.87 ▸
Mit einem feinen Pinsel 2 gehen Sie bei starkem Zoom mit RADIUS VERBESSERN 1 über helle Bereiche zwischen den Locken.

Radius verbessern arbeitet unregelmäßige Konturen stärker heraus, Verfeinerungen löschen glättet Kanten, die dabei zu rau geworden sind. Machen Sie auch eifrig Gebrauch von Zoom [Zoom-Symbol] und Hand [Hand-Symbol], um die wesentlichen Details heranzuholen. Konzentrieren Sie sich zunächst nur auf die Haare. Fehler an den glatten Kanten des Motivs (z. B. am Hemdkragen) können Sie später korrigieren.

Wer schon häufig mit der *Quick Mask* (Maskierungsmodus) gearbeitet hat, der wird leicht zu dem Denkfehler verleitet, dass beim Hantieren mit den beiden Radius-Korrektur-Pinseln tatsächlich Bildbereiche abgedeckt oder freigelegt würden. Dies passiert jedoch *nicht*! Was Sie eigentlich tun, ist, den Radiusbereich, in dem die automatische Kantenerkennung arbeitet, zu vergrößern oder zu verkleinern. Sie erkennen das deutlich, wenn Sie kurzzeitig die Option Radius anzeigen [J] einschalten. Seien Sie auch nicht zu kritisch mit Ihren Nacharbeiten – es wird nicht möglich sein, jedes einzelne Haar zu erfassen. Zoomen Sie gelegentlich aus der starken Vergrößerung heraus, um das Ergebnis realistisch zu beurteilen.

6 Zwischenstand: Entsättigte Kanten erzeugen hellen Halo

Im Großen und Ganzen sieht das Bild schon gut aus – mit vertretbarem Aufwand ist eine brauchbare Auswahl entstanden. Wenn Sie genau hinsehen, erkennen Sie allerdings, dass die meisten Lockenspitzen grau geworden sind. Sie wirken wie ein heller Farbschein rund um den Kopf. Dem lässt sich mit den manuellen Werkzeugen auch nicht beikommen – diesen unerwünschten Effekt entfernen wir in den nächsten Schritten.

◂◂ **Abbildung 14.88**
Noch ist ein heller Schein um den Lockenschopf zu sehen.

◂ **Abbildung 14.89**
In der Zoomansicht zeigt sich, dass entsättigte Haarspitzen für den Halo-Effekt verantwortlich sind.

7 Einstellungen unter »Kante anpassen«

Sie können bei jedem Motiv auch die Slider unter Kante anpassen nutzen. Bei diesem Bild wirken Weiche Kante und Abrunden kontraproduktiv, denn sie bringen helle Partien wieder zum Vorschein. Kontrast kann Partien wie die zu hellen Haarspitzen abdunkeln, sollte jedoch vorsichtig eingesetzt und unbedingt in der 100%-Ansicht beurteilt werden – andernfalls erscheinen im Bild schnell zu harte Kanten. Das Bild wirkt dann wie grob mit der Schere ausgeschnitten, und die ganze Mühe war umsonst. Bei diesem Motiv verzichte ich ganz darauf, den Kontrast zu verändern. Sie sollten sich diese Möglichkeit jedoch für andere Bilder merken!

▲ **Abbildung 14.90**
Die hellen Kantenpixel wurden erfolgreich entfernt.

8 Objektkanten dekontaminieren und Ergebnis ausgeben

Die Option Farben dekontaminieren ersetzt unerwünschte Farbränder an Objekten durch die Farben benachbarter Pixel. Und auch zu stark aufgehellte Randpixel bekommen Sie so weg. Wenn Sie mit dieser Funktion arbeiten, müssen Sie unter Ausgabe an zwingend Neue Ebene oder Neues Dokument (mit oder ohne Maske) wählen. Da hier tatsächlich die Farbe einzelner Pixel verändert wird, schlägt die Ausgabe einer verbesserten Auswahllinie (Einstellung Ausgabe an: Auswahl) zwangsläufig fehl. Ich wähle die Ausgabeoption Neue Ebene mit Maske. Auf der Maske ist es später einfach, die kleinen Fehlstellen am Hemdkragen zu bereinigen.

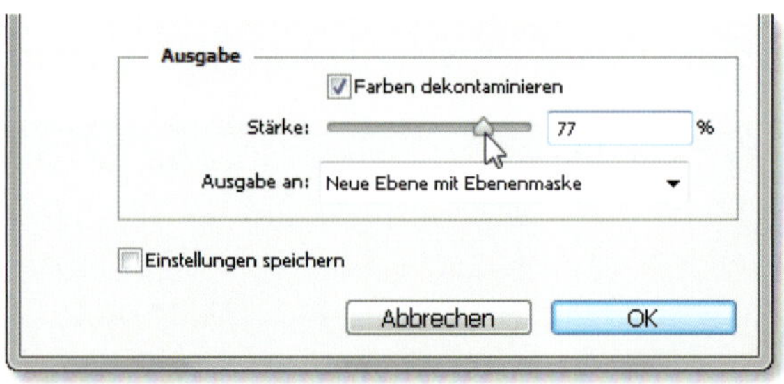

Abbildung 14.91 ▶
Die Wirkung von Farben dekontaminieren lässt sich genau dosieren.

9 Das Resultat

Als Ergebnis erhalten Sie ein Bild mit drei Ebenen: die Hintergrundebene, die ausgeblendete originale Bildebene und darüber die Version mit einer Maske, die auf Basis Ihrer Einstellungen erzeugt wurde. Diese Maske können Sie nun weiter bearbeiten – entweder schnöde mit dem Pinsel oder indem Sie in der Masken-Palette das Tool Maskenkante starten, dass dieselben Einstellungen zulässt wie Kante verbessern. Mehr über Masken erfahren Sie in Kapitel 15, »Ebenenmasken & Co.«!

▲ **Abbildung 14.92**
Ein respektables Ergebnis. Die gesamte Bearbeitung dauert mit etwas Routine weniger als zehn Minuten.

▲ **Abbildung 14.93**
Der Ebenenaufbau ist flexibel: Die Maske bearbeiten Sie bei Bedarf weiter.

Zum Weiterlesen
Nicht bei allen Bildgegenständen funktioniert das Freistellen mit Kante verbessern gut. Besonders Objekte mit unscharfen Konturen vor strukturiertem oder kontrastschwachem Hintergrund lassen sich damit nicht immer zufriedenstellend isolieren. Für solche Fälle steht ein leistungsfähiges Tool zur Verfügung: die **Farbbereich-Funktion** in der Masken-Palette. Im Detail und mit einem Workshop stelle ich Ihnen diese Möglichkeit im Abschnitt »Das Wunderwerkzeug für komplizierte Masken: ›Farbbereich‹« auf Seite 501 vor.

Bunte Randpixel loswerden – mehr Tricks

Sehr oft zeigt sich die Qualität einer Auswahl, wenn das freigestellte, also vom bisherigen Bildhintergrund gelöste Element vor seinen neuen, andersfarbigen Hintergrund gestellt wird. Selbst wenn Sie präzise arbeiten, werden zuweilen Pixel »mitgenommen«, die zum alten Hintergrund des Bildes gehören. Manche Bildobjekte reflektieren auch oft einfach den Farbton ihrer Umgebung. Die Montage lässt sich dann leicht entlarven. So sind bunte, zu helle oder zu dunkle Randpixel ein notorisches Problem beim Freistellen. Neben den Funktionen unter Kante verbessern gibt es noch weitere Möglichkeiten, sie loszuwerden.

- Im Menü finden Sie den Befehl Ebene • Basis • Rand entfernen. Durch Anwenden des Befehls werden die Farben aller Randpixel eines Bildobjekts durch Farben weiter innen gelegener Bildpixel ersetzt. Leider funktioniert Rand entfernen nicht bei allen Bildern gut.
- Eine radikale Möglichkeit für harte Fälle ist das Abschneiden der Randpixel durch Eingabe eines negativen Wertes unter Kante verschieben im Dialog Kante verbessern.
- In weniger schweren Fällen kann auch der Griff zum Schwamm-Werkzeug, dem Nachbelichter oder Abwedler (alle: Kürzel O) helfen, um Objektkanten bei Montagen besser in die neue

Umgebung einzupassen. Der Schwamm entsättigt Pixel, der Nachbelichter macht sie dunkler, der Abwedler wirkt aufhellend.

Datei auf der Buch-DVD: »FrauVorHimmel.tif«

Abbildung 14.94 ▶
Vor einer weißen Ebene zeigt die freigestellte Frau an den Kanten noch Spuren dunklerer Pixel in der Farbe des ursprünglichen, strahlend blauen Hintergrundes. Rand entfernen soll diese Kanten säubern.

Quick Mask: Auswahlen detailgenau anpassen

Genau genommen ist Quick Mask, das auch »Maskierungsmodus« genannt wird, nicht nur ein Werkzeug für das Freistellen – es kommt überall dort zum Einsatz, wo vorhandene Auswahlen für bessere Passgenauigkeit manuell nachgearbeitet werden. Bei Freistellern sind die Ansprüche an Auswahlen hoch, und entsprechend oft greift man dann zur Quick Mask.

Der Maskierungsmodus ist eine temporär angelegte Maske und funktioniert – wie Auswahlen und die echten Ebenenmasken auch – auf der Basis von Alphakanälen. Er ist flotter zu handhaben als Ebenenmasken und eignet sich daher besonders gut, wenn Sie »eben schnell« eine Auswahl erstellen oder nachbearbeiten müssen.

Ich zeige Ihnen im Folgenden Schritt für Schritt, wie Sie die praktische Schnellmaske bei einer Montage einsetzen können.

Schritt für Schritt: Maskierungsmodus – Hilfsmittel für exakte Montagejobs

Hier erzeugen Sie eine Montage aus zwei Dateien: Auf das Foto eines LKW montieren wir ein Graffito. Dabei kommen Auswahlen, Transformationsbefehle, der Maskierungsmodus und optional Ebenen-Mischmodi zum Einsatz.

Bild: Fotolia, Scatterly

▲ **Abbildung 14.95**
Ein Ausschnitt aus diesem Straßenbild …

Bild: stock.xchng, Joanie Cahill

▲ **Abbildung 14.96**
… werden wir auf den LKW montieren.

Öffnen Sie beide Dateien, und wenden Sie sich zunächst der Datei mit dem Graffito zu.

Dateien auf der Buch-DVD: »LKW.tif«, »Streetart.tif«

1 Grobauswahl anlegen

Es empfiehlt sich, zunächst eine Grobauswahl anzulegen. Ich habe hier das Lasso [L] genommen. Je nach Motiv eignen sich natürlich auch andere Tools.

◄ **Abbildung 14.97**
Beginnen Sie mit einer Grobauswahl des Graffitos.

2 Graffito in das LKW-Bild kopieren und transformieren

Kopieren Sie dann Ihren gewählten Ausschnitt in die Datei mit dem LKW. Im Abschnitt »Neue Bildinhalte: Ebenen oder Gruppen aus anderen Bildern einkopieren« auf Seite 345 erkläre ich alle dazu zur Verfügung stehenden Möglichkeiten detailliert.

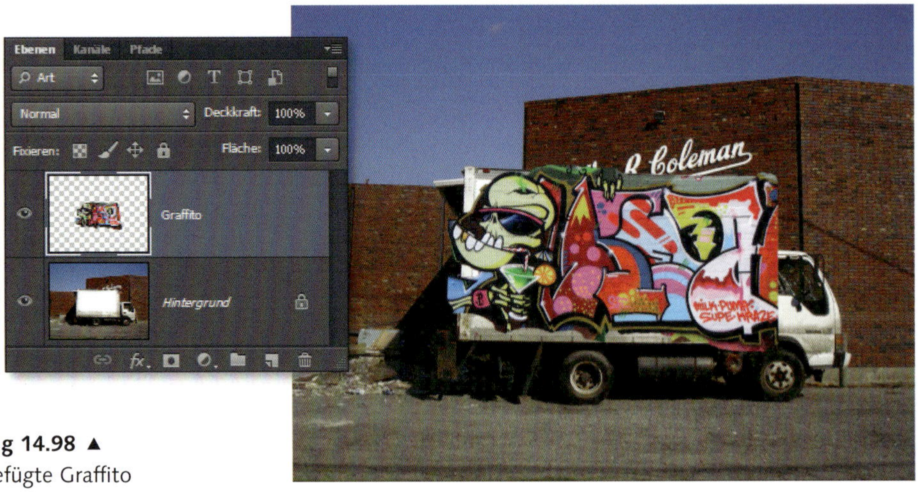

Abbildung 14.98 ▲
Das eingefügte Graffito

3 Graffito-Ebene transformieren

Das Bild passt nicht ganz genau auf die Seitenwand des LKW und muss durch Transformation angepasst werden. Um dabei gleichzeitig die LKW-Kontur und das Bild im Blick zu haben, stellen Sie den Mischmodus der Graffito-Ebene um, zum Beispiel auf MULTIPLIZIEREN, oder wählen einen der NACHBELICHTER. Es ist auch möglich, die Deckkraft ein wenig zu senken. Entscheiden Sie selbst, welche Variante Ihnen zusagt. Bei der Transformation müssen Sie nicht zimperlich sein, Sie können dieses Motiv auch unproportional verzerren.

Abbildung 14.99 ▶
Anpassung durch Transformation

4 Deckende Pixel der Graffito-Ebene auswählen

Bevor Sie in den Maskierungsmodus wechseln, sollten Sie alle deckenden Pixel der Graffito-Ebene auswählen. Das geht am besten mit einem Strg/cmd-Klick in die Ebenenminiatur.

◀ **Abbildung 14.100**
Auswählen deckender Pixel einer Ebene mit Klick und Tastenkürzel. Der Mauscursor zeigt an, dass gerade eine Auswahl erzeugt wird.

5 In den Maskierungsmodus wechseln

In den Maskierungsmodus wechseln Sie mit [Q] oder über die Werkzeugleiste mit einem Klick auf das Icon [ ]. Auf dem Bild liegt jetzt eine halbtransparente rote Maske. Die nicht ausgewählten Bereiche im Bild müssten jetzt rot überdeckt sein.

◀ **Abbildung 14.101**
Der Maskierungsmodus wird standardmäßig durch eine rote Maske angezeigt – bei diesem Motiv ist diese Farbe nicht so günstig.

6 Maskenfarbe anpassen

Durch Malen mit dem Pinsel soll die Form der farbig dargestellten Maske detailgenau an das Motiv angepasst werden – auf dieser Grundlage wird dann die neue Auswahl erstellt. Bei manchen Motiven deckt die Standard-Maskenfarbe zu viel vom Motiv ab, so wie hier. Die Maskendarstellung können Sie jedoch verändern. Wechseln Sie in die Kanäle-Palette. Dort ist die Quick Mask als Alphakanal abgelegt. Per Doppelklick auf die Kanalminiatur erreichen Sie ein Feld mit Einstellungen für die Maskenfarbe und -deckkraft. Im nächsten Schritt sehen Sie das Bild mit veränderter Maskenvorschau.

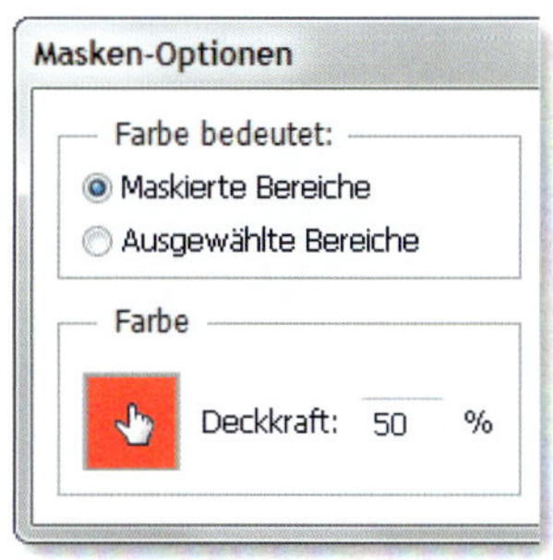

▲ **Abbildung 14.102**
Maskenfarbe und -deckkraft lassen sich ändern. Klicken auf das Farbfeld öffnet den Farbwähler.

7 Maske bearbeiten

Nun geht es daran, diese Auswahlmaske zu verfeinern, und zwar durch Farbauftrag mit dem Pinsel. Dabei ist ein wenig Geduld erforderlich, aber mit etwas Übung werden Sie zügig arbeiten. Sie pinseln hier nicht mit der Farbe der Masken»folie«, sondern – orientiert an der Darstellung im Alphakanal – mit Schwarz und Weiß:

- **Weiße Farbe** entfernt Teile der farbigen Abdeckung und vergrößert so den späteren Auswahlbereich.
- **Schwarze Farbe** fügt farbige Bereiche hinzu, grenzt den Auswahlbereich also ein.
- **Graustufen** oder eine verminderte Deckkraft beim Farbauftrag erzeugt eine Teiltransparenz der Maske und der späteren Auswahl (also weiche Übergänge).

Alle Bildteile, die Sie nicht mehr brauchen, sollten von der Maske abgedeckt werden.

Es empfiehlt sich, mit verschiedenen Pinselgrößen zu arbeiten und den Auftrag von Schwarz und Weiß abzuwechseln. Nützlich ist hier der Shortcut [X]: Er tauscht das Vorder- und Hintergrund-Farbfeld und ermöglicht so den raschen Wechsel zwischen den Auftragsfarben Schwarz und Weiß.

Das Zoom-Werkzeug [Z] und das Hand-Werkzeug [H] helfen, die Details im Blick zu behalten. Bei stark gezoomter Bildansicht ist auch der Shortcut [H] + Mausbewegung extrem hilfreich: Mit ihm holen Sie sich jeden gewünschten Bildausschnitt ohne viel Scrollen nah heran.

Anhand der Form der Masken»folie« können Sie jeden Pinselstrich und die Form des späteren Auswahlbereichs verfolgen.

Abbildung 14.103 ▶
Wenn Sie bei stark gezoomter Ansicht [H] drücken und dann die Maus bewegen, erscheint ein Navigationsrahmen, mit dem Sie sich den gewünschten Ausschnitt zielsicher ins Bild holen.

8 Auswahl erzeugen und verfeinern

Mit [Q] oder dem Button in der Werkzeugleiste wechseln Sie aus dem Maskierungsmodus zurück in den normalen Modus. Anstelle der Maske ist nun wieder eine Auswahllinie zu sehen. Auch zwischendurch können Sie mit [Q] schnell einmal wechseln, um die Passgenauigkeit der Auswahllinie zu prüfen. Sie können auch die Funktion Kante verbessern nutzen, um Ihre Auswahllinie weiter zu verfeinern.

9 Nicht mehr benötigte Teile der Ebene verschwinden lassen

Nun müssen Sie die nicht mehr benötigten Teile der Ebene ausblenden oder entfernen. Dazu können Sie ganz schnöde die [Entf]- oder die [←]-Taste nutzen. Damit werden die ausgewählten Pixel einfach gelöscht. Eleganter ist es, mit einer Ebenenmaske zu arbeiten. Sie blendet die Bildteile nur aus und kann jederzeit nachbearbeitet werden. Eine einfache Möglichkeit zum Erzeugen von Masken: Klicken Sie in der Ebenen-Palette auf den Minibutton MASKE HINZUFÜGEN [Icon].

Als Mischmodus für die Ebene habe ich anschließend MULTIPLIZIEREN gewählt – dadurch wirkt die Aufschrift realistisch wie »aufgesprüht«.

Schnell Pinselgrößen wechseln

Bei aktivem Pinsel-Werkzeug gibt es ein Kontextmenü, das den zügigen Wechsel verschiedener Pinselgrößen extrem erleichtert. Klicken Sie dazu einfach mit rechts irgendwo ins Bild – es erscheint das vertraute Pinseleinstellungsfeld.

◀ **Abbildung 14.104**
Graffito-Ebene mit Maske

10 Fertig! Das Endergebnis

Die fertige Montage sieht dann in etwa so aus wie in der folgenden Abbildung.

◀ **Abbildung 14.105**
Ohne Maskierungsmodus wäre es kaum möglich gewesen, die Konturen des Graffitos so exakt herauszuarbeiten.

Hintergrund-Radiergummi: Freistellen ganz ohne Masken

Bei weniger schwierigen Fällen – also Bildern mit einheitlichem, zum Haupt-Bildgegenstand gut kontrastierendem Hintergrund – können Sie zum Hintergrund-Radiergummi [E] greifen. Dies ermöglicht es ganz ohne den Umweg über Auswahlen, Bilder vom Hintergrund zu lösen. Allerdings ist dieser Arbeitsschritt dann endgültig, und spätere Korrekturen oder Änderungen sind nicht möglich.

Datei auf der Buch-DVD: »berliner_dom.jpg«

Bild: vitamin a design

Abbildung 14.106 ▶
Bei geeigneten Motiven und mit den richtigen Einstellungen erkennt der Hintergrund-Radiergummi automatisch die Hintergrundpixel und entfernt sie. Bei Details ist kräftiges Zoomen notwendig.

Wie arbeitet der Radiergummi? | Die Funktionsweise des Werkzeugs ist komplex: Der Hintergrund-Radiergummi nimmt in der Mitte der Werkzeugspitze Farbe auf und löscht sie überall dort, wo sie innerhalb des Werkzeugspitzen-Radius vorkommt. Er ist also gleichzeitig Farbaufnahme- und Radierinstrument. An den Rändern von Bildobjekten, die Sie mit dem Hintergrund-Radierer behandeln, werden die Farben angeglichen. Damit wird der typische Farbkranz vermieden, der beim Freistellen so oft auftritt. Der Hintergrund-Radiergummi eignet sich auch zum Nachbearbeiten schon per Auswahl freigestellter Objekte.

Die Anwendung ist einfach, wenn Sie sich einmal die verschiedenen Optionen eingeprägt haben. Sie aktivieren das Werkzeug, treffen Voreinstellungen, radieren um das Bildobjekt herum – fertig (im besten Fall ... das funktioniert wirklich nur bei einfachen Motiven).

Abbildung 14.107 ▼
Die Optionen sind hier für den Erfolg maßgeblich.

Optionen des Hintergrund-Radiergummis | PINSEL und TOLERANZ sind nichts Neues und machen Ihnen sicherlich keine Schwierigkeiten mehr. Richtig interessant sind die Optionen zur Farbaufnahme, dem sogenannten Sampling, und zum Löschen der Pixel.

Farbaufnahme | Die Farbaufnahme-Optionen haben entscheidende Auswirkung auf die Wirkungsweise des Werkzeugs:

- Mit der Aufnahme-Option KONTINUIERLICH ❶ werden Farben beim Ziehen kontinuierlich aufgenommen. Das ist die beste Einstellung zum Freistellen.
- Mit EINMAL ❷ werden nur die Bereiche mit der Farbe gelöscht, auf die Sie als Erstes im Bild geklickt haben.
- Mit HINTERGRUND-FARBFELD ❸ werden nur die Bereiche gelöscht, die die aktuelle Hintergrundfarbe enthalten.

Pixel löschen | Unter GRENZEN ❹ wählen Sie quasi den angewandten Löschmodus aus:

- Mit der Option NICHT AUFEINANDER FOLGEND wird die aufgenommene oder per Hintergrund-Farbfeld festgelegte Farbe überall dort gelöscht, wo sie **unter dem Werkzeug** vorkommt.
- BENACHBART löscht die Bereiche, die die aufgenommene Farbe enthalten und **miteinander verbunden** sind. Hier werden also unter Umständen – je nach Motiv – großflächigere Pixelbereiche entfernt. Die Wirkung ist so ähnlich wie beim Zauberstab mit aktiver BENACHBART-Option.
- Mit der Einstellung KONTUREN FINDEN werden **unter dem Mauscursor** befindliche Bereiche gelöscht, die die aufgenommene Farbe enthalten. Die Schärfe der Kanten angrenzender Farbbereiche bleibt mit dieser Option besonders gut erhalten. Für das Freistellen ist sie am besten geeignet.

Die Option VORD.FARBE SCHÜTZEN (Vordergrundfarbe schützen) ❺ können Sie frei zuschalten. Ist sie aktiv, werden Pixel, die dem Vordergrund-Farbfeld in der Werkzeugleiste gleichen, während des Radierens nicht gelöscht. In der Praxis ist die Option bei den meisten Bildern nicht sonderlich hilfreich. Selbst Bildbereiche, die auf den ersten Blick monochrom erscheinen, bestehen meist aus zahlreichen verschiedenen Farbnuancen.

Hintergrundfarbe aus dem Bild heraus einstellen

Wenn Sie mit der Aufnahmeoption HINTERGRUND-FARBFELD arbeiten: Sie können zuvor mit dem regulären Pipette-Werkzeug [I] Pixel aus dem Bild aufnehmen, wenn Sie eine spezielle Farbe löschen möchten. Wenn Sie beim Aufnahme-Klick mit der Pipette ins Bild [Alt] gedrückt halten, wird die aufgenommene Farbe automatisch als Hintergrund-Farbfeld eingestellt.

Kapitel 15

Ebenenmasken & Co.

Masken sind die wichtigsten Helfer für Montagen und andere Gelegenheiten, bei denen Bilder nur teilweise gezeigt oder bearbeitet werden sollen. Erfahren Sie hier alles über Funktionsweise, Werkzeuge und praktischen Einsatz.

15.1 Konzept und typische Anwendungszwecke

Ihren Ruf als eher schwieriges Photoshop-Instrument haben Masken, finde ich, völlig zu Unrecht. Wenn man einmal verstanden hat, wie sie funktionieren, kann man bald völlig frei mit Masken arbeiten und alle Vorzüge dieses flexiblen Arbeitsmittels ausspielen. Masken sind universell einsetzbar und für die professionelle Bildbearbeitung nahezu unentbehrlich.

- Mit Masken verfeinern Sie bestehende Auswahlen und erfassen so auch besonders diffizile Bildobjekte präzise.
- Mit einer Maske erstellte Auswahlen eignen sich auch für komplizierte Bildbearbeitungen, bei denen Korrekturen, Filter oder andere Werkzeuge in unterschiedlicher Dosierung auf verschiedene Bildbereiche angewendet werden. Denn die Graustufen einer Maske werden als genau steuerbare »weiche Kanten« in eine Auswahl übernommen. Dadurch sind z. B. sanfte, unmerkliche Übergänge zwischen bearbeiteten und unbearbeiteten Bildbereichen möglich.
- Bildteile lassen sich mit Ebenenmasken temporär ausblenden – eine gute und flexible Alternative zur Arbeit mit Radiergummi und [Entf]-Taste bzw. [←] und häufig die Grundlage von Montagen.

- Sie können weiche Überblendungen erstellen – zwischen einzelnen Ebenen, zwischen ausgewählten und nicht ausgewählten Bereichen oder an Bildkanten.
- Sie können letzte Hand an Montagen legen.

Sie können Masken auf normale Bildebenen, Smartobjekte und Textebenen anwenden, nicht jedoch auf Hintergrundebenen (sobald Sie eine Hintergrundebene mit einer Maske versehen, wird sie in eine normale Bildebene umgewandelt). Auch Ebenengruppen können Sie mit einer Maske versehen werden, selbst dann, wenn die darin enthaltenen Ebenen ihrerseits schon maskiert sind. Auf diese Art sind komplexe Kompositionen realisierbar. Bei Einstellungsebenen und Smartfiltern werden Masken schon serienmäßig »mitgeliefert«. Mit der Maske einer Einstellungsebene grenzen Sie die Korrektur schnell und effizient auf einen bestimmten Bildbereich ein. Ähnliches gilt für die Masken bei Smartfiltern.

Datei auf der Buch-DVD: »KleinerLeuchtturm.tif«

▲ **Abbildung 15.1**
Bei diesem Foto soll die Sanddüne im Vordergrund eine etwas wärmere Farbe bekommen, ohne dass der Rest des Bildes verändert wird.

▲ **Abbildung 15.2**
Das Resultat der maskierten Einstellungsebene: Sand und Zaunpfähle haben einen warmen Gelbton bekommen, doch die übrigen Bildbereiche bleiben unverändert.

▲ **Abbildung 15.3**
Eine Farbbalance-Einstellungsebene ist die Lösung. Die Maske ① der Einstellungsebene – standardmäßig ist sie weiß – wurde hier mit Schwarz ausgepinselt. An diesen Stellen wirkt die Korrektur nicht auf das Bild.

Wie wirkt eine Maske?

Der Begriff der Maske kommt aus der Foto- und Repro-Technik. Früher wurde mit roten Folien gearbeitet, die mit einem Skalpell passgenau zugeschnitten und auf das Negativ gelegt wurden. Beim Ausbelichten ließen die so maskierten Bereiche kein Licht durch und blieben auf dem Positiv unsichtbar.

Die digitalen Masken in Photoshop funktionieren ähnlich. Sie setzen einen bestimmten Teil einer Ebene – eben die maskierten Bereiche – transparent, das heißt, die maskierten Teile werden ausgeblendet.

Wenn sich eine Ebene unterhalb der maskierten Ebene befindet, wird diese dann sichtbar. Diesen Effekt können Sie zwar auch mit dem einfachen Löschen von Bildpixeln erzielen, jedoch sind diese Bildbereiche dann unwiderruflich verloren. Eine Maske hingegen können Sie jederzeit wieder entfernen oder inaktiv setzen, und dann sind die ausgeblendeten Bildteile wieder zu sehen.

Datei auf der Buch-DVD: »Tordurchfahrt.tif«

▲ **Abbildung 15.4**
Was mag sich hinter diesem Tor verbergen?

▲ **Abbildung 15.5**
Der Blick auf Dünen und Meer?

▲ **Abbildung 15.6**
Ein vorwitziges Schaf?

▲ **Abbildung 15.7**
Ein weiteres verschlossenes Tor? Oder etwas ganz anderes? Masken lassen Ihnen viel Spielraum.

Masken sind vielseitige Montagehelfer. Sind bestimmte Bildteile – so wie in den Beispielabbildungen 15.4 bis 15.7 die Torflügel – erst einmal mit Hilfe einer Ebenenmaske ausgeblendet, können Sie beliebige Bildmotive in der Ebene darunter positionieren und zeigen. Die untere Ebene dieses Bildes enthält den Leuchtturm oder andere Montageelemente, die obere Ebene eine Mauer mit Tor. Auf der oberen Ebene wurde eine Maske erstellt, die die hölzernen Torflügel ausblendet, aber

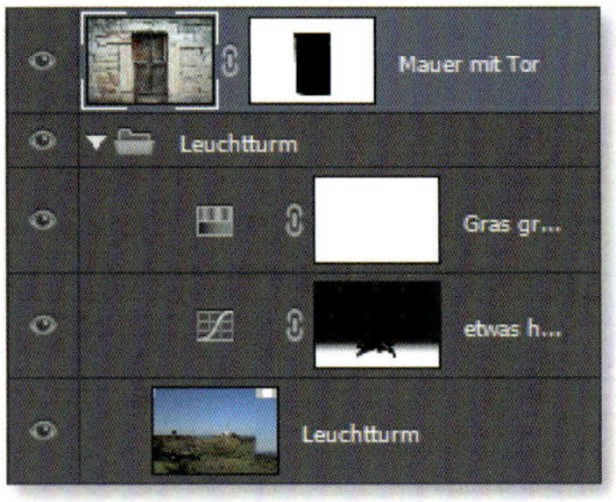

▲ **Abbildung 15.8**
Oben das maskierte Tor, darunter eine Gruppe mit Leuchtturm und einigen Einstellungsebenen

die Mauer intakt lässt. Dort ist nun die obere Ebene ausgeblendet, und die Inhalte auf der Ebene darunter sind sichtbar. In der Maskenminiatur werden die maskierten – ausgeblendeten! – Bereiche der Ebene »Mauer mit Tor« schwarz dargestellt, der nicht maskierte Teil weiß.

Masken und Alphakanal | Da Masken auf Alphakanälen basieren, kann die Intensität der Abdeckung in 256 (Grau-)Stufen variiert werden. Dadurch sind auch die schon erwähnten weichen, fließenden Übergänge möglich, und zwar mit mehr Kontrolle als bei der Auswahloption Weiche Kante. Masken bzw. Alphakanäle lassen sich außerdem mit fast allen Werkzeugen und Befehlen nachbearbeiten – so können Sie Ihre Ergebnisse immer neu variieren.

Wenn die maskierte Ebene in der Ebenen-Palette markiert (aktiv) ist, wird in der Kanäle-Palette die Maske angezeigt – natürlich als Alphakanal. Indem Sie auf das Augensymbol des Alphakanals klickt, blenden Sie die virtuelle »rote Maskenfolie« ein. Wenn Sie zusätzlich alle anderen Kanäle ausblenden, ist die Graustufendarstellung der Maske zu sehen.

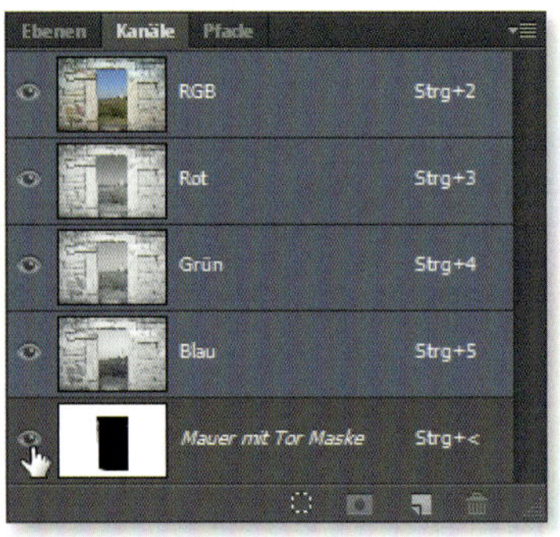

▲ **Abbildung 15.9**
Nicht nur in Ebenen- und Eigenschaften-Palette sehen Sie, ob in einem Bild Masken vorhanden sind, sondern auch in der Kanäle-Palette. Das Aktivieren des Kanals (Augen-Icon) …

▲ **Abbildung 15.10**
… blendet im Bild eine Vorschau der virtuellen »Maskierungsfolie« ein. Rot mit 50 %iger Transparenz, so wie hier zu sehen, ist der Standard.

Wer die Funktionsweise von Masken versteht, kann später leicht mit Auswahlen, Alphakanälen, der Quick Mask (Maskierungsmodus) und eben den Ebenenmasken selbst jonglieren. Alle diese Arbeitsmittel sind eng miteinander verwandt: Auswahlen können die Basis von Masken sein, und aus Masken können Sie wiederum neue Auswahlen erstellen. Beide basieren auf Alphakanälen. Die Quick Mask ist nichts anderes als eine temporäre Maske mit einem temporären Alphakanal. Das hört sich hier noch arg theoretisch an, auf den folgenden Seiten werden Sie aber erfahren, wie sich alltägliche Photoshop-Aufgaben so leichter lösen lassen. Je sicherer Sie im Handling dieser Techniken sind, desto mehr Zeit sparen Sie bei kniffligen Arbeiten!

Bedeutung der Farben bei der Maskenanzeige

Rot? Schwarz? Weiß? Wer die Maskendarstellung in Photoshop durchschaut, hat schon gewonnen: Unsicherheit im Umgang mit Masken stiften die Farben, in denen Masken dargestellt werden und auch bearbeitet werden können. Daher hier nochmals in aller Deutlichkeit:

- **Schwarz** in der Ebenenmasken-Miniatur in der Ebenen- und Kanäle-Palette bedeutet, dass diese Bereiche maskiert sind. Die schwarze Maskierung bewirkt, dass die zugehörige Bildebene an diesen Stellen **ausgeblendet** wird.
- Was in der Maskenminiatur **weiß** dargestellt wird, ist unmaskiert. Wo die Maske weiß ist, bleiben die Pixel der Bildebene **sichtbar**.
- **Grauwerte** in der Maske sorgen entsprechend ihrer Helligkeit für mehr oder weniger starke **Transparenz** der maskierten Ebene.

Datei auf der Buch-DVD: »SchiffAbendlicht.tif«

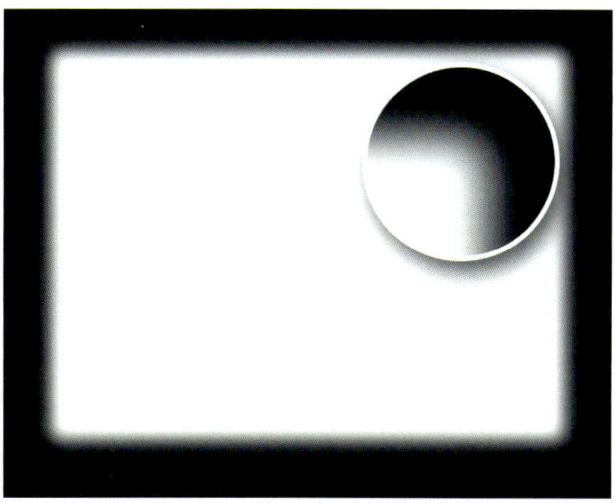

▲ **Abbildung 15.11**
Was bewirken die Maskenfarben? Schwarz deckt ab, Weiß lässt durch, Graustufen bilden sanfte Übergänge ...

▲ **Abbildung 15.12**
... und sorgen für weich abgestufte Transparenz an den Bildkanten. Dadurch wird die hellgraue Hintergrundebene sichtbar.

Bild: Onno K. Gent

- Maskierte (schwarze!) Bereiche erscheinen, wenn der Alphakanal mit der Maske eingeblendet ist, mit einer digitalen **roten Folie** überzogen. Die Folienfarbe können Sie ändern, aber Rot ist die der reprotechnischen Tradition geschuldete Standardeinstellung.
- **Auswahlen** können Sie nicht nur aus einer Quick Mask erstellen, sondern auch aus Ebenenmasken. Dabei wird aus den weißen, nicht maskierten Bereichen der Maske der Auswahlbereich erstellt. In der

Maske weiß dargestellte Partien lassen sich also dann bearbeiten. Die maskierten – also schwarzen bzw. rot abgedeckten – Partien eines Bildes sind dann *nicht* ausgewählt und somit vor Bearbeitung geschützt.

Verschiedene Maskentypen: Pixel- und Vektormasken

Wenn Photoshop-Anwender von »Masken« reden, meinen Sie fast immer jenen Maskentyp, der im offiziellen Adobe-Sprachgebrauch als »Ebenenmaske« bezeichnet wird. Es gibt jedoch noch einen weiteren Maskentyp: die Vektormasken. Jede Ebene kann mit zwei Masken versehen werden: jeweils einer Ebenen- und einer Vektormaske.

Ebenenmasken | Ebenenmasken sind pixelbasiert; sie können nicht nur Schwarz und Weiß, sondern insgesamt 256 Tonwertabstufungen (Grauwerte) enthalten. Sie sind der bei weitem am häufigsten eingesetzte Maskentyp und auch Hauptthema dieses Buchkapitels.

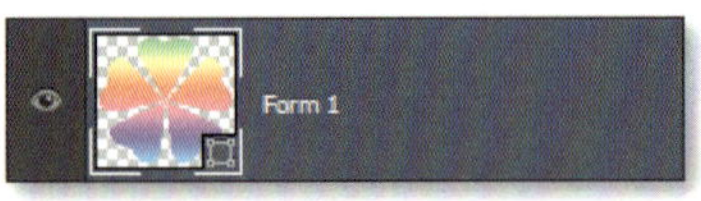

▲ **Abbildung 15.13**
Formebenen kommen in CS6 jetzt ohne Vektormaske aus.

▲ **Abbildung 15.14**
Bei Füllebenen sind Vektormasken noch anzutreffen.

Zum Weiterlesen
Einführendes zu **Form- und Füllebenen** gibt's im Abschnitt 11.3, »Ebenenarten«, ausführliche Informationen im Buchteil XII, »Pfade und Formen«. Dort erfahren Sie auch mehr über die Handhabung der Form- und Zeichenstift-Werkzeuge.

Vektormasken | Daneben gibt es jedoch auch Vektormasken. Auch sie werden auf Ebenen angewandt, und das Wirkprinzip ist dasselbe wie bei Ebenenmasken. Mit einem entscheidenden Unterschied: Nicht Pixel definieren die Maskenform, sondern Vektorinformationen. Daher lassen sie sich verlustfrei skalieren – wie jede Vektorgrafik sind auch Vektormasken auflösungsunabhängig.

Bei Vektormasken gibt es nur klares Schwarz und Weiß. Graustufen, die sanfte Übergänge ermöglichen, erzielen Sie nur über den Umweg der Funktion Weiche Kante in der Eigenschaften-Palette. Auch die Dichte von Vektormasken lässt sich regeln, andere Funktionen der Palette Eigenschaften sind bei diesem Maskentyp nicht anwendbar. Manuell bearbeiten Sie Vektormasken mit den Formwerkzeugen (alle erreichbar mit dem Shortcut [U]) und den verschiedenen Zeichenstift-Werkzeugen [P].

In älteren Photoshop-Versionen waren Vektormasken fester Bestandteil von Formebenen. Mit dem Update auf CS6, bei dem die Vektorfunktionen und die Darstellung von Formebenen grundlegend überarbeitet wurden, haben sie an Bedeutung verloren und kommen lediglich als Überbleibsel der alten Funktion bei Füllebenen noch vor, spielen hier jedoch keine Rolle – wenn Sie die Füllebene mit Vektortools bearbeiten, wird sie in eine Formebene umgewandelt, die Maske bleibt leer.

15.2 Grundfunktionen und Befehle

Damit Sie sich bei der Arbeit mit Masken auf das Wichtigste – Ihr Bildmotiv – konzentrieren können, sollten Sie die Masken-Funktionen sicher beherrschen.

Ihre Maskentools

In gleich drei Paletten finden Sie Funktionen und Befehle, um Masken zu kontrollieren und zu bearbeiten. Die Paletten EBENEN und KANÄLE waren schon immer wichtige Steuerungsinstrumente für Masken, ab CS4 gab es die Palette MASKEN, die jetzt – in CS6 – mit geringfügig veränderten Eigenschaften in der neuen Palette EIGENSCHAFTEN aufgegangen ist.

Das klingt komplizierter, als es ist. In der Praxis lässt sich mit den drei Paletten gut arbeiten, und jeder Anwender findet für seine Maskenroutinen die Handgriffe, die am besten in seinen Workflow passen.

Grundfunktionen der Eigenschaften-Palette | Die eigentliche Stärke der Eigenschaften-Palette ist die Feinabstimmung von Masken. Es gibt jedoch auch einige Basisfunktionen.

Palette »Eigenschaften« statt »Masken«
Die Masken-Palette wird von der Palette EIGENSCHAFTEN abgelöst. Standardmäßig liegt diese als Symbol im Palettendock.

Ein Klick auf das Paletten-Icon oder Doppelklick auf die Maskenminiatur in der Ebenen-Palette öffnet die Eigenschaften-Palette. Die Funktionen unterscheiden sich kaum von der bisherigen Masken-Palette. Der Unterschied: In der Eigenschaften-Palette können Sie auch etwaige Einstellungsebenen kontrollieren.

▲ **Abbildung 15.15**
Symbol Eigenschaften-Palette

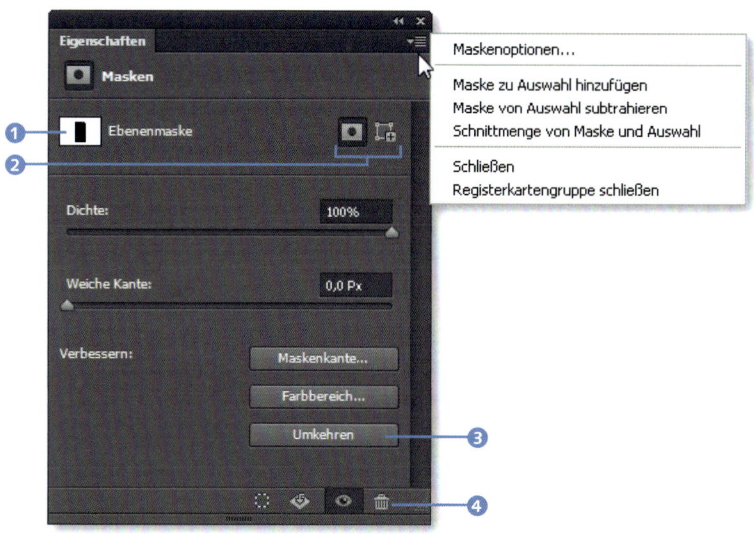

◀ **Abbildung 15.16**
Dieses Aussehen zeigt die Eigenschaften-Palette nur, wenn in der aktiven Bildebene eine Maske vorhanden ist. Ist das nicht der Fall, sind hier keine Funktionen sichtbar!

- Das Miniatur-Vorschaubild oben links ❶ zeigt Ihnen, welche Maske aktuell ausgewählt ist – und auf welche Maske sich Ihre Einstellungen auswirken.
- Die Funktion der zwei Buttons oben rechts ❷ ist variabel. Um sie zu verstehen, müssen Sie wissen, dass Sie eine Ebene mit zwei unterschiedlichen Masken versehen können: einer »normalen«, pixelba-

sierten Ebenenmaske und einer auf Vektorlinien basierenden Vektormaske. Oder auch nur einer von beiden. Hat die aktive Ebene bereits eine Ebenen- *und* Vektormaske, schalten Sie mit Hilfe der Buttons zwischen beiden Typen um und legen so fest, welche der Masken Sie verändern. Ist im Bild *eine* der beiden möglichen Masken vorhanden, erzeugen Sie durch Klicken eines der beiden Buttons den jeweils *anderen* Maskentyp (Ebenenmaske: ◘, Vektormaske: ◘). Sofern die aktive Ebene noch gar keine Maske hat, zeigt die Eigenschaften-Palette lediglich die Aufschrift KEINE EIGENSCHAFTEN und hat keine klickbaren Funktionen.

- Die kleinen Icons am Fuß der Palette ④ übernehmen Grundfunktionen, die Sie alternativ auch mit der Ebenen-Palette ausführen: das Löschen ◘, Ein- und Ausblenden ◘ und Anwenden ◘ von Masken sowie das Erzeugen von Auswahlen aus Masken ◘ (mehr dazu finden Sie in Abschnitt 15.3, »Ebenenmasken, Auswahlen und Kanäle«).
- Der Button UMKEHREN ③ (oder alternativ Strg/cmd+J) vertauscht Schwarz und Weiß in der Maske und kehrt damit auch die Maskierwirkung um.

Masken erzeugen

Sie wissen nun, wie Masken funktionieren, und haben die Eigenschaften-Palette als Steuerzentrale für Masken kennengelernt. Höchste Zeit also, dass Sie erfahren, wie Sie Masken überhaupt anlegen.

Weiße Maske | Um eine ganz weiße, leere Maske zu erstellen, die nichts maskiert, muss die entsprechende Ebene in der Palette aktiviert sein. Dann ...

- wählen Sie den Menübefehl EBENE • EBENENMASKE • ALLE EINBLENDEN
- oder klicken auf das Icon EBENENMASKE HINZUFÜGEN ◘ am unteren Rand der Ebenen-Palette.

Hintergrundebenen maskieren
Hintergrundebenen können Sie jetzt ohne Umwege mit einer Maske versehen. Es ist nicht mehr notwendig, sie zuvor in eine normale Ebene umzuwandeln.

Abbildung 15.17 ▶
Erzeugen einer Ebenenmaske per Ebenen-Palette. Die Maske wird nun zur aktiven Ebene »Mauer mit Tor« hinzugefügt.

Schwarze Maske | Um eine komplett schwarze Maske, die die zugehörige Bildebene vollständig ausblendet, zu erstellen,

- wählen Sie im Menü Ebene • Ebenenmaske • Alle ausblenden
- oder halten beim Klicken auf das jeweilige Masken-Icon in der Ebenen-Palette [Alt] gedrückt.

Eine solche schwarze Maske verwendet man, wenn man nur kleine Partien der maskierten Ebene zeigen möchte. Es ist dann einfacher, diese Partien – durch Auftragen weißer Pixel auf die Maske – freizulegen, als umgekehrt große Bereiche der Maske durch schwarzen Farbauftrag deckend zu machen.

Maske aktivieren und bearbeiten

Wenn Sie eine Maske erzeugt haben, wollen Sie sie vermutlich noch anpassen. Oder Sie benötigen Sie nicht mehr und möchten sie wieder löschen? Egal, was Sie vorhaben: Sie müssen die Maske, die Sie bearbeiten wollen, zunächst auswählen (aktivieren). Das geht am schnellsten, indem Sie in der Ebenen-Palette in die jeweilige Masken-Miniatur klicken. Sofern in der Ebenen-Palette bereits die Ebene mit der Maske gewählt ist, können Sie auch den Masken-Button der Eigenschaften-Palette nutzen, um die Maske zu aktivieren. In jedem Fall müssen Sie genau hinsehen, denn es ist in der Photoshop-Anzeige etwas schwierig festzustellen, ob nun die Ebene selbst oder die Ebenenmaske aktiv ist.

- Beachten Sie den schmalen Rand, der um die Miniatur entweder von Maske oder Ebene verläuft.
- Die Bildtitelleiste zeigt ebenfalls an, welches Element gerade aktiv ist.
- Sobald Sie die Ebenenmaske aktiviert haben, wechseln die Farbfelder in der Werkzeugleiste zu Graustufen, unabhängig davon, welche bunten Farben zuvor eingestellt waren.

Funktionen fürs Masken-Feintuning | Die Eigenschaften-Palette ist ein unschätzbarer Helfer, um **bestehende Masken nachzubearbeiten**. Zum größten Teil sind die Funktionen schon aus anderen Zusammenhängen bekannt. Das Besondere ist, dass sie auch auf Masken angewandt werden. So steuern Sie ganz einfach die Deckkraft der Maske. Die Konturen von Masken lassen sich in kurzer Zeit haargenau anpassen, Farbbereiche des Bildes können mit wenigen Klicks zu den maskierten Bereichen hinzugefügt oder von ihnen ausgeschlossen werden. Der größte Vorteil: Die Anwendung ist flexibel. In Abschnitt 15.4, »Masken zerstörungsfrei nachbearbeiten mit der Eigenschaften-Palette«, erfahren Sie darüber mehr.

Leere Eigenschaften-Palette

Es ist nicht möglich, mit der Eigenschaften-Palette auf Ebenen, die bisher keine Maske haben, eine neue Maske zu erzeugen – die Eigenschaften-Palette ist dann inaktiv.

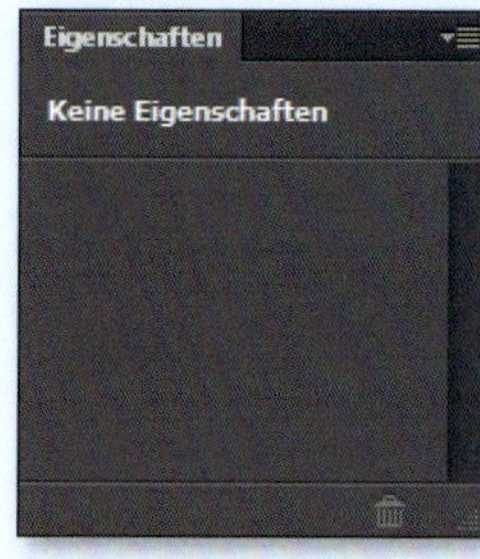

▲ **Abbildung 15.18**
Ist keine Maske vorhanden, bleibt die Eigenschaften-Palette gänzlich leer.

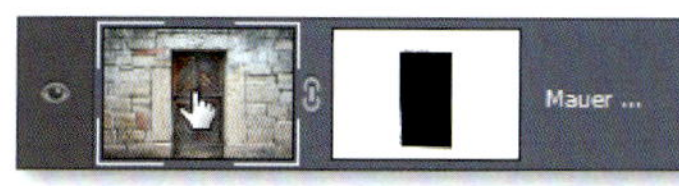

▲ **Abbildung 15.19**
Kleine Details in der Anzeige – große Wirkung: Hier ist die Ebene aktiviert ...

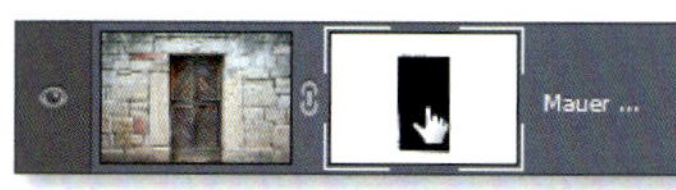

▲ **Abbildung 15.20**
... und hier ist es die Maske.

Zum Weiterlesen
Einen ausführlichen Workshop für kreative **Maskenbearbeitung mit Pinseln** können Sie auf der Bonus-Seite zum Buch unter *www.galileo-design.de* herunterladen.

Nachbearbeitung mit anderen Tools | Überdies lassen sich Masken mit vielen Photoshop-Werkzeugen bearbeiten. Am häufigsten werden Masken mit dem Pinsel [B] bearbeitet, meist für Detailkorrekturen oder Masken, die sich nicht so komfortabel mit der Farbbereich-Funktion erzeugen lassen wie im Beispiel weiter unten. Sie können aber auch mit dem Verlaufswerkzeug [G] oder mit Filtern arbeiten. Werkzeuge zur Steigerung des Kontrastes, etwa Abwedler und Nachbelichter (beide: [O]) oder der Menübefehl HELLIGKEIT/KONTRAST (unter BILD • KORREKTUREN), werden ebenfalls recht häufig genutzt, zum Beispiel, wenn es darum geht, aus einem duplizierten Bildkanal eine Maske zu machen. Werkzeuge wie der Weichzeichner lassen sich zur Nachbearbeitung von Maskenkonturen ebenfalls gewinnbringend anwenden. Und Auswahlen sind, als nahe Verwandte der Masken, ohnehin unentbehrlich. Prinzipiell sind aber Ihrer Kreativität keine Grenzen gesetzt!

Masken löschen oder anwenden

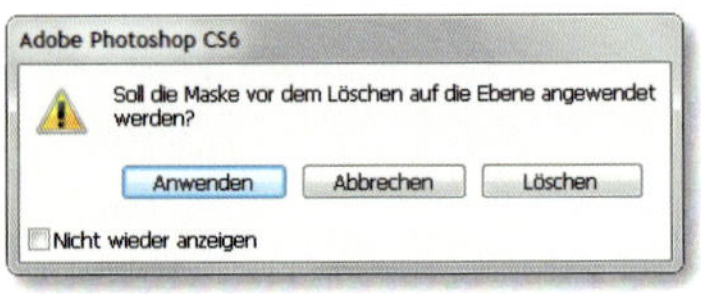

▲ **Abbildung 15.21**
Maske per Papierkorb-Icon löschen

Um eine Maske endgültig zu löschen,

- nutzen Sie am schnellsten den Papierkorb der Ebenen-Palette. Ziehen Sie die Maske einfach darauf. Wenn Sie eine Maske auf diese Weise entfernen, fragt Photoshop Sie, ob sie zuvor angewendet werden soll – also maskierte Ebenenpixel gelöscht werden sollen.
- Auch die Eigenschaften-Palette verfügt über einen solchen LÖSCHEN-Button. Sie müssen die Maske zuvor in der Ebenen-Palette aktivieren, damit der Button funktioniert.
- Im Masken-Kontextmenü der Ebenen-Palette steht ebenfalls ein Löschbefehl zur Verfügung. Sie erreichen ihn per Rechtsklick auf die Maskenminiatur. Mit diesem Löschbefehl wird **ohne Nachfrage gelöscht**.

Maske anwenden | Der Kontextmenübefehl EBENENMASKE ANWENDEN löscht die Maske ebenfalls aus dem Bild – allerdings **auch die von ihr abgedeckten Pixel.** Dieser Schritt ist dann unwiderruflich. Auch die Eigenschaften-Palette verfügt über einen entsprechenden Befehls-Button, mit dem Sie die Maske und die von ihr abgedeckten Bildpixel endgültig löschen.

Zwischen Ansichtsmodi wechseln

Für die tägliche Arbeit ist der flüssige Wechsel zwischen den verschiedenen Farbdarstellungen, den Ansichtsmodi, von Masken wichtig. Insbesondere dann, wenn Sie Masken mit weichen Verläufen anlegen, um auf dieser Basis Auswahlen zu erstellen, oder wenn Sie sehr detailreiche Bildbereiche maskieren, um sie auszublenden – beides sind recht häufige Arbeitsmittel –, sind **Maskierungs»folie«** und **Graustufenansicht** hilfreich. Denn den Ameisenstraßen-Auswahllinien sehen Sie bekanntlich nicht an, ob eine Auswahl weich oder scharf umrissen ist. Die Maskenfolie jedoch stellt das dar, indem sie mehr oder weniger stark deckt. Bei Arbeiten am Detail brauchen Sie einfach viel Kontrolle und sollten immer wieder zwischen verschiedenen Ansichten hin und her schalten.

Maskenansicht bei deaktivierter Maske

Durch die »Folie« hindurch sind die Bildteile, die Sie maskieren, weiterhin sichtbar. Das ist besonders dann interessant, wenn Sie zusätzlich die Maske deaktivieren – dann können Sie die Präzision der Maske an besonders kritischen Stellen gut überprüfen.

Graustufenansicht | Wenn Sie in die Maskenminiatur klicken und dabei [Alt] drücken, wird die Graustufenansicht der Maske sichtbar.

Maskierungs»folie« | Wenn Sie in die Maskenminiatur klicken und dabei [⇧]+[Alt] drücken, wird die Maskenansicht eingeblendet, die an die farbige Maskierungsfolie analoger Reprotechnik erinnert. Sie lässt das Motiv durchscheinen.

▲ **Abbildung 15.22**
Ausgangsdatei und Ebenenaufbau

▲ **Abbildung 15.23**
Graustufenansicht der maskierten Ebene

▲ **Abbildung 15.24**
Maskenansicht. Maskierte Bereiche sind durch eine rote Überlagerung gekennzeichnet.

Maskenwirkung temporär ausschalten | Ein Klick in die Maskenminiatur der Ebenen-Palette mit gehaltener [⇧]-Taste deaktiviert die Maske und zeigt die Ebene im Originalzustand bzw. aktiviert die Maske erneut. Auch die Eigenschaften-Palette enthält einen Button [👁] zum Ausblenden der Maske. Alternativ nutzen Sie das Kontextmenü der Ebenen-Palette; Sie erreichen es per Rechtsklick auf die Maskenminiatur. Dort wählen Sie den Befehl EBENENMASKE DEAKTIVIEREN/AKTIVIEREN.)

▲ **Abbildung 15.25**
Anzeige einer deaktivierte Maske in der Ebenen-Palette

▲ Abbildung 15.26
Maske in der Eigenschaften-Palette deaktivieren. Die Maske muss zuvor ausgewählt werden.

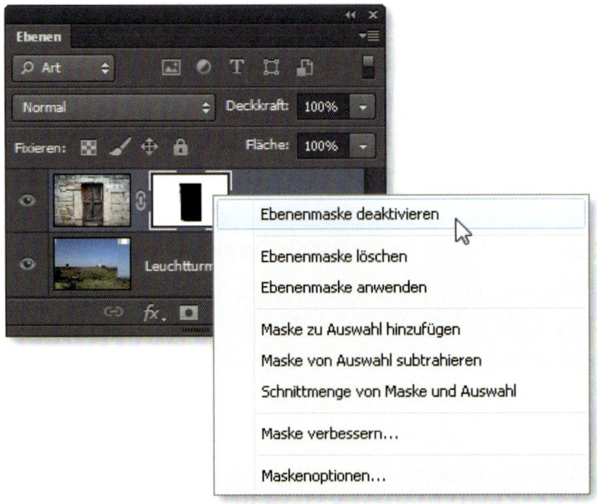

▲ Abbildung 15.27
Das Masken-Kontextmenü (Rechtsklick auf die Maskenminiatur) der Ebenen-Palette. Dort finden Sie alle wichtigen Befehle zum schnellen Zugriff.

Was wollen Sie tun?	Windows	Mac
weiße Maske erstellen	in der Ebenen-Palette	in der Ebenen-Palette
schwarze Maske erstellen	+ Alt in der Ebenen-Palette	+ Alt in der Ebenen-Palette
Graustufenansicht der Maske anzeigen	Alt + Klick auf die Maskenminiatur	Alt + Klick auf die Maskenminiatur
Maskierungsfolie anzeigen	⇧+Alt + Klick auf die Maskenminiatur	⇧+Alt + Klick auf die Maskenminiatur
Maskenwirkung temporär ausschalten	⇧ + Klick auf die Maskenminiatur	⇧ + Klick auf die Maskenminiatur
Maske als Auswahl laden	Strg + Klick auf die Maskenminiatur	cmd + Klick auf die Maskenminiatur
Maskenoptionen aufrufen	Rechtsklick auf die Maskenminiatur und Maskenoptionen	Rechtsklick auf die Maskenminiatur und Maskenoptionen

▲ Tabelle 15.1
Wichtige Tastenkürzel für die Arbeit mit Masken

Verbindung von Ebene und Maske

Normalerweise sind Ebene und Maske fest miteinander verknüpft. Wenn Sie die Ebene an eine andere Stelle des Bildes bugsieren, bewegt sich die Maske mit, und wenn Sie die Ebene transformieren, wird auch die Maske transformiert. Diese Verbindung lässt sich jedoch auch aufheben. Dann können Sie Ebene und Maske unabhängig voneinander verschieben und transformieren. Klicken Sie einfach in der Ebenen-Palette auf das Kettensymbol zwischen Masken- und Ebenenminiatur, um die Verbindung zu lösen. Ein erneuter Klick stellt die Verbindung wieder her.

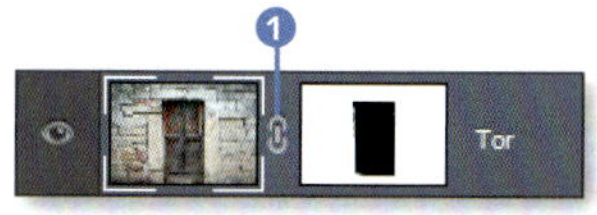

▲ **Abbildung 15.28**
Das Kettensymbol ❶ zwischen Ebenen- und Maskenminiatur ist gleichzeitig Schaltfläche, um die Verbindung zu lösen.

Befehle für Vektormasken

Mit den neuen Formebenen in Photoshop CS6 haben Vektormasken weitestgehend an Bedeutung verloren. Es ist jedoch immer noch möglich, Vektormasken anzulegen. Wenn diese Maske nicht nur einfach weiß oder schwarz sein soll – also nichts oder die gesamte Ebene maskiert –, sondern einen durch Vektorlinien umrissenen Teilbereich der Ebene maskiert, gehen Sie am besten so vor:

1. Aktivieren Sie die Ebene, die maskiert werden soll. Das kann auch eine Pixelebene sein!
2. Erzeugen Sie einen Pfad, mit dem die Maskenkonturen gekennzeichnet werden.
3. Wählen Sie den Befehl Ebene • Vektormaske • Aktueller Pfad.
4. Nun sorgt die Maske dafür, dass in der Datei nur der Ebeneninhalt innerhalb der Pfadkontur gezeigt wird.

Wenn auf einer Ebene bereits eine Ebenenmaske vorhanden ist und Sie erneut auf das Icon Maske hinzufügen klicken, wird ebenfalls eine Vektormaske angelegt. Die Ebene trägt dann zwei Masken: eine Ebenen- und eine Vektormaske.

Vektormasken entfernen oder deaktivieren | Die anderen Befehle zum Entfernen und (De-)Aktivieren von Vektormasken sollten Ihnen nach der Lektüre dieses Kapitels keine Schwierigkeiten bereiten. Sie sind weitestgehend identisch mit den Befehlen zur Verwaltung von pixelbasierten Masken.

Vektor- in Pixelmaske verwandeln | Interessant ist die Möglichkeit, eine Vektor- in eine Ebenenmaske umzuwandeln. Dazu klicken Sie auf Ebene • Rastern • Vektormaske. Dieser Befehl ist nicht umkehrbar.

15.3 Ebenenmasken, Auswahlen und Kanäle

Der Sinn einer Maske ist es, Teile einer Ebene auszublenden. Die ausschließlich weißen oder schwarzen, nichts oder alles abdeckenden Masken, die sich mit den Menü- und Palettenbefehlen erzeugen lassen, erfüllen diese Anforderung natürlich nicht. Sie müssen festlegen, welche Bildteile maskiert werden solle, beispielsweise indem Sie zunächst eine passende Auswahl und dann eine Maske erstellen. Adobe bietet dazu viele passende Befehle an.

Auswahlen als Grundlage von Maskenkonturen

Wenn im Bild bereits Auswahlen aktiv sind, werden diese beim Anlegen einer neuen Maske einbezogen. Üblicherweise sind dann die ausgewählten Bildteile nicht maskiert, sie bleiben also sichtbar. Bildpartien, die außerhalb der Auswahl lagen, werden durch die Maske ausgeblendet. Es gibt jedoch auch noch darüber hinausgehende Steuerungsmöglichkeiten.

Auswahl ein- und ausblenden | Die Menübefehle Ebene • Ebenenmaske • Auswahl einblenden und Auswahl ausblenden sind nur zugänglich, wenn im Bild bereits eine Auswahl vorhanden ist. Auswahl einblenden maskiert den *nicht* ausgewählten Teil des Bildes, lässt also die Bildbereiche innerhalb der Auswahl stehen und blendet den Rest aus. Auswahl ausblenden maskiert den Auswahlbereich und blendet ihn aus. Hier bleibt der nicht ausgewählte Teil des Bildes sichtbar.

Verfahren umkehren | Wenn Sie beim Klick auf das Masken-Icon in der Ebenen-Palette zusätzlich Alt drücken, während im Bild eine Auswahl aktiv ist, wird das gewohnte Verfahren umgekehrt. Das heißt, dann wird der nicht ausgewählte Teil gezeigt, und ausgewählte Bereiche werden maskiert und ausgeblendet.

Schwarz und Weiß nachträglich vertauschen

Manchmal hat man eine Maske mit den passenden Umrissen, doch die Abdeckwirkung ist genau entgegengesetzt zum gewünschten Ergebnis – etwa, wenn man vergisst, beim Erstellen Alt zu drücken. Dann invertieren Sie die Maskenfarben einfach. Dazu aktivieren Sie die Maske und wählen Bild • Korrekturen • Umkehren oder Strg/cmd+I. Schon sind Schwarz und Weiß vertauscht!

Ebenenmaske und Auswahl verrechnen | Zudem können Sie eine Ebenenmaske in eine bereits vorhandene aktive Auswahl einrechnen lassen. Im Masken-Kontextmenü finden Sie die Befehle Maske zu Auswahl hinzufügen, Maske von Auswahl subtrahieren und Schnittmenge von Maske und Auswahl – mit diesen Befehlen legen Sie fest, in welcher Art und Weise die Auswahl der Maske zugeschlagen wird. Diese Technik wird bisweilen angewendet, um Bildkorrekturen in unterschiedlich starker Dosierung auf verschiedene Bildpartien anzuwenden.

◀ **Abbildung 15.29**
Das Kontextmenü einer Maske

Auswahl aus einer Maske erzeugen

Masken werden oft benutzt, um besonders diffizil konturierte Auswahlen zu erstellen, oder dienen als Grundlage von Auswahlen, die unterschiedlich stark auf verschiedene Bildteile wirken. Dank der 256 Graustufen, die eine Maske annehmen kann, ist hier ein sehr differenziertes Arbeiten möglich, denn Graustufen des Kanals werden bei der Auswahl als weiche Kanten berücksichtigt!

- Um aus einer Maske eine aktive Auswahl zu machen, genügt ein Klick bei gehaltener Strg- bzw. cmd-Taste auf die Miniatur der Ebenenmaske.
- Auch einen Alpha- oder beliebigen anderen Bildkanal können Sie auf diese Art als Auswahl laden. Dazu benutzen Sie die Schaltfläche KANAL ALS AUSWAHL LADEN, die Sie am Fuß der Kanäle-Palette oder der Eigenschaften-Palette finden.

Zum Nachlesen
Da Masken sehr oft als Hilfsmittel für das Erstellen präziser Auswahlen genutzt werden, bietet Photoshop mit dem **Maskierungsmodus** (Quick Mask) Q ein Werkzeug, mit dem ein nahtloser Wechsel zwischen (bearbeitbarer) Maske und Auswahl möglich ist. Mehr dazu lesen Sie im Abschnitt »Quick Mask: Auswahlen detailgenau anpassen« auf Seite 472.

Aus einem Kanal eine Ebenenmaske machen

Man könnte sagen, dass eine Ebenenmaske eine komfortablere, leicht bedien- und kontrollierbare Version eines Alphakanals ist, der auf eine Ebene angewandt wird. Mit einem kleinen Umweg können Sie auch aus einem beliebigen Kanal oder Alphakanal eine Ebenenmaske machen. Dazu laden Sie zunächst den Kanal als Auswahl, wechseln dann in die Ebenen-Palette und erzeugen eine Ebenenmaske.

Zum Weiterlesen
Auf der Bonus-Seite zum Buch unter *www.galileodesign.de* finden Sie einen Schritt-für-Schritt-Workshop, in dem erklärt wird, wie Sie mit der **Kombination** Auswahlen und Masken arbeiten.

Maskenautomatik: »In die Auswahl einfügen«

Mit dem Befehl IN DIE AUSWAHL EINFÜGEN (unter BEARBEITEN • EINFÜGEN SPEZIAL, Shortcut [Strg]/[cmd]+[⇧]+[V]) fügen Sie Inhalte, die sich in der Zwischenablage befinden, in einen zuvor festgelegten Auswahlbereich ein. Wenn Sie diesen Befehl wählen, wird eine neue Bildebene mit dem eingefügten Bildgegenstand angelegt, die automatisch eine Maske enthält, die dem zuvor erstellten Auswahlbereich entspricht. Die Verkettung von Maske und Palette ist bereits aufgehoben. So können Sie durch Bewegen von Maske und eingefügtem Objekt entscheiden, welcher Ausschnitt der beste ist.

Bilder: Onno K. Gent, Thilo Frank

◄▲ **Abbildung 15.30**
In der Datei mit der Tür wurde eine rechteckige Auswahl angelegt. Das Straßenbild wurde in die Zwischenablage kopiert und mit dem Befehl IN DIE AUSWAHL EINFÜGEN eingesetzt.

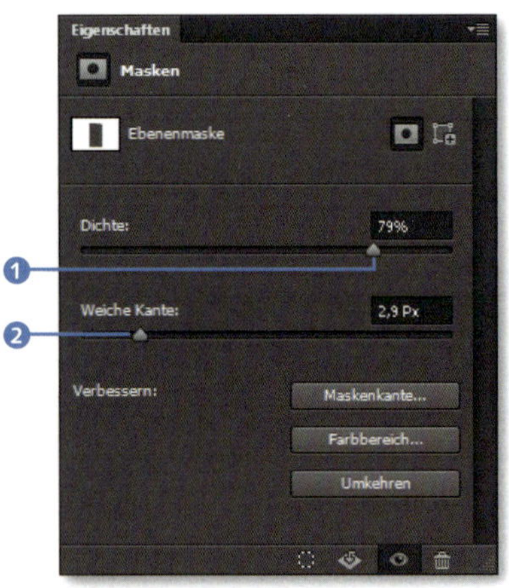

▲ **Abbildung 15.31**
Die Eigenschaften-Palette ist die erste Anlaufstelle, wenn Sie eine Maske nachbearbeiten.

15.4 Masken zerstörungsfrei nachbearbeiten mit der Eigenschaften-Palette

In vielen Fällen sind auf Auswahlen basierende Masken nicht exakt genug und müssen nachgearbeitet werden. Insbesondere, wenn die maskierte Ebene freigestellt oder Teil einer Montage werden soll, sind die Ansprüche an eine Ebenenmaske hoch. Die Palette EIGENSCHAFTEN bietet verschiedene hilfreiche Funktionen, mit denen Sie die Maske zerstörungsfrei – also jederzeit veränderbar – anpassen können.

Transparenz mit dem »Dichte«-Regler steuern

Zwei Regler stehen auf der Eigenschaften-Palette zum schnellen Zugriff zur Verfügung. Der obere heißt DICHTE (1). Mit ihm steuern Sie, wie dunkel das Schwarz der Maske erscheint und damit, wie stark die Maske die maskierte Ebene abdeckt.

Darunter findet sich der Regler Weiche Kante ②, mit dem sich die Maskenkonturen weich zeichnen lassen (mehr dazu im Abschnitt »Konturbereiche von Masken nachbessern« auf Seite 499).
Das Prinzip ist nicht neu: Schwarze Maskenbereiche decken die Ebenen vollständig ab, graue Maskenteile machen Bildebenen leicht transparent oder reduzieren die Korrekturwirkung von Einstellungsebenen (anstatt sie ganz aufzuheben). Diesen Effekt können Sie über den Regler stufenlos regulieren und jederzeit ändern.

Einige Vergleichsbilder machen die Wirkung des Dichte-Sliders anschaulich. Dazu nutze ich nochmals den kleinen Leuchtturm vom Kapitelanfang (Abbildungen 15.32 bis 15.34). Die Korrekturwerte habe ich für die Abbildungen im Buch überhöht, damit der Effekt besser zu erkennen ist. Dem Ausgangsbild wird eine stark gelb färbende Einstellungsebene Farbbalance hinzugefügt. Mittels Maske wird die Wirkung dieser Einstellungsebene zunächst auf den Sandstrand im Vordergrund sowie auf die Zaunpfähle und einige andere Details eingegrenzt. Die Dichte der Maske beträgt 100 %.

Datei auf der Buch-DVD: »KleinerLeuchtturmExtremkorrektur.tif«

▲ **Abbildung 15.32**
Links das Originalbild, rechts der Ebenenaufbau mit Einstellungsebene, Korrektur und Maske

▲ **Abbildung 15.33**
Das Bild mit extrem färbender Einstellungsebene. Durch die Maske wirkt diese zunächst nur auf den Vordergrund.

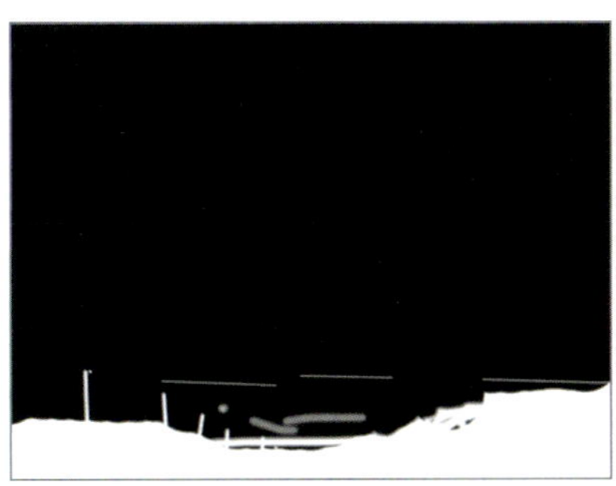

▲ **Abbildung 15.34**
Die Maske mit Dichte 100 % – Schwarz und Weiß und sehr wenig Grautöne bei den Details

Der Kontrast zwischen den nicht maskierten, verfärbten Bildteilen einerseits und den maskierten, nicht verfärbten Bereichen andererseits ist sehr deutlich. Doch was passiert, wenn die Dichte der Maske auf 50 % herabgesetzt wird?

▲ **Abbildung 15.35**
Der Gelbstich wird im gesamten Bild sichtbar. Im Bildhintergrund – der immer noch durch die Maske verdeckt ist – erscheint er weniger stark als im unmaskierten Vordergrund.

▲ **Abbildung 15.36**
Die Maske bei 50 % Dichte sieht nun so aus. Aus Schwarz wurde Grau – und das ist dafür verantwortlich, dass die färbende Wirkung der Einstellungsebene auch in den maskierten Teilen zum Tragen kommt.

Wenn wir die Dichte der Maske weiter reduzieren, nimmt die Deckkraft der Maske zunehmend ab, und die färbende Wirkung der Einstellungsebene nimmt zu. Bei einer Dichte von 0 % ist die Maskenwirkung völlig aufgehoben. Die Maske erscheint dann ganz weiß.

▲ **Abbildung 15.37**
Mit einer Dichte von 0 % ist die Maske ganz weiß und hat keinerlei filternde Wirkung mehr.

▲ **Abbildung 15.38**
Das Beispielbild ist jetzt überall stark verfärbt.

Mit solchen Extremwerten werden Sie wohl eher selten arbeiten. Im Normalfall werden Sie die Funktion zum feinen Nachjustieren nutzen.

Allerdings müssen Sie beachten, dass es bei einer Maske, deren Dichte-Wert mit der Eigenschaften-Palette gesenkt wurde, auch nachträglich nicht mehr möglich ist, auf das Maskengrau voll deckendes Schwarz aufzubringen – weder mit dem Pinsel noch mit anderen Maßnahmen. Und Auswahlen, die Sie aus solchen Masken erzeugen, sind ebenfalls in der Wirkung reduziert, vergleichbar mit einer global wirksamen »weichen Auswahlkante«.

Der Korrekturbefehl »Helligkeit/Kontrast« als Alternative | Der Korrekturbefehl Helligkeit/Kontrast (unter Bild • Korrekturen) kann die Wirkung von Masken insgesamt verschärfen oder abmildern. Er macht aus Schwarz und Weiß Grautöne oder aus Graustufen Schwarz und Weiß. Anders als der Dichte-Slider ist er auch in der Lage, das Maskenweiß zu verändern. Und wenn Sie mit dieser Funktion arbeiten, können Sie graue Maskenbereiche wieder mit Schwarz überpinseln – etwa, um einzelne Details doch vollkommen abzudecken.

Einziger Nachteil: Die mit Helligkeit/Kontrast eingestellten Werte sind nicht so einfach für Änderungen zugänglich wie bei der Eigenschaften-Palette, die Anwendung ist weniger flexibel. Dennoch stellt Helligkeit/Kontrast in einigen Situationen eine sinnvolle Alternative zur Dichte-Funktion dar.

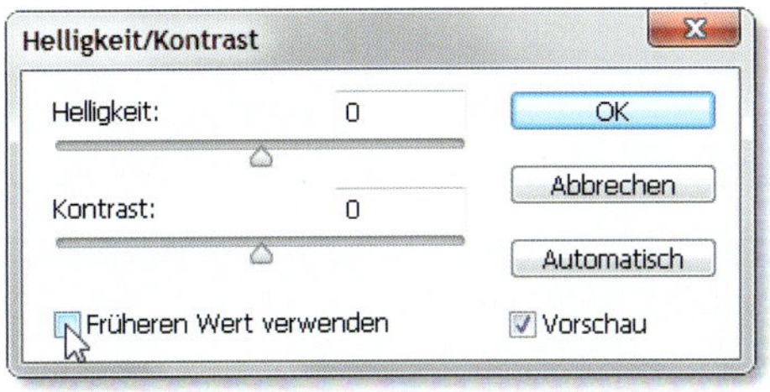

◀ **Abbildung 15.39**
Aktivieren Sie die Option Früheren Wert verwenden, wirkt das Tool meist zu scharf – also lieber nicht nutzen!

Um die Kontraste einer Maske lediglich in begrenzten Bereichen zu verändern, können Sie auch die Tools Abwedler und Nachbelichter (beide: Kürzel O) nutzen.

Konturbereiche von Masken nachbessern

Die wahren Problemzonen von Masken sind Kanten und Konturen innerhalb des Bildes und innerhalb der Maske: also die Stellen, an denen maskierte und nicht maskierte Bereiche aneinanderstoßen. Dort soll die Maske exakt den vorhandenen, manchmal recht gewundenen und kleinteiligen Bildkonturen folgen. Gleichzeitig soll die Maske jedoch auch weich genug sein, damit das maskierte Objekt nicht wie grob mit der Schere ausgeschnitten wirkt. Denn in vielen Fällen ist der Übergang zwischen verschiedenen Bildobjekten eher diffus als klar konturiert (Abbildungen 15.40 und 15.41).

▲ **Abbildung 15.40**
Diese Maske ist nicht gut gemacht: Der Bildhintergrund wurde ausgeblendet und lässt die Haarkonturen grob zugeschnitten stehen.

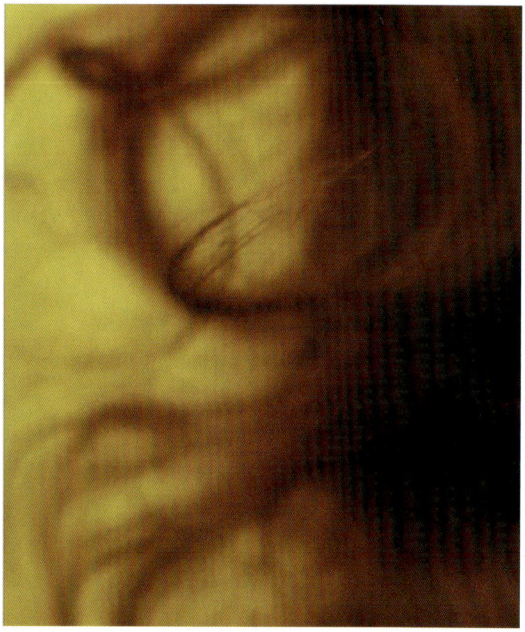

▲ **Abbildung 15.41**
Eine klare Grenze (hier ohne Maske) zwischen Haar und Originalhintergrund ist schwer auszumachen.

Zum Weiterlesen
Wie Sie auch **haarige Motive** per Maske erfassen, lesen Sie in einem Workshop im Abschnitt »Das Wunderwerkzeug für komplizierte Masken: ›Farbbereich‹« ab Seite 501.

Die Eigenschaften-Palette bietet gleich zwei Werkzeuge, um mit dieser schwierigen Materie fertigzuwerden.

Weiche Kante nicht nur für Pixel-Masken | Der Slider WEICHE KANTE ist direkt zugänglich. Er zeichnet Konturen innerhalb der Maske stufenlos weich. Änderungen werden direkt im Bild angezeigt. Sie können die Einstellung jederzeit korrigieren.

Diese Funktion lässt sich auf pixelbasierte Ebenenmasken anwenden und – das ist das Besondere – **auch auf Vektormasken**. Bisher galt: Vektormasken haben stets scharfe, harte Kanten und bestehen nur aus Schwarz oder Weiß; Graustufen und damit weiche Übergänge waren nicht realisierbar. Das ist nun anders: Der WEICHE KANTE-Regler macht auch die Konturen innerhalb von Vektormasken weich. Diese werden dadurch deutlich aufgewertet und bieten gewissermaßen das Beste aus der Pixel- und der Vektorwelt: Sie sind stufenlos skalierbar, kommen nun aber nicht mehr zwangsläufig in harter Scherenschnitt-Optik daher.

Differenzierte Einstellungen: Maskenkante | Differenziertere Einstellungen für die Konturen innerhalb von Masken eröffnen sich mit dem MASKENKANTE-Dialog.

Dessen Funktionen lassen sich jedoch **nur auf Pixelmasken** anwenden. Wohl aus diesem Grund sind die beiden Weiche-Kante-Funktionen innerhalb der Eigenschaften-Palette nicht miteinander gekoppelt: Die WEICHE KANTE-Einstellung innerhalb des Dialogs MASKENKANTE arbeitet völlig unabhängig vom Regler WEICHE KANTE auf der Eigenschaften-Palette.

Wirklich neu sind die Funktionen des Dialogs nicht: Sie kennen sie bereits aus dem KANTE VERBESSERN-Dialog der Auswahlwerkzeuge; lesen Sie in Abschnitt 14.8, »Auswahltuning mit Live-Vorschau: Kante verbessern«, nach.

▲ **Abbildung 15.42**
Hier geht es zum Masken-Feintuning.

◀ **Abbildung 15.43**
MASKE VERBESSERN ist ein neuer Name für Funktionen, die Sie schon von der Auswahlfunktion KANTE VERBESSERN kennen.

Es ist jedoch ein absoluter Zugewinn, dass diese Einstellungen auch auf Masken angewendet und jederzeit angepasst werden können. Das Handling ist einfach und spart gegenüber den bisherigen manuellen Masken-Korrekturen viel Zeit. Und auch diese Einstellungen lassen sich jederzeit erneut aufrufen und ändern.

Zwei verschiedene Ansichten gleichzeitig

Mit dem Befehl FENSTER • ANORDNEN • NEUES FENSTER FÜR [DATEINAME] wird ein Dokument in zwei Fenstern gleichzeitig angezeigt. Der Vorteil: Sie haben zwei unterschiedliche Ansichtsvarianten eines Bildes gleichzeitig auf dem Schirm. So halten Sie bei kniffligen Arbeiten etwa unterschiedliche Maskendarstellungen oder Zoomstufen parallel im Blick. Mehr dazu gibt es in Kapitel 5, »Nützliche Helfer«.

Das Wunderwerkzeug für komplizierte Masken: »Farbbereich«

Altgediente Photoshop-Anwender sind über diese hymnische Überschrift sicherlich etwas verwundert: Schließlich ist der Dialog FARBBEREICH schon seit gefühlten Ewigkeiten Teil des Photoshop-Funktionsumfanges (im AUSWAHL-Menü).

Zum Nachlesen

In Abschnitt 14.6, »Farbbereiche auswählen«, stelle ich den Dialog ausführlich vor.

Kein Extrahieren-Filter mehr
Adobes frühere Freistell-Hilfe, der Extrahieren-Filter, hat nie wirklich gut funktioniert. Deswegen ist er schon seit CS5 nicht mehr dabei. Das Nachinstallieren klappt in CS6 definitiv nicht mehr.

Doch dank der Optionen BEREICH und LOKALISIERTE FARBGRUPPEN und der Anwendbarkeit auf Masken bringt dieser »Oldie« einen kräftigen Produktivitätsschub. Wer jemals mit komplizierten Freistellern oder dem alten EXTRAHIEREN-Filter gekämpft hat, wird die Kombination FARBBEREICH plus Maske sehr zu schätzen wissen.

Nicht zur Nachbearbeitung | Zur Nachbearbeitung von Masken ist die FARBBEREICH-Funktion **nicht so gut geeignet**. Doch Sie können – ohne den Umweg über eine zuvor erstellte Auswahl – Masken erzeugen, die bestimmte Bildteile ausblenden. Welche Bildteile das sind, lässt sich dabei genau steuern. Im folgenden Workshop erfahren Sie anhand eines handwerklich recht anspruchsvollen Motivs (der lockigen Dame von Abbildung 15.40), wie das funktioniert.

Schritt für Schritt: Masken-Maßarbeit: Farbbereich plus Maske

Das Ziel dieses Workshops ist es, eine Maske zu erzeugen, die den Bildhintergrund ausblendet und dabei gleichzeitig die Haarpracht der porträtierten Frau intakt lässt. Danach könnten Sie einen anderen Bildhintergrund einmontieren, oder Sie lassen das Bild einfach freigestellt vor Weiß stehen. Das hört sich zunächst trivial an, doch tatsächlich sind solche haarigen Motive sehr anspruchsvoll.

Datei auf der Buch-DVD: »LockigeSchönheit.tif«

1 Datei vorbereiten

Zur Vorbereitung sind zwei Schritte zu erledigen: Sie machen aus der Bildebene – die jetzt noch die Hintergrundebene ist – eine normale Bildebene. Dann erzeugen Sie eine neue, weiße Ebene und legen sie unter die Ebene mit dem Motiv. Sie dient der Ergebniskontrolle. Und schließlich wechseln Sie wieder zur Ebene mit dem Bildmotiv und erzeugen dort eine Ebenenmaske.

▲ **Abbildung 15.44**
Die Ausgangsdatei

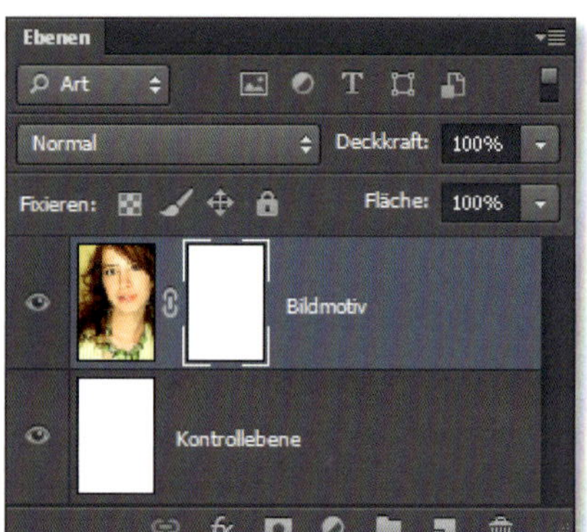

◀ **Abbildung 15.45**
Ebenenaufbau der Datei

2 Farbbereich-Dialog starten und einstellen

Markieren Sie nun die Maske in der Ebenen-Palette, und starten Sie den Dialog FARBBEREICH mit dem entsprechenden Button in der Eigenschaften-Palette. Achten Sie, bevor Sie loslegen, darauf, dass alle Optionen richtig eingestellt sind.

Sehr wichtig ist die Option UMKEHREN (4) – sonst sehen Sie nämlich nur eine schwarze Maske. Bei den Pipetten brauchen Sie die Plus-Pipette (3) für multiple Auswahlklicks ins Bild. Unter AUSWAHL (1) muss AUFGENOMMENE FARBEN stehen. Aktivieren Sie auch unbedingt LOKALISIERTE FARBGRUPPEN (2), und starten Sie mit eher niedrigen Werten bei TOLERANZ und BEREICH – Sie können sich später noch an die beste Einstellung herantasten. Achtung: Der BEREICH-Regler ist manchmal erst aktiv, nachdem Sie bereits einige Klicks in das Bild gemacht haben. Die Option GESICHTER ERKENNEN hilft bei diesem Motiv nicht weiter. Bei der AUSWAHLVORSCHAU haben Sie freie Wahl und können entscheiden, mit welcher Darstellung Sie am besten zurechtkommen. Ich fand die in Abbildung 15.46 gezeigte Konstellation bei diesem Motiv am hilfreichsten.

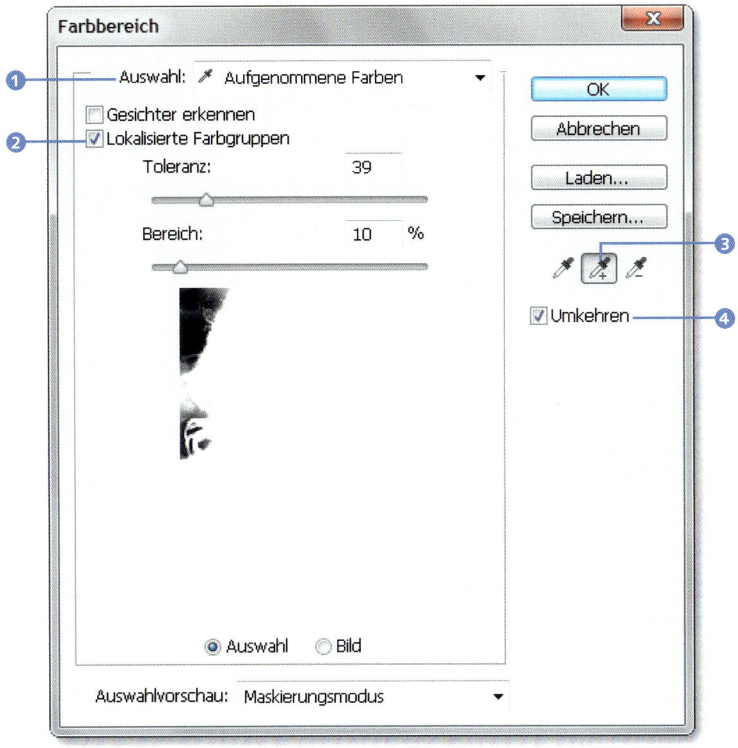

◄ **Abbildung 15.46**
Das Vorschau-Bild zeigt, dass hier schon die ersten Klicks gemacht wurden – oben links sehen Sie die Anfänge einer schwarzen Maskenfüllung.

3 Die ersten Auswahlklicks: Toleranz und Bereich austarieren

Fangen Sie nun an, im Bild oben links Auswahlklicks zu setzen – also in die Bereiche, die maskiert werden sollen. In der Vorschau erscheinen diese Bereiche dann schwarz, im Bild selbst werden sie sofort ausgeblendet, so dass dort die dahinterliegende weiße Ebene sichtbar wird. Nur wenn Sie mit geringer Toleranz und einem niedrigen Wert für BEREICH arbeiten, ist gewährleistet, dass Sie nicht zu viele Farbbereiche erwischen und dadurch versehentlich zu viel Haar entfernen. Durch Verschieben der Regler stellen Sie fest, bei welchen TOLERANZ/BEREICH-Werten die Maske bei diesem Motiv am besten wirkt. Ziehen an den Reglern ändert Maske und Bild sofort, und zwar auch **rückwirkend** für alle bisher getätigten Klicks.

Statt vieler einzelner Klicks können Sie auch bei gehaltener ⇧-Taste malen.

Bei diesem Motiv sind diffuse, weiche Konturen gefragt. Verstellen Sie die Regler entsprechend. Je nachdem, wo Sie Ihre Klicks gesetzt haben, sind andere Werte optimal, deshalb kann ich hier keine allgemeingültigen Werte nennen. Bei meinen Tests erreichte ich mit geringen BEREICH-Werten (um die 20) und höherer TOLERANZ (70 und darüber) ganz passable Ergebnisse.

4 Fehlerkorrektur

Einzelne Fehlklicks können Sie mit BEARBEITEN • RÜCKGÄNGIG sofort wieder zurücknehmen. Die Minus-Pipette ist ein weiteres Mittel, um Farbbereiche wieder von der Maskierung auszuschließen. Die Anwendung funktioniert jedoch nicht immer gut, manchmal verschlimmbessert man die Maske nur. Ist Ihnen die ganze Maske missraten, drücken Sie die Alt-Taste: Der Button ABBRECHEN des FARBBEREICH-Dialogs wird zu ZURÜCKSETZEN. Er nimmt alle Ihre Änderungen zurück, ohne den Dialog zu schließen. Sie können danach sofort wieder von vorn anfangen.

▲ **Abbildung 15.47**
Es ist wahrscheinlich, dass der FARBBEREICH-Dialog an einem Punkt Ihrer Korrektur so etwas anzeigt: prima Locken-Konturen und dazu einige unerwünscht maskierte Bereiche im Maskeninneren.

5 Farbbereichsauswahl abschließen

Vermutlich lässt es sich nicht vermeiden, dass auch Bereiche, die gar nicht ausgeblendet werden sollten – zum Beispiel im Gesicht der Frau –, teilweise schwarz abgedeckt werden und dadurch im Bild heller erscheinen (sie werden durch die Maske teiltransparent). Das ist jedoch kein Schaden: Solche Stellen lassen sich später leicht manuell überpinseln. Konzentrieren Sie sich einzig auf den Übergang zwischen den Locken und dem gelben Hintergrund. Wenn der in Ordnung zu sein scheint, quittieren Sie den Dialog. Die Nachbearbeitung ist dann ganz einfach – in jedem Fall deutlich einfacher als eine manuell gemalte Lockenmaske!

6 Zwischenergebnis

Sie haben wahrscheinlich jetzt ein Bild mit einer fast perfekten Maske vor sich. Es müsste ungefähr so aussehen wie in Abbildung 15.48.

▲ **Abbildung 15.48**
Hier sind vor allem die über die Bluse hängenden Locken entfärbt. Das ist ein Resultat der unerwünschten hellgrauen Maskenverfärbung. Die Masken-Fehlstellen über dem Gesicht sind im Bild weniger auffallend.

▲ **Abbildung 15.49**
In der Ebenen-Palette erscheinen Bild und Maske jetzt so.

7 Innenbereiche manuell nachpinseln

Um die Maske weiter zu korrigieren, müssen Sie nun doch ein wenig den Pinsel schwingen. Doch keine Angst – es handelt sich hier nicht um knifflige Konturen, sondern um Innenbereiche der Maske, die Sie großzügig auspinseln können. Wechseln Sie zur Kanäle-Palette. Dort blenden Sie den Alphakanal ein und die übrigen Kanäle aus. Wenn der Alphakanal nicht zu sehen ist, müssen Sie zuerst in der Ebenen-Palette die Ebene mit dem Frauenbild aktivieren. Das Bild erscheint nun in der Graustufenansicht, das heißt, Sie sehen dort die Maske.

Rufen Sie nun das Pinsel-Werkzeug auf (Kürzel B), und stellen Sie eine geeignete Pinselgröße ein. Ein weicher, mittelgroßer Pinsel ist gut geeignet. Lediglich für die Kanten der Locken müssen Sie einen kleineren Pinsel nehmen und etwas vorsichtiger zu Wege gehen. Sie wollen ja nicht Ihre Vorarbeit zerstören.

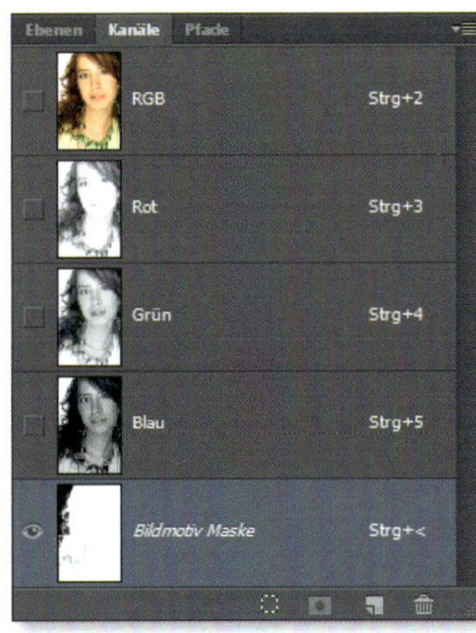

▲ **Abbildung 15.51**
Einstellung der Kanäle-Palette

Zum Weiterlesen
In Abschnitt 29.3, »Feintuning für Pinsel- und Werkzeugspitzen«, finden Sie ausführliche Informationen über das **Anpassen von Pinseln**.

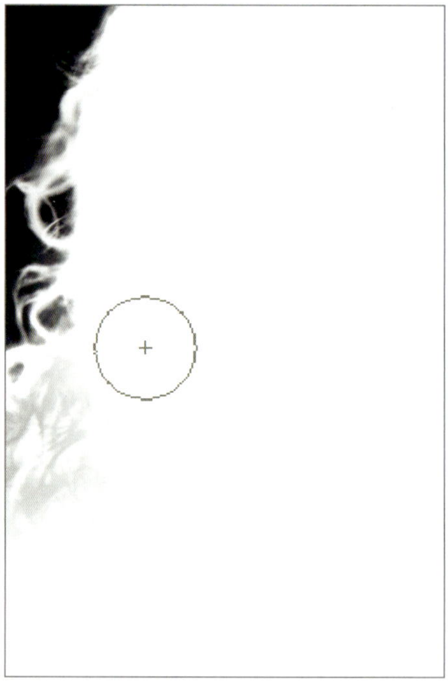

Abbildung 15.50 ▸
Korrigieren Sie mit einem groben, weichen Pinsel. Hier sehen Sie auch noch einmal sehr gut die hellgrauen Partien der Maske an den Konturen der Locken: Diese gewährleisten im Bild den sanften, realistischen Übergang zwischen Haar und neuem Hintergrund.

8 Fertig! Das Endergebnis
Das fertige Bild mit korrigierter Maske sieht nun aus wie in Abbildung 15.52.

Abbildung 15.52 ▸
Ein überzeugender Freisteller, schnell gemacht.

15.5 Präzisionsarbeit mit Masken

Mit den Funktionen unter MASKE VERBESSERN lässt sich bereits viel erreichen. Ergebnisse, die in älteren Programmversionen in mühevoller Handarbeit erledigt werden mussten, haben Sie damit in kurzer Zeit erzielt. Dennoch reicht das nicht immer aus, und Sie müssen die Maske manuell in weiteren Arbeitsschritten optimieren oder für Ihre Zwecke zurichten. Im Folgenden zeige ich Ihnen, wie Sie mehr aus Ihren Masken herausholen.

Zwei Ebenenmasken für eine Ebene

Manchmal wünscht man sich für eine Bildebene zwei Ebenenmasken: Wenn die erste schon gut sitzt, möchte man in einer zweiten Details nacharbeiten, ohne die erste Maske noch zu verändern. Doch zwei Ebenenmasken bei einer Ebene sind in Photoshop nicht vorgesehen: Beim Versuch, auf normalem Weg eine zweite Ebenenmaske zu erzeugen, entsteht immer eine Vektormaske. Es gibt jedoch einen hilfreichen Workaround:

1. Zunächst legen Sie wie gewohnt eine Ebenenmaske an und bearbeiten diese. Wenn Sie dann eine zweite Ebenenmaske benötigen, ...
2. erstellen Sie eine neue Ebenengruppe, zu der jedoch nur eine Ebene gehört, nämlich die mit der Maske. Das geht am schnellsten mit dem Kürzel [⇧]+[Strg]/[cmd]+[G].
3. Diese Ebenengruppe maskieren Sie nun ebenfalls, etwa indem Sie auf das Icon EBENENMASKE in der Ebenen-Palette klicken. Die Maske der Gruppe wirkt nun ebenfalls auf die Ebene und kann beliebig verändert werden.

Farbränder, Farbschimmer: Reste vom alten Hintergrund loswerden

Ich erinnere mich noch gut an eine Workshopteilnehmerin von mir, die für eine Weihnachtskarte ein Bild ihres weißen, zotteligen Hundes, fotografiert vor einer grünen Rasenfläche, freistellen und in eine Schneelandschaft montieren wollte. An dieser Aufgabe ist sie zunächst verzweifelt, denn obwohl die Maske selbst gut gearbeitet war, sah die Montage immer »künstlich« aus.

Die Ursache war natürlich der grüne Widerschein des ursprünglichen Hintergrundes, der auf dem weißen Hundefell und vor dem neuen weißen Hintergrund besonders deutlich sichtbar war. Solche Schwierigkeiten ergeben sich häufig. Das Tool FARBEN DEKONTAMINIEREN im MASKE VERBESSERN-Dialog schafft erste Abhilfe, doch reicht seine Wirkung nicht immer aus. Es wirkt nämlich nur auf teiltransparente Pixel einer Ebene, wie sie charakteristischerweise in den Randbereichen vorkommen. Ziehen sich Farbsäume noch weiter in das Motiv hinein oder sind sie gar als Farbschimmer mitten im Motiv sichtbar, werden Sie sie auf diese Weise nicht los. Hier hilft nur manuelles Nacharbeiten, das aber glücklicherweise in den meisten Fällen recht einfach ist.

Zum Weiterlesen
Das Photoshop-**Protokoll** erleichtert es Ihnen, Arbeitsschritte zurückzugehen und frühere Bildstadien wieder aufzurufen. Wie das genau geht, steht in Abschnitt 6.3., »Die Protokoll-Palette«.

Farbsäume entsättigen | Die Lösung für dezente farbige Kanten an freigestellten Motiven ist recht einfach: Sie heißt Schwamm-Werkzeug (Kürzel: [O]). Das Tool kann die Sättigung einzelner Bildpartien erhöhen und – für diesen Anwendungsfall interessanter – herabsetzen. Seine Anwendung ist unkompliziert, doch leider nicht zerstörungsfrei, denn Sie arbeiten direkt auf der Bildebene. Daher ist Vorsicht geboten; am besten, Sie machen sich zuvor einen Protokoll-Schnappschuss.

▲ **Abbildung 15.53**
Optionen des Schwamm-Werkzeugs

Aktivieren Sie dann den Schwamm, und wählen Sie in der Optionsleiste den Modus SÄTTIGUNG VERRINGERN ❶. Der FLUSS ❷ regelt, wie stark der behandelten Partie die Farbe entzogen wird. Die Option DYNAMIK ❸ hält die Werkzeugwirkung weiter im Zaum und kann vollständigem Ausgrauen entgegenwirken. Dieses Vorgehen hat sich bei geringen Verfärbungen kleinteiliger Objektkanten – etwa Haare, Fell – bewährt. Es funktioniert besonders gut, wenn das freigestellte Objekt und der Farbschein nicht zu bunt sind. Sind Sie mit dem Schwamm nicht erfolgreich, können Sie die folgende Technik anwenden.

▲ **Abbildung 15.54**
Die vier Batterien sollen vom orangefarbigen Hintergrund gelöst werden.

Hartnäckige Farbsäume und Farbreflexionen auf größeren Flächen eliminieren | Befinden sich größere Farbreflexionen im Objektinneren oder sind die Farbkanten des Objekts sehr bunt, ist die Anwendung des Schwamms nicht anzuraten. Sie müssten mit so hohen Werten arbeiten, dass nicht nur der Farbrand oder -schimmer verschwände, sondern jegliche Farbe entsättigt würde. In solchen Fällen können Sie die störenden Farbbereiche meist recht einfach übermalen – das geht sogar zerstörungsfrei auf einer separaten Ebene.

Bild: dieben.de

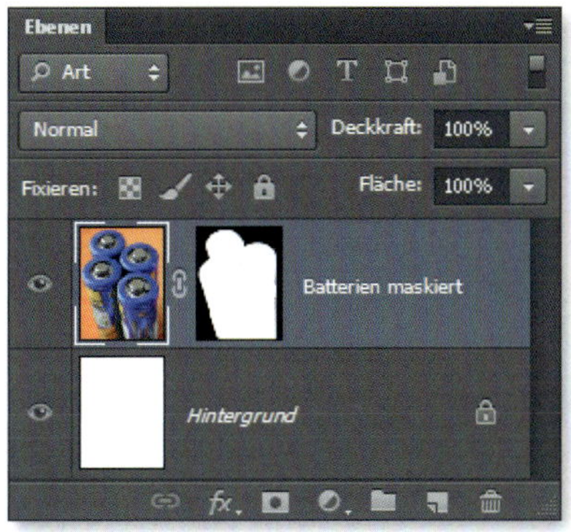

▲ **Abbildung 15.55**
Maskierte Version. An den Kanten reflektiert die glänzend blaue Batterie-Umhüllung die Farbe des früheren Hintergrundes stark.

Datei auf der Buch-DVD: »Batterien.tif«; Hinweis: Die benötigte Auswahl ist in der Datei gespeichert. Nutzen Sie AUSWAHL • AUSWAHL LADEN, um sie zu aktivieren.

Bei diesem Bild befinden sich noch auffällige orangefarbene Farbsäume an den Objektkanten. Mit dem Schwamm-Werkzeug lässt sich das schlecht beheben, das auffällige Blau der Batterien wird zu stark entsättigt. Mit dem im Folgenden beschriebenen Vorgehen kommen Sie stark farbigen Kanten, aber auch größeren Flächen mit Farbreflexionen – auch bei empfindlichen Motiven wie etwa Porträts – bei. Etwaige Anpassungen der Maske per Eigenschaften-Palette müssen Sie vorher vornehmen, sonst passen die aufgemalten Korrekturen nicht mehr.

1. Erstellen Sie eine leere Ebene oberhalb der maskierten Ebene mit dem problematischen Farbrand oder -schimmer.
2. Stellen Sie den Füllmodus dieser Ebene auf FARBE.
3. Wechseln Sie zum Pipette-Werkzeug [I], wählen Sie dort in den Optionen einen geeigneten Wert für den AUFNAHME-BEREICH (motivabhängig), und nehmen Sie die Farbe einer nicht durch Farbreflexionen beeinträchtigten Stelle auf.
4. Mit dem Pinsel-Werkzeug [B] malen Sie nun vorsichtig mit der eben aufgenommenen »Originalfarbe« über die problematischen Partien. Nehmen Sie dabei, wenn nötig, erneut mit der Pipette Farbpixel auf, die zum gerade übermalten Bereich passen.

5. Bei größeren übermalten Flächen ist es eventuell hilfreich, die Korrekturebene leicht weichzuzeichnen, um die Übermalung besser einzupassen.

Abbildung 15.56 ▶
Die Farbränder sind jetzt weitestgehend weggemalt.

Maskenkanten nur teilweise weichzeichnen

Wenn Sie die Kanten des Batteriebildes nach dem Freistellen (Abbildung 15.56) mit denen des Ausgangsbildes (Abbildung 15.54) genau vergleichen, fällt Ihnen vielleicht auf, dass im Original an einigen Stellen eine gewollte fotografische Unschärfe im Spiel ist, die im oberen Bereich stärker ist als vorn und unten. In der freigestellten Version sind diese Kanten jedoch durchgängig recht hart. Mit dem Tool Weiche Kante aus der Eigenschaften-Palette lässt sich diese Unschärfe nicht nachbilden, denn Weiche Kante wirkt gleichmäßig auf *alle* Objektkanten. Dieses Problem tritt bei Close-ups und Detailaufnahmen recht häufig auf. Sie könnten nun die Kante der Maske selbst mit dem Weichzeichner-Werkzeug (ohne Shortcut) behandeln, dessen Wirkung lässt sich jedoch nicht so gut steuern. Besser arbeitet es sich in solchen Fällen mit dem Protokollpinsel Y.

Bei diesem speziellen Beispielbild stört dabei die Ebene mit der Kanten-Übermalung, deshalb nutzen Sie am besten eine Bildversion, bei der die oberen zwei Bildebenen unter Beibehaltung der Maske reduziert wurden. Hier im Beispiel können Sie die Datei »BatterienOhneFarbsaum.tif« verwenden.

Der Protokollpinsel funktioniert zusammen mit der Protokoll-Palette wie eine kleine Bildbearbeitungs-Zeitmaschine: Mit ihm malen Sie bestimmte Stadien der Bearbeitung – auch teilweise – zurück ins Bild. Unser Vorgehen: Wir zeichnen die Kanten vollständig weich und malen dann die höhere Kantenschärfe dort wieder ins Bild zurück, wo die pauschale Weichzeichnung zu stark ist. So sehen die Schritte aus:

Bild auf der Buch-DVD: »BatterienOhneFarbsaum.tif«

1. Aktivieren Sie die Maske, und erzeugen Sie mit Hilfe von MASKE VERBESSERN eine weiche Kante. Die in diesem Beispiel verwendeten Einstellungen sehen Sie in Abbildung 15.57.

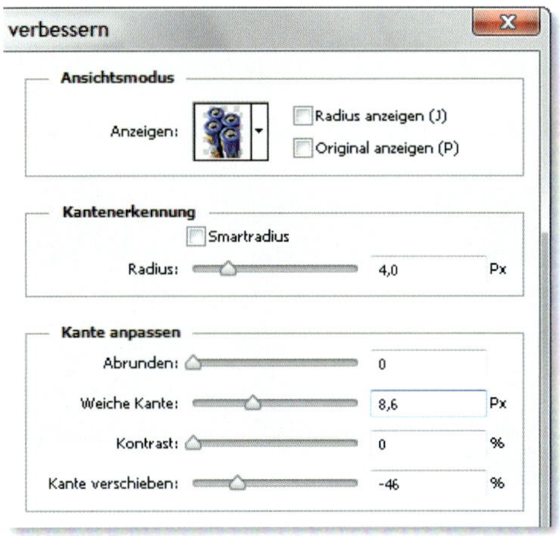

◂ **Abbildung 15.57**
Der RADIUS gewährleistet, dass WEICHE KANTE gut wirkt, die Verschiebung der Kante nach innen wirkt dem Sichtbarwerden des orangefarbenen Hintergrundes entgegen.

2. Wechseln Sie zum Protokoll-Pinsel [Y], und starten Sie mit FENSTER • PROTOKOLL die Protokoll-Palette. Dort müssten sie nun zwei Einträge sehen: »Öffnen« für das unbehandelte Bild mit noch scharfen Maskenkanten und »Maske verbessern«.
3. Markieren Sie nun den Zustand »Öffnen« ❶. Sie sehen, dass sich das Bild auch zurückverwandelt. Klicken Sie in das Kästchen vor dem Eintrag »Maske verbessern« ❷. Damit legen Sie fest, dass dieser Zustand ins Bild zurückgemalt wird.

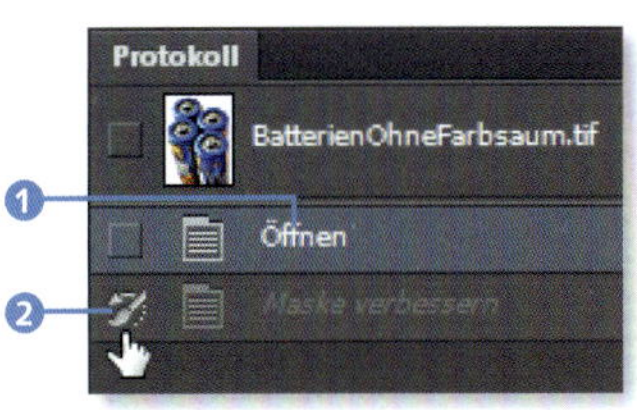

◂ **Abbildung 15.58**
Einstellungen der Protokoll-Palette

4. Stellen Sie die nun Optionen des Protokoll-Pinsels ein. Je nach Motiv und bearbeiteter Bildpartie sind andere Einstellungen geeignet. Pinselgröße und -härte erklären sich von selbst. DECKKRAFT und FLUSS regulieren die Stärke der Werkzeugwirkung. Der Unterschied: Senken

Sie den Fluss-Wert, addieren sich übereinandergemalte Striche; Sie können hier besser modulieren. Ein Deckkraft-Wert bleibt immer konstant, auch wenn Sie mehrfach über die gleiche Stelle fahren. Im Beispiel habe ich mit relativ geringen Werten gestartet und mich langsam an das Wunschergebnis herangetastet.

▲ **Abbildung 15.59**
Optionen des Protokoll-Pinsels

5. Fahren Sie mit dem Protokollpinsel über die Partien, bei denen die Weichzeichnung zu stark geraten ist und zurückgenommen werden soll.

Der Freisteller wirkt nun deutlich überzeugender und realistischer als mit den harten Kanten der Vorversion.

Abbildung 15.60 ▶
Das Resultat: Fein dosierte Weichzeichnung an den Objektkanten.

Fein modellierte Auswahlen

Masken und Auswahlen sind – technisch gesehen – zwei Seiten einer Medaille: Beide basieren auf Alphakanälen, beide können weiche Übergänge enthalten, und die Verwandlung einer Maske in eine Auswahl und umgekehrt ist ganz einfach. Das können Sie sich zunutze machen, wenn Sie eine Auswahl benötigen, die nicht auf alle Bildteile gleich stark wirkt; etwa um Bilder partiell zu korrigieren oder um Filter besonders differenziert anzuwenden. Basis einer solchen Auswahl ist eine Maske, in der weiche Verläufe und viele Grau-Nuancen vorkommen. Daraus lässt sich dann einfach eine Auswahl erzeugen. Ich zeige Ihnen das Verfahren anhand eines gefälschten Tilt-Shift-Bildes. Die hier beschriebene Methode eignet sich, wenn Photoshops eigener Tilt-Shift-Filter (neu in CS6, zu finden unter FILTER • WEICHZEICHNUNGSFILTER) nicht präzise genug arbeitet, und funktioniert auch in anderen Fällen gut, wenn Sie einen Filter oder eine andere Funktion genau dosiert anwenden wollen.

[Tilt und Shift]
Mit Tilt und Shift (T&S) wurden ursprünglich Fotoobjektive (T&S-Objektive) bezeichnet, bei denen sich das Linsensystem gegenüber der Filmebene verschwenken lässt. Einige der charakteristischen Effekte von T&S-Fotos lassen sich auch gut digital simulieren.

Schritt für Schritt: Falsche Unschärfe mit Ebenenmaske, Auswahl und Filter

Unser Ausgangsbild ist die Fotografie einer Stadt- und Meereslandschaft aus der Vogelperspektive. Im Vordergrund und im hinteren Bereich soll eine Unschärfe erzeugt werden, lediglich der Mittelteil des Bildes soll scharf bleiben. Scharfe und unscharfe Bereiche sollen sanft ineinander übergehen.

Datei auf der Buch-DVD: »AalesundVonOben.tif«

1 Datei vorbereiten

Da die Ebene am Schluss mit einem Weichzeichnungsfilter bearbeitet werden soll, wird sie als Erstes in ein Smartobjekt umgewandelt. Dies gibt Ihnen Spielraum für Filterexperimente: Smartobjekte lassen sich zerstörungsfrei mit Filtern bearbeiten. Das neue Smartobjekt versehen Sie dann mit einer (zunächst leeren) Maske.

◄ **Abbildung 15.61**
Das Ausgangsbild

▲ **Abbildung 15.62**
Ebenenaufbau: Smartobjekt mit (zunächst leerer) Maske

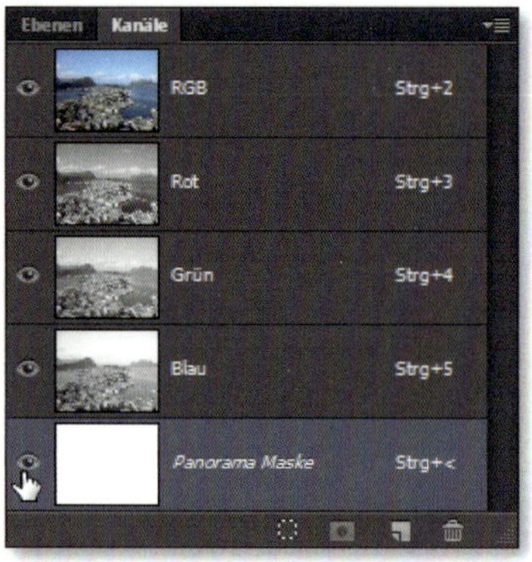

▲ **Abbildung 15.63**
Da die Maske zunächst noch leer ist, taucht beim Einblenden des Masken-Alphakanals keine »rote Folie« im Bild auf.

▲ **Abbildung 15.64**
Im Bild ändert sich noch nichts, aber diese Voreinstellungen sind für die nächsten Schritte wichtig.

2 Richtige Ansicht einstellen

Für die folgenden Arbeitsschritte brauchen Sie gleichzeitig gute Sicht auf die Bildinhalte und auf die Maske. Dazu empfiehlt sich eine Ansicht der »Maskenfolie«. Klicken Sie mit [⇧]+[Alt] auf die Maskenminiatur, um diese Ansicht einzublenden, oder nutzen Sie die Kanäle-Palette.

Zusätzlich müssen Sie die Maske deaktivieren, weil ansonsten gleich die wichtigsten Bildinhalte mit der Maske abgeblendet werden. Nutzen Sie dafür zum Beispiel das Kontextmenü, oder klicken Sie bei gehaltener [⇧]-Taste auf die Maskenminiatur.

3 Verlauf planen

Bearbeitet wird jetzt die Maske. Ein Kontrollblick in die Ebenen-Palette und die Bildtitelleiste empfiehlt sich, um sicherzustellen, dass Sie nicht versehentlich die Bildebene unter der Maus haben.

Der Mittelbereich des Bildes soll scharf bleiben; Vorder- und Hintergrund werden unscharf. Auf der Maske legen Sie einen **Verlauf** an, der später die Unschärfe im Bild genau dosiert. Noch einmal zur Erinnerung: Die Maskenfarbe Weiß bedeutet »unmaskiert«. Daraus wird später der ausgewählte Bereich, den Sie bearbeiten können. Schwarz bedeutet »maskiert und vor späterer Bearbeitung geschützt«. Grautöne auf der Maske drosseln die Wirkung der Bearbeitung. Sie brauchen also einen Verlauf, der von Weiß (im Bildvordergrund, wo stark weichgezeichnet werden soll) in Schwarz übergeht (außerhalb des Auswahlbereichs, ergo keine Bearbeitung) und dann wieder weiß wird.

4 Verlauf einstellen

Rufen Sie das Verlaufswerkzeug ([G]) auf, und stellen Sie über ❶ einen Verlauf SCHWARZ, WEISS ❹ ein. Wichtig ist auch, dass der REFLEKTIERTE VERLAUF ❷ aktiviert ist.UMKEHREN ❸ muss unbedingt inaktiv sein.

Abbildung 15.65 ▼
Einstellungen des Verlaufswerkzeugs

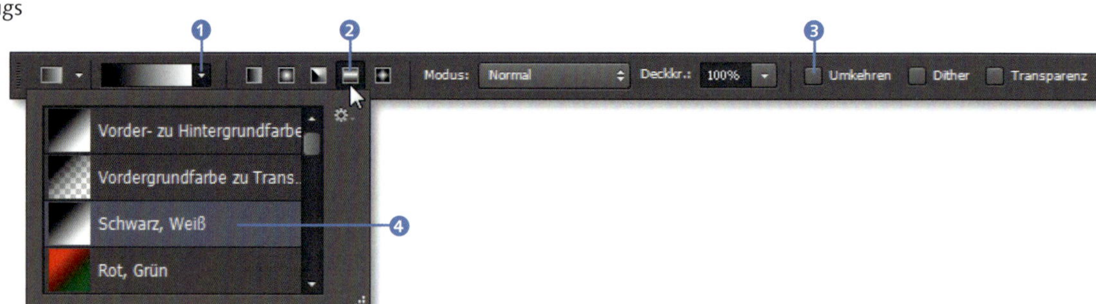

5 Verlauf auf der Maske anlegen

Klicken Sie mit der Maus ungefähr in der Bildmitte, und ziehen Sie die Maus mit gedrückter Maustaste nach unten weg. An der roten Maske erkennen Sie jetzt, wie der Verlauf wirkt. Vermutlich brauchen Sie – so wie ich – mehrere Anläufe, bis Sie eine Auswahlform hinbekommen, die richtig sitzt. Sie können zum Experimentieren mit Verläufen einfach immer wieder auf derselben Maske neu ansetzen.

◀ **Abbildung 15.66**
Der Verlauf auf der Maske

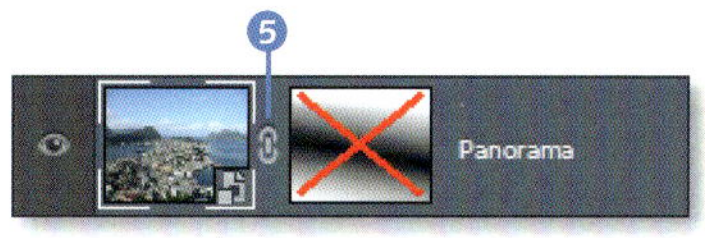

▲ **Abbildung 15.67**
In der Ebenen-Palette sieht das so aus.

6 Feinarbeiten

Bei Bedarf bearbeiten Sie die Maske nach. Lösen Sie zum Beispiel die Verbindung von Ebene und Maske (5), und verändern Sie dann die Position der Maske mit dem Verschieben-Werkzeug [V] [▸✥]. Die Maske lässt sich sogar transformieren und kann selbstverständlich auch bepinselt werden. Achten Sie nur immer darauf, dass Sie die Maske und nicht die Ebene verändern! Sie sollten hier jedoch nicht zu detailversessen arbeiten. Das hält nur auf und ist für den gewünschten Effekt auch nicht erforderlich.

7 Auswahl aus der Maske erstellen

Die Ansicht der roten »Maskierungsfolie« brauchen Sie nun nicht mehr. Sie können Sie ausblenden. Schalten Sie in der Kanäle-Palette das Augensymbol vor dem Maskenkanal aus, oder klicken Sie mit gehaltener [⇧]+[Alt]-Taste auf die Maskenminiatur in der Ebenen-Palette. Dabei wird die Maske meist auch aktiviert, was wir nicht wollen – es ist ja nicht unser Ziel, die Ebene auszublenden. Ein erneuter [⇧]-Klick in die Maskenminiatur richtet das wieder.

Für das Erstellen der Auswahl steht die Maske auch im deaktivierten Zustand zur Verfügung. Der schnellste Weg ist hier der [Strg]/[cmd]-Klick auf die Miniatur. Die Auswahllinie ist die vertraute Ameisenstraße. Die durch den weichen Farbverlauf in der Maske bewirkte Weichzeichnung sieht man ihr nicht an!

Abbildung 15.68 ▶
Aus der Maske wurde eine Auswahl erstellt.

8 Weichzeichnen

Nun wechseln Sie von der Maske auf das Bild. Kontrollieren Sie mit Adleraugen die Bildtitelleiste und die Ebenen-Palette. Wenden Sie dann einen Weichzeichnungsfilter an. Unkompliziert in der Anwendung und mit genügend Kontrollmöglichkeiten ausgestattet ist der Gaußsche Weichzeichner (unter FILTER • WEICHZEICHNUNGSFILTER).

Abbildung 15.69 ▶
Erschrecken Sie nicht: Die Darstellung im Vorschaufenster des Filters ignoriert Ihre Auswahl, aber wenn Sie den Filter dann anwenden, ist alles korrekt.

9 Bonbonfarben

Damit die Illusion einer Miniaturwelt komplett wird, fehlen eigentlich nur noch die charakteristischen Bonbonfarben. Also erzeuge ich noch zwei farbverfremdende Einstellungsebenen. Mit FARBTON/SÄTTIGUNG mache ich die Bildfarben insgesamt quietschiger, kräftiger, und mit der

Selektiven Farbkorrektur bekommt der Himmel einen künstlichen Cyan-Ton. Zu guter Letzt pinsele ich auf der Maske des Smartfilters noch ein wenig nach, um einzelne Bildteile gezielt von der Weichzeichnung auszuschließen.

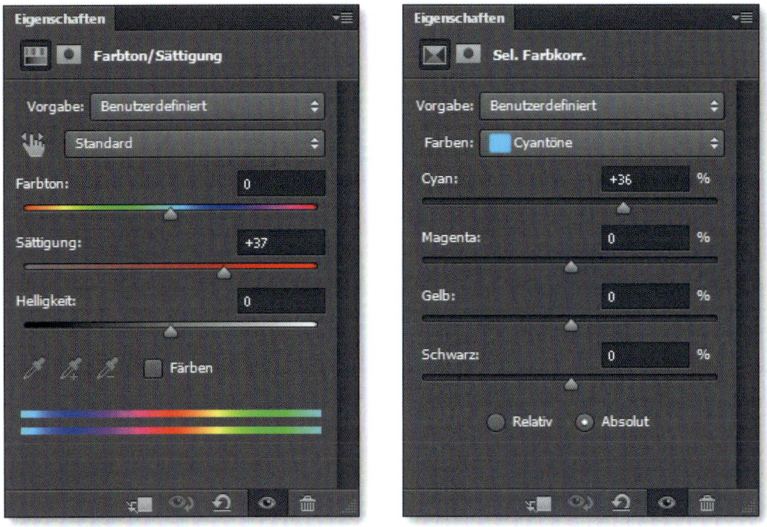

◀ **Abbildung 15.70**
Mit diesen Einstellungen bekommt das Bild den richtigen Miniaturwelten-Touch.

10 Fertig! Das Endergebnis

Das fertige Bild sieht dann ungefähr so aus wie in Abbildung 15.71:

▲ **Abbildung 15.71**
Die norwegische Stadt Aalesund als »Miniaturmodell« und der Ebenenaufbau

TEIL VI
Korrigieren und optimieren

Kapitel 16
Regeln und Werkzeuge für die Bildkorrektur

Bildkorrekturen sind keine Raketenwissenschaft – doch man sollte wissen, was man tut. Denn »Trial and Error« dauert viel zu lange und verdirbt das Bild. Mit einigen Grundregeln, einer vernünftigen Fehleranalyse und den richtigen Tools gelingt die Korrektur!

16.1 Regeln für eine gute Korrektur

Neben Photoshops wilden Filtern und Effekten wirkt das oft behutsame, graduelle Korrigieren von Bildern unspektakulär. Mit der Methode *Trial and Error*, die in vielen anderen Bereichen weiterhilft, werden Sie bei der Korrektur von Farbstichen, schlechten Kontrasten oder falscher Helligkeit selten zu befriedigenden Ergebnissen kommen. Auch ein wenig Hintergrundwissen über Farben ist für das korrekte Analysieren und die zielgerichtete Korrektur von Bildfehlern notwendig.

Kein Bild ist wie das andere, und jedes Bild stellt eigene Aufgaben an die Bildkorrektur. Ein Patentrezept, das in jedem Fall zu einem guten Bild führt, gibt es nicht. Doch wie immer Ihr Bild aussieht, die folgenden Regeln sollten Sie auf jeden Fall beherzigen.

Bildkorrektur als Gestaltungsmittel
Ich möchte für die eingehende Beschäftigung mit dem Thema werben: Wenn Sie planvoll vorgehen, werden Sie schnell gute Resultate erzielen, und ganz nebenher steht Ihnen mit der Bildkorrektur auch ein wichtiges Gestaltungsmittel zur Verfügung, mit dem Sie Atmosphäre und inhaltliche Akzente eines Bildes subtil, aber wirkungsvoll verändern können.

Nehmen Sie sich nichts Unmögliches vor | Mangelhafte Helligkeit, Farbstiche oder schlechte Kontraste als Nebenwirkung des Digitalisierungsprozesses oder aufgrund von Neuberechnungen lassen sich meist recht gut korrigieren. Die Rettung völlig misslungener Fotos – aufgrund schlechter Aufnahmebedingungen oder mangels vernünftiger Vorlage – ist jedoch extrem zeitaufwendig und führt nicht unbedingt zu guten Ergebnissen. Wo Bildinformationen fehlen, können Sie sie nicht »hinzaubern«. Wie Sie Bilder analysieren und die Chancen auf eine gute Korrektur einschätzen, lernen Sie in den folgenden Kapiteln.

Dateien auf der Buch-DVD: »verhunzt.tif«, »korrigierbar.tif«

▲ **Abbildung 16.1**
Ein laienhaft digitalisiertes Dia: Heftiger Farbstich, zu dunkle Tiefen, in den Mitteltönen schwache Kontraste – hier ist nichts mehr zu machen.

Bild: F. Gaebler

▲ **Abbildung 16.2**
Gescannte Version eines ansonsten technisch gelungenen Fotos. Die durch den Scan entstandene Kontrastschwäche lässt sich leicht ausgleichen.

Analyse | Das Allerwichtigste: Analysieren Sie Ihr Bild sorgfältig, und gehen Sie gezielt vor. Versuchen Sie nicht »irgendwas«. Die meisten sichtbaren Bildfehler haben klar feststellbare Ursachen – die müssen Sie aufspüren und beheben. Nutzen Sie alle objektiven Kontrollmöglichkeiten aus, und verlassen Sie sich nicht allein auf die Bilddarstellung am Monitor!

Verzetteln Sie sich nicht | Photoshop bietet eine breite Auswahl an »klassischen« Korrekturwerkzeugen und dazu eine Reihe von Tools, mit denen sich automatisch oder halbautomatisch gewollte Farbverfremdungen ins Bild bringen lassen – reichlich Gelegenheit, um sich zu verzetteln. Das Korrekturergebnis wird dadurch selten besser! Gehen Sie auf Grundlage Ihrer Bildanalyse zielstrebig vor. Versuchen Sie nicht, eine missratene Korrektur mit dem nächsten Korrekturschritt auszubügeln. Es ist günstiger, eine nicht gelungene Veränderung zurückzunehmen und neu zu beginnen.

Die größten Korrekturen zuerst | Es empfiehlt sich, nach einer bestimmten Reihenfolge zu arbeiten: Die fundamentalen, umfassenden Korrekturen erledigen Sie als Erstes – oft haben sich kleinere Probleme damit auch schon gelöst! –, danach kümmern Sie sich um die Details. Die Reihenfolge der Korrekturen in diesem Buchteil folgt diesem Prinzip.

Korrigieren Sie so wenig wie möglich | Während Sie sich auf die Korrektur eines bestimmten Bildaspekts konzentrieren, kann es in den weniger beachteten Bereichen unbemerkt zu Verlusten kommen. Dosieren Sie Ihre Änderungen also vorsichtig.

Der Bildmodus RGB erleichtert Ihnen Korrekturen | Es gibt Ausnahmefälle, für die sich Korrekturen im Bildmodus Lab anbieten. Doch im Allgemeinen empfiehlt es sich, die Korrekturen im Bildmodus RGB durchzuführen. Dies ist ohnehin der gängige Eingangsbildmodus für digitale Bilddaten, und Sie sparen sich eine Umwandlung. RGB-Werte sind auch einfacher zu interpretieren und somit zu kontrollieren als Lab- und CMYK-Werte. Zudem kommen Sie an die wichtigsten Bildparameter in RGB einfacher heran. Darüber hinaus ist eine gute RGB-Korrektur Grundstein für ein qualitativ zufriedenstellendes Bild nach der Umwandlung in den Modus CMYK.

Mehr Bildinformationen bedeuten weniger Verluste | Die meisten Bilddateien sind sogenannte 8-Bit-Bilder. Das heißt, pro Farbkanal stehen 8 Bit zur Verfügung, um die Bildfarben und Tonwerte zu beschreiben. Manche hochwertigen Kameras (und einige Scanner) können auch 12- oder 16-Bit-Bilder erzeugen – also Dateien, deren Farbkanäle eine höhere Datentiefe haben und in denen deshalb mehr genuine Bildinformation vorliegt. Dateien, die per se über mehr Bildinformation verfügen, sind logischerweise unempfindlicher gegenüber Verlusten, die bei der Korrektur auftreten können.

Bild: F. Gaebler

▲ **Abbildung 16.3**
Zu dunkles Ausgangsbild

▲ **Abbildung 16.4**
Sichtbarer Datenverlust durch übertriebene Korrektur: Die Wolken haben alle Tonwertnuancen verloren und erscheinen als blanke Flächen.

Wenn Sie eine Kamera haben, die 12- oder 16-Bit-Bilder aufnimmt, richten Sie Ihren Workflow möglichst so ein, dass Ihnen diese Datentiefe bis zur Korrektur erhalten bleibt. Auch Camera Raw kann Ihnen dabei helfen.

Zum Weiterlesen
Adobes Raw-Konverter ist fester Bestandteil von Photoshop. In Kapitel 22, »Das Camera-Raw-Modul«, erfahren Sie mehr darüber.

Wo fange ich an?

Das ideale Korrekturrezept, das für jedes Bild passt, gibt es nicht. Dazu sind die Ausgangsbedingungen und die Anforderungen zu unterschiedlich. In den meisten Fällen hat sich jedoch diese Reihenfolge bewährt:

- Sofern Sie den Bildausschnitt durch Beschneiden verändern wollen, sollte dieser Schritt am Anfang stehen. Damit stellen Sie sicher, dass nur relevante Bildteile bei den Korrekturberechnungen berücksichtigt werden.
- Korrigieren Sie Helligkeit und Kontrast des Bildes, etwa mit der Tonwert-Korrektur oder einer der Auto-Funktionen.
- Stellen Sie die Farbbalance des Bildes her; dazu können Sie das Tool »Farbbalance« oder eines der anderen Werkzeuge nutzen.
- Schärfen Sie das Bild.

Informationen zum Beschneiden und Schärfen von Bildern finden Sie in Kapitel 24, »Bildformat und Bildgröße verändern«, und Kapitel 25, »Mehr Schärfe, weniger Rauschen«.

Ein farblich neutraler Arbeitsplatz hilft Ihnen | Auch wenn es einige Möglichkeiten gibt, Bildqualität objektiv(er) zu beurteilen, spielt Ihr Urteil eine Rolle – und das treffen Sie in der Regel am Bildschirm. Sie erleichtern sich diese Aufgabe, wenn Sie sich Ihren Arbeitsplatz richtig einrichten. Sorgen Sie für möglichst **neutrales Licht und unauffällige Farben** in der unmittelbaren Nähe Ihres Monitors. Eine grellblaue Schreibtischplatte wird Ihr Urteilsvermögen ebenso beeinträchtigen wie rot gestrichene Wände oder eine wohlig warme, gelbgetönte Beleuchtung.

Auch der **Arbeitsbereich auf Ihrem Bildschirm** sollte neutral erscheinen. Neutrales Grau beeinflusst Ihre Farbwahrnehmung am wenigsten. In CS6 können Sie unter VOREINSTELLUNGEN (Strg/cmd+K) auf der Tafel BENUTZEROBERFLÄCHE (Strg/cmd+2) einstellen, wie hell oder dunkel das Grau der Photoshop-Arbeitsumgebung sein soll. Mac-User sollten spätestens, wenn es an Bildkorrekturen geht, den Anwendungsrahmen dazuschalten – er beschert Ihnen mit einem Klick eine neutral graue Programmoberfläche, die andere »Schreibtisch«-Elemente abdeckt (Menü FENSTER • ANWENDUNGSRAHMEN).

16.2 Das Handwerkszeug für Bildkorrekturen

Elf verschiedene Werkzeuge und Befehle kennt Photoshop für die »klassischen« Bildkorrekturen, dazu kommen noch einmal zehn, mit denen Sie die Bildfarben verändern und verfremden. Gesteuert wird diese Funktionsvielfalt über Paletten, Menübefehle und verschiedene Dialogboxen. Lesen Sie hier, wie Sie die wichtigsten Tools und damit Ihre Korrekturen im Griff behalten.

Zerstörungsfrei arbeiten mit Einstellungsebenen

An sich ist die Bildkorrektur ein Eingriff, der die Originalpixel eines Bildes verändert, und zwar umso stärker, je mehr Sie korrigieren. Das ist nicht immer unproblematisch – vor allem bei Korrekturen, die nicht ganz sachgerecht ausgeführt wurden – und lässt Ihnen kaum Spielraum, um einmal vorgenommene Korrekturen zu verändern. Doch glücklicherweise gibt es Einstellungsebenen!

Eine Einstellungsebene wirkt wie ein korrigierender Filter, durch den die darunterliegende Bildebene angezeigt wird. Der Vorteil: Die ursprünglichen Bildpixel werden durch die Korrekturen nicht verändert. Einstellungsebenen ermöglichen es, verschiedene Korrekturen an einer einzigen Datei bequem durchzuspielen, zu speichern und zu überarbeiten, ohne dass die Pixel des Bildes tatsächlich verändert werden. Sie lassen sich in beliebiger Anzahl in einer Datei kombinieren, werden mitgespeichert (sofern das Dateiformat Ebenen unterstützt) und können jederzeit verändert, gelöscht oder ausgeblendet werden.

Dateien auf der Buch-DVD: »FrauAmPool.tif«

Bild: Fotolia, Kim Melia von Seidl

◀ **Abbildung 16.5**
Das Ausgangsbild

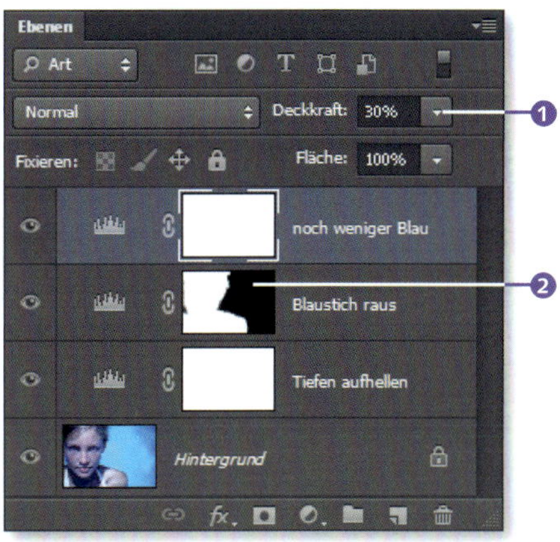

◀ **Abbildung 16.6**
Drei Tonwertkorrektur-Einstellungsebenen reparieren Helligkeit und Farbstich der Hintergrundebene. Auch Einstellungsebenen können Sie mit einer Maske ❷ und reduzierter Ebenendeckkraft ❶ anpassen!

◀ **Abbildung 16.7**
Nach der Korrektur

Nicht empfehlenswert | In den aktuellen Photoshop-Versionen ist das gesamte Programmlayout darauf ausgerichtet, Korrekturen mit Einstellungsebenen durchzuführen. Korrekturen sind zwar noch ohne Einstellungsebenen möglich – mit den Menübefehlen unter Bild • Korrekturen –, das wäre in den meisten Fällen jedoch umständlich und auch sinnlos.

Korrekturen starten und steuern – die wichtigsten Tools

Die zentrale Steuerungsstelle für Korrekturen und Einstellungsebenen ist die Palette Eigenschaften, ergänzt durch die Palette Korrekturen. Wer mag, nimmt auch die Ebenen-Palette hinzu (später mehr dazu). Im Standard-Arbeitsbereich Grundelemente befinden sich beide Paletten im Dock: die Korrekturen-Palette offen, die Eigenschaften-Palette ist zum Symbol minimiert. Das Zusammenspiel der Paletten funktioniert reibungslos.

- In der Palette Korrekturen finden Sie eine Übersicht mit den Icons aller Korrekturwerkzeuge ❸. Anklicken eines der Icons erzeugt automatisch eine Einstellungsebene für die jeweilige Korrektur …
- … und die Palette Eigenschaften ❶ öffnet sich. Dort können Sie dann die Korrektureinstellungen vornehmen.
- Wenn Sie Ihre Einstellungen später verändern wollen, öffnen Sie die Eigenschaften-Palette erneut, indem Sie auf die Ebenenminiatur der Einstellungsebene ❹ doppelklicken oder indem Sie die betreffende Einstellungsebene aktivieren und das Palettensymbol ❷ anklicken.

Korrigieren mit der Eigenschaften-Palette
Mit der neuen Palette Eigenschaften hat sich der Korrektur-Workflow gegenüber Photoshop CS5 verändert. Die bisherige Korrekturen-Palette dient jetzt nur noch zum Erzeugen von Einstellungsebenen, die Korrektureinstellungen nehmen Sie in der Eigenschaften-Palette vor. Auch Ebenenmasken verwalten Sie mit dieser Palette.

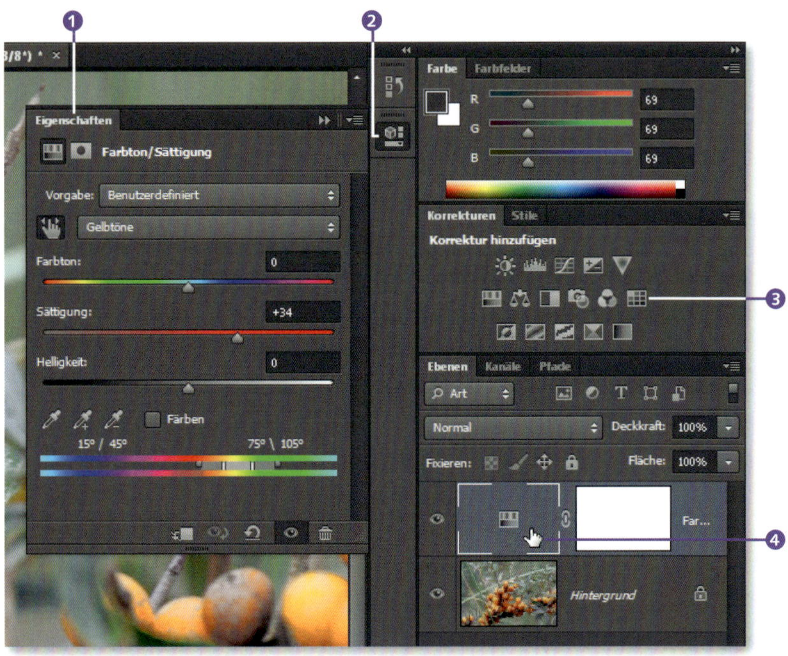

Abbildung 16.8 ▸
Seit CS6 gibt es zwei separate Paletten für die Verwaltung der Korrekturwerkzeuge und die eigentlichen Korrektureinstellungen.

Korrekturwerkzeuge – Symbole auf einen Blick | Während einige Korrekturtools mit leicht erkennbaren Symbolen gekennzeichnet werden, ist bei anderen die Unterscheidung schwierig. Hier sehen Sie einmal alle Symbole – und ihre Bedeutung – auf einen Blick.

▼ **Tabelle 16.1**
Buttons in der Korrekturen-Palette und damit verknüpfte Funktion

Symbol	Korrekturwerkzeug	Funktion
	Helligkeit/Kontrast	Hellt das Bild schnell auf oder verstärkt Kontraste. Ist leicht bedienbar, bietet jedoch wenig Kontrolle.
	Tonwertkorrektur	Setzt Schwarz- und Weißpunkt, gibt Bildern Pep, verändert Helligkeit, kann Kontraste verbessern und leichte bis mittelschwere Farbstiche beheben.
	Gradationskurven	vielseitiges Profiwerkzeug, mit dem fast alles möglich ist
	Belichtung	Vor allem für HDR-Bilder konzipiert. Passt die Tonwerte anhand von Berechnungen in einem linearen Farbraum an.
	Dynamik	intelligentes Tool zur Erhöhung der Farbsättigung im Bild, das Übersättigung verhindert
	Farbton/Sättigung	Verändert Farbton, Sättigung und Helligkeit; kann Bilder färben (tonen).
	Farbbalance	Ändert die Gesamtfarbmischung im Bild.
	Schwarzweiss	Erzeugt eine differenzierte Schwarzweißumsetzung von Farbbildern und kann Bilder tonen.
	Fotofilter	Simuliert Effekte, die beim Einsatz von Objektivfiltern erzeugt werden. Für Farbverfremdung und leichte Korrekturen
	Kanalmixer	Erzeugt Schwarzweißumsetzungen und kann Bildfarben durch Neumischen der Farbkanäle verfremden.
	Color Lookup	Verschiebt alle Farben des Bildes auf Grundlage einer Farbtabelle und erzeugt so neue Farbstimmungen
	Umkehren	Invertiert die Bildfarben (»Negativ«-Effekt).
	Tontrennung	Wirkt bildverfremdend. Der Effekt wirkt comicartig oder wie bei GIFs mit wenigen Farben.
	Schwellenwert	Erzeugt Bilder, die nur aus Schwarz und Weiß ohne Grauwerte bestehen.
	Selektive Farbkorrektur	Einzelne Farbtonbereiche eines Bildes werden gezielt verändert.
	Verlaufsumsetzung	Dient zur Bildverfremdung. Tonwerte und Farben des Bildmotivs werden durch Tonwerte und Farben eines zuvor festgelegten Verlaufs ersetzt.

Allgemeine Funktionen der Eigenschaften-Palette | Haben Sie erst einmal die gewünschte Einstellungsebene mit Hilfe der Korrekturen-Palette erzeugt, können Sie die Einstellungen für die jeweilige Korrektur in der Eigenschaften-Palette vornehmen. 16 verschiedene Korrektur- und Kreativfunktionen lassen sich über Einstellungsebenen steuern. Entsprechend variabel ist das Aussehen der Eigenschaften-Palette. Doch einige Funktionen sind immer gleich.

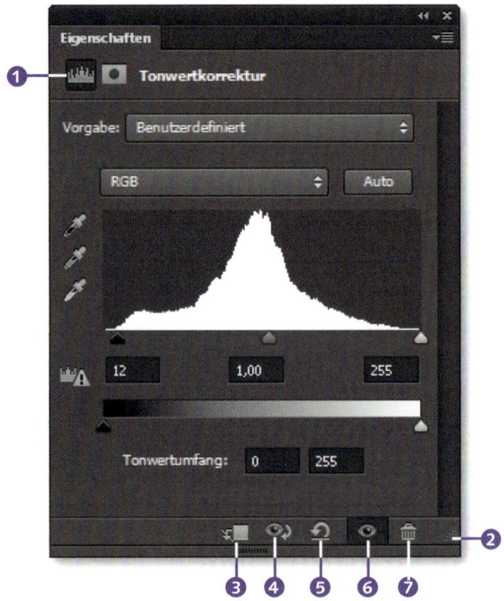

Abbildung 16.9 ▸
Eigenschaften-Palette (hier mit einer Tonwertkorrektur)

- In der Eigenschaften-Palette verwalten Sie auch Maskeneinstellungen. Mit den beiden Icons ganz oben links ❶ können Sie zwischen den beiden **Funktionen umschalten**.
- Neu in CS6 ist, dass sich die **Palette vergrößern** lässt und auch die Steuerungselemente dabei mitwachsen bzw. mehr Funktionen ins Blickfeld kommen. Dazu ziehen Sie einfach an der schraffierten Ecke unten rechts ❷. Dabei muss die Palette frei schwebend auf der Arbeitsfläche liegen. Befindet sich die Palette im Dock, können Sie sie in der Regel nur nach unten erweitern.
- Das Symbol für **Schnittmasken** wurde überarbeitet und ist nun kein Doppelkreis mehr, sondern ein Quadrat mit Pfeil. Sie finden es ganz links ❸ am Fuß der Palette. Wenn Sie darauf klicken, wird die Einstellungsebene mit der darunterliegenden Ebene zu einer Schnittmaske zusammengefasst. In diesem Fall wirkt die Einstellungsebene nur auf die *direkt* unter ihr liegende Ebene. Normale Einstellungsebenen wirken auf *alle* Bildebenen unterhalb. Ein erneuter Klick auf das Icon löst die Verbindung wieder.

Zum Nachlesen
In Abschnitt 12.3, »Schnittmasken und Aussparung«, erfahren Sie mehr über diese Möglichkeit, die Wirkung von Einstellungs- und anderen Ebenen einzuschränken.

Die nächsten zwei Buttons in der Reihe sind genial für alle, die gerne mit Einstellungen experimentieren. Sie ermöglichen das schrittweise Ausblenden oder Löschen von Korrektureinstellungen.

- Das Icon »Auge mit gebogenem Pfeil« ❹ nimmt den letzten Korrekturschritt – also Ihre letzte Einstellungsänderung für die aktive Einstellungsebene – *temporär* zurück, solange Sie es gedrückt halten. Es ist nur unmittelbar nach einer Einstellungsänderung aktiv. Windows-Nutzer können alternativ die Taste [Ä] gedrückt halten.
- Ein Klick auf die Schaltfläche mit dem gebogenen Pfeil ❺ löscht Ihren zuletzt durchgeführten Korrekturschritt.
- Das Augen-Icon ❻ blendet die aktive Einstellungsebene aus – und erlaubt damit den Vorher-nachher-Vergleich. Sie können für diese Aufgabe auch das altbekannte Augen-Symbol in der Ebenen-Palette nutzen, denn Einstellungsebenen werden natürlich auch dort angezeigt.
- Die unvermeidliche Mülltonne ❼ löscht die aktive Einstellungsebene. Sie können für diese Aufgabe jedoch auch die Ebenen-Palette nutzen.

Werte für Korrekturen festlegen | Bei den Korrekturfunktionen Gradationskurven, Farbton/Sättigung und Schwarzweiss gibt es neben den altbekannten Eingabemöglichkeiten wie Eingabefeldern, Slidern und im Fall der Gradationskurven auch der Kurve selbst ein weiteres Werkzeug, um Korrekturen im Bild anzubringen. Adobe nennt es umständlich das Zielgerichtet-korrigieren-Werkzeug (früher hieß es »Im-Bild-Korrekturwerkzeug«); umschreibend könnte man es auch »Korrekturhand« nennen. Die Nutzung ist einfach: Sie aktivieren es in der Palette und verändern nun mit Klicken und Mausbewegung direkt über dem Bild die gewünschten Parameter.

◂ **Abbildung 16.10**
Aktivieren der Korrekturhand, hier bei Farbton/Sättigung

◂◂ **Abbildung 16.11**
Die Korrekturhand im Einsatz: Klicken und Ziehen verändert die Sättigung des angeklickten Farbbereichs, hier der orangefarbenen Beeren.

Ob Sie dieses intuitive Tool mögen oder lieber präzise Zahlenwerte in Eingabefelder tippen, liegt wohl an Ihrer eigenen Arbeitsweise und auch an den Korrekturaufgaben, die Sie tagtäglich erledigen müssen. In jedem Fall können Sie dafür sorgen, dass Ihr bevorzugtes Eingabetool beim Öffnen der Eigenschaften-Palette sofort aktiv ist. Damit sparen Sie einen zusätzlichen Klick und können mit Ihrer Korrektur direkt loslegen. Öffnen Sie das Palettenmenü, um die Grundeinstellungen zu ändern.

Abbildung 16.12 ▶
Zielgerichtet-korrigieren-Werkzeug ❶ oder Zahlenfeld ❷? Im Palettenmenü ❸ legen Sie fest, welches Eingabewerkzeug beim Starten der Palette sofort aktiv ist.

- Wenn Sie bei Parameter automatisch auswählen einen Haken setzen, sind die Textfelder für das Eintippen numerischer Werte beim Öffnen der Palette aktiv – Sie können sofort einen Wert eingeben. Das funktioniert bei allen Korrekturwerkzeugen, die über solche Eingabefelder verfügen.
- Um zwischen den Eingabefeldern zu navigieren, nutzen Sie [Tab] und [Shift]+[Tab].
- Bei Gradationskurven, Farbton/Sättigung und Schwarzweiss steht außerdem die Option Zielgerichtet-korrigieren-Werkzeug automatisch auswählen zur Verfügung. Versehen Sie diese Option mit einem Häkchen, ist beim Start der Palette automatisch die Korrekturhand aktiv. Sie können sofort in das Bild klicken, um Ihre Korrektur durchzuführen.
- Es ist möglich, beide Optionen zugleich auszuwählen. In diesem Fall hat die Korrekturhand Priorität und die Eingabefelder sind zweitrangig, können aber dennoch in den meisten Fällen dennoch auch per Tastenkürzel ([Tab]/[Shift]+[Tab]) angesteuert werden.

Vorgaben | Vorgaben (»Presets«) sind Einstellungsebenen mit fertig konfigurierten Einstellungen. Sie stehen für die gebräuchlichsten der Korrekturfunktionen zur Verfügung. Sie können Vorgaben als schnelle Problemlöser und als Ausgangsbasis für eigene Korrekturen nutzen. Außerdem lassen sich Adobes »Werkseinstellungen« mit Hilfe des Palettenmenüs leicht um eigene Vorgaben für Ihre typischen Korrekturaufgaben ergänzen. Erst dann entfaltet das Konzept »Vorgabe« seinen ganzen Nutzen!

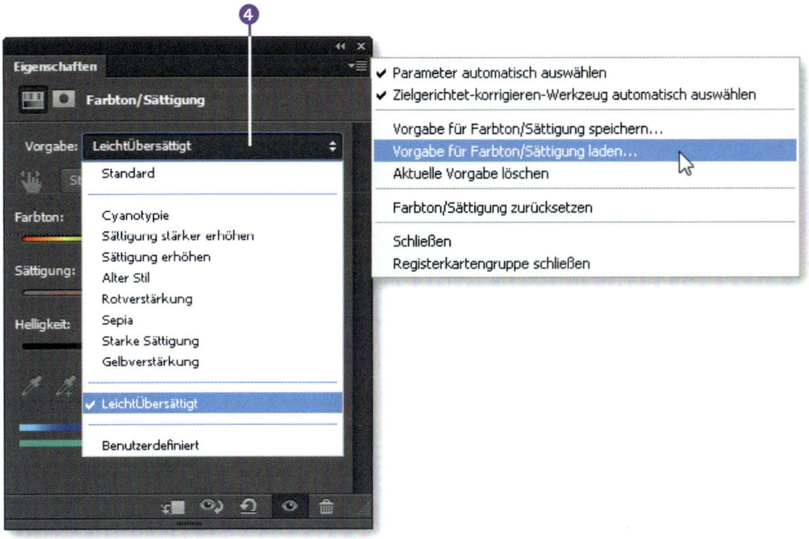

◄ **Abbildung 16.13**
Vorgaben in der Dropdown-Liste ❹, Befehle zur Vorgabenverwaltung im Palettenmenü

Zum Nachlesen
In Kapitel 11, »Ebenen: Konzept, Arten, Handling«, präsentiere ich die Basisfunktionen der Ebenen-Palette – die auch für Einstellungsebenen gelten – ausführlich.

Einstellungsebenen in der Ebenen-Palette | Seit jeher können Einstellungsebenen auch mit der Ebenen-Palette erzeugt und verwaltet werden. Dort finden Sie nicht alle Funktionen der Korrekturen-Palette wieder, doch die altvertrauten Buttons und Befehle gibt es dort weiterhin. Vermutlich muss jeder Anwender für sich selbst angenehme Arbeitsroutinen entwickeln und entscheiden, wann er welche der beiden Paletten benutzt.

Sie können für Einstellungsebenen die gleichen Verwaltungsfunktionen der Ebenen-Palette nutzen wie für normale Bildebenen.

Dazu klicken Sie am Fuß der Palette auf das Icon [Icon] (es erinnert Sie vielleicht an das »Kontrast«-Symbol auf Ihrer TV-Fernbedienung). Dann öffnet sich ein langes Submenü, in dem Sie unter anderem alle Korrekturfunktionen finden. Mit einem Klick auf den Namen des gewünschten Korrekturwerkzeugs wird die Einstellungsebene automatisch erzeugt. Gleichzeitig wird die Eigenschaften-Palette geöffnet und zeigt die Steuerungselemente für dieses Werkzeug. Alle weiteren Einstellungen für die Korrektur nehmen Sie dann dort vor.

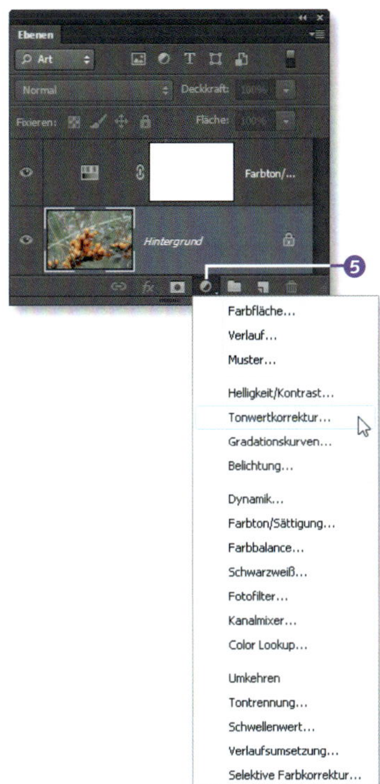

▲ **Abbildung 16.14**
Über das Icon ❺ erzeugen Sie eine Einstellungsebene (hier: Tonwertkorrektur).

Einstellungsebenen im Praxiseinsatz

An dieser Stelle zeige ich Ihnen Schritt für Schritt, wie Sie mit Einstellungsebenen eine einfache Korrektur durchführen, um ein Beispielbild teilweise aufzuhellen und einen Farbstich zu entfernen. Im Zentrum des Workshops stehen dabei noch nicht die Feinheiten der Korrekturtools, sondern die Handhabung von Paletten und Einstellungsebenen.

Schritt für Schritt: Arbeiten mit Einstellungsebenen

Das Ausgangsbild wirkt insgesamt zu bläulich. Außerdem könnten die dunkelsten Bildpartien, die Tiefen, eine kleine Aufhellung gebrauchen.

Datei auf der Buch-DVD: »FrauAmPool.tif«

▲ **Abbildung 16.15**
Das Ausgangsfoto

1 Einstellungsebene mit Vorgabe erzeugen

Für die Reparatur kommen verschiedene Werkzeuge in Frage. In diesem Workshop wollen wir zunächst mit der Tonwertkorrektur arbeiten, und zwar mit einer der fertigen Vorgaben. Dazu erzeugen Sie als Erstes eine Tonwertkorrektur-Einstellungsebene. Nutzen Sie dafür entweder die Korrekturen-Palette ❶ oder die Ebenen-Palette (Icon). Die Eigenschaften-Palette klappt dann automatisch auf. Dort wählen Sie unter Vorgabe ❷ die Einstellung Tiefen aufhellen.

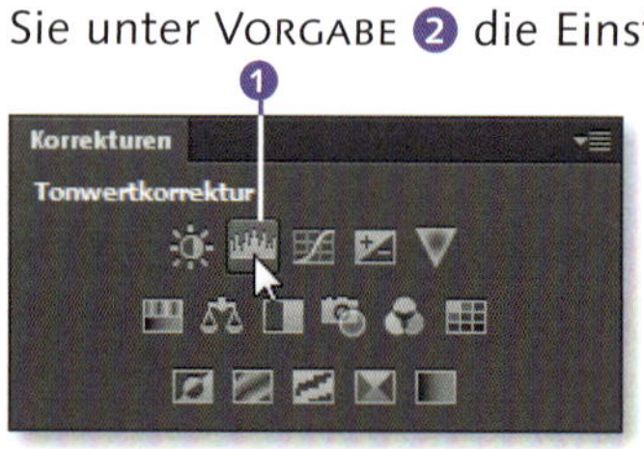

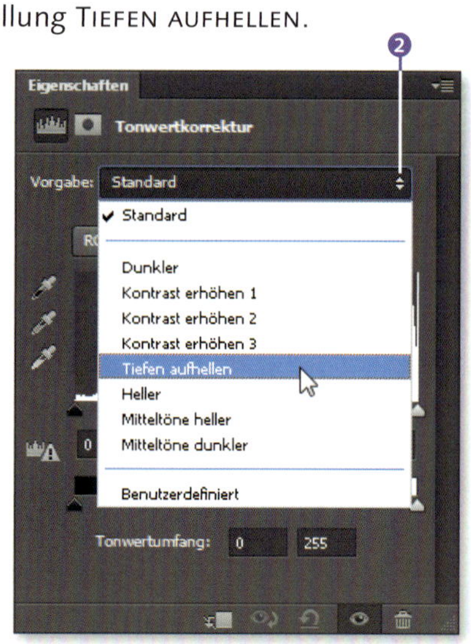

Abbildung 16.16 ▲▶
Zwei Klicks genügen, um eine Tonwertkorrektur-Einstellungsebene zu erzeugen.

2 Veränderte Anzeige in den Paletten

Die beiden maßgeblichen Paletten zur Kontrolle Ihrer Korrektur sind die Ebenen-Palette und die Eigenschaften-Palette. In der Ebenen-Palette sehen Sie die neue Einstellungsebene, und in der Eigenschaften-Palette erscheinen jetzt die geänderten Einstellungen für die Tonwertkorrektur. Und natürlich erkennen Sie im Bild selbst die Veränderung.

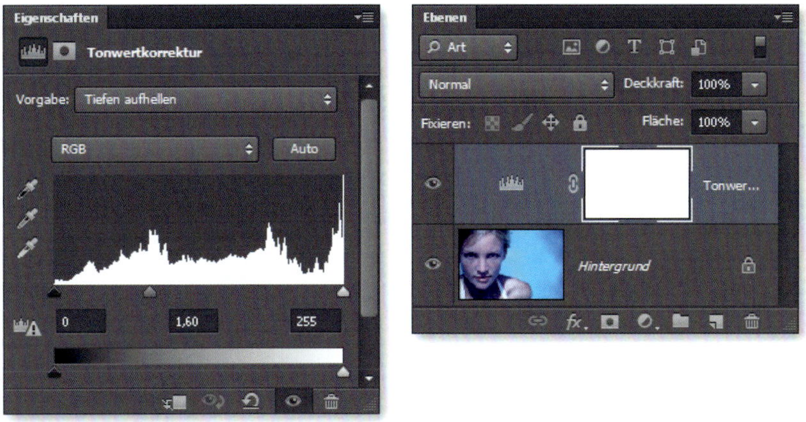

▲ **Abbildung 16.17**
Ihre wichtigsten Kontrollinstrumente

◀ **Abbildung 16.18**
Das Bild ist aufgehellt, aber selbst für so ein Schwimmbadmotiv immer noch zu blau.

3 Noch eine Einstellungsebene: »Farbbalance«

Sie könnten nun die Einstellungen der ersten Einstellungsebene weiter modifizieren, um die zweite »Problemzone« des Bildes, den Farbstich, zu korrigieren. Günstiger ist es aber, eine weitere Einstellungsebene zu erzeugen, denn so können Sie beide Korrekturschritte unabhängig voneinander dosieren. Das geht recht einfach mit dem Tool FARBBALANCE ❸. Erzeugen Sie also eine FARBBALANCE-Einstellungsebene.

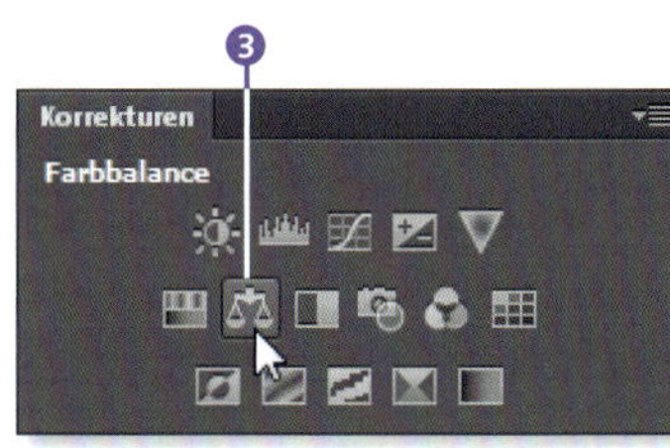

▲ **Abbildung 16.19**
FARBBALANCE-Einstellungsebene erzeugen

4 Blaustich beseitigen

Da Sie hier nicht mit einer Vorgabe arbeiten können, müssen Sie eigene Einstellungen vornehmen. Das geht in diesem Fall ganz einfach. Behalten Sie unter Farbton die Voreinstellung Mitteltöne ❶ bei. Damit legen Sie fest, auf welchen Tonwertbereich sich die Farbkorrektur auswirkt. Nun ziehen Sie den untersten Regler nach links ❷, um Blau aus dem Bild zu entfernen. Automatisch fügen Sie dann Gelb hinzu; das Bild wirkt wärmer, der starke Blauschleier schwindet.

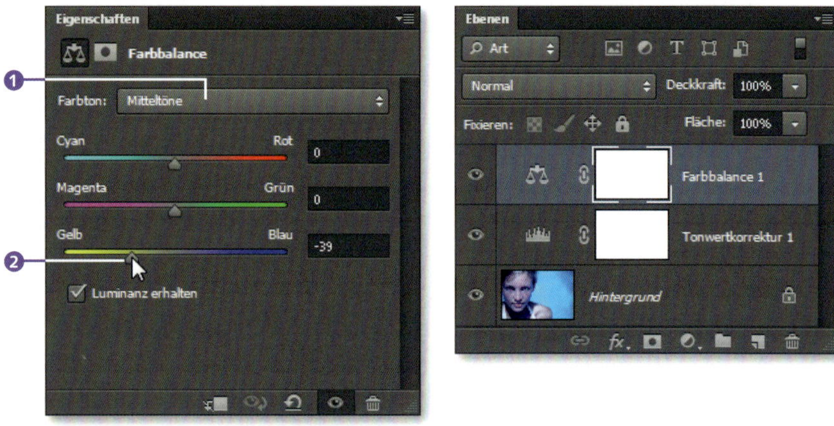

Abbildung 16.20 ▸
Einstellungen für die erste Farbbalance-Einstellungsebene und Dateiaufbau in der Ebenen-Palette

Abbildung 16.21 ▸
Das Bild nach der zweiten Korrektur

5 Anpassen der Gesichtsfarbe: Maske erzeugen

Das Bild wirkt nun schon erheblich freundlicher, die Hauttöne im Gesicht sind jedoch immer noch zu kühl. Auch das lässt sich mit Farbbalance beheben. Hier benötigen Sie eine Maske, deshalb müssen Sie eine weitere Farbbalance-Einstellungsebene anlegen. Eine leere Maske bringt jede Einstellungsebene bereits mit. Wechseln Sie in der Eigenschaften-Palette zur Maskenansicht ❸, und klicken Sie dort auf den Button Farbbereich ❹.

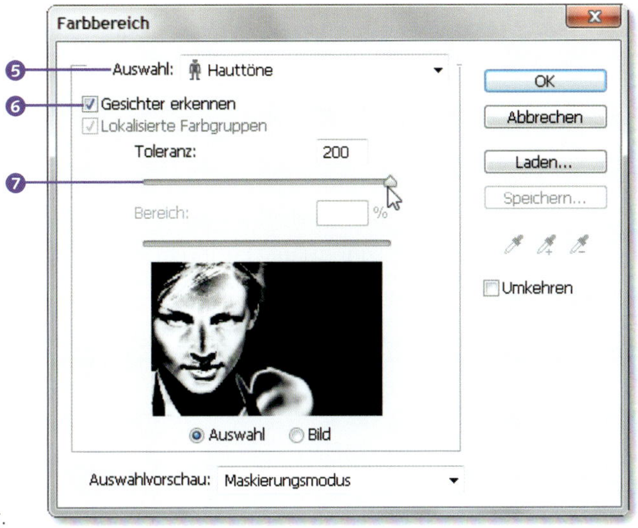

Abbildung 16.22 ▲▶
Die Eigenschaften-Palette erlaubt den zügigen Wechsel zur Masken-Bearbeitung.

In den Farbbereich-Einstellungen stellen Sie Auswahl: Hauttöne ❺ ein, aktivieren die Gesichtererkennung ❻ und ziehen den Toleranz-Regler ganz nach rechts ❼. Das Ergebnis ist nicht perfekt, hier jedoch ausreichend. Klicken Sie dann auf OK.

6 Anpassen der Gesichtsfarbe: Die Korrektur

Wechseln Sie wieder zurück zu den Einstellungen der zweiten Farbbalance-Einstellungsebene ❽. Stellen Sie nun Farbton: Lichter ❾ ein, und entfernen Sie den Haken bei Luminanz erhalten ❿. Fügen Sie mit Hilfe der Regler Gelb und Rot hinzu, um die Hauttöne aufzufrischen. Durch die Maske wirken sich die Korrekturen nur auf das Gesicht aus – die typische Poolfarbe bleibt erhalten.

◀ **Abbildung 16.23**
Einstellungen für die zweite Farbbalance-Einstellungsebene und Dateiaufbau in der Ebenen-Palette

Änderungen an Mischmodus und Ebenendeckkraft können dazu beitragen, die Korrekturwirkung von Einstellungsebenen zu justieren. So auch hier: Wenn Sie genau hinsehen, erkennen Sie in der Abbildung unten, dass der Mischmodus der oberen Farbbalance-Einstellungsebene auf Farbe umgestellt wurde ⓫. Dadurch wirken die korrigierten Gesichtsfarben natürlicher.

Abbildung 16.24 ▼
Ausgangsfoto (links) und das Resultat der Korrekturen (rechts)

7 Fertig! – Das Endergebnis

Hier sehen Sie noch einmal zum Vergleich das Ausgangsbild und die korrigierte Version.

8 Einstellungsebenen verwalten

Bei der kompletten Korrektur eines Bildes kommen oft zahlreiche Einstellungsebenen für die einzelnen Werkzeuge zusammen. Wie immer beim Umgang mit Ebenen ist es auch hier empfehlenswert, die wenig aussagekräftigen Standardnamen der Ebenen durch präzisere Bezeichnungen zu ersetzen.

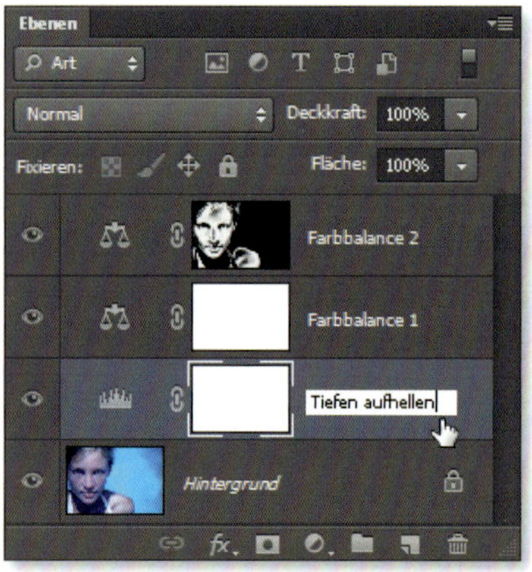

Abbildung 16.25 ▶
Auch bei Einstellungsebenen sind aussagekräftige Ebenennamen hilfreich.

Auch sonst lassen sich Einstellungsebenen wie gewöhnliche Ebenen behandeln und können auf die bekannte Art gelöscht, verschoben und mit dem Bild gespeichert werden.

Masken von Einstellungsebenen bepinseln | Mit vielen Korrekturwerkzeugen von Photoshop können Sie recht genau bestimmen, auf welche Tonwerte oder Farben eine Korrektur wirkt. Doch das klappt nicht immer. Wenn nur ein Teil eines Bildes korrigiert oder verändert werden soll, hilft eine Maske. Dabei müssen Sie oft noch nicht einmal besonders präzise vorgehen. Häufig genügen nämlich ein paar großzügige Pinselstriche direkt auf der Maske. So gehen Sie vor:

1. Legen Sie oberhalb der Ebene, die korrekturbedürftige Bildteile enthält, eine Einstellungsebene für das Tool an, das Sie anwenden wollen.
2. Stellen Sie für Ihr Tool zunächst einen Extremwert ein, damit Sie die Wirkung der Maske besser erkennen.
3. Achten Sie darauf, dass die Maske aktiv ist (Anklicken der Ebenenmaskenminiatur).
4. Pinseln Sie dann mit einem weichen, nicht zu feinen Pinsel mit schwarzer Farbe auf die Stellen im Bild, die nicht korrigiert werden sollen. Sie können auch im Alphakanal arbeiten, aber meist genügt es, im Blindflug mit der Maus auf dem Bild zu hantieren.
5. Wenn Ihre Maske fertig ist, stellen Sie bei Ihrem Korrekturtool die richtigen Werte ein.

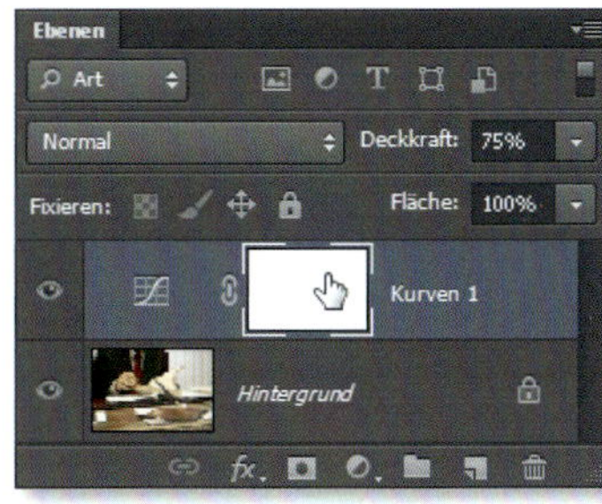

▲ **Abbildung 16.26**
Der helle Rand um die Ebenenmaskenminiatur zeigt, dass sie aktiv ist.

Wenn Sie nur kleine Bildpartien korrigieren wollen, können Sie das Verfahren auch umkehren. Dann füllen Sie die Maske zunächst mit Schwarz, etwa indem Sie bei aktiver Maske einfach mit dem Fülleimer schwarze Farbe über das Bild gießen oder mit dem Befehl BEARBEITEN • FLÄCHE FÜLLEN. Dann tragen Sie an den Stellen, die korrigiert werden sollen, mit dem Pinsel weiße Farbe auf das Bild auf und pinseln so die entsprechenden Stellen der Maske frei.

Dieses Verfahren ist übrigens auch bei Filtermasken von Smartfiltern nützlich.

Bild auf der Buch-DVD: »BlickInsBüro.tif«

Bild: stock.xchng, piovasco

◄ **Abbildung 16.27**
Ausgangsbild: Nur die Anzugjacke soll aufgehellt werden.

Abbildung 16.28 ▶
Resultat: Korrigiert wurde mit GRADATIONSKURVEN-Einstellungsebene plus Maske.

Abbildung 16.29 ▶
Die Maskenansicht zeigt, dass hier recht schludrig mit grobem Pinsel gearbeitet wird. Für solche Korrekturen genügt das oft!

16.3 Ein unentbehrliches Analyse- und Kontrollwerkzeug: Das Histogramm

Mit Einstellungsebenen arbeiten Sie zerstörungsfrei. Die ursprünglichen Bildpixel bleiben unverändert, und Sie können Korrekturen beliebig verändern. Das heißt natürlich nicht, dass es nicht auf das Korrekturergebnis ankommt: Falsche Korrekturen können Bilder nach wie vor schädigen und zu sichtbarem Qualitätsverlust führen! Einstellungsebenen ermöglichen bloß die Korrektur der Korrektur – also nachträgliche Änderungen.

Erste Korrektur | Die Helligkeitsinformationen eines Pixelbildes und seiner Farbkanäle, die Tonwerte, sind die grundlegende Größe für die Bildfarben und auch der wichtigste Ansatzpunkt für Bildkorrekturen. Das erste Augenmerk bei einer Korrektur gilt daher den Lichtern und

Tiefen, also den hellsten und dunkelsten Tonwerten eines Bildes. Wie Sie schon in den Abbildungen 16.3 und 16.4 auf Seite 523 gesehen haben, treten an den Lichtern und Tiefen auch am schnellsten sichtbare Schäden auf. Um so etwas zu vermeiden, sollte eine Bildkorrektur genau an der Problemzone des Bildes ansetzen und die Lichter- sowie die Tiefenzeichnung – die feine Nuancierung der hellsten und dunkelsten Bereiche im Bild – erhalten.

Beurteilung am Bildschirm | Durch reine Sichtkontrolle am Monitor ist beides schwierig. Mit dem Histogramm stellt Photoshop aber ein wirkungsvolles Instrument zur Verfügung, um Tonwertverteilung und -umfang eines Bildes objektiv zu prüfen. Sie finden es gleich an mehreren Stellen im Programm:

- als Teil des Werkzeugs TONWERTKORREKTUR, mit dem Sie die Tonwerte bearbeiten
- als eigenständige Histogramm-Palette (zu finden unter FENSTER • HISTOGRAMM)
- integriert in den Dialog GRADATIONSKURVEN

Das Histogramm ist ein wertvoller Helfer für die Analyse korrekturwürdiger Bilder und unterstützt Sie während der Korrektur.

Was verrät die Histogramm-Palette?

Die Histogramm-Palette hat den Vorzug, dass Sie sie öffnen auf der Arbeitsfläche ablegen können, so dass Sie die Tonwerte eines Bildes *jederzeit* im Blick behalten. Darüber hinaus ist ein Histogramm als Hilfswerkzeug in andere Tools integriert, zum Beispiel in die Camera-Raw-Engine.

Histogramm-Darstellung

Standardmäßig ist die Anzeige der Histogramm-Palette bunt und gibt auch Auskunft über die Farbverteilung im Bild. Wenn Sie nur Helligkeit und Kontrastumfang prüfen wollen, genügt ein einfarbiges Histogramm (wie hier auf den Screenshots). Um die Histogrammansicht umzustellen, wählen Sie im Palettenmenü des Histogramms ERWEITERTE ANSICHT 6. Dann erscheint oberhalb des Histogramms die Option KANAL mit einer Liste. Dort stellen Sie statt FARBEN die Ansicht RGB 1 ein.

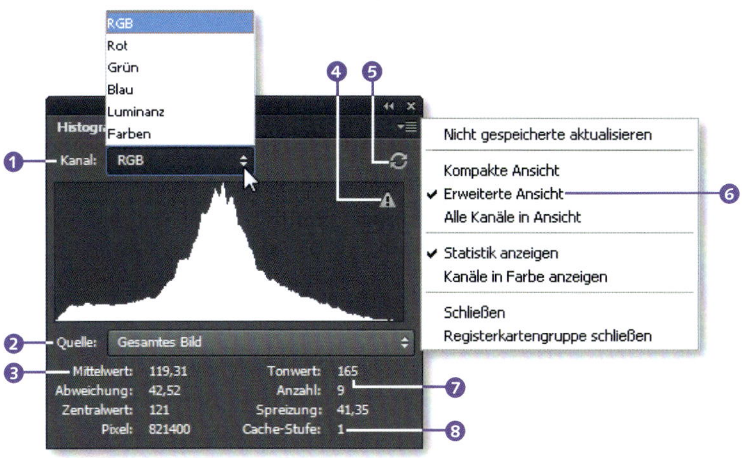

◂ **Abbildung 16.30**
Histogramm-Palette in der erweiterten Ansicht mit Statistik. Die verschiedenen Ansichtsoptionen erreichen Sie über das Palettenmenü.

Die Histogrammbalken | Ein Histogramm – gleichgültig ob in der Tonwertkorrektur, den Gradationskurven oder der Histogramm-Palette selbst – bildet die **Tonwerte** aller im Bild vorkommenden Pixel ab.

Ganz links sind die schwarzen Bildpixel (in RGB mit dem Tonwert 0) repräsentiert, und die Anzeige verläuft über die Mitteltöne in die hellen Töne bis zu den weißen Bildpixeln ganz rechts (Tonwert 255). Die Höhe der kleinen Balken in den unterschiedlichen Tonwertbereichen zeigt an, wie oft ein Tonwert im Bild vorkommt. Je öfter ein Tonwert im Bild vertreten ist, desto länger ist der Balken. Diese Tonwertverteilung können Sie sich für das Gesamtbild oder einzelne Kanäle anzeigen lassen ❶.

In der Histogramm-Palette finden Sie neben dem Histogramm selbst noch weitere Einstellungen und Informationen.

Quelle | Wenn Ihr Bild mehrere Ebenen enthält, können Sie unter Quelle ❷ auswählen, ob Sie die Tonwerte einer bestimmten Bildebene oder des gesamten Bildes ansehen wollen.

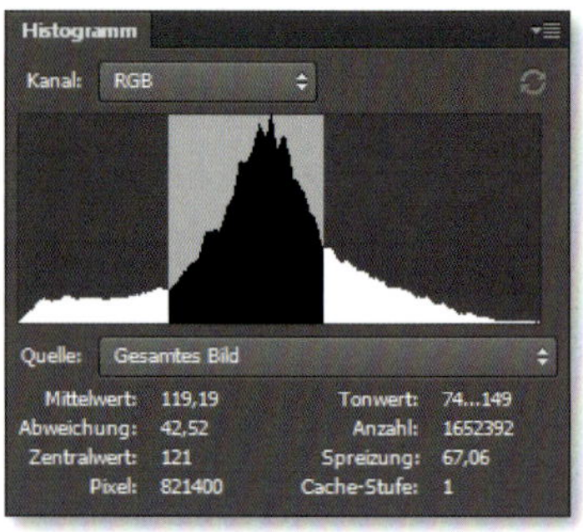

▲ **Abbildung 16.31**
Sie können auch Bereiche des Histogramms durch Überstreichen markieren, um für sie statistische Informationen zu erhalten.

Statistik | Unterhalb des Histogramms finden Sie einige Angaben zur Statistik: Der Mittelwert ❸ gibt die durchschnittliche Helligkeit eines Bildes an. Liegt der Wert für ein RGB- oder Graustufenbild unter 128, ist das Bild eher dunkel; liegt er darüber, ist das Bild heller. Die Abweichung gibt nochmals in Zahlen an, wie stark die Helligkeitswerte schwanken (das sehen Sie auch der Histogrammkurve an). Der Zentralwert gibt an, wie hell oder dunkel der mittlere Farbwert des Bildes ist. Pixel bezeichnet die Menge der Pixel im Bild, die für das Histogramm herangezogen wurden.

Tonwertangaben | Wenn Sie mit der Maus auf einen Punkt der Histogrammkurve fahren, erscheinen einige Angaben zu dem Tonwert ❼, den Sie aktuell unter der Maus haben. Sie erfahren, was der genaue Wert ist (Tonwert), wie viele andere Pixel es mit diesem Tonwert gibt (Anzahl) und wie viele dunklere Pixel noch vorhanden sind (Spreizung).

Aktualisieren | Das kleine »Warndreieck« oben rechts ❹ weist Sie darauf hin, dass das Bild geändert wurde, aber dass das Histogramm noch die unveränderte Version anzeigt. Ein Klick auf die darüberliegenden, kreisförmig angeordneten Pfeile ❺ (»Recycling-Symbol«) aktualisiert die Ansicht.

Cache-Stufe | Die Cache-Stufe ❽ bezieht sich nicht auf die Bildqualität oder Bilddaten selbst, sondern systemabhängig darauf, wie diese für das Histogramm aus dem Bild ermittelt werden. Für die Bildkorrektur können Sie diesen Wert ignorieren.

Live-Histogramm | In der Histogramm-Palette – und leider nur dort – können Sie Änderungen am Bild live verfolgen. Die grauen »Hügel« zeigen die Originalwerte, und das weiß dargestellte Diagramm symbolisiert die Auswirkungen Ihrer aktuellen Tonwertkorrektur-Einstellungen. Achten Sie darauf, dass Quelle: Korrekturcomposite eingestellt ist, sonst funktioniert es nicht.

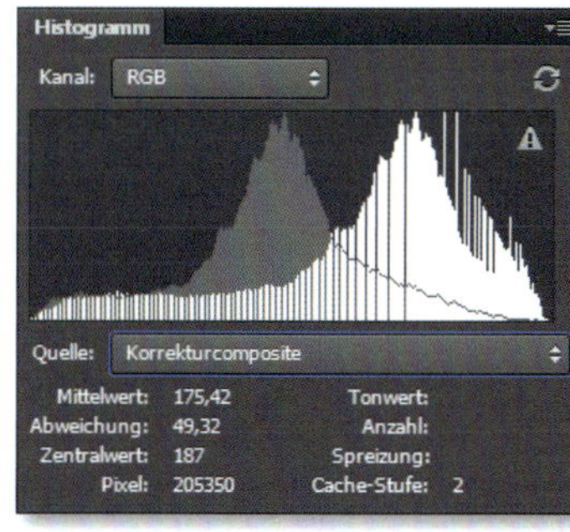

▲ **Abbildung 16.32**
Das Live-Histogramm im Einsatz

Histogramme interpretieren

Auch wenn jedes Bild sein eigenes Profil hat, gibt es Merkmale, die eine ideale Tonwertverteilung auszeichnen, und andere Merkmale, die für bestimmte Bildfehler symptomatisch sind.

Die Histogramm-Hügellandschaft sollte an den Rändern auslaufen und die gesamte Breite der Grafik ausfüllen. Reichen die Histogrammhügel nicht über die ganze Breite des Diagramms, fehlen dem Bild eindeutige Tiefen und Lichter. Der Gesamteindruck ist dann meist »flau« und kontrastarm.

Dateien auf der Buch-DVD: »Sanddorn.tif«, »Schweden.tif«

Bild: Onno K. Gent

◂ **Abbildung 16.33**
So ungefähr sieht ein ausgewogenes Histogramm aus: wie eine Gebirgslandschaft mit einem zu den Seiten abfallenden Berg.

Bild: C. Börner

◂ **Abbildung 16.34**
Auch so ein zerklüftetes Histogramm kann zu einem qualitativ guten Bild gehören.

Bei den oben gezeigten Histogrammen ist es wichtig, dass die gesamte Histogrammbreite ausgenutzt wird. Schauen Sie genau hin – auch die unscheinbaren, nur einen Pixel hohen Balken an den Rändern des »Tonwertgebirges« zeigen relevante Tonwerte an.

Dateien auf der Buch-DVD: »Strandspaziergang.tif«, »Helsinki.tif«, »Baumstämme.tif«, »Zentralbüro.tif«

Histogramm zu schmal | In Abbildung 16.35 läuft die Gebirgskette des Histogramms in die Ebene aus, bevor die Kanten des Diagramms erreicht sind. Das Bild hat denn auch nur geringe Kontraste und wirkt wie hinter einem Grauschleier. Solche Befunde lassen sich meist gut mit ein paar Handgriffen korrigieren.

Bild: Frank Gaebler

Abbildung 16.35 ▸
Hier wird nicht die gesamte Breite des Histogramms ausgenutzt. Das Bild wirkt flau und hat schwache Kontraste.

Histogramm zu breit | Drängen die Histogrammbalken aus dem Diagramm hinaus, fehlt es dem Bild vermutlich an **Zeichnung** in den Tiefen oder Lichtern, also an feiner Modulation der dunkelsten oder hellsten Bildpartien.

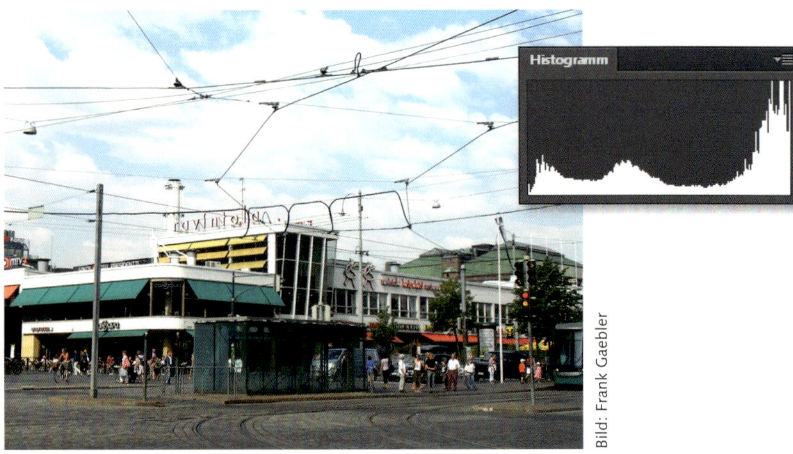

Bild: Frank Gaebler

Abbildung 16.36 ▸
In diesem Bild treten deutlich Zeichnungsverluste in den hellen Bereichen zutage.

Im Bild aus Abbildung 16.36 drängen die Balken, die die hellen Tonwerte repräsentieren (rechts im Histogramm), deutlich über den Rand hinaus. Bei einem solchen Histogramm müssen Sie mit Zeichnungsverlusten in den Lichtern des Bildes rechnen. »Reparieren« lassen sich solche Bilder schlecht. Wo Bildinformationen (hier: Tonwertabstufungen in den hellen Bildbereichen) fehlen, können auch nachträglich keine beschafft werden.

Bild: F. Gaebler

◀ **Abbildung 16.37**
Auch dieses Foto ist durch Zeichnungsverluste gekennzeichnet, diesmal in den Tiefen.

Die Histogrammbalken türmen sich in Abbildung 16.37 am linken Rand, der für die dunklen Tonwerte steht. Die Zeichnungsverluste der Tiefen sind auch im Bild recht gut zu erkennen: Dunkle Bereiche sind kaum nuanciert, sondern einfach schwarze Flecke. Auch hier wird es wohl schwierig, noch etwas aus dem Bild herauszuholen.

Bild: Sibylle Mühlke

◀ **Abbildung 16.38**
Dieses Foto ist zwar ebenfalls recht dunkel, doch das Histogramm belegt: Es ist stimmig.

Anders in Abbildung 16.38: Auch dieses Bild ist recht dunkel, wie auch die Menge der Tonwertbalken im linken Bereich der Histogrammgrafik

Tonwertspreizung

Für Qualität und Wirkung eines Bildes entscheidend ist die Verteilung der Helligkeitswerte, der sogenannten Tonwerte. Das Histogramm bildet die Tonwertverteilung ab. Im Idealfall liegen Schwarz und Weiß an den äußeren Enden des Histogramms. Tun sie es nicht, ist das Bild kontrastarm und »flau«. Das Auseinanderziehen – **Spreizen** – der Tonwerte mittels Tonwertkorrektur verbessert dann den Bildeindruck.

zeigt. Allerdings gibt es im Bild trotzdem noch feine Abstufungen der Tiefen. Das Histogramm fällt rechts steil ab, die Balken drängen nicht gerade aus der Grafik heraus.

Eine besondere Rolle spielt das Histogramm bei der Arbeit mit dem Werkzeug Tonwertkorrektur – dort ist es das zentrale Funktionselement.

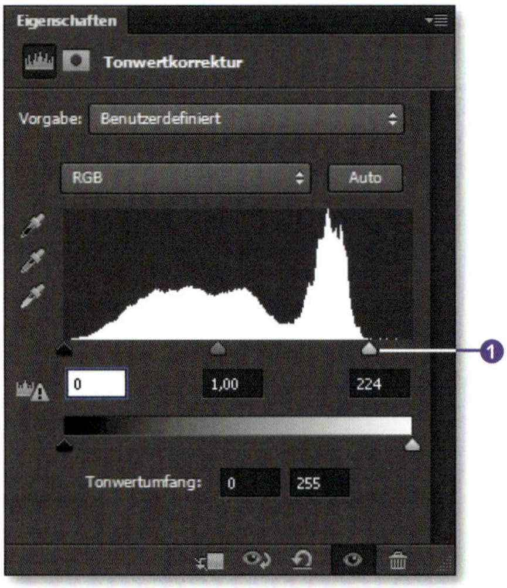

▲ **Abbildung 16.39**
Bei der manuellen Tonwertkorrektur arbeiten Sie direkt im Histogramm. Mit der Maus ziehen Sie die Tonwertspreizungsregler (1) an die relevanten Tonwerte heran.

Doch auch bei anderen Korrekturen können und sollten Sie die Informationen des Histogramms nutzen – entweder mittels Histogramm-Palette oder bei den Gradationskurven im Werkzeugdialog selbst.

Kapitel 17

Kontraste und Belichtung korrigieren: Schnelle Problemlöser

In der Fotografie geht es immer um Licht und Schatten. Kontrasten und Belichtung sollte auch Ihr erstes Augenmerk bei der Bildbearbeitung gelten – oft machen schon kleine Korrekturen mehr aus einem Motiv.

17.1 Das Werkzeug »Helligkeit/Kontrast«

Das Korrekturwerkzeug HELLIGKEIT/KONTRAST erscheint als naheliegende Wahl für erste Korrekturen. Schließlich verspricht schon der Name schnelle Korrektur dieser häufigen Bildfehler. Doch häufig erzielt man mit diesem Werkzeug Ergebnisse, die zu plakativ sind. Das subtile Herausarbeiten einzelner Tonwertbereiche ist nicht möglich, und nicht immer erreicht man die kritischen Bildbereiche. **Dieses Tool ist also nur etwas für leichte Fälle!** In jedem Fall sollten Sie bei der Korrektur mittels HELLIGKEIT/KONTRAST das Histogramm im Auge behalten, um Zeichnungsverluste zu vermeiden!

Ps Neuer Auto-Korrektur-Button
Eine Nutzer-Studie von Adobe hat jedoch ans Licht gebracht, dass die Auto-Tools recht häufig verwendet werden. Deswegen findet sich in CS6 ein neuer AUTO-Button bei HELLIGKEIT/KONTRAST; die Auto-Optionen von TONWERTKORREKTUR und GRADATIONSKURVEN wurden ergänzt (mehr dazu später).

Funktionsweise

Die Bedienung des Werkzeugs HELLIGKEIT/KONTRAST ist denkbar einfach. Zwei Schieberegler und eine Options-Checkbox machen es sehr übersichtlich.

▲ **Abbildung 17.1**
Einstellungsebene HELLIGKEIT/KONTRAST erzeugen

Funktion starten | Wie bei den meisten Bildkorrekturen haben Sie bei HELLIGKEIT/KONTRAST verschiedene Möglichkeiten, die Funktion aufzurufen:

- Entweder Sie nutzen die Korrekturen-Palette ❶,
- das Einstellungsebenen-Icon der Ebenen-Palette oder

- den Befehl Ebene • Neue Einstellungsebene • Helligkeit/Kontrast.
- Wenn Sie den Menübefehl Bild • Korrekturen • Helligkeit/Kontrast anklicken, wird die Korrektur **ohne Einstellungsebene** auf der aktiven Ebene durchgeführt.

Datei auf der Buch-DVD: »KleinesLeuchtfeuer_bunt.jpg«

Helligkeit | Ihre erste Maßnahme sollte darin bestehen, die Option Früheren Wert verwenden ❶ zu deaktivieren. Sie macht das Werkzeug mehr oder weniger unbrauchbar. Warum das so ist, erfahren Sie im nächsten Abschnitt.

Wenn Sie den Regler Helligkeit nach rechts schieben, werden die Lichter des Bildes aufgehellt. Dabei werden die hellen Tonwerte zusammengeschoben und die restlichen Tonwerte des Bildes ein wenig aufgespreizt. Schieben Sie den Regler nach links, werden die Tiefen abgedunkelt, indem die dunklen Tonwerte weiter zu den Tiefen geschoben und die restlichen Tonwerte gespreizt werden.

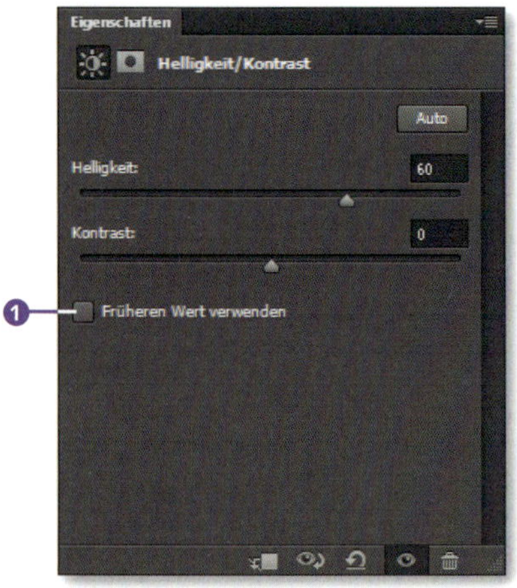

▲ **Abbildung 17.2**
Für das Beispiel habe ich Extremwerte genutzt, um die Wirkung des Tools zu verdeutlichen.

Abbildung 17.3 ▶
Das Ausgangsbild und das zugehörige Histogramm.

Abbildung 17.4 ▶
Nun ist das Bild deutlich aufgehellt. Auch in den kritischen Bereichen des Bildes – dem hellen Leuchtturm – ist es gelungen, die Zeichnung zu erhalten. Im Histogramm erkennen Sie deutlich die Tonwertspreizung, die vor allem in den Tiefen und Mitteltönen durchgeführt wurde (dunkle Streifen in den Histogramm-»Bergen«). Die Lichter wurden nach rechts verschoben.

Sie können natürlich auch Werte eintippen. Die Zahlenfelder zeigen Werte von –100 bis +100 an. Einen direkten Bezug zu den RGB- oder CMYK-typischen Tonwertskalen haben die Werte übrigens nicht, sie dienen nur als grobe Orientierung.

Kontrast einstellen | Der Regler KONTRAST wirkt nicht nur auf die Tiefen oder Lichter – so wie der HELLIGKEIT-Regler –, sondern auf den *gesamten* Tonwertbereich; immer jedoch tonwertspreizend.

Früheren Wert verwenden | Die Option FRÜHEREN WERT VERWENDEN greift mitnichten auf eine Ihrer früheren Einstellungen zurück. Stattdessen verschärft sie die Wirkung des Werkzeugs deutlich – es wird dabei auf die Betriebsweise früherer Programmversionen (vor CS3) zurückgesetzt. Dann kann es bei der Anwendung zu starken Tonwertbeschneidungen kommen. Die vorhandenen Tonwerte des Bildes werden dabei nicht gespreizt (auseinandergezogen), sondern aus dem Histogramm hinausgeschoben. Sie gehen dem Bild also verloren. Im Histogramm in Abbildung 17.6 sehen Sie deutlich, dass hier in den Tiefen beschnitten wurde und die hellen Tonwertbereiche aus dem Histogrammbereich hinausgeschoben wurden.

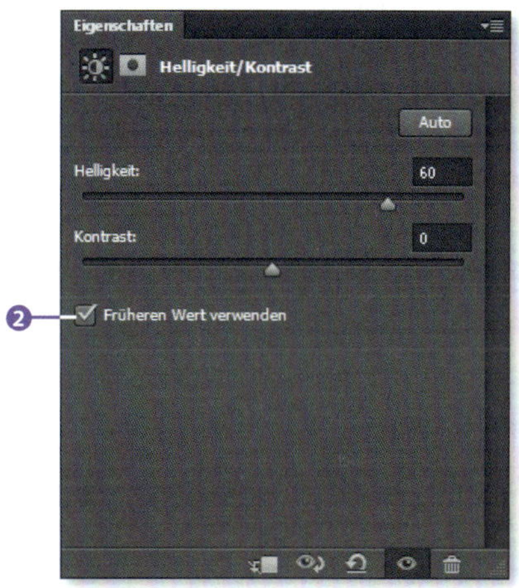

▲ **Abbildung 17.5**
Schalten Sie bei der Korrektur mit gleichen Werten die Option FRÜHEREN WERT VERWENDEN zu …

▲ **Abbildung 17.6**
… ändert sich das Bild dramatisch. Es verblasst – was eine Folge der beschnittenen Tiefen ist –, und Lichterzeichnung geht verloren.

Der »Auto«-Button | Wenig erklärungsbedürftig ist der Button AUTO, der in CS6 neu beim HELLIGKEIT/KONTRAST-Tool hinzugekommen ist. Sie klicken ihn an, und Photoshop errechnet automatisch die Korrekturwerte und stellt die Regler dann darauf ein. Das kann übrigens eine

Weile dauern, denn der Korrektur voraus geht eine Bildanalyse. Anders als Sie es vielleicht schon von der AUTO-Funktion bei TONWERTKORREKTUR und GRADATIONSKURVEN kennen, gibt es keine versteckten Optionen. Sie können hier wirklich nur klicken und abwarten – und, wenn Sie nicht zufrieden sind, das Ergebnis zurücknehmen oder modifizieren.

17.2 Pfusch oder schnelle Hilfe? Die Auto-Korrekturen

Eine erfolgreiche Bildkorrektur müssen Sie nicht immer manuell durchführen. Photoshop bietet auch eine Reihe von automatischen Korrekturwerkzeugen an, die die Tonwertverteilung im Bild selbsttätig analysieren und entsprechend geraderichten.

Neben der Schnelligkeit, mit der sich Auto-Korrekturen anwenden lassen, haben sie einen weiteren Vorteil: Sie arbeiten auf Grundlage strikter Tonwertmathematik. So kann es zwar passieren, dass Sie einmal das falsche Werkzeug erwischen und nicht den gewünschten Effekt erzielen. Wirkliche Zeichnungsverluste können Sie aber nur schwerlich produzieren. In gewisser Weise sind die Auto-Korrekturen narrensicher. Ob und wann ihr Einsatz sinnvoll ist und welche Möglichkeiten Sie haben, ihre Wirkung zu optimieren, erfahren Sie jetzt.

Auto-Korrekturen im Menü

Die bekanntesten unter Photoshops Automatik-Korrekturen finden sich direkt im Menü BILD. Sie sind für die rasche Erledigung von Routinekorrekturen an mehr oder weniger unproblematischen Bildern gedacht. Sie lassen sich schnell anwenden, haben jedoch einen gravierenden Nachteil: Die Korrektur erfolgt ohne Einstellungsebenen und kann nicht weiter angepasst oder rückgängig gemacht werden (außer über das bekannte Kürzel [Strg]/[cmd]+[Z] oder das Protokoll).

Drei verschiedene Menü-Auto-Korrekturen gibt es:

- AUTO-FARBTON (Kürzel: [⇧]+[Strg]/[cmd]+[L])
- AUTO-KONTRAST (Kürzel: [Alt]+[⇧]+[Strg]+[L] bzw. [Alt]+[⇧]+[cmd]+[L])
- AUTO-FARBE (Kürzel: [⇧]+[Strg]/[cmd]+[B])

Anwendung | Die Anwendung der Auto-Werkzeuge ist denkbar einfach: Klicken Sie einmal auf den Menüpunkt, Photoshop rechnet – fertig. Welche der Auto-Korrekturen am besten wirkt, ist stark motivabhängig. Am besten einfach ausprobieren!

Tonwertkorrektur im Hintergrund

Rein technisch handelt es sich übrigens bei allen drei Auto-Funktionen – trotz der unterschiedlichen Bezeichnungen – um Tonwertkorrekturen, die auf verschiedene Weise durchgeführt werden.

Auto-Korrekturen mit Einstellungsebene

Wenn Sie Auto-Korrekturen anwenden wollen, müssen Sie auf Einstellungsebenen nicht verzichten. Denn auch bei den Korrekturwerkzeugen TONWERTKORREKTUR und GRADATIONSKURVEN – für die Sie ohne weiteres Einstellungsebenen erzeugen können – gibt es eine Auto-Korrektur. Die Funktionen sind dieselben wie bei den Menübefehlen, mit dem Update auf CS6 ist noch eine zusätzliche Auto-Korrektur hinzugekommen.

Auto-Korrektur-Optionen erreichen | Der Button AUTO ist Ihnen vielleicht schon einmal aufgefallen, wenn Sie mit der TONWERTKORREKTUR oder den GRADATIONSKURVEN gearbeitet haben. Hier können Sie jedoch mehr tun, als lediglich auf den Knopf zu drücken. Erst mit den Auto-Korrektur-Optionen reizen Sie die Funktion voll aus. Diese Optionen sind jedoch etwas versteckt. So erreichen Sie sie:

1. Erzeugen Sie eine Einstellungsebene TONWERTKORREKTUR oder GRADATIONSKURVEN. Die Auto-Funktionen sind bei beiden Werkzeugen identisch, doch es ist sinnvoll, das Werkzeug zu benutzen, mit dem Sie nach der automatischen Korrektur manuell weiterarbeiten möchten. Eine Auto-Korrektur stellt eine gute Basis eigener Korrekturen dar!
2. Sobald Sie die Einstellungsebene erzeugt haben, erscheinen in der Eigenschaften-Palette die Steuerungselemente, und Sie sehen dort auch den Button AUTO. Wenn Sie einfach darauf klicken, führt Photoshop eine Auto-Korrektur mit den Standardeinstellungen aus. Das wollen Sie jedoch jetzt nicht! Drücken Sie die Alt-Taste, während Sie auf diesen Button klicken; dann öffnet sich das Fenster mit den Auto-Korrektur-Optionen.
3. Unter ALGORITHMEN legen Sie nun fest, wie die Auto-Korrektur vorgehen soll. Sind Sie mit Ihren Einstellungen fertig, können Sie einfach die Auto-Korrektur durchführen lassen (Klick auf OK) oder die neue Einstellung ALS STANDARD SPEICHERN 6.

Auto-Optionen nicht überall

AUTO-Buttons finden Sie nicht nur bei TONWERTKORREKTUR und GRADATIONSKURVEN. Auch die Tools HELLIGKEIT/KONTRAST und SCHWARZWEISS verfügen über Korrekturautomatiken. Obwohl der Button dort ebenfalls AUTO heißt, führen Sie damit keine Auto-Tonwertkorrektur durch. Und auch weitergehende Optionen gibt es für diese beiden Auto-Funktionen nicht.

▲ **Abbildung 17.7**
Die Wirkungsweise der Auto-Korrektur lässt sich beeinflussen.

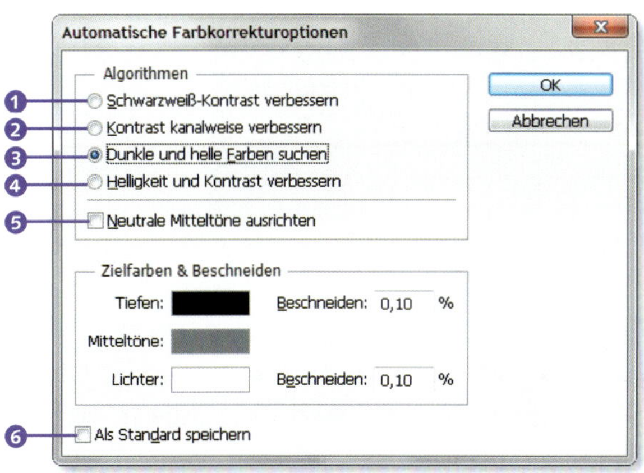

◄ **Abbildung 17.8**
Irritierenderweise heißt dieser Dialog AUTOMATISCHE FARBKORREKTUROPTIONEN – korrigiert wird neben (leichteren) Farbstichen aber vor allem der Kontrast.

Datei auf der Buch-DVD: »Relief.jpg«

Bild: stock.xchng, Patrick St. John

Abbildung 17.9 ▶
An diesem Ausgangsmotiv lässt sich die Wirkung der Auto-Korrekturen gut ablesen.

Zum Weiterlesen
Was es mit den Optionen ZIELFARBEN & BESCHNEIDEN auf sich hat, erfahren Sie im Abschnitt »Steuerungselemente für Tonwertkorrekturen« auf Seite 570 und im Abschnitt »Zielfarben einstellen« auf Seite 578.

Schwarzweiß-Kontrast verbessern | SCHWARZWEISS-KONTRAST VERBESSERN ❶ verändert die Farbkanäle des Bildes gleichzeitig. Der Kontrast wird verbessert, die Farbstimmung bleibt dadurch erhalten. Bei manchen Bildern erweist sich das auch als Nachteil: Unerwünschte Farbstiche bleiben nämlich ebenfalls im Bild.

Sofern Sie *kein* Häkchen bei NEUTRALE MITTELTÖNE AUSRICHTEN ❺ setzen, entspricht die Option SCHWARZWEISS-KONTRAST VERBESSERN in Ihrer Wirkung dem Menübefehl AUTO-KONTRAST.

Abbildung 17.10 ▶
SCHWARZWEISS-KONTRAST VERBESSERN führt zu einer Kontraststeigerung, lässt die Farben jedoch weitgehend unangetastet.

Kontrast kanalweise verbessern | Die Korrektur KONTRAST KANALWEISE VERBESSERN ❷ bearbeitet die Tonwertinformationen des Bildes Kanal für Kanal. So kommt nicht nur mehr Kontrast ins Bild, mit dieser Funktion lassen sich auch Farbstiche beseitigen. Doch zwangsläufig ist das Auto-Werkzeug ignorant gegenüber den Bildinhalten. Es neutralisiert auch dort, wo die Erhaltung eines Farbstichs wünschenswert gewesen wäre – zum Beispiel bei Bildern wie »rotstichigen« Sonnenuntergängen, bläulichen Dämmerungsmotiven und auch bei unserem messingfarbenen Beispielfoto.

Die Einstellung Kontrast kanalweise verbessern (mit *inaktiver* Option Neutrale Mitteltöne ausrichten) wirkt wie der Menübefehl Auto-Farbton.

◂ **Abbildung 17.11**
Kontrast kanalweise verbessern geht kanalweise vor; die Bildfarben können sich stark verändern.

Dunkle und helle Farben suchen | Wenn Sie Dunkle und helle Farben suchen ③ wählen, analysiert Photoshop die Tonwertverteilung in jedem Farbkanal einzeln und versucht, Farbstiche zu erkennen. Geändert wird dann die Helligkeit einzelner Kanäle. Je nach Ausgangslage verändern sich die Bildfarben dabei stark – nicht jedes Motiv verträgt das.

Dunkle und helle Farben suchen mit *aktiver* Option Neutrale Mitteltöne ausrichten wirkt wie der Menübefehl Auto-Farbe.

◂ **Abbildung 17.12**
Das Ergebnis von Dunkle und helle Farben suchen: starke Farbänderung, kaum veränderte Kontraste

Neutrale Mitteltöne ausrichten | Die Option NEUTRALE MITTELTÖNE AUSRICHTEN ❺ können Sie bei den ersten drei Algorithmus-Optionen zuschalten. Sie bewirkt bei den meisten Bildern eine stärkere Verschiebung der Bildfarben.

Mittelton-Reparatur
Die neue Option HELLIGKEIT UND KONTRAST VERBESSERN setzt da an, wo die Auto-Tools bisher wenig bewirkten: bei flauen Mitteltönen. Dies ist die neue Standardeinstellung für Auto-Korrekturen.

Helligkeit und Kontrast verbessern | Die neue Option HELLIGKEIT UND KONTRAST VERBESSERN ❹ wirkt bei vielen Bildern weniger drastisch als die anderen Auto-Korrekturen. Der Grund: Diese Korrektur setzt nicht ausschließlich beim Schwarz- und Weißpunkt eines Bildes an, sondern zusätzlich in den Tönen dazwischen. Die Ergebnisse sind oft schon recht brauchbar und können mit wenigen Handgriffen in eine vollwertige Bildkorrektur verwandelt werden. Auch wenn Sie sich bei einem Bild unsicher sind, in welche Richtung die Korrektur gehen soll, liefert HELLIGKEIT UND KONTRAST VERBESSERN gute Hinweise.

Die Funktion »Tonwertangleichung«

Noch eine Auto-Tonwertkorrektur gibt es: Unter BILD • KORREKTUREN finden Sie den Befehl Tonwertangleichung. Das ist der schnellste Weg, zu einem neuen Schwarz- und Weißpunkt und zu einer Tonwertspreizung zu kommen – allerdings ohne jegliche Kontrolle und in den meisten Fällen mit zweifelhaften Ergebnissen. Adobe empfiehlt diese Funktion insbesondere für zu dunkel geratene Scans. Aber Achtung: Das Werkzeug kann Bilder mit einem Mausklick verderben.

Datei auf der Buch-DVD: »OranienburgerStraße.tif«

Bild: Fotolia, Yvonne Bogdanski

▲ **Abbildung 17.13**
Das Original

▲ **Abbildung 17.14**
Die TONWERTANGLEICHUNG sorgt für einen ungewollten, starken Verfremdungseffekt.

Sofern im Bild keine Auswahl vorhanden ist, erfolgt einfach eine Neuberechnung. Haben Sie zuvor eine Auswahl erstellt, erscheint ein Dialogfeld.

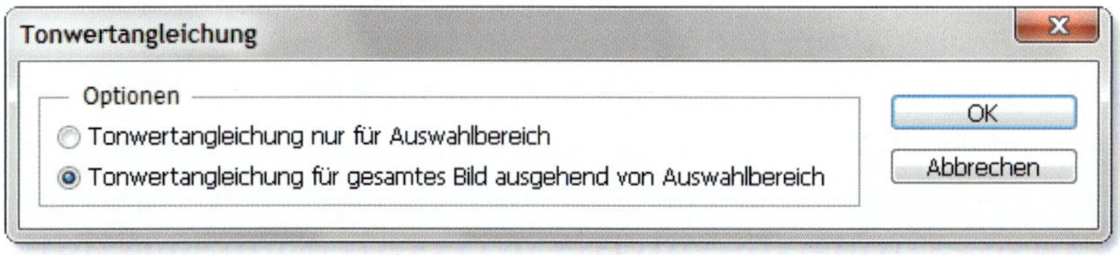

◄ **Abbildung 17.15**
Wie soll mit dem Auswahlbereich verfahren werden?

- Tonwertangleichung nur für Auswahlbereich führt die Tonwertspreizung nur im ausgewählten Bereich durch.
- Tonwertangleichung für gesamtes Bild ausgehend von Auswahlbereich legt die Pixel im Auswahlbereich für die Neuberechnung aller Bildpixel zugrunde.

17.3 Spezialist für harte Schatten und Gegenlichtaufnahmen: »Tiefen/Lichter«

Die bisher vorgestellten Tools Helligkeit/Kontrast und die Auto-Korrekturfunktionen korrigieren globale Bildfehler, die in vielen Fotos anzutreffen sind – solche Korrekturen gehören zum Standardrepertoire. Tiefen/Lichter hingegen ist ein Werkzeug für Spezialfälle. Mit ihm reparieren Sie Bilder, die sowohl über- als auch unterbelichtete Partien haben – beispielsweise Gegenlichtaufnahmen. Auch zu dunkle Tiefen in ansonsten korrekt belichteten Bildern korrigiert diese Funktion, ebenso »angeblitzte« Motive, die durch das Blitzlicht zu hell geworden sind.

Datei auf der Buch-DVD: »Apfelbett.jpg«

▲ **Abbildung 17.16**
Um die zu dunkel geratenen Tiefen in diesem Bild zu korrigieren, ohne dass die übrigen – schon recht ausgewogenen – Bildpartien verändert werden, war vor der Erfindung der Tiefen/Lichter-Automatik ein aufwendiges Arbeiten mit Masken nötig.

Bild: vitamin a design

▲ **Abbildung 17.17**
Die bearbeitete Version. Diese Korrektur hat keine drei Minuten gedauert!

»Tiefen/Lichter« ohne Einstellungsebene – jedoch zerstörungsfrei
Als Einstellungsebene steht TIEFEN/LICHTER nicht zur Verfügung. Dennoch lässt sich TIEFEN/LICHTER pixelschonend anwenden. Das Werkzeug ist nämlich eigentlich ein Filter, weshalb es als Smartfilter eingesetzt werden kann. Wie das geht, lesen Sie weiter unten.

TIEFEN/LICHTER ist meiner Meinung nach die effizienteste und zeitsparendste Korrekturautomatik, die Photoshop zu bieten hat. Was früher sehr aufwendig mit Hilfe von Masken korrigiert werden musste, haben Sie hiermit in kürzester Zeit erledigt. TIEFEN/LICHTER funktioniert jedoch nur dann gut, wenn der Tonwertumfang des Bildes nicht von vornherein stark eingeschränkt ist.

Sie finden das Tool wie alle Korrekturwerkzeuge im Menü BILD • KORREKTUREN. Die Bedienung ist einfach: Der Regler TIEFEN legt fest, wie stark die **Tiefen aufgehellt** werden, und mit dem Regler LICHTER stellen Sie ein, wie stark **Lichter abgedunkelt** werden.

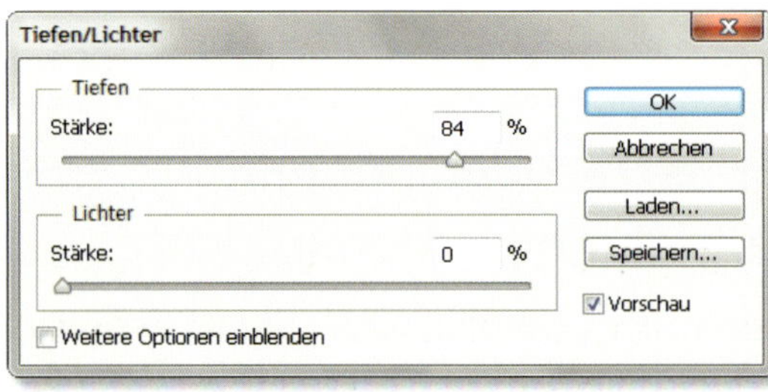

Abbildung 17.18 ▶
Nicht immer reicht es aus, an den Reglern für TIEFEN und LICHTER zu ziehen, um gute Korrekturergebnisse zu erzielen. Hier sehen Sie den Dialog in der Standardansicht.

Reichen Ihnen diese Einstellungsmöglichkeiten nicht aus, erweitern Sie mit der Checkbox WEITERE OPTIONEN EINBLENDEN das Bedienfeld. Wie bei vielen anderen Dialogen auch arbeiten Sie sich hier am besten von oben nach unten durch.

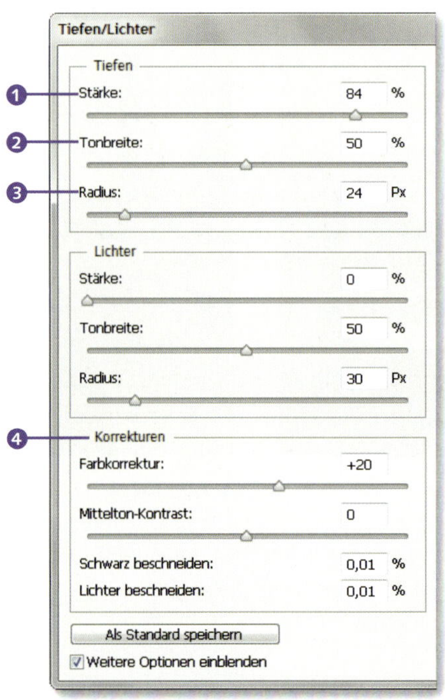

Abbildung 17.19 ▶
Erweiterte Korrektureinstellungen im Werkzeug TIEFEN/LICHTER

Stärke | Die STÄRKE ❶ – ganz logisch – legt fest, wie kräftig die Korrektur überhaupt wirkt. Mit den Slidern sollten Sie vorsichtig umgehen. Wenn Sie beispielsweise den STÄRKE-Regler unter TIEFEN weit nach rechts ziehen, werden möglicherweise die aufgehellten Tiefen heller als die Lichter des Bildes; das wirkt stark verfremdend. Gelegentlich verstärkt starkes Aufhellen dunkler Bereiche auch Bildrauschen.

▲ **Abbildung 17.20**
Ausschnitt aus einem (zu) stark aufgehellten Bild. In den dunklen Bereichen wird Rauschen verstärkt sichtbar.

Tonbreite | Mit TONBREITE ❷ legen Sie fest, wie stark die Korrektur auf Tiefen und Lichter begrenzt wird oder Mitteltöne einbezieht. 50% sind Standard. Je kleiner der Wert ist, desto stärker wird die Korrektur eingegrenzt. Bemerken Sie beispielsweise beim Aufhellen eines dunklen Motivs, dass sich die helleren Töne zu stark verändern, sollten Sie die TONBREITE für die TIEFEN herabsetzen. Umgekehrt weiten Sie durch Erhöhen der TONBREITE die Korrektur auf einen breiteren Tonwertbereich aus.

Radius | Der RADIUS ❸ soll unerwünschte Nebeneffekte der Korrektur eingrenzen – und erledigt das auch ganz wirkungsvoll. Diese Einstellung schränkt ebenfalls die Wirkung der Regler ein, nicht aber auf Basis der Tonwerte des Bildes (so wie TONBREITE), sondern ausgehend von einzelnen hellen oder dunklen Bildpixeln.

Wenn Ihr Motiv nach der Einstellung von STÄRKE zu wenig Kontrast aufweist und Detailzeichnung verliert, erhöhen Sie den RADIUS. Wirkt sich die Korrektur auf das ganze Bild aus und nicht nur auf Lichter oder Tiefen, senken Sie die Einstellung.

Zum Weiterlesen
Mehr zum Thema »Tonwerte beschneiden« lesen Sie im Abschnitt »Steuerungselemente für Tonwertkorrekturen« auf Seite 570.

Korrekturen | Die Einstellungen unter KORREKTUREN ❹ helfen Ihnen, kleinere Farb- und Kontrastfehler, die bei der Korrektur entstanden sein können, wieder auszubügeln. Mit FARBKORREKTUR verleihen Sie Farben, die durch die Luminanzänderung eventuell verändert wurden, mehr oder weniger Leuchtkraft. (Sie erinnern sich, Farbe und Luminanz hängen zusammen!)

Bei Graustufenbildern steht hier stattdessen ein Regler für die HELLIGKEIT (nicht im Bild) zur Verfügung. Per MITTELTON-KONTRAST passen Sie das Aussehen der Mitteltöne an die korrigierten Tiefen und Lichter an.

Die Funktionen SCHWARZ BESCHNEIDEN und LICHTER BESCHNEIDEN grenzen den Tonwertumfang des Bildes ein wenig ein. Das ist manchmal notwendig, wenn Bilder im Rasterverfahren gedruckt werden.

Als Standard speichern
Über ALS STANDARD SPEICHERN legen Sie aktuelle Einstellungen als neue Standardwerte fest. Mit den Buttons SPEICHERN und LADEN können Sie einmal festgelegte Einstellungen konservieren und später erneut nutzen.

»Tiefen/Lichter« zerstörungsfrei auf Smartobjekte anwenden

Smartobjekte sind spezielle Ebenen, deren Originaldaten im Dokument hinterlegt werden, so dass sie nach der Bearbeitung jederzeit wieder in die ursprüngliche Form gebracht werden können. Nicht alle, jedoch eine ganze Reihe von Photoshop-Werkzeugen lassen sich auf Smartobjekte anwenden. Neben Transformationen und Filtern gehört die Funktion Tiefen/Lichter dazu. Der folgende Workshop zeigt, wie Sie mit ihr arbeiten.

Schritt für Schritt: »Tiefen/Lichter« auf Smartobjekte anwenden

Datei auf der Buch-DVD: »Matrosen.jpg«

Das Beispielbild »Matrosen.jpg« ist leider an einigen Stellen zu dunkel geraten. Vor allem die schwarze Hose fällt negativ auf.

Bild: S. Mühlke

Abbildung 17.21 ▸
Das Ausgangsbild. Vor allem die Tiefen sind viel zu dunkel geraten.

1 Bildebene in Smartobjekt konvertieren

Nur zwei Klicks in der Ebenen-Palette sind notwendig, um eine Ebene in ein Smartobjekt zu konvertieren: Klicken Sie in die Ebenenzeile, um das Kontextmenü zu öffnen, und wählen Sie dort den Befehl In Smartobjekt konvertieren. Eine Alternative wäre der Menübefehl Ebene • Smartobjekte • In Smartobjekt konvertieren.

▾ **Abbildung 17.22**
Wählen Sie In Smartobjekt konvertieren.

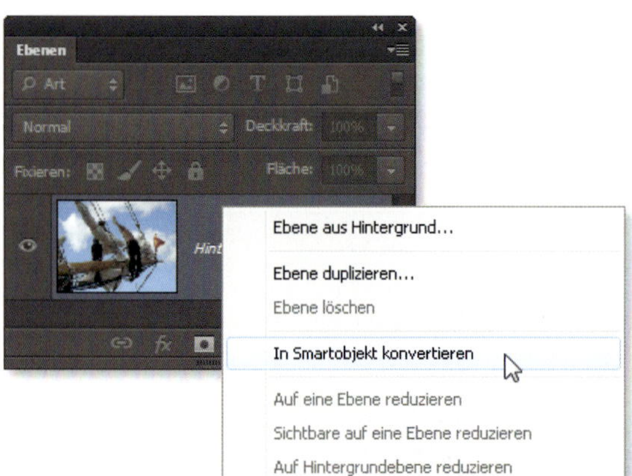

▴ **Abbildung 17.23**
Smartobjekt-Anzeige: geänderter Name und Minisymbol in der Ecke der Ebenenminiatur

2 »Tiefen/Lichter« starten

Die Funktion TIEFEN/LICHTER rufen Sie wie gewohnt über BILD • KORREKTUREN • TIEFEN/LICHTER auf. Da sich zahlreiche Korrekturwerkzeuge nicht auf Smartobjekte anwenden lassen, sind fast alle anderen Befehle im Menü inaktiv.

3 Einstellungen vornehmen

Stellen Sie nun alle Regler so ein wie benötigt. Dabei nutzen Sie die Monitoranzeige zur Kontrolle. Einzoomen in kritische Bereiche ist oft hilfreich. In Abbildung 17.24 sehen Sie meine Korrekturen für das Beispielbild »Matrosen.jpg«. Ich habe unter TIEFEN die STÄRKE recht hoch eingestellt und die TONBREITE auf dem Standardwert 50 belassen. Dadurch werden die allerdunkelsten Bereiche (Tiefen) stark aufgehellt, aber auch einige der dunklen Bereiche erhalten etwas mehr Helligkeit. Die LICHTER bleiben unverändert, und unter KORREKTUREN genügen die Standardwerte.

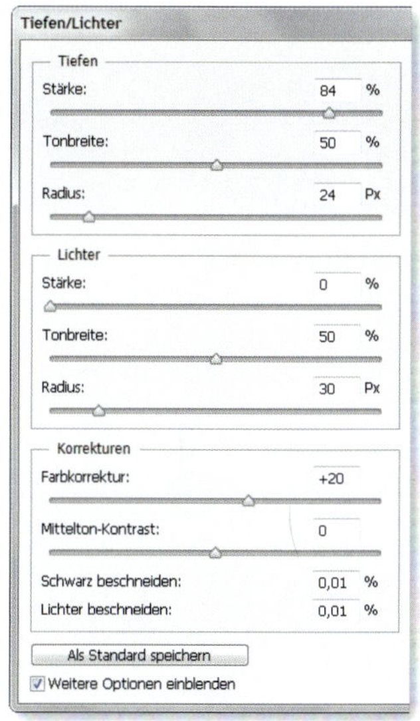

▲ **Abbildung 17.24**
Nehmen Sie diese Einstellungen vor.

4 Smartfilter in der Ebenen-Palette

Nachdem Sie den Dialog geschlossen haben, werden Sie auch eine Änderung in der Ebenen-Palette bemerken. Der Smartfilter TIEFEN/LICHTER hat sich unter das Smartobjekt – die frühere Hintergrundebene – geklemmt.

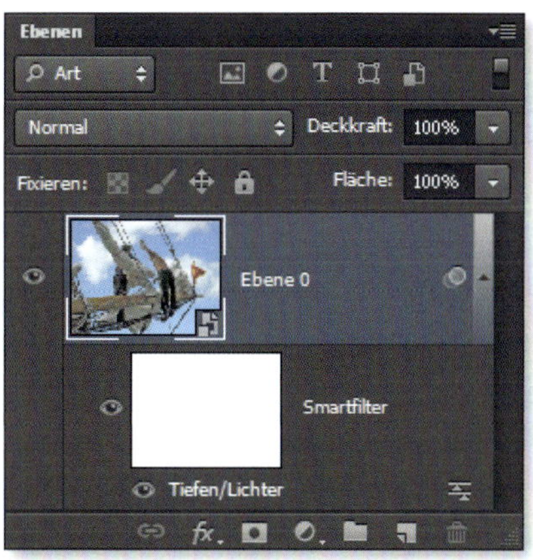

▲ **Abbildung 17.25**
Smartfilter in der Ebenen-Palette

Sie können das Bild nun normal weiterverarbeiten. Auf der nächsten Seite sehen Sie einen Vorher-nachher-Vergleich.

▲ **Abbildung 17.26**
Die unkorrigierte Fassung

▲ **Abbildung 17.27**
Die bearbeitete Version. Vor allem die Tiefen (Matrosenhosen) sind deutlich heller, aber auch einige der übrigen Bereiche (gefaltetes Segel unterhalb des Klüverbaums).

Kapitel 18

Wie bunt soll's sein? Farben flott geraderücken

Die Bildfarben sind maßgeblich für die Stimmung, die ein Bild vermittelt: kühl, warm, lebhaft, ruhig ... Hier lernen Sie die Werkzeuge für schnelle Farbkorrekturen und -veränderungen kennen.

18.1 Grundlage jeder Farbkorrektur: Der Farbkreis

Ganz ohne Basiswissen geht es auch beim intuitivsten Korrekturtool nicht. Um Farbkorrekturen erfolgreich durchzuführen, müssen Sie den Farbkreis kennen und wissen, was Komplementärfarben sind. Was hat es damit auf sich?

Es gab und gibt immer wieder die Bestrebung, ein objektives und naturwissenschaftlich fundiertes Ordnungssystem zu schaffen, das alle für den Menschen sichtbaren Farben zeigt und vor allem ihre Beziehung zueinander deutlich macht. Als Ordnungsmodell bewährt hat sich dabei der Farbkreis, den wir uns auch bei der Farbkorrektur zunutze machen können.

Im Farbkreis finden Sie alte Bekannte – nämlich die Farben, die Sie schon aus den Systemen RGB und CMYK kennen. Zwischen diesen sechs Farben besteht ein enger Zusammenhang: Aus Rot, Grün und Blau können Cyan, Magenta und Gelb gemischt werden und umgekehrt. Angeordnet sind die Farben so, dass jeweils drei nebeneinanderliegende Farben zueinander im Verhältnis *erste Grundfarbe – gemeinsame Mischfarbe – zweite Grundfarbe* stehen. Beispielsweise ergeben Rot und Grün zusammen Gelb, Cyan und Magenta mischen sich zu Blau, und Cyan wiederum wird aus Grün und Blau gemischt.

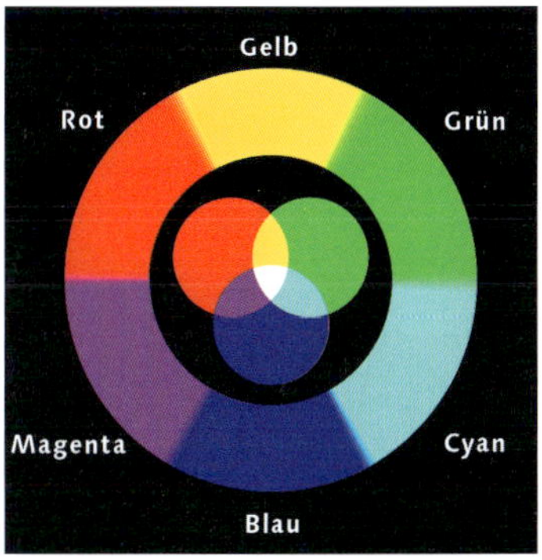

▲ Abbildung 18.1
Diese schlichte Version des Farbkreises ist gut geeignet, um die für die Farbkorrektur wichtigen Zusammenhänge zwischen den einzelnen Farben zu verdeutlichen. In der Mitte sehen Sie nochmals die Grund- und Mischfarben des RGB-Modells zum Vergleich.

Komplementärfarben | Interessant ist vor allem auch das Verhältnis der Farben, die sich jeweils direkt gegenüberliegen. Solche Farbenpaare nennt man Komplementärfarben. Die Komplementärfarbenpaare sind:

- Magenta und Grün
- Blau und Gelb
- Cyan und Rot

Zwei Komplementärfarben »neutralisieren« sich gegenseitig. Für die Bearbeitung und Korrektur von Bildfarben hat dieses Prinzip natürlich große Bedeutung: Ein Farbstich lässt sich entfernen, indem Sie den Anteil der entsprechenden Komplementärfarbe im Bild erhöhen. So korrigieren Sie ein zu gelbes Bild durch die Zugabe von Blau und ein Bild mit Magenta-Stich durch Erhöhen des Grünanteils und so weiter.

Zum Weiterlesen
Mehr über **automatische Tonwertkorrekturen** lesen Sie in Abschnitt 17.2, »Pfusch oder schnelle Hilfe? Die Auto-Korrekturen«. **Detailinformationen** zum Werkzeug TONWERTKORREKTUR erhalten Sie in Kapitel 19, »Präzisionsarbeit am Histogramm: Die Tonwertkorrektur«.

Zudem ist der Farbkreis die »interne« Berechnungsgrundlage verschiedener Photoshop-Farbkorrekturen und liegt auch der Gestaltung und Handhabung verschiedener Korrektur-Dialogboxen zugrunde. Halten Sie sich den Farbkreis bei der Durchführung von Farbkorrekturen also immer vor Augen – buchstäblich oder im metaphorischen Sinne!

Wie Farben wirken | Leichte bis mittlere Farbstiche lassen sich meist schon durch die TONWERTKORREKTUR – ob automatisch ausgeführt oder manuell – beheben.

Datei auf der Buch-DVD: »Porträt-Varianten.tif«
Die Datei enthält alle Einstellungsebenen für die hier gezeigten Bildvarianten.

Doch nicht immer genügt das: sei es, dass ein Bild einen hartnäckigen Farbstich aufweist, der sich mit den genannten Mitteln nicht entfernen lässt; sei es, dass Sie einem Bild bewusst eine bestimmte Farbstimmung geben möchten. Das wird manchmal erforderlich, um Bildelemente in Montagen aneinander anzupassen, und natürlich ist Farbe auch ein gestalterisches Element, wie die Bilderfolge zeigt.

▲ **Abbildung 18.2**
Das Porträt im Original: Es lebt von seinen warmen Gelbtönen.

▲ **Abbildung 18.3**
Mit dem Werkzeug FARBBALANCE wurden differenziertere Farben herausgearbeitet.

▲ **Abbildung 18.4**
Auch in dieser kühlen, kontrastreichen Variante wirkt das Bild überzeugend.

Bild: Fotolia, Rui Vale De Sousa

18.2 Farbbalance: Globale Farbmischung ändern

Um schnell und unkompliziert die Farbbalance von Bildern zu verändern und Farbstiche zu entfernen, die das gesamte Bild betreffen, bietet Photoshop das Werkzeug FARBBALANCE an.

Sie finden die FARBBALANCE in der Korrekturen-Palette und im Einstellungsebenen-Menü der Ebenen-Palette, oder Sie nutzen den Menübefehl EBENE • NEUE EINSTELLUNGSEBENE • FARBBALANCE. Wenn Sie den Menübefehl BILD • KORREKTUREN • FARBBALANCE oder den Shortcut Strg/cmd+B verwenden, erscheint der altbekannte Korrekturdialog, und die Korrektur wird **ohne Einstellungsebene** direkt auf die aktive Bildebene angewandt.

Alternative: Gradationskurven
Die GRADATIONSKURVEN sind das Universalgenie unter den Korrekturwerkzeugen. Sie lassen sich ebenfalls nutzen, um die Farbbalance einzustellen, und bieten dabei sogar noch differenziertere Möglichkeiten, auf das Bild einzuwirken.

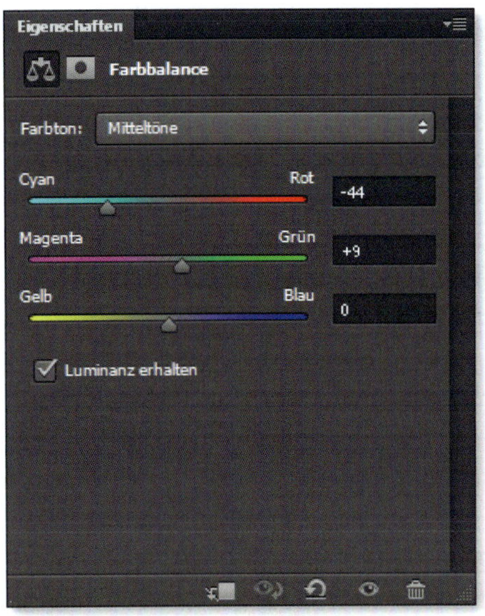

▲ **Abbildung 18.5**
Eine Einstellungsebene FARBBALANCE erzeugen

◄ **Abbildung 18.6**
Leichte Bedienbarkeit, aber weniger Kontrolle über die Korrektur als mit GRADATIONSKURVEN: FARBBALANCE

- Unter FARBTON legen Sie fest, welcher Tonwertbereich des Bildes bearbeitet werden soll. LICHTER, MITTELTÖNE und TIEFEN stehen zur Auswahl.
- Die Farbbalance stellen Sie mit Hilfe der Schieberegler ein. Dabei sind die sechs bekannten Grundfarben zu drei Komplementärpaaren angeordnet. Dazwischen befindet sich jeweils ein Regler, mit dem Sie die Balance korrigieren. Alternativ tragen Sie numerische Werte in die Eingabefelder ein.
- Die Option LUMINANZ ERHALTEN können Sie zusätzlich aktivieren. Sie verhindert, dass mit dem Verschieben der Farbbalance auch die Bildhelligkeit verändert wird.

Korrekturwirkung dosieren
Sie können die Wirkung einer Bildkorrektur nicht nur über die Werkzeugeinstellungen, sondern auch durch den Mischmodus und die Deckkraft der Einstellungsebene beeinflussen. Besonders die Mischmodi FARBE und FARBTON sind bei Farbkorrekturen interessant. Sie können der Farbveränderung ein natürlicheres Aussehen geben. LUMINANZ hingegen verhindert eine Farbveränderung – günstig bei Helligkeits- und Kontrastkorrekturen. INEINANDERKOPIEREN und die »Licht«-Mischmodi wirken zusätzlich kontraststeigernd.

Vorgehensweise

Die Vorgehensweise erschließt sich fast schon von selbst: Sie legen fest, welchen Tonwertbereich des Bildes (Tiefen, Mitteltöne oder Lichter) Sie ändern wollen, markieren das entsprechende Feld und verändern dann per Schieberegler oder Zahleneingabe die Balance von Cyan/Rot, Magenta/Grün oder Blau/Gelb – je nachdem, wie der Farbstich des Bildes beschaffen ist. Hilfreich ist es auch hier, wenn Sie den Farbkreis und das Prinzip der Komplementärfarben kennen.

Farbstich bestimmen | Dass ein Bild einen Farbstich hat, erkennen Sie schnell. Schwieriger ist es oft, genau zu bestimmen, welcher Art der Farbstich ist. Das müssen Sie aber wissen, um eine wirkungsvolle Korrektur vorzunehmen. In diesem Fall hilft es, die Farben des Bildes kurzzeitig zu verstärken. Nutzen Sie dazu das Korrekturwerkzeug DYNAMIK ▽ in der Korrekturen-Palette, und erhöhen Sie die DYNAMIK- oder SÄTTIGUNG-Einstellung stark. Die Bildfarben werden dadurch verfremdet, aber meist erkennen Sie so leichter, was für ein Farbstich vorliegt. Diese Hilfs-Einstellungsebene können Sie nach Gebrauch in den Papierkorb verschieben.

Zum Weiterlesen
Wenn Sie vor der Bildkorrektur **Messpunkte für Farbwerte** setzen, ist die Bildschirmanzeige nicht mehr Ihr einziges Kontrollinstrument. Mehr dazu finden Sie in Kapitel 20, »Universalhelfer für professionelle Ansprüche: Gradationskurven«.

Vor- und Nachteile | Die Bedienung ist einfach genug, und das Verfahren ist deutlich schneller als die haargenau angepasste Farbkorrektur mit Gradationskurven und Messpunkten.

Problematisch ist, dass der Monitor das *einzige* und entscheidende Instrument zur Beurteilung des Bildes und der vorgenommenen Korrekturmaßnahmen ist. Wie Sie sicherlich wissen, erscheinen Farben auf jedem Monitor ein wenig anders. Eine genaue Dosierung der Korrektur mit dem FARBBALANCE-Werkzeug ist schwierig. Mit GRADATIONSKURVEN lässt sich der zu verändernde Tonwertbereich besser eingrenzen und exakter bearbeiten. So können Sie nicht jeden Farbstich restlos entfernen, doch als schneller Soforthelfer und auch als Kreativtool und unterstützendes Werkzeug bei Montagen ist Farbbalance vielseitig einsetzbar.

»Variationen« nicht am Mac
Der Dialog VARIATIONEN läuft unter Windows in der 32- und der 64-Bit-Version. Mac-Besitzer sind hier leicht benachteiligt: Macs unterstützen VARIATIONEN nicht mehr. Anders als in CS5 gibt es auch keinen Workaround, um die Variationen zum Laufen zu bringen.

Farbbalance im Direktvergleich: Variationen

Das Werkzeug VARIATIONEN spitzt das Prinzip der Bildkorrektur nach Augenmaß noch zu: Hier können Sie mehrere Korrekturvarianten desselben Bildes in Miniaturansicht miteinander vergleichen und natürlich auch Korrektureinstellungen festlegen.

Sie erreichen die Dialogbox über den Menübefehl BILD • KORREKTUREN • VARIATIONEN. Das Tool kann nicht als Einstellungsebene eingesetzt

Zum Weiterlesen
Im Abschnitt »›Tiefen/Lichter‹ zerstörungsfrei auf Smartobjekte anwenden« auf Seite 555 erfahren Sie, wie Sie **Bildkorrekturen mit Smartobjekt-Ebenen** durchführen. Dieses Verfahren funktioniert auch beim VARIATIONEN-Dialog.

werden. Eine zerstörungsfreie Bildkorrektur ist dennoch möglich: Wenden Sie es als Smartfilter auf Smartobjekte an.

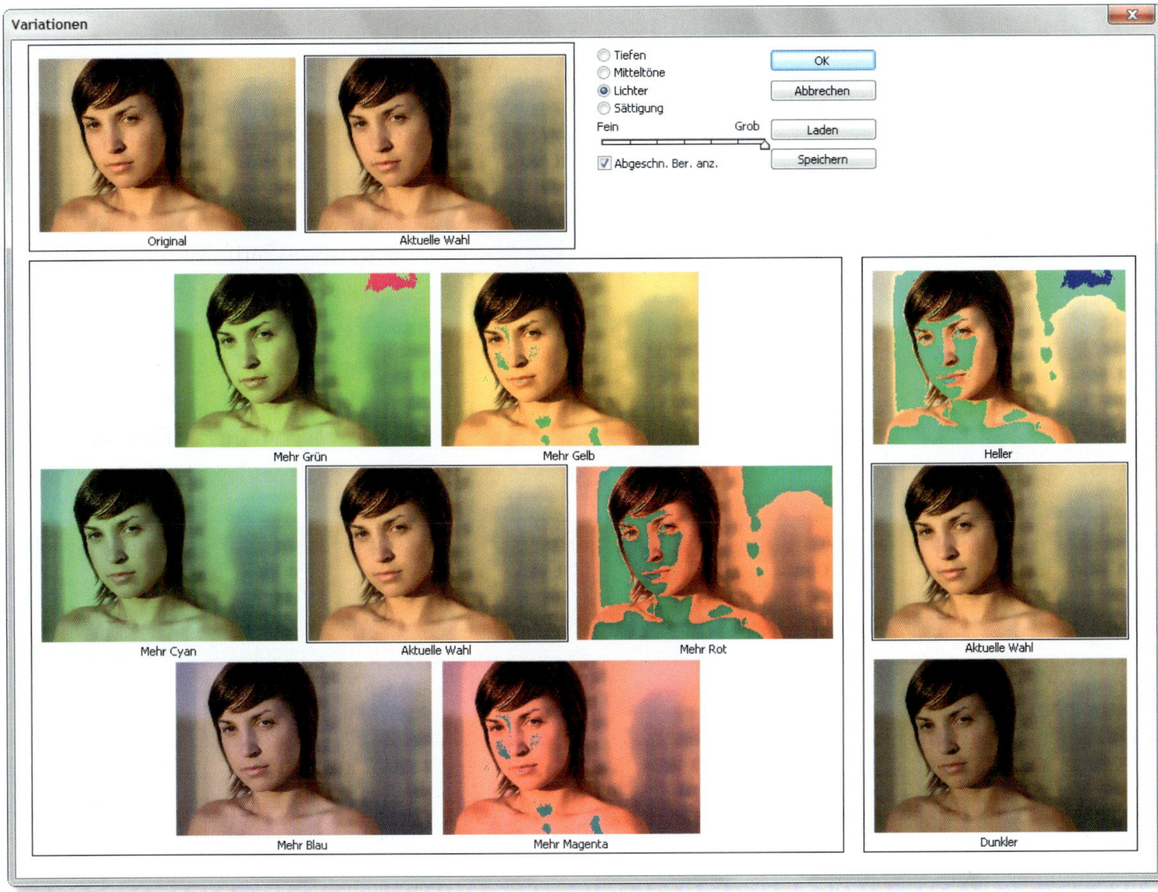

▲ **Abbildung 18.7**
Das umfangreiche Dialogfeld VARIATIONEN

Neben der Farbbalance können Sie hier Farbsättigung und Helligkeit einstellen. Wie auch beim FARBBALANCE-Werkzeug lassen sich TIEFEN, MITTELTÖNE und LICHTER separat ansteuern. Änderungen nehmen Sie vor, indem Sie auf eines der Vorschaubilder klicken. Mehrfaches Klicken auf ein Vorschaubild verstärkt die Wirkung. Der Regler FEIN/GROB legt fest, wie nachdrücklich die Änderungen wirken. Ist die Option ABGESCHNITTENE BEREICHE ANZEIGEN aktiv, werden die Bildpartien, die durch Ihre aktuelle Korrektureinstellung Lichter oder Lichterzeichnung verlören, farbig hervorgehoben. Im Extrembeispiel in Abbildung 18.8 sind gleich mehrere Farbkanäle betroffen und werden durch unterschiedliche Vorschaufarben angezeigt.

▲ **Abbildung 18.8**
Anzeige möglicher Zeichnungsverluste (Beschneidung)

18.3 Dynamik: Pep für Porträts ohne Übersättigung

Zum Weiterlesen
Das Tool **Farbton/Sättigung** greift radikaler in die Sättigungswerte von Bildfarben ein als Dynamik und kann außerdem dazu dienen, Bilder zu tonen (einzufärben). Für Korrekturen wird es eher selten eingesetzt. Mehr über dieses Werkzeug lesen Sie im Abschnitt »Bilder färben: zurückhaltend bunt« auf Seite 626.

Mit dem Werkzeug Dynamik bearbeiten Sie die Bildsättigung und machen Bilder lebendiger und farbiger. Anders als das andere Sättigungswerkzeug an Bord – Farbton/Sättigung –, das sich gleichmäßig auf alle Bildbereiche auswirkt, passt das Dynamik-Tool seine Wirkung an.

In bereits gesättigten Bildpartien wird die Sättigung weniger erhöht als in anderen. Dadurch wirkt die Dynamik-Einstellung schonender und eignet sich auch gut für Porträts. Bei Anwendung des herkömmlichen Tools Farbton/Sättigung ähnelten Porträtfotos schnell Bildern von Sonnenbrandopfern. Dynamik vermeidet diesen unerwünschten Effekt.

Sie können das Werkzeug auf allen bekannten Wegen aufrufen: **mit einer Einstellungsebene** über die Korrekturen- und die Ebenen-Palette sowie über den Menübefehl Ebene • Neue Einstellungsebene und **ohne Einstellungsebene** über das Menü Bild • Korrekturen.

▲ **Abbildung 18.9**
Das Icon Dynamik (1) in der Korrekturen-Palette

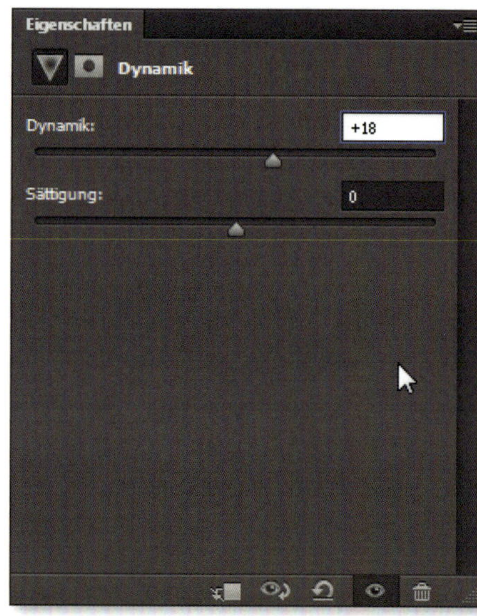

Abbildung 18.10 ▶
Zwei Slider genügen: Dynamik repariert die Bildsättigung effektiv.

Wie das Werkzeug funktioniert, erschließt sich auf den ersten Blick: Das Ziehen der Regler nach links reduziert den Sättigungsanteil, das Bewegen der Slider nach rechts erhöht die Sättigung. Alternativ tippen Sie Werte ein.

Die beiden Slider wirken unterschiedlich:

- Der Dynamik-Regler korrigiert nur die weniger gesättigten Farben eines Bildes und lässt gesättigte Farben unangetastet – oder korrigiert sie sanfter.

Werte »blind« per Tastatur ändern

Aktivieren Sie einfach eines der Eingabefelder, indem Sie mit der Maus hineinklicken, und nutzen Sie dann die Pfeiltasten Ihrer Tastatur, um Werte zu erhöhen (↑-Taste) oder zu verringern (↓-Taste). Diese Eingabemöglichkeit **funktioniert fast bei allen Werkzeugen und Optionsfeldern** und hat den Vorteil, dass Sie sich voll auf das Korrekturergebnis im Bild konzentrieren können.

- Mit der Einstellung Sättigung bekommen alle Farben im Bild – unabhängig von ihrer aktuellen Sättigung – dasselbe Maß an Sättigungskorrektur. Ohne zu verraten, wie es genau funktioniert, verspricht die Adobe-Hilfe, dass die Funktion immer noch schonender arbeitet als eine Sättigungserhöhung per Farbton/Sättigung; vor allem die Bildung verräterischer Farbstreifen werde verhindert.

Datei auf der Buch-DVD: »Testbild_Sättigungstools_Hauttöne.tif«

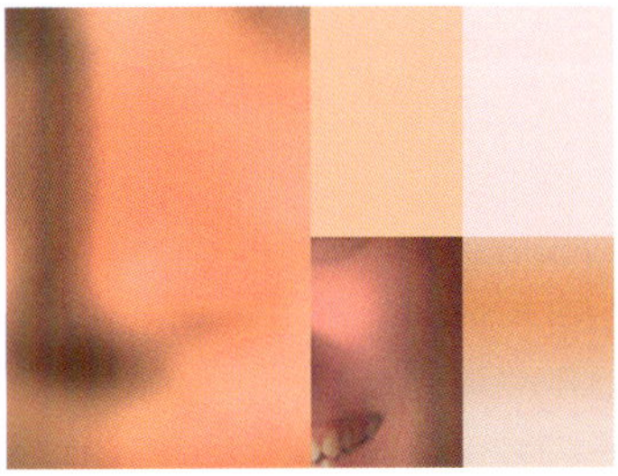

▲ **Abbildung 18.11**
Mit diesem Testbild können Sie die verschiedenen Sättigungstools durchspielen – am Bildschirm sehen Sie die Änderungen viel besser als hier im gedruckten Buch! Hier das Original.

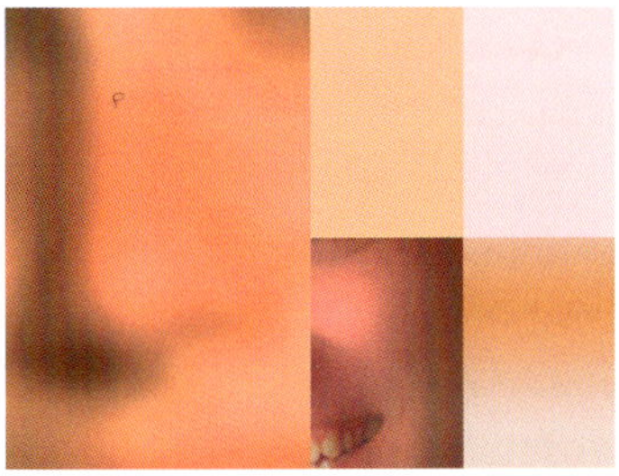

▲ **Abbildung 18.12**
Hier habe ich den Dynamik-Wert auf 80 erhöht. Die Farben wirken kräftiger, aber nicht übersättigt. Der Effekt zeigt sich bei der Übungsdatei möglicherweise deutlicher als hier im gedruckten Buch.

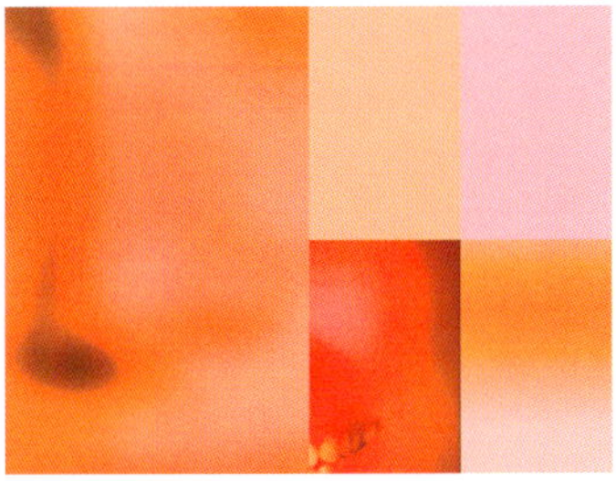

▲ **Abbildung 18.13**
Die Sättigungseinstellung des Werkzeugs Farbton/Sättigung macht mit demselben Wert aus denselben Hauttönen unbrauchbare Rot-Orange-Verläufe.

18.4 Selektive Farbkorrektur: Einzelne Farben gezielt verändern

»Das Bild ist ja ganz gut, aber leider ist das Blau zu lila …« Auch solchen Fällen kommen Sie mit Hilfe von Photoshop bei, besonders wenn Sie eine Angabe wie »zu lilafarben« übersetzen können: Das heißt vermutlich, das Bild enthält zu viel Magenta und zu wenig Grün.

Das Werkzeug zum Ausgleich solcher partiellen Farbstiche ist die Selektive Farbkorrektur. Damit bearbeiten Sie ausgewählte Farben isoliert, ohne die übrigen Bildfarben zu verändern. Das Werkzeug wurde ursprünglich entwickelt, um die Mischung einzelner Druckfarben zu erhöhen oder zu verringern. Es eignet sich aber auch hervorragend, um unerwünschte Farbabweichungen in einzelnen Farbbereichen eines Bildes zu korrigieren. So lassen sich mit dem Tool etwa verfärbte Weißtöne effektiv neutralisieren. Außerdem leistet die Selektive Farbkorrektur gute Dienste bei kreativen Aufgaben und hilft dabei, wichtige Bildinhalte durch Farbigkeit zu betonen.

Der Dialog »Selektive Farbkorrektur«

Selektive Farbkorrektur gibt es als Einstellungsebene. Auf Wunsch können Sie das Tool auch direkt auf Bildebenen anwenden. Sie erreichen es auf allen bekannten Wegen:

- über die Korrekturen-Palette
- in der Einstellungsebenen-Liste der Ebenen-Palette
- im Menü Ebene • Neue Einstellungsebene
- im Menü Bild • Korrekturen (dann ohne eine Einstellungsebene zu erzeugen)

Schieberegler | Sie arbeiten hier mit Schiebereglern, ähnlich wie beim Farbbalance-Werkzeug auch. Die jeweiligen Komplementärfarben Rot, Grün und Blau, wie Sie sie von der Farbbalance kennen, sind in diesem Dialogfeld nicht vermerkt, aber Sie sollten sie sich mitdenken. Neben den schon bekannten Farbpaaren ❹ gibt es hier einen Regler ❺, mit dem Sie den Schwarzanteil von Farben steuern.

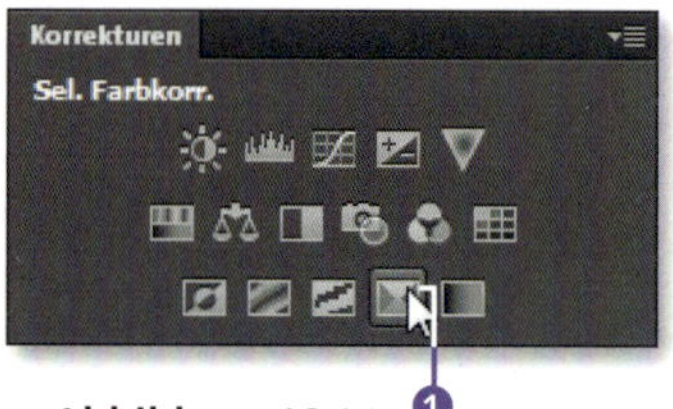

▲ **Abbildung 18.14**
Erzeugen einer Einstellungsebene Selektive Farbkorrektur ❶. Übrigens hat Adobe für dieses Tool keine Presets hinterlegt, obwohl es eine Preset-Liste ❷ gibt.

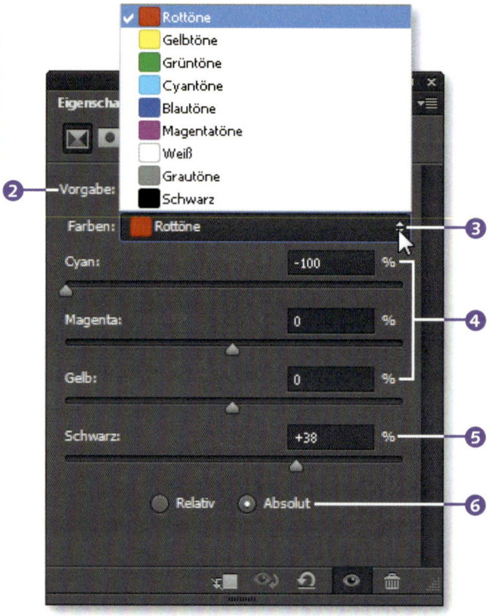

Abbildung 18.15 ▶
Die Selektive Farbkorrektur ermöglicht den Zugriff auf einzelne Farben des Bildes.

Prozentangaben | Auffallend sind die aus dem CMYK-System stammenden Prozentangaben neben den Eingabefeldern. Wer den Farbkreis kennt, kann natürlich auch Bilder im RGB-Modus erfolgreich bearbeiten!

Farbbereiche | In der Dropdown-Liste ❸ haben Sie die Auswahl zwischen neun Farbbereichen, die Sie separat bearbeiten können. Zur Verfügung stehen Ihnen die bekannten sechs Farben, die RGB und CMYK entsprechen, sowie Weiss, Grautöne und Schwarz.

Methode | Im unteren Bereich ❻ der Dialogbox legen Sie fest, wie sich Ihre Korrekturen auf die bestehenden Bildfarben auswirken sollen:

- RELATIV legt den jeweils schon im Bild vorhandenen Anteil einer Farbe zugrunde. Wenn Sie beispielsweise Pixel bearbeiten wollen, die schon zu 50 % Rot enthalten, und 10 % Rot hinzufügen, wird der Rotanteil um 5 % nach der Rechnung 10 % von 50 % = 5 % auf insgesamt 55 % erhöht. Die Einstellung RELATIV wirkt also recht sanft. Oft sieht man wenig Veränderung.
- ABSOLUT definiert die Farbänderungen in absoluten Werten und wirkt durchschlagender. Erhöhen Sie bei einem fünfzigprozentigen Rot den Rotanteil um 10 %, lautet die Rechnung 50 % Rot + 10 % = 60 %.

Zum Weiterlesen
Wer **RGB-Farbwerte interpretieren** kann, hat es bei Farbkorrekturen leichter. Denn diese drei Ziffern geben Auskunft über die Farbmischung und Korrekturmöglichkeiten. In Kapitel 20, »Universalhelfer für professionelle Ansprüche: Gradationskurven«, finden Sie mehr zu diesem Thema.

Wenn Sie Bilder bearbeiten, die viele sensible helle Tonwerte enthalten, fahren Sie meist mit RELATIV besser, sonst tut es auch ABSOLUT.

Handhabung | Die Handhabung des Werkzeugs ist einfach, wenn Sie die Grundregeln der Farbmischung kennen: Sie stellen als Erstes im Dropdown-Menü FARBEN ❸ ein, welcher Farbbereich Ihres Bildes bearbeitet werden soll. Es erfordert ein wenig Erfahrung, um festzulegen, welcher Farbbereich nun eigentlich korrekturbedürftig ist. Eine kurze Messung mit Pipette oder Farbaufnehmer hilft hier jedoch weiter. Anschließend korrigieren Sie das Bild mit Hilfe der Schieberegler.

Datei auf der Buch-DVD: »Zollverein.jpg«

Bild: vitamin a design

▲ **Abbildung 18.16**
Die roten Bauteile sollen stärker betont werden.

▲ **Abbildung 18.17**
Das klappt hervorragend mit SELEKTIVE FARBKORREKTUR. Die Werte: ABSOLUT; CYAN –100 (verstärkt den Rotanteil); MAGENTA –100 (verhindert, dass die Ziegel zu bunt werden)

Kapitel 19

Präzisionsarbeit am Histogramm: Die Tonwertkorrektur

Die Tonwertkorrektur verändert die Helligkeitsverteilung einzelner Farbkanäle oder des Gesamtbildes. Das klingt unspektakulär, ist jedoch ein wichtiger Schritt bei der Optimierung digitaler Bilder und der Vorbereitung für den Druck.

19.1 Funktionsweise der Tonwertkorrektur

Die Helligkeitsinformationen eines Pixelbildes und seiner Farbkanäle – die Tonwerte – sind eine konstitutive Größe für die Bildfarben und daher ein wichtiger Ansatzpunkt für Bildkorrekturen. Besonderes Augenmerk gilt den Lichtern und Tiefen, also den hellsten und dunkelsten Tonwerten. Diese stellen gewissermaßen die Eckpunkte der im Bild vertretenen Tonwerte dar. Sie sollten in der Regel annähernd schwarz und weiß sein. Sind sie es nicht, ist eine Korrektur vonnöten. Im Bildbearbeiter-Deutsch spricht man dann vom Festlegen von **Schwarz-** und **Weißpunkt** oder von einer Tonwertkorrektur.

Kontraste und Farbstiche | In Abhängigkeit von Schwarz- und Weißpunkt verändern sich auch die übrigen Farben und Tonwerte des Bildes. Mit einer Tonwertkorrektur verbessern sich Kontraste, und leichte Farbstiche verschwinden.

Tonwertkorrekturen können Sie mit den in Kapitel 17 vorgestellten Automatik-Funktionen, den GRADATIONSKURVEN und natürlich dem Tool TONWERTKORREKTUR vornehmen. Letzteres bietet die besten Anpassungsmöglichkeiten und verfügt über ein integriertes Live-Histogramm, das Bildänderungen sofort anzeigt.

▲ **Abbildung 19.1**
Einstellungsebene Tonwertkorrektur mit der Korrekturen-Palette erzeugen

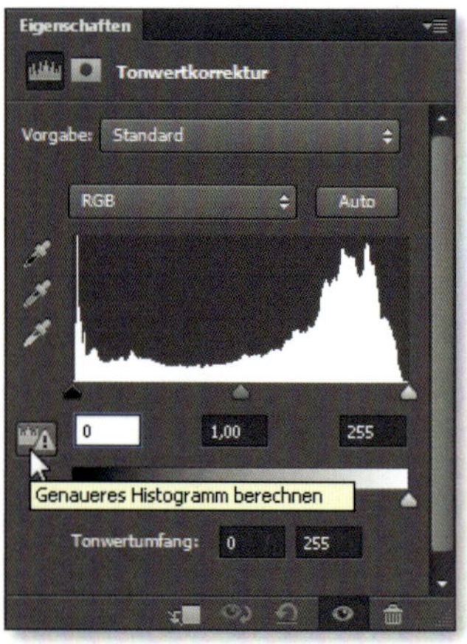

▲ **Abbildung 19.2**
Die Schaltfläche Genaueres Histogramm berechnen wird meist bei großen Dateien angezeigt.

Tonwertkorrektur starten

Eine Einstellungsebene Tonwertkorrektur erzeugen Sie wahlweise über die Korrekturen- oder die Ebenen-Palette oder natürlich auch mit dem Menübefehl Ebene • Neue Einstellungsebene • Tonwertkorrektur.

Steuerungselemente für Tonwertkorrekturen

Zentrales Element des Dialogfeldes ist das schon bekannte **Histogramm**. Seit CS4 hat die Palette übrigens ein Live-Histogramm an Bord. Das heißt, dass sich die dargestellten Tonwertbalken verändern, sobald Sie an den Reglern ziehen. Darüber und darunter sind die wichtigsten Bedienelemente angeordnet. Außerdem können Sie sich durch Klick auf das Symbol ❻ (siehe auch Abbildung 19.2) eine genauere Histogrammansicht berechnen lassen; besonders bei großen Dateien wird diese Schaltfläche eingeblendet. Für die meisten Korrekturen reicht die Standardansicht jedoch aus.

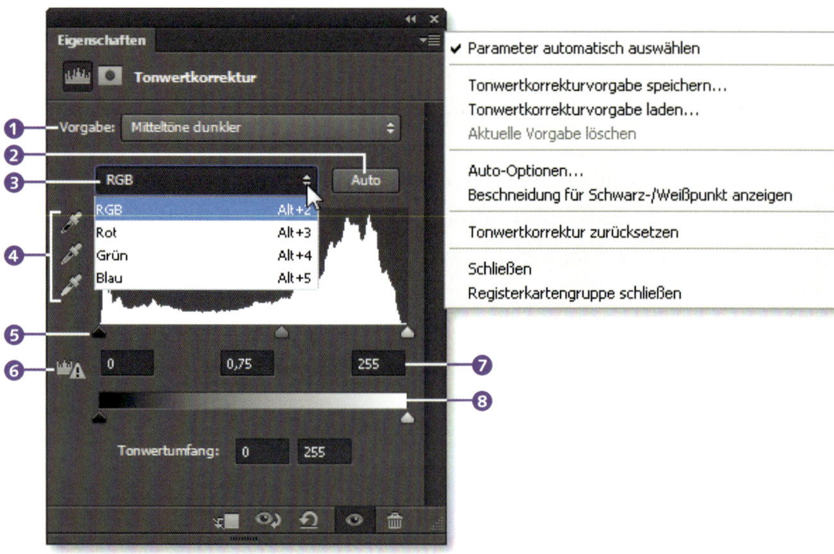

▲ **Abbildung 19.3**
Das effizienteste Werkzeug, um den Schwarz- und den Weißpunkt von Bildern mit guter Kontrolle über die Tonwertverteilung zu korrigieren (hier mit ausgeklappter Kanal-Liste und dem Seitenmenü)

Tonwertspreizungsregler | Unterhalb des Histogramms finden Sie die kleinen beweglichen **Pfeile** ❺ (im Adobe-Jargon »Tonwertspreizungsregler«), mit denen Sie hauptsächlich arbeiten. Diese Regler verschieben Sie mit der Maus.

Der linke, schwarze Regler verändert den Schwarzpunkt, der rechte, weiße Pfeil stellt den Weißpunkt ein. Mit dem grauen Mittenregler korrigieren Sie die Gesamthelligkeit des Bildes. Das Werkzeug GRADATIONSKURVEN hält zum Einstellen der Helligkeit noch differenziertere Möglichkeiten bereit.

Die Zahlenfelder ❼ unterhalb des Histogramms zeigen dann an, wie viele Tonwerte im Bild vorhanden sind, die dunkler als die aktuelle Pfeilposition sind.

Datei auf der Buch-DVD: »KleinerHund.jpg«

Kanal festlegen | Mit Hilfe des Dropdown-Feldes ❸ legen Sie fest, ob Sie das Bild insgesamt oder jeden Kanal einzeln bearbeiten wollen. Meist empfiehlt es sich, jeden Farbkanal einzeln zu bearbeiten.

Das Werkzeug lässt Ihnen die Wahl, die Tonwerte des **gesamten** Bildes auf einen Streich zu verändern oder **kanalweise** vorzugehen. Letzterem ist, obschon Sie hier die dreifache Arbeit haben, meist der Vorzug zu geben, da die einzelnen Farbkanäle sehr unterschiedliche Profile haben können. Mit einer Gesamtkorrektur kommen Sie an die wirklichen »Problemzonen« eines Bildes mitunter gar nicht heran. Besonders Farbstiche lassen sich so schlecht kompensieren – und der Weißpunkt soll doch wirklich weiß und nicht hellblau oder rosa sein!

Kanäle per Kürzel ansprechen

Routinierte Bildbearbeiter aktivieren in den Paletten von TONWERTKORREKTUR und GRADATIONSKURVEN die Bildkanäle mit Shortcuts:

- **RGB-Composite-Channel**: Alt+2
- **Rotkanal**: Alt+3
- **Blaukanal**: Alt+4
- **Grünkanal**: Alt+5

Bild: S. Mühlke

▲ **Abbildung 19.4**
Das Originalbild. Über die Korrektur des RGB-Composite-Kanals bewirken Sie bei diesem Bild kaum etwas – das Bild wird dann lediglich etwas heller.

▲ **Abbildung 19.5**
Tonwertkorrektur in den einzelnen Kanälen: So beseitigen Sie zusammen mit der Anpassung der Tonwerte auch den Farbstich.

Tonwertumfang begrenzen | Mit Hilfe der Grauskala ❽ und den darunter angebrachten Reglern können Sie den Tonwertumfang begrenzen. Das ist wichtig, wenn Ihr Bild später im Vierfarbdruck reproduziert werden soll.

Zum Weiterlesen
Mit den **Gradationskurven** machen Sie Bilder heller oder dunkler, verändern den Kontrast und beseitigen hartnäckige Farbstiche, die sich durch die TONWERTKORREKTUR nicht beheben lassen. Wie das geht, erfahren Sie in Kapitel 20, »Universalhelfer für professionelle Ansprüche: Gradationskurven«.

Zum Weiterlesen
Wie Sie mit den **Pipetten** den Schwarz- und den Weißpunkt im Bild selbst bestimmen, erfahren Sie weiter unten in Abschnitt 19.4, »Halbautomatische Tonwertkorrektur mit Pipetten«.

▲ **Abbildung 19.6**
Bilddarstellung mit eingeblendeter Beschneidung (hier mit Extremwerten)

Vorgabenverwaltung ganz einfach
In älteren Programmversionen musste man sich durch das Dateisystem klicken, um Programm- oder Nutzervorgaben zu finden – etwa um Sie an Teamkollegen weiterzugeben oder aus anderen Photoshop-Installationen zu übernehmen. Die neuen Funktionen unter BEARBEITEN • VORGABEN machen solche Aufgaben leichter.

Auto-Tonwertkorrektur | Wenn Sie wollen, lassen Sie die Automatik ❷ für sich arbeiten. Die Funktion habe ich bereits im Abschnitt »Auto-Korrekturen mit Einstellungsebene« auf Seite 549 ausführlich vorgestellt.

Pipetten | Mit Hilfe der Pipetten ❹ können Sie Schwarz- und Weißpunkt auch bestimmen, indem Sie in das Bild klicken.

Beschneidung anzeigen | Eine Beschneidung (oder ein *Clipping*) von Tonwerten sollten Sie bei Bildkorrekturen tunlichst vermeiden: Beschnittene Tonwertbereiche führen zu glatt weißen oder schwarzen Bildpartien, also zu unerwünschtem Zeichnungsverlust. Kritische Bildbereiche können Sie sich während der Korrektur anzeigen lassen. Dazu

- aktivieren Sie entweder im Palettenmenü der Tonwertkorrektur-Palette die Option BESCHNEIDUNG FÜR SCHWARZ-/WEISSPUNKT ANZEIGEN, oder
- Sie halten die Alt-Taste gedrückt, während Sie die Tonwertspreizungsregler bewegen.

Die Funktion hebt während der Korrektur Bildbereiche hervor, die durch die aktuellen Einstellungen von Zeichnungsverlust bedroht wären. In den meisten Fällen sehen Sie eine weiße oder schwarze Vorschau ohne oder nur mit kleinen hervorgehobenen Bereichen – dann ist alles okay. Sobald Sie den Mauszeiger von den Spreizungsreglern wegbewegen, erscheint wieder die normale Bildansicht.

Vorgaben | Wie für viele andere Korrekturwerkzeuge stehen auch für die TONWERTKORREKTUR sogenannte Vorgaben – also vorkonfigurierte Einstellungen – zur Verfügung. Sie erreichen sie unter VORGABE ❶. Um der von Adobe mitgelieferten Vorgabenliste eigene Einstellungen hinzuzufügen, nutzen Sie die Befehle im Palettenmenü .

Der Befehl TONWERTKORREKTURVORGABE SPEICHERN erzeugt eine Datei mit der Endung **.alv**, die dann entweder im Photoshop-Programmordner oder bei den anderen Nutzervorgaben landet. Über die Funktionen BEARBEITEN • VORGABEN • VORGABEN MIGRIEREN und VORGABEN EXPORTIEREN/IMPORTIEREN können Sie Ihre Vorgaben verwalten.

19.2 Kanal für Kanal manuell korrigieren

Oft genügt die automatische Tonwertkorrektur. Und auch die Pipetten, die ich weiter unten vorstellen werde, sind schnell und effizient. Doch in manchen Fällen geht es nicht ohne Hirn und Hand des menschlichen Bildbearbeiters: bei Bildern, deren Stimmung durch die Automatik nicht zerstört werden soll, oder wenn die Korrekturautomatiken das Bild nicht hinreichend verbessern. In diesen Fällen empfiehlt sich eine manuelle Korrektur.

Schritt für Schritt: Eine Tonwertkorrektur durchführen

Um das Bild dieses Workshops nicht nur am Bildschirm zu beurteilen, blenden Sie das Histogramm ein. Ihr Histogramm sieht anders aus als hier? Ändern Sie die Ansicht im Palettenmenü auf ALLE KANÄLE IN ANSICHT, und aktivieren Sie zusätzlich KANÄLE IN FARBE ANZEIGEN.

Datei auf der Buch-DVD: »Segelboot.jpg«

Bild: Onno K. Gent

▲ **Abbildung 19.7**
Etwas flau, ein Rotstich – das ist das Ausgangsbild.

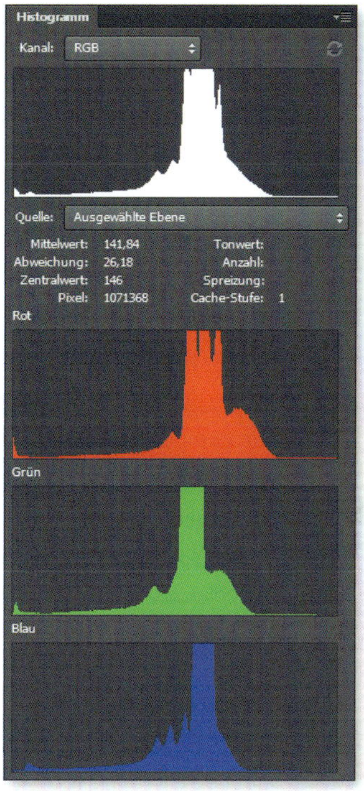

▲ **Abbildung 19.8**
Das Histogramm des Bildes mit verschiedenen Kanälen

1 Einstellungsebene »Tonwertkorrektur« anlegen

Erzeugen Sie eine Einstellungsebene. Die Eigenschaften-Palette öffnet sich mit den TONWERTKORREKTUR-Funktionen.

2 Bildkanal aufrufen

Sie lassen den Composite-Kanal RGB unangetastet und rufen über das Listenmenü den Rotkanal auf.

▲ **Abbildung 19.9**
Beispielbild mit neuer TONWERTKORREKTUR-Einstellungsebene

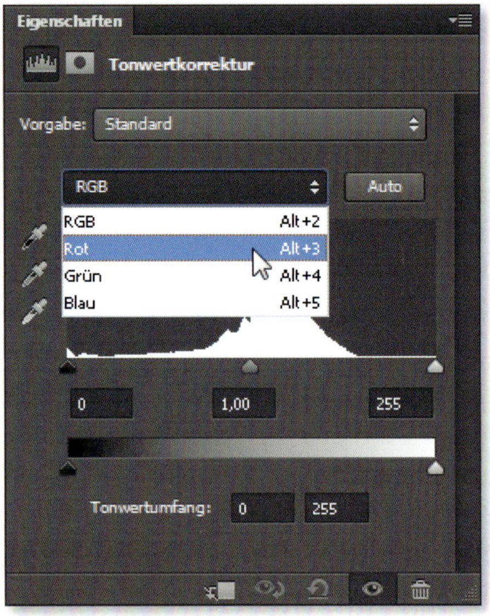

Abbildung 19.10 ▲
Rotkanal zur Bearbeitung aktivieren

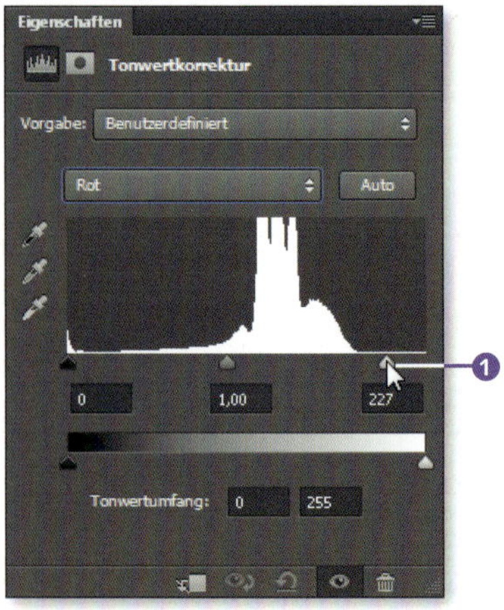

▲ **Abbildung 19.11**
Führen Sie den rechten Tonwertspreizungsregler **1** an das »Histogrammgebirge« heran.

3 Tonwertspreizungsregler verschieben

Nun fassen Sie den rechten Tonwertspreizungsregler (der für die Lichter zuständig ist) mit der Maus und führen ihn an den Beginn der Histogrammhügel heran. Bei diesem Beispielbild brauchen Sie den Tiefenregler nicht zu bewegen – das sieht bei einem anderen Foto allerdings eventuell schon wieder anders aus. Den Mittenregler lassen Sie unangetastet.

Je nach Ausgangsbild entsteht nun unter Umständen ein Farbstich – diese Verfärbung sollte aber wieder verschwinden, wenn Sie die anderen Kanäle auch bearbeitet haben.

4 Grün- und Blaukanal korrigieren

Mit dem Grün- und dem Blaukanal gehen Sie anschließend genauso vor, wie ich es hier für den Rotkanal beschrieben habe.

5 Wo fangen relevante Tonwerte an?

Das Histogramm erfasst ausnahmslos alle Bildpixel – zwischen wichtig und unwichtig kann es nicht unterscheiden. Bisweilen finden Sie im Histogramm versprengte Tonwerte, also Einzelpixel, so wie sie in Abbildung 19.12 zu sehen sind. Die Wahrscheinlichkeit, dass diese eher von Bildstörungen herrühren als von wichtigen Bildinformationen, ist recht groß. Sie können solche Pixel also meist ignorieren und den Spreizungsregler noch ein wenig näher an die Bergkette heranziehen.

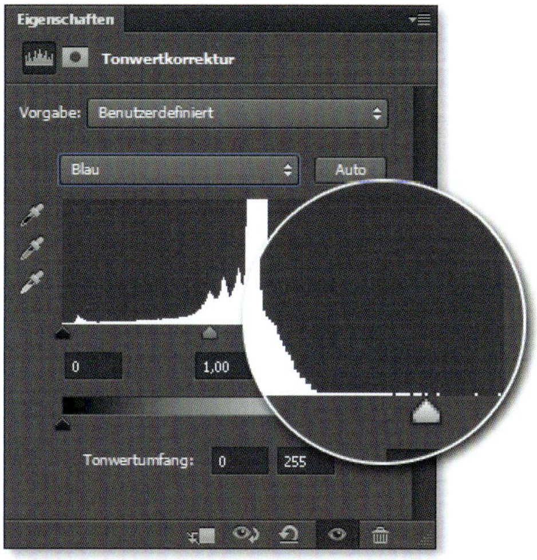

◀ **Abbildung 19.12**
Die Vergrößerung zeigt die »Streupixel« deutlich.

6 Hilfe, das Histogramm hat Löcher!

Durch die Spreizung der Tonwerte bekommt ein Histogramm zwangsläufig Lücken. Die vorhandenen Tonwerte wurden durch die Korrektur auseinandergezogen. Problematisch sind solche Lücken nur dann, wenn sie sehr groß oder mit einer niedrigen Pixelzahl verbunden sind.

Bei jeder Bildkorrektur, auch mit anderen Werkzeugen, können solche Lücken im Histogramm entstehen. Die Wahrscheinlichkeit für solche Schäden nimmt ab, wenn von vornherein mehr Tonwerte im Bild vorhanden sind.

7 Nach der Korrektur

Im korrigierten Bild ist der flaue Schleier verschwunden, und auch der Farbstich konnte getilgt werden.

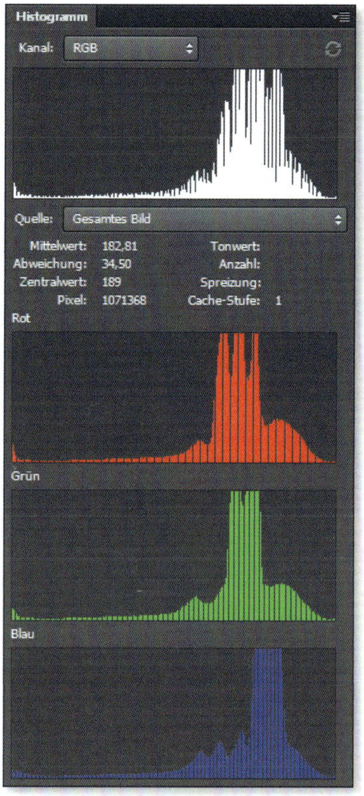

▲ **Abbildung 19.13**
Das Histogramm nach der Tonwertkorrektur

◀ **Abbildung 19.14**
Ausgangsbild und korrigierte Version im Vergleich

Datei auf der Buch-DVD: »DamenbeineSW.jpg«

Tonwertänderungen bei Graustufenbildern | Wenn Sie ein Graustufenbild bearbeiten, müssen Sie nicht umlernen. Die Interpretation des Histogramms und die spätere Bearbeitung sind gleich. Einziger Unterschied: Es gibt statt der drei Farbkanäle des RGB-Bildes nur einen einzigen Graustufenkanal. Tonwertänderungen fallen bei Graustufenbildern schneller ins Auge als bei farbigen RGB-Bildern. Doch durch das Fehlen von Farbigkeit können Sie Änderungen auch besser einschätzen.

Bild: vitamin a design

Abbildung 19.15 ▸
Tonwertkorrektur eines Graustufenbildes: nur ein Kanal, Funktionen sonst wie bei RGB.

19.3 Bilder ohne Schwarz oder Weiß – keine Regel ohne Ausnahme

Das Histogramm allein entscheidet nicht über das beste Vorgehen bei Bildkorrekturen. Auch den Bildinhalt sollten Sie immer berücksichtigen. Bei manchen Bildern führt die Methode, die Spreizungsregler bis an den Beginn der »Histogramm-Bergkette« heranzuziehen, zu Ergebnissen, die dem Bildgegenstand nicht angemessen sind. Das ist vor allem dann der Fall, wenn das Motiv richtiges Schwarz oder Weiß weder verlangt noch verträgt.

Dateien auf der Buch-DVD: »Sonnenuntergang.tif«, »Schneespuren.tif«

Klassische Beispiele sind Sonnenuntergänge, Bilder mit Dämmerungsstimmung oder Schneeaufnahmen, die kaum Schwarz enthalten. In solchen Fällen sollten Sie von einer Extremwertkorrektur Abstand nehmen. Oft reicht es, das Bild insgesamt mit der Gradationskurve etwas aufzuhellen.

Bild: Onno K. Gent

▲ **Abbildung 19.16**
Durch die Tonwertkorrektur geht die Charakteristik des Bildes verloren

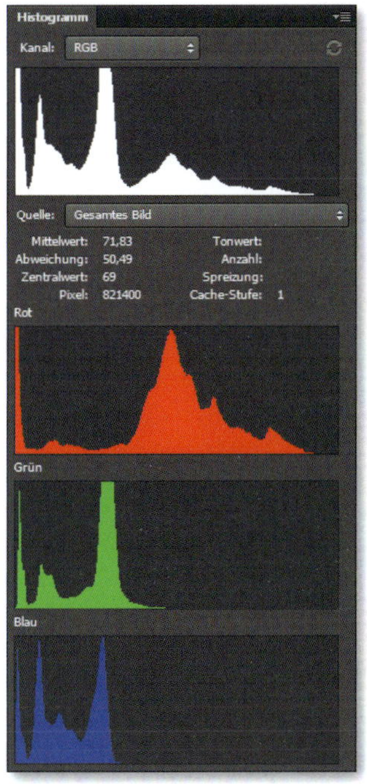

◄ **Abbildung 19.17**
Farbgebungen, die technisch als »Farbstich« bezeichnet werden könnten, kennzeichnen beispielsweise Aufnahmen von Sonnenuntergängen. Solche vermeintlichen Farbstiche stellen sich im Histogramm so dar, dass im Grün- und Blaukanal die Balken nicht über die volle Breite des Histogramms laufen. Rot ist die dominierende Farbe.

Bild: Thilo Frank

▲ **Abbildung 19.18**
In der »korrigierten« Version sieht der eigentlich frische Schnee aus wie auf einer viel befahrenen Hauptstraße: schmutzig-schwarz.

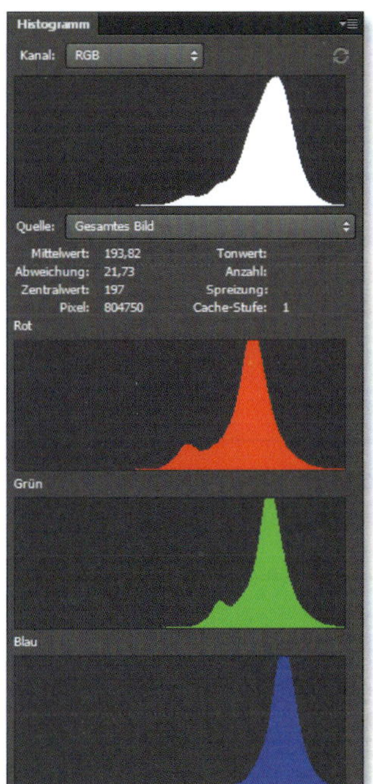

◄ **Abbildung 19.19**
Der Mangel an Tiefen und mittleren Tonwerten ist für Schneeaufnahmen charakteristisch.

19.4 Halbautomatische Tonwertkorrektur mit Pipetten

Bei den bisher vorgestellten Methoden der Tonwertkorrektur und der Auto-Korrekturen werden die Tonwerte des korrigierten Bildes auseinandergezogen (gespreizt). Dadurch werden auch der Schwarz- und der Weißpunkt automatisch neu gesetzt. Es geht jedoch auch umgekehrt: Setzen Sie Schwarz- und Weißpunkt durch Klicks ins Bild, und spreizen Sie damit die vorhandenen Tonwerte auf. Das Werkzeug der Wahl sind die Pipetten, die Sie links im Tonwertkorrektur-Dialog sehen. Damit klicken Sie einfach auf den dunkelsten bzw. hellsten Punkt im Bild – diese Stellen werden dann als neuer Schwarz- und Weißpunkt festgesetzt.

Ich zeige Ihnen in den folgenden zwei Absätzen, wie Sie die ungünstigen Voreinstellungen von Photoshop ändern, und vor allem, wie Sie Tiefen und Lichter mit Sicherheit finden.

Identische Pipetten bei den Gradationskurven
Sie können auch mit dem Gradationskurven-Dialog Tonwertkorrekturen durchführen. Sie finden dort den bekannten Auto-Button, Spreizungsregler und drei Pipetten. Deren Wirkung ist in beiden Dialogen identisch: Sie legen damit manuell Schwarz- und Weißpunkt und mittleres Grau fest.

Zielfarben einstellen

Mit den Standardeinstellungen der Pipetten ist es selten möglich, gute Korrekturergebnisse zu erzielen, und die Pipetten wirken viel zu hart – ein Grund, wieso viele Nutzer dieses an sich praktische Werkzeug kaum benutzen. Die Einstellung lässt sich leicht ändern.

Bild: Thilo Frank

Abbildung 19.20 ▶
Pipettenkorrektur in der Standardeinstellung: scharfe Kontraste, ausbrechende Tiefen und Lichter (Ausgangsfoto siehe Abbildung 19.22).

1. Erzeugen Sie in einem beliebigen Bild eine Tonwertkorrektur-Einstellungsebene.
2. Wechseln Sie zur Korrekturen-Palette. Dort müssten jetzt die Steuerungselemente der Tonwertkorrektur verfügbar sein. Klicken Sie auf den Button Auto, während Sie `Alt` gedrückt halten.
3. Sie kommen zum Dialog Auto-Farbkorrekturoptionen. Dort sollen nun die Zielfarben für Tiefen und Lichter eingestellt werden. Die Mitteltöne können so bleiben, wie sie sind.

4. Klicken Sie auf das Farbfeld für TIEFEN. Der Farbwähler öffnet sich. Tragen Sie den neuen Farbwert ein: RGB «20-20-20« oder »#141414«. Das Ergebnis ist ein sehr dunkles Grau (auf dem Monitor erscheint es fast schwarz). Schließen Sie den Farbwähler.
5. Dieselbe Prozedur wiederholen Sie für die Lichter. Dort stellen Sie RGB »240-240-240« oder »#f0f0f0« ein.
6. Schließen Sie den Farbwähler und die Auto-Farbkorrekturoptionen. Die Abfrage, ob Sie die neuen Zielfarben als Standard speichern wollen, bestätigen Sie mit JA.

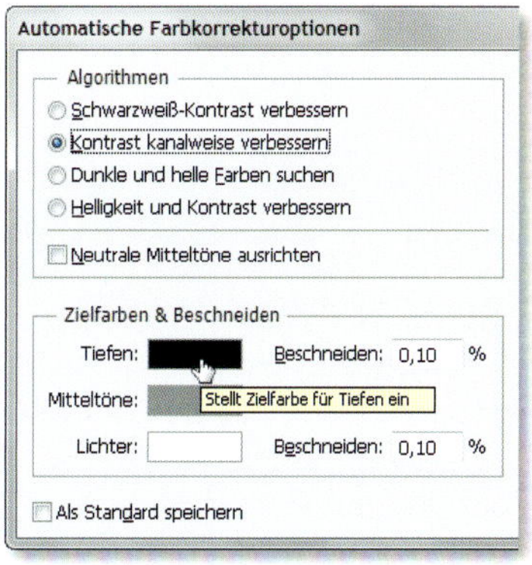

▲ **Abbildung 19.21**
Ein Klick auf das Farbfeld öffnet den Farbwähler. Dort legen Sie die Zielfarben neu fest.

Pipetten in der Praxis: Wie findet man Lichter und Tiefen?

Die Anwendung der Pipetten ist ganz einfach: Aktivieren Sie die Tiefen-Pipette, klicken Sie die dunkelste Stelle im Bild an, rufen Sie die Lichter-Pipette auf, und klicken Sie den hellsten Punkt an.

Im praktischen Bildbearbeiter-Leben steht man jedoch öfter vor dem Problem, die richtigen Stellen zum Klicken aufzuspüren. Suchen Sie sich die falsche Stelle aus, wird das Bild viel zu hell oder ganz dunkel oder bekommt gar einen unerwünschten Farbstich. Doch es gibt einen recht einfachen Trick, um bei schwierigen Motiven Tiefen und Lichter aufzuspüren.

Schritt für Schritt: Tiefen und Lichter finden

Eine sanfte Tonwertkorrektur täte diesem Bild trotz des kontrastreichen Motivs gut. Bei so viel Schwarz- und Weißnuancen ist es jedoch schwer auszumachen, wo die Pipette angesetzt werden soll.

Datei auf der Buch-DVD: »Eisspeedway.jpg«

◄ **Abbildung 19.22**
Das Bild vor der Korrektur

1 Hilfsebene »Schwellenwert« erzeugen

Eine Einstellungsebene SCHWELLENWERT soll Ihnen helfen, Tiefen und Lichter eindeutig festzulegen. Erzeugen Sie eine solche Einstellungsebene oberhalb der Bildebene.

▲ **Abbildung 19.23**
So legen Sie eine SCHWELLENWERT-Einstellungsebene an.

▲ **Abbildung 19.24**
Die neue Einstellungsebene in der Ebenen-Palette

2 Wo sind die Tiefen?

In der Korrekturen-Palette führen Sie nun den SCHWELLENWERT-Regler ganz nach links. Das Bild wird weiß. Vorsichtig schieben Sie den Regler wieder nach rechts. Beobachten Sie dabei das Bild genau. Sobald die ersten schwarzen Flecke auftauchen, hören Sie auf.

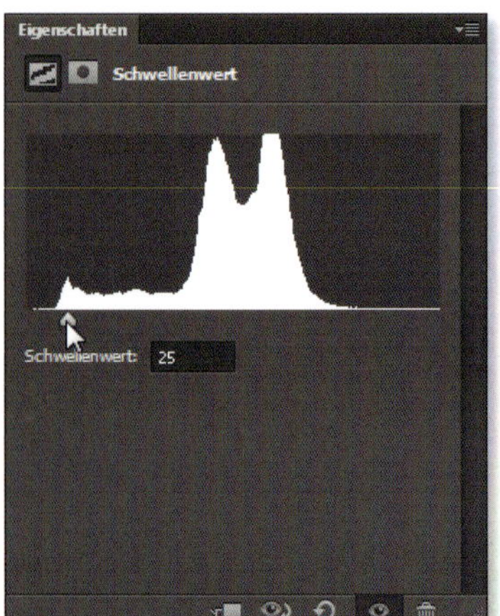

▲ **Abbildung 19.25**
Bewegen Sie den Regler von links nach rechts, um die Tiefen im Bild zu finden.

3 Spätere Korrekturpunkte für Tiefen markieren

Solange die SCHWELLENWERT-Einstellungsebene eingeblendet ist, lässt sich keine Tonwertkorrektur durchführen. Die aufgespürten Tiefen müssen Sie also auf andere Weise markieren, um später genau dort die Pipettenklicks zu platzieren. Dazu nutzen Sie das Werkzeug FARBAUFNAHME (Kürzel I); es ist ein Unterwerkzeug des Pipette-Werkzeugs.

Achtung: Verwechseln Sie das Pipette-Werkzeug aus der Werkzeugleiste und den verwandten Farbaufnehmer (beide: Kürzel I) nicht mit den Korrektur-Pipetten in TONWERTKORREKTUR und GRADATIONSKURVEN. Erstere messen Farben, die zweitgenannten korrigieren!

Klicken Sie an eine oder zwei Stellen im Bild, die Ihnen geeignet erscheinen. Sie sehen im Bild jetzt zwei Messpunkte ❶ und ❷. Diese bleiben im Bild, bis Sie sie löschen; sie stehen also auch später noch zur Verfügung.

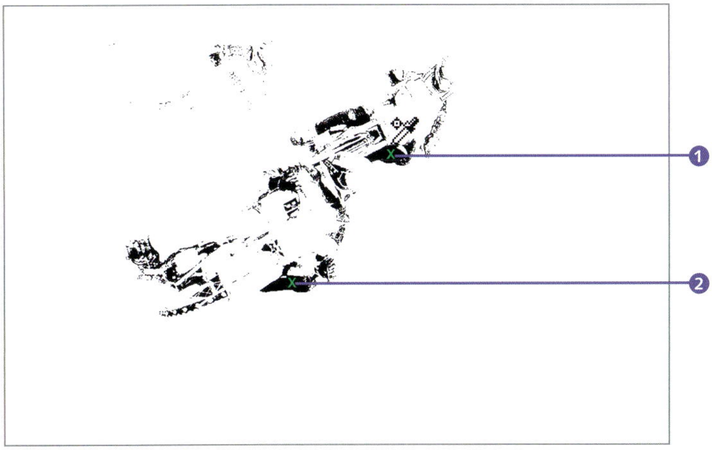

◀ **Abbildung 19.26**
Das Bild mit der Schwellenwert-Hilfseinstellung, um Tiefen zu finden. Mögliche Korrekturpunkte für Tiefen sind hier markiert.

4 Lichter finden und markieren

Für die Lichter gehen Sie analog vor. Ziehen Sie den Regler im Schwellenwert-Dialog erst nach rechts. Das Bild wird schwarz. Bewegen Sie den Regler vorsichtig zurück, bis die ersten hellen Flecke zu sehen sind. Markieren Sie diese mit dem Messwerkzeug, zum Beispiel hier ❸ und hier ❹. Bis zu vier Messpunkte sind insgesamt möglich. Ihre müssten nun von 1 bis 4 durchnummeriert sein.

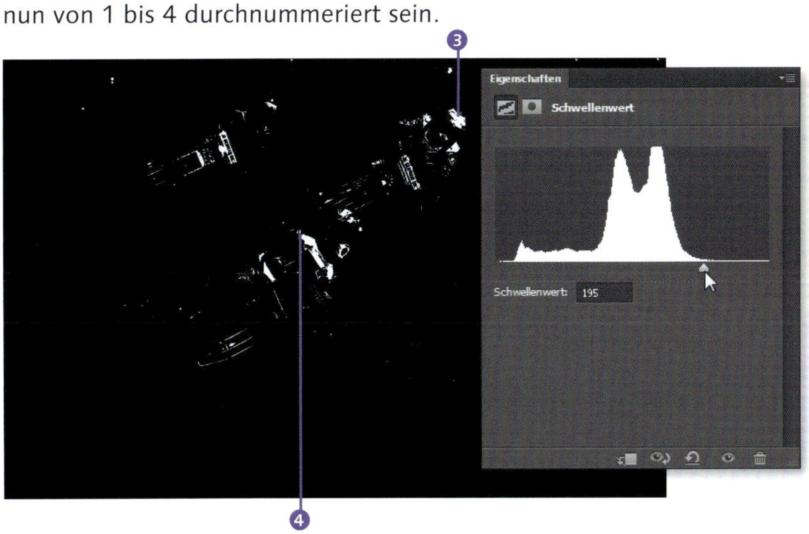

◀ **Abbildung 19.27**
Das Bild mit der Schwellenwert-Hilfseinstellung, um Lichter zu finden. Mögliche Korrekturpunkte für Lichter sind hier markiert.

5 Schwellenwert-Einstellungsebene löschen

Die Einstellungsebene Schwellenwert brauchen Sie anschließend nicht mehr. Sie können sie löschen.

6 Tonwertkorrektur durchführen

Erzeugen Sie eine neue Einstellungsebene Tonwertkorrektur oberhalb der Bildebene. Aktivieren Sie die Pipette für die Tiefen. Klicken Sie auf eine der dunklen Stellen im Bild, die Sie zuvor mit dem Farbaufnehmer

Zum Weiterlesen
Sogar Farbkorrekturen lassen sich so durchführen – mit der **Mittelton-Pipette**. Wie das geht, lesen Sie in Kapitel 20, »Universalhelfer für professionelle Ansprüche: Gradationskurven«.

markiert haben. Wenn Sie im Bild keine Markierung sehen, ist vermutlich das Farbaufnahme-Werkzeug inaktiv.

Wechseln Sie dann zur Pipette für die Lichter. Klicken Sie auf eine der hellen Bildpartien, an denen Sie eine Markierung angebracht haben.

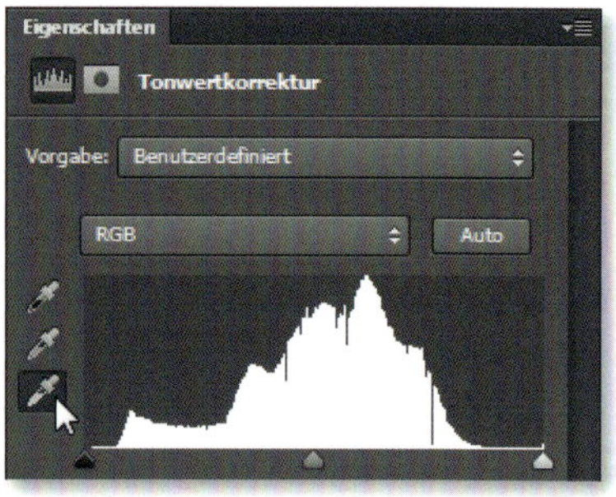

Abbildung 19.28 ▶
Aktivieren der Pipette zum Korrigieren des Schwarzpunktes (Tiefen)

Abbildung 19.29 ▶▶
Aktivieren der Pipette zum Korrigieren des Weißpunktes (Lichter)

7 Fertig! – Das Endergebnis

Das Bild wirkt aufgefrischt, hat aber seine Charakteristik – die vielen blauen Farbtöne und das spätnachmittägliche Winterlicht – behalten.

Abbildung 19.30 ▼
Das korrigierte Bild; links sehen Sie noch einmal das Original.

19.5 Tonwertumfang begrenzen – vor dem Druck

Im Idealfall erzielen Sie durch die Tonwertkorrektur ein Bild mit gutem Kontrastumfang und einer feinen Modulation auch in den hellen und dunklen Bildpartien, der sogenannten **Lichter- und Tiefenzeichnung**.

Diese Qualitäten lassen sich leider nicht immer erhalten, wenn das Bild im Druck wiedergegeben wird. Aus technischen Gründen schaffen es die allerhellsten Bildpixel meist nicht auf das Papier. Wo in Ihrer Datei noch eine zarte Modulation der Lichter zu sehen war, ist unter Umständen auf dem Papier nichts – eine blanke Fläche.

Tonwertzuwachs | Auch die Tiefen sind nicht immer verlustfrei auf das Papier zu bekommen. Gedruckte Bildrasterpunkte ändern durch das Auslaufen der Farbe auf dem Papier ihre Größe. Dadurch wird das Bild insgesamt dunkler (der berüchtigte Tonwertzuwachs), und Tiefenzeichnung geht verloren. Aus diesem Grund wird der Tonwertumfang eines Bildes nach der Korrektur wieder leicht eingeschränkt.

Bearbeitung ist motivabhängig | Bei einer Tonwertbegrenzung werden die Tonwerte gestaucht. Aus diesem Grund sollten Sie eine Tonwertbegrenzung nicht routinemäßig bei jedem Bild durchführen, das für den Druck bestimmt ist. Wann sie sinnvoll ist, ist auch motivabhängig. Immer dann, wenn die Tiefen oder Lichter eine wichtige Funktion im Bild haben und Sie keinen Zeichnungsverlust riskieren wollen, sollten Sie in Erwägung ziehen, den Tonwertumfang etwas zu kappen.

Stärke der Bearbeitung | Wie stark Sie den Tonwertumfang eines Bildes tatsächlich eingrenzen müssen, richtet sich nach Randbedingungen wie Druckverfahren und Papiersorte. Orientieren können Sie sich an Werten aus dem Druckhandwerk: Dort rechnet man mit Prozentwerten zwischen 0 % (Weiß) und 100 % (Schwarz) und meint die **Flächendeckung** der gedruckten Bildrasterpunkte. Je »schlechter« das Druckverfahren ist, desto stärker muss auch der Tonwertumfang gekappt werden. Als **Faustregel** gilt: Bei hellen Bildbereichen müssen die Druckrasterpunkte eine Flächendeckung von 3 % bis 10 % aufweisen, um druckbar zu sein. 5 % Flächendeckung sind ein Durchschnittswert, mit dem sich bei Bildkorrekturen gut arbeiten lässt. Die Flächendeckung dunkler Bildpartien sollten Sie auf 90 % bis 95 % herabsetzen.

Tonwertbegrenzung | Die Tonwertbegrenzung erfolgt mit Hilfe der Schieberegler oder der Zahlenfelder neben Tonwertumfang. In Photoshop ist die Eingabe der Zahlenwerte leider mit einem kleinen Umweg verbunden, denn die Tonwerte in Adobes Dialogfeld stammen ja aus dem 8-Bit-System und reichen von 0 (Schwarz) bis 255 (Weiß). Die Eingabe von Flächendeckungsprozenten ist nicht vorgesehen. Jetzt müssen Sie also ein wenig rechnen:

2,55 × (100 – x %, also Prozentwert der empfohlenen Flächendeckung) = neuer Tonwert für die Begrenzung

Wollen Sie also zum Beispiel eine Begrenzung auf 95 % Flächendeckung in den Tiefen erzielen, rechnen Sie

2,55 × (100 – 95) = 12,75

und runden diesen Wert. Für die Lichter rechnen Sie ähnlich:

2,55 × (100 – 5) = 242,25

Die so ermittelten Werte geben Sie nun in die Zahlenfelder unterhalb des Grauwertbalkens ein, oder Sie verschieben die Pfeile auf der Grauskala, bis die gewünschten Werte erreicht sind. Dadurch werden die vorhandenen Tonwerte zusammengeschoben. Das Bild verliert infolgedessen etwas Kontrast und erscheint weniger brillant.

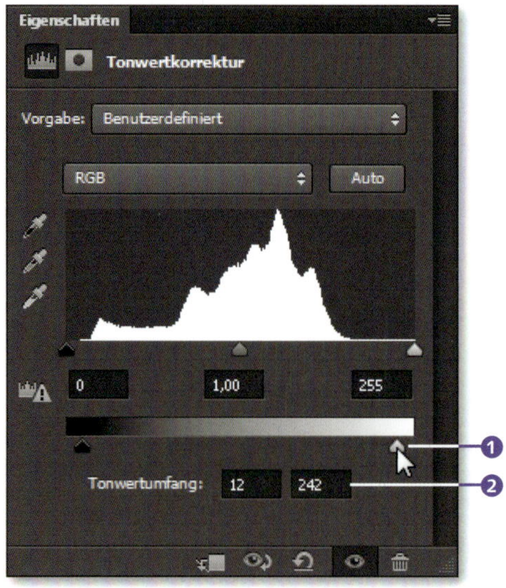

Abbildung 19.31 ▸
Die Tonwertbegrenzung kann per Zahleneingabe ❷ oder mittels Schieberegler ❶ erfolgen.

Kapitel 20

Universalhelfer für professionelle Ansprüche: Gradationskurven

Nicht wenige Photoshop-Nutzer machen um Gradationskurven lieber einen Bogen. Dabei ist die Benutzung gar nicht schwierig! Kein anderes Tool ist so vielseitig, mit keinem anderen können Sie so präzise arbeiten.

20.1 Funktionsweise der Gradationskurven

Der Begriff *Gradation* kommt aus dem Lateinischen und heißt *Abstufung*. Sie verändern durch die Abstufung der Tonwerte einzelner Farbkanäle oder des RGB-Composite-Kanals die Helligkeit, Kontraste oder die Farbmischung des Bildes. Ähnliches haben Sie bereits mit der TONWERTKORREKTUR getan. Doch mit GRADATIONSKURVEN können Sie den Tonwertbereich, der verändert werden soll, viel genauer eingrenzen.

Gradationskurven starten

Wie die meisten anderen Korrekturwerkzeuge können – und sollten! – Sie GRADATIONSKURVEN als Einstellungsebene einsetzen. Die direkte Anwendung auf Bildebenen ist auch möglich. Für beides gibt es mehrere Wege. Um eine **Gradationskurven-Einstellungsebene** zu erzeugen,

- nutzen Sie die Korrekturen-Palette (1),
- verwenden Sie das Einstellungsebenen-Icon  in der Ebenen-Palette
- oder den Befehl EBENE • NEUE EINSTELLUNGSEBENE • GRADATIONSKURVEN.

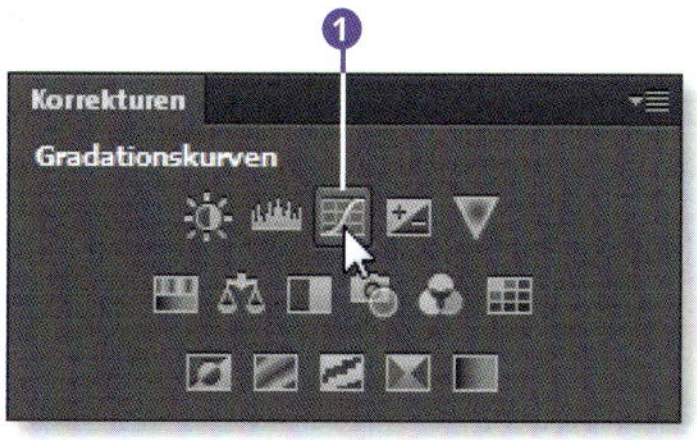

▲ **Abbildung 20.1**
GRADATIONSKURVEN-Einstellungsebene erzeugen

Um GRADATIONSKURVEN **unmittelbar auf eine Ebene anzuwenden** (ohne Einstellungsebene), wählen Sie den Menübefehl BILD • KORREKTUREN • GRADATIONSKURVEN oder das Tastenkürzel [Strg]/[cmd]+[M].

Steuerungselemente für Gradationskurven

Die markanteste und wichtigste Funktion ist die Gradationskurve ⓫ selbst. In Abbildung 20.2 ist sie bereits in bearbeiteter Form zu sehen.

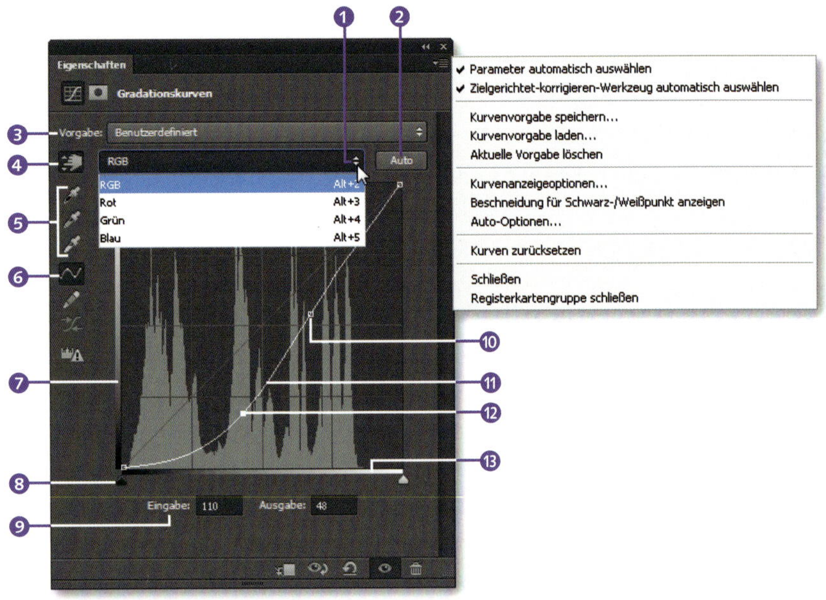

Abbildung 20.2 ▶
Das Dialogfeld für das mächtige und vielseitige Werkzeug GRADATIONSKURVEN

Die Kurve ist eine grafische Darstellung der Tonwerte des ursprünglichen und des korrigierten Bildes. Dabei steht

- die **waagerechte Achse** für die Tonwerte des unkorrigierten sogenannten **Eingangsbilds**,
- und an der **Senkrechten** finden Sie die Werte des bearbeiteten **Ausgangsbilds**.

Die Position der hellen, mittleren und dunklen Tonwerte wird durch die parallel zu den Achsen liegenden Grauskalen ❼ und ⓭ angezeigt.

Gitternetz | Das Gitternetz ist eine Hilfe, um die Eingangswerte (Tonwerte des unkorrigierten Bildes) und die Ausgangswerte (Tonwerte der korrigierten Version) zueinander in Beziehung zu setzen. Das hört sich zunächst kompliziert an, Sie werden aber sehen, dass es sich sehr gut mit der Kurve arbeiten lässt.

Steuerpunkte | Indem Sie die Kurve mit der Maus verändern, machen Sie helle, mittlere und dunkle Tonwerte heller oder dunkler. Mit Hilfe sogenannter Anker- oder Steuerpunkte lassen sich einzelne Bereiche der Kurve fixieren und so auch nur Teile der Kurve verändern (inaktiver ⑩ und aktiver ⑫ Steuerpunkt). Damit ist eine genaue Eingrenzung des zu ändernden Tonwertbereiches möglich. Alternativ zur Arbeit mit der Maus nutzen Sie die numerischen Eingabefelder oder das Zielgerichtet-korrigieren-Werkzeug ④.

Eingabefelder | Unterhalb der Kurve finden Sie Eingabefelder ⑨. Sie sind jedoch nur dann aktiv, wenn Sie zuvor einen der Steuerpunkte aktiviert haben. Dort lassen sich die genauen Tonwerte ablesen und verändern. Adobe hat hier leider einen kleinen Umweg eingebaut: Wenn Sie das Dialogfeld neu geöffnet haben, ist zunächst keine Eingabemöglichkeit vorhanden. Die Zahlenfelder sind erst dann zugänglich, wenn Sie einmal in das Diagramm geklickt haben.

Gradationskurven zeichnen | Sie können die Gradationskurve nicht nur durch Ziehen an den Steuerpunkten oder Eingeben von Zahlenwerten verändern, sondern auch ganz eigene Kurven zeichnen. Dazu schalten Sie den »Betriebsmodus« des Gradationskurven-Dialogs um; die Schaltfläche dafür ⑥ ist durch ein Stiftsymbol gekennzeichnet.

Ps Eingabefelder vertauscht
Adobe hat die Anordnung der Kästchen für das Eintippen von Eingabe- und Ausgabewert vertauscht. Nun steht Eingabe links, Ausgabe rechts. Wer diese Felder so oft nutzt, dass er sie »blind« bedient, sollte hier aufpassen!

Farbkanäle | Auch hier steht eine Dropdown-Liste ① zur Verfügung, um entweder den Composite-Kanal oder die Farbkanäle Ihres Bildes einzeln anzusteuern.

Wenn Sie die Kurve für den Composite-Kanal (alle Bildkanäle zusammen) anpassen, werden **Helligkeit** oder **Kontrast** des Bildes verändert. Durch unabhängiges Verändern einzelner Farbkanäle bearbeiten Sie die **Farbbalance** des Bildes.

Weitere Funktionen | Zudem finden Sie im Gradationskurven-Dialog Funktionen, die Ihnen auch in der Tonwertkorrektur begegnen:

- den Auto-Button ② mit seinen Optionen (über Klick + [Alt] erreichbar, siehe Seite 549),
- die Pipetten ⑤,
- und schließlich die Tonwertspreizungsregler ⑧ unterhalb der Kurvenansicht.

Diese Funktionen wenden Sie genau so an, wie Sie es von der Tonwertkorrektur gewohnt sind.

Farbkanäle per Shortcut ansteuern

Wie schon bei der Tonwertkorrektur können Sie die Farbkanäle per Shortcut ansteuern:

- Den **RGB-Composite-Channel** erreichen Sie mit [Alt]+[2],
- den **Rotkanal** mit [Alt]+[3],
- den **Blaukanal** mit [Alt]+[4]
- und den **Grünkanal** mit [Alt]+[5].

Presets nutzen und eigene Vorgaben speichern

Für ganz schnelle Korrekturen können Sie auf eine Liste mit Vorgaben ❸ zurückgreifen – ähnlich, wie Sie es bereits beim Werkzeug TONWERTKORREKTUR gesehen haben. Das Speichern und Laden von Voreinstellungen funktioniert über das Palettenmenü (siehe Abschnitt »Vorgaben« auf Seite 572).

Hilfsmittel für die Ergebniskontrolle: Anzeigeoptionen

Der große Vorteil des Werkzeugs GRADATIONSKURVEN ist, dass Sie Ihr Korrekturergebnis nicht nur am Monitor ansehen, sondern auch mit Hilfe von objektiveren Kontrollinstrumenten überprüfen können. Im Palettenmenü legen Sie fest, welche Vorschauoptionen Ihnen zur Verfügung stehen.

Beschneidung anzeigen | Wie bei der TONWERTKORREKTUR können Sie sich auch bei GRADATIONSKURVEN die mögliche Tonwertbeschneidung anzeigen lassen. Wählen Sie dazu im Palettenmenü den Befehl BESCHNEIDUNG FÜR SCHWARZ-/WEISSPUNKT ANZEIGEN, oder halten Sie `Alt` gedrückt, während Sie die Tonwertspreizungsregler bedienen.

Erweiterte Anzeigeoptionen | Der Befehl Kurvenanzeigeoptionen im Palettenmenü öffnet eine Dialogbox, in der Sie festlegen können, welche Kontrollelemente im Gradationskurven-Dialog angezeigt werden sollen. Standardmäßig sind alle aktiviert.

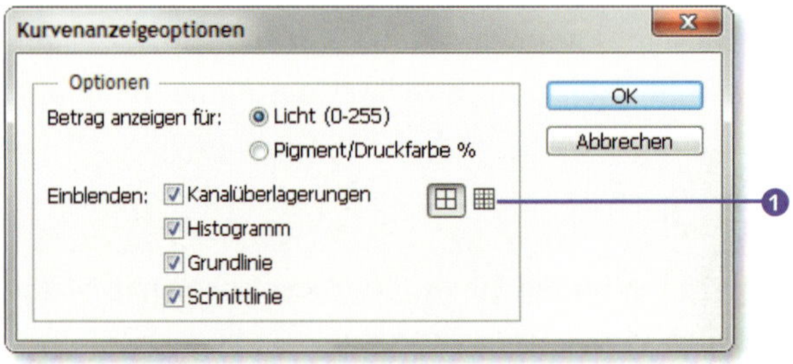

Abbildung 20.3 ▶
Welche Hilfsmittel sollen angezeigt oder ausgeblendet werden?

In den folgenden Absätzen lernen Sie die Optionen im Detail kennen.

Betrag anzeigen für | Am nachdrücklichsten wirkt wohl BETRAG ANZEIGEN FÜR LICHT bzw. PIGMENT/DRUCKFARBE. Mit dieser Option kehren Sie die Anordnung der Tonwerte auf den Balken, die Anzeige der Werte (Prozentwerte oder Tonwerte von 0–255) und somit auch die Kurvenwirkung – unabhängig vom tatsächlichen Bildmodus – um.

Kanalüberlagerungen | KANALÜBERLAGERUNGEN sind nur dann wirksam, wenn Sie die Farbkanäle einzeln bearbeitet haben, sich jedoch wieder in der RGB- oder CMYK-Gesamtansicht befinden. Diese Option gibt Ihnen eine gute Übersicht darüber, welche Veränderungen vorgenommen worden sind.

Histogramm | Das HISTOGRAMM erscheint grau unterlegt direkt im Kurvendiagramm. Leider ist es – anders als bei der Histogramm-Palette – kein Live-Histogramm. Bei Bildern mit mehreren Ebenen ist es übrigens immer das Histogramm der aktiven Ebene, nicht des gesamten Bildes.

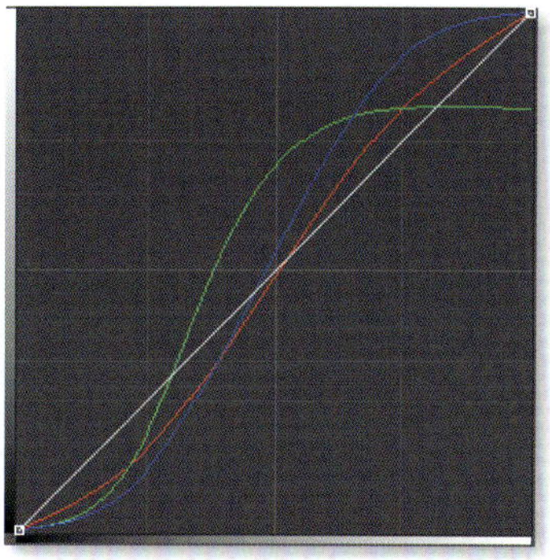

▲ **Abbildung 20.4**
KANALÜBERLAGERUNGEN zeigen Ihnen die Veränderungen aller Kanäle auf einen Blick.

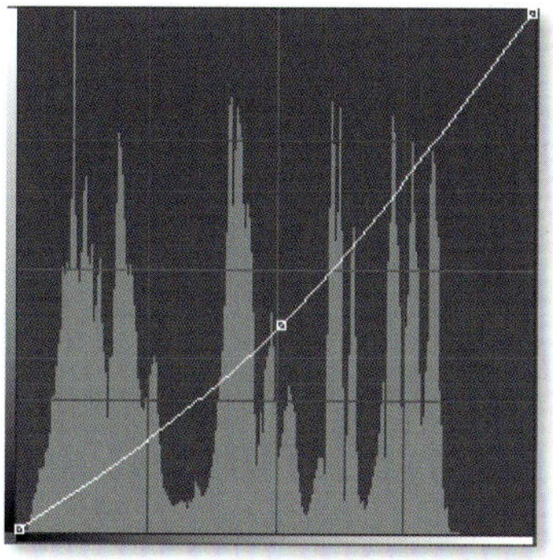

▲ **Abbildung 20.5**
Eingeblendetes Histogramm

Grundlinie | Die Option GRUNDLINIE ist standardmäßig immer aktiv. Sie gibt Ihnen eine gute Orientierung darüber, wie weit Sie die Kurve bereits verschoben haben.

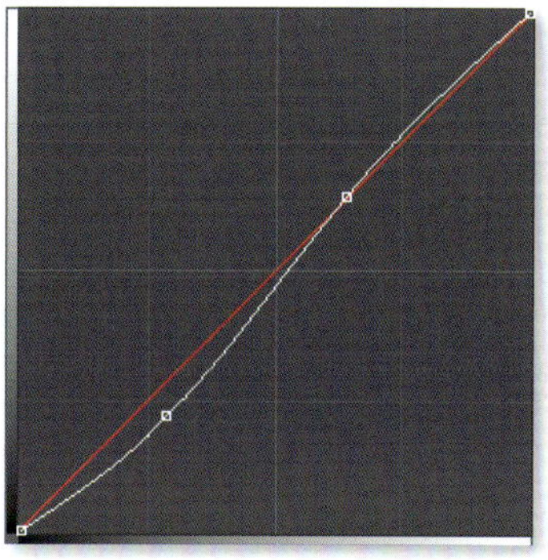

▲ **Abbildung 20.6**
Kurvendiagramm mit Grundlinie (Standardeinstellung; hier rot hervorgehoben) …

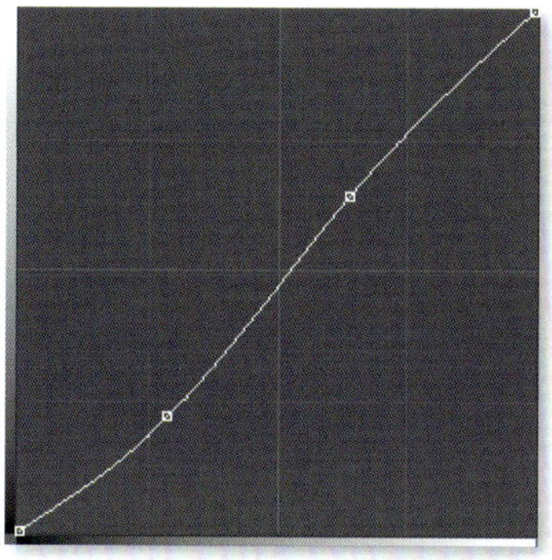

▲ **Abbildung 20.7**
… und ohne Grundlinie – ungewohnt nackt

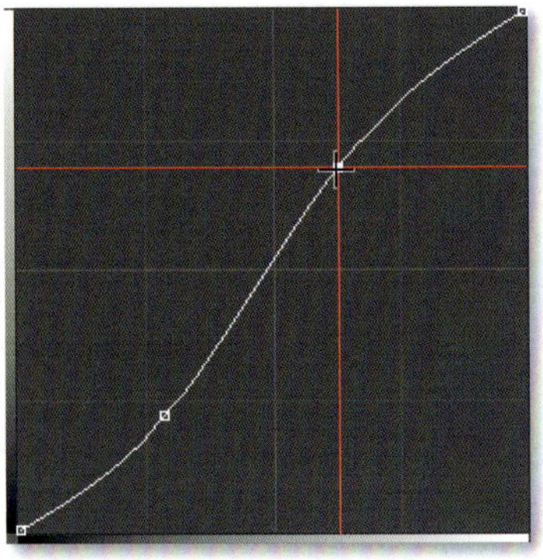

▲ **Abbildung 20.8**
Zwei sich im bewegten Ankerpunkt kreuzende Linien: die Schnittlinien (hier zum besseren Verständnis rot hervorgehoben)

Schnittlinie | Die SCHNITTLINIE ist nur dann sichtbar, wenn Sie die Kurvenlinie gerade mit der Maus »anfassen« und verschieben. Sie soll Sie dabei unterstützen, den neuen Ankerpunkt präzise zu positionieren.

Gitteransicht ändern | Ist Ihnen das vorhandene Gitter nicht präzise genug, klicken Sie einfach bei gehaltener Alt-Taste mit der Maus ins Diagramm. Die Ansicht wechselt zu einem feineren Gitternetz. Zurück zum groben Gitter geht es auf demselben Weg. Außerdem finden Sie in den erweiterten Kurven-Anzeigeoptionen einen kleinen Umschalter (1) (siehe Abbildung 20,3).

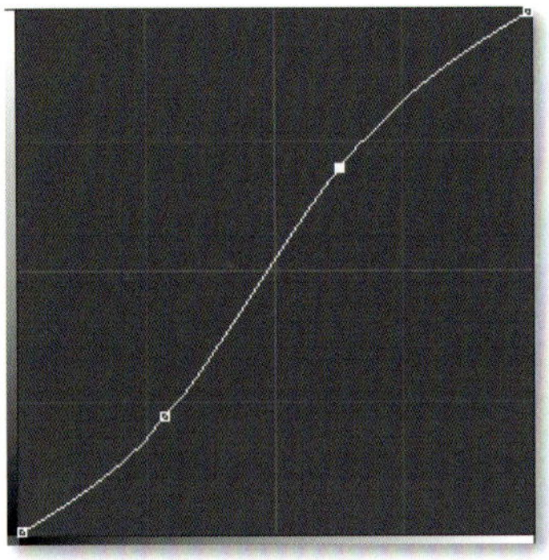

▲ **Abbildung 20.9**
Der Standard: grobes Gitter

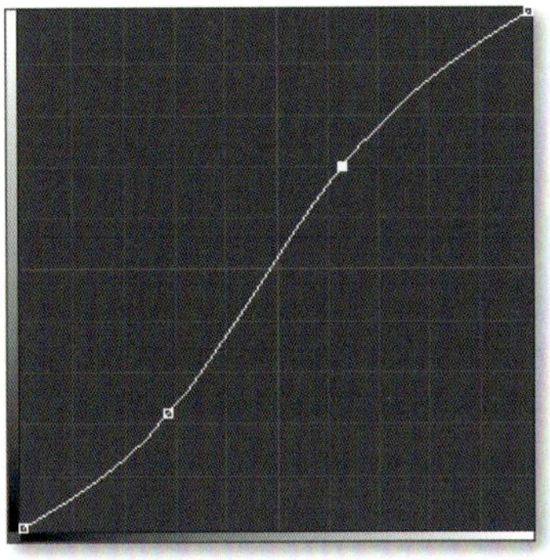

▲ **Abbildung 20.10**
Das feinere Gitternetz

20.2 Arbeiten mit den Gradationskurven

Die Kurve ist das A und O im Werkzeug GRADATIONSKURVEN. Sie haben verschiedene Eingabemöglichkeiten, um ihre Form zu beeinflussen. Hier lernen Sie sie kennen. Außerdem erfahren Sie, wie sich die Kurve in verschiedenen Bildmodi verhält.

Kurve in unterschiedlichen Bildmodi

Die Position von Lichtern und Schatten auf den Achsen und die Anzeige der Tonwerte unterscheiden sich bei RGB-, CMYK- und Graustufenbildern. Auch die »Zugrichtung« der Kurve ist dann natürlich umgekehrt.

Dateien auf der Buch-DVD: »Pepperoni.jpg«, »RoteGerbera.tif«, »KleinesLeuchtfeuer_grau.jpg«

Gradationskurve im RGB-Modus | In RGB sind die **Tiefen** unten links. Die Tonwerte werden in Binärzählung von 0 bis 255 angezeigt. Für die Arbeit im RGB-Modus gilt: Bewegen Sie die Kurve nach oben, wird das Bild heller; ziehen Sie sie herunter, wird das Bild abgedunkelt.

Bild: dieblen.de

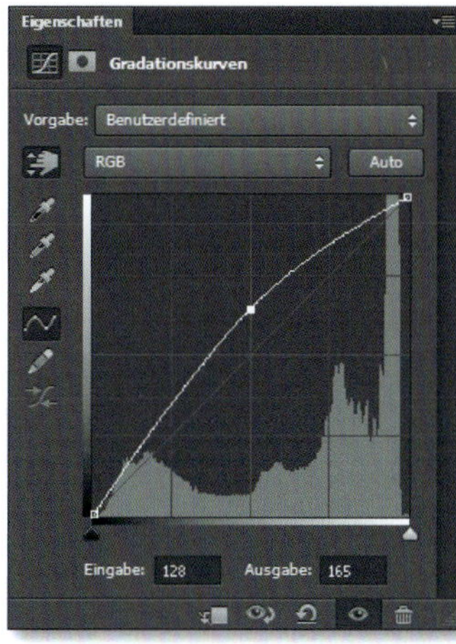

▲ Abbildung 20.11
Ein RGB-Bild. In der Standardansicht des Kurven-Dialogs …

▲ Abbildung 20.12
… bewirkt das Hochziehen der Kurve …

▲ Abbildung 20.13
… eine Aufhellung.

Gradationskurve im CMYK-Modus | Bei CMYK-Bildern finden Sie unten links die **Lichter**. Tonwerte werden in CMYK-typischen Prozenten gezählt (maximal 100 %). Standardmäßig ist auch das angezeigte Gitternetz feiner. Für die Arbeit im CMYK-Modus gilt: Bewegen Sie die Kurve nach oben, wird das Bild dunkler; ziehen Sie sie herunter, wird das Bild heller.

Zum Nachlesen
Mehr zu den Farbsystemen **RGB und CMYK** finden Sie in Kapitel 3, »Bildbearbeitung: Fachwissen«.

Bild: dieblen.de

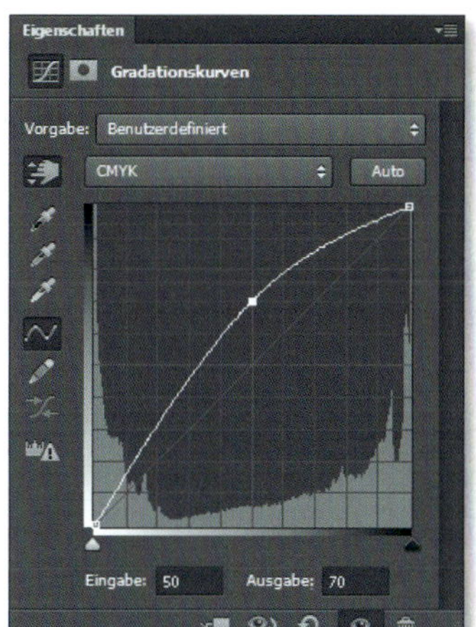

▲ Abbildung 20.14
Hier zum Vergleich ein CMYK-Bild.

▲ Abbildung 20.15
Die Kurvenform ist ähnlich. Beachten Sie jedoch die umgekehrte Tonwertverteilung auf den »grauen Balken« im Gradationskurven-Dialog (links und unterhalb der Kurve)! Auffallend sind auch die anderen Eingabewerte (Prozentwerte).

▲ Abbildung 20.16
Beim CMYK-Bild wirkt die Kurvenform abdunkelnd.

Gradationskurve bei Graustufenbildern | Die Gradationskurven von Graustufenbildern verhalten sich genauso wie bei CMYK-Bildern – also gegenläufig zur Gradationskurve von RGB-Bildern.

Bild: Sibylle Mühlke

▲ **Abbildung 20.17**
Bei einem Graustufenbild ...

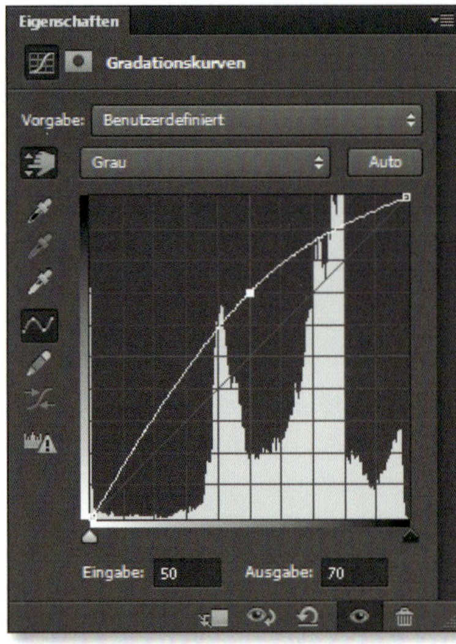

▲ **Abbildung 20.18**
... ist die Standardeinstellung der Kurve dieselbe wie bei CMYK-Bildern.

▲ **Abbildung 20.19**
Das Bild wird beim Hochziehen der Kurve dunkler.

Kurvenpunkte setzen, Kurven verformen

Um die Kurve überhaupt mit Kurvenpunkten zu verformen, haben Sie verschiedene Möglichkeiten. Welche die beste ist, hängt davon ab, wie exakt Sie gerade arbeiten wollen, und ist natürlich auch eine Frage der persönlichen Vorlieben. Oft kombiniert man auch verschiedene Eingabemöglichkeiten.

Bildbereiche direkt ansteuern: Korrekturhand | Recht oft erkennt man im Bild selbst »Problemzonen«, weiß aber nicht genau, welcher Kurvenabschnitt verformt werden muss, um genau diesen Bildbereich anzusprechen. Für solche Fälle gibt es in Photoshop das Zielgerichtet-korrigieren-Werkzeug. Es steht für die Werkzeuge Gradationskurven, Farbton/Sättigung und Schwarzweiss zur Verfügung. Bevor Sie es benutzen können, müssen Sie es erst mit einem Klick auf die Schaltfläche aktivieren.

Die Gestaltung der Schaltfläche ist ein Hinweis darauf, in welche Richtung Sie die Maus über dem Bild bewegen müssen, um die Korrektur anzubringen. Bei den Gradationskurven bewegen Sie die Maus auf und ab, bei Farbton/Sättigung seitwärts.

Ps **Neue Korrekturhand-Option**
Die Korrekturhand und die Korrekturpipetten sind jetzt mit einer äußerst sinnvollen Option ausgestattet: Sie können die Größe des Aufnahmebereichs mittels Dropdown-Liste in der Optionsleiste einstellen.

Zum Weiterlesen
Die **Korrekturhand** soll beim Öffnen der Eigenschaften-Palette sofort startklar sein? Lesen Sie im Abschnitt »Korrekturen starten und steuern – die wichtigsten Tools« auf Seite 526, welche Optionen Sie dazu einstellen müssen.

Danach können Sie im Bild auf genau den Bereich klicken, der korrigiert werden soll, und die Maus **nach oben oder unten** bewegen, um Tonwerte anzuheben oder zu senken. Doch Achtung: Bei allzu freigiebigem Gebrauch bringen Sie mit dem Werkzeug leicht neue Fehler ins Bild hinein, wenn Sie die Kurvenform aus dem Auge verlieren – nicht jede mögliche Kurvenform tut einem Bild gut (siehe auch Abschnitt 20.3, »Gradationskurven – typische Fehler und wie Sie sie vermeiden«).

▲ **Abbildung 20.20**
Korrekturhand aktivieren

Klicks auf die Kurve: Bewegliche und fixierte Punkte | Ein Klick auf die Kurve ist wohl die am häufigsten benutzte Technik, um Kurvenpunkte zu setzen. Sie können so gesetzte Punkte

- mit der Maus,
- mit den Pfeiltasten Ihrer Tastatur oder
- durch Zahleneingabe bewegen.

Außerdem lassen sich Kurvenpunkte nutzen, um die Kurve in einem Tonwertbereich, der nicht verändert werden soll, zu **fixieren**.

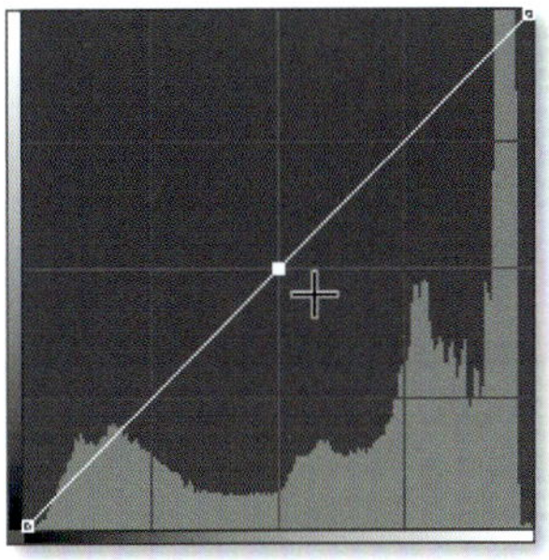

▲ **Abbildung 20.21**
Mit diesem Kurvenpunkt werden die Mitteltöne fixiert …

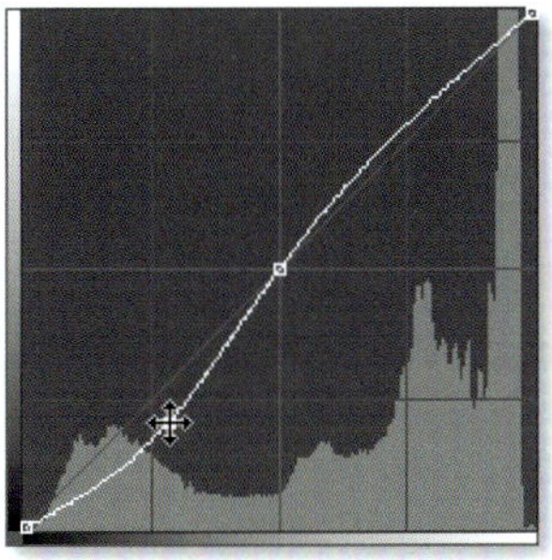

▲ **Abbildung 20.22**
… und die Tiefen nach unten gezogen. Der erste Kurvenpunkt wirkt zugleich als Achse, um die die Kurve schwingt: Auch die Lichter werden verändert. Die Mitteltöne bleiben unverändert.

Zahleneingabe: Präzisionsarbeit | Wie ich oben schon erwähnt habe, gibt es auch Eingabefelder, in die Sie Zahlen eintippen können – die exakteste Steuerungsmöglichkeit für die Kurve. Die Eingabefelder sind erst dann zu sehen, wenn Sie mindestens einen Kurvenpunkt gesetzt haben. Die Werte des jeweils aktiven Punktes (schwarz dargestellt) können Sie dann verändern.

Kurvenpunkte zur Bearbeitung aktivieren | Kurvenpunkte, die verändert werden sollen, müssen nicht nur gesetzt, sondern auch aktiv sein. Sie aktivieren Kurvenpunkte durch Anklicken.

- Mehrere Punkte auf einmal aktivieren Sie bei gehaltener [⇧]-Taste.
- Ein Klick auf das Raster oder [Strg]/[cmd]+[D] hebt die Aktivierung mehrerer Punkte wieder auf.
- Mit den Tasten [+] (Plus) und [-] (Minus) »springen« Sie zwischen gesetzten Kurvenpunkten.

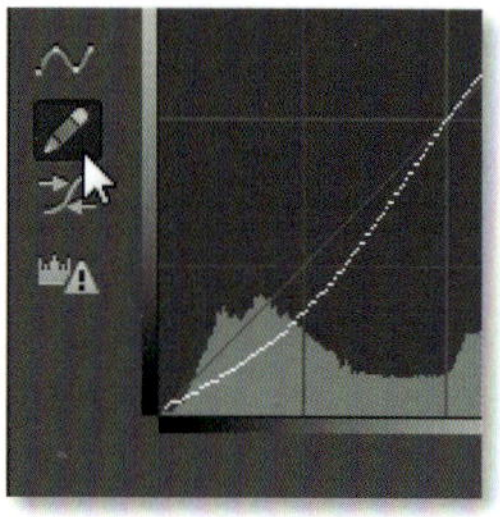

▲ **Abbildung 20.23**
Umschalten in den Kurve-zeichnen-Modus

Selbst Kurven zeichnen | Im Werkzeug Gradationskurven sind zwei **Betriebsarten** möglich. Neben den geschilderten Eingabemöglichkeiten ist es auch möglich, ganz eigene Kurven zeichnen. Das Zeichnen von Kurven dient eher dem Erstellen von Bildverfremdungen. Für die Bildkorrektur sind die anderen Eingabemethoden besser geeignet! Zum Umschalten stehen zwei Schaltflächen neben dem Diagramm zur Verfügung.

Gezeichnete Kurven wirken oft extrem. Ein Klick auf den Button Kurvenwerte glätten – direkt unterhalb des Buntstift-Buttons – macht sie etwas abgerundeter und sanfter.

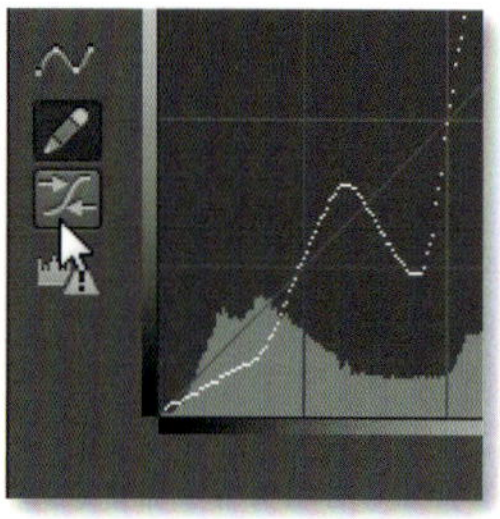

▲ **Abbildung 20.24**
Gezeichnete Kurvenverläufe glätten

Falsch gesetzte Kurvenpunkte korrigieren

Zum Entfernen falsch gesetzter Punkte gibt es zwei Möglichkeiten.

Steuerpunkte korrigieren | Einzelne Punkte fassen Sie einfach mit der Maus an und ziehen sie aus dem Kurvenbereich heraus. Dabei verzieht sich die Kurve ganz entsetzlich, springt aber wieder zurück. Alternative: Aktivieren Sie den Punkt durch einen Klick oder per Shortcut – er ist dann schwarz –, und drücken Sie [Entf]/[←].

Zurücksetzen | Wenn Sie mit wirklich allen Änderungen an der Kurve unzufrieden sind, können Sie die Kurve vollständig zurücksetzen. Klicken Sie dazu einfach auf den Button Auf Korrektur-Standardwerte zurücksetzen am unteren Rand der Eigenschaften-Palette.

Zurücksetzen im Dialog

Wenn Sie nicht mit Einstellungsebenen, sondern mit dem schwebenden Dialogfenster arbeiten, drücken Sie [Alt]: Damit verwandelt sich der Button Abbrechen kurzfristig in einen Zurücksetzen-Button. Klicken Sie darauf, um die Kurve wieder in den »Urzustand« zu bringen.

20.3 Gradationskurven – typische Fehler und wie Sie sie vermeiden

Sie haben nun schon recht viel über Gradationskurven gelernt und sich hoffentlich schon anhand der mitgelieferten Übungsbilder oder eigener Fotos mit der Handhabung des Werkzeugs vertraut gemacht. Die eigentliche Bedienung des Werkzeugs sollte Ihnen nun keine Schwierigkeiten mehr bereiten. Umso größer ist die Gefahr, dass Ihnen beim eifrigen Üben und Experimentieren einmal Fehler unterlaufen. Hier zeige ich Ihnen typische Kurvenverläufe, bei denen Vorsicht geboten ist oder die Sie **meiden** sollten. Das gilt sowohl für Farbkorrekturen als auch für das Einstellen von Helligkeit und Kontrast – kurzum, für alle denkbaren Nutzungen der GRADATIONSKURVEN.

Testdateien und Graukeil | Um die Wirkung verschiedener Kurvenformen zu demonstrieren, benutze ich hier zwei Testbilder. Das Besondere daran: Zusätzlich zum eigentlichen Motiv habe ich einen sogenannten Graukeil in die Bilder montiert. An ihm können Sie die Wirkung der verschiedenen Kurven besonders gut beurteilen, ohne von Bildinhalten abgelenkt zu werden.

Hier sehen Sie noch einmal die unbearbeiteten Originale zum Vergleich. Übrigens: Zwar sind die Kurvenverläufe von RGB- und Graustufengradationskurven gegenläufig, wie oben gezeigt. Das kann man bei den Beispieldateien jedoch nicht in jedem Fall wahrnehmen, weil die Kurven manchmal nahezu symmetrisch oder zu sanft sind, um die Unterschiede deutlich zu zeigen.

Dateien auf der Buch-DVD: »BuntstifteGraukeil.tif«, »Westpier-Graukeil.tif«, »Graukeil.psd«

Bild: Fotolia

▲ **Abbildung 20.25**
Ein RGB-Bild ...

Bild: vitamin a design

▲ **Abbildung 20.26**
... und, weil Schwarzweißbilder Korrekturfehler oft viel gnadenloser zeigen, auch eine Graustufendatei.

Steigung der Kurve erhalten

Damit die Modulation der einzelnen Tonwertbereiche des Bildes erhalten bleibt, muss die Gradationskurve immer eine leichte Steigung aufweisen. Ist dies nicht der Fall, wird die Kurve zu flach. Dadurch besteht die Gefahr, dass die Zeichnung des Bildes verlorengeht.

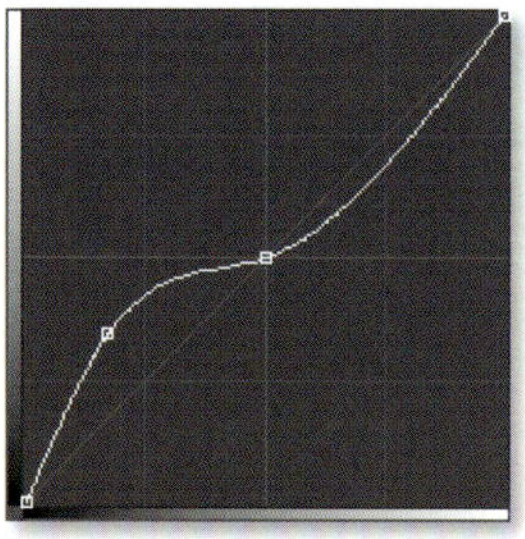

Abbildung 20.27 ►
Ein falscher Versuch, die Tiefen eines Bildes aufzuhellen. Die Gradationskurve verläuft stellenweise fast waagerecht.

▲ Abbildung 20.28
In den Bereichen, die dieser Kurvenpartie entsprechen, also den Mitteltönen des Bildes, kommt es zu deutlichen Zeichnungsverlusten, die hier als fast graue Bereiche sichtbar sind.

▲ Abbildung 20.29
Dieselbe Wirkung an einem Graustufenbild

Nicht zu viele Punkte setzen

Obwohl Adobe bis zu 14 Steuerpunkte auf einer einzigen Kurve erlaubt, sollten Sie von dieser Möglichkeit nur sparsamsten Gebrauch machen. Schon ab drei Punkten wird es schwierig, die notwendige Steigung der Kurve zu erhalten, wie das Steigungsbeispiel, aber auch die Mittelton-Korrektur oben zeigen.

Eckpunkte nicht ins Diagramm ziehen

Schreckliche Konsequenzen für Ihr Bild haben auch Kurven, bei denen Sie die Eckpunkte in das Diagramm hineinziehen. Das wirkt bei manchen Bildern wie eine kräftige Betonung von Lichtern und Schatten, allerdings gehen vorhandene Differenzierungen in den Tonwerten durch den Einsatz solcher rabiaten Kurven verloren. Der Graukeil belegt, dass es in den Tiefen und Lichtern keine Zwischentöne mehr gibt.

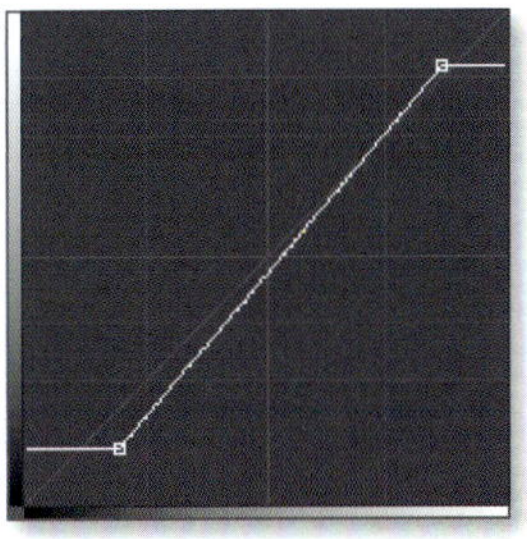

◂ **Abbildung 20.30**
Die Eckpunkte einer Gradationskurve sollten Sie nie ins Innere des Diagramms hineinziehen, denn die dadurch entstehenden Tonwertverluste sind immens.

▴ **Abbildung 20.31**
Die hellsten und dunkelsten Tonwerte können nicht mehr differenziert werden.

▴ **Abbildung 20.32**
Am Graustufenbild sind die drastischen Auswirkungen dieser Kurve noch besser zu beobachten, besonders in den Tiefen.

Eckpunkte hoch- oder herunterziehen

In Ausnahmefällen dürfen Sie durchaus die Eckpunkte in vertikaler Richtung entlang der Diagrammkante bewegen. Allerdings ist hier ein wenig Vorsicht geboten: Sie können auch mit Gradationskurven den Schwarz- und Weißpunkt von Bildern verschieben. Genau das wäre mit so einer Kurve der Fall! Was fehlt, ist die Kontrolle durch das Histogramm. Wenn Sie also tatsächlich so eine Kurve zur anwenden wollen, sollten Sie die Histogramm-Palette öffnen. Oder Sie greifen gleich zum bewährten Instrument Tonwertkorrektur. Solche Kurven sind manchmal die letzte Rettung für Bilder mit zu dunklen Tiefen, an die Sie mit den sanfteren Kontrast- und Helligkeitskurven nicht herankommen.

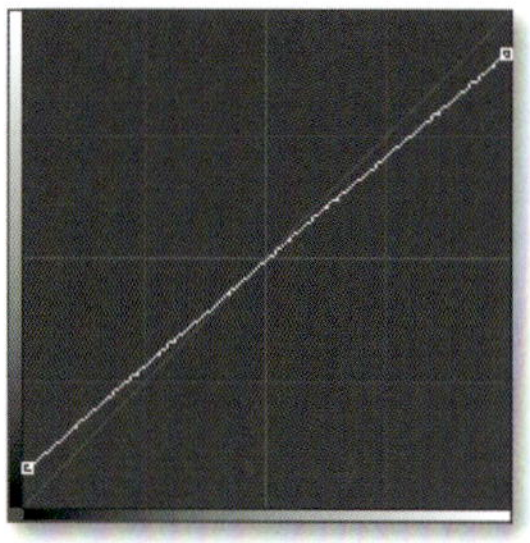

Abbildung 20.33 ►
Eine radikal wirkende Kurve für Ausnahmefälle

▲ Abbildung 20.34
Sie sehen, dass das ursprüngliche Weiß nicht mehr ganz weiß, Schwarz nicht mehr vollkommen schwarz ist: eindeutig eine Änderung von Schwarz- und Weißpunkt, bei der die Eckpunkte der Tonwertskala zusammengeschoben wurden.

▲ Abbildung 20.35
Diesem Motiv bekommt eine solche Kurve nicht.

20.4 Helligkeit und Kontrast mit Gradationskurven einstellen

Mit dem Werkzeug GRADATIONSKURVEN selbst und seinem Funktionsprinzip haben Sie sich nun bereits vertraut gemacht. Die Handhabung der Kurve beim Einstellen von Helligkeit und Kontrasten unterscheidet sich nicht wesentlich von der Farbkorrektur. Allerdings sollten Sie Änderungen von Helligkeit und Kontrast am gesamten RGB-Kanal vornehmen. Sie wirken sich gleichmäßig auf alle Farbkanäle aus und ändern so nichts mehr an der bereits eingestellten Farbbalance.

Dateien auf der Buch-DVD: »BuntstifteGraukeil.tif«, »Westpier-Graukeil.tif«, »Graukeil.psd«

Es gibt einige klassische Kurvenformen, mit denen sich alle typischen Anwendungsfälle abdecken lassen und die Sie immer wieder nutzen werden. Ich zeige Ihnen die Wirkung der »Standards« an den schon bekannten Testbildern.

Allgemeine Helligkeit verändern

Die Helligkeit von Bildern zu verändern ist ganz einfach: Bewegen Sie die RGB-Kurve dazu einfach nach oben. Bei den meisten Bildern wirkt die Aufhellung am besten, wenn Sie an den Mitteltönen ansetzen. Abdunkelung funktioniert analog durch Ziehen der Kurve nach unten, wird aber eher selten gebraucht.

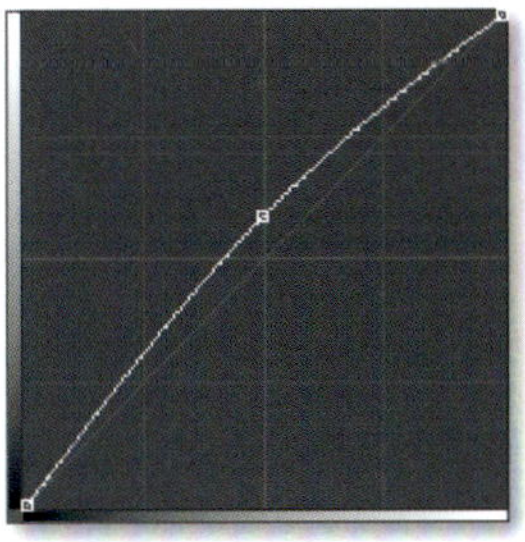

▲ **Abbildung 20.36**
Eine Aufhellung der Mitteltöne mit einer solchen Kurvenform …

◀ **Abbildung 20.37**
… lässt das Bild **insgesamt** heller erscheinen, weil sich die benachbarten Tonwerte mit verändern.

◀ **Abbildung 20.38**
Dieselbe Kurve, auf das Schwarzweißbeispiel angewendet

Kontraste erhöhen

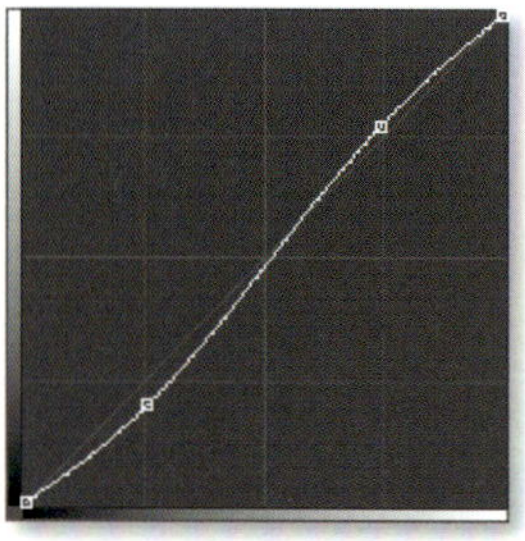

▲ **Abbildung 20.39**
Hier wurde die Kurve vorsichtig mittels zweier Punkte verändert und der **Kontrast behutsam angehoben** …

Kontraste erhöhen Sie mit einem sehr sanften, lang gezogenen S-Schwung der Gradationskurve. Sie können dabei mit zwei oder drei Steuerpunkten arbeiten. Ich fange meist bei den Mitteltönen an und nutze die Gelegenheit, um auszuprobieren, ob ich sie vielleicht noch etwas verändern kann. Den Steuerpunkt auf der Kurvenmitte benutze ich dann als feststehenden Drehpunkt und ziehe anschließend die Lichter ein wenig hoch und die Tiefen herunter. Diese Methode führt zu etwas härteren Kontrasten.

Alternativ arbeiten Sie mit zwei Punkten. Dazu setzen Sie einfach in den Tiefen und Lichtern je einen Steuerpunkt und verschieben ihn. Der Kurvenbereich, der den Mitteltönen des Bildes entspricht, nimmt dann von selbst eine mittlere Position ein. So bearbeitete Kurven wirken meist etwas sanfter.

▲ **Abbildung 20.40**
… da die leuchtenden Farben des Bildes eine hohe Kontrastverstärkung kaum vertragen hätten – und sie auch gar nicht brauchen.

▲ **Abbildung 20.41**
Nochmals die behutsame **Kontrastverstärkung** – diesem Bild tut etwas mehr Kontrast ganz gut.

Kontraste abschwächen

Es gibt natürlich auch Fälle, in denen die Kontraste zu ausgeprägt sind und **gesenkt** werden müssen. Das Vorgehen ist ähnlich wie beim Anheben der Kontraste. Allerdings werden hier die Lichter abgedunkelt (verschieben Sie die Kurve nach unten) und Tiefen aufgehellt (Kurve nach oben).

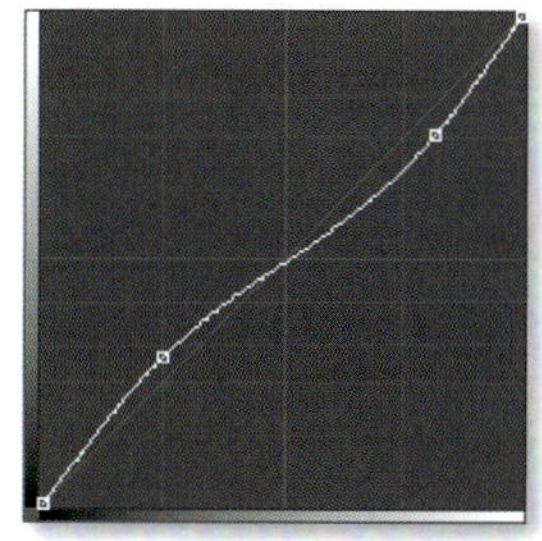

▲ **Abbildung 20.42**
Mit einer solchen Kurve senken Sie die Kontraste im Bild.

◂ **Abbildung 20.43**
Das RGB-Testbild mit einer behutsamen **Kontrastabschwächung**

◂ **Abbildung 20.44**
Hier habe ich ebenfalls an der Kontrastkurve gedreht, den **Kontrast gesenkt** – nicht unbedingt zum Vorteil *dieses* Bildmotivs, das nun ziemlich breiig wirkt.

Tiefen oder Lichter betonen

Recht häufig möchte man nicht das gesamte Bild aufhellen, sondern allein die Tiefen oder Lichter bearbeiten. Durch leichtes Abdunkeln der Lichter werden vorhandene Tonwertunterschiede deutlicher, und ein vorsichtiges Aufhellen von Tiefen kann die Zeichnung etwas besser sichtbar machen.

Zu solch einer Änderung brauchen Sie zwei Kurvenpunkte: Der eine hellt die Tiefen auf oder dunkelt die Lichter leicht ab, Mitteltöne und restliche Tonwerte werden durch einen weiteren Punkt auf der Diagonalen festgestellt. Wenn Sie die Kurve stärker ziehen, ist eine geringe Veränderung der fixierten Tonwerte nicht ganz zu unterbinden. Das tut einer harmonischen Gesamtwirkung der Korrektur aber ganz gut.

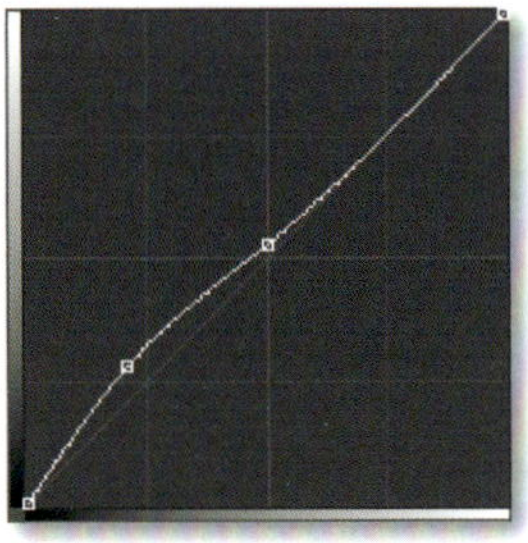

▲ **Abbildung 20.45**
Mit so einer Kurve hellen Sie die Tiefen des Bildes auf.

Abbildung 20.46 ▶
Bei diesem Testbild ist das keine besonders sinnvolle Operation. Oft bringt eine solche Kurve jedoch Bilddetails heraus, die bisher im Schatten versteckt lagen (ausreichende Tiefenzeichnung des Bildes vorausgesetzt).

Abbildung 20.47 ▶
Und so sähe das Graustufenbild aus, wenn man die Tiefen aufhellt.

Nur Mitteltöne aufhellen

Sie können auch die Mitteltöne eines Bildes separat bearbeiten und den ganzen »Rest« fixieren. Sie brauchen dazu zwei Ankerpunkte, mit denen Sie Tiefen und Lichter fixieren. Die Mitteltöne heben Sie vorsichtig an. Hier müssen Sie aber wirklich sehr vorsichtig vorgehen, denn es lauern gleich zwei fatale Fehler: zu geringe Kurvensteigung und außerdem zu viele Kurvenpunkte.

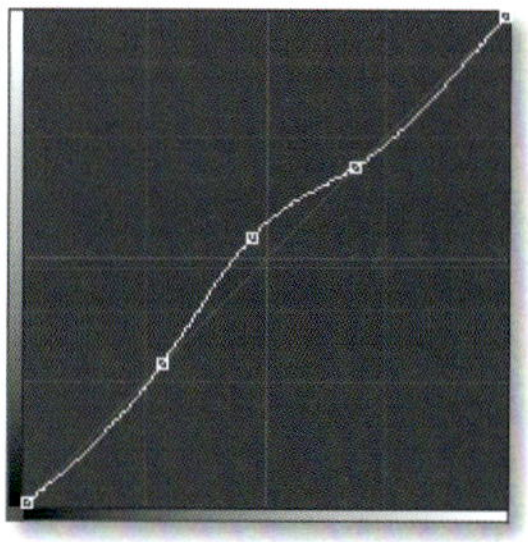

▲ **Abbildung 20.48**
So eine Kurve ist nicht ganz ungefährlich – schnell wird die Steigung zu gering.

◀ **Abbildung 20.49**
Der Graukeil zeigt, dass die Anwendung der Kurve mit Vorsicht zu genießen ist: Die Mitteltöne werden zwar heller, verlieren aber auch an Unterscheidbarkeit – eben an ihrer Zeichnung.

◀ **Abbildung 20.50**
Diesem Bildmotiv schadet die Kurve nicht so sehr.

20.5 Farbkorrekturen für höchste Ansprüche

Das Komplementärfarben-Prinzip können Sie wirkungsvoll anwenden, um Farben zu korrigieren. Bevor Sie die Korrekturwerkzeuge ansetzen, sollten Sie allerdings schon wissen, in welche Richtung die Korrektur gehen soll. Und das ist nicht immer ganz leicht zu beurteilen, besonders

Keine Farbkorrektur um jeden Preis!

Nicht jeder Farbstich muss herauskorrigiert werden. Spezielle Farbgebungen wirken auch bildgestaltend, schaffen eine bestimmte Atmosphäre oder verorten sogar ein Bild zeitlich – denken Sie an die typischen Farbstiche von Fotos aus den siebziger Jahren.

Graubalance beim Fotografieren

Wenn Sie Motive fotografieren, die möglichst farbtreu wiedergegeben werden sollen, können Sie das Graubalance-Prinzip ebenfalls nutzen: Legen Sie eine sogenannte Graukarte neben das fotografierte Objekt, und verwenden Sie die dort gemessenen Werte, um die Farben des Bildes nachträglich zu korrigieren. Alternativ machen Sie bereits bei der Aufnahme einen Weißabgleich.

Graukarten kosten um die 10 Euro und sind im Fotofachhandel zu bekommen. Wenn Sie häufiger farbsensible Fotojobs haben, lohnt sich die Investition. Es bleibt zwar immer noch das Problem der farbechten Reproduktion, aber immerhin ist schon die erste Fehlerquelle ausgeschaltet.

im Kontext eines vielfarbigen Bildes. Ob ein Bild zum Beispiel einen Cyan- oder Grünstich hat, sieht ihm oftmals nicht einmal der erfahrene Bildbearbeiter an. Und dann ist da ja auch noch das Problem, dass ein Bild auf jedem Monitor, an jedem Rechner anders erscheint.

Helfer für die Bilddiagnose: Graubalance

Ein guter und objektiverer Indikator dafür, ob die Farbmischung im Bild ausgeglichen ist oder in welche Richtung eine eventuelle Korrektur gehen müsste, sind die Grautöne eines Bildes. Dabei macht man sich zwei Prinzipien zunutze:

- Im Bildmodus RGB entsteht ein neutrales Grau dann, wenn die Farbwerte für die drei Farbkanäle Rot, Grün und Blau gleich sind. Bestehen bei Grautönen Abweichungen, lässt sich das leicht an den RGB-Werten ablesen. So erhalten Sie schnell einen Eindruck davon, welche Farbe zu stark und welche zu wenig im Bild vertreten ist. Das gilt nicht nur für R, G und B – deren Komplementärpartner können Sie sich natürlich gleich mitdenken.
- Wenn in einem Bild die Graubalance stimmt, sollten auch alle anderen Farben keinen Farbstich aufweisen.

Mit Hilfe der RGB-Werte von Bildpartien, die eigentlich neutralgrau sein sollten, können Sie also die Farbmischung eines Bildes bestimmen und erhalten Anhaltspunkte dafür, in welche Richtung ein eventueller Ausgleich erfolgen muss. Theoretisch funktioniert das auch bei CMYK-Bildern – deren Werte sind allerdings weit schwieriger zu beurteilen. Deshalb arbeitet man hier mit Bildern im RGB-Modus.

Graubalance-Beispiel | Welches Rot aus Abbildung 20.51 ist »roter«? Enthält der linke Rotton zu viel Blau oder zu wenig Gelb? Ist das Rot rechts heller oder gelber als sein Nachbar? Das ist schwer zu entscheiden. Im Bildzusammenhang wird die Beurteilung von Farben noch schwieriger! Die Werte der drei **Rottöne**, von links nach rechts:

❶ R: 254, G: 42, B: 0
❷ R: 229, G: 0, B: 0
❸ R: 229, G: 0, B: 92

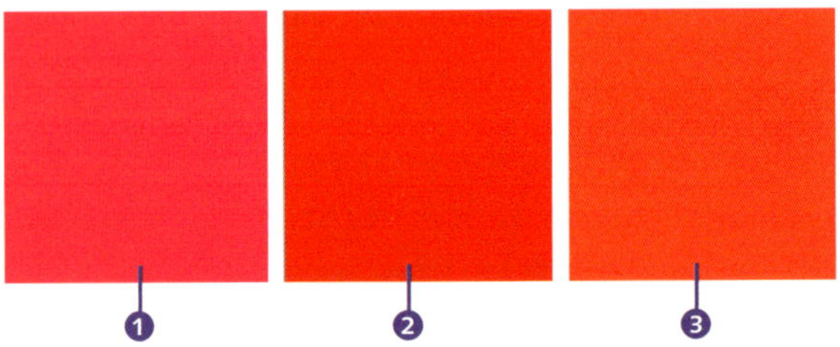

Abbildung 20.51 ▶
Drei unterschiedlich zusammengesetzte Rottöne

Bei Grautönen ist es einfacher, Aussagen zur Farbmischung zu treffen. Das liegt nicht nur am optischen Eindruck. Auch die RGB-Werte sprechen eine deutliche Sprache. Die Werte der drei **Grautöne**, von links nach rechts:

❹ R: 199, G: 193, B: 193
❺ R: 193, G:193, B: 193
❻ R: 254, G: 42, B: 0

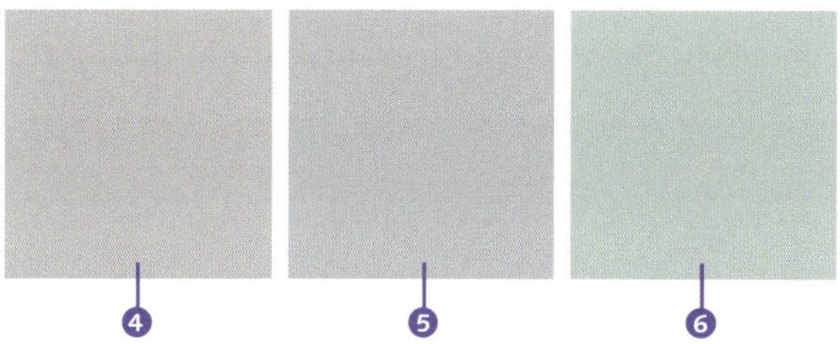

◂ **Abbildung 20.52**
Drei verschiedene Grautöne zum Vergleich

Besonders einfach ist die Anwendung des Graubalance-Prinzips natürlich, wenn Ihr Bild einen Gegenstand zeigt, von dem Sie schon wissen, dass er (eigentlich) einen neutralen Grauton haben sollte. Aber auch in anderen Fällen können die Farbwerte eines Bildes recht aufschlussreich sein und Ihnen den Weg für Korrekturen weisen.

Graubalance einstellen

In der folgenden Anleitung zeige ich Ihnen, wie Sie Farbwerte von bestimmten Bildpartien exakt messen und interpretieren – später erfahren Sie, wie Sie dieses Wissen in eine zielgerichtete Korrektur umsetzen.

Datei auf der Buch-DVD: »Regierungsviertel.jpg«

Schritt für Schritt: Farbwert messen und Graubalance einstellen

Das Beispielbild hat einen Farbstich, aber es lässt sich nicht genau sagen, ob dieser grün, gelblich oder eher cyan ist. Da bekannt ist, dass die Fassade einen nahezu neutralen Grauton hat, kann eine Messung Auskunft darüber geben, in welche Richtung wir korrigieren müssen.

Bild: Fotolia, B. Eckert

▴ **Abbildung 20.53**
Dieses Bild hat eindeutig einen Farbstich.

1 Aktivieren und Justieren des Pipette-Werkzeugs

Das Pipette-Werkzeug finden Sie im oberen Bereich der Werkzeugleiste. Das Tastenkürzel zum schnellen Aufruf ist I. Die Wirkung des Pipette-Werkzeugs ist nicht zu verwechseln mit den Pipetten, die Sie aus der Tonwertkorrektur schon kennen! Mit der Pipette aus der Werkzeugleiste messen Sie Farbwerte, führen aber keine wie auch immer gearteten Änderungen am Bild durch.

In der Optionsleiste sollten Sie festlegen, wie groß der Bereich ist, aus dem die Farbe aufgenommen wird. Die Standardeinstellung von 1 Pixel ist nicht geeignet, um einen aussagekräftigen Wert zu erhalten – zwischen einzelnen Pixeln einer einheitlich erscheinenden Farbfläche kommt es doch immer zu Abweichungen. Legen Sie hier einen größeren Aufnahmebereich fest. Der Durchschnittswert sollte zum Bildmotiv und der Dateiauflösung passen: So ist 11 × 11 Pixel für ein kleinteiliges Foto, das in geringer Auflösung vorliegt, schon recht viel, während dieser Wert für ein flächiges hochaufgelöstes Motiv passend sein kann.

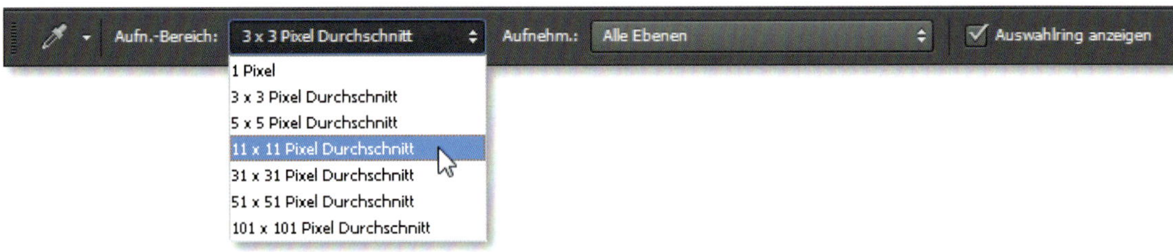

Abbildung 20.54 ▼
Die Optionsleiste der Pipette mit den Einstellungen zum Aufnahmebereich

2 Info-Palette öffnen

Um die mit der Pipette aufgenommenen Farbwerte schnell abzulesen, brauchen Sie noch die Info-Palette. Sie rufen sie über den Menübefehl Fenster • Info oder per Shortcut F8 auf.

3 Farbe aufnehmen und Werte ablesen

Bewegen Sie die Maus auf die Farbfläche im Bild, deren Werte Sie ermitteln wollen und von der Sie annehmen, dass sie tatsächlich neutral ist. In der Info-Palette werden dann die Werte angezeigt, die Sie aktuell unter der Maus haben.

Per Pipette wurde der Fassadenteil rechts im Bild gemessen. Dessen Grau ist – erwartungsgemäß – nicht ausgeglichen, wie die Anzeige in der Info-Palette in Abbildung 20.55 zeigt.

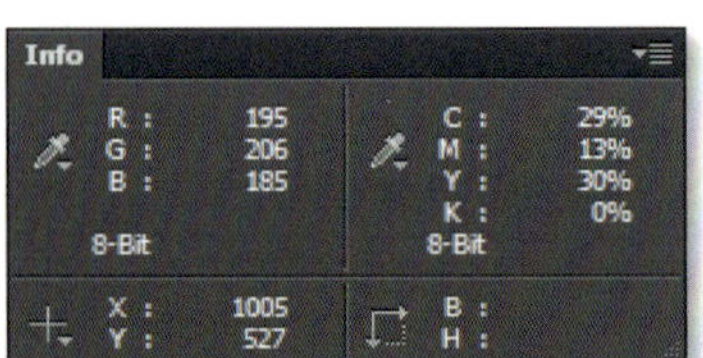

▲ **Abbildung 20.55**
Werte in der Info-Palette auslesen

Der Grünwert ist der höchste, der Blauwert der niedrigste. Sie wissen jetzt also: Das Bild hat zu viel Grün und zu wenig Blau, also einen Grün-Gelb-Stich. Damit ist auch die Korrekturrichtung für dieses Bild klar: Sie müssen ihm Grün entziehen (und damit Magenta hinzufügen) sowie Blau hinzufügen (und damit Gelb entfernen).

4 Einstellungsebene mit Gradationskurven anlegen

Dieser Punkt sollte Ihnen nun ja keine Schwierigkeiten mehr bereiten. Sie können die Palette Korrekturen, die Ebenen-Palette oder den Menübefehl Ebene • Neue Einstellungsebene • Gradationskurven nutzen.

5 Farbkanal für die Korrektur festlegen

Die drei Farbwerte Rot, Grün und Blau sollen am Messpunkt, der grauen Fassade, aneinander angeglichen werden. Für die Graubalance ist es prinzipiell nebensächlich, welche Werte verändert werden – die drei Werte müssen nur am Ende annähernd gleich sein. Allerdings verändert sich mit den Tonwerten auch die Bildhelligkeit. Ein hoher RGB-Zahlenwert erzeugt eine helle Farbe, dunkle Tonwerte werden durch niedrige Zahlen ausgedrückt. Bei diesem ohnehin recht hellen, unproblematischen Motiv ist das nicht so wichtig, bei anderen Bildern ist dies jedoch eine Überlegung wert. Allerdings können Sie die Helligkeit auch nachträglich immer noch verändern.

Im Beispielbild weichen alle drei Werte voneinander ab, so müssen wir ohnehin zwei der Kanäle bearbeiten. Ich entscheide mich dafür, den Grün- und den Blaukanal dem Wert im Rotkanal anzupassen. Als Erstes rufe ich den Kanal Grün auf.

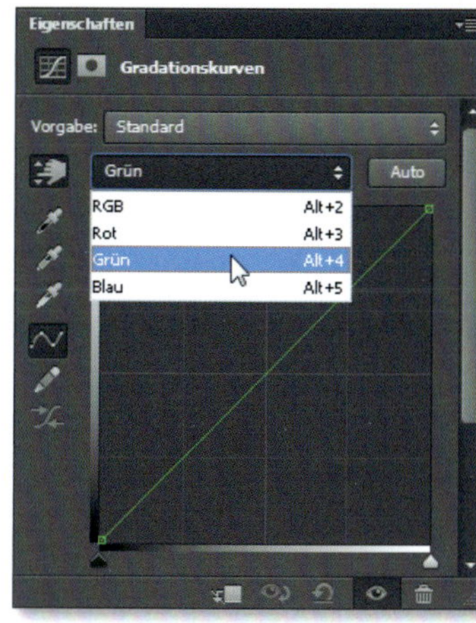

▲ **Abbildung 20.56**
Den Farbkanal Grün aufrufen

6 Eingabefelder aktivieren und Werte eingeben

Die zuvor gemessenen Werte können Sie nun direkt auf die Kurve übertragen.

Dazu bieten sich die **Eingabefelder** an. Um die Felder zu aktivieren, klicken Sie einmal irgendwo ins Diagramm. Wenn sich die Kurve dabei etwas verzieht, ist das nicht schlimm. Das beheben Sie im nächsten Schritt.

Nun schreiben Sie in das Feld Eingabe den im letzten Arbeitsschritt ermittelten aktuellen **Grünwert**, also 206. In das Feld Ausgabe tragen Sie den gewünschten Wert ein, in diesem Fall den ermittelten Wert des Rotkanals (195), an den die beiden anderen Kanäle angepasst werden sollen.

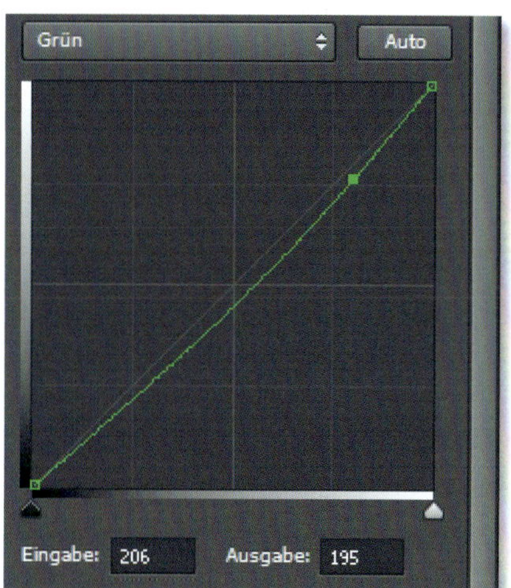

◀ **Abbildung 20.57**
Tragen Sie die gewünschten Werte in die Eingabefelder ein.

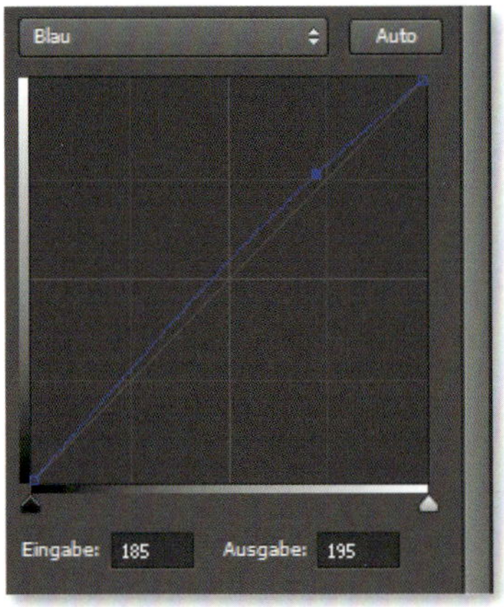

▲ **Abbildung 20.58**
Die Werte für den Blaukanal

7 Blauwert einstellen

Sie können nun eine zweite Einstellungsebene Gradationskurven anlegen, um den Blaukanal zu bearbeiten, oder in derselben Einstellungsebene einfach zum Blaukanal wechseln. Die erste Möglichkeit bietet mehr Flexibilität beim Feintuning der Korrektur, aber die zweite ist schneller – und für dieses Arbeitsbeispiel ausreichend.

Wie auch immer, im Blaukanal gehen Sie genauso vor wie eben im Grünkanal und tragen als Eingabe den aktuellen Wert »185«, als Ausgabe wiederum den Wert »195« ein.

8 Kontrolle per Pipette und Info-Palette

Wenn Sie möchten, kontrollieren Sie nun durch eine erneute Messung möglichst am selben Messpunkt wie zuvor die RGB-Werte. Die Werte sind nun nahezu angeglichen (durch Abweichungen in der Pipettenposition sind von den Eingaben leicht abweichende Werte möglich).

▲ **Abbildung 20.59**
Reduzieren Sie die Deckkraft, um die Korrektur zu dosieren.

9 Wenn nötig: Korrekturen dosieren

Manchem mag das Motiv nun zu steril vorkommen. Sie sehen: Eine Bildkorrektur streng nach Rezept führt zwar zu mathematisch ausgeglichenen Bildern, der Bildzusammenhang und Ihr Urteil spielen aber auch eine Rolle!

Sie könnten nun in der Einstellungsebene die Gradationskurven erneut aufrufen und ändern. Es gibt jedoch auch eine elegantere Möglichkeit: Reduzieren Sie einfach die **Deckkraft** der Einstellungsebene! Eine stufenlose Dosierung erledigen Sie so mit einem Handgriff.

10 Vorher-nachher-Vergleich

Durch Ein- und Ausschalten der Augen-Icons der Einstellungsebene haben Sie außerdem einen guten Vorher-nachher-Vergleich.

▲ **Abbildung 20.60**
Hier sehen Sie nochmals das unkorrigierte Bild ...

▲ **Abbildung 20.61**
... und hier die bearbeitete Version.

Bilder ohne neutralen Punkt analysieren und korrigieren

Im Arbeitsbeispiel eben war das Einstellen der Graubalance einfach, denn es war recht eindeutig, dass die graue Betonwand gute Messwerte liefern würde. Auch Asphalt oder Steine sind oft gute Ansatzpunkte für eine Messung. Leider weist nicht jedes Bild so einen praktischen neutralgrauen Gegenstand auf. Meist haben Sie Bilder vor sich, bei denen Sie von keiner Farbe mit Sicherheit sagen können, dass diese – eigentlich – ein neutraler Grauton sein sollte. In solchen Fällen operieren Sie mit mehreren Messpunkten (siehe Infokasten »Farbtendenz ermitteln«), oder Sie nutzen ähnlich wie bei der Tonwertkorrektur per Pipette eine Schwellenwert-Einstellungsebene als Hilfsmittel.

Farbstichkorrektur per Mittelton-Pipette | Im Dialog Tonwertkorrektur sind sie zu finden, und bei den Gradationskurven auch: die drei Korrektur-Pipetten. Die Tiefen- und die Lichter-Pipette haben Sie im vorangehenden Abschnitt bereits kennengelernt. Die dritte, die Mittelton-Pipette, kann auch derbe Farbstiche korrigieren. Theoretisch ist das ganz einfach: Sie klicken auf eine Bildpartie, die in natura – also ohne den Farbstich – annähernd Neutralgrau wäre. Doch diesen Punkt zu finden ist meist ein Ratespiel, und Herumprobieren führt selten zu guten Ergebnissen.

Mit einem kleinen Workaround steigern Sie Ihre Erfolgsquote beträchtlich. Die Basis der Methode ist reine Farbwert-Mathematik – Sie können sie also auch einsetzen, wenn Sie der Farbwiedergabe Ihres Monitors nicht ganz trauen. Die hier gezeigte Methode ist eine Erweiterung der im Abschnitt »Pipetten in der Praxis: Wie findet man Lichter und Tiefen?« auf Seite 579 demonstrierten Technik.

Farbtendenz ermitteln

Bei Bildern ohne eindeutigen neutralen Punkt können Sie mit Hilfe des Farbaufnahme-Werkzeugs mehrere Messpunkte setzen und so versuchen, die Farbtendenz des Bildes zu ermitteln. Nicht immer funktioniert das hundertprozentig: Bisweilen werden Bilder, deren Korrektur nach den Messwerten ausgerichtet wird, auch schlechter. Trotzdem hilft das Verfahren oftmals, Verbesserungsmöglichkeiten oder alternative Korrekturwege zu entdecken.

Schritt für Schritt: Mit der Mittelton-Pipette die Graubalance einstellen

Datei auf der Buch-DVD: »Abflug.tif«

Wenn Sie ein Bildobjekt schnell erwischen wollen, ist vor dem Abdrücken keine Zeit für Einstellungen. So hat das Ausgangsbild durch einen falschen Weißabgleich einen diffusen Grün-Gelbstich. Da ich weiß, dass das Bild am beginnenden Abend aufgenommen wurde, will ich die Korrektur möglichst unter Erhaltung der eigentlichen Lichtstimmung durchführen. Da hier nicht nach Augenmaß, sondern streng mit »Pixelmathematik« korrigiert wird, ist diese Art der Korrektur besonders geeignet, möglichst viel vom »unverfälschten Originalbild« herauszuschälen. Ähnlich können Sie vorgehen, um stark nachgegilbte Bilder digital zu reparieren.

Bild: Onno K. Gent

Abbildung 20.62 ▶
Das Ausgangsfoto

Abbildung 20.63 ▲
Aufbau der Datei mit Hilfsebenen

1 Hilfsebenen anlegen

Erzeugen Sie über Ihrer eigentlichen Bildebene eine leere Ebene, die Sie mit einem fünfzigprozentigen neutralen Grau füllen (RGB-Wert: 128-128-128). Den Mischmodus dieser Ebene setzen Sie auf DIFFERENZ. Darüber legen Sie eine Einstellungsebene SCHWELLENWERT an.

2 Schwellenwert verändern

Wechseln Sie zur Eigenschaften-Palette. Ziehen Sie den SCHWELLENWERT-Regler zunächst ganz nach links, bis das Bild weiß wird. Anschließend bewegen Sie den Regler vorsichtig wieder nach rechts, bis sich die ersten schwarzen Bereiche zeigen.

3 Neutrale Stellen markieren

Wechseln Sie zum Farbaufnahme-Werkzeug (Shortcut I). Klicken Sie in einen der eindeutig schwarzen Bereiche ❶ im Bild, um dort einen Marker zu setzen.

Abbildung 20.64 ▶
Zwischenstand. Mögliche Stellen für Markierungen sind hervorgehoben.

4 Hilfsebenen löschen

Die beiden Hilfsebenen brauchen Sie nicht mehr; löschen Sie sie, oder blenden Sie sie aus.

5 Die eigentliche Korrektur ausführen

Nun beginnen wir mit der Korrektur. Erzeugen Sie anschließend oberhalb der Bildebene eine neue Einstellungsebene GRADATIONSKURVEN (das Ganze würde auch mit den Pipetten in der Tonwertkorrektur funktionieren). Aktivieren Sie die Mittelton-Pipette 2.

Damit klicken Sie dann genau auf die Bildpartie, die Sie zuvor mit dem Farbaufnahme-Werkzeug markiert haben. Der Farbstich wird neutralisiert. Wenn Ihr erster Klick Sie nicht zufriedenstellt, nehmen Sie Ihre Korrektur zurück und versuchen es mit einem anderen Messpunkt.

▲ **Abbildung 20.65**
Mittelton-Pipette

6 Vorher-nachher-Vergleich

Durch Ein- und Ausschalten der Augen-Icons der Einstellungsebene haben Sie einen guten Vorher-nachher-Vergleich. Das Bild ist nicht vollkommen ausgeglichen – technisch hat es immer noch einen leichten »Rotstich«. Doch das war hier beabsichtigt – die Abendstimmung bleibt so erhalten.

▲ **Abbildung 20.66**
Vor der Korrektur ...

▲ **Abbildung 20.67**
... und danach. Das Bild hat immer noch eine spezielle Abendlicht-Stimmung.

Kapitel 21
Das Spiel mit Farbe und Schwarzweiß

Die Farben eines Bildes tragen entscheidend zum ästhetischen Reiz bei. Sie vermitteln eine Stimmung, wecken Gefühle und Assoziationen. Mit Photoshop können Sie Bildfarben nicht nur korrigieren, sondern auch kreativ bearbeiten.

21.1 Neue Farbstimmung: »Color Lookup«

Auf den ersten Blick wirkt das neue Tool Color Lookup nicht sonderlich ansprechend. Die verwendeten Begriffe kommen sehr technisch daher, und viel machen kann man mit diesem Werkzeug eigentlich auch nicht. Doch der Eindruck täuscht. Mit Color Lookup verleihen Sie Ihrem Bild mit wenigen Klicks eine ganz neue und in den meisten Fällen trotzdem harmonische Farbstimmung. Color Lookup wirkt ähnlich wie ein nachträglicher Vorsatzfilter, der das ganze Bild in sanftes Kerzenlicht taucht, aus einer Tag- eine Nachtaufnahme macht oder auch einmal Farben verfremdet.

Möglich wird das, weil die Bildfarben auf Basis verschiedener Farbindex-Tabellen – eben der namensgebenden Color Lookup Tables – getauscht werden. Das Verfahren an sich ist keine Neuheit. Videobearbeitern und 3D-Spezialisten sind diese sogenannten »3D-LUT-Tabellen« vermutlich ein Begriff, Druckvorstufen-Experten haben vielleicht schon einmal von DeviceLink-Profilen gehört. Neu ist, dass es nun in Photoshop eine Möglichkeit gibt, diese Verfahren zu imitieren.

»Color Lookup« anwenden | Trotz der komplexen Hintergrundberechnungen ist die Anwendung des Tools denkbar einfach.

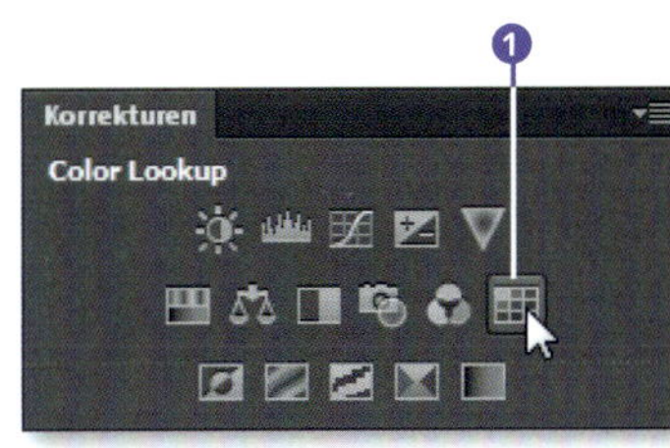

▲ **Abbildung 21.1**
Einstellungsebene Color Lookup ❶ erzeugen

Neuer Farblook im Handumdrehen
Die Korrekturen-Palette hat einen Neuzugang zu verzeichnen: das Werkzeug Color Lookup. Damit geben Sie den Bildfarben einen ganz neuen Look – von harmonischer Farbverschiebung bis hin zu Verfremdungseffekten.

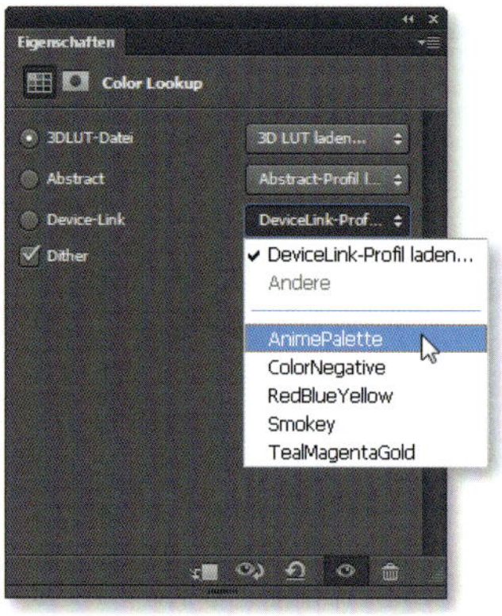

Abbildung 21.2 ▶
Einstellungen für das Werkzeug Color Lookup

Bild auf der Buch-DVD: »Tallinn.tif«

Drei verschiedene Kategorien für Lookup-Tables stehen zur Auswahl, dahinter finden sie jeweils eine Liste mit Tabellen, aus denen Sie eine auswählen können. Je nachdem, wie Sie Ihre Wahl getroffen haben, verändert sich das Bild.

Abbildung 21.3 ▶
Mit wenigen Klicks wird mit Color Lookup aus einem Tageslicht-Foto eine überzeugende Nachtszene.

21.2 Bildfarben synchronisieren: »Gleiche Farbe«

Wenn Bilder aus unterschiedlichen Quellen nebeneinander präsentiert werden sollen, wird oft angestrebt, dass sie dieselbe Farbstimmung aufweisen. Das Werkzeug Gleiche Farbe hilft Ihnen, die Farben mehrerer Bilder miteinander zu synchronisieren, indem es Helligkeit, Farbsättigung und Farbbalance verändert. Auch einzelne – zuvor ausgewählte – Bildpartien kann das Werkzeug farblich angleichen.

Für dieses Werkzeug gibt es keine Einstellungsebene, und auch als Smartfilter lässt es sich nicht anwenden, also arbeiten Sie am besten mit einer Ebenenkopie. Sofern diese über der Originalebene liegt, können Sie das Ergebnis mit dem Ebenen-Mischmodus justieren.

»Gleiche Farbe« anwenden | Vollkommen unterschiedliche Bilder kann das Werkzeug nicht in Einklang bringen, kleinere Unterschiede gleicht es aber mit Erfolg aus. Wichtig ist auch, dass das Zielbild in halbwegs akzeptabler Qualität vorliegt: Kompressionsartefakte, Störungen und andere Bildfehler können durch die Gleiche Farbe-Automatik deutlich sichtbar werden. Das Quellbild hingegen muss nicht unbedingt perfekt sein, wenn Ihnen seine Farbstimmung gefällt.

Dateien auf der Buch-DVD: »DameImPelz.tif«, »DameMitSaftglas.tif«

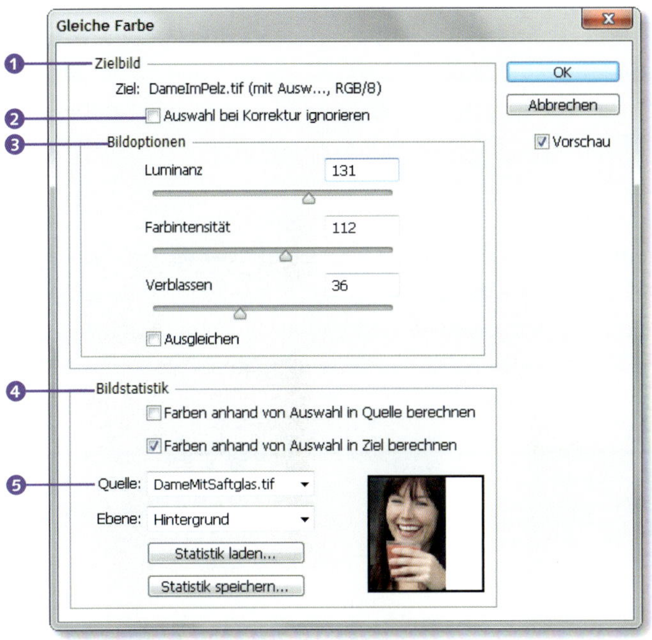

◀ **Abbildung 21.4**
Mit diesen Gleiche Farbe-Einstellungen habe ich das Beispielbild Abbildung 21.5 bearbeitet.

Zielbild und Quelle | Rufen Sie die Bilder auf, die Sie aneinander anpassen möchten. Das Bild, das aktiv ist, wird im Werkzeug Gleiche Farbe automatisch als Zielbild ❶ – also als zu veränderndes Bild – festgelegt.

Unter Quelle ❺ finden Sie in einer Dropdown-Liste alle aktuell geöffneten Bilder. Legen Sie fest, an welches Bild das Zielbild angepasst werden soll. Enthält das Quellbild mehrere Bildebenen, können Sie auch eine Ebene auswählen (Liste unter Ebene). Wenn die Vorschau aktiv ist, sehen Sie in Ihrem Zielbild nun schon Veränderungen.

Justieren | Unter Bildoptionen ❸ können Sie die Resultate noch justieren. Meist wird das Bild durch die Anpassung zu stark verfremdet sein. Ziehen Sie dann den Regler Verblassen so weit nach rechts, bis das Ergebnis stimmt. Mit den Reglern Luminanz und Farbintensität verändern Sie Bildhelligkeit und die Leuchtkraft seiner Farben (die Farbsättigung). Beide Regler wirken sehr rigoros und sollten mit Vorsicht bedient werden. Ausgleichen soll Farbstiche aus dem Zielbild entfernen, macht aber auch oft das Werkzeug wirkungslos.

Arbeiten mit Auswahlen | Wenn Sie alle Bildpixel von Quell- und Zielbild vollständig in die Berechnung eingehen lassen (was standardmäßig der Fall ist), sind die Ergebnisse nicht immer zufriedenstellend. Manchmal wird eher eine Bildverfremdung als eine Bildanpassung erzielt, oder gerade die Bereiche, die Sie anpassen wollten, ändern sich zu wenig. In solchen Fällen sollten Sie mit Auswahlen arbeiten. Im Dialog Gleiche Farbe können Sie festlegen, wie Photoshop mit den Auswahlbereichen in Quell- und Zielbild umgehen soll:

- Auswahl bei Korrektur ignorieren ❷ bewirkt, dass jegliche Auswahl in einem der beiden Bilder – wenn vorhanden – übergangen wird. Ist diese Option aktiv, werden die *gesamten* Bilder einander angeglichen, auch wenn Auswahl(en) vorhanden sind.
- Sie können im Quellbild, im Zielbild oder in beiden Bildern Auswahlen anlegen. Mit den zwei Auswahloptionen (unter Bildstatistik ❹) weiter unten legen Sie fest, welche Auswahlen berücksichtigt werden. Aktivieren Sie eine oder beide Optionen.

Bild: Jacqueline Esen

▲ **Abbildung 21.5**
Die Farbstimmung dieses kühlen Porträts …

Bild: Fotolia, Darren Baker

▲ **Abbildung 21.6**
… soll an die freundlichen Farben dieses Bildes angeglichen werden …

▲ **Abbildung 21.7**
… was auch gut funktioniert. Vor Anwendung der Funktion habe ich in diesem Bild eine Auswahl der Frau erzeugt, um den grauen Hintergrund von der Berechnung auszuschließen.

21.3 256 Tonwerte statt Millionen Farben: Schwarzweißbilder erstellen

Schwarzweißfotos haben ihren eigenen ästhetischen Reiz: Die Bildaussage wird hier nachdrücklicher in den Vordergrund gerückt als bei Farbbildern, und ihre dezente Erscheinung setzt ein angenehmes Gegengewicht zur schrill-bunten Gestaltungsgegenwart. Und wer seine Erzeugnisse in der einen oder anderen Form druckt, wird es zu schätzen wissen, dass Schwarzweißbilder auch die kostengünstigste Form sind, Bilder auf Papier zu bringen.

Gute Farbbilder als Voraussetzung | Es sollte selbstverständlich sein, aus einem Farbbild, das in Graustufen verwandelt werden soll, das Optimum herauszuholen: Erhalt der Kontraste, gute Überführung der Tonwerte ins Graustufenbild, Detailzeichnung. Die passenden Tools lernen Sie in diesem Abschnitt kennen.

Datei auf der Buch-DVD: »Fischernetze.jpg«

Welche Methode die richtige ist und welche völlig falsch, ist schwer zu sagen und hängt von der Vorlage und letzten Endes auch von Ihren Arbeitsvorlieben ab. Ein schlechtes Bild wird mit keiner der Methoden verbessert – was in Farbe gut aussieht, ergibt wahrscheinlich auch ein gutes Schwarzweißbild!

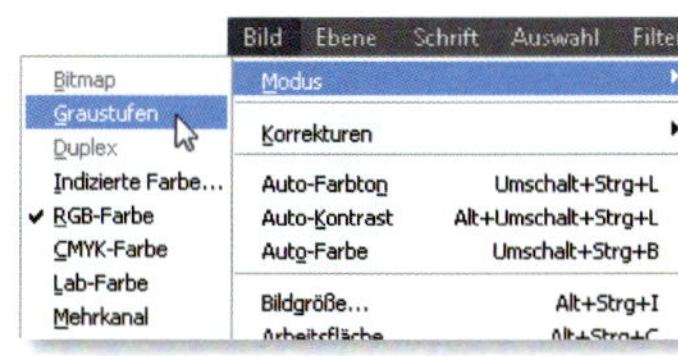

▲ **Abbildung 21.8**
Dies ist der schnellste, aber nicht der beste Weg, um aus einem Farb- ein Graustufenbild zu machen.

Schwarzweiß via Modusänderung

Der naheliegendste Weg – die Modusänderung von RGB in Graustufen – ist meist nicht der beste und führt zu flauen, kontrastarmen Bildern.

Bild: Onno K. Gent

▲ **Abbildung 21.9**
Der Reiz dieses Bildes liegt in den fein detaillierten Strukturen der Fischernetze und in seiner ruhigen Farbigkeit: Es ist eine Herausforderung, dieses Motiv in ein Schwarzweißbild umzuwandeln.

▲ **Abbildung 21.10**
Unser erster Versuch liefert ein langweiliges, recht dunkles Grau: Wird diese per Modusänderung erzeugte Graustufenversion dem Originalbild gerecht?

Der Befehl »Sättigung verringern«

Um einem Bild die Sättigung auf einen Schlag zu entziehen, können Sie den Befehl SÄTTIGUNG VERRINGERN aus dem Menü BILD • KORREKTUREN (Shortcuts ⇧+Strg/cmd+U) nutzen. Mit einem Mausklick ist Ihr Bild entfärbt.

Das Umwandeln des Bildes in den Graustufenmodus sollte – wenn überhaupt – **am Ende** des Entfärbens stehen, wenn Sie Ihre angepasste Schwarzweißversion erzeugt haben. Bisweilen ist es auch ganz nützlich, es als RGB-Bild weiterzubearbeiten – bekanntlich stehen dann die meisten Photoshop-Funktionen zur Verfügung. Auch dann, wenn Sie ein digitales Graustufenbild ausbelichten lassen wollen, muss es in der Regel im Modus RGB vorliegen.

Schwarzweißbild erstellen über RGB-Kanäle

Bei RGB-Bildern ist es möglich, einfach einen einzelnen Bildkanal zur Grundlage für das Graustufenbild zu machen. Auch damit erzielen Sie bei manchen Dateien gute Ergebnisse.

▲ **Abbildung 21.11**
So sieht die Schwarzweißumsetzung aus, wenn nur ein Kanal vorhanden ist.

Welchen Kanal bearbeiten? | Welcher der Kanäle die beste Grundlage für ein Graustufenbild abgibt, richtet sich nach dem Motiv und den Originalfarben.

- Bilder mit **starken Hell-Dunkel-Unterschieden** sehen in der Regel im Rotkanal am besten aus.
- Auch Bilder mit vielen **Hauttönen** wirken meist im Rotkanal am besten.
- Wenn Sie die **Detailzeichnung** Ihres Bildes herausarbeiten wollen, sind Sie vermutlich im Grünkanal richtig.
- Der **Blaukanal** weist oft Störungen auf und ist zu dunkel. Für ein **dramatisches Bild** – beispielsweise sich auftürmende Wolkenberge vor starkem Himmelblau – kann er sich aber ganz gut eignen.

Technik | Die Technik ist ganz einfach: Sie wechseln in die Kanäle-Palette, deaktivieren alle Farbkanäle und klicken die Kanäle nacheinander jeweils einzeln an. Die Kanäle selbst sind nämlich auch Graustufenbilder, und jeder Kanal enthält eine spezifische und einzigartige Version Ihres Bildes. Haben Sie den bestaussehenden Kanal gefunden, duplizieren Sie ihn und löschen die übrigen Kanäle.

▲ **Abbildung 21.12**
Der Grünkanal ändert seinen Namen, wenn Sie die restlichen Kanäle löschen.

Nach dem Entfernen der ursprünglichen RGB-Kanäle wird als Bildmodus automatisch MEHRKANAL angezeigt, der Name des zurückbehaltenen Kanals ändert sich beim Löschen der restlichen Kanäle. Wenn Sie das Bild aus dem Mehrkanalmodus wieder in RGB umwandeln wollen, müssen Sie einen Umweg gehen und es zunächst in den Graustufenmodus bringen. Erst danach lässt sich der Moduswechsel nach RGB vollziehen.

Umwandlung über Lab | Auch den Lab-Modus können Sie nutzen, um aus Farbbildern Schwarzweißbilder zu machen. Hier ist es unweigerlich der Kanal LAB-HELLIGKEIT, den Sie erhalten müssen; die anderen Kanäle löschen Sie. Der Kanal wechselt während des Löschens der anderen Kanäle seinen Namen in ALPHA 1, seine Funktionsweise wird jedoch nicht beeinträchtigt.

Kanäle schnell durchklicken

Das Ein- und Ausblenden der einzelnen Kanäle geht am schnellsten, indem Sie einfach auf die entsprechenden Kanalminiaturen klicken und nicht mit den Augen-Symbolen hantieren.

Kanalberechnungen

Wenn keiner der Bildkanäle als Graustufenbild überzeugen kann, hilft vielleicht der Klick auf BILD • KANALBERECHNUNGEN. Dieses Werkzeug erlaubt es Ihnen, die Graustufeninformationen von zwei Farbkanälen des Bildes miteinander zu kombinieren und mit verschiedenen Mischmodi miteinander zu verrechnen. Die Ausgabe dieses neu gemischten Graustufenkanals erfolgt wahlweise in einem Alphakanal (Option ERGEBNIS: NEUER KANAL), in einem eigenständigen Dokument (ERGEBNIS: NEUES DOKUMENT) oder in einer – zuvor angelegten – Auswahl.

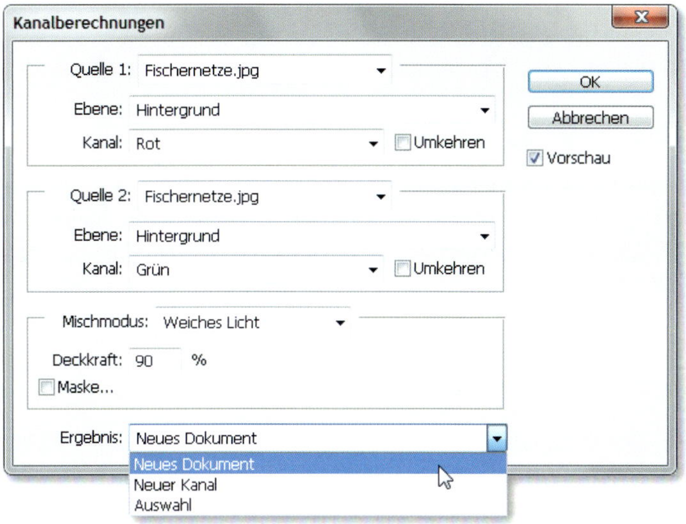

◀ **Abbildung 21.13**
KANALBERECHNUNGEN ist ein nicht gerade intuitiv zu bedienendes Werkzeug, doch wer gerne mit Mischmodi arbeitet, wird Gefallen daran finden. Übrigens können Sie dieses und das verwandte Tool BILDBERECHNUNGEN auch nutzen, um RGB-Bilder farblich zu verfremden.

Unter QUELLE 1 und QUELLE 2 geben Sie an, welche Kanäle gemischt werden sollen. Es ist auch möglich – in diesem Fall aber nicht zweckdienlich –, zweimal denselben Kanal als Quelle anzugeben und mit sich selbst verrechnen zu lassen. Wenn Ihr Bild mehrere Ebenen enthält, können Sie unter EBENE noch festlegen, ob die Kanalinformationen des gesamten Bildes (Option ZUSAMMENGEFÜGT) oder einzelner Ebenen berücksichtigt werden sollen.

Unter MISCHMODUS stellen Sie ein, wie die Graustufeninformationen der beiden Quellen verrechnet werden. Unter ERGEBNIS legen Sie fest, ob Sie einen neuen (Alpha-)Kanal in der Ausgangsdatei oder gleich ein neues Bild erzeugen wollen. Wenn Sie die Option MASKE anklicken, wird das Dialogfeld erweitert. Sie können dann erneut einen Kanal auswählen, der als Maske für die Mischmodus-Berechnung dient, oder im Bild vorhandene Masken in die Berechnung einfließen lassen.

▲ **Abbildung 21.14**
Hier der Grünkanal des Ausgangsbildes. Er sieht brauchbar aus, verfügt aber teilweise über zu wenig Kontrast. Rot- und Blaukanal (nicht abgebildet) hingegen sind zu kontrastreich.

▲ **Abbildung 21.15**
Die mit den Einstellungen aus den KANALBERECHNUNGEN erzeugte Mischung aus Rot- und Grünkanal.

Kanäle mischen: Der Kanalmixer

Wenn Ihnen die KANALBERECHNUNGEN zu technisch und zu mathematisch vorkommen, können Sie alternativ zum KANALMIXER greifen. Sie finden ihn im Menü BILD • KORREKTUREN • KANALMIXER. Sie können aber auch Einstellungsebenen für dieses Tool anlegen, was neben den guten Ergebnissen ein weiterer Vorteil dieser Methode ist.

▲ **Abbildung 21.16**
Einstellungsebene KANALMIXER erzeugen

Handhabung | Die Handhabung ist einfach: Erzeugen Sie eine Einstellungsebene KANALMIXER, klicken Sie die Option MONOCHROM ❷ an, und bearbeiten Sie durch Ziehen an den Reglern die Kanalmischung. Oder Sie nutzen eine der Vorgaben ❶.

Als Faustregel gilt, dass die Werte für die einzelnen Kanäle nach erfolgter Einstellung wiederum ungefähr 100 % ergeben sollten. Die Einstellung KONSTANTE ❸ soll Helligkeit und Kontrast regeln, arbeitet aber nicht besonders differenziert – bessere Ergebnisse erhalten Sie mit GRADATIONSKURVEN.

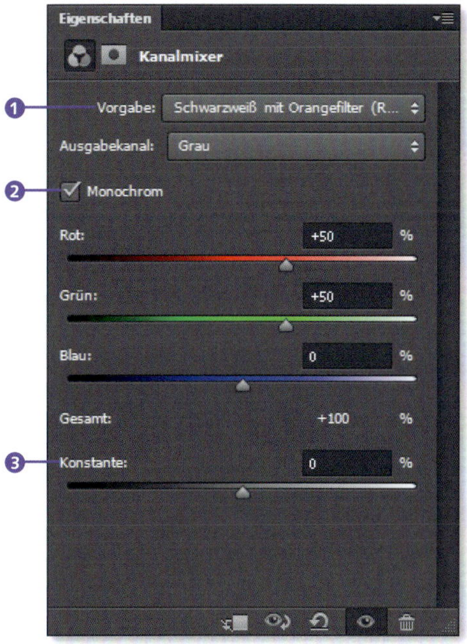

▲ **Abbildung 21.17**
Der Kanalmixer

▲ **Abbildung 21.18**
Das Beispielbild nach der Umwandlung mit dem Kanalmixer

Der Experte – »Schwarzweiß«-Einstellungsebene

Anders als sein Name nahelegt, kann das Werkzeug SCHWARZWEISS mehr, als nur Bilder zu entfärben: Mit ihm können Sie auch Fotos tonen, also die Tonwerte anstatt in schwarzweißen in »farbigen Graustufen« darstellen. Wie fast alle anderen Korrekturwerkzeuge gibt es SCHWARZWEISS als Einstellungsebene per Klick auf das Icon ◧ in der Korrekturen-Palette.

Auf den ersten Blick sieht das Werkzeug SCHWARZWEISS wie eine etwas erweiterte Version des KANALMIXERS aus, doch das täuscht: Sie können hier viel intuitiver arbeiten.

Sie können – wie beim KANALMIXER – durch Ziehen an den Reglern bestimmen, wie stark die unterschiedlichen Anteile der ursprünglichen Bildfarben bei der Umsetzung in Schwarzweiß berücksichtigt werden. Bei sechs Reglern haben Sie da eine Menge zu tun … und die Konzentration auf das Umwandlungsergebnis im Dokumentfenster fällt schwer. Doch Sie können auch anders arbeiten.

▲ **Abbildung 21.19**
Mit sechs Reglern bestimmen Sie die Schwarzweißumsetzung.

Schwarzweiß-Automatik | Ein Klick auf den Button AUTO ④ produziert nach automatischer Auswertung der Bilddaten oft schon eine akzeptable Schwarzweißversion, zumindest aber Einstellungen, die als Ausgangsbasis für das Feintuning dienen.

Tonwerte mit der Maus verändern | Wirklich genial ist die Möglichkeit, die Tonwerte des Bildes direkt durch Mausbewegungen im Bild zu beeinflussen.

Klicken Sie nach der Aktivierung der Funktion ❷ direkt im Bild den Bereich an, den Sie verändern wollen. Der Mauszeiger hat zunächst Pipettenform, verwandelt sich dann jedoch in eine Hand mit Doppelpfeil. Wenn Sie diese Hand nach links bewegen, wird der Bereich dunkler; ziehen Sie die Hand nach rechts, wird er aufgehellt.

▲ **Abbildung 21.20**
Aktivieren der »Korrekturhand«

Abbildung 21.21 ▶
Die Tonwerte des Himmels sollen verändert werden. Ein Klick in diesen Bereich, Bewegen der Maushand nach rechts oder links, fertig. Das geschieht ganz ohne Ziehen an den Reglern und sehr treffsicher.

21.4 Color Key: Bildelemente durch (Ent-)Färben akzentuieren

Eine der wichtigsten Aufgaben der Bildbearbeitung – neben Korrekturen und kreativen Montagen – ist es, Bilder so zu bearbeiten, dass die Bildaussage klar herausgestrichen und das Augenmerk auf das wichtigste Motiv gelenkt wird. Im letzten Abschnitt ging es um Schwarzweißbilder – nun will ich Ihnen zeigen, wie Sie Bilder **teilweise entfärben**, in anderen Bereichen die Farbwirkung steigern können und so Ihren Bildgegenstand effektvoll in Szene setzen.

Zum Weiterlesen
Mit dem Tool Schwarzweiss können Sie nicht nur überzeugende Schwarzweißversionen Ihrer Fotos erzeugen. Die Funktion eignet sich auch, um **Bilder zu tonen** – also vollständig in Farbe zu tauchen. Wie das geht, erfahren Sie in Abschnitt 21.6, »Farben verfremden«.

Schritt für Schritt: Color Key – durch Farbe hervorheben

In diesem Bild soll das Laub im Vordergrund betont werden. Dieses bleibt farbig, während der Rest des Bildes schwarzweiß umgesetzt wird.

Datei auf der Buch-DVD: »Laub.tif«

1 Auswahl anlegen

Hier ist die Basis der ganzen Operation eine Auswahl. Wählen Sie zunächst mit Hilfe des Schnellauswahlwerkzeugs das Laub aus. Im Maskierungsmodus bessern Sie die Auswahl bei Bedarf ein wenig nach. Dann kehren Sie sie um – über AUSWAHL • AUSWAHL UMKEHREN oder Strg/cmd+U.

Falls Sie den Aufwand scheuen: In der Übungsdatei ist die notwendige Auswahl bereits gespeichert und kann via AUSWAHL • AUSWAHL LADEN aktiviert werden.

Bild: Onno K. Gent

◀ **Abbildung 21.22**
Legen Sie eine Auswahl an.

2 Einstellungsebene erzeugen

Legen Sie nun bei aktiver Auswahl eine Einstellungsebene SCHWARZWEISS an, etwa indem Sie das Schwarzweiß-Icon in der Korrekturen-Palette anklicken.

Einstellungsebenen haben standardmäßig eine Maske. Sie können erkennen, dass die zuvor erzeugte Auswahl in die Maske übernommen wurde: Das Laub ist in der Maskenminiatur schwarz dargestellt, also maskiert. Die nun folgenden Arbeitsschritte werden sich nur auf den unmaskierten Bildhintergrund auswirken, auf das maskierte Laub wirken sich die Änderungen nicht aus.

▲ **Abbildung 21.23**
Die neue Einstellungsebene mit der Maske ist in der Ebenen-Palette zu sehen.

3 Bildhintergrund entfärben

Im Werkzeug SCHWARZWEISS nehmen Sie nun die gewünschten Einstellungen vor. Ich habe hier den AUTO-Button benutzt und einzelne Partien teilweise etwas aufgehellt, indem ich mit der Maus bei aktivierter Korrekturhand direkt im Dokumentenfenster gearbeitet habe. Das Bild sieht jetzt so aus wie in Abbildung 21.25.

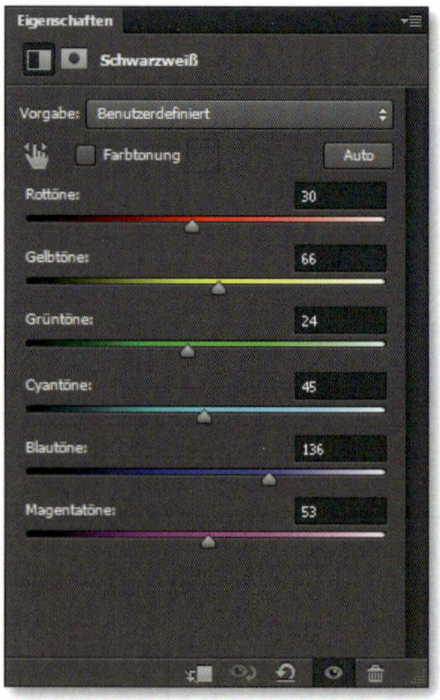

▲ **Abbildung 21.24**
Einstellungen für die Schwarzweißumsetzung des Bildhintergrundes

▲ **Abbildung 21.25**
Der Zwischenstand

4 Sättigung nachbessern: Auswahl erneut aktivieren

Der Unterschied zwischen farbigen und weniger farbigen Bereichen soll noch weiter verstärkt werden. Durch einfaches Klicken auf die Maskenminiatur der Einstellungsebene laden Sie die Auswahl erneut. Kehren Sie sie dann um (AUSWAHL • AUSWAHL UMKEHREN).

5 Sättigung der Herbstblätter anziehen

Erzeugen Sie eine neue Einstellungsebene FARBTON/SÄTTIGUNG. Aufgrund der zuvor aktiven Auswahl ist die Maske der zweiten Einstellungsebene nun so eingestellt, dass sie nur auf das Laub – nicht auf den Rest des Bildes – wirkt. Im Dialogfeld FARBTON/SÄTTIGUNG verschieben Sie den SÄTTIGUNG-Regler behutsam nach rechts. Auch die HELLIGKEIT können Sie ein wenig verändern. Beachten Sie, dass dabei die Option FÄRBEN nicht angeklickt sein darf.

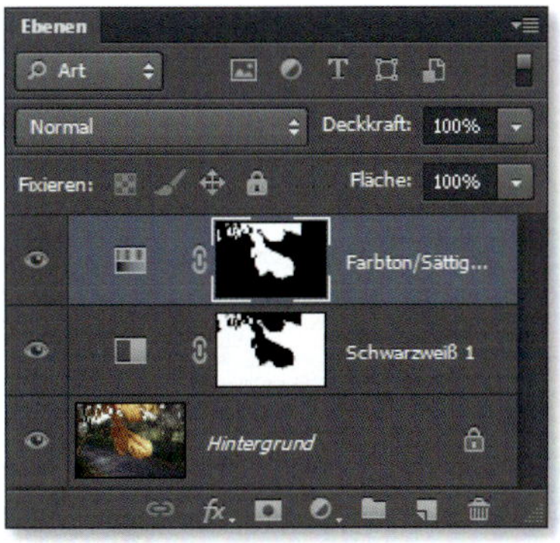

◂◂ **Abbildung 21.26**
Aufbau der Datei mit zwei Einstellungsebenen

◂ **Abbildung 21.27**
Die Einstellungen unter Farbton/Sättigung

Hier sehen Sie das Bild in der Vorher-nachher-Ansicht.

▴ **Abbildung 21.28**
Vor der Bearbeitung

▴ **Abbildung 21.29**
Das Ergebnis

21.5 Graustufenbilder kolorieren

Echte Graustufenbilder lassen sich mit Farbton/Sättigung nicht kolorieren, denn das Werkzeug greift auf bestehende Farbinformationen zu und verändert sie – es fügt einem Bild aber keine neuen Farben hinzu.

Wenn Sie ein Graustufenbild kolorieren wollen, müssen Sie selbst zum Pinsel greifen – und es vorher natürlich in RGB umwandeln. Auch Farbverläufe können Sie zum Kolorieren oft gut einsetzen. Mit Hilfe von Auswahlen, Masken und vielen Ebenen – auch hier lassen sich die Mischmodi gut ausspielen – entsteht so ein koloriertes Schwarzweißbild mit dem Charme alter handkolorierter Abzüge.

Diese Technik ist aber in jedem Fall nur etwas für geduldige Naturen, die gerne akribisch arbeiten!

Bild: Photocase.de

▲ **Abbildung 21.30**
Selbst eine so einfache Kolorationsarbeit …

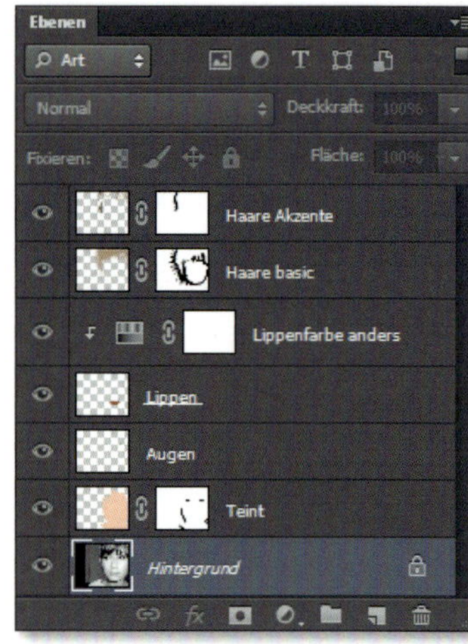

▲ **Abbildung 21.31**
… kommt schon auf eine erkleckliche Anzahl von Ebenen und Masken.

21.6 Farben verfremden

Farbverfremdungen machen Bilder zum Eyecatcher und passen sie farblich an ein Layout an.

Bilder färben: Zurückhaltend bunt

Um komplette Bilder zu tönen (oder, wie es in der Fotografensprache heißt, zu tonen), können Sie auf die schon bekannten Werkzeuge Schwarzweiss oder Farbton/Sättigung zurückgreifen. Die beiden Werkzeuge färben Graustufenbilder ein, die überhaupt keine eigene Farbinformation enthalten – Sie müssen sie allerdings zuvor in den Bildmodus RGB bringen. Aber auch bei farbigen Vorlagen wirken die Werkzeuge interessant.

Bild: Onno K. Gent

Bild: Frank Gaebler

Abbildung 21.32 ▶
Sepia-Tonungen werden recht häufig angewendet. Sie erinnern an Abzüge aus den Anfängen der Fototechnik und verleihen Bildern ein nostalgisches Flair.

Abbildung 21.33 ▶▶
Eine blaue Tonung passt gut zu technischen und Business-Motiven.

Bedienung | Die Bedienung der beiden Tools ist sehr ähnlich. Bei beiden Werkzeugen müssen Sie zunächst einen Klick auf FÄRBEN bzw. FARBTONUNG setzen. Mit welchem Tool Sie dann lieber arbeiten, bleibt Geschmackssache.

Bei FARBTON/SÄTTIGUNG lässt sich zusätzlich die HELLIGKEIT einstellen, im SCHWARZWEISS-Werkzeug haben Sie dagegen die Möglichkeit, die Helligkeit einzelner Bildbereiche kontrolliert festzulegen. Außerdem ist dort die Farbwahl etwas einfacher gestaltet als in FARBTON/SÄTTIGUNG.

Einen Vorteil hat FARBTON/SÄTTIGUNG allerdings – Sie können mit ihm die **Wunschfarbe punktgenau einstellen**: Wenn Sie die Farbe, die das getonte Bild bekommen soll, zuvor als Vordergrundfarbe einstellen und dann die Option FÄRBEN aktivieren, wird das Bild in den zuvor festgelegten Farbton getaucht.

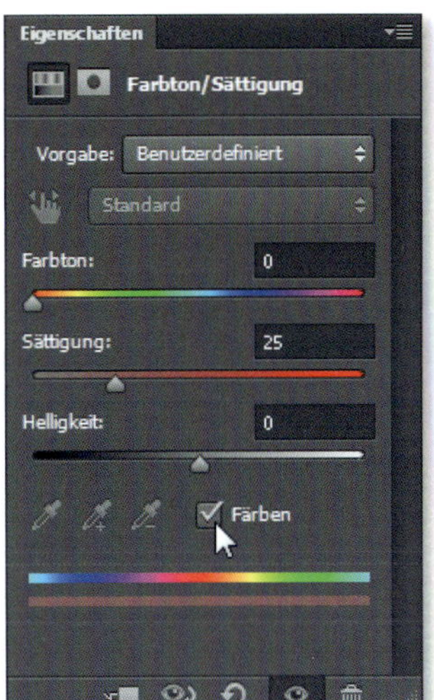

▲ **Abbildung 21.34**
FARBTON/SÄTTIGUNG: Um Graustufenbilder einzufärben, müssen Sie FÄRBEN in jedem Fall anklicken.

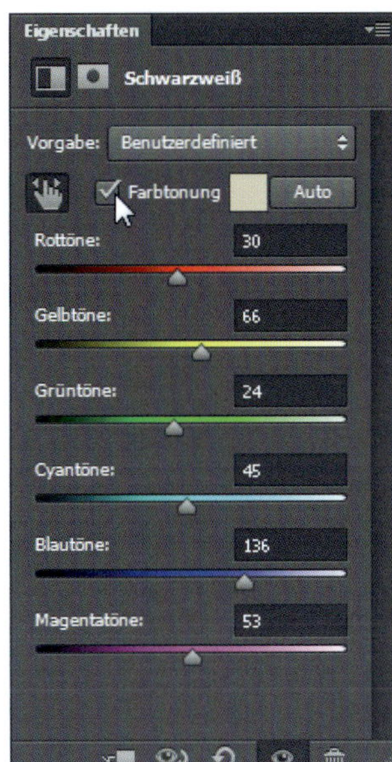

▲ **Abbildung 21.35**
SCHWARZWEISS: Ein Klick in das Feld FARBTONUNG verändert die Wirkung des Werkzeugs gravierend.

Kreativ arbeiten | Interessant ist eigentlich nicht die Bedienung der Werkzeuge – sie erschließt sich intuitiv. Spannender ist, was Sie machen, wenn Sie mit dem Färben fertig sind. Die Arbeit mit Einstellungsebenen eröffnet viele Möglichkeiten, um die Farbwirkung weiter zu justieren. Sowohl die Deckkraft als auch den Mischmodus einer solchen Einstellungsebene können Sie einstellen und damit das Ergebnis nochmals entscheidend variieren.

Dateien auf der Buch-DVD: »Limetten.tif«, »Kommode.tif«

Abbildung 21.36 ▶
Das Ausgangsbild.

Bild: dieblen.de

Abbildung 21.37 ▶▶
Mit einer Einstellungsebene SCHWARZWEISS gefärbt. Die Einstellungsebene wurde auf den Modus HARTES LICHT, DECKKRAFT 78 % gestellt.

Abbildung 21.38 ▶
Das Ausgangsbild.

Bild: dieblen.de

Abbildung 21.39 ▶▶
Die Einstellungsebene mit der Sepia-Tonung habe ich in der Deckkraft auf 55 % reduziert. Der Ausbleich-Effekt passt gut zum Motiv.

Subtile Farbverschiebung: Fotofilter

Man schraubt sie sich als farbige Vorsätze vor die Kamera-Linse, um einem Motiv eine spezifische Stimmung zu geben, um für interessante Kontraste zu sorgen oder um Bilder in farbiges Licht zu tauchen: Fotofilter. Und in Photoshop geht das natürlich auch nachträglich, auf digitalem Weg. Fotofilter wirken in der Regel subtiler als die Werkzeuge FARBTON/SÄTTIGUNG und SCHWARZWEISS. Wenn Sie sie hoch dosiert anwenden, bekommen Sie jedoch auch mit Fotofiltern einen ordentlichen Verfremdungseffekt hin. Mit Fotofiltern machen Sie kalte Bilder wärmer, kühlen gelb-rötliche Farbstimmungen ab oder beleuchten Bildmotive mit blaugrünem Aquarienlicht. Außerdem können Sie den Filter nutzen, um mehreren Bildern einer Serie eine ähnliche Farbstimmung zu geben.

Einfache Anwendung | Wie fast alle Korrektur- und viele Kreativtools lässt sich auch die Funktion FOTOFILTER per Einstellungsebene anlegen. Außerdem finden Sie das Tool im Menü unter BILD • KORREKTUREN. In der Korrekturen-Palette erkennen Sie das Fotofilter-Icon ❶ leicht: Es zeigt eine Kamera samt Vorsatzfilter.

Die Handhabung des Filters ist unkompliziert. Das Wichtigste dabei ist eigentlich, dass Sie genau hinsehen und sich einen Moment Zeit nehmen, um herauszufinden, welcher Filter am besten wirkt.

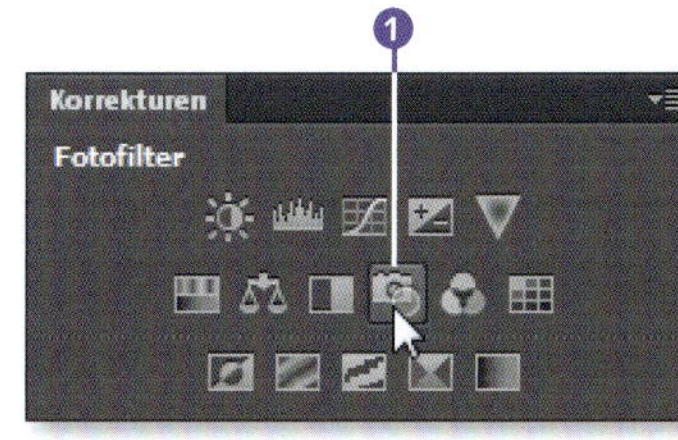

▲ **Abbildung 21.40**
Einstellungsebene Fotofilter erzeugen

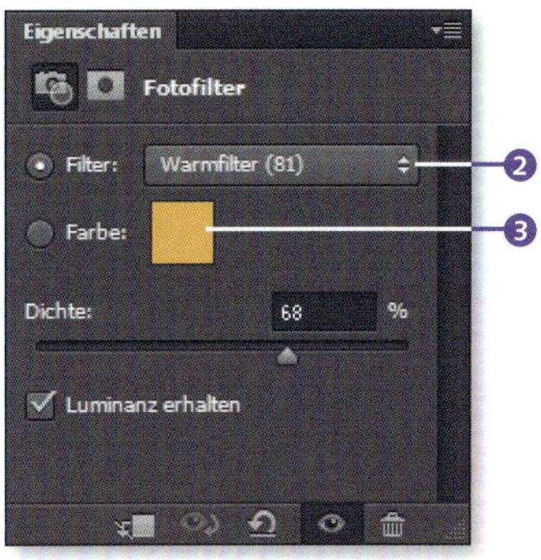

◀ **Abbildung 21.41**
Unter Filter ❷ finden Sie viele aus der analogen Fotopraxis bekannte Filter.

Wenn Ihnen die mitgelieferten Filterfarben nicht genügen, nutzen Sie die Option Farbe. Klicken Sie auf das Farbfeld ❸, um den bekannten Farbwähler zu aktivieren. Stellen Sie dort dann Ihre Wunschfarbe ein.

▲ **Abbildung 21.42**
Farbstiche sind nicht immer ein Makel – sie können auch stilbildend sein. Hier habe ich mit einem Warmfilter das nostalgische Flair der alten hölzernen Bootshäuser betont.

Neue Verläufe für fotografische Tonung | Als Ergänzung zu den Fotofiltern gibt es in CS6 eine Bibliothek mit knapp 40 neuen Verlaufsvorgaben.

Die meisten der Tonungsverläufe tonen das Bild braun oder bläulich, die Ergebnisse erinnern an alte Fotografien in Sepiatönen. Unter dem Namen Fotografische Tonung können sie überall dort nachgeladen

Ps **Tonen mit Verläufen**
Nachdem es seit CS5 die Verlaufsvorgabe Neutrale Dichte gibt, die einen Foto-Graufilter simuliert, hat Adobe nun eine komplette Verlaufsbibliothek für fotografisches Tonen spendiert.

Zum Weiterlesen
Mehr über **Ebenenstile** erfahren Sie in Kapitel 34, »Ebenenstile: Text mit Effekt«.

werden, wo Verläufe zur Verfügung stehen, etwa als Ebenenstil Verlaufsüberlagerung oder als Einstellungsebene Verlaufsumsetzung.

Am einfachsten wenden Sie die neuen Tonungsverläufe als Verlaufsumsetzung-Einstellungsebene anwenden:

1. Erzeugen Sie eine neue Einstellungsebene Verlaufsumsetzung.
2. Öffnen Sie die Verlaufsoptionen ❶.
3. Klappen Sie das Menü zum Verwalten von Vorgaben aus ❷.
4. Wählen Sie dann Fotografische Tonung aus der Liste ❸.
5. Wenn Sie möchten, experimentieren Sie mit dem Mischmodus der Verlaufsumsetzung-Einstellungsebene ein wenig herum. Die Modi Normal und Farbe führen meist zu guten Ergebnissen.

Wenn Ihnen die Farbigkeit der Verlaufsumsetzung zu zurückhaltend ist, probieren Sie den Ebenenstil Verlaufsüberlagerung aus – damit erzielen Sie kräftigere Tonungen.

▲ **Abbildung 21.43**
Beispiel für einen der neuen Tonungsverläufe

▲ **Abbildung 21.44**
Verlaufsbibliothek Fotografische Tonung laden

Das ganze Bild in Verlaufsfarben: Verlaufsumsetzung

Sie können einen Verlauf auch auf die Tonwerte eines Bildes anwenden. Die Anwendung des Befehls Verlaufsumsetzung ist ganz einfach und erzielt interessante, sehr poppige Effekte, kann aber auch genutzt werden, um Bilder (auch Graustufenbilder, sofern sie zuvor in den Modus RGB gebracht werden) zu tonen.

Sie finden die Verlaufsumsetzung unter Bild • Korrekturen • Verlaufsumsetzung... und können Verlaufsumsetzungen über die Korrekturen-Palette ④ auch als Einstellungsebenen anlegen.

▲ **Abbildung 21.45**
Einstellungsebene Verlaufsumsetzung erzeugen

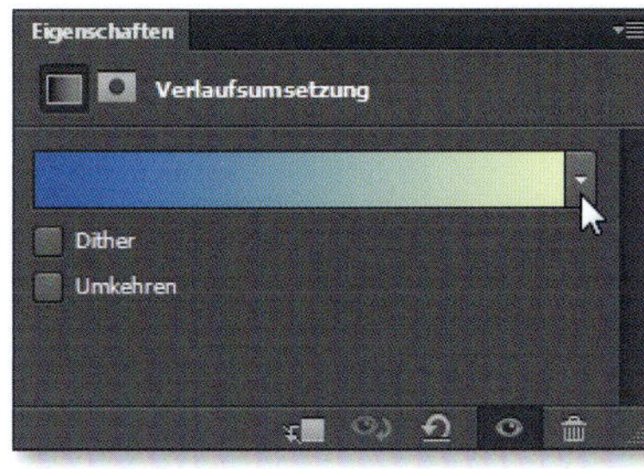

◄ **Abbildung 21.46**
Ein Klick auf den Pfeil neben dem Farbbalken ruft die bekannte Verlaufsliste auf, und ein Doppelklick auf den Balken führt zur Verlaufsbearbeitung.

Die Farben links im Verlauf ersetzen die Tonwerte des Bildes, die im Histogramm links stehen, also die dunklen Farben. Die Farben rechts im Verlauf werden für die Tonwerte des Bildes eingesetzt, die im Histogramm entsprechend rechts stehen, also für die hellen Farben.

Die Option Umkehren kehrt den Verlauf um und kann so auch eine Verlaufsumsetzung mit Negativanmutung erzeugen (oder diese beheben). Dither fügt ein Störungsmuster in den Verlauf ein.

Datei auf der Buch-DVD: »Gänseblümchen_1.tif«

Bild: Fotolia, Cosmin Masca

▲ **Abbildung 21.47**
Das Originalbild

▲ **Abbildung 21.48**
Normale Verlaufsumsetzung

▲ **Abbildung 21.49**
Negativeffekt und eine komplett andere Bildwirkung durch das Umkehren

Die Variationsmöglichkeiten für Verlaufsumsetzungen sind unendlich. Bedienen Sie sich aus den fertigen Verlaufsbibliotheken – Photoshop bietet zahlreiche gut geeignete Verläufe an. Wenn Sie selbst Verläufe für Verlaufsumsetzungen anlegen, sollten Sie für harmonische Ergebnisse darauf achten, dass die beteiligten Farben eine ähnliche Sättigung haben. Ansonsten kommt es schnell zu Verfremdungseffekten – aber auch diese sind ja bisweilen durchaus erwünscht. In jedem Fall sollten Sie vorher das Histogramm des Bildes kontrollieren und gegebenenfalls eine Tonwertkorrektur durchführen, damit die Verlaufsumsetzung auf einem möglichst hohen Tonwertumfang aufsetzen kann.

Zum Weiterlesen
Mehr zu **Bildkorrekturen** finden Sie in Teil VIII, »Reparieren und retuschieren«, des Buches!

Tontrennung

Etwas ganz anderes als die subtile Tonung ist die Funktion TONTRENNUNG. Auch sie ist unter BILD • KORREKTUREN zu finden und steht als Einstellungsebene zur Verfügung. Mit der TONTRENNUNG reduzieren Sie die im Bild enthaltenen Tonwerte. Das Ergebnis ähnelt Pop-Art-Siebdrucken oder GIFs mit sehr wenigen Farben.

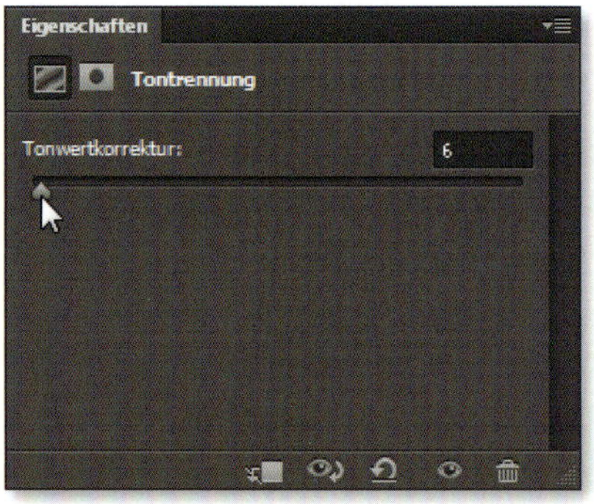

Abbildung 21.50 ▶
Je geringer die Anzahl der Stufen (also der im Bild enthaltenen Tonwerte) ist, desto grober wird das Bild.

Umkehren

Der Befehl BILD • KORREKTUREN • UMKEHREN erzeugt eine invertierte Bildansicht. Die Farben erinnern an ein Negativ. Auch diese Funktion lässt sich über einen Klick auf das Icon in der Korrekturen-Palette als Einstellungsebene anwenden.

▲ Abbildung 21.51
TONTRENNUNG – manchen Motiven bekommt diese Behandlung ganz gut.

▲ Abbildung 21.52
Invertiertes Bild

TEIL VII

Tools für Digitalfotografen

Kapitel 22
Das Camera-Raw-Modul

Mit »Camera Raw« bietet Photoshop eine mächtige Toolbox, mit der Sie die Rohdaten Ihrer Bilder entwickeln. Zerstörungsfrei, flexibel und mit sehr durchdachten Funktionen – die in CS6 noch besser geworden sind.

22.1 Was ist Camera Raw?

Raw ist mehr als nur ein weiteres Format, in dem Grafikdateien gespeichert werden können: Raw-Dateien eröffnen für Digitalfotografen neue Arbeitsweisen, denn die Rohdaten sind weitestgehend frei von Korrektureingriffen durch die Kamera und haben meist auch eine höhere Bittiefe (16 statt 8 Bit/Kanal). Was mit den Bilddaten geschieht, bestimmen Sie – mit Hilfe von Photoshops Camera-Raw-Funktion. Nachteile, die insbesondere die JPG-Ausgabe mit sich bringt, umschiffen Sie mit Raw. Zwar benötigen die Rohdaten viel mehr Speicherplatz als Fotos im JPG-Format, aber seit Speicherplatz für Kameras erschwinglicher geworden ist, ist Raw eine echte Alternative zu den herkömmlichen Ausgabeformaten.

Sie können übrigens auch TIF- und JPG-Dateien mit Adobes Raw-Konverter bearbeiten. Dabei stehen Ihnen zwar nicht so viele Bildinformationen zur Verfügung wie bei genuinen Kamera-Rohdaten – von den smarten Funktionen des Raw-Konverters profitieren Sie dennoch. Allerdings müssen Sie die Korrekturen etwas behutsamer dosieren: Da von der Kamera ausgegebene JPG-Dateien und teilweise auch TIFs nur über 8 Bit Datentiefe pro Kanal verfügen (anstatt 12 bis 16 wie die Kamera-Rohdaten), kann ein beherzter Zug an den Korrekturreglern die Bilder schnell verderben.

Raw = Roh(daten)

»Raw« ist der *Oberbegriff* für »Kamera-Rohdaten«. Diese Rohdaten können je nach Kamerahersteller in unterschiedlichen Dateiformaten vorliegen. Zwar kann Photoshops Camera-Raw-Modul nicht aus jedem Kameramodell die Rohdaten herausziehen, doch wenn Photoshop die Rohdaten Ihrer Kamera verdaut, brauchen Sie sich um unterschiedliche Dateiformate nicht mehr zu kümmern: Photoshops Camera Raw funktioniert für alle unterstützten Raw-Variationen gleich.

Vorteile von Camera Raw

Auf den ersten Blick scheint die Arbeit mit Kamera-Rohdaten umständlich zu sein: Die Dateien sind riesig, und ohne Umweg über Photoshops Camera-Raw-Modul lassen sie sich gar nicht zur Bearbeitung öffnen. Wenn man die Rohdaten dann in Camera Raw betrachtet, fragt man sich oft, wo denn die viel gelobte Qualität sein soll, denn Rohbilder erscheinen häufig dunkel und wenig eindrucksvoll. Welche Vorteile hat es also, anstelle der üblicherweise von der Kamera gelieferten JPGs oder auch TIFs die Rohdaten zu bearbeiten?

▲ **Abbildung 22.1**
Raw – das bedeutet Bilddaten ohne kameraseitige »Schönrechnerei«. Sie erscheinen zuweilen dunkel und trübe.

Bilder: Onno K. Gent

▲ **Abbildung 22.2**
Man kann aus Rohdaten häufig »mehr herausholen« als aus den kameraüblichen JPGs. Mit nur drei Klicks erzeugt die Einstellautomatik im Raw-Modul daraus so etwas (individuelle Korrekturen wurden hier noch gar nicht angewandt).

Bildeingriffe durch die Kamera | Die Daten, die eine digitale Kamera aufnimmt, und die Daten, die sie herausgibt, unterscheiden sich gravierend. Auch dann, wenn alle Korrekturfunktionen abgeschaltet sind, führt die Kamera vor der Ausgabe eines Bildes als JPG oder TIF aus technischen Gründen Korrekturberechnungen durch. Auf diese automatischen Bearbeitungsprozesse hat ein Fotograf kaum Einfluss. Was passiert mit einem Bild in der Kamera?

- Die Bildschärfe wird möglicherweise verändert (Scharf- und Weichzeichnung sind möglich).
- Der Weißpunkt wird eingestellt (sogenannter Weißabgleich, entspricht in etwa der in Photoshop durchgeführten Tonwertkorrektur).
- Eventuell wird sogar der Farbraum verändert.

- Das Bild wird ins JPG-Dateiformat gebracht und komprimiert. Es gibt zwar auch Kameras, die TIF-Dateien erzeugen können, JPG ist jedoch weit häufiger im Einsatz. Die JPEG-Kompression greift die ursprünglichen Farbinformationen der Aufnahme an, kann aber bei Kameras selten gesteuert werden.

Die Vorteile von Rohdaten | Raw bietet nun die Möglichkeit, die Rohdaten – also die Daten, die vom lichtempfindlichen CCD-Chip der Kamera aufgenommen wurden – so zu übernehmen, wie sie sind. Das ist vor allem für Fotografen und Bildbearbeiter mit hohen Ansprüchen interessant, die bereit sind, für ein perfektes Bild ein wenig Handarbeit zu investieren.

- Beim Fotografieren selbst sind unter Umständen weniger Parameter zu beachten – Sie erledigen ja vieles erst mit Photoshops Raw-Werkzeug.
- Sie sparen Zeit, denn unerwünschte automatische »Korrekturen« müssen nicht mühsam ausgebügelt werden. Außerdem finden Sie im Camera-Raw-Dialog viele wichtige Werkzeuge handlich zusammengefasst und können so zügig arbeiten.
- Ihnen stehen mehr Bilddaten als Ausgangsbasis der Korrekturen zur Verfügung: Raw-Daten können auch mit 16 oder 12 (statt 8) Bit je Farbkanal ausgegeben werden. Außerdem liefern Raw-Daten per se mehr Informationen als andere Ausgabeformate: Die Rohdaten enthalten ja *alles*, was der Kamerachip erfasst hat – und nicht nur einen schon irgendwie gefilterten oder interpretierten Teil davon.
- Haben Sie die Raw-Daten erst einmal unter der Maus, können Sie *zielgerichtete* Korrekturen mit professionellen Bildbearbeitungswerkzeugen durchführen.
- Die Daten, die Sie von Ihrer Kamera holen, sind das digitale Äquivalent zu Filmnegativen. Entsprechend sorgsam sollten sie behandelt werden. Die Bearbeitung mit Camera Raw wird dem Wert Ihrer digitalen Negative gerecht – sie schont die kostbaren Originaldaten. Übrigens nennt man die Bearbeitung auch »Raw-Entwicklung« oder »Entwickeln mit Camera Raw«. Das Raw-Modul wendet Ihre Änderungen und Korrekturen erst beim endgültigen Öffnen in Photoshop an – und zwar auf eine neue Instanz der Datei. Die Originaldaten bleiben unangetastet, und das ganz automatisch. Aus einer Raw-Datei können also ganz unterschiedliche Bildversionen entstehen. Und irrtümliches Überschreiben des frischen Imports mit einer Korrektur ist ausgeschlossen.

22.2 Auf Raw-Daten zugreifen

Sie können mit Photoshop die Raw-Daten aus Ihrer Kamera direkt importieren oder auf Daten zugreifen, die Sie bereits mit anderen Mitteln – zum Beispiel mit der Importsoftware Ihrer Kamera, mit einem externen Bildbetrachter oder mit der Adobe Bridge – auf Ihren Rechner transferiert haben.

Voraussetzungen für den Import

Um Raw-Daten von der Kamera importieren und bearbeiten zu können, müssen folgende Voraussetzungen erfüllt sein:

- **Unterstützung durch Photoshop?** Ihr Kameratyp wird grundsätzlich von Photoshops Camera-Raw-Plug-in unterstützt.
- **Plug-in aktuell?** Adobe baut die Unterstützung für Raw-fähige Kameras kontinuierlich aus. Daher gibt es auf der Website öfter neue Versionen des Import-Plug-ins. Überprüfen Sie, ob die aktuelle Version des Plug-ins installiert ist.
- **Überprüfen Sie auch Ihre Foto-Voreinstellungen:** Bei manchen Kameramodellen muss »Raw« als Aufnahmeformat eigens eingestellt werden – und zwar vor der Aufnahme.
- **Kameratreiber installiert?** Gegebenenfalls muss auch der Kameratreiber auf Ihrem System installiert sein. Sie beziehen ihn über Ihren Kamerahersteller.
- **Alles angeschlossen?** Die Kamera ist an den Rechner angeschlossen und eingeschaltet.

Camera Raw und die Bridge

Die Adobe Bridge arbeitet mit Photoshops Raw-Modul perfekt zusammen: Der Befehl DATEI • FOTOS AUS KAMERA LADEN lädt die Daten zügig in das zuvor von Ihnen festgelegte Verzeichnis. Sie können die Bilder dann sichten, eines oder mehrere auswählen und zur Weiterbearbeitung mit Camera Raw öffnen.

Dabei kommt es durchaus auf das »Wie« an. Wussten Sie, dass die Bridge und Photoshop jeweils über eine eigene Version des Camera-Raw-Dialogs verfügen? Wenn Sie Photoshops Raw-Konverter benutzen, ist Photoshop für alle anderen Arbeiten blockiert. Arbeiten Sie jedoch mit dem Raw-Modul aus der Bridge, können Sie in Photoshop weiterarbeiten. Gerade beim Synchronisieren und Speichern vieler Bilder in Serie ist das sinnvoll! Ansonsten sind beide Dialoge identisch. Darüber hinaus können Sie neben Raw-Dateien auch die Dateiformate JPG und TIF mit Camera Raw bearbeiten. Daraus ergeben sich verschiedene Möglichkeiten, wie Sie Dateien zur Bearbeitung in Camera Raw öffnen. Zusätzliche Varianten kommen mit zwei Voreinstellungen ins Spiel. Man kann dem Thema »Wie will ich Dateien mit Camera Raw handhaben?« also durchaus einige Überlegungen widmen. Schließlich ist es ein häufiger Handgriff. Die folgenden Listen helfen Ihnen, sich zwischen den verschiedenen Möglichkeiten zu entscheiden.

Raw-Konverter von Photoshop | Wenn Sie den Raw-Konverter von Photoshop verwenden, gilt:

- Um **Raw**-Dateien in Photoshops Camera-Raw-Modul zu öffnen, genügt ein **Doppelklick** auf die zuvor ausgewählten Dateien.
- Auch **JPG**- und **TIF**-Dateien, *die bereits einmal mit Camera Raw bearbeitet worden sind*, können Sie per Doppelklick in Photoshops Raw-Konverter öffnen. Die Bridge »weiß«, ob es für Bilder bereits Camera-Raw-Einstellungen gibt. Sie selbst erkennen es an Icons in der oberen rechten Ecke der Bridge-Miniatur. TIFs und JPGs *ohne* Camera-Raw-Informationen werden auf Doppelklick standardmäßig in Photoshop – nicht im Camera-Raw-Modul – geöffnet.

◂ **Abbildung 22.3**
Kleine Symbole zeigen in der Bridge an, ob Bilder mit Camera Raw geändert wurden. Diese Dateien wurden mit Camera Raw ❷ bearbeitet und freigestellt ❶.

Raw-Konverter der Bridge | Wenn Sie den Raw-Konverter der Bridge verwenden, gilt:

- Um **Raw**-Dateien im Raw-Konverter der Bridge zu öffnen, wählen Sie die Dateien in der Bridge aus und drücken dann [Strg]/[cmd]+[R].
- Auch **JPGs** und **TIFs** öffnen Sie mit dem Kürzel [Strg]/[cmd]+[R] im Raw-Modul der Bridge. Dabei spielt es keine Rolle, ob für diese Dateien bereits Raw-Einstellungen gespeichert wurden oder ob es sich um Dateien handelt, die noch nie mit Camera Raw bearbeitet wurden.

Öffnen-Standards festlegen | Mit zwei Optionen können Sie die eben vorgestellten Standard-Programmverhalten zum Öffnen von **Raw-**, **TIF-** und **JPG**-Dateien grundlegend ändern:

Wenn Sie künftig **alle TIFs und JPGs** mit Camera Raw (mit und ohne Raw-Einstellungen) bearbeiten wollen, können Sie das Programmverhalten der Bridge ändern. Dazu wählen Sie BEARBEITEN • CAMERA RAW-VOREINSTELLUNGEN. Im unteren Bereich des Dialogfensters haben Sie Einfluss auf die VERARBEITUNG VON JPEG- UND TIFF-DATEIEN. Wählen Sie statt der Standardoption JPEG-DATEIEN/TIFF-DATEIEN AUTOMATISCH MIT EINSTELLUNGEN ÖFFNEN die Option ALLE UNTERSTÜTZTEN JPEG-DATEIEN/TIFF-DATEIEN AUTOMATISCH ÖFFNEN. Fortan wird jedes JPG oder TIF auf einen Doppelklick hin mit Camera Raw geöffnet.

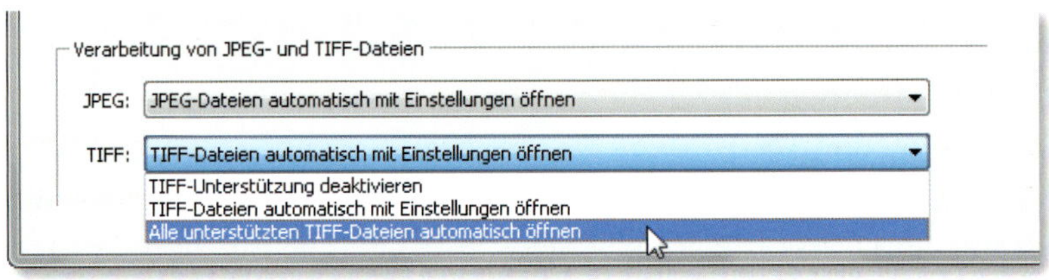

Abbildung 22.4 ▶
Ausschnitt aus dem Bridge-Dialog CAMERA RAW-VOREINSTELLUNGEN

Die Verwendung des Raw-Moduls der *Bridge* hat den Vorteil, dass Sie Photoshop parallel weiternutzen können. Deswegen gibt es eine Option, mit der Sie diesem immer den Vorzug geben können. Rufen Sie die Voreinstellungen auf (am schnellsten [Strg]/[cmd]+[K] – nicht zu verwechseln mit dem Menüpunkt CAMERA-RAW-VOREINSTELLUNGEN!). Unter ALLGEMEIN finden Sie die Option CAMERA RAW-EINSTELLUNGEN IN BRIDGE PER DOPPELKLICK BEARBEITEN. Wenn Sie dort ein Häkchen setzen, werden alle in Frage kommenden Dateien nur noch im Camera-Raw-Modul der Bridge geöffnet, der Raw-Konverter von Photoshop bleibt außen vor.

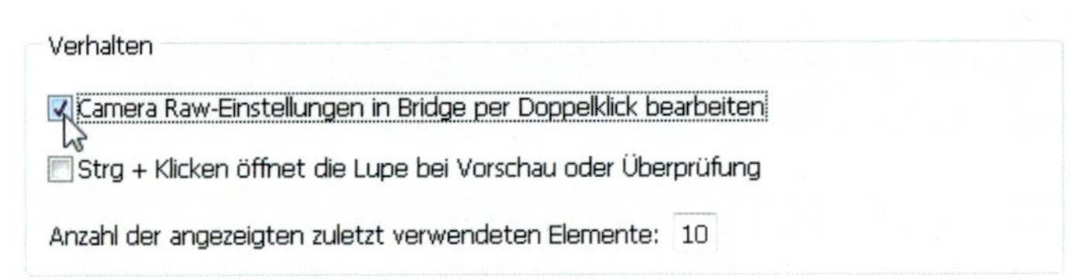

Abbildung 22.5 ▶
Bridge-Voreinstellungen: standardmäßig das Raw-Modul der Bridge verwenden

Auch wenn es in den meisten Fällen nicht sinnvoll ist: Sie können die Nutzung von **Camera Raw umgehen** und Dateien, die normalerweise mit Camera Raw geöffnet würden, direkt in Photoshop öffnen:

- Um **Raw-Dateien** einfach in Photoshop zu öffnen, ohne Camera Raw zu benutzen, drücken Sie die [⇧]-Taste und doppelklicken auf die gewünschte Datei. Bildgröße, Auflösung, Bittiefe und Farbraum richten sich nach den im Raw-Modul festgelegten ARBEITSABLAUF-OPTIONEN (dazu später mehr, siehe Seite 650).

- Mit ⇧ + Doppelklick können Sie auch bei **JPG** und **TIF** veranlassen, dass diese direkt in Photoshop geöffnet werden. Das ist sinnvoll, wenn Sie ein JPG oder TIF vor sich haben, das bereits mit Raw-Einstellungen versehen wurde, oder wenn Sie festgelegt haben, dass diese Dateiformate immer im Raw-Konverter geöffnet werden sollen.

Noch mehr »Öffnen«-Befehle
Haben Sie sich im Dschungel der Öffnen-Optionen verirrt? Neben den genannten Klicks und Shortcuts können Sie natürlich auch **Menübefehle** der Bridge unter Datei oder das **Kontextmenü** der Bridge-Miniaturbilder nutzen.

22.3 Camera-Raw-Voreinstellungen

Raw-Dateien selbst werden niemals mit Änderungen überschrieben. Wenn Sie Korrekturen im Raw-Dialog durchgeführt haben, wird anschließend eine Kopie der ursprünglichen Datei geöffnet. Die Einstellungen, die Sie an der Raw-Datei vornehmen, gehen dennoch nicht verloren. Wenn Sie eine einmal bearbeitete Raw-Datei erneut aufrufen, können Sie auch auf die alten Einstellungen zugreifen. Diese werden in einem gesonderten Dokument gesichert. Wo genau, legen Sie in den Voreinstellungen des Camera-Raw-Dialogs fest (nicht in den Camera-Raw-Voreinstellungen der Bridge, von denen im letzten Abschnitt die Rede war, sondern in den Voreinstellungen des Raw-Moduls).

◄ **Abbildung 22.6**
Der Weg zu den Camera Raw-Voreinstellungen

Mit cmd/Strg+K oder über den Button Voreinstellungen in der Camera-Raw-Werkzeugleiste gelangen Sie in ein Dialogfenster, in dem Sie nähere Angaben zu Speicherort und Speicherart machen können.

Allgemein | Unter Bildeinstellungen speichern in ❶ (siehe Abbildung 22.7) wählen Sie, ob Ihre Einstellungen in einer eigenen Datenbank abgelegt werden sollen oder in Filialdokumenten.

- Die **Filialdokumente** tragen die Endung **.xmp** und werden im gleichen Ordner abgelegt wie die eigentliche Raw-Datei. Diese Option ist vorzuziehen, wenn Sie häufig Dateien austauschen oder in Mehrbenutzer-Umgebungen arbeiten.

Speicherorte der **Datenbank** sind:

- unter Windows XP der Ordner Dokumente und Einstellungen/[Benutzername]/Anwendungsdaten/Adobe/CameraRaw/Defaults
- unter Vista und Windows 7 Benutzer/[Benutzername]/AppData/Roaming/Adobe/Camera Raw/Defaults

XMP-Dateien in der Bridge anzeigen
Wählen Sie in der Bridge Ansicht • Verborgene Dateien anzeigen, um die XMP-Dokumente einzublenden.

- unter Mac OS das Verzeichnis Benutzer/[Benutzername]/Library/Preferences

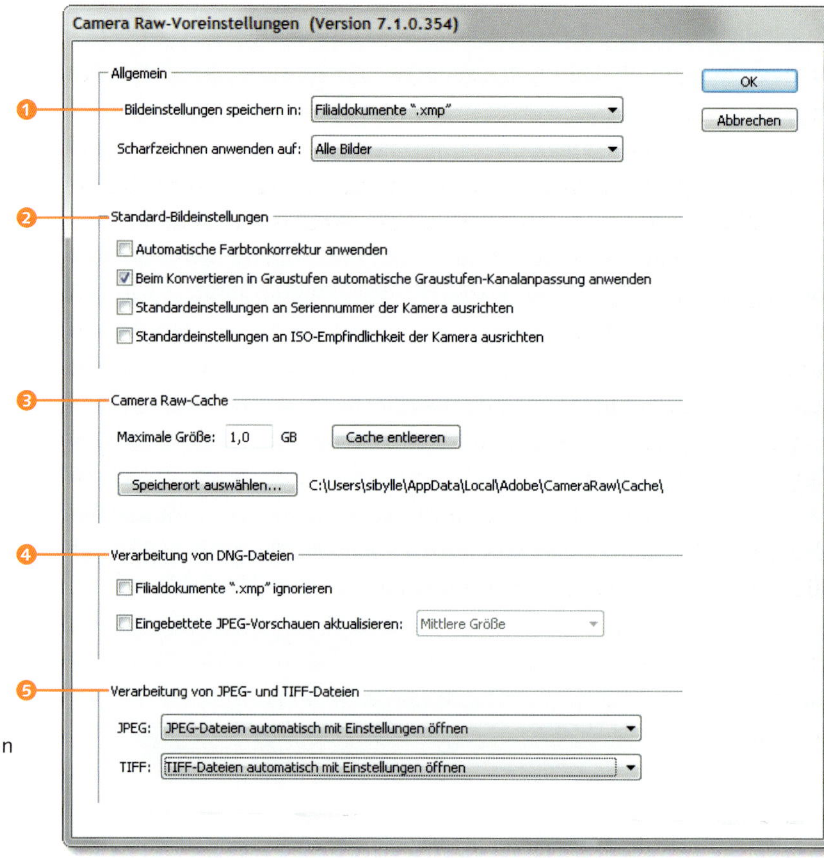

Abbildung 22.7 ▶
Hier legen Sie die Speicherposition und das Dateiformat für die mit Camera Raw durchgeführten Änderungen an den Rohdaten fest.

▲ **Abbildung 22.8**
Öffnen des Camera-Raw-Seitenmenüs. Dort finden Sie unter anderem Befehle zur Verwaltung der Raw-Einstellungsdaten.

Die in der Datenbank abgelegten Einstellungen können auch dann weiterhin der Datei zugeordnet werden, wenn diese verschoben oder umbenannt wird. Sie können auch Daten aus einer Datenbank nachträglich in Filialdokumente exportieren (Befehl Einstellungen in XMP-Datei exportieren im Camera-Raw-Seitenmenü).

Standard-Bildeinstellungen | Unter Standard-Bildeinstellungen 2 können Sie festlegen, welche Korrekturen routinemäßig auf jedes Bild angewandt werden sollen.

Camera Raw-Cache | Der Camera Raw-Cache 3 bezieht sich auf die Anzeige der Dateien in der Bridge. Dort werden nämlich auf Wunsch bereits die Bildminiaturen und Vorschaudarstellungen mit Ihren Einstellungen gezeigt. Im Cache werden unter anderem Daten für diese Dateiminiaturen hinterlegt, was die Ladezeit der Bilder in der Bridge reduziert. Pro Gigabyte Cache finden die Daten für etwa 200 Bilder Platz. Hier können Sie die Größe des Caches verändern – was natürlich an anderer Stelle die Ressourcen verknappt.

Bridge-Absturzursache überfüllter Cache
Falls die Bridge instabil läuft, kann das auch an einem zu vollen Cache liegen. Mit dem Bridge-Menübefehl BRIDGE/BEARBEITEN • VOREINSTELLUNGEN • CACHE können Sie den Cache leeren.

DNG-Dateien verarbeiten | DNG (Digital Negative) ist ein offenes, nicht-proprietäres Format für Rohdaten, das – aufgrund seiner offenen Quellen – von ADOBE CAMERA RAW und anderen Raw-Programmen gelesen werden kann, ohne dass spezielle Informationen zum Rohdatenformat eines bestimmten Kameratyps vorliegen. Anders als die zahlreichen typspezifischen Raw-Formate ist DNG universeller einsetzbar. Die Verwendung dieses Formats wird derzeit stark vorangetrieben. So wie es im Augenblick aussieht, könnte DNG, anders als die proprietären Spezialformate der Kamerahersteller, halbwegs zukunftssicher sein. Leichter austauschbar ist es ohnehin. Mit dem externen Programm Adobe DNG-Konverter können Sie Rohdaten in das DNG-Format konvertieren. Hier ④ legen Sie fest, wie mit DNG-Daten umgegangen werden soll. Da beim DNG-Format die Metadaten mit Änderungsinformationen direkt in die Datei eingebettet werden können, können Sie hier wählen, ob Filialdokumente für DNGs ignoriert werden sollen.

Linktipp: DNG
Unter *www.adobe.com/de/products/dng* erhalten Sie weitergehende Informationen zum DNG-Format. Dort können Sie auch den DNG-Konverter herunterladen.

JPEG- und TIF-Handhabung | Sofern Sie JPEG und TIF von Ihrer Kamera im Raw-Dialog öffnen wollen, können Sie das hier ⑤ ebenfalls einstellen.

22.4 Effektiv arbeiten mit Camera Raw: Basisfunktionen

Egal, ob Sie den Bridge- oder Photoshop-Raw-Dialog nutzen, das Modul Camera Raw ist eigentlich schon eine eigene kleine Applikation aus dem Adobe-Kosmos. Rechts im Dialogfeld finden Sie einen Palettenbereich ⑨. Dort nehmen Sie globale Einstellungen vor, die auf das ganze Bild wirken – von Basics wie Weißabgleich über Spezialtools wie Objektivkorrektur bis zu kreativen Funktionen wie Tonung. Über die kleinen Symbole steuern Sie die einzelnen Karteikarten an.

In der horizontalen Leiste über der Bildvorschau ⑧ finden Sie weitere Werkzeuge – einen Teil davon kennen Sie bereits aus Photoshops Werkzeugpalette. Einige der Werkzeuge bringen umfangreichere Optionen mit: Sobald Sie eines dieser Tools aktivieren, sehen Sie im Palettenbereich die jeweiligen Einstellungsmöglichkeiten. Einstellungen für Farbtiefe, Auflösung und Bildmaße beim Öffnen der Datei in Photoshop finden Sie unterhalb der Vorschau ⑩.

Bilder: Onno K. Gent

▲ **Abbildung 22.9**
Das Camera-Raw-Dialogfeld bündelt zahlreiche Korrektur- und Kreativwerkzeuge.

In den folgenden Absätzen stelle ich Ihnen die Werkzeuge im Detail vor und zeige Ihnen, wie Sie am besten vorgehen.

Arbeitsweise | Die Arbeitsweise ist eigentlich immer gleich: Sie legen in der Bridge fest, welche Bilder ins Camera-Raw-Modul geladen werden sollen, und nehmen dann die Einstellungen vor, indem Sie sich nach und nach durch die zahlreichen Funktionen arbeiten. Anschließend legen Sie fest, wie der Vorgang abgeschlossen wird, etwa, ob Sie ein Bild in Photoshop weiterbearbeiten oder nur die Änderungen (die »Entwicklungseinstellungen«) speichern. Doch eins nach dem anderen …

Ein entscheidendes Detail: Welcher Algorithmus wird verwendet?

Mit dem Update auf Photoshop CS6 und die zurzeit aktuelle Camera-Raw-Version 7.1 operiert Camera Raw mit neuen Algorithmen. Das sehen Sie sofort am veränderten Reglerlayout einiger Paletten – so fallen etwa die neuen Funktionen der Palette GRUNDEINSTELLUNGEN sofort ins Auge. Doch auch einzelne Funktionen wurden verbessert, beispielsweise der KLARHEIT-Regler, der jetzt viel bildschonender arbeitet.

Sofern Sie Bilder erstmals in Camera Raw öffnen, müssen Sie gar nichts weiter tun. Sie könnend die neuen Funktionen sofort und problemlos nutzen.

Neue Berechnungsweise in Camera Raw
Die CS6-Version von Camera Raw bringt einen neuen Rechenalgorithmus und ganz neue Einstellungsmöglichkeiten mit.

Dateien, die früher bereits mit Camera Raw bearbeitet wurden | Wenn Sie Bilder öffnen, die Sie zuvor bereits mit einer älteren Camera-Raw-Prozessversion bearbeitet haben, ist Ihr Eingreifen gefragt. Ein kleiner Ausrufezeichen-Button am unteren rechten Rand des Vorschaufensters macht Sie darauf aufmerksam, dass Ihr Bild mit den Werten des alten Raw-Entwicklungsalgorithmus (»Prozess 2003« oder »Prozess 2010«) bearbeitet wurde und angezeigt wird. Sie erkennen das auch an den in den Paletten angebotenen Funktionen: Diese sind noch die gleichen wie in den Camera-Raw-Vorversionen. Wenn Sie alle aktuellen Funktionen von Camera Raw nutzen wollen, müssen Sie die Umstellung vollziehen.

Diese Umstellung ist schnell gemacht: Ein Klick auf das Ausrufezeichen-Symbol genügt, um die Berechnung auf den neuen »Prozess 2012« umzustellen. Allerdings hat das gravierende Konsequenzen: **Alle früheren Einstellungen gehen verloren!**

▲ **Abbildung 22.10**
Das Ausrufezeichen ist gleichzeitig Warnhinweis und Schaltfläche. Ein Klick stellt das Bild auf den aktuellen Prozess 2012 um.

Prozess umstellen | Glücklicherweise gibt es einen Weg zurück zum alten Prozess 2003 oder 2010. Wechseln Sie zur Registerkarte KAMERAKALIBRIERUNG . Dort finden Sie unter PROZESS eine kleine Liste, aus der Sie wählen können, mit welchem Prozess das Raw-Modul die Bildentwicklung berechnen soll. Die Einstellung wirkt immer für das aktuell aktive Bild.

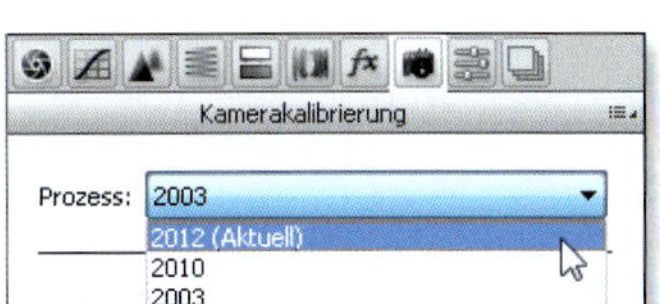

◀ **Abbildung 22.11**
Unter KAMERAKALIBRIERUNG können Sie jederzeit einstellen, welcher Entwicklungsprozess Ihrer Raw-Bearbeitung zugrunde liegt.

Welches Bild soll bearbeitet werden?

Im Filmstreifen links neben der Bildvorschau finden Sie alle Bilder, die Sie zuvor ausgewählt haben. Sie können nun alle Bilder auf einmal bearbeiten, indem Sie sie nacheinander mit gehaltener Strg/cmd-Taste anklicken oder auf den Button ALLES AUSWÄHLEN 6 klicken. Dieser Button erspart Ihnen einige Klicks, wenn Sie größere Mengen Bilder

Filmstreifen nicht vorhanden?
Wenn Sie nur ein Bild im Raw-Dialog aufgerufen haben, fehlen der Filmstreifen am linken Rand des Dialogfelds und die Navigationspfeile.

geladen haben. Die kleinen Pfeile ⑪ helfen Ihnen beim Navigieren zwischen einzelnen Bildern.

Sie können aber auch erst Einstellungen an einem Bild vornehmen und diese dann mit der Taste SYNCHRONISIEREN ⑦ auf alle anderen geladenen Bilder übertragen.

Bilder zum Löschen vormerken | Durch einen Klick auf das Papierkorb-Symbol in der Werkzeugleiste merken Sie Bilder für das Löschen vor oder – durch erneutes Klicken auf das Icon – entfernen die Löschmarkierung. Zum Löschen gekennzeichnete Dateien werden nicht sofort gelöscht. Erst beim Schließen des Camera Raw-Dialogs werden sie in den Papierkorb verschoben. Diese Funktion ist besonders nützlich, wenn Sie Camera Raw zum Sichten frischer Fotos verwenden. Übrigens: Die aus der Bridge bekannte Wertung mit Sternchen unterhalb der Bildminiatur funktioniert auch hier!

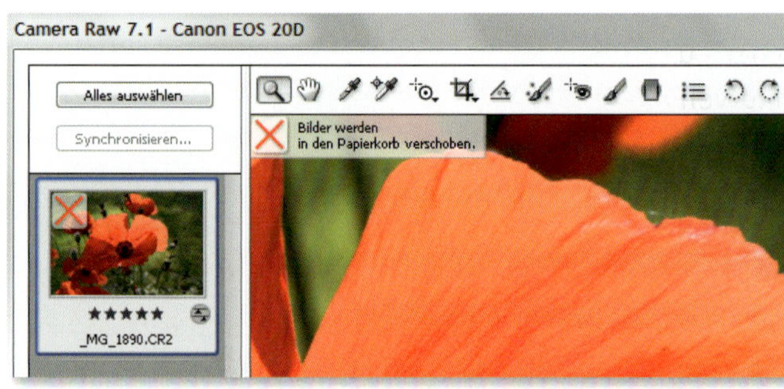

Abbildung 22.12 ▶
Die Bildminiatur und die große Bildvorschau zeigen an, dass eine Datei zum Löschen vorgesehen ist.

Alles im Blick: Bildanzeige

Es gibt in der oberen Leiste der Camera-Raw-Werkzeuge zahlreiche Vorschauoptionen, die Ihnen eine exakte Bildbearbeitung so einfach wie möglich machen. Oberhalb der Bildvorschau finden Sie die wichtigsten Werkzeuge und Funktionen in einer Leiste angeordnet.

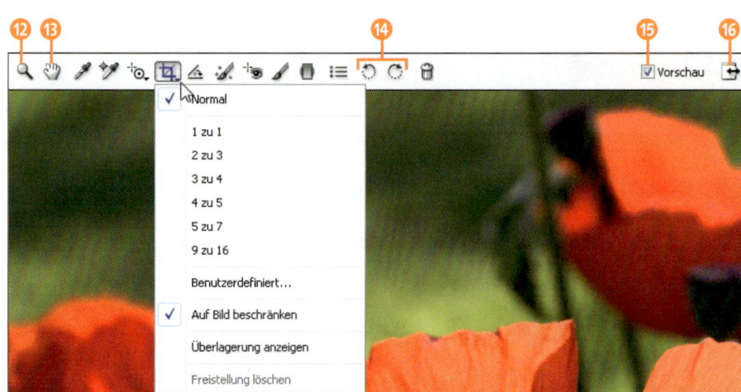

Abbildung 22.13 ▶
Die Raw-Werkzeuge

Unter VORSCHAU (15) müssen Sie die Live-Bildvorschau erst einmal aktivieren. Sie können den Bildzoom (wie immer das Kürzel [Z]) (12) und die Position des Bildausschnitts (13) (Hand-Werkzeug, Kürzel [H]) einstellen.

Mit den Drehen-Werkzeugen (14) im Camera-Raw-Dialog richten Sie quer liegende Bilder auf. Jeder Klick auf eine der Dreh-Schaltflächen rotiert das Bild um 90° in die angegebene Richtung.

Mit dem Button VOLLBILDMODUS ganz rechts in der Werkzeugleiste (16) bringen Sie das Dialogfenster auf volle Bildschirmgröße und machen es auch wieder klein. Für beide Richtungen funktioniert außerdem der Shortcut [F].

Kontrolle bei Korrekturen: Das Histogramm

Um beim Festlegen der Einstellungen (im Grunde ist das ja eine Bildkorrektur am Rohbild) alle Parameter bestens unter Kontrolle zu haben, gibt es weitere Vorschau- und Kontrollinstrumente. Im Histogramm werden die Histogrammkurven aller Farbkanäle gleichzeitig gezeigt – der besseren Unterscheidung wegen farbig und mit bunten Überschneidungen. Diese Ansicht ist etwas gewöhnungsbedürftig. Wie beim normalen Histogramm auch sind hier die Tiefen links, die Lichter rechts angeordnet.

Unauffällig, aber wirkungsvoll sind die beiden kleinen Dreieck-Buttons oberhalb des Histogramms. Mit ihnen schalten Sie die Farbumfang-Warnung ein. Direkt im Vorschaubild werden dann die Tiefen (also die dunkelsten Bildbereiche) und die Lichter (die hellsten Bildpartien) farbig hervorgehoben, wenn dort Zeichnungsverlust respektive Beschneidung droht. Diese Eckdaten eines Bildes reagieren auf Fehler bei der Korrektur am sensibelsten, und hier sind am ehesten Datenverluste zu befürchten.

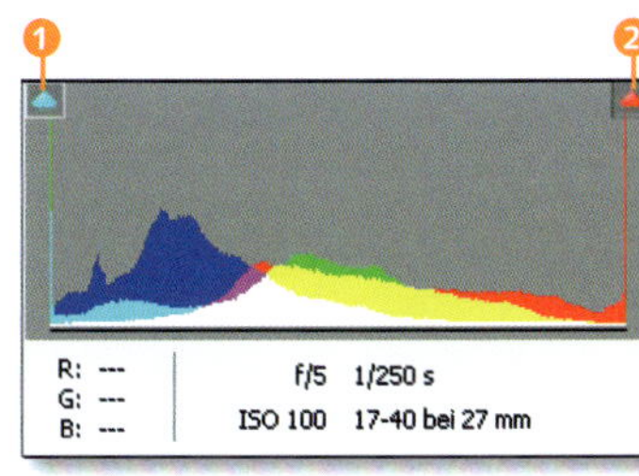

▲ **Abbildung 22.14**
Das Histogramm. Eine Tonwertwarnung kann zugeschaltet werden, indem Sie die Dreiecke (1) und (2) anklicken. Diese leuchten dann farbig, wenn Tonwertverluste drohen.

Zum Weiterlesen
Auch wenn der Raw-Dialog mit einigen speziellen Funktionen aufwartet – grundsätzlich funktionieren die **Korrekturwerkzeuge** wie in Photoshop auch. Lesen Sie hierzu Teil VI, »Korrigieren und optimieren«.

Bild: Onno K. Gent

◄ **Abbildung 22.15**
Der Anschaulichkeit halber habe ich an diesem Bild einmal eine Extremkorrektur durchgeführt. Die Tonwertbeschneidung wird farbig markiert: in den Lichtern mit Rot, in den Tiefen mit Blau.

Bildzustände sichern: Schnappschüsse

Ein Werkzeug, das Ihnen die Arbeit mit den vielfältigen Einstellungen erheblich erleichtert, ist die Palette SCHNAPPSCHÜSSE. Aus Photoshops Protokoll-Palette kennen Sie das Verfahren vielleicht: Schnappschüsse sind Momentaufnahmen des Bildes.

Mit einem Schnappschuss sichern Sie wichtige Arbeitsstadien. Später ist es möglich, zu diesen früheren Arbeitsstadien zurückzukehren. Bei Experimenten stellen Sie so schnell wieder einen bestimmten Zwischenstand her. Oder Sie entwickeln ausgehend von einem bestimmten Bearbeitungsstand unterschiedliche Bildversionen. Die Schnappschüsse-Palette funktioniert also so ähnlich wie das bekannte Protokoll aus Photoshop. Allerdings ist die Liste der Schnappschüsse in Camera Raw nicht chronologisch geordnet, sondern alphabetisch. Auch deswegen sollten Sie sich um eindeutige, klare Namen für Ihre Schnappschüsse bemühen.

Zum Weiterlesen
Photoshops Protokoll-Palette stelle ich Ihnen in Kapitel 6, »Arbeitsschritte zurücknehmen, Bilder retten«, vor.

- Ein Klick auf das NEU-Icon erzeugt einen neuen Schnappschuss. Um die Namensvergabe müssen Sie sich dann natürlich auch noch kümmern. Klare, aussagekräftige Bezeichnungen sind hier hilfreich.
- Ein Klick auf einen Schnappschuss in der Liste bringt das Bild in den im Schnappschuss fixierten Zustand zurück.
- Das Anklicken des Mülltonnen-Icons entfernt den Schnappschuss aus der Liste.

▲ **Abbildung 22.16**
Ein Rechtsklick öffnet ein Kontextmenü, mit dessen Hilfe Sie Schnappschüsse umbenennen, aktualisieren oder löschen.

Genauso wie in Photoshop wird die Liste der Schnappschüsse verworfen, wenn Sie die Arbeitssitzung beenden und den Camera-Raw-Dialog schließen.

Einstellungen sichern, erneut nutzen oder verwerfen

Bevor Sie sich daran machen, bei der Bildbearbeitung in Camera Raw alle Paletten mit den Korrekturfunktionen durchzuackern, sollten Sie überlegen, ob Sie nicht bereits früher getroffene Einstellungen nutzen wollen. Das kann bei Bildern, die unter ähnlichen Bedingungen aufgenommen wurden, aber auch für Kreativjobs und dann, wenn Bildern ein einheitlicher Look verpasst werden soll, durchaus sinnvoll sein!

Die Palette »Vorgaben« | Am einfachsten ist die Verwaltung von Einstellungen mit der Palette VORGABEN (Tastaturkürzel Alt+Strg/cmd+9). Mit ihr können Sie Ihre erprobten Einstellungskombinationen bequem verwalten. Das Kernstück ist eine Liste mit den schon gespeicherten Vorgaben, und am Fuß der Palette finden Sie die Icons NEU und LÖSCHEN. Diese sollten Ihnen ja inzwischen bekannt sein. Ansonsten ist die Bedienung nahezu selbsterklärend:

1. Klicken Sie auf den Button NEU.
2. Legen Sie den Namen der neuen Vorgabe fest.
3. Stellen Sie ein, welche Eigenschaften aufgenommen werden sollen.
4. Bestätigen Sie dann mit OK – und das war's auch schon! Die neue Vorgabe erscheint sofort in der Vorgaben-Palette.

▲ **Abbildung 22.17**
Die Vorgaben-Palette mit einigen bereits gespeicherten Einstellungen

Das Camera-Raw-Seitenmenü | Alternativ zur Arbeit mit der Vorgaben-Palette können Sie auch das Seitenmenü des Camera-Raw-Dialogs nutzen. Dort finden Sie neben den Verwaltungsfunktionen für Vorgaben auch Befehle, um alle bisherigen Einstellungen an einem Bild zurückzusetzen. Ein kleines Icon ① öffnet das Seitenmenü der jeweiligen Palette.

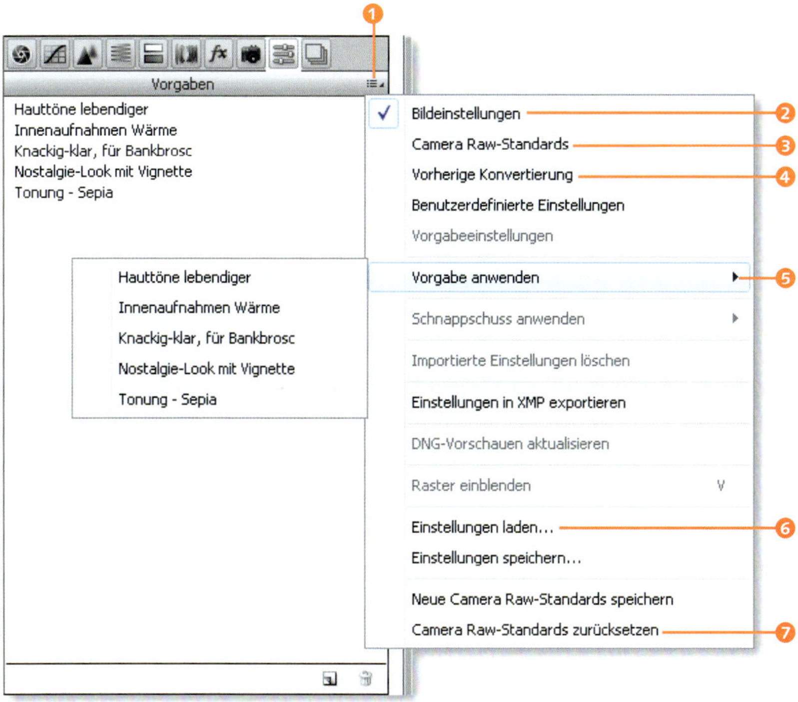

◄ **Abbildung 22.18**
Frühere Einstellungen verwalten und anwenden per Seitenmenü. Vor allem in Zusammenarbeit mit der Palette VORGABEN ist dieses kleine Menü sehr hilfreich.

- BILDEINSTELLUNGEN ② bringt das schon veränderte Bild schnell wieder in den unbearbeiteten Urzustand zurück.
- Die CAMERA RAW-STANDARDS ③ wirken sich auf alle Bilder aus, die aus derselben Kamera stammen. Sie können hier eigene Einstellungen als Standard für alle Bilder aus einer Kamera festlegen, die denselben ISO-Wert haben. Da das Raw-Modul jedoch auch eigene Kamera-Standards mitbringt, ist es nicht zwingend erforderlich, hier etwas festzulegen. Ich finde es sogar ganz interessant, individuelle Einstellungen mit den von Photoshop errechneten Werten zu vergleichen (wie das geht, erfahren Sie weiter unten).

- Vorherige Konvertierung ④ ruft Ihre letzte Einstellung erneut auf – unabhängig davon, ob Sie diese zuvor extra gespeichert haben oder nicht.
- Vorgabe anwenden ⑤ führt Sie zu einem weiteren Flyout-Menü, in dem Sie schnellen Zugriff auf die zuvor gespeicherten Settings haben.
- Einstellungen laden ⑥ ist die Alternative zum Befehl Vorgabe anwenden und lädt ebenfalls ein zuvor gespeichertes Set von Einstellungen. Einstellungen speichern führt zum Speicherdialog, mit dem Sie Ihre aktuell vorliegenden Einstellungen festhalten können.
- Camera Raw-Standards zurücksetzen ⑦ entfernt alle Einstellungen vom aktuellen Bild.

Arbeitsablauf-Optionen: Wie soll das Bild geöffnet werden?

Zum Nachlesen
Die wichtigsten **Bild-Parameter** – Farbraum, (Farb-)Tiefe, Größe und Auflösung – sollten Ihnen nach der Lektüre von Kapitel 3, »Bildbearbeitung: Fachwissen«, keine Schwierigkeiten mehr bereiten.

Unterhalb der Bildvorschau finden Sie eine blau dargestellte Zeile mit Angaben zu Dateieigenschaften wie Farbraum, Farbtiefe, Auflösung und Ähnliches. Mit diesen Eigenschaften wird eine Datei geöffnet, wenn Sie mit der Bearbeitung in Camera Raw fertig sind. Adobe nennt diese Einstellung wechselweise »Workflow-« oder »Arbeitsablauf-Optionen«. Treffender wäre wohl die Bezeichnung »Dateiausgabe-Optionen«.

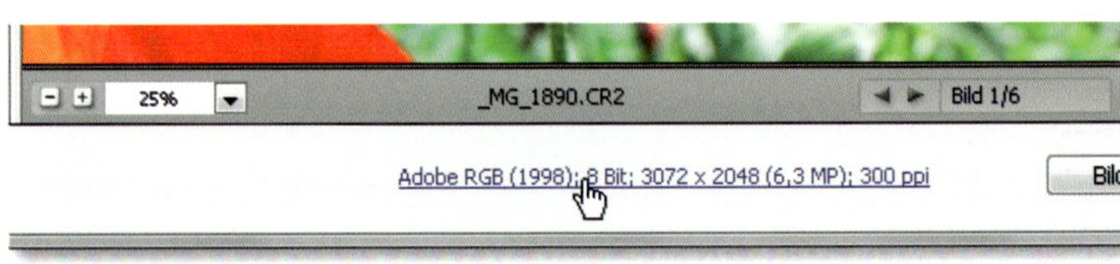

▲ **Abbildung 22.19**
Der Link zu den Arbeitsablauf-Optionen ist gleichzeitig eine Information über die aktuellen Einstellungen.

Wenn Sie auf diese Zeile klicken, gelangen Sie zu einem Dialogfeld, in dem Sie Grundparameter für Dateien festlegen können, die mit Camera Raw geöffnet werden.

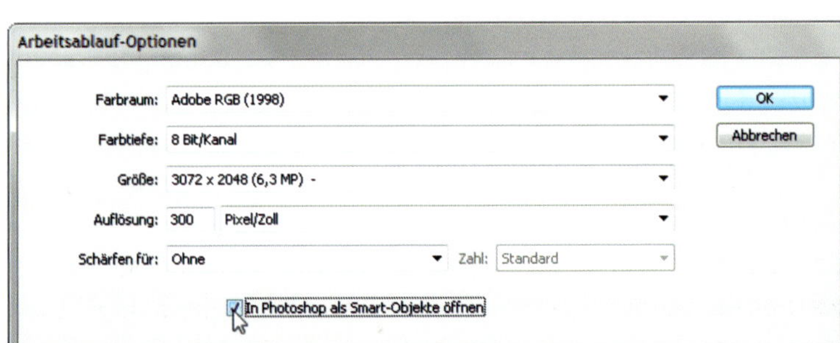

Abbildung 22.20 ▶
Mit welchen Einstellungen soll die Datei geöffnet werden?

Neben bekannten Dateioptionen für FARBRAUM, FARBTIEFE, GRÖSSE und AUFLÖSUNG können Sie hier auch festlegen, dass Bilder bei der Übergabe an Photoshop geschärft werden.

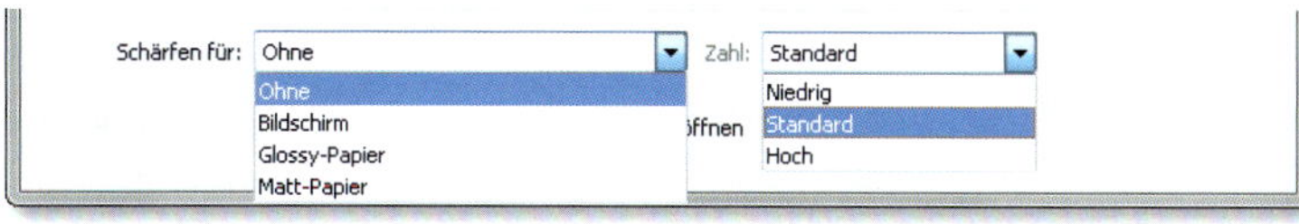

▲ **Abbildung 22.21**
Drei Ausgabearten, drei verschiedene Stärken: medienoptimiertes Schärfen in Camera Raw

Das Festlegen der Schärfungswerte ist einfach: Sie wählen aus, für welches Medium das Bild eingerichtet werden soll, und entscheiden sich zwischen drei Stärken der Schärfung – fertig. Allerdings birgt dieses Verfahren zwei Nachteile:

- Es **wirkt pauschal auf jedes Bild**, das Sie von Camera Raw an Photoshop übergeben.
- Es gibt für diese Schärfung **keine Vorschau**. Wenn Sie außerdem mit Camera Raw an der Detailschärfe arbeiten, kann es zu unangenehmen Überraschungen in Form von Überzeichnung kommen!

Eine – wie ich finde, bessere – Alternative zu den Schärfungseinstellungen im Dialog ARBEITSABLAUF-OPTIONEN bietet die Registerkarte DETAILS (Kürzel: Alt+Strg/ cmd+3). Für lokales Schärfen einzelner Partien können Sie außerdem den Korrekturpinsel (Kürzel K) oder den Verlaufsfilter G verwenden.

Raw-Einstellungen flexibel: Als Smartobjekt öffnen | Wie schon erwähnt: Wenn Sie im Dialog ARBEITSABLAUF-OPTIONEN ein Häkchen bei IN PHOTOSHOP ALS SMART-OBJEKTE ÖFFNEN setzen, werden alle Dateien standardmäßig als Smartobjekt in Photoshop geöffnet, sobald Sie auf den Button BILD(ER) ÖFFNEN im Raw-Konverter klicken. Sie können die Bilder dann weiterbearbeiten wie alle anderen Smartobjekte auch. Ein schneller Doppelklick auf die Smartobjekt-Miniatur in der Photoshop-Ebenen-Palette führt Sie bei Bedarf sofort zu den Raw-Einstellungen der Datei zurück.

- Diese Option wirkt sich auf *alle* Bilder aus, die geöffnet werden. Sie können jedoch auch **einzelne Bilder als Smartobjekt öffnen**. Wenn die Smartobjekt-Option in den ARBEITSABLAUF-OPTIONEN nicht aktiviert ist und Sie dann die ⇧-Taste drücken, ändert der Button BILD(ER) ÖFFNEN seinen Namen und heißt OBJEKT(E) ÖFFNEN. Klicken Sie darauf, und Ihr Foto wird in Photoshop als Smartobjekt geöffnet.

Schärfen schon in Camera Raw?

»Wann schärfen?« – Diese Frage ist heiß diskutiert. Nicht selten ist zu hören, dass das Schärfen erst ganz an das Ende der Bildkorrekturen gehöre. Ist es also überhaupt sinnvoll oder »erlaubt«, schon in Camera Raw zu schärfen? Ich denke schon. In Camera Raw sind Ihre Schärfungseinstellungen nicht endgültig und werden per se bildschonend vorgenommen – Sie entwickeln ja nur eine Version Ihres digitalen Negativs. Erfahrene Bildbearbeiter schärfen Ihre Bilder sogar bis zu drei Mal. Dazu gehört das Vorschärfen – etwa, um eine leichte Kameraunschärfe auszugleichen. Dieses erleichtert auch andere globale Bildbearbeitungsaufgaben. Später folgt ein eventuelles Schärfen im Detail und zuallerletzt ein Nachschärfen, das das Bild für das geplante Ausgabemedium optimal zurichtet.

▲ **Abbildung 22.22**
Der Ebenenname deutet an: Diesem Smartobjekt liegt eine Raw-Datei zugrunde. Klicken auf die Miniatur öffnet erneut die Raw-Einstellungen.

- Das funktioniert auch umgekehrt. Trotz aktivierter Smartobjekt-Option können Sie **einzelne Bilder als normales Pixelbild öffnen**. Halten Sie beim Klick auf den Button Bild(er) öffnen wieder einfach die ⇧-Taste gedrückt.

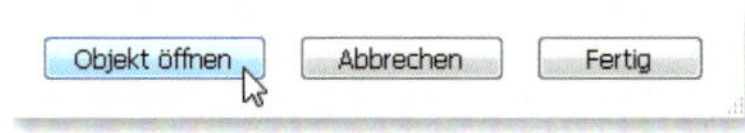

▲ **Abbildung 22.23**
Die Aufschrift Objekt öffnen zeigt an, dass ein Bild in Photoshop als Smartobjekt geöffnet wird.

Bearbeitung abschließen

Wenn Sie mit Ihren Einstellungen fertig sind, haben Sie verschiedene Möglichkeiten, den Vorgang abzuschließen:

- Bild öffnen öffnet eine Kopie der Raw-Bilddaten in Photoshop und wendet Ihre Einstellungen an. Die Bilder können in Photoshop normal weiterbearbeitet werden. Um sie endgültig zu sichern, müssen Sie sie jedoch noch speichern.
- Abbrechen bricht den Vorgang ab und schließt den Camera-Raw-Dialog ohne Änderungen an der Datei.
- Fertig schließt das Raw-Import-Dialogfeld und speichert die Einstellungen – ohne Bilder zu öffnen.
- Kopie öffnen (mit Alt) öffnet das Bild in der Bildversion, die Sie zuletzt im Raw-Dialog eingestellt haben, sichert diese Einstellungen jedoch nicht mit der Ausgangsdatei. Ihre Änderungen werden also auf eine Bildkopie angewandt und ansonsten verworfen.
- Zurücksetzen (mit Alt) verwirft alle Änderungen, lässt den Dialog jedoch geöffnet.

Welches Dateiformat?

Wenn Sie die Raw-Bildeigenschaften weitestgehend erhalten wollen, bieten sich zum Speichern die Dateiformate Photoshop Raw oder TIF an. Beide Formate unterstützen auch 16-Bit-Bilder.

Raw-Import automatisieren

Das Importieren von Raw-Daten eignet sich auch sehr gut, um daraus eine Photoshop-Aktion zu machen. Mit dem einmal aufgezeichneten Makro holen Sie dann bequem ganze Bilderstapel von Ihrer Kamera. Die Photoshop-Stapelverarbeitung macht es möglich! Mehr zu Photoshops zeitsparenden Automatik-Funktionen lesen Sie in Kapitel 10, »Automatismen in Photoshop und Bridge«.

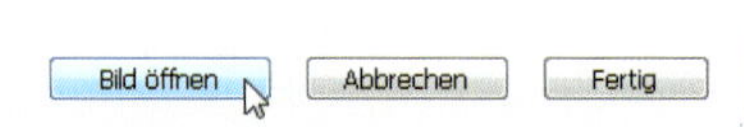

▲ **Abbildung 22.24**
Normalerweise sehen Sie diese Buttons.

▲ **Abbildung 22.25**
Wenn Sie zusätzlich Alt drücken, gibt es weitere Funktionen.

Datei speichern | Links unten im Camera-Raw-Dialog finden Sie einen weiteren Button: Bild(er) speichern.

Wenn Sie auf ihn klicken, gelangen Sie zu einem Dialogfeld, mit dessen Hilfe Sie Rohdaten in anderen Dateiformaten und an anderen Speicherorten sichern können. Wenn Sie diesen Befehl verwenden, werden die Dateien zunächst in eine Warteschlange gestellt und von dort aus verarbeitet und gespeichert. Das erleichtert Ihnen die reihenweise Verarbeitung von Dateien in Camera Raw.

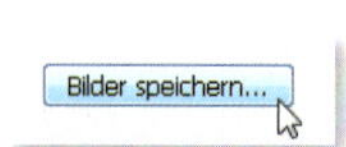

▲ **Abbildung 22.26**
Hilfe bei der Serienbearbeitung

22.5 Die wichtigsten Korrekturen: Die Palette »Grundeinstellungen«

Nachdem Sie die Optionen des Raw-Moduls an Ihre Bedürfnisse angepasst haben, können Sie anfangen, Ihre Bilder zu bearbeiten.

Fast alle Bildeinstellungen nehmen Sie in den insgesamt acht Paletten rechts neben der Bildvorschau vor. Die GRUNDEINSTELLUNGEN (Alt+Strg/cmd+1), die Sie in Abbildung 22.27 sehen, finden Sie an prominenter Stelle als erste Palette des umfangreichen Sortiments. Nicht ohne Grund: Meist bekommen Sie schon mit den hier angebotenen Einstellungen ein recht gutes Ergebnis.

Wie bei der »normalen« Bildbearbeitung ist auch bei Raw-Korrekturen die Reihenfolge nicht unwichtig. Das Layout des Dialogfelds liefert hier schon die richtige Vorgabe. Nacheinander stellen Sie den Weißabgleich 1, den Tonwertbereich 2 und die Farbsättigung 3 ein.

Typische Lichttemperaturen

Wenn Sie eine eigene Lichttemperatur einstellen und sich nicht der vorgefertigten Liste bedienen wollen, müssen Sie die Temperatur gängiger Lichtquellen und typischer Beleuchtungssituationen kennen:

- **Kerze**: 1.500 K
- **Glühbirne** (40 W): 2.680 K
- **Glühbirne** (100 W): 2.800 K
- **Glühbirne** (200 W): 3.000 K
- **Leuchtstoffröhre** (Warmweiß): 3.000 K
- **Leuchtstoffröhre** (Kaltweiß): 4.000 K
- **Fotolampe**, **Halogen-Lampe**: 3.400 K
- **Elektronenblitzgerät**: 5.500–5.600 K
- **Morgen-/Abendsonne**: 5.000 K
- **Mittagssonne, sonniger Himmel**: 5.500–5.800 K
- **Bedeckter Himmel**: 6.500–7.500 K
- **Blauer Himmel**: 9.000–12.000 K
- **Vormittags-/Nachmittagssonne**: 5.500 K
- **Sonne eine Stunde vor Dämmerung**: 3.400 K

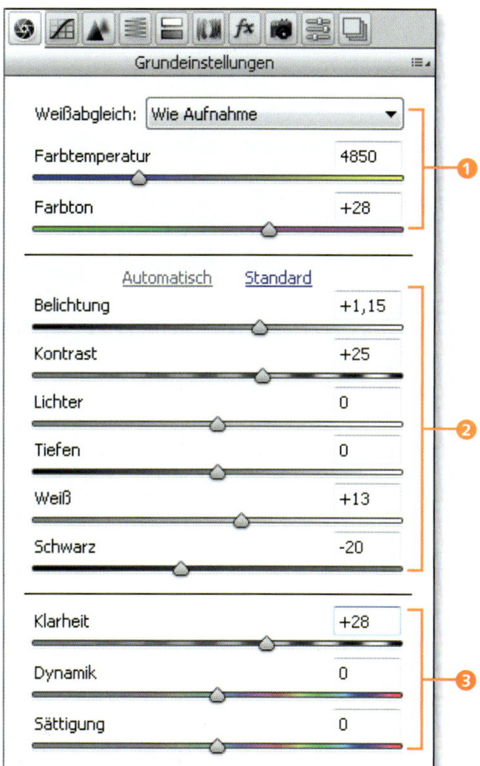

◂ **Abbildung 22.27**
Die wichtigsten Einstellungen für Ihre Bilder

Weißabgleich

Durch den Weißabgleich wird ein gewichtiger Unterschied zwischen dem menschlichen und dem Kamera-Auge ausgeglichen: Wir Menschen sehen Licht fast immer »weiß«, auch wenn es in Wirklichkeit sehr unterschiedliche Lichtfarben (»Temperaturen«) gibt.

Diesen Ausgleich kann eine Kamera nicht leisten – auf dem fotografierten Bild manifestieren sich unterschiedliche Lichtfarben als Farbstiche. Man muss einer Kamera (oder hier dem Raw-Werkzeug) also mitteilen, unter welchen Bedingungen das Bild aufgenommen wurde, damit solch ein Farbstich ausgeglichen werden kann.

Dazu steht eine je nach Kameratyp unterschiedlich bestückte Dropdown-Liste zur Verfügung. Alternativ stellen Sie die Farbtemperatur und (für das Feintuning) den Farbton mit den Reglern von Hand ein.

Weißabgleich per Pipette | Wenn Sie lieber intuitiv arbeiten, können Sie auch das Weißabgleich-Werkzeug  aus der Werkzeugleiste nutzen. Es wirkt so wie die Lichter-Pipette, die Sie bereits aus den Photoshop-Funktionen TONWERTKORREKTUR und GRADATIONSKURVE kennen: Klicken Sie auf den Punkt des Bildes, der neutralisiert werden soll. Die restlichen Bildfarben verändern sich entsprechend. Bei zu hellen Bildbereichen funktioniert das jedoch nicht!

Bild: Onno K. Gent

▲ Abbildung 22.28
Im Eifer, das Motiv schnell zu erwischen, blieb keine Zeit, den Weißabgleich der Kamera zu ändern. Das Bild wirkt zu gelb. Ein Klick mit der Pipette auf das helle weiße Gefieder …

▲ Abbildung 22.29
… und die Farben sind geradegerichtet. Mit dem TEMPERATUR-Regler habe ich das Bild anschließend wieder etwas wärmer gemacht.

Mit der Pipette des Farbaufnahme-Werkzeugs  S können Sie zudem Messpunkte in das Bild setzen, um bei der Korrektur die Farbwerte neuralgischer Bildpartien jederzeit im Blick zu haben.

Mitteltöne, Lichter und Tiefen einstellen

Haben Sie den Weißabgleich vorgenommen, können Sie sich an die Feineinstellung des Tonwertbereichs machen.

Belichtung | In früheren Versionen von Camera Raw wirkte BELICHTUNG auf Lichter und Tiefen. Jetzt, mit dem neuen Prozess 2012, werden damit die Mitteltöne eingestellt; für Tiefen und Lichter gibt es eigene Regler.

Lichter und Tiefen | Die Regler LICHTER und TIEFEN legen fest, wie hell oder dunkel die Lichter oder Tiefen des Bildes werden. Die hellsten und dunkelsten Tonwertbereiche des Bildes werden isoliert bearbeitet – der Rest bleibt unangetastet. Das macht den Umgang mit Problembildern mit einem hohen Kontrastumfang deutlich einfacher!

Details retten | Mit den Reglern WEISS und SCHWARZ können Sie versuchen, Details zurückzuholen, die durch Anwendung von TIEFEN oder LICHTER verlorengegangen sind. Der Regler WEISS kann in den Details Lichterzeichnung retten, SCHWARZ dunkelt Details wieder ein wenig ab, die durch Aufhellung der Tiefen zu hell geraten sind.

Vorschau | Interessant ist die Möglichkeit, beim Ziehen an den Helligkeitsreglern BELICHTUNG, LICHTER, TIEFEN, WEISS und SCHWARZ eine Vorschau der aktuell veränderten Bereiche einzublenden: Drücken Sie dazu Alt, während Sie den Regler bedienen.

▲ **Abbildung 22.30**
Die Helligkeit des Bildes wurde erhöht; veränderte Bereiche werden so dargestellt.

Neue Regler-Aufteilung
In den alten Prozessversionen von Camera Raw waren Funktionsweise und Benennung der verschiedenen Regler für die Bildhelligkeit ziemlich unlogisch. Mit dem Update gibt es ein gänzlich überarbeitetes, deutlich verbessertes Reglerlayout.

Kontraste einstellen

Wichtig für knackige Bilder sind natürlich die Kontraste im Bild. Hier bietet Camera Raw zwei sehr gute Werkzeuge an.

Kontrast | Der Regler KONTRAST arbeitet wie das gleichnamige Photoshop-Korrekturwerkzeug. Um den Bildkontrast anzupassen, können Sie alternativ auch die Einstellung unter GRADATIONSKURVE nutzen. Deren Bedienung erfordert einige Hintergrundkenntnisse über Gradationskurven, aber mit ihr lässt es sich genauer arbeiten.

Besserer Klarheits-Algorithmus
In alten Camera-Raw-Versionen konnte es vorkommen, dass durch unbedachtes Hochziehen der KLARHEIT Artefakte im Bild sichtbar wurden. Beim Prozess 2012 ist das nun anders: Sie können den Regler bedenkenlos bis ganz nach rechts ziehen.

Klarheit | KLARHEIT macht – wie der Name schon sagt – Bilder durch behutsame Kontraststeigerung »knackiger« und verstärkt so den Tiefeneindruck. Die Funktion wirkt sich lediglich auf Mitteltöne aus, so dass Tiefen und Lichter nicht ausbrechen. Dies prädestiniert den Regler für Motive, bei denen Tiefen oder Lichter ohnehin schon etwas problematisch sind, und natürlich für alle Bilder, die etwas mehr Pep brauchen – von der Landschaft bis zum Architekturmotiv. Anders als der KONTRAST-Regler lässt sich KLARHEIT auch zur Kontraststeigerung von Porträts mit Gewinn einsetzen, ohne dass die Hauttöne in Sonnenbrand-Nuancen umschlagen, oder um Porträts weicher zu machen.

Genau genommen ist KLARHEIT ein Schärfungstool. Es wirkt ähnlich wie der bekannte Photoshop-Filter UNSCHARF MASKIEREN mit einem extrem hohen RADIUS-Wert – und beschränkt auf mittlere Tonwerte. Wie bei allen Schärfungsoperationen sollten Sie bei sensiblen Motiven darauf achten, dass in der Vorschau ein Zoomfaktor von 100 % eingestellt ist. Für gute Ergebnisse ziehen Sie den Regler dann so weit nach rechts, bis Sie erste Farbsäume an den Kanten Ihres Motivs erkennen. Dann nehmen Sie die Einstellungen wieder ein wenig zurück.

Einstellungen für die Farbsättigung

Zuletzt sollten Sie sich mit der Farbsättigung Ihrer Bilder beschäftigen.

Sättigung | Die Einstellung SÄTTIGUNG ist Ihnen längst aus Photoshop bekannt. Wenn Sie diesen Regler bewegen, werden Bilder sehr schnell bunt. In der verstärkten Farbigkeit gehen jedoch auch die Kontraste leicht unter. Beim Entsättigen werden Bilder schnell zu flach und grau.

Dynamik | Der Regler DYNAMIK wirkt ähnlich auf die Bildfarben ein wie SÄTTIGUNG, arbeitet aber eher kontrasterhaltend. Während der normale Sättigungsregler auf alle Bildfarben gleichermaßen einwirkt, greift DYNAMIK bei Farben mit geringer Sättigung stärker als bei Farben, die ohnehin schon stark gesättigt sind. Diese Einstellung ist gut geeignet, um Porträts mit vielen Hauttönen zu bearbeiten. Auch »ausgeblichene« alte Fotos lassen sich mit ihr vortäuschen.

Zum Weiterlesen
Das Tool **»Dynamik«** finden Sie auch in Photoshop. Sie finden es in der Korrekturen-Palette (und hier im Buch in Abschnitt 18.3, »Dynamik: Pep für Porträts ohne Übersättigung«).

Hilfe, zu viele Regler! Automatik-Korrekturen

Die Menge der zur Verfügung stehenden Regler kann dazu führen, dass man nicht mehr weiß, welche Konstellation eigentlich gut ist. Oben in der Palette finden Sie die Schaltflächen Automatisch und Standard in Form von Hyperlinks. Damit können Sie zwischen den Bildstandards (Einstellungen in der Datei selbst – Standard) und den in Camera Raw hinterlegten Kamerastandards (Automatisch) hin- und herwechseln. Zuweilen ist ein Klick auf Automatisch recht hilfreich, um Einstellungen zu finden, die dem Bild guttun. Es ist dann leichter, auf dieser Basis die Einstellungen weiter zu verfeinern.

Klicks auf einen der beiden Links bringen Sie auch wieder auf »sicheren Boden«, wenn Sie sich in den Einstellungen völlig verhaspelt haben.

22.6 Gradationskurve

In der nächsten Abteilung, der Gradationskurve (Alt+Strg/cmd+2), finden Sie gleich zwei Gradationskurven (siehe Abbildung 22.32).

Zum Weiterlesen
Genaue Anweisungen zum Gebrauch der **Gradationskurve** finden Sie in Kapitel 20, »Universalhelfer für professionelle Ansprüche: Gradationskurven«. Überhaupt werden Sie nach dem Durcharbeiten des Teils über Photoshop-Korrekturen keine Schwierigkeiten haben, die Raw-Werkzeuge qualifiziert zu nutzen!

Punkt

Unter Punkt ❷ befindet sich ein Werkzeug, das der normalen Gradationskurve stark ähnelt und auch genauso angewendet wird. Hier gibt es außerdem ein Dropdown-Feld mit einigen Standardkurven, und im Hintergrund der Kurve ist in Hellgrau die Tonwertverteilung des Bildes (Histogramm) eingeblendet.

Parametrisch: Differenzierte Bildeinstellungen ohne Kurvenpunkte

Die parametrische Gradationskurve ❶ ist eine Spezialität von Camera Raw. Mit ihr wirken Sie *per Regler* differenziert auf verschiedene Tonwertbereiche ein, ohne dass Sie auf der Kurve selbst Ankerpunkte setzen müssen. Die Gefahr von Tonwertabrissen infolge zu zahlreicher Ankerpunkte und zu flacher Kurven ist damit gebannt.

Farbkanäle separat ansteuern
Bisher funktionierte die Punkt-Gradationskurve in Camera Raw nur für den Composite-Kanal RGB; es war nicht möglich, die Farbkanäle separat anzusteuern. Das hat sich mit der aktuellen Raw-Prozess-Version 2012 geändert. Sie können die Farbkanäle nun einzeln aufrufen und gezielt bearbeiten. Damit sind nicht nur Kontrast-, sondern auch Farbkorrekturen per Gradationskurve möglich.

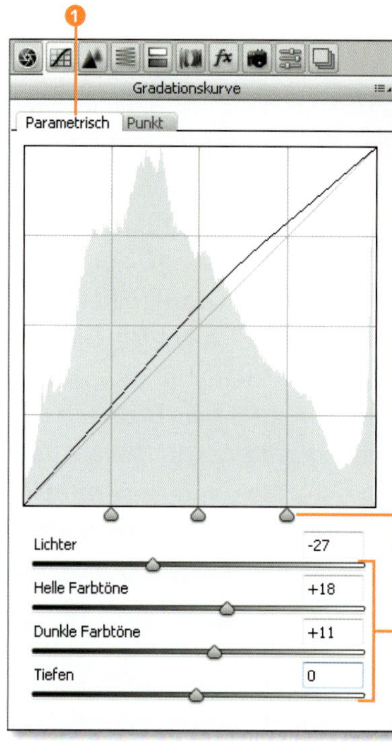

▲ **Abbildung 22.31**
Bei der parametrischen Gradationskurve dient die eigentliche Kurve nur Kontrollzwecken – Sie arbeiten mit Reglern.

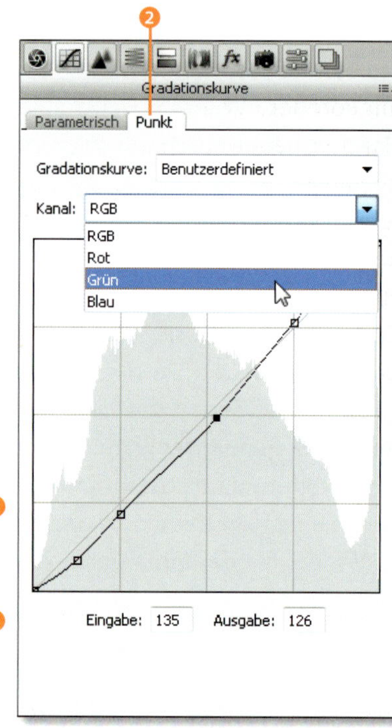

▲ **Abbildung 22.32**
Die übliche, durch Ankerpunkte gesteuerte Gradationskurve

Einstellungen ❹ | LICHTER wirkt auf die allerhellsten Tonwertbereiche des Bildes ein, TIEFEN auf die dunkelsten. Mit dem Regler HELLE FARBTÖNE bearbeiten Sie nur die hellen Farbtöne – nicht aber die allerhellsten. Analog wirkt DUNKLE FARBTÖNE, nur eben in den dunklen Tonwertbereichen.

Wenn Sie erst einmal die Wirkung dieses Werkzeugs durchschaut haben – die Gestaltung der Kurve könnte etwas klarer sein –, können Sie Erstaunliches bewirken. Es ist zum Beispiel möglich, zunächst die hellen Tonwerte eines Bildes aufzuhellen und dann isoliert davon die Lichter wieder abzudunkeln, um Tonwertverluste zu vermeiden. Eine solche Korrektur wäre mit der normalen Gradationskurve zwar auch machbar, aber es ist ein wenig schwieriger, durch Setzen von Punkten und Ziehen mit der Maus die »Idealkurve« zu finden.

Korrekturbereich definieren | Indem Sie die Dreieckspfeile unterhalb der Kurvendarstellung ❸ verschieben, können Sie außerdem festlegen, wie groß der Tonwertumfang der einzelnen Bereiche ist. Mit diesen Trennern definieren Sie, welche Tonwertbereiche während der Korrektur überhaupt als »Tiefen«, »Lichter« oder »helle/dunkle Farbtöne«

interpretiert werden. Wie immer sind die Tiefen links, die Lichter rechts angeordnet. Wenn Sie den rechten und linken Regler mehr an den Rand schieben, grenzen Sie die Wirkung des Werkzeugs noch stärker auf hellste bzw. dunkelste Tonwertbereiche ein. Wenn Sie den mittleren Regler nach links bewegen, wirkt die Korrektur der Lichter stärker; bewegen Sie ihn nach rechts, werden mehr Tonwerte den Tiefen zugeschlagen, und Korrekturen der Tiefen greifen mehr. Vor allem in Zusammenarbeit mit HELLE FARBTÖNE und DUNKLE FARBTÖNE wirkt sich das deutlich aus.

Das Verschieben der kleinen Dreiecksregler *allein* bewirkt übrigens gar nichts – Sie legen damit nur die Korrekturwirkung der vier Schieber fest. Solange diese nicht bewegt werden, bleibt das Bild unverändert.

22.7 Mausgesteuert korrigieren: »Selektive Anpassung«

Aus Photoshop, etwa vom SCHWARZWEISS-Werkzeug oder dem Tool FARBTON/SÄTTIGUNG, kennen Sie möglicherweise die geniale Korrektursteuerung mit dem komplizierten Namen »Zielgerichtet-korrigieren-Werkzeug«: Sie klicken bei aktivem Korrekturwerkzeug ins Bild, und der Mauszeiger wird zur Hand mit Pfeilen daran. Bewegen Sie die Hand in Pfeilrichtung, werden genau für die Stelle des Klicks Werte erhöht oder verringert.

Auch in Camera Raw steht Ihnen diese Funktion für einige Werkzeuge zur Verfügung. Gerade bei Rohbildern mit höheren Bit-Werten können Sie sie mit Gewinn einsetzen, denn hier sind nicht so leicht Tonwertverluste durch zu beherzten Mauseinsatz zu befürchten.

Sie finden diese Funktion nicht in den für die Korrekturen zuständigen Paletten, sondern in der Werkzeugleiste: Wählen Sie das Werkzeug SELEKTIVE ANPASSUNG (Shortcut: T). Ein kurzer Klick aktiviert das Werkzeug. Wenn Sie die Maus mit gedrückter Maustaste etwas länger auf dem Werkzeug-Icon halten, öffnet sich ein Submenü. Darin stellen Sie ein, welches Korrekturtool Sie per Mausbewegung steuern wollen.

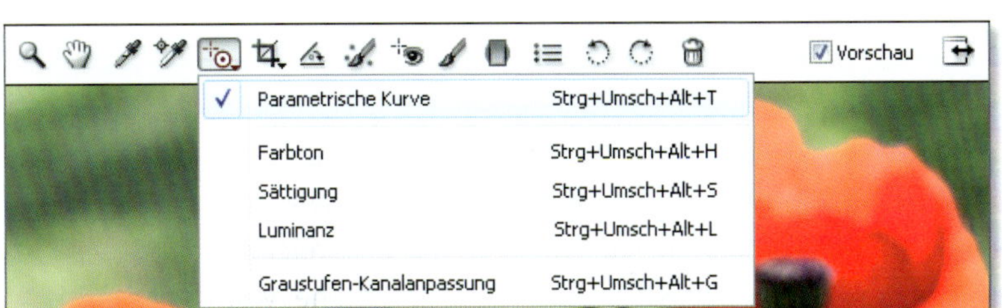

◄ **Abbildung 22.33**
Mit dem Tool SELEKTIVE ANPASSUNG steuern Sie verschiedene Korrekturen durch Mausbewegung über dem Bild.

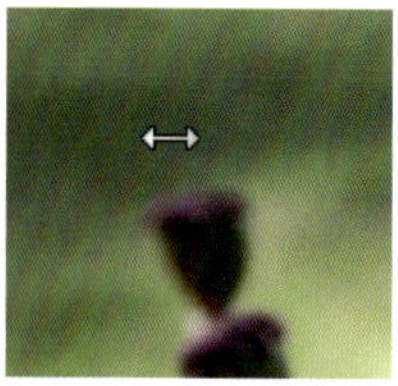

▲ **Abbildung 22.34**
Das Werkzeug Selektive Anpassung im Modus Parametrische Kurve. Bewegen Sie die Maus waagerecht, um zu korrigieren.

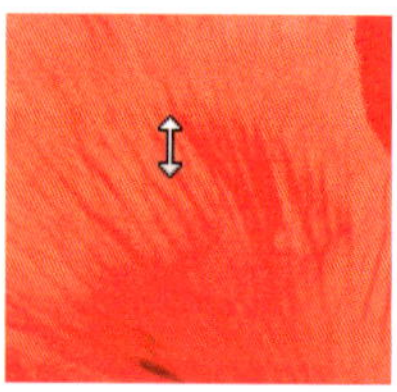

▲ **Abbildung 22.35**
Das Werkzeug Selektive Anpassung im Modus Sättigung. Hier muss die Maus senkrecht über das Bild geführt werden.

Die **Anwendung des Werkzeugs** ist einfach:

1. Wählen Sie aus, mit welchem Tool Sie das Bild verändern wollen. Zur Auswahl stehen Parametrische Kurve, Farbton, Sättigung, Luminanz und Graustufen-Kanalanpassung.
2. Klicken Sie im Bild auf den Bereich, den Sie verändern wollen, lassen Sie die Maustaste jedoch gedrückt.
3. Bewegen Sie die Maus dann nach rechts oder links oder nach oben und unten, um die Einstellungen zu ändern. Die Bewegungsrichtung ist je nach Werkzeug verschieden, wird jedoch durch die Form des Mauscursors angezeigt.

Was wollen Sie tun?	Windows	Mac
Werkzeug aufrufen (mit der zuletzt benutzten Einstellung)	T	T
Modus: parametrische Kurve verändern	Strg + ⇧ + Alt + T	cmd + ⇧ + Alt + T
Modus: Farbton verändern	Strg + ⇧ + Alt + H	cmd + ⇧ + Alt + H
Modus: Farbsättigung verändern	Strg + ⇧ + Alt + S	cmd + ⇧ + Alt + S
Modus: Farbhelligkeit verändern	Strg + ⇧ + Alt + L	cmd + ⇧ + Alt + L
Modus: Kanalmischung bei der Graustufen-Umsetzung steuern	Strg + ⇧ + Alt + G	cmd + ⇧ + Alt + G

▲ **Tabelle 22.1**
Tastaturbefehle für das Raw-Werkzeug Selektive Anpassung auf einen Blick

22.8 Details: Schärfen und Rauschreduzierung

Auf der Registerkarte Details (Kürzel Alt + Strg / cmd + 3) finden Sie Regler zum Schärfen des Bildes und zur Rauschreduzierung. Es ist sinnvoll, diese zwei Funktionen zusammenzufassen: Schärfen lässt das Rauschen stärker hervortreten, Rauschreduzierung macht Bilder unschärfer. Hier können Sie beides gegeneinander austarieren.

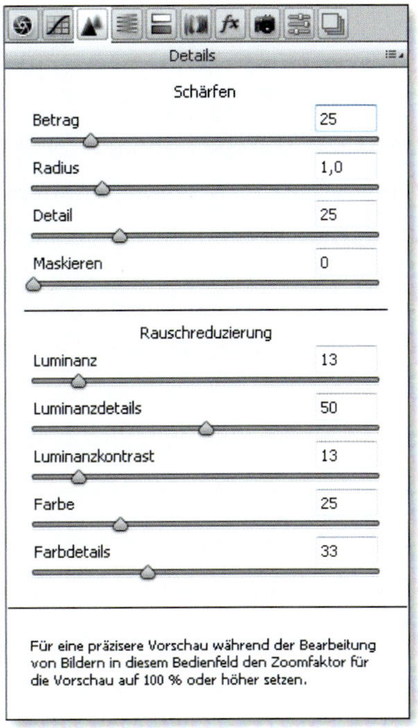

◀ **Abbildung 22.36**
Die Werte für das Schärfen und die Rauschunterdrückung können hier einfach aufeinander abgestimmt werden.

Schärfe und Entrauschen in der 100 %-Ansicht

In Camera Raw gilt dasselbe wie in Photoshop: Korrekturen, die in die Bildschärfe eingreifen (dazu gehört auch das Entrauschen), sollten Sie in der 100 %-Ansicht durchführen. Ein Doppelklick auf das Lupen-Werkzeug bringt das Bild schnell in den gewünschten Darstellungsmaßstab. Nutzen Sie das Hand-Werkzeug , um relevante Bildbereiche ins Blickfeld zu schieben. **Grundlegendes** zur Scharfzeichnung und zum Entrauschen finden Sie übrigens in Teil VIII, »Reparieren und retuschieren«.

Scharfzeichnen

Die Regler sehen zunächst so aus, wie Sie es auch von Photoshop kennen. Das Camera-Raw-Schärfen enthält jedoch einige unbekannte Funktionen und unterscheidet sich in wichtigen Details von den bekannten Photoshop-Filtern.

Grundeinstellungen | Was geschieht beim digitalen Schärfen? Zunächst werden benachbarte Pixel miteinander verglichen. Dort, wo unterschiedlich helle Pixel aneinandergrenzen – an den Konturen innerhalb des Bildes also –, setzt die Schärfungsfunktion an und erhöht den Kontrast. Dadurch entsteht der optische Eindruck größerer Schärfe.

- Mit Betrag steuern Sie, wie stark der Kontrast benachbarter Pixel erhöht wird. Sie bestimmen so, wie kräftig scharfgezeichnet wird.
- Der Radius legt fest, wie breit der Konturbereich ist, an dem die Kontrasterhöhung greift.

Vorsicht | Betrag und Radius ähneln den Reglern Stärke und Radius in Photoshops Schärfungsklassiker Unscharf Maskieren (USM). Doch in Camera Raw wirken beide Regler **viel intensiver** als ihre Pendants in Photoshops USM und sollten vorsichtig gehandhabt werden. Ein hoher Betrag um die 150 ruiniert ein Bild fast immer, wenn Sie nicht mit Detail und Maskieren gegensteuern.

Schärfen, Entrauschen & Co.: jetzt auch lokal

Die Funktionen Bildschärfe und Rauschreduzierung, Moiré-Reduzierung und Rand entfernen können Sie jetzt auch lokal – per Korrekturpinsel oder Verlaufsfilter – anwenden – oftmals eine gute Alternative zu den Einstellungen der Details-Palette.

Filterwirkung fein dosieren | Aus Photoshop noch unbekannt ist der Regler DETAIL. Damit stellen Sie ein, ob die Schärfung Motivkanten betont (niedrige Werte) oder ob auch Texturen und Strukturen im Bild hervorgehoben werden (höhere Werte). Wenn Sie diesen Regler einige Male ausprobiert haben, werden Sie seinen Nutzen schnell erkennen! Eine zu kräftige Schärfung kann er ganz leicht justieren, ohne dass Sie minutenlang im Wechsel BETRAG und RADIUS verschieben müssen, bis Sie die optimale Konstellation gefunden haben. Außerdem unterdrückt diese Einstellung unerwünschte Halo-Effekte an den Konturen.

Störungen unterdrücken, Schärfen auf Konturen einschränken | Schärfen macht Fotos nicht nur kontrastreicher und knackiger; es betont auch unerwünschte Bildstörungen. Ein wirksamer Schutz gegen solche Nebenwirkungen der Schärfung ist die Funktion MASKIEREN. Mit diesem Regler erzeugen Sie eine Konturenmaske, die die Schärfungswirkung auf mehr oder weniger deutliche Motivkonturen einschränkt – also die Bildbereiche, auf die es beim Schärfen ankommt. Flächen werden geschützt. Ist die Maske deaktiviert (Wert 0), werden alle Bildteile in gleichem Maß geschärft. Je weiter Sie den MASKIEREN-Regler nach rechts schieben, desto stärker wirkt die Scharfzeichnung ausschließlich auf die Konturen im Bild.

Außerdem bietet Camera Raw ein geniales Kürzel, das Ihnen wirklich gute Kontrolle über Ihre Scharfzeichnung gibt: Sobald Sie `Alt` drücken und dabei einen der Regler bewegen, wechselt die Vorschauansicht und wird zu einer Maske. Das funktioniert für alle Schärfungsregler, ist jedoch vor allem bei MASKIEREN von Nutzen. So können Sie jede Einstellung exakt anpassen.

Bild: Fotolia, Dashek (Ausschnitt)

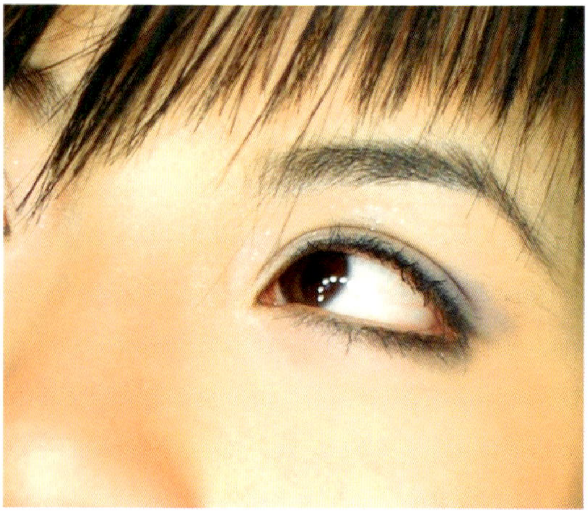

▲ **Abbildung 22.37**
Bildausschnitt in der Normalansicht (bereits geschärft) ...

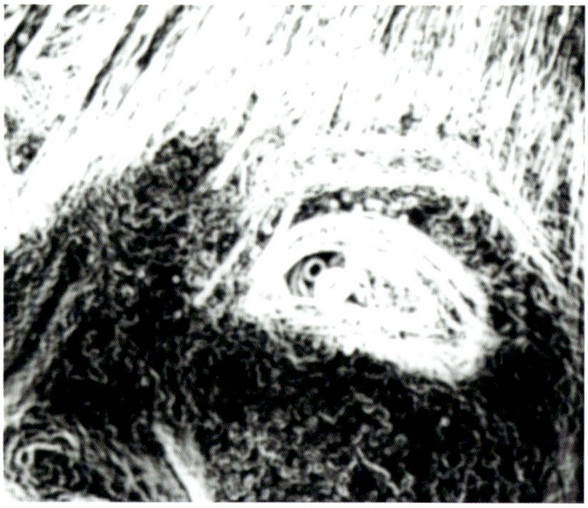

▲ **Abbildung 22.38**
... und mit Vorschau der Konturenmaske. Extrem hilfreich!

Rauschreduzierung

Das Bildrauschen ist eine leidige Begleiterscheinung gerade bei kompakten Digicams (abhängig von der Größe der eingesetzten Sensoren). Es kann nach dem Schärfen stärker werden, tritt aber auch solo auf. Beim Entrauschen mit Camera Raw stehen Ihnen fünf Regler zur Verfügung.

- Verschieben des LUMINANZ-Reglers geht gegen Helligkeitsrauschen (Graustufenrauschen) vor.
- Farbrauschen können Sie mit dem Regler FARBE bekämpfen.

Die folgenden Regler dienen der **Feinabstimmung**:

- LUMINANZDETAILS verändert den Schwellenwert für die Luminanzentrauschung. Sie legen hier also fest, welche Tonwerte Camera Raw als Störung interpretiert. Hohe Werte retten mehr Details im Bild, können jedoch auch Störungen verstärken. Geringe Werte sorgen für saubere Bilder, bei denen jedoch Details leicht unscharf geraten können.
- LUMINANZKONTRAST ist für Bilder mit stärkeren Störungen gedacht. Hohe Werte sorgen dafür, dass mehr Kontraste beibehalten werden, können jedoch auch für Sprenkel und andere Störungen sorgen.
- FARBDETAILS steuert den Schwellenwert für Farbstörungen. Hohe Werte schützen dünne, helle Farbkanten, können jedoch zu Farbflecken führen. Bei niedrigen Werten werden Farbflecke getilgt, es können jedoch verlaufsartige Strukturen entstehen.

22.9 HSL/Graustufen: Farbe und Schwarzweiß

Nicht nur Korrekturen, auch kreative Farbveränderungen können Sie mit Hilfe der Palette HSL/GRAUSTUFEN (Shortcut [Alt]+[Strg]/[cmd]+[4]) durchführen. Das namensgebende Kürzel der Palette bezeichnet die drei Farbbeschreibungsparameter Farbton (**H**ue), Sättigung (**S**aturation) und Helligkeit (**L**uminance), die sich hier einzeln und sehr differenziert bearbeiten lassen (siehe Abbildung 22.39 bis 22.41 auf der nächsten Seite). Außerdem können Sie mit Hilfe dieser Palette Farbbilder in »Schwarzweißfotos« verwandeln.

Die Bedienung ist einfach: Durch Verschieben der Regler beeinflussen Sie die Bildfarben. Für acht Farbton-Bereiche können Sie FARBTON, SÄTTIGUNG und LUMINANZ (Helligkeit) separat einstellen.

Zum Weiterlesen
Mehr zum Thema **Schwarzweiß-Umsetzung** erfahren Sie in Kapitel 21, »Das Spiel mit Farbe und Schwarzweiß«.

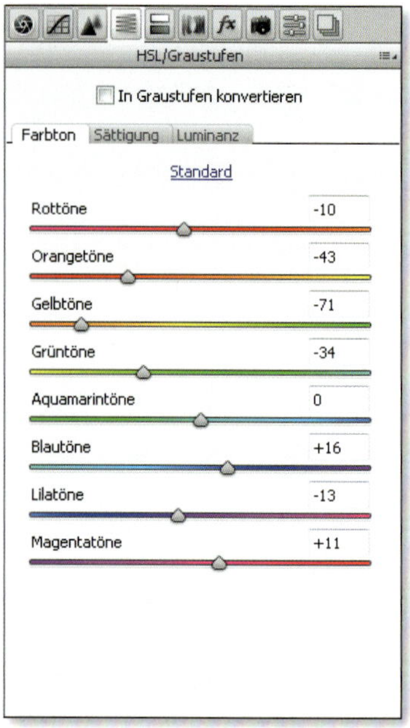

▲ **Abbildung 22.39**
Gleich drei Unterabteilungen …

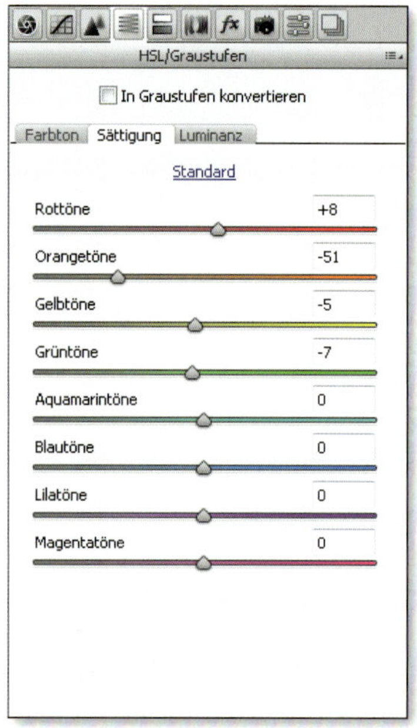

▲ **Abbildung 22.40**
… bietet die Palette HSL/Graustufen, …

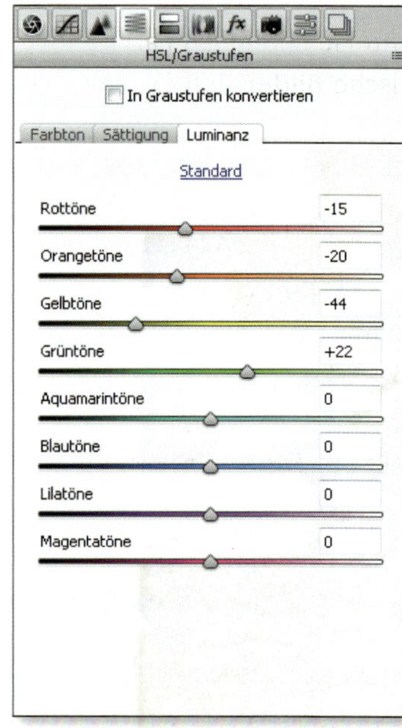

▲ **Abbildung 22.41**
… um Farbmischung und Graustufenumsetzung einzustellen.

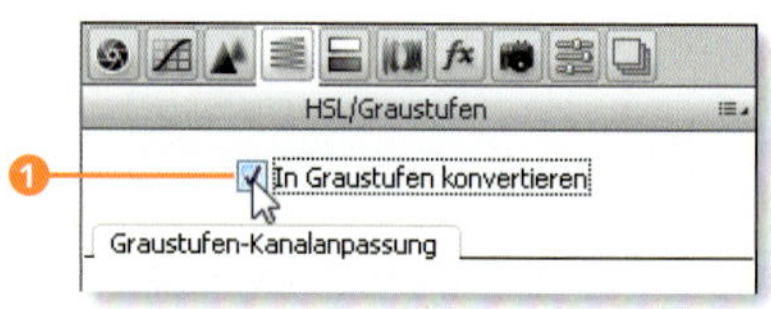

▲ **Abbildung 22.42**
So ❶ erzeugen Sie genau steuerbare Schwarzweiß-Umsetzungen.

Ein Häkchen bei In Graustufen konvertieren ❶ macht aus dem Farbbild ein Graustufenbild. Anders als in der Photoshop-Funktion Schwarzweiss sind Sie hier auf manuelles Verschieben der Regler angewiesen; die »Korrekturhand« funktioniert nicht. Doch ansonsten ähneln die Optionen dem, was Sie aus dem Photoshop-Tool Schwarzweiss kennen. Außerdem gibt es auch hier die Schaltflächen Automatisch und Standard, mit denen Sie zwischen den Bildstandards und den in Camera Raw hinterlegten Kamerastandards hin- und herwechseln können.

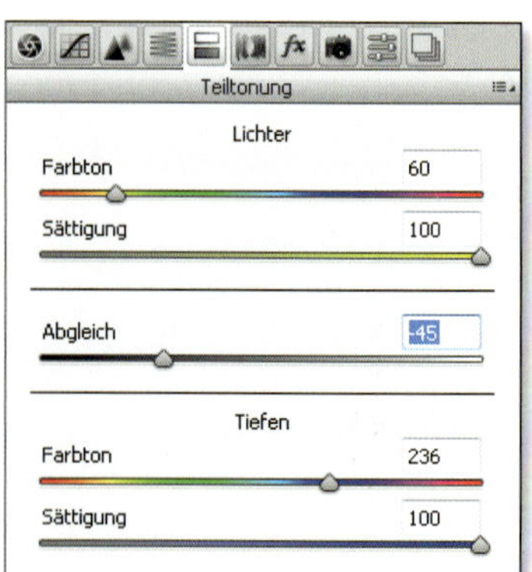

▲ **Abbildung 22.43**
Teiltonung ist ein wunderbares Spielzeug, das unzählig viele Bildergebnisse produziert.

22.10 Teiltonung: Farbe verfremden und verändern

Mit der Palette Teiltonung (Shortcut `Alt`+`Strg`/`cmd`+`5`) können Sie Graustufenbilder abtönen und farbig variieren.

Sie können ein Bild durchgehend in einer Farbe tonen oder Tiefen und Lichtern unterschiedliche Farbtonwerte zuweisen. Die allerhellsten und allerdunkelsten Bereiche bleiben aber in jedem Fall Schwarz und Weiß. Die Funktion Abgleich schafft einen Ausgleich zwischen zwei von Ihnen gewählten Farbtönen. Obwohl sich dieses Konzept des Tonens mit zwei Farben zunächst etwas wild anhört, werden dadurch mitnichten bunte Pop-Art-Bilder erzeugt, sondern – auch wenn Sie mit sehr unterschiedlichen Farben und hoher Sättigung arbeiten – recht harmonische Bilder.

Datei auf der Buch-DVD: »Mohnblume.CR2«

Bild: Onno K. Gent

▲ **Abbildung 22.44**
Hier eine getonte Schwarzweißversion des Beispiel-Mohnbildes …

▲ **Abbildung 22.45**
… und eine nostalgisch-verblichene Farbumsetzung.

22.11 Objektivkorrekturen: Objektiv- und Kamerafehler ausgleichen

Mit den Funktionen unter Objektivkorrekturen (erreichbar mit dem Kürzel Alt+Strg/cmd+6) machen Sie typischen Objektivfehlern wie Verzerrung, Vignettierung und Aberration den Garaus.

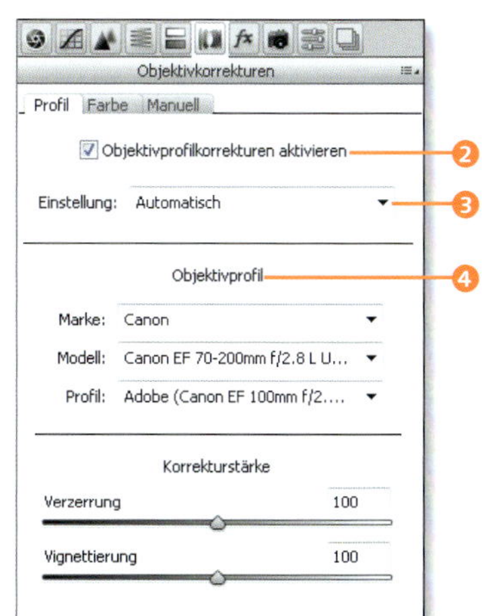

▲ **Abbildung 22.46**
Wenn Sie Glück haben, erkennt Camera Raw Ihr Objektiv und korrigiert Verzerrung und Vignettierung automatisch.

Automatische Objektivkorrekturen mit Profil

Die automatische Objektivkorrektur, die Adobe in Photoshops Objektivkorrektur-Filter untergebracht hat, findet sich in vergleichbarer Form auch in Camera Raw. Auf der Registerkarte Profil versucht Camera Raw sich in der automatischen Objektiverkennung und Korrektur typischer Fehlerwerte. Das Vorgehen dabei ist einfach:

1. Setzen Sie bei der Option Objektivprofilkorrekturen aktivieren 2 ein Häkchen.
2. Unter Einstellung 3 wählen Sie Automatisch für die automatische Korrektur.

3. Camera Raw liest nun die Metadaten des Bildes aus und gleicht sie mit einer Profil-Datenbank ab. Wird das verwendete Objektiv gefunden, tauchen unter OBJEKTIVPROFIL 4 entsprechende Einträge auf. Die Korrekturen werden automatisch durchgeführt. Bei subtilen Korrekturen hilft ein Aus- und Einschalten der Vorschau (am schnellsten mit dem Shortcut [P]), um Änderungen im Bild zu erkennen.
4. Sie können das Korrekturergebnis anhand der Regler unter KORREKTURSTÄRKE manuell nachbessern.

Ist das Profil nicht gelistet oder fehlen entsprechende Metadaten im Bild, erhalten Sie eine Fehlermeldung. Dann können Sie versuchen, unter OBJEKTIVPROFIL in den Listen das verwendete Objektiv zu finden und einzustellen. Oder Sie wechseln zur manuellen Korrektur (siehe Seite 667).

Farbfehler: Chromatische Aberration

Neue Aberrationskorrektur
Die Aberrationskorrektur hat nun einen eigenen Karteireiter bekommen, sie ist unabhängig von etwaigen automatischen Objektivprofilen und kann mit Reglern fein abgestimmt werden. Vermissen Sie diese Funktion? Der FARBE-Karteireiter ist erst ab Camera Raw 7.1 mit dabei. Mit Hilfe des Photoshop-Befehls HILFE • AKTUALISIERUNGEN können Sie Ihre Software auf den allerneuesten Stand bringen.

Die chromatische Aberration ist ein physikalischer Effekt, der beim Gebrauch optischer Linsen immer eintritt: Lichtbestandteile verschiedener Frequenzbereiche (»Farben«) werden unterschiedlich abgelenkt.

Durch Benutzung mehrerer Linsen im Objektiv kann das ausgeglichen werden. Funktioniert das nicht ganz, zeigen sich Farbsäume am Bild. In Camera Raw können Sie violette und grüne Farbsäume reparieren.

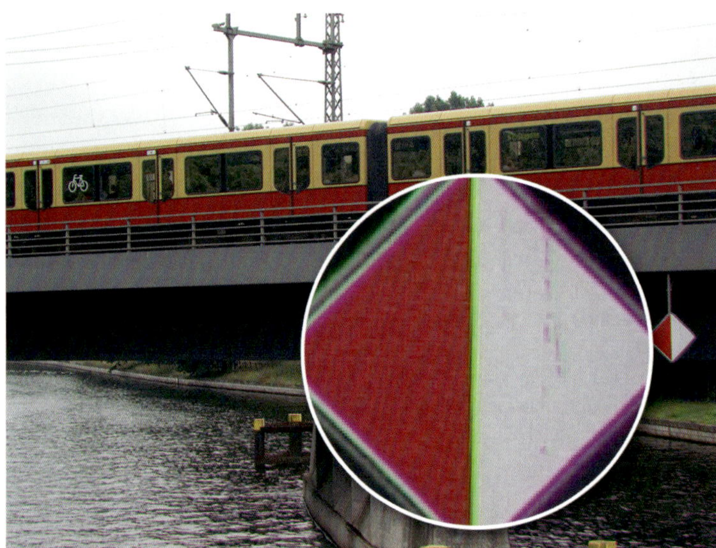

Abbildung 22.47 ▸
Starke chromatische Aberration. Sie ist an bunten Details wie dem Schifffahrtssignal erkennbar, aber auch an den Wellen.

Damit Sie die richtige Einstellung finden, zoomen Sie sich am besten in Ihr Bild hinein. Suchen Sie eine Stelle mit starken Farbsäumen. Die finden Sie vermutlich am ehesten in Bereichen, die sehr dunkle oder schwarze Details vor einem sehr hellen oder weißen Hintergrund enthalten. Nun haben Sie verschiedene Möglichkeiten, vorzugehen. Welche die beste ist, hängt von Objektiv und Aufnahmesituation ab.

- Maßnahme eins sollte es immer sein, den Haken bei Chromatische Aberration entfernen 5 zu setzen. Leichte Farbränder verschwinden dann meist schon.
- Genügt das nicht, halten Sie Strg/cmd gedrückt. Der Mauszeiger verwandelt sich in eine Pipette. Mit der klicken Sie dann auf den Farbrand, den Sie entfernen wollen. Sie werden sehen, dass sich dann auch die Regler bewegen.
- Alternativ zum Einsatz der Pipette können Sie auch einfach die Regler Lila Intensität 6 und Grün Intensität 8 bewegen. Hilfreich ist es, dabei Alt gedrückt zu halten. Dann wird eine Schwarzweiß-Bildansicht gezeigt, in der die aktuell behandelten Farbränder sichtbar sind.
- Mit den Reglern unter Lila Farbton 7 und Grün Farbton 9 können Sie den Farbbereich, der mit den beiden Intensität-Reglern erreicht wird, verändern.

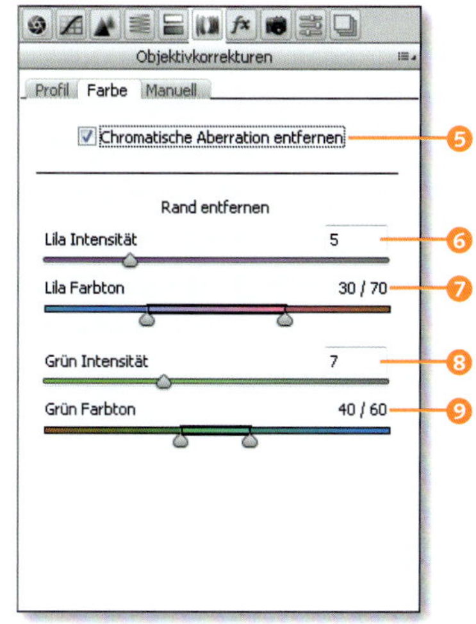

▲ Abbildung 22.48
Neu in CS6: Eine separate Sub-Palette für die Korrektur von Aberrationen erlaubt feinste Einstellungen.

Manuelle Objektivkorrektur

Viele bekannte Funktionen aus dem Objektivkorrektur-Filter von Photoshop sind nach Camera Raw »eingewandert«. Neben Aberration und Vignettierung lassen sich jetzt auch Verzerrungen im Raw-Modul korrigieren. Das funktioniert nicht ganz so komfortabel wie mit Photoshops mächtigem Filter, dennoch wurden die Möglichkeiten gegenüber der Vorversion erheblich erweitert.

Tonne, Kissen, Verzerrung – Transformieren | Wenn Sie bereits mit der Objektivkorrektur von Photoshop gearbeitet haben, finden Sie sich bei der Raw-Objektivkorrektur leicht zurecht. Die aussagekräftigen Icons 1 helfen bei der Orientierung. Das Wichtigste ist eigentlich, dass Sie das Bild gut beobachten und die Regler mit Bedacht bedienen.

- Der Regler Verzerrung behebt Tonnen- oder Kissenverzerrung. Scheinen sich die Linien Ihres Bildes vom Bildmittelpunkt nach außen zu biegen (Tonnenverzerrung), ziehen Sie den Regler nach rechts. Erscheinen Linien Ihres Bildes von der Mitte nach innen gebogen (Kissenverzerrung), bewegen Sie den Regler nach links.
- Vertikal korrigiert falsche Perspektiven, die durch die Neigung der Kamera nach oben oder unten (relativ zum Objekt) entstanden sind. Vertikale Linien des Bildes werden parallel ausgerichtet.

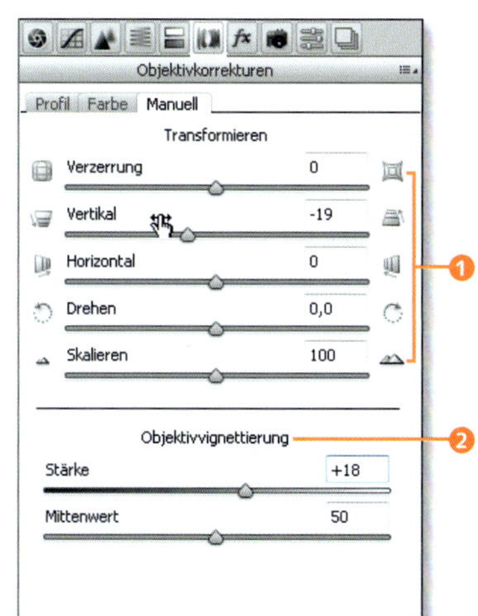

▲ Abbildung 22.49
Mit der manuellen Steuerung der Objektivkorrekturen können Sie verschiedene gängige Objektivfehler ausgleichen.

Zum Weiterlesen
Mehr zu **Photoshops Objektivkorrektur-Filter** finden Sie in Abschnitt 23.7, »Objektivkorrektur«.

- HORIZONTAL berichtigt Perspektiven, die durch die Neigung der Kamera nach rechts oder links entstanden sind. Horizontale Linien werden parallel ausgerichtet.
- DREHEN richtet Horizonte und Ähnliches gerade. Das Gerade-ausrichten-Werkzeug (Kürzel [A]) ist dafür jedoch noch besser geeignet.
- SKALIEREN ist eine smarte Funktion: Die durch Transformationen unter Umständen an den Bildkanten freigelegten Bereiche werden damit wieder gefüllt.

Objektivvignettierung | Als Vignette-Effekt bezeichnet man Verschattungen an den Bildrändern. Sie rühren vom Objektivrand her und können mit den Reglern unter OBJEKTIVVIGNETTIERUNG ❷ ebenfalls korrigiert werden:

- Mit STÄRKE stellen Sie ein, wie hell oder dunkel die Vignettenkorrektur ist.
- MITTENWERT legt fest, wie weit die Vignetten-Korrektur sich von den Bildecken ins Bildzentrum erstreckt.

22.12 Effekte

Mit den Tools unter EFFEKTE Kürzel ([Alt]+[Strg]/[cmd]+[7]) imitieren Sie fotografische Effekte vergangener Technik-Epochen: das Filmkorn analoger Fotografie und den starken Randlichtabfall (Vignettierung) altertümlicher Foto-Optiken.

Für Analogfoto-Fans: Künstliches Filmkorn

Unter KÖRNUNG stellen Sie ein, wie das Ihrem Bild hinzugefügte Filmkorn aussehen soll. Die Optionen sind selbsterklärend. Probieren Sie einfach aus, was Ihrem Bild am besten steht!

Abbildung 22.50 ▼
Bild ohne (links) und mit (rechts) hinzugefügtem digitalem Filmkorn.

Bild: vitamin a design

Vignettierung nach Freistellen

Die Funktion VIGNETTIERUNG NACH FREISTELLEN macht sich vor allem im Kreativeinsatz gut. Dunkle Verschattungen oder aufgehellte Bereiche an den Bildkanten betonen das Hauptmotiv im Bild und retten manch ungünstigen Beschnitt. Sie können die Funktion VIGNETTIERUNG NACH FREISTELLEN vor oder nach dem Beschneiden des Bildes einsetzen: Die Ausdehnung des Effekts ändert sich mit den Bilddimensionen. Mit den Reglern stellen Sie den Tonwert (STÄRKE), die Ausdehnung ins Bild (MITTENWERT), die Form (RUNDHEIT) und die Kantenweichheit (WEICHE KANTE) ein. Der Regler LICHTER ist in Camera Raw 7.1 inaktiv.

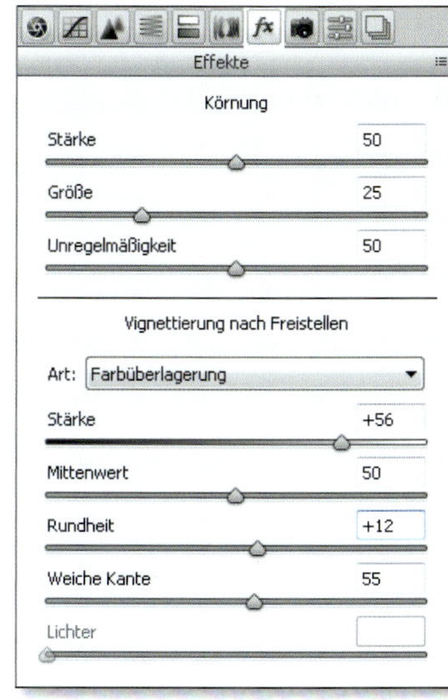

▲ **Abbildung 22.51**
Die Palette EFFEKTE

Die Camera-Raw-Vignette ist jedoch mehr als ein mehr oder minder weichgezeichnetes Passepartout. Mit den Einstellungen unter ART legen Sie fest, wie sich die Tonwerte der Vignette zu den Bildfarben verhalten:

- LICHTERPRIORITÄT schützt den Lichterkontrast des Bilds. In dunkleren Bildteilen kann es jedoch zu Farbverschiebungen kommen. Diese Einstellung ist für Bilder mit starken Aufhellungsbereichen geeignet.
- FARBPRIORITÄT behält die Farbtöne bei. Bei den Lichtern kann dies jedoch zu einem Detailverlust führen.
- FARBÜBERLAGERUNG überblendet die Originalbildfarben mit Schwarz oder Weiß. Der Lichterkontrast wird dadurch möglicherweise reduziert. Diese Option erzielt besonders weiche Effekte.

Bild: Fotolia, Sascha Burkhard

◀◀ **Abbildung 22.52**
Sepiafarben getont wirkt das ursprünglich farbige Motiv schon recht nostalgisch.

◀ **Abbildung 22.53**
Die Vignette verstärkt diesen Effekt.

22.13 Kamerakalibrierung

Die Einstellungen unter KAMERAKALIBRIERUNG (Alt+Strg/cmd+8) sollen Unterschiede zwischen dem tatsächlichen Verhalten

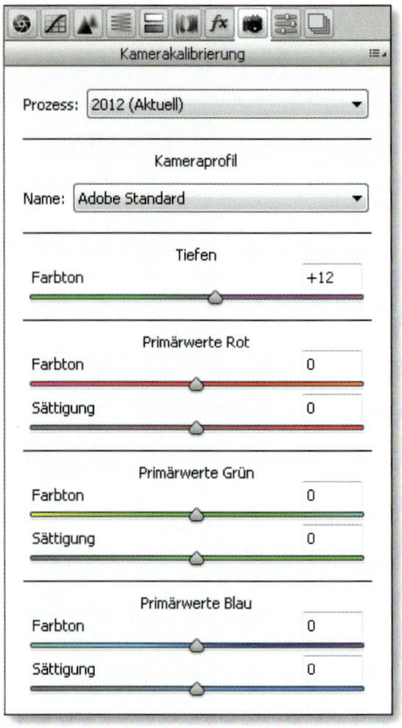

▲ **Abbildung 22.54**
Es ist meist besser, mit den von Camera Raw mitgelieferten Kameraprofilen zu arbeiten, als hier manuell etwas zu ändern.

Ihrer Kamera und dem im Photoshop-Raw-Plug-in integrierten Profil für Ihr Kameramodell ausgleichen und Farbstichen entgegenwirken. Die Einstellungen sind jedoch mit Vorsicht zu genießen: Sie arbeiten ausschließlich per Sichtkontrolle über den Monitor, der ja wiederum eine andere Farbdarstellung hat als Kamera und Raw-Plug-in. Die Fotos, die letztlich ausgegeben werden, können deutlich anders ausfallen als erwartet!

Außerdem können Sie hier einstellen, mit welchem Prozess Camera Raw arbeitet, das heißt, welche Rechenmodelle den Bearbeitungen mit Camera Raw zugrunde liegen. Mehr über dieses wichtige Thema lesen Sie im Abschnitt »Ein entscheidendes Detail: Welcher Algorithmus wird verwendet?« auf Seite 644.

22.14 Reparieren und retuschieren mit Camera Raw

Neben der Einstellung von Farbe, Kontrast oder Farbmischung des Bildes können Sie direkt im Raw-Dialog auch andere Eingriffe vornehmen, wie zum Beispiel Geraderichten und Beschnitt. Das geht zwar auch in Photoshop ganz flott, aber es ist doch angenehm, diese oft gebrauchten Funktionen auch hier zu finden. Außerdem sind in der Werkzeugleiste einige Retuschewerkzeuge für lokale Korrekturen untergebracht.

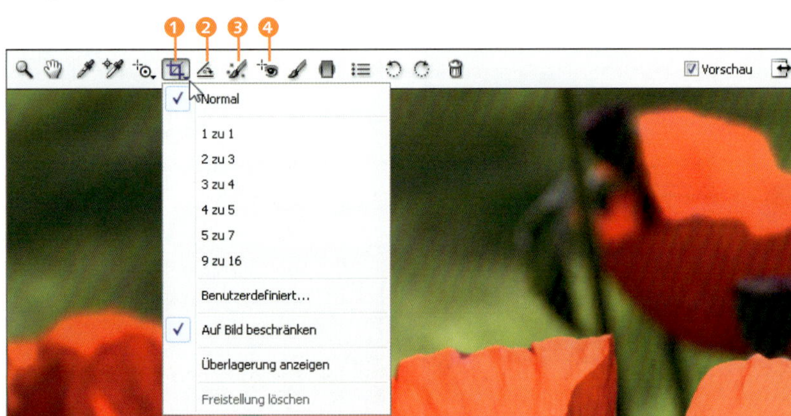

Abbildung 22.55 ►
Einige Tools – erkennbar am winzigen Dreieck am jeweiligen Icon unten rechts – haben Flyout-Menüs mit Presets oder Optionen.

Ist Ihr Bild schief oder zu groß?

Direkt per Raw-Dialog können Sie auch Bilder beschneiden und geraderichten. Das schon aus Photoshop bekannte Freistellungswerkzeug (Kürzel: C) ❶ und ein Ausrichten-Tool (Kürzel: A) ❷ finden Sie ebenfalls in der Werkzeugleiste. Der Gebrauch sollte Sie vor keine größeren Schwierigkeiten stellen.

Bild: Onno K. Gent

▲ **Abbildung 22.56**
Um ein Bild geradezurichten, wählen Sie das Ausrichten-Tool und ziehen einfach eine Linie über den schiefen Horizont – oder über andere Objekte, die die Schräglage des Bildes indizieren. (Der Mauscursor ist hier vergrößert dargestellt.)

▲ **Abbildung 22.57**
Die Bildvorschau wird dann gedreht. An den »Anfassern« können Sie Feineinstellungen vornehmen. Erst beim Öffnen in Photoshop wird die Korrektur angewandt.

Diese Arbeitsschritte schon im Camera-Raw-Dialog vorzunehmen bietet nicht so viele Vorteile gegenüber der Bearbeitung in Photoshop wie bei den sonstigen Rohbild-Korrekturen. Sie können das Geraderichten also auch ganz regulär in Photoshop vornehmen.

Zum Weiterlesen
Wie das **Beschneiden und Ausrichten in Photoshop** funktionieren, lesen Sie in Kapitel 24, »Bildformat und Bildgröße verändern«.

Rote Augen korrigieren

Wenn Sie möchten, retuschieren Sie rote Blitzlicht-Augen gleich in Camera Raw. Das Rote-Augen-Werkzeug 4 (Kürzel: E) funktioniert ebenso wie das Photoshop-Pendant. Wenn Sie höhere Ansprüche an die Korrektur haben, sollten Sie besser manuell korrigieren.

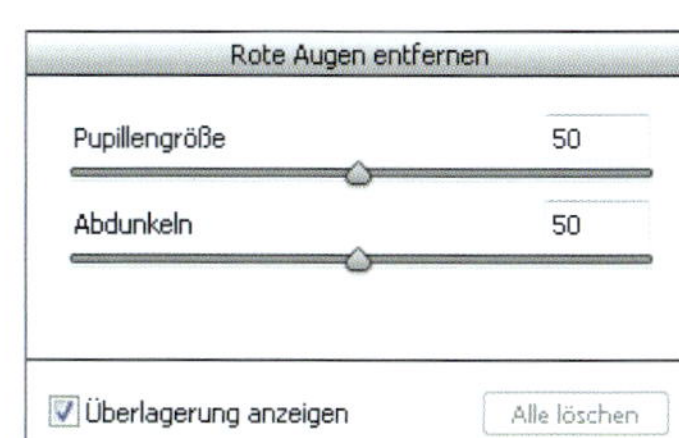

▲ **Abbildung 22.58**
Ein etwas anderes Layout, aber dieselben Optionen wie bei Photoshops Rote-Augen-Werkzeug

Sensorstaub, Fussel und andere kleine Störungen entfernen: Bereichsreparatur

Das Bereichsreparatur-Werkzeug 3 (Kürzel B) von Camera Raw erscheint zunächst etwas ungewohnt: Zwei Kreise signalisieren den gerade reparierten Bereich und den Quellbereich, dem soeben die Reparaturpixel entnommen werden.

Zum Weiterlesen
Tipps zur **Retusche** rot verblitzter Augen, zum Gebrauch des Stempels und des Reparatur-Pinsels finden Sie in Kapitel 26, »Bildretusche«.

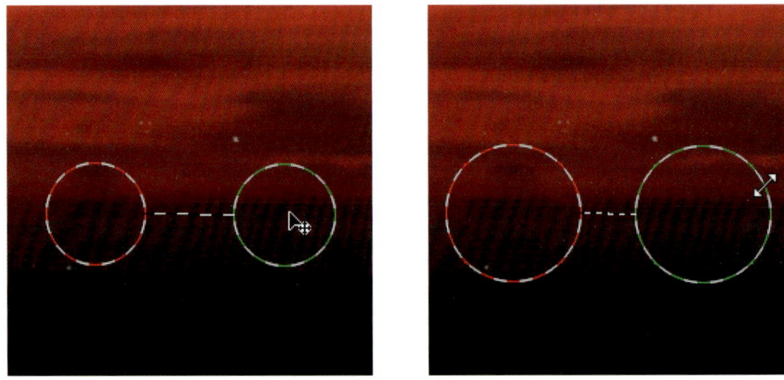

▲ **Abbildung 22.59**
Bereichsreparatur: Der rot gestreifte Kreis markiert die Bildpartie, die retuschiert wird, der grüne die Quelle der Reparaturpixel. Die Kreise können Sie unabhängig voneinander verschieben (links) oder gemeinsam in der Größe verändern (rechts).

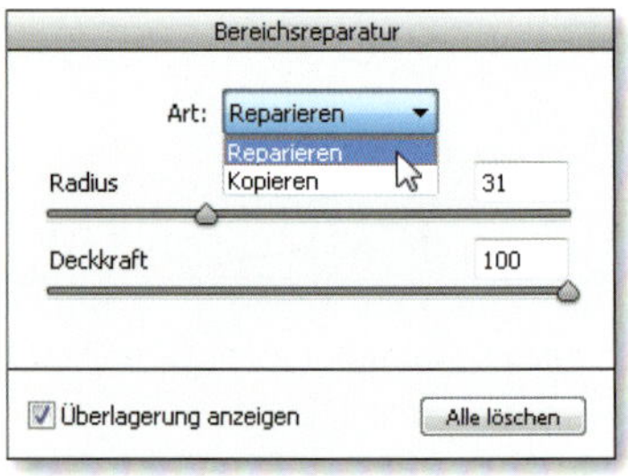

▲ **Abbildung 22.60**
Unter Art legen Sie die Funktionsweise des Werkzeugs fest.

Das Tool funktioniert entweder in der Manier des Photoshop-Kopierstempels oder ähnlich wie das Reparatur-Pinsel-Werkzeug: Im Modus Kopieren werden Reparaturpixel mit weicher Kante auf die schadhafte Stelle aufgetragen, und im Modus Reparieren werden die Pixel der zu reparierenden Stelle und die aus einer anderen Bildpartie einkopierten Reparaturpixel miteinander verrechnet.

Radius bestimmt dabei die Größe des Reparaturbereichs, Änderung der Deckkraft erlaubt eine feinere Dosierung der Korrekturwirkung.

Für Detailretuschen eignen sich die Funktionen nicht, aber kleine Störungen wie Sensorstaub oder Ähnliches werden Sie auf diese Weise schnell los. Vor allem in Zusammenarbeit mit der Synchronisieren-Funktion macht sich das Werkzeug gut.

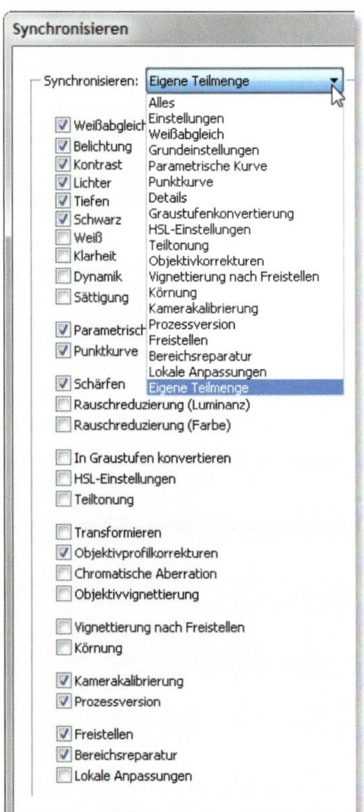

▲ **Abbildung 22.61**
Neben Retuschen können auch andere Raw-Einstellungen synchronisiert werden.

Retusche in Serie: Synchronisieren | Besonders bei Bildern, die mit hoher Blendenzahl aufgenommen wurden, ist er gut erkennbar: der Sensorstaub. Meist sind es nur wenige Staubkörnchen, die auf dem empfindlichen Sensor sitzen, doch sie sind dann bei fast jeder Aufnahme zu sehen und verderben manches gute Bild. Glücklicherweise sind diese Störungen meist schnell zu retuschieren. Da sie immer an derselben Stelle sitzen, können Sie dazu die Camera-Raw-Funktion Synchronisieren nutzen, mit der Sie dieselben Einstellungen und Korrekturen auf mehrere geöffnete Bilder anwenden. Das Vorgehen ist einfach:

1. Aktivieren Sie das erste Bild, und führen Sie dort die notwendigen Änderungen durch.
2. Klicken Sie auf den Button Alles auswählen oberhalb des Filmstreifens, um alle Bilder auszuwählen.
3. Der Button Synchronisieren ist nun ebenfalls aktiv. Klicken Sie darauf.

4. In einem Dialog legen Sie fest, welche Änderungen übernommen werden sollen. Dann werden die Korrekturen des ersten Bildes auf alle in Camera Raw geladenen Bilder übertragen.

Lokal korrigieren mit dem Korrekturpinsel

Der Korrekturpinsel (Shortcut K) erweitert das Anwendungsfeld von Camera Raw über die bisher besprochenen, global wirkenden Korrekturen hinaus. Mit ihm bringen Sie Korrekturen wie Belichtung, Sättigung, Bildschärfe, Farben und andere mit einem Pinsel lokal an – genau dort, wo sie notwendig sind. Die Eigenschaften des Pinsels können Sie detailliert steuern. Auf Wunsch arbeitet das Werkzeug auch mit einer automatischen »Konturenerkennung«, was Ihnen dabei hilft, die Korrekturen besser auf bestimmte Bildteile einzugrenzen.

Wie der Korrekturpinsel funktioniert, ist nicht schwer zu verstehen. Eigentlich. Denn während der Arbeit übersieht man – zumindest, wenn man das Werkzeug noch nicht so gut kennt – fast immer irgendeine Einstellung und malt sich Korrekturen ins Bild, die man nicht haben will. Nutzen Sie den folgenden Workshop, um sich mit dem Korrekturpinsel vertraut zu machen.

Neue lokale Korrekturfunktionen
Die Funktionen BILDSCHÄRFE, MOIRÉ-REDUZIERUNG und RAUSCHREDUZIERUNG sowie eine Form der Aberrationskorrektur, RAND ENTFERNEN, können Sie nun auch lokal anwenden. Entsprechende Regler stehen jetzt beim Korrekturpinsel und beim Verlaufsfilter zur Verfügung.

Schritt für Schritt: Der Korrekturpinsel in Camera Raw

Das Foto in Abbildung 22.62 wurde an einem grauen, bewölkten Tag aufgenommen. Es wirkt sehr kühl, fast trist. Die für Venedig typischen Fassadenfarben, Ockergelb und Rot, kommen nicht richtig zur Geltung, der Kanal sieht abschreckend aus – die ganze Gasse wirkt eher heruntergekommen als dekorativ zerbröckelt.

Datei auf der Buch-DVD: »VenedigGasse.tif«

Bild: Jacqueline Esen

◀ **Abbildung 22.62**
Die Ausgangsdatei, noch ohne Änderungen

1 Grundeinstellungen

Als Erstes nehme ich globale Korrekturen vor. Dabei arbeite ich nur mit WEISSABGLEICH (FARBTEMPERATUR +9, FARBTON +5) und BELICHTUNG (+0,70). Wird die Farbtemperatur stärker in Richtung Gelb verschoben, wirkt das Bild farbstichig. Die Sättigung global anzuheben, macht das Bild nicht wirklich freundlicher – es werden auch problematische Bereiche, zum Beispiel der Algenbelag an den Fundamenten, hervorgehoben. So erscheint das Bild auch nach den Grundkorrekturen noch kühl und farblos. Dies ist ein Fall für lokale Korrekturen mit dem Korrekturpinsel-Werkzeug.

2 Einstellungen für die erste Korrektur: Modus, Farbe und Pinsel

Als Erstes soll das Kanalwasser eine erfreulichere Farbe bekommen. Rufen Sie den Korrekturpinsel auf [K]. Sie sehen, dass sich sofort der Palettenbereich des Camera-Raw-Dialogs ändert. Achten Sie *immer* beim Erzeugen einer neuen Korrektur darauf, dass als Modus NEU (1) eingestellt ist! Diese Einstellung ist eine ernsthafte Fußangel. Wenn Sie sie übersehen, modifizieren Sie unter Umständen frühere, gelungene Korrekturen.

Nun gilt es, die gewünschte Korrektur einzustellen, in diesem Fall die Farbe. Klicken Sie dazu in das leere Farbfeld (2), um den Farbwähler zu starten. Stellen Sie dort ein helles Grünblau ein. Sie können diese Farbe auch später noch verändern, falls sie im Bild nicht passt. Die wichtigsten Farben zum »Anwärmen« oder »Abkühlen« von Bildpartien finden Sie unten rechts im Farbwähler-Dialog – die Minifarbfelder sind ebenfalls klickbar.

Im unteren Bereich der Palette legen Sie die Pinseleigenschaften fest. Diese können Sie auch während der Arbeit jederzeit ändern. Wichtig: AUTOMATISCH MASKIEREN (3) sollte aktiv sein. Diese Option beschränkt Pinselstriche auf farblich ähnliche Bereiche. Die Option MASKE ANZEIGEN ist eher bei subtilen Korrekturen hilfreich – hier, beim Aufpinseln von Farbe, brauchen Sie sie nicht.

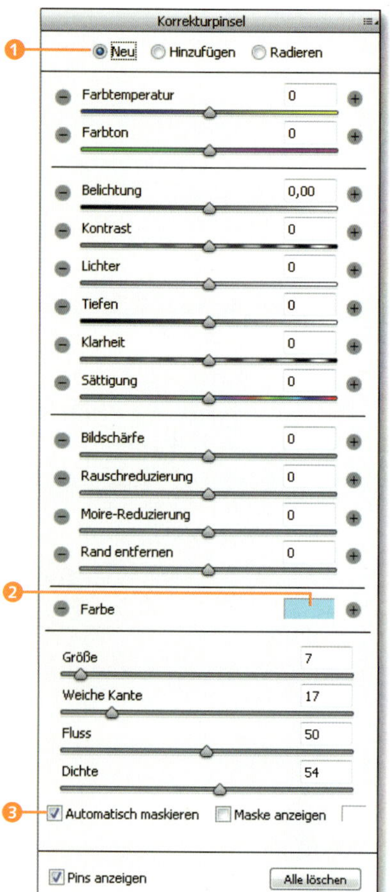

▲ **Abbildung 22.63**
Die drei Modi NEU, HINZUFÜGEN und RADIEREN sollten Sie ständig im Auge behalten.

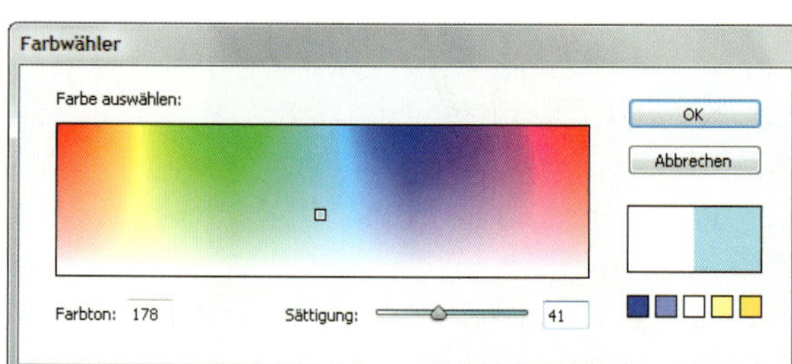

▲ **Abbildung 22.64**
Der Farbwähler des Korrekturpinsels. Das Spektrum erlaubt die Farbeinstellung per Klick; die SÄTTIGUNG können Sie mit dem Regler einstellen.

3 Erste Korrektur ins Bild pinseln

Pinseln Sie nun im Bild über die Wasserflächen. Der Pin 4 zeigt, wo der Ursprung der ersten lokalen Korrektur ist. Dass der Pin grün ist und einen schwarzen Punkt in der Mitte hat, ist der Hinweis darauf, dass diese Korrektur gerade aktiv ist und bearbeitet wird. Sobald Sie mehrere Korrekturen im Bild haben, sind die Pins wichtig. Mit ihrer Hilfe stellen Sie beim Nachbessern von Details sicher, dass Sie die richtige Korrektur verändern. Neben den Modi ist das Bearbeiten eines »falschen Pins« die zweite große Fehlerquelle beim Korrekturpinsel!

Wie Sie an der Pinselposition 5 sehen, werden auch die Abdeckungen der Boote im Vordergrund überpinselt, um die Farbe aufzupeppen. Dank der automatischen Maskierung müssen Sie nicht übermäßig akkurat arbeiten. (Sie können ruhig extra ein bisschen über andere Bereiche malen, zum Beispiel über die helle Brückeneinfassung – in Schritt 6 zeige ich Ihnen, wie Sie Fehler beseitigen.)

◂ **Abbildung 22.65**
Sobald Sie ins Bild klicken und lospinseln, springt der Modus von Neu auf Hinzufügen 6 um.

4 Einstellungen für die zweite Korrektur: Modus, Sättigung, alte Werte zurücksetzen

Nun soll die Sättigung der Hausfassaden angehoben werden – eine zweite, neue Korrektur. Klicken Sie auf Neu 8 – andernfalls würden Sie Ihre erste Korrektur mit veränderten Einstellungen fortsetzen oder modifizieren. Wählen Sie die neuen Korrektureinstellungen. In diesem Beispiel erhöhe ich Sättigung 11 und Klarheit 10. Die Werte können Sie nachträglich ändern – wie, das erfahren Sie in Schritt 7.

Stellen Sie außerdem unbedingt sicher, dass Ihre *alten* Einstellungen von der vorangegangenen Korrektur, in diesem Fall die Farbe 13, zurückgesetzt werden. Man übersieht das leicht einmal – das ist Falle Nummer

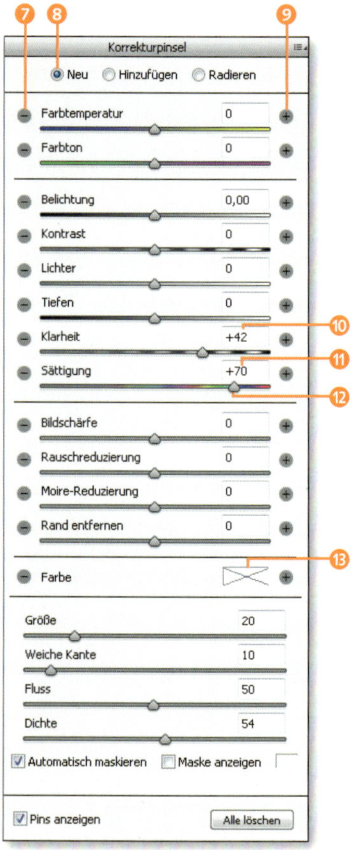

▲ **Abbildung 22.66**
Einstellungen, um den Fassaden mehr Sättigung zu geben. Die Farbe wurde wieder zurückgesetzt, der Modus steht auf NEU.

drei, die der Korrekturpinsel bereithält! Klicken Sie auf die Plus- ⑨ und Minuszeichen ⑦, um Werte schrittweise zu verändern, oder doppelklicken Sie auf die Slider ⑫, um Werte schnell auf 0 zu stellen.

5 Zweite Korrektur ins Bild pinseln

Klicken Sie nun erneut ins Bild, und übermalen Sie die Fassaden. Für die neue Korrektur erscheint ein neuer, nun aktiver Pin ⑭. Der Pin der ersten Korrektur ⑯ ist jetzt grau – das heißt inaktiv. Es ist zu erkennen, dass hier mit einem großen Pinsel gearbeitet wird ⑮.

▲ **Abbildung 22.67**
Für jede Korrektur gibt es einen eigenen Pin.

6 Korrektur der Korrektur: Ausdehnung verändern

Beim Bemalen des Kanals war die Option AUTOMATISCH MASKIEREN aktiv. Sie erkennt Bildkonturen und grenzt Korrekturbereiche ein. Bei genauerer Betrachtung zeigt sich, dass trotz dieser Maßnahme einige Bildpartien mitgefärbt wurden, bei denen dies nicht erwünscht war. Im Beispielbild sind dies der Brückenbogen, und, weniger auffallend, die Wasserlinie an der Hausfassade links.

Um die **Ausdehnung einer Korrektur zu verringern**, müssen Sie den Radiermodus verwenden. Dazu aktivieren Sie als Erstes durch Klicken im Bild den Pin der betreffenden Korrektur ②. Das ist ganz wichtig, damit Sie nicht versehentlich eine andere Korrektur verändern! Alle anderen Pins im Bild sind nun hellgrau dargestellt (inaktiv, ①). Im Palettenbereich schalten Sie den Modus auf RADIEREN ③ um. Sie sehen in der Palette nun die Werte der aktiven Korrektur.

Maske zur Kontrolle: Wenn Sie die Option Maske anzeigen ④ aktivieren, wird eine hellgraue Fläche eingeblendet. Diese zeigt die Ausdehnung der aktiven Korrektur. Denselben Effekt haben Sie übrigens kurzzeitig auch, wenn Sie mit dem Mauszeiger über einen Pin fahren. Beides hilft Ihnen, die Ausdehnung einer Korrektur zu kontrollieren. Entscheiden Sie selbst, ob Sie diese Option hier brauchen oder nicht.

Korrektur wegradieren – oder ergänzen: Entfernen Sie nun die Blaufärbung dort, wo sie unerwünscht ist, etwa an Brücke und Hausfassade. Wenn Sie wieder Farbe dazumalen wollen, wechseln Sie in den Modus Hinzufügen. Nach diesem Muster können Sie natürlich nicht nur aufgepinselte Farbe, sondern alle Korrekturen nachbearbeiten.

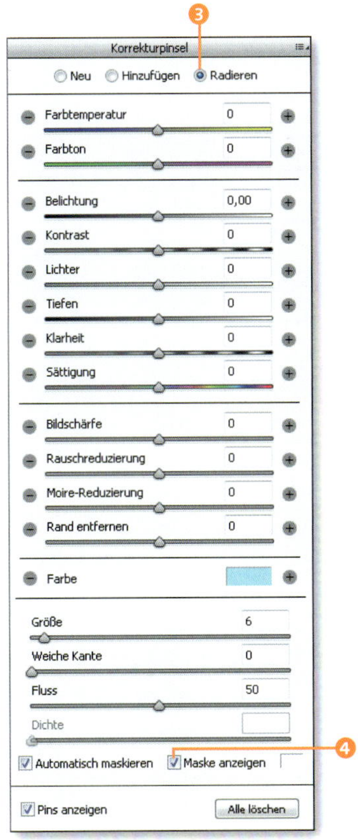

◀▲ **Abbildung 22.68**
Im Modus Radieren können Sie alle Korrekturen nachbessern. Voraussetzung: Der richtige Pin muss aktiv sein.

7 Korrektur der Korrektur: Parameter verändern

Radieren ist nicht die einzige Möglichkeit, einmal angebrachte Korrekturen zu verändern. Es ist auch möglich, eine Korrektur nochmals zu aktivieren und weitere Parameter hinzuzufügen. Sie könnten hier zum Beispiel bei der Sättigungskorrektur zusätzlich ein wenig Wärme ins Bild bringen. Dazu aktivieren Sie wieder den richtigen Pin ⑧, indem Sie ihn anklicken. Im Palettenbereich muss der Modus auf Hinzufügen ⑤ stehen. Sie sehen dort die Originaleinstellungen, denen Sie weitere Änderungen hinzufügen können, in unserem Beispiel eine wärmere Farbe ⑥. Im Bild ist die veränderte Einstellung sofort überall sichtbar, wo Sie die Korrektur ursprünglich aufgepinselt hatten – hier also an den Hausfassaden. Bei Farbänderungen empfiehlt es sich, die Option Maske anzeigen ⑦ auszuschalten; durch die hellgraue Überlagerung können Sie die Wirkung Ihrer Einstellung sonst nicht richtig beurteilen. Auch

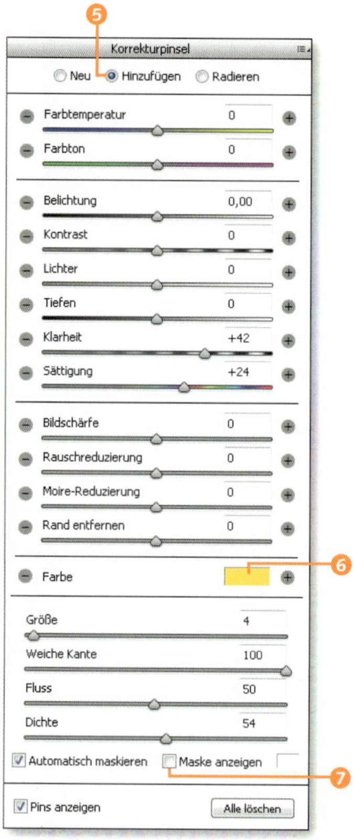

▲ **Abbildung 22.69**
Bereits aufgemalte Korrekturen lassen sich durch weitere Einstellungen ergänzen.

diese Korrektur können Sie natürlich nach dem im Schritt 6 beschriebenen Muster eingrenzen oder erweitern.

8 Fertig! Das Endergebnis

Nach weiteren Detailkorrekturen ist das Bild fertig. Ich habe unter anderem die Farbe an Hauswänden noch genauer angepasst, den dunklen Mantel der Fußgängerin aufgehellt und die Sättigung an den algiggrünen Hochwasserkanten reduziert. Sicherlich muss man nicht jede Korrektur so detailgenau durchführen, aber die Möglichkeiten des Tools sind hoffentlich nun deutlich geworden.

▲ **Abbildung 22.70**
Vorher und Nachher im Vergleich

Sanft auslaufende Korrekturflächen: Verlaufsfilter

In der Fotografie kennt man sie schon lange: Vorsatzfilter, mit denen Sie unspektakuläre Lichtverhältnisse aufpeppen. Nun gibt es das digitale Pendant in Camera Raw. Das Tool VERLAUFSFILTER (Kürzel G) kann jedoch nicht nur Farbstimmungen im Bild verändern, sondern auch Belichtungs-, Farb- und Kontrasteigenschaften. Wie mit einer weich verlaufenden Maske können Sie Korrekturen auf bestimmte Bildteile aufbringen. Die Handhabung erinnert stark an Photoshops Verlaufswerkzeug.

Die Anwendung des Verlaufsfilters ist einfach: Sie stellen die gewünschten Eigenschaften ein und ziehen mit der Maus einen Verlauf über dem Bild. Sofern die Option ÜBERLAGERUNG ANZEIGEN 2 aktiviert ist, sehen Sie jetzt eine Markierung. Die grün gestrichelte Linie mit Punkt ist der Ausgangspunkt des Filters, rot markiert ist sein Ende. Zum Ende hin läuft die Korrekturwirkung des Filters sanft aus. Durch Ziehen, Drehen und Verschieben passen Sie die Position des korrigierenden Filters an, auch ein nachträgliches Verändern der Regler ist möglich. Außerdem können Sie mehrere Filter im Bild kombinieren. Mit den Optionen NEU und BEARBEITEN 1 bestimmen Sie, ob Sie einen vorhandenen Filter verändern (BEARBEITEN) oder ob Sie einen weiteren Filter anlegen (NEU).

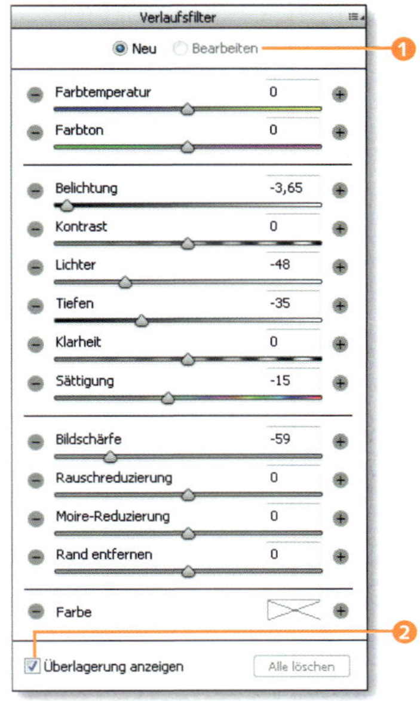

▲ **Abbildung 22.71**
Optionen des Verlaufsfilters

Datei auf der Buch-DVD: »Billardtisch.tif«

Bild: Onno K. Gent

▲ **Abbildung 22.72**
Das Ausgangsbild: eine Billardszene. Der detailreiche Hintergrund und die Filzfläche im Vordergrund konkurrieren mit dem Hauptmotiv, den Bällen und der Hand. Das Bild wirkt dadurch belanglos.

▲ **Abbildung 22.73**
Hier wurden zwei Verlaufsfilter kombiniert. Der obere Filter (im Bild inaktiv) dunkelt den Hintergrund ab, der untere macht den Billardtisch im Vordergrund unschärfer – das passt auch gut zur Kameraperspektive.

▲ **Abbildung 22.74**
Mit wenigen Klicks wird das Hauptmotiv des Bildes stärker herausgearbeitet: Das Motiv bekommt Spannung.

Kapitel 23

Kamerafehler korrigieren, Digitalfotos optimieren

Einige mächtige Photoshop-Tools widmen sich speziellen Problemen der Digitalfotografie: Funktionen, mit denen Sie eine Abbildungsqualität erreichen, die das Vermögen normaler Kameras übersteigert, und Werkzeuge, mit deren Hilfe Sie typische Kamerafehler loswerden.

23.1 Inhaltsbasiert: Ebenen automatisch ausrichten

Neben den Funktionen zum Ausrichten von Ebenen anhand der *Kanten* und *Mittellinien* (siehe Abschnitt 12.1, »Ebenenkanten ausrichten und verteilen«) gibt es in Photoshop auch eine intelligente Ausrichtungsfunktion, die den Ebenen*inhalt* berücksichtigt. Sie starten sie mit dem Befehl BEARBEITEN • EBENEN AUTOMATISCH AUSRICHTEN. So entstehen Panoramen, Collagen oder einfach repositionierte Ebenenstapel, die ihrerseits die Grundlage verschiedener Montagetechniken sind.

Das Tool EBENEN AUTOMATISCH AUSRICHTEN (siehe Abbildung 22.1) analysiert den Inhalt von Ebenen und richtet sie aus. Nach welchem Muster diese Ausrichtung geschieht, bestimmen Sie durch Festlegen einer Option.

- PERSPEKTIVISCH und ZYLINDRISCH sind zwei Optionen, die sich für die Montage von **Bildpanoramen** eignen. Es gibt in Photoshop jedoch auch eine eigene Panoramafunktion, Photomerge (siehe Seite 684).
  PERSPEKTIVISCH gibt einen starken Raumeindruck, aber verzerrt die Ausgangsbilder unter Umständen recht stark.
  ZYLINDRISCH kommt mit weniger Verzerrungen aus und eignet sich sehr gut für das Erstellen von breiten Panoramabildern.
- KUGELFÖRMIG ist für das Ausrichten von Bildern mit breitem Blickfeld (vertikal und horizontal) gedacht.

Zum Weiterlesen
Lesen Sie in Abschnitt 23.3, »Bildpanoramen mit Photomerge«, wie **optimale Aufnahmebedingungen für Panoramen** aussehen. Dort finden Sie auch Beispielbilder für einige der Panoramaoptionen.

Dateien stapeln mit der Bridge

Die Bridge hilft Ihnen, die Bilder einer Serie in Photoshop als eine einzige Datei mit Ebenen zu öffnen. Solche »Schichtdateien« sind dann die Ausgangsbasis für weitere Bearbeitungen mit dem Befehl EBENEN AUTOMATISCH AUSRICHTEN, Photomerge oder auch den HDR-Funktionen.

Klicken Sie zunächst in der Bridge (mit gehaltener [Strg]/[cmd]-Taste) die betreffenden Miniaturen an, und wählen Sie dann den Menübefehl WERKZEUGE • PHOTOSHOP • DATEIEN IN PHOTOSHOP-EBENEN LADEN. Die so erzeugte Datei können Sie nun mit Photoshop weiterverarbeiten.

Je nachdem, was Sie vorhaben, müssen Sie die Reihenfolge der Bilder im Ebenenstapel manuell anpassen. So wird beim Erzeugen von Panoramen mit Photomerge (mehr dazu finden Sie in Abschnitt 23.3, »Bildpanoramen mit Photomerge«) das mittlere Bild eines Ebenenstapels als **Referenzbild** verwendet, an das die übrigen Bilder angepasst werden.

- COLLAGE richtet Ebenen so aus, dass überlappender (identischer) Inhalt genau übereinanderliegt. Dabei sollen die Formen von Bildobjekten jedoch vor Verzerrung bewahrt werden. (So bleibt ein Kreis beispielsweise ein Kreis.)
- REPOSITIONIEREN richtet die Ebenen aus und passt den überlappenden Inhalt an. Dabei werden jedoch keine Transformationen wie Dehnen oder Neigen angewendet.

Die Optionen VIGNETTIERUNGSENTFERNUNG und GEOMETRISCHE VERZERRUNG können Sie bei fast allen Ausrichtungsoptionen frei zuschalten. Sie entfernen auf sehr effektive Weise Objektivfehler.

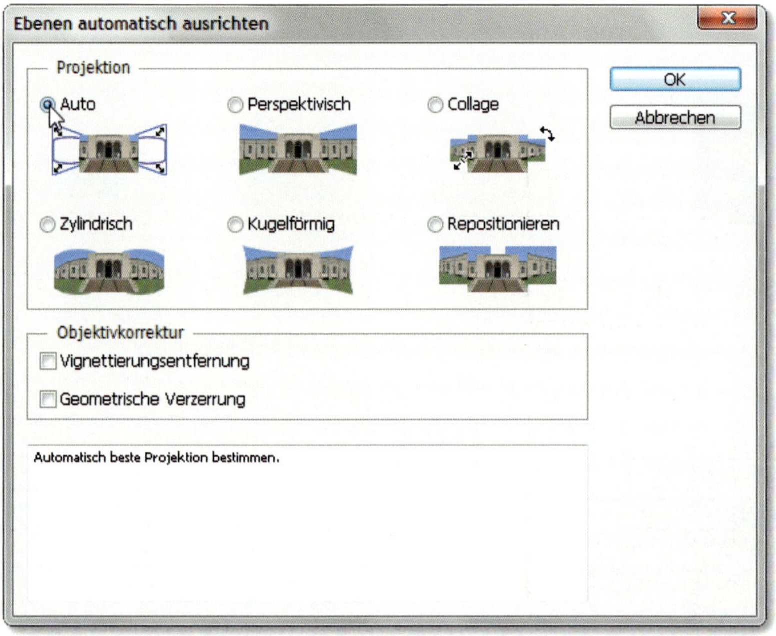

▲ **Abbildung 23.1**
Dieses auf den ersten Blick einfache Tool hat »ordentlich was unter der Haube« – die Ergebnisse dieser Berechnungen sind meist ziemlich gut.

23.2 Unbegrenzte Schärfentiefe: Bilder überblenden

Der Befehl BEARBEITEN • EBENEN AUTOMATISCH ÜBERBLENDEN funktioniert ähnlich wie EBENEN AUTOMATISCH AUSRICHTEN und ist für Dateien gedacht, in denen mehrere Einzelbilder in Ebenen gestapelt sind. EBENEN AUTOMATISCH ÜBERBLENDEN kann jedoch auch Tonwerte und Farben in den Bildebenen aneinander angleichen. Mit Gewinn lässt er sich zum

Beispiel auf Bilderserien anwenden, die dasselbe Objekt mit unterschiedlicher Schärfentiefe abbilden. Das Endergebnis ist ein Bild mit vollständig durchgezeichneter Schärfe.

Die Anwendung ist einfach; das Wichtigste ist, dass Sie gutes Fotomaterial haben.

1. Wählen Sie die Bilder in der Bridge aus, und laden Sie sie in Photoshop-Ebenen (Werkzeuge • Photoshop • Dateien in Photoshop-Ebenen laden).
2. Richten Sie die Ebenen mit dem Befehl Ebenen automatisch ausrichten aus. Auto oder Repositionieren sind hier wieder die Optionen der Wahl.
   Auch bei Bilderserien, deren Motiv auf jeder Ebene an derselben Position zu sein scheint, ist das Ausrichten zu empfehlen. Kleine Abweichungen können beim Überblenden zu Farb- und Tonwertverfremdungen führen.
3. Aktivieren Sie alle Ebenen in der Ebenen-Palette.
4. Rufen Sie den Befehl Bearbeiten • Ebenen automatisch überblenden auf. Wählen Sie die Option Bilder stapeln ①, und achten Sie darauf, dass die Option Nahtlose Töne und Farben ② aktiv ist.
5. Klicken Sie auf OK, und Photoshop rechnet. Je nach Datenmenge kann das einen Augenblick dauern.

▲ **Abbildung 23.2**
Der Überblenden-Dialog. Interessant ist hier vor allem Bilder stapeln. Für Panoramen gibt es noch eine bessere Funktion!

Dateien auf der Buch-DVD: »Überblendung_01.jpg« bis »Überblendung_10.jpg« im Ordner Überblendung

Bild: Adobe

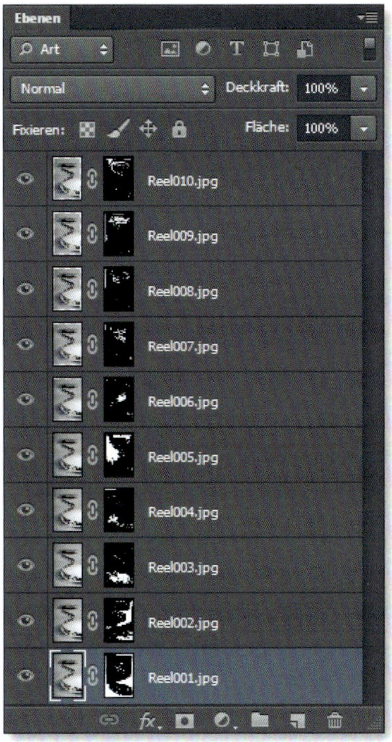

◀◀ **Abbildung 23.3**
Aus zehn Einzeldateien wird ein Bild mit gleichmäßiger Beleuchtung und perfekter Schärfe an jedem Punkt.

◀ **Abbildung 23.4**
Der Ebenenaufbau. Die Maskierung der Ebenen ist sehr detailliert – ein Hinweis darauf, wie differenziert diese Funktion arbeitet.

23.3 Bildpanoramen mit Photomerge

Die Funktion PHOTOMERGE fügt mehrere Bilder zu einem Panorama zusammen und arbeitet – wie es die Anordnung im Photoshop-Menü DATEI • AUTOMATISIEREN nahelegt – tatsächlich automatisch. Geeignetes »Rohmaterial« vorausgesetzt, sind die Ergebnisse überraschend gut. Das Ausrichten funktioniert in der Regel gut, und Objektivfehler werden aus den Panoramen automatisch herausgerechnet.

Geeignete Fotos aufnehmen

Die Funktion PHOTOMERGE hat sich mittlerweile zu einem wirkungsvollen Instrument gemausert, um aus einzelnen Aufnahmen Panoramabilder zu montieren. Dennoch steht und fällt die Qualität einer solchen Panorama-Aufnahme mit der Auswahl der geeigneten Fotos. Je besser die Ausgangsfotos sind, desto besser kann auch Photomerge arbeiten. Aufnahmebedingungen und Motiv müssen stimmen.

Motive | Motive mit bewegten Objekten (wie zum Beispiel eine befahrene Straße) kommen nicht in Frage, denn es lässt sich kaum vermeiden, dass solche Objekte sich auch an den Bildrand bewegen – ohne dass es im Anschlussbild eine Fortsetzung gibt. Problematisch sind bei Außenaufnahmen auch windige Tage mit schnell ziehenden Wolken: In jedem Bild gibt es dann andere Lichtverhältnisse und Schattenwürfe. Auch brauchen Panoramen eine gewisse Weite, um zu wirken – das Panoramabild eines 15-Quadratmeter-Raums macht einfach nichts her. Bilder mit prägnanten Merkmalen wie beispielsweise Hauskanten oder Mauern können meist besser zusammengefügt werden als Bilder mit zu wenigen Unterschieden. Wasserflächen, Gras und Laub und ähnliche Strukturen stellen eine nahezu unlösbare Aufgabe für Photomerge dar, wenn nicht noch andere, markante Elemente im Bild vorhanden sind.

Aufnahmebedingungen | »Einheitlichkeit« ist auch das Schlüsselwort für die Aufnahmebedingungen. Brennweite und Belichtung sollten auf allen Bildern gleich sein, ebenso die Verwendung von Blitzlicht. Die automatische Einstellung von Belichtungszeiten – typisch für viele Digicams – muss deaktiviert sein. Geringe Belichtungsunterschiede kann Photomerge zwar ausgleichen, aber die Ausrichtung der Bilder kann erschwert werden. Auch die Position der Kamera sollten Sie nicht verändern. Ohnehin sind Sie mit einem Stativ mit rotierbarem Kopf gut beraten. Es genügt nicht, bei Aufnahmen den Horizont nach Augenmaß auf einer Höhe zu halten: Es zeigt sich dann meist eine deutliche Drehung zwischen den

Bildern. Damit die Kanten der einzelnen Bilder aneinanderpassen, sollten Sie auch keine Verzerrungslinsen wie Fischaugen einsetzen. Achten Sie beim Fotografieren darauf, dass sich die Einzelbilder um 25–40 % überlappen. Die Verwendung des optischen Suchers (anstelle des Vorschaudisplays) hilft Ihnen, die richtigen Ausschnitte zu finden.

Die Fotos montieren

Sie können die Panorama-Montage von der Bridge aus oder direkt in Photoshop starten.

Panorama-Montage in Photoshop starten | Unter Datei • Automatisieren • Photomerge erreichen Sie den Panorama-Monteur in Photoshop. Als Erstes müssen Sie festlegen, welche Dateien Sie verarbeiten wollen. Unter Verwenden ❷ stellen Sie ein, welche Dateien zusammengefügt werden sollen. Wählen Sie Dateien, müssen Sie sie mit dem Befehl Durchsuchen noch auf Ihrem Rechner lokalisieren. Auf Wunsch können Sie Ihrer Bildauswahl auch Dateien hinzufügen, die bereits in Photoshop geöffnet sind (Button Geöffnete Dateien hinzufügen ❹).

Panorama-Montage in der Bridge starten | Wie beim Stapeln von Ebenen bietet die Adobe Bridge auch für das Erstellen von Panoramen den größten Arbeitskomfort. Dort können Sie die Bilder anhand der Vorschauminiaturen auswählen – oder sogar automatisch auswählen lassen – und Photomerge direkt aus der Bridge starten.

Bilderserien automatisch zusammenstellen

Die Bridge unterstützt Sie dabei, aus Bilderserien die Bilder herauszufischen, die für die Montage als Panorama- oder HDR-Bild geeignet sind. Wählen Sie den Befehl Stapel • Automatische Stapelanordnung für Panorama/HDR. Die Bridge durchsucht dann den Inhalt des aktuellen Ordners – je nach Ordnergröße dauert das eventuell eine Weile. Bilderreihen, die sich für Panoramen oder HDR-Montagen eignen, werden dann zu Bridge-Stapeln zusammengefügt.

▲ **Abbildung 23.5**
Die Bridge hat eine panoramataugliche Serie entdeckt und zum Stapel gebündelt.

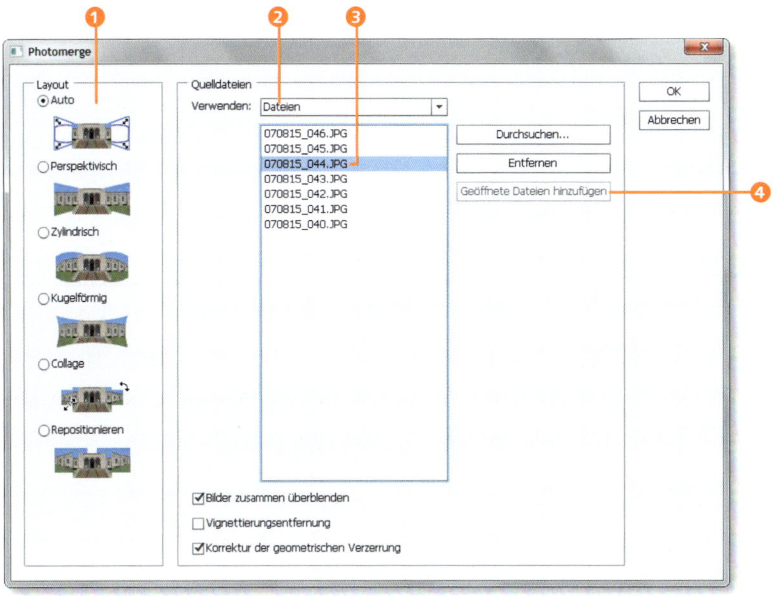

◀ **Abbildung 23.6**
Wenn Sie Photomerge aus der Bridge heraus aufrufen, sind die zuvor ausgewählten Bilder automatisch als Quelldateien geladen ❸.

Dateien auf der Buch-DVD: »Panorama_00.jpg« bis »Panorama_06.jpg« im Ordner PANORAMA

Wählen Sie im Bridge-Vorschaufenster zuerst die Bilder oder Bildstapel aus, die zum Panorama zusammenmontiert werden sollen. Achten Sie beim Aktivieren von Bridge-Stapeln darauf, dass der ganze Stapel markiert ist. Sie müssen auf die äußere Kante 5 der verdeckten Miniatur klicken.

Der Befehl WERKZEUGE • PHOTOSHOP • PHOTOMERGE startet dann den Photomerge-Dialog in Photoshop.

Montageoptionen | Unter LAYOUT 1 legen Sie fest, in welcher Art und Weise die Bilder montiert werden sollen. Wenn Sie bereits mit EBENEN AUTOMATISCH FÜLLEN gearbeitet haben, sollten Ihnen die Optionen bekannt vorkommen.

- Die Option PERSPEKTIVISCH erstellt das Panorama, indem eines der Ausgangsbilder (wenn möglich das mittlere) als Referenzbild festgelegt wird. Die anderen Bilder werden dann daran ausgerichtet und dabei neu positioniert, gedehnt oder geneigt, so dass überlappender Inhalt über mehrere Ebenen übereinstimmt.

▼ Abbildung 23.7
Je nach Ausgangsmaterial kann bei perspektivischer Montage eine starke Verzerrung der Bildkanten auftreten, das Motiv wirk gerade.

Bilder: Jacqueline Esen

- ZYLINDRISCH arbeitet anders und mit weniger Verzerrungen. Auch hier wird ein Bild – meist das mittlere – als Referenzbild festgelegt, und die übrigen werden daran ausgerichtet. Allerdings erfolgt die Anordnung der einzelnen Bilder wie auf einem auseinandergeklappten Zylinder. Diese Option eignet sich am besten für das Erstellen von breiten Panoramabildern.

▼ Abbildung 23.8
Die Option ZYLINDRISCH arbeitet der Verzerrung entgegen.

- Haben Sie die Option Auto gewählt, analysiert Photoshop die Ausgangsbilder und wendet dann entweder das perspektivische oder das zylindrische Layout an – je nachdem, welches besser passt.
- Kugelförmig transformiert die Bilder so, dass sie aussehen, als würden sie das Innere einer Kugel auskleiden. Diese Option eignet sich vor allem für sehr umfangreiche 360°-Panoramen.
- Collage bringt identische Bildinhalte in Deckung und dreht oder skaliert die Ebenen, damit sie besser zusammenpassen. Die Transformationen Neigen und Verzerren werden nicht angewendet.
- Repositionieren heftet die Bilder ohne Eingriffe in die Perspektive und ohne Transformationen zusammen.

▼ Abbildung 23.9
Hier wurden die Bilder repositioniert. Die Bildkanten sind relativ gerade, aber die perspektivische Verzerrung beim Motiv ist stark.

Ein Klick auf OK startet schließlich die Montage der Bilder in einer neuen Datei. Sowohl der Bildinhalt als auch die Bildstruktur und -farben werden dabei von der Automatik berücksichtigt. Sie müssen nun gar nichts mehr machen, außer ein wenig zu warten – und bei der fertigen Montage die Kanten abzuschneiden, am besten mit dem Freistellungswerkzeug (Shortcut C).

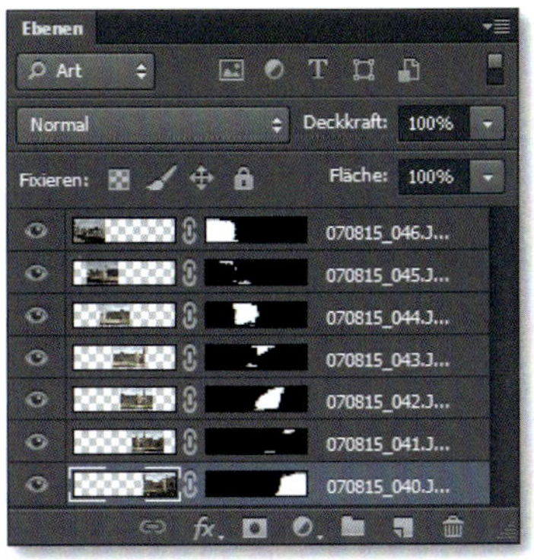

▲ Abbildung 23.10
Das Photomerge-Werkzeug arbeitet ähnlich wie die Ebenen-Automatiken. Überlappende Bildbereiche werden mit differenzierten Masken ineinandermontiert.

23.4 HDR – Bilder mit realitätsgetreuem Luminanzumfang

Jeder Fotograf kennt das: Szenen mit hohem Kontrastumfang, die das menschliche Auge problemlos erfassen kann, bereiten auch einer noch so guten Kamera Schwierigkeiten. Ein typisches Beispiel dafür ist etwa der Blick aus einem dunkleren Zimmer hinaus ins lichtdurchflutete »Draußen«. Beim Fotografieren müssen Sie sich dann entscheiden, ob Sie die dunkleren oder die helleren Bildpartien richtig belichten – im jeweiligen Rest ist mit Tonwertverlusten zu rechnen. Ein Gutteil von Photoshops Korrekturwerkzeugen wurde wohl auch deswegen entwickelt, um diesem allgegenwärtigen Problem zu Leibe zu rücken (mehr zu Bildkorrekturen lesen Sie in Teil VI dieses Buches).

Zum Weiterlesen
Das Tool Tiefen/Lichter wurde eigens konzipiert, um **problematische Fotos mit hohem Luminanzumfang** zu reparieren. Hier im Buch finden Sie es in Abschnitt 17.3, »Spezialist für harte Schatten und Gegenlichtaufnahmen: ›Tiefen/Lichter‹«.

Belichtungsreihen montieren | Ein anderer Ansatz sind HDR-Bilder (HDR bedeutet »High Dynamic Range«). Anstatt technisch bedingte Unzulänglichkeiten durch Bildkorrektur auszugleichen, versuchen HDR-Bilder, den gesamten Luminanzumfang der realen Szene einzufangen. Das ist aufwendig: **HDR-Images** (HDRIs) werden erzeugt, indem mehrere absolut *identische* Aufnahmen desselben Motivs – nur unterschiedlich belichtet – zusammengefügt werden. Drei bis sieben solcher Aufnahmen braucht man für ein HDRI. Die Ausgangsbilder müssen qualitativ sehr hochwertig sein, schon etwas Rauschen oder eine leichte Vignettierung kann stören.

Die arbeitsintensive HDR-Fotografie ist keine Beschäftigung für Gelegenheitsknipser – in der Vergangenheit wurden HDR-Images vor allem in Kinofilmen, 3D-Grafiken und für Special Effects eingesetzt. Inzwischen sind Bilder im HDR-Look – satte Farben, peppige Kontraste und deutlich herausgearbeitete Details – auch jenseits solcher Spezialanwendungen zu sehen. HDRIs sind im Trend und sind auch in der Werbe- und Produktfotografie und in Fotocommunities stark vertreten. Wohl auch deswegen hat Adobe bereits in CS5 die HDR-Funktionen stark ausgebaut. Dazu gehörte nicht nur ein stark erweitertes Dialogfeld für die HDR-Montage, auch die Algorithmen im Hintergrund wurden verändert und versprechen bessere Resultate bei der HDR-Berechnung (dem sogenannten Tonemapping). Und mit der Funktion HDR-Tonung ist es möglich, aus Einzelbildern HDR-Imitate zu erzeugen (dazu auf Seite 692 mehr).

HDR-Unterstützung in Photoshop

HDR-Bilder lassen sich in Photoshop mit 8, 16 oder 32 Bit je Kanal speichern. In 32-Bit-HDR-Images bleibt der gesamte Helligkeitsumfang der aufgenommenen Szene wirklich erhalten; 16- und 8-Bit-Dateien haben einen geringeren Luminanzumfang. Bei der Bildbearbeitung sind HDR-Images nicht ganz unproblematisch: Der große Helligkeitsumfang ist mehr, als normale Ausgabegeräte darstellen können, und die Datenmenge ist immens. Glücklicherweise ist Photoshops Unterstützung für 16- und auch für 32-Bit-Bilder sehr gut: Die wichtigsten Funktionen arbeiten auch mit hochbittigen Dateien. Darüber hinaus gibt es – neben dem Dialog zum Montieren von HDRIs aus Einzelbildern – spezielle Tools für den Umgang mit HDRIs.

- Da 32-Bit-HDRIs Helligkeitsinformationen enthalten, die die Darstellungskapazitäten eines Standardmonitors bei weitem sprengen und auch über den Tonwertumfang gedruckter Bilder weit hinausgehen, können Sie in Photoshop zudem die **Darstellungsweise von HDR-Bildern am Monitor** einstellen (Ansicht • 32-Bit-Vorschauoptionen).

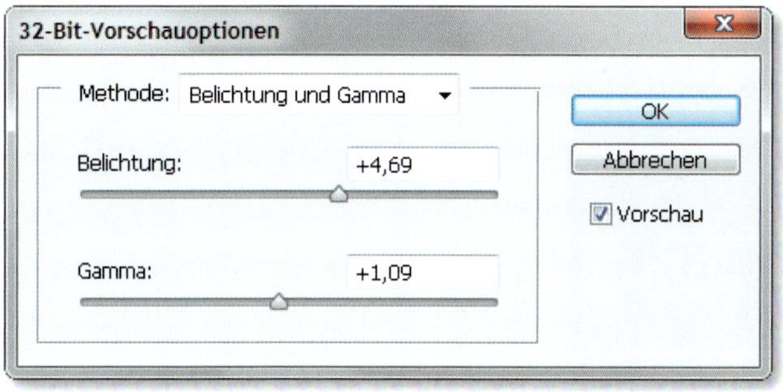

◀ **Abbildung 23.11**
Sie können einstellen, wie 32-Bit-Bilder auf Ihrem Bildschirm erscheinen sollen.

- Das Korrekturwerkzeug BELICHTUNG ist speziell für die **HDRI-Bearbeitung** ausgerichtet. Sie finden es im Menü BILD • KORREKTUREN und in der Korrekturen-Palette sowie im Einstellungsebenen-Menü der Ebenen-Palette.

HDR-Bilder montieren

Der Start der HDR-Montage funktioniert so ähnlich wie bei Bildpanoramen.

- Aus **Photoshop** wählen Sie DATEI • AUTOMATISIEREN • ZU HDR PRO ZUSAMMENFÜGEN. Sie müssen zunächst in einem eigenen Dialogfenster die Dateien festlegen, die montiert werden sollen, dann erscheint der eigentliche HDR-Dialog.
- Einfacher geht es mit der **Bridge**. Aktivieren Sie die Dateien, die Sie verarbeiten möchten, und wählen Sie dann den Befehl WERKZEUGE • PHOTOSHOP • ZU HDR PRO ZUSAMMENFÜGEN. Dann öffnet sich nach kurzer Rechenzeit der Dialog mit den HDR-Optionen.

Modus | Die wichtigste Einstellung, die Sie im Dialog aus Abbildung 23.13 vornehmen, ist der MODUS ❸. Damit legen Sie fest, ob das fertig montierte HDR-Bild als 32-, 16- oder 8-Bit-Datei ausgegeben werden soll und welche Bearbeitungsmöglichkeiten es überhaupt gibt.

- Im 32-Bit-Modus bietet das Dialogfeld kaum Einstellungsmöglichkeiten. Weitere Einstellungen erledigen Sie nach der Montage in Photoshop.
- Da 16-Bit-Bilder mehr Bildinformationen enthalten als 8-Bit-Dateien, ist dem 16-Bit-Modus der Vorzug zu geben. Konvertieren können Sie später in Photoshop.
- Um die HDR-Umsetzung detailliert zu steuern, sollten Sie außerdem LOKALE ANPASSUNG ❹ einstellen. Dann sieht das Dialogfeld aus wie in Abbildung 23.13. Mit anderen Einstellungen haben Sie kaum Steuerungsmöglichkeiten!

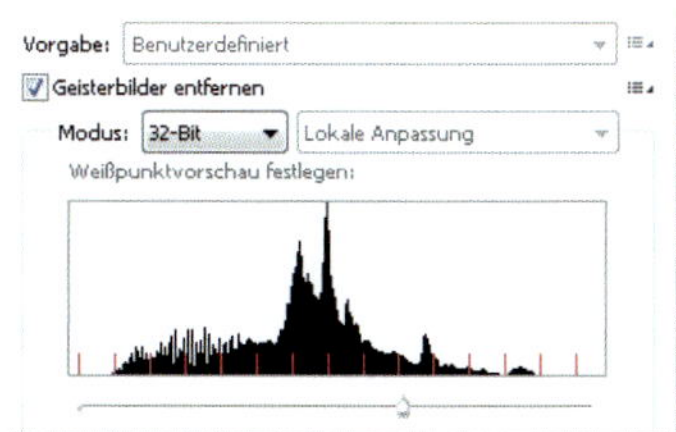

▲ **Abbildung 23.12**
Der MODUS 32-BIT bietet kaum Einstellungsmöglichkeiten.

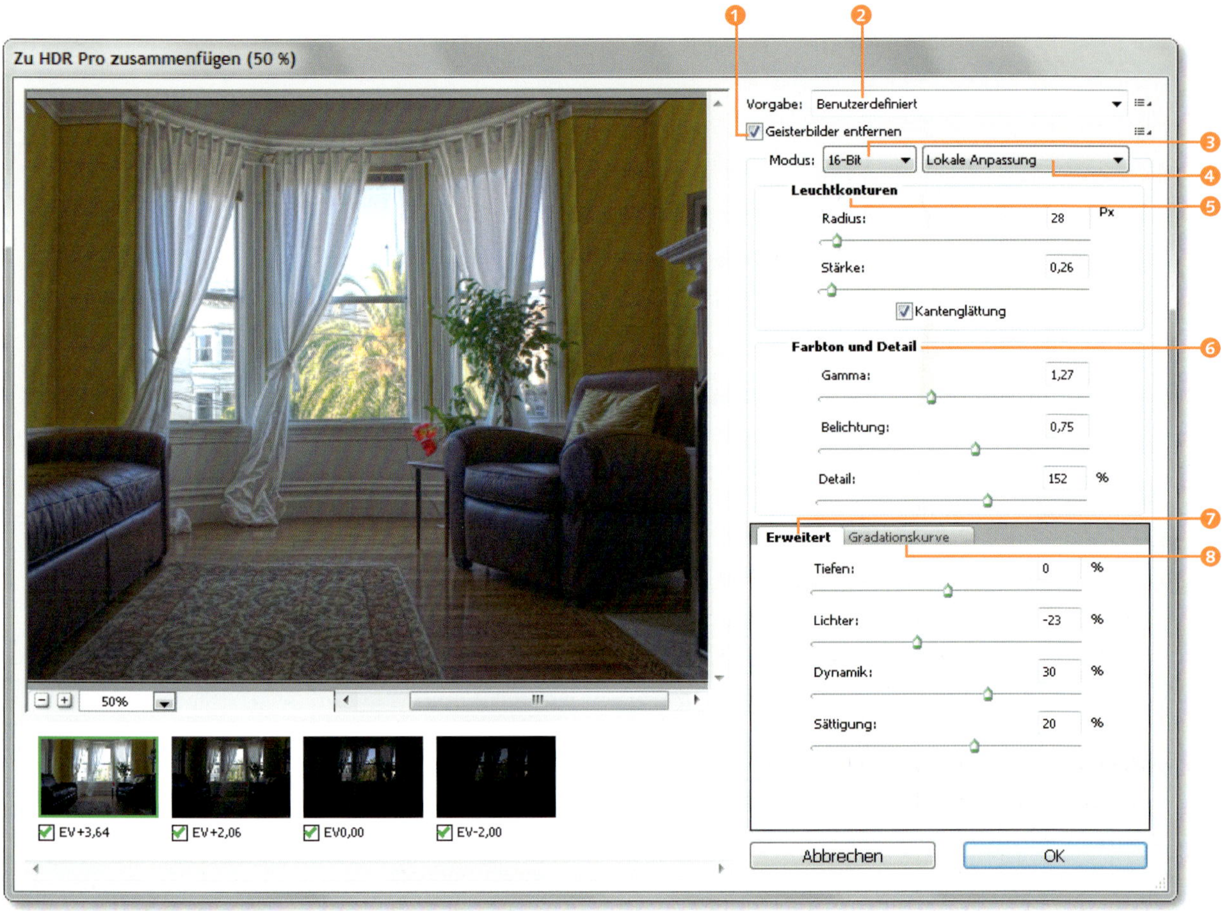

▲ **Abbildung 23.13**
Der HDR-Dialog im 16-Bit-Modus bietet umfangreiche Steuerungsmöglichkeiten.

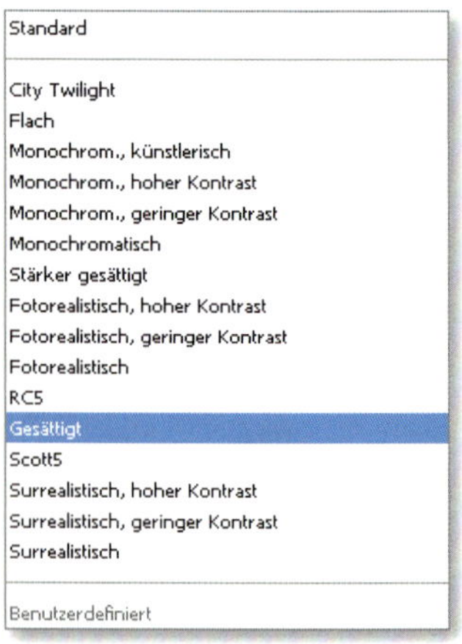

▲ **Abbildung 23.14**
Vorgaben im HDR-Dialog

Vorgaben | Adobe hat dem Dialog schon eine ganze Reihe vorgefertigter Einstellungen, die Vorgaben ❶, mitgegeben. Es hat sich als Arbeitsweise bewährt, zunächst eine annähernd passende Vorgabe auszuwählen. Mit den Reglern können Sie diese weiter an Ihre eigenen Vorstellungen und das Motiv anpassen.

Leuchtkonturen | Licht, viel Licht gehört zur Charakteristik von HDR-Bildern. Selbst wenn es Nacht- oder Dämmerungsaufnahmen sind, strahlen die wenigen Lichtquellen besonders stark – richtig dunkel ist es in der HDR-Welt nie. Dafür zuständig sind oft die stark betonten, fast schon selbstleuchtenden Objektkonturen. Unter dem Punkt LEUCHTKONTUREN ❺ legen Sie fest, ob und wie stark Sie dieses Leuchten in Ihrem Bild haben wollen. Welche Werte die richtigen sind, ist – wie so oft – eine Geschmacksfrage und richtet sich außerdem nach dem Motiv.

- RADIUS grenzt den Umfang des Schein-Effekts ein.
- STÄRKE reguliert den Kontrast.

◂ **Abbildung 23.15**
Starke Leuchtkonturen sorgen für einen surrealistischen Effekt.

Geisterbilder entfernen | Die zuschaltbare Option GEISTERBILDER ENTFERNEN ❶ ist extrem hilfreich, wenn Ihr HDR-Motiv doch nicht so unbewegt ist, wie es sein sollte – etwa, wenn Sie bewegtes Laub oder leicht im Wind schwingende Zaundrähte auf Ihren Bildern haben. Beim Zusammenrechnen der Teilbilder entstehen dann leicht verwischte Konturlinien. Die Option GEISTERBILDER ENTFERNEN beseitigt diesen unschönen Effekt in den meisten Fällen zuverlässig.

Farben und Detail | Wenn Sie öfter mit Camera Raw arbeiten oder Ihnen das Werkzeug TIEFEN/LICHTER nicht unbekannt ist, sollten Ihnen die Funktionen unter FARBEN UND DETAIL ❻ im HDR-Dialog keine Probleme bereiten. Bei allen Reglern im Dialogfeld gilt allerdings: **Dosieren Sie vorsichtig!** Das Layout der Benutzeroberfläche lässt die Eingabe sehr hoher Werte zu – in der Praxis sind diese meist unrealistisch. Dazu kommt, dass es bei umfangreicheren HDR-Kompositionen manchmal einige Sekunden dauert, bis Sie das Ergebnis in der Vorschau sehen. Am besten aktivieren Sie eines der Zahlenfelder durch Klicken und nutzen die Pfeiltasten Ihres Keyboards, um Werte schrittweise zu verändern – dabei können Sie sich nämlich prima auf das Vorschaubild konzentrieren!

Gamma | Mit der Einstellung GAMMA passen Sie an, wie groß die Unterschiede zwischen den Tiefen und Lichtern im Bild überhaupt sind. Ist der GAMMA-Wert gering, ist es auch der Kontrast zwischen Tiefen und Lichtern; im Bild werden dann die Mitteltöne stärker betont. Bei hohen GAMMA-Werten sind die Kontraste hoch. Diesen Regler sollten Sie nur vorsichtig verändern – Werte mit einer Null vor dem Komma genügen meist!

Regler zurücksetzen

Falls Sie sich einmal in den Optionen verrannt haben, setzt ein Doppelklick auf den Regler diesen auf den Standardwert zurück. Mit Hilfe von `Alt` machen Sie aus dem ABBRECHEN-Button einen ZURÜCKSETZEN-Knopf, mit dem Sie alle Regler in den Ausgangszustand versetzen.

Belichtung | Die Einstellung BELICHTUNG wirkt auf die gesamte Helligkeit des Bildes. Er wirkt, als würde man die Blendeneinstellung nachträglich justieren. Auch hier sind meist nur minimale Veränderungen möglich.

Detail | Mit DETAIL passen Sie die Schärfe des Bildes an. Hohe DETAIL-Werte geben dem Bild knackige Kontraste, niedrige Werte senken den Kontrast. Was Ihr Bild verträgt, liegt am Motiv und an der Auflösung. Probieren Sie es einfach aus.

Farbe, Tiefen und Lichter | Unter ERWEITERT 7 finden Sie Regler für die Feinabstimmung Ihres HDR-Motivs:

- TIEFEN und LICHTER Ihres Bildes können Sie getrennt bearbeiten. Ziehen Sie die Regler nach rechts, wird es dunkler, und das Bewegen der Regler nach links hellt Tiefen und Lichter auf. Diese beiden Einstellungen müssen Sie aufeinander abstimmen, sonst wird das Bild trotz hoher DETAIL-Werte matschig und kontrastarm.
- DYNAMIK und SÄTTIGUNG wirken wie die regulären Photoshop-Werkzeuge gleichen Namens.

Zum Weiterlesen
Das Korrekturwerkzeug **Dynamik** bespreche ich in Abschnitt 18.3, »Dynamik: Pep für Porträts ohne Übersättigung«. Mehr über das Tool **Sättigung** erfahren Sie in Abschnitt 21.4, »Color Key: Bildelemente durch (Ent)färben akzentuieren«. Dem mächtigen Werkzeug **Gradationskurve** ist Kapitel 20, »Universalhelfer für professionelle Ansprüche: Gradationskurven«, gewidmet.

Gradationskurve | Auf einer separaten Registerkarte steht eine Gradationskurve 8 zur Verfügung. Diese Tools funktionieren wie ihre bekannten Photoshop-Pendants.

Gefälschte HDR-Images: »HDR-Tonung«

Mit dem Werkzeug HDR-TONUNG können Sie auch aus einzelnen Dateien Bilder mit HDR-Appeal machen. Sie finden das Tool unter BILD • KORREKTUREN. Die Funktionen sind dieselben wie beim »echten« HDR-Dialog, den Sie im vorangegangenen Abschnitt kennengelernt haben.

Wenn Ihre Kamera die Bilder im Raw-Format ausgibt, haben Sie eine weitere Möglichkeit zu schummeln. Erzeugen Sie einfach im Tool Camera Raw eine Belichtungsreihe aus drei bis sieben Bildern. Diese Dateien können Sie dann wie oben beschrieben zu einem HDR-Image mit höherem Luminanzumfang zusammenmontieren.

Das Werkzeug »Belichtung«

Das Tool BELICHTUNG ist eigens für High-Dynamic-Range-Bilder (HDR-Bilder) konzipiert worden. Sie finden es unter BILD • KORREKTUREN und in der Korrekturen-Palette. Wenn Sie die Korrekturen-Palette nutzen, wird das Tool automatisch als Einstellungsebene eingesetzt. Das funktioniert jedoch nur bei Bildern mit 8 und 16 Bit. Den Dialogbefehl BELICHTUNG können Sie auch auf 32-Bit-Bilder anwenden.

Um zu verstehen, wie das Werkzeug funktioniert, müssen Sie sich nochmals vor Augen halten, wie HDR-Images funktionieren. Anders als normale Fotos verfügen sie tatsächlich über einen sehr hohen Kontrastumfang und können nahezu den gesamten dynamischen Bereich der sichtbaren Welt abbilden. Daher hat das Bearbeiten der Belichtung bei HDR-Bildern denselben Effekt wie das Ändern der Belichtung schon beim Fotografieren. Damit fügen Sie ganz realistische Beleuchtungseffekte und auch Unschärfen nachträglich in ein Bild ein. Dieser schöne Effekt naturalistischer Belichtungsänderung per Bildkorrektur funktioniert aber leider *nur bei 32-Bit-Bildern*. Die Funktion Belichtung bearbeitet zwar auch 8- und 16-Bit-Bilder – für diese kann jedoch keine veränderte oder korrigierte Belichtung herbeigezaubert werden, wenn grundlegende Bildinformationen fehlen.

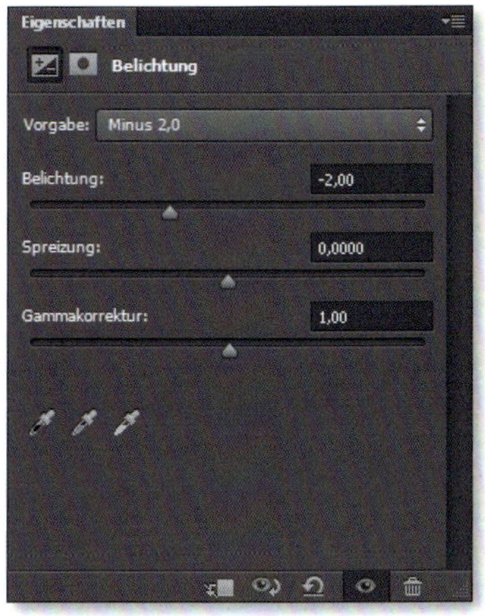

▲ **Abbildung 23.16**
Belichtung lässt sich mit drei einfachen Slidern bedienen.

Einstellungsmöglichkeiten für die Belichtung | Folgende Optionen stehen Ihnen im Belichtung-Dialog zur Verfügung:

- Belichtung verändert vor allem die Lichter. Tiefen werden so weit wie möglich beibehalten. Veränderungen an diesem Regler kommen der Wirkung einer längeren Belichtung oder größeren Blende beim Fotografieren recht nahe.
- Spreizung erhält die Lichter eines Bildes weitestgehend und dunkelt Tiefen und Mitteltöne ab.
- Gammakorrektur verändert die gesamte Bildhelligkeit.

Pipetten | Die Pipetten unten links stehen – wie im Dialogfeld Tonwertkorrektur auch – für Lichter, Mitteltöne und Tiefen eines Bildes und lassen sich auch ganz genauso wie diese Pipetten bedienen. Allerdings gibt es einen entscheidenden Unterschied: Während die Tonwertkorrektur-Pipetten auf alle Farbkanäle zugreifen und damit auch die Farbmischung im Bild verändern, werden mit den Belichtungspipetten allein die Luminanzwerte (Helligkeitswerte) des Bildes angepasst.

23.5 Objektivunschärfe: Gefälsche fotografische Unschärfe

Die Unschärfe ist ein ebenso wichtiger Bestandteil der Bildkomposition wie die Schärfe. Unschärfe gibt einem Bild Räumlichkeit und Tiefe und ist natürlich auch ein wichtiges Mittel, um den Blick des Betrachters zu lenken. Leider erzeugen vor allem die kompakten Digitalkameras Bilder mit übermäßig großer Schärfentiefe – bildgestaltende Unschärfe kommt allenfalls zustande, wenn man im Makro-Modus fotografiert.

Alternative: Iris-Weichzeichnung

Der neue Filter Iris-Weichzeichnung (unter Filter • Weichzeichnungsfilter) ist eine gute Alternative zum Filter Objektivunschärfe. Mehr dazu auf Seite 698.

Achtung – nicht als Smartfilter!
Anders als viele andere Filter lässt sich Objektivunschärfe nicht als Smartfilter einsetzen.

Die Ursache sind die zum Teil sehr kleinen Aufnahmechips, auf die das Licht gebündelt wird. Der Filter Objektivunschärfe (in CS5 noch »Tiefenschärfe abmildern« genannt), den Sie unter Weichzeichnungsfilter finden, kann sehr genau abgestimmte fotografische Unschärfen in das Bild hineinfälschen.

Alphakanal oder Maske anlegen

Datei auf der Buch-DVD: »Bahnhof.tif«

Für beste Ergebnisse bedarf es einiger Vorarbeit: Sie brauchen einen Alphakanal – also z. B. eine abgespeicherte Auswahl – oder eine Ebenenmaske, um die weichzuzeichnenden Bereiche zu bezeichnen.

Sie können bei dieser und ähnlichen Aufgaben auch die Funktion Maskierungsmodus (Quick Mask – Kürzel Q) einsetzen, um zunächst eine passgenaue Auswahl und dann durch Sichern der Auswahl den benötigten Alphakanal zu erzeugen.

Bei den Kanal-Standardeinstellungen gilt: Bereiche, die schwarz maskiert sind, werden gar nicht weichgezeichnet; Bildpartien, die hellen Bereichen des Alphakanals entsprechen, werden stark weichgezeichnet, und Graustufen liegen dazwischen. Der Filter verfügt selbst aber auch über eine Option, um diese Anordnung umzukehren. Übrigens lohnt es sich gerade für diesen recht rechenintensiven Filter, eine verkleinerte Bildversion zum Testen anzulegen.

Bild: vitamin a design

▲ **Abbildung 23.17**
Das Ausgangsbild

▲ **Abbildung 23.18**
Hier wird die Quick Mask bearbeitet, um eine Auswahl für den Filter zu erstellen.

Einstellungen im Dialog »Objektivunschärfe«

Haben Sie den Alphakanal angelegt, rufen Sie den Filter über Filter • Weichzeichnungsfilter • Objektivunschärfe auf.

Tiefenkarte | Als Erstes sollten Sie unter Tiefen-Map 1 den Namen des von Ihnen erstellten Alphakanals oder der Ebenenmaske einstellen, auf dessen bzw. deren Basis scharfe und unscharfe Bereiche definiert werden sollen. Sie haben den Alphakanal »falsch herum« angelegt (die Bereiche, die unscharf werden sollen, sind weiß)? Dann aktivieren Sie die Option Umkehren 3.

Weichzeichnen-Brennweite | Nun gilt es, die virtuelle Brennweite einzustellen, und zwar mit dem Regler Weichzeichnen-Brennweite 2 – oder indem Sie mit der Maus in die Bildvorschau klicken. Der Cursor nimmt dann Kreuzform an. Es kann hilfreich sein, vorher den Radius-Wert 5 sehr stark anzuziehen, um die Wirkung besser abzuschätzen. Nach dem Setzen der Brennweite regeln Sie Radius dann wieder auf ein verträgliches Maß herunter.

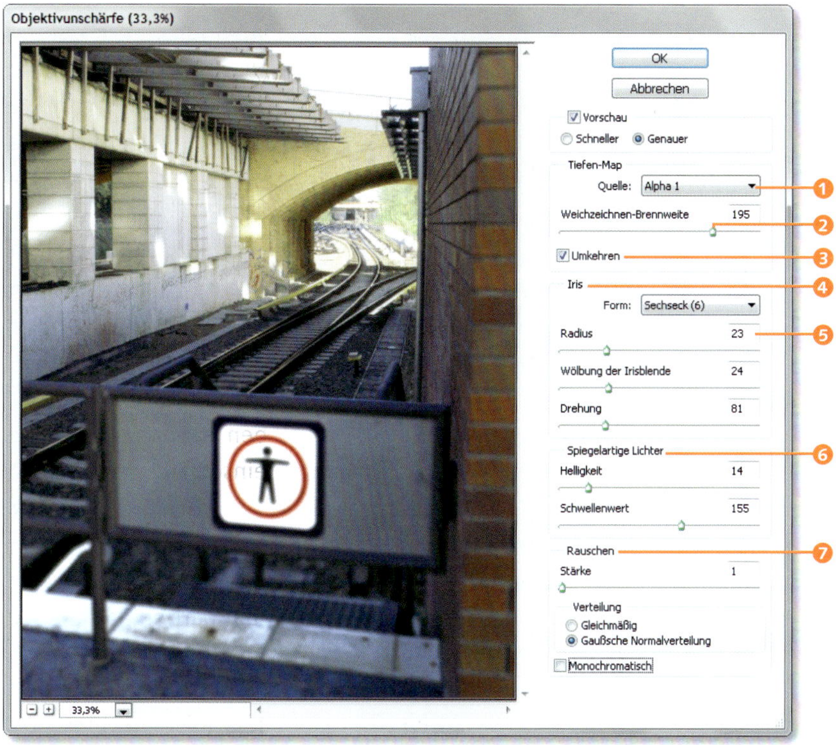

◄ **Abbildung 23.19**
Zahlreiche Einstellungen für falsche Unschärfe. Im Beispiel ist »Alpha 1« der Name des von mir erstellten Alphakanals.

Iris | Im Bereich Iris 4 steuern Sie das Aussehen der virtuellen Blende, die die Weichzeichnung bewirkt. Die zur Verfügung stehenden Größen entsprechen dem Aufbau echter fotografischer Objektive.

- Form imitiert verschiedene Blenden-Bauarten – also die Zahl und Gestalt der Blendenlamellen. Nicht immer ist die Auswirkung dieser Option im Bild erkennbar, am ehesten noch in den vom Filter weichgezeichneten und verstärkten Lichtern (die Sie auch unter Spiegelartige Lichter bearbeiten).
- Radius bestimmt wieder die Stärke der Weichzeichnung.
- Auch Wölbung der Irisblende hat Einfluss auf die Weichzeichnung – hohe Werte unterminieren übrigens die Wirkung der Form-Einstellung.
- Drehung dreht die (virtuelle) Blende. Auch diese Einstellung wirkt nur dann sichtbar, wenn Sie in Radius und Wölbung nicht zu hohe Werte eingestellt haben.

Spiegelartige Lichter | Echte fotografische (Tiefen-)Unschärfe ist oft auch durch weiche und vergrößerte Lichter gekennzeichnet. Unter Spiegelartige Lichter 6 stellen Sie diese im digitalen Unschärfe-Imitat ein. Die Wirkung wird auf den weichgezeichneten Bereich des Bildes (Alphakanal!) eingeschränkt.

- Mit SCHWELLENWERT bestimmen Sie die Ausdehnung und Konturschärfe der Lichter. Je niedriger der Schwellenwert ist, desto mehr Bildbereiche werden aufgehellt. Hohe Schwellenwerte imitieren Spitzlichter. So hellt beispielsweise eine Einstellung von 200 alle Bild-Tonwerte zwischen 200 (Einstellung) und 255 (maximal höchster Wert und hellster Tonwert in RGB-Bildern) auf.
- HELLIGKEIT steuert die Stärke der Aufhellung. Der SCHWELLENWERT und der HELLIGKEIT-Wert sollten mit dem RADIUS korrespondieren, um glaubhafte Ergebnisse zu erzielen. Eine starke Aufhellung bei nur geringer Weichzeichnung ist eher unwahrscheinlich!

▲ **Abbildung 23.20**
So sieht der zugrundeliegende Alphakanal aus (wesentlich genauer brauchen Sie nicht zu arbeiten).

Rauschen | Mit der Weichzeichnung verschwindet auch eine eventuell vorhandene Körnung aus dem Bild. Zwischen gefilterten und ungefilterten Bereichen kann ein Unterschied sichtbar werden. Die Optionen unter RAUSCHEN ⑦ sollen das ausgleichen. Sie funktionieren wie beim regulären Filter RAUSCHEN HINZUFÜGEN.

Abbildung 23.21 ▶
So kann OBJEKTIVUNSCHÄRFE wirken.

23.6 Fotografische Weichzeichnung

Gleich drei neue Weichzeichnungs-Filter – im Menü zu finden unter FILTER • WEICHZEICHNUNGSFILTER – bringen Unschärfe genau da ins Bild, wo Sie sie brauchen. Mit dem Filtertrio können Sie

- gezielt Weichzeichnungs- und Schärfezonen im Bild festlegen (FELD-WEICHZEICHNUNG),

- nachträglich differenzierte Objektivunschärfen (FELD-WEICHZEICHNUNG, IRIS-WEICHZEICHNUNG) ins Bild mogeln und
- den Gebrauch eines Tilt-Shift-Objektivs simulieren (TILT-SHIFT).

Realistische Weichzeichnungseffekte
Drei neue Weichzeichner bringen Unschärfeeffekte ins Bild, die aussehen, als wären Sie schon während der Aufnahme entstanden.

Die drei Filter teilen sich eine Dialogbox, die sogenannte *Weichzeichnergalerie*. Sie können während der Anwendung zwischen den drei Tools nahtlos hin und her schalten und sie auch kombinieren. Einstellungen für künstliches Bokeh (farbige, meist runde Reflexe im Unschärfebereich) ergänzen die drei Filter. Sie arbeiten mit den sehr intuitiv bedienbaren Tools objektbezogen direkt auf der Bildfläche. Leider funktionieren die fotografischen Weichzeichner bisher nicht als Smartfilter.

Feld-Weichzeichnung

Datei auf der Buch-DVD: »Hüttenfenster.tif«

Die FELD-WEICHZEICHNUNG erzeugt eine grobe Weichzeichnung über das gesamte Bild. Das erscheint auf den ersten Blick ziemlich unspektakulär. Der Clou an diesem Tool sind die Pins, mit denen Sie an beliebig vielen Stellen im Bild die Weichzeichnung genau einstellen können. Auch die ursprüngliche Bildschärfe lässt sich so gezielt an einzelnen Punkten wieder herstellen. Dieses Filterwerkzeug ist ganz einfach zu bedienen.

Bild: Sibylle Mühlke

▲ **Abbildung 23.22**
Die Pins an den Bildseiten und im unteren Bereich sorgen für die Weichzeichnung, die Pins in der Mitte stellen örtlich wieder die Bildschärfe her.

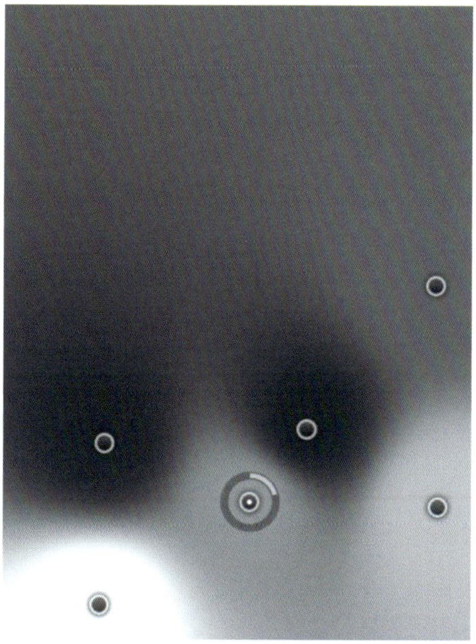

▲ **Abbildung 23.23**
Die Maskenansicht zeigt die Weichzeichnungsverteilung im Bild. Je heller die Bereiche, desto stärker wird weichgezeichnet.

▲ **Abbildung 23.24**
Schärfe direkt am Pin einstellen

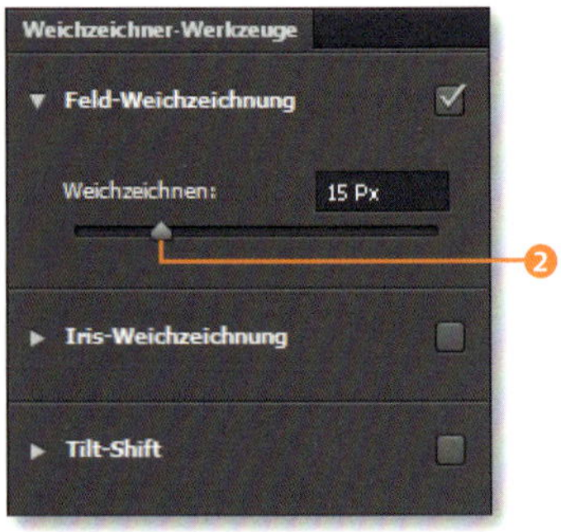

▲ **Abbildung 23.25**
Schärfe per Regler einstellen

Die Pins sind Ihre Weichzeichnungs- oder Schärfungszentren:

- Einen **Pin setzen** Sie ganz einfach, indem Sie ins Bild klicken.
- Wenn Sie einen **Pin löschen** wollen, aktivieren Sie ihn durch Anklicken und drücken [←]. Um alle Pins zu löschen, nutzen Sie den Button in der Optionsleiste.
- Um die **Stärke der Weichzeichnung** für einen Pin zu dosieren, können Sie den Kreisregler 1 des jeweils aktiven Pins oder den Schieberegler Weichzeichnen 2 nutzen. Indem Sie den Wert auf 1 zurücksetzen, stellen Sie die ursprüngliche Bildschärfe wieder her.
- Mit Hilfe des Kürzels [M] wird die **Maskenansicht** kurzzeitig aktiviert (Abbildung 23.23), Drücken der Taste [H] dient zum kurzfristigen **Ausblenden der Pins**.

Wenn Sie mit der Anwendung des Filters fertig sind, klicken Sie in der Optionsleiste auf den Button OK. Klicken auf Abbrechen beendet das Werkzeug ohne Änderungen am Bild.

Iris-Weichzeichnung

Auch der Filter Iris-Weichzeichnung lässt sich ganz intuitiv bedienen, auch hier finden Sie Ihre wichtigsten Steuerungselemente direkt im Bild und arbeiten mit Pins.

Abbildung 23.26 ▶
Die Iris-Weichzeichnung passen Sie durch Steuerungen direkt über dem Bild an.

Mit den Pins definieren Sie jedoch nicht, so wie bei der Feld-Weichzeichnung, eine Zone der Weichzeichnung. Bei der Iris-Weichzeich-

NUNG bezeichnet der Pin einen durch eine Linie begrenzten Schärfebereich, der erst zu den Kanten hin weich ausläuft. Theoretisch ist es auch möglich, mehrere Pins zu setzen – in der Praxis reicht jedoch meist einer.

- Direkt neben dem Pin steuern Sie über den Kreisregler 6 die **Stärke der Weichzeichnung**, alternativ gibt es auch rechts unter WEICHZEICHNER-WERKZEUGE einen Schieberegler.
- Ziehen an einer beliebigen freien Stelle der Linie 7 **skaliert** den gesamten markierten Bereich.
- Mit den kleinen Anfassern 3 an der Kreislinie **drehen** Sie den Schärfe- und Weichzeichnungsbereich. Das funktioniert genau so, wie Sie es vom freien Transformieren kennen: Fahren Sie mit der Maus an den Anfasser heran, und warten Sie, bis ein gebogener Doppelpfeil erscheint; dann bewegen Sie die Maus in die gewünschte Richtung.
- Ziehen am großen Anfasser 4 **ändert die Linienform**. Möglich ist alles, vom schmalen Oval bis zum Rechteck mit gerundeten Kanten.
- Ziehen an den dicken Punkten 5 zwischen äußerer Linie und Pin verändert den Verlauf zwischen scharfen und unscharfen Bereichen. Stehen die Punkte weit innen, ist der Übergang sanft; werden sie nach außen in die Nähe der Begrenzungslinie gerückt, fällt er härter aus.

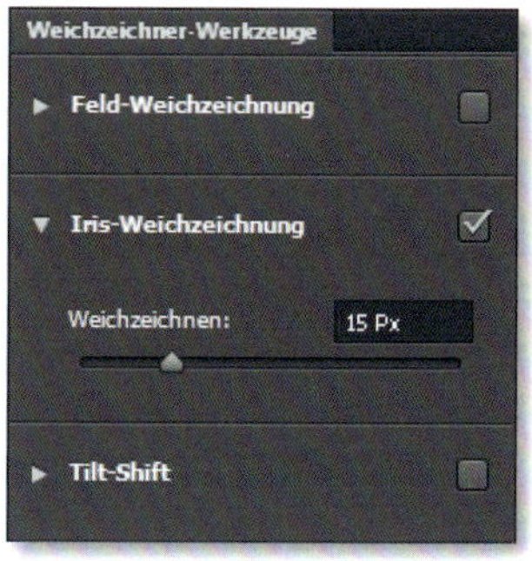

▲ **Abbildung 23.27**
Der einzige Regler: Festlegen der Unschärfe

Tilt-Shift

Mit dem TILT-SHIFT-Filter imitieren Sie einen fotografischen Effekt, wie er sich früher nur mit großen Fachkameras erstellen ließ. In den letzten Jahren wurde dieser Effekt als Gestaltungsmittel immer populärer – nun gibt es also einen Photoshop-Filter, der ihn nachträglich ins Bild bringt. Die Anwendung ist ganz einfach.

Datei auf der Buch-DVD: »Brighton.tif«

◀ **Abbildung 23.28**
Den weit verbreiteten Tilt-Shift-Effekt können Sie jetzt auch per Photoshop-Filter erzeugen.

- Durch den ersten Klick ins Bild legen Sie das **Schärfezentrum** 9 fest. Sie sehen dann an der Anordnung der Steuerungslinien, dass hier nur gerade, lineare Verläufe zwischen scharfen und unscharfen Bereichen möglich sind. Rücksicht auf die Bildkomposition kann also nur begrenzt genommen werden.
- Die **Stärke der Weichzeichnung** stellen Sie wie bei den anderen Filtern über den Kreisregler 12 im Bild oder mittels Schieberegler ein.
- Die **Ausdehnung der Weichzeichnung** können Sie mit zwei Steuerungen festlegen. Durch Ziehen an den gestrichelten Linien 8 legen Sie fest, wo die eingestellte Weichzeichnung in voller Stärke greift. Mit den durchgezogenen Linien 11 bestimmen Sie, wie breit der Übergangsbereich zwischen weichgezeichneten und nicht weichgezeichneten Bildpartien ist. Diese Einstellungen können Sie für jede Seite separat vornehmen.
- Mit Hilfe der Anfasser-Punkte 10 können Sie den gesamten **Schärfeverlauf drehen**.

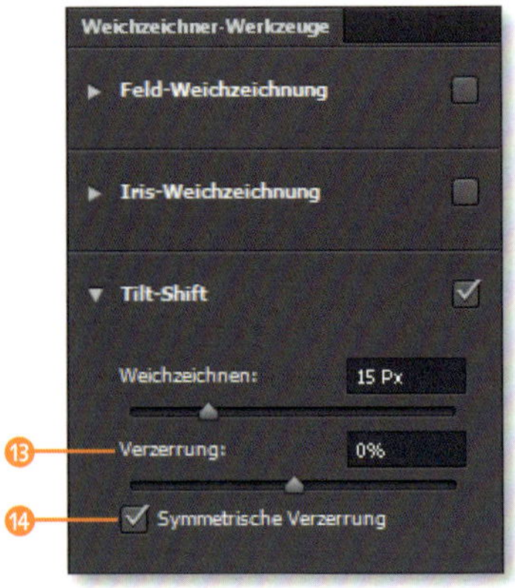

▲ **Abbildung 23.29**
Detaileinstellungen für Tilt-Shift-Effekte

Unter Weichzeichner-Werkzeuge finden Sie neben dem Regler für die Stärke der Weichzeichnung einen Regler namens Verzerrung 13. Um dessen Wirkung zu erkennen, zoomen Sie am besten stark ins Bild und beobachten die Zone zwischen gestrichelter und durchgezogener Linie. Wenn Sie den Regler nun auf verschiedene Extremwerte setzen, sehen Sie, dass sich der Weichzeichnungs-Übergangsbereich minimal verändert. Damit sollen verschiedene Tilt-Shift-Objektive nachgestellt werden. Auch die Option Symmetrische Verzerrung 14 erzielt eine solch subtile, kaum merkliche Wirkung.

23.7 Objektivkorrektur

»Smarte« Objektivkorrektur
Der Filter Objektivkorrektur funktioniert auch als Smartfilter. Nutzen Sie diese Möglichkeit!

Der Filter Objektivkorrektur ist ein weiterer Spezialist für Fotografen: Er korrigiert häufige Bildfehler wie tonnen- und kissenförmige Verzerrungen, stürzende Linien, Vignettierungen und chromatische Aberrationen, die abhängig von verwendeten Objektiven und Brennweiten entstehen können.

Somit stehen Korrekturmöglichkeiten für diese Fehler nicht nur beim Import von Raw-Bildern im Dialog Camera Raw zur Verfügung, sondern auch für andere Dateien. Auch perspektivische Verzerrungen können Sie gut mit diesem Filter korrigieren. Sie finden ihn direkt unter dem Menüpunkt Filter.

Korrektur manuell einstellen

Auf der Registerkarte Benutzerdefiniert erreichen Sie alle Einstellungen für die manuelle Korrektur von Objektivfehlern.

Rastergröße | Das Raster ist Ihr wichtigstes Hilfsmittel, um die Stärke der vorgenommenen Entzerrung nicht nur anhand der Bildinhalte, sondern etwas objektiver zu beurteilen. Am unteren Rand des Dialogfeldes finden Sie Einstellungen, um die Rastergröße und -farbe anzupassen 7. Hier können Sie das Raster auch ganz abschalten. Mit dem Rasterverschieben-Werkzeug [M] verschieben Sie das Raster und richten es am Bild aus. Zum Anpassen der Bildvorschau finden Sie außerdem wieder die Hand [H] und das Zoom-Werkzeug [Z].

▼ Abbildung 23.30
Das Dialogfeld Objektivkorrektur. Rechts sehen Sie die Optionen für die benutzerdefinierte Korrektur.

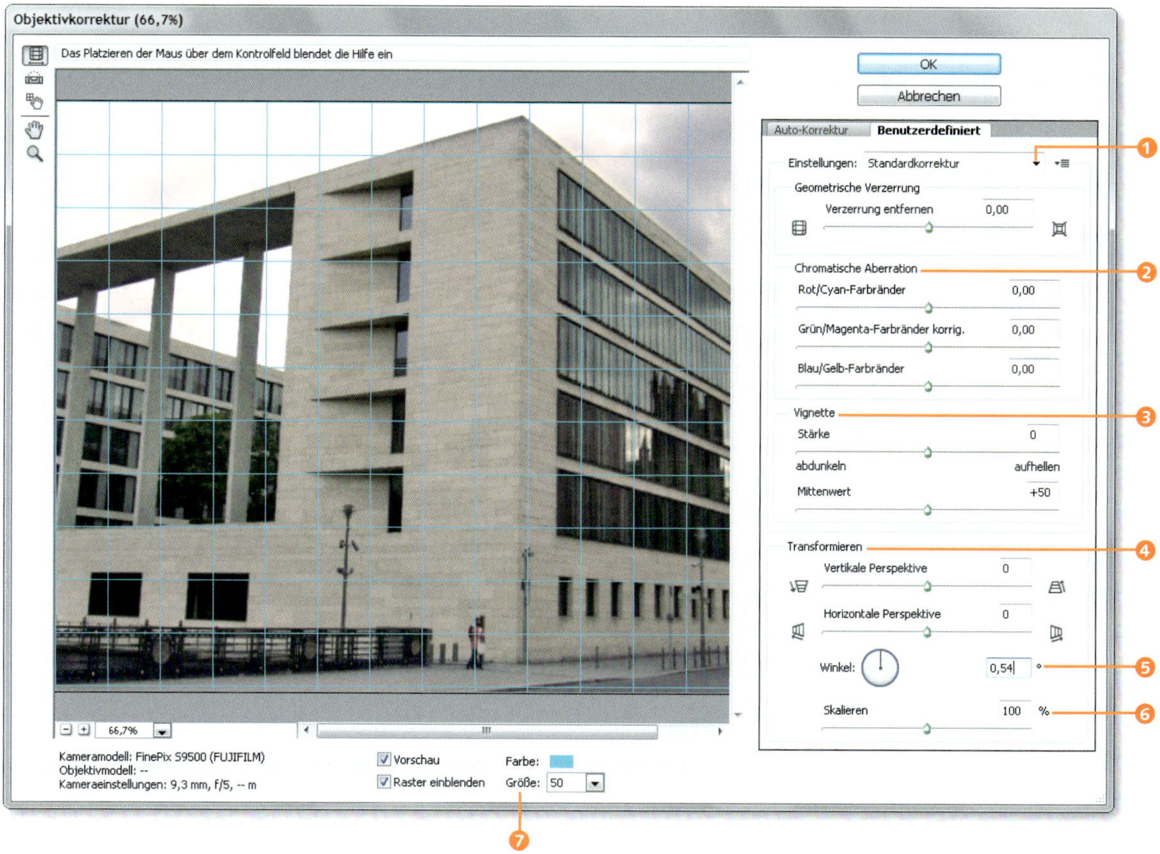

Vorgaben | Wenn Sie bereits Vorgaben – zum Beispiel für eine bestimmte Kamera oder ein bestimmtes Objektiv – gespeichert oder den Filter bereits einmal benutzt haben, können Sie sie über die Option Einstellungen 1 wieder aktivieren. Wenn Sie die Einstellungen von Hand vornehmen (oder weiter an das Bild anpassen wollen), haben Sie mehrere Möglichkeiten, die ich im Folgenden vorstelle.

Datei auf der Buch-DVD: »Aussenamt_Objektivkorrektur.tif«

Verzerrungen entfernen | Um kissen- oder tonnenförmige Verzerrungen zu entfernen, nutzen Sie entweder das Verzerrung-entfernen-Werkzeug [D] oder die Einstellungen unter VERZERRUNG ENTFERNEN. Letztere bedienen Sie ganz einfach per Schieberegler. Die Wirkung ist offensichtlich. Und wenn das Verzerrung-entfernen-Werkzeug aktiv ist, können Sie das Raster – und damit die Bildpixel – einfach per Maus im Vorschaufenster ziehen.

Bild drehen | Die Einstellung WINKEL 5 und das Gerade-ausrichten-Werkzeug [A] drehen das Bild. Damit gleichen Sie die Kameraneigung aus oder bearbeiten das Bild nach der Korrektur der Perspektive nach. Die Bedienung des Werkzeugs erfolgt intuitiv: Ziehen Sie eine Linie in das Bild. Entsprechend dem Winkel und der Position wird das Bild dann gedreht.

Für alle weiteren Einstellungen stehen nur Optionen und Schieberegler – keine eigenen Werkzeuge – zur Verfügung.

Farbsäume korrigieren | Die Einstellung CHROMATISCHE ABERRATION 2 korrigiert Farbsäume. Es empfiehlt sich, die Bildansicht zu vergrößern, um die Farbsäume beim Durchführen der Korrektur genau zu sehen. Der Regler ROT/CYAN-FARBRÄNDER kompensiert Rot-Cyan-Farbsäume; BLAU/GELB-FARBRÄNDER behebt entsprechend Blau-Gelb-Chromafehler. Auch Grün-Magenta-Fehlern kommen Sie mit dem dritten Regler bei.

[Chromatische Aberration]
Der Begriff beschreibt einen Abbildungsfehler von Objektiven, bei dem Farbsäume und Unschärfen entstehen.

Abgedunkelte Ränder korrigieren | VIGNETTE 3 korrigiert Bilder mit abgedunkelten Rändern, wie sie durch Objektivfehler oder falsche Blendeneinstellungen entstehen, und STÄRKE legt fest, wie stark die Aufhellung oder Abdunklung an den Bildkanten ist. Mit der Einstellung MITTENWERT legen Sie die Breite des Korrekturbereichs fest. Je niedriger der Wert ist, desto größer sind die Bildteile, die korrigiert werden, und je größer der Wert ist, desto stärker wird der Effekt lediglich auf die Bildkanten beschränkt.

Perspektive korrigieren | Unter TRANSFORMIEREN 4 finden Sie Einstellungen zur Perspektivkorrektur. VERTIKALE PERSPEKTIVE korrigiert falsche Bildperspektiven, die durch eine aufwärts oder abwärts geneigte Kamera entstanden sind; HORIZONTALE PERSPEKTIVE berichtigt eine fehlerhafte Bildperspektive durch paralleles Ausrichten der horizontalen Linien.

Leere Bereiche mit Pixeln auffüllen | Beim Durchführen der Korrekturen entstehen schnell leere Bereiche ohne Pixel. Indem Sie die Randpixel des Bildes ausdehnen, füllen Sie solche Leerstellen auf. Mit der

Einstellung Skalieren ⑥ bestimmen Sie, wie weit das Bild vergrößert wird. Der Befehl vergrößert oder verkleinert die Ausdehnung der Bildpixel, aber die Kantenlängen des Bildes bleiben unverändert. Das heißt, die Bildpixel werden so weit ausgedehnt, dass die vormals leeren Bereiche nun unsichtbar jenseits der Bildkanten liegen, das Bild wird interpoliert und beschnitten.

Automatische Korrektur

Wenn Sie Ihr Bild automatisch korrigieren lassen wollen, schalten Sie zur Registerkarte Auto-Korrektur um.

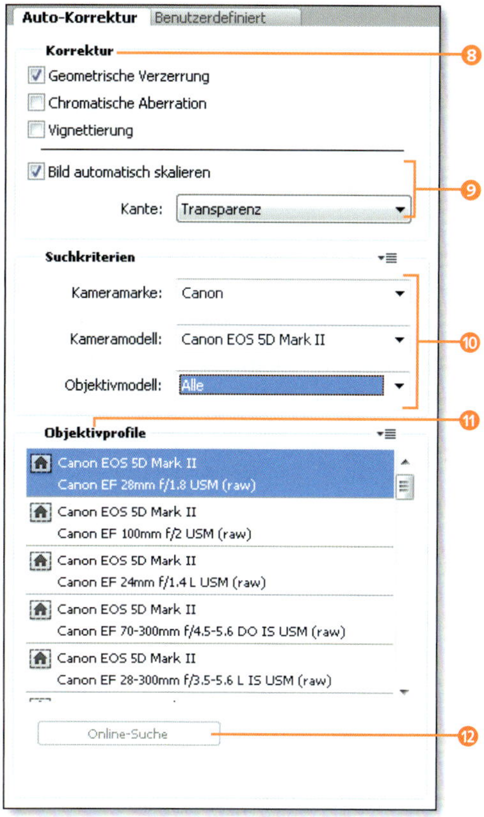

◄ **Abbildung 23.31**
Auto-Korrektur. Manchmal werden Kamera und Objektiv erkannt, doch unter Objektivprofile ⑪ taucht das richtige Profil dennoch nicht auf. In solchen Fällen hilft manuelles Durchsuchen der Liste.

Wie funktioniert die Automatik? | Der Filter liest die Metadaten der Datei aus und erkennt so hoffentlich, mit welchem Objektiv die Aufnahme gemacht wurde. Diese Information wird mit einer von Adobe erzeugten Profil-Datenbank abgeglichen. Anschließend wird das Bild entsprechend dem hinterlegten Objektivprofil korrigiert.

Ob die Automatik wirklich etwas taugt, lässt sich wohl erst im ausführlichen Alltagstest beurteilen. Sicherlich ist auch die Qualität der hinterlegten Profile ausschlaggebend. Ich denke aber, dass die Auto-Korrektur in jedem Fall ein guter Ausgangspunkt für manuelle Korrekturen ist.

Praktische Anwendung | Anzuwenden ist die Funktion ganz einfach. Bevor Sie loslegen, machen Sie aus Ihrer Bildebene ein Smartobjekt, dann starten Sie den Filter (Filter • Objektivkorrektur) und wechseln dort zur Auto-Korrektur.

- Unter Korrektur (8) legen Sie dann fest, welche Objektivfehler überhaupt korrigiert werden sollen. Zur Wahl stehen Verzerrung, Aberration oder Vignettierung.
- Mit den Optionen Bild automatisch skalieren und Kante (9) stellen Sie ein, wie mit leeren Bereichen umgegangen wird, die durch die Verzerrung entstehen. Diese Einstellungen gibt es auch bei der benutzerdefinierten Korrektur.

Objektivprofile selbst machen
Sind die Daten Ihres Objektivs nicht in Adobes Liste enthalten, können Sie mit Hilfe zusätzlicher Software ein eigenes Profil anfertigen. Die erforderliche Software und genauere Informationen finden Sie unter *http://labs.adobe.com/technologies/lensprofile_creator/*.

Im besten Fall startet die automatische Berechnung der Korrekturen sofort. Erste Voraussetzung dafür ist, dass der Filter Ihre Objektivdaten auslesen kann. Ob ihm das gelingt, sehen Sie unterhalb der Bildvorschau links. Im Erfolgsfall erscheinen dort detaillierte Informationen zu Kamera, Modell und Objektiv. Fehlen diese Informationen, können Sie die Auto-Korrektur abbrechen und zum Reiter Benutzerdefiniert umschalten.

Dieselben Informationen sollten nun auch in den Feldern bei Suchkriterien (10) erscheinen. Unter Objektivprofile (11) sollte nur noch ein Objektiv – das verwendete – stehen. Dann ist alles in Ordnung, und der Filter kann arbeiten. Das funktioniert nicht immer. In solchen Fällen können Sie

- Kameramarke, -modell und verwendetes Objektiv manuell einstellen oder
- auf den Button Online-Suche (12) klicken, um die Adobe-Datenbank zu durchsuchen. Die Datenbank wird ständig ergänzt.

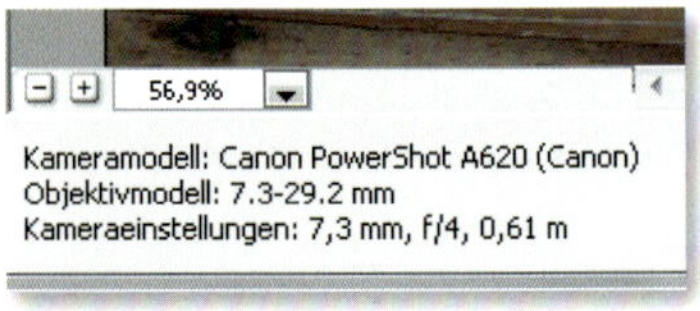

▲ **Abbildung 23.32**
Der Filter »weiß« meistens, mit welchem Equipment das Foto gemacht wurde.

23.8 Eigene Korrekturlinien: Adaptive Weitwinkelkorrektur

Objektbezogene Verzerrungskorrektur
Auch der neue Filter Adaptive Weitwinkelkorrektur behebt Objektivverzerrungen. Dabei können Sie selbst detailliert festlegen, welche Linien im Bild korrigiert werden sollen. Adaptive Weitwinkelkorrektur funktioniert auch als Smartfilter.

Die meisten Weitwinkelobjektive produzieren typische Perspektivfehler: stürzende Linien, Verzerrungen zum Bildrand hin oder gewölbte Horizontlinien. Mit dem Filter Adaptive Weitwinkelkorrektur (direkt unter Filter) gehen Sie gegen solche Fehler vor. Und zwar, anders als der bekannte Objektivkorrektur-Filter, nicht global, sondern objektbezogen. Sie ziehen einfach Linien oder Polygone über den Bildlinien, die stürzen oder verbogen sind.

Datei auf der Buch-DVD: »Islandkirche.tif«

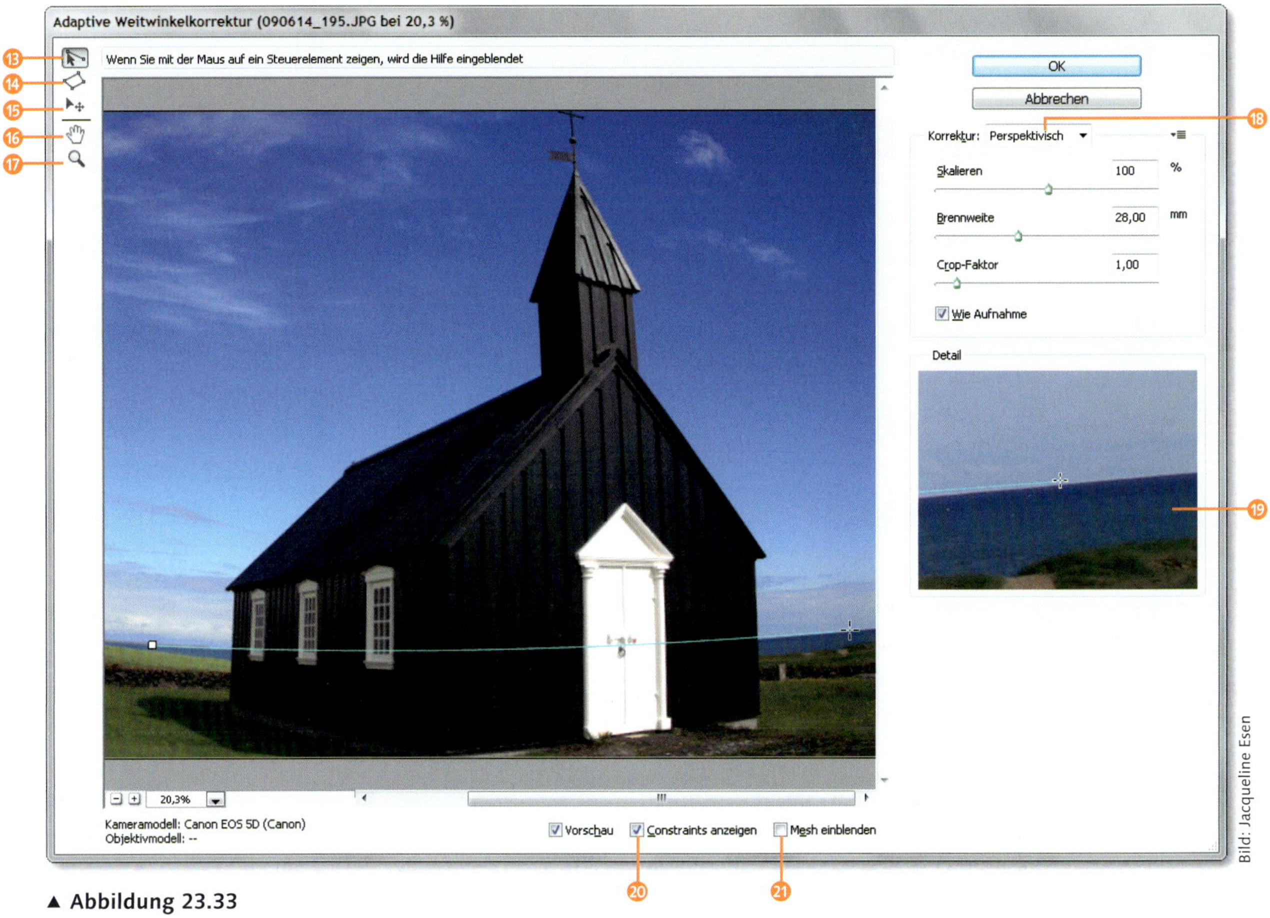

Bild: Jacqueline Esen

▲ **Abbildung 23.33**
Der leistungsfähige Filter kommt mit wenigen Werkzeugen, einem Vorschau-Fenster und einigen Reglern aus.

Werkzeuge und Ansichtsoptionen

In der Werkzeugleiste finden Sie alle Tools, die Sie brauchen. Die beiden wichtigsten sind die zwei obersten.

- Mit dem Constraint-Werkzeug (Kürzel: C) 13 korrigieren Sie einzelne stürzende oder verzerrte Linien, indem Sie darüberfahren und eine Linie ziehen.
- Das Polygon-Constraint-Werkzeug Y 14 kann über zusammenhängende Linien aufgezogen werden und korrigiert sie in einem Schwung.
- Das Verschieben-Werkzeug M 15 wirkt wie das bekannte Pendant aus Photoshop: Es verschiebt die Bildebene.

- Die bekannten Tools Zoom [Z] ⑯ und Hand [H] ⑰ skalieren und verschieben die Bildanzeige im Vorschaufenster des Filterdialogs.

Unterhalb des Vorschaufensters können Sie außerdem einstellen, ob die Constraint-Linien ⑳ oder ein Gitternetz (MESH) ㉑ angezeigt werden sollen.

Handhabung

Unter KORREKTUR ⑱ wählen Sie aus, welche typischen Objektivfehler Sie korrigieren möchten. Damit erfolgt bereits eine automatische Vorkorrektur. Nicht jede der Korrektur-Vorauswahlen funktioniert jederzeit: AUTOMATISCH lässt sich nur einstellen, wenn der Filter für das verwendete Objektiv ein Profil findet, KUGELPANORAMA verlangt Bilder im Seitenverhältnis 1:2.

Der intuitivste Weg ist es nun, entweder das Constraint-Werkzeug oder das Polygon-Constraint-Werkzeug auszuwählen und damit eine **Linie zu ziehen** oder ein **Polygon aufzuziehen**. Sie können in einer Datei so viele Korrekturlinien anbringen wie nötig.

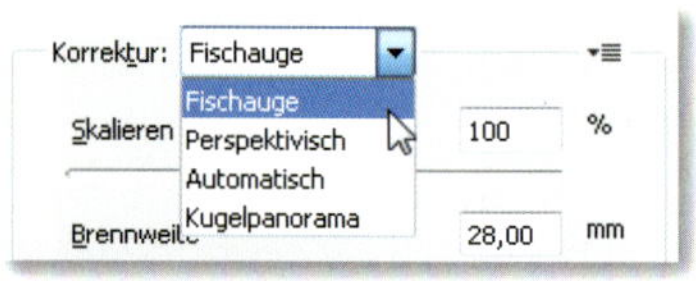

▲ **Abbildung 23.34**
Welche typischen Objektivfehler wollen Sie korrigieren?

Bildlinien in die Waage- oder Senkrechte bringen

Wenn Sie möchten, dass bestimmte Bildlinien so korrigiert werden, dass sie genau horizontal oder vertikal stehen, halten Sie während des Hantierens mit dem Constraint-Werkzeug [⇧] gedrückt.

Constraint-Linie anpassen | Nicht immer gelingt es, Constraint-Linien so zu positionieren, dass sie genau auf einer der problematischen Bildlinien liegen. Doch Sie können die Constraints auch nachträglich anpassen.

- **Start- und Endpunkte** der Constraint-Linien können Sie jederzeit in eine neue Position bringen. Der gezoomte Vorschau-Ausschnitt rechts ⑲ hilft Ihnen bei der korrekten Positionierung von Linien auf kniffligen Bildpartien.
- Es ist außerdem möglich, die Linie und damit die Korrekturachse zu **rotieren**.
- Wenn Sie unter KORREKTUR die Option FISCHAUGE wählen, können Sie die Constraint-Linie durch zusätzliche Anfasser genau **an gebogene Linien anpassen**, etwa an gewölbte Horizontlinien von Panoramen.

Regler

Mit den Reglern im rechten Bereich des Dialogfeldes können Sie Ihre Constraint-Korrektur ergänzen. Das Reglerlayout unterscheidet sich, je nachdem, welche Objektivart bzw. Korrekturweise Sie unter KORREKTUR festgelegt haben.

Korrektur: Automatisch und Kugelpanorama | Ist unter KORREKTUR die Option AUTOMATISCH oder KUGELPANORAMA eingestellt, steht Ihnen zur Feinabstimmung Ihres Resultats lediglich SKALIEREN ① zur Verfügung. Damit verändern Sie die Bildgröße. Diesen Regler können Sie einsetzen, wenn sich die Bildkanten durch starke Korrekturwerte verzogen haben und transparente Kanten frei werden.

Korrektur: Perspektivisch und Fischauge | Wenn Sie unter KORREKTUR die Optionen PERSPEKTIVISCH oder FISCHAUGE eingestellt haben, stehen Ihnen neben dem SKALIEREN-Regler weitere Funktionen zur Verfügung.

- Die Brennweite des verwendeten Objektivs wird automatisch aus den Exif-Metadaten des Bildes herausgelesen – jedoch nur, wenn die Option WIE AUFNAHME ④ aktiviert ist. Schieben Sie nun den Regler BRENNWEITE ② nach rechts, wird die Objektivbrennweite künstlich verlängert, und die Verzeichnungen werden reduziert. Bewegen Sie den Regler nach links, wird die Brennweite verkürzt.
- Mit dem Regler CROP-FAKTOR ③ wird das gesamte Bild ausgedehnt oder geschrumpft. Damit holen Sie etwa die Bildteile zurück, die durch die Perspektivkorrektur aus dem Blickfeld geraten sind.

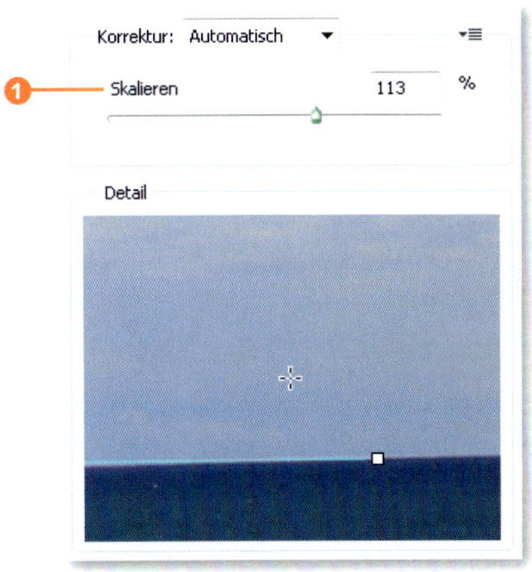

▲ **Abbildung 23.35**
Minimale Anpassungsmöglichkeiten per Regler im Modus KORREKTUR: AUTOMATISCH

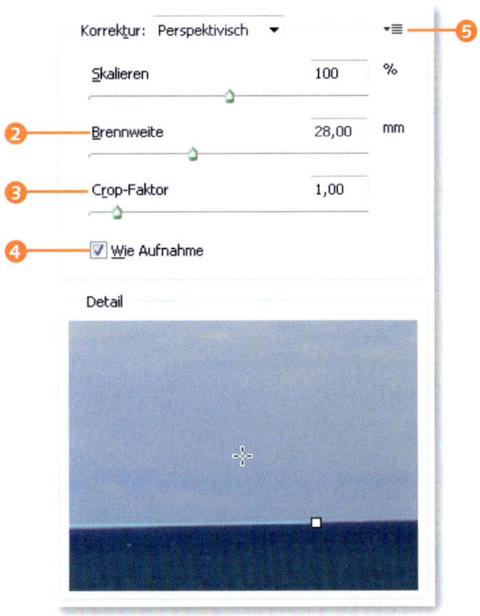

▲ **Abbildung 23.36**
Alternative zur Korrektur mit Constraint-Linien: Regler unter KORREKTUR: PERSPEKTIVISCH

Einstellungen speichern
Wenn Sie Bilderserien korrigieren wollen, können Sie einmal erstellte Einstellungen auch speichern und später erneut anwenden. Die Befehle finden Sie im Seitenmenü ⑤.

23.9 Der Filter »Fluchtpunkt«

Der Filter FLUCHTPUNKT ist ein komplexes Werkzeug, das Sie bei der perspektivisch korrekten Bearbeitung von Bildern unterstützt, bei denen Elemente wie beispielsweise die Seiten eines Gebäudes durch die Perspektive bei der Aufnahme verzerrt sind.

Perspektivische Bildkorrekturen | Durch ein Gitternetz, das Sie erst anlegen müssen, teilen Sie dem FLUCHTPUNKT-Filter mit, wie die perspektivischen Verhältnisse im Bild sind. Innerhalb dieses Gitternetzes ausgeführte Arbeiten erfolgen automatisch in der richtigen Perspektive. Möglich sind das Auswählen, Verschieben oder Kopieren (Klonen) von Bildelementen, das Transformieren schwebender Auswahlen, das Stempeln, um Strukturen zu übertragen, oder das Malen mit Farbe.

Einarbeitung ist nötig

Mit dem FLUCHTPUNKT-Tool sparen Sie sich unter Umständen viel Kleinarbeit mit Bildebenen, perspektivischen Transformationen und Retuschen, doch müssen Sie mit einer langen Einarbeitungszeit rechnen, um alle Funktionen auszureizen. Zudem ist hier äußerste Akribie gefragt, vor allem beim Anlegen der perspektivischen Flächen. »Mal eben schnell« ist beim FLUCHTPUNKT-Filter keine Option.

Einsatzbereich und Einschränkungen | Das aufwendige und tatsächlich beeindruckend wirkungsvolle Werkzeug kann nur bei »perfekten« Bildern wirksam sein. Klinisch saubere Architekturaufnahmen, leere Plätze und sauber gewinkelte Flächen sind prima; krumme Wände, von Vegetation überdeckte Ecken und Winkel sind dagegen eher problematisch. Und Schattenwurf und Lichtrichtung berücksichtigt das Werkzeug nicht korrekt. Zumindest bei typischen Fotomontagen kann das Werkzeug seine Vorzüge nur am Idealbild ausspielen – das man meist wohl gerade nicht vor sich hat. Für eher freiere Arbeiten oder das Erschaffen neuer, artifizieller Räume und Plätze ist das Tool jedoch sehr wirkungsvoll!

Die Fluchtpunkt-Option aufrufen

Spektakulär ist sie, die FLUCHTPUNKT-»Option« (wie Adobe das mächtige Tool tiefstapelnd nennt). Das Straßenschild, das Sie in Abbildung 23.37 als schwebende Auswahl rechts sehen, wurde von der rechtwinklig dazu liegenden Fassadenseite kopiert, verschoben und dabei automatisch perspektivisch angepasst. Hier werden allerdings auch schon die Grenzen klar: Lichtverhältnisse können beispielsweise nicht angeglichen werden.

Datei auf der Buch-DVD: »Ziegelhaus.tif«

Sie finden das Werkzeug unter FILTER • FLUCHTPUNKT oder rufen es mit Alt + Strg / cmd + V auf.

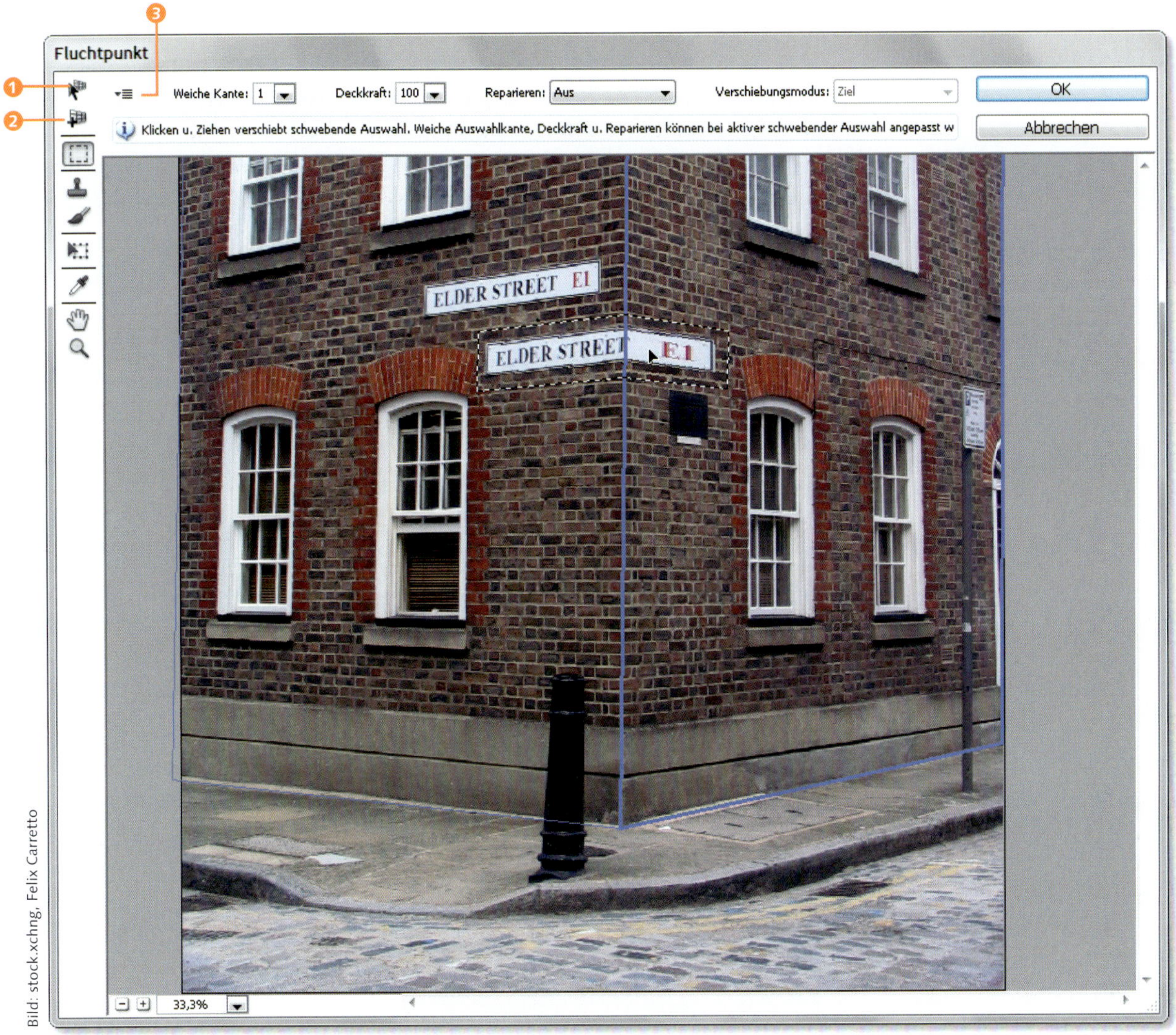

Bild: stock.xchng, Felix Carretto

▲ **Abbildung 23.37**
Wenige Schaltflächen, spektakuläre Wirkung: der Filter Fluchtpunkt. Hier wird gerade ein Klon des Straßenschildes um die Hausecke gezogen.
Deutlich erkennbar: die blauen Perspektivlinien.

Wie gehen Sie vor?

Ihr erster Schritt ist es, das sogenannte Ebene-erstellen-Werkzeug ② (Tastenkürzel C) zu aktivieren und mit ihm ein Gitternetz anzulegen, das die perspektivischen Verhältnisse im Bild nachzeichnet. Adobe nennt die so definierten Flächen »Ebenen«. Erst danach kann das Werkzeug perspektivisch korrekt arbeiten. Je genauer Sie hier arbeiten, desto besser wird die spätere Wirkung des Fluchtpunkt-Filters!

Das Raster anlegen | Mit dem Ebene-erstellen-Werkzeug ziehen Sie einfach geometrische Flächen auf. Das Werkzeug erstellt dann die blauen Linien, die Sie im Screenshot sehen (und Rasterlinien, die gerade nicht eingeblendet sind). Sie können diese Rastergitter auch durch Ziehen an den kleinen Griffen an der Seite noch anpassen. Sie müssen nicht ganz präzise arbeiten – das wäre sonst auch ein mühsames Geschäft. Der Shortcut Strg/cmd+Z zum Zurücknehmen des letzten Arbeitsschritts funktioniert praktischerweise auch hier.

Abbildung 23.38 ▸
Das Perspektiv-Gitter wird bearbeitet 1.

Begrenzung einblenden | Die Option KANTEN ANZEIGEN (zu finden unter dem kleinen Pfeil oben links 3) unterbindet oder aktiviert die Anzeige dieser Linien. Die bekannten Werkzeuge HAND H und ZOOM Z stehen auch hier zur Verfügung, um die Bildansicht anzupassen. Auch die bekannten Zoom-Shortcuts funktionieren hier.

Rechtwinklige Flächen | Um Flächen, die – in Wirklichkeit, nicht in der Bilddarstellung – rechtwinklig zueinander angeordnet sind, mit einem Raster zu umfangen, drücken Sie Strg/cmd bei immer noch aktivem

Ebene-erstellen-Werkzeug und ziehen an einer der Seiten. Es wird eine neue Fläche angelegt, die den 90°-Winkel weitestgehend perspektivisch korrekt darstellt. Nachbesserungen sind möglich.

◄ **Abbildung 23.39**
Das sogenannte »Abreißen« einer 90°-Fläche

Seitenverhältnisse | Wird das Raster, das die perspektivischen Flächen beschreibt, gelb oder rot angezeigt, ist dies eine Warnung, dass die Seitenverhältnisse nicht ganz stimmen. Differenziert wird hier zwischen

- schwerwiegenden Problemen mit den Seitenverhältnissen der Ebene (rot)
- und Problemen beim Auflösen der Fluchtpunkte in der perspektivischen Ebene (gelb).

Perspektivraster verändern | Wenn Sie zum Ebene-bearbeiten-Werkzeug [V] ① wechseln, können Sie das Perspektivraster verändern. Die Bearbeitung sollte Ihnen keine Schwierigkeiten bereiten, wenn Sie mit Transformationsrahmen sicher umgehen können.

Sie können nun schon den Vorgang mit OK bestätigen – das Raster ist dann gesichert und steht beim nächsten Start des Filters wieder zur Verfügung.

Perspektivische Korrektur im fertigen Raster

Um nun das Bild weiterzubearbeiten und dabei die perspektivischen Vorgaben zu nutzen, stehen mehrere Funktionen zur Verfügung, die ich im Folgenden genauer beschreibe.

Auswahlrechteck | Das Auswahlrechteck M können Sie für verschiedene Operationen nutzen: Indem Sie Alt drücken und einen ausgewählten Bereich per Maus verschieben, klonen Sie ihn automatisch. Der geklonte Bereich wird dann als schwebende Auswahl angelegt. Sie können beliebig viele Klone von einer Auswahl erzeugen.

- Um eine **Auswahl mit einem anderen Bereich aus dem Bild zu füllen**, ziehen Sie eine Auswahl auf, aktivieren die Option Verschiebungsmodus: Quelle und bewegen dann den Mauszeiger auf den Bildbereich, der in die Auswahl eingefügt werden soll. Wenn Sie dann erneut Bereiche klonen wollen, müssen Sie allerdings vorher wieder Verschiebungsmodus: Ziel aktivieren!
- Um **Elemente aus anderen Bildern perspektivisch einzufügen**, müssen Sie diese auswählen und mit Strg/cmd+C in die Zwischenablage Ihres Rechners befördern, bevor Sie den Fluchtpunkt-Filter starten. Dann erstellen Sie das Perspektivraster, und anschließend fügen Sie das Objekt mit Strg/cmd+V in das Bild ein.

Weitere Werkzeuge | Das Transformieren-Werkzeug T passt schwebende Auswahlen an. Das Stempel-Werkzeug S funktioniert so wie der bekannte normale Kopierstempel aus der Werkzeugleiste auch, mit dem Unterschied, dass innerhalb des Perspektivrasters eingefügte Pixel gleich perspektivisch angepasst werden. Mit dem Pinsel-Werkzeug B tragen Sie Farbe auf. Die Form des Pinsels wird beim Malen – wenn Sie innerhalb des Rasters malen – perspektivisch angepasst.

▲ **Abbildung 23.40**
Im Fluchtpunkt-Werkzeug können Sie auch perspektivisch retuschieren. Längere Malstriche mit dem Stempel werden perspektivisch angepasst. Hier (1) wird ein Plakat mit »Ziegelsteinen« überdeckt.

Bilder oder Bildelemente aus der Zwischenablage einfügen | Wenn Sie Bilder oder Bildelemente aus der Zwischenablage einfügen wollen, benutzen Sie einfach den bekannten Shortcut Strg/cmd+V. Sie können die eingefügten Objekte dann mit der Maus anfassen und in den Perspektivrahmen ziehen; sie werden dann angepasst. Sie müssen die Bildelemente, die Sie transferieren wollen, allerdings in die Zwischenablage kopieren, *bevor* Sie den Fluchtpunkt-Filter aufrufen. (Wählen Sie dazu den entsprechenden Bereich aus, und drücken Sie dann Strg/cmd+C, oder klicken Sie auf Bearbeiten • Kopieren.)

Bearbeitungsschritte rückgängig machen | Um im Fluchtpunkt-Werkzeug Bearbeitungsschritte rückgängig zu machen, gibt es verschiedene Befehle mit unterschiedlichem Wirkungsgrad:

- Das bekannte Tastaturkürzel Strg/cmd+Z wirkt auch hier. Mehrfaches Drücken nimmt mehrere Schritte zurück.
- Strg/cmd+⇧+Z stellt irrtümlich zurückgenommene Befehle wieder her.

- Wenn Sie Alt drücken, wird die Schaltfläche ABBRECHEN zur Schaltfläche ZURÜCKSETZEN, mit der Sie alle Einstellungen zurücksetzen, ohne das Dialogfeld schließen zu müssen.
- Esc wirkt wie ABRECHEN und schließt das Dialogfeld, ohne Änderungen zu speichern.

Viele andere bekannte Shortcuts funktionieren auch hier!

Was wollen Sie tun?	Windows	Mac
2 × zoomen (vorübergehend)	X	X
einzoomen	Strg + + (Ziffernblock)	cmd + + (Ziffernblock)
auszoomen	Strg + − (Ziffernblock)	cmd + − (Ziffernblock)
Bildanzeige an das Vorschaufenster des Dialog anpassen	Doppelklick aufs Handwerkzeug; Strg + 0	Doppelklick aufs Handwerkzeug; cmd + 0
Bild in 100%-Ansicht bringen und Mittelpunkt zentrieren	Doppelklick aufs Zoom-Werkzeug	Doppelklick aufs Zoom-Werkzeug
Auswahl und Ebenen ausblenden	Strg + H	cmd + H
Auswahl in Schritten von einem Pixel verschieben	Pfeiltasten	Pfeiltasten
Auswahl in Schritten von 10 Pixeln verschieben	⇧ + Pfeiltasten	⇧ + Pfeiltasten
Auswahl in Schritten von einem Pixel verschieben	Pfeiltasten	Pfeiltasten
Auswahl in Schritten von 10 Pixeln verschieben	⇧ + Pfeiltasten	⇧ + Pfeiltasten
Auswahl mit Pixeln unter dem Mauszeiger füllen	Strg halten und Maus bewegen	cmd halten und Maus bewegen
Beim Erstellen von Perspektivebenen: letzten »Anfasser« löschen	←	←
Perspektivebene über gesamte Bildfläche erstellen, parallel zur Kameraperspektive	Doppelklick aufs Ebene-erstellen-Werkzeug	Doppelklick aufs Ebene-erstellen-Werkzeug

◂ **Tabelle 24.1**
Tastaturbefehle für die Arbeit mit der FLUCHTPUNKT-Funktion auf einen Blick

TEIL VIII

Reparieren und retuschieren

Kapitel 24
Bildformat und Bildgröße verändern

Um Größe und Format digitaler Bilder zu ändern, können Sie einfach die Kanten abschneiden oder die Bildmaße neu berechnen lassen. Für beides – und überdies das Geraderichten schiefer Linien – hat Photoshop eigene Funktionen an Bord.

24.1 Bildkanten kappen, Motive ins Lot bringen

Bilder freizustellen – also sie zu beschneiden – ist ein alltäglicher und meist unkomplizierter Arbeitsschritt. Dennoch lohnt es sich, ihn einmal genauer anzusehen: Wer alle Aspekte der dafür genutzten Tools im Griff hat, spart Zeit und kann präziser arbeiten.

Bildausschnitt und Bildwirkung

Durch das Beschneiden von Bildkanten ändern Sie Bildformate und -proportionen. Überdies werden Sie Ränder oder Bildobjekte los, die versehentlich ins Foto geraten sind – ein notorisches Problem bei Digicams mit ungenauer Sucheranzeige. Darüber hinaus hat das Beschneiden von Bildern eine redaktionelle Funktion. Denn der Bildausschnitt ist maßgeblich daran beteiligt, wie der Gegenstand des Bildes in Szene gesetzt ist und wie ein Bild wirkt. Oft wird das schon beim Fotografieren entschieden, doch mit den leistungsfähigen hochauflösenden Digicams und preiswerten Speicherchips bleibt für nachträglichen Beschnitt genügend Spielraum: Auch beschnitten sind Bilddateien inzwischen groß genug, um sie sinnvoll einsetzen zu können. Nachträgliches Beschneiden kann die Intentionen des Fotografen unterstützen oder eher banale Motive aufwerten. Durch Beschnitt inszenieren Sie Bildmotive und steuern die Blickrichtung des Betrachters. Das sollten Sie sich vor Augen halten, wenn Sie mit Freistellungswerkzeug & Co. hantieren!

Altbewährtes Tool mit neuen Funktionen: Freistellungswerkzeug

Das Freistellungswerkzeug ist ein altbewährter Klassiker in Photoshops Werkzeugkiste.

Bisher war es ein unspektakuläres Tool, das zwar irgendwie funktionierte, aber immer etwas sperrig war. So fehlte etwa die Möglichkeit, das Bild ohne viel Rechnerei auf eine bestimmte Kantenratio zu bringen, auch das Geraderichten von Bildkanten klappte mehr schlecht als recht. Mit dem Update auf CS6 hat Adobe das Werkzeug rundum erneuert. Dank neuer, sehr smarter Funktionen lassen sich typische Handgriffe nun flüssig erledigen.

Ps Basic wird nutzerfreundlich
Das Freistellungswerkzeug wurde gründlich überarbeitet. Neue, am tatsächlichen Nutzerverhalten orientierte Optionen werten es deutlich auf. Auch das Standardverhalten des Werkzeugs hat sich verändert. Dazu kommt das neue Perspektivische Freistellungswerkzeug (mehr dazu in Abschnitt 24.2, »Perspektive und Ausrichtung: Bilder begradigen«).

Sie finden das Freistellungswerkzeug in der Werkzeugleiste oder rufen es über den Shortcut C (wie *crop*) auf. Mit ihm erstellen Sie rechteckige oder quadratische Auswahlen, die den Bildbereich markieren, der *erhalten* werden soll. Sie ziehen einfach einen Auswahlbereich mit der Maus auf, legen ein bestimmtes Seitenverhältnis fest oder tragen feste Maße ein. Die Kanten außerhalb der Markierung werden abgeschnitten. Überdies lassen sich mit dem Tool auch schiefe Bilder geraderichten.

Freie Größe, Proportion oder genaues Maß | Zu den größten Ärgernissen des alten Freistellungswerkzeugs (vor CS6) gehörte, dass man den Freistellrahmen nur nach Augenmaß aufziehen oder auf ein fixes Pixel- oder cm-Maß bringen konnte. Für die häufigste Aufgabe, das Freistellen von Bildern auf eine bestimmte Proportion, gab es keine Option. Das hat sich nun geändert!

▼ Abbildung 24.1
Optionen für das Freistellungswerkzeug

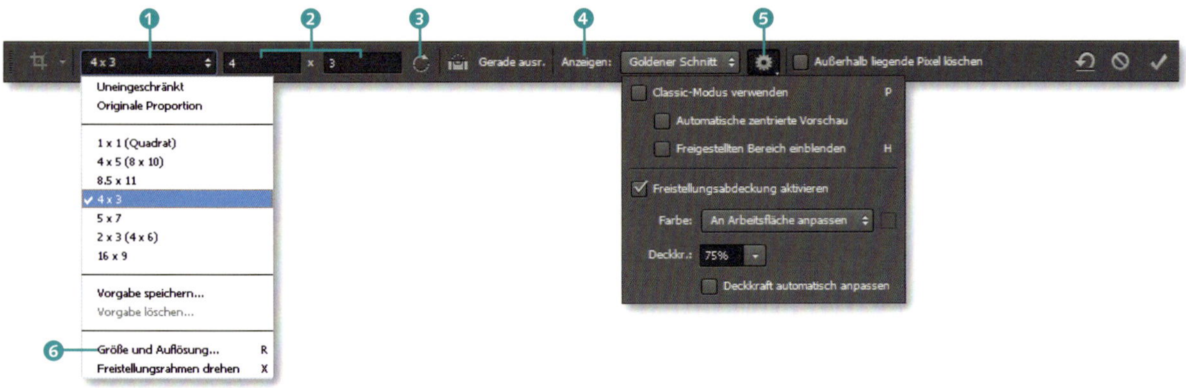

Folgende Möglichkeiten haben Sie, den späteren Bildausschnitt zu definieren:

- Sie arbeiten **nach Augenmaß** und ziehen einfach den Auswahlrahmen mit der Maus über dem Bild auf. Dabei können Sie sich auf Wunsch auch von verschiedenen eingeblendeten Überlagerungen ④ (Raster und Ähnliches) unterstützen lassen. Das aktuelle Maß des Freistellrahmens wird neben dem Mauszeiger angezeigt. An den Ecken und Seiten des Rahmens befinden sich überdies Anfasser, mit denen Sie die Rahmengröße auch nach dem Aufziehen ändern können.

▲ **Abbildung 24.2**
Freistellrahmen aufziehen. Die Größenanzeige neben dem Mauszeiger erlaubt genaues Arbeiten.

▲ **Abbildung 24.3**
Die Größe des Freistellrahmens können Sie nachträglich verändern.

- Sie legen mit Hilfe der Liste ① und gegebenenfalls der Eingabefelder ② in der Optionsleiste ganz links einfach das gewünschte **Seitenverhältnis** fest.
- Um eine **exakte Bildgröße und Auflösung** (oder nur eines von beiden) zu erzielen, wählen Sie zunächst in der Liste ① die Option GRÖSSE UND AUFLÖSUNG ⑥. Im sich dann öffnenden Dialog tragen Sie Ihre Wunschmaße ein. Wenn Sie die Auflösung nicht ändern wollen, lassen Sie das Feld einfach leer.
  Wenn Sie dort zusätzlich die Option ALS FREISTELLUNGSVORGABE SPEICHERN (siehe Abbildung 24.4) aktivieren, wird Ihr Wunschmaß der Dropdown-Liste ① hinzugefügt.

Einrasten des Rahmens verhindern

Normalerweise rastet der Freistellrahmen beim Aufziehen am Bildrand ein, wenn Sie in dessen Nähe kommen. Halten Sie Strg/cmd gedrückt, um diese »Magnetfunktion« kurzfristig außer Betrieb zu setzen, wenn Sie den Freistellrahmen unmittelbar neben dem Bildrand positionieren wollen.

Vorsicht: Bildpixel werden interpoliert

Wenn Sie die gewünschte spätere Bildgröße oder Auflösung festlegen, wird das Bild je nach eingegebenen Werten nicht nur beschnitten, sondern auch neu berechnet. Dabei können Schärfeverluste auftreten!

Nachdem die Werte festgelegt sind, müssen Sie nicht mehr, wie aus älteren Programmversionen gewohnt, einen Freistellrahmen aufziehen. Stattdessen erscheint er sofort automatisch im Bild – und blendet die abgeschnittenen Bildränder auch sofort aus. Durch Ziehen an den Anfassern an Ecken und Seiten des Rahmens verändern Sie dessen Größe. Klicken auf das Kreissymbol ❸ in der Optionsleiste vertauscht die Angaben für Breite und Höhe und dreht den Freistellrahmen um.

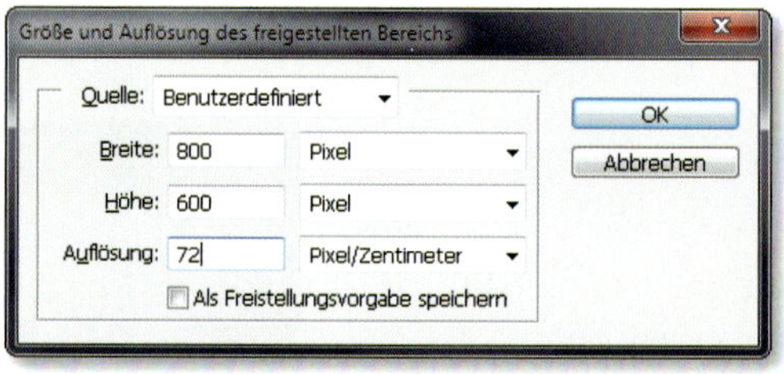

Abbildung 24.4 ▶
Freistellbereich genau nach Maß

Neues Verhalten des Freistellungswerkzeugs | Erfahrene Photoshopper, die das CS6-Freistellungswerkzeug erstmals benutzen, erleben beim Positionieren des Freistellrahmens vermutlich einen doppelten »Huch!«-Moment. Das Verhalten beim Positionieren des Freistellrahmens auf dem Bild ist neu: Nicht der Rahmen wird über das Bild verschoben, sondern das Bild unter dem Freistellrahmen. Und anstatt der gewohnten Abdeckung, unter der das Bild in seinen Originalmaßen noch erkennbar ist, scheint das Bild sofort nach dem Erstellen des Freistellrahmens schon beschnitten zu sein, denn die Kanten werden komplett ausgeblendet. Beide Eigenschaften lassen sich jedoch abschalten.

Zurück zur CS5-Werkzeugversion | Wenn Sie mit dem neuen Verhalten des Freistellungswerkzeugs nicht zurechtkommen, können Sie einige Optionen aktivieren, mit denen Sie das Tool dann wieder so bedienen wie gewohnt. Klappen Sie dazu durch Klick auf den kleinen Zahnrad-Button ❺ das Einstellungsmenü auf.

- Aktivieren Sie die Option Classic-Modus verwenden, um wie gewohnt den Freistellrahmen über dem Bild und nicht das Bild unter dem Freistellbereich zu verschieben (Kürzel [P]; funktioniert nur, wenn der Freistellrahmen bereits modifiziert wurde, ansonsten erfolgt ein Wechsel zum Zeichenstift-Werkzeug). Besonders wenn Sie kleinteilige Bilder pixelgenau abschneiden wollen, empfiehlt sich der Classic-Modus; der neue Modus ist eher für Fotomotive geeignet.
- Auch im neuen Werkzeugmodus können Sie sich die Bildbereiche, die beschnitten werden sollen, anzeigen lassen, anstatt sie einfach auszublenden. Dazu aktivieren Sie die Option Freigestellten Bereich einblenden. (Das Kürzel [H] funktioniert nur, wenn der Freistellrah-

men bereits modifiziert wurde, ansonsten erfolgt der Wechsel zum Hand-Werkzeug.)

- Wenn der freizustellende Bereich eingeblendet ist, stehen Ihnen verschiedene Möglichkeiten zur Wahl, wie er dargestellt wird. Setzen Sie ein Häkchen bei FREISTELLUNGSABDECKUNG AKTIVIEREN, und stellen Sie dann Farbe und Deckkraft für die Abdeckung ein.
- Die AUTOMATISCH ZENTRIERTE VORSCHAU funktioniert nur im neuen Werkzeugmodus. Sie sorgt dafür, dass der Freistellrahmen genau in der Bildschirmmitte steht, während sie das Bild darunter bewegen.

Raster, Drittelregel und mehr: Überlagerung | Ob ein Bildaufbau als gefällig, spannend und ansprechend empfunden wird, ist nicht vollkommen subjektiv: Es gibt dafür Regeln, etwa die Drittelregel oder den Goldenen Schnitt. Mit ihrer Hilfe machen Sie nicht aus jedem Motiv ein Star-Foto, doch hilfreich sind sie allemal. Beim Freistellungswerkzeug können Sie sich verschiedene Hilfslinien als Überlagerung einblenden lassen. Sie finden die Liste unter ANZEIGEN.

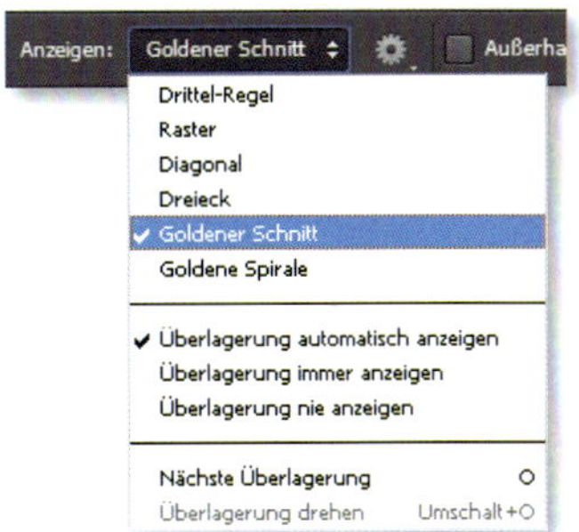

◀ **Abbildung 24.5**
Hilfreiche Überlagerung anzeigen lassen

Mit Ausnahme des Rasters passen sich alle Überlagerungen der Größe und den Proportionen Ihres Bildes bzw. des Freistellrahmens an. Mit dem Kürzel [O] springen Sie durch die verschiedenen Überlagerungen.

- Der **Goldene Schnitt** ist eine der ältesten Gestaltungsregeln. Schon in der Antike fand er Anwendung, heute spielt er unter anderem in Architektur, Gestaltung und Fotografie eine Rolle.
- Die **Goldene Spirale** ist eine Ableitung des Goldenen Schnitts.
- Die **Drittelregel** ist die praktische Anwendung des Goldenen Schnitts auf die Fotografie: Denken Sie sich beim Fotografieren den Bildausschnitt durch zwei senkrechte und zwei waagerechte Linien in neun Segmente geteilt, sollte ein Haupt-Bildgegenstand möglichst an einem der Linien-Schnittpunkte liegen, oder eine Hauptlinie des Motivs (etwa der Horizont) sollte einer der Drittellinien folgen.
- Die Überlagerungsoptionen DIAGONAL und DREIECK helfen, die **führenden Linien** eines Motivs beim Beschneiden neu auszurichten.

Linktipp
Unter *www.textism.com/bucket/fib.html* finden Sie eine Flash-Animation, die das Verhältnis von Fibonacci-Zahlen, Goldenem Schnitt und Goldener Spirale kurz und bündig erklärt.

Bild: vitamin a design

▲ **Abbildung 24.6**
Liniennetz nach der Drittelregel.

▲ **Abbildung 24.7**
Diagonalen

▲ **Abbildung 24.8**
Dreiecke

▲ **Abbildung 24.9**
Goldene Spirale

Sie können sich entscheiden, wo und wann Sie die Hilfslinien sehen wollen:

- Überlagerung automatisch anzeigen zeigt die Hilfslinien nur in dem Moment, wenn Sie den Freistellrahmen verändern.
- Überlagerung immer anzeigen zeigt die Hilfslinien nicht »immer«, sondern erst, nachdem Sie den Freistellrahmen einmal verändert haben, dann aber permanent.
- Überlagerung nie anzeigen unterdrückt die Anzeige der Hilfslinien.

▲ **Abbildung 24.10**
Bestätigen und Bild beschneiden

Vorgang bestätigen, abbrechen oder Werte zurücksetzen | Wenn Sie fertig sind, müssen Sie Ihre **Eingaben bestätigen**, entweder per Häkchen-Button in der Optionsleiste ganz rechts oder mit der ↵-Taste. Erst danach erfolgt der Beschnitt.

▲ **Abbildung 24.11**
Vorgang ohne Änderung am Bild abbrechen

Um das **Beschneiden abzubrechen**, drücken Sie Esc oder klicken auf das kleine »Halteverbot«-Icon. Sie beenden dann den Bearbeitungsmodus des Freistellungswerkzeugs, das heißt, Sie können noch einmal ganz von vorn anfangen.

Wenn Sie die eingegebenen **Einstellungen zurücksetzen** und das Bild weiter bearbeiten wollen, klicken Sie auf den halbrunden Pfeil, der entgegen dem Uhrzeigersinn verläuft. Sie bleiben im Bearbeitungsmodus des Werkzeugs. Sie können etwa ohne weiteres den Bildausschnitt verschieben.

▲ **Abbildung 24.12**
Einstellungen zurücksetzen, aber weiter im Bearbeitungsmodus bleiben

Wie endgültig ist der Beschnitt? | Ob Bildpixel beim Freistellen tatsächlich gelöscht werden sollen oder ob sie nur ausgeblendet werden, können Sie sich beim neuen Freistellungswerkzeug aussuchen. Das ging in den Vorversionen des Werkzeugs auch schon, doch nur bei Smartobjekten. Nun funktioniert das auch mit Bildern, die lediglich aus normalen Bildebenen bestehen.

- Ist die Option AUSSERHALB LIEGENDE PIXEL LÖSCHEN *aktiv*, werden die ausgeblendeten Bildränder wirklich abgeschnitten.
- Ist die Option AUSSERHALB LIEGENDE PIXEL LÖSCHEN *inaktiv*, werden die Ränder nicht dauerhaft aus dem Bild entfernt, sondern nur ausgeblendet. So können Sie den gezeigten Bildausschnitt auch nachträglich noch korrigieren. Der Befehl BILD • ALLES EINBLENDEN holt die ausgeblendeten Bildpartien vollständig zurück.

◀ **Tabelle 24.1**
Wichtige Tastenkürzel für das Freistellungswerkzeug

Was wollen Sie tun?	Kürzel
Werkzeug aufrufen	C
zur nächsten Überlagerungsanzeige springen	O *
eingegebene Werte für Höhe und Breite vertauschen	X
Dialog für Größe und Auflösung des freigestellten Bereichs aufrufen	R *
Bereich außerhalb des Freistellrahmens ausblenden	H *
Classic-Modus (Funktionsweise wie CS5 und früher) aktivieren	P *
Beschneiden anwenden	↵
Beschneiden abbrechen	Esc

* Diese Kürzel funktionieren nur, wenn der Freistellungsrahmen bereits verändert wurde, ansonsten Wechsel zu einem anderen Werkzeug

Randpixel wegschneiden – automatisch

Nicht für Fotomotive, sondern für Bilder, die einen unerwünschten einfarbigen oder transparenten Rand haben – etwa durch etwas schlampiges Scannen –, ist der Befehl BILD • ZUSCHNEIDEN gedacht. Der Befehl funktioniert am besten bei geradestehenden Bildern.

▲ **Abbildung 24.13**
Der ZUSCHNEIDEN-Dialog

24.2 Perspektive und Ausrichtung: Bilder begradigen

Recht häufig muss man schief geratene Bilder geraderichten, beispielsweise Fotos, bei denen der Horizont nicht exakt in der Waage liegt, oder Architekturaufnahmen, deren Senkrechten nicht im Lot sind.

Ein Ziel – viele Funktionen | Dazu bietet Photoshop verschiedene Möglichkeiten:

- Schnell und nach Augenmaß mit dem Freistellungswerkzeug, indem Sie einfach den Freistellrahmen oder das Bild per Maus drehen.
- Genauer geht es mit dem neuen Gerade-ausrichten-Tool in der Optionsleiste des Freistellungswerkzeugs. Das Tool löst die gleichnamige Funktion im Linealwerkzeug ab. Ausrichten und Beschneiden überstehender Ecken werden in einem Arbeitsgang erledigt (mehr dazu unten).
- Die Befehle unter Bild • Bilddrehung sind die beste Wahl, um auf dem Kopf stehende oder auf der Seite liegende Motive schnell aufzurichten.

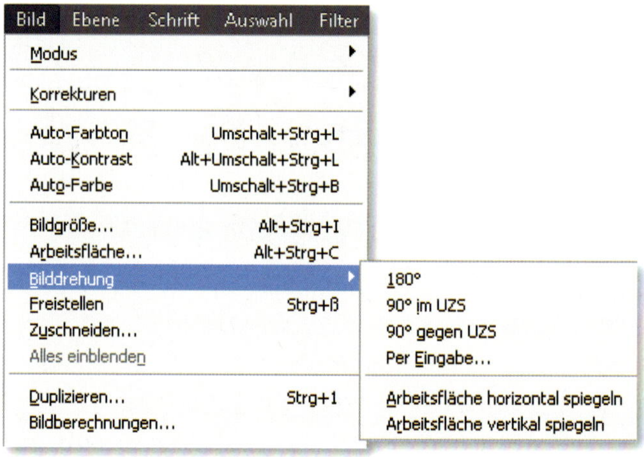

Abbildung 24.14 ▶
Querliegende Fotos schnell drehen

Noch mehr Ausrichten-Funktionen

Der Filter Objektivkorrektur (direkt unter Filter) kann Bilder geraderichten, perspektivisch korrigieren und sogar Bildpixel an den Kanten ergänzen, die durch eine etwaige Drehung der Bildfläche fehlen.

Das Werkzeug Fluchtpunkt, ebenfalls im Filter-Menü, unterstützt Sie bei fortgeschritteneren Arbeiten mit Perspektive, zum Beispiel beim Anpassen von Strukturen an vorgegebene perspektivisch verzerrte Flächen oder auch bei perspektivischen Montagen. (Beide Verfahren beschreibe ich in Kapitel 23, »Kamerafehler korrigieren, Digitalfotos optimieren«.

- Der Befehl Bild • Bilddrehung • Per Eingabe öffnet ein kleines Dialogfeld. Dort können Sie bis auf das halbe Grad genaue Drehungen eingeben. Dabei brauchen Sie ein gutes Augenmaß. Hilfslinien als optische Achsen helfen dabei.

Geraderichten intuitiv: Freistellbereich kippen | Den Freistellungsrahmen des Freistellungswerkzeugs (Kürzel C) können Sie auch nutzen, um schiefe Bilder auszurichten. Dabei profitieren Sie deutlich von der neuen Werkzeughandhabung: Statt wie bisher den Freistellungsrahmen selbst drehen Sie jetzt seinen Inhalt. So ist es viel einfacher zu sehen, wann ein Bild richtig sitzt. Im Detail: Ziehen Sie zunächst ein Freistellrechteck auf, und bewegen Sie den Mauszeiger von außen an eine der Auswahl*ecken* des Freistellungsrahmens (nicht an die Anfasser an den Seitenmitten) heran. Der Mauszeiger verwandelt sich dann in einen gebogenen Doppelpfeil (Abbildung 24.15); mit ihm können Sie jetzt das Bild drehen. Ist es fertig positioniert, bestätigen Sie den Vorgang.

Behagt Ihnen diese Vorgehensweise nicht, aktivieren Sie in den Werkzeugeinstellungen in der Optionsleiste die Option CLASSIC-MODUS VERWENDEN. Dann kippen Sie nicht das Bild, sondern den Rahmen. Es ist allerdings schwieriger, so den richtigen Winkel zu finden.

Datei auf der Buch-DVD: »SchieferSee.tif«

Bild: stock.xchng, Karin Lindstrom

▲ Abbildung 24.15
Drehen im neuen Werkzeugmodus: Das Bild wird bewegt, der Rahmen ist fix.

▲ Abbildung 24.16
Geraderichten im Classic-Modus: Die Maus dreht den Rahmen.

Lineal anlegen: Das Gerade-ausrichten-Tool | Die Funktion GERADE AUSRICHTEN ist in der Optionsleiste des Freistellungswerkzeugs untergebracht. Sie bedienen sie so:

1. Aktivieren Sie das Tool durch Anklicken des Buttons.
2. Klicken Sie an einer der schiefen Bildlinien, und ziehen Sie mit der Maus eine Linie, die exakt dem Winkel des schiefen Bildgegenstands (Horizont, Schornstein, Mauerkante ...) folgt. Dazu ist es unter Umständen notwendig, in das Bild hineinzuzoomen. Die Messlinie muss nicht über die ganze Länge der Kante gehen, sollte ihr aber möglichst genau folgen. Das Motiv wird sofort gedreht, dabei dient die Linie als Orientierung. Es erfolgt aber zunächst noch kein Beschneiden überstehender Kanten.

▲ Abbildung 24.17
Das Icon des Gerade-ausrichten-Tools symbolisiert eine Wasserwaage.

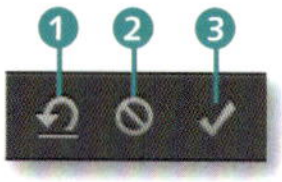

▲ **Abbildung 24.18**
Drehung anwenden oder abbrechen

3. Klicken Sie anschließend auf den Button FREISTELLUNGSVORGANG BESTÄTIGEN ❸ (oder drücken [↵]), um die Drehung tatsächlich anzuwenden und das Bild auch zu beschneiden.
4. Wenn Sie die Drehung nicht anwenden wollen, klicken Sie auf FREISTELLUNGSVORGANG ABBRECHEN ❷ (oder drücken [Esc]) oder den Zurücksetzen-Button ❶.

Abbildung 24.19 ▶
Erzeugen der Gerade-ausrichten-Linie (die Linie sollte parallel zur gewünschten Horizontale oder Vertikale verlaufen)

24.3 Perspektivkorrektur Beschnitt: Perspektivisches Freistellungswerkzeug

Ps Neues Werkzeug
Beim Überarbeiten des Freistellungswerkzeugs wurden dort auch einige Funktionen gestrichen. Sie werden jetzt vom Perspektivischen Freistellungswerkzeug übernommen, das sich in der Werkzeugleiste ein Fach mit dem regulären Freistellungswerkzeug teilt.

Das Perspektivische Freistellungswerkzeug (Kürzel: [C]) ist ein Neuzugang in der Werkzeugleiste. Es erledigt die Korrektur stürzender Linien und das Beschneiden eines Bildes in einem Arbeitsgang. Meist müssen Sie ein Bild, in dem Sie per Ebenentransformation oder mit anderen Mitteln die Perspektive zurechtgerückt haben, ohnehin beschneiden.

Nutzen können Sie das neue Werkzeug auf zweierlei Weise – entweder indem Sie einen Freistellrahmen aufziehen und diesen an die Perspektive des Bildobjekts anpassen oder mit Hilfe eines aufgezogenen Rastergitters.

Perspektivkorrektur ist destruktiv
Anders als das Freistellungswerkzeug wirkt das Perspektivische Freistellungswerkzeug destruktiv, die Änderungen sind endgültig. Das Werkzeug funktioniert auch nicht bei Smartobjekten (mit denen Sie diese Einschränkung sonst elegant umgehen könnten).

Freistellrahmen perspektivisch anpassen | Die Arbeit mit dem Perspektiv-Freistellrahmen ähnelt dem, was Sie vom alten (CS5-)Freistellwerkzeug kennen:

1. Sie klicken mit der Maus in die Nähe des zu korrigierenden Objekts und bewegen die Maus diagonal weg, so entsteht ein Rahmen (Abbildung 24.20).

2. Nun müssen Sie den Rahmen so ausrichten, dass seine Linien zu den stürzenden Gebäudelinien – oder was immer Sie perspektivisch korrigieren möchten – parallel verlaufen (Abbildung 24.21). Dazu können Sie die Eck- und Seitenanfasser nutzen. Das Gitternetz unterstützt Sie.
3. Die Operation müssen Sie dann noch bestätigen. Drücken Sie [↵], oder klicken Sie auf den Häkchen-Button in der Optionsleiste ganz rechts.

Datei auf der Buch-DVD: »RundeKirche.tif«

▲ **Abbildung 24.20**
Das Motiv ist aufgrund der Perspektive charakteristisch verzerrt. Der Perspektivkorrektur-Rahmen wird aufgezogen.

Bild: stock.xchng, Cristian Popescu

▲ **Abbildung 24.21**
Sie passen den Perspektivkorrektur-Rahmen an, indem Sie mit der Maus an den viereckigen »Anfassern« ziehen.

▲ **Abbildung 24.22**
Beschnittene und perspektivisch bearbeitete Version. Um die Proportion des Baukörpers nicht zu stark zu verfremden, habe ich nur behutsam korrigiert; die Gebäudekanten stehen nicht senkrecht.

Perspektivgitter aufziehen | Vom Fluchtpunkt-Filter entliehen ist die zweite Arbeitsmethode; dabei arbeiten Sie mit einzelnen Klicks:
1. Sie erstellen zunächst mit zwei Klicks (4, 5) eine Linie, die zu einer der Gebäudekanten parallel verläuft. Mit einem dritten Klick 6 entsteht daraus ein gerastertes Perspektivgitter …
2. … das Sie größer aufziehen (Abbildung 24.24), und …
3. … dessen Basis Sie mit einem vierten Klick 7 verankern.
4. Zuletzt passen Sie das Gitter manuell an die Gebäudeperspektive an (Abbildung 24.26) und müssen die Änderung natürlich bestätigen.

Datei auf der Buch-DVD: »Paris.jpg«

Abbildung 24.23 ▶
Die ersten drei Klicks für das Perspektivgitter

Abbildung 24.24 ▶▶
Das Gitter wird größer gezogen.

▲ Abbildung 24.25
Die Basis des Gitters wird verankert.

▲ Abbildung 24.26
Anpassen des Gitters per Maus

▲ Abbildung 24.27
Das beschnittene Bild. Die starke Korrektur lässt die Bildperspektive nun etwas unrealistisch wirken – dosieren Sie den Werkzeugeinsatz also behutsam.

24.4 Bildgröße und Auflösung ändern

Wenn Sie Ihr gesamtes Bild vergrößern oder verkleinern wollen, ohne den Ausschnitt zu verändern, hilft das Freistellungswerkzeug nicht weiter. Sie müssen das Dialogfeld BILDGRÖSSE aufrufen (unter dem Menüpunkt BILD oder per `Alt`+`Strg`+`I` bzw. `Alt`+`cmd`+`I`).

Die Handhabung des Dialogs ist einfach. Durchgeführte Änderungen können sich jedoch auf die Bildqualität und den möglichen Einsatz der Bilder auswirken. Lesen Sie dazu also unbedingt Kapitel 2, »Starthilfe für Photoshop-Neueinsteiger«, und Kapitel 3, »Bildbearbeitung: Fachwissen«.

Inches und Zoll

Inch ist das Standardmaß für die Bezeichnung von Bild- und Geräteauflösung (dpi = *dots per inch*; ppi = *pixels per inch*). In Photoshop findet sich durchgängig der deutsche Begriff *Zoll*. Gemeint sind in beiden Fällen **2,54 cm**.

Hintergrundwissen zur Bildgröße

Im Dialog BILDGRÖSSE ändern Sie die Pixelmaße, die Kantenlänge (im Dialogfeld als DOKUMENTGRÖSSE bezeichnet) und die Auflösung eines Bildes. Zwischen diesen Parametern besteht eine enge Verbindung.

Auflösung verringern | Verringern Sie die Auflösung eines Bildes, zum Beispiel von 180 ppi (eine typische Digicam-Auflösung) auf 96 ppi, heißt das, dass statt 180 nun nur noch 96 Pixel auf ein Inch/Zoll kommen. Die einzelnen Pixel sind also zwangsläufig größer, und die Kantenlänge des Bildes erhöht sich.

Bildgröße verändern | Wenn Sie die Bildgröße verändern, das Bild zum Beispiel verkleinern, ändert sich die Auflösung ebenfalls – sie wird höher. Die gleiche Menge Pixel drängt sich nun auf einer kürzeren Strecke (den verkürzten Bildkanten), und die Pixel selbst sind feiner.

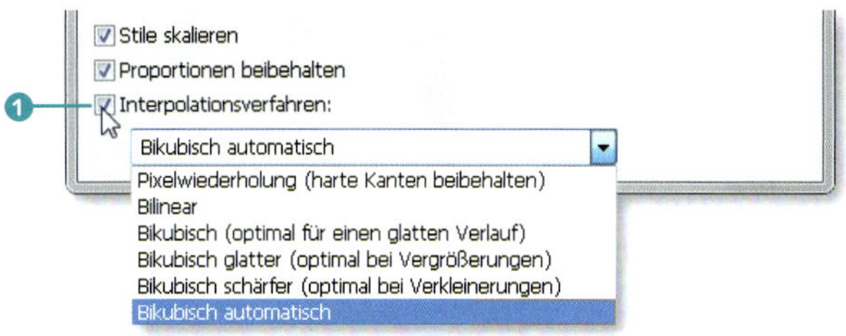

◂ **Abbildung 24.28**
Wenn bei INTERPOLATIONSVERFAHREN ein Häkchen steht, werden bei jeder Änderung der Bildgröße Pixel hinzugerechnet oder entfernt.

Auflösung und Kantenlänge entkoppeln: Neuberechnung | Die Option INTERPOLATIONSVERFAHREN ❶ ermöglicht es, Bildgröße und Auflösung auch unabhängig voneinander zu ändern. Das geht allerdings nicht ohne Eingriffe in die Bildpixel: Wird die Kantenlänge eines Bildes bei gleichbleibender Auflösung verlängert oder die Bildauflösung bei gleichbleibender Kantenlänge erhöht, werden die dann fehlenden Pixel interpoliert – also »dazuerfunden«. Beim Verringern von Kantenlänge oder Auflösung werden Pixel einfach aus dem Bild entfernt.

Tipps für gute Skalierungsergebnisse

Welche Interpolationsmethode Sie auch wählen, ob Sie Pixelmaß, Dateigröße oder Auflösung ändern – Modifikationen am Pixelbestand eines Bildes bleiben immer problematisch, denn einmal durch Skalieren verlorengegangene Bildinformationen lassen sich nicht wieder zurückholen!

Nicht hin und her skalieren | Skalieren Sie Ihr Bild immer nur einmal. Statt hin und her zu skalieren, nehmen Sie besser Ihre letzte Aktion zurück, und fangen Sie von vorn an. Dasselbe gilt für Interpolationen und andere Eingriffe in den Original-Pixelbestand eines Bildes oder einer Ebene. Eine Ausnahme bilden Smartobjekte, die sich zerstörungsfrei hin und her skalieren lassen. Manche Bildbearbeiter schwören allerdings darauf, starke Vergrößerungen in mehreren kleinen Schritten durchzuführen, etwa ein Bild mehrfach um 10 % zu vergrößern, um eine 40-prozentige Vergrößerung zu erreichen. Das ist erlaubt und kann das Ergebnis sogar verbessern.

Zum Weiterlesen
Solche kleinschrittigen Serien-Skalierungen können Sie automatisieren, indem Sie sich dafür eine **Aktion anlegen**. Wie das geht, erfahren Sie in Kapitel 10, »Automatismen in Photoshop und Bridge«.

Weniger ist mehr | Je stärker die Skalierung ist, desto mehr Bildpixel werden entfernt oder auch dazuerfunden. Es gilt: Weniger (Skalierung) ist mehr (erhaltene Bildqualität). Generell sollten Sie bei Vergrößerungen 130 % nicht überschreiten, weil die Bildqualität sich dann drastisch verschlechtert. Ein Rechenexempel macht deutlich, warum das so ist: Wenn Sie das Originalbild von 100 % auf 130 % vergrößern, werden die Bildkanten jeweils zwar nur um 30 % länger. Die Fläche des Bildes aber vergrößert sich um 69 % – und diese zusätzliche Fläche muss Photoshop mit rechnerisch ermittelten Pixeln füllen.

Proportionen beachten | Es lohnt sich auch, auf günstige Proportionen zu achten. Bei einer Skalierung von 1 : 2 oder 1 : 4 ist der Qualitätsverlust nicht so hoch wie bei »krummen« Zahlen. Wenn Sie Ihr Bild nicht auf vorgegebene Maße bringen müssen, sondern es einfach nur größer oder kleiner haben wollen, sollten Sie zuerst ausprobieren, ob eine Skalierung um das Zweifache oder Vierfache passt.

Der Bildgröße-Dialog

Das Konzept »Auflösung« zu begreifen, ist nicht so einfach, dafür ist die Handhabung des Dialogfeldes unkompliziert.

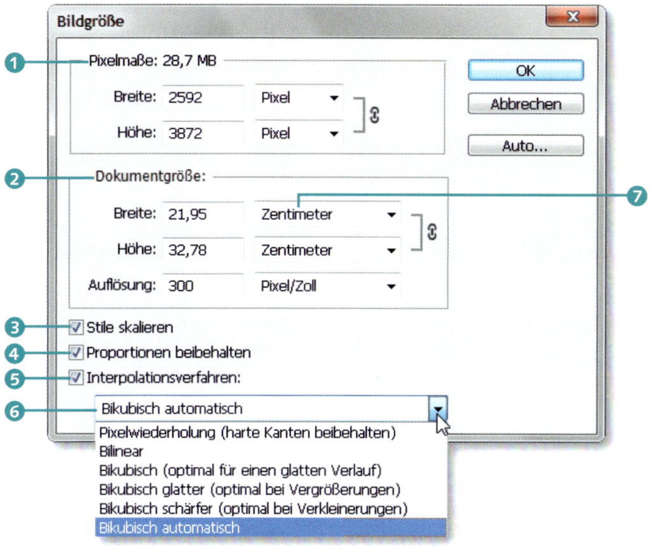

◂ **Abbildung 24.29**
Der Bildgrösse-Dialog

- Entscheiden Sie, ob Sie das Bild neu berechnen lassen wollen oder nicht. (De)aktivieren Sie entsprechend die Option Interpolationsverfahren ❺, und ändern Sie gegebenenfalls die Interpolationsmethode ❻.
- Wenn Sie die Auflösung Ihres Bildes ändern wollen, tragen Sie die neuen Werte unter Dokumentgrösse ❷ ein.
- Nach der Lektüre von Abschnitt 3.2, »Bildgröße und Auflösung«, wissen Sie, dass Änderungen der Kantenlänge oder Bildauflösung keinen Einfluss auf die Anzeige des Bildes am Monitor haben. Im Web sind nicht Inches/Zoll, Zentimeter oder Millimeter das entscheidende Maß, sondern Pixel. Wenn Sie Bilder speziell für den Interneteinsatz vorbereiten, müssen Sie die Pixelmasse ❶ verändern.
- Wenn das Kästchen bei Proportionen beibehalten ❹ aktiviert ist, vermeiden Sie eine unproportionale Verzerrung des Bildes, ohne dass Sie viel rechnen müssen. Sie erkennen es auch an den Kettensymbolen, die Breiten- und Höhenangaben verbinden.
- Stile skalieren ❸ sollte in jedem Fall aktiviert sein, wenn Ihr Bild Ebenenstile (»Effekte«) wie Schlagschatten, Relief oder Ähnliches enthält und diese »mitwachsen« sollen (mehr über Ebenenstile finden Sie in Kapitel 34, »Ebenenstile: Text mit Effekt«).

Welche Interpolationsmethoden gibt es? | Für die Neuberechnung können Sie unter drei verschiedenen Interpolationsmethoden ❻ wählen:

- Die bikubischen Interpolationsverfahren sind für Halbtonbilder (Fotos) am besten geeignet. Neben dem einfachen Allzweck-Interpolati-

Skalieren um … %

Ein sinnreicher Helfer, der Ihnen Rechenarbeit spart, verbirgt sich im Dropdown-Menü mit den Maßeinheiten ❼. Der Wert Prozent ermöglicht es Ihnen, Werte als Prozentwerte vom aktuellen Bildmaß einzugeben.

Ps Neue Interpolationsmethode

Bisher sollten Nutzer selbst zwischen den unterschiedlichen bikubischen Interpolationsmethoden wählen, je nachdem, in welche Richtung ihr Bild skaliert werden soll. Die neue Interpolationsmethode Bikubisch automatisch soll diese manuelle Auswahl überflüssig machen.

onsverfahren Bikubisch gibt es zwei verfeinerte Varianten. Bikubisch glatter soll beim Vergrößern von Bildern zu besseren Ergebnissen führen. Bikubisch schärfer verwenden Sie, wenn Sie ein Bild verkleinern. Welche Berechnungsmethode am besten wirkt, hängt auch vom Motiv ab.

- Bikubisch Automatisch ist der Neuzugang von CS6 und jetzt die Standardeinstellung. Damit soll Ihnen die manuelle Auswahl erspart werden. Das klappt nicht immer: In Nutzerforen häufen sich Berichte von Anwendern, die Ihre Bilder nach der Skalierung mit diesem Verfahren als überschärft empfinden. Es empfiehlt sich also, ein Auge auf das Ergebnis zu haben und gegebenenfalls die Skalierung zurückzunehmen und manuell ein anderes Interpolationsverfahren zu wählen.
- Nur in Ausnahmefällen sollten Sie Pixelwiederholung einstellen. Diese Methode verzichtet auf jegliche Glättung, und zusätzliche Farben werden nicht hinzugefügt. Dies macht Pixelwiederholung interessant für die Skalierung von Bildern, bei denen die Beibehaltung von Strichstärken wichtiger ist als die Glättung. Für Fotos eignet sie sich in der Regel nicht!
- Das Rechenverfahren Bilinear können Sie getrost ignorieren; es ist zwar etwas schneller als die anderen, aber in der Qualität zu schlecht.

Ändern der Standardinterpolationsmethode | Welche Interpolationsmethode als Standard in Photoshop wirksam ist, können Sie in den Voreinstellungen ändern. Diese Standardeinstellung wirkt sich nicht nur auf die Bildgröße-Berechnung aus, sondern auch bei allen anderen Gelegenheiten, bei denen interpoliert wird, zum Beispiel beim Transformieren von Ebenen oder wenn Sie die Bildgröße mit dem Freistellungswerkzeug ändern.

Rufen Sie dazu die allgemeinen Voreinstellungen auf (Strg/cmd+K). Dort finden Sie die Option Interpolationsverfahren. Aus einer Dropdown-Liste wählen Sie die gewünschte Interpolationsart aus.

24.5 Inhaltsbasiert skalieren: Bildformat ändern, ohne Inhalte zu opfern

Mit herkömmlichen Mitteln haben Sie zwei Möglichkeiten, Bilder, deren Maße nicht zum geplanten Einsatzzweck oder Medium passen, auf Format zu bringen:

- das **Skalieren** des ganzen Bildes
- der **Beschnitt**

Oft ist keine der beiden Lösungen zufriedenstellend: Beim Skalieren wird der Hauptbildgegenstand oft zu klein. Außerdem lassen sich extreme Formate, wie sie zum Beispiel für Webdesign-Elemente (Header, Banner und Ähnliches) notwendig sind, auf diese Weise nicht immer erreichen. Und beim Beschneiden müssen Sie oft erhaltenswerte Bildteile opfern.

Doch es gibt eine dritte Alternative: die Funktion INHALTSBASIERT SKALIEREN. Sie finden sie wie alle anderen Skalierungsfunktionen im Menü BEARBEITEN. Im Idealfall skaliert die Funktion Bilder so, dass unwichtige Inhalte zusammengeschoben oder gedehnt, wichtige Bildelemente jedoch erhalten werden. So sind ganz neue Bildkompositionen und Bildformate möglich.

Ob das klappt, ist weitestgehend motivabhängig. Zwar können Sie mit Alphakanälen (gespeicherten Auswahlen oder Ebenenmasken) beeinflussen, welche Bildteile geschützt werden sollen, doch die Funktion arbeitet größtenteils automatisch. Versagt sie, haben Sie nur noch wenige Möglichkeiten, gegenzusteuern. Aber in Zeiten von Mobile Content und variantenreichen Displaygrößen – vom Handheld bis zum 24-Zöller – ist das inhaltsbasierte Skalieren durchaus hilfreich.

Dateien auf der Buch-DVD: »SkaterQuerformat.tif«

▲ **Abbildung 24.30**
Das Originalbild

▲ **Abbildung 24.31**
Für so ein Hochformat genügte das Zuschalten des Buttons HAUTTÖNE BEWAHREN.

▲ **Abbildung 24.32**
Mit Hilfe der inhaltsbasierten Skalierungsfunktion machen sie daraus beispielsweise ein extremes Querformat (mit schützender Maske für den Skateboarder). Bildwichtige Teile bleiben erhalten, die Strukturen im fotografierten Himmel werden neu berechnet.

Bessere Ergebnisse durch mehrfaches Skalieren

Das Ziehen an den Eck-Anfassern des Transformationsrahmens verändert Breite und Höhe gleichzeitig. Doch das sollten Sie besser lassen, denn dabei stellen sich schnell grobpixelige Bildpartien ein! Auch bei gut geeigneten Motiven erreichen Sie bessere Ergebnisse, wenn Sie erst in die eine Richtung skalieren, dann die Operation abschließen und danach in einem zweiten Arbeitsgang die Skalierung in die andere Richtung fortsetzen. So verbessern Sie Ihre Chancen auf glatte, gut interpolierte Konturen und vermeiden Strukturenwirrwarr.

Wie funktioniert inhaltsbasiertes Skalieren? | Wenn Sie bereits mit den normalen Transformationswerkzeugen gearbeitet haben, sollte Ihnen das neue keine Schwierigkeiten bereiten. Einige Details sollten Sie jedoch beachten:

- Wie alle Transformationen lassen sich auch inhaltsbasierte Skalierungen **nicht auf Hintergrundebenen** anwenden. Anders als andere Transformationen funktioniert INHALTSBASIERT SKALIEREN nicht bei Smartobjekten. Sie müssen eine Hintergrundebene also zunächst in eine gewöhnliche Bildebene umwandeln, bevor Sie die Funktion nutzen können.
- **Bildfläche erweitern**: Je nachdem, was Sie mit Ihrer Datei vorhaben, sollten Sie das Bild gegebenenfalls an den Kanten anstückeln.
- Das Werkzeug hat eine automatische »Personenerkennung« , die auch oftmals gut funktioniert: Strukturen wie Rasen, Wellen, Sand und Ähnliches werden zusammengeschoben, während menschliche Umrisse als solche erkannt werden und erhalten bleiben. Bei extremen Transformationen oder wenn Sie andere Bildgegenstände als Menschen erhalten wollen, empfiehlt es sich, zunächst eine **Auswahl zu schützender Bildpartien** anzulegen und diese zu speichern. Auf die Informationen im Alphakanal können Sie während der Transformation zugreifen.

Zum Nachlesen

In Kapitel 12, »Fortgeschrittene Ebenentechniken«, erfahren Sie Grundlegendes über die gewöhnlichen **Transformationsfunktionen** von Photoshop.

Wenn Sie alle Vorbereitungen abgeschlossen haben, rufen Sie den Befehl BEARBEITEN • INHALTSBASIERT SKALIEREN auf. Der Transformationsrahmen, der dann erscheint, unterscheidet sich nicht von anderen derartigen Rahmen. Fassen Sie ihn an den Seiten an und verschieben Sie ihn, um den Inhalt zu einer Seite zu dehnen oder zu stauchen.

Optionen | In der Optionsleiste können Sie Ihre Wunschmaße auch numerisch eingeben. Entscheidend ist der Button mit der kleinen Menschenfigur ❶: Ist er aktiviert, werden menschliche Motive (via Hautton-Erkennung) automatisch geschützt. Im Zweifelsfall heißt es hier: ausprobieren. Versagt der Button und werden Menschen zu stark verzerrt, muss eine Auswahl her.

Abbildung 24.33 ▼

Die Optionen des inhaltserhaltenden Transformationswerkzeugs. Die Liste unter BEWAHREN zeigt – zuvor vom Benutzer erzeugte – Alphakanäle an. Die anderen Optionen gleichen denen beim gewöhnlichen Transformieren.

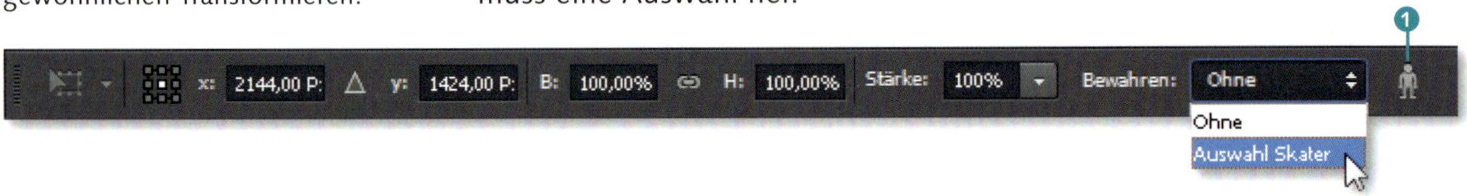

Kapitel 25
Mehr Schärfe, weniger Rauschen

Auch wenn beim Fotografieren alles richtig gemacht wurde – der digitale Workflow produziert seine eigenen, oft unvermeidlichen Bildfehler. Dazu gehören Unschärfe und Bildrauschen. Hier geht es um die passenden Werkzeuge und gute Arbeitsstrategien.

25.1 Vor dem Scharfzeichnen

Bilder scharfzuzeichnen ist Bildbearbeiter-Alltag, aber dennoch eine anspruchsvolle Aufgabe, die mit etwas Vorbereitung besser gelingt.

Was können Sie erwarten? | Digitales Scharfzeichnen ist (leider) nicht mit dem Scharfstellen eines Kameraobjektivs zu vergleichen. Es werden nicht mehr Motivdetails oder mehr Bildinformationen ins Bild gebracht – das ist nachträglich auf digitalem Wege gar nicht möglich. Digitales Scharfzeichnen ist lediglich eine **Rechenoperation**, bei der benachbarte Pixel miteinander verglichen werden. Dort, wo Pixel unterschiedlicher Helligkeit aneinandergrenzen, setzen Scharfzeichnungsfilter an und erhöhen den Kontrast zwischen den Pixeln. Dadurch *wirkt* das Bild schärfer, auch wenn in Wahrheit nicht mehr Details hinzugekommen sind.

Es kann aber auch leicht passieren, dass ein Bild zu stark scharfgezeichnet wird. Ein zu deutlich verstärkter Kontrast äußert sich in Farbsäumen in Bereichen, an denen Pixel unterschiedlicher Farbe und Helligkeit aneinandergrenzen. Daher empfiehlt sich behutsames Vorgehen.

Originaldaten schützen, zerstörungsfrei arbeiten | Was für die meisten Photoshop-Techniken gilt, sollten Sie auch beim Schärfen berücksichtigen: Verändern Sie Ihr Originalbild – das digitale Negativ! – nicht unwiderruflich. Wenden Sie Scharfzeichnen auf gewöhnliche Bild- und

Beispiele besser am Monitor ansehen
Die Bildschärfe der Digitalwelt im Druck zu reproduzieren, ist eine anspruchsvolle Aufgabe. Die *Unschärfe* der Demobilder dieses Kapitels so einzustellen, dass sie im Buch genau so aussehen wie auf dem Bildschirm, war noch viel schwieriger. Wenn Sie die Erklärungen detailliert nachverfolgen wollen, nutzen Sie die Beispieldateien von der Buch-DVD!

Hintergrundebenen an, ist es ein unwiderruflicher Eingriff in den Pixelbestand eines Bildes. Das ist besonders deswegen ungünstig, weil beim Schärfen das Ausgabemedium eine entscheidende Rolle spielt: Ein Bild für den Zeitungsdruck muss viel stärker geschärft werden als eines für die Onlinepublikation, und wieder anders sieht es bei hochwertigen Fine-Art-Prints aus – **jedes Medium verlangt eine eigene Schärfungsversion**. Auch deswegen ist es zu empfehlen, bildschonend zu arbeiten. Dann ist es einfacher, verschiedene Schärfungsversionen eines Bildes zu erzeugen.

Um zerstörungsfrei zu schärfen, gibt es drei praktikable Möglichkeiten:

- die Arbeit mit Smartobjekten und Smartfiltern
- das Filtern von Datei- oder Ebenen*kopien*
- das Entwickeln von Raw-Bildern (Kamera-Rohdaten) mit Hilfe von Adobe Camera Raw

Zum Weiterlesen
Mehr über den Umgang mit **Raw-Dateien** lesen Sie in Kapitel 22, »Das Camera-Raw-Modul«. Details zum Einsatz von **Smartfiltern** erfahren Sie in Abschnitt 30.2, »Smartobjekte und Smartfilter: Zerstörungsfrei filtern«.

Smartobjekte und Smartfilter | Smartobjekte gestatten die zerstörungsfreie Anwendung von Filtern, den sogenannten Smartfiltern. Smartfilter können auch nachträglich jederzeit verändert werden und lassen die Originaldaten eines Bildes intakt. Ihre Anwendung ist also unbedenklich. Da sich auf jedes Smartobjekt mehrere Filter – auch mehrfach derselbe – anwenden lassen, haben Sie eine gute Vergleichsmöglichkeit. Nachteilig ist allenfalls, dass Smartfilter nicht umbenannt werden können: Wenn Sie denselben Filter mit unterschiedlichen Einstellungen mehrfach anwenden, kommen Sie leicht durcheinander.

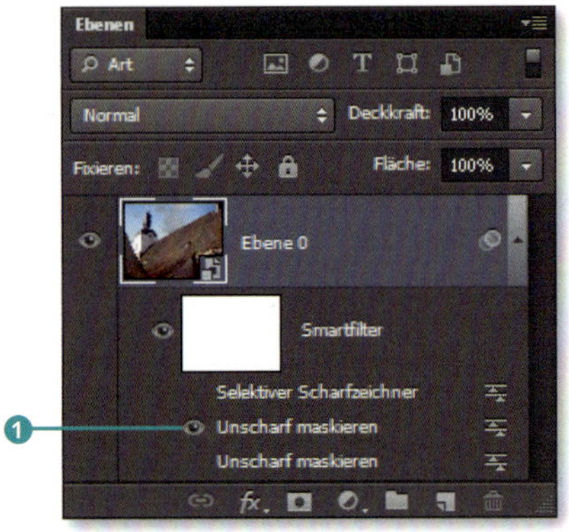

▲ **Abbildung 25.1**
Blenden Sie Smartfilter mittels Augen-Icon 1 ein oder aus, um Versionen zu vergleichen.

Ebenenduplikate | Wenn Sie exzessiv mit Filtereinstellungen experimentieren und dabei auch noch den Durchblick behalten wollen, können Sie auch mit Ebenenduplikaten arbeiten, auf die Sie unterschiedliche Filter anwenden. Den Ebenen weisen Sie dann entsprechend aussagekräftige Namen zu.

Schärfen mit Köpfchen | Beim Schärfen ist es leider nicht mit der Bedienung der Photoshop-Tools getan. Um wirklich zufriedenstellende Ergebnisse zu erzielen, müssen Sie Ihre Schärfungsoperation gut planen. Die Ursache der Unschärfe, weitere anfallende Arbeitsschritte, die oben bereits angesprochene geplante Weiterverarbeitung des Bildes und die Charakteristik des Motivs selbst sollten bei Ihren Überlegungen eine Rolle spielen.

Wissen Sie, woher die Unschärfe kommt? Wenn etwa alle Bilder aus Ihrer Kamera dieselbe leichte Unschärfe zeigen, ist das Schärfen recht einfach. Sie müssen nur die **Grundschärfe** des Bildes ein wenig verbessern. Dazu entwickeln Sie einmal eine gut funktionierende Schärfungsroutine, die Sie dann pauschal auf alle Bilder anwenden, bevor Sie sie weiterbearbeiten.

Haben Sie Bilder vor sich, die nach dieser Grundschärfung immer noch unscharf erscheinen oder sogar weitere Fehler aufweisen, wird es schwieriger. Sie müssen für das **Nachschärfen von Details** viel sorgfältiger vorgehen und zum Beispiel mit Masken oder im Lab-Modus arbeiten.

Der richtige Zeitpunkt | Und Sie müssen den richtigen Zeitpunkt für die Detailschärfung wählen. Es empfiehlt sich, alle globalen Eingriffe in den Original-Pixelbestand, wie das Ändern der Auflösung oder der Bildgröße, *vor dem Schärfen* durchzuführen. Auch das Entfernen von Störungen wie z. B. Bildrauschen oder Moiré muss vor dem Schärfen erfolgen – hier sollten Sie anschließend besonders behutsam schärfen, um die entfernte Störung nicht wieder ins Bild hineinzuholen. Wenn Sie vorhaben, den Bildkontrast zu bearbeiten, sollten Sie auch das vor dem Schärfen tun, denn oft ändert sich der »Schärfeeindruck« eines Bildes mit verbesserten Kontrasten – und umgekehrt kann eine Schärfung auch die Kontraste verstärken. Und auch globale Farb- und Tonwertkorrekturen und Retuschen können Spuren vorangegangenen Schärfens unangenehm sichtbar machen und sollten deswegen erledigt sein, bevor Sie sich ans Nachschärfen machen.

Faustregel | Auch wenn es in Einzelfällen sicher gute Gründe dafür gibt, diese Ordnung umzukehren, können wir als Faustregel festhalten:

- Ein behutsames Einstellen der Grundschärfe können Sie am Anfang der Bildbearbeitung durchführen.

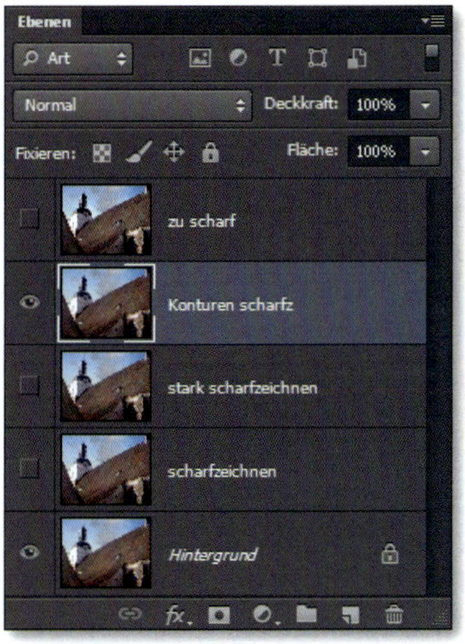

▲ **Abbildung 25.2**
Unterschiedlich gefilterte Ebenenduplikate. Die Ebenentitel sorgen für Orientierung.

Shortcuts: Denselben Filter erneut anwenden

Wenn Sie einen Filter mehrfach hintereinander brauchen, können Sie die folgenden Tastenkürzel nutzen:

Strg/cmd+F wendet den letzten Filter mit den zuletzt benutzten Einstellungen ohne weitere Einstellungsmöglichkeiten an.

Alt+Strg/cmd+F ruft den Dialog des zuletzt benutzten Filters erneut auf. Sie können die Einstellungen dann nochmals ändern und den Filter erneut anwenden.

Diese Kürzel funktionieren nicht nur beim Schärfen, sondern mit allen Filtern.

- Umfangreichere Schärfungsarbeiten, bei denen Bilddetails stärker herausgearbeitet werden sollen, erledigen Sie besser am Ende.
- Das Schärfen für das spezielle Ausgabemedium kann ein dritter Schärfungsdurchgang sein, der nun wirklich der letzte Arbeitsschritt sein sollte, bevor Sie das Bild herausgeben.

Bei all dem sollten Sie auch noch die **Ausgangsbedingungen** im Bild berücksichtigen. Es ist einleuchtend, dass ein Bild mit vielen feinen Details beim Schärfen anders behandelt werden muss als die Aufnahme einer Landschaft im diffusen Frühnebel. Dazu kommt die Bildgröße: Bei hochaufgelösten, großformatigen Bildern müssen Sie mit ganz anderen Schärfungswerten operieren als bei kleinformatigen Bildern. Deswegen ist es auch kaum möglich, pauschale Ratschläge zu geben, welches die beste Schärfungseinstellung ist.

Bringen Sie das Bild auf 100 %-Ansicht | Eine Einstellung ist allerdings vor dem Schärfen Pflicht: Zoomen Sie Ihr Bild auf 100 %. Wie schon angesprochen, werden die Bildpixel für eine vergrößerte oder verkleinerte Bildanzeige umgerechnet. Trotz der seit CS4 deutlich verbesserten Vorschauqualität bekommen Sie nur in dieser Ansicht eine wirklich verlässliche Einschätzung der Bild(un)schärfe. In anderen Ansichten wirk ein Bild möglicherweise brillant, während die maßgebliche Ansicht in der Originalgröße schon völlig überzeichnet oder noch unscharf ist. Umgekehrt können in gezoomten Monitordarstellungen Störungen hervortreten, die in der 1:1-Ansicht nicht ins Gewicht fallen. Daher ist es Pflicht, vor dem Scharfzeichnen zur 100 %-Ansicht zu wechseln.

▲ **Abbildung 25.3**
Das Hand-Werkzeug funktioniert auch im Vorschaufenster innerhalb von Dialogen, hier zum Beispiel beim Filter UNSCHARF MASKIEREN.

Sollte das Bild in der Vollansicht nicht zur Gänze im Dokumentenfenster angezeigt werden können, verschieben Sie es mit Hilfe der Hand  so, dass die wichtigen Bildbereiche gut sichtbar sind.

Auch von der Möglichkeit, die **Miniatur-Vorschau** in den Scharfzeichnungsdialogfeldern zu skalieren (mit den kleinen Plus- und Minus-Buttons unterhalb des Vorschaufensterchens), sollten Sie lieber absehen. Stattdessen können Sie mit der Maus ins Vorschaufenster fahren und das Bild mit der dann erscheinenden Hand verschieben.

25.2 Scharfzeichnungsfilter ohne Steuerung: besser nicht

Unter FILTER • SCHARFZEICHNUNGSFILTER finden Sie die fünf verschiedenen Scharfzeichnungsfilter, die Photoshop anbietet.

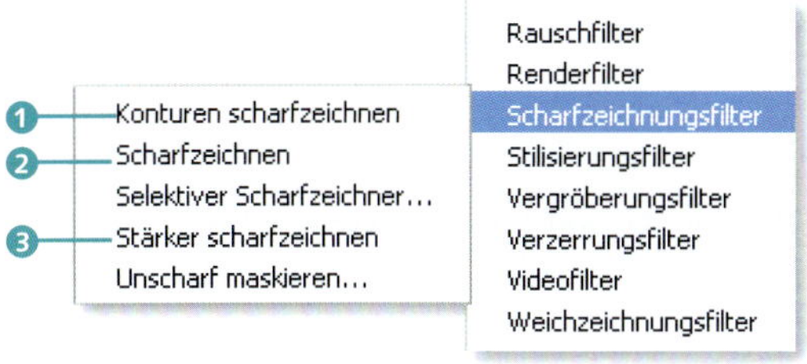

◀ **Abbildung 25.4**
Photoshops Scharfzeichnungsfilter

Datei auf der Buch-DVD: »kirchendach.tif«

Die Filter KONTUREN SCHARFZEICHNEN ①, SCHARFZEICHNEN ② und STÄRKER SCHARFZEICHNEN ③ können lediglich angeklickt werden und bieten keinerlei Steuerungsmöglichkeit. Dabei haben Sie keine Möglichkeit, das Schärfen an die Gegebenheiten im Bild anzupassen. Das klappt nur selten! Verwenden Sie lieber die bewährte Funktion UNSCHARF MASKIEREN oder den SELEKTIVEN SCHARFZEICHNER.

▲ **Abbildung 25.5**
Ausgangsbild: Hier hat die Autofokus-Funktion der Kamera nicht ganz sauber gearbeitet.

▲ **Abbildung 25.6**
Nach der Anwendung von STÄRKER SCHARFZEICHNEN: typische Spuren zu starker Schärfung

Ein Vergleich der beiden Bilder zeigt: Schärfen auf Knopfdruck, ohne Anpassungsmöglichkeit, produziert leicht neue Fehler. Besonders die Vergrößerung zeigt deutlich die charakteristischen hellen **Farbsäume**. Im Bereich der Dachziegel wird eine störende helle Körnung sichtbar, am Turm tritt **Bildrauschen** deutlich hervor, und Sie sehen eine helle Konturlinie zwischen Turm und Himmel.

Am Gesamteindruck des Bildes ist auch gut erkennbar, dass digitales Schärfen eigentlich eine Kontraststeigerung ist – das Bild wirkt insgesamt viel kontrastreicher.

25.3 Unscharf maskieren

Der Filter UNSCHARF MASKIEREN (oft auch als »USM« abgekürzt) entlehnt seinen etwas verwirrenden Namen einem Fotolabortrick: Beim unscharfen Maskieren wird ein unscharfes Bildpositiv auf die vorhandene Negativversion gelegt, und anschließend wird beides zusammen auf Fotopapier belichtet. Dadurch werden die Konturen an hellen Stellen noch heller und in dunklen Bereichen dunkler, was subjektiv als höhere Schärfe empfunden wird. USM ist eine alltagstaugliche und mit einiger Übung auch rasch und gezielt anwendbare Scharfzeichnungstechnik.

Unscharf maskieren – so funktioniert's

Beim digitalen Scharfzeichnen werden benachbarte Pixel miteinander verglichen. Wo Pixel unterschiedlicher Helligkeit aneinandergrenzen, erhöht der Scharfzeichnungsfilter die Kontraste. Es gibt also drei für die Schärfung wesentliche Parameter:

- Wie stark ist der Helligkeitsunterschied von Nachbarpixeln, damit der Filter greift?
- Wie viele Pixel im Umfeld eines einzelnen Pixels werden für den Vergleich herangezogen und anschließend verändert?
- Wie stark wird der Kontrast erhöht?

Der Filter UNSCHARF MASKIEREN setzt genau bei diesen drei Faktoren an. So passen Sie den Schärfegrad exakt den Anforderungen Ihres Bildes an.

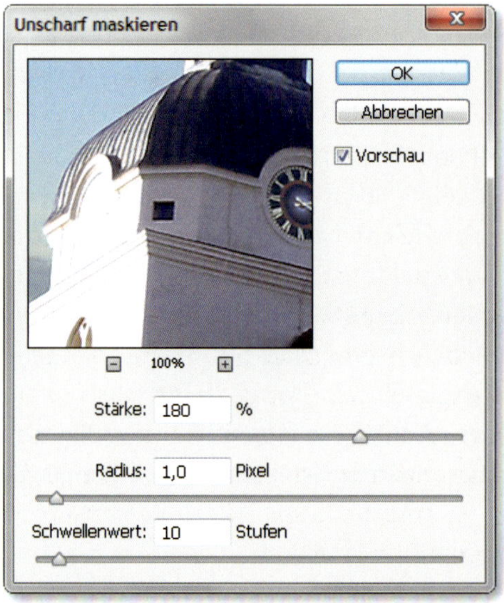

Abbildung 25.7 ▸
Der Dialog des Filters UNSCHARF MASKIEREN mit seinen Einstellungsmöglichkeiten

Schwellenwert | Der SCHWELLENWERT (0–255 Stufen) gibt an, wie hoch der Helligkeitsunterschied zwischen den einzelnen Pixeln sein muss, damit die Kontrasterhöhung greift.

In der Praxis bedeutet das: Je niedriger der Schwellenwert ist, desto radikaler wirkt der Filter – und je höher der Schwellenwert ist, desto geringer ist die erreichte Schärfung. Ein hoher Schwellenwert verringert das Risiko, dass Körnung und Bildrauschen durch die Schärfung verstärkt werden. Umgekehrt werden Störungen in Bildern durch rabiates Schärfen mit niedrigem Schwellenwert betont.

Lieber mehrfach, aber sanft schärfen!

Es hat sich in der Praxis bewährt, ein stark unscharfes Bild mehrfach nacheinander mit moderaten Schärfungseinstellungen (geringem SCHWELLENWERT, RADIUS so gering wie möglich) zu bearbeiten. Die Gefahr des Überschärfens ist dabei geringer als bei der einmaligen Schärfung mit hohen Werten.

Radius | Unter RADIUS stellen Sie ein, wie viele Pixel im Umfeld des zu schärfenden Bereichs in diese Kontrasterhöhung eingerechnet werden. Einstellbar sind Werte von 0,1 bis 250 Pixel. So hohe Radien sind allerdings schlichtweg Unsinn, denn Werte über 3 Pixel zerstören jedes normale Bild. Den Radius sollten Sie auch immer **in Relation zur Bildauflösung** sehen: Bei niedrig aufgelösten Bildern sollten Sie nicht mehr als 1 Pixel einstellen.

Folgendes sollten Sie sich merken: Der Radiuswert hält die hellen Konturlinien im Zaum, die für falsches Schärfen typisch sind. Zu hohe Radien führen zu einer Kontrastüberzeichnung an den Kanten, eben den farbigen, meist hellen »Säumen«.

▲ Abbildung 25.8
Helle Halo-Effekte wie an der Dachkontur deuten auf Schärfen mit zu hohem RADIUS hin.

Stärke | Die STÄRKE (von 0 bis 500 %) regelt, wie stark der Kontrast der angrenzenden Pixel erhöht wird. Sie steuert also, wie stark der Scharfzeichner wirkt.

Für die Praxis: Meist fahren Sie mit Werten zwischen 80 % und 200 % ganz gut. Wenn Sie die STÄRKE auf 300 % oder mehr erhöhen, müssen Sie meist den RADIUS auf unter 1 senken, um brauchbare Ergebnisse zu bekommen. Wie beim SCHWELLENWERT ist es auch hier oft günstiger, den Filter mit einer milde wirkenden Einstellung mehrfach hintereinander anzuwenden als einmal radikal.

Schneller Vorher-nachher-Vergleich | Wenn Sie während des Schärfens einen Vorher-nachher-Vergleich benötigen, entfernen Sie einfach kurzzeitig den Haken bei VORSCHAU. Bei sehr großen Bilddateien hat das einen Nachteil: Die Aktualisierung der Bildansicht dauert eine geraume Weile. In solchen Fällen lassen Sie den VORSCHAU-Haken unberührt und klicken einfach mit der Maushand ins Vorschaubild. Solange Sie die Maustaste gedrückt halten, ist dort die ungeschärfte Bildversion zu sehen. Das klappt auch bei anderen Filterdialogen!

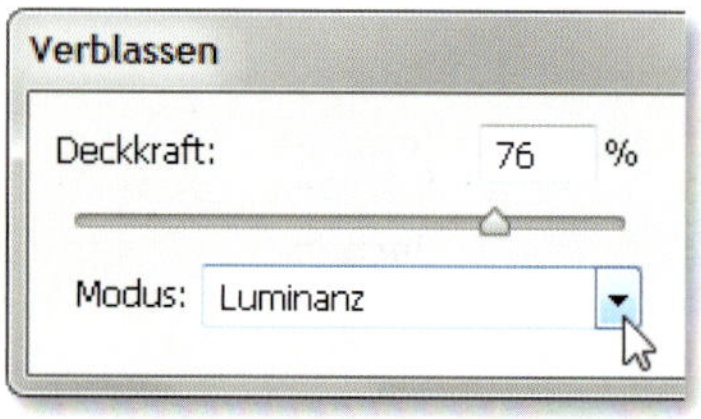

▲ **Abbildung 25.9**
Mit VERBLASSEN lassen ändern Sie auch bei Nicht-Smartfiltern Modus und Deckkraft.

Schärfungs-Halos im Griff | Manchmal ist es schwierig, eine RADIUS-Einstellung zu finden, die eine gute Schärfung bringt, ohne Halo-Effekte zu produzieren. In solchen Fällen hilft der Befehl BEARBEITEN • VERBLASSEN ([⇧]+[Strg]/[cmd]+[F]). Er nimmt die Filterwirkung teilweise zurück, steht jedoch wirklich nur unmittelbar nach dem Schärfen zur Verfügung.

Insbesondere, wenn Sie Farbsäume reduzieren möchten, kann es hilfreich sein, unter MODUS die Option LUMINANZ einzustellen. Der DECKKRAFT-Slider reguliert dann die Wirkung des Verblassens.

Bei völlig missratenen Filtereingriffen ist es jedoch günstiger, die Schärfung ganz zurückzunehmen und nochmals sanfter zu dosieren.

Welche Einstellungen für welches Bild?

Die drei Faktoren STÄRKE, RADIUS und SCHWELLENWERT beeinflussen sich gegenseitig, daher müssen Sie sich immer an die beste Einstellung herantasten, indem Sie alle drei Regler nacheinander verstellen. Es gibt aber einige Anhaltspunkte, die ich im Folgenden vorstelle.

- **Geringe Unschärfe**
  Feine, detaillierte Motive mit nur geringer Unschärfe profitieren vom Schärfen mit kleinem RADIUS (weniger als 1) und hoher STÄRKE (um 150–200) bei moderatem SCHWELLENWERT. Diese Einstellungen sind gut geeignet, um die leichte Unschärfe auszugleichen, die beim Digitalisieren (z. B. Scannen) auch guter Vorlagen entsteht, und geben Bildern so den letzten Schliff. Rauschen und Staub auf stark unscharfen Bildern werden durch diese Kombination aber verstärkt.
- **Unscharfe Scans**
  Ein großer RADIUS (2–3 Pixel) und eine hohe STÄRKE (um die 200 %) bei moderatem SCHWELLENWERT – mit dieser Einstellung kann ein Bild schon vergröbert wirken und die typischen hellen Konturlinien aufweisen. Bei unscharfen Scans ist so eine Einstellung aber manchmal die letzte Rettung.
- **Kontrastarme Bilder**
  Bei Bildern, die viele kontrastarme Partien aufweisen – so Porträts und andere Bilder mit viel Haut –, führt oft ein hoher SCHWELLENWERT (10 oder mehr) bei durchschnittlichem RADIUS (1) und normaler Stärke zu guten Resultaten. Sie sollten dabei den SCHWELLENWERT jedoch nicht zu stark erhöhen, weil Sie sonst auch die STÄRKE wieder anheben müssen, was schnell zu einzelnen, hell aufblitzenden Pixeln führt.

Eigene Lösungen sind wichtig!
Das sind nur ein paar Hinweise, in welche Richtung Sie beim Schärfen arbeiten sollten. Für manche Bilder müssen Sie ganz eigene Lösungen finden.

25.4 Der selektive Scharfzeichner

Der Filter SELEKTIVER SCHARFZEICHNER verfügt über noch weitergehende Einstellungsmöglichkeiten als UNSCHARF MASKIEREN, und seine Anwendung erfordert natürlich auch ein wenig mehr Zeit. Das grundlegende Funktionsprinzip ist jedoch ähnlich wie beim UNSCHARF MASKIEREN: Ein virtuelles »unscharfes Bildpositiv« – die namensgebende Unscharfmaske des USM-Filters – wird mit dem virtuellen »Negativ« abgeglichen, was zu einer Anhebung der Kontraste an den Bildkonturen führt.

Datei auf der Buch-DVD: »flamingo.jpg«

Bild: Fotolia, Enrique Sallent

▲ **Abbildung 25.10**
Das Schärfen dieses Bildes ist eine besondere Herausforderung: Besonders in den dunklen Bereichen ist Rauschen zu erkennbar. Diese Rausch-Struktur soll durch das Schärfen nicht verstärkt werden.

Die einfachen Einstellungen

Abbildung 25.11 zeigt, wie das Dialogfeld aussieht. STÄRKE wirkt genauso wie die Stärke beim Filter UNSCHARF MASKIEREN auch. Auch die Einstellung RADIUS birgt hier nichts Neues.

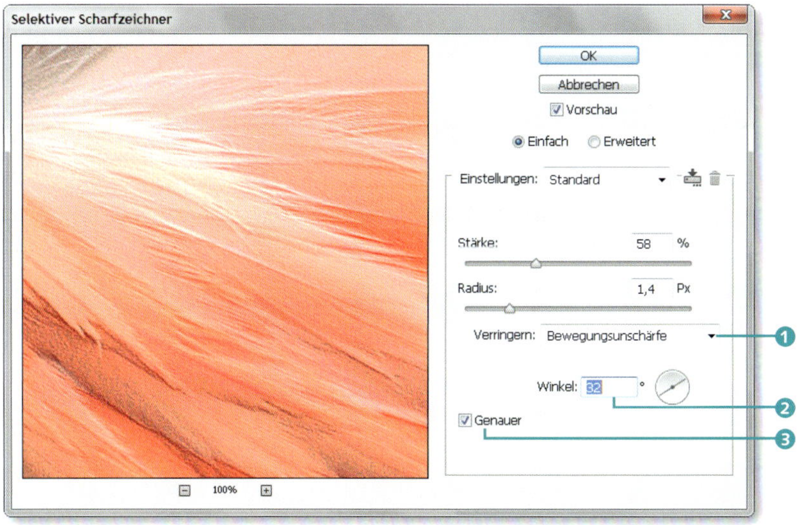

◀ **Abbildung 25.11**
Einstellungen für den selektiven Weichzeichner

Entfernen | Interessant ist die Option VERRINGERN ①. Dabei wird mitnichten die Wirkung eines zuvor angewandten Weichzeichners verringert, wie man irrigerweise vielleicht annehmen könnte, da in der Liste die Namen bekannter Weichzeichnungsfilter auftauchen. Vielmehr legen Sie hier fest, mit welchem Rechenalgorithmus das gedachte »unscharfe Bildpositiv«, also die Unscharfmaske, erzeugt wird. Dazu haben Sie hier drei verschiedene Möglichkeiten: GAUSSSCHER WEICHZEICHNER, OBJEKTIVUNSCHÄRFE und BEWEGUNGSUNSCHÄRFE.

- Die VERRINGERN-Option GAUSSSCHER WEICHZEICHNER ist eine gute Universaleinstellung, die auch vom eigentlichen USM verwendet wird.

▲ **Abbildung 25.12**
Optionen für die Unscharf-Maske des selektiven Scharfzeichners

- Objektivunschärfe eignet sich besonders gut für detailreiche Bilder und vermeidet helle Farbkränze.
- Die Einstellung Bewegungsunschärfe ist dazu gedacht, Unschärfen zu reduzieren, die durch Verreißen der Kamera oder ein bewegtes Motiv entstanden sind. Mit der Einstellung Winkel ❷ legen Sie dann die »Bewegungsrichtung« der Bewegungsunschärfe fest. Sie sollte der Richtung der Bewegungsunschärfe im Bild folgen.

Genauer | Mit der Option Genauer ❸ können Sie eine präzisere, aber langsamere Berechnungsweise der Schärfung aktivieren.

Wenn Sie mit Ihren Einstellungen zufrieden sind, schließen Sie nun den Vorgang mit OK ab und wenden die Schärfung an.

Erweiterte Einstellungen

Sie können jedoch auch auf Erweitert ❹ klicken und bekommen dann weitere Einstellungsmöglichkeiten. Die Einstellungen unter Tiefen und Lichter sind dazu gedacht, das Scharfzeichnen heller und dunkler Bildbereiche zu steuern und insbesondere die hellen oder auch zu dunklen Farbsäume zu reduzieren, die beim Schärfen auftreten. Die Einstellungen unter Scharfzeichnen sind die gleichen wie in der einfachen Ansicht.

Tiefen und Lichter einstellen | Die Einstellungsmöglichkeiten für Lichter gleichen denen für die Tiefen. Auf jeder Registerkarte gibt es drei weitere Funktionen.

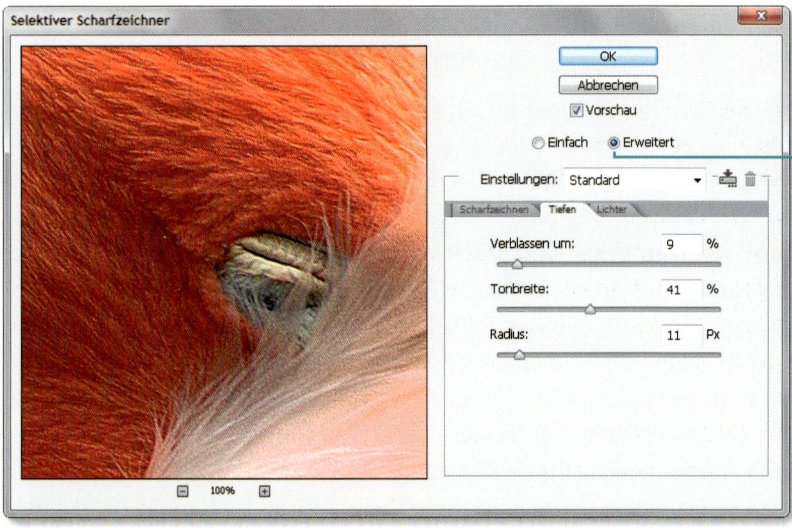

Abbildung 25.13 ▶
Erweiterte Einstellungen, hier am Beispiel der Tiefen

- Die Funktion VERBLASSEN UM arbeitet ähnlich wie der schon angesprochene Menübefehl BEARBEITEN • VERBLASSEN. Hier ist es allerdings nicht notwendig, die Wirkung mittels LUMINANZ-Einstellung einzuschränken. Es werden automatisch ausschließlich die zu dunklen (im Dialogfeld TIEFEN) bzw. zu hellen (bei LICHTER) Farbsäume korrigiert.
- Die TONBREITE legt fest, wie viele dunkle bzw. helle Tonwerte bei der Korrektur der Tiefen oder Lichter einbezogen werden. Wenn Sie den Regler nach links verschieben, verringert sich der Wert der Tonbreite – die Korrekturen werden eng auf die dunkelsten (TIEFEN) oder allerhellsten Bildbereiche (LICHTER) beschränkt. Wenn Sie den TONBREITE-Wert erhöhen, indem Sie den Regler nach rechts ziehen, werden auch mehr dunkle oder helle Tonwerte von der Korrektur erfasst.
- RADIUS wirkt hier wie von den anderen Scharfzeichnungsfiltern bekannt.

Einstellungen abspeichern

Wenn Sie mit Ihren Einstellungen zufrieden sind, können Sie sie anwenden oder aber auch zum erneuten Gebrauch **speichern**. Dazu genügt ein Klick auf das kleine Festplattensymbol ⑥. Vergeben Sie dann einen Namen für die Filtereinstellung. Die gespeicherten Einstellungen tauchen anschließend in der Liste ⑤ auf.

Um Presets aus der Liste wieder zu löschen, wählen Sie sie zunächst aus und klicken dann auf den Mülleimer-Button ⑦.

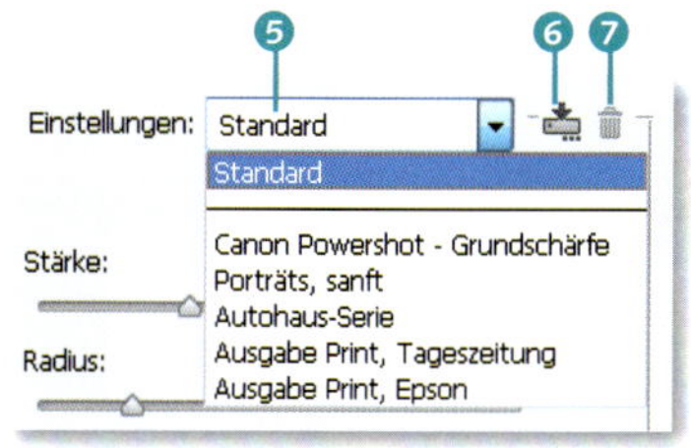

▲ **Abbildung 25.14**
Gespeicherte Einstellungen. Nicht immer ist so ein »Schärfen von der Stange« sinnvoll.

25.5 Nur Luminanz schärfen: Scharfzeichnen ohne Farbverfälschung

Manchmal kommen Sie um ein kräftiges Schärfen nicht herum: zum Beispiel, wenn Sie Bilder stark skalieren müssen, was deutliche Unschärfen mit sich bringt, oder wenn Sie nur eine unscharfe Bildversion zur Verfügung haben, die unbedingt noch nutzbar gemacht werden muss. Problematisch sind auch Motive, die gleichzeitig unscharf und verrauscht sind. In all diesen Fällen helfen die Schärfungsfilter nur noch bedingt: Haloeffekte entlang Konturlinien und hell aufblitzende Pixel in Flächen treten auf, Bildrauschen wird verstärkt.

Die Bildschärfe steckt in den Helligkeitsinformationen | Ein Trick kann Ihnen dann weiterhelfen. Um zu verstehen, wie er funktioniert, müssen Sie wissen, dass vorrangig die Luminanz – die Helligkeit – der einzelnen Bildpixel den Schärfeeindruck eines Bildes erzeugt. Gleichzei-

Zum Weiterlesen
Mehr über **Bildmodi** erfahren Sie in Kapitel 3, »Bildbearbeitung: Fachwissen«. Näheres über **Mischmodi** lesen Sie in Kapitel 13, »Mischmodus: Pixel-Interaktion zwischen Ebenen«.

Dateien auf der Buch-DVD: »Mann-in-schwarzem-Hemd.tif« und »Mann-in-schwarzem-Hemd_geschärft.tif« zum Vergleich

tig ist Rauschen meist in der Farbinformation der Datei zu finden, und auch die Folgen von zu starker Schärfung werden vor allem dort sichtbar. Es bietet sich also an, bei schwierigen Schärfungsjobs Helligkeit und Farbe eines Bildes getrennt zu behandeln und nur die Helligkeit zu schärfen. Das ist möglich im **Bildmodus Lab** oder indem Sie den Filter im **Mischmodus Luminanz** anwenden. Beide Methoden wenden die Schärfung allein auf die Helligkeitsinformationen des Bildes an.

▲ **Abbildung 25.15**
Das Ausgangsbild: ein unscharfes Porträt

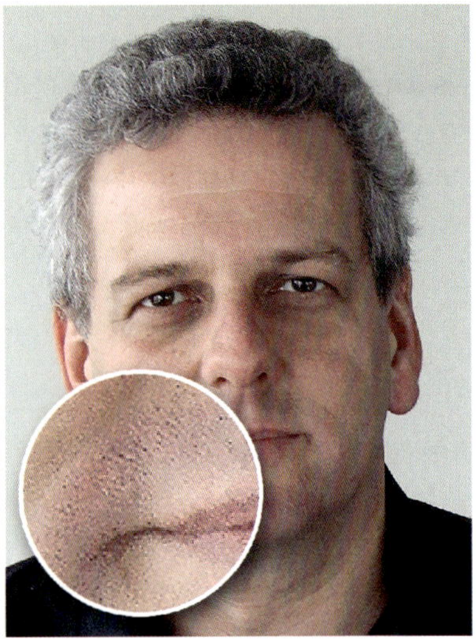

▲ **Abbildung 25.16**
Normale Schärfungsfilter versagen hier, vor allem Hautstrukturen zeigen sich überschärft

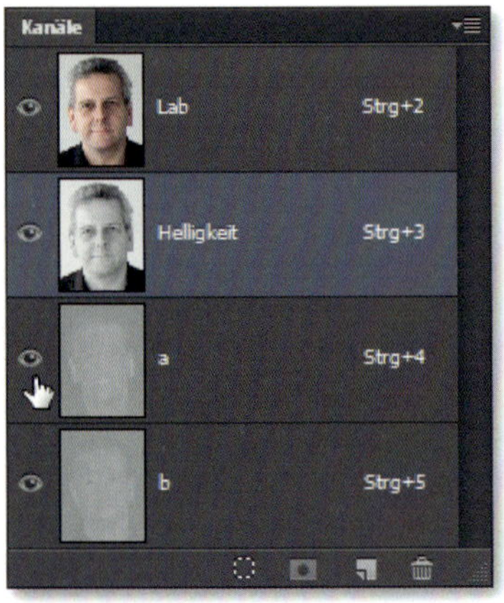

▲ **Abbildung 25.17**
Ihre Kanäle-Palette sollte so aussehen wie hier. Ihr Bild ist bei dieser Anordnung dann wieder farbig zu sehen!

Schärfen im Lab-Modus | In fünf einfachen Schritten beschränken Sie die Scharfzeichnung auf die Helligkeitsinformationen des Bildes und verringern damit die schädlichen Nebenwirkungen:

1. Bringen Sie das Bild in den Lab-Modus; nutzen Sie dazu den Menübefehl Bild • Modus • Lab-Farbe. Anders als beim Wechsel von RGB nach CMYK oder umgekehrt sind hier keine Qualitätsverluste am Bild zu erwarten.
2. Wechseln Sie zur Kanäle-Palette. Statt der gewohnten drei RGB-Kanäle sehen Sie nun die Kanäle Helligkeit, A, B und den Composite-Kanal Lab. Aktivieren Sie Kanal Helligkeit durch Anklicken. Alle Kanäle sollten jedoch eingeblendet sein (Augensymbole aktiv).
3. Auf diesen Kanal wenden Sie den Scharfzeichnungsfilter Ihrer Wahl (am besten Unscharf maskieren oder Selektiven Scharfzeichner) an – ganz wie bei der Arbeit auf einer normalen Bildebene auch. Nicht wundern: Die Vorschau im Filterdialog ist in Graustufen – ganz wie der Kanal, den Sie bearbeiten.

4. Wenn Ihr Bild überdies starkes Rauschen aufweist, können Sie zusätzlich die Farbkanäle a und b *weichzeichnen*. Das hört sich zunächst unsinnig an, funktioniert jedoch, da diese Kanäle keine Helligkeitsinformationen enthalten, die für die Bildschärfe zuständig sind. Sie sollten lediglich darauf achten, den Weichzeichnungsradius nicht zu hoch zu wählen – ansonsten treten Farbverfälschungen auf.
5. Anschließend können Sie das Bild wieder zurück in den RGB-Modus bringen.

Zum Weiterlesen
Mehr über **Weichzeichnungsfilter** lesen Sie in Abschnitt 32.1, »Weichzeichner für jeden Zweck«.

Wenn Sie das gezeigte Verfahren zu umständlich finden, können Sie mit einer Ebenenkopie arbeiten, diese schärfen und dann ihren Mischmodus auf LUMINANZ umstellen.

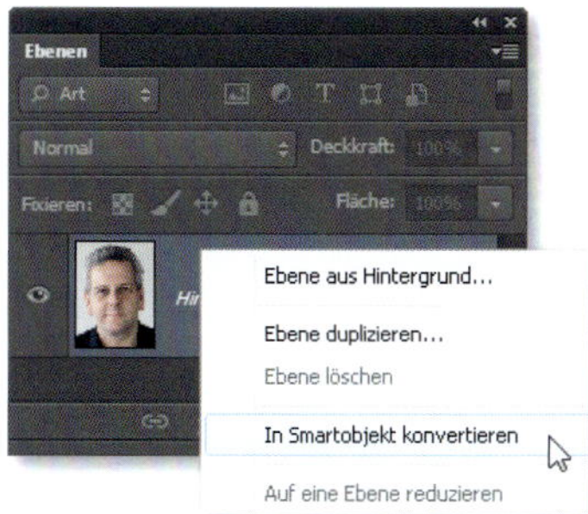

▲ **Abbildung 25.18**
Rechtsklick in den neutralen Bereich der Ebene (nicht auf den Namen oder die Miniatur), um das Kontextmenü zu öffnen

Smart schärfen mit Modus »Luminanz« | Wenn Sie Ihre Bildebenen vor dem Schärfen in Smartobjekte umwandeln, werden die Filter automatisch als Smartfilter angewandt. Das hat mehrere Vorteile: Die Originalpixel werden geschont, Sie können die Filtereinstellungen jederzeit ändern und – Sie können den Mischmodus einstellen, mit dem der Filter auf die Ebene wirkt. Das geht schneller als der Umweg über den Lab-Modus, hat jedoch den Nachteil, dass Sie die Farbkanäle nicht separat bearbeiten können, um Bildrauschen zu eliminieren. So geht's:

1. Machen Sie aus Ihrer Ebene ein Smartobjekt, entweder über das Kontextmenü in der Ebenen-Palette oder über den Befehl EBENE • SMARTOBJEKTE • IN SMARTOBJEKT KONVERTIEREN.
2. Wenden Sie einen geeigneten Scharfzeichnungsfilter an. Durch einen Doppelklick auf das Icon gelangen Sie anschließend zu den Einstellungen für die Fülloptionen des Smartfilters.
3. Stellen Sie dort den Mischmodus des Filters auf LUMINANZ um. Zusätzlich können Sie die DECKKRAFT ändern – das mildert die Filterwirkung ab, ähnlich wie der Menübefehl BEARBEITEN • VERBLASSEN.

▲ **Abbildung 25.19**
Smartfilter-Fülloptionen aufrufen

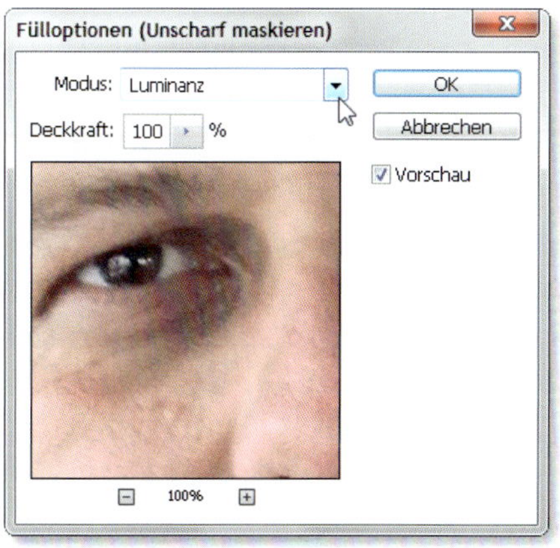

◄ **Abbildung 25.20**
Indem Sie die Fülloptionen des Schärfungsfilters verändern, regulieren Sie seine Wirkung

25.6 Schnell und sanft: Hochpass

Eine gute Möglichkeit für sanfte, doch wirksame Schärfungsoperationen ist die Kombination aus Ebenenduplikat und Hochpass-Filter. Diese Arbeitstechnik ist ein Klassiker: Sie kommt ganz ohne Smartfilter aus (funktioniert notfalls also auch mit älteren Programmversionen), bietet via Ebenendeckkraft und -mischmodus trotzdem gute Steuerungsmöglichkeiten und geht flott von der Hand.

Datei auf der Buch-DVD: »OranienburgerStraße_unscharf.tif«

Diese Methode eignet sich vor allem gut für Bilder, die viele Störungen aufweisen, denn sie wirkt vor allem auf die Konturen im Bild – also auf jene Bereiche, die für den Schärfeeindruck entscheidend sind. Empfindliche Flächen werden gar nicht oder wenig verändert. Dadurch wird vermieden, dass unerwünschte Störungen und Artefakte verstärkt werden. Auch Makrofotos mit ihrem großen Unschärfebereich, in dem durch das Scharfzeichnen möglichst keine Artefakte entstehen sollen, sind ein Fall für diese Methode. Und manche Porträts profitieren von dieser Arbeitsweise ebenfalls. Das Vorgehen ist simpel:

Abbildung 25.21 ▸
Das Ausgangsbild ist unscharf und hat – was Sie im gedruckten Buch vermutlich nicht so gut erkennen können – auch ein buntes Störungsmuster, vor allem in den hellen Bereichen. Dieses soll beim Filtern möglichst nicht verstärkt werden. Ein Fall für den Hochpass-Filter.

▲ Abbildung 25.22
Ebenenaufbau vor dem Filtern

1. Öffnen Sie das Bild, und duplizieren Sie die Originalebene. So arbeiten Sie zerstörungsfrei; die Originalpixel bleiben unangetastet. Außerdem bietet diese Technik über Mischmodus und Deckkraft der oberen Ebene gute Anpassungsmöglichkeiten. Es ist also nicht zwingend erforderlich, dass Sie aus dem Ebenenduplikat ein Smartobjekt machen.
2. Stellen Sie nun den Mischmodus der oberen Ebene auf Ineinanderkopieren um. Das Bild wird heller, und auch die Farben verändern sich. Dies ist jedoch nur der Zwischenstand!
3. Wenden Sie auf die obere Ebene den Hochpass-Filter an. Sie finden ihn unter Filter • Sonstige Filter • Hochpass. Die Wirkung des Fil-

ters ist das genaue Gegenteil des Gaußschen Weichzeichners: Er findet Kanten im Bild und erhält im angegebenen RADIUS-Bereich den Kontrast. Niedrigwertige Details im Bild unterdrückt er. Die Kontrastverstärkung, die für das Schärfen notwendig ist, entsteht durch den angewandten Ebenenmischmodus!

Im Vorschaufeld des Filterdialogs selbst erscheint das Bild nur grau in grau mit wenigen Farbsäumen. Sie müssen die Vorschau aktivieren und im Dokument selbst schauen, wie der Filter wirkt. Sie können den RADIUS-Wert hier ruhig ein wenig höher stellen – über die Ebeneneigenschaften können Sie die Filterwirkung noch nachjustieren. Werte höher als 10 Pixel sind jedoch nicht empfehlenswert.

Zum Weiterlesen
In Kapitel 13, »Mischmodus: Pixel-Interaktion zwischen Ebenen«, stelle ich alle Mischmodi im Detail vor.

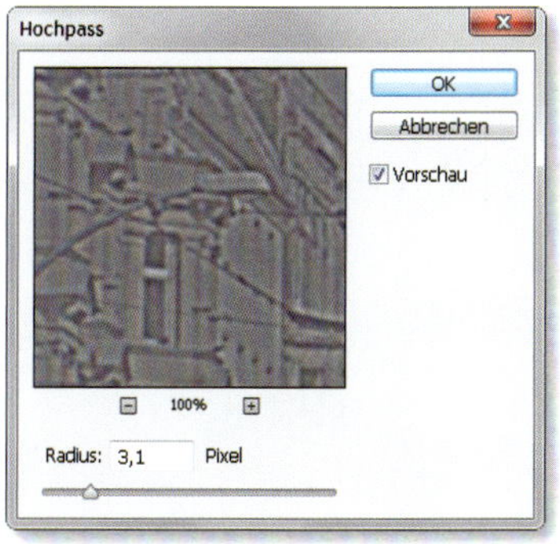

▲ **Abbildung 25.23**
RADIUS ist die einzige Einstellung des Hochpass-Filters.

Farbverfälschungen mindern | Je nachdem, mit welchen Filtereinstellungen Sie gearbeitet haben, sind in der Filterebene immer noch farbige Kanten erkennbar. Im Bild führen diese zu mehr oder weniger starken Farbverfälschungen. Daher müssen Sie die Sättigung der Filterebene verringern. Die irreversible Quick-and-dirty-Methode ist der Befehl BILD • KORREKTUREN • SÄTTIGUNG VERRINGERN (Kürzel ⇧+Strg/cmd+U). Alternativ legen Sie über der Filterebene eine Einstellungsebene FARBTON/SÄTTIGUNG an, die mit der Filterebene zu einer Schnittmaske zusammengefasst wird (Abbildung 25.24) – das heißt, sie wirkt nur auf die Filterebene.

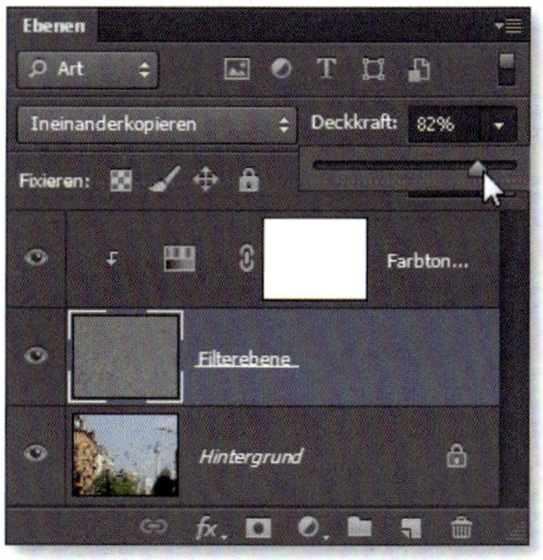

▲ **Abbildung 25.24**
Justieren der Schärfungswirkung

Filterwirkung justieren | Um die Filterwirkung herabzusetzen, können Sie die Deckkraft der Filterebene senken. Auch das Umstellen des Mischmodus kann die Schärfungswirkung der Filterebene modulieren. Spielen Sie ein wenig herum! Außer INEINANDERKOPIEREN sind auch die »Licht«-Mischmodi aussichtsreiche Kandidaten. Insbesondere WEICHES LICHT macht sich bei sensiblen Porträtaufnahmen nützlich.

25.7 Ausschließlich Bilddetails schärfen: Arbeiten mit einer Konturenmaske

Photoshops Schärfungsfilter haben eine Menge Einstellungsmöglichkeiten, doch alle haben eine Schwäche: Sie unterscheiden nicht zwischen wichtigen, zu schärfenden Details und solchen Flächen, die besser in Ruhe gelassen werden. Sie behandeln alle Bildteile gleich. Daran ändert auch das Hantieren mit den Karteireitern TIEFEN und LICHTER im SELEKTIVEN SCHARFZEICHNER oder mit Lab-Kanälen wenig. Bei anspruchsvollen Motiven, bei denen auch die Hochpass-Methode versagt, müssen Sie manuell vorgeben, wo der Filter wirken soll und wo nicht. Das geschieht

Zum Weiterlesen
Mehr über **Einstellungsebenen** finden Sie im Abschnitt »Zerstörungsfrei arbeiten mit Einstellungsebenen« auf Seite 524. Grundlegendes zu **Schnittmasken** können Sie in Abschnitt 12.3, »Schnittmasken und Aussparung«, nachlesen.

am besten mit einer Konturenmaske. Es gibt zahlreiche verschiedene Filter- und Funktionskombinationen, mit denen Sie zu einer solchen Maske kommen. Eine Methode, die nach meiner Erfahrung besonders gut funktioniert, lernen Sie im folgenden Workshop kennen.

Schritt für Schritt: Scharfzeichnung eingrenzen mit einer Konturenmaske

Datei auf der Buch-DVD: »LachenderSchwimmer.tif«

Das Ausgangsbild zeigt einen gut gelaunten, doch leider recht unscharf fotografierten Schwimmer am Strand. Beim Schärfen soll vermieden werden, dass die Zeichnung der Haut und kleinere Fältchen verstärkt werden, dennoch braucht das Bild mehr Schärfe.

Bild: Fotolia, Andrew Lever

Abbildung 25.25 ▲
Das Ausgangsbild – hier gilt es, behutsam zu schärfen.

1 Bild in den Lab-Modus bringen

Sie können auch aus einem RGB-Bild eine Konturenmaske erzeugen – in dem Fall müssen Sie als Grundlage den Kanal mit den besten Kontrasten wählen. Einfacher machen Sie sich die Arbeit jedoch, wenn Sie das Bild zunächst in den Lab-Modus bringen (Menübefehl Bild • Modus • Lab-Farbe).

2 Zerstörungsfrei arbeiten, Smartobjekt erzeugen

Wie bei den meisten anderen Techniken soll auch hier zerstörungsfrei gearbeitet werden. Dazu verwandeln Sie die Hintergrundebene in ein Smartobjekt. Am schnellsten geschieht das, indem Sie mit der rechten Maustaste auf den neutralen Bereich der Ebenen-Palette – weder auf Ebenentitel noch -miniatur – klicken.

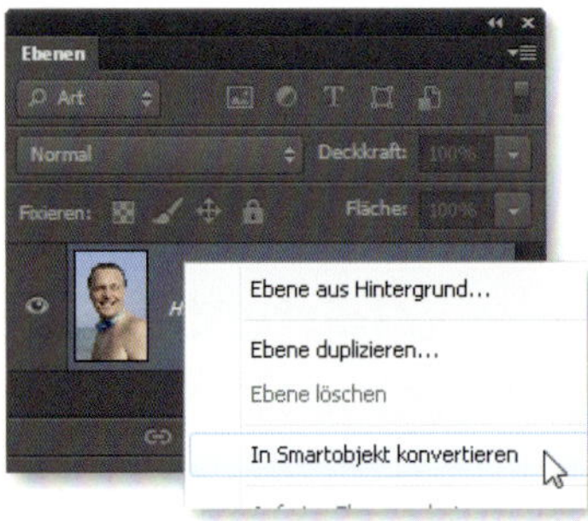

Abbildung 25.26 ▶
Der schnellste Weg zum Smartobjekt: das Kontextmenü der Ebenen-Palette

3 Kanal duplizieren

Ein Duplikat des Helligkeitskanals soll die Grundlage für die Konturenmaske sein. Wechseln Sie also zur Kanäle-Palette, und duplizieren Sie dort den Kanal Helligkeit. Das geht genauso wie bei Ebenen: Greifen Sie einfach den Kanal mit der Maus, und ziehen Sie ihn auf das Neu-Icon am unteren Rand der Kanäle-Palette. Falls das nicht automatisch geschieht, blenden Sie alle übrigen Kanäle aus, damit Sie das Ergebnis Ihrer Arbeit in der Graustufenansicht direkt im Dokumentfenster beobachten können.

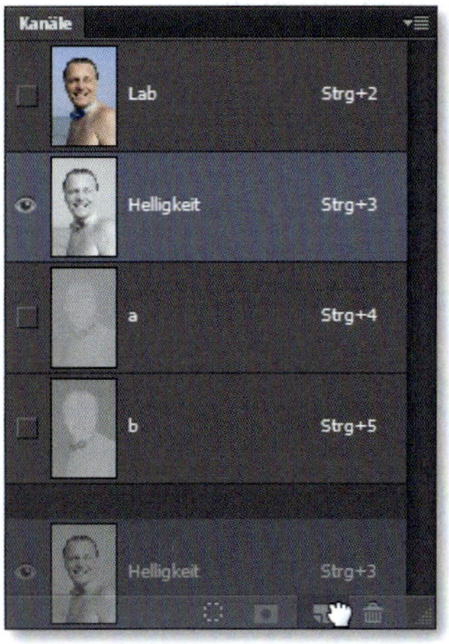

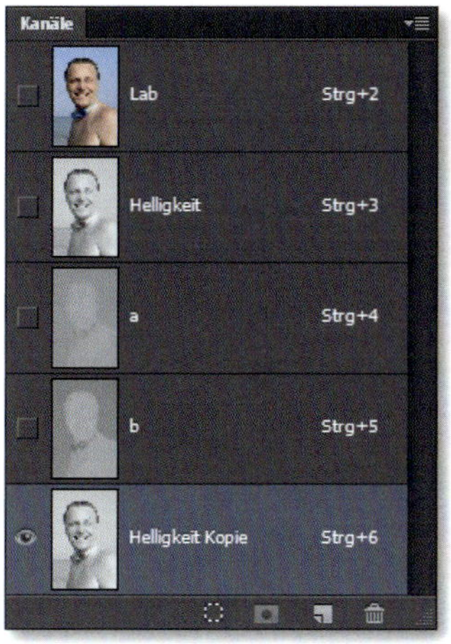

◂◂ **Abbildung 25.27**
Duplizieren des Kanals Helligkeit

◂ **Abbildung 25.28**
Um erfolgreich zu arbeiten, sollte Ihre Kanäle-Palette jetzt so aussehen. Das Bild erscheint dann in Graustufen.

4 Weichzeichnen des Kanal-Duplikats

In der späteren Konturenmaske sollen natürlich nur wichtige Konturlinien des Motivs vertreten sein und nicht die zahlreichen feinen Abstufungen, die es bei fast allen Bildern auch noch gibt. Außerdem sollen die Konturen der Maske weiche Übergänge haben und etwas breiter sein als im Bildmotiv. Aus all diesen Gründen zeichnen Sie das Kanalduplikat nun weich. Der Gaußsche Weichzeichner (unter Filter • Weichzeichnungsfilter) leistet hier gute Dienste. Ein Radius-Wert um 1 herum genügt meist.

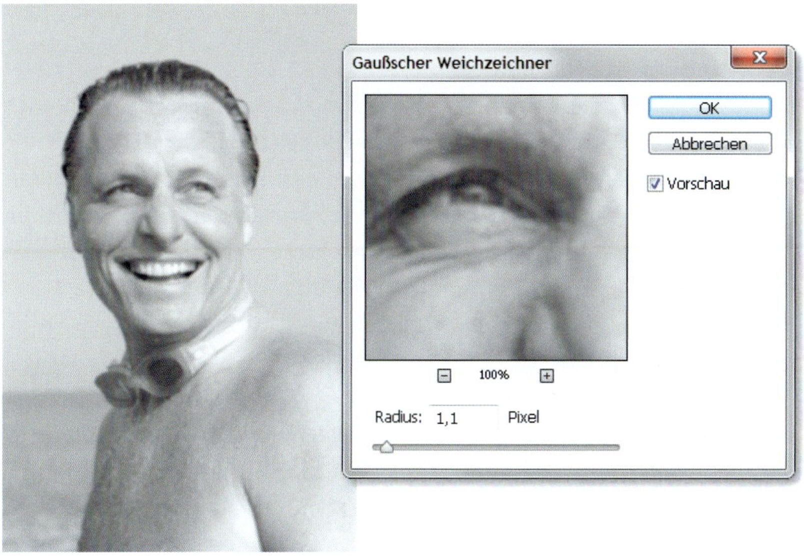

◂ **Abbildung 25.29**
Zeichnen Sie den Kanal weich, damit Ihre Maske nicht zu detailreich wird. In der Vorschau ist die Änderung kaum erkennbar, sie macht jedoch einen Unterschied für die weiteren Schritte!

5 Konturfilter anwenden und Kanal invertieren

Wenden Sie jetzt den Filter STILISIERUNGSFILTER • KONTUREN FINDEN an. Einstellungsmöglichkeiten haben Sie dabei nicht. Die Kanalvorschau ähnelt nun einer Zeichnung: schwarze Linien auf weißem Grund. Doch halt! Wir brauchen später eine Auswahl, die die Kanten innerhalb des Bildes frei lässt und den Rest abdeckt. Deswegen müssen wir das Kanalduplikat umkehren. Der Shortcut Strg/cmd+I erledigt das am schnellsten. Nun zeigen sich weiße Linien (der spätere Auswahlbereich) auf Schwarz (dieser Bereich ist später vor der Bearbeitung, also auch dem Schärfen, geschützt).

Abbildung 25.30 ▸
Nach der Anwendung des Konturenfilters

Abbildung 25.31 ▸▸
Nach der Invertierung

6 Konturen stärker herausarbeiten

Die Konturen des Kanalduplikats sind nun richtig gefärbt, jedoch noch zu dünn. Außerdem zeigen sich immer noch sehr viele zarte Konturlinien im Objektinneren. Beides lässt sich durch den Einsatz der Tonwertkorrektur korrigieren. Bei Kanälen können Korrekturwerkzeuge nicht auf üblichem Wege – per Ebenen- oder Korrekturen-Palette – erzeugt werden. Deswegen wählen Sie nun den Weg über die Menübefehle BILD • KORREKTUREN • TONWERTKORREKTUR oder das Kürzel Strg/cmd+L (die Tonwertkorrektur heißt auf Englisch »*levels*«).

Welche Einstellungen die besten sind, hängt vom Motiv ab. Bei dieser Datei habe ich die Tonwertspreizungsregler und den Mittenregler 1 auf die Werte 18 – 0,91 – 178 verschoben. Die Maske erhält dadurch stärkere Kontraste, die Konturen werden breiter. Bei manchen Bildern verschwindet dadurch auch der sanfte Übergang zwischen maskierten und unmaskierten Bereichen der Maske. Wenn das passiert, können Sie den Gaußschen Weichzeichner erneut anwenden. Außerdem steht Ihnen, sobald Sie die Auswahl ins Bild geladen haben (siehe Schritt 7), wie bei allen Auswahlen der Dialog KANTE VERBESSERN zur Verfügung. Mit Hilfe dieses Tools machen Sie die Auswahl bei Bedarf weicher.

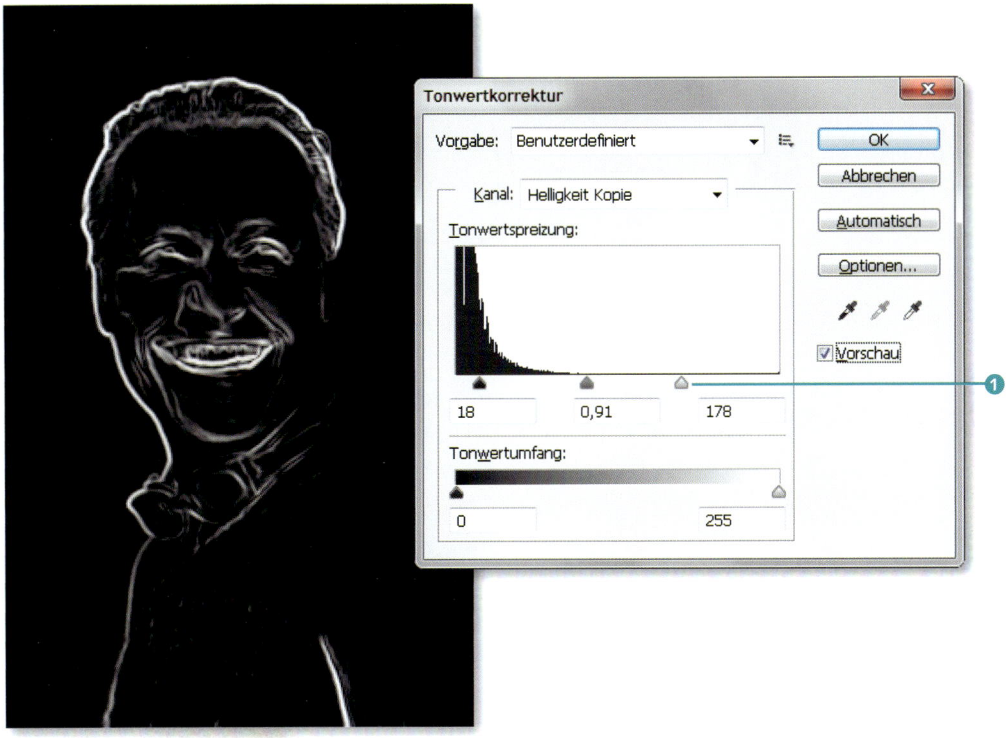

▲ **Abbildung 25.32**
Per Tonwertkorrektur werden Konturlinien verstärkt und feinere Innenlinien eliminiert.

7 Den Kanal als Auswahl laden

Nun soll aus dem fertig bearbeiteten Kanal endlich eine Auswahl erzeugt werden. Der einfachste Weg der Button KANAL ALS AUSWAHL LADEN [ ] am unteren Rand der Kanäle-Palette. Manchmal werden dabei zu wenig Grauwerte erwischt. Dann hilft es, Strg/cmd+⇧ zu drücken und auf die Miniatur des Kanalduplikats zu klicken. So werden nicht nur die allerhellsten Tonwerte der Maske, sondern auch Grautöne als Auswahl geladen. Bei den meisten Motiven ist dieses Verfahren zu empfehlen.

Deaktivieren Sie in der Kanäle-Palette nun Ihre Kanalkopie, und aktivieren Sie alle übrigen Kanäle der Datei. Dann kehren Sie zur Ebenen-Palette zurück.

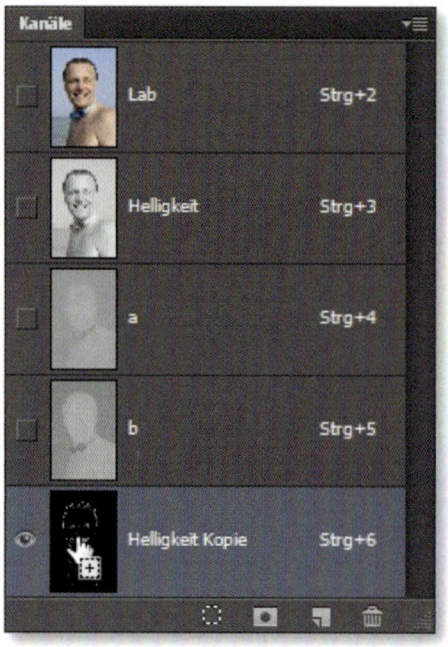

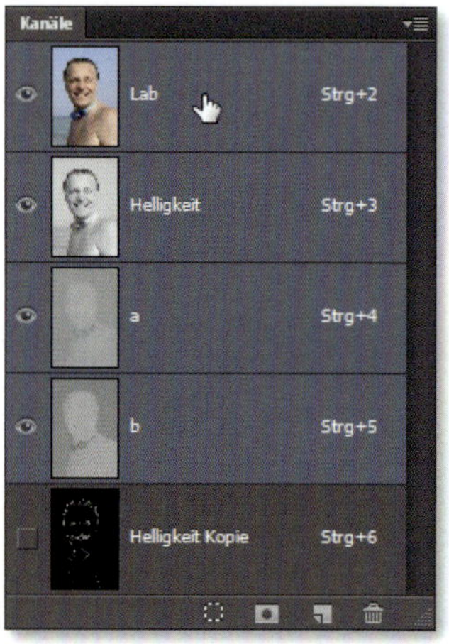

Abbildung 25.33 ▶
Kanal als Auswahl laden. Das Pluszeichen beim Mauszeiger ist der Hinweis, dass der Auswahlbereich durch Mehrfach-Klicks ausgeweitet wird.

Abbildung 25.34 ▶▶
So sollte die Kanäle-Palette aussehen, bevor Sie zurück in die Ebenen-Palette wechseln.

8 Filtermaske des Smartfilters erzeugen

Sie müssten Ihr Bild jetzt mit den richtigen Farben sehen (keine Graustufen oder rote Maskenansicht), und die Auswahllinien sollten als deutliche Ameisenstraßen im Bild erkennbar sein. Rufen Sie dann den Schärfungsfilter Ihrer Wahl auf. Geeignet sind UNSCHARF MASKIEREN oder der SELEKTIVE SCHARFZEICHNER. Jetzt müssen Sie ein wenig aufpassen: In der Vorschau innerhalb des Filterdialogs ist die Wirkung der Auswahl nicht erkennbar! Die Schärfung zeigt sich in allen Bildbereichen, auch in denen, die durch die Maske geschützt sind. Bestätigen Sie den Filter zunächst einfach mit OK, ohne sich um die Einstellungen zu kümmern. Im Bild sehen Sie nun, dass die Auswahlkonturen in die Filtermaske des Smartfilters übernommen wurden.

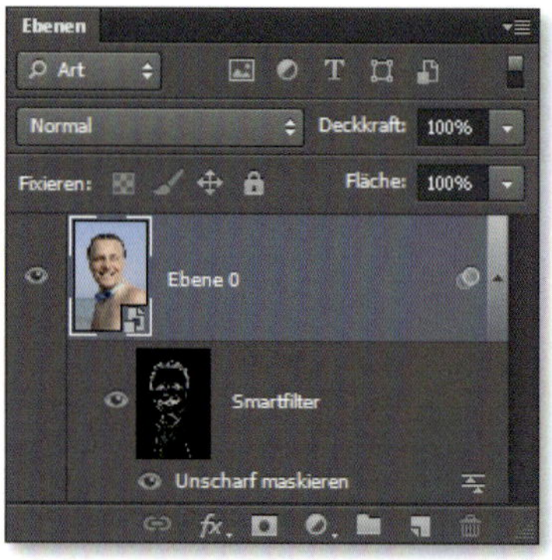

▲ Abbildung 25.35
Nach dem (vorläufigen) Schließen des Scharfzeichnungsfilters hat die Smartfilter-Maske die zuvor im Kanal herausgearbeiteten Konturen übernommen.

Abbildung 25.36 ▶
Die geladene Auswahl

9 Fülloption des Filters ändern

Gleich geht es daran, die endgültige Schärfung vorzunehmen. Doch zuvor sollten Sie noch die Fülloption des Smartfilters auf LUMINANZ umstellen. Warum? Obwohl Sie eine Datei im Modus Lab bearbeiten und der Helligkeitskanal als Grundlage der Konturenmaske diente, würde sich ihre Scharfzeichnung im Filtermodus NORMAL auf alle Bildinformationen – Luminanz und Farbe – auswirken. Dabei sind negative Scharfzeichnungsfolgen nicht auszuschließen. Also doppelklicken Sie in der Ebenen-Palette auf das Icon oder wählen im Kontextmenü den Befehl SMARTFILTER-FÜLLOPTIONEN BEARBEITEN und ändern die Filter-Fülloption.

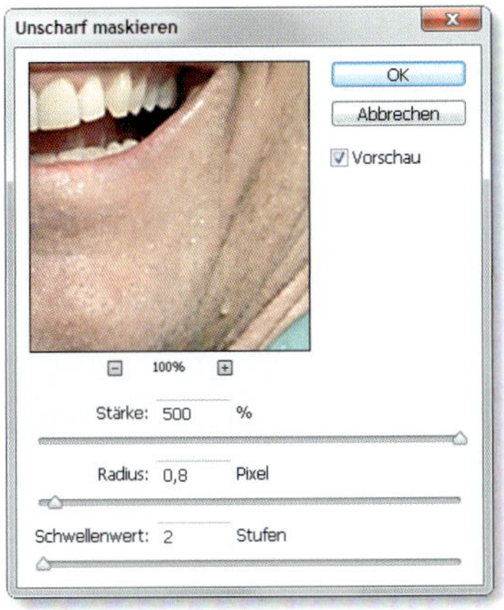

▲ Abbildung 25.37
Weil hier mit einer Konturenmaske gearbeitet wird, können höhere Werte eingestellt werden, als es sonst bei Porträts ratsam ist.

10 Endgültiges Schärfen

Bringen Sie Ihr Bild spätestens jetzt in die 100%-Ansicht. Durch einen Doppelklick auf den Smartfilter-Namen in der Ebenen-Palette öffnen Sie erneut den Filterdialog. Dort nehmen Sie Ihre endgültigen Einstellungen vor. Orientieren Sie sich dabei nicht an der Vorschau im Filterdialog, sondern am Dokumentfenster – nur dort wird die Wirkung der Filtermaske korrekt angezeigt. In der Vorschau des Filterfensters erkennen Sie, wie katastrophal die hohen Werte für das Porträt ohne Maske wären. Mit Maske sind sie die Rettung für das unscharfe Schwimmerbild!

▲ Abbildung 25.38
Das Ausgangsbild

▲ Abbildung 25.39
Das Resultat

25.8 Das Scharfzeichner-Werkzeug: Lokal scharfzeichnen

Mit dem Scharfzeichner-Werkzeug bietet Adobe ein Tool an, mit dem Sie einzelne Bildpartien gezielt schärfen können.

Unter ❶ stellen Sie natürlich die Größe und Art der Werkzeugspitze ein. Stärke ❸ dosiert die Wirkung des Tools. Der Standard 50 % ist übrigens meist viel zu hart. Interessant sind die Einstellungen unter Modus ❷. Auch hier erzielen Sie mit Luminanz meist recht gute Ergebnisse.

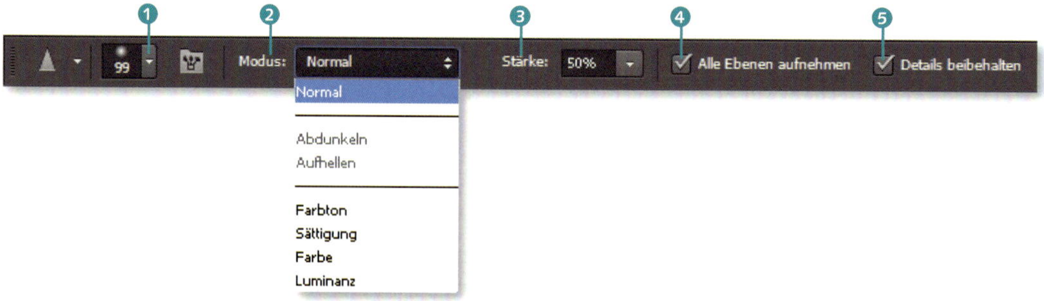

▲ **Abbildung 25.40**
Die Optionen des Scharfzeichners

Interessant ist die Option Alle Ebenen aufnehmen ❹, denn sie erlaubt Ihnen über einen Umweg die zerstörungsfreie Anwendung des Werkzeugs: Aktivieren Sie diese Option, erstellen Sie oberhalb der Ebene, die Sie bearbeiten wollen, eine leere Ebene, und arbeiten auf dieser. Die Originalebene bleibt unangetastet, die Retusche wirkt trotzdem.

Die Option Details beibehalten ❺ soll Überschärfen vermeiden und Bilddetails erhalten und gleichzeitig die Bildung von Artefakten und anderen unerwünschten Schärfungsspuren verhindern. Ob das funktioniert, hängt vom Motiv ab. Wenn Sie sehr deutliche Schärfungseffekte erzielen wollen, müssen Sie in jedem Fall das Häkchen bei dieser Option entfernen.

Zum Weiterlesen
Der **Protokollpinsel** stellt eine sehr elegante Möglichkeit dar, Scharf- oder Weichzeichnung lokal und wohldosiert ins Bild zu bringen. Besonders bei der kniffligen Porträtretusche ist er eine große Hilfe! Mehr darüber erfahren Sie in Kapitel 26, »Bildretusche«.

Weichzeichner und Wischfinger | Ganz ähnlich bedienen Sie auch das Weichzeichner- und das Wischfinger-Werkzeug , die Sie beide unterhalb des Scharfzeichners finden. Allerdings sollten Sie sich hüten, eine zu starke Scharfzeichnung mit den beiden »Weichmachern« zu beheben – das Ergebnis ist unweigerlich ein Pixelbrei. Das Zurücknehmen der Aktion ist besser!

25.9 Bildrauschen, Filmkorn und Artefakte entfernen

Dateien auf der Buch-DVD: »Strand.jpg«, »BlaueSchere.jpg«, »Zirkus.jpg«

Nicht immer haben digitalisierte Bilder die gewünschte gute Qualität. Fast alle digitalen Kameras produzieren körniges Bildrauschen, wenn die Lichtbedingungen nicht optimal sind. Auch beim Digitalisieren von Bildern im Scanner entsteht unweigerlich ein mehr oder minder starkes Rauschen. Durch die Oberflächenbeschaffenheit der Bildvorlage und den Kontakt zur Glasscheibe des Scanners werden Störungen oft noch verstärkt. Und manchmal haben Sie schlicht den Abzug von einem staubigen Negativ vor sich, oder ein Bild zeigt starke Kompressionsspuren, wie sie für verlustbehaftete Dateiformate wie JPEG typisch sind.

Bild: Frank Gaebler

▲ **Abbildung 25.41**
Nicht immer ist Bildrauschen so deutlich zu sehen wie hier. Professionelle Scanner und eine leistungsfähige Scan-Software können es unterdrücken, und gute Digitalkameras produzieren weniger Störungen. Hier äußert sich die Störung vor allem in Farbabweichungen (**chromatisches Rauschen**).

Bild: dieblen.de

▲ **Abbildung 25.42**
Die Effekte zu starker JPEG-Kompression sind vor allem auf glatten Farbflächen und an Kanten, wo unterschiedliche Farben aneinanderstoßen, in Form quadratischer Artefakte erkennbar. Die hier sichtbare Quadratstruktur geht nicht auf einen zu hohen Zoomfaktor (Sichtbarwerden der Bildpixel) zurück, sondern ist ein Kompressionsschaden.

Bild: vitamin a design

▲ **Abbildung 25.43**
Dieses Bild zeigt die Struktur von »Filmkorn«, wie sie für Aufnahmen typisch ist, die mit hoher ISO-Zahl gemacht wurden. Diese Störung bezeichnet man als **Graustufen-** oder **Luminanzrauschen**, für das vor allem Tonwertschwankungen charakteristisch sind.

Nicht immer sind solche Bilder tatsächlich zu retten – auf einen Versuch kommt es jedoch an. Das Instrumentarium, das Ihnen in Photoshop dazu zur Verfügung steht, stelle ich Ihnen hier vor.

Rauschen entfernen: Schnelle Hilfe für leichte Fälle

Rauschen heißt, dass Flächen, die eigentlich einfarbig sein sollten, Helligkeitsunterschiede zeigen. Außerdem können Farbmuster auftreten. Bei starkem Rauschen leidet auch die Bildschärfe. Für leichte Schäden

[ISO]
ISO (abgeleitet vom Normungsinstitut *International Organization for Standardization*) bezeichnet die Lichtempfindlichkeit von Filmen und digitalen Sensoren. Je höher der ISO-Wert ist, desto empfindlicher reagiert die Kamera auf einfallendes Licht. Hohe ISO-Zahlen eignen sich also für Fotos unter schlechten Lichtverhältnissen. Allerdings müssen Sie dann Rauschen in Kauf nehmen (bei Digitalbildern und Filmen).

Bild in 100%-Ansicht

Die Arbeit mit den Rauschfiltern gehört zu denjenigen Tätigkeiten, die Sie unbedingt in der 100%-Ansicht des Bildes durchführen sollten. Skalierte Bilddarstellungen erlauben kein genaues Urteil über die Bildqualität.

dieser Art hält Adobe den Filter RAUSCHEN ENTFERNEN bereit, den Sie unter FILTER • RAUSCHFILTER finden.

Ein Klick auf den Befehl RAUSCHEN ENTFERNEN setzt den Filter gleich in Kraft. Steuerungsmöglichkeiten haben Sie nicht. Funktionieren kann das nur bei wenig detaillierten und nicht zu stark verrauschten Bildern, denn die Entrauschung geht mit einer Weichzeichnung des Bildes einher.

Helligkeit interpolieren

Wie viele Scharfzeichnungs- und Entstörungsfilter führt auch HELLIGKEIT INTERPOLIEREN zunächst einen Vergleich benachbarter Pixel durch. In einem zweiten Schritt werden Pixel, die sich zu stark von den Nachbarpixeln unterscheiden, durch Pixel mit einem mittleren Farbtonwert ersetzt. Die Einstellung RADIUS bestimmt, wie groß der Bereich ist, in dem nach Vergleichspixeln gesucht wird.

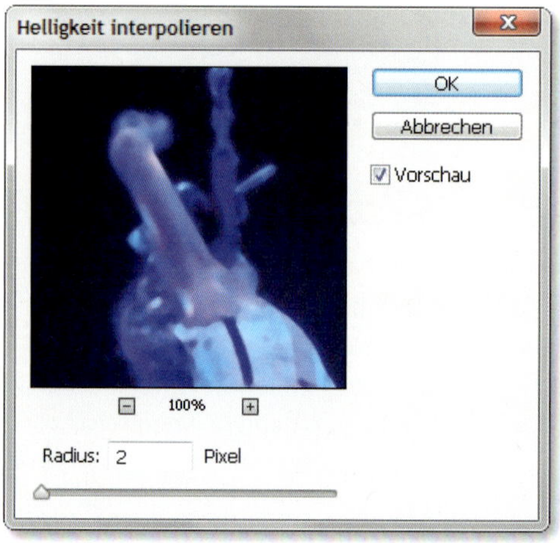

Abbildung 25.44 ▸
RADIUS ist die einzige Steuerungsmöglichkeit – Bilder bekommen leicht einen unerwünschten »Aquarellmaleffekt«.

Adobe empfiehlt den Filter, um Bewegungseffekte auf einem Bild zu reduzieren oder zu entfernen – trotz seiner Anordnung im Menü RAUSCHFILTER ist er zum Entrauschen aber nur begrenzt nutzbar.

Staub und Kratzer

Mehr Einstellungsmöglichkeiten haben Sie mit FILTER • RAUSCHFILTER • STAUB UND KRATZER. Auch dieser Filter analysiert benachbarte Pixel. Weichen diese zu stark voneinander ab, reduziert er Störungen wie Staub und Kratzer durch Ändern der differenten Pixel. Hier haben Sie jedoch bessere Steuerungsmöglichkeiten.

◀ **Abbildung 25.45**
Auch wenn die Eingabe sehr hoher RADIUS-Werte möglich ist, sollten Sie an der unteren Grenze operieren. Auch den SCHWELLENWERT sollten Sie nicht zu hoch wählen, sonst funktioniert der Filter nicht.

Den Parametern RADIUS und SCHWELLENWERT sind Sie ja bereits beim Scharfzeichnen von Bildern begegnet. Sie verändern die Werte per Schieberegler oder durch Zahleneingabe.

- RADIUS bestimmt, wie groß der Bereich ist, in dem der Filter nach unähnlichen Pixeln sucht. Je höher der Radius ist, desto stärker ist die Unschärfe, die ins Bild kommt. Sie sollten den Radius so klein wie möglich halten.
- SCHWELLENWERT legt fest, in welchem Maß die Helligkeits- und Farbwerte der Pixel voneinander abweichen müssen, damit der Filter darauf angewendet wird. Je geringer der Wert ist, desto stärker wirkt der Filter.

Die Ergebnisse der Staub- und Kratzerentfernung sind nicht immer zufriedenstellend. Die Funktion eignet sich nur für zartere Verunreinigungen und bei Bildern, die keine kleinteiligen Motive aufweisen. Mit Schärfeverlusten müssen Sie auch hier rechnen. Zwar lassen sich die Unschärfen mit einem der Schärfungsfilter teilweise korrigieren – doch nicht selten holt man sich damit die eben erst entfernten Kratzer wieder ins Bild zurück.

Rauschen reduzieren

Den Filter, der die meisten Einstellungsmöglichkeiten bietet und die besten Erfolge verspricht, finden Sie unter FILTER • RAUSCHFILTER • RAUSCHEN REDUZIEREN.

In einem umfangreichen Dialogfeld können Sie die Entstörung auf verschiedene Störungstypen wie Luminanz- oder Farbrauschen oder die Entfernung von JPEG-Artefakten abstimmen. Für besonders harte Fälle gibt es sogar die Möglichkeit, kanalweise vorzugehen. Das bietet sich besonders an, um gegen Luminanzrauschen zu reduzieren.

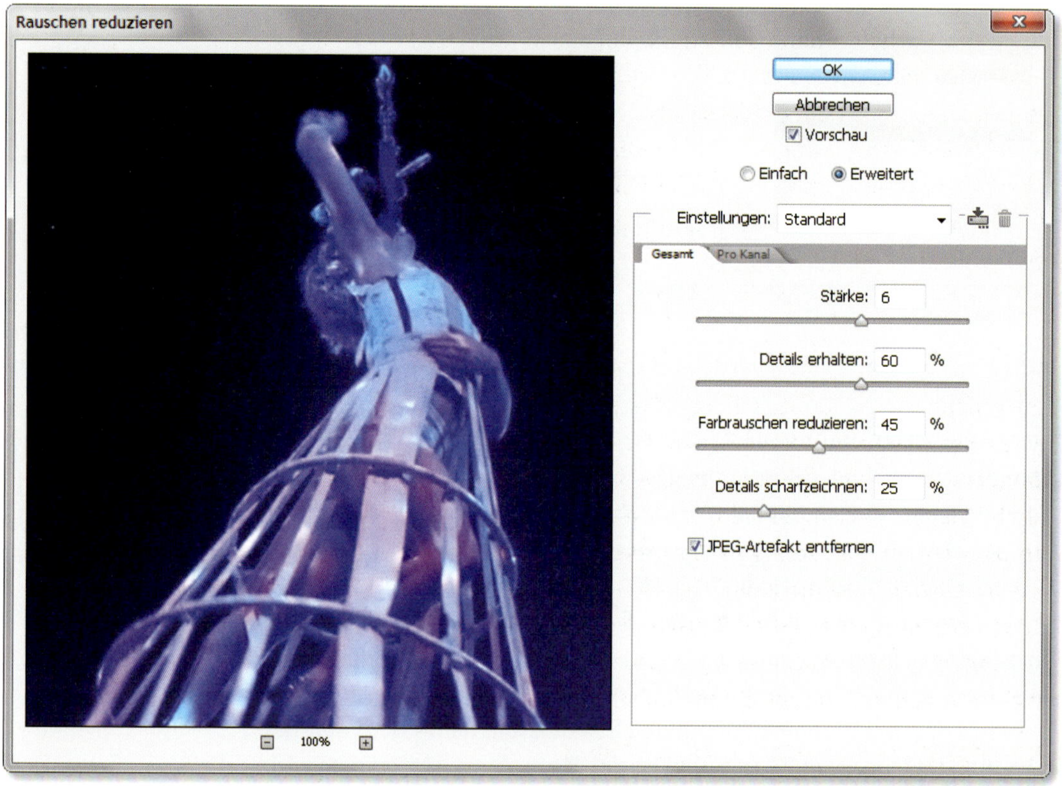

Abbildung 25.46 ▲
Rauschen reduzieren bietet differenzierte Einstellungsmöglichkeiten.

- Stärke regelt den Grad der Reduzierung vor allem von Luminanzrauschen in allen Bildkanälen gleichzeitig.
- Details erhalten soll Kanten und feine Bilddetails erhalten. Bei hohen Werten bleiben die meisten Details bestehen, allerdings wird auch das Rauschen nicht mehr wirksam beseitigt. Meist finden Sie durch Ausprobieren verschiedener Kombinationen der Einstellungen Stärke und Details erhalten einen guten Mittelweg.
- Farbrauschen reduzieren ist die Einstellung, die Sie nutzen sollten, um chromatisches Rauschen zu beheben.
- Details scharfzeichnen soll Schärfeverluste ausgleichen, die durch das Entstören auch hier unweigerlich auftreten. Wenn Sie mehr Kontrolle über die Scharfzeichnung haben wollen, als dieser einfache Regler bietet, sollten Sie hier auf die Scharfzeichnung verzichten und einen der bewährten Scharfzeichnungsfilter nutzen.
- Die Option JPEG-Artefakt entfernen können Sie jederzeit zuschalten. Sie soll die typischen Viereckmuster bekämpfen, die bei zu starker JPEG-Kompression auftreten.

Kanalweise Bearbeitung | Für hartnäckige Luminanzstörungen bietet Photoshop unter ERWEITERT die separate Bearbeitung der einzelnen Farbkanäle ① an. Meist ist der Blaukanal derjenige, der die meisten Störungen enthält – dann sollten Sie dort auch ansetzen. Auch hierbei müssen Sie die STÄRKE und die Einstellung DETAILS ERHALTEN austarieren. Wie von anderen Dialogfeldern bekannt, können Sie auch hier Einstellungen speichern und erneut verwenden. Aber gerade beim Entrauschen ist das nicht unbedingt eine gute Idee – in den meisten Fällen ist es günstiger, wenn Sie die Einstellungen für jedes Bild individuell festlegen.

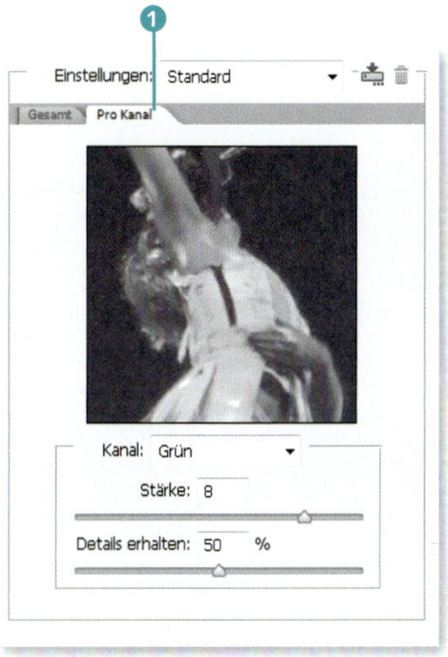

▲ **Abbildung 25.47**
Kanalweises Entstören in der erweiterten Dialogansicht

Bildkanäle manuell entrauschen

Am Anfang dieses Kapitels haben Sie bereits gesehen, welche Vorteile das Bearbeiten einzelner Bildkanäle beim Schärfen hat. Das Prinzip können Sie sich auch bei der gegenteiligen Operation, dem Entrauschen durch Weichzeichnen, zunutze machen. Über die Kanäle-Palette steuern Sie den am stärksten verrauschten Farbkanal gezielt an. Die Filter SELEKTIVER WEICHZEICHNER und GAUSSCHER WEICHZEICHNER arbeiten noch differenzierter als der Filter RAUSCHEN REDUZIEREN. Außerdem können Sie auch in Kanälen mit Auswahlen arbeiten, so die Wirkung der Weichzeichnung eingrenzen und Bilddetails schonen.

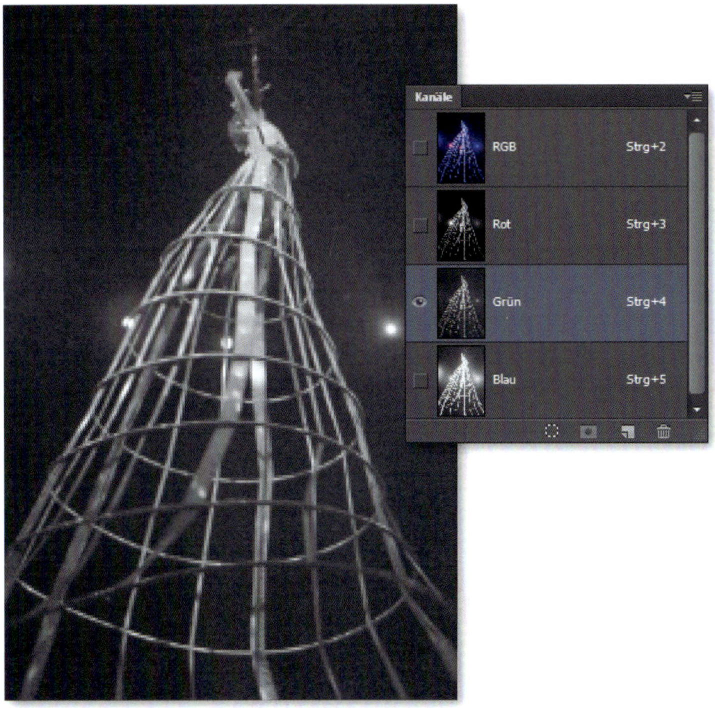

◀ **Abbildung 25.48**
Bei diesem Bild ist untypischerweise der Grün-Kanal der am stärksten verrauschte (meist ist der Blau-Kanal am stärksten belastet) und soll weichgezeichnet werden.

Kapitel 26
Bildretusche

Störende Details verderben das Motiv? Sie möchten Sorgenfalten von einem Porträt verschwinden lassen? Wenn Sie die klassischen Bildkorrekturen erledigt haben, können Sie sich Reparaturen dieser Art zuwenden. Hier erfahren Sie, welche Werkzeuge sich eignen und was Sie sonst noch beachten müssen.

26.1 Tipps für gute Retuschen

Retusche ist keine Spielerei detail- und schönheitsfanatischer Fotografen, sondern gehört zum gängigen Repertoire professioneller Bildbearbeiter. Motive werden günstiger ins Licht gerückt, kleine Fehler werden ausgebügelt, und Unzulänglichkeiten der Fototechnik werden ausgeglichen. Auch wenn sich jedes Motiv unterscheidet und andere Aufgaben stellt, profitiert nahezu jede Retusche von den folgenden Tipps.

Reihenfolge beachten | Vor der Retusche liegen die allgemeinen Bild- und Farbkorrekturen. Retusche ist Feinarbeit am bereits fertig korrigierten Bild – die Ihnen im Übrigen auch leichter fallen sollte, wenn Störungen wie Farbstiche und anderes bereits behoben sind.

Schritte zurück | Machen Sie reichlich **Schnappschüsse**. Es ist eine der größten Schwierigkeiten beim Retuschieren, rechtzeitig aufzuhören – ein Klick zu viel, und das bis dahin ganz gelungene Werk erscheint künstlich und offenbart die »Fälschung«. Beim Retuschieren wird jedes einzelne Ansetzen des Retuschewerkzeugs als eigener Arbeitsschritt protokolliert. Die zugewiesene Menge der Protokollschritte ist dann schnell erreicht, und möglicherweise erreichen Sie einen etwas weiter zurückliegenden Missgriff nicht mehr. Ein konsequenter und systema-

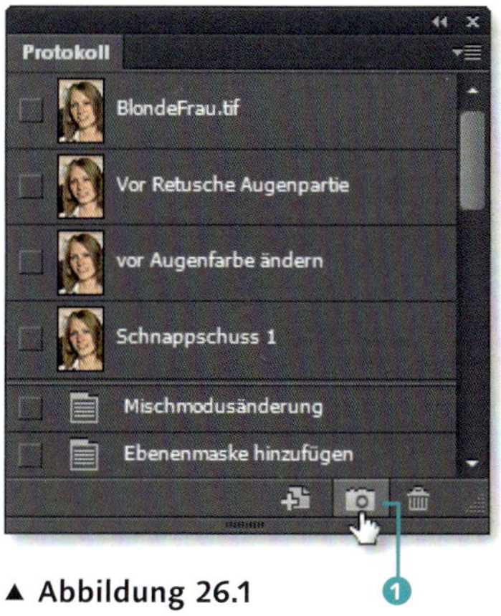

▲ **Abbildung 26.1**
Button zum Erstellen von Schnappschüssen ① und Schnappschüsse ② in der Protokoll-Palette

tischer Schnappschuss-Gebrauch ermöglicht es Ihnen, zu entscheidenden Bildstadien zurückzukehren.

Mischmodi ausspielen | Photoshops Retuschewerkzeuge Kopierstempel, Ausbessern-Werkzeug, Reparatur-Pinsel-Werkzeug und der CS6-Neuzugang Inhaltsbasiert verschieben-Werkzeug arbeiten alle nach einem ähnlichen Prinzip. Sie kopieren Pixel von einer unbeschädigten Partie des Bildes und fügen sie an der reparaturbedürftigen Stelle ein. Eine Ausnahme stellt der Bereichsreparatur-Pinsel dar. Er sammelt selbständig Reparaturpixel aus dem Bild, das Aufnehmen entfällt.

Datei auf der Buch-DVD: »FrauMitMuttermalen.tif«

In den Optionen der Werkzeuge stehen Ihnen – ähnlich wie in der Ebenen-Palette – verschiedene Mischmodi zur Verfügung. Hier firmieren sie unter dem Namen Modus. Der Modus bestimmt, wie sich die zur Reparatur einkopierten Pixel auf die darunterliegenden Originalpixel auswirken. Mit der Modus-Option können Sie die Wirksamkeit der Retuschewerkzeuge erhöhen und ein »retuschiertes Aussehen« der bearbeiteten Bilder verhindern. So sollten Sie mit den abdunkelnden Modi Abdunkeln, Multiplizieren und den beiden Nachbelichter-Modi experimentieren, wenn Sie zu helle Pixel retuschieren wollen. Um zu dunkle Bildpartien – zum Beispiel dunkle Augenringe oder Muttermale – zu retuschieren, empfehlen sich der Modus Aufhellen und verwandte Modi.

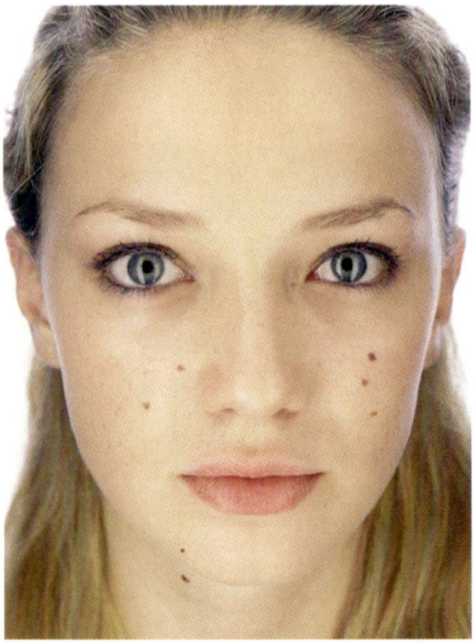

Bild: Fotolia, Franz Pfluegl

▲ **Abbildung 26.2**
Geschickter Einsatz von Mischmodi: Die Leberflecken sollen retuschiert werden – ohne dass die Retusche erkennbar ist, versteht sich, und bei vertretbarem Zeitaufwand.

▲ **Abbildung 26.3**
Im Modus Hellere Farbe ist diese Retusche eine leichte Aufgabe für den Kopierstempel.

Eigene Retuscheebene | Inzwischen ist es bei allen Retuschewerkzeugen über die Option Alle Ebenen aufnehmen möglich, die Originalebene zu schonen und die Retuschepixel auf einer separaten transparenten Ebene aufzutragen, die über der Ausgangsebene liegt. So können Sie Ihre Retusche leicht nachbessern oder auch einmal – wenn alles danebengeht – verwerfen und neu anfangen. Eine andere Möglichkeit ist es, auf einer Ebenenkopie zu arbeiten, die oberhalb der Originalebene liegt.

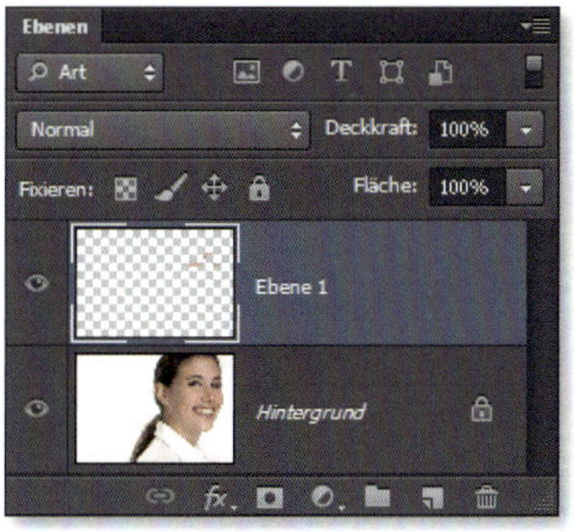

▲ **Abbildung 26.4**
So sieht die Ebenen-Palette von Abbildung 26.6 aus …

▲ **Abbildung 26.5**
… und so, wenn die Bildebene ausgeblendet ist.

Lebendige Porträtretusche | Auch Beauty- und Porträtretuschen profitieren vom Arbeiten mit einer Extraebene. Retuschierte Porträts wirken leicht *zu* glatt und maskenhaft. Eine eigene Retuscheebene wirkt dem entgegen. Reduzieren Sie einfach die Deckkraft der Ebene, auf der Sie Ihre Retuschen aufgetragen haben. Die darunterliegende Originalebene scheint dann durch und verleiht dem Bild Natürlichkeit, ohne dass die Retuschewirkung völlig verlorengeht.

Bild: Fotolia, Philip Date

▲ **Abbildung 26.6**
Dieses Bild wurde im Bereich der Augen leicht retuschiert – auf einer Extraebene.

26.2 Bildpartien ergänzen, abdecken oder vervielfachen: Stempel

In der Werkzeugleiste von Photoshop befinden sich gleich zwei Stempelwerkzeuge: der Kopierstempel [S] und der Musterstempel. Der Musterstempel wird eher selten eingesetzt, während der Kopierstempel zu »Photoshoppers Alltag« gehört. Mit dem Kopierstempel lassen Sie sogar kräftige Kratzer, eingerissene Ecken, aber auch unerwünschte Bildelemente verschwinden. Auch für Porträtretuschen eignet er sich. Und mit Unterstützung der Kopierquelle-Palette können Sie den Kopierstempel auch als Helfer für kleine Montagearbeiten verwenden.

Datei auf der Buch-DVD: »usedom.tif«

Bild: Sibylle Mühlke

▲ **Abbildung 26.7**
Vor der Retusche. Der Kopierstempel ist vielseitig und leistet Erstaunliches.

▲ **Abbildung 26.8**
Die abgerissene Bildecke ist wiederhergestellt, und auch die groben Fussel, denen mit den Entstörungsfiltern nicht beizukommen ist, sind weggestempelt.

Geeignete Motive für die Stempelretusche

Ob die Retusche glückt – also ganz diskret angebracht werden kann –, hängt auch vom Motiv ab. Diffuse Strukturen wie Gras, Fell oder Wasser eignen sich gut für das Stempeln. Achten Sie immer darauf, dass der Aufnahmebereich keine prägnanten Muster oder Elemente enthält. Wenn die sich an anderer Stelle wiederholen, ist die Retusche schnell entlarvt!

Ich stelle Ihnen zunächst die Optionen und Funktionsweise vor und mache Sie dann mit den erweiterten Kontrollmöglichkeiten der Palette KOPIERQUELLE vertraut.

Optionen des Kopierstempels

Ob das Ergebnis einer Stempelretusche gut ausfällt, hängt neben Ihrem Geschick von den eingestellten Optionen ab.

Pinsel- und Pixeleigenschaften | Links ❶ stellen Sie ein, mit welcher Werkzeugspitze der Stempel arbeiten soll. Oft sind weiche Pinselspitzen die beste Wahl. Über das Icon erreichen Sie schnell noch weiter gehende Pinseleinstellungen; ein Klick auf öffnet die Palette KOPIERQUELLE, in der Sie zusätzliche Stempeloptionen finden (dazu mehr auf Seite 768).

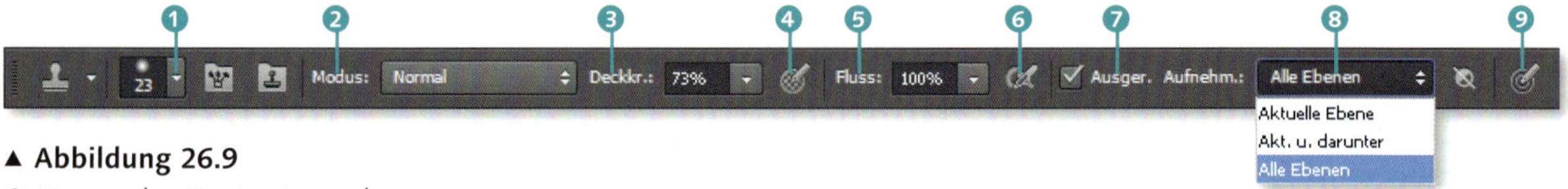

▲ **Abbildung 26.9**
Optionen des Kopierstempels

Mit MODUS ❷ bestimmen Sie, wie die aufgetragenen Pixel mit den Bildpixeln verrechnet werden, DECKKRAFT ❸ regelt die Deckkraft bzw. Transparenz der Retuschepixel. Die Optionen FLUSS ❺ und das nebenstehende Airbrush-Symbol ❻ treffen Sie bei vielen Mal- und Retuschewerkzeugen an. Sie regulieren den Pixelauftrag: Fluss simuliert zähe oder dünnflüssige (digitale) Farbe. Vor allem in Zusammenarbeit mit der

Airbrush-Option macht sich das bemerkbar. Beim Stempel können Sie diese Option ignorieren, wichtiger ist sie bei Illustrationen.

▲ **Abbildung 26.10**
Drei Pinselstriche zum Vergleich: links Härte 100 %, in der Mitte Härte 50 %, rechts Härte 0 %. Die Größe der Pinselspitze war gleich.

Steuerung per Zeichentablett | Wer mit einem Grafiktablett arbeitet, hat noch weitere Steuerungsmöglichkeiten (sofern das Grafiktablett diese Funktionen unterstützt): Die **Deckkraft** ④ der Retuschepixel und die **Größe der Werkzeugspitze** ⑨ beeinflussen Sie per Stiftdruck. Diese Buttons finden Sie übrigens nicht nur beim Stempel, sondern auch bei anderen Retuschetools.

Ausgerichtet | Nicht ganz leicht zu durchschauen ist die Stempeloption Ausger. (»ausgerichtet«) ⑦. Sie bezieht sich auf das Verhältnis von Aufnahmepunkt und gestempelten Pixeln. Richtig sichtbar wird ihre Wirkung nur, wenn Sie mit vielen Klicks und sehr kurzen Strichen retuschieren. Malen Sie mit großzügigen, langen Strichen über das Bild, macht es fast keinen Unterschied, ob diese Option aktiv ist.

- Ist die Option **nicht aktiviert**, wird mit jedem Stempel-Klick der ursprünglich aufgenommene Bildbereich erneut eingefügt. Diese Einstellung eignet sich nach meiner Erfahrung am besten für Detailretuschen.
- Ist die Option **aktiv** und stempeln Sie mehrmals, reproduziert nur der erste Stempeldruck den Original-Aufnahmepunkt, dann wandert der Aufnahmepunkt mit.
  Jedes erneute Stempeln oder Malen fügt *ohne erneute Aufnahme* weitere Stellen des Bildes ein, und zwar in korrekter räumlicher Proportion zum ersten Stempeldruck. Das Bild wird also nicht zerstückelt. Auf diese Art und Weise soll man größere Bildpartien stempelnd ausfüllen. Die Gefahr, dass Sie unversehens prägnante, verräterische Bilddetails oder gar den Fehler erneut einkopieren, ist allerdings recht groß.

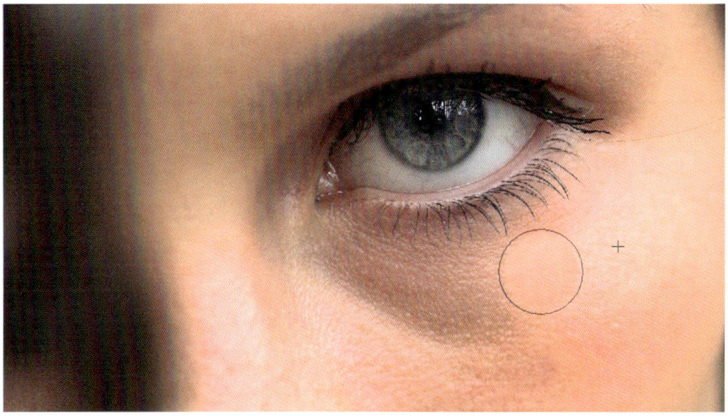

Bild: Fotolia, Martin Schmid

◀ **Abbildung 26.11**
Der Kopierstempel in Aktion. Das kleine Kreuz (hier rechts von der Werkzeugspitze) signalisiert den Aufnahmepunkt. Beachten Sie einmal das unterschiedliche Verhalten dieser Markierung beim Aktivieren der Option Ausgerichtet!

▲ **Abbildung 26.12**
Mit AUFNEHMEN legen Sie fest, welche Ebenen in die Retusche einbezogen werden. Einstellungsebenen werden auf Wunsch ignoriert – ein Klick auf das Icon ⑩ genügt.

Aufnehmen | Unter AUFNEHM(EN) ⑧ können Sie genau festlegen, von welchen Bildebenen die aufgenommenen Pixel stammen.

- Ist AKTUELLE EBENE gewählt, nimmt der Stempel nur Pixel der aktuell aktiven Ebene auf.
- AKT. U. DARUNTER bedeutet, dass Pixel von der aktiven Ebene und der unmittelbar darunter liegenden Ebene aufgenommen werden.
- ALLE EBENEN bezieht sich auf alle unter dem Aufnahmepunkt sichtbaren Ebenen.

Das kleine Icon neben der Liste bedeutet »Einstellungsebenen ignorieren«. Es ist nur aktiv, wenn im Bild tatsächlich Einstellungsebenen vorkommen, und kann bei Bedarf zugeschaltet werden.

Vorgehensweise – der Kopierstempel im Einsatz

Das Arbeitsprinzip ist einfach: Sie rufen den Stempel auf, stellen die Optionen ein und nehmen dann Reparaturpixel auf, indem Sie Alt drücken und gleichzeitig auf die Partie des Bildes klicken, die Sie über die Fehlstelle des Bildes kopieren wollen. Wenn Sie nun – *ohne* Alt zu drücken – an die reparaturbedürftige Stelle des Bildes klicken, wird der eben aufgenommene Bildausschnitt an diese Stelle kopiert.

Sie können mit einer Vielzahl von Klicks die Retusche eher »auftupfen« oder bei gehaltener Maustaste »aufmalen«. Bei sehr feinen Korrekturen empfiehlt sich das »Tupfen«; größere Korrekturbereiche tragen Sie besser malend auf. Um die Retusche unauffällig zu gestalten, sind häufige Wechsel der Pinselgröße, des Aufnahmebereichs und die Wahl eines geeigneten Mischmodus Pflicht. Je differenzierter die Details des Bildes sind, desto öfter müssen Sie einen neuen Bildbereich aufnehmen!

Kontrollzentrum für Stempel & Co.: Die Palette »Kopierquelle«

Mit der Palette KOPIERQUELLE erhalten Sie eine frei justierbare Vorschau des Stempelbereichs. Sie können schon beim Stempeln Versatz und Skalierung des eingestempelten Objekts bestimmen und mehrere Kopierquellen – zum Beispiel auch aus anderen Bildern – bequem verwalten.

Die Palette funktioniert **nicht nur beim Stempel**, sondern auch bei den anderen Werkzeugen, die nach demselben Prinzip arbeiten.

Sie öffnen die Palette mit dem Button in der Optionsleiste des Stempels, per Menübefehl FENSTER • KOPIERQUELLE oder, wenn sie als minimierte Palette auf der Arbeitsfläche liegt, durch einen Klick auf das Symbol .

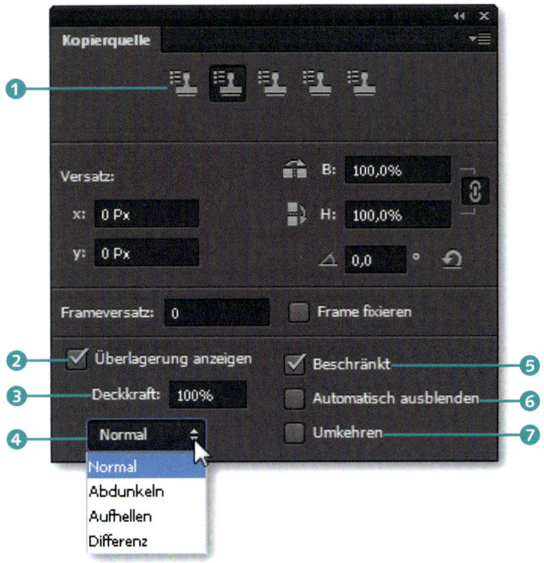

◀ **Abbildung 26.13**
Klein und extrem hilfreich: die Kopierquelle-Palette

Aufnahmequellen | Die fünf Stempel-Icons im oberen Bereich der Palette ① sind Ihre neue Aufnahmequellen-Verwaltung. Bis zu fünf verschiedene Aufnahmequellen können Sie gleichzeitig ablegen und nach Aufruf ins Bild stempeln. Dabei ist es gleichgültig, ob diese Quellen innerhalb eines Bildes liegen oder aus mehreren geöffneten Dokumenten stammen. Wenn Sie die Dokumente schließen, werden die Kopierquellen gelöscht.

Es funktioniert eigentlich ganz einfach: Sie aktivieren einen der fünf Buttons und nehmen mit dem gewohnten `Alt`-Klick Pixel auf. Um eine weitere Kopierquelle festzulegen, klicken Sie einen weiteren der Buttons an, nehmen dann die Pixel auf … und so weiter.

Um dann die Pixel aufzustempeln – oder mit einem der anderen Retuschetools ins Bild zu bringen –, aktivieren Sie den Button, der der gewünschten Kopierquelle entspricht, und retuschieren ins Bild hinein.

Die richtige Quelle wählen

Im Detail ist das manchmal ein wenig tückisch. Obwohl die verbesserte Stempel-Vorschau im Bild anzeigt, welche Pixel man nun gerade aufstempeln will, kommt man im Eifer des Gefechts manchmal durcheinander. Alle fünf Buttons sehen ja leider gleich aus. Eine Vorschau der Kopierquelle direkt auf den Buttons steht jedenfalls auf meiner Wunschliste für die nächste Photoshop-Version.

Retuschevorschau | In der unteren Abteilung der Palette finden Sie die Einstellung für die Retuschevorschau innerhalb der Werkzeugspitze oder innerhalb des Bildes.

- Ist die Option Überlagerung anzeigen ② inaktiv, wird gar keine Vorschau der aufgetragenen Bildpixel gezeigt.
- Beschränkt ⑤ sorgt dafür, dass Sie eine Vorschau innerhalb der **Werkzeugspitze** sehen.
  Wenn Sie die Option Beschränkt deaktivieren, wird das **komplette Bild**, aus dem die aufgenommenen Pixel stammen, als »Geisterbild« angezeigt, sobald Sie den Stempel (oder ein anderes Werkzeug aus dieser Familie) über das Bild führen.

Abbildung 26.14 ▸
Die Vorschau des Kopierstempels mit **aktiver** Funktion BESCHRÄNKT: Die aufgenommenen Pixel sind nur innerhalb der Werkzeugspitze sichtbar.

Abbildung 26.15 ▸▸
Die Vorschau des Kopierstempels mit **deaktivierter** Funktion BESCHRÄNKT: Die Vorschau zeigt das ganze Bild, aus dem die aufgenommenen Pixel stammen.

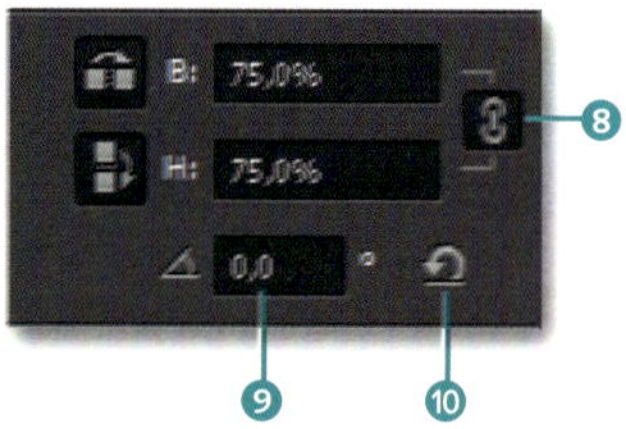

▲ Abbildung 26.16
Das Kettensymbol signalisiert »Proportionen erhalten«.

- Mit DECKKRAFT ❸ regeln Sie, wie deutlich sichtbar die Überlagerung ist.
- Sie können den MODUS ❹ ändern oder sogar die Farben der Vorschau invertieren (UMKEHREN ❼), um auch bei schwierigen Motiven den Überblick nicht zu verlieren.
- AUTOMATISCH AUSBLENDEN ❻ lässt das Vorschaubild in dem Moment verschwinden, in dem Sie den Stempel betätigen.

Kopierquelle bearbeiten | Sie können eine Kopierquelle schon skalieren und drehen, während Sie sie auftragen. Auf diese Weise vermehren Sie Bildobjekte– so machen sich die Retuschetools auch als Helfer bei Bildmontagen nützlich. Unter B und H tragen Sie die neue Größe ein (Prozent der Ausgangspixel). Ist der kleine Ketten-Button ❾ gedrückt, erfolgt die Skalierung proportional. Wenn Sie einen Gegenstand nichtproportional skalieren – also verzerren – wollen, muss die Ketten-Option inaktiv sein (Button nicht gedrückt).

Im Eingabefeld KOPIERQUELLE DREHEN ❾ können Sie die Gradzahl eintragen, um die ein Objekt beim Stempeln gedreht werden soll. Ein Klick auf den Button TRANSFORMATION ZURÜCKSETZEN ❿ setzt die Werte wieder zurück.

Realität schaffen | Nicht nur bei diesem, auch bei vielen anderen Motiven können Sie durch Stempeln oder auch mit Copy & Paste Objekte kopieren und einfügen und so eine neue Bildsituation schaffen. Leider ist es damit nicht getan. Schatten und Lichter verraten dem aufmerksamen Betrachter sofort, wenn geschummelt wurde – das Anpassen der Lichtverhältnisse gehört bei Profi-Montagen unbedingt dazu.

Welche Werte für welche Drehung?

- ein Objekt **gegen den Uhrzeigersinn** drehen: negative Werte im Eingabefeld KOPIERQUELLE DREHEN
- ein Objekt **im Uhrzeigersinn** drehen: positive Werte im Eingabefeld KOPIERQUELLE DREHEN
- ein Objekt **horizontal spiegeln**: unter B »–100« und unter H »100« eintippen
- ein Objekt **vertikal spiegeln**: unter B »100« und unter H »–100« eintippen
- ein Objekt **um 180°** drehen: 180° im Eingabefeld KOPIERQUELLE DREHEN

▲ **Abbildung 26.17**
Skalieren und Drehen von Retuscheobjekten – der Anschaulichkeit halber einmal mit nummerierten Bällen. Die Bälle 1 und 2 links vom Jungen sind die Originale, die anderen sind eingestempelt und dabei gedreht und skaliert worden.

▲ **Abbildung 26.18**
Der kleine Jongleur wird hier nicht nur fast von Bällen erschlagen. Die Lichter, die bei nahezu jedem Ball anders positioniert sind, entlarven sofort die nicht zu Ende geführte Montage.

Musterstempel

Die Arbeit mit dem Verwandten des Kopierstempels, dem Musterstempel, funktioniert ähnlich. Hier übertragen Sie allerdings nicht einen vorher festgelegten Bildbereich an eine andere Stelle, sondern ein Muster, das Sie aus dem Photoshop-Sortiment wählen. Ist die Option IMPRESS. (»impressionistisch«) aktiv, malt der Stempel das Muster mit Farbtupfern und erzielt so einen annähernd impressionistischen Effekt.

Dateien auf der Buch-DVD: »Jongleur.jpg«, »Jongleur-nummeriert.tif«

26.3 Helligkeit und Sättigung lokal korrigieren

In der Werkzeugleiste finden Sie mit Abwedler, Nachbelichter und Schwamm (alle mit dem Kürzel O) Werkzeuge, mit denen Sie einzelne Bildpartien aufhellen oder abdunkeln. Der Schwamm verändert die Farbsättigung.

Die Werkzeuge eignen sich gut für Mini-Anpassungen an Montagen, die sonst schon gut ganz gut sitzen, und für Detailretuschen.

Zum Weiterlesen
In Kapitel 13, »Mischmodus: Pixel-Interaktion zwischen Ebenen«, erfahren Sie, wie Sie **Lichter und Schatten ins Bild malen**. Mit dieser Technik können Sie auch **Montagen** wie in Abbildung 26.18 nachbessern.

Bildpartien dunkler oder heller machen: Nachbelichter und Abwedler

Die Einstellungen in der Optionsleiste für Abwedler und Nachbelichter sind recht einfach zu durchschauen.

Abbildung 26.19 ▸
Die Optionen des Abwedlers. Die Nachbelichter-Optionen sind dieselben.

- Rechts neben dem Werkzeugicon stellen Sie Form, Schärfe und Größe der Werkzeugspitze ein.
- Mit Bereich schränken Sie die Wirkung des Werkzeugs ein. Dort bestimmen Sie, ob die hellsten (Lichter), dunkelsten (Tiefen) oder mittleren Helligkeitswerte (Mitteltöne) des Bildes verändert werden sollen.
- Belichtung legt fest, wie stark das jeweilige Werkzeug wirkt. Meist liegen Sie mit Werten zwischen 10 % und 20 % schon ganz gut – höhere Werte wirken schnell viel zu hart.
- Die Option Tonwerte schützen sollten Sie aktivieren und dann das Häkchen niemals mehr entfernen: Ist diese Option eingeschaltet, ist der Nutzen der Werkzeuge um ein Vielfaches gesteigert. Das in früheren Versionen nahezu unausweichliche Ausgrauen retuschierter Bildteile unterbleibt.

Sättigung verändern: Schwamm-Werkzeug

Die Optionen des Schwamm-Werkzeugs sind ein wenig anders.

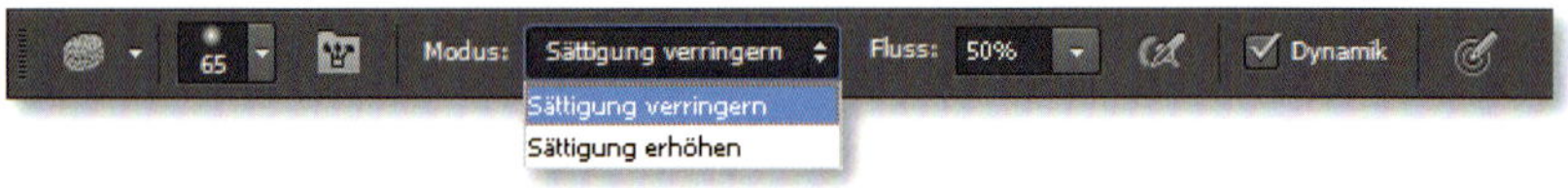

Abbildung 26.20 ▸
Die Schwamm-Optionen

- Dort gibt es die Einstellung Modus. Mit den bekannten Mischmodi hat das nichts zu tun – hier legen Sie fest, ob die Sättigung des Bildes partiell erhöht oder verringert werden soll.
- Die Option Fluss gibt an, wie schnell Pixel aufgetragen werden – Sie können also einstellen, wie »dünnflüssig« oder »zäh« die virtuell aufgetragene Farbe bzw. die Wirkung des Schwamms sein soll. Je kleiner der Wert ist, desto geringer ist die Werkzeugwirkung.
- Dynamik ist das Pendant zu Tonwerte verbessern bei Abwedler und Nachbelichter. Ein Aktivieren der Option setzt die verbesserte Wirkungsweise des Werkzeugs in Kraft. Sie reduziert die Beschneidung bei vollständig gesättigten oder vollkommen entsättigten Farben.

26.4 Inhaltsbasiert retuschieren: Bereichsreparatur-Pinsel

Inzwischen hat Photoshop vier Werkzeuge ❶, die mehr oder weniger intelligent arbeiten. Sie übertragen nicht einfach Bildpixel an eine andere Stelle des Bildes – sie rechnen »gesunde« Bildpixel in die zu retuschierenden Bereiche ein oder erfinden inhaltsbasiert neue Motivteile hinzu. Viele Retuschen sind dadurch erst möglich. Sie finden diese Retuschewerkzeuge in der Werkzeugleiste direkt über den Pinseln.

▲ **Abbildung 26.21**
Photoshops intelligente Retuschetools

Vorgehensweise – der Bereichsreparatur-Pinsel im Einsatz

Der Bereichsreparatur-Pinsel [J] ist das erste in der Reihe smarter Retuschewerkzeuge. Anders als beim Stempel müssen Sie keine Reparaturpixel an anderer Stelle aufnehmen. Sie malen einfach los, und Struktur, Farbnuancierung und Transparenz der Retuschepixel werden aus der Bildumgebung errechnet. Ist die Werkzeugoption Inhaltsbasiert aktiv, kopiert das Werkzeug nicht einfach Bildteile, sondern analysiert das Bild und stellt neue Bildinhalte auf zufälliger Basis künstlich her.

Nicht immer kann der Bereichsreparatur-Pinsel die Bildinhalte richtig analysieren. Manchmal werden Bildpartien in die retuschierten Bereiche einbezogen, die nicht dazu passen, und es entstehen deutliche Retuschespuren. So wurden bei den ersten Versuchen mit dem Beispielbild unten zunächst aus der Dachrinne stammende dunkle Streifen in den Himmel hineingerechnet. Bei solchen Problemen hilft es oft, mit kürzeren Strichen zu retuschieren; in ganz hartnäckigen Fällen können Sie auch mit einer Auswahl arbeiten, die Bildbereiche ausschließt.

▲ **Abbildung 26.22**
Der Bereichsreparatur-Pinsel malt zunächst eine deutliche Linie. Sie wird ins Bild hineingerechnet, sobald Sie die Maus loslassen.

Datei auf der Buch-DVD: »Stromdraht-Retusche.tif«

Bild: Jacqueline Esen

▲ **Abbildung 26.23**
Der Stromdraht soll aus dem Himmel und vor allem vor der Fassade (Bild oben links) verschwinden.

▲ **Abbildung 26.24**
Mit einer Auswahl hat's geklappt: Die fertige Bildversion, erstellt mit der Inhaltsbasiert-Option.

Optionen des Bereichsreparatur-Pinsels

Für ein optimales Ergebnis bietet natürlich auch der Bereichsreparatur-Pinsel umfangreiche Einstellmöglichkeiten in der Optionsleiste. Besonders wichtig ist hier zunächst die Einstellung der Pinselspitze im Aufklappmenü ❶.

Abbildung 26.25 ▼
Optionen des Bereichsreparatur-Pinsels

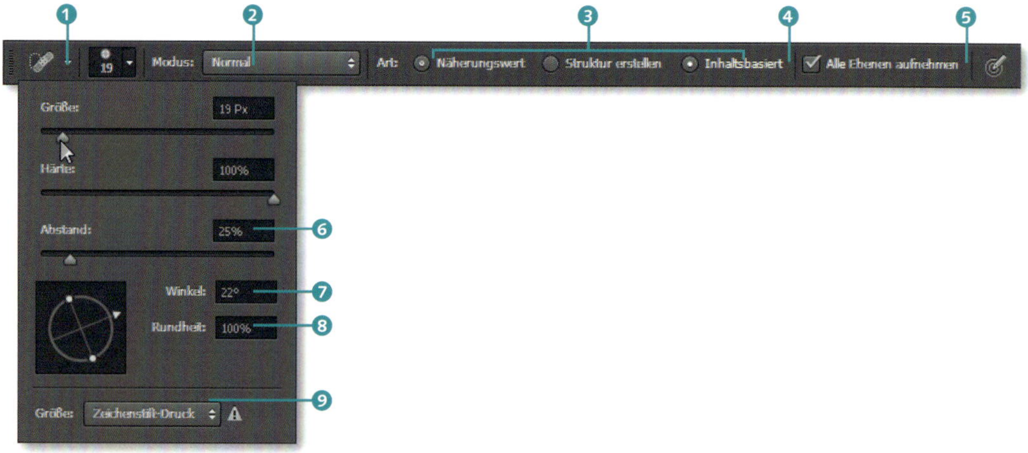

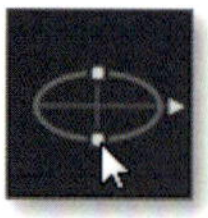

▲ Abbildung 26.26
So machen Sie die Pinselspitze flacher …

▲ Abbildung 26.27
… und so drehen Sie sie.

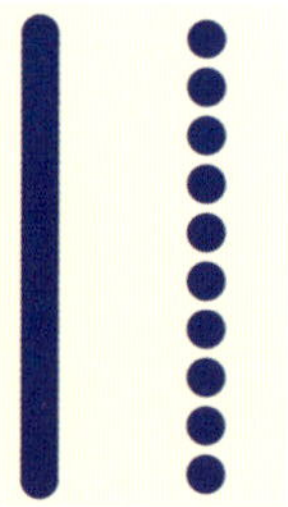

▲ Abbildung 26.28
Malabstand 25 (links – die Standardeinstellung bei Mal- und Retuschewerkzeugen) und 110 (rechte Linie)

Werkzeugspitzen einstellen | Dort finden Sie keine Pinsel-Liste, können jedoch die Pinselform genau definieren.

- Flachheit und Neigung der Werkzeugspitze stellen Sie über die Optionen Winkel ❼ und Rundheit ❽ ein.
- Die Pinseloption Abstand ❻ bezieht sich auf den – in den bisherigen Versionen auch so genannten – Malabstand. Mit einem Malabstand von etwa 25 entsteht eine durchgehende Linie; höhere Werte erzeugen punktierte Linien. Meist ist es nicht notwendig, diese Option zu verstellen. Die Ergebnisse werden zu unvorhersehbar.
- Die Option Zeichenstift-Druck ❾ braucht Mausbenutzer nicht zu interessieren. Sie ist lediglich für die Besitzer von druckempfindlichen Grafiktabletts interessant: Ist sie aktiv, bestimmt der Stiftdruck die Pinselgröße (entsprechende Hardware vorausgesetzt).
- Grafiktablett-Nutzer können überdies den Button ❺ drücken, um die Pinselgröße per Eingabestift zu steuern.

Modi des Bereichsreparatur-Pinsels | Die Modi ❷ lohnen einen genaueren Blick, denn hier gibt es einen Modus, den Sie aus der Ebenen-Palette noch nicht kennen: Ersetzen (siehe Abbildung 26.29). Diesen Modus sollten Sie wählen, wenn Ihr Bild eine Körnung oder Störungen hat, die Sie erhalten wollen. Im Modus Ersetzen bleiben solche Strukturen an den Kanten des Malstrichs erhalten, was ein nahtloseres Einpassen der Retuschestriche erlaubt.

Wie wird die Retusche ins Bild gerechnet? | Mit den Optionen unter ART ❸ haben Sie etwas Einfluss darauf, wie die Retusche wirkt.

- NÄHERUNGSWERT verwendet die Pixel an den Kanten der Bereiche, die Sie gerade unter dem Mauszeiger haben, um geeignete Reparaturpixel zu finden.
- Ist STRUKTUR ERSTELLEN aktiviert, werden alle Pixel, die Sie unter dem Mauszeiger respektive dem Bereichsreparatur-Pinsel haben, herangezogen, um eine Struktur für die Reparatur des beschädigten Bereichs zu berechnen.
  Wenn Sie mit keiner der beiden Optionen gute Ergebnisse erzielen, sollten Sie es mit dem normalen Reparatur-Pinsel versuchen (siehe Abschnitt 26.5).
- Ist INHALTSBASIERT aktiv, passiert mehr. Denn dabei werden keine Bildpixel aus der Nähe der Werkzeugspitze erneut ins Bild gebracht – Photoshop errechnet aus den vorhandenen Bildpixeln ganz neue Strukturen, die sich der Bildumgebung mehr oder weniger gut anpassen. Ob das klappt, hängt vom Motiv ab.

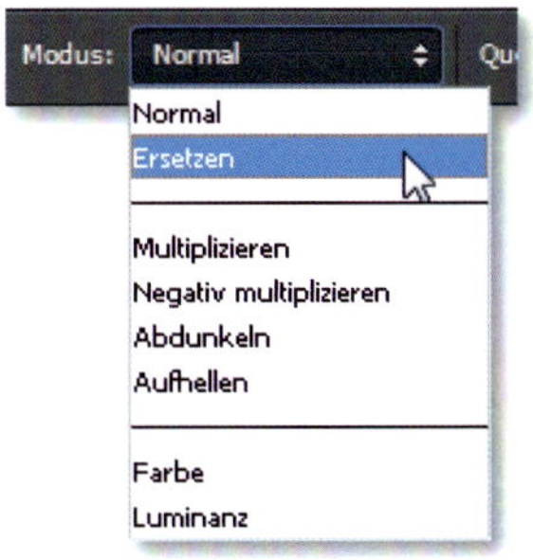

▲ **Abbildung 26.29**
Modi beim Bereichsreparatur-Pinsel

Retuschieren auf eigener Ebene | Wenn Sie mit einer transparenten Korrekturebene arbeiten wollen (siehe Abschnitt »Eigene Retuscheebene« auf Seite 765), muss bei der Option ALLE EBENEN AUFNEHMEN ❹ ein Häkchen gesetzt sein.

Große Flächen inhaltsbasiert retuschieren: Fläche füllen

Die INHALTSBASIERT-Option des Bereichsreparatur-Pinsels eignet sich vorrangig für Details. Um große Bildpartien zu retuschieren und mit neuen Inhalten zu füllen, nutzen Sie besser den Menübefehl FLÄCHE FÜLLEN. Das geht nicht nur schneller als die Detailarbeit mit dem Bereichsreparatur-Pinsel, die Ergebnisse sind oft auch besser, weil Photoshop eine große Fläche »in einem Rutsch« neu berechnet. Die Anwendung ist denkbar einfach:

1. Erzeugen Sie um den Bereich, den Sie retuschieren wollen, eine grobe Auswahl.
2. Rufen Sie mit BEARBEITEN • FLÄCHE FÜLLEN oder dem Kürzel ⇧+F5 den FLÄCHE-FÜLLEN-Dialog auf.
3. Wählen Sie unter VERWENDEN die Option INHALTSBASIERT, und bestätigen Sie mit OK.

Je nach Bildgröße rechnet Photoshop eine Weile – und das war es schon! Wenn Ihnen das Ergebnis nicht gefällt, nehmen Sie den letzten Schritt zurück und versuchen es mit einer veränderten Auswahl noch einmal, das bewirkt meist eine ganz neue Berechnung der eingefügten Pixel.

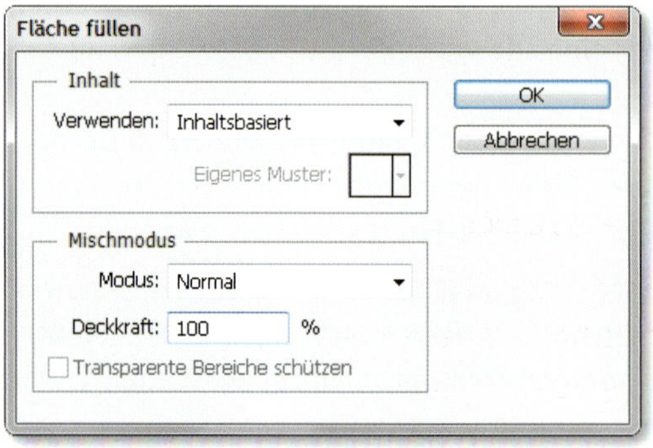

Abbildung 26.30 ▶
Die Option Inhaltsbasiert wertet den Dialog Fläche füllen deutlich auf.

Bild: Adobe

▲ **Abbildung 26.31**
Die Pflanze soll von der Wand verschwinden.

▲ **Abbildung 26.32**
Eine Grobauswahl und einen Fläche füllen-Befehl später sieht das Bild so aus.

26.5 Hilfe für Details: Reparatur-Pinsel

Der Reparatur-Pinsel arbeitet wie der Stempel mit Retuschepixeln, die Sie zuvor auf dem Bild aufgenommen haben. Diese Pixel werden jedoch nicht einfach aufgetragen, sondern in das Bild hineingerechnet.

Optionen des Reparatur-Pinsels

Die meisten Optionen des Reparatur-Pinsels kennen Sie bereits von anderen Werkzeugen.

Abbildung 26.33 ▼
Reparatur-Pinsel-Optionsleiste

MODUS ❶ wirkt wie beim Bereichsreparatur-Pinsel, AUSGER. (»ausgerichtet«) ❸ und AUFNEHMEN ❹ wie die gleichnamigen Optionen des Stempels. Unter QUELLE ❷ können Sie einstellen, ob der Reparatur-Pinsel aufgenommene Pixel oder eines der Muster aus Photoshops Musterbibliotheken aufs Bild aufträgt.

Mit dem Reparatur-Pinsel arbeiten

Stellen Sie zunächst die Werkzeugspitze und andere Optionen ein, und nehmen Sie durch Mausklick bei gehaltener Alt-Taste den Bereich des Bildes auf, der die Fehlstelle kaschieren soll. Dann bewegen Sie den Mauszeiger an die Stelle, die retuschiert werden soll, und malen dort mit der Maus. So führen Sie Stück für Stück kleinere und größere Reparaturen durch.

Der während des Pinselns oft sichtbare große Unterschied zwischen den aufgetragenen Pixeln und der Umgebung verschwindet, sobald Sie die Maustaste loslassen – dann vermischen sich die aufgemalten mit den darunterliegenden Pixeln. Bei Porträtretuschen führt das jedoch zu stark weichgezeichneten, »matschigen« Bildpartien, die sich nicht gut ins Bild einfügen. Manchmal kommen Sie mit dem Stempel bei gut eingestellten Optionen weiter als mit Photoshops halbautomatischen Retuschewerkzeugen.

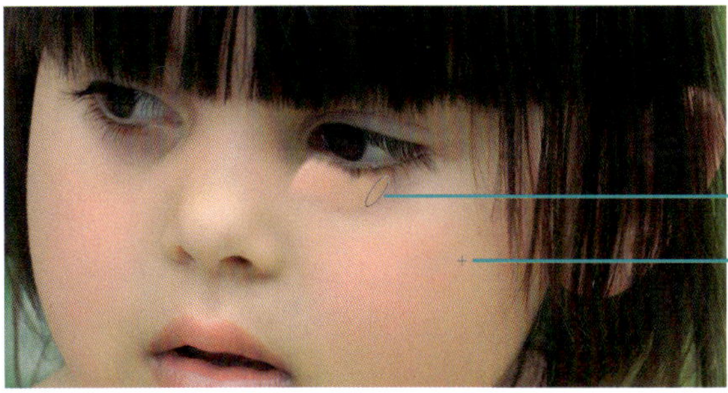

❺
❻

Bild: Fotolia, Marilyn Barbone

Datei auf der Buch-DVD: »mädchengesicht.jpg«

◀ **Abbildung 26.34**
Werkzeugspitze ❺ und Aufnahmepunkt ❻ sind gut zu sehen.

26.6 Flächen reparieren: Das Ausbessern-Werkzeug

Das Ausbessern-Werkzeug J kombiniert die Arbeitsweise des Auswahl-Lassos mit Retuschefunktionen: Sie ziehen um die schadhaften Bildbereiche mit der Maus eine geschlossene Markierungslinie und verschieben sie an eine neue Position. Die Pixel, die die Markierungslinie vor und nach dem Verschieben umfängt, werden dann verrechnet oder – seit dem CS6-Update – durch inhaltsbasierte Pixel ergänzt.

Ps Inhaltsbasiertes Ausbessern

Das Ausbessern-Werkzeug arbeitet jetzt auf Wunsch ebenfalls inhaltsbasiert, ähnlich wie der Bereichsreparatur-Pinsel, und bringt dafür auch neue Einstellungen mit. Dazu kommt die Möglichkeit zum Arbeiten mit separater Ebene.

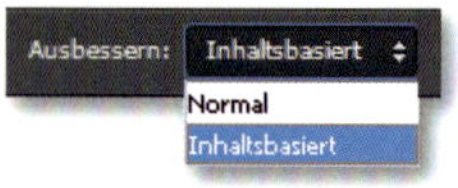

▲ **Abbildung 26.35**
Die AUSBESSERN-Option beeinflusst die Funktionsweise des Werkzeugs maßgeblich.

Normales Ausbessern

Schalten Sie in der Optionsleiste unter AUSBESSERN zwischen den Optionen NORMAL und INHALTSBASIERT um, ändern sich Betriebsweise und Optionen des Werkzeugs entscheidend.

Mit der Einstellung NORMAL verhält sich das Ausbessern-Werkzeug wie eh und je: Die Retuschepixel werden mit dem neuen Untergrund verschmolzen.

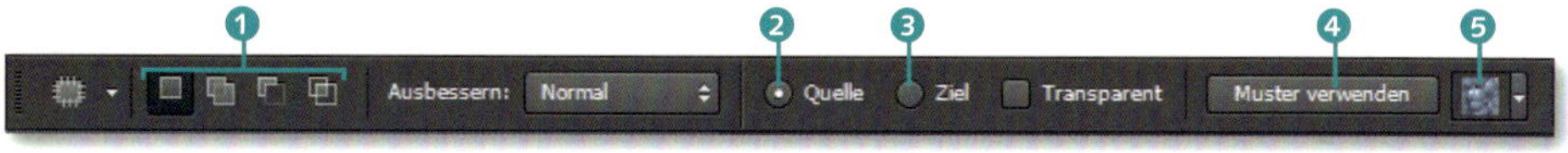

▲ **Abbildung 26.36**
Die Optionen des Ausbessern-Werkzeugs in der Betriebsweise NORMAL

▲ **Abbildung 26.37**
Neue Mauszeiger sollen über die Ausbesserungsrichtung Aufschluss geben. Hier wurde AUSBESSERN: QUELLE gewählt.

In der Optionsleiste finden Sie die von regulären Auswahlwerkzeugen bekannten kleinen Buttons ①, mit denen Sie festlegen, wie sich mehrere Auswahlbereiche im Bild zueinander verhalten:

- Ist AUSBESSERN: QUELLE ② aktiviert, wird die ursprüngliche Markierung retuschiert, und zwar mit den Pixeln aus der Bildpartie, auf die Sie die Markierung ziehen.
- Ist AUSBESSERN: ZIEL ③ angeklickt, liefert die als Erstes markierte Stelle die retuschierenden Pixel. Ausgebessert wird dann die neue Position der Markierungslinie.

▲ **Abbildung 26.38**
AUSBESSERN: ZIEL

Der Button MUSTER VERWENDEN ④ ist nur aktiv, wenn im Bild bereits eine Auswahl erzeugt wurde. Klicken Sie auf den Button, um die Auswahlfläche mit einem zuvor aus der Liste ⑤ gewählten Muster zu füllen.

Vorgehensweise | Die Arbeitsweise erfordert ein wenig Geschick im Umgang mit der Maus und ein gutes Auge dafür, welche Bildpartien sich zu einer harmonischen Retusche ergänzen könnten, ist sonst aber nicht weiter problematisch.

Beim normalen Ausbessern gibt es noch keine Möglichkeit, auf einer separaten Ebene zu arbeiten. Sie erzeugen also am besten zunächst eine Ebenenkopie, die Sie statt der Originalebene retuschieren, oder machen einen Protokoll-Schnappschuss.

1. Stellen Sie die gewünschten Optionen ein, die wichtigste ist AUSBESSERN: QUELLE/ZIEL. Mir erscheint die Arbeit mit der Einstellung AUSWAHL: QUELLE ein wenig einfacher als mit AUSWAHL: ZIEL, besonders im Hinblick darauf, passende Retuschepixel zu finden.
2. Ziehen Sie mit der Maus eine Linie um den Bildbereich, der retuschiert werden soll. Die Auswahlfunktion des Ausbessern-Werkzeugs

Zum Weiterlesen
Mit Hilfe der Protokoll-Palette kehren Sie leicht zu früheren Arbeitsstadien des Bildes zurück. Das ist bei **Retusche-Experimenten** sehr praktisch. Wie das genau funktioniert, lesen Sie in Kapitel 6, »Arbeitsschritte zurücknehmen, Bilder retten«.

bedienen Sie wie das bekannte Lasso-Werkzeug. Achten Sie darauf, dass die Auswahllinie wirklich geschlossen ist.
3. Nun ziehen Sie die Auswahl mit der Maus an eine andere, »gesunde« Stelle im Bild. Sie sehen gleich in einer Vorschauansicht, wie sich der retuschierte Bereich verhält.
4. Mit dem Loslassen der Maus springt die Auswahl an ihren alten Ort zurück, Photoshop rechnet in die betreffende Stelle die Retuschepixel ein.
5. Wenn nötig, nehmen Sie den Vorgang zurück (Strg/cmd+Z) oder führen ihn erneut durch, bis die Retusche sitzt.

Normale Auswahlbefehle nutzbar

Viele der Befehle aus dem Auswahl-Menü funktionieren auch hier, so etwa Auswahl aufheben (Strg/cmd+D), Auswahl verändern oder Auswahl transformieren.

Inhaltsbasiertes Ausbessern

Wenn Sie unter Ausbessern die Einstellung Inhaltsbasiert 7 wählen, errechnet Photoshop vor allem an den Kanten des Retuschebereichs ganz neue Bildpixel, um einen stufenlosen Übergang zu schaffen. Dazu stehen Ihnen in der Optionsleiste ganz neue Einstellungen zur Verfügung.

Inhaltsbasiertes Ausbessern ist besonders dann erfolgversprechend, wenn Sie Flächen mit harten Kanten und Kontrasten bearbeiten – Motive, bei denen das Ausbessern-Werkzeug bisher nicht gut wirkte.

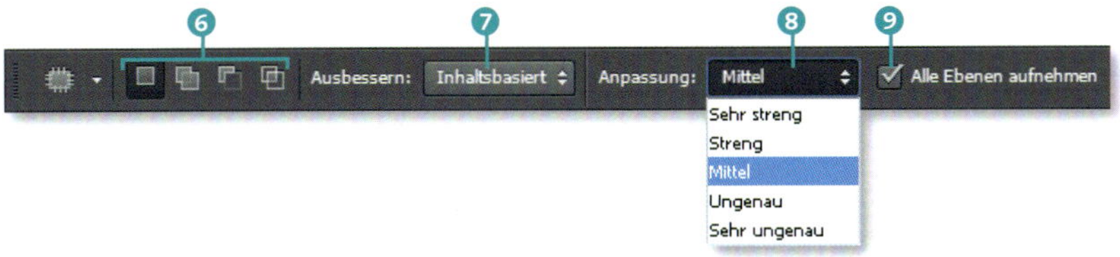

◀ **Abbildung 26.39**
Die Optionen des Ausbessern-Werkzeugs für inhaltsbasiertes Retuschieren

Optionen | Auswahl-Buttons 6 finden sich auch hier. Die Wahl zwischen Quell- oder Zielretusche haben Sie hier jedoch nicht. Wenn Sie inhaltsbasiert arbeiten, wird immer die Quelle ausgebessert: der ursprüngliche Auswahlbereich wird mit Pixeln aus dem Bereich überschrieben, auf den Sie die Auswahl ziehen. Dabei werden nicht einfach Pixel übertragen. Speziell an den Rändern des Retuschebereichs erfindet Photoshop neue Motivdetails hinzu, um den Übergang unsichtbar(er) zu machen. Wie exakt das passiert, regelt die Option Anpassung 8. Für kleinteilige, sehr detaillierte Objekte ist eine genaue Anpassung günstiger (Streng), bei weichen Motiven erzielt eine ungenauere Anpassung gute Resultate. Doch oft müssen Sie sich um diese Einstellung gar nicht kümmern: Der Standardwert Mittel genügt meist. Erst wenn Sie damit zu keinem guten Ergebnis kommen, können Sie mit der Option herumspielen. Wichtiger für eine überzeugende Retusche sind eine gut angepasste Auswahllinie und das Ansteuern eines geeigneten Quellbereichs!

Separate Retuscheebene

Die Option Alle Ebenen aufnehmen ❹ gestattet es, auf einer separaten Ebene zu retuschieren – und die Retusche durch Nacharbeiten ganz einfach zu verfeinern.

Vorgehensweise | Da Sie bei der inhaltsbasierten Ausbesserung nicht entscheiden müssen, ob Quelle oder Ziel retuschiert werden sollen, ist die Anwendung noch einfacher als beim normalen Ausbessern. Sie umfahren den zu retuschierenden Bereich mit der Maus, um eine Auswahllinie zu erzeugen, und ziehen den Auswahlbereich auf eine andere Stelle im Bild, die geeignete Retuschepixel enthält. Sobald Sie die Maustaste loslassen, kopiert Photoshop die Pixel in den ursprünglich ausgewählten Bereich und erzeugt an den Rändern des Auswahlbereichs neue Bildinhalte, die einen mehr oder weniger spurenlosen Anschluss schaffen. Das klappt natürlich nicht immer hundertprozentig, aber wenn Sie mit Hilfe der Option Alle Ebenen aufnehmen ❾ auf einer separaten Ebene retuschieren, haben Sie viele Möglichkeiten, das Ergebnis nachzubessern, etwa mit Hilfe weiterer Retuschen oder mit Masken.

26.7 Verschieben statt entfernen: Das Inhaltsbasiert verschieben-Werkzeug

Das Inhaltsbasiert verschieben-Werkzeug (ohne Kürzel) ist ein enger Verwandter des Ausbessern-Werkzeugs. Doch beim Inhaltsbasiert verschieben-Werkzeug werden Bildinhalte nicht überdeckt und verschwinden, sondern sie werden an eine andere Stelle im Bild verschoben. Die Kanten des Auswahlbereichs werden inhaltsbasiert an die neue Umgebung angepasst.

Abbildung 26.40 ▼
Optionen für inhaltsbasiertes Verschieben

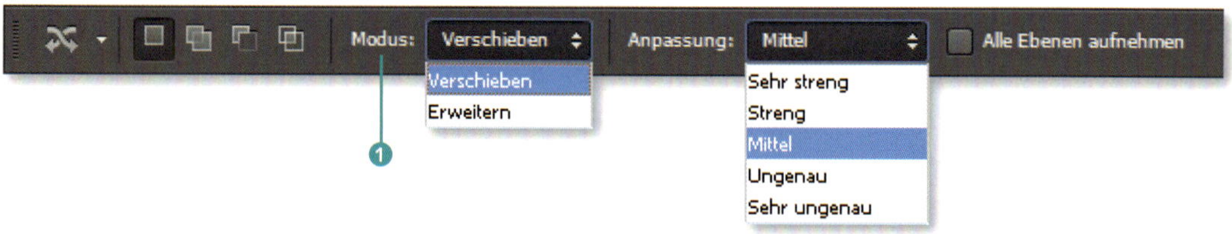

Optionen | Die Optionen des Inhaltsbasiert verschieben-Werkzeugs sind nahezu dieselben wie beim Ausbessern-Werkzeug. Nur unter Modus ❶ finden Sie bisher noch unbekannte Einstellungen:

- Verschieben tut, was der Name verspricht: Bildinhalte werden an eine andere Stelle verschoben und dort automatisch eingepasst.
- Erweitern eignet sich für Fälle, in denen Sie bestehende Bildobjekte durch Retuschieren erweitern wollen.

Vorgehensweise | Die Funktionsweise des Inhaltsbasiert verschieben-Werkzeugs gleicht der des Ausbessern-Werkzeugs. Sie erzeugen eine Auswahl für einen Bereich und verschieben diese Auswahl, um die

Retuscheberechnungen auszulösen. Auch hier kommt es darauf an, passende Auswahlbereiche zu erzeugen und diese dann auf eine geeignete Bildstelle zu verschieben.

Wunder vollbringt auch das Inhaltsbasiert verschieben-Werkzeug nicht! Sie müssen Ihre Auswahl also in einen Bildbereich verschieben, bei dem Photoshop noch die Chance hat, einen vernünftigen Anschlussbereich zu errechnen. Das Werkzeug macht Retuschen möglich, die früher undenkbar gewesen wären, doch oft sind trotzdem noch Nacharbeiten notwendig.

Arbeit mit anderen Auswahltools möglich

Das Inhaltsbasiert verschieben-Werkzeug bietet keine besonders gute Steuerung beim Erzeugen der Auswahl. Es funktioniert so wie das einfache Lasso. Oft genügt das auch. Wenn Sie jedoch einmal eine passgenaue Auswahl benötigen, können Sie die einfach mit dem Auswahl-Werkzeug Ihres Vertrauens erzeugen, danach zum Inhaltsbasiert verschieben-Werkzeug wechseln und die Auswahllinie verschieben..

▲ **Abbildung 26.41**
Schirm und Liegestuhl sollen nach rechts verschoben werden.

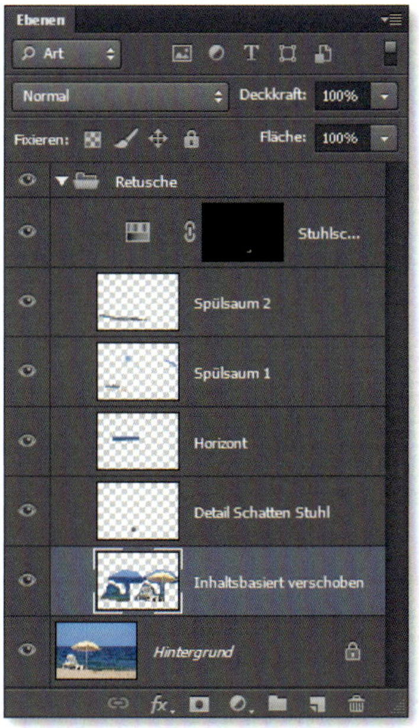

▲ **Abbildung 26.42**
Das Inhaltsbasiert verschieben-Werkzeug schafft das auch, doch es sind noch Detailkorrekturen notwendig (hier mit dem Stempel).

26.8 Rote-Augen-Retusche

Rote Augen auf Fotos entstehen, wenn in dunklen Räumen geblitzt wird. Durch die weit geöffnete Pupille wird dann der Augenhintergrund fotografiert, und statt der eigentlichen Augenfarbe ist nur Rot zu sehen. Adobe bietet auch ein spezielles Werkzeug an, das verblitzte Augen nahezu vollautomatisch retuschieren soll: das Rote-Augen-Werkzeug [J].

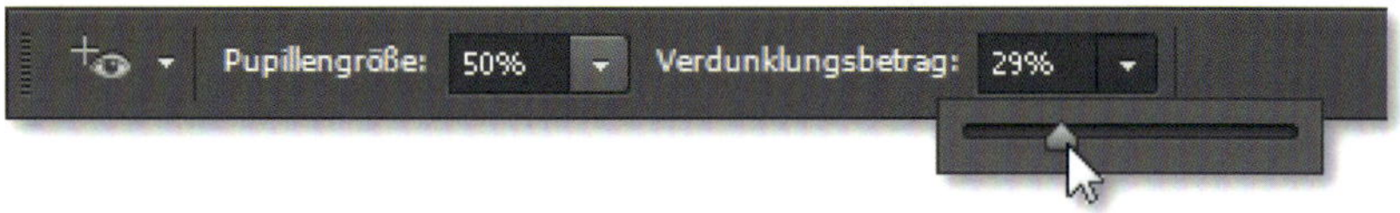

Abbildung 26.43 ►
Sparsame Einstellungsmöglichkeiten zur Augenretusche

Hier haben Sie nur zwei Einstellungsmöglichkeiten:

- Die Pupillengrösse legt die Größe der Pupille fest.
- Die Einstellung Verdunklungsbetrag bestimmt, wie stark die Pupille abgedunkelt wird.

Besonders nachvollziehbar sind diese Prozentangaben nicht, so dass die Anwendung des Werkzeugs auf Ausprobieren und Verwerfen hinausläuft. Adobe selbst empfiehlt in seiner Hilfe: »*Wenn Sie mit dem Ergebnis nicht zufrieden sind, machen Sie die Korrektur rückgängig, wählen Sie beliebige der folgenden Optionen aus, und klicken Sie erneut auf das rote Auge.*«

Datei auf der Buch-DVD: »Blitzlichtkind.tif«

Doch selbst mit fleißigem Ausprobieren kommt man eigentlich nicht zu guten Ergebnissen, denn das Werkzeug arbeitet zu unpräzise. An ein Wiederherstellen der eigentlichen Augenfarbe ist auch nicht zu denken – das Rot wird lediglich abgedunkelt.

Bild: Privat

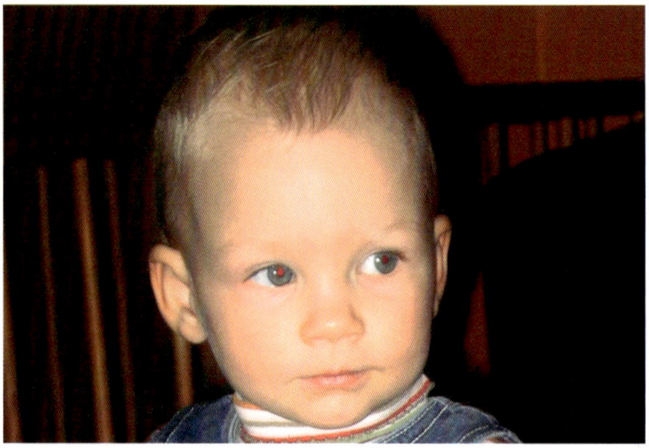

▲ Abbildung 26.44
Vor der Retusche mit dem Rote-Augen-Werkzeug ...

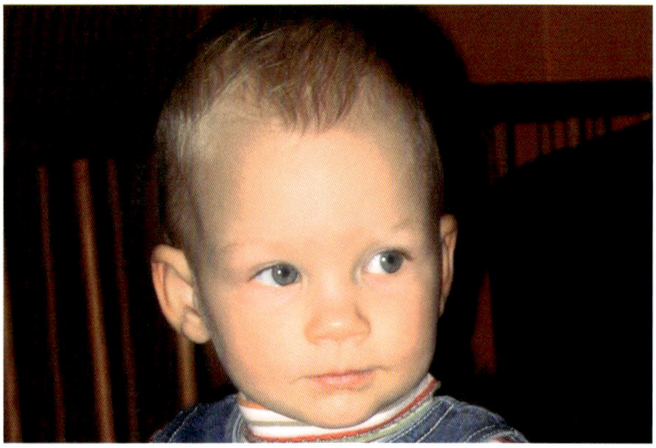

▲ Abbildung 26.45
... und danach. Die roten Pupillen sind verschwunden.

26.9 Das Werkzeug »Farbe ersetzen«

Das Farbe-ersetzen-Werkzeug [B], das in der Werkzeugleiste unter den Malwerkzeugen versteckt ist, kann viel mehr, als lediglich eine Farbe zu ersetzen. Mit ihm ist die separate Änderung von Farbton, Sättigung, Farbe oder Luminanz von Bildpixeln möglich, ohne dass die jeweils anderen Parameter beeinträchtigt würden. Das bietet für Retuschen den enormen Vorteil, dass Sie sich beispielsweise um die Helligkeitswerte eines Bildbereichs keine Sorgen machen müssen, wenn Sie die Farbe ändern. Wichtige Bilddetails bleiben so erhalten.

Das Werkzeug malt aber nicht nur, es berücksichtigt auch die Pixel, die es aktuell unter der Werkzeugspitze hat. Es schränkt so den Bereich ein, auf den es wirkt, und verhindert mehr oder minder wirksam das »Danebenmalen«. Es eignet sich zur Retusche roter »Blitzlichtaugen«, aber auch für andere lokale Farbänderungen. Einziger Nachteil: Sie arbeiten direkt auf der Bildebene.

Optionen

Unter Modus ❶ stellen Sie ein, wie die mit dem Werkzeug aufgetragenen Pixel mit den bestehenden Bildpixeln verrechnet werden sollen. Für die meisten Retuschen und kreativen Einsätze sind Farbe oder Farbton die beste Einstellung. Wenn Sie sich unsicher sind, wie die einzelnen Modi wirken, lesen Sie nochmals in Kapitel 13 über Ebenen-Mischmodi nach – die Berechnungen sind identisch.

▲ **Abbildung 26.46**
Neben der von den Auswahlwerkzeugen schon bekannten Toleranz (rechts) steuern drei weitere Optionen die Wirkung des Werkzeugs Farbe ersetzen.

Samplings | Die folgenden drei Schaltflächen ❷ bestimmen die Art der Aufnahme. Sie legen also fest, auf welche Weise die Farben der gerade bearbeiteten Bildpixel festgestellt werden.

- Aufnahme: Kontinuierlich bedeutet eine ständige »Pixelkontrolle« und eignet sich gut für schwierige Retuschebereiche.
- Aufnahme: Einmalig stellt die Original-Pixelfarbe nur einmal fest, und zwar an dem Punkt, den Sie als Erstes mit dem Tool anklicken.

Weitere Optionen

Toleranz ❹ wirkt so wie die gleichnamige Option beim Zauberstab oder Hintergrund-Radiergummi; Glätten ❺ fügt an den Kanten des Retuschebereichs Glättungspixel ein.

- Ist Aufnahme: HINTERGRUND-FARBFELD eingestellt, sucht das Werkzeug nach Bildpixeln, die genau der in der Werkzeugleiste eingestellten Hintergrundfarbe entsprechen.

Grenzen | Die Option GRENZEN ❸ bestimmt, wie mit den so ermittelten Informationen über die Originalpixel verfahren wird, wie also die Grenzen des Bereichs beschaffen sind, in dem Farbe aufgetragen werden kann.

- NICHT AUFEINANDER FOLGEND ermöglicht das Bemalen von Flächen einer bestimmten Farbe (nämlich der mit einer der drei Sampling-Methoden festgelegten Farbe) auch dann, wenn diese Flächen nicht zusammenhängen.
- BENACHBART schränkt das Bepinseln auf direkt zusammenhängende Farbbereiche ein.
- KONTUREN FINDEN sucht nach kontrastierenden Kanten im Bild, um die Wirkung des Farbe-ersetzen-Pinsels zu beschränken, und sorgt für besonders saubere Abschlüsse – vorausgesetzt, im bearbeiteten Bild sind solche Kanten auch vorhanden.

26.10 Porträtretuschen mit dem Protokollpinsel

Scharfzeichnungsfilter sind nicht nur ein wichtiges Hilfsmittel, um Bildern, die frisch aus der Digicam oder vom Scanner kommen, ein Quäntchen mehr Knackigkeit zu verleihen. Auch als Retuschewerkzeug eignen sie sich gut.

Dosiert eingesetzt, lässt eine Scharfzeichnung matte Augen strahlen oder betont die Lippen. Sie erinnern sich: Scharfzeichner wirken kontraststeigernd. Davon profitieren eben auch Porträts oder zumindest einige Partien davon – dass Schärfen fotografierte Gesichter auch entstellen kann, wurde ja bereits in Kapitel 25, »Mehr Schärfe, weniger Rauschen«, deutlich. Ähnlich verhält es sich mit dem Weichzeichnen: Haut, die nicht unter idealen Lichtbedingungen aufgenommen wurde, wirkt auf Fotos schnell fleckig, grobporig und glänzt zu stark. Hier würde Weichzeichnen Abhilfe schaffen, es soll sich aber wiederum nicht auf das gesamte Bild erstrecken.

Filterwirkung eingrenzen | In beiden Fällen ist es also wichtig, die Filterwirkung lokal einzugrenzen und nur die wirklich retuschierbedürftigen Bildpartien damit zu behandeln. Gleichzeitig wäre ein einfaches, intuitives Handling wünschenswert, denn Porträtretusche erfordert schon viel Konzentration auf das Objekt. Die Arbeit mit Masken wäre hier zu umständlich und würde schlecht vorhersagbare Ergebnisse liefern.

Eine hervorragende Technik, um die Filterwirkung gut dosiert nur auf einzelne Bildpartien anzuwenden, ist der Protokollpinsel (Y).

Für Porträtretuschen lässt sich diese Arbeitsweise besonders gut anwenden, aber auch andere Zwecke sind denkbar. Ich zeige Ihnen hier exemplarisch, wie Sie mit Hilfe von Weichzeichnungsfilter und Protokollpinsel ein weicheres Hautbild erzielen können. Mit dieser Technik können Sie Glanzstellen, Hautunreinheiten und Rötungen, Sommersprossen und Ähnliches gut kaschieren – digitales Abpudern eben!

Schritt für Schritt: Filter und Protokollpinsel als digitale »Puderquaste« zur Hautretusche

Datei auf der Buch-DVD: »Frauenporträt.tif«

Das vorliegende Porträt soll digital etwas abgepudert, das Hautbild ruhiger werden. Eigentlich sind hierfür keine separaten Ebenen nötig, und es kann auch wenig schiefgehen – vorsichtige Naturen können sich dennoch ein Ebenenduplikat anlegen und darauf arbeiten.

▲ **Abbildung 26.47**
Das Ausgangsbild – das Hautbild ist nicht ganz ebenmäßig, außerdem sind leichte Glanzstellen zu sehen.

1 Weichzeichnen

Ich arbeite hier mit dem universellen Weichzeichner, dem GAUSSSCHEN (unter FILTER • WEICHZEICHNUNGSFILTER).

Welcher Wert der richtige ist, ist von Bild zu Bild verschieden. Hochaufgelöste Bilder brauchen meist höhere Radien als 72-ppi-Webbilder. Auch hier ist die 100%-Ansicht ratsam, um die Filterwirkung realistisch einzuschätzen. Verändern Sie den Wert so lange, bis die zu entfernenden »Fehler« nicht mehr zu sehen sind und die Haut schön weich und ebenmäßig aussieht. Im Zweifelsfall dosieren Sie den Filter lieber zu hoch als zu niedrig – bei der eigentlichen Retusche können Sie die Filterwirkung gleich noch etwas reduzieren. Konzentrieren Sie sich nur auf die Haut. Alles andere, was jetzt viel zu weich aussieht, korrigieren Sie gleich wieder.

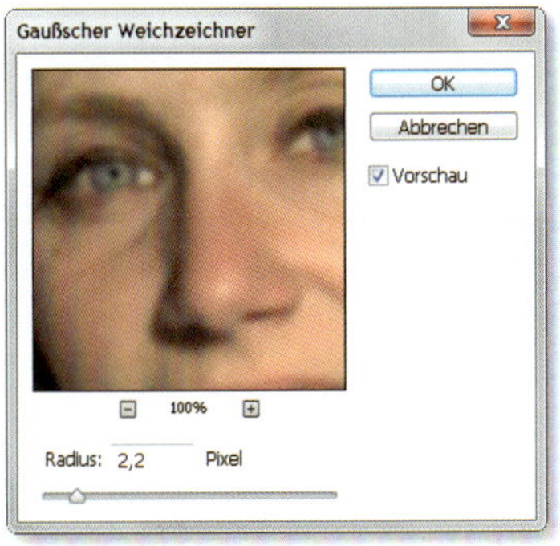

▲ **Abbildung 26.48**
Einstellungen des GAUSSSCHEN WEICHZEICHNERS

2 Protokoll-Palette aufrufen und einstellen

Sie arbeiten nun mit dem Protokollpinsel-Werkzeug Y. Dazu brauchen Sie auch die Protokoll-Palette (rufen Sie sie über FENSTER • PROTOKOLL auf).

Aktivieren Sie durch Klicken auf die entsprechende Zeile denjenigen Protokollzustand, der *direkt vor* dem Weichzeichnen liegt. Das Bild nimmt jetzt wieder den Zustand an, den es vor der Weichzeichnung hatte. Zudem müssen Sie festlegen, welches Bildstadium mit dem

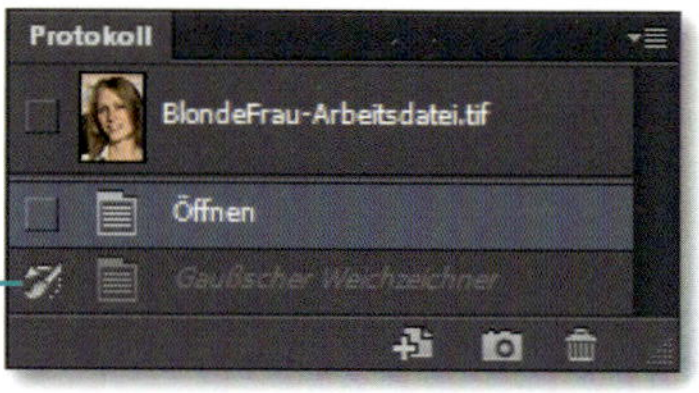

▲ **Abbildung 26.49**
So sollte Ihre Protokoll-Palette aussehen.

Protokollpinsel-Werkzeug ins Bild hineingepinselt werden soll. Das ist natürlich die Weichzeichnung. Klicken Sie einmal in das leere Kästchen vor der entsprechenden Protokollzeile (dort, wo GAUSSSCHER WEICHZEICHNER steht). Dort ist dann das Protokollpinsel-Icon 1 zu sehen.

3 Protokollpinsel aufrufen und einstellen

Den Protokollpinsel handhaben Sie wie einen normalen Pinsel auch. Wenn Sie losmalen, wird die Weichzeichnung an den bemalten Stellen wieder ins Bild übernommen.

Abbildung 26.50 ▶
Die Optionen des Protokollpinsels

Über die Optionen des Protokollpinsels steuern Sie, wie und wie stark die Weichzeichnung wirken soll. Die Pinselgröße müssen Sie an das Motiv anpassen. Weiche Werkzeugspitzen sind meist von Vorteil. Wenn Ihre Retusche ein zu künstliches Aussehen hat – das merken Sie meist nach den ersten zwei, drei Pinselstrichen –, können Sie die DECKKRAFT des Protokollpinsels unter Umständen etwas reduzieren. Wenn Sie ein Gesicht nur etwas mattieren wollen, sollte der Modus NORMAL genügen.

4 Weichzeichnung wieder ins Bild malen

So wie in Abbildung 26.46 sah die Person vorher aus. Nun malen Sie überall über die Hautpartien, die Sie digital »abpudern« wollen – fertig.

▲ **Abbildung 26.51**
Die Weichzeichnung wird ins Bild gemalt.

5 Fertig! – Das Endergebnis

Das Bild wirkt deutlich ausgeglichener. Nur die von Ihnen bepinselten Hautstellen sind weichgezeichnet. In den anderen Bildpartien blieb die Schärfe erhalten.

Abbildung 26.52 ▶
Nach der Retusche: ein ausgeglichenes, aber nicht »totretuschiertes« Ergebnis

Nach demselben Rezept können Sie auch andere Filter – und natürlich auch andere Arbeitsschritte – dosiert wieder ins Bild bringen.

26.11 Der Verflüssigen-Filter: Als Spielzeug unterschätzt

Der Verflüssigen-Filter macht zunächst einmal Spaß: Hat man ihn einmal entdeckt (Filter • Verflüssigen oder das Kürzel [⇧]+[Strg]/[cmd]+[X]), probiert man alle darin enthaltenen Werkzeuge aus, verschandelt die Gesichter von Freunden, die man irgendwann einmal fotografiert hat – und dabei bleibt es dann meist.

Datei auf der Buch-DVD: »JungeFrau.tif«

Dabei kann der Filter weit mehr, als karikaturistische Verzerrungen zu erzeugen. Er eignet sich auch als ernsthaftes Retuschewerkzeug, wenn Sie sich ein wenig mit seinen Funktionen auseinandersetzen. Zum Bearbeiten von Mimik, aber auch für die Veränderung von (Gesichts-)-Proportionen ist der Filter eine gute Wahl.

Bild: Fotolia, Aleksey Poprugin

▲ **Abbildung 26.53**
Das Ausgangsbild

◀ **Abbildung 26.54**
Und das Ergebnis nach behutsamer Verflüssigen-Retusche: ein dickerer Haarschopf, größere Augen, stärkeres Lächeln

Verflüssigen »Light«

Der Dialog des Verflüssigen-Filters ist sehr umfangreich und – selbst nach der Überarbeitung – in seiner Funktionsvielfalt etwas verwirrend. Viele Funktionen brauchen Sie jedoch nur in Ausnahmefällen. Deshalb gibt es jetzt die Option Erweiterter Modus ①. Wenn Sie dort den Haken entfernen, kommen Sie zu einer Basic-Version des Tools.

Aufgeräumter Dialog
Die Funktionen des Verflüssigen-Filters sind weitgehend gleich geblieben, doch das Dialogfeld wurde aufgeräumt und ist jetzt übersichtlicher.

Abbildung 26.55 ▶
Weniger Werkzeuge, mehr Übersicht: Verflüssigen Light

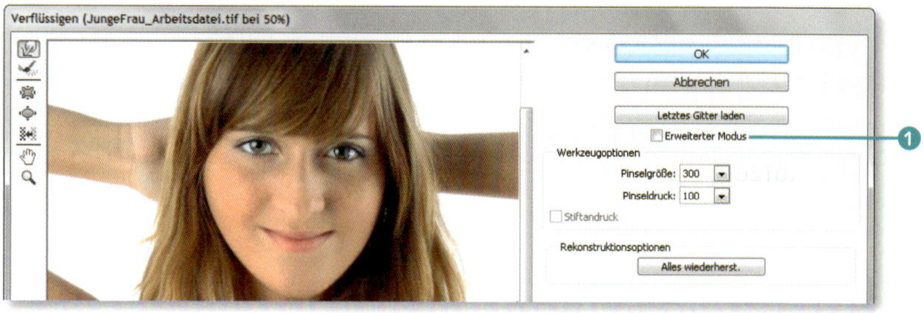

Verflüssigen-Funktionen im erweiterten Modus

Im Folgenden finden Sie eine Übersicht über die zahlreichen Funktionen des Verflüssigen-Werkzeugs.

Abbildung 26.56 ▶
Die Vielzahl interner Werkzeuge und Funktionen wirkt auf den ersten Blick erschlagend.

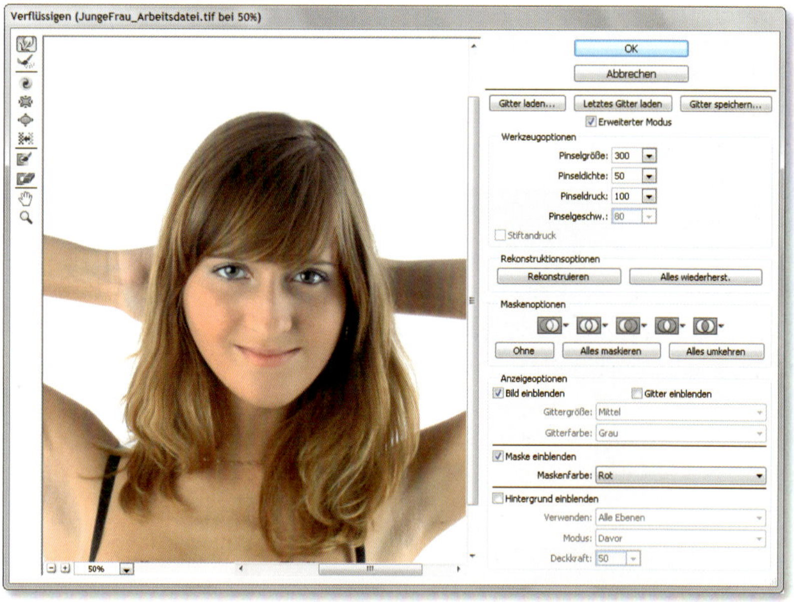

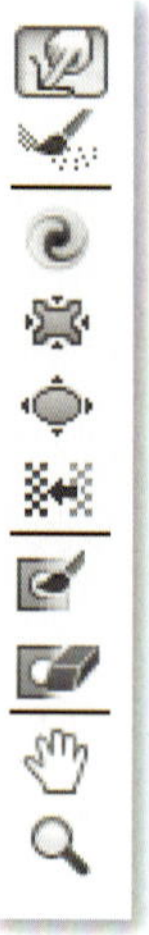

▲ Abbildung 26.57
Die Werkzeuge des Verflüssigen-Filters

Werkzeuge | Einzelne Bildpartien werden verflüssigt (technisch gesprochen: Pixel werden verschoben), indem Sie den Mauszeiger auf die zu verändernden Bildpartien setzen und (meist) ein wenig schieben. Ganz verschiedene Werkzeuge stehen dazu zur Verfügung. Von oben nach unten sind dies:

- Pixel wie mit dem Finger **vorwärtsschieben** – sicher eines der meistgenutzten Werkzeuge: das Mitziehen-Werkzeug, Tastenkürzel [W].
- Nach Änderungen wieder einen früheren Zustand rekonstruieren: das Rekonstruktionswerkzeug, Tastenkürzel [R].
- Im Uhrzeigersinn **strudelförmig** verdrehen: das Strudel-Werkzeug, Tastenkürzel [C]. Wenn Sie gegen den Uhrzeigersinn strudeln wollen, halten Sie [Alt] gedrückt.

- Bildpartien **zusammenziehen**: das Zusammenziehen-Werkzeug, Tastenkürzel [S].
- Um einzelne Bildpartien **aufzublasen**: das Aufblasen-Werkzeug, Tastenkürzel [B].
- Sie können Bildpixel auch **versetzen**. Das sogenannte Nach-links-schieben-Werkzeug (Tastenkürzel [O]) arbeitet etwas komplizierter als das erste Verschieben-Tool. Wenn Sie es gerade nach oben ziehen, schiebt es Pixel nach links. Ziehen Sie es nach unten, schiebt es Pixel nach rechts. Durch Umfahren eines Bereichs wird dieser vergrößert (Maus im Uhrzeigersinn bewegen) oder verkleinert (gegen den Uhrzeigersinn).
- Das nächste Werkzeug dient dazu, **Masken aufzutragen**: das Fixierungsmaske-Werkzeug, Tastenkürzel [F].
- Masken können Sie auch löschen: mit dem Maske-löschen-Werkzeug, Tastenkürzel [D].
- Darunter finden Sie die schon vertrauten Tools Hand-Werkzeug, Tastenkürzel [H] ...
- ... und das Zoom-Werkzeug, Tastenkürzel [Z], um die Bildansicht zu verändern.

Neue Pinselgrößen
Sie können jetzt viel größere Pinsel einstellen als bisher. Damit können Sie auch bei großformatigen Bildern noch vernünftige Verflüssigen-Retuschen durchführen.

Werkzeugoptionen | Die Werkzeugoptionen rechts ② bestimmen, wie intensiv die einzelnen Werkzeuge wirken.

- Pinselgrösse ist selbsterklärend. Bei vielen Operationen erzielt eine etwas größere Pinselspitze meist bessere Ergebnisse. Die Pinsel wirken auch an den Rändern nicht so stark wie im Zentrum.
- Die Pinseldichte steuert, wie sehr die Pinselwirkung zum Pinselrand weicher wird. Diese Option ist also gut geeignet, um Übergänge mehr oder weniger sanft zu gestalten.
- Pinseldruck und Pinselgeschw. (»Pinselgeschwindigkeit«) bestimmen beide die Geschwindigkeit, mit der Deformierungen erfolgen. Pinseldruck ist auf Werkzeuge bezogen, bei denen Sie die Maus bewegen, Pinselgeschwindigkeit wirkt vor allem auf das Strudel- und Turbulenzwerkzeug, bei denen die Maus auf einem Punkt verharrt.

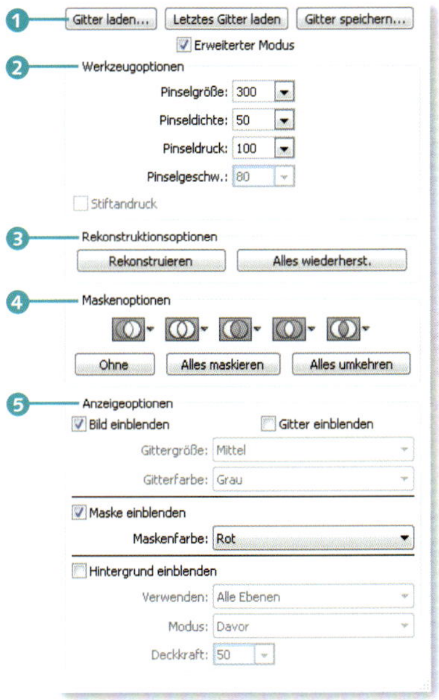

▲ **Abbildung 26.58**
Werkzeug-, Rekonstruktions- und Ansichtsoptionen im Detail

Rekonstruktionsoptionen | Die Rekonstruktionsoptionen ③ haben mit dem Rekonstruktionswerkzeug nichts zu tun: Die Einstellung bezieht sich auf Rekonstruktionsarbeiten am gesamten Bild. Durch Rekonstruieren schwächen Sie die Änderungen ab, um sie besser einzupassen (Button Rekonstruieren), oder nehmen sie ganz zurück (Button Alles wiederherst.).

Verflüssigen mit Masken – Vorgehen

Mit Masken können Sie Bildpartien vor dem Verflüssigen schützen – das führt aber sehr oft zu hässlichen Kanten zwischen den bearbeiteten und unbearbeiteten Bereichen. In der Praxis ist es viel sinnvoller, Bildteile *nach* dem Bearbeiten zu maskieren und *vor der Rekonstruktion* zu schützen. Damit bleiben gelungene Änderungen erhalten, während der Rest sanft »zurückgebogen« wird – so erzielen Sie weichere Übergänge. Manchmal lohnt es sich auch, mehrere Rekonstruktionsdurchgänge hintereinander durchzuführen und mit unterschiedlichen Masken zu operieren.

Maskenoptionen | Einzelne Bildteile lassen sich auch durch Masken schützen. Das können sowohl die mit den Maskenwerkzeugen aufgetragenen Masken des Verflüssigen-Fensters sein als auch schon im Bild bestehende Masken, Auswahlen oder Alphakanäle. Die Buttons unter Maskenoptionen ❹ legen fest, wie sich diese Elemente jeweils zueinander verhalten.

Anzeigeoptionen | Die Anzeigeoptionen ❺ ermöglichen es Ihnen, neben dem Bild auch ein Gitternetz – das dann mit verzerrt wird – einzublenden. Sie können Größe und Farbe des Gitters einstellen. Außerdem ist es möglich, die Maskenfarbe einzustellen und, sofern vorhanden, andere Bildebenen einzublenden.

Gitter laden und speichern | Eine gelungene Verflüssigung – bzw. das der Berechnung zugrundeliegende (verformte) Gitter – können Sie auch **speichern** und später wieder **laden** und weiterbearbeiten. Dazu nutzen Sie die drei Buttons ❶ oben rechts.

Abbildung 26.59 ▶
Übrigens: Auch für das nachträgliche Glattbügeln …

Abbildung 26.60 ▶▶
… von Kleidung eignet sich das Verflüssigen-Werkzeug.

26.12 Naturalistisch verformen: Das Formgitter-Werkzeug

Auch das Formgitter verformt Bildteile. Anders als der Filter Verflüssigen ist es jedoch auf naturalistisch wirkende, anatomisch korrekte Verbiegungen spezialisiert. Damit führen Sie einfache Retuschen (etwa die Haarform) ebenso durch wie umfangreiche Transformationen (beispielsweise Veränderungen der Armhaltung fotografierter Personen).

Die Funktion ist leicht zu bedienen. Allerdings brauchen Sie für realistische Ergebnisse oft akkurate Freisteller und geschickt retuschierte Bildhintergründe – beides sind Zeitfresser.

Bild: istockphoto, Valeriy Kalyuzhnyy

▲ **Abbildung 26.61**
Das Ausgangsbild

▲ **Abbildung 26.62**
Freigestellt und verformt. Gitter und Pins des Formgitterwerkzeuges sind erkennbar. Die Bewegung wirkt ganz natürlich.

Formgitter-Funktionen

Sie finden das Werkzeug unter BEARBEITEN • FORMGITTER. Am besten wenden Sie es auf freigestellte Bildobjekte an, Sie können jedoch auch mit einfachen Auswahlen oder Masken arbeiten. Es funktioniert bei normalen Bildebenen, Text- und Formebenen und Smartobjekten, das heißt, Sie können auch zerstörungsfrei arbeiten.

Aktivieren Sie Ihre Ebene – im Idealfall ein freigestelltes Bildelement als Smartobjekt –, und wählen Sie dann BEARBEITEN • FORMGITTER, um die Funktion zu starten. Ist in der Optionsleiste die Option FORMGITTER ④ aktiviert, wird das Bild mit einem Gitternetz überzogen. Per Mausklick setzen Sie Pins ins Bild. Die Pins wirken einerseits wie Gelenke, können Bildteile jedoch auch feststellen. In der Optionsleiste steuern Sie vor allem die Eigenschaften des Gitternetzes und damit der Verformung.

Datei auf der Buch-DVD: »ReiterinEinfach.tif« (Die Datei enthält bereits ein freigestelltes Smartobjekt.)

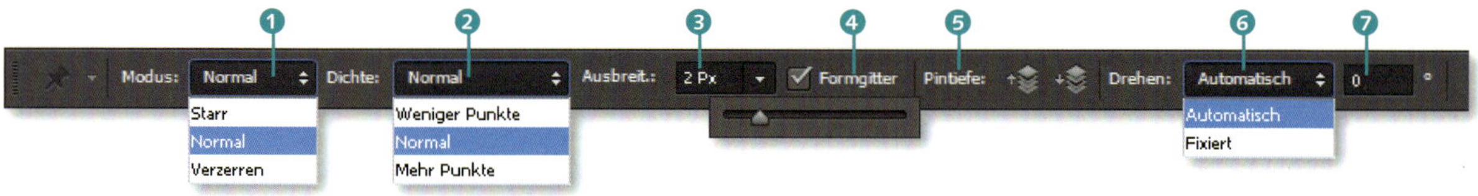

▲ **Abbildung 26.63**
Formgitter-Optionen

Optionen für das Gitternetz | MODUS, DICHTE und AUSBREITUNG wirken auf das Formgitter selbst, das sogenannte Mesh – und damit auf die Art und Weise, wie die Verformung berechnet wird und sich das verformte Objekt verhält.

- Der MODUS ❶ bestimmt, wie elastisch das Mesh ist. Wenn Sie anatomisch verformen wollen, ist NORMAL am besten geeignet. Den Modus STARR können Sie ausprobieren, wenn Ihnen das Objekt beim Verformen – trotz gesetzter Pins – zu kräftig in Bewegung ist. VERZERREN ändert auch Größenverhältnisse. Diese Einstellung empfiehlt sich etwa, wenn Sie mit einem Weitwinkelobjektiv aufgenommene Bilder oder Textur-Maps verkrümmen wollen.
- Unter DICHTE ❷ legen Sie fest, wie grob- oder engmaschig das Gitternetz ist. Ein feines Gitternetz arbeitet präzise, kostet jedoch auch viel Rechenzeit. Für die meisten Bilder genügt die Standardeinstellung NORMAL.
- AUSBREITUNG ❸ erweitert oder verkleinert die Außenkante des Meshs. Je höher der Wert ist, desto mehr Bewegungsspielraum hat das verformte Objekt. Bei hohen Werten werden die Bewegungen schnell unkontrollierbar. Testen Sie einmal Extremwerte – Sie werden sofort verstehen, was es mit dieser Option auf sich hat!
- FORMGITTER ❹ blendet das Gitter ein oder aus. Beim Arbeiten ist ein eingeblendetes Gitter praktisch, zur zwischenzeitlichen Ergebniskontrolle können Sie es kurz ausschalten.

Um das Formgitter anzuwenden, setzen Sie mittels Mausklicks die Pins ins Bild. Der jeweils aktive Pin – erkennbar an einem schwarzen Punkt – wirkt wie ein Gelenk. Die restlichen Pins fixieren das Motiv.

Bildelemente verformen | Durch Bewegen des aktiven Pins oder des Meshs verformen Sie das Bildelement. Jede Bewegung betrifft jedoch die ganze Figur. Je nach Menge und Position der fixierten Pins bewegen sich alle Teile elastisch mit. Genau deswegen wirkt die Verformung auch so naturalistisch. Sie haben zwei Möglichkeiten, Ihr Objekt zu verformen.

- **Ziehen mit der Maus:** Klicken Sie einen Pin an; er ist dann automatisch aktiv. Ziehen Sie am Pin, um das Mesh und damit die Figur zu verzerren. Bei dieser Methode haben Sie viel Bewegungsspielraum und können auch große Bildteile verschieben. Allerdings treten dabei

Die richtige Menge Pins

Sie müssen vermutlich ein wenig üben, um herauszubekommen, wie viele Pins notwendig sind. Wenn Sie zu wenige Pins setzen, drehen Sie die ganze Figur (beim Verschieben der Pins per Maus) oder sehen zunächst kein Resultat (beim Drehen des Meshs). Sind es zu viele, kann das Bildobjekt unbeabsichtigt und unanatomisch verzerrt werden.

▲ **Abbildung 26.64**
Um ein größeres Objekt naturalistisch zu verformen, sollten Sie es mit einigen anatomisch halbwegs sinnvoll platzierten Pins »feststecken«.

auch leicht ungewollte Verformungen auf, besonders, wenn Sie Ihre Pins ungünstig platziert haben.

- **Drehen des Meshs um den aktiven Pin:** Aktivieren Sie einen Pin, drücken Sie [Alt], und führen Sie die Maus vorsichtig von außen an den Pin *heran* – nicht *darüber*. Ein kleiner Kreis erscheint, der Mauszeiger wird zu einem gebogenen Doppelpfeil. Bewegen Sie die Maus, um das Pin-Gelenk zu drehen.
- **Bewegung kontrollieren:** Der Drehwinkel des jeweils aktiven Pins wird in der Optionsleiste angezeigt ❼. Sie können alternativ zur Mausbewegung auch einen Wert eingeben, um den Sie Ihr Mesh drehen wollen. Vor allem aber dient dieser Teil der Optionsleiste als Kontrollinstrument. Unter Drehen ❻ wird auch jeweils angezeigt, wie Sie den jeweils aktiven Pin bewegt haben. Haben Sie ihn mit der Maus durch Ziehen verändert, steht dort Automatisch – das heißt, die Bewegung folgt der Einstellung unter Modus. Pins, bei denen das Mesh gedreht wurde, werden als Fixiert angezeigt.
- **Objekt im Ganzen verschieben:** Sie können Ihr Bildobjekt auch vollständig verschieben, ohne es zu verformen. Dazu aktivieren Sie alle Pins, etwa per Kontextmenü oder indem Sie [⇧] drücken und alle Pins nacheinander anklicken.

Mehr als einen Pin bewegen
Es ist auch möglich, mehrere Pins auf einmal zu aktivieren und sie dann zu verändern. Drücken Sie [⇧], und klicken Sie alle gewünschten Pins an. Sind jedoch alle Pins aktiviert, lässt sich das Objekt gar nicht mehr verformen, sondern nur noch verschieben.

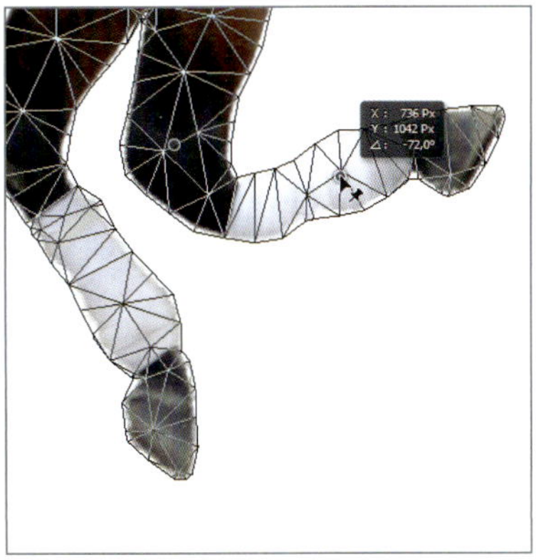

▲ **Abbildung 26.65**
Ziehen des Pins mit der Maus: Es ist viel Bewegung möglich, doch stellen sich leicht auch Verformungen ein.

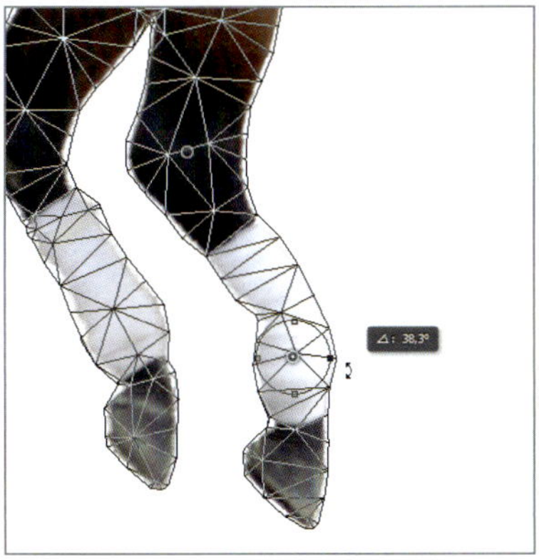

▲ **Abbildung 26.66**
Drehen des Meshs um den aktiven Pin: Die Bewegungen sind kontrollierter, kleinteiliger und oftmals anatomisch genauer.

Pintiefe – Überlappung anordnen | Bei umfangreicheren Formgitter-Operationen kann es passieren, dass sich zuvor getrennte Extremitäten oder andere Bildteile überlappen. Damit die Verformung natürlich aussieht, muss natürlich auch die Überlappung korrekt sein. Das funktioniert nicht immer: Manchmal ergeben sich Bildstörungen oder

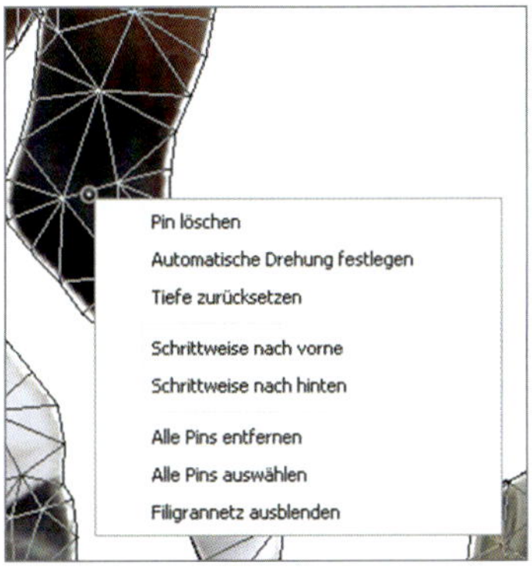

▲ **Abbildung 26.67**
Das Kontextmenü für Pins ist im Alltag praktischer als Klicks in der Optionsleiste.

schlichtweg anatomisch unmögliche Ergebnisse. Die Schaltflächen unter PINTIEFE 5 beheben solche Probleme. Mit einem oder – bei komplexen Motiven – mehreren Klicks holen Sie den Bildteil mit dem jeweils aktiven Pin räumlich nach vorn oder schieben ihn nach hinten.

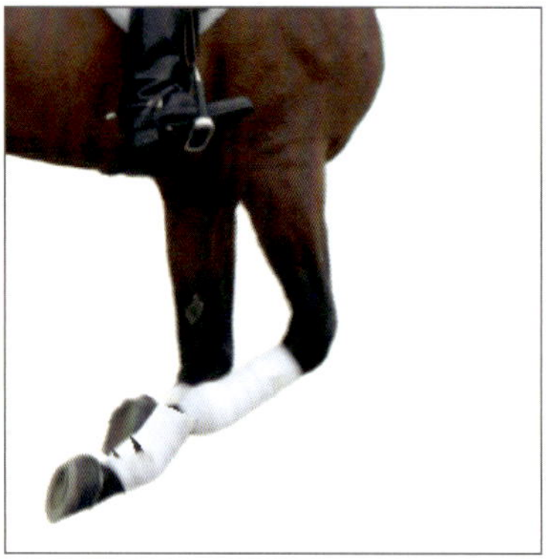

Abbildung 26.68 ▶
Falsche Überlappung des verschobenen Vorderbeins

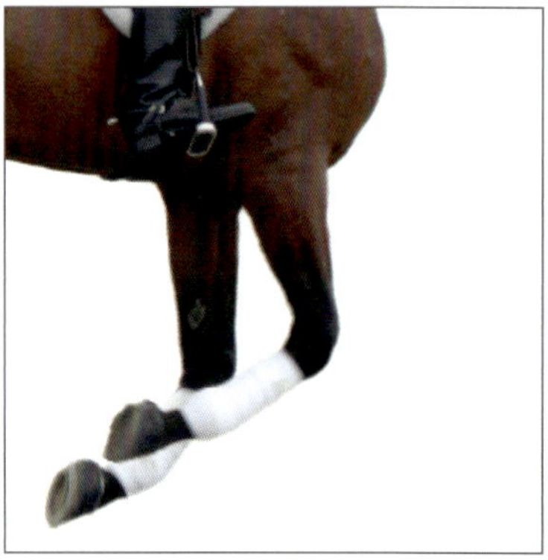

Abbildung 26.69 ▶▶
Mit PINTIEFE korrigierte Überlappung

Arbeitsschritte zurücknehmen, abbrechen oder anwenden | Die Arbeit mit dem Formwerkzeug ist immer auch ein bisschen Trial & Error – besonders am Anfang, wenn man es noch nicht so gut kennt. Die bekannte Tastenkombination Strg/cmd+Z, mit der Sie den jeweils letzten Schritt rückgängig machen, funktioniert nur für Formwerkzeug-Transformationen, die bereits bestätigt wurden. Einzelne, noch nicht bestätigte Verformungsschritte können Sie so nicht rückgängig machen.

Doch es gibt noch weitere Möglichkeiten, Änderungen rückgängig zu machen.

- Wenn Sie mit Ihrer **letzten Verschiebung** unzufrieden sind, können Sie den Pin aktivieren und mit Entf/← (oder per Kontextmenü) löschen oder in der Optionsleiste die Werte unter DREHEN wiederherstellen.
- Wenn Ihnen die **gesamte Transformation** nicht gefällt, Sie jedoch das Werkzeug weiterbenutzen wollen, schauen Sie in der Optionsleiste rechts. Dort finden Sie einen kreisförmigen Pfeil 1, mit dem Sie **alle Pins auf einmal löschen**. Die Transformation wird rückgängig gemacht, ohne das Formgitter-Tool zu schließen.
- Um die **Transformation abzubrechen** und das Tool zu schließen, klicken Sie auf das bekannte »Parkverbot«-Icon 2 oder drücken Esc.

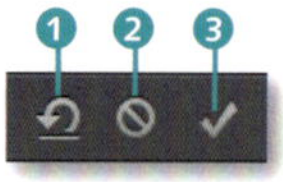

▲ Abbildung 26.70
Was soll mit der Transformation passieren?

Änderungen annehmen | Doch auch gelungene Operationen müssen abgeschlossen werden – so, wie Sie es auch von anderen Transformationen und Werkzeugen kennen. Wenn Sie alle Änderungen annehmen wollen, klicken Sie auf das Häkchen-Symbol 3 oder drücken ↵.

Formgitter in der Praxis

Das Hantieren mit dem Formgitter-Werkzeug ist nicht so schwer, doch um brauchbare, überzeugende Resultate zu erzielen, braucht es mehr als ein paar Pins und Mausbewegungen. Auswahlen, Ebenen und die übrigen Retuschewerkzeuge sollten Ihnen vertraut sein, wenn Sie das Tool für mehr nutzen wollen als nur für ein paar Spielereien.

▲ **Abbildung 26.71**
Freistellen plus Formgitter plus Retusche. Hier das Ausgangsbild …

▲ **Abbildung 26.72**
… und das Ergebnis

Bildaufbau und begleitende Arbeiten | Fast alle Formgitter-Retuschen bringen zusätzliche Arbeiten mit sich. Dabei hat sich folgendes Vorgehen bewährt:

1. Wählen Sie das Hauptmotiv möglichst exakt aus, und bringen Sie es auf eine eigene Ebene, die Sie gleich in ein Smartobjekt verwandeln. Noch deckt das Smartobjekt das Originalmotiv ab, aber das wird sich mit dem Anwenden des Formgitters ändern.

◄ **Abbildung 26.73**
Verformtes Pferd ohne Retusche des Hintergrundes – es ist sofort zu verstehen, wieso diese Retusche notwendig ist.

2. Duplizieren Sie die Ausgangsebene. Auf diesem Duplikat sollten Sie den Hintergrund retuschieren, so dass das verformte Smartobjekt sich gut einpasst. Die Original-Hintergrundebene behalten Sie am besten für Vorher-nachher-Vergleiche. Retuschieren Sie große Partien bereits vor der Verformung. Die inhaltsbasierten Werkzeuge (siehe Abschnitt 26.4, »Inhaltsbasiert retuschieren: Bereichsreparatur-Pinsel«) sind bei den meisten Motiven eine große Hilfe. Die Formgitter-Transformation ist fast immer besser einzuschätzen, wenn Sie den Hintergrund vorher retuschieren.

Abbildung 26.74 ►
Es genügt, die Partien zu retuschieren, die nach der geplanten Verformung doppelt oder leer wären.

Datei auf der Buch-DVD: »Reiterin.psd«

3. Verformen Sie das Smartobjekt.
4. Passen Sie mit Detailretuschen den neuen Hintergrund endgültig an.

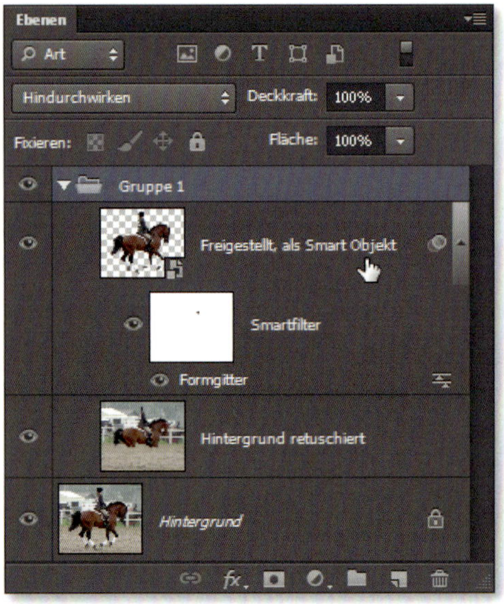

Abbildung 26.75 ►
Typischer Dateiaufbau

TEIL IX

Mit Pinseln und Farbe

Kapitel 27

Farben einstellen

Mit Photoshop können Sie nicht nur Fotos optimieren und Montagen erstellen. Der spektakuläre Misch-Pinsel, intuitive Steuerungen zum Einstellen von Farben und realistische Pinselspitzen machen digitale Malerei auf hohem Niveau möglich. Doch Farben brauchen Sie nicht nur, wenn Sie den Malpinsel schwingen und Photoshop als Illustrationstool nutzen wollen. Auch beim Erstellen von Text, beim Füllen von Konturen und Flächen, bei manchen Retuschen und vielen anderen Gelegenheiten spielen Farben eine Rolle.

27.1 Vorder- und Hintergrundfarbe im Farbwahlbereich

In Photoshop gibt es mehrere Funktionen, um die Farbe des »Pixelauftrags« festzulegen – unabhängig davon, mit welchem Werkzeug Sie arbeiten. Der kürzeste Weg zur Farbe ist sicherlich der Farbwahlbereich in der Werkzeugleiste.

Standardeinstellung | In der Standardeinstellung ist die Vordergrundfarbe ❷ Schwarz, die Hintergrundfarbe ❹ Weiß, denn diese sind sicherlich die am häufigsten benutzten Farben – vor allem auch bei der Arbeit an Ebenenmasken und Alphakanälen.

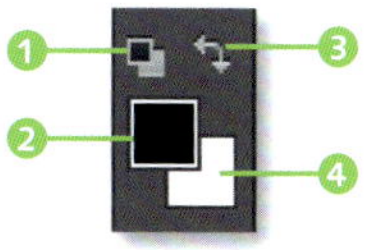

▲ **Abbildung 27.1**
Der Farbwahlbereich im unteren Teil der Werkzeugleiste

Mit der kleinen Schaltfläche ❶ oder mit dem Tastenkürzel [D] (»D« steht für »default colors«) kehren Sie schnell wieder zu den Standardfarben Schwarz und Weiß zurück. Wenn Sie in die Bearbeitung einer Ebenenmaske oder in den Maskierungsmodus wechseln, werden bunte Farben automatisch auf Schwarz und Weiß umgestellt.

Vorder- und Hintergrundfarbe tauschen | Mit dem gebogenen Doppelpfeil ❸ können Sie Vorder- und Hintergrundfarbe schnell tauschen (das betreffende Tastenkürzel lautet dazu [X]; »X« steht für »exchange«).

Was wollen Sie tun?	Windows	Mac
zu den Standardfarben Schwarz und Weiß zurückkehren	D	D
Vorder- und Hintergrundfarbe vertauschen	X	X

▲ **Tabelle 27.1**
Tastaturbefehle für den Werkzeugleisten-Farbwahlbereich auf einen Blick

Was bewirken Vorder- und Hintergrundfarbe? | Die Vordergrundfarbe ist maßgeblich für die Malfarbe, die mit den Werkzeugen Pinsel B, Buntstift B und Misch-Pinsel B aufgetragen wird, und für die mit dem Füllwerkzeug G applizierte Pixelfarbe.

Vorder- und Hintergrundfarbe können beim Anlegen von Verläufen mit dem Verlaufswerkzeug G berücksichtigt werden, es ist jedoch auch möglich, Verläufe anzulegen, die von den aktuell eingestellten Farben unabhängig sind. Eine Rolle spielen kann die Hintergrundfarbe auch beim Arbeiten mit dem Hintergrundradiergummi oder beim Erweitern der Arbeitsfläche mit dem Befehl BILD • ARBEITSFLÄCHE. In zahlreichen anderen Dialogfeldern, in denen Sie Farben festlegen, werden Vorder- und Hintergrundfarbe angeboten. Wie Sie diese beiden Farben festlegen, erfahren Sie in den folgenden Abschnitten.

27.2 Der Farbwähler: Alle Farbmodelle im Blick

Der mächtige Farbwähler ist an vielen Stellen in Photoshop präsent.

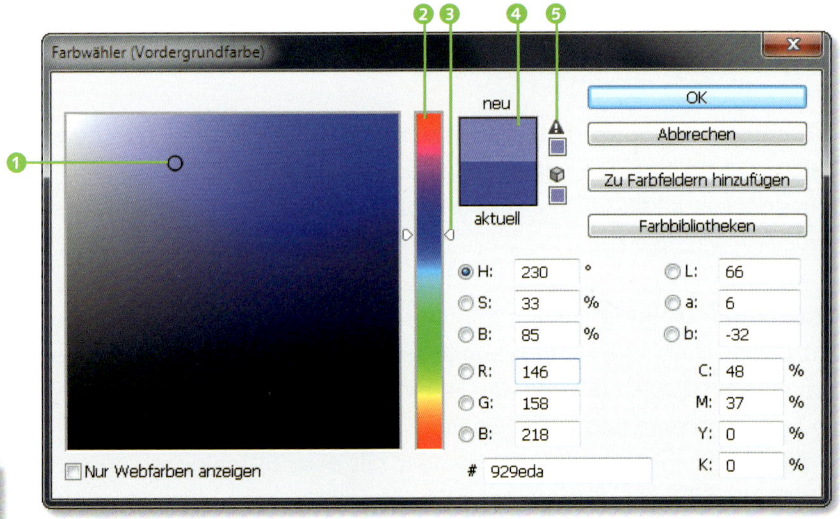

Abbildung 27.2 ▶
Vielseitig, benötigt aber viel Platz: der Farbwähler

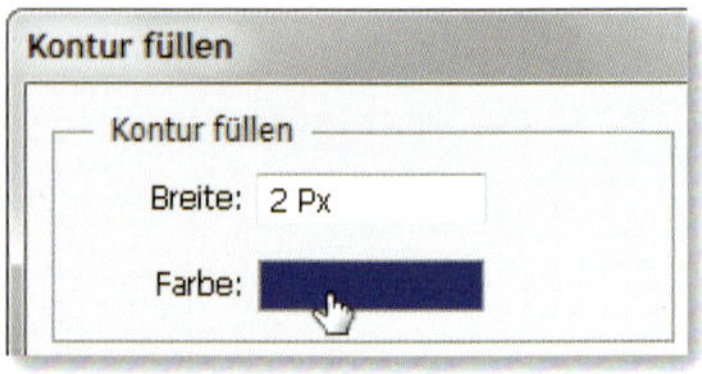

▲ **Abbildung 27.3**
Praktisch immer dann, wenn Sie ein solches Farbfeld sehen, können Sie mit Klick darauf den Farbwähler aktivieren.

Farbwähler öffnen | Sie erreichen den Farbwähler per Klick auf eines der Farbfelder in der Werkzeugleiste, können ihn aber auch aus zahlreichen verschiedenen Dialogen und Optionen heraus aufrufen.

Vor- und Nachteile | Der Farbwähler ist in der Bedienung sehr intuitiv, und Sie können die Farbwerte verschiedener Farbmodelle direkt vergleichen. Wenn sich eine Farbe für den CMYK-Druck nur eingeschränkt eignet oder nicht websicher ist, erscheint eine Warnung. Der Nachteil dieses bequemen Werkzeugs ist, dass es groß ist und unter Umständen die Sicht auf wichtigere Bildschirminhalte versperrt.

Vordergrundfarbe einstellen | Um den Farbwähler aufzurufen und die Vordergrundfarbe einzustellen, klicken Sie auf das Farbfeld VORDERGRUNDFARBE EINSTELLEN in der Werkzeugleiste. Wenn Sie die Hintergrundfarbe ändern wollen, klicken Sie in der Werkzeugleiste auf das Farbfeld HINTERGRUNDFARBE EINSTELLEN.

Der Farbwähler arbeitet mit verschiedenen Farbsystemen. Sie können Farbwerte als CMYK-, HSB-, RGB-, BinHex-, Lab- oder HSB-Wert eingeben und auslesen.

Das System HSB (**H**ue – Farbton, **S**aturation – Sättigung, **B**rightness – Helligkeit) ist besonders unkompliziert und intuitiv. Um eine Farbe und verwandte Farben (Farbvarianten) zu finden, setzen Sie zunächst bei H, S oder B einen Klick.

Je nachdem, welche der drei Optionen H, S oder B Sie aktiviert haben, ändert sich das Aussehen des schmalen Farbbalkens ❷ in der Mitte des Farbreglers. Dort können Sie nun durch Verstellen des Schiebers ❸ die Farbe ändern – geändert wird eben entweder die Helligkeit, die Sättigung oder der Farbton, je nach der Wahl, die Sie im ersten Schritt getroffen haben.

Im großen Farbfeld links ❶ werden nun verwandte Farben angezeigt – Variationen des zuvor im Farbbalken eingestellten Farbtons. Die Variationen basieren auf den zwei anderen Farbparadigmen.

- Haben Sie im ersten Schritt Farbton (H – *Hue*) gewählt, wird die eingestellte Farbe in Helligkeit und Sättigung variiert.
- Wenn Sie Sättigung (S – *Saturation*) eingestellt haben, erscheinen im großen Feld Varianten in Farbton und Helligkeit.
- War die Helligkeit (B – *Brightness*) Ihre erste Einstellung, werden Sättigung und Farbton variiert.

Sie können Ihre Farbwahl nun durch Verschieben des Reglers oder durch Klicken in das Farbfeld weiter ändern. Das kleine Farbmusterfeld ❹ zeigt dann übereinander den ursprünglichen Farbton (unten) und dessen Variante (oben). Wenn Sie auf den unteren Bereich des Farbmusters klicken, werden Ihre letzten Einstellungen zurückgesetzt.

Sehr oft werden Sie rechts neben dem Farbmusterfeld zwei kleine Symbole – ein Warndreieck und einen kleinen Quader – mit je einem weiteren Miniatur-Farbfeld zu sehen bekommen ❺.

- Das **Warndreieck** weist auf Farben hin, die im professionellen Vierfarbdruck nicht darstellbar sind. Der Inhalt des kleinen Farbfeldes

[Sättigung]
Während Farbton und Helligkeit zwei recht einleuchtende Beschreibungskriterien für Farben sind, ist der Begriff »Sättigung« zunächst etwas erklärungsbedürftig. Er beschreibt den **Grauanteil** einer Farbe. Eine stark gesättigte Farbe enthält wenig oder kein Grau, eine Farbe mit geringer Sättigung enthält viel Grau.

▲ Abbildung 27.4
Helligkeit und Farbton sind bei allen Farbbeispielen gleich – nur die Sättigung wurde variiert. Hier sind die HSB-Werte der drei Farbfelder (von oben nach unten): H: 229, S: 20, B: 51, H: 229, S: 42, B: 51, H: 229, S: 100, B: 51

Farben speichern
Wenn Ihnen eine eingestellte Farbe gut gefällt, müssen Sie die Farbwerte nicht auf Papier notieren: Im Farbwähler finden Sie den Button ZU FARBFELDERN HINZUFÜGEN. Wenn Sie ihn klicken, wird die aktuelle Farbe in der Palette FARBFELDER abgelegt. Mehr zu dieser Palette erfahren Sie in Abschnitt 27.6, »Schnellzugriff auf Lieblingsfarben: Die Farbfelder-Palette«.

▲ **Abbildung 27.5**
In der Ansicht NUR WEBFARBEN ANZEIGEN ist die Farbauswahl im Vorschaufeld stark eingeschränkt.

Zum Weiterlesen
Mehr zu den verschiedenen **Farbsystemen** finden Sie in Kapitel 3, »Bildbearbeitung: Fachwissen«.

Was sind websichere Farben?
In der Anfangszeit des Internets waren die sogenannten websicheren Farben ein Versuch, eine Farbpalette zu definieren, die es erlaubt, mit unterschiedlichsten Systemvoraussetzungen (Grafikkarten, Monitore, Browser, Browsereinstellungen ...) überall dieselben Farben anzuzeigen – wenigstens annäherungsweise. Websichere Farben sind auch auf Systemen reproduzierbar, die Farben nur mit 8 Bit Farbtiefe darstellen können. Inzwischen ist das Konzept der websicheren Farben überholt, da sich die allgemeinen Hardware-Voraussetzungen stark verändert haben. Auch wenn Sie für das Internet produzieren, müssen Sie sich nicht auf diese »websichere« Farbauswahl beschränken.

zeigt die nächstgelegene Alternative; wenn Sie darauf klicken, wird diese Farbe eingestellt.

- Der **Quader** ist ein Hinweis darauf, dass die eingestellte Farbe nicht »websicher« ist. Sie können sich auch ausschließlich »websichere Farben« anzeigen lassen, wenn Sie die Checkbox NUR WEBFARBEN ANZEIGEN unten links aktivieren. Dann verändert sich das Aussehen der Farbvorschau und des Einstellungsbalkens erheblich. Alle sanften Farbübergänge verschwinden, und nun werden nur noch die 216 Farben angezeigt, die als »websicher« gelten.

Die hier beschriebene Methode der Farbeinstellung ist die intuitivste, weil Farbton, Sättigung und Helligkeit auch diejenigen Faktoren sind, die in unserer eigenen Wahrnehmung Farbe am deutlichsten definieren. Sie funktioniert auch mit den Farbmodellen RGB und Lab ähnlich. CMYK-Werte können Sie allerdings nur auf dem Umweg über andere Farbmodelle finden, oder Sie müssen die numerischen Werte eingeben.

Alternativ können Sie natürlich auch Farbwerte eintippen – das funktioniert für alle Farbsysteme. Sie haben die Wahl zwischen HSB, RGB, Lab und CMYK sowie BinHex-Farbbezeichnungen (mit # davor), wie sie im Webdesign verwendet werden. Wenn Sie die Farbe per Regler ändern, werden die Farbwerte automatisch angepasst, so dass Sie sie bequem ablesen können. Sie können den Farbwähler also auch zum Umrechnen von Farbwerten zwischen den verschiedenen Farbsystemen nutzen!

Sobald Sie mit Ihrer Auswahl fertig sind und auf OK klicken, wird die Farbe in der Werkzeugleiste als Vordergrundfarbe angezeigt.

Farbbibliotheken im Farbwähler: Volltonfarben

Im professionellen Druck müssen Sie nicht unbedingt ausschließlich mit den vier **Prozessfarben** Cyan, Magenta, Gelb und Schwarz arbeiten. Sie können auch festlegen, dass eine spezielle Farbe eines bestimmten Druckfarbenherstellers verwendet wird. Das bietet sich insbesondere dann an, wenn absolute Farbgenauigkeit gefragt ist – beispielsweise, wenn es um den Druck von Logos in festgelegten Firmenfarben geht. Beim Druck mit Prozessfarben kann eine 100%ige Farbgenauigkeit nicht garantiert werden. Der Druck mit vorgemischten Druckfarben – sogenannten **Volltonfarben** (auch als *Schmuckfarben, Sonderfarben* oder *Spotfarben* bezeichnet) – ermöglicht eine deutlich höhere Farbgenauigkeit. Auch besondere Farbeffekte wie Metallic- und fluoreszente Farben oder Glanzlack können mit normalen Prozessfarben nicht realisiert werden.

Um den Druck mit Volltonfarben zu ermöglichen, brauchen Sie zweierlei:

- einen eigenen Volltonfarbkanal für jede einzelne Volltonfarbe, die im Dokument verwendet werden soll
- die Möglichkeit, solche Volltonfarben zuverlässig und eindeutig zu benennen und dem Volltonfarbkanal zuzuordnen

Diese Möglichkeit bietet Ihnen der Farbwähler. Wenn Sie die Schaltfläche FARBBIBLIOTHEKEN oben rechts im Farbwähler anklicken, kommen Sie zu verschiedenen Farbenlisten unterschiedlicher Farbenhersteller.

Unter BUCH (1) entscheiden Sie sich für eines der Sortimente, und mit Klicks auf den Farbbalken oder die Farbvorschau links wählen Sie die Farbe aus.

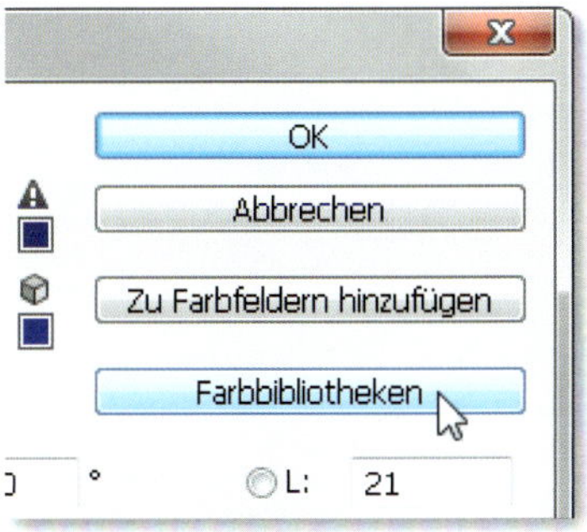

▲ **Abbildung 27.6**
Wechsel zu den Farbenlisten verschiedener Druckfarben-Hersteller

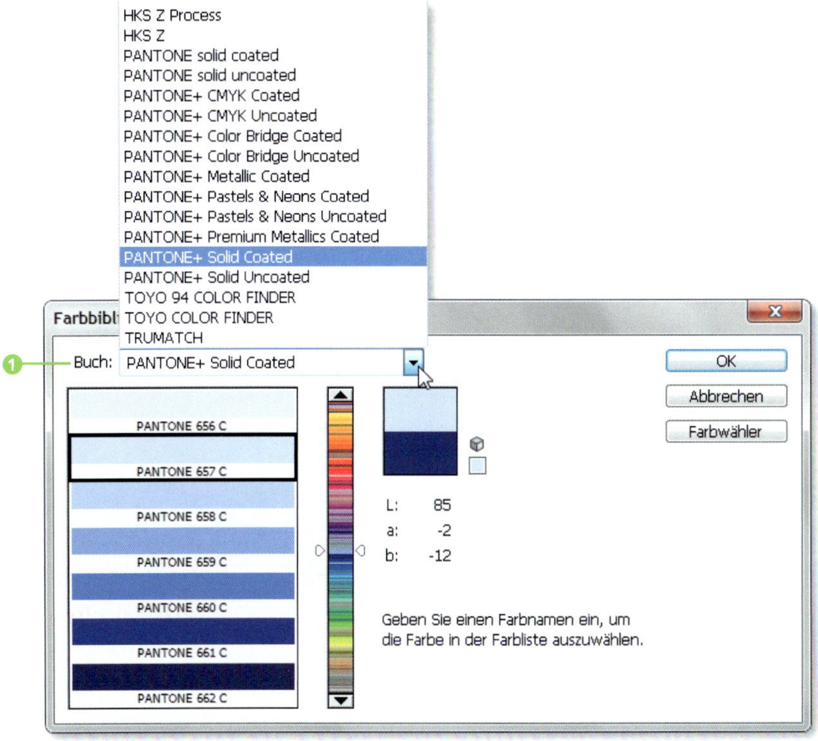

▲ **Abbildung 27.7**
Die Farbenlisten verschiedener namhafter Druckfarben-Hersteller sind im Farbwähler hinterlegt.

Sie können die Farbbibliotheken auch als **Brainstorming-Hilfe** benutzen, um schöne Farben für einen Entwurf zu finden. Das bringt manchmal mehr als das Verschieben von HSB-Reglern im normalen Farbregler-Modus!

Verwirrende Doppeldeutigkeit: »Bibliotheken«
Hier hat Adobe in der deutschen Programmversion eine terminologische Stolperfalle eingebaut. Sie können eigene Farben in der Palette FARBFELDER sichern. Diese Sammlungen eigener Farben heißen intern ebenfalls »Bibliotheken«. Sie sind jedoch nicht mit den »Farbbüchern« der verschiedenen Farbhersteller zu verwechseln, die Sie im Farbwähler mit dem Button FARBBIBLIOTHEKEN aufrufen.

Kuler: Die Farbkombi-Community mit Photoshop-Anschluss
Adobe baut die Angebote für die Online-Community immer weiter aus. Unter *http://kuler.adobe.com* finden Sie eine Plattform zum Erzeugen, Durchsuchen und Verwalten von Farbschemata – eine großartige Inspirationsquelle, wenn Sie Farbkombinationen entwickeln. Außerdem können Sie aus Photoshop direkt darauf zugreifen. Mehr zu diesem Thema lesen Sie in Abschnitt 27.7, »Farbharmonien finden mit Kuler«.

27.3 Schnell zur Wunschfarbe: Der HUD-Farbwähler

Der Farbwähler ist eine feine Sache, wenn Sie nicht nur Farben einstellen, sondern auch die genauen Farbwerte wissen müssen. Doch für viele kreative Jobs ist der Standard-Farbwähler zu schwerfällig. Deswegen gibt es daneben einen intuitiven Farbwähler, der HUD-Farbwähler oder kurz das HUD (HUD = Heads-up-Display). Das HUD schwebt über der Malfläche – so sehen Sie ausgewählte Farben direkt im Bildkontext.

HUD nur mit OpenGL-Unterstützung

Damit der HUD-Farbwähler funktioniert, ist OpenGL erforderlich. Mit sehr alten Grafikkarten könnte es Probleme bei der Darstellung geben. Technische Informationen zum Grafikkarten-Troubleshooting gibt's bei Adobe unter *http://helpx.adobe.com/de/photoshop/kb/photoshop-cs6-gpu-faq.html*.

Bild: Photocase

▲ **Abbildung 27.8**
HUD in der Standardansicht (FARBTONSTREIFEN KLEIN). Das HUD erleichtert es, Farben passend zum Bildkontext zu wählen.

▲ **Abbildung 27.9**
Die Ansichtsvariante FARBTONRAD KLEIN

Mehr Ansichtsvarianten für das HUD

In den Photoshop-Voreinstellungen (VOREINSTELLUNGEN • ALLGEMEIN • HUD-FARBWÄHLER) können Sie das Aussehen des HUD verändern. Das ging in CS5 auch schon, doch jetzt gibt es mehr HUD-Varianten – zum Beispiel auch kleinere, die nicht so viel Platz beanspruchen.

Sie starten das HUD bei aktiviertem Pipette-Werkzeug mit dem Kürzel [⇧]+[Alt] + **Rechts**klick im Dokumentfenster (bzw. mit [Ctrl]+[Alt]+[cmd] und Klick unter Mac OS). Haben Sie den Farbwähler einmal auf dem Bildschirm, können Sie auch die Tasten wieder loslassen, die Maustaste muss aber gedrückt bleiben. Bewegen Sie die Maus über den Farbstreifen oder das Farbrad, um einen Farbton festzulegen, und nutzen Sie das große Farbfeld, um Abstufungen in Sättigung und Helligkeit einzustellen. Sobald Sie die Maustaste loslassen, verschwindet der Farbwähler wieder, und die zuvor ausgewählte Farbe ist als neue Vordergrundfarbe eingestellt.

27.4 Klein und handlich: Die Farbe-Palette

Die Farbe-Palette ist kleiner und handlicher als der Farbwähler und kann jederzeit griffbereit auf der Arbeitsfläche liegen. Die Funktionen sind ähnlich wie beim Farbwähler, nur ist ihre Anordnung kompakter.

Farbe-Palette benutzen

Sie rufen die Palette über Fenster • Farbe, mit dem Shortcut F6 oder mit einem Klick auf das Palettensymbol auf. Das Vorgehen ist einfach: Klicken Sie auf das Vordergrund- oder Hintergrundfarbfeld in der Farbe-Palette (nicht in der Werkzeugleiste!), je nachdem, welche Farbe Sie einstellen wollen. Eine Umrandung 1 zeigt an, welches Farbfeld Sie aktuell verändern. Durch die Eingabe von Werten oder durch ein Verschieben der Regler legen Sie dann eine neue Farbe fest. Der kleine Balken unterhalb der Schieberegler ist in der Farbe-Palette das Pendant zum großen Farbfeld des Farbwählers. Sie können auch Farben einstellen, indem Sie auf diesen Balken klicken.

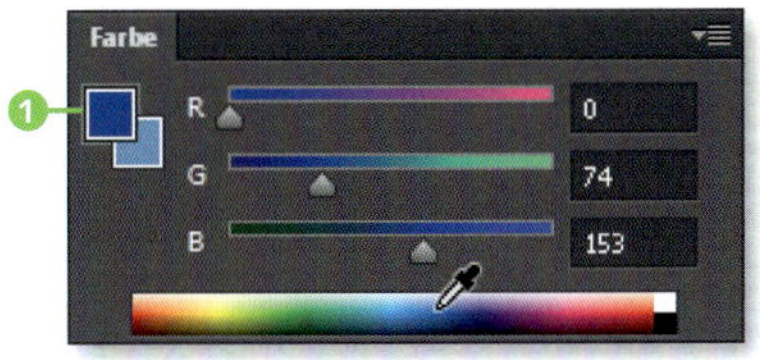

▲ **Abbildung 27.10**
Farbeinstellung per Farbregler-Balken. Hier wird gerade die Vordergrundfarbe eingestellt.

Farbmodi von Spektrumsbalken und Farbreglern

Die Regler der Palette und der angezeigte Spektrumsbalken müssen nicht zwangsläufig im selben Farbmodus funktionieren. Es ist auch möglich, Regler und Spektrum in unterschiedlichen Farbsystemen anzeigen zu lassen. Der Photoshop-Standard ist ein RGB-Regler und ein CMYK-Spektrum. Das erklärt auch, warum die Spektrumsfarben bei genauerer Betrachtung relativ matte, wenig strahlende Farben zeigen. Diese sind für die Bildschirmdarstellung von CMYK charakteristisch. Um die Anzeige von Reglern und Spektrum auf ein anderes Farbsystem umzustellen, rufen Sie über die Schaltfläche oben rechts das Palettenmenü auf. Dort legen Sie fest, welche Farben im Spektrumsbalken angezeigt werden und wie die Farbslider beschaffen sind.

Für die Regler sind alle gängigen Farbmodi einstellbar, und beim Spektrum haben Sie die Wahl zwischen RGB, CMYK, Graustufen und Variationen der aktuell eingestellten Farben. Auch ein Rechtsklick auf den Farbbalken führt zu dieser Einstellung. Mit mehrfachen ⇧-Klicks auf den Farbbalken navigieren Sie stufenweise durch die verschiedenen Arten der Anzeige.

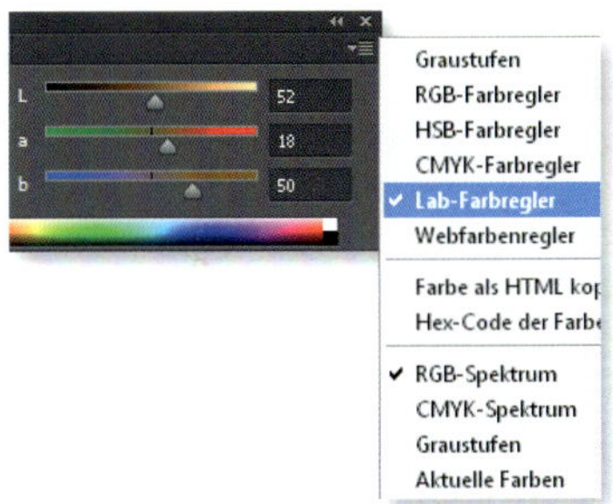

▲ **Abbildung 27.11**
Die Palette Farbe mit ausgeklapptem Palettenmenü. Angezeigt werden die drei Lab-Farbregler und ein RGB-Spektrum.

Was wollen Sie tun?	Windows	Mac
Vordergrundfarbe aus Farbbalken auswählen	Klick auf den Farbbalken	Klick auf den Farbbalken
Hintergrundfarbe aus Farbbalken auswählen	Alt + Klick auf den Farbbalken	Alt + Klick auf den Farbbalken
durch verschiedene Farbbalken-Ansichten navigieren	⇧ + Klick auf den Farbbalken	⇧ + Klick auf den Farbbalken

◀ **Tabelle 27.2**
Tastaturbefehle für das Arbeiten mit der Farbe-Palette auf einen Blick

27.5 Farben per Pipette aufnehmen: Farbinspiration aus Bildern

Pipettenring nervt? Ausblenden!
In der Optionsleiste des Pipette-Werkzeugs finden Sie die Option Auswahlring anzeigen. Damit blenden Sie den Farbring ein und aus.

Sie können sich bei der Suche nach guten Farben auch von vorhandenem Bildmaterial inspirieren lassen. Sehr oft werden Sie Farben für Designprojekte direkt aus den zum Einsatz kommenden Fotos übernehmen wollen. Das ist eine gute Methode, um zu einem harmonischen Erscheinungsbild zu kommen. Und bei Retuschen kann diese Methode helfen, einen realistischen Farbton für Haut oder Augen zu finden. Das Werkzeug, das Ihnen dabei hilft, Farbwerte zu ermitteln, ist die Pipette [I].

Klicken Sie einfach an die Stelle des Bildes, deren Farbe Sie als **Vordergrundfarbe einstellen** wollen. Um die **Hintergrundfarbe einzustellen**, halten Sie zusätzlich [Alt] gedrückt. Nach dem Klick, solange Sie die Maustaste gedrückt halten, sehen eine ringförmige Farbvorschau. Oben wird die aktuell aufgenommene Farbe (1) gezeigt, unten die zuletzt geklickte Farbe (2); ein grauer Rand grenzt die Vorschau von den Farben des Bildmotivs ab.

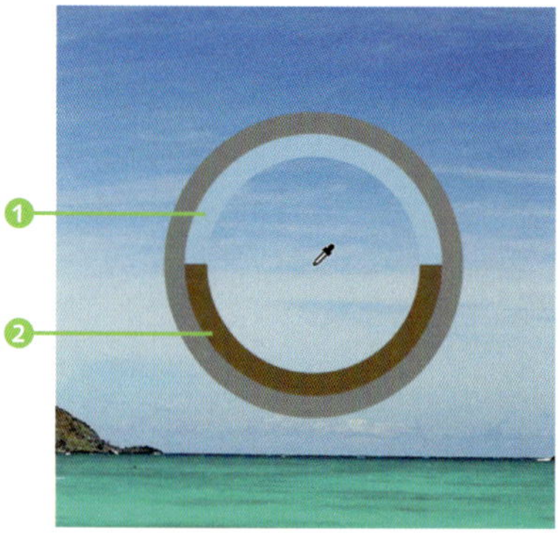

▲ **Abbildung 27.12**
Der Auswahlring der Pipette zeigt, welche Farben Sie zuletzt aufgenommen haben.

Aufnahmebereich | Denken Sie auch daran, die Option Aufnahmebereich festzulegen! Damit regeln Sie, wie viele Pixel im Umkreis der geklickten Stelle in die Farbmessung einbezogen werden. Höhere Werte als 1 Pixel ermitteln einen Durchschnittsfarbwert der aufgenommenen Pixel. Unter Aufnehm. legen Sie fest, ob nur die Pixel der aktuellen Ebene aufgenommen oder ob alle Bildebenen berücksichtigt werden.

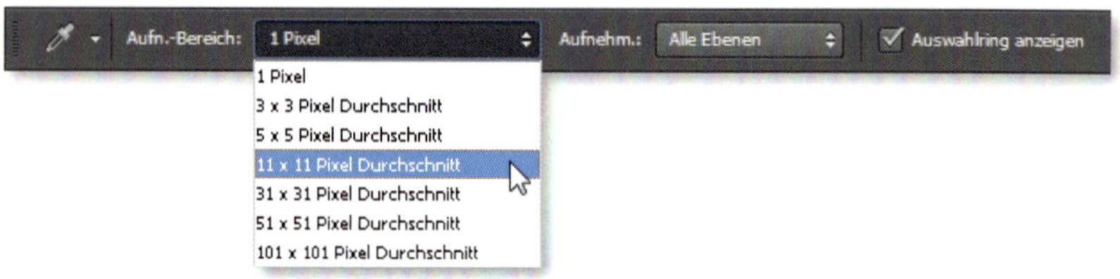

▲ **Abbildung 27.13**
Die Pipetten-Optionen

Zum Weiterlesen
Das Farbaufnahme-Werkzeug im Praxiseinsatz erleben Sie in Teil VI, »Korrigieren und optimieren« (siehe Seite 610 f.).

Aus Bildern per Pipette übernommene Farben erscheinen als Vordergrundfarbe in der Werkzeug-Palette und können natürlich später auch ganz einfach per Farbwähler modifiziert werden.

Was wollen Sie tun?	Windows	Mac
Pipette aufrufen	I	I
kurzfristig von beliebigem Malwerkzeug zur Pipette wechseln	Beliebiges Malwerkzeug + Alt und ins Bild klicken	Beliebiges Malwerkzeug + Alt und ins Bild klicken
Vordergrundfarbe per Pipette einstellen (bei aktivem Pipette-Werkzeug)	Klick ins Bild	Klick ins Bild
Hintergrundfarbe per Pipette einstellen (bei aktivem Pipette-Werkzeug)	Alt + Klick ins Bild	Alt + Klick ins Bild
von der Pipette schnell zum **Farbaufnahme-Werkzeug** (vier fixe Messpunkte in der Info-Palette) wechseln	Pipettenklick ins Bild + ⇧	Pipettenklick ins Bild + ⇧

◄ **Tabelle 27.3**
Tastaturbefehle für das Pipette-Werkzeug auf einen Blick

27.6 Schnellzugriff auf Lieblingsfarben: Die Farbfelder-Palette

Ein weiteres Photoshop-Tool, das Ihnen den Umgang mit Farben erleichtert, ist die Palette FARBFELDER (FENSTER • FARBFELDER). Ganz neue Farben kreieren können Sie dort nicht, die Palette ist jedoch enorm hilfreich für die Verwaltung eigener Farben und Farbkombinationen. Sie können dort eigene Farben speichern und später wieder darauf zurückgreifen. Zudem zeigt die Palette auch vorgefertigte Farbkollektionen – sogenannte *Bibliotheken* – an. Die Farbfelder-Palette ist also die ideale Ergänzung zu Farbwähler und Farbregler.

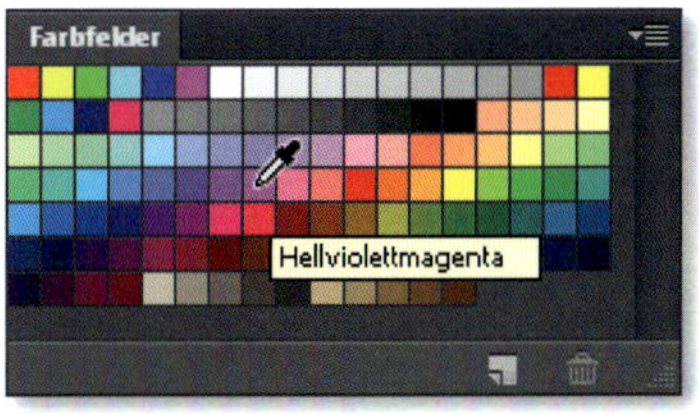

▲ **Abbildung 27.14**
Die Farbfelder-Palette in der Standardansicht. Hier wird gerade eine Farbe als Vordergrundfarbe aufgenommen.

Farben aus der Farbfelder-Palette auswählen

Um eine neue **Vordergrundfarbe** festzulegen, klicken Sie einfach auf das gewünschte Farbfeld. Eine kleine Auswahlhilfe: Wenn Sie mit dem Mauszeiger über einer Farbe verweilen, wird der Titel eingeblendet. Um eine neue **Hintergrundfarbe** einzustellen, drücken Sie Strg bzw. cmd und klicken in das betreffende Farbfeld.

Farbfelder ergänzen oder löschen

Ein eigenes Farbfeld anzulegen oder bestehende Farbfeld-Bibliotheken zu verändern, kostet Sie nur wenige Mausklicks und fast gar keine Zeit.

Farbfelder anlegen | Um ein neues Farbfeld zu ergänzen, stellen Sie als Erstes die gewünschte Farbe als Vordergrundfarbfeld in der Werkzeugleiste ein. Dazu nutzen Sie den Farbwähler oder die Farbe-Palette. Fahren Sie dann mit der Maus über ein freies Eckchen auf der Farbfelder-Palette – wenn schon sehr viele Farbfelder dort abgelegt sind, müssen Sie sich die Palette eventuell etwas größer ziehen. Der Mauszeiger wird nun zum Eimer-Symbol.

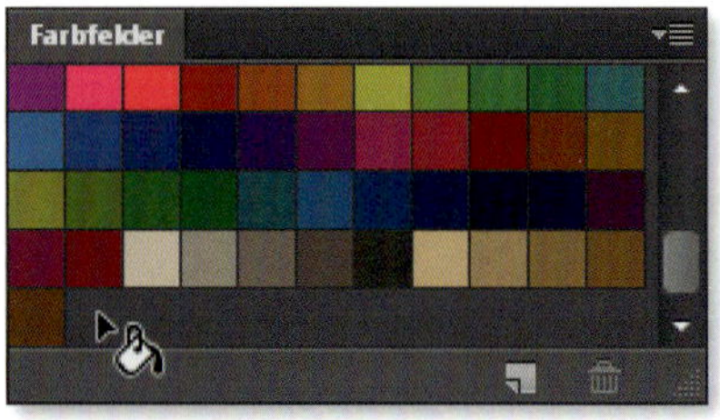

▲ **Abbildung 27.15**
Bereit zum Ablegen einer neuen Farbe ...

▲ **Abbildung 27.16**
... und Festlegen des Farbnamens

Wenn Sie dann klicken, dürfen Sie noch einen Namen für das neue Farbfeld angeben – fertig. Alternativ nutzen Sie den Befehl NEUES FARBFELD aus dem Palettenmenü ☰. Das Farbfeld wird an das Ende der Liste gesetzt.

Einzelne Farbfelder löschen | Um einzelne Farbfelder zu löschen, drücken Sie `Alt` und klicken das entsprechende Farbfeld an. Gelöscht wird das Farbfeld, das sich unter dem Scheren-Symbol befindet. Das erfordert etwas Maus-Feingefühl. Wenn Ihnen das Hantieren in dieser Ansicht zu »fummelig« ist, ändern Sie via Palettenmenü ☰ die Ansicht oder bemühen den Vorgaben-Manager.

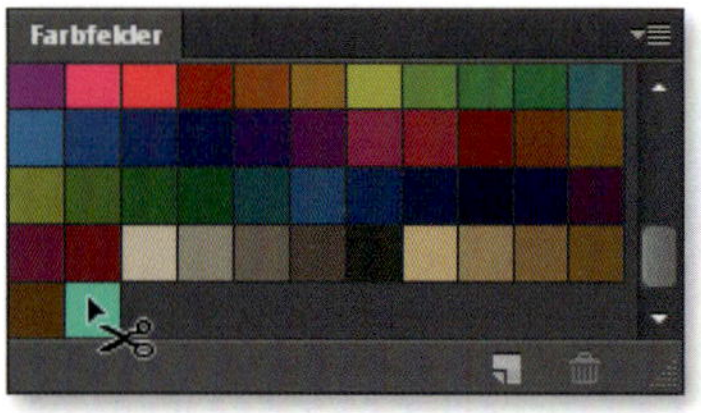

▲ **Abbildung 27.17**
Das Scheren-Symbol zeigt an, dass auf Klick ein Farbfeld gelöscht wird.

Im Vorgaben-Manager: Farbfelder sortieren oder mehrere auf einmal löschen | Für erweiterte Verwaltungsaufgaben muss der Vorgaben-Manager her. Sie erreichen ihn über den entsprechenden Befehl im Seitenmenü ☰ der Palette. Im Vorgaben-Manager stellen Sie zunächst unter VORGABE: FARBFELDER ① ein.

Um mehrere Farbfelder auf einmal zu löschen, müssen Sie sie zuerst einmal auswählen. `⇧` hilft Ihnen, mehrere *benachbarte* Farben auf einmal auszuwählen, `Strg`/`cmd` ermöglicht das Markieren mehrerer *nicht zusammenhängender* Farben. Die Schaltfläche LÖSCHEN entfernt die Farbfelder schließlich.

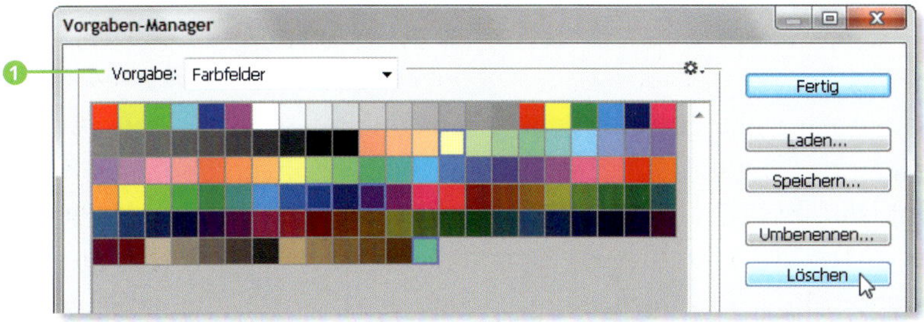

◀ **Abbildung 27.18**
Im Vorgaben-Manager klicken Sie zu löschende Farbfelder erst an (ein etwas dickerer Rahmen dient als Markierung), dann klicken Sie auf LÖSCHEN.

Auch die Anordnung der einzelnen Farbfelder können Sie verändern. Nutzen Sie dazu einfach die Drag & Drop-Methode. Die Reihenfolge, die Sie im Vorgaben-Manager eingestellt haben, wird in die Farbfelder-Palette übernommen, sobald Sie den Vorgang mit dem FERTIG-Button quittieren.

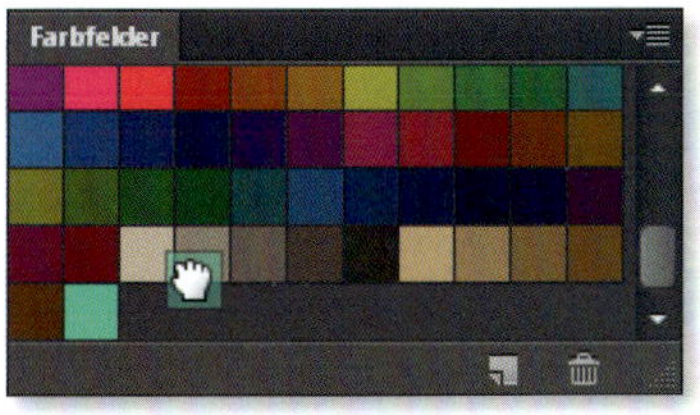

▲ **Abbildung 27.19**
Auch hier kann die Position eines Farbfeldes verändert werden.

Farbfelder CS-weit nutzen

Wenn Sie eine Kollektion von Farbfeldern mit den Speicherbefehlen des Palettenmenüs oder im Vorgaben-Manager sichern, wird eine Farbfeld-Bibliothek erzeugt. Diese wird von Photoshop im Dateiformat **.aco** abgelegt. Diesen Typ von Bibliothek können Sie ausschließlich in Photoshop benutzen. Wenn Sie Farbbibliotheken auch in anderen Anwendungen der Creative Suite einsetzen wollen, müssen Sie den Speicherbefehl FARBFELDER FÜR AUSTAUSCH SPEICHERN aus dem Palettenmenü verwenden. Dabei erzeugen Sie Dateien im Format **.ase.**

Diese Dateien können nicht allein in Photoshop, sondern auch in Illustrator, Flash, Fireworks und InDesign eingesetzt werden. Merken Sie sich auch, wo Sie die **.ase**-Datei ablegen – der von Photoshop vorgeschlagene Standardpfad wird von InDesign oder Illustrator nicht unbedingt automatisch gefunden!

Zum Weiterlesen
Wenn Sie mehr über die **Verwaltung von Vorgaben** in Paletten und mit dem Vorgaben-Manager erfahren wollen, lesen Sie unbedingt Abschnitt 7.5, »Farbfelder, Muster, Stile & Co: Kreativressourcen organisieren«. Dort erläutere ich das Thema ganz genau.

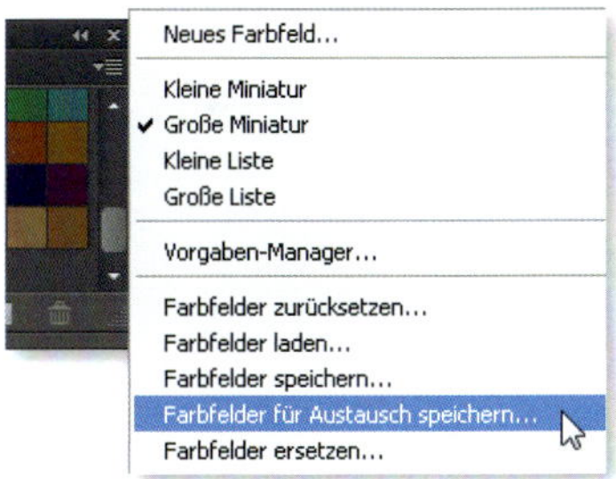

▲ **Abbildung 27.20**
Wenn Sie Farbfelder mit diesem Befehl speichern, können Sie sie auch mit anderen Anwendungen der Creative Suite nutzen.

Was wollen Sie tun?	Windows	Mac
neues Farbfeld aus der aktuellen Vordergrundfarbe in der Palette ablegen	Klick an das Listenende der Palette	Klick an das Listenende der Palette
Farbfeld löschen	`Alt` + Klick auf das Farbfeld	`Alt` + Klick auf das Farbfeld
Vordergrundfarbe aus der Farbfelder-Palette einstellen	Klick auf das Farbfeld	Klick auf das Farbfeld
Hintergrundfarbe aus der Farbfelder-Palette einstellen	`Strg` + Klick auf das Farbfeld	`cmd` + Klick auf das Farbfeld

◀ **Tabelle 27.4**
Tastaturbefehle für die Arbeit mit der Farbfelder-Palette

27.7 Farbharmonien finden mit Kuler

Adobe baut das Internetangebot für Kreativarbeiter kontinuierlich aus. Mit einigen der Onlineressourcen sind die Anwendungen der Creative Suite eng verzahnt; ein Beispiel dafür ist die Online-Community **Kuler**, die Sie unter *http://kuler.adobe.com* finden. Kuler ist englischsprachig, aber so einfach zu bedienen, dass wohl auch Nutzer mit geringen Sprachkenntnissen klarkommen.

Abbildung 27.21 ▼
Kuler – Inspiration, Handwerkszeug und Community gleichzeitig. Hier sehen Sie die Community-Seite mit Farbschema-Suche.

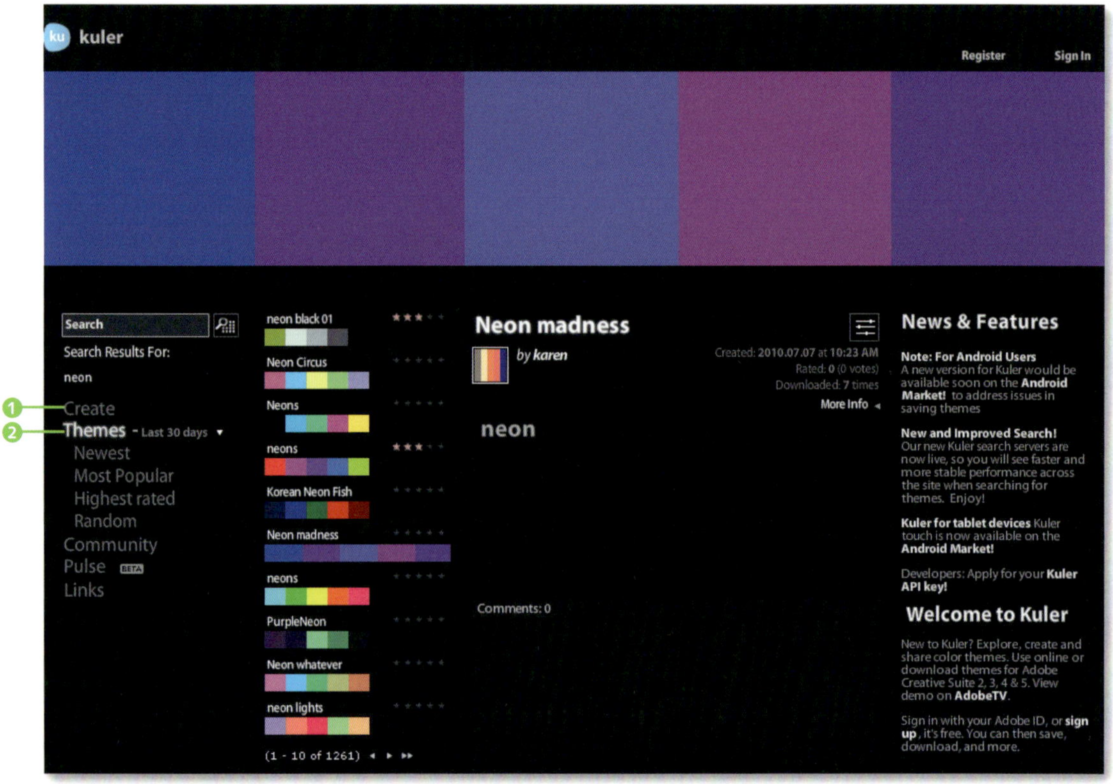

Was kann Kuler online ? | Online-Tools, mit denen sich nach verschiedenen Harmonieregeln ansprechende Farbkombinationen finden lassen, gibt es schon seit Langem. Kuler hat jedoch einen breiteren Funktionsumfang:

- Sie können eigene Farbharmonien mithilfe des Farbkreises erzeugen (Menüpunkt 1 CREATE • FROM A COLOR).
- Sie können auch aus hochgeladenen eigenen Fotos oder Flickr-Fotos Farbkombinationen entwickeln (Menüpunkt CREATE • FROM AN IMAGE).
- Außerdem können Sie natürlich die Farbschemata anderer Nutzer durchsuchen (Menüpunkt 2 THEMES).

[Flickr]
Flickr ist ein Online-Portal mit Community- und Schlagwort-Funktion (Tags) zum Einstellen von Fotos, vor allem für private Nutzer (*www.flickr.com*).

Diese Funktionen stehen allen Anwendern zur Verfügung. Wer sich registriert, kann darüber hinaus eigene Farbschemata, mit Titel und Schlagwörtern versehen, online speichern.

Wenn Sie Kuler online nutzen, haben Sie die Wahl, ob Sie das Schema öffentlich zeigen oder nur privat nutzen. Registrierte Nutzer können außerdem eigene und fremde Farbkombinationen herunterladen und auf dem eigenen Rechner speichern. Die Farbmuster aus Kuler liegen im **.ase**-Dateiformat vor und sind mit vielen Creative-Suite-Anwendungen nutzbar. Beachten Sie auch hier den richtigen Speicherort.

▲ **Abbildung 27.22**
Registrierte Nutzer können Farbkombinationen zur Benutzung in Creative-Suite-Programmen herunterladen.

Die Kuler-Palette in Photoshop: Kuler durchsuchen | Kuler online macht wirklich Spaß. Die Funktionen sind durchdacht, die Benutzung funktioniert auf Anhieb – wo nötig, helfen einem kleine Sprechblasen mit Infotexten weiter –, und dank Flash läuft auch alles angenehm flüssig. Doch Sie müssen nicht unbedingt die Kuler-Website besuchen, um die dort gespeicherten Farbschemata auf der Suche nach Inspiration und genau der richtigen Farbfolge zu durchsuchen. Das funktioniert auch direkt aus Photoshop heraus, denn Kuler hat seine eigene Palette. Diese finden Sie nicht wie die anderen Paletten direkt unter dem Menüpunkt FENSTER, sondern unter FENSTER • ERWEITERUNGEN • KULER. Übrigens: Ein, zwei vorangehende kurze Besuche bei Kuler online machen die Benutzung der CS-integrierten Kuler-Version leichter. Man versteht einfach viel besser, was alles hinter der kleinen Palette mit den bunten Farbfeldern steckt!

Unter INFO finden Sie nur einige allgemeine Informationen über Kuler.

Die DURCHSUCHEN-Funktion ❸ verbindet Sie mit Kuler online. Suchen können Sie nach Stichwörtern (Tags) oder anderen Suchkriterien.

- Für die Suche nach Tags tragen Sie einfach im Suchfeld ❹ ein Stichwort ein und drücken die [↵]-Taste. Als Stichwort eignet sich fast alles (auf Englisch, versteht sich): Farbbezeichnungen, Ortsnamen,

Registrieren bei Adobe

Bei vielen Online-Services nervt die Registrierungspflicht, weil zahlreiche persönliche Daten preisgegeben werden müssen. Adobe macht es den Anwendern einfach und bietet viel. Abgefragt werden nur E-Mail-Adresse und Passwort. Dann erhalten Sie Ihre »Adobe-ID«. Diese gewährt Ihnen Zugang zu Kuler online, aber auch zu anderen Funktionen, etwa den unter **Acrobat.com** gehosten Diensten für kollaboratives Arbeiten oder dem Ressourcen-Marktplatz **Adobe Exchange**.

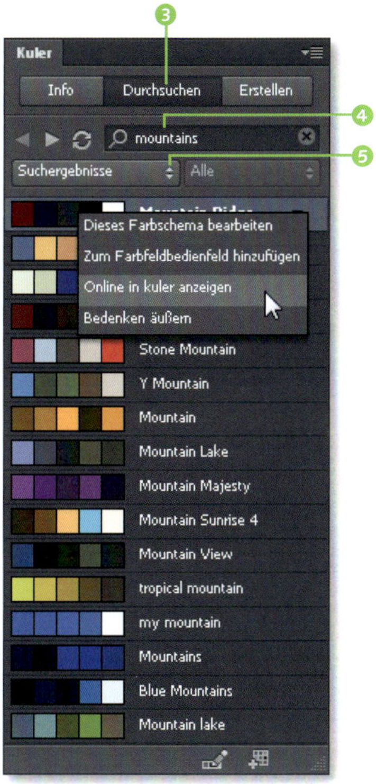

▲ **Abbildung 27.23**
Die Kuler-Palette – sofern Ihr Rechner mit dem Internet verbunden ist, haben Sie hier direkten Zugriff auf alle Online-Farbmuster.

▲ **Abbildung 27.24**
In Listen blättern

▲ **Abbildung 27.25**
Anzeige aktualisieren

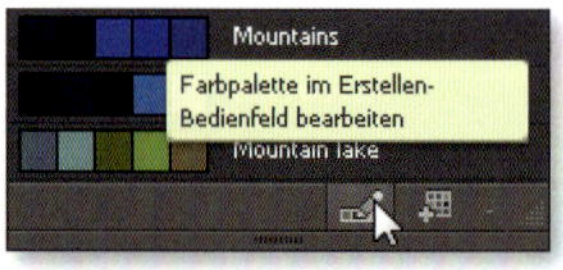

▲ **Abbildung 27.26**
Schemas in Kuler bearbeiten

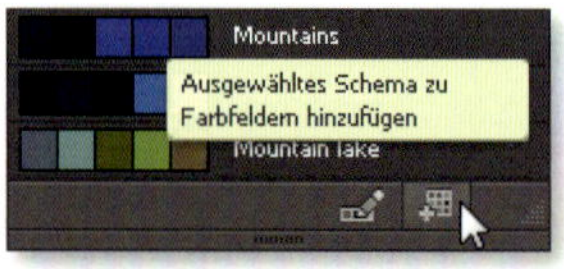

▲ **Abbildung 27.27**
Schemas in die Farbfelder-Palette befördern

Jahreszeiten und Monate, Adjektive für Stimmungen oder andere Begriffe, die Sie mit einer bestimmten Farbstimmung assoziieren. Online ist die Stichwort-Suche ein wenig einfacher, weil Sie sich dort nach dem Schneeball-System durch die (verlinkten) Tags hangeln können.

- Anders, als man annehmen könnte, ist die Liste Suchergebnisse (5) nicht dazu da, einmal gefundene Ergebnisse zu sortieren. Stattdessen dient sie dazu, den kompletten Bestand der Farbmuster auf Kuler nach Datum, Beliebtheit und einigen anderen Kriterien sortiert anzuzeigen. Die Liste daneben sorgt für eine zeitliche Eingrenzung. Außerdem können Sie der Liste bis zu vier eigene Stichwörter hinzufügen. Klicken Sie dazu unter Suchergebnisse auf Benutzerdefiniert, und tragen Sie häufig genutzte Suchbegriffe ein.

Für wichtige Funktionen stehen am oberen und unteren Rand der Kuler-Palette einige Icons zur Verfügung. Wie überall in Kuler gibt es auch hier ziemlich smart formulierte und daher wirklich hilfreiche QuickInfos.

- Mit Hilfe der Pfeile navigieren Sie in den – oft sehr langen – Listen.
- Das Recycling-Symbol aktualisiert die Liste – sinnvoll, wenn Sie die Kuler-Palette längere Zeit nicht benutzt haben. Der Onlinebestand ändert sich ja kontinuierlich.
- Der Buntstift führt zu den Bearbeitungsfunktionen der Kuler-Palette, ebenso wie der Button Erstellen oben in der Palette.
- Mit dem letzten Button fügen Sie der Farbfelder-Palette ausgewählte Schemas ohne weitere Umwege hinzu. Wenn Ihnen ein Schema wirklich gut gefällt, sollten Sie das tun: Aufgrund der Dynamik und Größe von Kuler kann es schwierig sein, bestimmte Schemas wiederzufinden, besonders, wenn Sie sich ihre Namen, Ersteller oder Tags nicht gemerkt haben.

Farben in der Kuler-Palette bearbeiten

Die Bearbeitungsfunktion in der Kuler-Palette ist nicht so komfortabel wie online. Dennoch ist sie eine gute Ergänzung zu Photoshops anderen Farbtools, weil Sie hier nach Harmonieregeln arbeiten können. Auch hier gibt es viele nützliche QuickInfos, die Sie durch die Funktionen lotsen.

Wählen Sie zunächst unter Regel (1), nach welcher Harmonieregel Sie arbeiten wollen, und nutzen Sie die Slider rechts (2) und unterhalb (4) des Farbkreises, um die eingestellten Farben zu modifizieren. Es ist außerdem möglich, die einzelnen Farb-Spots (3) im Spektrum mit der Maus zu verschieben.

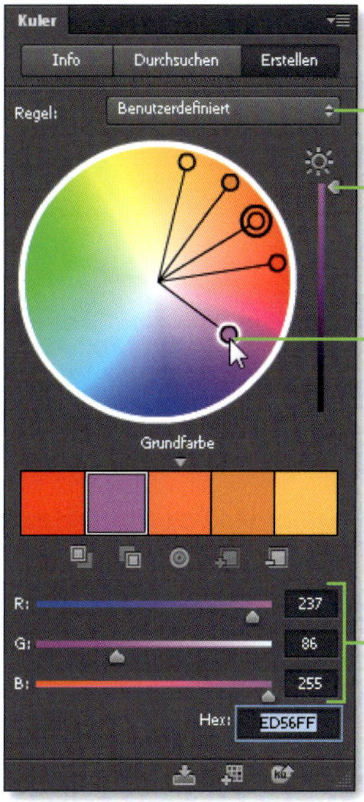

◀ **Abbildung 27.28**
Kuler-Farbschemas bearbeiten und neue kreieren

Durch Festlegen unterschiedlicher Farbharmonie-Regeln ❶ **verändern Sie das gesamte Farbschema**. Maßgeblich für die Wirkung der Regeln ist, welche Farbe als Grundfarbe eingestellt ist – dazu genügt ein Klick auf einen der kleinen Kreise innerhalb des Spektrums ❸. Diese können Sie auch manuell verschieben.

- Wenn Sie die Grundfarbe geändert haben oder eine neue Harmonieregel anwenden wollen, klicken Sie auf das Kreis-Icon unterhalb der Farbfelder, um die Anzeige zu aktualisieren.

Sie können auch einzelne Farben des Schemas gezielt bearbeiten. Manchmal kommt es dabei trotzdem zu Veränderungen des gesamten Schemas, je nach eingestellter Harmonieregel. In jedem Fall muss eine Farbe ausgewählt sein. Das erreichen Sie durch Anklicken eines der Farbfelder. Es wird dann mit einem weißen Rand hervorgehoben.

- Sie können die RGB-Regler benutzen oder Farbwerte in die Felder eintippen. Je nach gewählter Regel ändern sich dabei unter Umständen alle Farben des Schemas mit.
- Außerdem können Sie die Helligkeit einstellen ❷. Auch hier hängt es von der wirksamen Harmonieregel ab, ob nur eine oder alle Farben des Schemas verändert werden.
- Um eine Farbe aus der Reihe zu entfernen und damit Platz für eine ganz neue Farbe zu schaffen, klicken Sie auf das Quadrat-Icon mit dem Minuszeichen .

Kuler immer griffbereit

Wie alle Paletten können Sie auch die Kuler-Palette als Symbol im Dock ablegen.

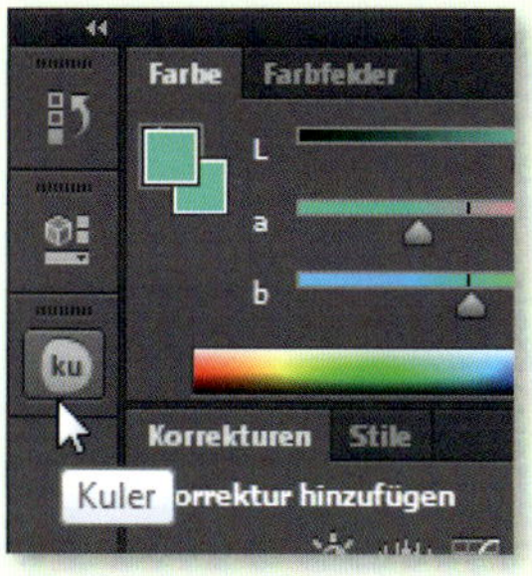

▲ **Abbildung 27.29**
Die Kuler-Palette, zum Symbol minimiert

▲ **Abbildung 27.30**
Unter GESPEICHERT tauchen die eigenen Farbfolgen auf.

- Aktivieren Sie dann das leere Farbfeld, stellen Sie eine neue Farbe ein, und nutzen Sie das Quadrat-Icon mit dem Pluszeichen, um die neue Farbe hinzuzufügen.

Sind Sie mit Ihrer Farbeinstellung zufrieden, gilt es, die Ausbeute zu sichern:

- Einzelne Farben stellen Sie per Icon als Vordergrundfarbe oder als Hintergrundfarbe in der Photoshop-Werkzeugleiste ein.
- Der Button FARBSCHEMA SPEICHERN sichert ein Schema innerhalb der Kuler-Palette. In der DURCHSUCHEN-Ansicht werden Sie eigene Schemas dann wiederfinden.
- Außerdem können Sie die Farben in der Farbfelder-Palette ablegen oder online zu Kuler hochladen.

Kapitel 28

Die Malwerkzeuge

Mit neuen Tools, Funktionen und Optionen baut Adobe Photoshop zu einem immer besser ausgestatteten Malstudio aus – und dieses Kapitel über Malwerkzeuge hat in der aktuellen Auflage inzwischen einen stattlichen Umfang erreicht.

28.1 Pinsel und Buntstift

Pinsel und Buntstift (beide erreichbar per Shortcut B – für »Brush«) sind die althergebrachten Standard-Malwerkzeuge, mit denen Sie digitale Farbe auftragen. Mit dem Misch-Pinsel-Werkzeug (ebenfalls über B erreichbar) werden Farbpixel nicht nur aufgetragen, sondern auch mit den Farben des Malgrunds gemischt. Diesen speziellen Pinsel stelle ich in einem eigenen Abschnitt vor (siehe Abschnitt 28.4, »Nass-in-nass-Maltechnik: Der Misch-Pinsel«). Zunächst geht es um die beiden Klassiker Pinsel und Buntstift. Sie sind in der Werkzeugleiste im gleichen Fach angesiedelt, und sie wirken auch sehr ähnlich: Sie stellen die Vordergrundfarbe ein, legen die Pinselspitze und andere Werkzeugoptionen fest und tragen die Pixel per Maus oder Stift auf. Hilfreiche Shortcuts für den effektiven Gebrauch der Malwerkzeuge finden Sie in Tabelle 28.2 auf Seite 836.

Malerei reversibel halten: Protokoll-Palette

Mit dem Tastenkürzel Strg/cmd+Z machen Sie einen falschen Handgriff rückgängig, mit Strg/cmd+⇧+Z geht es mehrere Arbeitsschritte zurück. Das klappt beim Malen jedoch nur bedingt. Jeder einzelne Pinselstrich wird als eigener Schritt verbucht – mit den Kürzeln kommen Sie also nicht weit zurück. Nutzen Sie daher die Protokoll-Palette, und machen Sie Gebrauch von der Funktion Schnappschuss. Mehr Informationen zur Protokoll-Palette finden Sie in Abschnitt 6.3.

Pinsel

Das Pinsel-Werkzeug B erzeugt Striche mit wahlweise glatten oder weichen Kanten. Zahlreiche zusätzliche Maleffekte können hinzugenommen werden. Für Mal- und Illustrationszwecke auf Pixelbildern ist es bestens geeignet, ebenso für die Bearbeitung von Ebenenmasken oder der Quick Mask. Allerdings ist das ambitionierte Malen mit der

Maus ein wenig umständlich – wenn Sie öfter detaillierte Kolorierungsarbeiten und Illustrationen anfertigen wollen, sollten Sie über die Anschaffung eines Grafiktabletts nachdenken, das es Ihnen erlaubt, mit einem Stift zu arbeiten.

Mit einiger Übung arbeiten Sie damit präziser und schneller. Photoshop bietet in seinen Pinseleinstellungen viele Optionen, mit denen Sie die Funktionen eines solchen Grafiktabletts ausreizen können.

Pinsel-Optionen | Die Größe und Art des Pinsels stellen Sie mit Hilfe eines Dropdown-Menüs ein ❶ (mehr dazu erfahren Sie in Abschnitt 28.2, »Werkzeugspitzen einstellen«).

Unter Modus ❷ legen Sie fest, wie der aufgetragene Malstrich mit den darunterliegenden Pixeln verrechnet wird. Die Modi wirken wie die schon bekannten Ebenen-Mischmodi und tragen auch dieselben Bezeichnungen. Deckkraft ❸ reguliert – wenig überraschend – die Deckkraft bzw. Transparenz des aufgetragenen Strichs. Mit einem Pinselauftrag, dessen Deckkraft reduziert ist, können Sie lebendige Farbflächen gestalten.

▼ Abbildung 28.1
Optionen für den Pinsel. Die Liste mit den Pinselvorgaben ist ausgeklappt.

Die Option Fluss ❺ regelt die Viskosität der aufgetragenen virtuellen Farbe. Das heißt, je geringer der Wert ist, desto »zäher« fließen die Pixel aus dem Pinsel.

Die Option Airbrush ❻, die Sie durch Anklicken der Schaltfläche direkt neben der Fluss-Einstellung aktivieren, hilft Ihnen, weiche Farbübergänge zu erstellen, die an traditionelle Airbrush-Techniken erinnern. Während im Normalbetrieb nur dann »Farbe« aus der Werkzeugspitze strömt, wenn Sie die Maus bewegen, sondert das Pinsel-Werkzeug mit aktiver Airbrush-Option auch bei Stillstand farbige Pixel ab.

Grafiktablett-Einstellungen | Zwei Schaltflächen in der Optionsleiste sind exklusiv für Grafiktablett-Nutzer gedacht. Wenn sie aktiv sind, werden die Optionsleisten-Einstellungen für Deckkraft und Pinselgröße ignoriert; die von Grafiktablett und Eingabestift übermittelten Werte haben dann Vorrang.

- Die Schaltfläche ❹ direkt neben der Deckkraft-Option setzt diese außer Kraft und überlässt dem Grafiktablett die Deckkraft-Steuerung (über den Andruck des Stifts – das klappt natürlich nur, wenn Sie ein Grafiktablett haben, das diese Funktion auch unterstützt).

- Die Schaltfläche 7 am rechten Rand der Optionsleiste deaktiviert die Pinselgrößen-Einstellung in der Optionsleiste. Die Pinselgröße wird dann von Ihrem Zeichentablett via Stiftdruck gesteuert (sofern dort diese Funktion vorhanden ist).

Zum Weiterlesen
Eine detaillierte Übersicht über die **Wirkung der verschiedenen Mischmodi** finden Sie in Kapitel 13, »Mischmodus: Pixel-Interaktion zwischen Ebenen«.

Malmodus vs. Ebenen-Mischmodus

Wie bei vielen anderen Werkzeugen können Sie auch bei Pinsel und Buntstift einstellen, mit welchem Modus die aufgetragenen Pixel mit den Bildpixeln verrechnet werden. Die zugrundeliegenden Berechnungen sind dieselben wie bei den Ebenen-Mischmodi.

Ob Sie besser mit den Malmodi oder Ebenen arbeiten, ist Geschmackssache und hängt auch von der konkreten Aufgabe ab. Wenn Sie die Modus-Einstellung in der Optionsleiste nutzen, sind Sie in jedem Fall flotter, Korrekturen sind jedoch schwieriger. Wenn Sie mit Ebenen arbeiten, sind Sie flexibler, können Korrekturen leicht anbringen und einfacher experimentieren!

▲ **Abbildung 28.2**
Das Originalbild. Bearbeitungsziel: das verblasste Rot des Automaten kräftiger machen

◀ **Abbildung 28.3**
Hier wurden mit der Pinseloption Modus: Weiches Licht rote Pixel direkt auf die Bildebene aufgepinselt. Um korrekt zu arbeiten, brauchen Sie entweder eine Auswahl oder sehr viel Geduld. Nachbessern oder Modus-Änderungen sind nicht möglich!

◀ **Abbildung 28.4**
Die flexiblere Lösung: Ebenen. Das Bild erscheint gleich. Erst die Ebenen-Palette zeigt den Unterschied. Hier können Sie z. B. durch Masken einfacher Pannen ausbessern oder verschiedene Versionen vergleichen. Viel zeitaufwendiger als das Arbeiten mit Auswahl und Pinsel ist das nicht.

Buntstift

Das Buntstift-Werkzeug funktioniert ähnlich wie der Pinsel. Es gibt allerdings einen entscheidenden Unterschied: Der Buntstift kann Linien in verschiedener Form, aber immer nur mit harten Kanten erzeugen. In der Liste, die Sie über die Optionsleiste erreichen, sind zwar auch Werkzeugspitzen mit weichen Kanten aufgeführt – so wie beim Pinsel-Werkzeug auch. Allerdings erzeugen weiche Werkzeugspitzen beim Buntstift keine weiche Kante, sondern »unsaubere« Kanten mit einer Störungsstruktur, wie sie für echte Buntstiftlinien typisch ist.

▲ **Abbildung 28.5**
Typische Buntstift-Werkzeug-Linie, die mit einer Werkzeugspitze mit weicher Kante erzeugt wurde.

Der Buntstift wird gerne bei Bildern im Bitmap-Modus verwendet, die ohnehin nur auf schwarze und weiße Bildpunkte eingeschränkt sind. Auch wenn Sie mit kleinen Werkzeugspitzen arbeiten und unbedingt scharfe, harte Linien brauchen, sollten Sie zum Buntstift greifen. Beim Pinsel werden nämlich auch vermeintlich »harte« Linien immer ein wenig geglättet!

Buntstift-Optionen | Bei den übrigen Optionen gibt es gegenüber dem Pinsel-Werkzeug wenig Neues, mit einer Ausnahme: der Option Automatisch löschen (1). Damit können Sie mit der Hintergrundfarbe, die Sie in der Werkzeugleiste eingestellt haben, über Bildbereiche malen, die die Vordergrundfarbe enthalten – und zwar ausschließlich über diese Bereiche. Sie können diese Option also z. B. gut verwenden, um bei einer Illustration Bereiche gezielt umzufärben.

Abbildung 28.6 ▶
Optionsleiste beim Buntstift

28.2 Werkzeugspitzen einstellen

Zum Weiterlesen
Weitergehende Pinseleinstellungen lernen Sie in Abschnitt 28.7, »Feintuning für Pinsel- und Werkzeugspitzen«, kennen.

Werkzeuge, die die Bildpixel direkt verändern, sind in Photoshop vielfach präsent und vielseitig einsetzbar – nicht nur bei den klassischen Malwerkzeugen, sondern auch bei vielen Retuschetools. Gebraucht werden sie bei Illustrationen und Retuschen, für die knifflige manuelle Korrektur einer Maske oder Quick Mask. Immer gilt: Die jeweilige Werkzeugspitze muss optimal angepasst sein, wenn Sie gute Ergebnisse erzielen wollen. Darüber hinaus können Sie mit Hilfe von Werkzeugeinstellungen auch interessante kreative Effekte realisieren. Übrigens: In der Adobe-Terminologie heißen Werkzeugspitzen immer »Pinselspitzen« – auch wenn sie zu anderen Tools als dem Pinsel gehören.

Einstellung in der Optionsleiste

Photoshop bietet ein riesiges Arsenal an fertig konfigurierten Werkzeugspitzen für Pinsel, Buntstift und Misch-Pinsel, die sogenannten **Pinselvorgaben**. Sie erreichen die Pinselvorgaben am schnellsten über die Optionsleiste der Malwerkzeuge 2, außerdem gibt es eine eigene Pinselvorgaben-Palette (erreichbar via FENSTER • PINSELVORGABEN oder mit dem Button 3 in der Werkzeug-Optionsleiste).

◀ **Abbildung 28.7**
Schnelle Pinseleinstellung beim Pinsel-Werkzeug. Die Pinselliste sehen Sie hier in der Ansicht MINIATUR UND PINSELSTRICH.

Wählen Sie Ihren Wunschpinsel aus der Vorgabenliste 5. Mit Hilfe der Slider 4 können Sie außerdem Eigenschaften wie den Durchmesser der

Pinselspitze (GRÖSSE) oder die Konturschärfe des Malstrichs (HÄRTE) verändern. Im Seitenmenü 6 können Sie eine andere Listendarstellung wählen und außerdem weitere Pinselspitzen nachladen.

Weitere Pinsel in die Liste laden | Nicht alle der in Photoshop vorhandenen Werkzeugspitzen stehen standardmäßig zum Zugriff in der Vorgabenliste bereit – dann würde sie nämlich viel zu lang und unübersichtlich. Um zusätzliche Pinselspitzen in die Liste zu laden, öffnen Sie als Erstes das Pinselmenü in der Optionsleiste und klicken dort auf das kleine Zahnrad-Symbol 6, das zum Seitenmenü führt.

Im unteren Bereich des Seitenmenüs 8 finden Sie alle vorhandenen Pinselkollektionen, die Bibliotheken. Wenn Sie direkt auf einen der Bibliothekstitel klicken, erscheint eine Anfrage zum weiteren Verfahren.

Mit den Befehlen in der Mitte des Seitenmenüs 7 können Sie auch direkt festlegen, wie mit der Liste und den hineinzuladenden Pinseln verfahren wird:

- PINSEL ZURÜCKSETZEN... stellt den Urzustand der Liste wieder her, versetzt die Pinsel sozusagen wieder in den Werkszustand.
- PINSEL LADEN... ruft den Ordner auf, in dem die Photoshop-Pinsel standardmäßig abgelegt sind.
- PINSEL SPEICHERN... speichert die aktuelle Liste. Sinnvoll ist das, wenn Sie die Liste verändert haben. Achten Sie dann auf die Vergabe eines neuen, eindeutigen Namens und darauf, die neue Bibliothek ebenfalls im Standardordner abzulegen – nur dann erscheint sie beim nächsten Programmstart unten im Seitenmenü bei den anderen Bibliothekstiteln.
- PINSEL ERSETZEN... nimmt die aktuell geladenen Pinsel aus der Liste und lädt eine neue Bibliothek. Wenn Sie zuvor Änderungen an der Liste vorgenommen haben, werden Sie gefragt, ob Sie sie speichern möchten.

Ps Riesige Pinselgrößen, neue Spezialpinsel
Pinsel gibt es jetzt bis zu einem Durchmesser von 5.000 Px – damit können Sie sogar in großen, hochaufgelösten Dateien malen.

Pinsel-Einstellungen am Beispiel | Pinsel, Buntstift, Härte, Abstand – wie sieht so eine Linie mit den verschiedenen Eigenschaften eigentlich aus? Abbildung 28.8 gibt Ihnen eine Vorstellung. (Einige der gezeigten Eigenschaften können lediglich über die Pinsel-Palette und nicht über die Pinseleinstellung in der Optionsleiste erzeugt werden.) Verwendete Pinseleinstellungen, von links nach rechts:

9 Pinsel-Werkzeug: GRÖSSE 3 Px, HÄRTE 100 %, ABSTAND 25 %, WINKEL 0°, RUNDHEIT 100 %

10 Pinsel-Werkzeug: GRÖSSE 60 Px, HÄRTE 50 %, ABSTAND 25 %, WINKEL 0°, RUNDHEIT 100 %

⑪ Pinsel-Werkzeug: GRÖSSE 60 PX, HÄRTE 0 %, ABSTAND 25 %, WINKEL 0°, RUNDHEIT 100 %
⑫ Buntstift-Werkzeug: GRÖSSE 50 PX, HÄRTE 20 %, ABSTAND 25 %, WINKEL 0°, RUNDHEIT 100 %
⑬ Pinsel-Werkzeug: HAUPTDURCHMESSER 40 PX, HÄRTE 100 %, ABSTAND 150 %, WINKEL 0°, RUNDHEIT 100 %
⑭ Pinsel-Werkzeug: GRÖSSE 20 PX, HÄRTE 100 %, ABSTAND 25 %, WINKEL 45°, RUNDHEIT 25 %
⑮ Pinsel-Werkzeug: GRÖSSE: 20 PX, HÄRTE 100 %, ABSTAND 650 %, WINKEL 45°, RUNDHEIT 25 %

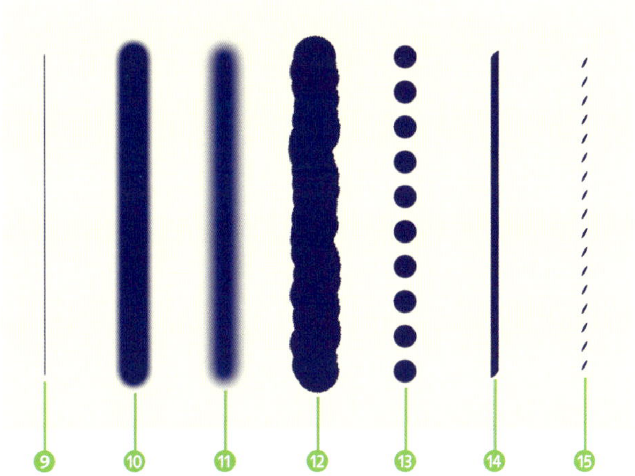

◀ **Abbildung 28.8**
Verschiedene Pinsel- und Buntstift-Eigenschaften und ihre Wirkung

Pinseleinstellung per Tastaturkürzel

Bei vielen Arbeiten muss man laufend Größe und Härte der Werkzeugspitze ändern. Es gibt einige handliche Shortcuts, mit denen Sie das im laufenden Betrieb erledigen können.

- Zunächst einmal können Sie bei aktivem Mal- oder Retuschewerkzeug einfach einen Rechtsklick auf die Arbeitsfläche setzen: Die Pinselvorgaben-Liste mit den werkzeugtypischen Reglern wird direkt unter der Pinselspitze eingeblendet.

Doch Größe und Weichheit – oder wahlweise die Pixeldeckkraft – können Sie auch im laufenden Betrieb ganz ohne Klick zur Pinselliste verstellen. Um die **Pinselgröße** zu verändern:

- Halten Sie `Alt` gedrückt, und drücken Sie die rechte Maustaste. Dann bewegen Sie die Maus **nach rechts oder links**.
- Sofern Sie eine **Mac-Eintastenmaus** benutzen, drücken Sie `Alt`+`Ctrl` und die (linke) Maustaste, während Sie die Maus **nach rechts oder links** bewegen.

Um die **Härte eines Pinsels** zu verändern:

- Halten Sie Alt gedrückt, und drücken Sie die rechte Maustaste. Dann bewegen Sie die Maus **nach oben oder unten**.
- Am **Mac** drücken Sie Alt+Ctrl und die (linke) Maustaste, während Sie die Maus **nach oben oder unten** bewegen.

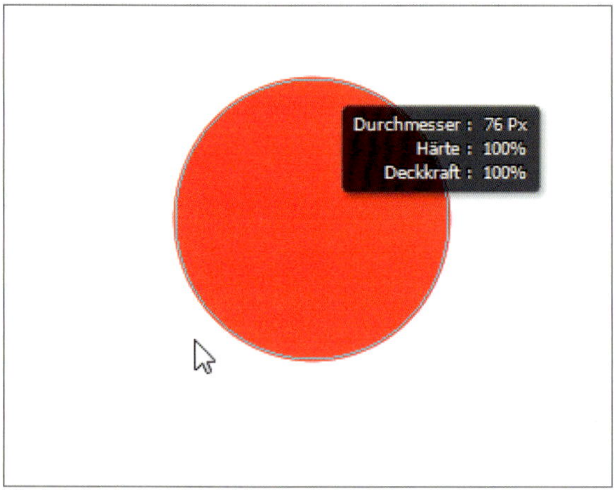

▲ **Abbildung 28.9**
Ein roter Kreis innerhalb der Pinselspitze und das kleine Flyout-Menü zeigen die durch Mausbewegung (rechts/links) eingestellte Pinselgröße an.

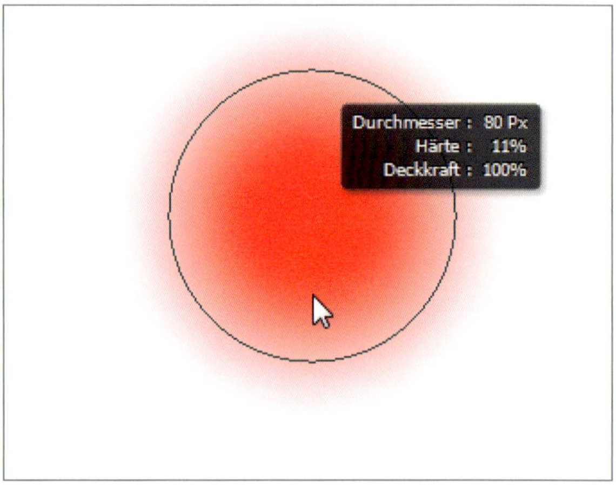

▲ **Abbildung 28.10**
Auch die Härte bzw. Weichheit von Werkzeugspitzen wird in der roten Vorschau angezeigt (Mausbewegung nach oben/unten).

Deckkraft durch Kürzel steuern
In den Voreinstellungen unter ALLGEMEIN Strg/cmd+K finden Sie die Option HÄRTE DES RUNDEN PINSELS ANHAND DER VERTIKALEN HUD-BEWEGUNG VARIIEREN. Standardmäßig ist sie aktiv. Wenn Sie hier das Häkchen entfernen, beeinflusst ein Pinselschwenk von oben nach unten nicht mehr die Härte oder Weichheit eines Pinsels, sondern die Deckkraft der aufgetragenen Pixel.

Das liest sich jetzt etwas kompliziert, aber wenn Sie es zwei-, dreimal ausprobieren, werden Sie sich an diese Shortcuts schnell gewöhnen!

Lieblingspinsel als Werkzeugvorgabe sichern

Ihre Pinselfavoriten können Sie mit Hilfe der Funktion WERKZEUGVORGABEN schnell sichern. Mit der Schaltfläche ❶ ganz links in der Werkzeug-Optionsleiste gelangen Sie zum Menü. Das NEU-Icon ❷ sichert Ihre Einstellungen.

Abbildung 28.11 ▶
Eigene Pinsel-Einstellungen sichern Sie über das aktuelle Malprojekt hinaus in den Werkzeugvorgaben.

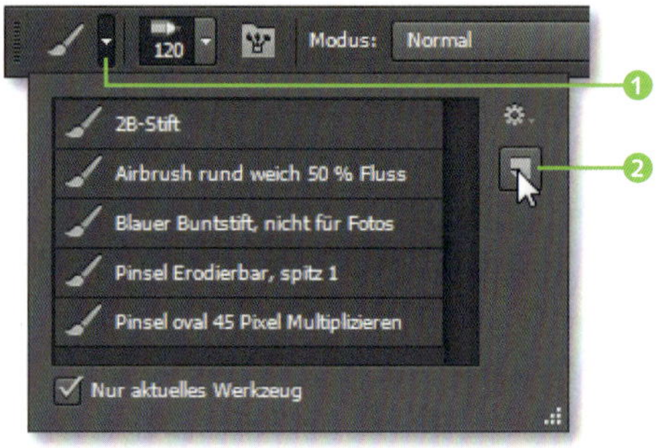

Achten Sie dabei auf prägnante Namen! Ist im Namensdialog FARBE EINSCHLIESSEN aktiv, können Sie auch die Malfarbe und im Fall des Misch-Pinsels auch aus dem Bild aufgenommene Farbstrukturen für späteres Malen sichern.

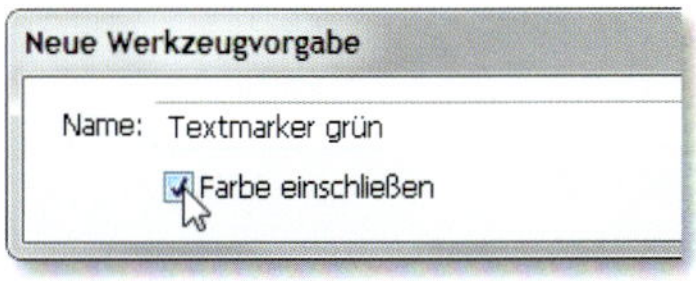

▲ **Abbildung 28.12**
Mit der Option FARBE EINSCHLIESSEN speichern Sie die jeweilige Pinsel-/Buntstiftfarbe mit.

Darstellung der Pinselspitzen

Gerade beim Malen und Retuschieren ist es wichtig, die volle Kontrolle über die Werkzeugspitze zu haben. Dafür unerlässlich ist eine Darstellung der Werkzeugspitzen, die deren Größe exakt wiedergibt. Sie erreichen sie über die Voreinstellungen (Strg/cmd+K) und dort in der Unterkategorie ZEIGERDARSTELLUNG (Strg/cmd+5).

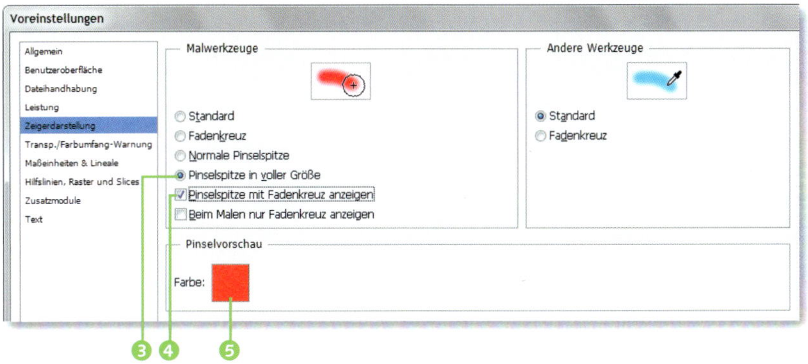

◀ **Abbildung 28.13**
Mit diesen Einstellungen haben Sie eine gute Kontrolle über die Pinselspitzen.

Für die Darstellung der Malwerkzeuge empfiehlt es sich, PINSELSPITZE IN VOLLER GRÖSSE ③ zu wählen. Die Option PINSELSPITZE MIT FADENKREUZ ANZEIGEN ④ ist besonders nützlich, wenn Sie mit weichen Werkzeugspitzen operieren: Dann zeigt ein kleines Kreuz die Mitte der Werkzeugspitze an. Das macht es leichter, die (abnehmende) Werkzeugwirkung zum Rand hin realistischer einzuschätzen.

Mit Hilfe des Farbfeldes unter ⑤ PINSELVORSCHAU ändern Sie die Farbe der shortcut-gesteuerten Pinselvorschau (siehe Abbildung 28.9 und 28.10).

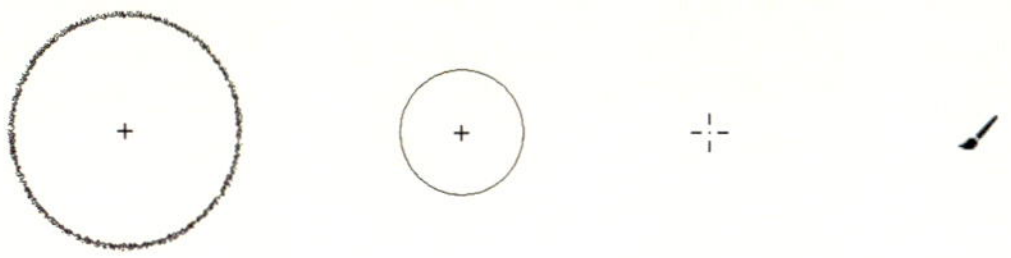

◀ **Abbildung 28.14**
Viermal ein 200-Px-Pinsel mit einer Kantenschärfe von 10%: in den Ansichten PINSELSPITZE IN VOLLER GRÖSSE (mit Fadenkreuz), NORMALE GRÖSSE (mit Fadenkreuz), FADENKREUZ und STANDARD

Wenn Sie die ⇧-Taste arretieren, werden Malwerkzeuge immer in der Ansicht FADENKREUZ angezeigt.

28.3 Erodierbare Spitzen, Airbrush und natürliche Spitzen

Ps **Neue Pinsel**
Adobe baut Photoshops Malstudio weiter aus und hat neue Spezialpinsel spendiert: abnutzbare (erodierbare) Werkzeugspitzen und virtuelle Airbrush-Düsen.

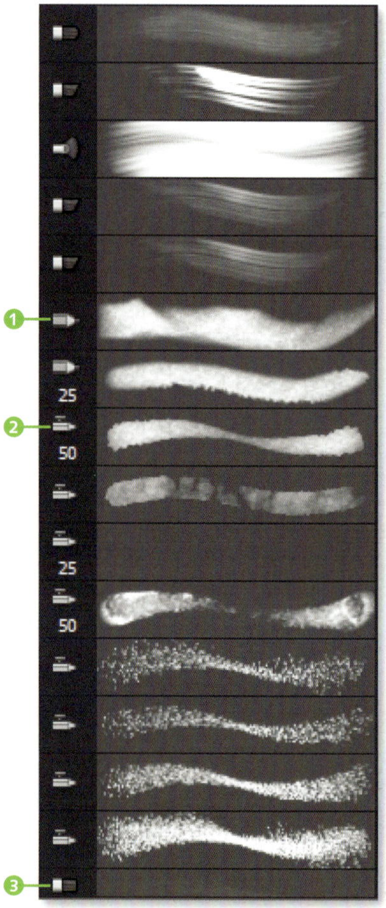

▲ **Abbildung 28.15**
Erodierbare Spitzen erkennen Sie in der Pinselliste am Buntstift-Icon 1, die neuen Airbrush-Spitzen an der Spritzpistole 2 und natürliche Pinsel an den Borstenpinsel-Symbolen 3.

In der Vorversion CS5 kamen für realistisches Nass-in-nass-Malen das Misch-Pinsel-Werkzeug und die natürlichen Spitzen (virtuelle Borstenpinsel) hinzu. Jetzt, in CS6, gibt es zwei weitere neue Pinseltypen, die echte Malmedien nachahmen: Erodierbare Pinselspitzen wirken wie Bunt- oder andere Malstifte, deren Spitze sich im Gebrauch abnutzt und breiter wird. Die virtuellen Airbrush-Düsen stellen sprühenden Farbauftrag realistisch nach oder erzeugen Kreativeffekte.
Zwar funktionieren die neuen Pinselspitzen auch im Mausbetrieb. Um sie voll auszureizen, brauchen Sie allerdings ein aktuelles Zeichentablett, das die Stiftneigung unterstützt.

Beide Pinselspitzen können Sie beim Pinsel-Werkzeug, beim Buntstift oder Misch-Pinsel einsetzen. Sie finden die Spezialpinsel in der Pinsel-Liste bei den jeweiligen Werkzeugen (siehe Abbildung 28.15). Sie können einen Pinsel aus der Liste wählen und **einfach losmalen**.

Detaileinstellungen sind in der Pinsel-Palette F5 möglich. Wählen Sie dazu zunächst den gewünschten Pinsel aus, öffnen Sie die Pinsel-Palette, und schauen Sie dort unter Pinselform 4 (siehe Abbildung 28.18). Die Optionen, die hier angeboten werden, unterscheiden sich je nach Pinselart.

Abnutzung wie mit echten Stiften: Erodierbare Spitzen

Wie schon erwähnt imitieren die erodierbaren Spitzen die Stiftabnutzung. Sie legen also zunächst – wie gewohnt – eine Pinselgröße fest; je länger Sie damit malen, desto mehr verdickt sich die Linie.

▲ **Abbildung 28.16**
Beispiel für die Abnutzung erodierbarer Pinsel. Die zunehmende Linienstärke kommt allein durch »Erosion« zustande, andere Parameter wurden nicht verändert.

In der Pinsel-Palette unter PINSELFORM ④ finden Sie die wesentlichen Einstellungen. GRÖSSE (Pinseldurchmesser) und ABSTAND (Abstand der einzelnen »Malpunkte«) gibt es auch bei anderen Spitzen.

- Spezifisch ist hier die WEICHHEIT ⑤. Sie steuert, wie weich der virtuelle Stift ist und wie schnell sich die Spitze abnutzt. Im Beispiel in Abbildung 28.16 sehen Sie drei verschiedene Linien, die mit erodierbaren Spitzen gemalt wurden. Die Ausgangsgröße war jeweils eine 120 Pixel große Spitze, die WEICHHEIT war mit 20 % (rote Linie), 65 % (blaue Linie) und 100 % (grüne Linie) angegeben.
- Der Button PINSEL ANSPITZEN ⑦ tut genau das, was der Name verspricht: Er setzt eine »abgenutzte« Spitze wieder auf die Ausgangseinstellung zurück, spitzt sie also gewissermaßen an.
- Unter FORM ⑥ stellen Sie die Form Ihrer erodierbaren Spitze ein.

Deckkraft durch Kürzel steuern

In den Voreinstellungen unter ALLGEMEIN Strg/cmd+K finden Sie die Option HÄRTE DES RUNDEN PINSELS ANHAND DER VERTIKALEN HUD-BEWEGUNG VARIIEREN. Standardmäßig ist sie aktiv. Wenn Sie hier das Häkchen entfernen, beeinflusst ein Pinselschwenk von oben nach unten nicht mehr die Härte oder Weichheit eines Pinsels, sondern die Deckkraft der aufgetragenen Pixel.

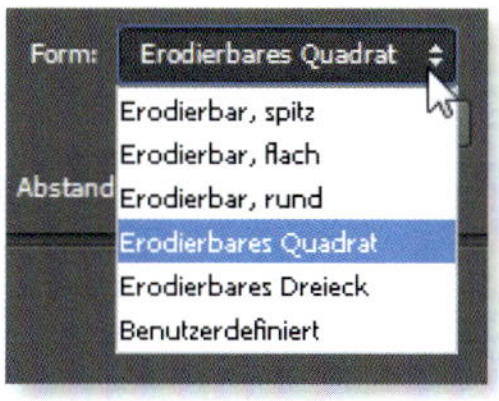

▲ **Abbildung 28.17**
Die FORM-Einstellung bestimmt die Wirkung des erodierenden Pinselstrichs maßgeblich.

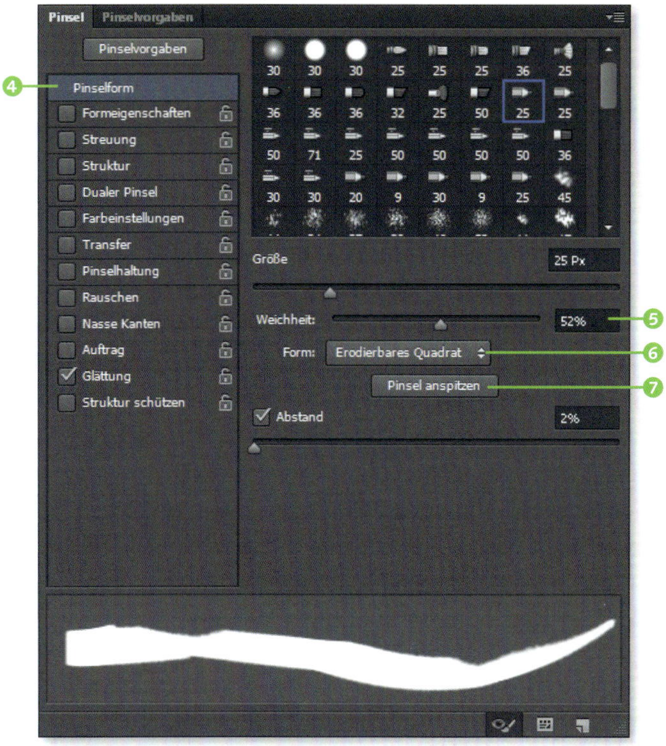

◄ **Abbildung 28.18**
Detaileinstellungen für erodierbare Spitzen

Airbrush- und Kreativ-Effekte

Wenn Ihnen die Airbrush-Presets aus der Pinselliste nicht genügen, können Sie mit den PINSELFORM-Einstellungen in der Pinselpalette die Wirkung der Airbrush-Spitzen entscheidend verändern. Hier ist von realistischem Sprühlook bis hin zu Sonnensystemen aus Farbpunkten alles möglich.

Zum Weiterlesen

Alle **anderen Einstellungen der Pinsel-Palette** lernen Sie in Abschnitt 28.7, »Feintuning für Pinsel- und Werkzeugspitzen«, kennen.

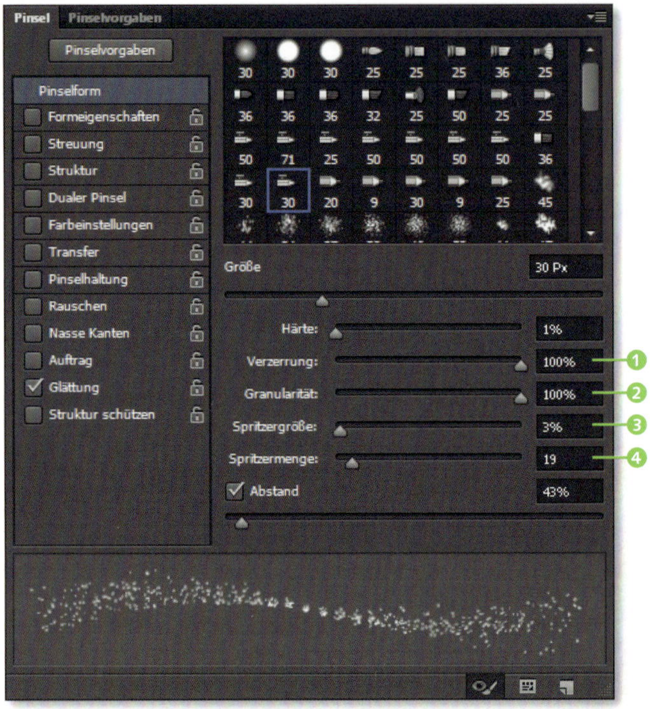

Abbildung 28.19 ▶
Detaileinstellungen für Airbrush-Pinsel

GRÖSSE und HÄRTE verhalten sich wie bei anderen Pinseln auch. Spannend wird es bei den übrigen Optionen.

- Unter VERZERRUNG (1) stellen Sie gewissermaßen die »Spurtreue« der Pinsellinie ein. Je höher der eingestellte Wert, desto weiter sind die einzelnen Sprenkel verstreut. »Verteilungsmuster« wäre wohl ein besserer Name für diese Option.
- Unter GRANULARITÄT (2) legen Sie fest, wie deutlich die einzelnen »Airbrush«-Spritzer zu erkennen sind. Ein geringer Wert führt zu einem fast soliden Farbauftrag, ein hoher Wert zu deutlich voneinander unterscheidbaren Sprenkeln.
- Die SPRITZERGRÖSSE (3) bestimmt die Größendifferenz der einzelnen Sprenkel. Für realistisches Airbrush sollten Sie einen hohen Wert einstellen.
- Mit der SPRITZERMENGE (4) geben Sie vor, wie dicht die Spritzer sind.

Natürliche Pinselspitzen anpassen

Bei Photoshops **Borstenpinseln** (auch »natürliche Spitzen« genannt) gibt es in der Pinsel-Palette unter PINSELFORM detaillierte Einstellungen. mit denen Sie die Eigenschaften der Borsten genau beeinflussen können. Gerade bei der Arbeit mit dem Misch-Pinsel-Werkzeug trägt die Borstenqualität entscheidend zur Wirkung des Farbauftrags bei!

◀ **Abbildung 28.20**
Die Borstenqualität natürlicher Pinsel können Sie genau einstellen.

- Die Option Form 5 legt die Anordnung der Borsten fest.
- Borsten 6 steuert, wie dicht der digitale Pinsel mit Borsten bestückt ist.
- Länge 7 ändert die Länge der Borsten und damit, wie flexibel ein Pinsel auf Zeichenstift-Druck reagiert. Je länger die Borsten werden, desto nachgiebiger wird auch der Pinsel.
- Stärke 8 steuert die Breite jeder einzelnen Borste.
- Steifheit 9 reguliert die Biegsamkeit der Borsten. Bei geringer Steifheit verformt sich der Pinsel schneller. Wenn Sie kein Zeichentablett haben und nur mit der Maus arbeiten, ist diese Einstellung am besten geeignet, um den Strich während der Arbeit zu variieren.

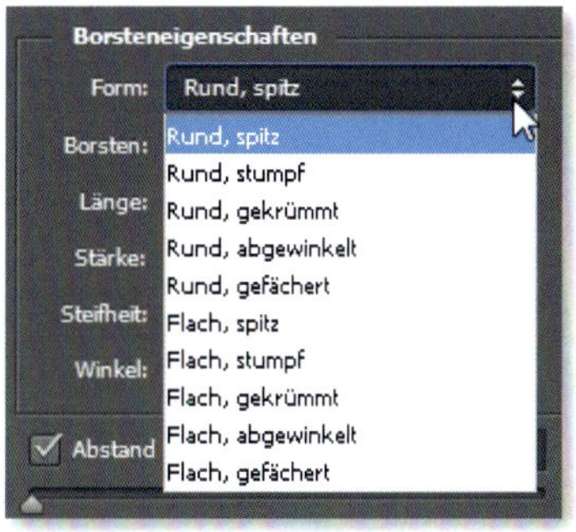

▲ **Abbildung 28.21**
Welche Form soll der Pinsel haben?

Mit dem Icon 10 öffnen Sie das Feld mit der Live-Pinselvorschau (siehe Abbildung 28.22 bis 28.24). Es zeigt die neu definierte Pinselspitze mit den vorgenommenen Änderungen an.

Live-Pinselvorschau | Für alle Spezialpinsel (erodierbare und natürliche Spitzen, Airbrush) gibt es eine Live-Pinselvorschau. Konzipiert ist sie für Zeichentablett-Benutzer. Ein kleines Fenster über der Arbeitsfläche zeigt eine Darstellung des aktuellen Pinsels, der Neigungswinkel entspricht der Haltung des Eingabestifts auf dem Zeichentablett.

Dazu kommen realistische Mauszeiger, die der Pinsel- respektive Stiftbewegung ebenfalls folgen: inklusive gesträubter und verschobener Borsten bei stärkerem Druck und Richtungswechsel.

Standardmäßig ist die Live-Pinselvorschau eingeblendet, sobald sie einen der Spezialpinsel aufrufen. Sollten Sie sie einmal vermissen, holen Sie sie mit Ansicht • Anzeigen • Pinselvorschau zurück.

▲ **Abbildung 28.22**
Die Live-Pinselvorschau …

▲ **Abbildung 28.23**
… folgt jeder Stiftbewegung …

▲ **Abbildung 28.24**
… und erleichtert so den exakten Farbauftrag enorm.

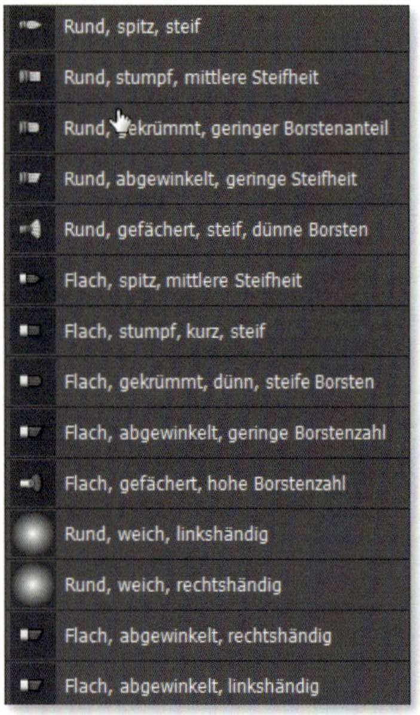

▲ **Abbildung 28.25**
Photoshops Imitation »echter« Malpinsel

28.4 Nass-in-nass-Maltechnik: Der Misch-Pinsel

Der Misch-Pinsel kann nicht nur Farbpixel auftragen. Mit ihm ist es möglich, die aufgetragene digitale Farbe mit dem Maluntergrund zu vermischen und dadurch realistische Maleffekte zu simulieren. Der Misch-Pinsel funktioniert mit jeder Pinselspitze, besonders gut wirkt er jedoch zusammen mit den naturalistischen Borstenpinseln.

Misch-Pinsel-Optionen

Mit dem Misch-Pinsel können Sie eigene Bilder neu malen oder aber Fotografien so verfremden, dass sie wie Gemälde aussehen. In beiden Fällen sollten Sie die Werkzeugoptionen im Griff haben. Und das ist gar nicht so einfach: Die Misch-Pinsel-Optionen unterscheiden sich grundlegend von den altbekannten Pinsel- und Buntstiftoptionen. Dazu kommt, dass zahlreiche Einstellungskonstellationen möglich sind, deren Wirkung sich jedoch nur in Nuancen unterscheidet – Sie sehen also nicht sofort, was die Veränderung einer Option bewirkt. Zudem ist neben den Parametern der Optionsleiste auch der verwendete Pinsel für das Malergebnis entscheidend. Deswegen folgt ein Schritt-für-Schritt-Workshop, der Sie zum Ausprobieren ermuntern soll.

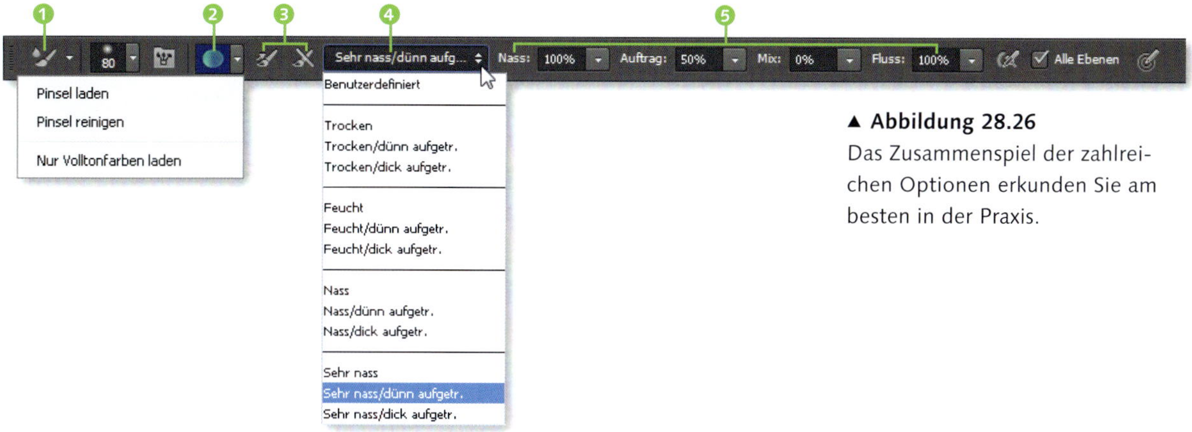

▲ **Abbildung 28.26**
Das Zusammenspiel der zahlreichen Optionen erkunden Sie am besten in der Praxis.

Zur ersten Orientierung zunächst ein Überblick über die Misch-Pinsel-Optionen:

- Wie bei anderen Malwerkzeugen auch finden Sie links das Pinsel-Icon ①; ein Klick darauf öffnet die Liste mit den Pinselvorgaben.
- Mit dem Icon (oder dem Kürzel F5) blenden Sie die Palette Pinsel ein, in der Sie weitergehende Einstellungsmöglichkeiten für Pinselspitzen finden.
- Daneben folgt ein kleines Vorschaufeld mit der »aktuellen Pinselladung« ②. Angezeigt wird also, welche Farbe derzeit aufgetragen wird. Dies kann die Vordergrundfarbe aus der Werkzeugleiste sein, eine aufgenommene Farbe oder sogar die Farbstruktur aus dem Bild. Ein Klick auf den kleinen Pfeil neben dem Farbfeld klappt eine Liste mit zwei wichtigen Befehlen zum **Laden** und **Reinigen** des Pinsels auf. Diese Befehle sind vergleichbar mit dem Tauchen eines echten Pinsels in Farbe oder dem Ausspülen.
  Der Befehl Nur Volltonfarben laden in derselben Liste ist standardmäßig deaktiviert – und das kann in den meisten Fällen auch so bleiben. Ist diese Option aktiviert, wird verhindert, dass Pixel aus dem Bild aufgenommen und für den Farbauftrag verwendet werden. (Wie Sie diese aufnehmen, erfahren Sie im folgenden Workshop.)
- Die zwei Buttons ③ daneben beeinflussen das Malverhalten des Pinsels entscheidend. Der linke der beiden, Pinsel nach jedem Strich laden , sollte in jedem Fall aktiv sein, wenn Sie tatsächlich Farbe im Bild auftragen – und nicht nur bestehende Bildfarben verwischen – wollen. Ist diese Option inaktiv, wird Ihre Malerei so wirken, als ob Sie mit einem trockenen (oder mit Lösungsmittel getränkten) Pinsel

Bessere Performance
Beim Einsatz des Misch-Pinsels ist Ihr Rechner gefordert – und in der Vorversion war es auch Ihre Geduld: Die Berechnung der miteinander »vermalten« Pixel war oft etwas zäh. In CS6 ist der Misch-Pinsel deutlich performanter und lässt sich flüssiger bedienen (geeignete Hardware vorausgesetzt).

über eine feuchte Leinwand wischen. Der Button daneben, Pinsel nach jedem Strich reinigen, reinigt den Pinsel nach jedem Strich von aufgenommener Farbe. Wenn Sie diese Option deaktivieren, vermalen Sie die Bildfarben stärker, und es wird schwieriger, klar konturierte Farbflächen zu erzeugen.

- In der Dropdown-Liste 4 sind Presets mit Konstellationen aus den Farbauftragsoptionen Nass, Auftrag, Mix und Fluss 5 gespeichert. Bisher bietet Photoshop noch keine Möglichkeit, eigene Presets an dieser Stelle zu sichern – Sie können jedoch immer die Werkzeugvorgaben nutzen. Wichtig: Die Bezeichnungen Trocken, Feucht, Nass usw. beziehen sich nicht auf die aufgetragene Farbe, sondern auf den Zustand des Untergrundes!

Sie können diese Presets natürlich abwandeln oder ganz eigene Einstellungen festlegen. Dazu nutzen Sie die vier folgenden Optionen:

- Nass bezeichnet – wie erwähnt – die Farbe auf dem Bild, das Sie gerade bemalen. Je feuchter die Malfläche, desto mehr Farbe aus der digitalen »Leinwand« wird in den aufgetragenen Malstrich hineingemischt und desto weniger von der aufgetragenen Farbe ist zu sehen.
- Auftrag legt fest, wie viel virtuelle Farbe Sie an den Borsten haben – sprich, wie lang oder kurz die Striche werden, die Sie malen können, ohne erneut Farbe nachzuladen.
- Mix wirkt – zusammen mit der Nässe – auf das Mischungsverhältnis von aufgetragener Farbe und den Farben des Malgrundes. Ist der Mix-Wert hoch, ist die Farbe des Untergrundes stark zu sehen, und die aufgetragene Farbe ist bei hohen Mix-Werten manchmal kaum zu erkennen. Setzen Sie den Mix-Wert herab, tritt die aufgetragene Farbe stärker hervor.

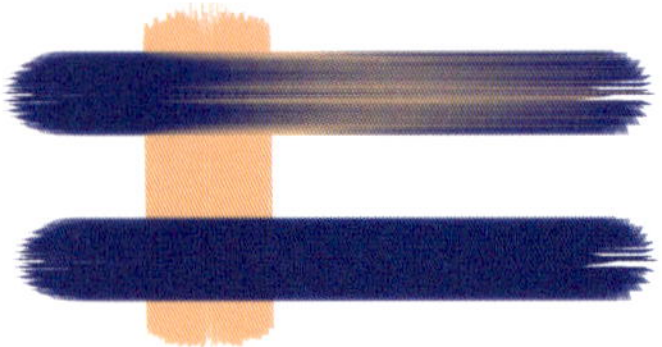

▲ Abbildung 28.27
Oben wurde blaue Farbe mit einem Nässe-Wert von 10 % über das Lachsorange gemalt; das aufgetragene Blau vermischt sich mit der »feuchten« Farbe darunter. Beim unteren Strich stand die Nässe auf 0 %, die Farben mischen sich nicht.

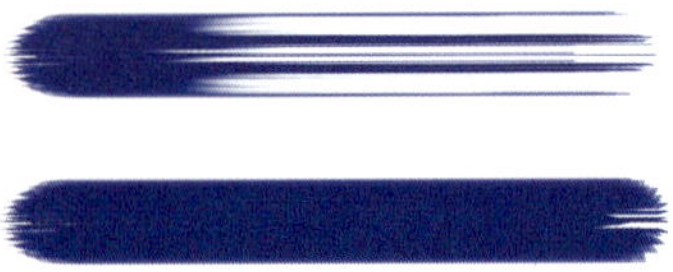

▲ Abbildung 28.28
Wie lange reicht die Farbe? Oben Auftrag 5 %, unten Auftrag 100 %

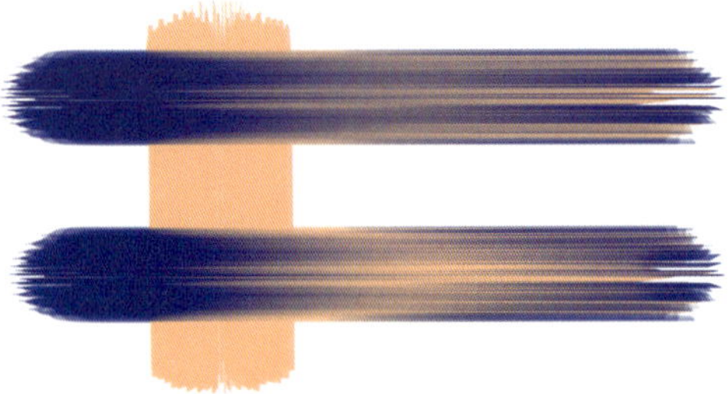

▲ Abbildung 28.29
Bei beiden Strichen lag die Nässe bei 7 %. Obere Linie: Mix 0 %, untere Linie: Mix 100 %. Wie Sie sehen, mischt sich die Farbe der Unterlage beim hohen Mix-Wert ein wenig stärker in das aufgetragene Blau. Hier handelt es sich jedoch nur um Nuancen, die in der Praxis manchmal kaum wahrnehmbar sind.

- Fluss wirkt hier ein wenig wie Terpentin in Ölmalfarbe, allerdings umgekehrt, als man annehmen würde. Ist der Fluss-Wert gering, erscheint der Malstrich heller und wirkt transparent – als sei die Farbe stark verdünnt worden. Bei hohen Werten ist der Farbauftrag entsprechend kräftiger.

▲ **Abbildung 28.30**
Oben: Fluss 100 %, unten Fluss 20 %

Tastaturkürzel

Neben den bekannten Kürzeln für das Verändern von Werkzeugspitzen, Aufrufen der Pinsel-Palette gibt es einige spezielle Shortcuts für das Misch-Pinsel-Werkzeug.

Was wollen Sie tun?	Windows	Mac
Einstellung Nass ändern	Zifferntasten (z. B. 0 = 100 %; 1 = 10 %; 4 und 5 in schneller Folge = 45 %)	Zifferntasten (z. B. 0 = 100 %; 1 = 10 %; 4 und 5 in schneller Folge = 45 %)
Einstellung Mix verändern	Alt + ⇧ + Zifferntaste (nicht mit dem Ziffernblock)	Alt + ⇧ + Zifferntaste
Nass und Mix auf Null setzen	0 0	0 0
Farbe von der »Leinwand« zum Malen laden (Optionen des Pipette-Werkzeugs für Aufnahme-Eigenschaften)	Alt + Klick ins Bild	Alt + Klick ins Bild

▲ **Tabelle 28.1**
Tastaturkürzel für den Misch-Pinsel

Ölmalerei mit Filter

Der neue Filter Ölfarbe (im Menü direkt unter Filter zu finden) erzeugt Malereieffekte von klassischer lasierender Nass-in-nass-Malerei bis hin zu expressionistischem Gespachtel. Stilisierungsgrad, Borstenrelief, Lichtrichtung und Farbeigenschaften steuern Sie detailliert über Slider. Sie können diesen Filter auch nutzen, um eine Ausgangsbasis für ein Misch-Pinsel-Gemälde zu schaffen.

Misch-Pinsel Schritt für Schritt

Der Misch-Pinsel ist durch Ausprobieren wesentlich leichter zu erschließen als durch Erklärungen. Wer neben einem Grafiktablett auch eine Affinität zum Zeichnen und Malen hat und sich ein wenig in die neue Funktion vertieft, kann damit in kurzer Zeit produktiv arbeiten.

Im folgenden Workshop zeige ich Ihnen, wie Sie den Misch-Pinsel effektiv nutzen. Außerdem lernen Sie einige »benachbarte« Funktionen kennen, die Sie brauchen, um flüssig mit dem Tool zu arbeiten.

Datei auf der Buch-DVD: »Kornfeld.jpg«

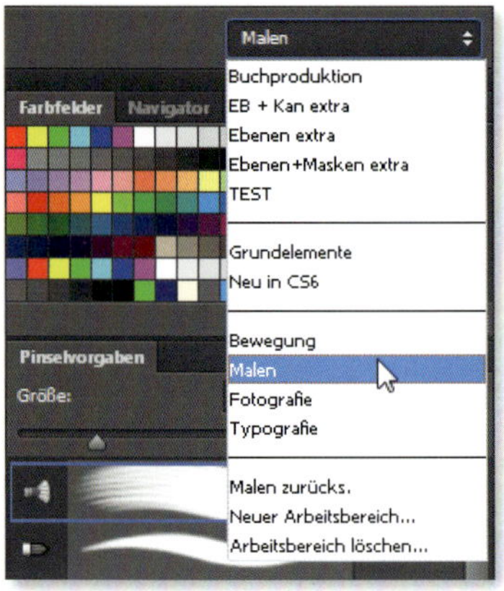

▲ **Abbildung 28.31**
Für das Malen gibt es ein eigenes Arbeitsbereichs-Preset.

Schritt für Schritt: Ein Foto wird zum Gemälde – mit dem Misch-Pinsel

Der Arbeitsbereich MALEN hilft Ihnen bei der Aufgabe dieses Workshops, insbesondere dann, wenn Sie während des Malens auch Einstellungen an den Pinselborsten vornehmen wollen – Farbfelder sowie Pinsel- und Pinselvorgabenpalette sind direkt zur Hand.

Abbildung 28.32 ▶
Das Ausgangsbild

1 Körnung kaschieren

Wenn Sie ein Bild übermalen wollen, betrachten Sie es einmal aus der Nähe: Zeigt es Körnung oder leichtes Rauschen? Der Weichzeichnungsfilter MATTER MACHEN bringt Störungen zum Verschwinden und ist eine gute Vorbereitung für das Malen. So gibt es später keinen wahrnehmbaren Bruch zwischen bearbeiteten Partien und originalen Bildteilen.

Abbildung 28.33 ▶
Ein geringer RADIUS genügt.

2 Leere Ebene erzeugen

Erzeugen Sie außerdem eine neue, leere Ebene über der eigentlichen Bildebene. Wechseln Sie dann zum Misch-Pinsel. Dort aktivieren Sie unbedingt die Option ALLE EBENEN. Sie bemalen dann die leere Ebene; die ursprüngliche Ebene bleibt unversehrt.

3 Geeignete Pinsel auswählen

Das Misch-Pinsel-Werkzeug funktioniert mit jeder Pinselspitze. Besonders gut geeignet sind jedoch Photoshops sogenannte natürliche Pinsel, die Sie an den Borstenpinsel-Icons erkennen. Für Anfangsexperimente eignet sich der Pinsel RUND, GEFÄCHERT, STEIF, DÜNNE BORSTEN. In der Pinsel-Palette können Sie die Pinsel detailliert einstellen.

Wenn es zunächst darum geht, das Zusammenspiel der Werkzeugoptionen zu erkunden, ist es allerdings günstiger, noch nicht zu viele Einstellungen zu variieren, denn die Pinseleigenschaften haben ebenfalls große Wirkung auf den Farbauftrag.

▲ **Abbildung 28.34**
Solche Schraffuren erzielen Sie mit steifen Borsten.

4 Mit welcher Farbe wird gemalt?

Um zu bestimmen, welche Farbe aufgetragen wird, haben Sie mehrere Möglichkeiten:

- Zum einen können Sie natürlich eine Volltonfarbe aus der Werkzeugleiste wählen.
- Oder Sie stellen eine solche Farbe mit Hilfe des HUD-Farbwählers ein. (Starten Sie ihn per [Alt]+[⇧] + Rechtsklick.)
- Durch Drücken von [I] und einen Klick ins Bild wechseln Sie kurzfristig zur Pipette – so können Sie Farbtöne aus dem Bild aufnehmen. Sobald Sie die [I]-Taste loslassen, sind Sie wieder beim Misch-Pinsel.
- Wenn Sie [Alt] gedrückt halten und dann ins Bild klicken, werden ebenfalls Farben von der Leinwand aufgenommen. Allerdings nicht – wie von der Pipette gewohnt – nur ein Farbton, sondern ein größerer Farbbereich aus dem Bild, ähnlich wie beim Stempel.

5 Malen

Der Farbauftrag selbst erfolgt beim Misch-Pinsel dann wieder so, wie Sie es von anderen Malwerkzeugen kennen. Ziehen Sie im Bild, um Farbe aufzupinseln. Gerade Linien erhalten Sie, indem Sie einen Anfangspunkt anklicken, dann [⇧] gedrückt halten und auf den gewünschten Linien-Endpunkt klicken. Wenn Sie mit der Option AIRBRUSH arbeiten und den Farbauftrag verstärken wollen, drücken Sie die Maustaste bzw. die Taste an Ihrem Eingabestift, ohne die Maus oder den Stift zu bewegen. Gute Kenntnisse der Hilfsmittel wie Zoom, Hand und Pinseleinstellungen sind in jedem Fall von Vorteil!

Bei den Misch-Pinsel-Optionen müssen Sie experimentieren: Für jedes Bild und jeden Malstil sind andere Einstellungen geeignet. Solange Sie das Tool noch nicht so gut kennen, ist es vermutlich besser, mit kurzen Pinselstrichen zu arbeiten.

28.5 Das Radiergummi-Werkzeug: Pixel wegradieren

Der Radiergummi (E – wie englisch »eraser«) entfernt natürlich nicht nur per Pinsel oder Buntstift aufgetragene »Farbe«, sondern generell alle Bildpixel. Er eignet sich aber besonders gut für die Zusammenarbeit mit den Malwerkzeugen, weil er schnell zur Hand ist.

Radiergummi benutzen

Zum Weiterlesen
Detailwissen über **Masken** finden Sie in Kapitel 15, »Ebenenmasken & Co.«.

Die Anwendung ist einfach: Optionen festlegen, Maus ins Bild setzen und losradieren. Allerdings ist das Löschen von Pixeln per Radiergummi unwiderruflich – auch beim Malen sollten Sie überlegen, ob Sie nicht lieber zunächst Bildbereiche per Maske ausblenden. Der Masken-Befehl EBENENMASKE ANWENDEN löscht unerwünschte Pixel dann auf Wunsch dauerhaft. Ein geschickter Einsatz von Ebenen kann ebenfalls dazu beitragen, das radikale Löschen von Pixeln – die Sie womöglich später doch noch brauchen – zu vermeiden.

Radiergummi-Optionen

Die Optionen für den Radiergummi ähneln den Pinseloptionen. Anders ist lediglich der Befehl BASIEREND AUF PROTOKOLL LÖSCHEN (1). Diese Option entschärft die Wirkung des Radiergummis ein wenig: Wenn sie aktiv ist, entfernt der Radiergummi nicht alle Bildpixel, sondern nur die zuletzt aufgetragenen – so setzen Sie Teile des Bildes also auf ein früheres Stadium zurück.

Abbildung 28.35 ▼
Radiergummi-Optionsleiste. Die Liste zur Pinselauswahl steht nur zur Verfügung, wenn MODUS: QUADRAT nicht aktiviert ist.

Schritt für Schritt: Die Radiergummi-Option »Basierend auf Protokoll löschen« anwenden

Die Option BASIEREND AUF PROTOKOLL LÖSCHEN bietet Ihnen erstaunliche Möglichkeiten bei der Retusche von Bildern. Wie Sie sie anwenden, erfahren Sie in diesem kurzen Workshop.

1 Werkzeug wählen, Option aktivieren

Als Erstes aktivieren Sie das Radiergummi-Werkzeug und setzen bei der Option Basierend auf Protokoll löschen ein Häkchen.

2 Festlegen, welches Bildstadium wiederhergestellt werden soll

Rufen Sie per Fenster • Protokoll die Protokoll-Palette auf. Nun legen Sie fest, welches Bildstadium Sie partiell – durch Radieren – wiederherstellen wollen. Nutzen Sie dazu Schnappschüsse oder einzelne Protokollstadien. Klicken Sie einfach auf eines der leeren Kästchen vor dem Protokollschritt oder Schnappschuss. Dort erscheint dann das Icon Wählt die Quelle für den Protokoll-Pinsel (bzw. Radierer).

3 Radieren

Nun stellen Sie gegebenenfalls noch andere Optionen (wie z. B. die Werkzeugspitzen-Grösse und Deckkraft oder Fluss) ein und benutzen den Radierer wie gewohnt.

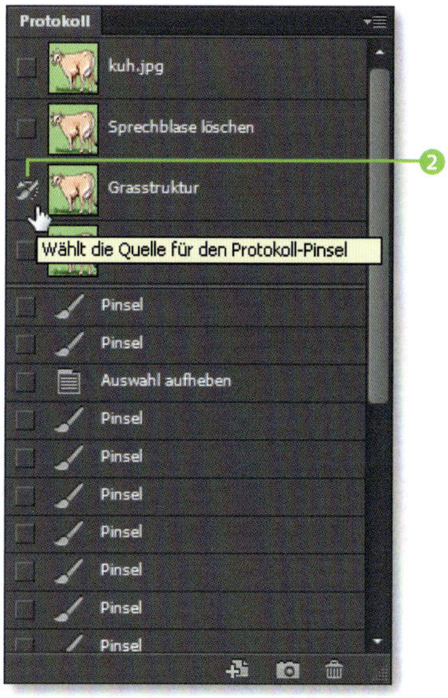

▲ **Abbildung 28.36**
Das Symbol 2 wählt die Quelle für den Protokoll-Pinsel und den Protokoll-Radierer.

28.6 Magischer-Radiergummi: Großflächig Pixel entfernen

Das Magischer-Radiergummi-Werkzeug [E] vereint die Eigenschaften des Zauberstabs mit denen des Radiergummis. Das heißt, es spürt Pixel eines Farbbereichs auf (wie der Zauberstab) und entfernt diese (wie das Radiergummi-Werkzeug).

Zum Weiterlesen
Mehr über die Arbeit mit der **Protokoll-Palette** erfahren Sie in Abschnitt 6.3. Den **Protokollpinsel** lernen Sie in Abschnitt 26.10, »Porträtretuschen mit dem Protokollpinsel«, kennen.

Magischer-Radiergummi-Optionen

Die vom Zauberstab bekannten Optionen Toleranz und Glätten finden Sie auch hier. Benachbart ist das Pendant zur gleichnamigen Zauberstab-Option. Hier legen Sie fest, ob nur **zusammenhängende** Pixelbereiche eines Farbtons gelöscht werden sollen – bei aktiver Option – oder ob **alle** Pixel dieser Farbe gelöscht werden, wenn die Option inaktiv ist. Maßgeblich ist wie beim Zauberstab die Farbe derjenigen Pixel, die Sie beim Klick ins Bild unter der Maus haben.

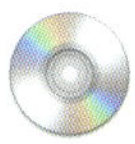
Datei auf der Buch-DVD: »Blumen.tif«

▲ **Abbildung 28.37**
Die Optionen des magischen Radiergummis ähneln den Zauberstab-Optionen.

Bild: vitamin a design

▲ **Abbildung 28.38**
Hier war die Option BENACHBART aktiv. Ein Klick mit einem TOLERANZ-Wert von 32 erbrachte dieses Ergebnis.

▲ **Abbildung 28.39**
Ein Klick an dieselbe Stelle im Bild mit der gleichen TOLERANZ, aber mit inaktiver Option BENACHBART. Der magische Radiergummi löscht gleich viel mehr Pixel.

Zum Weiterlesen
Das **Hintergrund-Radiergummi-Werkzeug** [E] ist das dritte Radiergummi-Tool, das Photoshop an Bord hat. Bei unkomplizierten Fotos stellen Sie damit Hauptelemente frei, indem Sie den Bildhintergrund einfach wegradieren. Im Abschnitt »Hintergrund-Radiergummi: Freistellen ganz ohne Masken« auf Seite 478 erfahren Sie mehr.

Aus Hintergrundebenen werden Bildebenen | Übrigens werden Hintergrundebenen, auf die Sie den magischen Radiergummi anwenden, automatisch in normale Bildebenen umgewandelt, denn die Pixel sollen wirklich gelöscht werden. Da Hintergrundebenen keine Transparenz erlauben, ist dieser Schritt notwendig.

Tabelle 28.2 ▸
Die Tastaturbefehle für die Arbeit mit Pinsel, Misch-Pinsel, Buntstift und Radierer auf einen Blick

Was wollen Sie tun?	Windows	Mac
Pinsel-Werkzeug aktivieren	[B]	[B]
Misch-Pinsel-Werkzeug aktivieren	[B]	[B]
Buntstift-Werkzeug aktivieren	[B]	[B]
Radiergummi-Werkzeug aktivieren	[E]	[E]
Magischer-Radiergummi-Werkzeug aktivieren	[E]	[E]
bei allen Malwerkzeugen: Punkte durch eine gerade Linie verbinden (jeglicher Winkel)	[⇧] + auf den Start- und den Endpunkt der Linie klicken	[⇧] + auf den Start- und den Endpunkt der Linie klicken
bei allen Malwerkzeugen: genau senkrechte oder waagerechte Linien ziehen (oder 15°-Winkel)	[⇧] + malen	[⇧] + malen
bei allen Malwerkzeugen: Ebenen-Paletten-Option TRANSPARENTE PIXEL FIXIEREN ein- und ausschalten	[ß]	–

Was wollen Sie tun?	Windows	Mac
Werkzeugspitze vergrößern	#	#
Werkzeugspitzen verkleinern	Ö	⇧+#
zum vorherigen Pinsel in der Pinselliste wechseln (funktioniert auch bei zugeklappter Liste)	, (Komma)	, (Komma)
zum nächsten Pinsel in der Pinselliste wechseln (funktioniert auch bei zugeklappter Liste)	. (Punkt)	. (Punkt)
Werkzeugspitzenanzeige: Fadenkreuz	⇩	⇩

◄ **Tabelle 28.2**
Die Tastaturbefehle für die Arbeit mit Pinsel, Misch-Pinsel, Buntstift und Radierer auf einen Blick (Forts.)

28.7 Feintuning für Pinsel- und Werkzeugspitzen

Gleichgültig, mit welchem Mal- oder Retuschewerkzeug Sie arbeiten: Ein gutes Ergebnis hängt immer auch von der Wahl der Werkzeugspitze ab. Mit der Pinsel-Palette können Sie Ihre Werkzeuge bis ins Detail anpassen. Wer damit immer noch nicht zufrieden ist, kann aus bestehenden Bildern Werkzeugspitzen machen.

Die Pinsel-Palette: Eigene Pinselspitzen definieren

Wenn Ihnen die in den jeweiligen Optionsleisten angebotenen Einstellungsmöglichkeiten für Werkzeugspitzen nicht genügen, sollten Sie Photoshops mächtige Werkzeugspitzen-Engine bemühen, die Pinsel-Palette.

Gehen Sie mit Bedacht vor!
Zu viele Pinseleigenschaften auf einmal sollten Sie nicht verändern, weil sonst die Auswirkungen jeder einzelnen Eigenschaft schnell aus dem Blickfeld geraten. Es ist auch hilfreich, die Einstellungen von Preset-Pinseln genauer unter die Lupe zu nehmen – dabei können Sie sich einiges abschauen! Sie sollten Sie sich in jedem Fall ein wenig Zeit zum Ausprobieren nehmen.

Vorgehensweise | Die umfangreiche Palette erreichen Sie über den Menübefehl Fenster • Pinsel oder mit dem Shortcut F5. In insgesamt acht verschiedenen Kategorien können Sie detaillierte Einstellungen vornehmen, dazu kommen einige zuschaltbare Optionen.

Wählen Sie dazu als Erstes in der Übersicht rechts 5 oder in der Palette Pinselvorgaben 1 eine Werkzeugspitze aus, die Sie verändern wollen. Dann sollten Sie sich von oben nach unten durch die Kategorien arbeiten und die jeweiligen Einstellungen ändern. Kategorien, die Sie nicht interessieren, können Sie natürlich unverändert lassen. Um eine der Kategorien zu verändern, klicken Sie zunächst ihren Namen in der Liste links 2 an. Die Einstellungen selbst nehmen Sie dann im rechten Bereich ❻ der Palette vor. Die Ansicht dieses Bereichs wechselt, je nachdem, welche Kategorie Sie gerade bearbeiten.

Abbildung 28.40 ▶
Die Grundeinstellungen zur Pinselform

Pinseleinstellungen inaktiv? Palette sieht anders aus?
Die Funktionen der Pinsel-Palette stehen nur zur Verfügung, wenn das Pinsel-, Buntstift- oder Misch-Pinsel-Werkzeug aktiv ist. Außerdem stehen nicht für alle Werkzeuge und Pinselvorgaben die gleichen Einstellungen zur Verfügung. Je nachdem, welchen Pinsel Sie zur Grundlage Ihrer Modifikation machen, sind einige Optionen deaktiviert.

Einen Eindruck von der definierten Pinselspitze gibt das Vorschaufenster ❼ unten.

Pinseleigenschaften kurzzeitig ausschalten | Wenn Sie die Einstellungen aus einer der Eigenschaftenkategorien verwenden wollen, muss auch in der Checkbox vor deren Titel ❸ ein Häkchen gesetzt sein. Damit wird die jeweilige Kategorie eingeschaltet. Umgekehrt bietet Ihnen das Entfernen der Häkchen die Möglichkeit, sich *temporär* von einigen der festgelegten Werkzeugspitzen-Eigenschaften zu trennen.

Pinseleigenschaften schützen | Das Schloss-Symbol, das Sie hinter jeder Eigenschaftskategorie finden ❹, fixiert die Pinseleigenschaften gegen unbeabsichtigtes Verstellen. Ein Klick auf das Schloss-Symbol genügt: Das Schloss wird dann verriegelt dargestellt und schützt die Pinseleigenschaften.

Einstellungen zurücksetzen | Der Befehl PINSEL-STEUERUNGEN LÖSCHEN aus dem Seitenmenü der Pinsel-Palette löscht alle Werkzeugspitzen-Optionen, die Sie eingestellt haben. Der Befehl ALLE FIXIERTEN EINSTELLUNGEN ZURÜCKSETZEN versetzt auch diejenigen Einstellungen wieder in den Urzustand zurück, die Sie zuvor per Schloss-Symbol fixiert haben.

Palette für die Pinselverwaltung

Die Palette PINSELVORGABEN öffnet sich standardmäßig zusammen mit der Pinsel-Palette. Sie gleicht den Pinselvorgaben in den Optionsleisten von Pinsel- und Buntstiftwerkzeug.

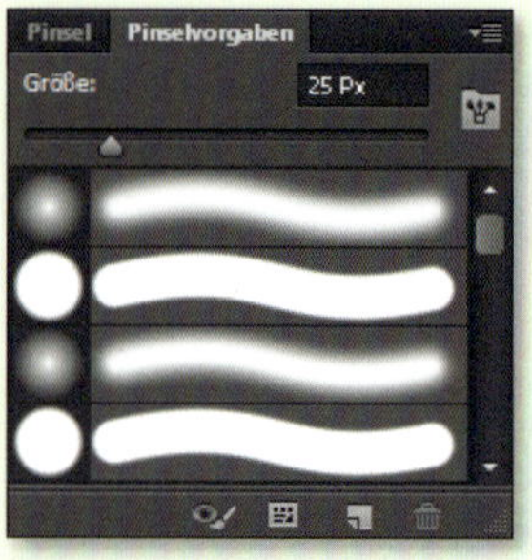

▲ Abbildung 28.41
Die Palette PINSELVORGABEN. Links oben sehen Sie die Registerkarte der Pinsel-Palette.

Pinselspitzen sichern | Mit einem Klick auf das Neu-Icon am unteren Rand der Palette sichern Sie die von Ihnen eingestellten Pinselmerkmale. Ist die Option PINSELGRÖSSE IN VORGABE ERFASSEN ⑧ aktiv, taucht der neue Pinsel sofort in der Pinselvorgaben-Palette auf und kann von dort bequem aufgerufen werden. In der Pinsel-Palette definierte Werkzeugspitzen können Sie mit allen Werkzeugen verwenden, die mit pinselähnlichen Werkzeugspitzen arbeiten.

Zum Weiterlesen
Für die Spezialpinsel (erodierbare und natürliche Spitzen, Airbrush) gibt es spezielle Pinselform-Einstellungen. Ich stelle sie in Abschnitt 28.3 vor.

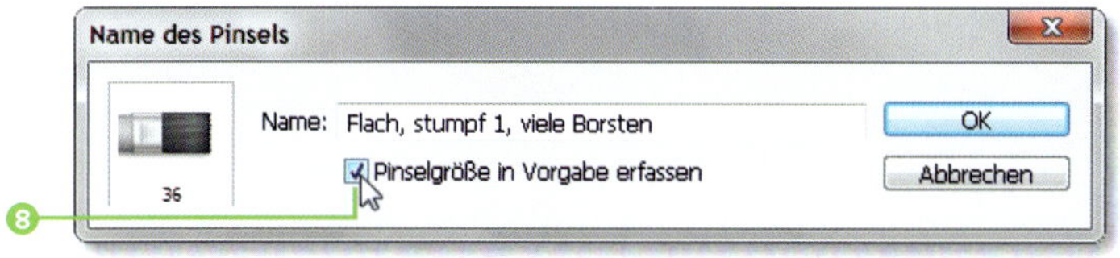

◄ **Abbildung 28.42**
Name für einen neuen Pinsel

Für die weitergehende Verwaltung Ihrer Werkzeugspitzen nutzen Sie am besten den Vorgaben-Manager (siehe Abschnitt 7.5, »Farbfelder, Muster, Stile & Co: Kreativressourcen organisieren«).

Pinselform

Die Einstellungen unter PINSELFORM legen die Basis-Pinseleinstellungen fest. Je nachdem, ob Sie eine der neuen »natürlichen« Pinselspitzen oder einen von Photoshops herkömmlichen Pinseln bearbeiten, stehen Ihnen unterschiedliche Optionen zur Verfügung.

Wenn Sie die PINSELFORM eines normalen Photoshop-Pinsels bearbeiten (siehe Abbildung 28.40), finden Sie dort neben den schon bekannten Kategorien GRÖSSE und HÄRTE die Parameter RUNDHEIT, WINKEL und ABSTAND. RUNDHEIT verändert die Pinselform. Indem Sie diesen Wert verringern, erzeugen Sie einen mehr oder minder flachen Pinsel. Mit WINKEL steuern Sie die Schrägstellung einer – flachen – Pinselspitze; auf runde Pinsel hat diese Option keine Wirkung. Beide Werte steuern Sie durch Zahleneingabe, oder Sie verändern Sie intuitiver, indem Sie die grafische Darstellung der Pinselspitze per Maus neigen und verformen.

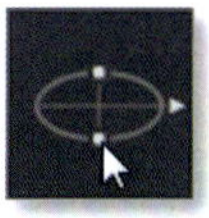

▲ **Abbildung 28.43**
Ziehen oder Schieben an einem der kleinen viereckigen Anfasser verändert die Pinselspitzenform und simuliert so auch Flachpinsel.

Mit ABSTAND stellen Sie ein, wie geschlossen eine gemalte Linie wirkt. Um diese Option zu verstehen, müssen Sie wissen, dass eine mit einem Pinsel-Werkzeug erzeugte Linie in der Programmlogik von Photoshop aus einzelnen Pinselpunkten besteht. Wenn diese eng zusammenstehen, entsteht eine durchgezogene Linie. Der Wert ABSTAND regelt nun den Abstand dieser Punkte. Der Standardwert für *durchgehende Linien* liegt bei 25 %. Stark erhöhte Malabstände eignen sich für das Anlegen punktierter Linien, außerdem kann ein nur leicht erhöhter Malabstand dazu beitragen, einen etwas »raueren« Strich zu erzeugen, der Pastellkreide oder einem anderen trockenen Malmedium ähnelt.

▲ **Abbildung 28.44**
Das Ganze können Sie auch drehen, indem Sie die Achse mit der Pfeilspitze daran bewegen.

X- und Y-Achse | Die Einstellungen X-ACHSE SPIEGELN und Y-ACHSE SPIEGELN haben bei ganz symmetrischen (z. B. runden) Werkzeugspitzen wenig Wirkung, können aber zum Beispiel Linien aus »Flachpinseln« und anderen asymmetrischen Werkzeugspitzen auflockern. Die Option X-ACHSE SPIEGELN spiegelt die Werkzeugspitze horizontal, Y-ACHSE SPIEGELN dreht sie auf den Kopf.

Formeigenschaften

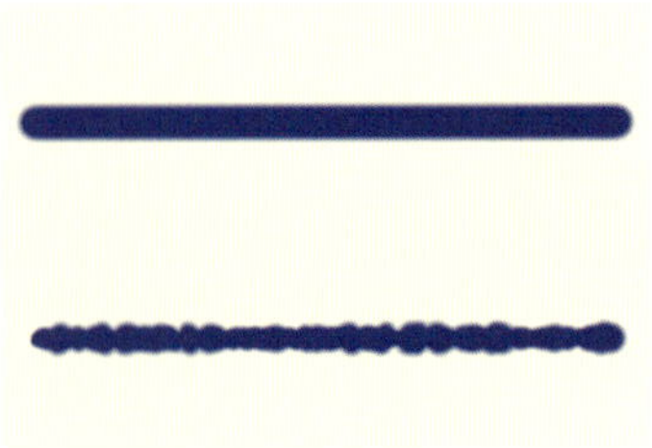

▲ **Abbildung 28.45**
Eine 50 Px große Linie mit 50% Kantenschärfe. Oben die normale Version, unten mit Jitter in Größe, Rundheit und Winkel.

Die Kategorie FORMEIGENSCHAFTEN klingt nur ähnlich wie PINSELFORM. Die Einstellungen, die Sie dort festlegen, sind ganz andere. Die dort versammelten Optionen ermöglichen es Ihnen, die bekannten Werkzeugspitzen-Eigenschaften zu jittern, das heißt, unregelmäßig verteilten Schwankungen zu unterwerfen. Dadurch entstehen lebendigere, unregelmäßige Linien.

Gejittert wird die Linie in jedem Fall, wenn Sie hier die entsprechenden Einstellungen vornehmen. Voll ausreizen können Sie diese Einstellungen allerdings nur dann, wenn Sie mit Grafiktablett und Stift anstelle der Maus arbeiten, denn die Wirkung der verschiedenen »Jitter«-Werte können Sie dann aktiv durch den Zeichenstift steuern. Mausnutzer müssen auf die handgesteuerte Dynamik der Linie, die per Grafiktablett möglich ist, leider weitestgehend verzichten.

Ps Pinselprojektion
Ist die Option PINSELPROJEKTION ① aktiv, verändern sich Form und Größe des Pinselstrichs mit der Pinselneigung oder durch die JITTER-Einstellungen. Das ist besonders dann attraktiv, wenn Sie mit einer der figürlichen Pinselspitzen (Blätter, Schmetterlinge, Blüten und Ähnliches) arbeiten und mehr Variation erzielen wollen.

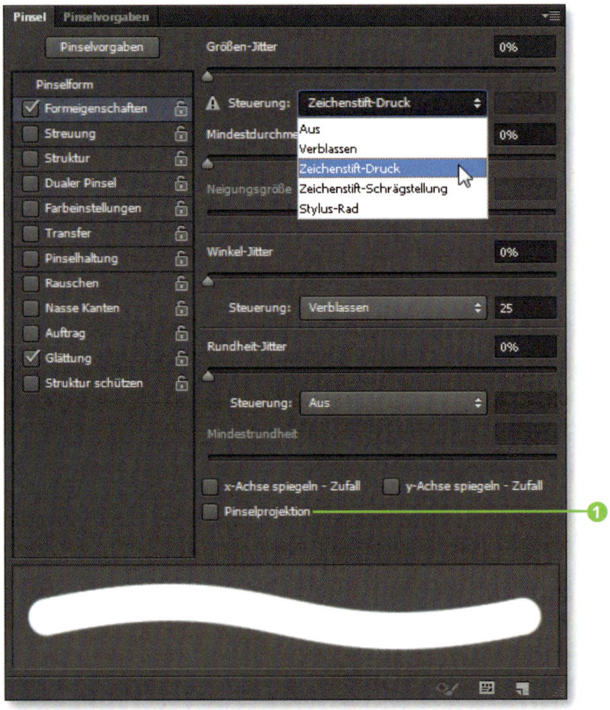

Abbildung 28.46 ▶
Einstellung der Formeigenschaften

Jitter-Steuerung | Wie der Jitter gesteuert wird, legen Sie unter Steuerung fest: Aus setzt eine Zufallssteuerung in Gang. Zeichenstift-Druck, Zeichenstift-Schrägstellung und Stylus-Rad sind nur für Zeichentabletts wirksam. Einzig die unspektakuläre Option Verblassen steht uneingeschränkt auch für den Mausbetrieb zur Verfügung. Sie beschränkt die Jitter-Wirkung auf das Ende der Linie. Wenn Sie diese Option aktivieren, können Sie zusätzlich festlegen, auf welche Länge der Linie das Verblassen angewendet wird.

▲ **Abbildung 28.47**
Grössen- und Winkel-Jitter einer Linie, gesteuert durch die Option Verblassen

▲ **Abbildung 28.48**
Beispiel für jittergesteuerte Pinselprojektion

Streuung

Um die Funktion Streuung zu verstehen, machen Sie sich erneut klar, dass für Adobe ein gemalter Strich kein Strich ist, sondern aus immer wiederholten Formen (Punkten, Quadraten oder auch aus Objekten wie »Grashalmen« und anderem) besteht. Während der schon besprochene Malabstand festlegt, wie nahe beieinander diese einzelnen Formen innerhalb der Linie stehen, variieren Sie mit den Streuungseigenschaften **den Winkel und die Anzahl** der wiederholten Formen innerhalb der Linie.

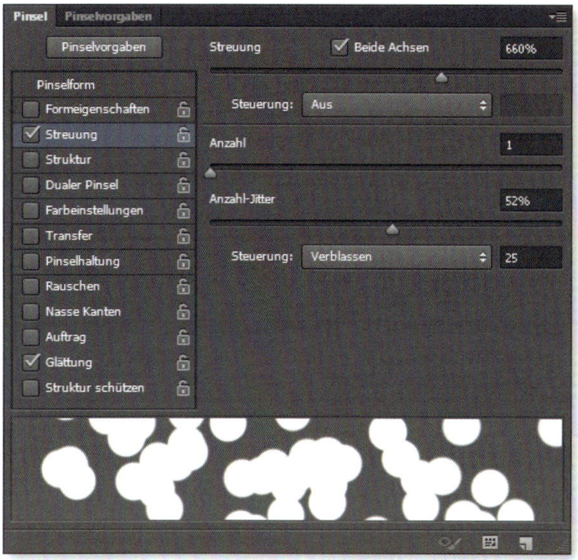

◀ **Abbildung 28.49**
Die Streuungseigenschaften

Diese Eigenschaften können Sie dann besonders gut einsetzen, wenn Sie reale Malpinsel nachbilden wollen. Sie eignen sich für Pinselspitzen, die Objekte abbilden, wie zum Beispiel VERSTREUTE AHORNBLÄTTER oder STERNENREGEN.

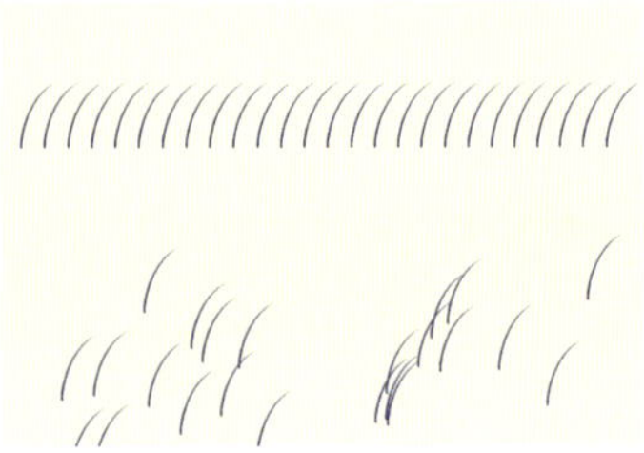

▲ **Abbildung 28.50**
Besonders bei Effektpinseln wie DÜNENGRAS oder GRAS (aus der Standardbibliothek) kann die Streuung entscheidend für die Wirkung sein. Hier sehen Sie den GRAS-Pinsel ohne (oben) und mit 380 % Streuung.

Intensität der Streuung | Einfluss haben Sie auf die Intensität der Streuung (Schieberegler STREUUNG plus Option BEIDE ACHSEN). ANZAHL und ANZAHL-JITTER legen fest, wie locker oder eng gestreut wird. Hohe ANZAHL-Werte führen zu einer rauen, aber eher geschlossenen Linie, geringe Werte eher zu einer Linie aus klar erkennbaren Einzelpunkten. Auch hier sind Grafiktablett-Nutzer klar im Vorteil, denn sie können die STEUERUNG-Optionen besser nutzen.

Struktur

Die Bezeichnung »Struktur« ist etwas irreführend. Tatsächlich hinterlegen Sie hier dem Pinselstrich ein **Muster**. Dabei wird auf Photoshops Musterbibliotheken zurückgegriffen – mitgelieferte Sammlungen von Mustern, die Sie auch durch eigene Muster ergänzen können. Besonders gut wirken Struktur-Werkzeugspitzen oft dann, wenn ein Pinsel mit weicher Kante die Grundlage ist. Auch einige der Jitter-Effekte bringen den Struktureffekt wirkungsvoll zum Vorschein. Je nach Einstellung macht eine Struktur die Strichkonturen rauer, oder es lassen sich Malgründe wie Leinwand simulieren.

Struktur-Eigenschaften per Slider steuern
Bisher konnten Sie Helligkeit und Kontrast der überlagernden Struktur nicht innerhalb der Pinsel-Palette steuern, sondern lediglich durch Auswahl entsprechend heller oder kontrastreicher Muster. Das ist nun anders: Mit den zusätzlichen Slidern HELLIGKEIT und KONTRAST passen Sie bestehende Muster schnell an Ihre Anforderungen an.

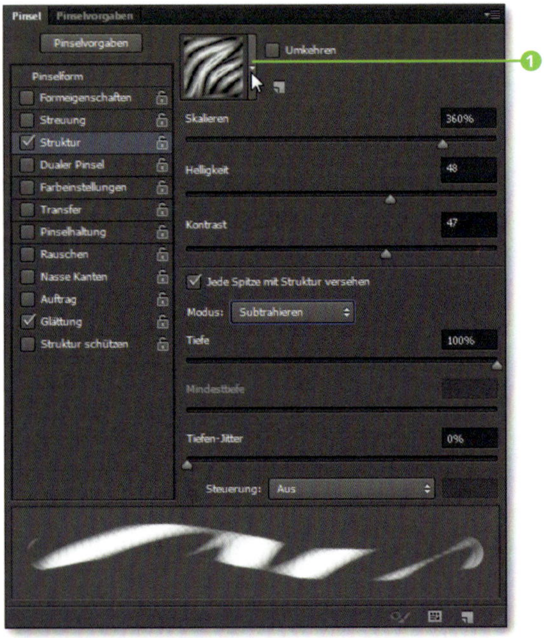

Abbildung 28.51 ▶
Die Einstellungen für die STRUKTUR. Sie erreichen ein umfangreiches Mustermenü, wenn Sie auf den kleinen Pfeil neben der Mustervorschau ① klicken.

Muster werden nach demselben Prinzip verwaltet wie Farbfelder, Pinsel und andere Photoshop-Vorgaben auch. Sie können per Vorgaben-Manager angesteuert werden, sind aber auch in unterschiedliche Engines und Werkzeuge – so wie hier in die Pinsel-Palette – integriert und können mit einem eigenen Mustermenü bedient werden. Zur Verwaltung und insbesondere zum (Nach-)Laden weiterer Bibliotheken steht ein Seitenmenü zur Verfügung.

Umkehren | Die Option UMKEHREN, die Sie neben der Mustereinstellung finden, kehrt das »Relief« der Struktur um und kann die Tonwerte der Mallinien nochmals stark verändern oder aufhellen.

Zum Weiterlesen
Mehr über das effiziente Verwalten von Vorgaben wie etwa Mustern lesen Sie in Abschnitt 7.5, »Farbfelder, Muster, Stile & Co: Kreativressourcen organisieren«.

Skalieren und Modus | Maßgeblich für die Wirkung des Musters sind dessen Größenmaßstab (SKALIEREN) und natürlich der Mischmodus (MODUS), mit der das Muster mit dem Malstrich verrechnet wird. Viele der Modi dunkeln die Linien stark ab.

▲ **Abbildung 28.52**
Struktur im Modus MULTIPLIZIEREN

Struktur | Die Option JEDE SPITZE MIT STRUKTUR VERSEHEN legt fest, ob jede Spitze individuell mit einer Struktur versehen wird. Ist diese Option *deaktiviert*, sind die folgenden Optionen für die Tiefe der angewandten Struktur nicht in vollem Umfang verfügbar.

▲ **Abbildung 28.53**
Dieselbe Struktur, derselbe Pinsel, aber im Modus HÖHE

Tiefe | Die Option TIEFE legt fest, wie tief die virtuelle Farbe in die virtuell unterlegte Struktur eindringt. Sie bestimmt also ungefähr die Reliefhöhe und Dunkelheit des späteren Strichs. Bei einem Wert von 100 % erhalten die flachen Stellen der Struktur keine Farbe. Bei 0 % erhalten alle Partien der Struktur dieselbe Farbmenge – das Muster wird unkenntlich.

Tiefen-Einstellungen | Der TIEFEN-JITTER bestimmt, wie die Tiefe variiert. Wenn Sie mit dem Grafiktablett arbeiten und eine der typischen Steuerungseinstellungen gewählt haben, kann es sinnvoll sein, eine MINDESTTIEFE festzulegen.

Dualer Pinsel

Beim dualen Pinsel werden zwei Pinselspitzen zu einem Pinsel kombiniert, nämlich die als Erstes unter PINSELFORM festgelegte Spitze (primärer Pinsel oder primäre Spitze) mit den dann vorgenommenen Einstellungen unter DUALER PINSEL (duale Spitze). Die duale Spitze bringt ebenfalls Struktur in den Farbauftrag der primären Spitze. In der Adobe-

Hilfe ist meist von »dualen Pinselspuren« die Rede – das bringt es ganz gut auf den Punkt!

Die Einstellungen unter DUALER PINSEL kommen vor allem für kreative Zwecke zum Einsatz, sind aber auch sehr nützlich, um Werkzeugspitzen zu definieren, die spezifische Auftragwerkzeuge und -medien wie dickflüssige Ölfarbe oder Kreide imitieren. Zum Beispiel bietet die Pinselbibliothek PINSEL FÜR TROCKENE FARBE eine ganze Reihe solcher Werkzeugspitzen. Um hier zu einem guten Ergebnis zu kommen, ist viel Geduld beim Experimentieren vonnöten!

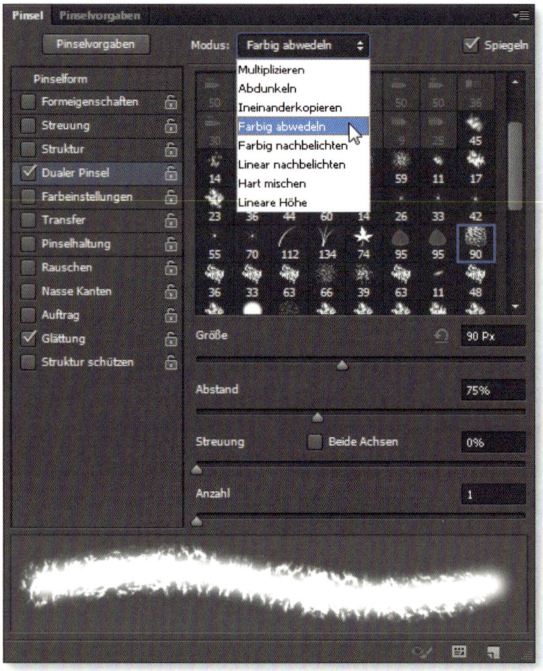

Abbildung 28.54 ▶
Einstellungen für duale Pinsel, Schritt zwei – Schritt eins erfolgt ja bereits unter PINSELFORM.

Modus | In der Feineinstellung sehen Sie wiederum die Option MODUS, die den Mischmodus zum Kombinieren der Pinselspuren aus der primären und der dualen Spitze festlegt.

Durchmesser | Die GRÖSSE steuert hier allein die Größe des dualen Pinsels – die Größe des primären Pinsels haben Sie ja schon zuvor eingestellt. Das kleine Pfeil-Icon AUFNAHMEBEREICH VERWENDEN (1) ist nur verfügbar, wenn die Pinselform durch Aufnehmen von Bildpixeln entstanden ist. Damit können Sie den ursprünglichen Durchmesser des aufgenommenen Pinsels wieder einstellen.

Abstand | ABSTAND bestimmt den Abstand, in dem die dualen Pinselspuren in den (primären) Malstrich eingestreut werden. Geringe Abstandswerte erzeugen meist einen dichteren, dunklen Strich, hohe Abstandswerte erzeugen dagegen einen weniger stark deckenden Strich.

Streuung | Mit der STREUUNG hingegen bestimmen Sie, wie die dualen Pinselspuren in einem Strich verteilt werden. Die Wirkung ähnelt der regulären Streuungseinstellung. Ist zusätzlich BEIDE ACHSEN aktiviert, werden die dualen Pinselspuren radial verteilt – ein lockeres, lebendiges Bild ist das Ergebnis. Ist diese Option nicht aktiv, werden sie lediglich senkrecht zur ursprünglichen Strichrichtung verteilt.

Anzahl | Der Regler ANZAHL legt die Anzahl der dualen Pinselspuren fest, die in jedem Abstandsintervall angezeigt werden.

Farbeinstellungen

Auch die Farbeigenschaften von Pinseln können Sie festlegen, nämlich unter FARBEINSTELLUNGEN.

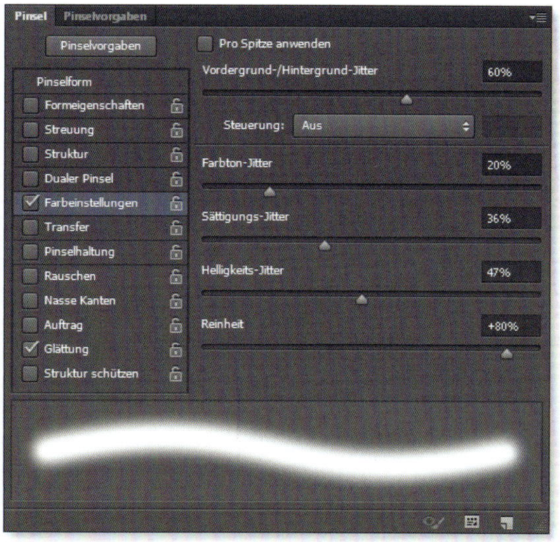

◀ **Abbildung 28.55**
Die Vorschau liefert leider keinen Eindruck von der Farbwirkung.

◀ **Abbildung 28.56**
Hier müssen Sie selbst testen. Das ist zweimal derselbe Pinsel: oben ohne besondere Farbeinstellungen, unten mit veränderten Farbeinstellungen. Das kleine Bild zeigt, welche Farben beide Male als Vorder- und Hintergrundfarbe eingestellt waren.

Option »Pro Spitze anwenden«

Die neue Farbeinstellungs-Option Pro Spitze anwenden ① erlaubt die Kombination der Farbeinstellungen mit dualen Pinseln. Wenn Sie bereits unter Dualer Pinsel Eigenschaften eingestellt haben, muss Pro Spitze anwenden aktiviert sein – andernfalls wirken die Farbeinstellungen nicht.

Die Grundlage aller Farbeigenschaften ist, dass sich die in der Werkzeugleiste zuvor festgelegte Vorder- und Hintergrundfarbe abwechseln. Die meisten interessanten Steuerungsoptionen für den Vordergrund/Hintergrund-Jitter funktionieren nur per Grafiktablett – Mausnutzer können wiederum nur die Zufallssteuerung benutzen oder Verblassen wählen.

Die drei Parameter Farbton, Sättigung und Helligkeit sowie Reinheit können ebenfalls gejittert werden. Reinheit ist eine Zusatzoption zur Sättigung. Der Sättigungs-Jitter verändert die Sättigung nur innerhalb eines engen Rahmens – die Abweichungen zur ursprünglichen Sättigung von Vorder- und Hintergrundfarbe sind nicht allzu groß. Die Option Reinheit erhöht oder verringert die Sättigung der Farbe großzügiger. Damit können Sie Pinselstriche z. B. leichter einer bestimmten, schon im Bild vorhandenen Farbstimmung anpassen.

Den Farbauftrag variieren: Transfer

Die Optionen unter Transfer variieren schließlich Deckkraft, Fluss, Nässe und Farbmischung.

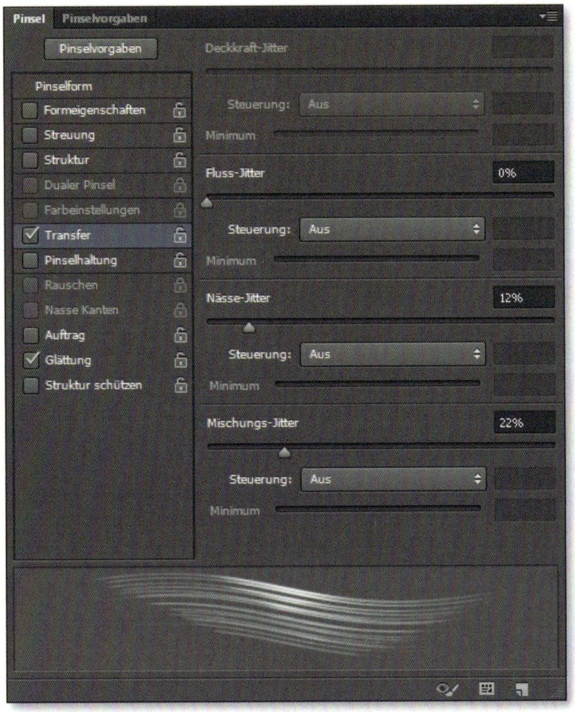

Abbildung 28.57 ▸
Die Optionen unter Transfer. In älteren Versionen hieß diese Kategorie Andere Einstellungen.

Sie beeinflussen die Eigenschaften der (digitalen) Farbe, die aus dem Pinsel fließt, und offenkundig auch die Eigenschaften des Malgrunds, sofern Sie den Misch-Pinsel nutzen (Nässe und Mischung sind bei anderen Malwerkzeugen irrelevant).

Die Einstellungen, die Sie hier finden, ergeben im Mausbetrieb eigentlich wenig Sinn, können beim Gebrauch eines Grafiktabletts jedoch Linien sehr lebendig und realistisch wirken lassen.

▲ **Abbildung 28.58**
Malstrich ohne Veränderungen beim Farbauftrag

Pinselhaltung variieren

Dynamische Pinsellinien, die der Stylusbewegung folgen, sind nach wie vor Nutzern zeitgemäßer Grafiktabletts vorbehalten.

Doch mit den Einstellungen unter PINSELHALTUNG können Sie die Wirkung von Pinseln mit unterschiedlichen Neigungswinkeln, Drehung und Druck simulieren. Vor allem für Adobes natürliche Pinselspitzen (Borstenpinsel) sind diese Einstellungen interessant, mit ihnen können Sie die Wirkung der Pinsel nochmals erheblich variieren. Wenn an Ihrem Rechner ein Zeichentablett angeschlossen ist und Sie die PINSELHALTUNG-Einstellungen nutzen wollen, müssen Sie unterhalb der verschiedenen Slider Häkchen bei der … ÜBERSCHREIBEN-Option (1) setzen.

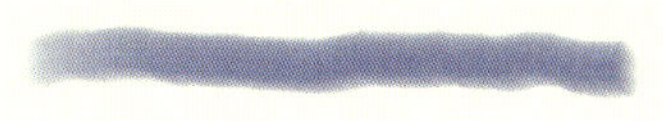

▲ **Abbildung 28.59**
Jitter bei Deckkraft und Fluss führt zu einer leicht strukturierten Linie.

Fixe Pinsel-Schrägstellung
Ein gedrehter, schräg gestellter oder nur zart aufdrückender Pinsel kann interessante Linien-Varianten erzeugen. Unter PINSELHALTUNG können Sie diese Eigenschaften nun fix – unabhängig vom Zeichenstift – einstellen.

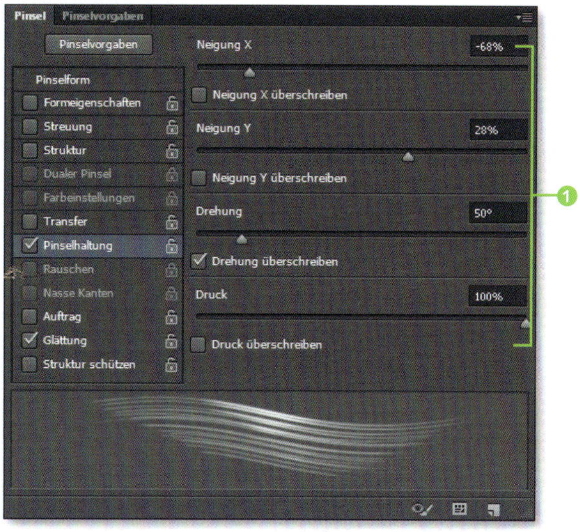

◀ **Abbildung 28.60**
Pinselvariationen durch NEIGUNG, DREHUNG oder DRUCK

Die Zusatzoptionen

Schließlich gibt es noch eine Reihe von Zusatzoptionen, die Sie mit fast allen anderen Einstellungen kombinieren können. Schalten Sie sie einfach durch ein Häkchen zu.

Rauschen | Das RAUSCHEN wirkt nur auf Pinsel mit weicher Kante oder anders hergestellter Unregelmäßigkeit. Die Einstellung fügt den Linienrändern Unregelmäßigkeiten hinzu und kann so »trockene Farben« (Kreide, Kohle etc.) realistischer wirken lassen.

Nasse Kanten | Nasse Kanten bewirkt einen Aquarell-Effekt.

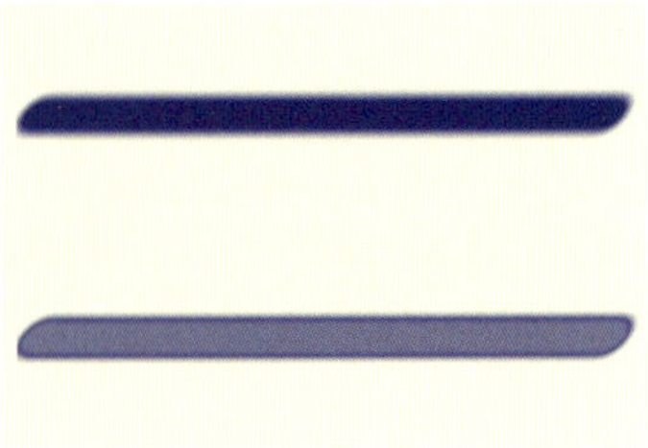

▲ **Abbildung 28.61**
Ein 90-Pixel-Flachpinsel mit 30% Kantenschärfe. Oben ohne, unten mit Nasser Kante. Nasse Kante funktioniert aber auch bei scharfen Werkzeugspitzen!

Auftrag | Auftrag soll bewirken, dass Farbe aus der Werkzeugspitze fließt, solange die Maustaste gedrückt ist (analog zum Knopf der Sprühdose oder zum Kompressorenhebel) – im Gegensatz zum Normalbetrieb, bei dem die Bewegung von Maus oder Grafiktablett-Stift den Farbfluss bewirkt.

Glättung | Die Einstellung Glättung »anti-aliast« Linienkanten, wie der Name schon nahelegt. Diese Option wirkt jedoch nicht beim Buntstift-Werkzeug!

Struktur schützen | Die Option Struktur schützen ergänzt die Struktur-Einstellungen sinnvoll: Damit werden die Struktureinstellungen auf alle in einem Projekt benutzten Pinsel angewendet – das ist sehr zu empfehlen, wenn Sie einen bestimmten Malgrund wie Leinwand oder Papierstruktur nachstellen wollen.

28.8 Individuelle Pinselspitzen aus Bildbereichen erstellen

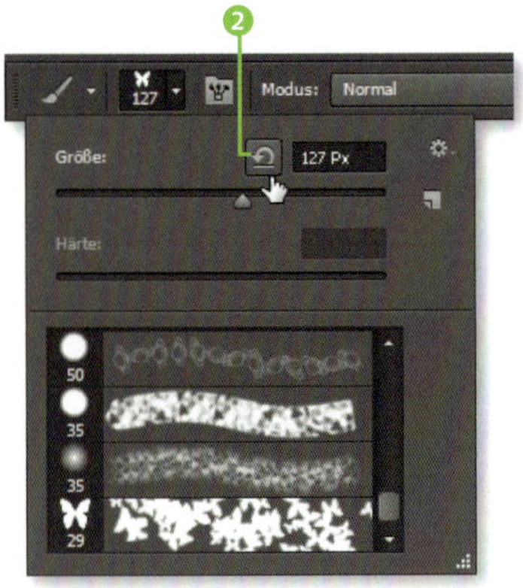

▲ **Abbildung 28.62**
Die Schaltfläche In Originalgrösse wiederherstellen ist ein Hinweis auf die Herkunft der Werkzeugspitze.

Um besondere Effekte zu erzielen, können Sie mit Hilfe der Auswahlwerkzeuge auch bestimmte Teile eines Bildes aufnehmen und als Werkzeugspitze definieren. Auf diese Art und Weise können Sie interessante Strukturen als Werkzeugspitze einsetzen. Auch einige der mitgelieferten Photoshop-Werkzeugspitzen wurden so erstellt. Sie erkennen diese aus einem Bild aufgenommenen Werkzeugspitzen leicht: Im Pinselmenü ist die Mini-Schaltfläche In Originalgrösse wiederherstellen 1 aktiv, wenn Sie die Pinselspitze größer machen, als die ursprüngliche Vorlage des Pinsels war. Ein Klick setzt die aufgenommene Pinselspitze wieder auf die ursprüngliche Größe zurück.

Typische Anwendungsfälle | Mit aufgenommenen Pinselspitzen können Sie gut die Malstriche von Medien wie Zeichenkohle oder Pastellfarbe oder den Farbauftrag mit einem groben Pinsel simulieren. Sie leisten auch gute Dienste beim Erstellen von Bildeffekten wie abgerissenen Fotokanten, die Sie sonst jedes Mal mühevoll von Hand erstellen müssten – dazu genügt es, einfach einmal eine solche abgerissene Kante zu scannen und als Werkzeugspitze zu definieren.

Aber wie genau geht das?

1. Als Erstes legen Sie sich eine Struktur an oder erstellen oder öffnen ein Bild, aus dem Sie eine Werkzeugspitze erstellen wollen. Das können übrigens durchaus auch Elemente aus Halbtonbildern (Fotos) sein – nicht nur schwarzweiße Strukturen.
2. Erstellen Sie als Nächstes eine Auswahl um den Bereich des Bildes, der als eigener Pinsel verwendet werden soll. Der Auswahlbereich kann maximal 5.000 × 5.000 Px groß sein. Wenn der Pinsel später eine harte Kante haben soll, dürfen Sie die Auswahloption WEICHE KANTE nicht verwenden!
3. Wählen Sie dann den Befehl BEARBEITEN • PINSELVORGABE FESTLEGEN. Sie müssen dabei noch einen Namen vergeben. Die eben definierte Werkzeugspitze taucht nun in der Werkzeugspitzenliste aller Werkzeuge auf, die über eine solche Liste verfügen.

Damit die Pinselvorgabe gut gelingt … | Meist müssen Sie Bildvorlagen noch kräftig bearbeiten, bis sie eine gute Vorlage als Pinselvorgabe abgeben.

- **Bildgröße:** Die meisten Bildelemente sind viel zu groß, um als Pinselvorgabe zu dienen. Duplizieren Sie das Bild oder die Ebene, um das Bildobjekt zu verkleinern.
- **Weißer Hintergrund:** Die umgebenden Pixel des Bereichs, den Sie als Pinsel aufnehmen wollen, sollten weiß sein, damit die tatsächlichen Konturen des künftigen Pinsels auch gut zu erkennen sind.
- **Kontraste und Helligkeit:** Vielfach ist es notwendig, die Kontraste aufzunehmender Bildbereiche zu erhöhen und das Bildelement insgesamt stark abzudunkeln. Wenn Sie nur sehr zart gefärbte Bildelemente als Pinsel aufnehmen, wird später auch der Farbauftrag mit dieser Werkzeugspitze sehr schwach! Hier helfen Gradationskurven und der Befehl BILD • KORREKTUREN • HELLIGKEIT/KONTRAST. Um strikt schwarzweiße Vorlagen ohne Graustufen zu erstellen, nutzen Sie am besten den Befehl BILD • KORREKTUREN • SCHWELLENWERT.
- **Malabstand:** Um Werkzeugspitzen mit Effekt – z. B. aus einzelnen Figuren bestehende »Linien«, wie sie per aufgenommener Pinselvorgabe entstehen – richtig zur Geltung zu bringen, ist ein hoher Malabstand notwendig, da sonst die einzelnen Figuren ineinanderrutschen und nicht mehr zu unterscheiden sind.

Zum Weiterlesen

Die Farbigkeit von Vorlagen kann nicht in die Pinseleigenschaften übernommen werden – gemalt wird immer in der aktuellen Vordergrundfarbe. Wenn Sie auch die Farben einer Vorlage dauerhaft konservieren und zum schnellen Zugriff bereitstellen wollen, müssen Sie ein Muster definieren. Wie das geht, erfahren Sie im Abschnitt »Eigene Muster erzeugen« auf Seite 860.

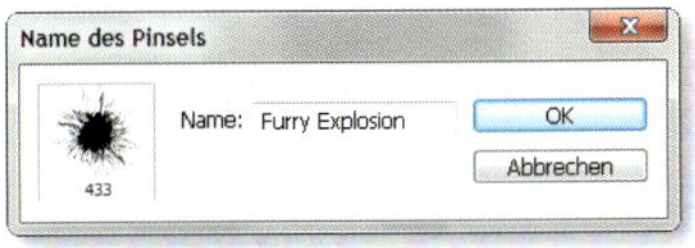

▲ **Abbildung 28.63**
Festlegen des Pinselnamens

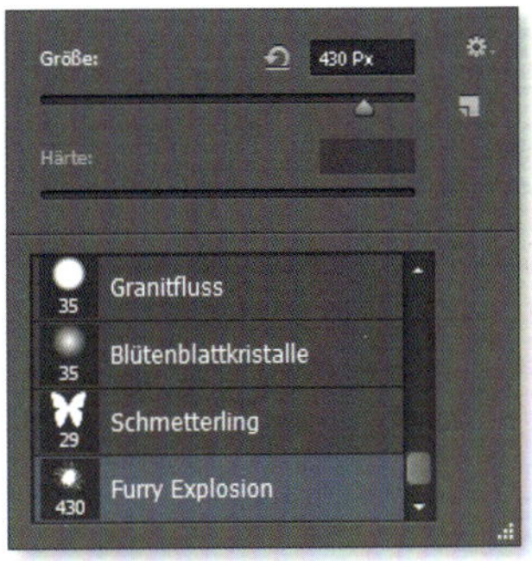

▲ **Abbildung 28.64**
Die neu aufgenommene Pinselspitze taucht nun in der Liste auf.

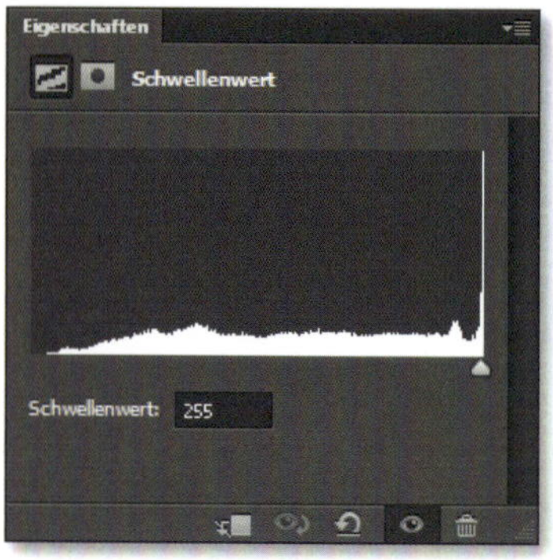

▲ **Abbildung 28.65**
Einstellen des Schwellenwertes

Hartes Schwarzweiß mit der Schwellenwert-Einstellung | Um Farb- oder Graustufenbilder in radikales Schwarzweiß ganz ohne Graustufen zu verwandeln, eignet sich gut die Funktion SCHWELLENWERT (unter BILD • KORREKTUREN und in der Korrekturen-Palette).

Im SCHWELLENWERT-Dialog legen Sie fest, welche der Original-Tonwerte eines Bildes weiß und welche schwarz dargestellt werden. Der Effekt ist derselbe wie bei der Umwandlung in den Bitmap-Modus, nur kontrollierter.

▲ **Abbildung 28.66**
Originalbild

▲ **Abbildung 28.67**
Daraus erzeugte Pinselspitze

Kapitel 29

Einfarbig, mit Verlauf oder Muster: Flächen füllen

Um größere Bildpartien einzufärben, gibt es effizientere Werkzeuge als den Pinsel! Sie können Farbe flächig auftragen, aber auch Muster oder Verläufe anwenden. Die Beschäftigung mit diesem Thema lohnt sich: Muster und Verläufe sind nicht nur ein Element der Bildgestaltung, auch als kreative Hilfsmittel spielen sie eine große Rolle.

29.1 Das Füllwerkzeug

Um einheitlich gefärbte oder transparente Flächen mit einer neuen Farbe zu füllen, ist das Füllwerkzeug [G] die beste Wahl. Ein Klick, und die neue Farbe wird über die Bildfläche »gegossen«. Welche Bildteile gefüllt werden, stellen Sie in den Optionen ein: Mit der TOLERANZ-Einstellung wird die bereits vorhandene Bildpixel analysiert, und die Option BENACHBART. Dadurch wird die Ausdehnung der Füllfarbe begrenzt.

Strukturierte Flächen mit Farbe überdecken

Das Füllwerkzeug eignet sich nicht so gut, um strukturierte oder gemusterte Bildpartien schnell mit einheitlichen Farbpixeln zu überdecken. Nutzen Sie in solchen Fällen besser eine Auswahl und den Befehl BEARBEITEN • FLÄCHE FÜLLEN.

Füllwerkzeug-Optionen

Standardmäßig wendet das Füllwerkzeug die aktuelle Vordergrundfarbe an. Ist jedoch die Option MUSTER (1) aktiv, können Sie Flächen auch mit Mustern füllen, die Sie aus einer Liste (2) aussuchen. Muster verwalten Sie wie Pinseln, Farbfelder, Stile und andere Vorgaben. Anders als beim Ebeneneffekt MUSTERFÜLLUNG haben Sie hier allerdings nicht die Möglichkeit zur **nachträglichen** Anpassung!

Unter MODUS (3) finden Sie die bekannten Mischmodi, und die DECKKRAFT (4) reguliert die Transparenz der aufgetragenen »Farbe«. Die TOLERANZ (5) ist ein Hinweis darauf, dass das Füllwerkzeug nicht einfach füllt, sondern auch die Pixelfarben sondiert. Je höher der TOLERANZ-Wert ist, desto mehr Farbnuancen werden von der mit dem Füllwerkzeug aufgebrachten Farb- oder Musterfüllung überdeckt.

Zum Weiterlesen

In Kapitel 34, »Ebenenstile: Text mit Effekt«, erfahren Sie mehr darüber, wie Sie **Muster und Verläufe** auf flexible Art mit Ebenen verbinden.

Abbildung 29.1 ▶
Optionen des Verlaufswerkzeugs

Benachbart ❼ legt – wie beim Zauberstab auch – fest, ob alle ähnlichen Farbtöne im Bild oder nur die mit dem angeklickten Farbbereich zusammenhängenden Pixel eingefärbt werden. Glätten ❻ glättet die Kanten der Farbfüllung. Wenn Sie Alle Ebenen ❽ aktivieren, werden die Pixel anhand der zusammengeführten Farbdaten aller sichtbaren Ebenen gefüllt. Klicken Sie dann einfach mit der Maus ins Bild, um die Pixel »auszugießen«, oder wenden Sie einen der Shortcuts aus der Tabelle an.

Tabelle 29.1 ▶
Tastaturbefehle für das Füllen von Flächen auf einen Blick

Was wollen Sie tun?	Windows	Mac
Auswahl oder Ebene mit der Vordergrundfarbe füllen	Alt + ←	Alt + ←
Auswahl oder Ebene mit der Hintergrundfarbe füllen	Strg + ←	cmd + ←
Dialogfenster Fläche füllen einblenden	⇧ + ← alternativ: ⇧ + F5	⇧ + ← alternativ: ⇧ + F5

29.2 Das Verlaufswerkzeug: Farbverläufe erstellen

Verläufe sind in der täglichen Photoshop-Praxis nahezu unentbehrlich, denn sie sind die Grundlage zahlreicher fortgeschrittener Arbeitstechniken oder kreativer Weiterverarbeitung. Gut dosiert eingesetzt, sind sie außerdem ein interessantes Gestaltungsmittel. Das Verlaufswerkzeug G versteckt sich in der Werkzeugpalette unter dem Fülleimer.

Genau horizontal, exakt vertikal

Oft ist es wichtig, dass ein Verlauf exakt horizontal oder vertikal positioniert ist. Um das zu erreichen, halten Sie während des Aufziehens die ⇧-Taste gedrückt. Sie können dann nur vertikale oder horizontale Geraden aufziehen. Die Info-Palette hilft Ihnen, den Verlaufswinkel genau auszurichten.

Verlauf anlegen

Das Erstellen eines Verlaufs ist denkbar einfach: Sie aktivieren das Werkzeug, klicken ins Bild und ziehen bei gedrückter Maustaste in die Richtung, die Ihr Verlauf haben soll. Die Länge der Strecke, die Sie ziehen, bestimmt, wie lang und damit wie weich der Verlauf wird – also der Bereich, in dem die Farben ineinander übergehen. Grundsätzlich erstreckt sich ein Verlauf (unabhängig von der Länge, auf die er ausgezogen wird) immer über die ganze Bildfläche. Wenn Sie seine Ausbreitung beschränken wollen, müssen Sie zunächst eine Auswahl anlegen.

Optionen des Verlaufs

Mit der hier ausgeklappt dargestellten Liste ❾ können Sie die Farben und Proportionen Ihres Verlaufs kontrollieren und auch genau nachstellen. Standardmäßig werden hier als Erstes die von Ihnen eingestellten Vorder- und Hintergrundfarben angezeigt, dann folgt eine Reihe vorgefertigter Verläufe.

▼ **Abbildung 29.2**
Verlaufsoptionen – die wichtigsten individuellen Einstellungsmöglichkeiten verstecken sich in der ausgeklappten Liste (mehr dazu im folgenden Abschnitt).

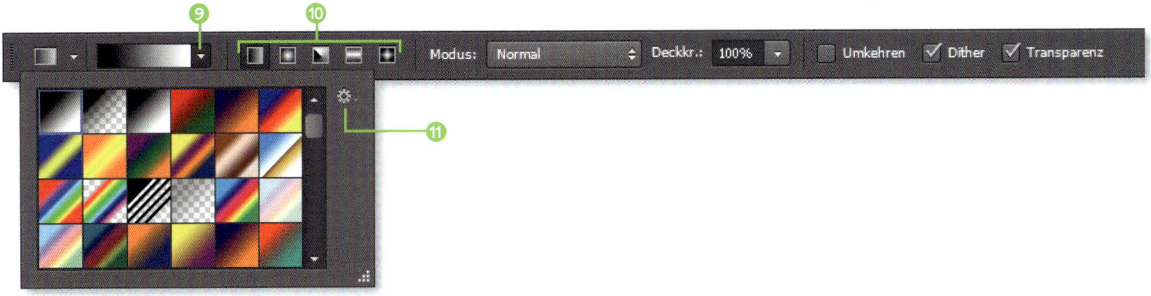

Mit einem Klick auf den kleinen Pfeil ⓫ öffnen Sie wieder ein Seitenmenü, mit dem Sie – ähnlich wie die Stile, Werkzeugspitzen oder Farbfelder – Verlaufsbibliotheken verwalten und eigene Verläufe oder ganze Verlaufsbibliotheken ergänzen.

Verlaufstyp | Mit den Miniatur-Schaltflächen unter ❿ wählen Sie durch Klicken den Verlaufstyp. In der Erstellung sind sie alle gleich, die Ergebnisse sind aber recht unterschiedlich.

Die nächsten Einstellungen beziehen sich wiederum auf Deckkraft und den Modus des Farbauftrags. Daneben finden Sie noch drei weitere Optionen, die per Häkchen zugeschaltet werden können. Dieser drei Optionen müssen Sie sie *vor* dem Aufziehen des Verlaufs, auf den Sie sie anwenden wollen, aktivieren. Nachträglich geht es nicht!

- Mit Umkehren vertauschen Sie die Verlaufsrichtung bzw. die Farben des eingestellten Verlaufs.
- Dither fügt dem Verlauf ein Dither-Muster hinzu. Das kann sinnvoll sein, wenn Sie einen Verlauf für den Einsatz als Internetbild anlegen. Nicht alle Browser können Verläufe korrekt wiedergeben. Manchmal werden in einem »stufenlosen« Verlauf Streifen sichtbar. Wenn Sie schon bei der Erstellung ein Dither-Muster einfügen, wirken Sie diesem unerwünschten Effekt entgegen.

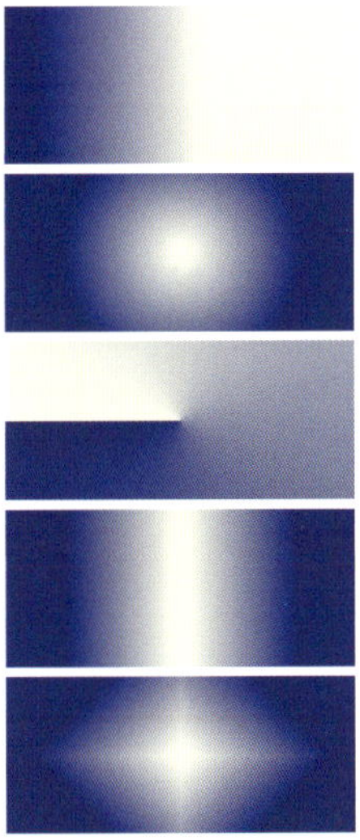

▲ **Abbildung 29.3**
Verschiedene Verlaufstypen; von oben: linear, radial, »Verlaufswinkel«, reflektierter Verlauf und Rauteverlauf

- Transparenz **muss** unbedingt aktiviert sein, wenn Sie einen Verlauf wählen, der Transparenz enthält. Wenn Sie dieses Häkchen vergessen, wird die gewünschte Transparenz schlicht nicht dargestellt, und Sie erhalten einfach einen opaken Farbbereich.

Verläufe nachbearbeiten, eigene Verläufe erstellen

Die Standardeinstellungen bieten schon eine ganze Menge Möglichkeiten, die es Ihnen erlauben, das Erscheinungsbild Ihres Verlaufs zu gestalten. Richtig spannend wird es allerdings, wenn Sie Verläufe bearbeiten und dadurch ganz eigene Verläufe gestalten.

Die Dialogbox dazu rufen Sie auf, indem Sie ins Vorschaufeld ❶ des Verlaufs in der Optionsleiste klicken.

▲ **Abbildung 29.4**
Wenn Sie hier klicken, kommen Sie direkt zum Dialog Verläufe bearbeiten.

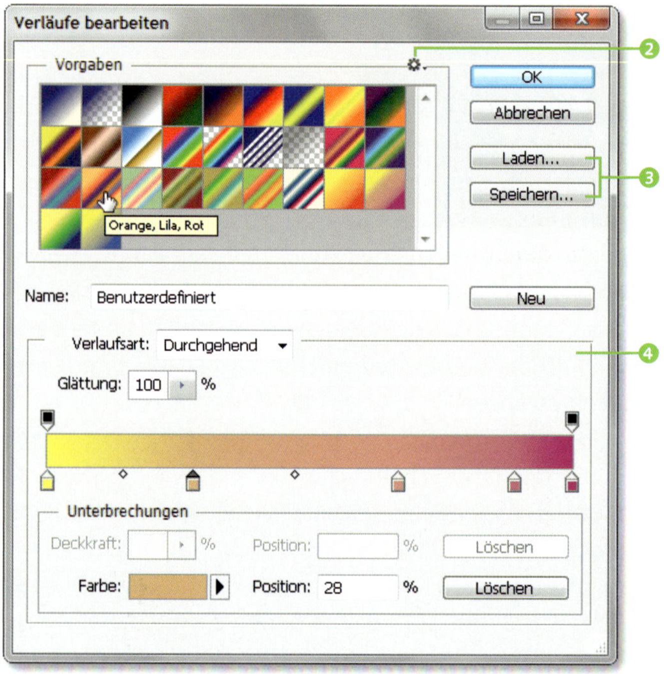

Abbildung 29.5 ▶
Die Dialogbox zum Variieren bestehender und zum Anlegen eigener Verläufe

Hier haben Sie zunächst folgende Möglichkeiten:

- Ein Klick auf das kleine Zahnrad-Icon ❷ ruft das gewohnte Seitenmenü mit allen Angaben zum Verwalten von Bibliotheken auf.
- Die Schaltflächen Laden und Speichern ❸ sind eine noch schnellere Möglichkeit als das Seitenmenü, weitere Bibliotheken nachzuladen oder eine modifizierte – also eine um eigene Verläufe erweiterte – Fassung der aktuell geladenen Bibliothek zu sichern.
- Um einen fertigen **Verlauf zu aktivieren** (und dann anzuwenden), klicken Sie ihn im Vorschaufenster unter Vorgaben an und bestätigen

einfach mit OK. Wenn Sie mit dem Mauszeiger auf einem der Verläufe verharren, wird Ihnen auch dessen Name angezeigt.

- Die entscheidenden Einstellungen zum **Bearbeiten von Verläufen** nehmen Sie im unteren Teil des Dialogfeldes ④ vor. Sie können die Anzahl und Verteilung der Verlaufsfarben, den genauen Farbübergang und etwaige Transparenzen definieren. Wie das im Einzelnen geht, erfahren Sie in der folgenden Schritt-für-Schritt-Anleitung.

Sie vermissen die Einblendung von Verlaufsnamen?
Wenn unter VOREINSTELLUNGEN • BENUTZEROBERFLÄCHE die Option QUICKINFO ANZEIGEN **deaktiviert** ist, werden die mitunter hilfreichen Verlaufsnamen (und Titel anderer Vorgaben) nicht angezeigt.

Schritt für Schritt: Eigene Verläufe erstellen

In diesem Workshop legen wir einen neuen Verlauf an. Ganz streng genommen legen Sie nie neue Verläufe an, sondern modifizieren bestehende Verläufe und sichern sie unter einem neuen Namen.

1 Grundlage auswählen

Dazu suchen Sie sich als Erstes einen Verlauf, der eine gute Basis für Ihren eigenen geplanten Verlauf abgibt, und klicken ihn in der Liste an ⑤. Dass er aktiviert ist, erkennen Sie daran, dass er auch im Balken ⑥ dargestellt wird. Es lohnt sich meist, die Bibliotheken nach einer guten Verlaufsgrundlage zu durchsuchen – Sie brauchen dann nur ein paar Klicks, um diese anzupassen.

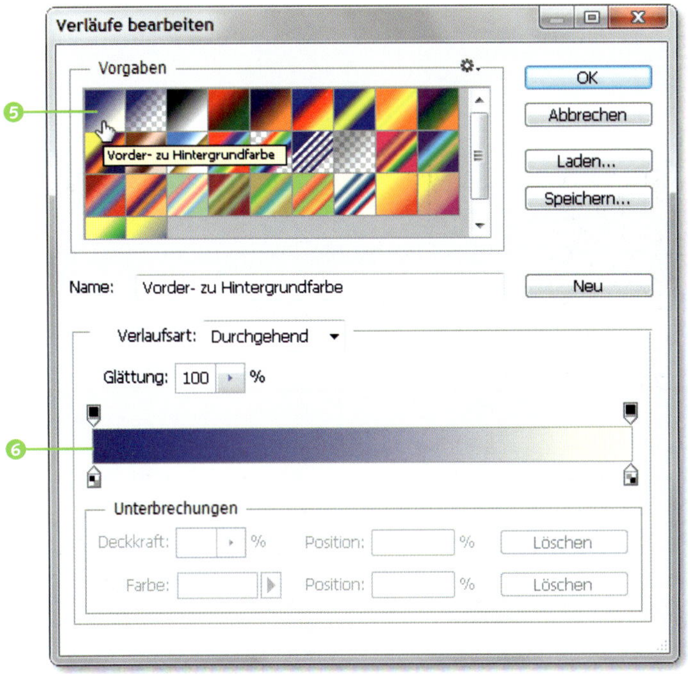

◂ **Abbildung 29.6**
Ein Verlauf wurde zum Verändern ausgewählt.

2 Neue Farbe hinzufügen

Unter VERLAUFSART lassen Sie DURCHGEHEND stehen, und eine hohe GLÄTTUNG garantiert sanfte Übergänge. Ihre wichtigsten Arbeitsinstrumente sind nun der Farbbalken und die kleinen Marker ober- und unterhalb.

Die oberen Marker legen die eventuelle Transparenz fest (offiziell: **Transparenzunterbrechungsregler**), die unteren Markierungen (**Farbunterbrechungsregler**) bestimmen, welche Farbe an welcher Stelle verwendet wird. Alle Marker lassen sich verschieben, und durch Klicks fügen Sie neue hinzu.

Durch einfaches Klicken **unter** den Farbbalken ① (die Maus wird zu einem Hand-Symbol) fügen Sie eine neue Farbe hinzu, eine sogenannte Unterbrechung.

Mit einem Klick in das Feld FARBE ② oder einem Doppelklick in die Farbmarkierung des Markers rufen Sie den bekannten Farbwähler auf und können die Farbe neu definieren. Das im Beispiel gezeigte Grün hat die RGB-Werte 192/238/138.

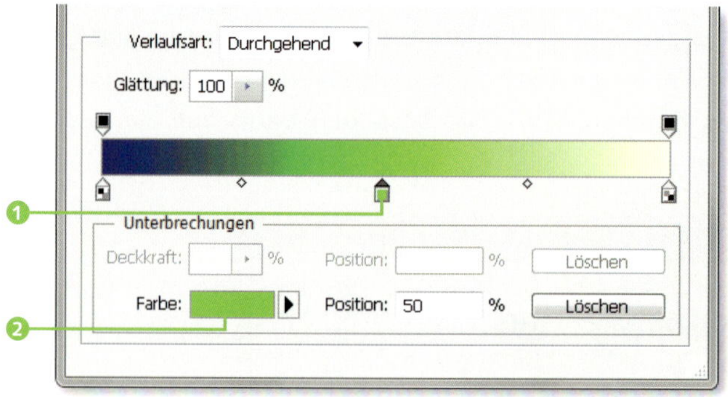

Abbildung 29.7 ▶
Die Unterbrechung wurde eingefügt und hat auch schon die neue Farbe.

3 Position der Farben festlegen

Nun können Sie noch die Position des Markers verändern. Entweder ziehen Sie den Marker einfach mit der Maus, oder Sie aktivieren ihn durch Anklicken und geben in den Eingabefeldern exakte Werte ein. Gerade bei komplexeren Verläufen, die ganz regelmäßig sein müssen, ist das sinnvoll.

Abbildung 29.8 ▶
Legen Sie die Position der Farben fest.

4 Verlaufsübergänge verändern

Die kleinen Rauten-Symbole zwischen den Farbmarkern zeigen an, wo die Mitte des Farbübergangs liegt. Auch diese Mittelpunkte können Sie verschieben und dadurch die Gestalt des Verlaufs noch ändern. Auch hier können Sie die Zahleneingabe nutzen. Dazu müssen Sie erst wieder die entsprechende Mittelpunktraute durch Anklicken aktivieren.

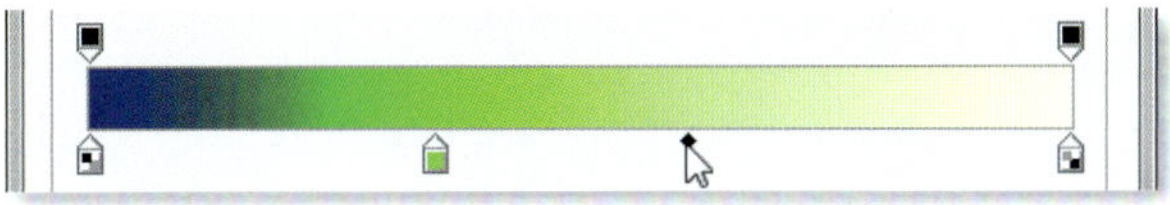

◀ **Abbildung 29.9**
Hier verändern Sie die Verlaufsübergänge.

5 Transparenz einstellen

Die Einstellung der Transparenz erfolgt ganz analog. Auch hier ist der aktive Marker durch eine schwarze Spitze gekennzeichnet. Für ihn müssen Sie dann im unteren Einstellungsfeld UNTERBRECHUNGEN für den Grad der Transparenz anlegen. Rauten bestimmen wiederum den »Scheitelpunkt« des Verlaufs.

6 Verlauf benennen und sichern

Um den neuen Verlauf zu sichern, tragen Sie unter NAME ④ eine möglichst sinnreiche Bezeichnung ein und klicken auf den Button NEU ⑤. Der neue Verlauf erscheint nun am Ende der Liste in der Übersicht ③.

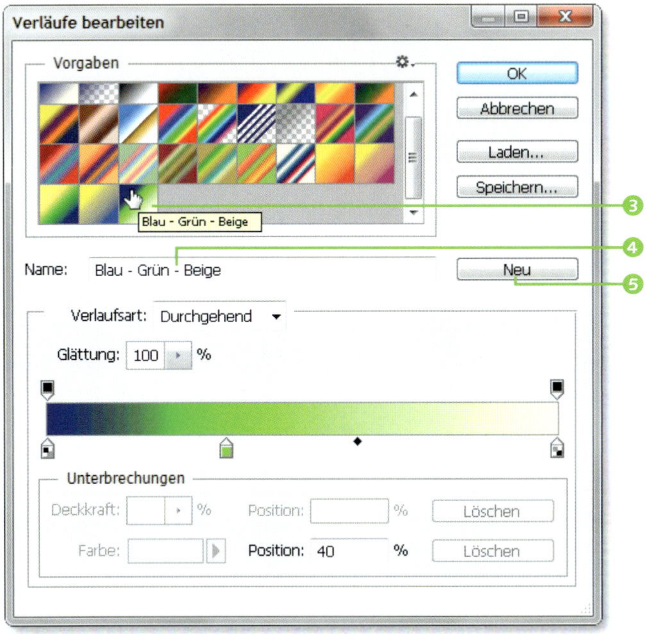

◀ **Abbildung 29.10**
Der Verlauf wurde gespeichert und steht jetzt in der Übersicht zur Verfügung.

Unbeabsichtigte Veränderungen des Verlaufs beim Wechsel von Vorder- und Hintergrundfarbe | Das Verlaufswerkzeug unterscheidet zwischen absoluten Farbdefinitionen (Angaben von fixen Farbwerten) und Farben, die in Bezug zur aktuellen Vorder- oder/und Hintergrundfarbe in der Werkzeugleiste stehen. Absolut definierte Verläufe zeigen die Farben im Marker, die sie repräsentieren, abhängige Verläufe haben Farbmarker mit einem kleinen Karomuster.

Wenn Ihr Verlauf auf einem Verlauf basiert, der von der Vorder- und Hintergrundfarbe abhängig ist, wird er sich mit dem Ändern dieser Farben ebenfalls ändern. Um das zu verhindern, müssen Sie eine sogenannte Benutzerdefinierte Farbe (als absolut definierte Farbe) einsetzen. Klicken Sie dazu vorsichtig auf die *Spitze* des Markers 1, so dass sie schwarz hervorgehoben ist, und dann auf den Pfeil neben dem dann aktivierten Farbfeld 2. Wenn Sie dann Benutzerdefinierte Farbe wählen, können Sie den Status des Farbmarkers ändern.

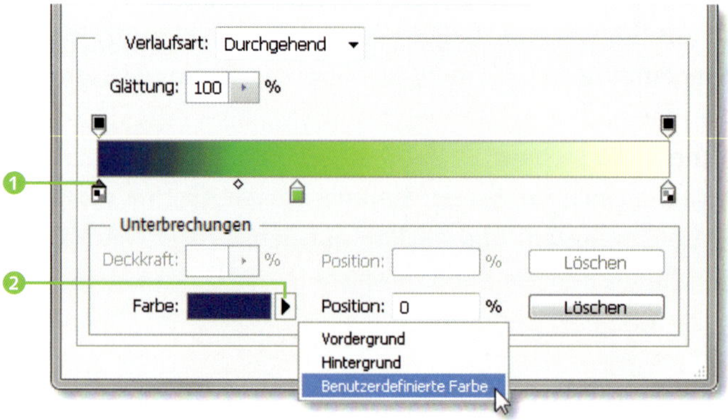

Abbildung 29.11 ▸
So wandeln Sie eine abhängige Farbdefinition in einen absoluten Farbwert um.

Rauschverläufe

Der Rauschverlauf ist ein schönes Spielzeug – das auch zum Erzielen durchaus ernstzunehmender Ergebnisse taugt. (Er wurde in alten Photoshop-Versionen als »Störungsverlauf« bezeichnet.) Dabei werden auf Knopfdruck streifige Zufallsverläufe erstellt, und Sie können festlegen, wie hart oder weich diese Streifen ineinander übergehen und wie groß der Farbumfang sein soll.

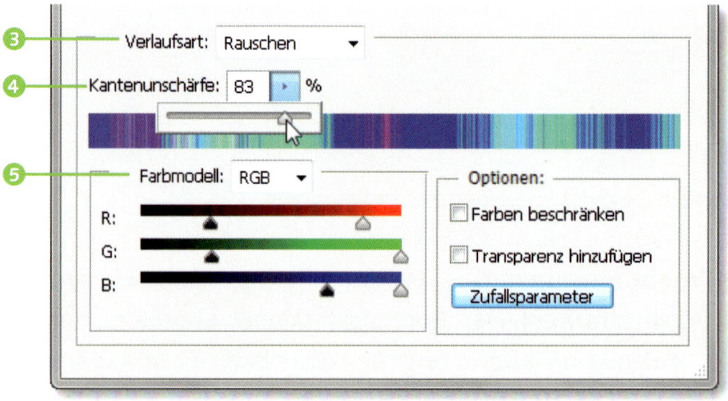

Abbildung 29.12 ▸
Die Einstellungsmöglichkeiten für einen Rauschverlauf

Hier müssen Sie als Erstes die VERLAUFSART ③ auf RAUSCHEN stellen. Der Standardwert für KANTENUNSCHÄRFE ④ ist 50%. Dieser Wert erzeugt regelrechte Streifen. Wenn Sie einen weicheren Verlauf brauchen, sind niedrigere Werte besser. Sie können ebenfalls einstellen, nach welchem FARBMODELL ⑤ (RGB, HSB und Lab stehen zur Verfügung) und wie gemischt wird. Dazu ziehen Sie die Regler unter den Farbbalken.

Die Option FARBEN BESCHRÄNKEN wirkt sich auf die Sättigung des Verlaufs aus. Zu grelle Farben werden unterdrückt. TRANSPARENZ HINZUFÜGEN erklärt sich von selbst. Der Farbbalken zeigt den aktuell eingestellten Störungsverlauf an.

Mit jedem Klick auf den Button ZUFALLSPARAMETER erzeugen Sie nun einen neuen, zufällig ermittelten Verlauf aus Ihren Vorgaben. Wenn Sie das Spektrum und die Kantenschärfe gut gewählt haben, werden Sie nach wenigen Klicks einen Verlauf haben, der Ihren Vorstellungen entspricht. Sie können das aktuelle Ergebnis durch Verstellen der Regler an den Farbbalken und durch Abwählen oder Zuschalten von Optionen verändern.

▲ **Abbildung 29.13**
Beispiele für mögliche Rauschverläufe. Auch der Kreis ist so entstanden – mit einem radialen Verlauf!

▲ **Abbildung 29.14**
Einige der mitgelieferten Muster in Photoshop

29.3 Vielseitige Kreativressource: Muster

Wenn Sie bis hierher aufmerksam gelesen haben, ist es Ihnen vermutlich schon aufgefallen – Muster sind eine weitere Kreativressource in Photoshop, die Ihnen an verschiedenen Stellen des Programms begegnet: Beim Füllen von Flächen (Füllwerkzeug-Option MUSTER), als Eigenschaft von Pinseln (Option STRUKTUR in der Pinsel-Palette) und bei vielen anderen Gelegenheiten. Adobe liefert zahlreiche Muster für viele Gelegenheiten mit, aber Sie können sich auch eigene Muster definieren.

Kein Mustergenerator mehr
Umsteiger von CS3 oder noch älteren Versionen werden hier vielleicht eine Beschreibung des Mustergenerators vermissen. Er ist nicht mehr in Photoshops Funktionsumfang enthalten und lässt sich auch nicht mehr nachinstallieren.

Dateien auf der Buch-DVD: »Putz.jpg«, »Beton.jpg«, »Rost.jpg«, »Glas.tif«

Skriptbasierte Muster
Zum variationsreichen Füllen von Flächen gibt es eine spannende Neuerung: Intelligente Muster auf Skriptbasis, bei denen Wiederholungen nicht so leicht erkennbar sind wie bei schnöden Musterkacheln. Wählen Sie BEARBEITEN • FLÄCHE FÜLLEN, dann unter VERWENDEN die Option MUSTER. Im unteren Teil des Dialogfelds können Sie nun aus verschiedenen Musterskripten eines auswählen. Damit wird eine Variation aus dem zuvor gewählten Muster erzeugt (siehe Abbildung 29.15). Die Einstellungen des Dialogfelds wirken sich auch andernorts aus, etwa wenn Muster mit dem Fülleimer aufgetragen werden.

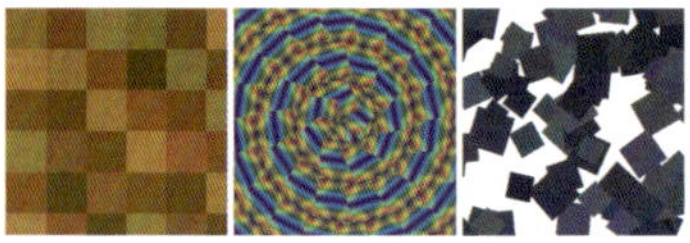

▲ **Abbildung 29.15**
Drei geskriptete Zufallsmuster: DREHERBINDUNG aus dem Muster HOLZ, SPIRALE aus dem Muster BINDEBATIK und eine ZUFALLSFÜLLUNG aus dem Muster JEANS.

Eigene Muster erzeugen

Sie können aus jeder beliebigen Datei Muster erstellen und in Musterbibliotheken ablegen. Das Verfahren eignet sich gut für strenge, grafische Muster wie zum Beispiel Streifen. Aber auch fotografierte Texturen verwerten Sie auf diese Weise als Muster.

Wenn Sie einmal gezielt auf Fotopirsch gehen, werden Sie sehen, wie viele interessante Texturen Sie schon bei einem kurzen Spaziergang finden. Sie müssen beim Fotografieren nur darauf achten, möglichst neutrale, gleichmäßig strukturierte Bereiche aufzunehmen. Hervorstechende Partien akzentuieren bei späterer Anwendung des Musters die Grenzen der einzelnen Musterelemente, und das ist natürlich nicht erwünscht.

▲ **Abbildung 29.16**
Eine verputzte Wand, Sichtbeton, das Detail einer Glasflasche oder eine rostige Metallfläche – potentielle Photoshop-Muster finden Sie überall

Der Aufwand, ein eigenes Muster zu erzeugen, ist gering. Sie brauchen natürlich eine geeignete Vorlage. Überlegen Sie auch, ob Sie dem Bild vielleicht etwas Farbe entziehen, die Kontraste erhöhen oder es etwas verfremden wollen. Dann legen Sie den passenden Bildausschnitt fest. Muster müssen nicht quadratisch sein, für viele Zwecke ist das jedoch am besten. Erzeugen Sie eine Auswahl um den Bildbereich, der die Mustervorlage sein soll. Wählen Sie dann BEARBEITEN • MUSTER FESTLEGEN, und vergeben Sie einen neuen Namen für das Muster. Und das war's auch schon – fertig ist Ihr Muster!

▲ **Abbildung 29.17**
In allen Werkzeugen, die Muster verwenden, taucht das neue Muster am Ende der aktuellen Musterbibliothek auf.

▲ **Abbildung 29.18**
Per Ebenenstil MUSTERÜBERLAGERUNG habe ich das neue Muster gleich auf eine Textebene angewandt.

Zum Weiterlesen
Wie Sie mit einer solchen Vorlage ein endloses Muster erstellen, lesen Sie Abschnitt 32.5, »Fotos ansatzlos gekachelt: Verschiebungseffekt«.

Muster aus Filtern

Um vorgefundene Bilder zu verfremden und daraus abstrakte Muster zu machen, können Sie auch Photoshops Filterarsenal nutzen. Insbesondere Strukturierungs-, Vergröberungs- und Verzerrungsfilter eignen sich dafür gut. Doch auch andere Filter können mit Gewinn angewandt werden. Unter FILTER • RENDERFILTER finden Sie sogar einige Spezialtools, die »Bilder aus dem Nichts« machen und Strukturen erzeugen. Alle Filter können Sie natürlich auch kombinieren.

Zum Weiterlesen
Für die Verwaltung der Musterbibliotheken gilt das bereits für die Verläufe und andere Vorgaben Gesagte: Sie können Sie bequem per Vorgaben-Manager und über die bekannten Befehle im Seitenmenü verwalten. Wie das genau geht, lesen Sie in Abschnitt 7.5, »Farbfelder, Muster, Stile & Co: Kreativressourcen organisieren«.

Muster aus Differenz-Wolken | Die Datei, die Sie mit diesem Filter behandeln wollen, muss mit (beliebigen) Pixeln gefüllt sein, sonst funktioniert es nicht. Der Filter verwendet nach dem Zufallsprinzip ermittelte Werte, die auf Basis des Mischmodus DIFFERENZ zwischen der aktuell eingestellten Vordergrund- und der Hintergrundfarbe variieren und ein Wolkenmuster erzeugen. Die mehrfache Anwendung erzeugt ein **Marmormuster**.

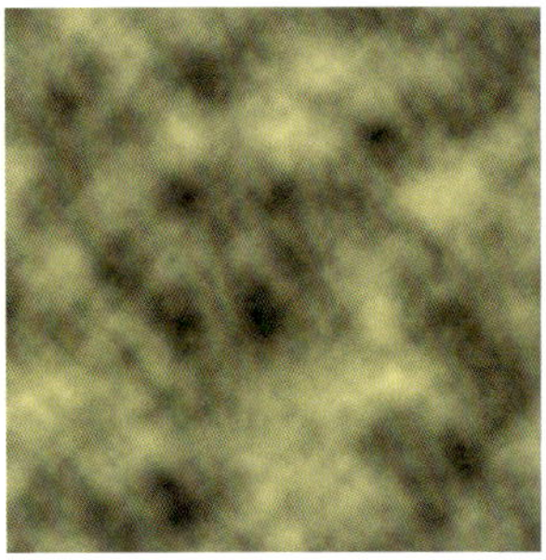

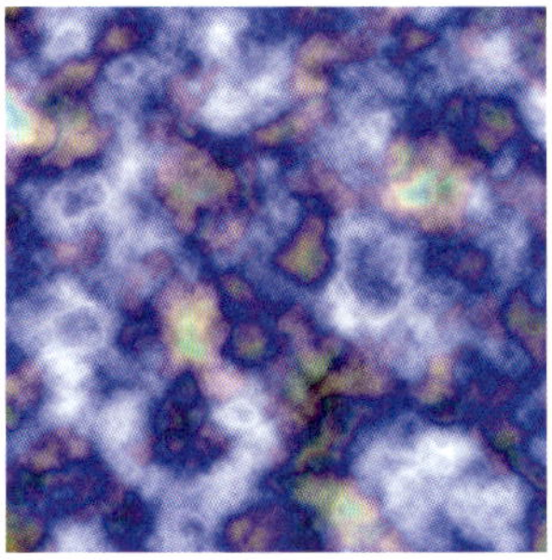

◂◂ **Abbildung 29.19**
Differenz-Wolken

◂ **Abbildung 29.20**
Die mehrfache Anwendung des Filters kann auch die Farbigkeit des Bildes stark verändern.

Muster mit Fasern | Der Filter FASERN erzeugt mit den Vorder- und Hintergrundfarben einen holzähnlichen Effekt. Er ist per ZUFALLSPARAMETER steuerbar. Die Farben der erzeugten Faserstruktur hängen von der eingestellten Vorder- und Hintergrundfarbe ab.

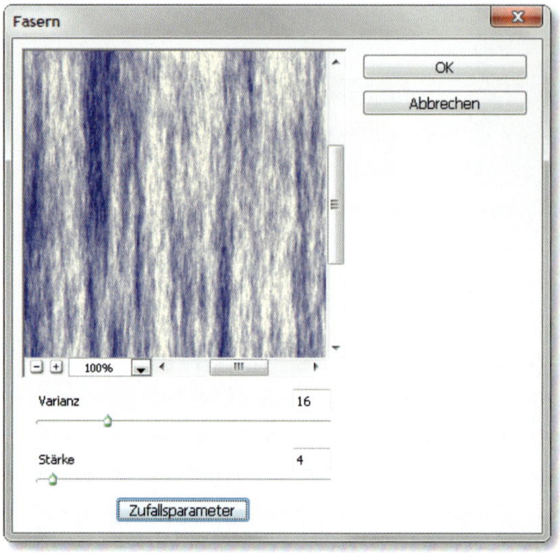

Abbildung 29.21 ▸
Der Dialog des FASERN-Filters ist intuitiv bedienbar.

Mit einer bräunlichen Verlaufsumsetzung ergeben sich etwa interessante Holzstrukturen.

Abbildung 29.22 ▸
Die Wirkung des Filters FASERN

Abbildung 29.23 ▸▸
Mit Hilfe des FASERN-Filters imitieren Sie beispielsweise Holzflächen.

Muster mit dem Filter »Wolken« | Der Filter WOLKEN ist etwas weicher in der Wirkung als DIFFERENZ-WOLKEN und greift direkt auf die eingestellte Vorder- und Hintergrundfarbe zu. Das Muster wird mit Hilfe von Zufallswerten erzeugt, die zwischen der Vorder- und Hintergrundfarbe variieren. Einzige Steuerung: Drücken Sie beim Klicken des Filterbefehls zusätzlich `Alt` – das Muster wird dadurch kontrastreicher.

Abbildung 29.24 ▸
Wirkung des WOLKEN-Filters

Abbildung 29.25 ▸▸
WOLKEN mit mehr Kontrast

TEIL X
Filter – kreativ & effektiv

Kapitel 30
Besser filtern

Filter aussuchen, Werte einstellen, »OK« klicken – und fertig? Das Anwenden von Filtern kann so einfach sein. Doch wenn Sie bei der Arbeit mit Filtern Zeit sparen, flexibel bleiben und originellere Ergebnisse erzielen wollen, sollten Sie dieses Kapitel lesen.

30.1 Filterdialoge im Griff

Die Wirkung fast aller Filter variiert stark mit den Optionen, die Sie einstellen. In Filterdialogen, die meist auch über ein Vorschaufenster verfügen, gibt es einige Details, die Sie in anderen Photoshop-Dialogen nicht finden.

Datei auf der Buch-DVD: »Gänseblümchen_2.tif«

Der Filter-Finder

Unter dem Menüpunkt Filter hat Photoshop mehr als hundert Filter versammelt. Es ist nicht leicht, sich in dieser Fülle von Funktionen und Menüeinträgen, die nicht unbedingt logisch angeordnet sind, zu orientieren. In Kapitel 31, »Orientierung im Filter-Dschungel«, kommt der Wegweiser.

Vorschaufenster im Filterdialog

Sehr viele der Filterdialoge verfügen über ein Vorschaufenster und eine Vorschau-Option, die Sie mittels Häkchen (de)aktivieren. Ist die Vorschau aktiv, werden die Änderungen an den Filtereinstellungen nicht nur in dem kleinen Vorschaufenster innerhalb des Filterdialogs gezeigt, sondern auch direkt in die Datei eingerechnet. Bei großen Dateien oder komplexeren Filtern kann es dann eine Weile dauern, bis Sie das Ergebnis sehen und die nächste Änderung an den Reglern durchführen können. Entfernen Sie in solchen Fällen zunächst das Häkchen bei der Option Vorschau. Dann sehen Sie die Änderungen der Filtereinstellung nicht mehr direkt im Bild, sondern nur im Vorschaufenster.

Das kurzzeitige Abschalten der Vorschau ist außerdem eine gute Methode für den Vergleich zwischen aktuellen Filtereinstellungen und dem Originalbild.

▲ **Abbildung 30.1**
So verschieben Sie den Ausschnitt im Vorschaufenster eines Filterdialogs.

▲ **Abbildung 30.2**
Zoomen auf Knopfdruck. Beim Klicken auf einen der Buttons wird nur die Vorschauansicht im Filterdialog verändert – nicht die Haupt-Bildansicht.

Vorschauausschnitt verschieben | Wenn Sie mit dem Mauscursor ins Vorschaufeld fahren, wird er zum Hand-Werkzeug ①, mit dem Sie den Vorschauausschnitt verschieben können. Während des Verschiebens sehen Sie sinnvollerweise kurz die unbehandelte Bildversion, auf der Sie sich besser orientieren können.

Ausschnitt verändern | Bei vielen Filtern können Sie per Mausklick ins Bild festlegen, was im Filter-Vorschaufenster angezeigt wird. Wenn Sie die Maus bei geöffnetem Filter in das Bild setzen, wird der Cursor zu einem kleinen Quadrat. Klicken bringt den betreffenden Bereich dann ins Filter-Vorschaufenster.

Zoomstufe | Um eine höhere oder geringere Zoomstufe der Vorschau einzustellen, können Sie die kleinen Plus- und Minus-Schaltflächen unterhalb des Vorschaufensters nutzen. Die aktuelle Zoomstufe wird mittig angezeigt.

Rechenzeit beim Experimentieren sparen

Nicht immer reicht das kleine Vorschaufenster aus, um die Wirkung von Filtern auf ein Bild zu beurteilen. Manchmal ist es einfach besser, die Filterwirkung am ganzen Bild zu beurteilen. Sie müssen den Filter also anwenden. Bei großen Formaten oder komplexen Filterkombinationen kann das eine Weile dauern. Besonders, wenn Sie sich an die optimalen Einstellungen durch Herumprobieren herantasten, ist das manchmal ganz schön lästig. Damit Sie beim Experimentieren mit Filtern nicht zu viel Zeit oder gar die Nerven verlieren, haben Sie die folgenden Möglichkeiten:

- Testen Sie den Filter zunächst nur in einem kleinen Auswahlbereich.
- Erzeugen Sie ein Duplikat des Bildes, verkleinern dann mit Bild • Bildgrösse die Pixelmenge und probieren die Filter darauf aus. Das ist nicht ratsam bei Filtern, deren Wirkung mit der Bildauflösung zusammenhängt.
- Legen Sie ein Ebenenduplikat mit einem Bildausschnitt in derselben Datei an, um zu experimentieren. Die Originalebene blenden Sie dabei am besten aus, damit sie nicht stört. Dabei müssen Sie nur darauf achten, dass die gefilterte Ebene nicht durch andere Ebenen abgedeckt ist.
- Manchmal können Sie lahmenden Filtern auf die Sprünge helfen, indem Sie über Bearbeiten • Entleeren • Alles das Protokoll, die Rückgängig-Funktion und die Zwischenablage von den dort für Wiederherstellungszwecke hinterlegten früheren Arbeitsschritten befreien.

- Als letzte Hilfe weisen Sie Photoshop in den Voreinstellungen (Strg/cmd+K) unter LEISTUNG (Strg/cmd+4) mehr Arbeitsspeicher zu. Zuvor sollten Sie allerdings alle anderen Anwendungen beenden, damit mehr RAM für Photoshop zur Verfügung steht.

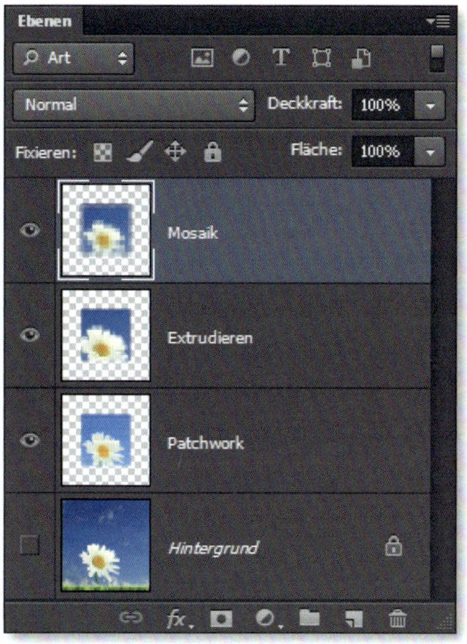

▲ **Abbildung 30.3**
Filterexperimente mit Ebenen: Hier wurden mehrere Kopien mit einem Ausschnitt der Originalebene angelegt.

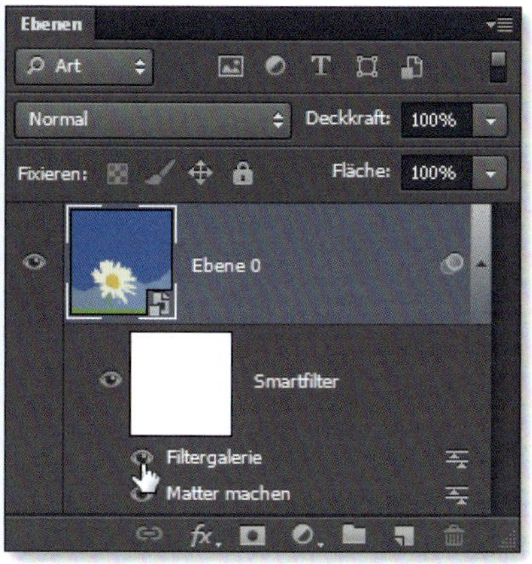

▲ **Abbildung 30.4**
Auch dies ist eine Möglichkeit, mehrere Filter vergleichend anzuwenden. Smartfilter schalten Sie ähnlich wie Einstellungsebenen per Augen-Icon ein und aus.

Optimale Vorschauansicht

Nicht alle Filter lassen sich realistisch einschätzen, wenn die Vorschau oder das Bild skaliert ist. Scharfzeichnungsfilter oder Filter mit feinen Strukturveränderungen wie zum Beispiel STÖRUNGEN HINZUFÜGEN oder die strukturverändernden Filter unter STRUKTURIERUNG sollten Sie prinzipiell in der 1:1-Ansicht einstellen.

Andere Filter brauchen eine Ansicht des Gesamtbildes, damit Sie ihre Wirkung korrekt beurteilen können. Dazu gehören zum Beispiel BLENDENFLECKE, BELEUCHTUNGSEFFEKTE und die VERZERRUNGSFILTER.

Filter per Tastenkürzel erneut anwenden

Um einen Filter mehrfach hintereinander anzuwenden, müssen Sie sich nicht jedes Mal mühsam durch das FILTER-Menü klicken. Es gibt auch schnelle Shortcuts:

- Strg/cmd+F wendet den letzten Filter mit den zuletzt benutzten Einstellungen noch einmal auf das Bild an. Hier haben Sie keine weiteren Einstellungsmöglichkeiten.
- Alt+Strg/cmd+F ruft den Dialog des zuletzt benutzten Filters erneut auf. Sie können die Einstellungen nochmals ändern und den Filter erneut anwenden.

Der zweite Shortcut funktioniert natürlich nur bei Filtern, die über eine eigene Dialogbox verfügen. Das ist nicht bei allen Filtern der Fall; manche werden ohne weitere Einstellungen angewendet, sobald Sie den Filternamen im Menü anklicken.

30.2 Smartobjekte und Smartfilter: Zerstörungsfrei filtern

Die bekannteste Anwendung für Ebenen, die in Smartobjekte transformiert wurden, sind Smartfilter. Smartfilter funktionieren ebenso wie normale Filter bei gewöhnlichen Bildebenen – jedoch werden die originalen Ebenenpixel durch ihre Anwendung nicht dauerhaft verändert. Das Prinzip ähnelt ein wenig den Einstellungsebenen.

Zum Weiterlesen
Neben der Anwendung von Smartfiltern gibt es weitere **Arbeitstechniken für Smartobjekte**. Mehr dazu erfahren Sie in Abschnitt 12.4, »Unterschätzte Container: Smartobjekte«.

Was bringen Smartfilter? | Sie können mehrere Smartfilter auf eine Ebene anwenden und

- die Filter einzeln ein- und ausblenden,
- für jeden Filter einzeln Deckkraft und Mischmodus einstellen und
- die Einstellungen jedes Filters nachträglich ändern, indem Sie den Filterdialog erneut aufrufen und verändern.
- Sie können die Anordnung der Filter innerhalb des Filterstapels verändern und dadurch die Wirkung der Filterkombination variieren.
- Eine Maske ist standardmäßig ebenfalls dabei und kann die Wirkung des gesamten Filterstapels auf einige Bereiche der Bildebene eingrenzen.
- Sowohl der ganze Filterstapel als auch einzelne Filter können jederzeit gelöscht werden, und
- natürlich können Sie so einen Filterstapel jederzeit um weitere Filter ergänzen.

Nicht alle Filter sind »smart«
Auf die Smartfilter-Funktion verzichten müssen Sie, wenn Sie mit den Funktionen VERFLÜSSIGEN oder FLUCHTPUNKT arbeiten. Auch FELD-WEICHZEICHNUNG, IRIS-WEICHZEICHNUNG, TILT-SHIFT und OBJEKTIVUNSCHÄRFE arbeiten allesamt »unsmart«.

Die Arbeit mit Smartfiltern ist ganz leicht. Wenn Sie mit dem in der Ebenen-Palette vorherrschenden Arbeitsprinzip Drag & Drop gut zurechtkommen, bereits mit Einstellungsebenen gearbeitet haben und Ebenenmasken für Sie kein Buch mit sieben Siegeln sind, dann können Sie diese Photoshop-Funktion sofort produktiv nutzen.

Bildebene in ein Smartobjekt verwandeln

Damit Sie mit Smartfiltern arbeiten können, müssen Sie zunächst eine normale Bildebene in ein Smartobjekt verwandeln. Das geht am schnellsten über das Kontextmenü in der Ebenen-Palette, der Konvertierungsbefehl ist außerdem im Palettenmenü verfügbar. Oder Sie nutzen einen der Menübefehle: FILTER • FÜR SMARTFILTER KONVERTIEREN oder EBENE • SMARTOBJEKTE • IN SMARTOBJEKT KONVERTIEREN.

Die Smartobjekt-Konvertierung funktioniert bei Hintergrund- und anderen Bildebenen. Wenn Sie anschließend einen Filter aus dem Filter-Menü anwenden, wird er automatisch als Smartfilter angewendet.

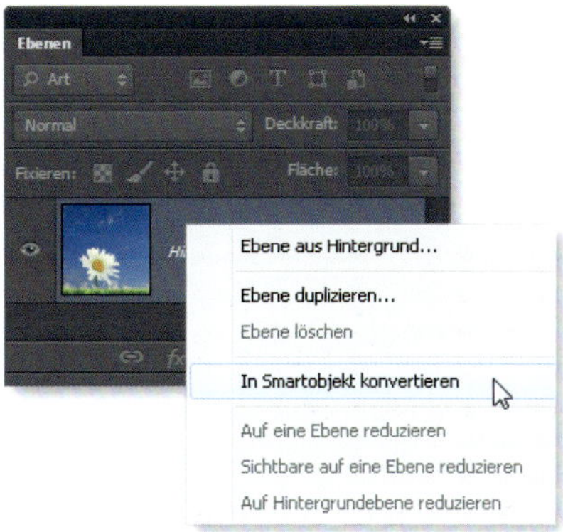

◄ **Abbildung 30.5**
Ein Rechtsklick in die Ebenenzeile führt Sie zu diesem Menü.

Ein Smartobjekt in Bildebene zurückkonvertieren | Mit dem Befehl Ebene rastern im Kontextmenü machen Sie die Konvertierung wieder rückgängig. Alternativ wählen Sie Ebene • Rastern • Smartobjekt, aber wie immer geht die Arbeit in der Ebenen-Palette etwas flotter als mit den Menübefehlen.

Zum Weiterlesen
Die Basics zur Arbeit mit **Ebenen** finden Sie in Kapitel 11. Mehr über **Einstellungsebenen** erfahren Sie im Abschnitt »Zerstörungsfrei arbeiten mit Einstellungsebenen« auf Seite 524. Den **Masken** ist Kapitel 15 dieses Buches gewidmet.

Smartfilter anwenden

Sie erkennen Smartobjekte an der leicht veränderten Miniatur in der Ebenen-Palette: Ein kleines Symbol in der rechten unteren Ecke ❶ ist hinzugekommen. Sobald Sie das sehen, können Sie die gewünschten Filter – nun als Smartfilter – anwenden.

Die Smartfilter werden in der Ebenen-Palette *unterhalb* der Ebene angeordnet, zu der sie gehören. Wenn Sie mehrere Filter auf ein Smartobjekt anwenden, werden sie zu einem Stapel zusammengefasst. Auffallend ist auch die Filtermaske ❷: Jeweils eine gehört zu einem Smartfilter-Stapel. Filtermasken bearbeiten Sie wie normale Ebenenmasken auch. Sie finden hier auch die vertrauten Augensymbole ❸, mit denen Sie einzelne Filter oder den gesamten Stapel ausblenden.

▲ **Abbildung 30.6**
Smartobjekt-Miniatur in der Ebenen-Palette

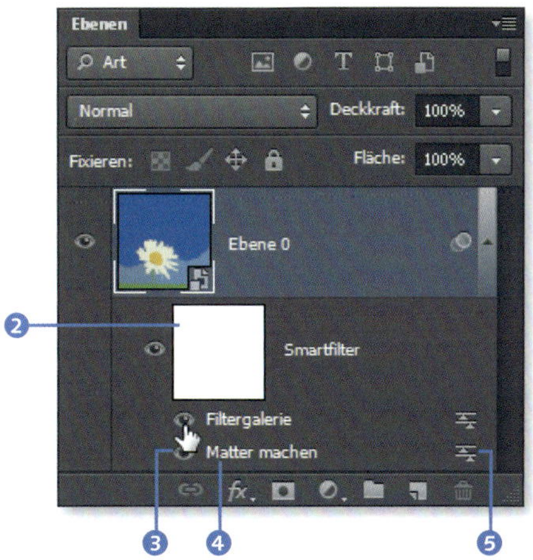

◄ **Abbildung 30.7**
Smartobjekt, auf das bereits zwei Smartfilter angewandt wurden

Smartfilter-Wirkung nachjustieren

Um die Filterwirkung zu variieren, haben Sie mehrere Möglichkeiten: Ändern Sie die Filtereinstellungen selbst oder den Mischmodus der Filter. Befinden sich mehrere Smartfilter im Stapel, können Sie diese überdies neu sortieren.

Filtereinstellungen nachträglich ändern | Um auf die Filtereinstellungen erneut zuzugreifen, doppelklicken Sie einfach auf den Namen des jeweiligen Filters ④ – und zwar wirklich auf die Filterbezeichnung und nicht auf das Wort »Smartfilter«.

▲ **Abbildung 30.8**
Fülloptionen und Deckkraft für Smartfilter einstellen

Fülloptionen | Mischmodus und Deckkraft des Smartfilters sind direkt erreichbar, indem Sie auf das kleine »Zacken«-Icon ⑤ doppelklicken.

Im Fülloptionen-Dialog können Sie den (Misch-)Modus des Smartfilters einstellen sowie seine Deckkraft. Die Auswirkungen der Änderungen zeigen sich im Vorschaufenster und – sofern die Vorschau-Option aktiviert ist – auch im Bild. Diese Voransicht hat allerdings ein kleines Manko: Oft wendet man nicht ein, sondern mehrere Filter auf ein Smartobjekt an. Wenn Sie nun *einen* dieser Smartfilter nachträglich ändern, sehen Sie nur die Voransicht des *einzelnen* Filters. Wie die veränderten Fülloptionen dieses Filters mit den anderen Filtern *zusammenwirken*, wird nicht vorab gezeigt. Das sehen Sie erst, wenn Sie die Einstellungen mit OK bestätigt haben.

Smartfilter-Handling

Viele Handgriffe, die Sie bereits von Ebenen oder Smartobjekten kennen – etwa das Verschieben, Duplizieren, Löschen oder Maskier –, funktionieren auch bei Smartfiltern.

▲ **Abbildung 30.9**
Der Filter Matter machen wird nach oben gezogen.

Smartfilter verschieben | Die Anordnung der Smartfilter innerhalb eines Stapels verändern Sie ganz einfach über Drag & Drop in der Ebenen-Palette.

Smartfilter duplizieren und auf andere Smartobjekte übertragen | Ebenfalls mit Hilfe von Drag & Drop können Sie ein Duplikat eines bestehenden Smartfilters erzeugen und auf ein anderes Smartobjekt übertragen. Dabei gehen Sie vor wie beim Verschieben, halten jedoch zusätzlich `Alt` gedrückt.

Smartfilter löschen | Nicht mehr benötigte Smartfilter werden Sie los, indem Sie sie auf das Mülltonnen-Icon in der Ebenen-Palette ziehen. Wenn Sie unschlüssig sind, ob endgültiges Löschen das Richtige ist, nutzen Sie das Augen-Icon zum Ausblenden.

Filtermaske bearbeiten | Bei Smartfiltern wird automatisch eine leere (weiße) Maske mitgeliefert. Sie verhält sich so, wie Sie es von Ebenenmasken kennen: Sie können die Maske bemalen, mit einem Verlauf versehen, selbst filtern – oder auch ignorieren. Wenn Sie mehrere Smartfilter auf das Smartobjekt angewendet haben, bezieht sich die Maske immer auf den gesamten Filterstapel und kann nicht auf Einzelfilter beschränkt werden.

Wenn Sie die Smartfilter-Maske verändern wollen, müssen Sie darauf achten, dass sie wirklich aktiv ist – und nicht etwa das Smartobjekt selbst. Die Titelleiste des Dokumentfensters 6 und ein dezenter Rahmen um die Maskenminiatur 7 in der Ebenen-Palette geben Auskunft.

◀ **Abbildung 30.10**
Kontrollieren Sie, ob wirklich die Smartfilter-Maske aktiviert ist.

Übersicht in der Ebenen-Palette | Smartfilter-Stapel mit zahlreichen verschiedenen Filtern nehmen in der Ebenen-Palette viel Platz weg. Ein Klick auf den kleinen Pfeil 9 ganz rechts klappt den kompletten Stapel zu – und auf Wunsch natürlich auch wieder auf.

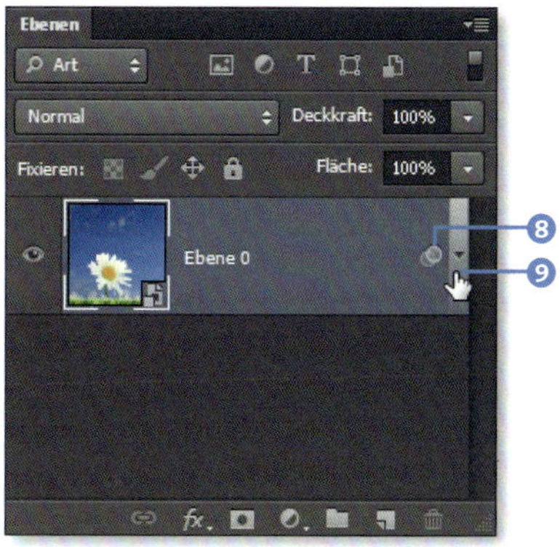

▲ **Abbildung 30.11**
Bei eingeklappten Smartfiltern weist lediglich ein kleines Symbol 8 in der Ebenenzeile auf ihr Vorhandensein hin.

Smartfilter auf andere Dateien übertragen | Smartfilter sind eine geniale Möglichkeit, Filter und vor allem aufwendige Filterkombinationen von einer Datei auf die andere zu übertragen. Gearbeitet wird dabei wie so oft mit der Drag-and-Drop-Technik. Voraussetzung ist, dass Sie auch die Ebene im Zielbild zuvor in ein Smartobjekt konvertieren.

Dabei müssen Sie ein wenig aufpassen, wo Sie mit der Maus in der Palette des Quellbildes »anfassen«, denn Sie können sowohl einzelne Filter (dazu fassen Sie nur den Filtertitel an) als auch den kompletten Stapel verschieben (dazu fassen Sie nur die oberste Zeile des Stapels an). Ziehen an der Filtermaske bewegt den Filter hingegen gar nicht.

Smartfilter-Einstellungen mitskalieren | Ein Smartobjekt ist genau genommen ein Container, in den die Original-Bilddaten eingebettet sind. Deswegen können Sie Auflösung oder Bildgröße von Dateien, die aus Smartobjekten aufgebaut sind, verlustfrei skalieren. Doch sobald zusätzlich Smartfilter im Spiel sind, tritt ein Problem auf: Bei einigen Filtern geben Sie – auch wenn das im jeweiligen Dialog nicht explizit vermerkt ist – *absolute* Pixelwerte ein, um die Filterwirkung zu steuern. Wird die Datei skaliert, ändern sich die Werte des Smartfilters nicht mit. Es ist leicht vorstellbar, dass etwa die Wirkung des Gaussschen Weichzeichners mit dem Radius 10 bei einem hochaufgelösten 300-ppi-Bild ganz anders ausfällt als bei einer Datei mit nur 72 ppi. Dieses Problem tritt nur bei Smartobjekten und Smartfiltern auf, nicht jedoch bei normalen Rasterebenen. Daher können Sie sich mit einem Trick behelfen:

1. Erzeugen Sie beim Ausgangsbild oberhalb des Smartobjekts eine leere Rasterebene, etwa durch Klick auf das Neu-Icon in der Ebenen-Palette.
2. Markieren Sie Smartobjekt und leere Ebene in der Ebenen-Palette (Strg/cmd gedrückt halten und beide Objekte in der Ebenen-Palette anklicken.)
3. Wählen Sie erneut den Befehl In Smartobjekt konvertieren. Die Ebene, das bisherige Smartobjekt und die Smartfilter werden zu einem neuen Smartobjekt vereint. Dadurch verlieren Sie zwar die einfache Bearbeitungsmöglichkeit der Filter, können Ihre Datei jedoch ohne unerwünschte Veränderung der optischen Filterwirkung skalieren.

30.3 Filtergalerie: Kreative Filter-Kombinationen

Trotz der genialen Flexibilität, die Smartfilter bieten, ist es nicht immer einfach, eine passende Kombination von Kreativfiltern zu finden. Abhilfe schafft Photoshops Filtergalerie.

Ordnung im »Filter«-Menü

Das Filter-Menü von Photoshop wurde deutlich entrümpelt. Kunst-, Mal-, Stilisierungs- und viele andere Filter, die in Vorversionen sowohl in der Filtergalerie als auch im Menü zur Verfügung standen, wurden in CS6 aus dem Filter-Menü gestrichen. Sie sind jetzt ausschließlich über die Filtergalerie erreichbar.

Arbeiten mit der Filtergalerie

Die Filtergalerie ist ein sehr wirkungsvolles Instrument, um Filter auszuprobieren und um unterschiedliche **Filterkombinationen** durchzuspielen. In ihr sind vor allem Photoshops Kreativfilter versammelt. Sie finden dort alle Kunst-, Mal- und Stilisierungsfilter, die Strukturierungsfilter sowie einige Verzerrungs- und einen Zeichenfilter. Alle Filter in der Filtergalerie können Sie beliebig miteinander kombinieren

– Ihrer Kreativität sind kaum Grenzen gesetzt. Kleiner Nachteil: Die Filter innerhalb der Galerie lassen sich zwar auch mit Filtern kombinieren, die nur im FILTER-Menü und nicht in der Filtergalerie vertreten sind, Sie müssen dazu den Galerie-Dialog jedoch verlassen.

Die Filtergalerie aufrufen | Sie aktivieren die Filtergalerie, indem Sie den Befehl FILTER • FILTERGALERIE WÄHLEN.

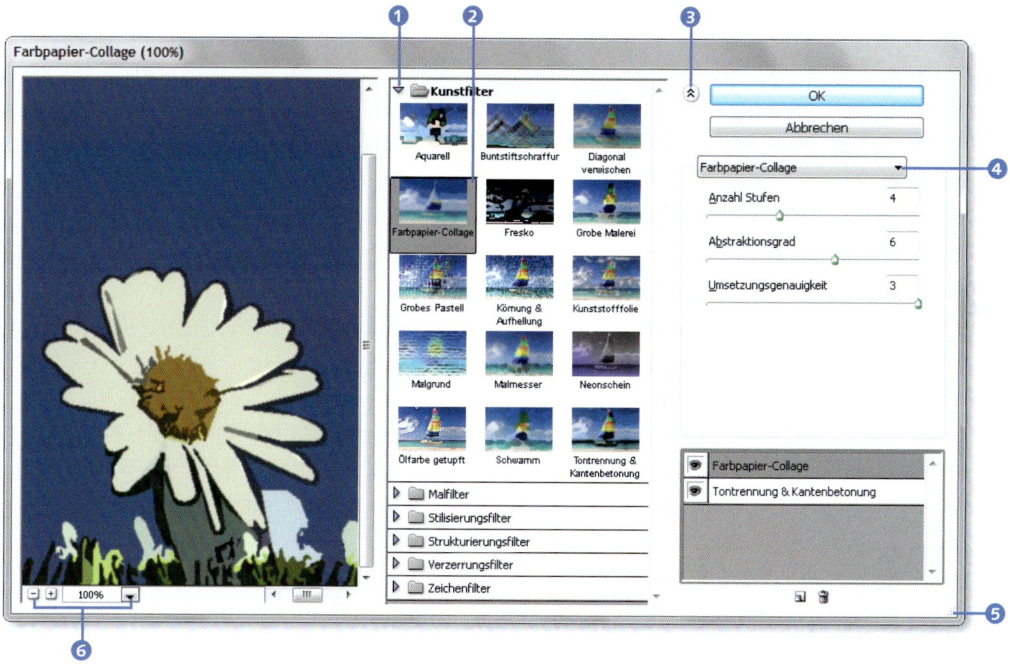

▼ Abbildung 30.12
Vorschaubild, Filtersortiment und die Filtersteuerungen bilden zusammen die Schaltzentrale für kreatives Filtern.

Die Bildvorschau können Sie vergrößern oder verkleinern ⑥, und wenn Sie den Mauscursor über das Vorschaubild setzen, wird er zum Hand-Werkzeug, mit dem Sie den Bildausschnitt positionieren können. Ist die Bildfläche zu klein, klappen Sie einfach die Filterlisten ein ③. Indem Sie an der schraffierten Ecke unten rechts ⑤ ziehen, können Sie auch das gesamte Dialogfeld vergrößern.

Filter anwenden

Um einen einzelnen Filter auf ein Bild anzuwenden, klappen Sie durch Klick auf den kleinen Dreieckspfeil ① die Liste der Filter aus und klicken den gewünschten Filter an – er ist dann grau hinterlegt ②. Alternativ suchen Sie sich den Filter aus der alphabetischen Liste ④ heraus. Das ist eine gute Möglichkeit, wenn Sie immer wieder vergessen, zu welchem Menü der Filter, den Sie suchen, überhaupt gehört. Rechts nehmen Sie dann die Einstellungen für den Filter vor.

Rückgängig machen | Das Zurücksetzen der Filtereinstellungen funktioniert auf dreierlei Weise:

- Strg/cmd+Z nimmt auch hier die letzten Änderungen zurück.
- Drücken Sie Alt, dann wird der ABBRECHEN-Button wiederum zur ZURÜCKSETZEN-Schaltfläche, mit der Sie alle Filtereinstellungen in den Zustand bringen, den sie beim Öffnen der Filtergalerie hatten.
- Drücken Sie Strg/cmd, dann wird ABBRECHEN zu einer Schaltfläche namens STANDARD. Dieser Befehl löscht bei der Arbeit mit Filterkombinationen alle Einstellungen und entfernt alle Filter aus der Filterliste.

Filter kombinieren

Wie Sie Filterkombinationen anlegen, erfahren Sie in der folgenden Schritt-für-Schritt-Anleitung.

Schritt für Schritt: Filterkombinationen über die Filtergalerie erstellen

Mit der Filtergalerie sind Ihnen kaum Grenzen bei der kreativen Anwendung und Kombination der zahlreichen Photoshop-Filter gesetzt.

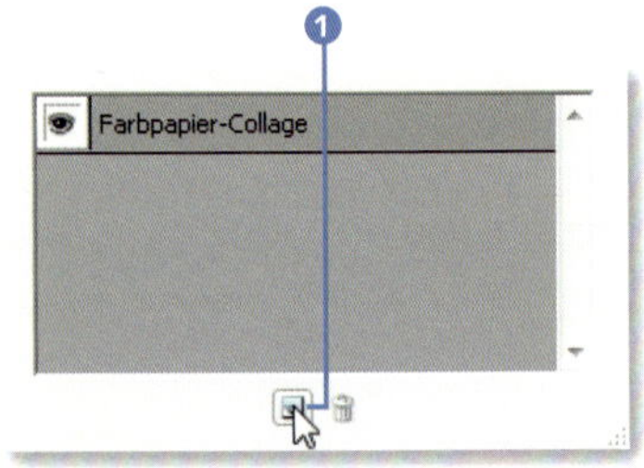

▲ **Abbildung 30.13**
Eine neue Effektebene wird erzeugt …

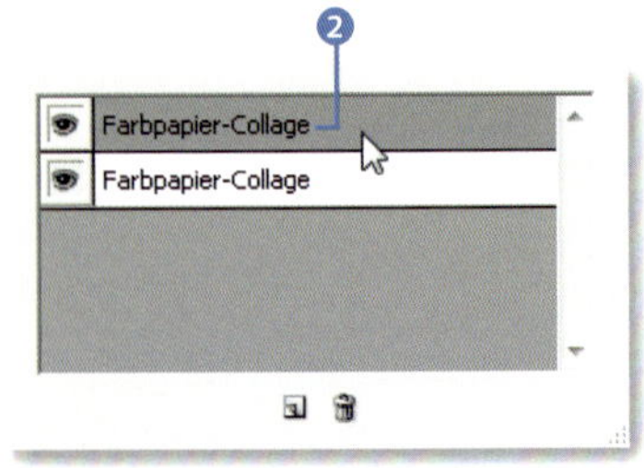

▲ **Abbildung 30.14**
… und hat zunächst die gleichen Einstellungen wie der erste Filter.

1 In Smartobjekt konvertieren

Wenn die Filter, die Sie in der Filtergalerie zusammenstellen, als Smartfilter angewandt werden sollen, müssen Sie die betreffende Ebene bereits vor dem Starten der Filtergalerie in ein Smartobjekt verwandeln.

2 Einen ersten Filter anlegen und einstellen

Den ersten Filter der Kombination erzeugen Sie so, wie ich es oben beschrieben habe. Sie haben auch nach dem Anlegen und Einstellen weiterer Filter die Möglichkeit, die Einstellungen des ersten Filters anzupassen.

3 Einen weiteren Filter anlegen

Um einen zweiten Filter über den ersten zu legen, klicken Sie auf die kleine Schaltfläche NEU ❶.

Der erste Filter wird dann verdoppelt, wie Sie in der Filterliste sehen ❷. Es ist also durchaus auch möglich, Filter mit sich selbst zu kombinieren. In der Adobe-Terminologie heißen die in der Filtergalerie übereinandergeschichteten Filter übrigens **Effektebenen**. Mit Bildebenen hat das nichts zu tun, der Terminus macht aber schön deutlich, wie dieses Kontrollfeld der Filtergalerie wirkt: ganz ähnlich wie die Ebenen-Palette auch.

4 Den zweiten Filter verändern

Die jeweils grau hinterlegte Effektebene in der Liste ist aktiv und kann nun verändert werden. Dazu rufen Sie aus der Dropdown-Liste oder der großen Übersichtsliste mit den Miniaturen einfach den Filter auf, den Sie als Nächstes anwenden möchten. Das kann ein Filter aus derselben oder einer anderen Gruppe sein. Nehmen Sie dann die Einstellungen für diesen Filter vor.

Alternative Arbeitsweise: Drücken Sie nach dem Anlegen und Einstellen des ersten Filters einfach `Alt` und klicken dann auf den gewünschten nächsten Filter. Er wird dann automatisch der Effektebenen-Liste hinzugefügt.

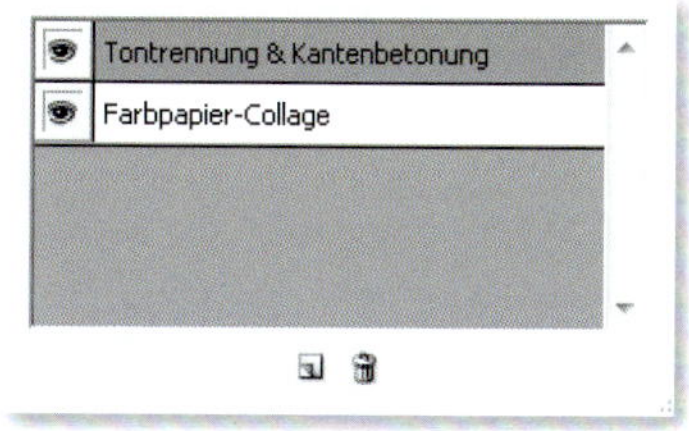

▲ **Abbildung 30.15**
Die neue Effektebene wurde geändert.

5 Reihenfolge verändern

Per Drag & Drop können Sie auch die Anordnung der Filter übereinander verändern. In vielen Fällen ändert sich damit auch die Wirkung der Filterkombination.

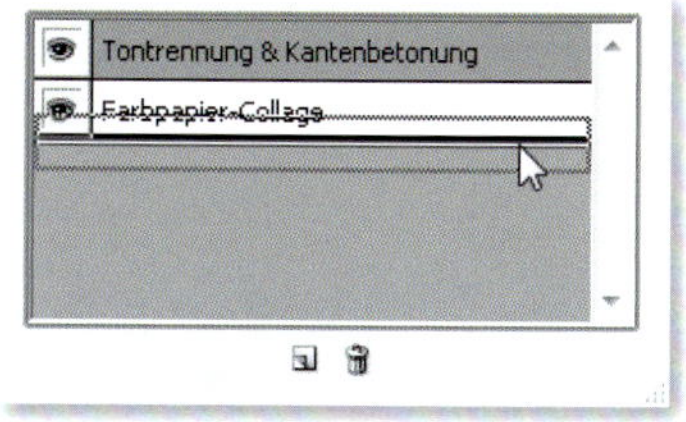

▲ **Abbildung 30.16**
Neu sortieren

6 Effektebenen ausblenden

Zum munteren Experimentieren können Sie Effektebenen auch ausblenden – ein Klick auf das Auge-Icon vor der entsprechenden Zeile genügt.

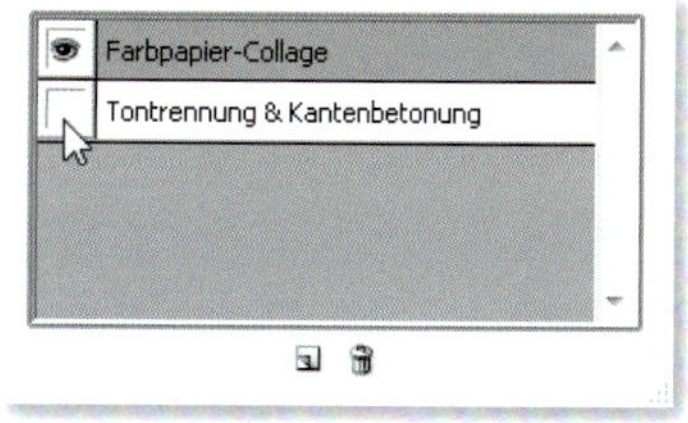

▲ **Abbildung 30.17**
Ausblenden

7 Effektebenen ganz löschen

Wenn Sie einen Filter aus der Filterkombination entfernen wollen, aktivieren Sie die Effektebene und klicken auf das Papierkorb-Icon.

8 Filterkombination anwenden

Ein Klick auf OK wendet die von Ihnen zusammengestellten Filter auf die aktive Ebene Ihres Bildes an. Wenn Sie die Ebene zuvor in ein Smartobjekt verwandelt haben, geschieht das als Smartfilter, ansonsten auf die gewöhnliche, irreversible Art und Weise.

Was wollen Sie tun?	Windows	Mac
Neuen Filter über dem derzeit aktiven Filter anwenden	`Alt` + auf gewünschten Filter klicken	`Alt` + auf gewünschten Filter klicken
Schaltfläche ABBRECHEN in ZURÜCKSETZEN verwandeln	`Alt`	`Alt`
Schaltfläche ABBRECHEN in STANDARD verwandeln	`Strg`	`cmd`
Rückgängig/Wiederherstellen	`Strg`+`Z`	`cmd`+`Z`

◄ **Tabelle 30.1**
Tastaturbefehle für die Arbeit mit der Filtergalerie auf einen Blick

Tabelle 30.1 ►
Tastaturbefehle für die Arbeit mit der Filtergalerie auf einen Blick (Forts.)

Was wollen Sie tun?	Windows	Mac
Schritt vorwärts	Strg+⇧+Z	cmd+⇧+Z
Schritt zurück	Strg+Alt+Z	cmd+Alt+Z

30.4 Filterwirkung zügeln

Auch wenn Sie einmal nicht mit Smartfiltern arbeiten, sondern die Filter direkt auf der Ebene anwenden, haben Sie einige Möglichkeiten, die Filterwirkung zu dosieren.

Filter zurücknehmen und abschwächen

Für die flüssige Arbeit mit Filtern gibt es eine Reihe nützlicher Befehle und Tastaturkürzel. Sie können Befehle zurücknehmen (Bearbeiten • Rückgängig oder Bearbeiten • Schritt zurück), Filterwirkungen dosieren (Bearbeiten • Verblassen) oder den zuletzt angewandten Filter erneut anwenden (Filter • [Name Ihres zuletzt benutzten Filters]).

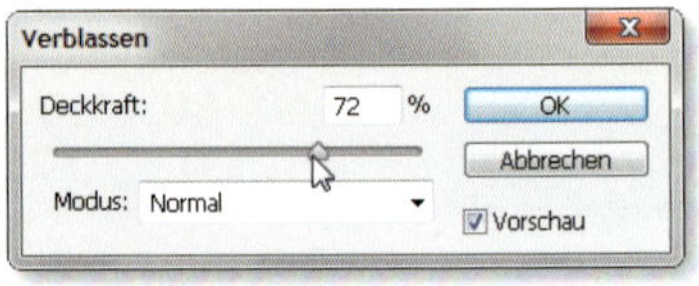

▲ Abbildung 30.18
Filterwirkung verblassen

Verblassen – ein Befehl mit kurzem »Verfallsdatum«

Der Befehl Verblassen steht nur unmittelbar nach der Anwendung des Filters zur Verfügung. Haben Sie zwischenzeitlich andere Arbeitsschritte durchgeführt, können Sie den Filter nicht mehr verblassen – oder nur, wenn Sie zuvor im Protokoll die letzten Schritte zurücknehmen.

Verblassen | Besonders die Funktion Verblassen verdient ein wenig mehr Aufmerksamkeit, denn mit ihr können Sie nicht nur die Wirkung des letzten Filters **unmittelbar nach seiner Anwendung** stufenlos herunterregeln, sondern auch den Mischmodus nachträglich ändern.

Indem Sie den Mischmodus im Verblassen-Dialog umstellen, ändern Sie das Aussehen des gefilterten Bildes entscheidend. Der Deckkraft-Regler verringert die Filterwirkung stufenlos.

Was wollen Sie tun?	Windows	Mac
Filtervorgang abbrechen	Esc	cmd+. (Punkt)
Filter widerrufen	Strg+Z	cmd+Z
den letzten Filter ohne Änderung der Einstellungen erneut anwenden (z. B. auf eine weitere Datei)	Strg+F	cmd+F
Dialog für den letzten Filter erneut aufrufen	Strg+Alt+F	cmd+Alt+F
Dialog Verblassen aufrufen	⇧+Strg+F	⇧+cmd+F

▲ Tabelle 30.2
Tastaturbefehle für die Arbeit mit Filtern auf einen Blick

Filtereffekte eingrenzen und variieren – Ebenen und Masken

Um die Wirkung von Filtern auf bestimmte Bildpartien einzuschränken, können Sie mit Auswahlen arbeiten – bevorzugt mit weicher Kante. Die Arbeit mit Masken bietet demgegenüber jedoch viele Vorteile. Eine Maske ist meist schneller angelegt als eine exakte Auswahl. Überdies erzeugen Sie eine Auswahl schon vor dem Filtern, die Maske jedoch erst nach der Filteranwendung. Dadurch ist es leichter, die Wirkung besser abzuschätzen. Zudem lassen sich Masken jederzeit nachbearbeiten und sind somit viel flexibler als Auswahlen.

Ich zeige Ihnen an einem konkreten Beispiel, wie Sie vorgehen können. Was ich hier anhand der Bewegungsunschärfe vorführe, ist auch für viele andere Filter sinnvoll.

Datei auf der Buch-DVD: »SkateboarderInRot.tif«

Schritt für Schritt: Dynamik für bewegte Objekte

Abbildung 30.19 zeigt die Ausgangsdatei. Das Ganze soll durch eine Bewegungsunschärfe noch mehr Dynamik bekommen.

1 Ebene duplizieren

Diesmal brauchen Sie wirklich ein Ebenenduplikat. Eine leichte Übung: Ziehen Sie die Hintergrundebene auf das Neu-Icon am unteren Rand der Ebenen-Palette. Verwandeln Sie das Duplikat dann in ein Smartobjekt.

Bild: stock.xchng, Christophe Libert

◄ **Abbildung 30.19**
Die Ausgangsdatei

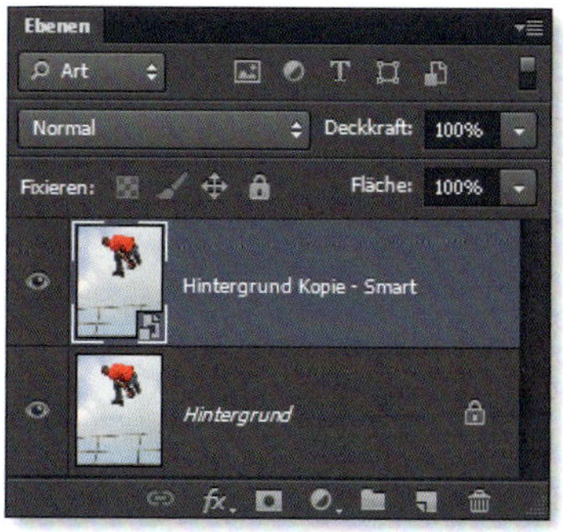

▲ **Abbildung 30.20**
Der Ebenenaufbau der vorbereiteten Datei

2 Weichzeichnen

Mit dem Filter Bewegungsunschärfe (unter Filter • Weichzeichnungsfilter) zeichnen Sie nun die obere Ebene weich. Konzentrieren Sie sich dabei vor allem auf die Filterwirkung in den Bereichen rund um den jungen Mann. Ob das Hauptmotiv zu unscharf und zu unkenntlich wird, ist hier unerheblich – das beheben wir im nächsten Schritt. Die Stärke (Abstand) sollte hier allerdings nicht zu hoch liegen, sonst lässt sich der Effekt nicht nahtlos in das Bild integrieren.

Der Winkel sollte der Bewegungsrichtung des bewegten Motivs – hier des Skateboarders – folgen. Bei einem so hohen Abstand wirken sich schon kleine Veränderungen des Winkels stark auf das Bild aus. Geringe Änderungen des Winkel-Werts bewerkstelligen Sie am besten durch direkte Zahleneingabe. Das Ziehen per Maus am Winkelmesser wirkt für Feineinstellungen zu grob.

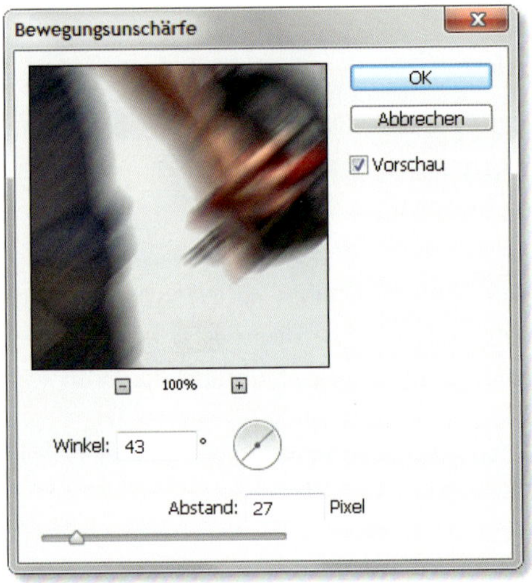

Abbildung 30.21 ►
Die Einstellungen zur Bewegungsunschärfe

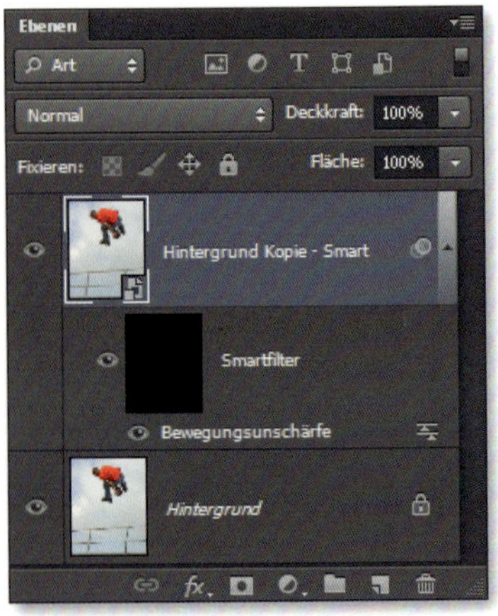

▲ Abbildung 30.22
Die Filtermaske verdeckt jetzt die Filterwirkung komplett.

3 Maske vorbereiten

Nun blenden Sie die Unschärfe dort aus, wo Sie sie nicht brauchen. Zunächst füllen Sie die automatisch vorhandene Filtermaske des Smartfilters mit Schwarz. Aktivieren Sie dazu die Maske des Smartfilters (Klick auf die Maskenminiatur), und wenden Sie dann den Shortcut `Strg`/`cmd`+`I` an – die bis dahin weiße Maske wird invertiert und ist nun schwarz.

4 Unschärfe wieder freilegen

Die Bereiche, die nun unscharf verwischt angezeigt werden sollen, legen Sie durch Aufpinseln von Weiß und Graustufen frei. Bei geschicktem Pinseln erhalten Sie so nahezu stufenlose Übergänge und können interessante Effekte realisieren. Ich habe zunächst mit einem großen weichen Pinsel gearbeitet. Feinere Details habe ich mit einem kleineren Pinsel freigelegt.

Weichzeichner und Wischfinger-Werkzeug eignen sich ebenfalls ganz gut, um Masken für den nahtlosen Übergang zwischen gefilterten und ungefilterten Partien zu bearbeiten.

▲ **Abbildung 30.23**
Freilegen der Unschärfe – vor allem an der in Flugrichtung hinteren Partie des Skateboardfahrers

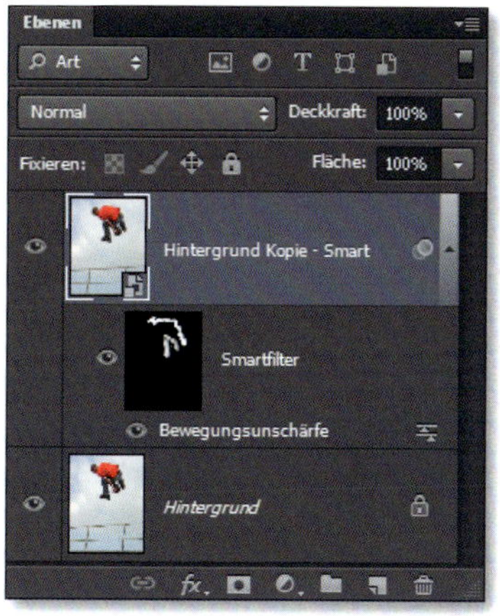

▲ **Abbildung 30.24**
In der Ebenen-Palette sieht das so aus.

5 Feinabstimmung und Resultat

Wenn Ihnen die Weichzeichnung zu intensiv geraten ist, regulieren Sie sie, indem Sie

- die Ebenendeckkraft der oberen Ebene
- oder die Deckkraft des Smartfilters

zurücknehmen. Und natürlich können Sie die Maske durch das Auftragen schwarzer oder grauer Pixel so bearbeiten, dass mehr von der Unschärfe verdeckt wird. Nach meiner Erfahrung bringt es aber nicht so viel, allzu lange herumzupinseln: Am besten wirkt dieser Effekt, wenn Sie mit einigen beherzten, dynamischen Pinselstrichen arbeiten.

Abbildung 30.25 ▶
Mein Resultat sehen Sie hier.

Fotografische Unschärfe simulieren
Die hier gezeigte Methode erzeugt eher comic-artige *Speedlines*. Wenn Sie eine fotografische Unschärfe simulieren wollen, wie sie durch Mitziehen der Kamera beim Fotografieren bewegter Objekte entsteht, müssen Sie den ganzen Hintergrund »unscharf pinseln« und das bewegte Hauptobjekt scharf belassen.

6 Alternative Methode: Bewegungsunschärfe und Auswahlrahmen

Eine andere, oft sehr gut wirksame Möglichkeit, um eine Bewegungsunschärfe auf die Kanten eines Objekts einzuschränken, ist die Auswahloption RAND. Legen Sie zunächst eine Auswahl um das Objekt an, und wandeln Sie sie in einen nicht zu schmalen Auswahlrahmen um (AUSWAHL • AUSWAHL VERÄNDERN • RAND). Diesen schieben Sie bei aktivem Auswahlwerkzeug in die Richtung, in die die Bewegungsunschärfe laufen soll. Anschließend erzeugen Sie noch eine WEICHE KANTE und setzen dann den Filter ein.

Kapitel 31
Orientierung im Filter-Dschungel

Wer kann sich Namen, Wirkung und den genauen Platz von über hundert Filtern im Menü schon merken? In diesem Kapitel finden Sie wirksame Hilfen, mit denen Sie schnell zu dem Filter navigieren, den Sie wirklich brauchen.

31.1 Filter finden: Das Filter-ABC

Oft genutzte Filter wie Scharf- oder Weichzeichner finden Sie mit einem Klick. Suchen Sie jedoch einen der Filter, die Sie nicht ständig gebrauchen, müssen Sie sich erst einmal eine Weile durch Menü und Filtergalerie klicken, bis Sie ihn finden. Hier liste ich für Sie alle Filter in **alphabetischer Reihenfolge** auf, und Sie können nachsehen, in welchem (Unter-)Menü sie untergebracht sind. Die meisten Filter stelle ich in diesem Teil des Buches vor, einige jedoch in anderen Abschnitten – so, wie es am besten in den Praxiskontext passt. Deswegen finden Sie auf der DVD zum Buch im Ordner ZUSATZMATERIAL eine Tabelle, die zeigt, wo im Buch ich den jeweiligen Filter erläutere.

▲ **Abbildung 31.1**
Ihr Einstieg in die Welt der Filter

Bild: Fotolia, Cosmin Masca

Datei auf der Buch-DVD: »GänseblümchenKlein.tif«

◀ **Abbildung 31.2**
Das Beispielbild im ungefilterten Zustand

31.2 Wer kann was? Filter und ihre Effekte

Übersicht im »Filter«-Menü
Das FILTER-Menü erscheint mit dem CS6-Update aufgeräumter. Alle KUNSTFILTER, MALFILTER, STRUKTURIERUNGSFILTER und ZEICHENFILTER sind nicht mehr auf der ersten Ebene des FILTER-Menüs zu finden, sondern ausschließlich in der Filtergalerie (erreichbar über FILTER • FILTERGALERIE). Die Filter der Kategorien STILISIERUNGSFILTER und VERZERRUNGSFILTER finden Sie teilweise im Menü und teilweise in der Filtergalerie.

Von Photoshops mächtigen Spezialfiltern, die oft schon eigenen kleinen Anwendungen gleichen, einmal abgesehen, sind die meisten von Photoshops Kreativ-Filtern nahezu selbsterklärend. Sie erschließen sich am besten, wenn Sie zwei oder drei Nachmittage lang mit ihnen experimentieren.

Daher stelle ich Ihnen Malfilter & Co. in diesem Teil nur kurz vor. Und das Ganze geschieht nicht nach Menüs sortiert (in Photoshop nachgucken können Sie ja schließlich selbst), sondern nach der Wirkung, die Sie mit den jeweiligen Filtern erzielen. Ganz objektiv ist diese Zuordnung nicht: Mit einigen Filtern können Sie sehr unterschiedliche Effekte umsetzen – abhängig von Motiv und gewählten Optionen. In diesem Fall habe ich die meiner Meinung nach charakteristischste Filtereigenschaft als Sortierkriterium gewählt. Die Beispielbilder dienen als weitere Orientierung und versuchen, repräsentativ zu sein. Doch bei einigen Filtern sind die Einstellungsmöglichkeiten so groß, dass ich mehr als ein Bild bräuchte, um abzubilden, was der Filter kann. Deswegen gilt: Klicken Sie sich durch die Filter durch, und probieren Sie selbst!

Maltechniken simulieren

Unter den Kunst-, Mal- und Zeichenfiltern finden Sie viele, deren Name so klingt, als könne man damit per Knopfdruck aus dem Fotomotiv ein »gemaltes Bild« oder eine »Handzeichnung« zaubern. Doch nur wenige Filter schaffen es tatsächlich, überzeugende Imitate klassischer Mal- und Zeichentechniken zu erzeugen.

▲ **Abbildung 31.3**
Aquarell

Aquarell (Kunstfilter) | Dieser Filter bedarf keiner großen Erklärungen: Er tut das, was sein Name verspricht. Details werden vereinfacht, und wo im Bild starke Farb- oder Tonwertunterschiede auftreten, wird die Sättigung erhöht.

▲ **Abbildung 31.4**
Gekreuzte Malstriche

Gekreuzte Malstriche (Malfilter) | Dieser Filter eignet sich gut, um klassische Mal- und Zeichentechniken vorzutäuschen. Die STRICHLÄNGE bestimmt, wie stark das Bild verfremdet wird; mit dem Regler BILDSCHÄRFE steuern Sie, ob das Bild eher wie gemalt aussieht (geringe Schärfe) oder wie eine Zeichnung (starke Schärfe). Die Richtung der Schraffur können Sie ebenfalls steuern.

Grobes Pastell (Kunstfilter) | Hier wird das Bild diagonal überschraffiert, und zwar immer von unten links nach oben rechts. Strichlänge und Details können Sie variieren. Verschiedene unterlegte Muster, die Sie detailliert steuern können, beeinflussen, wie rau sich der »Kreidestrich« darstellt. Die Farbwerte des Bildes bleiben erhalten. In flächigen Bildbereichen mit wenig Details wirkt der Filter nicht, sondern nur an Konturen.

Kreuzschraffur (Malfilter) | Dieser Filter erzeugt schärfere und kontraststärkere Ergebnisse als GEKREUZTE MALSTRICHE. Er eignet sich gut, um eine Buntstiftversion vom Foto zu erzeugen – anders als der Filter BUNTSTIFTSCHRAFFUR (unter KUNSTFILTER), der das Bild stark verfremdet, indem er die Konturen in Striche auflöst.

▲ **Abbildung 31.5**
Grobes Pastell

▲ **Abbildung 31.6**
Kreuzschraffur

Kacheln, Leinwand & Co.: Strukturen hinter das Motiv legen

Wo gemalt wird, braucht man einen Malgrund: Leinwand, feiner Putz, Ziegelsteine – das sind nur einige der Strukturen, mit denen Sie Ihr Motiv hinterlegen können. Allerdings müssen Sie die Strukturfilter schon smart mit anderen Filtern kombinieren, damit sie nicht altbacken oder schlicht langweilig wirken. Gute Alternativen zu den Strukturfiltern von der Stange sind immer noch die MUSTERÜBERLAGERUNG in Kombination mit einem smart gewählten Mischmodus oder (wenn ein Motiv wirklich genau an den »dreidimensionalen« Untergrund angepasst werden soll) der Filter VERSETZEN, den Sie in Kapitel 32, »Komplexe Könner: Filter für Spezialaufgaben«, in einem Workshop kennenlernen.

▲ **Abbildung 31.7**
Kacheln

Kacheln (Strukturierungsfilter) | Dieser Filter erzeugt eher Puzzleteile als gerade ausgerichtete Kacheln. Kachelgröße, Fugenbreite- und Helligkeit können reguliert werden, nicht aber die Form und Position der Kacheln. Dies ist ein langweiliger, unzeitgemäßer Filter.

▲ **Abbildung 31.8**
Malgrund

Malgrund (Kunstfilter) | Der Effekt ähnelt dem GROBEN PASTELL oder einer Kombination aus MALMESSER und einem Strukturfilter – Sie erhalten einen flächigen Farbauftrag plus Struktur. Die Struktur wird jedoch nur an Objektkonturen eingefügt, bei ganz flächigen Motiven bringt der Filter wenig.

Mit Struktur versehen (Strukturierungsfilter) | Er bietet von allen Strukturierungsfiltern die besten Steuerungsmöglichkeiten. Sie können zwischen verschiedenen Strukturen wählen und Skalierung, Reliefhöhe und Beleuchtungswinkel einstellen. Es ist auch möglich, eigene Strukturen zu verwenden – allerdings können Sie diese nicht aus Adobes

Musterbibliothek laden, was eigentlich sehr naheliegend wäre, sondern sie müssen als PSD-Datei vorliegen.

Abbildung 31.9 ▸
Mit Struktur versehen

▴ **Abbildung 31.10**
Risse

Risse (Strukturierungsfilter) | Das Muster, mit dem das Bild überzogen wird, ist ein wenig dichter als bei KACHELN – ansonsten ist der Filter genauso langweilig. Mit einem hohen Abstandswert (weniger, zufällig verteilte Risse) ist dieser Filter jedoch eine brauchbare Ergänzung, um ein naturalistisches FRESKO hinzubekommen.

Bilder flächiger machen, Konturen auflockern

Es gibt zahlreiche Filter, mit denen Sie die Details eines Fotos reduzieren und Farbflächen stärker betonen können. So behandelte Bilder wirken eher wie Illustrationen und können einen starken, emblematischen Effekt haben.

▴ **Abbildung 31.11**
Diagonal verwischen

Diagonal verwischen (Kunstfilter) | Dieser Filter ist schwierig einzuordnen: Er macht das Bild flächiger, arbeitet mit Aufhellung und Abdunkelung von Flächen und betont die Objektkonturen durch dunkle Linien. Die Richtung, in der gewischt wird, können Sie nicht einstellen; über Aufhellung, Konturenbreite und Strichlänge haben Sie die Kontrolle.

▴ **Abbildung 31.12**
Facetteneffekt

Facetteneffekt (Vergröberungsfilter) | Fasst Pixel mit gering voneinander abweichenden Farbtonwerten zu Farbflächen zusammen. Es gibt keine weitere Steuerung – Klicken genügt. Die Wirkung ist am Bildschirm besser zu beurteilen als hier im gedruckten Buch. Dieser Filter erinnert an eine sanfte Version des Weichzeichners MATTER MACHEN, wirkt jedoch stärker detailerhaltend. FACETTENEFFEKT ist ein guter Kombinationspartner für Filter, die dazu tendieren, zu viele Bilddetails auszuwerten – etwa die konturenbetonenden Filter oder manche Relief-Filter.

Farbpapier-Collage (Kunstfilter) | FARBPAPIER-COLLAGE erzeugt interessante flächige Effekte, die sich auch gut steuern lassen. Dieser Filter ist eine gute Alternative zur TONTRENNUNG (als Einstellungsebene oder über BILD • KORREKTUREN • TONTRENNUNG).

◀ **Abbildung 31.13**
Farbpapier-Collage

▲ **Abbildung 31.14**
Grobe Malerei

Grobe Malerei (Kunstfilter) | Dieser Filter macht Bilder flächiger und kann Bilddetails auf Wunsch gut erhalten. Er setzt nicht nur an den klar erkennbaren Konturen innerhalb des Motivs an, auch feine Farbabstufungen in Flächen werden berücksichtigt. Starke Abstraktionen sind mit ihm nicht möglich.

▲ **Abbildung 31.15**
Malmesser

Malmesser (Kunstfilter) | Ein Malmesser ist ein schmaler, elastischer Spachtel, mit dem – unter anderem – Farbe auf die Malunterlage aufgebracht wird. Der Effekt ist einerseits flächig, die so aufgespachtelte Farbe hat jedoch oft auch ein deutliches Relief. Adobes MALMESSER-Filter verzichtet darauf, Farbstrukturen nachzubilden – er macht das Bild nur flächiger. Mit hoher Strichstärke kann der Filter stark abstrahierend wirken. Das Motiv wird in weiche, freundliche Formen zerlegt, Farben und Helldunkelkontraste des Originals bleiben erhalten.

▲ **Abbildung 31.16**
Ölfarbe getupft

Ölfarbe getupft (Kunstfilter) | Wirkt auf den ersten Blick wie MALMESSER. Mit feinen Tonwertabstufungen in Flächen – so wie bei unserem Beispielbild den Blaunuancen des Himmels – hat der Filter jedoch Schwierigkeiten: Es entsteht ein Muster, das an Höhenlinien in Gebirgslandkarten erinnert. Eine interessante Einstellungsmöglichkeit ist die simulierte Pinselart.

▲ **Abbildung 31.17**
Verwackelungseffekt

Verwackelungseffekt (Vergröberungsfilter) | Wie der Name schon sagt, macht der Filter aus Ihrem Originalbild so etwas wie ein verwackeltes Foto. Bei flächigen Motiven verschwinden feine Details, bei Motiven mit vielen Linien und Konturen werden diese in abstrakter Weise eher betont, denn der Filter vervierfacht und versetzt die Originalpixel gegeneinander. Er bietet keine weiteren Einstellungsmöglichkeiten.

Weiches Licht (Verzerrungsfilter) | In der Rubrik VERZERRUNGSFILTER ist WEICHES LICHT vollkommen falsch eingeordnet: Dieser Filter wirkt eher wie ein Weichzeichnungsfilter mit Aufhellung. Er macht das Bild flä-

Adobes Online-Filtersuche

Adobe bindet Photoshop zunehmend enger an interessante Onlineressourcen an; so auch bei den Filtern. Der Befehl FILTER • FILTER ONLINE DURCHSUCHEN führt zum *Adobe Photoshop Marketplace*. Auf der englischsprachigen Site können Sie außer kostenpflichtigen und Gratis-Filtern verschiedene Arbeitshelfer herunterladen – von Automatisierungstools über Kreativvorgaben wie Pinsel oder Effekte bis hin zu Paletten für spezielle Aufgaben.

chiger und heller, Details werden überstrahlt. Eine Körnung aus hellen Punkten kann hinzugefügt werden. Sie ist vor allem an den Konturen im Bild wirksam.

◄ **Abbildung 31.18**
Weiches Licht

Farbe verfremden oder reduzieren

Eine erkleckliche Anzahl von Photoshop-Filtern verfremdet das Originalmotiv nicht nur durch das Überziehen mit Mustern, indem es Bildmotive flächiger macht oder mit 3D-Effekten versieht – viele Filter reduzieren außerdem die Farbigkeit in Bildern. Vielfach dienen die in der Werkzeugleiste eingestellte Vorder- und Hintergrundfarbe als Grundlage der Umsetzung. Die hier gezeigten Beispiele sind alle in Schwarzweiß oder in Graustufen – andere Farbkombinationen sind jedoch ebenso gut möglich. Sie sollten allerdings beachten, dass Sie, auch wenn Sie mit Smartfiltern arbeiten, die Grundfarben des Filters nicht nachträglich ändern können. Die Flexibilität von Smartfiltern bezieht sich nur auf die Einstellungen des Filterdialogs. Sie sollten also von vornherein die richtigen Farben in der Werkzeugleiste einstellen.

▲ **Abbildung 31.19**
Basrelief

Basrelief (Zeichenfilter) | In der analogen Welt sind Basreliefs relativ flach gearbeitete Reliefs. Der gleichnamige Filter setzt das Bild in Grautöne oder bunte Tonwertabstufungen um und verleiht ihm einen moderaten 3D-Effekt. Indem Sie den Winkel des virtuellen Lichteinfalls verändern, beeinflussen Sie die Wirkung der »Relief«-Kanten entlang der Bildkonturen maßgeblich. Bei detailreichen Bildern ist es empfehlenswert, zusätzlich einen weichzeichnenden oder flächig machenden Filter anzuwenden, um feine Farbabstufungen und Bildstörungen zu reduzieren. Andernfalls werden zu viele feine Konturen bei der Reliefumsetzung berücksichtigt. Dennoch – von allen Relieffiltern ist dieser sicherlich der brauchbarste.

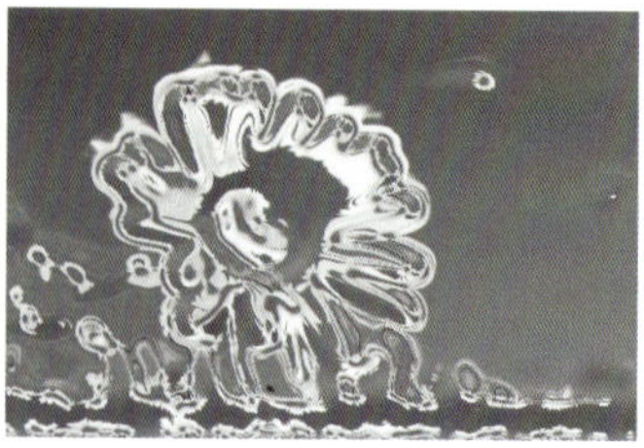

▲ **Abbildung 31.20**
Chrom

Chrom (Zeichenfilter) | Dieser Filter ist eine stärkere Version von KUNSTSTOFFFOLIE. Als bloßer Bildeffekt ist CHROM langweilig, er ist jedoch ein wichtiger Baustein für verschiedene Filterkombinationen, die

Metall oder auch Wasserflächen nachstellen. CHROM macht alle Bilder grau, gleichgültig, welche Vorder- und Hintergrundfarbe Sie einstellen.

▲ **Abbildung 31.21**
Conté-Stifte

Conté-Stifte (Zeichenfilter) | Der Filter CONTÉ-STIFTE simuliert eine zweifarbige Zeichnung auf strukturiertem Malgrund. Die Mischung von Vorder- und Hintergrundfarbe und die unterlegte Struktur können Sie einstellen.

Fotokopie (Zeichenfilter) | Der Filter FOTOKOPIE stellt die schlechte Qualität einer mehrfach kopierten Vorlage nach. Das ist ganz nützlich, um raue, abgegriffen aussehende Designs zu gestalten. Detailtreue und Dunkelheit können Sie genauso steuern wie – über die Werkzeugleiste – die Grundfarben.

▲ **Abbildung 31.22**
Fotokopie

Gerissene Kanten (Zeichenfilter) | GERISSENE KANTEN ist der zweifarbige Kollege von FARBPAPIER-COLLAGE. Sie können die Balance zwischen Vorder- und Hintergrundfarbe, die Rauheit der Kanten und über KONTRAST auch den Anteil an Tonwertstufen regeln.

▲ **Abbildung 31.23**
Gerissene Kanten

▲ **Abbildung 31.24**
Kohleumsetzung

Kohleumsetzung (Zeichenfilter) | KOHLEUMSETZUNG ähnelt stark der BUNTSTIFTSCHRAFFUR – verwendet jedoch bloß zwei Farben. Bildkonturen werden durch Schraffuren herausgearbeitet, Flächen werden weitgehend ausgespart. Detailtreue, Stärke und die Helldunkel-Mischung stellen Sie im Filterdialog ein, die Grundfarben in der Werkzeugleiste.

Kreide & Kohle (Zeichenfilter) | KREIDE & KOHLE liefert nicht nur zwei Farben, sondern auch die Tonwerte dazwischen. Detailgenauigkeit, die Verteilung von Hell (KREIDE) und Dunkel (KOHLE) und die Kontraste (Option DRUCK) können Sie einstellen. Die Farbigkeit richtet sich nach den Farbfeldern der Werkzeugleiste.

▲ **Abbildung 31.25**
Kreide & Kohle

Prägepapier (Zeichenfilter) | PRÄGEPAPIER liefert gekörnte Struktur plus Relief plus extreme Flächigkeit. Sie können die Reliefhöhe und den

▲ **Abbildung 31.27**
Prägepapier

Abstraktionsgrad wählen, die unterlegte körnige Struktur lässt sich jedoch nicht verändern. Vorder- und Hintergrundfarbe werden gemischt.

Punktierstich (Zeichenfilter) | Punktierstich erzeugt ein unregelmäßiges, zweifarbiges Muster, das an alte Grafiken erinnert oder an ein sehr grobes Dither-Muster. Das Mischungsverhältnis von Vorder- und Hintergrundfarbe und die Punktdichte sind regulierbar.

▲ **Abbildung 31.28**
Punktierstich

▲ **Abbildung 31.26**
Rasterungseffekt

Rasterungseffekt (Zeichenfilter) | Dieser Filter löst das Bild in Punkte, Linien oder konzentrische Kreise auf. Der Kontrast bestimmt, wie viele Tonwertstufen neben den Grundfarben noch im Bild sind, über Grösse regeln Sie, wie grob das überlagerte Muster ist. Die Farben des Originals werden durch die in Photoshop eingestellte Vorder- und Hintergrundfarbe ersetzt.

▲ **Abbildung 31.29**
Relief

Relief (Stilisierungsfilter) | Der Filter Relief erzeugt eine graue Reliefumsetzung des Motivs, unabhängig von den in der Werkzeugleiste eingestellten Farben. Die Objektkonturen werden in den Originalfarben des Bildes betont. Reliefhöhe, Beleuchtungswinkel und -stärke können Sie einstellen. Anders als der Basrelief-Filter hat Relief keine Schwierigkeiten mit zu vielen Bilddetails. Kombiniert mit einer Einstellungsebene Schwarzweiss erzeugen Sie mit ihm auch unbunte Reliefs – dann ist er eine gute Alternative zum schwer steuerbaren Basrelief.

▲ **Abbildung 31.30**
Solarisation

Solarisation (Stilisierungsfilter) | Dieser Filter bietet keine Einstellungsmöglichkeiten: Ein Klick, und es entsteht eine Bildversion, die an ein Fotonegativ denken lässt.

Stempel (Zeichenfilter) | Mit dem Filter Stempel erzeugen Sie eine strikt zweifarbige und stark vergröberte Bildversion – so ähnlich wie mit der Funktion Schwellenwert. Die Helldunkelbalance und Detailtreue können Sie einstellen, ebenso – über die Werkzeugleiste – die verwendeten Farben. GERISSENE KANTEN erzeugt ähnliche Effekte, lässt sich aber besser steuern.

▲ **Abbildung 31.31**
Stempel

Strichumsetzung (Zeichenfilter) | STRICHUMSETZUNG erzeugt eine grob schraffierte Bildversion aus nur zwei Farben. Tonwertstufen werden durch die Schraffur dargestellt. Grundfarben, Strichlänge und -richtung und die Helldunkel-Balance können Sie einstellen.

▲ **Abbildung 31.32**
Strichumsetzung

▲ **Abbildung 31.33**
Stuck

Stuck (Zeichenfilter) | STUCK ist ein weiterer Filter, der einen reliefähnlichen Effekt erzeugt. Mit echtem Gipsstuck hat der Filtereffekt nichts zu tun. Er wirkt stark abstrahierend, denn er zerlegt das Bild in großzügige Flächen, die mit einer Glanzschicht überzogen sind – ähnlich wie flüssiges Metall.

Tiefen betonen, Bilder abdunkeln

Klar, Sie wenden keinen Filter an, um Ihr Bild einfach »dunkler zu machen«. Doch in Photoshop gibt es eine Reihe von Filtern, die genau das tun: Sie betonen dunkle Bereiche des Bildes stärker oder überziehen das Bild einfach mit einer dunklen Struktur.

▲ **Abbildung 31.34**
Dunkle Malstriche

Dunkle Malstriche (Malfilter) | Der Filter DUNKLE MALSTRICHE dunkelt das Bild von oben links ab und hellt es von unten rechts auf; Objektkonturen werden klarer, Details verschwinden. Die Balance können Sie einstellen, ebenso die Intensität von Aufhellung und Abdunkelung. Anders als der Filtername suggeriert, sind einzelne Malstriche eigentlich nicht zu sehen.

▲ **Abbildung 31.35**
Fresko

Fresko (Kunstfilter) | Bei Anwendung von FRESKO werden Bilder stark abgedunkelt, die Pixel bekommen ein »aquarelliges« Aussehen. Die Detailtreue der Umsetzung ist genauso steuerbar wir die Strukturierung des »Pinselstrichs«. Auf die Stärke der Überlagerung haben Sie keinen direkten Einfluss, allenfalls die Smartfilter-Deckkraft kann die Filterwirkung dosieren.

▲ **Abbildung 31.36**
Schwamm

Schwamm (Kunstfilter) | Der Filter macht Fotomotive flächiger und überzieht sie mit einer dunklen Struktur – so, als würde ein mit dunkler Farbe getränkter Schwamm über das Bild getupft. Die Größe der »Schwammporen« (Option Pinselgrösse), den Kontrast des aufgetragenen Musters und den Abstraktionsgrad können Sie einstellen.

Sumi-e (Malfilter) | Sumi-e soll eine japanische Maltechnik imitieren. Der Filter dunkelt Bilder stark ab, vereinfacht Details und kombiniert Belichtung von rechts unten mit Abdunkelung von links oben. Strichbreite, Druck und Kontrast stellen Sie mittels Slider ein. Der Effekt ähnelt Dunkle Malstriche und Diagonal verwischen.

▲ **Abbildung 31.37**
Sumi-e

Motive in Striche auflösen

▲ **Abbildung 31.38**
Buntstiftschraffur

In Handzeichnungen werden mit Schraffuren Farbflächen, Grauwerte und Tonwertabstufungen dargestellt. Ähnlich verfahren Photoshops »Schraffurfilter«: Sie lösen Fotomotive auf verschiedene Art in Striche auf. Die Lebendigkeit einer Handzeichnung bekommen Sie auf diese Weise allerdings nicht so leicht hin.

Buntstiftschraffur (Kunstfilter) | Der Filter greift nur an den Kanten im Motiv, übrige Flächen werden weiß bis hellgrau gehalten – das können Sie einstellen. Eine realistische Buntstiftversion entsteht so jedenfalls eher nicht. Ganz ähnlich wirkt der Zeichenfilter Kohleumsetzung; er reduziert zusätzlich die Farbigkeit des Bildes.

▲ **Abbildung 31.39**
Feuchtes Papier

Feuchtes Papier (Zeichenfilter) | Der Filter simuliert faseriges, feuchtes Papier, auf das das Motiv in satter, wässriger Farbe aufgetragen wurde. Feuchtes Papier lässt sich gut mit Aquarell kombinieren, um einen naturalistischen Wasserfarben-Look zu erzielen. Die Helligkeit des Bildes, den Abstraktionsgrad (FASERLÄNGE) und den Kontrast können Sie einstellen, leider nicht die Papierstruktur: Es gibt immer nur eine Art von Kreuzschraffur, die besonders an Objektkonturen hervortritt.

▲ **Abbildung 31.40**
Mezzotint

Mezzotint (Vergröberungsfilter) | Mezzotinto ist ein im 17. Jahrhundert erfundenes Tiefdruckverfahren, das sehr brillante, plastische Illustrationen erzeugt. Warum Adobe diesen Filter nicht unter den Zeichenfiltern angesiedelt hat, ist unklar. Anders als das handwerkliche Vorbild lässt der MEZZOTINT-Filter die Plastizität des Fotos auch eher verschwinden: Das Bild wird in farbige, waagerechte Linien oder Punkte zerlegt. Feine Farbnuancen und Details gehen verloren. Feinheit und Länge der Striche können Sie steuern, die Richtung nicht.

▲ **Abbildung 31.41**
Verwackelte Striche

Verwackelte Striche (Malfilter) | Die Farbverfremdung, die dieser Filter erzeugt, ist viel dezenter als bei MEZZOTINT – die dominierenden Bildfarben werden genutzt, um das Bild mit lockeren, parallel liegenden Strichen nachzumalen. Strichlänge, -richtung und den sogenannten Sprühradius (Ausdehnung der Objektkonturen) können Sie einstellen. Mit entsprechenden Einstellungen kann dieser Filter die Motive auch in grob gesprühte Punkte auflösen.

▲ **Abbildung 31.42**
Windeffekt

Windeffekt (Stilisierungsfilter) | Der WINDEFFEKT ist Bestandteil unzähliger Filterkombinationen wie Flammenschrift, gebürstetes Metall und Ähnlichem. Er platziert an den Objektkonturen kleine, parallel liegende Linien, die entweder nach links oder rechts wehen. Die Stärke können Sie wählen (WIND, STURM oder ORKAN).

Bilder mit Punktmuster überziehen

Als Bildrauschen sind die kleinen, flimmernd bunten oder hellgrauen Pünktchen in Fotos unerwünscht. Sie können sich solche und ähnliche Strukturen jedoch auch für kreative Zwecke zunutze machen – entweder, indem Sie (analoges) Filmkorn nachstellen und damit etwas Nostalgie und »Authentizität« heraufbeschwören, oder mit kreativeren, stärker verfremdenden Filtern. Adobe hat mehrere davon im Programm, die über verschiedene Untermenüs verteilt sind.

▲ **Abbildung 31.43**
Körnung

Körnung (Strukturierungsfilter) | KÖRNUNG eignet sich sehr gut, um Bildrauschen zu simulieren. Sie haben die Wahl zwischen verschiedenen Verteilungsmustern, unterschiedlich großen Punkten und sogar Linien. Intensität und Kontrast können Sie einstellen. Und mit der Einstellung SPRENKEL bei mittleren Werten für Kontrast und Intensität lassen sich

– überraschenderweise – sogar mit dunklen Linien **Objektkonturen nachzeichnen**. Was Sie noch wissen sollten: Bei der Option SPRITZER (nicht zu verwechseln mit dem gleichnamigen Malfilter) werden Punkte locker verteilt auf das Bild gesprenkelt. Deren Farbe hängt von der in Photoshop eingestellten Vordergrundfarbe ab.

▲ **Abbildung 31.44**
Körnung & Aufhellung

Körnung & Aufhellung (Kunstfilter) | Dieser Filter kombiniert mehrere Effekte, die jedoch – trotz dreier Slider im Filter-Dialog – wenig Steuerungsmöglichkeiten bieten. Das Bild wird quasi diagonal geteilt, der obere, linke Teil wird abgedunkelt, der untere rechte Bereich aufgehellt, und eine mehr oder weniger starke Körnung im dunklen Bereich kommt dazu.

▲ **Abbildung 31.45**
Korneffekt

Korneffekt (Stilisierungsfilter) | Der KORNEFFEKT greift nur an Objektkonturen und löst diese mit einer pixeligen Punktstruktur auf. Viele Steuerungsmöglichkeiten haben Sie nicht: Per Radio-Button wählen Sie zwischen vier Algorithmen, die sich in der Praxis jedoch nur geringfügig unterscheiden.

▲ **Abbildung 31.46**
Spritzer

Spritzer (Malfilter) | Dieser Filter soll mit Airbrush aufgetragene Farbe simulieren. Tatsächlich ist der Effekt viel gröber als bei echtem Airbrush. Er greift nur an Objektkanten, einheitliche Farbflächen lässt er unangetastet. Von allen Filtern, die Objektkanten mit Sprenkeln auflockern, bietet er die besten Einstellungsmöglichkeiten. Stellen Sie sehr hohe Werte ein, ähnelt er dem Verzerrungsfilter GLAS.

Quader, Facetten, Punkte: Das Bild in Formen zerlegen

Einen mehr oder weniger stark verfremdenden, an Pop-Art erinnernden Effekt liefern diejenigen Filter, die das Bildmotiv in Vierecke, Quader, Punkte oder andere geometrische Formen zerlegen. Davon hat Photoshop eine ganze Menge an Bord. Sie unterscheiden sich in der Form, die erzeugt wird, und in den Einstellungsmöglichkeiten.

▲ **Abbildung 31.47**
Extrudieren

Extrudieren (Stilisierungsfilter) | Dieser Filter überzieht Bilder mit einer 3D-Struktur aus Quadern oder Pyramiden. Verteilung und TIEFE der 3D-Körper lassen sich gut steuern. Das Bild wird stärker abstrahiert, wenn Sie die Optionen ZUFALLSWERT und GESCHLOSSENE OBERFLÄCHEN wählen. Die Option UNVOLLSTÄNDIGE BLÖCKE MASKIEREN blendet alle Bildklötzchen aus, die über die Bildkanten hinwegragen würden, also nicht vollständig im Bild zu sehen wären.

Kacheleffekt (Stilisierungsfilter) | Auch der Filter Kacheleffekt – nicht zu verwechseln mit dem Strukturierungsfilter Kacheln – zerlegt das Bild in quadratische Formen, allerdings ohne 3D-Effekt. Die Größe der Kachelsegmente, ihren Versatz und die Farbe der Fugen steuern Sie im Dialog. Die Bildelemente wirken eher wie locker auf dem Tisch verteilte quadratische Memory-Karten.

▲ **Abbildung 31.48**
Kacheleffekt

Mosaikeffekt (Vergröberungsfilter) | Der Mosaikeffekt löst das Bild in ordentlich aufgereihte, flächige Quadrate auf. Mit echten Mosaiksteinen hat dieser Filter allerdings nichts zu tun: Je nach gewählter Mosaikstein-Größe entsteht dabei ein mehr oder minder stark verpixelter Bildeindruck.

◄ **Abbildung 31.49**
Mosaikeffekt

Patchwork (Strukturierungsfilter) | Dieser Filter ähnelt trotz seines Namens eher Mosaiksteinchen als einer Flickendecke. Die Größe der einzelnen Segmente und die Fugentiefe können Sie einstellen.

▲ **Abbildung 31.50**
Patchwork

Buntglas-Mosaik (Strukturierungsfilter) | Buntglas-Mosaik erzeugt Polygone. Die Fugenfarbe hängt von der eingestellten Vordergrundfarbe ab, auch die Größe der Steinchen und die Fugenbreite können Sie einstellen. Eine imaginäre Lichtquelle beleuchtet das Bild aus der Mitte, so dass das Ganze bei geeigneten Einstellungen eher einem Bleiglas-Fenster als einem Mosaik gleicht.

◄ **Abbildung 31.51**
Buntglas-Mosaik

Kristallisieren (Vergröberungsfilter) | Der Filter Kristallisieren wirkt wie eine fugenlose, unbeleuchtete Variante von Buntglas-Mosaik. Die Verteilung der Polygone ist zufällig, die Größe können Sie steuern.

▲ **Abbildung 31.52**
Kristallisieren

Punktieren (Vergröberungsfilter) | Auch Punktieren erzeugt locker verteilte, unregelmäßige Punkte, jedoch mit höheren Kontrasten als beim Kristallisieren. Kleinere oder größere Punkte sind möglich. Die Farbe dazwischen ist von der eingestellten *Hintergrund*farbe abhängig.

Farbraster (Vergröberungsfilter) | Auch FARBRASTER erzeugt Punkte; die Anordnung gleicht einem stark vergrößerten Druckraster. Punktgröße und Rasterwinkel können Sie regulieren. Der Filter kann stark verfremdend wirken. Verwechseln Sie ihn nicht mit dem Zeichenfilter RASTERUNGSEFFEKT, der zweifarbige Rasterumsetzungen erzeugt.

Abbildung 31.53 ▸
Punktieren

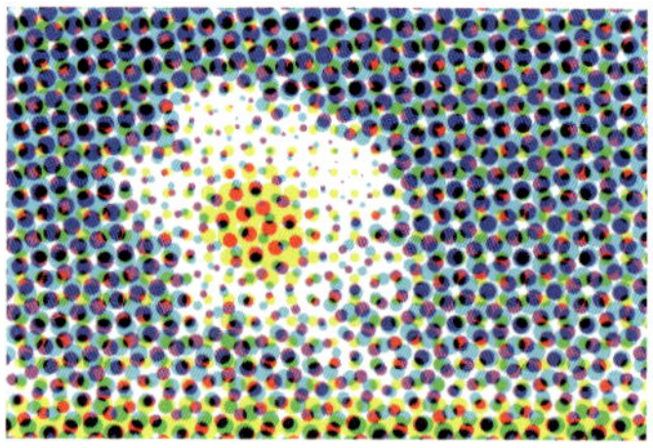

Abbildung 31.54 ▸▸
Farbraster

Konturen betonen

Per Knopfdruck aus einem Foto eine Cartoon-Zeichnung machen – das wäre schön; es funktioniert in der Praxis jedoch leider selten. Dennoch hat Photoshop eine Reihe von Filtern im Programm, die wenigstens versuchen, die Bildkonturen zu finden und zu betonen. Abhängig von der Vorlage und dem gewählten Filter sind die Ergebnisse mehr oder weniger gelungen. Wenn Sie aus einem Foto einen Cartoon machen wollen, kommen Sie um viel Handarbeit nicht herum – Selbstzeichnen geht oft schneller.

Zum Weiterlesen
Die Konturfilter machen sich auch dann nützlich, wenn Sie eine Maske benötigen, bei der Bildkonturen gezielt geschützt oder freigelegt werden sollen. Mehr zum Thema **Konturenmaske** finden Sie in Kapitel 15, »Ebenenmasken & Co.«.

Tontrennung & Kantenbetonung (Kunstfilter) | Bei großflächigen Motiven funktioniert dieser Filter erstaunlich gut: Dunkle Linien umranden relativ einheitliche Farbflächen, wie im Comic. Die Stärke der Linien und die Anzahl der Tonwertstufen können Sie einstellen. Die Option KANTENDECKKRAFT hat einen irreführenden Namen, sie sollte eher »Tonwert-Sensibilität« heißen. Wenn Sie diesen Wert herabsetzen, werden Sie lästige Konturlinien an feinen Tonwert-Stufen los, die häufig im Inneren von Objekten auftreten, wo sie gar nicht erwünscht sind (siehe Abbildung 31.55). Manchmal verbessert es das Ergebnis, wenn Sie zuvor einen Filter anwenden, der Details und feine Tonwertstufen im Bild reduziert, etwa MATTER MACHEN oder einen der im Abschnitt »Bilder flächiger machen, Konturen auflockern« auf Seite 884 vorgestellten Filter.

▲ Abbildung 31.55
Tontrennung & Kantenbetonung

Kanten betonen (Malfilter) | Im Dialog KANTEN BETONEN stellen Sie die Breite und Helligkeit der Kante ein. Auch weiße Objektkanten sind so möglich. Der Regler GLÄTTUNG steuert die Umsetzungsgenauigkeit. Eine starke Glättung eliminiert feine Kantenlinien an Tonwertstufen im Inneren von Bildobjekten, macht das Bild jedoch auch grober (siehe Abbildung 31.56). Bei geringer Glättung bleiben die Objektformen erhalten, es treten jedoch auch feine Konturlinien an Details auf, die eigentlich nicht betont werden sollten.

Konturen finden (Stilisierungsfilter) | KONTUREN FINDEN wirkt tatsächlich stark stilisierend. Einstellungsmöglichkeiten haben Sie nicht: Das Klicken auf den Filter erzeugt eine stark aufgehellte Bildversion, in der die Konturen mit dunklen Farben nachgezeichnet werden.

◄◄ **Abbildung 31.56**
Kanten betonen

◄ **Abbildung 31.57**
Konturen finden

Konturen mit Tinte nachzeichnen (Malfilter) | Dieser Filter betont nicht nur Konturen – er dunkelt das ganze Bild ab, weil die digitale Tinte großzügig auch über Flächen verteilt wird und selbst unwichtige Konturlinien – Motivdetails oder Bildstörungen – betont werden.

▲ **Abbildung 31.58**
Konturen mit Tinte nachzeichnen

Konturen nachzeichnen (Stilisierungsfilter) | KONTUREN NACHZEICHNEN wendet ein ähnliches Prinzip an wie KONTUREN FINDEN: Das Bild wird stark aufgehellt, farbige Konturen erscheinen. Allerdings wirkt KONTUREN NACHZEICHNEN noch rigoroser: Tonwertabstufungen verschwinden ganz, die Konturlinien sind sehr fein. Hier haben Sie auch einige Einstellungsmöglichkeiten, die sich allerdings nicht sofort erschließen. Unter STUFE legen Sie einen Schwellenwert fest, anhand dessen die Farbwerte im Bild analysiert und in eine Konturlinie umgesetzt werden. Unter KANTE wählen Sie zwischen zwei Optionen, die entscheidend beeinflussen, wie die SCHWELLENWERT-Einstellung wirkt: Wählen Sie UNTERE, erscheint die Kontur dort, wo die Farbwerte der Pixel unterhalb des angegebenen Schwellenwerts liegen; ist OBERE aktiv, sind die Farbwerte oberhalb des Schwellenwerts entscheidend. Sie müssen ein wenig herumexperimentieren, um die besten Werte zu finden.

▲ **Abbildung 31.59**
Konturen nachzeichnen

Leuchtende Konturen (Stilisierungsfilter) | LEUCHTENDE KONTUREN ist als einziger Stilisierungsfilter auch in der Filtergalerie zu finden. Er ist die invertierte Version von KANTEN BETONEN. Mit diesem Filter behandelte Bilder erinnern an Neonreklame in einer nächtlichen Stadt.

▲ **Abbildung 31.60**
Leuchtende Konturen

Hinter Glas und unter Wasser

Photoshop verfügt über eine ganze Reihe von Filtern, deren Anwendung das Ausgangsbild mit einem »gläsernen«, transparent wirkenden Überzug versieht, der das Motiv mehr oder weniger stark bricht. So verbiegen Sie Motive in Wellen oder andere kleinteilige Muster. Viele der Filter ähneln sich stark – eigentlich wäre es an der Zeit, hier einmal tüchtig aufzuräumen.

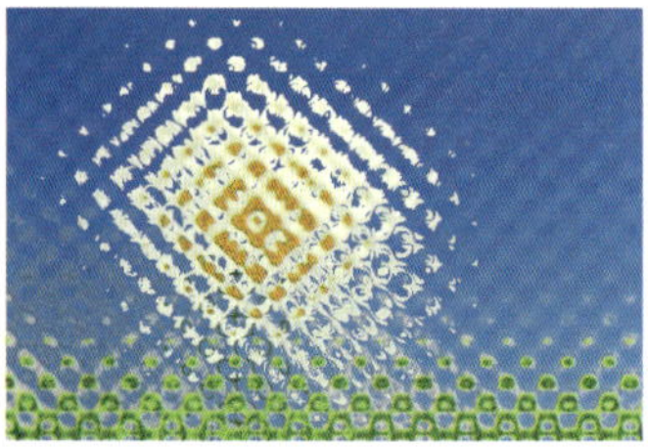

▲ **Abbildung 31.61**
Glas

Glas (Verzerrungsfilter) | Das Dialogfeld von GLAS lockt Anwender ein wenig auf die falsche Fährte: Versprochen wird, Milchglas, kleine Linsen oder Glasbausteine zu simulieren. Das gelingt dem Glasfilter mehr schlecht als recht. Er bietet jedoch sehr gute Steuerungsmöglichkeiten für jegliche Art von strukturbasiertem Verzerrungseffekt. Überziehen Sie ein Motiv wahlweise mit einer hauchdünnen Glanzlasur, verzerren Sie es leicht durch Strukturglas, oder verfremden Sie es so stark, dass nur noch die Originalfarben erkennbar sind.

▲ **Abbildung 31.62**
Kräuseln

Kräuseln (Verzerrungsfilter) | Im Filterdialog gibt es leider nur eine sparsame Steuerung – hier müssen Sie ein wenig herumprobieren, bis Sie die beste Einstellung gefunden haben. KRÄUSELN ist ein nützlicher Filter, um z. B. in Montagen nachträglich Spiegelungen von einmontierten Objekten auf Wasseroberflächen anzupassen. Die besser steuerbare Alternative heißt SCHWINGUNGEN.

Kunststofffolie (Kunstfilter) | Dieser Filter erzeugt Plastikglanz auf allen Bildern. Oberflächendetails werden durch die »reflektierende« Umhüllung gleichzeitig betont und ein wenig verfremdet. GLANZ und

DETAILTREUE lassen sich einstellen, und mit GLÄTTUNG verhindern Sie, dass zu viele feine Details berücksichtigt werden.

Ozeanwellen (Verzerrungsfilter) | Der Filter OZEANWELLEN ist ein enger Verwandter von GLAS und KRÄUSELN. Die Effekte, die Sie mit ihm erzeugen, bekommen Sie auch mit GLAS hin – und zwar mit genauerer Steuerung. OZEANWELLEN ist entbehrlich!

◄ Abbildung 31.64
Ozeanwellen

▲ Abbildung 31.63
Kunststofffolie

Schwingungen (Verzerrungsfilter) | Dieser Verzerrungsfilter bietet die besten Einstellungsmöglichkeiten, um Wellen zu erzeugen. Die Funktionsweise ist ähnlich wie beim Filter KRÄUSELN, die Steuerung ist jedoch präziser, und Sie können jeden erdenklichen Wellentyp erzeugen (Abbildung 31.65 zeigt nur eines von vielen möglichen Mustern). Sie haben die Wahl des Wellentyps: klassische Wellen (SINUS), DREIECK oder QUADRAT stehen zur Verfügung. Anzahl und Größe der Wellen können Sie detailliert steuern. Wer zu faul ist, sich durch die zahlreichen Optionen hindurchzuklicken, der probiert einfach den Button ZUFALLSPARAMETER aus: Er erzeugt mit jedem neuen Klick ein weiteres – zufallsgesteuertes – Wellenmuster.

▲ Abbildung 31.65
Schwingungen

Wellen (Verzerrungsfilter) | Ein Stein wird in ruhiges Wasser geworfen – das Bildmotiv liegt darunter. Stärke und Anzahl der erzeugten Wellen können Sie einstellen, außerdem haben Sie die Wahl zwischen drei verschiedenen Wellenmustern.

▲ Abbildung 31.66
Wellen

Verformen und verzerren

Hier war Adobe einmal konsequent: Die Filter mit verformender, verzerrender Wirkung sind tatsächlich im Menü VERZERRUNGSFILTER angesiedelt. Während einige das Motiv eher mit kleinteiligen, verzerrenden Strukturen verfremden – ich habe sie im vorangehenden Abschnitt vorgestellt –, verzerren andere das gesamte Bild.

▲ **Abbildung 31.67**
Polarkoordinaten

Polarkoordinaten (Verzerrungsfilter) | POLARKOORDINATEN soll vorrangig auf Auswahlbereiche angewendet werden. Die Adobe-Hilfe vermeldet außerdem: »Mit diesem Filter können Sie eine Zylinder-Anamorphose erstellen – eine im 18. Jahrhundert populäre Kunstform –, bei der das verzerrte Bild normal wirkt, wenn es durch einen Spiegelzylinder betrachtet wird.« Ein konkreter Praxisnutzen will mir partout nicht einfallen.

▲ **Abbildung 31.68**
Strudel

Strudel (Verzerrungsfilter) | STRUDEL erzeugt Psychowirbel im Uhrzeigersinn. Vernünftige Einstellungsmöglichkeiten gibt es kaum. Wenn Sie Ihr Bild unbedingt verstrudeln wollen, nutzen Sie lieber die gleichnamige Funktion im VERFLÜSSIGEN-Filter – dort können Sie nicht nur festlegen, wie stark gestrudelt werden soll, sondern auch, an welcher Stelle im Bild der Strudel ansetzt, wie weit er sich ausdehnt und in welche Richtung er sich dreht.

Verbiegen (Verzerrungsfilter) | Hier wird das gesamte Motiv gemäß einer von Ihnen vorgegebenen Kurvenform verzerrt.

▲ **Abbildung 31.69**
Verbiegen

▲ **Abbildung 31.70**
Wölben

Wölben (Verzerrungsfilter) | Der Filter WÖLBEN zieht Bilder auf Kugeln und Zylinder auf und erzeugt so einen 3D-Effekt. Er ist ein recht leistungsfähiger Helfer – etwa um in einer Fotomontage »falsche« Flaschenetiketten einzufügen oder um eine Litfaßsäule zu beschriften. Besser noch funktioniert allerdings die Transformationsoption VERKRÜMMEN – in Abschnitt 12.2, »Ebenen transformieren«, lesen Sie mehr darüber.

Kapitel 32

Komplexe Könner: Filter für Spezialaufgaben

Neben relativ einfach und fast intuitiv zu bedienenden Filtern wie Kunst-, Mal- oder Zeichenfiltern verbergen sich im Menü »Filter« auch einige Funktionsgiganten: Werkzeuge, die fast schon eigene kleine Programme sind.

32.1 Weichzeichner für jeden Zweck

Weichzeichner gehören sicherlich zu den meistgebrauchten Filtern überhaupt. Mit einem Weichzeichner akzentuieren Sie Bildpartien akzentuieren, bearbeiten Masken, schaffen sanfte Übergänge oder eine bestimmte Bildatmosphäre. Partielles Weichzeichnen ist eine wichtige Retuschetechnik, die im Nu Pfirsichhaut zaubert, und mit Hilfe von Weichzeichnern erstellen Sie passgenaue Auswahlen … Für den Weichzeichner gibt es 1.001 Aufgabe. Und deswegen hat Photoshop inzwischen 14 verschiedene Weichzeichnungsfilter im Angebot. Einige davon habe ich schon in vorangehenden Kapiteln vorgestellt, die anderen lernen Sie jetzt kennen.

Zum Weiterlesen
Den Filter **Bewegungsunschärfe** habe ich auf Seite 878 vorgestellt. Die stark am Bedarf von Digitalfotografen ausgerichteten Filter **Objektivunschärfe** (bisheriger Name: TIEFENSCHÄRFE ABMILDERN) und das Trio aus **Feld-Weichzeichnung, Tilt-Shift und Iris-Weichzeichnung** haben Sie in Kapitel 23, »Kamerafehler korrigieren, Digitalfotos optimieren«, kennengelernt. Und in Abschnitt 26.10, »Porträtretuschen mit dem Protokollpinsel«, lesen Sie, wie Sie Weichzeichner bei der **Beauty-Retusche** einsetzen.

Schnelle Wirkung ohne Steuerung

Drei Weichzeichnungsfilter arbeiten ganz auf die Schnelle ohne eigenes Dialogfeld, also ohne dass Sie Optionen festlegen können oder müssen: Klicken Sie einfach den Filterbefehl an; das war's.

- Der Filter WEICHZEICHNEN soll harte Farbübergänge dämpfen. Bildpixel, die neben harten Kanten im Bild oder in Schattenbereichen liegen, werden aufgehellt.

Datei auf der Buch-DVD: »Takelage.tif«

- Stärker weichzeichnen arbeitet nach demselben Wirkungsprinzip, jedoch mit drei- bis vierfacher Stärke.
- Durchschnitt berechnen sucht im Bild dessen mittleren Farbwert und füllt das Bild – oder, wenn vorhanden, eine Auswahl – mit Pixeln in ebendieser Farbe. Dieser Filter ist ganz nützlich, um Farbkombinationen aus Bildern zu entwickeln oder um eine Farbe zu finden, mit der sich Bildränder harmonisch fortsetzen lassen. Als Solo-Weichzeichner ist der Filter nicht konzipiert.

Bild: S. Mühlke

▲ **Abbildung 32.1**
Die unbearbeitete Originaldatei.

▲ **Abbildung 32.2**
Stärker weichzeichnen

▲ **Abbildung 32.3**
Durchschnitt berechnen

Box-Weichzeichnung

Der Name Box-Weichzeichnung ist neu im Filter-Menü, der Filter selbst ist es jedoch nicht. Hier hat Adobe ein Bezeichnungs-Wirrwarr gestiftet, denn diesen Filter gab es bereits in den Vorversionen – und zwar unter dem Namen Feld weichzeichnen. Der Filter Feld-Weichzeichnung, den es nun in CS6 gibt, ist hingegen ganz neu (ihn habe ich in Kapitel 23, »Kamerafehler korrigieren, Digitalfotos optimieren«, besprochen).

Davon abgesehen ist Box-Weichzeichnung ein unkomplizierter Filter, der sich genau so bedienen lässt wie der bekannte Gaußsche Weichzeichner. Er wirkt jedoch ein wenig anders. Zunächst einmal sind die zugrundeliegenden Berechnungen nicht so komplex, was sich bei großen Dateien auswirkt: Dann soll die Box-Weichzeichnung bis zu vier Mal schneller sein als der Gaußsche Weichzeichner. Horizontale und vertikale Motivkanten erfasst die Box-Weichzeichnung nicht so zuverlässig erfasst wie der Gaußsche Weichzeichner. Je nach Motiv und eingestellten Werten ist auch ein leichtes Schachtelmuster oder eine Art optischer Vibrationseffekt im weichgezeichneten Bild wahrnehmbar.

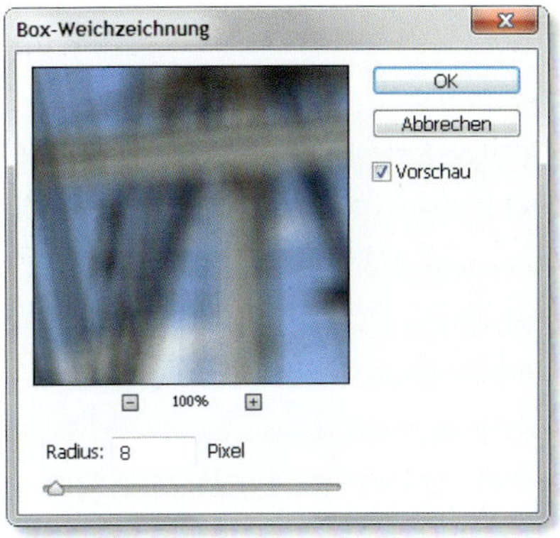

▲ Abbildung 32.4
Dialogfeld des Filters Box-Weichzeichnung

▲ Abbildung 32.5
Box-Weichzeichnung mit Radius 8. Die feinen Linien der Takelage werden nicht so stark weichgezeichnet.

▲ Abbildung 32.6
Zum Vergleich der Gaußsche Weichzeichner mit demselben Wert. Die Weichzeichnung wirkt auf alle Bilddetails.

Gaußscher Weichzeichner: Der Allrounder

Sie haben ihn hier im Buch bereits bei mehreren Gelegenheiten kennengelernt: den Gaußschen Weichzeichner. Weichzeichnungsfilter operieren ähnlich wie Scharfzeichner, nur in umgekehrter Richtung: Sie ermitteln den Kontrast benachbarter Pixel und senken ihn dann (Scharfzeichnungsfilter heben den Kontrast an, um Motive knackiger zu machen). Auch der Gaußsche Weichzeichner arbeitet so. Das Besondere an ihm ist, dass er es schafft, Bilder weichzuzeichnen, ohne ihren Helligkeitseindruck wesentlich zu verändern. Weich auslaufende Kanten, weiche Masken, sanfte Übergänge sind seine Spezialität.

▲ Abbildung 32.7
In der Handhabung ist der Gaußsche Weichzeichner unkompliziert.

Weichzeichner ignoriert Auswahlen?

Auswahlen sind ein probates Mittel, um die Bildbearbeitung auf bestimmte Bildpartien einzuschränken. Einige Weichzeichnungsfilter – darunter auch der häufig benutze Gaußsche – ignorieren Auswahllinien und dehnen ihre Wirkung auch außerhalb der Auswahl aus. Das liegt an den internen Berechnungsmustern der Filter. Nutzen Sie den Selektiven Weichzeichner oder den Filter Objektivunschärfe, wenn Sie eine klare Kante zwischen weichgezeichneten und unbearbeiteten Partien benötigen!

Form weichzeichnen: Effektvielfalt

Beim Filter Form weichzeichnen bilden Photoshop-Formen die Grundlage als »Kern« der Weichzeichnung. Wiederfinden kann man diese Formen im weichgezeichneten Bild nicht immer, interessante Variationen sind dies jedoch allemal! Je größer und kompakter die eingestellte Form ist, desto deutlicher wird die Weichzeichnung. Filigrane Formen erzeugen eher Effekte, die an verwackelte Fotografien erinnern.

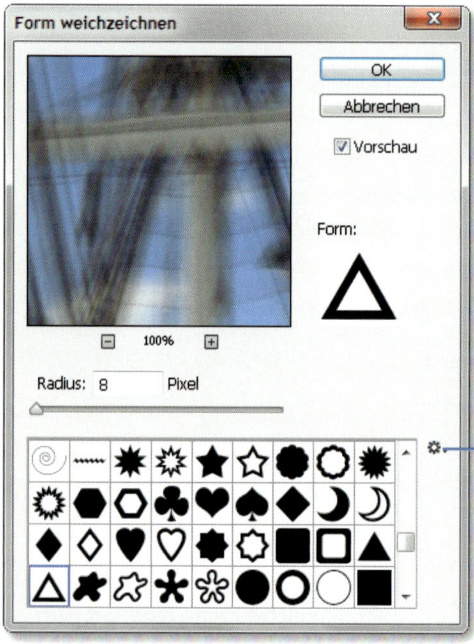

▲ **Abbildung 32.8**
Neue Formen können Sie über ein Seitenmenü 1 nachladen.

▲ **Abbildung 32.9**
Der Effekt von Form weichzeichnen auf Basis einer Dreiecksform

Matter machen: Flächig und weich

Zum Weiterlesen
Die **Verwaltung der Formen** im Filter Form Weichzeichnen funktioniert wie die Verwaltung aller anderen Photoshop-Vorgaben auch. Mehr dazu finden Sie in Abschnitt 7.5, »Farbfelder, Muster, Stile & Co.: Kreativressourcen organisieren«.

Der Filter Matter machen erhält bei der Weichzeichnung mehr Kanten im Bild, er wirkt mehr auf Flächen. Matter machen weicht das Bild nicht so stark auf wie der Gaussscher Weichzeichner. Der Filter macht sich beim Entfernen von Störungen nützlich. Er eignet sich auch gut, um Teile von Bildern unauffälliger, doch nicht ganz unkenntlich zu machen, etwa wenn Sie auf einem Bild Schriftblöcke positionieren wollen.

Die Funktionsweise ähnelt interessanterweise dem unscharfen Maskieren – es werden dieselben Bildparameter herangezogen.

- Radius wirkt so, wie Sie es schon von anderen Filtern kennen. Sie legen damit die Größe des Bereichs um jedes Pixel fest, das für das Weichzeichnen »betrachtet« werden soll.

- Mit Schwellenwert steuern Sie, wie stark die Farbtonwerte benachbarter Pixel abweichen müssen, damit sie weichgezeichnet werden. Pixel, deren Farben sich um weniger als den unter Schwellenwert angegebenen Wert unterscheiden, werden nicht weichgezeichnet. Je geringer der Schwellenwert ist, desto stärker ist die Weichzeichnung.

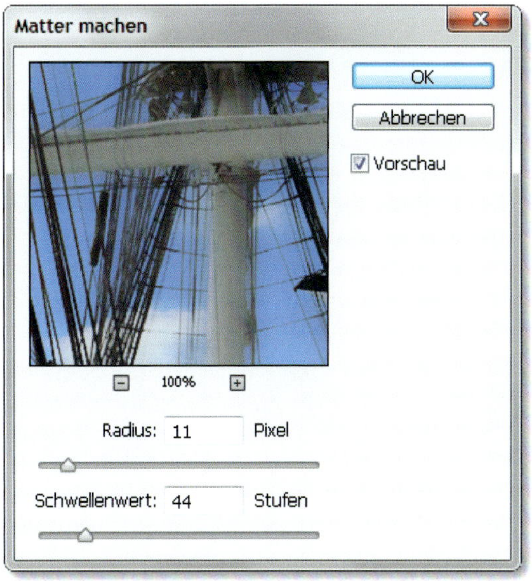

▲ **Abbildung 32.10**
Mögliche Einstellungen im Dialog Matter machen

▲ **Abbildung 32.11**
Die Wirkung von Matter machen am Beispielbild

Radialer Weichzeichner: Rotation und Geschwindigkeit simulieren

Der Radiale Weichzeichner und der im gleichen Dialogfeld untergebrachte Strahlenförmige Weichzeichner eignen sich hervorragend, um Bildern etwas mehr Dynamik zu verleihen. Auch abstrakte Bilder wie zum Beispiel Muster können Sie damit weiter verfremden.

Im Dialog haben Sie die Wahl zwischen zwei Methoden, einer kreisförmigen (radialen) und einer strahlenförmigen Weichzeichnung. Sie können die Stärke der Weichzeichnung und deren Qualität festlegen. Je besser die eingestellte Qualität, desto länger dauert die Berechnung – dieser Punkt ist jedoch nur bei wirklich großen Dateien von Belang. Um dass Zentrum der Weichzeichnung im Bild zu bestimmen, können Sie lediglich eine abstrakte Zeichnung mit der Maus verschieben (1) (siehe Abbildung 32.12). Einen realistischen Eindruck der Filterwirkung im Bild erhalten Sie vorab nicht. Manchmal sind daher mehrere Versuche nötig, um den idealen Punkt zu finden.

▲ **Abbildung 32.12**
Sparsame Bildvorschau beim RADIALEN WEICHZEICHNER

▲ **Abbildung 32.13**
Radial weichgezeichnet, kreisförmig mit STÄRKE 8

▲ **Abbildung 32.14**
Strahlenförmige Weichzeichnung, STÄRKE 42. Es ist gut zu erkennen, dass der Filter an Kanten im Bild am meisten Wirkung zeigt.

Selektiver Weichzeichner: Kreatives Genie

Der SELEKTIVE WEICHZEICHNER ist ein eher kreativer Weichzeichner mit vielen Einstellungsmöglichkeiten. Die Ergebnisse erinnern teilweise an Filter aus den Abteilungen KUNSTFILTER und MALFILTER. Der Gedanke liegt nahe, dass die hier verwendeten Filteralgorithmen auch bei »kantensuchenden« Filtern wie TONTRENNUNG & KANTENBETONUNG (bei KUNSTFILTER zu finden) oder KANTEN BETONEN (unter MALFILTER) und anderen zum Einsatz kommen.

Abbildung 32.15 ▶
Einstellungen für den SELEKTIVEN WEICHZEICHNER

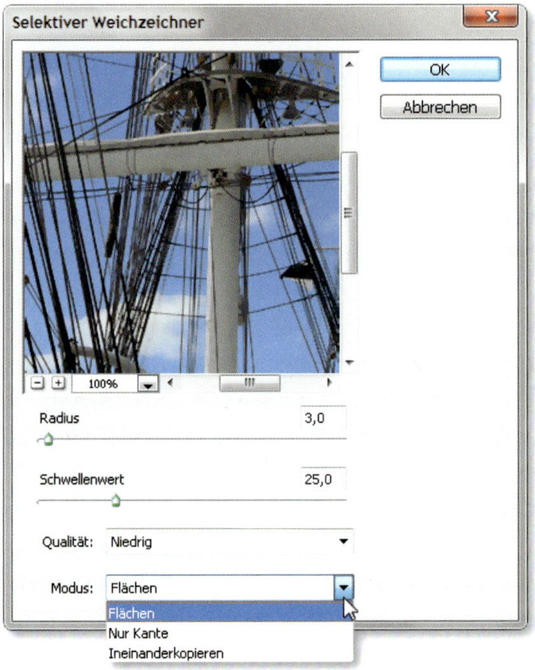

Die Regler für RADIUS und SCHWELLENWERT sind für Sie nichts Neues mehr. Unter MODUS haben Sie die Wahl zwischen:

- FLÄCHEN – Diese Einstellung bezieht sich auf das gesamte Bild (oder die gesamte Auswahl) und erzeugt Ergebnisse, die an den MALMESSER-Filter (unter KUNSTFILTER) erinnern. Diese Funktion ist auch eine gute, feinere Alternative zur TONTRENNUNG.
- NUR KANTE verwandelt das Bild in eine Schwarzweißgrafik. Das beherrschen zwar einige der Kreativfilter auch, der Weichzeichner macht es jedoch differenzierter.
- INEINANDERKOPIEREN mischt das Originalbild mit der Grafikumsetzung.

Das Ganze gibt es dann auch noch in drei Qualitätsstufen: NIEDRIG, MITTEL und HOCH. Je besser die QUALITÄT ist, desto länger dauert die Berechnung.

▲ **Abbildung 32.16**
Selektive Weichzeichnung, MODUS: FLÄCHEN

▲ **Abbildung 32.17**
MODUS: NUR KANTE

▲ **Abbildung 32.18**
MODUS: INEINANDERKOPIEREN

32.2 Bildpartien herausarbeiten: Beleuchtungseffekte

Mit dem Filter BELEUCHTUNGSEFFEKTE (zu finden unter FILTER • RENDERFILTER) werden Sie zum digitalen Beleuchtungsmeister und können Ihr Bild mit Spotlichtern erhellen – und so einzelne Partien betonen oder andere im Schatten verschwinden lassen.

Anwenden lässt sich BELEUCHTUNGSEFFEKTE nur auf Bilder im RGB-Modus. Dateien, die in anderen Modi vorliegen, müssen Sie zuvor via BILD • MODUS konvertieren. Er funktioniert auch als Smartfilter. Sinnvolle Nutzungen gibt es viele:

Ps **Völlig neue Bedienungsweise**
Der bisherige BELEUCHTUNGSEFFEKTE-Dialog war in der Bedienung immer zu fummelig, um wirklich Spaß zu machen. Im CS6-Filterdialog steht Ihnen eine bildschirmfüllende Vorschau zur Verfügung, in der Sie die Lichtquellen einfach mit der Maus anpassen können.

- »Beleuchten« Sie Bilder und Composings gezielt, um so bestimmte Bildinhalte zu betonen oder buchstäblich in den Schatten zu stellen.
- Durch den Einsatz farbiger »Strahler« ändern Sie auch die Farbstimmung von Bildern.
- Bei Montagen können Sie (freigestellte) Objekte mit eigenen Lichteffekten versehen.
- Arbeiten Sie Strukturen und Texturen mit dem Filter heraus. Auf Wunsch definiert ein Farb- oder Alphakanal in der Datei die durch die Beleuchtung betonte Struktur.
- Wenn Sie Beleuchtungseffekte als Smartfilter einsetzen, können Sie das Filterergebnis durch verschiedene Mischmodi weiter variieren.

Abbildung 32.19 ▼
BELEUCHTUNGSEFFEKTE mit der grundlegend überarbeiteten Nutzeroberfläche

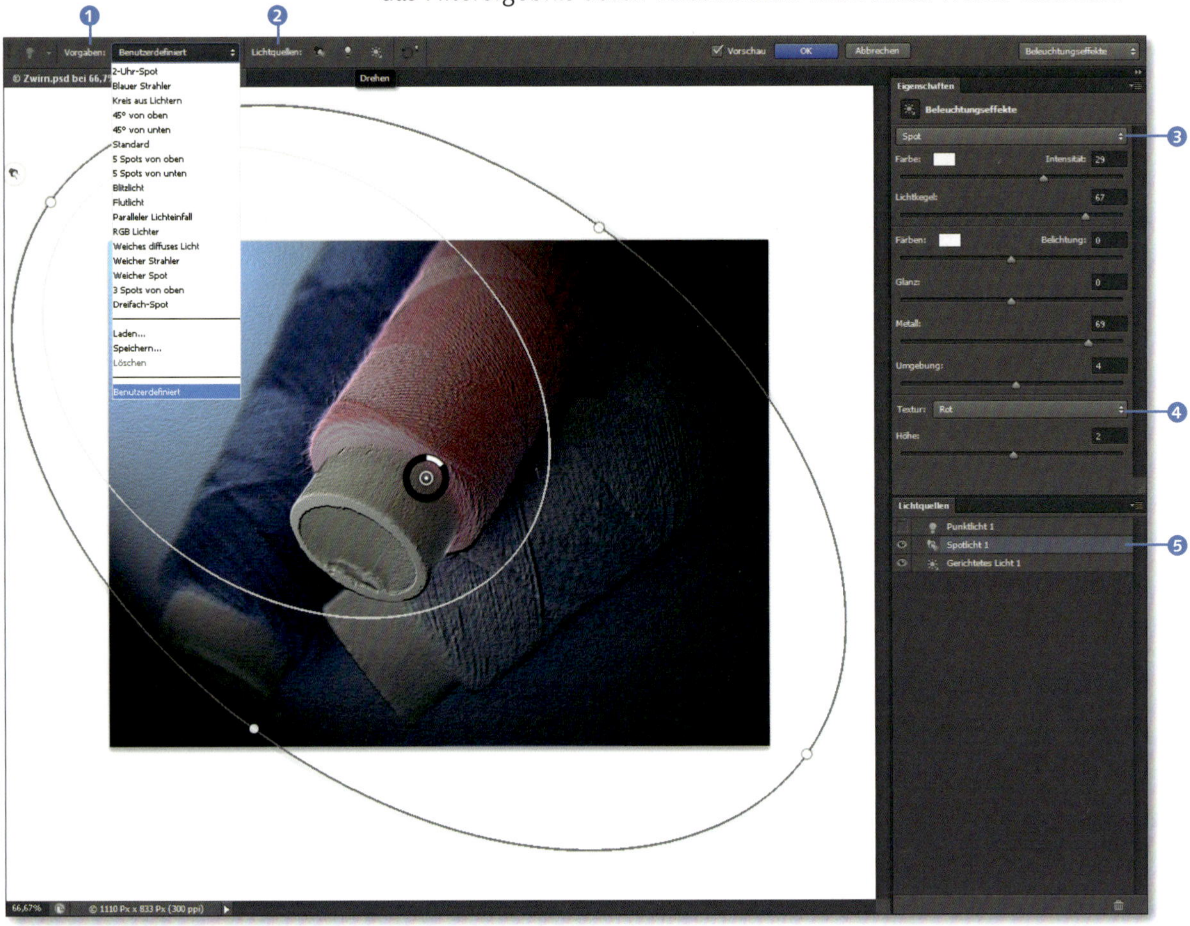

Beleuchtungseffekt ganz schnell: Vorgaben

Unter VORGABEN ① finden Sie eine Liste mit Beleuchtungsstilen verschiedener Intensität und Farbe zur Auswahl. Wählen Sie einen der Effekte aus; er wird sofort auf das Bild angewendet. Sie sehen den neuen

Beleuchtungseffekt dann auch sofort unten rechts im Lichtquellen-Bedienfeld ⑤. Mit den Reglern unter EIGENSCHAFTEN ③ können Sie den Effekt weiter anpassen.

Eigene Beleuchtungseffekte erzeugen

Wenn Sie einen Beleuchtungseffekt von Grund auf neu erstellen wollen, müssen Sie sich zunächst zwischen einer von drei möglichen Beleuchtungsarten entscheiden. In der Menüleiste finden Sie unter LICHTQUELLEN ② drei verschiedene »Lampen« – ein Klick erzeugt den jeweiligen Beleuchtungseffekt. Diese Auswahl hat großen Einfluss auf die Wirkung der Beleuchtung. Mit den Einstellungen unter EIGENSCHAFTEN dosieren Sie anschließend die Wirkung der virtuellen Lichtquelle.

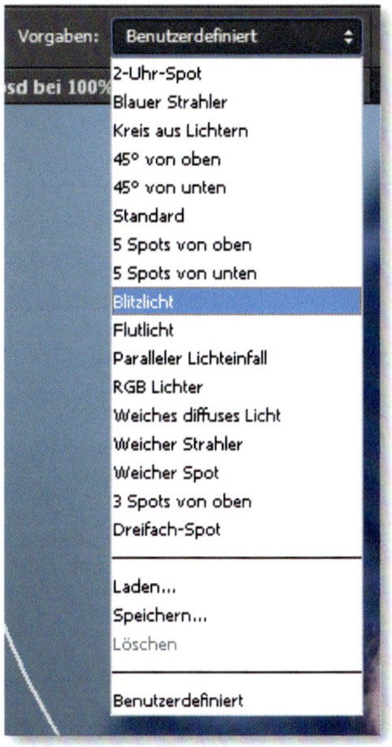

▲ **Abbildung 32.20**
Verschiedene fertige Beleuchtungseffekte in der VORGABEN-Liste

Bild: dieblen.de

◄ **Abbildung 32.21**
Das Originalbild ohne Beleuchtungseffekte (auf der Buch-DVD: »Zwirn.psd«).

Verschiedene Lichtquellentypen

- SPOTLICHT wirkt wie ein Lichtstrahl in dunkler Umgebung und wirft einen elliptischen Lichtschein auf das Bild; die nicht beleuchteten Partien werden – je nach Einstellung mehr oder weniger stark – abgedunkelt. Bei Spotlichtern können Sie Einfallswinkel, Position und Intensität des einfallenden Lichts sowie die Größe des Lichtkegels steuern.
- PUNKTLICHT leuchtet das Bild gleichmäßig aus, so ähnlich wie eine Glühbirne. Sie können Lichtintensität, Position und Größe des beleuchteten Bereichs ändern, nicht jedoch den Lichteinfallswinkel.
- GERICHTETES LICHT wirkt diffuser und sanfter als Spotlicht – ähnlich wie eine entfernte Lichtquelle, die durch eine halbtransparente Gardine scheint. Hier können Sie Winkel, Diffusität und Intensität des Lichtkegels mit der Maus steuern. Mit diesem Beleuchtungseffekt können Sie natürliches Tageslicht am besten imitieren. GERICHTETES LICHT eignet sich auch gut, um mit Hilfe eines Farb- oder Alphakanals Texturen ④ herauszuarbeiten (dazu gleich mehr).

Zum Weiterlesen
Den **Mischmodi** ist das umfangreiche Kapitel 13, »Mischmodus: Pixel-Interaktion zwischen Ebenen«, gewidmet. Wie Sie den **Modus bei Smartfiltern** ändern, erfahren Sie im Abschnitt »Smartfilter-Wirkung nachjustieren« auf Seite 870.

▲ **Abbildung 32.22**
Warmes Spotlicht mit stark abgedunkelter Umgebung

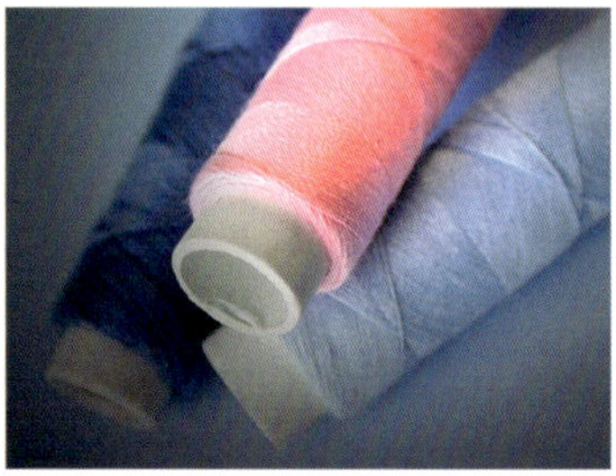

▲ **Abbildung 32.23**
Punktlicht mit hohem Glanz-Wert und leichter Abdunkelung der Umgebung

▲ **Abbildung 32.24**
Gerichtetes Licht, kombiniert mit Textureinstellungen

Lichtquellentyp nachträglich ändern | Sie können den Lichtquellentyp auch bei fertig erstellten Beleuchtungseffekten noch nachträglich ändern. Dazu nutzen Sie die Dropdown-Liste unter dem Eigenschaften-Tab im Filterdialog.

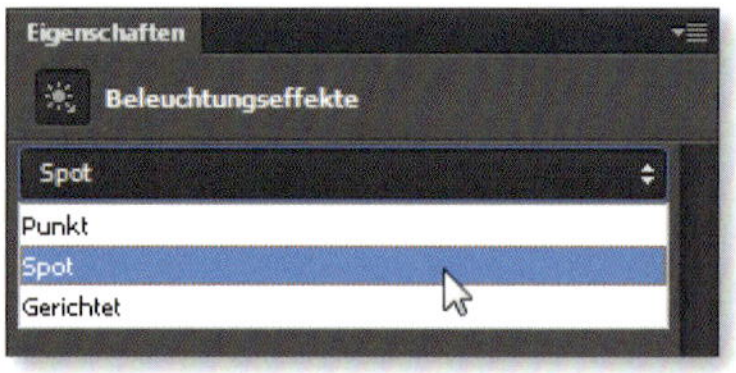

Abbildung 32.25 ▶
Nachträgliches Ändern des Lichtquellen-Typs

Lichteinfall per Maus modulieren

Den Lichteinfall können Sie direkt über der großen Bildvorschau verändern. Dabei können Sie weitgehend intuitiv arbeiten. Die meisten der bekannten Shortcuts zum Vergrößern oder Verkleinern der Bildansicht funktionieren auch hier (nachzulesen im Abschnitt »Zoom: Die Bildanzeige verändern« auf Seite 166); um sich gegebenenfalls den Bildausschnitt zurechtzurücken, müssen Sie Scrollbalken nutzen.

Steuerungen ausblenden
Das Kürzel Strg/cmd+H blendet die Steuerungselemente der Lichtquellen schnell aus und auch wieder ein.

Spotlicht anpassen | Der Spot bietet die meisten Möglichkeiten, den Lichteinfall anzupassen.

- Wenn Sie die **Position** des Spots verändern wollen, klicken Sie einfach irgendwo in den Bereich des größeren Kreises ❶ und ziehen den Spot in Position.
- Indem Sie an einem der Anfasser ❸ an der äußeren Kreislinie ziehen, **vergrößern** oder **verkleinern** Sie den beleuchteten Bereich oder **ändern die Form** der Lichtellipse.
- Um die Intensität des Lichts zu ändern, ziehen Sie mit der Maus am weißen Bereich der schwarzweißen Kreislinie in der Mitte des Lichtkegels ❷ (klingt komplizierter, als es ist). Alternativ nutzen Sie den Regler Intensität rechts im Eigenschaften-Bedienfeld.

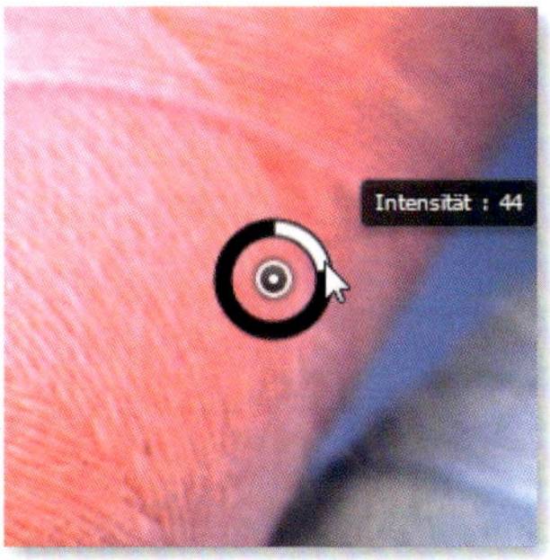

▲ **Abbildung 32.26**
Indem Sie den weißen Anteil des Intensität-Reglerrings verschieben …

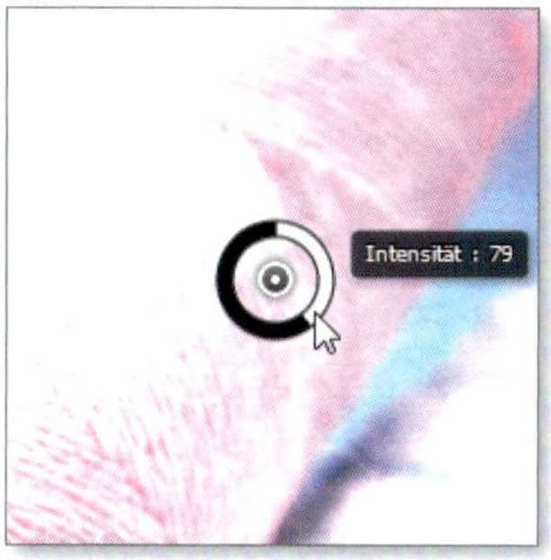

▲ **Abbildung 32.27**
… ändern Sie die Lichtstärke.

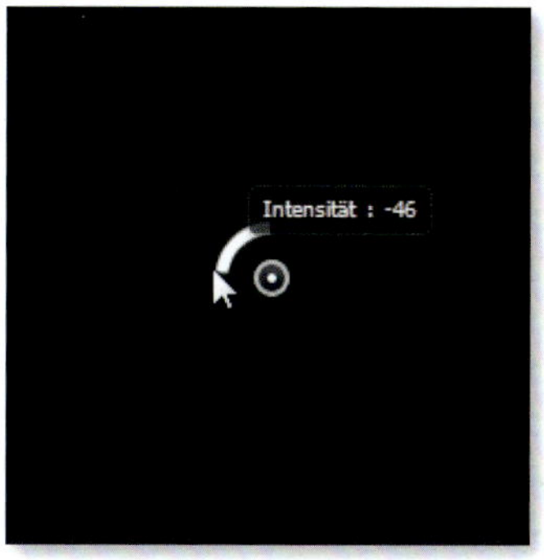

▲ **Abbildung 32.28**
Auch negative Werte sind möglich; sie dunkeln ab.

Punktlicht anpassen | Um die Beleuchtung mit PUNKTLICHT zu verändern, können Sie Position und Entfernung der Lichtquelle verschieben und die Intensität regeln.

- Um die **Lichtquelle zu verschieben**, klicken Sie irgendwo in den großen Kreis und verschieben ihn.
- Das **Skalieren des Lichtkreises** erfordert präzises Maushandling, denn hier gibt es keine Anfasser. Sie müssen die Maus genau auf die grüne Kreislinie 4 setzen, so dass diese sich gelb färbt. Dann klicken Sie und verändern die Größe des Kreises. Die Form des Kreises können Sie nicht verändern.
- Zum Ändern der **Lichtintensität** nutzen Sie wieder den Intensität-Reglerring in der Mitte 5.

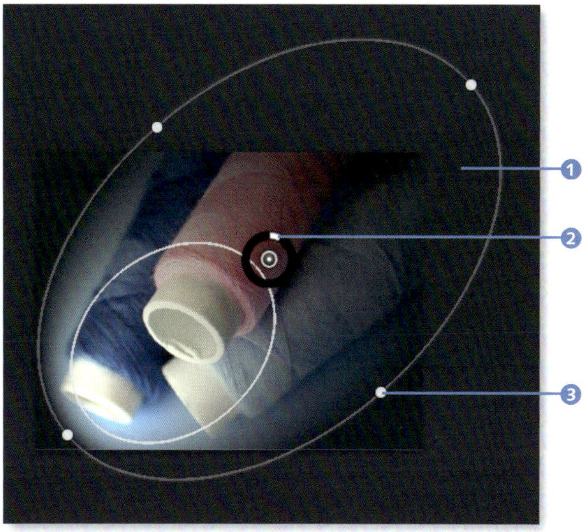

▲ **Abbildung 32.29**
Steuerungen für SPOTLICHT

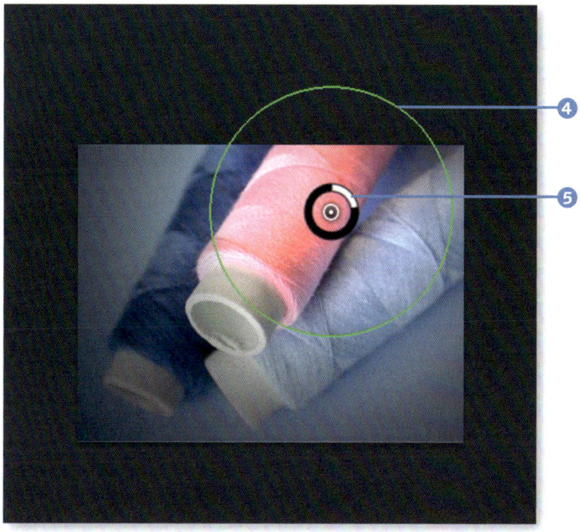

▲ **Abbildung 32.30**
Steuerungen für PUNKTLICHT

Gerichtetes Licht anpassen | Während Sie bei Spot und Punktlicht, die Eigenschaften des Licht*kegels* selbst verändern, bearbeiten Sie beim Gerichteten Licht Position und Einfallswinkel der Licht*quelle* und natürlich deren Intensität. Wer noch nie mit 3D-Tools gearbeitet hat, findet die Einstellung wohlmöglich etwas sperrig: Sie müssen den langen Anfasser 1 bewegen, um die Lichtquelle zu verändern. Der Intensität-Reglerring funktioniert wie bei den anderen Lichtquellen auch.

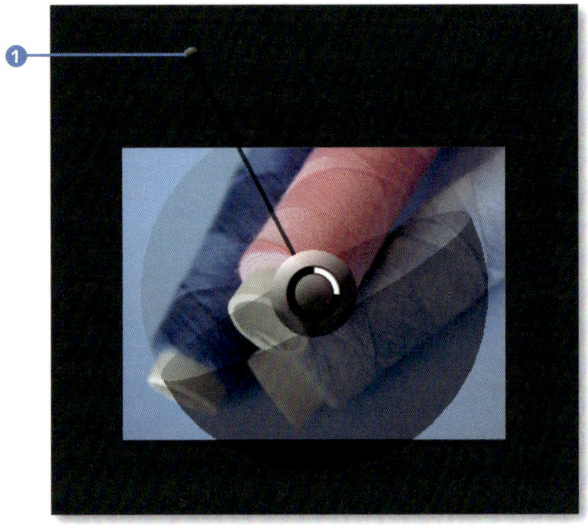

Abbildung 32.31 ▶
Steuerungen für GERICHTETES LICHT

Weitere Licht-Eigenschaften

Mit den Reglern unter EIGENSCHAFTEN können Sie die Lichteigenschaften weiter beeinflussen. Es ist ohne weiteres möglich – und üblich –, mehrere Lichtquellen in einer Datei anzubringen. Dann sollten Sie bei allen weiteren Einstellungen auf das Bedienfeld LICHTQUELLEN achten: Ähnlich wie bei Ebenen ist auch hier entscheidend, welches Element aktiviert ist!

▲ Abbildung 32.32
Detaileinstellungen unter EIGENSCHAFTEN

Helligkeit differenziert einstellen | Die Helligkeit einer virtuellen Lichtquelle ist sicherlich die wichtigste Einstellung.

- Wer mit dem Reglerring in der Bildvorschau nicht zurechtkommt, kann auch den Regler INTENSITÄT 9 nutzen. Mit ihm passen Sie an, wie stark die virtuelle Lampe sein soll. Wenn Sie den Slider weit nach links schieben, können Sie auch gezielt schattierte Bereiche im Bild herstellen – ein gutes Stilmittel, um die Aufmerksamkeit des Betrachters auf die helleren Bildpartien zu fokussieren.
- Der Regler BELICHTUNG 11 differenziert die Intensitäts-Einstellung. Mit ihm können Sie Lichter-Tiefen-Kontraste, die durch die Intensitäts-Einstellung verlorengingen, teilweise wieder ins Bild holen.

- Exklusiv für den SPOT gibt es die Einstellung LICHTKEGEL ⑩. Damit regeln Sie, wie groß die innere Ellipse des Spots ist. Je kleiner der hier eingestellte Wert ist, desto kleiner und schärfer von der dunkleren Umgebung abgegrenzt ist der Spot.

Buntes Licht | Sowohl INTENSITÄT als auch BELICHTUNG verfügen über eigene Farbfelder ② und ③, um die Lichtfarbe zu verändern. Ein Doppelklick darauf öffnet den bekannten Farbwähler. Sind zwei unterschiedliche Farben eingestellt, werden sie gemischt – und zwar so, als würden sich tatsächlich zwei verschiedenfarbige Lichter mischen.

Reflexion | Beleuchtete Objekte werfen einen Teil des Lichts zurück. Auch virtuelle beleuchtete Objekte sollten das tun, damit der Effekt realistisch wirkt. Mit zwei Slidern regeln Sie, wie die Reflexion beschaffen ist.

- Der GLANZ-Regler ④ bestimmt, wie stark die abgebildeten Oberflächen das Licht überhaupt zurückwerfen.
- Mit dem Regler METALL ⑤ legen Sie fest, wie stark Licht- und Materialfarbe bei der Reflexion jeweils berücksichtigt werden. Steht der Regler weit links, soll eher die Lichtfarbe zurückgeworfen werden, steht er weit rechts, die Farbe des beleuchteten Objekts. In der Praxis sind Unterschiede hier jedoch oft schwierig auszumachen.

Lichtfarbe einsetzen

Sie können farbige Lichtquellen nutzen, um Bildobjekte zu verfremden oder zu betonen. Aber auch in Montagen leistet diese Funktion gute Dienste, wenn die Beleuchtung der montierten Bildteile angeglichen werden soll.

Umgebung | Der Regler UMGEBUNG ⑥ bestimmt, wie stark der Unterschied zwischen belichteten und unbelichteten Partien ist. Ziehen Sie den Regler nach links, wird das Bild – bis hin zur völligen Schwärze – abgedunkelt. Ziehen nach rechts hellt es auf und vermindert so gleichzeitig den Kontrast zum »Scheinwerferlicht«.

Texturen

Sie können den BELEUCHTUNGSEFFEKTE-Filter nutzen, um bestehende Strukturen durch leichte 3D-Anmutung im Bild zu verstärken oder um ganz neue Texturen ins Bild zu bringen. Dazu nutzen Sie die Funktion TEXTUR ⑦. Zunächst müssen Sie einen Farbkanal der Datei oder einen – bereits vorbereiteten – Alphakanal als Quelle für die Textur festlegen. Danach benutzen Sie den HÖHE-Regler ⑧, um die Wirkung zu justieren.

▲ **Abbildung 32.33**
Kanal als Texturquelle auswählen. Neben den Farbkanälen sehen Sie hier zwei vorbereitete Alphakanäle.

Mehr als eine Lichtquelle

Für differenzierte Beleuchtungsszenarien können Sie mit Hilfe des Vorschaufensters weitere Lichtquellen hinzufügen oder auch löschen.

Gelungene Beleuchtungseffekte als Vorgabe sichern

Mit Hilfe der VORGABEN-Liste in der Filter-Optionsleiste können Sie von Ihnen erstellte Lichtquellen mit allen Eigenschaften speichern, erneut laden und auch löschen.

- Um **neue Lichtquellen** einzufügen, klicken Sie auf eines der drei Lichtquellen-Icons in der Optionsleiste des Filters. Anschließend nehmen Sie die gewünschten Einstellungen vor.
- **Lichtquellen löschen** Sie, indem Sie sie im Bedienfeld LICHTQUELLEN aktivieren und dann das Papierkorb-Icon anklicken.
- Um eine **Lichtquelle auszublenden,** nutzen Sie das Augen-Icon.

32.3 Blendenflecke

Ebenfalls unter den Renderfiltern finden Sie den altbekannten Filter BLENDENFLECKE. Mit ihm imitieren Sie durch die Linsenkonstruktion des Objektivs bedingte Lichtreflexe, wie sie typischerweise bei Gegenlichtaufnahmen auftreten.

Einstellungen – unkompliziert, aber ohne Bildvorschau | Sie können hier die – simulierte – OBJEKTIVART und die Lichtstärke einstellen und außerdem durch Bewegen des kleinen Pluszeichens 1 im Vorschaufenster Position und Verteilung der Lichtreflexe festlegen. Dabei müssen Sie ohne Voransicht im großen Dokumentfenster auskommen. Das recht klein geratene Vorschaufenster ist Ihre einzige Kontrolle.

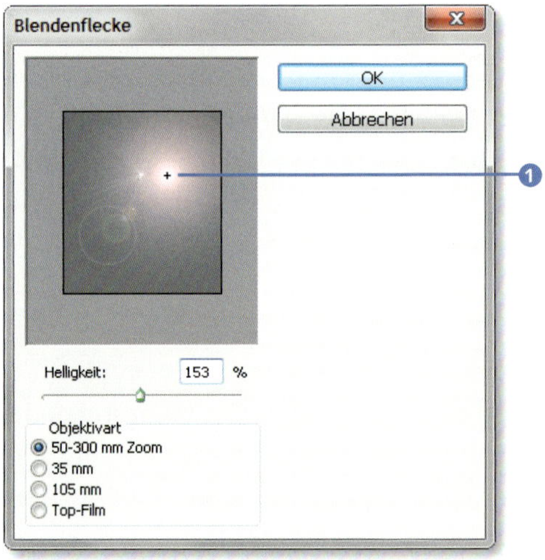

Abbildung 32.34 ▶
Der BLENDENFLECKE-Dialog

Mehr Variationen: Filter auf neutraler Ebene | Das Vorschaufenster des Filterdialogs zeigt normalerweise eine Miniaturversion Ihres Dokuments. In Abbildung 32.34 sehen Sie dort eine graue Fläche. Das liegt daran, dass der Filter nicht direkt auf dem Smartobjekt mit dem Bildmotiv eingesetzt wurde, sondern auf einer darüberliegenden Ebene. Dadurch gewinnen Sie mehr kreative Freiheit im Umgang mit dem

Filter. Da sich der Blendenflecke-Filter nicht auf gänzlich leere Ebenen anwenden lässt, habe ich diese Hilfsebene neutral grau gefärbt (RGB-Wert 128, 128, 128) und den Mischmodus auf Hartes Licht gestellt. Einer der anderen Licht-Mischmodi würde sich hier ebenso eignen. Nun können Sie die Filter-Hilfsebene maskieren, vergrößern oder verkleinern, spiegeln oder in anderer Weise transformieren, indem Sie Ihre Deckkraft senken. Dadurch sind deutlich mehr Blendenfleck-Varianten möglich als nur mit den Filter-Grundeinstellungen.

▲ **Abbildung 32.35**
Blendenfleck-Variante auf separater Ebene. Wer genau hinsieht, erkennt, dass der Fernsehturm die Reflexion teilweise verdeckt. Die Maske der Filter-Hilfsebene macht's möglich.

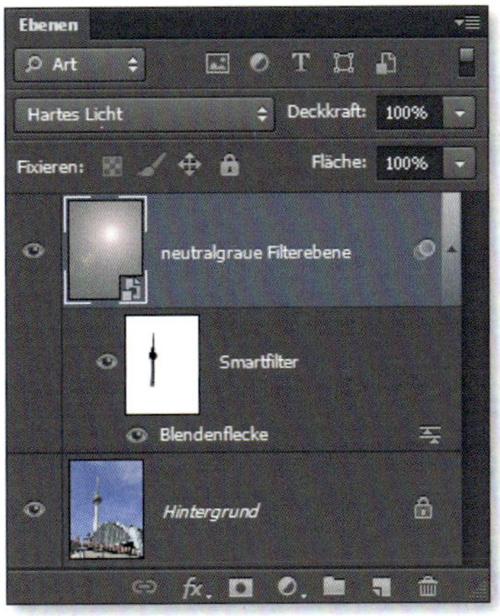

▲ **Abbildung 32.36**
Die Ebenenkonstruktion: Der Smartfilter wirkt nicht auf die Bildebene, sondern auf ein graues Smartobjekt darüber.

32.4 Flache Motive in Form bringen: Der Versetzen-Filter

Der Versetzen-Filter ermöglicht es, Schriften, Logos und andere Objekte exakt gemäß der Form ihres Hintergrundes zu modellieren. So beschriften Sie beispielsweise fotografierte Flaggen, T-Shirts oder andere strukturierte Untergründe nachträglich. Der Filter ist witzig und für Montagespezialisten oft auch sehr nützlich, jedoch nicht auf Anhieb verständlich – daher folgt hier eine Schritt-für-Schritt-Anleitung.

Schritt für Schritt: Ein Logo auf Stofffalten montieren

Der Versetzen-Filter hilft bei der Aufgabe, das Logo aus Abbildung 32.37 auf den in Falten liegenden Stoff zu montieren. Die Voraussetzung für seine Anwendung ist aber, dass eine Graustufenversion des Ausgangsbildes als sogenannte Verschiebungsmatrix zur Verfügung steht.

▲ **Abbildung 32.37**
Das Verlagslogo ...

Bild: Fotolia, Tomo Jesenicnik

▲ **Abbildung 32.38**
... soll so gebogen werden, dass es sich an diese Stoff-Falten anschmiegt.

Dateien auf der Buch-DVD: »Logo.tif«, »Stofffalten.jpg«

1 Faltenmatrix herstellen

Duplizieren Sie als Erstes die Datei, auf die die Schrift oder hier das Logo appliziert werden soll. Diese neue Datei verwandeln Sie in ein Schwarzweißbild. Nutzen Sie den Kanalmixer oder die Funktion Schwarzweiss.

Sehr dunkle Faltenwürfe müssen Sie eventuell erst mit Gradationskurven aufhellen. In einigen Fällen hilft es auch, die Kontraste zu verstärken. Besonders wenn Sie Schrift in Falten legen – und bei niedrig aufgelösten Bildern –, empfiehlt es sich, diese Ebene auch etwas weichzuzeichnen (am besten mit dem Gaussschen Weichzeichner).

Abbildung 32.39 ▶
Die kontrastverstärkte und weichgezeichnete Graustufenversion der Datei »Stofffalten.jpg«, die als Verschiebungsmatrix dienen soll

Speichern Sie diese Datei unbedingt im Format PSD, und merken Sie sich, wo Sie sie abgelegt haben. Sie können sie dann schließen.

2 Objekt einfügen, Position anpassen

Zurück zum ursprünglichen Faltenbild: Dort fügen Sie nun auf einer eigenen Ebene das Logo ein – oder was immer Sie in Falten legen wollen. Durch Ebenentransformation können Sie die Lage und Größe des Objekts nachjustieren. Falls Sie mit einer Textebene oder einem Smartobjekt arbeiten, müssen Sie die Ebene noch rastern: EBENE • RASTERN.

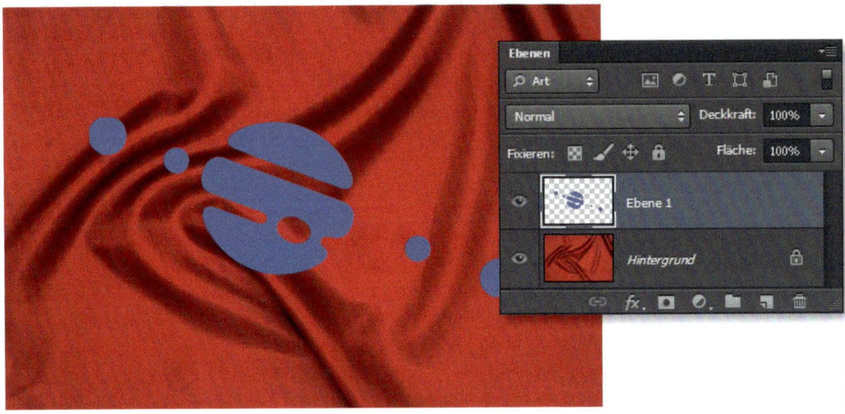

◂ **Abbildung 32.40**
Die vorbereitete Datei

3 Jetzt kommt die Matrix ins Spiel

Unter FILTER • VERZERRUNGSFILTER rufen Sie den Filter VERSETZEN auf.

Wichtig sind hier die Einstellungen für die horizontale und vertikale Skalierung. Sie legen fest, wie stark die Verzerrung sein soll. Die günstigste Einstellung hängt vom Motiv und der Bildauflösung ab. Bei 72-ppi-Bildern führen Werte höher als 10 meist schon zur Unkenntlichkeit des verzerrten Objekts. Bei höher aufgelösten Bildern können Sie auch höhere Werte eintragen – es kommt wiederum auf den Versuch an. Die Werte im unteren Bereich des Dialogs bleiben so stehen, wie sie sind. Sie spielen nur eine Rolle, wenn die Verschiebungsmatrix andere Maße hat als das Originalbild.

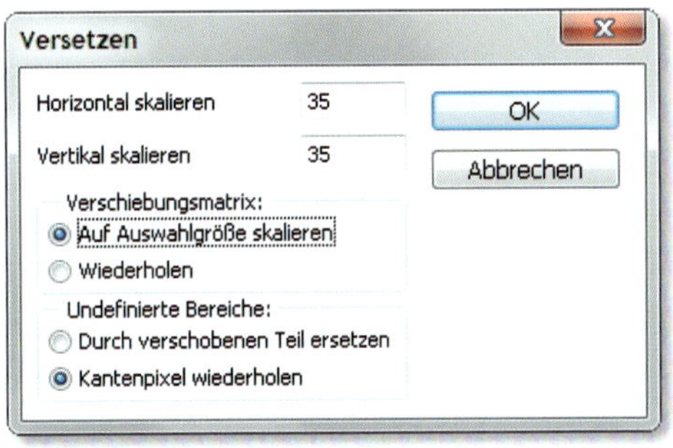

◂ **Abbildung 32.41**
Filtereinstellungen

Wenn Sie dann mit OK bestätigen, werden Sie aufgefordert, den Namen und den Speicherort der Graustufenversion Ihres Faltenwurfs einzugeben. Diese Datei dient als Basis für das Berechnen der Verzerrung. Das Dialogfeld funktioniert wie die bekannten Dialoge für das Speichern und Öffnen. Navigieren Sie zur zuvor erzeugten Versetzen-Matrix, und wählen Sie sie aus.

4 Zwischenresultat

Das Logo sieht nun schön gefältelt aus, aber insgesamt wirkt das Bild immer noch nicht wie bedrucktes Tuch.

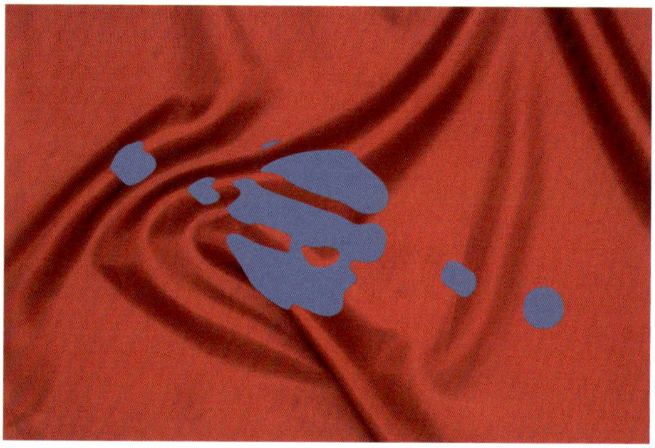

Abbildung 32.42 ▸
Der Zwischenstand ist noch nicht überzeugend.

5 Feintuning

Hier hilft das Einstellen von Mischmodus und gegebenenfalls Deckkraft der Logo-Ebene. Ineinanderkopieren, Multiplizieren, Farbe und Farbton sind bei solchen Montagen aussichtsreiche Kandidaten.

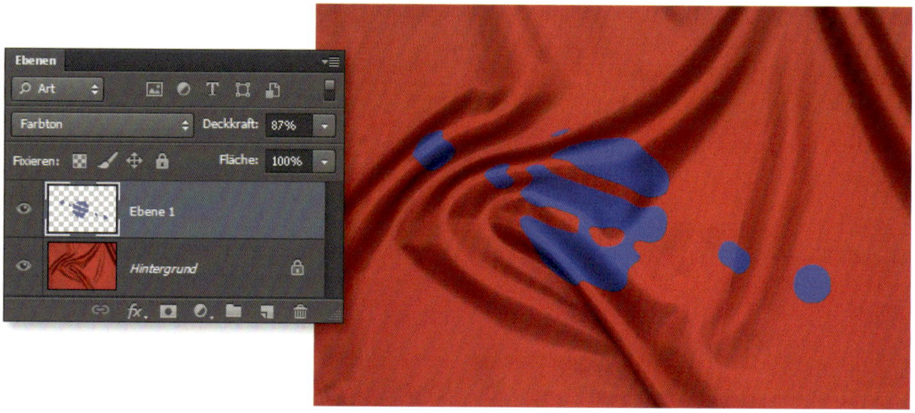

▲ Abbildung 32.43
Das Resultat kann sich sehen lassen (stofffalten.tif).

32.5 Fotos ansatzlos gekachelt: Verschiebungseffekt

Bildkacheln sind speziell vorbereitete, eher kleinformatige Bilder, die sich nahtlos aneinanderreihen lassen, so dass ein endloses Muster entsteht. Meist nimmt man Fotos als Ausgangsdatei. Mancher mag beim Gedanken an gekachelte Bilder aufschreien, denn »Mauertapeten«, »Marmor«-Hintergründe und ähnliche Scheußlichkeiten aus der Frühzeit des Webdesigns wurden mit Hilfe von Bildkacheln realisiert. Doch im kreativen Alltag sind Texturen immer noch gefragt, nicht nur im 3D-Bereich. Mit geeigneten Motiven als Grundlage und bei guter Vorbereitung der Datei realisieren Sie mit Kacheln ansprechende Designs. Außerdem sind gekachelte Bildmotive eine gute Grundlage für eigene Muster, die Sie in Photoshops Musterbibliothek hinterlegen können.

Der Filter Verschiebungseffekt ist Ihr wichtigster Helfer beim Erstellen von Musterkacheln aus Fotos. Er teilt das Bild in vier Segmente und verschiebt diese um einen von Ihnen festgelegten Betrag nach außen. Der dadurch entstehende leere Innenraum wird wahlweise mit der Hintergrundfarbe, Wiederholungen der Kantenpixel oder dem verschobenen Teil aufgefüllt. Besonders die letztgenannte Möglichkeit ist für unsere Zwecke interessant!

▲ **Abbildung 32.44**
Kieselsteinmuster aus einem Foto, gefunden in Photoshops Musterbibliothek GESTEIN. Diese Musterdatei ist nicht optimal vorbereitet: Man erkennt Nahtstellen und Musterwiederholung recht deutlich. Wie es besser geht, lesen Sie im Workshop!

▲ **Abbildung 32.45**
So wirkt der VERSCHIEBUNGSEFFEKT-Filter: Vor der Anwendung …

▲ **Abbildung 32.46**
… und danach. Das Bildmotiv wurde gewissermaßen nach außen gekrempelt und gespiegelt.

Zum Weiterlesen
Wie Sie **Muster** mit den Bordmitteln von Photoshop erstellen und wiederverwenden, lesen Sie in Abschnitt 29.3, »Vielseitige Kreativressourcen: Muster«. Mehr über die effektive Verwaltung von Mustern und anderen Vorgaben erfahren Sie in Abschnitt 7.5, »Farbfelder, Muster, Stile & Co.: Kreativressourcen organisieren«.

Neben dem Filter brauchen Sie für das Erstellen von Bildkacheln noch eine Ebenenmaske und ein wenig Geschick bei der Handhabung des Pinsels. Wie das Ganze genau funktioniert, zeige ich Ihnen im folgenden Workshop.

Datei auf der Buch-DVD: »Nudeln.tif«

Schritt für Schritt: Musterkachel mit dem Verschieben-Filter erzeugen

Bild: stock.xnchg, Kenia de los Campos

▲ **Abbildung 32.47**
Für Demonstrationszwecke eignet sich dieses Nudelfoto sehr gut.

Das Ausgangsbild für diesen Workshop ist eine Detailaufnahme von einem Haufen trockener Pasta. Dies ist sicherlich nicht gerade eine typische Textur, jedoch sehr gut geeignet, um das Verfahren zu zeigen. Bei fast allen Fotos mit mehr oder weniger abstrakten Strukturen (wie Rasen, Moos, Gesteinsoberflächen und Ähnlichem) können Sie das hier gezeigte Verfahren anwenden. Achten Sie nur darauf, dass in dem Bild keine zu prägnanten Elemente auftauchen und dass es gleichmäßig ausgeleuchtet ist – andernfalls ist es schwierig, Bildkacheln zu erzeugen, die wirklich nahtlos aneinanderstoßen.

1 Welcher Bildteil wird gekachelt?

Theoretisch können Sie das Verfahren bei beliebig großen Bildern anwenden. In der Praxis benutzt man Kacheln jedoch häufig, um mit einem relativ kleinformatigen Bild größere Flächen zu »tapezieren«. Skalieren Sie Ihre Ausgangsdatei, oder schneiden Sie einen Bildteil aus. Wenn Sie einen Ausschnitt wählen, sind Rechtecke oft günstiger als Quadrate – das Auge erkennt minimale Bildwiederholungen (die sich nicht immer ganz vermeiden lassen) im Schachbrettmuster sehr leicht. Außerdem sollten Sie beim Ausschneiden darauf achten, dass keine wiedererkennbaren Bildteile im gewählten Bildausschnitt liegen.

2 Pixelmaß der Datei ermitteln

Um den Filter korrekt anzuwenden, müssen Sie wissen, wie groß Ihre Datei ist – das bekommen Sie zum Beispiel über den Bildgrösse-Dialog (Bild • Bildgrösse) oder die Statuszeile Ihres Dokuments heraus.

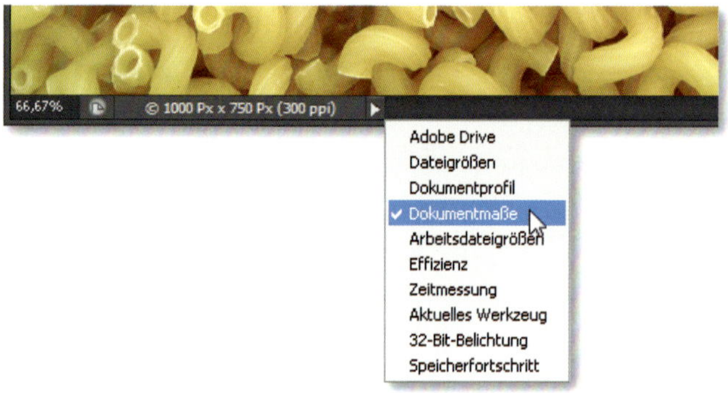

Abbildung 32.48 ▶
In der Statuszeile muss Dokumentmasse eingestellt sein

3 Ebene duplizieren

Gleichgültig, ob Sie mit dem Bild in Originalgröße, einer skalierten oder einer beschnittenen Bildversion arbeiten, bevor Sie den Filter anwenden, müssen Sie die Original-Bildebene duplizieren. Es empfiehlt sich außerdem, beide Ebenen sofort eindeutig zu benennen. Die oben liegende Ebene sollten Sie ausblenden, die untere aktivieren.

▲ **Abbildung 32.49**
Ebenenaufbau vor dem Filtern

4 Verschiebungseffekt anwenden

Wählen Sie den Befehl Filter • Sonstige Filter • Verschiebungseffekt. Als Maß für die Verschiebung geben Sie jeweils *die Hälfte* der aktuellen Höhe und Breite Ihrer aktuellen Datei an. Unter Undefinierte Bereiche muss die Option Durch verschobenen Teil ersetzen aktiv sein.

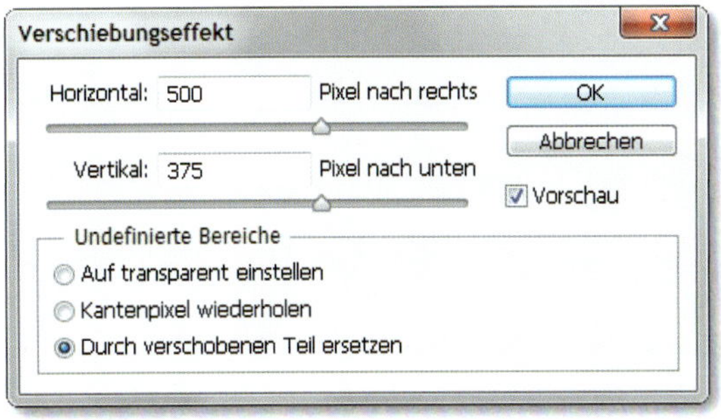

◀ **Abbildung 32.50**
Die Maße richten sich nach Ihrer Dateigröße. Die Option Durch verschobenen Teil ersetzen müssen Sie immer wählen.

5 Ansätze retuschieren – Maske erzeugen

Das Nudelbild ist jetzt in vier Segmente unterteilt, deren Kanten im Bildinneren als Linienkreuz deutlich zu sehen sind.

◀ **Abbildung 32.51**
Der Verschiebungseffekt-Filter wurde sichtlich mit Erfolg angewendet.

Diese Ansätze müssen jetzt kaschiert werden. Das passiert durch Retuschieren der oberen Ebene. Da gerade die durch das Filtern nach außen gekehrten Bildkanten erhalten bleiben sollen, soll von der oben liegenden Ebene nur so viel stehen gelassen werden, wie notwendig ist, um die Schnittkanten zu verdecken. Das Mittel der Wahl ist eine Ebenenmaske. Indem Sie `Alt` drückem und am unteren Rand der Ebenen-Palette auf das Icon Ebenenmaske hinzufügen klicken, erzeugen Sie zunächst eine schwarze Maske, die nichts verdeckt. Zusätzlich habe ich Hilfslinien angelegt, die den Verlauf der Ansatzfugen markieren.

Abbildung 32.52 ▶
Startklar für die Retusche

6 Ansätze retuschieren – Maske bepinseln

Aktivieren Sie die Maske, indem Sie auf die Miniatur klicken. Wechseln Sie zum Pinsel-Werkzeug B, und stellen Sie es ein. Welche Pinselspitze die geeignete ist, richtet sich nach der Größe Ihres Bildes. Gute Ergebnisse erreichen Sie oft mit weichen Werkzeugspitzen. Wählen Sie Weiß als Vordergrundfarbe, und fangen Sie vorsichtig an, entlang der Stoßkanten (durch die Hilfslinien markiert) zu pinseln. Dort kommt nun die bisher durch die Maske abgedeckte, ungefilterte Ebene zum Vorschein. Pinseln Sie so, dass der Übergang zwischen beiden Ebenen möglichst unauffällig ist – das ist der aufwendigste Teil dieses Workshops!

Malfarbe schnell wechseln

Bei Maskenjobs wie diesem müssen Sie öfter zwischen schwarzem und weißem Farbauftrag wechseln. Mit D (»**D**efault«) stellen Sie in der Werkzeugleiste die Standardfarben Schwarz und Weiß ein, und mit X (»E**x**change«) vertauschen Sie sie.

Abbildung 32.53 ▶
Die Stoßkanten wurden herausretuschiert.

Mit Stempel [S] [icon], Abwedler [O] [icon] und Nachbelichter [O] [icon] sowie anderen Retuschetools geben Sie dem Bild nun den letzten Schliff.

7 Bildkachel testen

Sie können testen, ob sich Ihre Bildkachel wirklich nahtlos aneinanderfügen lässt. Dazu erstellen Sie am besten eine Dateikopie, denn Sie müssen sie auf eine Ebene reduzieren. Für den Fall, dass Sie nach dem Testen noch Korrekturen anbringen wollen, ist es ratsam, eine Dateiversion mit Ebenen zu behalten.

Markieren Sie in Ihrer reduzierten Dateiversion das gesamte Bild ([Strg]/[cmd]+[A]). Über Bearbeiten • Muster festlegen speichern Sie Ihre Kachel als Photoshop-Muster.

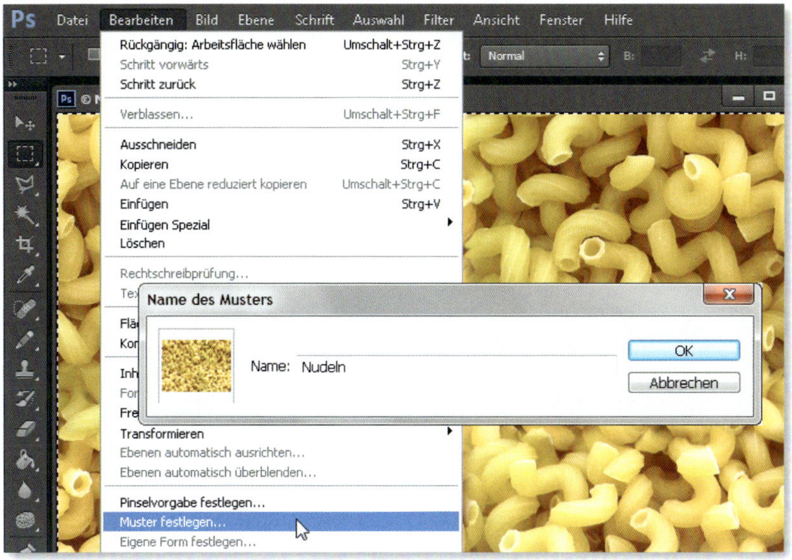

◀ **Abbildung 32.54**
Die retuschierte, reduzierte Nudel-Datei wird als Muster gespeichert.

Legen Sie dann eine leere Datei an, die um ein Vielfaches größer sein muss als Ihre Kachel. Um sie mit dem neuen Muster zu füllen, nutzen Sie beispielsweise das Füllwerkzeug [G] [icon].

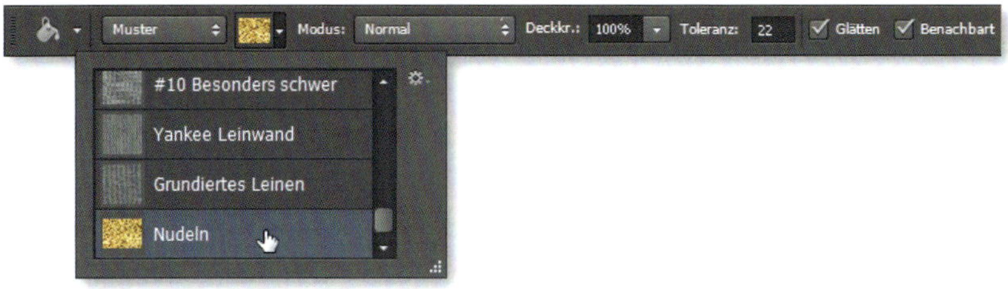

◀ **Abbildung 32.55**
Das Füllwerkzeug kann nicht nur die Vordergrundfarbe, sondern auch Muster übertragen.

Stellen Sie als Füllung Muster ein. Ihr neues Muster sollten Sie am Ende der Liste finden. Der Fülleimer funktioniert dann wie gewohnt – ein

Klick genügt, um das Muster in die leere Datei zu gießen. Sie erkennen dann leicht, welche Elemente der Kachel die Bildwiederholung verraten. Retuschieren Sie sie.

▲ **Abbildung 32.56**
Das Nudelmuster wurde mit dem Fülleimer in eine größere Datei übertragen.

TEIL XI

Text und Effekte

Kapitel 33

Text erstellen und gestalten

Das bildermächtige Photoshop beherrscht auch Text. Damit wird es zwar noch kein Konkurrent für spezialisierte Satzprogramme, doch für kleine Textjobs eignen sich die Textfunktionen durchaus. Überdies können Sie mit Photoshop vielfältige Texteffekte erzielen.

33.1 Texterstellung mit Photoshop

Sie haben zwei verschiedene Möglichkeiten, mit dem Text-Werkzeug Text zu generieren:

- als sogenannten Punkttext
- als Absatztext

Punkttext wird eingesetzt, wenn Sie nur eines oder wenige Wörter schreiben wollen – beispielsweise als Grundlage für Effekte. Absatztext sollten Sie immer dann benutzen, wenn Sie größere Textmengen (Fließtext) erzeugen wollen oder wenn Sie die genaue Kontrolle über die Breite und Höhe des Textblocks brauchen.

Punkttext für einzelne Wörter

Um Punkttext zu erstellen, aktivieren Sie einfach das horizontale Text-Werkzeug [T], indem Sie in die Werkzeugleiste klicken oder den Shortcut [T] drücken. Bewegen Sie dann den Mauszeiger in Ihr Bild. Der Mauscursor wird nun zu einem Symbol, das an einen Anker erinnert: zur sogenannten Einfügemarke.

Wenn Sie bei aktivem Text-Werkzeug ins Bild klicken, sehen Sie – wie aus Textverarbeitungsprogrammen bekannt – zur Orientierung einen blinkenden Cursor. Sie können direkt losschreiben. Dabei bleibt

Umfassender Umbau der Textfunktionen
Photoshops Textfunktionen wurden grundlegend überarbeitet und um zwei zusätzliche Paletten und den neuen Menüpunkt SCHRIFT erweitert. Text-Bild-Composings und Layout-Vorarbeiten wie etwa das Bauen von Website-Dummys sind nun viel schneller erledigt.

▲ **Abbildung 33.1**
Der kurze vertikale Strich der Einfügemarke entspricht der **Grundlinie** der Schrift. Damit ist ein genaues Positionieren des Textes beispielsweise auf Hilfslinien möglich.

der Text so lange in derselben Zeile, bis Sie mit der [↵]-Taste (Return) einen manuellen Umbruch setzen. Mehrzeiler sollten Sie allerdings ohnehin besser als Absatztext anlegen.

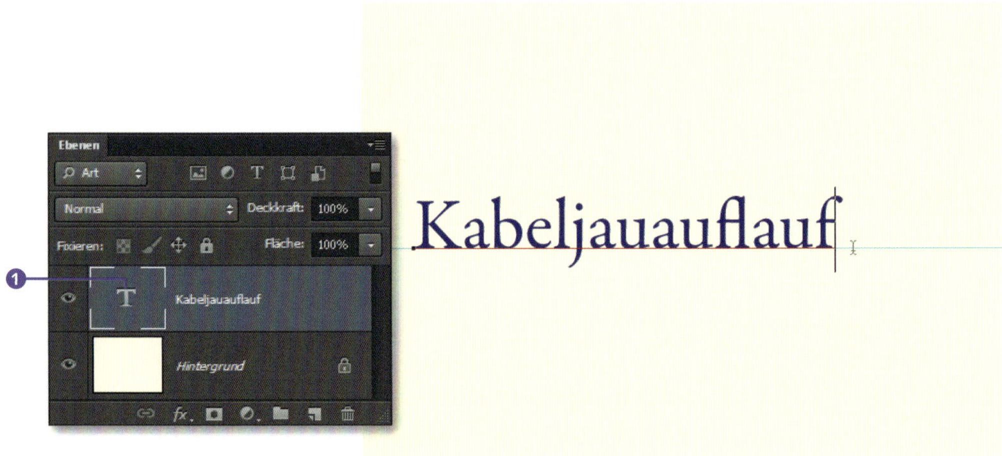

▲ **Abbildung 33.2**
Eingabe von Punkttext. Geschrieben wird in der Vordergrundfarbe und mit der Schrift, die in der Optionsleiste eingestellt ist. Textebenen werden automatisch als eigenständige Ebenen angelegt.

Texteingabe bestätigen | Wenn Sie mit der Eingabe fertig sind, müssen Sie die Eingabe noch bestätigen. Dazu klicken Sie entweder auf das schon bekannte Häkchen ganz rechts in der Optionsleiste, wechseln zu einem anderen Werkzeug oder drücken die [↵]-Taste des **Ziffernblocks**. Notebook-Nutzer ohne Ziffernblock drücken stattdessen [Strg]/[cmd] und die normale [↵]-Taste.

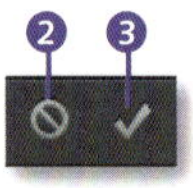

▲ **Abbildung 33.3**
Eingabe bestätigen ❸ oder abbrechen ❷

Textebene | Eingegebener Text – egal ob Punkt- oder Absatztext – wird automatisch auf einer neuen Ebene abgelegt, die in der Ebenen-Palette über der zuletzt aktiven Ebene angeordnet ist. Der automatisch generierte Ebenentitel besteht aus den ersten Zeichen des Textes. Sie erkennen **Textebenen** an einem eigenen Icon (»T«) in der Ebenen-Palette ❶.

▲ **Abbildung 33.4**
So schalten Sie die Textlaufrichtung in der Text-Werkzeug-Optionsleiste um.

Von oben nach unten schreiben: Textlaufrichtung | Mit dem vertikalen Text-Werkzeug [↓T] [T] können Sie Ihre Schrift auch von oben nach unten laufen lassen. Die Handhabung ist identisch mit der des horizontalen Text-Werkzeugs. Auch bei fertigem Text können Sie die **Textlaufrichtung umschalten**: Aktivieren Sie die gewünschte Textebene, und klicken Sie auf das Symbol TEXTAUSRICHTUNG ÄNDERN ganz links in der Optionsleiste der Text-Werkzeuge.

Wechsel zwischen Punkt- und Absatztext | Sie können Punkt- in Absatztext verwandeln und umgekehrt. Im Menü SCHRIFT finden Sie die Befehle IN ABSATZTEXT KONVERTIEREN und IN PUNKTTEXT KONVERTIEREN. Je nachdem, welche Form Ihr aktueller Text hat, ist nur einer der beiden Befehle verfügbar. Bei aktivem Text-Werkzeug stehen die Befehle außerdem im Kontextmenü zur Verfügung, wenn Sie den Mauszeiger über die Textebene im Bild setzen und rechtsklicken.

Absatztext für Mengen- und Fließtext

Um umfangreicheren Absatztext zu erstellen, legen Sie zunächst die Größe eines Texteingabefeldes fest, in das Sie dann den Text tippen oder auch mit Copy & Paste aus einer anderen Anwendung einfügen. Dazu aktivieren Sie das Text-Werkzeug, klicken dann mit dem ankerartigen Mauszeiger in das Bild, halten die Maustaste gedrückt und ziehen in diagonaler Richtung einen Rahmen auf. Wenn Sie die Maus loslassen, bleibt der Rahmen stehen. Oben blinkt der Cursor, und Sie können mit der Texteingabe beginnen.

▲ **Abbildung 33.5**
Beim Aufziehen des Textrahmens legen Sie die Größe des späteren Textblocks fest. Auch nach der Texteingabe können Sie die Größe und Lage des Textrahmens noch verändern.

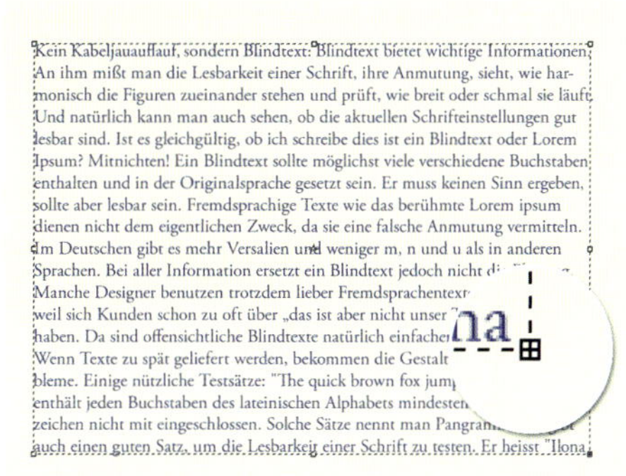

▲ **Abbildung 33.6**
In einen Textrahmen eingegebener Absatztext. Hier wurde mehr Text eingegeben, als der Rahmen aufnehmen kann. Das kleine Symbol in der Ecke unten rechts weist darauf hin. Dagegen helfen das Kürzen des Textes, das Verkleinern der Schrift oder das Vergrößern des Rahmens.

Größe des Absatztextes | Wenn Sie sich beim Aufziehen des Rahmens mit der Maus nicht auf Ihr Augenmaß verlassen wollen, können Sie die Größe des Textfeldes auch **pixelgenau** angeben: Drücken Sie dazu die [Alt]-Taste, und klicken Sie dann in das Bild. Danach erscheint ein kleines Dialogfeld, in das Sie die gewünschte Rahmengröße ganz genau eingeben können.

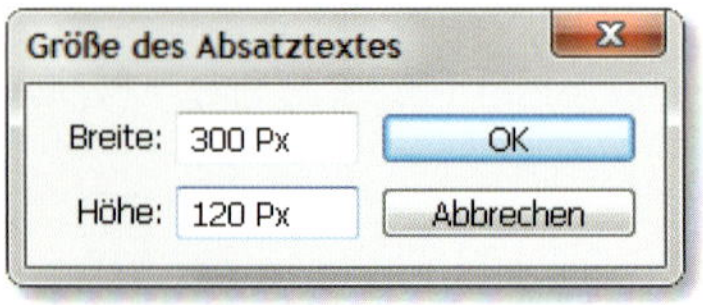

▲ **Abbildung 33.7**
Die Größe für den Texteingabe-Rahmen können Sie auch ganz genau eingeben.

Zeilenumbrüche und Worttrennungen | Wie auch immer Sie den Rahmen für Absatztext erstellen: Photoshop fügt **automatisch** Zeilenumbrüche und Worttrennungen ein. Zugrunde gelegt wird das Wörterbuch, das Sie zuvor in der Zeichen-Palette ausgewählt haben ❶. Allerdings sollten Sie der Wortrennungsautomatik nicht blind vertrauen und kontrollieren, ob sich eventuell sinnentstellende Trennungen eingeschlichen haben.

Neue Absätze und damit **manuelle Zeilenumbrüche** fügen Sie durch Drücken von [↵] ein.

Wenn in den Absatztext wider Erwarten **keine Umbrüche** eingefügt werden, kontrollieren Sie das Palettenmenü : Ist dort die Option Kein Umbruch ❷ aktiviert?

Abbildung 33.8 ▶
Wörterbuch und automatische Umbrüche einstellen

Rechtschreibprüfung und »Suchen und Ersetzen« | Sie können die Rechtschreibung in Textebenen überprüfen lassen. Stellen Sie in der Zeichenpalette das richtige Benutzerwörterbuch ein und, wählen Sie dann Bearbeiten • Rechtschreibprüfung. Der Rest erklärt sich eigentlich von selbst: Photoshops Rechtschreibprüfung funktioniert ähnlich wie bei Textverarbeitungs-Anwendungen.

Wenn Sie nur bestimmte Textteile bearbeiten wollen, markieren Sie zuvor den Text, der überprüfen werden soll, mit dem Mauscursor.

Bearbeiten • Text suchen und Ersetzen ist eine weitere Funktion, mit der Sie Tipp- und anderen Fehlern den Garaus machen können. Beide Funktionen verweigern die Arbeit, wenn die Ebene verriegelt ist.

▲ **Abbildung 33.9**
Auf Wunsch kann die Rechtschreibprüfung Alle Ebenen prüfen ❸.

Absatztextrahmen transformieren

Sie können den Textrahmen samt Text auch nach der Eingabe noch ändern. Er lässt sich skalieren, drehen oder neigen. Die Bedienung unterscheidet sich nicht sehr vom Transformieren normaler Pixelebenen. Der Text behält seine Editierbarkeit.

Aktivieren Sie die richtige Textebene, und klicken Sie in den Text. Damit ist der Rahmen erneut eingeblendet.

▲ **Abbildung 33.10**
Die Anzeige der Transformationswerte hilft beim passgenauen Skalieren von Textrahmen. Alternative: die Info-Palette.

Textrahmengröße | Wenn Sie die Größe des Textbegrenzungsrahmens ändern möchten, positionieren Sie den Zeiger auf einem der viereckigen »Anfasser«. Der Mauszeiger wird dann zu einem Doppelpfeil, und Sie können den Rahmen verändern. Der Textumbruch wird, wenn nötig, erneuert.

- Ziehen an den Ecken verändert den Rahmen in beide Richtungen, jedoch proportional.
- Wenn Sie beim Ziehen an den Ecken ⇧ gedrückt halten, können Sie beim Ziehen auch die Proportionen des Rahmens ändern.
- Ziehen an einem der seitlichen Griffe verändert die Höhe oder Breite des Rahmens.

Textrahmen drehen | Wenn Sie den Rahmen drehen möchten, positionieren Sie den Mauszeiger vor dem Ziehen außerhalb des Rahmens, so dass er zu einem gebogenen Doppelpfeil wird, mit dem Sie den Rahmen drehen. Das Verfahren verzerrt den Text nicht, und die Zeilenumbrüche werden auch nicht neu berechnet.

- Wenn Sie beim Ziehen ⇧ drücken, wird die Drehung auf **15-Grad-Schritte** beschränkt.
- Wenn Sie den **Drehmittelpunkt ändern** wollen, ziehen Sie die Mittenmarkierung des Rahmens mit der Maus an eine neue Position und halten dabei Strg/cmd gedrückt. Der Drehmittelpunkt darf übrigens auch außerhalb des Begrenzungsrahmens liegen.

Tasten im richtigen Moment drücken!
Wenn Sie bei Texttransformationen die Modifier-Tasten wie Alt, Strg oder ⇧ zum falschen Zeitpunkt drücken, funktionieren sie nicht wie beabsichtigt. Drücken Sie immer erst die Maustaste, und bringen Sie die Maus an den Texttransformationsrahmen heran, bevor Sie den gewünschten Modifier hinzunehmen.

Textrahmen neigen | Um den Textrahmen zu neigen, ziehen Sie an den seitlichen Griffen und halten dabei die Taste Strg/cmd gedrückt. Aber Achtung: Der Text wird dabei ebenfalls verzerrt!

Textrahmen transformieren – mit Textverzerrung | Ohne den Textrahmen zu reaktivieren, können Sie auf Textebenen auch die bekannten Ebenentransformationen anwenden, die Sie mit Strg/cmd+T aufrufen. Dabei werden jedoch sehr schnell die Textproportionen verzerrt, denn die Umbrüche werden nicht erneuert.

Sogar Punkttext lässt sich in dieser Manier transformieren: Wenn Sie Strg/cmd drücken, erscheint ein Transformationsrahmen um den Text.

Zum Weiterlesen
Details über **Transformationsbefehle** finden Sie in Abschnitt 12.2, »Ebenen transformieren«.

Text editieren oder neu formatieren

Richtige Textebene aktivieren

Text-Werkzeug aktivieren, ins Bild klicken – mit diesen einfachen Handgriffen können Sie sowohl eine neue Textebene anlegen als auch einen bestehenden Text zur Bearbeitung aktivieren. Photoshop versucht, je nach Klickposition und Lage der Textebenen im Bild zu entscheiden, was Ihr Klick bewirken soll – und rät oft falsch. Zwei Kürzel helfen:

- Klick auf den Text + ⇧ erzeugt eine **neue Textebene**.
- Klick auf den Text + Alt bringt die aktive Textebene in den **Bearbeitungsmodus** und setzt den Cursor in den Text.

Wenn Sie sichergehen und Pannen vermeiden wollen, nutzen Sie die Verriegelungsfunktionen der Textebene. Dann sind (Text-) Ebenen gegen unbeabsichtigte Veränderung geschützt.

Solange sie nicht gerastert werden – und dazu besteht selten die Notwendigkeit (siehe die nächste Seite) – sind Textebenen jederzeit editierbar. Verändern können Sie entweder den gesamten Inhalt einer Textebene oder auch einzelne Teile.

Einzelne Zeichen oder Wörter verändern | Wollen Sie nur einzelne Zeichen, Wörter oder Absätze bearbeiten, ist es nötig, diese zu markieren. Dazu aktivieren Sie Textebene und Text-Werkzeug und klicken an die gewünschte Stelle im Text. Der Mauszeiger nimmt dann die vertraute Form eines Textcursors an. Nun können Sie Text ergänzen und Teile löschen oder Textteile markieren, um sie neu zu formatieren.

Textebenen vollständig neu formatieren | Um einen kompletten Text zu bearbeiten, haben Sie zwei Möglichkeiten:

- Durch einen Doppelklick in das »T«-Icon auf der Ebenen-Palette markieren Sie den gesamten Text und können dann die Einstellungen ändern.
- Es geht auch einfacher: Wenn die Texteingabe schon einmal bestätigt wurde und der Cursor *nicht* im Text steht, können Sie die Formatierungseinstellungen einfach verändern – sie wirken sich sofort auf den gesamten Text aus, müssen dann aber erneut bestätigt werden. Achten Sie darauf, dass die richtige Ebene aktiv ist.

Tabelle 33.1 ▸
Tastaturkürzel zum Auswählen und Bearbeiten von Text

Was wollen Sie tun?	Windows	Mac
Text im Bild verschieben	Textebene auswählen, Strg halten, Text mit Maus ziehen (oder alternativ das Verschieben-Werkzeug)	Textebene auswählen, cmd halten, Text mit Maus ziehen (oder alternativ das Verschieben-Werkzeug)
Ein **Zeichen** links/rechts auswählen: Cursor muss schon im Text stehen und …	⇧+←/→	⇧+←/→
Eine **Zeile** oben/unten auswählen: Cursor muss schon im Text stehen und …	⇧+↑/↓	⇧+↑/↓
Ein **Wort** links/rechts auswählen: Cursor muss schon im Text stehen und …	⇧+Strg+←/→	⇧+cmd+←/→

Was wollen Sie tun?	Windows	Mac
alle Zeichen zwischen blinkender Einfügemarke und Mausklick-Position auswählen	⇧ + in Text klicken	⇧ + in Text klicken
beim Transformieren: Begrenzungsrahmen für Texttransformationen aktivieren, um den **Text zu verzerren**	Strg + dann an einem der Griffe ziehen	Befehl + dann an einem der Griffe ziehen
Textfeld beim Erstellen verschieben	Leertaste drücken, Textfeld ziehen	Leertaste drücken, Textfeld ziehen

◀ **Tabelle 33.1**
Tastaturkürzel zum Auswählen und Bearbeiten von Text (Forts.)

Textebenen mit anderen Werkzeugen bearbeiten

Textebenen stellen im pixelspezialisierten Bildbearbeitungsprogramm Photoshop eine Besonderheit dar: Dort ist der Text in Form von **Vektorinformationen** abgelegt. So bleibt Schrift beim Skalieren des Bildes, bei Größenänderungen des Textes oder beim Drucken auf einem PostScript-Drucker gestochen scharf – selbst wenn die Darstellung von Text auf Ihrem Bildschirm mitunter pixelig ausfällt.

Trotz dieser Besonderheit können Sie Textebenen mit vielen Photoshop-Befehlen bearbeiten. Der Text bleibt dabei voll editierbar. Es gibt allerdings auch einige Ausnahmen: Filter und Malwerkzeuge können Sie auf die vektorbasierten Textebenen nicht ohne weiteres anwenden.

Im richtigen Dateiformat sichern

Damit Textebenen ihre positiven Vektoreigenschaften nicht verlieren, müssen die Dateien im richtigen Dateiformat gesichert werden. Neben den Formaten PSD und TIF eignen sich EPS- und PDF-Dateien.

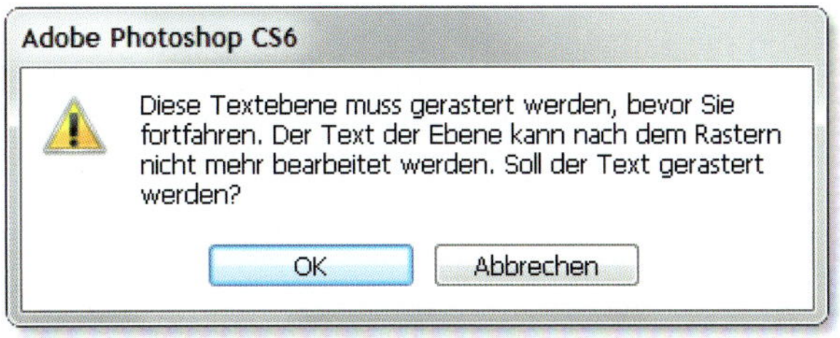

◀ **Abbildung 33.11**
Diese Meldung bekommen Sie, wenn Sie einen Arbeitsschritt ausführen wollen, der sich nicht auf Textebenen anwenden lässt.

Text rastern | In so einem Fall muss die Vektorinformation der Textebene erst in Pixel umgerechnet werden. Diesen Vorgang nennt man **Rastern** (in einigen Programmen auch »Rendern«). Damit verliert der Text seine Editierbarkeit und seine günstigen Vektoreigenschaften.

Zum Rastern von Textebenen …

- rechtsklicken Sie bei aktivem Text-Werkzeug T über dem Text ins Bild und wählen den Kontextmenü-Befehl EBENE RASTERN,
- aktivieren Sie die betreffende Ebene und wählen den Menübefehl SCHRIFT • TEXTEBENE RASTERN, oder

Zum Weiterlesen

Im Abschnitt »Quelldaten von Smartobjekten bearbeiten« auf Seite 388 lernen Sie eine Arbeitstechnik kennen, mit deren Hilfe Sie auch **Text-Smartobjekte nachträglich editieren**.

▲ **Abbildung 33.12**
Textebene rastern ❷ oder in ein Smartobjekt umwandeln ❶

- nutzen Sie das Kontextmenü der Ebenen-Palette (Rechtsklick über der Textebene) und wählen TEXT RASTERN.

Als Smartobjekt nutzen | Alternativ konvertieren Sie Schrift in ein Smartobjekt. Smartobjekte können Sie filtern, und auf einem Umweg ist es sogar noch möglich, den Text zu editieren oder zu formatieren.

Um eine Textebene in ein Smartobjekt zu verwandeln …

- nutzen Sie den Menübefehl EBENE • SMARTOBJEKTE • IN SMARTOBJEKT KONVERTIEREN,
- wählen Sie FILTER • FÜR SMARTFILTER konvertieren,
- oder verwenden Sie im Kontextmenü der Ebenen-Palette den Befehl IN SMARTOBJEKT KONVERTIEREN.

Photoshop-Voreinstellungen für Text

In den Voreinstellungen von Photoshop und im neuen Menü SCHRIFT finden Sie einige nützliche Optionen für den Umgang mit Text.

Maßeinheiten | Wie alle anderen Maße können Sie auch die Textgröße in Photoshop in verschiedenen Maßeinheiten angeben. Welche das sein soll, legen Sie in den Voreinstellungen (Strg/cmd+K) unter MASSEINHEITEN & LINEALE (Strg/cmd+7) fest.

Zur Wahl stehen MILLIMETER, PIXEL und PUNKT ❸. Die Einstellung PIXEL ist sinnvoll, wenn Sie für das Web gestalten, denn dort sind Pixelgrößen die einzig verlässlichen Maßeinheiten. PUNKT ist eine spezielle typografische Maßeinheit. Unter PUNKT/PICA-GRÖSSE ❹ legen Sie fest, welcher Größendefinition die Einheit »Punkt« folgen soll.

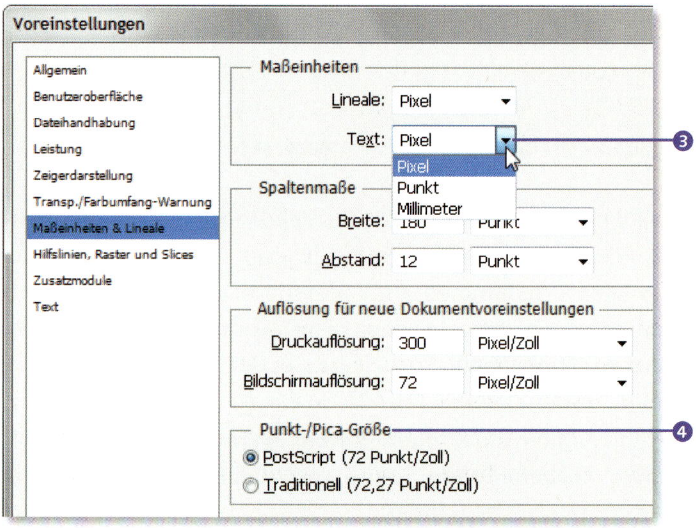

Abbildung 33.13 ▶
Maßeinheiten für Text festlegen

Sprachoptionen und mehr | In den Voreinstellungen unter TEXT finden Sie einige weitere Optionen.

- TYPOGRAPHISCHE ANFÜHRUNGSZEICHEN VERWENDEN ersetzt die Anführungen (eigentlich Zollzeichen), die Sie mit Ihrer Tastatur tippen, durch typografisch korrekte Anführungszeichen.
- Enthält Ihr Dokument Textebenen mit Schriften, die auf Ihrem System nicht installiert sind, wird eine Warnung gezeigt. Entscheiden Sie sich dann, ob Sie die Schriftart ersetzen oder beibehalten möchten. Auch wenn Sie die fehlende Schrift im Dokument behalten, können Sie den Text verändern, denn dann greift der Glyphenschutz (sofern Sie bei der Option SCHUTZ FÜR FEHLENDE GLYPHEN AKTIVIEREN das standardmäßige Häkchen nicht entfernt haben). Wenn nötig werden fehlende Zeichen dann durch eine geeignete Schriftart ersetzt, unleserliche Sonderzeichen werden vermieden.
- SCHRIFTNAMEN IN ENGLISCH ANZEIGEN bezieht sich auf asiatische Schriften, ebenso wie die folgenden zwei Optionen für das Textmodul. Bei der Arbeit mit europäischen Zeichensätzen wirken sich diese Optionen nicht aus.

Umgang mit fehlenden Schriften

Wenn viele Ebenen Ihres Dokuments nicht-installierte Schriften enthalten und Sie diese ersetzen wollen, müssen Sie das nicht manuell Ebene für Ebene erledigen. Der Befehl SCHRIFT • ALLE FEHLENDEN SCHRIFTEN ERSETZEN macht das automatisch für Sie.

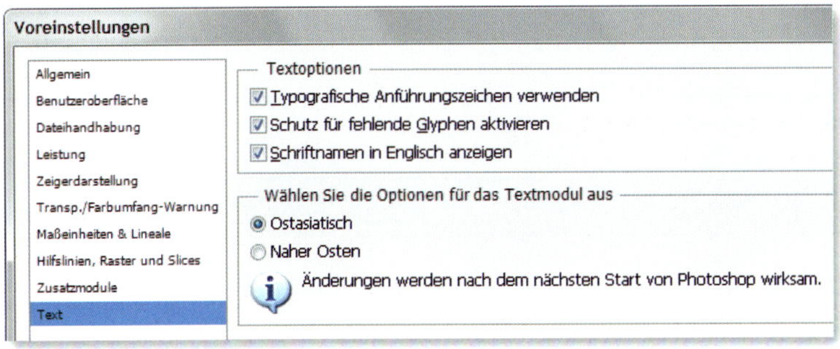

◀ **Abbildung 33.14**
Weitere Textoptionen. Diese Sprachoptionen finden Sie auch noch einmal im Menü SCHRIFT.

Schriftvorschaugröße | Im neuen Menü SCHRIFT finden Sie die Einstellung VORSCHAUGRÖSSE FÜR SCHRIFT. Mit dieser Option bestimmen Sie, wie groß die Schriften in den Auswahllisten in der Text-Werkzeug-Optionspalette und der Zeichenpalette dargestellt werden.

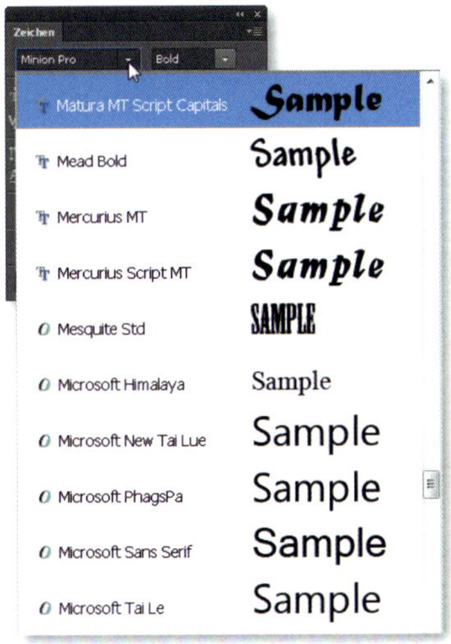

▲ **Abbildung 33.15**
Die Größe der Schriftmuster ändern Sie im SCHRIFT-Menü. Hier die Version RIESIG.

33.2 Text gestalten: Schriftschnitt, Satz & Co.

Photoshop kann spezialisierte Layout-Anwendungen wie InDesign, QuarkXPress oder Scribus nicht ersetzen. Es bietet jedoch umfassende Funktionen zum Gestalten von Schrift und Absätzen – von der Auswahl der Schriftfamilie und Satzart bis zu detailtypografischen Einstellungen wie individuellem Zeichenabstand oder hängender Interpunktion:

Zum Weiterlesen
Mit der Texteingabe allein ist es natürlich nicht getan. Ein gut gestalteter Text soll gut lesbar sein und gleichzeitig die Textinhalte visualisieren. Grundlegendes zur **Textgestaltung** lesen Sie im Bonus-Angebot auf der Website zum Buch (*www.galileodesign.de*).

- In der Optionsleiste des Text-Werkzeugs finden Sie die gebräuchlichsten Befehle für die Schriftgestaltung.
- In den Paletten Zeichen und Absatz gibt es darüber hinausgehende Einstellungen fürs Feintuning.
- Im neuen Menüpunkt Schrift sind viele Befehle untergebracht, die bisher an unzugänglicheren Stellen im Programm versteckt waren, dazu kommen einige neue Befehle.

Im Folgenden lernen Sie die neuen und natürlich alle alten Funktionen fürs Layout von Zeichen und Absatz kennen. Ich stelle Ihnen zunächst die Text-Werkzeug-Optionsleiste, dann die weitergehenden Funktionen in Zeichen- und Absatz-Palette und schließlich die neuen Paletten Zeichenformate und Absatzformate vor.

Optionen des Text-Werkzeugs

Egal, ob Sie Punkttext oder Absatztext anlegen: In der Optionsleiste finden Sie die wichtigsten Formatierungen für Schrift. Sie können die Formatierung festlegen, bevor Sie mit der Eingabe beginnen, oder Ihren Text nachträglich verändern.

Die Optionen des Text-Werkzeugs

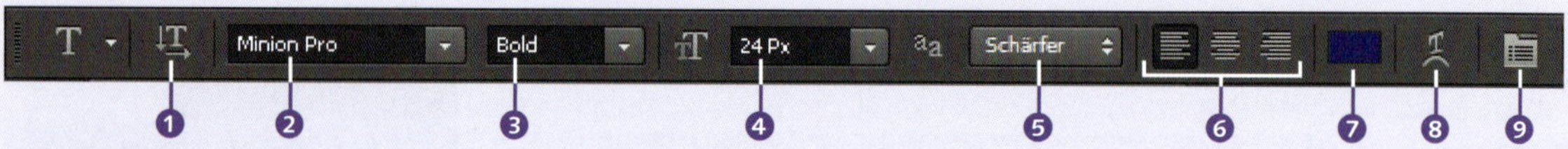

▲ **Abbildung 33.16**
Die Optionsleiste des Text-Werkzeugs. Alternativ können Sie auch die Paletten Zeichen und Absatz verwenden.

1. Wechseln vom horizontalen zum vertikalen Text-Werkzeug
2. Schriftfamilie
3. Schriftschnitt
4. Schriftgrad
5. Glättungsmethode
6. Absatz-Ausrichtung
7. Textfarbe
8. verformten Text erstellen
9. Zeichen/Absatz-Palette aufrufen

Textausrichtung 1 | An erster Stelle finden Sie wie bei jedem Werkzeug die Werkzeugvorgaben, direkt daneben folgt die schon erwähnte Funktion zur Änderung der Laufrichtung Ihres Textes von horizontal zu vertikal und umgekehrt. Allerdings sind westliche Schriften »hochkant« meist ziemlich schlecht zu lesen – Vertikalschrift sollten Sie nur ausnahmsweise nutzen.

Schriftfamilie ❷ **|** Hier stellen Sie die Schriftfamilie ein. Um eine bestimmte Schriftfamilie zu erzeugen, muss der entsprechende Font auf Ihrem Rechner installiert sein. Übrigens finden Sie viele Schriften in der Liste nicht unter dem Schriftnamen, sondern unter dem Namen des Herstellers, so z. B. die Schriftart *Vera Sans* unter *Bitstream Vera Sans*.

Schriftschnitt ❸ **|** Maßgeblich für das Aussehen Ihres Textes ist auch, welcher Schriftschnitt eingestellt ist. Von einer einzigen Schriftart kann es fette, halbfette, breite, schmale, feine, kursive oder besonders magere Schnitte geben. Man nennt so etwas dann eine Schriftfamilie. Manche Schriften sind so gut ausgebaut, dass sie hundert und mehr Varianten haben!

Schriftgrad ❹ **|** Wichtig ist natürlich auch die Schriftgröße (der »Schriftgrad«). Der Wert bezieht sich immer auf die Versalhöhe (Höhe der Großbuchstaben).

Vera Sans, 8 Punkt. The quick brown fox jumps over the lazy dog. Dieser Satz ist ein Pangramm.

Book Antiqua, 8 Punkt. The quick brown fox jumps over the lazy dog. Dieser Satz ist ein Pangramm.

Caslon Pro, 8 Punkt. The quick brown fox jumps over the lazy dog. Dieser Satz ist ein Pangramm.

Futura, 8 Punkt. The quick brown fox jumps over the lazy dog. Dieser Satz ist ein Pangramm.

Eurostyle, 8 Punkt. The quick brown fox jumps over the lazy dog. Dieser Satz ist ein Pangramm.

▲ **Abbildung 33.17**
Ob Punkt, Millimeter oder Pixel – die Größenangabe ist nur eine grobe Orientierung für die Schriftgröße. Trotz gleicher Punktgröße und vergleichbaren Schriftschnittes weichen Wirkung und Laufweite dieser Schriften voneinander ab.

Schriftglättung ❺ **|** Im Dropdown-Feld mit dem kleinen doppelten »a« und im Schrift-Menü unter Antialiasing können Sie die Schriftglättung einstellen.

▲ **Abbildung 33.18**
Glättungsmethode: Ohne

▲ **Abbildung 33.19**
Glättungsmethode: Schärfer

▲ **Abbildung 33.20**
Glättungsmethode: Stark

▲ **Abbildung 33.21**
Glättungsmethode: Abrunden

Weil mit den eckigen »Pixel-Mosaiksteinchen«, aus denen die Buchstaben aufgebaut sind, Rundungen nicht glatt dargestellt werden können, werden farblich abgestufte Pixel an den Schriftkanten hinzugefügt. Dadurch soll ein harter »Treppeneffekt« vermieden werden. Photoshop bietet vier verschiedene Glättungsarten an, die unterschiedlich wirken (Abbildung 33.18–33.21). Sowohl die Schärfe als auch die Länge des Textes können dabei variieren.

Manchmal führt keine der Glättungseinstellungen zu einem guten Ergebnis. Sie müssen sich dann zwischen dem Treppeneffekt der ungeglätteten Schrift oder einer leichten Unschärfe entscheiden. Welche Glättungsmethode Sie verwenden, liegt an der Art und Größe der Schrift – probieren Sie es aus. Bei kleinen Schriften sollten Sie auf Glättung grundsätzlich verzichten, sonst werden sie schnell unlesbar.

Ausrichtung ❻ | Die Icons rechts daneben kommen Ihnen sicherlich aus Ihrem Textverarbeitungsprogramm bekannt vor: Hier stellen Sie die Ausrichtung Ihres Textes ein. Wählen Sie zwischen rechts- und linksbündigem sowie zentriertem Text. Die Befehle zur Ausrichtung finden Sie außerdem nochmals im Schrift-Menü.

Schriftfarbe ❼ | Auch die Schriftfarbe können Sie natürlich einstellen. Ein Doppelklick auf das Farbfeld öffnet den schon bekannten Farbwähler, wo Sie dann eine Farbe einstellen können.

Verformung ❽ | Die Verformung ist ein Spezialeffekt, bei dem die Editierbarkeit des Textes dennoch erhalten bleibt. Mehr zu verformtem Text finden Sie im Abschnitt »Verbogene Schrift: Das Textverformungswerkzeug« auf Seite 949.

Sonstige | Für das wichtige »Feintuning« stehen Ihnen auch Zeichen- und Absatz-Palette zur Verfügung, die Sie mit dem kleinen Button ❾ (Abbildung 33.16) oder über das Fenster-Menü aufrufen. Was sich hinter den Text-Paletten verbirgt, erkläre ich Ihnen gleich. Ganz rechts folgen die schon bekannten Buttons Bestätigen und Abbrechen.

Zeichen-Palette – Feinarbeit an der Schrift

Es gehört zu den Charakteristika von Photoshop, dass für dieselbe Aufgabe verschiedene Wege angeboten werden. So kommt es auch zwischen der Text-Optionsleiste und den Paletten zu einigen Doppelungen; die Zeichen-Palette enthält aber auch weitergehende Formatierungseinstellungen.

Die Zeichen-Palette

▲ **Abbildung 33.22**
Die Zeichen-Palette

❶ Schriftfamilie
❷ Schriftgrad
❸ Zeichenabstand
❹ Vertikal skalieren
❺ Grundlinienversatz
❻ Faux fett, Faux kursiv, Großbuchstaben, Kapitälchen, hochgestellt, tiefgestellt, unterstrichen, durchgestrichen
❼ OpenType-Optionen
❽ Sprache für Silbentrennung und Rechtschreibprüfung
❾ Palettenmenü
❿ Schriftschnitt
⓫ Zeilenabstand
⓬ Laufweite
⓭ Horizontal skalieren
⓮ Schriftfarbe
⓯ Schriftglättungsmethode

Schriftfamilie und Schriftschnitt | Als erste »alte Bekannte« treffen wir hier die Einstellung der Schriftfamilie ❶ und rechts daneben die Einstellung des Schriftschnittes ❿.

Schriftgrad und Zeilenabstand | Darunter sind diejenigen Einstellungen zusammengefasst, die für die Lesbarkeit eines Textes maßgebliche Bedeutung haben. Links stellen Sie den Schriftgrad ❷ ein, rechts ⓫ den Zeilenabstand. Standard ist hier die Einstellung Auto.

Schriftzeichenabstand | Die nächsten zwei Einstellungen beeinflussen den Abstand der Schriftzeichen. Links regulieren Sie den **Abstand zwischen einzelnen Buchstabenpaaren** ❸ (Kerning) bzw. legen fest, wie die Automatik arbeitet. Das automatische Kerning greift auf Schriftzeicheninformationen zurück, die vom Erfinder der Schrift (hoffentlich!) bereits in die Schriftdatei eingebaut wurden. Manuelles Kerning steht nicht für alle Schriftsätze zur Verfügung. Hier haben Sie die Wahl zwischen den Optionen Metrisch oder Optisch. Für die meisten Fälle reicht das aus. Die Einstellung 0 unterbindet das Kerning – dies ist interessant zum Vergleich.

▲ **Abbildung 33.23**
Der Mauszeiger mit Doppelpfeil ist ein Hinweis darauf, dass Sie die Zahlenwerte in den Eingabefeldern auch durch einfache Mausbewegungen (nach rechts und links) ändern können.

Laufweite | Rechts neben dem Kerning finden Sie die Laufweite ⓬ der Schrift. Damit stellen Sie die Abstände aller Zeichen insgesamt enger

Individueller Buchstaben-ausgleich per Tastendruck

Ein individueller Wort- oder Buchstabenausgleich kann bei größeren Schriftgraden und geringen Textmengen sinnvoll sein. Und das klappt besser per Augenmaß als durch das Eingeben abstrakter Zahlenwerte. Möchten Sie den Buchstabenabstand bei großer, besonders exponierter Schrift (etwa Überschriften) individuell justieren, geht das einfach mit Textcursor und Pfeiltasten:

Um den **Buchstaben-** oder **Wortabstand** zu ändern, setzen Sie den Cursor in die Lücke, deren Weite geändert werden soll. Drücken Sie [Alt] und dann die Tasten [←] und [→], um den Abstand zu verringern oder zu vergrößern.

oder weiter. Der Standard ist null, und ohne Not sollten Sie hier auch nichts verändern. Bei guten Schriften ist die beste Laufweite schon vorgegeben, und Änderungen dieses Abstandes stören den Leseprozess empfindlich.

Skalierung | Zu eher fragwürdigen Ergebnissen führen die horizontale ⓭ und die vertikale Skalierung ❹ von Schriften. Sie sollten einer Schrift höchstens zu Verfremdungszwecken Gewalt antun!

Grundlinienversatz und Farbe | Wohl ebenso selten brauchen Sie den Grundlinienversatz ❺. Die Schriftfarbe ⓮ ist selbsterklärend. Mit einem Doppelklick öffnen Sie den Farbwähler.

Auszeichnungen | Die Reihe von »T«s ❻ darunter besteht aus Schaltflächen, mit denen Sie Ihren Schriften weitere Zeichenvarianten wie Kapitälchen, hoch- oder tiefgestellte Zeichen und Ähnliches hinzufügen. Im Seitenmenü finden Sie diese Einstellungen nochmals.

Als Notnagel interessant sind die **Faux-Funktionen** Faux Fett und Faux Kursiv. Nicht zu jeder Schrift ist von Haus aus der Schriftschnitt vorhanden, den man gerade benötigt. Faux Fett und Faux Kursiv stellen diese Schnitte digital nach – die ursprüngliche Grundschrift wird streng genommen verzerrt; echte Schriftschnitte sind meist schöner proportioniert.

Schnellzugriff auf OpenType-Optionen

Bisher waren die OpenType-Optionen im Palettenmenü der Zeichenpalette versteckt. Nun sind die Optionen für schöne Ligaturen, Ziffern und andere Zeichenvarianten ohne Umwege zugänglich.

OpenType-Optionen | Die Buttons ❼ in der nächsten Reihe funktionieren nur, wenn Sie für Ihre Textebene eine OpenType-Schriftart gewählt haben. Selbst dann sind nicht immer alle Funktionen aktiv, weil nicht jeder OpenType-Font mit denselben (Sonder-)Zeichen und Funktionen ausgestattet ist. Sofern die OpenType-Funktion für den gewählten Schriftsatz zur Verfügung steht, können Sie sie durch Klicken eines Buttons aktivieren.

▲ **Abbildung 33.24**
QuickInfos helfen, die OpenType-Icons der Zeichenpalette zu entziffern.

[OpenType]

OpenType ist ein von Adobe mitentwickeltes Dateiformat für Schriftfamilien, das besonders umfangreichere Zeichensätze enthalten kann. Sie erkennen OpenType-Schriften am Zusatz »O« und oft auch an den Namenszusätzen »Adobe…« oder »…Pro«.

Sie finden die OpenType-Optionen außerdem im Menü Schrift • OpenType und im Palettenmenü der Zeichenpalette.

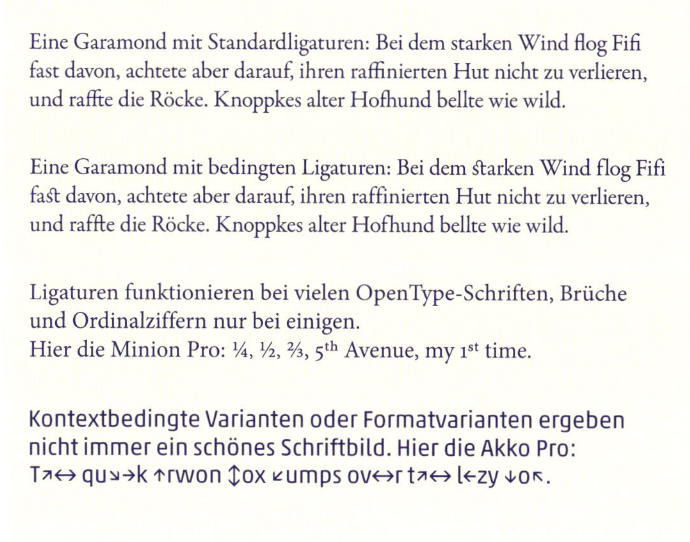

◄ **Abbildung 33.25**
Beispiele für einige OpenType-Funktionen

Wörterbuch und Glättung | In der Wörterbuch-Dropdown-Liste ❽ können Sie die Sprache des Wörterbuches festlegen, das der Silbentrennung zugrunde liegt. Rechts daneben finden Sie wiederum die Optionen zur Glättung ⓯.

Selten gebrauchte Spezialfunktionen der Zeichen-Palette

Das Palettenmenü ☰ ergänzt das Angebot an Optionen, es gibt jedoch auch viele Doppelungen. Weniger als eine Handvoll selten gebrauchter Befehle finden Sie nur hier.

◄ **Abbildung 33.26**
Das Menü der Zeichen-Palette

Gebrochene Breiten | Im Fließtext kommen GEBROCHENE BREITEN zum Einsatz, d.h., zwischen den Zeichen werden millimetergroße Abstände eingefügt, um bei optisch problematischen Buchstabenkombinationen eine bessere Lesbarkeit zu gewährleisten. Die Option können Sie meist unangetastet lassen. Bei Text, den Sie für den Einsatz im Internet vorbereiten, sollte diese Option allerdings deaktiviert sein. Es kann sonst am Monitor zu Darstellungsproblemen kommen.

Systemlayout | Die Funktion SYSTEMLAYOUT ist für Gestalter von Programmoberflächen gedacht. Sie zeigt Schriften so, wie sie von Betriebssystemen standardmäßig angezeigt werden.

Kein Umbruch | Diese Option verhindert, dass einzelne Wörter am Zeilenende getrennt (umbrochen) werden. Das ist ganz nützlich bei Begriffen, bei denen der Umbruch zu Missverständnissen führt. Markieren Sie einfach das betreffende Wort, und klicken Sie dann diese Option an.

Zeichen zurücksetzen | Dieser Befehl ist eine praktische Hilfe, wenn Sie sich einmal in den zahlreichen Einstellungen der Zeichen-Palette verheddern. Mit ihm setzen Sie sämtliche Einstellungen wieder auf den letzten Stand zurück. Dabei darf sich der Textcursor nicht im Schriftzug befinden, und die Textebene muss aktiviert sein.

Absatz-Palette – Feinarbeit an Ausrichtung und Abständen

Damit ein Text gut wirkt, muss nicht nur die Schrift passen, sondern auch sein **Satz**. Ihr wichtigstes Hilfsmittel für die differenzierende Arbeit an größeren Textblöcken ist die Absatz-Palette.

Die Absatz-Palette

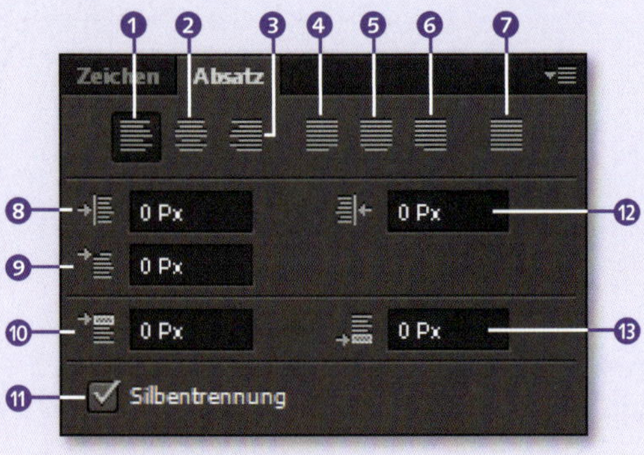

▲ Abbildung 33.27
Die Absatz-Palette

1. linksbündig
2. zentriert
3. rechtsbündig
4. Blocksatz, letzte Zeile linksbündig
5. Blocksatz, letzte Zeile zentriert
6. Blocksatz, letzte Zeile rechtsbündig
7. Blocksatz
8. Einzug links
9. Einzug erste Zeile
10. Abstand vor Absatz
11. Silbentrennung aktivieren
12. Einzug rechts
13. Abstand nach Absatz

Textausrichtung | Ganz oben finden Sie die Optionen für die Ausrichtung des Textes. Die ersten drei Buttons sind für linksbündigen ❶, zentrierten ❷ und rechtsbündigen ❸ Text, danach folgen gleich vier verschiedene Einstellungsmöglichkeiten für Blocksatz. Maßgeblich ist dabei jeweils der Umgang mit der letzten Zeile eines Absatzes: Mal steht diese rechtsbündig ❻ unter dem Textblock, mal zentriert ❺ oder linksbündig ❹. Der letzte Button ❼ in der Reihe setzt alle Zeilen – auch wenn diese nur wenige Zeichen enthalten – konsequent auf die Blockbreite. Das kann zu extrem löcherigen Texten führen. Eine (meist nicht notwendige) millimetergenaue Einstellung der Ausrichtung ermöglicht der Befehl Abstände im Seitenmenü.

Verschiedene Blocksatz-Optionen

Letzte Zeile linksbündig
Blindtext. Es gibt Personen, die dem Lesen eines Blindtextes nicht wiederstehen können. Macht nichts, denn manchmal ist in solchen Texten Amüsantes oder Informatives versteckt.

Letzte Zeile zentriert
Blindtext. Es gibt Personen, die dem Lesen eines Blindtextes nicht wiederstehen können. Macht nichts, denn manchmal ist in solchen Texten Amüsantes oder Informatives versteckt.

Letzte Zeile rechtsbündig
Blindtext. Es gibt Personen, die dem Lesen eines Blindtextes nicht wiederstehen können. Macht nichts, denn manchmal ist in solchen Texten Amüsantes oder Informatives versteckt.

Alles im Block
Blindtext. Es gibt Personen, die dem Lesen eines Blindtextes nicht wiederstehen können. Macht nichts, denn manchmal ist in solchen Texten Amüsantes oder Informatives versteckt.

◂ **Abbildung 33.28**
Die Handhabung der letzten, kurzen Zeile eines als Block gesetzten Absatzes beeinflusst die Lesbarkeit und das Erscheinungsbild des gesamten Texts.

Einzug | Ebenfalls einstellen können Sie den Einzug von kompletten Absätzen oder der ersten Zeile eines Absatzes. Sie haben die Wahl zwischen Einzug links ❽ oder Einzug rechts ⓬ für einen vollständigen Textabsatz oder Einzug links für die oberste Zeile ❾. Wenn Sie hier einen negativen Wert eingeben, wird die Zeile nicht eingezogen, sondern nach links aus dem Text hinausgeschoben.

Abstand zwischen Absätzen | Auch den Abstand zwischen Absätzen können Sie pixelgenau festlegen – eine gute Alternative zur Leerzeile, die oft einen zu großen Abstand schafft. Hier können Sie den Abstand vor ⑩ oder nach Absätzen ⑬ vergrößern.

Wie weisen Sie Absätzen Formate zu? | Klicken Sie entweder in den zu formatierenden Absatz, oder markieren Sie mehrere Absätze, um sie zusammen zu bearbeiten. Um alle Absätze einer Textebene zu formatieren, reicht es, die Textebene in der Ebenen-Palette zu aktivieren. Führen Sie dann die Formatierung durch, indem Sie auf die entsprechenden Buttons klicken oder Werte in der Palette eintragen.

Selten gebrauchte Befehle für die Absatzgestaltung

Das Palettenmenü der Absatz-Palette brauchen Sie für die tägliche Arbeit wohl eher selten. Hier verbergen sich wenig gebrauchte Befehle.

Hängende Interpunktion | Die Option HÄNGENDE INTERPUNKTION ROMAN steuert, ob Satzzeichen innerhalb oder außerhalb des Textrahmens liegen. Dadurch können sich auch die Umbrüche eines Textes verändern.

▲ **Abbildung 33.29**
Im Seitenmenü der Absatz-Palette verbergen sich einige Spezialbefehle für Detailversessene.

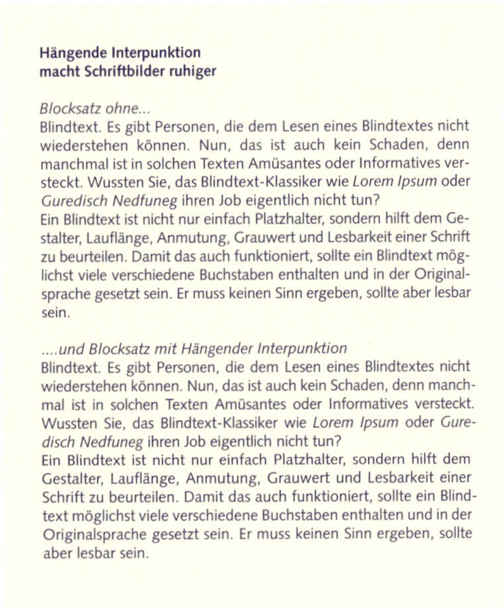

Hängende Interpunktion macht Schriftbilder ruhiger

Blocksatz ohne...
Blindtext. Es gibt Personen, die dem Lesen eines Blindtextes nicht wiederstehen können. Nun, das ist auch kein Schaden, denn manchmal ist in solchen Texten Amüsantes oder Informatives versteckt. Wussten Sie, das Blindtext-Klassiker wie *Lorem Ipsum* oder *Guredisch Nedfuneg* ihren Job eigentlich nicht tun?
Ein Blindtext ist nicht nur einfach Platzhalter, sondern hilft dem Gestalter, Lauflänge, Anmutung, Grauwert und Lesbarkeit einer Schrift zu beurteilen. Damit das auch funktioniert, sollte ein Blindtext möglichst viele verschiedene Buchstaben enthalten und in der Originalsprache gesetzt sein. Er muss keinen Sinn ergeben, sollte aber lesbar sein.

....und Blocksatz mit Hängender Interpunktion
Blindtext. Es gibt Personen, die dem Lesen eines Blindtextes nicht wiederstehen können. Nun, das ist auch kein Schaden, denn manchmal ist in solchen Texten Amüsantes oder Informatives versteckt. Wussten Sie, das Blindtext-Klassiker wie *Lorem Ipsum* oder *Guredisch Nedfuneg* ihren Job eigentlich nicht tun?
Ein Blindtext ist nicht nur einfach Platzhalter, sondern hilft dem Gestalter, Lauflänge, Anmutung, Grauwert und Lesbarkeit einer Schrift zu beurteilen. Damit das auch funktioniert, sollte ein Blindtext möglichst viele verschiedene Buchstaben enthalten und in der Originalsprache gesetzt sein. Er muss keinen Sinn ergeben, sollte aber lesbar sein.

▲ **Abbildung 33.30**
Die Option HÄNGENDE INTERPUNKTION ROMAN (unten) führt zu einem ruhigeren Erscheinungsbild des Textes.

Setzer | Die Optionen EINZEILEN-SETZER und ALLE-ZEILEN-SETZER funktionieren nur bei Absatztext. Sie legen fest, welche internen Parameter Photoshop bei den automatischen Funktionen wie Wortabständen und

Umbrüchen zugrunde legt. Der ALLE-ZEILEN-SETZER arbeitet komplexer, berücksichtigt den Gesamttext und scheint tendenziell Silbentrennung eher zu umgehen; der EINZEILEN-SETZER soll sich dagegen am traditionellen »zeilenweisen« Satz orientieren.

▼ **Tabelle 33.2**
Tastaturbefehle für das Formatieren von Text auf einen Blick

Was wollen Sie tun?	Windows	Mac
Absatz **linksbündig** ausrichten (horizontales Text-Werkzeug muss aktiv sein, Cursor im Text)	Strg+⇧+L	cmd+⇧+L
Absatz **rechtsbündig** ausrichten (horizontales Text-Werkzeug muss aktiv sein, Cursor im Text)	Strg+⇧+R	cmd+⇧+R
Absatz im **Blocksatz** ausrichten (horizontales Text-Werkzeug muss aktiv sein, Cursor im Text)	Strg+⇧+F	cmd+⇧+F
Absatz **zentriert** ausrichten (horizontales Text-Werkzeug muss aktiv sein, Cursor im Text)	Strg+⇧+C	cmd+⇧+C
bei vertikaler Schrift: zentrieren, oben oder unten ausrichten	vertikales Text-Werkzeug + Strg+⇧+L, C oder R	vertikales Text-Werkzeug + cmd+⇧+L, C oder R
Silbentrennung ein/aus	Strg+⇧+Alt+H	cmd+ctrl+⇧+Alt+H
Wechsel zwischen Einzeilen-Setzer und Alle-Zeilen-Setzer	Strg+⇧+Alt+T	cmd+⇧+Alt+T
Schriftgrad des ausgewählten Texts um 2 Schriftgrade (Punkt oder Pixel, je nach Voreinstellung) verkleinern	Strg+⇧+A	cmd+⇧+?
Schriftgrad des ausgewählten Texts um 2 Schriftgrade (Punkt oder Pixel, je nach Voreinstellung) vergrößern	Strg+⇧+W	cmd+⇧+` (Akzentzeichen)
Zeilenabstand des ausgewählten Texts um 2 Einheiten (Punkt oder Pixel, je nach Voreinstellung) vergrößern	Alt+↓-Taste	Alt+↓-Taste
Zeilenabstand des ausgewählten Texts um 2 Einheiten (Punkt oder Pixel, je nach Voreinstellung) verkleinern	Alt+↑-Taste	Alt+↑-Taste
Zeilenabstand des ausgewählten Texts um 10 Einheiten (Punkt oder Pixel, je nach Voreinstellung) vergrößern	Strg+Alt+↓-Taste	cmd+Alt+↓-Taste
Zeilenabstand des ausgewählten Texts um 10 Einheiten (Punkt oder Pixel, je nach Voreinstellung) verkleinern	Strg+Alt+↑-Taste	cmd+Alt+↑-Taste
Grundlinienversatz des ausgewählten Texts um 2 Einheiten (Punkt oder Pixel, je nach Voreinstellung) verkleinern	⇧+Alt+↓-Taste	⇧+Alt+↓-Taste

Was wollen Sie tun?	Windows	Mac
Grundlinienversatz des ausgewählten Texts um 2 Einheiten (Punkt oder Pixel, je nach Voreinstellung) vergrößern	[⇧]+[Alt]+[↑]-Taste	[⇧]+[Alt]+[↑]-Taste
Grundlinienversatz des ausgewählten Texts um 10 Einheiten (Punkt oder Pixel, je nach Voreinstellung) verkleinern	[Strg]+[⇧]+[Alt]+[↓]-Taste	[cmd]+[⇧]+[Alt]+[↓]-Taste
Grundlinienversatz des ausgewählten Texts um 10 Einheiten (Punkt oder Pixel, je nach Voreinstellung) vergrößern	[Strg]+[⇧]+[Alt]+[↑]-Taste	[cmd]+[⇧]+[Alt]+[↑]-Taste
Laufweite/Kerning um 20/1.000 Geviert verkleinern	[Alt]+[←]-Taste	[Alt]+[←]-Taste
Laufweite/Kerning um 20/1.000 Geviert vergrößern	[Alt]+[→]-Taste	[Alt]+[→]-Taste

▲ **Tabelle 33.2**
Tastaturbefehle für das Formatieren von Text auf einen Blick (Forts.)

33.3 Tools für Textlayouts

Photoshop wird von vielen Anwendern für kleinere Layoutarbeiten und für das Erstellen von Entwürfen – etwa für Webseiten – genutzt. Neben den kleinen Neuerungen des Texttools, die Sie bereits in den vorangehenden Absätzen kennengelernt haben, sind vor allem drei Neuerungen sehr hilfreich. Blindtext muss nicht mehr per Copy & Paste aus anderen Quellen eingefügt werden, sondern kann direkt in Photoshop erzeugt werden.

Die neuen Paletten Zeichenformate und Absatzformate sind vor allem für User gedacht, die komplexe Designs mit Text in Photoshop realisieren. Sie erstellen für komplexe Texteigenschaften einfach ein Format. Dieses können Sie leicht mehreren Textebenen zuweisen und auch an zentraler Stelle ändern. Das enervierende Durchklicken und manuelle Ändern zahlloser Textebenen in umfangreichen Layouts (»Habe ich vielleicht doch vergessen, bei einer Ebene die Textgröße von 7 Px auf 8 Px umzustellen?«) entfällt.

Layoutjobs werden leichter
In Photoshop stehen Ihnen jetzt Zeichen- und Absatzformate zur Verfügung – ein Prinzip, das Ihnen vielleicht schon aus InDesign vertraut ist. Außerdem gibt es jetzt Blindtext auf Knopfdruck, und Sie können die Bildschirmanzeige von Text verbessern.

Formatvorlagen für Zeichen- und Absatzformate

Verwendungszweck und Funktionsprinzip der Paletten Absatzformate und Zeichenformate sind fast identisch. Der Unterschied: Während die Zeichenformate-Palette ausschließlich zeichenbasierte Eigenschaften wie Schriftart, -grad oder -farbe festhält, können Sie mit Hilfe der Absatzformate-Palette auch zeichenübergreifende, absatzbasierte Eigenschaften wie Ausrichtung, Einzüge oder Kerning als Formatvorlage einstellen.

Bild auf der Buch-DVD: Zum Ausprobieren der neuen Paletten können Sie die Datei »Websitedummy.tif« nutzen.

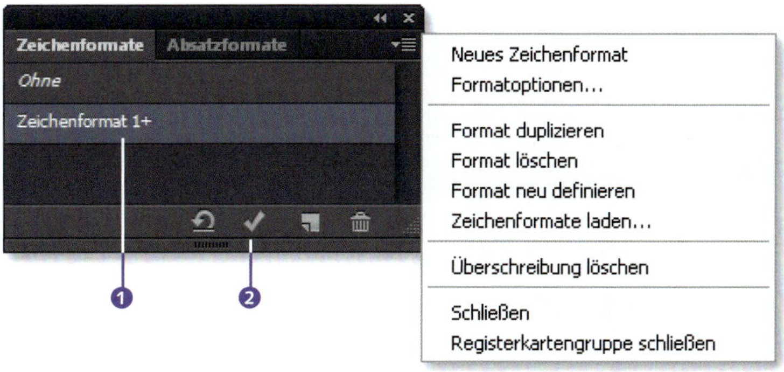

◄ **Abbildung 33.31**
Zeichenformate- und Absatzformate-Palette: wenig Funktionen, trotzdem sehr hilfreich

Erzeugen einer neuen Formatvorlage | Klicken auf das Neu-Icon am unteren Rand der Zeichenformate- oder Absatzformate-Palette erzeugt eine neue Formatvorlage oder, in Adobes Terminologie, ein neues Format. Eine ganz neue Formatvorlage enthält zunächst noch *keine* Zeichen- oder Absatzeigenschaften – sie ist leer! Sie erkennen diesen Status am kleinen Pluszeichen hinter dem Standardnamen des neuen Formats (1). Um die Formatvorlage mit Eigenschaften auszustatten und so überhaupt erst einmal funktional zu machen, gehen Sie vor wie folgt:

1. Zunächst einmal müssen Sie das neu angelegte Format aktivieren, indem Sie es in der Formate-Palette anklicken.
2. Sofern das nicht schon der Fall ist, wählen Sie in der Ebenen-Palette die Textebene aus, deren Eigenschaften Sie als Vorlage für die Formatvorlage nutzen wollen und …
3. … klicken auf das kleine Häkchen-Icon (2) am unteren Rand der Formate-Palette. Das Zeichen- oder Absatzformat wird aktualisiert und enthält jetzt die Attribute der zuvor ausgewählten Textebene. Das kleine Pluszeichen hinter dem Namen der Formatvorlage verschwindet.

Textebenen freigeben
Die Formate-Paletten funktionieren nicht richtig, wenn Ebenen im Dokument ausgeblendet oder fixiert sind.

Manuelle Einrichtung | Als Alternative können Sie auch auf den Titel des neuen Formats doppelklicken. Sie erreichen dann einen umfangreichen Dialog, in dem Sie die Schrifteigenschaften manuell festlegen.

Für das Festlegen weiterer Formate können Sie genau so vorgehen. Es gibt allerdings zurzeit einen etwas verwirrenden Programmfehler: Manchmal zeigen neu angelegte Formate, die noch keine Formateigenschaften haben, das charakteristische Pluszeichen nicht sofort, sondern erst, nachdem sie aktiviert (in der Formate-Palette angeklickt) wurden.

Daher könnte man annehmen, diese neuen Formate seien nicht »leer«, sondern bereits mit Zeichen- oder Absatzeigenschaften versehen. Das ist jedoch falsch. Neue Formate sind zunächst immer leer – so lange, bis Sie ihnen Eigenschaften zuweisen. Auch bei der Arbeit mit zahlreichen Formaten geraten die Paletten zuweilen ins Stottern und reagieren nur nach Wartezeit. Nehmen Sie's als Zeichen: Wenn Sie zu umfangreiche Textkompositionen mit dem Fotospezialisten Photoshop bearbeiten, ist es vielleicht doch an der Zeit, zu einem Layoutprogramm zu wechseln.

Abbildung 33.32 ▶
Schrifteigenschaften eines Formats – hier eines Zeichenformats – überprüfen oder anpassen. Sie erreichen den Dialog per Doppelklick auf den Formattitel in der Formate-Palette.

Formatvorlagen duplizieren | Ein schneller und naheliegender Weg, um leicht veränderte Versionen von fertigen Formatvorlagen zu erzeugen, ist das Duplizieren und anschließende Modifizieren. Nutzen Sie für das Duplizieren das Palettenmenü, und wählen Sie dort den Befehl Format Duplizieren. Der von der Ebenen-Palette vertraute Weg, ein Element einfach auf das Neu-Icon zu ziehen, funktioniert hier nicht.

Formatvorlagen auf andere Ebenen übertragen | Um einer Textebene ein Format zuzuweisen, aktivieren Sie die Ebene in der Ebenen-Palette und klicken dann auf den Titel des betreffenden Formats in der Zeichenformate- oder Absatzformate-Palette.

Formatvorlagen modifizieren | Der Witz bei Formatvorlagen ist, dass sich zahlreiche Textebenen mit einem Schlag ändern lassen. Dazu müssen Sie zunächst eine Formatvorlage erstellen und diese den verschiedenen Ebenen zuweisen. Danach brauchen Sie nur noch die Formatvorlage zu ändern, und alle damit verbundenen Ebenen werden automatisch aktualisiert. Doppelklicken Sie auf den Titel der Formatvorlage, die Sie ändern möchten, oder wählen Sie den Befehl Formatoptionen aus dem Palettenmenü. Sie gelangen dann zu einem umfangreichen Dialog (gezeigt in Abbildung 33.32), in dem Sie jede nur erdenkliche Zeichen- oder Absatzeigenschaft umstellen können.

Formateigenschaften oder Formatvorlagen löschen | Um die bereits einer Ebene zugewiesenen Formateigenschaften zu löschen, aktivieren Sie sie und klicken in der Formate-Palette einfach das Icon ÜBERSCHREIBUNGEN LÖSCHEN. Damit werden alle – auch vor dem Erstellen der Formatvorlage festgelegten – Eigenschaften von der Textebene entfernt. Um eine Formatvorlage zu löschen, klicken Sie einfach auf das Mülleimer-Icon.

Blindtext-Generator

Blindtext wird in Layouts häufig benötigt. Beim Erstellen von Websites, Broschüren, Flyern und anderen Layouts werden Text und Design meist parallel entwickelt. Der finale Text ist dann noch nicht fertig, der Designer benötigt jedoch Text, um seinen Entwurf weiterzuentwickeln. Dann wird auf Blindtext als Platzhalter zurückgegriffen. Als Konvention hat sich eingebürgert, dafür lateinisch klingenden Text zu verwenden, der mit den Worten »Lorem Ipsum« beginnt. Auf diese Weise ist Platzhaltertext leicht als solcher zu erkennen, und es gibt weniger Probleme bei Abstimmungsprozessen mit Auftraggebern.

Platzhaltertext einfügen | Wie Photoshops Blindtext-Tool funktioniert, ist schnell erklärt: Sie rufen das Text-Werkzeug auf, nehmen die Einstellungen für Ihre Schrift vor, ziehen einen Rahmen für Absatztext auf und wählen dann den Befehl SCHRIFT • PLATZHALTERTEXT. Der Textrahmen wird mit Text in unechtem Lorem-Ipsum-Latein gefüllt.

Nicht perfekt

Leider hat Photoshops Blindtext zwei Makel: Er ist für längere Textstrecken zu kurz und wiederholt sich, was sich im Schriftbild spürbar auswirken kann. Außerdem ist im Einleitungssatz (»This is Photoshop's version of Lorem Ipsum«) ein Leerzeichen zu viel.

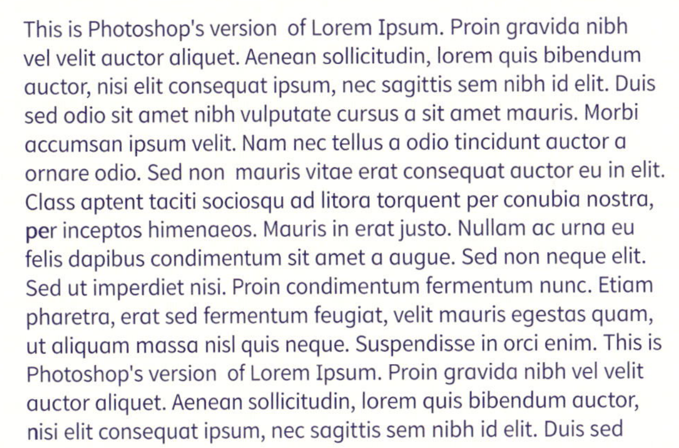
This is Photoshop's version of Lorem Ipsum. Proin gravida nibh vel velit auctor aliquet. Aenean sollicitudin, lorem quis bibendum auctor, nisi elit consequat ipsum, nec sagittis sem nibh id elit. Duis sed odio sit amet nibh vulputate cursus a sit amet mauris. Morbi accumsan ipsum velit. Nam nec tellus a odio tincidunt auctor a ornare odio. Sed non mauris vitae erat consequat auctor eu in elit. Class aptent taciti sociosqu ad litora torquent per conubia nostra, per inceptos himenaeos. Mauris in erat justo. Nullam ac urna eu felis dapibus condimentum sit amet a augue. Sed non neque elit. Sed ut imperdiet nisi. Proin condimentum fermentum nunc. Etiam pharetra, erat sed fermentum feugiat, velit mauris egestas quam, ut aliquam massa nisl quis neque. Suspendisse in orci enim. This is Photoshop's version of Lorem Ipsum. Proin gravida nibh vel velit auctor aliquet. Aenean sollicitudin, lorem quis bibendum auctor, nisi elit consequat ipsum, nec sagittis sem nibh id elit. Duis sed

◄ **Abbildung 33.33**
Photoshops Platzhaltertext

Bildschirmdarstellung von Schrift verbessern

Vor allem Designer, die Photoshop für Web-Entwürfe nutzen, kennen das Problem: Ungeachtet der eingestellten Glättungsmethode sieht Schrift in Photoshop immer klumpiger und dunkler aus als später im Browser, insbesondere bei kleinen Schriftgraden. Dadurch war es in der Vergangenheit schwierig, in Photoshop einen realistischen Vorabeindruck von der Schriftanmutung der tatsächlichen Website zu bekommen.

Textfarben mit Gamma füllen | CS6 hat jetzt eine sehr versteckte Einstellung, mit der Sie die Schriftdarstellung am Bildschirm verfeinern. Verborgen ist sie unter BEARBEITEN • FARBEINSTELLUNGEN ([⇧]+[Strg]+[K]/[cmd]+[Strg]+[K]), im FARBEINSTELLUNGEN-Dialog müssen Sie außerdem den Button MEHR OPTIONEN klicken, um die Option zu erreichen. Ganz unten finden Sie die Einstellung TEXTFARBEN MIT GAMMA FÜLLEN. Sie sollte aktiv sein. Indem Sie den Standard-Gammawert (1,45) manuell verändern, erzielen Sie eine dünnere, saubere oder kräftigere Schriftdarstellung.

Sie können die Wirkung am besten testen, indem Sie sich in ein Textdokument hineinzoomen und dann mit der Einstellung ein wenig experimentieren. Die Veränderungen sind subtil, jedoch bei manchen Schriften und Schriftgraden durchaus spürbar.

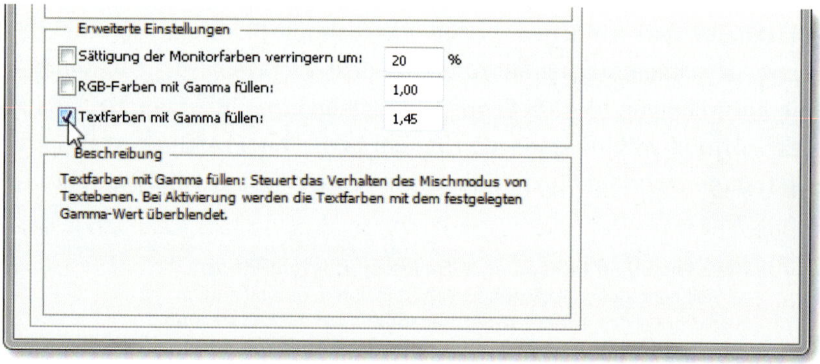

▲ **Abbildung 33.34**
Versteckte Textdarstellungsoption in den FARBEINSTELLUNGEN

33.4 Texttools für Spezialfälle

Bisher haben wir uns mit dem korrekten Satz von Text beschäftigt. Photoshop bietet aber auch noch ein paar Spezialfunktionen, mit denen Sie etwas spielerischer mit Schrift umgehen können.

Textmaskierungswerkzeuge

Die beiden Textmaskierungswerkzeuge horizontales Textmaskierungswerkzeug T und vertikales Textmaskierungswerkzeug T haben bei weitem nicht die Bedeutung wie die regulären Text-Werkzeuge. Die beiden Werkzeuge sind dazu ausgelegt, eine Auswahl in Form des Textes zu erstellen.

▲ **Abbildung 33.35**
Während der Texteingabe wird eine Maske – ähnlich der Quick Mask – eingeblendet.

Bild: dieblen.de

▲ **Abbildung 33.36**
Sobald Sie die Eingabe abschließen, erscheinen Auswahllinien in Form der Textkonturen.

Die so angelegte, »textförmige« Auswahl wird in der jeweils aktiven Ebene angezeigt. Sie können sie wie jede andere Auswahl auch verschieben, kopieren, füllen oder konturieren. Verzichten müssen Sie dabei allerdings auf die flexible Bearbeitung des Textes – weder Wortlaut noch Layout lassen sich verändern.

Mehr Flexibilität und Komfort
Sie können auch aus normalen Textebenen im Nu Auswahlen erstellen, indem Sie bei gehaltener Strg/cmd-Taste in der Ebenen-Palette auf die Ebenenminiatur klicken. Das dauert nicht länger als die Arbeit mit den Textmaskierungswerkzeugen. Das Anlegen des Textes ist jedoch deutlich angenehmer, und Änderungen lassen sich leicht anbringen.

Verbogene Schrift: Das Textverformungswerkzeug

Sie können mit Photoshop nicht nur gerade schreiben, sondern auch verzerrten, gewellten oder anderweitig deformierten Text erzeugen – mit Hilfe des Textverformungswerkzeugs. Sie öffnen es mit dem kleinen Button in der Text-Werkzeug-Optionsleiste rechts, oder Sie wählen den Menübefehl Schrift • Text verformen.

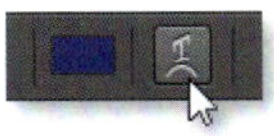

▲ **Abbildung 33.37**
Textverformungswerkzeug starten

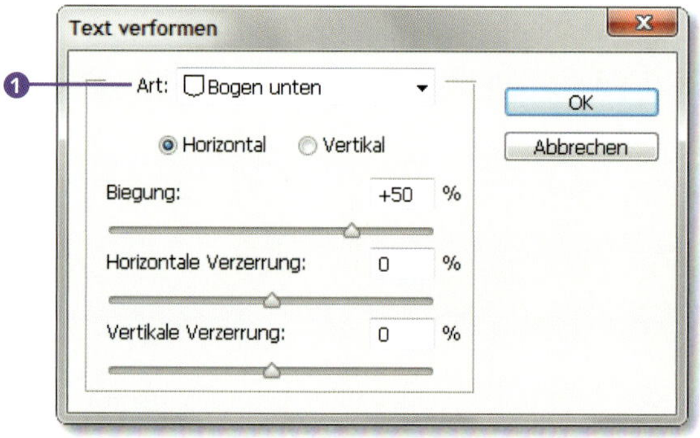

▲ **Abbildung 33.38**
Textverformung. Mit den Slidern können Sie das Aussehen der Verformung entscheidend beeinflussen.

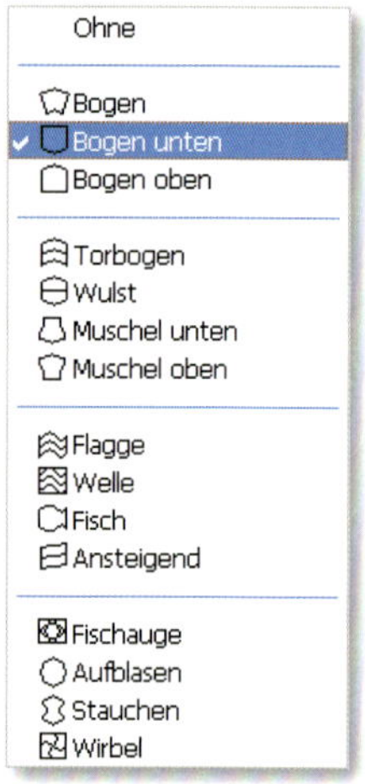

▲ **Abbildung 33.39**
Unter ART ❶ haben Sie die Wahl zwischen diesen Verformungsstilen.

Zum Weiterlesen
Eine Alternative zum Verformen von Text ist das **Ausrichten von Text an einem Pfad**. Wie das geht, lesen Sie in Kapitel 37, »Mit Pfaden arbeiten«.

Um Textverformungen anzuwenden, muss der Text bereits geschrieben und die Textebene aktiv sein. Den Rest erschließen Sie sich am besten durch Ausprobieren. Das Beste an dem Werkzeug ist, dass Sie den Text trotz wildester Verbiegungen jederzeit bearbeiten können.

Um eine Verformung wieder aufzuheben, rufen Sie das Werkzeug erneut auf und wählen aus der Dropdown-Liste ART • OHNE.

Keine Verformung bei Faux-Fettschrift

Das Werkzeug TEXT VERFORMEN kann nicht arbeiten, wenn Sie die Textebene zuvor mit der Funktion FAUX FETT bearbeitet haben. Bei FAUX KURSIV funktioniert die Verformung jedoch.

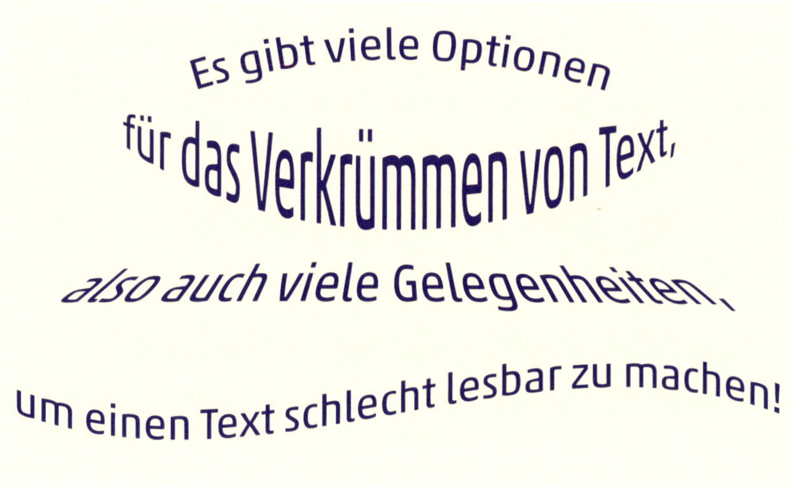

Abbildung 33.40 ►
Die Wirkung der Verformungsstile BOGEN, WULST und FLAGGE

Kapitel 34

Ebenenstile: Text mit Effekt

Die typografische Welt besteht nicht allein aus Lesetexten. Kombiniert mit Photoshops Ebenenstilen werden aus Textebenen prägnante Eyecatcher. Mit der Ebenenstil-Palette können Sie sie zeitsparend verwalten.

34.1 Ebenenstile: Arbeiten mit Photoshops »Effektbox«

Photoshop bietet eine Reihe von Ebeneneffekten, die sich beliebig kombinieren lassen und zu zahlreichen unterschiedlichen Ergebnissen führen. Mit Hilfe des Dialogs EBENENSTIL – hier der Einfachheit halber auch »Effektbox« genannt – generieren Sie mit wenigen Klicks individuelle Effektvarianten. Das weckt die Experimentierlust und macht Spaß. Versuchen Sie dennoch, bei der Arbeit mit Effekten das richtige Maß zu bewahren und eine klare Bildsprache beizubehalten. Gestalteter Text soll orientieren und klare Signale setzen, nicht verwirren!

Datei auf der Buch-DVD: »BuntesBesteck.tif«

Effekte auf Ebenen anwenden

Sie können Ebeneneffekte auf Bildebenen und Textebenen anwenden. Die meisten Effekte funktionieren nur bei Ebenen, die deckende und transparente Pixel enthalten. Enthält eine Ebene keine transparenten Pixel, zeigen viele Effekte keine Wirkung. Bei Textebenen ist diese Voraussetzung automatisch gegeben. Ebenen, die vollständig mit Pixeln gefüllt sind, können Sie zwar Effekte zuweisen, diese bleiben jedoch in den meisten Fällen unsichtbar.

Ebeneneffekte für Gruppen
Schlagschatten, Leuchtkontur, Glanz & Co. können Sie jetzt nicht mehr nur auf Ebenen, sondern auch auf Ebenengruppen anwenden. Interessant ist dabei das Verhalten bei sich überlappenden Ebenen innerhalb einer Gruppe. Dann wirkt der Effekt so, als ob alle Elemente auf einer gemeinsamen Ebene lägen; die überlappenden Bereiche werden vom Effekt ausgespart.

Bild: dieblen.de

▲ **Abbildung 34.1**
Vier Besteckteile auf vier separaten Ebenen, die in einer Gruppe zusammengefasst sind.

▲ **Abbildung 34.2**
Der angewandte gelbe Kontureffekt umfasst die gesamte Gruppe, nicht die Einzelelemente.

Bild: Fotolia, Andreas Koch

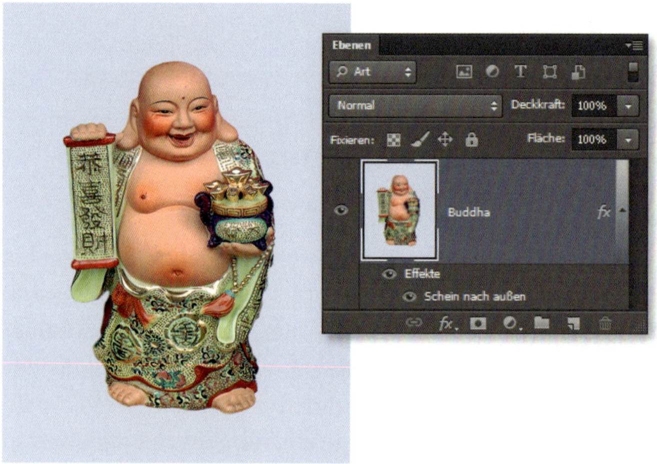

Abbildung 34.3 ►
Bei einer Ebene ohne Transparenz bleibt ein Effekt wie etwa SCHEIN NACH AUSSEN im Bild unsichtbar ...

Abbildung 34.4 ►
... aber bei einer vom Hintergrund getrennten Ebene, die deckende und transparente Pixel enthält, kommt der Effekt zur Geltung.

Effekte zuweisen und ändern

Um einer Ebene einen Effekt zuzuweisen, rufen Sie die große Effektbox auf und stellen dort die Optionen für den gewünschten Effekt ein. Dazu haben Sie mehrere Möglichkeiten:

- Doppelklicken Sie in der Ebenen-Palette auf die Fläche der Ebene, der Sie den Effekt zuordnen wollen. (Klicken Sie nicht direkt auf den Ebenentitel, sondern auf die neutrale Fläche.)
- Beim Klick auf das kleine »fx«-Icon am unteren Rand der Ebenen-Palette öffnet sich ein kleines Menü. Nach dem Anklicken eines Effekts aus der Liste erscheint die Effektbox. Die Optionen für Ihren Wunscheffekt sind dort gleich eingeblendet.
- Wenn Sie einen bereits erstellten Effekt nachträglich ändern wollen, doppelklicken Sie einfach auf das »fx«-Icon der jeweiligen Ebene 1 (nicht den Button am unteren Rand der Ebenen-Palette) oder auf den Namen des Effekts 2.

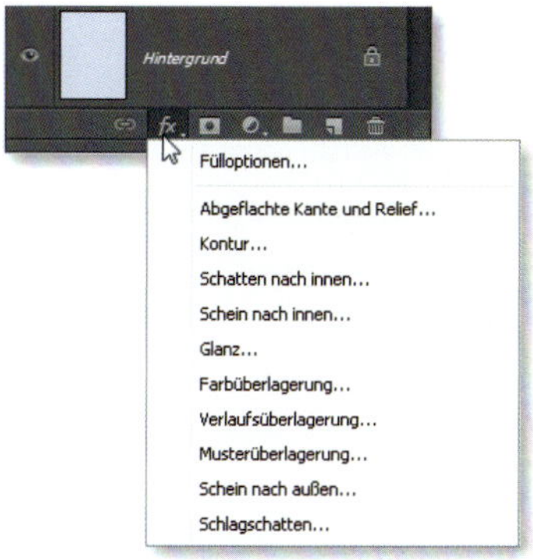

▲ **Abbildung 34.5**
Mit dem »fx«-Button der Ebenen-Palette navigieren Sie direkt zu den entsprechenden Einstellungen in der Effektbox.

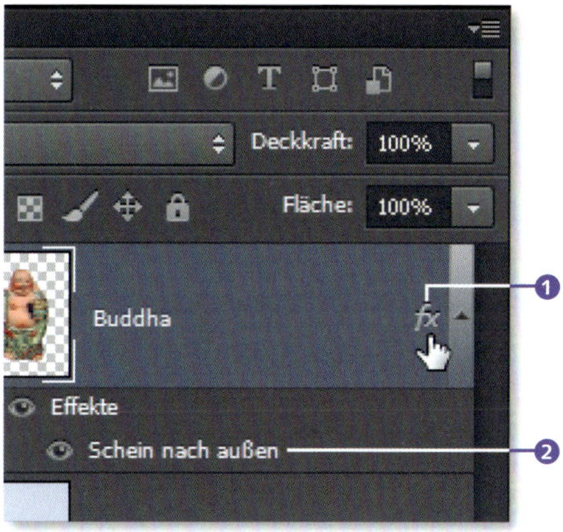

◀ **Abbildung 34.6**
Ändern bestehender Effekte

Der Ebenenstil-Dialog

Im Ebenenstil-Dialog können Sie die Wirkung Ihrer Effekte **genauer steuern**. In Abschnitt 13.9, »Erweiterter Mischmodus: Noch mehr Steuerungsmöglichkeiten«, haben Sie bereits erfahren, dass Sie den Mischmodus von Ebenen über dasselbe Dialogfeld steuern können. Diesmal benutzen Sie den Dialog als Instrument, um Ebeneneffekte zu erstellen, zu modifizieren und zu komplexen Effektkombinationen – den sogenannten **Stilen** – zusammenzufassen.

Die Effektbox ist ein perfektes Tool zur Zusammenstellung von Effektkombinationen (Stilen). Einzig ihre Größe macht es etwas schwierig, sie zu handhaben – manchmal ist das zu bearbeitende Bild schlichtweg verdeckt.

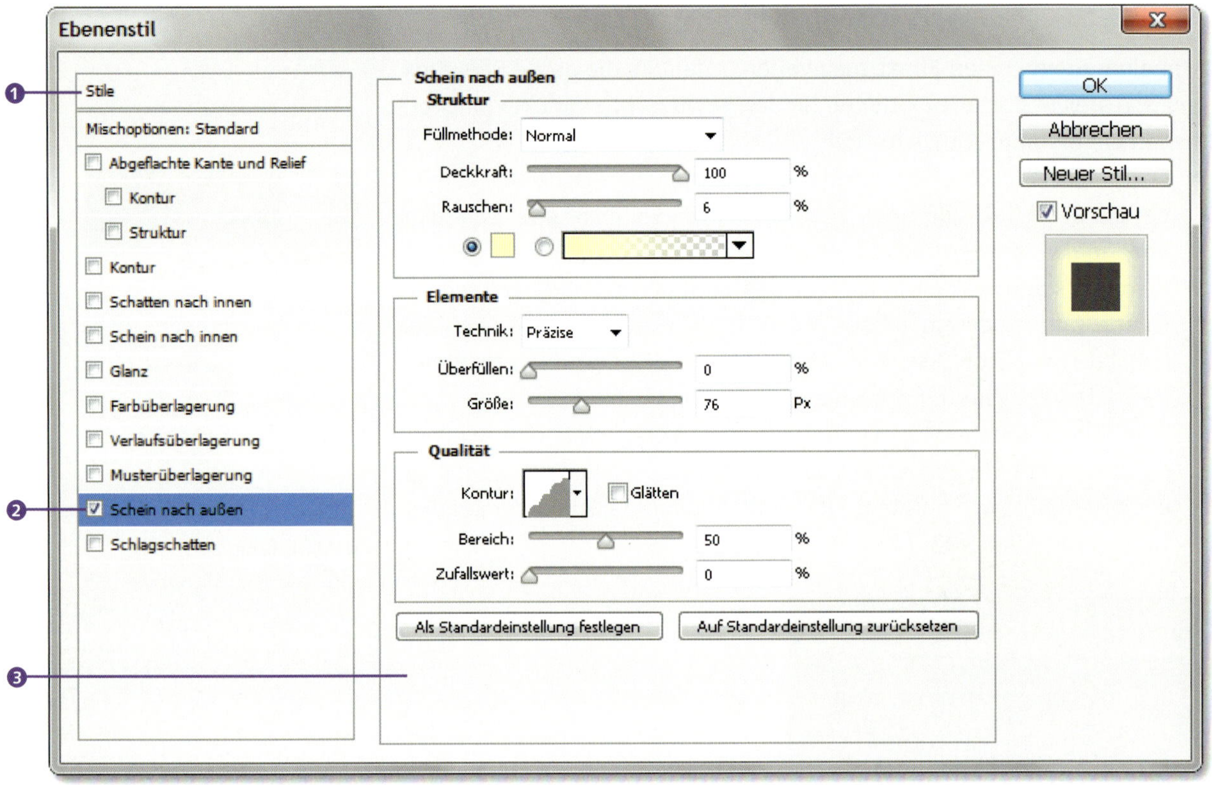

Abbildung 34.7 ▲
Die Einstellungen für den Effekt SCHEIN NACH AUSSEN, wie er in zu sehen ist

Eine Liste aller möglichen, frei kombinierbaren und durch Einstellungen modifizierbaren Effekte sehen Sie im linken Bereich der Box unter der Überschrift STILE. Um einer Ebene einen Effekt zuzuweisen und sich die Einstellungen für diesen Effekt anzeigen zu lassen, klicken Sie auf den Effektnamen. Kleine Häkchen ❷ in den Feldern vor den Effektnamen zeigen an, ob diese für die aktive Ebene bereits ausgewählt wurden.

Sobald Sie in der STILE-Liste links ❶ einen Stil anklicken, ändert sich auch die Anzeige im rechten Teil der Dialogbox ❸. Sie sehen dann dort die verschiedenen Einstellungsmöglichkeiten für den jeweiligen Effekt.

Aufgeräumte Effekte-Liste
Die Reihenfolge der Effekte in der Effektbox und in der entsprechenden Liste in der Ebenen-Palette *fx* wurde verändert. Nun sind die Effekte in der Reihenfolge angeordnet, wie sie auf die Ebene wirken: der Schlagschatten, der immer unterhalb des Objekts liegt, ist nun auch in der Liste ganz unten; der Glanzeffekt, der die Objektoberfläche überzieht, ist in der Mitte; Kanteneffekte befinden sich zuoberst in der Liste.

Anzeige in der Ebenen-Palette

Wenn Sie einer Ebene Ebeneneffekte zugewiesen haben, zeigt die Ebenen-Palette diese Effekte an. Das kann – je nach Komplexität des Stils – eine ganze Reihe von Einzeleffekten sein, die, immer wieder neu variiert und kombiniert, schier endlose Gestaltungsmöglichkeiten bieten.

Zur Kontrolle der Wirkung können Sie Effekte auch mit Hilfe des Augensymbols vor den eingerückten Einzeleffekten ausblenden. Das oberste Augensymbol ❹ blendet den kompletten Stil (alle Effekte dieser Ebene) aus, während die eingerückten Augensymbole ❺ einzelne

Effekte aus der Effektkombination ausblenden. Mit dem kleinen Pfeil ❻ neben dem »fx«-Icon klappen Sie die Liste ähnlich wie eine Ebenengruppe ein. Und ein Rechtsklick auf das »fx«-Icon ❼ öffnet ein Menü mit weiteren Befehlen für die Arbeit mit Stilen.

◀ **Abbildung 34.8**
Anzeige von Effekten in der Ebenen-Palette

Webressourcen nutzen
Sollten Sie einen bestimmten Effekt nachbauen wollen und wissen nicht genau wie – das Web liefert zahlreiche Arbeitsanleitungen. Oft reicht es, »Photoshop« und den gesuchten Effekt (»Chrom«, »Glasbutton« ...) in die Suchmaschine einzugeben. Sie erhalten dann zahlreiche Tutorials unterschiedlicher Qualität.

34.2 Die Ebenenstile im Überblick

In den folgenden Absätzen stelle ich Ihnen die Effekte und ihre Einstellungen im Einzelnen vor und zeige mögliche Anwendungsbereiche an Schriften. Aus der Fülle der Möglichkeiten, die sich aus immer neuen Effektkonstellationen ergibt, kann ich hier naturgemäß nur einen kleinen Ausschnitt zeigen. Selbst zu experimentieren ist die beste Möglichkeit, sich mit Ebeneneffekten vertraut zu machen!

Die Beispieldateien aus diesem Abschnitt finden Sie auf der Buch-DVD im Unterordner Ebenenstile.

Abgeflachte Kante und Relief – wohl dosiert anzuwenden

Mit dem plastischen Effekt Abgeflachte Kante und Relief können Sie fast alle Materialien – von Metall über Kunststoff bis zu Glas – und alle möglichen Aggregatzustände von Marmor bis zur Götterspeise imitieren. Die Anwendung solcher Effekte auf Text sollte aber immer gut überlegt erfolgen – zumal Gestaltungselemente wie Chromschrift, gläserne Buchstaben und Ähnliches auch schon recht abgenutzt sind.

Die Einstellungen beeinflussen sich gegenseitig sehr stark. Sie sollten sich daher beim Anlegen des Effekts von oben nach unten durch das Dialogfeld arbeiten, um die Übersicht nicht zu verlieren und die Wirkung der einzelnen Änderungen besser einschätzen zu können. Wenn Ihnen die Grundeinstellungen nicht genügen, können Sie die Ergänzungseffekte Kontur und Struktur hinzunehmen.

▲ **Abbildung 34.9**
Hier wurde der Effekt Abgeflachte Kante und Relief mit Schlagschatten und Schein nach innen in niedriger Dosierung kombiniert. (Datei: »t_relief.tif«)

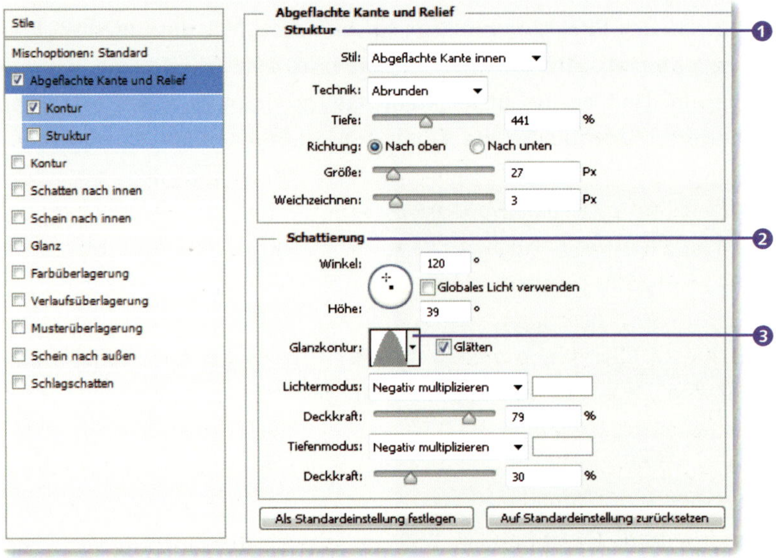

Abbildung 34.10 ▸
Die komplexen Grundeinstellungen für plastische Effekte

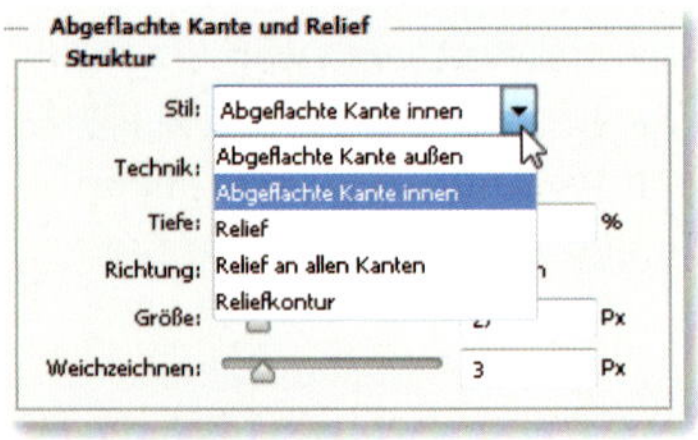

▲ Abbildung 34.11
Die Einstellungen unter STRUKTUR • STIL beeinflussen das Aussehen des Reliefs entscheidend.

Struktur: 3D-Form festlegen | Unter STRUKTUR ❶ legen Sie die 3D-Form fest. Das lässt sich in zwei Schritte gliedern. STIL bestimmt, was mit den Kanten Ihres Textes überhaupt passieren soll, und TECHNIK bietet die Auswahl zwischen verschiedenen Kanten. Die Option ABRUNDEN erzeugt dabei die Illusion einer eher weichen Substanz; die anderen Optionen wirken härter. TIEFE legt die Intensität des Effekts fest, RICHTUNG soll eigentlich bestimmen, ob ein Text nach unten eingedrückt oder aus dem Papier (oder Bildschirm) herausgemeißelt erscheint – das ist aber bei komplexen Effekten gar nicht immer so leicht zu erkennen.

GRÖSSE und WEICHZEICHNEN akzentuieren die bisher erreichte Dreidimensionalität, dosieren sie oder ruinieren den Effekt komplett– hier ist Vorsicht angebracht. Mit niedrigen Einstellungen erscheint ein Text oft leicht metallisch.

Schattierung: virtuelle Beleuchtung einstellen | Alles unter SCHATTIERUNG ❷ dient dem Feintuning für die Belichtung der 3D-Schriften oder -Objekte. Ähnliche Einstellungen finden Sie auch bei anderen Effekten, beim ABGEFLACHTE KANTE-EFFEKT sind sie jedoch am detailliertesten.

WINKEL und HÖHE beziehen sich auf den virtuellen Lichteinfallswinkel. Greifen Sie den kleinen Punkt auf dem Gradmesser mit der Maus, und verschieben Sie ihn, oder geben Sie Zahlenwerte ein. Wenn Sie mit mehreren Effekten in einem Bild arbeiten, sind Sie gut beraten, einen Haken im Kontrollfeld GLOBALES LICHT VERWENDEN zu setzen. Damit legen Sie für ein gesamtes Dokument die gleiche Lichtrichtung fest. Unterschiedliche Schattenwürfe innerhalb eines Dokuments können sonst sehr verwirrend wirken!

LICHTERMODUS und TIEFENMODUS beziehen sich auf Farbe, Deckkraft und Mischmodus von Licht und Schatten in diesem Effekt.

Glanzkontur: Überraschende Effektvariationen | Nicht nur hier, sondern auch bei anderen Effekten finden Sie die Möglichkeit, Schatten- oder Glanzkonturen zu bearbeiten. Dazu verändern Sie die Einstellungen unter GLANZKONTUR ❸ (nicht zu verwechseln mit dem Ergänzungseffekt KONTUR oder dem eigenständigen Effekt KONTUR – über beide erfahren Sie mehr in den folgenden Absätzen).

Mit dieser Einstellung erzielen Sie die erstaunlichsten Variationen. Wählen Sie zwischen verschiedenen vorgefertigten Konturen, indem Sie genau auf den kleinen Pfeil ❹ klicken. Treffen Sie statt des Pfeils die Konturminiatur ❺, öffnen Sie den KONTUR-EDITOR (siehe Abbildung 34.13), mit dem Sie eigene Konturformen erzeugen. Ein Klick auf das Zahnrad-Symbol ❼ bringt Sie zu den Verwaltungseinstellungen, mit denen Sie die Darstellung der Konturminiaturen ändern und weitere Konturformen speichern und laden.

Die Option GLÄTTEN ❻ sollten Sie insbesondere bei kleinen Schatten mit einer komplizierten Kontur aktivieren – gemeint ist hier nicht Anti-Aliasing, sondern ein Ausgleichen detaillierter, verwinkelter Kontur- und Schattenlinien.

Zum Weiterlesen
Die Verwaltung von Konturen funktioniert genau so wie bei anderen **Kreativvorgaben innerhalb von Photoshop**. Wenn Sie nicht wissen, wie das geht, schauen Sie in Abschnitt 7.5, »Farbfelder, Muster, Stile & Co: Kreativressourcen organisieren«, nach. Dort finden Sie auch Informationen über das **Verwalten von Mustern und Verläufen**, denen Sie bei der Arbeit mit Effekten ebenfalls häufig begegnen.

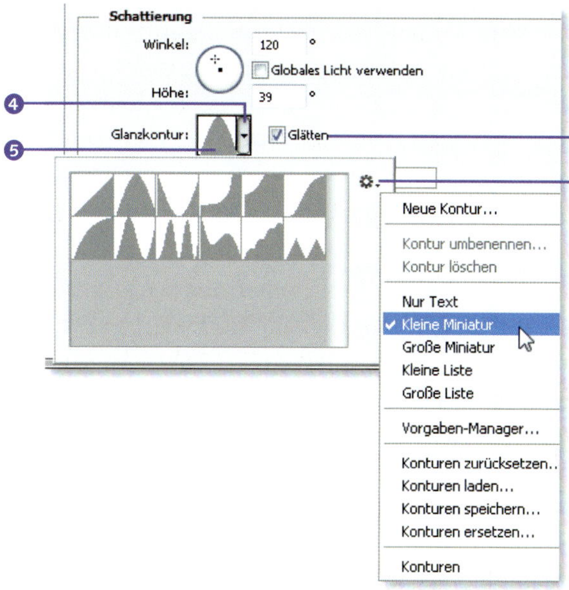

▲ **Abbildung 34.12**
Verwalten der verschiedenen Konturformen

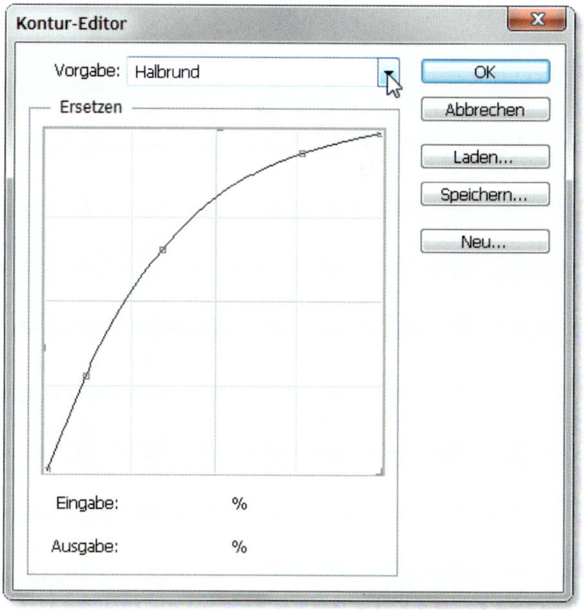

▲ **Abbildung 34.13**
Den KONTUR-EDITOR bedienen Sie so ähnlich wie eine Gradationskurve.

Ergänzungseffekte Kontur und Struktur | Mit dem zusätzlichen Effekt KONTUR bestimmen Sie, welche Form die Reliefkanten haben sollen. Hier ist einfach Ausprobieren die beste Lösung. Da man gerade bei diesem komplexen Effekt schnell die Übersicht verliert, möchte ich Sie nochmals an die Möglichkeit erinnern, mit der Protokoll-Palette Schnappschüsse anzulegen (Detailinformationen dazu in Kapitel 6, »Arbeitsschritte zurücknehmen, Bilder retten«).

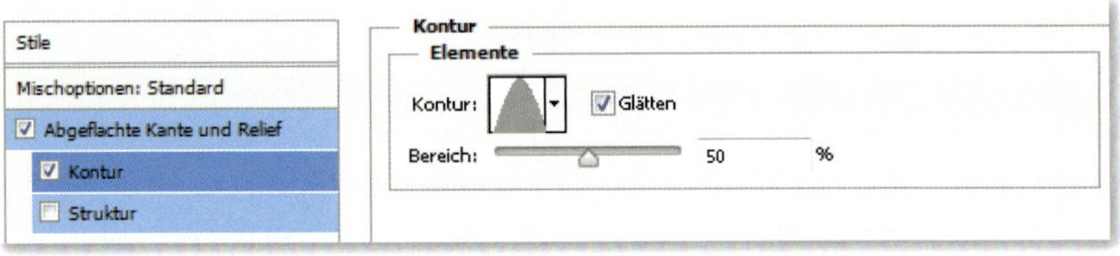

Abbildung 34.14 ▸
Welche Form sollen die Kanten des Reliefs haben?

Zum Weiterlesen
Wie Sie eigene **Muster erzeugen**, erfahren Sie in Abschnitt 29.3, »Vielseitige Kreativressource: Muster«.

Weitere Möglichkeiten eröffnet der ergänzende Effekt STRUKTUR, mit dem Sie in Schriften und Ebenenobjekte ein Muster »einprägen«. TIEFE bestimmt den Wirkungsgrad, SKALIEREN die Größe des Musters. Der kleine Pfeil an der Musterliste klappt die Liste zur Auswahl weiterer Muster aus.

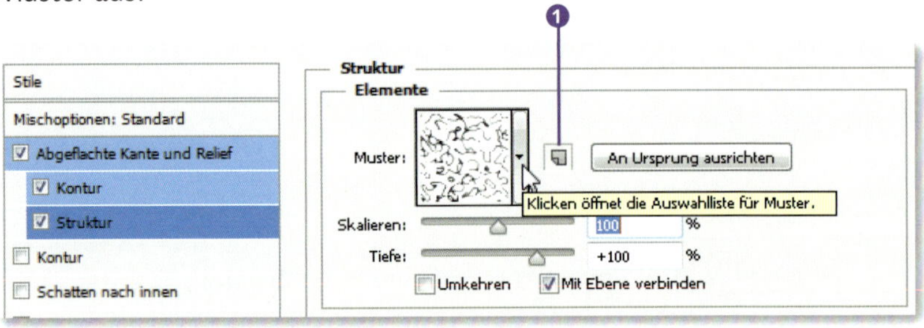

Abbildung 34.15 ▸
Praktische Neuerung: hier erstellte Einstellungen können Sie ohne Umweg als Vorgabe speichern ❶.

Kontur – starke Hervorhebung

Kontureffekte an Text wirken nicht immer gut, können aber eine Schrift akzentuieren und lesbarer machen, indem sie Kontrast zwischen Vorder- und Hintergrund schaffen. Den Kontureffekt können Sie aber auch anwenden, um freistehende Bildelemente zu betonen, und natürlich lässt er sich auch mit anderen Effekten kombinieren.

Sie haben die Wahl, ob Sie eine Kontur mit solider Farbe, einem Verlauf oder einem Muster füllen ❸. Die Einstellungen GRÖSSE, FÜLLMETHODE und DECKKRAFT erklären sich von selbst. Wichtig ist jedoch die POSITION ❷ der Kontur auf der Objektkante. Wenn Sie mit Schrift arbeiten, achten Sie darauf, eine Einstellung zu wählen, bei der Schriftdetails trotz neuer Kontur erhalten bleiben (meist sind MITTE oder INNEN am besten geeignet, abhängig von der Größe der Schrift und der Kontur und der Zeichenform).

▲ Abbildung 34.16
Der Kontureffekt solo (Datei: »t_kontur.tif«)

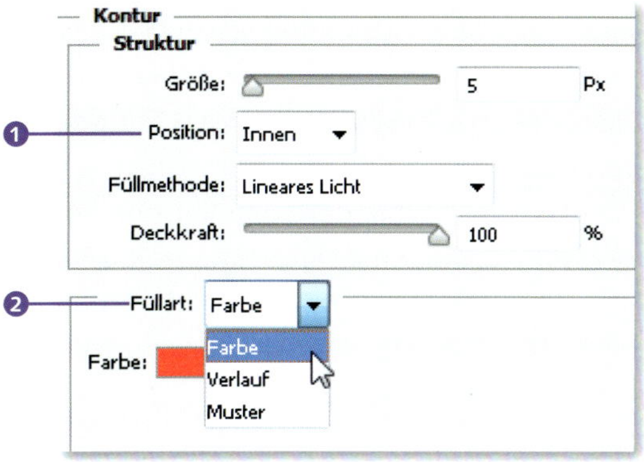

◀ **Abbildung 34.17**
Die Optionen des Kontureffekts sind überschaubar.

▲ **Abbildung 34.18**
So »echt« kann ein Schatten – diesmal nach innen – auch wirken.
(Datei: »t_schatten_innen.tif«)

Schatten nach innen – wie ausgestanzt

Der SCHATTEN NACH INNEN funktioniert ähnlich wie der altbekannte Schlagschatten, wirkt aber eher so, als wäre eine Form ausgestanzt worden. Die Optionen ähneln sich bei den meisten Schatten- und Schein-Effekten.

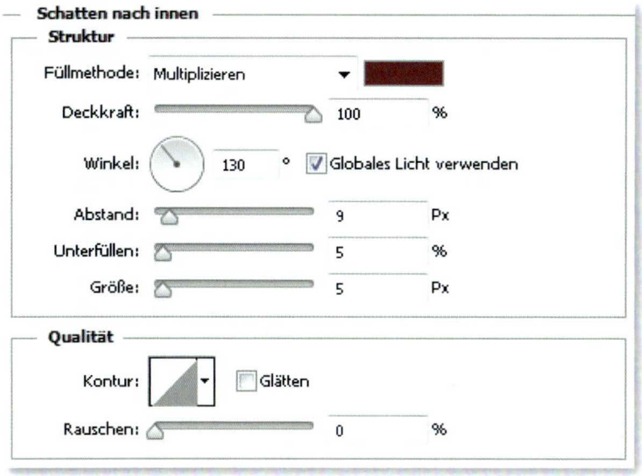

◀ **Abbildung 34.19**
Die Einstellungen für SCHATTEN NACH INNEN; ähnliche Optionen finden Sie bei fast allen Schatten- und Schein-Effekten.

Struktur: Woher kommt das virtuelle Licht? | Die ersten Einstellungen des SCHEIN NACH INNEN-Effekts beziehen sich auf FÜLLMETHODE, FARBE und DECKKRAFT und sollten Ihnen keine Schwierigkeiten bereiten. Den Farbwähler öffnen Sie durch Doppelklick auf das kleine Farbfeld.

Wenn Sie einen möglichst **naturalistischen Schattenwurf** produzieren wollen – egal ob nach innen oder als Schlagschatten –, sollten Sie als Füllmethode MULTIPLIZIEREN wählen. Oft wirkt es auch besser, statt des standardmäßig eingestellten Schwarz eine Farbe zu nehmen, die dem Hintergrund angepasst ist. Ich habe hier ein dunkles Rot als Schattenfarbe eingestellt. Die Konturenform war die einfache Diagonale.

Standardeinstellungen festlegen

Häufig gebrauchte Werte für Effekte können Sie als Standard festlegen. Wenn Sie die Effektbox aufrufen, sind diese Werte dann gleich eingestellt. Klicken Sie auf den Button ALS STANDARDEINSTELLUNG FESTLEGEN, um Werte als Default-Einstellung fixieren. Ein Klick auf AUF STANDARDEINSTELLUNG ZURÜCKSETZEN bringt den Effekt wieder auf Adobes Werkseinstellungen.

Unter Winkel legen Sie fest, aus welcher Richtung das virtuelle Licht kommen soll. Dazu drehen Sie einfach den Gradmesser oder geben Zahlenwerte ein. Wenn Sie ganz intuitiv arbeiten wollen, fassen Sie den Schatten im Bild einfach mit der Maus und verschieben ihn.

Die Gestalt des Schattens und seine Position bestimmen Sie mit Abstand, Unterfüllen und Grösse. Abstand legt fest, wie weit eine Schrift oder ein anderes freigestelltes Objekt über dem Hintergrund »schwebt«, und Grösse ist für die Ausdehnung des Schattens zuständig. Ist der Wert gering, folgt der Schatten präzise der Schriftform; ist er höher, wird der Schatten schnell bildfüllend. Gleichzeitig wird der Schatten durch einen höheren Grösse-Wert weichgezeichnet. Überfüllen vergrößert den Schatten ebenfalls, jedoch ohne dass er an Schärfe oder Präzision verliert.

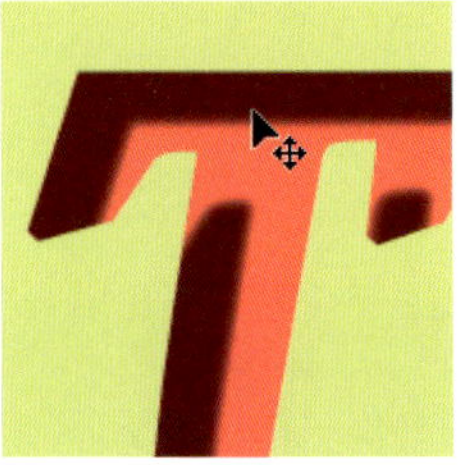

▲ **Abbildung 34.20**
Positionieren eines Schatteneffekts per Maus. Das klappt nur, wenn der Ebenenstil-Dialog geöffnet ist!

Qualität: Wie soll der Schatten aussehen? | Unter Qualität finden Sie wiederum die Kontureinstellung und außerdem die Option Rauschen. Ihr werden Sie noch des Öfteren begegnen. Das Rauschen löst einen weichen Farbverlauf in geditherte Sprenkel auf. Diese Option ist dann empfehlenswert, wenn Sie Texteffekte für das Web produzieren – die Bilddatei lässt sich kleiner speichern, und auch mit der Browser-Darstellung gibt es weniger Probleme.

Schein nach innen – selbstleuchtend

Schein nach innen sieht allein schon spektakulär aus, zusammen mit Relief und den anderen Schatten- und Scheineffekten ist er eine Grundzutat für komplexere Stile wie Glasschrift, Chromeffekt und Ähnliches.

▲ **Abbildung 34.21**
Mit Schein nach innen wurde der Text wie eine Lichtquelle inszeniert.
(Datei: »t_schein-innen.tif«)

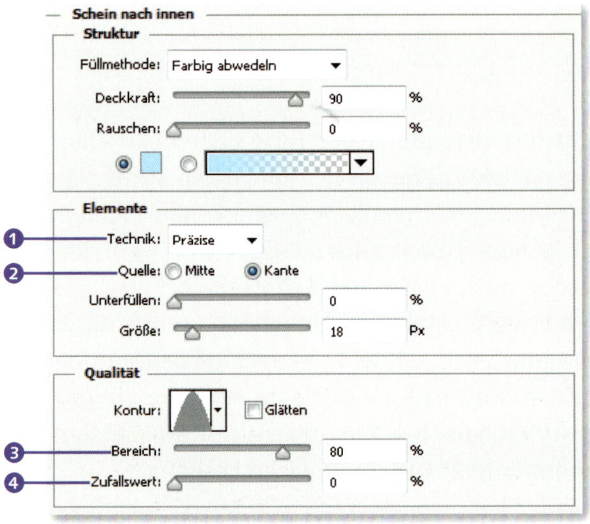

Abbildung 34.22 ►
Meine Einstellungen für die blaue Leuchtschrift

Elemente: Wie genau folgt das Licht den Objektkanten? | Im Dialogfeld treffen Sie auf viele Einstellungen, die Sie von den zuvor vorgestellten Effekten kennen. Neu ist die Option TECHNIK ❶. Damit legen Sie fest, wie genau der Schein an der Kontur ausgerichtet ist. Für kleinteilige Objekte und feinere Schriften empfiehlt sich PRÄZISE, da hier die Details besser erhalten bleiben. Entscheidend für die Erscheinung des Effekts ist die Einstellung QUELLE ❷. Damit legen Sie fest, in welche Richtung das imaginäre Licht strahlt: MITTE lässt eher die Schriftkanten erglühen, bei KANTE strahlt die Schrift von den Kanten weg nach innen.

Qualität: Leuchtstärke einstellen | BEREICH ❸ bestimmt quasi die Leuchtstärke der hinter dem Text angebrachten imaginären Lichtquelle. Ein geringer Wert führt zu einem breiten, scharf konturierten Schein, höhere Werte führen zu einem weichen und schmalen Lichtbereich. Technisch gesehen ist der Schein-Effekt ein Verlauf. Die Option ZUFALLSWERT ❹ variiert die Transparenz und die Farben in diesem Verlauf.

▲ **Abbildung 34.23**
GLANZ, mit einer leichten Reliefkante kombiniert.
(Datei: »t_glanz.tif«)

Glanz – wie Glas und Metall

Der Effekt GLANZ wird wohl eher selten allein benutzt, meist ergänzt er andere Effekte. Die Einstellungen bieten Ihnen kaum Neues – probieren Sie sie einfach aus. Lediglich die Option UMKEHREN ❺ ist bei noch keinem der bisher vorgestellten Effekte anzutreffen. Die Wirkung der unauffälligen Checkbox ist enorm – testen Sie es einmal selbst!

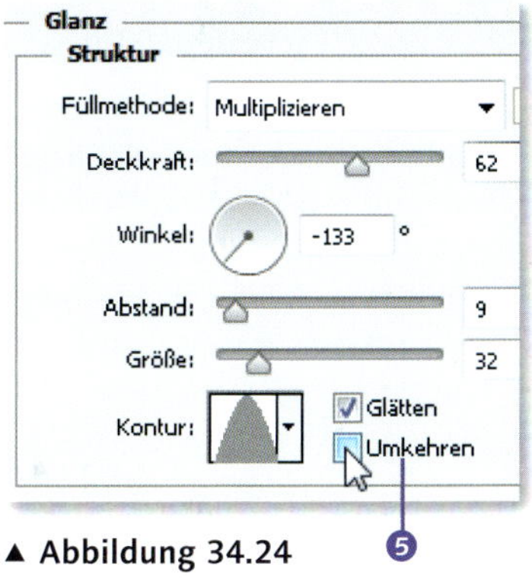

▲ **Abbildung 34.24**
Option UMKEHREN beim Glanz-Effekt.

Farbüberlagerung – Farbe flexibel bearbeiten

Die nächsten drei Effekte sind auch auf Ebenen ohne Transparenz anzuwenden. Sie sind Bestandteil vieler Foto-Verfremdungseffekte. Aber auch für Schrift finden sich effiziente Anwendungen.

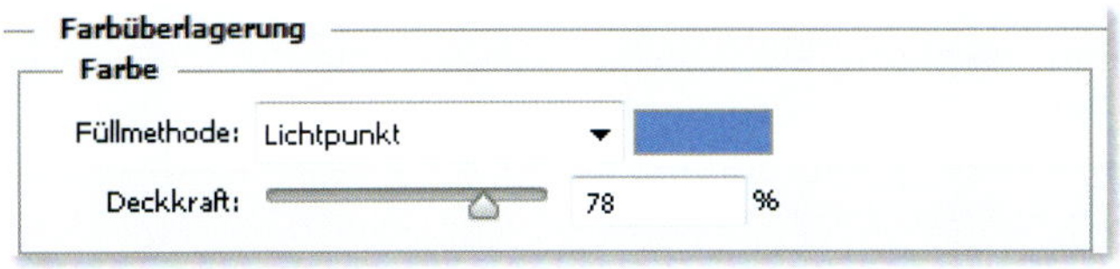

▲ **Abbildung 34.26**
Die Einstellungen für die FARBÜBERLAGERUNG sind unkompliziert.

▲ **Abbildung 34.25**
FARBÜBERLAGERUNG. Ich habe hier die rote Gelee-Schrift aus Abbildung 34.9 blau eingefärbt.
(Datei: »t_farbüberl.tif«)

Der Effekt FARBÜBERLAGERUNG ermöglicht das zielgerichtete nachträgliche Ändern der Farbwirkung von Schrift und anderen Ebenen. Der Schlüssel ist wiederum die Füllmethode! Nutzen Sie FARBÜBERLAGERUNG etwa, um Fotos künstlich altern zu lassen. Oder kombinieren Sie FARB-

Überlagerung mit anderen Effekten, um Schrift zu verfremden. Die Bedeutung der verschiedenen Füllmethoden erläutere ich in Kapitel 13, »Mischmodus: Pixel-Interaktion zwischen Ebenen«.

Verlaufsüberlagerung – Schrift gezielt kontrastieren

▲ **Abbildung 34.27**
Gezielte Abhilfe dank Verlaufsüberlagerung (Datei: »t_verlauf_2.tif«)

▲ **Abbildung 34.28**
Zu wenig Kontrast von Text und Hintergrund, besonders im oberen Bereich. Eine ähnliche Situation treffen Sie auch öfter an, wenn Sie Schrift auf Fotos setzen wollen. (Datei: »t_verlauf_1.tif«)

Der Verlauf ist eine der vielseitigsten Photoshop-Funktionen. Neben dem eigentlichen Verlaufswerkzeug gibt es Verläufe in verschiedenen anderen Tools. Sie helfen, immer neue Resultate zu erzielen – so auch bei den Ebeneneffekten.

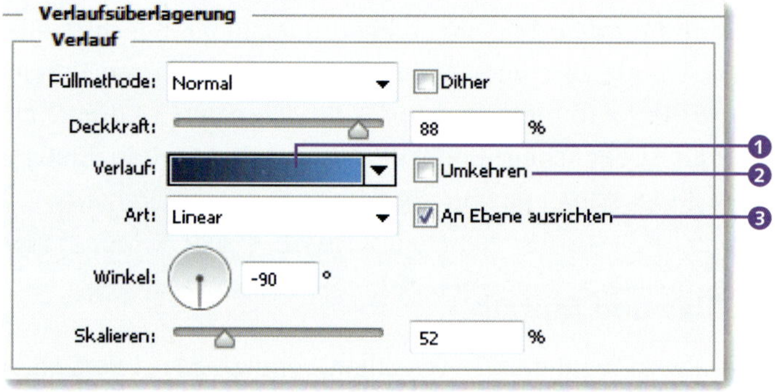

▲ **Abbildung 34.29**
Einstellungen für die Verlaufsüberlagerung. Sie unterscheidet sich nicht von der Funktionsweise des Verlaufswerkzeugs.

Ein Klick auf den Verlaufsbalken ❶ öffnet eine Liste, aus der Sie den gewünschten Verlauf auswählen. Diesen können Sie dann noch weiter anpassen.

Art legt fest, welche Form der Verlauf annimmt (siehe Abbildung 34.30). Winkel ist für die Akzentuierung von Schrift sehr nützlich: Damit bugsieren Sie die helleren oder per Verlauf abgedunkelten Bereiche recht genau an die Stelle der Schrift, an der sie sitzen sollen. Skalieren verkleinert oder vergrößert den Verlauf – in der praktischen Arbeit bedeutet das meist eine mehr oder weniger starke Weichzeichnungswirkung. Wenn Sie keinen Verlauf finden, der Ihnen zusagt, hilft vielleicht Umkehren ❷. Diese Option spiegelt die bisherige Verlaufsrichtung.

Einen Verlaufseffekt können Sie auch einfach im Bild mit der Maus anfassen und verschieben. Das ist extrem nützlich zur genauen Platzierung von Verläufen an der Stelle, wo Sie eine Aufhellung oder Abdunkelung brauchen. Dazu müssen Sie jedoch erst den Haken am Kontrollfeld An Ebene ausrichten ❸ lösen. Wenn Sie fertig sind, sollten Sie den Haken wieder setzen, um zu verhindern, dass Text und Muster unbeabsichtigt gegeneinander verschoben werden.

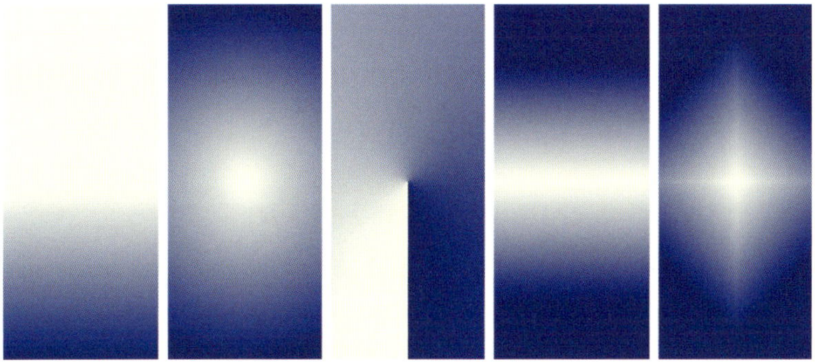

◀ **Abbildung 34.30**
Unterschiedliche Verlaufsformen. Von links: LINEAR, RADIAL, WINKEL, GESPIEGELT und RAUTE. Für die meisten Zwecke reicht ein Linearverlauf aus.

Musterüberlagerung – sehr flexibel

Der Effekt MUSTERÜBERLAGERUNG ist eine sehr gute Alternative zur Füllung von Ebenen mit Mustern (mit dem Füllwerkzeug oder mit dem Befehl BEARBEITEN • FLÄCHE FÜLLEN). Sie haben bei einer MUSTERÜBERLAGERUNG mehr Einstellungsmöglichkeiten und bleiben flexibel. Dieser Effekt wirkt nicht bei kleinen Schriften oder schmalen Strichstärken, sondern ist eher für kräftige Schriften oder Flächen geeignet.

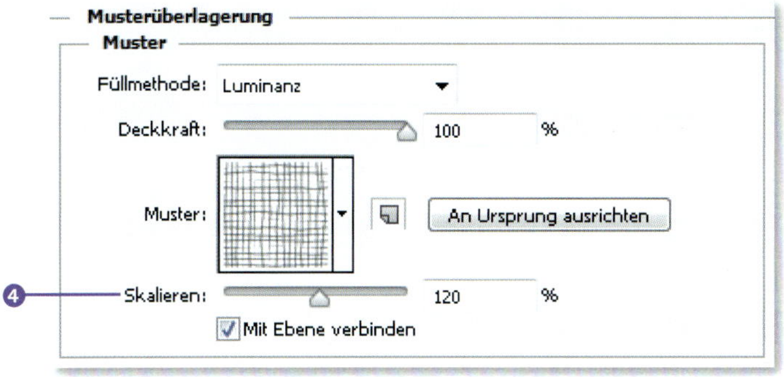

◀ **Abbildung 34.31**
Die wichtigsten Einstellungen für die MUSTERÜBERLAGERUNG.

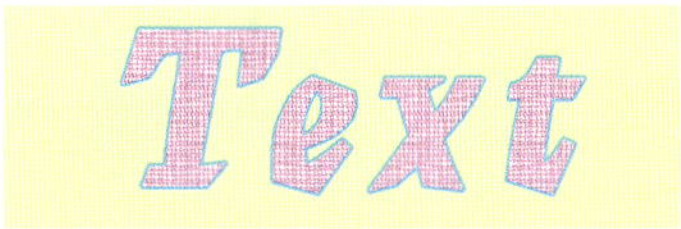

▲ **Abbildung 34.32**
Eine Reminiszenz an das Farbspektrum der Fünfziger: Text mit Musterfüllung (Datei: »t_musterüberl.tif«)

Die Optionen bieten keine Überraschungen mehr. Hervorzuheben ist lediglich SKALIEREN ❹. Dadurch bieten sich zahlreiche Differenzierungsmöglichkeiten beim Einsatz von Mustern – so kann ein und dasselbe Grundmuster in verschiedenen Größen sehr unterschiedlich wirken. Zusätzlich können Sie Muster wie Verläufe auch mit der Maus verschieben.

▲ **Abbildung 34.33**
Eine etwas Las-Vegas-mäßige Textakzentuierung mit SCHEIN NACH AUSSEN (Datei: »t_schein-aussen.tif«)

Schein nach außen – Lampe hinter dem Text

Als Einzeleffekt ist der SCHEIN NACH AUSSEN vielleicht ein wenig langweilig, zusammen mit anderen Effekten wie SCHEIN NACH INNEN oder RELIEF wird er aber recht häufig eingesetzt. Sie können auch mit diesem Effekt Schriften zu besserem Kontrast zum Hintergrund verhelfen!

Die angebotenen Optionen kennen Sie nun schon weitestgehend – die Einstellungen sind identisch mit den Optionen von SCHEIN NACH INNEN (siehe Seite 960).

Schlagschatten – nicht nur dezent-elegant

Der Schlagschatten-Effekt ist ein Klassiker. Als eleganter oder auch poppiger Soloeffekt kann er Schrift und Ebenenobjekte zum Schweben bringen. In Kombination verhilft er 3D-Effekten zu noch mehr Plastizität.

Die Einstellungen sind fast identisch mit denen des Effekts SCHATTEN NACH INNEN (siehe Seite 959). Der einzige Unterschied: Statt UNTERFÜLLEN finden Sie hier das ÜBERFÜLLEN. Da der Schatten nun in »Gegenrichtung« funktioniert, wurde auch diese Berechnung umgekehrt. Die Wirkung ist aber dieselbe: Der Schatten wird größer, ohne an Präzision zu verlieren.

▲ **Abbildung 34.34**
Den typischen Schattenwurf haben Sie schon in zahlreichen Varianten gesehen ...
(Datei: »t_schlagschatten_klassik.tif«)

▲ **Abbildung 34.35**
... aber auch so etwas bewerkstelligen Sie mit dem Effekt SCHLAGSCHATTEN. Verantwortlich für die überraschende Outline ist die Option KONTUR.
(Datei: »t_schlagschatten_70s.tif«)

34.3 Effekte modifizieren

Die Effektbox bietet unzählige Variationsmöglichkeiten. Dennoch bleiben es Effekte »von der Stange«, und man wünscht sich manchmal ein wenig mehr Originalität, um Schrift oder anderen Objekten ein unverwechselbares Gesicht zu geben.

Eine effiziente Möglichkeit sind Photoshops Filter. Um Filter anzuwenden, müssen Sie Schriften allerdings zuvor rastern oder in Smartobjekte umwandeln. Gerastert sind Texte gar nicht mehr editierbar, als Smartobjekt nur mit einem Umweg.

Zum Weiterlesen
Mehr über **Smartobjekte** lesen Sie in Abschnitt 12.4, »Unterschätzte Datencontainer: Smartobjekte«. Alles über Filter erfahren Sie in Teil X, »Filter – kreativ und effektiv«.

Eine weitere Variation ist es, in der Ebenen-Palette mit der Einstellung FLÄCHE zu spielen. Setzen Sie diesen Wert auf 0, wird der Inhalt der Ebene ausgeblendet – der Ebeneneffekt bleibt jedoch weiterhin sichtbar. Besonderen Charme entwickeln so bearbeitete Schriften oft, wenn Sie sie auf einen strukturierten Untergrund oder ein Foto stellten. Einige Beispiele:

▲ **Abbildung 34.36**
Alle Effekte mit ausgeblendeter Textebene: SCHEIN NACH AUSSEN (Datei: »Himmel1.tif«)

▲ **Abbildung 34.37**
SCHEIN NACH INNEN (Datei: »Himmel2.tif«)

▲ **Abbildung 34.38**
ABGEFLACHTE KANTE UND RELIEF plus SCHEIN NACH INNEN (Datei: »Himmel3.tif«)

Ebeneneffekte in Ebenen umwandeln | Im normalen Zustand als Ebeneneffekt lassen sich Stile zwar jederzeit editieren, aber wie bereits erwähnt nicht mit Filtern bearbeiten, nicht transformieren oder anders verfremden. Allerdings gibt es eine Möglichkeit, wie Sie dennoch zu solchen erweiterten Bearbeitungsmöglichkeiten kommen. Dazu wandeln Sie den Ebenenstil mit dem Befehl EBENE ERSTELLEN ❸ in eine Ebene um. Sie finden den Befehl im Kontextmenü des Effekts in der Ebenen-Palette. Da die Ebenen-Palette mit Kontextmenüs geradezu gespickt ist, müssen Sie genau klicken (siehe Abbildung 34.39).

Dafür müssen Sie jedoch fast alle praktischen Änderungsoptionen der Ebeneneffekte opfern: Die so generierte Ebene können Sie über die Effektbox und deren zahlreiche Optionen nur noch in geringem Maße beeinflussen. Und wenn Sie Text oder andere Ebeneninhalte nachträglich ändern, bleibt der in eine Ebene umgewandelte Effekt unverändert – die ursprüngliche Verknüpfung zwischen Ebene und Ebeneneffekt ist aufgelöst.

Solche eigenständigen Ebenen lassen sich jedoch mit allen anderen Photoshop-Tools problemlos weiterbearbeiten. Nicht nur für Texteffekte erweitern Sie damit Ihre kreativen Möglichkeiten und können eigene Layouts jenseits der »Stile von der Stange« kreieren.

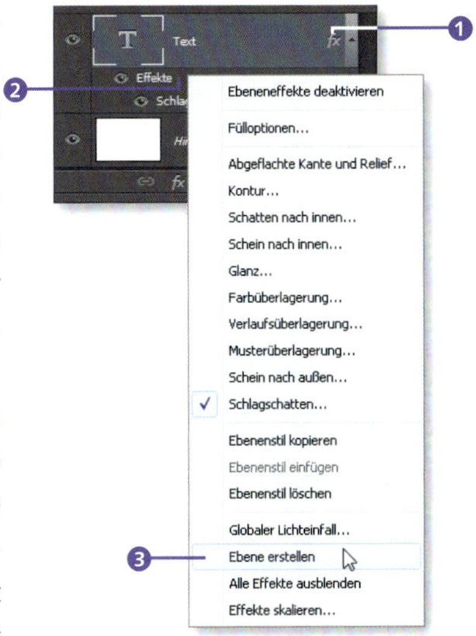

Abbildung 34.39 ▲
Klicken Sie über dem »fx« in der Ebenenzeile ❶ oder direkt über dem Namen des Stils ❷, um das Stile-Kontextmenü zu erwischen.

▲ **Abbildung 34.40**
Die Ausgangsdatei ...

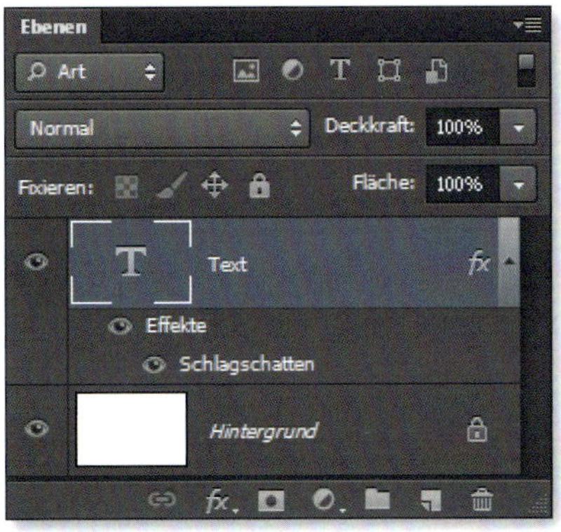

▲ **Abbildung 34.41**
... und der Ebenenaufbau. Ganz simpel: Hintergrundebene, Textebene, Effekt SCHLAGSCHATTEN

▲ **Abbildung 34.42**
An dieser Datei wurde bereits etwas geändert – man sieht es dem Bild jedoch nicht an.

▲ **Abbildung 34.43**
Mit EBENE ERSTELLEN wurde aus dem Effekt eine eigenständige Ebene gemacht.

▲ **Abbildung 34.44**
Die Schatten-Ebene wurde per Transformation verzerrt und mit einer Maske teilweise ausgeblendet.

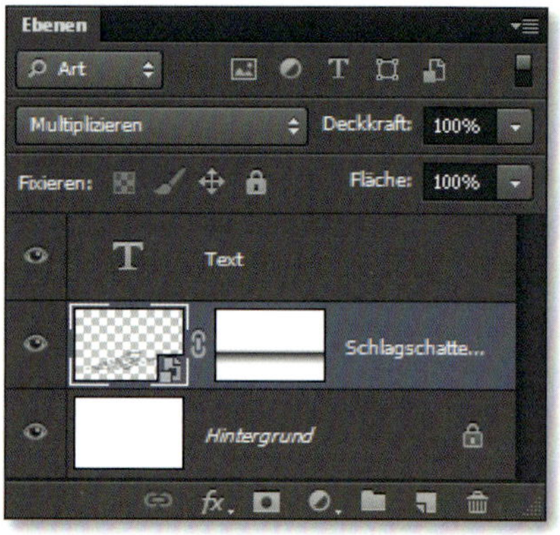

▲ **Abbildung 34.45**
Die Ebenen-Palette verrät den Aufbau.

34.4 Effekte zeitsparend anwenden

Wenn Sie inzwischen selbst ein wenig mit der Effektbox herumgespielt haben, ist Ihnen vermutlich aufgefallen, dass Sie eine ganze Weile herumprobieren müssen, bis ein Effekt oder Stil zufriedenstellend wirkt.

Ebenenstile auf andere Ebenen übertragen

Um einen einmal erstellten Stil schnell auf eine andere Ebene zu übertragen, haben Sie mehrere Möglichkeiten:

- **Verschieben per Drag & Drop**: Fassen Sie den Stil in der Ebenen-Palette an, und ziehen Sie ihn auf eine andere Ebene. Auf diese

Weise übertragen Sie ganze Effektkombinationen oder auch nur einzelne Effekte.

- **Kopieren per Drag & Drop**: Wenn Sie Ihren Effekt auf eine andere Ebene kopieren wollen, er jedoch bei der Ausgangsebene ebenfalls erhalten bleiben soll, halten Sie beim Ziehen-und-Fallenlassen zusätzlich `Alt` gedrückt.

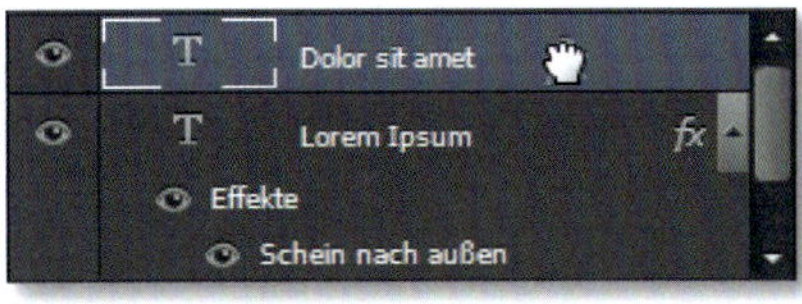

▲ **Abbildung 34.46**
Beachten Sie die Anzeige. So wird ein Effekt verschoben …

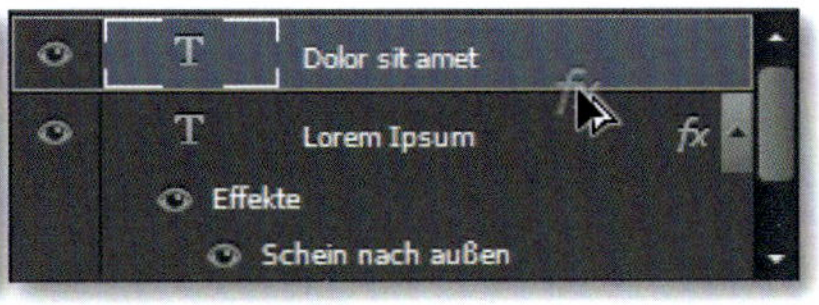

▲ **Abbildung 34.47**
… und so wird er kopiert.

- Um Stile gleichzeitig auf mehrere andere Ebenen oder in andere Dateien zu übertragen, wählen Sie Ebene • Ebenenstil • Ebenenstil kopieren oder nutzen denselben Befehl im Kontextmenü ❷ der Ebenen-Palette (klicken Sie über dem »fx«-Symbol der jeweiligen Ebene ❶). Wählen Sie die Ebenen oder die neue Datei aus, in die Sie den Stil einfügen wollen, und rufen Sie den Befehl Ebenenstil einfügen ❸ auf.

◀ **Abbildung 34.48**
Stile übertragen per Kontextmenü

Stile-Palette: Stile sichern und dauerhaft nutzen

Es ist zwar recht komfortabel, mit der Effektbox zu arbeiten, die Erstellung einzelner Effekte und komplexer Stile kann jedoch eine Menge Zeit kosten. Mit der Stile-Palette lassen sich eigene Stile dauerhaft konservieren und sind jederzeit verfügbar. Außerdem hält Photoshop dort eine

Reihe vorgefertigter Stile zur Benutzung bereit. Sie öffnen die Palette mit dem Menübefehl FENSTER • STILE.

Um Stile zu speichern, reicht es, die Ebene mit dem Stil, den Sie in der Stile-Palette ablegen wollen, zu aktivieren und dann mit dem Mauszeiger an das Ende der Liste in der Stile-Palette zu fahren. Der Mauscursor nimmt die Form eines Fülleimers an, und Sie können klicken, um den Stil zur Palette hinzuzufügen.

▲ **Abbildung 34.49**
Um einen Stil zu speichern, klicken Sie in der Stile-Palette und geben danach einen Namen für Ihren Stil ein.

▲ **Abbildung 34.50**
Anschließend erscheint der neue Stil unter dem von Ihnen vergebenen Namen in der Liste.

Zum Weiterlesen
In Abschnitt 7.5, »Farbfelder, Muster, Stile & Co: Kreativressourcen organisieren«, finden Sie weitergehende Informationen über das **Verwalten von Vorgaben** wie Stilen, Mustern, Verläufen, Farbfeldern und anderen kreativen Grundstoffen.

Stile einer Ebene zuweisen | Durch einen einfachen Klick auf den gewünschten Stil in der Stile-Palette ordnen Sie diesen der aktiven Ebene eines Bildes zu. Alternativ fassen Sie den Stil mit der Maus an und ziehen in der Ebenen-Palette auf eine beliebige Ebene. Danach können Sie Stile auch noch mit der Effektbox modifizieren.

TEIL XII
Pfade und Formen

Kapitel 35

Photoshop kann auch Vektoren: Formwerkzeuge

Photoshop kann nicht nur Pixel, sondern beherrscht auch (Vektor-)Pfade. Eine der häufigsten Anwendungen: pfadbasierte Formen. Sie lassen sich flexibel bearbeiten, verlustfrei skalieren und eignen sich gut für Logos oder Composings.

35.1 Pfade und Formen in der Pixelwelt

Photoshop ist unbestritten ein Pixelspezialist – mit einem klaren Schwerpunkt auf der Bildbearbeitung. Dennoch finden sich hier einige Funktionen, die eigentlich für Zeichenprogramme wie Adobe Illustrator, Corel Draw oder FreeHand charakteristisch sind. Zwar reicht der Funktionsumfang von Photoshop nicht an die klassischen Vektoranwendungen heran, doch Sie können vektorbasierte Pfade und durch Pfade definierte Formen erstellen und bearbeiten.

Was sind Pfade? | Pfade liegen auf dem Bild, sie werden nicht mitgedruckt, können aber mit der Datei gespeichert werden. All das trifft auch auf pixelbasierte Auswahllinien zu. Pfade jedoch werden durch Vektorlinien definiert. Durch Pfade beschriebene Objekte belegen daher wenig Speicherplatz, können verlustfrei skaliert und transformiert werden und sind beim Drucken auf einem Industrie- oder PostScript-Drucker immer scharf. Allerdings können vektorbasierte Gestaltungselemente keine weichen Übergänge oder Teiltransparenz darstellen. Bildelemente, die auf Grundlage von Pfaden erstellt wurden, haben harte Konturen.

Pfade dienen beispielsweise als geschwungene Grundlinie für Schrift oder als Führung für Malwerkzeuge. Als **Beschneidungspfade** definieren sie transparente Bildpartien, die bei der Übertragung in Layout-

Zum Weiterlesen
Mit Hilfe der Masken-Palette können Sie **harte Konturen von Vektorobjekten sanft auslaufen lassen**. Wie das geht, lesen Sie im Abschnitt »Konturbereiche von Masken nachbessern« auf Seite 499.

programme übernommen werden können. Bei Vektormasken sorgen sie für gestochen scharfe Kanten.

Die Grenze zwischen vektor- und pixelbasierten Elementen ist in Photoshop durchlässig: Formen und manche Pfade lassen sich ohne Umstände in pixelbasierte Elemente umwandeln. Pfade können in Auswahlen transformiert werden, und umgekehrt lassen sich aus Auswahlen Pfade generieren.

Pfade definieren Formen | Außerdem sind Pfade die **Grundlage von Formen**. Damit sind in diesem Fall nicht beliebige Konturen oder Umrisse gemeint, sondern ein Photoshop-typisches Gestaltungselement. Solche Formen werden mit Hilfe der sechs Formwerkzeuge erzeugt; wenn Sie mit dem Eigene-Form-Werkzeug arbeiten, können Sie auf Formen aus Photoshops Formen-Bibliotheken zurückgreifen. Dort finden Sie Formen jeder Art: Piktogramme, Schmuckelemente Pfeile, Strukturen, Sprechblasen, Rahmen und anderes. Solche Formen können Sie überdies beliebig mit Farben, Verläufen oder Mustern füllen und mit einer Kontur versehen.

Geeignete Speicherformate | Nicht alle Dateiformate können Pfade oder pfadbasierte Formen aufnehmen. Unter Windows sind es Photoshops Hausformat PSD, der Universalist TIFF, natürlich auch PDF, EPS und DCS (eine EPS-Variante) und JPG und JPEG 2000. Unter Mac OS werden Pfade in allen verfügbaren Dateiformaten unterstützt. Beim Transfer zu Windows können sie jedoch verlorengehen.

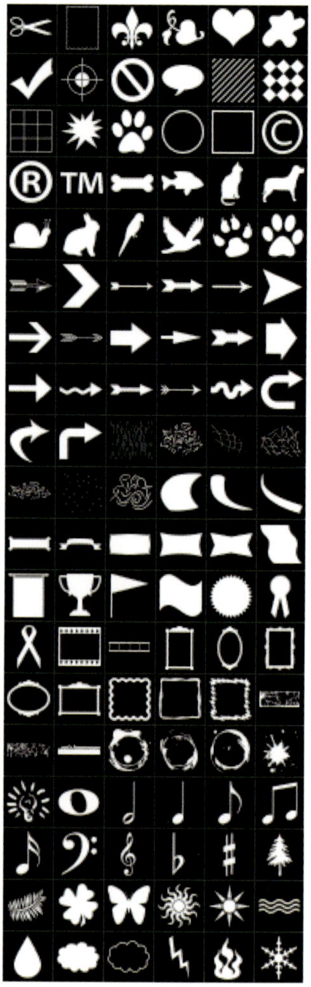

▲ **Abbildung 35.1**
Kleiner Ausschnitt aus Photoshops Formen-Bibliotheken.

Zum Weiterlesen
Formen gehören zu Photoshops sogenannten **Vorgaben**, ebenso wie Farbfelder, Verläufe und Muster, die Sie bei der Arbeit mit Formen vermutlich häufig brauchen werden. Wenn Sie über den Umgang mit Vorgaben noch nicht Bescheid wissen, sollten Sie unbedingt einen Blick in Abschnitt 7.5, »Farbfelder, Muster, Stile & Co.: Kreativressourcen organisieren«, werfen.

35.2 Formwerkzeug-Basics

Die Formwerkzeuge sind einfach anzuwenden: Wenn Sie Ihre Maus diagonal bewegen können, können Sie auch eine Form erstellen. Der springende Punkt sind jedoch die zahlreichen Optionen, mit denen Sie Aussehen und Verhalten der Formwerkzeuge maßgeblich beeinflussen. Diese Optionen sollten Sie kennen, um die Formwerkzeuge voll auszureizen.

Welche Unterwerkzeuge gibt es?

Gleich sechs verschiedene Formwerkzeuge zum Erstellen jeder erdenklichen Form hat Photoshop im Angebot. In der Werkzeugleiste sind sie unter einer Schaltfläche zusammengefasst. Sie finden dort:

- das Rechteck-Werkzeug U für rechteckige und quadratische Formen

- das Abgerundetes-Rechteck-Werkzeug U, das sich gut für das Erstellen von Buttons mit gerundeten Ecken eignet
- das Ellipse-Werkzeug U für Kreise und Ellipsen
- ein Polygon-Werkzeug U für mehreckige Formen
- ein Linienzeichner-Werkzeug U für Pfeile und Linien
- das Eigene-Form-Werkzeug U, mit dem auch das Blattornament in den Beispielbildern dieses Kapitels angelegt wurde, eine Form, die aus einer der von Adobe mitgelieferten Formen-Bibliotheken stammt

Funktionsweise und die zur Verfügung stehenden Optionen sind bei allen Werkzeugen annähernd gleich.

Mehr Effizienz für Formwerkzeuge
Die Formwerkzeuge waren immer etwas umständlich, nun wurden sie gründlich überarbeitet – mit deutlichen Anklängen an Illustrator und Aufmerksamkeit bis ins Detail.

Formwerkzeuge anwenden

Ihre Vorgehensweise sollte in etwa so aussehen: Rufen Sie das gewünschte Werkzeug auf, stellen Sie die Optionen ein, und klicken Sie in das Bild. Sie können die Form dabei mit gehaltener Maustaste beliebig groß aufziehen oder auch im Voraus in den Formoptionen eine feste Größe angeben (das geht über das Zahnrad-Symbol in der Optionsleiste). Wie Sie danach vorgehen, liegt an Ihren Voreinstellungen.

- Sie **ziehen die Form auf,** indem Sie den Cursor über das Bild setzen, die Maustaste gedrückt halten und diagonal wegziehen. Sobald Sie die Maus loslassen, ist die neue Form erstellt.
  Halten Sie die Maustaste weiterhin gedrückt, und drücken Sie zusätzlich die Leertaste, um die **Formkontur zu verschieben**. Wie alle Ebenen können Sie auch Formebenen nachträglich verschieben.
- Wenn Sie für Ihre neue Form eine **fixe Größe** eingestellt haben, genügt auch **Klicken ins Bild**: Ihre neue Form erscheint sofort.

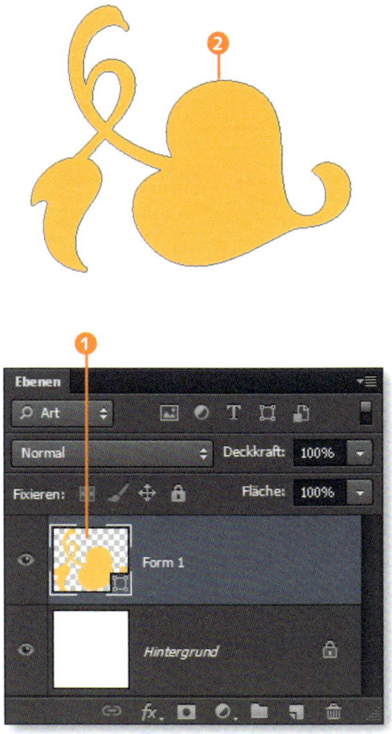

▲ Abbildung 35.2
Beispiel für eine Form. Die feine Begrenzungslinie ❷ ist keine Kontur, sondern der definierende Pfad. In der Ebenen-Palette sehen Sie die neue Miniaturdarstellung.

Formebene | In jedem Fall sehen Sie danach in der Ebenen-Palette die neue Formebene ❶. Diese besteht nicht mehr, wie aus älteren Photoshop-Versionen gewohnt, aus einer Füllebene plus Vektormaske, sondern wird jetzt mit einer einteiligen Miniatur dargestellt.

35.3 Die wichtigsten Optionen

Das Formwerkzeug mit seinen insgesamt sechs Einzeltools brachte bereits in den Vorversionen eine Unzahl an Optionen und Einstellungsmöglichkeiten mit.

Form, Pfad oder Pixel

In dieser Photoshop-Version sind die Einstellungsmöglichkeiten noch ausgefeilter geworden. Die Bedienung der Werkzeuge wird dadurch jedoch nicht komplizierter – sie ist eher einfacher und effizienter geworden.

▼ **Abbildung 35.3**
Die Optionen für das Erstellen von Formebenen, hier beim Eigene-Form-Werkzeug

1. Werkzeugmodus
2. Füllung der Formfläche
3. Füllung der Formkontur
4. Breite der Konturlinie
5. Detailoptionen für die Konturlinie
6. Maße des aktuellen Objekts (Form oder Pfad)
7. Pfadvorgänge (Überlappungsmodus)
8. Pfadausrichtung (Relation von Pfaden/Formen zueinander)
9. Pfadanordnung (Schichtung übereinander)
10. Größe, Proportionen und Aufziehverhalten
11. Formenbibliothek (nur beim Eigene-Form-Werkzeug)
12. Ausrichten am Pixelraster

Werkzeugmodus | Die Dropdown-Liste Werkzeugmodus (1) finden Sie bei allen Form- und Zeichenwerkzeugen. Die Wirkung dieser Einstellung ist gravierend, denn hier legen Sie fest, wie der Pfad, den Sie mit dem Betätigen der Form- oder Zeichenwerkzeuge erstellen, weiterverarbeitet wird.

- Die Einstellung Form erstellt automatisch eine Formebene, so wie sie in Abbildung 35.2 zu sehen ist.
- Wenn Sie hier Pfad wählen, wird der Pfad nur als Pfad angelegt und zunächst nicht gefüllt.
- Ist die Einstellung Pixel aktiv, entsteht keine Vektorebene, sondern es werden innerhalb der Formkonturen umstandslos Pixel in der aktuellen Vordergrundfarbe in das Bild eingefügt. Wenn Sie vorher keine leere Ebene anlegen, werden die Pixel direkt auf der aktuellen Ebene eingefügt und mit ihr verschmolzen.

Größe und Proportion

Indem Sie in der Werkzeugleiste eines der Formwerkzeuge wählen – und, sofern Sie mit dem Eigene-Form-Werkzeug  arbeiten, eine Form aus der Bibliothek wählen –, geben die Gestalt der Form, die Sie anlegen, grob vor. Doch während Sie die Form mit der Maus aufziehen, haben Sie ebenfalls Einfluss auf Größe und Seitenverhältnis der Form. Die Detailoptionen des jeweiligen Formwerkzeugs helfen Ihnen, die Form mit der gewünschten Größe und Proportion anzulegen. Außerdem steuern Sie dort, wie sich die Form beim Aufziehen verhält. Sie erreichen die Optionen durch Klicken auf den kleinen Zahnrad-Button  10.

Eigene-Form-Werkzeug | Die Optionen des Eigene-Form-Werkzeugs finden Sie bei den meisten anderen Formwerkzeugen wieder.

◀ **Abbildung 35.4**
Einstellungen zu Größe, Proportion und Aufziehverhalten des Eigene-Form-Werkzeugs

- Ohne Einschränkungen bedeutet, dass Sie die Breite und Höhe von Rechtecken, abgerundeten Rechtecken, Ellipsen oder eigenen Formen durch Ziehen beliebig festlegen können.
- Festgelegte Proportionen gewährleistet originalgetreue Formen, so wie sie in der Formenliste aufgeführt werden. Die Form kann beliebig groß aufgezogen werden.
- Definierte Grösse erhält die Originalproportionen und die Originalgröße, in der die Form angelegt und in der Liste gespeichert wurde. Hier müssen Sie die Form nicht mehr aufziehen: Es genügt, in das Bild zu klicken.
- Feste Grösse funktioniert für Rechtecke, abgerundete Rechtecke, Ellipsen und eigene Formen. Deren Größe basiert dann auf den eingegebenen Werten. Auch hier genügt ein Klick ins Bild, um die Form zu erzeugen.
- Vom Mittelpunkt aus kann zu allen übrigen Optionen immer dazugenommen werden (für Rechtecke, abgerundete Rechtecke, Ellipsen und eigene Formen).

Form für das Eigene-Form-Werkzeug

Wenn das Eigene-Form-Werkzeug aktiv ist, erreichen Sie die Bibliothek 11 mit vorgefertigten Formen (Ornamenten und Zeichen), die Sie auch noch selbst ergänzen können.

▲ **Abbildung 35.5**
In der Liste finden Sie zahlreiche von Adobe mitgelieferte Formen.

Ellipse- und Rechteck-Werkzeuge | Für das Erzeugen von Rechteck-, Ellipsen- und Abgerundetes-Rechteck-Formen gibt es ähnliche Optionen:

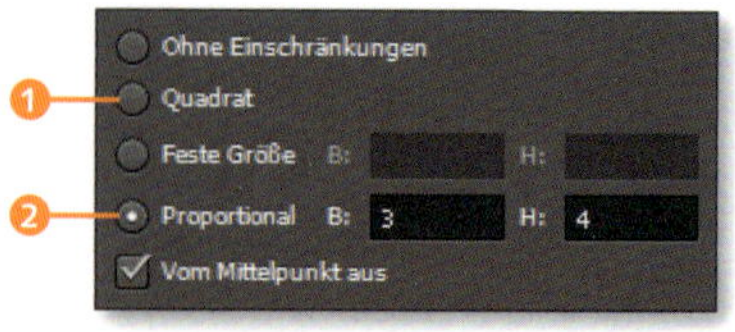

▲ **Abbildung 35.6**
Optionen des Rechteck-Werkzeugs

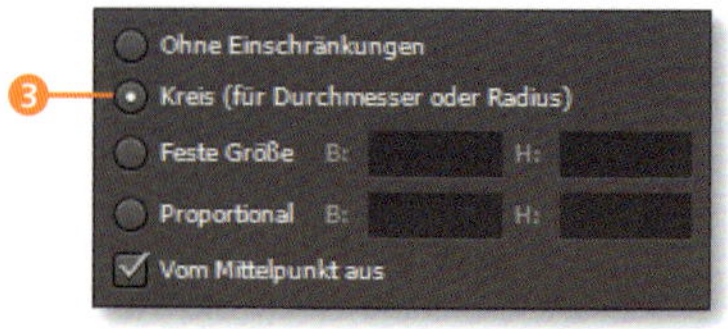

▲ **Abbildung 35.7**
Ellipsen-Optionen

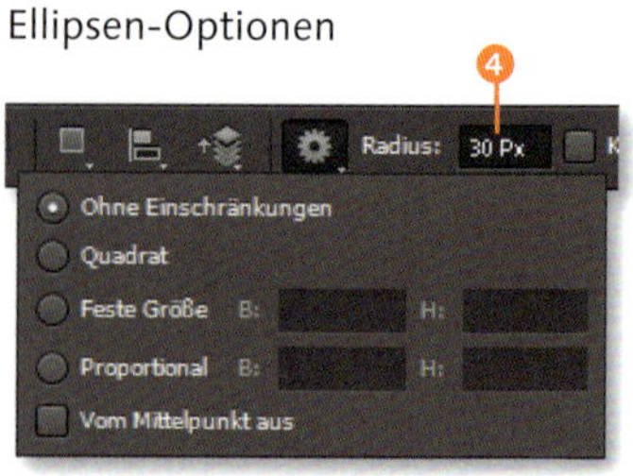

▲ **Abbildung 35.8**
Optionen für das Abgerundetes-Rechteck-Werkzeug

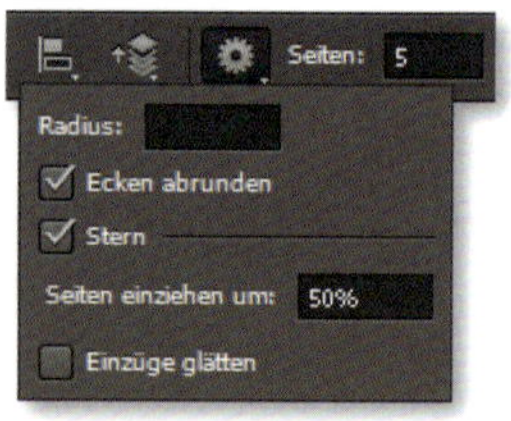

▲ **Abbildung 35.9**
Detailoptionen für das Polygon-Werkzeug

▲ **Abbildung 35.10**
Ein 33-seitiges Polygon in Kombination mit den Detaileinstellungen Stern und Einzüge glätten ist die Grundlage dieser Form.

- Die Rechteck-Werkzeug-Option Quadrat ① schränkt die Form auf ein exaktes Quadrat ein.
- Beim Ellipse-Werkzeug gibt es die Option Kreis ③. Ist sie aktiv, erzeugen Sie keine Ellipsen, sondern Kreise.
- Proportional ② erstellt Rechtecke, abgerundete Rechtecke und Ellipsen in beliebiger Größe, aber mit festen Proportionen, die auf den in den Eingabefeldern Breite und Höhe eingegebenen Werten basieren, wie z. B. 1:2, 1:3 etc.
- Eine wichtige Einstellung des Abgerundetes-Rechteck-Werkzeugs findet sich nicht im Flyout-Menü, sondern rechts daneben in der Optionsleiste. Radius ④ steuert die Rundung der Ecken.

Polygon-Werkzeug | In der Optionsleiste finden Sie für das Polygon-Werkzeug die Option Seiten, mit der Sie festlegen, wie viele Seiten das Polygon haben soll. Hier sind auch sehr hohe Werte möglich – die brauchen Sie, wenn Sie etwa vielstrahlige Sterne erzeugen wollen.

Hinter dem Zahnrad-Icon (Abbildung 35.9) verbergen sich die Detaileinstellungen – und die haben es in sich, denn damit erweitern Sie das Formenrepertoire beträchtlich:

- Radius legt den Abstand von der Mitte bis zu den äußeren Punkten des Polygons fest.
- Ecken abrunden erzeugt ein Polygon mit abgerundeten Ecken.
- Stern macht aus einem langweiligen Polygon eine Sternform, also ein Polygon, bei dem die Seiten teilweise nach innen gezogen sind.
- Seiten einziehen um ist nur aktiv, wenn auch die Option Stern in der Checkbox angehakt ist. Der Wert bei Seiten einziehen um legt prozentual den von den Zacken eingenommenen Teil des Radius fest. Bei einem Wert von 50 % werden Zacken erstellt, die die Hälfte des Gesamtradius des Sterns ausmachen. Bei einem höheren Wert werden spitzere, dünnere Zacken erstellt, bei einem niedrigeren Wert vollere.
- Einzüge glätten ist das bei Sternformen wirksame Pendant zu Ecken abrunden – die Rundungswirkung bezieht sich auf die Winkel, in denen die einzelnen Zacken aufeinandertreffen.

Linienzeichner-Werkzeug | In der Optionsleiste legen Sie die Stärke der Linie fest, im Dropdown-Menü finden Sie die Einstellungen für Pfeile.

- Anfang und Ende bestimmen, an welchem Ende der Linie etwaige Pfeilspitzen angesetzt werden.
- Breite und Länge beziehen sich nicht auf die Linie, sondern auf die Pfeilspitzen. Die Prozentwerte, die Sie dort eintragen, sind relativ

zur Linienstärke. Erstellen Sie also eine 5 Pixel starke Linie mit einer Pfeilspitze, deren Breite 400% und deren Länge 500% beträgt, ist die Pfeilspitze 20 Pixel breit und 25 Pixel lang.

- Mit dem Wert unter Rundung definieren Sie die Stelle der Pfeilspitze, an der diese auf die Linie trifft. Je höher der Wert ist, desto stärker wird die eigentliche Pfeilspitze durch die auf sie treffende Linie »eingedellt« (Abbildung 35.11 und 35.12).

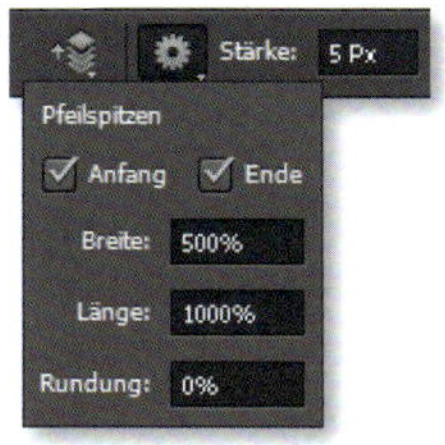

▲ **Abbildung 35.11**
Mit dem Linienzeichner können Sie auch Pfeile erzeugen.

35.4 Farbige Füllung für die Form

Ohne farbige Füllung wären Formen nur halb so interessant. Füllen Sie die Formfläche mit solider Farbe, einem Verlauf oder einem Muster, oder lassen Sie sie leer (und versehen Sie sie vielleicht nur mit einer Kontur).

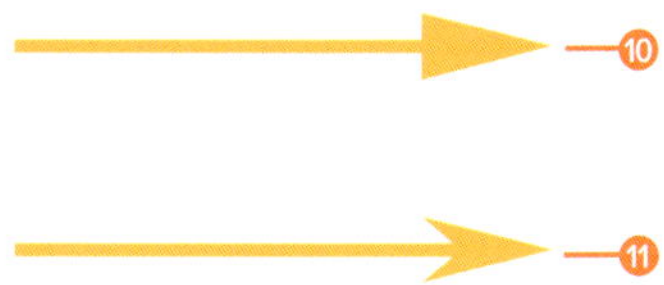

▲ **Abbildung 35.12**
⑩ Rundung 0%, ⑪ Rundung 30%

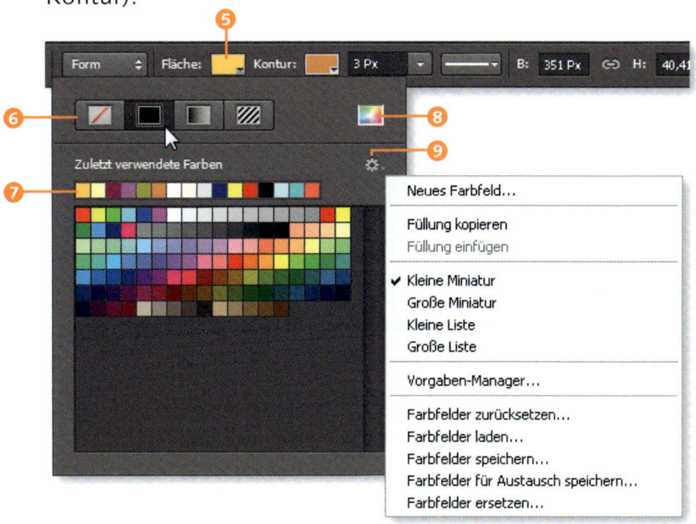

◀ **Abbildung 35.13**
Einstellungen für die Flächenfüllung einer Form, hier für Farbfüllungen

Um die umfangreichen Einstellungen für die Füllung der Formfläche zu erreichen, klicken Sie in der Optionsleiste auf das kleine Farbfeld ⑤ neben dem Eintrag Fläche. Als Erstes müssen Sie durch Klicken auf einen der Buttons ⑥ festlegen, ob Sie ihre Form

- leer lassen,
- mit einer soliden Farbfläche,
- einem Verlauf oder
- einem Muster

füllen wollen. Unter Zuletzt verwendete Farben ⑦ finden Sie die Farben, Verläufe oder Muster, die Sie in Photoshop zuletzt genutzt haben – das erspart langes Suchen. Ein Klick auf das bunte Farbfeld ⑧ öffnet den Farbwähler, mit dem Zahnrad-Icon 9 rufen Sie die Verwaltungseinstellungen für die jeweilige Vorgabe auf.

Zum Weiterlesen
Wie **Farbfelder** funktionieren, können Sie im Detail in Abschnitt 27.6, »Schnellzugriff auf Lieblingsfarben: Die Farbfelder-Palette«, nachlesen. Alles über den Umgang mit **Verläufen** lesen in Abschnitt 29.2, »Das Verlaufswerkzeug: Farbverläufe erstellen«. Mehr über **Muster** erfahren Sie in Abschnitt 29.3, »Vielseitige Kreativressource: Muster«.

Die weiteren Einstellungen richten sich nach Ihrer Vorauswahl. Haben Sie FARBFLÄCHE gewählt, erscheinen hier Farbfelder, wie Sie sie von der Palette FARBFELDER kennen. Die Einstellungen für einen VERLAUF funktionieren so wie beim Verlaufswerkzeug und an vielen anderen Stellen in Photoshop. Und die MUSTER funktionieren beim Formwerkzeug ebenso wie beim Ebenenstil MUSTERFÜLLUNG, beim Füllwerkzeug und an vielen anderen Stellen in Photoshop. Die größte Schwierigkeit beim Zuweisen einer Füllung ist vermutlich, sich für eine der vielen Möglichkeiten zu entscheiden.

35.5 Kontur – Anpassung bis ins Detail

Konturoptionen einfach bearbeiten
Über den Ebenenstil KONTUR konnte man Formen bereits in älteren Programmversionen mit einer Konturlinie versehen. Das geht immer noch, doch jetzt finden Sie ausgefeilte Konturoptionen direkt in der Optionsleiste der Formwerkzeuge.

Ergänzend zur Flächenfüllung oder als Alternative können Sie Formen auch eine Konturlinie zuweisen. Neben der Konturfarbe, die Sie ähnlich festlegen wie die Farbe der Formfüllung, stehen Ihnen viele Optionen zur Verfügung, mit denen Sie Linienart, -position und -füllung festlegen.

Linienbreite und -art

Die wichtigsten Einstellungen für Linien erreichen Sie direkt in der Formwerkzeug-Optionsleiste, ohne Menüs oder Listen aufklappen zu müssen: die Linienstärke 1 und die Art 2 der Linie.

- Für die **Linienstärke** können Sie nicht nur den gewünschten Wert, sondern auch die Einheit (Px, Pt, mm oder sogar cm) eingeben.
- Bei der **Linienart** haben Sie zunächst die Wahl zwischen durchgezogenen, gestrichelten und punktierten Linien; dieses Sortiment lässt sich durch manuell definierte Linienarten erweitern.

▲ **Abbildung 35.14**
Optionen für Konturlinien

Detaileinstellungen zur Art der Linie

Wenn Sie auf den Button WEITERE OPTIONEN 3 klicken, können Sie manuell weitere Linienarten festlegen, etwa strichpunktierte Linien, gestrichelte Linien mit unterschiedlichen Abständen und Ähnliches.

Interessant sind hier die Optionen unter GESTRICHELTE LINIE 4. Wenn Sie eigene Strichelmuster festlegen wollen, muss dort ein Häkchen gesetzt sein. Dann tragen Sie die gewünschten Strichlängen und Pausen in die Eingabefelder ein. Mit Hilfe von SPEICHERN können Sie eigene Strichelmuster sichern. Sie erscheinen in der Liste unter KONTUROPTIONEN.

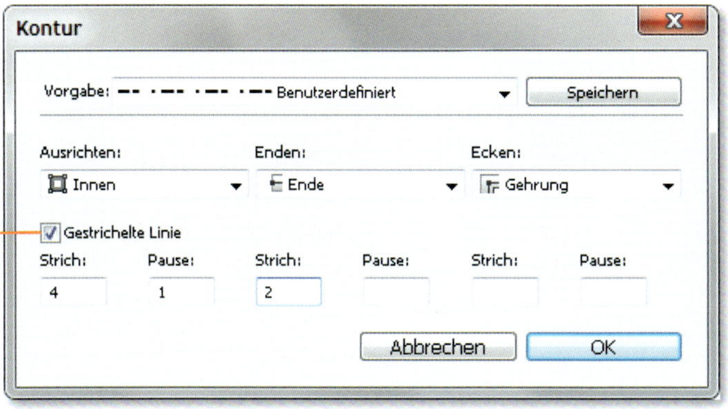

◀ **Abbildung 35.15**
Detaileinstellungen für Konturlinien

Ausrichten der Konturlinie auf der Pfadlinie

Die Konturlinie folgt der Pfadlinie. Wie Sie es vermutlich bereits vom Ebenenstil Kontur und vom Befehl Bearbeiten • Kontur füllen kennen, können Sie auch bei Formen einstellen, ob sich die Form innen, außen oder mittig an die Pfadlinie anlegt. Bei feinen Linien und großen, wenig detaillierten Formen zeigt diese Einstellung wenig Auswirkungen, bei dickeren Konturlinien und besonders fein ziselierten Formen kann sie schon einmal ins Gewicht fallen.

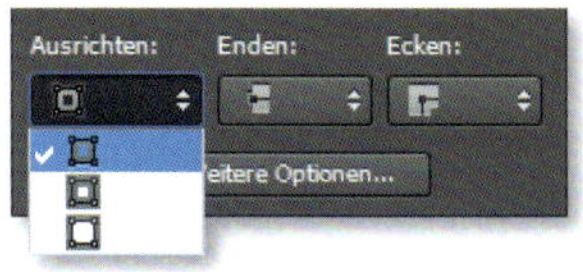

▲ **Abbildung 35.16**
Ausrichten der Konturlinie auf der Pfadlinie. Von oben nach unten: innen, Mitte, außen.

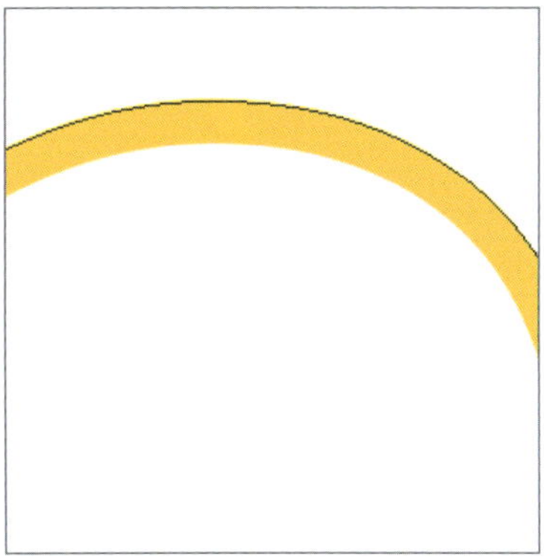

▲ **Abbildung 35.17**
Konturlinie innen am Pfad

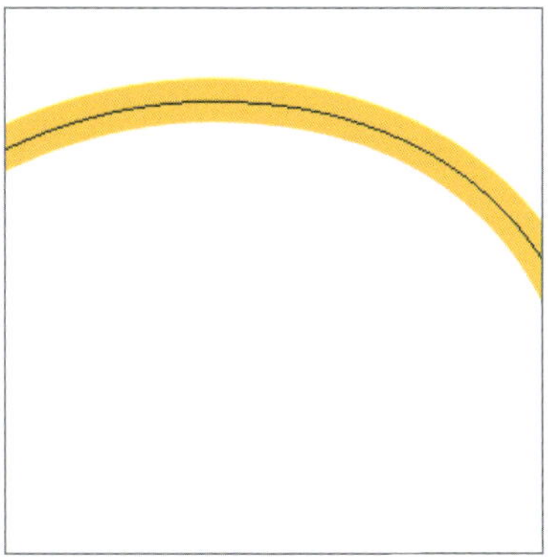

▲ **Abbildung 35.18**
Konturlinie mittig auf dem Pfad

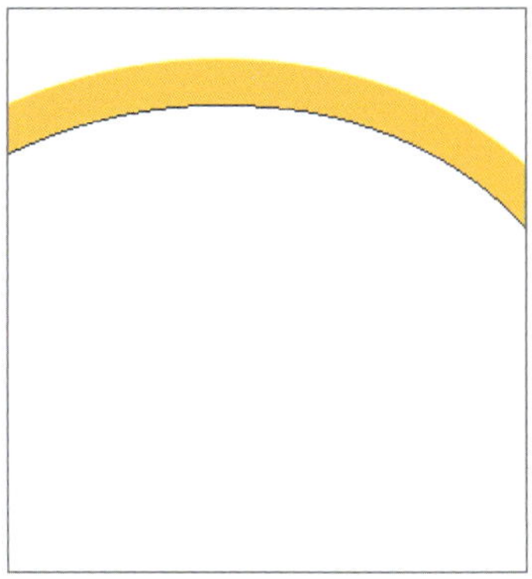

▲ **Abbildung 35.19**
Konturlinie außen am Pfad

Enden einzelner Liniensegmente

Das ist jedoch noch nicht alles. Bei unterbrochenen Linien können Sie unter Enden festlegen, welche Gestalt die einzelnen Liniensegmente haben. Sie haben die Wahl zwischen gerundeten und zwei unterschiedlich gewinkelten geraden Enden. Diese Einstellung ist nur für breite Konturlinien interessant, bei schmalen Konturen ist der Unterschied kaum merklich.

▲ **Abbildung 35.20**
Detailoptionen für Liniensegment-Enden

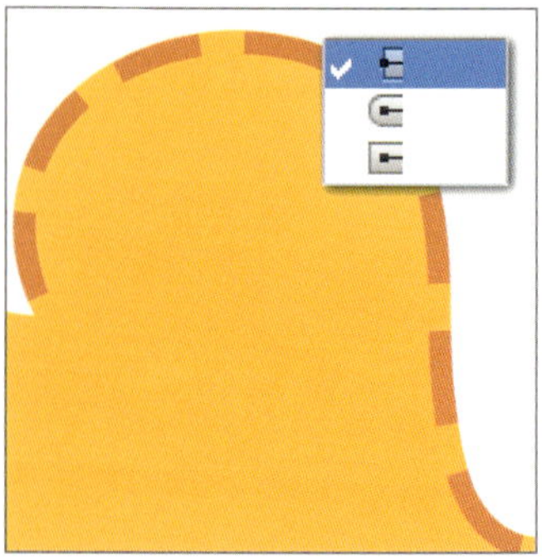

▲ **Abbildung 35.21**
Gerade, gewinkelte Enden

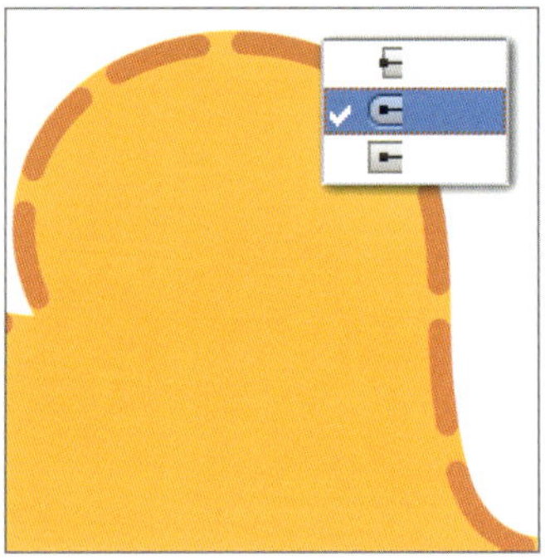

▲ **Abbildung 35.22**
Gerundete Enden

▲ **Abbildung 35.23**
Gerade Enden

▲ **Abbildung 35.24**
Wie wird eine gestrichelte Linie um die Ecke geführt?

Die Lösung für Eckkonflikte?

Wird eine gestrichelte Kontur um eine Form mit spitzen oder rechtwinkligen Ecken gelegt, kann es zu Problemen bei der Verteilung der einzelnen Strichel-Segmente der Linie kommen. Die Einstellungen unter ECKEN sollen das beheben. Das klappt jedoch nicht immer. Die Wirkung dieser Option hängt stark von Größe und Form des Objekts und den Eigenschaften der Konturlinie ab. Probieren Sie einfach aus, welche Einstellung am besten wirkt.

▲ **Abbildung 35.25**
Optionen für die Füllung von Konturlinien, hier die Verlaufseinstellungen

Füllung für die Konturlinie

Neben allen anderen Konturlinien-Eigenschaften können Sie auch die Füllung der Konturlinie einstellen. Zur Verfügung stehen unter (1) die Optionen:

- keine Kontur
- Kontur in einer soliden Farbe
- Konturfüllung mit einem Verlauf
- Konturfüllung mit einem Muster

Die Einstellungen funktionieren genau so wie bei der Füllung von Formflächen.

35.6 Pfadvorgänge – Verhalten von Formen zueinander

In einer Datei können mehrere Pfade vorhanden sein. Wenn Sie diese Pfade nicht nur als reine Pfadlinien anlegen, sondern mit Formebenen arbeiten, stellt sich die Frage, wie sich mehrere Pfade zueinander verhalten. Soll für jeden Pfad eine eigene Formebene erzeugt werden? Was geschieht mit den überlappenden Bereichen, wenn mehrere Pfade in einer Formebene kombiniert werden?

Dieses Verhalten heißt in CS6 »Pfadvorgänge«, in älteren Programmversionen hieß es, etwas klarer, »Überlappungsmodus«. Sie steuern es mit den Einstellungen unter Pfadvorgänge ❷. Sie können diese Optionen gezielt einsetzen, um Formen zu bilden, die weder in den fertigen Formen-Bibliotheken noch per Formwerkzeug angeboten werden. Wie das genau geht, zeige ich Ihnen in der Schritt-für-Schritt-Anleitung in Abschnitt 35.9, »Das Formwerkzeug in der Praxis«.

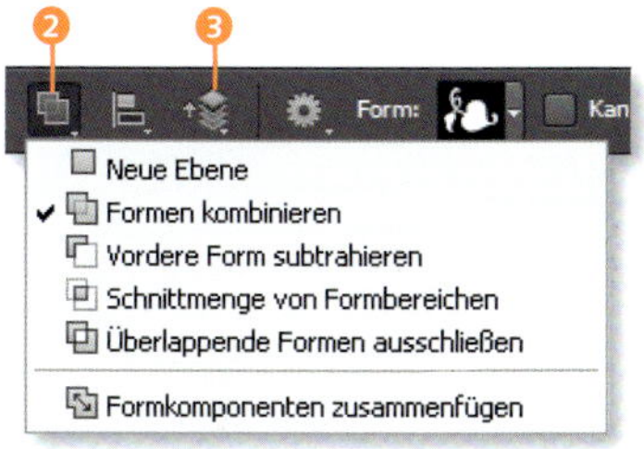

▲ **Abbildung 35.26**
Pfadvorgänge: Optionen für überlappende Formen

- Ist der Neue Ebene aktiviert, wird mit jeder neuen Form auch eine **neue, separate Formebene** erstellt.
- Wenn Sie vor dem Erstellen der Form Formen kombinieren anklicken, wird die neue Form einer bereits bestehenden Form **hinzugefügt**.
- Ist Vordere Form subtrahieren aktiv und gibt es bereits eine andere Formebene im Bild, werden die beiden Bereiche voneinander **subtrahiert**. Das funktioniert nicht nur, wenn sich die Formen überlappen, sondern kann auch die Aussparungswirkung einzelner Formen umkehren.
  Mit den Funktionen unter Pfadanordnung ❸ legen Sie fest, welche Form die »vordere« ist.
- Wenn Sie Schnittmenge von Formbereichen klicken, bevor Sie eine zweite Formebene erzeugen, und sich die Formbereiche überdecken, wird eine **Schnittmenge** aus beiden Formen gebildet.
- Überlappende Formen ausschliessen erzeugt eine **Variante der Schnittmenge**, bei der eben nicht die überlappenden Bereiche erhalten werden, sondern der Rest.
- Formkomponenten zusammenfügen vereint sich überlappende, auf einer *Bildebene* liegende Formen zu einer einzigen Form.

◀◀ **Abbildung 35.27**
Originalform (mit eingeblendetem Pfad und Ankerpunkten)

◀ **Abbildung 35.28**
Umkehrwirkung des Befehls Vordere Form subtrahieren

Schichtung von Formen: Pfadanordnung

Sie kennen die Relevanz der »Stapelreihenfolge« vermutlich bereits von Ebenen: Die Anordnung, in der verschiedene Ebenen innerhalb einer Datei übereinanderliegen, beeinflusst maßgeblich das Aussehen des Bildes. Bei Formen – nicht Form*ebenen*, sondern Formen innerhalb ein und derselben Ebene – gibt es etwas Ähnliches. Auch sie werden übereinandergestapelt, und zwar in der Reihenfolge ihrer Erstellung. Die Stapelreihenfolge wird meist erst interessant, wenn Sie etwa durch Kombination zweier Formen Aussparungen oder Erweiterungen erzeugen wollen. Dann können Sie mit den Einstellungen unter PFADANORDNUNG die Anordnung von Formen verändern.

▲ **Abbildung 35.29**
Pfadanordnung: Optionen für die Stapelreihenfolge von Formen

Sie müssen die Form, deren Position innerhalb der Pfad-/Formschichtung Sie ändern wollen, zunächst auswählen. Nutzen Sie dazu das Pfadauswahl-Werkzeug oder das Direktauswahl-Werkzeug (beide Kürzel A). Mit dem Pfadauswahl-Werkzeug klicken Sie auf eine Form, um sie auszuwählen, mit dem Direktauswahl-Werkzeug ziehen Sie einen rechteckigen Auswahlrahmen auf.

Wenn dann die Ankerpunkte der Vektorlinie eingeblendet werden, ist die Form ausgewählt, und Sie können einen der Anordnungsbefehle wählen. Deren Handhabung ist dann nicht weiter kompliziert – Sie kennen analoge Befehle bereits aus dem Menü EBENE • ANORDNEN (siehe den Abschnitt »Anordnung von Ebenen und Gruppen verändern« auf Seite 352).

▲ **Abbildung 35.30**
Optionen zum Ausrichten von Formen auf der Bildfläche

Formen aneinander ausrichten

Nicht nur die Schichtung von Formen können Sie beeinflussen. Auch für deren Anordnung auf der Bildfläche – und aneinander – gibt es Befehle. Damit diese funktionieren, müssen die Formen wiederum ausgewählt sein. Die Icons und Befehle sind weitestgehend selbsterklärend – sie funktionieren ähnlich wie die Befehle zum Ausrichten separater Bildebenen (mehr dazu in Abschnitt 12.1, »Ebenenkanten ausrichten und verteilen«).

35.7 Form am Pixelraster ausrichten

Wer mit Vektorformen arbeitet, tut dies in der Regel aus zwei Gründen: Änderungen lassen sich schnell und verlustfrei durchführen und die Konturen erscheinen immer schön knackig und scharf. Doch halt – stimmt Letzteres überhaupt? In allen älteren Photoshopversionen präsentierten sich Formen nicht selten mit leicht unscharfen Objektkanten.

Der Grund dafür: Vektorbasierte Objekte sind unabhängig vom Pixelraster des Bildes, sie können zum Beispiel auch »krumme« Pixelwerte als Breiten- oder Höhenmaß haben und innerhalb des Bildes an beliebiger Stelle – auch auf »halben Pixeln« – positioniert werden. Die Bildschirmdarstellung ist jedoch ans Pixelraster gebunden. Deswegen ergänzte Photoshop in der Vergangenheit in solchen Fällen Glättungspixel an den Formkanten, und diese führten zum unscharfen Bildeindruck. Wollte man dieses Problem umgehen, musste man pixelgenaue Größen festlegen und beim Aufziehen oder Positionieren von Formen so stark ins Bild hineinzoomen, bis das Pixelraster sichtbar wurde.

Nun gibt es gleich zwei neue Optionen, die diesem Problem begegnen:

- In der Optionsleiste der Formwerkzeuge finden Sie die Option KANTEN AUSRICHTEN. Ist sie aktiv, bleibt die Pfadkontur der Form an Ort und Stelle und behält ihre Maße; der Glättungsalgorithmus ist jedoch verbessert, die Kanten erscheinen glatter.
- In den Voreinstellungen unter ALLGEMEIN (Strg/cmd+K) finden Sie die Option VEKTORWERKZEUGE UND TRANSFORMATIONEN AN PIXELRASTER AUSRICHTEN. Ist sie aktiv, können nur Formen mit glatten Pixelmaßen (ohne Nachkommastellen) erzeugt werden, und auch das Positionieren auf »halben« Pixeln wird unterbunden. Mit dieser Einstellung erreichen Sie optisch bessere Ergebnisse als mit der KANTEN AUSRICHTEN-Option der Formwerkzeuge.

▲ Abbildung 35.31
Vektorformen können auch »krumme« Pixelmaße haben.

Pixelgenaue Positionierung
Screendesigner wird es freuen: Um Formen am Pixelraster auszurichten, gibt es jetzt zwei neue Optionen. Eine in der Optionsleiste, die zweite – leistungsfähigere – versteckt in den Voreinstellungen.

▲ Abbildung 35.32
KANTEN AUSRICHTEN

35.8 Optionen für Pfade und Pixelformen

Wie eingangs beschrieben, können Sie mit dem Formwerkzeug nicht bloß Formen, sondern auch Pfade oder Pixelobjekte erzeugen. Das legen Sie in der Optionsleiste mit der kleinen Dropdown-Liste ganz links fest.

Ist PFAD oder PIXEL eingestellt, unterscheidet sich das Aussehen der Optionsleiste geringfügig von demjenigen, das Sie vom FORM-Modus kennen, sollte Ihnen jedoch keine großen Schwierigkeiten bereiten.

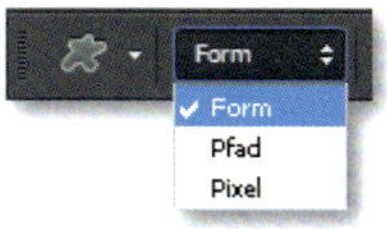

▲ Abbildung 35.33
Welcher Objekttyp soll mit dem Formwerkzeug erzeugt werden?

▼ Abbildung 35.34
Ist der Modus PFAD aktiv, ist das Optionsangebot etwas geringer als beim Erstellen von Formen.

▲ Abbildung 35.35
Im Modus PIXEL kommen noch die bekannten Malwerkzeug-Optionen (Misch-)MODUS und DECKKRAFT sowie eine Glättungsoption hinzu.

35.9 Das Formwerkzeug in der Praxis

Nach so viel Theorie ist es an der Zeit zu sehen, wie das Formwerkzeug tatsächlich funktioniert. Ich zeige Ihnen, wie Sie durch Kombination zweier einfacher Einzelformen eine neue Form erzeugen und diese sichern.

Schritt für Schritt: Neue Formen bilden – ein Ring aus zwei Kreisen

Nicht immer bietet das Eigene-Form-Werkzeug eine passende Form. Zum Glück können Sie Formen aber auch neu kombinieren.

1 Vorbereitungen

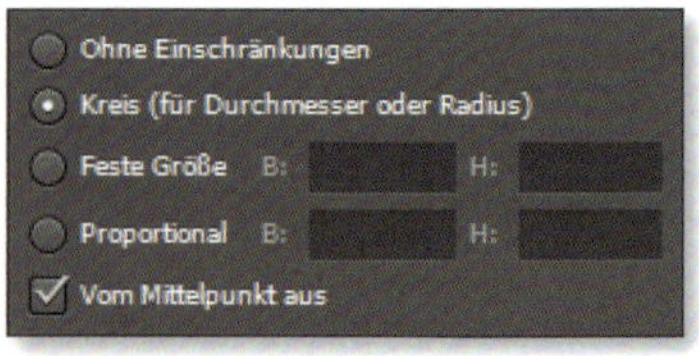

▲ **Abbildung 35.36**
Benötigte Optionen des Ellipse-Werkzeugs

Erzeugen Sie eine neue Datei. Das Format sollte quadratisch sein. Es ist außerdem hilfreich, mit einem Kreuz von Hilfslinien zu arbeiten, wenn die Mittelpunkte beider Formen deckungsgleich sein sollen – legen Sie also außerdem zwei Hilfslinien an, die sich im Mittelpunkt des Quadrats kreuzen.

Aktivieren Sie dann das Ellipse-Werkzeug U, wählen Sie als Betriebsart den Modus Form (nicht Pfad oder Pixel). In den Detailoptionen stellen Sie Kreis und Vom Mittelpunkt aus ein.

2 Erste Form aufziehen

Setzen Sie nun den Mauszeiger genau in die Bildmitte; und ziehen Sie als erste Form einen Kreis auf.

Abbildung 35.37 ►
Eine kreisförmige Formebene wurde erzeugt.

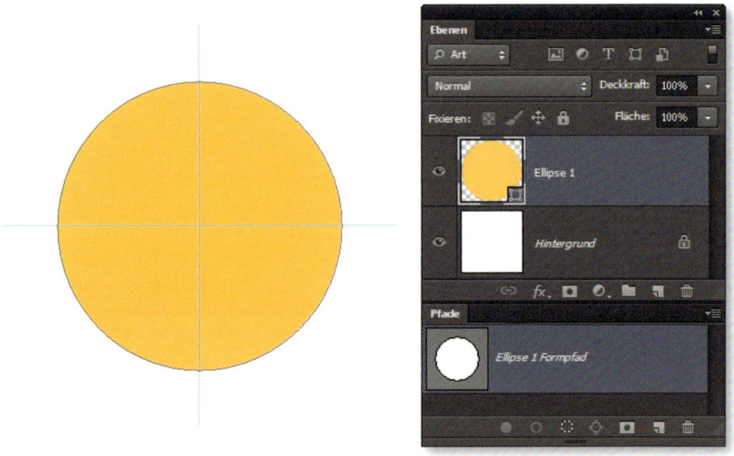

3 Zweite Form aufziehen

Um aus der Kreisscheibe einen Ring zu erstellen, muss in der Mitte ein weiterer Kreis von der ursprünglichen Form subtrahiert werden. Aktivieren Sie dazu In den Einstellungen unter PFADVORGÄNGE die Funktion ÜBERLAPPENDE FORMEN AUSSCHLIESSEN.

Wieder ausgehend von der Mitte ziehen Sie nun einen zweiten Kreis auf. Nach dem Loslassen der Maustaste ist die neue Form im Bild, in der Formebenen-Miniatur und in der Pfade-Palette erkennbar.

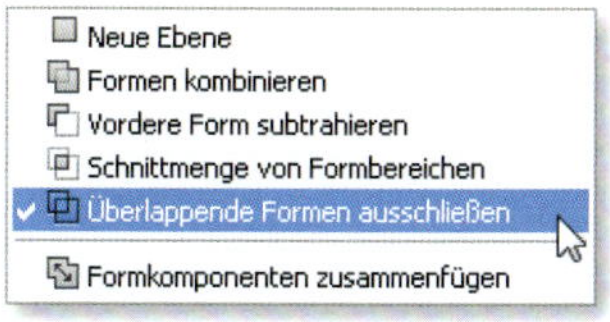

▲ **Abbildung 35.38**
Einstellungen für die überlappenden Formen

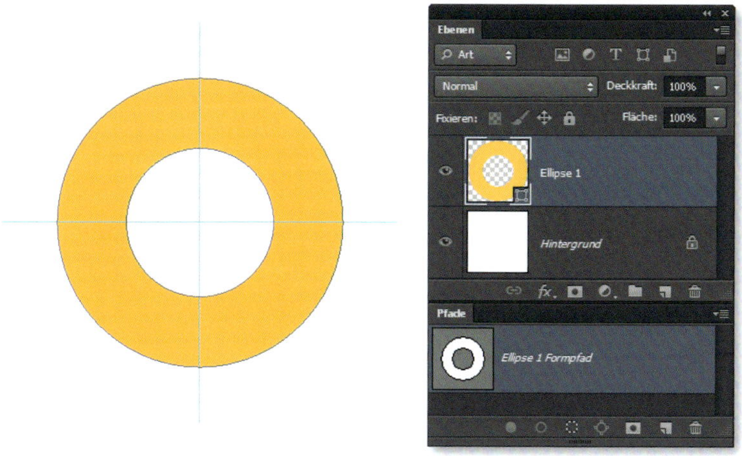

◂ **Abbildung 35.39**
Aus dem Kreis wurde durch Subtraktion zweier Formen ein Ring.

4 Form passt? Sichern!

Um die Form fürs Erste zu sichern und für spätere Anwendungen verfügbar zu machen, fügen Sie sie an die aktuelle Formen-Bibliothek an. Dazu wählen Sie den Befehl BEARBEITEN • EIGENE FORM FESTLEGEN und geben in dem Dialog, der sich dann öffnet, einen Namen für die neue Form ein.

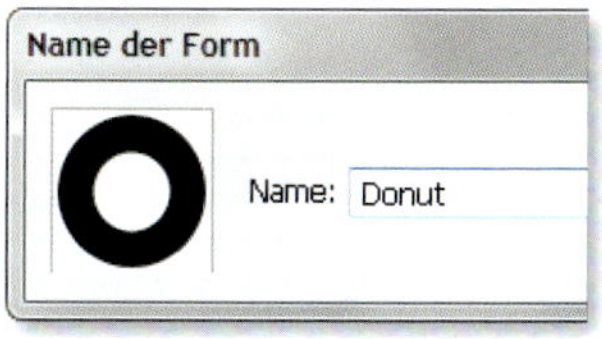

▲ **Abbildung 35.40**
Namensvergabe

5 Form erneut anwenden

Die Form steht nun in der Formenliste des Eigene-Form-Werkzeugs [U] zur Verfügung und kann erneut angewendet werden, um Formebenen, Pfade oder gerasterte Bereiche mit Pixelfüllung anzulegen.

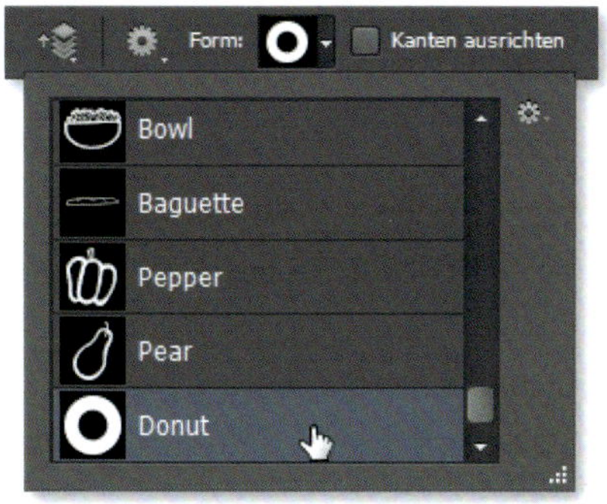

▲ **Abbildung 35.41**
Die neue Form in einer Formen-Bibliothek

Schrift als Form sichern

Um Textebenen als Form abzulegen, gibt es einen eigenen Befehl: SCHRIFT • IN FORM UMWANDELN. Über den Befehl BEARBEITEN • EIGENE FORM FESTLEGEN können Sie den Text dann ganz einfach in eine Formen-Bibliothek übernehmen.

35.10 Formen bearbeiten

Wenn Sie mit einer Form noch nicht zufrieden sind, können Sie sie noch weiter mit Hilfe der Pfeil-Werkzeuge PFADAUSWAHL und DIREKTAUSWAHL (beide Kürzel A) bearbeiten.

Form neu positionieren

Um eine komplette Formebene zu verschieben, können Sie wie gewohnt das Verschieben-Werkzeug (Kürzel V) verwenden. Um jedoch eine einzelne Form zu verschieben, die sich mit mehreren anderen Formen die Arbeitsfläche teilt, müssen Sie den schwarzen Pfeil, das Pfadauswahl-Werkzeug , nutzen. Mit seiner Hilfe können Sie eine Form aktivieren und neu positionieren.

▲ **Abbildung 35.42**
Verschieben einer Form

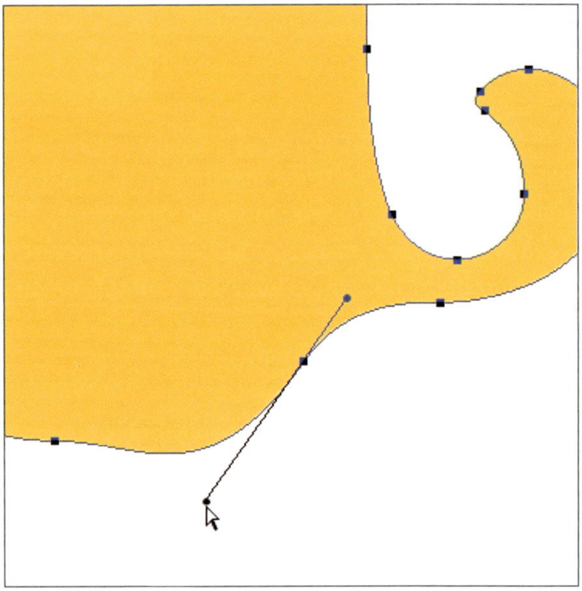

▲ **Abbildung 35.43**
Verändern des Pfades, der die Form definiert

Pfadlinien von Formen ändern

Mit dem weißen Pfeil, dem Direktauswahl-Werkzeug , haben Sie Zugriff auf die Pfadform. Wenn Sie es der Form nähern, erscheinen die relevanten Anker- und Kurvenpunkte des Pfades, der die Form definiert. Diese Punkte können Sie nun anfassen und ziehen, bis Ihnen die Form gefällt. Indem Sie den Pfad verändern, bekommt Ihre Form eine neue Gestalt.

Das Bearbeiten von Pfaden ist schwierig, wenn man das Arbeiten mit Knotenpunkten und Segmenten nicht gewohnt ist. Ich empfehle Ihnen dringend, vor Experimenten eine Ebenenkopie anzulegen! Details über die Bearbeitung von Pfaden erfahren Sie im nächsten Kapitel.

Intuitive Pfadbearbeitung durch neues Pfadverhalten | Die beiden Pfeilwerkzeuge verfügen über eine neue Option, mit der sich endlich ein lästiges Verhalten von Photoshop bei der Pfadbearbeitung abstellen lässt. In alten Photoshop-Versionen wurden beim Hantieren mit dem Direktauswahl-Werkzeug nur Segmente zwischen ausgewählten Ankerpunkten bearbeitet – dabei kam es oft zu unvorhersehbaren und unerwünschten Verformungen des Pfades.

Die Option mit dem etwas mysteriösen Namen Pfadziehen beschränken stellt dieses Verhalten ab. Wenn sie aktiv ist, werden beim Ziehen mit dem Direktauswahl-Werkzeug mehrere zusammengehörige Segmente auf einmal angepasst. Dadurch lassen sich Pfadformen einfacher und intuitiver verändern, die Entstehung grotesker »Beulen« wird meistens wirksam unterbunden.

Verbessertes Pfadhandling
Besonders Photoshop-Anwendern, die selten mit Pfaden hantieren, kommt die »Pfeilwerkzeug«-Option Pfadziehen beschränken zugute.

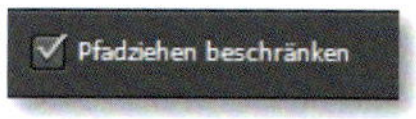

▲ **Abbildung 35.44**
Diese Option sollten Sie niemals mehr deaktivieren.

Formen skalieren und drehen

Wenn Sie die Form als Ganzes skalieren oder drehen wollen, können Sie die bewährte Ebenentransformation (Strg+T bzw. cmd+T) anwenden. Ihnen stehen alle bekannten Möglichkeiten zur Verfügung.

Zum Weiterlesen
Transformationen braucht man in Photoshop bei jeder Gelegenheit. Abschnitt 12.2, »Ebenen transformieren«, stellt die Arbeitstechnik ausführlich vor.

Kapitel 36
Pfade erstellen und anpassen

Zugegeben, das Zeichnen von Pfaden ist gewöhnungsbedürftig. Hier lernen Sie die Werkzeuge dazu kennen, erfahren, wie Sie perfekte Kurven formen, und lesen, wie Sie die fertigen Pfade verwalten.

36.1 Werkzeuge und Optionen

Wenn Sie die Gestalt von Pfaden differenzierter steuern oder offene (linienartige) Pfade anlegen wollen, müssen Sie sie selbst zeichnen. Dazu stehen Ihnen die beiden Zeichenwerkzeuge Zeichenstift-Werkzeug [P] und Freiform-Zeichenstift-Werkzeug [P] zur Verfügung.

Pfade-Tastenkürzel
Eine Übersicht über die Tastaturbefehle für die Arbeit mit Pfaden finden Sie auf Seite 1183 in Anhang B.

Zeichenstift | Mit dem Zeichenstift erstellen Sie gerade und leicht geschwungene, immer akkurate Linien. Er lässt sich auch gut zusammen mit den Formwerkzeugen verwenden, um komplexere Formen anzulegen.

◄ Abbildung 36.1
Eine typische, per Zeichenstift erzeugte Pfadform dient als Führung für diesen Text.

Freiform-Zeichenstift | Mit dem Freiform-Zeichenstift hingegen zeichnen Sie – ganz frei, wie der Name schon sagt – wie mit einem Stift auf Papier. Er erzeugt rauere, unregelmäßige Konturen und kann, wenn er geschickt gehandhabt wird, auch genutzt werden, um einen Pfad um Bildelemente in Fotos zu zeichnen. Manche Anwender verwenden ihn als Alternative zum Lasso-Werkzeug. Ankerpunkte für die Pfade werden beim Zeichnen automatisch angelegt – wo, das bestimmt das Werkzeug automatisch. Sie können allerdings die Punkte nach Abschluss des Pfades bearbeiten und damit noch seine Gestalt ändern.

Zeichenstift: Optionen

Die Optionen der beiden Zeichenwerkzeuge bieten gegenüber den Formwerkzeug-Optionen nicht viel Neues. Einige Funktionen der Zeichenwerkzeuge erinnern an die Lasso-Auswahlwerkzeuge – tatsächlich können Sie die Zeichenwerkzeuge auch als Lasso-Alternative einsetzen.

▼ **Abbildung 36.2**
Die Optionen des normalen Zeichenstifts

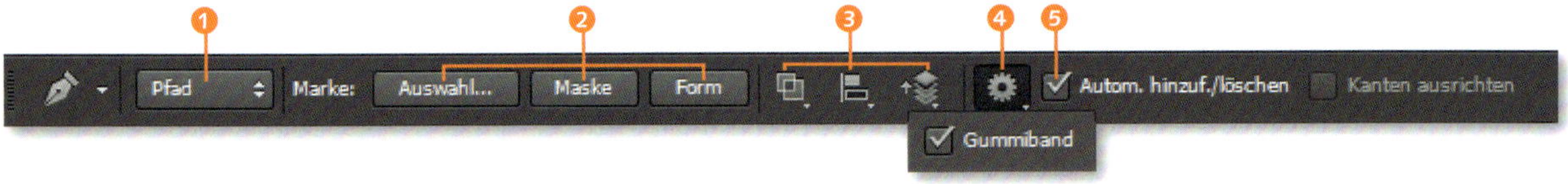

Wie bei den Formwerkzeugen auch finden Sie bei den Zeichenwerkzeugen ganz links die Auswahlliste ❶ für den Modus. Dort legen Sie fest,

- ob Sie eine **Form** anlegen oder
- ob Sie **Pfade** zeichnen wollen.

Schnelle Pfad-Verwertung
In der Optionsleiste von Zeichenstift und Freiformstift gibt es jetzt drei Buttons, mit denen Sie einen Pfad mit einem Klick in eine Auswahl, Maske oder Form verwandeln.

Die Option Pixel ist zwar aufgeführt, aber nicht wählbar.

Es folgt die Option Marke ❷ mit drei Auswahlbuttons. Natürlich können Sie Ihren Pfad einfach als Pfad verwenden. Es gibt jedoch auch andere häufige Verwendungszwecke für Pfade. Diese sind nun auf Knopfdruck zugänglich, ohne unhandliches Hantieren mit zusätzlichen Paletten und Befehlen.

- Auswahl erstellt aus dem Pfad eine Auswahllinie, dabei wird ein Dialog eingeblendet, in dem Sie noch Details festlegen können.
- Maske legt eine Vektormaske an, die der zuletzt aktiven Ebene zugeordnet wird.
- Form erzeugt aus dem Pfad eine Formebene.

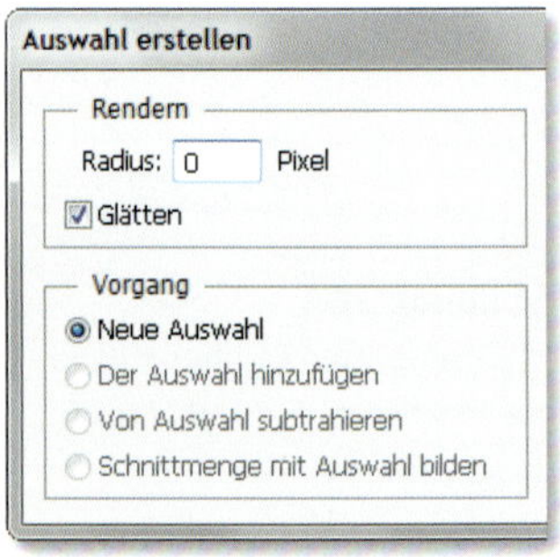

▲ **Abbildung 36.3**
Pfad in Auswahl wandeln: Die Einstellungen unter Rendern beziehen sich auf die Umsetzungsgenauigkeit, unter Vorgang legen Sie fest, wie sich die neue Auswahl zu eventuell schon bestehenden Auswahlen verhält.

Weiter rechts sehen Sie die schon von den Formwerkzeugen bekannten drei Schaltflächen ❸ für Pfadvorgänge (Überlappungsverhalten), Pfadausrichtung (Ausrichten von Pfaden aneinander) und Pfadanordnung (Stapelreihenfolge).

Spezifische Zeichen-Optionen gibt es nur zwei. Diese haben jedoch eine entscheidende Wirkung:

- Die Option Gummiband ❹ bewirkt, dass Pfadsegmente beim Zeichnen direkt angezeigt werden. Das heißt, dass der voraussichtliche Weg des nächsten Pfadsegments schon angezeigt wird, bevor durch Klicken der zuständige Ankerpunkt gesetzt ist.

- Autom. hinzuf./löschen 5: Ist diese Option aktiv, wird beim Klicken auf ein Liniensegment automatisch ein Ankerpunkt hinzugefügt oder gelöscht.

Freiform-Zeichenstift: Optionen

Auch hier finden Sie Schaltflächen, mit denen Sie bestimmen, ob Sie eine Form oder einen Pfad anlegen, die Marke-Buttons und die Einstellungen zu Pfadvorgängen, -ausrichtung und -anordnung. Die spezifischen Freiform-Zeichenstift-Optionen sind im Dropdown-Dialog versteckt, den Sie durch Klick auf das Zahnrad-Icon erreichen.

▼ Abbildung 36.4
Die Freiform-Zeichenstift-Optionen unterscheiden sich nur in Details von denen des normalen Zeichenstifts.

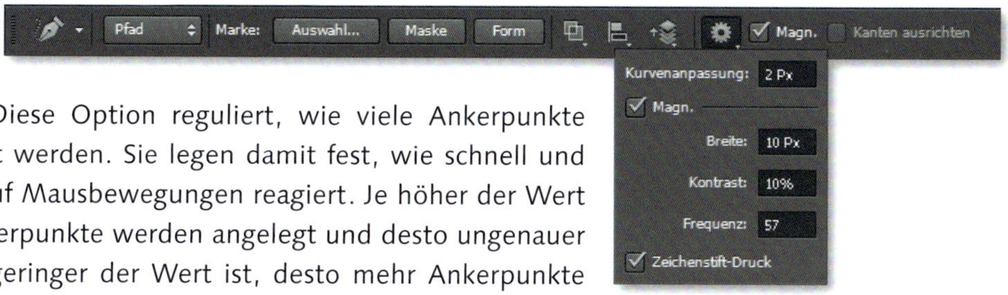

Kurvenanpassung | Diese Option reguliert, wie viele Ankerpunkte beim Zeichnen erzeugt werden. Sie legen damit fest, wie schnell und wie präzise der Pfad auf Mausbewegungen reagiert. Je höher der Wert ist, desto weniger Ankerpunkte werden angelegt und desto ungenauer ist das Werkzeug. Je geringer der Wert ist, desto mehr Ankerpunkte werden gesetzt und desto genauer arbeitet der Freiform-Zeichenstift.

Magnetisch | Ist die Option Magn. (»magnetisch«) aktiv, sucht der Freiform-Zeichenstift beim Zeichnen selbständig nach kontrastierenden Kanten, ganz wie das Magnetisches-Lasso-Werkzeug [L] auch. Sie können dann auch Optionen für den »Magnetismus« einstellen. Sie sollten Ihnen vom Magnet-Lasso bekannt vorkommen.

Breite, Kontrast und Frequenz | Mit Breite legen Sie fest, wie breit der Bereich rechts und links von der Pfadlinie ist, in dem der Zeichenstift nach kontrastierenden Pixeln sucht. Möglich sind Pixelwerte zwischen 1 und 256. Unter Kontrast bestimmen Sie, welcher Kontrastwert zwischen Pixeln für den Freiform-Zeichenstift als Kante gilt. Verwenden Sie für kontrastarme Bilder einen höheren Wert. Sie können Prozentwerte bis 100 % angeben. Unter Frequenz können Sie einen Wert zwischen 0 und 100 eingeben, um festzulegen, wie schnell der Zeichenstift Ankerpunkte setzt. Bei einem höheren Wert enthält der Pfad mehr Ankerpunkte. Er ist dadurch genauer, aber das Zeichnen geht langsamer.

Zum Nachlesen
Sie finden genauere Informationen zum **Magnet-Lasso** in Kapitel 14, »Auswahlen«.

Zeichenstift-Druck | Die Option Zeichenstift-Druck steht nur für Grafiktabletts zur Verfügung. Wenn diese Option aktiviert ist, führt ein höherer Stiftandruck zu einer schmaleren »Kante«.

Weitere Werkzeuge, die für das Bearbeiten von Pfaden unentbehrlich sind, lernen Sie im Laufe des Kapitels kennen.

36.2 Pfad-Terminologie und wichtige Pfadfunktionen

Grifflinien? Ankerpunkte? Segmente? Diese Terminologie zu kennen erleichtert die Kommunikation über Pfade ungemein – und es gibt wohl kaum eine andere Photoshop-Funktion, bei der ein Klick auf den falschen Punkt oder das zu frühe Loslassen der Maus Arbeitsresultate derart verpfuschen kann wie hier. Es ist also von Vorteil, eine Verständigungsbasis zu haben. Und mit der Pfad-Fachsprache lernen Sie gleichzeitig die Pfadfunktionen kennen.

Offene und geschlossene Pfade

Ein Pfad ist entweder geschlossen (mit dem Formwerkzeug erstellen Sie vornehmlich geschlossene Pfade) oder offen, das heißt, er hat eindeutige Endpunkte. Einfluss hat das auf seine mögliche Füllung: Die verfügbaren Werkzeuge und Befehle sind für beide Pfadarten gleich!

Abbildung 36.5 ▸
Ein geschlossener Pfad, angelegt mit dem Abgerundetes-Rechteck-Werkzeug. Die Pfade-Palette zeigt die vom Pfad umfangenen Flächen in Weiß.

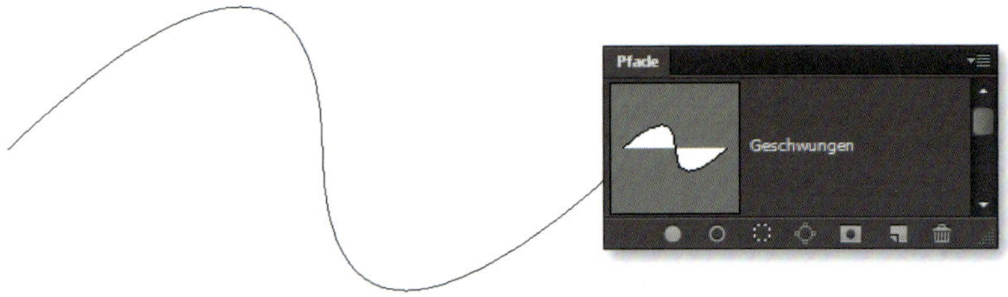

Abbildung 36.6 ▸
Ein offener Pfad. Weiß werden in der Pfadminiatur auch diejenigen Bereiche dargestellt, die theoretisch »füllbar« wären.

Pfade nachträglich füllen | Es gibt drei verschiedene Möglichkeiten, einen Pfad nachträglich zu füllen. Das funktioniert bei geschlossenen, aber auch bei einigen offenen Pfaden – sofern es sich nicht um eine ganz gerade Linie handelt.

- Die eleganteste Lösung ist sicherlich der Klick auf den oben beschriebenen Button MARKE: FORM in der Zeichenstift-Optionsleiste. Damit erzeugen Sie aus dem Pfad eine **Form**, und Ihnen stehen viele bequeme Bearbeitungsmöglichkeiten zur Verfügung.
- Sie können jedoch auch immer noch Füllebenen erzeugen. Das Konzept der Füllebenen stammt aus älteren Versionen von Photoshop und ist seit der Rundumerneuerung der Formwerkzeuge eigentlich überholt. Füllebenen bestehen aus einer Füllung (Farbe, Form oder Verlauf) und einer Vektormaske, die die Objektform definiert. Um eine solche **Füllebene mit Vektormaske** zu erstellen, aktivieren Sie den Pfad durch Klicken in der Pfade-Palette und wählen dann den Menübefehl EBENE • NEUE FÜLLEBENE. Sie haben nun die Wahl zwischen einer Füllung mit Farbe, einem Verlauf oder einem Muster. Durch Doppelklick auf die Füllebenen-Miniatur in der Ebenen-Palette können Sie die Einstellungen ändern.

▲ **Abbildung 36.7**
Drei verschiedene Füllebenen in der Ebenen-Palette. Klicken Sie auf die Miniatur, um die jeweilige Füllung zu bearbeiten.

▲ **Abbildung 36.8**
Menübefehl zum Erzeugen einer Füllebene

- Für eine **Pixelfüllung** wählen Sie den Befehl PFAD MIT VORDERGRUNDFARBE FÜLLEN, indem Sie auf die Schaltfläche am Fuß der Pfade-Palette oder auf den Befehl aus dem Paletten-Seitenmenü klicken. Eine neue Ebene wird dabei nicht eigens angelegt; die Pixel werden einfach in die aktive Ebene eingefügt. Wenn die aktive Ebene eine Text-, Form- oder Füllebene oder verriegelt ist, funktioniert der Befehl nicht.

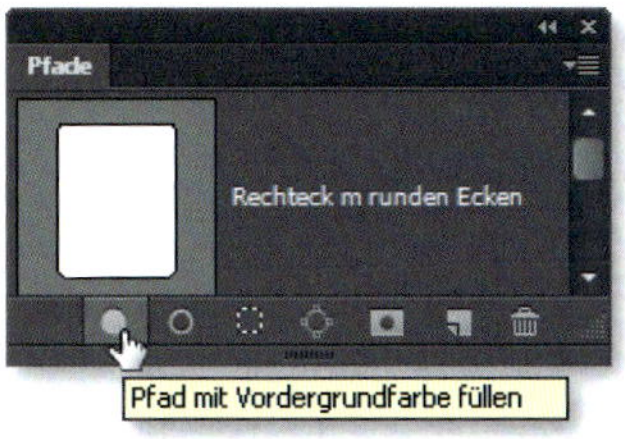

▲ **Abbildung 36.9**
Pixelfüllung mit Farbe erzeugen

Ankerpunkte, Eckpunkte, Griffe

Nähern Sie sich einem Pfad mit dem »weißen Pfeil«, also dem Direktauswahl-Werkzeug [A] [↖], gibt er seine Konstruktionsgeheimnisse preis und zeigt einzelne Segmente, Ankerpunkte und Grifflinien.

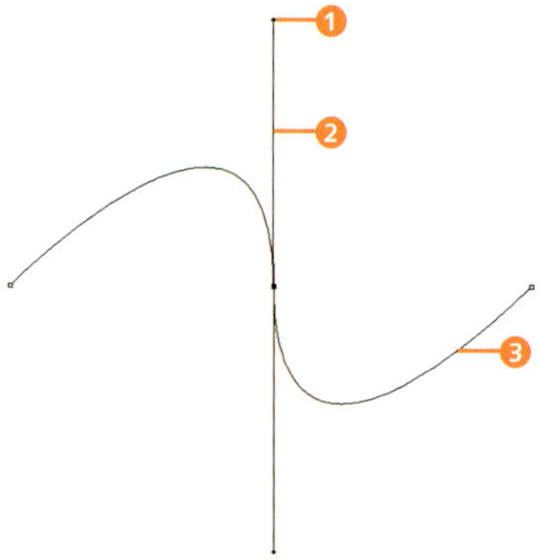

▲ **Abbildung 36.10**
Die Komponenten eines Pfades

Die Bestandteile des Pfads | Pfade bestehen aus der *eigentlichen Pfadlinie*, die meist in einzelne Segmente unterteilt werden kann, und aus Geraden, die Sie brauchen, um Kurvenschwünge herzustellen, indem Sie an den Geraden ziehen. Die Geraden gehen aber später nicht in die Gestalt des eigentlichen Pfades ein. Der Pfad besteht aus:

- **gekrümmten Liniensegmenten** 3. Das sind Bestandteile des »echten« Pfades,
- deren Krümmung durch die Länge und Position der **Grifflinien** 2 (also der später nicht weiter wirksamen »Zieh-Geraden«) bestimmt wird.
- Die Grifflinien enden in **Griffpunkten** 1, die Sie mit dem Direktauswahl-Werkzeug anfassen und verschieben können.

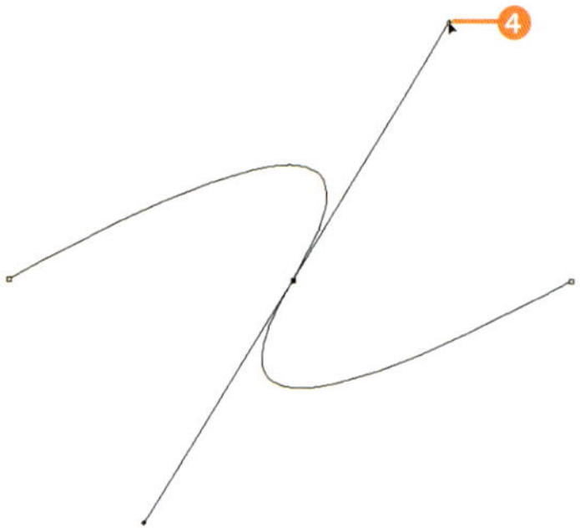

▲ **Abbildung 36.11**
Ein Zug am Griffpunkt 4 ändert die Gestalt des Pfades beträchtlich.

Ankerpunkte | Auf der Pfadlinie sehen Sie verschiedene Quadrate, deren Bezeichnung und Funktion je nach Position (Mitte oder Ende des Pfades), Eigenschaft (mit oder ohne Grifflinie, Art der Grifflinie) und Status (aktiv oder inaktiv) variiert. Der Griffpunkt schwingt um einen Ankerpunkt 6, der durch kleine Quadrate dargestellt wird.

Sie können, wenn Sie genau hinsehen, Unterschiede zwischen den Griffpunkten feststellen:

- Es gibt farbig ausgefüllte Quadrate (das sind dann **aktive Ankerpunkte** so wie 5)
- und unausgefüllte Quadrate, die für **inaktive Ankerpunkte** 6 stehen.

Je nachdem, welcher Ankerpunkt eines Pfades aktiv ist, zeigen sich andere (oder auch gar keine) Grifflinien und bieten sich andere Ansatzpunkte für Veränderungen der Pfadlinie.

Der Ankerpunkt 6 ist gleichzeitig ein sogenannter **Kurvenpunkt**, denn er hat eine Grifflinie und kann dadurch Kurvenschwünge definieren. Der aktive Ankerpunkt 5 ist gleichzeitig ein »harter« **Endpunkt**, der keine Grifflinie aufweist.

Auch Ankerpunkte ohne Grifflinie können verschoben werden und die Kurvensegmente – und damit die Gestalt des Pfades – ändern.

Eckpunkte | Eine besondere Form des Kurvenpunktes stellen die Eckpunkte 7 dar. Mit Eckpunkten können Sie besonders spitze Kurven anlegen. Die Grifflinie – die bei normalen Kurvenpunkten eine mehr oder weniger lange Gerade ist, die den Kurvenpunkt schneidet – ist hier geteilt. Beide Hälften der Grifflinie liegen auf einer Seite des Kurvenpunktes.

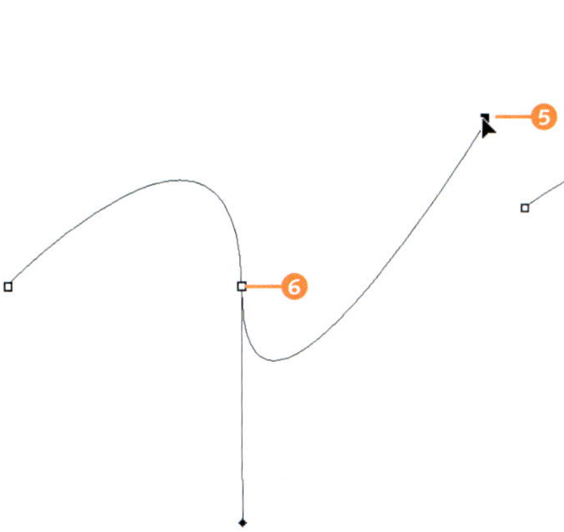

▲ **Abbildung 36.12**
Verschieben eines Ankerpunktes ohne Grifflinie

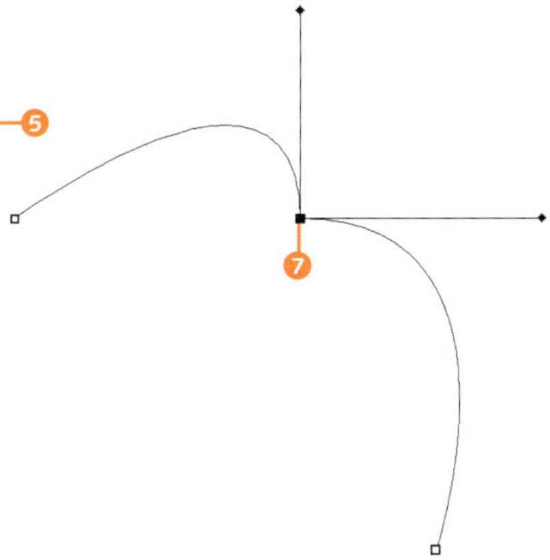

▲ **Abbildung 36.13**
Zwei geschwungene Pfadsegmente und in der Mitte ein Eckpunkt mit der typischen zweigeteilten (hier: rechtwinkligen) Grifflinie

Gerade Pfade

Auch Pfade mit ausschließlich geraden Segmenten sind möglich. Hier gibt es keine Kurvenpunkte, keine Grifflinien, keine Griffpunkte – bei Pfaden mit geraden Segmenten sind die Funktionen einfacher, die Terminologie überschaubarer (Segmente und Ankerpunkte bleiben unter sich), und das Erstellen ist auch viel einfacher als bei kurvigen Pfaden.

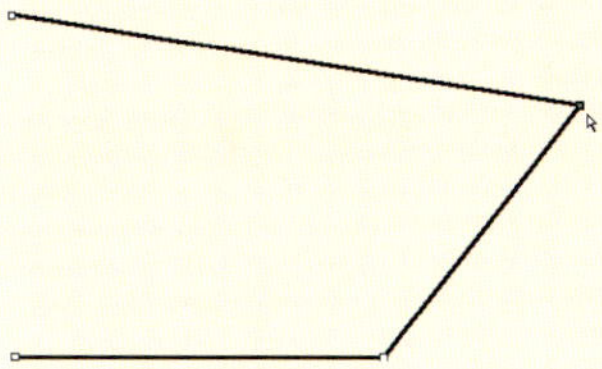

▲ **Abbildung 36.14**
Gerade Pfadsegmente

Pfadsegmente und Pfadkomponenten

Wichtig für das Verständnis ist auch die Unterscheidung von Pfadsegmenten und Pfadkomponenten.

Ein **Pfadsegment** ist ein Teil der Pfadstrecke, der zwischen zwei Ankerpunkten liegt. Ein »Pfad« kann aber aus mehr als einer Linie bestehen. Auch mehrere unverbundene Linien können zusammen einen Pfad bilden. Diese Linien sind dann **Pfadkomponenten**.

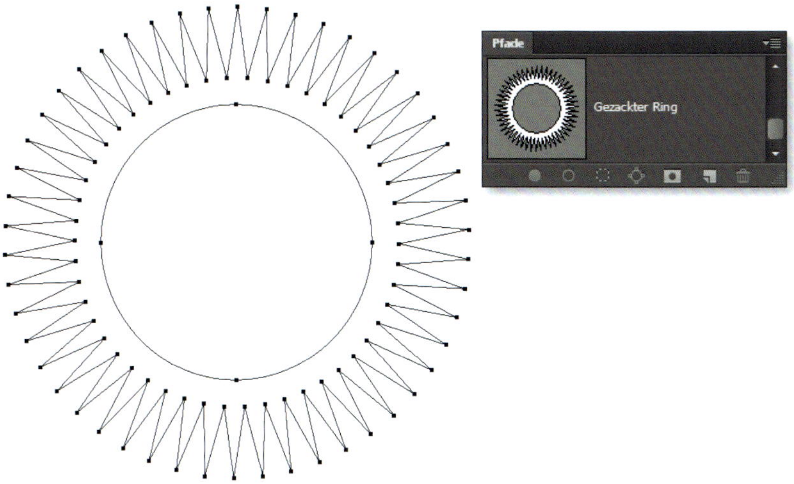

◀ **Abbildung 36.15**
Ein Pfad aus vielen Segmenten (die Ankerpunkte!), aber auch aus zwei Komponenten: der inneren Kreisform und dem Stern. Sie wurden mit der Option ÜBERLAPPENDE FORMEN AUSSCHLIESSEN angelegt und ergeben nun einen sternförmigen Ring.

36.3 Pfade zeichnen

Richtig einfach ist das Konstruieren von Pfaden nicht: Es erfordert ein wenig Übung, um mit den sperrigen Segmenten, Knotenpunkten und Ankerpunkten umzugehen und perfekt geschwungene Linien zu erzeugen.

Pfade mit Geraden zeichnen

Das Zeichnen mit dem Freiform-Zeichenstift-Werkzeug [P] unterscheidet sich nicht wesentlich von der Arbeit mit dem Magnet-Lasso. Ich weise im Text gelegentlich darauf hin, wenn es etwas Besonderes zu beachten gibt.

Mehr Aufmerksamkeit müssen Sie dem Zeichenstift-Werkzeug [P] widmen: Es braucht etwas Übung, bis man es schafft, schöne gleichmäßige Kurven genau nach Wunsch zu konstruieren. Meist empfiehlt es sich, die Zeichenstift-Option Gummiband zu deaktivieren – sie wirkt eher irritierend als hilfreich.

1. Positionieren Sie den Zeichenstift an die Stelle im Bild, an der der Pfad beginnen soll. Durch Klicken setzen Sie Ankerpunkte, und Ihr erster Klick beginnt auch den Pfad.
2. Ein erneuter Klick an eine andere Stelle setzt automatisch einen weiteren **Ankerpunkt** – ohne Grifflinie! – und verbindet die beiden Punkte mit einer Geraden.
3. Wenn Sie zusätzlich zum Klick [⇧] gedrückt halten, wird das Segment genau im 45°-Winkel oder mit einem Vielfachen von 45° erstellt (sprich: genau senkrecht, waagerecht oder »diagonal«).

Abbildung 36.16 ▶
Das Zeichnen von Pfaden aus Geraden ist ganz einfach.

Ein Ankerpunkt oder Pfadsegment zu viel?

Ein Tastendruck auf [Entf] (Windows) oder die [←]-Taste (Mac) löscht den letzten Ankerpunkt und damit das letzte Segment. Zweifaches Drücken der Taste löscht alle Ankerpunkte des Pfades oder (bei einem Pfad aus mehreren Komponenten) der betreffenden Komponente. Mit dem bewährten Shortcut [Strg]+[Z] bzw. [cmd]+[Z] können Sie wie immer Ihren letzten Arbeitsschritt zurücknehmen – unter anderem die Löschung aller Ankerpunkte.

Pfad beenden

Wenn Sie beim Arbeiten mit dem Zeichenstift-Werkzeug einen **offenen Pfad beenden** möchten, klicken Sie einfach bei gedrückter [Strg]- bzw. [cmd]-Taste ein Stückchen *außerhalb* des Pfades. Wenn Sie aus der Pfadkontur einen **geschlossenen Pfad machen**, ist er automatisch auch beendet. Dazu setzen Sie den Zeichenstift-Mauszeiger wieder auf den ersten Ankerpunkt. Bei richtiger Positionierung sehen Sie neben der Zeichenstiftspitze einen kleinen leeren Kreis. Klicken Sie dann, um den Pfad zu schließen.

Wenn Sie beim Arbeiten mit dem Freiform-Zeichenstift-Werkzeug einen Pfad fertigstellen möchten, lassen Sie einfach die Maustaste los. Der Pfad ist dann beendet. Wenn Sie einen geschlossenen Pfad erstellen möchten, ziehen Sie die Linie zum Anfangspunkt des Pfades. Wenn er richtig positioniert ist, wird neben dem Mauszeiger dann ein kleiner Kreis angezeigt.

Warum Pfade beenden?

Ein nicht beendeter Pfad funktioniert ebenso gut wie ein beendeter, und Sie können ihn füllen, als Führung für Text verwenden und Ähnliches. Wenn Sie allerdings einen Pfad *nicht* beenden und erneut mit einem der Zeichenwerkzeuge in das Bild klicken, wird der bestehende Pfad einfach fortgesetzt. Um eine zweite Pfadlinie neben der ersten anzulegen, *müssen* Sie den ersten Pfad beenden.

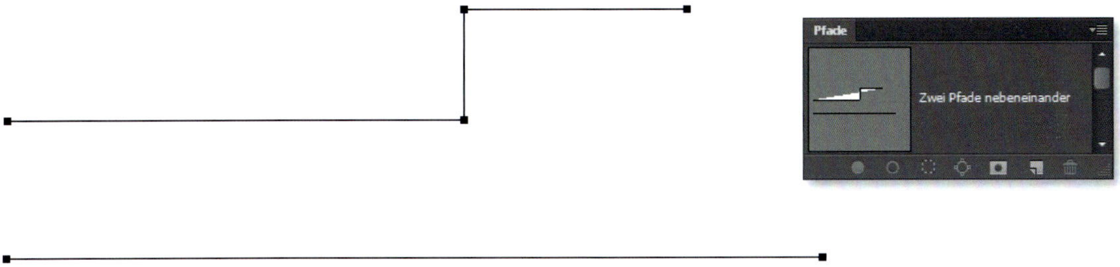

▲ **Abbildung 36.17**
Ein Pfad kann aus mehreren **Pfadkomponenten** bestehen, wie hier der Arbeitspfad, der zwei Linien enthält. Wenn so etwas unerwünscht ist, ist das Beenden des ersten Pfades unerlässlich!

Symbole an der Zeichenfeder

Kleine zusätzliche Symbole neben der Zeichenfeder sind eine zusätzliche Orientierung beim Zeichnen.

- Der kleine Kreis ❶ zeigt an, dass der Pfad mit dem nächsten Klick geschlossen (und beendet) wird.
- Der Endpunkt eines beendeten, offenen Pfades wird durch ein Quadrat ❷ angezeigt.
- Ein kleines Sternchen ❸ neben der Feder zeigt an, dass der erste Ankerpunkt eines neuen Pfades oder einer neuen Pfadkomponente angelegt wird – und dass nicht ein eventuell bestehender Pfad fortgesetzt wird.
- Die Zeichenfeder mit Schrägstrich ❹ zeigt an, dass ein nicht beendeter Pfad fortgesetzt wird.

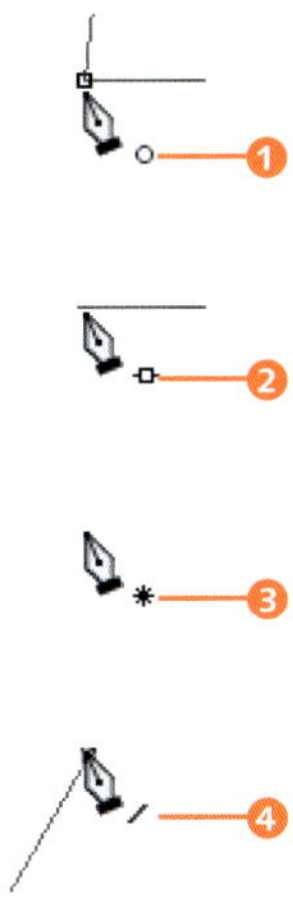

Kurven zeichnen

Um kurvige Pfade zu zeichnen, müssen Sie anstelle der Ankerpunkte **Kurvenpunkte** erzeugen. Bedenken Sie, dass Sie Kurvenpunkte nicht im Scheitel der Kurve setzen, sondern am Anfang und am Ende der gebogenen Linie. Die Kurve kommt durch das Ziehen der Grifflinien zustande! Sie gehen so vor, wie ich es in der Schritt-für-Schritt-Anleitung erläutere.

Schritt für Schritt: Bézierpfade zeichnen

Die Abbildungen in dieser Schritt-für-Schritt-Anleitung zeigen schrittweise das Vorgehen zum Anlegen von Kurven. Die Ziffern bezeichnen, wo und in welcher Reihenfolge Sie klicken, und die Pfeile zeigen die »Zugrichtung« der Maus.

1 Ersten Ankerpunkt setzen

Setzen Sie die Maus dort in das Bild, wo der erste Ankerpunkt entstehen soll (1). Klicken Sie, aber ohne die Maustaste danach loszulassen. Mit weiterhin gedrückter Maustaste bewegen Sie den Cursor nun in die Richtung, in die das Kurvensegment gezeichnet werden soll. Es entsteht automatisch ein Kurvenpunkt mit Grifflinie.

Deren Länge und Position – und damit die Gestalt der Kurve – können Sie nachträglich noch anpassen. Lassen Sie nun die Maustaste wieder los.

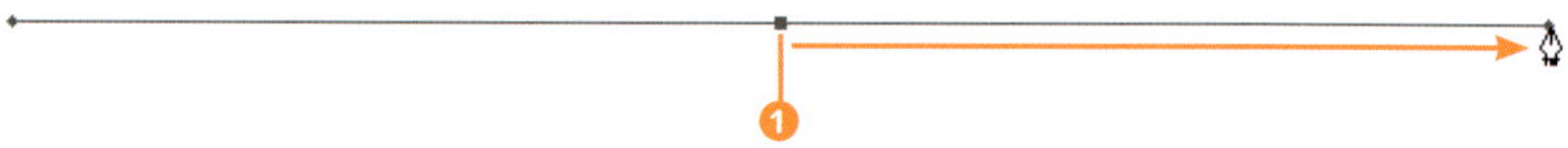

Abbildung 36.18 ▶
Ziehen Sie einen Kurvenpunkt mit Grifflinien auf.

2 Ihr zweiter Klick – die Maustaste bleibt gedrückt.

Setzen Sie dann den Mauszeiger an die Stelle, an der das Kurvensegment enden soll (2). Klicken Sie, und halten Sie wieder die Maustaste gedrückt.

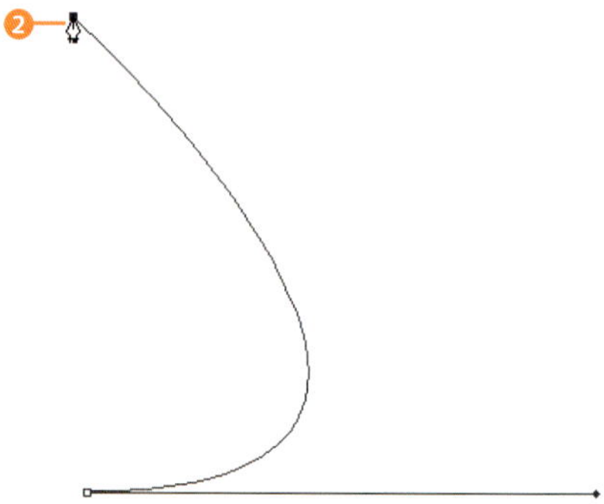

Abbildung 36.19 ▶
An dieser Stelle soll das Kurvensegment enden.

Diesmal ziehen Sie die Maus in die entgegengesetzte Richtung. Es entstehen eine weitere Grifflinie ... und eine Kurve!

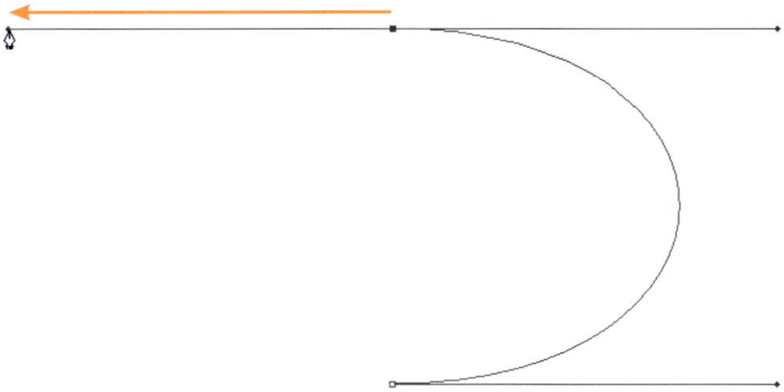

◀ **Abbildung 36.20**
Eine Kurve ist entstanden.

3 Anfügen eines weiteren Kurvensegments

Wenn Sie eine S-Kurve zeichnen und das nächste Segment erstellen möchten, wiederholen Sie einfach die letzten Arbeitsschritte an einer anderen Stelle im Bild:

Sie setzen den Mauszeiger an die Stelle, an der das nächste Segment enden soll, und ziehen ihn wiederum von der Kurve weg. Für einen wellenförmigen Pfad wiederholen Sie dasselbe Manöver einfach mehrmals mit kürzeren Griffsegmenten.

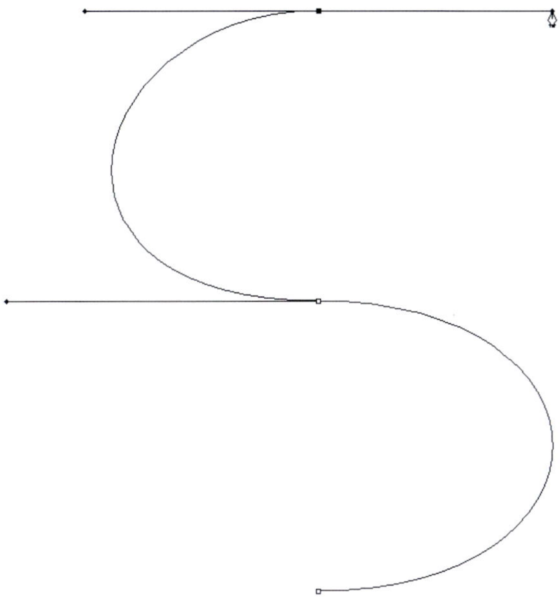

◀ **Abbildung 36.21**
Ein zweites Kurvensegment

4 Pfad beenden

Kurvige Pfade beenden Sie ebenso wie Pfade mit geraden Pfadsegmenten. Auch die Hinweise zum Zurücknehmen von Arbeitsschritten und zum Löschen der letzten Ankerpunkte gelten hier.

Kurven und Geraden kombinieren

Um kurvige und gerade Pfadsegmente in einem Pfad aneinanderzufügen, kombinieren Sie einfach die beiden hier beschriebenen Arbeitsweisen. Ein einfacher Klick erzeugt einen normalen Ankerpunkt, dessen Fortsetzung eine Gerade ist. Ein Klicken und anschließendes Ziehen bei gehaltener Maustaste erzeugt immer einen Kurvenpunkt, dessen anschließendes Segment zwangsläufig ebenfalls eine Kurve ist.

Pfad-Sichtbarkeit

Sollte ein Pfad unversehens aus Ihrem Bild verschwinden – beispielsweise nach dem Anlegen neuer Ebenen –, ist er nicht gelöscht, sondern lediglich ausgeblendet. Ein Klick auf die Pfadminiatur blendet ihn wieder ein. Sie können Pfadlinien aber auch über die Ansichtsoptionen (Ansicht • Anzeigen • Zielpfad) ein- und ausblenden.

36.4 Pfade verändern

Nicht immer gelingt der Pfad auf Anhieb so, wie er sein soll. Aber das ist ebenfalls kein Problem, denn Photoshop bietet auch für solche Fälle spezielle Werkzeuge und Funktionen.

Ankerpunkte setzen und löschen

Solange Sie den Pfad **noch nicht beendet** haben, können Sie auf schon bestehenden Pfadsegmenten Ankerpunkte mit dem Zeichenstift-Werkzeug P hinzufügen oder löschen. Dazu muss die Option Autom. hinzuf./löschen aktiv sein. Wenn Sie dann auf ein Liniensegment klicken, wird ein Punkt hinzugefügt. Ein vorhandener Ankerpunkt wird gelöscht, wenn Sie ihn anklicken.

▲ **Abbildung 36.22**
Ankerpunkt hinzufügen

Beachten Sie dabei die Zeichenfeder! Das Pluszeichen signalisiert: Hier wird mit dem nächsten Klick ein Ankerpunkt hinzugefügt. Das Minuszeichen neben der Zeichenfeder zeigt an, dass der Ankerpunkt gelöscht wird.

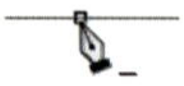

▲ **Abbildung 36.23**
Ankerpunkt löschen

Ist der Pfad bereits **beendet** worden, können Sie Ankerpunkte nur noch mit den Spezialwerkzeugen Ankerpunkt-hinzufügen-Werkzeug und Ankerpunkt-löschen-Werkzeug (beide ohne Shortcuts) hinzufügen oder entfernen.

Ankerpunkte umwandeln

Sie können auch den Status von Ankerpunkten ändern, also aus Kurvenpunkten Eckpunkte mit geteilter Grifflinie oder normale Ankerpunkte ohne Grifflinie machen und umgekehrt. Dazu brauchen Sie das Punkt-umwandeln-Werkzeug. Sie finden es in einem Fach mit den Zeichenfedern (ohne Tastaturkürzel).

Um mit diesem Werkzeug zu arbeiten, sollten die Ankerpunkte des Pfades eingeblendet sein und, wenn vorhanden, auch die Grifflinien des Punktes, der umgewandelt werden soll. Dazu klicken Sie am besten zunächst mit dem Direktauswahl-Werkzeug [A] auf den Pfad bzw. den umzuwandelnden Punkt. Dann wechseln Sie zum Punkt-Umwandler.

Kurvenpunkt in Ankerpunkt umwandeln | Wenn Sie einen Kurvenpunkt in einen normalen Ankerpunkt ohne Grifflinien konvertieren möchten, klicken Sie mit dem Punkt-umwandeln-Werkzeug einfach auf den Kurvenpunkt. Die Gestalt der Kurve verändert sich beträchtlich, und die Griffpunkte verschwinden.

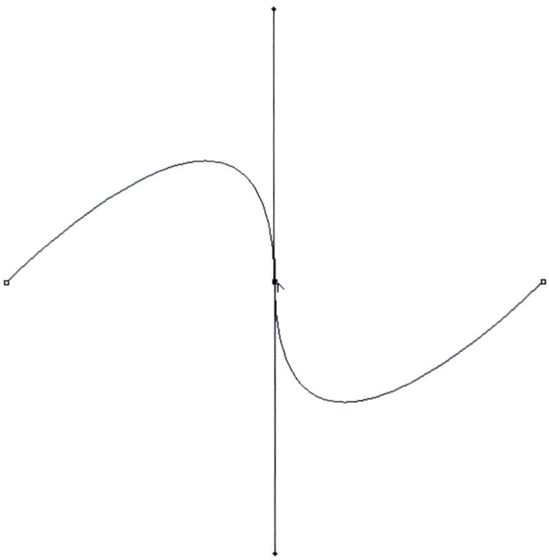

◀ **Abbildung 36.24**
Dieser Kurvenpunkt soll in einen Eckpunkt umgewandelt werden.

▲ **Abbildung 36.25**
Nach der Verwandlung ist aus unserer Kurve eine Gerade geworden. Bei komplexeren Pfadformen wirkt eine Punktumwandlung natürlich nicht so radikal.

Ankerpunkt in Kurvenpunkt umwandeln | Um einen normalen Ankerpunkt in einen Kurvenpunkt zu konvertieren, klicken Sie mit dem Punkt-umwandeln-Werkzeug den betreffenden Punkt an, halten die Maustaste gedrückt und ziehen gleich die Grifflinie aus dem Punkt heraus (Abbildung 33.26).

Kurvenpunkt in einen Eckpunkt umwandeln | Sie können auch einen Kurvenpunkt in einen Eckpunkt mit geteilten Grifflinien konvertieren. Dazu ziehen Sie an einem Griffpunkt und schwingen ihn auf den anderen Griffpunkt zu, um die Achse des Ankerpunktes herum. Die Grifflinien trennen sich dann. So sind besonders spitze Kurven möglich (Abbildung 33.27).

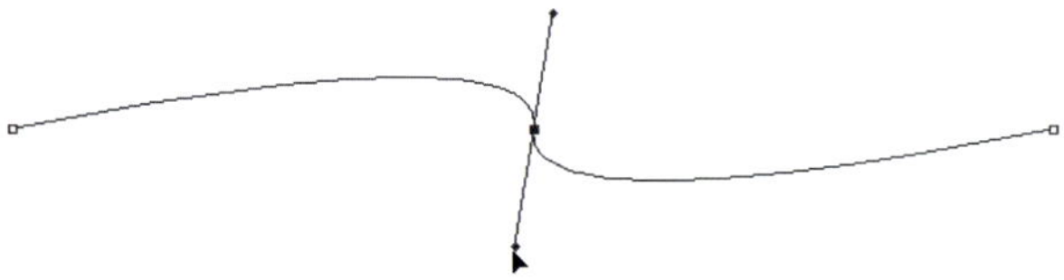

▲ **Abbildung 36.26**
Der Ankerpunkt wurde in einen Kurvenpunkt konvertiert. Der Cursor des Punkt-umwandeln-Werkzeugs wird nach der Umwandlung als schwarzer Pfeil angezeigt.

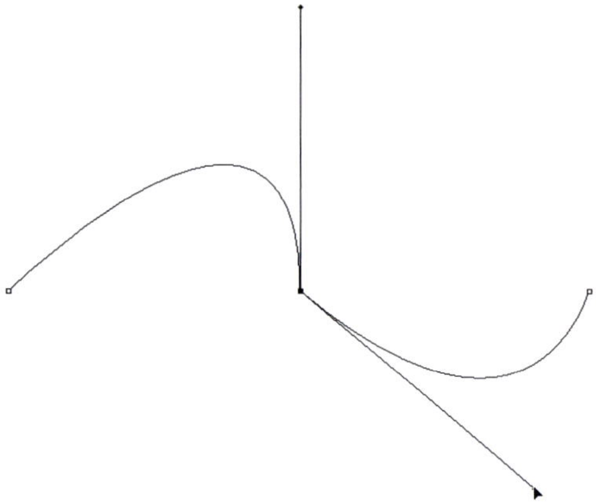

▲ **Abbildung 36.27**
Das untere Ende der Grifflinie wurde mit dem Punkt-umwandeln-Werkzeug gefasst und nach oben geschwungen.

Arbeiten mit dem Direktauswahl-Werkzeug

Ein wichtiges Werkzeug zum Beareiten von Pfaden ist das Direktauswahl-Werkzeug [A] [↖], das bisweilen auch abkürzend »weißer Pfeil« genannt wird. Mit ihm können Sie einzelne Segmente verschieben und dadurch die Pfadform ändern, einzelne Ankerpunkte und Grifflinien verändern oder auch größere Pfadbereiche mit mehreren Segmenten und Ankerpunkten bewegen.

Sie erreichen das wichtige Direktauswahl-Werkzeug von allen Zeichenwerkzeugen aus ohne Umweg, indem Sie [Strg] bzw. [cmd] drücken und halten.

Einzelne Pfadsegmente verschieben | Um einzelne Pfadsegmente zu verschieben und dadurch Kurven zum Beispiel flacher oder bauchiger zu machen, klicken Sie das betreffende Segment an und ziehen daran.

Anker- oder Griffpunkte bewegen | Um Anker- oder Griffpunkte zu bewegen, klicken Sie den betreffenden Ankerpunkt an und bewegen ihn oder die Griffpunkte, indem Sie sie mit der Maus »anfassen« und verschieben. Auch hier hilft zusätzliches Drücken von [⇧], um die Bewegung auf 45°-Winkel oder auf ein Vielfaches von 45° zu beschränken.

Mehrere Ankerpunkte markieren | Mit dem »weißen Pfeil« können Sie auch Auswahlrechtecke um einzelne Pfadbereiche ziehen. Damit werden alle Ankerpunkte im Auswahlbereich aktiviert und die Grifflinien eingeblendet. Sie können dann den ausgewählten Pfadteil mit dem

Während des Zeichnens scharfe Kurven anlegen

Sie können auch schon, während Sie eine Kurve anlegen, deren Grifflinie teilen – ohne dass Sie den Ankerpunkt-Umwandler bemühen müssten. Dazu lassen Sie beim Zeichnen ausnahmsweise die Maustaste los und ziehen dann den Griffpunkt bei gehaltener [Alt]-Taste in Richtung der Kurve. Lassen Sie dann alle Tasten (also [Alt] und die Maustaste) los, setzen Sie den Mauszeiger an die Stelle, an der das Segment enden soll, und klicken und ziehen Sie dann in die entgegengesetzte Richtung, um das Segment fertigzustellen.

Direktauswahl-Werkzeug [A] [↖] bewegen, während der nicht ausgewählte Rest des Pfades fixiert ist.

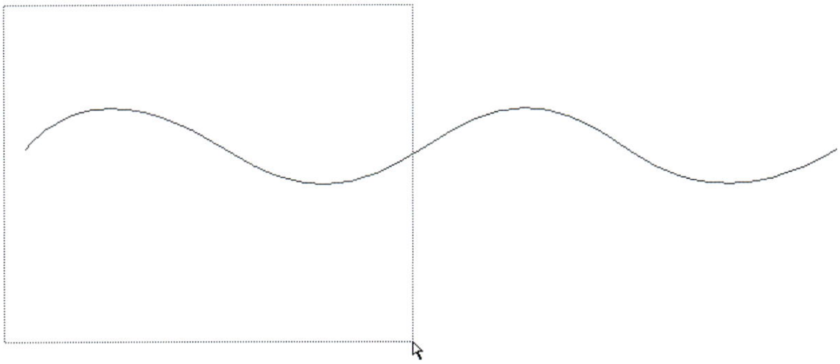

◀ **Abbildung 36.28**
Anlegen einer Auswahl um Teile eines Pfades. Anders, als Sie es von den normalen Auswahlwerkzeugen gewohnt sind, bleibt hier die Auswahllinie nicht sichtbar: Sobald Sie das Auswahlwerkzeug absetzen, wird sie wieder ausgeblendet. Sie erkennen dann an der Verteilung der aktiven und inaktiven Ankerpunkte, welche Pfadteile ausgewählt sind.

Segmente löschen | Um ganze Segmente zu löschen, nutzen Sie ebenfalls den »weißen Pfeil«. Wählen Sie das Segment, das Sie löschen wollen, durch Klicken aus, und drücken Sie die Rücktaste, um es zu entfernen. Durch erneutes Drücken der Taste wird der Rest des Pfades gelöscht. Bei einem Pfad aus mehreren Komponenten wird dagegen der Rest der Komponente gelöscht.

Transformationen für Segmente oder Ankerpunkte
Auf Pfadsegmente und Ankerpunkte können Sie auch Transformationen anwenden. Sie finden die Transformationsbefehle in leicht modifizierter Form an gewohnter Stelle unter Bearbeiten. Statt Transformieren heißt es nun Punkte transformieren, und nicht alle der bekannten Transformationen stehen zur Verfügung.

Auch komplette Pfade können Sie mit [Strg]/[cmd]+[T] transformieren, wenn Sie entweder ein Zeichenstift- oder eines der beiden Pfadauswahl-Werkzeuge gewählt haben.

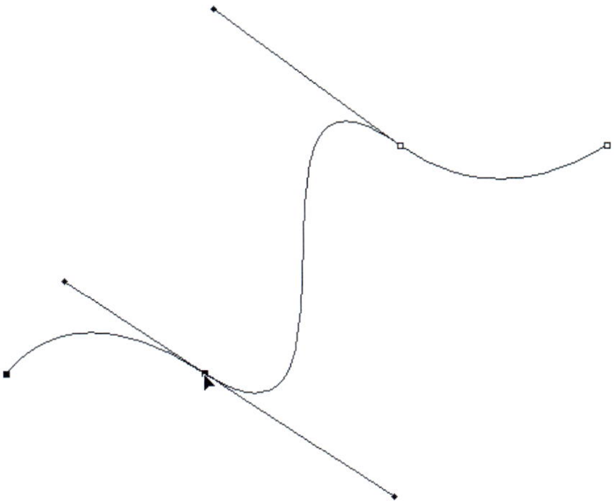

▲ **Abbildung 36.29**
Mittels Pfadauswahl ist das Verschieben einzelner Segmente des Pfades möglich. Dadurch können Sie Pfadformen entscheidend verändern.

Pfadauswahl-Werkzeug

Um komplette Pfade oder Pfadkomponenten auszuwählen oder zu verschieben, ist das Pfadauswahl-Werkzeug [A] [↖] das Tool der Wahl. Um mehrere Komponenten auszuwählen, halten Sie [⇧] gedrückt und klicken die Komponenten nacheinander an.

36.5 Feine Unterschiede in der Pfade-Palette

Die Pfade-Palette hat keine so große Bedeutung wie die Ebenen-Palette für das Arbeiten mit Ebenen. Viele ihrer Funktionen haben Sie schon en passant kennengelernt oder werden sie in Kapitel 37, »Mit Pfaden arbeiten«, im praktischen Einsatz kennenlernen. Sie erreichen die Palette erwartungsgemäß über Fenster • Pfade, und standardmäßig ist die Palette neben der Ebenen- und der Kanäle-Palette angeordnet.

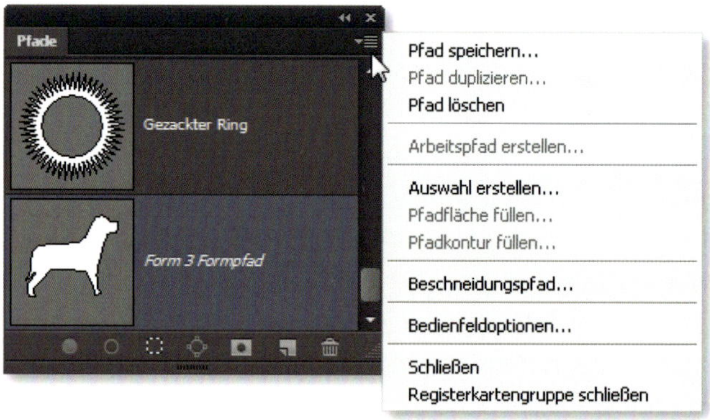

Abbildung 36.30 ▶
Die Pfade-Palette samt Seitenmenü. Oben ein regulärer Pfad, darunter ein temporärer Formpfad, erkennbar an der Kursivschrift

Temporäre Pfade

Alle Pfade, die Sie erstellen – sei es mit den Formwerkzeugen, sei es durch Umwandeln einer Auswahl oder per Zeichenwerkzeug –, werden zunächst einmal als **temporäre Pfade** erstellt, entweder als Arbeitspfade oder, wenn sie zu einer Form gehören als Formpfad. In der Pfade-Palette erkennen Sie sie am kursiv geschriebenen Titel. Arbeitspfade und Formpfade sind in der Pfade-Palette immer an letzter Stelle (unten) zu finden.

Temporäre Pfade können verlorengehen. Sie sollten sie sichern:

- Doppelklicken Sie dazu auf den Titel, und benennen Sie den Pfad einfach um, oder
- ziehen Sie den Arbeitspfad auf das Neu-Icon am Fuß der Palette.

Bestehende Pfade nicht verpfuschen!
Solange Sie nicht eigens einen neuen Pfad anlegen, arbeiten Sie immer auf demselben Pfad – derselben Pfad*ebene* gewissermaßen, die in der Pfade-Palette durch eine Zeile mit Miniatur repräsentiert ist. Selbst wenn Sie zwischenzeitlich ganz andere Werkzeuge benutzen und andere Arbeiten am Bild durchführen – sobald Sie wieder ein Zeichen- oder Formwerkzeug zur Hand nehmen, wird dem bestehenden Pfad allenfalls eine neue Komponente hinzugefügt. Neue Pfade werden jedoch nicht automatisch angelegt.

Reguläre Pfade anlegen

Besser ist es, von Anfang an nicht mit temporären Arbeitspfaden, sondern mit regulären Pfaden zu arbeiten. Dazu wählen Sie vor jedem Zeichnen, Anlegen von Formen oder sonstigen Aktivitäten, die einen Pfad generieren, einfach den Befehl Neuer Pfad im Palettenmenü oder klicken die Neu-Schaltfläche an. Übrigens werden neue Pfade immer an das untere Ende der Palette angefügt und nicht, wie von der Ebenen-Palette gewohnt, oberhalb der aktiven Ebene.

Kapitel 37
Mit Pfaden arbeiten

Dieses Kapitel enthält typische Anwendungsfälle bei der Arbeit mit Pfaden: Pfade machen sich bei Alltagsaufgaben nützlich und eröffnen neue kreative Horizonte. Dennoch bleibt eine mit Pfaden angereicherte Photoshop-Datei immer noch ein Pixelbild – eine Hybride, die die Vorteile echter Vektorbilder nie ganz ausspielen kann. Pfade haben daher eher den Status eines Hilfsmittels als den eines alltäglichen Arbeitsinstruments.

37.1 Pfade und Auswahlen

Pfade lassen sich nicht nur mit Hilfe der den Zeichenwerkzeuge konstruieren. Sie können auch Auswahllinien in Pfade verwandeln (und Pfade wieder in Auswahlen). Das hat den Vorteil, dass Sie Pfade – und auf diesem Weg auch Formen – aus komplizierten Objektkonturen erstellen können, die für Zeichenwerkzeug-Ungeübte nur unter Schwierigkeiten direkt als Pfad anzulegen sind. Eine Auswahllinie als Grundlage für einen Pfad zu nutzen, ist vor allem bei hart konturierten Auswahllinien sinnvoll: Weiche Übergänge können in Pfadform nicht erhalten bleiben. Auch wenn es mit Hilfe der Masken-Palette möglich ist, Vektormasken nachträglich weichzuzeichnen – so differenzierte Transparenzübergänge wie mit Auswahlen und Ebenenmasken bekommen Sie mit Pfaden nicht hin.

Zum Weiterlesen
Mehr zum nachträglichen **Weichzeichnen von (Vektor-)Masken** lesen Sie im Abschnitt »Konturbereiche von Masken nachbessern« auf Seite 499.

Pfad aus Auswahl: Arbeitspfad erstellen

Um aus einer bereits bestehenden Auswahl einen Pfad zu machen, können Sie …

- den Befehl Arbeitspfad erstellen… aus dem Seitenmenü der Pfade-Palette wählen oder

Bild: dieblen.de

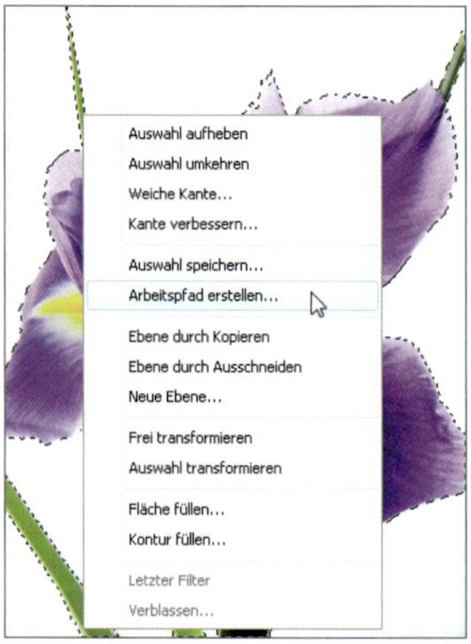

▲ **Abbildung 37.1**
Das Auswahl-Kontextmenü bietet auch einen Befehl, um aus Auswahlen Arbeitspfade zu erstellen.

- das Auswahl-Kontextmenü nutzen. Dazu muss eines der Auswahlwerkzeuge aktiv sein und sich eine Auswahllinie im Bild befinden. Ein Rechtsklick nahe der Auswahllinie öffnet das Kontextmenü.
- Sofern Sie mit Zeichenstift-Werkzeug oder Freiform-Zeichenstift-Werkzeug (beide Kürzel: P) arbeiten, können Sie den Button MARKE: AUSWAHL nutzen (mehr darüber im Abschnitt »Zeichenstift: Optionen« auf Seite 990).

Sobald Sie den Befehl ARBEITSPFAD ERSTELLEN anklicken, erscheint ein Dialog, in dem Sie aufgefordert werden, einen TOLERANZ-Wert einzugeben.

Die Toleranz kann zwischen 0,5 und 10 Pixel liegen und bestimmt, mit wie vielen Ankerpunkten der Pfad angelegt wird. Je höher der TOLERANZ-Wert ist, desto weniger Ankerpunkte werden verwendet und desto stärker weicht der Pfad von der Originalkontur ab.

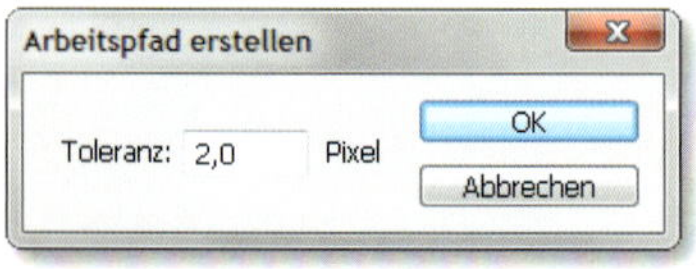

▲ **Abbildung 37.2**
Der TOLERANZ-Wert regelt die Umsetzungsgenauigkeit.

▲ **Abbildung 37.3**
Hier wurde aus einer Auswahl der Blume ein Pfad mit einer TOLERANZ von 0,5 erstellt. Der TOLERANZ-Wert ist eindeutig zu gering: Die vielen Ankerpunkte machen den Pfad unbrauchbar. Speichersparend ist ein solcher Pfad dann auch nicht mehr.

▲ **Abbildung 37.4**
Ein TOLERANZ-Wert von 10 lag diesem Pfad zugrunde – keine sonderlich genaue Umsetzung der Auswahl. Manchmal lässt sich der beste Wert nur durch Ausprobieren ermitteln.

Auswahl aus Pfad erstellen

Umgekehrt geht es auch: Aus jedem Pfad können Sie eine Auswahl erstellen. Die Funktion AUSWAHL ERSTELLEN ❶ finden Sie im Seitenmenü der Pfade-Palette und als Schaltfläche ❷ an deren unterem Rand.

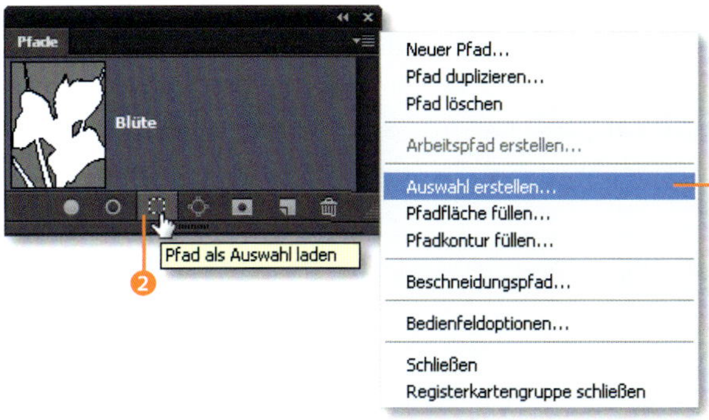

◀ **Abbildung 37.5**
Zwei Wege, aus einem Pfad eine Auswahl zu generieren

Wenn Sie die Schaltfläche benutzen, wird die Auswahl sofort erstellt. Wählen Sie hingegen den Befehl aus dem Palettenmenü, bietet Photoshop Ihnen weitergehende Einstellungsmöglichkeiten an. In den meisten Fällen ist es angebracht, die GLÄTTEN 3 zu aktivieren.

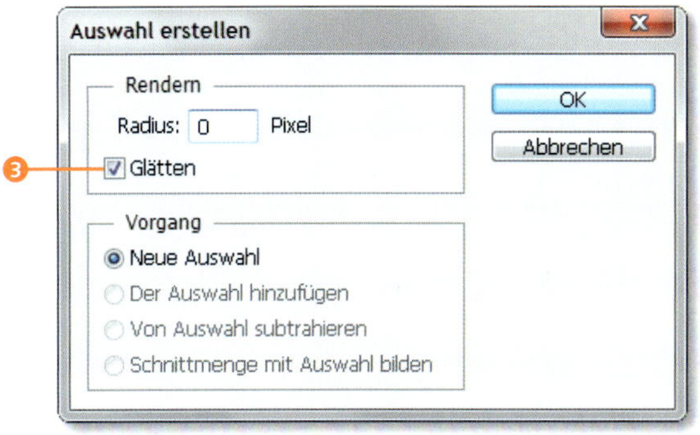

◀ **Abbildung 37.6**
GLÄTTEN ist eine praktische Option, um zu harten, kantigen Auswahlrändern vorzubeugen.

37.2 Pfade als Exportartikel

Pfade sind nicht nur in Photoshop eine nützliche Sache, sondern können auch für die Arbeit mit anderen Programmen interessant sein.

Beschneidungspfade

Eine Besonderheit, die für Sie nicht relevant ist, solange Sie ausschließlich in Photoshop arbeiten, stellen Beschneidungspfade dar (manchmal auch **Clipping Paths** oder **Freistellpfade** genannt).

Bei Bildern, die für die Weitergabe an Layoutprogramme wie InDesign, QuarkXPress und andere gedacht sind, setzen Beschneidungspfade diejenigen Bildbereiche transparent, die im Layoutprogramm nicht angezeigt werden sollen.

Unterstützt werden Beschneidungspfade nur vom Dateiformat EPS. Allerdings neigen manche Layoutprogramme dazu, auch normale Pfade, die in TIF- oder JPG-Dateien gespeichert sind, als Beschneidungspfade zu interpretieren. Das kann zur Folge haben, dass auch Bildbereiche, die Sie gar nicht ausblenden wollten, nicht angezeigt werden. In solchen Fällen müssen Sie die Pfade löschen, die die Störung verursachen.

Schritt für Schritt: Beschneidungspfad erstellen

Beischneidungspfade werden gern genutzt, um freigestellte Bilder an Layoutprogramme weiterzugeben. Diese erkennen dann den Pfad und setzen das Bild freigestellt ins Layout.

1 Pfad erstellen

Erzeugen Sie einen Pfad, der das Bildobjekt, das Sie per Pfad freistellen wollen, möglichst genau umzeichnet. Der Pfad muss geschlossen sein.

Falls Sie zunächst einen Arbeitspfad erzeugt haben, müssen Sie ihn in einen regulären Pfad umwandeln.

2 Beschneidungspfad anlegen

Wählen Sie dann im Seitenmenü der Pfade-Palette den Befehl BESCHNEIDUNGSPFAD.

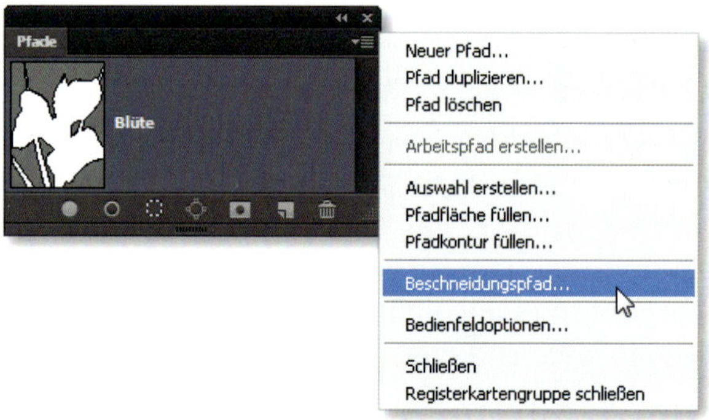

Abbildung 37.7 ▸
Legen Sie einen Beschneidungspfad an.

Sie erhalten dann ein Dialogfeld, in dessen oberem Teil Sie wählen können, welcher Pfad – wenn mehrere im Bild vorhanden sind – als Beschneidungspfad herhalten soll, und in dem Sie die KURVENNÄHERUNG Festlegen.

Abbildung 37.8 ▸
Optionen festlegen

Die Kurvennäherung hat Einfluss auf die spätere Umsetzung des Pfades beim Druck. Möglich sind Werte zwischen 0,2 und 100. OK schließt den Vorgang ab.

Kurvennäherung | Wenn Sie das Eingabefeld KURVENNÄHERUNG freilassen, wird das Bild mit den Standardeinstellungen des Druckers ausgegeben. Oft fährt man damit ganz gut. Treten Druckprobleme auf, müssen Sie manuell einen Wert festlegen, den der PostScript-Interpreter für die Kurvennäherung verwenden soll (nicht PostScript-fähige Drucker können mit Beschneidungspfaden nichts anfangen). Ein niedriger Wert führt zu einer etwas gröberen Interpretation des Beschneidungspfades, eliminiert jedoch auch Belichtungsfehler. Im Allgemeinen ist für eine hochauflösende Ausgabe (1.200 bis 2.400 dpi) ein Wert zwischen 8 und 10 empfehlenswert und für eine Ausgabe mit niedriger Auflösung (300 bis 600 dpi) ein Wert zwischen 1 und 3.

Pfade nach Adobe Illustrator exportieren

Für den Export von Pfaden nach Adobe Illustrator müssen Sie nicht mit Beschneidungspfaden operieren. Hier gibt es einen eigenen Befehl, nämlich unter DATEI • EXPORTIEREN • PFADE -> ILLUSTRATOR.

Das Exportieren von Pfaden mit diesem Befehl erleichtert das Kombinieren von Photoshop- und Illustrator-Grafiken und vereinfacht das Anwenden von Photoshop-Funktionen auf Illustrator-Grafiken. So richten Sie beispielsweise in Illustrator Text oder Objekte an Photoshop-Pfaden aus. Sie können auch Arbeitspfade auf diese Art und Weise exportieren.

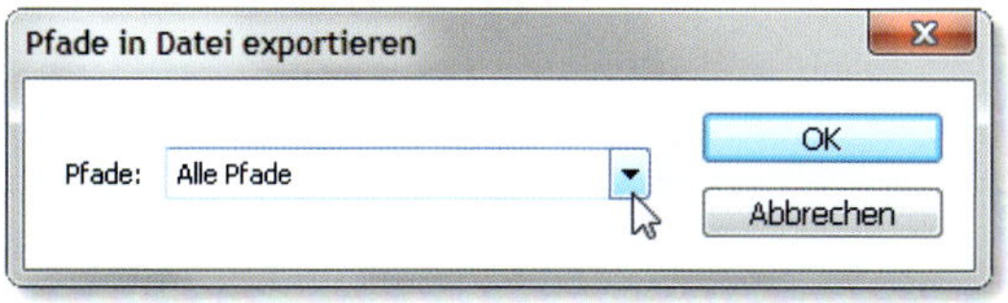

◀ **Abbildung 37.9**
Pfade exportieren: Legen Sie fest, ob Sie alle Pfade einer Datei exportieren oder nur einen bestimmten.

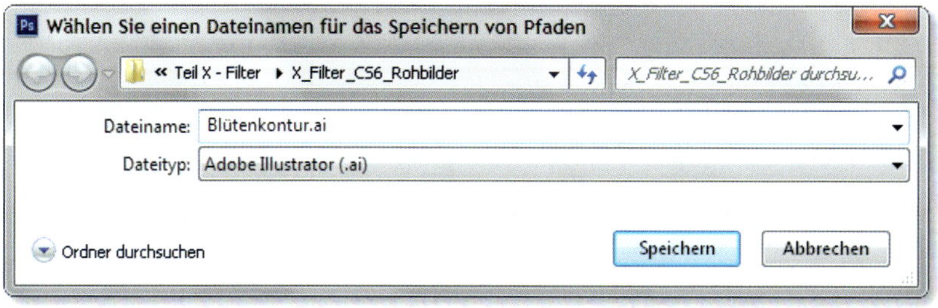

◀ **Abbildung 37.10**
So bestimmen Sie den Speicherort beim Pfad-Export.

Das funktioniert ganz einfach: Stellen Sie sicher, dass unter PFADE der richtige Pfad ausgewählt ist. Sie können alle Pfade eines Bildes oder auch vereinzelte Pfade und Arbeitspfade exportieren. Wählen Sie dann einen Speicherort aus, und vergeben Sie einen Dateinamen. Klicken Sie auf SPEICHERN.

Wenn Sie die Datei anschließend in Adobe Illustrator öffnen, können Sie den Pfad bearbeiten oder ihn verwenden, um Illustrator-Objekte auszurichten, die Sie der Datei hinzufügen.

37.3 Gefüllte Pfadkontur: Pfad plus Malwerkzeug

Datei auf der Buch-DVD: »Konfettischrift.tif«

Pfade müssen keine undruckbaren und meist unsichtbaren Vektoren bleiben – Sie können sie auch mit Pixeln füllen. Besonders schöne und individuelle Ergebnisse erzielen Sie, wenn Sie die Wirkung der Pinselspitze vorher genau einstellen. Ich zeige Ihnen das Ganze wiederum anhand einer Schrift; Sie können aber auch andere Pfade so bearbeiten.

Schritt für Schritt: Pfad aus Text erstellen: Konfetti auf Pfad

Diese Technik funktioniert mit allen Arten von Pfaden und allen Mal- und Retuschewerkzeugen mit unterschiedlichsten Werkzeugspitzen. Ich zeige Ihnen – stellvertretend für die vielen Möglichkeiten, die Sie haben –, wie Sie eine Textkontur mit einer bunten Konfettischrift belegen.

1 Schrift anlegen

Dazu brauchen Sie einen Pfad in Buchstabenform. Als Erstes legen Sie dazu den Schriftzug an. Sie benötigen entweder eine große, flächige Schrift oder einen nicht zu engen Handschriftenfont. Ich verwende die Schrift *Bradley Hand*, und zwar schon gleich in der richtigen Größe – die Umsetzungsgenauigkeit des Pfades ist besser, wenn er nicht mehr skaliert wird. Die Schriftfarbe ist irrelevant.

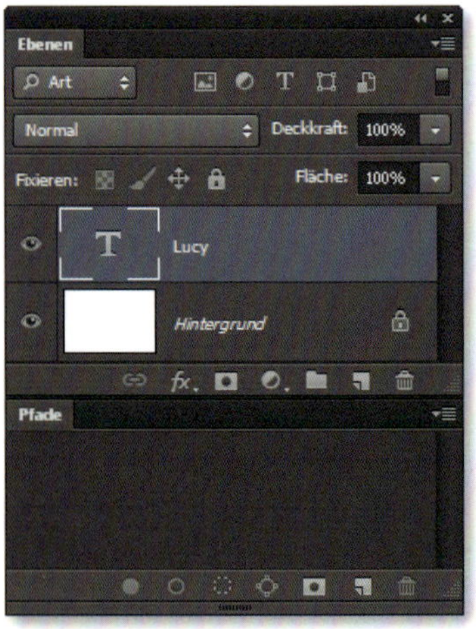

▲ **Abbildung 37.11**
Die Textebene wurde erzeugt; Pfade sind noch nicht vorhanden.

2 Pfad aus Text erstellen

Aktivieren Sie die Textebene, und wählen Sie dann im Menü den Befehl Schrift • Arbeitspfad erstellen. Die Textebene können Sie nun ausblenden oder ganz löschen.

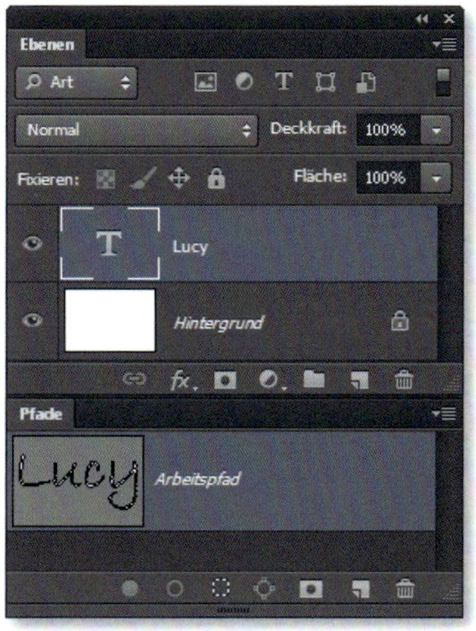

▲ **Abbildung 37.12**
Die Textebene wurde ausgeblendet. In der Pfade-Palette wird der neue Pfad angezeigt, und auch im Bild ist jetzt die Pfadkontur zu sehen.

3 Pinselspitze einstellen

Nun stellen Sie die Werkzeugspitze ein. Dazu nutzen Sie die Pinsel-Palette (starten mit F5 oder Fenster • Pinsel). Zur Erinnerung: Um mit der Pinsel-Palette zu arbeiten, muss das Pinsel-Werkzeug aktiv sein!

Ziel ist es, eine unregelmäßige Streuung unterschiedlich großer und verschieden gefärbter »runder Malpunkte« einzustellen. Dazu wählen Sie eine scharfe, runde Pinselspitze mit erhöhtem Malabstand ein.

Zum Weiterlesen
Schauen Sie in Abschnitt 28.7, »Feintuning für Pinsel- und Werkzeugspitzen«, nach, um mehr über das **Definieren eigener Werkzeugspitzen** zu erfahren.

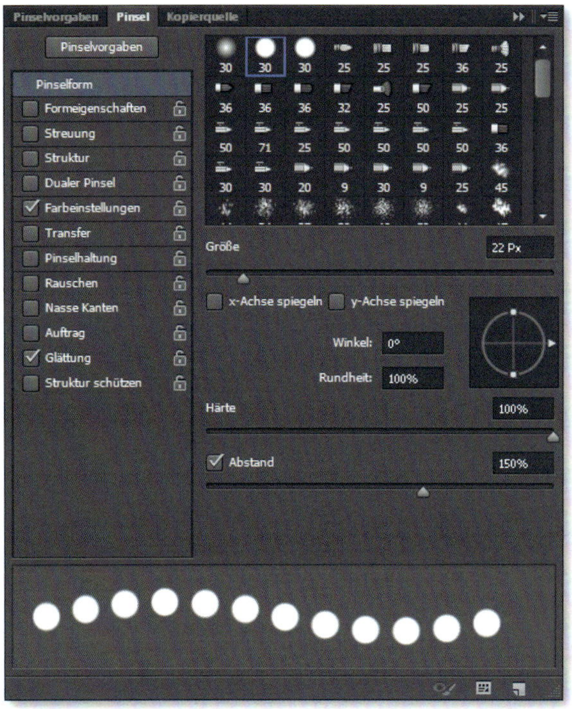

◀ **Abbildung 37.13**
Einstellungen unter Pinselform

Ein geringer GRÖSSEN-JITTER (unter FORMEIGENSCHAFTEN) und eine moderate STREUUNG kommen dazu.

Maßgeblich sind allerdings die FARBEINSTELLUNGEN. Hier wird kräftig gejittert. Da auch der VORDERGRUND-/HINTERGRUNDJITTER zum Einsatz kommt, stelle ich zwei fröhliche, kräftige Farben in den beiden Farbfeldern der Werkzeugleiste ein. Für die Farbeinstellungen gibt es leider keine Vorschau – hier müssen Sie eventuell einige Probestriche machen, bis Sie die richtige Einstellung gefunden haben.

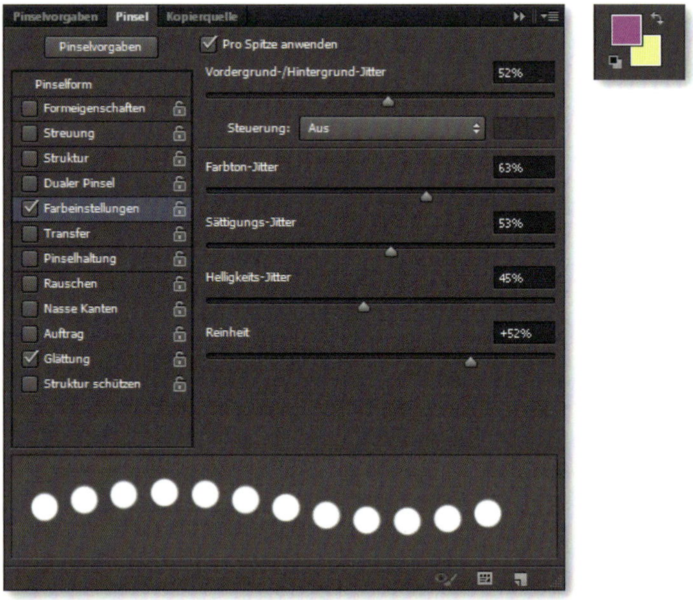

Abbildung 37.14 ▶
Einstellungen unter FARBEINSTELLUNGEN und die für die Konfettischrift benutzten Farben

4 Für alle Fälle: Pinselspitze sichern

Nun haben Sie den aktuellen Pinsel verändert. Diese Einstellungen sollen aber nicht verlorengehen. Der Befehl NEUE PINSELVORGABE im Palettenmenü der Pinsel-Palette fügt den Pinsel zur aktuell geladenen Pinsel-Bibliothek hinzu – temporär, bis Sie das nächste Mal eine andere Pinsel-Bibliothek aufrufen.

5 Pfad mit Pixeln füllen

Nun trennen Sie nur noch zwei Klicks von der fertigen Schrift. Legen Sie eine neue, leere Ebene an. Die neue Ebene sollte aktiv sein. Dann klicken Sie in der Pfade-Palette das Icon PFADKONTUR MIT PINSEL FÜLLEN an.

Automatisch legen sich Pixel gemäß der zuvor definierten Pinselspitze entlang der Pfadkontur – genauer kann man von Hand nicht pinseln. Den Pfad können Sie nun löschen oder mit `Strg`/`cmd`+`H` ausblenden. Nach Wunsch geben ein paar Ebeneneffekte dem Ganzen den letzten Schliff.

◄ **Abbildung 37.15**
Pfadkontur mit Pinsel füllen

▲ **Abbildung 37.16**
Fertig!

37.4 Text auf den richtigen Pfad gebracht

Mit Hilfe von Pfaden können Sie auch geschwungenen, wellenförmigen oder im Kreis laufenden Text erzeugen – eine interessante Gestaltungsmöglichkeit für Text. Der Pfad dient dabei als Führung für den Text, der Akzente setzen soll. Der Text bleibt dabei wie gewohnt editierbar.

Datei auf der Buch-DVD: »typo_bsp.tif«

Schritt für Schritt: Im Kreis geschrieben

Ich zeige Ihnen hier, wie Sie Text in Kreisform bringen. Das Ganze funktioniert jedoch mit allen anderen offenen und geschlossenen Pfaden auch.

1 Kreisförmigen Pfad anlegen

Um einen kreisförmigen Pfad anzulegen, aktivieren Sie das Ellipse-Werkzeug [U], wählen dort den Modus Pfad und stellen in den Detailoptionen Kreis und Vom Mittelpunkt aus ein. Ziehen Sie dann eine kreisförmige Pfadlinie auf.

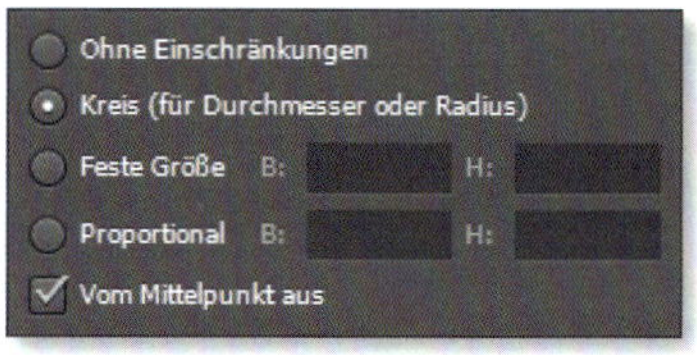

▲ **Abbildung 37.17**
Einstellungen in den Ellipse-Optionen

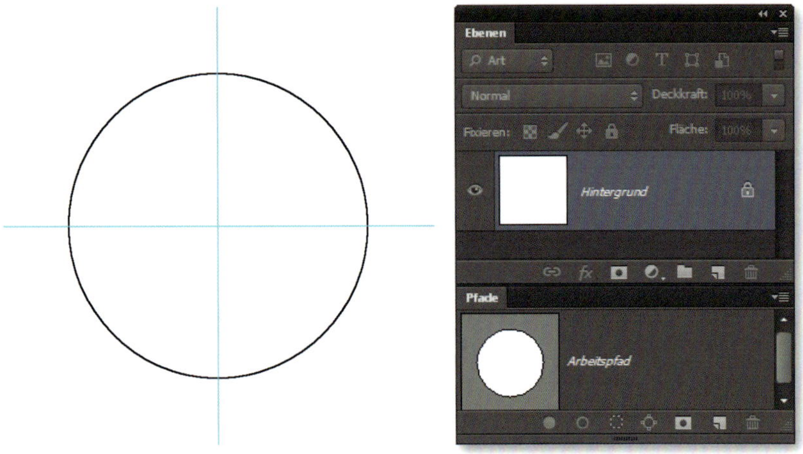

Abbildung 37.18 ▶
Die kreisförmige Pfadlinie

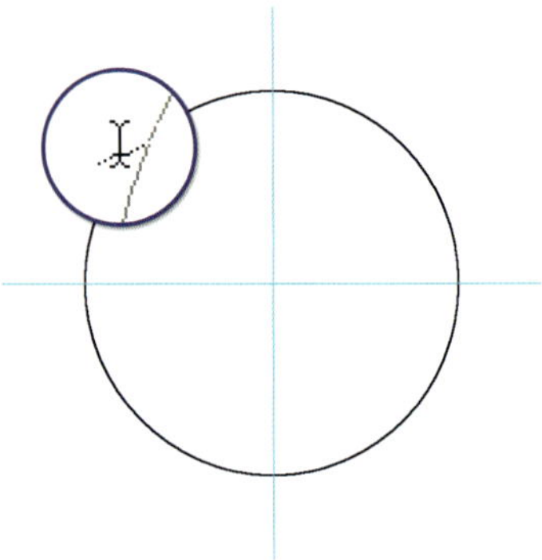

▲ Abbildung 37.19
Schreiben Sie auf dem Pfad.

2 Text eingeben

Wechseln Sie zum Text-Werkzeug [T] [T], und stellen Sie in dessen Optionsleiste Schriftart, Größe, Glättung, Farbe und so weiter ein. Schlichte, klassische Schriften wirken bei so gewagter typografischer Anordnung übrigens oft am besten! Nun ist schon alles zur Texteingabe bereit. Sie können direkt auf dem Pfad schreiben, und der Text lässt sich wie anderer Text auch bearbeiten.

Nähern Sie sich mit der Maus dem Pfad. Die Einfügemarke erscheint – allerdings mit diagonaler Grundlinienanzeige. In der Vergrößerung sehen Sie den Cursor, der TEXT AUF PFAD SCHREIBEN anzeigt.

Die Einfügemarke sollten Sie auf oder dicht über den Pfad setzen. Klicken Sie einmal: Es erscheint der bekannte blinkende Cursor, und Sie können losschreiben. Es ist auch möglich, Text aus der Zwischenablage einzufügen (mit [Strg]/[cmd]+[C]).

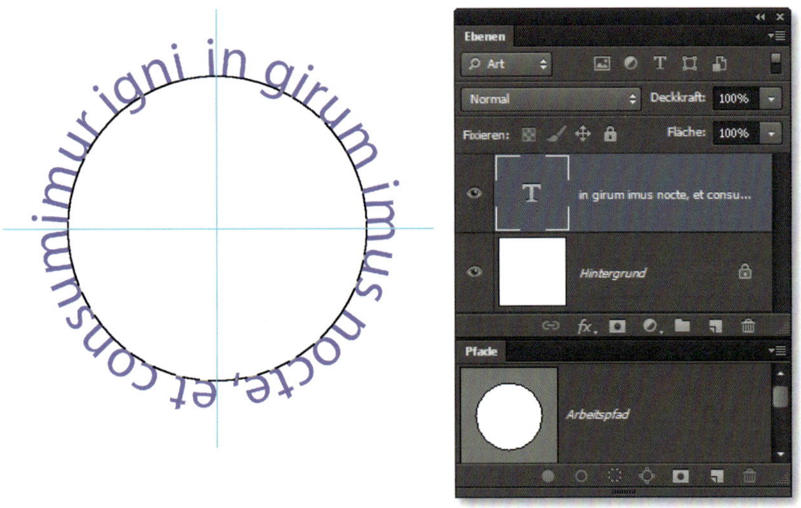

Abbildung 37.20 ▶
Das Bild und die Situation in den beiden hier maßgeblichen Paletten

3 Alternative: Vertikales Text-Werkzeug

Mit dem vertikalen Text-Werkzeug [T] [↓T] legen Sie die Buchstaben parallel zum Pfad an. In vielen Fällen wird hier ein manueller Ausgleich des Zeichenabstandes der Lesbarkeit des Textes guttun.

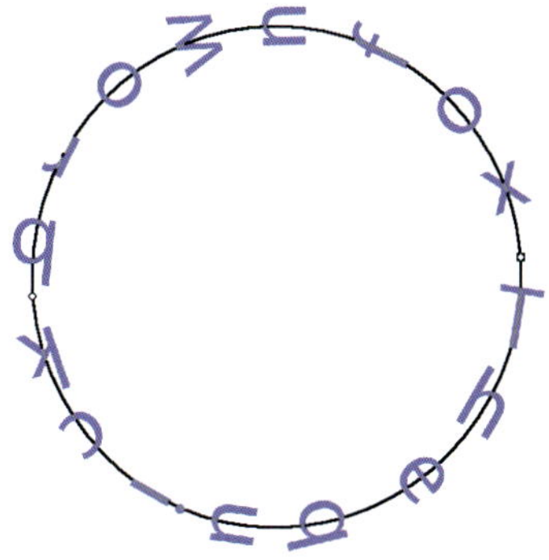

▲ **Abbildung 37.21**
Texteingabe mit dem vertikalen Text-Werkzeug

4 Text auf Pfad verschieben

Wenn Sie die Texteingabe abgeschlossen haben, können Sie den Text auch noch **nachbearbeiten**: Er lässt sich am Pfad entlangschieben, auf die andere Pfadseite »umklappen« und mit dem Pfad verschieben. Um die Position der Schrift zu verändern, können Sie das Pfadauswahl- oder das Direktauswahl-Werkzeug aus der Werkzeugkiste benutzen (beide haben den Shortcut [A]).

Wenn Sie den Text einfach etwas **verschieben** wollen, aktivieren Sie eines der beiden Tools und führen den Mauszeiger über den Pfad, so dass er zu einer Einfügemarke mit Pfeil(en) daran wird. Bewegen Sie dann die Maus vorsichtig an dem Pfad entlang in die Richtung, in die Sie den Text schieben wollen (Abbildung 37.22).

Wenn Ihnen das zu kompliziert erscheint, können Sie die Textebene auch ganz einfach per freier Transformation ([Strg]/[cmd]+[T]) drehen.

5 Text »umklappen«

Um Text auf die andere Seite des Pfades zu spiegeln, gehen Sie ähnlich vor, ziehen dann aber die Maus auf die andere Seite des Pfades – hier des Kreisinneren.

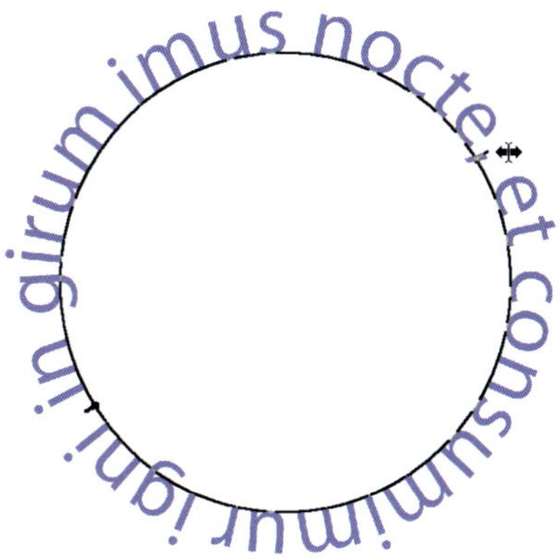

▲ **Abbildung 37.22**
Der Text wurde verschoben.

▲ **Abbildung 37.23**
Der Text wurde gespiegelt.

6 Pfadform ändern

Pfade, auf denen Text liegt, können Sie ebenso verändern wie andere Pfade auch. Am besten benutzen Sie das Direktauswahl-Werkzeug [A]

, klicken damit auf einen Ankerpunkt auf dem Pfad und ändern mit Hilfe der Griffe dessen Form.

7 Kompletten Text im Bild verschieben

Um den Pfad und den Text im Bild zu verschieben, nutzen Sie das übliche Verschieben-Werkzeug V, die Pfeiltasten oder die Maus und bewegen die Textebene. Alternativ können Sie auch das Pfadauswahl-Werkzeug verwenden.

Text ohne Richtungswechsel umklappen | Wie Ihnen an den Beispielbildern vielleicht aufgefallen ist, klappt der Text nicht nur auf die andere Seite des Pfades um, sondern er ändert auch seine Richtung. Um Text auf die andere Seite des Pfades zu verschieben, ohne die Richtung umzukehren, verwenden Sie die Option GRUNDLINIENVERSATZ 1 in der Zeichen-Palette.

Wenn Sie zum Beispiel einen Text erstellt haben, der von links nach rechts außerhalb eines Kreises verläuft, geben Sie in das Textfeld GRUNDLINIENVERSATZ einen negativen Wert ein. Der Text verläuft dann entlang der Innenseite des Kreises – ohne Richtungswechsel!

▲ **Abbildung 37.24**
Das Eingabefeld für den Grundlinienversatz. Wenn Sie Text auf diese Art und Weise in das Innere eines Kreises oder unter eine Pfadlinie verlagern wollen, muss der eingegebene Wert an die Schrifthöhe angepasst sein.

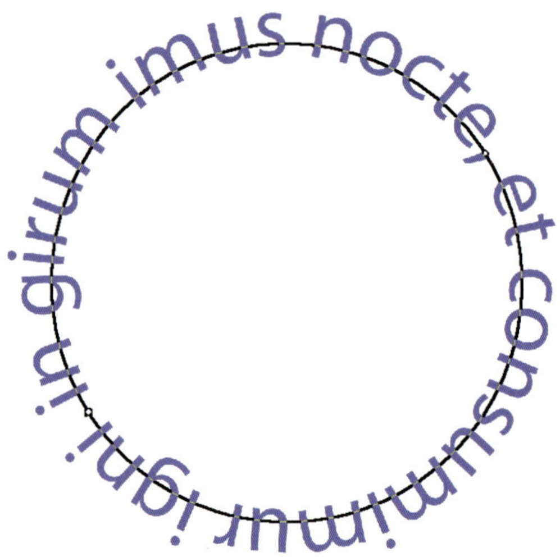

▲ **Abbildung 37.25**
Hier wurde die Grundlinie um 20 Pixel nach unten gesetzt.

TEIL XIII
Video und 3D

Kapitel 38
Videobearbeitung in Photoshop CS6

von Orhan Tançgil

Die Arbeit an Videoprojekten ist ähnlich einem guten Drehbuch in Kombination mit einem guten Regisseur. Die Spannung und Dynamik entsteht beim Filmen, Schneiden und Vertonen, denn nicht alles kann bis ins Detail geplant werden.

38.1 Anwendungsgebiete

Warum gibt es nun eine Videofunktion in Photoshop? Dafür sind doch andere Programme viel geeigneter, werden viele Anwender denken, wenn sie mit dieser Funktion das erste Mal in Berührung kommen. Photoshop wurde schon in seinen Ursprüngen (Ende der 80er Jahre) für Videoproduktionen entwickelt und genutzt. Die Knoll-Brüder brauchten Funktionen für die Arbeit bei Industrial Light & Magic. Später verwendeten Designer das Bildbearbeitungsprogramm, um damit Grafiken für Videos zu gestalten. Der Umkehrschluss ist dann naheliegend. In den letzten Jahren wurden die kleinen bis mittelformatigen Digitalkameras und später DSLR-Kameras um eine Videoaufnahmefunktion erweitert. Von daher ist der Schritt von Adobe nachvollziehbar, dass nun hochwertige Videos direkt in Photoshop bearbeitet werden können, und das mittlerweile auch in der Photoshop-Basis-Version und nicht nur in der Extended-Version.

Die Anwendungsgebiete sind jedoch im Vergleich zu einem professionellen Schnittprogramm anders gelegt. Sie möchten ein paar Sequenzen aus einem Video schneiden oder die Farbe ändern? Dann passt Photoshop. Eine Komposition aus Bewegtbildern und Fotos mit Typografie verfeinern, dafür passt es auch. Sie wollen Audio einmischen, dann auch. Aber Freisteller mit Grün-Maske wie in einem Fernseh-

Orhan Tançgil

Orhan Tançgil (*premedia-kochstudio.de* und *kochdichtürkisch.de*) ist Designer und Experte im Bereich Digital Desktop Publishing. Als Herstellungs-Spezialist berät er Firmen bei Design und Gestaltung und gibt Schulungen im Bereich DTP. Seine neue Leidenschaft gilt dem iPad und der Gestaltung von Magazinen speziell für das iPad und mobile Endgeräte. In seinen Trainings versteht er es, DTP-Themen und komplexe Inhalte anschaulich zu vermitteln. Orhan Tançgil ist Adobe Certified Instructor für InDesign, Photoshop und Illustrator.

Version 1.0

Sie sollten nicht übersehen, dass die Videofunktion eine 1.0-Version innerhalb der aktuellen Photoshop-Version ist. Je mehr Sie damit arbeiten, umso mehr werden Sie sich wünschen. Das wird sich wahrscheinlich in den kommenden Versionen erfüllen.

studio, das geht mit Videos in Photoshop nicht. Schlussendlich ist die Videobearbeitung aber eine willkommene Ergänzung in Photoshop.

38.2 Die Zeitleiste

In diesem Abschnitt beschäftigen wir uns zunächst mit den Bedienelementen für die Bearbeitung von Videos. Dabei werfen wir ein Auge auf die Zeitleiste, in der sich alles koordinieren lässt.

Datei auf der Buch-DVD: »Video_Short_End_cs6.psd«

Arbeitsbereich »Bewegung« | Die folgenden Funktionen in den Paletten stehen zur Verfügung. Praktischerweise gibt es einen vordefinierten Arbeitsbereich Bewegung. Alle wichtigen Paletten sind damit eingeblendet.

Die Zeitleiste ❶ dient als zentrale Palette zur Koordination der Videoelemente. Üblicherweise ist sie am unteren Rand des Programmfensters angeordnet, Sie können sie aber auch frei platzieren.

Überarbeitetes Interface

Für diejenigen, die vorher schon in CS4 oder CS5 mit den Videofunktionen in der Extended-Version gearbeitet haben: Die Werkzeuge befinden sich nun an neuen und übersichtlichen Orten.

Aufbau der Zeitleiste | Auf der Zeitleiste wird im oberen Bereich die Framerate angezeigt, also die Anzahl der Bilder pro Sekunde, mit der das Video abgespielt wird. Links daneben sind Steuerungen zum Abspielen, Schneiden und zur Festlegung von Übergängen.

Auf der linken Seite sehen Sie die sogenannten Videogruppen ❷, das sind die Videoebenen bzw. -spuren für die Zeitleiste. Sie können unterschiedliche Elemente, wie z. B. Video, Grafiken, Typografie oder auch Audio, enthalten.

Innerhalb der Videogruppen befinden sich die Steuerungen der Keyframes ❸. Je nach Videoelement sind unterschiedliche Funktionen wie z. B. Transformieren, Deckkraft, Textumbruch oder Stil aktiviert.

Framerate

Videos entstehen durch viele aneinandergereihte Einzelbilder. Das menschliche Gehirn erkennt ab ca. 14–16 Bildern pro Sekunde Bewegtbilder. So entsteht der Eindruck von Filmen. Die Abkürzung fps (englisch; »frames per second«) bezeichnet bei Film- und Videoaufnahmen die Anzahl der (sich ändernden) Bilder pro Sekunde.

Im unteren Bereich sind mehrere Elemente anzutreffen. Mit der Funktion In Frame-Animation konvertieren ❹ wird das Video in Einzelbilder gewandelt. Mit Video rendern ❺ werden die Effekte auf das aktuelle Video berechnet und in voller Auflösung wiedergegeben. Ansonsten wird nur eine grobe Vorschau angezeigt, die aber größtenteils vollkommen ausreichend ist.

Mit der Zeitangabe ❻ können Sie zu einer gewünschten Stelle im Video navigieren, indem Sie die Maus über der Zeitangabe nach links bzw. rechts ziehen. Direkt daneben erscheint die aktuelle Framerate für das Videoprojekt.

Mit den Zoom-Reglern ❼ machen Sie die Zeitleiste schmaler oder breiter, so dass die Videoelemente detaillierter oder gröber erscheinen.

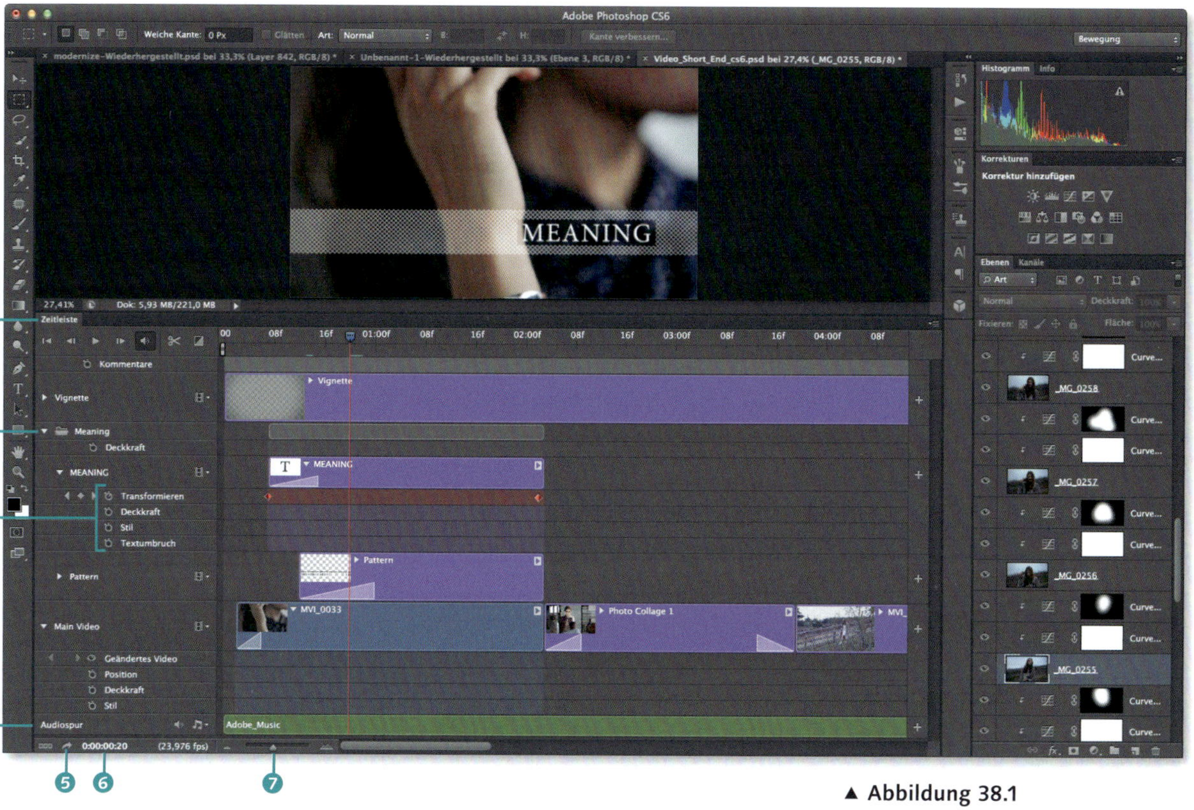

▲ **Abbildung 38.1**
Ein Videoprojekt mit all seinen Komponenten

Steuerelemente | Direkt unter dem ZEITLEISTE-Reiter ① befinden sich die Steuerelemente, wie bei einem Schnittprogramm. Mit Play/Pause ⑩ starten Sie die Videokomposition bzw. halten sie an. Außerdem können Sie einzelne Frames, also Bilder, schrittweise vor- ⑪ und zurückklicken ⑨ oder ganz zum Anfang ⑧ springen. Mit dem Scherensymbol ⑫ rechts davon teilen bzw. schneiden Sie den Videoclip an der aktuellen Stelle; so entstehen zwei einzelne Clips.

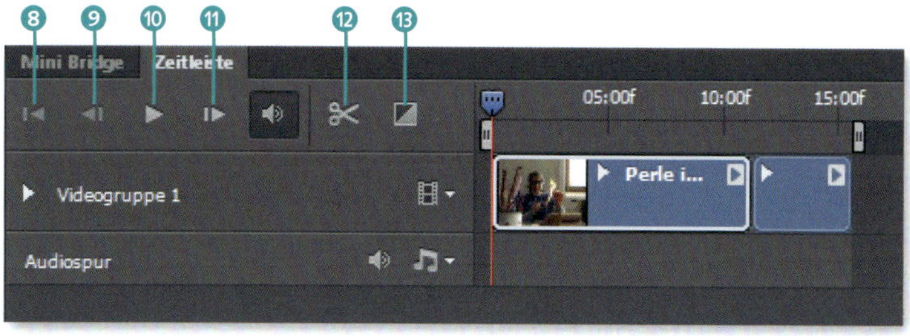

▲ **Abbildung 38.2**
Steuerelemente im Kopfbereich der Zeitleiste

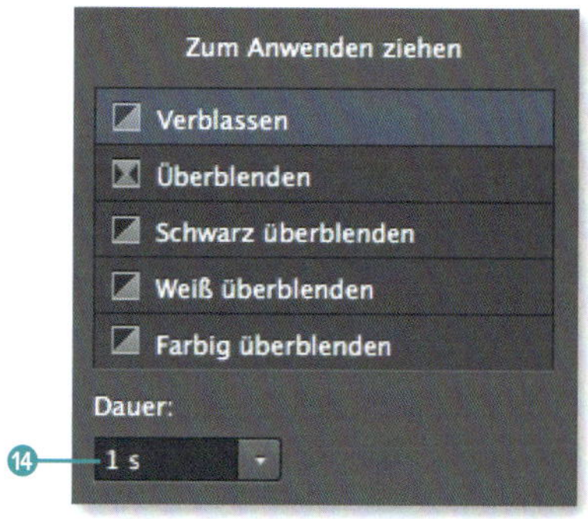

▲ **Abbildung 38.3**
Die Übergänge für direktes Ablegen zwischen den Einstellungen

Als weiteres hilfreiches Element finden Sie direkt daneben die ÜBERGÄNGE ⑬. Diese können Sie direkt aus der Liste auf den gewünschten

Clip an den Anfang oder an das Ende ziehen. Die Dauer definieren Sie vorher ⓮ oder nachher im Clip. Die Einstellungen finden sich im Detail auch im Clip wieder – markieren Sie einfach den Übergang ⓯, und klicken Sie mit der rechten Maustaste.

▲ **Abbildung 38.4**
Übergang bearbeiten

Videos abspielen | Über dem gesamten Videoprojekt befindet sich der Arbeitsbereich ❹. Normalerweise erstreckt er sich über die gesamte Länge der Videos. Sie können den Bereich aber auch eingrenzen, um nur einen Teil des Videos zu begutachten und nicht immer das gesamte Video abspielen zu müssen. Dazu ziehen Sie einfach die Regler ❶ und ❸ an die gewünschten Positionen.

Wenn Sie ein Video abspielen, wandert der sogenannte Abspielkopf ❷ mit. Mit der Maus können Sie seine Position verschieben. Wollen Sie den Abspielkopf an eine bestimmte Stelle bringen, klicken Sie einfach in den Arbeitsbereich.

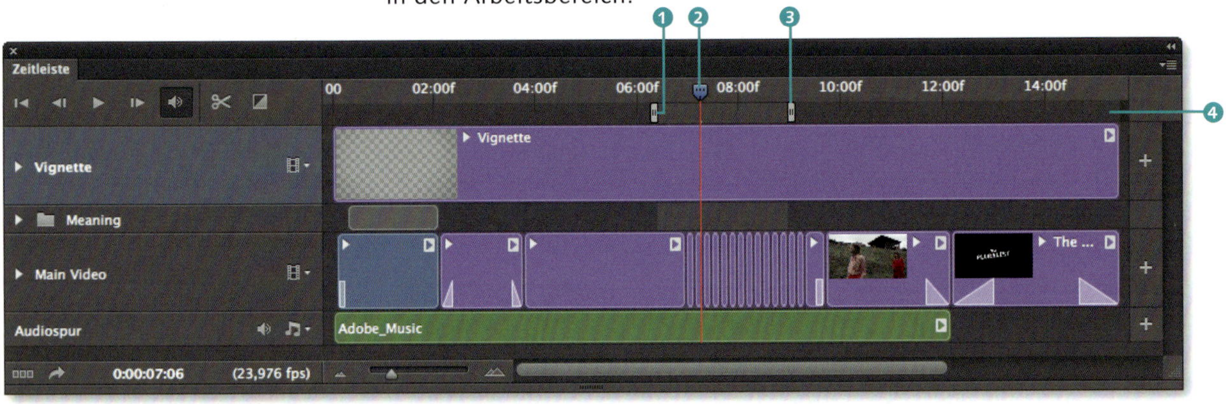

▲ **Abbildung 38.5**
Die Zeitleiste mit einem reduzierten Arbeitsbereich, um nicht das gesamte Video beim Prüfen zu rendern

Videogruppen in Ebenengruppen

Außerdem lassen sich die Videogruppen in Ebenengruppen zusammenfassen, die Sie ihrerseits mit der Keyframe-Animation versehen können.

Keyframe-Animationen | Klappen Sie die Videogruppe am linken Dreieck ❹ auf, so erreichen Sie dort verschiedene Parameter, die Sie per Keyframe-Animation animieren können. Welche Parameter das sind, hängt vom Element ab. Ein Video oder ein Bild hat immer drei Standard-Parameter: Position, Deckkraft und Stil. Die Werte dieser Parameter lassen sich im Laufe des Videos verändern. Sie können also zum Beispiel über den Parameter Deckkraft ein Video langsam ausblenden oder über eine Positionsveränderung statische Bilder bewegen.

Bei Elementen wie Text oder Smartobjekt verändert sich der Wert Position in Transformieren, womit auch Skalierungen anwendbar werden.

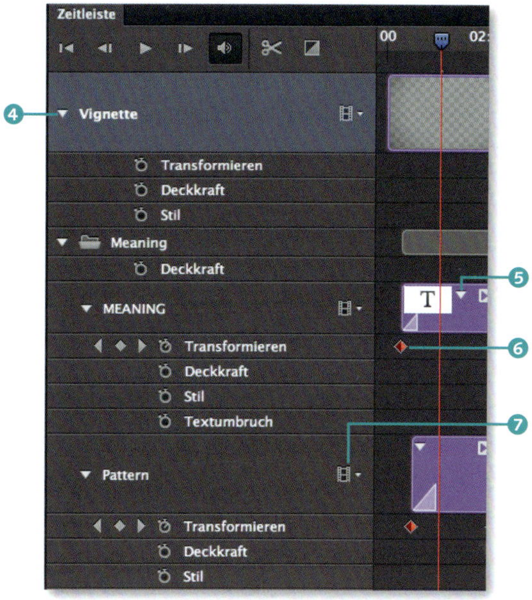

◀ **Abbildung 38.6**
Die Zeitleiste mit ausgeklappten Keyframes ❻. Wollen Sie nur die Keyframes einer bestimmten Spur sehen, klicken Sie auf das Dreieck in der jeweiligen Spur ❺.

Videospuren | Neben jeder Videogruppe finden Sie ein Aufklappmenü ❼. Es enthält folgende Menüpunkte:

- Medien hinzufügen: Fügt weitere Elemente (Bilder, Text, Flächen, Videos) in die Spur ein. Alternativ kann klicken Sie ganz rechts auf das Plus-Zeichen.
- Neue Videogruppe: Eine zusätzliche Spur wird über der aktuellen eingefügt.
- Neue Videogruppe aus Clips: Die markierten Elemente aus einer Spur werden in eine neue Spur bewegt.
- Footage ersetzen: Photoshop speichert die Videos nicht in die PSD, sondern erzeugt Verweise. Falls diese sich einmal auflösen, können Sie hier das Quellmaterial neu verknüpfen.
- Spur löschen: Die markierte Spur wird gelöscht.

▲ **Abbildung 38.7**
Videospuren verwalten

Audiospuren | In der Audiospur ganz unten können Sie eine oder mehrere Tondateien, z.B. im Format MP3, einfügen. Im Unterschied zu den Videogruppen enthalten sie keine Keyframe-Animationen. Falls Sie beim Test-Abspielen des Videoprojektes kurz den Ton abschalten wollen, klicken Sie einfach auf das Lautsprecher-Symbol.

Auch neben jeder Audiospur befindet sich ein Aufklappmenü . Es enthält folgende Menüpunkte:

- Audio hinzufügen: Fügt weitere Audioclips in die Spur ein. Alternativ klicken Sie ganz rechts auf das Plus-Zeichen.
- Audio duplizieren, löschen, ersetzen: Der markierte Audioclip kann innerhalb der Spur dupliziert, gelöscht oder ersetzt werden.

▲ **Abbildung 38.8**
Audiospuren verwalten

- Neue Audiospur: Eine zusätzliche Spur wird über der aktuellen eingefügt.
- Spur löschen: Die markierte Spur wird gelöscht.

Spurfunktionen | Schauen Sie sich die Elemente innerhalb der Spuren im Detail an; auch hier können Sie Funktionen aktivieren. Mit einem Rechtsklick auf ein zuvor eingefügtes Bild oder ein per Platzieren-Befehl eingefügtes Video aktivieren Sie typische Videotransformationen über das Kontextmenü Bewegung. Zur Auswahl stehen Schwenken und Zoomen, Schwenken, Zoom, Drehen und Drehen und Zoomen. Aktivieren Sie einen dieser Effekte, so werden die Werte in die Keyframe-Animation übertragen und können individuell bearbeitet werden. Es ist auf jeden Fall ein praktisches Werkzeug, um schnell einen Effekt zu erzielen.

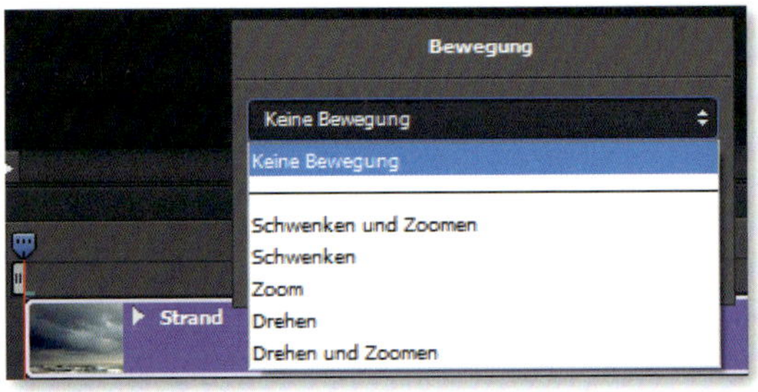

Abbildung 38.9 ▶
Das eingefügte Bild lässt sich per Rechtsklick schnell animieren.

Videospuren offenbaren ein etwas anderes Menü, wenn Sie sie mit rechts anklicken. Hier können Sie Dauer und Geschwindigkeit einstellen. Verfügt das Video über eine Audiospur, können Sie natürlich auch darauf zugreifen.

Bei Audiospuren verhält es sich anders. Mit dem Rechtsklick auf einen Audioclip wird ein Kontextmenü Audio angezeigt. Hier können Sie die generelle Lautstärke des Clips definieren oder direkt Stummschalten und außerdem die Zeit für das Einblenden und Ausblenden definieren.

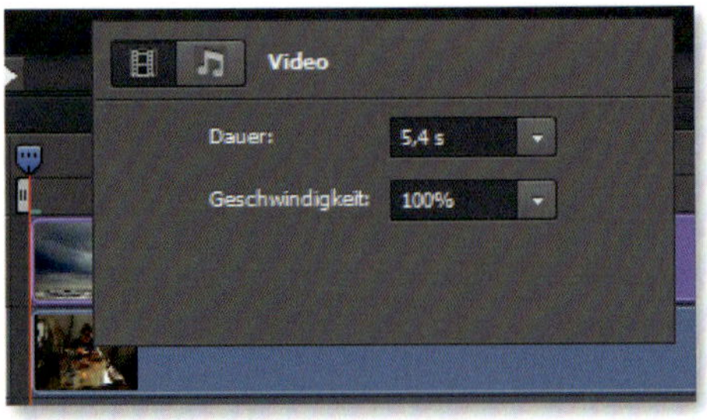

▲ **Abbildung 38.10**
Über das Symbol ❶ greifen Sie auf das Audio der Spur zu.

▲ **Abbildung 38.11**
Auch Audiospuren können Sie schnell per Rechtsklick bearbeiten.

Palettenmenü | Das umfangreichste Element ist das Zeitleiste-Palettenmenü. Dort befinden sich einige Befehle, die auch in der Zeitliste direkt oder mit Rechtsklick zu aktivieren sind. Außerdem finden Sie hier erweiterte Elemente, wie z. B. bei dem Befehl GEHE ZU einen Unterbefehl ZEIT, der einen Sprung an die gewünschte Stelle ermöglicht. Im Detail kommen wir in den folgenden Abschnitten auf die weiteren Befehle zu sprechen, jedoch möchte ich hier bereits einige erklären:

- Der Befehl ZEITLEISTENTASTATURBEFEHLE AKTIVIEREN gibt wichtige Shortcuts frei, wie z. B. die Leertaste für Abspielen/Pause oder ←/→, um einen Frame vor-/zurückspringen
- Wenn AUTOMATISCHE GRUPPIERUNG VON CLIPS AKTIVIEREN angehakt ist, dann werden die Videoclips von selbst nebeneinandergelegt und müssen nicht manuell zusammengeschoben werden.

▲ **Abbildung 38.12**
Das Zeitleiste-Palettenmenü

38.3 Videoformate verstehen

Als Videoformate werden verschiedene Aufzeichnungsverfahren für elektronische Aufnahmen (wie z. B. HD-Video) von bewegten Bildern bezeichnet. Nimmt man bewegte Bilder mit Fototechnik auf, so sind dies Filmformate (z. B. Cinemascope). Photoshop CS6 kann verschiedenste Formate importieren und verarbeiten. Die Formate sind zu unterscheiden in verlustfreie und verlustbehaftete. Wird in Originalqualität aufgenommen, ist jedes Bild ohne Kompression gespeichert. Heutzutage werden die meisten Videos komprimiert, um Speicher und Übertragungszeit zu sparen. Je nach Anwendung haben sich die folgenden Videoformate durchgesetzt; ab CS6 können Sie problemlos mit den folgenden gängigen Dateitypen arbeiten:

- **3GP**, **3G2** für mobile Endgeräte wie z. B. Smartphones. Dabei ist es ein Containerformat, das MPEG-4 nutzt.
- **AVI** ist ein von Microsoft entwickeltes, sehr verbreitetes Containerformat.
- **DV** (Digital Video) ist der Oberbegriff für den DV-Standard. Die Aufnahme erfolgt mit DV-Kameras direkt auf Magnetbänder und die Konvertierung in DV-Dateien über Videosoftware.
- **FLV** und **F4V** sind sogenannte Flash-Videos; diese beiden Containerformate werden von Flash-kompatibler Software, wie z. B. per Plug-in im Browsern, abgespielt.
- **MPEG-1** ist ein Kompressionsverfahren und dadurch verlustbehaftet. Die Bildgröße beträgt maximal 768 × 576 Pixel. Anwendung hauptsächlich bei Video-CDs (VCD).

Containerformat

Ein Containerformat ist ein Dateiformat, das unterschiedliche Dateien unterschiedlichster Dateiformate enthalten kann. Typisches Beispiel: ein Video (AVI, MKV, FLV etc.) mit zwei Tonspuren.

- **MPEG-4** ist auch eine Videokompression und wurde für die Anwendung bei geringen Bandbreiten (z. B. Mobiltelefonen) entwickelt. Wird in vielen Containerformaten genutzt.
- **QuickTime (MOV)** ist von Apple entwickelt und muss bei Windows zusätzlich installiert sein. Dabei ist es kein reines Dateiformat, sondern hat zusätzliche Funktionen an Bord, die es ermöglichen, einen kompletten Produktionsprozess auf einer Plattform durchzuführen. Es versteht viele andere Videoformate (MPEG-4 etc.) von Haus aus.
- **WAV** ist ein reines Audioformat, das vorrangig auf Windows genutzt wird.

Alle anderen Formate waren schon in CS5 enthalten und können weiterhin importiert werden. Das sind inklusive der schon genannten Formate die folgenden (siehe Tabelle 38.1).

Audio	Video
AAC	F4V
AIFF	FLV
M2A	MOV (QuickTime)
M4A	MPE
MP2	MPEG-1
MP3	MPEG-4
WAV	MPEG-2, Decoder muss installiert sein
	.264
	3GP, 3GPP, 3G2
	AVC
	AVI
	DV
	MTS
	MXF
	R3D
	TS
	VOB

▲ **Tabelle 38.1**
Audio- und Videoformate

38.4 Der typische Video-Workflow

Bevor es mit dem Importieren und Schneiden Ihrer Videos und Fotos losgeht, will ich kurz den typischen Video-Workflow in Photoshop vorstellen. Er hat sich, zumindest in meiner täglichen Arbeit, als ideal herausgestellt. Genauere Informationen zu den einzelnen Schritten erhalten Sie dann in den folgenden Abschnitten.

1. **Material sichten**
   Die Videos und Bilder können Sie in der Bridge betrachten und bewerten. Dabei ist es praktisch, dass Sie Videos sehen können (indem Sie sie markieren und im Vorschaufenster starten). Der Vorteil dieser Methode ist die mögliche Auswahl der Elemente in der Mini Bridge innerhalb Photoshops.
2. **Videos und Bilder platzieren**
   Erstellen Sie ein Videoprojekt mit der Wunschgröße. Blenden Sie die Mini Bridge mit dem Projektordner ein. Damit nur die Elemente mit vier Sternen zu sehen sind, aktivieren Sie den Filter. Per Drag & Drop bringen Sie die favorisierten Elemente in die gewünschte Reihenfolge. Beim Platzieren erscheint das Transformieren-Werkzeug, mit dem Sie die Größe des Elementes definieren (keine Angst, es sind alles Smartobjekte und können darum auch später skaliert werden).
3. **Material schneiden**
   Haben Sie Ihren Content zusammengestellt, geht es an die Feinarbeit. Das Schneiden kann ganz dynamisch geschehen. Zunächst entfernen Sie die überflüssigen Bereiche zu Beginn und am Ende der

Clips. Die Bilder versehen Sie bei Bedarf direkt mit Effekten wie z.B. Zoomen oder Schwenken. Clips, aus denen Sie Bereiche entfernen möchten, schneiden Sie an zwei Stellen und löschen den mittleren Teil. Den Rest schieben Sie in den frei gewordenen Bereich.
Für einen geschmeidigen Übergang zwischen den Fotos können Sie z.B. eine Überblendung wählen. Dabei sollte der Effekt nicht länger als der Inhalt sein.

4. **Projekt prüfen**
Zu guter Letzt sollten Sie das Projekt punktuell und auch im Gesamten prüfen – sind die Übergänge stimmig, sind relevante Bildinformationen vorhanden? Am besten prüfen Sie das mit der Zeitleiste, indem Sie das Video abspielen. Hier wird der Prozessor des Rechners gefordert und läuft im ersten Moment recht langsam. Wenn Sie genau hinschauen, sehen Sie einen hellgrünen Streifen, der wächst. Das sind die berechneten Videobilder. Damit das schneller läuft, empfehle ich, den Bereich zu kürzen und im Flyout-Menü den Befehl In Schleife abspielen zu aktivieren. Dann wiederholt sich die Sequenz, und Sie können das Video in Ruhe betrachten, ohne den Prozessor zu stark zu belasten.
Zum Prüfen gehört es, den Film einmal zu exportieren. Dann haben Sie die Chance, den Clip in einem Video-Player zu betrachten, und bekommen einen besseren Eindruck als in Photoshop.

▲ **Abbildung 38.13**
Option zum Überprüfen

38.5 Ein neues Videodokument anlegen

Zu Beginn eines Videoprojektes stehen Ihnen zwei Wege offen: Entweder öffnen Sie direkt das Videomaterial und bearbeiten es in den Originaleinstellungen, oder Sie erstellen ein neues Dokument.

Schutzbereiche | Für Film- oder Fernsehproduktionen gibt es den sogenannten *Schutzbereich*, damit für die unterschiedlichen Ausgabegeräte wie z.B. 4:3-Fernseher oder 16:9-LED-Flachbildbildschirme die wichtigen Elemente innerhalb des Bildes zu sehen sind. In 5%-Schritten wird von außen nach innen gemessen. Beim Filmdreh wird dabei sogar eine Suchkamera so an der normalen Filmkamera angebracht, dass nur der sichere Bereich zu sehen ist. In Photoshop sind diese Bereiche praktischerweise direkt mit Hilfslinien gekennzeichnet, wenn Sie ein neues Videodokument erstellen.

Title safe und Action safe

Der größere Rahmen bezeichnet den Bereich für geschützte Aktionen. Alles, was sich außerhalb dieses Rahmens befindet, wird möglicherweise später am Bildschirm abgeschnitten. Der innere Rahmen definiert den Bereich für den geschützten Titel. Wenn Sie später Vor- oder Abspann für Ihr Video erstellen, sollten Sie dafür sorgen, dass keine Schriften über diesen Rahmen hinausragen. Andernfalls werden die Texte möglicherweise zu dicht an den Rand gepresst.

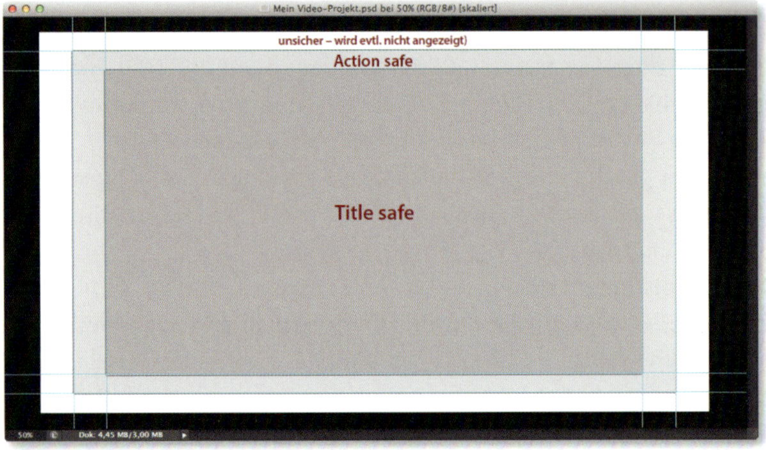

Abbildung 38.14 ▸
Die Schutzbereiche

Praktischerweise werden beim Erstellen per DATEI • NEU nicht nur die Schutzbereiche beachtet, sondern auch GRÖSSE, AUFLÖSUNG und das für die Film-/TV-Formate so wichtige SEITENVERHÄLTNIS. Die Optionen befinden sich direkt im Dialogfenster. Mit der VORGABE: FILM & VIDEO sind die Standardformate nur einen Klick entfernt.

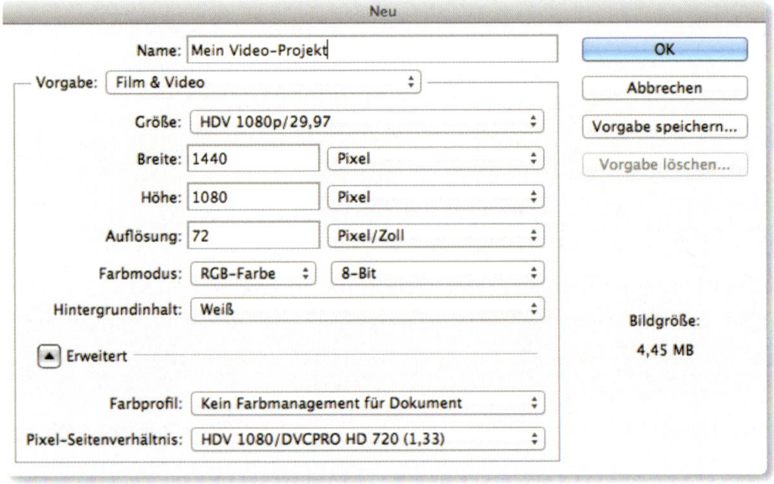

Abbildung 38.15 ▸
Ein neues Videoprojekt wird angelegt.

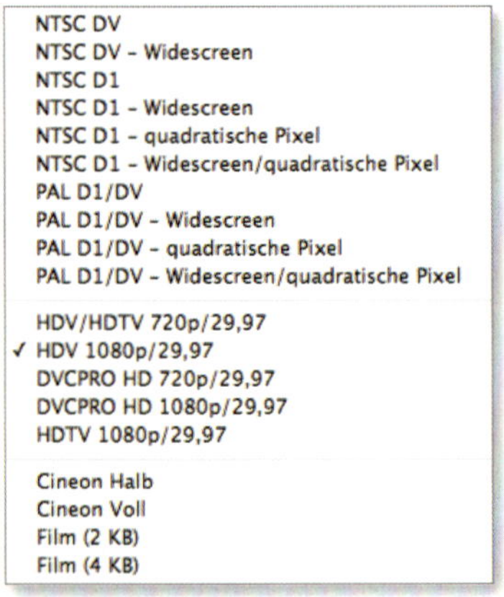

▲ Abbildung 38.16
Vordefinierte Größen

Größe bestimmen | Die Größe eines Videos ist abhängig vom Zielformat. Wählen Sie nach Wunsch das amerikanische NTSC, das europäische PAL, ein HD-Format oder gleich Kino-Format. Bei den HD-Formaten sehen Sie auch direkt die Framerate von ca. 30 fps.

Die Auflösung bewegt sich dann im Zusammenklang mit dem Seitenverhältnis. Anders als in der Unterhaltungsbranche spricht man hier übrigens nicht z. B. von 16:9, sondern nutzt die Verhältniszahl 1,33. Stellen Sie einfach die GRÖSSE HDV 1080p/29,97 ein, dann sehen Sie diese Zahl unter PIXEL-SEITENVERHÄLTNIS.

Videoprojekt speichern | Zum Speichern eines Videoprojektes bietet Photoshop zwar verschiedene Formate an, sinnvoll ist jedoch nur das eigene PSD-Format, da hier alle Elemente und Ebenen erhalten bleiben.

Farbprofil für Video

Anders als bei Printobjekten haben Sie nicht die Möglichkeit, auf das Zielmedium direkt Einfluss zu nehmen. Für eine gute Darstellung am Bildschirm hat sich Adobe (RGB) bewährt.

38.6 Clips importieren

Haben Sie ein Videodokument wie eben beschrieben angelegt, fügen Sie die Clips über die Importfunktion ein. Dazu können Sie den PLATZIEREN-Befehl im Menü DATEI nutzen oder die Dateien einfach aus dem Ordner per Drag & Drop in das Dokument zieht. Außerdem bietet sich die Mini Bridge oder die Bridge an, denn hier können Sie die Videos vorher betrachten und abspielen.

Dateien auf der Buch-DVD: Im Ordner VIDEOCLIPS finden Sie drei .mov-Dateien, mit denen Sie experimentieren können.

Achtung Verknüpfung

Anders als bei Bildern wird beim Import von Videos das Dokument nicht als Ebene eingebettet. Es wird sofort ein Smartobjekt erstellt, das auf eine externe Datei zugreift. Ansonsten wäre die PSD-Datei enorm groß.

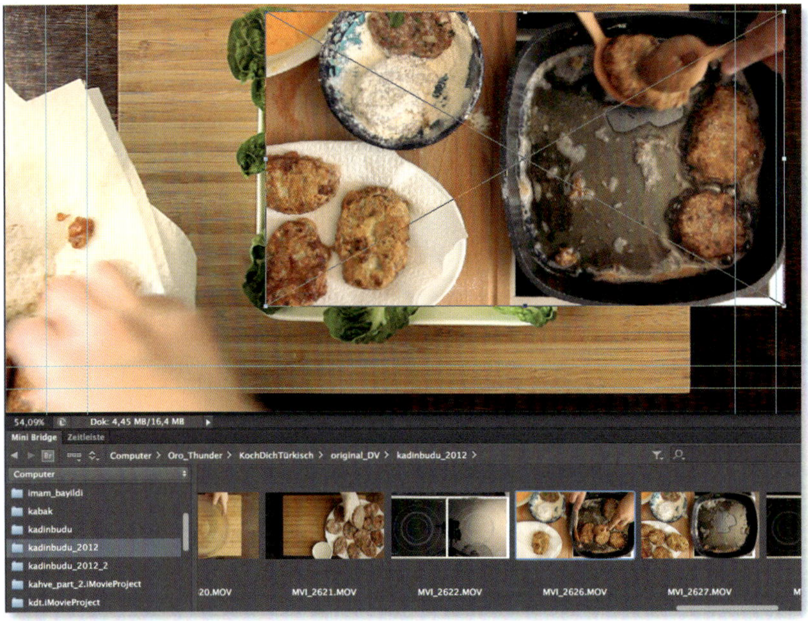

◂ **Abbildung 38.17**
Platzieren aus der Mini Bridge

Allen diesen Wegen ist gemeinsam, dass im Hauptfenster ein Transformieren-Rahmen angezeigt wird, den Sie mit einem Druck auf die [↵]-Taste bestätigen müssen. Haben Sie mehrere Videos platziert, müssen Sie das für jedes Video einzeln machen. Auf diese Weise gelangt jedes Video auf eine eigene Videospur.

Nach der Bestätigung des Transformieren-Rahmens liegt der Videoclip noch nicht in der Zeitleiste, sondern erst einmal nur in der Ebenen-Palette. Um das zu ändern, klicken Sie in der Zeitleiste auf den Button VIDEOZEITLEISTE ERSTELLEN ① (Abbildung 38.18).

Geschwindigkeit von Smartobjekten

Die Videodateien werden auf diese Weise automatisch als Smartobjekt eingefügt. Das bedeutet konkret, dass Sie auf bestimmte Funktionen (wie z. B. GESCHWINDIGKEIT) nicht direkt zugreifen können.

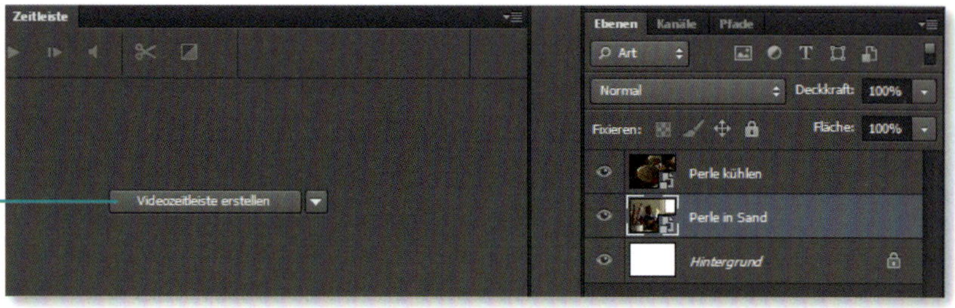

Abbildung 38.18 ▶
Die beiden Clips liegen als Smartobjekte in der Ebenen-Palette.

Vorteile von Videogruppen | Von hier aus können Sie ihn nun in eine Videogruppe umwandeln. Dazu wählen Sie im Menü ❷ in der Zeitleiste den Eintrag Neue Videogruppe aus Clips. Erst mit Hilfe der Videogruppen wird es möglich, weitere Elemente in die gleiche Spur einzufügen und hintereinanderzuschneiden.

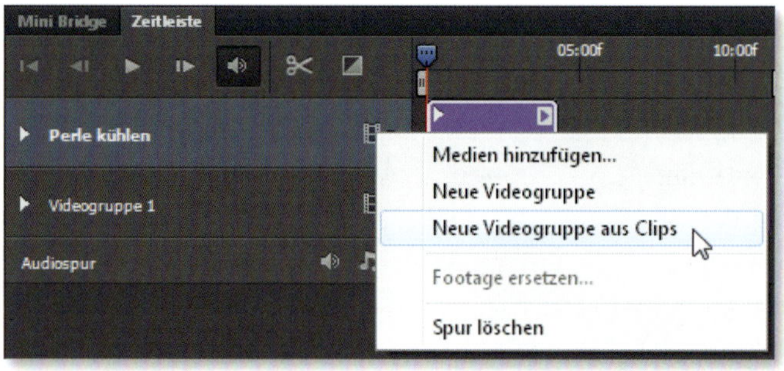

Abbildung 38.19 ▶
Der untere Videoclip wurde bereits in eine Videogruppe umgewandelt, beim oberen steht dieser Schritt noch aus.

Automatische Gruppe

Fügen Sie Ihren Videoclip über Datei • Öffnen in die Photoshop-Datei ein oder nutzen Sie Medien hinzufügen in der Zeitleiste, entfällt dieser Schritt: Das Video ist kein Smartobjekt und wird außerdem direkt in eine Videogruppe eingefügt.

Da die Videoclips jeweils in einer eigenen Ebene liegen, verdeckt der obere Clip natürlich den darunterliegenden. Das kann gewollt sein, um komplexe Überblendungen zu realisieren, in der Regel werden Sie die Videos aber hintereinander schneiden wollen. Dazu ziehen Sie den Clip einfach per Drag & Drop in dieselbe Videogruppe.

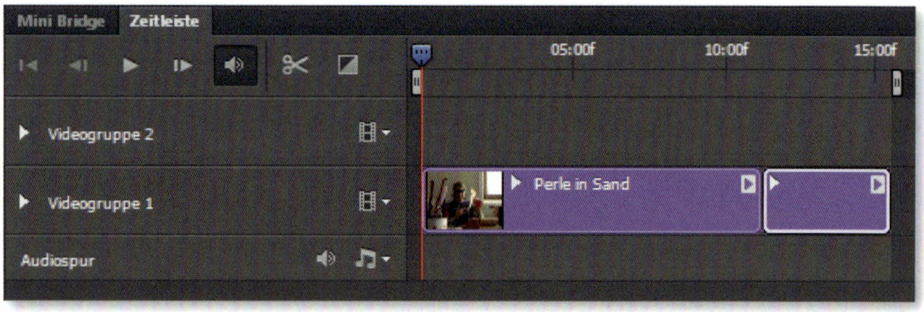

Abbildung 38.20 ▶
Beide Videoclips liegen nun in einer Videogruppe hintereinander. Die obere Gruppe ist leer und kann gelöscht werden.

Bilder importieren | Weitere Elemente, die Sie importieren können, sind Bilder, besonders Sequenzfotos, die mit Zeitraffer aufgenommen wurden, oder auch Stimmungsfotos vom Videodreh. Zum Import der Reihenaufnahmen können Sie als Besonderheit die Funktion Platzieren nutzen und dabei die Option Bildsequenz ❸ aktivieren.

Eine Beispielsequenz finden Sie im Ordner BRATEN_BILDSEQUENZ.

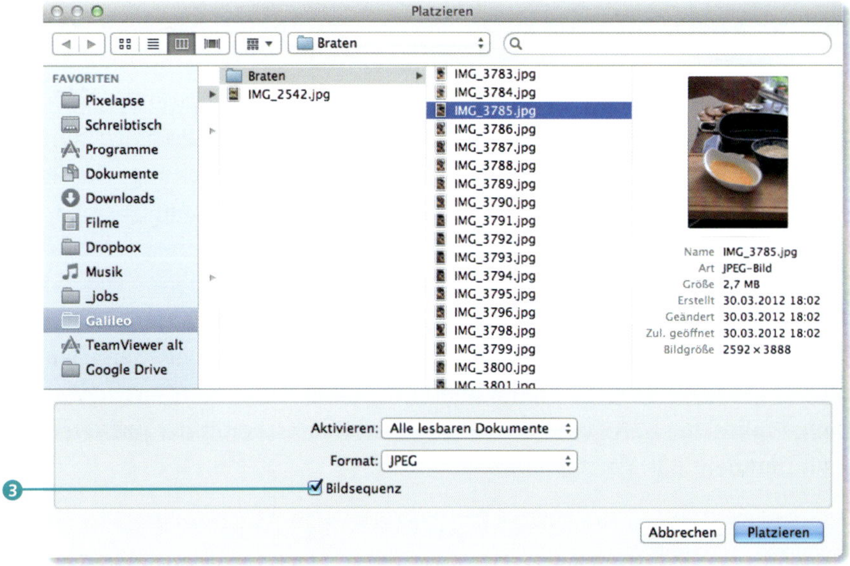

◄ **Abbildung 38.21**
Eine Bildsequenz platzieren

Nun sind alle Bilder kompakt als Smartobjekt in der Zeitleiste und können wie beim Zeitraffer flüssig abgespielt werden. Zum Ändern der Geschwindigkeit reicht ein Doppelklick in die Ebenen-Palette. Es wird eine PSB-Datei geöffnet, in der Sie einen Rechtsklick in der Zeitleiste ausführen und die Zeit wie gewünscht anpassen.

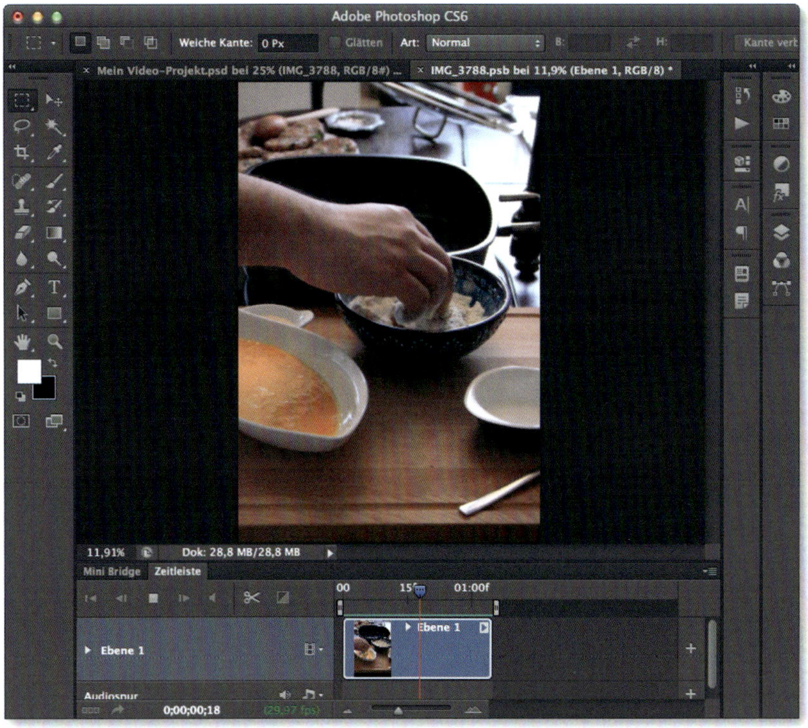

◄ **Abbildung 38.22**
Platzierte Bildsequenz

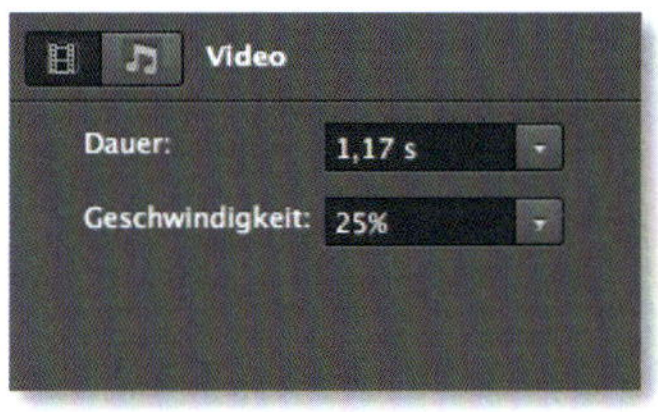

▲ **Abbildung 38.23**
Dauer für die Bildsequenz einstellen

38.7 Videoschnitt

Haben Sie nun ein paar Clips platziert, geht es an den Schnitt. Die Sichtung und Strukturierung des aufgenommenen Videomaterials ist nun im Fokus. Ein Videoclip ist in der Fachsprache eine **Einstellung**. Damit werden Anfang, Dauer und Ende der Aufnahme beschrieben.

Clipende und -anfang kürzen | Fast jeder Clip hat Elemente, die Sie nicht im fertigen Video brauchen. Das sind meistens die Anfangs- und End-Szenen. **Zum Kürzen** dieser Bereiche reicht es, mit der Maus den Regler am Ende ❶ festzuhalten und in Richtung Mitte des Clips zu ziehen. Praktischerweise wird direkt ein Vorschaufenster mit der justierten Zeit und dem Bild gezeigt.

Abbildung 38.24 ▶
Die Länge des Videoclips kürzen

Clip teilen | Eine weitere Art, einen Clip zu schneiden, ist es, in der Zeitleiste an einem bestimmten Punkt die Datei zu teilen. Dazu halten Sie das Video an der Stelle an, an der der Schnitt erfolgen soll, und markieren den Clip. Die senkrechte rote Linie ❸ zeigt den Schneidepunkt. Nun klicken Sie in der Zeitleiste auf das Scherensymbol ❷. Es entstehen zwei Clips, die aber auf der gleichen Einstellung basieren. Die nicht benötigten Clips können Sie per Löschtaste entfernen.

Abbildung 38.25 ▶
Videoclip ungeschnitten

◂ **Abbildung 38.26**
Videoclip geschnitten

Anfang und Ende neu bestimmen | Zuletzt ist noch wichtig zu wissen, dass geschnittene Clips nicht vollkommen zerstört sind, sondern intern noch die volle Videoeinstellung enthalten. Sie haben also die Möglichkeit, im Nachhinein den Clip wieder zu verlängern. Falls Sie einen anderen Ausschnitt im definierten Bereich haben möchten, also ein paar Frames vor oder zurück, hilft folgender Trick: Halten Sie die Tastenkombination Strg/cmd+Alt gedrückt, und klicken Sie in die Mitte des Clips, und halten Sie die Maustaste gedrückt. Bewegen Sie dann die Maus nach rechts oder links. Im Vorschaufenster und im Hauptfenster sehen Sie das Bild an der Position der roten Markierung.

◂ **Abbildung 38.27**
Verschieben des angezeigten Bereichs eines Videos. Die Länge bleibt gleich, nur Anfangs- und Endpunkt werden neu bestimmt.

38.8 Geschwindigkeit beeinflussen

Bewegungsabläufe sind manchmal so gedreht, dass die Bewegung zu langsam oder auch zu schnell wirkt. Daher haben Sie die Möglichkeit, die Geschwindigkeit eines Videos zu manipulieren, und zwar ganz einfach per Rechtsklick auf ein Video in der Zeitleiste. Falls der zu bearbeitende Videoclip allerdings als Smartobjekt platziert wurde, müssen Sie einen kleinen Umweg gehen:

1. Setzen Sie einen Doppelklick in der Ebenen-Palette auf das Smartobjekt. In der geöffneten PSB-Datei klicken Sie dann in der Zeitleiste mit rechts auf das Video, oder Sie nutzen den kleinen Pfeil rechts oben am Videoclip.

2. Ein Fenster erscheint mit den Einstellungen für DAUER oder GESCHWINDIGKEIT. Dabei ist zu beachten, dass die Spanne von 25 % bis 200 % reicht.
   Als zweites Optionsfeld steht AUDIO zur Verfügung. Hier lassen sich Lautstärke und Ein-/Ausblendungen einstellen oder einfach nur das Audio stumm schalten.
3. Die Änderungen wirken sich auf das Videoprojekt erst aus, wenn Sie die Datei speichern und schließen.

Abbildung 38.28 ▶
Oben sehen Sie das Original-Videoprojekt, unten das geöffnete Smartobjekt.

Datei auf der Buch-DVD: »banner-email.ai«

Importfilter AI/PDF

Bei einem mehrseitigen AI oder PDF wird automatisch die Auswahl der Seiten angeboten. Nach einem Klick ist die Grafik direkt als Smartobjekt platziert.

▲ Abbildung 38.29
Mehrseitige PDFs

38.9 Text, Grafik und Audio hinzufügen

Zu den weiteren Elementen außer den Videos gehören auch Texte, Bilder und Audiodateien. Wie Sie diese einfügen und auch mit Effekten versehen, erfahren Sie in diesem Abschnitt.

Grafiken einfügen

Alle Grafiken, die sich in Photoshop platzieren lassen, können Sie auch in Videodokumente einfügen. Illustrator-Dokumente oder PNGs sind nur einige Beispiele. Zum Platzieren gehen Sie den klassischen Weg über das Menü oder nutzen die Bridge per Drag & Drop.

Die platzierte Grafik wird mit dem Transformieren-Rahmen angezeigt, der bestätigt werden muss. Aber auch im Nachhinein können Sie die Vektorgrafik noch skalieren, da sie als Smartobjekt eingefügt wird.

In der Zeitleiste schieben Sie das Grafikelement nun gegebenenfalls noch an die gewünschte Position oder legen es in eine eigene Spur. Wichtig ist, dass das Objekt in der Ebenen-Palette über alle anderen Ebenen gelegt wird, damit es nicht verdeckt wird. Nun können Sie auch die Dauer der Grafik verändern, indem Sie in der Zeitleiste das Element einfach verbreitern.

◀ **Abbildung 38.30**
Die platzierte Grafik liegt über allen Videoelementen.

> **Grafik animieren**
>
> Als Parameter stehen für die eingefügte Grafik Position, Deckkraft und Stil zur Verfügung. Wenden Sie auf die Grafikebene in der Ebenen-Palette einen Ebenenstil wie z. B. Glanz an, so können Sie diesen Effekt im Bereich Stil mit Keyframes animieren.

Text hinzufügen und animieren

Mit Text können Sie in Videos die Information im Bild verfeinern. Kurze Einblendungen mit Erklärungen helfen dem Zuschauer, das Video besser zu begreifen. Außerdem werden Texte beim Start oder zum Ende verwendet.

Zum Anlegen von Text nutzen Sie das übliche Text-Werkzeug und passen Schriftgrad und Typografie an. Klicken Sie einfach in das Video, und tippen Sie los. Photoshop erstellt automatisch eine neue Spur. Wenn Sie diese aufklappen, erscheinen dort die bereits bekannten Parameter Transformieren, Deckkraft und Stil. Bei Texten kommt außerdem der Parameter Textumbruch hinzu.

> **Typografie im TV**
>
> Typografie für bewegte Bilder im TV ist anders als am Computerbildschirm. Die Erfahrung zeigt, dass Weiß als Farbe immer die beste Wahl ist – vorausgesetzt, der Hintergrund ist dunkel genug. Ferner ist die Größe ausschlaggebend für eine gute Lesbarkeit. Ein persönlicher Tipp: Gehen Sie in den Vollbildmodus (zweimal F drücken), und lassen Sie das Bild auf den gesamten Bildschirm projizieren (Strg/cmd+0). Gehen Sie 5–10 Schritte zurück. Wenn Sie die Schrift noch lesen können, ist die Typo gut.

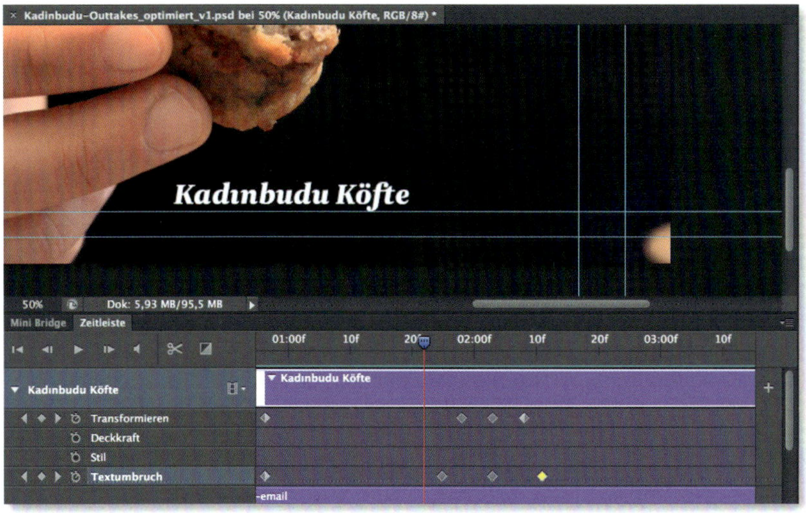

◀ **Abbildung 38.31**
Der eingefügte Text erhält einen weiteren Parameter: Textumbruch. Hier habe ich dort und im Parameter Transformieren bereits Keyframes gesetzt.

Den Parameter TEXTUMBRUCH hat Adobe leider irreführend übersetzt. Im Deutschen denkt man an einen Zeilenumbruch, jedoch ist hier die Funktion TEXT VERFORMEN gemeint, die Sie in der Optionsleiste des Text-Werkzeugs finden.

Audio dazumischen

Audioformate

Photoshop versteht viele Audioformate (siehe Tabelle 38.1 auf Seite 1026), und die einfachste Art, dies zu prüfen, ist iTunes. Läuft es dort, geht es auch in Photoshop. Falls die Datei dann doch nicht importierbar ist, so besteht wahrscheinlich ein Kopierschutz (DRM).

Der Stil der musikalischen Untermalung ist für die Stimmung ausschlaggebender. Ob nun fröhlich, mystisch oder einfach nur eine Melodie-Schleife – es beeinflusst die Zuschauer. Wählen Sie also die Musik behutsam aus.

Zum Platzieren von Musik bietet Photoshop eigens Audiospuren. Um die Datei darin zu platzieren, klicken Sie auf das Plus-Symbol ganz rechts oder das Musiknoten-Symbol vorn in der Audiospur. Im nun erscheinenden Dialogfenster werden zwar alle möglichen Dateien angezeigt, aber es lassen sich nur Audioformate einfügen. Ist das Audio platziert, wird es als kompletter Clip in grüner Farbe angezeigt. Um das Audio anzupassen, hilft wieder das Einkürzen auf Videoprojekt-Länge.

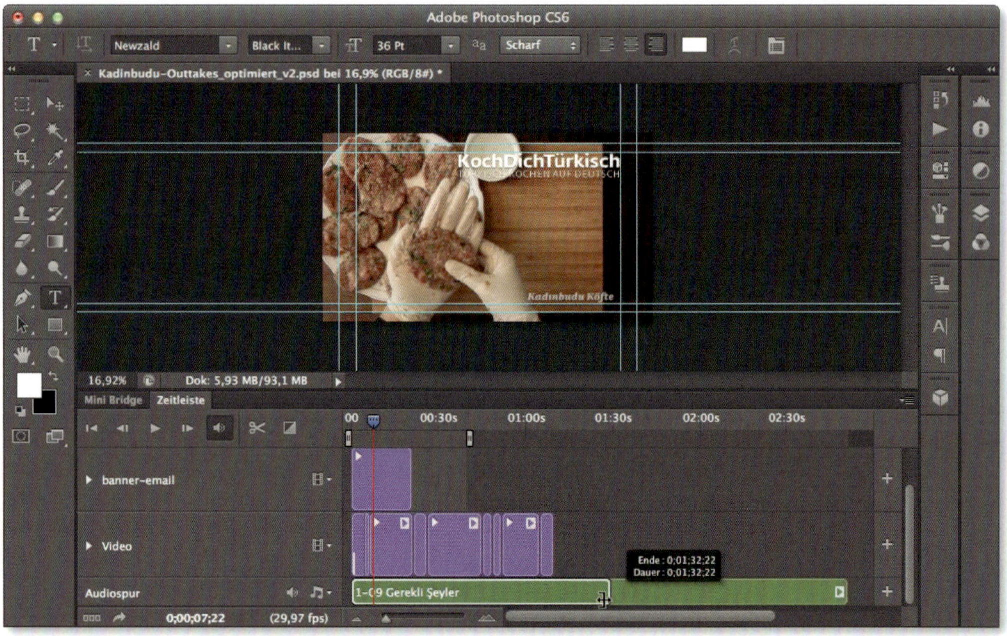

Abbildung 38.32 ▲
Audio kürzen

Lautstärke regeln | In Kombination mit den Original-Aufnahmegeräuschen und der Musik sollten Sie die Lautstärke anpassen, ansonsten haben Sie Audio-Salat. Um hier möglichst planvoll vorzugehen, sollten Sie vor der eigentlichen Bearbeitung der Lautstärke wichtige Informationen zum Ton in den Videos markieren. Dazu bietet sich ein Zeitleistenkommentar an. Setzen Sie den Abspielkopf zunächst an die gewünschte Stelle, und fügen Sie dann den Kommentar über das Palettenmenü und Kommentare • Zeitleistenkommentare bearbeiten hinzu. Damit Sie die Kommentare auch sehen, sollten Sie über das Palettenmenü und Einblenden die Kommentarspur anzeigen lassen. Der Inhalt des Kommentars ist Ihnen selbst überlassen, wobei ich kurze Texte bevorzuge.

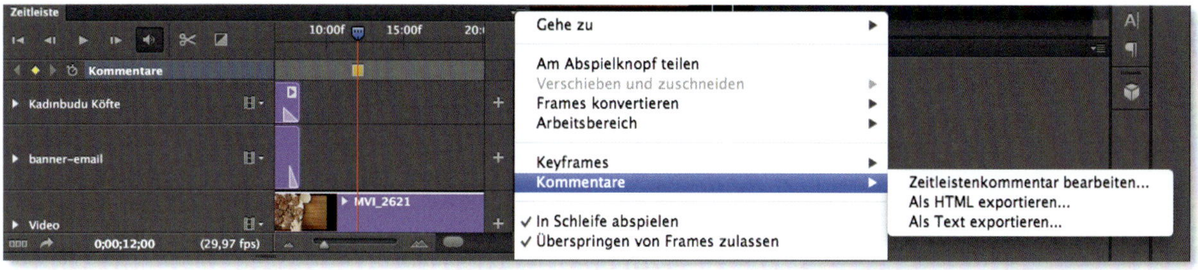

▼ **Abbildung 38.33**
Kommentare in der Zeitleiste

Im nächsten Schritt passen Sie die Lautstärke der eigentlichen Audiospur des Projekts an. Klicken Sie dazu mit rechts auf die Spur, und stellen Sie im Kontextmenü die Parameter für Einblenden und Ausblenden ein.

Anschließend sollten Sie einzeln die Originalgeräusche stumm schalten oder abmildern. Dazu öffnen Sie die Videos per Doppelklick in der Ebenen-Palette und editieren die Audio-Parts in der Zeitleiste. Dann speichern Sie die Smartobjekte und schließen sie.

Zurück im Videoprojekt sehen Sie mit den Kommentaren genau, an welchen Stellen die Musik leiser werden sollte. Um das zu erreichen, teilen Sie den Audioclip an diesen Stellen mit dem Schere-Button in der Zeitleiste, blenden ihn aus und kürzen ihn bei Bedarf.

▲ **Abbildung 38.34**
Auch so können Sie die Audiospur ausblenden.

Nicht in der Ebenen-Palette

Wichtig zu wissen ist, dass der Audioclip nicht wie bei Videoclips in der Ebenen-Palette auftaucht. Somit können Sie auch nur in der Audiospur die Datei bewegen.

38.10 Animieren mit Keyframes

Ist der eigentliche Videoschnitt fertig, geht es an die Animation der einzelnen Elemente. Sie können eingefügte Grafiken und Texte animieren, aber auch die Videos selbst, zum Beispiel in Parametern wie Deckkraft und Position. Beispielhaft werde ich hier die Animation eines Textes zeigen.

Um beispielsweise den Parameter Textumbruch zu animieren, müssen Sie Keyframes setzen. Mit den Keyframes speichern Sie quasi den aktuellen Zustand des Bildes. Für eine einfache Animation benötigen Sie mindestens zwei Keyframes: Im ersten wäre der Text noch unverformt, im zweiten würde die Verformung gespeichert.

Um einen Keyframe zu setzen, setzen Sie den Abspielkopf an die Stelle, an der die Animation beginnen soll, und klicken in der Spur auf

Audio aus der Bridge

Nutzen Sie ausnahmsweise nicht die Bridge, um Audiodateien zu platzieren. So platzierte Dateien erscheinen als Videospur und lassen sich nicht in der Lautstärke modifizieren!

das kleine Uhr-Symbol ❶. Eine kleine gelbe Raute ❷ symbolisiert den gesetzten Keyframe; das Uhr-Symbol ist aktiviert und symbolisiert, dass die Animation »aufgenommen« werden kann. Nun versetzen Sie den Abspielkopf weiter nach hinten und klicken auf das Keyframe-Symbol ❸ links von der Uhr. Eine zweite Raute ❹ erscheint. Jetzt können Sie den Text an dieser Stelle verformen.

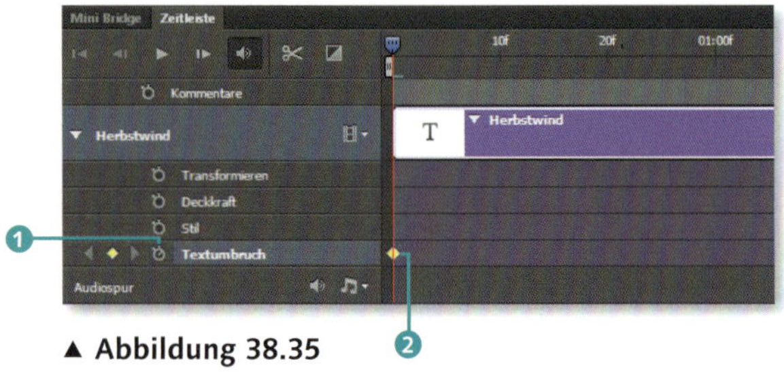

▲ **Abbildung 38.35**
Der erste Keyframe ist gesetzt.

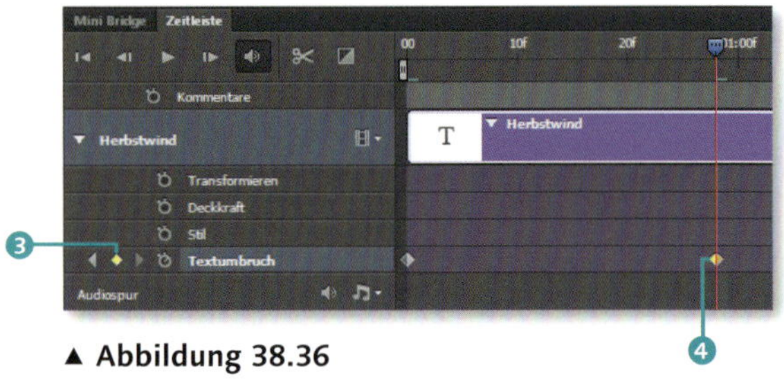

▲ **Abbildung 38.36**
Auch der zweite Keyframe wurde gesetzt.

Spielen Sie das Video dann ab, sehen Sie, dass Photoshop die Zwischenbilder von »nicht verformt« zu »verformt« automatisch selbst berechnet. Der Text wird langsam verformt.

Für alle anderen Parameter, also Position, Deckkraft usw., gehen Sie genauso vor. Mit etwas Geduld erstellen Sie so schon Animationen wie die in Abbildung 38.37.

Abbildung 38.37 ▼
Die Animation zeigt einen Schriftzug, der sich von links nach rechts zusammenzieht.

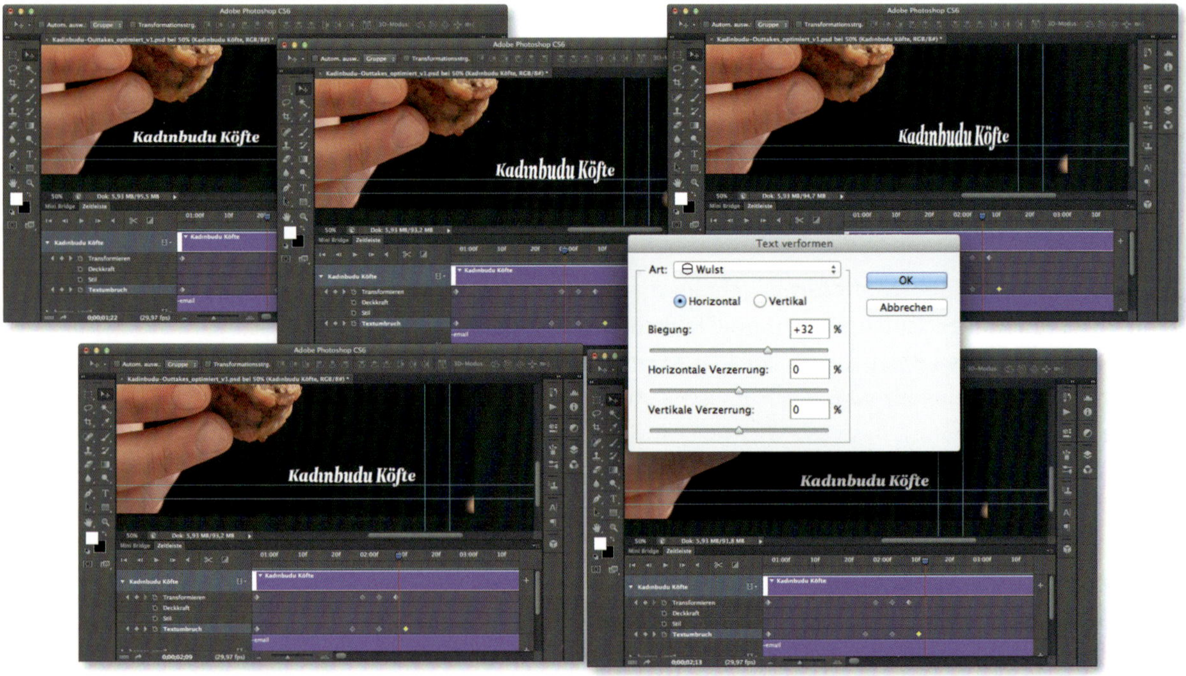

38.11 Export

Wenn Sie mit dem Schnitt des Videoprojekts zufrieden sind, haben Sie nun das Finale erreicht. Der Export in ein Videoformat wird *Rendern* genannt und befindet sich an zwei Stellen: im Menü Datei • Exportieren • Video rendern und als Eintrag Video rendern im Palettenmenü der Zeitleiste. Im Dialogfenster können Sie je nach Ziel nun Ihr Projekt in ein abspielbares Video rechnen lassen.

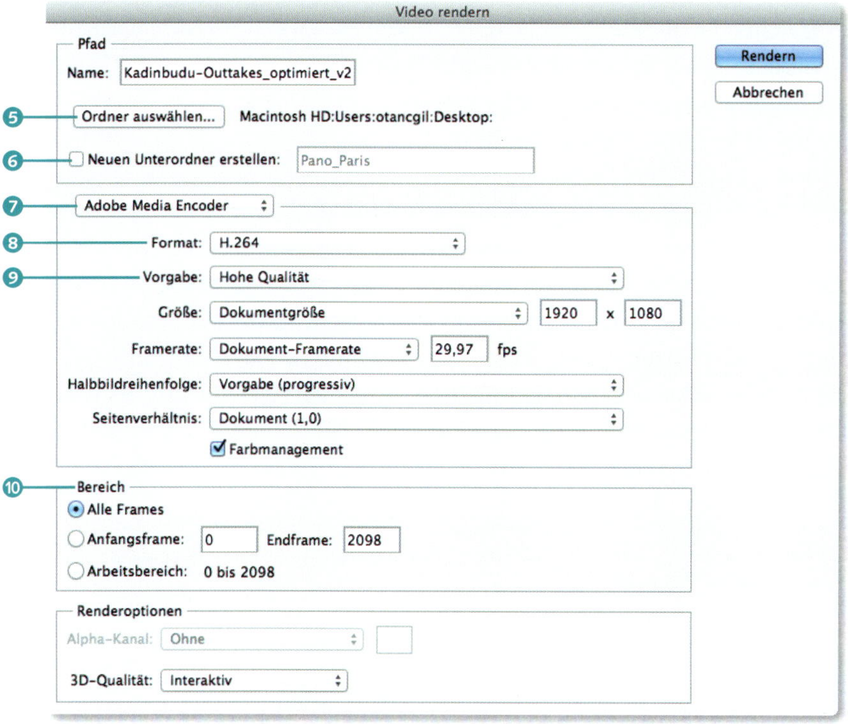

◂ **Abbildung 38.38**
Der Adobe Media Encoder mit den Optionen zum Videoexport

Ganz oben können Sie zunächst den Speicherort ❺ definieren und gegebenenfalls einen Unterordner ❻ anlegen. Unter Bereich ❿ bestimmen Sie, ob das Video komplett (Alle Frames) oder nur ein bestimmter Bereich ausgegeben werden soll. Sie könnten also die konkreten Frames angeben. Einfacher ist es jedoch, vor dem Aufrufen des Export-Dialogs den Arbeitsbereich mit Hilfe der beiden Regler über dem Zeitlineal einzustellen und dann im Dialog die Option Arbeitsbereich zu aktivieren.

Format wählen | Um das eigentliche Export-Format zu wählen, müssen Sie sich zunächst zwischen Adobe Media Encoder ❼ und Bildsequenz entscheiden. Als Format ❽ für den Media Encoder gibt es den DPX, H.264 und QuickTime.

Alphakanal
In den Renderoptionen haben Sie die Möglichkeit, einen Alphakanal zu nutzen, um später das Video als Blue- oder Greenscreen mit einem anderen Video zu kombinieren.

- **DPX** ist ein Videoformat für die TV- und Film-Industrie.
- **H.264** ist angepasst für Geräte wie z.B. Smartphones oder Web-Video-Dienste wie YouTube oder Vimeo.
- Mit **QuickTime** exportieren Sie für Videoanwendungen am Mac/PC.

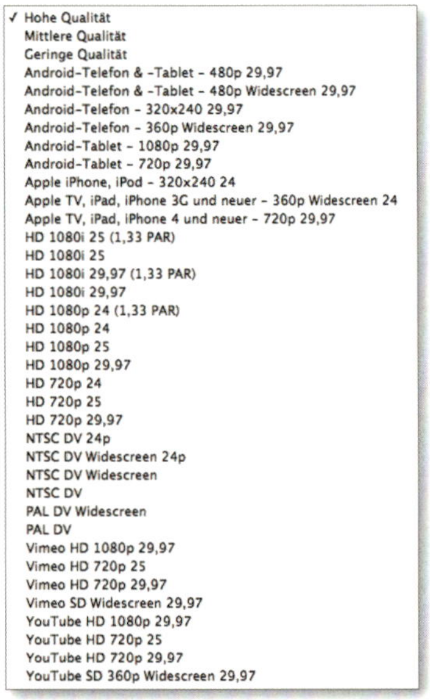

▲ **Abbildung 38.39**
Alle Vorgaben sind selbsterklärend.

Qualitäten definieren | In der Liste VORGABE ⑨ (Abbildung 38.38) beim Videoexport sind je nach FORMAT-Wahl einige praktische Voreinstellungen schon angelegt. Eigene können Sie nicht zusätzlich erstellen, jedoch sind die Vorgaben für die meisten Anwendungen vollkommen ausreichend. Aufgeteilt in Zielgeräte oder -Dienste sind fast alle selbsterklärend. Die Vorgabe für den Upload bei Youtube, YOUTUBE HD 720P 25, ist beispielsweise wie folgt zu lesen:

- YouTube = Web-Video-Plattform
- HD = High Definition
- 720p = 720 Pixel in der vertikalen Auflösung
- 25 = 25 Frames per Second (fps)

Bildsequenzen exportieren | Die Möglichkeit, einzelne Frames aus dem Video zu exportieren, ist praktisch, wenn Sie Ausschnitte für eine Bildabfolge ausdrucken möchten. Stellen Sie dafür im Export-Dialog auf PHOTOSHOP-BILDSEQUENZ ① um. Dann definieren Sie z.B. als Ausgabe-FORMAT PNG und als FRAMERATE 1 FPS.

Abbildung 38.40 ▶
Der Export von Einzelbildern aus einem Video

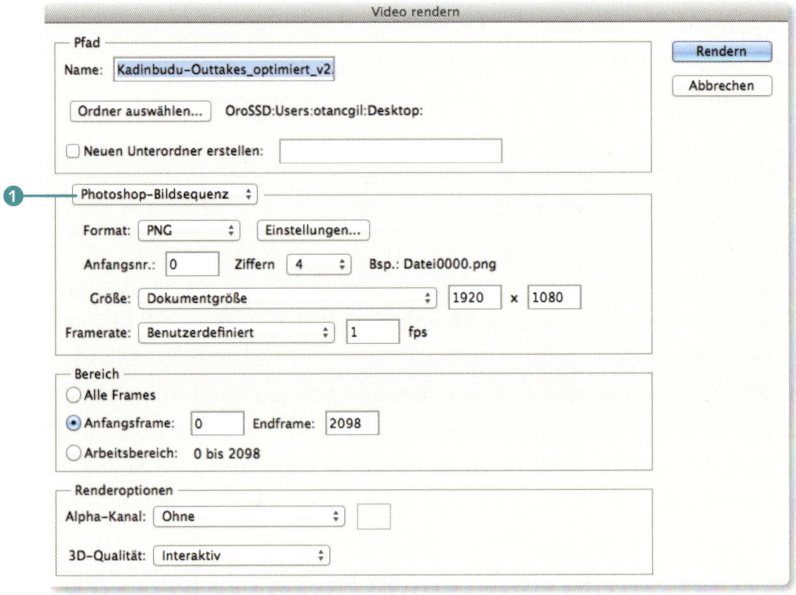

▲ **Abbildung 38.41**
Exportierte Bilder als Sequenz mit einem Bild pro Sekunde

Optional bestimmen Sie den Arbeitsbereich vorher über die Zeitleiste, falls Sie nur eine Auswahl brauchen.

Kapitel 39
3D mit Photoshop Extended

von Orhan Tançgil

Die 3D-Funktion gibt es schon seit Version CS3 in Photoshop. In CS6 ist sie nun aufgeräumter und übersichtlicher als in den Vorgängerversionen. In diesem Kapitel betrachten wir die grundlegenden Funktionen der 3D-Werkzeuge und schauen uns unter anderem an, wie Sie sich im 3D-Raum bewegen, Materialien projizieren und 3D-Objekte selbst erstellen.

39.1 Navigation im 3D-Raum

Zu Beginn betrachten wir die Benutzeroberfläche von Photoshop im 3D-Modus. Sie basiert grundsätzlich auf drei Achsen. Die X- und Y-Achse kennen Sie aus der 2D-Bildbearbeitung. Die Z-Achse gibt nun den vertikalen Raum hinzu und erzeugt die 3D-Simulation.

Die 3D-Palette

Zum Start brauchen Sie zunächst eine Arbeitsfläche bzw. eine Datei, in der Sie die 3D-Objekte bearbeiten. Dazu legen Sie einfach wie gewohnt eine neue Datei an und bestimmen im Dialogfenster die gewünschte Pixelbreite und -höhe. Für ein flüssiges Arbeiten sollten Sie den Arbeitsbereich auf 3D stellen.

Damit Sie nun überhaupt einmal sehen, welche Funktionen es gibt, erstellen Sie über das Menü 3D • NEUES MESH AUS EBENE • MESH-VORGABE • WÜRFELFLÄCHEN (nur in Photoshop Extended verhanden) beispielsweise einen Würfel. In der Ebenen-Palette erscheint ein 3D-Objekt, und die Arbeitsfläche zeigt die drei Achsen des dreidimensionalen Raums samt Würfel an. Ein Doppelklick auf die Ebene in der Ebenen-Palette zeigt rechts in den Paletten 3D und direkt darüber EIGENSCHAFTEN.

In der UMGEBUNG ❸ definieren Sie Himmel und Grundfläche. Mit SZENE ❷ definieren Sie Vorgaben für das Rendering, z. B. DRAHTGITTER oder LINIENILLUSTRATION. Mit AKTUELLE ANSICHT ❶ steuern Sie die Kamera und ihre Blickwinkel. In Kombination mit der Video-Zeitleiste können Sie damit auch Kamerafahrten animieren.

▼ **Abbildung 39.1**
Der 3D-Arbeitsbereich hat viele Untermenüs.

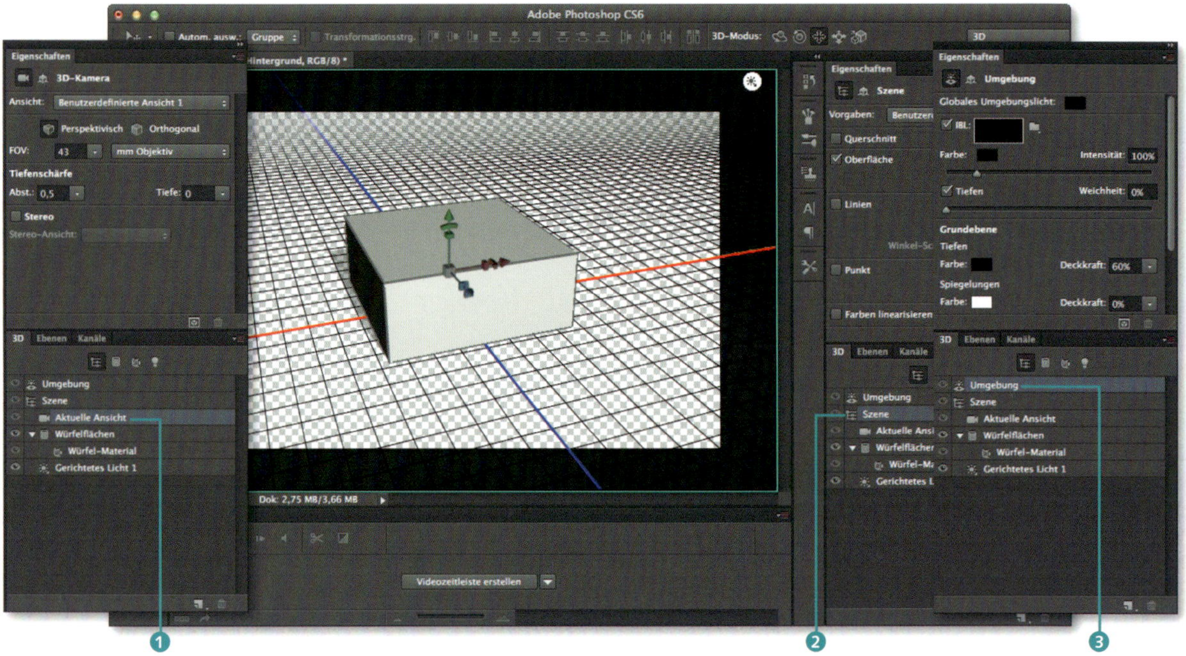

Ansicht filtern | In der 3D-Palette können Sie auch die Ansicht filtern, entweder nach gesamte Szene ❶, Meshes ❼, Materialien ❹ oder Lichtquellen ❻. Gerade bei komplexeren Aufbauten ist das sehr hilfreich. Filtern Sie beispielsweise nach Lichtquellen, sehen Sie im Arbeitsbereich Lichtquellen mit dem Steuerkegel ❺ für das Licht.

▼ **Abbildung 39.2**
Filtern der Ansichten in 3D

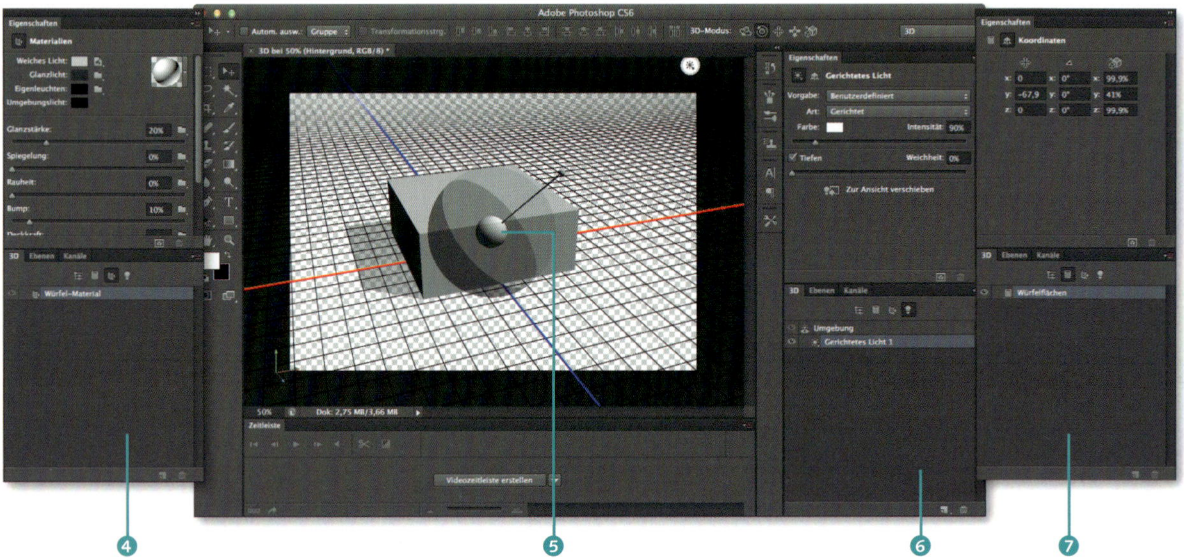

Die 3D-Werkzeuge

Zur Navigation von 3D-Objekten ist das Zusammenspiel zwischen der 3D-Palette und den Werkzeugen wichtig. Nur wenn bereits ein 3D-Objekt existiert und wenn zusätzlich in der Werkzeugleiste das Verschieben-Werkzeug aktiviert ist, sind die 3D-Werkzeuge eingeblendet.

Die Werkzeuge steuern die markierten Elemente in der 3D-Palette dynamisch. Ist also das 3D-Objekt angewählt, können Sie beispielsweise mit dem Werkzeug 3D-Objekt drehen ⑨ den Korpus frei im Raum rotieren. Nutzen Sie hingegen das Werkzeug 3D-Objekt rollen ⑩, so rotiere ich es nur im oder gegen den Uhrzeigersinn aus der aktuellen Ansicht. Das Werkzeug 3D-Objekt ziehen ⑪ verschiebt es frei im Raum. Mit dem Werkzeug 3D-Objekt horizontal verschieben ⑫ verschieben Sie das Objekt. Mit dem letzten Werkzeug ⑬ skalieren Sie das 3D-Objekt.

Ist kein 3D-Objekt angewählt, erscheint statt 3D-Objekt skalieren das Werkzeug Kamera-Zoom ⑭.

Wenn Sie die 3D-Objekte im Raum bewegen, ändert sich das komplette Erscheinungsbild in Photoshop, denn Sie haben nicht nur die drei Achsen X, Y und Z für Breite, Tiefe und Höhe, sondern auch drei Elemente, die Sie steuern können: zum einen das 3D-Objekt selbst, außerdem die Grundebene – das ist sozusagen der Boden – und die Umgebung, also z. B. den Himmel. Alle haben Einfluss aufeinander, so dass Veränderungen in den Parametern überall Auswirkungen haben.

▲ **Abbildung 39.3**
3D-Werkzeug mit 3D-Objekt

▲ **Abbildung 39.4**
Im 3D-Modus erscheinen die 3D-Werkzeuge.

▼ **Abbildung 39.5**
Die 3D-Ansicht mit Grundebene und Licht

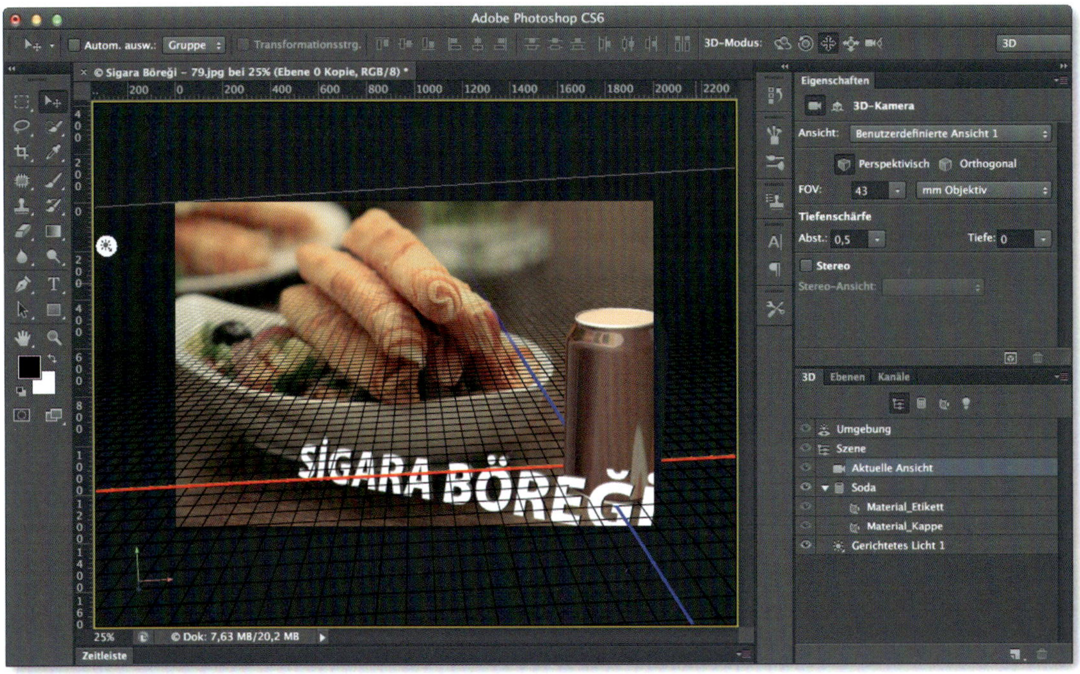

Szenendarstellung

Datei auf der Buch-DVD: »Sigara_Beoregi_3D.psd«

[Rendern]
Der Begriff **Rendern** bezeichnet die Erstellung einer Grafik aus einer Skizze oder einem Modell durch Modellierung natürlicher Phänomene wie Textur, Refraktion, Reflexion, Schatten etc. Dem Betrachter wird ein Eindruck der Materialität, der Größe und Form vermittelt.

Wie die Szene bzw. Ihre 3D-Objekte auf der Arbeitsfläche dargestellt werden, können Sie genau steuern. Da Sie in Photoshop ständig mit 3D-Grob-Daten; muss die hochauflösende Darstellung berechnet, also gerendert werden. Klicken Sie in der 3D-Palette auf Szene, können Sie in der Eigenschaften-Palette Optionen aktivieren oder verändern:

- Mit Vorgaben sind schon verschiedene Einstellungen vorkonfiguriert. Zeichnung dicker Stift skizziert das 3D-Objekt, so dass es wie eine Kohlezeichnung wirkt.
- Die Option Querschnitt zeigt bei Aktivierung ein durchgeschnittenes 3D-Objekt. Die Schnittkante können Sie selbst so drehen, wie Sie möchten. Das Innere des Objektes ist nun sichtbar (siehe Abbildung 39.6).
- Die Oberfläche zeigt Optionen für das Rendering. Wählen Sie Solid, wird das klassische Berechnen von allen 3D-Eigenschaften verwendet. Bei den anderen Optionen sind andere Aspekte im Fokus (z. B. Bounding-Box, Skizze, Tiefen-Map).
- Mit Punkt oder Linien generieren Sie Drahtgittermodelle des Objektes.
- Durch die Option Farben linearisieren sind die Farbübergänge geschmeidiger.
- Aktivieren Sie Verdecktes entfernen, so ist die Render-Zeit schneller.

▼ **Abbildung 39.6**
Der Querschnitt ermöglicht einen »Einblick« in das Innere des 3D-Objekts.

Umgebung

Datei auf der Buch-DVD: »Sigara_Boeregi.jpg«

Um ein 3D-Objekt realistisch in eine Szene einzubauen, müssen Sie eine geeignete Umgebung schaffen. In Photoshop wird das in den meisten Fällen sicherlich mit einer einfachen Bilddatei gelöst. Nun können Sie aber ein 2D-Bild nicht direkt in eine 3D-Szene umwandeln – dazu wäre eine andere Software nötig. Sie haben aber in Photoshop die Möglichkeit, Spiegelungen aus der Umgebung auf die 3D-Objekte zu übertragen – sozusagen zu projizieren.

Dazu klicken Sie UMGEBUNG in der 3D-Palette an und aktivieren in der Eigenschaften-Palette den Befehl IBL (»bildbasiertes Licht für Szene«) 1. Als Basis gibt es nur eine Farbe, die Sie aber durch eine Textur ersetzen können. Klicken Sie dazu auf das kleine Ordner-Icon, und wählen Sie TEXTUR LADEN. Wählen Sie im Dialogfeld ein Bild für die virtuelle Umgebung. Die Textur ist in diesem Fall dann das Hintergrundbild für das BILDBASIERTE LICHT 3 (Abbildung 39.11).

Auf das 3D-Objekt wird nun das Bild sphärisch übertragen, das heißt, es wird in den Hintergrund gelegt. In der Mitte sehen Sie eine kleine Kugel 2 (Abbildung 39.10), an der die Spiegelung zu erkennen ist. Zoomen Sie auf einen kleinen Prozentwert, und Sie sehen die kreisförmige Projektion. Mit den 3D-Werkzeugen können Sie die Position grob einstellen.

▲ **Abbildung 39.7**
Das Bild dient als Umgebung.

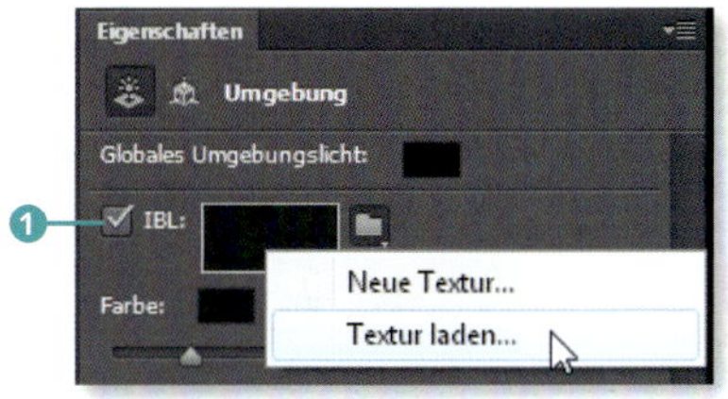

▲ **Abbildung 39.8**
Textur laden

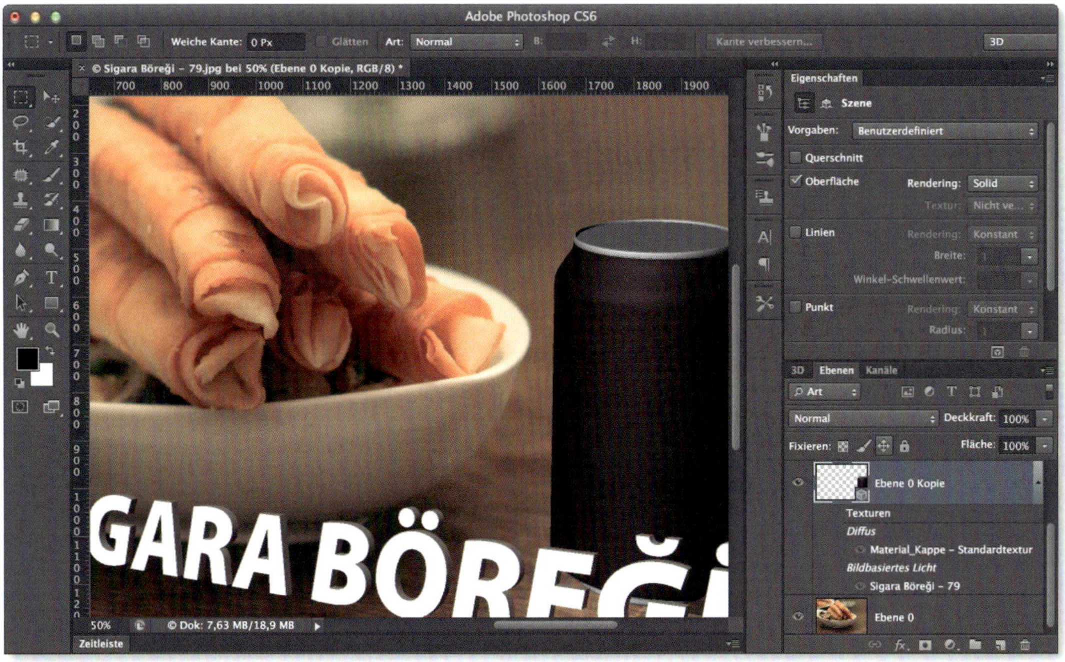

▲ **Abbildung 39.9**
Das 3D-Objekt ohne Spiegelung; das Bild liegt im Hintergrund.

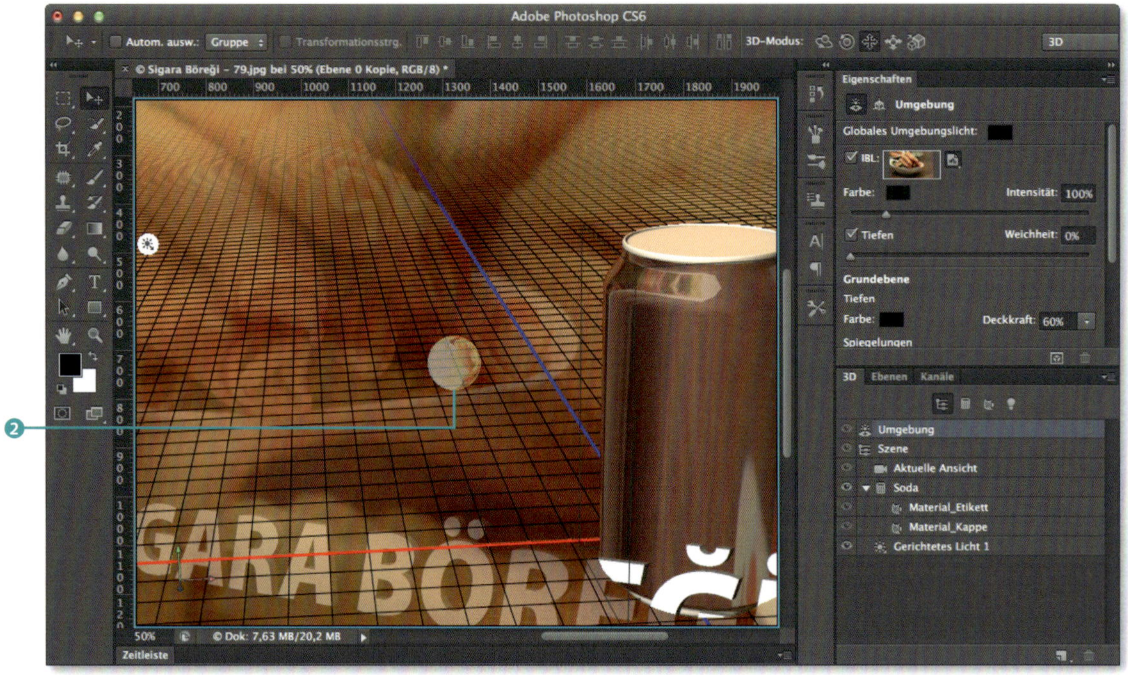

▲ **Abbildung 39.10**
Das gleiche Bild wie das, das im Hintergrund liegt, wird als Projektion verwendet.

▲ **Abbildung 39.11**
Die fertige Projektion auf das 3D-Objekt

Meshes – 3D-Objekte erstellen

Das Mesh ist im Grunde das 3D-Objekt selbst. Es können mehrere 3D-Objekte in einer Photoshop-Datei enthalten sein. Diese werden jeweils in eine Ebene angeordnet.

Ein Mesh besteht aus mindestens einem Objekt, wobei es aber auch eine Kombination aus verschiedenen sein kann. Außerdem hat jedes Objekt in einem Mesh mindestens ein Material, dessen Eigenschaften Sie konfigurieren können (siehe Abschnitt 39.2, »Material und Eigenschaften«).

Die Konstruktion eines Meshs kann über eine sogenannte Extrusion geschehen oder durch das Überlagern einer Ebene auf vorhandene Meshes. Außerdem lässt sich ein Mesh aus einer sogenannten Tiefen-Ebene erstellen oder auch ein fertiges importieren.

Mesh-Vorlagen

Die Vorgaben für Mesh-Dateien sind in Photoshop als 3D-Vorlagen abgelegt. Zur Auswahl stehen: Kegel, Würfelflächen, Zylinder, Donut, Hut, Pyramide, Ring, Soda, Kugel, Kugelpanorama, Weinflasche.

3D-Objekt aus Mesh-Vorgabe | Möchten Sie z. B. eine Grafik auf eine Weinflasche projizieren, so nutzen Sie ein 2D-Bild und aktivieren im Menü 3D • Neues Mesh aus Ebene • Mesh-Vorgabe • Weinflasche. Das Bild wird auf das vorgegebene Material Etikett aufgetragen. Außerdem gibt es dann zwei weitere Materialien (Korken und Glas).

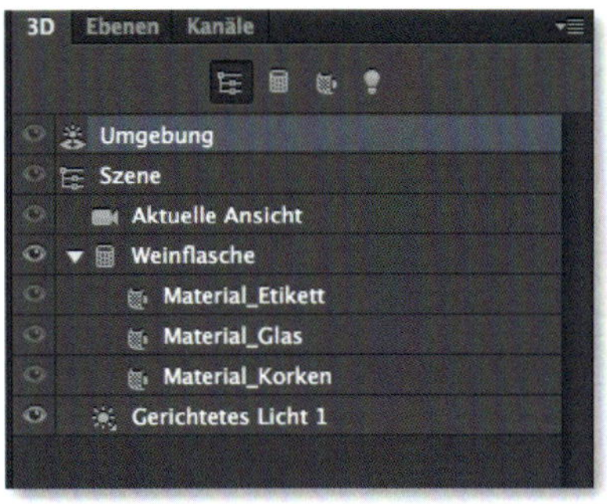

▲ **Abbildung 39.12**
Drei Materialien für eine Weinflasche

▲ **Abbildung 39.13**
Die drei Meshes wurden mit Materialien versehen.

Datei auf der Buch-DVD: »3D-Tiefen-Map.psd«

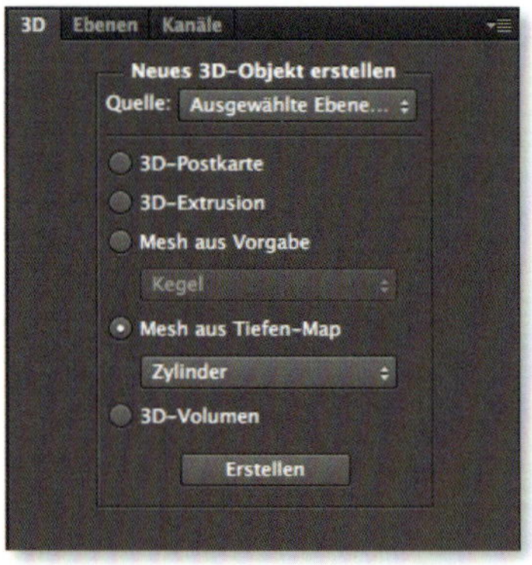

▲ **Abbildung 39.14**
Wer lieber mit der 3D-Palette arbeitet, kann auch hierüber ein Mesh erstellen.

Mesh aus Tiefen-Map | Um aus einer Tiefen-Ebene ein Mesh zu erstellen, beginnen Sie mit einer weißen Fläche in einem 2D-Bild. Alle dunklen Stellen werden bei einer 3D-Umwandlung nach innen gedrückt, alle hellen nach außen (3D • Neues Mesh aus Ebene • Tiefen-Map zu • Zylinder). Am Beispiel eines Zylinders erkennen Sie die Funktionsweise ganz gut.

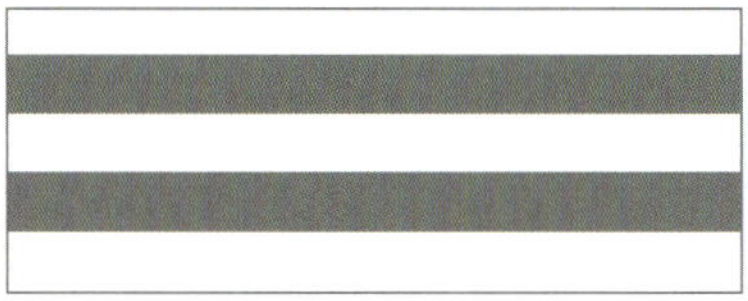

▲ **Abbildung 39.15**
Aus dieser 2D-Tiefen-Map ...

▲ **Abbildung 39.16**
... wird ein Zylinder.

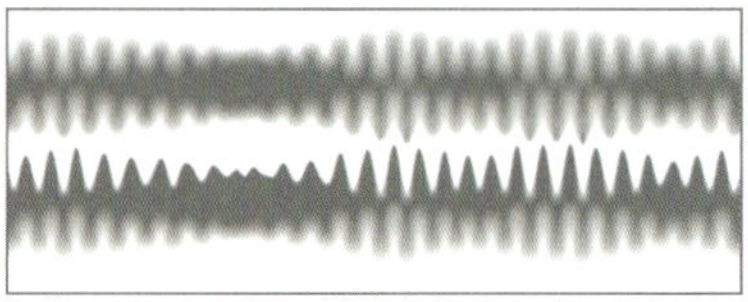

▲ **Abbildung 39.17**
Aus einer solchen 2D-Tiefen-Map ...

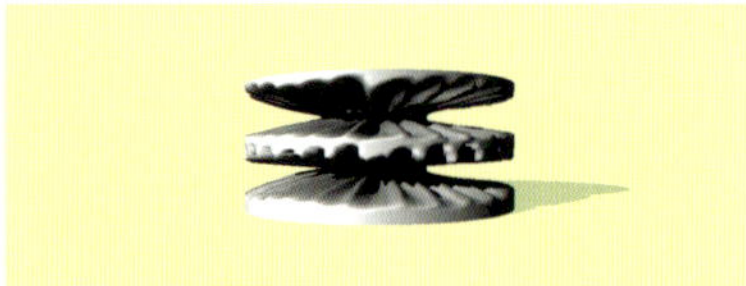

▲ **Abbildung 39.18**
... wird mit demselben Befehl dieser Zylinder.

39.2 Material und Eigenschaften

Die Flächen auf einem 3D-Objekt haben zunächst in der Anfangsphase eine flache, einfache Struktur. Für eine schöne Simulation muss diese Oberfläche aber an die Umgebung angepasst werden. Simulieren wir also ein Glas, so muss es auch durchsichtig sein und eine Lichtbrechung berechnen. Möchten Sie Stoff auf eine Fläche anwenden, so sollte eine Reflexion des Lichtes recht dumpf sein.

Materialien erstellen und konfigurieren

Datei auf der Buch-DVD: »Paris.psd«

Zur Bearbeitung des Materials ist es wichtig zu verstehen, in welcher Kombination welche Einstellung was bewirkt. Ein Material besteht aus den Komponenten: Farbe/Licht, Deckkraft und Bump. Jede Komponente bietet neben der Einstellung einer Farbe oder der Justierung per Werteregler auch die Option, eine Textur zu nutzen. Die Textur ist ein 2-D-Bild in Graustufen und fungiert dann wie eine Maske. Ein Material kann auf einem 3D-Objekt auch individuell pro Seite bzw. Element angewendet werden.

◄ **Abbildung 39.19**
Drei Objekte mit unterschiedlichen Materialien

Sie steuern das Material eines 3D-Objekts, indem Sie den Eintrag Material in der 3D-Palette markieren. In der Eigenschaften-Palette nehmen Sie anschließend die genauen Einstellungen vor. Vor allem zu Beginn ist es oft hilfreich, mit den vorgefertigten Materialien zu arbeiten, die Sie über ① erreichen.

- Licht und Farbe steuern Sie über die vier Felder Weiches Licht, Glanzlicht, Eigenleuchten und Umgebungslicht. Die Farben beeinflussen sich gegenseitig. Das weiche Licht z. B. ist die Grundfarbe der Textur, und das Glanzlicht ist nur die Reflexionsfarbe durch die Beleuchtung. Die drei ersten Leuchtarten bieten außerdem die Option, eine Textur in die Farbe einzufügen. Sie fungiert an dieser Stelle als Ersatz und nicht als Kombination mit Farbe. Weitere Einflussfaktoren inklusive Textur sind Glanzstärke und Spiegelung. Hier gilt die Regel: ausprobieren.
- Mit der Option Bump lässt sich eine Struktur in die Oberfläche einarbeiten. Hier gilt: Helle Bereiche gehen nach außen, dunkle nach innen. Der Schieberegler regelt die Tiefe in Prozent.
- Mit der Deckkraft stellen Sie die Sichtbarkeit wie bei einem 2D-Bild ein.
- Die Funktion Brechung ist für simulierte Materialien wie z. B. Glas geeignet. Je näher der Wert bei 1,0 liegt, desto mehr entspricht der Effekt dem Effekt, den Luft haben würde (siehe Abbildung 39.22).
- Mit Normal wird wie bei einer Bump-Map die Textur auf der Oberfläche verstärkt. Anders als bei Bump-Textur-Maps basiert eine Normal-Map aber auf einem Mehrkanalbild (RGB).
- Die Umgebung sind kugelförmige Panoramen, die auf das Material angewendet werden.

▲ **Abbildung 39.20**
Die Eigenschaften-Palette, wenn Sie beim 3D-Objekt auf ein Material klicken

▲ **Abbildung 39.21**
Die Bump-Textur ❷ wurde über TEXTUR LADEN ❹ auf den Würfel ❸ angewendet.

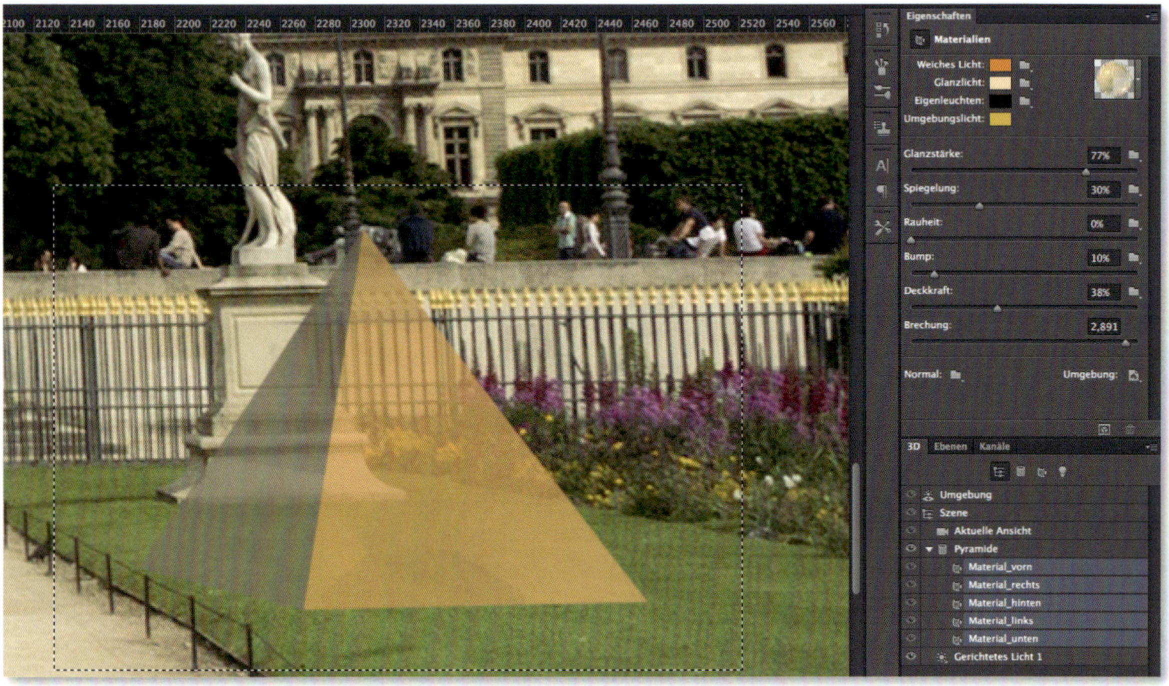

▲ **Abbildung 39.22**
Simuliertes Glas inklusive Brechung

UV-Eigenschaften bearbeiten

Datei auf der Buch-DVD: »Dose.psd«

Eine Textur als Projektion auf einer Fläche wird normalerweise unproportional gedehnt. Dabei ist es egal, in welcher Auflösung die Textur vorliegt. Bei simulierten Objekten wie z. B. einer Dose möchte man gegebenenfalls die Projektion steuern. Dazu finden Sie unter jeder Textur den Befehl UV-EIGENSCHAFTEN BEARBEITEN. Mit der Anpassung der Prozentwerte justieren Sie die Textur. Je kleiner die Prozentzahl, umso mehr wird die Textur wiederholt bzw. gekachelt.

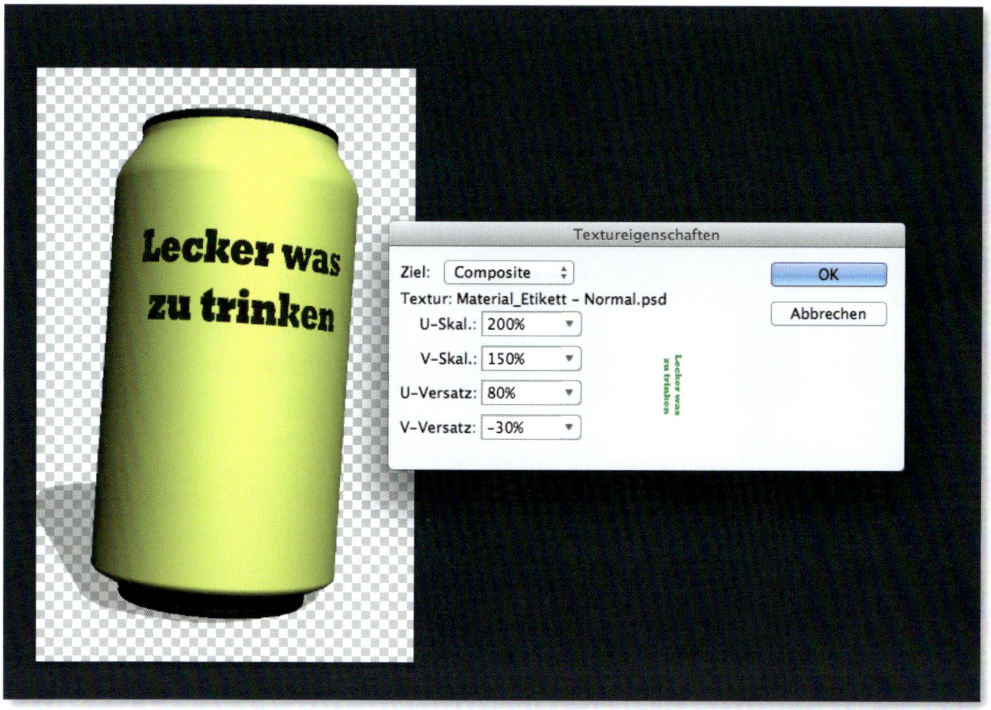

▲ **Abbildung 39.23**
Die UV-Eigenschaften bestimmen auch die Position der Textur.

Material-Presets laden

Bei den schier unendlichen Kombinationsmöglichkeiten ist der Aufwand manchmal gar nicht einschätzbar. Man verliert sich dann doch mehr im Ausprobieren. Daher gibt es auch vorgefertigte Material-Presets, die Sie sich in Photoshop laden können. Sie stehen unter folgendem Link zur Verfügung: *www.photoshop.com/products/photoshop/3d#materials*.

Nach der Installation mit dem Adobe Extension Manager stehen Ihnen ca. 100 neue Texturen zur Auswahl, die Sie über das kleine Zahnradmenü ❶ (Abbildung 39.24) und Auswahl des entsprechenden Eintrags unten in der Liste anzeigen lassen können.

▲ **Abbildung 39.24**
Voreinstellungen für Oberflächen

▲ **Abbildung 39.25**
Durch die Aktivierung des Eintrags wurden weitere Materialien ❷ angefügt (Textil, Kreativ, Glas, Metall, Biologisch, Plastik, Stein, Kacheleffekt, Holz – zusätzlich zu Standard).

39.3 Objekte extrudieren

Dateien auf der Buch-DVDen: »KDT_boerek_3D.psd«, »KDT_boerek_266.jpg«

Ein 3D-Objekt besteht aus den drei Achsen X, Y und Z. Die Achsen bestimmen auch die Maße des Körpers. Wird eine Seite verändert, so nennt man das *Extrusion*. Hauptsächlich ist die Tiefe, also die Z-Achse, davon betroffen. Am Beispiel von Typografie und importierten 3D-Objekten schauen wir uns ein paar Möglichkeiten an.

Extrusion bearbeiten

Über die Funktion 3D • Neue 3D-Extrusion aus ausgewählter Ebene machen Sie aus einem 2D-Objekt ein 3D-Objekt. Besonders sinnvoll ist das bei Text.

▲ **Abbildung 39.26**
Aus dieser Typo-Ebene erstellen wir die 3D-Extrusion.

Die Schrift ist nun in der Tiefe extrudiert und wirkt dreidimensional. Aktivieren Sie in der 3D-Palette das Mesh ❺ (das durch ein dreidimensionales kleines T symbolisiert wird), erscheinen in der Eigenschaften-Palette neben den üblichen Optionen KOORDINATEN und MESH zusätzlich die Felder DEFORMIEREN ❸ und KAPPE ❹.

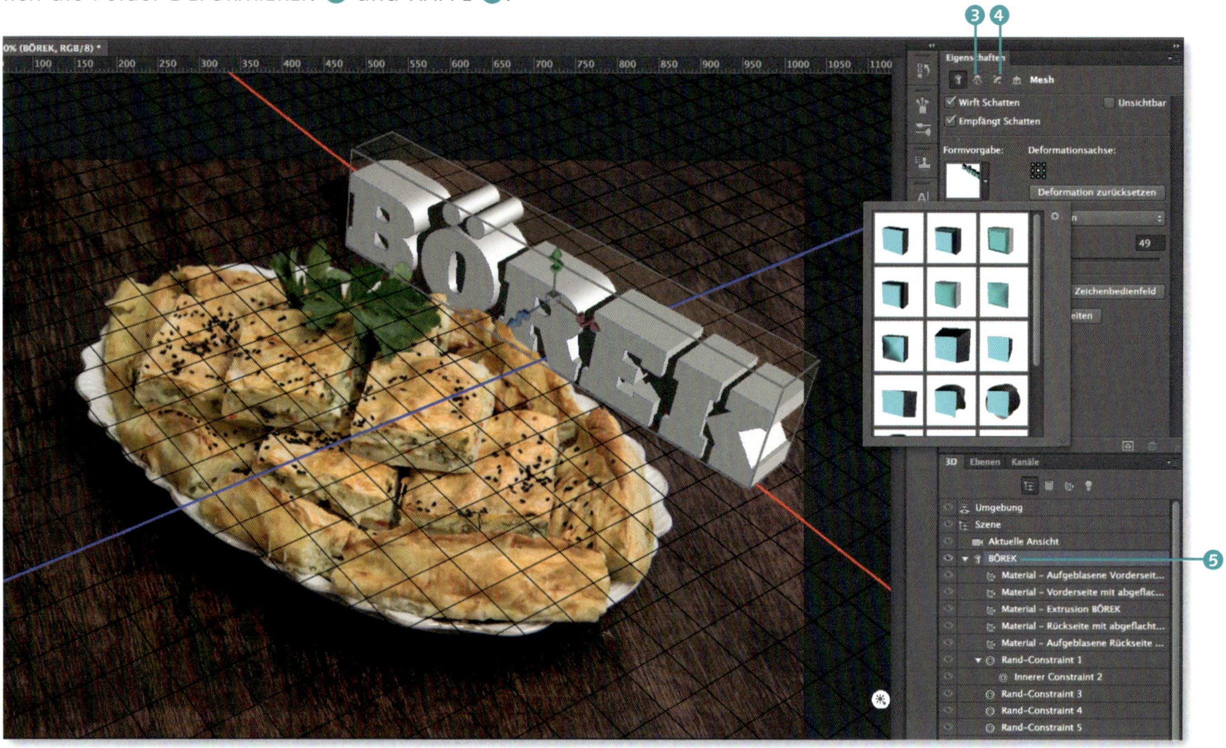

▲ **Abbildung 39.27**
Die Extrusion mit Formvorgaben

Das Mesh bekommt nun ein paar neue Formvorgaben, die beim Ausprobieren schon die Möglichkeiten erahnen lassen. Die Besonderheit liegt aber in der Deformation. Die Extrusion können Sie skalieren, verbiegen, neigen etc. Den Ursprung der DEFORMATIONSACHSE können Sie festlegen. Außerdem können Sie die EXTRUSIONSTIEFE mit einem Schieberegler bestimmen. Über die Schaltfläche QUELLE BEARBEITEN haben

Sie die Möglichkeit, das Original – also in diesem Fall den Text – zu verändern.

Über den Bereich DEFORMIEREN ❸ können Sie die Extrusion verdrehen und verjüngen und gleichzeitig biegen oder neigen.

Mit der Option KAPPE ❹ blasen Sie den Schriftzug auf oder dellen ihn ein. Dazu sind nicht nur die Regler in der Eigenschaften-Palette nutzbar, sondern auch die eingeblendeten Elemente auf dem 3D-Objekt.

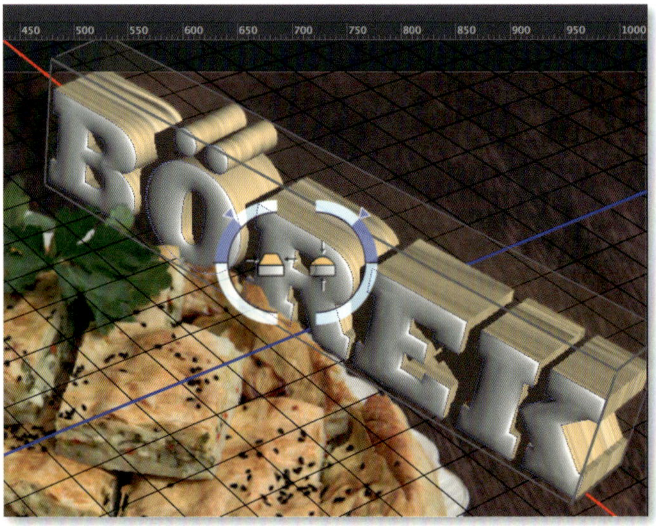

Abbildung 39.28 ▸
Das 3D-Objekt können Sie auch direkt verändern. Das ist oft intuitiver als die Arbeit an den Reglern.

Extrusion teilen

Die Typografie besteht aus mehreren Zeichen. Grundsätzlich ist es ein kompletter Block, der als 3D-Objekt gehandhabt wird. Mit der Option 3D • EXTRUSION teilen Sie die Elemente in einzelne Blöcke auf. So können Sie sie einzeln modifizieren. Tipp: Umlautpunkte wie z. B. Ö-Punkte sind dann auch einzelne Elemente. Markieren Sie einfach mit der ⇧-Taste mehrere Objekte, um sie zu verändern.

Abbildung 39.29 ▸
Die verdrehten einzelnen Zeichen

2D- und 3D-Objekte importieren

Die vorgegebenen 3D-Elemente sind nicht alles, was Photoshop zu bieten hat. Sie haben die Möglichkeit, 3D-Objekte zu importieren, die in 3D-Programmen erstellt wurden. Dabei ist nur das Dateiformat wichtig; Photoshop kann folgende Formate interpretieren:

- DAE (Collada)
- OBJ
- 3DS
- U3D
- KMZ (Google Earth)

Diese Dateien lassen sich direkt öffnen und erscheinen als eigene Ebene in Photoshop, oder Sie importieren sie über den Menüpunkt 3D • NEUE 3D-EBENE AUS DATEI in eine eigene Datei. Zum Import stehen mehrere Quellen zur Verfügung. Laden Sie einfach die Dateien herunter, dekomprimieren Sie sie bei Bedarf, und importieren Sie sie.

Als Beispiel habe ich ein Cezve (türkischer Mokka-Kocher) importiert, mit neuen Materialien belegt (Metall, Holz) und die Spiegelung per SZENE eingestellt.

▲ **Abbildung 39.30**
Das importierte 3D-Objekt passt sich direkt an das Raster an.

Abbildung 39.31 ▶
Angepasste Materialien und Spiegelung

Quellen

Fertige 3D-Objekte finden Sie auch im Internet. Gute Anlaufstellen sind folgende Webseiten:
http://archive3d.net
www.daz3d.com/shop/free-3d-models-and-content
www.turbosquid.com/photoshop-3d
http://sketchup.google.com/3dwarehouse/?hl=de&ct=lc

▲ Abbildung 39.32
Suche nach »Cezve« auf Archive3D

39.4 Licht und Kamera

Für eine gute 3D-Simulation ist Licht unabdingbar. Es verleiht dem Ganzen die nötige Tiefe. In Kombination mit 2D-Bildern können Sie es je nach Situation auch im Detail einstellen – ob es nun eine Tagszene mit Sonnenlicht ist oder eine feste Lichtquelle innerhalb eines Raumes.

Außerdem können Sie der Szenerie mehr Dynamik geben, indem Sie für ein Video die Lichter oder auch eine Kamera bewegen.

Datei auf der Buch-DVD: »Ayvalik.psd«

Abbildung 39.33 ▶
Ein platzierter Tisch mit gerichtetem Schatten

Lichtquellenarten

Photoshop unterscheidet zwischen vier Lichtquellenarten: Punktlichter, Spotlichter, gerichtete Lichter und bildbasierte Lichtquellen:

- Punktlichter strahlen wie Glühlampen in alle Richtungen.
- Spotlichter geben einen kegelförmigen Lichtstrahl ab, der angepasst werden kann.
- Gerichtete Lichter strahlen wie Sonnenlicht aus einer allgemeinen Richtung.
- Bildbasierte Lichtquellen umgeben die 3D-Szene mit einem erleuchteten Bild.

Licht anpassen | Die Einstellungen für die Lichter erfolgen immer am 3D-Objekt selbst. Es gibt kein »globales Licht«, so dass Sie bei mehreren Objekten die Lichtquellenvorgabe übertragen müsste.

Um die Lichtquelle Ihres 3D-Objekts zu bearbeiten, filtern Sie in der Palette 3D nach Lichtquellen. Es erscheint mindestens eine Quelle, wobei Sie auch das Licht ganz »abschalten« können, indem Sie es mit dem Auge-Symbol ausblenden. In der Eigenschaften-Palette erscheinen nun mehrere Optionen:

- Unter VORGABE sind schon Lichtsituationen als Voreinstellung vorhanden.
- Die ART sind die drei Lichtarten: PUNKT-, SPOT- und GERICHTETES LICHT.
- Die FARBE definiert die Farbigkeit des Lichtes. Möchten Sie z. B. eine Nachtsituation simulieren, so nehmen Sie einen Blauton.

▲ **Abbildung 39.34**
Vorgefertigte Lichtsituationen

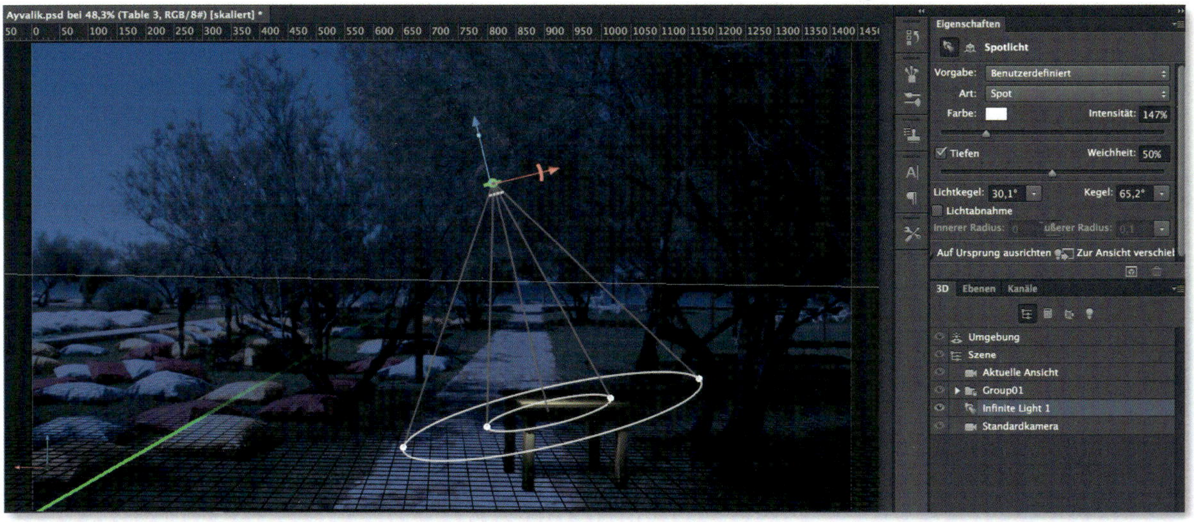

▲ **Abbildung 39.35**
Ein Spot-Licht erzeugt einen Lichtkegel.

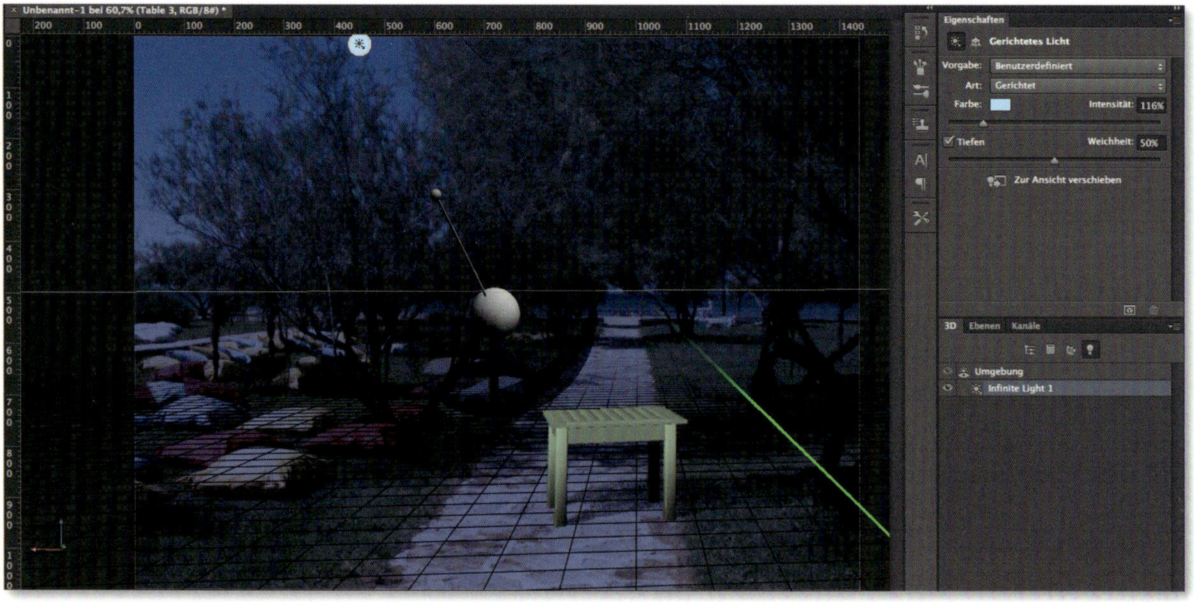

▲ **Abbildung 39.36**
Gerichtetes Licht ergibt eine Mondstimmung.

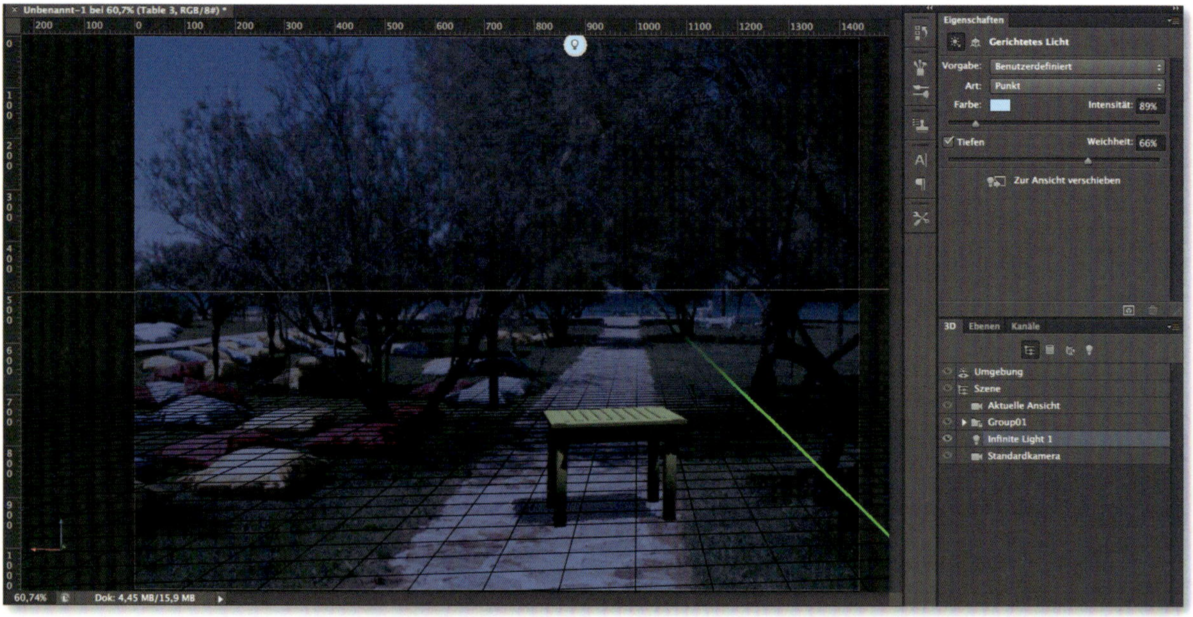

▲ **Abbildung 39.37**
Punkt-Licht wirkt wie eine Glühbirne im Raum.

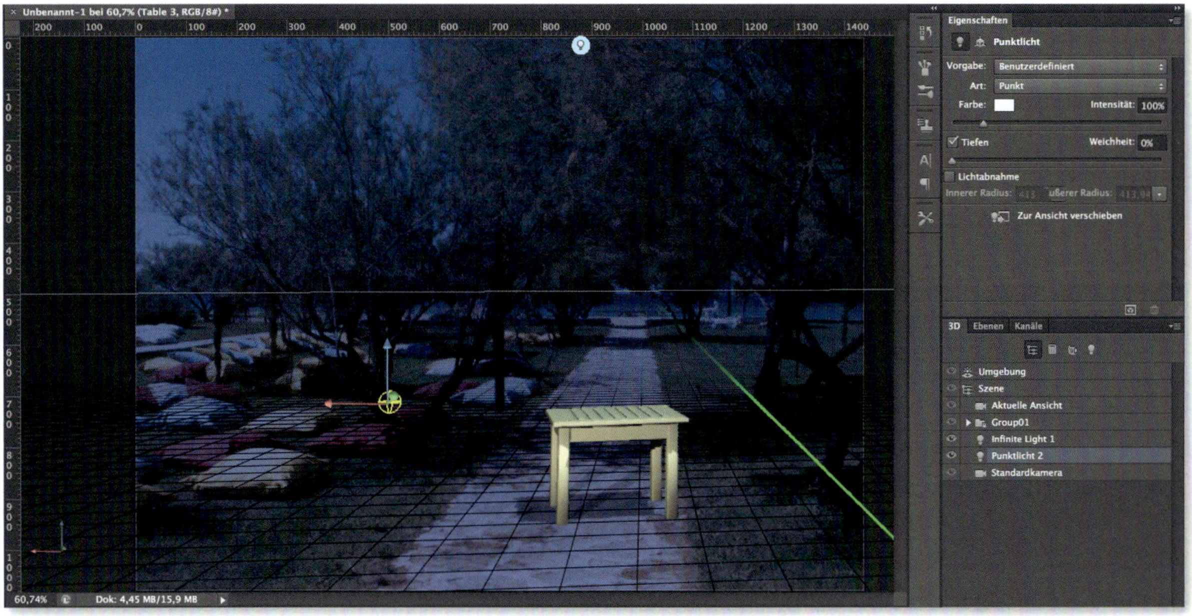

▲ **Abbildung 39.38**
Spot- und Punkt-Licht kombiniert

Umgebungslicht einstellen | Für das Umgebungslicht klicken Sie in der 3D-Palette auf UMGEBUNG. Legen Sie das Licht mit aktivierter Funktion IBL und einer geladenen Textur als Sphäre über das 3D-Objekt, so wie in Abbildung 39.39, oder stellen Sie es einfach als Farbe ein.

▼ **Abbildung 39.39**
Die Umgebung spiegelt sich in der Kugel.

Datei auf der Buch-DVD: »cunda.psd«

Schatten und Spiegelungen

Reflexionen und Schatten sind wie Salz und Pfeffer für die Komposition. Sie geben den Feinschliff und machen die Szene reeller.

Für die Schatten der 3D-Objekte aktivieren Sie in der Eigenschaften-Palette in Kombination mit UMGEBUNG die Option TIEFEN ❶. Mit dem Regler WEICHHEIT ❷ wird der Schatten zum Ende hin unscharf. Er richtet sich nach den Lichtquellen. Weitere Schatten-Optionen finden Sie in der Eigenschaften-Palette, wenn Sie das 3D-Objekt selbst anklicken. Sie können für das Objekt definieren, ob es Schatten empfängt ❺ und/oder wirft ❹.

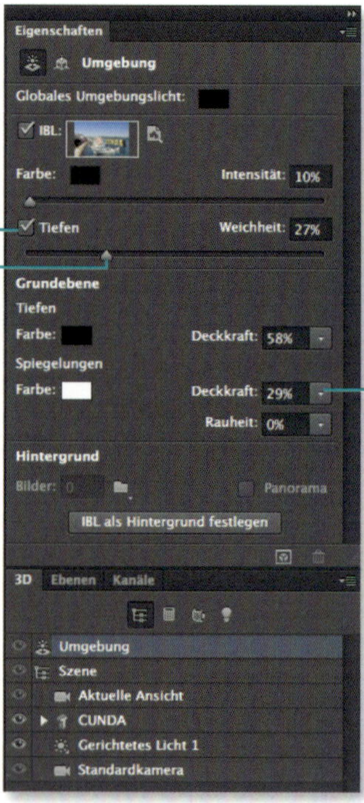

▲ **Abbildung 39.40**
Optionen für den Schattenwurf der Umgebung. Außerdem wurde eine Spiegelung mit einem kräftigen DECKKRAFT-Wert von 29% ❸ eingestellt.

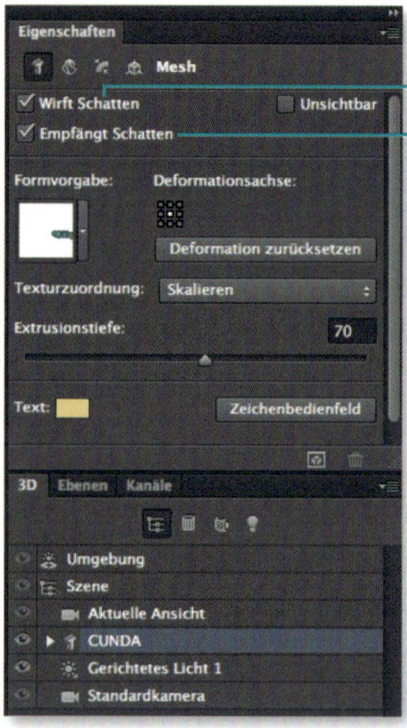

▲ **Abbildung 39.41**
Optionen für den Schattenwurf des 3D-Objekts

Abbildung 39.42 ▶
Ein 2D-Bild mit 3D-Typografie, Schatten und Spiegelung

Kamerafahrt

Datei auf der Buch-DVD: »3D_Animation.psd«

In Kapitel 38, »Videobearbeitung in Photoshop CS6«, haben wir uns schon die Zeitleiste und ihre Möglichkeiten für bewegte Bilder angesehen. Hier bringen wir das Ganze nun mit einer Kamerafahrt über 3D-Objekte in die Tiefe.

Zunächst wandeln Sie Ihre Szenerie in der Zeitleiste in eine Videozeitleiste um. In den Keyframes erscheinen nun 3D-Animationsfunktionen. So können Sie die Kameraposition nun von Keyframe zu Keyframe definieren. Die Kamera fliegt sozusagen über die Szene. Zusätzlich könnten Sie das Licht in der Zeitleiste verändern. Zum Anwenden von Keyframes lesen Sie in Abschnitt 38.10 nach.

▼ **Abbildung 39.43**
Mit Keyframes in der Video-Zeitleiste steuern Sie 3D-Kameraansichten im Raum.

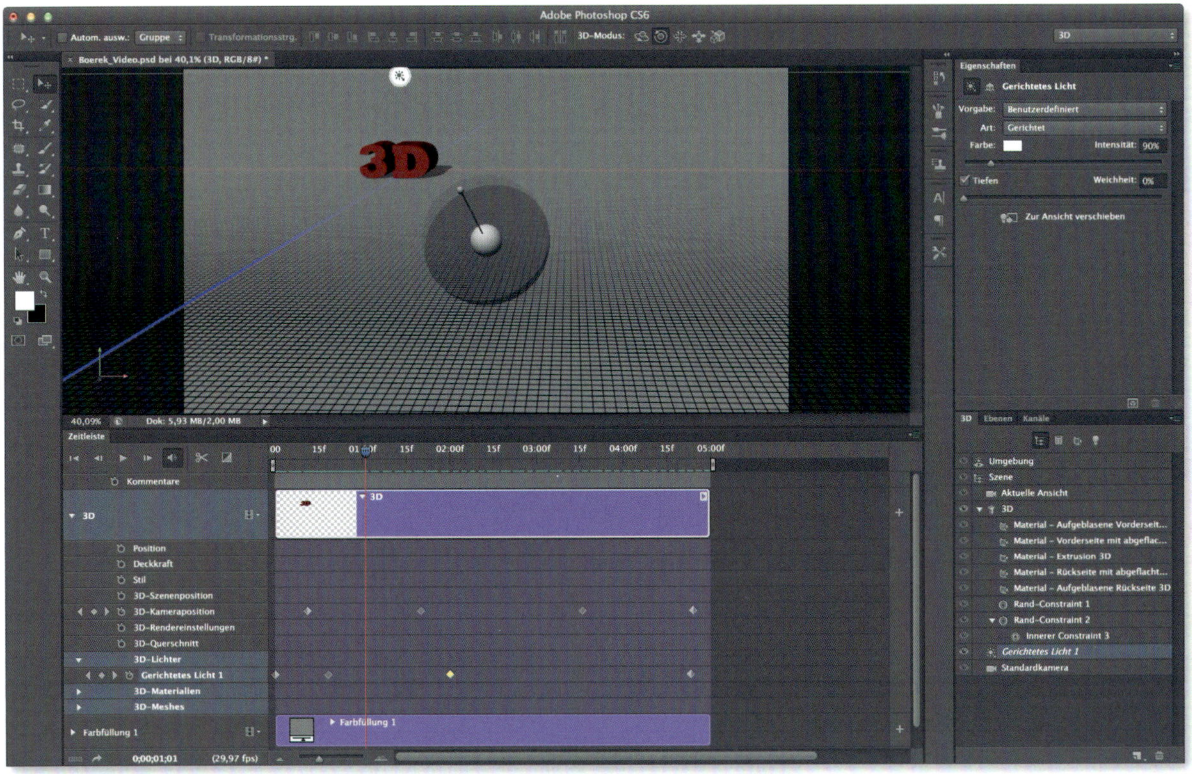

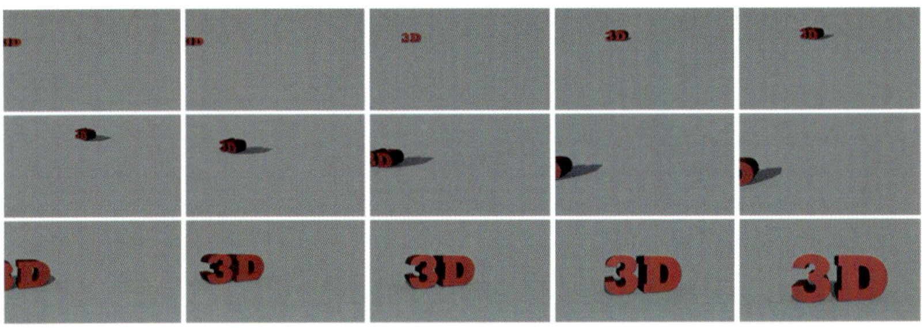

◀ **Abbildung 39.44**
Die fertige Kamerafahrt

Stereokamera

Für eine 3D-Simulation in einem gedruckten 2D-Bild oder Video bietet sich die Funktion der Stereokamera an. Dazu werden die Techniken der Stereoskopie verwendet.

[Stereoskopie]
Stereoskopie ist die Wiedergabe von Bildern mit einem räumlichen Eindruck von Tiefe, der physikalisch nicht vorhanden ist. Umgangssprachlich wird es als »3D« bezeichnet, obwohl es sich nur um 2D-Bilder handelt, die einen räumlichen Eindruck vermitteln. Normale zweidimensionale Bilder ohne Tiefeneindruck werden übrigens als *monoskopisch* bezeichnet.

Das Prinzip beruht immer darauf, dass Menschen durch ihre zwei Augen ihre Umgebung gleichzeitig aus zwei Blickwinkeln betrachten. Dadurch ordnet das Gehirn allen betrachteten Objekten eine Entfernung zu und gewinnt ein räumliches Bild. Die Stereoskopie befasst sich folglich nur damit, in das linke und rechte Auge jeweils unterschiedliche zweidimensionale Bilder aus zwei leicht abweichenden Betrachtungswinkeln zu bringen.

Die Funktion aktivieren Sie in der Eigenschaften-Palette, bei gleichzeitigem Markieren des Eintrags Aktuelle Ansicht in der 3D-Palette. Photoshop unterstützt von Haus aus drei Arten:

- Beim Stereogramm – auch *Anaglyphenverfahren* genannt – werden die beiden Halbbilder übereinander gedruckt, wobei sie in Komplementärfarben eingefärbt werden. Zum Betrachten braucht man eine 3D-Brille (z. B. Rot/Grün).
- Das Linsenraster ist für die Betrachtung mit speziellen Linsenbrillen oder Linsenrasterfolien gedacht. Dabei wechselt die Ansicht je nach Betrachtungswinkel. Die Linienraster werden in lpi (»lines per inch«) angegeben.
- Eine einfache Methode ist das Betrachten als Stereopaarbild. In Photoshop wird es Side-by-Side genannt. Dabei werden zwei stereoskopische Halbbilder nebeneinander abgebildet, und mit einer speziellen Blicktechnik (z. B. Parallelblick oder Kreuzblick = schielen) können sie dann ohne weitere Hilfsmittel als räumliches Bild wahrgenommen werden.

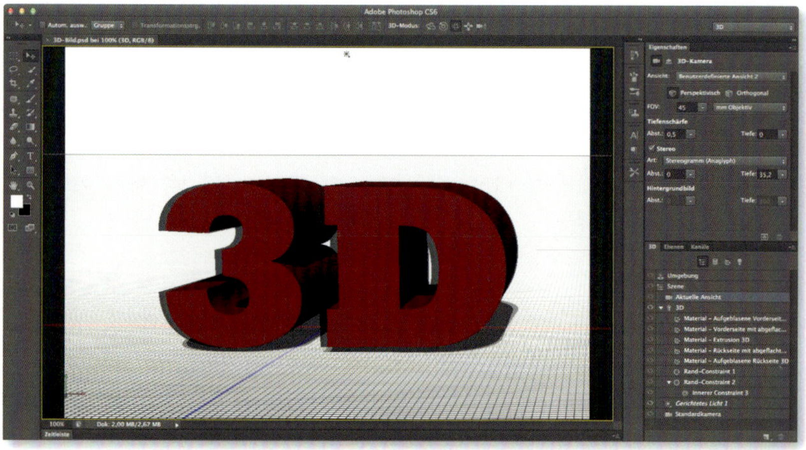

Abbildung 39.45 ▶
3D-Bild als Stereogramm

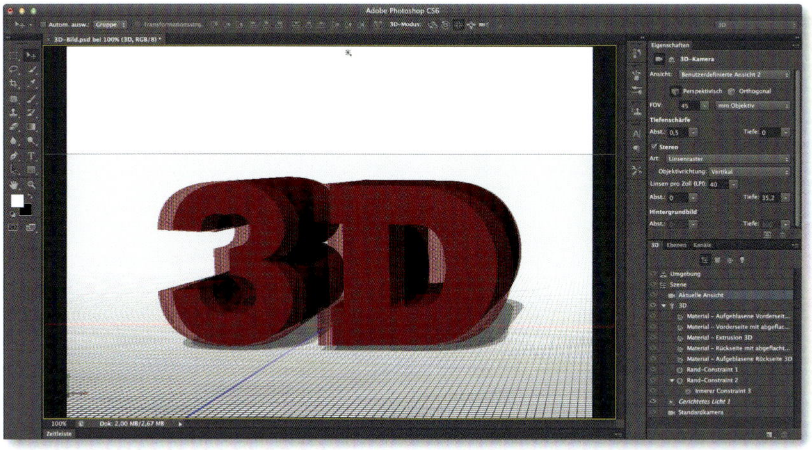

◂ **Abbildung 39.46**
3D-Bild als Linsenraster

◂ **Abbildung 39.47**
3D-Bild als Schiel-Bild

Tiefenschärfe

Datei auf der Buch-DVD: »3D-Tiefenschaerfe.psd«

Mit der Tiefenschärfe (auch *Schärfentiefe* genannt) wird bei der Fotografie mit dem Objektiv ein Bereich im Bild scharf gestellt, und das Umfeld wird unscharf. Diesen Effekt können Sie auch auf 3D-Objekte anwenden, um die Tiefe zu simulieren. Aktivieren Sie dazu in der 3D-Palette die Aktuelle Ansicht, und definieren Sie in der Eigenschaften-Palette das Objektiv bzw. die Brennweite (FOV). Wählen Sie dann den Abstand zwischen Objektiv und 3D-Element. Der Regler Tiefe bestimmt die Unschärfe.

▴ **Abbildung 39.49**
Tiefenschärfe mit 148-mm-Objektiv, Abstand: 0, Tiefe: 2,4

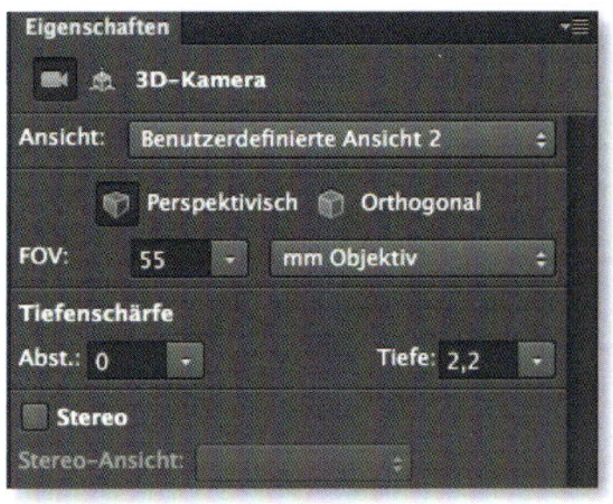

▴ **Abbildung 39.48**
Die Tiefenschärfe-Optionen

Abbildung 39.50 ▶
Tiefenschärfe mit 148-mm-Objektiv, ABSTAND: 0,18, TIEFE: 4,5

Abbildung 39.51 ▶
Tiefenschärfe mit 55-mm-Objektiv, ABSTAND: 0,18, TIEFE: 4,5

39.5 3D-Elemente animieren

Datei auf der Buch-DVD: »Video_animiert.psd«

Mit Photoshop CS6 Extended können Sie Videos mit animierten 3D-Elementen gestalten. Die Keyframes stehen für jedes einzelne Objekt zur Verfügung und können sogar bis ins Detail bewegt werden. Dafür wandeln Sie die 3D-Szenerie in ein Video um und klicken in der Zeitleiste auf den Button VIDEOZEITLEISTE ERSTELLEN.

Sollen einzelne Buchstaben animiert werden, ist es nötig, die Extrusion über den Menübefehl 3D • EXTRUSION TEILEN zu teilen. Nach der Teilung können Sie die Buchstaben einzeln mit Keyframes versehen.

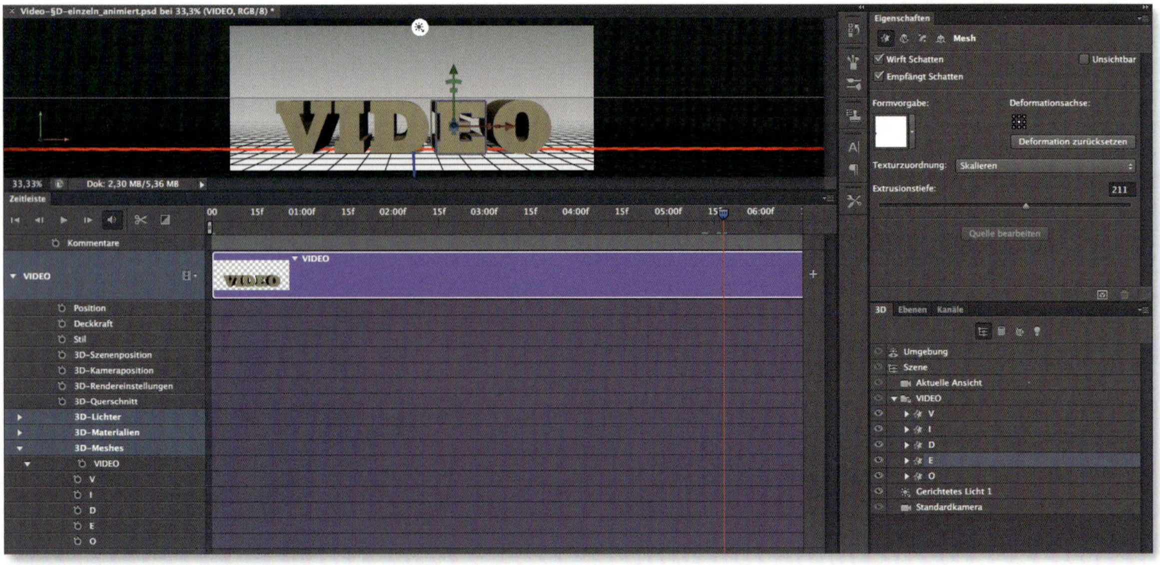

Abbildung 39.52 ▼
Die Keyframes sind noch ganz »unbewegt«.

Experimentieren Sie nun mit der Position der Objekte, ihrer Drehung und der Skalierung. Klicken Sie dazu auf den letzten Frame, um das Endbild zu definieren. Danach arbeiten Sie sich Schritt für Schritt nach vorn.

Bei der hier gezeigten Animation fliegen die Buchstaben von oben nach unten in das Bild. Dabei habe ich beim Aufsetzen der Buchstaben die Skalierung in der Y-Achse verringert. Es entsteht der Eindruck, als ob sie eingedrückt werden. Damit sie immer auf der Boden-Ebene landen, müssen Sie das 3D-Element nach der Skalierung per 3D • Das Objekt an Grundebene ausrichten ausrichten. Ansonsten schwebt es.

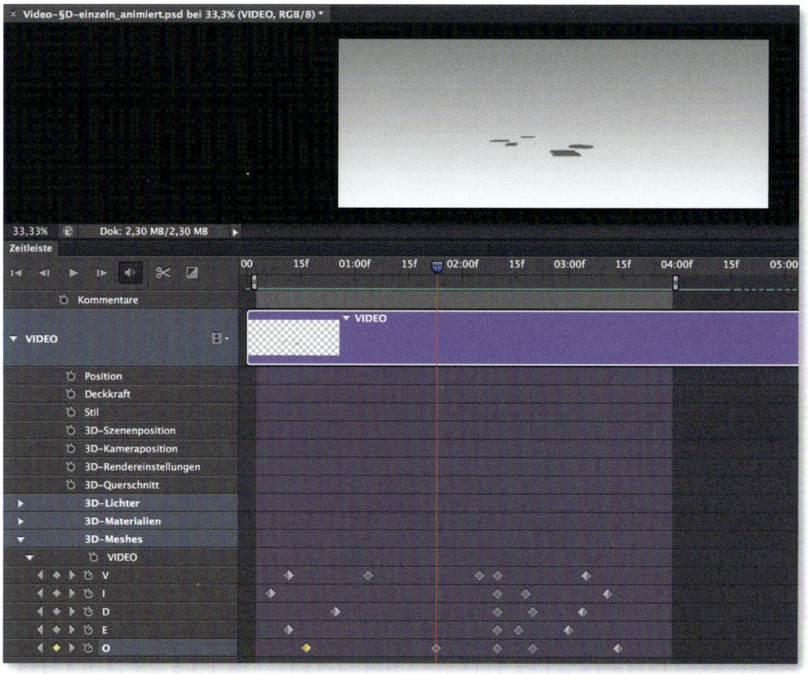

◀ **Abbildung 39.53**
Die Buchstaben schweben herbei.

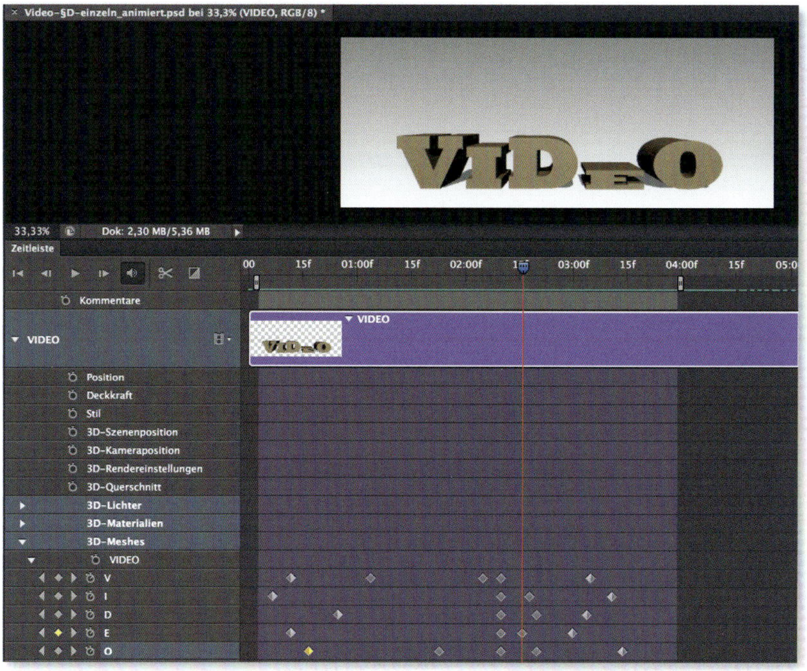

◀ **Abbildung 39.54**
Die Buchstaben landen.

Abbildung 39.55 ▶
Die Buchstaben formen sich zurück.

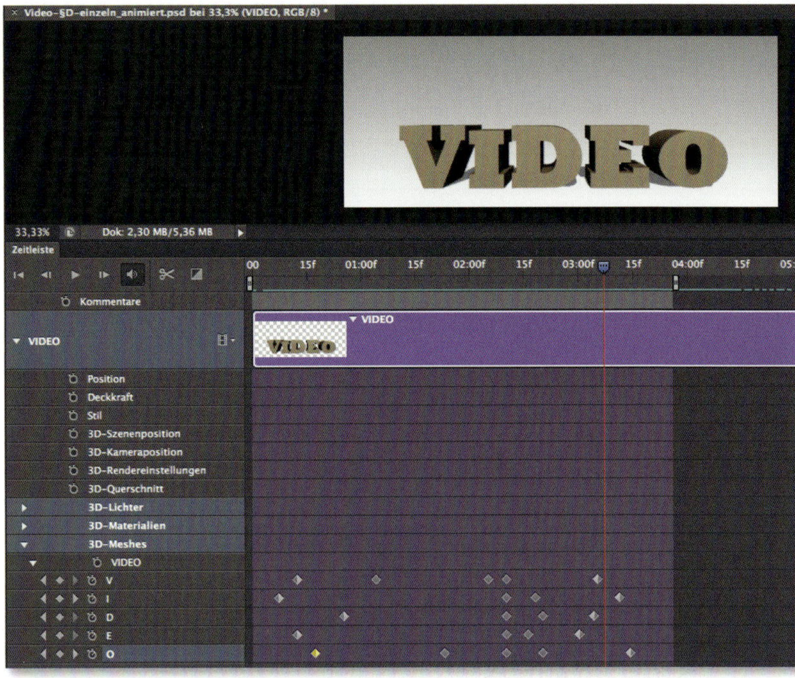

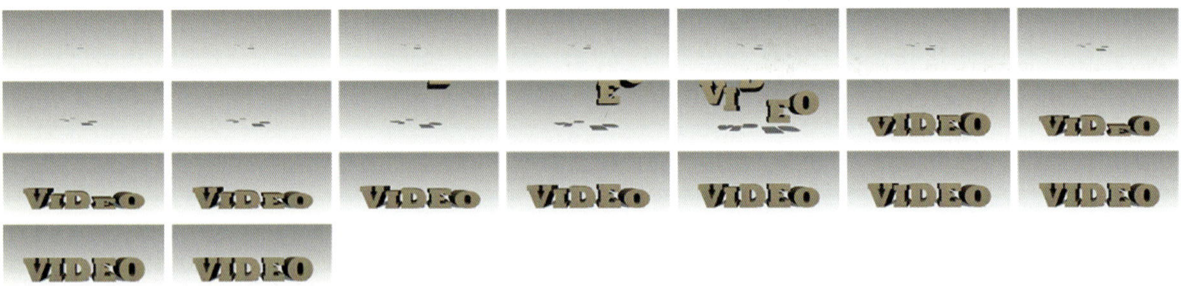

▲ Abbildung 39.56
So sieht die fertige Animation aus.

39.6 Eine Bilder-Slideshow erstellen

Als schöner Effekt für eine Präsentation oder ein digitales Board (was man immer mehr in Schaufenstern sieht) können Sie eine Kombination aus 2D-Bildern und 3D-Animationen erstellen.

Dazu wählen Sie ein paar Motive per Bridge. Diese laden Sie über den Menüpunkt WERKZEUGE • PHOTOSHOP • DATEIEN IN PHOTOSHOP-EBENEN LADEN. Die Bilder sind nun alle als jeweils einzelne Ebene in einer Photoshop-Datei gelandet. Als Nächstes markieren Sie die Ebenen in der Ebenen-Palette per ⇧-Klick und wandeln die Bilder über den Menübefehl 3D • Neues Mesh aus Ebene • Postkarte um.

Die Photoshop-Dateien verwandeln Sie per Zeitleiste in eine Videosequenz. Die zu 3D-Objekten umgewandelten Bilder besitzen nun Keyframes, die Sie aus der 3D-Animation kennen. Kombiniert mit Video-Übergängen können Sie effektvolle Animationen gestalten.

▼ Abbildung 39.57
Das Bild wird hineingeschwenkt und per Überblendung im Hintergrund aufgehellt.

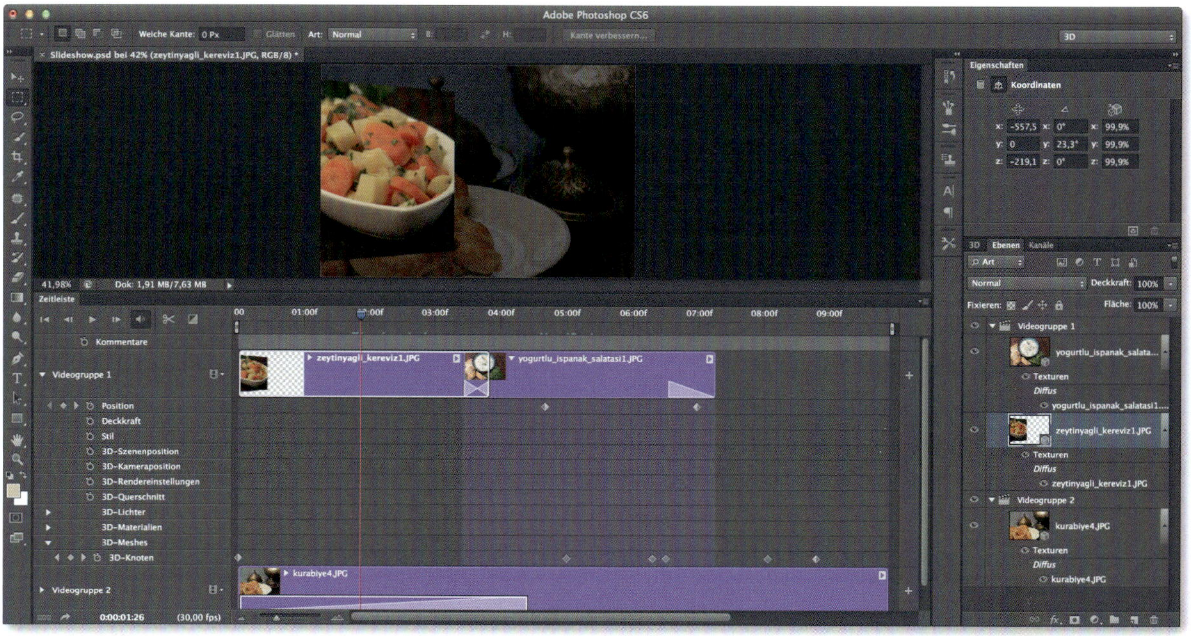

▲ Abbildung 39.58
Die Videosequenz im Einzelnen

39.7 Rendering

Wie Sie schon wissen, muss das 3D-Bild oder die Animation am Ende des Tages mit den Einstellungen gezeichnet bzw. gerendert werden. Photoshop hat die passenden Optionen in der Eigenschaften-Palette untergebracht. Aktivieren Sie dazu den Eintrag Szene in der 3D-Palette.

▲ **Abbildung 39.59**
Vorgaben zum Rendering von Haus aus

Vor dem finalen Rendering können Sie aber auch andere Funktionen aktivieren, um Effekte zu erzielen oder auch Hilfsmittel zu nutzen. legen Sie zum Beispiel mit der Vorgabe SCHATTIERTE ILLUSTRATION ❶ Linien über die Mesh-Ecken.

▲ **Abbildung 39.60**
SCHATTIERTE ILLUSTRATION aus den Vorgaben

Falls Sie das finale Bild nun rendern möchten, noch zwei Hinweise: Da die 3D-Objekte sich an die Auflösung des Bildes anpassen, können Sie die Pixelzahl des Bildes zu Beginn recht klein halten. Dann dauert das Rendern nicht so lange. Vor dem finalen Rendern stellen Sie am besten unter BILD • BILDGRÖSSE auf die gewünschte maximale Pixelzahl um und lassen rechnen.

Das Rendering selbst starten Sie über den Befehl 3D • RENDERN. Das kann bei hohen Auflösungen lange dauern.

Auswahl rendern

Zum schnelleren Rendern können Sie per Auswahlrechteck-Werkzeug einen Bereich markieren und rendern lassen. Dann werden nur diese berechnet, was für den finalen Eindruck meist reicht. Das spart auch Zeit beim Einstellen der Materialien, Lichtposition, Schatten etc.

Abbildung 39.61 ▶
Per Auswahl Zeit sparen beim Rendern

TEIL XIV
Bilder ausgeben

Kapitel 40
Bilder für das Internet optimieren

Die Optimierung von Dateien für den Einsatz auf Webseiten stellt besondere Anforderungen. Das umfangreiche Tool **FÜR WEB SPEICHERN** *unterstützt Sie bei den typischen Aufgaben – vom »Kleinkriegen« von Dateien für den Webeinsatz über die Anpassung an das Bildschirm-Gamma bis hin zum Anpassen teiltransparenter Objekte an den neuen Hintergrund.*

40.1 Welches Bild ist gut für das Web?

Trotz Kompression bleibt das Optimieren von Bildern für das Web ein Balanceakt zwischen geringer Kilobyte-Zahl und akzeptabler Bildqualität. Doch wenn Sie Bilder für den Internet-Einsatz vorbereiten, haben Sie nicht nur mit Kilobytes zu kämpfen – Sie sollten sich auch vor Augen halten, dass Bilder im Internet anders wirken als Bilder auf Zeitungs- oder Buchseiten oder gar als einzelne Fotoausdrucke. Sie werden wie **Inseln** oder **Signale** wahrgenommen. Daher sollten Sie sich bemühen, mit Ihrem Bild eine Aussage klar zu kommunizieren – Sie haben keine Ladezeit zu verschenken und sollten den kurzen Moment der Surfer-Aufmerksamkeit nutzen!

- Überlegen Sie, ob Ihr Bild die Aussage, die Sie treffen wollen, auch transportiert.
- Zeigen Sie das Wichtigste groß! Ein Porträt, das nur 70 Pixel hoch ist, sollte nicht noch Hintergrund, Lockenberge und Blusenknöpfe zeigen, sondern das Gesicht im Anschnitt.
- Wählen Sie Bilder, die der Stimmung und dem Anspruch der Site entsprechen, für die sie gedacht sind (weichgezeichnete Gegenlichtaufnahmen sind in einem Info-Portal fehl am Platze, Trash-Collagen passen nicht zu einem Webauftritt, der Designermöbel vermarktet, usw.).

- Arbeiten Sie heraus, worauf es im Bild ankommt – Photoshop bietet genug Möglichkeiten (etwa Farbe und Schwarzweiß-Elemente, Weichzeichnung oder Aufhellung und Abdunkelung einzelner Bildpartien).

Zum Weiterlesen
Um größere Bildermengen zu präsentieren, können Sie eine **Web-Galerie** oder eine **PDF-Präsentation** erstellen. Das Tool dafür finden Sie in der Bridge. Ich stelle es in Kapitel 10, »Automatismen in Photoshop und Bridge«, ausführlich vor.

Daneben gibt es natürlich auch technische Anforderungen. Wenn Sie Ihre Dateien mit dem Befehl Für Web speichern sichern, werden Bildmodus und Auflösung automatisch angepasst.

Dateiformate

Dateien, die für das Internet bestimmt sind, müssen zwei Bedingungen erfüllen:

- Sie sollten von allen Browsern problemlos interpretiert werden.
- Sie sollten bei der Darstellung des Motivs mit einer möglichst geringen Datenmenge auskommen, um die Übertragungszeiten kurz zu halten.

Die Grafikformate, die das Web immer noch beherrschen, sind GIF und JPEG. Die Alternative PNG ist unbekannter und daher seltener im Einsatz.

[Halbtonbild]
Was umgangssprachlich »Foto« heißt, wird im Repro-Deutsch »Halbtonbild« genannt. Halbtonbilder enthalten Schwarz, Weiß und viele farbige oder graue Zwischenstufen. Halbtonbilder sind alle Bilder, die für die drucktechnische Reproduktion gerastert werden müssen. Gegensatz: Strichbild (es enthält nur Schwarz und Weiß oder einen Vollton und Weiß).

JPG | JPG oder JPEG ist in der Regel das beste Dateiformat für Halbtonbilder wie Fotos. Das JPEG-Format kann pro Bild bis zu 16,7 Millionen Farben speichern – praktisch das gesamte vom menschlichen Auge wahrnehmbare Spektrum. JPGs werden von allen Browsern problemlos reproduziert. Kleingerechnet werden JPG-Dateien per Kompression: Je stärker die Kompression ist, desto geringer ist die Dateigröße. Der verwendete Kompressionsalgorithmus ist jedoch nicht verlustfrei. Das heißt, bei stark komprimierten JPG-Bildern müssen Sie mit Qualitätsverlusten rechnen (siehe Abbildung 40.5).

GIF | GIF-Dateien sind Webgrafik-Urgestein. Sie verbrauchen wenig Speicherplatz, was vor allem durch die Reduktion der Farbtöne im Bild erreicht wird. Maximal 256, minimal 2 Bildfarben sind darstellbar. Zusätzlich werden die GIF-Dateien auch noch komprimiert. Der Kompressionsalgorithmus ist verlustfrei. GIFs unterstützen Transparenz und können außerdem animiert werden. Für Fotos eignen sie sich nur in Ausnahmefällen. Motive, bei denen es auf Bildschärfe ankommt – zum Beispiel Schriftbanner – sind als GIF oft gut aufgehoben.

PNG | Das Web-Format PNG (*Portable Network Graphics*) wurde als Alternative zu den bewährten Formaten GIF und JPG entwickelt. PNG gibt es in zwei Varianten: PNG-8 ähnelt GIF-Dateien. Die Optimierung in Photoshop erfolgt auf gleiche Weise mit einer Farbtabelle. PNG-24 eignet sich für Halbtonbilder und unterstützt Transparenz, und zwar sogar in Abstufungen – anders als GIF, das nur eine Transparenzstufe kennt.

PNG-24 erscheint also als ideale, ja sogar verbesserte Kombination der Dateiformate JPG und GIF. Das Dateiformat PNG hat allerdings auch einige Nachteile: PNG-24-Dateien werden schnell sehr KB-lastig. In der Regel sind sie wesentlich größer als JPGs. Dazu kommt, dass das Format aufgrund seiner Vielseitigkeit lange Zeit nicht ohne weiteres in Browsern dargestellt werden konnte. Zwar beherrschen die aktuellen Browser das PNG-Format längst, doch gegen die Dominanz von JPG und GIF konnten sich PNGs nicht richtig durchsetzen. So sind auch ganz normale PNGs ohne Transparenz (PNG-8), die bereits von älteren Browsern ab Version 4.0 problemlos verstanden werden, im Web eher selten anzutreffen.

JPEG oder GIF? | Ihnen bleibt also in den meisten Fällen die Entscheidung zwischen JPEG und GIF. Die bekannte Faustregel

- **JPEG für Fotos,**
- **GIF für flächige Grafiken, Text und Strichzeichnungen**

trifft oft zu – sklavisch daran halten müssen Sie sich nicht. Es gibt kein Patentrezept, und welches Dateiformat passt, hängt auch immer vom Motiv ab.

Dateien auf der Buch-DVD: »goldfisch.jpg«, »webworte-logo.tif«

Bild: Fotolia, Scata

◂◂ Abbildung 40.1
Zweimal dasselbe Motiv: Hier als GIF mit 64 Farben, basierend auf der Perzeptiv-Farbpalette (siehe Seite 1081). Die Farbbeschränkung ist in der Vergrößerung deutlich erkennbar. Feine Details gehen verloren. Es gibt jedoch auch fotografische Motive, die als GIF gut funktionieren.

◂ Abbildung 40.2
So sähe dasselbe Motiv als JPEG in mittlerer Qualität aus. Gegenüber dem Original ist das Bild zwar schon weniger brillant, es wirkt jedoch nicht so stark verflacht wie das GIF.

Abbildung 40.3 ▶
Nicht jede Schrift verträgt das GIF-Format. Schatten, Spiegelungen und Farbverläufe werden im spartanischen GIF-Format nicht adäquat wiedergegeben. Am Bildschirm treten die unbeabsichtigten Verfremdungseffekte des GIF-Formats meist noch gnadenloser hervor als im gedruckten Buch.

Abbildung 40.4 ▶
Dateien, die aufwendig gestaltete Schriften enthalten – so wie hier –, speichern Sie besser als hochwertige JPEG-Dateien.

Abbildung 40.5 ▲
Wenn ein JPEG mit zu geringer Qualität (und hoher Kompression) gespeichert wird, zeigen sich an den Kanten im Bild hässliche Kompressionsspuren.

40.2 Speichern für das Web: Tools und Funktionen

Die Methoden, mit denen GIF und JPEG die Bilddateien komprimieren, sind sehr verschieden, und entsprechend unterscheiden sich die Speicheroptionen in Photoshop. Ich gebe Ihnen zunächst einen Überblick über das Webspeichern-Werkzeug und erkläre dann die jeweiligen Optimierungsmöglichkeiten für die unterschiedlichen Dateitypen.

Das Dialogfeld erreichen Sie über die Befehle Datei • Für Web speichern oder mit Strg+Alt+⇧+S bzw. cmd+Alt+⇧+S.

Es öffnet sich ein fast bildschirmfüllender Dialog, der Ihnen genaue Kontroll- und Vergleichsmöglichkeiten bietet.

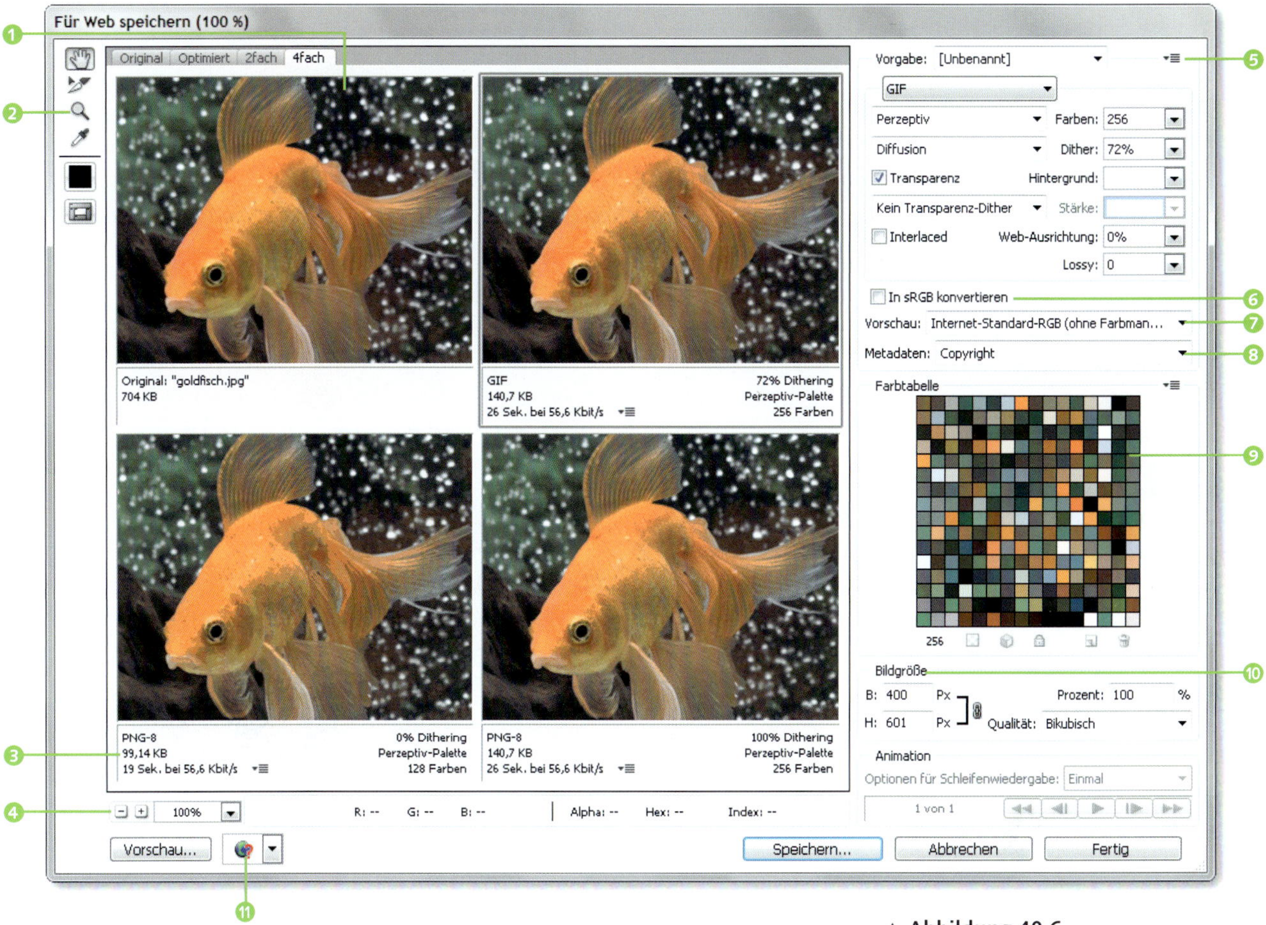

▲ **Abbildung 40.6**
Das riesige Dialogfeld Für Web speichern. Je nach Dateityp, für den Sie Ihr Bild optimieren wollen, ändern sich auch die Speicheroptionen im rechten Bereich. Hier sehen Sie die Einstellungen für das GIF-Format.

Bildansicht

Das Ansichtfenster ① ist das dominante Element im Webspeichern-Tool. Mit Hilfe der einzelnen Karteireiter können Sie zwischen verschiedenen Ansichtsvarianten wählen:

- Original zeigt nur das Ausgangsbild.
- Optimiert zeigt allein die optimierte Version.
- 2fach zeigt die originale Bildversion und das Bild mit den Optimiert-Einstellungen nebeneinander.
- 4fach (in der Abbildung zu sehen) schließlich zeigt das Original und drei Fenster für unterschiedliche Einstellungskonstellationen im direkten Vergleich. Das ist praktisch, nur werden die Vorschaufenster dann natürlich etwas kleiner.

Dialog und Vorschaubilder vergrößern

Wenn Sie an der rechten unteren Ecke des Dialogfensters mit der Maus ziehen, vergrößert sich das gesamte Fenster, und damit werden auch die Vorschauabbildungen größer.

Sich allein das Originalbild oder lediglich die optimierte Version anzeigen zu lassen, ist meines Erachtens nicht so praxistauglich. Besser ist die zwei- oder vierfache Vorschau. Dort können Sie unterschiedliche Optionen durchspielen und vergleichen, ehe Sie sie dem Bild endgültig zuweisen.

Optimierungsdetails auf einen Blick

Unterhalb jedes Vorschaubildes finden Sie eine Zusammenfassung ❸ der gewählten Einstellungen. Als Überbleibsel aus einer Ära, in der Bandbreite kostbar und die Downloadzeit von Images noch ein Thema war, wird dort außerdem eine Schätzung der späteren Übertragungsdauer angezeigt. Welche Anbindungsgeschwindigkeit dieser Schätzung zugrunde liegt, können Sie einstellen (siehe Abbildung 40.7).

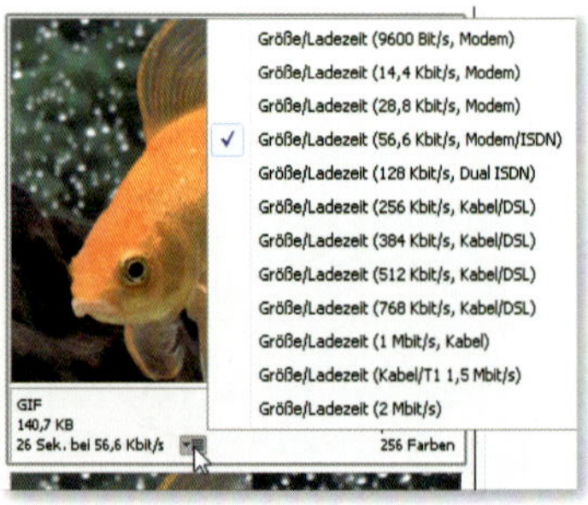

▲ **Abbildung 40.7**
Zusammenfassung der Dateieigenschaften und der vermuteten Ladezeit des Bildes

Speicheroptionen

Die Steuerungszentrale für das weboptimierte Speichern finden Sie im rechten Bereich des Dialogfeldes. Hier wählen Sie das Dateiformat und nehmen Ihre Optimierungseinstellungen vor. Je nach gewähltem Dateiformat stehen Ihnen hier unterschiedliche Einstellungsmöglichkeiten zur Verfügung. Sie lernen sie in den folgenden Kapiteln noch im Detail kennen! Unterhalb der dateiformattypischen Optionen finden Sie die Farbtabelle ❾ für GIFs; beim JPEG-Speichern ist dieses Feld leer.

Die Farben sicher rüberbringen

Verglichen mit den Schwierigkeiten, die Druckvorstufler bewältigen, um Farben und Helligkeit der Ausgangsdatei möglichst originalgetreu auf Papier zu bringen, haben Webdesigner ein sorgenfreies Leben. Da ohnehin fast jeder Monitor, jedes System Farben anders darstellt, müssen Sie sich um Farbtreue wenig Gedanken machen; sie ist ohnehin kaum zu erreichen. Ganz ignorieren sollten Sie das Thema jedoch nicht. Das Webspeichern-Tool bietet zwei Optionen, mit deren Hilfe Sie versuchen können, Schäden an Bildfarben und -helligkeit einzugrenzen.

sRGB | Der typische Farbmodus für Bilder, die am Monitor gezeigt werden sollen, ist RGB. Doch »RGB« ist nicht gleich »RGB«, und es gibt feine Unterschiede! Zwar finden Sie im Photoshop-Menü Bild • Modus nur den Bildmodus RGB. Um die Option sRGB zu verstehen, müssen Sie wissen, dass es verschiedene RGB-Arten gibt. Sie unterscheiden sich hinsichtlich der Größe des Farbraumes – also der Menge der in diesem speziellen Modus unterstützten Farbabstufungen. Manche RGB-Typen sind nicht primär für den Webeinsatz vorgesehen (etwa Adobe RGB, oder ProPhoto RGB), und sie haben einen sehr großen Farbumfang. Die meisten Monitore können solche RGB-Farbräume nicht korrekt wiedergeben. Für die Bilddarstellung am Monitor empfiehlt sich daher sRGB, eine für Standardbildschirme ausgelegte RGB-Variante. Daher sollten Sie die sRGB-Option 6 aktivieren, wenn Ihre Ausgangsdatei in einem der größeren RGB-Farbräume vorliegt. Zwar ist dies keine Garantie für farbechte Darstellung, doch unkontrollierte Farbverschiebungen können Sie so vermeiden.

In vielen anderen Fällen müssen Sie sich um die verschiedenen RGB-Farbräume keine Sorgen machen. Wenn Sie Fotos mit einer kleinen Knipse oder einer Mittelklasse-Digicam aufnehmen, liegen Ihre Dateien vermutlich ohnehin im Modus sRGB vor. Auch Bilder in anderen Farbmodi wie etwa CMYK oder Graustufen bringt das Webspeichern-Tool automatisch in den bildschirmfreundlichen sRGB-Modus.

Welchen RGB-Farbraum hat mein Bild?

Wenn Sie Genaueres wissen wollen, sehen Sie unter Bearbeiten • In Profil umwandeln nach (nachsehen – nicht ändern!). Unter Quellfarbraum ist der aktuelle Farbraum des Dokuments eingetragen. Alternativ ziehen Sie die Statusleiste Ihres Dokuments zu Rate (aktivieren Sie die Option Dokumentprofil). Allerdings funktioniert das nicht immer – fehlt der Datei ein Farbprofil, sehen Sie dort nur den Eintrag »ohne Tags«.

▲ **Abbildung 40.8**
Der Dialog In Profil umwandeln kennt den Farbraum Ihres Bildes ganz genau.

Fremde Betriebssysteme simulieren: Vorschauoptionen | Bei der Optimierung der Bildhelligkeit sollten sich Webdesigner ein wenig Gedanken machen – zumindest, wenn auch bei dunklen Bildern alle Feinheiten erkennbar sein sollen. Warum? Der Gammawert (gewissermaßen die im Betriebssystem festgelegte Grundhelligkeit) ist nicht immer derselbe. Traditionell haben Windows-Rechner ein Gamma von 2,0; Apple-Rechner bis OS X 10.5 (Leopard) haben einen Gammawert von 1,8. Was wie ein belangloses technisches Detail klingt, hat auf die Bilddarstellung zuweilen spürbare Auswirkungen: Fotos, die mit älteren Mac-OS-Versionen bearbeitet und gesichert wurden, erscheinen auf Windows-Rechnern und Macs ab OS X 10.6 (Snow Leopard) aufwärts zu dunkel. Besonders bei dunklen, detailreichen Bildern sollten Sie das berücksichtigen – andernfalls müssen Sie damit rechnen, dass Einzelheiten in tiefen Schatten versinken.

Unter Vorschau 7 können Sie einstellen, wie ein Bild im Webspeichern-Tool angezeigt wird. Hier werden verschiedene Gammaeinstellungen im Webspeichern-Tool simuliert.

Aber Achtung: Es handelt sich hier lediglich um *Vorschauoptionen*. Sie sehen, wie Ihr Bild auf verschiedenen Systemen dargestellt würde. Diese Einstellung ist *keine Helligkeitskorrektur* – wenn Sie die Bildhelligkeit verändern wollen, müssen Sie das in Photoshop tun. Trotzdem ist das ein praktisches Prüfwerkzeug.

- Bildschirmfarbe ist die Standardeinstellung und nimmt keine Änderungen an den Gammawerten vor.

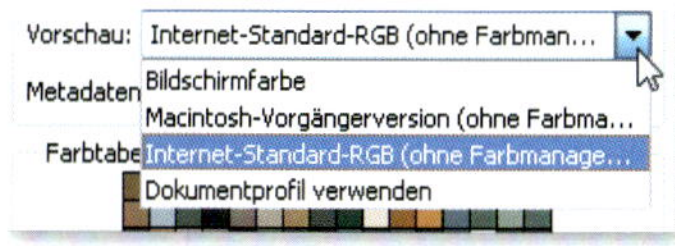

▲ **Abbildung 40.9**
Sie können für jedes Vorschaufenster eine eigene Vorschauoption wählen, um verschiedene Einstellungen zu vergleichen.

Standard-Gamma seit Snow Leopard erhöht

Mit Mac OS X 10.6 – Snow Leopard – hat Apple den systemeigenen Standard-Gammawert erhöht. Rechner mit Snow Leopard (oder einer Folgeversion) haben nun das hellere Gamma 2.2. und ziehen zumindest in dieser Hinsicht mit Windows gleich.

- Macintosh-Vorgängerversion (ohne Farbmanagement) hat nichts mit älteren Photoshop-Versionen zu tun, sondern bezieht sich auf das teilweise abweichende Gamma von Mac OS. Ist diese Option aktiv, erscheint das Bild so, wie es auf Prä-Snow-Leopard-Macs dargestellt würde.
- Internet-Standard-RGB (ohne Farbmanagement) simuliert den unter Windows und Mac ab Version 10.6 benutzten Gammawert von 2,2.
- Dokumentprofil verwenden passt bei Dokumenten mit Farbverwaltung die Gammawerte an das angehängte Dokument-Farbprofil an.

Es gibt keine Möglichkeit, die Bildhelligkeit direkt im Webspeichern-Dialog zu verändern. Wenn Ihr Bild zu hell oder zu dunkel ist, müssen Sie nochmals zu Photoshop zurück und dort korrigieren.

Zum Weiterlesen
Was es mit dem **Farbmanagement** auf sich hat, erfahren Sie in Kapitel 41, »Farbmanagement: Mehr Farbtreue auf allen Geräten«.

Metadaten

▲ **Abbildung 40.10**
Metadaten die beim Speichern für das Web berücksichtigt werden sollen

Die gängigen Dateiformate für Web-Images unterstützen auch die Einbindung von Metadaten ⑧. Metadaten werden nicht im Bild selbst angezeigt, können jedoch mit geeigneten Applikationen – etwa Bildbetrachtern wie der Bridge – ausgelesen (und verwaltet) werden.

Einige Metadaten werden automatisch in eine Datei geschrieben, ohne dass Sie etwas dazu tun müssten, etwa Informationen zu den Aufnahmebedingungen und der verwendeten Kamera. Sie können aber auch urheberrechtliche Informationen oder Kontaktdaten in den Metadaten eines Bildes festhalten. Bei der Publikation von Bildern im Web ist das hilfreich: Content-Klau wird sicherlich nicht verhindert, doch machen solche Einträge deutlich, dass das Bild nicht frei verfügbar ist. Außerdem wird potentiellen Interessenten die Kontaktaufnahme mit Ihnen erleichtert.

Zum Weiterlesen
Wie Sie **Metadaten mit der Bridge verwalten**, lesen Sie in Kapitel 9, »Adobe Bridge: Die Ordnungsmacht«.

Naturgemäß machen Metadaten Dateien etwas »schwerer«. Sie können sich entscheiden, ob Sie sie ins Bild aufnehmen oder nicht.

Bildgröße ändern

Zum Weiterlesen
Informationen zur **Bildauflösung** finden Sie in Kapitel 3, »Bildbearbeitung: Fachwissen«. Tricks zum **Verändern der Bildgröße** und Informationen über die **Interpolationsmethoden** gibt es in Kapitel 24, »Bildformat und Bildgröße verändern«.

Unterhalb der Farbtabelle gibt es die Möglichkeit zur **Änderung der Bildmaße** ⑩ auf die Schnelle – wenn Sie sehen, dass Sie Ihre Datei anders absolut nicht auf ein vernünftiges Maß schrumpfen können, können Sie diese Funktion nutzen.

Selbstverständlich gibt es nicht nur hier, sondern auch in Photoshop Funktionen, um die Bildgröße zu verändern.

Werkzeuge

Oben links finden Sie eine Reihe hilfreicher Werkzeuge ②. Die meisten kennen Sie schon aus der regulären Werkzeugleiste und von anderen Tools:

- Das Hand-Werkzeug H verschiebt große Bilder so im Vorschaufeld, dass Sie das entscheidende Detail im Blick behalten.
- Mit der Lupe Z zoomen Sie wie gewohnt die Bildansicht (nehmen Sie Alt hinzu, wenn Sie die Ansicht verkleinern wollen). Die jeweilige Zoomstufe wird unten links nochmals in Prozenten angezeigt ④ und kann auch dort aus einer Liste ausgewählt werden.
- Die Pipette I nimmt Farben aus dem Bild auf – diese Funktion ist für die GIF-Optimierung vorgesehen. Das darunterliegende Farbfeld zeigt stets die zuletzt aufgenommene Farbe.
- Das stilisierte Papiermesser (Slice-Auswahlwerkzeug, C) und die unterste Schaltfläche dieser Reihe (SLICES EINBLENDEN/AUSBLENDEN Q) brauchen Sie nur, wenn Sie mit sogenannten Slices arbeiten. Slices sind ein Schritt von Adobe in Richtung Web-Publishing. Ein »geslictes«, das heißt in unterschiedliche Bereiche aufgeteiltes Bild kann in unterschiedliche Dateien gespeichert und automatisch per HTML-Code zu einer Webseite zusammengefügt werden. Meines Erachtens ist das keine empfehlenswerte Funktion, da Sie ohne Kontrollmöglichkeiten im Blindflug arbeiten!

Browservorschau

Unten rechts haben Sie über das Browser-Icon ⑪ (es erscheint entweder das Icon Ihres Standardbrowsers oder eine stilisierte Weltkugel) zudem die Möglichkeit, für Ihr Bild eine Vorschau direkt im Browser zu aktivieren. Die Browserliste können Sie beliebig erweitern. Sich das Bild vor dem endgültigen Speichern im Browser anzusehen, kann sinnvoll sein, weil sich die Bilddarstellung – trotz weboptimierten Speicherns – im Browser leicht von der Photoshop-Vorschau unterscheiden kann, zum Beispiel bei der Darstellung von Verläufen.

Speicherort für Einstellungsdateien

Die Einstellungsdateien (Dateiendung .irs) landen in einem Ordner namens OPTIMIZED SETTINGS. Wo dieser abgelegt ist, variiert je nach Betriebssystem. Am besten, Sie führen einmal eine Dateisuche nach der Dateiendung .irs durch, um festzustellen, wo diese Dateien auf Ihrem Rechner gespeichert werden. Es empfiehlt es sich, auch eigene Einstellungsdateien in diesem Standardordner zu sichern.

Einstellungen dauerhaft sichern

Das Tool FÜR WEB SPEICHERN bietet fast endlose Möglichkeiten, ein Bild für die Ausgabe im Web zu optimieren. So kann es schon einmal geraume Zeit dauern, bis die besten Settings gefunden sind – die Sie vielleicht auch auf andere Bilder anwenden wollen. Im Seitenmenü ⑤ finden Sie über EINSTELLUNGEN SPEICHERN die Möglichkeit, Optimierungseinstellungen als Set unter eigenem Namen abzuspeichern, um sie erneut zu verwenden.

Vorgang beenden oder abbrechen?

Zum Abschließen oder Abbrechen des Vorganges bietet das Tool mehrere Möglichkeiten.

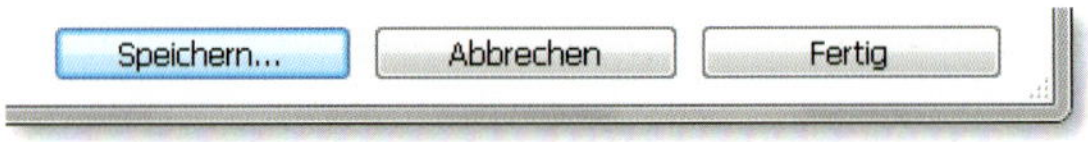

Abbildung 40.11 ▶
Buttons, um die Arbeit mit dem Weboptimieren-Tool zu beenden

Abbildung 40.12 ▶
Variation der Buttons durch Drücken von Alt

- **Bildkopie sichern, Dialog schließen:** Wenn Sie sich für eine Einstellung entschieden haben, klicken Sie auf Speichern. Der bekannte Speichern-Dialog erscheint. Achtung: Besonders dann, wenn Sie in der Vierfach-Ansicht arbeiten, müssen Sie darauf achten, dass diejenige Vorschau aktiv ist, für deren Optionen Sie sich entschieden haben. Die aktive Vorschau ist durch einen schmalen Rahmen hervorgehoben, der aber nicht immer gut zu erkennen ist.
- **Dialog ohne Änderungen schließen:** Ein Klick auf Abbrechen beendet den Dialog ohne weiteres.
- **Einstellungen mit der Originaldatei sichern, Dialog schließen:** Über das Seitenmenü können Sie Dateieinstellungen für den späteren Gebrauch speichern. In der Praxis dauert das aber oft zu lange. Mit dem Button Fertig werden aktuelle Optimierungseinstellungen dauerhaft an das Originaldokument geknüpft – aber nicht angewandt –, und der Dialog wird geschlossen. Es wird keine Dateikopie mit den Wunscheinstellungen erzeugt. Wenn Sie die Datei erneut im Webspeichern-Tool aufrufen, sind Ihre letzten Einstellungen dort aktiv.
- **Einstellungen zurücksetzen:** Wenn Sie sich im Optionen-Dschungel verirrt haben, drücken Sie Alt. Der Button Abbrechen wird zu Zurücksetzen. Damit können Sie alle Regler zurücksetzen, ohne dass die Dialogbox geschlossen wird.
- **Einstellungen mit der Datei sichern, Dialog nicht schließen:** Wenn Sie Alt drücken, ändert der Button Fertig seinen Namen und heißt Merken. Mit diesem Befehl werden Ihre aktuellen Optimierungseinstellungen direkt in der Datei gespeichert, der Webspeichern-Dialog wird jedoch nicht geschlossen.

Webspeichern-Tool erzeugt Kopien

Das Webspeichern-Tool sichert immer eine Kopie der in Photoshop geöffneten Originaldatei – ganz egal, welches das Ausgangsdateiformat ist. Die Ausgangsdatei müssen Sie also separat in Photoshop sichern!

40.3 GIF-Speicheroptionen

Die vom Graphics Interchange Format (GIF) verwendete LZW-Kompression funktioniert über das Erkennen sich wiederholender Pixelfolgen (also beispielsweise größerer einheitlicher Farbbereiche) innerhalb des Bildes und ist selbst verlustfrei. Wie Sie bereits wissen, kann ein GIF maximal 256 Farben wiedergeben; zusätzliche Bytes lassen sich durch eine weitere Einschränkung der Farbanzahl sparen. Die »Knackpunkte« der GIF-Optimierung sind also die Verwandlung der ursprünglichen Bildfarben in 256 oder weniger Farben und eine weitere Einschränkung der Farbanzahl. Dabei sollte natürlich der Charakter des Bildes erhalten bleiben.

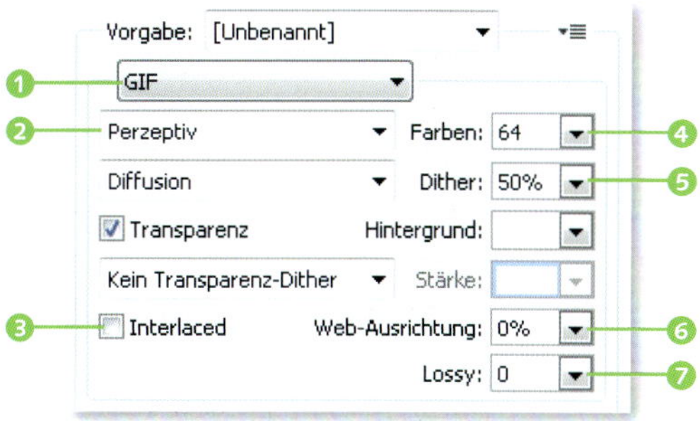

◀ **Abbildung 40.13**
Ein mächtiger Helfer, um aus vielen Farben 256 oder weniger Bildfarben zu machen. Das Seitenmenü enthält vor allem Befehle zur Bearbeitung der Farbtabelle. Viele davon können Sie per Button (unterhalb der Farbtabelle) schneller anwählen.

PNG-8 wie GIF optimieren

Die Optionen für das Dateiformat PNG-8 unterscheiden sich nur in wenigen Details von den GIF-Optionen. Wenn Sie PNG-8 optimieren wollen, folgen Sie einfach den Erklärungen in diesem Abschnitt.

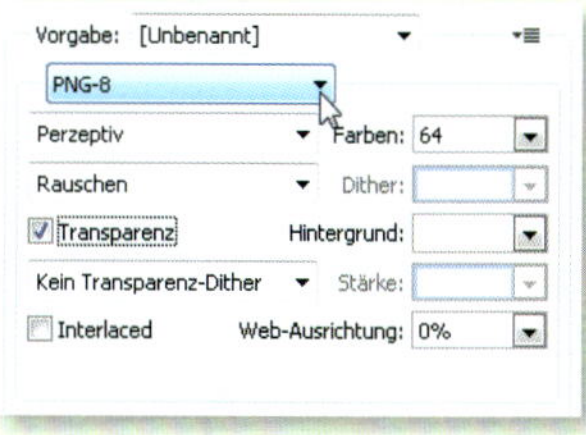

▲ **Abbildung 40.14**
Bei der Arbeit mit dem Format PNG-8 können Sie genau so vorgehen wie beim Optimieren von GIF-Dateien.

Um ein Bild als GIF abzuspeichern, stellen Sie links oben ① als Dateiformat GIF ein. Sie erhalten damit die weiteren Optionen.

Farbreduktionsalgorithmus | Das Dropdown-Menü Farbreduktionsalgorithmus ② ermöglicht Ihnen die wichtige Einstellung verschiedener Farbtabellen bzw. Farbreduktionsalgorithmen, nach denen Ihr Bild bei der Farbreduktion gewissermaßen interpretiert wird. Damit sollten Sie die Bildoptimierung anfangen. Es gibt neun sogenannte **dynamische Farbtabellen**, die aus dem Bild selbst errechnet werden:

- Perzeptiv extrahiert die Farben aus dem Bild und errechnet eine Palette mit denjenigen Farbtönen, die das menschliche Auge verstärkt wahrnimmt. Diese Option ist einen Versuch wert – allerdings besteht hier die Gefahr, dass Farben nicht mehr mit dem Original übereinstimmen.
- Selektiv arbeitet ähnlich wie Perzeptiv, gewichtet aber zusätzlich die häufigsten Farben des Bildes. Diese Option ist für Bilder geeignet, deren Farbanzahl stark eingeschränkt werden muss, ohne dass Sie Farbverfremdungen in Kauf nehmen wollen – es ist die Standardeinstellung.
- Adaptiv errechnet eine Palette mit Farben aus ein bis zwei Farbspektren, die im Bild am häufigsten vorkommen. Diese Option ist für

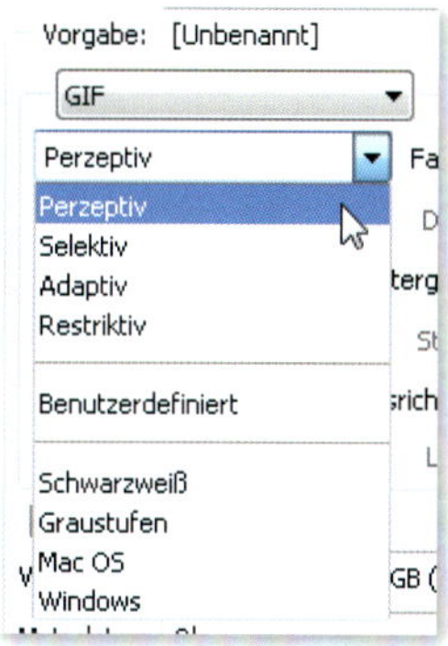

▲ **Abbildung 40.15**
Die Einstellungsmöglichkeiten unter Farbreduktionsalgorithmus

Bilder geeignet, in denen einige wenige Farbtöne in vielen Abstufungen vorkommen.

- RESTRIKTIV kann starke Farbverfremdungen bewirken – die Bildfarben werden an die sogenannte websichere Farbpalette angepasst.
- BENUTZERDEFINIERT erscheint immer dann, wenn Sie die Farben der Tabelle manuell bearbeitet haben.
- Dann gibt es noch **statische Farbpaletten**, deren Farben unabhängig vom Bild schon feststehen und die Sie eher im Ausnahmefall benutzen sollten: SCHWARZWEISS, GRAUSTUFEN, MAC OS und WINDOWS.

Websichere Farben?

Als websichere Farben bezeichnet man eine sehr eingeschränkte Auswahl von Farben, die für Webdesigner eine gewisse Sicherheit bei der Arbeit mit Farben gewährleisten soll. Das Konzept geht auf die Anfangszeit des Internets zurück. Die websicheren Farben sollen auch bei unterschiedlichsten Systemvoraussetzungen (Grafikkarten, Monitore, Browser, Browsereinstellungen etc.) überall gleich angezeigt werden. Aus verschiedenen Gründen funktioniert die Farbechtheit im Web jedoch nicht – auch nicht mit der websicheren Farbpalette!

Nach der Auswahl der Farbtabelle können Sie die **Farbanzahl zusätzlich beschränken** 4. Wenn Sie mit KB knapsen müssen, sind Dateien mit bis zu 64 Farben sinnvoll – bei mehr Farben steigt die Dateigröße rasant an. Sieht Ihr Bild mit 64 Farben nicht gut aus, ist es eventuell ein Fall für das Format JPEG.

Dither | In GIFs können Farbabstufungen durch DITHER 5, d.h. das Anlegen verschiedener Farbraster, vorgetäuscht werden. Die Einstellung erfolgt in Prozent. Allerdings schwillt die Dateigröße dadurch an, weil die Kompression nicht mehr so gut greift, so dass der Vorteil, mit weniger Farben einige Byte gespart zu haben, eventuell wieder verlorengeht. Wenn Sie dithern wollen, wählen Sie auf jeden Fall DIFFUSION aus. Die anderen Möglichkeiten führen zu schlechten Ergebnissen und bieten allenfalls Verfremdungseffekte. Auch ein Transparenz-Dither ist möglich.

▲ **Abbildung 40.16**
Wie funktioniert Dithering? Hier der Goldfisch mit 32 Farben und ohne DITHER ...

▲ **Abbildung 40.17**
... und das Bild mit sonst gleichen Einstellungen, doch mit 100 % DITHER. Unregelmäßige Punktstrukturen täuschen Farben vor, die in der eingeschränkten Farbpalette eigentlich nicht vorhanden sind.

Interlaced | Die frei zuschaltbare Option INTERLACED ❸ ermöglicht den allmählichen Bildaufbau im Browser des Betrachters – das verkürzt die Zeit, bis überhaupt ein Bild angezeigt wird. Wenn Sie Grafiken für JavaScript-gestützte Mouse-over-Effekte erstellen, darf diese Funktion keinesfalls aktiviert sein – der Witz bei Mouse-over-Effekten ist ja gerade der unmittelbare Bildwechsel!

Web-Ausrichtung | WEB-AUSRICHTUNG ❻ ermöglicht ein dosiertes Verschieben der bestehenden Farben zur sogenannten websicheren Farbpalette. Je höher der Wert ist, desto mehr Farben werden verschoben. Dabei treten schnell siebdruckartige Verfremdungseffekte im Bild auf.

Lossy | LOSSY ❼ macht, wie der Name schon nahelegt, aus der bis dahin verlustfreien GIF-Kompression eine verlustbehaftete Kompression. So können Sie ein paar weitere Kilobyte einsparen. Die Bildqualität leidet dabei jedoch möglicherweise. Die Option funktioniert nur bei GIFs ohne Dithering.

[Dithering]
Bei geringer Farbauflösung können zusätzliche Farben durch Verwendung eines Punktmusters simuliert werden. Wenn dieses Punktmuster ausreichend klein ist, nimmt das menschliche Auge die einzelnen Farbpunkte als Zwischenfarben wahr.

Erweiterte Einstellungsmöglichkeiten für GIF-Farbtabellen

So weit die Standardeinstellungen. Durch Bearbeiten der Farbtabelle können Sie den Farbumfang und die Dateigröße weiter reduzieren oder das Aussehen des Bildes verbessern. Unterhalb der Tabelle wird Ihnen die jeweils aktuelle Farbanzahl gezeigt. Um die Farbtabelle zu modifizieren, nutzen Sie die kleinen Symbol-Schaltflächen am unteren Rand der Palette oder die entsprechenden Seitenmenübefehle.

Farbfelder auswählen | Um Farben für das Sperren, Löschen oder andere Befehle auszuwählen, klicken Sie entweder direkt in das entsprechende Farbfeld, oder Sie klicken mit der Pipette in das Vorschaubild, um die entsprechenden Farben in der Palette auszuwählen. Ausgewählte Farben sind in der Palette dann mit einem **weißen Rand** markiert. Das Drücken von Strg/cmd ermöglicht die Auswahl mehrerer Farben auf einmal, die Sie dann zusammen bearbeiten können.

Farbfelder sortieren

Neben anderen Befehlen finden Sie im Seitenmenü der Farbtabelle auch Befehle, um die Anordnung der Farbfelder in der Tabelle einzustellen. Das ist keine Funktion für den Alltag, kann aber hilfreich sein, wenn Sie einzelne Farben aus der Tabelle bearbeiten wollen. So finden Sie zum Beispiel leichter Farben, die im Bild wenig vertreten sind, oder Farbtöne, die einander ähneln.

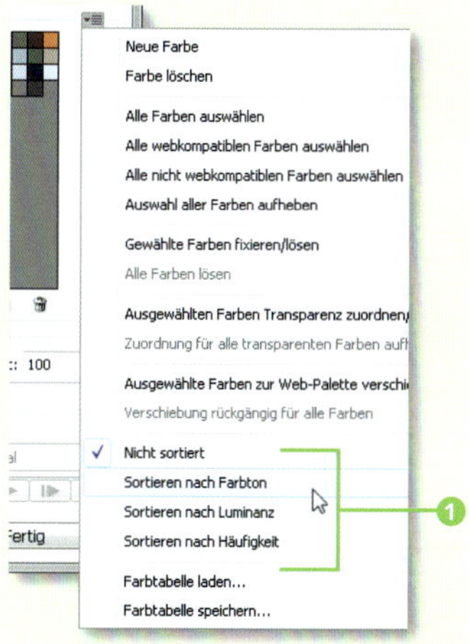

▲ **Abbildung 40.18**
Die meisten Befehle des Seitenmenüs erreichen Sie schneller über die Mini-Icons unterhalb der Farbtabelle. Für GIF-Optimierungsprofis sind die Sortierbefehle ❶ interessant.

Farben sperren | Eine nützliche manuelle Anpassung ist das Sperren einzelner Farben, beispielsweise wenn Sie beim Reduzieren von 32 auf 16 Farben bemerken, dass Ihnen eine für das Bild wichtige Farbe verlorengeht, oder wenn Sie verhindern wollen, dass Photoshop diese Farbe dithert. Aktivieren Sie die Farbe(n) (Abbildung 40.19), und klicken Sie anschließend in das kleine Sperren-Icon (Abbildung 40.20), oder wählen Sie den Seitenmenübefehl GEWÄHLTE FARBEN FIXIEREN/LÖSEN.

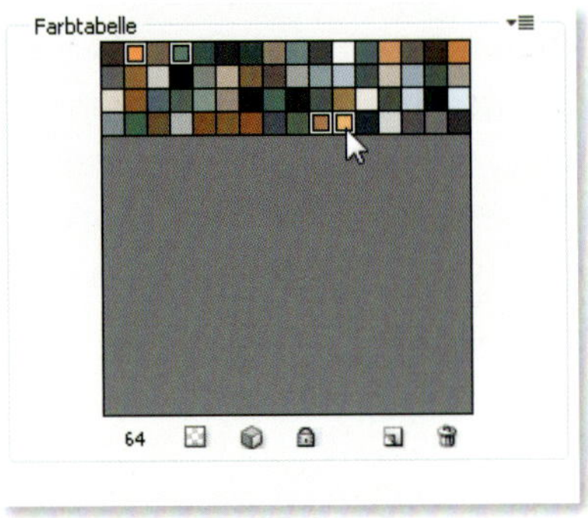

Abbildung 40.19 ▶
Hier wurden mehrere Farben ausgewählt, wie die helle Umrandung der Farbfelder zeigt.

Abbildung 40.20 ▶▶
Klicken auf das Schloss-Icon schützt Farben vor Veränderung. Die helle Ecke der Farbfelder zeigt, dass die betreffenden Farben fixiert sind.

Die gesperrte Farbe ist dann mit einer **weißen Ecke** markiert. Auf dieselbe Art und Weise heben Sie die Fixierung wieder auf. Achtung: Das Fixieren von Farben in der GIF-Palette unterbindet das Dithering durch Photoshop, nicht aber das Browser-Dithering!

Farben hinzufügen und löschen | Um Platz für andere Farben zu machen, können Sie auch **Farben löschen**: Markieren Sie sie einfach, und klicken Sie den kleinen Papierkorb an, oder wählen Sie den Befehl Farbe löschen aus dem Seitenmenü.

Neue Farben fügen Sie hinzu, indem Sie mit der Pipette eine Farbe aus dem Vorschaubild anwählen. Meist ist es sinnvoll, das Vorschaubild Original dazu heranzuziehen, denn Sie wollen ja mit dieser Operation in der Regel eine zusätzliche wichtige Bildfarbe in die Farbpalette aufnehmen, die bisher in der GIF-Version noch nicht vorhanden ist. Das Farbfeld unterhalb der Pipette zeigt die aufgenommene Farbe an. Dann wechseln Sie wieder in die Vorschau Optimiert, der Sie diese Farbe hinzufügen wollen, und klicken auf das Symbol Neu unterhalb der Farbtabelle.

Wenn Sie mit der Palette Benutzerdefiniert arbeiten, wird die Farbe sofort hinzugefügt; bei allen anderen Paletten müssen Sie zuvor durch Löschen einer anderen Farbe Platz gemacht haben. Andernfalls kann es passieren, dass eine der bereits bestehenden Bildfarben verändert wird.

Die neue Farbe wird nicht immer das Ende der Liste angefügt (wie Sie es etwa von der Palette Farbfelder kennen), sondern entsprechend der im Seitenmenü eingestellten Anordnung einsortiert. Nur wenn dort Nicht sortiert eingestellt ist, wird das neue Farbfeld hinten angefügt.

Bildfarben transparent setzen | Sie können ausgewählte Bildfarben transparent setzen. Dazu wählen Sie zunächst die Farbe(n) aus und klicken dann auf das Transparenz-Icon oder wählen den Befehl Ausgewählten Farben Transparenz zuordnen/Zuordnung aufheben im

Seitenmenü. Beachten Sie auch, dass die Option Transparenz aktiviert sein muss: Setzen Sie im oberen Bereich des Dialogs ein Häkchen!

◂◂ **Abbildung 40.21**
Hier wurden drei Farben transparent gesetzt.

◂ **Abbildung 40.22**
In der Bildvorschau zeigen sich sofort transparente Bereiche.

Transparent gesetzte Farben werden durch diagonal geteilte Farbfelder symbolisiert, deren untere Hälfte zeigt das bekannte Transparenz-Schachbrettmuster. Gleichzeitig werden transparent gesetzte Farben automatisch verriegelt.

Farben nachträglich Transparenz zuzuordnen, ist manchmal bei gerundeten oder unregelmäßig geformten Elementen sinnvoll, die schon auf transparentem Hintergrund stehen und »frei schwebend« in Websites eingebaut werden sollen. Es kann dann notwendig werden, gezielt einige Randpixel auszublenden, um einen besseren Übergang zu erzielen (siehe auch den Abschnitt »GIF und Transparenz: GIFs auf Site-Hintergrund abstimmen« auf Seite 1086).

Farben verschieben | Nicht nur Photoshop dithert Farben, um Darstellungsproblemen im Web auszuweichen. Wenn die Grafik-Ausstattung eines Rechners nicht ausreicht, um alle Farben einer Website anzuzeigen, dithert auch der Browser – ganz selbständig. Aus diesem Grund ist die Browser-Vorschau vor allem bei Verläufen und anderen sensiblen Farbabstufungen sinnvoll.

Um das **Browser-Dithering** (nicht das Dithern durch Photoshop) für einzelne Farben wirksam zu unterbinden, aktivieren Sie diese Farben wiederum in der Farbübersicht und klicken auf das würfelförmige Icon unterhalb der Farbpalette.

▴ **Abbildung 40.23**
Hier werden einige Farben zur Web-Palette verschoben. Sie sind durch eine Miniaturraute gekennzeichnet. Dieses Rautensymbol finden Sie bei allen Farbfeldern, die zur Web-Palette gehören.

Als Alternative gibt es die Befehle Ausgewählte Farben zur Web-Palette verschieben und für den Weg zurück Verschiebung aufheben. Das Bild kann sich durch dieses Manöver entscheidend verändern!

Bearbeitung der Farbtabellen rückgängig machen | Um Schritte beim Modifizieren der Farbtabellen rückgängig zu machen, gibt es keinen besonders großen Bearbeitungskomfort. (Das gewohnte Kürzel Strg/

cmd + Z funktioniert hier nicht!) Einige Befehle stehen aber doch zur Verfügung:

- Verriegelungen lösen, Transparenz und Websicherheit zurücksetzen können Sie so, wie Sie sie auch eingestellt haben: Markieren Sie die Farbfelder, und klicken Sie erneut auf die entsprechende Schaltfläche oder wählen Sie den passenden Befehl im Seitenmenü .
- Um eine einzelne verschobene Farbe wieder zurückzusetzen, doppelklicken Sie auf das Farbfeld. Dadurch öffnet sich der Farbwähler und zeigt die ursprüngliche Farbe an. Klicken Sie dann zum Zurücksetzen der Farbe auf OK, ohne weitere Änderungen im Farbwähler vorzunehmen.

Um zur ursprünglich eingestellten Palette zurückkehren, stellen Sie entweder in der Farbtabellen-Liste statt EIGENE wieder eine der Standardtabellen ein oder wählen im Seitenmenü der Farbtabelle den Befehl VERSCHIEBUNG RÜCKGÄNGIG FÜR ALLE FARBEN.

GIF und Transparenz: GIFs auf Site-Hintergrund abstimmen

GIF kann auch transparente Pixel speichern. Das ist ein Vorteil für den Einsatz im Web – so können Sie auch gerundete oder unregelmäßig geformte Objekte (Logos, Buttons, Schriften), die nicht der vorgegebenen Rechteckform entsprechen, frei schwebend auf einer Website platzieren, indem Sie die Hintergrundpixel transparent setzen. Technisch ist das einfach: Üblicherweise erstellen Sie ja auch Webelemente wie Buttons zunächst im PSD-Format. Um dann GIFs mit Transparenz daraus zu machen, können Sie wie folgt vorgehen:

- Nehmen Sie unter FÜR WEB SPEICHERN den betreffenden Farbton mit der Pipette auf, und setzen Sie dann die Farbe durch einen Klick auf das Transparenz-Icon unterhalb der Farbpalette transparent, oder
- blenden Sie die Hintergrundebene der Ausgangsdatei (PSD oder ein anderes Dateiformat, das Ebenen unterstützt) aus, bevor Sie zum weboptimierten Speichern schreiten. Dieses Verfahren bietet sich an, wenn die auszublendende Farbe auch noch an anderen Stellen des Bildes vorkommt und ein pauschales Transparentsetzen dieser Farbe Löcher ins Bild reißen würde.

Datei auf der Buch-DVD: »testbuttons.psd«

Abbildung 40.24 ▶
Wenn Sie die Pipette im Webspeichern-Werkzeug benutzen, kann es passieren, dass auch dort Transparenz auftritt, wo sie nicht erwünscht ist, so wie hier im Inneren der Button-Schrift.

▲ **Abbildung 40.25**
Im PSD sehen die Kanten noch gut aus. Die Vergrößerung zeigt rund um die Rundung des Buttons die Glättungspixel in verschiedenen Grautönen, die die »Pixeltreppen« kaschieren.

▲ **Abbildung 40.26**
Im GIF werden die Buttons ohne Glättungspixel an den Rundungen angelegt, wenn Sie nicht spezielle Einstellungen vornehmen. Entsprechend »pixelig« sehen die gerundeten Ränder aus.

Leider werden gerade an Rundungen oft unschöne »Treppenkanten« sichtbar. Um die GIF-Kanten zu glätten, müssen Sie Photoshop mitteilen, auf welchem Farbhintergrund Ihr GIF mit Transparenz stehen soll – also die Hintergrundfarbe der späteren Website. Die stellen Sie im Dialog Für Web speichern unter Hintergrund ① ein. Sie können die aktuelle Pipettenfarbe, Schwarz oder Weiß als Basis festlegen, und ein Klick auf Andere… ② öffnet den Farbwähler. Am schnellsten stellen Sie die Farbe ein, indem Sie den BinHex-Farbwert der Hintergrundfarbe in das Eingabefeld ③ eintragen.

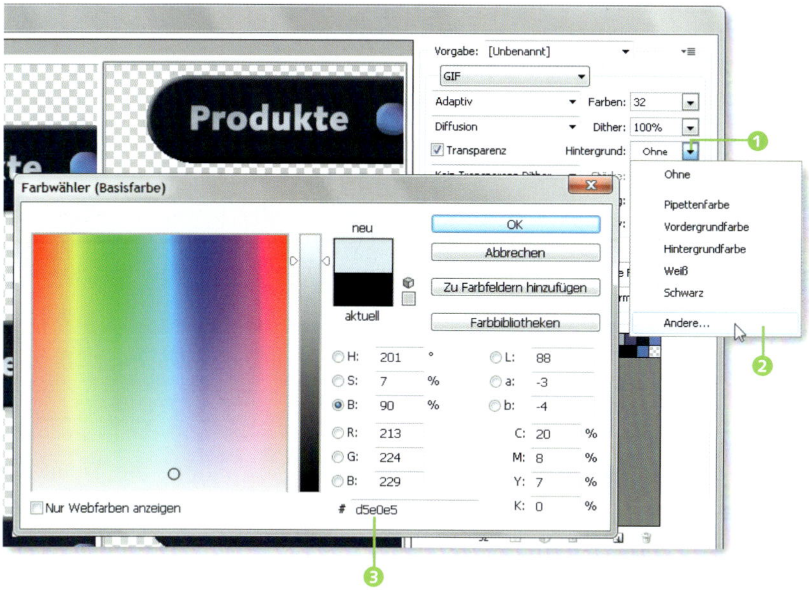

◀ **Abbildung 40.27**
Festlegen der Hintergrundfarbe bei den GIF-Optionen

▲ **Abbildung 40.28**
Hier werden die ergänzten hellen Glättungspixel unschön vor dem dunklem Hintergrund sichtbar.

Sie sehen dann, dass Ihre Bildobjekte – hier die gerundeten Buttons – einen Rand in der eben eingestellten Farbe bekommen haben. Noch sieht das störend aus, sobald aber die Buttons (oder andere Bildobjekte) auf dem richtigen, also dem der Basisfarbe entsprechenden Hintergrund stehen, macht sich eine optische Glättung bemerkbar, die der PSD-Ansicht nur wenig nachsteht.

Für jede Hintergrundfarbe erneut optimieren | Leider können Sie solche Transparenzobjekte immer nur für einen bestimmten Hintergrund optimieren. Setzen Sie die Buttons auf einen helleren Hintergrund, obwohl eine dunkle Basis vorgegeben war, werden die Glättungspixel als »Trauerrand« sichtbar (oder blitzen im ungekehrten Fall hell hervor). Für jeden geplanten Webseiten-Hintergrund müssen Sie die Grafik also erneut mit einer angepassten Hintergrundfarbe abspeichern.

Wenn Sie ein Objekt mit Transparenz auf gemusterte oder mehrfarbige Website-Hintergründe setzen wollen, sollten Sie als Basis eine Farbe einstellen, die sich an alle vertretenen Farben gut anpasst.

40.4 JPEG-Speicheroptionen

Am besten funktioniert der JPEG-Kompressionsalgorithmus, wenn das Foto weiche Farbübergänge, wenig Kontrast, sanfte Kurven und nur wenige harte Kanten hat. Schrift oder Strichzeichnungen vertragen die JPEG-Kompression nicht so gut und werden schnell unscharf. Große einheitliche Farbflächen zeigen schnell die typischen Kompressionsspuren (Artefakte), die als mehr oder weniger deutlich sichtbare kleine Quadrate das Bild überziehen. Umgekehrt können Sie eine bessere JPEG-Kompression erzielen, indem Sie das Bild leicht weichzeichnen.

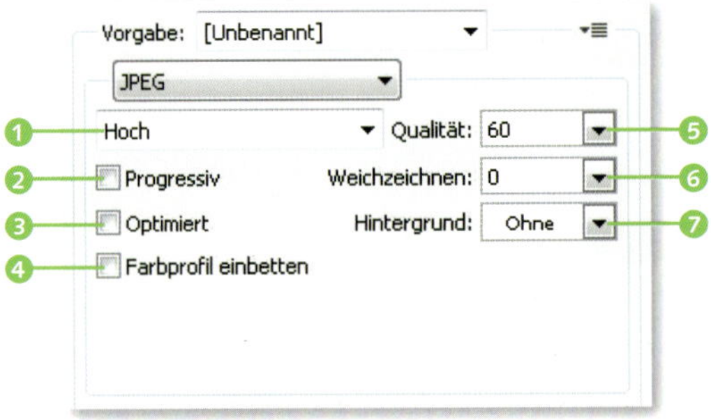

Abbildung 40.29 ▶
Sobald Sie als Dateiformat JPEG einstellen, bieten sich Ihnen die passenden Optionen. Eine Farbtabelle gibt es hier nicht.

Komprimierungsqualität | Die wichtigste Einstellung, die Sie dann wählen müssen, ist der Grad der Kompression. Hier bedeutet ein hoher Wert hohe Bildqualität und niedrige Kompression, und umgekehrt führt ein niedriger Wert zu einem Bild mit hoher Kompression und geringer Dateigröße, aber weniger guter Qualität. Sie können im Dropdown-Menü ❶ auf eine grobe Einteilung zwischen NIEDRIG und MAXIMUM zurückgreifen oder im Feld QUALITÄT ❺ mit einem Schieberegler Prozentraten einstellen. Letzteres ermöglicht ein genaueres Austarieren.

»Progressiv«, »Optimiert« | Nicht aktivieren sollten Sie die Option OPTIMIERT ❸. Sie führt zwar zu kleinen Dateien, aber leider auch zu Darstellungsproblemen in vielen Browsern.

Die Einstellung PROGRESSIV ❷ wirkt ähnlich wie INTERLACED bei GIFs: Die späteren User sehen recht schnell eine unscharfe Version des Bildes auf ihrem Monitor, die dann nach und nach – eben in mehreren Durchgängen – verbessert wird. Allerdings unterstützen nicht alle Browser diese Anzeige.

Weichzeichnen | Mit der Option WEICHZEICHNEN ❻ verhelfen Sie dem Bild zu weicheren Kanten und besserer Komprimierbarkeit. Dies ist keine Option, die Sie ständig nutzen sollten! Verwenden Sie sie nur, wenn sich das Bild sonst absolut nicht »kleinkriegen« lässt und das Motiv eine Weichzeichnung verträgt.

Farbprofil einbetten | FARBPROFIL EINBETTEN ❹ speichert Informationen zum Farbmanagement mit der Datei ab, die dann von einigen Browsern zur farbrichtigen Darstellung der Bilder genutzt werden sollen.

Hintergrund | HINTERGRUND ❼ funktioniert hier anders als beim GIF. Die Option bietet bei JPEG-Bildern die Möglichkeit, eventuell vorhandenen transparenten Pixeln eine (nicht transparente) Farbe zuzuweisen – in JPEGs können transparente Pixel ja nicht als solche gespeichert werden. Bessere Kontrolle über das Ergebnis haben Sie natürlich, wenn Sie diesen Schritt noch in der Arbeitsansicht vollziehen.

40.5 Animierte Bilder

Um Bewegung auf eine Webseite zu bringen, müssen Sie nicht unbedingt Flash einbinden. Zwar sind animierte GIFs, die es fast seit der Steinzeit des WWW gibt, oft nicht besser als ihr Ruf. Doch es ist durchaus möglich, mit einer kleinen Animation einen krönenden Akzent auf einer Website zu setzen – ein Beispiel ist die Site des Verlags Galileo Press (*www.galileo-press.de*). Dort ist das Verlagslogo als animiertes GIF gestaltet.

Praktisch sind Animationen auch dann, wenn Sie auf einem Werbe- oder Informationsbanner viele Informationen unterbringen müssen. In mehreren Phasen können dann unterschiedliche Informationen genannt werden.

Das Erstellen animierter GIFs ist recht einfach, und auch für die Nutzer der späteren Websites bieten solche Animationen Vorteile: Die Installation zusätzlicher Plug-ins, wie sie für die Anzeige von Flash-Animationen im Browser zuweilen nötig ist, entfällt bei GIFs. Mit Photoshop haben Sie ein schnelles und komfortables Werkzeug zur Hand, um animierte GIFs zu erstellen.

Animiertes GIF erstellen: Grundlagen und Arbeitsweise

Zum Weiterlesen
Die Palette ZEITLEISTE kann nicht nur GIFs zum Wackeln bringen, sie lässt sich auch für die **Videobearbeitung** einsetzen. Wie das geht, lesen Sie in Kapitel 38.

Um eine Animation zu erstellen, brauchen Sie neben der Ebenen- auch die Palette ZEITLEISTE, die Sie über FENSTER • ZEITLEISTE erreichen.

Die Palette legt sich automatisch an den unteren Rand des Programmfensters, Sie können sie jedoch – wie alle Paletten – mit der Maus aus ihrem Dock ziehen und frei positionieren.

Palette in die richtige Betriebsart bringen | Da die Palette nicht nur GIF-Dateien erstellen, sondern auch mit Videos umgehen kann, verfügt sie über zwei Ansichten. Standardmäßig sehen Sie, solange keine Datei in Photoshop geöffnet ist, nach dem Aufrufen der Palette die Videofunktionen. Um die Palette umzustellen, müssen Sie erst einmal eine Grafikdatei öffnen. Dann sehen Sie einen Umschalter in Form eine kleinen Dropdown-Liste (1). Stellen Sie um auf FRAME-ANIMATION ERSTELLEN und klicken Sie dann noch auf den Button FRAME-ANIMATION ERSTELLEN.

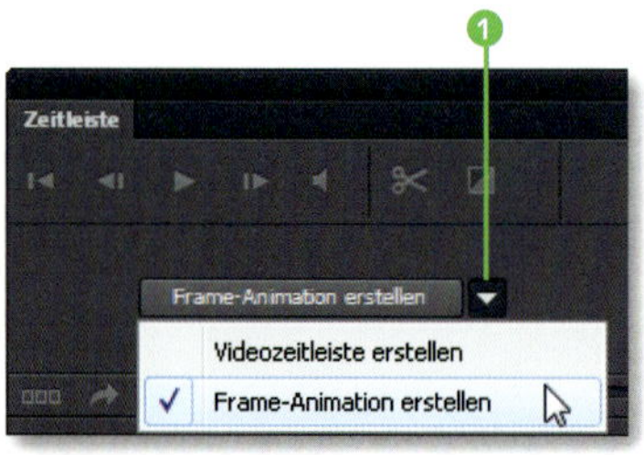

▲ **Abbildung 40.30**
Wechsel zwischen den beiden Betriebsarten der Zeitleiste

So funktioniert es: Das Frame-Prinzip | Mit Hilfe der Palette legen Sie als Erstes verschiedene Animationsstadien für Ihr Bild an, die sogenannten *Frames*.

Am Anfang unterscheiden sich die Frames noch nicht voneinander. Erst durch Änderungen an der Ebenen-Palette ordnen Sie jedem Frame bestimmte Eigenschaften zu. Jeder Frame kann andere Konstellationen und Eigenschaften der Ebenen-Palette enthalten und sich von seinem Nachbarn grundlegend unterscheiden. Sie können Ebenen ein- und ausblenden, verschieben oder Deckkraftänderungen vornehmen. Wenn Sie die Ebeneneigenschaften geschickt den Frames zugeordnet haben, entstehen durch das spätere Abspielen der Frames – also der Animation – bewegte Bilder. Das heißt also auch, dass Sie Ihre Datei entsprechend vorbereiten müssen. Das ist aber gar nicht so schwierig, wie es sich anhört, wie Sie gleich sehen werden.

Was sind Frames?

Animationsframes sind ein aus dem Filmvokabular entlehnter Begriff. Stellen Sie sich die Animationsframes einfach wie einzelne Filmbilder vor. Das schnelle Abspielen der einzelnen (Film-)Frames erzeugt dann den Eindruck der Bewegung.

▲ **Abbildung 40.31**
Die Palette Zeitleiste samt Seitenmenü

Grundsätzlich stehen Ihnen mit der Zeitleiste zwei verschiedene Methoden zur Verfügung, den einzelnen Frames verschiedene Ebenenkonstellationen zuzuordnen:

- Bearbeiten Sie jeden Frame einzeln von Hand.
- Fügen Sie per Tweening automatisch Frames mit bestimmten Eigenschaften ein und erzeugen so stufenlos sanfte Bewegungen oder ein Fading (Ausblenden der Deckkraft).

Im Folgenden erfahren Sie, wie das geht, und wie Sie Animationen optimieren und speichern.

Animiertes GIF erstellen: Handgemachte Animation

Als Allererstes müssen Sie eine Datei entsprechend vorbereiten – wie dies aussehen sollte, richtet sich nach dem, was in der geplanten Animation passieren soll.

Fürs Erste können Sie mit der Datei »Fisch-Animation.psd« von der Buch-DVD trainieren. Wenn Sie einige Animationen übungshalber angelegt haben, wird es Ihnen leichtfallen, passende Dateien zu erstellen. Um loszulegen, brauchen Sie die geöffnete Datei, die Ebenen-Palette und die Zeitleiste-Palette.

Dateien auf der Buch-DVD: »Fisch-Animation.psd« und »Fisch-Animation-Frames.psd«

Ebenen-Palette | Die Ebenen-Palette verändert mit dem Aufrufen der Zeitleiste ihr vertrautes Aussehen. Im oberen Bereich kommen neue Funktionen hinzu.

Die zusätzlichen Funktionen helfen Ihnen, Position, Sichtbarkeit und Effekte einer Ebene in unterschiedlichen Frames zu vereinheitlichen. Sie aktivieren und deaktivieren die Buttons für einzelne Ebenen, indem Sie die betreffende Ebene markieren und den Button dann anklicken.

▲ **Abbildung 40.32**
Diese kleinen Schaltflächen erleichtern Ihnen das Animieren erheblich.

- Ist das erste Icon Ebenenposition vereinheitlichen (2) aktiv, werden Änderungen an der **Position** dieser Ebene auf jeden Frame der Animation angewendet – Sie platzieren den Inhalt der markierten Ebene in jedem Frame der Animation am gleichen Ort. Diese Option darf nicht aktiv sein, wenn in der Animation geplant ist, den Ebeneninhalt zu verschieben.

- Die Schaltfläche Ebenensichtbarkeit vereinheitlichen ❸ wendet Änderungen an der **Sichtbarkeit** auf alle Frames einer Animation an.
- Ebenenstil vereinheitlichen ❹ schließlich wendet Änderungen an einem **Ebenenstil** auf jeden Frame der Animation an.
- Wenn die Checkbox Frame 1 propagieren ❺ mit einem Häkchen versehen ist, werden alle Animationsframes auf der Grundlage etwaiger Veränderungen von Position, Sichtbarkeit oder Ebenenstil des ersten Frames mit verändert. Wenn Sie möchten, dass sich die Änderungen im ersten Frame nicht auf andere Frames auswirken, deaktivieren Sie diese Option.

Nicht zu bunt

Gespeichert werden Animationen immer als GIFs. Denken Sie schon bei der Planung Ihrer Animation daran, dass sich alle Einzelbilder der Animation die begrenzte GIF-Farbpalette teilen müssen. Für jedes Einzelbild stehen also unter Umständen nur recht wenige Farben zur Verfügung. Dithern ist beim Speichern von Animationen meist keine gute Idee: Dadurch werden wichtige Details leicht unkenntlich, oder das Bild »flackert« beim Abspielen. Die Teilbilder Ihrer Animation sollten also nicht zu bunt sein!

Schritt für Schritt: Animation in Handarbeit

In diesem Workshop erfahren Sie, wie Sie eine einfache Frame-Animation erstellen.

1 Frames erzeugen

Als Erstes erzeugen Sie mit dem Icon Neu so viele Duplikate des ersten Frames, wie Sie für die jeweilige Animation brauchen. Dabei müssen Sie sich immer den Ablauf des »Films« vorstellen – Planung zahlt sich aus. Sie können natürlich auch nachträglich Bilder einfügen oder schon fertige Frames mit der Maus hin und her ziehen. Das ist ähnlich unkompliziert wie das Umschichten von Ebenen.

Abbildung 40.33 ▼
Legen Sie die Frames in der Zeitleiste an.

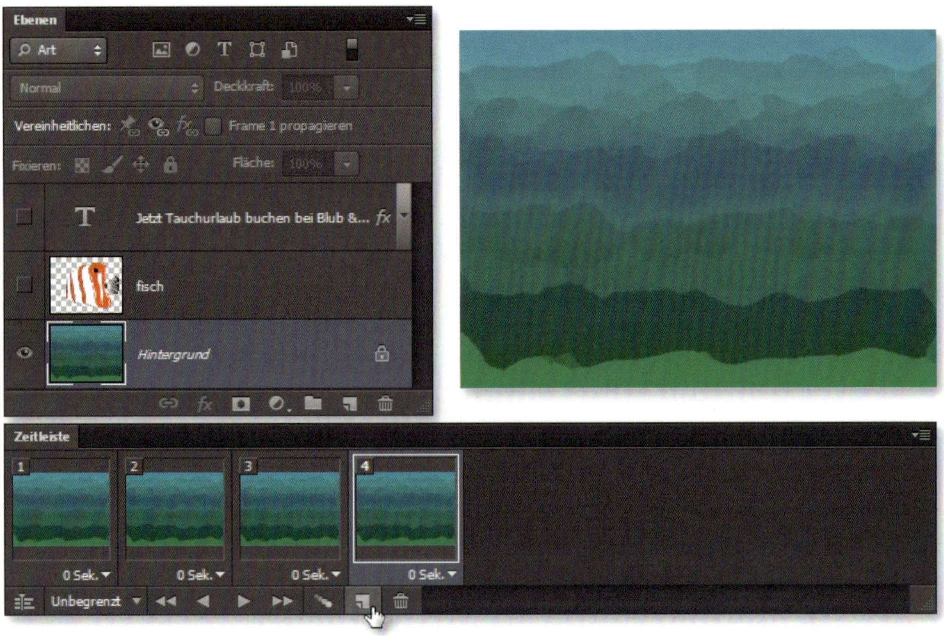

2 Frames einstellen

Als Nächstes wählen Sie nacheinander jeden Frame durch Anklicken an und legen mit der Ebenen-Palette sein Aussehen fest. Übrigens spielt es gar keine Rolle, ob Ebenen aktiviert sind oder nicht. Einzig die Sichtbarkeit ist relevant. Sie müssen auch nicht zwingend in jedem Frame eine neue Ebene bearbeiten oder einblenden. Denken Sie jedoch daran, in der Ebenen-Palette den Haken bei FRAME 1 PROPAGIEREN zu *entfernen*, wenn Sie *ausschließlich den ersten Frame* (und nicht alle folgenden) verändern wollen. Die einzelnen Stadien im Beispielbild sind jedenfalls nun so definiert:

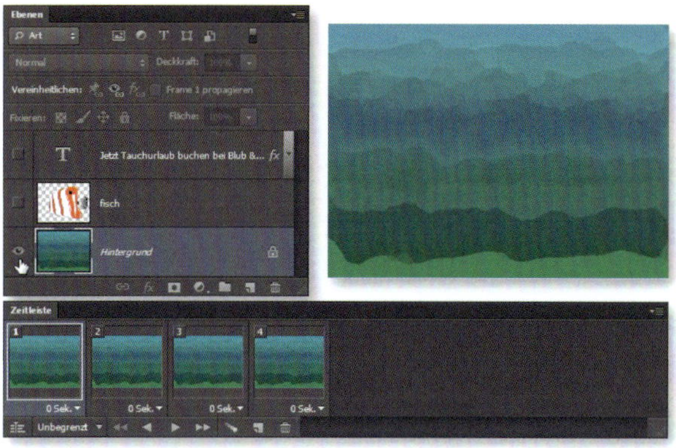

▲ **Abbildung 40.34**
Einstellungen für Frame 1

▲ **Abbildung 40.35**
Einstellungen für Frame 2.

Fischmotiv: Fotolia, Ekaterina Lozanova

▲ **Abbildung 40.36**
Einstellungen für Frame 3

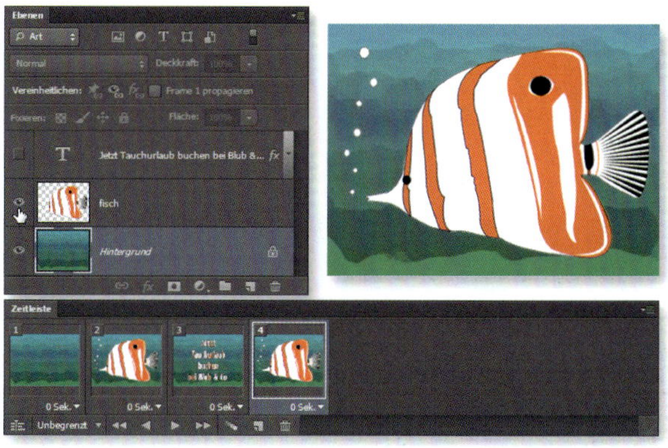

▲ **Abbildung 40.37**
Einstellungen für Frame 4

3 Testlauf

Die Animation ist nun im Wesentlichen fertig und kann getestet werden. Die kleinen Buttons am unteren Rand der Zeitleiste ermöglichen es Ihnen, zwischen einzelnen Frames zu springen (also verschiedene Frames zu aktivieren) und die Animation abzuspielen.

Abbildung 40.38 ▸
Buttons zum Abspielen der Animation

Der Button ❸ startet das Abspielen, ❹ springt einen Frame vor, ❷ springt einen Frame zurück, und ❶ aktiviert den allerersten Frame in der Animation (Zurückspulen). Klicken Sie also auf den einfachen Pfeil. Sie werden sehen, dass die Animation viel zu schnell abläuft.

4 Verzögerung einstellen

Wenn Sie auf einen der sehr kleinen Dreieckspfeile ❺ rechts neben der aktuellen Geschwindigkeitseinstellung (0 Sek.) klicken, öffnet sich ein Dialogfeld, in dem Sie andere Verzögerungszeiten auswählen können.

Abbildung 40.39 ▸
Über ein Menü stellen Sie die Verzögerung für jeden einzelnen Frame ein.

Verschiedene gängige Zeiten sind schon in der Liste aufgezählt, ein Klick auf Andere... erlaubt freie Eingaben. Der Seitenmenübefehl Alle Frames auswählen oder mehrfache Klicks auf die Frames bei gehaltener [Strg]/[cmd]- oder [⇧]-Taste markieren mehrere Frames. Die Zeiteinstellungen beziehen sich dann auf alle markierten Frames.

5 Wiederholung einstellen

Üblicherweise wird eine Animation unbegrenzt wiederholt. Wenn Sie dies aus irgendwelchen Gründen ändern wollen, klicken Sie auf den Befehl Unbegrenzt unten links. Es öffnen sich andere Einstellungen.

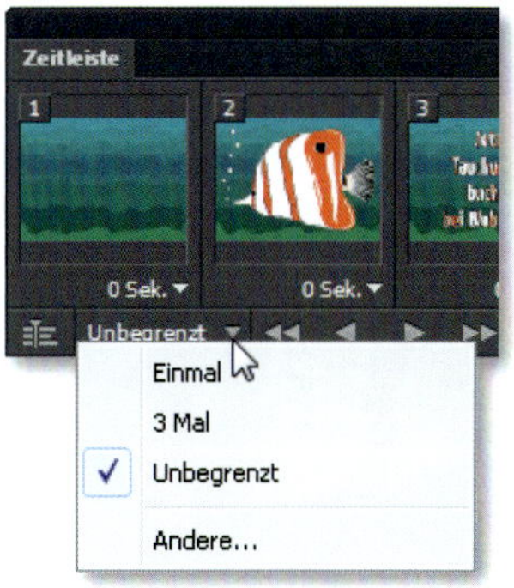

◀ **Abbildung 40.40**
Einstellungen für die Wiederholung einer Animation (Loop)

6 Weitere Möglichkeiten für handgemachte Animationen
Nach der gleichen Methode können Sie auch Animationen mit Drehungen, Farbänderungen, Verzerrungen oder Skalierungen erzeugen, wenn Sie eine entsprechend vorbereitete .psd-Datei haben, die alle gewünschten Stadien auf eigenen Ebenen enthält.

Animationen mit Tweening

Animationen wie stufenloses Auf- und Abblenden via Ebenendeckkraft oder gleichmäßige Bewegungen beispielsweise einer Schrift über das Bild erfordern viele Ebenen und viele, viele Klicks – oder Sie benutzen das sogenannte Tweening.

Tweening ist ein Begriff aus der Animationstechnik, der auch in anderen Programmen verwendet wird. Er leitet sich ab von *in* »between(ing)«. Beim Tweening werden zwei von Ihnen zuvor festgelegte Frames mit bestimmten Eigenschaften als Schlüsselbilder benutzt, und die dazwischenliegenden Frames werden automatisch erstellt. Dabei werden die Informationen der Schlüsselframes hochgerechnet, um die neuen Frames mit Inhalt zu füllen. In Photoshop können Sie auf diese Art die Ebenenattribute Position, Deckkraft oder Effekteinstellungen gleichmäßig zwischen den neuen Frames abstufen (lassen).

Wie das genau funktioniert, lässt sich wiederum am konkreten Beispiel am besten demonstrieren.

Schritt für Schritt: Animation mit Tweening erstellen

Datei auf der Buch-DVD: »Fisch-Animation.psd«

Die Ausgangslage für eine Animation mit Tweening unterscheidet sich kaum von der Arbeit an der handgemachten Animation (siehe Abschnitt 40.5). Auch hier sind die Ebenen-Palette und die Zeitleiste Ihre wichtigsten Helfer.

Abbildung 40.41 ▸
Dieser Fisch soll durch das Meer schwimmen.

1 Ersten Schlüsselframe anlegen

Aktivieren Sie den ersten Frame, und bewegen Sie die Fisch-Ebene mit dem Verschieben-Werkzeug oder den Pfeiltasten ganz nach rechts. Es sollten gerade noch einige Luftblasen aus dem Fischmotiv zu sehen sein. Denken Sie wieder an die Option FRAME 1 PROPAGIEREN in der Ebenen-Palette: Sie sollte nicht aktiv sein. Die Textebene können Sie hier zunächst ignorieren und ausgeblendet lassen.

Abbildung 40.42 ▸
Frame 1: Die Fisch-Ebene wurde rechts aus dem Bild bewegt.

2 Zweiten Schlüsselframe erzeugen

Legen Sie ein Duplikat des ersten Frames an. Wiederholen Sie die Operation im zweiten Frame, aber schieben Sie hier den Fisch nach *links* heraus. In beiden Frames bewegen Sie dieselbe Ebene, nur jeweils in unterschiedliche Richtungen!

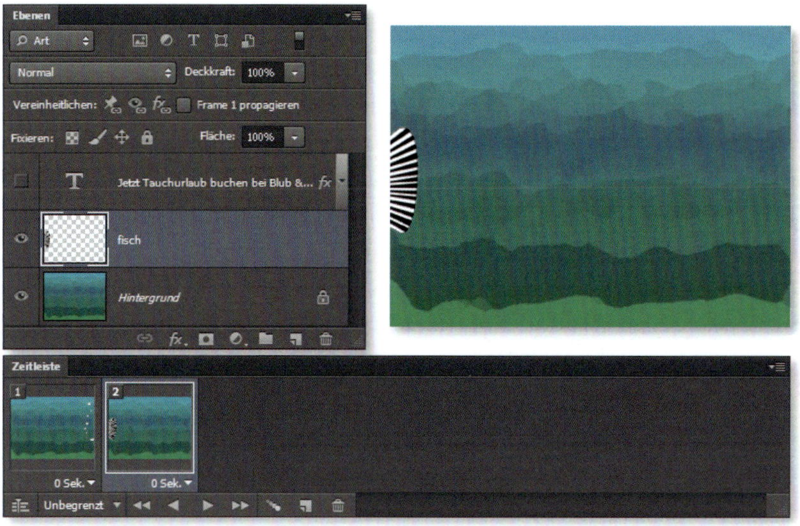

◀ **Abbildung 40.43**
Frame 2: Die Fisch-Ebene wurde links aus dem Bild geschoben.

3 Tweening einfügen

Das war schon alles an Handarbeit. Jetzt kommt das sogenannte Tweening: Es wird eine von Ihnen festgelegte Anzahl von Frames eingefügt, und Photoshop berechnet die Zwischenstadien der Animation. Das erreichen Sie durch den Befehl DAZWISCHEN EINFÜGEN... aus dem Seitenmenü oder indem Sie auf die entsprechende Schaltfläche ① am unteren Palettenrand klicken. Achten Sie darauf, dass dabei der zweite Frame aktiviert ist und nicht der erste!

Im Dialogfeld, das sich dann öffnet, finden Sie die Optionen aus Abbildung 40.44. Übernehmen Sie genau die gezeigten Einstellungen.

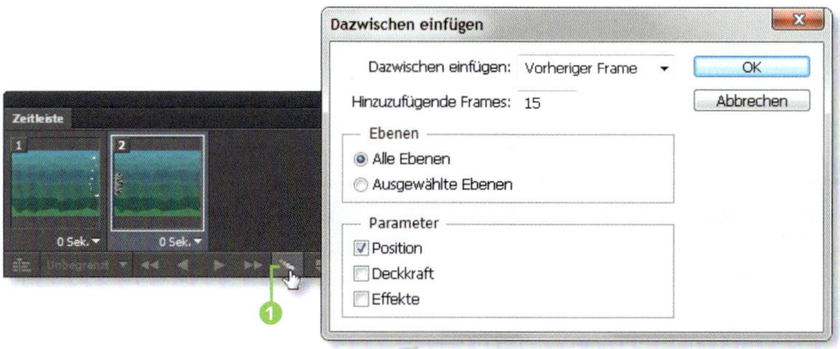

◀ **Abbildung 40.44**
Dialogfeld für das Einfügen von Tweening-Frames. Sie sehen die für diesen Workshop benutzten Einstellungen.

Mit DAZWISCHEN EINFÜGEN steuern Sie, wo genau die Frames eingefügt werden. ERSTER FRAME fügt zwischen dem letzten und dem ersten Frame weitere Frames ein. Diese Option ist nur verfügbar, wenn in der Zeitleiste der letzte Frame ausgewählt ist. VORHERIGER FRAME fügt zwischen dem ausgewählten Frame und dem vorherigen Frame weitere Frames ein. Wenn Sie in der Zeitleiste den ersten Frame gewählt haben, ist diese Option (logischerweise) inaktiv. Die Option LETZTER FRAME ist nur aktiv, wenn der erste Frame der Animation ausgewählt ist. Sie fügt zwischen dem ersten und dem letzten Frame weitere Frames ein. Die Option NÄCHSTER FRAME ist nicht verfügbar, wenn Sie in der Zeitleiste den letzten Frame ausgewählt haben (wie es im Beispiel der Fall sein sollte). Sie fügt zwischen dem ausgewählten Frame und dem nächsten Frame weitere Frames ein.

Ebenen-Option im Tweening-Dialog

ALLE EBENEN und AUSGEWÄHLTE EBENEN beziehen sich auf die Ebenen, die bei der Berechnung der Zwischenbilder berücksichtigt werden. In unserem Beispiel muss ALLE EBENEN aktiviert sein, sonst fehlt die Hintergrundebene in den folgenden Frames.

Die Parameter POSITION, DECKKRAFT und EFFEKTE bezeichnen die Ebenentransformationen, die vom Tweening überhaupt unterstützt werden. Andere Bewegungen oder Effekte wie Drehungen, Verzerrungen oder Rotationen können Sie nicht per Tweening erzeugen. Da in diesem Beispiel eine Bewegung erzeugt werden soll, muss POSITION aktiv sein. Ob die anderen Parameter aktiv sind oder nicht, spielt keine Rolle, da sie in der Beispieldatei gar nicht vorkommen.

Unter HINZUZUFÜGENDE FRAMES stellen Sie die Anzahl der neuen Frames ein. Hier brauchen Sie ein wenig Erfahrung, um abzuschätzen, welche Werte gut sind. Je mehr Frames es gibt, desto sanfter ist das Tweening – und desto größer die Datei.

4 Testen, Verzögerung festlegen

Nun hat sich die Zeitleiste gefüllt. Mit dem Abspielbutton können Sie die Animation testen (und wieder stoppen) und anschließend die Verzögerung und gegebenenfalls Wiederholung einstellen.

▼ Abbildung 40.45
Durch das Tweening wurde die eingestellte Anzahl Frames (hier: 15) automatisch erstellt.

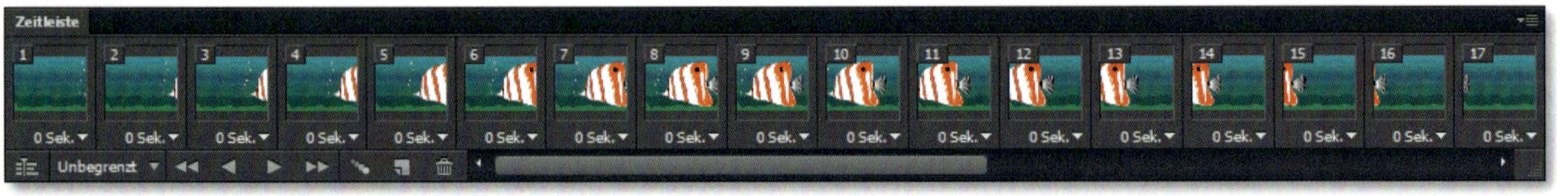

Wenn Sie möchten, bauen Sie in derselben Manier nun auch noch die Textebene in die Animation ein. Zum Beispiel könnte sie von oben einschweben, nachdem der Fisch durch das Bild geschwommen ist (wie Sie es in der Beispieldatei »Fisch-Animation-Frames.psd« sehen).

▼ Abbildung 40.46
Animation der Textebene

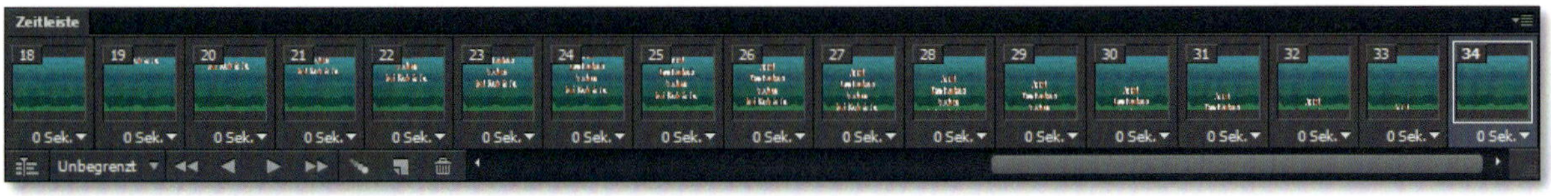

Optimieren von Animationen

Bevor Sie eine Animation mit FÜR WEB SPEICHERN sichern, sollten Sie sie noch optimieren. Dazu wählen Sie aus dem Seitenmenü der Zeitleiste den Befehl ANIMATION OPTIMIEREN.

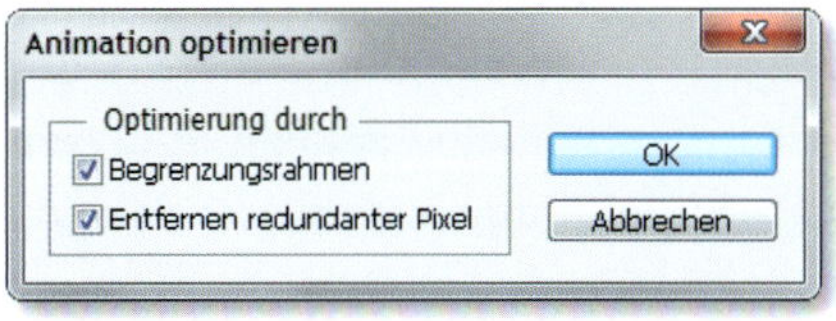

◂ **Abbildung 40.47**
Kleines Dialogfeld, aber wirksam

BEGRENZUNGSRAHMEN stellt in jedem Frame den Bereich frei, der sich im Vergleich zum vorherigen Frame geändert hat. Mit dieser Option erstellte Animationsdateien werden kleiner. Es kann jedoch zu Schwierigkeiten kommen, wenn sie in anderen GIF-Editoren weiterverarbeitet werden sollen. Die Anzeige im Browser wird jedoch nicht beeinträchtigt.

ENTFERNEN REDUNDANTER PIXEL verleiht allen Pixeln in einem Frame, die sich im Vergleich zum vorherigen Frame nicht verändert haben, Transparenz. Achtung: Beim Speichern unter FÜR WEB SPEICHERN müssen Sie später TRANSPARENZ aktivieren, wenn Sie diese Option nutzen.

Animation speichern

Um Animationen zu speichern, gehen Sie so vor wie beim Speichern gewöhnlicher GIF-Dateien auch. Als Farbpaletten sollten Sie PERZEPTIV, SELEKTIV oder ADAPTIV verwenden, denn nur diese gewährleisten gleiche Farben von Frame zu Frame. Das Verfahren zur Berechnung etwaigen Dithers ist bei Animationen etwas komplizierter als bei normalen GIFs, um Konsistenz zwischen den verschiedenen Frames zu erreichen. Daher kann der Speichervorgang etwas länger dauern. Nicht immer funktioniert das Dithern wirklich. Variiert das Dither-Muster von Frame zu Frame, kommt es zu Darstellungsproblemen, und die Animation zeigt unerwünschte Effekte.

Unterhalb der GIF-Farbpalette finden Sie auch Abspielbuttons. Sie funktionieren wie die Buttons in der Zeitleiste auch. Auch die Anzahl der Durchläufe können Sie hier einstellen (OPTIONEN FÜR SCHLEIFENWIEDERGABE).

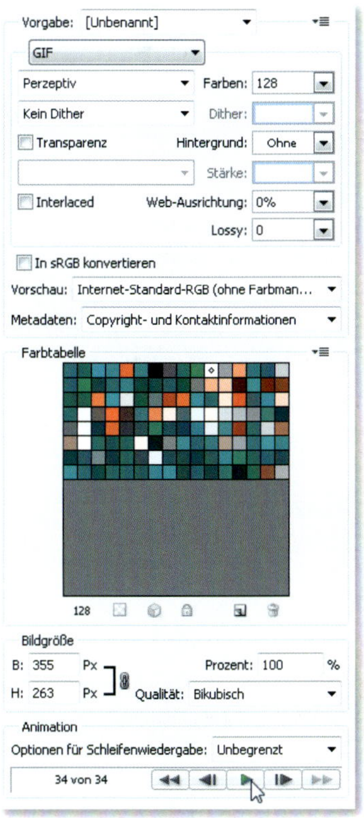

▴ **Abbildung 40.48**
Animationen speichern: Die Buttons ganz unten ermöglichen einen letzten Testlauf mit verschiedenen Optimierungseinstellungen.

Häufige Bannergrößen

Banner sind sicherlich einer der wichtigsten Anwendungsbereiche für Animationen. Es müssen ja nicht immer schrillbunte Nervtöter sein –

Banner-Standards

Standards haben es schwer, sich im Internet durchzusetzen. Da Banner jedoch eine wichtige Werbeform im Netz sind, gibt es immerhin eine Reihe von Empfehlungen und Quasi-Konventionen für Bannergrößen. Deutsche Bannergrößen werden vom VDZ, dem *Verband Deutscher Zeitschriftenverleger*, empfohlen. Internationale Empfehlungen für die verschiedenen Bannergrößen gibt das *Interactive Advertising Bureau* (IAB) heraus.

animierte Banner sind auch einfach eine gute Möglichkeit, mehr Informationen unterzubringen, als der begrenzte Platz eigentlich zulässt.

An der folgenden Übersicht können Sie sich beim Anlegen von Bannern orientieren – der Austausch von Werbebannern wird dadurch erleichtert. Allerdings haben diese Quasi-Standardgrößen auch einen Nachteil: Programme, die die Anzeige von Werbung in Browsern unterdrücken sollen, blockieren unter Umständen alle Grafiken in diesen Formaten – auch wenn es sich nicht um Werbung handelt.

VDZ-Bezeichnung	IAB-Bezeichnung	Größe (Breite × Höhe in Pixeln)
Vollbanner	Full Banner	468 × 60
Halbbanner	Half Banner	234 × 60
–	Full Banner with vertical Navigation Bar	392 × 72
Drittelbanner	–	156 × 60
OMS-Banner	–	400 × 50
Großer Button	–	130 × 80
Kleiner Button	–	137 × 60
Großes Quadrat	Square Button	125 × 125
–	Vertical Banner	120 × 240
–	Button I	120 × 90
–	Button II	120 × 60
Kleines Quadrat	–	75 × 75
–	Micro Button (oder Button)	88 × 31
Sonderformat für Banner Exchanges		400 × 40

Tabelle 40.1 ▸ Bannergrößen und ihre Bezeichnungen

40.6 Zoomify: Fotos detailreich und ganz groß

Vor allem auf Webseiten, die Produkte zum Verkauf präsentieren, findet man solche Bilder: Fotos, die man mit Hilfe kleiner Buttons näher heranholen kann und die dann zahlreiche Bilddetails zeigen. Meist lassen sich die vergrößerten Ausschnitte dann noch mit der Maus bewegen. Der Detailreichtum solcher Aufnahmen ist ein sicheres Indiz dafür, dass die Bilder nicht einfach größer skaliert werden – dann wäre ja die Pixelstruktur des Bildes zu sehen. Es handelt sich hier um echtes Zoomen.

Hier steckt offensichtlich ein großformatiges Bild dahinter, das so aufbereitet ist, dass die Ladezeiten nicht unzumutbar lang werden. Dazu kommt eine kleine Bedienungskonsole mit den Buttons zum Herein- und Herauszoomen und Verschieben. So etwas ganz ohne technische Unterstützung »von Hand« zu erzeugen, ist ein mühsames Unterfangen. In Photoshop stellen Sie solche zoombaren Bilder ganz einfach mit wenigen Handgriffen her.

Das Dialogfenster »Zoomify« | Um das Zoomify-Werkzeug aufzurufen, wählen Sie Datei • Exportieren • Zoomify. Das Bild, das Sie bearbeiten wollen, muss ebenfalls geöffnet sein.

Datei auf der Buch-DVD: »Schuh.tif«

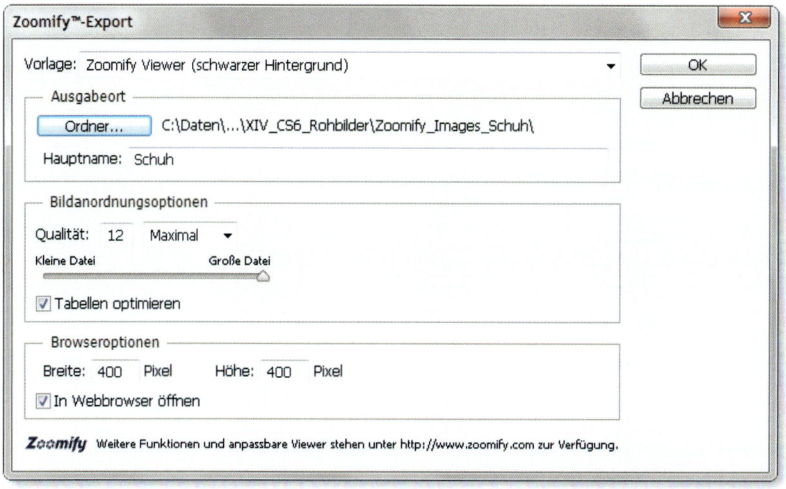

◀ **Abbildung 40.49**
Wenige Optionen, erstaunliche Wirkung: Zoomify

- Unter Vorlage stellen Sie ein, in welcher Umgebung das »zoomifizierte« Bild präsentiert werden soll. Sie haben die Wahl zwischen verschiedenen Hintergründen und können entscheiden, ob Sie zusätzlich einen Navigator einblenden möchten. Der Zoomify-Navigator funktioniert ähnlich wie die Palette Navigator in Photoshop und erleichtert späteren Betrachtern die Orientierung.
- Als Ausgabeort müssen Sie einen Ordner festlegen, der Hauptname wird dann der Name des Unterordners, in dem die unterschiedlichen Zoomify-Dateien landen. Die Funktion akzeptiert keine Umlaute und Sonderzeichen im Ordnernamen!
- Unter Bildanordnungsoptionen legen Sie die eigentlichen Arbeitsparameter von Zoomify fest. Ihre Einstellungen wirken sich auf Dateigröße und Bildqualität aus – ähnlich wie beim Speichern von JPEGs im Dialog Für Web speichern, aber natürlich nicht so drastisch. Zoomify-Bilder erscheinen im Vergleich zu normal weboptimierten JPEGs wegen ihrer höheren Auflösung immer als sehr hochwertig.

Bild: stock.xchng, Sundeip Arora

▲ **Abbildung 40.50**
Die Vorlage, ein Bild mit stattlichen 1.125 × 1.125 Pixeln, wird flott »zoomifiziert« und anschließend direkt im Browser angezeigt. Hier sehen Sie die Variante mit Navigator.

- Die Option Tabellen optimieren ist ein Hinweis auf das Funktionsprinzip von Zoomify: Große Bilder werden in kleine »Kacheln« zerlegt und in einer Tabelle im Browser wieder zusammengefügt, die hier für noch kürzere Ladezeiten eben auch optimiert werden kann.
- Mit den Browseroptionen bestimmen Sie, wie groß das Bildfenster im Browser wird. Die Maße sollten natürlich die Größe des Ausgangsbildes nicht überschreiten. Da das Bild später frei verschiebbar ist, müssen die Proportionen des Bildfensters allerdings nicht zwingend mit den Bildproportionen übereinstimmen.

Sobald Sie Ihre Einstellungen getätigt haben, klicken Sie auf OK, und der Export beginnt. Haben Sie zuvor In Webbrowser öffnen aktiviert, wird die Datei auch sofort nach dem Export in Ihrem lokalen Browser angezeigt. Der Zoomify-Export geht so schnell, dass Sie verschiedene Vorlagen ausprobieren können.

Ein Blick in den zuvor von Ihnen angegebenen Ordner zeigt, dass für jedes Zoomify-Bild eine HTML-Datei und ein Ordner mit dem Dateinamen des Bildes(im Beispiel also Schuh) erzeugt wurde. Der Ordner enthält wiederum eine XML-Datei, eine SWF-Datei (Zoomify funktioniert auf Basis von Flash) und einen Unterordner. Wenn Sie den öffnen, sehen Sie die einzelnen Bildkacheln.

All diese Dateien und Ordner müssen Sie jetzt noch ins Web hochladen, wenn Sie das Foto online zeigen möchten.

Abbildung 40.51 ▼
Einige der von Zoomify erzeugten Einzeldateien aus dem Schuhbild (Ansicht in der Bridge)

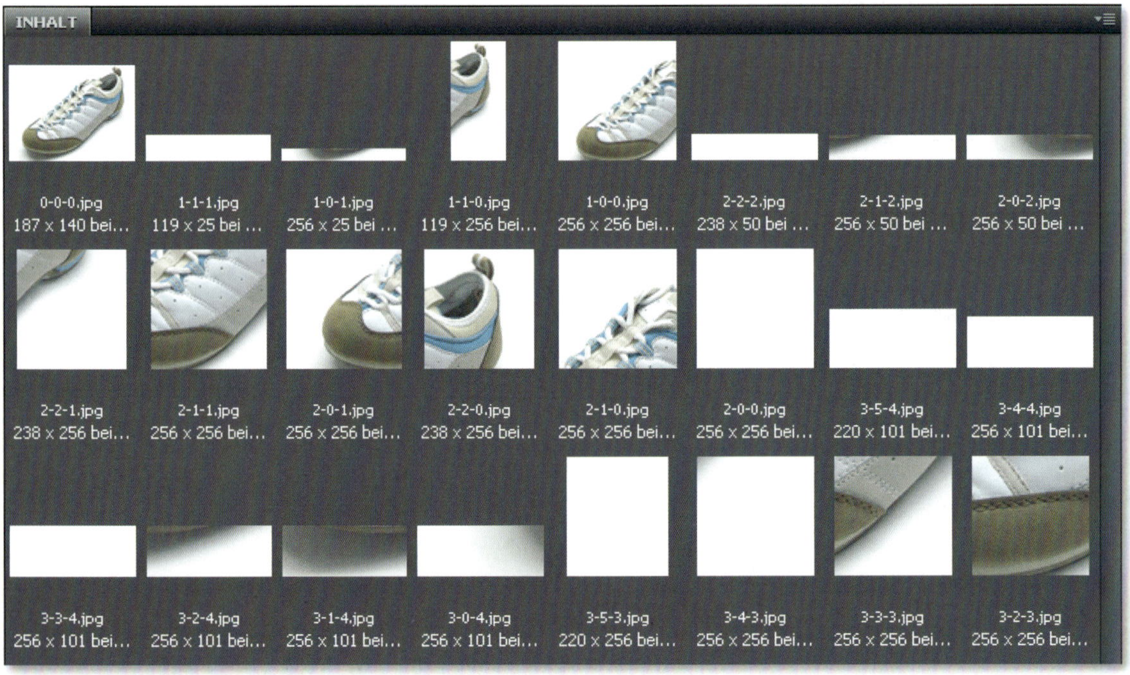

Kapitel 41

Farbmanagement: Mehr Farbtreue auf allen Geräten

Seit mit dem Computer Druckvorlagen hergestellt, Bilder bearbeitet und in Form digitaler Daten an Ausgabegeräte übergeben werden, gibt es das Problem unzureichender Farbkonsistenz. Farbmanagement erleichtert es wesentlich, dass Farben vom Foto bis zum Ausdruck, vom Entwurf bis zum fertigen Druck identisch bleiben.

41.1 Funktionsweise und Einsatzgebiete

Für viele Anwender – auch gestandene Grafiker und andere im Prepress-Bereich Arbeitende – ist Farbmanagement ein Thema, um das sie einen weiten Bogen machen. Farbmanagement gilt als sehr trocken und theoretisch, überdies als in der Praxis schwer umsetzbar. In den Anfangstagen des Farbmanagements erschien dessen Integration in den Arbeitsablauf tatsächlich undurchschaubar, selbst für erfahrene Anwender: Anstelle des Workflows ohne Farbmanagement, der aber mit etwas Erfahrung einigermaßen vorhersehbare Ergebnisse produziert, trat mit Farbmanagement plötzlich eine Reihe neuer, unbekannter Probleme auf ...

Wozu Farbmanagement?

Wohl jeder, der schon einmal Fotos aus der Digitalkamera mit dem heimischen Tintenstrahldrucker ausgedruckt hat, kennt diese ernüchternde Erfahrung: Die Farben auf dem gedruckten Bild sehen ganz anders aus als auf dem Bildschirm und weichen möglicherweise auch von dem ab, was Sie selbst in der aufgenommenen Situation gesehen haben.

Licht oder Tinte? | Dieser unerwünschte Effekt hängt damit zusammen, dass alle beteiligten Geräte wie Kameras, Monitore, Scanner, Drucker oder Druckmaschinen nur einen Teil der Farben aufnehmen oder darstellen können, die das menschliche Auge sieht. Außerdem haben die verschiedenen an der Bildreproduktion beteiligten Geräte technisch bedingt ein unterschiedliches Farbverhalten. Auf dem Bildschirm oder im Display einer Digicam werden Farben auf ganz andere Art erzeugt als auf Papier, nämlich mit Licht. Beim gedruckten Bild entsteht der Farbeindruck hingegen durch körperlich fassbare Farben (Tinte, Farbe, Pigment).

Zwangsläufig unterscheiden sich beide Reproduktionsweisen: Die Farbfülle eines Fotos, die Sie am Bildschirm sehen, kann gar nicht in vollem Umfang auf Papier reproduziert werden. Werden ursprünglich digitale Farbdaten gedruckt, muss zwangsläufig mit Farbverschiebungen bzw. -verlusten gerechnet werden.

Zum Weiterlesen
Grundlegende Informationen über **Farben und Farbsysteme** finden Sie in Kapitel 3, »Bildbearbeitung: Fachwissen«.

Farbe ist geräteabhängig | Problematisch hinsichtlich der Farbkonsistenz ist auch, dass jedes Gerät die RGB- oder CMYK-Farbdaten, die es erhält, ein wenig anders interpretiert. Woran liegt das? Genau genommen bezeichnen Farbwerte wie RGB 160/140/12 oder CMYK 40/44/60/30 nicht eine bestimmte Farbe. Diese Werte sind vielmehr Reproduktionsanweisungen für das Gerät, das die Farbe darstellen soll. Und diese Reproduktionsanweisungen werden von Gerät zu Gerät unterschiedlich umgesetzt (selbst zwei typgleiche Monitore oder Drucker werden selten dasselbe Bild genau gleich wiedergeben!).

Farbräume und Farbmodelle | Der Schlüsselbegriff, um Farbdarstellung und Farbmanagement zu verstehen, ist »Farbraum«. Ein Farbraum ist ganz allgemein eine Menge von Farben: die Menge aller Farben, die wir sehen können, bzw. alle Farben, die eine bestimmte Kamera aufnimmt, die ein Monitor anzeigt oder die ein Drucker auf Papier bringen kann.

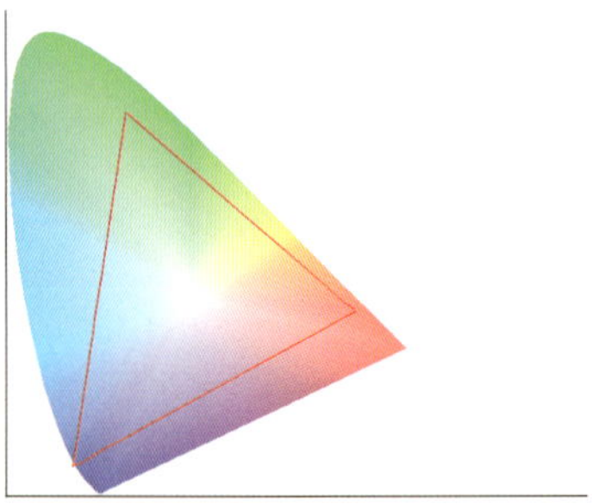

▲ **Abbildung 41.1**
Um den Umfang verschiedener Farbräume zu veranschaulichen, werden diese häufig in der sogenannten »Schuhsohle« …

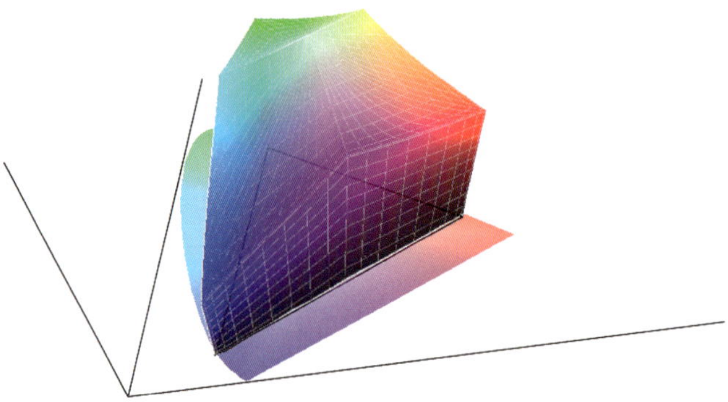

▲ **Abbildung 41.2**
… oder in 3D-Modellen dargestellt. Hier sehen Sie zwei unterschiedliche Darstellungsweisen des Farbraums »Adobe RGB« (Dreieckskontur) in Proportion zu allen sichtbaren Farben (Farbkörper).

Gleichzeitig ist ein Farbraum (oder Farbraumsystem) aber auch ein mathematisches Konstrukt, mit dem die räumliche Anordnung von Farben beschrieben wird. Die verschiedenen Farbmodelle, mit denen Farbe erfasst oder reproduziert wird (RGB, CMYK und andere) haben unterschiedlich große, nicht übereinstimmende Farbräume.

Die Säulen der Farbmanagement-Systeme | Um diese Unterschiede aufzufangen und über den gesamten Arbeitsablauf hinweg für vorhersagbare, möglichst konstante Farbeigenschaften zu sorgen, wurde das Farbmanagement entwickelt. Einige wenige Annahmen bilden die wichtigsten Säulen von Farbmanagement-Systemen:

- Hinsichtlich ihrer Farbwiedergabe sind alle am Herstellungsprozess beteiligten Geräte (Kameras, Scanner, Monitore, Drucker und Druckmaschinen) mehr oder weniger unzuverlässig.
- Das spezielle Farbverhalten der einzelnen Geräte ist messbar.
- Die gemessene Farbcharakteristik von Geräten kann in Dateien festgehalten werden (sogenannten Profildateien, Profilen oder ICC-Profilen – mehr dazu folgt unten). Profile stellen Korrekturanweisungen für gerätespezifische »Falschfarben« dar.
- Profile werden als zusätzliche Information an Bilddateien angefügt, so dass deren eigene Farbeigenschaften bei der Reproduktion idealerweise unverändert bleiben.
- Mit Photoshop verwalten Sie die Profile.

[ICC]
Das ICC (**International Color Consortium**) ist ein Zusammenschluss von ursprünglich acht Industrieunternehmen aus dem Bereich Druckvorstufe, Soft- und Hardware. Es wurde 1993 gegründet, um herstellerunabhängige, betriebssystem- und softwareübergreifende Standards für das Farbmanagement zu entwickeln. Inzwischen gelten die Farbmanagement-Spezifikationen des ICC als Standard (»ICC-Profile«).

Durch konsequent umgesetztes Farbmanagement wird die Darstellung von Farben innerhalb des Publishing-Arbeitsablaufs von den Geräten und deren speziellen Farbeigenschaften unabhängiger und liefert zuverlässigere Ergebnisse.

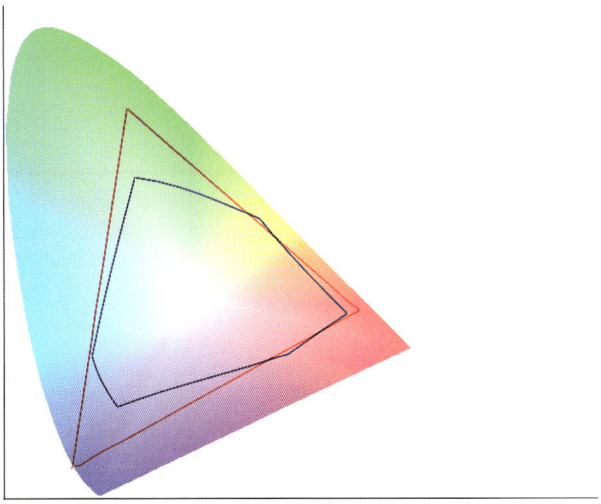

◂ **Abbildung 41.3**
Ein Vergleich der Farbräume RGB und CMYK macht deutlich, wieso gedruckte Farben anders aussehen *müssen* als Farben am Bildschirm. Die schuhsohlenförmige Normfarbtafel stellt den Farbraum des normalsichtigen menschlichen Auges dar. Die rote Linie zeigt den Umfang eines RGB-Farbraums, die blaue Linie zeigt den Farbraum, der sich beim Vierfarbdruck auf hochwertigem Papier ergeben würde.

Vor allem für die Überführung von Farben aus dem relativ großen RGB-Farbraum (bei Monitoren, Kameras, Scannern) in den kleineren Druck-Farbraum CMYK, die unweigerlich mit Verlusten einhergeht, bietet der Einsatz von Farbmanagement gute Steuerungsmöglichkeiten. Aber auch bei der Arbeit mit Farbmanagement geht nicht alles »von allein«: Es ist immer noch der menschliche Bildbearbeiter, der wichtige Entscheidungen treffen muss, und auch mit Farbmanagement bleibt Farbkonsistenz im DTP eine Herausforderung.

Wann sollten Sie mit Farbmanagement arbeiten?

Nicht nur in der Adobe-Welt

Farbmanagement ist keine alleinige Erfindung von Adobe, und es findet nicht nur auf Photoshop- oder Creative-Suite-Ebene statt – auch wenn die verwendete Publishing-Software ein wichtiger Baustein ist und Adobe als ICC-Mitglied an der Entwicklung wichtiger Standards mitgewirkt hat. Es erstreckt sich über alle Arbeitsschritte der Bildbearbeitung und bezieht verschiedene Stationen und Geräte wie Scanner, Kamera, Monitor, die Bildbearbeitung in Photoshop und das Drucken ein. Daher geht es hier nicht allein um Photoshop, sondern auch um das »Drumherum«.

Vom Farbmanagement profitieren nicht nur Druckvorstufenprofis – auch in eine »halbprofessionelle« Arbeitsumgebung können Sie Farbmanagement integrieren, wenn Sie möchten.

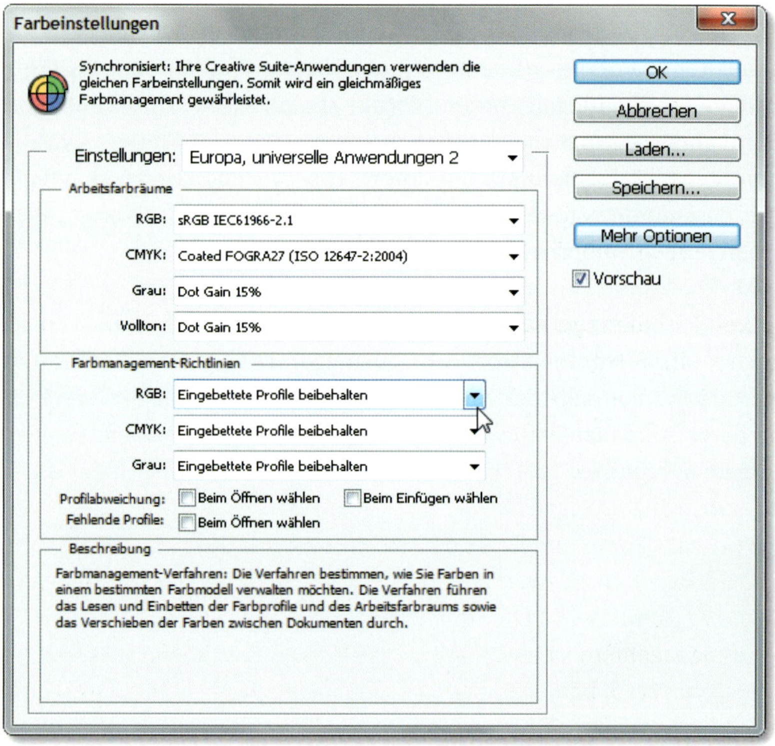

▲ **Abbildung 41.4**
Photoshops »Kommandozentrale« für Farbmanagement. Unter Beschreibung werden Erläuterungen zu dem Element eingeblendet, das Sie aktuell unter der Maus haben.

Dennoch bleibt Farbmanagement ein komplexes Thema, mit dem Sie sich ein wenig beschäftigen sollten – sonst richten Sie eher Schaden an, als Nutzen daraus zu ziehen. Ein perfekter Farbmanagement-Arbeitsablauf kostet auch Geld, zum Beispiel für Kalibrierungstools. Und nicht zuletzt: Die Entscheidung für die Arbeit mit Farbmanagement sollte von allen am Workflow Beteiligten – von den Lieferanten wie von den Empfängern der Daten – mitgetragen werden. Zwar bringt Farbmanagement wohl jedem Photoshop-Anwender Vorteile. Wegen der Anfangsinvestitionen (Zeit, Lernaufwand, Geld) scheint es jedoch nicht immer angemessen, Farbmanagement einzurichten.

Wer Farbmanagement nicht unbedingt braucht | Wer viel Erfahrung hat und in einer gut kontrollierten Produktionsumgebung für nur ein Medium arbeitet, kommt auch ohne Farbmanagement aus. Wenn Sie zum Beispiel immer mit demselben Druckhaus zusammenarbeiten und wenn entweder Sie selbst oder der Dienstleister die gelieferten CMYK-Daten so bearbeiten kann, dass sie für die festgelegten Druckbedingungen passen, können Sie auf Farbmanagement verzichten.

Auch für Anwender, die nur gelegentlich auf dem Desktopdrucker Fotos zu Papier bringen wollen, ist es wohl meist zu aufwendig, ein vollständiges Farbmanagement-System einzurichten. Dasselbe gilt wohl auch für Grafik-Freiberufler, die als typische Einzelkämpfer auftreten: Bei nur einem Arbeitsplatz dauert es lange, bis sich die notwendigen Anschaffungen amortisieren.

Farbmanagement im Web?

Auch beim Publizieren für das Web brauchen Sie Farbmanagement in der Regel nicht. Da sich nie voraussagen lässt, auf welchem Monitor Ihre Farbdaten landen, bleiben farbechte Webbilder und Internetseiten weiterhin ein unerfüllbarer Wunsch der Designer. Grundkenntnisse im Farbmanagement sind aber auch Webdesignern anzuraten, um Probleme bei der Verarbeitung von Bildmaterial mit Farbprofilen zu vermeiden.

Für wen Farbmanagement sinnvoll ist | Professionelle Anwender sollten über die Integration von Farbmanagement in ihren Arbeitsablauf nachdenken. Vor allem dann, wenn Sie Farben auf einem Gerät mit einem relativ kleinen Farbraum – z. B. Vierfarbdruck – ausgeben wollen, ist Farbmanagement von Nutzen. Denn dabei ergeben sich unweigerlich Farbverschiebungen. Wenn Sie nicht gerade, wie oben beschrieben, in einem eingespielten und sehr begrenzten Produktionsrahmen arbeiten, hilft Ihnen Farbmanagement, etwaige Farbveränderungen zu begrenzen und besser zu kontrollieren.

Farbmanagement ist auch dann sinnvoll, wenn Sie häufig verschiedene Ausgabegeräte bedienen oder verschiedene Settings für die Ausgabe wählen (verschiedene Druckumgebungen, Papierarten usw.) oder wenn Sie Bildmaterial aus zahlreichen unterschiedlichen Quellen beziehen – insbesondere dann, wenn die Bilder, die Sie bekommen, ihrerseits Farbprofile haben, also mit Farbmanagement-Einstellungen gespeichert wurden. Auch, wenn Sie gar nicht wissen, auf welchem Ausgabegerät Ihre Daten später landen, ist Farbmanagement sinnvoll – zum Beispiel, wenn Sie Bilder für Bilddatenbanken produzieren.

Bilder: Onno K. Gent

Abbildung 41.5 ▲
Die Photoshop-Funktion FARBPROOF (unter ANSICHT) simuliert das spätere Druckergebnis am Bildschirm. Um hier eine halbwegs aussagekräftige Ansicht zu erhalten, sind Farbmanagement-Maßnahmen unverzichtbar. Hier sehen Sie links die RGB-Bilder, rechts die Simulation des (ungefähren) Druckergebnisses.

41.2 Farbmanagement einrichten

Farbmanagement ist – wie bereits erwähnt – nicht nur eine Frage bestimmter Photoshop-Einstellungen, sondern umfasst alle Arbeitsstationen des Desktop-Publishings, von der Digicam und dem Scanner über Ihren eigenen Bildschirm-Arbeitsplatz bis hin zur Druckerei oder zum Desktopdrucker.

Bevor ich Ihnen im nächsten Abschnitt erkläre, wie Farbmanagement in Photoshop funktioniert, folgen hier die wichtigsten Schritte für die Einrichtung eines farbsicheren Publishing-Workflows.

Ihre Arbeitsumgebung

Auch wenn Farbmanagement die Farbkonsistenz bei der Bearbeitung digitaler Bilddaten erhalten oder wenigstens verbessern kann – der menschliche Bildbearbeiter spielt dabei die wichtigste Rolle. Ein zweckmäßig eingerichteter Arbeitsplatz hilft Ihnen dabei.

Der Monitor | Der Monitor, an dem Sie arbeiten, ist kein besonders zuverlässiges Instrument für die Farbdarstellung. Bildschirme altern und verändern ihre Farbeigenschaften, und selten liefern zwei gleiche

Monitore exakt dieselben Farben ab. Außerdem beeinflusst das Umgebungslicht die Farbwahrnehmung am Monitor erheblich. Dennoch ist der Monitor Ihr wichtigstes Arbeits- und Kontrollinstrument. Umso wichtiger ist, dass Sie dafür sorgen, dass seine Leistung so gut wie möglich ist. Dazu gehört das Kalibrieren des Monitors (siehe den nächsten Abschnitt), aber auch, dass Sie Ihre Arbeitsumgebung mit etwas Sorgfalt einrichten. Davon profitieren Sie nicht nur, wenn Sie Bilder für die Druckausgabe vorbereiten. Auch Korrekturen von Farbe und Kontrast, bei denen der Bildschirm ein wichtiges Kontrollinstrument ist, geraten besser.

Farbmanagement ist Teamwork!

Die schönste kalibrierte Arbeitsumgebung mit Farbmanagement bringt nichts, wenn nicht die Lieferanten und Abnehmer Ihrer Dateien in die Planung einbezogen werden. Bevor Sie weitere Maßnahmen treffen, klären Sie ab, ob die Lieferanten und vor allem die Empfänger Ihrer Dateien Ihren Farbmanagement-Workflow mittragen oder ob es eventuell sogar schon Farbmanagement-Maßnahmen gibt, an die Sie Ihre Strategie anpassen müssen. Dies betrifft vor allem die zu verwendenden Profile.

Der optimale Arbeitsplatz | Der perfekte Bildbearbeiter- und Druckvorstufen-Arbeitsplatz wäre eine triste Angelegenheit: farbneutrales Grau rundum (auch Ihre Kleidung, die auf den Monitor reflektieren könnte!), kein Tageslicht, stattdessen gleichbleibende künstliche Beleuchtung, keine Blendungen durch Fenster oder Lampen. Damit wären die wichtigsten Fehlerquellen für menschliches Farbsehen ausgeschaltet, nämlich:

- bunte Farben in der Umgebung des Bildschirms (sie reflektieren in den Monitor und beeinträchtigen Ihr Farbempfinden)
- die Farbe (»Lichttemperatur«) des Umgebungslichts
- eventuell vorhandene Blendreflexe
- allgemein zu große Helligkeit am Arbeitsplatz

▲ **Abbildung 41.6**
Die Umgebung beeinflusst die Farbwahrnehmung! Dreimal dasselbe rote Quadrat – dreimal eine andere Wirkung

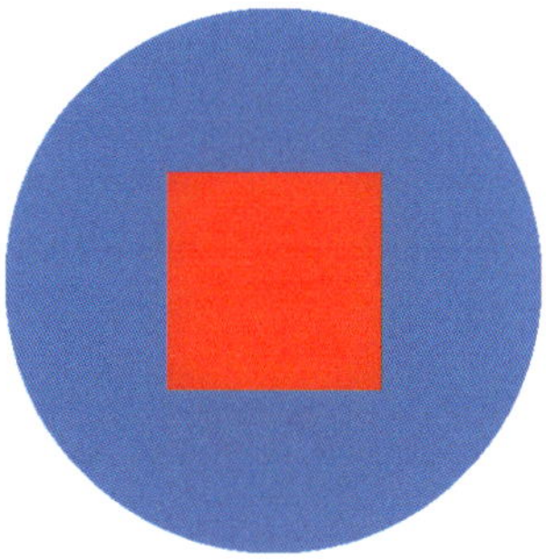

▲ **Abbildung 41.7**
Das lässt sich an dem kleinen Quadrat zeigen…

▲ **Abbildung 41.8**
… trifft aber auch für die Farben auf Ihrem Bildschirm zu!

Die Gegebenheiten des Arbeitsplatzes verbessern | Sie müssen sich nicht in einen mittelgrau gewandeten Höhlenbewohner verwandeln, aber bereits mit wenigen Änderungen können Sie die Qualität Ihres Arbeitsplatzes entscheidend verändern.

[Normlicht]
Wie eine Farbe erscheint, hängt entscheidend vom Umgebungslicht ab. Das gilt besonders für Gedrucktes: Schließlich entsteht Farbe hier ja durch Reflexion bzw. Absorption von Teilen des Lichtes, mit dem die bedruckte Fläche beleuchtet wird. Um gleichbleibende und vergleichbare Bedingungen für die grafische Industrie zu schaffen, wurden verschiedene Normen für Lichtquellen geschaffen. Heute sind die Normlichtfarben D50 (5.000° K) und D65 (6.500° K) am gebräuchlichsten. D50 soll dem Mittagslicht entsprechen, es wirkt zunächst etwas ungewohnt gelblich. D65 ist kühler. In Druckereien ist D50 als Proof-Beleuchtung vorgeschrieben. Sie können jedoch auch D65 benutzen und Ihren Arbeitsablauf darauf einstellen.

- Wechselnde Lichtverhältnisse – mal Tageslicht, mal Kunstlicht – führen zu unterschiedlicher Farbwahrnehmung. Für die Beleuchtung professioneller Grafik-Arbeitsplätze gibt es Leuchtmittel, die genormtes Kunstlicht ausstrahlen. Farbkritische Arbeiten sollten Sie lieber im Schein einer solchen Lampe erledigen als bei Tageslicht, das im Tagesverlauf wechselt. Für die gebräuchlichen Normlichtarten gibt es Lichtquellen im Handel.
- Bunte Farben im direkten Arbeitsumfeld können Ihre Farbwahrnehmung beeinflussen. Dazu gehören farbige Tischplatten, Plakate, aber auch die Desktopoberfläche Ihres Rechners und Ihre Kleidung. Die meisten solcher Störquellen lassen sich einfach ausschalten.
- Vermeiden Sie Blendungen durch Fenster oder Lampen und allgemein eine zu helle Beleuchtung (dadurch wirken Bildschirmfarben zu hell und zu »schlapp«). Das kommt nicht nur der Farbwahrnehmung zugute: Auch Ihre Augen werden es Ihnen danken.
- Gegen Streulicht hilft ein Blendschutz am Bildschirm. High-End-Monitore werden gleich mit dieser sogenannten »Hutze« geliefert (Abbildung 41.9), mit etwas Geschick können Sie sich so einen Blendschutz aber auch schnell selbst bauen.

Bild: EIZO

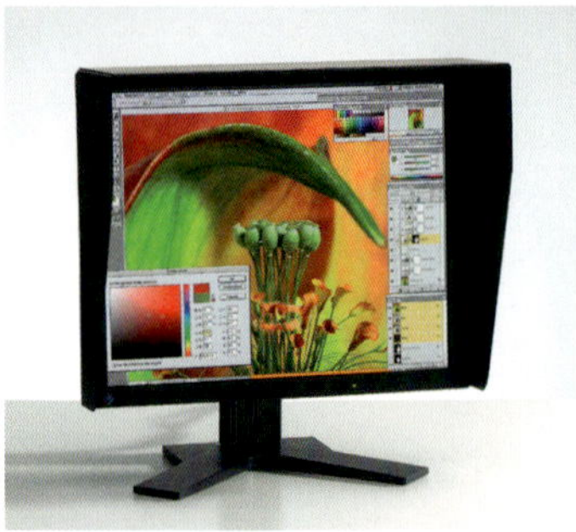

▲ **Abbildung 41.9**
Blendschutz am Bildschirm

Den Monitor kalibrieren und profilieren

Monitore sind – neben Desktopdruckern, deren Farbwiedergabe vom verwendeten Papier, aber auch von Parametern wie der Luftfeuchtigkeit oder der Patronencharge abhängt – die unzuverlässigsten Geräte im gesamten Publishing-Prozess: Ihre Farbdarstellung kann sich mit den geleisteten Betriebsstunden ändern und wird (siehe oben) vom Umgebungslicht stark beeinflusst. Dabei ist der Monitor Ihr wichtigstes Anzeigeinstrument. Deswegen sollten Sie ihn kalibrieren. Durch die Kalibrierung wird sichergestellt, dass die Farben einer Datei korrekt am Bildschirm angezeigt werden. Gleichzeitig wird dabei ein aktuelles Monitorprofil gewonnen.

Monitorprofile | Das Erzeugen individueller Profile – gleichgültig, ob beim Monitor oder anderen Geräten – läuft immer nach dem gleichen Schema ab: Sie ist der Abgleich von Soll (»Welche Farbe sollte eigentlich vom Gerät dargestellt werden?«) und Ist (»Welche Farbe wurde tatsächlich angezeigt?«).

Konkret geschieht das, indem Testfarben von einer genormten Vorlage ausgegeben oder eingelesen werden. Dann wird mit Hardwareunterstützung ermittelt, wo und wie stark das Ergebnis von der Vorlage abweicht. Diese Abweichung fließt in das individuelle Profil des Gerätes ein. So beschreibt das Profil die speziellen Ein- oder Ausgabeeigenschaften des Gerätes. Im Fall der Drucker- oder Kameraprofile spielen weitere Parameter wie verwendete Papiere oder Belichtung eine Rolle. Konkret heißt das, dass Sie beispielsweise ein für Papiersorte X erzeugtes Druckerprofil beim Drucken auf Papier Y nicht benutzen können und dass ein Kameraprofil für Fotos unter Studiobedingungen beim Waldspaziergang nichts taugt.

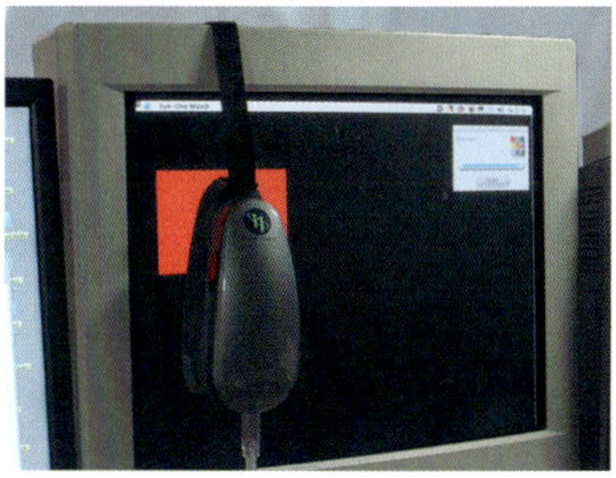

▲ **Abbildung 41.10**
Das Kolorimeter misst die dargestellten Farben (hier ein Gerät vom Hersteller Eye-One).

Kolorimeter | Um einen Bildschirm sachgerecht zu kalibrieren, brauchen Sie ein Kolorimeter. Das Kolorimeter misst Farben objektiver und genauer, als es »nach Augenmaß« möglich wäre. Dazu gehört außerdem immer passende Software, die genormte Referenzfarben auf den Bildschirm bringt, die dann vom Kolorimeter gemessen werden. Die Software verarbeitet die gemessenen Werte und speichert sie in einem Profil ab. Für Kalibrierungshard- und -software gibt es verschiedene Hersteller, das Funktionsprinzip ist jedoch immer ähnlich.

Kalibrierung | Danach beginnt die eigentliche Kalibrierung. Dazu hängen Sie das Kolorimeter direkt vor die Bildschirmoberfläche. Über USB ist es auch mit dem Rechner verbunden, auf dem die passende Software installiert ist. Die Kalibriersoftware stellt auf dem Bildschirm verschiedene Farben und Grauwerte dar. Das Kolorimeter misst die Werte, die auf dem Bildschirm »ankommen«, und liefert die Daten an den Rechner zurück. Die Software vergleicht dann die am Monitor dargestellten und gemessenen Werte mit den Referenzfarben, die eigentlich dargestellt werden sollten. Aus der Differenz errechnet die Software die Korrekturen, die künftig notwendig sind, damit Farben auf diesem Bildschirm korrekt dargestellt werden. Die Ergebnisse der Messung werden in einem ICC-Profil abgespeichert. Meist wird dieses Profil dann automatisch im richtigen Ordner abgelegt.

Vor dem Kalibrieren

Manche Monitore brauchen eine Weile, bis sie die volle Leistung erbringen. Lassen Sie Ihren Bildschirm also 15–30 Minuten warmlaufen. Bevor Sie mit der eigentlichen Kalibrierung anfangen, sollten Sie außerdem die Werkseinstellungen Ihres Bildschirms wiederherstellen. Bei einigen Kalibrierungspaketen stellen Sie zunächst unter Regie der Software Helligkeit und Kontrast des Bildschirms ein, um die besten Ergebnisse zu erhalten.

Nachbereitung | Nach der Kalibrierung dürfen Sie die Monitorregler zur Einstellung von Farbwiedergabe, Helligkeit und Kontrast nicht mehr verändern. Doch auch dann, wenn Sie nicht an den Monitoreinstellungen herumspielen, sollten Sie den Kalibrierungsvorgang von Zeit zu Zeit wiederholen. Denn ob Röhre oder Flachbildschirm – Monitore altern und verändern ihre Farbwiedergabe unmerklich oder werden zunehmend dunkler. Etwa einmal im Monat sollten Sie Ihren Bildschirm neu kalibrieren und das Monitorprofil aktualisieren. Das ist nicht so viel Aufwand: Mit etwas Routine ist die Bildschirmkalibrierung in 10 bis 30 Minuten erledigt.

Fertige Monitorprofile | Wer das Verfahren zu aufwendig findet, muss nicht ganz auf das Geraderichten der Bildschirm-Farbausgabe verzichten. Manche Monitorhersteller bieten Profile zu ihren Geräten an. Wenn Sie für Ihren Monitor einen Treiber installiert haben, stehen die Chancen gut, dass sich auch das Profil schon im richtigen Systemordner befindet. Falls Sie einen Plug-and-Play-Monitor benutzen, müssen Sie die mitgelieferte Treiber-CD oder das Internet nach einem aktuellen Profil für Ihren Bildschirmtyp durchforsten.

Einstellung nach Augenmaß | Auch für die Pi-mal-Daumen-Einstellung per Sichtkontrolle gibt es Hilfen. Bis zur Version CS2 lieferte Adobe als Photoshop-Zubehör noch das Tool Adobe Gamma aus, mit dem man die Monitoreinstellungen schrittweise justieren konnte. Seit der Version CS3 wird Adobe Gamma nicht mehr mitgeliefert. Wer jedoch eine frühere Creative-Suite-Version installiert hatte, kann das Tool weiterhin benutzen. Es gibt jedoch auch noch weitere Quellen für solche Einstellungsassistenten – im Internet.

Bei Apple leistet außerdem das systemeigene ColorSync hilfreiche Dienste. Die Justierung nach Augenmaß ist allerdings deutlich ungenauer als die Vermessung mit dem unbestechlichen Kolorimeter.

Wenn Sie wirklich für die Druckvorstufe produzieren, ist dieses Verfahren keine echte Alternative zum hardwaregestützten Kalibrieren. Wenn Ihnen allerdings beispielsweise die Fotos von Ihrem Belichtungsdienst schon immer zu dunkel vorkamen oder Sie versuchen wollen, Ihre Druckausgabe am heimischen Tintenstrahler zu verbessern, kann Ihnen die »visuelle Kalibrierung« schon ein Stück weiterhelfen.

Weitere Profile – individuell erzeugt oder fix und fertig

Wie bereits erwähnt, benötigen Sie für alle beteiligten Geräte – nicht nur für den Monitor – Profildateien (auch Profile, Farbprofile oder ICC-Profile genannt), die die besonderen Farbeigenschaften der jeweiligen Geräte beschreiben.

Während es noch nicht allzu kostspielig ist, ein individuelles Scannerprofil zu erstellen, reißt die Profilierung von Druckern schon eher Löcher in Ihr Budget. Ebenso wie bei Monitoren sollten Sie Druckerprofile häufig erneuern, da Drucker sehr instabile Farbeigenschaften haben können. Die Papiersorte, die Luftfeuchtigkeit und der Füllstand von Kartusche oder Patrone sind Gründe für Schwankungen.

Kameraprofile

Auch Kameras können Sie profilieren, allerdings brauchen Sie verschiedene Profile für unterschiedliche Lichtverhältnisse.

Sie müssen die Profile jedoch nicht zwangsläufig alle selbst erzeugen, wenn Sie mit Farbmanagement arbeiten wollen.

Es gibt mehrere Möglichkeiten, die sich hinsichtlich des Aufwandes, aber auch in Hinblick auf die Genauigkeit unterscheiden.

Individuelle Profile – alles selbst erstellt | Das funktioniert für alle Geräte ähnlich wie bei der Kalibrierung und Profilierung des Monitors: Das Farbverhalten wird bestimmt, indem Sie ein genormtes Farbmuster anzeigen oder ausgeben lassen, das Ergebnis mit speziellen Geräten messen und mit einer Kalibrierungssoftware auswerten. Dieses Verfahren ist aufwendig und recht kostspielig, aber wenn Sie richtig arbeiten, ist es exakt.

- Um ein **Druckerprofil** zu generieren, brauchen Sie ein weiteres Messgerät – ein Spektrofotometer – samt Software oder eine teure Kombilösung, die Monitor und Drucker kalibrieren und profilieren kann.
- Um exakte **Scannerprofile** zu gewinnen, ist immerhin auch spezielle Software nötig. Außerdem brauchen Sie eine genormte Scanvorlage, ein sogenanntes Target.
- Auch manche **Digitalkameras** lassen sich profilieren. Dazu benötigen Sie ebenfalls ein Testchart und eine Software, die das Ergebnis auswertet. Es wird unter den Bedingungen fotografiert, für die das Kameraprofil später gelten soll. Vor allem in der Produktfotografie und für wissenschaftliche Aufgaben werden profilierte Kameras eingesetzt.

Kamera-Farbeigenschaften verbessern

Auch wenn Ihnen individuelles Profilieren zu aufwendig ist, können Sie die Farbwiedergabe Ihrer Kamera (bei einigen Modellen) optimieren. Maßnahme eins: Machen Sie öfter einen **manuellen Weißabgleich**. Gerade bei Mischlicht zahlt sich das aus, denn dabei gerät die halbautomatische Weißabgleich-Vorwahl schnell an ihre Grenzen. Um die Farbqualitäten Ihrer Kamera weiter zu verbessern, können Sie auch versuchen, den Farbraum umzustellen, in dem Ihre Kamera arbeitet. Viele Kameras arbeiten standardmäßig im relativ kleinen **sRGB**-Farbraum. Wenn es bei Ihrem Modell möglich ist, sollten Sie **Adobe RGB** einstellen. Der Adobe-RGB-Farbraum enthält wesentlich mehr Farben als sRGB (siehe Abbildung 41.11).

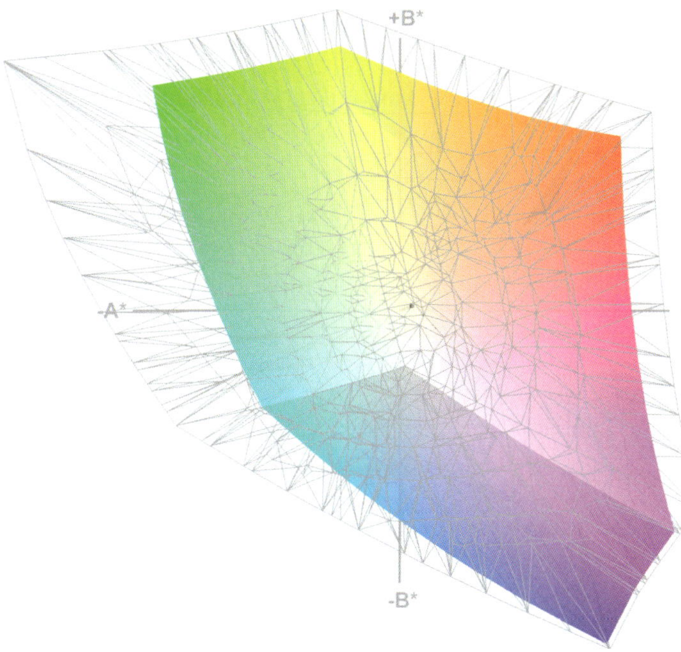

Bild: ICCView

◀ **Abbildung 41.11**
Vergleich der beiden Farbräume sRGB (farbig, innen) und Adobe RGB (Wireframe-Darstellung außen). Es ist sofort zu sehen, dass der Adobe-RGB-Farbraum viel größer ist – und folglich mehr Farben umfassen kann – als sRGB.

Individuelle Profile – Auswertung machen lassen | Als preisgünstigere Alternative zum selbst gemachten Druckerprofil können Sie eine bereits gedruckte Normvorlage zu einem Dienstleister schicken, um das Ergebnis dort professionell ausmessen zu lassen. Sie bekommen dann ein fertiges Profil zurück. Sie sparen sich die Kosten für eigene Soft- und Hardware. Diese Variante ist allerdings nur dann zu empfehlen, wenn Sie nur gelegentlich farbkritische Jobs erledigen und Ihre Profile nicht ständig aktuell halten müssen.

Profile im Hardware-Lieferumfang | Vorgefertigte Profile gibt es nicht nur für Monitore. Oft lässt sich mit den Profilen, die im Zubehör etwas besserer Scanner oder Desktopdrucker enthalten sind, brauchbare Qualität erreichen. Wenn Sie kein Profil auf dem mitgelieferten Installationsmedium finden, lohnt sich auch ein Blick auf die Hersteller-Website.

Profile von Dritten | Profile sollten möglichst exakt auf das Gerät angepasst sein, mit dem sie verwendet werden. Insofern hört es sich zunächst widersinnig an, Profile aus »fremden Quellen« zu benutzen. Doch gerade für Vierfarbdruck-Profile und Arbeitsfarbraum-Profile gibt es geeignete Bezugsquellen. Stellen wie das ICC oder das europäische Pendant, die **European Color Initiative**, und andere in Druck und Farbmanagement involvierte Firmen und Institutionen sind eine gute Anlaufstelle. Aber auch Ihr Druckdienstleister vor Ort hat unter Umständen genau das Profil, das Sie brauchen, wenn Sie auf seinen Maschinen drucken lassen wollen. Fragen Sie nach!

Linktipps: Quellen für ICC-Profile | Unter diesen Webadressen finden Sie nicht nur Farbprofile, sondern auch weiterführende, zum Teil sehr detaillierte Informationen zum Thema Farbmanagement:

- Die **European Color Initiative** stellt ICC-Profile für den Offsetdruck und den Arbeitsfarbraum ECI-RGB 1.0 zur Verfügung (*www.eci.org*).
- Das **International Color Consortium** (ICC) bietet zahlreiche sehr fachspezifische Informationen und unter dem Menüpunkt ICC RESOURCE CENTER auch Profile zum Herunterladen an (*www.color.org*).
- Die Seite **ICCView** ermöglicht es, Farbraum-Modelle in 3D anzusehen und zu vergleichen. Die Modelle können gedreht und bewegt werden! Die Abbildungen machen das Grundproblem des Digital Publishings – die Arbeit in verschiedenen Farbräumen – sehr anschaulich. Auf der Site gibt es auch Profile zum Herunterladen (*www.iccview.de*).
- ZMG und Ifra, zwei Organisationen für Zeitungs- und Media-Publishing, haben die **Qualitätsinitiative Zeitungsdruck** (QUIZ) ge-

Targets – Funktion und Bezugsquellen

Targets sind Testtafeln mit Referenz-Farbfeldern, deren genaue Farbwerte bekannt sind. Aus der Art und Weise, wie ein Gerät die Farben und Tonwerte des Targets interpretiert, lassen sich Rückschlüsse auf seine Farbwiedergabe-Eigenschaften ziehen. Je nachdem, welches Gerät profiliert werden soll, sind die Targets unterschiedlich beschaffen. Eines ist allen Targets gemeinsam: Sie müssen sorgfältig behandelt und vor Knicken, Kratzern und vor allem vor Licht geschützt werden.

Auf der schlichten, aber sehr informativen Site **Coloraid** (*www.targets.coloraid.de*) finden sich auch Bezugsquellen für relativ günstige Targets.

Dort gibt es übrigens auch eine Reihe von Links zu Open-Source-Farbmanagement-Software, vor allem für Scanner (*www.coloraid.de*).

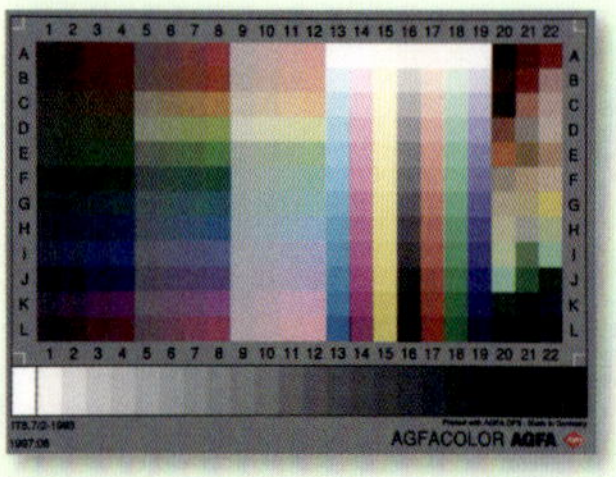

▲ **Abbildung 41.12**
Farbchart für die Kalibrierung, hier ein IT8-Target für Scanner

Zum Weiterlesen
Mehr über **Arbeitsfarbräume** finden Sie auf Seite 1117.

startet und bieten auch ein spezielles Profil für den Farbdruck in Zeitungen an. Sie können es unter *www.wan-ifra.org/de/articles/2011/03/09/iso-profiles-download* herunterladen.

Wohin mit den Profilen? | Profile können nur dann richtig funktionieren, wenn sie an der richtigen Stelle in Ihrem Computer gespeichert sind. Kalibrierungs- und Profilierungssoftware sorgt meist schon von selbst dafür, dass die Profildateien dort landen, wo sie hingehören. Auch beim Installieren neuer Geräte werden die Profile manchmal automatisch hinzugefügt. Profile, die Sie herunterladen oder vom Dienstleister bekommen, müssen Sie allerdings selbst in den richtigen Ordner befördern.

- Unter **Windows** werden Profile standardmäßig unter C:\WINDOWS\SYSTEM32\SPOOL\DRIVERS\COLOR gespeichert. Je nach Herausgeber haben Profildateien Endungen wie .icm, .icc oder .cdmp.
  Wenn Sie ein neues Profil heruntergeladen haben, verschieben Sie es entweder manuell in den COLOR-Ordner, oder Sie öffnen per Rechtsklick auf den Dateinamen des neuen Profils ein Kontextmenü und wählen dort den Befehl PROFIL INSTALLIEREN. Außerdem müssen Sie Ihrem System meist mitteilen, dass das neue Geräteprofil benutzt werden soll. Das erledigen Sie mit Hilfe der Windows-Farbverwaltung.
- **Mac OS X** sichert Profile unter /LIBRARY/COLORSYNC/PROFILES/ (oder im jeweiligen User-Verzeichnis).

Nach dem Installieren von Farbprofilen müssen Sie Photoshop und andere Adobe-Anwendungen neu starten.

41.3 Farbmanagement-Einstellungen in Photoshop

Sie haben die wichtigsten Randbedingungen Ihrer Produktion geklärt, Ihnen liegen Profile für alle beteiligten Geräte vor, und Sie haben sie korrekt installiert bzw. gespeichert? Dann kann es losgehen mit den Farbmanagement-Einstellungen in Photoshop.

Photoshop ist das Bindeglied zwischen allen Eingabe- und Ausgabegeräten und gleichzeitig die Steuerzentrale für das Farbmanagement. Mit dem Befehl BEARBEITEN • FARBEINSTELLUNGEN (⇧+Strg/cmd+K) rufen Sie das kompakte, aber sehr mächtige Dialogfeld auf.

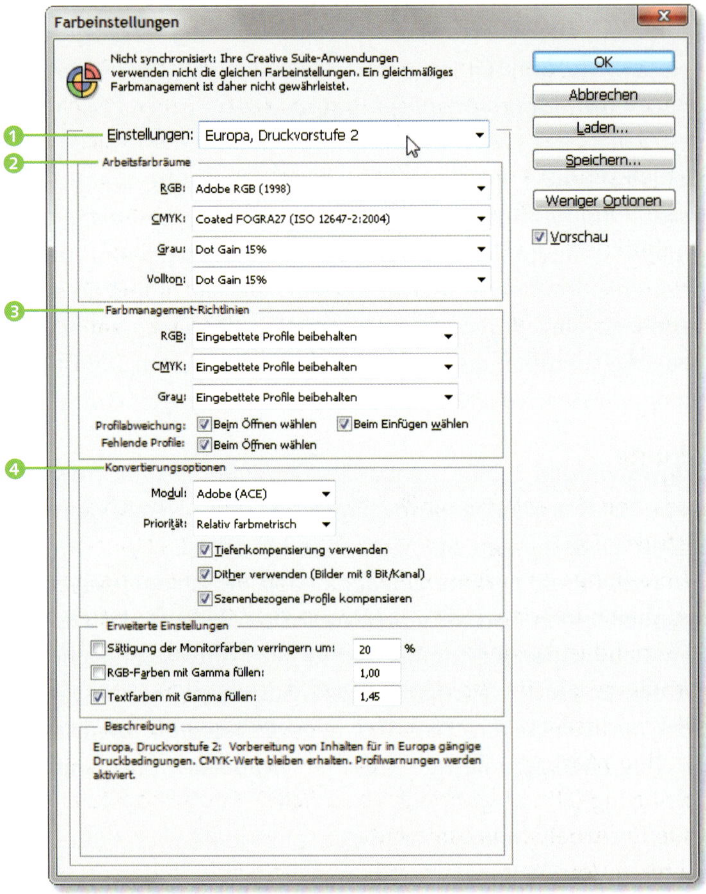

Abbildung 41.13 ▶
Die Einstellungen für das Farbmanagement in Photoshop. Sie müssen zunächst auf die Schaltfläche Mehr Optionen klicken, um diese ausführliche Ansicht zu öffnen.

Der Dialog gliedert sich in vier Blöcke:

- Im ersten Block stellen Sie die Arbeitsfarbräume ❷ für RGB, CMYK, Graustufen und Volltonfarben ein.
- Wenn Sie eine Datei in Photoshop öffnen, hat sie bereits ein Profil – oder auch nicht. Unter Farbmanagement-Richtlinien ❸ legen Sie fest, wie mit der Datei verfahren werden soll.
- Mit den Konvertierungsoptionen ❹ steuern Sie, nach welchen Regeln die Umrechnung von einem Farbraum in den anderen erfolgt.
- Dazu kommen einige Funktionen, die zum Bedienungskomfort beitragen: Die Liste Einstellungen ❶ dient zur Vorwahl von Einstellungskonstellationen, und es gibt auch Buttons zum Speichern und Laden eigener Einstellungen (rechts oben) sowie ein Feld Beschreibung (unten) mit erläuternden Texten. Dessen Inhalt wechselt je nach Mausposition. Erweiterte Einstellungen werden in der Praxis eher selten genutzt, sie können die Monitordarstellung stark verändern.

Was hat es nun mit den einzelnen Optionen und Funktionen auf sich?

Vordefinierte Settings unter »Einstellungen«

Im Dialog Farbeinstellungen gibt es eine Vielzahl möglicher Konfigurationen. Welche Konstellation »die beste« ist, kann nicht pauschal beantwortet werden. Die Auswahl richtet sich danach, für welches Medium Sie aktuell produzieren. Photoshop bietet für die wichtigsten Workflows fertige Voreinstellungen. Dadurch sparen Sie nicht nur viele Klicks, die angebotenen Optionskonstellationen gelten als »narrensicher«: Sie sind von Adobe getestet worden und werden für weniger erfahrene Nutzer empfohlen. In der Liste unter Einstellungen ① wählen Sie sie aus.

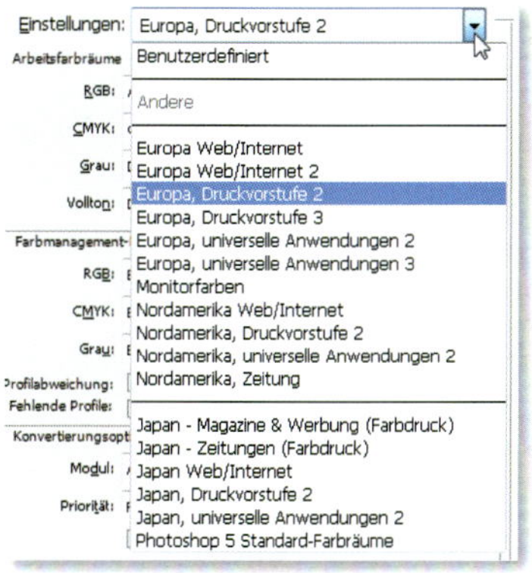

▲ **Abbildung 41.14**
Adobe liefert eine Reihe vorgefertigter Farbmanagement-Settings mit. Sie können jedoch auch eigene Einstellungen erstellen und sichern.

Arbeitsfarbräume

Arbeitsfarbräume sind ein anfangs schwer fassbares, aber dennoch sehr wichtiges Konstrukt: Sie ermöglichen die von konkreten Geräten unabhängige Beschreibung der Farben einer Datei. Sie sollen den Verlust von Farbinformationen bei der farbmanagement-gestützten Arbeit verhindern – oder zumindest verringern. Wie die profilierten Geräte haben auch Arbeitsfarbräume eigene Profile. Welches das »richtige« Arbeitsfarbraum-Profil ist, entscheidet sich jedoch nicht (anders als bei den Geräten) durch eine Messung. In welchem Arbeitsfarbraum Sie arbeiten, ist eine Festlegung (allerdings keine willkürliche). Photoshop liefert zahlreiche Profile für Arbeitsfarbräume mit.

Welche konkreten Vorteile das Konzept der Arbeitsfarbräume bringt, ist am besten zu verstehen, wenn man etwas zurückblickt: Bis vor einigen Jahren war im Farbmanagement nämlich noch der RGB-Farbraum des aktuell verwendeten Monitors der Ausgangspunkt für die Umrechnung von den in RGB vorliegenden Bilddaten in den CMYK-Farbraum. Das war aus zwei Gründen problematisch: Der Farbraum eines durchschnittlichen Feld-Wald-und-Wiesen-Monitors enthält im Bereich der Grün- und Cyantöne meist deutlich weniger gesättigte Farben, als im hochwertigen Vierfarbdruck darstellbar sind (Monitore mit besonders großem Farbraum gibt es auch, sie sind aber selten). Wenn Farbkonvertierungen zu CMYK auf der Grundlage eines solchen durchschnittlichen Monitorfarbraums erfolgten, kam es bei den später gedruckten Farben fast zwangsläufig zu Verlusten oder Farbverfälschungen. Da außerdem kaum ein Monitor exakt dieselben Farben umfasst wie der andere, erbrachten CMYK-Umwandlungen an verschiedenen Rechnern mit unterschiedlichen Monitoren auch unterschiedliche Ergebnisse. Mit dem Konzept »Arbeitsfarbraum« ist es nun möglich, die Beschreibung von Farbe in einem Dokument von ihrer Darstellung am Bildschirm zu trennen – Monitor und Datei haben jeweils ein eigenes Profil!

Farbmanagement-Einstellungen im Team

Die Funktionen Speichern und Laden können Sie auch nutzen, um sicherzugehen, dass alle Mitglieder eines Teams dieselben Farbmanagement-Einstellungen nutzen. Mit Speichern erzeugen Sie eine Datei (Endung .csf). Diese Datei können Sie natürlich weitergeben und per Befehl Laden auf anderen Rechnern verfügbar machen.

Unter **Mac OS** finden Sie die CSF-Datei hier: Benutzer/[Benutzername]/Library/Preferences/Adobe Photoshop CS6 Settings.

Vista und **Windows 7** speichern die Farbsettings unter: C:\Users\[Benutzername]\AppData\Roaming\Adobe\Adobe Photoshop CS6 Settings.

Der Arbeitsfarbraum, den Sie in Photoshop einstellen ❷, dient als Quellprofil für alle neuen Dateien, und er bestimmt das Erscheinungsbild von Bildern, die kein eigenes Profil mitbringen. Für den Umgang mit Dateien, deren Profile vom Arbeitsfarbraum abweichen, können Sie eigene Regeln festlegen (im Dialogfeld unter FARBMANAGEMENT-RICHTLINIEN ❸).

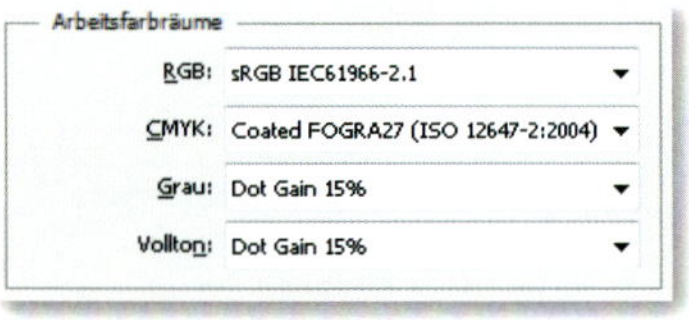

▲ **Abbildung 41.15**
Für RGB, CMYK, Graustufen und Volltonfarben können Sie einen Arbeitsfarbraum festlegen.

»Arbeits«-Farbraum CMYK?
Der Begriff »Arbeits«-Farbraum ist im Zusammenhang mit CMYK etwas irreführend, denn in CMYK wird selten gearbeitet. Die »Arbeits«-Farbraum-Einstellungen für CMYK betreffen die Art und Weise, wie die Konvertierung von RGB zu CMYK erfolgt. Ähnlich ist es bei Graustufen und Volltonfarben. Der wichtigste Modus zum *Arbeiten* ist und bleibt RGB, denn nur in diesem Modus wird der volle Funktionsumfang unterstützt, und viele Bildmanipulationen sind in RGB einfacher als in anderen Modi.

Wann nutzen Sie welchen Arbeitsfarbraum? | Für RGB und auch für CMYK, Graustufen und Volltonfarben können Sie im FARBEINSTELLUNGEN-Dialog zwischen verschiedenen Arbeitsfarbräumen wählen. Die Einstellungen unter GRAU und VOLLTON können meist vernachlässigt werden; der Wahl des RGB- und CMYK-Farbraums hingegen sollten einige Überlegungen vorangehen.

RGB-Arbeitsfarbräume | Wenn Sie sich mit Farbmanagement befassen, wird Ihnen öfter die Empfehlung begegnen, sRGB als RGB-Arbeitsfarbraum für die Web- und Screenproduktion zu nutzen und größere Farbräume wie Adobe RGB oder auch ColorMatch-RGB oder ECI-RGB als RGB-Arbeitsfarbraum, wenn Sie Bilder für den Druck vorbereiten.

Hat diese Empfehlung ihre Berechtigung? Ja und nein. Um mit Arbeitsfarbräumen und insbesondere dem RGB-Arbeitsfarbraum richtig umzugehen, ist es hilfreich, sich vor Augen zu halten, was ein Arbeitsfarbraum – neben der oben schon angesprochenen Trennung der Dateiprofile vom Bildschirmprofil – leisten soll. Eigentlich könnte der RGB-Arbeitsfarbraum auch »Standardfarbraum« heißen. Es sollte der Farbraum sein, der für das anvisierte Ausgabemedium die besten Bedingungen bietet, *und* idealerweise auch der Farbraum, in dem die meisten Ihrer Dateien sowieso vorliegen – ein Standard-Arbeitsfarbraum eben, mit dem der Farbmanagement-Arbeitsfluss unterbrechungsfrei und gut funktioniert.

Leider sind diese beiden Anforderungen an den idealen RGB-Arbeitsfarbraum oft genug unvereinbar, insbesondere dann, wenn Sie Ihre **Bilder für den Druck** vorbereiten. Eine wichtige Faustregel lautet: Wählen Sie den RGB-Arbeitsfarbraum so groß, dass die Farbräume aller Eingabegeräte und Ausgabegeräte hineinpassen. Wenn Sie Ihre Bilder später im Vierfarbdruck reproduzieren wollen, empfiehlt sich – eigentlich – ein großer RGB-Farbraum als Ausgangspunkt, also als Arbeitsfarbraum.

Abbildung 41.16 zeigt den relativ kleinen sRGB-Farbraum im Vergleich zu einem typischen Druckfarbraum. Es ist deutlich zu sehen, dass der Farbumfang von sRGB (Drahtmodell) zwar immer noch viel größer ist als der Farbraum, der mit den gedruckten Farben ausgefüllt werden kann (farbiger Körper). Allerdings ragt der Druckfarbraum auch an einigen Stellen aus dem sRGB-Farbraum heraus. Was folgt daraus? Wenn man sRGB zur Basis für die Konvertierung in CMYK-Druckdaten macht, kann der beim Drucken mögliche Farbumfang nicht vollständig ausgenutzt werden, denn an einigen Stellen fehlen die entsprechenden Farbdaten beim Ausgangsfarbraum schlichtweg. Die Lösung könnte darin bestehen, einen größeren RGB-Farbraum als Ausgangspunkt zu wählen!

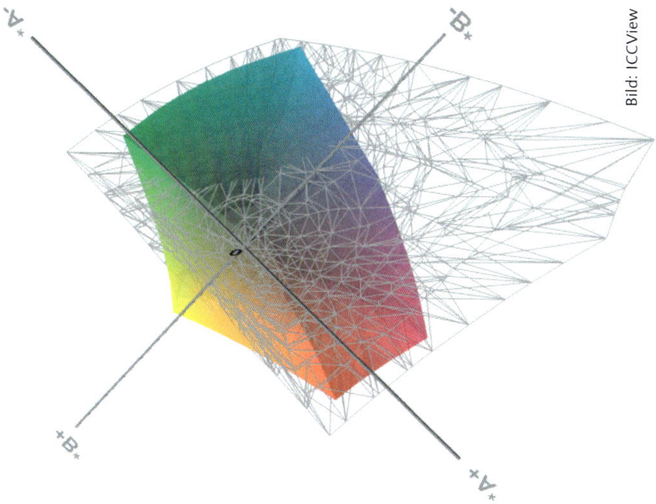

◂ **Abbildung 41.16**
Noch einmal zwei Farbräume im Vergleich. Das Drahtmodell markiert den Umfang des Farbraumes sRGB, und der farbige Kern stellt den Farbumfang eines typischen Druckprofils (ISOcoated) dar.

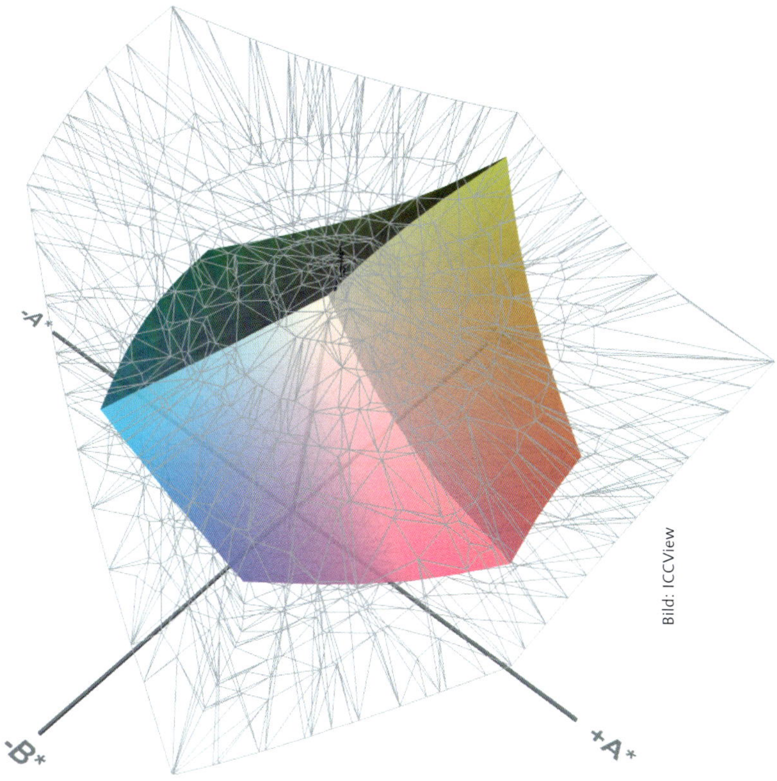

◂ **Abbildung 41.17**
Hier sehen Sie wieder den Farbumfang, der dem Druckprofil ISOcoated entspricht (aus etwas anderer Perspektive). Das umgebende Drahtmodell entspricht diesmal dem Umfang des ECI-Arbeitsfarbraumprofils.

Beherrscht Ihre Kamera Adobe RGB?

Wenn Ihre Digicam Adobe RGB oder einen anderen großen RGB-Farbraum beherrscht, können Sie den idealen Farbmanagement-Workflow mit wenigen Klicks einstellen. Definieren Sie ADOBE RGB in den Kameraeinstellungen als Ausgabefarbraum der Kamera und in den Photoshop-FARBEINSTELLUNGEN als RGB-Arbeitsfarbraum.

Auf den ersten Blick scheinen mit dem ECI-Profil als Arbeitsfarbraum (dem Drahtmodell in Abbildung 41.17) alle Probleme beseitigt: Es umfasst den Druckfarbraum (bunter Kern) vollständig. Mit ECI-RGB (oder einem anderen, vergleichbar großen Farbraum wie Adobe- oder ColorMatch-RGB) scheint der Farbraum gefunden, der für das geplante Ausgabemedium Druck die besten Bedingungen bietet.

Doch halt, was ist eigentlich mit den Dateien, die in diesem Farbraum verarbeitet werden sollen?

Nur in seltenen Fällen liegen alle Bilder in einem der idealen, großen RGB-Farbräume vor. Bilder aus verschiedenen Quellen bringen ganz verschiedene Profile mit: Scans sind im besten Fall mit dem zuvor erstellten oder installierten Scannerprofil versehen, Bilder aus Bilddatenbanken (besonders den semiprofessionellen) sind bunt gemischt und oft auch mit sRGB gespeichert. Dann taucht eine neue Frage auf: Soll das ursprüngliche Profil des Bildes erhalten bleiben, oder werden »abweichende« Bilder in den Arbeitsfarbraum konvertiert? Letzteres ist machbar. Je nachdem, mit welchen Profilen gearbeitet wurde und welche KONVERTIERUNGSOPTIONEN eingestellt wurden, kann die Umrechnung der Farbwerte die Bildqualität jedoch durchaus beeinträchtigen.

Abbildung 41.18 ▸
Farbwertumrechnungen zerlegen in einigen Fällen bisher glatte Verläufe in solche Streifenmuster (sogenanntes Banding). Eine Gegenmaßnahme ist die Option DITHER VERWENDEN (unter KONVERTIERUNGSOPTIONEN im FARBEINSTELLUNGEN-Dialog).

Und wenn das Gros der Dateien, die Sie bearbeiten, sowieso nicht mit dem gewählten – *eigentlich* idealen – Arbeitsfarbraum übereinstimmt, sollten Sie überlegen, ob der Arbeitsfarbraum tatsächlich geschickt gewählt ist. Bilder ohne Profil hingegen können Sie in der Regel ohne Schwierigkeiten mit dem Arbeitsfarbraum-Profil versehen.

Zum Weiterlesen
Konvertieren oder nicht? Dieser Frage gehen wir im Abschnitt »Farbmanagement-Richtlinien: Wie wird mit Dateien und Profilen verfahren?« auf Seite 1123 genauer nach.

Linktipps: Profile für RGB-Arbeitsfarbräume | Photoshop enthält von Haus aus zahlreiche Farbraum-Profile. Außerdem können Sie weitere ICC-Profile für spezielle Anforderungen herunterladen.

ECI-RGB wurde von der European Color Initiative speziell als Arbeitsfarbraum für die spätere CMYK-Ausgabe entwickelt. Adobe liefert dieses Arbeitsfarbraum-Profil nicht mit. Sie können es von *www.eci.org*

herunterladen und wie oben beschrieben installieren. Es steht dann auch in der Liste unter FARBEINSTELLUNGEN zur Verfügung.

Die Arbeitsgruppe Photogamut (»gamut« bedeutet »Farbraum«) hat mit **PhotoGamutRGB** ein ICC-Profil entwickelt, das sich als RGB-Arbeitsfarbraum speziell für Fotografen, Fachlabore und Digitaldruck-Dienstleister eignet. Mehr Informationen und das Profil zum Herunterladen finden Sie unter *www.photogamut.org*.

Bilder für die Bildschirmanzeige | Wer Bilder bearbeitet, die ausschließlich für die Wiedergabe am Bildschirm gedacht sind, also Web- und Screendesigner ist, braucht sich um Farbmanagement im Allgemeinen und so auch um den Arbeitsfarbraum nicht so viele Sorgen zu machen. Hier kommen Sie mit sRGB als Arbeitsfarbraum gut zurecht. sRGB ist den meisten Monitorprofilen recht ähnlich, und fast alle Digitalkameras liefern Bilder mit diesem Farbraum (das schon erwähnte Adobe RGB wird nur von höherwertigen Modellen unterstützt). Außerdem ist sRGB vom W3C für die Darstellung von Inhalten im Web empfohlen worden und ist auch der Systemstandard für viele Treiber und andere Devices. Sie können zwar nie wissen, wie der Bildschirm des Surfers eingestellt ist, bei dem die Internetbilder dann landen – insofern ist Farbverbindlichkeit im Netz und für andere Bildschirm-Nutzungen ohnehin nicht zu gewährleisten. In gewisser Weise ist sRGB jedoch der kleinste gemeinsame Nenner und somit ganz gut geeignet.

Arbeitsfarbräume für CMYK | Die Wahl des CMYK-Arbeitsfarbraums ergibt sich ziemlich logisch aus dem anvisierten Druckprozess respektive der zu bedruckenden Papierart. In jedem Fall empfiehlt es sich, mit Ihrem Druckdienstleister Rücksprache zu halten. Wenn Sie tatsächlich von Ihrer Druckerei Profile bekommen haben, sollten Sie sie hier nutzen.

Sie finden das Profil trotz korrekter Installation nicht in der Liste der CMYK-Arbeitsfarbräume? Dann ist es unter Umständen notwendig, dass Sie in der Liste zunächst auf CMYK-EINSTELLUNGEN LADEN klicken. Daraufhin öffnet sich ein Dialog, der den Inhalt des (systemabhängigen) Profile-Ordners zeigt. Dort navigieren Sie zum gewünschten Profil und fügen es durch einen Klick auf LADEN zur Liste im FARBEINSTELLUNGEN-Dialog hinzu (Abbildung 41.19).

Wenn Sie kein spezielles Profil bekommen haben, müssen Sie sich eines aus der Liste aussuchen. Beachten Sie hierbei, dass sich in der Liste einige Profile tummeln, die für europäische Druck-Gepflogenheiten nicht passen (so die US-Profile) oder die veraltet sind. **Euroskala**-Profile sind definitiv nicht mehr auf der Höhe der Zeit: Manche Druckereien

Schwierigkeiten mit ProPhoto RGB
Ein großer Umfang macht einen RGB-Farbraum nicht uneingeschränkt zum besten Arbeitsfarbraum für Foto- und Druckspezialisten: ProPhoto RGB, der speziell für Fotografen gedacht ist, ist nicht nur immens groß, sondern zeichnet sich auch durch besonders satte Farben aus. Bei der Konvertierung durch das Color-Management-Modul (siehe unten) können jedoch durch Ungenauigkeiten Farbverluste entstehen.

[W3C]
Das **World Wide Web Consortium** (W3C) ist ein Anfang der neunziger Jahre gegründetes Gremium, das die Standardisierung der im Netz benutzten Techniken vorantreibt.

[Separation]
Ursprünglich wurde mit dem Begriff *Separation* die Herstellung von einzelnen Farbauszügen (Druckvorlagen) für die vier Durchgänge des Vierfarbdrucks (je ein Auszug für Cyan, Magenta, Gelb und Schwarz) bezeichnet. Heute wird auch das Umrechnen der (RGB-) Dokumentfarben in die vier Druckfarben »Separation« genannt. In dieser Bedeutung ist der Begriff nicht ganz korrekt, er hat sich aber eingebürgert.

▲ **Abbildung 41.19**
Nicht alle vorhandenen CMYK-Arbeitsfarbraumprofile sind in der Liste zu finden. Profile können aber nachgeladen werden.

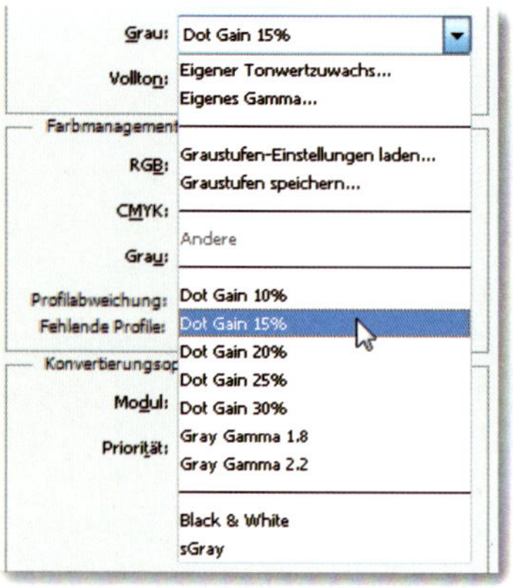

▲ **Abbildung 41.20**
»Arbeitsfarbraum«-Einstellungen für Graustufen

[Tonwertzuwachs]
Der Tonwertzuwachs bewirkt das unbeabsichtigte »Nachdunkeln« von Bildern beim Drucken. Der Effekt kommt zustande, wenn die Farbe der gedruckten Rasterpunkte auf dem Papier verläuft. Bei guten Papierqualitäten gibt es weniger, bei schlechten mehr Tonwertzuwachs.

nehmen keine Dateien mehr an, die nach Euroskala separiert wurden. Mit **Coated FOGRA27** fahren Sie gut, wenn Sie Ihre Datei für den Druck auf gestrichenem Papier vorbereiten. Für den Zeitungsdruck tut es das oben erwähnte Profil der QUIZ.

Tonwertzuwachs für Graustufen und Volltonfarben | Unter Grau und Vollton finden Sie nicht so viele Optionen wie bei den RGB- und CMYK-Arbeitsfarbräumen. Hier können Sie lediglich den Tonwertzuwachs festlegen. Er ist im Dialogfeld mit dem amerikanischen Terminus Dot Gain bezeichnet.

Nur wenn Sie Graustufen oder Volltonfarben in Ihrer Datei verwenden, müssen Sie unter Grau oder Vollton etwas einstellen. Sie sollten sich dann entweder mit Ihrer Druckerei absprechen oder den Wert wählen, der für den zuvor festgelegten CMYK-Arbeitsfarbraum gilt. Um den festzustellen, klappen Sie nochmals die CMYK-Arbeitsfarbraumliste auf und gehen dort auf Eigenes CMYK. Im Dialog, der sich dann öffnet, sehen Sie unter Druckfarben-Optionen auch einen Eintrag bei Tonwertzuwachs. Schließen Sie alle Fenster *ohne Änderung*, und prüfen Sie, dass nicht irrtümlich der CMYK-Arbeitsfarbraum verändert wurde.

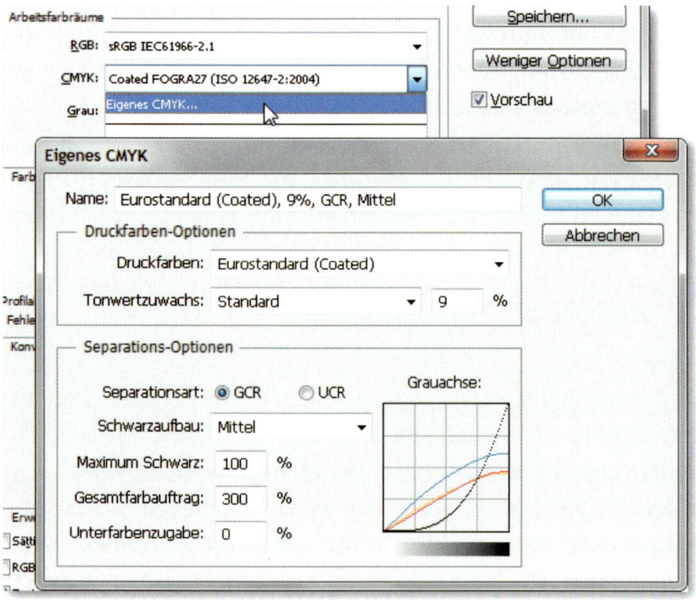

▲ **Abbildung 41.21**
Im Dialog Eigenes CMYK können Sie selbst die gewünschten CMYK-Eigenschaften festlegen, aber auch sehen, welche Parameter Ihr CMYK-Arbeitsfarbraum eigentlich nutzt. In Abschnitt 42.3, »Dateien für den professionellen Druck«, lernen Sie ihn näher kennen. Die Einstellungen hier sind nur etwas für erfahrene Druckprofis!

Farbmanagement-Richtlinien: Wie wird mit Dateien und Profilen verfahren?

Sie haben nun die Arbeitsfarbräume für die verschiedenen Modi festgelegt. Alle neu erzeugten Dateien verwenden automatisch den Farbumfang des Arbeitsfarbraum-Profils.

Mögliche Fälle | Bei allen anderen Dateien sind folgende Fälle denkbar:

- Ihnen liegt eine **Datei vor, deren eigenes Profil mit dem Profil des Arbeitsfarbraums übereinstimmt**. Dieser Fall ist völlig unkompliziert. Sie müssen sich nicht weiter darum kümmern.
- Sie erhalten eine Datei, deren **Profil vom Arbeitsfarbraum abweicht**. Die Datei kann mit einem abweichenden Scanner- oder Kameraprofil ausgestattet sein, oder der Bildlieferant arbeitet absichtlich oder irrtümlich mit anderen Voreinstellungen. (Muss der Workflow besser abgesprochen werden?)
- Sie bekommen eine **Datei ohne Profil**. Das kann passieren, weil entweder die Anwendung, mit der sie erzeugt wurde, kein Farbmanagement beherrscht oder weil die Farbmanagement-Optionen deaktiviert waren.
- Gelegentlich gibt es auch **Dateien mit einem falschen Profil**. Das heißt, jemand hat der Datei ein – irgendein – Profil zugewiesen, das aber nicht die Farbeigenschaften dieser Datei bzw. des Geräts, mit dem die Datei erzeugt wurde, beschreibt. Wenn Ihr Monitor korrekt kalibriert und profiliert ist, stehen die Chancen gut, dass Ihnen solche Dateien durch ihre schräge Farbdarstellung auffallen.

Häufiges Missverständnis
Eigentlich ist es einfach und eindeutig: Das Profil, das an einer Datei hängt, soll die Farbcharakteristik *dieser Datei* beschreiben. Nicht jeder hält sich aber daran. »Große Farbräume sind prima und funktionieren immer«, scheinen sich manche Anwender zu sagen und versehen ihre RGB-Datei willkürlich mit dem Profil eines der großen RGB-Farbräume, die für Printbilder so ideal sind. Dieses Vorgehen wirft alle Intentionen des Farbmanagements über den Haufen!

◂ **Abbildung 41.22**
Ausschnitt aus dem Dialog Farbeinstellungen: Wie soll mit abweichenden Profilen verfahren werden?

Optionen | In den Farbmanagement-Richtlinien legen Sie (für jeden Farbmodus bzw. Arbeitsfarbraum gesondert) fest, wie mit Dateien ohne Profil und mit Dateien, deren Profil von Ihrem Arbeitsfarbraum abweicht, verfahren wird. Die Farbmanagement-Richtlinien sind übrigens nicht nur beim regulären Öffnen von Dateien wirksam. Auch beim Import, bei Drag & Drop zwischen Dateien oder beim Datentransfer per Copy & Paste greifen die gewählten Optionen. Sie haben die Wahl zwischen drei Einstellungen:

- Die Option Aus ignoriert beim Öffnen oder Importieren von Dateien jegliche Profile. Auch beim späteren Speichern wird kein Profil an das Bild angehängt. Ein Farbmanagement findet nicht statt. Diese Option löscht beim Speichern der Datei auch alle eventuellen Profildaten, die ursprünglich in die Datei eingebettet waren. So werden Sie falsche Profile wieder los.

- Eingebettete Profile beibehalten erhält das – abweichende – Profil, mit dem die Datei versehen ist, die Sie gerade öffnen. Datei und Arbeitsfarbraum haben also weiterhin unterschiedliche Profile. Verfügt ein Bild über kein Profil, kann natürlich auch nichts erhalten werden.
- In RGB-Arbeitsfarbraum konvertieren konvertiert die Daten eines geöffneten oder importierten Bildes in das aktuelle Arbeitsfarbraum-Profil. Auch Bilder, die kein eigenes Profil haben, werden nun in den Arbeitsfarbraum konvertiert.

Checkboxen | Im Feld Farbmanagement-Richtlinien finden Sie drei Checkboxen 1 (Abbildung 41.22). Sind sie aktiv, erscheint eine zusätzliche Abfrage auf Ihrem Bildschirm, sobald Sie Bilder ohne Profil oder mit vom Arbeitsfarbraum abweichenden Profilen öffnen.

Auch wenn die dann auftauchenden Hinweisfenster ein bisschen nerven, kann ich die Aktivierung dieser drei Optionen nur empfehlen. Denn trotz aller Theorie und im Hintergrund laufender Berechnungen – Farbmanagement ist kein rein mechanisch arbeitendes System, das man nur einmal in Gang bringen müsste. Ihre Entscheidungen und Ihre Kenntnisse sind nach wie vor gefragt! Die kleine Hinweisbox kann Ihr Bild vor einer gedankenlos durchgeführten Farbraum-Konvertierung bewahren.

▲ **Abbildung 41.23**
Abweichendes Farbprofil

▲ **Abbildung 41.24**
Kein Profil

▲ **Abbildung 41.25**
Ungespeicherte Änderungen

▲ **Abbildung 41.26**
Hier stimmen Profil und Arbeitsfarbraum überein.

Kompakte Profilinfo in der Titel- und Statusleiste | Die Titelleiste von Dokumenten verrät Ihnen nicht nur, in welchem Farbmodus eine Datei vorliegt. Kleine Symbole – Sternchen und Rauten – zeigen auch an, ob das Bild ein Profil hat und wie sich dieses zum Arbeitsfarbraum verhält. Diese Information sollten Sie insbesondere dann im Blick behalten, wenn Sie die Profilwarnungen im Dialog Farbeinstellungen deaktiviert haben.

- Wenn Sie direkt hinter der Angabe zur Farbtiefe (Bit-Angabe in Klammern) ein Sternchen * sehen, stimmt das Farbprofil des Bildes nicht mit dem Arbeitsfarbraum überein (Abbildung 41.23).
- Steht ein Sternchen bei der Bitzahl in der Klammer und eines hinter der Klammer, sind Änderungen im Bild noch nicht gespeichert worden *und* das Farbprofil des Bildes weicht vom Arbeitsfarbraum ab (Abbildung 41.25).
- Wenn hinter der Bitzahl eine Raute # erscheint, hat das Bild kein Farbprofil (Abbildung 41.24).

- Folgt auf die Bitzahl kein weiteres Symbol, stimmen das Farbprofil der Datei und der Arbeitsfarbraum überein.

Wenn Sie noch genauere Informationen zum Dateiprofil brauchen, sehen Sie in der Bild-Statusleiste nach. Eventuell müssen Sie dort die Anzeige des Profils (durch Klick auf das Miniaturdreieck) erst aktivieren.

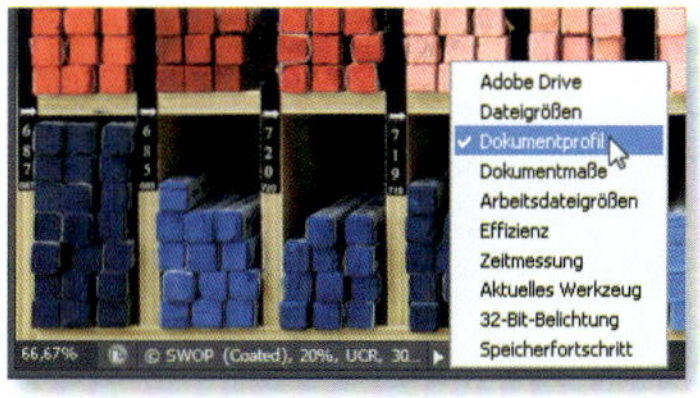

▲ **Abbildung 41.27**
So aktivieren Sie die Profilanzeige in der Bild-Statusleiste.

Einstellungen bei Dateien mit abweichendem Profil | Bei Dokumenten, deren Profil mit dem Arbeitsfarbraum übereinstimmt, funktioniert der Farb-Workflow nahtlos. Dateien ohne Profil sind gewissermaßen nackt und liefern keine Anhaltspunkte dafür, wie sie eigentlich aussehen sollen – genau das wäre ja die Aufgabe des Dateiprofils. Bei Dateien mit falschem Profil verhält es sich ähnlich. Und bei Dateien mit abweichendem Profil? Grundsätzliche Empfehlungen pro oder contra Farbraum-Konvertierung zu geben ist unmöglich. An kaum einer anderen Stelle im Farbmanagement sind Ihre Entscheidungen so wichtig, und leider ist dieses auch der Punkt, an dem einiges schiefgehen kann.

Es sind Arbeitssituationen und Workflow-Konstellationen denkbar, in denen das Konvertieren besser ist, in anderen Fällen sollten Sie unbedingt davon Abstand nehmen – und manchmal müssen Sie es einfach ausprobieren. Einige typische Fälle:

- **RGB-Datei mit einem Profil, das vom Arbeitsfarbraum abweicht:** Dokumentprofile transportieren in einem korrekten Farbmanagement-Workflow die notwendigen Informationen, damit das Bild so farbrichtig wie möglich dargestellt werden kann. Das sagt eigentlich alles: Ein Konvertieren ist nur in Ausnahmefällen nötig.
- **RGB-Datei ohne Profil:** Hier haben Sie keinerlei Vorgaben, wie die Bildfarben eigentlich aussehen sollen. Wenn es Ihnen nicht gelingt, durch Rücksprache mit dem Bildlieferanten zu klären, welches der genaue Bild-Farbraum sein könnte, müssen Sie der Datei versuchsweise verschiedene Profile anhängen (z. B. per BEARBEITEN • PROFIL ZUWEISEN) und schauen, welches Profil brauchbare Bildfarben erzeugt. Das hört sich nach viel Arbeit an, da aber sRGB der Standard von sehr vielen Applikationen und Geräten ist (stillschweigend auch von solchen, die kein Farbmanagement betreiben), hat die Suche oft bereits nach einem Versuch ein Ende. Bequemer ist es, eine solche Datei einfach in den Arbeitsfarbraum konvertieren zu lassen. Tatsächlich verwenden viele Nutzer den Arbeitsfarbraum als Fallback-Lösung für solche Fälle – dabei werden dann aber die Original-Bilddaten verändert.
- **RGB-Datei mit einem falschen Profil:** Hier entledigen Sie sich am besten des falschen Profils und gehen dann so vor wie bei einer Datei

Zum Weiterlesen
Der **Farbaufbau** bestimmt das Farbergebnis im Druck entscheidend mit. Die Informationen dazu sind im Farbprofil einer Datei hinterlegt. Mehr über das Thema lesen Sie in Abschnitt 43.3, »Dateien für den professionellen Druck«.

ohne Profil. Vielleicht gelingt es Ihnen aber auch, mit dem Lieferanten des Bildes zu klären, was eigentlich beabsichtigt war.

- **CMYK-Datei mit abweichendem Profil:** Das Profil einer CMYK-Datei enthält Anweisungen für den Druck. Wenn Sie eine solche Datei einfach in den Arbeitsfarbraum konvertieren, gehen nicht nur die ursprünglichen Farbwerte, sondern auch die Informationen über den beabsichtigten Farbaufbau verloren. Können Sie davon ausgehen, dass der Urheber wusste, was er mit der Datei macht? Dann ändern Sie lieber nichts. Zu bedenken ist auch, dass CMYK-Farbräume ohnedies recht klein sind – bei der Umrechnung wird also eine geringere Genauigkeit erreicht als bei RGB. Allenfalls wenn zwischen dem Profil und dem beabsichtigten Druckverfahren eine große Abweichung besteht, sollten Sie konvertieren; zum Beispiel, wenn die Datei qua Profil für den Druck auf hochwertigem Papier eingerichtet ist, eigentlich aber auf Zeitungspapier gedruckt werden soll.
- **CMYK-Datei ohne Profil:** Auch in so einem Fall fischen Sie ein wenig im Trüben, denn über das eigentlich gewollte Erscheinungsbild des Dokuments gibt es keine Informationen. Auch hier empfiehlt es sich, das Dokument nicht zu konvertieren, sondern ihm das Arbeitsfarbraum-Profil zuzuweisen. Falls Sie diese Datei zur weiteren Bearbeitung weitergeben, kann es allerdings besser sein, auf ein Farbmanagement zu verzichten und die Datei ohne Profil zu lassen. So vermeiden Sie, dass es zur falschen Farbumsetzung kommt, falls der Nächste, der die Datei anfasst, davon ausgeht, dass Ihr »Notfall«-Profil das eigentlich richtige ist.

Konvertieren oder neue Profile zuweisen? | Sofern Sie sich nicht dafür entscheiden, Farbmanagement ganz zu ignorieren (Option Aus), stellen die Farbmanagement-Richtlinien Sie vor die Wahl, die Dokumentfarben in den Arbeitsfarbraum zu konvertieren oder das eingebettete Profil zu verwenden. Es gibt jedoch noch eine weitere Möglichkeit: Entfernen Sie ein bestehendes Profil von der Datei, und weisen Sie ihr ein neues Profil zu. Dafür nutzen Sie den Befehl Bearbeiten • Profil zuweisen.

Abbildung 41.28 ▶
Profil zuweisen

Mit dem Befehl Farbmanagement auf dieses Dokument nicht anwenden entfernen Sie ein bereits vorhandenes Profil aus dem Dokument.

Das Arbeitsfarbraum-Profil weisen Sie durch einen Klick zu, Sie können aber auch ein beliebiges anderes aus einer Liste auswählen. Durch das Zuweisen eines neuen Profils bleiben die Farbwerte im Dokument unverändert; seine Darstellung am Monitor kann sich allerdings ändern. Umgekehrt verhält es sich beim Konvertieren einer Datei in den Arbeitsfarbraum: Dann bleibt die Farbdarstellung annähernd gleich, aber die Farbwerte ändern sich.

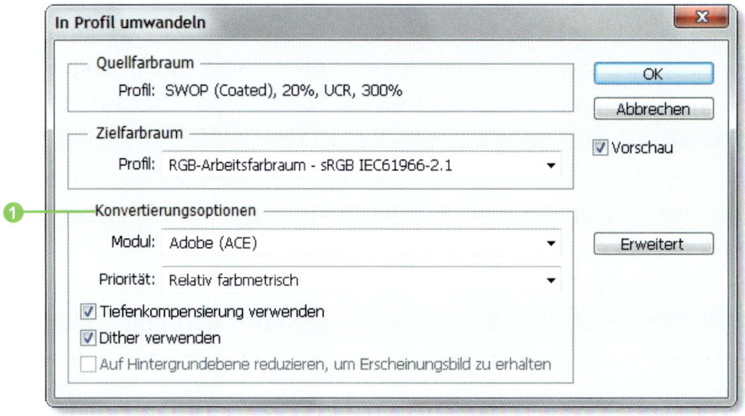

◀ **Abbildung 41.29**
In Profil umwandeln

Speicheroptionen und Speicherformate

Wenn Sie mit Farbmanagement und folglich auch mit Dateien arbeiten, zu denen Profile gehören, achten Sie beim Speichern der Datei darauf, dass die Option FARBE: ICC-PROFIL: *[Name des Profils]* aktiv ist. Die folgenden Dateiformate lassen das Speichern mit Profilen zu: PSD, PDF, TIFF, JPEG, EPS und das große Dokumentformat PSB.

Auch das können Sie übrigens später noch erledigen – mit dem Befehl BEARBEITEN • IN PROFIL UMWANDELN. Sie finden im Dialog nicht nur eine Liste möglicher Umwandlungsziele, sondern auch die KONVERTIERUNGSOPTIONEN 1. Die Funktion IN PROFIL UMWANDELN können Sie zum Beispiel nutzen, wenn Sie zwar ein Scannerprofil erstellt haben, Ihre Scannersoftware Ihnen aber nicht die Möglichkeit lässt, das passende Profil direkt an die Datei anzuhängen.

Konvertierungsoptionen: Wie wird umgerechnet?

Die Profile allein bewirken natürlich noch nichts. Erst Photoshop (oder eine andere geeignete Anwendung) kann die in den Profildateien enthaltenen Informationen verwerten und umrechnen. Unter KONVERTIERUNGSOPTIONEN nehmen Sie die Einstellungen vor, die für diese Berechnungen maßgeblich sind.

Modul | Mit MODUL legen Sie fest, welche »Rechenmaschine« intern benutzt wird, um die Informationen aus den Profilen auszulesen und umzusetzen. Nicht nur Adobe-Anwendungen müssen Farbräume umrechnen, auch andere Applikationen tun das. Daher gibt es neben dem Adobe-eigenen Color-Management-Modul (so der gebräuchlichere Begriff für diese Softwarekomponente) auch Farbrechner auf Systembasis.

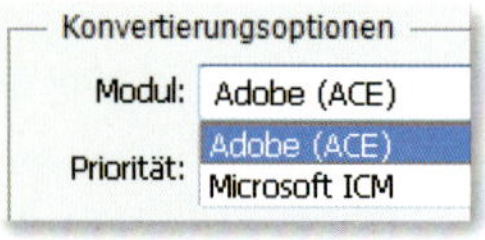

▲ **Abbildung 41.30**
In Photoshop finden Sie immer jeweils die Adobe-Engine und das jeweilige systemeigene CMM.

[Color-Management-Modul]
Color-Management-Module sind Farbrechner: Softwarekomponenten, die die Umrechnung von einem Farbraum in den anderen durchführen. Häufig werden sie auch mit »CMM« abgekürzt. Die Abkürzung ist missverständlich: Auch die Priorität heißt manchmal CMM – das steht dann aber für »Color Matching Method«.

Das Color-Management-Modul (CMM) von Adobe heißt **ACE** – Adobe Color Engine. Windows bietet das Image Color Matching (**ICM**), bei Apple ist es **ColorSync**, das im Hintergrund rechnet.

Die jeweiligen CMMs produzieren durchaus unterschiedliche Ergebnisse, aber es ist zu schwierig, vorherzusagen, wie diese Ergebnisse aussehen. Insofern gibt es auch hier keine Empfehlung, welche Einstellung »besser« ist. Zwei Grundregeln:

- Wenn Sie Daten zwischen verschiedenen Adobe-Anwendungen (oder -Anwendern) austauschen, fahren Sie mit Adobes ACE ganz gut. Das gilt insbesondere dann, wenn unterschiedliche Betriebssysteme involviert sind!
- Wichtiger als die Entscheidung, *welches* CMM Sie verwenden, ist, dass alle Beteiligten im Workflow *das gleiche* CMM benutzen.

Priorität | Interessanter wird es wieder bei der Einstellung der Priorität. Auch hier hat Adobe eine Bezeichnung gefunden, die sonst eher unüblich ist. Die »Priorität« ist andernorts eher als »Renderpriorität«, »Wahrnehmungspriorität« oder häufiger noch als »Rendering Intent« bekannt. Der letzte Terminus – übersetzt bedeutet er etwa »Umrechnungsziel« – trifft den Kern der Sache ganz gut.

Bei der Umrechnung der Farbwerte von einem Farbraum in einen anderen ist häufig mehr als nur ein Ergebnis möglich. Sie haben ja nun bereits an mehreren Farbraum-Modellen gesehen, wie unterschiedlich Farbräume sein können: nicht nur hinsichtlich ihrer schieren Größe, sondern auch in der räumlichen Positionierung. Unter Priorität bestimmen Sie nun, wie gerechnet wird, und vor allem, wie mit den Farben des Ausgangsfarbraums verfahren wird, die sich nicht innerhalb des Umfangs des Zielfarbraums befinden. Priorität legt also letzten Endes fest, wie das Bild nach der Berechnung erscheint.

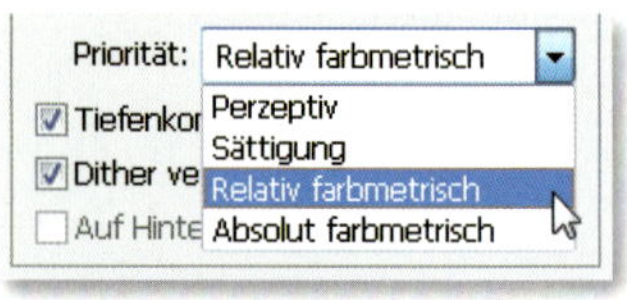

▲ **Abbildung 41.31**
(Wahrnehmungs-)Priorität: vier Optionen – vier mögliche Wege, um die Farben eines bestimmten Farbraums in einen anderen Farbraum zu überführen

- Ist die Option Perzeptiv gewählt, orientiert sich die Umrechnung an der menschlichen Farbwahrnehmung: Die ursprünglichen Farben werden so in den Zielfarbraum umgerechnet, dass sie anschließend für uns sehr ähnlich *wirken*. Die *Farbwerte* können sich dabei ändern. Diese Option ist gut für Fotos geeignet, die zahlreiche Farbwerte außerhalb des Zielfarbraums aufweisen.
- Mit der Renderpriorität Sättigung wird – wenig überraschend – versucht, vor allem die Sättigung der Bildfarben zu erhalten. Der Farbeindruck bleibt lebendig und lebhaft, die Relation der Farben zueinander wird jedoch nicht exakt in den Zielfarbraum überführt. Diese Einstellung eignet sich folglich für alle Fälle, in denen es eher

auf helle, satte Farben ankommt als auf Genauigkeit, so zum Beispiel für Diagramme oder Schaubilder.

- Relativ farbmetrisch gleicht den Weißpunkt von Quell- und Zielfarbraum ab und verschiebt *alle* Farben dementsprechend. Farben, die dann immer noch nicht im Farbumfang des Zielfarbraums liegen, werden in Richtung der ähnlichsten reproduzierbaren Farbe verschoben. Mit diesem Rendering Intent bleiben mehr Originalfarben erhalten als bei der perzeptiven Umrechnung. Insgesamt können die Bildfarben jedoch etwas weniger gesättigt wirken. Relativ Farbmetrisch ist die Standard-Renderpriorität für die Druckvorstufe in Europa.
- Absolut farbmetrisch wirkt ähnlich wie Relativ Farbmetrisch. Hier wird allerdings darauf verzichtet, die Weißpunkte abzugleichen. Das hat zur Folge, dass die Ausgangsfarben, die ohnehin im Farbumfang des Zielfarbraums liegen, gar nicht verändert werden. Es bleiben also viele Originalfarben erhalten, dennoch kann sich die Relation der Farben zueinander ändern, da einige verschoben werden, andere nicht. Diese Priorität eignet sich – laut Adobe – vor allem für das digitale Proofing, denn hier wird das Papierweiß (gemäß Festlegung im CMYK-Profil) simuliert.

[Proofing, Softproof, Digitalproof]
Das Proofing liefert eine ungefähre Vorschau des zu erwartenden Druckergebnisses auf dem Bildschirm. In Photoshop rufen Sie dafür Ansicht • Farbproof auf.

Enthält mein Bild viele nicht-druckbare Farben?

Um zu überprüfen, wie viele Farben eines Bildes bei der Umwandlung in CMYK kritisch sind, wählen Sie Ansicht • Farbumfang-Warnung. Die Bildfarben, die nicht im Farbraumumfang des Zielfarbraums enthalten sind, werden grau markiert. Der Anzeige wird offenbar der CMYK-Arbeitsfarbraum zugrunde gelegt.

Ist die Farbumfang-Warnung aktiviert, zeigen graue Bereiche die Tonwerte im Bild an, die bei einer Übertragung in den CMYK-Arbeitsfarbraum umgerechnet werden müssten.

▲ **Abbildung 41.32**
Ausgangsbild

▲ **Abbildung 41.33**
Anzeige mit aktiver Farbumfang-Warnung

Weitere Einstellungen zur Konvertierung | Unterhalb der PRIORITÄT-Einstellung finden Sie einige zusätzliche Optionen, die vor allem dazu gedacht sind, Defizite aufzufangen, die sich bei einigen Rendering Intents ergeben.

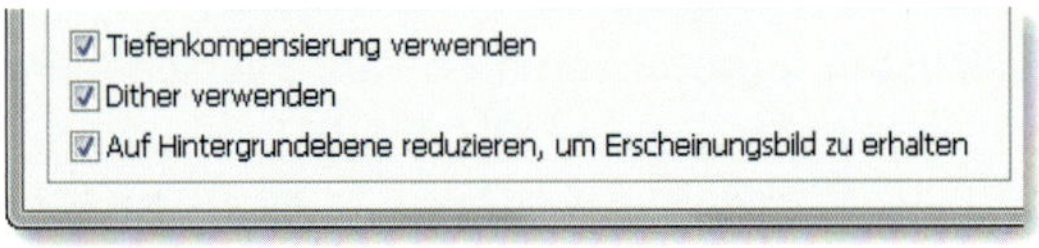

Abbildung 41.34 ▶
Per Checkbox können Sie zusätzliche Optionen aktivieren.

- Die Option TIEFENKOMPENSIERUNG VERWENDEN ist vor allem bei der relativ farbmetrischen Umrechnung sinnvoll. Denn dabei wird zwar der Weißpunkt angepasst, nicht aber der Schwarzpunkt. Daher kann es zu Verlusten der Tiefenzeichnung kommen (wenn der Schwarzpunkt des Zielfarbraums heller ist als der ursprüngliche Schwarzpunkt; das ist z. B. für den Zeitungsdruck typisch), oder aber der Farbumfang des Zielfarbraums wird in den Tiefen nicht ganz ausgenutzt, und Schwarz erscheint grau. Die Tiefenkompensierung passt die Schwarzpunkte an, so dass der volle Tonwertumfang des Ausgangsfarbraums im Zielfarbraum abgebildet werden kann.
- Wie ich schon erwähnt habe, können glatte Farbverläufe bei der Umrechnung ungewollt zu streifigen Mustern werden. Das tritt vor allem bei Bildern mit 8-Bit-Farbkanälen auf. DITHER VERWENDEN wirkt dem entgegen, indem es ein Dither-Muster in die errechneten Farbwerte einstreut. Dadurch ist dieser Fehler weniger deutlich zu sehen.

Zum Weiterlesen
Der **Schwarz- und der Weißpunkt** sind gewissermaßen die Eckdaten von Farbräumen und dem Farbumfang eines Bildes. In Kapitel 19, »Präzisionsarbeit am Histogramm: Die Tonwertkorrektur«, erfahren Sie mehr darüber.

Kapitel 42

Dateien richtig drucken

Photoshop bietet für den Druck am Desktopdrucker zahlreiche gute Möglichkeiten, steht Ihnen aber genauso kompetent zur Seite, wenn Sie Ihre Bilder für den professionellen Druck vorbereiten müssen. In diesem Kapitel lernen Sie deshalb zunächst den umfangreichen Druckdialog mit seinen Optionen kennen und erfahren dann alles über CMYK-Konvertierung & Co.

42.1 Photoshops Druckbefehle: Drucken auf dem Desktop-Drucker

Für viele Anwender bedeut »ein Bild drucken« nichts anderes, als die Datei zum heimischen Drucker zu schicken – sei es nun ein Inkjet-, ein Laser- oder ein spezieller Fotodrucker. Und in der Tat ist es keine schlechte Möglichkeit, ein Bild auf Papier zu bringen: Inzwischen sind akzeptable Drucker zu erschwinglichen Preisen zu haben, und Papiere und Tinten gibt es in guter Qualität. Ein »selbstgedrucktes« Foto kann einem Bild vom Belichtungsdienst qualitativ sehr nahe kommen. Und auch wenn Online-Fotodienste flott arbeiten – das Selbstdrucken zu Hause geht noch schneller.

Der richtige Bildmodus: RGB!
Während Sie Bilder, die auf professionellen Vierfarb-Druckmaschinen reproduziert werden, immer in CMYK konvertieren – jeder Farbkanal entspricht dann einer Druckplatte –, sollten Sie dies unbedingt *unterlassen*, wenn Sie auf Ihrem eigenen Desktopdrucker drucken. Der Drucker versteht RGB besser.

Druckbefehle und -optionen | Photoshop enthält zwei verschiedene Druckbefehle. Über Datei • Drucken erreichen Sie ein umfangreiches Dialogfeld mit zahlreichen Einstellungsmöglichkeiten. Bis Sie dort alle Optionen »durch« haben, sind Sie mitunter schon einige Minuten beschäftigt. Daher gibt es noch einen weiteren Druckbefehl für schnelles Ausdrucken: Eine Kopie drucken druckt ein Exemplar des aktuellen Dokuments.

42.2 Der Befehl »Drucken« – üppige Einstellungen für den Desktopdrucker

Aufgeräumter Druckdialog
Der Druckdialog wurde neu sortiert. Die verschiedenen Steuerungsmöglichkeiten sind in einzelnen Fächern untergebracht, die Sie auf- und zuklappen können. Dadurch ist alles viel übersichtlicher.

Der interessanteste Druckbefehl ist DRUCKEN (Strg/cmd+P). Hier können Sie die umfangreichen Photoshop-eigenen Ausgabeoptionen bearbeiten. Von hier erreichen Sie, wenn nötig, auch die Einstellungen des Druckertreibers. Diese sind systemabhängig und können ganz unterschiedlich aussehen.

Ganz links sehen Sie (unverkennbar) eine **Druckvorschau**. Position und Größe des zu druckenden Bildes auf dem Papierformat werden angezeigt. Hardware-abhängig wird dort auch ein Rand angezeigt, der den nicht bedruckbaren Rand der Seite markiert.

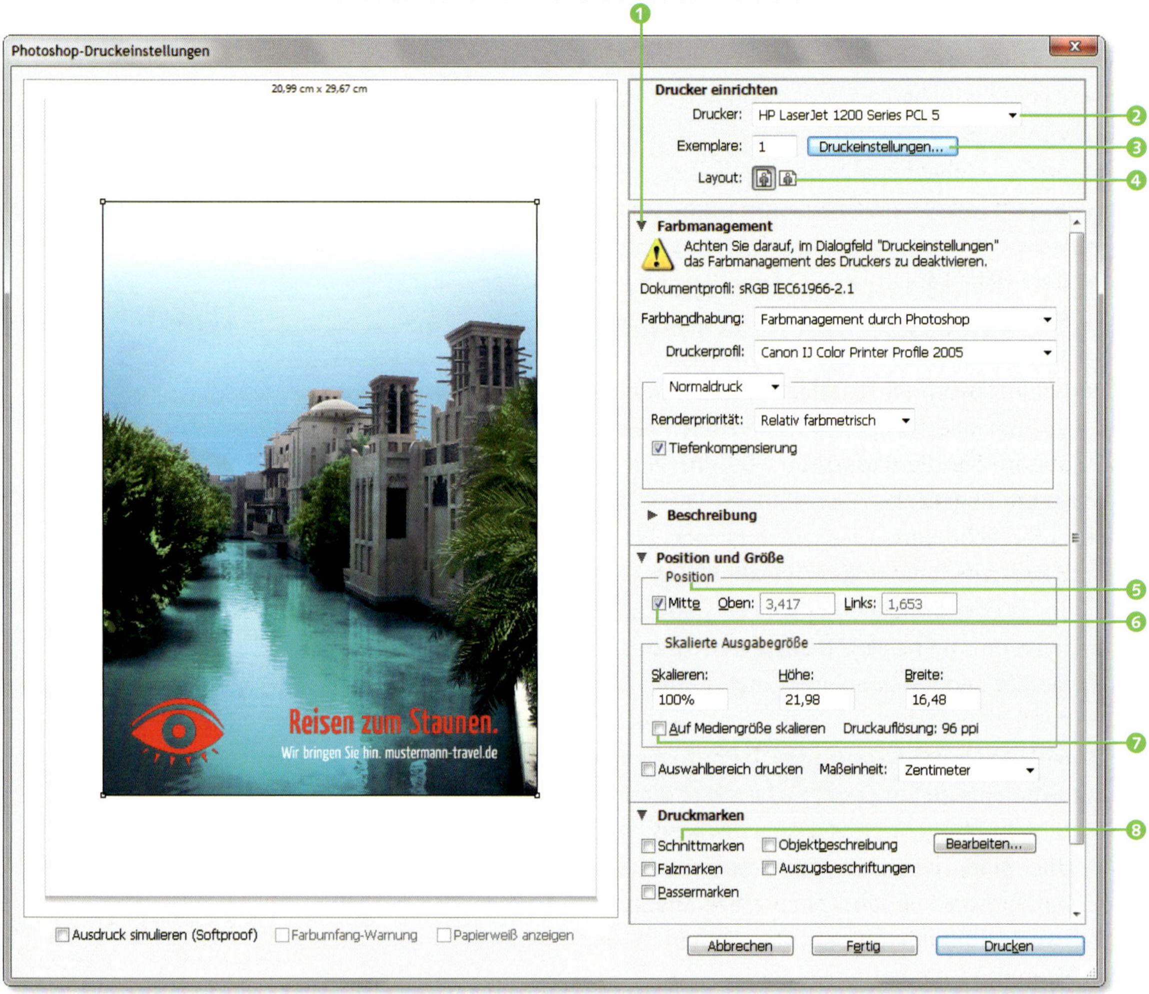

▲ **Abbildung 42.1**
Es gibt zahlreiche Einstellungsmöglichkeiten unter DRUCKEN; links eine Vorschau der gewählten Ausgabeoptionen.

Im rechten Bereich des Dialogs nehmen Sie Ihre **Einstellungen** vor. Nicht gebrauchte Bereiche klappen Sie durch Klick auf die Dreieckspfeile ① einfach weg und öffnen sie auf dieselbe Weise auch wieder.

Kollisionsgefahr mit druckereigenem Treiber

Druckerhersteller statten ihre Geräte meist mit Treibern aus, die selbst umfangreiche Druckeinstellungen erlauben. Häufig kommt es dabei zu Funktionsdoppelungen mit Photoshop, zum Beispiel bei der Seitenorientierung, bei Farbeinstellungen oder der Bildskalierung. Das ist nicht unproblematisch: Legen Sie z. B. eine Skalierung des Druckmotivs in beiden Dialogen fest, wird sie auch zweimal angewendet und das Bild nicht in der gewünschten Größe gedruckt. Wenn Sie sich an die Photoshop-Einstellungen halten, kann weniger schiefgehen: Die behalten Sie wenigstens leicht im Blick.

Druckereinstellungen, Position und Größe

Die Anordnung der Drucker- und Seiteneinstellungen suggeriert schon, in welcher Reihenfolge Sie die Optionen am besten abarbeiten (von oben nach unten).

- Im Menü DRUCKER ② wählen Sie aus, auf welchem Drucker Ihr Bild ausgegeben werden soll, und direkt darunter legen Sie fest, in wie vielen Exemplaren es gedruckt wird.
- Mit den zwei Buttons (bei LAYOUT) ④ stellen Sie die Seitenausrichtung ein.
- Der Button DRUCKEINSTELLUNGEN ③ führt zu den Einstellungen, die von der Druckersoftware bereitgestellt werden. Diese sind hersteller- und modellabhängig. Im Regelfall müssen Sie hier nichts verändern. Ausnahme: Angaben zu Tinten- und Papierqualität.
- Unter POSITION ⑤ können Sie die Lage des bedruckten Bereichs auf dem Blatt Papier verändern und sehen die Wirkung Ihrer Einstellungen auch gleich im Vorschaufenster. Wenn Sie die Lage des Bildes auf dem Papier ändern wollen, müssen Sie zunächst das Häkchen bei POSITION: MITTE ⑥ entfernen. Danach können Sie unter OBEN und LINKS eintragen, wie breit die Bildränder sein sollen. Alternativ ändern Sie die Bildposition mit der Maus im Vorschaufenster (siehe Abbildung 42.2).
- Zusätzlich können Sie die Ausgabegröße skalieren (unter SKALIEREN). Besonders hilfreich ist hier die Option AUF MEDIENGRÖSSE SKALIEREN ⑦, mit der Sie Bilder, die nur ein wenig zu groß sind, ohne viel Rechnerei auf die richtige Ausgabegröße bringen.
  Sie können die Ausgabegröße aber auch einfach eintippen. Die Eingabefelder dafür sind erst dann aktiv, wenn Sie den Haken bei AUF MEDIENGRÖSSE SKALIEREN entfernen. Bildgröße und Auflösung sind in dieser Einstellung gekoppelt: Drucken Sie zum Beispiel ein 72-ppi-Bild bei 50 %, ist die Druckauflösung 144 ppi. Die ursprünglichen Bildmaße, die Sie in Photoshop unter BILD • BILDGRÖSSE festgelegt haben, werden dadurch nicht verändert – die Skalierungseinstellungen betreffen immer nur den Druck.
- Wenn Sie einmal einen Rahmen oder Schnittmarken im Ausdruck brauchen – zum Beispiel, um das Bild sauber zu beschneiden –, wählen Sie die Ausgabeoptionen SCHNITTMARKEN ⑧. Die anderen Druckmarken, die Sie dort finden, sind eher für den professionellen Vierfarbdruck gedacht.

▲ **Abbildung 42.2**
Sie können das Vorschaufenster auch nutzen, um die Bildposition auf dem Blatt per Maus ⑩ zu verändern. Die Anfasser ⑨ erlauben das Skalieren der Druckgröße.

Einstellungen zur Farbwiedergabe

Der Druckdialog ist an das Farbmanagement gekoppelt. Sofern Sie Farbmanagement-Einstellungen benutzen, werden die Farben in der Druckvorschau entsprechend angezeigt, und Sie haben detaillierte Einstellungsmöglichkeiten für den Umgang mit Farben.

Zum Weiterlesen
Gedruckten Farben sehen meist ein wenig anders aus als die Farben auf dem Monitor – manchmal sogar sehr anders, wie schon mancher enttäuscht feststellen musste. **Photoshops Farbmanagement-System** kann auch für viele Desktopdrucker eingesetzt werden. Lesen Sie mehr dazu in Kapitel 41, »Farbmanagement«.

Farbverwaltung durch Drucker | Grundsätzlich haben Sie die Wahl, ob Sie die Farbverwaltung dem Drucker überlassen oder Photoshop.

Wenn Sie mit Farbmanagement nicht vertraut sind und kein spezielles Profil für Ihren Drucker angelegt wurde, empfiehlt sich unter Farbhandhabung die Einstellung Farbmanagement durch Drucker. Diese Einstellung wird auch von Adobe empfohlen. Der Druckertreiber wählt dann unter Berücksichtigung verschiedener Kriterien wie Papiersorte und Auflösung unter seinen internen, vorgefertigten Profilen das am besten geeignete aus. Die Treiber der meisten hochwertigen Fotodrucker enthalten bereits relativ exakte Profile – das Profil vom Drucker wählen zu lassen, spart also Zeit und verhindert Fehler.

Wenn Sie diese Option aktivieren, müssen Sie Druckoptionen in den Einstellungen des Druckers festlegen und gegebenenfalls das Farbmanagement im Druckertreiber aktivieren. Wie das geht, unterscheidet sich wiederum von Drucker zu Drucker – diese Optionen kommen nicht von Adobe, sondern vom Hersteller des Druckers. Sie erreichen die Druckereinstellungen über den Button Druckeinstellungen im Druckdialog. Bei fast allen Druckertreibern öffnet sich nach dem Bestätigen des Adobe-Druckdialogs automatisch ein neues Fenster mit den druckereigenen Einstellungen. Sie müssen also gar nicht extra zu ihnen navigieren.

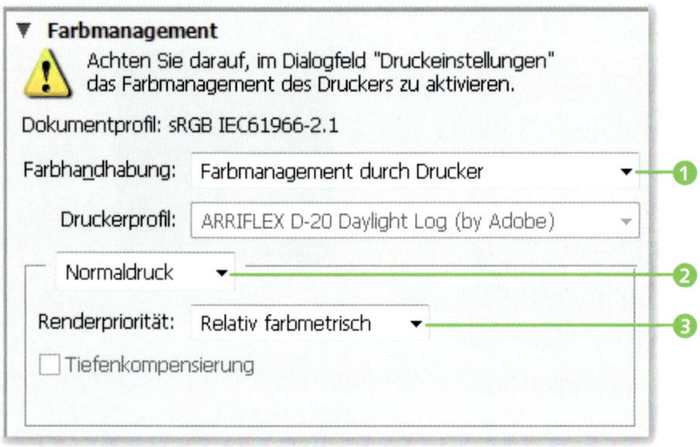

▲ **Abbildung 42.3**
Wenn Sie dem Drucker die Farbverwaltung überlassen ①, müssen Sie sich nicht mehr um passende Profile kümmern.

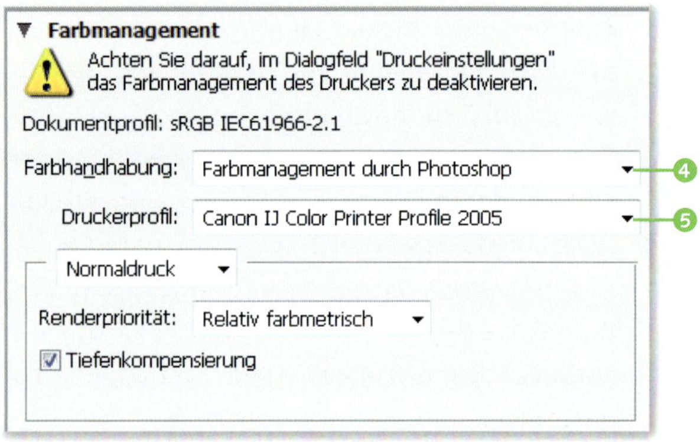

▲ **Abbildung 42.4**
Wenn Photoshop die Farbverwaltung übernimmt ④, können Sie ein eigenes Druckerprofil ⑤ festlegen.

Die RENDERPRIORITÄT 3 hat beim Vierfarbdruck größeren Einfluss auf die Farbwiedergabe. Mit dieser Option legen Sie fest, in welcher Art und Weise die Bildfarben an den Farbraum des Druckers angepasst werden. Bei den meisten Desktopdruckern ist diese Einstellung allerdings nicht so wichtig: Sie ignorieren diese Vorgabe schlicht und rechnen Farben ungefragt mit der Renderpriorität PERZEPTIV um.

Die Option TIEFENKOMPENSIERUNG sorgt dafür, dass der Schwarzpunkt des Quellfarbraumes bei der Farbraum-Konvertierung an jenen des Zielfarbraumes angeglichen wird. Dadurch bleibt die Tiefenzeichnung besser erhalten.

Zum Weiterlesen
In Kapitel 41, »Farbmanagement«, finden Sie Erklärungen und Empfehlungen zur **Renderpriorität**.

Normaldruck oder Proof? | Wenn Sie einfach nur Bilder drucken wollen, sollte NORMALDRUCK 2 eingestellt sein. Haben Sie hier HARD-PROOFING gewählt, wird ein Testdruck erstellt, der eine bestimmte Druckmaschine und Druckkonstellation simuliert.

Farbverwaltung durch Photoshop | In Ausnahmefällen – zum Beispiel, wenn Sie ungewöhnliche Konstellationen von Drucker, Tinte und Papier benutzen – ist es sinnvoll, Photoshop für die Druck-Farbverwaltung zu verwenden 4. Überprüfen Sie zuvor in jedem Fall die druckereigenen Einstellungen. Wenn Ihr Drucker ein eigenes Farbmanagement oder andere Einstellungen zur Farbverwaltung mitbringt, sollten Sie diese in jedem Fall deaktivieren, um Konflikte mit Adobes Farbmanagement zu verhindern.

Unter DRUCKERPROFIL 5 stehen dann zahlreiche Profile – auch von verschiedenen Druckerherstellern – zur Auswahl.

Unterhalb des Vorschaubildes sind nun auch weitere Vorschauoptionen aktiv, die Sie einzeln zuschalten können.

- AUSDRUCK SIMULIEREN (SOFTPROOF): Aktivieren Sie diese Option, damit die Bildfarben im Vorschaubereich annähernd so gezeigt werden, wie sie im Druck ausfallen.
- FARBUMFANG-WARNUNG zeigt all diejenigen Bildbereiche grau hinterlegt an, deren Darstellung im Druck Probleme bereitet.
- PAPIERWEISS ANZEIGEN führt nicht bei allen Profilen zu einer Änderung der Bildanzeige. Wenn Sie aus der Profile-Liste jedoch eines der Profile wählen, in dem auch Papiereigenschaften hinterlegt sind, ändert sich das Vorschaubild, und der Papierfarbton wird ebenfalls dargestellt.

▲ **Abbildung 42.5**
So bekommen Sie einen Eindruck davon, wie das gedruckte Bild aussehen könnte. Die FARBUMFANG-WARNUNG zeigt problematische Bereiche in Grau an, der Farbton der Druckfarben und des Papiers wird simuliert.

Testdruck vom Auswahlbereich
Manchmal sind Probedrucke trotz präziser Farbeinstellungen unerlässlich. Doch wer verschleudert gern teure Tinte? In CS6 ist die Checkbox AUSWAHLBEREICH DRUCKEN (unter POSITION UND GRÖSSE) wieder da. Erstellen Sie im Bild eine Auswahl, und aktivieren Sie diese Option, wenn Sie nur bestimmte Bildpartien zur Probe drucken möchten.

Qualitätsfaktor Papier und Tinte

Wenn Sie einen halbwegs vernünftigen Drucker zur Verfügung haben, bringen Sie mit den heute erhältlichen Spezialpapieren und speziellen Fototinten auch zu Hause Fotos zu Papier, die an die Qualität von Labor-Prints heranreichen. Jedoch helfen gutes Farbmanagement und exzellente Tinten und Papiere wenig, wenn Sie Ihren Drucker nicht wissen lassen, dass er Spezialpapier oder -farbe verarbeiten soll. Diese Einstellung ist immer wichtig – unabhängig davon, ob Sie die Farbhandhabung Photoshop oder dem Drucker überlassen! Alle modernen Drucker bieten in einem eigenen Dialog die Möglichkeit, zwischen verschiedenen Voreinstellungen für unterschiedliche Papiere und Tinten zu wählen. Nutzen Sie diese Möglichkeit!

Eingaben abschließen

Im komplexen Druckdialog ist es nicht einfach mit dem routinemäßigen OK-Klick getan. Zum Abschließen Ihrer Eingabe finden Sie unten rechts drei verschiedene Buttons.

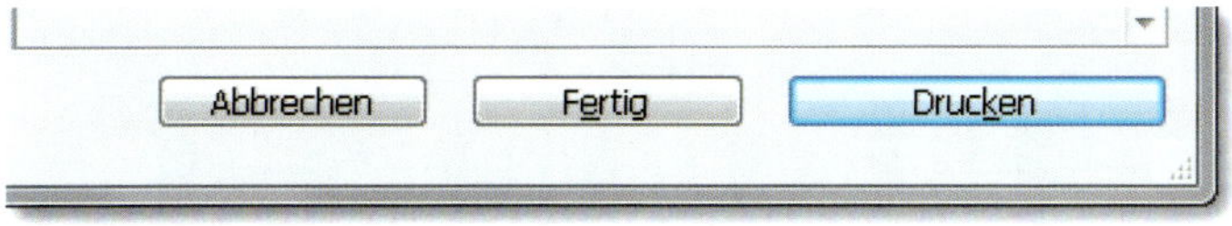

▲ **Abbildung 42.6**
Druckeingaben abschließen

- Wenn Sie das Dialogfeld schließen möchten, ohne dass Ihre Einstellungen gespeichert werden, klicken Sie auf ABBRECHEN.
- Mit FERTIG werden Ihre Einstellungen gespeichert, und das Dialogfenster wird geschlossen, ohne die Datei zu drucken.
- DRUCKEN startet den Druck.

Ohne Dialogbox: Eine Kopie drucken

Zu diesem Befehl gibt es eigentlich nicht viel zu sagen: Wenn Sie ein Bild mit den aktuellen Einstellungen »einfach so« ausdrucken wollen, dann ist der Befehl EINE KOPIE DRUCKEN (Alt+⇧+Strg+P bzw. Alt+⇧+cmd+P) die richtige Wahl. Der Drucker legt dann ohne weitere Umstände direkt los. Sofern Sie für die Datei zuvor im Dialog DATEI • DRUCKEN bestimmte Druckoptionen festgelegt haben, werden diese verwendet.

Zeitsparendes Handling von Druckeinstellungen

Einmal im Druckdialog getroffene Einstellungen bleiben mit der jeweiligen Datei verknüpft. Wenn Sie das Bild erneut öffnen, können Sie den Ausdruck mit dem schnellen Befehl EINE KOPIE DRUCKEN starten – verwendet werden Ihre zuvor festgelegten Einstellungen. Außerdem ist es möglich, Druckereinstellungen als Teil einer Aktion aufzunehmen und auf andere Dateien zu übertragen.

42.3 Dateien für den professionellen Druck

Zwar kommt es äußerst selten vor, dass eine Datei direkt aus Photoshop zur Druckerei gesandt wird; meist wird sie noch mit einem Layoutprogramm weiterverarbeitet. Die notwendigen Einstellungen sollten Sie jedoch schon jetzt vornehmen.

RGB-Daten in CMYK konvertieren

Sie haben Ihr Bild mit aller Sorgfalt bearbeitet, Farbmanagement eingerichtet und unter FARBEINSTELLUNGEN die hoffentlich richtigen Einstellungen gewählt. Nun geht es darum, die Datei für den professionellen Druck – also den Druck auf gewerblichen Druckmaschinen – vorzubereiten.

Das Wichtigste sollte Ihnen als aufmerksamem Leser schon längst klar sein: Die ursprünglichen RGB-Daten müssen in den CMYK-Modus gebracht werden. Das ist mit dem Befehl BILD • MODUS • CMYK-FARBE schnell erledigt.

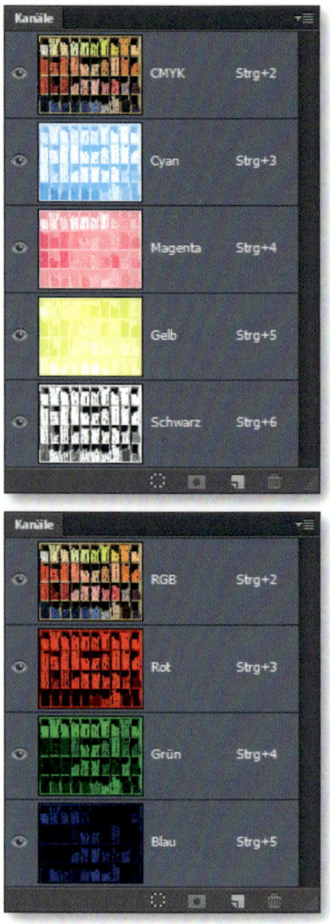

▲ **Abbildung 42.7**
Der Kanalaufbau derselben Datei in CMYK (oben) und RGB (unten) zum Vergleich

Jede der vier CMYK-Farben entspricht dann einem Farbkanal in der Datei und später auch einem Farbauszug und einer gedruckten Farbe. Die Druckfarben sind lasierend, also »durchsichtig«, und durch Übereinanderdrucken der vier Farben in unterschiedlichen Anteilen und durch Rastern entstehen die bunten Bildfarben. Soll mit Sonderfarben gedruckt werden, müssen Sie dafür in der Datei zusätzliche Farbkanäle anlegen.

[Sonderfarben]
Sonderfarben werden auch als **Schmuckfarben** und bei Adobe als **Volltonfarben** bezeichnet. Sie werden in gewerblichen Druckverfahren als Alternative oder Ergänzung zu den vier Prozessfarben CMYK verwendet. Während die gewünschte Farbe im CMYK-Verfahren durch Farbmischung (Übereinanderdrucken) entsteht und daher nie vollkommen kontrolliert werden kann, sind Sonderfarben bereits vom Hersteller vorgemischt. Man nutzt sie zum Drucken von Farben, die sich nicht durch die Prozessfarben darstellen lassen, oder wenn auf Farbtreue besonders großer Wert gelegt wird.

Farbauszüge – Vorschau in Photoshop | Für den Vierfarbdruck muss von einer Datei eine eigene Vorlage für jeden der vier Druckdurchgänge – in den Farben Cyan, Magenta, Gelb und Schwarz – angefertigt werden: der Farbauszug. In der Regel sind dies Filme. In Photoshop können Sie die Befehle Farbproof und Proof einrichten nutzen (beide sind unter Ansicht zu finden), um sich eine Vorschau der Auszüge anzeigen zu lassen. In den Voreinstellungen unter Benutzeroberfläche können Sie eine farbige Anzeige der Auszüge aktivieren. Die Option wirkt sich auch auf die Darstellung der Kanäle aus (siehe Abbildung 42.8).

Die Umrechnung der Bildfarben von RGB in CMYK erfolgt nach den Vorgaben des CMYK-Arbeitsfarbraums und der Konvertierungsoptionen, die Sie unter Bearbeiten • Farbeinstellungen einstellen. Nachdem Sie die Modusänderung durchgeführt haben, sehen Sie in der Titelleiste des Dokumentfensters und natürlich in der Kanäle-Palette die Änderung.

Zum Weiterlesen
Informationen über Photoshops **Farbeinstellungen**, über die Optionen zur Farbraum-Konvertierung und über die Rendering Intents finden Sie in Kapitel 41, »Farbmanagement: Mehr Farbtreue auf allen Geräten«.

◂ **Abbildung 42.8**
Photoshops Vorschau der vier Farbauszüge

Hintergrundwissen

Was bei der Modus-Konvertierung passiert, ist komplexer, als es die drei notwendigen Klicks ahnen lassen.

RGB-Daten umrechnen | Der CMYK-Farbraum ist viel kleiner als ein RGB-Farbraum. RGB-Bildfarben, die nicht den CMYK-Farbraum passen, werden jedoch nicht einfach gekappt. Um den Farbeindruck zu erhalten, werden die Farben des Ausgangsfarbraums in den CMYK-Farbraum umgerechnet. Wie diese Umrechnung geschieht, legen Sie unter FARBEINSTELLUNGEN (⇧+Strg/cmd+K) fest. Wenn Sie das Farbmanagement-Kapitel gelesen haben, ist das nichts Neues für Sie.

Doch diese Informationen reichen für die drucktechnische Reproduktion noch nicht aus. Abhängig von der Papiersorte, den verwendeten Farben und überhaupt vom ganzen Druckverfahren müssen mit der Datei noch weitere Anweisungen an die Druckmaschine übergeben werden. Farbaufbau, Tonwertzuwachs, Schwarzanteil – das sind nur einige der Größen, die für das spätere Druckergebnis entscheidend sind. Gesteuert werden all diese Eigenschaften über das Dateiprofil, also in den meisten Fällen über Ihr CMYK-Arbeitsfarbraumprofil, das bei der RBG-in-CMYK-Konvertierung eingestellt war.

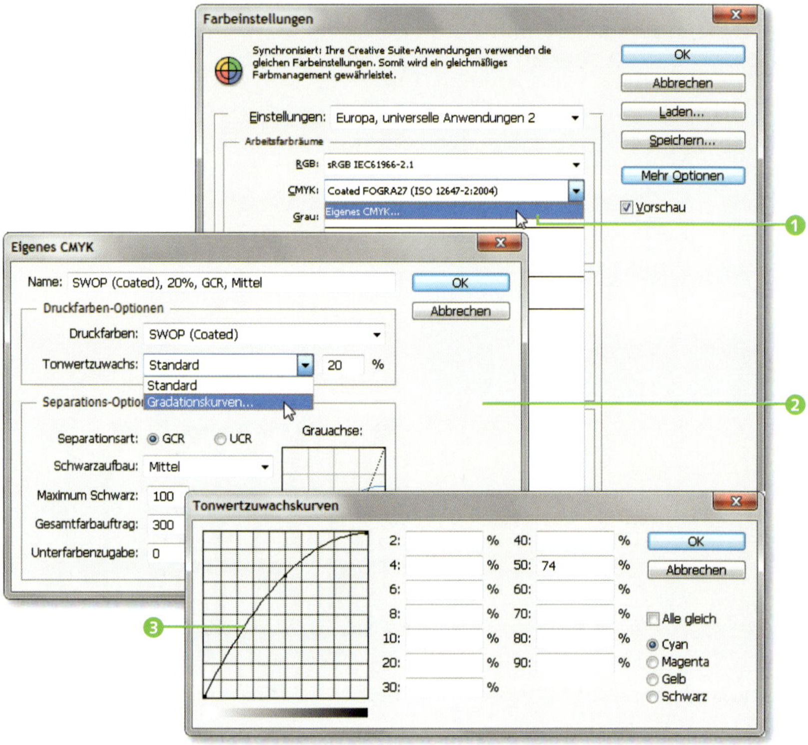

Abbildung 42.9 ▶
Wenn Sie im Farbeinstellungen-Dialog unter Arbeitsfarbräume den Befehl Eigenes CMYK ❶ wählen, öffnet sich ein umfangreicher Dialog ❷, in dem Sie die Druckeinstellungen prüfen und detailliert einstellen können – zum Beispiel den Tonwertzuwachs mittels eigener Kurve ❸.

Farbaufbau | Die Rendering Intents (im Dialog Farbeinstellungen unter Priorität) bestimmen, wie die Farbwerte eines Bildes bei der Konvertierung umgerechnet werden. Doch damit sind die Farben noch lange nicht auf dem Papier! Beim Drucken gibt es nun ebenfalls mehrere Möglichkeiten, wie aus den zuvor errechneten Werten für C, M, Y und K die gewünschte Bildfarbe wird. Sehr ähnliche »Farben« – genau genommen eigentlich Farbeindrücke – können mit ganz unterschiedlichen Mischungen erzeugt werden. Die Art der Farbmischung nennt man **Farbaufbau**. Welche Methode des Farbaufbaus gewählt wird, bestimmt, in welchen Anteilen jede einzelne konkrete Druckfarbe auf dem Papier landet. Relevante Größen sind:

- Der **Gesamtfarbauftrag:** Welche Menge an Druckfarbe wird überhaupt aufgebracht?
- Der **Farbaufbau:** Wie viel Farbe aus jedem Farbtopf trägt dazu bei, die gewünschte Farbe im Druck zu mischen?
- Dazu kommen weitere Randbedingungen wie der erwartete **Tonwertzuwachs** und einige Optionen, um den Farbaufbau weiter zu verfeinern.

Alle Parameter müssen auf das Motiv, den Druckprozess und die Papiersorte abgestimmt werden.

Anweisungen für die Druckmaschine: Die Einstellungen unter »Eigenes CMYK«

Nehmen wir das Dialogfeld Eigenes CMYK und seine Optionen – sowie die Konzepte dahinter – einmal näher in Augenschein.

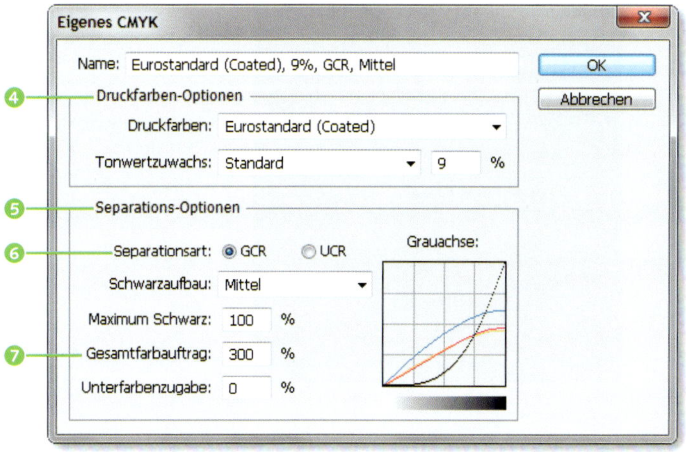

◀ **Abbildung 42.10**
Der Dialog Eigenes CMYK

Als Erstes sollten Sie unter Druckfarben-Optionen 4 die **Druckfarben** festlegen, die verwendet werden sollen. Auch in dieser Liste finden sich einige Vorgaben, die nicht den in Europa üblichen Druckstandards entsprechen.

Mit den Einstellungen unter Separations-Optionen 5 bestimmen Sie, wie der **Farbaufbau** aussieht, also mit welchem Anteil welcher Farbe die Bildfarben gedruckt – und durch Übereinanderdrucken gemischt – werden.

Druckfarben-Optionen | Die Photoshop-Standard-Einstellung SWOP (»Specifications for Web Offset Publications«, eine Standardisierungsstelle) bezeichnet US-amerikanische Druckfarben. Diese weichen ein wenig vom europäischen Standard ab. Obwohl in der Liste der CMYK-Arbeitsfarbräume (unter Farbeinstellungen) schon die zeitgemäßen FOGRA-Presets zu finden sind, fehlen sie in der Druckfarben-Übersicht noch. Hier müssen Sie notgedrungen Eurostandard nehmen.

Tonwertzuwachs | Direkt darunter stellen Sie den erwarteten Tonwertzuwachs ein. Die vordefinierten Werte, die automatisch in das Eingabefeld eingetragen werden, sind in der Regel ganz gut auf die Standard-Druckverfahren abgestimmt. Willkürlich etwas zu ändern bringt meist nur (ungute) Überraschungen. Allerdings ist dies ein Parameter, zu dem Ihnen der Druckdienstleister Ihres Vertrauens meist recht hilfreiche Angaben machen kann.

Profiländerungen nur im Ausnahmefall

CMYK-Profile sind in der Regel so eingerichtet, dass Sie nichts mehr verstellen müssen. Nur in Ausnahmefällen – etwa bei Druckjobs mit sehr hohem Qualitätsanspruch – und in Absprache mit Ihrem Druckdienstleister sollten Sie bewährte Profilkonfigurationen ändern. Meist reichen kleine Änderungen im Dialog Eigenes CMYK. Vornehmen müssen Sie sie natürlich *vor* der Konvertierung des Bildes in den CMYK-Modus, damit die neuen Einstellungen angewandt werden.

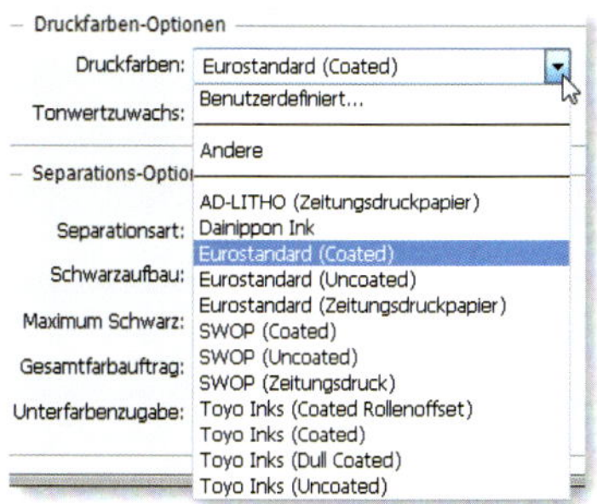

▲ **Abbildung 42.11**
Einstellungen unter Druckfarben

▲ **Abbildung 42.12**
Photoshops Softproof-Darstellung eines gedruckten Bildes mit 9 % Tonwertzuwachs (üblich für den Druck auf gestrichenem Papier)

▲ **Abbildung 42.13**
Dasselbe Bild, wie es mit 40 % Tonwertzuwachs – ohne Kompensation – erscheinen würde. 40 % ist ein extremer Wert, den ich hier zur Demonstration gewählt habe. Mit 30 % im Zeitungsdruck kann jedoch gerechnet werden!

Was bewirkt die Einstellung »Tonwertzuwachs« hier?
Sie erinnern sich: Tonwertzuwachs ist das Auslaufen der Druckfarben auf dem Papier und das daraus resultierende Nachdunkeln des Bildes beim Drucken. Wie hoch der Tonwertzuwachs ist, hängt von der Qualität und Saugfähigkeit des bedruckten Materials ab. Der eingestellte Wert für den Tonwertzuwachs geht in die Berechnungen bei der Umwandlung des Bildes in CMYK ein: Je höher der Wert ist, desto heller werden die CMYK-Farben bei der Modusänderung. Durch den hohen Tonwertzuwachs beim Drucken erscheinen sie dann wieder dunkler und stimmen in etwa mit den erwarteten Farbtonwerten überein.

Gesamtfarbauftrag | Recht einleuchtend ist der GESAMTFARBAUFTRAG 7. Der Wert richtet sich nach dem Druckverfahren und vor allem dem bedruckten Material, meist also der Papierart. Er gibt die maximale Menge Druckfarbe an, die zum Erzeugen der gewünschten Farben benötigt wird oder, anders gesagt, benutzt werden darf. Problematisch ist nämlich meist nicht ein niedriger, sondern ein zu hoher Gesamtfarbauftrag – logisch: Auch das saugfähigste Papier kommt einmal an seine Grenzen. Auch Verarbeitungsgeschwindigkeit und Trocknungszeiten spielen eine Rolle.

Angegeben wird der Gesamtfarbauftrag in Prozent; er errechnet sich aus den Prozentwerten für C, M, Y und K. Wenn alle Farben mit 100 % Deckung gedruckt würden, ergäbe sich ein Gesamtfarbauftrag von 400 %. Mit einem so hohen Wert kann jedoch nicht gearbeitet werden. Brauchbare Richtwerte sind 300 % für gestrichenes Papier, rund 240 % beim Zeitungsdruck. Sehr gute Kunstdrucke vertragen 340 % bis 350 %. Die Menge der insgesamt aufgetragenen Farbe wird also begrenzt, um zu verhindern, dass das Papier beschädigt und die Druckmaschine verschmutzt wird.

GCR und UCR: Bunt und Schwarz in verschiedenen Anteilen | Man kann wohl sagen, dass die unterschiedlichen Ansätze zum Farbaufbau dieser technischen Gegebenheit geschuldet sind: Bei limitiertem Gesamtfarbauftrag soll aus den vier Druckfarben das beste Ergebnis herausgeholt werden. Hier gibt es zwei grundsätzliche Möglichkeiten. Sie sind im Dialogfeld durch die Radio-Button-Optionen GCR und UCR 6 (siehe Abbildung 42.10) vertreten. Um diese Optionen zu erläutern, muss ich ein wenig ausholen.

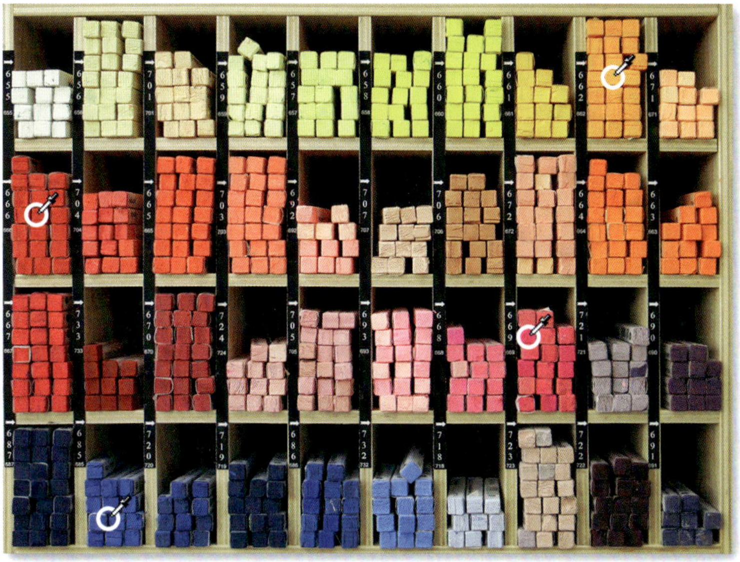

◂ Abbildung 42.14
Das RGB-Ausgangsbild …

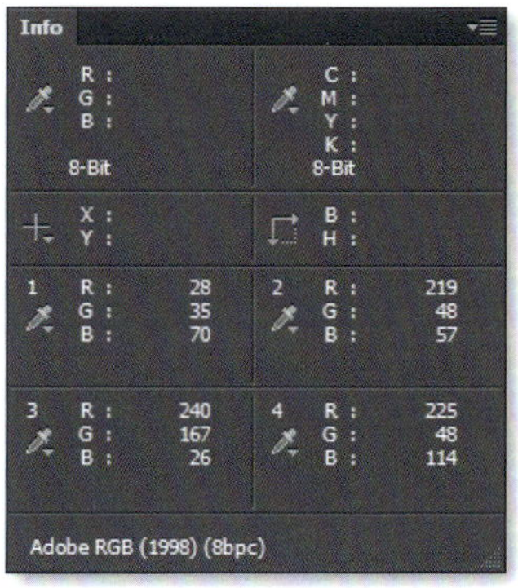

▴ Abbildung 42.15
… und die Farbwerte an vier verschiedenen Stellen im Bild

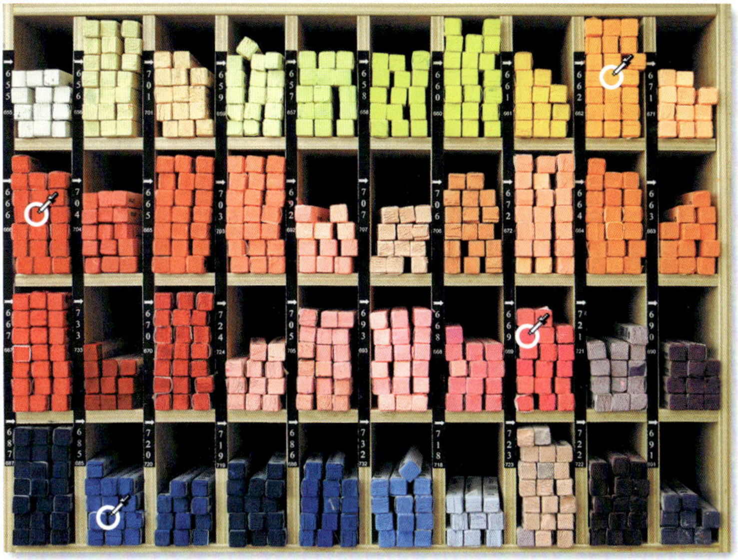

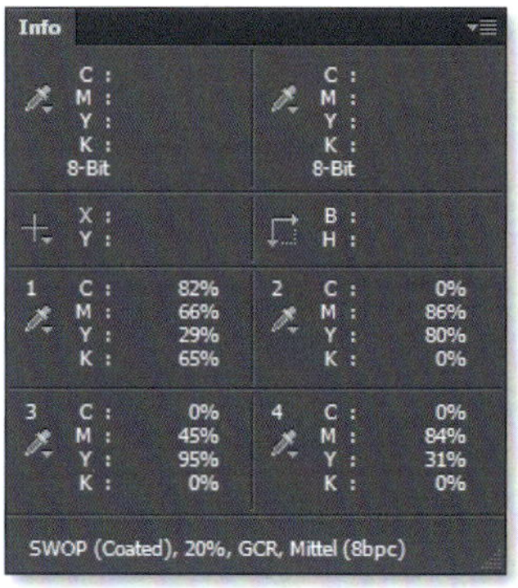

▴ Abbildung 42.16
Am CMYK-Bild mit **GCR**-Farbaufbau bei mittlerem Schwarzanteil – eine häufig gebrauchte »Universaleinstellung« – ergeben sich an denselben Messpunkten diese Werte.

▴ Abbildung 42.17
Nochmals dasselbe Bild, diesmal in der Proof-Vorschau; simuliert wird der Druck auf gestrichenem Papier.

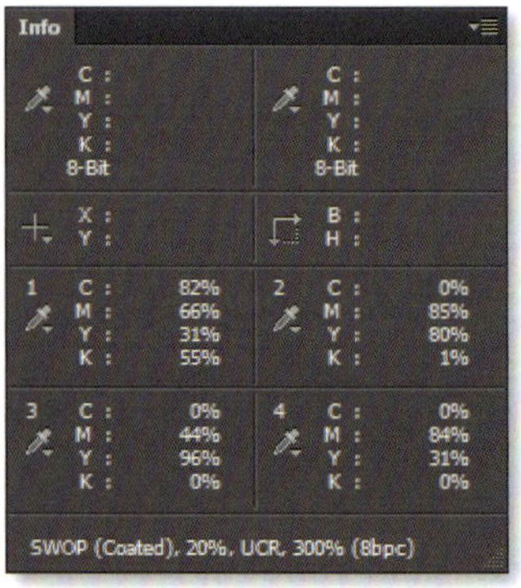

▲ **Abbildung 42.18**
Der **UCR**-Farbaufbau zeigt deutlich abweichende Messwerte, besonders der Schwarzanteil ist merklich höher. Der Gesamtfarbauftrag ist in beiden Beispielen gleich (300 %)!

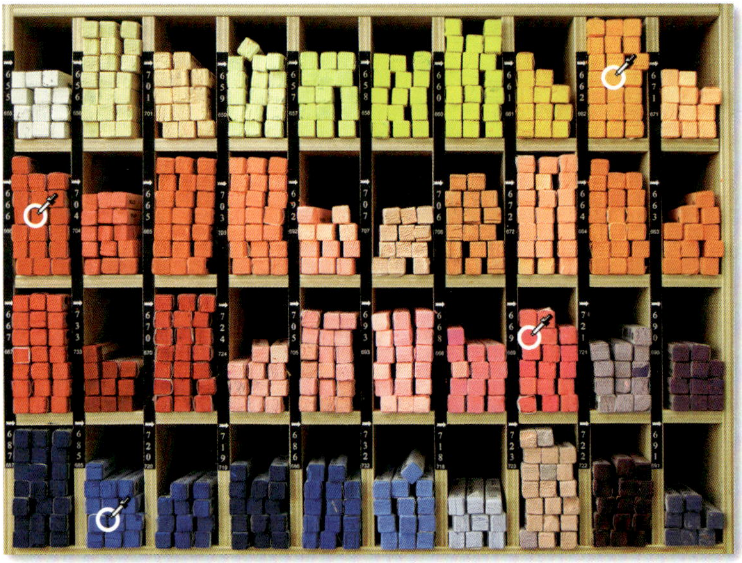

▲ **Abbildung 42.19**
Eine weitere Bildvariante mit anderen Einstellungen

Das »K« in CMYK ...
... steht für »Key« und bedeutet Schwarz. Dass es nicht CMYB (mit »B« für »Black«) heißt, dient nur der Eindeutigkeit: Verwechslungen mit dem »B(lue)« aus RGB sollten vermieden werden.

Abkürzungen zu kompliziert?
Die Drei-Buchstaben-Kürzel sind nicht so gut zu merken, aber viel exakter als die deutschen Termini **Buntaufbau** (Farbmischungen mit viel Buntanteil) und **Unbuntaufbau** (geringer Bunt-, hoher Schwarzanteil), die ich folglich hier lieber vermeide.

Grauachse
Die kleine Kurvenvorschau im Dialogfeld Eigenes CMYK zeigt den Anteil der Grauwertreduktion. Wenn Sie eine Gradationskurve lesen können, verstehen Sie auch diese Kurven!

Wie wird Schwarz gedruckt? | Der Knackpunkt beim Farbaufbau sind das Schwarz und die dunklen Bildfarben. Beim Drucken lassen sich ja aus Cyan, Magenta und Gelb fast alle Farben mischen, auch neutrale und recht dunkle Töne. Allerdings kommt man mit C, M und Y nur nahezu an Schwarz heran, das wird im Druckverfahren daher noch extra hinzugegeben. Dafür, wie nun aus allen vier Druckfarben die Bildfarben – vor allem die dunklen Farbtöne und Schwarz – erzeugt werden, gibt es mehrere Möglichkeiten. Diese haben unterschiedliche Schwarz- und Buntanteile, aber immer das Ziel, den zulässigen Gesamtfarbauftrag nicht zu überschreiten.

Bei Adobe werden die beiden grundsätzlichen Möglichkeiten zum Farbaufbau mit den englischsprachigen Kürzeln **GCR** und **UCR** bezeichnet.

GCR | GCR bedeutet **Grey Component Reduction**, also auf Deutsch ungefähr »Grauwertreduktion«. Die Idee: Der Dunkelanteil *jeder* zu druckenden Farbe wird errechnet. Dann senkt man den entsprechenden Anteil der Farben C, M und Y ungefähr zu gleichen Teilen und gibt stattdessen eine proportionale Menge Schwarz hinzu. Dadurch kann der Gesamtfarbauftrag deutlich gesenkt werden. In welchem Grad C, M und Y durch Schwarz ersetzt werden, steuern Sie mit der Option Schwarzaufbau.

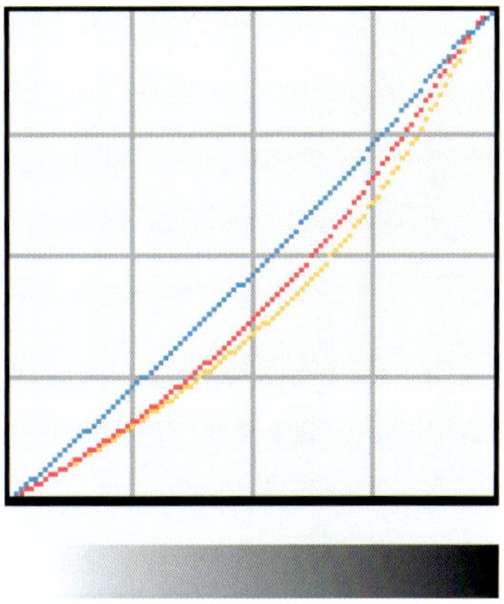

▲ **Abbildung 42.20**
Ohne GCR – hier werden alle Bildfarben, auch die dunklen (in der Kurve rechts und oben repräsentiert), nur durch C, M und Y gemischt. Das ist eine in der Praxis selten gebrauchte Einstellung und dient hier nur zur Demonstration.

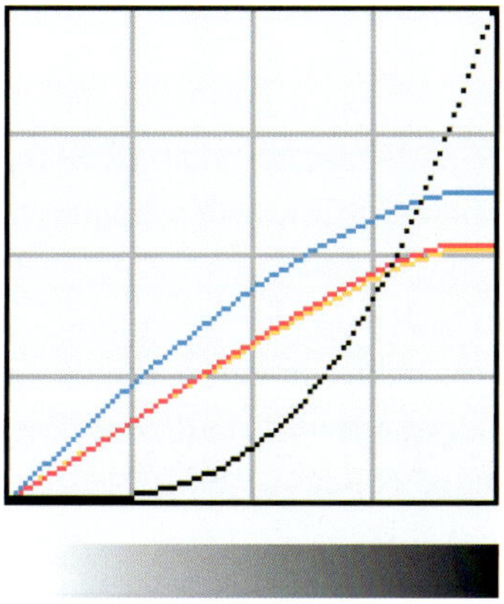

▲ **Abbildung 42.21**
GCR mit mittlerem Schwarzaufbau. Im rechten Teil des Diagramms, das für die dunklen Bildfarben steht, sehen Sie deutlich, wie der Anteil der Buntfarben abgesenkt ist, während die Kurve für den Schwarzanteil stark nach oben ragt.

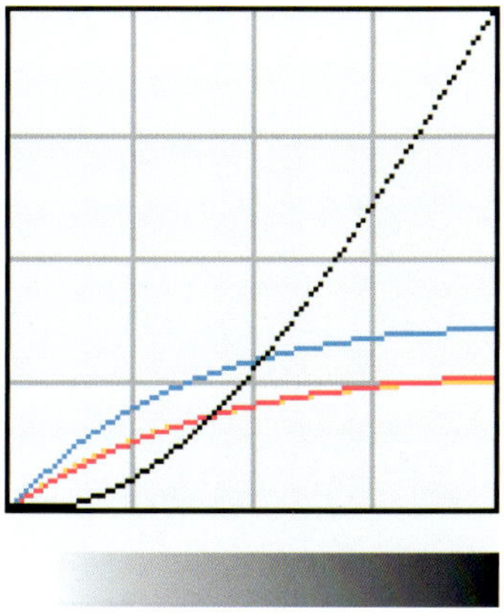

▲ **Abbildung 42.22**
GCR mit starkem Schwarzaufbau. Der steile Anstieg der Schwarzkurve setzt schon in den helleren Farben an, und die Buntfarben werden nachdrücklich gesenkt.

GCR bietet eine Reihe von Vorteilen: Die Druckergebnisse sind recht stabil, und Farbschwankungen sind geringer, weil die Buntfarben teilweise durch Schwarz ersetzt werden. Man schafft mit GCR eine gute Reduktion des Gesamtfarbauftrags, was diese Separationsart für »schnelle« Druckverfahren mit kurzen Trocknungszeiten qualifiziert. Da schwarze Farbe auch preiswerter ist als bunte Druckfarbe, bietet GCR zumindest bei großen Auflagen auch einen Kostenvorteil.

Einen Nachteil hat das Verfahren allerdings auch: Bei stärkerem Schwarzaufbau wirken auch helle Bildfarben schnell fahl und grau (»Ausgrauen«), wenn der Auftrag der Buntfarben beim Druck nach unten abweicht. Insbesondere auf Hauttöne kann sich das negativ auswirken. Daher setzt man in der Regel GCR allenfalls mit mittlerem Schwarzaufbau ein, zumindest bei Fotos. Diese Separationseinstellung macht es auch schwer, später am Bild Korrekturen vorzunehmen: Wenn der Schwarzanteil der Farben schon sehr hoch ist, lässt sich z. B. die Graubalance des Bildes kaum mehr ändern. Ein weiteres gutes Argument dafür, Bildkorrekturen lieber am RGB-Bild vorzunehmen!

GCR mit starkem Schwarzaufbau ist sinnvoll bei eher grafischen und technischen Motiven mit feinen Details, bei denen es auf die Schärfe und Lesbarkeit ankommt.

▲ **Abbildung 42.23**
Schwarzaufbau-Alternativen

Zum Nachlesen: Farbkorrekturen
Mehr zu Farbkorrekturen im Allgemeinen und zur Graubalance im Besonderen lesen Sie in Kapitel 20, »Universalhelfer für professionelle Ansprüche: Gradationskurven«.

UCR | UCR bedeutet **Under Color Removal**. Es ist ein Spezialfall des GCR. Es wirkt sich nicht auf alle, sondern nur auf die neutralen Farben des Bildes aus, also auf Grautöne und Schwarz. Daher können hier auch keine Einstellungen zum Schwarzaufbau vorgenommen werden. Anders als GCR-Bilder lassen sich UCR-separierte Bilder ganz gut nachträglich korrigieren. Da in den hellen und mittleren Tönen wenig Schwarz ist, aber viele Buntfarben enthalten sind, können mit UCR sehr satte, kräftige Bilder umgesetzt werden. Es gibt jedoch auch hier eine Einschränkung: Bereits geringe Schwankungen im Farbauftrag lassen sensible Bildpartien wie Haut- und Pastelltöne möglicherweise farbstichig erscheinen. Es fehlt stabilisierendes Grau.

[Passer]
Passer – auch Register oder Farbregister genannt – sorgen für das akkurate Übereinanderdrucken aller Farbschichten im Vierfarbdruck. Eine Passerdifferenz bewirkt unscharfe, wie verschmiert wirkende Bilder. Passermarken erleichtern das Ausrichten der vier Farbvorlagen während des Drucks. Unter Datei • Drucken im Bereich Druckmarken können Sie Ihrer Datei auch Passermarken und Ähnliches hinzufügen.

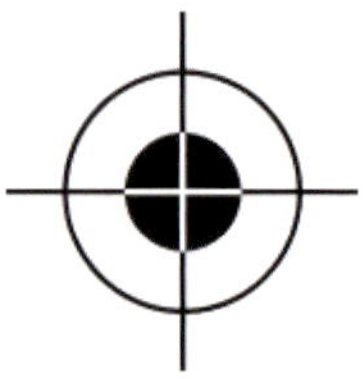

▲ **Abbildung 42.24**
Beispiel für eine Passermarke

Zum Nachlesen: Tonwertkorrektur
Mehr über die Tonwertkorrektur und die Begrenzung des Tonwertumfangs lesen Sie in Abschnitt 19.5, »Tonwertumfang begrenzen – vor dem Druck«.

Farbauftrag steuern | GCR oder UCR? Das ist gewissermaßen die Grundsatzentscheidung. Wie Sie bemerkt haben, gibt es bei beiden Verfahren Vor- und Nachteile. Haben Sie sich erst einmal für UCR oder GCR und in letzterem Fall noch für den Grad des Schwarzaufbaus entschieden, gibt es noch einige weitere Einstellungen, mit denen Sie den Farbauftrag und folglich die Wirkung des gedruckten Bildes steuern.

- Die Unterfarbenzugabe, zuweilen auch **Under Color Addition** (ein weiteres Kürzel: **UCA**) genannt, ist ein gängiges Verfahren, um besonders satte Tiefen, also kräftige dunkle Tonwerte, zu erzielen. Wenn Sie den Wert erhöhen, wird beim Druck den schwarzen Bildpartien Buntfarbe zugegeben. Während GCR und UCR die Bildfarben verändern können, bleiben die Farbtöne bei Unterfarbenzugabe praktisch gleich. Unterfarbenzugabe eignet sich nicht für Texte oder andere Motive, bei denen Passerprobleme zu erwarten sind, wohl aber für fotografische Motive.
- Maximum Schwarz wirkt ähnlich wie die Tonwertbegrenzung bei der Tonwertkorrektur. Sie können diesen Wert senken, um Zeichnungsverlust in den Tiefen zu verhindern, vor allem bei GCR mit starkem Schwarzaufbau.

Einstellungen sichern

Es kann eine ganze Weile dauern, alle Einstellungen zusammenzuklicken. Wenn Sie sie jetzt speichern, können Sie Ihre individuellen Separationseinstellungen später schneller und ohne Fehler erneut anwenden. Auch der Austausch von Einstellungen geht so einfacher.

Sobald Sie im Dialog Eigenes CMYK zur Bestätigung auf den OK-Button klicken, kommen Sie zu den Farbeinstellungen zurück. Ihre CMYK-Einstellungen sichern (und laden) Sie nun nicht über die Buttons im Farbeinstellungen-Dialog, sondern über die Einträge CMYK speichern und CMYK-Einstellungen laden in der Liste der CMYK-Arbeitsfarbräume.

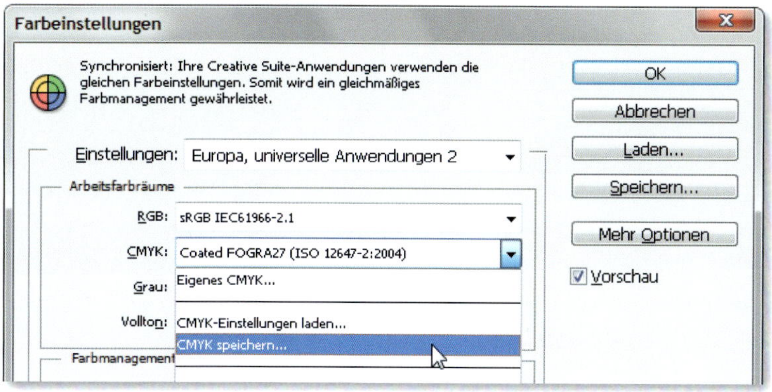

◄ **Abbildung 42.25**
Eigene Separationseinstellungen speichern

Ihre eigenen Separationseinstellungen werden dann im systemeigenen Profilordner abgelegt (als normgerechte Profildatei mit der Endung .icc). Beim Speichern wird ein Dateiname vorgeschlagen, der die Eigenschaften des Profils recht genau umschreibt. Sie können hier auch einen eigenen Namen vergeben.

Seien Sie nicht irritiert, wenn Sie Ihre Einstellungen später erneut als CMYK-Arbeitsfarbraum laden: In der Anzeige unter dem CMYK-Arbeitsfarbraum taucht dann nicht der von Ihnen vergebene Dateiname auf (z. B. »Separation Druckerei Mustermann«), sondern wieder nur die Beschreibung der Profileigenschaften (»Eurostandard coated, GCR, mittel« oder dergleichen).

Anhänge

Infoteil

Anhang A
Troubleshooting

In diesem Kapitel habe ich für Sie die nach meiner Erfahrung am häufigsten gestellten Fragen der Photoshop-Anwender gesammelt – und natürlich beantwortet.

A.1 Erste Hilfe

Das Bild kann nicht bearbeitet werden | Für diesen frustrierenden und gar nicht so seltenen Umstand gibt es – je nach konkreter Arbeitssituation – die unterschiedlichsten Gründe. Versuchen Sie, mit der folgenden Liste die Ursache einzugrenzen:

- Ist noch **eine Auswahl aktiv**? Auswahllinien können auch ausgeblendet sein oder sich außerhalb des sichtbaren Dokumentfensters befinden. Mit Strg/cmd+H blenden Sie eventuell verborgene Auswahlen wieder ein, und mit Strg/cmd+0 bekommen Sie das gesamte Bild in den Blick, um nach versteckten Auswahlen zu suchen. Strg/cmd+D hebt eventuell bestehende Auswahlen auf.
- In welchem **Modus** befindet sich das Bild? In den Modi Bitmap, Lab oder Indizierte Farben sind viele Photoshop-Funktionen inaktiv. Kontrollieren Sie den Modus in der Bildtitelleiste, und ändern Sie ihn gegebenenfalls über den Befehl Bild • Modus in RGB.
- Auch bei **16-Bit-Bildern** und **32-Bit-Bildern** ist der Funktionsumfang eingeschränkt. Wechseln Sie über Bild • Modus zu 8-Bit/Kanal.
- Werfen Sie einen Blick in die **Ebenen-Palette**: Ist die Ebene fixiert? Ist wirklich die Ebene markiert, die Sie zu bearbeiten meinen? Befinden Sie sich womöglich auf einer Einstellungs-, Text-, Form- oder Füllebene?

- Kontrollieren Sie in der **Kanäle-Palette**, ob der Composite-Gesamtkanal (ganz oben in der Palette) eingeblendet ist (Augensymbol!).
- Wenn Ihr Bild **Masken** enthält: Ist anstelle der Ebene die Ebenenmaske aktiv? Sie können das anhand einer feinen Umrandung der Ebenen-/Maskenminiatur in der Ebenen-Palette und anhand des Eintrags in der Bildtitelleiste unterscheiden.
- Auf **Textebenen** sind nicht alle Arbeitsschritte anwendbar. Nutzen Sie gegebenenfalls den Befehl SCHRIFT • TEXTEBENE RASTERN, um aus der Textebene eine normale Pixelebene zu machen, auf die alle Photoshop-Befehle anwendbar sind. Ähnliches gilt für **Smartobjekte**. Um ein Smartobjekt zu rastern, steht Ihnen der Befehl EBENE • RASTERN • SMARTOBJEKT zur Verfügung.
- Wenn eine **noch nicht bestätigte Textbearbeitung oder Transformation** (erkennbar an den jeweils noch offenen Text- oder Transformationsrahmen) im Bild vorhanden ist, sind alle anderen Funktionen und Befehle blockiert. Drücken Sie [Esc], um die Änderung/Transformation abzubrechen, und [↵], um sie abzuschließen.
- Photoshop kann sich drastisch **verlangsamen**, wenn die Speicherbelegung nicht richtig aufgeteilt ist. Unter VOREINSTELLUNGEN • LEISTUNG sollten bei SPEICHERNUTZUNG mindestens 55–60% (Adobe-Empfehlung) festgelegt sein. Weitere Tipps zum Optimieren der Leistung finden Sie unter: *http://helpx.adobe.com/de/photoshop/kb/optimize-performance-photoshop-cs4-cs5.html*.

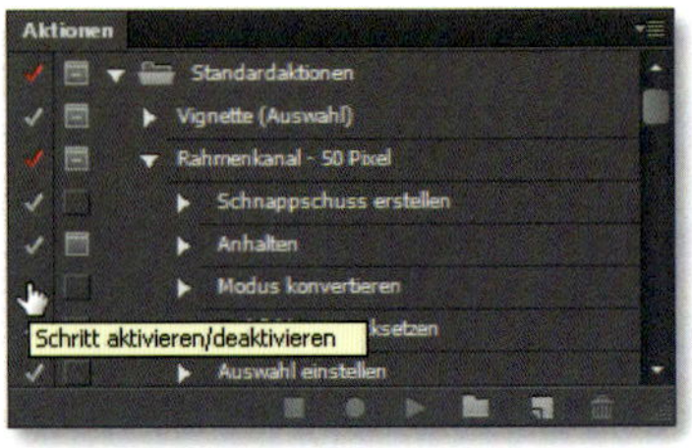

▲ **Abbildung A.1**
Haben Sie alle Befehle in der Aktion aktiviert?

A.2 Aktionen

Beim Arbeiten mit Aktionen werden manche Befehle nicht ausgeführt | Das kann mehrere Ursachen haben. Kontrollieren Sie als Erstes, ob die Befehle auch aktiviert sind: Vor dem jeweiligen Befehl muss ein kleines Häkchen stehen!

Andere mögliche Fehlerquellen sind der Bildmodus (nicht alle Arbeitsschritte stehen in allen Modi zur Verfügung), eine eventuelle Ebenenverriegelung oder eine »falsche« aktive Ebene.

▲ **Abbildung A.2**
Änderungen an FRAME 1 PROPAGIEREN

A.3 Animation

Ich will nur den ersten Frame ändern, aber alle anderen Frames ändern sich mit | Die in der Ebenen-Palette untergebrachte Option FRAME 1 PROPAGIEREN hat vermutlich Schuld. Entfernen Sie dort das

Häkchen, wenn sich Änderungen am ersten Frame nur auf diesen beschränken sollen.

A.4 Arbeitsoberfläche

Die Photoshop-Titelleiste und die Dokument-Titelleiste sind weg | Haben Sie irrtümlich die Taste F gedrückt? Damit wechseln Sie zu anderen Bildschirmmodi. Drücken Sie so oft erneut auf F, bis Sie den gewohnten Arbeitsbildschirm sehen, oder nutzen Sie die entsprechende Funktion in der Anwendung-Palette.

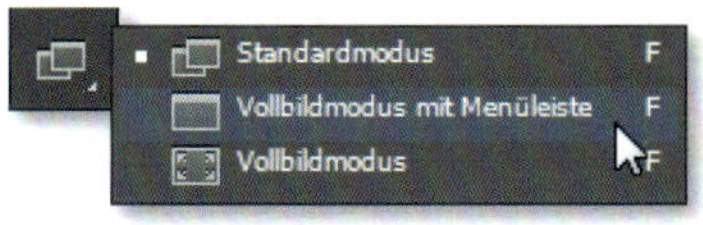

▲ **Abbildung A.3**
Wechsel zwischen verschiedenen Ansichtsoptionen der Arbeitsfläche

Paletten und Optionsleiste sind nicht mehr sichtbar | Ein Druck auf Tab war vermutlich die Ursache – drücken Sie erneut auf die Tab-Taste, um alles wieder einzublenden.

A.5 Auswahlen

Meine Rechteck-Auswahl hat immer gerundete Ecken | Vermutlich ist in der Optionsleiste im Feld WEICHE KANTE noch ein Wert eingetragen. Deaktivieren Sie die misslungene Auswahl, markieren und löschen Sie den Eintrag für die WEICHE KANTE-Option, und versuchen Sie es erneut. Stellen Sie außerdem sicher, dass Sie nicht das Auswahlrechteck-Werkzeug (M) mit dem Abgerundetes-Rechteck-Werkzeug (U) verwechselt haben.

Ich kann meine Auswahl nicht mehr auf eine beliebige Größe aufziehen | Um Rechteck- oder Kreisauswahlen frei aufzuziehen, muss unter ART die Einstellung NORMAL stehen. Ist dies nicht der Fall, stellen Sie sie um.

A.6 Bildkorrektur

Ich habe einen Weißabgleich mit den Pipettenwerkzeugen gemacht, doch die Korrektur wirkt zu stark | Die Tools TONWERTKORREKTUR und GRADATIONSKURVEN haben Pipetten an Bord, mit denen sich intuitiv ein Weißabgleich durchführen lässt. Manchmal fällt die Korrektur zu hart aus. In solchen Fällen können Sie den Menübefehl BEARBEITEN • VERBLASSEN nutzen. Der wirkt nicht nur bei Filtern, sondern auch nach Pipetten-Korrekturen.

Wenn ich bei Porträts den Kontrast korrigiere, wirken die Abgebildeten wie Sonnenbrandopfer | Arbeiten Sie mit Einstellungsebenen, was empfehlenswert ist? Dann lassen sich unerwünschte Verschiebungen der Bildfarben verhindern, indem Sie die Füllmethode der Einstellungsebene von NORMAL auf LUMINANZ umstellen.

A.7 Ebenen

Ich kann eine Ebene nicht mit dem Verschieben-Werkzeug bewegen | Hier kommen mehrere Ursachen in Frage: Ist die Ebene verriegelt? Oder ist sie mit einer anderen Ebene verkettet, die verriegelt ist? Ist tatsächlich die Ebene aktiv, die Sie zu verschieben versuchen? Manchmal bereitet auch die Option AUTOMATISCH AUSWÄHLEN (beim Verschieben-Werkzeug) Probleme. Ist sie aktiv und ist das Objekt, das Sie per Maus verschieben wollen, sehr klein, wird die darunterliegende Ebene (meist die Hintergrundebene) aktiviert, sobald Sie in das Bild klicken.

Die obenliegende Ebene wird unsichtbar, wenn die Farbe der darunterliegenden Ebene geändert wird | Kontrollieren Sie die Füllmethode der oberen Ebene. Stellen Sie sie auf NORMAL, um unerwünschte Effekte zu beheben.

Ich kann in der Ebenen-Palette keine Ebene mehr aktivieren | Wenn die Ebenenzeilen immer inaktiv bleiben, ist vermutlich der Maskierungsmodus aktiv. Drücken Sie [Q], oder klicken Sie auf das Symbol STANDARDMODUS in der Werkzeugpalette, um in den normalen Modus zurückzukehren.

Der gewohnte Befehl [Strg]/[cmd]+[E], um eine Ebene mit der darunterliegenden auf eine Ebene zu reduzieren, funktioniert nicht | Entweder sind die Ebenen verriegelt, oder es handelt sich um Vektorebenen oder Smartobjekte. Diese müssen Sie erst *markieren*, bevor Sie sie mit diesem Befehl reduzieren können.

Beim Transformieren von Ebenen erhalte ich Ergebnisse in sehr schlechter Qualität | Möglicherweise haben Sie in den VOREINSTELLUNGEN • ALLGEMEIN unter INTERPOLATIONSVERFAHREN statt der empfehlenswerten bikubischen Interpolation als Interpolationsmethode PIXELWIEDERHOLUNG eingestellt.

A.8 Filter

Filter funktionieren nicht oder werden nicht angeboten | Beim Anwenden von Filtern verhält sich Photoshop manchmal bockig: Entweder zeigt der Filter scheinbar keine Wirkung, oder er erzielt völlig unerwartete Ergebnisse – oder wird gar nicht erst angeboten. Auch hier kommt wieder eine Reihe von Ursachen in Frage:

- Nicht alle Filter funktionieren in allen **Modi**. Kontrollieren Sie unter BILD • MODUS oder in der Bildtitelleiste, in welchem Modus das Bild vorliegt, und wandeln Sie es gegebenenfalls um. Im Modus RGB stehen alle Filter zur Verfügung!
- Bei Bildern mit **16 Bit** je Kanal ist nur eine eingeschränkte Auswahl von Filtern wählbar. Über BILD • MODUS können Sie die Datei in eine 8-Bit-Datei umwandeln. Es empfiehlt sich, vom 16-Bit-Original zuvor eine Kopie anzulegen, denn einmal verlorene Informationen sind nicht mehr wiederzubeschaffen.
- Ist die richtige **Ebene** aktiv? Ist die Ebene, die Sie bearbeiten wollen, womöglich ausgeblendet, verdeckt oder aus dem Bild gerückt?
- Wenn **Masken** im Bild sind: Ist möglicherweise eine Maske (anstelle der Ebene) aktiv? Kontrollieren Sie die Bildtitelleiste. Ein Klick auf die Ebenen-Miniatur aktiviert die Ebene.
- Ist die **Ebene fixiert**? Auch die Verriegelungsoption TRANSPARENTE PIXEL FIXIEREN verhindert bei freigestellten Ebenen die Anwendung mancher Filter. (Vor allem trifft das bei Verzerrungs- und Weichzeichnungsfiltern zu, also bei allen Filtern, die zu einer Ausdehnung des ursprünglichen Ebeneninhalts führen.)

A.9 Hilfsmittel

▲ Abbildung A.4
Die Größe von Auswahlrechtecken wird neben dem Mauszeiger angezeigt – eine schnelle Alternative zum Lineal-Werkzeug.

Ich will Strecken messen, aber das Linealwerkzeug finde ich unhandlich und zu ungenau. Gibt es Alternativen? | Ein bewährter Workaround ist es, einfach eine Rechteckauswahl über die zu messende(n) Strecke(n) aufzuziehen und deren Größe in der Info-Palette oder an den Mauszeiger-Menüs abzulesen. Auf diese Art ermitteln Sie die Kantenlängen von rechteckigen Objekten in einem Arbeitsgang.

Wie lege ich schnell zwei Hilfslinien an, die sich genau im Bildmittelpunkt kreuzen? | Ganz ohne zu rechnen und sehr schnell bewerkstelligen Sie das in drei Schritten: Mit [Strg]/[cmd]+[A] legen Sie eine Auswahl über das gesamte Bild an. Wählen Sie nun den Befehl AUSWAHL • AUSWAHL TRANSFORMIEREN, können Sie den dann angezeigten Drehmittelpunkt ❶ als Orientierung für die Position der Hilfslinien nehmen. Diese lassen sich wie gewohnt aus den Linealen herausziehen.

Bild: Amana via Adobe

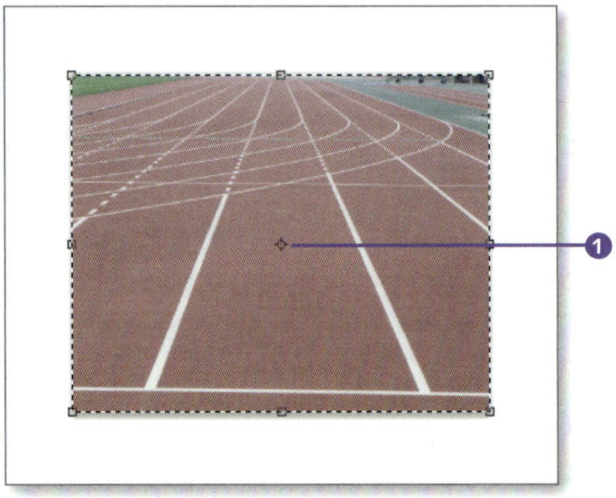

Abbildung A.5 ▶
Hilfslinien können sich am Drehmittelpunkt orientieren.

A.10 Malen und Retusche

Ich sehe meinen Malstrich nicht oder nur ganz schwach | Haben Sie in den Werkzeugoptionen oder in der Ebenen-Palette für die betreffende Ebene die Deckkraft herabgesetzt? Ist in der Ebenen-Palette oder für das betreffende Werkzeug eine andere Füllmethode als NORMAL eingestellt? Kontrollieren Sie auch die Einstellungen für die Werkzeugspitze. Insbesondere in den erweiterten Werkzeugspitzeneinstellungen per Pinsel-Palette verbergen sich viele Optionen, die Pinselstriche zum Verschwinden bringen können. Der Befehl PINSEL-STEUERUNGEN LÖSCHEN im Seitenmenü der Pinsel-Palette setzt das Werkzeug wieder in den Urzustand zurück.

Ich kann die Vorder- und Hintergrundfarbe nicht einstellen; nur Schwarz, Weiß und Grau werden angezeigt | Kontrollieren Sie den Farbmodus des Bildes, und prüfen Sie, ob sich das Bild im Maskierungsmodus befindet oder ob eventuell eine Ebenenmaske (anstelle der Ebene) aktiv ist.

Wie passe ich die unterschiedlichen Komponenten einer Montage farblich aneinander an? | Dazu gibt es verschiedene Möglichkeiten. Sie finden sie unter BILD • KORREKTUREN und in der Korrekturen-Palette. Es eignen sich die Tools FARBBALANCE und FARBTON/SÄTTIGUNG. Gute Ergebnisse erzielen Sie auch mit dem Werkzeug GLEICHE FARBE.

Die Ergebnisse beim (Bereichs-)Reparaturpinsel sehen komisch aus | Ist der Modus ERSETZEN aktiviert? Deaktivieren Sie ihn!

A.11 Pfade & Co.

Das Formwerkzeug lässt sich nicht benutzen | Das kommt vor, wenn die Option PIXEL aktiv und eine Textebene, verriegelte Ebene oder Form- oder Füllebene markiert ist.

Der Befehl »Pfadfläche füllen« oder »Pfadkontur füllen« ist inaktiv | Als Erstes muss natürlich ein entsprechender Pfad angelegt sein ... und die aktive Ebene muss eine Pixelebene sein. Vektorebenen (Text-, Form- oder Füllebenen) lassen sich nicht füllen.

Ich will Pfadkomponenten oder Pfade zwischen zwei Dateien bewegen | Dazu öffnen Sie beide Bilder. Im Quellbild wählen Sie mit dem Pfadauswahl-Werkzeug (A) den Pfad oder die Pfadkomponenten aus, die Sie kopieren möchten. Dann ziehen Sie den Pfad oder die Pfadkomponente einfach in das Zielbild. Alternativ können Sie auch die Befehle BEARBEITEN • KOPIEREN und BEARBEITEN • EINFÜGEN benutzen.

A.12 Text

Beim Schreiben von Absatztext verschwindet der eingegebene Text (oder Teile davon) plötzlich | Schauen Sie im Palettenmenü der Zeichen-Palette nach, ob eventuell die Option KEIN UMBRUCH ein Häkchen hat. Klicken Sie die Option an, um das Häkchen zu entfernen und die Option zu deaktivieren.

Ich kann keine neue Textebene in der Nähe einer bestehenden Textebene anlegen | Es wird immer nur die bestehende Textebene aktiviert, aber keine neue angelegt. Das ist normal. Um diesen Effekt zu unterbinden, halten Sie entweder mehr räumlichen Abstand zur ersten Ebene oder drücken zusätzlich zum Mausklick in das Bild die Taste ⇧.

A.13 Workflow

Wie kann ich Dateien beim Öffnen schneller finden? | Wenn Sie die ersten Buchstaben des Namens einer gesuchten Datei in das Namensfeld des Dialogs DATEI ÖFFNEN eintippen, werden alle Dateien, die mit diesen Buchstaben anfangen, in einer Liste aufgeführt. Mit einem Klick können Sie dann die gewünschte Datei öffnen. Noch besser ist es natürlich, Dateien mit Hilfe der Adobe Bridge zu verschlagworten.

Ich arbeite mit mehreren geöffneten Dokumenten in Tabs. Wie kann ich sie zügig nacheinander aktivieren? | Schneller als mit dem bekannten Mausklick auf die Karteireiter geht der Wechsel zwischen verschiedenen Bildern per Tastenkürzel:

- Strg/ctrl+⇥ springt weiter nach **rechts**.
- ⇧+Strg/ctrl+⇥ springt weiter nach **links**.

Die Zahleneingabe in Eingabefelder ist plötzlich nicht mehr möglich | Ist die NumLock-Funktion oder die Feststelltaste ⇩ Ihrer Tastatur aktiviert?

▲ **Abbildung A.6**
QuickInfos können nützlich sein.

In Paletten fehlen die MouseOver-Hinweise auf Vorgaben-Titel | Nicht nur in der Palette FARBFELDER helfen Ihnen solche gelben Hinweise, die richtige Vorgabe zu finden, auch bei Stilen, Werkzeugspitzen und anderen Vorgaben erleichtern sie Ihnen die Orientierung. Ist in den Voreinstellungen unter BENUTZEROBERFLÄCHE die Option QUICKINFO ANZEIGEN deaktiviert, fehlen auch diese Hinweise.

Meine selbstdefinierten Shortcuts funktionieren nicht mehr | Vermutlich haben Sie einen anderen Arbeitsbereich (etwa mit FENSTER • ARBEITSBEREICH) eingestellt als den, dem die geänderten Shortcuts ursprünglich zugeordnet wurden. Wählen Sie BEARBEITEN • TASTATURBEFEHLE, und aktivieren Sie dort unter SET den Satz mit Ihren gewohnten Shortcuts.

Ich bearbeite mehrere Dateien parallel und will Änderungen effektiv speichern | Das Kürzel Strg/cmd+Alt+W gibt es schon lange. Damit schließen Sie mehrere geöffnete Dateien. Eine neue Option seit Photoshop CS5 erlaubt das Schließen *und Speichern von Änderungen* »in einem Rutsch«. Drücken Sie wie gewohnt Strg/cmd+Alt+W. Wenn Sie dann gefragt werden, ob Sie Änderungen speichern möchten, setzen Sie ein Häkchen bei der Option AUF ALLE ANWENDEN ❶ und klicken auf JA.

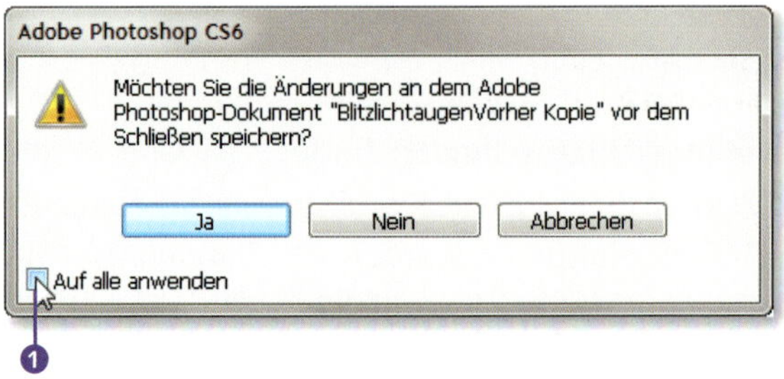

Abbildung A.7 ▶
Eine unauffällige Option spart Zeit, wenn Sie Änderungen an vielen geöffneten Dokumenten sichern wollen.

Anhang B
Praxishilfen: Werkzeuge und Tastenkürzel

B.1 Tastenkürzel Werkzeuge

Werkzeug		Tastenkürzel	Tastenkürzel kommt von …
Abgerundetes-Rechteck-Werkzeug		U	
Abwedler-Werkzeug		O	
Anmerkungen-Werkzeug		I	
Ansichtdrehung-Werkzeug		R	
Ausbessern-Werkzeug		J	
Auswahlellipse-Werkzeug		M	**M**arquee
Auswahlrechteck-Werkzeug		M	**M**arquee
Bereichsreparatur-Pinsel-Werkzeug		J	
Bildschirmmodus ändern (Standardmodus, Vollbildmodus mit Menüleiste, Vollbildmodus)	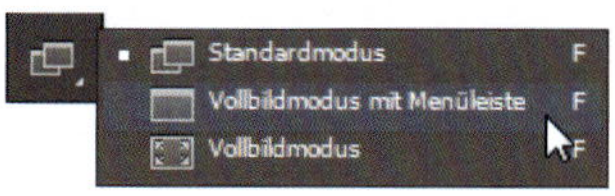	F	
Buntstift-Werkzeug		B	**B**rush
Direktauswahl-Werkzeug		A	
Eigene-Form-Werkzeug		U	

Werkzeug		Tastenkürzel	Tastenkürzel kommt von …
Ellipse-Werkzeug		U	
Farbaufnahme-Werkzeug		I	
Farbe-ersetzen-Werkzeug		B	
Freiform-Zeichenstift-Werkzeug		P	
Freistellungswerkzeug		C	**C**rop
Füllwerkzeug		G	
Hand-Werkzeug		H	**H**and
Hintergrund-Radiergummi-Werkzeug		E	**E**raser
Horizontales Textmaskierungswerkzeug		T	**T**ext
Horizontales Text-Werkzeug		T	**T**ext
Inhaltbasiert verschieben-Werkzeug		J	
Kopierstempel		S	
Kunst-Protokollpinsel		Y	
Lasso-Werkzeug		L	**L**asso
Linealwerkzeug		I	
Linienzeichner-Werkzeug		U	
Magischer-Radiergummi-Werkzeug		E	
Magnetisches-Lasso-Werkzeug		L	**L**asso
Misch-Pinsel		B	**B**rush
Musterstempel		S	
Nachbelichter-Werkzeug		O	
Perspektivisches Freistellungswerkzeug		C	
Pfadauswahl-Werkzeug		A	

Werkzeug		Tastenkürzel	Tastenkürzel kommt von …
Pinsel		B	**B**rush
Pipette-Werkzeug		I	
Polygon-Lasso-Werkzeug		L	**L**asso
Polygon-Werkzeug		U	
Protokoll-Pinsel		Y	
Radiergummi-Werkzeug		E	**E**raser
Rechteck-Werkzeug		U	
Reparatur-Pinsel		J	
Rote-Augen-Werkzeug		J	
Scharfzeichner-Werkzeug			
Schnellauswahlwerkzeug		W	
Schwamm-Werkzeug		O	
Slice-Auswahlwerkzeug		C	
Slice-Werkzeug		C	
Im Standard-/Maskierungsmodus bearbeiten	/	Q	**Q**uickMask
Standardfarben für Vordergrund und Hintergrund		D	**D**efault Colors
Verlaufswerkzeug		G	**G**radient Tool
Verschieben-Werkzeug		V	
Vertikales Textmaskierungswerkzeug		T	**T**ext
Vertikales Text-Werkzeug		T	**T**ext
Vorder- und Hintergrundfarbe vertauschen		X	E**x**change
Weichzeichner-Werkzeug			

Werkzeug	Tastenkürzel	Tastenkürzel kommt von …
Wischfinger-Werkzeug		
Zauberstab-Werkzeug	W	Magic **W**and
Zeichenstift-Werkzeug	P	**P**en
Zoom-Werkzeug	Z	**Z**oom

Tastenkürzel Werkzeuge, alphabetisch

Tastenkürzel	Werkzeug
A	Direktauswahl-Werkzeug
A	Pfadauswahl-Werkzeug
B	Buntstift-Werkzeug
B	Farbe-ersetzen-Werkzeug
B	Misch-Pinsel
B	Pinsel
C	Freistellungswerkzeug
C	Perspektivisches Freistellungswerkzeug
C	Slice-Auswahlwerkzeug
C	Slice-Werkzeug
D	Standardfarben für Vordergrund und Hintergrund
E	Hintergrund-Radiergummi-Werkzeug
E	Magischer-Radiergummi-Werkzeug
E	Radiergummi-Werkzeug
F	Bildschirmmodus ändern (Standardmodus, Vollbildmodus mit Menüleiste, Vollbildmodus) 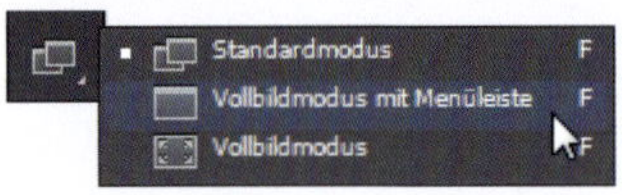

Tastenkürzel	Werkzeug
G	Füllwerkzeug
G	Verlaufswerkzeug
H	Hand-Werkzeug
I	Anmerkungen-Werkzeug
I	Farbaufnahme-Werkzeug
I	Linealwerkzeug
I	Pipette-Werkzeug
J	Ausbessern-Werkzeug
J	Bereichsreparatur-Pinsel
J	Inhaltbasiert verschieben-Werkzeug
J	Reparatur-Pinsel
J	Rote-Augen-Werkzeug
L	Lasso-Werkzeug
L	Magnetisches-Lasso-Werkzeug
L	Polygon-Lasso-Werkzeug
M	Auswahlellipse-Werkzeug
M	Auswahlrechteck-Werkzeug
O	Abwedler-Werkzeug
O	Nachbelichter-Werkzeug
O	Schwamm-Werkzeug
P	Freiform-Zeichenstift-Werkzeug
P	Zeichenstift-Werkzeug
Q	Im Standard-/Maskierungsmodus bearbeiten

Tastenkürzel	Werkzeug
R	Ansichtdrehung-Werkzeug
S	Kopierstempel
S	Musterstempel
T	Horizontales Textmaskierungswerkzeug
T	Horizontales Text-Werkzeug
T	Vertikales Textmaskierungswerkzeug
T	Vertikales Text-Werkzeug
U	Abgerundetes-Rechteck-Werkzeug
U	Eigene-Form-Werkzeug
U	Ellipse-Werkzeug
U	Linienzeichner-Werkzeug
U	Polygon-Werkzeug
U	Rechteck-Werkzeug
V	Verschieben-Werkzeug
W	Schnellauswahlwerkzeug
W	Zauberstab-Werkzeug
X	Vorder- und Hintergrundfarbe vertauschen
Y	Kunst-Protokollpinsel
Y	Protokoll-Pinsel
Z	Zoom-Werkzeug

Werkzeuge, englisch – deutsch

Englisch	Deutsch
Add Anchor Point Tool	Ankerpunkt-hinzufügen-Werkzeug
Art History Brush Tool	Kunst-Protokollpinsel
Background Color Tool	Hintergrundfarbe
Background Eraser Tool	Hintergrund-Radiergummi-Werkzeug
Blur Tool	Weichzeichner-Werkzeug
Brush Tool	Pinsel
Burn Tool	Nachbelichter-Werkzeug
Clone Stamp Tool	Kopierstempel
Color Replacement Tool	Farbe-ersetzen-Werkzeug
Color Sampler Tool	Farbaufnahme-Werkzeug
Content-Aware Move Tool	Inhaltbasiert verschieben-Werkzeug
Convert Point Tool	Punkt-umwandeln-Werkzeug
Crop Tool	Freistellungswerkzeug
Custom Shape Tool	Eigene-Form-Werkzeug
Default Colors	Standardfarben
Delete Anchor Point Tool	Ankerpunkt-löschen-Werkzeug
Direct Selection Tool	Direktauswahl-Werkzeug
Dodge Tool	Abwedler-Werkzeug
Ellipse Tool	Ellipse-Werkzeug
Elliptical Marquee Tool	Auswahlellipse-Werkzeug
Eraser Tool	Radiergummi-Werkzeug
Exchange Tool	Vorder- und Hintergrundfarbe vertauschen
Eyedropper Tool	Pipette-Werkzeug
Foreground Color	Vordergrundfarbe
Freeform Pen Tool	Freiform-Zeichenstift-Werkzeug
Gradient Tool	Verlaufswerkzeug
Hand Tool	Hand-Werkzeug
Healing Brush Tool	Reparatur-Pinsel
History Brush Tool	Protokoll-Pinsel

Englisch	Deutsch
Horizontal Type Mask Tool	Horizontales Textmaskierungs-werkzeug
Horizontal Type Tool	Horizontales Text-Werkzeug
Lasso Tool	Lasso-Werkzeug
Line Tool	Linienzeichner-Werkzeug
Magic Eraser Tool	Magischer-Radiergummi-Werkzeug
Magic Wand Tool	Zauberstab-Werkzeug
Magnetic Lasso Tool	Magnetisches Lasso-Werkzeug
Mixer Brush Tool	Misch-Pinsel
Move Tool	Verschieben-Werkzeug
Note Tool	Anmerkungen-Werkzeug
Paint Bucket Tool	Füllwerkzeug
Patch Tool	Ausbessern-Werkzeug
Path Selection Tool	Pfadauswahl-Werkzeug
Pattern Stamp Tool	Musterstempel
Pen Tool	Zeichenstift-Werkzeug
Perspective Crop Tool	Perspektivisches Freistellungswerkzeug
Pencil Tool	Buntstift-Werkzeug
Polygonal Lasso Tool	Polygon-Lasso-Werkzeug
Polygon Tool	Polygon-Werkzeug
Quick Mask Mode	Maskierungsmodus
Quick Selection Tool	Schnellauswahlwerkzeug
Rectangle Tool	Rechteck-Werkzeug
Rectangular Marquee Tool	Auswahlrechteck-Werkzeug
Red Eye Tool	Rote-Augen-Werkzeug
Rotate View Tool	Ansichtdrehung-Werkzeug
Rounded Rectangle Tool	Abgerundetes-Rechteck-Werkzeug
Ruler Tool	Linealwerkzeug
Sharpen Tool	Scharfzeichner-Werkzeug
Single Column Marquee Tool	Auswahlwerkzeug: Einzelne Spalte
Single Row Marquee Tool	Auswahlwerkzeug: Einzelne Zeile

Englisch	Deutsch
Slice Select Tool	Slice-Auswahlwerkzeug
Slice Tool	Slice-Werkzeug
Smudge Tool	Wischfinger-Werkzeug
Sponge Tool	Schwamm-Werkzeug
Spot Healing Brush Tool	Bereichsreparatur-Pinsel
Vertical Type Mask Tool	Vertikales Textmaskierungswerkzeug
Vertical Type Tool	Vertikales Text-Werkzeug
Zoom Tool	Zoom-Werkzeug (Lupe)

Werkzeuge, deutsch – englisch

Deutsch	Englisch
Abgerundetes-Rechteck-Werkzeug	Rounded Rectangle Tool
Abwedler-Werkzeug	Dodge Tool
Ankerpunkt-hinzufügen-Werkzeug	Add Anchor Point Tool
Ankerpunkt-löschen-Werkzeug	Delete Anchor Point Tool
Anmerkungen-Werkzeug	Note Tool
Ansichtdrehung-Werkzeug	Rotate View Tool
Ausbessern-Werkzeug	Patch Tool
Auswahlellipse-Werkzeug	Elliptical Marquee Tool
Auswahlrechteck-Werkzeug	Rectangular Marquee Tool
Auswahlwerkzeug: Einzelne Spalte	Single Column Marquee Tool
Auswahlwerkzeug: Einzelne Zeile	Single Row Marquee Tool
Bereichsreparatur-Pinsel	Spot Healing Brush Tool
Buntstift-Werkzeug	Pencil Tool
Direktauswahl-Werkzeug	Direct Selection Tool
Eigene-Form-Werkzeug	Custom Shape Tool
Ellipse-Werkzeug	Ellipse Tool
Farbaufnahme-Werkzeug	Color Sampler Tool
Farbe-ersetzen-Werkzeug	Color Replacement Tool
Freiform-Zeichenstift-Werkzeug	Freeform Pen Tool

Deutsch	Englisch
Freistellungswerkzeug	Crop Tool
Füllwerkzeug	Paint Bucket Tool
Hand-Werkzeug	Hand Tool
Hintergrundfarbe	Background Color Tool
Hintergrund-Radiergummi-Werkzeug	Background Eraser Tool
Horizontales Textmaskierungs-werkzeug	Horizontal Type Mask Tool
Horizontales Text-Werkzeug	Horizontal Type Tool
Inhaltbasiert verschieben-Werkzeug	Content-Aware Move Tool
Kopierstempel	Clone Stamp Tool
Kunst-Protokollpinsel	Art History Brush Tool
Lasso-Werkzeug	Lasso Tool
Linealwerkzeug	Ruler Tool
Linienzeichner-Werkzeug	Line Tool
Magischer-Radiergummi-Werkzeug	Magic Eraser Tool
Magnetisches Lasso-Werkzeug	Magnetic Lasso Tool
Maskierungsmodus	Quick Mask Mode
Misch-Pinsel	Mixer Brush Tool
Musterstempel	Pattern Stamp Tool
Nachbelichter-Werkzeug	Burn Tool
Perspektivisches Freistellungs-werkzeug	Perspective Crop Tool
Pfadauswahl-Werkzeug	Path Selection Tool
Pinsel	Brush Tool
Pipette-Werkzeug	Eyedropper Tool
Polygon-Lasso-Werkzeug	Polygonal Lasso Tool
Polygon-Werkzeug	Polygon Tool
Protokoll-Pinsel	History Brush Tool
Punkt-umwandeln-Werkzeug	Convert Point Tool
Radiergummi-Werkzeug	Eraser Tool
Rechteck-Werkzeug	Rectangle Tool
Reparatur-Pinsel	Healing Brush Tool

Deutsch	Englisch
Rote-Augen-Werkzeug	Red Eye Tool
Scharfzeichner-Werkzeug	Sharpen Tool
Schnellauswahlwerkzeug	Quick Selection Tool
Schwamm-Werkzeug	Sponge Tool
Slice-Auswahlwerkzeug	Slice Select Tool
Slice-Werkzeug	Slice Tool
Standardfarben	Default Colors
Verlaufswerkzeug	Gradient Tool
Verschieben-Werkzeug	Move Tool
Vertikales Textmaskierungswerkzeug	Vertical Type Mask Tool
Vertikales Text-Werkzeug	Vertical Type Tool
Vorder- und Hintergrundfarbe vertauschen	Exchange Tool
Vordergrundfarbe	Foreground Color
Weichzeichner-Werkzeug	Blur Tool
Wischfinger-Werkzeug	Smudge Tool
Zauberstab-Werkzeug	Magic Wand Tool
Zeichenstift-Werkzeug	Pen Tool
Zoom-Werkzeug (Lupe)	Zoom Tool

B.2 Tasten

Tastaturen am Mac und am PC

▲ **Abbildung B.1**
Die Mac-Tastatur

▲ **Abbildung B.2**
Die Windows-Tastatur

Die folgende Tabelle zeigt die Entsprechungen der Tasten Windows/Mac. Bitte beachten Sie, dass es für den Mac je nach Baujahr unterschiedliche Tastaturen gibt. Die Abbildung oben zeigt eine Tastatur, auf der [command] statt [cmd] verwendet wird.

Windows			Mac		
Steuerungstaste	[Strg]	8	Befehl- oder Apfeltaste	[cmd], [command] oder [⌘]	5
Alt-Taste	[Alt]	10	Alt- oder Wahltaste	[alt], [⌥] oder [option]	4
Umschalttaste	[⇧]	7	Umschalttaste	[⇧] oder [shift]	2
Tabulator	[⇆]	6	Tabulator	[⇆] oder [tab]	1
Windows-Taste	[⊞]	9	Control-Taste	[ctrl] oder [control]	3

B.3 Tastenkürzel Funktionen

Leider funktionieren am Mac einige Tastenkürzel mit Umlauten oder Sonderzeichen nicht. Weisen Sie das Tastaturkürzel in einem solchen Fall gegebenenfalls über BEARBEITEN • TASTATURBEFEHLE neu zu.

Aktionen

Was wollen Sie tun?	Windows	Mac
Aktuellen Befehl aktivieren und alle anderen deaktivieren oder **alle Befehle** aktivieren	Alt drücken und auf das Häkchen neben einem Befehl klicken	Alt drücken und auf das Häkchen neben einem Befehl klicken
Aktuelles modales Steuerelement einschalten und zwischen allen anderen modalen Steuerelementen wechseln	Alt drücken und auf das Steuerelement-Icon klicken	Alt drücken und auf das Steuerelement-Icon klicken
Aktion ausführen	Strg + Doppelklick auf Aktion	cmd + Doppelklick auf Aktion
Alle Befehle einer Aktion anzeigen/verbergen	Alt + Klick auf das Dreieck	Alt + Klick auf das Dreieck
Einzelnen Befehl aus einer Aktion ausführen	Befehl markieren, Strg + Klick auf die AUSFÜHREN-Schaltfläche (Play-Button)	Befehl markieren, cmd + Klick auf die AUSFÜHREN-Schaltfläche (Play-Button)
Neue Aktion erstellen und ohne Bestätigung aufzeichnen	Alt + Klick auf die Schaltfläche NEUE AKTION (runder Button)	Alt + Klick auf die Schaltfläche NEUE AKTION (runder Button)

Arbeitsschritte zurücknehmen

Was wollen Sie tun?	Windows	Mac
Einen Arbeitsschritt zurücknehmen bzw. wiederholen	Strg+Z	cmd+Z
Zurückgenommenen Arbeitsschritt wiederherstellen	⇧+Strg+Z	⇧+cmd+Z
Mehrere Arbeitsschritte zurückgehen	Alt+Strg+Z	Alt+cmd+Z
Mehrere Arbeitsschritte vorgehen	⇧+Strg+Z	⇧+cmd+Z
Zurück zur zuletzt abgespeicherten Bildversion	F12	F12

Was wollen Sie tun?	Windows	Mac
Einstellungen in Dialogfeldern zurücknehmen, ohne den Dialog zu schließen	Alt (verwandelt die Schaltfläche ABBRECHEN in ZURÜCKSETZEN)	Alt (verwandelt die Schaltfläche ABBRECHEN in ZURÜCKSETZEN)
Protokoll-Palette: Rückwärts durch Bildstadien navigieren	Alt+Strg+Z	Alt+cmd+Z
Protokoll-Palette: Vorwärts durch Bildstadien navigieren	⇧+Strg+Z	⇧+cmd+Z
Schnappschuss umbenennen	Doppelklick auf Schnappschuss-Miniatur	Doppelklick auf Schnappschuss-Miniatur
Protokollliste reversibel löschen	PROTOKOLL LÖSCHEN (im Menü der Protokoll-Palette)	PROTOKOLL LÖSCHEN (im Menü der Protokoll-Palette)
Protokoll endgültig löschen	Alt+PROTOKOLL LÖSCHEN (im Menü der Protokoll-Palette)	Alt+PROTOKOLL LÖSCHEN (im Menü der Protokoll-Palette)

Auswahlen

Was wollen Sie tun?	Windows	Mac
Alles auswählen	Strg+A	cmd+A
Eine bestehende Auswahl aufheben	Strg+D	cmd+D
Erneut wählen (aktiviert die zuletzt aufgehobene Auswahl erneut)	⇧+Strg+D	⇧+cmd+D
Auswahl umkehren	⇧+Strg+I	⇧+cmd+I
Auswahllinie (und andere Extras) ausblenden	Strg+H	cmd+H
Nachträglich weiche Auswahlkante hinzufügen	⇧+F6	⇧+F6
Eine NEUE AUSWAHL erstellen (entfernt eine eventuell bestehende Auswahl)	Auswahlwerkzeug normal benutzen	Auswahlwerkzeug normal benutzen
DER AUSWAHL HINZUFÜGEN	Auswahlwerkzeug benutzen, dabei ⇧ drücken	Auswahlwerkzeug benutzen, dabei ⇧ drücken
VON AUSWAHL SUBTRAHIEREN	Auswahlwerkzeug benutzen, dabei Alt drücken	Auswahlwerkzeug benutzen, dabei Alt drücken
SCHNITTMENGE MIT AUSWAHL BILDEN	Auswahlwerkzeug benutzen, dabei Alt+⇧ drücken	Auswahlwerkzeug benutzen, dabei Alt+⇧ drücken
Exaktes Quadrat aufziehen – funktioniert nur mit der Option NEUE AUSWAHL ◻	Halten Sie beim Aufziehen der Form ⇧ gedrückt.	Halten Sie beim Aufziehen der Form ⇧ gedrückt.

Was wollen Sie tun?	Windows	Mac
Exakten Kreis aufziehen – klappt nur mit der Option NEUE AUSWAHL 	Halten Sie beim Aufziehen der Form ⇧ gedrückt.	Halten Sie beim Aufziehen der Form ⇧ gedrückt.
Auswahlform von der Mitte aus aufziehen	Alt	Alt
Auswahlform (vor dem Abschließen des Vorganges) bewegen	Halten Sie die Maustaste gedrückt, und drücken Sie zusätzlich die Leertaste.	Halten Sie die Maustaste gedrückt, und drücken Sie zusätzlich die Leertaste.
Auswahllinie verschieben	Aktives Auswahlwerkzeug und Pfeiltasten oder Maus	Aktives Auswahlwerkzeug und Pfeiltasten oder Maus
Auswahlinhalt ausschneiden und verschieben (auf derselben Ebene)	Aktives Verschieben-Werkzeug und Pfeiltasten oder Maus	Aktives Verschieben-Werkzeug und Pfeiltasten oder Maus
Auswahl kopieren und verschieben (auf derselben Ebene)	Aktives Verschieben-Werkzeug und Pfeiltasten oder Maus, zusätzlich Alt drücken	Aktives Verschieben-Werkzeug und Pfeiltasten oder Maus, zusätzlich Alt drücken
Inhalt einer Auswahl ausschneiden und auf neuer Ebene einfügen	⇧+Strg+J	⇧+cmd+J
Inhalt einer Auswahl kopieren und auf neuer Ebene einfügen	Strg+J	cmd+J
Deckende Pixel einer Ebene auswählen	Strg + Klick in die Ebenenminiatur	cmd + Klick in die Ebenenminiatur
Deckende Pixel einer Ebene auswählen, Auswahl erweitern	Strg+⇧ + Klick in die Ebenenminiatur	cmd+⇧ + Klick in die Ebenenminiatur
Deckende Pixel einer Ebene auswählen, Auswahl verkleinern	Alt+Strg+⇧ + Klick in die Ebenenminiatur	Alt+cmd+⇧ + Klick in die Ebenenminiatur

Bildlauf

Was wollen Sie tun?	Windows	Mac
Hand-Werkzeug aufrufen	H	H
Hand-Werkzeug kurzzeitig aus anderen Werkzeugen heraus aufrufen	Leertaste	Leertaste
Hand-Werkzeug auf alle Bilder gleichzeitig anwenden	⇧ + Leertaste	⇧ + Leertaste
Bildausschnitt hochschieben	Bild ↑	⇞
Bildausschnitt herunterschieben	Bild ↓	⇟
Bildausschnitt langsam hochschieben	⇧+Bild ↑	⇧+⇞

Was wollen Sie tun?	Windows	Mac
Bildausschnitt langsam herunterschieben	⇧ + Bild ↓	⇧ + ⇟
Bildausschnitt nach rechts schieben	Strg + Bild ↑	cmd + ⇞
Bildausschnitt nach links schieben	Strg + Bild ↓	cmd + ⇟
Bildausschnitt zur linken oberen Bildecke schieben	Pos1	Home
Bildausschnitt zur rechten unteren Bildecke schieben	Ende	End
Kurzfristig ganzes Bild mit Positionsrahmen einblenden	H + Maustaste drücken	H + Maustaste drücken

Datei

Was wollen Sie tun?	Windows	Mac
Datei öffnen	Strg + O	cmd + O
Datei anlegen	Strg + N	cmd + N
Bridge öffnen	Alt + Strg + O	Alt + cmd + O
Öffnen als …	⇧ + Alt + Strg + O	–
Datei schließen	Strg + W	cmd + W
Alle Dateien schließen	Alt + Strg + W	Alt + cmd + W
Datei speichern	Strg + S	cmd + S
Datei speichern unter	Alt + Strg + S	Alt + cmd + S
Für Web speichern	⇧ + Alt + Strg + S	⇧ + Alt + cmd + S
Zurück zur letzten Version gehen	F12	F12
Dateiinformationen anzeigen	⇧ + Alt + Strg + I	⇧ + Alt + cmd + I

Drucken

Was wollen Sie tun?	Windows	Mac
Drucken	Strg + P	cmd + P
Eine Kopie drucken	Alt + ⇧ + Strg + P	Alt + ⇧ + cmd + P
Farbproof	Strg + Y	cmd + Y
Farbumfang-Warnung	⇧ + Strg + Y	⇧ + cmd + Y

Ebenen erstellen

Was wollen Sie tun?	Windows	Mac
Neue leere Ebene **oberhalb** der aktiven Ebene anlegen	Klick auf das Icon NEU in der Ebenen-Palette	Klick auf das Icon NEU in der Ebenen-Palette
Neue leere Ebene **unterhalb** der aktiven Ebene anlegen	Mit gedrückter Strg-Taste auf das Icon NEU in der Ebenen-Palette klicken	Mit gedrückter cmd-Taste auf das Icon NEU in der Ebenen-Palette klicken
Neue leere Ebene **mit Dialogfeld** anlegen	Mit gedrückter Alt-Taste auf das Icon NEU in der Ebenen-Palette klicken	Mit gedrückter Alt-Taste auf das Icon NEU in der Ebenen-Palette klicken
Neue leere Ebene **mit Dialogfeld** anlegen	⇧+Strg+N	⇧+cmd+N

Ebenen aktivieren

Was wollen Sie tun?	Windows	Mac
Zur **nächsthöheren** Ebene im Ebenen-Schichtaufbau springen	Alt+. (Punkt)	Alt+. (Punkt)
Zur **nächstunteren** Ebene im Ebenen-Schichtaufbau springen	Alt+, (Komma)	Alt+, (Komma)
Zur **obersten** Ebene im Ebenen-Schichtaufbau springen	⇧+Alt+- (Minus)	⇧+Alt+- (Minus)
Zur **untersten** Ebene im Ebenen-Schichtaufbau springen	Alt+- (Minus)	Alt+- (Minus)
Zusätzlich zur aktuell aktiven auch noch die **darüberliegende Ebene** aktivieren	⇧+Alt+. (Punkt)	⇧+Alt+. (Punkt)
Zusätzlich zur aktuell aktiven auch noch die **darunterliegende Ebene** aktivieren	⇧+Alt+, (Komma)	⇧+Alt+, (Komma)
Mehrere Ebenen oder Gruppen auf einmal aktivieren	Mit Strg in der Ebenen-Palette entsprechende Ebenen(gruppen) per Maus auswählen	Mit cmd in der Ebenen-Palette entsprechende Ebenen(gruppen) per Maus auswählen
Mehrere aufeinanderfolgende Ebenen oder Ebenengruppen auf einmal aktivieren	Mit ⇧ in der Ebenen-Palette die erste und die letzte Ebene(ngruppe) anklicken, die Sie aktivieren wollen	Mit ⇧ in der Ebenen-Palette die erste und die letzte Ebene(ngruppe) anklicken, die Sie aktivieren wollen

Ebenen bearbeiten

Was wollen Sie tun?	Windows	Mac
Ebene ganz nach oben/unten verschieben	⇧+Strg+Ä/#	⇧+cmd+ß/#
Ebene einen Schritt nach oben/unten	Strg+Ä/#	cmd+ß/#
Markierte Ebene(ngruppe) mit darunterliegender Ebene(ngruppe) auf eine Ebene reduzieren	Strg+E	cmd+E
Mehrere markierte Ebenen(gruppen) auf eine Ebene reduzieren	Strg+E	cmd+E
Markierte Gruppe auf eine Ebene reduzieren (Gruppe zusammenfügen)	Strg+E	cmd+E
Alle sichtbaren Ebenen(gruppen) auf eine Ebene reduzieren. Wenn im Bild eine Hintergrundebene vorhanden ist, werden Ebenen auf die Hintergrundebene reduziert.	Strg+⇧+E	cmd+⇧+E
Eine Kopie aller sichtbaren Ebenen auf eine neue Zielebene reduzieren (Ebenen »stempeln«)	⇧+Strg+Alt+E	⇧+cmd+Alt+E

Ebenen ein- und ausblenden

Was wollen Sie tun?	Windows	Mac
Mehrere untereinanderliegende Ebenen(gruppen) ein- oder ausblenden	Mit gehaltener Maustaste Augen-Icons »abfahren«	Mit gehaltener Maustaste Augen-Icons »abfahren«
Alle *anderen* sichtbaren Ebenen(gruppen) außer der aktuell aktiven ein-/ausblenden	Alt + Klick auf das Auge	Alt + Klick auf das Auge
Nur diese Ebenen(gruppe) oder alle Ebenen(gruppen) ein-/ausblenden	Klick auf das Auge	Klick auf das Auge

Ebenengruppen

Was wollen Sie tun?	Windows	Mac
Neue (leere) Ebenengruppe oberhalb der aktuellen Ebene(ngruppe) erstellen	Klick auf die Schaltfläche NEUE GRUPPE ERSTELLEN	Klick auf die Schaltfläche NEUE GRUPPE ERSTELLEN

Was wollen Sie tun?	Windows	Mac
Neue (leere) Ebenengruppe unter der aktuellen Ebene(ngruppe) erstellen	Strg + Klick auf die Schaltfläche NEUE GRUPPE ERSTELLEN	cmd + Klick auf die Schaltfläche NEUE GRUPPE ERSTELLEN
Zuvor markierte Ebenen gruppieren	Strg+G	cmd+G
Gruppierung von Ebenen aufheben	Strg+⇧+G	cmd+⇧+G
Neue Ebenengruppe mit Dialogfeld erstellen	Alt + Klick auf die Schaltfläche NEUE GRUPPE ERSTELLEN	Alt + Klick auf die Schaltfläche NEUE GRUPPE ERSTELLEN
Fülloptionen der Ebenengruppe anzeigen	Rechtsklick auf die Ebenengruppe und FÜLLOPTIONEN, Doppelklicken auf das Ordnersymbol	Rechtsklick auf die Ebenengruppe und FÜLLOPTIONEN, Doppelklicken auf das Ordnersymbol

Ebenenmischmodi

Was wollen Sie tun?	Windows	Mac
Durch Füllmethoden navigieren: in der Liste abwärts	Bei aktiver Dropdown-Liste in der Ebenen-Palette: ↓	Bei aktiver Dropdown-Liste in der Ebenen-Palette: ↓
Durch Füllmethoden navigieren: in der Liste aufwärts	Bei aktiver Dropdown-Liste in der Ebenen-Palette: ↑	Bei aktiver Dropdown-Liste in der Ebenen-Palette: ↑
Für die folgenden Tastenkürzel muss unter Windows das Verschieben-Werkzeug aktiviert sein. Außerdem darf die Mischmodus-Liste nicht mehr aktiviert sein.		
Füllmethode NORMAL	⇧+Alt+ N	⇧+Alt+ N
Füllmethode SPRENKELN	⇧+Alt+I	⇧ +Alt+I
Füllmethode DAHINTER AUFTRAGEN (nur Pinsel)	⇧+Alt+Q	⇧ +Alt+Q
Füllmethode LÖSCHEN (nur Pinsel)	⇧+Alt+R	⇧+Alt+R
Füllmethode ABDUNKELN	⇧+Alt+K	⇧+Alt+K
Füllmethode MULTIPLIZIEREN	⇧+Alt+M	⇧+Alt+M
Füllmethode FARBIG NACHBELICHTEN	⇧+Alt+B	⇧+Alt+B
Füllmethode LINEAR NACHBELICHTEN	⇧+Alt+A	⇧+Alt+A
Füllmethode DUNKLERE FARBE	Ohne Kürzel	Ohne Kürzel
Füllmethode AUFHELLEN	⇧+Alt+G	⇧+Alt+G
Füllmethode NEGATIV MULTIPLIZIEREN	⇧+Alt+S	⇧+Alt+S
Füllmethode FARBIG ABWEDELN	⇧+Alt+D	⇧+Alt+D
Füllmethode LINEAR ABW. (ADD.)	⇧+Alt+W	⇧+Alt+W
Füllmethode HELLERE FARBE	Ohne Kürzel	Ohne Kürzel

Was wollen Sie tun?	Windows	Mac
Füllmethode INEINANDERKOPIEREN	⇧+Alt+O	⇧+Alt+O
Füllmethode WEICHES LICHT	⇧+Alt+F	⇧+Alt+F
Füllmethode HARTES LICHT	⇧+Alt+H	⇧+Alt+H
Füllmethode STRAHLENDES LICHT	⇧+Alt+V	⇧+Alt+V
Füllmethode LINEARES LICHT	⇧+Alt+J	⇧+Alt+J
Füllmethode LICHTPUNKT	⇧+Alt+Z	⇧+Alt+Z
Füllmethode HART MISCHEN	⇧+Alt+L	⇧+Alt+L
Füllmethode DIFFERENZ	⇧+Alt+E	⇧+Alt+E
Füllmethode AUSSCHLUSS	⇧+Alt+X	⇧+Alt+X
Füllmethode SUBTRAHIEREN	Ohne Kürzel	Ohne Kürzel
Füllmethode DIVIDIEREN	Ohne Kürzel	Ohne Kürzel
Füllmethode FARBTON	⇧+Alt+U	⇧+Alt+U
Füllmethode SÄTTIGUNG	⇧+Alt+T	⇧+Alt+T
Füllmethode FARBE	⇧+Alt+C	⇧+Alt+C
Füllmethode LUMINANZ	⇧+Alt+Y	⇧+Alt+Y

Fenster (Paletten)

Was wollen Sie tun?	Windows	Windows
Aktionen-Palette	F9	Alt+F9
Ebenen-Palette	F7	F7
Farbe-Palette	F6	F6
Info-Palette	F8	F8
Pinsel-Palette	F5	F5

Filter

Was wollen Sie tun?	Windows	Mac
Filtervorgang abbrechen	Esc	cmd+. (Punkt)
Filter widerrufen	Strg+Z	cmd+Z
den letzten Filter ohne Änderung der Einstellungen erneut anwenden (z. B. auf eine weitere Datei)	Strg+F	cmd+F

Was wollen Sie tun?	Windows	Mac
Dialog für den letzten Filter erneut aufrufen	Strg + Alt + F	cmd + Alt + F
Dialog VERBLASSEN aufrufen	⇧ + Strg + F	⇧ + cmd + F

Filtergalerie

Was wollen Sie tun?	Windows	Mac
Neuen Filter über dem derzeit aktiven Filter anwenden	Alt + auf gewünschten Filter klicken	Alt + auf gewünschten Filter klicken
Schaltfläche ABBRECHEN in ZURÜCKSETZEN verwandeln	Alt	Alt
Schaltfläche ABBRECHEN in STANDARD verwandeln	Strg	cmd
Rückgängig/Wiederherstellen	Strg + Z	cmd + Z
Schritt vorwärts	Strg + ⇧ + Z	cmd + ⇧ + Z
Schritt zurück	Strg + Alt + Z	cmd + Alt + Z

Gradationskurven

Was wollen Sie tun?	Windows	Mac
Dialogfeld GRADATIONSKURVEN aufrufen	Strg + M	cmd + M
Nächsten Kurvenpunkt auswählen	+	+
Vorherigen Kurvenpunkt auswählen	−	−
Mehrere Kurvenpunkte auswählen	⇧ + Klick auf die Punkte	⇧ + Klick auf die Punkte
Kurvenauswahl aufheben	Strg + D	cmd + D
Kurvenpunkt löschen	Entf	←
Tiefen- und Lichterbeschneidung anzeigen	Alt + Weiß- und Schwarzpunkt-regler ziehen	Alt + Weiß- und Schwarzpunkt-regler ziehen
Rastergröße verändern	Alt + Klick auf das Raster	Alt + Klick auf das Raster

Hilfsmittel ein- und ausblenden

Was wollen Sie tun?	Windows	Mac
Alle Extras	Strg + H	cmd + H
Lineale	Strg + R	cmd + R
Hilfslinien	Strg + ,	cmd + ,
Zielpfad	⇧ + Strg + H	⇧ + cmd + H
Raster	Alt + ⇧ + Strg + ,	Alt + ⇧ + cmd + ,

Kante verbessern

Was wollen Sie tun?	Windows	Mac
Dialogfeld Kante verbessern öffnen	Strg + Alt + R	cmd + Alt + R
Vorschaumodus vorwärts durchlaufen	F	F
Vorschaumodus rückwärts durchlaufen	⇧ + F	⇧ + F
Zwischen Original und Vorschau wechseln	X	X
Vorschau ein-/ausschalten	P	P

Kopierquelle

Was wollen Sie tun?	Windows	Mac
Kopierquelle ohne Werkzeugkontur zeigen	⇧ + Alt	⇧ + Alt
Kopierquelle drehen*	⇧ + Alt + Ü oder +	⇧ + Alt + Ü oder +
Kopierquelle vergrößern*	⇧ + Alt + ?	⇧ + Alt + ?
Kopierquelle verkleinern*	⇧ + Alt + =	⇧ + Alt + =

* funktioniert nur, wenn die Palette Kopierquelle geöffnet ist

Lasso

Was wollen Sie tun?	Windows	Mac
Vorgang abbrechen	Esc	Esc
Lasso aufrufen	L	L

Was wollen Sie tun?	Windows	Mac
Kurzzeitiger Wechsel vom Lasso- zum Polygon-Lasso-Werkzeug (funktioniert auch umgekehrt)	Alt gedrückt halten	Alt gedrückt halten
Auswahlbereich endgültig schließen	Maus loslassen	Maus loslassen
Polygon-Lasso aufrufen	L	L
Letzten Ankerpunkt entfernen (kann die Gestalt der Auswahllinie gravierend verändern)	Entf	←
Auswahl-Liniensegmente exakt im 45°-Winkel ziehen (oder in Vielfachen von 45°)	⇧	⇧
Kurzzeitiger Wechsel vom Polygon- zum normalen Lasso (funktioniert auch umgekehrt)	Alt gedrückt halten und mit der Maus ziehen	Alt gedrückt halten und mit der Maus ziehen
Auswahlbereich endgültig schließen	Doppelklick oder Strg+Klick	Doppelklick oder cmd+Klick
Magnetisches Lasso aufrufen	L	L
Kurzzeitiger Wechsel vom Magnet- zum normalen Lasso	Alt gedrückt halten, dann freihändig »zeichnen«	Alt gedrückt halten, dann freihändig »zeichnen«
Kurzzeitiger Wechsel vom Magnet- zum Polygon-Lasso	Alt gedrückt halten, dann durch Klicks Liniensegmente anlegen	Alt gedrückt halten, dann durch Klicks Liniensegmente anlegen
Kontrast erhöhen	. (Punkt)	. (Punkt)
Kontrast verringern	, (Komma)	, (Komma)
Breite erhöhen	#	#
Breite verringern (während die Auswahl angelegt wird)	Ö	(ohne Tastenkürzel) **Hinweis:** Laut Adobe-Handbuch ist der zuständige Shortcut das Akzentzeichen – das bewirkt aber gar nichts.
Bildzoom größer – ausnahmsweise ohne zusätzliches Drücken von Strg oder cmd	+	+
Bildzoom kleiner – ausnahmsweise ohne zusätzliches Drücken von Strg oder cmd	–	–
Breite des Erkennungsabstandes anzeigen (Mauscursor-Form ändern)	⇩ arretieren	⇩ arretieren
Auswahl auf kürzestem Weg schließen	Doppelklick oder Strg + Klick	Doppelklick oder cmd + Klick

Malen und Malwerkzeuge

Was wollen Sie tun?	Windows	Mac
Pinsel-Werkzeug aktivieren	[B]	[B]
Mischpinsel-Werkzeug aktivieren	[B]	[B]
Buntstift-Werkzeug aktivieren	[B]	[B]
Radiergummi-Werkzeug aktivieren	[E]	[E]
Magischer-Radiergummi-Werkzeug aktivieren	[E]	[E]
Bei allen Malwerkzeugen: Punkte durch eine gerade Linie verbinden (jeglicher Winkel)	[⇧] + auf den Start- und den Endpunkt der Linie klicken	[⇧] + auf den Start- und den Endpunkt der Linie klicken
Bei allen Malwerkzeugen: genau senkrechte oder waagerechte Linien ziehen (oder 15°-Winkel)	[⇧] + malen	[⇧] + malen
Bei allen Malwerkzeugen: Ebenen-Paletten-Option TRANSPARENTE PIXEL FIXIEREN ein- und ausschalten	[ß]	–
Werkzeugspitze vergrößern	[#]	[#]
Werkzeugspitzen verkleinern	[Ö]	[⇧]+[#]
Zum vorherigen Pinsel in der Pinselliste wechseln (funktioniert auch bei zugeklappter Liste)	[,] (Komma)	[,] (Komma)
Zum nächsten Pinsel in der Pinselliste wechseln (funktioniert auch bei zugeklappter Liste)	[.] (Punkt)	[.] (Punkt)
Werkzeugspitzenanzeige: Fadenkreuz	[⇪]	[⇪]

Masken

Was wollen Sie tun?	Windows	Mac
Weiße Maske erstellen	 in der Ebenen-Palette	 in er Ebenen-Palette
Schwarze Maske erstellen	 + [Alt] in der Ebenen-Palette	 + [Alt] in der Ebenen-Palette
Graustufenansicht der Maske anzeigen	[Alt] + Klick auf die Maskenminiatur	[Alt] + Klick auf die Maskenminiatur

Was wollen Sie tun?	Windows	Mac
Maskierungsfolie anzeigen	⇧+Alt + Klick auf die Maskenminiatur	⇧+Alt + Klick auf die Maskenminiatur
Maskenwirkung temporär ausschalten	⇧+ Klick auf die Maskenminiatur	⇧+ Klick auf die Maskenminiatur
Maske als Auswahl laden	Strg + Klick auf die Maskenminiatur	cmd + Klick auf die Maskenminiatur
Maskenoptionen aufrufen	Rechtsklick auf die Maskenminiatur und MASKENOPTIONEN	Rechtsklick auf die Maskenminiatur und MASKENOPTIONEN

Pinsel und Pinsel-Palette

Was wollen Sie tun?	Windows	Mac
Pinselgröße ändern	Alt + Rechtsklick + Mausbewegung nach rechts oder links	Alt + Rechtsklick (oder Ctrl) + Mausbewegung nach rechts oder links
Härte der Pinselspitze verringern oder erhöhen	Alt + Rechtsklick + Mausbewegung nach oben oder unten	Alt + Rechtsklick (oder Ctrl) + Mausbewegung nach oben oder unten
Fadenkreuz für Pinsel anzeigen	⇪	⇪
Airbrush-Option ein-/ausschalten	⇧+Alt+P	⇧+Alt+P
Pinsel aus Pinselvorgaben-Liste löschen	Alt + Klicken auf Pinsel in der Liste	Alt + Klicken auf Pinsel in der Liste
Pinsel umbenennen	Doppelklick auf Pinsel in der Liste	Doppelklick auf Pinsel in der Liste
Zum ersten Pinsel in der Liste springen	⇧+, (Komma)	⇧+, (Komma)

Pfade

Was wollen Sie tun?	Windows	Mac
Mehrere Ankerpunkte auswählen	Direktauswahl-Werkzeug + Klick bei gedrückter ⇧	Direktauswahl-Werkzeug + Klick bei gedrückter ⇧
Gesamten Pfad auswählen	Direktauswahl-Werkzeug + Klick bei gedrückter Alt-Taste	Direktauswahl-Werkzeug + Klick bei gedrückter Alt-Taste

Was wollen Sie tun?	Windows	Mac
Pfad duplizieren	Beliebiges Zeichenstift-Werkzeug oder Pfadauswahl- oder Direktauswahl-Werkzeug aktivieren + Strg + Alt + Ziehen mit der Maus	Beliebiges Zeichenstift-Werkzeug oder Pfadauswahl- oder Direktauswahl-Werkzeug aktivieren + cmd + Alt + Ziehen mit der Maus
Vom Pfadauswahl-, Zeichenstift-, Ankerpunkt-hinzufügen-, Ankerpunkt-löschen- oder Punkt-umwandeln-Werkzeug temporär auf das Direktauswahl-Werkzeug umschalten	Strg	cmd
Vom Zeichenstift- oder Freiform-Zeichenstift-Werkzeug zum Punkt-umwandeln-Werkzeug wechseln, wenn der Mauscursor sich gerade auf einem Anker- oder Griffpunkt befindet	Alt	Alt
Bei der Arbeit mit magnetischem Freiform-Zeichenstift: Pfadlinie schließen	Doppelklick oder Pfad zu Ende zeichnen	Doppelklick oder Pfad zu Ende zeichnen
Bei der Arbeit mit magnetischem Freiform-Zeichenstift: Pfad mit geradem Segment schließen	Alt + Doppelklick	Alt + Doppelklick
Pfad ausblenden	Strg + ⇧ + H	cmd + ⇧ + H

Text

Was wollen Sie tun?	Windows	Mac
Text im Bild verschieben	Textebene auswählen, Strg halten, Text mit Maus ziehen (oder alternativ das Verschieben-Werkzeug)	Textebene auswählen, cmd halten, Text mit Maus ziehen (oder alternativ das Verschieben-Werkzeug)
Ein **Zeichen** links/rechts auswählen: Cursor muss schon im Text stehen und …	⇧ + → / ←	⇧ + → / ←
Eine **Zeile** oben/unten auswählen: Cursor muss schon im Text stehen und …	⇧ + ↑ / ↓	⇧ + ↑ / ↓
Ein **Wort** links/rechts auswählen: Cursor muss schon im Text stehen und …	⇧ + Strg + → / ←	⇧ + cmd + → / ←
Alle Zeichen zwischen blinkender Einfügemarke und Mausklick-Position auswählen	⇧ + in Text klicken	⇧ + in Text klicken
Beim Transformieren: Begrenzungsrahmen für Texttransformationen aktivieren, um den **Text zu verzerren**	Strg + dann an einem der Griffe ziehen	cmd + dann an einem der Griffe ziehen

Was wollen Sie tun?	Windows	Mac
Textfeld beim Erstellen verschieben	Leertaste drücken, Textfeld ziehen	Leertaste drücken, Textfeld ziehen
Absatz linksbündig ausrichten (horizontales Text-Werkzeug muss aktiv sein, Cursor im Text)	Strg + ⇧ + L	cmd + ⇧ + L
Absatz rechtsbündig ausrichten (horizontales Text-Werkzeug muss aktiv sein, Cursor im Text)	Strg + ⇧ + R	cmd + ⇧ + R
Absatz im Blocksatz ausrichten (horizontales Text-Werkzeug muss aktiv sein, Cursor im Text)	Strg + ⇧ + F	cmd + ⇧ + F
Absatz zentriert ausrichten (horizontales Text-Werkzeug muss aktiv sein, Cursor im Text)	Strg + ⇧ + C	cmd + ⇧ + C
Bei vertikaler Schrift: zentrieren, oben oder unten ausrichten	Vertikales Text-Werkzeug + Strg + ⇧ + L, C oder R	Vertikales Text-Werkzeug + cmd + ⇧ + L, C oder R
Silbentrennung ein/aus	Strg + ⇧ + Alt + H	cmd + Ctrl + ⇧ + Alt + H
Wechsel zwischen Einzeilen-Setzer und Alle-Zeilen-Setzer	Strg + ⇧ + Alt + T	cmd + ⇧ + Alt + T
Schriftgrad des ausgewählten Texts um 2 Schriftgrade (Punkt oder Pixel, je nach Voreinstellung) verkleinern	Strg + ⇧ + A	cmd + ⇧ + ?
Schriftgrad des ausgewählten Texts um 2 Schriftgrade (Punkt oder Pixel, je nach Voreinstellung) vergrößern	Strg + ⇧ + W	cmd + ⇧ + ` (Akzentzeichen)
Zeilenabstand des ausgewählten Texts um 2 Einheiten (Punkt oder Pixel, je nach Voreinstellung) vergrößern	Alt + ↓	Alt + ↓
Zeilenabstand des ausgewählten Texts um 2 Einheiten (Punkt oder Pixel, je nach Voreinstellung) verkleinern	Alt + ↑	Alt + ↑
Zeilenabstand des ausgewählten Texts um 10 Einheiten (Punkt oder Pixel, je nach Voreinstellung) vergrößern	Strg + Alt + ↓	cmd + Alt + ↓
Zeilenabstand des ausgewählten Texts um 10 Einheiten (Punkt oder Pixel, je nach Voreinstellung) verkleinern	Strg + Alt + ↑	cmd + Alt + ↑

Was wollen Sie tun?	Windows	Mac
Grundlinienversatz des ausgewählten Texts um 2 Einheiten (Punkt oder Pixel, je nach Voreinstellung) verkleinern	⇧+Alt+↓	⇧+Alt+↓
Grundlinienversatz des ausgewählten Texts um 2 Einheiten (Punkt oder Pixel, je nach Voreinstellung) vergrößern	⇧+Alt+↑	⇧+Alt+↑
Grundlinienversatz des ausgewählten Texts um 10 Einheiten (Punkt oder Pixel, je nach Voreinstellung) verkleinern	Strg+⇧+Alt+↓	cmd+⇧+Alt+↓
Grundlinienversatz des ausgewählten Texts um 10 Einheiten (Punkt oder Pixel, je nach Voreinstellung) vergrößern	Strg+⇧+Alt+↑	cmd+⇧+Alt+↑
Laufweite/Kerning um 20/1000 Geviert verkleinern	Alt+→	Alt+→
Laufweite/Kerning um 20/1000 Geviert vergrößern	Alt+←	Alt+←

Verflüssigen-Filter

Was wollen Sie tun?	Windows	Mac
Einzoomen	Strg++ (Ziffernblock)	cmd++ (Ziffernblock)
Auszoomen	Strg+− (Ziffernblock)	cmd+− (Ziffernblock)
Bildanzeige ins Vorschaufenster des Dialog anpassen	Doppelklick aufs Hand-Werkzeug; Strg+0	Doppelklick aufs Hand-Werkzeug; cmd+0
Bild in 100 % Ansicht bringen und Mittelpunkt zentrieren	Doppelklick aufs Zoom-Werkzeug	Doppelklick aufs Zoom-Werkzeug

Fluchtpunkt-Filter

Was wollen Sie tun?	Windows	Mac
2 × zoomen (vorübergehend)	X	X
Auswahl und Ebenen ausblenden	Strg+H	cmd+H
Auswahl in Schritten von einem Pixel verschieben	Pfeiltasten	Pfeiltasten

Was wollen Sie tun?	Windows	Mac
Auswahl in Schritten von 10 Pixeln verschieben	⇧ + Pfeiltasten	⇧ + Pfeiltasten
Auswahl in Schritten von einem Pixel verschieben	Pfeiltasten	
Auswahl in Schritten von 10 Pixeln verschieben	⇧ + Pfeiltasten	⇧ + Pfeiltasten
Auswahl mit Pixeln unter dem Mauszeiger füllen	Strg halten und Maus bewegen	cmd halten und Maus bewegen
Beim Erstellen von Perspektivebenen: letzten »Anfasser« löschen	←	←
Perspektivebene über gesamte Bildfläche erstellen, parallel zur Kameraperspektive	Doppelklick aufs Ebene-Erstellen-Werkzeug	Doppelklick aufs Ebene-Erstellen-Werkzeug

Zoom

Was wollen Sie tun?	Windows	Mac
Zoom-Werkzeug aktivieren	Z	Z
Bildansicht vergrößern	Strg + +	cmd + +
Bildansicht verkleinern	Strg + −	cmd + −
Bildansicht in allen Dokumenten vergrößern	Klick mit der Lupe ins Bild + ⇧	Klick mit der Lupe ins Bild + ⇧
Bildansicht in allen Dokumenten verkleinern	Klick mit der Lupe ins Bild + Alt + ⇧	Klick mit der Lupe ins Bild + Alt + ⇧
Bildansicht mit Bildfenster vergrößern	Strg + Alt + +	cmd + Alt + +
Bildansicht mit Bildfenster verkleinern	Strg + Alt + −	cmd + Alt + −
Wenn in den Voreinstellungen die Option Zoom ändert Fenstergrösse aktiv ist und schwebende Fenster genutzt werden, die Größenänderung kurzfristig abstellen	⇧	⇧
Bildansicht auf 100 % stellen	Strg + Alt + 0 (Null)	cmd + Alt + 0 (Null)
Maximale Bildgröße auf dem Monitor (Bildschirmgröße) darstellen	Strg + 0 (Null)	cmd + 0 (Null)
Zoom-Werkzeug kurzzeitig aus anderen Werkzeugen aufrufen und vergrößern	Leertaste + Strg	Leertaste + cmd
Zoom-Werkzeug kurzzeitig aus anderen Werkzeugen aufrufen und verkleinern	Alt + Leertaste (bzw. Strg + Alt + Leertaste bei der Bearbeitung von Text)	Alt + Leertaste (bzw. cmd + Alt + Leertaste bei der Bearbeitung von Text)

Anhang C
Die DVD zum Buch

Die DVD zum Buch ist eine wahre Fundgrube, die Ihnen viel Freude bei der Arbeit bereiten wird. Sie setzt sich aus folgenden Verzeichnissen zusammen:

- Beispieldateien
- Free- und Shareware
- Plug-ins
- Testversion
- Video-Lektionen
- Zusatzmaterial

Damit Sie einen Überblick über die einzelnen Ordner bekommen, möchte ich Ihnen die Inhalte kurz vorstellen.

C.1 Beispieldateien

Auf der DVD finden Sie neben vielen anderen Daten auch Bilder zum Buch. Die Bilder stammen von verschiedenen Online-Bilddatenbanken und von einigen Fotografen. Wie alle Bilder unterliegen auch sie dem Urheberrecht.

Beachten Sie: Die Bilder auf der DVD sind ausschließlich für Sie zum Üben vorgesehen! Sie dürfen nicht in kommerziellen Projekten verwendet und nicht weitergegeben werden.

Um mit den Bildern von der DVD zu arbeiten, empfiehlt es sich, Kopien anzulegen, mit denen Sie sorglos experimentieren können.

C.2 Free- und Shareware

Zu diesem Ordner haben wir für Sie interessante Share- und Freeware zusammengestellt.

DVD Cover Designer

Mit dem DVD Cover Designer können Sie einfach professionelle Cover für Ihre DVD- und CD-Hüllen erstellen.

- Info: *www.dvd-cover-designer.de*
- Sprache: deutsch
- Windows

IrfanView

IrfanView ist einer der beliebtesten Bildbetrachter, mit dem Sie über 60 Bildformate lesen, sortieren und sogar bearbeiten können. Hierzu gibt es auch weitere Plug-ins, die Irfan View Plug-ins. Mit diesen Plug-ins können Sie die Leistungsfähigkeit von IrfanView erheblich steigern und so sogar Audio- und Video-Dateien lesen.

- Info: *http://irfanview.de*
- Sprache: deutsch
- Windows

Panorama Factory

Wenn Sie kein Weitwinkelobjektiv für Ihre Kamera besitzen, ist Panoramy Factory ein guter Ersatz. Sowohl Anfänger als auch Profis können mit diesem Programm aus Einzelbildern nahtlose Panoramen erstellen.

- Info: *www.panoramafactory.com*
- Sprache: deutsch
- Windows

Foto-Mosaik-Edda

Mit Foto-Mosaik-Edda lassen sich diese begehrten Bilder kreieren, die sich aus vielen verschiedenen kleinen Fotos zusammensetzen: die moderne Form eines Mosaiks sozusagen. Auf Anzahl und Form der Kacheln lässt sich Einfluss nehmen.

- Info: *www.fmedda.com/de/home*
- Sprache: deutsch
- Windows

StudioLine PhotoBasic

StudioLine ermöglicht es, Bilder zu verwalten und direkt und gleichzeitig zu bearbeiten. Außerdem bietet die Software zahlreiche nützliche Funktionen, wie Rote Augen-Korrektur oder automatische Tonwertanpassung.

- Info: *www.studioline.biz/de*
- Sprache: deutsch
- Windows

Talaphoto

Mit dieser Shareware können Sie schnell und einfach ansprechende Webalben, QuickTime-Slideshows und QuickTime VRs erstellen. Außerdem stehen Ihnen verschiedene Quick- und Multiprint-Funktionen zur Verfügung.

- Info: *www.talasoft.com/talaphoto*
- Sprache: englisch
- Windows, Mac

TinyPic

Ein einfaches Programm zur Verkleinerung Ihrer Fotos, u.a. für das Web.

- Info: *www.efpage.de/tinypic.html*
- Sprache: deutsch
- Windows

Portrait Professional

Fast schon spielerisch einfach lassen sich mit Portrait Professional Porträtfotos verbessern. Das Tool hilft nicht nur dabei, allerlei Problemzonen verschwinden zu lassen oder Lippen, Augen und Co. aufzuhübschen, sondern bietet sogar die Möglichkeit, die Physiognomie des Porträtierten anzupassen – und das alles größtenteils automatisch!

- Info: *www.portraitprofessional.com/de*
- Sprache: deutsch
- Windows, Mac

C.3 Plug-ins für Photoshop

Um die Plug-ins zu nutzen, folgend Sie entweder dem jeweiligen Installationsprozess oder – wenn es sich um reine Plug-in-Dateien mit der Dateiendung »8bf« handelt – speichern sie einfach im Verzeichnis PLUG-INS Ihres Photoshop-Programmordners ab.

Cybia Plug-ins

In diesem Ordner finden Sie ganze 16 kostenlose Filter und Effekte für Adobe Photoshop. Die »Works Series« bietet Plug-ins für die tägliche Arbeit wie Farbkorrektur, Eckeneffekte und Transparenzen. Die »Fotomatic Series« enthält Plug-ins speziell für Fotografen.

- Freeware
- Windows

Harry's Filters

Eine ganze Wundertüte von Gratis-Filtern für Photoshop bietet diese kostenlose Plug-in-Sammlung von Harald Heim.

- Freeware
- Windows

Luce

Dieses schlichte Photoshop-Plug-in zaubert Lichtstrahlen in jedes gewünschte Bild. Der Filter eignet sich gleichermaßen für Tag- und Nachtaufnahmen und auch die Position der Lichtquelle lässt sich einfach verändern.

- Freeware
- Windows

Filter Forge (Freepacks)

Mit den Freepacks bietet Filter Forge ein üppiges Filterangebot, welches sowohl Anfängern als auch erfahrenen Anwendern erlaubt, Bilder mit realistischen oder abstrakten Effekten zu versehen. Von Rahmen über metallische Effekte bis hin zum fertigen Grunge Look, hier steht Ihnen eine überzeugende Auswahl an Filtern zur Verfügung.

- Shareware
- Windows, Mac

Exposure 4

Mit seinen über professionellen 500 Analogtechniken gibt Exposure 4 Ihren Bildern im digitalen Zeitalter ein Stück Natürlichkeit zurück: Looks wie Cross Processing, Polaroid oder Daguerreotype lassen nicht nur Nostalgiker gerührt aufseufzen, sondern überzeugen jeden versierten Photoshop-Anwender in Optik und Qualität.

- Demo
- Windows, Mac

Plug-in Galaxy

Plug-in Galaxy bietet über 160 verschiedene Spezialeffekte zur Fotoretusche und Bildverfremdung. Die verschiedenen Effekte lassen sich durch vielfältige Einstellungsmöglichkeiten beliebig anpassen.

- Demo
- Windows, Mac

C.4 Testversion

Das Verzeichnis enthält eine Testversion von Photoshop CS6 Extended in deutscher Sprache für Mac und Windows.

Um das Programm zu installieren, müssen Sie zunächst die komplette Installationsdatei auf Ihre Festplatte kopieren. Klicken Sie dann unter Windows die .exe-Datei doppelt bzw. entpacken Sie die .dmg-Datei, wenn Sie am Mac arbeiten.

Sollten Sie bereits einmal eine Testversion von Photoshop CS6 auf Ihrem Rechner installiert gehabt haben, so ist die erneute Installation einer Testversion nicht möglich.

C.5 Video-Lektionen

In diesem Ordner finden Sie ein attraktives Special: Als Ergänzung zum Buch möchten wir Ihnen relevante Lehrfilme zur Verfügung stellen. So haben Sie die Möglichkeit, dieses neue Lernmedium kennenzulernen und gleichzeitig Ihr Wissen um Photoshop CS6 zu vertiefen. Sie schauen einem Trainer bei der Arbeit zu und verstehen intuitiv, wie man die erklärten Funktionen anwendet.

Um das gewünschte Video-Training zu starten, legen Sie bitte die DVD-ROM in das DVD-Laufwerk Ihres Rechners ein. Führen Sie im Ordner VIDEO-LEKTIONEN die Anwendungsdatei »Start.exe« (Windows) bzw. »Start.app« (Mac) mit einem Doppelklick aus. Das Video-Training sollte nun starten. Bitte vergessen Sie nicht, die Lautsprecher zu aktivieren oder gegebenenfalls die Lautstärke zu erhöhen. Sollten Sie Probleme mit der Leistung Ihres Rechners feststellen, können Sie alternativ die Datei »start.html« aufrufen.

Video-Training 1: Photoshop-Techniken

In diesem Video-Training wird Ihnen das nötige Fachwissen am praktischen Beispiel erklärt: So erhalten Sie einen intuitiven Einstieg in die Arbeit mit Photoshop. Die Lektionen stammen aus dem Video-Training »Adobe Photoshop CS6 für Fortgeschrittene« (ISBN 978-3-8362-1901-3) von Pavel Kaplun und Orhan Tançgil:

Kapitel 1: Farbe und Belichtung optimieren
1.1 Gradationskurven einsetzen (07:39 Min.)
1.2 Verläufe in Camera Raw (06:50 Min.)
1.3 Farblooks erzeugen mit Color-Lookups (04:29 Min.)

Kapitel 2: Kanäle richtig einsetzen
2.1 Eine Luminanzauswahl erstellen (12:01 Min)
2.2 Kanalberechnungen für Freisteller (10:41 Min.)
2.3 Schmuckfarben verwenden (08:24 Min.)

Kapitel 3: Fortgeschrittene Retuschetechniken
3.1 Bilder verkrümmen und verzerren (11:41 Min.)
3.2 Fortgeschrittene Fluchtpunkt-Retusche (08:07 Min.)
3.3 Porträtfotos perfekt retuschieren (15:15 Min.)

Video-Training 2: Photoshop und die digitale Fotografie

Ist Ihr Haupteinsatzgebiet von Photoshop die digitale Fotografie, erhalten Sie in diesem Video-Training einen ersten Einblick in die wichtigsten Techniken. Die Lektionen stammen aus dem Video-Training »Adobe Photoshop CS6 für digitale Fotografie« (ISBN 978-3-8362-1907-5) von Maike Jarsetz:

Kapitel 1: Kreative Fotoeffekte mit Photoshop
1.1 Farbtonungen für Fortgeschrittene (06:34 Min.)
1.2 Der neue Tilt-Shift-Weichzeichner (05:59 Min.)
1.3 Klassische Schwarzweißbilder erzeugen (04:00 Min.)

Kapitel 2: Licht, Schatten und Bildkontrast
2.1 Den Bildkontrast richtig aufbauen (03:41 Min.)
2.2 Mit Licht malen (06:23 Min.)
2.3 Unechtes HDR mit Photoshop (04:26 Min.)

Kapitel 3: Die richtige Scharfzeichnung
3.1 Das ABC der Scharfzeichnung (07:17 Min.)
3.2 Die Luminanz im Bild schärfen (03:05Min.)
3.3 Lichter oder Tiefen nachschärfen (05:34 Min.)

C.6 Zusatzmaterial

In diesem Ordner finden Sie ein umfangreiches Glossar, das die wichtigsten Fachbegriffe rund um Photoshop erläutert. Nutzen Sie die Suchfunktion Ihres PDF-Betrachters, um schnell zum richtigen Begriff zu gelangen.

Außerdem haben wir eine praktische Tabelle zusammengestellt, die Ihnen zeigt, wo welcher Filter im Buch behandelt wird. Sie ergänzt das Kapitel 31, »Orientierung im Filter-Dschungel«.

Index

B

C

D

E

F

G

H

I

J

K

L

M

N

O

P

Q

R

S

T

U

V

W

X

Z

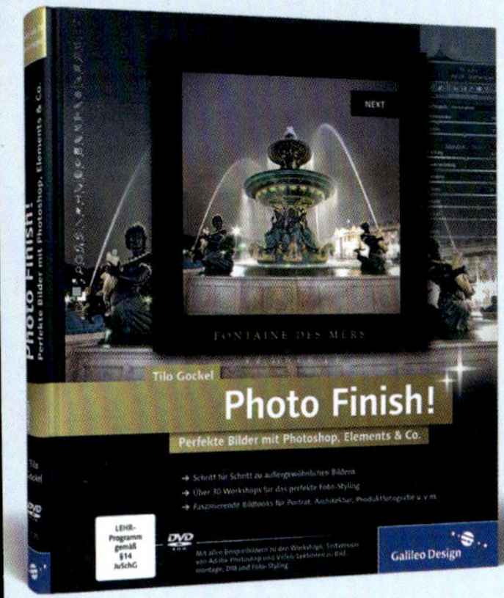

326 S., 2012, mit DVD, 39,90 Euro
ISBN 978-3-8362-1770-5
www.galileodesign.de/2874

Tilo Gockel

Photo Finish!

Perfekte Bilder mit Photoshop, Elements & Co.

Sie wollen wissen, wie Sie aus Ihren Fotos echte Hingucker machen? Dann werfen Sie einen Blick in Tilo Gockels Trickkiste! In über 30 Workshops zeigt er Ihnen, wie Sie stylische Bildlooks für Porträt, Fashion, Architektur, Produktfotos u.v.m. realisieren. Finden Sie heraus, wie wirkungsvolle Bilder entstehen – von der Aufnahme bis zur Veredelung in der Nachbearbeitung. Peppen Sie Ihre Bilder mit Photoshop & Co. ordentlich auf!

443 S., 2011
mit DVD
39,90 €

Maike Jarsetz

Das Photoshop-Buch People & Porträt

Der Intensivkurs für die Bearbeitung von Peoplefotos und Porträts! Lernen Sie anhand vieler kleiner Praxisbeispiele Schritt für Schritt alle Retuschetechniken kennen. So entwickeln Sie das nötige Fingerspitzengefühl für die Porträtretusche und geben Ihren Bildern den optimalen Feinschliff. Ob weiche Haut für ein Beauty-Porträt oder gekonntes Bodystyling – dieses Buch macht Sie zum Retusche-Experten!

ISBN 978-3-8362-1710-1
www.galileodesign.de/2528

DVD für PC und Mac
12 Stunden Spielzeit
39,90 €

Video-Training

Pavel Kaplun, Orhan Tançgil

Adobe Photoshop CS6 für Fortgeschrittene

Das Training für alle, die mit Photoshop CS6 richtig durchstarten wollen. Erfahren Sie alles über Farbmanagement und Druckvorstufe, lernen Sie, komplexe Freisteller und Farbkorrekturen in den Griff zu bekommen und betreten Sie die Welt der Composings und 3D-Grafiken.

ISBN 978-3-8362-1901-3
www.galileo-videotrainings.de/3080

504 S., 2013, mit DVD, 39,90 €
ISBN 978-3-8362-1896-2
www.galileodesign.de/3070

Maike Jarsetz

Photoshop CS6 für digitale Fotografie

Schritt für Schritt zum perfekten Foto

Photoshop für Fotografen: Maike Jarsetz stellt in diesem Buch immer ein konkretes Bild und die damit verbundenen Bearbeitungsfragen in den Vordergrund. Mit den Bildern von der DVD können Sie jeden Workshop nacharbeiten und so ganz praktisch Photoshop erlernen. Und zwar den gesamten Workflow: von der Bildorganisation über die Bearbeitung bis zur Ausgabe der Fotos.

Markus Wäger

Grafik und Gestaltung

Das umfassende Handbuch

Was macht eine Gestaltung perfekt? Dieses umfassende Praxisbuch zeigt Ihnen im Detail, wie Sie mit Form, Farbe, Schrift und Bildern ansprechende Layouts erstellen. Markus Wäger verrät so manchen Tipp aus der Praxis und wertvolles Hintergrundwissen. Nutzen Sie das Buch als Nachschlagewerk und Inspirationsquelle – und perfektionieren Sie Ihre Designs.

620 S., 2010, 39,90 €
ISBN 978-3-8362-1206-9
www.galileodesign.de/1812

Ein Muss für jeden spezialisierten Kreativen, der über den Tellerrand seiner Disziplin hinausblicken will. DOCMA

319 S.
3. Auflage 2012
24,90 €

Claudia Runk

Grundkurs Typografie und Layout

Für Ausbildung und Praxis

Diese liebevoll gestaltete Einführung zeigt Ihnen, wie Ihre Entwürfe durch den richtigen Umgang mit Schrift gewinnen können – von der passenden Schriftwahl über Abstände bis hin zu Grundlinienrastern und dem optimalen Seitenformat. Beispiele aus Print und Web, umgesetzt mit InDesign und QuarkXPress, vervollständigen das Buch.

ISBN 978-3-8362-1794-1
www.galileodesign.de/2627

314 S., 2010
24,90 €

Claudia Runk

Grundkurs Grafik und Gestaltung

Mit konkreten Praxislösungen

Dieses Buch führt Sie Schritt für Schritt in die Geheimnisse guter Gestaltung ein. Es zeigt Ihnen, welche Grundregeln es zu beachten gilt und wie Sie mit den richtigen Farben, Bildern und Schriften Layouts entwerfen, die im Gedächtnis bleiben. Mit zahlreichen Beispielen, Vorher-nachher-Vergleichen und praktischen Checklisten!

ISBN 978-3-8362-1437-7
www.galileodesign.de/2157

439 S.
10. Auflage 2012
49,90 €

Uwe Koch, Dirk Otto, Mark Rüdlin

Recht für Grafiker und Webdesigner

Der praktische Ratgeber für Kreative

Das Standardwerk für Kreative in der 10. Auflage! Drei Anwälte beantworten Ihre dringendsten Fragen: Wie kann ich meine kreativen Arbeiten schützen? Wie gelingt der Schritt in die Selbstständigkeit? Wie sollten Verträge formuliert sein? Dieses Buch schafft Klarheit – mit Vertragsmustern und Checklisten zum Download.

ISBN 978-3-8362-1844-3
www.galileodesign.de/3001

DVD für PC und Mac
9 Stunden Spielzeit
39,90 €

Video-Training

Orhan Tançgil

Grafik und Gestaltung

Das umfassende Training

Sie suchen eine Designschule, in der Sie anschaulich und praxisnah die Prinzipien guter Gestaltung lernen? Dieses Training zeigt direkt am Bildschirm, wie Sie Farben, Schriften und Bilder wirkungsvoll einsetzen können, und schult mit zahlreichen Vorher-nachher-Beispielen Ihren Blick für eine gute Gestaltung.

ISBN 978-3-8362-1743-9
www.galileo-videotrainings.de/2837

240 S., 2012, 39,90 €
ISBN 978-3-8362-1676-0
www.galileodesign.de/2479

Robert Mertens

Kreative Fotopraxis

Bewusst sehen, außergewöhnlich fotografieren

Mangelt es Ihnen an Bildideen, und wünschen Sie sich, »anders« zu fotografieren? Das können Sie lernen! Robert Mertens zeigt Ihnen in diesem einzigartigen Buch, wie Sie Ihr kreatives fotografisches Potenzial entwickeln können. So lernen Sie, mit frischem Blick an die Fotografie heranzugehen – Motive sehen und wahrnehmen, neu interpretieren und gestalten!

Sehr lesenswert für jeden, der fotografisch weiterkommen möchte. NaturFoto

Kreative Techniken – fotografisch angewendet

352 S., 2012
34,90 €

Wolfgang Rau

Recht für Fotografen

Der Ratgeber für die fotografische Praxis

Wolfgang Rau erklärt anhand zahlreicher Beispiele Ihre Rechte und Grenzen beim Fotografieren! Ob es um Fotos von Natur, Architektur oder Menschen geht, um Begriffe wie Urheberrecht, Panoramafreiheit oder das Recht am eigenen Bild, um die Frage, wie Sie Ihre Rechte schützen oder selbst Verträge aufsetzen – alles wird kompetent und verständlich erklärt.

ISBN 978-3-8362-1795-8
www.galileodesign.de/2904

602 S., 2011
mit DVD
39,90 €

Christian Westphalen

Die große Fotoschule

Digitale Fotopraxis

Vollständig und verständlich präsentiert dieses Schwergewicht unter den Fotoschulen Kamera- und Objektivtechnik, Regeln und Prinzipien der Bildgestaltung, Umgang mit Licht und Beleuchtung, Blitzfotografie, Techniken der Scharfstellung und vieles mehr. Die großen Fotogenres werden vorgestellt, und Sie erhalten Anregungen und Kniffe für Ihre tägliche Fotopraxis!

ISBN 978-3-8362-1311-0
www.galileodesign.de/1950

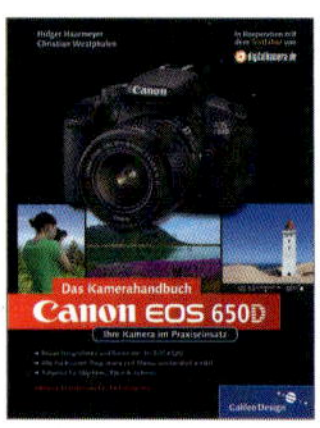

431 S., 2013
39,90 €

Holger Haarmeyer, Christian Westphalen

Canon EOS 650D. Das Kamerahandbuch

Ihre Kamera im Praxiseinsatz

Mit diesem Buch lernen Sie Ihre Canon EOS 650D bis ins Detail kennen und erfahren vor allem, wie Sie Ihre Kamera in den verschiedensten Aufnahmesituationen erfolgreich einsetzen. Zusätzlich erhalten Sie Empfehlungen für Objektive, Blitzgeräte und Zubehör. Inklusive praktischer Kurzreferenz für unterwegs!

ISBN 978-3-8362-1994-5
www.galileodesign.de/3237

528 S., 2012
mit DVD
34,90 €

Maike Jarsetz

Photoshop Lightroom 4

Schritt für Schritt zu perfekten Fotos

Legen Sie direkt mit Lightroom 4 los! Maike Jarsetz zeigt Ihnen Schritt für Schritt, wie Sie Ihre Bilder und Videos am besten organisieren, entwickeln und ausgeben. In kurzen Lektionen ohne Umwege, lernen Sie, wie Sie Lightroom effizient einsetzen und Ihren fotografischen Workflow gestalten können. Spannende Projekte zeigen Ihnen, wie Sie Lightroom für Ihr Lieblingsgenre ausreizen.

ISBN 978-3-8362-1894-8
www.galileodesign.de/3068